U0746976

歷代名臣奏議

（明）黄淮　楊士奇　編

二

附　篇名目録
　　作者索引

上海古籍出版社

歷代名臣奏議卷之六十九

法祖

東漢章帝時校書郎楊終上書曰秦築長城功役繁興胡亥不革卒亡四海故孝元棄珠崖之郡光武絕西域之國不以介鱗易我衣裳魯文公毀泉臺春秋譏之曰先祖為之而己毀之不如勿居而已以其妨害於民也襄公作三軍昭公舍之君子大其復古以為不舍則有害於民也今伊吾之役樓蘭之屯久而未還非天意也帝從之聽還徙者悉罷邊屯

吳烏程侯寶鼎元年左丞相陸凱上疏曰臣竊見陛下執政以來陰陽不調五星失晷職司不忠姦黨相扶是陛下不遵先帝之所致夫王者之興受之於天脩之由德豈在宮乎而陛下不諮之公輔便盛意驅馳六軍流離悲懼逆犯天地天地以災童歌其歌縱令陛下一

身得安百姓愁勞何以用治此不遵先帝一也臣聞有國以賢為本夏殺龍逢殷獲伊摯斯前世之明效今日之師表也中常侍王蕃黃中通理處朝忠謇斯社稷之重鎮大吳之龍逢也而陛下忿其苦辭惡其直對梟之殿堂屍骸暴棄邦內傷心有識悲悼咸以吳國夫差復存先帝親賢陛下反之是陛下不遵先帝二也臣聞宰相國之柱也不可不強是故漢有蕭曹之佐先帝有顧步之相而萬彧瑣才凡庸之質昔從家隸超步紫闥於彧已豐於器已溢而陛下愛其細介不訪大趣榮以尊輔越尚舊臣賢良憤惋智士赫咤是不遵先帝三也先帝憂民過於嬰孩民無妻者以妾妻之見單衣者以帛給之枯骨不收而取埋之而陛下反之是不遵先帝四也昔桀紂滅由妖婦幽厲亂在嬖妾先帝鑒之以為身戒故左右不置淫邪之色後房無曠積之女今中宮萬數不備嬪嬙外多鰥夫女吟於中風雨逆度正

由此起是不遵先帝五也先帝憂勞萬機猶懼有失陛下臨阼以來遊戲後宮眩惑婦女乃令庶事多曠下吏容姦是不遵先帝六也先帝篤尚朴素服不純麗宮無高臺物不彫飾故國富民充姦盜不作而陛下徵調州郡竭民財力土被玄黃宮有朱紫是不遵先帝七也先帝外仗顧陸朱張內近胡綜薛綜是以庶績雍熙邦內清肅今者外非其任內非其人陳聲曹輔斗筲小吏先帝之所棄而陛下幸之是不遵先帝八也先帝每宴見群臣抑損醇醲臣下終日無失慢之尤百寮庶尹並展所陳而陛下拘以視瞻之敬懼以不盡之酒夫酒以成禮過則敗德此無異商辛長夜之飲也是不遵先帝九也昔漢之桓靈親近宦豎大失民心今高通詹廉羊度黃門小人而陛下賞以重爵權以戰兵若江渚有難烽燧互起則度等之武不能禦侮明也是不遵先帝十也今宮女曠積而黃門復走州郡條牒民女有錢

則舍無錢則取怨呼道路母子死訣是不遵先帝十一也先帝在時亦養諸王太子若取乳母其夫復役賜與錢財給其資糧時遣歸來視其弱息今則不然夫婦生離夫故作役兒從後死家為空戶是不遵先帝十二也先帝歎曰國以民為本民以食為天衣其次也三者孤存之於心今則不然農桑並廢是不遵先帝十三也先帝簡士不拘卑賤任之鄉閭效之於事舉者不虛受者不妄今則不然浮華者登朋黨者進是不遵先帝十四也先帝戰士不給他役使春惟知農秋惟收稻江渚有事責其死效今之戰士供給眾役廩賜不贍是不遵先帝十五也夫賞以勸功罰以禁邪賞罰不中則士民散失今江邊將士死不見哀勞不見賞是不遵先帝十六也今在所監司已為煩猥兼有內使擾亂其中一民十吏何以堪命昔景帝時交阯反亂實由茲起是為遵景帝之闕不遵先帝十七也夫校事吏民之仇也

先帝末年。雖有呂壹錢欽等皆誅殛。以謝百姓。令復張孟校會縱吏言事。是不遵先帝十八也。先帝時。居官者咸久於其位。然後考績黜陟。今州郡職司或莅政無幾。便徵召遷轉。迎新送舊。紛紜道路。傷財害民。於是爲甚。是不遵先帝十九也。先帝每察竟解之奏。常留心推按。是以獄無冤囚。死者吞聲。今則違之。是不遵先帝二十也。若臣言可錄。藏之盟府。如其虛妄。治臣之罪。願陛下留意。

後魏孝明帝時。河陰令高謙之上疏曰。臣以無庸。謬宰神邑。實思奉法不撓。稱是官方。酬朝廷無貲之恩。盡人臣守器之節。但豪家支屬戚里親媾。縲紲所及。舉目多是。皆有盜憎之色。咸起怨上之心。縣令輕弱。何能克濟。先帝昔發明詔。得使面陳所懷。臣亡父先臣崇之爲洛陽令。常得入奏。是非所以朝貴斂手。無敢干政。近日以來。此制遂寢。致使神宰威輕。下情不達。今二聖遠遵堯舜。憲章高祖。愚臣望策

其駑蹇。少立功名。乞新舊典。更明往制。庶姦豪知禁。頤自屏心。詔曰。所啓深會朕意。

宋仁宗明道二年。殿中侍御史龐籍上奏曰。臣近因上殿面奉聖旨令有事具實封進來者。臣退重尋周通政體。誤膺詢訪。苟有愚見。敢不罄陳。恭惟三聖垂統。紀律大具。陛下文明恭儉。紹隆寶圖。祗守先訓。克臻至治。臣竊見朝廷政令。有漸異祖宗之制。而宜改復舊貫者多矣。略舉數事。條之如左。

一。進退輔臣。最爲大事。非止一時褒貶。蓋欲垂戒後來。祖宗舊制。輔佐近臣罷免之例甚衆。有因求退得請者。有均以勞逸爲名者。有暴其顯過者。有隱其罪名者。然所授官秩輕重。皆有區別。伏見去年執政之臣。最喧物議。內有廢弃典法。公營私寵者。此最昭昭於天下也。臣於去冬及今年正月七日。所上書疏及劉子。言之已詳。昨者外聞鎖院。衆謂必獲罪而退。洎制命宣行。大者得使相。次者參知遷秩。況使相請俸。月踰千緡。中常州郡。一年之賦。未足充其歲給。自非有功有德。何以克勝。且登用未及一考而退之者。是以譴罷也。今以使相及遷秩寵之。以此爲戒。臣恐來者不懼矣。必曰。當權之日。雖壞國法。營私恩。亦不失作使相及遷秩矣。臣欲望聖明今後史臣撿尋祖宗以來進退輔臣體例。著爲篇部。以備聖覽。此後依用爲定準。如此。則忠正者持衡之時務盡公理。乞身之日得以禮退。私曲者使之當權必懷畏懼。苟至獲罪。永爲懲戒。此事體大。乞留聖懷。

一。前代職官之制。皆有定員。使上下不得超越而進也。國朝建官雖異於古。然於員數未聞過多。近年以來。漸異於此。蓋是好進者務干求寵名。執政者不堅守舊制故也。今資政殿翰林侍讀

學士員數過多。恐增之不已。更無限局。欲望準約舊典。立定員。員既有限。求者自息矣。

一。金紫者。文臣之貴服也。祖宗以來。謹重賜與。自前或因差遣上殿。特恩賜之。然多是已在升陟任使者。近年伏見有差遣未出常調。或祗是知縣之類。因公事上殿。亦得改賜。遂使三品之服漸成輕易。臣欲乞變重服章。無及僥濫。

一。竊知向來每因南郊大禮。添出諸般差遣名目。多於舊日添一差遣。則增一錫賜。所以費用太廣。實傷財力。臣欲望將來郊禮令有司檢尋祖宗以來則例。爲定。免至横添名件。廣耗官物。

臣智識愚下。無裨聖德。實欲朝廷凡百政令。率由舊章。沮勸允明。僥倖咸塞。伏望聖造留心垂采。

英宗治平元年。召唐介爲御史中丞。英宗謂曰。卿在先朝有直聲。故

用御非錄左右言也。介曰。臣無狀。陛下過聽。顧獻愚忠。自古欲治之主。亦非求絶世俗之術。要在順人情而已。祖宗遺德餘烈在人未遠。顧覽已成之業以爲監。則天下蒙福矣。

神宗熙寧三年。張方平上言曰。臣蒙恩朝對。今已奉辭。竊惟孤陋之質。尚偶聖神之會。上曆眷遇。有異等倫。今承特召而來。安敢緘默而去。輒獻愚忠。上裨天聽。臣聞人心惟危。患生所忽。動危甚易。安之實難。禁衛六軍。邊防三路。撫御之法。善制具存。民心戎事。國之大本。動靜之機。安危所繫。若民心危擾。戎事興動。策應一失。繼輯非易。祖宗謨烈。國家大計。甚所慎重。惟此二者。不同小事隨宜改易。縱有利害。容得更張。民猶水也。可以載舟。亦以覆舟。兵猶火也。可以焚物。亦以自焚。焚溺之害。當在吾之先見。造形而悟。已是後時。害成乃悔。何速及矣。夫人臣之分。出處是常。家國大業。天下重器。譬之輜重。豈可輕

棄。願陛下思所以置器於安。審所以藏身之固。廣聰聽於符同之外。採公議於得失之前。深察軍民之情。厚爲社稷之慮。使人安其業。上下無怨。溥天之下。欣戴感德。高拱巖廊之上。保此泰山之安。朝廷尊而國體重。順氣應而嘉生遂。不亦休哉。臣蹤外狂瞽。不識忌諱。以此愚言。上咨恩眷。退就誅殛。實所甘心。

神宗時。司馬光爲翰林侍讀學士。會安石草詔引常袞事責兩府。兩府不敢獲辭。安石得政。行新法。光逆疏其利害。邇英進讀至曹參代蕭何事。帝曰。漢常守蕭何之法不變。可乎。對曰。寧獨漢也。使三代之君常守禹湯文武之法。雖至今存可也。漢武取高帝約束紛更。盜賊半天下。元帝改孝宣之政。漢業遂衰。由此言之。祖宗之法不可變也。呂惠卿言。先王之法。有一年一變者。正月始和。布法象魏是也。有五年一變者。巡守考制度是也。有三十年一變者。刑罰世輕世重是也。光言非是。其意以風朝廷耳。帝問光。光曰。布法象魏。布舊法也。諸侯變禮易樂者。王巡守則誅之。不自變也。刑新國用輕典。亂國用重典。是爲世輕世重。非變也。且治天下譬如居室。敝則修之。非大壞不更造也。公卿侍從皆在此。願陛下問之。

哲宗即位初。守門下侍郎司馬光請更張新法。上奏曰。臣聞詩云。毋念爾祖。聿修厥德。故夏尊禹訓。商奉湯典。周守文武之法。漢循高祖之律。唐行太宗之制。子孫享有天祿。咸數百年。國家受天明命。太祖太宗撥亂反正。混一區夏。規摹宏遠。子孫承之。百有餘年。四海治安。風塵無警。自生民以來。罕有其比。其法可謂善矣。先帝以睿智之性。切於求治。而王安石不達政體。專用私見。變亂舊章。誤先帝任使。遂致民多失業。閭里怨嗟。陛下深知其弊。即政之初。變其一二。歡呼之聲已洋溢於四表。則人情所苦所願。灼然可知。陛下何憚而不并其

餘悉更張哉。譬如有人誤飲毒藥。致成大疾。苟知其毒。斯勿飲而已矣。豈可云姑少少減之。俟積以歲月。然後盡捨之哉。臣鄉曾上言。教閱保甲。公私勞費而無所用之。斂免役錢。寬富而困貧。以養浮浪之人。使農民失業。窮愁無告。將官專制軍政。州縣無權。無以備倉猝。萬一饑饉。盜賊群起。國家可憂。此皆所害者大。所及者衆。先宜變更。借令皇帝陛下獨攬權綱。猶當早發號令。以解生民之急。救國家之危。收萬國之歡心。復祖宗之令典。况太皇太后陛下同斷國事。捨非而取是。去害而就利。於體甚順。何爲而不可哉。

元祐元年。哲宗御邇英閣。召宰執講讀官讀寶訓。至漢武帝籍南山提封爲上林苑。仁宗曰。山澤之利。當與衆共之。何用此也。丁度曰。臣事陛下二十年。每奉德音。未始不及於憂勤。此蓋祖宗家法爾。尚書左僕射兼門下侍郎呂大防因推廣祖宗家法以進曰。自三代以後

唯本朝百二十年。中外無事。盡由祖宗所立家法最善。臣請舉其略。自古人主事母后。朝見有時。如漢武帝五日一朝長樂宮。祖宗以來事母后。皆朝夕見。此事親之法也。前代大長公主用臣妾之禮。本朝必先致恭。仁宗以姪事姑之禮見獻穆大長公主。此事長之法也。前代宮闈多不肅。宮人或與廷臣相見。唐入閤圖有昭容位。本朝宮禁嚴密。內外整肅。此治內之法也。前代外戚多預政事。常致敗亂。本朝母后之族皆不預。此待外戚之法也。前代宮室多尚華侈。本朝宮殿止用赤白。此尚儉之法也。前代人君雖在宮禁出輿入輦。祖宗皆步自內庭出御後殿。豈乏人力哉。亦欲涉歷廣庭稍冒寒暑。此勤身之法也。前代人主在禁中冠服苟簡。祖宗以來。燕居必以禮。竊聞陛下昨郊禮畢。具禮謝太皇太后。此尚禮之法也。前代多深於用刑。大者誅戮。小者遠竄。惟本朝用法最輕。臣下有罪。止於罷黜。此寬仁之法

也。至於虛己納諫。不好田獵。不尚玩好。不用玉器。不貴異味。此皆祖宗家法所以致太平者。陛下不須遠法前代。但盡行家法足以為天下。哲宗甚然之。

二年正月。翰林學士朝奉郎知制誥蘇軾奏曰。臣近以試館職策問為臺諫所言。臣初不敢深辯。蓋以自辯而求去。是不欲去也。今者竊聞明詔已察其實。而臣四上章四不允。臣子之義。身非己有。詞窮理盡。不敢求去。是以區區復一自言。臣所撰策問首引周公太公之治齊魯。後世皆不免衰亂者。以明子孫不能奉行。則雖大聖大賢之法。不免於有弊也。後引文帝宣帝仁厚而事不廢。核實而政不苛者。以明臣子若奉行得其理。無觀望希合之心。則雖文帝宣帝足以無弊也。中間又言六聖相受。為治不同。同歸於仁。其所謂媮與刻者。專謂今之百官有司及監司守令不識朝廷所以師法先帝之本意。或至於此也。文理甚明。粲若黑白。何嘗有毫髮疑似譏及先朝。非獨朝廷知臣無罪可放。臣亦自知無罪可謝也。然臣聞之。古人曰。人之至信者心目也。相親者母子也。不惑者聖賢也。然至於竊斧而知心目之可亂。於投杼而知母子之可疑。於拾煤而知聖賢之可惑。今言臣者不止三人。交章累上。不啻數十。而聖斷確然。深明其無罪。則是過於心目之相信。母子之相親。聖賢之相知遠矣。德音一出。天下頌之。史冊書之。自耳目所聞見。明智特達。洞照情僞。未有如陛下者。非獨微臣區區欲以一死上報。凡天下之為臣子者聞之。莫不欲碎首糜軀效忠義於陛下也。不然者。亦非獨臣受曖昧之謗。凡天下之為臣子者聞之。莫不以臣為戒。崇尚忌諱。畏避形跡。觀望雷同。以求苟免。豈朝廷之福哉。臣自聞命以來。一食三歎。一夕九興。身口相謀。未知死所。然臣所撰策問。以實亦有罪。若不盡言。是欺陛下也。臣聞聖人之

治天下也。寬猛相資。君臣之間。可否相濟。若上之所可。不問其是非。下亦可之。上之所否。不問其曲直。下亦否之。則是晏子所謂以水濟水。誰能食之。孔子所謂惟予言而莫予違。足以喪邦者也。臣昔於仁宗朝舉制科。所進策論。及所答聖問。大抵皆勸仁宗勵精庶政。督察百官。果斷而力行也。及事神宗。蒙召對訪問。退而上書數萬言。大抵皆勸神宗忠恕仁厚。含垢納污。屈己以裕人也。臣之區區。不自量度。常欲希慕古賢。可否相濟。蓋如此也。伏覩二聖臨御已來。聖政日新。一出忠厚。大率多行仁宗故事。天下翕然。衔戴恩德。固無可議者。然臣私憂過計。常恐百官有司矯枉過直。或至於媮。而神宗勵精核實之政。漸致隳壞。深慮數年之後。馭吏之法漸寬。理財之政漸疎。備邊之計漸弛。則意外之憂有不可勝言者。雖陛下廣開言路。無所諱忌。而臺諫所擊。不過先朝之人。所非不過先朝之法。正是以水濟水。臣

竊憂之。故輙用此意撰上件策問。實以諷諫今之朝廷及宰相臺諫之流。欲陛下覽之。有以感動聖意。庶幾兼行二帝忠厚勵精之政也。臺諫若以此言臣朝廷若以此罪臣。則亦甘斧鉞之誅。其甘如薺。今乃以為譏諷先朝。則亦疏而不近矣。且非獨此策問而已。今者不避煩瀆。盡陳本末。臣前歲自登州召還。始見故相司馬光。光即與臣論當今要務。條其所欲行者。即答言公所欲行者。諸事皆上順天心。下合人望。無可疑者。惟役法一事。未可輕議。何則。差役免役。各有利害。免役之害。掊斂民財。十室九空。錢聚於上。而下有錢荒之患。差役之害。民常在官。不得專力於農。而貪吏猾胥得緣為姦。此二害輕重。蓋略相等。今以彼易此。民未必樂。光聞之憮然曰。若如君言。計將安出。臣即答言法相因。則事易成。事有漸。則民不驚。昔三代之法兵農為一。至秦始分為二。及唐中葉盡變府兵為長征之卒。自爾以來民不知兵。兵不知農。農出穀帛以養兵。兵出性命以衛農。天下便之。雖聖人復起。不能易也。今免役之法實大類此。公欲驟罷免役而行差役。正如罷長征而復民兵。蓋未易也。先帝本意使民戶率出錢。專力於農。雖有貪吏猾胥無所施其虐。坊場河渡官自出賣。而以其錢雇募衙前。民不知有倉庫綱運破家之禍。此萬世之利也。決不可變。獨有二弊。多以供他用。實封取寬剩役錢。爭買坊場河渡以長不實之價。此乃王安石呂惠卿之陰謀。非先帝本意也。公若盡去二弊。不變其法。則民悅而事易成。今寬剩役錢名為十分取二。通計乃及十五。而其實一錢無用。公若盡去此五分。又使民得從其便。以布帛穀米折納役錢。而官亦以為雇直。則錢荒之弊亦可盡去。如此而天下便之。則公又何求。若其未也。徐更議之。亦未晚耳。光聞臣言。大以為不然。臣又與光言熙寧中常行給田募役法。其法以係官田及以寬剩

役錢買民田。以募役人。大略如邊郡弓箭手。臣時知密州。推行其法。先募弓手。民甚便之。此本先帝聖意所建。推行未幾為左右異議而罷。今略計天下寬剩錢斛約三千萬貫石。兵興支用僅耗其半。此本民力。當復為民用。今內帑山積。公若力言於上。索還此錢。復完三千萬貫石。而推行先帝買田募役法於河北河東陝西三路。數年之後三路役人可減太半。優裕民力以待邊鄙緩急之用。此萬世之利。社稷之福也。光尤以為不可。及去年二月六日敕下。始行光言復差役法。時臣弟轍為諫官。上疏具論乞將見在寬剩役錢雇募役人以一年為期。令中外詳議。然後立法。又將衙前一役可即用舊人。仍一依舊數支月給重難錢。以坊場河渡錢總計諸路通融支給。皆不蒙施行。及蒙差臣詳定役法。臣因得伸弟轍前議。先與本局官吏孫永傅堯俞之流論難反復。次於西府及政事堂中與執政商議。皆不見從。遂上疏極言衙前可雇不可差。先帝此法可守不可變之意。因乞罷詳定役法。當此之時。臺諫相視皆無一言。決其是非。今者差役利害未易一二遽言。而弓手不許雇。天下之所同患也。朝廷知之。已變法許雇。天下皆以為便。而臺諫猶累疏力爭。由此觀之。是其意專欲變熙寧之法。不復校量利害參用所長也。臣為中書舍人。刑部大理寺列上熙寧已來不諫赦降去官法凡數十條。盡欲刪去。臣與執政屢爭之。以謂先帝於此蓋有深意。不可盡改。因此得存留者甚多。臣每行監司守令告詞。皆以奉守先帝約束。毋敢弛廢為戒。文案具在。皆可復按。由此觀之。臣豈謗議先朝者哉。所以一一縷陳者。非獨以自明。誠見士大夫好同惡異。泯然成俗。深恐陛下深居法宮之中。不得盡聞天下利害之實也。願因臣此言警策在位。救其所偏。損所有餘。補所不足。天下幸甚。若以其狂妄不識忌諱。雖賜誅戮。死且不朽。臣

業任感恩思報激切戰懼之至。

右正言丁隲上奏曰。臣伏覩本朝祖宗之德具在方册。盛明仁厚。本惟有畫於當時可為法於後世。竊惟陛下即位以來。首延儒臣。侍講禁中。如論語孝經皆聖賢之言行。固足以啓沃上心。導明睿性。臣愚欲乞既講經之後。更以祖宗故事一二端為陛下開陳。仍乞曉諭侍講臣僚講說大聖典故。可以取法於後來者。以備講筵聽納。庶幾前聖後聖同為所行。如合符節。益明仁厚之德。源源相繼。天下幸甚。

七年翰林侍講學士范祖禹欲帝法仁宗五事上奏曰。臣掌國史。伏覩仁宗皇帝在位四十二年。豐功盛德。固不可得名言。所可見者。其事有五。畏天愛民奉宗廟好學聽諫。仁宗能行此五者於天下。所以為仁也。陛下嗣位于今八年。昧興而聽朝。旦晝而講學。風雨不易寒暑不倦。可謂勤於進德矣。然而天衷淵默。聖度高遠。中外之人未知陛下睿意所好。如仁宗之五者見於天下。群臣雖欲少稱萬一。亦無所自而入。方今四海顒顒想望太平。臣願陛下深留聖思。法象祖宗。日新輝光。昭示所好。以慰答群生之望。則天下幸甚。

祖禹又上奏曰。臣伏覩陛下近者郊見天地。雪止風和。景氣清霽。神祇饗答。福應充盛。侍祀之臣。以為前後未有。都城之人。瞻望玉色。歡呼澤溢。皆云陛下克類仁宗。臣觀天意人心如此。實宗社無疆之福也。然臣愚竊以聖人福至而益戒。則能長享其福。譽兆而副之以實。則能永保其譽。惟兢兢業業不自暇逸。乃可以答天休。衆之所欲。因而從之。乃可以副民望。若一有滿假之意。則今日之福。乃他日危亂之基也。不能副之以實。則今日之譽。乃他日怨誹之端也。故臣願陛下既受大福。又獲民譽。益思兢慎。唯勤修德。修德之實。唯法祖宗。恭惟一祖五宗畏天愛民。後嗣子孫。皆當取法。惟是仁宗在位最久。德澤深厚。結於天下。是以百姓思慕。終古不忘。陛下誠能上順天意。下順民心。專法仁宗。則垂拱無為。海內乂安。成康之隆。不難致也。臣承乏史官。嘗采集仁宗聖政。得數百事。欲乞撰錄成書上進。少資睿覽監觀成憲。皆舉而行。以副羣生之所願。則天下幸甚。

祖禹又上奏曰。臣竊惟太祖受天眷命。剗革五代之亂。櫛風沐雨。為子孫立萬世之基。太宗平一海內。守之以文。由真宗至于神宗。皆致太平。海內晏安百三十有四年。雖三代之盛。未有如此其久者也。自古創業之君。起於細微。身歷艱難。親履勤勞。先有功及民。然後享天下之奉。故失之者常少。守成之主。生於深宮。不歷艱難。不履勤勞。無功及民。而享天下之奉。故失之者常多。是以古人有言。創業非難。守成為難。蓋危亡必起於治安。禍亂必生於逸豫也。今陛下承五聖之遺烈。守百三十四年之大業。當思天下者祖宗之天下。不可一日而忘。人民者祖宗之人民。不可須臾而忘。百官者祖宗之百官。不可私非其人。府庫者祖宗之府庫。不可用非其道。常自抑畏。儆飭聖心。一言一動。如祖宗臨之在上。質之在旁。則可以長享天下之奉而不失矣。自元豐之末。時運艱厄。先帝棄天下。陛下嗣位。幸賴先太皇太后以大公至正為心。罷王安石呂惠卿等所造新法而行祖宗舊政。故社稷危而復安。人心離而復合。乃至契丹主亦與其宰相議曰。南朝專行仁宗皇帝政事。可敕燕京留守使戒邊吏守約束。無生事。陛下觀戎狄之情如此。則中國人心可知也。先太皇太后日夜苦心勞力。以為陛下立太平之基。九年之間。安靜無事。已有成效。陛下但由此以持循之。則成康之隆不難致也。臣願陛下守之以靜。毫髮無所改為。恭己以臨之。虛心以處之。詔左右大臣。動必循守祖宗法度。陛下鑒觀於上。諸臣善道密納讜言，則群臣邪正萬事是非，必皆了然於聖心矣。夫水所以能照鬚髮而物無所隱其形者，至平也。鏡所以能鑒妍醜而人無所遁其迹者，至明也。水所以能平，鏡所以能明者，至静也。使水鏡自動，則雖山岳不能見也。人心亦然，唯至公可以見天下之私，唯至正可以見天下之邪，唯至静可以見天下之動。荀卿曰：虚一而静，謂之清明。聖人清明獨理，生於心之虚一也。陛下何不觀先太皇太后自英宗神宗時不出房闥，未嘗知天下之事，一旦臨朝，所行之政，上當天意，下合人心。其故何哉？唯至公至正至静而已。夫小人之情，專爲私，故不便於公；專爲邪，故不便於正；專好進，故不便於静。唯欲人君多所作爲，輕迁多所變動，則己有所希冀於其間矣。若朝政守静，上下各安其分，則小人何所望哉？今陛下既親萬機，小人必欲有所動摇，而懷利者亦皆觀望。臣願陛下上念祖宗之艱

難，先太皇太后之勤勞，痛心疾首，以聽用小人爲刻骨之戒，守元祐之政，當堅如金石，重如山岳。山岳可移，聖政不可改也；金石可毁，聖心不可變也。使讒邪者不能進説，覬望者亦皆革心，則自今以往，朝廷清明，必日勝一日，歲勝一歲矣。陛下如以臣言爲然，乞因大臣奏事之時，明示以聖意所向，使中外一心歸於至正，則天下幸甚。臣久侍帷幄，不敢自同於衆人。恐有姦言邪説熒誤天聽，故近與蘇軾堯事上奏，必蒙省覽。陛下聖學稽古，不必遠師前世之事，唯是儀刑仁祖，法則太皇，使天下熙熙然至於昆蟲草木各安其生，則臣之志願也。不勝區區之意。

哲宗時，殿中侍御史豐稷上疏曰：陛下明足以察萬事之緒，而不可用其明；智足以應變曲當，而不可用其智。順考古道，二帝所以聖；儀刑文王，成王所以賢。願以洪範爲本，以祖訓爲寶鑑。一動一言思所以爲則於四海，爲法於千載，則教化行，習俗美而[illegible]矣。

祕書省校書郎陳瓘上奏曰：堯舜禹皆以若稽古爲訓，若者順而行之，稽者考其當否，必使合於民情，所以成帝王之治。天子之孝與士大夫之孝不同。帝反復究問，意感悦。

徽宗時，任事者多乖異不同。御史中丞王覿言：堯舜禹相授一道，堯不去四凶，而舜去之；堯不舉元凱，而舜舉之。事未必盡同。文王作邑于豐，而武王治鎬；文王關市不征，澤梁無禁，周公征而禁之。不害其爲善繼善述。神宗作法于前，子孫當守于後。至於時異事殊，須損益者損益之。於理固未爲有失也。

著作郎楊時面對奏曰：堯舜曰允執厥中，孟子曰湯執中，洪範曰皇建其有極。歷世聖人，由斯道也。熙寧之初，大臣文六藝之言，以行其私，祖宗之法紛更殆盡。元祐繼之，盡復祖宗之舊，熙寧之法一切廢

革。至紹聖崇寧，抑又甚焉。凡元祐之政事著在令甲，皆焚之以滅其跡。自是分爲二黨，縉紳之禍至今未殄。臣願明詔有司，條具祖宗之法，著爲綱目，有宜於今者舉而行之，當損益者損益之，元祐熙豐姑置勿問，一趣於中而已。

欽宗靖康元年，河東北宣撫使李綱乞深考祖宗之法，劄子曰：臣總師道出鞏洛，望拜陵寢，潸然涕流。恭惟祖宗創業守成垂二百年，聖聖傳受，以至陛下。適丁艱難之秋，戎狄内侵，中國勢弱，此誠陛下嘗膽思報，勵精求治之日。伏望聖慈深考祖宗之法，一一推行之，進君子，退小人，無以利口善論言爲足信，無以小有才未聞君子之大道爲足仗，益固邦本，以圖中興，上以慰安九廟之靈，下以爲億兆蒼生之所依賴，天下不勝幸甚。臣忘生觸死，冒進狂言，不勝戰越待罪之至。

欽宗時李光乞討論祖宗故事劄子曰臣恭聞仁宗皇帝有言曰凖之先民既若率祖彌之為宜夫我王言臣嘗謂自生民以來言守成之君者莫盛於高宗書稱其德曰監于先王成憲其永無愆然則治天下者曷可不以祖禰為法哉恭惟聖宋之興太祖太宗以英文烈武戡定禍亂創業垂統規摹宏遠矣真宗守成以至道君上皇繼述之美天下治安幾二百年明禮樂修政刑內則躬節儉以涵育生靈外則謹邊防以制御夷狄州郡之政總之監司監司之權歸之廊廟上下相維內外相統若身之使臂臂之使指無不順者陛下天縱神聖潛藩既久更事亦多恭自踐祚以來夙興夜寐兢兢業業思祖宗致王業之艱難知太平之世難得而易失延見群臣勤精求治首以紹復祖宗故事為言此誠社稷之福生民之幸然祖宗成法具載典冊條目非一未易槩舉伏望聖慈明詔三省樞密院大臣遴選宿儒精

加討論可因者因可革者革損益更張務合乎中制庶幾年歲之間漸復祖宗之盛天下幸甚

高宗建炎三年趙鼎上奏曰臣竊惟國家之有天下也始以太祖之武造創業垂統之功繼以仁宗之仁得持盈守成之道致治之術先後相成垂裕後昆為法萬世哲宗時講官顧臨進言曰今不必遠引堯舜三代之法如祖宗之法則陛下之家法也宰相呂大防因舉祖宗之法切於時政者十數事當時以為美談恭惟皇帝陛下承列聖之後履茲厄運孜孜圖治亦知有所稽法哉近降赦文遵用嘉祐勑令是將法乎仁宗之仁矣至於臨部伍申號令親戎旅之事推腹心同甘苦協將士之情赫斯一怒旋乾轉坤又以法乎太祖之武則中興之治誠不難致是皆陛下之家法也舉而措之事業之間復何加焉尚願持之以不倦之誠而期於必成之效則天下幸甚

高宗時吏部侍郎綦崇禮上奏曰臣伏見自渡江以來官司案牘例皆不存而吏部所掌官簿尤難稽考故逐急申明以為約束其目非一士大夫到部凡磨勘注擬賞功任子之類皆祖有條理其後亦稍稍尋訪舊法在部見令遵用然風俗之薄久矣吏部隨事申明有所從寬以便人情士既習見其弊則雖有舊法而於己不便者則必群譁衆起乎訴百端必欲有司申明以破舊法如是者多矣臣竊思之士農工商之四者皆陛下之民也亂離以來士之失職者固可憫矣聖訓孜孜未嘗不以是為言而今之在官者亦所同恤而無異詞也獨不念今三農之務與百工之肆商旅往來之塗亦能無失其業而官之為法曾少優於承平時否然則吏部所以待天下之士恐不可以廢舊法而專徇一時之人情也臣愚欲望聖慈特降睿旨應吏部自渡江以來凡所申明與舊法相戾者並從舊法其因去失案牘措

置指揮令逐一類聚看詳若舊法已有該載不妨遵用者只合別行刊定仍降指揮應吏部條目已有舊法者令後不許申明權宜改易庶幾士安分守而有司不至廢法亦中興之政所先務也

崇禮又上奏曰臣竊見近者楊惟忠邢煥皆以節度使致仕即不曾鏁院降麻伏緣節度使除拜移改若恩加之類並須宣制豈有見帶節鉞致仕而獨不然此一時之闕典也臣嘗記祖宗時凡節將臣寮得謝不以文武並納節別除一官致仕如仁宗朝張耆自使相授太子太師楊崇勳授太子太保神宗朝李端愿自節度使授太子少保致仕皆武臣也惟熙寧間富弼以元勳舊相始令特帶節鉞致仕弼猶力辭不敢當者久之其後相繼者則曾公亮文彥博也他人豈可援以為例耶近歲以來致仕者不問何人不復納節換官亦恐有違舊制臣愚欲望聖慈特降睿旨并令三省樞密院討論舊典施行

起居郎周麟之上奏曰。臣聞書曰監于先王成憲其永無愆。詩亦言酌先祖之道以養天下。然則前聖典謨布在方冊。後代纂之實爲大訓。顧可後哉。昔唐史臣吳兢嘗采太宗與群臣對問之語爲貞觀政要。三百年治亂之龜鑑率不出乎此。洪惟國朝以聖繼聖傳襲一道。故亦有寶訓之書。追倣前制發揚先烈。陛下紹隆丕緒祗遹燕謀。立政立事未嘗不以祖宗爲法。臣職在東觀修纂日曆之暇。竊觀祖宗寶訓自太祖皇帝至英宗皇帝五朝並已成書。惟神宗皇帝以後修纂未備。變亂以來舊本不存。將何以昭示萬世。自陛下中興屢降旨委官纂次。因循迄今未應明詔。憲章祖述庸有闕焉。臣愚欲望聖慈申命史館速加研考。以次條類續爲成書。庶以章累朝重規疊矩之懿。明陛下繼志述事之美。

左正言鄭肅上奏曰。臣於今月初八日以本職上殿因奏論次邊言夷狄之巧在文書簡。簡故速。中國之患在文書煩。煩故遲。今日事勢豈可遲也。面奉聖訓曰。正此討論欲併二省畫依祖宗法。臣切欣羨。以爲太平興國之治可以指日而望矣。恭惟太祖太宗之時法嚴而令速。事簡而官清。未嘗旁搜曲引以稽賞罰。故能以十萬精兵分布四海。收嶺蜀平江南來吳越下河東。紛紛萬國莫不稱臣。混一六合如指諸掌。此一時富庶所以遠追成康。而豐功偉績又有以過之也。自時厥後。日趨太平。群臣無可論者。今日獻一策。明日獻一言。簡髮數米。惟恐不備。此文書所以日益煩而政事所以日益緩也。厥今天下如何哉。兵戈未息。邊鄙未寧。朝廷措置當如救焚。如拯溺。豈可拘避進退。尚循無事之時乎。臣以謂英烈果斷非太祖太宗之道不可學也。比嘗有討論祖宗官制之命矣。今越兩月未聞所正者何事。豈以爲用兵之際未暇及之乎。殊不知用兵之道正以此爲急務耳。蓋法祖宗以考官制。略虛文以稽實效。此者用兵之本也。不務其本而欲責其末。臣所未聞。臣愚欲乞專委宰執辟禮官數人。限以旬日。斯於必正。庶幾法嚴事簡如出一人。賞罰之權不至濡滯。將使天下嘆曰。太祖皇帝今復起矣。蠢爾小虜。倚足道哉。昔高宗爲有商中興之主。爲之舟楫鹽梅者傳說一人而已。其言則不過曰。事不師古匪說攸聞。蓋中興之道未有不以古先爲念者。惟陛下斷之。

孝宗受禪著作郎王十朋上疏曰。臣聞舜受堯之天下。序書者美之曰。重華協于帝。武王繼文王而有天下。記禮者美之曰。善繼人之志。善述人之事。說者謂堯之所爲如是而舜亦如是。故謂之協帝。文王之所爲如是而武王亦如是。故謂之繼述。臣嘗考其行事乃不然。堯之時有八元八凱者。天下謂之才子。堯不能用。至舜乃舉而用之。號十六相。有共工驩兜伯鯀三苗者。天下謂之四凶。並在堯朝。堯不能去。至舜乃流放竄殛之。而天下咸服。文王在商之末。三分天下有其二。而終身執臣禮以事紂。至武王嗣位之初。乃會八百諸侯。興仁義之師以伐之。天下遂一統于周。舜之所以協堯。武王之所以繼文者。如斯而已矣。曷嘗泥其行事之迹哉。此堯所以得知人之明。而武王爲達孝也與。恭惟太上皇帝至仁至聖。內不謀之宮闈。外不謀之卿士。斷自宸衷以天下大器付之陛下。世皆以堯舜擬之。臣獨謂堯舜之遜固美矣。然出於耄期倦勤。豈若太上皇春秋猶盛而遽爲是曠世絕無之舉哉。真可謂賢於堯舜遠矣。陛下思所以仰副太上皇之付託者當如何。今社稷之大安危。生民之大休戚。人才之大進退。朝廷之大刑賞。非有所矯拂更張。則無以慰天下之望。必矯拂而更張之。則必有以不改父之臣與父之政之說而惑聖聽者。陛下於此宜若難處者焉。臣謂太上皇之與陛下。可謂父堯而子舜矣。以聖繼聖推誠委任，豈區區形迹之所可拘，臣下常情之所能測哉！太上皇既以不疑而待陛下，陛下亦宜以不疑而報太上皇。二紀聖政，可遵而行之者非一也。至若因時救弊，有所矯拂，有所更張，宜若舜之所以協堯，武王之所以繼文者，斷然行之，以彰太上皇知子之明，以盡陛下繼述之道。毋若魯陪臣孟莊子之孝而已，則社稷幸甚，天下幸甚。

淳熙七年四月，禮部尚書兼翰林學士周必大上奏曰：臣伏見玉牒所修仁宗皇帝寶元慶曆十年事迹成書，將以期告于祖宗。至日陛下御前殿，奉安之事，禮加重如此。臣知陛下非專以纂述實錄為恭也，正欲為前規而允蹈之也。當是時，仁宗在位已二十年，西夏再盟，中國無事。方且幸龍圖天章閣，手詔輔臣，歷言時政。其大略謂公私匱乏，仕進多門，牧宰罕聞奏最，將帥艱於擇職，制度未密，商權靡臻，屬息難常，啟言少實，各俾條畫以備不虞。又詔翰林學士、三司使、御史中丞、知開封府，陳上數事。開奏左右之朋邪，中外險詐，郡縣承虛，以至法令之未便，新進之衆事，皆附于篇，以備采擇。又御迎陽門，召知制誥、待制至臺諫官等，詢朝政得失，與衆要務，邊防備禦，將帥能否，財賦利害，錢法是非，與夫讒人害政，姦盜亂俗，及防微杜漸之策，悉對于篇。夫以光明盛大之朝，而懍懍然常若危亂在朝夕者，何也？蓋以自古人主在位既久，則怠惰或生；天下已安，則侈驕易至。故以唐太宗身履百戰，肇基王業，馬周猶告之曰：陛下必欲為久長之謀，不必遠求上古，但如貞觀初，則天下幸甚。而太宗亦自問魏徵曰：朕政事何如往年？徵旋有十漸之疏。夫太宗既聖矣，猶待臣下隨事正救，乃克無悔。豈若吾仁宗德盛而愈謙，世治而愈畏，故舉政要，徧詢近臣。此慶曆之盛，所以遠邁貞觀，而垂裕萬年，所以遠過有唐也歟！臣仰惟陛下聰明文武，本乎天縱，克勤于邦，則分陰在所惜；克儉于家，則一毫無妄費。擇任賢能，不間幽遠；聽用規諫，每容戇直；上畏天命，下恤民隱。凡帝王有一于此，足以致治，況陛下兼而有之乎？雖然，行健不已者，天之道也；不息則久者，人之誠也。陛下日謹一日，持二十年，仁宗慶曆維其時矣。臣願因玉牒之書，以遠繩祖武，考初元之詔而益新盛德，使馬周、魏徵無所伸其喙，而貞觀事業不足進於今，則四海何患不一統，太平何患不立？顧陛下留神而已。臣不勝拳拳。

孝宗時，權吏部尚書韓元吉進故事曰：漢書魏相傳：相明易經，有師法，好觀漢故事及便宜章奏，以為古今異制，方今務在奉行故事而已。數條漢興以來國家便宜行事及賢臣賈誼、鼂錯、董仲舒等所言，奏請施行之。奏故事詔書凡二十三事。上施行其策。

臣觀相所言，可謂深達時變而知濟時之要也。蓋一代之治必有一代之宜，所以斟酌損益以為子孫萬世之規，持守而勿失也。昔者三代之盛莫如周，而周之為治，亦曰文武之政，布在方冊而已，豈必遠慕前古哉？豈為不可及哉？宣帝之入繼大統也，號稱中興，魏相為之輔，初無甚高難行之說，非常可喜之論，但欲奉行故事云爾。夫故事者，非他，高文景武已行之善，名卿賢大夫未用之謀，吾悉舉而措之天下國家，則是高文景武之治復見於今，名卿賢大夫猶生於時矣。故其策不過於憂水旱之災，本於農而務積聚，與夫察風俗，舉賢良，平冤獄，圖師旅而備西羌者，僅十數條，譬如良醫之論藥，未嘗廣求奇方異品，厭之目前，斷斷然皆可已疾而去病。用能數十年間，常平既置，而水旱無虞；循吏既多，而郡縣咸理；任于定國之徒治獄，而民自以為不冤；任趙充國之徒治邊，而四夷罔不慕義。功烈巍巍，光于祖宗，其效為何如哉？逮夫元、成以後，徒知用儒之名，不知用儒之實，而當時所謂儒者，亦往往不習世事，不達治體。妄引詩書，改制作禮樂，更易郊廟，爲

務而經國大計漫不加省。孝宣之業衰焉。故臣以謂若相者真識時知變者也

直焕章閣王師愈上奏曰。臣聞自古言無爲而治者。必稽有虞。及以書攷咨岳牧。舉元凱。明四目以廣覽。達四聰以兼聽。一日萬幾兢兢焉業業焉。有虞之君未嘗敢自暇自逸也。百僚師師。庶官無曠。大禹宅揆而亮采。次焉有德而載采。其或靜言庸違者則投之遠裔。而不貸。懲哉之辭訓戒切至。有虞之臣。亦未嘗以不事事爲賢也。錄是以觀有虞之際。后克艱厥后。盡道於其上。臣克艱厥臣。効職於其下。故能自有爲底無爲。後世之君臣乃慕無爲之名。昧有爲之實。端居穆清。怠荒愒日。陳力就列。高談廢務。欲求治効比有虞之隆。豈不惑之滋甚。恭惟真宗皇帝以濬哲之資。撫盈成之運。克自寅畏。欲保治安。法宮之暇。肆筆成書。著勤政論。俗吏辨。以示近臣。煥然之奎。昭回雲漢。大哉之言。表裏六經。勤政論所以自警也。俗吏辨所以勵群工也。終能措當時於泰和雍熙之域。其與有虞之盛異世而同符。所以垂規於後昆者。顧不休哉。陛下紹復大業。適遵聖謨。日新之德。如天行健。厲精研覈以圖天下之務。宵旰焦勞。如恐弗及。於是秉正萬邦[illegible]明百度。仰視真宗皇帝勤政論。可謂允蹈之矣。廓獨斷之明。操馭臣之柄。循名責實。信賞必罰。中外小大之臣。觀感而化。罔不協心竭力。竣事赴功。咸靖共匪懈之風。革苟且怠惰之習。仰視真宗皇帝俗吏辨。亦可以無愧矣。書曰。監于先王成憲。其永無愆。臣切惟陛下爲然。臣抑嘗聞之。人君固欲勤於政矣。或失之叢脞。或流而爲察察。又不可以不戒。人臣固欲敏於事功矣。或邀功而生事。或作聰明而亂舊章。又不可以不察。更惟陛下留神。

師愈又上奏曰。臣聞善圖治之君。凡有猷爲。必遵祖宗之法度。乘其材略不可以大有爲也。蓋念祖宗更事也詳。防患也深。其爲子孫之計也遠。必熟慮周密。俾子孫可以世守。經久而無弊。然後立爲法度。皆有深意存焉。苟不至於極弊大壞。爲之子孫者未易以變更也。詩人稱武王則曰。繩其祖武。稱成王則曰。不愆不忘。率由舊章。以武王成王之德。詩人猶以此稱之。凡欲圖治之君。宜如何哉。惟我國家。藝祖皇帝開創大業。太宗皇帝混一區夏。真宗皇帝撫盈成之運。聖聖相承。重規疊矩。昭若日月之麗天。可謂盡善盡美矣。逮夫仁宗皇帝嗣服。膺圖嚴恭寅畏。慶曆間嘗出御書十三軸。凡三十五事。以示講讀官丁度等。首曰。遵祖宗訓。二曰奉真考業。三曰祖宗艱難不敢有墜。四曰真考愛民。五曰守信義。六曰不巧詐。七曰好碩學。八曰精六藝。九曰謹言語。十曰待耆老。繼之以進靜退。求忠正。懲貪極。保勇將。崇儒籍。議釋老。重良臣。廣視聽。功無遺。戒喜怒。又繼之以明巧媚。分希旨。從民欲。謹滿盈。傷暴露。兵哀鰥寡。民訪屠釣。臣講邊圖。衛辨朋比。斥諂佞。與未察。小忠鑒迎合。罪己爲民。損躬撫軍。一善可求。小瑕不廢。抑又其次也。臣竊惟仁宗皇帝之時。太平極治之功。比隆三代。下視漢之文景。亦由於此。二十五事。非徒言之。寔允蹈之也。陛下光啓中興。奉先思孝。酌古揆今。立政立事。其於祖宗之法度。兢兢焉惟謹。誠得仁宗皇帝之用心矣。更願陛下恪守之。篤行之。將見慶曆之盛。復見於今日。狂瞽之言。輒瀆天聽。措躬無所。

趙汝愚上奏曰。臣一介疎愚。昨者誤蒙聖恩。今權給事中職事。臣伏覩祖宗之制。凡天下事無巨細。未有不經由門下省者。其間事体重大。而或者施行未當。有司自宜隨事論奏。然亦有事体不至重大。朝廷視之雖若甚小。而於一州一縣。乃至一家利害休戚。爲甚重者。有司往往視爲細微。不敢頻瀆天聽。故雖心知其不可。然亦黽勉書讀

行下。日積月累。所損多矣。臣嘗讀國朝會要。伏見元豐五年。更定官制之初。詔門下省凡中書省樞密院文字應駁奏者。若事体稍大。入狀論列。事小。即於繳狀內改正。行下。若事不至大。雖不足論列。其間曲折。難於繳狀內改正者。即具進呈取旨。應改正事送中書樞密院取旨。令三省既合而為一。門下省不除侍中侍郎。惟給事中掌行封駁。其權視前日為輕。凡中書省樞密院文字。既不得具奏進呈。又不得徑而改正。頗失神祖建官之意。臣愚欲望聖慈。依倣元豐詔書。將降睿旨。令後中書省樞密院文字應駁奏者。若事体稍大。依舊入狀論列。外事小。許具事因申中書省樞密院取旨改正。庶幾大綱小紀。無不具舉。亦不至煩瀆天聽。又臣伏見至道元年詔書。樞密院自今除授機密外。凡行宣命。並付封駁司看詳發遣。其後累聖二百餘年。遵守斯制。未嘗改易。始因乾道九年張說在樞庭日。凡所施行政令及

擬進差遣。多用私意。不能遵守條制。深懼有司舉正其失。故敢肆陳臆說。以便其私。初畫降旨揮。除宣命不送門下省點勘外。餘依大觀樞密院條令施行。其機要文字。更不關錄。繼又畫降指揮。令役除轉官差遣合給降告勅及事干財賦。並依舊關錄外。其餘係邊機及軍政。可依舊制。更不關錄。緣此樞密院文字關送門下省者。百無一二。蓋甚失祖宗所以建官立法本意。臣兩嘗具奏乞遵依累朝之法。特降指揮。令後樞密院文字除事干機密不關送中書門下省外。其餘並遵依大觀樞密條令施行。經今累月。未蒙頒降。臣竊惟國家法制上下相維。非惟取便於一時。正欲貽謀於萬世。今陛下聖明在上。洞見微隱。固若無甚害者。然當念祖宗憂勤立法之意。與夫後世子孫循守之計。安得不為之深思長慮也。臣蒙被大恩。義當圖報。既知此事。係關利害。不敢輒避繁瀆。復有奏陳。伏望聖慈檢會臣前奏。蚤賜旨揮施行。天下幸甚。

翰林學士承旨洪遵上奏曰。臣恭聞通者特降睿旨。令三省議設官裒集建炎紹興以來所下詔旨。條列以聞。恪意奉承。以對揚慈訓。臣伏讀感歎。繼以歡忭。不惟仰見陛下恢洪孝治。兢兢嗣服之心。又喜太上皇帝無前之蹟。益以光明。欲致之功。將承厥志。甚盛舉也。臣竊惟太上皇帝身濟大業。紹開中興。三紀之間。厲精為理。其發號出令所以計安元元者。丁寧欵密。至詳至厚。需哉之言。史不絕書。與天地之大德。祖宗之傳政。相為表裏。是以仁術之効。光被民物。躋于登平。然而太上皇帝未明求衣。當饋遐想。猶若永治而弗及者。豈非德意志慮已極其誠。而發諸朝廷。徧於郡國。則有司奉行之不虔。大吏原省之未至。因循苟且。莫之訓齊。故尚煩焦勞之勤。至于今日。此風固存。不可以不察。臣願陛下申飭中外。凡大小之臣。使皆明知陛下聖

孝純至。篤寀家法。一出言。一舉足。不敢忘太上皇帝之訓。庶幾盡革婾習。賁恭舊章。精白承休。共循堯道。以輔成陛下重華協帝之治。天下幸甚。

光宗紹熙元年。吏部員外郎陳傅良上奏曰。臣頃蒙恩賜對。嘗奏三劄。上陳藝祖以得民心受天命。竊以為推行藝祖在人未泯之澤。實在今日。誠不自意一介僭論。偶契聖聰。獎予備至。以臣區區之愚。猶以前說未畢。復為陛下誦之。蓋藝祖之後。天命復集於壽皇聖帝。爰暨陛下。恭惟陛下以藝祖之子孫而修藝祖之故事。此天意也。不識陛下自信足以濟此歟。抑自視過謙而尚疑其難歟。以臣考見肇造之業。其道甚易知甚易行。何者。藝祖治大而不治細。任逸而不任勞。大抵懲五代叢脞之弊。再立朝廷。以還君道。君道得。則朝廷正。朝廷正。則天下理。願陛下勿疑其難也。臣請條一二切於當今之務者。以

備采擇以上書人文字。令知制誥看詳升降以聞。此建隆二年十月詔書也。以次對章奏下尚書省參詳可施行者以聞。此建隆三年九月詔書也。且夫中外論建。非近臣面對。則遠臣封事。皆所以通下情裨治道也。而其患不在於壅蔽。而在於讒嫉。令也以遠臣封事之言付知制誥。則有舍人院任其責矣。以近臣面對之言付尚書省。則有尚書省任其責矣。以為可聽者斯聽之。不可聽者勿聽。則聽者無持疑於衆之嫌。不見聽者無見遺於上之恨。是謂不以主斷廢群議。而無壅蔽讒嫉之患。人主所自擇。毋過臺省長官耳。此道豈不甚易知甚易行哉。伏覩陛下踐祚以來。不信近習而信外廷。不聽游言而聽公論。亦既深得藝祖之意矣。然間者上自侍從臺諫。下至百執事。或臨遣郡國之臣。對揚敷奏。多見嘉納。人人自以為得上意。且行其言。而章往往不下。他所指揮。動亦留滯。廷臣惑焉。且陛下不信近習。不聽游言。必無壅蔽。必無讒嫉。或以為方崇清淨之化。厭於多事而不加省。或以為陛下自去冬違豫以來。聖意常有不釋然者。於是務自寬大而不暇省。二者皆妄窺測也。臣獨自思念。未有以藝祖故事上徹冕旒之聽者。陛下其始自今。凡中外論建。一以建隆詔書從事。不惟君道得而朝廷正。亦足以解廷臣之惑。不亦美乎。由此言之。若法藝祖。但見其易。未見其難。則臣所陳推行藝祖在人未泯之澤。皆非偶然嘗試之說。可以次第舉矣。臣不勝至願。

傅良又上奏曰。臣聞今之獻計者類曰。陛下宜以孝宗為法。太上皇為鑒。臣切以為是說也。唯孝養三宮當如此耳。而非通論也。何者。孝宗盛德大業不可勝紀。固皆足法。若太上皇徒以積憂成疾。浸不視事。不可以為宗廟社稷主。而非其治皆無足法者也。陛下嗣守丕圖。凡所施設。誠參酌兩朝之盛典。擇其為天下後世便者兼行之。則可謂集大成矣。臣淺陋不能盡識兩朝之意。謹以嘗見條上一二。恭惟孝宗銳意恢復。恥於苟安。雖以德壽在宥。不敢姑伐。而追懷陵廟。閔念中原之志。枕戈嘗膽。日不遑暇。訓練儲峙。常若臨敵。此一可法也。早朝晏罷。寒暑不渝。引見臣工。省閱章奏。日了一日。勿問休暇。至於暮夜必宣召入直官。賜坐從容。議論時事。此二可法也。留意人才。求之如弗及。一語契合。立致通顯。所言不酬。始督過之。取舍以公。明白洞達。而無猜慮嫌防之意。此三可法也。儉於用度。一金不以濫予。內帑之積。累數鉅萬。唯是振荒右武。無所愛惜。蓋以天下之財為天下用。而不用諸己。此四可法也。監司帥守見辭之際。咨訪其處民間利病。皆以便民為請。隨即施行。蠲除貸宥。曾無留難。亦嘗黜怨官吏。獨以貪虐獲罪於民者。必罰無赦。此五可法也。臣以為孝宗之治可為法者非一。而陛下宜法此五者。帝王之盛美也。恭惟太上皇每事付之外廷。參於公論。左右便嬖。絕不預政。不唯不聽其言。又禁切之。而金繒酒食之賜。則不吝嗇。此一可法也。八廂羅事之人。置而不用。未嘗狀浮言危動群臣。此二可法也。行都守臣。兩浙漕臣。三總領。所委以士人為之。不以交結。不以誕謾。此三可法也。管軍臣僚及沿邊帥守不以為御前差遣。皆從三省降詔除授。此四可法也。給舍封駁。臺諫論列。雖累上進。終不以言為罪。此五可法也。臣嘗謂太上皇之治可為法者非一。而陛下宜法此五者。亦帝王之盛美也。陛下誠上稽孝宗明斷總攬之政。兼體上皇隆寬不自用之意。則天下可得而理矣。臣所謂集大成者以此。蓋舉偏而補其弊。則能全兩朝之美。矯枉而過其直。則反有一偏之患。臣恐議者不察。妄分取捨。以惑聖聰。敢昧死一言。唯赦其狂愚而采擇之。則天下幸甚。

歷代名臣奏議卷之六十九

歷代名臣奏議卷之七十

法祖

宋光宗時軍器少監兼權侍左郎官劉光祖上聖範劄子曰。臣猥以虛庸待罪冊府，伏見陛下引見群臣，若內若外，各極所對，不倦聽納。臣於此時獲望清光，雖欲竭其愚衷補報萬一，而智慮踈短，自度無以動悟淵聽，使之收拾細故瑣瑣條列，又非臣事君之本心。臣切惟朝廷法度無出祖宗，太祖創業垂統，太宗澄一守成，規模深遠，咸憲具存。臣嘗一二掇其故事，伏而思之，皆國家之宏圖，天下之大慮。臣謹隨事類次分為十節，名曰兩朝聖範。首之以治兵之法，謂兵者國之大事，死生存亡之地，不可以不思也。國家二百餘年而將才絕少，故次之以任將之道。宰相者無所不統，任社稷之憂者也，於是以祖宗選任大臣次之。選任大臣莫先於甄擇侍從，於是以祖宗除用侍從次之。自古賢者在位，能者在職，各有其宜。祖宗之時兩盡其用，故又次之以才能之任。人才之在天下初不乏也，顧所以振作之、選用之為如何耳。故又次之以取人之方。若夫愛惜名器，甄別流品，祖宗所以垂法度者如此。賞不輕用，罰不苟貸，祖宗所以示勸懲者如此。過則使諫，事必先議，祖宗所以達下情者如此。是三者各為一條。至於防微杜漸，鑒前代之失，塞禍亂之原，凡祖宗之為萬世慮者，臣則以是而終其說。臣仰惟陛下臨御已二十年，惟盛德故能孝，惟不息故能勤，惟寡欲故能儉，惟無私故能斷，是以天人和同，朝野少事。陛下修身於九重之中，湯之日新，文王之純亦不已也。然傅說之告高宗必曰念終始典于學，厥德修罔覺，監于先王成憲，其永無愆。臣每念之，今陛下之學至於進修之久，其心日純，而其迹不見，可謂至矣。顧為治嘗有所法，祖宗垂範近而易致，創守之際思之甚精。傅說監

于先王之言，誠當今之要務也。臣愚不佞，初無千慮之一得，可以仰裨聰明，所有兩朝聖範，謹繕寫上進，致臣惓惓。

聖範一。臣觀國家得天下不以兵，而守天下以兵，蓋其親見五代之禍皆生於兵。建都大梁，非有四塞之固，則其勢不得不恃兵以為守。太祖皇帝聰明聖武，未嘗以私怒殺戮一人，至於御兵，紀律最嚴，曾不少貸。建隆元年，荊罕儒與北漢戰于京土原，罕儒戰沒。太祖戮當時之不用命者，黜二將，斬其部下大校二十九人。二年，令殿前侍衛司及諸州長吏閱所部兵，驍勇者升其籍，老弱怯懦者汰之。於是初置剩員以處退卒。又詔釋周朝鎮州諸縣弓箭手千四百輩，以為徒費調給，實不足賴。此非身親戎行，深曉軍事，不能如此決擇之明也。三年，令捜索諸軍亡賴不逞者，悉配海島，姦猾斂迹。是歲大閱西郊，因謂近臣曰：晉

漢以來，衛士不下數十萬，然可用者極寡。朕去其冗弱，又親校其擊刺騎射之藝，今悉為精銳之兵。則太祖之於兵，其簡練至矣。嘗選御馬直三十人隸郭進麾下，與北漢接戰，進以其逗撓斬十餘人以聞。太祖潛遣中使諭進曰：恃其宿衛，親近驕倨不稟令，戮之是也。乾德三年，雄武卒於都下掠人子女，即命捕斬百餘人，京城以安。四年，親閱殿前諸軍武藝不中選者三百餘人，悉補外職。五年，索殿前承旨不逞者百二十六人，分配河東諸州。開寶四年，川班殿直撾登聞鼓訴郊賞不得比御馬直。太祖怒，使人謂之曰：朕之所與，即為恩澤，又安有例哉。斬四十餘人，餘悉配他軍，遂廢其班。時內臣李承進逮事後唐，太祖因問以莊宗英武，何享國不久也。承進對以御軍無法，威令不行，賞賚無節。太祖為之撫髀而歎曰：以茲臨御，誠為兒戲也。夫太祖

豈獨於此少恩哉。竭民以養兵。恃兵以爲國。而軍政不立。秪以召亂。臣嘗觀開寶末年。親征太原。諸班衛士扣頭爭奮。願出死力。太祖曰。汝曹皆我所訓練。無不一當百。所以備肘腋。同休戚也。我寧不得太原。詎忍驅汝曹蹈必死之地乎。皆感泣再拜。然則太祖豈無故而戮人者哉。後之言兵。必以太祖爲法。則其明識深計。不可以不察也。

聖範二。　臣觀本朝名臣不少。而將才最乏。德業之佐。過於漢唐。爪牙之士。不及前代。雖以太祖創業之功。其將帥之可稱者。蓋無幾也。然而任將之道則無加於太祖。何以言之。方太祖之得天下也。內之禁旅則以太宗爲殿前都虞候以掌之。建隆二年。太宗行開封尹。太祖謂殿前衛士如虎狼者不下萬人。非張瓊不能統制。於是始自都頭擢瓊爲殿前都虞候。乾德元年瓊死

以楊義爲之。一日義暴疾失音。太祖幸其第。賜錢二百萬。命義掌軍如故。義雖不能言。指顧之間。衆皆稟令。軍政肅然。然則太祖之知人也亦異矣。然自韓重贇罷而殿前都指揮使闕者凡六年。乃以命義。義時爲殿前都虞候十一年矣。權侍衛步軍司事。王繼勳恃恩驕恣。奪其軍職。命杜審瓊代之。審瓊卒。党進代之。其不輕於委任蓋如此也。外之守邊。則李漢超在關南。馬仁瑀在瀛州。韓令坤在常山。賀惟忠在易州。何繼筠在　州。以拒北虜。郭進守西山。武守琪守晉州。李謙溥守隰州。李繼筠守昭義。以禦北漢。趙贊屯延州。姚內斌屯慶州。董遵誨屯環州。王彥升屯原州。馮繼業屯靈武。以備西戎。或五六年。或七八年。或十餘年。以至二十年不易也。其專兵伐國則獨得曹彬一人。以匡御拔彬。而潘美等不敢仰視。然彬之伐江南也。許以使相爲賞。

及還。則曰。汝爲使相。品位已極。肯復力戰耶。且徐之。更爲朕取太原。因密賜錢五十萬。以全彬伐蜀之後。免黜其功。既克金陵而後語之曰。朕頃以江左未平。慮征南諸將不恃紀律。故抑卿數年。爲朕立法。令以克金陵。還卿節鉞。其爲駕馭之略。非英主不能也。至於得將帥之死力。則如解所服真珠盤龍衣以賜董遵誨。曰。吾委遵誨方面。不以此爲嫌也。爲郭進治第。視親王公主。曰。郭進控扼西山逾十年。使我無北顧憂。我視進豈減兒女耶。二人聞之。感極涕下。夫太祖之任用將帥。大略如此。此其所以削平僭叛。折衝禦侮。而無安得頗牧之嘆也。

聖範三。　臣觀自古興王之君。必有輔弼之臣。起而爲之謀。太祖皇帝神武英略。運天下有餘智。既受周禪。即其舊相范質等而用之。不少疑焉。蓋前古未之有也。質等練習朝廷故事。沉厚精

審。太祖初得大器。則與之共持而守之。人心不驚。天下自定。質相踰年。奏疏曰。宰相者以舉賢爲本職。以掩善爲不忠。呂餘慶趙普富有時才。精通治道。每因款接。備見公忠。是宜受以台司。俾申才用。太祖嘉納其言。後二年。質等罷政。遂相趙普。於是大謀大慮。普得參之。普初以吏道聞。寡學術。太祖每勸以讀書。普由是手不釋卷。君臣之間。講學求治。汲汲如此。普獨相凡十年。沉毅果斷。以天下爲己任。故太祖嘗叱雷德驤曰。鼎鐺尚有耳。趙普吾之社稷臣也。其後凡再相太宗。一日奏疏薦張齊賢曰。防微慮遠。必資通變之才。定難扶危。宜退諂諛之輩。即令同僚共事。無非謹畏清廉。唯於獻替之時。益執謙恭之禮。稍存緘默。寧濟急須。張齊賢頃年特蒙聖知。升於密地。公私識者咸謂當才。歲月未多。出爲外任。向來微有傳聞。咸云奏對過當。凡言大事

須有悔尤。其如義士忠臣。不顧身之利害。齊賢如當重寄。必立殊功。於是太宗復召齊賢為樞密副使。普之識慮深切。蓋知此也。當普之再相也。與呂蒙正並命。而蒙正質厚寬簡。不為黨比。遇事敢言。普甚推許之。蒙正亦凡再相太宗。太宗嘗欲選人使朔方。蒙正退以名上。太宗不許。他日又問。復以前所選對。復不許。他日又問益急。蒙正終不肯易其人。太宗怒投其奏於地曰。何太執耶。必為我易之。蒙正徐對曰。臣非執。蓋陛下未諒耳。臣不欲用媚道妄隨人之意以害國事。乃擿笏俛而拾其書。徐懷之而下。太宗退謂左右曰。是翁氣量我不如。已而卒用其人。號為稱職。方是時也。太宗可謂得任相之道矣。蒙正後罷。遂相呂端。端持重識大體。方奏事時同列多異議。太宗一日內出手札曰。自今中書事必經呂端參酌。乃得奏聞。其後真宗之立。不為

王繼恩等所變。則端之力也。夫祖宗時宰相之任過如此。然趙普自樞密升宰輔。出入三十餘年。未嘗為其親屬求恩澤。蒙正與端清淨寡欲。號稱賢相。當時無譏。後世不議。君臣之義兩盡其極。此足以為法也。

聖範四。　臣嘗論國家欲宰輔得其人。必自擇侍從始。左右皆正人也。就而選焉。其得之必多。左右皆非正人也。就而選焉。其所獲可知也已。臣觀太祖一日謂宰輔曰。北門深嚴。當擇審重者處之。范質以為清介謹厚無若竇儀者。太祖曰。禁中非此人不可。卿當諭朕意。勉再赴職。劉溫叟為中丞者十二年。太祖難其代。溫叟卒於官。太祖曰。必得純厚如溫叟者乃可命也。先是有張去華者。自訴久次。欲與知制誥。張澹較其詞文之優劣。澹雖黜而去華自是凡十六年不遷。梁周翰頗有文辭。太祖欲用為知制誥。周翰微聞之。遽上表謝。太祖復薄其人。不與也。至於太宗擇用侍從。得人最多。竇偁為開封府判官。面折賈琰之諛。太宗為之不樂而罷酒。及即位。思偁。召為樞密直學士。已而大用之。曰。以卿嘗面折賈琰。賞卿之直也。一日用李穆呂蒙正李至並參知政事。張齊賢簽書樞密院事。穆等入對。太宗謂之曰。朕為官擇人。惟恐不當。今兩制之臣十餘。皆文學適用。操履方潔。穆居京府。尤號嚴肅。故茲獎擢。蓋為公也。當是時也。左拾遺王化基抗疏自薦。太宗覽之。謂宰相曰。化基自結人主。誠可賞也。因曰。李沆宋湜皆佳士。即命中書併化基召試。並以為知制誥焉。嘗謂左右曰。詞臣之選。古今所重。每命一詞臣。則必咨訪宰相求才實兼美者。先召與語。觀其器識。然後授之。嘗詔諸王府僚各獻所為文。閱視累日。問近臣曰。其才則見矣。其行孰優。或

以畢士安對曰。正合朕心。遂令掌制也。范杲數致書宰相求入翰林為學士。太宗惡其躁競。終不使居內職。出知濠州。而以畢士安為之。執政言張洎文學久次。不在士安下。太宗曰。第德行不及耳。執政乃退。後又嘗欲召和㠓為之。已而曰。㠓眸子眊眊。胸中必不正。不可以居近侍也。其後乃使錢若水為之。寇準嘗以直史館承詔極言北邊利害。太宗器之。謂宰相曰。朕欲擢用準。當授何官。宰相請用為開封府推官。太宗曰。此官豈所以待準耶。復請用為樞密直學士。良久曰。且使為此官可也。準尋大用。呂端自以前事秦王又事許王。皆有罪當黜。太宗曰。朕自知卿。已而亦用為樞密直學士。端尋復大用。又召向敏中於廣南。一日御飛白書敏中及張詠姓名付宰相曰。此二人名臣也。朕將用之。乃並以為樞密直學士。然則祖宗選用從臣。可為後世

而太宗之際盛矣。蓋至於眞宗仁宗時，宰輔多有拔擢之餘也。

聖範五。臣又嘗論人才不可以一偏取。優於德行則爲賢。優於才智則爲能。國家兼收而並蓄之。無遺才。無廢事。然後爲御之得其術也。臣觀太祖器使才能之士。皆足以鼓舞而興起之。侯陟爲寬句令。以清幹聞。即擢左拾遺知縣事。其後又命陟監本縣屯兵。未浹日。又命爲淮南轉運使。周渭者爲白馬縣主簿。縣大吏犯法。渭即斬之。太祖嘉其才。擢右贊善大夫知永濟縣。而符彥卿憚之。初丁興州。渭通判州事。斬一軍校。戍卒不敢肆。太祖壯之。詔嘉奬焉。方是時也。蜀平未幾。太祖命安守忠者撫和漢中。復自漢中命爲廣漢刺史。太祖每遣使必戒之曰。安守忠在蜀。能自律己。汝見當效其爲人。又命辛仲甫權知彭州。謂之曰。蜀土始平。爾有文武才幹。是用命爾也。後將用兵於嶺南。以

王明爲荊湖轉運使。王師南伐。明知廣南轉運事。嶺道險絕。兵食給足。每下郡邑。收其版籍。固守帑廩。參預軍畫。歸以有功。太祖嘉之。自右補闕擢爲祕書少監領韶州刺史。其後問宰相趙普曰。儒臣中有武幹者何人。普以辛仲甫對。乃徙仲甫爲西川兵馬都監。召見謂曰。汝見王明乎。朕已用爲刺史。汝頗忠淳。若公勤不懈。不日亦當爲牧也。因謂普曰。朕今選儒臣幹事者百餘。分治大藩。縱皆貪濁。亦未及武臣一人也。先是考功郎中段思恭嘗有功眉州。太祖召思恭赴闕。乃詔之曰。馮繼業言靈州非藩帥主之。戎人不服。意謂非我它人不能治也。汝能治之乎。思恭曰。謹奉詔。太祖壯之。復謂曰。唐李靖郭子儀皆出儒生。立大功。豈於我朝獨無人耶。思恭既視事。悉心撫綏。夷落安靜。罔敢剽掠。多有條奏。甚得吏民之情。以是觀之。太祖可謂明於知人。善於任使矣。有李符者知歸州。見轉運司置制有不合理者。符即上言。太祖嘉之。秩滿歸闕。即命符知京西轉運事。且書李符到處如朕親行八字以賜之。令揭於大旗以自隨。符前後條奏便宜凡百餘事。其四十八事皆施行之。復著于令。又有梁夢昇者知德州。繩刺史以法。刺史以事告太祖親信史珪。著圖去之。珪悉記于紙。伺便而言。太祖一日從容言邇來中外所任皆得其人。珪遽曰。今之文臣亦不必皆善。因探囊中所記以進曰。祗如梁夢昇權知德州。欺蔑刺史郭貴。幾至於死。太祖曰。此必刺史所爲不法。夢昇眞清強吏也。取所記紙召一黃門令齎付中書曰。即以夢昇爲贊善大夫。既行。又召還曰。與左贊善大夫。仍知德州。而珪乃不敢言。范質之子旻先知邕州。甚有治效。其後太祖令管當淮南諸州。并淮北徐海沂等州水陸計度轉運

公事。謂旻曰。朕委卿以方面。凡除去民隱。漕輦軍儲。悉許便宜從事。不用一一中覆也。許仲宣亦太祖時所用者也。至太宗時。王師征交州。周渭仲宣並爲轉運使。有敗卒奔還掠民財物。渭捕而戮之。後至者悉令解甲以入。而仲宣便宜班師。不俟報詔。嘉奬之。凡太宗之委用能臣。悉本太祖用范旻知兩浙諸州。以李符知開封府。以辛仲甫知益州。當是時也。陳恕奏三司蠹弊。即擢恕與侯陟王明同判三司。則太宗之所用多太祖之人也。又有如李維清者。王濟者。任中正者。皆公平辦職。而柳開等以文臣知兵。換秩赴功。夫祖宗之用人如此。率皆精強幹治。悉實不欺。蓋非憸巧之徒。行險而僥倖。是以事立而民安也。

聖範六。臣嘗伏思天下之事變無窮。而人才爲有限。每不足以給天下無窮之事變。此古今之所通患也。然而嚴爲之法。不若

廓為之途。譬之水焉。壅則潰敗。決則疏達。臣觀太祖皇帝建隆三年。詔翰林學士文班常參官曾任幕職州縣者。各舉堪為賓佐令錄一人。聽其內舉。而坐以失舉之罪。乾德二年。又詔制舉三科。不限內外職官前資見任布衣黃衣。並許直詣閤門。聽其自薦。是歲。又詔吏部南曹自今常調赴集選人。取其歷任有課績無闕失。而其人才可副升擢者。具名送中書門下引驗以聞。量才甄獎。蓋太祖慮失銓衡之職。止憑資歷。而英俊或沉於下僚故也。五年。又詔諸道節度使留後觀察使各舉部內才職優長。德行尤異者二人。防禦團練刺史各舉一人。當是時也。太祖親試取士。抑權貴之僥倖。開孤平之進取。是以太宗即位之始。思欲廣振淹滯。則謂侍臣曰。朕欲博求俊乂於科場中。非敢望拔十得五。止得一二。亦可為致治之具矣。於是進士得呂蒙正

以下一百九人。而甲乙之科。悉為監郡。宰相言取人太多。用人太驟。而太宗不之進也。蒙正等辭。又特召令升殿諭之曰。到治所事有不便於民者。疾置以聞。由此觀之。祖宗創守之初。思得多士。布列中外。其選拔蓋如此也。其後太宗或詔從臣。或詔監司。或詔州牧。或詔四品。或詔五品。各令舉人。嘗謂宰相曰。國家選才最為切務。人君深居九重。何由徧識。必須搜訪。苟稱善者多。即是操履無玷。若擇得一好人。為益無限。嘗詔李昉楊徽之等十一人舉三司判官及轉運使各一人。又詔蘇易簡陳恕魏庠寇準趙昌言等各舉堪任京官二人。又詔左司諫呂文仲等九十七人。各舉五千戶以上縣令二人。當是時。民務豐庶。天下少事。太宗聽政之暇。悉索兩省兩制清望官名籍。閱孰士有德望者。悉令舉官。他日又謂呂蒙正等曰。求賢之要。莫若責之舉主。因詔蒙正以下至知制誥。各舉有器業可任以事者一人。他日有司奏諸州闕官五十餘員。又詔尚書左丞李至等八十四人舉廉恪有吏幹者各一人補之。因謂宰相臣卿等職在掄才。今令朝臣舉官。已為遂末。苟更不擇舉者。何以得人。至哉斯言。可謂得取人之要矣。王禹偁羅處約皆以南一縣令耳。聞其名並召而試之。擢為直史館。錢若水同州推官耳。聞其事。亦召而試之。又擢為直史館。未幾。太宗之選用庶僚也。皆引對而觀之。時加超擢焉。然又慮其矯飾冒進也。則復送中書門下考其履歷而進退之。故嘗與呂蒙正言曰。治世無事。人才難知。蒙正對曰。送試事任。則能否洞分。人之善惡。終不能掩。久則彌著。苟暫聞善惡。或涉愛憎。恐誤任使。故必久而察之。則賞罰無濫。太宗善之。以是而觀。則當時羅網天下之士。取之若易。而試之則精。夫

太宗之作人。非特為一時之用也。自是皆砥礪洗濯。彬彬華出矣。

聖範七。臣聞名器不可以妄假。而流品不可以私徇。毋為之漸。其勢將長。毋為之基。其事將成。是以祖宗於紀綱法度維持之際。不敢少壞其隄防者。所以為後世慮也。臣觀太祖皇帝開寶中。詔流外選人經十考當入令錄者。必引對。乃得注擬。至於驅使散官伎術之流。資考雖多。不在注擬之限。其後教坊使衛德仁以老請外官。援同光故事。求領郡。太祖曰。用伶人為刺史。此莊宗失政。可効之耶。宰相擬上州司馬。太祖曰。上佐乃士人所處。資望甚優。亦不可輕授。此輩但當於樂部遷轉耳。太祖一言。而世守以為法。太宗皇帝時有陳舜封者。父為伶官。以罪黥流。後舜封舉進士及第。為縣主簿。轉運使言其通習法律。宰相以

廷評授之因奏事言辭捷給舉止類俳優太宗問誰之子也舜
封自言其父太宗曰此真雜類豈得任清望官蓋宰相不爲國
家澄汰流品於是遂以爲殿直也先是中書吏有以舉學究及
第者已而太宗知之令追奪所授勑牒勒歸本局謂侍臣曰科
級之設待士流也豈容走吏冒進因下詔禁絶之至道二年中
外官以郊祀當進秩有白州刺史錢昱者始自吳越歸朝自陳
嘗習文藝求改秩除祕書監後遷工部侍郎已而連試郡無善
政至是太宗謂宰相曰錢昱貴家子無檢操不宜任丞郎乃以
爲郢州團練使於是宰臣等言章慶推恩南北省及憲官不可
以它官循資遷授惟登進士第有文學者可膺是選也又詔伎
術官見任京官者自今遇慶澤但加勳階不得擬常參官而諸
科登第者所選官亦不得與進士比其嚴如此初五品以上官

任子皆攝太祝太宗謂宰相曰晉梁之後子孫任者多至四五
人而章慶之際中書又皆授以攝官未幾即補正員不下數年
遂通朝籍此其弊政亟宜革之詔自今止賜同學究出身准法
選集當是時也國家甚彊中外和樂優恩濫秩未甚有害而太
宗聰明守太祖之遺意君臣之間講求裁節不以天下之私情
輕壞國家之公器然則朝廷之上所宜推此類以行之塞僥倖
之門開公正之路而誰敢不聽也

聖範八 臣嘗論人臣食君之祿任君之事因事而有勞則人臣
所當然之分也食君之祿任君之事因事而有罪則所不當然
之分也分之所當然何賞之可幸分之所不當然何罰之可貸
臣觀祖宗之用賞罰也非可勸之功則不賞非可議之罪則不
貸臣嘗攷之建隆二年導閔水與蔡水合貫京師南歷陳潁達

壽春以通淮右命右領軍衛上將軍陳承昭督丁夫數萬以治
之浚五丈渠自都城北歷曹濟及鄆以通東方之漕命給事中
劉載督丁夫三萬以治之又命陳承昭於京城之西夾汴河造
斗門自滎陽鑿渠百餘里引京索二水絶流于汴東匯于五丈
河以便東北漕運此三役者史不書其賞也後數月又命承昭
塞滑決河役成賜錢三十萬不聞賞其官也乾德元年又命
承昭鑿池於朱明門外引蔡水注之造樓船百艘以習水戰二
年又命承昭鑿渠自長社引潩水至京合閔河閔河之漕益通
四年河決滑州詔殿前都指揮使韓重贇馬步軍都頭王廷乂
等督士卒丁夫數萬人治之開寶元年增修京城又詔王廷乂
護其役凡此數役者史不書其賞也是歲大内營繕俱畢亦不
書其賞也五年河大決澶州發諸州兵及丁夫凡五萬人塞之

命 州團練使曹翰往督其事未幾河所決皆塞亦不書其賞
也太祖時征伐諸國兵器精甚後世莫及也當是時獨委一魏
丕掌之自初即位授丕作坊副使丕在職甚盡力居八年始還
正使至開寶春仍典作坊而始以丕領代州刺史也然則太祖
時人臣盡瘁事功如此而賞不可妄得非太祖寡恩也人臣分
之所當然而一一賞之則人心惟有幸賞耳將皆以奔競得之
而賞不足以勸矣至其用罰也臣又嘗考之建隆二年內酒坊
火工徒突入三司太祖怒以酒坊使左承規副使田處岩縱其
下爲盜並棄市館陶民詣括田不實本縣令程迪決杖流海島
而給事中常準括田使也奪兩官免之譴本縣令李瑤以括田
受贓而右贊善大夫申文緯受詔按田不之察瑤杖死文緯除
籍爲民也三年右衛率府率薛勳掌常盈倉受民租槩量重詔

免勳官流徙之。當是時也。在官犯贓者雖去官已久。而事覺猶坐。非太祖深於用法也。人臣分之所不當然。而一貪之。則人心惟有幸免耳。將皆貪暴殘民。而罰不足以懲矣。在太宗時。其用賞罰也亦然。淳化元年。採訪使言知白州蔣元振清苦勵節。民便其政。秩滿。遞轉運使乞留凡七八年不得代。太宗嘉嘆久之。詔賜元振絹三十匹。米五十石而已。又言知須城縣姚益恭不施鞭朴。境內大治。民數千人。三遞轉運使乞留。惟恐其去。亦賜絹三十匹。米二十石耳。當是時。以勞增秩者鮮矣。至殿直李謌坐監牧許州盜官蒭一百五十石。馬死者千五百疋。則擯遠闕下。并內侍梁守忠及主吏三人。悉斬于市。太宗之懲贓吏也。未嘗少貸。少府監請配役人郭晃等九輩。昔任京朝官。會赦當敘。太宗曰。晃等贓吏。不可復齒仕籍。止令釋遣之。吏部選人以

郊赦免選。悉集京師。太宗曰。並放選。則負罪者幸矣。無罪者何以旌勸。乃令經侍殿之官。守常選也。夫太祖太宗以賞功罰罪為政令之紀綱。是以賞行而人知勸。罰行而人知懼。雖其後累聖相承。率本忠厚。然而賞必加有功。罰不失有罪。雖重輕不同而其歸一也。

聖範九。 臣聞天子者當以天下之目視。以天下之耳聽。以天下之口使言。以天下之心使思。然後利害畢達。休戚畢陳。善善惡惡。是是非非。然後可以不亂。太祖皇帝神聖豁達。不自掩蓋。初詔五日內殿起居百官以次轉對。並須指陳時政得失。朝廷急務。或刑獄寃濫。百姓疾苦。咸許采訪以聞。仍須直言其事。不在廣有牽引。或事關急切。則許非時詣閤上章。此建隆三年詔也。乾德四年。又詔曰。國家選用時才。參掌郡計。貨泉所聚。職任尤繁。所冀得人。俾各陳力。雖思不出位。勿侵官局之權。而知無不為。共濟公家之務。或綱條有所未正。利害有所未明。正期開善以相規。安可不言而自守。自令三司使所行事或未當。本判官並應執諮。所執理明。而三司使不從。則許面奏。或事有已經數奏。獲旨施行而未通便。亦許指陳。若本判官避事不言。許它部判官及逐路轉運使直具利害聞奏。其或因而更改。頗協便益。並充課績。若明知利害。循嘿不言。則嚴罰隨之。由是觀之。太祖皇帝時直言得失。不為訕上。明辯是非。不為侵官。所以盡事理而究下情也。至太宗皇帝在位。田錫以進諫為己任。太宗以納諫為盛德。方錫為盧多遜所不悅。出為河北南路轉運副使也。因入辭。進封事。論軍國要機者一。朝廷大体者四。太宗賜詔荅之。且云。自令有所見聞。無辭獻替。其後復自相州上疏言方令

僥榷貨財。網利太密。躬親機務。綸旨稍頻。復有未喻聖意之事三。奏請可行之事二。其後又自睦州上疏曰。近陛下有朝令夕改之事。由制敕初行時有未當。而無人封駁者。給事中之過也。陛下有拾近謀遠之事。由言動所為未合至理。而無人敢諫諍者。是左右拾遺補闕之過也。又曰。加以時久升平。天下混一。致陛下謂升平自得。資陛下以功業自多。日還月移。浸成聖性。左取右奉。無非睿謀。又曰。臣下言之。則謂之封章。陛下行之。則出為法令。法令可簡而不可使繁。制度可久而不可屢變。變易不定。是彰思慮之不精。繁多難從。是令手足之無措。其後入為知制誥。復奏疏論邊事曰。今之禦戎。無先於選將帥。既得將帥。請委任責成。不必降以陣圖。不須授之方略。又曰。前年出師。命曹彬以下欲取幽州。是失利用賀令圖之輩惑悞聖聽。陳畫謀策。

而宰臣昉等不知。去年招致義軍劉配軍分。宰相普等亦不知之。豈有議邊陲發師旅。而宰相不預聞。今宰臣普三入中書弼出藩鎮。人所具瞻事無不歷。乞陛下以軍旅之事。機密之謀。悉與籌畫盡其機畫。此乃國家大体。君父至公。又曰。以臣所見小小公事。不勞陛下一一用心。若以社稷之大計。為子孫之遠圖。則在乎舉大略求將相務帝王之大體也。錫前後所陳深切。載在史冊。足以彰太宗受言之美。方是時也。太宗以補闕拾遺時多循嘿失建官本意。於是改為左右司諫左右正言。俾職業之是脩。期名實之相副。其後右正言謝泌數奏章論時政得失。太宗嘉其忠蓋。擢左司諫。賜金紫并錢三十萬。泌一日得對便殿。復面加賞激。泌謝曰。陛下從諫如流。故臣得竭誠。昔唐亦有孟昭圖者。朝上諫疏。暮不知所在。前代如此。安得不亂。太宗勸客久之。夫祖宗聖德。豈群臣之敢窺。而其舉受忠諫無一善之不錄。然則舍己從人。同堯舜之所以為大也。

聖範十。　臣嘗謂自古禍亂之萌有三。而宗社之本有一。強臣擅兵。外戚預政。中常侍用事。三者皆前古禍亂之萌也。付託神器。厚重而深固。一者宗社之本也。祖宗時塞其萌而培其本。臣請得歷言之。太祖皇帝既誅李筠等。一日召趙普問曰。天下自唐季以來。數十年間。帝王凡易八姓。戰鬪不息。生民塗地。其故何也。吾欲息天下之兵。為國家長久計。其道何如。普曰。陛下之言及此。天地人神之福也。此非它故。方鎮太重。君弱臣強而已。今所以治之。無他奇巧。惟稍奪其權。制其錢穀。收其精兵。則天下自安矣。時石守信王審琦等皆太祖故人。各典禁衛。普乘間數言之。請授以它職。太祖曰。彼等必不吾叛。卿何憂。普曰。臣亦不憂其叛也。然熟觀數人者。皆非統御才。恐不能制服其下。苟不能制服其下。則軍伍間萬一有作亂者。彼臨時亦不得自由耳。太祖悟。於是召守信等飲酒。諭以安危禍福之理。明日皆稱疾請罷。於是乃漸消藩方之權。收其精兵聚之京師。國家二百餘年無強臣擅兵之禍者。由制之得其道故也。杜太后聰明有智度。每與太祖參決大政。杜審瓊太后之兄也。與其弟審肇審進家于常山。太后無恙時。審瓊嘗一見。置酒萬歲殿上。太祖與太宗以元舅故皆捧觴列拜稱壽。其尊禮不過如此而已。昭憲升祔且一年。始悉召赴闕。皆命為大將軍。然並致仕。賜第京師。其後特命審瓊代王繼勳軍職耳。未嘗及以政也。國家二百餘年無外戚預政之禍者。亦由制之得其道故也。太祖時。左右內臣不過五十餘員。止令掌宮掖中事。或不得已將命而出。止令幹一事。不得妄採聽他事奏陳。又詔年三十以上聽養一子。所以裁之者至矣。至太宗時。王繼恩以平賊之功。中書議欲以為宣徽使。太宗曰。朕讀前代史書多矣。不欲令宦官干預政事。宣徽使執政之漸也。止可授以它官。宰相懇言繼恩功大。非此不足以賞。太宗怒。深責宰相。因別建宣政使名以授之。先是通進銀臺司隸樞密院。凡內外覆奏文字。必關二司。然後奏御。外則內官及樞密吏掌之。內則尚書內省籍其數以下有司。或行或否。莫得而糾察也。太宗始詔宣徽北院聽事為通進銀臺司。命向敏中張詠同知二司公事。然則祖宗之良法美意。所以杜中常侍用事之漸又如此也。三者皆自古禍亂之萌。而太祖太宗深思遠慮。遏塞其原。至於付託神器。厚重而深固。又足為萬世之法。且太祖藏誓書於金匱之事。非漢唐之君所能及也。至於太宗初置皇子侍讀。其後又爲諸王及皇子府初置諮議翊善侍講等官。以王適姚坦那昺等十人爲之。嘗謂宰相曰。道有人上章言及儲貳者。國家宗祀。豈不在心。朕於諸子常加訓勵。令寮屬悉擇良善之士。至於輿臺皁隸之輩。並朕親選。不欲令姦憸佞人在左右。更待三五年後。各漸成長。朕於廣驅必使得宜也。其後以壽王爲皇太子。喬維嶽楊礪爲諭德。楊徽之畢士安爲庶子。李至李沆爲賓客。賓客見太子如師傅之儀。太子見必先拜。動皆諮詢焉。京師之人見太子者皆喜躍曰。眞社稷之主也。夫祖宗知天下之本。在此。察天下之禍在彼。是以防微杜漸深計而極慮之也。

蔡戡上奏曰。臣聞堯傳之舜。舜傳之禹。皆曰。允執厥中。書贊舜曰。重華協于帝。贊禹亦曰。祗承于帝。堯舜之所傳。舜禹之所承。莫非一道。

故堯舜爲五帝之盛帝。大禹爲三王之顯王。後聖有作。不可企及。恭惟高宗皇帝。茂建中興。勤勞三紀。親以天下授之壽皇聖帝。壽皇嗣守丕基。勵精二十有七年。親以天下傳之陛下。陛下父子相繼揖遜相承。又非堯舜禹所能比擬。亘古未有。可謂盛矣。三聖授受之際。心傳之妙。愚臣不可得而聞。竊讀隆興詔書有曰。凡今日發政施仁之目。皆得之問安視膳之餘。乃知壽皇動以高宗爲法。然則壽皇之治又陛下之所當取法也。壽皇誠心愛民。出於懇惻。凡有水旱。尤軫聖懷。如救焚拯溺。唯恐或後。不吝倉廩府庫。以賑濟之。勤卹民隱。視之如傷。此壽皇之仁也。壽皇奉事北宮。孝敬曲盡。朝以五日。歲時躬率百官。親奉玉卮。上千萬壽。以修大慶。自奉甚薄。極天下以爲養。猶懼不至。此壽皇之孝也。壽皇勵精爲治。每日視朝。未嘗暫廢。親覽章疏。朝奏夕報。不時宣召儒臣講論經理。詢訪治道。此壽皇之勤也。壽皇以儉約先天下。在位日久。宮室苑囿無所增益。飲膳服御悉從裁損。知天下之賦租。乃生民之膏血。未嘗妄費濫予。此壽皇之儉也。壽皇遴選將帥。分任邊閫。講明軍政。簡練師徒。蜀道地最重。去朝廷最遠。尤切西顧。曩嘗闕師。亟命大臣鎭撫之。責以近期。星馳而往。所以修武備。重邊寄者如此。壽皇待遇臣鄰。黜陟有序。進退有禮。縱有顯惡必待人言游至。然後譴斥。與衆共之。示天下以至公。所以勸臣下勵風節者如此。壽皇獎借言者。導之使諫。其人未必皆賢。所言未必皆是。壽皇不憚舍己而從之。所以廣言路。振紀綱者如此。壽皇愛惜名器。不以假人。凡有除授。未合公論。給舍繳駁。無不聽從。所以吝爵賞抑僥倖者如此。壽皇聖政。載之簡牘。播之天下。不可具舉。此數者其大要也。臣願陛下深念壽皇付託之重。凡事親修身。立政用人。一以壽皇爲法。則三聖之治。如出一轍。傳之無窮。施之罔極。於舜禹有光

矣。實惟宗社無疆之休。天下幸甚。

戡又上奏曰。臣聞事有見於載籍者。不若傳聞之詳。得於傳聞者不若親見之審。祖宗之政。布在圖史。班班可考。然未若孝宗之治。陛下之所親見。孝宗聖政。天下能誦之。難以悉舉。凡事親修身。立政用人。皆可爲萬世子孫家法。陛下嗣守丕基。遵奉成憲。罔敢墜失。孝宗所以貽厥孫謀。陛下所以繩其祖武者。可謂兩得之矣。太上皇帝在位未久。率循舊章。然高世之行有二。自古甚盛德之君。鮮能及之。太上馭下以嚴。未嘗假以詞色。凡有小過。必加譴逐。人人重足而立。不敢撓法干政。紀綱整肅。中外清明。此太上之義德也。太上聖度包荒。容受直諫。雖犯顏逆指。自敵己以下不能堪者。太上怡然受之。不以爲忤。未嘗罪一言者。此太上之容德也。二者可爲法於萬世。抑又陛下之所親見。臣願陛下動法孝宗。至如太上皇帝馭下納諫之美。尤當

守而勿失，則三聖之治，如出一轍。傳之無窮，施之罔極。於祖宗有光矣，實惟宗社無疆之休。

元世祖時，趙天麟上策曰：臣聞繩祖武以受天祐者，武王之繼於文也。兼三王以施四事者，公旦之忠於周也。高宗之命傅說曰：迪我高后，以康兆民。仲尼告之曾子曰：無念爾祖，聿修厥德。何祖宗之皆可法，而子孫之不敢忘哉。蓋祖宗所以立業，子孫所以守成。立業者須備於三理四維，守成者亦須於三理四維故也。夫道不足以御天下之衆，豈能得天下哉。德不足以一天下之心，豈能服天下哉。仁不足以恃天下之施，豈能安天下哉。志於道，據於德，依於仁，此之謂三理。然後行之以乾健，柔之以坤順，斂之以廉勇，和之以咸感，此之謂四維。理以理之，維以維之，乃能立萬世子孫帝王之業也。或者以平亂右武，持盈右文，攻守非一途，動盪有萬變，執陳迹以調政者，猶膠柱而調絃，拘舊章而求治者，如刻舟而求劍，將致絃不可調，劍不可求，而勞心無益也。臣竊以爲不然。臣之所言者理也，彼之所知者事也。自萬事之殊，而歸乎一理之同，豈有不合者哉。我聖朝太祖之立業也，英雄入彀，俊乂圖功，駕福氣以長驅，爍天光而下照，強梁之子，懾氣吞聲，悖逆之徒，糜軀碎首。禮以定慶賞，義以制刑罰，慶賞以厲功能，刑罰以加非辟。上順天時，下協人欲。凡此皆志於道也。金行既降，水運方來，冠一家天子之先，玉應四海人民之嘉會。風塵未息，雨露常濡，已服者返舊業而安居，未服者不得已而致討。凡此皆據於德也。袖攜三尺，力拯群生，奮遐方沙漠之龍，庭居歷世帝王之封域。雖未暇並顧其禮樂，然莫非暗運於權衡，貽厥孫謀，面稽天若。凡此皆依於仁也。而又不遑啓居，居常戒飭，握乾符而大有，總師衆以同人，翼翼兢兢，戰戰，豈非健乎。達宜處事，捨己從人，不先事以啓後悔之門，不後時以虧先見之哲，豈非順乎。果於濟世，信於立言，符契有結繩之淳風，戈甲有無敵之利用，豈非勇乎。恩波旁溢，化日高明，方其道行也，聖心開江北之區；及祚盛也，神孫定江南之地。七八九六，無思不服，億兆三千，惟時各遂，豈非咸乎。伏望陛下求言孝思，孝思維則，保太平之廣業，覽聖祖之宏規，布于方維，宣昭令典，頒諸史館，庸播皇風，移向時平亂之端，爲今日守成之具，以極天下之望，以盡陛下之孝，不亦可乎。道以修身，德以御世，仁以撫民，健以還義，順以理性，勇以改過，咸以結人。三理理乎內，四維維乎外，宗廟常享其祭，陛下常奉其祀，卿士常守其職，小民常託其庇，非但遹追來孝，亦所以垂裕後昆也。

仁宗皇慶元年，翰林學士承旨劉敏中上奏曰：臣某等言：蓋聞人臣以報國爲忠，効忠以進言爲先。況臣等以衰暮之年，遭逢聖運，首膺寵召，過荷異恩，不有一言，將何以報。竊惟天育萬物，物不能自理，付之天子。天子理萬物，不能獨爲，付之中書。中書所以行天子之令，而裁理萬物者也。其事權不可不專，猶慮有缺焉。於是置御史臺，臺執憲以繩之。繩之者，所以成之也。其紀綱不可不振，苟中書之事權不分，憲臺之紀綱不沮，天下無難事矣。故聖王無爲，無爲者得其要也。其要奈何，省臺是已。臣等前陳八事，既嘗言之矣。欽惟皇帝陛下，聰明知睿，出于生知，寬仁慈愛，發乎至性。爰自潛邸，至踐東闈，再剪巨姦，一匡宗社，其規摹注措，固已有在矣。即位之日，遵述世祖皇帝成憲，頒降明詔，播告天下，丁寧切至，聞者感動。其於利民去弊之道，至矣盡矣。至謂除樞密院、御史臺、徽政院、宣政院各依舊制，其餘諸衙門及近侍人等，敢有擅自奏啓中書政務者，以違制論。又至元三十年已後諸衙門改陞，勑設并多餘員數，非世祖皇帝之制者，從省臺分揀减併降罷詳此二條聖意之所以假權中書畀重憲臺者昭然可見何者急於圖治耳。是以中外拭目欣覩太平。然臣等愚謬過計猶有不得不冒罪為陛下言者。夫欲得而患失與喜而奪悲人情之所同也。今當分揀減降之始其患失而悲奪者為不少矣。慮或萋斐之言伺便而入。浸潤膚受之愬歸省臺倘省臺一搖。政本隨易必至上煩聖慮。下紊諸司。在於遠圖所繫甚大伏願陛下。弘乾坤之量廓日月之明謹更始之方。守已頒之制提綱挈要確然不移。使微漸之萌蘖遏潛弭如此事權自一。紀綱自振。庶政萬幾不勞而理陛下雍容高拱坐撫至治享萬斯年無為之樂。臣等之願也。干冒天威不勝恐懼

歷代名臣奏議卷之七十

歷代名臣奏議卷之七十一

儲嗣

晉侯使太子申生伐東山皐落氏。里克諫曰。太子奉冢祀社稷之粢盛。以朝夕視君膳者也。故曰冢子。君行則守。有守則從。從曰撫軍。守曰監國。古之制也。夫帥師專行謀誓軍旅君與國政之所圖也。非太子之事也。師在制命而已。稟命則不威。專命則不孝。故君之嗣適不可以帥師。君失其官。帥師不威。將焉用之。且臣聞皐落氏將戰。君其舍之。公曰。寡人有子。未知其誰立焉。不對而退。

趙王立周紹為傅。曰。寡人始行縣過番吾當子為子之時。踐石以上者皆道子之孝。故寡人問子以璧遺子以酒食。而求見子。子謁病而辭。人有言子者曰。父之孝子君之忠臣也。故寡人以子之智慮為辯足以道人。危足以持難。忠可以寫意信可以遠期。詩云。服難以勇。治亂以智。事之計也。立傅以行教少以學義之經也。循計之事失而不累。訪議之行窮而不憂。故寡人欲子之胡服以傅王子。周紹曰。王失論矣。非賤臣所敢任也。王曰。選子莫若父。論臣莫若君。君寡人也。周紹曰。立傅之道六。王曰。六者何也。周紹曰。智慮不躁達於變。身行寬惠達於禮。威嚴不足以易於位。重利不足以變其心。恭於教而不快。和於下而不危。六者傅之才。臣無一焉。隱中不竭臣之罪也。傅命官以煩有司吏之恥也。王請更論。王曰。知此六者。所以使子。周紹曰。乃國未通於王之胡服。雖然。臣王之臣也。而王重命之。臣敢不聽命乎。再拜賜胡服。王曰。寡人以王子為子任。欲子之厚愛之。無所見醜。御道之以行義。勿令溺苦於學。事君者順其意不逆其志。事先者明其高不倍其孫。故有臣可命其國之祿也。子能行是以事寡人者畢矣。書云。去邪勿疑。任賢勿貳。寡人與子不用人矣。遂賜周紹胡服衣

遣真帶黃金師比以傳王子

楚恭王多寵子而世子之位不定屈建曰楚必多亂夫一兔走於街萬人追之一人得之萬人不復走分未定則一兔走使萬人擾分已定則雖貪夫知止今楚多寵子而嫡位無主亂自是生矣夫世太子者國之基也而百姓之望也國既無基又使百姓失望絕其本矣本絕則撓亂猶兔走也恭王聞之立康王為太子

漢高祖十二年欲以趙王如意易太子太傅叔孫通諫上曰昔者晉獻公以驪姬之故廢太子立奚齊晉國亂者數十年為天下笑秦以不早定扶蘇令趙高得以詐立胡亥自使滅祀此陛下所親見今太子仁孝天下皆聞之呂后與陛下攻苦食淡其可背哉陛下必欲廢嫡而立少臣願先伏誅以頸血汙地高帝曰公罷矣吾且戲耳叔孫通曰太子天下本本一搖天下振動柰何以天下為戲高帝曰吾聽公言及上置酒見留侯所招客從太子入見上乃遂無易太子志矣

文帝二年正月有司言曰蚤建太子所以尊宗廟請立太子上曰朕既不德上帝神明未歆享天下人民未有嗛志今縱不能博求天下賢聖有德之人而禪天下焉而曰豫建太子是重吾不德也謂天下何其安之有司曰豫建太子所以重宗廟社稷不忘天下也上曰楚王季父也春秋高閱天下之義理多矣明於國家之大體吳王於朕兄也惠仁以好德淮南王弟也秉德以陪朕豈為不豫哉諸侯王宗室昆弟有功臣多賢及有德義者若舉有德以陪朕之不能終是社稷之靈天下之福也今不選舉焉而曰必子人其以朕為忘賢有德者而專於子非所以憂天下也朕甚不取也有司皆固請曰古者殷周有國治安皆千餘歲古之有天下者莫不長焉用此道也立嗣必子所從來遠矣高帝親率士大夫始平天下建諸侯為帝者太祖諸侯王及列侯始受國者皆亦為其國祖子孫繼嗣世世弗絕天下之大義也故高帝設之以撫海內今釋宜建而更選於諸侯及宗室非高帝之志也更議不宜子某最長純厚慈仁請建以為太子上乃許之因賜天下民當代父後者爵各一級

時鼂錯上書言人主所以尊顯功名揚於萬世之後者以知術數也故人主知所以臨制臣下而治其眾則群臣畏服矣知所以聽言受事則不欺蔽矣知所以安利萬民則海內必從矣知所以忠孝事上則臣子之行備矣此四者臣竊為皇太子急之人臣之議或曰皇太子亡以知事為也臣之愚誠以為不然竊觀上世之君不能奉其宗廟而劫殺於其臣者皆不知術數者也皇太子所讀書多矣而未深知術數者不問書說也夫多誦而不知其說所謂勞苦而不為功臣竊觀皇太子材智高奇馭射伎藝過人絕遠然於術數未有所守者以陛下為心也竊願陛下幸擇聖人之術可用今世者以賜皇太子因時使太子陳明於前唯陛下裁察上善之於是拜錯為太子家令

武帝時壺關三老茂上書曰臣聞父者猶天母者猶地子猶萬物也故天平地安陰陽和調物乃茂成父慈母愛室家之中子乃孝順陰陽不和則萬物夭傷父子不和則室家喪亡故父不父則子不子君不君則臣不臣雖有粟吾豈得而食諸昔者虞舜孝之至也而不中於瞽叟孝己被謗伯奇放流骨肉至親父子相疑何者積毀之所生也由是觀之子無不孝而父有不察今皇太子為漢嫡嗣承萬世之業體祖宗之重親則皇帝之宗子也江充布衣之人閭閻之隸臣耳陛下顯而用之銜至尊之命以迫蹵皇太子造飾姦詐群邪錯謬是以親戚之路隔絕而不通太子進不得上見退則困於亂臣獨冤結而亡告不忍忿忿之心起而殺充恐懼逋逃子盜父兵以救難自免耳臣竊以為無邪心詩云營營青蠅止于藩愷悌君子無信讒言讒

言周擾交亂四國往者江充讒殺趙太子天下莫不聞其罪固宜陛下不省察深過太子發盛怒舉大兵而求之三公自將智者不敢言辯士不敢說臣竊痛之臣聞子胥盡忠而忘其號比干盡仁而遺其身忠臣竭誠不顧鈇鉞之誅以陳其愚志在匡君安社稷也詩云取彼譖人投畀豺虎唯陛下寬心慰意少察所親毋患太子之非亟罷甲兵無令太子久亡臣不勝惓惓出一旦之命待罪建章闕下書奏天子感寤

宣帝時太子外祖父特進平恩侯許伯以為太子少白使其弟中郎將舜監護太子家上以問疏廣廣對曰太子國儲副君師友必於天下英俊不宜獨親外家許氏且太子自有太傅少傅官屬已備今復使舜護太子家視陋非所以廣太子德於天下也上善其言

元帝竟寧元年上寢疾傅昭儀及定陶王常在左右而皇后太子希

得進見上疾稍侵意忽忽不平數問尚書以景帝時立膠東王故事是時太子長舅陽平侯王鳳為衛尉侍中與皇后太子皆憂不知所出駙馬都尉侍中史丹以親密臣得侍疾候上間獨寢時丹直入卧內頓首伏青蒲上涕泣言曰皇太子立積十餘年名號繫於百姓天下莫不歸心臣子見定陶王雅素愛幸今者道路流言為國生意以為太子有動搖之議審若此公卿以下必以死爭不奉詔臣願先賜死以示群臣天子素仁不忍見丹涕泣言又切至上意大感喟然太息曰吾日困劣太子兩王幼少意中戀戀倚不念乎然無有此議且皇后謹慎先帝又愛太子吾豈可違指駙馬都尉安所受此語丹即卻頓首曰愚臣妄聞罪當死上因納謂丹曰吾病寖加恐不能自還善輔導太子毋違我意丹噓唏而起太子由是遂為嗣矣

哀帝時司隸解光奏言趙昭儀傾亂聖朝親滅繼嗣請事窮竟議郎耿育上疏言臣聞繼嗣失統廢適立庶聖人法禁古今至戒然太伯見歷知適逡循固讓委身吳越權變所設不計常法致位王季以崇聖嗣卒有天下子孫承業七八百載功冠三王道德最備是以尊號追及大王故世必有非常之變然後迺有非常之謀孝成皇帝自知繼嗣不以時立念雖末有皇子萬歲之後未能持國權柄之重制於女主女主驕盛則耆欲無極少主幼弱則大臣不使世無周公抱負之輔恐危社稷傾亂天下知陛下有賢聖通明之德仁孝子愛之恩懷獨見之明內斷於身故廢後宮就館之漸絕微嗣禍亂之根迺欲致位陛下以安宗廟愚臣既不能深援安危定金匱之計又不知推演聖德述先帝之志迺反覆校省內暴露私燕誣汙先帝傾惑之過成結寵妾妬媚之誅甚失賢聖遠見之明逆負先帝憂國之意夫論大德不拘俗立大功不合眾此迺孝成皇帝至思所以萬萬於眾臣

陛下聖德盛茂所以符合於皇天也豈當世庸庸斗筲之臣所能及哉且褒廣將順君父之美匡救銷滅既往之過古今通議也事不當時固爭防禍於未然各隨指阿從以求容媚晏駕之後尊號已定萬事已訖迺探追不及之事訐揚幽昧之過此臣所深痛也願下有司議即如臣言宜宣布天下使咸曉知先帝聖意所起不然空使謗議上及山陵下流後世遠聞百蠻近布海內甚非先帝託後之意也蓋孝子善述父之志善成人之事唯陛下省察哀帝為太子亦頗得趙太后力遂不竟其事

東漢光武建武中東宮初建諸王國並開而官屬未備師保多闕司徒掾班彪上言曰孔子稱性相近習相遠也賈誼以為習與善人居不能無為善猶生長於齊不能無齊言也習與惡人居不能無惡猶生長於楚不能無楚言也是以聖人審所與居而戒慎所習昔成王

之為孺子出則周公召公太史佚入則太顛閎夭南宮括散宜生左右前後禮無違者故成王一日即位天下曠然太平是以春秋愛子教以義方不納於邪驕奢淫佚所自邪也詩曰詒厥孫謀以宴翼子言武王之謀遺子孫也漢興太宗使鼂錯導太子以法術賈誼教梁王以詩書及至中宗亦令劉向王褒蕭望之周堪之徒以文章儒學保訓東宮以下莫不崇簡其人就成德器今皇太子諸王雖結髮學問備習禮樂而傅相未值賢才官屬多闕舊典宜博選名儒有威重明通政事者以為太子太傅東宮及諸王國備置官屬又舊制太子食湯沐十縣設周衛交戟五日一朝因坐東箱省視膳食其非朝日使僕中允旦旦請問而已明不媟黷廣其敬也書奏帝納之

二十八年大會百官詔問誰可傅太子者羣臣承望上意皆言太子舅執金吾原鹿侯陰識可博士張佚正色曰今陛下立太子為陰氏乎為天下乎即為陰氏則陰侯可為天下則固宜用天下之賢才帝稱善曰欲置傅者以輔太子也今博士不難正朕況太子乎即拜佚為太子太傅而以榮為少傅賜以輜車乘馬

魏明帝時司徒王朗上疏曰昔周文十五而有武王遂享十子之祚以廣諸姬之胤武王既老而生成王成王是以鮮於兄弟此二王者各樹聖德無以相過比其子孫之祚則不相如蓋生育有早晚所產有衆寡也陛下既德祚兼彼二聖春秋高於姬文育武之時矣而子發未舉於椒蘭之奧房藩王未繁於掖庭之衆室以成王為喻雖未為晚取譬伯邑則不為夙周禮六宮內官百二十人而諸經常說咸以十二為限至於秦漢之末或以千百為數矣然雖彌猥而就時於古館者或甚鮮明百斯男之本誠在於一意不但在於務廣也老臣慺慺願國家同祚於軒轅之五五而未及周文之二五用為伊邑且

少小常苦被褥泰溫泰溫則不能便柔膚弱體是以難可防護而易用感慨若常令少小之縕袍不至於甚厚則必咸保金石之性而比壽於南山矣帝報曰夫忠至者辭篤愛重者言深君既勞思慮又手筆將順三復德音欣然無量朕繼嗣未立以為君憂欽納至言思聞良規

吳大帝赤烏五年嘗寢疾和祠祭於廟和妃叔父張休居廟邊和過所居全公主使人覘視因言太子不在廟中專就妃家計議而和寵稍損後遂幽閉尚書僕射屈晃入口諫曰太子仁明顯聞四海今三方鼎峙實不宜搖動太子以生衆心願陛下少垂聖慮老臣雖死猶生之年叩頭流血辭氣不撓

明帝子和為太子霸為魯王寵愛崇特與和無殊頃之和霸不睦之聲聞於權耳權禁斷往來假以精學督軍使者羊衜上疏曰臣聞古之有天下者皆先顯別適庶封建子弟所以尊重祖宗為國藩表也二宮拜授海內稱宜斯乃大吳興隆之基頃聞二宮並絕賓客遠近悚然大小失望竊從下風聽採衆論咸謂二宮智達英茂自正名建號於今三年德行內著美稱外昭西北二隅久所服聞謂陛下當副順遐邇所以歸德勤命二宮賓延四遠使異國聞聲思為臣妾今既未垂意於此而發明詔省奪備衛抑絕賓客使四方禮敬不復得通雖實陛下敦尚古義欲令二宮專志於學不復顧慮觀聽小宜期於溫故博物而已然非臣下傾企喁喁之至願也或謂二宮不遵典式此臣所以寢息不寧就如所嫌猶宜補察密加斟酌不使遠近得容異言臣懼積疑成謗久將宣流而西北二隅去國不遠異同之語易以聞達聞達之日聲論當興將謂二宮有不順之愆不審陛下何以解之若無以解異國則亦無以釋境內境內守疑異國興謗非所以育巍巍鎮社稷也願陛下早發優詔使二宮周旋禮命如初則天清地晏萬

國章甚矣。

七年，太子有不安之議，上大將軍右都護陸遜上疏陳太子正統，宜有盤石之固；魯王藩臣，當使寵秩有差，彼此得所，上下獲安。謹叩頭流血以聞。書三四上，及求詣都，欲口論適庶之分，以匡得失。

九年，朱據遷驃騎將軍，遭二宮搆爭，據擁護太子，爭曰：臣聞太子國之根本，雅性仁孝，天下歸心。今卒責之，將有一朝之慮。昔晉獻用驪姬而申生不存，漢武信江充而戾太子寃死。臣竊懼太子不堪其憂，雖立思子之宮，無所復及矣。

晉惠帝時，江統轉太子洗馬。在東宮累年，甚被親禮。太子頗闕朝覲，又奢費過度，多諸禁忌。統上書諫曰：臣聞古之爲臣者，進思盡忠，退思補過，獻可替否，拾遺補闕，是以人主得以舉無失行，言無口過，德音發聞，揚名後世。臣等不逮，無能云補，思竭愚誠，謹陳五事如左。惟蒙

一省，毋省少垂察納。其一曰：六行之義，以孝爲首；虞舜之德，以孝爲稱。故太子以朝夕視君膳爲職，左右就養無方。文王之爲世子，可謂篤於事親者也。故能擅三代之美，爲百王之宗。自頃聖體屢有疾患，數闕朝侍，遠近觀聽者不能深知其故，以致疑惑。伏願殿下雖有微苦，可堪扶輿，則宜自力。易曰：君子終日乾乾。蓋自勉強不息之謂也。其二曰：古之人君，雖有聰明之姿，叡喆之質，必須輔弼之助，相導之功。故虞舜以五臣興，周文以四友隆。及成王之爲太子也，則周召爲保傅，史佚昭文章，故能闡道早備，發崇大業，刑措不用，流聲洋溢。伏惟殿下天授逸才，聰鑒特達，臣謂猶宜時發聖令，宣揚德音，諮詢保傅，訪逮侍臣，覲見賓客，得令接盡，[illegible]否之情，沛然交泰，殿下之美，煥然光明。如此，則高朗之風，扇於前人；弘範令軌，永爲後式。其三曰：古之聖王，莫不以儉爲德。故堯稱采椽茅茨，禹稱卑宮惡服，漢文身衣弋綈，足履革舄，以身先物，政致太平，存爲明主，沒見宗祀。又諸侯脩之者，魯僖以恭儉節用，聲列雅頌；蚡冒以篳路藍縷，用張楚國。大夫脩之者，文子相魯，妾不衣帛；晏嬰相齊，鹿裘不補，亦能匡若濟俗，興國隆家。庶人脩之者，顏回以簞食瓢飲揚其仁聲，原憲以蓬戶繩樞邁其清德。此皆聖主明君、賢臣智士之所履行也。故能懸名日月，永世不朽。蓋儉之福也。及到末世，以奢失之者，帝王則有瑤臺瓊室，玉杯象箸，肴膳之珍，則熊蹯豹胎，酒池肉林；諸侯爲之者，至於丹楹刻桷，饑徵百牢；大夫有瓊弁玉纓，庶人有擊鍾鼎食，亦罔不亡國喪宗，破家失身，醜名彰聞，以爲後戒。竊聞後園鏤飾金銀，刻磨犀象，畫室之功，課試日精。臣等以爲今四海之廣，萬物之富，以今方古，不足爲侈也。然上之所好，下必從之，是故居上者，必慎其所好也。昔漢光武皇帝時有獻千里馬及寶劍者，馬以駕鼓車，劍以賜騎士。世祖武皇

帝有上雉頭裘者，即詔有司焚之都街。高世之主，不尚尤物。故能正天下之俗，刑四方之風。臣等以爲畫室之功，可且減省；後園雜作，一皆罷遣，肅然清靜，優游道德，則日新之美，光于四海矣。其四曰：以天下而供一人，以百里而供諸侯。故王侯食籍而衣稅，公卿大夫受爵而資祿，莫有不贍者也。是以士農工商，四業不雜，交易而退，以通有無者，庶人之業也。周禮三市，旦則百族，晝則商賈，夕則販夫販婦，賣賤賣貴，販鬻菜果，收十百之盈，以救旦夕之命。故爲庶人之貧賤者也。樊遲匹夫，請學爲圃，仲尼不答；魯大夫臧文仲使妾織蒲，又譏其不仁；公儀子相魯，則拔其園葵，言食祿者不與貧賤之人爭利也。秦漢以來，風俗轉薄，公侯之尊，莫不殖園圃之田，而收市井之利，漸染相放，莫以爲恥，乘以古道，誠可愧也。今西園賣葵菜、藍子、雞、麪之屬，虧敗國體，貶損令問。其五曰：竊見禁土令，不得繕脩牆壁，動正屋瓦。

臣以為此既違典彝舊義，且以拘攣小忌，而廢弘廓大道，宜可蠲除。於事為宜，朝廷善之。

愍懷太子廢，乎樂鄉侯閻纘輿棺詣闕上書，理太子之冤曰：伏見赦文及榜下前太子遹手疏，以為驚愕。自古以來，臣子悖逆，未有如此之甚者也。幸賴天慈，全其首領。臣伏念遹生於聖父而至此者，由於長養深宮，沈淪富貴，受饒先帝，父母驕之。每見選師傅下至群吏，率取膏粱擊鐘鼎食之家，希有寒門儒素。如衛綰、周文、石奮、疏廣，洗馬舍人亦無汲黯、鄭莊之比，遂使不見事父事君之道。臣案古典，太子居以士禮，與國人齒，以此明先王欲令知先賤然後乃貴。自頃東宮亦微太盛，所以致敗也。非但東宮，歷觀諸王，師友文學，皆豪族力能得者，率非龔遂、王陽能以道訓。友無亮直三益之節，官以文學為名，實不讀書，但共鮮衣好馬，縱酒高會，嬉遊博弈，豈有切磋能相長益。

臣常恐公族遲陵，以此歎息。今適可以為戒，恐其被斥棄，遂遠郊始當悔過，無所復及。昔戾太子無狀，稱兵拒命，而壺關三老上書，有田千秋之言，猶曰子弄父兵，罪應笞耳。漢武感悟，之築思子之臺。今適無狀，言語悖逆，受罪之日，不敢失道，猶為輕於戾太子，尚可禁持，重選保傅。如司空張華，道德深遠，乃心忠誠，以為之師；光祿大夫劉寔，寒苦自立，終始不衰，年同呂望，經籍不廢，以為之保；尚書僕射裴頠，明允恭肅，體道居正，以為之友。置游談文學，皆選寒門孤宦以學行自立者，及取服勤更事，涉履艱難，事君盡親，名行素聞者，使與共處。使嚴御史監護其家，絕貴戚子弟輕薄賓客。如此，左右前後莫非正人。師傅文學，可令十日一講，使共論議於前，勅使但道古今孝子事親、忠臣事君及思愆改過之義，皆聞善道，庶幾可全。昔太甲有罪，放之三年，思庸克復，為殷明王。又魏文帝懼於見廢，夙夜自祗，竟能自全。及至明帝，因母得罪，廢為平原侯，為置家臣庶子師友文學，皆取正人，共相匡矯，兢兢慎罰，事父以孝，父沒事母，以謹聞于天下，于今稱之。漢高皇帝數置酒於庭，欲廢太子，後四皓為師，子房為傅，竟復成就。前事不忘，後事之戒。孟軻有云：孤臣孽子，其操心也危，慮患也深，故多善功。李斯云：慈母多敗子，嚴家無格虜。由陛下驕遹，使至於此。庶其受罪以來，足自思改。方今天下多虞，四夷未寧，將伺國隙。儲副大事，不宜空虛，宜為大計，小復停留，先加嚴誨，依平原侯故事。若不悛改，棄之未晚也。臣素寒門，無力仕宦，不經東宮，情不私遹。念昔楚國處女諫其王曰：有龍無尾。言年四十未有太子。臣嘗備近職，雖未得自結天日，情同閹寺悾悾之誠，皆為國計。臣老母見臣為表，乃為臣卜卦，云書御即死，妻子守臣涕泣見止。臣獨以為頻見拔擢，嘗為近職，此恩難忘，何以報德，唯當陳誠，以死獻忠，輒具棺絮，伏須刑

誅。書御，不省。皇太孫立，纘復上疏曰：臣前上書訟太子之枉，不見省覽。昔壺關三老陳衛太子之冤，而漢武築思子之臺。高廟令田千秋上書，不敢正言，託以鬼神之教，而孝武大感，月中三遷，位至丞相，乘車入殿，號曰車氏。恨臣精誠微薄，不能有感，覺使太子流離，沒命許宮。向令陛下即納臣言，不致此禍。天贊聖意，三公獻謀，庶人賜死，罪人斯得，太子以明。臣恨其晚，無所復及。詔書慈悼，迎喪反葬，復其禮秩，誠副眾望。不意呂霍之變復生於今日。伏見詔書建立太孫，斯誠陛下上順先典，以安社稷，中慰慈悼冤魂之痛，下令萬國心有所繫。追惟庶人所為無狀，幾傾宗廟，賴相國、太宰至忠憤發，潛謀俱斷，奉贊聖意，以成神武，雖周誅二叔，漢掃諸呂，未足以喻。臣願陛下因此大更釐改，以為永制。禮，置太子居以士禮，與國人齒，為置官屬，皆如朋友，不為純臣。既使上厭至胡善，以崇孝道，又令不相嚴憚，易相規正。

昔漢武既信姦讒危害太子必復用望氣之言欲盡誅詔獄中囚邴吉以皇孫在焉閉門拒命後遂擁護皇孫督罰乳母卒至成人立為孝宣皇帝苟志於忠無往不可臣竊觀古人雖不避死亦由世教寛以成節吉雖拒詔書事在於忠故宜有而不責自晉興已來用法大嚴遲速之間輙加誅斬一身伏法猶可強為今世之誅動輙滅門昔呂后臨朝肆意無道周昌相趙三召其王而昌不遣先徵昌入乃後召王此由漢制本寛得使為快假令如今呂后必謂昌已反夷其三族則誰敢復為殺身成義者哉此法一旦改可使經遠又漢初廢趙王張敖其臣貫高謀弒高祖高祖不誅以明臣道田叔孟舒十人為奴髡鉗隨王隱親侍養故令平安尚使晉法得容為義東宮之臣得如周昌固護太子得如邴吉躡詔不坐伏以死諫爭則聖意必變太子以安如田叔孟舒侍從不罪者則隱親左右姦凶毒藥無緣得設太子不夭也

臣每責東宮臣故無侍從者後以聞頗有於道路望車拜辭而有司收付洛陽獄奏科其罪然臣故莒以從良有以也又本置三率盛其兵馬所以宿衛防虞而使者卒至莫肯有警嚴覆請審者此由恐畏滅族今皇孫沖幼去事多故若有不虞彊臣專制姦邪矯詐雖有相國保訓東宮擁佑之恩同於邴吉適可使玉體安全宜開來防可著于令自今已後諸有廢興倉卒群臣皆得輙嚴須錄詣殿前面受口詔然後為信得同周昌不遣王節下聽臣子隱親得如田叔孟舒不加罪責則永固儲副以安後嗣之遠慮也來事難知往事可改臣前每見詹事裴權用心懇惻舍人秦戢數上書啓諫而受倩贈以九列權有忠意獨不蒙賞謂宜依倩為比以寵其魂推尋表疏如秦戢輩及司隷所奏諸敢拜辭於道路者明詔釋揚使微與於衆以勸為善以奬將來也纘又陳令相國雖已保傅東宮保其安危至於旦夕訓誨輔導出入動靜劬勞宜選寒苦之士忠貞清正老而不衰如城門校尉梁柳白衣南安朱沖比者以為師傅其侍臣以下文武將吏且勿復取盛戚豪門子弟若吴大妃家室及賈郭之黨如此之輩生而富溢無念脩己率多輕薄浮華相驅放縱皆非所補益於吾少主者也皆可擇寒門篤行學問素士更履險易節義足稱者以備群臣可輕其禮儀使與古同於相切磋為益昔魏文帝之在東宮徐幹劉楨為友文學相接之道並如氣類吴太子登顧譚為友諸葛恪為賓卧同床帳行則參乘交如布衣相呼以字此則近代之朋比也天子之子不患不富貴不患人不敬畏患於驕盈不聞其過不知稼穡之艱難耳至於甚者乃不知名六畜可不勉哉昔周公親撻伯禽曹參笞窋二百聖考慈父皆不傷恩令不忍小相維持令至闕失頓相罪責不亦悞哉在禮太子朝夕視膳昏定晨省跪問安否於情得盡五日一朝於

禮既簡於恩亦疏易致構間故曰一朝不朝其間容刀五日之制起漢高祖身為天子父猶庶人萬機事多故闕私敬耳今主上臨朝太子無事專主孝養宜改此俗文王世子篇曰王季一飯亦一飯再飯亦再飯安有逸豫五日一覲哉纘又陳令迎太子神柩孫竟獨行太孫幼沖不可涉道謂可遣妃奉迎遠路令其父衍隨行衛護皇太子初見誣陷臣家門無祜三世假親具嘗辛苦以家觀國固知太子有變臣故求副監國欲依邴吉故事躡違來使供養擁護身親飲食醫藥冀足救危主者以臣名資輕淺不肯見與世人見笑謂為此職進退難居有必死耳叟臣獨以為苟全儲君賈氏所誅甘心所願今監國御史直副皆當三族侍衛無狀實自宜然臣謂其小人不足具責故孔子曰可以託六尺之孤臨大節而不可奪是以聖王慎選故河南尹向雄昔觸犯難埋故將鍾會文帝嘉之始拔顯用至於先帝以為

右軍。如聞之事。若得向雄之比。則豈可觴哉。此二使者但為愚怯。亦非興謗。但可誅身自全三族。如郭傲、郭斌則於刑為當。又東宮亦宜妙選忠直亮正。如向雄比。陛下千秋萬歲之後。太孫幼冲。選置兵衛宜得柱石之士。如周昌者。世俗淺薄。士無廉節。賈謐小兒。恃寵恣睢。而淺中弱植之徒。更相翕習。故世號魯公二十四友。又謐前見臣表理太子。曰。聞兒作此。為犍然。觀其意欲與諸司馬家同。皆為臣寒心。伏見詔書稱明滿奮樂廣侍郎賈胤與謐親理。而亦疏遠。往免父喪之後。停家五年。雖為小屈。有識貴之。潘岳、繆徵等。皆謐父黨。共相沉浮。人士羞之。聞其晏然。莫不為怪。今詔書暴揚其罪。並皆遣出。百姓咸云清當。臣獨謂非但岳、徵。二十四人宜皆齊黜。以肅風教。朝廷善其忠烈。擢為漢中太守。

冲太孫薨。齊王冏表曰。東宮曠然。冢嗣莫繼。天下大業。帝王神器。必建儲副。以固洪基。今者後宮未有孕育。不可庶幸將來。而虛天緒。非祖宗之遺志。社稷之長計也。禮兄弟之子猶子。故漢成無嗣。繼由定陶。孝和之絕。安以紹興。此先王之令典。往代之成式也。清河王覃神姿岐嶷。慧志早成。康王正妃周氏所生。先帝衆孫之中。於今為嫡。昔薄姬賢明。文則承位。覃外祖恢。世載名德。覃宜奉宗廟之重。統無窮之祚。以寧四海顒顒之望。覃兄弟雖並出紹。可簡令淑還為國亂。不替其嗣。輒諮大將軍穎及群公卿士。咸同大願。請具禮儀。擇日迎拜。遂立覃為太子。

成帝時。庾冰兄弟以舅氏輔王室。權侔人主。慮易世之後。戚屬轉疏。將為外物所攻。謀立康帝。即帝母弟也。每說帝以國有強敵。宜須長君。帝從之。中書令、散騎常侍何充建議曰。父子相傳。先王舊典。忽妄改易。懼非長計。故武王不授聖弟。即其義也。昔漢景亦欲傳祚梁王。朝臣咸以為虧亂典制。據而弗聽。今琅邪踐阼。如孺子何。社稷宗廟將其危乎。冰等不從。既而康帝立。帝臨軒。冰、充侍坐。帝曰。朕嗣洪業。二君之力也。充對曰。陛下龍飛。臣冰之力也。若如臣議。不覩升平之世。帝有慙色。

宋文帝元嘉末。帝頗以後事為念。以侍中王僧綽年少。方欲大相付託。朝政小大。皆與參焉。從兄徽清介士也。懼其太盛。勸令損抑。僧綽乃求吳郡及廣州。上並不許。會二凶巫蠱事泄。上獨召僧綽具言之。又將廢立。使尋求前朝舊典。劭於東宮夜饗將士。僧綽密以啟聞。上又令撰漢魏以來廢諸王故事。撰畢。送與江湛、徐湛之。湛之欲立隨王誕。江湛欲立南平王鑠。太祖欲立建平王宏。議久不決。誕妃即湛之女。鑠妃即湛妹。太祖謂僧綽曰。諸人各為身計。便無與國家同憂者。僧綽曰。建立之事。仰由聖懷。臣所謂惟宜速斷。不可稽緩。當斷不斷。反受其亂。願以義割恩。略小不忍。不爾。便應坦懷如初。無煩疑論。誰南云。以石投水。吳越之人善沒取之。事機雖密。易致宣廣。不可使難生慮表。取笑千載。上曰。卿可謂能斷大事。此事重。不可不殷勤三思。且庶人始亡。人將謂我無復慈愛之道。僧綽曰。臣恐千載之後。言陛下唯能裁弟。不能裁兒。上默然。江湛同侍坐。出閣。謂僧綽曰。卿向言將不太傷切直。僧綽曰。弟亦恨君不直。及劭弒逆。江湛在尚書省。聞變。歎曰。不用僧綽言。以至於此。

後魏明元帝恒有微疾。怪異屢見。乃使中貴人密問於白馬公崔浩曰。春秋星孛北斗。七國之君。皆將有咎。今茲日蝕於胃昴。盡光趙、代之分野。朕疾彌年。療治無損。恐一旦奄忽。諸子並少。將如之何。其為我設圖後之計。浩曰。陛下春秋富盛。聖業方融。

德以除災。華說平愈。且天道懸遠。戒消戒應。昔宋景見災脩德。熒惑退舍。顧陛下遣諸憂虞。恬神保和。納御嘉福。無以闇昧之說。致損聖思。必不得已。請陳瞽言。自聖化龍興。不崇儲貳。是以永興之始。社稷幾危。今宜早建東宮。選公卿忠賢陛下素所委伏者。使為師傅。左右信臣簡在聖心者。以充寮友。入總萬機。出統戎政。監國無事。六柄在手。若此則陛下可以優游無為。頤神養壽。進御醫藥。萬歲之後。國有戎主。民有所歸。則姦宄息望。旁無覬覦。此乃萬世之令典。塞禍之大備也。今長皇子諱年漸周。明叡溫知。衆情所繫。時登儲副。則天下幸甚。立子以長。禮之大經。若須並待成人。而擇倒錯天倫。則生履霜堅冰之禍。自古以來。載藉所記興衰存亡。尠不由此。太宗納之。於是使浩奉冊告宗廟。命世祖為國副主。居正殿臨朝。司徒長孫嵩。山陽公奚斤。北新公安同為左輔。坐東廂西面。浩與太尉穆觀。散騎常侍丘堆為右弼。坐西廂東面。百寮總己以聽焉。太宗避居西宮。時隱而窺之。聽其決斷。大悅。謂左右侍臣曰。長孫嵩宿德舊臣。歷事四世。功存社稷。奚斤辯捷智謀。名聞遐邇。安同曉解俗情。明練於事。穆觀達於政要。識吾旨趣。崔浩博聞強識。精於天人之會。丘堆雖無大用。然在公專謹。以此六人輔相。吾與汝曹遊行四境。伐叛柔服。可得志於天下矣。群臣時奏所疑。太宗曰。此非我所知。當決之汝曹國主矣。

孝文帝延興中。顯祖集群寮。欲禪位於京兆王子推。王公卿士莫敢先言。任城王雲進曰。陛下方隆太平。臨覆四海。豈得上違宗廟。下棄兆民。父子相傳。其來久矣。皇魏之興。未之有革。皇儲正統。聖德夙彰。陛下必欲割捐塵務。頤神清曠者。冢副之寄。宜紹寶歷。若欲捨儲。輕移宸極。恐非先聖之意。駭動人情。又天下是祖宗之天下。而陛下輒改神器。上乖七廟之靈。下長姦亂之道。此是禍福所由。願深思慎之。太尉源賀又進曰。陛下今欲外選諸王而禪位于皇叔者。臣恐春秋蒸嘗。昭穆有亂。脫萬世之後。必有逆饗之譏。深願思任城之言。東陽公丕等進曰。皇太子雖聖德夙彰。然實冲幼。陛下富於春秋。始覽機政。普天景仰。率土繫心。欲隆獨善。不以萬物為意。其若宗廟何。其若億兆何。

宣武帝延昌三年。于時肅宗在懷抱之中。至於出入左右。乳母而已。不令宮寮聞知。太學博士員外散騎侍郎常景詹事丞楊昱諫曰。陛下不以臣等凡淺。備位宮臣。太子動止。宜令翼從。然自此以來。輕爾出入。進無二傅輔導之美。退闕群寮陪侍之式。非所以示民軌儀。著君臣之義。陛下若召太子。必降手勑。令臣下

識知為後世法。

後周武帝建德之後。皇太子稍長。既無令德。唯昵近小人。左宮正宇文孝伯白高祖曰。皇太子四海所屬。而德聲未聞。臣忝宮官。當其責。且春秋尚少。志業未成。請妙選正人。為其師友。調護聖質。猶望日就月將。如或不然。悔無及矣。帝斂容曰。卿世載鯁直。竭誠所事。觀卿此言。有家風矣。孝伯拜謝曰。非言之難。受之難也。深願陛下思之。帝曰。正人豈復過君。於是以尉遲運為右宮正。孝伯仍為左宮正。尋拜宗師中大夫。

唐高祖武德初。法曹孫伏伽上言三事。其一曰。臣聞性相近。習相遠。今皇太子諸王左右執事。不可不擇。大抵不義無賴。及馳騁射獵。歌舞聲色。慢遊之人。止可悅耳目。備驅馳。至於拾遺補闕。決不能也。況觀前世。子姪不克孝。兄弟不克友。莫不由左右亂之。願選賢才。澄僚

友之選可帝大悅
太宗貞觀五年。李百藥爲太子右庶子。時太子承乾頗留意典墳。然
閑燕之後。嬉遊無度。百藥作贊道賦以諷焉。其詞曰。下臣則聞先聖
之格言。嘗覽載籍之遺則。伊天地之玄造。泊皇王之建國。曰人紀與
人綱。資立言與立德。履之則率性成道。違之則罔念作狂。望興廢如
從鈞。視吉凶於糾纆。至乃受圖膺籙。握鏡君臨。因萬物之思化。以百
姓而爲心。傷大儀之潛運。閱往古以來今。盡爲善於乙夜。惜勤勞於
寸陰。故能釋層冰於渙汗。變寒谷於蹛林。總人靈以胥悅。極穹壤而
懷音。赫矣盛唐。大哉靈命。時惟太始。運鍾上聖。天縱皇儲。固本居正。
機悟宏遠。神姿凝暎。顧三善而必弘。祇四德而爲行。每趨庭而聞禮。
常問寢而資敬。奉聖訓以周旋。誕天文之明命。邁觀喬而望梓。即元
龜與明鏡。自大道云革。禮教斯起。以正君臣。以篤父子。君臣之禮。父

子之親。盡情義以兼極。諒弘道而在人。豈夏啓而周誦。亦丹朱以商
均。既彫且琢。温故知新。惟忠與敬。曰孝與仁。則可以下光四海。上燭
三辰。昔三王之教子。兼四時以齒學。將交發於中外。乃先之以禮樂。
樂以移風易俗。禮以安上化人。非有悅於鍾鼓。將宣志以和神。寧有
懷於玉帛。將克己而庇身。生於深宮之中。處於羣后之上。未深思於
王業。不自珍於匕鬯。謂富貴之自然。恃崇高以矜尚。必恣驕狠。動愆
禮讓。輕師傅而慢禮儀。狎姦諂而縱淫放。前星之耀遽隱。少陽之道
斯諒。雖天下之爲家。蹈夷險之非一。或以才而見升。或見譏而受黜。
足可以自省厥休咎。觀其得失。請粗略而陳之。覬披文以相質。在宗
周之積德。乃執契而膺期。賴昌發而作貳。啓七百之鴻基。逮扶蘇之
副秦。非有虧於聞望。以長嫡之隆重。監偏師於亭障。始禍則金以寒
離。厥妖則火不炎上。既樹置之違道。見宗祀之遄喪。伊漢氏之長世。

固明兩之遞作。高惑戚而寵趙。以天下而爲讓。恵結皓而因良。致羽
翼於寮廓。景有慚於鄧子。成從理之淫詹。終生患於強吳。由發怒於
爭博。徽居儲兩。時猶幼沖。防衰年之絕議。識亞夫之矜功。故能恢弘
祖業。紹三代之遺風。據開博望。其名未融。哀時命之奇舛。遇讒賊於
江充。雖備兵以誅亂。竟背義而凶終。宣嗣好儒。大猷行闡。嗟被尤於
德教。美發言於忠謇。始聞道於匡述。終獲戾於恭顯。太孫雜藝。雖異
定陶。馳道不絕。抑惟小善。猶見重於通人。嘗傳芳於前史。興上嗣
明章濟濟。俱達時政。咸通經禮。極至情於愛敬。惇友于於兄弟。是以
固景海之遺堂。因西周之繼體。五官在魏。無聞德音。或受譏於妲己。
且自悅於從禽。雖才高而學富。竟取累於荒淫。暨貽厥於明皇。構崇
基於三世。得秦帝之奢侈。亞漢武之才藝。遂驅役於群臣。亦無救於
凋弊。中撫寬愛。相表多奇。重桃符而致惑。納鉅鹿之明規。竟能掃江

表之氛穢。舉要荒而見羈。思患豫於未朝。察其遺跡。在聖德其如初。實
御床之可惜。悼懸懷之云殲。遇烈風之吹沙。盡性靈之狎藝。亦自敗
於凶邪。安能奉其業。盛承此邦家。惟聖上之慈愛。訓義方於至道。同
論政於漢幄。脩政戒於京鄗。鄙韓子之所賜。重經術以爲寶。咨政理
之美惡。亦文身之斧藻。庶有擇於愚夫。慙乞言於遺老。致庶績之咸
寧。先得人而爲盛。帝堯以則哲垂謨。文王以多士興詠。取之於正人。
鑒之於靈鏡。量其器能。審其檢行。必宜度機而分職。不可違方以從
政。若其惑於聽受。暗於知人。則有道者咸屈。無用者必伸。諂諛競進
以求媚。玩好不召而自臻。直言正諫。以忠信而獲罪。賣官鬻獄。以貨
賄而見親。於是虧我王度。斁我彝倫。九鼎遇奸回而遠逝。萬姓望撫
我而歸仁。蓋造化之至育。惟人靈之爲貴。獄訟不理。有死生之異塗。
冤結不申。感陰陽之和氣。士之通塞。屬之以深文。命之脩短。懸之於

酷吏。是故帝堯晝像陳郵隱之言。夏禹泣辜盡哀矜之志。因取象於大壯。乃峻宇而雕墻。將瑤臺以瓊室。豈畫棟以虹梁。或凌雲以遐觀。或通天而納涼。極醉飽而刑人力。命痿蹶而受身殃。是故言惜十家之產。漢帝以昭儉而垂裕。雖成百里之囿。周文以子來而克商。彼嘉會而禮通。重旨酒之爲德。至忘歸而受祉。在齊聖而溫克。若其酗醟以致昏。沈湎以成忒。痛殷受與灌夫。亦亡家而喪國。是以伊尹以酣歌而作戒。周公以亂邦而貽則。咨幽閑之令淑。寔好逑於君子。辭玉輦而割愛。固班姬之所耻。脫簪珥而思愆。亦宣姜之爲美。乃有禍晉之驪姬。喪周之褒姒。盡妖妍於圖畫。極凶悖於人理。傾城傾國。思昭示於後王。麗質冶容。宜永鑒於前史。復有蒐狩之禮。馳射之場。不節之以禮義。必自致於禽荒。匪外形之疲極。亦中心而發狂。夫高深不懼。胥靡之徒。韝紲爲娛。小豎之事。以宗社之崇重。持先王之名器。與鷹犬之並驅。凌鄭陰而逸轡。馬有銜橛之理。獸駭不存之地。猶有靦於獲多。獨無情而內愧。以小人之愚鄙。忝不貲之恩榮。擢無庸於草澤。齒陋質於簪纓。遇大道行而兩儀泰。喜元良盛而萬國貞。以監府之多暇。每講論而肅成。仰惟神之敏速。歎將聖之聰明。自禮賢於秋實。是歸道於春卿。芳年淑景。時和氣清。華殿邃兮簾幃靜。灌木森兮風雲輕。花飄香兮動笑日。嬌鶯轉兮相哀鳴。以物華之繁靡。尚絕思於將迎。猶蹈道而不倦。極耽翫以研精。命庸才以載筆。謝摛藻於天庭。異洞簫之娛侍。殊飛蓋之緣情。闕雅言以贊德。異報恩以輕生。敢下拜而稽首。願永樹於風聲。奉皇靈之遐壽。冠振古於鴻名。太宗見而遣使謂百藥曰。朕於皇太子處見卿所作賦。述古來儲貳事戒太子。甚是典要。朕選卿以輔弼太子。正爲此事。大稱所委。但須善始令終。因賜廄馬一疋。綵物三百段。

七年。太子監國。詔杜正倫行左庶子。兼崇賢館學士。帝謂正倫。吾兒幼。未有執德。我常物物戒之。今當監國。不得朝夕見。故輟卿於朝以佐太子。慎之勗之。它日又言。朕年十八。猶在人間。情僞無不嘗。及即位。處置有失。必待諫乃釋然悟。況太子生深宮。不及知邪。且人主不可自驕。今若詔天下敢諫者死。將無復發言矣。故朕孜孜延進直言。卿其以是諭太子。冀裨益之。擢中書侍郎。封南陽縣侯。仍兼太子左庶子。出入兩宮。與機密。以辦治稱。後太子稍失道。帝語正倫。太子疾。私小人。卿可審諭之。教而不從。其語我來。故正倫顯諫無所避。太子不從。輒道帝語譬切。太子即表聞。帝責曰。何漏洩我語。對曰。開示不入。故以陛下語怖之。冀當反善。

十年。太宗謂侍臣曰。太子保傅。古難其選。成王幼小。以周召爲保傅。左右皆賢。足以長仁致理太平。稱爲聖主。及秦之胡亥始皇所愛。趙高作傅。教以刑法。及其篡也。誅功臣。殺親戚。酷烈不已。旋踵亦亡。以此而言。人之善惡。誠由近習。朕弱冠交遊。惟柴紹竇誕等爲人。既非三益。及朕居茲寶位。經理天下。雖不及堯舜之明。庶免乎孫皓高緯之暴。以此而言。復不由染何也。魏徵曰。中人可與爲善。可與爲惡。然上智之人。自無所染。陛下受命自天。平定寇亂。救萬民之命。理致升平。豈紹誕之徒能累聖德。但經云。放鄭聲。遠佞人。近習之間。尤宜深慎。太宗曰善。

十三年。太子右庶子張玄素以承乾頗以遊畋廢學。上書諫曰。臣聞皇天無親。惟德是輔。苟違天道。人神共棄。然三驅之禮。非欲教殺。將爲百姓除害。故湯羅一面。天下歸仁。今苑內娛獵。雖名異遊畋。若行之無恒。終虧雅度。且傅說曰。學不師古。匪說攸聞。然則弘道在於學古學古必資師訓既奉恩詔令孔穎達侍講望數存顧問以補萬一仍博選有名行學士兼朝夕講覽聖人之遺教察既行之往事日知其所不足月無忘其所不能此則盡善盡美夏啓周誦焉足言哉夫為人上者未有不求其善但以性不勝情耽惑成亂耽惑既甚忠言盡塞所以臣下苟順君道漸虧古人有言勿以小惡而不去小善而不為故知禍福之來皆起於漸殿下地居儲貳當須廣樹嘉猷既有好畋之淫何以主斯匕鬯慎終如始猶恐漸衰始尚不慎終將安保承乾不納玄素又上書諫曰臣聞稱皇子入學而齒胄者欲令太子知君臣父子尊卑之序長幼之節用之方寸之內弘之四海之外者皆因行以遠聞假言以光被伏惟殿下睿質已隆尚須學文以飾其表竊見孔穎達趙弘智等非惟宿德鴻儒亦兼達政要望令數得侍講問釋物理覽古論今增輝睿德至如騎射畋遊酣歌妓玩苟悅耳

目終穢心神漸染既久必移情性古人有言心為萬事主動而無節即亂恐殿下敗德之源在於此矣承乾覽書愈怒謂玄素曰庶子患風狂耶十四年太宗知玄素在東宮頻有進諫擢授銀青光祿大夫行太子左庶子時承乾嘗於宮中擊鼓聲聞于外玄素叩閤請見極言切諫乃出宮內鼓對玄素毀之遣戶奴伺玄素早朝陰以馬檛擊之殆至於死是時承乾好營造亭觀窮奢極侈費用日廣玄素上書諫曰臣以愚蔽竊位兩宮在臣有江海之潤於國無秋毫之益是用必竭愚誠思盡臣節者伏惟儲君之寄荷戴殊重如其積德不弘何以嗣守成業聖上以殿下親則父子事兼家國所應用物不為節限恩旨未踰六旬用物已過七萬驕奢之極孰云過此龍樓之下惟聚工匠望苑之內不覩賢良今言孝敬則闕侍膳問豎之禮語恭順則違君父慈訓之方求風聲則無學古好道之實觀舉措則有因緣誅戮之罪宮臣正士未嘗在側群邪淫巧日近深宮愛好者皆遊伎雜色施與者並圖畫雕鏤在外瞻仰已有此失居中隱密寧可勝計哉宣猷禁門不異闤闠朝入暮出惡聲漸遠右庶子趙弘智經明行修當今善士臣每請望數召進與之談論庶廣徽猷令旨反有嫌猜謂臣妄相推引從善如流尚恐不逮飾非拒諫必是招損古人云苦藥利病苦言利行伏望安居思危日慎一日書入承乾大怒遣刺客將加屠害俄屬宮廢

十四年太子詹事于志寧以太子承乾廣造宮室奢侈過度耽好聲樂上書諫曰臣聞克儉節用實弘道之源崇侈恣情乃敗德之本是以陵雲槩日戎人於是致譏峻宇雕牆夏書以之作誡昔趙盾匡晉呂望師周或勸之以節用或諫之以厚歛莫不盡忠以佐國竭誠以奉君欲使茂實播於無窮英聲被乎物聽咸著簡冊用為美談且今

所居東宮隋日營建覩之者尚譏甚侈見之者猶歎甚華何庸於此中更有修造財帛日費土木不停役斤斧之工極磨礱之妙且丁匠官奴入內比者無復監此等或兄犯國章或弟罹王法往來御苑出入禁闈鉗鑿緣其身槌杵在其手千牛既自不見直長無由得知所司何以自安臣下豈容無懼又鄭衛之樂古謂淫聲昔朝歌之鄉回車者墨翟夾谷之會揮劍者孔丘先聖既以為非通賢將以為失頃聞宮內往往取太樂伎兒入便不出聞之者股慄言之者心戰往年口勅伏請重尋聖旨殷勤明誡懇切在於殿下不可不思至於微臣不得無懼臣自驅馳宮闕已積歲時犬馬識恩木石知感臣所有管見敢不盡言但悅意取容臧孫方以疢疾犯顏逆耳春秋比之藥石伏願停工巧之作罷久役之人絕鄭衛之音棄群小之輩則三善允備萬國作貞矣承乾覽書不悅十五年承乾以務農之時召駕士等

役。不許分番。人懷怨苦。又私引突厥群豎入宮。志寧上書諫曰。上天蓋高。日月光其德。明君至聖。輔佐贊其功。是以周誦升儲。見匡毛畢。漢盈居震。取資黃綺。姬旦抗法於伯禽。賈生諫爭於文帝。咸殷勤於端士。皆懷切於正人。歷代賢君。莫不丁寧於太子者。良以地膺上嗣。位處儲君。善則率土沾其恩。惡則海內罹其禍。近聞僕寺司馭。駕士獸醫。始自春初。迄茲夏晚。恒居內役。不放分番。或家有尊親。闕於溫凊。或室有幼弱。絕於撫養。春既廢其耕墾。夏又妨其播殖。事乖存育。恐致怨嗟。儻聞天聽。後悔何及。又突厥哥友等。咸是人面獸心。近之有損於英聲。昵之無益於盛德。引之入閣。人皆驚駭。豈臣愚識。獨用不安。殿下必須上副至尊聖情。下允黎元本望。不可輕微惡而不避。無容略小善而不為。理敦杜漸之方。須有防萌之術。屏退不肖。狎近賢良。如此。則善道日隆。德音自遠。承乾大怒。遣刺客張師政。紇干承基就舍殺之。志寧是時丁母憂。起復為詹事。二人潛入其第。見正寢處苫廬。竟不忍而止。及承乾敗。太宗知其事。深勉勞之。

貞觀中。太子承乾數虧禮度。侈縱日甚。太子左庶子于志寧撰諫苑二十卷諷之。是時太子右庶子孔穎達每犯顏進諫。承乾乳母遂安夫人謂穎達曰。太子長成。何宜屢得面折。對曰。蒙國厚恩。死無所恨。諫爭愈切。承乾令撰孝經義疏。穎達又因文見意。愈廣規諫之道。太宗並嘉納之。二人各賜帛五百匹。黃金一斤。以厲承乾之意。

歷代名臣奏議卷之七十一

歷代名臣奏議卷之七十二

儲嗣

唐太宗嘗謂左庶子于志寧曰。古者太子既生。士負之。即置輔弼。昔成王以周召為師傅。日聞道習。以成性。今太子幼。卿當輔以正道。無使邪僻啟其心。勉之。官賞可不次得也。太子承乾屢有過惡。志寧欲救正之。上諫苑以諷。帝見大悅。賜黃金十斤。絹三百匹。俄兼詹事。以母喪免。有詔起復本官。固請終喪。帝遣中書侍郎岑文本敦譬曰。忠孝不兩立。今太子須人教約。卿強起為我卒輔導之。志寧乃就職。時太子以農時造曲室。累月不止。又好音樂過度。志寧諫。以為今東宮乃隋所營。當時號為侈靡。豈容復事磨礱彩飾於其間。丁匠官奴皆犯法亡命。鉗鑿槌杵。往來出入。監門宿衛。直長千牛。不得苛問。爪牙在外。廝役在內。其可無憂乎。

貞觀十七年。太宗謂長孫無忌。司空房玄齡曰。三師以德道人者也。若師體卑。太子無所取則。於是詔令撰太子接三師儀注。太子出殿門迎。先拜。三師答拜。每門讓。三師坐。太子乃坐。與三師書。前名惶恐。後名惶恐再拜。

十八年。晉王初立為皇太子。尚未尊賢重道。太宗又嘗令太子居寢殿之側。絕不往東宮。散騎常侍劉洎上書曰。臣聞郊迎四方。蓋俟所以成德。齒學三讓。元良由是作貞。斯皆屈主禮之尊。申下人之義。故得芻言咸薦。審問旁通。不出軒庭。坐知天壤。率由茲道。永固鴻基者焉。至若生乎深宮之中。長乎婦人之手。未嘗識憂懼。無由睹風雅。雖復神機不測。天縱生知。而開物成務。終由外獎。雖太宗彼千齡。聽茲謠頌。何以辨章庶類。甄覈彝倫。歷考聖賢。咸資琢玉。是故周儲上哲。師望奭而加裕。漢嗇兩人。引園綺而昭德。原夫太子宗祧是繫。善惡之際。興亡斯在。不勤於始。將悔於終。是以晁錯上書。令通政術。賈誼獻策。務知禮教。竊惟皇太子。玉裕挺生。金聲夙振。明允篤誠。元良孝友。仁義之方。皆挺自天資。非勞審諭。固以華夷仰德。翔泳希風矣。然則寢門侍膳。已表於三朝。藝宮論道。宜弘於四術。雖春秋鼎盛。飭躬有漸。寔恐歲月易往。墮業興譏。取適宴安。言從此始。以臣愚短。章參侍從。思廣儲明。輕頗聞徹。不敢曲陳故事。請以聖德言之。伏惟陛下誕膺寶圖。登庸歷試。多才多藝。游著於岳時。允武允文。功成於纂祀。萬方即叙。九圍清晏。尚曰雖休勿休。日慎一日。求異聞於振古。勞睿思於當年。乙夜觀書。事高漢帝。馬上披卷。勤過魏王。陛下自勵如此。而令太子優游棄日。不習圖書。臣所未諭一也。加以暫屏機務。即寓雕蟲。紆賓思於天文。則長河韜映。攡玉華於仙札。則流霞成彩。固以錙銖萬代。冠冕百王。屈宋不足以升堂。鍾張何階於入室。陛下自好如此。而太子悠然靜處。不尋篇翰。臣所未諭二也。陛下備該衆妙。獨秀寰中。猶晦天聰。俯詢凡識。聽朝之隙。引見群官。降以溫顏。詢以今古。故得朝廷是非。閭里好惡。凡有巨細。必關聞聽。陛下自行如此。今太子久入趨侍。不接正人。臣所未諭三也。陛下若謂無益。則何事勞神。若謂有成。則宜申貽厥。茂而不急。未見其可。伏願俯推睿範。訓及儲君。推以良書。娛之嘉客。朝披經史。觀成敗於前蹤。晚接賓遊。訪得失於當代。間以書札。繼以篇章。則日聞所未聞。日見所未見。副德逾光。群生之福也。竊以良娣之選。遍於中國。仰惟聖旨。本求典内。冀防微慎遠。慮群下所知。豈乎徽簡人物。則與躬納相違。監撫二周。未近一士。愚謂内既如彼。外亦宜然者。恐招物議。謂陛下重内而輕外也。古之太子。問安而退。所以廣敬於君父。異宮而處。所以分別於嫌疑。今太子一侍天闈。動移旬朔。師傅以下。無由接見。假令供奉有隙。暫

還東朝。拜謁既疏。且事俯伏。規諫之道。固所未暇。陛下不可以親教。宮寀無因以進言。雖有具寮。竟將何補。伏願俯循前躅。稍抑下流。弘遠大之規。展師友之義。則離徽克茂。帝圖斯廣。凡在黎元。孰不慶賴。太子溫良恭儉。聰明睿哲。含靈所悉。臣豈不知。而淺識勤勤。思效愚忠者。願蒼溟益潤。日月增華也。太宗乃令洎與岑文本馬周遞日往來東宮與皇太子談論。

太宗謂侍臣曰。古有胎教世子。朕則不暇。但近自建立太子。遇物必誨諭。見其臨食將飯。謂曰。汝知飯乎。對曰。不知。凡稼穡艱難。皆出人力。不奪其時。常有此飯。見其乘馬。又謂曰。汝知馬乎。對曰。不知。能代人勞苦者也。以時消息。不盡其力。則可以常有馬也。見其乘舟。又謂曰。汝知舟乎。對曰。不知。曰舟所以比人君。水所以比黎庶。水能載舟。亦能覆舟。爾方為人主。可不畏懼。見其依於曲木之下。又謂曰。汝知此樹乎。對曰。不知。曰此木雖曲。得繩則正。為人君雖無道。受諫則聖。此傅說所言。可以自鑒。

太宗於寢宮側。別置院居太子。褚遂良諫以為朋友深交者易怨。父子滯愛者多忿。宜許太子間還東宮。近師傅。專學藝。以廣懿德。帝從其言。

太宗寵愛魏王泰。月稟過皇太子。遂良諫曰。聖人尊嫡卑庶。謂之儲君。故用物不會。與王共之。庶子不得為比。所以塞嫌萌杜禍源。先王法制本諸人情。知有國家者必有嫡庶。庶子雖愛不得過嫡子。如當親者疏。當尊者卑。則私恩害公。惑志亂國。今魏王稟料過東宮。議者以為非是。昔漢竇太后愛梁王。封四十餘城。王築苑三百里。治宮室為複道。費財鉅萬。出警入蹕。一不得意。遂發病死。宣帝亦驕。淮陽王幾致於敗。輔以退讓之臣。乃得免。今魏王新出閤。

且當示以節儉。自可在後月加歲增。宜擇師傅敎以謙儉。勉以文學。就成德器。此所謂聖人之教不肅而成也。帝又敕泰入居武德殿。侍中魏徵亦言王為陛下愛子。欲安全之。則不當使居嫌疑之地。今武德殿在東宮之西。昔海陵居之矣。論者為不可。雖時與事異。人之多言尚或可畏。又王之心亦弗遑寧[illegible]。罷之。成王以寵為懼之美。帝悟乃止。

時魏王泰禮秩如嫡。群臣未敢諫。帝從容訪左右曰。方今何事尤急。岑文本汎言禮義為急。帝以不切。未領。褚遂良曰。今四方仰德。誰敢率者。唯太子諸王宜有定分。帝曰。有是哉。朕年五十。日以衰怠。雖長子守器。而弟及子尚五十人。心常念焉。自古宗姓無良。則傾敗相仍。公等為我東賢者保傅之。夫事人久。情媚熟。則非意自生。其令王府官不得過四考。著為令。

太子承乾廢。魏王泰間侍。帝許立為嗣。因謂大臣曰。泰昨自投我懷中。云臣今日始得為陛下子。更生之日也。臣惟有一子。百年後當殺之。傳國晉王。朕甚憐之。起居郎褚遂良曰。陛下失言。安有為天下主而殺其愛子。授國晉王乎。陛下昔以承乾為嗣。復寵愛泰。嫡庶不明。紛紛至今。若必立泰。非別置晉王不可。帝泣曰。我不能。即詔長孫無忌房玄齡李勣與遂良等定策。立晉王為皇太子。

太子承乾廢。帝欲立晉王未決。坐兩儀殿。群臣已罷。獨留無忌玄齡勣。言東宮事。因曰。我三子一弟。未知所立。吾心亡聊。即投牀取佩刀自向。無忌等驚。爭抱持。奪刀授晉王。無忌請帝所欲立。帝曰。我欲立晉王。無忌曰。謹奉詔。異議者斬。帝顧王曰。舅許汝矣。宜即謝。王乃拜。帝復曰。公等與我意合。天下其謂何。答曰。王以仁孝聞天下久矣。固無異辭。有如不同。臣負陛下百死。於是遂定。

高宗時。王皇后無子。以燕王忠為太子。及后廢。武后子弘甫三歲。許敬宗希后旨。請立正嫡。謂太子忠宜同漢劉彊故事。帝問立嫡若何。對曰。正本則萬事治。太子國本也。且東宮所出微。今知有正嫡。不自安。竊位而不自安。非社稷計。帝曰。忠已自讓。敬宗曰。能為太伯。不亦善乎。於是降封忠梁王。

武后時。姚珽為太子詹事。兼左庶子。時節愍太子稍失道。珽凡四上書諫。其一曰。臣聞賈誼稱。選天下端士。使與太子居處出入。故太子見正事。聞正言。行正道。左右前後皆正人也。夫習與正人居。不能無正。習與不正人居。不能無不正。教得而左右正。則太子正。太子正。天下定矣。伏見內置作坊。諸工伎得入宮闈之內。禁衛之所。或言語內出。或事狀外通。小人無知。因為詐偽。有玷盛德。臣望悉出宮內造作付所司。其二曰。漢文帝身衣弋綈。足草舄。齊高帝闌檻用銅者皆易以鐵。經侯帶玉具劍環佩以過魏太子。太子不視。經侯曰。魏國亦有寶乎。太子曰。主信臣忠。魏之寶也。經侯委劍佩去。杜門不出。夫聖賢以簡素為貴。皇王以菲薄為德。惟殿下留心恭儉。損省玩好。以訓天下。其三曰。前世東宮門閤。往來皆有簿籍。殿下時有所須。唯門司宣令。姦偽乘之。因緣增損。近呂昇之乃代署宣敕。賴殿下糾發其姦。以後墨令及覆事。並請內印畫署者。冀免詐繆。其四曰。聖人不專其德。賢智必有所師。今司經無學士。侍奉無侍讀。宜視膳時奏請其人。俾奉講勸。夫經所以立行脩身。史所以諳識成敗。斯急務也。太子雖稱善。不能用其言。及敗。索宮中。得珽諫書。中宗嘉歎。

時洛陽人王慶之率險佞數百人。請以武承嗣為皇太子。后不許。固請。后遣鳳閣侍郎同鳳閣鸞臺平章事李昭德詰其故。昭德笞殺慶之。餘黨敗散。因奏曰。自古有姪為天子而為姑立廟乎。以親親言之。

天皇陛下夫也。皇嗣陛下子也。當傳之子孫為萬世計。陛下承天皇顧託而有天下。又立承嗣。臣見天皇不來食矣。后乃止。

張易之嘗從容問自安計。於鸞臺侍郎同鳳閣鸞臺平章事狄仁傑。仁傑曰。惟勸迎廬陵王可以免禍。會后欲以武三思為太子。以問宰相。衆莫敢對。仁傑曰。臣視天人未厭唐德。比匈奴犯邊。陛下使梁王三思募勇士於市。踰月不及千人。廬陵王代之。不浹旬輒五萬。今欲繼統。非廬陵王莫可。后怒。罷議。久之召謂曰。朕數夢雙陸不勝。何也。於是仁傑與王方慶俱在。二人同辭對曰。雙陸不勝。無子也。天其意者以警陛下乎。且太子天下本。本一搖。天下危矣。文皇帝身蹈鋒鏑。勤勞而有天下。傳之子孫。先帝寢疾。詔陛下監國。陛下掩神器而取之。十有餘年。又欲以三思為後。且姑姪與子母孰親。陛下立廬陵王。則千秋萬歲後常享宗廟。三思立。廟不祔姑。后感悟。即日遣徐彥伯迎廬陵王於房州。王至。后匿王帳中。召見仁傑語廬陵事。仁傑敷請切至。涕下不能止。后乃使王出曰。還爾太子。仁傑降拜頓首曰。太子歸。未有知者。人言紛紛。何所信。后然之。更令太子舍龍門。具禮迎還。中外大悅。

武后末年。太子雖還東宮。政事一不與。大臣畏禍無敢言。冀州武邑人蘇安恒投匭上書曰。陛下欽先聖顧託。受嗣子揖讓。應天順人。二十餘年。豈不聞虞舜褰裳。周公復辟事乎。今太子孝謹。春秋盛壯。使統臨宸極。何異陛下身撫天下哉。胡不傳位東宮。休安聖躬。自昔天下無二姓並興。且梁河內建昌諸王。以親得封。恐萬歲後不能良計。宜退就公侯任。以閑簡。又陛下二十餘孫無尺土封。非長久計也。請以都督府要州分而王之。今尚幼。且擇立師傅。養成德器。藩屛皇家。書奏。后雖猜刻不能無感。乃召見賜食。厚慰遣之。明年復諫曰。臣聞天下者高祖太宗之天下。有隋失馭。群雄鹿駭。唐家親事戎旅以平寰縣。指河為誓。非李氏不王。非功臣不封。陛下雖居正統。實唐舊基。前日太子在諒闇。相王非長嗣。唐祚中弱。故陛下因以即位。今太子年德已盛。尚貪有大寶。忘母子之恩。蔽其元良。以據神器。何施顏面見唐家宗廟。大帝陵寢哉。臣謂天意人事。遠歸李氏。物極則復。器[illegible]則覆。當極不斷。將受其亂。誠能高揖萬機。自怡聖心。史臣書之。樂[illegible]歌之。斯盛事也。臣聞見過不諫非忠。畏事不言非勇。陛下以臣為[illegible]。則擇是而用。以為不忠。則斬臣頭以令天下。書聞不報。

中宗初為太子時。生懿德太子重潤。高宗喜甚。是歲為皇太孫。開府置官屬。帝問吏部侍郎裴敬彝郎中王方慶。對曰。禮有嫡子。無嫡孫。漢魏太子在。子但封王。晉立愍懷子為皇太孫。齊立文惠子為皇太孫。皆居東宮。今有太子。又立太孫。於古無有。帝曰。自我作古若何。對曰。禮。君子抱孫不抱子。可以為王父尸者。昭穆同也。陛下肇建皇孫。本支千億之慶。帝悅。

睿宗初。以子憲為太子。後復位。楚王有功。將建東宮。未定。憲辭曰。儲嗣。天下公器。時平則先嫡。國難則先功。重社稷也。使付授非宜。海內失望。臣以死請。因涕泣固讓。帝嘉德讓。遂許之。

玄宗時。張九齡奏曰。臣伏以皇太子是天下之本。為國之貳。今則睿質漸長。猶在深宮。所與近習者。未必皆正人端士。安於逸樂。久則性成。是以古者明王恐其若此。雖在幼子。先之以教。必使耆儒碩德為之師保。故大戴禮云。周成王在襁褓之中。太公為之太師。教之順也。周公為之太傅。傅其德義。召公為之太保。保其身體。是故成王能聖。周道用康。秦始皇使趙高傅其太子胡亥。因教之以獄。所習者非斬劓人。則夷人之三族也。胡亥即位。秦氏以亡。則明人之性情。莫不由習。若近正人。聞正事。雖欲爲惡。固已不忍。若親近細人。未聞教諭。然欲行善。猶未知所適。此必然也。胡越之人。生則聲同。長則語異。蓋習者天然。語者所習。習於胡則胡。習於越則越。故知成於所習。不可不慎。臣伏願詳擇典故。徵用名賢。執經勸學。朝夕從事。俾皇太子得於所習。天下幸甚。

玄宗寵偉惠妃。妃訴太子瑛于帝。帝大怒。欲廢之。中書令張九齡諫曰。太子諸王日受聖訓。天下共慶。陛下享國久。子孫蕃衍。奈何一日棄三子。昔晉獻公惑嬖姬之讒。申生憂死。國乃大亂。漢武帝信江充巫蠱。禍及太子。京師蹀血。晉惠帝有賢子。賈后譖之。乃至喪亡。隋文帝聽后言。廢太子勇。遂失天下。今三子無過。二王賢。父子之道。天性也。雖有失。尚當掩之。惟陛下裁赦。帝默然。太子得不廢。

肅宗時。太子妃蕭。母郜國公主也。坐蠱媚幽禁中。帝怒。責太子。太子不知所對。中書侍郎李泌入。帝數稱舒王賢。泌揣帝有廢立意。因曰。陛下有一子而疑之。乃欲立弟之子。臣不敢以古事爭。且十宅諸叔。陛下奉之若何。帝赫然曰。卿何知舒王非朕子。對曰。陛下昔爲臣言之。陛下有嫡子以爲疑。弟之子敢自信於陛下乎。帝曰。卿違朕意。不顧家族邪。對曰。臣衰老位宰相。以諫而誅。分也。使太子廢。他日陛下悔曰。我惟一子殺之。泌不吾諫。吾亦殺爾子。則臣絕祀矣。雖有兄弟子。非所歆也。即噫嗚流涕。因稱昔太宗詔太子不道。藩王窺伺者。兩廢之。陛下疑東宮而稱舒王賢。得無窺伺乎。若太子得罪。請亦廢之而立皇孫。千秋萬歲後。天下猶陛下子孫有也。且郜國爲其女妬忌而蠱惑東宮。豈可以妻母累太子。上爭數十。意益堅。帝悟。太子乃得安。

時軍中謀帥。皆屬建寧王。廣平王行軍司馬。李泌密白帝曰。建寧王誠賢。然廣平冢嗣。有君人量。豈使爲吳太伯乎。帝曰。廣平爲太子。何假元帥。泌曰。使元帥有功。陛下不以爲儲副。得乎。太子從曰撫軍。守曰監國。今元帥乃撫軍也。帝從之。

憲宗元和元年。左拾遺元稹奏曰。臣伏見陛下降明詔。修廢學。增胄子。選司成。大哉堯之爲君。伯夷典禮。夔教胄子之深旨也。然而事有萬萬急於此者。敢冒昧誅死而言之。臣聞諸賈生曰。三代之君仁且久者。教之然也。誠哉是言。且夫周成王。人之中才也。近管蔡則讒入。有周召則義聞。豈可謂天聰明哉。然而克終於道者。得不謂教之然耶。始其爲太子也。未生。胎教。既生。保教。太公爲之師。周公爲之傅。召公爲之保。伯禽唐叔與之游。禮樂詩書爲之習。目不得閱淫艷妖誘之色。耳不得聞優笑凌亂之聲。口不得習操斷擊搏之書。足不得近容順陰邪之黨。游不得恣追禽逐獸之樂。玩不得有遐異僻絕之珍。

凡此數者。非謂備之於前而不爲也。亦將不得見而爲之矣。及其長而爲君也。血氣既定。游習既成。雖有放心快己之事。日陳於前。固不能奪已成之習。已定之心矣。則彼忠直道德之言。固吾之所習聞也。陳之者有以諭焉。向使庸違之說。固吾之所積懼也。諂之者有以辨焉。人之情莫不欲耀其所能而黨其所近。苟將得志。則必快其所蘊矣。物之性亦然。是以魚得水而游。馬逸駕而走。鳥乘風而翔。火得薪而熾。此皆物之快其所蘊也。今夫成王所蘊道德也。所近聖賢也。是以舉其近。則周公左而召公右。伯禽魯而太公齊。快其蘊。則興禮樂而朝諸侯。措刑罰而美教化。教之至也。可不謂信然哉。及夫秦則不然。滅先王之學。曰將以愚天下。黜師保之位。曰將以明君臣。胡亥之生也。詩書不得聞。聖賢不得近。彼趙高者。詐宦之戮人也。而傅之以殘忍戕賊之術。且日恣睢。天下以爲貴。莫見其面以爲尊。是以天下之人未盡學而胡亥固已不能分獸畜矣。趙高之威懾天下而胡亥已自幽於深宮矣。李斯為春之寵丞相也。困讒冤死無以自明。而況於疏遠之臣庶乎。若此則秦之亡。有以致之也。漢高承之以兵革。漢文守之以廉謹。卒不能蘇復大訓。是以景武昭宣天資甚美。纔可以免禍亂。哀平之間則不能虞纂弑矣。然而惠帝處易之際。猶賴羽翼以勝其邪心。是後有國之君議教化者。莫不以興廉舉孝設學崇儒為意。曾不知教化之不行自貴者始。略其貴者教其賤者。無乃睥於倒置乎。洎我太宗文皇帝之在藩邸。以至於為太子也。選知道德者十八人與之遊習。即位之後。雖宴遊飲食之間。若十八人者實在其中。上失無不言。下情無不達。不四三年而名高威古。豈一日二日而致是乎。遊習之漸也。貞觀已還。師傅之官皆宰相兼領。其餘宮寮亦甚重。馬周以官高恨不得為司議郎。此其驗也。文皇之後漸疏賤之。

至於武后臨朝剪棄王族。當中睿二聖危難之際。雖有骨鯁敢言之士。既不得在調護保安之職。終不能措扶衛之一詞。而令近胡安金藏剖腹以明之。豈不大哀哉。兵興以來茲弊尤甚。師資保傅之官。非疾廢耗瞶不任事者為之。即休戎羅帥不知書者處之。至於友諭贊議之徒。疏冗散賤之甚者。縉紳恥由之。夫以匹夫之愛其子者。猶求明哲慈惠之師以教之。直諒多聞之友以成之。豈天下之元子而可以疾廢耗瞶不知書者為之師。疏冗散賤不適用者為之友乎。此何足反居上之甚也。近制宮寮之外。往往以沉滯僻老之儒充侍書侍讀之選。而又疏棄斥遠之。越月踰時不得召見。彼又安能傅成道德而保養其躬哉。臣以為積此奚者。豈不以皇天眷祐祚我唐德。以舜繼舜以堯繼堯。傳陛下十一聖矣。莫不生而神明長而仁聖。以是為屑屑習儀者故不之省耳。臣獨以為於列聖之謀則可也。計無窮傳後嗣則不可。設或萬代之後有若周成王中才者。而又生於深宮優笑之間。無周召保助之教。則將不知喜怒哀樂之所自矣。況稼穡之艱難乎。今陛下以上聖之資肇臨海內。是天下之人傾耳注目之日也。特願陛下思成王訓導之功。念文皇游習之漸。選重師保。慎簡宮寮。皆用博厚弘深之儒。而又練達機務者為之。更進迭見。日就月將以成之。撤膳記過以警之。血氣未定。則輟禽色之娛以就之。聖質既備。則資游習之善以弘德。此所謂一有元良萬國以貞之化也。豈直修廢學選司成而足倫匹其盛哉。而又俾則百王。莫不幼同師長同術。識君道之素定。知天倫之自然。然後選用賢良。樹為藩屏。出則有晉鄭魯衛之盛。入則有東牟朱虛之強。蓋所謂宗子維城。犬牙盤石之勢。又豈與夫魏晉以降囚賊其兄弟而自剪其本枝者同年而語

乎。微臣竊不自揆。思為陛下建永永無窮之長策。輒敢冒昧殊死而言之。

三年。學士李絳上言曰。古先哲王以天下為大器。知一人不可以獨理。四海不可以無本。故立皇太子以副己。設百官以分職。然後人心大定。宗社永寧。有國家者不易之道也。陛下嗣膺大寶四年于茲矣。而儲闈未立。典策不行。是開窺覦之端。乖重慎之義。非所謂承宗廟重社稷也。且漢魏故事。國朝舊制。懸諸日月。著為憲章。伏望陛下抑撝謙之小節。行至公之大典。用興儲副。永固邦家。則主鬯承祧必先於萬代。問安侍膳普播於百王。上曰。朕以菲薄獲守社稷。而虔恩未通於天地。孝誠未達於宗祧。而遽示天下私光及子孫。朕甚惡焉。然以卿忠誠。累有陳請。援引祖宗制度。援引經典憲章。事重禮崇。瞿然增惕。宜依所請。遂下制司擇日備禮冊命。即惠昭太子也。

宣宗時。御史中丞魏謩進同中書門下平章事。謩建言。今天下粗治。惟東宮未立。不早以正人傳導之。非所以存副貳之重。且泣下。帝為感動。自敬宗後。惡言儲嫡事。故公卿無敢開陳者。時帝春秋高。嫡嗣未辨。謩輔政。白發其端。朝議歸重。

後唐明宗天成三年。張昭遠都官員外郎。時皇子競尚奢侈。昭疏諫曰。帝王之子。長於深宮。安於逸樂。紛華之玩。絲竹之音。日接於耳目。不與驕期而驕自至。倘非天資英敏。識本清明。以此蕩心。焉能無惑。苟不豫為教道。何以置之盤牙。臣見先帝時皇子皇弟。並喜無稽玩物之言。厭聞致治經邦之論。入則務飾姬姜。出則廣增僕馬。親賓滿座。食客盈門。箴規者少。諂諛者多。以此而欲託以主鬯。不亦難乎。臣請諸皇子各置師傅。陛下令皇子屈身師事之。講論道德。使一日之中止記一事。一歲之內所記漸多。每月終令師傅具錄聞奏。或皇子上謁之時。陛下更令侍臣面問。十中得五。為益良多。博識安危之理。深知成敗之由。臣又聞古之人君。即位而封太子拜諸王。究其所由。蓋有深旨。使庶不亂嫡。疏不間親。禮秩有常。邪慝不作。近代人君失於此道。以至邦家構患。釁隙萌生。昔隋祖聰明。煬帝亦傾楊勇。太宗睿聖。魏王終覆承乾。臣每讀古書。深悲其事。願於聖代杜此厲階。其於卜貳封宗。在臣未敢輕議。臣請諸皇子於恩澤賜與之間。婚姻省視之際。依嫡庶而為禮秩。據親疏而定節文。示以等威。絕其徼幸。保宗之道。莫大於斯。明宗覽疏而不能用。

宋太宗時。寇準出知青州。召還入見。帝足創甚。自褰衣以示準。且曰。卿來何緩耶。準對曰。臣非召不得至京師。帝曰。朕諸子孰可以付神器者。準曰。陛下為天下擇君。謀及婦人中官不可也。謀及近臣不可也。唯陛下擇所以副天下望者。帝俛首久之。屏左右曰。襄王可乎。準曰。知子莫若父。聖慮既以為可。願即決定。帝遂以襄王為開封尹。改封壽王。於是立為皇太子。

宋真宗咸平元年。侍御史知雜事田錫上言曰。臣竊覩唐憲宗即位改元。元和四年冬十月。御宣政殿冊皇太子。又按李絳論事集。元和三年。翰林學士李絳等上言曰。古先哲王以天下為大器。知一人不可以獨理。四海不可以無本。故立太子以副己。設一日司以分職。然後人心大定。宗社永寧。有國家者不易之道也。陛下嗣膺大寶。四年于茲矣。而儲闈未建。典冊不行。是開窺覦之端。乖重謹之義。非所以承宗廟重社稷也。憲宗依所請。下制所司擇日備禮冊命。今陛下自嗣承大位。改元以來。五年于茲矣。儲闈未建。典冊不行。豈不慮窺覦之端。豈不思重謹之義。宜速以宗社永寧為圖也。

天禧元年。兵部員外郎直史館陳彭年上奏曰。臣伏見皇太子光踐承華。照臨方內。洊雷成象。正位於青宮。五輅和鈴。炳儀於清廟。惟賓寮之具。亦獨師保之闕如。且夫師者師法其規。保者保安於德義。苟曠厥任。未協前經。臣是以展轉三思。揣摩群籍。有確論上贊昌朝。粤自五帝選賢。三王授子。雖揖遜之或異。在訓導以攸同。虞舜之書。則曰教胄子。姬周之典。則曰延沖人。著于格言。莫重尊教。雖從容服冕。衮陳鹵簿。可以莊禮容於外也。至若就道德。敦孝恭。此可以發心自理於內也。伏願陛下隆邦家之本。考沿襲之文。延揖公台。充備師傅。體二聖之基緒。副三靈之宅心。人謀大同。知有尊於調護。神器光屬。亦共貫於守成。又惟陛下頃列藩房。夙昭聖範。歷試京邑之繁重。備嘗稼穡之艱難。雖勿用以居潛。已重暉而合照。故太宗皇帝英心奮斷。大略制權。謂六傅可而可虛。俾庶務而從簡。今皇太子適膺儲位。方在妙齡。是宜設彼師臣。具其禮數。賴七教以興之德業。廣五行俱下之聰明。脊誦更弦。徧遵行於故事。左輔右弼。率永賴於正人。臣謹案漢書始元五年六月詔曰。朕以眇身獲保宗廟。戰戰慄慄。夙興夜寐。脩古帝王之事。通保傅傳者。是知保傅之重。古不可不備也。又伏覩唐正觀十七年。散騎常侍劉洎以謂皇太子初立。宜尊賢重道。以昭聖德。遂上書論列。亦有寫章。然而師傅之名未聞沿革之例。臣學識寡陋冒測津涯。伏乞陛下選載筆之洪儒俾其檢討名秉鈞之元輔訂之久長。庶使左右周儲穎已龥之耆德。羽翼漢室踵園綺之高蹤。上符宗社之靈。下副華夷之願。臣適當暮齒。尚玷周行。請老歸田。業禮經。而况晚封章言事。表臣節之有終。倘蒙宸鑒俯回。雖明增耀。不獨臣死生幸甚。抑亦使兆庶同歡。

仁宗皇祐五年。太常博士張述上奏曰。臣聞漆室之女有憂國之心倚檻而嘆。臣位於朝二十五年。而區區之慮不及為陛下建長世之策。是漆室之不若也。臣實憂之。有生之命繫於宗廟社稷之重。而以繼嗣為之本。匹夫匹婦有百金之產。猶能定謀託後事出於素。況有天下者哉。建隆乾德之臣子孰不願太祖皇帝享年億萬者。而端拱天禧之臣子其心亦莫不若此。然天地有運行。日月有盈昃。陰陽之數有燠有寒。氣至而回極而變理之必然者也。藝祖以神器付太宗。太宗以傳真宗。真宗以傳陛下。陛下承三聖之業。傳之于千萬年。斯為孝矣。而春秋四十四。宗廟社稷之繼未有託焉。此臣所以夙夜彷徨而憂也。陛下知此矣。而以嫌疑不決。非孝也。群臣知此矣。而以避諱不言。非忠也。陛下享天下之貴而不自怠。有天下之富而不自侈。過成康文景遠矣。謂宜默祈天地岳瀆。分寵六宮。用均愛施。或未之獲。則遴擇宗親才而賢者異以禮秩。試以職務。俾內外知聖心有所屬。則天下大幸。

嘉祐五年。述又上奏曰。臣聞明兩作離。大人以繼明照四方。離為日君象也。二明相繼。故能久照。東升西沒。一晝一夜。數之常也。陛下御天下將三紀。是日之正中也。而未聞以繼照為慮。臣誠疑之。夫嗣不早定。則有一旦之憂。而貽萬世之患。歷觀前世事出倉猝。則或宮闈出令。或宦官主謀。或姦臣首議。貪孩孺以久其政。冀闇昧以竊其權。安危之機。發於頃刻。而謝議恬不為計。豈不危哉。

六年。述為職方員外郎提點淮浙銅場。又上奏曰。臣讀書為儒。歷覽經史。而効官州縣。唯有忠義。嘗盡瘁於職業。自登朝列。伏見皇嗣未立。中外憂之。十餘年間已五次上書。所言皆指陳宗廟社稷可安可危之事。自知卑微。天聽高邈。伏慮衡石程書之時。不足感悟宸聽。又恐言詞激切。觸犯忌諱。為左右隱蔽。臣伏念三聖寶位傳付陛下。陛下在位既四十年。未有繼嗣。陛下曾不細思之耶。若子細思之。則憂宗廟社稷。俾繼嗣不絕矣。若未子細思之耶。不當因循委順天命。一祖二宗傳付陛下寶位。欲其宗廟社稷世世嗣續不絕。則陛下方為孝矣。臣愚敢引杜太后之言。切感悟陛下之心。杜太后臨終。以藝祖得天下。謂無長君。所以藝祖得之。藝祖奉杜太后之言。所以不忍傳之子。而傳之太宗是也。向使世宗在位。更十數年。少帝嗣位。藝祖豈得應天順人之事乎。陛下留思之。陛下昔誕育豫王。若天意與陛下。則今已成立矣。近聞一年中誕四公主。若天意與陛下。則其中有皇子矣。上天之意如是。陛下合當悟之。陛下在位四十年。當其安寧萬歲時。宜審擇藝祖太宗賢子孫。且立為皇子。但且異其爵位。試之官政。繫天下之望。陛下詳察有賢德可以傳付則立之。所以謹重大事。俾宗廟社稷得其主矣。而況天地之大。五行休王皆有數在天地之中。固不可逃其數也。一旦帝有萬一。不可諱。倉皇之際。危急之間。寶位神器而欲使宮闈左右中官兩府遽相觀望。而一言謀之。豈陛下之心輕祖宗之基業如是之易也。當陛下安康之時不能擇而為之。欲至倉皇之際。顧令左右取次謀之。此陛下不謹重三聖之基業。同尋常之事爾。夫繼嗣有賢有不賢。則朝政有治有亂。宗廟社稷有安有危。陛下之心固亦知之矣。今陛下在位歲久。萬機之政稍閑燕。見但欲凝神淵默。垂拱仰成。威福賞罰。雖曰出自朝廷。即陛下不專於己。賞罰不專於己。而威福出斷移於下。臣愚嘗憂之。書曰。惟辟作福。漸之時義大矣哉。履霜堅冰至。蓋言漸之不已。則東漢陵夷之禍復見于今矣。臣愚生不能一盡忠於聖世。所以吐肝瀝膽。觸犯忌諱。狂言僭說。庶有感悟。陛下之心若有所感悟。而能擇繼嗣。紹隆宗廟社稷。俾世世祭享不絕。臣雖赴鼎鑊為死之日。猶生之年。而名不朽矣。忠義之列。所求遂矣。

至和二年。侍御史趙抃上言曰。臣聞聖人之制變。不可無權宜。天下之能事。不可失機會。至於去禍以歸福。卻亂以格治。救亡以圖存。轉危以置安者。用權宜適機會也。向者伏覩陛下聖體偶一違豫。中外人心莫不動搖。賴宗廟社稷之威靈。天地神明之垂祐。四海蒙福。寢膳康然。猶上有謫見之災。殆無虛月。下有妖言之惑。至于再三。天其或者豈非以陛下皇嗣未立。人心未有所係。蓋厭其祥。其明白丁寧警誡陛下。意欲陛下深思遠圖。必有所為而然也。權宜也。機會也。今其時矣。書曰。一人元良。萬邦以正。易曰。大人以繼明照四方。故唐憲以謂天下之本。奈何以天下為戲。韓愈亦云。前定可以守法。不前定則爭且亂。臣不勝大願。願陛下思所以答謫見妖言之警誡。思所以固三聖百載之基業。思所以安中外臣庶之憂惑。思所以破姦雄陰賊之窺覦。斷宸衷。發天意。擇用宗室賢善子弟。或教育宮闈。或封建任使。左右以良士輔導。以正人心。如盤石維城。根本深固。有是二者。惟陛下示天下以至公。而財擇焉。伏況陛下春秋富盛。福壽延洪。一旦皇子慶誕。少陽位正。儲貳事體。何必嫌權宜。方今施為且適機會。轉禍亂危亡將然之勢。為福治安存無疆之基。豈不盛哉。豈不休哉。臣職有言責。討無家為。戴陛下之恩極太山之重。顧愚臣之命等鴻毛之輕。儻一毫有益於朝廷。則萬死甘從於鼎鑊。干冒旒冕。臣無任納忠待罪激切屏營之至。

奏議卷之七十二　十六

三年。通判并州司馬光請建儲副狀曰。竊以人臣之進言者。捨其急而議其緩。則言益繁而用益寡矣。人君之聽納者。忽其大而謹其細。則心益勞而功益淺矣。故明主不惡逆耳之言。以察治亂之原。忠臣不避滅身之禍。以論危安之本。是以上下交泰。而事業光美也。臣竊見陛下自首春以來。聖體小有不康。天下之人側足而立。累氣而息。悩悩憂懼。若蹈冰炭。聞者雖已痊平。而民間猶有妄為訛言以相驚動者。雖有司以嚴刑束之。彼口不得言。中心惶惶。何所不慮耶。陛下胡不試思其所以然者何哉。豈非儲貳未定。天下之根本未立。則衆心不安也。賈誼有言。抱火措之積薪之下而寢其上。火未及然。因謂之安。當賈誼之時。漢孝文帝春秋鼎盛。有孝景以為之太子。中外又安。公私富溢。誼猶有是言。使誼覆於今日。當云何哉。陛下好學多聞。博覽經史。試以前古之事質之。治亂安危之幾。何嘗不由繼嗣哉。得其人則治。不得其人則亂。分不先定則危。先定則安。此明白之理。較如日月。得失之機。間不容髮。於朝廷之上大至急之務。孰先於此。而陛下晏然不以為憂。群臣愛身莫以為言。此臣所以日夜痛心疾首。忘其身之踈賤。而不顧鼎鑊之罪者也。惟陛下哀而察之。今夫細民之家有百金之寶。猶擇親戚可信任者使謹守之。況天下之大乎。三代之王。以至二漢。所以能享天之祿。若是其久者。豈非皆親任九族以為藩輔乎。使親者猶不可信。則踈者庸足恃乎。臣竊惟陛下天性純孝。振古無倫。事無大小。關於祖宗者。未嘗不謹身苦體。小心翼翼以奉承之。況所受祖宗光明盛大之基業。豈可不為之深思遠慮。措之於安乎。堅固之地。以保萬世無疆之休哉。臣聞天子之孝。非若衆庶止於養親而已。蓋將慎守前人之業。而傳於無窮。然後為孝也。故

奏議卷之七十二　十七

經稱天子之孝曰德教加於百姓刑于四海諸侯之孝曰保其社稷而和其民人卿大夫之孝曰守其宗廟士之孝曰保其祿位而守其祭祀庶人之孝曰謹身節用以養父母此皆聖人之言非臣之狂瞽也今陛下所以奉事祖宗其道至矣若獨於此未留睿意早定大議則鄉時純孝巍巍之德皆無益矣此天下所共為陛下重惜非特愚臣而已臣聞禮大宗無子則同宗為之後為之後者為之子也故為人後者事其所後壇皆如父所行尊尊而親親也伏惟祖宗受天明命功德在人本支百世子孫千億而陛下未有皇嗣人心憂危伏望陛下深念祖宗之艱難基業之闕美神器之大寶蒼生之重望勿聽苟且之言勿從因循之計斷自聖志昭然勿疑謹擇宗室之中聰明剛正孝友仁慈者使攝居儲貳之位以俟皇嗣之生退居藩服儻聖意未欲然者或且使之輔政或典宿衛或尹京邑亦足以鎮安天下

之心如此則天神池祇宗廟社稷寔共賴陛下聖明之德況群臣兆民其誰不歡呼鼓舞乎昔魯漆室之女憂魯君老太子幼彼匹婦也猶知憂國家之難蓋以魯國有難則身必與焉故也況臣食陛下之祿立陛下之朝又得承乏典冊之府比於漆室之女斯亦重矣誠不忍坐視國家至大至急之憂而隱嘿不言臣誠知言責不在臣言之適足自禍然而必言者萬一冀陛下采而聽之則臣於國家譬如蟻蟻而為陛下建萬世無窮之基救四海生民之命臣榮多矣願陛下勿以臣人微位賤謂之狂猾而忽之試以臣言自為聖意延問大臣忠於社稷者倘以為非臣請伏妄言之誅倘以為是願陛下決志而速行之獎臣此奏勿以示外足以明臣非敢徼異毫釐之幸也虞書曰敕天之命惟時惟幾陛下當此之時變危為安變亂為治易於反掌若失時不斷使天下之人有以議陛下之純孝者則臣雖欲畢命捐軀以報陛下亦無及已臣不勝區區憤懣之誠干冒冕旒伏地待罪

嘉祐元年光又上言曰臣先於六月十九日輒以贅言干犯聖聽伏地傾耳以俟明詔于今月餘一無所聞陛下寬仁不加誅於狂愚之臣然亦未賜采納臣竊自痛人品微細言語吃訥不能發明國家安危大體致陛下輕而棄之此皆臣之罪也雖然臣性誠愚位誠賤而意誠忠語誠切願陛下不以人之愚賤而廢忠切之言少留聖心於宗廟社稷之至計則天下幸甚竊以為國家者政有小大事有緩急知所先後則功無不成議者或曰當今之務大而急者在於水災溢是大不然彼水災所傷不過污下及瀕河之民若積雨既止有司少疏而塞之則民皆復業豈能為國家之患哉又曰然則在於穀帛窘乏是又不然夫以四海之富治平之久若養之有道用之有節使

良有司治之穀帛不可勝用也豈能為國家之患哉又曰然則在於戎狄侵盜是又不然夫戎狄侵盜不過能驚擾邊鄙之民若禦之有道備之有謀可使朝貢相繼豈能為國家之患哉以臣之愚當今最大最急之患在於本根未建眾心危疑釋此不憂而顧憂彼三者是捨其肺腑而救其四肢也不亦左乎借有高才之臣能復九河之道儲九年之食闢千里之邊而本根未建猶無益也況復細於彼三事者烏足道哉今陛下聖體雖安四方之人未能遍知尚有疑懼者陛下不以此時早擇宗室之賢者使攝居儲副之位內以輔衛聖躬外以鎮安百姓萬一有狂妄之人出於意外喧譁驚眾雖知萬全無慮然亦豈可不過為之防哉臣竊意陛下聖智聰明洞照安危策慮已定而尚審之未欲宣示於外審或如此亦恐不可何則今天下之人企踵而立扶耳而聽以須明詔之下然後人人自安又何待而審哉

若以儲副體大非造次可定者或且使之輔政或典宿衛或尹京邑亦足以遏禍難之原靖中外之意今告以安之幾間不容髮日失一日貴在及時而朝廷置之意外不爲汲汲朝夕所議大抵皆目前常事非甚大而急者臣恐高拱雍容養成國家之患從而理之用力難矣此臣所以區區寢不能安食不能飽不避死亡之誅進言不已者也伏望陛下察其愚衷特賜詳擇臣前日所奏及今狀內事理稍有可施行者乞決計而速行之以安天下元元之心然後理臣僭妄建言之罪不敢辭也

光又上言曰臣兩曾上言乞擇宗室賢者進而用之蓋以上則輔衛聖躬下則鎮安百姓迄今未聞聖朝少垂采聽臣誠愚昧不達國家高遠之意若臣所言非邪當明治其罪以示天下若其是邪亦謂聖心不宜棄忽豈可直以臣之愚賤不察其言若投羽毛於滄海之中

杳然莫知其所之豈疏遠所望哉臣不勝憤懣敢復剖析肝膽陳布以聞雖抵罪萬死亦無怨悔臣聞書曰遠乃猷詩云猶之未遠是用大諫凡國家之弊在於樂因循而多忌諱不於治安之時豫爲長遠之謀此患難所從而生也竊觀漢室以至有唐簡策所載帝王即位則立太子此乃古今不易之道也其或謙讓未暇則有司請之所以尊宗廟重社稷皆國家莫大之慶美而不聞人主以爲諱惡也及唐中葉以來人主始有惡聞立嗣者群臣亦莫敢發言言則刑戮隨之是以禍亂相尋不可復振殊不知本強則末茂基壯則安此乃國家所當深鑒而不足以爲法也今天下之人上自公卿下至庶人苟有知識忠於國家者其心皆知當今之務無此爲大無此爲急然而各畏忤旨之誅莫敢進言臣獨不愛犬馬之軀爲陛下言之陛下豈可不少留聖思而聽察之邪臣嘗歷觀春秋以來迄至國初積一千六百餘年其間天下混一內外無患兵寢不用者不過四百餘年而已至如聖朝芟夷僭亂一統四海內平外順上安下和使在朝在野之人自祖及孫耳目相傳不識戰鬬蓋自上世以來治平之久未有若今之盛者也臣竊見國家於州縣倉庫斗粮尺帛未嘗不嚴固扃鐍擇人而守之況如是融明闓茂之業豈可不謹擇親戚可信任者使助陛下守之乎此則賢愚之人所共爲陛下重惜者也陛下當此之時頤指如意不早決至策以固萬世不拔之基獨不念太祖太宗跋履山川經營天下真宗宵衣旰食以致太平之艱難乎此臣所以夙夜遑遑起則思之臥則夢之感嘆涕泗不能自已不避煩瀆之誅再三進言者也或者謂臣身賤居外而言朝廷之事侵官也臣愚以爲治古諫諍無官自公卿大夫士至於庶人百工商旅矇瞍芻蕘無有不得言者所以達下情而察國政也若置官而守之非其官者皆不得言則

下情壅而不通如是則國家雖有迫切之憂行道之人皆知之而在上者莫得聞也此其爲害豈不深乎況臣食陛下之祿於今三世矣先臣某以廉直恬退特爲陛下所知擢自孤微升之侍從此恩之重子子孫孫何時敢忘而又陛下鄉以水災親下明詔延訪中外勤求得失臣獨何人身逢盛際捨此大節隱而不言其餘瑣碎豈足道哉抑又聞之元后作民父母陛下臣父也安有爲人之子見危而不告其父乎伏望陛下察臣區區之心不爲私其一身不惜少頃之間取臣前後所奏略賜省覽其中萬一苟有可施行者乞以陛下之意斷而行之宣告中外使遠近渙然無復憂疑則自然神靈悅於上而災異伏眾庶喜於下而姦宄消至於草木昆蟲靡不蒙其福其爲功業豈不盛哉夫時者難得而易失惟陛下早留神詳察

六年光爲起居舍人同知諫院乞建儲上劄子曰臣光於至和三年

通判并州事。臣三曾上言。乞陛下早定繼嗣。以遏亂源。當是之時。臣跡遠在外。猶不敢隱忠愛死。數陳社稷至計。况今日侍陛下左右。官以諫諍為名。竊惟國家至大至急之務。無先於此。若捨而不言。專以冗細之事煩瀆聖聽。曠塞職業。是臣懷姦以事陛下。罪不容於斧鑕。伏望陛下取臣歸時所進三狀。少加省察。或有可取。乞斷自聖志。早賜施行。如此。則天地神祇宗廟社稷群臣百姓。並受其福。惟在陛下一言而已。

光又乞建儲上劄子曰。臣近於前月二十六日上殿。敷奏乞檢會臣在并州所奏三狀。早定繼嗣事。陛下聖意昭然。即垂聽納。凡所宣諭。皆非愚臣所能及。此乃天地神祇保佑皇家。實萬世無疆之休也。臣謂陛下朝夕當發德音。宣告大臣。施行其事。今將近一月。未有所聞。豈陛下以茲事體大。慎選宗室。未得其人。將左右之人有所間沮熒惑聖聽。臣皆不得而知也。臣聞為人後者為之子也。著於禮律。皆有明文。漢孝成帝即位二十五年。年四十五。以未有繼嗣。立弟子定陶王欣為太子。今陛下即位之年及春秋皆已過之。豈可不為宗廟社稷深思遠慮哉。况今亦未使之正東宮之名。但願陛下自擇宗室仁孝聰明者養以為子。官爵居處稍異於衆。使天下之人皆知陛下意有所屬。以係遠近之心。俟他日皇子生。復使之退歸藩邸。有何所傷。此誠天下安危之本。願陛下決意而速行之。

七年。光又請早令皇子入內劄子曰。臣等伏聞擇今月二十五日差內臣宣皇子曙入內。而曙猶復稱病未入。臣等竊以臣子有君命召不俟駕之禮。使者有受命不受辭之義。今曙但以恐懼不敢便當陛下非常恩寵。而所差內臣亦合以臣子事君父之禮曉諭切責。使即奉命。豈得循禮致命。默然徒復。殊不副陛下聖意。其今月二十五日宣曙內臣。伏乞特行責降。以懲不職之罪。况皇子之名本非官職。無容避讓。今詔命已下二十餘日。而曙既為陛下之子。禮當朝夕定省。備人子之職。不宜久處外宅。伏望聖慈速賜選差都知御藥。諭以君父之命不可違。臣子之職不可闕。敦迫切責。使即時入內。并下大宗正司及本宮。亦仰以禮敦遣。不得更容遷延。

仁宗始不豫。國嗣未立。天下寒心。而莫敢言。諫官范鎮首發其議。光為開封府推官。在并州聞而繼之。且貽書勸鎮以死爭。至是復面言。臣昔通判并州所上三章。願陛下果斷力行。帝沉思久之。曰。得非欲選宗室為繼嗣者乎。此忠臣之言。但人不敢及耳。光曰。臣言此自謂必死。不意陛下開納。帝曰。此何害。古今皆有之。光退未聞命。復上疏曰。臣向者進說。意謂即行。今寂無所聞。此必有小人言陛下春秋鼎盛。何遽為不祥之事。小人無遠慮。特欲倉卒之際援立其所厚善者耳。定策國老。門生天子之禍。可勝言哉。帝大感動曰。送中書。光見韓琦等曰。諸公不及今定議。異日禁中夜半出寸紙。以某人為嗣。則天下莫敢違。琦等拱手曰。敢不盡力。未幾。詔英宗判宗正。辭不就。遂立為皇太子。又稱疾不入。光言。皇子辭不貲之富至于旬月。其賢於人遠矣。然父召無諾。君命召不俟駕。願以臣子大義責皇子。宜必入。英宗遂受命。

歷代名臣奏議卷之七十二

歷代名臣奏議卷之七十三

儲嗣

宋仁宗嘉祐元年知制誥吳奎上奏曰臣聞王者以社稷為本宗廟為重社稷必有奉宗廟必有主今陛下在位三十四年而嗣續未立天地祖宗開發聖意不然何故陛下無大過朝廷無甚失輒降如此之災異乎在禮大宗無嗣則擇支子之賢者漢成之於哀帝孝和之於安帝皆兄弟之子也若以昭穆言之則太祖太宗曾孫以近親言之則太宗之曾孫陛下所宜建立用繫四海之心者也陛下春秋猶盛嗣有皇子則退所為後者頗優其禮於宗室臣子之心誰曰不然陛下勿聽陰邪巧計以誤大事假如倉卒之際柄有所歸致社稷宗廟不血食書之史冊為萬世憤臣不願陛下以聖明之資當危亡之比也此事不宜優游願速裁定定之不速必有姦人陰賊其間然亦

不獨陛下之過輔弼之臣未聞力爭致宗祀無本譖結羣望感召沴氣毒流天下所宜深罪推之咎罰無大于此

秘閣校理李大臨上奏曰臣竊以比來大雨入都門壞廬舍溺人民祖宗以來未之有也謹按漢書五行志曰簡宗祀不禱祠則水不潤下今朝廷祭祀非不恭時享非不至而反謂簡慢者何皇嗣未立主鬯有闕故也夫水萬物之本太子天下之本今天下之根本未立上天深示災變伏望陛下鑒天之戒早擇儲嗣以前定天下之心古者天子即位必有儲副以受宗廟易曰主器者長子又曰明兩作離大人以繼明照四方是天子必有儲副而天下獲安今儲副未定祭祀幾廢故天之變示深切者明也伏乞陛下無逆天時為社稷蒼生留意焉臣之朴忠憂國大計昧死以聞

觀文殿學士昭德軍節度使知并州龐籍上奏曰臣伏以中外之任各有分局職外陳事皆為出位在臣則不然早自寒儒偶升朝序荷陛下千世之遇寘于侍從付之權任遂登樞府逭冠台司臣之推愚進無他路凡在恩擢莫非帝力今身已頹憊猶居一方上將之位則國家大事敢以守屏自外忍默不言上負大恩慚責重矣恭惟陛下至聖臨御三紀日謹一日德全業大憂勤機務焦勞夙夜今春之初偶嬰微疹萬方臣庶心如焚灼祈禱穹昊冀集福聖躬天地降休廟社垂慶藥劑有喜亟臻于復壽康之永人神有賴然臣今昧萬死而思有所陳者蓋以陛下儲嗣未立宮坊虛位誠願陛下深思祖宗統緒之重下察臣民系望之懇發日之明親加精慮歷選宗室宜為嗣者速決聖斷制命一出四海懽抃天序既定羣心大安如此則陛下增基業之固奉宗廟之孝無大於此也至如天禧之時先帝違豫溥率之誠雖懷憂戚而中外帖然安心者以陛下在東宮故也此理昭

昭於耳目矣伏見唐世方鎮之臣上儲宮者數人當時不以為非而並蒙采用遂得福歸王室況臣感主之深愛君之切苟以益國而死愈於負恩而生所以冒重禍而不疑不悔也且臣年垂七十逼於休退固無他希冀惟陛下係萬世之業蒙無窮之幸乃臣之大願矣瀝血上控祈賜裁擇不勝惓惓輸誠待罪之至

起居舍人知諫院范鎮上奏曰伏惟陛下置諫官者為宗廟社稷計也諫官而不以宗廟社稷計事陛下者是不知諫官之任也陛下不以臣愚任之諫官臣敢不以宗廟社稷計獻于陛下乎二月中臣使契丹還過河北河北之人藉藉紛紛皆謂陛下方不豫時有言曰我為宗廟社稷計以廣孝道憂勞而成此疾陛下所謂宗廟社稷計而憂且勞者得非皇嗣未立乎是時中外皇皇莫知所為而陛下方以宗廟社稷為念是陛下之計慮至深且明也今陛下既已平復御殿聽

政願推向者之言而終行之行之之術非明則不審非果則不決惟審與決而宗廟社稷之計定矣方今祖宗後裔蕃衍盛大信厚篤實伏惟陛下擇其尤賢者優其禮數試之以政與圖天下之事以系天下之心異時誕育皇嗣後遣還邸則真宗皇帝時故事是也初周王既薨真宗皇帝取宗室子養之宮中此天下之大慮也太祖皇帝捨其子而立太宗皇帝者天下之大公也宗廟社稷之至計也伏惟陛下觀太祖皇帝之公心考真宗皇帝時故事斷于聖心以幸天下臣不勝至願稽之於昔叅之於今謀之於心書之於疏疏成而累月不上者大懼無益於事死今之世以累陛下之明伏惟赦臣萬死之罪審之決之以定宗廟社稷之至計非獨臣蒙更生之賜乃天下之人之心也不勝區區之愚

鎮又奏曰臣聞傳曰決者智之君需者事之賊蓋言有所需待而不

決則害智而賊於事也季文子三思而後行孔子曰再斯可矣何則再思則是非定至于三則惑況過于三者乎然則是非已定而復思之者惑也孔子之所不與也臣近奏叅考祖宗故事選宗室子優其禮數以係天下人心俟有聖嗣復遣還邸此是非之至辨而無可惑者及今月餘不決故天雨而不止雲陰而不解此其應也陛下方不豫時尚不忘宗廟社稷之計而形於言今已平復其肯忘宗廟社稷之計而不行之邪必不然也臣恐大臣不為陛下將明之爾陛下恭事宗廟仁覆海內上天之報必生聖嗣臣今所請乃祖宗時故事以權係天下人心者何惑而不為之乎伏惟上觀天意久雨之變速加處定以示中外臣不勝大願

鎮又奏曰臣伏見天下以水災奏者日有十數都城大水矣雨不止所謂水不潤下也傳曰簡宗廟不禱祠廢祭祀逆天時則水不潤下陛下恭事天地神祇爾祇祖宗山川之祀罔不秩舉至於號令必順天時非逆天時也非廢祭祀也非不禱祠也然而上天出此變者曉諭陛下以簡宗廟乎陛下即位以來虛副貳之位三十五年矣臣近奏擇宗子賢者優其禮數試之以政以繫天下人心俟有聖嗣復遣還邸及今兩月餘日不行止謂簡宗廟也此天變所以發也伏惟陛下深念宗廟之重必有副貳以臣前所上章降付執政大臣速為裁定以塞天變

鎮又奏曰臣前後六奏宗廟社稷大計四奏進入兩奏未奉聖旨送中書陛下不以臣章留中而今送中書者是欲使中書大臣奉行也臣兩至中書而中書大臣迭相設辭以拒臣以此觀之是陛下欲為宗廟社稷計而大臣不欲為也為大臣而不欲為宗廟社稷計非所謂為大臣也臣竊原大臣之意恐行之而事有中變故畏避而為容身

之計也今星變主急兵萬一兵起大臣家族首領顧不保其為身計亦已疎矣就使事有中變而死陛下之職與其死於亂兵不猶愈乎乞陛下以臣此章示大臣使其自擇死所

鎮又奏曰臣伏見天禧三年六月彗星見未幾而冊陛下為皇太子方是時真宗皇帝只有陛下一人天下人心已有所係然真宗皇帝遽立陛下為皇太子者欲預正名分以塞覬覦之路也非私於陛下也為宗廟社稷之計與應天譴之變皆當然也今陛下未有皇嗣天下人心無有所係故天初見流星繼以大水告陛下以簡宗廟之罰陛下君臣不知覺悟故天又出彗以告陛下而陛下君臣晏然復如前時此臣當言之責所以恐懼而待罪也初流星示變時大臣豈意必有大水乎及大水入都城大臣親領徒役以捍水患今大水已定而不知致大水之本本由簡宗廟而不為宗廟計故天又出彗也彗

之變主急兵。大臣又不知先定大計以備兵變。及兵如水之至而後覩捍之。雖勤勞如捍水之時亦無益矣。陛下為民父母。已視民有壓溺之患。又忍使遭殘辱之禍而不為宗廟社稷計。以荅天譴乎。

鎮又奏曰。近除臣侍御史知雜事。本臺見闕官。奉聖旨令受敕告速赴臺供職者。臣近以都城大水。及彗星適見。為變非常。故乞速定大計以荅天譴。閤門待罪。祈以死請。臣人微言輕。固不足以動聖聽。然所陳者乃天之戒。陛下縱不用臣之言。可不畏天之戒乎。彗星尚存朝廷不知警懼。彗星既滅。則天不復有所告戒。後雖欲言。亦無以為辭。此臣所以懼恐而必以死請也。今除臣侍御史知雜事。則臣之言責益重於前。所有告勅未敢祗受。

鎮又奏曰。臣伏見古之人有以死諫。忘其身之計。唯宗廟之是憂者。蓋有官守與忠義之所發也。臣今日之為。亦猶古之人也。有官守也。

忠義之所發也。肯愛其身而忘宗廟之憂。以自愧古人乎。所以前後奏議者凡十一上矣。是皆陳天地之大變。與述天下之人之心也。伏乞陛下以臣前所奏議盡付執政大臣。速加裁決以應天變。以慰人心。以為宗廟社稷之計。臣之區區。不勝大願。

鎮又奏曰。臣前後三准中書劄子。聖旨指揮。令臣疾速赴臺供職。臣未敢從命者。非慢陛下之命也。欲陛下行臣之言而為宗廟社稷計也。夫君命有固不可違者。亦有固可違者。君命是而臣執之非者。固不可違者也。違之誅之可也。君命非而臣執之是者。固可違者也。違之寬之可也。伏乞陛下問大臣。臣言是耶非耶。如以臣言為是。伏乞寬臣之罪。因此大禮擇定副貳。誕告中外。以為宗廟社稷計。以臣言為非。伏乞誅臣以為妄言之戒。所有知雜御史之職。臣未敢輒受。

鎮又奏曰。臣前後三准中書劄子。聖旨指揮。令臣疾速赴臺供職。省以見陛下愛臣之深也。初臣待罪。陛下不以罪而又遷擢之。臣未即赴職。而陛下又三降聖旨敦趣之。是陛下之恩意於臣篤且至也。而臣終不敢輒輕就者。自陛下擢臣為諫官。臣已將身許陛下也。今日之事。乃是臣致命之秋。陛下不用臣之言。賜臣之死。則臣一身之輕何足卹也。陛下感悟臣言而為宗廟社稷計。則臣之言甚可重也。不以一身之輕而廢甚可重之言者。臣之職也。臣之身。一人之私也。臣之言。衆人之公也。宗廟社稷之計也。陛下與其卹一人之私。孰若行衆人之公。以為宗廟社稷計。誠能因大禮定大議。決然大赦於庭。則陛下收納諫之名。以慰天下之心。豈不美哉。如是而臣就死無所憾也。生而進之可也。退之亦可也。於陛下職事無所負也。於臣之初心亦無所負也。

鎮又上奏曰。臣待罪中。蒙除知雜御史。七降聖旨。臣雖甚愚。知陛下

必以臣言為是。然久而不知決者。竊恐左右近習以為陛下已安。不用為此以惑陛下。是皆佞邪無識之人。不可不察。古人所謂小人愛人以姑息者。正謂此輩。臣愚謂陛下既安。尤當為之以荅天意。天意報貺。必蒙子孫無疆之慶。此天人相與之際必然之理。願陛下黜小人姑息之淺見。察臣之至言。則大臣不敢畏避。必能盡力輔佐陛下以為宗廟之計。臣前後上章凡十九次。竊恐留中。大臣不盡得見。今具錄進呈。乞付中書樞密大臣同共參議。有異議者。乞與臣廷辯。謂臣不然。即乞明加臣罪。辟臣言責。臣之至情盡在於此。

二年。翰林學士歐陽脩上奏曰。臣聞言天下之難言者。不敢奧必然之聽。未必聽而不可不言者。所以盡為忠之心。況臣遭遇聖明。容納諫諍。言之未必不聽。其可默而不言。臣伏見自去歲以來。羣臣多言皇嗣之事。臣亦嘗因災異竊有奏陳。雖聖度包容。不加誅戮。而愚誠

聰至。天聽未回。臣實不勝愛君之心。日夜區區未嘗忘此。思欲再陳狂瞽而未知所以為言。今者伏見兖國公主近已出降。臣因竊思人之常道莫親於父子之親。人之常情亦莫樂於父子之樂。雖在聖哲異於凡倫。其為天性。於理則一。陛下鼎雖未有皇嗣而有公主之愛上慰聖顔。今既出降漸疎左右。則陛下萬機之暇處深宮之中誰可承顔色。臣愚以謂宜因此時出自聖意於宗室之中選材賢可喜者錄以為皇子。使其出入左右。問安侍膳。亦足以慰悅聖情。臣考於書史竊見自古帝王雖曰至尊。未嘗獨處也。其出而居外也。不止百司公卿奏事而已。必有儒臣學士講論於閑宴。又有左右侍從顧問語言。其入而居内也。不止宦官宫妾在於左右而已。其平居燕寢也。則有太子問安侍膳於朝夕。其優游宴樂也。多與宗室子弟懽然相接如家人。計其一日之中未嘗一時獨處也。今陛下日御前後殿百司

奏事者往往仰瞻天顔而退。其甚幸者得承一二言之德音。君臣之情不通。上下之意不接。其餘在庭之臣。儒學侍從之列。未聞一人從容親近於左右。入而居内。則至於問安侍膳亦闕於朝夕。則陛下富有四海之廣。躬享萬乘之尊。居外則無一人可親。居内則無一人得親。此臣所以區區而欲言也。伏惟陛下荷祖宗之業。承宗廟社稷之重。皇子未降。儲位久虚。群臣屢言。大議未決。臣前所奏陳以謂未必立為儲貳而且養為子。既可以徐察其賢否亦可以待皇子之降生。於今為之。亦其時也。臣言狂計愚伏俟斧鉞

仁宗春秋高未有嗣。集賢校理韓宗彦上書曰。漢章帝詔諸懷妊者賜胎養穀人三斛。復其夫勿筭一歲。著為令。臣考尋世次。帝八子長則和帝。而質安以下諸帝皆其係冑。請修胎養之令。且曰人君務繁顯其民則天亦昌衍其孫子矣。

三年。吳及改右正言。上疏曰。帝王之治必敦骨肉之愛而以至親夾輔王室。詩曰。懷德惟寧。宗子惟城。故同姓者國家之屏翰。儲副者天下之根本。陛下以海宇之廣。宗廟之重。而根本未立。四方無所係心。上下之憂無大於此。謂宜發自聖斷擇宗室子以備儲副。以服屬議之則莫如親。以人望言之則莫如賢。既兼親賢。然後優封爵以寵異之。選重厚樸茂之臣以教導之。聽入侍禁中。示欲為後。使中外之人悚然瞻望曰。宮中有子矣。陛下他日有嫡嗣。則異其恩禮。復令歸邸。於理無嫌。於義為順。弭覬覦之心。屬天下之望。宗廟長久之策也。既而又言。開寶詔書。内侍臣年三十無養父者聽養一子為嗣。并以名上宣徽院。違者抵死。比年此禁益弛。天地之理陰累聖嗣。願詔大臣明示舊制。上順天意。以綏福祐。

四年。右諫議大夫權御史中丞包拯上疏曰。臣伏讀前史。見聖王之

御天下也。初纂大業。即建儲貳。蓋所以安億兆危疑之心。絶中外覬覦之望。乃有國之常典而歷代所遵守者也。伏自陛下紹隆丕搆。已逾三紀。仁孝恭儉之德格于上下。孜孜求治未嘗一日少怠。茲固群臣仰望清光之不暇。但以東宮虚位日久。天下之心憂危至切。雖前後臣僚論列者多矣。卒不聞有所處置。未審聖意持久不決者何也。夫萬物皆有根本。而太子天下之根本也。根本不立。禍孰大焉。今既皇嗣未降。亦當采詩人盤維之義。固天下根本之地。不可忽也。臣願陛下特出宸斷。密與執政大臣協議。精擇宗室中親而有德望眾所推重者。優以封爵。置在左右。日加訓勗。仍與增補僚屬。選用厚重方正之士。令就禁邸。諭以善道。益其聞見。如此則不惟表異親賢。抑亦鞏固王室。可以杜姦雄覬望之意也。俟皇嗣誕育。則以優禮而進退之。此亦古今之通義。陛下何憚而不為哉。伏況藝祖以艱難得天下。

以聖繼聖傳於陛下垂及百年。陛下豈可不念祖宗之業當傳之無窮。若乃徇目前之適。忽悠久之策。必稔禍於將來。恐非社稷之福也。陛下得不留神而熟慮之。臣以疎外之迹。累當言責之任。今陛下以臣愚直擢在憲府。若畏罪不言。是上孤陛下委用之意。臣不忍爲。惟陛下審其當否。斷而行之。則天下幸甚。

拯嘗奏曰。東宮虛位日久。天下以爲憂。陛下持久不決何也。仁宗曰。卿欲誰立。拯曰。臣不才備位。乞豫建太子者。爲宗廟萬世計也。陛下問臣欲誰立。是疑臣也。臣年七十且無子。非邀福者。帝喜曰。徐當議之。

時群牧使宋祁卒。上遺奏曰。陛下享國四十年。東宮虛位。天下係望。人心未安。爲社稷深計。莫若擇宗室賢才進爵親王。爲匕鬯之主。若六宮有就館之慶。聖嗣蕃衍。則宗子降封郡王。以避正嫡。此定人心防禍患之大計也。

六年。翰林學士胡宿上奏曰。臣被旨令爲青詞禱諸陵山川以求儲嗣。臣聞漢文帝二年。有司請豫建太子。是時文帝已有元子。猶對有司稱楚王吳王淮南王皆秉德以陪朕。何爲不豫哉。太祖皇帝感昭憲太后遺言。捨魏王而立太宗。自開闢以來。神武英斷。未有如太祖皇帝。陛下必待聖嫡然後擬議。非居安思危之道。願察宗室敦厚慈仁可以爲副君者立之。則儲貳之分定。天下之心安矣。欲望聖慈特賜睿斷。臣不勝區區之情。

首相韓琦上奏曰。臣竊見近歲以來。內外忠孝之臣。以陛下臨御四海已四十年。而皇嗣未育。天下無所係心。不避重誅。繼有論奏。乞於宗室中擇幼而可教者撫爲嗣。陛下慈仁崇儉。冠絕今古。天監至明。非晚必生聖子。以爲廟社無疆之慶。至時宗室中權爲嗣者。優加職秩。使之退就宮邸。誠善議也。臣愚竊惟陛下何疑而不行之。然茲事至大。當獨斷於聖心。雖至親至近之人。不可預議。如陛下素有所屬已得其人。則望宣示中書樞密院使奉而行之。以慰中外之意。若謂賢愚難審。選擇當謹。則臣愚欲乞於內中建學。取宗室中幼而謹厚勤於爲學者置于內學。陛下每於聽斷之暇。或休假之日。親幸學舍觀其道業進退。應對長短。不半歲間。陛下必盡知其能否。然後聖意取其可屬者。擢而命之。則無不當矣。臣蒙陛下非次拔擢。使待罪宰相。思有以報上。而事無重於此者。故昧死盡言。惟聖度寬納。則天下幸甚。

琦遷昭文館大學士監修國史。時帝既連失三王。自至和中得疾。不能御殿。中外惴恐。臣下爭以立嗣固根本爲言。包拯范鎮尤激切。積五六歲。依違未之行。言者亦稍息。至是琦乘間進曰。皇嗣者。天下安

危之所係。自昔禍亂之起。皆由策不早定。陛下春秋高。未有建立。何不擇宗室之賢者。以爲宗廟社稷計。帝曰。後宮將有就館者。姑待之。已又生女。一日。琦懷漢孔光傳以進曰。成帝無嗣。立弟之子。彼中材之主猶能如是。況陛下乎。願以太祖之心爲心。則無不可者。又與曾公亮張昇歐陽脩極言之。會司馬光呂誨皆有請。琦進讀二疏。未及有所啓。帝遽曰。朕有意久矣。誰可者。琦皇恐對曰。此非臣輩所可議。當出自聖擇。帝曰。宮中嘗養二子。小者甚純。近不慧。大者可也。琦請其名。帝以宗實告。宗實。英宗舊名也。琦等遂力贊之。議乃定。英宗居濮王喪。議起知宗正。琦曰。事若行。不可中止。陛下斷自不疑。乞內中批出。帝意不欲宮人知。曰。只中書行足矣。命下。英宗固辭。帝復問琦。琦對曰。陛下既知其賢而選之。今不敢遽當。蓋器識遠大。所以爲賢也。願固起之。英宗既終喪。猶堅臥不起。琦言宗正之命初出。外人皆

知必為皇子。不若遂正其名。乃下詔立為皇子。

呂誨上奏曰。臣竊聞中外臣僚屢有密疏。以聖嗣未立。精擇旁繼。指斥祖宗。分別裔緒。臣子之心。詎當如是。蓋憂懼隕穫發於忠誠。而深虞機會之失也。雖然。宗室有親疏。天資有賢愚。委付親賢。當出聖慮。人臣安得陳露事機。以萌非冀。惟陛下思忠言。奮剛斷。遏未然之亂。無使後時。此防微之深慮也。又聞日近奏彗星躔心宿。請備西北。謹按天文志。三星天王之正位。中曰明堂。前為太子。後為庶子。星直則失勢。明則見釋。資之知星者。以謂既直且闇。而妖星所犯。變見之驗恐不在西北。臣又聞自夏秋京師淫雨。諸路水潦。數州地震。江河泛溢。民户墊溺。斯陰盛之沴。固有冥符。唐神龍初。洛水暴盛。宋務光曰。自登皇極。未建元良。非所以守器承祧。養德贊美。姻戚之間。讒議所集。積疑成災。厥罰斯至。乃已然之明驗。有以知皇天變陛下之深戒

以災異感動。若尚不加警悟。殆非畏天保國之深慮也。臣又聞近宗室中訛言事露。流傳四方。人心驚疑。是亦陰沴之應。窺覦之心。不可不知其漸。伏望陛下念根本之重。為宗廟之計。檢會前後臣僚奏議。延對大臣。周爰忠讜。審擇宮邸。以親賢稽合天意。況宗枝蕃茂。豈無賢德。上副聖念。脫或宸謀已定。當使天下共知。以安久系。萬一姦臣陰有附會。陽為忠實。以緣上心。此最為患之大者。不可不察也。漢成帝感王根邪說。捨中山而立定陶。及孝安之際。梁冀姦謀。貪樂安沖幼。而畏清河嚴明。卒至於亂。苟有正人讜論。則東西二京基祚可量哉。惟陛下念祖宗造宋之艱難。鑒成安隳漢之基祚。窒奸臣附會之漸。絕後世窺覦之患。早為定斷。以安人心。天下大幸。

同知諫院呂誨又上奏曰。臣伏覩淮陽郡王宮置翊善侍講等官。又聞翊善王陶等請郡王當拜禮者。臣竊思之。蓋名有不正。禮固失宜。敢不論列。上裨宸聽。今王出閤。儀非開府。當且設師友。未宜建置僚屬。國朝至道元年。中書奏。案唐文宗朝李石言。太子有侍讀。諸王亦有侍讀。無隆殺之禮。請改為奉諸王講讀。皇姪皇孫是環衞之職。請以教授為名。從之。先帝為壽春郡王。命張士遜崔遵度為友。至天禧中。士遜為諫議大夫兼太子庶子。詣資善堂參見。猶令升階列拜。自是始有跪受之禮。事體甚明。臣欲乞朝廷先正陶等職任。名位既正。禮分自安。又況郡王年已長立。當早出閤。以奉朝請。如此。開府建官。翊善侍講。自為寮屬。於禮宜矣。

殿中侍御史裏行陳洙上奏曰。臣聞孟子之言曰。生亦我所欲也。義亦我所欲也。二者不可得兼。舍生而取義可也。臣官為御史。身有言責。當世之事。繫安危興亡之本原者。計身而不言。則失事君之大義。切言而不避。則蹈死亡之顯誅。臣敢捨生取義。據瀝肝膽。仰聞於陛

下。誅之容之。惟君父命。伏以陛下仁侔帝堯。孝同周武。體元居正。已四十年。惠滂澤流。浹民肌骨。陛下視億兆之人。如赤子。億兆之人。視陛下如慈父。未有為人之子。而不憂其父之憂者也。天下之本未立。吾君之子未育。此天下所以皇皇而同慮也。臣輙探天下之心。攄天下之論。而開陳之。方今皇嗣未降。人心未安。公府大臣。無敢言者。朝廷安危。莫大於是。歷代治亂之迹。甚明。臣不復條舉。姑借東漢之事言之。順沖質之際。漢祚幾絕。清河王蒜最親賢而不得立。奸臣梁冀立蠡吾侯。志是為威帝。忠臣杜喬李固雖力爭就死。曾何益於漢哉。威帝既立。政移五侯。刑濫三獄。而宗社自此危矣。迹其所以然。蓋辨之不早。計之後時也。嚮使李杜之策行於前。梁冀之謀不得用。則炎曆長久。其可量乎。思東漢之事。則知奸邪之臣。幸時失制。發明立昏。棄長扶幼。以危亡其邦家。皆可鑒也。然則可不預為久安之策哉。臣

悉伏顧陛下決自清衷。發於聖斷。擇宗室之賢者立爲皇子。實之左右。使日聞陛下之訓言。日覩陛下之德政。則天下之憂去。而奸臣之謀戢矣。皇天輔德。其應如響。陛下至仁至義。至慈至孝。行將天錫聖嗣。繼照四海。復俾宗室退還舊藩。九州四海之人。孰曰不然。夫先幾而謀則事克濟。失時而應。則禍已萌。臣今不言。而異時悔抑言之。不過能效李杜之死耳。曾何益於朝廷哉。陛下如不亮臣愚忠。以臣爲懷異日之圖。莫若先殺臣之身。而用臣之言。臣雖死之日。猶生之年也。伏望聖慈宣示。臣章付執政大臣而行之。天下大幸。

七年。右正言王陶上奏曰。臣伏覩自至和中。聖躬不豫之後。天下之人。顒顒惴惴。無所寄命。日望上穹眷命。降生聖嗣。內承九廟祀享之重。外安四海億兆之心。天貺莫期。未如民志。朝廷百

執事。州郡之吏。下至韋布草萊之士。抗疏交章。引古今。陳安興。請擇宗室親賢。早建儲嗣。危言切諫。感動天聽者以數百。夫爲是議者。豈皆懷不忠不孝爲姦利託附之人哉。蓋發於至誠爲宗廟社稷無窮大計。他日四海生靈死亡之命。冀求安全。深思遠慮而已。陛下納諫從善。博通古今治亂之要。知聖人先天而天不違。後天而奉天時之道。在乎順民欲而安衆心也。故歲覩發德音。稽唐故事。擇宗子使知宗正寺。上以先後天心。導迎景貺。而俟與子之祥。次以尊崇宗廟。欽重祭享。而備主鬯之職。下以順悅人情。表的聖意。而示強宗之勢。中外聞之。咸謂此舉設施安穩。不驚人耳目。而天下搖搖之心一旦而定。他日聖嗣降育。則稍遷其秩。使歸本邸。進退之命。無傷國體。莫不稱慶。陛下有堯之至仁。舜之大孝。漢文之恭遜。而睿謀英斷。非近代中庸之主所可致及。厥後寖聞稽緩。四方觀聽。豈免憂疑。或罪宗實以爲自唐以來。判宗正寺者皆用宗子。求之典故。乃一尋常差遣。倚必過爲辭避。或者流言去。事白官中。嬪御宦臣。姑息之言聖恩因而微惑。且婦人近幸。不識國家大計。苟務一時謟悅。陛下。而不知返沮撓美政。睽隔英斷。爲害甚大也。風聞宗實自有此命而來。夙夜恐懼。閉門不敢見人。昨自二月服除。今半年有餘矣。臣恐天下之人。謂陛下始者順天心人欲而命之。今者聽左右姑息之言而疑之。不獨百世之後。使人歎息聖政始卒之不一。亦恐自今遠近中外奸雄之人。得以窺伺間隙矣。自古天下禍亂之始。未有不由繼嗣不立。付屬之心不豫定。而遂致後世爭奪危亡。使天下赤子糜爛塗地而受弊者也。況數歲以來災異頻數。不可勝紀。今春徐陳許蔡迫京畿之民。訛言相傳。極

其而假。近又龍鬬於南京之舊驛。歲夏火星。金當消。又太白芒角盛大。陵犯熒惑。又太白經天。與歲星晝見。天地人事皆見變異。其占爲兵爲凶。爲人心不安。爲甚可懼。太史必有以其術爲陛下言之者。陛下於此時。豈可尚復優游不斷。恐懼脩省急答天戒哉。夫天下者。聖祖神宗之天下。傳至陛下。使陛下永置生民於安全之地。陛下當思先帝付託之重。使宗廟社稷生民有所依賴。天下忠臣誼士有所取正。無令漢成帝獨有美名也。前日未命宗實。人人言早建儲嗣。今日乃無一人敢言者。非今日之人不忠。蓋前日未有主名。從爲公言。而陛下不疑也。今日補一宗正官。雖非繼嗣。似有主名。又陛下猶豫遲疑。自冬徂秋十月矣。中外之人。無貴賤賢愚。人人自顧私計。懼陛下見疑獲罪不敢出一言。但日聽朝廷所爲以卜治亂而已。臣職爲諫官。倘

又不言。則誰為陛下言者。故臣區區憂國之心。顛沛彷徨而不能自已也。

仁宗春秋高。皇嗣未立。監察御史傅堯俞請建宗室之賢以嗣天下望。及英宗為皇子。有司闕供餽。仁宗未知。堯俞言陛下既以宗社之重建皇嗣。且以家人禮使皇子朝夕侍膳左右。以通慈孝之誠。今禮遇有所闕。非所以隆親親重國本也。於是詔有司供具甚厚。

英宗初即位。同知諫院呂誨上奏曰。臣竊以事之遠者。步穿思於中。矩心之切者。言何假於文。為況任居言責。世有憂危。焉敢恝然自持為全身之計哉。臣以謂王者所以尊高於人上。慘舒於天下。以賞罰之柄專其有也。故威福不可移於下。謹重操守而已。恭惟陛下踐祚以來。聖體違豫。雖天光臨下。而德音鮮聞。

萬機之事。未嘗可否。悉付中書密院。然皇太后關決於中。自匪輔臣。雖承旨兩制近侍。亦不得造簾箔之下。況疏遠之臣耶。如是爵賞刑威。一歸於政府。盡公則已。脫或差謬。何繇取正。下情不無於蔽壅。所以中外懍然未安者此也。尚賴忠良一意。上下無間。萬一姦邪得進。盜弄威福。勢不可不防其漸也。為陛下謀者。莫若早建元良。自輔歸令。威福自中而出。人知所歸。則下無異心。此當今之速效也。漢文帝即位之初。有司請豫建太子。文帝英睿之君。景帝賢明之嗣。尚以不豫為憂。誠有謂也。況淮陽王天資敏悟。位當冢嫡。速宜建立。以固本根。旁絕覬覦。以安人心。斯萬世之慮也。伏望陛下大開聰聽。俯納愚忠。審操柄不可移於下。思機會不可失於時。決漢文豫建之策。為廟社長久之計。上有聖后之翊輔。下有元良之倚賴。陛下高拱巖廊。仰成庶政。臣私謂雖泰山之安莫安於此也。靖靜不言而化。人神胥悅。天意昭輔。勿藥之喜。計日可期。天下幸甚。

誨又上慈聖皇后乞調治聖躬建立儲副奏曰。臣竊以兩漢而後。諸侯王入繼聖統者甚衆。或以功。或以賢。或以親。或以黨。四者之繼。隆替之所係。以功與親賢者。何嘗不興隆於寶緒。繇黨附而至者。未有不基乎禍亂。哀平威靈之類是也。千百載之下。為之監戒。今上生而敏睿。天資英哲。先帝知其曆數在躬。又當近屬。實以親而賢。授之寶器。及誕告于外。讙聲翕然。殿下以積勳之後。配德仁宗。主宣陰教。天下蒙福。上自潛德之初。殿下鞠育保護者三十年矣。先皇厭代。宣導遺旨。掌握機柄。佐佑聖嗣。克安天下。永我帝業。丕功茂實。固不待愚臣一二而談矣。上違豫而來。重煩聽斷。庶務允輯。中外賴焉。比聞疏議。宣傳上疾未間。言或荒忽。承顏之禮。時有所闕。殿下幾至不能容

覆。外臣罔測。謂之然矣。臣竊慮小人乘間。幸兩宮如是。陰為交鬪。以生他事。殿下察其素履。知其有疾。故當責忠臣之輔助。俾太醫之調理。又聞上意自倦服藥。以致醫工久無效驗。然病者皆苦暝眩。斯亦常情。誠恐奉御之人。但能備禮。不敢強以服餌。積日之次。其誤不細。惟殿下廣乎容納之度。忘其惰慢之禮。親閱湯劑。力為調治。強之以嚴威。撫之以恩愛。如此。人神和悅。得不降祐。上之起居。必遂安適。不然。恩禮中闕。慈孝兩失。人言不已。其如天下何。其如宗廟何。其如先帝何。三十年保育之功。一朝而棄。臣竊為殿下惜之。臣重思療治之法即如是言。萬世之計。敢不為殿下陳論。漢馬皇后輩明帝世。克全美德。以至鞠養章帝。勞悴過於所生。母子慈愛。始終無纖介之隙。章帝終為賢聖之主。其保祐亦已明矣。史冊書美。世遠益光。臣伏願殿下循修以為法度。念先帝之顧託。體聖躬之憂危。宮中間言。不可不察。

方四海顒顒。日朔振治。萬機取決。不可持疑。雖神守暫勞。而宗祚安矣。侯工部平和還居清淨。愉怡壽考。豈不休哉。況淮陽王及諸孫。天資淳篤。宜均撫育。以盡愛慈。繼繼承承。本根爲重。儲副之位。安可暫虛。殿下宜上承天意。下順人心。謀乃輔臣。勗成君德。早議建立。旁絕闚覦。則廟社之福。天下之幸。

知諫院司馬光上劄子曰。臣伏見陛下差直史館王陶充皇子伴讀。秘閣校理孫思恭充本位說書。此誠國家之首務。聖哲之遠圖。然臣聞三代令王。置師傅保以教其子。又置三少與之燕居。至於左右前後侍御僕從之人。皆選孝悌端良之士。逐去邪人。毋得在側。使之日見正事。聞正言。然後道明而德成。心愉而體安。福被兆民。功流萬世。此教之所以爲益也。今陶等雖爲皇子官屬。若不日日得見。或見而遽退。語言不洽。志意不通。未嘗與之論經術之精微。辨人情之邪正。

覺義理之是非。考行己之得失。教者止於供職。學者止於備禮。而左右前後侍御僕從。或有佞邪讒巧之人。雜處其間。出入起居。朝夕相近。誘之以非禮。導之以不義。納之以諂諛。濟之以詐僞。雖皇子資性聰明。端慤難移。然親近易習。積久易遷。諂諛易入。詐僞易惑。如此則雖有碩儒端士爲之師傅。終無益也。臣聞孟子曰。雖有天下易生之物。一日暴之。十日寒之。未有能生者也。吾見亦罕矣。吾退而寒之者至矣。又曰。一齊人傅之。衆楚人咻之。雖日撻而求其齊。言不可得也。臣愚伏望陛下多置皇子官屬。博選天下有學行之士以充之。使每日在皇子側。與皇子居處燕游。講論道義。贊善抑惡。輔成懿德。其左右前後侍御僕從。亦皆選小心端恪之人。使所屬官司結罪保明。然後得入。仍專委伴讀官提舉覺察。若有佞邪讒巧之人。誘導皇子爲非禮之事者。委伴讀官糾舉施行。即時斥逐。不令在側。若皇子自有過失。再三規誨不從者。亦聽以聞。如此。則必進德修業。日就月將。善人益親。邪人益疏。誠天下之幸也。大理評事趙彥若孝友溫良。謹潔正固。博聞强記。難進易退。國子監直講李實好學有文。修身慎行。秘閣校理孟恂清純愷悌。始終如一。此臣之所知也。伏望陛下擇此三人。又廣求其次。以備皇子官屬。臣推心盡忠。不敢形迹。僭越妄言。伏俟譴謫。

殿中侍御史傅堯俞上奏曰。臣竊嘗讀傳記。採國家之要務。見聖人之教其子也。未有不思所以護其闕。而養其全。是以事作執儀。物爲防檢。蓋大恩惟父子。義則君臣。必恩義之兩行。實古今之通道。天下之本。庸可易乎。故滯愛生態。具存規誡。異宮而處。用別嫌疑。臣雖至愚。粗有涉慮。竊見淮陽郡王。爵分茅社。位列鼎司。體何但於勝衣。年已踰於志學。雖即外傅。尚居中禁。臣謂非所以養其德望而廣其嚴

恭者也。伏願陛下稍抑私情。務存大體。俾之出外居別館。稍親諸務。問安內寢。著爲定規。然后飲食起居。必有常度。左右前後。皆用正人。上以隆父子之恩。下以著君臣之義。養全教本。此其始乎。

治平二年。監察御史裏行呂大防上奏曰。臣伏覩皇子潁王。以元子之重。幼年成德。出閤開府。二年于茲。雖陛下聖心謙遜。未皇正位東宮。而社稷之本。天下之望。實有繫焉。至于師友寮寀。宜用道德英俊一時之賢。或以方嚴見憚。或以行義可法。庶可以行輔導之職。發揮皇子聰明仁義之姿。屢觀前古。未嘗不謹於此。故在虞則有夔。周有周召史佚。太顛散宜生閎夭。漢則有留侯四皓二疏石奮丙吉韋元成鄧禹桓榮。晉則有山濤張華王導賀循。皆以元臣巨儒。輔正儲貳。故宣廣言於宣帝曰。太子國儲副君。師友必天下英俊。張佚言於光武曰。爲天下立太子。則宜用天下賢才。此可見其遴選之意。所以重

國本而尊宗廟也。竊見近除潁王府記室陳薦侍講孫固。道義無聞。學問至淺。初薦之被選。已為時論所非。而固之獲進。重取識者之笑。皆以為諂事公卿。致身於此。又安能儀刑藩邸。輔翼元良也哉。臣愚以為宜飭輔臣。更選經行脩明。可為師範者。以備王府官屬。薦固之才。量其所堪。改授別職。及乞依舊。令置王傅友官。擇兩制之臣有道德學問者。充其任。則朝廷尊榮。天下幸甚。

三年。翰林學士張方平上奏曰。臣竊惟潁王地居嫡長。春秋鼎盛。方當稽古向學。修誠進德。若其左右前後有位之士。所以朝夕納誨咨告諸度。出入起居。罔有不欽。一人元良。萬國以正。社稷之本也。今遴選宮寮。進用時俊。歲年之間。即復遷易。於此假途以陞要近。乃令縉紳之列。指為仕宦捷徑。非所以資王之重也。願留聖慮。申諭執政。王府記室顧當兼用詞翰之選。至于翊善保傅之業。亦宜於兩省以上

推擇老誠舊望。行安而節和者。得以久處其職。俾與領宮中之政事。于侍御僕從便辟側媚。以非正之事云為者。察而聞於王。小者懲戒。大者上聞而斥之。無有儉人得在王門。以著王之令聞。益國家無疆之休。惟陛下留神幸察。

英宗不豫。儲嗣未正。劉庠拜疏。請立太子。天下本。漢文帝於初元即為無窮計。潁王長且賢。宜亟立。使日侍禁中。閱四方章奏。帝皆行之。

神宗熙寧九年。宣徽使張方平上言曰。臣聞王者大居正。謂王者君國。當先正其統本也。三代遠矣。漢唐居之盛。君即位。太后太子多同時建立。立太子不以長幼。其緩者不過二三年。不然。則必有故。史策具存矣。本朝太祖開國。知天命屬有太宗。故不與子。然以儲位寓於京尹。太宗自京尹踐祚。真宗自京尹立儲位。仁宗未嘗出閤。即登儲位。先帝入纂大統。尋登尊位。尹京故事。蓋未有。陛下即位及今九年。受天之祐。阜有前星之慶。正統大本。所宜時定。上以尊宗廟。下以係天下之心。國之大事。僭議罪也。然陛下特以愚意留臣在朝。思慮所及。敢有不盡。故不避嚴憲。輒陳忠悃。

神宗數失皇子。太史言民墓多迫京城。故不利國嗣。詔悉改卜。無慮數十萬計。衆洶懼。知開封府王安　諫曰。文王卜世三十。其政先於掩骼埋胔。未聞遷人之冢以利其嗣者。帝惻然而罷。

元豐六年。禮部尚書黃履上奏曰。臣聞古之至治之時。太子雖在孩提有識之間。必選天下孝悌博聞之士以衛翊之。蓋欲其見正事。聞正言。行正道也。恭聞皇太子妙齡。波加保傅未立。雖其神靈徇齊得於天縱。而樂以修內。禮以修外。至於其成也。憚而恭敬。溫文深知父子君臣之道。則亦有所教也。伏惟皇帝陛下動容周旋。莫不中禮。使之觀之。固有默然而喻者。聖學高遠。肆口所言。皆可為法。使之聞之。

固有曉然而權者。然而主之以恩。不責以善。必立傅以養之。審道以示之。觀德以喻之。蓋二帝三王之盛。亦莫不然也。臣愚不肖。不足以明當世要務。與夫先王立治之本。徒守愚學。輒傳經以言。臣不勝惓惓犬馬之情。

徽宗時。劉元承論謹擇皇子官屬。疏曰。臣聞天下之本有三。法度人材皇子是也。而法度人材。又以皇子為之本。皇帝陛下詳延俊良。列于庶位。恢張綱目。細大畢舉。實社稷無疆之業。迺者皇子就傅。選置官屬為之輔導。獨出宸鑒之所識擢。可謂急所本矣。臣聞賈誼言曰。天下之本繫之太子。太子之善在於早諭教與選左右。夫翊善侍講記室之職。實掌教諭。前日慎簡既已精矣。而左右者亦不可不慎。蓋教諭之官。趍見有時。左右之臣。朝夕于側。所以服習積貫者為類已多。必得其人。乃克有補。方今近侍之臣。其賢與否。固已不逃陛下

之熟察矣。臣願慎擇莊恪純厚而博學者以充左右之選，左右罔非正人，則所聞皆正言，所見皆正行，元良正而天下定矣。若群枉雜進，則治忽以分，可不畏哉！可不慎哉！

欽宗時，御史胡舜陟奏：向者晁説之乞皇太子講孝經、讀論語，間日讀爾雅，而廢孟子。夫孔子之後，深知聖人之道者孟子而已。願詔東宮官遵舊制，先讀論語，次讀孟子。又奏：涪陵譙定受易於郭雍，究極象數，逆知人事，洞曉諸葛亮八陣法，宜厚禮招之。

高宗時，知漳州廖剛奏曰：准尚書省禮部符，備奉手詔，節文：太陽有異，氛氣四合，中外侍從之臣其遵前後詔書各舉能直言極諫之士一人，將詳延于廷，諏以過失，次第施行，用承天意者。右臣奉詔旨，歷思平生所知識之士，覬有以仰承休德，雖學問文采不無其人，求所謂賢良方正真能直言極諫而文詞敏贍足以應科目者，迄未有得。

稽首奏。臣誠惶誠懼，不知所處。除不住更搜訪外，竊復思念侍從之臣，以論思獻納為職，艱厄未濟，變異仍彰，陛下側身咨訪，亟圖銷弭之方，此臣等所當披露心腹，竭所見聞，庶幾仰補聖政之萬一。亦何暇轉索之於疏遠草萊之士，而冀其能言者哉？臣誠不自揆，姑欲以區區愚見，仰塞明詔。伏望陛下廓天地之度，霽雷霆之威，少垂聰聽，使狂言獲經聖慮，雖就鼎鑊，臣所無憾。恭惟陛下謙恭責己，勤儉宜民，聲色不邇，問學是好，嘗膺父兄之恥，亟席仁賢之求，臣實未見聖德之或缺。然則變見之異曷為其然？臣聞應天以實不以文。自靖康已來，天之譴怒甚矣，不必日蝕、地震之為異也。陛下嘗試隱之於心，應天之誠，其亦有未至耶？臣願有説於此，陛下昨者慨然念往轍之或非，懼天譴之有在，於是有建國公之封，蓋將以承天意而示公於天下後世者也。然而不遂正名，為子者豈尚有所待邪？有所待則是應天之誠未至也。人君之舉事，惟上有以當天心，下有以合天下之公議，而幽無負於神明，則在誠以行之而已。倘非發於誠心，而曰姑若是云耳，則有始而無卒者有矣，曾不足以服匹夫匹婦之心，而況可以動天乎？臣願陛下昭告藝祖在天之靈，正建國儲君之位，布告中外，不匿厥指，使四方萬里乃至九夷八蠻皆知陛下此舉出於誠心而志先定矣。異時雖有百斯男，不復變易，此於聖德豈不光哉！豈不大哉！是誠足以答天意而轉禍為福，感人心而變逆為順，彼夷虜聞之，亦將慕義而率服者矣。此所謂行小變而初不失其大常，陛下亦何吝而不為乎？臣竊以為陛下之得失獨在於此，置此之大而欲飾小善、行小惠以銷天變，非臣所敢知也。且作善降祥，天鑒靡忒，自古命以義者，後世子孫往往復受天命，如仲雍避季而壽夢有吳，宣公立和而與夷有宋之類是也。臣非敢以此為説，辭欲陛下知天理

之昭昭如此。孟軻曰：責難於君謂之恭。謂吾君不能謂之賊。陛下方求直言極諫，臣故敢以堯舜之所為望陛下。伏幸聖慈未賜狂瞽之誅，而加采納焉，實宗社生靈無窮之福。臣不勝惶恐戰越待罪之至。

建炎四年至越，上虞丞婁寅亮上疏曰：先正有言，太祖舍其子而立弟，此天下之大公。周王薨，章聖取宗室育之宮中，此天下之大慮也。仁宗感悟其説，詔英祖入繼大統。文子文孫，宜君宜王，遭罹變故，不斷如帶。今有天下者獨陛下一人而已。屬者椒寢未繁，前星不耀，孤立無助，有識寒心。天其或者深戒陛下，追念祖宗公心長慮之所及乎？崇寧以來，諛臣進説，獨推濮王子孫以為近屬，餘皆謂之同姓，遂使昌陵之後，寂寥無聞，奔迸藍縷，僅同民庶。恐祀豐于昵，仰遺天監。太祖在天，莫肯顧歆，是以二聖未有回鑾之期，金人未有悔禍之意，中原未有息肩之日。臣愚不識忌諱，欲乞陛下于子行中遴選太祖

諸孫有賢德者視秩親王俾牧九州以待皇嗣之生退處藩服并選宣祖太宗之裔材武可稱之人升為南班以備環衛庶幾上慰在天之靈下係人心之望紹興元年召赴行在後上疏曰陛下輟迹所環六年于外險阻艱難備嘗之矣然而二聖未還金人未滅四方未靖者何哉天意若曰天祚宋德太祖不私其子而保之不幸姦邪悞國而擠之將使嗣聖念祖思危而後獲之乃所以申其永命也臣誠狂妄去歲上章請陛下取太祖諸孫之賢者視秩親王使牧九州誤蒙采聽赦而不誅茲蓋在天之靈發悟聖心為社稷計非愚臣之所及也伏望宣告大臣行之他日皇子之生使之退處清暇不過增一節度使諭陛下以太祖之心行章聖之慮自然孝弟感通兩宮回蹕澤流萬世

紹興元年張浚上言曰臣荷陛下恩德之厚有踰等倫顧事有干於

宗社大計臣知而不言誰為陛下言者惟陛下察其用心貸其萬死臣恭惟陛下自即位以來念兩宮倚託之重夙夜憂勤不近聲色不事玩好雖古賢王之用心持身無以加此是宜天地感格祖宗垂祐受福無窮決致中興臣之區區亦冀依日月之末光獲保終年少效補報臣竊見西漢之制凡君即位首建儲嗣所以固基本屬人心臣願陛下特詔大臣講明故事仍乞多擇宗室之賢者優禮厚養以為藩屏臣無任懇禱激切之至

孝宗時張浚上言曰臣竊惟人君即位必蚤建太子所以承祖宗廣孝愛固根本懷萬方也漢高帝初定關中付蕭何以居守之任首建太子文帝自代邸繼大統即位未數月有司請蚤建太子以尊宗廟其為天下國家之計甚厚也仰惟太上皇帝以帝堯之心付受陛下光昭萬古邈不可及為陛下計所當立萬世之基拯生民之難揚祖宗之烈用以仰副太上皇帝之心西漢故事其在今日不可不舉伏望陛下蚤賜睿斷不勝幸甚

信州守王師愈奏曰臣恭惟陛下長慮遠識早建儲宮立天下大本以為社稷宗廟永永無疆之休甚盛舉也至乃參用至道故事命皇太子領臨安府尹外間未能深諭竊惟皇太子副貳宸極繫四海之望以紹承統業當居春宮日親師傅講論治道尋繹經義臨安府尹一州長吏耳非所以逸皇太子之尊而示天下廣大也雖有至道故事臣猶以為不然何者藝祖太宗同起軍旅素習勞尋煩劇事故藝祖既登極命太宗尹京以彈壓鎮撫之當時太宗亦藩臣耳於領天府事體為順三代時諸侯入為王官者固多若已正儲貳則與列國諸侯州郡長吏不同矣况自藝祖以來入府多用藩王兼領遂為故事建隆初太宗皇帝以使相尹京進封晉王太宗即位則秦王尹京秦

王得罪則許王尹京許王既卒真宗皇帝乃以襄王尹京進封壽王尹京八年始升儲升儲之後自合解府事入處東宮以全儲貳之尊當時因循不暇釐正止稍加崇重已是大臣失於討論雖有故事豈可復舉真宗既即位即藩王不復尹京矣蓋親王尹京所以繫人望將以正儲未聞已升儲乃始尹京者惟欽宗皇帝以皇太子出牧開封二日而即位事出倉卒非可為法真宗皇帝以至道元年九月升儲至三年三月即位自升儲至即位止一年半府僚郡政相仍未多故未見有不便今陛下春秋鼎盛方宵衣旰食以濟大業未至倦勤若以皇太子監國撫軍無所不可若欲以一州吏事誠非所宜也真宗皇帝在東宮講讀勸諭之官汩沒州郡吏事勢必不能專心致志以輔導啓迪從容議論惟日困於簿書期會無乃失職乎恭惟皇太子英稟異常天性夙成他日不患不能臨決民事在涵養睿德日新

又新以躋堯舜之盛而已。恐領臨安府尹。非所以淺儲貳也。且太上南渡以來臨安止暫為駐蹕之地。所以不為建都立邑之制者。誠以繫中原之望。兼今日臨安府事與舊日京尹大段不同。今陛下方以恢復神京自任。建儲之際。乃首舉尹京故事於臨安。四方安知聖意所在。皆曰臨安已作京師。無恢復意矣。豈不絕中原之望。疑四海之心。臣疎遠愚昧。不知朝廷故事。僭越狂妄。罪死不赦。伏惟陛下少加思慮。寬假誅殛。則天下幸甚。天下幸甚。

太子詹事王十朋上疏曰。臣恭聞陛下斷自宸衷。首建國本。天下相賀以為社稷無疆之福。臣初至闕下。聞太子有尹京之議。臣竊以為未然。臣聞三王之教世子也。不過教之以禮樂。樂以治內。禮以治外。俾知父子君臣之義而已。成王之為太子也。召公為保。周公為傅。太公為師。保保其身體。傅傅之德義。師導之教訓。未聞其尹京也。國朝

雖有真宗故事。至仁宗為太子則不然。當時左右前後罔匪正人。養成仁厚之性。四十二年之治。雖堯舜亡以加。初不由尹京然也。況今天府事繁。其所委任之臣。未必有如畢士安者。使太子裁決事事皆善。亦不足以為太子之聰明。增太子之盛德。萬一少有過差。十手所指。小人易得譏議。傳聞四方。所損非細。非所以愛太子也。大抵太子之職。在於問安視膳而已。至於撫軍監國。皆非得已事也。陛下但與之遴擇師友僚屬。俾日與端人正士游。養成德性。相與講論古今治亂之理。他日民情吏事。不患不知。臣願陛下與一二大臣議之。寢尹京之議。以安國本。社稷之福。天下之幸也。

孝宗嘗有旨。令皇子慶王非時招延講讀官。相與議論時政。期盡規益。屯田員外郎兼直講林栗以為不可。乃疏言漢武帝為戾太子開博望苑。卒敗太子。唐太宗為魏王泰立文學館。卒敗魏王。古者教世子。與吾祖宗之所以輔導太子諸王。惟以講經讀史為事。他無預焉。若使議論時政。則是對子議父。古人謂之無禮。不可不留聖意。

光宗時。嘉王感疾。左丞相留正言。陛下只有一子。隔在宮牆外。非便。乞令參正元良之位。入居東宮。則朝夕相見甚順。又奏。太子天下本。傳曰豫建太子所以重宗廟社稷。漢文帝即位即建太子。本朝皇子居冢嫡。有未出閤而正儲位者。皇子嘉王既居冢嫡。出閤已久。宜早正儲位以定天下本。再月不報。檢漢文帝紀及本朝真宗立仁宗典故。并呂誨張方平兩奏節其要語繳奏。

寧宗時。衞涇奏曰。臣等蚤上奏事。間恭奉玉音。皇太子參決事。朕有此意甚久。昨日趙彥逾經筵求去奏及此。此事斷自朕意。不欲因人言批出。卿等可商量教穩當。欲待批出。臣等仰見陛下聖明獨斷。為宗社大計。不繇臣下奏請。不勝慶抃。臣象祖奏陛下欲得皇太子習

知朝廷政事。此宗社大計。非臣下所敢奏陳。出自英斷。尤見陛下聖明。臣彌遠奏此事當出自陛下宸斷。臣涇奏陛下適所宣諭。識出獨斷。然今日與真宗天禧間故事不同。亦與壽皇淳熙末年故事不同。天禧間真宗聖體不豫。所以有此。淳熙間壽皇已有倦勤之意。今陛下春秋鼎盛。正當躬親聽斷之時。聖意不過以皇太子年齒長。欲得習知政事。今與宰執聚議。庶幾習熟天下事體。他時付託得人。日逐於侍膳問安。初無相妨。臣所慮者恐外人不知。妄有傳播。撰造語言。陛下聖明必能洞照。臣象祖等惟朝殿奏事。得侍清光。退後凡有事件多是繳入。非時無緣可得通達內外之意。所以向來韓侂胄因此得以竊弄威福。稔成姦惡。幾危國家。今得皇太子會議。臣等奏事既退。或陛下有所宣諭。或臣等有欵陳未盡之意。皇太子於侍膳問安之際。皆可以從容奏稟。內外不至扞格不通。且更不容外間別有

人出入禁闥干預朝政。豈非宗社大幸。奏事畢。臣等又奏。適來所聞王音。聖意已定。容臣等退而商議。以聖意擬定。御筆進入。今謹用別幅擬進。更乞睿覽。如合聖意。即乞御筆批降施行。

理宗時。參知政事李鳴復奏曰。臣嘗讀國史。見真宗皇帝以綠車旄節迎養濮王于禁中。至仁宗生。用簫韶部樂送還邸。其後救防禦使累拜節度使。封汝南郡王。兩典大宗正寺。人人莫不畏愛而心服。當時美之。後世頌之。皆禁中教養之力也。皇嗣未定而養之於內。皇嗣既生而送之於邸。先朝典禮具在可行。伏乞睿照。

金世宗太定二十五年。皇太子薨。司徒兼樞密使徒單克寧表請立金源郡王為皇太孫。以係天下之望。其略曰。今宣孝皇太子陵寢已畢。東宮虛位。此社稷安危之事。陛下明聖超越前古。寧不察此。事貴果斷。不可緩也。緩之則起覬覦之心。來讒佞之言。讒佞之言起。雖欲

無疑。得乎。茲事深可畏。夫可慎而不畏不慎。豈惟儲位久虛。而骨肉之禍自此始矣。臣愚不避危身之罪。伏願亟立嫡孫金源郡王為皇太孫。以釋天下之惑。塞覬覦之端。絕構禍之萌。則宗廟獲安。臣民蒙福。臣備位宰相。不敢不盡言。惟陛下裁察。

宣宗即位。改元貞祐。左諫議大夫張行信以皇嗣未立。無以係天下之望。上疏曰。自古人君即位。必立太子以為儲副。必下詔以告中外。竊見皇長子每遇趨朝。用東宮儀衛。及至丹墀。還列諸王班。況已除侍臣。而今未定其禮。可謂名不正言不順矣。昔漢文帝元年。首立子啟為太子者。所以尊祖廟重社稷也。願與大臣詳議。酌前代故事。蚤下明詔以定其位。慎選宮僚輔成德器。則天下幸甚。上嘉納之。

四年。哀宗為皇太子。春宮所設師保贊諭之官多非其人。於是監察御史完顏素蘭上章言。臣聞太子者天下之本也。欲治天下。先正其本。正本之要無他。在選人輔翼之耳。夫生于齊者能齊言而不能楚語。未習之故也。人之性亦在夫習之而已。昔成王在襁褓中。即命周召以為師保。戒其逸豫之心。告以持守之道。終之功光文武。垂休無窮。欽惟陛下順天人之心。預建春宮。皇太子仁孝聰明。出于天資。總制樞務。固已綽然有餘。儻更選賢如周召之儔者使之夾輔。則成周之治不足侔矣。

知大原府事烏古論德升亦言。皇太子聰明仁孝。保訓之官已備。更宜選德望素著之士。朝夕左右之。日聞正言。見正行。此社稷之洪休。生民之大慶也。

元世祖至元十五年。會立詹事院。中書省掾劉容上言曰。太子天下本。苟不得端人正士左右輔翼之。使傾邪側媚之徒進。必有指令德。聞者是之。俄命為太子司議。

時東平趙天麟上策曰。臣聞未宜輕舉者。四海之宗。不可常空者。三台之位。是以貞臣守道。虞人遠祈羽之招。明主防微。漢帝拒郎官之請。斯皆小節。尚貫大經。矧此國基。係乎太子。方其幼也。但可齒學而振風。及其長也。但可安心而行孝。奚暇乎他事哉。今國家鋪張治具。整頓條綱。內焉三公九卿。外焉而庶疆諸尹。例皆舉賢推德。使宅高下之員。揆務分司。嚴糾傾邪之類。蓋欲有生皆樂。無物不安。咸推惻隱之心。迓續文明之治。至於中書一令。樞密一使。嘗使東宮領之。違旬累月。望儲闈銅輦之來臨。虛榭空帷。設銀榮金埒之太坐。事專歸于副相。政並決於同僚。臣以為中書者機務之關津。天門之鎖鑰。摯四海蒼生之命。掌萬春皇關之家。任之而當。則奠枕磐石。任之未當。則瘝官病政。此實國家股肱心膂之臣也。樞密者疆場之守衛。熊虎之維綱。武臣致力而有所歸依。強寇寒心而潛消變故。良才司令。則

坐撫塵清昧者持衡，則多生僻事。此寔國家不可統領之臣也。由此觀之，軍民二柄，治亂所關。具其負荷，非其才，尚恐難行。設其位而曠其負，云何可治。且太子正名之後，雖諸王莫得而同。有三師二少之徒，並詹事府官之院，乃在臣民而式仰。但惟父母之常尊，君行則守。有守則從。從曰撫軍，守曰監國。為天下之元子，其貴無以尚矣。任天下之副君，其盛蔑以加矣。又何須銀章玉帶，耀一品之華階，宥府都堂，古大臣之上位，名為重之，適所以輕之也。東宮之領此職，非臣之所獲知。若謂藉其重以鎮之邪，則朝臣政事無不奏聞，是天威已鎮之矣，何煩太子鎮之哉。若為他人不可為此職邪，則太師太保國王暨劉公為之矣，太傅司徒亦有為之者矣。觀彼四職不下於此，皆命異姓為之，何獨人不敢為此職哉。況耶律公已嘗作中書令乎。太子之適，春誦夏絃，秋習禮，冬讀書，研磨往古之攸行，爰證當今之可務。

寵擇問寢懃懃於內豎之前，甲觀尊師懇惻於春官之側，以徽柔為本，以仁孝為先。及其既冠，則有記過之史，徹膳之宰，進善之旌，敢諫之鼓。習與智長，故切而不媿；化與心成，故中道若性。三代之胤祚長久者，輔翼太子有此具也。太子之善，在於早諭教，教得而左右正。左右正則太子正矣，太子正而天下定矣。此所以周公示法於成王，賈子忠告於漢文也。以陛下之聖，猶立保傅在太子以奚疑，伏望陛下慎選碩人，輔導太子，無令降居臣職，以輕其身，當使益增其明，以成其孝。知此則乾符永攝，黔黎知大本之安；震德惟新，天地有長男之美。更望陛下近擇宗室，旁及岩穴，舉大賢充令使之官，即聖主錫羣民之福也。愚臣妄議，實係亂言，但以詔文許陳，朝廷得失，敢冒死以言之。謹。

世祖問處士羅英誰可大用，肅對曰：「張雄飛真公輔器。」帝然之，命驛召雄飛至，問以方今所急。對曰：「太子，天下本，願早定以繫人心。閭閻小人有升斗之儲，尚知付託，天下至大，社稷至重，不早建儲貳，非至計也。向使先帝知此，陛下能有今日乎。」帝方卧，矍然起，稱善者久之。

歷代名臣奏議卷之七十三

歷代名臣奏議卷之七十四

內治

周襄王十七年。王降翟師以伐鄭。王德翟人。將以其女為后。富辰諫曰。不可。夫婚姻禍福之階也。利內則福由之。利外則取禍。今王外利矣。樹利於翟其無乃階禍乎。昔摯疇之國也由大任。摯疇二國。任姓。奚仲仲虺之後。大任之家也。大任。王季之妃。文王之母。杞繒由大姒。杞繒二國。姒姓。夏禹之後。大姒之家也。大姒。文王之妃。武王之母。齊許申呂由大姜。四國皆姜姓。四岳之後。大姜之家。大姜。大王之妃。王季之母。陳由大姬。陳嬀姓。舜後。大姬。周武王之女。成王之姊。是皆能內利親親者也。昔鄢之亡也由仲任。鄢。妘姓之國。仲任氏之女為鄢夫人。密須由伯姞。伯姞。密須之女也。傳曰。密須之鼓闕。畢之甲。則文王所滅而蒐鼓甲也。鄶由叔妘。鄶。妘姓之國。叔妘。同姓之女為鄶夫人。聃由鄭姬。聃。姬姓。文王之子聃季之國。鄭姬。鄭女。為聃夫人。同姓相淫。猶魯昭公取於吳矣。亦其同姓所以亡。息由陳嬀。息。姬姓之國。陳嬀。陳女。為息侯夫人。鄧由楚曼。鄧。曼姓。楚曼。鄧女。為楚武王夫人。生文王。過鄧而利其國。遂滅鄧而兼之。羅由季姬。羅。熊姓之國。季姬。氏之女。為羅夫人。盧由荊嬀。盧。嬀姓之國。荊嬀。盧女。為荊夫人。是皆外利親親者也。王曰。利何如而外。對曰。尊貴明賢庸勳長老。明賢也。庸用也。功也。長老尚齒也。愛親禮新親舊。親。六親也。新。新來過賓也。舊。君之故舊也。然則民莫不審固其心力以役上令。從為也。官不易方而財不匱竭。求無不至。動無不濟。百姓兆民夫人奉利而歸諸上。是利之內也。若七德離判。民乃攜貳。各以利退。上求不暨。是其外利也。夫翟無列於王室。鄭伯南也。南書。在南服之侯伯。或言南面君也。王而卑之。是不尊貴也。翟。豺狼之德也。鄭未失周典。王而蔑之。是不明賢也。平桓莊惠皆受鄭勞。王而棄之。是不庸勳也。鄭伯捷之齒長矣。王而弱之。是不長老也。捷。鄭文公之名。翟。隗姓也。隗姓赤翟。鄭出自宣王。王而虐之。是不愛親也。夫禮新不間舊。王以翟女間姜任。非禮且棄舊也。王一舉而棄七德。臣故曰。利外矣。書有之曰。必有忍也。若能有濟也。王不忍小忿而棄鄭。又登叔隗以階翟。翟封[illegible]不可厭也。王弗聽。

漢孝文帝幸上林。皇后慎夫人從。其在禁中。常同席坐。及坐。郎署長布席。中郎將袁盎引卻慎夫人坐。慎夫人怒。不肯坐。上亦怒。起入禁中。盎因前說曰。臣聞尊卑有序則上下和。今陛下既已立后。慎夫人乃妾。妾主豈可與同坐哉。且陛下幸之。即厚賜之。陛下所以為慎夫人。適所以禍之。陛下獨不見人彘乎。於是上乃說。召語慎夫人。慎夫人賜盎金五十斤。

宣帝神爵元年。王太后數出遊獵。京兆尹張敞諫曰。禮。君母出門則乘輜軿。下堂則從傅母。今以田獵縱欲為名。於以上聞。亦未宜也。太后乃不復出。

成帝遊於後庭。嘗欲與班倢伃同輦載。倢伃辭曰。觀古圖畫。賢聖之君皆有名臣在側。三代末主迺有嬖女。今欲同輦。得無近似之乎。上善其言而止。太后聞之。喜曰。古有樊姬。今有班倢伃。

鴻嘉三年。趙飛燕譖告許皇后班倢伃挾媚道。祝詛後宮。詈及主上。許皇后坐廢。考問班倢伃。倢伃對曰。妾聞死生有命。富貴在天。脩正尚未蒙福。為邪欲以何望。使鬼神有知。不受不臣之愬。如其無知。愬之何益。故不為也。上善其對。憐閔之。賜黃金百斤。

成帝欲立趙倢伃為皇后。先下詔封倢伃父臨為列侯。諫大夫劉輔上書言。臣聞天之所與。必先賜以符瑞。天之所違。必先降以災變。此神明之徵應。自然之占驗也。昔武王周公承順天地。以饗魚烏之瑞。然猶君臣祗懼。動色相戒。況於季世不蒙繼嗣之福。屢受威怒之異者虖。雖夙夜自責。改過易行。畏天命。念祖業。妙選有德之世。考卜窈窕之女。以承宗廟。順神祇心。塞天下望。子孫之祥猶恐晚暮。今迺觸情縱欲。傾於卑賤之女。欲以母天下。不畏于天。不媿于人。惑莫大焉。里語曰。腐木不可以為柱。卑人不可以為主。天

人之所不爭。必有禍而無禍。帝道皆共知之、朝廷莫肯壹言。臣竊傷
心。自念得以同姓拔擢、尸祿不忠、污辱諫爭之官。不敢不盡死。唯陛
下深察。

東漢光武時。郭皇后廢。郅惲乃言於帝曰。臣聞夫婦之好、父不能得
之於子。況臣能得之於君乎。是臣所不敢言。雖然陛下念其可否之
計。無令天下有議社稷而已。帝曰惲善恕己量主。知我必不有所左
右而輕天下也。

順帝欲立皇后。而貴人有寵者四人。莫知所建。議欲探籌以神定選。
尚書僕射胡廣與尚書郭虔史敞上疏諫曰。竊見詔書以立后事大。
謙不自專。欲假之籌策。決疑靈神。篇籍所記。祖宗典故。未嘗有也。恃
神任筮。既不必當賢。就值其人。猶非德選。夫岐嶷形於自然。俔天必
有異表。宜參良家。簡求有德。德同以年。年鈞以貌。稽之典經。斷之聖

慮。政令猶汗。往而不反。詔文一下。形之四方。臣職在拾遺。憂深責重。
是以焦心冒昧陳聞。帝從之。以梁貴人良家子之立為皇后。

桓帝延熹中。應奉為司隸校尉。糾舉姦違。不避豪戚。以嚴厲為名。及
鄧皇后敗。而田貴人見寵。桓帝有建立之議。奉以田氏微賤。不宜超
登后位。上書諫曰。臣聞周納狄女。襄王出居于鄭。漢立飛燕。成帝胤
嗣泯絕。母后之重。興廢所因。宜思關雎之所求。遠五禁之所忌。帝納
其言。竟立竇皇后。

魏文帝黄初三年。欲立郭貴嬪為后。中郎棧潛上疏曰。在昔帝王之
治天下。不惟外輔。亦有內助。治亂所由。盛衰從之。故西陵配黄。英娥
降嬀。並以賢明。流芳上世。桀奔南巢。禍階末喜。紂以炮烙。怡悅妲己。
是以聖哲慎立元妃。必取先代世族之家。擇其令淑。以統六宮。虔奉
宗廟。陰教聿脩。易曰。家道正而天下定。由內及外。先王之令典也。春

秋書宗人釁夏云。無以妾為夫人之禮。齊桓誓命于葵丘亦曰。無
以妾為妻。今後宮嬖寵常亞乘輿。若因愛登后。使賤人暴貴。臣恐
後世下陵上替。開張非度。亂自上起也。

晉武帝寧康三年。將納后。訪于公卿。時王蘊女容德淑令。舉以應
選。中軍將軍桓沖等奏曰。臣聞天地之道。蓋相須而化成。帝后之
德。必相協而政隆。然後品物流行。彝倫攸敘。靈根長固。本枝百世。
天人同致。莫不由此。是以塗山作儷。而夏族以熙。妊姒配周。而姬
祚以昌。今長秋將建。宜時簡擇。伏聞試守晉陵太守王蘊女。天性
柔順。四業允備。且盛德之胄。美善先積。臣等參議。可以配德乾元。
恭承宗廟。徽音六宮。母儀天下。於是帝始納焉。

唐太宗貞觀中。城陽公主下嫁薛瓘。初主之婚。帝使卜之。繇曰。二
火皆食。始同榮。末同戚。請晝昏則吉。監察御史馬周諫曰。朝謁以

朝。思相戒也。講習以晝。思相成也。燕飲以昊。思相歡也。婚合以昏。
思相親也。故上下有成。內外有親。動息有時。吉凶有儀。今先亂其
始。不可為也。夫卜所以決疑。若黷禮慢經。先聖人所不用。帝乃止。

太宗謂房玄齡等曰。長樂公主皇后所生。朕及皇后並所鍾愛。今
將出降。禮數欲有所加。玄齡等咸曰。陛下所愛。欲少加之。何為不
得。請倍永嘉長公主。魏徵曰。不可。昔漢明帝欲封其子。云我子豈
得與先帝子等。可半楚淮陽。前史以為美談。天子姊妹為長公主。
天子之女為公主。既加長字。即是禮有尊崇。或可情有淺深。無
容禮相踰越。太宗然其言。入謂文德皇后曰。我欲加長樂公主
禮數。魏徵不肯。文德皇后聞之大喜。遣中使齎錢二十萬。絹四百
匹。詣徵宅。宣令謂徵曰。比者常聞公中正。而不能得見。今論長公
主禮事。不許漕加。始驗從來所聞信非虛矣。願公常保此心。莫移

令日喜聞公言故令將物相賞公有事即道勿為形迹也上嘗罷朝怒曰會須殺此田舍翁后問為誰上曰魏徵每廷辱我后退具朝服曰妾聞主明臣直今魏徵直由陛下之明故也妾敢不賀上乃悅

太宗時隋通事舍人鄭仁基女年十六七容色絕姝當時莫及文德皇后訪求得之請備嬪御太宗乃聘為充華詔書已出策使未發魏徵聞其已許嫁陸氏方遽進而言曰陛下為人父母撫愛百姓當憂其所憂樂其所樂自古有道之主以百姓心為心故君處臺榭則欲民有棟宇之安食膏粱則欲民無飢寒之患顧嬪御則欲民有室家之歡此人主之常道也今鄭氏之女久已許人陛下取之不疑無所顧問播之四海豈為民父母之義乎臣傳聞雖或未的然恐虧損聖德情不敢隱君舉必書所願特留神慮太宗聞

之大驚手詔答之深自剋責遂停策使乃令女還舊夫左僕射房玄齡中書令溫彥博禮部尚書王珪御史大夫韋挺等云女適陸氏無顯然之狀大禮既行不可中止又陸氏抗表云其父康在日與鄭家還往時相贈遺資財初無婚姻交涉親戚並云外人不知妄有此說大臣又勸進太宗於是頗以為疑問徵曰羣臣或順旨陸氏何為過爾分疏徵曰以臣度之其意可識將以陛下同於太上皇太宗曰何也徵曰太上皇初平京城得辛處儉婦稍蒙遇寵處儉時為太子舍人太上皇聞之不悅遂令東宮出為萬全縣每懷戰懼常恐不全首領陸爽以為陛下今雖容之恐後陰加譴謫所以反覆自陳意在於此不足為怪太宗笑曰外人意見或當如此然朕之所言未能使人必信乃出勑曰今聞鄭氏之女先已受人禮聘前出文書之日事不詳審此乃朕之不是亦為有司之過授充華者宜停時莫不稱歎上嘗謂侍臣曰婦人幽閉深宮情實可愍隋氏末年求採無已至於離宮別館非幸御之所多聚宮人此皆竭人財力朕所不取且灑掃之餘更何所用今將出之任求伉儷非獨以省費息人亦各得遂其情性於是後宮及掖庭前後所出三千餘人

禮部尚書王珪子敬直尚太宗女南平公主珪曰禮有婦見舅姑之義自近代風俗弊薄公主出降此禮皆廢主上欽明動循法制吾受公主謁見豈為身榮所以成國家之美耳遂與其妻就位而坐令公主親執巾行盥饋之道禮成而退太宗聞而稱善是後公主下降有舅姑者皆遣備行此禮

高宗將立武昭儀召長孫無忌李勣于志寧及遂良入或謂無忌當先諫遂良曰太尉國元舅有不如意使上有棄親之譏又謂勣上所重當進曰不可空國元勳有不如意使上有斥功臣之嫌曰吾奉遺詔若不盡愚無以下見先帝既入帝曰罪莫大於絕嗣皇后無子今欲立昭儀

謂何遂良曰皇后本名家奉事先帝先帝疾執陛下手語臣曰我兒與婦今付卿且德音在陛下耳可遽忘之皇后無他過未可廢帝不悅翌日復言對曰陛下必欲改立后者請更擇貴姓昭儀昔事先帝身接帷笫今立之奈天下耳目何帝羞默遂良因致笏殿階叩頭流血曰還陛下笏丐歸田里

高宗時王后之廢侍中韓瑗雪泣言曰皇后乃陛下在藩時先帝所娶今無罪輒廢非社稷計不納明日復諫曰王者立后配天地象日月匹夫匹婦尚知相擇況天子乎詩云赫赫宗周褒姒滅之臣讀至此常輟卷太息不圖本朝親見此禍宗廟其不血食乎

高宗將以武氏為后中書令來濟諫曰王者立后以承宗廟母天下宜擇禮義名家幽閑令淑者副四海之望稱神祇之意故文王興關雎之化蒙被百姓其福如彼成帝縱欲以婢為后皇統中微其禍如此惟陛下詳察

上元中。帝多疾。欲遜位武后。中書令郝處俊諫曰。天子治陽道。后治陰德。然則帝與后猶日之與月。陽之與陰。各有所主。不相奪也。若失其序。上謫見於天。下降災於人。昔魏文帝著令。帝崩不許皇后臨朝。今陛下柰何欲身傳位天后乎。天下者高祖太宗之天下。非陛下之天下。正應謹守宗廟。傳之子孫。不宜成國與人。以喪厥家。中書侍郎李義琰曰。處俊言可從。惟陛下不疑。事遂沮。

中宗復位。以桓彥範為侍中。上書戒帝曰。不以關雎為始。言后妃者人倫之本。治亂之端也。故舜之興以皇英。而周之興以任姒。桀奔南巢。禍階末喜。魯桓滅國。惑始齊姜。伏見陛下臨朝視政。皇后必施帷殿上。預聞政事。臣愚謂古王者謀及婦人。皆破國亡身。傾輈繼路。且以陰乘陽。違天也。以婦凌夫。違人也。違天不祥。違人不義。故書曰。牝雞之晨。惟家之索。易曰。無攸遂。在中饋。言婦人不得預外政也。伏願上以社稷為重。令皇后無居正殿。干外朝。深居宮掖。修陰教以輔佐天子。

景龍中。武平一還考功員外郎。時太平安樂公主各立黨相詆毀。親貴離闊。帝患之。欲令敦和。以訪平一。因上書曰。病之在四體者。跡分而易遂。居心腹者。候邃而難治。刑政乖舛。四支疾也。親權猜閒。心腹患也。書曰。克明俊德。以親九族。九族既睦。平章百姓。詩曰。協比其鄰。婚姻孔云。是知親族以輯睦為義也。自頃權貴猜防。外和內離。怨結姻婭。疑生骨肉。邀榮之徒。譎獻忠欵。膏脣之伍。苟輸譎計。令肩郎箏之中。噤隕媼宦之側。故過從絕猜嫌搆親愛乖黨與生積霜成冰。禍不可既。願悉召近親貴人。會宴內殿。告以輯睦。申以恩勤。斥姦人。塞讒路。若猶未已。則捨近圖遠。抑慈示嚴。惟陛下之命。帝美其忠切。

玄宗欲立武惠妃為后。御史潘好禮上疏曰。禮。父母讎不共天。春秋子不復讎。不子也。陛下欲以武氏為后。何以見天下士。妃再從叔三思也。從父延秀也。皆干紀亂常。天下共疾。夫惡木垂蔭。志士不息。盜泉飛溢。廉夫不飲。匹夫匹婦尚相擇。況天子乎。願慎選華族。稱神祇之心。春秋宋人夏父之會。無以妾為夫人。齊桓公誓葵丘曰。無以妾為妻。此聖人明嫡庶之分。分定則窺競之心息矣。今人間咸言右丞相張說欲取立后功。圖復相。今太子非惠妃所生。而妃有子。若一儷宸極。則儲位將不安。古人所以諫其漸者。有以也。遂不果立妃。

憲宗時。學士李絳奏。伏以聖哲之君。撫馭之要。必順人情。以作事感天意。以致和。從古以來。其道由此。陛下勵精求理。損己推誠。風動四方。事貞百度。作範來代。掩美前王。後宮之中。人數不少。離別之苦。顧感人心。怨曠之思。有干和氣。伏冀酌量所要。移放其餘。使其親戚如初。復得官掖省費。上以表大德如天之施。下以成群生遂性之樂。道映青史。化洽皇風。敢竭消塵。庶裨萬一。如蒙聖恩允許。便請入德音後。亦更論減放。

翰林學士白居易上奏曰。右伏見大曆已來四十餘載。宮中人數稍久漸多。伏慮驅使之餘。其數猶廣。上則屢給衣食。有供億縻費之煩。下則離隔親族。有幽閉怨曠之苦。事宜省費。物有遂情。頃者已蒙聖恩。量有揀放。聞諸道路。所出不多。臣伏見自太宗玄宗以來。每遇災旱。多有揀放。書在國史。天下稱之。伏望聖慈再加處分。則盛明之德可動天心。感悅之情必致和氣。光垂史冊。美繼祖宗。貞觀開元之風復見於今日矣。

武宗會昌中。李德裕上言。臣等伏見公主上表稱妾李者。伏以臣妾之義。取其賤稱。家人之稱。亦要別嫌。因循舊章。恐未為得。臣等商量今日以後。公主上表。從大長公主以下。並望令稱某邑公主第幾女上表。仍不令稱族。所冀臣子之道。因此正名。郡主縣主。亦望准此。

宋仁宗天聖中。太后崩。言事者多暴太后時事。右司諫范仲淹奏曰。太后受遺先帝。調護陛下者十餘年。宜掩其小故。以全后德。帝爲詔中外。毋輒論太后時事。初太后遺誥以太妃楊氏爲皇太后。參決軍國事。仲淹曰。太后母號也。自古無因保育而代立者。今一太后崩。又立一太后。天下且疑陛下不可一日無母后之助矣。

慶曆中。仲淹爲參知政事。上奏曰。臣聞唐武德九年八月十八日詔曰。簡省宮掖。其數寔多。憫兹深閉。久離親族。一時減省。各從娶嫁。自是宮中前後所出三千餘人。又貞觀二年七月二日。太宗謂侍臣曰。婦人幽閉深宮。情實可憫。隋氏末年。求採無已。此皆竭人財力。朕所不取。掃洒之餘。更何所用。於是命尚書右丞戴胄給事中杜正倫於掖庭西門揀出之。臣不知今來宮中人數幾多。或供使有餘。宜降詔旨。特令減放。以遂物性。又省冗費。亦人君盛德之事。可以感動天意。

明道二年。將作監丞富弼上奏曰。臣聞右司諫祕閣校理范仲淹以上章諫廢后事。貶睦州通判。仍差人押出門。臣不勝驚駭。伏恐陛下行於倉卒。未熟思慮。輒敢冒天威。犯斧鉞。一陳愚懇。惟陛下裁察之。皇后自居中宮。未聞有過。陛下忽然廢斥。物議騰踴。自太祖太宗真宗撫國凡七十年。未嘗有此。陛下爲人子孫。不能遵祖考之訓。而遂有廢后之事。治家而尚不以道。柰天下何。仲淹爲諫官。所以極諫者乃其職也。陛下何故罪之。假使所諫不當。猶須含忍以招諫諍。況仲淹所諫大愜億萬人之心。陛下又縱私忿。不顧公議。取笑四方。臣甚爲陛下不取也。昔莊憲臨朝。陛下受制。事體大弱。而莊憲不敢行武后故事者。蓋賴一二忠臣救護。使莊憲不得縱其欲。陛下可以保其位。實忠臣之力也。今陛下始獲暫安。遂忘舊日忠臣。羅織其罪而譴逐之。陛下以萬乘之尊。設廢一婦人。甚爲小事。然所損之體則極大也。夫廢后謂之家事。而不聽外臣者。此唐姦臣許敬宗李世勣謟佞之辭。陛下何足取法。陛下必欲廢后。但可不納所諫。何必加責以重已過。今匹庶之家。或出妻亦須告父母。父母許然後敢出之。今陛下貴爲天子。莊憲山陵始畢。壙土未乾。便以色欲之心廢黜后氏。而不告宗廟。是不敬父母也。今陛下舉一事而獲二過於天下。廢棄罪之后。一也。逐忠臣。二也。此二者皆非太平之世所行。臣實痛惜之。莊憲太后臨朝。以劉從德死。恩典太重。臺諫曹脩古等四人連名上章極諫。莊憲大怒。陛下不得已。遂貶此四人。然心甚惜其去。莊憲纔往。陛下立行召命。優與恩獎。復處憲省。脩古雖死。厚加贈典。如此者。蓋陛下憐其忠鯁不避夫禍難爾。今仲淹所諫又甚於脩古等所陳。脩古等追用。而仲淹黜棄。陛下何所見前後之異也。況仲淹以忠直不撓。莊憲時論冬仗事。大正君臣之分。陛下以此自擢用之。既居諫列。或

聞累留宣諭。使小大之事必諫。無得有隱。是陛下欲聞過失。雖古先聖哲之主。亦無以過此。今仲淹聞過遂諫。上副宣諭之意。而反及於禍。是陛下誘而陷之。不知自今後何以使臣。雖日加宣諭。諫臣以仲淹爲戒。必不信矣。諫臣不諫。大非朝廷之福。今百執事所爲。皆一司一局。雖常才者皆能幹之。是易爲也。如仲淹者。乃爲臣之難能者也。今幹一司一局者。皆坐取遷陟。立居顯要。而仲淹不惜性命。爲陛下論事。而遠徙外郡。臣恐百辟以此皆務爲易者。而不爲難者也。陛下一旦有難爲之事。不知何人爲陛下爲之。居諫官者。務要訐直。乃號稱職。依違者曠職。今循默者已居顯要。而訐直者尚居散地。苟如是不若廢諫官。如不欲廢。即循默者可黜。訐直者可用。請陛下急圖之。今天下凶歉。盜賊如麻。國用空虛。人心惶擾。姦雄觀此。已有窺覦之心。陛下當兢兢惕惕。宵衣旰食。日與臣寮講論安天下之計。猶恐不

及。而乃自作弗靖。廢嫡后。逐諫臣。使此醜聲聞於四方。知陛下不納諫臣。朝政不舉。則姦雄益喜。以謂中外皆亂。事勢相符。必有變事。臣一念至此。心寒骨顫。此自然之兆。固非臣之臆說也。望陛下審思之明察之。廢后已行。雖能悔過。臣願陛下急且追還仲淹。復其諫職。減二過之一。庶乎諫路不絕。朝綱復振。使姦雄不能窺陛下淺深。此社稷之慶也。

殿中侍御史段少連等奏曰。臣因義激心。以職獲譴。天地容載。蒙幸衘涂。然理有所未伸。情有所未達。鬱悒之志。敢不盡陳之。初聞非時召兩府大臣議皇后入道。一日之內。都下喧然。以為皇后母儀天下。固無入道之理。翊日又聞兩府列狀乞降后為淨妃。臣與孔道輔范仲淹等恐詔命一行。難於追復。是以群詣殿閤上疏。而執政進說。使臣等不獲面對。止令就中書商量。宰相雖知其誤。然猶責臣翻覆專易。故道輔仲淹斥守外郡。臣等例皆蒙罰。伏以陛下親政以來。進用直臣。開闢言路。天下無不懽忻。一旦以諫官御史伏閤。遽行黜責。中外皆以為非陛下意。蓋執政大臣假天威以黜道輔仲淹。而斷來者之說也。望陛下熟思其事。使讒慝不行。忠邪有別。則天下幸甚。又伏覩戒諭。自今有封章。宜如故事密上。毋得群詣殿門對。且伏閤上疏。豈非故事。今遽絕之。則國家復有大事。誰敢旅進而言者。況道輔仲淹端正敢言。素為姦邪所忌。以言事而黜之。恐姦邪得志而翱翔。方正望風而竄伏矣。昔唐陽城王仲舒伏閤。以雪陸贄之罪。崔元亮叩殿陛。理宋申錫之冤。當時稱之。今陛下未忍廢出皇后。而兩府列狀議降為妃。諫官御史敢廢伏閤之事而默默乎。陛下深惟道輔等所言。為阿黨乎。忠亮乎。幸哉赦之。

少連又奏曰。臣聞高明粹精。德無累者。天之道也。然氣祲蔽翳晦

明。偶差乃陰陽之沴爾。象天德者。君之體也。治陰陽者。臣之職也。陛下秉一德。臨萬方。有生之類。莫不浸涵德澤。而氛祲蔽翳。偶差晦明。以累聖德者。由大臣懷祿而不以諫。小臣畏罪而不言。臣獨何人。敢貢狂瞽哉。誠以秉愛君之心。竊痛陛下履仁聖之具美。之骨鯁之良輔。因成不忍之怨。又稽不遠之復。臣是以瀝肝膽。披情素。為陛下澄請氣祲蔽翳之累。易曰。夫夫婦婦而家道正。正家而天下定矣。詩云。刑于寡妻。以御于家邦。若然。則君天下脩化本者。必自內而刑外也。昨者二府大臣忽然晚出。民間喧傳皇后被譴而入道。又傳降為妃而離宮迭矣。臣與道輔等皆在言職。以謂皇后母儀萬方。非有大過而動搖。則風教陵遲。況聞入道降妃之議出自臣下。且妃后有罪。出則告宗廟。廢則為庶人。安有不示之天下。不告之於祖宗。而陰行臣下之議者乎。且皇后以小過降為妃。則臣下之婦有小過。亦當降為妾矣。比抗章請對。不蒙賜召。豈非姦邪之人離間陛下耶。臣等赴中書時。執政之臣備言皇后有妬忌之行。始議入道。終降為妃。兼云有上封者慮皇后不利於聖躬。設藥修高垣。置在別館。臣等備言中外之議。以為未可。願速降明詔。復中宮位號。以安民心。翌日詔出。乃云中宮有過。掖廷具知。特示含容。未行廢黜。置之別館。俾自省循。供給之間。一切如故。臣未審黜置別館。為后乎。為妃乎。詔書不言。安所取信。伏以陛下立后一紀有餘。而輔臣倉卒以降黜之議惑於宸聽。搢紳循默。無敢為陛下言者。臣所謂氛祲蔽翳以累聖德者。蓋臣職曠矣。夫皇后動搖。有大不可者二。執政之臣。獨不念之。且內外臣寮以至戚里。皆萌覬覦之心。或進一女口。以希選納。或巧事寵愛。以結內援。則使陛下惑女色而亂紀綱。紀綱之亂。變故以生。社稷可得安乎。易曰。三人行。則損一人。一人行。則得其友。斯大不可者一也。陛下舉

事為萬世法。苟因掖廷爭寵，遂行廢后，則何以書史策而示子孫。況祖宗已來，未嘗有廢后之事。詩云：無念爾祖，聿修厥德。斯大不可者二也。臣竊恐姦佞之人，引漢武幽陳皇后故事，以陷惑陛下。且漢武驕奢淫佚之主，固不足踵其行事。而為人臣者，當致君堯舜，豈當致君如漢武哉。今皇后置在別館，必恐懼修省。且陛下仁恕之德，施於天下。而獨不加於中宮乎。古人言曰：一人向隅，滿堂為之不樂。今四方凶年，民有愁嘆。又聞中宮幽廢，何啻滿堂不樂乎。願詔皇后歸宮，復其位號，杜絕非間，待之如初。天地以正，陰陽以和，人神共歡，豈不美哉。陛下苟為邪臣所沮，不行小臣之議，臣恐高宗王后之枉，必見於他日。宮闈不正之亂，未測於將來。惟聖神慮焉。

景祐元年，開封判官龐籍上奏曰：臣前月十一日曾上封奏，為內侍韓從禮等傳美人尚氏教旨，令開封府放免工匠單慶等六人本行差遣。特蒙悉聽科斷韓從禮等，及敕下諸司，今後宮闈教旨並不得施行。中外聞之，孰不懽快。有以見陛下英斷，實九廟無疆之休，四海永安之福也。臣愚更願陛下使宮掖之間，上下有序，不以恩寵陰啓禍階。蠹耗金珠，漸困國力，通私謁以亂政，縱外親而干法。上損聖德，次紊朝綱，實天下幸甚。

秘書丞余靖上奏曰：臣伏覩景祐元年八月十五日詔敕，頃以中闈有虧善道，降處次妃之位，仍從別館之居。郭氏宜令於外宅居止，更不入內。美人尚氏令於洞真宮披戴，永不入內。美人楊氏於別宅安置者。此蓋皇帝陛下廣示憂勤，擯去聲色，割情斷愛，以從典禮，雖堯舜無以加之。天下幸甚。詔旨又云：長秋之主，陰教是宣，顧厥位以難虛，必惟賢而是擇。將行冊納，式助烝嘗。臣謹按春秋君舉必書，以示後嗣。固當謹重存規法。切以莊獻明肅皇太后預聞朝政，託在母儀，保佑聖躬，安固宗社，欽奉慈旨，備盡孝誠。先太后登遐，方踰祥禫，陛下雖行易月之制，而心喪未除。古者三年之喪，自天子達于庶人，其禮一也。所有納后之禮，乞候先太后服紀闋日，然後審選世閥，登進賢淑，興理內教，統領六宮。必先衆望，始議冊立。不宜頻有改易，以駭四方。乃陛下孝治天下之本也。昔者魯文公居喪，納幣以娶夫人，春秋非之。公羊傳曰：娶在三年之外，此何譏爾。曰：三年之內不圖婚也。是皆孔子書之以為世法。伏望陛下謹茲舉措，以示後代。稍緩其期，則臣繾綣之願也。

慶曆元年，孫沔上奏曰：臣聞虞舜治家而納蘋姬文制寡而御邦。周南歌關雎之德，仲尼刪詩著為三百篇之首。魯史先經以紀元妃，並明直書為十二公之始。易以風火出為家人之象，言號令之行乎外，由中正而明乎內。非嚴風火之威，則難以正乎家矣。禮云：身脩而家齊，家齊而國治，國治而天下平。王政之本，基乎此矣。是知先聖懼昵情之為患，而立法於將來者也。恭以皇帝陛下仁深濬哲，明達照臨，好善無厭，從諫弗咈，紹三朝之謨訓，躬萬幾之憂勤，旰食在念，將二十年，雖古之聖帝明王，致志行事，無以過也。今朝無專權之臣，上無失道之事。然而陰陽未和，災變未息，法令不行，恩威不著者，豈治內之道有所未至歟。臣不欲迂闊引踰前古，願以聞見五事而陳之。若以言獲罪，臣之職也。伏以中宮正位，德配至尊，治陰教，為天下母。三妃九嬪，世婦御妾，上下分統，無使僭差，百世不易之論也。伏自景祐以來，三黜寵闈，兩犯宸扆，蓋所起幽微，不勝恩遇，身貴則性悍，福極則患生。退昇繼跡，踰僭如舊。苟不建立嚴制，竊恐漸生厲階。昨見上元嘉節，內庭出遊，美人才人，多不隨從。飛蓋蔽景，流車激霆，各崇華衛，分道爭行，衆目所觀，此非所以示外而垂範者也。臣乞今後貴品嬪御等並令脩備禮節戒約奢侈常隨皇后出入不得各排儀衛呶自矜越仍乞選擇端嚴近上夫人一兩員立為宮師以佐內則所冀上下有别而中外不惑矣竊以宮政之設內職是先尚書侍御司記典言一百二十人則為大備故先朝之數侍史不過五百人俸給止于千二十貫皆有紀律不甚奢盈今聞十倍增人已踰二三千十倍添俸或至二十萬私身養女數復過之百司供億簿書可知一歲之中所用何極非所以示節儉也臣乞取索宮中諸院宮人及私身養女都大數目呈取進止若非遊幸之所宜令檢勘合用人量留外並放歸本家任從其便請給之數見在者宜即減其半此所以消幽曠之氣而省財廩之費也竊以內侍之職最為親近宣傳國命出納王言常行抑制尚或驕陵今還秩不踰年賞賜無虛日甲第連坊名園接畛玉帛盈於後房絲竹聞於别院官尊祿厚職重員多若不立之

儀式必恐亢於寵榮臣欲乞御藥依舊只用二員御帶押班都知並乞選擇謹重公嚴動長舊有心力者充三年十一遷官不許非次陞轉未有嗣者令養蔭一子則上無久貴之人下有進身之路亦一代之永制也竊以句陳九重華蓋萬乘垣直太微紫庭儀雲龍非深嚴不為尊非禁戒不為備闌入則抵罪誤至則伏誅使內言不出於閫外言不入於閫所以防未然而限中外也今上之起居言語眾無不知帷治宴遊外無不傳內降斜封坦夷若道兇利要賞響應如神皆由左右之人出入為地逼臣頗邪能伺動靜迎合巧中率用斯道若不早辨以防微竊恐長姦而忽變臣欲乞應合入內及聽喚中人並用五十以上十五以下者諸宮院子須限七十以上分定番次上下不得參雜出入仍令內東門司專以點檢其暗祗候非優人及公主院擔子館各放歸本營所有內道場乞今後斷絕此則整肅於宸庭是以

輝光於史牒竊以王者所須歲終不會此天下之財天子用之有司不得而吝也其或出納不謹支費不節豈可容姦不詰其數今御寶憑由司內東門劄子取諸庫犀玉金銀錢帛一歲僅三百餘萬貫但有入內之名不知所用之處此數既多不可悉記昨聞胥吏偽取庫金三十兩抵法況御寶是中禁所寶外人何計而詐得之竊恐前後妄用非此一吏也乞差不干礙公幹有心力臣寮置司將寶元後來無御寶憑由及內東門劄子取左藏庫等金銀犀玉錢帛大數對簿帳及謝恩表狀造作文曆幷內藏庫亦自寶元後來內中支使金寶錢帛都數逐件磨勘即見無涯費用積久姦弊仍乞今後諸宮閤凡有取索出到憑由劄子先下內侍省都知入內覆奏然後置簿抄上書換通籍正牒下諸庫藏方得支官物不得直行取索或更別設關防節減用度亦經久之利也此五事者實政教之本源昇平之基業

也中宮正則內宰之制行于六宮而寵嬖不私於上矣宮禁嚴則中閫之事絕于眾口而朋黨不結于外矣宮人不減則用度不給怨曠以感陰陽之沴矣內侍不禁則威柄不一引薦以來邪佞之類矣御寶不嚴財貨不計則盜詐公取而弊蠹矣噫息能勝威昵可消正甘言令色遜于志先意希旨會其事仁愛浸深恩情難決非至聖至明不可免也伏望皇帝陛下以公道制私情以日月之輝發雷霆之斷柔媚不干于聰明愛倖盡決于道義則何患天下之不治哉書曰威克厥愛允濟易曰揚于王庭剛決柔也傳曰棖也慾焉得剛非用天之剛健中正則於斷也難矣今昊賊侵軼西鄙攻守臣未敢進一策蓋儒者不知兵不可預言也若大臣盡心諸將用命恐亦未為大患也夫手足之疾侵於皮膚積為瘡瘢發之指掌未有所損也心腹之疾迫於膏肓聚為癰疽潰于頭目不可救也此五事措置得宜則

有無窮之禍。此五事因循弗舉。悉為不測之憂。履霜至于堅冰。然大在於積薪。非一朝一夕之故也。惟斷之在不疑。行之恐不及。動無失機。間不容髮。則百世之利。萬方之幸。此皆陛下家事。非人臣所得及也。至於政教之綱紀未舉。輔相之心德未同。朋黨之邪正未分。著位之材愚未辨。進賢難於起死。去佞過於拔山。法令撓於親。恩賞及於濫。豈不謂根蘖於內而斤斧不施者乎。若聖人一慮及此。則庶事自正。其條例悉數之名。候聰明聽然其說。異日為陛下言之也。臣素非博識。惟盡愚誠。不歷詆於羣公。不專攻於上德。但慮切責速怨。貴權不能保身。貽憂老母。至於事君之心。則無所愧矣。伏望乙夜之餘。垂賜詳覽。幸甚。

洒又奏曰。臣伏見芳林園南宅見安故豫王靈輿。至三月初三日方行攢殯。諸宮眷酹慰禮已畢。今見大內車蓋出入。朝暮往還。非全痛

戚之情。頗涉朋遊之便。逍遙窺覘。僕御喧譁。禁士縱欲嚴呵。宮人雖於檢察。誠為隱暗。亦合防微。伏恐姦細乘時。駭機竊發。人之所忽。事不可知。伏諒陛下以若切在中。周思未及。臣叨司視聽。須至達聞。欲乞指揮故豫王本宮人。在彼祇候朝夕祭奠。餘並止節。勿令輒出。深為利便。

二年。知諫院歐陽脩上疏曰。臣近風聞禁中因皇女降生。於左藏庫取綾羅八千匹。染院工匠當此大雪苦寒之際。敲冰取水。染練供應。頗甚艱辛。臣伏思陛下恭儉勤勞。憂民憂國。似此勞人枉費之事。必不肯為。然外議相傳。皆云見今染練未絕。臣又見近日內降美人張氏親戚恩澤太頻。臣忝為諫官。每聞小有污損聖德之事。須合力言。難避天譴。臣竊見自古帝王所寵嬪御。若能謹儉柔善。寡求恩澤。則可長保君恩。或恣意驕奢。多求恩澤。則皆速致禍敗。臣不敢遠引古事。只以今宮禁近事言之。陛下近年所寵尚氏、楊氏、余氏、苗氏之類。當其被寵之時。驕奢自恣。不早裁損。及至滿盈。今皆何在。況聞張氏本良家子。昨自脩媛退為美人。中外皆聞。以謂與楊尚等不同。故能保寵最久。今日一旦宮中取索頻多。恩澤日廣。漸為奢侈之事。以招外人之言。臣不知陛下欲愛惜保全張氏。或欲縱恣而毀之。若欲保全。則須常令謙儉。不至驕盈。臣料八千匹綾羅。必非張氏一人獨用。不過支散與衆人而已。乃是枉費財物。盡與衆人。至於中外譏議。則陛下自受。以此而言。廣散何益。昨正月一日曹氏封縣君。至初五日又封郡君。四五日間。兩度封拜。又聞別有內降。應是踈遠親戚。盡求恩澤。父母因子而貴可矣。然名分亦不可太過。其他踈遠皆可減罷。臣謂張氏未入宮之前。踈遠親戚。名皆何在。今日富貴。何必廣為閒人。自招謗議。以累聖德。若陛下只為張氏計。亦宜如此。況此事不獨

為張氏。大凡後宮恩澤太多。宮中用度奢侈。皆是污損聖德之事。繫於國體。臣合力言。伏望聖慈防微杜漸。早為裁損。

皇祐三年。知諫院包拯上奏曰。臣竊聞舊開礬鋪進納授官人李綬男與故申王宮承俊為親。將就婚。竊中外傳聞。莫不駭愕。檢會御史臺編敕節文。應皇屬議親。並令具門閥次第。委宗正寺官審覆。須的是衣冠之後。非闒冗庸賤之伍。富商大賈之門。若涉不實。會赦不原。其罪。仍仰糾彈之官常加采聽。許為親。其李綬男正礙條制。竊以伉合之序。貴於匹敵。氏族之選。慮在名勝。蓋禮教之重。所宜謹嚴。人地之華。必資參擇。按李綬闒冗之餘。軒裳所絕。夤緣進納。已濫寵恩。豈可更冒瀆國婚。塵鄙公族。使天支之貴。下偶非類。汨紊彝制。虧損朝美。臣請罷其婚姻。別求德閥。仍乞申命有司。今後國親並一須依敕選定。

四年。知諫院范師道上奏曰。臣聞禮以制情。義以奪愛。常人之所難。

惟聰明睿哲之主然後能之近以宮人數多出之此盛德事也然而
事有繫風化治亂之大而未經留意者臣敢爲陛下言之竊聞諸閤
女御以周董育公主御寶白劄並爲才人不自中書出誥而掖廷覲
覦遷拜者甚多周董之遷可矣才人品秩既高古
有定員唐制止七人而已祖宗朝宮闈給侍不過二三百人居五品
之列者無幾若使諸閤皆遷則不復更有員數矣外人不能詳知止
謂陛下於寵幸太過恩澤不節爾夫婦人女子與小人之性同寵幸
過則瀆慢之心生恩澤不節則無厭之怨起御之不可不以其道也
且用度太煩須索太廣一才人之俸月直中户百家之賦歲時賜予
不在焉況誥命之出不自有司豈盛時之事耶恐斜封墨敕復見於
今日矣
張方平上論曰臣聞禮始乎大婚詩首於關雎易曰正家而天下定

故帝嚳之立四妃虞舜之嬪二女塗山配禹簡娀啓商周自古公王
季娶任太姒世德相載故文王刑于寡妻以御于家邦夫三代之制
后妃嬪御皆所以助釐陰教贊成内治閫外之事非所預聞自秦芊
后始攝朝事以弟魏冉當國任政故范雎以爲秦獨有穰侯天下不
知有王也及漢呂氏因惠帝之早世乘間挺起干據帝座陰陽錯倍
根幹倒植末塗淪瀆幾遷運曆孝成即祚委政王氏皇緒中微正統
三絶外家昌大執權四世而東朝壽考爲之宗主至于新莽遂盜神
器逮乎東京孝安之後外立者四帝臨朝者六后地深帷幄禮間外
朝莫不銜柄歸於父兄詔令專於閹寺於是宥利幼之害忌賢之難
邪謀陰策以圖自固匪人乘間又牽牛而蹊田正士悼心愚投鼠而
忌器害家凶國濫觴有漸近如唐時太帝孝和武韋之亂廟社危絶
僅續如綫春秋之義君子大居正雖嗣王繼曆幼沖纘服而猶朝政

總聽乎冢宰師傅保乂乎上躬則阿衡尊美於有商周公勤勞乎王
家其人也故三代之道無后妃預政之理漢自諸呂之亂大臣議所
立而先擇外家之賢者以定大計故孝文之入繼非由薄氏仁良之
故及武帝機識超遠深謀獨斷顧命金霍克隆基圖誠雄傑英主哉
魏文帝鑒東京之覆轍辛後世之長緒亦嘗作爲戒甚其事可法夫
六宫之位稽諸昏義則有三夫人九嬪二十七世婦八十一女御之
數其在周禮則世婦女御職存而數闕蓋明君子不苟於色有婦德
則擇以充位無則闕之矣自姬室衰陵諸侯僭縱秦併六國還其後
宫恣用汰心益崇爵號漢自文景務循儉德奕世累盛而至武元選
納益廣嬖幸用煩至乃掖庭三千增級十四是以人君耽娛佚之樂
起驕怠之惑倦勤廢政亂是用長唐景龍之孽天寶之敗是皆始於
女德也夫其初皆恃富世之平寧因天下之全盛罔思生民作業之

勞不念四方惟正之供況溺習連漸至蠹弊女謁干乎主度苞徹竊
乎事權幣藏以濫費而耗盡賞刑以私昵而謬濫呂稱當日垂鑒後
人良可夷也是故考歷代治亂之迹覽彤史得失之論擇善遺失可
舉而言若夫戒慎失政之方保全外戚之道則莫若賦之祿而使就
第教之學而使循禮傅之以儒雅篤行之士而絶其便僻險偽之交
示之以恭讓儉德之賞而懲其慢游僭汰之好以義節之是謂寵之
以恩驕之是謂禍之梁竇無噍類於漢武韋不遺育於唐是可戒矣
若夫體乾坤之法正閨闈之治則莫若登選良姓之種採納衣冠之
緒屏卑賤之妖色斥猥微之淫行敘進婉順之德崇近清閑之性雨
露均施照臨無頗以資昊天悠久之無疆以取文王百斯之善慶若
夫保邦求理之法節用安人之善則莫若省其品號辭虛授之廩祿
放其游冗節徒費之羞服裁用度以寬民力息曠怨以除沴氣是故

治世賢王之脩身正家。愛民經國之道。莫先於此也。已謹論
六年。翰林學士胡宿上奏曰。臣今月二十一日草福康公主特進兗國公主制。竊聞議行冊禮。然於事體頗有未便。祖宗以來。公主長主未有行此禮者。昔漢明帝封皇子。悉半諸國。明德馬皇后曰。諸子食數縣。不已儉乎。帝曰。我子豈敢與先帝子等也。唐貞觀中。太宗長樂公主將出降。帝命有司資送倍於永樂公主。魏徵曰。不可。引漢明帝之言為對。其曰。天子姊妹稱長公主。加長字。是有所尊崇。或可情有淺深。無容禮相踰越。太宗然其言。入告長孫皇后。后遣使賜徵金帛。陛下即位以來。累曾進封楚國魏國二大長公主。亦不曾行冊禮。今施於兗國公主。是與大長公主相踰越。無以貴主之故。賢妃亦蒙殊典。有旨令進綸告。不行冊禮。是母子之間。一行一不行。禮意尤不相稱。書於史冊。後世將有譏議。必謂陛下偏於近情。虧聖德之美。臣願

陛下采漢明之言。開文皇之聽。遵祖宗舊典。如國朝公主曾行此禮。行之粗且無嫌。如其不曾。則宜且罷。臣以陛下好忠諫。納至言。臣職存論思。不敢緘默。
知諫院司馬光上奏曰。右臣近聞有聖旨。令已前管句兗國公主宅內臣二人。復還本宅。臣與楊畋龔鼎臣同有論列。以為非宜。未蒙允納。臣聞父之愛子。教以義方。弗納於邪。公主生於深宮。年齒幼穉。不更傅姆之嚴。未知失得之理。臣謂陛下宜導之以德。納之以禮。擇淑慎長年之人。使侍左右。朝夕教諭。納諸善道。其有恃恩任意非法邀求。當少加裁抑。不可盡從。然後慈愛之道。於斯盡矣。此二人嚮在主第。罪惡山積。當伏重誅。陛下寬赦。斥之外方。中外之人。議論方息。今僅數月。復令召還。道路籍籍。口語可畏。殆非所以成公主肅雍之美。彰陛下義方之訓也。臣實憤悒。為陛下惜之。伏望聖慈察臣愚忠。追止前命。無使四方指目以為過舉。虧損盛德非細故也。
七年。光又奏曰。臣先嘗上言為前管句兗國公主宅內臣等過惡至大。乞不召還。近聞傳宣入內。內侍省命押上件內臣梁懷吉赴公主宅依舊句當。外議諠譁。無不駭異。臣聞太宗皇帝時。姚坦為兗王宮翊善。王有過失。坦輒盡言諫正。王及左右皆患之。左右教王詐疾。踰月不朝。太宗甚憂之。召王乳母入宮問王起居狀。乳母曰。王本無疾。但以翊善姚坦檢束太嚴。王舉動不得自由。鬱鬱成疾耳。太宗怒曰。朕選端士為王僚屬。固欲導王為善。今既不能納用規諫。而又詐疾。欲使朕逐去正人以求自便。其可得乎。且王年少不知。出此。皆汝輩教之耳。命捽至後園杖之數十。召坦慰勉之。太宗非不愛其子也。誠以愛之。則莫若納之於善。若縱其所欲。不忍譴訶。適所以害之也。齊國獻穆大長公主。太宗皇帝之子。真宗皇帝之妹。陛下之姑。於天下

可謂貴矣。然獻穆公主仁孝謙恭。有如寒族。奉李氏宗親。備盡婦道。愛重其夫。無妬忌之行。至今天下稱婦德者。以獻穆公主為首。獻穆公主豈不自知其身之貴哉。誠以貴而不驕。然後能保其福祿。全其令名故也。臣謂陛下教子以義。宜以太宗皇帝為法。公主事夫以禮。宜以獻穆公主為法。則風化流於四方。聲譽施於後世。今陛下曲徇公主之意。不復裁以禮法。使之無所畏憚。陷入於惡。偏徇情任性。以邀君父。憎賤其夫。不執婦道。將何以形四方之風。垂來世之則。易曰。家人嗃嗃。悔厲吉。婦子嘻嘻。終吝。此言家道尚嚴。不可專用恩治也。伏望陛下斥逐梁懷吉等。復歸前來貶竄之處。其公主左右之人。欲使陛下召還梁懷吉等者。皆教導公主為不善之人也。亦宜治其罪而逐之。別擇柔和謹愿者以補其缺。仍戒敕公主以法者天下之公器。若屢違詔命。不遵規矩。雖天子之子。亦不可得而私。庶幾有所戒懼

率循善道。可以永保福禄不失善名。不然衆人所云甚可畏也。

英宗即位初。侍御史司馬光乞放宫人劄子曰。臣伏見前代帝王升遐之後。後宫下陳者皆放之出宫。還其親戚。所以遂物情重人世省浮費遠嫌疑也。竊惟先帝恭儉寡欲清約執禮後宫侍左右承寵渥者至少而饗國日久。歲增月積掖庭之間冗食頗衆。陛下以哀恤之初。未忍散遣。今山陵祔廟大禮俱畢。臣愚謂宜舉前代故事。應先帝後宫非御幸有子及位號稍高幷職掌文書之人。其餘皆給與裝奩放遣出外。各令歸其親戚。或使任便適人。書之史冊。亦聖朝一美事也。

光又奏曰。臣聞王化之興始於閨門。故易基乾坤。詩首關雎。前世皆擇良家子以充後宫位號等級各有員數。祖宗之時。猶有公卿大夫之女在宫掖者。其始入宫皆須年十二三以下。醫工診視防禁甚嚴。

近歲以來頗隳舊制。内中下陳之人競置私身。等級寖多無復限極。監勒牙人使之雇買。前後相繼無時暫絶。致有軍營井市下俚婦女雜處其間。不可辯識。此等置之宫掖豈得爲便。臣嘗念此不勝憤惋。今陛下即位之初。百度惟新。嬪嬙之官皆闕而未備。臣謂宜當此之時定立制度。依約古禮。使後宫之人共爲幾等。等有幾人。若未足之時且虚其員數。既足之後。不可更增。凡初入宫皆須幼年未適人者。若求乳母亦須選擇良家性行和謹者方得入宫。傳之子孫爲萬世法。此誠治亂之本禍福之原。不可以爲細事而忽之。

光又上皇太后疏曰。臣聞聖人之德使四海之外編户之民。皆輻湊而歸之。如孝子之奉父母其故何哉。推仁愛惻怛之誠以加之也。故詩云。愷悌君子。民之父母。夫四海至遠也。編户至微也。誠之至也。猶可以爲之父母。況閨門之内血氣之親乎。昔漢明德馬皇后無子。明帝使養賈貴人之子炟以爲太子。后謂之曰。人不必自生子。但患愛養不至耳。后於是盡心撫育勞悴過於所生。及明帝崩太子即位是爲章帝。章帝亦孝性淳篤。恩性天至。母子慈愛始終無纖芥之間。前史載之以爲美談。恭惟仁宗皇帝憂繼嗣之不立。念宗廟之至重。以皇帝仁孝聰明。選擢於宗室之中。使承大統。不幸踐祚數日。遽嬰疾疹。雖殿下撫視之慈無所不至。然醫工不精藥石未效。竊聞鄉日疾勢稍增。舉措言語不能自擇。左右之人一一上聞。致殿下以此之故。不能堪忍。兩宫之間微相責望。羣心憂駭不寒而慄。方今仁宗皇帝新棄四海。皇帝久疾未平。天下之勢危於累卵。惟恃兩宫和睦以自安。如天覆而地載也。豈可效常人之家争語言細故使有絲毫之隙以爲宗廟社稷之憂哉。臣是用日夜焦心隕涕側足累息寧前死而盡言不敢幸生而塞嘿也。伏以皇帝内則仁宗同堂兄之子。外則殿

下之外甥壻。自童幼之歲殿下鞠育於宫中。天下至親何以過此。又仁宗立以爲皇子。殿下豈可不以仁宗之故特加愛念包容其過失耶。況皇帝在藩邸之時以至踐祚之初。孝謹温仁動由禮法。況殿下所親見而明知也。苟非疾疹亂其本性。安得有此過失哉。夫心者神明之主也。若其有疾。則精爽迷亂冥然無知。言語動作不自省記。不識親疏不擇貴賤。此乃有疾者之常。不足怪也。殿下聰明睿智。天下之理無所不通。豈可責有疾之人以無疾之禮邪。今殿下雖日夕憂勞徒自困苦。終何所益。以臣愚見莫若精擇醫工一二人以治皇帝之疾。旬月之間察其進退。有效則加之以重賞。無效則威之以嚴刑。未愈之間。但宜深戒左右謹於侍衛。其舉措語言有不合常度者皆不得以聞。庶幾不增殿下之憂憤。殿下惟寬釋聖慮。和神養氣。以安靖國家。綱紀海内。俟天地垂祐聖躬痊復。然後舉治平之業以授之。

不亦美乎。古之慈母有不孝之子，猶能以至誠惻隱撫存愛養，使之內愧知非，革心為善。況皇帝至孝之性稟之於天，一旦疾愈，清明復初，其所以報答盛德，豈云細哉。臣之愚慮若言盡此而已，乞殿下更賜裁擇。臣光昧死再拜上疏。

治平元年，光又上皇太后疏曰：去歲仁宗皇帝捐棄萬方，皇帝嗣統之初，憂哀成疾，殿下念社稷之重，同聽庶政，以安群情。今聖體復初，四方無事，殿下推而不居，自取安逸，動靜之節，無不合宜，率土臣民孰不稱頌。臣不自量度，欲成殿下之全美，猶以螢燭之微明，仰裨日月之盛光。伏惟殿下稍寬其罪而終聽其辭。臣竊以治家之道，貴賤雖殊，人情一也。嘗觀天下士民之家，其長幼群居，長者或恩意不備，衣食不豐，幼者或容貌不恭，語言不遜。若幼者孝恭而不怨，長者慈惠而不責，則上下雍睦，家道以興。若幼者以為怨，長者以為責，則上

下乖離，家道以衰。其始相失也甚微，而終為禍也甚大。又加以讒人間之，於是乎有父子相疑，兄弟相疾，亂亡並興，無所不至者矣。凡閨門之內，子婦有以孝恭之心至者，則尊親當歡然以慈愛之心接之。若其有過，則當以忠厚之心教之。教之備矣而猶不聽，則雖責之可也，罪之可也。及其既改，則又當復以歡心接之，不可以一忤顏色而終身惡之，遂不可解謝也。故骨肉之間有威怒而無憎疾，有詰責而無猜忌，此自古聖人所以御其親之道也。臣竊惟皇帝、皇后於殿下無內外之親，幼蒙保育，今日為萬民父母，享天下富貴，孰云非殿下之力。臣謂殿下固宜撫存愛念，情同所生，周旋保護，以終大惠，不可偶以纖介之失，遂蓄久長之怒，棄生成之厚恩，取疏絕之深怨，愚智所同知也。皇帝去歲得疾之時，禮貌言辭誠有可疑，得罪於殿下者，臣固已嘗言於殿下，云不可責有疾之人以無疾之禮也。凡醉而有

過醒猶可赦，況有疾之人不自省知，本非意之所欲為，豈可追數以為罪咎耶。皇后自童孺之歲，朝暮游戲於殿下之懷，分甘甯果，拊循煦嫗，有恩無威。今既正位中宮，得復奉膳羞盥帨以事殿下，其意恃昔日之愛，不自疏外，猶以童孺之心望於殿下，故或有所求須，未時滿意，則愠懟怨望，不能盡如家人婦姑之禮。殿下雖怒之責之，固其宜也，誰曰不可。但事過之後，殿下若遂棄之，不復收恤，憎疾如仇讎，則臣以為過矣。臣在闕門之外，無由知禁庭之事，竊聞道路之言，未詳虛實，皆言近日皇帝與皇后奉事殿下恭勤之禮甚加於往時，而殿下過之太嚴，接之太簡，或時進見，殿下雖賜之坐，如待疏客，語言相接，未過數句，須臾之間，已復遣去。如此，母子之恩如何得達，婦姑之禮如何得施，所以使之疑惑恐懼，不敢自親者，蓋以此也。臣竊惟殿下母儀天下踰三十年，柔明之譽洽于中外。皇帝龍潛藩邸，進德

脩業，仁聖之望光于遠邇，先帝以至公大義選賢建嗣，海內之人皆謂繼統之日，慈孝之風必自家刑國，誠不意閭巷之民忽有今茲異論。推其本原，蓋由皇帝遇疾之際，宮省之內必有讒邪之人造飾語言，互相間搆。一則欲詐效小忠，以結殿下之知，僥求祿利；二則自知過失素多，畏嗣君之嚴，有所不容；三則欲竊弄權柄，惡長君聰明，使已不得自恣。是以日夜闚覘，拾掇絲毫之失，無不納於殿下之耳。殿下雖至聰哲，不能無疑；雖至仁慈，不能無怒。皇帝以剛健之性屈於衆口，無以自伸，能不憤悒。遂使兩宮之間介然相失，久而不解，流聞于外，致朝野之士有敢竊議其是非者，深可惜也。今天誘其衷，殿下濬發慈旨，卓然遠覽，舉天下之政歸之皇帝，此乃宗廟之靈，生民之福。然竊料讒邪之人心如沸湯，愈不自安，力謀離間，彼皆自營一身之私，非為國家與殿下之計也。臣願殿下深察其情，勿復聽納，斥遠

其人。勿置左右。呂誨皇帝。以嚮來紛紛皆此屬所爲。自今以後母子之間。當坦然無疑。皇帝必涕泣拜伏。感激推謝。然後兩言之隙。一皆如舊。凡皇帝皇后進見之際。殿下宜賜以温顔。留之從容。來往無時。勿加限絶。或置酒語笑。與之欣然相待。一如家人之禮。如此。則殿下坐享孝養。何樂如之。心平氣和。眉壽無疆。國家又安。内外無患。名譽光美。垂於無窮。與其信任讒慝。猜防百端。終日戚戚。憂憤生疾。國家不寧。禍亂横生。譏謗之言。流於後世。二者得失。相去遠矣。且殿下既能以祖宗之業付皇帝。又能以大政授之。而獨於恩禮之際。終不能豁然回心息怒。其故何哉。方今宫闈之中。殿下骨肉至親。止於皇帝皇后長公主及皇子公主數人而已。其餘皆行路之人。於殿下何有。若親者尚不可結以恩信。猜而遠之。則疏者獨肯愛殿下顧遇盡其死力。終始無貳乎。夫貴莫貴於爲天子之母。富莫富於受四海之養。

今殿下有此富貴而不能自樂。親其所可疏。疏其所可親。使受恩之子婦彷徨而不自安。蹴踖而不敢進。雖内懷反哺之心。而無以施展。臣竊爲殿下惜之。臣父子皆蒙先帝大恩。擢於常調之中。置之侍從之列。心非木石。豈能暫忘。今先帝晏駕之後。臣唯不避死亡。以進忠直之言。庶幾殿下母子和悦。國家安寧。是臣所以爲報効也。不勝區區激切之誠。展布以聞。惟留神幸察。臣光昧死再拜上疏。

侍御史傅堯俞上奏曰。臣聞志於大者。必遺其細。善乎始者。當圖其終。夫惟識小大之當。通不惑於衆人之論。全始終之分。故能成高世之德。恭惟殿下。佐佑先帝。母儀萬方。世謂雖明德長孫。不可瞻望盛烈。可謂善其始矣。當先帝晚歳。國本未定。殿下竭誠贊翊。援皇帝於藩邸。以繼大統。是挈四海而手維之。其功力可勝道哉。及再降詔書。權同機務。内則調護聖神。有勿藥之喜。外則撫鎮夷夏。有泰山之安。若少留意以圖其全。則[illegible]世之德具矣。定策安宗廟。爲國家建不拔之基。而收之以静退。成就其盛德。以取高於萬世者。大業也。捨此皆瑣末細微。固可以脱然遺之矣。伏望以四月九日元降旨揮。施行遂還政事。無復清禁。從容以就天下之養。身受無前之寵。名家享不貲之盛福。全具衆善。纔一言之易耳。況始諭外廷。候皇帝康復日。今天體清豫。謝親萬機。不能知殿下之深者。安得無惑。惟殿下積行累功於數十年間。其勤已甚。儻始終之際。微有不全。他日雖復痛惜。何所及哉。不審殿下何憚於此。而憚一言之易。以全大德。而釋羣疑也。如前世善惡是非。殿下宜講磨已熟。臣所以懇懇爲言者。顧今朝廷之體非便。而無益於殿下。且慮左右之人。不深惟大體。務爲姑息之愛。因循浸久。將累盛德。臣輩不言。實負殿下。至於倖者騰造異端。解釋疑似。不可不察。伏惟亮臣悃愊。斷之於心。則天下幸甚。

三年。殿中侍御史范純仁奏曰。臣伏聞皇太后手書。追尊濮王爲皇夫人爲后。陛下已降敕命施行。竊以追崇濮王之事。始因中書不正之謀。陛下謙慎未行之間。聞皇太后曾降手書切責政府。因此權罷今皇太后復降命令追崇爲皇。始末不同。天下將何取信。況皇太后自徹簾之後。深居九重。未常預聞外政。豈當復降詔令。有所建置。蓋是政府臣僚苟欲遂非掩過。不思朝廷禍亂之源耳。且三代已來。未嘗有母后詔令施於朝廷者。自秦漢已後。母后方預幼主之政。自此權臣欲爲非常之事。則必假母后之詔以行其志。往往出於逼脅。而天下之心。卒知事由權臣。今陛下以長君臨御。于茲四年。萬機之務當出宸斷。内奉慈闈。惟宜竭仁孝之誠。盡四海之養而已。豈須更煩房闥之命。忝紊國章。一開其端。流弊極大。異日或爲權臣矯託之地。甚非人主自安之計也。伏望陛下深察臣言。追寢前詔。凡繁濮王典禮陛下自可采擇公議而行何必用母后之命施於長君之朝也。臣方待罪于家。自僕誅竄。而區區之誠不能自已者。尚冀一悟明主之聽。以安宗社。臣雖萬死亦復何恨。

四年。知諫院楊繪上奏曰。臣竊聞内人宋氏者曾在仁宗朝爲御侍。後出嫁許宗賢。近已聽離。却召入内。書臣竊以文武之政。治於衽席。家人之道。脩於近小。而况已經從良。豈可復塵於禁掖哉。伏乞放之於外。以清物議。

治平間。右庶子韓維上言曰。臣累日以來。傳聞禁中訊至諸臣之家。爲潁王擇妃。審如此者。臣竊以爲非便。臣聞。夫婦者居室之大倫。將以正家則承宗事以繼萬世之嗣。故禮之用。惟婚姻爲兢兢。兢兢者慎之至也。坊記曰。諸侯不下漁色。故君子遠色以爲民紀。此言諸侯不得自於其國網取容色。若捕漁然。所以推遠女德爲民之紀法也。伏以皇子潁王孝友聰明。動履法度。方嚮經學以觀成德。今卜族授室。其繫尤重。臣愚以爲宜歷選勳望之家。慎擇淑哲之媛。考古納采問名之義。以禮成之。不宜苟取華色而已。近世簡棄禮教。不以爲務。婚娶之法。自朝廷以及民庶。蕩然無制。故風俗陵靡。犯禮者衆。賢士大夫未嘗不發憤嘆息。竊幸國家有以振之。今陛下始初清明。爲元子求婦而事出苟簡。殆非所以矯世厲俗反之雅正。且無以示潁王使知室家之道在德而不在色也。傳稱尤物足以移人。詩詠淑女幾以配上。此誠智士仁人見微知終遠覽禍福之原爲後世戒也。陛下不可不加聖意焉。臣幸侍宸陛。且官王府。苟益萬一。不敢不言。干冒天威。臣無任惶懼激切之至。

歷代名臣奏議卷之七十四

歷代名臣奏議卷之七十五

内治

宋神宗熙寧元年。殿中侍御史裏行錢顗上奏曰。臣伏以歷代聖明之君。臨御四海之初。必有甚美之事。以順人情。必竭至誠之心。以感天意。陛下紹膺大寶。憂勤庶政。有弊必去。聞善必行。然猶陰陽未和災異數見。豈聖化有所不洽者耶。臣竊伏思其一端。臣恭聞仁宗及英廟兩朝之間。見在宫人尚多。幽閉掖庭。豈無怨隔之思。以汩和氣。臣伏乞陛下特軫宸衷。沛然下詔。法祖宗開寶祥符之制。量數放出。務令從便。無曠怨之苦。有遂性之樂。上足以感天意。下足以順人情。裕王懿範。莫過於此也。

侍御史知雜事劉述上奏曰。臣竊以方今之患。在乎官冗。官冗由乎入流之衆。所以賢不肖混淆。耗蠹帑廩。而困弊生靈者也。今不早爲裁節。日引月長。將如之何。伏見皇族郡縣主出嫁。其夫並白身授殿直。内有閭閻之人。但富於財者。往往認他人三代有官職者冒爲婚姻。紊亂國經。塵穢天屬。莫斯爲甚。近制亦許就文資恩澤。參以士人。漸復唐制。亦救弊之一端也。以臣愚。嘗見今後欲乞祗於見任文武官僚中元非進納出身者選擇爲親。所冀京朝官武臣與不隔磨勘特轉一官。幕職官三考以上於銓格不妨磨勘者與轉京官。州縣官令録資序與兩使職官判官簿尉齋郎監簿之類與初等職官該說不盡者乞從朝廷比類相度旨揮。所冀稍塞濫源。漸清仕經。

三年。右諫議大夫御史中丞呂誨上奏曰。臣竊聞去年下京東買黄金數萬兩。本路科率太暴。民頗怨之。又廣南新錢監許買真珠上京傳說將備宫中十閤用度。蓋愚者無知。因其民言造爲端意。謂陛下春秋富盛。祥禫既除。將適聲色。漸以不暇逸。此其惑也。臣有以知聰明睿智以天下為心必不留神於此爾然重思之天下有道庶人不議明盛之朝不當使民如是而議似亦啓之有因不可不卹也臣職在言責敢不為陛下一一而陳之臣聞宮禁職位自有班序十閣創置非古儀也或云仁廟晚年欲廣繼嗣諫言闕閒遂成其事英宗踐祚因循舊制真作無益害有益也何則既名閣分則異嬪御供具之外仍置官管幹增長事勢動有踰僭且禮之所設本防其漸作法於儉其敝猶奢今日之為實繫聖慮而況陛下尊奉兩宮與仁宗事體不同且寘倖進之臣漸陳無益之計臣愚欲乞陛下況撫慮始臨事制宜俯畢二年之喪首罷十閣之制德音遂發人心自悅矧復舉動之間使人窺伺莫及豈止成一時之盛美將見垂萬世之休光區區之誠所願至矣

哲宗元祐間御史中丞傅堯俞上奏曰臣伏見近除韓忠彥為尚書左丞繼又以其弟嘉彥尚主物議籍籍以為未當臣不敏不敢臆度其是非臣切謂李德裕實唐之名相建言舊制駙馬都尉與要官禁不往來開元中訶督尤切今乃公至宰相及大臣私第是等無他直洩漏禁密交通中外耳請白事宰相者聽至中書無輒詣第當時防禁如此今乃萃於一門議者之言良可取也況君舉必書而書事必謹其始陛下自臨御以來勵精政事未有過舉而首開此塗異日援以為比其弊將深且書於史冊云始於陛下使後世指為譏議顧不惜哉願陛下深思之陛下用臣輩為聰明臣苟知而不言負陛下之罪不容誅矣

哲宗方選后太皇太后曰今得狄諮女年命似便然為是庶出過房事須評議樞密直學士王巖叟進曰按禮經問名篇女家答曰臣女夫婦所生及外氏官諱不識今者狄氏將何辭以進議遂寢哲宗選

后既定太皇太后曰帝得賢后有內助功不是小事巖叟對曰內助雖后事其正家須在皇帝聖人言正家而天下定當慎之於始太皇太后以是語哲宗者再

中書舍人彭汝礪奏曰臣竊以古者能治其國非獨脩諸己者備內亦有助焉后妃夫人能輔佐君子非獨天性然也教亦有素焉后妃人君之配也天下國家安危治亂宗廟社稷之禍福子孫之賢不肖是係豈特其身哉此可謂甚重以天下之責以聖人之事望于一未笄之女子此可謂甚難然則擇可不慎乎擇之必知所以教之自寒而暑非一日之積也則教之所以成物亦必有漸矣禮女子十年不出姆教婉娩聽從執麻枲治絲繭織紝組紃學女事以供衣服觀於祭祀納酒漿籩豆菹醢禮相助奠詩曰后妃在父母家則志在於女工之事恭儉節用服澣濯之衣以尊敬師傅則可以歸安父母化天下以婦道也古之人其教之也素故其成也至詩曰誰其尸之有齊季女祭祀婦事齊母道自其幼時婦事母道非其教之素曷能與於此周南之治盛矣其志為卷耳其效為桃夭其化為兔罝為漢廣觀原反本固有所在臣以謂皇帝陛下春秋富宜蚤擇淑德之女以定后妃之位以正天下之本以對天之丕顯休命立師傅保姆擇姬媵嚴宮室車服制環珮之節陳圖史之戒非正之聲音顏色使不得亂其視聽非正之玩好使不得致其前及其歸也凡所欲皆其所嘗聞之者也凡所享皆其所嘗安之者也凡所惡皆其所戒焉者也此可謂善矣以陛下之神明博大得賢妃之助其治天下國家何有詩曰天監在下有命既集文王初載天作之合文王嘉止大邦有子天立厥配受命既固周既受命至配立而後言固則人主所以待內助如此也然則擇之豈可不慎教之豈可不早夫教之非豫也使得其人奉

而已矣幸非可以為法也苟非其人禍莫甚焉凡臣之言其稱辭小稽其事則甚大其事若纖悉其微則甚切惟太皇太后陛下留意毋忽

五年給事中范祖禹論立后上太皇太后疏曰臣伏奉詔旨皇帝納后六禮令翰林學士御史中丞兩省給舍與禮部太常寺官同共詳議臣竊伏思此國家大事萬世之始福祚所繫風化所先自古聖王重之今陛下宜先知者有四不可不慎也臣謹稽之上古參之後世為陛下悉數而詳言之一曰族姓二曰女德三曰隆禮四曰博議所謂族姓者臣聞古之帝王所與為婚姻者必大國諸侯先聖王之後勲賢之裔不然則甥舅之國也不以微賤上敵至尊故其福祚盛大子孫蕃昌昔者黃帝娶於西陵之女是為嫘祖嫘祖為黃帝正妃其子孫皆有天下五帝三王皆黃帝之後也高辛娶陳鋒氏之女是生帝堯虞舜娶帝堯之二女釐降于媯汭遂有天下大禹娶于塗山是生夏啓天下歸之子孫享國四百七十餘年成湯娶于有莘氏子孫有天下六百餘年周之先祖后稷生於姜原世有賢妃太王娶太姜是生王季王季娶太任是生文王文王娶太姒其禮尤盛大雅歌之曰文王初載天作之合言文王之初有識天已生賢女為之配也又曰大邦有子俔天之妹文定厥祥親迎于渭造舟為梁不顯其光自古昏禮未有如文王之盛也太姜炎帝之後也太任太昊之後也太姒大禹之後也太姒生十子武王周公皆聖人也其餘皆為顯諸侯周之子孫徧于天下太姒之德也詩人美文王之聖本由太任其詩曰思齊太任文王之母思媚周姜京室之婦太姒嗣徽音則百斯男又曰刑于寡妻至于兄弟以御于家邦言文王之化自家及國以正天下也周南關雎后妃之德人倫之始風化天下皆美太任太姒也武王亦娶于姜是生成王周有天下三十餘世八百餘年其基本蓋由

此也故族姓不可不貴所謂女德者臣聞禮本夫婦詩始后妃治亂因之興亡繫焉三代之興皆有賢妃其亡也皆有孽女夏之興也以塗山其亡也以末喜商之興也以有娀其亡也以妲己周之興也以姜原其亡也以褒姒此皆聖賢所紀詩書所載垂之後世以為永鑒者也秦漢以後昏姻多不正無足取法惟後漢顯宗明德馬后唐太宗文德長孫后憲宗懿安郭后皆有后德出於勲賢之家其餘敗亂足以為戒而已恭惟本朝太祖皇帝以來家道正而人倫明歷世皆有聖后內德之助自三代以後未有如本朝家法也皇帝聖德明茂睿質純粹天監在下必生聖女以佑皇家惟陛下遠觀上古近鑒後世上思天地宗廟之奉下為萬世子孫之計選卜窈窕以母儀萬國表正六宮非有德孰可以當之然閨門之德不可著見必視其世族觀其祖考察其家風參以庶事亦可知也昔漢之初大臣議欲立高帝子齊王皆曰王母家駟鈞惡虎而冠者也代王母家薄氏君子長者乃立代王是為文帝文帝為漢之賢主亦由其母家仁善也故女德不可不先所謂隆禮者臣聞天子之與后猶天之與地日之與月陰之與陽相須而後成者也禮曰天子聽男教后聽女順天子理陽道后治陰德教順成俗內外和順國家理治此之謂盛德又曰天子修男教父道也后修女順母道也孔子對魯哀公曰古之為政愛人為大所以治愛人禮為大所以治禮敬為大敬之至矣大昏為大大昏至矣大昏既至冕而親迎親之也是故君子興敬為親舍敬是遺親也弗愛不親弗敬不正愛與敬其政之本歟哀公曰寡人願有言然冕而親迎不已重乎孔子愀然作色而對曰合二姓之好以繼先聖之後以為天地宗廟社稷之主君何謂已重乎又曰天地不合萬物不生大昏萬世之嗣也君何謂已重焉蓋深非之也孔子遂言

曰昔三代明王之政必敬其妻子也有道妻也者親之主也敢不敬歟禮又曰元冕齋戒鬼神陰陽也將以為社稷主為先祖後其可以不致敬乎又曰敬而親之先王之所以得天下也今臣與衆官討論講議皆約先王之禮參酌其宜亦不為過隆願陛下勿以為疑進言者必曰天子至尊無敵於天下不當行夫婦之禮而荀卿有言天子無妻告人無匹也如此則是周公之典孔子之言皆不可信而荀卿之言可信也臣謹按禮冠昏唯有士禮而無天子諸侯之禮故三代以來唯以士禮推而上之為天子諸侯之禮蓋以成人之與夫婦自天子至於士則一也臣竊聞親王宗室之間娶妻殊無齊體之禮敬而親之之義天下豈有獨尊而無偶配者哉至於鄙褻之禮或雜戎狄之俗或習委巷之風下自士族上流宮禁有涉於此者願陛下一切屏絕之以正基本以先天下故禮不可不隆所謂博議者臣聞古者

天子聘后上公逆之諸侯主之故春秋書祭公來遂逆王后于紀夫國有大事大臣不容不預聞也昔慈聖光獻之立也呂夷簡定其議故其詔曰覽上宰之毅言其冊曰宗公鼎臣誦言于朝先是茶商陳氏女亦預選擇王曾宋綬皆以為言大臣繼有言者遂罷陳氏仁宗所以為聖者能從衆也進言者必曰此陛下家事非外人所預自古誤人主者多由此言也天子以四海為家中外之事孰非陛下家事大臣無不可預之事亦無不當預之人且陛下用一執政進一近臣必欲協天下人望况立皇后以母天下乎臣恐陛下一日降詔云立某氏為皇后則大臣雖有所見亦難乎論議矣今陛下之所選擇莫若出其姓氏宣問大臣若聖志既定而衆議僉同則卜筮協從鬼神其依天人之意無不同矣故議不可不博臣幸備勸講其職在以帝王之事裨益聖德故敢獻其所聞臣之愚誠惟中宮正位之後四海之內室家相慶則宗社之福也狂瞽之言惟陛下留聽干冒宸嚴臣無任惶懼俟罪之至

七年祖禹又奏曰臣近以權住經筵久不進講陛下今月一日已御邇英又先降聖旨過端午未住講讀於此見陛下好學之至也而臣自五日以後北郊奉祠未獲入侍伏覩中宮初建將行嘉禮實為正始之道王化之基恭惟本朝祖宗家法自三代以還盡未之有由漢以下皆不及也今陛下納后以承天地以奉祖宗內盡孝養外美風化將以為萬世法臣愚竊為陛下重之謹按周易家人之卦乃聖人所以定天下之端本臣輒不自揆敢撰集所聞先聖先賢之言為解義一篇謹錄上進以代奏事伏望聖慈少賜省覽臣無任惶懼激切之至臣祖禹曰家人之道以內為主女正則家正矣故其利在女之正彖曰家人女正位乎內謂六二也男正位乎外謂九五也六二以柔

得位而居中九五以剛得位而居尊男子居外女子居內男不言內女不言外男女之正莫大於此此天地之義陰陽之分也禮曰天子聽男教后聽女順天子理陽道后治陰德天子聽外治后聽內職教順成俗外內和順國家理治此之謂盛德故天子之與后猶日之與月陰之與陽相須而後成者也其可以不正乎天子者天下之君也諸侯者一國之君也父母者一家之君也君不可以不嚴天子則天下之所嚴也諸侯則一國之所嚴也父母則一家之所嚴也故家人有嚴君焉父母之謂也父得父之道則慈子得子之道則孝兄得兄之道則友弟得弟之道則恭夫得夫之道則義婦得婦之道則聽如此然後家道正推而行之以治天下故正家而天下定矣舜文王是也舜事父母瞽叟底豫而天下之為父子者定象憂亦憂象喜亦喜而天下之為兄弟者定釐降二女于媯汭嬪于虞而天下之為夫婦

者定。文王孝於王季太任。刑於大姒。友于兄弟以御于家邦。大學曰。心正而後身修。身修而後家齊。家齊而後國治。國治而後天下平。象曰。風自火出家人。何謂也。離火也。巽風也。火在內而風在外。家人之道由內以相成。故文中子曰。明內而齊外。此君子之居家也。言必有物。行必有常。所以為家人法也。孔子曰。君子居其室出其言善。則千里之外應之。況其邇者乎。居其室出其言不善。則千里之外違之。況其邇者乎。言出乎身加乎民。行發乎邇見乎遠。言行君子之所以動天地也。可不慎乎。初九曰。閑有家悔亡。何謂也。嚴家之初治家之始故必防閑之。然後悔可亡。王弼曰。凡教在初而法在始。當治之於未變。嚴之於未瀆也。既變而後治之。既瀆而後嚴之。則悔矣。孟子曰。身不行道。不行於妻子。君子言有物。行有常。無僻志。無淫好。所以閑家也。昔者桀惑於末喜。故夏亡。紂惑於妲己。故商亡。幽王惑於褒姒。故

周亡。晉獻公惑於驪姬。三世大亂。唐高宗制於武后。唐祚中絕。中宗制於韋后。身陷大禍。皆不能閑之於初也。閑之在於人心未變之時。故象曰。閑有家。志未變也。六二曰。無攸遂。在中饋。正吉。何謂也。坤之文言曰。地道也。妻道也。臣道也。地道無成而代有終也。陰不為倡陽不為和。故坤道柔順承天而時行。婦道無攸遂。在中饋則正而吉矣。古者女子十年不出。姆教婉娩聽從。執麻枲。治絲繭。織紝組紃。學女事以供衣服。觀於祭祀。納酒漿籩豆葅醢。禮相助奠。后妃在父母家則志在於女功之事。恭儉節用。服澣濯之衣。尊敬師傅。故關雎美后妃之德。其職在於供荇菜備庶物以奉宗廟。又當輔佐君子。內有進賢之志而無險詖私謁之心。關雎之化行。則諸侯之夫人采蘩于沼沚。用之公侯之事。大夫之妻亦采蘋藻。盛之筐筥。湘之錡釜。以供祭祀之用。皆無攸遂。在中饋之事也。三代之亡。皆以孽女亂政。不修其

職而預外事。故武王數紂曰。古人有言曰。牝雞無晨。牝雞之晨。惟家之索。今商王受惟婦言是用。詩人刺幽王曰。哲夫成城。哲婦傾城。婦有長舌。惟厲之階。亂匪降自天。生自婦人。又曰。赫赫宗周。褒姒滅之。皆及此者也。九三曰。家人嗃嗃。悔厲吉。婦子嘻嘻。終吝。何謂也。以陽處陽。居下卦之上。為家人之長。剛嚴者也。王弼曰。行與其慢。寧過乎恭。家與其瀆寧過乎嚴。故家人嗃嗃。至於有悔。雖危猶不失吉。婦子嘻嘻。言笑無節終必有吝。凡家之道主於嚴敬。故象曰。家人嗃嗃。未失也。婦子嘻嘻。失家節也。六四曰。富家大吉。何謂也。以陰處陰。體柔居巽。少長有禮。各得其序以聽於上。故象曰。順在位也。富者非富於財而已。家之富猶人之肥也。禮曰。父子篤。兄弟睦。夫婦和。家之肥也。其大吉不亦宜乎。九五曰。王假有家勿恤吉。何謂也。陽居君位。以家道治天下者也。聖人以天下為一家以中國為一人。故視天下如家。視百姓如身。愛人如愛身。治天下如治家

孔子曰。身以及身。子以及子。妃以及妃。君行此三者。則愾乎天下矣。太王之道也。如此。國家順矣。孟子曰。天下之本在國。國之本在家。家之本在身。修身所以治人。正家所以治天下也。舜舉八元使布五教于四方。父義。母慈。兄友。弟恭。子孝。內平外成。此以家道治天下。而四海之內莫不交相愛也。詩曰。之子于歸。宜其家人。大學曰。宜其家人。而後可以教國人。先王欲正天下。必自家始。此家人之盛也。故勿恤而吉。王弼曰。王至斯道以有其家。古之人有行之者。舜文王是也。上九曰。有孚威如終吉。何謂也。以陽居上。處家之終。誠發於中而著於外。人皆信之。故曰有孚。治家之道。初則閑之。終則嚴之。故曰威如。閑之者。制於未變也。嚴之者。所以常久也。孔子曰。君子不重則不威。傳曰。有威可畏謂之威。揚雄曰。貌重則有威。又曰。或問何如動而見畏。曰畏人。何如動而見侮。曰侮人。夫見畏與見侮。無不由己。又曰。人必其自敬也。然後人敬之。君子之道本

諸身故治家者始於修身終則反諸其身其身正而天下歸之矣身處威敬人亦畏敬之夫如是豈有不終吉者乎故象曰威如之吉反身之謂也

元祐六年太常丞吕希純上奏曰臣竊以天子之與后猶日之與月陰之與陽相須而後成是以自古聖主有婚姻之始皆博訪令族參求有德然後昭告宗廟成以昏禮其敬謹重正如此詩人推原周家受命之本上陳姜嫄周姜太任太姒之賢皆聖賢之後大邦之子其盛德不回其徽音可繼故輔其君子世世修德昭受天命歷年長久禮記未聞以聘納之際參以陰陽數術者也三代禮文雖不盡見然禮記及周禮儀禮述大昏之義列媒妁之職載六禮之儀稍為詳備略無男女年命勘婚文以至漢唐而下史策所載亦無此制本朝制司天之官雖有婚書然自祖宗以來每建中壼皆采用德閥不專以勘選為事且宣祖皇帝方在側微天作之合固未嘗集太史而議年命也然而昭憲太后實生太祖太宗為萬世福是豈勘婚之力哉其婚書詞義鄙淺及日官元不自信臣所慮者自降選后指揮已是踰歲誕聖年月其誰不知除日前供到家狀猶或可信外若今日以後更令餘家供析安知不改易女命以求附會雖盡合書法豈復可憑則恐論議遲遲徒為過謹曠日持久無益而已皇帝於后妃之議方當謙抑不言太皇太后推慈愛之念固欲盡衆美以副宸心然則股肱大臣亦宜以身任其責況即今公卿士大夫之家例不勘婚人雖有貴賤之殊其於親愛蓋亦同爾乃敢斷然不用者豈非以勘合年命為難信畧去拘忌為安便邪為人臣者固當推己之所安以事君上不可如卜祝之論姑以逃責而已故臣敢因緣職事輙貢瞽言伏惟聖慈少賜察

元符元年翰林學士鄒浩上奏曰臣聞禮曰天子之與后猶日之與月陰之與陽相須而成者也天子理陽道后治陰德天子聽外治后聽內職然則立后以配天子安得不謹今陛下為天下擇母而所立乃賢妃劉氏一時公議莫不疑惑誠以國家有仁祖故事不可不遵用之耳蓋皇后郭氏與美人尚氏爭寵致罪仁祖既廢后不旋踵并斥美人所以示公也及至立后則不選於妃嬪必選於貴族而立慈聖光獻所以遠嫌也所以為天下萬世法也陛下以罪廢孟氏與廢郭氏實無以異然孟氏之罪未嘗付外雜治果與賢妃爭寵而致罪乎世固不得而知也果不與賢妃爭寵而致罪乎世亦不得而知也若與賢妃爭寵而致罪則并斥美人以示公固有仁祖故事存焉若不與賢妃爭寵而致罪則不立妃嬪以遠嫌亦有仁宗故事存焉二者必居一於此矣不可得而逃也況孟氏罪廢之初天下孰不疑賢妃必為后及讀詔書有則選賢族之語又聞陛下臨朝慨歎以廢后為國家不幸又見宗景有立妾之請陛下怒其輕亂名分而重賜譴責於是天下始釋然不疑陛下立后之意在賢妃也今果立之則天下之所以期陛下者皆莫之信矣載在史冊傳示萬世不免上累聖德可不惜哉且五霸者三王之罪人也其葵丘之會載書猶且曰無以妾為妻況陛下之聖高出三王之上其可忽此乎萬一自此以後士大夫有以妾為妻臣寮糾劾以聞陛下何以處之不治則傷化敗俗無以為國治之則上行下效難以責人孔子曰名不正則言不順言不順則事不成事不成則禮樂不興禮樂不興則刑罰不中刑罰不中則民無所錯手足名之不正遂至民無所錯手足其為害可勝道哉尤不可不察也臣伏覩陛下天性仁孝追奉休烈惟恐一毫不當先帝之意然先帝在位動以二帝三王為法斥兩漢而下不取今

陛下乃引自漢以來有為五伯之所不為者以自比，是豈先帝之論乎？是豈繼志述事所當然者乎？此尤公議之所未喻也。臣覩白麻内再三言之者，不過稱賢妃有子及引永平、祥符立后事以為所咨之故實。臣請論其所以然者：若曰有子可以為后，則永平中貴人馬氏固未嘗有子也，所以立為后者，以德冠後宮故也；祥符中德妃劉氏亦未嘗有子也，所以立為后者，以鍾英甲族故也。又況貴人之系實馬援之女，德妃之時且無廢后之嫌，其與賢妃事體迥然異矣。若曰賢妃冠德後宮亦如貴人，鍾英甲族亦如德妃，則何不於孟氏罪廢之初用立慈聖光獻故事便立之乎？必遷延四年以待今日，果何意邪？必欲以此示天下，果信之邪無？臣聞頃年冬享景靈宮，賢妃實隨駕以往，是日雷作，其變甚異。今又宣麻之後，大雨繼日，已而飛雹。又自告天地宗廟社稷以來，陰霪不止，以動人心，則上天之意益可見矣。陛下事天甚謹，畏天甚至，尤宜思所以動天而致然者。考之人事既如彼，求之天意又如此，安可不留聖慮乎？夫成湯，聖君也，仲虺不稱其無過，而稱其改過不吝；高宗，賢君也，傅說不告以拒諫，而告以從諫則聖。臣雖至愚，不足以方古諫者，常念唐太宗猶有恥君不及堯舜之臣，況宜可以為堯舜如陛下之聖，而於身親見之乎？是以不敢愛身，冒犯天威，圖報陛下親自識拔天恩之萬一，而區區血誠畫於此矣。惟陛下俯從而改之，不以為吝，則萬世之下所以誦陛下之聖者，亦將在成湯、高宗之上矣，豈不美哉！伏望聖慈深賜照納，不以一改命為甚難，而以萬世公議為足畏，追停冊禮，別選賢族，如初詔施行，庶幾上荅天意，下慰人心，為宗廟社稷無疆之計。不勝幸甚。

哲宗時，右諫議大夫范純仁論太皇太后冊禮疏曰：臣近聞將來太皇太后冊禮並依明肅太后故事，於文德殿受冊。緣自太皇太后同

政以來，至仁盛德高掩前古，所行典禮為萬世尊仰，不必専稽明肅。伏望特自太皇太后聖意指揮，更令禮官子細詳定，務合中制，以副聖意。臣以受恩殊常，固當知無不言，以伸補報，罔避僭易之罪。伏望聖慈矜察。易謙卦稱：天道虧盈而益謙，地道變盈而流謙，鬼神害盈而福謙，人道惡盈而好謙。一謙而四益從之。又曰：謙尊而光。尚書曰：滿招損，謙被益。此皆經典之法言，在聖明正所當務。臣不勝區區犬馬之誠，乞賜采錄。

陳次升奏曰：臣伏覩詔書，以皇后孟氏旁惑邪言，陰挾媚道，追從究驗，證左甚明，而陛下斷以大義，不牽私恩，奉承兩宮慈訓，廢皇后孟氏為華陽教主，降詔以告中外。命下之日，士庶惶惑，謂后無可廢之罪，而陛下廢之，咸相與為之咨嗟彈指，良可歎也。蓋以所治之獄不經有司，雖聞追驗證左，而事迹祕密，朝臣猶不預聞，士庶惶惑，固無足怪。臣竊謂后之廢立，事體至重，若臣下一言一眚，廢之逐之，不足深恤。自古推鞫獄訟，皆付外庭，未有宮禁自治，高下付閹官之手。陛下但見案牘之具耳，安知情罪之虛實？萬一寃濫，為天下後世譏笑。臣欲乞陛下親選在庭侍從或臺諫官公正無所阿附之人，專置制院，別行推勘，庶得實情。如后之罪在所不容，雖廢之，人自無言。今事不經有司，獄成閹官，此天下人心未能無疑也。伏望聖慈特降睿旨施行。

徽宗時，任伯雨上言曰：臣近具封章論瑤華事，前日得對清光，面奉聖訓，知宸衷之所慮合天下之公心，事可施行，理當將順。然而臣竊以謂天下大事無過此者，前日之廢既出於率易，今日之復安可以忽遽？以母儀之動靜而定是非於獄辭，此前日之所以為率易也。古人有言曰：獄者，天下之大命也。人情安則樂生，痛則思死，箠楚之下

何求而不得。故奏牘之成。雖使皋陶聽之。皆以為死有餘罪。何則。鍛鍊者衆。文致之罪明也。故天下之患莫深於獄。敗法亂正。離親塞道。莫甚於治獄之吏。又況掖廷秘獄。治世所無。婦人柔弱。豈勝箠楚。遂以文致之罪。因動母儀之尊。此固非所以習天下而崇陛下也。然以訓出兩宮。則先帝當時不得不從。事干泰陵。則陛下今日豈可輕改。若言近經大赦。恩霈普霑。豈唯瑤華獨不昭雪。臣尤以此論為不然也。蓋朝廷赦宥。為罪人而設耳。昔以為有罪。斷之於獄辭。今以為無過。均之以赦宥。則是[illegible]廢與動靜。與衆同科。慢而不嚴。於體未順。臣故以為不然也。瑤華得罪。非於先帝。見棄於兩宮。此前日詔令之本旨也。而外議籍籍。皆以為先帝有常悔之言。兩宮無堅確之命。若審如此。則皇太后下一詔書。明白其事。陛下奉付外廷。使議典禮。縱令遂非之人。託於繼述。自護其[illegible]。又安敢以先帝嘗悔之言為不然乎。雖然。詔

書之文。當有體要。必如熟議而後可發。廢者之復。當考故事。必如禮而後可動。如是則事正體嚴。始終無礙。臣故曰不可以忽遽也。且五年安於窮離。豈有數月而不能待乎。事之大者。尤當以欲速為戒。伏望聖慈上稟慈闈。詳擇施行。

高宗紹興三十二年。張浚奏曰。臣恭覩進奏院報。已降制書。命有司涓日冊賢妃為皇后。乾道當陽。坤儀配極。神人協慶。海寓同歡。竊讀易家人彖辭曰。父父子子兄兄弟弟夫夫婦婦而家道正。正家而天下定矣。是知致治之道。必自內始。臣復考其象辭。風自火出。為家人。風之譬則化也。火之譬則禮也。禮修於身。化行於外。是為風自火出。仰惟皇帝陛下。聖學高明。而事親以孝。撫下以仁。御事以斷。凡有所為。無一不合於禮。方將正身以形家。形家以齊國。克謹細微。以先天下。治化之隆。指日可俟。四海幸甚。臣欽聞詔命。無任欣躍鼓舞之誠。

光宗時。李皇后寖預政。倪思進講姜氏會齊侯于濼。因奏人主治國必自齊家始。家之不能齊者。不能防其漸也。始於褻狎。終於恣橫。卒至於陰陽易位。內外無別。甚則離間父子。漢之呂氏。唐之武韋。幾至亂亡。不但魯莊公也。上悚然。

起居舍人彭龜年上奏曰。臣聞書曰。監于先王成憲。其永無愆。古之哲王出而照臨萬國。必有宏綱大紀。以貽憲厥後。然其道不過自內以刑外。正本以及末。而所謂刑名度數。政事法制。有不在察察然也。自秦以來。唯務以法制下。凡治人之具。求之已詳。而分內之事。所謂刑于寡妻。至于兄弟。以御于家邦者。悖謬特甚。蓋有不忍道者也。三代以後。唯漢唐號為小康。其間賢君猶愧於此。然則治道之不如古無責耳矣。唯我祖宗受天明命。撥亂傾否。具有本末。越中古不止一事。而先民推其所以致豐大之業者。必以家法言之。范祖禹曰。自三

代以後。未有若本朝家法者也。呂大防當元祐時。嘗侍邇英講讀。因進曰。本朝百三十年。中外無事。蓋由所立家法最善。前代宮闈多不肅。宮人或與廷臣相見。唐入閤圖有昭容位。本朝宮禁嚴密。內外整肅。此治內之法也。前代外戚多預政事。常致敗亂。本朝母后之族皆不預事。此待外戚之法也。前代宮室皆尚華侈。本朝宮室止用赤白。此尚儉之法也。前代人君雖在宮闈。出輿入輦。祖宗皆步自內廷出御後殿。豈乏人力哉。亦欲步歷廣廷。稍冒寒暑爾。此勤身之法也。前代人主在禁中冠服苟簡。祖宗以來燕居必以禮。此尚禮之法也。至於虛己納諫。不好畋獵。不尚玩好。不用玉器。飲食不貴異味。止用羊肉。此皆祖宗家法。足以致太平者。臣嘗因二臣之言。欲採摭祖宗家法。類為一書。而遐方賤吏。未見國史。傳聞小說。未敢盡信。抱此志願。平世莫伸。昨蒙陛下官之成均。成均舊有國朝會要。又李燾續資治

通鑑長編錄本因得竊讀於是祖宗修之身刑之家者可以略見一二遂妄編次以成一書取監于先王成憲之義名曰內治聖鑒其目則畧循會要之舊其事則多本長編之書一時名臣奏請有足裨補聖治者亦復採錄間有愚見輒復論著遺逸差謬不敢謂無然而區區二臣憂國愛君之心竊庶幾焉謹繕寫成編投進以備乙夜之覽

金熙宗時翰林待制兼右諫議大夫程寀奏曰虞舜不告而娶二妃帝嚳娶四妃法天之四星周文王一后三夫人嬪御有數選求淑媛以充後宮帝王之制也然女無美惡入宮見妬陛下欲廣嗣續不可不知而告戒之又曰臣伏見本朝富有四海禮樂制度莫不一新宮禁之制尚未嚴密胥吏徒卒之輩皆得出入莫有呵止至淆混而無別雖有闌入之法久尚未行甚非嚴禁衛明法令之意陛下不可不知而必行疏奏上嘉納之

歷代名臣奏議卷之七十五

歷代名臣奏議卷之七十六

宗室

周襄王將以狄伐鄭富辰諫曰不可臣聞之太上以德撫民其次親親以相及也昔周公弔二叔之不咸故封建親戚以蕃屏周管蔡郕霍魯衛毛聃郜雍曹滕畢原酆郇文之昭也邘晉應韓武之穆也凡蔣邢茅胙祭周公之胤也召穆公思周德之不類故糾合宗族于成周而作詩曰常　之華鄂不韡韡凡今之人莫如兄弟其四章曰兄弟鬩于墻外禦其侮如是則兄弟雖有小忿不廢懿親今天子不忍小忿以棄鄭親其若之何庸勳親親暱近尊賢德之大者也即聾從昧與頑為嚚姦之大者也棄德崇姦禍之大者也鄭有平惠之勳又有厲宣之親棄嬖寵而用三良於諸姬為近四德具矣耳不聽五聲之和為聾目不別五色之章為昧心不則德義之經為頑口不道忠信之言為嚚狄皆則之四姦具矣周之有懿德也猶曰莫如兄弟故封建之其懷柔天下也猶懼有外侮扞禦侮者莫如親親故以親屏周召穆公亦云今周德既衰於是乎又渝周召以從諸姦無乃不可乎民未忘禍王又興之其若文武何王弗聽

鄭武公娶于申曰武姜生莊公及共叔段莊公寤生驚姜氏故名曰寤生遂惡之愛共叔段欲立之亟請於武公公弗許及莊公即位為之請制公曰制巖邑也虢叔死焉佗邑唯命請京使居之謂之京城大叔祭仲曰都城過百雉國之害也先王之制大都不過參國之一中五之一小九之一今京不度非制也君將不堪公曰姜氏欲之焉避害對曰姜氏何厭之有不如早為之所無使滋蔓蔓難圖也蔓草猶不可除況君之寵弟乎公曰多行不義必自斃子姑待之既而大叔命西鄙北鄙貳於己公子呂曰國不堪貳君將若之何欲與大叔

臣請爭之。若弗與。則請除之。無生民心。公曰。無庸。將自及。大叔又收貳以為己邑。至于廩延。子封曰。可矣。厚將得衆。公曰。不義不暱。厚將崩。

衛莊公娶于東宮得臣之妹。曰莊姜。美而無子。衛人所為賦碩人也。又娶于陳。曰厲媯。生孝伯。早死。其娣戴媯生桓公。莊姜以為己子。公子州吁。嬖人之子也。有寵而好兵。公弗禁。莊姜惡之。石碏諫曰。臣聞愛子。教之以義方。弗納于邪。驕奢淫佚。所自邪也。四者之來。寵祿過也。將立州吁。乃定之矣。若猶未也。階之為禍。夫寵而不驕。驕而能降。降而不憾。憾而能眕者。鮮矣。且夫賤妨貴。少陵長。遠間親。新間舊。小加大。淫破義。所謂六逆也。君義臣行。父慈子孝。兄愛弟敬。所謂六順也。去順效逆。所以速禍也。君人者將禍是務去。而速之。無乃不可乎。弗聽。其子厚與州吁遊。禁之不可。桓公立。乃老。

漢文帝時。御史大夫晁錯數言吳過可削。帝不忍。錯曰。高帝封三庶孽。分天下半。今吳王不朝。於古法當誅。帝猶不忍。德至厚。王當改過自新。反益驕謗天下亡人謀作亂。今削之亦反。不削亦反。削之反亟。禍小。不削反遲。禍大。上令列侯公卿宗室雜議。莫敢難。獨竇嬰爭之。

淮南厲王朝。殺辟陽侯。居處驕甚。袁盎諫曰。諸侯大驕必生患。可適削地。上弗用。淮南王益橫。及棘蒲侯柴武太子謀反事覺。治連淮南王。淮南王徵。上因遷之蜀。轞車傳送。袁盎時為中郎將。乃諫曰。陛下素驕淮南王。弗稍禁以至此。今又暴摧折之。淮南王為人剛。如有遇霧露行道死。陛下竟為以天下之大。弗能容。有殺弟之名。柰何。上弗聽。遂行之。淮南王至雍。病死。聞。上輟食。哭甚哀。盎入。頓首請罪。上曰。以不用公言至此。盎曰。上自寬。此往事。豈可悔哉。且陛下有高世之行者三。此不足以毀名。上曰。吾高世行三者何事。盎曰。陛下居代時。太后嘗病三年。陛下不交睫。不解衣。湯藥非陛下口所嘗弗進。夫曾參以布衣猶難之。今陛下親以王者修之。過曾參孝遠矣。夫諸呂用事。大臣專制。然陛下從代乘六乘傳馳不測之淵。雖賁育之勇不及陛下。陛下至代邸。西向讓天子位者再。南面讓天子位者三。夫許由一讓。而陛下五以天下讓。過許由四矣。且陛下遷淮南王。欲以苦其志。使改過。有司衛不謹。故病死。於是上乃解。曰。將奈何。盎曰。淮南王有三子。唯在陛下耳。於是文帝立其三子皆為王。

景帝時。梁王使人殺故吳相袁盎。景帝召田叔案梁。具得其事。還報。景帝曰。梁有之乎。叔對曰。死罪。有之。上曰。其事安在。叔曰。上毋以梁事為也。上曰。何也。曰。今梁王不伏誅。是漢法不行也。如其伏法。而太后食不甘味。卧不安席。此憂在陛下也。景帝大賢之。以為魯相。

成帝時。梁王立淫亂。大中大夫谷永上疏曰。臣聞禮。天子外屏。不欲見外也。是故帝王之意。不窺人閨門之私。聽聞中冓之言。春秋為親者諱。詩云。戚戚兄弟。莫遠具爾。今梁王年少。頗有狂病。始以惡言按驗。既亡事實。而發閨門之私。非本章所指。王辭又不服。猥強劾力傳致難明之事。獨以偏辭成辠斷獄。亡益於治道。汙蔑宗室。以內亂之惡。披布宣揚於天下。非所以為公族隱諱。增朝廷之榮華。昭聖德之風化。臣愚以為王少而父同產長。年齒不倫。梁國之富。足以厚聘美女。招致妖麗。父同產亦有恥辱之心。案事者迺驗問惡言。何故猥自發舒。以三者揆之。殆非人情。疑有所迫切。過誤失言。文吏躡尋不得轉移。萌牙之時。加恩勿治。上也。既已案驗舉憲。宜及王辭不服。詔廷尉選上德通理之吏。更審考清問。著不然之效。定失誤之法。而反命於下吏。以廣公族附疏之德。為宗室刷汙亂之恥。甚得治親之誼。天子由是寖而不治。

劉向遷光祿大夫。每召見。數言公族者國之枝葉。枝葉落。則本根無所庇廕。方今同姓疏遠。母黨專政。祿去公室。權在外家。非所以強漢宗。卑私門。保守社稷。安固後嗣也。

東漢明帝時。廣陵王荆有罪。帝以至親悼傷之。詔樊儵與羽林監南陽任隗雜理其獄。事竟。奏請誅荆。引見宣明殿。帝怒曰。諸卿以我弟故欲誅之。即我子。卿等敢爾邪。憸仰而對曰天下高帝天下。非陛下之天下也。春秋之義君親無將將而誅焉。是以周公誅弟。季友鴆兄。經傳大之。臣等以荊屬託母弟陛下留聖心加惻隱。故敢請耳。如令陛下子。臣等專誅而已。帝歎息良久。憸益以此知名。

章帝建初六年冬。東平憲王蒼上疏求朝。明年正月帝許之。蒼既至。升殿乃拜。天子親荅之。其後諸王入宮。輒以輦迎至省閤乃下。蒼以受恩過禮。情不自寧。上疏辭曰臣聞貴有常尊。賤有等威。卑高列序。上下以理。陛下至德廣施。慈愛骨肉。既賜奉朝請。咫尺天儀。而親屈至尊降禮下臣。每賜讌見。輒興席改容。中宮親拜。事過典故。臣惶怖戰慄誠不自安。每會見踧踖無所措置。此非所以章示群下。安臣子也。帝省奏歎息。愈褒貴焉。

章帝性寬仁而親親之恩篤。故叔父濟南中山二王每數入朝。特加

恩寵。及諸昆弟並留京師。不遣就國。尚書宋意以為人臣有節。不宜踰禮過恩。乃上疏諫曰。陛下至孝烝烝。恩愛隆深。以濟南王康中山王焉先帝昆弟。特蒙禮寵。聖情戀戀。不忍遠離。比年朝見。久留京師。崇以叔父之尊。同之家人之禮。車入殿門。即席不拜。分甘損膳。賞賜優渥。昔周公懷聖人之德。有致太平之功。然後王曰叔父。加以錫幣。今康焉幸以支庶享食大國。陛下即位。蠲除前過。還所削黜。衍食他縣。男女少長並受爵邑。恩寵踰制。禮敬過度。春秋之義。諸父昆弟無所不臣。所以尊尊卑卑。強幹弱枝者也。陛下德業隆盛。當為萬世典法。不宜以私恩損上下之序。失君臣之正。又西平王羨等六王皆妻子成家。官屬備具。當早就蕃國。為子孫基阯。而室第相望。久磐京邑。婚姻之盛。過於本朝。僕馬之衆。充塞城郭。驕奢僭擬。寵祿隆過。今諸國之封。並皆膏腴。風氣平調。道路夷近。朝聘有期。行來不難。宜割情不忍。以義斷恩。發遣康焉。各歸蕃國。令羨等速就便時。以塞衆望。帝納之。

章帝時。劉愷以當襲父般爵。讓與弟憲。遁逃避封。久之。章和中。有司奏請絕愷國。肅宗美其義。特優假之。愷猶不出。積十餘歲。至和帝永元十年。有司復奏之。侍中賈逵因上書曰。孔子稱能以禮讓為國。於從政乎何有。竊見居巢侯劉般嗣子愷。素行孝友。謙遜絜清。讓封弟憲。潛身遠迹。有司不原樂善之心。而繩以循常之法。懼非長克讓之風。成含弘之化。前世扶陽侯韋玄成。近有陵陽侯丁鴻。鄳侯鄧彪。並以高行絜身辭爵。未聞貶削。而皆登三事。今愷景仰前脩。有伯夷之節。宜蒙矜宥。全其先功。以增聖朝尚德之美。和帝納之。

桓帝弟渤海王悝素行險辟。僭傲多不法。北軍中候史弼懼其驕悖為亂。乃上封事曰臣聞帝王之於親戚。愛雖隆必示之以威。體雖貴

必禁之以度。如是和睦之道興。骨肉之恩遂。昔周襄王恣甘昭公。孝景皇帝驕梁孝王。而二弟階寵。終用悖慢。卒周有播蕩之禍。漢有爰盎之變。竊聞渤海王悝憑至親之屬。恃偏私之愛。失奉上之節。有僭慢之心。外聚剽輕不逞之徒。內荒酒樂。出入無常。所與群居。皆有口無行。或家之棄子。或朝之斥臣。必有羊勝伍被之變。州司不敢彈糾。傅相不能匡輔。陛下隆於友于。不忍遏絕。恐遂滋蔓。為害彌大。乞露臣奏。宣示百僚。使臣得於清朝明言其失。然後詔公卿平處其法。法決罪定。乃下不忍之詔。臣下固執。然後少有所許。如是則聖朝無傷親之譏。勃海有享國之慶。不然。懼大獄將興。使者相望於路矣。臣職典禁兵。備禦非常。而妄知藩國。干犯至戚。罪不容誅。不勝憤懣。謹冒死以聞。帝以至親不忍下其事。後悝竟坐逆謀。貶為癭陶王。

獻帝時。劉備上表曰。臣以具臣之才。荷上將之任。董督三軍。奉辭于

外不能掃除寇難靖匡王室久使陛下聖教陵遲六合之內否而未泰惟憂反側疢如疾首曩者董卓造為亂階自是之後羣凶縱橫殘剝海內賴陛下聖德威靈人臣同應或忠義奮討或上天降罰暴逆並殪以漸冰消惟獨曹操久未梟除侵擅國權恣心極亂臣昔與車騎將軍董承圖謀討操機事不密承見陷害臣播越失據忠義不果遂得使操窮凶極逆主后戮殺皇子鴆害雖糾合同盟念在奮力懦弱不武歷年未效常恐殞沒孤負國恩寤寐永歎夕惕若厲今臣羣寮以為在昔虞書敦敘九族庶明勵翼五帝損益此道不廢周監二代並建諸姬實賴晉鄭夾輔之福高祖龍興尊王子弟大啟九國卒斬諸呂以安太宗今操惡直醜正寔繁有徒包藏禍心篡盜已顯既宗室微弱帝族無位斟酌古式依假權宜上臣大司馬漢中王臣伏自三省受國厚恩荷任一方陳力未效所獲已過不宜復忝高位以

重罪謗羣寮見逼迫臣以義臣退惟寇賊不梟國難未已宗廟傾危社稷將墜誠臣憂責碎首之負若應權通變以寧靖聖朝雖赴水火所不得辭敢慮常宜以防後悔輒順眾議拜受印璽以崇國威仰惟爵號位高寵厚俯思報效憂深責重驚怖累息如臨于谷盡力輸誠獎厲六師率齊羣義應天順時撲討凶逆以寧社稷以報萬分謹拜章因驛上還所假左將軍宜城亭侯印綬

魏文帝黃初四年陳思王曹植徙封雍丘王其年朝京都上疏曰臣自抱釁歸藩刻肌刻骨追思罪戾晝分而食夜分而寢誠以天罔不可重離聖恩難可再恃竊感相鼠之篇無禮遄死之義形影相弔五情愧赧以罪棄生則違古賢夕改之勸忍活苟全則犯詩人胡顏之譏伏惟陛下德象天地恩隆父母施暢春風澤如時雨是以不別荊棘者慶雲之惠也七子均養者鳲鳩之仁也舍罪責功者明君之舉也矜愚愛能者慈父之恩也是以愚臣徘徊於恩澤而不能自棄者也前奉詔書臣等絕朝心離志絕自分黃耇無復執珪之望不圖聖詔猥垂齒召至止之日馳心輦轂僻處西館未奉闕廷踊躍之懷瞻望反側謹拜表獻詩二篇其辭曰於穆顯考時惟武皇受命于天寧濟四方朱旗所拂九土披攘玄化滂流荒服來王超商越周與唐比蹤篤生我皇奕世載聰武則肅烈文則時雍受禪炎漢臨君萬邦萬邦既化率由舊則廣命懿親以藩王國帝曰爾侯君茲青土奄有海濱方周于魯車服有輝旗章有敘濟濟儁乂我弼我輔伊予小子恃寵驕盈舉挂時網動亂國經作藩作屏先軌是墮傲我皇使犯我朝儀國有典刑我削我黜將寘于理元兇是率明明天子時篤同類不忍我刑暴之朝肆違彼執憲哀予小子改封兗邑于河之濱股肱弗置有君無臣荒淫之闕誰弼予身煢煢僕夫于彼冀方嗟予小子乃

罹斯殃赫赫天子恩不遺物冠我玄冕要我朱紱朱紱光大使我榮華剖符授玉王爵是加仰齒金璽俯執聖策皇恩過隆祗承怵惕咨我小子頑凶是嬰逝慚陵墓存愧闕廷匪敢傲德寔恩是恃威靈改加足以沒齒昊天罔極性命不圖常懼顛沛抱罪黃壚願蒙矢石建旗東嶽庶立毫氂微功自贖危軀授命知足免戾甘赴江湘奮戈吳越天啟其衷得會京畿遲奉聖顏如渴如饑心之云慕愴矣其悲天高聽卑皇肯照微

又曰肅承明詔應會皇都星陳夙駕秣馬脂車命彼掌徒肅我征旅朝發鸞臺夕宿蘭渚芒芒原隰祁祁士女經彼公田樂我稷黍爰有樛木重陰匪息雖有糇糧饑不遑食望城不過面邑匪遊僕夫警策平路是由玄駟藹藹揚鑣漂沫流風翼衡輕雲承蓋涉澗之濱緣山之隈遵彼河滸黃阪是階西濟關谷或降或升騑驂倦路再寢再興將朝聖皇匪敢晏寧弭節長騖指日遄征前驅舉

燧。後乘抗旌。輪不輟運。鸞無廢聲。爰暨帝室。稅此西墉。嘉詔未賜。朝覲莫從。仰瞻城閾。俯惟闕廷。長懷永慕。憂心如酲。帝嘉其辭義。優詔答勉之。

文帝大發士息及取諸國士。植以近前諸國士已見發。其遺孤稚弱在者無幾。而復被取。又上書曰。臣聞古者聖君與日月齊其明。四時等其信。是以戮凶無重。賞善無輕。怒若驚霆。喜如時雨。恩不中絕。教無二可。以此臨朝。則臣下知所死矣。受任在萬里之外。審主之所以授官。必以之所授命。雖有構會之徒。泊然不以為懼者。蓋君臣相信之明效也。昔章子為齊將。人有告之反者。威王曰。不然。左右曰。何以明之。王曰。聞章子改葬死母。彼尚不欺死父。顧當叛生君乎。此君之信臣也。昔管仲親射桓公。後幽囚從魯。檻車載。使少年挽而送齊。管仲知桓公之必用已。懼魯之悔。謂少年曰。吾為汝唱。汝為和聲。和聲宜走。於是管仲唱之。少年走而和之。日行數百里。宿昔而至。至則相齊。此臣之信君也。臣初受封。策書曰。植受茲青社。封于東土。以屏翰皇家。為魏藩輔。而所得兵百五十人。皆年在耳順。或不踰矩。虎賁官騎及親事凡二百餘人。正復不老。皆使年壯。備有不虞。檢校乘城。顧不足以自救。況皆復耄耋罷曳乎。而名為魏東藩。使屏翰王室。臣竊自羞矣。就之諸國。國有士子。合不過五百人。伏以為三軍益損。不復賴此。方外不定。必當須辨者。臣願將部曲。倍道奔赴。夫妻負襁。子弟懷糧。蹈鋒履刃。以徇國難。何但習業小兒哉。愚誠以揮涕增河。鼷鼠飲海。於朝萬無損益。於臣家計甚有廢損。又臣士息前後三送。兼人已竭。惟尚有小兒七八歲已上。十六七已還。三十餘人。今部曲皆年耆。臥在床。非糜不食。眼不能視。氣息裁屬者。凡三十七人。疲瘵風痱。疾盲聾瞶者二十三人。惟正須此小兒大者。可備宿衛。雖不足以禦寇。粗可以警小盜。小者未堪大使。惟可使耘鉏穢草。驅護鳥雀。休候人則一事廢。一日獵則衆業散。不親自經營則功不攝。常自躬親。不委下吏而已。陛下聖仁。恩許三至。士子給國。長不復發。明詔之下。有若皦日。保金石之恩。必明神之信。畫然自固。如天如地。定習業者並復見送。晻若晝晦。悵然失圖。伏以為陛下既爵臣百寮之右。居藩國之任。為置卿士。屋名為宮。冢名為陵。不使其危居獨立。無異於凡庶。若柏成欣於野耕。子仲樂於灌園。蓬戶茅牖。原憲之宅也。陋巷簞瓢。顏子之居也。臣生不見效用。常慨然執斯志焉。若陛下聽臣悉還部曲。罷官屬。省監官。使解璽釋紱。追柏成子仲之業。營顏淵原憲之事。居子臧之廬。宅延陵之室。如此。雖進無成功。退有可守。身死之日。猶松喬也。然伏度國朝終未肯聽臣之若是。固當羈絏於世網。維縶於祿位。懷屑屑之小慮。親無已之百念。安得蕩然肆志。逍遙於宇宙之外哉。此願未從。陛下必欲崇親親。篤骨肉。潤白骨而榮枯木者。惟遂仁德。以副前恩。詔皆遂還之。

明帝大和五年。植又求通親親。上表曰。臣聞天稱其高者。以無不覆。地稱其廣者。以無不載。日月稱其明者。以無不照。江海稱其大者。以無不容。故孔子曰。大哉堯之為君。惟天為大。惟堯則之。夫天德之於萬物。可謂弘廣矣。蓋堯之為教。先親後疏。自近及遠。其傳曰。克明俊德。以親九族。九族既睦。平章百姓。及周之文王。亦崇厥化。其詩曰。刑于寡妻。至于兄弟。以御于家邦。是以雍雍穆穆。風人詠之。昔周公弔管蔡之不咸。廣封懿親。以藩屏王室。傳曰。周之宗盟。異姓為後。誠骨肉之恩爽而不離。親親之義寔在敦固。未有義而後其君。仁而遺其親者也。伏惟陛下咨帝唐欽明之德。體文王翼翼之仁。惠洽椒房。恩昭九親。群臣百寮。番休遞上。執政不廢於公朝。下情得展於私室。親理之路通，慶弔之情展。誠可謂恕己治人，推惠施恩者矣。至於臣者，人道絶緒，禁錮明時。臣竊自傷也。不敢乃望交氣類，修人事，叙人倫，近且婚媾不通，兄弟永絶，吉凶之問塞，慶弔之禮廢，恩紀之違，甚於路人，隔閡之異，殊於胡越。今臣以一切之制，永無朝覲之望，至於注心皇極，結情紫闥，神明知之矣。然天實為之，謂之何哉。退省諸王常有戚戚具爾之心。願陛下沛然垂詔，使諸國慶問，四節得展，以叙骨肉之歡恩，全怡怡之篤義，妃妾之家，膏沐之遺，歲得再通，齊義於貴宗，等惠於百司。如此，則古人之所歎，風雅之所詠，復存於聖世矣。臣伏自惟省，無錐刀之用，及觀陛下之所拔授，若以臣為異姓，竊自料度，不後於朝士矣。若得辭遠遊，戴武弁，解朱組，佩青紱，駙馬、奉車，趣得一號，安宅京室，執鞭珥筆，出從華蓋，入侍輦轂，承荅聖問，拾遺左右，乃臣丹情之至願，不離於夢想者也。遠慕鹿鳴君臣之宴，中詠常

匪他之誡，下思伐木友生之義，終懷蓼莪罔極之哀。每四節之會，塊然獨處，左右唯僕隸，所對唯妻子。高談無所與陳，發義無所與展，未嘗不聞樂而拊心，臨觴而歎息也。臣伏以為犬馬之誠不能動人，譬人之誠不能動天，崩城隕霜，臣初信之，以臣心況，徒虛語耳。若葵藿之傾葉，太陽雖不為之迴光，終向之者，誠也。臣竊自比葵藿，若降天地之施，垂三光之明者，實在陛下。臣聞文子曰：不為福始，不為禍先。今之否隔，友于同憂，而臣獨唱言者何也。竊不願於聖代使有不蒙施之物，必有慘毒之懷。故柏舟有天只之怨，谷風有棄予之歎。伊尹恥其君不為堯舜。孟子曰：不以舜之所以事堯事其君者，不敬其君者也。臣之愚蔽，固非虞伊，至於欲使陛下崇光被時雍之美，宣緝熙章明之德者，是臣慺慺之誠，竊所獨守，實懷鶴立企佇之心。敢復陳聞者，冀陛下儻發天聰而垂神聽也。

吴大帝赤烏中，顧譚拜太常。是時魯王霸有盛寵，與太子和齊衡，譚上疏曰：臣聞有國有家者，必明嫡庶之端，異尊卑之禮，使高下有差，階級踰邈。如此則骨肉之恩生，覬覦之望絶。昔賈誼陳治安之計，論諸侯之勢，以為勢重雖親，必有逆節之累；勢輕雖疎，必有保全之祚。故淮南親弟，不終饗國，失之於勢重也；吴芮疎臣，傳祚長沙，得之於勢輕也。昔漢文帝使慎夫人與皇后同席，袁盎退夫人之座，帝有怒色。及盎辨上下之儀，陳人彘之戒，帝既悦懌，夫人亦悟。今臣所陳，非有所偏，誠欲以安太子而便魯王也。

晋惠帝時，齊王冏拜大司馬，加九錫之命。冏沉于酒色，不入朝見，坐拜百官，符勅三臺。於是朝廷側目，海内失望矣。翊軍校尉李含奔于長安，詐云受密詔，使河間王顒誅冏，因導以利，講顒從之。上表曰：王室多故，禍難罔已。大司馬冏雖唱義有興復皇位之功，而定都邑，克

寧社稷，實成都王之勳力也。而冏不能固守臣節，實協異望。在許昌營有東西掖門，官置治書侍御史、長史、司馬，直立左右，如侍臣之儀。京城大清，篡逆誅夷，而率百萬之衆，來繞洛城，阻兵經年，不一朝覲，百官拜伏，晏然南面。壞樂官市署，用自增廣，輒取武庫秘杖，嚴列不解。故東萊王蕤知其逆節，表陳事狀，而見誣陷，加罪黜徙，以樹私黨，僭立官屬。幸妻嬖妾，名號比之中宫。沉湎酒色，不恤群黎。董艾放縱，無所畏忌，中丞按奏，而取退免。張偉惚恫，擁停詔可；葛旟小豎，維持國命，操弄王爵，貨賂公行，群姦聚黨，擅斷殺生，密署腹心，實為貨謀，斥罷忠良，伺窺神器。臣受任藩衛，方岳見冏所行，實懷激憤。即日翊軍校尉李含乘驛密至，宣騰詔旨。臣伏讀感切，五情若灼。春秋之義，君親無將。冏擁強兵，樹私黨，權官要職，莫非腹心。雖復重責之誅，恐不義服。今輒勒兵精卒十萬，與州征並協忠義，共會洛陽。驃騎將軍

長沙王乂。同奮忠誠。廢冏還第。有不順命軍法從事。成都王穎明德茂親。功高勳重。往歲去就允合衆望。宜爲宰輔代冏阿衡之任。穎表既至冏大懼。

武帝時。齊王攸之就國也。下禮官議崇錫之物。博士庾旉與博士太叔廣劉暾繆蔚郭頤秦秀傅珍等上表諫曰。書稱帝堯克明俊德。以親九族。武王光有天下。兄弟之國十有六人。同姓之國四十人。元勳睦親。顯以殊禮。而魯衛齊晉大啓土宇。並受分器。所謂惟吾所在。親疏一也。大晉龍興隆唐周之遠跡。王室親屬佐命功臣咸受爵土。而四海乂安。今吳會已平。詔大司馬齊王出統方岳。當遂撫其國家將準古典。以垂永制。昔周之選建明德以左右王室也。則周公爲太宰康叔爲司寇。聃季爲司空。及召畢毛諸國皆入居公卿大夫之位。明股肱之任重。守地之位輕也。未聞古典以三事之重出之國者。漢

氏諸侯王位尊勢重在丞相三公上。其入贊朝政者乃有無官。其出之國。亦不復假台司虛名爲隆寵也。昔申無宇曰。五大不在邊。先儒以爲貴寵公子公孫累世正卿也。又曰。五細不在庭。先儒以爲賤妨貴少陵長遠間親新間舊小加大也。不在庭不在朝庭爲政也。又曰。親不在外。羈不在內。今棄疾在外鄭丹在內。君其少戒之。叔向有言公室將卑。其枝葉先落。公族公室之本。而去之。諺所謂芘焉而縱尋斧柯者也。今使齊王賢邪則不宜以母弟之親尊居魯衛之常職。不賢邪。不宜大啓土宇表建東海也。古禮三公無職坐而論道。不聞以方任嬰之。惟周室大壞宣王中興。四夷交侵救急朝夕。然後命召穆公征淮夷。故其詩曰。徐方不回。王曰旋歸。宰相不得久在外也。今天下已定。六合爲家。將數延三事與論太平之基而更出之去王城二千里違舊章矣。

散騎常侍國子祭酒曹志議曰。伏聞大司馬齊王當出藩東夏備物盡禮同之二伯。今陛下爲聖君稷契爲賢臣。內有魯衛之親。外有齊晉之輔。坐而守安此萬世之基也。古之夾輔王室同姓則周公其人也。異姓則太公其人也。皆身在內。五世反葬。後雖有五霸代興。桓文譎主。下有請隧之僭。上有九錫之禮。終於譎而不正。驗於尾大不掉。豈與召公之歌棠　周詩之詠鶺鴒同日論哉。今聖朝創業之始。始之不謀。後事難工。幹植不強。枝葉不茂。骨鯁不存。皮膚不充。自羲皇以來。豈是一姓之獨有。欲結其心者。當有磐石之固。夫欲享萬世之利者。當與天下議之。故天之聰明自我人之聰明。秦魏欲獨擅其威而財得沒其身。周漢能分其利而親疏爲之用。此自聖主之深慮。日月之所照。事雖淺當深謀之。言雖輕當重思之。志備位儒官。若言不及禮。是志寇竊。知忠不言議所不敢。志以爲當如博士等議。

東晉簡文帝時。會稽文孝王道子委任王緒。由是朋黨競扇。友愛道盡。太妃每和解之。而道子不能改。中書郎徐邈以國之至親。惟道子而已。宜在敦睦。從容言於帝曰。昔漢文明主猶悔淮南。世祖聰達負愧齊王。兄弟之際實宜深慎。帝納之。

宋少帝時。都督徐羨之等。以廬陵王義真輕訬。不任主社稷。因其與少帝不協。乃密謀廢之。奏曰。臣聞二叔不咸難結隆周。淮南悖縱禍興盛漢。莫不義以斷恩情爲法屈。二代之事。殷鑒無遠。仁厚之主。行之不疑。況共叔不斷幾傾鄭國。劉英容養釁廣難深。前事之不忘。後王之成鑒也。按車騎將軍義真凶忍之性爰自稚弱。咸陽之酷醜聲遠播。先朝猶以年在紈綺冀能改厲。天屬之愛想聞革心。自聖體不豫。以及大漸。臣庶憂惶內外屏氣。而縱博酣酒日夜無輟。肆口縱言。多行無禮。先帝貽厥之謀。圖慮經固。親勅陛下面詔臣等。若遂不悛

必加放黜。至言苦屬。猶在紙翰。而自茲迄今。日月增甚。至乃委棄藩屏。志還京邑。潜懷異圖。希幸非冀。轉聚甲卒。徵召車馬。陵墳未乾。情事猶昨。遂負棄遺旨。顯違成規。整棹浮舟。以示歸志。肆心恣己。無復諮承。聖恩低徊。深垂隱忍。屢遣中使。苦相敦釋。而親對散騎侍郎邢安泰。廣武將軍茅仲思。縱其悖罵。訕主謗朝。播於遠近。暴於人聽。臣聞原火不撲。蔓草難除。青青不伐。終致尋斧。況憂深患著。社稷慮切。請一遵晉朝武陵舊典。使頑懷之旨。不墜於武廟。全宥之德。獲申於昵親。仰尋感慟。臨啓悲咽。乃廢義真為庶人。徙新安郡。前吉陽令堂邑張約之上疏諫曰。臣聞仁義之在天下。若中原之有菽。理感之被萬物。故不繫於貴賤。是以考叔反悔誓於及泉。壺關復寬魂於湖邑。當斯之時。豈無尊卿貴輔。或以事迫心違。或以道壅謀屈。何嘗不顧閭善於興隸。藥石阿氏哉。臣雖草芥。備充黔首。少不量力。頗高殉義之風。謂蹈善於朝聞。愈徒生於白首。用敢干禁忘穢。披叙丹愚。伏惟高祖武皇帝。誕茲神武。撫運龍興。仰清天步。則齊德有虞。俯廓九州。則侔功大夏。故虔順天人。享有萬國。雖靈祚脩長。聖躬弗永。陛下繼明紹統。遐邇一心。藩王哲茂。四維寧謐。傾耳康哉之咏。企踵升平之風。竊念廬陵王。少蒙先皇優慈之遇。長受陛下睦愛之恩。故在心必言。所懷必亮。容犯臣子之道。致招驕恣之愆。至於天姿夙成。實有卓然之美。宜在容養。録善奄瑕。訓盡義方。進退以漸。今猥加剥辱。幽徙遠郡。上傷陛下常　之篤。下令遠近恇然。失圖士庶杜口。人為身計。臣伏思大宋之興。雖協應符緯。而開基造次。根條未繁。宜廣樹藩戚。敦睦以道。使兄弟之美。比輝魯衛。寵策告同。胙均七百。豈不善哉。陛下富於春秋。慮未重復。然安危之遠算。肆不忍於一朝。特願罔神九思。重加詢采。上考前代興亡之由。中存武皇締構之業。下顧蒼生顒

顒之望。時開乞宥。反王都邑。選保傅於舊老。求四友於髦俊。引誘情性。導達聰明。凡人在昔。皆能自厲。況王質朗心聰。易加訓範。且中賢之人。未能無過。過貴自改。罪願自新。以武皇之愛子。陛下之懿弟。豈可以其一眚。長致淪棄哉。謹昧死詣闕。伏地以聞。惟願丹誠一經天聽。退就斧鑕。無愧地下矣。

文帝元嘉六年。衛將軍開府儀同三司王弘上表曰。臣聞異姓為後宗周之明義。親不在外。有國之所先。故魯長滕君。春秋所美。楚出秦族。前史垂誡。爰乃茂親明德。道光一時。述職侯甸。朝政弗及。而以庶族庸陋。浮華之臣。超踰先典。居中贊契。豈所以憲章古式。緝熙治道。驃騎將軍臣義康。徽猷淵邈。明德彌劭。敷政江漢。化被荊南。搢紳屬情。想樂當務。周旦之寄。未謀同詞。分陝雖重。比此為輕。臣實空闇。階忝踰越。俯積素餐。仰玷盛化。公私二三。無一而可。昔孫叔未進。優孟見族。展季在下。臧文貽譏。況道隆地昵。義無前禮。臣於古人。無能為役。負乘竊位。萬物謂何。雖曰厚顏。胡寧以處。斯亡之懼。寔疚其心。乞解州録。以允民望。伏願陛下遠存至公。近鑒丹款。俯順朝野。改授親賢。豈唯下臣獲免大戾。凡厥衆隸。孰不慶幸。希天眷閔。已脫復遲回。請出臣表。遠聞外內。朝議與誦。或有可擇。

元嘉中。彭城王義康未敗。龍驤參軍巴東扶令育詣闕上表曰。蓋聞哲王不逆切旨之諫。以博聞為道。人臣不忌殲夷之罰。以盡言為忠。是故周昌極諫為唐面折。孝惠所以克固儲嗣。魏尚所以復任雲中。彼二臣豈好逆主干時。犯顏違色者哉。又爰盎之諫孝文曰。淮南王若道遇死。則陛下有殺弟之名。柰何文帝不用。追悔無及。臣草萊微臣。竊不自揆。敢抱葵藿傾陽之心。仰纂周易匪躬之志。故不遠六千三百。言命侶。謹貢丹愚。希垂察納。伏惟陛下。躬執大象。首出萬物。王

化感通三才必理闢大人之路開大道之門援殊逸于巖穴招奇英於側陋窮谷無白駒之倡喬岳無遺寶之嗟豈特羅飛翮于垂天網沈鱗於溟海況於彭城王義康先朝之愛子陛下之次弟哉一旦黜削遠送南垂恩絶于內形隔於遠窮離明主身放聖世草莽黔首皆為陛下痛之臣追惟景平元嘉之際幾於危殆三公託以興廢之宜密懷不臣之計台輔伺隙於京甸強楚窺窬於上流或顯逆而陵主有生之所惴恐神祇之所忿忌也賴宗社靈長廟筭流遠灑滌塵埃殲馘醜類氛霧時靖四門載清當爾之時義康豈不預參皇謀均此休否哉且陛下舊楚形勝非親勿居遂以驃騎之號任以藩夏之重撫政南鄢綏民遏寇播皇宋之澤以洽幽荒陛下之圖被九有豈直南荊之民沾渥而已焉遂召之以宰輔又寄之以和味既居三事又牧徐揚所以幽顯齊歎人神同忭莫不言陛下授之為得義康受之

為是也今如何信疑貌之似闕兄弟之恩乎若有迷謬之愆可責之罪正可數之以善惡導之以義方且廬陵王往事足以知今此乃陛下前車之殷鑒後乘之靈龜也夫曾子之不殺忠臣之篤譬二告而猶織仁王之令範故詩云無信人之言人實不信又云兄弟雖鬩不廢親也尚書曰克明俊德以親九族九族既睦可以親百姓兄弟安可棄乎臣伏願陛下上尋往代黜廢之禍下惟近者讒言之釁廬陵王既申冤魂於后土彭城王亦弭疑惑於宋京豈徒皇代當今之計蓋乃良史萬代之美也且諂諛難辨見非易覩福始禍先古人所畏故愛身之士自為己計莫不結舌杜口孰肯冒忌于主哉臣以頑昧獨獻微管所以勤勤懇懇必訴丹誠者實恐義康年衰弱命盡奄忽于南遂令陛下有棄弟之責臣雖微賤竊為陛下羞之况書言記事史豈能原典謨而諱哉脫如臣慮陛下恨之何益揚子雲曰獲福之大莫先於和穆遘禍之深莫過於內難每服斯言以為警戒矧今覩王室大事豈得韜筆默爾而已哉臣將恐天下風靡誰間是懼遂令宇內遷觀民庶革心欲致康哉實為難也陛下徒云惡枝之宜伐豈悟伐柯之傷樹乃往古之所悲當今所宜改也陛下若蕩以平聽屏此猜情垂訊芻蕘之謀曲察狂瞽之計一發非意之詔遠訪博古之士速召義康返于京甸兄弟協和君臣緝穆息宇內之譏絶多言之路如是則四海之望塞讒說之道消矣何必司徒公揚州牧然後可以安彭城王哉若臣啓違憲於國為非請即伏誅以謝陛下雖復分形赴鑊煮體烹屍始願所甘豈不幸甚

太子詹事范曄等謀反事逮義康有司上曰義康昔擅國權恣心凌上結朋樹黨苞納凶邪豈罪彰著事合明罰特遣陛下仁愛深至數惜周覩封社不削爵寵無貶四海之心朝野之議咸謂皇德雖厚賞

撓典刑而義康曾不思此大造之德自出南服詭飾情貌外示知懼內實不悛窮好極欲千請無度聖慈含弘每不折舊矜釋屢加息晦已往而陰教行李方啓交通之謀潛資左右以要死士之命崎嶇伺隙不忘窺窬時猶隱忍罰止僕侍狂疾之性永不懲革兇心遂成悖謀仍搆遠授群醜千里相結再議宗社重闚鼎祚賴陛下至誠感神宋曆方永故姦事昭露罪人斯得周公上聖不辭同氣之刑漢文仁明無隱從兄之惡況義康覺深二叔謀過淮南背親反道自棄天地臣等參議請下有司削義康王爵收付廷尉法獄治罪詔特宥大辟

豫章胡誕世前吳平令袁惲等謀反欲奉戴義康太尉錄尚書江夏王義恭等奏曰按昇之言義著雅篇流殛之教事在書典庶人義康負釁深重罪不容戮聖仁不忍屢加遲回宥其大辟賜遷近甸斯乃王愛發天超邈終古曾不遏慾甘引而讒言同衆狠悖微彰每形辭

色內宣家人外動民聽。不逞之族因以生心。胡誕世假竊名號搆成凶逆。杜漸除微。古今所務。況禍機驟發。膚可忽乎。臣等參議。宜從廣州遠郡放之邊表。庶滑防絕。

孝武帝時。南郡王義宣反。帝以義宣亂逆由於彊盛。至是欲削弱王侯。江夏王義恭希旨。乃上表省錄尚書曰。臣聞。天地設位。三極同序。皇王代則。九官咸事。是堯之績。昭於虞典。論道之風。宣於周載。台輔之設。坐調陰陽。元凱之置。起釐百揆。所以樂鉞矣言侯官是誠陳乎抗辭歷職罔吝。漢承秦緒。庶僚精改。爵因時變。任與世移。總錄之制。本非舊體。列代相沿。茲仍未革。今皇家中造。事遵前文。宜憲章先代。證文古則。停省條錄。以依昔典。使物競思存。人懷勤壹。則名實靡愆。庸節必紀。臣謬與國重。虛荷崇任。興替宜知。敢不輸盡。上從其議。

江夏王義恭常慮為武帝所疑。及海陵王休茂於襄陽為亂。乃上表曰。古先哲王莫不廣植周親。以屏帝宇。諸侯受爵。亦願永固邦家。至有管蔡梁燕致禍周漢。上乖顯授之恩。下亡血食之業。夫善積慶深。宜享長久。而歷代侯王甚于匹庶。豈異姓皆賢。宗室悉不賢。由生於深宮。不覩稼穡。左右近習未值田蘇。富貴驕奢自往而至。聚毛折軸。遂乃危禍。漢之諸王並置傅相。猶不得禁遏。七國連謀。寔由彊盛。晉氏列封。正足成永嘉之禍。尾大不掉。終古同疾。不有更張。則其源莫救。日者庶人恃親。殆傾王業。去歲西冠藉寵。幾敗皇基。不圖襄楚復生今孽。良以地勝兵勇。姦成凶惡。前事之不忘。後事之明兆。陛下天明紹祚。垂法萬葉。臣年衰意塞。無所知解。忝皇族耆長。慙慨內深。思表管見。裨崇萬一。竊謂諸王貴重。不應居邊。至於華州優地。時可暫出。既以有州。不須置府。若位登三事。止乎長史掾屬。若宜鎮御。別差押戎大將。若情樂州處。不宜遍以戎事。若捨文好武。尤宜禁塞。僚佐文學。足充話言。遊梁之徒。一皆勿許。文武從鎮。以時休止。妻子室累。不煩自隨。百僚備詣。宜遵晉令。悉須宣令齊到。備列賓主之則。衛泌之士。亦無煩于侯貴。王器甲於私。為用蓋寡。自金銀裝刀劍戰具之服。皆應輸送還本。曲突徙薪。防之有素。庶善者無懼。惡者止姦。

後魏孝明帝時。右光祿大夫元遙上表曰。竊聞聖人所以南面而聽天下。其不可得變革者。則親也尊也。四世而緦服窮。五世而袒免。六世而親屬竭矣。去茲以往。猶繫之以姓而弗別。綴之以食而弗殊。又律云。議親者。非唯當世之屬親。歷謂先帝之五世。謹尋斯旨。將以廣帝宗重磐石。先皇所以變茲事條為此別制者。太和之季。方有意於吳蜀。經始之費。慮深在初。割減之起。暫出當時也。且臨淮王提分屬籍之始。高祖賜帛三千匹。所以重分離。樂良王長命亦賜縑二千匹。所以存慈眷。此皆先朝殷勤克念。不得已而然者也。古人有言。百足之蟲。至死不僵者。以其輔己者衆。臣誠不欲妄親太階。苟求潤屋。但傷大宗一分。則天子屬籍不過十數人而已。在漢諸王之子。不限多少。皆列土而封。謂之曰侯。至于魏晉。莫不廣胙河山。稱之曰公者。蓋惡其大宗之不固。骨肉之恩踈矣。臣去皇上雖是五世之遠。於先帝便是天子之孫。高祖所以國秩祿賦復給衣食。后族唯給其賦。不與衣食者。欲以別外內限同異也。今諸廟之感。在心未忘。行道之悲。倏然已及。其諸封者。身亡之日。三年服終。然後改奪。今朝廷猶在遏密之中。便議此事。實用未安。

後周武帝時。冢宰宇文護既誅。帝召柱國于翼往河東取護子中山公訓。翼曰。冢宰無君陵上。自取誅夷。元惡既除。餘孽宜殄。然皆陛下骨肉猶謂疏不間親。陛下不使諸王而使臣異姓。非直物有橫議。愚臣亦所未安。帝然之。乃遣越王盛代翼。

宣帝即位。忌齊王憲。欲除之。謂司衛上大夫宇文孝伯曰。公能為朕圖齊王。當以其官位相授。孝伯叩頭曰。先帝遺詔不許濫誅骨肉。齊王。陛下之叔父。戚近功高。社稷重臣。棟梁所寄。陛下若妄加刑戮。微臣又順旨曲從。則臣為不忠之臣。陛下為不孝之子也。齊王既誅。帝詰孝伯曰。公知齊王謀。奈何以不言。孝伯對曰。臣知齊王忠於社稷。為羣小媒孽。加之以罪。臣以言必不用。所以不言。且先帝付囑微臣。唯令輔導陛下。今諫而不從。實負顧託。以此為罪。是所甘心。帝大慙。俛首不語。乃命將出。賜死于家。

唐太宗即位。霍王元軌為壽州刺史。屬高祖崩。去職。毀瘠過禮。自後常服布衣。示有終身之戚。太宗嘗問侍臣曰。朕子弟孰賢。魏徵對

曰。臣愚暗不能盡知其能。唯吳王數與臣言。臣未嘗不自失。上曰。卿以為前代誰比。徵曰。經學文雅。亦漢之河間東平。至知孝行。乃古之曾閔也。由是寵遇彌厚。因令徵女聘焉。

太子承乾多不修法度。魏王泰尤以才能為太宗所重。特詔泰移居武德殿。魏徵上疏諫曰。魏王既是陛下愛子。陛下須使知定分。常保安全。每事抑其驕奢。不處嫌疑之地也。今移居此殿。使在東宮之西。海陵昔居。時人以為不可。雖時移事異。猶恐人之多言。又王之本心。亦不寧息。既能以寵為懼。伏願成人之美。太宗曰。幾不思量。朕甚大錯。遂遣泰歸于本第。

太宗謂侍中魏徵曰。自古侯王能自保全者甚少。皆由生長富貴。好尚驕逸。多不解親君子遠小人故爾。朕所有子弟。欲使見前言往行。冀其以為規範。因命徵錄古來帝王子弟成敗事。名為自古諸侯王善惡錄。以賜諸王。其序曰。觀其膺期受命。握圖御宇。咸建懿親。藩屏王室。布在方策。可得而言。自軒分二十五子。舜舉十六族。爰歷周漢。以逮陳隋。分裂山河。大啟磐石者眾矣。保乂王家。與時升降。或失其土宇。不祀忽諸。然考其盛衰。察其興滅。功成名立。咸資始封之君。國喪身亡。多因繼體之后。其故何哉。始封之君。時逢草昧。見王業之艱阻。知父兄之憂勤。是以在上不驕。夙夜匪懈。或設醴以求賢。或吐飡而接士。故甘忠言之逆耳。得百姓之歡心。樹至德於生前。流遺愛於身後。暨乎子孫繼體。多屬隆平。生自深宮之中。長居婦人之手。不以高危為憂懼。豈知稼穡之艱難。昵近小人。疏遠君子。綢繆哲婦。傲狠明德。犯義悖禮。淫荒無度。不遵典憲。僭差越等。恃一顧之權寵。便懷匹嫡之心。矜一事之微勞。遂有無厭之望。棄忠貞之正路。蹈姦宄之迷塗。愎諫違卜。往而不返。雖

梁孝齊冏之勳庸。淮南河東之才俊。摧摩霄之逸翮。成窮轍之涸鱗。棄桓文之大功。就梁董之顯戮。垂為明戒。可不惜乎。皇帝以聖哲之姿。拯傾危之運。耀七德以清六合。總萬國而朝百靈。懷柔四荒。親睦九族。念華萼於常棣。寄維城於宗子。心乎愛矣。靡日不思。爰命下臣。考覽載籍。博求鑒鏡。貽厥孫謀。臣輒竭愚誠。稽諸前訓。凡為藩為翰。有國有家者。其興也必由於積善。其亡也皆在於積惡。故知善不積不足以成名。惡不積不足以滅身。然則禍福無門。吉凶由己。惟人所召。豈徒然哉。今錄自古諸王行事得失。分其善惡。各為一篇。名曰諸王善惡錄。欲使見善思齊。足以揚名不朽。聞惡能改。得免乎太過。從善則有譽。改過則無咎。興亡是係。可不勉歟。太宗覽而稱善。謂諸王曰。此宜置于坐右。用為立身之本。

越王貞。孫妃所生。太子介弟。聰敏絕倫。太宗特所寵異。或言三品

已上皆輕蔑王者。意在譖侍中魏徵等以激上怒。上御齊政殿。引三品已上入坐定。大怒作色而言曰。我有一言向公等道。往前天子即是天子。今時天子非天子耶。往年天子兒是天子兒。今日天子兒非天子兒耶。我見隋家諸王。達官以下皆不免被其躓頓。我之兒子自不許其縱橫。公等所容易過。豈得共相輕蔑。我若縱之豈不能躓頓公等。玄齡等戰慄。皆拜謝。徵正色諫曰。當今羣臣。必無輕蔑越王者。然在禮臣子一例。傳稱王人雖微。列於諸侯之上。諸侯用之為公即是公。用之為卿即是卿。若不為公卿。即下士於諸侯也。今三品已上列為公卿。並天子大臣。陛下所加敬異。縱其小有不是。越王何得輙加折辱。若國家紀綱廢壞。臣所不知。以當今聖明之時。越王豈得如此。且隋高祖不知禮義。寵樹諸子。使行無禮。尋以罪黜。不可為法。亦何足道。太宗聞其言。喜形於色。謂群臣曰。凡人言語理到。不可不伏。朕之所言。當身私愛。魏徵所道。國家大法。朕向者忿怒。自謂理在不疑。及見魏徵所論。始覺大非道理。為人君言何容易。召玄齡等而切責之。賜徵絹一千匹以旌其直言。

魏王師王珪奏。准令三品以上遇親王於道不下馬。今皆失於儀准。太宗怒曰。爾等並自尊貴。卑下我子。此為非法。我不能行。魏徵諫曰。自古迄今。親王在京師者班次三公。吏部尚書侍中中書令並三品也。若此等為王下馬。王又不可安然。訪諸故事。則無可准。行之於今。自隳國法。太宗曰。國家所以立太子者。擬朕百年之後以為君也。然則人之存亡。不在老幼。設無太子。則立嫡孫。若無嫡孫。即立諸子。以此而言。亦須崇敬。比孫於我。不亦近乎。徵曰。殷家有兄終弟及之義。自周已降。立嫡必長。所以絕庶孽之覬覦。塞禍亂之源。本為國家者所宜深慎。陛下向責王珪。乃縱怒肆情。未可以聞於臣庶。太宗怒乃解。

吳王恪奏見。太宗謂房玄齡等曰。朕於兒子常欲一處。但家國事義實亦不同。欲令其子孫代代相繼。且又絕其覬覦。朕今供養太上皇與私亦異。以鎮撫四海。不貽太上皇憂為孝。則天子之孝也。魏徵對曰。臣聞孝行有二。大孝尊親。其次不辱。其下能養。今陛下立身揚名。當有天下。華夷安泰。此實大孝。豈同進饘粥侍左右之孝也。且以四海之事。豈比庶人。若與子孫同在一處。非所以保根固本之策。

貞觀十一年。侍御史馬周上疏曰。漢晉以來。諸王皆為樹置失宜。不預立定分。以至於滅亡。人主孰知其然。但溺於私愛。故前車既覆而後車不改轍也。今諸王承寵遇之恩有過厚者。臣之愚慮。不惟慮其恃恩驕矜也。昔魏武帝寵樹陳思。及文帝即位。防守禁閉。有同獄囚。以先帝加恩太多。故

嗣王從而畏之也。此則武帝之寵陳思。適所以苦之也。且帝子何患不富貴身食大國。封戶不少。好衣美食之外。更何所須。而每年別加優賜。曾無紀極。俚語曰。貧不學儉。富不學奢。言自然也。今陛下以大聖創業。豈惟處置見在子弟而已。當須制長久之法。使萬代遵行。疏奏。太宗甚嘉之。賜物百段。

十三年。諫議大夫褚遂良以每日特給魏王泰府料物。有逾於皇太子。上疏諫曰。昔聖人制禮。尊嫡卑庶。謂之儲君。道亞霄極。甚尚崇重。用物不計。泉貨財帛。與王者共之。庶子體卑。不得為例。所以塞嫌疑之漸。除禍亂之源。而先王必本人情。然後制法。知有國家。必有嫡庶。然庶子雖愛。不得超越嫡子。正體特須尊崇。如不能明立定分。遂使當親者疏。當尊者卑。則佞巧之徒。承機而動。私恩害公。或至亂國。伏惟陛下功超萬古。道冠百王。發號施令。為世作法。一日萬機。或未盡美。臣職諫諍。無容靜默。伏見儲君料物。翻少魏王。朝野見聞。不以為是。臣聞傳曰。愛子教以義方。忠孝恭儉義

方之謂也。漢竇太后及景帝並不識義方之理。遂驕恣梁孝王。封四十餘城。苑方三百里。大營宮室。複道彌望。積財鉅萬計。出警入蹕。小不得意。發病而死。宣帝亦驕恣淮陽王。幾至於敗。賴其輔以退讓之臣。僅乃獲免。且魏王既新出閤。伏願恒存禮訓。妙擇師傅。示其成敗。既敎之以節儉。又勸之以文學。惟忠惟孝。因而獎之。道德齊禮。乃爲良器。此所謂聖人之敎不肅而成者也。太宗深納其言。

十六年。太宗謂侍臣曰。當今國家何事最急。各爲我言之。尚書右僕射高士廉曰。養百姓最急。黃門侍郎劉洎曰。撫四夷急。中書侍郎岑文本曰。傳稱道之以德。齊之以禮。禮義爲急。褚遂良又奏曰。即日四方仰德。不敢爲非。但太子諸王。須有定分。陛下宜爲萬代法以遺子孫。此最當今日之急。太宗曰。此言是也。朕年將五十。已覺衰怠。既以長子守器東宮。諸弟及庶子數將四十。心常憂慮在此耳。但自古嫡庶無良。何嘗不傾敗國家。公等爲朕搜訪賢德。以輔儲宮。爰及諸王。咸求正士。且官人事王。不宜歲久。歲久則分義情深。非意窺窬。多由此作。其府官僚。勿令過四考。

貞觀中。皇子年小者多授以都督刺史。遂良又上疏諫曰。昔兩漢以郡國理人。除以外。分立諸子。割土分疆。雜用周制。皇唐郡縣。粗依秦法。皇子幼年。或授刺史。陛下豈不以王之骨肉。鎮扞四方。聖人造制。道高前列。臣愚見有小未盡。何者。刺史師帥。人仰以安。得一善人。部內蘇息。遇一不善人。合州勞弊。是以人君愛恤百姓。常爲擇賢。或稱河潤九里。京師蒙福。或以人興詠。生爲立祠。漢宣帝云。與我共理者。惟良二千石乎。如臣愚見。陛下子內年齒尚幼。未堪臨人者。請且留京師。教以經學。一則畏天之威。不敢犯禁。二則觀見朝儀。自然成立。因此積習。自知爲人。審堪臨州。然後遣出。臣謹按漢明章和三帝。能友愛子弟。自茲以降。以爲準的。封立諸王。雖各有土。年尚幼小者。召留京師。訓以禮法。垂以恩惠。訖三帝世。諸王數十百人。惟二王稍惡。自餘皆沖和深粹。惟陛下詳察。太宗嘉納其言。帝又嘗謂荆王元景。吳王恪。魏王泰等曰。自漢以來。帝弟帝子。受茅土。居榮貴者甚衆。惟東平及河間王。最有令名。得保其祿位。如楚王之徒。覆亡非一。並爲生長富貴。好自驕逸所致。汝鑒戒。宜熟思之。簡擇賢才。爲汝師友。須受其諫爭。勿得自專。我聞以德服物。信非虛說。比嘗夢中見一人。云虞舜。我不覺竦然敬異。豈不爲仰其德也。向若夢見桀紂。必應斫之。桀紂雖是天子。今若相喚作桀紂。人必大怒。顏回閔子騫郭林宗黃叔度。雖是布衣。今若相稱贊。道類此四賢。必當大喜。故知人之立身。所貴者惟在德行。何必要論榮貴。汝等位列藩王。家食實封。更能克脩德行。豈不具美也。且君子小人本無常。行善事則爲君子。行惡事則爲小人。當須自克勵。使善事日聞。勿縱欲肆情。自陷刑戮。又謂房玄齡曰。朕歷觀前代撥亂創業之主。生長人間。皆識達情僞。罕至於敗亡。逮乎繼世守成之君。生而富貴。不知疾苦。動至夷滅。朕少小以來。經營多難。備知天下之事。猶恐有所不逮。至於荆

王諸弟。生自深宮。識不及遠。朕念此哉。朕每一食。便念稼穡之艱難。每一衣則思紡績之辛苦。諸弟何能學朕乎。選良佐以爲藩弼。庶其習近善人。得免於愆過爾。又謂吳王恪曰。父之愛子。人之常情。非待教訓而知也。子能忠孝則善矣。若不遵誨誘。忘棄禮法。必自致刑戮。父雖愛之。將如之何。昔漢武既崩。昭帝嗣位。燕王旦素驕縱。譸張不服。霍光遣一折簡誅之。則身死國除。夫爲臣子。不得不慎。太宗又謂尚書左僕射房玄齡曰。古來帝子。生於深宮。及至成人。無不驕逸。是以傾覆相踵。少能自濟。我今嚴教子弟。欲皆得全。王珪我久驅使。甚知剛直。志存忠孝。選爲子師。卿宜語泰。每對王珪。如見我面。宜加尊敬。不得懈怠。珪亦以師道自處。時議善之。

太宗嘗以光祿大夫陳叔達爲禮部尚書。因謂曰。武德中。公曾進直言於太上皇。明朕有克定之功。不可黜退。云朕性本剛烈。若有抑挫。恐不勝憂

憤以致疾斃之危。今賞公忠謇有此遠投。樹達對曰，臣以隋氏父子自相誅戮，以至滅亡。豈容目視覆車，不改前轍。臣所以竭誠進諫。太宗曰，朕知公非獨為朕一人，實為社稷之計。蕭瑀為尚書左僕射，嘗因宴集，太宗謂房玄齡曰，武德六年已後，太上皇有廢立之心，我當此日，不為兄弟所容，實有功高不賞之懼。蕭瑀不可以厚利誘之，不可以刑戮懼之，真社稷臣也。乃賜瑀詩曰，疾風知勁草，版蕩識誠臣。瑀拜謝曰，臣特蒙誡訓，許臣以忠諒，雖死之日，猶生之年。

中宗神龍中，吳兢為右補闕。節閔太子難，姦臣誣構安國相王與謀，朝廷大恐。兢上言：文明後，皇運不殊如帶，陛下龍興，恩被骨肉，相王與陛下同氣，親莫加焉。今賊臣日夜陰謀，必欲寘之極法。相王仁孝，遭荼毒哀毀，以陛下為命，而自託於手足。若信邪佞，委之於法，傷陛下之恩，失天下望。芟刈股肱，獨任胷臆，可為寒心。自昔翦伐宗支，委任異姓，未有不亡者。秦任

趙高，漢任王莽，晉家自相魚肉，隋室猜忌子弟，海內麋沸，鑒之實事，安可重跡。且根朽者葉枯，源涸者流竭。子弟國之根源，可使枯竭哉。皇家枝幹，喪芟略盡。陛下即位四年，一子弄兵被誅，一子以罪謫去，惟相王朝夕左右。斗粟之刺，蒼蠅之詩，不可不察。伏願陛下全常　之恩，慰罔極之心，天下幸甚。

肅宗上元初，帝觀酺翔鸞閣，時赤縣與太常音技分東西朋，帝詔雍王賢主東，周王顯主西，曰以角勝。中書侍郎郝處俊曰，禮所以示童子無誑者，恐其欺詐之心生也。二王春秋少，意操未定，乃分朋造黨，使相誇，彼俳兒優子，言辭無度，爭負勝，相譏誚，非所以導仁義，示雍和也。帝遽止，歎曰，處俊遠識，非眾臣所逮。遷中書令，兼太子賓客，檢校兵部尚書。

宋仁宗天聖五年，右司諫劉隨上奏曰，臣聞宗子維城，用藩磐石之固。異姓為侯，適成本支之榮。宗周則並建懿親，炎漢乃分王善地。有唐開國，崇重親賢，嗣王、郡王，推恩甚眾。皆所以強大宗室，為策久長。豈比夫秦懷封建之疑，卒無子弟之援也。伏自皇家御極，但推至公，尊禮勳臣，謙抑宗族。親王之子，不封郡王；親王既沒，不立嗣王。闕典未行，屬在繼聖。今者臣僚遷擢，多至尊官；皇族綿聯，未登顯位。雖天地之道，義在無私，而東平之賢，宜推異數。臣伏覩每遇聖節，宴於錫慶院，見皇親數人坐於駙馬都尉之下，進退俯仰，同於庶僚。此使在廷顧指，不及群所以壯觀洪業，威示遠人之道也。方今兩宮明聖，四海會同，北朝歡盟，人使交午，爵秩班序，恐須商量，庶使銀潢分派，將濬洫以異流；天枝擢秀，與樗櫟而殊等。臣職當言事，難避僭踰，親睦之恩，允資聖斷。

慶曆四年，樞密使富弼奏議曰：臣觀三代已後，興王者今日得天下，明日封建宗室，至于襁褓之子，亦皆為侯為王，分割土地，

自成邦國，所以分布枝葉，庇蔭根本。張大王室，壯觀天下，使姦豪無間隙，無異意，謂四海之內，盡是一姓，雖有凶謀變計，不敢妄動。此前代帝王制御天下長久之策也。布在簡牘，驗之可信。今則埋沒抑壓，僅同豢養，縱其非僻，殊不教訓，雖有說書之官，又實虛設，是蓋欲愚之，而不令知善道，為善人。甚非帝王養宗室之義也。至於臣庶之家，有子孫弟姪者，無不孜孜誨誘，使之成器。蓋持門戶，主祭祀。若子孫不肖，則家道淪瀉。又有擔負之夫微乎微者，日求升合之粟，以活妻兒，尚每日那一二錢，令厭子入市學，謂之學課，亦欲厭子讀書識字，有所進益，而嗣其家。國家富有天下，基業全盛，實祖宗艱難而致，所宜子子孫孫相承不絕，為萬世之計，豈可宗室滿宮，而陛下都不教導。任為過惡，俾外夷輕笑，是陛下自去枝葉，而取孤根易拔之患。臣竊憂之。臣

又伏思陛下任李用和為殿前副指揮使。任曹琮為馬軍副都指揮使。是任親也。用和與琮誠親矣。然皆異姓。異姓者尚可信之。則宗室同姓與陛下是骨肉之親。反不可信之哉。陛下不過謂宗室無人。臣謂今則誠未見其人。教之試之。當自有人矣。今唯朝會時群行旅進。青蓋滿道。士大夫見者。方知有宗室。但出得都城四門之外。已不知宗室之有無。况天下乎。况四夷乎。上古直至周世宗。其間所歷何啻萬代。而宗室不教不試。不用微弱之人。未有如本朝之甚之極者也。宜乎為識者之所憂。而北虜之所輕也。且如北虜有南大王蕭孝穆、北大王蕭孝惠、魯王揚隱、楚王夷離畢。是其近親者甚衆。臣前歲奉使。盡與之接。又詢其國人。未必實皆才武。而中原聞之。莫不疑其人人皆良將也。其故何哉。蓋聞其名而實弱。今朝廷若能崇植宗室。使聲名漸著聞於北虜。亦謂南朝宗室有人。根本牢矣。藩屛固矣。欲謀則息。欲動則止。古者有以實效濟務者。亦有虛聲懾敵者。兵尤重先聲而後實。况臣之所說。必然聲實相副。願陛下行之無疑。

弼又上奏曰。臣近上河北事宜。以匈奴強盛。朝廷為藩屛之固。慮為夷狄所輕。乞陛下親擇宗室中堪任外處差遣者。近京千里內知州鈐轄。及畿甸知州縣。以壯觀王宗。議下兩府。至今未上。必謂體大無例。難以施行。此議事干皇親。必涉議論。然苟利於國。安可避免。臣前奏或未決行。欲望且令幹當在京諸司。如皇城司、軍頭引見在京百司、省中倚司、群牧司、儀鸞司、翰林司、御廚庫院、府界提點之類。使之稍接人事。亦教育之階也。俟其間見得才效有可外補者。然後用臣前議漸次差出。

至和元年。知諫院范鎮上奏曰。臣伏見方今宗子衆多。睦親、廣親二宅狹隘。居處不便。又皆賦以重祿。別無職業。使展其效。祖宗後裔豈無賢才。而一槩廢而不用。深可惜也。臣欲乞族屬稍疎者。以次補外。使無廢才。以副陛下睦親之意。如允臣所乞。其入官資序及諸約束。乞委大臣裁酌施行。

二年。侍御史趙抃論宗室濫賞疏曰。臣等伏覩近日皇親非次建節移鎮。遷官增祿。幾二十人。道途喧傳。不測恩命之所自出。臣愚欲望陛下稽考祖宗故事。杜絕僥倖之路。特賜聖旨裁損。無令外議有宗室濫賞之名。亦詩所謂至于兄弟。以御于家邦之議也。

殿中侍御史馬遵上奏曰。臣伏覩近日宗室中屢有除授。已是頻煩。復聞更有扳援體例。希望恩澤者。上干宸聽。相繼未已。國家秩敘親族。至於爵秩祿廪。皆因祖宗舊制。循守施行。垂之經久。不宜過有優假。以隳後法。伏乞聖斷詳察。特賜旨揮。

嘉祐七年。知諫院司馬光乞召皇姪就職奏曰。臣伏見陛下以皇姪宗實知宗正寺。宗實辭讓。多日不肯就職。陛下兩次遣使者召。令受勑。中外之人。無不欣悅。以為非陛下睿智聰明。深謀遠慮。斷自聖志。確然不惑。何以及此。夫王者以大庇生民為仁。安固基業為孝。仁孝之道。莫大於此。今陛下一舉而兩有之。天下聞之。安得不喜。又爵祿者人之所貪。往往校量絲毫。干求爭訟。不顧廉恥。今宗實特受陛下簡拔。恩寵殊異。而以禁為懼。辭讓懇切。首尾十月。尚未受詔。其智識操行。必賢於人。益足彰陛下知人之明。此天下所以尤喜也。然陛下之於宗實。屬則父也。尊則君也。在禮。父召無諾。唯而起。君命召不俟駕。今陛下兩遣使者召之。宗實雖不受恩命。亦當入見。面自陳述。豈可在家堅臥不起。臣愚伏願陛下更遣近上內臣。往傳聖意。責以禮法。彼宜不敢不來。來則陛下面加敦諭。使知聖心懇惻。發於至誠。彼宜不敢不受。如此則陛下仁孝之德。純粹光大。本末如一。無以復加此皆陛下即今所行。而臣復區區進言者。誠欲陛下守之益堅。行之不倦故也。

歷代名臣奏議卷之七十六

歷代名臣奏議卷之七十七

宗室

宋仁宗時。張方平上論曰。臣聞昔在帝堯。克明俊德。以親九族。九族既睦。而後平章百姓。協和萬邦。三代之王。莫不封建宗子。以為藩衞。周之宗盟。異姓為後。其敦叙世族之義。則有飲食之禮。親睦伯叔之國。則有脤膰之賜。及其衰也。幽王不能燕樂同姓。骨肉相怨。而頍弁角弓之刺興焉。平王棄其九族。而葛藟之譏起焉。然維城既輔。翼奬王室。故有周之享國。逾八百年。及乎孤秦。郡縣天下。專自封大。不復建侯。子弟單微。勢同匹庶。及山東寇起。孑立無救。四方瓦解。遂至顛覆。二漢之制。屏翰支子。入參宿衞。宗室賢者。預聞朝政。親疎雜用。輕重相權。故基祚搖而更安。國命絕而復續。魏氏簡薄。兄弟隔遠。族人御諸藩王。不許朝覲。文如鄄城。武若任國。關防禁固。才不試展。而乃忍死待賊。託孤寄命。本根淺弱。龜鼎速遷。司馬氏近鑒當塗。謀安後世。配兵諸子。分據要地。永嘉之後。禍變九作。自相屠刈。過於血仇。離石嘯亂。區域大擾。羌胡紛起。主制剥盡。猶賴藩戚撫臨方面。故大命重集于江左焉。中興之後。敦峻干誅。皆自上流。釁逼京邑。故自晉世逮于宋齊。險害都會。必命王室子弟鎮督之。于後劉蕭二明。昏迷悖亂。忌同好異。縱其尋斧。枝幹都盡。枯株兀然。股肱悉除。但存胷領。險惡之人以為利。姦雄之臣以為福。故使齊梁坐移神器。嗚呼。滅天理。反人道。汙禮義。傷風教。凶德之大。其惟内自誅夷者乎。近者唐氏創業。亦多宗室立功。中世已還。多難之際。亦誠往討。嵓廊謨謀。書勳是務。流於史牒者。同姓近屬。實於有徒。臣聞教莫大於親親。道莫大於立愛。故傳稱六逆。其一曰疏間親。夫子曰。君子篤於親。則民興於仁。伏惟我國家德厚流光。慶基憑固。天實保定。長發其祥。韡韡扶華。既和樂而且孺振振公姓皆信厚而有禮宜乎德教自家而刑國孝悌達于四方者矣至于爵德官才教勸長善之道臣猶竊懷疑若有未盡至者採其大要敢僭論焉

方平又論曰臣聞周之五等分土繼世立適以長不以賢立子以貴不以長無嫡選庶凡亡弟及故子孫傳祚與王家始終其支子爲群公子公子之子爲公孫逮乎世代已遠服屬且疎則名以其祖之所居官或封邑或字或謚因以爲教以綴親別本而各仕其國爲卿大夫士焉漢之封爵皇子則王王子則侯王侯世及無嫡則絶後武帝復使諸王得推恩封子弟爲列侯而王國之嗣無不侯矣其宗室同姓肺腑之親入居卿相出爲牧守中外迹處惟才是用故諸劉蕃衍彌漫乎天下曹氏裁制藩戚最爲無道至于隔其兄弟吉凶之問禁其婚媾慶吊之禮上不得預朝覲下不得交人事離恩絶義斷棄天

常能者敎約才者不試故曹植自比圈牢之養物求一效死之地而不得氣類乖睽公族翦弱故司馬氏乘間而起如襲虚邑焉南北之際晉宋之事尹正王府督領藩鎮兵戎之地險要之都必命宗枝分居岳牧爰及隋唐未之替也我國家祥符之前皇親尚出臨郡後絶外授初無他釁且天下一統承平治寧藩郡之勢制如臂指不比江左隋唐都督節察輒千里百城事權之大也又何忌焉蓋以其驕貴放恣鮮遵軌度閑自柳畏不知小人之依故朝廷推示大公爲百姓計上全親親之義下爲元元之福爾且國家基圖安固源流深長古者族食世降一等親必有盡屬必益遠及本支百世衍大蕃昌有藝文如向歆材畧如阜勉又可以勿用乎哉夫天子建國諸侯立家大夫有二宗士有隸子弟上下尊卑莫不用其宗戚以自佐佑春秋秦伯之弟鍼出奔晉譏其有千乘之國而不能容其母弟至使出仕于晉故謂之出奔方今天下之大郡國之廣百官衆職文武參布宗室子弟豈無智可以效一官才可以帥一校者歟彼夫執事內外之臣統理軍民之長規約條教豈生而知之蓋習之則至矣臣愚以謂諸皇宗天戚有能修整端良者宜稍試其材出領郡職入參環衛異同並進親疎雜用輕重相制等級相權唐之諸王率爲州郡別駕漢之藩國衆務由於內史誠約漢唐之制漸用而敘進之選量上下律之以法宜其才用能否志行僻正可得而著見矣則又察其謹良莊慎者以備王室爪牙焉詩曰豈無他人不如我兄弟誠使盤維之固豈非廟社之休乎

方平又論曰臣聞昔在帝舜命后夔典樂教胄子夏有東西之序商建左右之學周則有大司樂掌成均之法樂師治國學之政自王及群后之子皆訓以四術三行之事又庶子之正於公族者亦教以孝

弟睦友子愛之道明父子之義長幼之序故庶子之官治而邦國有倫衆鄉方矣自秦燔滅先王之道而教其子以申商刑名之言不復有庠序之事漢唐雖開設學校選置師儒而國子遂廢齒學之禮今諸宫院講說教授之官實古師友之地且天枝帝胄習見貴驕生於深宫之中長乎婦人之手甫出襁傳性習之始朝廷當爲慎擇道德之老經術之儒壯介堅質之人純重規矩之士俾正言日入於其耳善道薰襲於其心使知恭儉之爲令名嚴畏之爲吉德奬勵之以樂善則有榮賞福祥之事誠懼之以趨惡則有刑罪禍敗之言善惡之端實由師友今乃使自薦請即爲除授凡選人充職一歲乃得改官至有商販初仕輕薄少年率僥倖以自媒爲進官之捷徑以備優弄之具曾何誨導之爲夫食荼蓼者未知薺甘居羸博者必爲齊言紺緅讙染薰蕕易器況人抱血氣剛柔之性函欲惡荒佚之情書曰位不

期驕祿不期侈。此言富貴不與驕侈相期，驕侈必自至者也。而不節之以德義，輔之以正人，欲其不入於邪，動克由禮，其可得乎。周公曰：孺子其朋，孺子其朋其往。言方幼孺，當慎所與朋儔者也。孔子曰：損者三友。友便辟，友善柔，友便佞，損矣。臣伏見近建睦親之宮，制度周大，蔚洪宸極，後固國基。夫漢立諸侯之邸，纔備乎朝宿；唐建諸王之院，專寵乎近親。未有能糾合宗族，均恩等義，如今之美者也。其設司分局，綱維備矣。至于教育勸勵之道，臣敢獻愚焉。其諸院講說教授之官，臣謂宜擇其學問精博、志行端修之士，定其員數。中開廣堂，為之學館。凡宮族子弟，尊卑咸會，而以齒敘焉。晨以談經，晝以學文。學官分掌之，而命耆德近臣一人總攝焉。其勤於肄業，恭懿莊儉，學藝特優者，使之上聞，漸進其秩祿，加之賜賚以旌之。則其不率教者，不待罰而憤悱知勸矣。鏘鏘如冠珮，雖居象魏之間，洋然頌聲，如在洙泗之上，不亦美哉。故為國以禮，動人以行。王化之大者，貴游公卿之子弟，州鄉庠塾之士人，莫不上靡德音，下修志業。四方風動，其教不肅而成矣。振振公族，咸如麟趾之時；緜緜葛藟，更茂本根之庇。可為德化之徽，邦家之光也。

英宗治平二年，侍御史趙瞻上奏曰：臣伏聞別嫌明微者，禮之大經；並后匹嫡者，事之深戒。商周庶子外為藩屏，漢魏諸王出就封國。此所以尊儲貳之定分，著宗室之大法，不使寵愛之私、窺圖之計得以萌心也。竊見皇子三位，興造大備，歲荒夏疫，作已為譏，況宮制院名，居非其所。雖人子性行自隆友悌，而國家禮法貴示降差。並列東宮，恐乖古典。昔唐太宗移太子承乾之第，魏王泰居于武德殿，魏文正諫之，以為太逼東宮。太宗遽然省悟，遣還外第。然以一存此意，終致後患。故爭常起於所軋，而禍常生於所忽。歷觀前代聖君賢父，率亦不能盡斯亂原。惟陛下精察熟慮，使安其所，下此議于儒臣，俾援證于典禮，庶乎朝廷陵僭之疑一定，而於骨肉孝悌之意愈深焉。至如宮邸之制，過麗則侈心生；工徒之役，違時則乖氣應。因茲垂郵，一切漸罷，實為天下之幸。

英宗時，殿中侍御史傅堯俞上奏曰：臣伏聞以疏而謀親者，患蔽於慈愛；緣始而圖遠者，言近乎迂闊。惟推心於大公，則愛不能惑；鑒古而深念，則迂有可察。臣所以自忘其身疏而長慮於事始者也。然詞畧則在理難悉，語深則於事非便，輒陳梗槩，惟陛下思之。臣獨念古先哲王總攝天下，其臨斷萬務，則罔或不周，及於父子之間，鮮克無悔。豈非愛牽於內，而義不勝情者哉。伏見皇第二子開國東陽，位與潁王相去纔一階耳。起居出入，事頗均齊，雖出閤封王，具存故事，又其天資信厚，久參聖訓，友于雍睦，固異於人，臣猶恐異時年各長成，左右使令，迭生毀譽，歲月浸久，或有可念。夫有始卒，蓋聖人難之。陛下學通古今，當為萬世垂法。臣謂宜及顥等幼少，便為節制，待顥以下恩意禮秩，常與潁王差遠，使有限隔，無可陵之勢，則社稷無疆之福。昔者誕告外廷，臣不敢遽獻愚瞽，今輒復陳露者，望陛下黙留聖意。

堯俞又奏曰：臣伏聞應天以實而懷人以德。故天不必牲玉之日告，人不必金幣之戶及。是以昔者聖帝明王之有天下也，必本誠意，推仁術，以感會天人之心，然後身享無窮之休，而地有不拔之固。臣實愚賤，輒昧死有言，惟陛下寬其妄狂，憐其悃愊，則不勝幸甚。恭惟大行皇帝舉天下而畀之陛下，顧念恩德，豈有既乎。其所以累陛下者，獨數女耳。今大行梓宮在殯，越國公主出居外邸，撫存恩澤，未有隆厚。離遝之事，聞於人者。陛下癸酉赦書，大行慶賚，主婚李瑋，例移別

鎮實恐議者以為歎然伏料陛下以因山有期祔未遑服然厖鴻之
澤漸霑皇族此臣所以妄狂以進其悃愊者也望陛下念先帝素意
所向之深者務為周旋顧遇内盡陛下懇惻之懷飾以恩意寵光外
副海内顒顒之望則天必降監顧諟盡慶雲景星不足以為陛下之
福人必悲傷感歎極肌膚骨髓不足以蔵陛下之仁臣非附下罔上
者不敢與李璋為地直舉一端冀陛下易察耳乞毋出臣章惟陛下
留神采擇

翰林學士王珪等奏今月某日中書批送到門下侍郎兼兵部尚書
同門下平章事昭文館大學士監脩國史韓琦等狀奏伏以出於天
性之謂親緣於人情之謂禮雖以義制事因時適宜而親必主於恩
禮不忘其本此古今不易之常道也伏惟皇帝陛下奮乾之健秉離
之明擁天地神靈之休荷宗廟社稷之重即位以来仁施澤浹九族
既睦萬國交歡而濮安懿王德盛位隆宜有尊禮陛下受命先帝躬
承聖統顧以大義後其私恩慎之重之事不輕發臣等忝備宰弼實
聞國論謂考古約禮因宜稱情使有隆恩而廣愛庶幾上以彰孝治
下以厚民風臣等伏請下有司議濮安懿王及譙國太夫人王氏襄
國太夫人韓氏仙游縣君任氏合行典禮詳處其當以時施行謹具
狀奏聞伏候勑旨治平元年五月二十八日進呈奉聖旨候過仁宗
皇帝大祥別取旨治平二年四月九日再進呈奉聖旨送太常禮院
與兩制待制已上同共詳定聞奏臣等謹案儀禮喪服為人後者傳
曰何以三年也受重者必以尊服服之為所後者祖父母妻妻之父
母昆弟昆弟之子若子若子者言皆如親子也又為人後者為其父
母傳曰何以期也不貳斬也何以不貳斬也持重於大宗者降其小
宗也又為人後者為其昆弟傳曰何以大功也為人後者降其昆弟

也以此觀之為人後者謂之子不敢復顧私親聖人制禮尊無二上
若恭愛之心分施於彼則不能專壹於此故也是以秦漢以来帝王
有自旁支入承大統者或推父母以為帝后皆見非當時取譏後世
臣等不敢引以為聖朝法況前代入繼者多宫車晏駕之後援立之
策或出母后或出臣下非如仁宗皇帝年齡未衰深惟宗廟之重祗
承天地之意於宗室衆多之中簡拔聖明授以大業陛下親為先帝
之子然後繼體承祧光有天下濮安懿王雖於陛下有天性之親顧
復之恩然陛下所以負扆端冕富有四海子子孫孫萬世相承者皆
先帝之德也臣等愚淺不達古今竊以為今日所以崇奉濮安懿王
典禮一依先朝封贈期親尊屬故事高官大國極其尊榮譙國太夫
人襄國太夫人仙游縣君亦改封大國太夫人考之古今實為宜稱
臣等謹議

殿中侍御史范純仁論濮王稱親未當狀曰臣伏聞手詔節文稱親
之禮謹遵慈訓追崇之典豈易克當固已見陛下守義徇公慎重之
至也然稱親之禮殊未為安羣口紛紜不勝嗟憤臣等竊議皇太后
手書稱親之意蓋用漢宣故事欲行於今乃與中書門下元建皇考
之議大體相依此不免為兩統二父之失所以議者喧然皆謂母后
手書非出慈壽之本意皆建議之臣眩惑交搆成就其謀欲自掩其
惡而杜塞言者之口也臣觀陛下繼明之始與漢宣故事不同宣帝
之時尚為有司所奏為人後者為之子請謹視孝昭所為未有却令
大宗正統之母追稱小宗所生為親也錯亂禮法失其本意若欲以
濮王為親則襄國已降自當為母於皇太后豈得安哉恭惟陛下親
受仁宗詔命而為之子故先帝遺詔誕告萬方謂陛下為皇子即皇
帝位四夷諸夏莫不共聞今乃復稱濮王為親則先帝治命之詔不

行。而陛下繼體之義不一。况太后與政府大臣並受先帝顧託。言猶在耳。永昭陵土未乾。止因一二近臣之謀。遂忘而弗顧。陷兩宮於有過之地。使四方夷狄感先帝之遺詔。疑陛下之過舉。移謳歌欣戴之心。為忠憤不正之氣。可不痛哉。萬一黠虜姦民有以先帝遺詔為間。則執政之臣。其將何辭以對。然則稱親之禮。豈宜輕用。臣等待罪于家。屢蒙詔旨。促令供職。而踧踖未敢承命者。以此之故也。若必使臣等就職。則當合班廷爭。以救朝廷之失。雖陛下容納直言。為天下所聞。而臣等不能早悟明主之罪。益深益重矣。豈可復居言路。預耳目之臣哉。臣等之心。有死無二。伏惟陛下留神聽納。天下幸甚。

純仁又乞定濮安懿王稱號狀曰。臣近到闕下。伏聞兩制等已依典禮議定濮安懿王稱號封爵。卻因政府議論不同。且令權罷。中外人心疑惑未已。伏緣陛下昨受仁宗詔命。親許為仁宗之子。至於遷官

封爵。悉用皇子故事。問安侍膳。孝德已彰。以至纂承大統。天下以陛下為仁宗之子。故億兆欣戴。一無間言。子子孫孫長享天命。此則與前代出繼之君事體不同。故於本宗。雖加殊禮。况濮王自有封國。繼嗣蕃昌。今若改封大邦。世世傳襲。夾輔帝室。永垂鴻名。則於濮王之尊。不為不盛。於陛下之報。不為不深。伏望聖慈斷以大公。特降詔旨。恭依兩制所議。如此。則上合天心。下服民望。杜諂諛希合之言。為萬世不易之法。

純仁又上狀曰。臣近曾上殿進劄子。言乞依兩制議定濮王封爵稱號事。早降詔旨。及面有奏陳。皆蒙聖意開納。至今已踰旬日。未蒙剗降指揮。近風聞有臣寮建議。欲尊濮王以殊號者。朝論相傳。未知實有。臣夙夕思念。萬一有執政大臣。造作此議。致陛下聖意難於可否。故臣不避再三之瀆。須至奏陳。惟冀陛下留神聽納。則天下幸甚。伏以仁宗皇帝當康盛之年。立陛下為子。皇太后不避六宮之怨。力贊先帝保育陛下[illegible]。是皆欲陛下繼體承祧。一意大統。報德述事。傳於無窮。陛下自為皇子。則問安侍膳。純孝已彰。即位以來。烝烝不怠。謳歌欣戴。夷夏帖然。但臣下不明陛下之心。故率然建為此議。殊不思若加濮王以殊號。則致天下疑陛下以懷報私親為重。以傳授大統為輕。事不兩善。理之然矣。上則違先帝之意。中則傷皇太后之心。下則失天下之望。當聖政惟新之際。豈宜失天下之心如此。况今二三宰執。皆是先帝舊臣。討其贊先帝立陛下之時。必不肯為今日之議。但以有保身之計。故不暇深慮事機。阿旨遂非。一至于此。豈顧事行之後。虧損聖猷。貽譏今古。雖悔何逮。臣竊見魏明帝太和三年詔書。其事甚明。陛下神聖博學。必亦覽之詳矣。是以廢先帝皇太后期望陛下之心。雖先帝聖德廣大。非魏主之可同。在其愛子之心。必不相

遠。如陛下以宗廟重事。議論未同。聖衷難於獨斷。則望降臣此奏。付中書門下。令兩府大臣及未曾預議兩制臣寮同定聞奏。如此。則自然公理可見。是非可決。使天下知陛下以至公大議。昭示今古。不以邪說諛論。侵紊典禮。

純仁又上狀曰。臣近曾累上封章。乞早依兩制所議。加濮王封爵典禮。以安中外之心。未蒙聖慈開允。蓋以臣愚見。兩制所議。已合至公。今若尚更遷留。不惟濮王追崇之典有闕。亦恐增長覬望希合之意。導惑聖聽。虧損大猷。臣不敢遠引古義。止以漢事言之。如宣帝因霍氏所立。又是昭帝孝孫。昭穆之間。自當有考。尚以其有為人後之議。終為魏詔所非。况陛下親為仁宗之子。事體與宣帝全然不同。雖取而行。理亦明矣。近臣各有董宏不正之言。將致聖明之朝。亦有哀帝之失。故臣雖[illegible]職事。不為陛下惜之。陛下若以臣言為可采。即望

更令兩府大臣及未曾經議兩制臣僚同定奏聞施行。若以臣言為妄謬不足取聽，則乞下臣前奏付有司議罪，重行貶責，亦使臣引罪知非。雖死無恨。臣無任愛君激切之至。

神宗熙寧二年。知制誥揚繪上奏曰。臣竊以帝之盛者宜莫如堯。今考諸堯典曰。克明俊德，以親九族。九族既睦，平章百姓。夫九族之外，同姓之親，不為少矣。而堯所親睦止於九族云者，以服紀之異也。服紀者，其禮之用乎。恩生於情者也，恩之以無窮之情，節之以有限之禮。蓋明乎親之不可以無盡也。族盡於九，法陽之極數也。服盡於五，法五行之成數也。然則服之紀雖盡，則同其所自出者，恩猶幾於路人乎。如是復為大宗小宗之法以維之。為大宗者百世不遷也。為小宗者，五世則遷也。周雅云。文王孫子，本支百世。是由帝堯以來，訖于周，親睦九族之制，益彈此矣。有天下者曷不欲遠尊其禮，然而統之以

太祖之廟而不毀。外至於六世之上，則去廟而為祧，去祧而為壇，去壇而為墠，去墠而為鬼。蓋亦明乎親之不可以為無盡也。臣謹案春秋魯威僖宮災。孔子在陳聞之曰。其威僖乎。蓋以威僖之廟宜毀而不毀。故天以火災戒之也。伏覩睦親宅被火災者二，廣親宅被火災者亦二。旬月之中，如此之併。豈適丁其時乎。臣竊以春秋之義推之。蓋二宅之中有親已盡服紀無者，而未經裁節於有限之禮，故天以火災戒之乎。歷代乃上世尊族，或封以就國，或官而任外，而自唐明皇而後，世崇於宮宅而不任以政。故本朝依其制也。然國初之制，凡以蔭授官，率皆以其父祖合任之數授之。今則長男生踰年而受官，其下之男皆生五年而受官矣。舊制止授班行，今則皆授南班官矣。十年前止滿數百人，今則踰千人矣。又其閒子孫衆多者，數房而共一室者矣。安可不更張其事哉。欲乞陛下酌古今之宜，限服紀之禮，廣采

衆議，裁其蔭子之數，立其出官之制，設大宗小宗之法，以正其統，其餘支庶之服紀盡者，並許出居於外，以合於帝堯親睦九族之道。

六年。知太常禮院黃履乞特燕宗室以齒。奏議曰。臣聞常　棣之詩曰。儐爾籩豆，飲酒之飫。兄弟既具，和樂且孺。蓋言安寧之時，有禮有儀，然後能不失親族之心也。伐木之詩曰。既有肥羜，以速諸父。又曰。籩豆有踐，兄弟無遠。蓋言以禮者誠毋有隆而無殺也。司儀曰。王燕則諸侯毛。中庸曰。燕毛，所以序齒。蓋言燕之以齒，而孝悌之道達矣。臣伏覩陛下之於宗室，以爵貴之，以祿富之，以詩書禮樂教之，以忠孝仁義成之，可謂得親叙之道矣。至於與群臣同戚休而有暇乎飲食燕樂，則亦未嘗不使之與也。然而特燕以齒，猶未之講。恭惟萬機之暇，誠一行之，以為太平盛事，蓋亦美矣。

元豐元年。知宗正丞趙彥若上奏曰。臣伏見本朝宗室，舊有名試出

身之令。又熙寧初，始命宗子出補外官，分事任，列於有職之臣。此誠天下至公盛德之事，祖宗所未嘗有，至陛下已自得之。加以聖澤涵育，宗英衆多。當此之際，有司不能宣德明恩，建白所職，請廣選舉以協隨時之義，以佐當宁勤求之意，而牽常抱俗，取過目前，則素飧竊位，於何塞責。昔漢之取人，不限疎近，而宗正有郡國歲計上籍之文。劉向以宗室高才進對待詔。唐宗正寺歲送進士二十人，與國子監京兆府相比。李程李肱皆為舉首。雖復繼周而下，去古已久，未可以諭當世。然取其稍近古今者，或可施行。今宗正寺侍祠之外，專掌玉牒屬籍，而不豫薦士，在於聖時，竊恐臣之本職有所未稱。謂宜具為條統，俾諸教官依國子監外官學例為課試法。每遇秋賦，許就宗正寺投狀鎖試，別立人數，顯示優異，著為格令，俾其競勸。賢戚並用，紀綱四友，何獨棫樸之雅乎。凡天下事皆如權衡，重於此則輕於彼矣。

宗室之間自有考校。賢者獲升，不肖者退抑。分當裁損，必無觖望。夫親賢並進，布列中外，以鎮安四海，為磐石之固。與愚智混淆，聚於一處，徒殫祿廩而無所事者，不可同日語也。

哲宗元祐元年。左司諫王巖叟上奏曰。臣竊聞日近宗室火災熾大。延及至廣。顛沛倉皇，不知所舍。寓於佛寺。暴露庭廡。一無壅蔽。都人觀望。虧損事體。極不為便。料聖恩已加存撫。不待臣言。然臣聞聽所得。思慮所及。不敢遂默。此誠陛下所當留念。伏望睿慈嚴勑有司。速尋可居之地。早令安處。以昭陛下救災恤難、篤於宗族之仁心。以示陛下禁於防邪、護惜國家之大體。

巖叟又奏曰。臣前日伏聽德音。以旱暵為災。憂勞惻怛。發於至誠。引咎自責。惟恐有所不及。今臣等講求闕失。以應天變。臣敢不極盡愚慮。冀補萬分。惟陛下察其愚而憐其志幸甚。

一。王者之道。以篤親親。隆仁愛為先也。臣聞宗室不係賜名授官孤遺之家二十餘位。六十餘人。全無祿食。朝夕不能自存。將有流落之憂。京師士民無不傷之。皆言雖為踈遠。終是祖宗苗裔。國家於事體合有處置。不當便若路人。視而不恤。聞昨因人言。已送禮部立法。今將半年。不見了當。惸獨困窮。勢何可待。臣謂此事若執政大臣留意。須臾之間可以裁定。伏望陛下批降指揮。更不下禮部。只令執政速議可行之法。早使宗支霑被聖澤。以成王室之美。

一。昔者世居不道。自取誅絕。固無足哀。然世之仁人君子亦欲陛下有以施厚恩。崇盛德。臣不忍不言。按漢景帝二年。吳楚七國宗室。遂除其籍。至武帝元光二年。復七國宗室絕屬者。歷代以為漢武之美。今天下皆曰世居之惡非若七國。武帝之仁非及陛下。猶能復七國之籍。使上屬於宗室。臣以謂緣世居絕屬者。願陛下亦許復之。庶幾一聞幽贊有感至和。臣不勝愚忠。

三年。起居舍人彭汝礪奏曰。臣十二月論石有鄰與宗室議婚事。後所聞益眾。乃知上下安於此久矣。而臣亦惑之。不敢復致論。體問宗正司條制。雖言袒免親不得與非士族之家為婚。然不知如何遂為士族。又不得與諸司出職、工商雜類、進納惡逆為婚之文。止絕於緦麻親以上。則皆容袒免親與工商進納雜類為婚矣。以進納者為無礙。則雖惡逆者亦可也。臣伏思積厚者流長。源遠者澤厚。蓋以其有所自也。天子之所親。推而上之至於七世而不忘。則推而下至於所遠。亦不可以不稱也。今宗室雖係袒免。然皆出祖宗而同繫於國體。而使污穢荒遠皆得以貨取。似非所以為祖宗光榮也。今士大夫之族議親。非以德望。則猶以門閥。或匪其耦。則一族以為羞焉。況於人君哉。夫豪商大賈以財雄於鄉。今輸金至三千及五千緡。入為助教監簿。而竊士族之名。又捐數千緡求為宮親。而遂得列於官戶。竊寵盡國。依威陵弱。豈止為國辱哉。臣今欲乞詳定袒免婚姻條貫。惟陛下裁之。

七年。龍圖閣學士知潁州蘇軾上奏曰。臣聞之詩曰。懷德維寧。宗子維城。宗室之有人。邦家之光。社稷之衛也。周之盛時。其卿士皆周召毛原。非王之伯叔父。則其子弟也。逮至兩漢。河間東平之德。歆向之文。天下以為口實。而唐之宗室。武畧如道宗。孝恭。文章如白與賀者。不可以一二數。而以功名至宰相者有九人焉。自建隆以來。累聖執謙。不私其親。幹國治民。不及宗子。雖有文武異才。終身不試。神宗皇帝實始慨然欲出其英髦。與天下共之。故增立教養選舉之法。行之二十年。出入中外。漸就器使。未見有卓然顯聞稱先帝意者。夫豈無人。蓋朝廷未有以大舉動之耳。臣伏見左承議郎令時事親篤孝，內行純備，博學經史，手不釋卷，更事通敏，文采俊發，體兼衆器，無適不宜。臣嘗見其所著述，筆力雅健，博貫子史，蓋請廟之瑚璉、明堂之杞梓也。使其生於幽遠，猶當擢用，而況近託肺腑，已蒙試用者乎。伏望聖慈特賜考察，召致館閣，養其高才，而遂以賢業，以風動宗室，觀示海內，成先帝之意，不以臣人微言輕而廢其請也。

哲宗時，同知太常禮院劉攽奏曰：臣伏見手詔，推求太祖皇帝諸孫屬近行尊者，立以爲王，以光大成功偉業。此誠陛下追孝祖廟，聖恩無已，舉百王之所未嘗用而行之，則傳所謂禮雖先王未之有，可以義起也。然竊觀詔旨，所褒猶有未諭。蓋以太祖皇帝傳國太宗，雖爲兄弟，用後譬猶商及王。大統所在，繼體之君皆太祖子孫也，盛德之祀，澤厚流光，舉在是矣。何待復求諸孫而王之，如是則祖廟有功不毀之稱，列聖繼統至一承之美，反不及置一國乎。古者惟列國之君無嗣，則有求其子孫而紹封之者。祖宗之重，不可與比同議。又諸侯不得祖天子。今封王當自爲其國之祖，終不敢上承太祖明矣。臣以謂陛下欲褒揚藝祖，豈無其說。按春秋傳曰：管、蔡、郕、霍、魯、衛、毛、聃、郜、雍、曹、滕、畢、原、酆、郇，文之昭也。文王造周爲太祖，子孫封國最多，後世不敢與並。漢明帝亦曰：我子豈可與先帝子等。故世祖諸子皆封大國，而明帝子才半之也。然則帝者世世崇厚始祖之子，常必異於繼體矣。太祖皇帝之子惟德昭、德芳二人，陛下何不崇此二國之後，世世不降其爵，與周漢等盛，宗廟祭祀，使之在位，則藝祖巍巍之慶，陛下烝烝之孝，無不休顯著明矣。臣以愚戇待罪禮官，知陛下推崇藝祖，願聖慮超越非群臣所及，猶願考合典禮，使其大義可以講說爲萬世法。故敢冒進瞽言，伏望少加采擇。臣無任戰栗之至。

徽中侍御史陳次升論宗景以妾爲妻上奏曰：臣風聞有旨判宗司濟陽郡王宗景妻亡，立侍姬楊氏爲正室者。竊以宗景身居尊屬，職在判宗，一有動作，皇族取則。今若以楊氏爲妻，其在卑者必以爲尊，在幼者必以爲長，豈惟名分紊亂，不足以表儀宗室，其在人情亦有未安。兼宗室嫁娶，於條必須二代有官，其進納伎術工商雜類之家，皆不許爲親。楊氏起於卑微，若爲正室，未審果不戾於上條乎。求之禮經，考之條法，皆未爲允。昔齊桓公霸者耳，葵丘之會，盟誓之言，猶曰：毋以妾爲妻。況明天子在上，禮義法度之所自出，而宗藩大臣邇爾傳之天下，書之典策，其於聖朝寧不爲累。伏望睿旨降赴有司，考求禮法，如有違戾，即乞改正施行。不勝幸甚。

徽宗建中靖國元年，左司諫江公望上言曰：臣聞天下之理，有隙則物皆可入，故聖人塗隙於未關之前；有趾則瑕皆可指，故聖人泯趾於未形之際。物皆可入，則親者離矣；瑕皆可指，則疑者實矣。在物之理雖甚疎遠者尚且如此，矧閨門之內、骨肉之間，其可不察耶。臣訪聞蔡王指使列祝告鄧鐸者，有不順之語，浸淫恐行及蔡王矣。開封府已行根治。臣聞之，駭汗流浹，驚悸不自持。豈有孝治之世、太平之時，乃容小人嚮私怨，逞不軌，謀離間陛下骨肉之親者乎。象之於舜，焚廩浚井，其逆心已明矣；擁二女，坐床，鼓琴，其逆謀已成矣。舜未嘗藏怒宿怨，卒封之有庳，而富貴之，唯恐不得象之心也。至魏文帝褊忿疑忌，陳思王且不能容，故有煮豆燃萁相煎何太急之語，爲天下後世笑。豈不思兄弟天之大倫也，有手足相捍之親，有首尾相應之義，有塤篪之和，有友于之樂。故孔子有以不間父母昆弟之言爲孝。蓋親隙不可開，隙開則言可離貳；疑迹不可顯，迹顯則事難磨滅。陛下得天下，天人之歸也，章惇嘗簾前持異議，已有隙迹矣。蔡王出於無心。年尚少。未達禍亂之萌。故恬不爲恤。陛下一切包容。已開之隙復塗矣。已顯之迹復泯矣。悉意渥縟。觀陛下之情。已不失兄弟之歡矣。與夫區區未能忘天下操以自狹者。不啻相十百矣。伏望陛下。勿以曖昧無根之言。加諸至親骨肉之間。俾陛下有魏文相煎太急之隙。而忘大舜親愛之道。豈治世之美事也。伏望陛下密詔所司。凡無根之言。勿形案牘。藩邸之下。何求弗得。一有浸淫旁及蔡王之語。不識陛下將如何處之。莫若略治所告之人。粗見嫌怨情狀並流之嶺表。以示天下神器非人心天命弗得。非口舌強力可爭也。以示天倫之愛。雖天下莫之奪也。雖善爲間言莫之離也。儻形案牘。有瑕可指。一入胸次。終身不忘。雖父子之間。尚未能磨滅。況兄弟乎。迹不可泯隙不可塗。則骨肉離矣。陛下將何道以治天下也。蔡王萬一蒙犯霧露之毒。神考在天之靈。豈不知之。陛下將何面目見神考於太廟乎

書曰。克明俊德。以親九族。九族既睦。平章百姓。詩曰。刑于寡妻。至于兄弟。以御于家邦。故至德要道。足以風動天下。未有不自親始者也。伏望陛下教而勉之。

宣和二年。知太宗正寺丞仲湙上奏曰。臣伏覩方今宗室蕃衍。陛下親叙族屬。教養作成。于茲有年。才能並出。咸拭目以幸千載之遇。然混於常例。捨於銓選。有志於事業者。不爲不多。若不特加旌別。無以昭示激勸。欲望聖慈特降睿旨。應宗子有文行才術名實顯著者。許本司具以名聞。斷自淵衷。不次陞擢。庶使人人奮勵。以副陛下樂育之意。

高宗時。右正言陳淵論用宗子。奏曰。匹夫角力。壯羸不等。則壯者必勝。使一羸而當一壯。則勝負未可知也。又況於羸者之多乎。故閭閻細民。以父子昆弟之多寡爲強弱。急難之際。豈無他人。不若親戚爲可恃也。豈獨閭閻之民爲然。雖大而天下。亦莫不然。武王克商。同時而封者五十三人。而異姓不在是焉。當時不以爲私。後世不以爲過。豈其才智皆足以過人。而德業皆可以服天下乎。所以布枝葉而芘本根。強手足而衛頭目。不得不然也。周之所以卜世三十卜年八百者。其以此耳。今夷狄之強。既與吾爲敵國。而吾之親族衰替。未有甚於此時。不圖所以糾集而簡拔之。使居腹心之地。以爲吾援。壯羸異勢。其何以濟。此夷狄所以輕視中國。易發而難制也。頃者虜騎憑陵。二帝北狩。戚屬之在東都者。席卷而從之。獨陛下一人適居於外。天實留之以興我宋。其餘宗室。散處遐方下國。又皆疏屬卑秩。不近纖句。幸而獲免。亦已寡矣。謂宜旁搜遠訪。使各陳族系圖而上之。引還近地。親加試擇焉。其有屬尊而官高。聞望素著者。俾領方面。或處監郡之任。其次委以州縣掌兵之職。若已嘗出仕而貪墨殘忍不才無

能者。姑仍其舊。後生可教者教之。俟其成就。然後用焉。如此。則數年之後。聲績傳播。將有如漢之河間東平者出。夷狄聞之。必謂中國親族多賢。足以自輔。自然畏威而不敢肆矣。昔仁祖朝富弼在樞府。仁祖詔弼專管北事。弼因上安邊十三策。其一則論宗室當教而用之。所以強本支而服四夷者。以謂虜人貴親。多以近親爲名王將相以治國事。以掌兵柄。所以自強。而中國未聞有皇親可以爲朝廷屏翰者。虜必謂王室孤危。無所扶助。本根不固。易以搖動。此誠宜爲夷狄之所窺測也。此言仁祖時也。其後熙寧元豐間。始行教養考試之法。英才輩出。雖未嘗大用。無赫赫功名震耀海內。而亦不得爲無人矣。不幸遭值寇攘。往往罹害流離。殊邦凋喪。殆盡。今又有甚於仁祖以前矣。然弼言於仁祖時。是時海內乂安。兵革不用。而又契丹講和之後。而其反復切至如此。使當今日。其所獻計又宜如何也。區區管見

惟陛下深念之。

章誼上奏曰。臣竊謂宗室子弟。方此艱難之時。其恤之不可以不厚。然率之亦不可以無法。今宗室有官無官之家。自渡江以來。散處州郡。其寓居越州者為尤多。目今已及一千二百餘人。而來者猶未已也。頗聞所隸無宗屬。而仰給於州縣。所居無室廬。而雜處於民伍。其放縱不自愛者。往往無容庶姓而冒一時之餼廩。踈戚不相知。官府不敢詰。殆非陛下惇叙之意也。今朝廷宗正職事見領於太常寺。若置一二丞以領宗司之事。擇一官府寺觀以為宗子居止之地。於宗子之間。推一嚴能脩潔之士以糾正僞冒之弊。然後時其請給。使無流落之歎。籍其長幼。使有本支之辨。事從簡易。無大費耗。況南外西外兩處宗司皆以不廢。獨此輦轂之下。又安可無總率之人哉。伏望聖慈特降指揮措置施行。

知紹興府張守乞安養宗室奏曰。臣伏見自陛下巡幸東南。內外宗室流落州縣。雖有存恤指揮。所得請給或有或無。頗多失所。以至或寓旅邸。或在市廛。與民庶雜居。飲博鬭訟。不能自愛。誠可嗟憫。蓋緣待之未盡善也。契勘兩京舊有敦宗院。有屋宇以居止。有錢粮以贍養。有官吏以檢察。宗子各有統屬。稍獲安處。今來車駕駐蹕臨安。臣愚欲乞倣兩京舊制。於兩浙東西路各權置敦宗院。各就大郡踏逐寺院或官舍撥截。以充每院。差近上有年德宗室一員知宗正司。置主管財用一員。兼知宗正丞。監門官兩員。取會諸州以見今贍養宗子錢米盡數發赴財用所。按月支給。如不願入院。或徙別州居住者。並罷支錢米等。如合聖意。即乞下有司討論條制。詳酌施行。不惟使天支不至失所。亦漸就檢束。不至為非。仰稱陛下敦叙之意。臣忝侍帷幄。假守近藩。目觀利害。不敢緘默。惟陛下裁擇。

孝宗淳熙七年。禮部尚書周必大上奏曰。臣竊謂事有所該者廣。而涉於簿書期會。則雖良法美意。未免以吏姦而生弊。如措置宗室同名是也。蓋吏志於利而已。乘文書浩繁。取會不一。必為害於其間。以去歲正月臺劾大宗正司人吏劉景及進奏官高忠信乞覓善潛錢物觀之。槩可見矣。大抵祖宗時。宗室既少。又皆聚居宮院。自然立名各殊。神宗熙寧以來。日益蕃衍。於是稍許其補外。至哲宗始因宗正寺丞宋景年之請。凡別祖無服親。若非連名。許用本字。勢使之然。非固略也。至于今又八十餘年矣。宗支愈盛。往往散居四方。必欲驟改。宜戛戛乎其難也。故淳熙元年。初令川廣限一年。餘路半之。限滿無立名公據。有官人不許參選。無官人住支請給。至二年八月。則展一年矣。三年六月。又展半年矣。四年四月。又展半年。且有更不再展之文矣。其勢終不能行。五年正月。遂降更不立限指揮。而所謂不許參部者。轉而為先次參部。不許赴任者。轉而為未放請給。今又歲餘遷延如故。祇如臨安近在輦轂。為通判者善仁也。為轉運司幹官者亦善仁也。而未嘗改焉。況遠外者乎。臣謂宗室之有官者。告勑印紙。一一可驗。名雖偶同。三代未嘗同也。今捨其平生付身。而憑宗正吏一紙之公據。輕重蓋相遠矣。至又見外路保明乞改名之人。倒具三二十字。大宗正司或以為可用。而宗正寺則以為不可。其說但云依舊重疊。而不肯明言與某王宮何人位何人同名。然則雖不重疊。而謂之重疊。豈易察耶。臣愚欲望聖慈特降睿旨。應宗室參部及赴任之人。不候立名公據。且依舊法。却一面行移取會。其諸路定到所改未當之字。須令大宗正司宗正寺分明檢照聲說。與三祖下某王宮某人位某人同名。即不得泛言重疊。庶幾稍抑吏姦。仰副陛下睦族之本意。

光宗時。蔡戡上奏曰。臣聞周有天下。封國七十一。而同姓之國五十有三。文昭武穆。皆為顯諸侯。周召毛原。皆為名卿才大夫。大者制禮作樂蹐時太平。小者勳在王室，藏之盟府。周之卜年八百，卜世三十，良有以也。在漢則有朱虛之忠，河間之賢，沛獻之謹，東平之好善；在唐則有孝恭、却敵之功，道宗方面之略，勉石之事業，白賀之文章。顯顯爲世豪英者，不可悉數。由周以來，漢唐最爲長久，豈非得周家強本支之道而然歟。暨我國家源深流長，子孫蕃衍盛大，乃建睦親、廣親二宅，聚之京師，其惇叙之道，教育之法，莫不備至。然而不過高爵重禄以養其身而已，雖有懷才抱藝、卓爾不群者，不得施用，終亦汩沒而無聞。熙寧二年，始詔易以外官，許之應舉，故人人自奮，爭效所長。百年之間，外而爲監司守臣，内而爲侍從卿監，蓋不乏人。然亦未聞傑然立事建功，垂於不朽，追配古人者，其故何也。夫宗室之進身有三：曰進士，曰任子，曰特恩。特恩補官，授以右選之職，處以員外之任，故已置之不用之域矣。任子之法，既與庶姓同，進士之科，特與庶姓異。蓋緣進士而進者，取之太優，用之有限故也。取之太優，則無能者或濫進；用之有限，則有才者或見遺。雖朝廷所以優異宗室，亦所當然，而於搜羅人才，有所未盡也。今之宗室與祖宗之時異。當熙寧法行之初，宗室子弟去宮掖而親州縣之勞，捨膏粱而爲文墨之習。蓋有非所願者，欲誘而進之，則取之不得不優；取之既優，則用之不得不限其所到之地，亦其宜也。自衣冠南渡以來，流落異方，攻苦食淡，與寒士角。其間種學績文、砥節礪行者，不爲無人。然而人情易怠，曰如是而可以應舉得官，蓋亦足矣。故所學者不過如是，雖有文章足以代王言，終不得一登詞掖；雖有才學足以斷國論，終不能一履政塗。唯人懷自棄之心，蓋有必棄之理存焉。臣竊謂祖宗之成法，宗室之異恩，固不可廢，不若設爲兩科而並行之。願與庶姓混考者，許其自陳，試賦於漕司，則遵任子之例；春試禮闈，則用庶姓之法。在選中者，占師儒之職，優之。取之既與庶姓同，用之不可與進士異。士有華國之文，則使居臺閣之職；有經世之才，則使備廟堂之選。不必限其所到之地，庶幾真賢實能不致棄遺，中人常材不失仕進，豈特親親用賢之道一舉而兩得，抑亦成周強本支、崇磐翰之意也。

理宗時，兵部侍郎曹彥約上封事曰：陛下謹定省以事長樂，開王社以篤天倫，孝友之行，宜足以取信於天下。然兄弟至親，猶誤於狂妄小人之手，道路異說，猶襲於尺布不縫之謠。臣以爲守法者，人臣之職也；施恩者，人主之柄也。漢淮南王欲危社稷，張蒼、馮敬等請論如法，文帝既赦其罪，廢徙，王不幸而死，封其二子於故地。此往事之明驗，本朝太宗皇帝之所已行也。今若徇文帝緣情之義，法太宗繼絕之意，明示好惡，無隙可指，雖不止謗而謗息矣。

殿中侍御史呂陶上奏曰：臣訪聞宗室所生之母，於禮法不得祔葬。凡有亡歿，權殯僧舍，遠或十餘載，近亦五七年。其子雖享高位重禄，止爲無歸祔之法，往往遂忘其親，不舉以葬。於母子之恩義則衰薄，在朝廷之風化則虧損。夫禮緣情而制，法因禮而成。養育劬勞，理當報德；尊卑輕重，事亦從宜。伏望聖慈特詔有司詳議，許令祔葬，其制度務從降殺，以辨嫡庶之分。如此，則幽明之際，皆得其[illegible]孝治之風，所勸尤廣。

元太宗將即位，宗親咸會議猶未決。時睿宗爲太宗親弟，故左右司員外郎耶律楚材言於睿宗曰：此宗社大計，宜早定。睿宗曰：事猶未集，別擇日可乎。楚材曰：過是無吉日矣。遂定策，立儀制，乃告親王察合台曰：王雖兄，位則臣也，禮當拜。王拜，則莫敢不拜。王深然之。及即位，王率皇族及臣僚拜帳下。既退，王撫楚材曰：真社稷臣也。國朝尊屬有拜禮自此始。

世祖時趙天麟上策曰臣聞自非上聖須待學而知之巳居至貴須以名而義之夫學者規矩之至也猶卜居於莊嶽之間易效於齊言猶招臂於丘陵之上疑眸而遠見故究公之殆於庶幾由語之而不惰秦伯之遠其良士從後悔而噬臍也夫名者榮身之極也雖齊紈蜀錦未足以爾其麗雖芝蘭玉樹不足以齊其香故巢許者冀韻之賤夫揭六合而搖聲操懿者漢魏之宰相繼小人而亦憎也是知流波不息可致於大洋之中積善素多大勝於尊榮之職孔子曰學而時習之不亦悅乎又曰君子疾沒世而名不稱焉此之謂也方今宗室貴人幸生聖世有好學而不厭者亦有輕學而弗嗜者臣固知堯舜率天下以仁而遐陬尚且從之況於金枝玉葉親聆聲欬之音鳳閣龍樓密邇雍熙之化嚮風從教如琢瓊瑤但以宗族止貴於崇觀非若師友輔成乎德業也今國家既立宗正府又立國子學蓋欲申

邦憲以公滅私崇德化以文飾質然其宗室罕篤於學或月誦而年閑或春集而秋散以馳馬試劍為至樂以接弓射鵰為常事一日暴之十日寒之未能有生者矣雨露息之斧斤伐之未有能萌者矣臣但惜其已貴而不慕榮名則惑之甚焉且宗室之右族非寒門之同例欲示賢聖有易有難就居移氣養移體而論之似亦或難就貧無怨富無驕而論之富者寔易所以易者尊於道義而無飢寒之憂行未半於寒士而獲無窮之譽故也古人有言曰千里之路始於足下九仞之山起於一簣言在乎為之熟之而已矣迹其生於深宮之中長於婦人之手太倉精粒為之食御局綾錦為之衣左庫之錢供其費用下民之力給其役使夏不知暑冬不知寒不知稼穡之艱難不聞小人之勞苦頤指氣使而左右趨風叱咤攜訶而鬼神驚懼視公侯之爵輕若纖塵俯堅重之賢皆出巳下有酒如澠有肉如陵目厭於姬姜之艷耳喧於絲竹之聲真兜率之天蓬萊之仙子處貴而不自知其貴富驕而不自覺其驕自中人以下鮮有弗移其性者也若以河潤九里澤及三族聖躬居萬乘之尊宗戚備極榮之位俾居藩鎮俾守邊疆設有微愆或干國典陛下將如之何哉寘于法則傷恩原其罪則廢法故不如自其年之幼也嚴師以訓之及其過之未也屈情而學之乃可復本來之性天垂榮名於後世矣不求名而名自隨之者上也知名之義而學以求之者次也勸之以次而達之於上者古今之通理也伏望陛下導宗室以學問激宗室以榮名嚴宗室之師重宗室之友庶使貴人之志各懷帝聖之明心無令博士之流設作在公之虛號若然則東平最樂克廣于今河間道術不能專美矣

天麟又上策曰臣聞聖神垂鑒公天下以為心宗室秉時畏典章而

守正大安小帖通順遐歸非唯欲下之誠服蓋亦守邦之常理故爵祿之設所以加於賢能非但用及於其親以榮之也刑罰之享所以施於有罪非可或私於其親以擇之也昔舜誅四凶而封象於有庳之國天下不以為偏黨者蓋四凶之害已及於天下而象未嘗害天下故惡惡之心愛弟之道兩盡而無失也周公誅管蔡而歌常　於兄弟之宴天下不以為損德者蓋管蔡雖親圖危於社稷而於族莫不踰道故憂公之理樂私之情並行而不悖也是以賞罰明而令行令行而事理事理而民安民安而國安國安而宗室亦獲安矣今國家內族星布外戚雲分皆獲食邑而不預大權皆仰皇猷而各安常分漢唐以來未有之也猶閑防之之道焉宗正府中已備其員之尊卑未申厥憲之輕重欲從輕議則似虧大正之猷亦從常倫則又失議親之道向不為之立法其何以行之哉夫人之生也戴天履地呼

陰呼陽。自非智愚之不移。中人之上下。大抵相似。處富貴之盛者。卽有昂昂之風。在貧賤之困者。咸秉謙謙之志。果其性有異乎。非也。其居使之然也。況乎以天潢之派。挾象闕之尊。接武於炯霄。聯芳馨於桂籍者哉。其或卑職下方之士。窮閻阨巷之人。睚眦之間。承接之際。偶相干犯。難以爲敵。有苦而已矣。有死而已矣。下民哀怨。上達乎天。寧可不懼之哉。此皆非國家之所恣。但宗室挾貴而然也。萬一天聽側聞。則將怒其干紀亂常。而加之以厚罰矣。或流於遠方。或貶於重役。能不失親親之恩哉。故與其有罪而加之刑。不若先禁之之爲愈也。與其厚罰以禁之。不若申明典憲。以絕其苟免之心。而令全德之爲愈也。方今貴族。上畏天威。各循繩墨。無敢妄行。臣但恐儻此事有黷皇明。故云然也。漢世祖時。董宣爲洛陽令。湖陽公主蒼頭白日殺人。因匿主家。吏不能得。及主出行。以奴驂乘。宣叱奴下車。因格殺之。主還宮訴帝。帝賜宣錢三十萬。且光武寧不知主之貴而令之賤哉。所以然者。爲天下計也。臣以望陛下大昭離日。丕出綸言。凡宗室府內所設官員。選宗族之有德望者而爲之。不得已則銓擇朝野之賢能以充之。不宜但拘宗族之內以備員也。凡貴戚之在京城者有罪。則宗正府治之。自有常典。凡貴戚之在外方者有罪。則郡縣達文于宗正府。宗正府差官治之。凡貴戚之罪。據周禮八議。比庶人宜降幾等。立條例以明示天下。凡貴戚之有罪者。不宜令卒徒廝役得以詈辱之。凡諸王公主投下人二。皆庶人之類。自有常制。委所在臨民官治之可也。若又從臣先所□明訓宗室之說。則教行而知禮法。明而畏罪。永永維清矣。

順帝時。既毀文宗廟主。削□文宗后皇太后之號。徙東安州。而皇弟燕帖古思。文宗子也。又放之□高麗。監察御史崔敬上疏曰。文皇獲不軌之愆。已撤廟祀。叔母有階禍之罪。亦削洪名。盡孝正名。斯亦足矣。惟念皇弟燕帖古思太子。年方在幼。稚此播遷。天理人情。有所不忍。明皇當上賓之日。太子在襁褓之間。尚未有知。義當矜憫。蓋武宗視明文二帝。皆親子也。陛下與太子。皆嫡孫也。以武皇之心爲心。則皆子孫。固無親疎。以陛下之心爲心。未免有彼此之論。臣請以世俗諭之。常人有百金之產。尚置義田。宗族困阨者爲之教養。不使失所。況皇上貴爲天子。富有四海。子育黎元。當使一夫一婦無不得其所。今乃以同氣之人。寘之度外。適足貽笑邊邦。取辱外國。況蠻夷之心。不可測度。倘生他變。關係非輕。興言至此。良爲寒心。臣願殺身以贖太子之罪。望陛下遣近臣迎歸太后太子。以全母子之情。盡骨肉之義。天意回。人心悅。則宗社幸甚。

歷代名臣奏議卷之七十七

歷代名臣奏議卷之七十八

經國

晉侯假道於虞以伐虢。宮之奇諫曰。虢。虞之表也。虢亡。虞必從之。晉不可啓。寇不可翫。一之謂甚。其可再乎。諺所謂輔車相依。脣亡齒寒者。其虞虢之謂也。公曰。晉吾宗也。豈害我哉。對曰。太伯虞仲。太王之昭也。太伯不從。是以不嗣。虢仲虢叔。王季之穆也。為文王卿士。勳在王室。藏於盟府。將虢是滅。何愛於虞。且虞能親於桓莊乎。其愛之也。桓莊之族何罪。而以為戮。不惟偪乎。親以寵偪。猶尚害之。況以國乎。公曰。吾享祀豐潔。神必據我。對曰。臣聞之。鬼神非人實親。惟德是依。故周書曰。皇天無親。惟德是輔。又曰。黍稷非馨。明德惟馨。又曰。民不易物。惟德其物。如是。則非德民不和。神不享矣。神所馮依。將在德矣。若晉取虞。而明德以薦馨香。神其吐之乎。

秦饑。使乞糴于晉。晉人弗與。慶鄭曰。背施無親。幸災不仁。貪愛不祥。怒鄰不義。四德皆失。何以守國。虢射曰。皮之不存。毛將安傅。慶鄭曰。棄信背鄰。患孰恤之。無信患作。失援必斃。是則然矣。虢射曰。無損於怨。而厚於寇。不如勿與。慶鄭曰。背施幸災。民所棄也。近猶讎之。況怨敵乎。弗聽。退曰。君其悔是哉。

魏王以秦救之故。欲親秦而伐韓。以求故地。公子無忌謂魏王曰。秦與戎翟同俗。有虎狼之心。貪戾好利。無信。不識禮義德行。苟有利焉。不顧親戚兄弟。若禽獸耳。此天下之所識也。非有所施厚積德也。故太后母也。而以憂死。穰侯舅也。功莫大焉。而竟逐之。兩弟無罪。而再奪之國。此於親戚若此。而況於仇讎之國乎。今王與秦共伐韓。而益近秦患。臣甚惑之。而王不識則不明。羣臣莫以聞則不忠。今韓氏以一女子奉一弱主。內有大亂。外交強秦魏之兵。王以為不亡乎。韓亡秦有鄭地。與大梁鄰。王以為安乎。王欲得故地。今負強秦之親。王以為利乎。秦非無事之國也。韓亡之後。必將更事。更事必就易與利。就易與利。必不伐楚與趙矣。是何也。夫越山踰河。絕韓上黨而攻強趙。是復得閼與之事。秦必不為也。若道河內。倍鄴朝歌。絕漳滏水。與趙兵決於邯鄲之郊。是知伯之禍也。秦又不敢伐。若道涉山谷。行三千里。而攻冥阸之塞。楚之險塞也。所行甚遠。所攻甚難。秦又不為也。若道河外。倍大梁。左蔡召陵。與楚兵決於陳郊。秦又不敢。故曰。秦必不伐楚與趙矣。又不攻衛與齊矣。夫韓亡之後。兵出之日。非魏無攻已。秦固有懷茅邢丘城垝津以臨河內。河內共汲必危。有鄭地。得垣雍。決滎澤水灌大梁。大梁必亡。王之使者過而惡安陵氏於秦。秦之欲誅之久矣。秦葉陽昆陽與舞陽鄰。聽使者之惡之。隨安陵氏而亡之。繞舞陽之北。以東臨許。南國必危。國無害已。夫憎韓不愛安陵氏可也。夫

患秦不愛南國非也。異日者秦在河西。晉國去梁千里。有河山以闌之。有周韓以間之。從林鄉軍以至于今。秦七攻魏。五入囿中。邊城盡拔。文臺墮。垂都焚。林木伐。麋鹿盡。而國繼以圍。又長驅梁北。東至陶衛之郊。北至平監。所亡於秦者。山南山北。河外河內。大縣數十。名都數百。秦乃在河西晉。去梁千里。而禍若是矣。又況於使秦無韓。有鄭地。無河山而闌之。無周韓而間之。去大梁百里。禍必由此矣。異日者從之不成也。楚魏疑而韓不可得也。今韓受兵三年。秦撓之以講。識亡不聽。投質於趙。請為天下鴈行頓刃。楚趙必集兵。皆識秦之欲無窮也。非盡亡天下之國。而臣海內。必不休矣。是故臣願以從事王。王速受楚趙之約。趙挾韓之質以存韓。而求故地。韓必效之。此士民不勞而故地得。其功多於與秦共伐韓。而又與強秦鄰之禍也。夫存韓安趙而利天下。此亦王之天時已。通韓上黨於共寧。使道安成出入

賦之。是魏重質韓以其上黨也。今以其賦足以富國。韓必德魏愛魏重魏畏魏。韓必不敢反魏。是韓則魏之縣也。魏得韓以為縣。衛大梁河外必安矣。今不存韓。二周安陵必危。楚趙大破。衛齊甚畏。天下西鄉而馳秦。入朝而為臣不久矣。

蘇秦西至秦。秦孝公卒。說惠王曰。秦四塞之國。被山帶渭。東有關河。西有漢中。南有巴蜀。北有代馬。此天府也。以秦士民之衆。兵法之教。可以吞天下。稱帝而治。秦王曰。毛羽未成。不可以高蜚。文理未明。不可以并兼。方誅商鞅。疾辯士。弗用。乃東之趙。趙肅侯令其弟成為相。號奉陽君。奉陽君弗說。去游燕。歲餘而後得見。說燕文侯曰。燕東有朝鮮遼東。北有林胡樓煩。西有雲中九原。南有滹沱易水。地方二千餘里。帶甲數十萬。車六百乘。騎六千匹。粟支數年。南有碣石鴈門之饒。北有棗粟之利。民雖不佃作。而足於棗粟矣。此所謂天府者也。夫安樂無事。不見覆車

殺將。無過燕者。大王知其所以然乎。夫燕之所以不犯寇被甲兵者。以趙之為蔽於南也。秦趙五戰。秦再勝而趙三勝。秦趙相斃。而王以全燕制其後。此燕之所以不犯寇也。且夫秦之攻燕也。踰雲中九原。過代上谷。彌地數千里。雖得燕城。秦計固不能守也。秦之不能害燕亦明矣。今趙之攻燕也。發號出令。不至十日。而數十萬之衆軍於東垣矣。渡嘑沱涉易水。不至四五日。而距國都矣。故曰。秦之攻燕也。戰於千里之外。趙之攻燕也。戰於百里之內。夫不憂百里之患。而重千里之外。計無過於此者。是故願大王與趙從親。天下為一。則燕國必無患矣。文侯曰。子言則可。然吾國小。西迫強趙。南近齊。齊趙強國也。子必欲合從以安燕。寡人請以國從。於是資蘇秦車馬金帛以至趙。而奉陽君已死。即說趙肅侯曰。天下卿相人臣及布衣之士。皆高賢君之行義。皆願奉教陳忠於前之日久矣。雖然。奉陽君妬君而不任事。是以賓客游士莫敢自盡於前者。今奉陽君捐館舍。君乃今復與士民相親也。臣故敢進其愚慮。竊為君計者。莫若安民無事。且無庸有事於民也。安民之本。在於擇交。擇交而得則民安。擇交而不得則民終身不安。請言外患。齊秦為兩敵。而民不得安。倚秦攻齊。而民不得安。倚齊攻秦。而民不得安。故夫謀人之主。伐人之國。常苦出辭斷絕人之交也。願君慎勿出於口。請別白黑。所以異陰陽而已矣。君誠能聽臣。燕必致旃裘狗馬之地。齊必致魚鹽之海。楚必致橘柚之園。韓魏中山皆可使致湯沐之奉。而貴戚父兄皆可以受封侯。夫割地包利。五霸之所以覆軍擒將而求也。封侯貴戚。湯武之所以放弒而爭也。今君高拱而兩有之。此臣之所以為君願也。今大王與秦。則秦必弱韓魏。與齊。則齊必弱楚魏。魏弱則割河外。韓弱則效宜陽。宜陽效則上黨絕。河內割則道不通。楚弱則無援。此三策者。不可不孰計也。夫秦下軹道。則南陽危。劫韓包周。則趙氏自銷鑠。據衛取淇卷

則齊必入朝秦。秦欲已得乎山東。則必舉兵而嚮趙矣。秦甲渡河踰漳據番吾。則兵必戰於邯鄲之下矣。此臣之所以為君患也。當今之時。山東之建國。莫強於趙。趙地方二千餘里。帶甲數十萬。車千乘。騎萬匹。粟支十年。西有常山。南有河漳。東有清河。北有燕國。燕固弱國。不足畏也。秦之所害於天下者莫如趙。然而秦不敢舉兵伐趙者何也。畏韓魏之議其後也。然則韓魏趙之南蔽也。秦之攻韓魏也。無有名山大川之限。稍蠶食之。傅國都而止。韓魏不能支秦。必入臣於秦。秦無韓魏之隔。則禍必中於趙矣。此臣之所以為君患也。臣聞堯無三夫之分。舜無咫尺之地。以有天下。禹無百人之聚。以王諸侯。湯武之士不過三千。車不過三百乘。卒不過三萬。立為天子。誠得其道也。是故明主外料其敵之強弱。內度其士卒賢不肖。不待兩軍相當而勝敗存亡之機固已形于胸中矣。豈揜于衆人之言。以冥冥決事哉。臣竊以天下之地圖案之。諸侯

之地五倍於秦料度諸侯之卒十倍於秦六國為一并力西鄉而攻秦秦必破矣今西面而事之見臣於秦夫破人之與破於人也臣人之與見臣於人也豈可同日而論哉夫衡人者皆欲割諸侯之地以予秦秦成則高臺榭美宮室聽竽瑟之音前有樓闕軒轅後有長姣美人國破秦患而不與其憂是故夫衡人日夜務以秦權恐愒諸侯以求割地故願大王熟計之也臣聞明主絕疑去讒屏流言之迹塞朋黨之門故尊主廣地強兵之計臣得陳忠於前矣故竊為大王計莫如一齊楚韓魏燕趙之從親以畔秦令天下之將相會於洹水之上通質刳白馬而盟要約曰秦攻楚齊魏各出銳師以佐之韓絕其糧道趙涉河漳燕守常山之北秦攻韓魏則楚絕其後齊出銳師而佐之趙涉河漳燕守雲中秦攻齊則楚絕其後韓守成皐魏塞其道趙涉河漳博關燕出銳師以佐之秦攻燕則趙守常山楚軍武關齊涉渤海韓魏皆出銳師以佐

之秦攻趙則韓軍宜陽楚軍武關魏軍河外齊涉清河燕出銳師以佐之諸侯有不如約者以五國之兵共伐之六國從親以擯秦則秦甲必不敢出於函谷以害山東如此則霸王之業成矣趙王曰寡人年少立國日淺未嘗得聞社稷之長計也今上客有意存天下安諸侯寡人敬以國從乃飾車百乘黃金千鎰白璧百雙錦繡千純以約諸侯是時周天子致文武之胙於秦惠王惠王使犀首攻魏禽將龍賈取魏雕陰且欲東兵蘇秦恐秦兵之至趙也乃激怒張儀入于秦於是說韓宣惠王曰韓北有鞏洛成皐之固西有宜陽商阪之塞東有宛穰洧水南有陘山地方九百餘里帶甲數十萬天下之強弓勁弩皆從韓出谿子少府時力距來者皆射六百步之外韓卒超足而射百發不暇止遠者括臂洞胸近者鏑拚心韓卒之劍戟皆出於冥山棠谿墨陽合賻鄧師宛馮龍淵太阿皆陸斷牛馬水截鵠鴈當敵則斬堅甲鐵幕革抉㕔芮無不

畢具以韓卒之勇被堅甲蹠勁弩帶利劍一人當百不足言也夫以韓之勁與大王之賢乃西面事秦交臂而服羞社稷而為天下笑無大於此者矣是故願大王孰計之大王事秦秦必求宜陽成皐今茲效之明年又復求割地與則無地以給之不與則棄前功而受後禍且大王之地有盡而秦求無已以有盡之地而逆無已之求此所謂市怨結禍者也不戰而地已削矣臣聞鄙諺曰寧為雞口無為牛後今西面交臂而臣事秦何異於牛後乎夫以大王之賢挾強韓之兵而有牛後之名臣竊為大王羞之於是韓王勃然作色攘臂瞋目按劍仰天太息曰寡人雖不肖必不能事秦今主君詔以趙王之教敬奉社稷以從又說魏襄王曰大王之地南有鴻溝陳汝南許郾昆陽召陵舞陽新都新郪東有淮潁煮棗無胥西有長城之界北有河外卷衍酸棗地方千里地名雖小然而田舍廬廡之數曾無所芻牧人民之眾車馬之多日夜行不絕輷輷殷殷

若有三軍之眾臣竊料大王之國不下楚然衡人怵王交強虎狼之秦以侵天下卒有秦患不顧其禍夫挾強秦之勢以內劫其主罪無過此者魏天下之強國也王天下之賢主也今乃有意西面而事秦稱東藩築帝宮受冠帶祠春秋臣竊為大王恥之臣聞越王勾踐以散卒三千人禽夫差于遂武王卒三千人革車三百乘制紂於牧野豈其士卒眾哉誠能奮其威也今竊聞大王之卒武士二十萬蒼頭二十萬奮擊三十萬廝徒十萬車六百乘騎五千匹此其過越王勾踐武王遠矣今乃聽於羣臣之說而欲以事秦夫事秦必割地以效實故兵未用而國已虧矣凡羣臣之言事秦者皆姦人非忠臣也夫為人臣割其主之地以求外交偷取一時之功而不顧其後破公家而成私門外挾強秦之勢內劫其主以求割地願大王熟察之周書曰緜緜不絕蔓蔓柰何毫釐不伐將用斧柯前慮不定後有大患將柰之何大王誠能聽臣六國從

親尊心并力一意則必無强秦之患故敝邑趙王使臣效愚計奉明約在大王之詔詔之魏王曰寡人不肖未嘗得聞明教今主君以趙王之詔詔之敬以國從因東說齊宣王曰齊南有泰山東有琅邪西有清河北有渤海此所謂四塞之國也齊地方二千餘里帶甲數十萬粟如丘山三軍之良五家之兵進如鋒矢戰如雷霆解如風雨即有軍役未嘗倍泰山絕清河涉渤海也臨菑之中七萬戶臣竊度之不過戶三男子三七二十一萬不待發於遠縣而臨菑之卒固已二十一萬矣臨菑甚富而實其民無不吹竽鼓瑟彈琴擊筑鬬雞走狗六博蹹鞠者臨菑之塗車轂擊人肩摩連衽成帷舉袂成幕揮汗成雨家殷人足志高氣揚夫以大王之賢與齊之强天下莫能當今乃西面而事秦臣竊為大王羞之且夫韓魏之所以重畏秦者為與秦接壤界也兵出而相當不出十日而戰勝存亡之機決矣韓魏戰而勝秦則兵半折四境不守戰而不勝則國已危亡隨其後是故韓魏之所以重與秦戰而輕為之臣也今秦之攻齊則不然倍韓魏之地過衛晉陽之道徑乎亢父之險車不得方軌騎不得比行百人守險千人不敢過也秦雖欲深入則狼顧恐韓魏之議其後也是故恫疑虛喝驕矜而不敢進則秦之不能害齊亦明矣夫不深料秦之無奈齊何而欲西面而事之是羣臣之計過也今無臣事秦之名而有强國之實臣是故願大王少留意計之齊王曰寡人不敏僻遠守海窮道東境之國也未嘗得聞餘教今足下以趙王詔詔之敬以國從乃西南說楚威王曰楚天下之强國也王天下之賢主也西有黔中巫郡東有夏州海陽南有洞庭蒼梧北有陘塞郇陽地方五千餘里帶甲百萬車千乘騎萬匹粟支十年此霸王之資也夫以楚之强與王之賢天下莫能當也今乃欲西面而事秦則諸侯莫不西面而朝章臺之下矣秦之所害莫如楚楚强則秦弱秦强則楚弱其勢不

兩立故為大王計莫如從親以孤秦大王不從秦必起兩軍一軍出武關一軍下黔中則鄢郢動矣臣聞治之其未亂也為之其未有也患至而後憂之則無及已故願大王早熟計之大王誠能聽臣臣請令山東之國奉四時之獻以承大王之明詔委社稷奉宗廟練士厲兵在大王之所用之大王誠能用臣之愚計則韓魏齊燕趙衛之妙音美人必充後宮燕代橐駝良馬必實外廄故從合則楚王衡成則秦帝今釋霸王之業而有事人之名臣竊為大王不取也夫秦虎狼之國也有吞天下之心秦天下之仇讎也衡人皆欲割諸侯之地以事秦此所謂養仇而奉讎者也夫為人臣割其主之地以外交彊虎狼之秦以侵天下卒有秦患不顧其禍夫外挾强秦之威以內劫其主以求割地大逆不忠無過此者故從親則諸侯割地以事楚衡合則楚割地以事秦此兩策者相去遠矣二者大王何居焉故敝邑趙王使臣效愚計奉明約在大王詔之楚王曰寡人之國西與秦接境秦有舉巴蜀并漢中之心秦虎狼之國不可親也而韓魏迫於秦患不可與深謀與深謀恐反人以入於秦故謀未發而國已危矣寡人自料以楚當秦不見勝也內與羣臣謀不足恃也寡人卧不安席食不甘味心搖搖如縣旌而無所終薄今主君欲一天下收諸侯存危國寡人謹奉社稷以從於是六國從合而并力焉蘇秦為從約長

齊閔王時蘇秦說王曰臣聞用兵而喜先天下者憂約結而喜主怨者孤夫後起者藉也而遠怨者時也是以聖人從事必藉於權而務興於時夫權藉者萬物之率也而時勢者百事之長也故無權藉倍時勢而能事成者寡矣今雖干將莫邪非得人力則不能割劌矣堅箭利金不得弦機之利則不能遠殺矣矢非不銛而劍非不利也何則權藉不在焉何以知其然也昔者趙氏襲衛車舍人不休傳衛國城割平衛八門土而二門墮矣此亡國之形也衛君跣行告遡於魏

魏王身被甲底劍挑趙索戰。邯鄲之中騖。河山之間亂。衛得是藉也。亦收餘甲而北面。殘剛平。墮中牟之郭。衛非強於趙也。譬之衛矢而魏弦機也。藉力魏而有河東之地。趙氏懼。楚人救趙而伐魏。戰於州西。出梁門。軍舍林中。馬飲於大河。趙得是藉也。亦襲魏之河北。燒棘溝。墜黃城。故剛平之殘也。中牟之墮也。黃城之墜也。棘溝之燒也。此皆非趙魏之欲也。然二國勸行之者何也。衛明於時權之藉也。今世之為國者不然矣。兵弱而好敵強。國罷而好眾怨。事敗而好鞠之。兵弱而憎下也。地狹而好敵大。事敗而好長詐。行此六者而求伯則遠矣。臣聞善為國者。順民之意。而料兵之能。然後從於天下。故約不為人主怨。伐不為人挫強。如此則兵不費。權不輕。地可廣。欲可成也。昔者齊之與韓魏伐秦楚也。戰非甚疾也。分地又非多韓魏也。然而天下獨歸咎於齊者。何也。以其為韓魏主怨也。且天下徧用兵矣。齊燕

戰。而趙氏兼中山。秦楚戰韓魏不休。而宋越專用其兵。此十國者皆以相敵為意。而獨舉心於齊者。何也。約而好主怨。伐而好挫強也。且夫強大之禍。常以王人為意也。夫弱小之殃。常以謀人為利也。是以大國危。小國滅也。大國之計。莫若後起而重伐不義。夫後起之藉與多而兵勁。則事以眾強適罷寡也。兵必立也。事不塞天下之心。則利必附矣。大國行此。則名號不攘而至。伯王不為而立矣。小國之情。莫如僅靜而寡信諸侯。僅靜則四鄰不反。寡信諸侯則天下不賣。外不賣。內不反。則檳禍朽腐而不用。幣帛矯蠹而不服矣。小國道此。則不祠而福矣。不貸而見足矣。故曰。祖仁者王。立義者伯。用兵窮者亡。何以知其然也。昔吳王夫差以強大為天下先。強襲郢而棲越。身從諸侯之君。而卒身死國亡。為天下戮者。何也。此夫差平居而謀王。強大而喜先天下之禍也。昔者萊莒好謀。陳蔡好詐。莒恃越而滅。蔡恃晉

而亡。此皆內長詐。外信諸侯之殃也。由此觀之。則強弱大小之禍。可見於前事矣。語曰。騏驥之衰也。駑馬先之。孟賁之倦也。女子勝之。夫駑馬女子。筋骨力勁。非賢於騏驥孟賁也。何則。後起之藉也。今天下之相與也不並滅。有案兵而後起。寄怨而誅不直。微用兵而寄於義。則亡天下可跼足而須也。明於諸侯之故。察於地形之理者。不約親。不相質而固。不趨而疾。眾事而不反。交割而不相憎。俱強而加以親。何則。形同憂而兵趨利也。何以知其然也。昔者齊燕戰於桓之曲。燕不勝。十萬之眾盡。胡人襲燕樓煩數縣。取其牛馬。夫胡之與齊非素親也。而用兵又非約質而謀燕也。然而甚於相趨者。何則。形同憂而兵趨利也。由此觀之。約於同形則利長。後起則諸侯可趨役也。故明主察相。誠欲以伯王也為志。則戰攻非所先。戰者。國之殘也。而都縣之費也。殘費已先。而能從諸侯者寡矣。彼戰者之為殘也。士聞戰

則輸私財而富軍市。輸飲食而待死士。令折轅而炊之。殺牛而觴士。則是路君之道也。中人禱祀。君翳釀。通都小縣置社。有市之邑莫不止事而奉王。則此虛中之計也。夫戰之明日。尸死扶傷。雖若有功也。軍出費中哭泣。則傷主心矣。死者破家而葬。夷傷者空財而共藥。完者內酺而華樂。故其費與死傷者鈞。故民之所費也。十年之田而不償也。軍之所出。矛戟折。鐶弦絕。傷弩破車罷馬。亡矢之大半。甲兵之具。官之所私出也。士大夫之所匿。廝養士之所竊。十年之田而不償也。天下有此再費者。而能從諸侯寡矣。攻城之費。百姓理襜蔽。舉衝櫓。家雜總。身窟穴。中罷於刀金。而士困於土功。將不釋甲。期數而能拔城者為亟耳。上倦於教。士斷於兵。故三下城而能勝敵者寡矣。故曰。彼戰攻者非所先也。何以知其然也。昔智伯瑤攻范中行氏。殺其君。滅其國。又西圍晉陽。吞兼二國。而憂一主。此用兵之盛也。然而智

伯卒身死國亡。為天下笑者。何謂也。兵先戰攻而滅二子患也。日者中山悉起而迎燕趙。南戰於長子。敗趙氏。北戰於中山。克燕軍。殺其將。夫中山千乘之國也。而敵萬乘之國二。再戰比勝。此用兵之上節也。然而國遂亡。君臣於齊者。何也。不嗇於戰攻之患也。由此觀之。則戰攻之敗。可見於前事。今世之所謂善用兵者。終戰比勝。而守不可拔。天下稱為善。一國得而保之。則非國之利也。臣聞戰大勝者。其士多死。而兵益弱。守而不可拔者。其百姓罷。而城郭露。夫士死於外。民殘於內。而城郭露於境。則非王之樂也。今夫鵠的非咎罪於人也。便弓引弩而射之。中者則善。不中則愧。少長貴賤。則同心於貫之者。何也。惡其示人以難也。今窮戰比勝。而守必不拔。則是非徒示人以難也。又且害人者也。然則天下仇之必矣。夫罷士露國。而多與天下為仇。則明君不居也。素用強兵而弱之。則察相不事。彼明君察相者。則

五兵不動而諸侯從。辭讓而重賂至矣。故明君之攻戰也。甲兵不出於軍。而敵國勝。衝櫓不施。而邊城降。士民不知。而王業至矣。彼明君之從事也。用財少。曠日遠。而為利長者。故曰。兵後起。則諸侯可趨役也。臣之所聞攻戰之道非師者。雖有百萬之軍。比之堂上。雖有闔閭吳起之將。禽之戶內。千丈之城。拔之尊俎之間。百尺之衝。折之衽席之上。故鐘鼓竽瑟之音不絕。地可廣而欲可成。和樂倡優侏儒之笑不乏。諸侯可同日而致也。故名配天地不為尊。利制海內不為厚。故夫善為王業者。在勞天下而自佚。亂天下而自安。諸侯無成謀。則其國無宿憂也。何以知其然。佚治在我。勞亂在天下。則王之道也。銳兵來則拒之。患至則趨之。使諸侯無成謀。則其國無宿憂矣。何以知其然矣。昔者魏王擁土千里。帶甲三十六萬。其強而拔邯鄲。西圍定陽。又從十二諸侯朝天子。以西謀秦。秦王恐之。寢不安席。食不甘味。令於境內。盡堞中為戰具。竟為守備。為死士置將。以待魏氏。衛鞅謀於秦王曰。夫魏氏其功大。而令行於天下。有十二諸侯而朝天子。其與必眾。故以一秦而敵大魏。恐不如。王何不使臣見魏王。則臣請必北魏矣。秦王許諾。衛鞅見魏王曰。大王之功大矣。令行於天下矣。今大王之所從十二諸侯。非宋衛也。則鄒魯陳蔡。此固大王之所以鞭箠使也。不足以王天下。大王不若北取燕。東伐齊。則趙必從矣。西取秦。南伐楚。則韓必從矣。大王有伐齊楚心。而從天下之志。則王業見矣。大王不如先行王服。然後圖齊楚。魏王說於衛鞅之言也。故身廣公宮。制丹衣。柱建九斿。從七星之旟。此天子之位也。而魏王處之。於是齊楚怒。諸侯奔齊。齊人伐魏。殺其太子。覆其十萬之軍。魏王大恐。跣行按兵於國。而東次於齊。然後天下乃舍之。當是時。秦王垂拱受西河之外。而不以德魏王。故曰。衛鞅之始與秦王計也。謀約不下席。言

於尊俎之間。謀成於堂上。而魏將以禽於齊矣。衝櫓未施。而西河之外入於秦矣。此臣之所謂比之堂上。禽將戶內。拔城於尊俎之間。折衝席上者也。

楚懷王時。秦欲伐齊。患其與楚從親。乃使張儀說楚王曰。大王誠能閉關而絕約於齊。臣請獻商於之地六百里。使秦女得為大王箕帚之妾。楚王悅而許之。群臣皆賀。陳軫獨弔。王怒曰。何弔也。對曰。夫秦之所以重楚。以其有齊也。今絕齊而楚孤。秦奚貪夫孤國與之商於之地六百里哉。儀至秦。必負王。是王北絕齊交而西生患於秦也。兩國之兵必俱至矣。王曰。願子閉口毋復言。以待寡人得地。乃厚賜張儀而閉關絕約於齊。使一將軍隨張儀至秦。儀佯墮車不朝三月。楚王聞之曰。儀以寡人絕齊未甚邪。乃使勇士宋遺借宋之符北罵齊王。齊王大怒。折節而事秦。齊秦之交合。儀乃朝見楚使者曰。子何不受地。自某至其

廣袤六里。使者還報。楚王大怒。欲發兵攻秦。陳軫曰。軫可發口言乎。攻之不如賂以一名都。與之并兵而攻齊。是我亡地於秦。而取償於齊也。今已絕齊。而又責欺於秦。是我合齊秦之交。而來天下之兵也。國必大傷矣。王不聽。使屈匄帥師伐秦。秦亦發兵使庶長章擊之。後秦惠王使告楚懷王。請以武關之外易黔中地。楚王曰。不願易地。願得張儀而獻黔中。儀請行。秦王曰。楚將甘心於子。奈何。儀曰。秦強而楚弱。大王在。楚不宜敢取臣。且臣善其嬖臣靳尚。尚得事幸姬鄭袖。袖言三無不聽者。遂往楚。王囚將殺之。尚謂袖曰。秦王甚愛張儀。將以六縣及美女贖之。王重地尊秦。秦女必貴。而夫人斥矣。於是袖日夜泣於王曰。臣各為其主耳。今殺張儀。秦必大怒。妾請子母俱遷江南。毋為秦所魚肉也。王乃赦儀而厚禮之。儀因說曰。夫為從者無異於驅群羊而攻猛虎。不格明矣。今王不事秦。秦劫韓驅梁而攻楚。則楚危

矣。又自巴蜀治船積粟。浮岷江而下。一日行三百餘里。不十日而距扞關。扞關驚。則黔中巫郡非王之有。又舉甲而出武關。則北地絕矣。秦之攻楚。危難在三月之內。而楚待諸侯之救。在半歲之外。此臣所為大王患也。大王誠聽臣。請令秦楚長為兄弟之國。楚王已得儀。而重出地。乃許之。儀遂說韓王曰。韓地險惡山居。國無二歲之食。見卒不過二十萬。而秦兵百餘萬。山東之士被甲蒙冑而會戰。秦人捐甲徒裼以趨敵。此無異垂千鈞於鳥卵之上。必無幸矣。大王不事秦。秦下甲據宜陽。塞成皋。則王之國分矣。為大王計。莫如事秦而攻楚。以轉禍而悅秦。韓王許之。儀歸報。秦封以六邑。號武信君。復使東說齊王曰。從人說大王者。必曰齊蔽於三晉。地廣民眾。兵強士勇。雖有百秦。將無奈齊何。大王賢其說。而不計其實。今秦楚嫁娶。韓獻宜陽。梁效河外。趙割河間。大王不事秦。秦驅韓梁攻南地。悉趙兵指博關臨

菑即墨非王有也。齊王許之。儀西說趙王曰。大王收率天下以擯秦。秦兵不敢出函谷關者十五年。唯大王有意督過之也。今以大王之力。舉巴蜀。并漢中。包兩周。守白馬之津。秦雖僻遠。然而心含忿怒之日久矣。今有敝甲凋兵軍於澠池。願渡河踰漳據番吾。會邯鄲之下。願以甲子合戰。正殷紂之事。謹使使臣先聞左右。今楚與秦為昆弟。韓梁稱藩臣。齊獻魚鹽之地。此斷趙之右肩也。夫斷右肩而與人鬭。失其黨而孤居。求欲無危得乎。今秦發三將軍。塞午道。軍成皋。澠池。約四國為一以攻趙。趙服必四分其地。臣竊為大王計。莫若與秦約為兄弟之國也。趙王許之。儀北說燕王曰。趙已事秦。大王不事秦。秦下甲雲中九原。驅趙攻燕。則易水長城非王之有矣。燕王請獻常山之尾五城以和。儀歸報。未至而惠王薨。子武王立。武王自為太子時不說儀。諸侯聞之。皆畔衡約而復合從。

楚頃襄王十八年。楚人有好以弱弓微繳加歸雁之上者。王聞。召而問之。對曰。小臣之好射鶀雁羅鸗。小矢之發也。何足為太王道也。且稱楚之大。因太王之賢。所弋非直此也。昔者三王以弋道德。五霸以弋戰國。故秦魏燕趙者。鶀雁也。齊魯韓衛者。青首也。鄒費郯邳者。羅鸗也。外其餘則不足射者。見鳥六雙。以王何取。王何不以聖人為弓。以勇士為繳。時張而射之。此六雙者。可得而囊載也。其樂非特朝夕之樂也。其獲非特鳧雁之實也。王朝張弓而射魏之大梁之南。加其右臂而徑屬之於韓。則中國之路絕。而上蔡之郡壞矣。還射圉之東。解魏左肘。而外擊定陶。則魏之東外棄。而大宋方與二郡者舉矣。且魏斷二臂。顛越矣。膺擊郯國。大梁可得而有也。王綪繳蘭臺。飲馬西河。定魏大梁。

此一發之樂也。若王之於弋。誠好而不厭。則出寶弓。碆新繳。射噣鳥於東海。還蓋長城以為防。朝射東莒。夕發浿丘。夜加即墨。顧據午道。則長城之東收。而太山之北舉矣。西結境於趙。而北達於燕。三國布䎱。則從不待約。而可成也。北遊目於燕之遼東。而南登望於越之會稽。此再發之樂也。若夫泗上十二諸侯。左縈而右拂之。可一旦而盡也。今秦破韓以為長憂。得列城而不敢守也。伐魏而無功。擊趙而顧病。則秦魏之勇力屈矣。楚之故地漢中析酈。可得而復有也。王出寶弓。碆新繳。涉鄳塞而待秦之倦也。山東河內可得而一也。勞民休眾。南面稱王矣。故曰。秦為大鳥。負海內而處。東面而立。左臂據趙之西南。右臂傅楚鄢郢。膺擊韓魏。垂頭中國。處既形便。勢有地利。奮翼鼓䎱。方三千里。則秦未可得獨招而夜射也。欲以激怒襄王。故對以此言。襄王因召與語。遂言曰。夫先王為秦所欺。而客死於外。怨莫大焉。今以匹夫有怨。尚有報萬乘。白公子胥是也。今楚之地方五千里。帶甲百萬。猶足以踴躍中野也。而坐受困。臣竊為大王弗取也。於是頃襄王遣使於諸侯。復為從。欲以伐秦。

越王句踐自會稽歸七年。撫循其士民。欲用以報吳。大夫逢同諫曰。國新流亡。今乃復殷給。繕飾備利。吳必懼。懼則難必至。且鷙鳥之擊也。必匿其形。今夫吳兵加齊晉。怨深於楚越。名高天下。實害周室。德少而功多。必淫自矜。為越計。莫若結齊。親楚。附晉。以厚吳。吳之志廣。必輕戰。是我連其權。三國伐之。越乘其弊。可克也。句踐曰。善。

秦昭王時。客卿范雎說王曰。秦韓之地形。相錯如繡。秦之有韓也。譬如木之有蠹也。人之有心腹之病也。天下無變則已。天下有變。其為秦患者孰大於韓乎。王不如收韓。王曰。吾固欲收韓。韓不聽。為之奈何。對曰。韓安得不聽乎。王下兵而攻滎陽。則鞏成皋之道不通。北斷大行之道。則上黨之師不下。王一興兵而攻滎陽。則其國斷而為三。夫韓見必亡。安得不聽乎。若韓聽。而霸事因可慮矣。王曰。善

三十六年。穰侯為秦將。欲越韓魏而伐齊綱壽。以廣其陶封。雎乃上書曰。臣聞明主立政。有功者不得不賞。有能者不得不官。勞大者其祿厚。功多者其爵尊。能治眾者其官大。故無能者不敢當職焉。有能者亦不得蔽隱。使以臣之言為可。願行而益利其道。以臣之言為不可。久留臣無為也。語曰。庸主賞所愛而罰所惡。明主則不然。賞必加於有功。而刑必斷於有罪。今臣之胸不足以當椹質。而要不足以待斧鉞。豈敢以疑事嘗試於王哉。雖以臣為賤人而輕辱。獨不重任臣者之無反復於王耶。且臣聞周有砥砨。宋有結綠。梁有縣藜（縣藜一曰美玉）

楚有和璞。此四寶者。工之所生。良工之所失也。而為天下名器。然則聖王之所棄者。獨不足以厚國家乎。臣聞善厚家者取之於國。善厚國者取之於諸侯。天下有明主。則諸侯不得擅厚者何也。為其割榮也。良醫知病人之死生。而聖主明於成敗之事。利則行之。害則舍之。疑則少嘗之。雖舜禹復生。不能改已。語之至者。臣不敢載之於書。其淺者又不足聽也。意者臣愚而不概（音慨）於王心耶。無乃言臣者賤而不可用乎。自非然者。臣願得少賜游觀之間。望見顏色。一語無效。請伏斧質。

昭王謂左右曰。今日韓魏孰與始強。對曰。弗如也。王曰。今之如耳魏齊孰與孟嘗芒卯之賢。對曰。弗如也。王曰。以孟嘗芒卯之賢。帥強韓魏之兵以伐秦。猶無奈寡人何也。今以無能之如耳魏齊。帥弱韓魏以攻秦。其無奈寡人何亦明矣。鍾期推琴對曰。王之料天下過矣。昔

者六晋之時智氏最强滅破范中行又帥韓魏以圍趙襄子於晉陽決晋水以灌晋陽城不沉者三板耳智伯出行水韓康子御魏桓子驂乘智伯曰始吾不知水之可亡人之國也乃今知之汾水利以灌安邑絳水利以灌平陽魏桓子肘韓康子康子履魏桓子躡其踵肘足接於車上而智氏分矣身死國亡為天下笑今秦之强不能過智伯韓魏雖弱尚賢其在晉陽之下也此乃方其用肘足時也願王之勿易也

漢元年高帝為沛公時至高陽傳舍酈生食其入謁因言六國從横時沛公喜賜酈生食問曰計將安出酈生曰足下起糾合之衆收散亂之兵不滿萬人欲以徑入彊秦此所謂探虎口者也夫陳留天下之衝四通五達之郊也今其城又多積粟臣善其令請得使之令下足下即不聽足下足下舉兵攻之臣為内應於是遣酈生行沛公引兵隨

漢王數困滎陽成皐計欲捐成皐以東屯鞏洛以拒楚廣野君酈食其曰臣聞知天之天者王事可成不知天之天者王事不可成王者以民為天而民以食為天夫敖倉天下轉輸久矣臣聞其下迺有藏粟甚多楚人拔滎陽不堅守敖倉迺引而東令適卒分守成皐此乃天所以資漢也方今楚易取而漢反郤自奪其便臣竊以為過矣且兩雄不俱立楚漢久相持不決百姓騷動海内摇蕩農夫釋耒工女下機天下之心未有所定也願足下急復進兵收取滎陽據敖倉之粟塞成皐之險杜太行之道距蜚狐之口守白馬之津以示諸侯效實形制之勢則天下知所歸矣方今燕趙已定唯齊未下今田廣據千里之齊田間將二十萬之衆軍於歷下諸田宗彊負海阻河濟南近楚人多變詐足下雖遣數十萬師未可以歲月破也臣請得奉

明記説齊王使為漢而稱東藩上曰善廼從其畫

項羽立沛公為漢王而三分關中地王秦降將以距漢王漢王怒欲謀攻羽周勃灌嬰樊噲皆勸之蕭何諫曰雖王漢中之惡不猶愈於死乎漢王曰何為乃死也何曰今衆弗如百戰百敗不死何為周書曰天予不取反受其咎語曰天漢其稱甚美夫能詘於一人之下而信於萬乘之上者湯武是也臣願大王王漢中養其民以致賢人收用巴蜀還定三秦天下可圖也漢王曰善乃遂就國以何為丞相

漢王拜韓信為大將信已拜上坐王曰丞相數言將軍將軍何以教寡人計策信謝因問王曰今東鄉争權天下豈非項王邪上曰然信曰大王自料勇悍仁彊孰與項王漢王默然良久曰弗如也信再拜賀曰唯信亦以為大王弗如也然臣嘗事項王請言項王之為人也項王喑噁叱咤千人皆廢然不能任屬賢將此特匹夫之勇也項王為

人恭謹言語姁姁人有病患涕泣分食飲至使人有功當封爵刻印刓忍不能予此所謂婦人之仁也項王雖霸天下而臣諸侯不居關中而都彭城又背義帝約而以親愛王諸侯不平諸侯之見項王逐義帝江南亦皆歸逐其主自王善地項王所過亡不殘滅多怨百姓百姓不附特劫於威强服耳名雖為霸實失天下心故曰其强易弱今大王誠能反其道任天下武勇何不誅以天下城邑封功臣何不服以義兵從思東歸之士何不散且三秦王為秦將將秦子弟數歲而所殺亡不可勝計又欺其衆降諸侯至新安項王詐阬秦降卒二十餘萬人唯獨邯欣翳脱秦父兄怨此三人痛於骨髓今楚强以威王此三人秦民莫愛也大王之入武關秋毫亡所害除秦苛法與民約法三章耳秦民亡不欲得大王王秦者於諸侯之約大王當王關中關中民戶知之王失職之蜀民亡不恨者今王舉而東三秦可傳

撥而定也。於是漢王大喜。自以爲得信晩。遂聽信計。

三年。項羽急圍漢王於滎陽。漢王憂恐。與酈食其謀撓楚權。（撓弱也）酈生曰。昔湯伐桀。封其後杞。武王誅紂。封其後宋。今秦無道。伐滅六國。無立錐之地。陛下誠復立六國後。此皆爭戴陛下德義。願爲臣妾。德義已行。南面稱伯。楚必斂衽而朝。漢王曰善。趣刻印。先生因行佩之。酈生未行。張良從外來謁漢王。漢王方食。曰。客有爲我計撓楚權者。具以酈生計告良。良曰。誰爲陛下畫此計者。陛下事去矣。漢王曰何哉。良曰。臣請借前箸以籌之。昔湯武伐桀紂。封其後者。度能制其死命也。今陛下能制項籍死命乎。其不可一矣。武王入殷。表商容閭。式箕子門。封比干墓。今陛下能乎。其不可二矣。發鉅橋之粟。散鹿臺之財。以賜貧窮。今陛下能乎。其不可三矣。殷事以畢。偃革爲軒。倒載干戈。示不復用。今陛下能乎。其不可四矣。休馬華山之陽。示無所爲。今

陛下能乎。其不可五矣。息牛桃林之埜。示天下不復輸積。今陛下能乎。其不可六矣。且夫天下游士。左親戚。棄墳墓。（左諸言其乖離而委離之以從漢也）去故舊。從陛下者。但日夜望咫尺之地。今乃立六國。唯無復立者。（既立國籍土地皆盡。無以封功勞之人。故云無復立者。唯者。發語之辭。）游士各歸事其主。從親戚。反故舊。陛下誰與取天下乎。其不可七矣。且楚唯無強。六國復撓而從之。（惟當使楚無強。強則六國弱而從之。）陛下焉得而臣之。其不可八矣。誠用此謀。陛下事去矣。漢王輟食吐哺。罵曰。豎儒幾敗迺公事。令趣銷印。

四年。項羽自知少助食盡。韓信又進兵擊之。羽乃與漢約中分天下。割洪溝以西爲漢。以東爲楚。九月。羽歸呂后太公。解而東歸。漢王欲西歸。張良陳平諫曰。今漢有天下太半。而諸侯皆附。楚兵罷食盡。此天亡之時。不因其幾而遂取之。所謂養虎自遺患也。漢王從之。

五年冬十月。漢王追項羽至陽夏南止軍。與韓信彭越期會擊楚。至固陵。不會。楚擊漢軍大破之。漢王復入壁深塹而守。謂張良曰。諸侯不從奈何。良曰。楚兵且破。二人未有分地。其不至固宜。君王能與共天下。可立致也。齊王信之立。非君王意。信亦不自堅。彭越本定梁地。始君王以魏豹故。拜越爲相國。今豹死。越亦望王。而君王不早定。今能取睢陽以北至穀城。皆以王彭越。從陳以東傅海。與齊王信。信家在楚。其意欲復得故邑。能出捐此地以許兩人。使各自爲戰。則楚易敗也。於是漢王發使使韓信彭越。至皆引兵來。

六年冬十月。人告楚王韓信謀反。上用陳平計。僞遊雲夢。十二月。會諸侯于陳。楚王信迎謁。因執之。詔曰。天下既安。豪傑有功者封侯。新立。未能盡圖其功。身居軍九年。或未習法令。或以其故犯法。大者死刑。吾甚憐之。其赦天下。田肯賀上曰。甚善。陛下得韓信。又治秦中。秦形勝之國也。帶河阻山。縣隔千里。持戟百萬。秦得百二焉。地勢便利。

其以下兵於諸侯。譬猶居高屋之上建瓴水也。夫齊東有琅邪即墨之饒。南有泰山之固。西有濁河之限。北有勃海之利。地方二千里。持戟百萬。縣隔千里之外。齊得十二焉。此東西秦也。非親子弟。莫可使王齊者。上曰善。賜金五百斤。

劉敬從匈奴來。因言匈奴河南白羊樓煩王。去長安近者七百里。輕騎一日一夜可以至秦中。秦中新破。少民。地肥饒。可益實。夫諸侯初起時。非齊諸田楚昭屈景莫能興。今陛下雖都關中。實少人。北近胡寇。東有六國之族宗強。一日有變。陛下亦未得高枕而臥也。臣願陛下徙齊諸田楚昭屈景燕趙韓魏後及豪傑名家居關中。無事可以備胡。諸侯有變。亦足率以東伐。此強本弱末之術也。上曰善。迺使劉敬徙所言關中十餘萬口。

高后崩。諸呂謀危劉氏。丞相陳平。太尉周勃。朱虛侯劉章等共誅之。

誅立代王。遂使人迎之。郎中令張武等議。皆曰。漢大臣皆故高帝時將。習兵事。多謀詐。其屬意非止此也。特畏高帝呂太后威耳。今已誅諸呂。新喋血京師。以迎大王為名。實不可信。願稱疾無往。以觀其變。中尉宋昌進曰。羣臣之議皆非也。夫秦失其政。豪傑並起。人人自以為得之者以萬數。然卒踐天子位者。劉氏也。天下絕望。一矣。高帝王子弟地。犬牙相制。所謂盤石之宗也。天下服其強。二矣。漢興。除秦煩苛。約法令。施德惠。人人自安。難動搖。三矣。夫以呂太后之嚴。立諸呂為三王。擅權專制。然而太尉以一節入北軍。一呼士皆袒左。為劉氏畔諸呂。卒以滅之。此乃天授。非人力也。今大臣雖欲為變。百姓弗為使。其黨寧能專一耶。內有朱虛東牟之親。外畏吳楚淮南琅邪齊代之彊。方今高帝子。獨淮南王與大王。大王又長。賢聖仁孝。聞於天下。故大臣因天下之心。而欲迎立大王。大王勿疑也。

東漢光武初起兵。主簿馮異因閒進說曰。天下同苦王氏。思漢久矣。今更始諸將從橫暴虐。所至虜掠。百姓失望。無所依戴。今公專命方面。施行恩德。夫有桀紂之亂。乃見湯武之功。人久飢渴。易為充飽。宜急分遣官屬。循行郡縣。理冤結。布惠澤。光武納之。

鄧禹聞光武起兵安集河北。即杖策北渡。追及於鄴。光武見之甚歡。謂曰。我得專封拜。生遠來。寧欲仕乎。禹曰。不願也。光武曰。即如是。何欲為。禹曰。但願明公威德加於四海。禹得效其尺寸。垂功名於竹帛耳。光武笑。因留宿閒語。禹進說曰。更始雖都關西。今山東未安。赤眉青犢之屬。動以萬數。三輔假號。往往羣聚。更始既未有所挫而不自聽斷。諸將皆庸人屈起。志在財幣。爭用威力。朝夕自快而已。非有忠良明智。深慮遠圖。欲尊主安民者也。四方分崩離析。形勢可見。明公雖建藩輔之功。猶恐無所成立。於今之計。莫如延攬英雄。務悅民心。立高祖之業。救萬民之命。以公而慮天下。不足定也。光武大悅。因令左右號禹曰鄧將軍。常宿止於中。與定計議。及王郎起兵。光武自薊至信都。使禹發奔命。得數千人。令自將之。別攻拔樂陽。從至廣阿。光武舍城樓上。披輿地圖。指示禹曰。天下郡國如是。今始乃得其一。子前言以吾慮天下不足定。何也。禹曰。方今海內殽亂。人思明君。猶赤子之慕慈母。古之興者。在德薄厚。不以大小。光武悅之。

光武北至薊。會王郎兵起。和成太守邳彤與帝會信都。帝以兵眾未合。議欲因信都兵西還長安。彤廷對曰。議者之言皆非也。吏民歌吟思漢久矣。故更始舉尊號而天下響應。三輔清宮除道以迎之。一夫荷戟大呼。則千里之將無不捐城遁逃。虜伏請降。自上古以來。亦未有感物動民其如此者也。又卜者王郎假名因勢。驅集

烏合之眾。遂震燕趙之地。況明公奮二郡之兵。揚響應之威。以攻則何城不克。以戰則何軍不服。今釋此而歸。豈徒空失河北。必更驚動三輔。墮損威重。非計之得者也。若明公無復征伐之意。則雖信都之兵。猶難會也。何者。明公既西。則邯鄲城民不肯捐父母。背城主。而千里送公。其離散亡逃可必也。帝善其言而止。

光武為蕭王時。諸將上尊號。不許。至南平棘。固請。又不許。諸將且出。耿純進曰。天下士大夫捐親戚。棄土壤。從大王於矢石之間者。其計固望攀龍鱗。附鳳翼。以成其所志耳。今大王留時逆眾。不正位號。純恐士大夫望絕計窮。則有去歸之思。無為久自苦也。大眾一散。難可復合。純言甚誠切。王深感曰。吾將思之。行至鄗。召馮異問四方動靜。異曰。更始必敗。宗廟之憂在於大王。宜從眾議。會儒生彊華自關中奉赤伏符來詣王曰。劉秀發兵捕不道。四夷雲集

龍鬬野。四七之際火為主。羣臣因復請。乃即位于鄗南。

光武謂太中大夫來歙曰。今西州未附。子陽稱帝。道里阻遠。諸將方務關東。思西州方略。未知所在。奈何。歙曰。臣嘗與隗囂相遇長安。其人始起以漢為名。臣願得奉威命。開以丹青之信。囂必束手自歸。則述自亡之勢。不足圖也。帝然之。令歙使於囂。

蜀漢先主屯新野。徐庶薦諸葛亮。先主遂詣亮。凡三往乃見。因屏人曰。漢室傾頹。姦臣竊命。主上蒙塵。孤不度德量力。欲信大義於天下。而智術淺短。遂用猖蹶。至于今日。然志猶未已。君謂計將安出。亮答曰。自董卓已來。豪傑並起。跨州連郡者。不可勝數。曹操比於袁紹。則名微而眾寡。然操遂能克紹。以弱為強者。非惟天時。抑亦人謀也。今操已擁百萬之眾。挾天子以令諸侯。此誠不可與爭鋒。孫權據有江東。已歷三世。國險而民附。賢能為之用。此可與為

援而不可圖也。荊州北據漢沔。利盡南海。東連吳會。西通巴蜀。此用武之國。而其主不能守。此殆天所以資將軍。將軍豈有意乎。益州險塞。沃野千里。天府之土。高祖因之以成帝業。劉璋闇弱。張魯在北。民殷國富而不知存恤。智能之士。思得明君。將軍既帝室之胄。信義著於四海。總攬英雄。思賢如渴。若跨有荊益。保其巖阻。西和諸戎。南撫夷越。外結好孫權。內脩政理。天下有變。則命一上將將荊州之軍以向宛洛。將軍身率益州之眾以出秦川。百姓孰敢不簞食壺漿以迎將軍者乎。誠如是。則霸業可成。漢室可興矣。先主曰善。於是與亮情好日密。

諸葛亮留鎮荊州。龐統隨先主入蜀。益州牧劉璋與先主會涪。統進策曰。今因此會。便可執之。則將軍無用兵之勞而坐定一州也。先主曰。初入他國。恩信未著。此不可也。璋既還成都。先主當為璋北征漢中。統復說曰。陰選精兵。晝夜兼道。徑襲成都。璋既不武。又素無預備。大軍卒至。一舉便定。此上計也。楊懷、高沛。璋之名將。各仗強兵。據守關頭。聞數有牋諫璋。使發遣將軍還荊州。將軍未至。遣與相聞。說荊州有急。欲還救之。並使裝束。外作歸形。此二子既服將軍英名。又喜將軍之去。計必乘輕騎來見。將軍因此執之。進取其兵。乃向成都。此中計也。退還白帝。連引荊州。徐還圖之。此下計也。若沉吟不去。將致大困。不可久矣。先主然其中計。即斬懷、沛。還向成都。所過輒克。

先主以龐統為軍師中郎將。統說先主曰。荊州荒殘。人物殫盡。東有吳孫。北有曹氏。鼎足之計。難以得志。今益州國富民強。戶口百萬。四部兵馬。所出必具。寶貨無求於外。今可權借以定大事。先主曰。今指與吾為水火者。曹操也。操以急。吾以寬。操以暴。吾以仁。操以譎。吾以忠。每與操反。事乃可成耳。今以小故而失信義於天下者。吾所不取

也。統曰。權變之時。固非一道所能定也。兼弱攻昧。五伯之事。逆取順守。報之以義。事定之後。封以大國。何負於信。今日不取。終為人利耳。

法正說先主曰。曹操一舉而降張魯。定漢中。不因此勢以圖巴蜀。而留夏侯淵、張郃屯守。身遽北還。此非其智不逮而力不足也。必將內有憂偪故耳。今策淵、郃才略。不勝國之將帥。舉眾往討。則必可克之。克之之日。廣農積穀。觀釁伺隙。上可以傾覆寇敵。尊獎王室。中可以蠶食雍涼。廣拓境土。下可以固守要害。為持久之計。此蓋天以與我。時不可失也。先主善其策。乃率諸將進兵漢中。正亦從行。

後主建興五年。丞相諸葛亮伐魏。率諸軍北駐漢中。臨發上表曰。先帝創業未半。而中道崩殂。今天下三分。益州疲弊。此誠危急存亡之秋也。然侍衛之臣不懈於內。忠志之士忘身於外者。蓋追先帝之殊遇。欲報之於陛下也。誠宜開張聖聽。以光先帝遺德。恢弘志士之氣。

不宜妄自菲薄引喻失義以塞忠諫之路也宮中府中俱為一體陟罰臧否不宜異同若有作奸犯科及為忠善者宜付有司論其刑賞以昭陛下平明之理不宜偏私使內外異法也侍中侍郎郭攸之費禕董允等此皆良實志慮忠純是以先帝簡拔以遺陛下愚以為宮中之事事無大小悉以咨之然後施行必能裨補闕漏有所廣益將軍向寵性行淑均曉暢軍事試用於昔日先帝稱之曰能是以衆議舉寵為督愚以為營中之事悉以咨之必能使行陣和睦優劣得所親賢臣遠小人此先漢所以興隆也親小人遠賢臣此後漢所以傾頹也先帝在時每與臣論此事未嘗不歎息痛恨於桓靈也侍中尚書長史參軍此悉貞良死節之臣願陛下親之信之則漢室之隆可計日而待也臣本布衣躬耕於南陽苟全性命於亂世不求聞達於諸侯先帝不以臣卑鄙猥自枉屈三顧臣於草廬之中諮臣以當世

之事由是感激遂許先帝以驅馳後值傾覆受任於敗軍之際奉命於危難之間爾來二十有一年矣先帝知臣謹慎故臨崩寄臣以大事也受命以來夙夜憂歎恐託付不效以傷先帝之明故五月渡瀘深入不毛今南方已定兵甲已足當奬率三軍北定中原庶竭駑鈍攘除姦凶興復漢室還于舊都此臣所以報先帝而忠陛下之職分也至於斟酌損益進盡忠言則攸之禕允之任也願陛下託臣以討賊興復之效不效則治臣之罪以告先帝之靈責攸之禕允等之慢以彰其咎陛下亦宜自謀以諮諏善道察納雅言深追先帝遺詔臣不勝受恩感激今當遠離臨表涕零不知所言

亮聞孫權破曹休魏兵東下關中虛弱又上表曰先帝慮漢賊不兩立王業不偏安故託臣以討賊也以先帝之明量臣之才故知臣伐賊才弱敵強也然不伐賊王業亦亡惟坐而待亡孰與伐之是故託臣而弗疑也臣受命之日寢不安席食不甘味思惟北征宜先入南故五月渡瀘深入不毛并日而食臣非不自惜也顧王業不可得偏全於蜀都故冒危難以奉先帝之遺意也而議者謂為非計今賊適疲於西又務於東兵法乘勞此進趨之時也謹陳其事如左高帝明並日月謀臣淵深然涉險被創危然後安今陛下未及高帝謀臣不如良平而欲以長計取勝坐定天下此臣之未解一也劉繇王朗各據州郡論安言計動引聖人羣疑滿腹衆難塞胸今歲不戰明年不征使孫策坐大遂并江東此臣之未解二也曹操智計殊絕於人其用兵也髣髴孫吳然困於南陽險於烏巢危於祁連偪於黎陽幾敗伯山殆死潼關然後偽定一時耳況臣才弱而欲以不危而定之此臣之未解三也曹操五攻昌霸不下四越巢湖不成任用李服而李服圖之委夏侯而夏侯敗亡先帝每稱操為能猶有此失況臣駑下

何能必勝此臣之未解四也自臣到漢中中間朞年耳然喪趙雲陽羣馬玉閻芝丁立白壽劉郃鄧銅等及曲長屯將七十餘人突將無前賨叟青羌散騎武騎一千餘人此皆數十年之內所糾合四方之精銳非一州之所有若復數年則損三分之二也當何以圖敵此臣之未解五也今民窮兵疲而事不可息事不可息則住與行勞費正等而不及虛圖之欲以一州之地與賊持久此臣之未解六也夫難平者事也昔先帝敗軍於楚當此時曹操拊手謂天下以定然後先帝東連吳越西取巴蜀舉兵北征夏侯授首此操之失計而漢事將成也然後吳更違盟關羽毀敗秭歸蹉跌曹丕稱帝凡事如是難可逆見臣鞠躬盡力死而後已至於成敗利鈍非臣之明所能逆覩也

七年吳孫權稱尊號其羣臣以並尊二帝來告議者咸以為交之無益而名體弗順宜顯明正義絕其盟好諸葛亮上言曰權有僭逆之

心久矣國家所以略其釁情者求犄角之援也今君如顯絕讎我必深便當移兵東伐與之角力須并其土乃議中原彼賢才尚多將相輯穆未可一朝定也頓兵相持坐而須老使北賊得計非策之上者昔孝文屈辭匈奴先帝優與吳盟皆應權通變弘思遠益非匹夫之為分者也今議者咸以權利在鼎足不能并力且志望以滿無上岸之情推此皆似是而非也何者其智力不侔故限江自保權之不能越江猶魏賊之不能渡漢非力有餘而利不取也若大軍致討彼高當分裂其地以為後規下當略民廣境示武於內非端坐者也若就其不動而睦於我我之北伐無東顧之憂河南之衆不得盡西此之為利亦已深矣權僭之罪未宜明也乃遣衛尉陳震慶權正號

魏明帝時太尉華歆上疏曰兵亂以來過踰二紀大魏承天受命陛下以聖德當成康之隆宜弘一代之治紹三王之迹雖有二賊負險

延命為聖化日躋遠人懷德將襁負而至夫兵不得已而用之故戢而時動臣誠願陛下先留心於治道以征伐為後事且千里運糧非用兵之利越險深入無獨克之功如聞今年徵役頗失農桑之業為國者以民為基民以衣食為本使中國無饑寒之患百姓無離土之心則天下幸甚二賊之釁可坐而待也臣備位宰相老病日篤犬馬之命將盡恐不復奉望鑾蓋不敢不竭臣子之懷唯陛下裁察帝報曰君深慮國計朕甚嘉之賊憑恃山川二祖勞於前世猶不克平朕豈敢自多謂必滅之哉諸將以為不一探取無由自弊是以觀兵以闚其釁若天時未至周武還師乃前事之鑒朕敬不忘所戒

吳孫權時蜀先主往見之周瑜上疏曰劉備以梟雄之姿而有關羽張飛熊虎之將必非久屈為人用者愚謂大計宜徙備置吳盛為築宮室多其美女玩好以娛其耳目分此二人各置一方使如瑜者得挾與攻戰大事可定也今猥割土地以資業之聚此三人俱在疆埸恐蛟龍得雲雨終非池中物也權以曹公在北方當廣攬英雄又恐備難卒制故不納

曹操新破袁紹兵威日盛下書責孫權質任子權召羣臣會議張昭秦松等猶豫不能決權意不欲遣質乃獨將周瑜詣母前定議瑜曰昔楚國初封於荊山之側不滿百里之地繼嗣賢能廣土開境立基於郢遂據荊揚至於南海傳業延祚九百餘年今將軍承父兄餘資兼六郡之衆兵精糧多將士用命鑄山為銅煑海為鹽境內富饒人不思亂汎舟舉帆朝發夕到士風勁勇所向無敵有何逼迫而欲送質質一入不得不與曹氏相首尾與相首尾則命召不得不往便見制於人也極不過一侯印僕從十餘人車數乘馬數匹豈與南面稱孤同哉不如勿遣徐觀其變若曹氏能率義以正天下將軍事之未

晚若圖為暴亂兵猶火也不戢將自焚將軍韜勇抗威以待天命何送質之有權母曰公瑾議是也公瑾與伯符同年小一月耳我視之如子也汝其兄事之遂不送質

吳之羣臣步騭朱然等上疏云自蜀還者咸言欲背盟與魏交通多作舟船繕治城郭又蔣琬守漢中聞司馬懿南向不出兵乘虛以犄角之反委漢中還近成都事已彰灼無所復疑宜為之備權揆其不然曰吾待蜀不薄聘享盟誓無所負之何以致此又司馬懿前來入舒旬日便退蜀在萬里何知緩急而便出兵乎昔魏欲入漢川此間始嚴亦未舉動會聞魏還而止蜀寧可復以此有疑邪又人家治國舟船城郭何得不護今此間治軍寧復欲以禦蜀邪人言苦不可信朕為諸君破家保之蜀竟自無謀如權所籌

周瑜薦魯肅才宜佐時權即見肅與語甚悅之衆賓罷退獨引肅還

合榻對飲。因密議曰。今漢室傾危。四方雲擾。孫承父兄餘業。思有桓文之功。君既惠顧。何以佐之。肅對曰。昔高帝區區尊事義帝而不獲者。以項羽為害也。今之曹操猶昔項羽。將軍何由得為桓文乎。肅竊料之。漢室不可復興。曹操不可卒除。為將軍計。惟有鼎足江東以觀天下之釁。規模如此。亦自無嫌。何者。北方誠多務也。因其多務。勦除黃祖。進伐劉表。竟長江所極。據而有之。然後建號帝王。以圖天下。此高帝之業也。權曰。今盡力一方。冀以輔漢耳。此言非所及也。張昭非肅謙下不足。頗訾毀之。權不以介意。益貴重之。會劉表死。肅進說曰。夫荆楚與國鄰接。水流順北。外帶江漢。內阻山陵。有金城之固。沃野萬里。士民殷富。若據而有之。此帝王之資也。今表新亡。二子素不輯睦。軍中諸將。各有彼此。加劉備天下梟雄。與操有隙。寄寓於表。表惡其能而不能用也。若備與彼協心。上下齊同。則宜撫安與結盟好。如有離違。宜別圖之。以濟大事。肅請得奉命弔表二子。并慰勞其軍中用事者。及說備使撫表眾。同心一意。共治曹操。備必喜而從命。如其克諧。天下可定也。今不速往。恐為操所先。

陸遜拜定威校尉。軍屯利浦。權以兄策女配遜。數訪世務。遜建議曰。方今英雄棊跱。豺狼闚望。克敵寧亂。非眾不濟。而山寇舊惡。依阻深地。夫腹心未平。難以圖遠。可大部伍。取其精銳。權納其策。

嘉禾三年。太子登臨終上疏曰。臣以無狀。嬰抱篤疾。自省微劣。懼卒隕斃。臣不自惜。念當委離供養。埋斷后土。長不復奉望宮省。朝覲日月。生無益於國。死貽陛下重慼。以為哽結耳。臣聞死生有命。長短自天。周晉顏回有上智之才。而尚夭折。況臣愚陋。年過其壽。生為國嗣。沒享榮祚。於臣已多。亦何悲恨哉。方今大事未定。逋寇未討。萬國喁喁。係命陛下。危者望安。亂者仰治。願陛下棄忘臣身。割下流之恩。脩黃老之術。篤養神光。加羞珍膳。廣開神明之慮。以定無窮之業。則率土幸賴。臣死無恨也。皇子和仁孝聰哲。德行清茂。宜早建置。以繫民望。諸葛恪才略博達。器任佐時。張休、顧譚、謝景皆通敏有識斷。入宜委腹心。出可為爪牙。范慎、華融矯矯壯節。有國士之風。羊衜辯捷。有專對之材。刁玄優弘。志履道真。裴欽博記。翰采足用。蔣脩、虞翻。志節分明。凡此諸臣。或宜廊廟。或任將帥。皆練時事。明習法令。守信固義。有不可奪之志。此皆陛下日月所照。選置臣宮。得與從事。備知情素。敢以陳聞。臣重惟當今方外多虞。師旅未休。當厲六軍。以圖進取。軍以人為眾。眾以財為寶。竊聞郡縣頗有荒殘。民物凋弊。姦亂萌生。是以法令繁滋。刑辟重切。臣聞為政聽民。律令與時推移。誠宜與將相大臣詳擇時宜。博采眾議。寬刑輕賦。均息力役。以順民望。陸遜忠勤於時。出身憂國。謇謇在公。有匪躬之節。諸葛瑾、步隲、朱然、全琮、朱據、呂岱、吾粲、闞澤、嚴畯、張承、孫怡。忠於為國。通達治體。可令陳上便益。蠲除苛煩。愛養士馬。撫循百姓。五年之外。十年之內。遠者歸復。近者盡力。兵不血刃。而大事可定也。臣聞鳥之將死。其鳴也哀。人之將死。其言也善。故子囊臨終。遺言戒時。君子以為忠。豈況臣登。其能已乎。願陛下留意聽采。臣雖死之日。猶生之年也。

烏程侯寶鼎二年。徐陵亭侯華覈上疏諫曰。臣聞漢文之世。九州晏然。秦民喜去慘毒之苛政。歸劉氏之寬仁。省役約法。與之更始。分王子弟。以藩漢室。當此之時。皆以為泰山之安。無窮之基也。至於賈誼獨以為可痛哭及流涕者三。可為長歎息者六。乃曰。當今之勢。何異抱火積薪之下而寢其上。火未及然而謂之安。其後變亂。皆如其言。臣雖下愚。不識大倫。竊以曩時之事。揆今之勢。誼云。復數年間。諸王方剛。漢之傅相。稱疾罷歸。欲以此為治。雖堯舜不能安。今大敵據九爾之地。有太平之基。會攻戰之餘術。乘戎馬之舊勢。欲與中國爭相吞之計。其猶楚漢勢不兩立。非徒漢之諸王淮南濟北而已。譬之所欲痛乎。比今為緩。抱火臥薪之喻。於今而急。大皇帝覽前代之如彼。察今勢之如此。故廣開農桑之業。積不訾之儲。恤民重役。務養戰士。是以大小感恩。各思竭命。期運未至。早棄萬國。自是之後。強臣專政。上詭天時。下違眾議。忘安存之本。邀一時之利。數興軍旅。傾竭府藏。兵勞民困。無時獲安。今之存者。乃創夷之遺眾。哀苦之餘民耳。遂使軍資空匱。倉廩不實。布帛之賜。寒暑不周。重以失業。家戶不贍。而北積穀養民。專心東向。無復他警。蜀為西藩。土地險固。加承先主統御之術。謂其守御。足以長久。不圖一朝奄至傾覆。脣亡齒寒。古人所懼。交州諸郡。國之南土。交阯九真二郡已沒。日南孤危。存亡難保。合浦以北。民皆搖動。因連避役。多有離叛。而備戍減少。威鎮轉輕。常恐呼吸。復有變故。皆海濱窮險。東縣多得離民。地習海行。狃於往年。鈔盜無日。今胷背有嫌。首尾多難。乃國朝之厄會也。誠宜住建立之役。先備豫之計。勉墾殖之業。為饑乏之救。惟恐農時將過。東作向晚。有事之日。整嚴未辦。若舍此急。盡力功作。卒有風塵不虞之變。當委版築之役。應烽燧之急。驅怨苦之眾。赴白刃之難。此乃大敵所因為資也。如但固守。曠日持久。則軍糧必乏。不待接刃。而戰士已困矣。昔太戊之時。桑穀生庭。懼而脩德。怪消殷興。熒惑守心。宋以為災。景公下從瞽史之言。而熒惑退舍。景公延年。夫德脩於身。而感異類。言發於口。而通神明。臣以愚蔽。誤忝近署。不能翼宣仁澤以感靈祇。仰慙俯愧。無所投處。退伏思惟。熒惑桑穀之異。天示二主。至如他餘錙介之妖。近是門庭小神所為。驗之天地。無有他變。而徵祥符瑞。前後屢臻。明珠既覿。白雀繼見。萬億之祚。實靈所挺。以九域為宅。天下為家。不與編戶之民轉徙同也。又今之宮室。先帝所營。卜土立基。非為不祥。又揚市土地。與宮連接。若太功畢竟。輿駕遷住。門行之神。皆當轉移。猶恐長久。未必勝舊。屢遷不可。留則有嫌。此乃愚臣所以夙夜為憂灼也。臣省月令。季夏之月。不可以興土功。不可以會諸侯。不可以起兵動眾。舉大事。必有大殃。今雖諸侯不會。諸侯之軍與會無異。六月戊己。土行正王。既不可犯。加又農月。時不可失。昔魯隱公夏城中丘。春秋書之。垂為後戒。今築宮為長世之洪基。而犯天地之大禁。襲春秋之所書。廢敬授之上務。臣以愚管。竊所未安。又恐所召離民。或有不至。討之。則廢役興事。不討。日月滋蔓。若悉並到。大眾聚會。希無疾病。且人心安則念善。苦則怨叛。江南精兵。北土所難。欲以十卒當東一人。天下未寧。深可憂惜之。如此宮成。死叛五千。則北軍之眾。更增五萬。若到萬人。則倍益十萬。病者有死亡之損。叛者傳不善之語。此乃大敵所以歡喜也。今當角力中原。以定彊弱。正於際會。彼益我損。加以勞困。此乃雄夫智士所以深憂。臣聞先王治國。無三年之儲。曰國非其國。安寧之世。戒備如此。況敵強大。而忽農忘畜。今雖頗種殖。間者大水沉潦。其餘存者。當須耘穫。而長吏怖期。上方諸郡。身涉山林。盡力伐材。廢農棄務。士民妻孥。羸小墾殖。又薄若有水旱。則永無所穫。郡見米當待有事。冗食之眾。仰官供濟。若上下空乏。運漕不供。而北敵犯疆。使周召更生。良平復出。不能為陛下計明矣。臣聞君明者臣忠。主聖者臣直。是以慺慺。昧犯天威。乞垂哀省。書奏不納。

建衡二年。陸抗都督信陵西陵夷道樂鄉公安諸軍事。治樂鄉。抗聞都下政令多闕。憂深慮遠。乃上疏曰。臣聞德均則眾者勝寡。力侔則安者制危。蓋六國所以兼并於強秦。西楚所以北面於漢高也。今敵跨制九服。非徒關右之地。割據九州。豈但鴻溝以西而已。國家外無連國之擾。内非西楚之彊。厥政陵遲。黎民未乂。而議者所恃徒以長川峻山。限帶封域。此乃書傳之末事。非智者之所先也。臣每遠惟戰國存亡之符。近覽劉氏傾覆之釁。考之典籍。驗之行事。中夜撫枕。臨餐忘食。昔匈奴未滅。去病辭館。漢道未純。賈生哀泣。况臣王室之出。世荷光寵。身名否泰。與國同戚。死生契闊。義無苟且。夙夜憂怛。念至情惓。夫事君之義。犯而勿欺。人臣之節。匪躬是殉。

歷代名臣奏議卷之七十八

歷代名臣奏議卷之七十九

經國

晉武帝時。議郎段灼假還鄉里。臨去。遣息上表曰。臣受恩三世。剖符守境。試用無績。沉伏數年。犬馬之力無所復堪。陛下弘廣納之聽。採狂夫之言。原臣侵官之罪。不問干忤之愆。天地恩厚。於臣足矣。臣聞忠臣之於其君。猶孝子之於其親。進則有欣然之懽。非貪官也。退則有戚然之憂。非懷祿也。其意在於不忘先君榮親。情所不能自已者也。臣伏自悼。私懷至恨。生長荒裔。而久在外任。自繯抱疾。未嘗覲見陛下。竟不知臣何人。此臣之恨一也。遭運會之世。值有事之時。而不能垂功名於竹帛。此臣之恨二也。逮事聖明之君。而顦悴羸劣。陳力又不能。當歸死於地下。此臣之恨三也。哀二親早亡隕。兄弟並凋落。孝敬無復施於家門。此臣之恨四也。夏之日忽以過。冬之夜尋復來。人生百歲。尚以為不足。而臣中年嬰疾。此臣之恨五也。懸日月之所養。愧昊蒼而無報。此臣之所以懷五恨而歎息臨歸路而自悼者也。語有之曰。華言虛也。至言實也。苦言藥也。甘言疾也。臣欲言天下太平。而靈龜神狐未見。仙芝蓂莢未生。麒麟未游乎靈禽之囿。鳳凰未儀於太極之庭。此臣之所以不敢華言而為佞者也。昔漢高祖初定天下。于時戍卒婁敬上書諫曰。陛下取天下不與成周同。而欲比隆成周。臣竊以為不侔。於是漢祖感悟。深納其言。賜姓為劉氏。又顧謂陸賈曰。為我著秦所以亡。而吾所以得之者。賈乃作新語之書。述叙前世成敗以為勸戒。又田肯建一言之計。非親子弟莫可使王齊者。而受千金之賜。故世稱漢祖之寬明博納。所以能成帝業也。今之言世者皆曰堯舜復興。天下已太平矣。臣獨以為未。亦竊有勸焉。且百王殊制。聖賢吐言。集事之明鑒也。孟子曰。堯不能以天下與舜。則舜之有天下也。天與之也。昔舜為相。堯崩三年之喪畢。舜避堯之子於南河。天下諸侯朝覲獄訟者不之堯之子而之舜。舜曰天也。乃之中國踐天子位焉。若居堯之宮。逼堯之子。非天所與者也。曩昔西有不臣之蜀。東有僭號之吳。三主鼎足。並稱天子。魏文帝率萬乘之衆。受禪於繁陵。而自以德同唐虞。以為漢獻即是古之堯。自謂即是今之舜。乃謂孟軻荀卿不通禪代之變。遂作禪代之文。刻石垂戒。班示天下。傳之後世。亦安能使將來君子皆曉然心服其義乎。然魏文徒希慕堯舜之名。推新集之魏。欲以同於唐虞之盛。忽骨肉之恩。忘藩屏之固。竟不能使四海賓服。混一王化。而于時群臣莫有諫者。不其過矣哉。荀卿曰。堯舜禪讓。是不然矣。天下者至重也。非至彊莫之能任。至大也。非至辯莫之能分。至衆也。非至明莫之能畀。此三至者。非聖人莫之能盡。由此言之。荀卿孟軻亦各有所不取焉。陛下受禪。從東府入西宮。兵刃耀天。旌旗蔽日。雖應天順人。同符唐虞。然法度損益則亦不異於昔魏文矣。故宜資三至以彊制之。而今諸王有立國之名。而無襟帶之實。又蜀地有自然之險。是歷世奸雄之所闚闞。逋逃之所聚也。而無親戚子弟之守。此豈深思遠慮。杜漸防萌者乎。昔漢文帝據已成之業。六合同風。天下一家。而賈誼上疏陳當時之勢。猶以為辟如抱火厝於積薪之下而寢其上。火未及然。因謂之安。此言識存不忘亡。安不忘亂者也。然臣之憧憧。亦竊顧居安思危。無曰高高在上。常念臨深之義。不忘履水之戒。盡除魏世之弊法。綏以新政之大化。使萬邦欣欣。喜戴洪惠。昆蟲草木。咸蒙恩澤。朝廷詠康哉之歌。山藪無伐檀之人。此固天下所覬望者也。陛下自初踐祚。發無諱之詔。置箴諫之官。赫然寵異謇諤之臣。以明好直言之信。恐陳事者知直言之不用。皆杜口結舌。祥瑞亦曷由來哉。臣無陸生之才。不在

顧問之地。蓋聞主聖臣直。義在於有犯無隱。臣不惟跡遠未信而言。敢塵論前代隆名之君及亡敗之主。廢興所由。又博陳舉賢之路。廣開養老之制。崇必信之道。又張設讜者之難。凡五事以聞。臣之所言。皆直陳古今已行故事。非新聲異端也。辭義寡淺。不足採納。然臣私心。誠謂有可發起覺悟。遺忘。願陛下察臣愚忠。恕臣狂直。無使天下以言者為戒。疾痛增篤。退念桑梓之詩。惟狐死之義。輒取長休歸近墳墓。顧瞻宮闕。戀情皇極。不勝丹款。其一曰。臣聞善有章也。著在經典。惡有罰也。戒在刑書。上自遠古。下洎秦漢。其明王霸主。及亡國闇君。故可得而稱。至於忠謇賢輔。及佞諂姦臣。亦可得而言。故朝有誹謗盡規之臣。無不昌也。任用阿諛唯唯之士。無不亡也。是有國者皆欲求忠以自輔。舉賢以自佐。而亡國破家者相繼。皆由任失其人。所謂賢者不賢。忠者不忠也。臣謹言前任賢所由興。任不肖所以亡者。堯之末年。四凶在朝而不去。八元在家而不舉。然致天平地寧。四門穆穆。其功固在重華之為相。夏癸放於鳴條。商辛梟於牧野。此俱萬乘之主。而國滅身擒。由不能屬任賢相。用婦人之言。荒淫無道。肆志沉宴。作靡靡之樂。長夜之飲。於是登糟丘。臨酒池。觀牛飲。望肉林。龍逢忠而被害。比干諫而剖心。天下之所以歸惡者也。太甲暴虐。顛覆湯之典制。於是伊尹放之桐宮。而能改悔反善。三年而後歸于亳。既已放而復還。殷道微而復興。諸侯咸服。號稱太宗。實賴阿衡之盡忠也。周室既衰。諸侯並爭。天王微弱。政逮陵遲。齊桓公淫亂之主耳。然所以能九合一匡之功。有尊周之名。誠管夷吾之力。及其死也。蟲流出門。豈非任豎刁之過乎。且一桓公之身。得管仲其功如彼。用豎刁其亂如此。夫榮辱存亡。實在所任。可不審哉。秦本伯翳之後。微微小邑。至秦仲始大。有車馬禮樂侍御之好焉。自穆公至於始皇。皆能留

心待賢遠求異士。招由余於西戎。致五羖於宛市。取丕豹於晉。鄉迎蹇叔於宋里。由是四方雄俊繼踵而至。故能世爲强國。吞滅諸侯。奄有天下。然稱皇帝。由謀臣之助也。道化未淳。崩於沙丘。胡亥乘虐用詐。自恃不能弘濟統緒。克成堂構。而乃殘賊仁義。毒流黔首。故陳勝吳廣奮臂大呼而天下響應。於是趙高逆亂。閻樂承指。二世窮迫自戮。望夷。子嬰雖立去帝爲王。孤危無輔。四旬而亡。此由邪臣擅命。指鹿爲馬。所以速秦之禍也。秦失其鹿。豪傑競逐。項羽既得而失之。其咎在烹韓生。而范增之謀不用。假令羽既距項伯之邪說。斬沛公於鴻門。都咸陽以號令諸侯。則天下無敵矣。而羽距韓生之忠諫。背范增之深計。自謂霸王之業已定。都彭城還故鄉。夸晝被文繡。此蓋世俗兒女之情耳。而羽榮之。是故五載爲漢所擒。至死尚不知覺悟。乃曰。天亡我非戰之罪。甚痛矣哉。且夫士之歸仁。猶水之歸下。歐之者

曠野。故曰爲川驅魚者獺也。爲叢驅雀者鸇也。爲湯武驅人者桀紂也。漢高祖起於布衣。提三尺之刃而取天下。用六國之資。無唐虞之禪。豈徒賴良平之奇謀。盡英雄之智力而已乎。亦由項氏爲驅人也。子孫承基二百餘年。逮成帝委政舅家。使權勢外移。安昌侯張禹者漢之三公。成帝保傅也。帝親幸其家。拜禹牀下。深問天災人事。禹當惟大臣之節。爲社稷深慮。忠言嘉謀。陳其災患。則王氏不得專權寵王莽無緣乘勢。使遂託雲龍而登天衢。令漢祚中絕也。禹佞諂不忠挾懷私計。徒低仰於五侯之間。苟取容媚而已。是以朱雲抗節秉尚方斬馬劍。欲以斬禹以戒其餘。可謂忠矣。而成帝尚復不悟。乃以爲居下訕上。廷辱保傅。罪死無赦。詔御史將雲下。欲急亟之。雲攀殿折檻。幸賴左將軍辛慶忌叩頭流血以死爭之。若不然。則雲已摧碎矣。後雖釋擢。不循欲以彰明直臣。誠足以爲後世之戒。何益於漢室所

由亡也哉。然世之論者。以爲亂臣賊子無道之甚者。莫過於莽。此亦由紂之不善不如是之甚也。傳稱莽始起外戚。折節力行。以要名譽。宗族稱孝。朋友歸仁。及其輔政成哀之際。勤勞國家。動見稱述。然于時人士詣闕上書薦莽者不可稱紀。內外羣臣莫不歸莽功德。遭遇漢室中微。國嗣三絕。而太后壽考爲之宗主。故莽得遂策命。孺子而奪其位也。昔湯武之興。亦逆取而順守之耳。向莽深惟殷周取守之術。崇道德。務仁義。履信實。去華僞。施惠天下。千有八年。息足以感百姓。義足以結英雄。人懷其德。豪傑並用。如此。宗廟社稷宜未滅也。光武雖復賢才大業。詎可與哉。莽即位之後。自謂得天人之助。以爲功廣三王。德茂唐虞。乃自驕矜。奮其威詐。班宣符識。震暴殘酷。窮凶極惡。人怨神怒。冬雷電以驚人耳目。夏地動以惕其心腹。而莽猶不知覺悟。易復重行不順時之令。竟連五之刑。佞媚者親幸。忠諫者誅夷。

由是天下怨憤。內外俱發。四海分崩。城池不守。身死於匹夫之手。爲天下笑。豈不異哉。其所由然者。非取之過。而守之非道也。莽既屠肌六合。雲擾劉聖公已立而不辨。盆子承之而覆敗。公孫述又稱帝於蜀漢。如此數子。固非所謂應天順人者。徒爲光武之驅除者耳。夫天下者。蓋亦天下之天下。非一人之天下也。殷商之旅。其會如林。矢于牧野。維予侯興。又曰。侯服于周。天命靡常。由此言之。主非常人也。有德則天下歸之。無德則天下叛之。故古之明王。其勞心遠慮。常如臨川無津涯。於是法天地。象四時。隆恩德。敬大臣。近忠直。遠佞人。仁孝著乎宮墻。弘化洽乎兆庶。爲平直如砥矢。信義感人神。雖有椒房外戚之寵。不受其委曲之言。雖有近習愛幸之豎。不聽其姑息之辭。四門穆穆。闢而不闔。待諫者而無忌。恒戰戰慄慄。不忘戒懼。所以欲永終天祿。恐爲將來賢聖之驅除也。且臣聞之。懼危者常安者也。憂亡

者恒存者也。使夫有國之君。能安不忘危。則本枝百世。長保榮祚。名位與天地無窮。亦何慮乎為來者之驅除哉。傳有之曰。狂夫之言。明主察焉。其二曰。士之立業。行非一槩。吳起貪官。母死不歸。殺妻求將。不孝之甚。然在魏。使秦人不敢東向。在楚則三晉不敢南謀。曾參閔騫。誠孝子也。不能夙夕離其親。豈肯出身致死。涉危險之地哉。今大晉應期運之所授。齊聖義於有虞。而吳人不臣。稱帝私附。此亦國之羞也。陛下誠欲致熊羆之士。不二心之臣。使奮威淮浦。震服蠻荊者。故宜疇咨博采。廣開貢士之路。薦巖穴。舉賢才。徵命考試。匪俊莫用。今臺閣選舉。塗塞耳目。九品訪人。唯問中正。故據上品者。非公侯之子孫。則當塗之昆弟也。二者苟然。則筆門蓬戶之俊。安得不有陸沉者哉。其三曰。昔田子方養老馬。而窮士知所歸。況居天下之廣居。立天下之正位。行天下之大化乎。昔明王聖主。無不養老。老人衆多。未必皆賢。不可悉養。故父事三老。所以明孝。宗事五更。所以明敬。孟子曰。吾老以及人之老。吾幼以及人之幼。今天下雖定。而華山之陽無放馬之羣。桃林之下未有休息之牛。故以吳人尚未臣服故也。夫飢者易為食。渴者易為飲。天下元元。瞻望新政。願陛下思子方之仁。念犬馬之勞。思帷蓋之報。發仁惠之詔。廣開養老之制。其四曰。法令賞罰。莫大乎信。古人有言。人而無信。不知其可。況有養人以惠。使人以義。而可以不信行之哉。臣前為西郡太守。被州所下已未詔書。羌胡道遠。其但募取樂行。不樂勿彊。臣被詔書。輒宣恩廣募。示以賞信。所得人名。即條言征西。其晉人自可差簡丁彊。如法調取。至於羌胡。非恩意告諭。則無欲度金城河西者也。自往每興軍度河。未曾有變故。刺史郭綏勸帥有方。深加獎屬。要許重報。是以所募感恩利賞。遂立績效。功在第一。今州郡督將並已受封。羌胡健兒。或王或侯。不蒙論

敘也。晉文猶不貪原而失信。齊桓不惜地而背盟。況聖主乎。其五曰。昔周漢之興。樹親建德。周曰五等之爵。漢有河山之誓。及其衰也。神器奪於重臣。國祚移於他人。故滅周者秦。非姬姓也。代漢者魏。非劉氏也。於今國家大討。使異姓無裂土專封之邑。同姓並據有連城之地。縱復令諸王後世子孫還自相并。蓋亦楚人失繫。弱於雲夢。尚不為亡其弓也。其於神器。不移他族。亦始相不遠之廟。萬年億兆不改其名矣。昔晉諸王二十餘人。而公侯伯子男五百餘國。欲言其國皆小乎。則漢祖之起。俱無尺土之地。況有國者哉。將謂大晉世世賢聖。而諸侯之胤常不肖邪。則放勛欽明。而有丹朱。瞽叟頑凶。而有虞舜。天下有事。無不由兵。而無故多樹兵。本廣開亂原。臣故曰。五等不便也。臣以為可如前表。諸王宜大其國。增益其兵。悉遣守藩。使形勢足以相接。則陛下可高枕而臥耳。臣以為諸侯伯子男名號皆宜改易之。使封爵之制。祿奉禮秩。並同天下諸侯之例。臣聞與覆車同軌者未嘗安也。與死人同病者未嘗生也。與亡國同法者未嘗存也。況夫巍巍大晉。方將登太山。禪梁父。刻石書勲。垂示無窮。宜遠鑒往代興廢。深為嚴防。使著事。奮華。必有紀焉。昔伊尹恥其君不為堯舜。此臣所以私懷慷慨。自忘輕賤者也。書奏。帝覽而異焉。擢為明威將軍。魏興太守。卒于官。

武帝將滅吳。以羊祜為征南大將軍。開府儀同三司。初祜以伐吳必藉上流之勢。會益州刺史王濬徵為大司農。祜因表留濬監益州事。加龍驤將軍。密令備舟楫。為順流之計。祜繕甲訓卒。廣為戎備。至是上疏曰。先帝順天應時。西平巴蜀。南和吳會。海內得以休息。兆庶有樂安之心。而吳復背信。使邊事更興。夫期運雖天所授。而功業必由人而成。不一大舉掃滅。則衆役無時得安。亦所以隆先帝之勲。成無

為之化也。故堯有丹水之伐，舜有三苗之征，咸以寧靜宇宙，戢兵和衆者也。蜀平之時，天下皆謂吳當并亡，自此來十三年，是謂一周，平定之期，復在今日矣。議者常言吳楚有道後服，無禮先强，此乃諸侯之時耳。當今一統，不得與古同喻。夫適道之論，皆未應權。是故謀之雖多，而決之欲獨。凡以險阻得存者，謂所敵者同，力足自固，苟其輕重不齊，强弱異勢，則智士不能謀，而險阻不可保也。蜀之為國，非不險也，高山尋雲霓，深谷肆無景，束馬懸車，然後得濟，皆言一人荷戟，千人莫當。及進兵之日，曾無藩籬之限，斬將搴旗，伏尸數萬，乘勝席卷，徑至成都，漢中諸城，皆鳥棲而不敢出，非皆無戰心，誠力不足相抗。至劉禪降服，諸營堡者索然俱散。今江淮之難，不過劍閣，山川之險，不過岷漢，孫皓之暴，侈於劉禪，吳人之困，甚於巴蜀。而大晉兵衆，多於前世，資儲器械，盛於往時。今不於此平吳，而更阻兵相守，征夫

苦役，日尋干戈，經歷盛衰，不可長久，宜當時定，以一四海。今若引梁益之兵水陸俱下，荊楚之衆進臨江陵，平南豫州直指夏口，徐揚青兗并向秣陵，鼓旆以疑之，多方以誤之，以一隅之吳，當天下之衆，勢分形散，所備皆急，巴漢奇兵出其空虛，一處傾壞，則上下震蕩。吳緣江為國，無有內外，東西數千里，以藩籬自持，所敵者大，無有寧息。孫皓恣情任意，與下多忌，名臣重將不復自信，是以孫秀之徒皆畏逼而至。將疑於朝，士困於野，無有保世之計，一定之心，平常之日，猶懷去就，兵臨之際，必有應者，終不能齊力致死，已可知也。其俗急速，不能持久，弓弩戟楯不如中國，惟有水戰是其所便，一入其境，則長江非復所固，還保城池，則去長入短，而官軍懸進，人有致節之志，吳人戰於其內，有憑城之心。如此，軍不踰時，克可必矣。帝深納之。

咸寧中，淮南相劉頌在郡，上疏曰：臣昔忝河內，臨辭受詔，卿所言悉要事，宜小大數以聞。恒苦多事，或不能悉有報，勿以為疑。臣受詔之日，喜懼交集，益思自竭，用忘其鄙，顧以螢燭增暉重光。到郡草具所陳，如左。未及書上，會臣嬰丁天罰，寢頓累年，今謹封上，前事臣雖才不經國，言淺多違，猶願陛下垂省，使臣微誠得經聖鑒，不總棄於常案，如有足採，冀補萬一。伏見詔書開啓土宇，以支百世，封建戚屬，咸出之藩，夫豈不懷，公理然也。樹國全制，始成於今，超秦漢魏氏之局節，紹五帝三代之絕跡，功被無外，光流後裔，巍巍盛美，三五之君殆有慚德。何則？彼因自然而就之，異乎絕跡之後更創之。雖然，封幼稚皇子於吳蜀，臣之愚慮，謂未盡善。夫吳越剽輕，庸蜀險絕，此故變釁之所出，易生風塵之地。且自吳平以來，東南六州將士更守江表，此時之至患也。又內兵外守，吳人有不自信之心，宜得壯王以鎮撫之，使內外各安其舊。又孫氏為國，文武衆職，數擬天朝，一旦堙替，同於

編戶，不識所蒙更生之恩，而災困逼身，自謂失地，用懷不靖。今得長王以臨其國，隨才授任，文武並敘，士卒百役不出其鄉，求富貴者取之於國內，內兵得散，新邦又安，兩獲其所，於事為宜。宜取同姓諸王二十以上人才高者，分王吳蜀，以其去近就遠，割裂土宇，令倍於舊，以徙封故地，用王幼稚，須皇子長乃遣君之，於事無晚也。急所須地交得長主，此事宜也。臣所陳封建，今大義已舉，然餘衆事儻有足採，以參成制，故皆并列本事。臣聞不憚危悔之患，而願獻所見者，盡忠之臣也；垂聽逆耳，甘納苦言者，濟世之君也。臣以期運，幸遇無諱之朝，雖嘗抗疏陳辭，汎論政體，猶未悉所見，指言得失，徒荷恩寵，不異凡流，臣竊自愧，不盡忠規，無以上報，謹列所見如左，臣誠未自許所言必當，然要以不隱所懷為上報之節，若萬一足採，則微臣更生之年，如皆瞽妄，則國之福也。願陛下缺半日之間，垂省臣言。伏惟陛下

雖應天順人。龍飛踐阼。爲創業之主。然所遇之時。實是殊世。何則。漢末陵遲。閹豎用事。小人在朝。君子在野。政荒衆散。遂以亂亡。魏武帝以經略之才。撥煩理亂。兼肅文教。積數十年。至於延康之初。然後吏清下順。法始大行。逮至文明二帝。奢淫驕縱。傾殆之主也。然內盛臺榭聲色之娛。外當三方英豪嚴敵。事成克舉。少有愆違。其故何也。實賴前緒以濟勳業。然法物政刑固已漸頹矣。自嘉平之初。晉祚始基。逮于咸熙之末。其間累年。雖鈇鉞屢斷。翦除凶醜。然其存者咸蒙遭時之恩。不軌於法。泰始之初。陛下踐阼。其所服乘皆先代功臣之胤。非其子孫。則其曾玄。古人有言。膏粱之性難正。故曰時遇叔世。當此之秋。天地之位始定。四海洗心整綱之會也。然陛下猶以用才因宜。法寬有由。積之在素。異於漢魏之先。三祖崛起。易朝之爲。未可一旦直繩御下。誠時宜也。然至所以爲政。矯世衆務。自宜漸出公塗。法正

威斷。日遷就肅。譬猶行舟。雖不橫截迅流。然俄向所趣。漸靡而往。終得其濟。積微稍著。以至于今。可以言政。而自泰始以來。將三十年。政功美績。未稱聖旨。凡諸事業。未茂既往。以陛下明聖。猶未及叔世之弊。以成始初之隆。傳之後世。不無慮乎。意者臣言豈不少槩聖心。夫顧惟萬載之事。理在二端。天下大器。一安難傾。一傾難正。故慮經後世者。必精目下之政。政安遺業。使數世賴之。若乃兼建諸侯而樹藩屏。深根固蔕。則延祚無窮。可以比跡三代。如或當身之政。遺風餘烈不及後嗣。雖樹親戚。而成國之制不建。使夫後世獨任智力以安大業。若未盡其理。雖經異時。憂責猶追在陛下。將如之何。願陛下善當今之政。樹不拔之勢。則天下無遺憂矣。夫聖明不世出。後嗣不必賢。此天理之常也。故善爲天下者。任勢而不任人。任勢者諸侯是也。任人者郡縣是也。郡縣之察。小政理而大勢危。諸侯爲邦。近多違而遠

慮固。聖王惟終始之弊。權輕重之理。包彼小違。以據大安。然後足以藩固內外。維鎮九服。夫武王聖主也。成王賢嗣也。然武王不恃成王之賢。而廣封建者。慮經無窮也。且善言今者。必有驗之於古。唐虞以前。書文殘缺。其事難詳。至於三代。則並建明德。及興王之顯親。列爵五等。開國承家。以藩屏帝室。延祚久長。近者五六百歲。遠者僅將千載。逮至秦氏。罷侯置守。子弟不分尺土。孤立無輔。二世而亡。漢承周秦之後。雜而用之。前後二代。各二百餘年。揆其封建不用。雖強弱不適。制度舛錯。不盡事中。然跡其衰亡。恒在同姓失職。諸侯微時。不在強盛。昔呂氏作亂。幸賴齊代之援。以寧社稷。七國叛逆。梁王捍之。卒弭其難。自是之後。威權削奪。諸侯止食租奉。甚者至乘牛車。是以王莽得擅本朝。遂其姦謀。傾蕩天下。毒流生靈。光武紹起。雖封樹子弟。而不建成國之制。祚亦不延。魏氏承之。圈閉親戚。幽囚子弟。是以神

器速傾。天命移在陛下。長短之應。禍福之徵。可見於此。又魏氏雖正位居體。南面稱帝。然三方未賓。正朔有所不加。實有戰國相持之勢。大晉之興。宣帝定燕。太祖平蜀。陛下滅吳。可謂功格天地。土廣三王。舟車所至。人跡所及。皆爲臣妾。四海大同。始於今日。宜承大勳之業。及陛下盛明之時。開啟土宇。使同姓必王。建久安於萬載。垂長世於無窮。臣又聞國有任臣則安。有重臣則亂。而王制人君立子以嫡不以長。立嫡以長不以賢。此事情之不可易者也。而賢明至少。不肖至衆。此固天理之常也。物類相求。感應而至。又自然也。是以闇君在位。則重臣盈朝。明后臨政。則任臣列職。夫任臣之與重臣。俱執國統。而立斷者也。然成敗相反。邪正相背。其故何也。重臣假所資以樹私。任臣因所籍以盡公。盡公者。政之本也。樹私者。亂之源也。推斯言之。則泰日少。亂日多。政教漸頹。欲國之無危。不可得也。又非徒唯然而已。

借令愚劣之嗣。蒙先哲之遺緒。得中賢之佐。而樹國本根不深。無幹
輔之固。則所謂任臣者化而為重臣矣。何則。國有可傾之勢。則執權
者見疑。衆疑難以自信。而甘受死亡者。非人情故也。若乃建基既厚。
藩屏彊禦。雖置幼君赤子。而天下不懼。曩之所謂重臣者。今悉反忠
而為任臣矣。何則。理無危勢。懷不自猜。忠誠得著。不惕於邪故也。聖
王知賢哲之不世及。故立相持之勢以御其臣。是以五等既列。臣無
忠慢。同於竭節。以徇其上。羣后既建。繼體賢鄙。亦均一契。等於無虞。
且樹國為固。則所任之臣。得賢益理。次委中智。亦足以安。仰則勢固
易持故也。然則建邦為盡其理。則無向不可。是以周室自成康以下。
逮至宣王。宣王之後。到于赧王。其間歷載。朝無名臣。而宗廟不隕者。
諸侯維持之也。故曰。為社稷計。莫若建國。夫邪正逆順者。人心之所
繫服也。今之建置。宜審量事勢。使諸侯率義而動。同忿俱奮。令其力

足以維帶京邑。若包藏禍心。陽於邪而起。孤立無黨。所蒙之籍。不足
獨以有為。然齊此甚難。陛下宜與達古今善識事勢之士。深共籌之。
建侯之理。使君樂其國。臣榮其朝。各流福祚。傳之無窮。上下一心。愛
國如家。視百姓如子。然後能保荷天祿。兼翼王室。今諸王裂土。皆無
於古之諸侯。而君賤其爵。臣恥其位。莫有安志。其故何也。法同郡縣。
無成國之制故也。今之建置。宜使率由舊章。一如古典。然人心繫常。
不累十年。好惡未改。情願未移。臣之愚慮。以為宜早創大制。遲迴衆
望。猶在十年之外。然後能令君臣各安其位。榮其所蒙。上下相持。用
成藩輔。如今之為。適足以虧天府之藏。徒棄穀帛之資。無補鎮國衛
上之勢也。古者封建既定。各有其國。後雖王之子孫。無復尺土。此今
事之必不行者也。若推親疏。轉有所廢。以有所樹。則是郡縣之職。非
建國之制。今宜豫開此地。令十世之內。使親者得轉處近。十世之遠。

近郊地盡。然後親疏相維。不得復如十世之內。然猶樹親有所遷。天
下都滿。已彌數百千年矣。今方始封。而親疏倒施。甚非所宜。宜更大
量天下土田方里之數。都更裂土分人。以王同姓。使親疏遠近。不錯
其宜。然後可以永安。古者封國。大者不過土方百里。然後人數殷衆。
境內必盈。其力足以備充制度。今雖一國周環近將千里。然力實寡。
不足以奉國典。所遇不同。故當因時制宜。以盡事適。今宜令諸王國
容少而軍容多。然於古典所應有者。悉立其制。然非急所須。漸而備
之。不得頓設也。須車甲器械既具。羣臣乃服綵章。倉廩已實。乃營宮
室。百姓已足。乃備官司。境內充實。乃作禮樂。唯宗廟社稷。則先建之。
至於境內之政。官人用才。自非內史國相。命於天子。其餘衆職。及死
生之斷。穀帛資實。慶賞刑威。非封爵者。悉得專之。今臣所舉二端。蓋
事之大較。其所不載。應在二端之屬者。以此為率。今諸國本一郡之

政耳。若備舊典。則官司以數。事所不須。而以虛制損實。力至於慶賞
刑斷。所以御下之權不重。則無以威衆人而衛上。故臣之愚慮。欲令
諸侯權具。國容少而軍容多。然亦終於必備。今事為宜。周之建侯。長
享其國。與王者並。遠者僅將千載。近者猶數百年。漢之諸王。傳祚暨
至曾玄。人性不甚相遠。古今一揆。而短長甚違。其故何耶。立意本殊
而制不同故也。周之封建。使國重於君。公侯之身輕於社稷。故無道
之君。不免誅放。敦興滅繼絕之義。故國祚不泯。不免誅放。則羣臣思
懼。胤嗣必繼。是無亡國也。諸侯思懼。然後軌道。下無亡國。天子乘之
理勢自安。此周室所以長在也。漢之樹置君國。輕重不殊。故諸王失
度。陷於罪戮。國隨以亡。不崇興滅繼絕之序。故下無固國。下無固國。
天子居上。勢孤無輔。故姦臣擅朝。易傾大業。今宜反漢之弊。脩周舊
跡。國君雖或失道。陷於誅絕。又無子應除。為有始封支胤。不問遠近

必絕其祚。若無遺類。則虛建之須皇子無以繼其統。然後建國無滅又班固稱諸侯失國。亦猶網密。今又宜都寬其檢。且建侯之理。本經盛衰。大制都定。班之羣后。著誓丹青。書之玉版。藏之金匱。置諸宗廟副在有司。寡弱小國。猶不可危。豈況萬乘之主。承難傾之邦。而加其上。則自然永久。居重固之安。可謂根深華繁。而四維之也。臣之愚。願陛下置天下於自安之地。寄大業於固成之勢。則可以無遺憂矣。今閭閻少名士。官司無高能。其故何也。清議不肅。人不立德。行在取容故無名士。下不專局。又無考課。吏不竭節。故無高能。無高能則有疾世事。少名士則後進無準。故臣思立吏課而肅清議。夫欲富貴而惡貧賤。人理然也。聖王大諳物情。知不可去。故直同公私之利。而詭其求道。使夫欲富者必先由貧。欲貴者必先安賤。安賤則不矜。不矜然後廉恥厲。守貧者必節欲。節欲然後操全。以此處務。乃得盡公。盡公

者。富貴之徒也。為無私者。終得其私。故公私之利同也。今欲富者不由貧自得富。欲貴者不安賤自得貴。公私之塗既乖。而人情不能無私。私利不可以公得。則恒背公而横務。是以風節日頹。公理漸替。人士富貴。非軌道之所得。以此為政。不在難期。然教穨來既久。難反一朝。又世放都靡。營欲比肩。羣士渾然。庸行相俉。不可頓肅。甚殊黜陟也。且教不求盡善。善在抑尤。同侈之中。猶有甚泰。使夫昧適情之累者。損其顯榮之貴。儀在不鮮之地。約已絜素者。蒙儉德之報。列于清官之上。二業分流。各有蒙然。俗放都奢。不可頓肅。故臣私慮。願先從事於漸也。天下至大。萬事至衆。人君至少。同於天日。故非垂聽所得周覽。是以聖王之化。執要而已。委務於下。而不以事自嬰也。分職既定。無所與焉。非憚日昃之勤。而牽於逸豫之虞。誠以政体宜然。事勢致之也。何則。夫造創謀始。逆闇是非。以別能否。甚難察也。既以施

行。因其成敗。以分功罪。甚易識也。易識在考終。難察在造始。故人君恒居其易則安。人臣不處其難則亂。今陛下每精事始。而略於考終故羣吏慮事。懷成敗之懼。輕飾文采。以避目下之譴。重此政功。所以未善也。今人主能恒居易執要以御其下。然後人臣功罪形於成敗之徵。無逃其誅賞。故罪不可蔽。功不可誣。功不可誣。則能者勸。罪不可蔽。則違慢日肅。此為國之大略也。臣竊惟陛下聖心。意在盡善。懼政有違。故精事始以求無失。又以衆官勝任者少。故不委務。寧居日昃也。臣之愚慮。竊以為今欲盡善。故宜考終。何則。精始難校故也。又羣官多不勝任。亦宜委務。使能者得以成功。不能者得以著敗。敗著可得而廢。功成可得遂任。然後賢能常居位以善事。闇劣不得以尸祿害政。如此不已。則勝任者漸多。經年少久。即羣司徧得其人矣。此校才考實政之至務也。今人主不委事仰成。而與諸下共造事。始則功

罪難分。下不專事。居官不久。故能否不別。何以驗之。今世士人。決不悉良能也。又決不悉疲軟也。然今欲舉一忠賢。不知所賞。求一負殿。不知所罰。及其免退。自以犯法耳。非不能也。登進者自以累資及人閒之舉耳。非功實也。若謂不然。則當今之政。未稱聖旨。此其徵也。陛下御今法為政時三十年。而功未日新。其咎安在。古人有言。琴瑟不調。甚者必改而更張。凡臣所言。誠政体之常。然古今異宜。所遇不同。陛下縱未得盡仰成之理。都委務於下。至如今事應奏御者。蠲除不急。使要事得精。可三分之二。古者六卿分職。冢宰為師。秦漢已來。九列執事。丞相都總。今尚書制斷。諸卿奉成。於古制為重。事所不須。然今未能省。并可出衆事付外寺。使得專之。尚書為其都統。若丞相之為。惟立法創制。死生之斷。除名流徙。退免大事。及連度支之事。臺乃奏處。其餘外官皆專斷之。歲終臺閣課功校簿而已。此為九卿造創

事始斷而行之。尚書書主賞罰繩之。其勢必愈考成司非而已。於今親掌者。動受成於上。下之所失。不得復以罪下。歲終事功不建。不知所責也。夫監司以法舉罪。獄官案劾盡實。法吏據辭守文。夫較雖同。然至於施用。監司與夫法獄体宜小異。獄官唯實。法吏唯文。監司則欲舉大而略小。何則。夫細過微闕。謬妄之失。此人情之所必有。而悉糾以法。則朝野無立人。此所謂欲理而反亂者也。故善為政者。綱舉而網疏。綱舉則所羅者廣。網疏則小必漏。所羅者廣。則為政不苛。此為政之要也。而自近世以來。為監司者。類大綱不振。而微過必舉。微過不足以害政。舉之則微而益亂。大綱不振。則豪彊橫肆。豪強橫肆則百姓失職矣。此錯所急而倒所務之由也。今宜令有司反所常之政。使天下可善化。及此非難也。人主不善碎密之案。必責犯彊舉尤之奏。當以盡公。則害政之姦自然禽矣。夫大姦犯政而亂兆庶之罪

者。類出富彊。而豪富者。其力足憚。其貨足欲。是以官長顧勢而頓筆。下吏縱姦。懼所司之不舉。則謹密網以羅微罪。使奏劾相接。狀似盡公。而撓法不亮固已在其中矣。非徒無益於政体。清議乃由此而益傷。古人有言曰。君子之過。如日月之蝕焉。又曰。過而能改。又曰。不貳過。凡此數者。皆是賢人君子不能無過之言也。苟不至於害政。則皆天網之所漏。所犯在甚泰。然後王誅所必加。此舉罪淺深之大例者也。故君子得全美以善事。不善者必夷戮以警衆。此為政誅赦之準式也。何則。所謂賢人君子。苟不能無過。小疵不可以廢其身。而輒繩以法。則愧於明時。何則。雖有所犯。輕重甚殊。於士君子之心。受責不同。而名不異者。故不軌之徒。得引名自方以惑衆聽。因名可亂。假力取直。故清議益傷也。凡舉過彈違。將以肅風論而整世教。今舉小過。清議益頹。是以聖王深識人情而達政体。故其稱曰。不以一眚掩大

德。又曰。赦小過。舉賢才。又曰。無求備于一人。故冕而前旒。充纊塞耳。意在善惡之報。必取其尤。然後簡而不漏。大罪必誅。法禁易全也。何則。害法在犯尤。而謹搜微過。何異放兕豹於公路。而禁鼠盜於隅隙。古人有言。鈇鉞不用。而刀鋸日弊。不可以為政。此言大事緩而小事急也。時政所失。少有此類。陛下宜反而求之。乃得所務也。夫權制不可以經常。政乖不可以守安。此言攻守之術異也。百姓雖愚。望不虛生。必因時而發。有因而發。則望不奪。事變異前。則時不可違。明聖達政。應赴之速。不及下車。故能動合事機。大得人情。昔魏武帝分離天下。使人役居戶各在一方。既事勢所須。且意有曲為。權假一時。以赴所務。非正典也。然逡巡至今。積年未改。百姓雖身丁其困。而私怨不生。誠以三方未悉蕩并。知時未可以求安息故也。是以甘役如歸。視險若夷。至於吳平之日。天下懷靜。而東南二方六郡兵將士武吏戍

守江表。或給京城運漕。父南子北。室家分離。咸更不寧。又不習水土。運役勤瘁。並有死亡之患。勢不可久。此宜大見優分。以副人望。魏氏錯役。亦應改舊。此二者各盡其理。然黔首感恩懷德。謳吟樂生。必十倍於今也。自董卓作亂。以至今近出百年。四海勤瘁。丁難極矣。六合渾并。始於今日。兆庶思寧。非虛望也。然古今異宜。所遇不同。誠亦未可以希遵在昔。放息馬牛。然使受百役者不出其國。兵備待事其鄉。實在可為。縱復不得悉然。為之苟盡其理。可靜三分之二。吏役可不出千里之內。但如斯而已。天下所蒙已不訾矣。政務多端。世事之未盡理者。難徧以疏舉。振領總綱。要在三條。凡政欲靜。靜在息役。息役在無為。倉廩欲實。實在利農。利農在平糴。為政欲著信。著信在簡賢。簡賢在官久。官久非難也。連其班級。自非才宜。不得傍轉。以終其課。則事善矣。平糴已有成制。其未備者。可就周足。則穀積矣。無為匪他。

却功作之勤。抑但益而損之利。如其斯而已。則天下靜之。此三者既舉。雖未足以厚化。然可以為安有餘矣。夫王者之利。在生天地自然之財。農是也。所立為損。於此事誠有功益。苟或妨農。皆務所息。此悉似益而損之謂也。然今天下自有事所必須。不得止已。或用功甚少。而所濟至重。目下為之雖少有廢。而計終已大益。農官有十百之利。及其妨害在始。但如未急。終作大患。宜逆加功以塞其漸。如河汴將合。況業有興。則役不可息。諸如此類。亦不得已已。然事患緩急。權計輕重。自非近如此類。準以為率。乃可興為。其餘皆務在靜息。然能善算輕重。權審其宜。知可興可廢。甚難了也。自非上智遠才。不幹此任。夫創業之美。勳在垂統。使夫後世蒙賴以安。其為安也。雖昏猶明。雖愚若智。濟世功者。寔在善化之為。要在靜國。至夫脩飾官署。凡諸作役。務為恒傷過泰。不患不舉。此將來所不須於陛下而自能者也。至於仰蒙前緒。所憑日月者。實在遺風。繫人心。餘烈。臣幼弱。尚今勤所不須。以傷所憑。鈞此二者。何務孰急。陛下少垂思迴慮。詳擇所安。則大理盡矣。世之私議。竊比陛下於孝文。臣以為聖德隆殺。於在手後。不在當今。何則。陛下龍飛鳳翔。應期踐阼。有創業之勳矣。掃滅彊吳。奄征南海。又有之矣。以天子之貴。而躬行布衣之所難。孝儉之德。冠于百王。又有之矣。履宜無細。動成軌度。又有之矣。若善當身之政。建藩屏之固。使晉代久長。後世仰瞻遺跡。校功考事。實與湯武比隆。何孝文足云。臣之此言。非臣下褒上虛美。常醜其事。實然。若所以資為安之理。或未盡善。則恐良史書勳。不得遠盡弘美。甚可惜也。然不可使夫知政之士。得參聖慮。縫年小久。終必有成。願陛下少察臣言。

東晉元帝為琅琊王在江南。并州刺史劉琨、冀州刺史段匹磾上書曰。臣聞天生蒸民。樹之以君。所以對越天地。司牧黎元。聖帝明王。鑒其若此。知天地不可以乏饗。故屈其身以奉之。知黎元不可以無主。故不得已而臨之。社稷時難。則戚藩定其傾。郊廟或替。則宗哲纂其祀。所以弘振遐風。式固萬世。三五以降。靡不由之。臣琨、臣匹磾頓首頓首。死罪死罪。伏惟高祖宣皇帝肇基景命。世祖武皇帝遂造區夏。三葉重光。四聖繼軌。惠澤侔於有虞。卜年過於周氏。自元康以來。艱禍繁興。永嘉之際。氛厲彌昏。宸極失御。登遐醜裔。國家之危。有若綴旒。賴先后之德。宗廟之靈。皇帝嗣建。舊物克甄。誕授欽明。服膺聰哲。玉質幼彰。金聲夙振。冢宰攝其綱。百辟輔其治。四海想中興之美。羣生懷來蘇之望。不圖天不悔禍。大災荐臻。國未忘難。寇害尋興。逆胡劉曜。縱逸西都。敢肆犬羊。陵虐天邑。臣等奉表使還。仍承西朝以去年十一月不守。主上幽劫。復沉虜庭。神器流離。再辱荒逆。臣每覽史籍。觀之前載。厄運之極。古今未有。苟在食土之毛。含氣之類。莫不叩心絕氣。行號巷哭。況臣等荷寵三世。位廁鼎司。承問震惶。精爽飛越。且悲且惋。五情無主。舉哀朔垂。上下泣血。臣琨、臣匹磾頓首頓首。死罪死罪。臣聞昏明迭用。否泰相濟。天命未改。歷數有歸。或多難以固邦國。或殷憂以啟聖明。齊有無知之禍。而小白為五伯之長。晉有驪姬之難。而重耳以主諸侯。社稷靡安。必將有以扶其危。黔首幾絕。必將有以繼其緒。伏惟陛下玄德通於神明。聖姿合於兩儀。應命代之期。紹千載之運。夫符瑞之表。天人有徵。中興之兆。圖讖垂典。自京畿隕喪。九服崩離。天下嗷然。無所歸懷。雖有夏之遘夷羿。宗姬之離犬戎。蔑以過之。陛下撫寧江左。奄有舊吳。柔服以德。伐叛以刑。抗明威以懾不類。仗大順以肅宇內。純化既敷。則率土宅心。義風既暢。則遐方企踵。百揆時序於上。四門穆穆於下。昔少康之隆。夏訓以為美談。宣王之興。周詩以為休詠。況茂勳格于皇天。清輝光于四海。蒼生顒然莫不欣戴聲教所加願為臣妾者哉。且宣皇之胤，唯有陛下。億兆攸歸，曾無與二。天祚大晉，必將有主。主晉祀者，非陛下而誰。是以遐邇無異言，遠無異望，謳歌者無不吟詠徽猷，獄訟者無不思惟聖德。天地之際既交，華裔之情允洽。一角之獸，連理之木，以為休徵者，蓋有百數。冠帶之倫，要荒之衆，不謀而同辭者，動以萬計。是以臣等敢考天地之心，因函夏之趣，昧死以上尊號。願陛下存舜禹至公之情，狹巢由抗矯之節，以社稷為務，不以小行為先；以黔首為憂，不以克讓為事。上以慰宗廟乃顧之懷，下以釋溥天傾首之望。則所謂生繁華於枯荑，育豐肌於朽骨，神人獲安，無不幸甚。臣琨、臣匹磾頓首頓首，死罪死罪。臣又聞尊位不可久虛，萬機不可久曠。虛之一日，則尊位以殆；曠之浹辰，則萬機以亂。方今鍾百王之季，當陽九之會，狡寇窺窬，伺國瑕隙，齊人波蕩，無所繫心。安可以廢而不恤哉。陛下雖欲逡巡。其若宗廟何？其若百姓何？昔惠公虜秦，晉國震駭，呂郤之謀，欲立子圉，外以絕敵人之志，內以固闔境之情，故曰：喪君有君，羣臣輯穆。好我者勸，惡我者懼。前事之不忘，後代之元龜也。陛下明並日月，無幽不燭；深謀遠慮，出自胸懷；不勝犬馬憂國之情，遲覩人神開泰之路。是以陳其乃誠，布之執事。臣等各忝守方任，職在遐外，不得陪列闕庭，共覩盛禮，踊躍之懷，南望罔極。

元帝初作相，引熊遠為主簿。時傳北陵被發，帝將舉哀，遠上疏曰：園陵既不親行，承傳言之者未可為定；且園陵非一，而直言侵犯，遠近弔問，答之宜當有主。謂應更遣使攝河南君按行，得審問，然後可發哀。即宜命一將至洛，脩復園陵，討除逆類。昔宋殺無畏，莊王奮袂而起；衣冠相追於道，軍成宋城之下。況此酷辱之大恥，臣子奔馳之日。夫脩園陵，至孝也；討逆叛，至順也；救社稷，至義也；卹遺黎，至仁也。若脩

此四道，則天下響應，無思不服矣。昔項羽殺義帝以為罪，漢祖哭之以為義，劉項存亡，在此一舉。羣賊豺狼，弱於往日，惡逆之甚，重於丘山。大晉受命，未改於上；兆庶謳吟，思德於下。今順天下之心，命貔貅之士，鳴檄前驅，大軍後至，威風赫然，聲振朔野，則上副西土義士之情，下允海內延頸之望矣。

元帝使人齎印板進張駿為大將軍，自是每歲使命不絕。後駿遣參軍麴護上疏曰：東西隔塞，踰歷年載，夙承聖德，心繫本朝。而江吳寂蔑，餘波莫及，雖肆力脩塗，同盟靡恤。奉詔之日，悲喜交并。天恩光被，褒崇輝渥，即以臣為大將軍、都督陝西雍秦涼州諸軍事。休寵赫萬里，懷戴嘉命，顯至，銜感屏營。伏惟陛下天挺岐嶷，堂構晉室。遭家不造，播幸吳楚，宗廟有黍離之哀，園陵有殄廢之痛，普天咨嗟，含氣悲傷。臣專命一方，職在斧鉞。遐域僻陋，勢極秦隴。勒雄既死，人懷反正。謂李龍李期之命，曾不崇朝，而皆篡繼凶逆。鴟目有年，東西遼曠，聲援不接，遂使桃蟲鼓翼，四夷諠譁，向義之徒，吏思背誕，鉛刀有干將之志，螢燭希日月之光。是以臣前章懇切，欲齊力時討，而陛下雍容江表，坐觀禍敗，懷目前之安，替四祖之業，馳檄布告，徒設空文，臣所以宵吟荒漠，痛心長路者也。且兆庶離主，漸冉經世，先老消落，後生靡識，忠良受梟懸之罰，羣凶貪縱橫之利，懷君戀故，日月告流，雖時有尚義之士，畏逼首領，哀歎窮廬。臣聞少康中興，由於一旅；光武嗣漢，衆不盈百，祀夏配天，不失舊物。況以荆楊慓悍，臣州突騎，吞噬遺羯，在於掌握哉。願陛下敷弘臣慮，永念先績，勅司空鑒、征西亮等，汎舟江沔，使首尾俱至也。

哀帝隆和初，寇逼河南，太守戴施出奔，冠軍將軍陳祐告急，桓溫使竟陵太守鄧遐率三千人助祐，并欲還都洛陽，上疏曰：巴蜀既平，逆

胡清滅時來之會既至休泰之慶顯著而人事乖違屢喪王略復使二賊雙起海內崩裂河洛蕭條山陵危逼所以遐迩悲惶痛心於既往者也伏惟陛下稟乾坤自然之姿挺羲皇玄朗之德鳳棲外藩龍飛皇極時務陵替備徹天聽人之情僞盡知之矣是以九域宅心幽遐企踵思佇雲羅混網四裔誠宜遠圖廟筭大存經略光復舊京疆理華夏使惠風陽澤洽被八表霜威寒飈陵振無外豈不允應靈休大人齊契今江河悠闊風馬殊邈故向義之徒覆亡相尋而建節之士猶繼踵無悔況辰極既迴衆星斯仰本源既運枝泒自遷則晉之餘黎欣皇德之攸憑羣凶妖逆知滅亡之無日騁思順之心鼓雷霆之勢則二豎之命不誅而自絕矣故負通貴於無滯明哲尚於應機砎如石焉所以成務若乃海運既徙而鵬翼不舉永結根於南垂廢神州於龍漢令五尺之童搖口而歎息夫先王經始玄聖宅心畫爲

九州制爲九服貴中區而內諸夏誠以晷度自中霜露惟均冠冕萬國朝宗四海故也自彊胡陵暴中華蕩覆狼狽失據權幸揚越蠖屈以待龍申之會潛蟠以俟風雲之期蓋屯圮所鍾非理勝而然也而喪亂緬邈五十餘載先舊徂沒後來童幼班剝鞠音積習成俗遂望絕於本邦宴安於所託眷言悼之不覺悲歎臣雖庸劣才不周務然攝官承乏屬當重任願竭筋骨宣力先鋒翦除荊棘驅逐豺狼自永嘉之亂播流江表者請一切北徙以實河南資其舊業反其土宇勸農桑之務盡三時之利導之以義齊之以禮使文武兼宣信順交暢井邑既脩綱維粗舉然後陛下建三辰之章振旂旗之旌冕旒錫鑾朝服濟江則宇宙之內誰不幸甚凡人情味安難與圖始非常之事衆人所疑伏願陛下決玄照之明斷常均之外責臣以興復之效委臣以終濟之功此事既就此功既成則陛下盛勳比隆前代周宣之詠復興當年如其不效臣之罪也褰裳赴鑊其甘如薺

穆帝升平四年慕容暐僭位時外則王師及苻堅交侵兵革不息內則暐母亂政慕容評等貪昬政以賄成官非才舉羣下切齒尚書左丞申紹上疏曰臣聞漢宣有言與朕共治天下者其唯良二千石乎是以特重此選必妙盡英才莫不拔自貢士歷資內外用能仁感猛獸惠致羣祥今者守宰或擢自匹夫兵將之間或因寵戚藉緣時會非但無聞於州閭亦不經於朝廷又無考績黜陟幽明貪惰爲惡無刑戮之懼清勤奉法無爵賞之勸百姓窮弊侵賕無已兵士逋逃乃相招爲賊盜風頹化替莫相糾攝且吏多則政煩由來常患今之見戶不過漢之一大郡而備置百官加之新立軍號兼重有過往時虛假名位廢棄農業公私驅擾人無聊生宜并官省職務勸農桑秦吳二虜僻僭一時尚能任道捐情肅諧僞部況大燕累聖重光君臨四

海而可美政或虧取陵奸寇哉隣之有善衆之所望我之不脩彼之願也秦吳狡猾地居形勝非唯守境而已乃有吞噬之心中州豐實戶兼二寇弓馬之勁秦晉所憚雲騎風馳國之常也而比赴敵後機兵不速濟者何也皆由賦法靡常役之非道郡縣守宰每於差調之際無不舍越殷彊首先貧弱行留俱窘資贍無所人懷嗟怨遂致奔亡進闕供國之饒退離蠶農之要兵豈在多貴於用命宜嚴制軍科務先饒復習兵教戰使偏伍有常從戎之外足營私業父兄有陟岵之觀子弟懷孔邇之顧雖赴水火何所不從節儉約費先王格謨去華敦朴哲后恒憲故周公戒成王以畜財爲本漢文以皂幃變俗孝景宮人弗過千餘魏武寵賜不盈十萬薄葬不墳儉以率下所以割肌膚之惠全百姓之力謹案後宮四千有餘僮侍廝養通兼十倍日費之重價盈萬金綺縠羅紈歲增常調戎器弗營奢玩是務今帑藏

虛竭。韋士無襏褕之飾。宰相侯王迭以侈麗相尚。風靡之化。積習成俗。卧薪之論。未足甚焉。宜罷浮華非要之役。峻明婚姻喪葬之條。禁絕奢靡浮煩之事。出傾宮之女。均商農之賦。公卿以下。以四海為家。信賞必罰。綱維肅舉者。溫猛之首。可以懸之白旗。秦吳二主。可以禮之歸命。豈唯不復侵寇而已哉。陛下若不遠追漢宗弋綈之模。近崇先帝補衣之美。臣恐頹風弊俗。亦華變靡。途中興之歌。無以軫之絃詠。又拓宇無年。不在一城之地。控制戎夷者。懷之以德。今雷陽上郡重山之外。雲陰之北。四百有餘。而未可以羈服。塞表為平寇之基。徒孤危託落。令善附內駭。宜攝就并豫。以臨二河。通接漕轂。擬之丘後。重晉陽之戍。增南藩之兵。戰守之備。衛以千金之餌。蓄力待時。可一舉而滅。如其虔劉送死。侯之境而斷之。可令匹馬不反。非唯絕二賊闚闟。乃是殲殄之要。惟陛下覽焉。暐不納。

宋少帝在位。多徵失德。泰上封事極諫曰。伏聞陛下時在後園。頗習武備。鼓鞞在宮。聲聞于外。黷武掖庭之內。諠譁省闥之間。不聞將帥之臣。統御之主。非徒不足以威四夷。祇生遠近之怪。近者東寇紛擾。皆欲伺國瑕隙。今之吳會。寧過二漢。關河根本。既搖于何不有。如水旱成災。役夫不息。無寇而戒。為費漸多。河南非復國有。羯虜難以理朔。此臣所以用忘寢食。而干非其位者也。陛下踐阼。委政宰臣。實同高宗諒闇之美。而更親狎小人。不免近習。懼非社稷至計。經世之道。王言如絲。其出如綸。下觀而化。疾於影響。伏願陛下思弘古道。式遵遺訓。從理無滯。任賢勿疑。如此。則天下歸德。宗社惟永。詩云。一人有慶。兆民賴之。天高聽卑。無幽不察。興衰在人。成敗易曉。未有政治於上。而人亂於下者也。臣蒙先朝過遇。陛下殊私。實欲盡心竭誠。少報萬分。而惽耄已及。百疾互生。便為永違聖顏。無復自盡之路。貪及視息。陳其狂瞽。陛下若能哀其所請。留心覽察。則臣夕殞于地。無恨九泉。

歷代名臣奏議卷之七十九

歷代名臣奏議卷之八十

經國

後魏道武帝時。劉顯地廣兵强。跨有朔裔。會其兄弟乖離。五官掾張衮上言曰。顯志大意高。希冀非望。乃有參天貳地。籠罩宇宙之規。吳不并越。將為後患。今因其內釁。宜速乘之。若輕師獨進。或恐越逸。可遣使告慕容垂。共相聲援。東西俱舉。勢必擒之。然後總括英雄。撫懷遐邇。此千載一時。不可失也。

明元帝永興二年。衮又上疏曰。臣既庸人。志無殊操。值太祖誕膺期運。天地始開。參戎氛霧之初。馳驅革命之會。託翼鄧林。寄鱗溟海。遂荷恩寵。榮兼出內。陛下龍飛九五。仍參顧問。曾無微誠。塵山露海。今舊疾彌留。氣力虛頓。天罰有罪。將塡溝壑。然犬馬戀主。敢不盡言。方今中夏雖平。九域未一。西有不賓之羌。南有逆命之虜。岷蜀殊風。遼海

異敎。雖天挺明聖。撥亂乘時。而因機撫會。實須經略。介焉易失。功在人謀。伏願恢崇睿道。克廣德心。使揖讓與干戈並陳。文德與武功俱運。則太平之化。康哉之美。復隆於今。不獨前世。昔子囊將終。寄言城郢。荀偃辭含。遺恨在齊。臣雖闇劣。敢忘前志。魂而有靈。結草泉壤。

泰常元年。晉劉裕伐姚泓。舟師自淮入河。欲泝河西上。假道於魏。魏羣臣咸以寇不可縱。宜先發軍斷河上流。勿令西過。明元將從之。博士祭酒崔浩曰。此非上策。司馬休之之徒。擾其荊州。劉裕切齒已久。今興死子劣。乘其危亡而伐之。臣觀其意。必欲入關。勁躁之人。不顧後患。今若塞其西路。裕必上岸北侵。如此則姚無事而我受敵。今蠕蠕內寇。民食又乏。不可發軍。發軍赴南則北寇進擊。若其救北。則東州復危。未若假之水道。縱裕西入。然後興兵塞其東歸之路。所謂卞莊刺虎。兩得之勢也。使裕勝也。必德我假道之惠。令姚氏勝也。亦不失救隣之名。縱使裕得關中。縣遠難守。彼不能守。終為我物。今不勞兵馬。坐觀成敗。鬬兩虎而收長久之利。上策也。夫為國之計。擇利而為之。豈顧婚姻。酬一女子之惠哉。假令國家棄恒山以南。裕必不能發吳越之兵。與官軍爭守河北。居然可知也。

二年。晉齊郡太守王懿降魏。上書陳計。稱劉裕在洛。勸魏以軍絕其後路。則裕軍可不戰而克。書奏。帝善之。問博士祭酒崔浩曰。劉裕西伐。前軍已至潼關。其事如何。以卿觀之。事得濟否。浩對曰。昔姚興好養虛名。而無實用。子泓又病。衆叛親離。裕乘其危。兵精將勇。以臣觀之。克之必矣。帝曰。劉裕武能何如慕容垂。浩曰。裕勝。帝曰。試言其狀。浩曰。慕容垂乘父祖世君之資。生便尊貴。同類歸之。若夜蛾之赴火。少加倚仗。便足立功。劉裕挺出寒微。不階尺土之資。不因一卒之用。奮臂大呼。夷滅桓玄。北擒慕容超。南摧盧循等。僭晉陵遲。遂執國命。

裕若平姚而還。必篡其主。其勢然也。秦地戎夷混幷。虎狼之國。裕亦不能守之。風俗不同。人情難變。欲行荊揚之化於三秦之地。譬無翼而欲飛。無足而欲走。不可得也。若留衆守之。必資於寇。孔子曰。善人為邦百年。可以勝殘去殺。今以秦之難制。一二年間。豈裕所能哉。且可治戎束甲。息民備境。以待其歸。秦地亦當終為國有。可坐而守也。帝曰。裕已入關。不能進退。我遣精騎南襲彭城壽春。裕亦何能自立。浩曰。今西北一寇未殄。陛下不可親御六師。兵衆雖盛。而將無韓白。長孫嵩有治國之用。無進取之能。非劉裕敵也。臣謂待之不晚。帝笑曰。卿量之審矣。浩曰。臣嘗私論近世人物。不敢不上聞。若王猛之治國。苻堅之管仲也。慕容玄恭之輔少主。慕容暐之霍光也。劉裕之平逆亂。司馬德宗之曹操也。

世祖神䴥二年。議擊蠕蠕。朝臣內外盡不欲行。保太后固止帝。帝皆

不聽唯大常卿崔浩讚成算略尚書令劉潔左僕射安原等乃使黄門侍郎仇齊推赫連昌太史張淵徐辯說世祖曰今年己巳三陰之歲歲星襲月太白在西方不可舉兵北伐必敗雖剋不利於上又羣臣共讚和淵等云淵少時嘗諫苻堅不可南征堅不從而敗今天時人事都不和協何可舉動帝意不决乃召浩令與淵等辯之浩難淵曰陽者德也陰者刑也故日蝕修德月蝕修刑夫王者之用刑大則陳諸原野小則肆之市朝戰伐者用刑之大者也以此言之三陰用兵蓋得其類修刑之義也歲星襲月年飢民流應在他國遠期十二年太白行蒼龍宿於天文為東不妨北伐淵等俗生志意淺近牽於小數不達大體難與遠圖臣觀天文比年以來月行奄昴至今猶然其占三年天子大破旄頭之國蠕蠕高車旄頭之衆也夫聖明御時能行非常之事古人語曰非常之原黎民懼焉及其成功天下晏然

願陛下勿疑也淵等慙而言曰蠕蠕荒外無用之物得其地不可耕而食得其民不可臣而使輕疾無常難得而制有何汲汲而苦勞士馬也浩曰淵言天時是其所職若論形勢非彼所知斯乃漢世舊說常談施之於今不合事宜也何以言之夫蠕蠕者舊是國家北邊叛隸今誅其元惡收其善民令復舊役非無用也漢北高涼不生蚊蚋水草美善夏則北還田牧其地非不可耕而食也蠕蠕子弟來降貴者尚公主賤者將軍大夫居滿朝列又高車號為名騎非不可臣而畜也夫以南人追之則患其輕疾於國兵則不然何者彼能遠逐與之進退非難制也且蠕蠕往數入國民吏震驚今夏不乘虛掩進破滅其國至秋復來不得安卧自太宗之世迄於今日無歲不驚豈不汲汲乎哉世人皆謂淵辯通解數術明決成敗臣請試之問其西國未滅之前有何亡徵知而不言是其不忠若實不知是其無術時赫

連昌在座淵等自以無先言慙赧而不能對世祖大悅謂公卿曰吾意決矣亡國之師不可與謀信矣哉而保太后猶難之復令羣臣於保太后前評議世祖謂浩曰此等意猶不服卿曉之令悟既罷朝或有尤浩者曰今吳賊南寇而舍之北伐行師千里其誰不知若蠕蠕遠遁前無所獲後有南賊之患危之道也浩曰不然今年不摧蠕蠕則無以禦南賊自國家并西國以來南人恐懼揚聲動衆以衛淮北彼北我南彼勞我息其勢然矣比破蠕蠕往還之間故不見其至也何以言之劉裕得關中留其愛子精兵數萬良將勁卒猶不能固守舉軍盡沒號哭之聲至今未已如何正當國家休明之世士馬強盛之時而欲以駒犢齒虎口也設令國家與之河南彼必不能守之自量不能守是以必不來若或有衆備邊之軍耳夫見瓶水之凍知天下之寒嘗肉一臠識鑊中之味物有其類可推而得也且蠕蠕恃其

絕遠謂國家力不能至自寬來久故夏則散衆放畜秋肥乃聚背寒向溫南來寇抄今出其慮表攻其不備大軍卒至必驚駭星分望塵奔走牡馬護羣牝馬戀駒驅馳難制不得水草未過數日則聚而困敝可一舉而滅暫勞永逸長久之利時不可失也唯患上無此意今聖慮已決發曠世之謀如何止之陋矣哉公卿也諸軍遂行

時南藩諸將表宋大嚴欲犯河南請兵三萬先其未發逆擊之因誅河北流民在界上者絕其鄉導足以挫其銳氣使不敢深入詔公卿議之咸言宜許左光祿大夫崔浩曰此不可從也往年國家大破蠕蠕馬力有餘南賊震懼常恐輕兵奄至卧不安席故先聲動衆以備不虞非敢先發又南土下濕夏月蒸暑水潦方多草木深邃疾疫必起非行師之時且彼先嚴有備必堅城固守屯軍攻之則糧食不給分兵肆討則無以應敵未見其利就使能來待其勞倦秋涼馬肥因

敵取食徐往擊之萬全之計勝必可克在朝羣臣及西北守將從陛下征討西滅赫連北破蠕蠕多獲美女珍寶馬畜成羣南鎮諸將聞而生喜亦欲南抄以取資財是以披毛求瑕妄張賊勢冀得肆心既不獲聽故數稱賊動以恐朝廷背公存私為國生事非忠臣也世祖從浩議南鎮諸將復表賊至而自陳兵少簡幽州以南戍兵佐守就漳水造船嚴以為備公卿議者僉然欲遣騎五千并假署司馬楚之魯軌韓延之等令誘引邊民浩曰非上策也彼聞幽州已南精兵悉發大造舟船輕騎在後欲存立司馬誅除劉族必舉國駭擾懼於滅亡當悉發精銳來備北境後審知官軍有聲無實恃其先聚必喜而前行徑來至河肆其侵暴則我守將無以禦之若彼有見機之人善設權譎乘間深入虞我國虛生變不難非制敵之良計今公卿欲以威力攘賊乃所以招令速至也夫張虛聲而召實害此之謂矣不可

不思後悔無及我使在彼期四月前還可待使至審而後發猶未晚也且楚之之徒是彼所忌將奪其國彼安得端坐視之故楚之往則彼來止則彼息其勢然也且楚之等瑣才能招合輕薄無賴而不能成就大功為國生事使兵連禍結必此之羣矣臣嘗聞魯軌說姚興求入荆州至則散敗乃不免南賊掠賣為奴使禍及姚泓已然之效浩復陳天時不利於彼曰今茲害氣在揚州不宜先舉兵一也午年自刑先發者傷二也日蝕滅光晝昏星見飛鳥墮落宿值斗牛憂在危亡三也熒惑伏匿於翼軫戒亂及喪四也太白未出進兵者敗五也夫興國之君先脩人事次盡地利後觀天時故萬舉而萬全國安而身盛今義隆新國是人事未周也災變屢見是天時不協也舟行水涸是地利不盡也三事無一成自守猶或不安何得先發而攻人哉彼必聽我虛聲而嚴我亦承彼嚴而動兩推其咎皆自以為應敵

兵法當分災迎受害氣未可舉動也世祖不能違衆乃從公卿議浩復固爭不從遂遣陽平王杜超鎮鄴琅琊王司馬楚之等屯潁川於是賊來遂疾到彥之自清河入河泝流西行分兵列守南岸西至潼關世祖聞赫連定與宋懸分河北乃治兵欲先討赫連羣臣曰劉義隆猶在河中舍之西行前寇未可必克而義隆乘虛則失東州矣世祖疑焉問計於浩浩曰義隆與赫連定同惡相招連結馮跋牽引蠕蠕規肆逆心虛相唱和義隆望定進定待義隆前皆莫敢先入以臣觀之有似連雞不得俱飛無能為害也臣始謂義隆軍來當屯住河中兩道北上東道向冀州西道衝鄴如此則陛下當自致討不得徐行今則不然東西列兵徑二千里一處不過數千形分勢弱以此觀之儜兒情見止望固河自守免死為幸無北度意也赫連定殘根易摧擬之必仆克定之後東出潼關席卷而前則威震南極江淮以北

無立草矣聖策獨發非愚近所及願陛下西行勿疑平涼既平其日宴會太武執浩手以示蒙遜使曰所云崔公此是也才略之美當今無比朕行止必問成敗決焉若合符契初無失矣

孝明帝時靈太后臨朝司徒侍中尚書令任城王澄表曰伏惟世宗宣武皇帝命將授旗隨陸啓顙運籌制勝淮漢自賓節用勞心志清六合是故續武脩文仍世彌盛陛下當周康靖治之時豈得晏安於玄默然取外之理要由內彊圖人之本先在自備蕭衍雖虐使其民而窺覦不已若遇我虛瘵士民凋窘賊衍年老志張患播虺毒此之弗圖恐受其病伏惟陛下妙齡在位聖德方昇皇太后總御天機乾乾夕惕若留意於負荷忿車書之未一進賢拔能重官人之舉摽賞忠清旌養人之器脩干戈之用畜熊虎之士愛時鄙財輕寶重穀七八年間陛下聖略方剛親王德幹壯茂將相膂力未衰愚臣猶堪戎

伍荷戈帶甲之衆。畜鋭於今。無弧冀馬之盛。兕狃往昔。又賊衍惡積
禍盈。勢不能久。子弟闔悖。釁逆已彰。亂亡之兆。然可見。兼弱有徵
天與不遠。夫同之機。宜須畜備。昔漢帝力疾討滅英布。高皇卧病親
除顯達。夫以萬乘之主。豈忘宴安。實以侵名亂正。計不得已。今宜慕
二帝之遠圖。以瀟寧爲大任。然頃年以來東西難。外寇艱虞之興。首尾
連接。雖尋得翦除。亦大損財力。且飢饉之氓。散亡莫保。役入之賦不
增。出用之費彌衆。不愛力以悦民。無豐資以待敵。此臣所以夙夜懷
憂悚息不寧者也。易曰。何以守位曰仁。何以聚人曰財。故曰財者非
天不生。非地不長。非時不成。非人不聚。生聚之由。如此其難。集人守
位。若此之重。興替之道。焉可不慮。又古者使民。歲不過三日。食壯者
之糧。任老者之事。此雖太平之法。難卒而固。然妨民害財。不亦宜戒。
今墉雉素脩。廐庫崇列。雖府寺膠轕少有未周。大抵者府粗得庇廕

理。務諸寺靈塔。俱足致虔。講道唯明堂辟雍。國禮之大。秉冬司徒兵
至。請籌量減徹。專力經營。務令早就。其廣濟敷施之財。酬商互市之
費。凡所營造。自非供御切須。戎仗急要。亦宜徹減。以務阜積。庶府無
横損。民有全力。夫食上篡而嬌德昭。卑寢室而禹功盛。章臺麗而楚
力衰。阿宮壯而秦財竭。存亡之由。灼然可覩。願思前王一同之功。畜
力聚財。以待時會。
後周武帝時。將圖東討。詔邊城鎮。並益儲偫。加戍卒。齊陳二國聞之。
亦增脩守禦。柱國于翼諫曰。宇文護專制之日。興兵至洛。不戰而敗。
所喪實多。數十年委積。一朝糜散。雖爲護無制勝之策。亦由敵人之
有備也。且疆埸相侵。互有勝敗。徒損兵儲。非策之上者。不若解邊嚴。
減戍防。繼好息民。敬待來者。彼必喜於通和。懈而少備。然後出其不
意。一舉而山東可圖。若猶習前蹤。恐非蕩定之計。帝納之。

唐高祖武德二年。欲棄大河以東。謹守關西。秦王世民請曰。太原王業所
基。國之根本。河東殷實。京邑所資。若舉而棄之。臣竊憤恨。願假臣精兵三
萬。必平殄武周。克復汾晉。唐主於是發關中兵以益世民。使擊武周。
武后時。麟臺正字陳子昂上軍國機要曰。臣竊聞宗懷昌等軍失律
者。乃被逆賊詐造官軍文牒。誑召懷昌。昌等專愚無備。陷没。今諸軍敗失。
東蕃固知。然恐安東阻隔。未審此詐。國家若無私報與安東。往來臣恐凶
賊多端。詐僞復設。萬一被其矯命。更失其圖。乃是資長賊權。没陷府城。此
固宜天恩已應先有處分。然臣愚見不敢不言。又賊初勝不即西侵者深
恐圖略安東以自全。計若安東被圍急。則遼東以來非國所制。伏乞天恩
早爲圖之。臣聞天子義兵。不可以怒發。怒則衆懼。急則人搖。則賊得其勢。
故昔者聖人守靜以制亂。持重以服姦。大義常存。人無疑懼。臣伏見恩制
免天下罪人。及募諸色奴充兵討擊者。是捷急之計。非天子之兵。且比來

刑獄久清。罪人全少。奴多怯弱。非慣征行。縱其募集。未足可用。況當今天
下忠臣勇士。萬分未用其一。契丹小孽。假命待誅。何勞免罪贖奴。損國大
義。且陛下富有四海。一戰未勝。遂即免罪募奴。若更有他虞。復何徵發。臣
恐此不可威示天下。臣聞聖人制事。必理未萌。所以姦不敢謀。賊不得起。
臣聞吐蕃近日將兵圍瓜州。數日即退。或云此賊通使墨啜。恐瓜沙止遏
故以此兵送之。臣雖未信。然惟國家比來勍敵者。在此兩蕃。至於契丹小
醜。未之比類。今國家爲契丹大發河東道及六胡州。綏延丹隰等州稽胡
精兵。悉赴營州。而緣塞空虛。靈夏獨苦。今水生河合。且秋馬肥。秦中北據
隴右。亦關東隣黨。凶羯姦謀。覘知此隙。驅其醜類。大入益秦。關隴右馬群。是
國所寶。防備遠策。良宜預圖。不可竭塞上之兵。使凶虜得計。伏願詳審。臣
聞所養非所用。所用非所養。理家必弊。在國必危。故明君不畜無用之臣。
慈父不畜無益之子。今朝廷五品三品受國寵榮。夫以賞賜府庫虛耗食

人之禄死人之事。思養聖朝甚矣厚矣。及遇有小賊。則云無人驅使。又勞聖恩遠訪外人。外人先無寵禄。臨難又不肯殉節。然則國之所養者揔無用之臣。朝之所遺者乃有用之士。今不收有用。厚養無用。欲令忠賢効力。凶賊滅亡。以臣愚見。理不可得。近者遼軍張玄遇等喪律。實由内外不同心。宰相或賣國樹恩。近臣或附勢私謁。禄重者以拱默為智。任權者以傾巧為賢。羣居雷同。以殉私為能。媚妻保子。以奉國為愚。陛下又寬刑漏網。不循名實。遂令綱紀日廢。姦宄滋多。今國家第一要者在稍寬兵期。山南淮南去幽州四千四百里。所司使十月上旬到。計日行百里。四十日方到。即今水雨如此。又徵符到彼未知當日辦發。猶不及期。況未辦發。月日行不可百里。違限者死。國有常刑。到不及期。懼罪逃散為賊。此更生一患。縱倍程趁期。亦恐不及。若違不誅。則軍不可統。若違必誅。則全衆皆怨。況兵疲不堪用。吴廣陳勝為盜由此。切急切急。即目江南淮南諸州租船數千艘已至鞏洛。計有百餘萬斛。所司便勒往幽州納充軍糧。其船夫多是客戶遊手墮業無賴雜色。今發家來時唯作入都資料。今已到京。又勒往幽州。幽州去此二千餘里。還又二千餘里。方寒水凍。一無資糧。國家更無優恤。但切勒赴限。比聞丁夫皆甚愁歎。又諸州行綱承前多擬勾至都余納。今儻有此類。而向洛濊余納。則山東來米必二百已上。百姓必擾動。今國家不優恤。又無識事明了人撿點。勾當知租米見在虛實。又未宣恩旨慰勞兵夫。唯切勒赴限。儻在道逃亡。此糧有萬一非意損失。則東軍二十萬衆坐自取敗。為賊所圖。切急切急。揚玄感以此為亂。當軍國大命。山東百姓。國家比以供軍科不點。募近聞東軍失利。山東人驕慢。乃謂國家怕其豪亂。未敢徵發。今街談巷議。多有苟且之心。伺國瑕隙。頗搖風俗。國家大政須人無貳心。若縱懷貳姦亂必漸。臣伏思即日山東愚人。有亡命不事產業者。有遊俠姦盜者。有姦豪強宗者。有交通州縣造罪過者。如此等色。皆是姦雄。國家又不以法制役之。臣恐無賴子弟暴横日廣。上不為國法所制。下不為州縣所羈。又不從軍。又不守業。坐觀成敗。養其姦心。在於國家。甚非長計。以臣愚見。望降勅使臣與州縣相知子細採訪。有麁豪游俠亡命姦盜失業滯食富族強宗者。並稍優與賜物。悉募從軍。仍宣恩旨慰勞。以禮發遣。若如此。則山東浮人安於太山。一者以牾姦豪異心。二者得精兵討賊。不煩寬怨。稽胡等又身既在軍。則父兄子弟自不敢為過。昔漢祖征山東。使蕭何鎮關中。漢軍數敗。蕭何每發關中子弟以助漢軍。三秦無盜亂之患。漢軍有强雄之勢。蓋以此道也。夫亂羣敗衆者。唯在姦雄。姦雄既羈。亂弊自息。伏乞聖恩早留之。詩云。無縱詭隨。式遏寇虐。紫袍緋袍綠袍金帶牙笏告身金銀器物等。即日軍衆已集。入賊有期。臣欲募死士三萬人。長驅賊庭。一戰掃定。軍中未有高爵重賞無以勵勇使貪。伏望天恩賜給前件袍帶告身器物二千事。庶以勸勵士衆。未敢虛用。比來將軍不明賞罰。所以兵不齊心。今聚十五萬衆。戈甲糧餉日費萬金。不早剋定。恐所費弥廣。山東百姓貧弊。不可再發。特乞天恩。允臣所請。

肅宗為太子。安禄山亂。建寧王倓典親兵。扈車駕。度渭。百姓遮道留太子。太子使倓諭曰。至尊播遷。吾可以違左右乎。倓進說曰。逆胡亂常。四海崩分。不因人情圖興復。雖欲從上入蜀。而散關以東非國家有。夫大孝莫若安社稷。殿下當募豪傑。趣河西收牧馬。令防邊屯吉不下十萬。而光弼子儀全軍在河朔。與謀興復。策之上者。廣平王亦贊之。於是議定。

德宗時。翰林學士陸贄論關中事宜。奏曰。臣頃覽載籍。每至理亂廢興之際。必反覆參考。究其端由。與理同道罔不興。與亂同趣罔不廢此理之常也。其或措置不異。安危則殊。此時之變也。至於君人有大柄。立國有大權。得之必强。失之必弱。是則歷代不易。百王所同。夫君人之柄。在明其德威。立國之權。在審其輕重。德與威不可偏廢也。輕與重不可倒持也。蓄威以昭德。偏廢則危。居重以馭輕。倒持則悖。恃威則德喪於身。取敗之道也。失重則輕移諸己。啟禍之門也。陛下天錫勇智。志期削平。忿茲昏迷。整旅奮伐。海內震疊。莫敢寧居。此誠英主撥亂拯物。不得已而用之。然威武四加。非謂蓄矣。所可兢兢保惜慎守而不失者。唯居重馭輕之權耳。陛下又果於成務。急於應機。竭國以奉軍。傾中以資外。倒持之勢。今又似焉。臣是以瘝心如狂。不覺妄發。輒踰顧問之旨。深測憂危之端。此臣之愚。於自量而忠於事主之分也。古人所謂愚夫言之。而明主擇之。惟陛下幸留聽焉。臣聞國家之立也。本大而末小。是以能固。又聞理天下者。若身之使臂。臂之

使指。則小大適稱而不悖焉。身所以能使臂者。身大於臂故也。臂所以能使指者。臂大於指故也。王畿者。四方之本也。京邑者。又王畿之本也。其勢當令京邑如身。王畿如臂。四方如指。故用即不悖。處則不危。斯乃居重馭輕。天子之大權也。非獨為御諸夏而已。抑又有鎮撫戎狄之術焉。是以前代之制。轉天下租稅委之京師。徙郡縣豪傑以之陵邑。選四方壯勇實之邊城。其賦役則輕近而重遠也。其惠化則悅近以來遠也。太宗文皇帝既定大業。萬方底乂。猶務戎備。不忘慮危。列置府兵。分隸禁衛。大凡諸府八百餘所。而在關中者殆五百焉。舉天下不敵關中。則居重馭輕之意明矣。承平漸久。武備浸微。雖府衛具存。而卒乘罕習。故祿山竊倒持之柄。乘外重之資。一舉滔天。兩京不守。尚賴經制頗存。典刑。彊本之意則亡。緣邊之備猶在。加以諸牧有馬。每州有糧。故肅宗得以為資。中復興運。乾元之後。大憝初夷。

雖有外虞。悉師東討。邊備既弛。禁戎亦空。吐蕃乘虛。深入為寇。故先皇帝莫與為禦。避之東遊。是皆失居重馭輕之權。忘深根固柢之慮。內寇則崤函失險。外侵則汧渭為戎。于斯之時。朝市離析。事變可慮。須臾萬端。雖有四方之師。寧救一朝之患。陛下追想及此。豈不為之寒心哉。尚賴宗社威靈。先皇仁聖。攘卻醜類。再安宸居。城邑具全。宮廟無震。此又非常之幸。振古所未聞焉。足以見天意之於皇家。保佑深矣。故示大儆。將弘永圖。陛下誠宜上副玄心。下察時變。遠考前代成敗。近鑒國朝盛衰。垂無疆之休。建不拔之業。今則勢可危慮。又甚於前。伏惟聖謀。已有成算。愚臣未達。竊所憂。先皇帝還自陝郛。懲艾往事。稍益禁衛。漸修邊防。是時關中有朔方涇原隴右三帥。以扞西戎。河東有太原全軍。以控北虜。此四軍者。皆聲勢雄盛。士馬精彊。又徵諸道戍兵。每歲乘秋備塞。尚不能保固封守。遏其奔衝。京師戒

嚴。比比而有。陛下嗣膺寶位。威懾殊鄰。蕃醜昆夷。猶肆毒螫。舉國來寇。志吞岷梁。貪冒既深。覆亡幾盡。遂求通好。少息交侵。蓋緣馬喪兵疲。務以計謀相緩。固非畏威懷德。必欲守信結和。所以歷年優柔。竟未堅定要約。息兵稍久。青馬漸蕃。必假小寇于忿年。回復大肆侵掠。張光晟又於振武誘殺羣胡。自爾已來。絕無虜使。其為嫌怨。足可明徵。借如吐蕃實和。回紇無憾。戎狄貪詐。乃其常情。苟有便利可窺。豈肯端然自守。今朔方太原之眾。遠在山東。神策六軍之兵。繼出關外。儻有賊臣啗寇。黠虜窺邊。偷隙乘虛。微犯亭障。此愚臣所竊為憂者也。未審陛下其何禦之。側聞伐叛之初。議者多易其事。僉謂有征無戰。役不踰時。計兵未甚多。度費未甚廣。於事為無擾。於人為不勞。曾不料兵連禍挐。變故難測。日引月長。漸乖始圖。故前志以兵為凶器。戰為危事。至戒至慎。不敢輕用之者。蓋為此也。當勝而反敗。當安而倒

危變亡而為存化小而成大在覆掌之間耳。何則。不畏而重之乎。近事甚明。足以為鑒。往歲為天下所患。咸謂除之則可致昇平者。李正己。李寶臣。梁崇義。田悅是也。往歲為國家所信。咸謂任之則可除禍亂者。朱滔。李希烈是也。既而正己死。李納繼之。寶臣死。惟岳繼之。崇義卒。希烈叛。惟岳戮。朱滔攜。然則往歲之所患者。四去其三矣。而患竟不衰。往歲之所信者。今則自叛矣。而又難保。是知立國之安危在勢。任事之濟否在人。勢苟安。則異類同心也。勢苟危。則舟中敵國也。陛下豈可不追鑒往事。惟新令圖。循偏廢之柄以靖人。復倒持之權以固國。而乃孜孜汲汲。極思勞神。徇無已之求。望難必之效。其於為人除害之意則已至矣。其為宗社自重之計。恐未至焉。自頃將帥徂征。又未盡敵。苟以藉口。則請濟師。陛下乃為之輟邊軍。缺環衛。虛內廄之馬。竭武庫之兵。占將家之子以益師。賦私養之畜以增騎。猶且

未戰則曰乏財。陛下又為之算室廬。貸商賈。傾司府之幣。設請權之科。關輔之間。徵發已甚。宮苑之內。備衛不全。萬一將帥之中。又如朱滔。希烈。或負固邊壘。誘致豺狼。或竊發郊畿。驚犯城闕。此亦愚臣所竊為憂者也。未審陛下復何以備之。以陛下聖德君臨。率土欣戴。非常之虞。豈所宜言。然居安備危。哲王是務。以言為諱。中主不行。若備之已嚴。則言亦何害。儻忽而未備。又安可勿言。臣是以瞽陳狂愚無所諱避。尚敢以中主不行之事。有虞於聖朝也。惟陛下熟察之。過防之。且今之關中。即古者邦畿千里之地也。王業根本。於是在焉。秦嘗用之以傾諸侯。漢嘗因之以定四海。蓋由憑山河之形勝。宅田里之上腴。弱則內保一方。當天下之半。可以養力俟時也。彊則外制東夏。據域中之大。可以蓄威昭德也。驍勇之在關中者。與籍於營衛不殊。車乘之在關中者。與列於廄牧不殊。財用之在關中者。與貯於帑藏不殊。有急而須。一朝可聚。今執事者先拔其本。棄重取輕。所謂倒持太阿。授人以柄。議制置則彊幹弱枝之術反。語綏懷則悅近來遠之道乖。求諸通方。無適而可。顧臣庸懦。竊為陛下惜之。往者不可追。來者猶可補。臣不勝懇懇憂國之至。輒敢効其狂鄙。以備採擇之一端。陛下儻俯照微誠。過聽愚計。使李芃援東洛。懷光救襄城。希烈兇徒勢必退衂。則所遣神策六軍士馬及點召節將子弟東行應援者悉可追還。河北既有馬燧。抱真固亦無藉李晟。并令旋斾。完復禁軍。明勅涇隴邠寧。但令嚴備封守。仍云更不徵發。使知各保安居。又降德音。勞徠畿甸。具言京輦之下。百役殷繁。且又萬方會同。諸道朝奏。郵勤懷違。理合優容。其京城及畿縣所稅間架。榷酒。抽貫。貸商。點召等。諸如此類。一切停罷。則冀已輸者弭怨。見處者獲寧。人心不搖。邦本自固。禍亂無從而作。朝廷由是益尊。然後可以度時宜。施教令。弛張

自我。何有不從。端本整棼。無易於此。

贄又請撫循李楚琳。疏曰。右件官比緣性行無良。多為時議所惡。頻被封章論奏。言其心挾兩端。若不隄防。恐妄生窺伺。謂宜斥絕。用杜姦邪。近者鳳翔使來。絕不蒙恩召見。滯留數輩。並未放還。伏恐陛下不忍忿心。頗徇輿議。以臣愚戇。竊謂非宜。李楚琳乘時艱危。擾岐下。賊殺戎帥。款結兇渠。奉天之圍。頗亦有助。其於叛亂。海內彰聞。論者今始紛紜。亦何知見之晚耶。但以乘輿未復。天讎猶存。勤王之師悉在畿內。急宣速告。晷刻是爭。商嶺則道迂且遙。駱谷復為盜所扼。僅通王命。唯在褒斜。此路若又阻艱。南北遂將夐絕。以諸鎮危疑之勢。居二逆誘脅之中。汹汹羣情。各懷向背。彼勝則往。我勝則來。其間事機。不容蹉跌。儻或楚琳發憾。公肆猖狂。南塞要衝。東延巨猾。則我咽喉梗而心膂分矣。其勢豈不甚病哉。且楚琳本懷。唯惡是務。今雖

兩端顧望。乃是天誘其衷。故通歸塗。將濟大業。陛下誠宜深以為念。厚加撫循。得其持疑。使爲集事。儻能遷善。亦可濟師。今若拘留狭之諒。露猜阻之跡。懼者甚衆。豈唯一夫。自昔能建奇功。或拯危厄。未必皆是絜矩之士。溫良之徒。驅駕操馭。唯在所以。朝稱兇悖。夕謂忠純。始爲寇讎。終作卿相。知陳平無行而不棄。忿韓信自王而遂封。蒯通以析理獲全。雍齒以積恨先賞。此漢祖所以恢帝業也。置射鉤之賊而任其事。釋斬袪之怨以免於難。此桓文所以弘霸功也。然則當事之要。雖罪惡不得不容。適時之宜。雖仇讎不得不用。陛下必欲精求素行。追抉宿疵。則是改過不足以補愆。自新不足以贖罪。凡今將吏。豈得盡無疵瑕。人皆省思。孰免疑畏。又況阻命之輩。脅從之流。自知負恩。安敢歸化。斯釁非小。所宜速圖。孔子曰。人而不仁。疾之已甚。亂也。又曰。小不忍則亂大謀。君陳曰。無忿疾于頑。又曰。必有忍。其乃有

濟。伏願陛下以英主大略。聖人格言。爲元龜。固不可納豎儒小忠。以虧撓興復之業也。臣不勝憂國至計。謹啓事以聞。

贄又論從賊中赴行在官狀曰。欽溆奉宣聖旨。近日往往有卑官從山北來。皆稱自京城偷路奔赴行在。此輩多非良善。有一邢建論說賊中体勢。語最張皇。察其事情。頗是窺覘。今且令留在一處安置。如此之類。更有數人。若不根尋。恐有姦計。卿宜商量如何穩便者。臣伏以任總百揆者。與一職之守不同。富有萬國者。與百揆之体復異。蓋尊領其要。卑主其詳。尊尚恢弘。卑務近細。是以練覈小事。糾察微姦。此有司之守也。維御萬樞。選建庶長。總綱而衆目咸舉。明通而群方自通。此大臣之任也。愚智兼納。洪纖靡遺。蓋之如天。容之如地。垂旒黈纊。而黜其聰察。匿瑕藏疾。而務於包含。不示威。而人畏之如雷霆。不用明。而人仰之如日月。此天子之德也。以卑而僭用尊道。則職廢于下。以尊而降代卑職。則德喪于上。職廢則事不舉。德喪則人不歸。事不舉者。弊雖切而患輕。人不歸者。釁似微而禍重。茲道得失。所關興亡。聖王知宇宙之大。不可以耳目周。故清其無爲之心。而觀物之自爲也。知億兆之多。不可以智力勝。故壹其至誠之意。而感人之不誠也。異於是者。乃以一人之聽覽。而欲窮宇宙之變態。以一人之防慮。而欲勝億兆之姦欺。役智彌精。失道彌遠。故宣尼述陶唐之盛曰。惟天爲大。惟堯則之。周詩美文王之德曰。不識不知。順帝之則。是皆覆育萬物。渾然大同。無好無惡。不忌不克之謂也。項籍納秦降卒二十萬。慮其懷詐復叛。一舉而盡坑之。其於防虞亦已甚矣。漢高豁達大度。天下之士至者。納用不疑。其於備慮可謂疏矣。然而項氏以滅。劉氏以昌。蓄疑之與推誠。其效固不同也。秦皇嚴衛雄猜。而荆軻奮其陰計。光武寬容博厚。而馬援輸其款誠。豈不以虛懷待人。人

亦思附。任數御物。物終不親。情思附則感而悅之。雖寇讎化爲心膂有矣。意不親則懼而阻之。雖骨肉結爲仇慝有矣。臣故曰茲道得失。所關興亡。伏惟陛下睿哲文思。光被四表。孝友勤儉。行高百王。然猶化未大同。俗未至理者。良以智出庶物。有輕待人臣之心。思周萬機。有獨馭區寓之意。謀吞衆略。有過慎之防。明照群情。有先事之察。嚴束百辟。有任刑致理之規。威制四方。有以力勝殘之志。由是才能者怨於不任。忠藎者憂於見疑。著勳業者懼於不容。懷反側者迫於攻討。馴致離叛。構成禍災。兵連于外。變起于內。歲律未半。乘輿再遷。國家艱屯。古未嘗有。以陛下至聖之德。而遘茲殷憂之期。天其或者欲大啓睿心。儆小失而崇丕業耳。臣謂陛下當奉若天意。追咎已然。凡所致寇之由。悉已詳知其故。將革前弊。以消群疑。今承德音。尚襲流誤。若未悔禍。何由弭災。臣獲蒙過知。又辱下問。若務順旨。是爲欺天。

肩敵指陳，痛釋關編。往歲初奮師旅，四征不庭，凶烈之徒，人思自効，捨逆歸欵者，繼獻于闕下；陳謀諫失者，爭詣于禁門。陛下能於此時乘軍氣之方雄，因人心之願盡，輟沐吐哺，虛襟以懷，樂納風行，不疑不譁。功者報之，義者旌之，直者獎之，才者任之，其或有志而無補於時，發言而不當其理，亦必恕其妄作，錄其善心，皆優容以禮進退。如此，則海內風靡，翕然歸心，賢愚咸懷，小大畢力，叢爾凶醜，曾何足平。臣固知天已理寄，必無奉天之幸矣。其所以召禍胎，而索義氣者，在于獨斷宸慮，專任睿明，降附者意其窺覦，諫諍者謂其迂疏，論官軍撓敗者猜其挾姦，疑遁陳光寃强佼者疑其爲賊，張皇寇計者防其漏言，進諫者憚其宣謗。凡此之類，悉貽鑿憂，處使拘留，謂之安置；或詰責而寘於客省，或勞慰而延於紫庭，雖可笑顛異其辭，然於圍閑一也。既杜出入，勢同狴牢，解釋無期，死生莫測，守護且嚴，家私不通，一遭繫維，動歷年歲，想其痛憤，何可勝言。由是歸化漸稀，而上封殆絕矣。徇義之心既阻，脅從之黨彌堅，而貴近之臣，往來之使，希望風旨，諂辭取容，唯揣樂聞，不憂失實，咸言聖謀深遠，策略如神，小寇孤危，滅亡無日，陛下急於誅惡，皆謂其事信然，窮兵竭財，坐待平一。人心轉潰，寇亂愈滋，遂至轂下生戎，宮闈不守。儻陛下能於此際遠效大號，謝過萬方，叙忠良見忌之寃，而舉其尤鯁亮者，加之厚秩；糾阿諛不實之罪，而數其極姦妄者，處之大刑。賞罰既明，忠邪畢辨，以此臨下，誰敢不誠；以此懷人，何有不服。過而能改，亂亦遄安，臣固知尋復京師，必無梁岷之遊矣。陛下既闕慎于始，又失圖于中，故之西陽，唯在茲日，豈可復使一事紕繆，一言過差哉。今賊泚未平，懷光繼叛，都邑城闕，猶迷居人，輔郊畿，豺狼雜處，朝廷僻介於遠郡，道路緣歷於連山，叔策徑者，其能有幾。推心降接，猶恐未多，稍不禮焉，固

不來矣。若又就加猜劾，且復因拘，使反者得辭，來者懷懼，則天下有心之士，安敢復言忠義哉。卵胎不傷，麟鳳方至，魚鼈咸若，龜龍乃游。孟悅近者，來遠之資；懷小者，致大之術也。竊料邢建等擧以非助逆之徒，假如過有張皇，跡涉疑侶，亦望矜愍，惜保屈法裕人，並量器能，隨事甄貸。武者措之於戎伍，文者付之於宰司，尤則授以職員，次但優其選序。必有須離行在，難處親軍，則或除諸道一官，或委諸使錄用，就其常分，各稍加恩。古人有言：撫我則后，虐我則讎。惠澤所及，謳歌乃歸；流聞四方，孰不欣戴。昔趙殺鳴犢，聖人輟行；燕尊郭隗，賢士繼往。況乎天子所作，天下式瞻，一言阻物，則天下莫不自疑；一事恤人，則天下莫不同悅。固不可以小失爲無損而不悔，亦不可以小善爲無益而不行。小猶慎之，矧又非小。願陛下惟事無大小，皆以覆車之轍爲戒，實宗社無疆之休。

贄又論敘遷幸之由狀曰：臣前日蒙恩召見，陛下敘說涇原叛卒驚犯宮闕及初行幸之事，因自尅責，辭旨過深。臣奏云：陛下引咎在躬，誠堯舜至德之意；臣竊有所見，以爲致今日之患者，羣臣之罪也。陛下又曰：卿以君臣之禮，不忍歸過於朕，故有此言。然自古國家興衰，皆有天命，今遇此厄運，雖則是朕失德，亦應事不由人。未及對詔之間，陛下遂言及宗祧，涕泗交集。主憂臣憤，人理之常，情激於衷，不覺嗚咽。旋屬游瓌請對，臣言未獲畢辭，今輒上煩，以盡愚懇。臣所謂致今日之患是羣臣之罪者，非敢徒飾浮說，苟寬聖懷，事皆有由，言庶可復。自胡羯稱亂，遺患未除，朝廷因循，久務容養，事多僭越，禮闕會朝。陛下神武統天，將一區宇，乃命將帥，四征不庭，兇渠稽誅，逆將繼亂，兵連禍結，行及三年，徵師四方，無遠不暨，父子訣別，夫妻分離，一人征行，十室資奉，居者有餽送之苦，行者有鋒刃之憂，去留騷然，而

閭里不寧矣。聚兵日衆，使賞日多，常賦不充，乃令促限，促限纔畢，復命加撤，加撤既殫，又使別配，別配不足，於是推算之科，設舉貸之法，興業防遊，章條日繁，吏不堪命，人無聊生，嚴急廢於徵呼，膏血竭於笞捶，帀井愁苦，室家怨咨，兆庶嗷然，而鄰邑不寧矣。邊陲之戍，用保封疆，禁衛之師，以備巡警，二者或闕，則生戎心，國之大防，莫重於此。陛下急於靖難，棗遣東征，邊備空虛，親軍寡弱，又控閱私牧，以取馬譯，責將家以出兵，凡有私牧者，例元勳貴戚之門，所謂將家者，皆統帥岳牧之後，是乃曾參親姿，或著忠勞，復除征徭，固有常典，今忽奪其畜牧，事其子孫，有乞假以給資裝，有破產以營卒乘，道路懷憫，部曲感傷，貴位崇勳，孰不解體，加以聚斂之法，轂下尤嚴，邸第侯王，咸輸屋稅，稗販夫婦，畢算緡錢，貴而不見優，近而不見異，其為憤慼，又甚諸方，誅求轉繁，庶類恐懼，與發無已，群情動搖，朝野囂然，而

京邑關畿不寧矣。陛下又以百度弛廢，志期肅清，持義以掩恩，任法以成理，神斷失於太速，睿察傷於太精。斷速則寡恕於人，而疑似之間不容辯也；察精則多猜於物，而臆度之際未必然也。寡恕則重臣懼禍，反側之釁易生；多猜則羣下防嫌，苟且之風漸扇。是以叛亂繼起，怨讟並興，非常之虞，億兆同慮。惟陛下穆然凝邃，獨不得聞，至使凶卒鼓行，白晝犯闕，重門無結草之禦，環衛無誰何之人。自古禍變之興，未有若斯之易，豈不以乘我間隙，因人攜離哉！陛下有股肱之臣，有耳目之任，有諫諍之列，有備衛之司，見危不能竭其誠，臨難不能效其死，所謂致今日之患，是群臣之罪者，豈徒言歟！聖旨又以家國興衰，皆有天命，今遇此厄運，應不由人者，臣志性介劣，學識庸淺，凡是占算祕術，都不涉其源。承至於興衰大端，則嘗聞諸典籍。書曰：民視自我人視，天聽自我人聽。又曰：德惟一，動罔不吉；德二三，動罔

不凶。惟吉凶不僭在人，惟天降災祥在德。又曰：天難諶，命靡常，常厥德，保厥位，厥德靡常，九有以亡。此則天所視聽，皆因於人，天降災祥，皆考其德，非於人事之外，別有天命也。故祖伊責紂之辭曰：我生不有命在天。武王數紂之罪曰：吾有民有命。罔懲其侮。此又捨人事而推天命，必不可之理也。易曰：自天祐之，吉無不利。仲尼以為祐者助也。天之所助者順也，人之所助者信也。履信思乎順，又以尚賢，是以自天祐之，吉無不利。又曰：危者安其位者也，亡者保其存者也，亂者有其理者也。故君子安而不忘危，存而不忘亡，理而不忘亂，是以身安而國家可保。又曰：視履考祥。又曰：吉凶者，得失之象也。夫易之為書，窮變知化，其於性命，可謂研精，及乎論天人祐助之由，辯安危理亂之故，必本於履行得失，而吉凶之報象焉。此乃天命由人，其義明矣。春秋傳曰：禍福無門，唯人所召。又曰：人受天地之中以生，所謂命

也。是以有動作威儀禮義之則，以定命也。能者養之以福，不能者敗以取禍。禮記引詩而釋之曰：大雅云：殷之未喪師，克配上帝，宜監于殷，駿命不易。言得衆則得國，失衆則失國也。又引書而釋之曰：康誥云：惟命不于常。言善則得之，不善則失之。此則聖哲之意，六經會通，皆為禍福由人，不言盛衰有命。蓋人事著於下，而天命降於上，是以事有得失，而命有吉凶，天人之間，影響相准。詩書已後，史傳相承，理亂廢興，大略可記。人事理而天命降亂者，未之有也；人事亂而天命降康者，亦未之有也。六經之教既如彼，歷代明驗又如此，尚恐其中有可疑者，臣請復以近事證之。自頃征討頻繁，刑網稍密，物力竭耗，人心驚疑，如居風濤，洶洶靡定。上自朝列，下達烝黎，日夕族黨聚謀，咸憂必有變故，旋屬涇原叛卒，果如衆庶所虞。京師之人，動逾億計，固非悉知算術，皆曉占書，則明致寇之由，未必盡關天命。伏惟陛下

鑒既往之深失建將來之令圖雖宗社阽危刷億兆憤恥在於審察時變博詢人謀王化聿脩天祐自至恐不宜推引厄運謂為當然撓追咎之誠沮惟新之望臣聞理或生亂亂或資理有以無難而失守有因多難而興邦理或生亂者恃理而不備也亂或資理者遭亂而能懼也無難失守者忽萬機之重而忘憂畏也多難興邦者涉庶事之艱而知敕慎也今生亂失守之事則既往不可復追矣其資理興邦之業在陛下勉勵而謹脩之當至危至難之機得其道則興矣其違道則廢其間不容復有所悔也惟陛下勤思焉熟計焉捨己以從眾焉違欲以遵道焉遠憸佞而親忠直焉推至誠而去逆詐焉杜讒沮之路廣諫諍之門焉掃求利之法務息人之術焉錄片善片能以盡群材焉忘小瑕小怨俾無棄物焉斯道甚易知甚易行不勞神不苦力但在約之於心耳又陛下天資睿哲有必致之具安得捨而不為哉斯道夕警之於心則可以感神明動天地施之於事則可以服庶類懷萬方何憂乎亂人何畏乎厄運何患乎天下不寧昔太公以避狄而興周文王以百里而王是乃因危難而恢盛業由僻小而闢丕圖況陛下稟英姿承寶曆四海之利權由己列聖之德澤在人苟能增脩幾有不濟至如東北孽蘖甫適誅涇原亂兵蒼卒犯禁蓋上玄保祐陛下恐陛下神武果斷有輕天下之心使知艱難將永福祚耳伏願悔前禍以荅天戒新聖化以承天休勿謂時鍾厄運而自疑勿謂事不由人而自解勤勵不息足致昇平豈止蕩滌袄氛旋復宮闕而已愚臣不勝區區憂國奉君之誠有所切辭不覺煩伏惟陛下不以人廢言不以言廢直千慮一得或有取焉

贄又論收河中後請罷兵狀曰昨日欽溆奉宣聖旨示臣馬燧渾瑊等奏平懷光收河中東城狀兼令臣商量須作何處置令欽溆奏來者兇梗殲盡關畿廓清實聖謀廣運之功亦宗社無疆之祚應須處置大略已附欽溆口陳展轉傳言恐未盡意謹復薦其固陋願陛下少留察焉臣聞禍或生福福亦生禍喪者得之理得者喪之端故晉勝鄢陵范燮祈死吳克勁越夫差啓殃是知福不可以屢徼幸不可以常覬覦居福而慮禍則其福可保見得而忘喪則其喪必臻臣竊懼論諫希旨之徒險躁生事之輩幸兇醜覆亡之會揣英主削平之心必將競效甘言誘開利欲謂王師所向莫敵謂餘孽指顧可平請迴蒲坂之戈復起淮沂之役斯議一啓必有亂階故微臣姑以生禍為憂而未敢以獲福為賀也何則建中之難其事可徵始以蓄憾而臨於含容或以亟勝而輕於戰伐故文喜之討涇上之瘡痛未平崇義之征漢南之芟夷繼甚阻命之師非不誅也伐叛之師非不克也介馬之斷非不堅也赫斯之怒非不逞也然以人不見恤惟戮是聞者辜無辜不敢自保是以抱釁反側者懼鈇鉞之次加畏禍危疑者慮猜諸之災及遂乃盤結以拒討狠顧以背恩彌亘河而亘淮盡三輔而盜京邑鑾輅為之再駕行宮至於合圍于時海內大搖物情幾去天命莫保於寸晷王威不出於一墻邦國之杌隉艱屯綿綿聯聯若包桑綴旒幸而不殊者屢矣勢之危蹙實足寒心非有曩時熊羆翕習之師雷霆奮發之勢武庫劍戟之利帑藏財賦之殷其所以施令率人取威定亂比於建中之始豈不至微至殺哉然而陛下懷悔過之深誠降非常之大號知黷武窮兵之長亂知急征重斂之殫財知殘人肆欲之取危知違眾率心之稔惡知烝庶困極之興怨知上下壅堙之失情德音渙然以之更始所在宣敷之際聞者莫不涕流雖或兇獷匪人亦必為之歔欷誠之動物乃至于斯懷梟鴟以好音消祲沴以和氣由是姦回易慮驁獻歸心假王叛渙之夫削偽號以

請罪。觀釁首亂之將。壹純誠以効勤。滅亡喙餒者。希係於室家。屯戍戰爭者。冀全其性命。德澤將竭而更濡。君臣已絕而更交。天下之情翕然一變。曩討之而愈叛。今釋之而畢來。曩以百萬之師而力殫。今以咫尺之詔而化洽。是則聖王之敷理道。服暴人。任德而不任兵明矣。羣帥之悖臣。禮拒天誅。圖活而不圖亡又明矣。尚恐陛下以臣言之略而未喻也。請復循其本而申備之。往以河朔青齊同惡相扇。擁戎擅土。易代不庭。陛下恥王化之未同。忿姦慝之靡格。是發六軍神策河陽河東澤潞朔方之騎士以相征于北。命永平汴宋幽隴江淮閩嶺之將卒。以奮伐于南。竭國家府藏以贍軍。悉公私廐牧以張武。算斂周於萬類。徭役被於八荒。既已甚矣。威亦盛矣。既而曠日綿歲。老師費財。兩河之寇患有加。燕豫而邦本已始覆矣。消涇卒唱亂。誕戎搆災。犲狼竊居於禁闈。猰貐擇肉於馳道。河朔問罪之衆。希路而

歸。宗邠伏順之師。守壘不暇。于斯之亂。海內沸騰。儳有問鼎之雄。闚覦天之巨猾。幸災乘間。何所不為。既而悅納之儔咸自斂縮。內無非望之議。外無軼境之侵。及聞天澤滌瑕。制書復爵。曾不崇朝。望風款降。爭馳表章。惟恐居後。睹其素志。於此可知。是皆假兵救怨之誘。戀土偷安之輩。懷生畏死。蠢動之大情。慮危求安。品物之常性。有天下而子百姓者。以天下之欲為欲。以百姓之心為心。固當遂其所懷。去其所畏。給其所求。使家家自寧。人人自遂。家苟寧矣。國亦同焉。人苟遂矣。君亦泰焉。是則好生以及物者。乃自生之方。施安以及物者。乃自安之術。濟彼於死地而求此之久生也。從古及今。未之有焉。措彼於危地而求此之久安也。從古及今。亦未之有焉。是以昔之聖王知生者人之所樂而已亦樂之。故與人同其生。則上下之樂兼得矣。聖王知安者人之所利而已亦利之。故與人共其安。則公私之利兩全

矣。其有反易常理。昏迷不恭。則當外察其倔強之由。內省於撫馭之失。脩近以來遠。檢身而率人。故書曰。惟干戈省厥躬。又曰。舞干羽于兩階。七旬有苗格。孔子曰。遠人不服。則脩文德以來之。既來之。則安之。此其證也。如或昧於懷柔。務在攻取。不徵教化之未孚。不疵誠感之未孚。惟峻威是臨。惟忿心是肆。視人如禽獸。而曝之原野。輕人如草芥。而勦之鋒鏑。叛者不賓。則命致討。討者不克。則將議刑。是使負釁者懼必死之誅。奉辭者慮無功之責。編甿以困於杼軸而思變。士卒以憚於死喪而念歸。萬情相攻。亂豈有定。一夫不率。闔境罹殃。一境不寧。普天致擾。兵拏禍結。變起百端。故孔子曰。遠人不服而不能來也。邦分崩離析而不能守也。而謀動干戈於邦內。吾恐季孫之憂不在顓臾。而在蕭牆之內矣。此蓋必然之常理。至當之格言。足以為明鑑元龜。亘百王而不易者也。事乃反覆。得無懼乎。夫理有必然。則

殊塗歸於同轍。言有至當。則異代應如合符。頃以東北孽悖。職貢靡闕。陛下怒其違命。大舉甲兵。至今逆泚誘姦。乘釁而動。所備之寇。猶遠介於河山。不虞之戎。已竊發於都輦。蕭牆之戚。不其信歟。前與姦訛既如彼。近事明驗又如此。所以德音敘哀痛之情。悔征伐之事。引衆慝以咎己。布明信以示人。既往之失畢懲。莫大之辜咸宥。約之以省賦。誓之以息兵。由是億兆汙人。四三叛帥。感陛下自新之旨。悅陛下盛德之言。革面易辭。具脩臣禮。其於深言密議。固亦未盡坦然。必當聚黨而謀。傾耳而聽。觀陛下所行之事。考陛下所誓之言。若言與事符。則遷善之心漸固。儻事與言背。則慮禍之態復興。自京邑底寧。乘輿旋返。屬懷光繼亂。天討又行。息兵之言。我則未復。山東羣帥所以未敢生辭者。蓋為河中之地。密近王城。迫於朝夕之虞。不得不務除之尒。今若改轅移旆。復指淮西。則淮西元凶。必將誑脅其同惡之

傳聞說於新附之所謂之曰奉天息兵之旨乃因窘急而言朝廷稍安必復誅伐是以朱泚滅而懷光戮懷光戮而希烈征希烈儻平禍將次及則彼之蓄素疑而懷宿負者能不爲之動心哉心既動則盈其黨與覆族之憂憂既盈則思以脣亡齒寒之痛共病同者雖胡越而相憐憂同者不邀結而自親河朔青齊固當響應邇中之徵勢必重興以國家再造之初當羣孽息肩之後狡來鳴吠或肆吞噬討之則我力未遑縱之乃寇患斯甚臣愚竊以爲禍非細未審陛下何方以待之若有其方悔之可也如其未有願陛下勿輕易焉凡將圖終必在慎始禍機一發難可復追臣請粗陳當今維馭之所宜唯聖主省擇焉夫君之大柄在惠與威二者兼行廢一不可惠而罔威則不畏威而罔惠則不懷爲知夫惠之可懷而廢其取威之具則所數之惠適足以示弱也其何懷之有焉爲知夫威之可畏而遺其施惠之

懼則所作之威適足以召亂也其何畏之有焉故善爲國者審惠以養威蓄威以尊惠威而能養則不挫惠而見尊則有恩是以惠與威交相畜也威與惠互相行也人主之欲柔遠人而服強暴不明斯術之要莫之得焉今皇運中興天禍將悔以逆泚之偷居上國以懷光之竊保中畿歲未再周相次梟殄實衆慝驚心之日羣生改觀之時威則已行惠猶未洽誠宜上副天眷下收物情布恤人之惠以濟威乘滅賊之威以行惠宥河中滌汙之黨悉無所問赦淮右僭逆之罪咸與惟新錫賚被旼保羅戰士符往歲息兵之令以彰信至大君含垢之德以布仁俾萬姓皆曰大哉王言又曰一哉王心如是則威不用而畏如神明惠不費而懷如父母凡在危疑懼討者必將曰淮右僭逆之罪且赦矣吾屬何患焉凡在脅從同惡者必將曰河中滌汙之黨且宥矣吾屬何疚焉凡在偟皆思安者必將曰吾君有戰勝之

師抑而不騁信乎其罷征矣凡在凋殘望理者必將曰吾君有妖亂之憤息而不攄信乎其恤隱矣天下之心若此而禍亂不息理道不行者無之臣所未敢保其必從唯希烈一人而已揆其私心非不願從也想其潛慮非不追悔也但以猖狂失計已竊大名雖荷陛下全宥之恩然不能不自醜於天地之間耳縱未順命斯爲獨夫內則無辭以起兵外則無類以求助其計不過厚撫部曲偷容歲時心雖陸梁勢必不敢陛下但勑諸鎮各守封疆彼既氣奪算窮是乃狴犴之囊不有人禍則當鬼誅朝廷務崇德以待之臣固知其必不逃於所攜矣古所謂不戰而屈人之兵者斯之謂歟今若不顧勞費復興戎役瀆威而蔑惠捨易而即難是棄明信而務忿心假敵辭而資寇猾窮者不暇恤勞者不得居國之安危或未可保此乃成敗理亂之所係願陛下難之慎之臣區上干憂惜在此儻蒙過納狂瞽不疑所行

雖當華具招諭之辭詳陳備禦之畫伏俟宣許方敢以聞

淄青李正己畏帝威斷表獻錢三十萬緡以觀朝廷帝意其詐未能答中書侍郎同中書門下平章事崔祐甫曰正己誠詐陛下不如因遣使勞其軍以所獻就賜將士若正己奉承詔書是陛下恩洽士心若不用彼自歛怨軍且亂又使諸藩不以朝廷爲重賄帝曰善正已慚服

憲宗元和七年秋魏博節度使田季安卒其子懷諫年十一軍中扶豎廢其位李吉甫上言須事討伐以懲宿弊李絳上言罪或宜誅翦時既不可勢亦不同臣愚慮之不必動衆吉甫遽進用兵之策具圖畫入兵道路及討利病幷載河北土田平易沃壤桑柘物產繁富之狀若不討伐必無變動後延英日上又問魏博之事如何卿兩人所見各異何者爲長吉甫言須興師攻取以示國威上曰此勢恐須如

此。不討伐。無復有得理。絳奏曰。以臣愚慮。酌量事勢。必不勞興師動衆。魏博當須歸國。上曰。何以明之。絳曰。凡河南河北。叛渙之地。事體大同。懼部下諸將有權。恐得便圖己。各令均莞兵馬。不令偏在一人。使力敵權均。爲變不得。若廣與諸將計會。則必謀洩不同。若一將爲變。自然兵少不濟。以此相制。先動不得。此是賊中之制置。於事爲便。加以酷誅重賞。故無敢萌意者。今懷諫乳臭童子。領事不得。事須假人權柄。託人性命。即所託者其權必重。所任者其言必行。如此厚薄不同。怨怒必起。尚者權均力敵。適足生患搆其禍也。何者。以兵力齊等。不相伏從。自然之勢也。若軍中不相伏從。主帥不能制斷。即必歸一寬厚簡易。軍中素所愛者。兵權既有所歸。懷諫自須受禍。若不被屠戮。即須送入朝廷。部將忽領一方之權。即與兩河事勢大異。賊中所惡。唯此是已。懼其部下傚之。以受國家之利。魏博將若有此變。既懼諸鄰攻伐。必須懸歸朝廷。若不倚朝廷。即存立不得。此必然之理也。伏望陛下按甲蓄威。以俟其變。不兩三月。必有上聞。所要在應接速疾。赴其機會。而今但要且嚴勅諸將。簡練排兵。蓋爲此也。上曰。卿所陳賊中事宜。深盡機要。詳此事勢。亦不用兵。他日延英。吉甫又盛陳用兵之計。言粮草匹帛。皆有次第。上又顧李絳何如。絳所奏如前曰。此事理分明。不合疑惑。且兵不可輕易而動者。且討伐鎮州之時。四面興師。近二十萬衆。并發兩神策。遠赴河北。道路騷擾。糜費七百餘萬貫。訖無成功。取笑天下。失策之恥。傳之至今。瘡痍未平。休息未定。立功者未錄。戰死者未收。傷殘之人。懼於戰鬬。若勅命徵發。驅之使戰。臣恐不樂之患。不止無功。散亂之兵。別有所慮。况魏博事勢。不要用兵。伏惟陛下斷於聖心。不惑浮論。上奮身按手曰。朕不用兵定矣。絳因激上意曰。雖聖斷不用兵。臣恐退朝後。更有人上惑聖聽者。

上色莊厲聲曰。朕言不用兵定。何人敢惑。得卿不用慮事竟。遂起拜賀曰。聖恩爲萬姓屈己抑威。誠社稷之大計也。後十餘日。果聞魏博使奏軍中已歸部將田興。奏取朝廷處分。使者非時召宰相對。上曰。卿所揣魏博事勢。若合符契。吉甫請且使宣慰。以觀其事。絳言不可。勅使到彼。萬一妄邀朝廷。事有一蹉跌。即難處置。疑惧之間。機宜已失。即追不及矣。今田興爲衆所歸。坐俟朝命。不於此際使有寵授。他日勅使把三軍表來。請與田興節制。在彼在此。既不得已。須與恩澤。不出聖心。是依軍中所請。感荷與特拜宣曰。且示推誠不疑。是以應機合變。撫納其勢。總攬其心。平蕩兩河。在此一舉。不可失也。吉甫素與知樞密梁守謙交結。潛爲援助。亦舊例令中使宣勞。不可此鎮獨無。上遂令中使張忠順往宣慰。待迴處置。絳又奏令因田興投誠歸國。三軍願候聖旨。不當特處置。赴其機宜。待勅使持三軍表來。請授田興時。威柄不由於朝廷。恩澤不出於聖意。此機可惜。今復失之。後雖追悔。亦何及也。今計張忠順行程。纔迴過陝州。伏望明日便降白麻。授田興節度使。即恩澤出於君上。而威柄歸於朝廷。利害得喪。明若日月。伏乞聖慈不疑。勅使獲宣日。且與留後何如。待其剋成効。即與正授。絳曰。若與留後。亦恐不得。且度朝廷氣力。坐制魏博得否。由機會異其識節。恩出不次。感亦殊常。若與留後。恐不受命。即却成見恃。又煩姑息。與舊日何殊也。伏望決於聖斷。特賜處分。明日遂出白麻。除田興爲撿校工部尚書。魏博節度使。張忠順制已到。田興感涕。三軍受宣鼓舞。李絳又奏。魏博自十餘年。不知朝化。賓寘法令。都不及之。一朝以六州之地。歸於朝廷。剖河朔之腹心。傾悖亂之巢穴。不大賞賜。出其所望。軍心不感。事勢難知。請特賜一百五十萬錢帛。制書上獻內庫爲名。充三軍賞給。中人有沮其所請者。上言曰。所賜太多。那得及此。後若更有。即又如何。絳奏曰。昔竇融當光武削平天下。河西是未討之間。懷後代之誅。爲避禍之計。尚此崇奬。福留子孫。田興習舊。無即日之憂。不順得鄰道之助。而天生忠義。忘懷霜雪。舉六州之地兩河之瞻。惜二百五十萬貫錢物。不收此一道人心。錢帛用了更來。機會一失難復。假如舉十五萬衆。攻取六州。二年而克。豈不耗費。而計費三百萬貫。事畢當賞賚。又在此外。今度所賜。未及一半。而顧茲小費。失於大計。深可惜也。上覽事情。欣然曰。朕所以身服澣濯之衣。每事節約。不用者。祗爲大段要切時用。不然。則內藏收貯何爲。遂允所奏。及詔書到魏博。錢帛隨路而至。軍中踴躍。詣闕拜旌。時田興初受節旌。詔遣專使數十人在魏州。成德兗鄆使。各十餘輩。見制書錢帛到。皆垂手失色。驚歎曰。自艱難已來。未曾聞此處置。恩澤如此之厚。是叛有何益。河朔人心大變。至今稱之

僖宗乾符六年。鄭畋遷門下侍郎。時黃巢勢寖盛。據安南。巢書求天平節度使。帝令羣臣議。咸請假節以紓難。畋欲因授嶺南節度使。而盧攜方倚高駢使立功。乃曰。駢才略無雙。淮南天下勁兵。又諸道之師方至。蕞爾賊奈何捨之。令四方解體邪。畋曰。不然。巢之亂本於饑。其衆以利合。故能興江淮根蔓天下。國家久平。士忘戰。所在閉壘不敢出。如以恩釋罪。使及歲豐。其下思歸。衆一離。賊即机上肉耳。諺謂不戰而屈人兵也。今不伐以謀。而恃以兵。恐天下憂未艾也。

昭宗時。張濬拜同中書門下平章事。時朱全忠威振關東。而安居受殺李克恭。以潞州歸全忠。全忠乃與幽州李匡威。雲州赫連鐸上言。先帝幸梁。繇李克用與朱玫連和。請舉兵討之。願帥兵爲犄角。帝詔文武四品以上議。皆言王室未寧。雖得太原。猶非所有。濬固爭。先帝時身播也。亂寔克用。全忠不相下也。請因其弱討之。斷兩雄勢。帝曰平巢克用功第一。今乘危伐之。天下其謂我何。吕八不決。孔緯曰。濬言萬世之利。陛下所顧一時事爾。臣見師度河。賊必破。今軍中貫所足支數年。幸聽勿疑。

歷代名臣奏議卷之八十

歷代名臣奏議卷之八十一

經國

宋太宗太平興國八年左拾遺田錫論軍國要機朝廷大體疏曰。臣伏念自忝諫垣。今已周歲。無一言可裨時政。無一善上益君恩。盡以陛下文明。無事可諫。朝廷公共。無事可言。然尸祿曠官。憂慚盈切。盡忠補過。夙夜寧忘。今輒以軍國要機朝廷大體。布在一疏。上達四聰。伏乞陛下察而恕之。容而用之。臣所言軍國要機者一。朝廷大體者四。今為陛下引諭而言之。臣聞古先聖人牢籠天下。弛張睿略。舒卷人心。使萬人之心如一心。四海之意如一意。有若馭馬。又如鑄金。善馭者使之馳則馳。使之止則止。善鑄者使之圓則圓。使之方則方。苟失其機。又失其時。則萬人不一心。四海不一意。亦猶不善馭馬。不善鑄金。使之馳而不馳。使之止而不止。使之圓而不圓。使之方而不方。

若是。則危與亂雖未萌。而不得不憂。機與時雖未失。而不得不懼。故古人云。居安思危。又曰。理不忘亂。臣每念有唐之末。天下分離。中原王疆不過千里。自先帝恢張皇業。開闢天下。平吳取蜀。易如破竹。唯河東遺孽。終不能平。洎陛下一舉取之。功名光大。世宗先帝所不及也。然自河東破後。聖駕回旋。諸軍之心。皆望賞賜。四海之內。亦俟霈恩。豈謂陛下未覃賞捷之恩。未行策勳之禮。經今二載。可謂踰時。今比方之戎不來朝貢。幽州孤壘未復封疆。臣以國家兵甲之強。朝廷物力之盛。戎人甚易取。幽州不難。然自古制御蕃戎。但在示之以威德。示之以威者。不窮兵黷武。不勞人費財。示之以德者。比之如犬羊。容之若天地。或來朝貢。亦不阻其歸懷。或背驩盟。亦不怒其侵叛。臣伏慮陛下以幽州未下。戎賊未平。一旦又來擾邊。萬乘復思再駕。欲快聖意。欲展睿謀。雖舉必成功。動無遺算。然臣請陛下或展郊禋之禮。或行封禪之儀。因此賞河東之功。因此示策勳之信。人心懈怠者復悅。軍功勞苦者終酬。帝澤滂沱。物情通泰。所謂陛下駕馭其意。鎔鑄其心。使之馳則馳。使之止則止。使之圓則圓。使之方則方。苟不以威信鑄其心。恩惠馭其意。臣恐使之馳則止。使之圓則方。當是時陛下必念臣今日之言。陛下必思臣今日之諫也。此謂軍國之要機一也。又念交州未下。戰士無功。春秋謂師老費財。兵書曰頓兵挫銳。臣聞聖人不務廣於邊鄙。唯務廣於德業。武有七德。陛下何不廣之。天生四夷。陛下何須牧之。必若聖德日新。皇風日遠。遠夷自然入貢。外域自然來降。苟不來降。又不入貢。彼國自有災癘。彼人自罹凶荒。尚書曰。惟德動天。又曰。四夷來王。周易曰。聖人先天而天弗違。況四夷乎。臣嘗讀韓詩外傳言。成王之時。越裳來貢。九譯而至。周公問其所以來。其人曰。天無迅風疾雨。海不揚波。三年矣。意者中

國殆有聖人。盍往朝之。昔太宗征遼。魏徵苦諫。及貞觀太平之後。天下州郡三百有六十。羈縻之州有八百。屯田置戍。志在外荒。豈是一一加兵。然後方來內附。今陛下取交州。何速。況大國取交州。謂之瘴海。去者不習風土。兵在彼中。留滯頗久。願陛下且罷斯役。暫息南征。交州未平。不足損陛下功業。交州既得。不足光陛下威聲。臣但以師老費財為可憂。頓兵挫銳為可惜。蓋征討之役。費用非輕。皆生民膏力之財。悉諸國所供之賦。乞陛下惜輕費之用。望陛下念征戍之勞。此謂朝廷之大體一也。臣嘗讀六典。左右拾遺補闕。掌供奉諷諫。凡發令舉事有不便於時。不合於道者。小則上封。大則廷諫。臣又請唐書。見給事中得以封駁詔書。封謂封還詔書而不行。駁謂駁正詔書之所失。又起居郎起居舍人。得在天陛之下。備書王者之言。今來諫官寂無聲影。設使詔書有所失。審制敕有不可行。給事中不敢封還

而不行。不敢駮正其所失。給諫既不敢違上旨。遺補又不敢面直言。其次起居郎起居舍人。人得立軒陛之間。不得紀言動之事。使聖朝好事或有所遺而不聞。務陛下德音或有不知而不錄。加之御史不敢彈奏。左右丞令尚闕員。又中書舍人是陛下近臣。司陛下誥命。臣每於起居日。但見其隨班而進。拜舞而回。未嘗見陛下召之與言。未嘗聞陛下訪之以事。臣慮其各有所見。欲待問而方言。各有所陳。欲因便而方奏。伏乞陛下或詢訪以事。或宣召與言。冀各盡其誠心。求得觀其器業。又今三館之中。雖有集賢院書籍。而無集賢院職官。雖有秘書省職官。而無秘書省圖籍。臣伏讀去年九月十一日所降制敕。條貫百官仍於朝堂習儀。又委憲司申舉。此則陛下思復古道。大振朝綱。臣唯見所習者儀。未見所舉者職。如職業各舉。則威儀自嚴。君有君之威儀。臣有臣之禮法。何患百官不整肅。何憂庶政不允釐。

臣乞今後給事中得以封駮詔書。起居郎起居舍人得以紀錄言動。御史得以彈奏。諫官得以抗言。左右丞得以糾轄臺司。中書舍人得以祗齊顧問。中書舍人得備問。則皇猷日新。左右丞得轄臺司。則風憲益整。諫官抗言。則陛下聞所未聞。知所未知。御史彈奏。則百僚震悚。一人尊嚴。起居郎起居舍人得在左右。則盛事無遺。國史大備。給事中得以封駮。則詔敕無誤。出政事無錯行。此朝廷之大體二也。今天下一家。海內萬里。四方所湊。輦下駢闐。萬貨所歸。京師富盛。軍營馬監。無不高嚴。佛寺道宮。悉皆壯麗。陛下又新西苑。復廣御池。池若漢之昆明。園若周之靈囿。是以為陛下宴遊之所。足以為聖朝富大之規。唯尚書省是前代所營。公宇低隘。南宮二十四司不在其間。六尚書無本廳。諸郎官無廨宇。至於九寺三監。寄在內前廊下。加以禮部無貢院。試處非省垣。每年試舉人。權就武成王廟。非太平職司之制度。為清朝文物之規儀。乞陛下俟西苑畢功。御池罷役。重新省寺。用列職官。此則朝廷之大體三也。臣又每於行路之次。見有鐵錮之囚荷以鐵枷。不覺自駭。不知其人所犯何罪。又不知其因復是何人。臣謹按刑統。唯獄官令枷杻各有短長。鉗鎖各有輕重。制度尺寸並有刑書。未見以鐵為枷者也。凡今州縣欲笞一小罪。繫一輕囚。每評格文。盡依典法。奉國家所頒之律。遵法寺所定之科。以鐵為枷。事出法外。伏乞陛下釐革此法。免傷皇風。昔唐太宗因看明堂圖。見人五臟皆系於背。聖慈惻隱。免人徒刑。況太平之時。將刑措而不用。子仁之主。寧欽恤以居先。此則朝廷之大體四也。臣所言者要機務。陛下審而察之。所舉者大體。乞陛下採而用之。

真宗至道三年。知揚州王禹偁論軍國小政疏曰。臣伏覩陛下即位赦書云。所宜開諫諍之路。援茂異之材。又令御史臺告報。唯詔命內

外文武臣寮並許直言極諫。此實陛下誕彰聖德。廣達民情。致時雍。進用古道之深旨。抑亦宗社無疆之休。萬民莫大之幸也。臣雖無聞。諫則有素。先皇帝時。初拜右正言直史館。即日進端拱箴一篇。又上禦戎十事。蒙先朝採納。擢陞綸閣。判大理寺。時抗疏論道安之罪。執法雪徐鉉之冤。貶官商山。咨賓因此。尋復召用。叨塵諫垣。又上李繼遷便宜。寢而不報。後忝內庭。兼駮正。亦嘗改更宣命。封還敕書。雖無報於朝廷。蓋粗中於職業。伏遇陛下欽奉顧命。惟懷永圖。嗣位之初。赦書既如彼。聽政之後。詔命又如此。臣苟有所見。隱而不言。上負先帝用人之心。下孤明主求諫之意也。伏以聖朝享國四十餘年矣。邊鄙未甚寧。人心未甚泰。求利不已。設官太多。今陛下治之惟新。救之在速。臣伏慮書生執言有乖於陛下。以為三年無改於父之道。可謂孝矣。此不知古今異制。家國殊途者也。假如帝堯既殂落。舜舉佳。

堯時有禾。禾未進。而四凶未除。舜乃流放舉用。善惡兩分。未聞後之人曰。堯不及于舜也。舜不孝于堯也。伏惟陛下過老生之常談。奮英主之獨斷。則天下幸甚。謹錄軍國大政。奏事五條。儻稍動於聖心。庶大開於言路。其一曰。謹邊防。通盟好。使輦運之民有所休息。方今北有胡虜。西有繼遷。胡虜雖不犯邊。戍兵豈能減削。繼遷既未歸命。餽餉固難寢停。關輔之民。倒垂尤甚。臣愚以為陛下即位之初。當順人心宜赦繼遷、致書虜臣。使達犬戎。請尋舊好。下詔赦繼遷之罪。復與夏臺。臣頃在翰林。見繼遷上表云。乞取殘破夏州。以奉拓拔氏祭祀。先帝雖有批答。只與鄜州節度。蓋繼遷本是反側之人。豈肯束身歸國。所以詔令不行。今陛下嗣纘大振皇威。亦恐繼遷命人進奉。因舉前事。彼必感恩。此亦不戰而屈人之師也。如其不從。則備禦誅擒。皆有方略。且使天下百姓知陛下屈己而為人也。或曰。富國强兵。未可示

人以弱。此乃詩書之名而忽大計者也。其二曰。減冗兵。併冗吏。使山澤之饒。稍流於下。伏以乾德開寶以來。國家之事。臣所目覩。當時東未得浙江漳泉。南未得荆湖交廣。朝廷財賦。可謂未豐。然而擧江表僞北虜國用亦足。兵威亦强。其義安在。所蓄之兵銳而不衆。所用之將專而不疑故也。自後盡取東南數國。又平河東。土地財賦。可謂廣矣。而兵威不振。國用轉急。其義安在。所蓄之兵冗而不盡銳。所用之將衆而不自專故也。今誠能簡銳卒。去冗兵。而委之以將帥。用恩威誅令以駕馭之。資以天下財賦。而四兵不足。用不豐。未之有也。臣愚以為陛下宜經制兵賦。如開寶中。則可以高枕而治矣。至于引唐虞比三代者。皆為空言。臣所不敢。臣又見開寶中。設官至少。何以驗之。臣本魯人。占籍濟上。未及第時。常記只有刺史一人。李謙溥是也。司戶一員。今司門員外郎孫貴是也。近及一年。朝廷別不除吏。當時本曾

關事。自後始有團練推官一員。今樞密直學士畢士安是也。太平興國中。臣及第歸鄉。有刺史陳近山。通判關睛。副使閻彥遠。判官李壽推官柳宣。兵馬監押沈繼明。監酒稅等。又增四員曹官之外。更益司理。問其租稅。減于曩日也。問其人民。逃于昔時也。一州既爾。天下可知。冗吏耗於上。冗兵耗於下。此所以盡取山澤之利。而不能足也。夫山澤之利。與民共之。自漢以來。取為國用。不可棄也。然亦不可盡也。今可謂盡矣。何以知之。只如茶法。從古無稅。唐元和中。以用兵齊蔡宰相王涯始建稅茶之法。唐史稱是歲得錢四十萬緡。東師以濟。今則錢數百萬矣。民何以堪。臣故曰減冗兵。併冗吏。使山澤之饒。稍流於下者也。其三曰。艱難選舉。使入官不濫。古者鄉擧里選。為擇人。士君子行脩于家。學推于衆。然後薦用。登之于朝。故從政而政和。臨民而民泰。自三代涉兩漢。雖有沿革。未嘗有遠去此道者也。隋唐以來。

始有科試。得人之盛。與古為侔。然自唐初。終太祖之世。科舉未嘗不難矣。每歲進士不過三十人。經學不過五十人。重以周高祖之後。外諸侯不得奏辟士大夫。罕有貧薦。故有終身不獲一第。設函不獲一官者。先皇帝龍德王藩。覩其如此。臨御之後。不求備以取人。捨短從長。拔十得五。在位將逾二紀。登第亦近萬人。不無俊秀之士。亦有容易而得。如臣者。容易中一人爾。臣愚以為數百年之艱難。故先帝濟之以泛取。二十載之霈澤。陛下宜糾之以舊章。伏望以舉場還有司如故事。至于吏部銓擇官材。亦非帝王躬親之事。昨來五品已下。謂之旨授官。今則幕職州縣而已。京官雖有選限。多不施行。太祖已來。便殿引見。用為常例。以至先朝。調選之徒。多求僥倖。或以衰鳴泣灑便獲超資。或以捷給山呼。便陞京秩。吏部官只若備員。既無恥格之風。漸多闒茸之吏。臣愚以為宜以吏部還有司。依格注擬。其四曰。沙

汰僧尼。使疲民無耗。夫古者唯有四民。治民者士也。故受養於農工以造器用。商以通貨財。皆不可闕也。而兵不在其數。蓋同井田之法農即兵也。有事則戰。無事則耕。自秦以來。以强兵定天下。故戰士不復農業矣。是四民之外。又生一民而爲五也。所以農益困。然而執干戈衛社稷。理不可去也。但使帝王之道。不得與三代同風。漢明之後。佛法流入中國。度人脩寺。歷代增加。不蚕而衣。不耕而食。是五民之外。又益一民而爲六也。故魏晉而下。治道不及于兩漢。有唐大儒韓愈諫憲宗迎佛骨表云。昔黄帝在位百年。年一百十歲。少昊在位八十年。年二百歲。顓帝在位七十九年。年九十八歲。帝嚳在位七十年年百五十歲。堯在位九十八年。年百一十歲。舜禹皆壽百餘歲。當時未有佛也。是知古聖人不事佛以求福。古聖人必排佛以敎民。俾使天下有僧萬人。每日食米一升。歲用絹一疋。是至儉也。而月有三千

斛之費。歲有一萬縑之耗。何况五七萬輩哉。而又富僧鮮兇窮極口腹齋之食。一襲之衣。貧民百家。未能供給。此輩既不能治民。又不能力戰。不造器用。不通貨財。而高堂邃宇。豐衣飽食而已。不曰民蠹而可得。臣愚以爲國家度人衆矣。造寺多矣。計其費耗。何啻億萬。况朝不豫捨施又多。佛若有靈。豈不蒙福。事佛無功。斷可知矣。陛下深鑒前弊。精求理本。宜沙汰以厚生民。善以嗣位之初。未致驚駭。此輩且可一二十載。不令度人。不許脩寺。使自銷　漸而去之。亦救弊之一端也。其五曰。親大臣遠小人。使忠良蹇諤之士。知進而不疑。姦儉傾巧之徒。知退而有懼。夫君爲元首。臣爲股肱。首同體也。得其人則勿疑。非其人則不用。凡今天下言帝王之盛者。豈不曰堯舜之道具在方册。堯之時百姓不親。五品不遜。契作司徒。敷五教。蠻夷猾夏。寇賊姦宄。命臯陶作士。明五刑。伯夷典禮。后夔典樂。禹平水土。益作虞

官。大哉堯之爲君。可謂委任責成而無疑矣。或曰。誠如是。堯有何功德耶。臣曰。有知人任賢之德爾。雖然堯之道去世遼遠。恐不可復。臣以近事言之。唯有唐之政。可以損益而行焉。臣謹按元和賢相裴垍。嘗憲宗嘗命垍銓品庶官。垍奏曰。天子擇宰相。宰相擇諸司長官。諸司長官自擇僚屬。則上下不疑而政成矣。以陛下之明。擇宰相數人。擢時有非其人者。况臣之不佞。擇數十人。諸司長　常恐不逮。若更令臣擇庶官。恐非致治之要。當時識者以垍爲知言。伏望陛下速取帝堯。近鑒唐室。既得宰相用而不疑。使宰相擇諸司長官。自取寮屬。則垂衣而治矣。所謂忠良蹇諤之士知進者也。臣又聞古者刑人不在君側。語曰。放鄭聲遠佞人。又曰。浸潤之譖。膚受之愬。不行焉。可謂明也已矣。是以周文王左右無可結機者。言皆賢也。夫小人之佞巧言令色。先意承旨。事必害正。心惟忌賢。非聖帝明王不能深察。臣又按

舊制。兩班三品尚書方得登殿。三班奉職卑賤。何知。或因遣使。求得陞殿。或亂天聽。褻瀆至尊。無甚于此。伏望陛下振舉紀綱。尊嚴視聽在此時矣。不可不思。所謂姦儉傾巧之徒知退者也。臣愚以爲今日之所急。在先議兵。使衆寡得其宜。措置得其道。然後議吏。使清濁殊塗。品流不雜。然後難選舉以塞其原。禁僧尼以去其耗。自然國用足而王道行矣。今若不去冗兵。併冗吏。不難選舉。不禁僧尼。雖欲減人民之賦。寬山澤之利。其可得乎。伏惟陛下承二聖之貽謀。鑒千古之治道。明比日月。識先鬼神。聖智所周。不遺一物。英斷所及。出于百王而又三市大臣受遺輔政。豈容郎吏輒議國經。盡以臣素被寵光。嘗思報効。有所貯蓄。未敢緘藏。臣又念詔書云。言之而不用。罪在朕躬。求之而不言。咎將誰執。不勝大願。所以輒進狂瞽。上干冕旒。伏惟陛下鑒詔書之言。則天下幸甚。

仁宗時。歐陽脩上奏曰。臣近準詔書。許臣上書言事。臣學識愚淺。不能廣引深遠。以明治亂之原。謹採當今急務。條為三弊五事。以應詔書所求。伏惟陛下裁擇。臣聞自古王者之治天下。雖有憂勤之心。而不知致治之要。則心愈勞而事愈乖。雖有納諫之明。而無力行之果斷。則言愈多而聽愈惑。故為人君者。以細務而責人。專大事而獨斷。此致治之要術也。納一言而可用。雖眾說不得以沮之。此力行之果斷也。知此二者。則天下無難治矣。伏見國家自大兵一動。中外騷然。陛下思社稷之安危。念兵民之疲弊。四五年來。聖心憂勞。可謂至矣。然而兵日益老。賊日益強。併九州之力。討一西戎小者。尚無一人敢前。今又北戎大者。違盟而動。其將何以禦之。從來所患者夷狄。今夷狄叛矣。所恐者盜賊。今盜賊起矣。所憂者水旱。今水旱作矣。所賴者民力。今民力困矣。所須者財用。今財用乏矣。陛下之心日憂於一日。

天下之勢歲危於一歲。此臣所謂用心雖勞。不知求致治之要者也。近年朝廷開發言路。獻計之士。不下數千。然而事緒轉多。枝梧不暇。從前所採眾議。紛紜至於臨事。誰策可用。此臣所謂聽言雖多。不如力行之果斷者也。伏思聖心所甚憂。而當今所甚闕者。不過曰無兵也。無將也。無財用也。無禦戎之策也。無可任之臣也。此五者陛下憂其未有。而臣謂今皆有之。然陛下未得而用者。未思其術也。國家創業之初。四方割據。中國地狹。兵民不多。然尚能南取荊楚。收偽唐。定閩嶺。西平兩蜀。東下并潞。北窺幽燕。當時所用兵財將吏。其數幾何。惟善用之。故不覺其少。何況今日承百年祖宗之業。盡有天下之富強。人眾物盛。十倍國初。故臣敢言有兵。有將。有財用。有禦戎之策。有可任之臣。然陛下皆不得而用者。其故何哉。由朝廷有三大弊故也。何謂三弊。一曰。不慎號令。二曰。不明賞罰。三曰。不責功實。此三弊因循

於上。則萬事弛慢廢壞於下。臣聞號令者。天子之威也。賞罰者。天子之權也。若號令不信。賞罰不當。則天下不服。故又須責臣下以功實。然後號令不虛出。賞罰不濫行。是以慎號令。明賞罰。責功實。此三者帝王之奇術也。自古人君英雄如漢武帝。聰明如唐太宗。皆知用此三術。而自執威權之柄。故所求無不得。所欲皆如意。漢武好用兵。則誅滅四夷。立功萬里。以快其心。欲求將。則有衛霍之材。以供其指使。欲得賢士。則有公孫董汲之徒。以輔其意。唐太宗好用兵。則誅突厥。服遼東。威振夷狄。以逞其志。欲求將。則有李靖李勣之徒。入為駕馭。欲得賢士。則有房杜之徒。在其左右。此二帝者。可謂所求無不得。所欲皆如意。無他術也。惟能自執威權之柄耳。伏惟陛下以聖明之資。超越二帝。又盡有漢唐之天下。然而欲禦邊。則常患無兵。欲破賊。則常患無將。欲贍軍。則常患無財用。欲威服四夷。則常患無策。欲任賢

使材。則常患無人。是所求皆不得。所欲皆不如意。其故無他。由不用威權之術也。自古帝王或為強臣所制。或為小人所惑。則威權不得出於己。今朝無強臣之患。旁無小人偏任之溺。內外臣庶。尊陛下如天。愛陛下如父。傾耳延首。願陛下之所為。然何所憚而不為乎。若一日赫然執威權以臨之。則萬事皆辦。何患五者之無奈何。為三弊之因循。一事之不集。臣請言三弊。夫言多變則不信。令頻改則難從。今出令之初。不加詳審。行之未久。尋又更張。以不信之言。行難從之令。故每有處置之事。州縣知朝廷未是一定之命。則官吏或相謂曰。且未要行。不久必須更改。或曰。備禮行下。略與應破指揮。旦夕之間。果然又變。至於將吏更易。道路疲於送迎。符牒縱橫。上下莫能遵守。中外臣庶。或聞而歎息。或聞而竊笑。歎息者有憂天下之心。竊笑者有輕朝廷之意。號令如此。欲威天下。其可得乎。此不慎號令之弊也。用

人之術不過賞罰然賞及無功則恩不足勸罰失有罪則威無所懼
雖有人不可用矣太祖時王全斌破蜀而歸功不細矣犯法一貶十
年不問是時方討江南故黜全斌與諸將立法太祖神武英斷所以
能平定天下者其賞罰之法皆如此也昨關西用兵四五年矣大將
以無功罷者依舊居官軍中見無功者不妨得好官則諸將誰肯立
功矣裨將畏懦逗留者皆當斬罪或暫貶而尋遷或不貶而依舊軍
中見有罪者不誅則諸將誰肯用命矣所謂賞不足勸威無所懼賞
罰如此而欲用人其可得乎此不明賞罰之弊也自兵動以來所置
之事不少然多有名而無實臣請略言其一二則其他可知數年以
來點兵不絶諸路之民半爲兵矣其間老弱病患短小怯懦者不可
勝數也新集之兵所在教習追呼上下民不安居主教者非將領之
材所教者無旗鼓之節往來州縣愁嘆嗷嗷既多是老病小怯之人

又無訓齊精練之法此有教兵之虛名而無訓兵之實藝也諸路州
軍分造器械工作之際已勞民力輦運般送又苦道塗然而鐵刃不
剛筋膠不固長短大小多不中度造作之所但務充數而速了不計
所用之不堪經歷官司又無檢責與有器械之虛名而無器械之實
用也以草草之法教老怯之兵執鈍折不堪之器械百戰百敗理在
不疑臨事而悔何可及乎故事無大小悉皆鹵莽則不責功實之弊
也臣故曰三弊因循於上則萬事弛慢廢壞於下萬事不可盡言臣
請言大者五事其一曰兵臣聞攻人以謀不以力用兵鬬智不鬬多
前代用兵之人多者常敗少者常勝漢王尋等以百萬之兵遇光武
九千人而敗是多者敗而少者勝也苻堅以百萬之兵遇東晉二三
萬人而敗是多者敗而少者勝也曹操以三十萬青州兵大敗於呂
布退而歸許復以二萬人破袁紹十四五萬是用兵多則敗少則勝

之明驗也況於夷狄尤難以力爭只可以計取李靖破突厥於定襄
只用三千人其後破頡利於陰山亦不過一萬蓋兵不在多能以計
取爾故善用兵者以少爲多不善用者雖多而愈少也爲今計者添
兵則耗國減兵則破賊今沿邊之兵不下七八十萬可謂多矣然訓
練不精又有老弱虛數則十人不當一人是七八十萬之兵不當七
八萬人之用加又軍無統制分散支離分多爲寡兵法所忌此所謂
不善用兵者雖多而愈少故常戰而常敗也臣願陛下赫然奮威勑
勵諸將精加訓練去其老弱七八十萬中可得五十萬數古人用兵
以一當百今既未能但得以一當十則五十萬精兵可當五百萬兵
之用此所謂善用兵者以少而爲多古人所以少而常勝者以此也
今不思實効但務添多耗國耗民積以年歲賊雖不至天下已困矣
此一事也其二曰將臣又聞古語曰將相無種故或出於奴僕或出

於軍卒或出於盜賊惟能不次而用之乃爲名將耳國家求將之意
雖勞選將之路太狹今詔近臣舉將而限以資品則英豪之士在下
位者不可得矣試將材者限以弓馬一夫之勇則智略萬人之敵皆
遺之矣山林奇傑之士召而至者以其貧賤而薄之不過與一主簿
借職使其怏怏而去則古之屠釣飯牛之傑皆激怒而失之矣至於
無人可用則寧用龍鍾跛躄庸懦暗劣之徒皆授之兵柄天下三尺
童子皆爲朝廷危之前日澶淵之卒幾爲國家生事此可見也識者
不知取將之無術但云當今之無將臣願陛下革去舊弊奮然精求
有賢豪之士不須限以下位有智略之人不必試以弓馬有山林之
傑不可薄其貧賤惟陛下能以非常之禮待人人臣亦將以非常之
効報國此二事也其三曰財用臣又聞善治病者必醫其受病之處
善救弊者必尋其起弊之源今天下財用困乏其弊安在起於用兵

而費大故也。漢武好窮兵用盡累世之財當時勒兵單于甚不過十八萬尚能困其國力況未若今日七八十萬連四五年而不罷所以罄天地之所生竭萬民之膏血而用不足也。今雖有智者勢不能增而計無所出矣。惟有減冗卒之虛費練精兵而速戰功成兵罷自然足矣。今兵有可減之理無人敢當其事賊有速擊之便無將敢奮其勇後時敗事徒耗國而耗民。此三事也。其四曰禦戎之策臣又聞兵法曰。上兵伐謀其次伐交北虜與朝廷通好僅四十年不敢妄動今一旦發其狂謀者其意何在蓋見中國頻為元昊所敗故敢啓其貪心伺隙而動爾。今若勅勵諸將選兵秣馬疾入西界但能痛敗昊賊一陣則吾軍大振而虜計沮矣。此所謂上兵伐謀者也。今詞事者皆知北虜與西賊通謀欲併二國之力窺我河北陝西今若我能先擊敗其一國則虜勢減半不能獨舉此兵法所謂伐交者也。元昊地狹

賊兵不多尚來攻我傳聞北虜常有助兵今若虜中自有點集之謀而元昊驟然被擊必來助於北虜北虜分兵助昊則可牽其南寇之力若不助昊則二國有隙自相疑貳此亦伐交之策也。假令二國剋期分路來寇我能先期大舉則元昊蒼皇自救不暇豈能與北虜相為表裏是破其素定之約乖其剋日之期此兵法所謂親而離之者亦伐交之策也。元昊叛逆以來幸而屢勝常有輕視諸將之心今又見朝廷北憂戎虜方經營於河朔必謂我師不能西出今乘其驕怠正是疾驅急擊之時此兵法所謂出其不意者此取勝之上策也前年西將有請出攻者當時賊氣力方盛我兵未練朝廷尚許其出師況今元昊有可攻之勢此不可失之時彼方幸吾憂河北而不虞我能西征出其不意此可攻之勢也。自四路分帥今已半年訓練恩信兵已可用故近日屢奏小捷是我師漸振賊氣漸衄此可攻之勢也。

苟失其時而使二虜先來則吾無策矣。臣願陛下詔執事之臣熟議而行之。此四事也。其五曰可任之臣。臣又聞仲尼曰。十室之邑必有忠信。況今文武列職徧於天下其間豈無材智之臣而陛下總治萬機之大既不暇盡識其人故不能躬自進賢而退不肖審官吏部三班之職但掌文簿差除而已又不敢越次進賢而退不肖是上自天子下至有司無一人得進賢而退不肖者所以賢愚混雜僥倖相容三載一遷更無旌別平居無事惟患太多而差遣不行一旦臨事要人常患乏人使用自古任官之法無如今日之繆也。今議者或謂舉主轉官為進賢犯罪黜責為退不肖此不知其弊之深也。大凡善惡之人各以類聚故守廉慎者各舉清幹之人有贓汙者各舉貪濁之人好徇私者各舉請求之人性庸暗者各舉不才之人朝廷不問是非但見舉主數足便與改官則清幹者進矣貪濁者亦進矣請求者

亦進矣不才者亦進矣混淆如此便可為進賢之法乎方今黜責官吏豈有澄清糾舉之術哉惟犯贓之人因民論訴者乃能黜之耳夫能舞弄文法而求財賄者亦强黠之吏政事必由己出故雖誅剝豪民尚或不及貧弱至於不材之人不能主事衆胥羣吏共為姦欺則民無貧富一時受弊以此而言則贓吏與不材之人為害等耳今贓吏因自敗者乃加黜責十不去其一二至於不材之人上下共知而不問寬緩容姦其弊如此便可為退不肖之法乎賢不肖既無別則宜乎設官雖多而無人可用也。臣願陛下明賞罰責功實則材皆列於陛下之前矣。臣故曰五者皆有然陛下不得而用者為有弊也。三弊五事臣既已詳言之矣惟陛下擇之天下之務不過此也方今天文變於上地理逆於下人心怨於內四夷攻於外事勢如此矣非是陛下遲疑寬緩之時惟願為社稷生民留意

寶元元年天章閣待制龐籍論先正內而後正外疏曰臣伏自元昊背恩僭竊兇謀已露陛下憂恤邊事博採羣議選將遣師動拄宸慮復聞減息宴樂專精思慮此乃宗廟之福天下之幸也陛下憂勞不已則羌戎小醜不足平也誠不可輕之易之耳當平靜無事之時言事之臣尚賴陛下戒謹備省況逆虜已畔兵戎方興此臣下尤當竭謀慮忘忌諱之秋也況臣孤蹇之跡上賴陛下明照獎擢獲升近侍恨無才略仰報大恩苟有管穴之見敢不陳露夫欲建事功者在先正其內而後制其外也先正其內者在陛下專意而力行之臣願陛下執恭儉嚴紀綱也昔子曰恭儉者備五兵又曰彊本而節用則天下不能貧故當今之急無先於恭儉也陛下試命有司計財賦之入必曰耗於先朝之時也計費用之數必曰廣於先朝之時也財賦日耗而費用日廣則安能使府庫豐積兵備足用也故願陛下節之又

節以備用兵之乏應不急之務一皆止息專以備邊為念則功可立矣至於綱紀者其要在賞罰恩賞貴乎審當法令貴乎齊一伏見近年恩及僥倖而典憲稍縱夫賞所以勸功也僥倖無功之人坐獲殊寵後有臨敵効命立勲行陣者將何賞以乏其望幸願陛下愛惜爵祿無及僥倖以待立功之臣中嚴憲法無使縱弛以威不恪之臣此又最切務也苟國富兵强綱紀嚴肅則四夷畏服之不暇又何僭亂之敢為實在陛下正之於上大臣持之於下則誰敢不從矣所謂後制其外者方今邊要與元昊接境者廣矣昨遣二帥臣以分制之固當以防備為急若不得其要則費廣而功未可期自元昊僭逆以來調發兵馬已衆多矣輦運器物紛紜道路諸所營繕率及民力兵戍既集芻糧所費不知幾倍於常時矣兵久不散支用無極臣恐羌戎未至而公私先困矣安知非黠羌狡謀而困我哉前代時及平定則休兵罷戍養民審備以防不虞故事至而其用有餘國家自和戎之後邊戍未嘗休息支用未嘗減節一日兵興則其力易困夫兵冗而不精雖衆不可用也竊聞所發之兵皆不選練而遣之疲弱預行者亦多此徒有其數而可用者殊少臣謂兵卒壯勇者一可勝疲弱者五況餽運邊儲常為艱嘗此尤宜重惜也欲望命漕運之臣與邊將選擇壯勇可用者留之於邊疲弱者或命還本營或置於近內多糧之地則邊郡兵精而費少矣晁錯有言曰器械不利以其卒予敵也卒不可用以其將予敵也是知兵戰者利器械執士卒最先急也臣聞在京造兵甲之所近年以來多不擇監掌之官率皆勢要之人為之以自便其私也亦聞向來所造器甲多不精堅欲望朝廷擇勤幹之官諳知製作兵甲利鈍巧拙者令監轄工匠精心製造必令精堅可用仍加覆驗明示賞罰則兵甲堅利矣其外方造作兵甲亦乞嚴

戒國家休兵各士卒漸惰加之都將威輕軍衆難制若一旦臨敵殊可豫憂欲望密詔二帥臣令經畫訓練之法統馭之術使將校知恩愛之道士卒有稟畏之意然後時加訓告各使知主恩而勵臣節則臨事可用而功可期也

右正言直集賢院吳育論建立基本以銷未萌之患疏曰臣竊謂朝廷總制天下必建立基本以銷患於未萌若政令脩綱紀肅財用富恩信洽賞罰明士卒精將帥練則四夷望風自無異志一有未備則黠虜乘間而生心方今天下少安人情玩習而多務因循居常有議及政令綱紀邊防機要則謂之生事或有警急則必至忽遽而莫知所為若稍且安靜又無人敢輒言且夏州久有人往來中國執見朝廷因循之勢邊敵內蓄姦謀若以一時之事苟且支持或至爛額救焚揚湯止沸覆視前古厭鑑甚明伏望陛下從容延對左右大臣對

論閲政博訪羣議備節用愛民之經求訓兵練將之策則一方小警不足慮也。

慶曆三年。尚書禮部郎中知制誥宋祁上疏曰。臣聞病者療之於未危。火者防之於未燃。若已危已燃。雖有嘉醫力士。猶不能振殂爛之苦。是以思患豫防。所趣一焉。臣伏見河北河東陝西比年騷困。契丹怙恃犬羊。規掠塞下。求索賂遺。辭悖意驕。陛下以天下為心。屈己忍忿。與之通好。以紓倉卒之急。是以河朔生靈晏然暫寧。此陛下權時之宜也。夏賊逆命。驅率雜種。襲金明。殘麟府。破任福。敗壞多騎。吏卒數十萬。轉食屯兵。于今五年。士氣喪沮。每聞金鼓之音。皆股戰膽銷。有百走退生之心。無一前鬬死之志。部署鈐轄。位均勢侔。不相統一。賞濫而不實。罰弛而不行。上下相蒙。徼一切之幸。臣計二隣之變。比病與火。可謂將危而且燃也。中外有識。無不寒心。臣愚以謂不速興

而救之。事一差跌。悔無及已。伏見中書門下樞密院。日入奏事。遵奉常體。但以官吏差遣。使臣遷轉。比例高下。計較錙銖。下至百司冗屑申請。無不關白聖聰。及宣勅行下。一署曰聖旨。至於邊境。措置安危大計。反不暇及之。臣愚無知。竊以為過矣。不當行而行。是為徒行。當憂而不憂。是為必憂。今耶律君臣。包猲就毒。放馬陰山之下。待隙而動。彼其旋玩河朔。如股掌之上。責貨不已。又將責地。禍根釁萌。章章如此。朝廷忽而不防。未知何謂。邪方今河北河東。不澄濫官。不閲冗兵。帥之才不才未嘗擇。械之可用不可用未嘗選。自戎使紱。吾便為信譬可憑。謀臣高枕。了不為備。可謂發篋啓笥。以待寇攘。今陛下盛德清明。大臣方正。叶力獻可彌違。朝無闕言。不於此時側席嘗膽。患所以禦之之術。急除弊政。圖刷大恥。乃欲優游自暇。日安一日。待病之危。待火之燃。救不晚乎。夫碎目雜務。非宰司職事。假令此等一皆不問。委之有司。尚無繫於治亂。若二虜挺變。更相影響。一出於北。一擾於西。國疲于轉輸。一夫饑呼。興為盜賊。憑高呼嘯。環數百里。則天下安危。決於一日之間。推是而言。臣所謂不當行而行。當憂而不憂。果何信也。劉平石元孫輕脫寡謀。往與賊鬬。師敗身死。損辱國威。今之為帥。不鑒前失。尚守舊態。終無改更。其出師也。無鼓旗。無鼓旗則號令不行矣。其戰也無行陣。無行陣則敗走不救矣。其止無營壘自守。其行無輜重自隨。烽候不明。間諜不設。不量人事。不察地形。將不撫士。士不識將。遷代紛紛。未始暫寧。而有司據例換移。習不為怪。是以賊小入則小勝。大入則大勝。亦未嘗聞朝廷求所以敗。所以勝之由。彼所長。我所短之要。何者有勇。何者有謀。而可以相輔。若何則守。若何則戰。而授之成筭。兵若久而不解。何策以支。食若有時而乏。何術以濟。今陛下未以為念。大臣未以為言。天下安危。誰任其責。臣聞

見隘陋。不足與權大事。竊謂當今之急者有七。一曰講軍陣。二曰廣牧馬。三曰精器械。四曰力耕桑。五曰擇官人。六曰重賦法。七曰籍游冗。臣既愚昧。知其大而不得其詳。又不敢掩衆謀。申獨見。伏願陛下試以閒日。詔一二近臣。出此七事。參共力探討。使引古驗今。孰便其要。陛下與大臣擇而行之。既行又執而不遷。浮議撼搖。皆且勿聽。然須近者三年有成。遠者五七年。十數年而成功。陛下安心緩慮。勉其銜勒。夫治國若種樹。非謂朝種而暮可庇也。假以日月。則根柢深固。坐獲民陰。昔孟明再敗。秦師歸脩國政。晉避其德。遂霸西戎。今若力農繕兵。日夜中儆。張吾百度。振吾六師。其居有備。其行有法。彼二虜聞之。必且狡謀潰於狄穴。陰計爛於虎腸矣。臣又願陛下詔中書樞密院。自今以往。取百司申請。不干大事者。許依唐時堂帖之比。直吟堂判院付之有司。雜務已有定例。便行不奏。其可以獨除既有司者

定為永制。俾之奉行。若其大事。非臣下可得專者。然後奏請。自然綱提領擧。事亦希簡。使大臣得專邊境。盡應金革矣。諸路部署以下。出兵之日。臣願依軍法。以一階一級交相統制。令一則易行。官專則有威。無令貴臣監軍牽制其內。將之與士。既相習熟。則不可數為替隊。使得恩結其心。威統其違。緩急與之生死。乃可為用。此其畧也。昔楚莊王區區之諸侯。據卑濕之地。無日不討軍實而戒之。其戒於國中曰。人生之不易。禍至之無日。用能服鄭。卒抗強晉。威震中原。況陛下擁四海之富。攬天下俊人。與之圖事耶。然時哉時哉。不可緩已。臣愚戇。不識禁忌。惟陛下哀憐省納。

四年。知諫院余靖上奏曰。臣竊聞大臣建議。內有備京城置府兵二事者。伏以廟堂謀議。天下具瞻。帝王言動。萬世為法。安危所繫。擧措非輕。事之幾微。不可不謹。難與慮始。人之常情。臣願陛下深思遠圖

以安民為本。臣請縷陳二事。望陛下擇其可否。臣聞西賊僭號之初。衆庶請修函谷。此時關中動搖。謂朝廷棄關西而自守。今無故而備京城。乃是捨天下之大。而為嬰城自守之計。四方聞之。豈不動搖。強弱之勢。正在此矣。無戎而城。春秋所譏。守在四夷。義不如此。又前歲以邊鄙之警。而河北諸路揀點鄉兵。之利未集。而先致其害也。況今北胡之賂既厚。西戎之好既講。雖知信誓不可卒保。嗷嗷蒼生。咸望帖泰。而都畿之下。先自擾之。根本不寧。四方何望哉。昔魏侯恃險。吳起以為失詞。宣王料民。山甫譚其害政。惟是二者。皆古今之所重。而安危之所起也。陛下捨此二策。別議遠圖之術。

嘉祐間。蘇洵上審勢策曰。治天下者定所尚。所尚一定。至於千萬年而不變。使民之耳目純於一。而子孫有所守。易以為治。故三代聖人。其後世遠者至七八百年。夫豈惟其民之不忘其功。以至於是。蓋其

子子孫孫得其祖宗之法而為據依。可以永久。夏之尚忠。商之尚質。周之尚文。視天下之所宜尚而固執之。以此而始。以此而終。不朝文而暮質。以自潰亂。故聖人者出。必先定一代之所尚。周之世。蓋有周公為之制。禮而天下遂尚文。後世有賈誼者。說漢文帝亦欲先定制度。而其說不果用。今者天下幸方治安。子孫萬世帝王之計。不可不預定於此時。然萬世帝王之家。常先定所尚。使其子孫可以安坐而守其舊。至於政弊。然後變其小節。而其大體卒不可革易。故享世長遠。而民不苟簡。今也考之於朝野之間。以觀國家之所尚者。而愚猶有惑也。何則。天下之勢有強弱。聖人審其勢而應之以權。勢強矣。強甚而不已。則折。勢弱矣。弱甚而不已。則屈。聖人權之。而使其甚不至於折與屈者。威與惠也。夫強甚者威竭而不振。弱甚者惠褻而下不以為德。故處弱者利用威。而處強者利用惠。乘強之威以行惠。則惠尊。

乘弱之惠以養威。則威發而天下震慄。故威與惠者。所以裁節天下強弱之勢也。然而不知強弱之勢者。有殺人之威而下不懼。有生人之惠而下不喜。何者。威竭而惠褻故也。故有天下者。必先審知天下之勢。而後可與言用威惠。不先審知其勢而徒曰我能用威。我能用惠者。未也。故有強而益之以威。弱而益之以惠。以至於折與屈者。是可悼也。譬之人身。將欲飲藥餌石以養其生。必先審觀其性之為陰。其性之為陽。而投之以藥石。藥石之陽而投之陰。藥石之陰而投之陽。故陰不至於涸。而陽不至於亢。苟不能先審觀已之為陰與已之為陽。而以陰攻陰。以陽攻陽。則陰者固死於陰。而陽者固死於陽。不可救也。是以善養身者。先審其陰陽。而善制天下者。先審其強弱以為之謀。昔者周有天下。諸侯太盛。當其盛時。天下已有地五百里。而畿內反不過千里。其勢為弱。秦有天下。散為郡縣。聚為京師。守令無

大權柄。伸縮進退。無不在我。其勢乃爲強。然方其成康在上。諸侯無小大莫不臣服。勢之弱未見於外。及其後世失德。而諸侯僭大并兼。適各因其國以相侵擾。而其上之人卒不悟。區區守姑息之道。而望其能以制服強國。是謂以弱政濟弱勢。故周之天下卒斃於弱。秦自孝公其勢固已駸駸焉日趨於強大。及其子孫已并天下。而亦不悟專任法制。以斬撻平民。是謂以強政濟強勢。故秦之天下卒斃於強。周拘於惠而不知權。秦勇於威而不知本。二者皆不審天下之勢也。吾宋制治。有縣令。有郡守。有轉運使。以大系小。絲牽繩聯。總合于上。雖其地在萬里外。方數千里。擁兵百萬。而天子一呼於殿陛間。三尺豎子馳傳捧詔。召而歸之京師。則解印趨走。唯恐不及。如此之勢。秦之所恃以強之勢也。勢強矣。然天下之病常病於弱。噫。有可強之勢如秦。而反陷於弱者何也。習於惠而怯於威也。惠太甚而威不勝也。夫其

所以習於惠而惠太甚者。賞數而加於無功也。怯於威而威不勝者。刑弛而兵不振也。由賞與刑與兵之不得其道。是以有弱之實著於外焉。何謂弱之實。曰。官吏曠惰。職廢不舉。而敗官之罰不加嚴也。多贖數赦。不問有罪。而典刑之禁不能行也。冗兵驕狂。負力幸賞。而維持姑息之恩不敢節也。將帥覆軍。匹馬不返。而敗軍之責不加重也。羌胡強盛。陵壓中國。而邀金繒增幣帛之恥。不爲怒也。若此類者。大弱之實也。久而不治。又將有大於此。而遂浸微浸消。釋然而潰。以至於不可救止者乘之矣。然愚以弱在於政。不在於勢。是謂以弱政敗強勢。今一輿薪之火。衆人之所憚而不敢犯也。舉而投之河。則何熱之能爲。是以負強秦之勢。而溺於弱周之弊。而天下不知其強焉者以此也。雖然。政之弱。非若勢弱之難治也。借如弱周之勢。必變易其諸侯。而後強可能也。天下之諸侯固未易變易。此又非一日之故也。

若夫弱政。則用威而已矣。可以朝改而夕定也。夫齊古之強國也。而威王又齊之賢王也。當其即位。委政不治。諸侯並侵。而人不知其國之爲強國也。一旦發怒。裂萬家封即墨大夫。烹阿大夫與常譽阿大夫者。而發兵擊趙魏。趙魏盡走請和。而齊國人人震懼。不敢飾非者。彼誠知其政之弱。而能用其威以濟其弱也。況今以天子之尊。藉郡縣之勢。言脫於口。而響應其所以用威之資固已完具。且有天下者患不爲焉。有欲爲焉。無不可者。今誠能一留意焉。於用威。一賞罰一號令。一舉動。無不一切出於威。嚴用刑法而不赦有罪。力行果斷而不牽衆人之是非。用不測之刑。用不測之賞。而使天下之人視之如風雨雷電。遽然而至。截然而下。不知其所從發。而不可逃遁。朝廷如此。然後平民益務檢慎。而姦民猾吏亦常恐恐然懼刑法之及其身。而斂其手足不敢輒犯法。此之謂強政。政強矣。爲之數年而天下

之勢可以復強。臣故曰。乘弱之惠以養威。則威發而天下震慄。然則以當今之勢。求所以萬世爲帝王。而其大體卒不可革易者。其尚威而已矣。或曰。當今之勢。事誠無便於尚威者。然孰知夫萬世之間。其政之不變。而必曰威耶。愚應之曰。威者君之所恃以爲君也。一日而無威。是無君也。久而政弊。變其小節。而參之以惠。使不至若秦之甚可也。舉而棄之過矣。或者又曰。王者任德不任刑。任刑則霸者之事非所宜言。此又非所謂知理者也。夫湯武皆王也。桓文皆霸也。武王乘紂之暴。出民於炮烙斬刖之地。苟又遂多殺人。多刑人以爲治。則民之心去矣。故其治一出於禮義。彼湯則不然。桀之德固無以異紂然其刑不若紂暴之甚也。而天下之民化其風。淫惰不事法度。書曰有衆率怠弗協。而又諸侯昆吾氏首爲亂。於是誅鋤其強梗怠惰不法之人。以定紛亂。故記曰。商人先罰而後賞。至於桓文之事。則又非

皆任刑也。桓公用管仲。管仲之書好言刑。故桓公之治常任刑。文公長者。其佐狐趙先魏。皆不說以刑法。其治亦未嘗以刑為本。而號亦為霸。而謂湯非王而文非霸也。得乎。故用刑不必霸。而用德不必王。各觀其勢之何所宜用而已。然則今之勢。何為不可用刑。用刑何為不曰王道。彼不先審天下之勢。而欲應天下之務。難矣。

參知政事范仲淹等答手詔五事疏曰。臣等各蒙獎用。待罪二府。不能燮理彌綸。致化天下。過煩聖慮。特降德音。上以宗廟為憂。下以生靈為念。臣等不任慙恐戰汗死罪。詔旨謂合用何人鎮彼西方。臣等思之。今元昊遣人到闕。名體稍順。其如戎人難信。止可權宜。如翻覆未寧。則當擇節制之帥。若和好且合。亦須藉鎮撫之才。經度邊陲。以防未患。見選人具名聞奏。詔旨謂民之困弊。財賦未強。臣等議之。國家革五代諸侯之暴。奪其威權。以支財用。自贍天下之兵。歲月

既深。賦斂日重。邊事一發。調率百端。民力愈窮。農功愈削。水旱無備。稅賦不登。減放之數。動踰百萬。今方選舉良吏。務本安民。備水旱之防。收天地之利。而更嚴著勉農之令。使天下官吏專於勸課。百姓勤於稼穡。數年之間。大利可見。又山海之貨。本無窮竭。但國家輕變其法。深取於人。商賈不通。財用自困。今須朝廷集議。從長改革。使天下之財。通濟無滯。又減省冗兵。量入以出。則富強之期。庶有望矣。詔旨謂軍馬尚多。何得精當。近韓琦范仲淹所上備邊文字內。有河北五大事。陝西七事。精擇兵馬及攻守之策。已在其中。臣等見商量施行。次詔旨謂將臣不和。如何處制。樞密院先因許懷德張亢不協。曾指揮戒勵。然將佐之中。性情不類。愛惡相攻。全在主帥別白撫遏。隨才任用。使各得其所。則怨惡不生。故長帥之才。不敢輕易選用。詔旨謂躁進之徒。宜抑奔競。臣等謂躁進懷貪之人。何代無之。由朝廷辨明而進退之。如責人實效。旌人靜節。貪冒者黜之。趨附者抑之。如此則多士知勸。各生廉讓之心矣。

張方平論藩鎮疏曰。臣聞議者曰。唐失御於藩帥。至于一道百城。跨制千里。列郡長吏。出其所署。戮二千石而不請。專地繼世。僅如戰國。自安史起釁。河北非王土。德順姑息。河南皆寇壤。尊武勤勞。夙夜拔材。練謀極力。十年艱險阻。懿僖之後。寖微益削。朱氏兼領十鎮。遂行竊逼而受終矣。五代圮壞。顛危相逐。皆由強諸侯擁重兵而奪取焉。及我太祖之受命也。天誅神機。風雷變動。創更前弊。講見長策。於是不愛乎節鉞。多命乎帥臣。權分而勢自輕。外與而內實取。乎後諸侯入覲。輒留不遣。方面都府牧伯之位。更除士大夫。而僚吏掾佐。悉天官選補。塞覬望之蹊隧。覆姦亂之巢穴。故四聖累盛。大紀于茲。寰海又寧。不震不擾。門無關鍵。豈煩擊柝之虞。蓄無扃鐍。安容胠篋之

變。可謂藏身之固。置器於安。規摹之深遠也乎。臣聞而論之曰。唐自天寶之亂。天下剖裂。至我朝太平興國。擒劉繼元。靜氛沴。而天下始大一統。生民離鋒鏑之禍。伏惟祖宗之大功盛德。無與較焉。然三王之善制。不能無敝。百世之長軌。難以遐御。故自古無亂國而有亂君。有治人而無治法。利害倚伏。勢數之常。幽厲亨文武之國。桓靈繼高光之法。棄彝敗典。眈邪遠正。周漢宮廟。鞠成黍蕪。未應世始王。創基垂裕。莫不鑒前之敗。深思經久。其為秦謀者。蓋見三代之亡。皆由諸侯。於是有廢五等之畫。為漢計者。蓋見秦無盤維之固。孤而易危。於是有郡國雜建之策。魏晉之議者。蓋見陳項之事。黃巾之擾。兼州邑之無備。遂潰漫而不制。於是有都督持節之命。皆所以識覆轍。遏亂略。鑿契以抵隙壞。平衡石而均重輕。然其負舟而趨逃。冊奄有者。則又不常在承籍世家擁宅驪守者矣。故閭左戍卒。揭竿以亡秦族。

泗水亭長提劍而啓漢祚。光武以書生起宛。曹公以孝廉去譙。司馬氏無炎儉之衆。宋高祖起敦溫之勢。歡泰出偏裨之微。隋文因戚里之重。及其乘隙定業。勢歸事濟。備物九錫。建國立臺。比夫西伯以二分而事紂。小白奉四履以勤王。體迹殊矣。是故歎斯羅侯置守之筭。徒見其輻轂運動之勢。誼錯強幹弱枝之論。蓋昧於皮毛附麗之本。至于天乙之後。王室數衰。每及賢王。九環復會。周厲之亂。宣王中興。秦天下一家。二世遽滅。惡在乎郡縣而安也。且唐之授曆祚三百年。內難四興。外寇三作。大帝孝和。禍稔帷薄。憲宗昭愍。毒由宮臣。其范陽之亂。奉天之逼。雖安泚為之戎首。而甫杞實其禍胎。恭惠不君。紀律僭替。私昵執鈞衡之柄。閹寺專帷幄之謀。於是患結安南。兵連徐土。發邛蜀之役。擁雲代之衆。恭定繼立。王綱已解。半天之下。巢讓之所塗炭。自陝以東。權儒之所踐食。禁旅為蒲人所殲。邠帥以襄王僭

命。原其禍孽。都由令孜。是故唐之傾危。不自藩鎮。皆自蕭墻之內也。向使明皇勤恤無怠。開元之初。神武勵精。常若建中之始。懿皇紹構。克守大中之政。則范陽涇師。乘何釁而犯順。嶺表彭門。因何隙而竊聚。譬之瘣木。蠹由中生。辟之累棊。勢從上隳。故知治亂本乎法度。興亡繫乎時君。御得諸道。遠可以賓絕俗。撫乖乎方。近不能保宮室。彼方州者。關梶動靜。屑掐伸縮。制不在外而在中矣。且夫我太祖之以睿武撥天下。則有經綸恢定之略。駕馭威懷之術。我太宗之以英文繼大業。則有緝熙撫寧之道。義節畫一之制。我真宗之以至仁纘丕圖。則有寬沖恭睦之德。持盈保成之方。維其撥亂守文。理政小異。然皆主威獨運。國命自制。政不容於姑息。恩不假於近習。此所以高拱南面。子孫無疆之法也。主上爍震耀之精。體乾剛之德。攬威福二柄以照臨四表。專制無牽忍之愛。采按闕卑遠之隔。廣謀以明聽受。獨斷而絕浸潤。此其上所以建皇極。下所以綏天下者。彼郡縣之制。肯曰不虞。豈朝廷之所恃者乎。謹論

歷代名臣奏議卷之八十一

歷代名臣奏議卷之八十二

經國

宋徽宗宣和七年。太常少卿李綱上言曰。臣伏覩陛下以金國敗盟陷沒燕山。重兵壓境。邀求必不可從之事。欲窺中原而取河北。淵衷震悼。深悔前非。下哀痛之詔。罷不急之務。蠲繁苛之令。除掊克之法。招徠忠讜之言。詳論捍禦之策。命皇太子作牧開封。以係天下之望。誠意惻怛。感動天地。慰安人心。雖堯舜修己以安百姓。禹湯罪己以濟萬方。無以過也。然臣以謂事勢迫矣。結釁已深。遣使講和。必無可和之理。長蛇封豕。畜銳深謀。待時而發。其意不淺。而自河以北。守禦蕭然。無藩籬之固。不知何以禦之。今日之策。若謀得則宗社安。所謀失則宗社危。安危之機。間不容髮。臣願陛下審料事勢。以聖心之所能行者。深計利害而明白行之。無為苟且僥倖。覆蔽隱諱。以趣禍

亂。庶幾可以轉危而為安。則天下蒼生。無肝腦塗地之患。宗廟社稷無淪陷夷狄之虞。皆在決於陛下方寸間耳。臣愚以謂今日之策有三。上策莫如親征。講求真廟幸澶淵故事。選擇勵兵。躬臨訓練。降詔問罪。涓日啓行。以作我心。以鼓士氣。驅逐醜虜。保完舊疆。此上策也。中策莫如堅守。夫京師天下之根本也。宗廟社稷朝廷宮室之所在。百官之所聚。密通陵寢。中四海而臨萬邦。高城深池。有金湯之險。聯營環衛。有虎貔之師。運漕東南以足財用。控制西北以威夷狄。天下無二。舍此安歸。定堅守之計。勵士民之心。效死為期。無毫髮欲去之意。既務鎮靜。又施權謀。遣帥出師。分屯旁近要害之地。翼衛帝室。控使犬羊之衆。畏憚逡巡。當如周亞夫禦七國之兵。堅壁勿戰。以挫其鋒。待其糧竭氣衰。邀其歸路。多設方略。一鼓破之。此中策也。下策為避狄之計。如太王去邠而居岐。臣有所不忍言。然道塗閭巷之人。戶知之。臣亦疑聖意或出於此。何哉。此者不議河北守臣。而先議東南守臣。一也。遣使分起諸路兵。而不起淮浙兵。二也。拘攔汴舟船。三也。建牧。四也。為此策者。雖足以紓一時之急。然知其利。而不知其害也。臣竊痛豈不深計而熟念之也。委陵寢宗廟社稷朝廷宮室百官萬民而去之。遠適必潰。是以中原畀之豺狼也。事勢一去。不可復振。臣恐京師朝行而夕亂。其禍故可勝言哉。陛下雖命皇太子建牧以監之。何補於事。是不若偕行之愈也。必不得已。臣有愚計。願恐陛下不能行之。臣今日言之。儻不契聖意。必死於斧鉞。不言之。異日禍敗。必死於亂兵。與其死於亂。不若死於國。臣敢冒萬死為陛下試陳其說。陛下欲行避狄之計。而命皇太子留守以係人心。以捍大敵。以保陵寢宗廟社稷是也。而建以為牧非也。本朝及唐故事。皇帝行幸郡國。則皇太子監國。此特國家閑暇之時典禮如此。今大敵入寇。天下

震動。安危存亡。在呼吸間。而用平時典禮可乎。名分不正。而當大權稟命則不威。專命則不孝。何以號召天下。率勵豪傑。與之以死抗敵期成功於萬分之一哉。唐明皇避安祿山之難而入蜀。父老擁馬乞留太子以討賊。而肅宗有靈武之立。勢不得不然。當時之議。皆不早定。後世惜之。陛下度今日人心已搖。可以與之共患難而堅守。則守而勿去可也。度不能守。則胡不假皇太子以位號。使為陛下保守宗社。收將士心。以死捍賊。臣竊觀皇太子仁孝夙成。恭儉好學。四海屬心。如臣之計。天下可保。在此一舉。夫父子之間。人所難言。況今日之事。寧復有大於此者。蓋臣素愚直。感戴大恩。所以不避重誅。為陛下言此者。欲陛下深思而定之於早也。交遜之際。灼然明白。而使宗廟社稷有所依歸。四海蒼生有所係屬。陛下如釋重負。尊安逸於無窮而以死宗廟社稷之事責皇太子。與天下之士大夫。豈不美哉。敵情

莫測。至然有急然後議之。則無及矣。易曰。知進退存亡而不失其正者。其惟聖人乎。伏惟陛下聖德高妙。臣固知黄屋不足以嬰紼帝堯之心。所以敢言者。正恃陛下體道而輕外物也。昔田千秋以一言而悟武帝而巫蠱之禍息。臣頃以論水去國七年。今日之事。適在朝列以上封事。朝奏暮召。以螻蟻之微。敢言大計。豈非祖宗神靈啓悟臣心。使之如此。其敢愛死。不自比於田千秋哉。謹刺血親書。干冒天威。無任戰越俟死之至。

徽宗東幸。宰執議請上暫避敵鋒。兵部侍郎李綱曰。道君皇帝挈宗社以授陛下。陛下委而去之可乎。上默然。太宰白時中謂都城不可守。綱曰。天下城池。豈有如都城者。且宗廟社稷百官萬民所在。捨此欲何之。上顧宰執曰。策將安出。綱進曰。今日之計。當整飭軍馬。固結民心。相與堅守。以待勤王之師。上問誰可將者。綱曰。朝廷以高爵厚

祿崇養大臣。蓋將用之於有事之日。白時中李邦彥等雖未必知兵。然藉其位號。撫將士以抗敵鋒。乃其職也。時中忿曰。李綱莫能將兵出戰否。綱曰。陛下不以臣庸懦。儻使治兵。願以死報。乃以綱為尚書右丞。宰執猶守避敵之議。有旨以綱為東京留守。綱為上力陳所以不可去之意。且言明皇聞潼關失守。即時幸蜀。宗廟朝廷毀于賊手。范祖禹以為其失在於不能堅守以待援。今四方之兵。不日雲集。陛下奈何輕舉。以蹈明皇之覆轍乎。上意頗悟。會內侍奏中宮已行。上色變。倉卒降御榻曰。朕不能留矣。綱泣拜以死邀之。上顧綱曰。朕今為卿留。治兵禦敵之事。專責之卿。勿令有疎虞。綱皇恐受命。未幾復決意南狩。

欽宗時。既與金和。金人需求不已。尚書右丞李綱奏言。金人貪婪無厭。兇悖已甚。其勢非用師不可。且敵兵號六萬。而吾勤王之師集城下者已二十餘萬。彼以孤軍入重地。猶虎豹自投檻穽中。當以計取之。不必與角一旦之力。若扼河津。絕饟道。分兵復畿北諸邑。而以重兵臨敵營。堅壁勿戰。如周亞夫所以困七國者。俟其食盡力疲。然後以一檄取誓書。復三鎮。縱其北歸。半渡而擊之。此必勝之計也。

時飛說之上書陳論重地曰。春秋重地何也。曰。王者得民而安。斯民得地而安。有人焉雖微矣。以地而重也。邾庶其莒牟夷邾黑肱皆賤不當書者。邾庶其以漆閭丘之地而重也。莒牟夷以防茲之地而重也。邾黑肱以濫之地而重也。下國小邑之微人。以地叛。而何能為重。所以重其誅也。苟不以地叛。則一身之罪。一時之禍也。其以地叛則不特一身之罪。貽百世之禍也。春秋之重地者。所以愛民也。正天下國家之本也。邾莒之君。孰與天下之君大。漆閭丘之地。孰與中國形勢之地重。屬者黄頭女真。猖狂京師城下。執政大臣。遽以高陽中山太

原三鎮賜之。竊恐非春秋之旨也。兩國構兵。如火不戢者焚。而其戢者亦焚。火不焚則不已也。兵之為禍甚大。如此而不得不用者。豈不為疆埸之野。尺寸之地哉。疆埸之野。尺寸之地。殺人流血。非王者之本心。乖天地之和氣而必爭之。乃以中國數千里形勢之重鎮。未嘗接戰而棄之乎。言之及此。孰不寒心。論失中國之形勝。則禍福之幾有不可勝言者。中國以此控制夷狄者也。乃委此地於夷狄。使以控制中國乎。契丹因石晉而盜據一飛狐嶺之險。議者猶不勝其憤。為之切齒扼腕。今乃以十百飛狐嶺使彼據之乎。其禍不特有吐蕃回紇之侵唐。將有劉聰石勒之繼晉乎。請以三國之事著明者借論之。漢室不綱。有曹操孫權劉備。雖皆天生之英雄也。使其終無分地。而浪戰於中原。則必有吞併滅亡不支者。若前日劉項是也。曹公身與袁紹之興亡是也。而以一天下分裂而三者。實自乎荊州之所隸也。

嗚呼。荆州實能分裂天下而三者也。曹公不急於得關中。而急於得荆州。蓋以韓遂馬超必不能保關中。而關中非我有而誰有哉。荆州雖暫為劉璋之物。而亦未必不為我物也。陸攻則遠。水攻則險。彼孫權劉備其遂得之乎。無幾何。孫權雖可以得荆州。自以居京口而遠。有所不給。則以資劉備。備得荆州。則得巴蜀。孫權以劉備禦曹操於荆州。而保江東。三分之勢定於此一州矣。曹操於宇宙間。有雄捷之盛。尚何所懼者。及聞劉備得荆州則大懼矣。方作書。不覺墜筆於地也。唯曹操能懼其可懼者也。昔之一荆州。今之瀛定并門。三荆州也。又可不大懼乎。曹操其後回軍濡須。恐江濱郡縣為權所掠。乃詔其民內徙。彼久業南方而不安。一旦北土之民。相與驚惶。渡江而逃。廬江九江蘄春廣陵諸郡皆無民矣。北人乃得居其室廬。耕其田野。江濱之郡。於是乎有民為魏死守矣。如曹公之志。則未易以吾三鎮之重

地齊民悉棄之也。古今識者皆恨唐不能有河北。而委之於三叛。不知唐失河北於叛臣之後。繼失秦隴河湟於吐蕃。自鳳翔西門之外。即為吐蕃之境。顧無自而遠制大河之北也。今京師視瀛定并門。猶唐長安之視秦隴河湟。其利害不亦遠乎。嗟夫。唐失隴右而不能制河北。今失河北而寧無西師之憂乎。又將何以制之乎。言及此則三鎮之利害。又急於漢之荆州也。且唐之失河北為害也緩。唐之長安視河北而遠也。今之失河北為害也急。今之京師視河北而近也。遠近之間。緩急之勢。不得而同也。亦以明矣。今之京師。是謂大梁。與古昔帝王之都自亦不同。何則。西漢之都雍。因秦之舊。保河山而制諸侯。婁敬建言於前。賈誼重陳於後。實因一國而為都也。東漢之都洛。謂先朝之未盡善。乃遠尊周公之志。以洛陽者天下之湊也。因天下而為都也。隋則初盛而都雍。其後衰而都洛。唐則以雍為京都。以洛

為別都。皆未有及今都大梁。因天下而為都。又平坦顯著於洛陽之都也。其諸帝王之舊。則夏都陽翟。商都景亳。我介於二者之間也。其引湖海舳艫於枕席之上。而走山岳隧缺於俎豆之際。役夷狄萬國琛幣於郊坻之迹者。實以冀趙魏晉之重。為天下四方之捷也。今冀趙分而魏晉毀。則其憂不在河北而在京師。顧執事可不念之乎。中山之地則保深祁廣信安肅順安永寧八州。軍兵則五十八指揮。三萬八千三百四十八人。高陽則莫雄霸恩冀滄永靜保寧乾寧信安十一州。軍兵則七十七指揮。四萬二千五百八十八人。太原則忻代二寧化岢嵐二軍控契丹之朔雲麟府二州守河外嵐石隰三州。火山保德一軍阻河扞夏國之綏州。凡十有二州軍。兵則一百六十六指揮。七萬二千九百人。嗚呼。可謂重矣。故曰瀛州者有瀛海之富富於天下也。定州者可以大定天下也。并州者可以并兼天下也。名不虛

得。亦未可忽也。若不得保此之重鎮而棄之。竊恐江介之民。魚蝦之俗。先叛而後服者。足搖而心生矣。且曰。非我敢棄朝廷而必行。恐朝廷之我棄也。故曰所憂不在河北而在京師也。今日陛下赫然下明詔。俾三鎮無棄其守如故。且命四擊狂虜。實天下幸甚。古兵法有之。示弱者剛勝。示怯者勇勝。示緩者速勝。彼深入者我以主勝。彼兵老者我以壯勝。甘言厚幣以餌之者。我以逸勝。縱敵於歸路者。我可以大得志而無不勝。今黃頭女真。皆干此七者之誅也。顧詔急擊之無急。且今日狂虜之適逃。與契丹澶淵之逝事体不同。章聖皇帝不以殺為武者也。今皇帝陛下必行天誅則武矣。

歐陽澈上書曰。臣聞履大寶之尊位。而能從諫如流。樂取於人以為善者。人君之德也。當國家危急之際。而能奮不顧身。敢為人所難者。人臣之義也。忘布衣之賤。而盡忠竭節。以干斧鉞之誅者。知死有輕

於鴻毛也。臣伏覩太上皇禪位之初，金賊渝盟，犯我京城，太學諸生忠義奮發，伏闕上書，首建誅六賊之議，姦臣怙勢，妬賢嫉能，欲塞言路，以寘之死，諸生惶惶，股慄性命，垂於虎口，賴陛下剛明果斷，速降詔旨，嚴行止絶，遣中使宣諭，脱諸生於死地，尋復諸生數叅朝廷，得咎無上用賢之請，伏闕上書于再于三，陛下俯加容察，斷知外侮恐陵，元元被害，王師敗績，國勢不振者，皆縁六賊姦謀誤我上皇，於是亟正典刑，以謝天下，黜向時中等而不用，復李綱而相之，臣以是知陛下非特能聽，又能行，正所謂從諫如流，樂取於人以為善，而備人君之德者也。臣伏讀正月一日聖詔，許士庶實封直言得失，臣又知陛下卓然能以堯舜為已任，欲開言者之路，以來天下之算，欲刷夷狄之侮，以安中國之勢，正忠臣義士赤心事上之秋，凡紀綱法度有不利於時，不便於民者，恨不知耳，知而不言，豈不負明天子勤求之

意哉。臣叱者恭讀聖詔，曰敵勢未已，動起兵端，必欲割我土地，殘我人民，覆我宗社，忠臣孝子，自當體國念家，人自為戰。臣讀至此，不覺涕泗交順，重念我宋隆興，四方無虞，人物滋富，自古未有倫擬，一旦為金賊侵侮，攻陷井邑，荼害良民，凡厥士庶，豈不寒心。臣恨無從出之勇，鼓行而前，唱天下慕義之徒，使或願持一戟，或願操一戈，覆其巢穴，復其河北，措京城於奠杌之安也。臣曉夜以思，蒙被國家教育為日滋久，雖不能奮股肱之力，而從事於鋒鏑之下，然謀猷籌畫，或有可採，未必不能立尺寸功，以報國家平昔之恩，於是博採于古綮嚮方今利害之大者，條陳十策，以獻朝廷，皆保邦御俗之方，安邊禦戎之術。愚者千慮，必有一得，狂夫之言，聖人擇焉。臣雖狂斐，然上以應天子求言之詔，下以攄寒士報國之誠，非敢自謂其策之可用，亦庶幾所謂當國家危急之際，能奮不顧身，敢為人所難者也。臣生三

十年矣，幼失所怙，猥紹箕裘之業，稍以忠孝自音，而臣有子，可紹先人嗣，故臣每閲前史，見忠臣義士奮身報國者，未嘗不掩卷浩歎，恨不能睹其蹤。臣今日適丁國家多難，敢以草茅書生妄議朝廷得失，臣故知干犯天威，罪必無赦，然臣所以甘心於此者，實願以一身而安天下也。臣故曰知死有輕於鴻毛者此也。臣以芻蕘之言上瀆冕旒之聽，伏願陛下留神省察，無以萬乘之尊而驕之，無以一介之微而忽之，則天下幸甚。臣聞三代而下，帝祚綿遠，莫如漢唐，然當其内外之患未萌，蜂屯蟻聚，攻城破邑，兵端四起，師出無功，則為之君者曷嘗坐視其困哉。蓋亦躬行之矣。天錫勇智，絶類離倫，神戈一揮，無不從順，蠻夷猾夏，寇賊姦宄，面將梳縄，破膽喪風，稽服。若漢高祖伐陳豨于邯鄲，唐太宗敗建德于虎牢，以至高麗賊亂，親駕六師，一舉而遼東平。凡此之類，皆欲出於塗炭。故決策親征，書張天威，遠耀神

武，遣將出師，仗義問罪，所至克捷，而後我心沮喪，恐懼遠遁也。契丹自晉天福以來，戕蹂幽薊北鄙之境，殆無寧歲。至景德元年，舉國來寇，遂陷德清，以犯天雄，當是時京師之地，危於累卵。真宗皇帝憂勤日加，夜分不寐，晝計無所從判。朝廷大臣持禄保位，動為身謀，居于江南者勸上幸金陵，居于西蜀者勸上幸成都，曾無為社稷計者。惟宰相寇準鯁峭不回，奮忠義心，以破群議，獨以親征為獻。天子可其奏，於是毅然親征，既次澶淵，諸道兵大會，虜既震動，殺其驍將順國王撻覽，虜懼，遂請和。于時萬一非天子乾剛決斷，用寇準計，必不能成其功。古語有之曰：狐疑猶豫，後必有悔，斷而敢行，鬼神懼之。正此之謂也。臣為陛下今日計，莫若以虎符起天下之兵，而決策親征，殲夷醜虜，絶其根本，使無遺類，則國威復振，而後患不作矣。臣竊觀陛下即位之初，金賊犯順，侮慢中國，其勢可謂迫矣。當時大臣亦有勸

上他幸者。然賴陛下聰明不惑羣議。斷自聖志。下詔親征。醜虜聞風而心破。兵戈未接。敵已退師。深自悔過。此雖宗廟之靈。社稷之福。然親征之詔不下。未必爾也。澶淵之役。既驗之於前。而此尤可以為近證。臣區區所以不避罪責。敢以親征為獻。伏願陛下奮獨見之明。援决勝之略。命將帥。遣戍役。而必行之。天下幸甚。然慮善以動。動惟厥時。算而後發。發必中矣。萬一陛下聽臣之計。則親征未可輕動。必也以富國為先。而選將練兵次之。蓋兵家之策。當先為不可勝。以俟其必勝。要之得人為用。則何施不可。借使富國強兵。內無動搖。民安如故。有如大夫種之能。轉輸供餽。外無勞民擾擾之役。有如范蠡之智。臨機果斷。折衝千里。有如周瑜之勇。慮長慮遠。收功於必成。有如趙充國之守。嚴細柳之軍。有如周亞夫者。奔項羽之營。有如樊噲者。致敬奉國。知無不為。有如房玄齡者。兼資文武。出將入相。有如李靖者。

則雖愚夫愚婦。亦知其可以必勝矣。方今朝廷之上。士庶之間。不無其人。在陛下擢而用之。夫以中國全盛之富。甲兵之衆。加之得人以任將帥之職。親征以挫蠻夷之威。則掃蕩絕滅。可指日而待也。此臣願獻陛下一策也。臣又聞禦戎之術。以戰勝為上。割地講和皆其下策。臣聞朝廷為金賊所迫。有議割地講和者。臣深為陛下不取也。以臣管見為今日計。莫若遣詞命之使。陽與之講和。盍為之割地。俟其有怠心。乃掩其不備。會諸道精兵以殲滅之。此萬全之策。昔田橫據千里之齊。田間將二十萬之衆。軍於歷城。若非酈生先說齊王。使為漢而稱藩。乃罷歷下兵守戰備。同與之縱酒。則韓信雖有百萬之師。未能以歲月破也。頡利走保鐵山。遣使者謝罪。請舉國內附。太宗遣唐儉慰撫之。李靖謂副將張公謹曰。詔使到虜。必自安。若以萬騎齎糧而襲之。必得所欲。公謹謂上已約降。行人在彼。奈何。靖曰。機不可失。

韓信所以破齊也。唐儉輩何足惜哉。督兵疾進。於是擒之。當時使韓信李靖惜酈生之烹。憐唐儉之死。不有所不忍。則必不能成大功也。臣今日之計。正合於此。伏願陛下無為猶豫而不決也。臣復為陳祖宗守土之艱難。使陛下讀之寒心。則尺寸之地不可與人。羣臣以割地為請。陛下必不輕死也。臣聞昔者趙元昊叛。西方轉戰。連年兵久不決。契丹之臣。貪而喜功者。以我為怯且厭兵。遂教其主設詞以動我。欲得晉高祖所與關南十縣。慶曆中。聚重兵壓境。遣其臣蕭英等來聘。仁宗皇帝命宰相擇報聘者。時虜情不可測。羣臣莫敢行。宰相舉右正言富弼。即入對便殿。叩頭曰。主憂臣辱。臣不敢愛其死。上為動色。乃以弼為接伴。英等入境。弼開懷與語。不以夷狄待之。英等亦不復隱情。遂去左右。密以其主所欲得者告弼。且曰可從從之。不可從使以一事塞之。弼具以聞。上命御史中丞賈昌朝館伴。不許割地。

而許歲增幣。且命弼報聘。往反十數。皆論割地必不可狀。及見虜主。抗辭不屈。既陳利害而說之。復宣皇帝之命以威之。虜人感悟。遂欲求婚。然亦終為弼善詞以卻之。不過增幣二十萬。而契丹平。復其後累年。契丹君臣守其約而不敢敗者。雖本於祖宗德化之所感。然亦富弼之功也。嗚呼。使地而可割。則祖宗之朝已割之矣。如其不可割而羣臣勸陛下為此計者。得無愧於富弼乎。又況朝廷之根本。正在於河北。河北之要害。又在於三關四鎮。割三關四鎮而與之。則自河以北。皆非我有。河北之地。陛下既不得而有之。其能久都大梁乎。本朝懲五季之弊。舉天下之兵宿於京師。名掛於籍者號八百萬。而衣食之給。一毫皆取足於官。又非若府兵之制。一寓於農。非都四通五達之郊。則不足以養天下之兵。此其所以都大梁。以據天下之衝要。歲漕東南六百萬斛以給軍食。猶且不贍。今若割河北之地。則陛下不免還都長安之地。左殽函右隴蜀。襟終南太華之山。縈帶涇渭洪河之水。其地利守而不利於運漕。將何以給天下之兵哉。矧夫太原一郡。控扼二虜之嚥喉。今棄太原則下瞰長安纔數百里。陛下其能久都長安乎。大梁長安既不可都。又將遷之金陵則自北而南。非帝者所居。而又邊患未寧。國本動搖。安知無姦雄窺伺金陵者哉。臣以是知割地之請。特可紓目前之患。非萬世長久之策。陛下當介如石之不變也。臣又聞昔之所是。今或為非。前之所用。後或棄之。乃所以趨時而應變。故孟子亦曰。執中無權。猶執一也。在漢文帝之時。匈奴與單于結兄弟之義。以全天下之民。而議和親矣。至我國家澶淵之戰。醜虜請和。諸將皆欲以精兵會界河上而殲之。虜懼。求哀既切。真宗皇帝詔諸將按兵勿伐。縱契丹歸。虜自是通好守約。不復盜邊者累年。則講和之術非不善。臣輒敢以為不可者。時不同故也。何則。

戎狄服叛無常。乍臣乍驕。徒視中國之勢強弱如何而已。在祖宗之朝。國威素震。醜虜慴服而不敢猖獗。故與之講和。則守約而不違。前日國勢委靡。邊隙創開。武久不講。士氣墮怯。醜虜所以深入。既而與之講和。徒費金帛億萬。適以資寇。師退未踰數月。兵端又復蜂起。臣以是知講和反墮虜計中也。且如前日金賊敗北。种師道請以精兵臨河殲其餘黨。儒臣介僻堅執祖宗故事。而不許殲戮。故有今日之禍。宜乎种師道飲恨而死也。國家若實與之講和。則外示怯弱。內費金資。盟血未乾。臣必知醜虜又乘勢而攻矣。孰若用臣之策。使虜反墮我計中也。伏願陛下採孟子用權之深旨。破金人反間之機謀。下令召四方之兵。使奉詞伐罪。揚威絕漠。盡殺而後已。傳曰。為國家者見惡如農夫之務去草焉。芟夷蘊崇之。絕其本根。勿使能殖者此也。若謂用臣之計。則失大國之信者。又未足以語權變也。昔者孔子許

以貨仕而終不仕。與蒲人盟不適衞而終適衞。則大人者言不必信行不必果。惟變所適。彼既渝盟而犯我京闕。邊屯吏士攘袂切齒。皆欲犁其庭而掃其閭哉。以機而滅之。固其宜也。況以小事大。畏天者也。以大事小。樂天者也。彼不能畏天而事我。反貪暴殘滅而自干誅夷。則天亦討其有罪矣。夫復何疑。此臣願獻陛下二策也。臣又聞西戎之患大於金賊。祖宗之朝。羌人入寇。固嘗彌年而不能解。方今金賊入寇。殘害滋甚。西戎雖安堵未動。然夷狄犬羊之性。敢肆凌侮。苟有以挫其威。則垂頭掉尾。去不復顧。徒有嘵嘵之聲。終無噬人之凶。倘無以挫之。則羣起而為人害矣。臣以是知西戎雖未動。亦當預為之防。無使二虜合併為患。則難於支梧也。且如今年春。賴天之靈。俾敵悔過而效順。朝方無虞。天下同慶。其後朝廷若能會兵要地。控扼邊陲。奮張國威。以震醜虜。則禍不萌於今日矣。楊雄曰。大寒而後索

衣裘。不亦晚乎。此言雖小。可以喻大。今夫宅於山者。必設害穽以防猛獸之為害。宅於都者。必峻墻仞以防穿窬之為盜。此鄙夫野人之所共知也。況西戎自熙寧犯境以來。雖絕夏人賜予。熙河蘭會轉輸飛輓之費。歲至四百餘萬。則其費可謂厚矣。帶甲持戈者不可以數計。朝夕引頸舉踵。伺中國之便。以逞其殘暴。肆其姦雄者。殆有甚於猛獸穿窬也。太平之時。尚當為之備。況金人已為患於中國。安可不早為之計。無使滋蔓。蔓難圖也。蔓草猶不可圖。況其戎狄乎。膏肓之不戒。童子之不抗。晉難之不期。蜀難之不支。彼怯勇小大之勢不同。非豫正以待之。猶且不能勝。況二虜動欲與中國抗衡耶。為今之計者。莫若明詔守土之臣。使嚴為之備。而又專委兵馬司。使備車馬脩器械。以圖患於未然。則西戎不能入寇矣。此臣願獻陛下三策也。臣又聞天下之大。猶人身。夷狄者股肱也。中國者腹心也。股肱之疾

既作於外腹心之疾復攻於內則不間人之肥瘠其亡也可跬步而待昔秦始皇奮六世之餘烈振長策而御宇內吞二周而亡諸侯郤匈奴七百餘里胡人不敢南下於是遣將軍蒙恬築萬里長城以防胡自謂關中之固子孫帝王萬世之業而不知禍起於蕭墻之內一旦陳涉以甕牖繩樞之子無萬衆之聚無疆土之大身非王公大臣名族之後才能不及中人非有仲尼墨翟之智陶朱猗頓之富躡足行伍之間振起阡陌之內奮臂一呼天下響應山東豪傑於是並起而亡秦矣臣以是知腹心之疾尤甚於夷狄也國家治平日久冗食游手之民觸處有之敗軍亡卒流離散徙者紛如也日則博奕飲酒于市夜則結而為盜賊椎牛發塚於虛落之間非禮非義無不為也萬一有豪傑者為之唱嘯聚山林劫掠閭里驅虜良民以至擅名號攻城邑取庫兵釋死罪縱橫自肆而不可制則為腹心之患亦不淺

矣頃者方冦竊發盜流通衢江浙井邑多為煨燼兵孥不解所費巨萬始能致其頭於闕下誠可為後來鑑也況今兵戈四起安知無方冦之流欲乘隙而作亂者耶以臣觀之守令得人此無足慮蓋州得一賢刺史則千里蒙其庇縣得一賢令尹則百里受其賜德化足以格人心威風足以挫強冦鉏姦鏟猾號霹靂手則頑民悍俗亦且憚懼恐伏遠迩銷縮而莫敢動矣臣聞王嘉曰國家有急取辦於二千石二千石尊重難危乃能使下今縣令既衆不能皆賢但州得二千石能自重其威權以使下則雖有黃巾赤眉無足畏也故尹賞之治長安使吏民雜舉輕薄少年惡子鮮衣凶服持兵刃者悉籍記之一旦收捕納之虎穴中由是盜賊頓止張敞之治膠東明設購賞開群盜令相斬捕除罪吏追捕有功而上名尚書調補縣令者數十人由是盜賊解散趙廣漢之治京兆精於吏職尤善為鉤距以得事情郡中盜賊閭里輕俠其根株窟穴所在銖兩之姦皆不能逃朱博之治琅琊嘗令屬縣各用豪傑為大吏一旦竊發縣則移書詭責取辦其人盡力有效必加厚賞以是豪強慹服韓延壽之治潁川置正五長相率以孝悌閭里阡陌有非常吏輒聞姦人莫敢入界而吏無追捕之苦龔遂之治渤海移書勑屬縣悉罷捕逐之吏單車獨行務以德化於是盜賊悉平此數子者可謂善治群盜者矣然方今之時其術亦有可用亦有可去者蓋彼時此時故也臣為陛下今日計莫若明詔督責監司郡守使勤於王事常行舉察無以酒色昏其精神無以賄賂易其心忘夙興夜寐常蘄伏節死義盡忠犯難以報國恩仍乞明詔郡縣有驕兵墮卒窮困亡命者有累負重罪常赦不原者有閭巷惡少不齒於人者有困迫飢寒剽奪衣食者並許自陳革過鼎新不念舊惡仍仰州縣給賞召募有願奮力勤王捍冦立功者集官詣射

團試閱擇有股肱勇力之人收錄麾下常行禁約應副軍期差使夫如是則舊染汙俗咸與維新人人自奮願以身報國況以此籠絡天下之豪傑皆為我用則嘯聚為盜者無有也臣竊見聖詔盡起天下之兵臣知州縣之兵本不足以禦冦今又起而之他則其勢愈殘矣若不早用臣計一旦有豪傑奮發而起為之應者贏糧影從鱗集毛合攻城犯邑則守令不過提攜妻孥遁竄草莽為自全計而已誰肯為陛下守土者不若用臣之計則盜賊不作而國兵不乏守土者又得以安其身而盡忠竭節矣此臣願獻陛下四策也臣又聞當一方之重寄百里之命所以保守土地全治生靈邦之治亂民之存亡實有賴焉當其平居無事無枹鼓之虞無征伐之役尊高爵厚祿處則華屋衣則錦繡躍駿馬而羅紅顏坐重茵而食列鼎高談闊視手揮指顧號令吏民則庸人懦夫亦可勝其任洎其遽有變故皆惶失措

不過嬰城拱手坐待其斃甚者望風而竄伏矣曾不聞有高城深池堅甲利兵與之効敵効死而不去者矣如是則生民何賴焉然則忠義之士卓然名節與秋霜烈日爭嚴使之當公家之任而能提孤軍守偏城臨大難而不奪其守者信難其人臣觀唐明皇勵精政事開元之際幾致太平得人不為不盛一旦祿山叛逆蹂踐無前河北二十四州之吏為賊誘引委靡從順者幾半逆為之計不陷於賊者獨顏真卿一人而已故玄宗喜謂左右曰朕不識真卿何如人所為乃若此使王師有進征之援者平原之守也繼而張巡許遠與城父令姚誾以數千疲苶之兵而抗百萬難制之虜孤寄一隅日戰數十挫賊之鋒鯁其喉牙使不得進而搏食江淮之地轉輸不絕其民不為塗炭者良以睢陽未下也此在當時亦未至於揚芳飛英角立傑出然一旦遇變乃能忠義奮發激昂天下之吏雖赴湯火冒矢石而有

不可屈之大節載在方冊章章不可掩使後世為臣賊子尸祿素飧者聞其風莫不慙汗脫或太守縣令人人皆顏真卿張巡許遠姚誾輩則國勢何患乎不振也夫以方今人材之盛而臣乃敢昌言謂難其人者臣竊見曩者清溪寇起郡縣之吏懷印綬挈妻子而先去者比比皆是當時士庶咸謂不能守土之臣必遭誅戮以激貪懦既而交結權貴第相汲引巧為詞說文過飾非非特不正典刑又且悉與敘復故忠義之風不震而臣子無所矜式遂使夷狄交侵幾危社稷而河北守令罕與為敵者循前弊而已假使當時方寇既擒不能守上者悉與誅戮則頑夫廉懦夫有立志醜虜來必能深入若蹈無人之境也臣為今日討莫若明詔丁寧誥戒天下郡縣宜思患而預防之過此以往或有內陵外侮發犯城邑而能捍寇自全者許擢用於朝而推恩於子孫如或不能保守復循舊風即與斬首以戒後來仍

流竄其子孫於遠惡之地縲累經紲不許原雪則人人思効死而莫肯為逃遁自安之計矣此臣願獻陛下五策也臣又聞有常產者有常心無常產者無常心無常產而有常心者惟士為能若民則無常產因無常心苟無常心放僻邪侈無不為矣臣伏覩聖詔許餘路忠義之士率衆勤王甚盛舉也然天下之民不能保其常心以臣觀之河北河東京畿不幸為夷狄侵陵自當体國念家人自為戰聖詔許其聚徒結衆捍寇立功可也若施之於餘路則不可也何則民無常情約之以法拘之以威則規規然不敢自肆無以制之則若罝猿於木投魚於淵安能保其不恣哉臣觀今日應募而起者多豪橫之民浮家泛宅而無所歸一旦雲集則號令責乎有威統御責乎有法左右前後不紊其常旌旗行伍不汩其序然後擊之無敵撒之不亂而可以立武功也如使擒縱不得其人則變心生而禍患作本以治亂

反以致亂本以禦寇反以助寇安知無姦雄投隙假勤王之名為叛逆之賊哉此無他餘路安堵如故人物繁富倉廩實而府庫充豪橫之人制之不得其術則見所可欲而爭端起矣臣近觀福建路發募兵經由臨川統御無術遂爾作亂強劫婦女虜奪衣物破人家產而人莫敢誰何不過吞聲飲恨無所徑訴臣始聞之不勝太息竊慮爽炎不已則遂為大患也幸而州府訪聞即嚴行禁約使後來者少挫其氣而不復肆侮臣為陛下今日計莫若速降詔止絕餘路不許聚徒結衆所有已應募者仰同心協力共立邊功當有厚賞如復欲召募勇敢之人即仰州縣給賞自募閱試擇其堪用者錄之仍即繩之以軍法無使復襲前弊臣觀孫武一斬隊長之首而左右前後跪起皆中規矩繩墨無患約束之不明申令之不熟也若以為天子已下之令而不可中輟則又非所以安邦也臣觀兩漢英斷之主無出高

祖。酈生謀撓楚權。欲復立六國。高祖曰。善。趣刻印。及聞留侯之言。吐哺而罵曰。趣銷印。夫稱善未幾。繼之以罵。刻印銷印。有同兒戲。然其計足以安社稷。無傷乎高祖知人之明也。此臣願獻陛下六策也。臣又聞天下安注意相。天下危注意將。然以臣觀之。則天下安危。將相皆在所注意。況將相和。則士豫附。士豫附。則天下雖有變。而權不分。權不分。乃所以為社稷計也。是以宣王承周衰之後。四夷交侵。中國微矣。當時北有玁狁之難。伐之不可後時。必有嚴翼之人。以供武服。然後能勝。雖有嚴翼之人。無將以率之。則勝亦未可必也。故必有文武吉甫以為之將。然後勝可必也。詩曰。文武吉甫。萬邦為憲是也。吉甫為將於外。而內無忠順之臣與之同志者。輔王耳目。而迪其心志。則妨功害能之人至矣。妨功害能之人至。則若吉甫者。其身之不保。何暇議勝敵哉。故必有張仲孝友者在內。然後吉甫得以致力於外。以有功。然則宣王所恃以成功者。張仲孝友而已。詩曰。侯誰在矣。張仲孝友是也。萬今日金賊之患。殆有過於宣王之時。陛下欲成中興之大業。則伐之尤不可後時。朝廷大臣如張仲孝友者。想不乏人。然未識宣威沙漠以統王師者。有文武之吉甫耶。借使有之。則為宰相者。未識同心同德。以輔王耳目。而迪其心志。有如宣王之時耶。臣觀呂太后時。諸呂擅權。欲劫少主。危劉氏。丞相陳平患之。陸賈為平畫計曰。社稷安危。在兩君掌握之間。爾君何不交驩大尉。陳平於是與絳侯深相交結。卒誅諸呂。而漢祚不絕者。陳平能用陸賈之計故也。臣為陛下今日計。尤在於選將擇相。無輕付此柄。而使之內外相和。以濟國難。則醜虜無足慮。以臣觀之。如李綱者。初無大過惡。不宜置之閑散之地。況綱之功業卓偉。忠義奮發。真社稷之臣。天下之所樂從。海內之所推稱者也。聞其謫譴。雖閭里庸夫野老。莫不咨嗟感憤。

以謂國家不能用人也。夫處之以將相之任。則當取其大功。而略其小過。臣聞綱在上皇朝。京師暴水泛漲。文武百寮皆備船筏。為避水計。獨綱奮然為上皇數陳災異。忠言苦諫。雖旋被譴責。而甘心無悔。既而後患果符其語。陛下明斷。擢綱於卿監之中。而處之以樞要之職。天下知朝廷得人矣。既而金賊勢迫。群臣有他幸之請。獨綱毅然斷其不可。于時朝廷大臣姻屬皆散而之四方。甚若蔡京父子。豪被渥恩。莫與比隆。一旦變起。舉族逃遁。無毫髮為社稷計者。惟綱全室不動。仍肯以身當戰之先。故天下皆知此時微綱為之宰制。則京師已為丘墟。生民皆為魚肉矣。其功豈小補哉。今日豈可以用軍之小過。而黜之於外。是失天下之望也。臣聞漢高祖奮布衣。提三尺劍。起於豐沛。六年而成帝業者。蓋以其能知人而善用爾。故嘗告于群臣曰。吾所以有天下者。以其能用三傑。運籌帷幄。決勝千里。吾不如子房。鎮國家。撫百姓。吾不如蕭何。戰必勝。攻必取。吾不如韓信。項羽有一范增而不能用。此其所以為我擒也。臣以是知人各有所長。用人者當量能授職。使蕭何而為戰勝攻取之事。必不能矣。昔房琯自負天下為己任。然一舉喪師。遂不復振。原琯以忠義自奮。序言悟主。以取宰相。必有大過人者。用違所長。卒無成功。後世所以惜之。臣謂若綱者。可鎮國家。撫百姓。安四夷者也。至於用兵。恐非所長。然則今日之失。非綱之罪也。用綱者之罪也。陛下謫之於散籍。是棄蕭何房琯也。是有一范增而不能用也。得無為金賊快其私忿耶。臣又慮朝廷之上。亦賊死黨。尚有存者。不然則向時中李邦彥之姻屬。尚有大用者。故陰為之陷穽。吹毛求疵。洗垢索瘢。中含沙之射影。而陛下未之察也。使無是輩則幸甚。脫或有之。尤今日之所急去也。臣聞王珪進見唐太宗。有美人在側。本廬江王姬。帝指之曰。廬江不道。賊其夫而納其室。尙有不亡者乎。珪因以郭公善善惡惡之事而諷之。帝知廬江之亡而姬尙在。正所謂知惡而不能去也。臣即此以見陛下知綱而不能用。是亦郭公之善善也。知六賊之朋黨而不能去。是亦太宗納廬江王姬也。朝廷進見之臣。不識有能如王珪之諷諫者耶。臣爲今日計。莫若速降詔音。復綱舊職。則朝野同歡矣。此臣願陛下七策也。臣又聞安邊禦戎之術。在於擇良將。選精兵。求辯士。尊謀主。四者並用而不偏廢。然後可以興大事也。穰苴斬莊賈。而晉師罷去。燕師渡水而解。韓信背水一戰。而擒趙王歇。斬成安君泜水上者。得良將也。孫臏伏萬弩於馬陵之下。魏軍至而伏發。龐涓死焉。李靖將輕兵至丹陽。而輔公祏擒者。得精兵也。陸賈使南越。尉它箕踞。能使之去黃屋而稱臣。韓愈入鎭州。而牛元翼潰圍而去。王廷湊不追者。得辯士也。釋李左車之縛而師之。遂收燕齊。用侯君集之策而攻之。遂

降智盛者。得謀主也。臣常患世之論兵者。徒知重將帥之選。急士卒之練。修器械。觀形勢。推風角鳥占雲祲孤虛之法而已。至於辯士謀主。則略而不論。正所謂知用兵而未知所以用之之術也。臣伏覩臣寮上言。謂今日邊患方滋。殊乏虎臣。天下之大。未必無其人。欲乞明詔州縣。有拳勇股肱之力。傑出於衆者。及有兵謀武藝。可堪爲將者。俾以名聞。擢而用之。甚盛舉也。然以臣觀之。未甚盡善。何則。自將而言之。固不以一槩論。有一軍之將。有一國之將。有天下之將。又豈特有拳勇股肱之力。兵謀之人。然後可以爲將哉。斬蛟長橋。剸虎南山。走有追風之逸。射有貫虱之妙。被堅執銳。所向無前。攻城破陣。所至先服者。特可以將一軍而已。千變萬化。神出鬼沒。或縱之而後擒。或以負而爲勝。測之而益深。運之而無旁。若金在鎔。惟冶者之所鑄。若泥甄埏。惟陶者之所埴。所攻輒破。所擊輒取。無往而不利者。一國之

將也。以仁伐不仁。以義伐不義。拯民於水火之中。躋民於仁壽之域。致壺漿以迎王師。而人惟恐居後者。天下之將也。又豈特恃其股肱之力。武藝之精而然哉。古人固有不持尺刃。不操寸戈。而能却百萬之師。以至談笑而折衝。偃息而銷寇者。在於臨機制勝。料敵明。運以籌策而已。又況用人以安天下。不專以文辭取。不可以家世論。當考其行實。究其才能如何耳。故季布遭髡鉗。而有名將之稱。婁敬脫輓輅。而建金城之固。蕭曹起於刀筆之吏。英衛起於罪亡之餘。酈食其乃監門狂生。樊噲特鼓刀僕御。班超一腐儒耳。薛仁貴特田家子耳。一旦依日月之末光。皆能勤功帝籍。振名後世。借使漢唐之君不能用之。則數子者亦堙沒於無聞矣。軍法曰。使智使勇。使貪使愚。智者樂立其功。勇者好行其志。貪者要趣其利。愚者不計其死。使人能收其長。而棄其短。則將帥何患乎乏人也。以臣觀今日募兵之衆。則精兵

不患乏人。然臣竊疑良將辯士謀主。未必多多益辦也。且如仁宗皇帝時。富弼却契丹割地之請。是亦辯士之功也。臣竊意今賊雖暴悍如此。然爲之主者。又豈木偶人哉。亦必知世道之安危。識人理之盛衰。萬一得一辯士。如儀秦之流。圓機不礙。能掉寸舌。縱橫議論。俾獨馳一介之使。諭之以禍福之機。陳之以利害之大。講隣國之好而啓之。援信史之證而誘之。使之動心駭聽。彼未必不一言悔悟。復守舊約。而不敢侵我疆土也。臣爲陛下計。莫若廣詔京畿諸路士庶有學足以該古今。識足以達天人。才足以供倚馬之求。辯足以破傾河之論。壓之以威而益振。恐之以死而愈新。一人而兼得斯數者。仰州縣審實保明。解發赴闕。又乞詔天下有雄材大略。能畫安邊之策。能知用兵之權。守邊可以賢於長城。戰勝可謂國士無雙者。亦仰州縣審實解發。陛下親策於廷。量才授職。試其所長。則良將辯士謀主。一舉

而兼得之何憂乎虎臣之乏也方今邊患日滋正廣致人物以備驅策之時矣以臣言為狂妄也此臣願獻陛下八策也臣又聞孟子曰桀紂之失天下也失其民也失其民者失其心也得天下有道得其民斯得天下矣得其民有道得其心斯得民矣得其心有道所欲與之聚之所惡勿施尒矣臣以是知民惟邦本本固邦寧國之所以廢興存亡特在於得民與不得民之間耳傳所以言桀紂以不仁失天下湯武以積德有天下者是也臣竊觀天下之民似有離心蓋自太上皇臨御之日姦臣擅權蠹賊滋甚假奉上之名而割民之脂膏託崇道之勢而奪民之產業因花石之微而驅民於困厄之地緣名字之諱而擠民於罪亡之餘天下士庶陰懷怨恨之氣抑鬱而不敢吐上違天心下乖民和故頃者方寇竊發民樂其禍而有何獨後我之嘆則民心之離也久矣非一朝一夕之故其所由來者漸矣幸賴祖

宗遺德餘烈尚有存者故紀綱未至於大壞去年春金賊入寇國勢幾危若非上皇明斷禪位陛下使人心懷則天下已非國家有矣何則黎元赤子皆知陛下在儲宮時恭儉仁孝之名聞于遠近故即位之初閭里相賀知天下可指日安也既而悉誅六賊天下又復相慶謂陛下能除民之害真安邦定國之主是知民心固樂從也比者聖詔起兵國家太平日久頒白之老未聞金鼓之聲一旦干戈擾擾黎元固已動心而駭目加之無識兇徒鼓簧不根之語謂國家敗兵既數將下詔民間三丁選一以為用智者知其流言陛下必不為此奈流俗易於搖惑雖家置長喙人為說諭亦未能決其疑臣恐此語一熾民心又復搖動甚者預為生離之憂則求其安堵不動不可得矣此蓋流言者之罪然亦國家募兵有以致其疑也臣愚欲乞陛下速降詔旨安撫天下明斷此意使解其惑以結民心廣施德化使恩有

餘地為子孫萬世無疆之休仍乞天下所發遣募民見在京畿諸路屯聚捍寇者俟金賊掃蕩之日命將帥出厚賞以募有願住者乞留守京畿以防後患仍約以歸期其不願留者悉遣之若抑而留之又致變矣陛下如其吝賞給惜供餽不招軍以控扼邊隘則臣心知邊境擾攘無時而已異時復下詔募兵則東南之民其力疲矣其財耗矣豈能保其必勝哉仍天下所發至募兵所以忘身而犯難者不過希賞賜而已借使金戎已寧而遣之歸有功者固當厚賞無功者亦乞給賞以勞其來一則懷之使無異心二則誘之可以再用實良策也茲數者皆欲陛下結民心以長有天下而已此臣願獻陛下九策也臣又聞先王之理財也若持衡然不使之偏歸於公家亦不使之偏入於私室惟其適平而已省賦斂輕徭役者雖先王之善政然國家有夷狄之難將欲養兵而禦戎則其實不過以安百姓而已雖斂

財於民為募兵之費下亦無怨言也第不可以取傷廉而已臣近覩詔下募兵諸路多科兵於民使百姓所費不貲而烏合之衆又不足以立事至於忠義之士能率強勇之人以徇國家之急則官府無錢以給餽餉聚而復散者有之以臣愚計竊謂萬一邊患未寧欲募兵則不若以稅額量情均科錢以助國用應有官之家並不獨免則所斂薄而均百姓皆樂而從之取之雖微而聚之即多州縣預貸官錢募勇敢之人以勤王事則武足以禦寇矣所斂之錢存其三之一以募兵而守城餘者悉為起兵之費甚盡善也臣嘗以是徧詢於鄉老皆善其計以是知民情之樂從也臣又慮兵餽不給則臣有策於此可使不損於民不害於公令下之日諸路軍儲霈然有餘矣所謂策者何也臣謂天下所納米以造酒者不過欲市利而已為今日計者莫若速降詔旨罷賣官酒許州縣之民投狀名保均分酒課任自造

賞仍委局務者日計其利無使虧折應諸路所入米悉以充兵餽則推酤不勞而軍儲可給矣其策豈不良哉此臣願獻陛下十策也臣於十策之外又有三事亦今日之不可緩者試昧死爲陛下陳之臣聞之曰左不攻於左汝不共命右不攻於右汝不共命御非其馬之正汝不共命用命賞于祖不用命戮于社予則孥戮汝臣以是知古者王師之出有不用命而勝敵必戮而不赦況望風降伏者其罪宜如何哉臣竊聞比者三軍臨陣將士或不用命遂爾降敵臣愚欲乞陛下明詔撫懷軍情使各奮其勇仍有降敵者悉誅之則軍勢振矣此其一說也臣又聞明君賢相所以動而勝人成功於衆者多用間術故兵家之策用間有五有因間有內間有反間有死間有生間五間俱起莫知其道是謂神紀人君之寶也故三軍之事情莫親於間賞莫厚於間事莫密於間非聖智不能用間非仁義不能使間非微

妙不能得間之實微哉微哉無所不用間也臣竊忌金賊強悍儻或未可以力勝則不若用死間之術而滅之臣身雖不長六尺而智雄萬夫辯雖未足以方儀秦亦不可謂圓機而不礙者也臣以忠義自奮何惜一死爲陛下用此術以掃蕩醜虜而安我社稷耶方其將帥如其已有良策滅之則生民之幸也萬一未有討則伏願朝廷借臣一介之使遣臣見虜主而說之臣自有策能使醜虜倒戈卷甲不復侵侮陛下如欲絕其種類則臣亦願以死間伏望朝廷俟其有弛心而無備則遣良將領精兵而殲之臣雖遭鼎鑊能以一身破強悍之虜而安我宋二百年之社稷使萬世之下姦臣賊子誦臣之名莫不掩卷而慙嘆則臣雖死猶生也伏願陛下明斷而決行之無謂臣布衣之賤不能立此功也古語有之曰猛虎之猶豫不如蜂蠆之致螫孟賁之狐疑不如童子之必至取其能必行之臣前所謂使韓信李

靖惜酈生之烹憐唐儉之死小有所不忍則不能成大功者正謂此也此臣所欲言者二也臣又聞陰陽家流有三奇八門之術天子庶人之式是以自利足以厭人揚兵九天之上尸敵千里之遠天神地示皆爲我用則取勝之大要也今何昔而不用哉精此術者每有其人陛下求之未切爾臣願下明詔如求賢之急必得此輩以濟大事天下幸甚此臣所欲言者三也臣聞馬周以草茅一介之士爲唐條陳二十餘事皆當世所切太宗愛而擢用以明佐聖不膠漆而固恨相得之晚王佐材疇能及此蕭銑據江陵屢戰不克李靖遂陳圖銑十策有詔拜靖行軍總管軍政委焉師叩夷陵蕭銑遂降臣以鯫生恭誦聖詔曰每聞邊報痛切朕心臣於是感激自奮願以身報國故昧死獻十策臣無王佐之材非敢望若馬周之擢用特願用臣狂計以擒金賊之渠魁掃蕩邊塵復祖宗之境土庶幾不愧李靖獻策以

圖蕭銑則臣雖以直言犯逆鱗自取誅戮亦沒齒無怨言臣所陳特今日之急務至於朝廷之闕失政令之僻違甚有可言者臣以陛下方今有北顧之憂故且置而勿論臣又竊聞學古入官挾策登第者平居貪位慕祿惟恐居後切切然常有不滿意一旦國家有變雖指軀以報尚何所惜奈何風俗衰薄忠義陵遲故有位君子方且酣暢自適恬不以社稷爲念甚至赴闕注調者纔聞變起不參部而歸者有之又京畿而反者有之其間有能奮身爲國者或何人哉間或有之則羣聚而笑指以爲狂生臣聞其語忿氣拂膺恨與上方斬馬劍以斷其腰領臣恐此風一扇天下靡靡入於衰敗故願以死間之術爲陛下安天下之民庶幾少立忠誼以振頹風仍不避斧鉞之誅敢獻此書于朝廷也伏願陛下函容之德天高地厚恕臣愚忠恕臣狂妄以來忠直之言以激衰敗之俗則萬世之幸也儻或以臣言爲無

之據而又以草茅之賤上玷聖聰下觸權臣必欲置之死則臣亦甘心焉

歷代名臣奏議卷之八十二

歷代名臣奏議卷之八十三

經國

宋欽宗靖康初歐陽澈上書曰臣聞唐太宗時中書舍人高季輔上封事言得失辭旨切至上善之賜鍾乳一劑曰卿進藥石之言故以藥石相報臣以是知太宗除隋之亂致治之美貞觀之風高邁唐室者以其能聽藥石之言故也臣伏讀聖詔曰惟藥石是求竊知陛下盛德函容廣求諫諍直欲明四目達四聰與虞舜異世而同轍天下忠臣義士能以骨鯁之言上干天聽必蒙其藥石之報矣臣以是狂妄昧死忘其微賤於聖詔起兵之日條陳安邊禦戎十策撰成萬言書一封陳乞所部為奏朝廷臣之本意非有它望賞欲奮身報國顧效馬革裹尸以立忠誼之名於天下庶使保位持祿葦閹風而慙汗適丁遮角不通州府未許發奏臣於是退處逆旅棲遲無憀自恨胸中雖有忠誼之氣抑鬱而不達一旦饑死溝壑而名不聞則與草木俱腐與其飲恨而死於蓬蒿之間孰若抗直節而死於斧鉞之下臣於是復採朝廷之闕失政令之乖違以為保邦御俗之方可以去蠹國殘民之賊者共十事再撰一書乞併為奏達臣言狂身然皆當世切要仍得於輿議非恃一己之私見伏願陛下明斷而必行則天下風俗尚可追復祖宗之時儻或以臣為無補於世則臣甘心就誅戮第恐天下衰敗而不復振矣惟陛下留神省察則生民之幸也臣聞為天子者貴乎聰明神武決於聽斷見善明用心剛不牽制於權臣則天下雖大四海雖遠可運用於股掌之上矣臣伏覩陛下不崇飾恩倖不聽任姦臣不輕爵祿不濫賜予不奪民居以營燕遊之地不竭民力以廣無用之費罷不急之務擢忠義之臣杜悅耳之邪諛聽苦口之忠言去易進之人賤難得之貨則聖德高妙向本生民以

來未有倫擬觀其初即位勵然審斷選用忠良志平僭叛悉誅六賊以謝天下則太平之治似可指日而待豈意金賊復爾倡擾使黎元被害國本動搖屆莫甚於今日臣竊知其所自矣臣聞陛下自誅六賊之後英斷不及前日既而朝臣擅權言路復塞忠言嘉謨不聞于上故朔方初寧恬不為備既失信於夷虜知其必為患於中國而不能為防禦之術宜乎兵端四起茫然失措始募天下之兵以禦之則後時矣陛下若欲大有為於天下以成中興之業則當效漢武帝以雄才大略自任疇咨海內舉其俊茂共圖治功又當效漢宣帝信賞必罰綜核名實使吏稱其職民安其生則功業顯著帝祚無窮矣今也徒能為文景之恭儉雖可以為天下先然服三浣之衣不能却百萬之虜可為持盈守成之君非興衰撥亂之主臣願陛下以古為鑒乾剛果斷興天下之大利除天下之大害庶使祖宗社稷不危於夷虜之手則萬世之幸也此臣所欲言者一也臣又聞王者用人非難盡其材之為難觀唐太宗責任大臣謀斯從言斯聽才斯奮洞然不疑故人未始遺力矣子高拱操成功致太平矣下逮開元之間明皇勵精求治元老魁舊動所嚴憚故姚崇宋璟亦言聽計行力不難而功已成則將大有為之君必委任股肱之臣然後能圖回天下之治臣竊見陛下擢用大臣任之雖專而委之不專故腹心之寄耳目之託易於動搖難以成功讒言一投其隙雖社稷之臣亦忘大功而摘小過則天下失望而國威不立矣臣愚欲乞陛下選用近侍必精鑑而博採之知其可大用則任之勿貳若成湯之於伊尹委之阿衡而無疑若高宗之於傅說擢之版築而無間言必從諫必聽都俞賡歌於一堂之上使風化行乎萬里之遠則臣將見帝堯在上夔龍為相炳然與三代同風矣此臣所欲言者二也臣又聞諸葛亮之為相也

開誠心布公道盡忠益時者雖讎必賞犯法怠慢者雖親必罰善無微而不取惡無纖而不貶則天下平矣臣竊見朝廷大臣薦黜人於皆不取天下之公議用之不過酬私恩論之不過快私忿非所謂賞人於朝與士共之刑人於市與衆棄之也如是則賞不以德罰不以罪殆有甚於仁皇之時將何以厭民望哉臣愚欲乞陛下嚴降詔旨革絕此弊凡大臣有所升黜必詢于臺諫之臣使其可否宰相曰可臺諫曰不可宰相曰是臺諫曰非則召館閣之臣而問之僉曰可然後用僉曰否然後去庶幾用舍合天下之公議則忠言日聞于朝民情不屈於下矣昔天寶之季嬖倖傾國爵以情受賞以寵加綱紀於是大壞可不戒哉此臣所欲言者三也臣又聞黃霸之材長於治郡及其為丞相則總綱紀號令風采不及丙魏于定國功名損於治郡裴顧拙於用長而工於用短則人之才能各有所冝古之用人者論德而定位量能而授職甚若蘧篨蒙璆戚施直鎛聾者司視瞽者司聽雖小有所用尚且不違其所長矧夫欲任之以經營天下者耶臣竊聞耿南仲特能作章句儒貫綜墳典為書疏經醉而已至於臨機應變則智不足與有明識不足與有斷其道德雖可尊而謀猷不足採必不能度長慮遠以立大功其於謀王體斷國論决非所長臣聞其妬賢嫉能懼人之軋己則已非社稷之臣者也陛下不忘其師傅之恩則富貴之可也眷予之可也使之擅天下之權而興國家之大計則不可也臣愚欲乞陛下處之以講讀之職使論道經邦迪王耳目而已無以儲宮之私恩而壞祖宗之社稷臣嘗觀蕭望之堂堂折而不撓身為儒宗真社稷臣也藉師傅之恩而歷位將相親昵無間及其謀泄隙開饒邪遇之尚為石顯所譖竟飲鴆自殺況南仲智謀不及望之遠甚徒以文墨而位羣臣之上臣恐陛下本以報之反所

以害之也此臣所欲言者四也臣又聞忠者社稷之衛故魯以季友治亂楚以子玉輕重魏以無忌折衝項以范增存亡汲黯在朝而淮南寢謀干木處魏而諸侯息兵則一士而止百萬之師一賢而制千里之難在古固有之方今朝廷之上亦不乏其人陛下尤不可輕用處失生民之望也觀夫秦行千金以間廉頗漢散萬金以疏亞父則輕用大臣是中其反間也是速我後患也臣竊聞李綱首建征伐之議聶昌多秉帷幄之權則二人者元勳碩德文武兼備使常參廟堂之機必能使醜虜畏威而銷伏然則社稷安危實在二人之掌握虜人視之不啻讎敵觀其用心亦不過欲與民共休戚與國同榮辱而已其去就豈不係天下之輕重哉今也綱以小過而謫之散籍昌以奉使而寘之虜庭是快金賊私忿也是墮金賊計中也臣恐鄰國得以此窺陛下矣臣聞之偏聽生姦獨任成亂昔魯聽季孫之說而逐孔

子宋任冉子之計而囚墨翟夫以孔墨之辯不能自免於讒諛而二國以危則衆口爍金積毀銷骨信有是理臣以是知李綱之黜朝廷大臣必有陰為之譖者不然何遽至於是耶陛下宜熟察之臣前書固嘗縷陳其詳於此又申言之誠為國家惜此人故也臣願陛下過此以往無輕用大臣方今濟濟多士百僚師師豈無一人德望之重智謀之多堪任遣使者何昔以聶昌為此行哉尤為陛下惜也昔裴度逢時艱危而能奮命決策横身討賊為中興宗臣當元和長慶間亂臣賊子蓄縮養氣憚度之威稜時有使絶域者四夷君長必問度之年齒幾何狀貌孰似天子用否其威名播於遠俗為華夷畏服也如是出入中外以身繫國之安危為國之輕重者二十年凡將相無賢不肖皆推度為首臣謂若昌者正今日之裴度也其出處繫國之安危則醜虜聞風而懾服陛下當引置帷幄使諷議左右震威華夷以

定中國可也豈宜遣之於外哉此臣所欲言者五也臣又聞昔蕭銑據江陵李靖為行軍總管軍政委焉武德四年八月大閱兵夔州時秋潦濤瀨惡銑以靖未能下不設備諸將亦請江平乃進靖曰兵機事以速為神今士始集銑不及知若乘水傅壘是震霆不及掩耳豈能倉卒召兵無以禦我此必擒也臣以是三軍之出能掩其不備則萬全之策臣聞金賊懼暖必退師而請和臣願於此時乘其有急必借朝廷一介之使遣臣奉咫尺之書往見虜主而議和親臣必能口伐醜虜使之弛廢而不為備伏願朝廷簡卒練兵遣良將統制乘其隙而復滅之必得所欲無謂肅王為質張邦昌未還遂猶豫而不行小不忍則必致大亂無謂臣布韋之賤不能立此功昔毛遂以三寸之舌强於百萬之師定從於楚而使趙重於九鼎當其未用亦若囊中之錐及其既用則穎脫而出矣萬一用臣狂計必能却夷狄而安

中國則臣與邦昌固不惜一死以報國恩雖肅王亦何足惜哉大義滅親其是之謂歟此臣所欲言者六也臣又聞古語有之曰盡盡者易慮默默者可防故涓涓不塞將成江河一葉不伐將尋斧柯千丈之堤以螻蟻之穴潰百尺之室以突隙之煙焚白圭之行堤也塞其穴則無水難丈人之謹火也塗其隙則無火患皆貴其防之微而杜之漸也古語又曰欲斷不斷反受其亂蓋功者難成而易敗時者難值而易失隨廝養之役者失萬乘之權守儋石之儲者無卿相之位則計誠知之而弗敢決行者百事之禍也臣竊觀六賊既誅其子孫雖以罪譴而竊留四方然實為大患也臣聞比者金賊入寇童貫麾下當時勝捷兵反乘勢作亂者數矣此亦將帥非人不能撫御使之懷畏故至此禍然亦貫之黨類尚未殄滅而為亂之招也蓋六賊門人多碁布星列於天下者皆强藩悍將懷私恩而視國為仇敵者有之幸

哭繇禍。而欲快私忿者有之。反爲内應。而與賊同謀者有之。甚者陰懷叛逆。欲與子孫連衡而起。以刷乃祖乃父之耻者有之。嗚呼。當時六賊黨與之爵禄者。皆國家之賜乎。今日反歸恩於私室。而忘君父之大義。臣子之心果安在哉。未有仁而遺其親者也。未有義而後其君者也。不仁不智。無禮無義。則殺之猶雀鼠可也。尚何所惜。若不正典刑以行誅戮。則國勢存亡未可保也。臣愚欲乞陛下睿斷。應六賊子孫。悉與殲滅。仍乞籍記其當時死黨。如鄧珣、范致虚、薛昂之流。不許與名藩掌兵權。庶幾變不生也。其暴惡已章。如前日蔡州之倅、帶畨人入城者。即與斬首以謝天下。仍乞滅族以絶後患。臣觀頃者張懷素與吳儲等謀反。爲范寥所告。開封府制勘懷素等供言蔡京亦嘗與謀。是時開封府尹林攄、并御史中丞余深。寔主其事。二人乃京死黨。方爲掩覆。凡文款及京者。必盡焚毁。京遂幸免。其後京擢攄深

於宰執者。皆報其恩也。臣謂若攄深之流。亦國之賊。懷私恩而背君父。其罪莫大焉。況不發京之惡。則是與之同謀也。今日亦當明告其惡。梟首于市。庶使姦臣賊子。望風畏憚。潜銷於冥冥之中也。臣又聞崇寧間。蔡京專權跋扈。壞亂綱紀。而人莫敢誰何。于時臺諫之官。如陳瓘、任伯雨、何昌言、江公望等。乃能抗章數十。論列其罪惡。瓘等即被罪謫。飲恨而死者多矣。所存者惟何昌言一人也。今日陛下雖能用之。不過處之工部而已。非所以旌忠直之言。而爲臺諫之表也。臣愚欲乞陛下擢之近侍。以賞其直。庶使朝廷忠誼之臣。肯抗章鯁切。指摘權臣之失也。今夫聖人有先見之明。故見幾而作。不俟終日。皆能圖患於未然。臺諫之章。有議權臣之失者。彼必熟思審察。然後敢聞天聽。其言必有益於國家。非爲身謀也。臣願陛下毎覽奏章。曲加省察。無以臺諫之言爲輕也。臣竊聞前昌頃時亦嘗疏蔡京之失。知

其必致大亂。上皇不加睿斷。使行寬謫。及御制鳴鑾堂記。及指昌爲小人。意其離間君臣之義。既而京罪惡暴露。窺伺神器。動揺國本。上皇悔寤。擢昌於謫籍者。豈非思其言之當耶。借使上皇英斷。早從昌言。竄謫京於散地。委昌以樞要之職。使振領綱紀。勵精庶觀。嚴敎邊備。廣募熊羆之士。以振虎賁之旅。則國必不辱於醜虜矣。臣言輕不足以取信於陛下。然臣所乞殲夷六賊之後。及乞誅蔡氏死黨林攄余深輩者。盖臣竊意梁師成、王黼、李彥、蔡京、童貫、朱勔。當時勢傾天下。陰結黨與。誓生死不相背負。不滅其子孫。則死黨尚有異謀。死黨既有異謀。則朝廷不能無患。陛下爲社稷計。爲生民憂。則螻蟻草何足惜。若不速於誅戮。則朝臣萬一掣肘。誰肯爲陛下奮身者耶。誰肯赤心以圖國家之大事耶。臣所謂默默者可防。正指此也。又所謂欲斷不斷。反受其亂。亦指此也。臣願陛下大明誅賞。以示天下。無猶豫

而不决。無濡滯而不行。禍如已迫。悔之何及。然臣書既達天聽。必有大臣爲六賊子孫。鑽皮出羽而爲之掩覆者。弃短取長而爲之引援者。陛下亦必狐疑猶豫。以臣之言爲狂妄。以大臣之計爲可信。臣知此而必欲獻其説者。忠誼之氣不可遏也。陛下能用臣計。悉與殲滅。則祖宗有靈。而社稷有福。爲大臣誤不用臣言。則臣恐他日禍生。陛下思臣之言。又復若思种師道勸滅金賊餘黨。而不從其計矣。機不可失矣。願陛下裁之。觀夫蝮之螫人也。螫指則斷指。螫臂則斷臂。所以舍小而全大也。陛下若欲長有天下。宜取法於此。此臣所欲言者七也。臣又聞諸路監司。本以澄清天下之吏。而爲天子耳目之官。其實欲革貪暴而進明良。去姦雄而取忠義。奈何擢用非人。比年以來姦贓狼籍。自不廉潔者。毎毎有之。凡所按臨。因緣爲姦。賄賂公行。以幽爲喜。徒有舉察之名。適滋擾攘之患。甚至其所舉京削闕陛之聰明

廷法意。本欲選用賢能。分職率屬。聯事合治。良法美意。非不善也。奈何積弊所習。以成風。或以賂進。或以勢取。挾親姻者有之。謟恩倖者有之。故其所舉多不稱職。真賢實能。反沉没下僚。不與收録。臣愚欲乞應選諸路監司。宰相不得自專。臺諫之臣許辯論其當否。必得剛明果斷之士。以膺此職。則天下無患乎不平也。應監司受職之日願陛下召而面遣。丁寧告戒。使無曠爾官。則人人思效死以報國矣。仍乞立法。禁絶其出按州縣。無以順時受官吏裒聚金銀。出界迎接先次交興。謂之常例。所有歲舉之官。亦乞嚴行賞罰。令審實其才能。因其所長而舉之。一不稱職。則貶其繆舉之罪而不恕。如是。則內舉不避親。外舉不避讎。以公議取人。而濫舉狀者無有也。臣聞之書曰。三載考績。三考黜陟幽明。詩曰。念兹皇祖。陟降庭止。古之賢君。其用人也。升降有法。功罪各得其真。故為人所保。為人所保。故帝祚綿遠

也。今陛下選舉之法。非不善。臣輒以為不公。奉行者非其人也。陛下若能大明賞罰。以懲斯弊。則天下幸甚。今監司徒知舉官而已。未聞某人因某罪而黜之。縱有因而發摘者。不過交結權貴。致一言之助。則又復遷緩而不行。故使州縣之官。不遵箴誡。肆意貪婪。恬不知恥者。為其無黜責之罪故也。臣愚欲乞陛下嚴勅諸路監司。歲限發摘部下姦贓者幾員。仍要事跡暴白。僉議允當。然後許奏。若因讎隙而擠陷者。反坐其罪。仍乞遴選臺諫公直之官。埋輪如張綱者。每路以一人為觀察使。歲令兩行巡察監司守令。有受賄挾私而舉官者。有姦贓闒民而枉法者。有濫濁而不修身檢者。有怠墮而不勤王事者。悉令密奏。朝廷嚴行竄謫。應民有大屈抑。許實封投狀於觀察使。附遞以聞。仍禁約使臣所歷州縣。除飲食之外。不許受饋。不許買物。不許私謁。如違禁令。反挾勢而殘民。若頃時廉訪之出。非徒無益而又

害之。則許監司糾察申奏。亦當黜謫。仍乞諸路歲換一人。慮其久則姦生詐起。有功而無過者。別與旌賞。如是。則有官君子。莫不砥節礪行。蘄自擢榜。以挽流俗矣。此臣所欲言者八也。臣竊觀守令非人。民受荼苦。比年以來。此風尤甚。孱懦少斷。無幹局之譽。貪饕不廉。賊民之脂膏者。易地皆然。甚者注調京闕。即尋部下富商巨賈。預貸金以為費。俟到任而償者有之。養俠客於門。以訓義方為名。陰令搜求賄賂於外者有之。故或下車未逾數月。收拾金帛。製造器皿。已擬豪右。酣酒嗜音。夜以繼日。惟恨腹隘而不能恣口於飲。力憊而不能肆情於色。至於聽訟理民。則偃蹇而不暇。故民有屈抑。無所從訴。或本欲訴寃。反受罪責者多矣。良民士子。周身術淺。不幸罹於寃網。伉敵者又從而賄賂有司。下石傾擠。或陰殺于獄。或以枉為直者。比比皆是。東南之民。痛入骨髓。造怨無窮者。良由守令不得其人也。嗚呼。聲和

則氣和。氣和則形和。形和則天地之和應矣。今日金賊之禍。未必不原於此。以臣觀之。守令雖多。求其能盡忠竭節。宣布詔令。求民之瘼以聞于上。推君之澤。以被于下者。千百無一焉。如是而欲郡縣之治。不亦難乎。陛下久處東宮。知民事之艱難。守令之弊。必稔聞而熟講之。自即位之日。天下欣戴。自謂前弊可以頓革。夫何日甚一日。守令姦贓。殆有過於頃時。此亦陛下不能明於聽斷。以發摘伏姦故也。臣愚欲乞陛下勵精為治。躬覽萬機。專委監司。發摘諸路州縣之官。有姦贓污辱之甚者。考覈其實。誅戮數人。以激貪懦。所謂懲一以戒百者此也。又乞戒勅吏部。注差縣令。不以資格。必審實其才能長於作邑者。然後授之。痛懲銓選受賂之弊。蓋比年吏部注差。無非賄賂。其原既不清。則其流必濁矣。仍許臺閣之臣。歲舉堪試縣令者幾人。則令尹無患乎乏人矣。應拜刺史。則許臺閣連章薦擢。亦不論資格。第

欲得廉潔明斷公直無私者以表率一州而已仍乞陛下每授千里之寄必召見試問觀其所由退而考察所行以質其言有名實不相副者罷之則太守可以得人矣昔漢宣帝嘗稱曰庶民所以安其田里而無歎息愁恨之聲者政平訟理也與我共此者其惟良二千石乎則太守之職尤不可輕臣愚又欲乞陛下審察應太守功勤既著治聲卓偉者宜加旌賞或以璽書勉勵增秩賜金或爵以封侯公卿有闕則擢而用之古者刺史入為三公郎官出宰百里則行之固有素矣觀夫第五倫擢自蜀郡而為司空虞廷自南陽太守入而為太尉劉寵自會稽太守罷歸八居九列四登三事則郡守入而為三公者有之朱邑守北海以治行第一入而為大司農召信臣守河南數增秩賜金召為少府列於九卿韓稜守南陽政號嚴平入而為太僕則郡守入而為九卿者有之陛下舉而用之其策豈不良哉縣既得人則貳邑之佐無患乎不公也太守既得人則貳郡之倅無患乎不明也郡縣之治可跬而待矣此臣所欲言者九也臣竊觀入仕之源太濁故天下冗官散職紛紛籍籍蠹國賊民莫此為甚陛下若欲立太平之基以復祖宗之治則當惜名器而清品流如任子則世祿以賞有功鬻爵則輸財以濟國用二者皆欲罷而不能至於流外奏名權局三者皆非國家長久之策何者而不罷耶今夫奸胥猾吏舞文玩法竊弄威權欺逼良民當其平居運謀籌算不過欲枉尋直尺以竊財利而已及其晚節反授之以職使涖官臨民則貪暴殘賊有過於平時矣豈能為民之利哉流外胡為而不罷也布衣之士當妙年取高第則欲致君澤民立功名於當世故能自重其威權然一有所濁尚且不惜名節而肆為不檢矧夫桑榆晚景得薄祿小官其志豈有遠大之望哉不過問舍求田規規為子孫計而已志不出乎此則

苟可以趣利者無不為也故凡奏名之官歷任未必遽能致富者不可勝數臣愚欲乞應奏名者例與文學之職以報稽古之勤不許涖官以去其蠹民之害見在任者並放罷及諸路官司有闕監司得授權局此尤不利於國家蓋一官纔闕紛然交爭或鬻爵而未補官者或授差而未交代者或世祿而閑居者延頸舉踵窺伺有闕則掃門求見望塵雅拜而乞憐者有之持金以賂監司而求者有之市書於權門而求者有之如是則所責已不貲矣設心措意宜如何哉非有志於為國而理民其實欲借勢而殘賊耳臣愚欲乞陛下嚴行止絕諸路權局應有官闕即急申部注差以補之如補官未到則許同僚兼管應見權局者並放罷則冗官可去仕路可清姦贓之風亦於焉熄矣此臣所欲言者十也臣又觀比者屢頒詔音傳羅諸般科需處足見陛下矜憫編氓日論恫瘝息至渥也然近自軍興而安撫經制司每責辦於州縣勢亦不得不然故或以金銀或紬絹或錢米或夫馬或起發應副或以存留準備不一端而足竊見諸州縣多以五等簿籍按之又類責辦於上三等人戶胥吏追呼動以軍期急速為言甚者半夜打門左手示引右手索物曾不肯旋踵也借使上三等中皆富足溫裕之家則猶云可也其間困於供輸昔富而今貧不得脫去等第者無慮三之一故方是時雖欲賣妻鬻子以應之而迫於晷限不違也況科目既繁且源源而不絕計無所出遂至棄去屋廬逃亡離散可為流涕如東南土薄視他路為多貧去金錢為甚遠賊兵初不能犯而民已不克安堵古語有云天下本無事庸人擾之耳此類是也臣深究其弊皆緣產去而稅存者多故也或居城邑則有產業售盡戶括稅錢隨以除矣其所以不得脫去於等第者三歲推排嘗運錢之法行之者非其人故也且推排本法每三歲會人戶于州俾

共指議之曰今某家富某家貧計其升降而增損之各不許過分焉柰何比年奉行之官徒懼減失和買𧴩額於是欲增可也欲損不可也觀夫甲實貧而無所營運矣猶未從銷退必待乙之富者樂與之承替而後可然法意初不爾今一州萬一可增者百人而可損者或倍之則半是虛存之人矣其或寠乏之輩直指一豪民而訟之則彼恃賄賂公行請託勢要不可與為敵過此以往又遲三歲矣三歲之間其科需不知其幾端而三歲之後又安保其不復如是耶以是雖均謂之上三等而無其實者多矣至於四等五等有蓄財隱實盡無差役科細者乃恬不知憂使親見者不平之氣為之拂膺臣伏願陛下速降詔旨俾見今凡差役科需不得拘守舊籍可先勾集逐鄉坊五等人戶于縣使衆議供析本界有實富實貧者而籍之以備差科不限見存等第庶幾得其當而屈抑流通之民將鳩類集族還土著

矣待其推排之年有累可銷退者即與降等不必須有承替之人雖減少舊額過分官吏無罪矣惟銷退與難則承受者亦不憚矣臣伏聞天下之事利害常相半竊見曩者議臣言事多以利國為主而有害民者則畧而不䘏臣獨以為非是大抵無利於國亦必未有害至於有害於民則非徒無利焉書曰民惟邦本本固邦寧又曰衆非元后何戴后非衆罔與守邦今橫目黔首乃膏流髓離號呼騰蹈矣為邦國何臣謂與其失人心孰若失和買之為少也此臣所欲言者十一也臣聞之孔子曰法語之言能無從乎改之為貴臣今日所論之事其言雖荒唐繆悠不足以取重於世然搜羅天下利病幾過半矣可以識朝廷之膏肓國家之殘蠹以全活生靈也陛下若不從而不改則臣徒勞辭說耳徒費紙札耳孰若鉗口結舌以全身遠害哉臣非不知忠言者觸必犯天威罪不容誅然臣所以甘心而為此者誠

恐朝廷之官持祿保位畏憚權臣而不敢言耳陛下若能用臣狂計以安天下則臣雖蒙市朝誅戮亦所願也干瀆宸聰惶恐無地伏惟陛下矜憐之

徽又上書曰臣聞事君之義有言責者當盡其忠有官守者當修其職臣布韋之賤身在畎畝無言責之寄無官守之責然惓惓不忘君父之義願盡忠竭節以報國恩者臣竊見猾虜肆毒害及天下陛下北顧垂涕頒詔起兵詞旨懇切讀之者莫不寒心正宜忠臣義士感激自奮捐軀報國之時而州縣之官尚且酣暢自適殊不以國家為念臣以是知有言責者未必肯輸忠而陳謀有官守者未必能脩職而効事布衣者若復緘默則民之困苦無由聞於天聽矣臣於是忘其上干鈇鉞之誅摘當世之利害撰成萬言書兩封條陳二十餘事實可以保邦御俗安邊禦戎一以投州府而適丁道塗之艱一欲投

經制而慮有浮況之失臣恐陛下深居九重之中而臣身寄萬里之外雖有忠義之氣鋭諤之節可以扶翼委靡之國勢可以撫綏愁歎之黎元然讒諛者忌其進權貴者嫉其直則臣言何由聞於上哉孰若拂衣而別故鄉擔簦而千帝里併攜二書投于闕下則朝進而莫達矣何若規規求人之保奏哉臣於是贏糧重趼而來願以所陳干瀆天聽臣思其間皆國家急務不可後時遂先投于安撫司乞為達達朝廷伏願陛下俯加容察則天下幸甚然臣聞之昔者齊萬年反朝臣畏恐周處強直乃使西征孫秀知其將死謂之曰卿有老母可以此辭處曰忠孝之道安得兩立臣以是知王陽欲為孝子則不能全於忠王尊欲為忠臣則必不終於孝臣幼失所怙老母無它今既割恩忍愛留背而與母永訣則孝道毋復全矣臣若復忌憚權臣而不敢言人之所難則沽釣虛名耳是猶畏死耳非惟赤心以報國也

不若披肝瀝膽悉盡慮親數奏利害而無隱情使陛下讀之感動則生民受賜不淺臣所以妄冒自前復敢以十事撰成此書上瀆宸聰臣前後所進三書言雖訐直似失臣子之禮然法度可行而未行紀綱可羅而未羅者臣悉陳之矣陛下若恕其狂直而少加睿斷則社稷可以復存生民可以全活古語有之曰忠言逆耳而利於行良藥苦口而利於病者其斯之謂歟臣聞之書曰終始惟一時乃日新詩曰靡不有初鮮克有終故唐有天下傳世二十所可稱者三君玄宗憲宗皆不克其終惟太宗以文武之才高出前古驅策英雄網羅俊彥故能除隋之亂比迹湯武致治之美庶幾成康由漢以來未之有也玄宗以功成治定無有後艱侈心一動窮天下之欲不足為其樂溺所愛而忘可戒至於竄身失國而不悔憲宗晚節信用非人忘於防微不終其身而變生肘腋悲夫臣寄即是而知人君之憂勤恭儉

未足以為難惟終始不變所守至於持盈守成及兢兢業業日慎一日者為尤難臣竊聞陛下即位之初減乘輿服御放宮女罷苑囿禁玩好務以恭儉為天下先及至減冗官澄濫賞汰貪吏除民害脩舉法度黜剔眾弊雖古先哲王未易過此臣固知去年春金賊悔過而效順者實以天人之心歸于陛下故感格如此既而金賊復尔深入蹂踐侵侮無所不至於是天下惶恐莫知所自無乃積弊既久邊陲創開而難於支持歟抑亦將帥非人不能預為之防歟不然則天意以此警陛下使不變其初心歟三者必居一於此矣臣覩陛下流涕而祈于皇天哀詔而告于眾庶宵分不寐日惟蔬食則非不憂勤也非不恭儉也非不以生靈為念也金賊尚尔者何耶臣遠方賤吉妄意國家法度紀綱必有未當天意者政事號令必有未厭民望者百姓困苦必有未聞于上者官吏貪暴必有愈甚於前者故皇天以此

警陛下使明鑒而熟察之不然何遽至於是耶臣願陛下奮乾剛果睿斷欽脩明聖之德曲盡憂勤之心飲食起居顛沛造次悉以天下為念法度廢而未脩者舉之使宜於民政事久而已弊者革之使便於俗搜百姓之困苦而速除之鑑官吏之貪暴而亟誅之如天之運無所牽制庶使上當天意下合民情則胡賊無足慮而天下可徙安矣臣覩陛下即位以來立法頒詔非不善也奈何州縣之吏尚襲前弊不克奉行者多矣可不哀哉且古之為臣者視儀而動聽唱而應文王勤勞則在位相率而為勤勞文王節儉則在位相率而為節儉是則是傚皆得於觀感之間而已況其詔令頒告安得而不奉行耶且如陛下節儉之至誠可為天下先矣宜乎百官士庶莫不仰法於此今乃上自朝臣下及眾庶侈靡之風過於前日故州縣之官有請三月之俸不足以償一會之費者庶人之家有鬻二頃之田不足以

充一女之聘者胥吏之衣僭於公卿倡優之飾擬於妃后騶從輿士子雜閭儈人與良民混殽夫百人作之不能衣一人一人耕之聚而食者不啻十人如是而欲天下不飢不寒可得乎飢寒既切於肌膚欲其不為姦邪可得乎奢亡等僭上之風凌弱暴寡之華莫不基於此賈誼所謂帝之身自衣皁綈而富民墻屋被文繡天子之后以緣其領而庶人孽妾以緣其履者復見於今日亦為陛下長太息者屢矣昔楊綰素性儉約未嘗問生事祿廩分姻族遺之者清謹終日而略不及名利欲干以私者必內媿止其始輔政御史中丞崔寬城南別墅觀堂第一即遣人毀之京兆尹黎幹出入騶馭百數省損留十餘騎中書令郭子儀在邠州行營方大會除書至音樂散五之四它閑靡然自化者不可勝紀嗚呼綰特為唐名臣躬行儉約一旦輔政尚能風化於當時而使之畏憚莫敢僭侈况夫植一人之本形於天下

之風者實在於陛下。今也恭儉如此，天下臣子反僭侈而不從其化，則是欲使我宋天子不及唐一名臣耳。臣以是知為君者能盡君道，如堯之所以治民；為臣者反不能盡臣道，若舜之所以事堯矣。陛下萬一不然，臣竊試察在朝之臣，有儉約守節如楊綰者耶？朝廷既難其人，則州縣之官不足道矣。臣愚願陛下憂勤日加而無已，恭儉有隆而無替，庶使四方萬里日以變化，而不見其迹，則風俗無患乎不革也。臣又乞金賊掃蕩之後，明詔頒告天下，宜以儉約為尚。應有官之家及士庶胥吏倡優服飾費用，乞委所司立為定制，各有差等，不容僭侈。有不遵令者，並依違制論，無似上皇時徒為虛文而不能必行，則貴賤有别，而混殽僭上者無有也。蓋今日風俗奢靡之甚，若非繩之以法，則不能丕變天下之奢侈。此臣所願陳者一也。臣又聞唐有天下，絶而復續者屢矣。德宗懲積世之弊，憫王室之卑，南面之初，赫然有撥亂之志，而識度闇淺，資性猜忌，親信多非其人，舉措不由其道。故關外之寇未平，而京城之盜先起，至於是幽辱於奉天，播遷於山南，公卿拜于賊廷，鋒鏑集于黃屋。尚賴陸贄盡心於內，李晟、渾瑊輸力於外，故能誅夷元兇，還奉宗社，不失舊物。至於昭宗為人明雋，初亦有志於興復，而外患已成，內無賢佐，嘗亦慨然思得非常之材而用匪其人，徒以益亂，故唐之宗社遂不復振。臣以是知國家顛危之際，若得將相以為內外之助，則社稷尚可復得；若將相乏人，則雖有欲治之君，而無輔翼之臣，寢成其亂，遂至於不可支持矣。方今邊寇遽起，欲危社稷，殆有過於奉天之難，乘輿雖未播遷，然生民塗炭，禍患並作，幾不可救。陛下憂勤軫念元元，可謂至矣。然臣竊意朝廷大臣未必人人文足以附衆，武足以勝敵，而可使之出將入相也。臣何以知其然耶？臣竊聞金賊退師之時，朝廷大臣有許其割三關祖宗之約，以秋半為期。當時可從從之，不可則知其至期無報，必為我患，盡預起天下精兵以擬而覆滅之，不亦盡預為之防也。反怡怡自如，恬不為慮，朝夕敷奏講論，不過互相詆訾，爭權怙勢，辨詩賦經義之得失，較王氏元祐之學術，設春秋之科，崇講讀之職。此皆太平之事，非國家之急務。當時孰若思患預防，運籌決策，殲滅醜虜，以振國威，則無今日之禍矣。逮其秋高馬肥，金賊復入，乃始為備，則不若用智於未奔況之先。臣即此知朝廷將相智不足以決疑，明不足以燭理，徒能脩章苟簡，旅進旅退，以保爵位，可以為太平之臣，不知當務之為急也。洎其變起，不識所謂締章繪句者可施於此耶？高談虛無者能盡安邊之策耶？學春秋侍讀者肯奮身而死國家之難耶？臣知其必無有也。臣願陛下以德宗得人為戒，以昭宗失人為鑑。知其所以亂，則我斯治矣；知其所以危，則我斯安矣；知其所以亡，則我斯存矣。陛下過此以往，若能常以勵兵討賊為念，無忘今日之恥，無蹈覆車之轍，搜羅俊彥，延納虎臣，兢兢業業，無敢荒寧，則天下豪傑皆為我用，將相豈難其人哉？十步之內，必有茂草；十室之邑，必有忠信。舉之不以次，將相之才出矣。故伊尹耕于有莘，商湯聘之以為友；太公釣於渭水，文王立之以為師；漢用韓信而舉軍驚笑，蜀用魏延而羣臣缺望。陛下特求之未切爾，禮之未厚耳，無謂天下無其人也。脫或今日朝廷之上，有曹參、蕭何、陳平、周勃、王陵輩圖治於內，有韓信、張良、周亞夫、樊噲、陸賈輩振威於外，則醜虜聞風而遠遁，朝廷安枕而無虞，陛下可無北顧之憂矣。雖然，萬一得人如漢之盛，臣又恐陛下未能若高祖之用三傑也。臣觀謫李綱於散籍，遣聶昌於虜庭，則知陛下知求將相，而不知所以用之之術矣。此臣願陳者二也。臣又聞得道者多助，失道者寡助。寡助之至，親戚畔之；多助之至，天下順之。以天下之所順。攻親戚之所畔。故君子有不戰。戰必勝矣。所謂道者何。孫武謂人和。謂道是也。孟子亦曰。天時不如地利。地利不如人和。黃石公亦曰。得道者昌。失道者亡。臣觀湯以毫。武王以鄗。皆百里爲一諸侯。爲臣。通達之屬。莫不服從者。得道故也。況方今天下之大。四海之遠。生齒之衆。反爲醜虜踐蹂侵侮。不能頓刼者。臣原其所自來矣。蓋失夫人和之道。無多助之至故也。何以驗之。臣聞王師之出三軍多不同心。而醜虜反能死敵。先鋒一挫。則後殿解散而不前。故所戰多不克。所攻多不破。使其同心協力。犯難忘身。悉効虜人之死敵。則彼未必敢深入也。雖然。三軍之不同心者。失人和也。人和所以失者。不能明賞罰也。臣願陛下王師凱旋之日。有功當封者亟封之。有勞當賞者厚賞之。仍於將帥之中。摘其尤。擇其顯者。倣唐之制。爲凌煙閣。命畫史圖形於其上。第其功之高下而次之。又命詞臣贊美

之。仍乞陛下親灑宸翰。重加褒美。恩澤其子弟。旌表其門閭。使光耀於世。以爲榮觀。如是則群臣皆知陛下明斷。有功者見知而誅。而又不吝爵賞以酬勳績。與時或有驅策。則人人思竭節以報矣。臣愚又欲乞陛下專委監司郡守。多方計會金穀。於所部州縣。出厚賞。廣募强勇果敢之人。以足軍數。預備不虞。緝脩屯營。以安其居處。出給衣糧。以禦其飢寒。修車馬。備器械。訓練於無事之時。以防倉卒之變。蓋諸路屯軍。名存實亡。較之祖宗之朝。十無四五。今又起而禦彼州縣爲之一空。無金賊誅夷。遣歸所屬。則死亡散徙。又不知數矣。臣故願陛下以招軍爲先務。況所有禁軍。元係保護王室。爲虜所敗。其數亦差減者。不遠募精兵以補所闕。則臣恐鄰國得以窺其隙矣。臣愚又欲乞陛下滅賊之後。遣良將於西北之鄙。控扼虜人喉衿。倣唐舊制。開軍府以捍衛要害。隙地而置營田。或易民田而爲之。復募其土著

之民强勇有力者。使之屯聚。撫子孫而家焉。析其田而耕之。每屯募兵百人。與田五十頃。又給粟食以爲耕種之資。所收之粟。悉令與之仍不輸其每月廩支錢。每屯以一石職掌之。因農隙而使之講武。則人無不奮力矣。與其蹈蹂於虜人之足。孰若與吾民爲耕食之地。虜人知其爲農。而不知其爲兵。知其能耕。而不知其能戰。則苟有變起屯田之兵。必能家自爲戰。人自爲敵。以護其營田。而力加强悍矣。又乞依法屯兵以爲邊備。則醜虜必不能入寇也。此臣所願陳者三也。臣又聞馬者兵之强。而國之富。監牧所以蕃馬也。唐之初起。得突厥馬二千匹。又得隋馬三千於赤岸。澤徙之隴右。初用太僕少卿張萬歲領群牧。自貞觀至麟德四十年間。馬七十萬六千。置八坊。八坊之田。千二百三十頃。募民耕之以給芻秣。時天下以一縑易一馬。識者謂漢唐以來。唐馬最盛。天子又銳志武事。遂弱北蕃。臣聞祖宗之朝

亦於秦鳳諸郡置坊。以市馬。其畜養之法。撫御之方。亦盡善矣。其後蔡京柄政。玩弄綱紀。徒崇尚安濟居養之虛名。而罷廢招軍買馬之急務。蠹耗國用。遂不能給。反以市馬之貨。而易珍寶玩好之物。故承平既久。士不知戰。馬不堪用。旦旦邊隙創開。無以支梧。中國素號甲兵之盛。反不能刼夷虜鐵騎之勇。其禍實原於蔡京。三尺孺子知京之名者。亦切齒怨之。雖梟首暴骨。以謝天下。滅族削跡。以快人意。猶恐其不足也。臣愚欲乞殲夷金賊。安撫黎元。即下詔委河北河東監司。選擇近西北鄙田野平曠。可以興作牧養之地。遵唐舊制。創爲八坊。每坊以右職兩員爲監牧。於鄰近運漕茶貨收斂鹽酒課利。以充市馬之資。仰監牧官多方搜買西北良馬。以多爲貴。蓋馬生其地。則習山川之險阻而可用。仍乞重立賞罰。不許受人私託買馬。應馬綱入境。即委守邊吏具數申樞密院。又令諸坊季終申奏所買到馬數

復以邊吏所申之數驗之。則知其馬不耗散於人間矣。或監牧受權貴之私。以駑駘之馬而易之。則許人陳告。又於其坊左右前後以官田易民田二百頃。為芻秣之地。又依府兵之制。寓兵於農。而募民耕之。如是。則馬盛而兵不乏矣。或民告官田遠而不願佃者。給時價償之。無奪民田也。仍乞以此意諭於民曰。國家以所廢田而養馬。非奪民食也。特欲捍侵侮之虞。安社稷之計。使汝等全生樂業。無擾攘之患耳。則民心忻然而從。無復嗟怨矣。監牧官歲令一換。使無怠心。賞過之禮。優於他職。功勤既著。蕃息有加。則別議旌酬。如是。則臣將見馬盛於唐西北之勢無患乎不弱也。此臣所願陳者四也。臣又聞唐太宗斬張蘊古。既而大悔。因詔死刑雖令即決。皆三覆奏。久之。謂羣臣曰。死者不可復生。決囚雖三覆奏。而頃刻之間。何暇思慮。自今宜二日五覆奏。決日尚食勿進酒肉。教坊太常輟教習。諸州死罪三覆

奏。其日亦蔬食。務合禮撤樂減膳之意。臣以是知司獄者生民性命之所係。常刑雖不可廢。恐殘民之禁而致亂。然刑期于無刑。則用刑者亦宜以寬平為尚。治獄者亦當以鑑察為先。雖罪至於死。尚當重審覆奏。而慮其有失。矧夫構陷非辜。而必寘之死。則天氣不和。地氣鬱結。明為人非。幽致神怒。毒流天下。貽禍邦家矣。臣竊見比年治獄之官。贓汚不廉。受人之私。而誣殺良民者。不可勝數。姦胥猾吏。徙而挾勢肆為螫毒者。又紛如也。或受賂而欲脫死囚。則嚴拷連累之人而承之。洎其奏成。飲以毒藥者有之。或犯強盜偽印之類。獄吏即解衣衣之。推食食之。教其牽執富民。因有訟一事而羅織數百人入獄者有之。或挾仇讎而遭鞭笞者有之。或恃酒肆很而暴虐者有之。或為人陷穽。吏復賂而擠之者有之。故一富人入獄。則獄吏所得多者數百千。少者亦不下四五十千。富者重囚反輕。貧者輕囚反重。其或詞人才士。身在貧賤。不幸罹於憲網。籍手無金。難以求活。則雖挾伊管之術。懷儀秦之辯。亦無以伸其喙。不過坐待其斃而已。嗚呼。天下司獄。易地皆然。聽訟者本以理民之冤。為人構禍。反受困辱。抽腸撮舌於呻吟之間。不至於死者幸免而已。昔漢文帝專務以德化民。海內豐富。興於禮義。斷獄數百。幾致刑措。史稱其仁。唐太宗以寬仁治天下。而於刑法尤慎。四年。天下斷死罪二十九人。六年。親錄囚徒。閔死罪三百九十人。縱之還家。期以明年秋即刑。及期。囚皆詣朝堂。無後者。太宗嘉其誠信。悉原之。臣以是知王政本於仁恩。所以愛民厚俗。而使德澤流於無窮也。今之獄吏暴虐太甚。一月之間。死者十數而未止。比年以來。東南獄死者。不知其幾千人也。父子兄弟。生致離散。悉歸怨於國家。以謂不能選賢蒞官。故罹此禍。夫天視自我民視。天聽自我民聽。今日之難。豈不原於怨氣所致歟。臣愚欲乞陛下嚴

降詔旨。革絕此弊。專委憲使痛懲獄吏。應州縣蒞獄之官。有受贓枉法而陷殺良民者。並乞處斬。應獄吏挾私而陰殺人。或受贓一鉄以上者。亦乞處斬。民受其屈。而憲使不為按察者。許實封投狀于觀察使。仰附遞以聞。蓋自古致治之君。以德化而誘民。以刑法而繩吏。然後能收威柄而立治功。況今衰亂之後。姦生詐起。其風滋甚。若非嚴刑峻法以懲獄吏。則其弊未易頓革。臣觀陛下詔首。則視民如傷。惟恐其失所。獄吏之弊。想未知耳。伏願陛下俯察臣言。惻然矜憫。大加惠愛。速與革絕。庶使無辜之民。不死於獄卒之手。則天下幸甚。臣觀唐玄宗即位。勵精政事。常自選太守縣令。告戒以言。而良吏布州縣。民獲安樂。二十年間。號稱治平。衣食富足。人罕犯法。是歲。刑部所斷天下死罪五十八人。臣以此知獄吏所以誣殺良民者。守令姦贓。不能奉行君上之詔令也。守令所以然者。吏部受賂。多以庸猥之人而

爲之故也。然則欲革其害，實在陛下。若能效玄宗親選守令，以布州縣，則民不罹此苦矣。故曰百姓有過，在予一人。一人有慶，兆民賴之。此臣所願陳者五也。臣又嘗讀唐太宗覽明堂針灸圖，見人之五臟近背，針灸失所，則其害致死。歎曰：夫箠者，五刑之輕；死者，人之所重。安得犯至輕之刑，而或致死。遂詔罪人無得鞭背。臣以是知明君賢主以仁化天下，作爲刑書者，俾民知所避而已。不幸而犯於此，則無可奈何。又豈切切然擠民於死地哉。今天下有犯至輕之刑，而不免於死者多矣。試舉其一二。陛下當以生靈爲念，因類而推，則天下之幸也。臣竊見天下租稅不均，富者以纖芥而致豪擄，貧者以匱乏而受困苦，皆緣蔡京在翾斛率無度，而州縣之官又復因此而斂財於己。故庶民傾囊倒廩，不足以充官府之斂。又復賤價而鬻產，業至斂穫纔畢，執契行貸。富者掊胥而不顧，遂其爲人替借。又復賤租稅而求售。固有買一頃之田，不能承二十畝之稅者。以是富者愈富，貧者愈貧。故產去稅存者，嘗租無由而辦，有訴于官，乞爲退割，則吏復受賂，不爲施行。縱或退割，未幾又爲富民計議，賄退還之。洎其二稅不輸，官吏催捕，私爲囚獄，剝其衣食，苟不如欲，則羈係縲紲，艱苦萬狀。或時丁溽暑，因被腥薰，釀以成疾，於是死者相枕，不可以數計，皆臣目擊之也。有司雖知而恬不憫，察憲漕雖或行空文覺察，而終不能去其害。嗚呼，此乃產去稅存而致然也，初未嘗有犯於國憲也。臣愚欲乞陛下選差臺諫之臣，每路遣一人，巡歷州縣，暫借僧寺爲均稅司。許百姓陳訴產去稅存者，悉爲均攤，得產戶。或有薄產而稅多者，亦有量坐外餘者均之。及天下富民，多寄稅於有官之家，以免差役。亦乞立限許自陳歸戶。限外不自陳而爲人告首者，除充賞外，並設入官。應有官之家以品數量坐外餘者，並同編戶法。又臣前書所論營

運錢，亦乞委均稅司召集人戶，依實指證，盡爲推排。如後有科需，仰自推排籍日爲始。庶幾民無怨咨之聲。或吏受賂而均稅不當者，亦許人陳訴，仍均稅之。後有過割稅租者，要到官親入詞狀，庶免暗坐之弊。如是則租稅均，而輸納易，無辜而被囚者無有矣。臣又嘗忿天下之民，爲螻蟻之寇，鼠竊狗盜，即妄訴于官，以爲強劫。或失火而稱其廬舍，則挾仇敵而訟人以爲放火。有司不復體察，即行根捉。巡捕官希覬爵賞，不究虛實，擒捕無辜，囚于狴犴。又委獄吏痛加鞭箠，勒其必承。洎是而死于獄者多矣。或以案成慮有後言，貪其賞，飲毒以殺者有之。或不與之食而餓死者有之。故州縣巡捕之官，教良民而取爵祿者，恬不知恥。至有監司郡守，因民陳訴而發擿者，又受巡捕官賄賂而寢議。此亦臣親覩之也。臣愚欲乞陛下督責憲使，常切覺察巡捕官，復循前軌，教良民妄冒功賞者，即與先斬後奏。蓋今日之弊，當以嚴致平，而不可以寬守之也。臣所論二事，皆民間屈抑之大者。雖斬妄冒之人首領，未足以償天下之憤。安有仁君在上，而肯殺無辜之民耶。堯舜禹湯忍爲此耶。羣臣知此而不告，則不識待陛下作何主耶。此臣所願陳者六也。臣又聞漢高祖初定天下，躬神武之材，行寬仁之政，總覽英雄，以誅秦項。任蕭曹之文，用良平之謀，聘陸酈之辯，明叔孫通之儀，文武相配，兼收並蓄，所以長有社稷也。臣竊聞比者朝廷得爪牙之將，領熊羆之士，掃蕩邊塵，捷音屢報于天闕。臣於是喜而不寐。然臣伏願陛下明鑒高祖之用人，使文武相配，共圖治功，則萬世永賴。臣愚欲乞國家優於武學，廣收虎臣，其法與太學等，無似上皇時徒爲文備，不求實效。伏乞陛下明詔諸路，有知兵書、習武藝、善謀斷、籌畫通達古今、縱橫辯論者，並許自陳，所屬發遣詣武學補試。仍乞立法，各因其長而收之，無拘一律也。又乞依三

舍之法而升黜之月書季考推其才能者而官之臣特見號飛將軍而稱智囊者多多益辨矣臣又聞以蝸蚓之餌而垂海者不足以得吞舟之魚則道足以擬儒林德足以振流俗廣聞強記而取為章句儒雅材大略而不就科目選者有之臣愚又欲乞國家設德望科仰諸路有鄉閭孝友信義廉恥通經史有智謀者許縣薦之州州試其所通之學而薦于省每三年令一州舉一人仍乞重立法禁絕權貴交結私舉之弊無以須時舉八行之人有廬墓而生子者亦有不從父母之命者如是則徒以德望之科為仕路捷徑而人材無益於國家其有州縣所薦至之人伏乞陛下親策于庭問以古今考以時務試以才斷有卓然不群者拔而用之則有德有行多聞廣見者藹然出矣臣又竊觀豪傑之士亦多結髮慣俗忍飢讀書若九經庫若五總龜十吏洸華而待千言占口而成者有之然不羈之才高世之俊

非以大科不足以搜羅天下英賢臣又欲乞依祖宗舊法設賢良方正科許有官君子及布衣之士同試其黜陟自有成法陛下但舉而行之臣將見豪傑之士于于然而來矣臣又嘗議詩賦經義二者皆有弊彫篆相夸組繪相侈苟以誇世而取寵不適於實用者詩賦之弊也幼童而守一經白首而後能言說堯典二字而有十餘萬言荒唐虛無不務根本者經義之弊也以臣觀今日文章之弊而不足以得人則孰若法經義而取詩賦蓋自舍法之行學者專守一經而不該古今務為黃老之虛詞不究經史之實錄至於歷世興亡治亂例以為祭終之芻狗而後之士龍而略不經意其所以釣爵位而取榮耀者不過盜竊古人緒餘置齒牙間操數寸之管書盈尺之紙較一日之長以歆羨有司耳目而已故平昔無經術之譽一日有充注之巧者紛如也問之以前世興亡則茫然失措而面頸發赤甚至身處

班列而朝廷舊章不能知者蓋彼其所蘊既不厚則發為文章必不汪博所識既不廣則處之事變必無持操故自革科以來朝廷大臣抗節不回忠言謇謇赫然與秋霜烈日爭嚴者幾希詞學異茂使後進仰之猶泰山北斗者幾希奮不顧身肯死國難者幾希沾沾小人奴顏婢膝炙手權門以求速達者滿眼皆是自去年春金賊入寇朝廷之上肯奮身而與國同難者惟李綱聶昌兩人而已其次范訥輩而已至於耿南仲吳敏李邦彥之流逮能敗我國事智謀何足取哉比者金賊再起聖詔懇切搜求忠義臣以布帛之賤不食國家寸祿尚能懷忠感憤欲効柏溝乞天子一節持入虜廷掉舌下之願款身以安社稷諸州府未能發奏故使臣忠義之氣無由一吐至於以經義取高第而享爵祿者反視國家之難如越人視秦人肥瘠而不加喜戚於其中甚者差以運漕尚且畏憚而不前規規為全身計況

肯當鋒鏑以立忠誼耶臣以是知醜虜為孽而未能風驅電掃者雖本於將帥輩不足以立大事抑亦經義科非所以得豪傑之才故也臣觀祖宗朝以詩賦而取士則士無一經之專貫綜墳典諸子百家之言靡不周覽往古之存亡用兵之得失行事之成敗雖粵騷亦能記錄況其醞藉瑰偉則英風銳氣無施不可故鎮撫國家則有司馬光寇準丁謂韓琦輩肅清邊境則有王韶鍾傅舒亶种諤輩決策運謀則范仲淹章惇富弼呂惠卿之流是也抗章直諫則唐介包拯董敦逸鄒浩之流是也歐陽脩及宋郊兄弟則功業之外職於修史者也楊億王安石父子則政事之餘長於經術者也石曼卿梅堯臣之徒則詩高于天下黃庭堅蘇軾則文冠于古今得人之盛未易縷數然其間文足以掞英躔而驚翰苑義足以奉王命而挫虜威持鯁諤之節而敢言奮忠直之志而犯難章章不可掩者亦不下數百輩采

其所以致之者，特詩賦之科而已。蓋學詩賦者可以兼經義而得之，至其專於經義，則其所學必不廣矣。今之學者必曰我能窮理盡性，觀祖宗時文章，理何嘗而不窮，性何嘗而不盡，况此特可爲虛餙之虛名，而不可以爲經邦之實用，則二者優劣較然明矣。臣竊聞朝臣有好爲虛無之言者曰：唐以詩賦取士，而明皇幸蜀者何也？臣以是知其特欲明一己之私見，而外天下之公議，不過爭權怙勢，互相詆毀，不爲社稷計也。殊不知明皇再清内難，開元之初幾致太平，海内富庶，四夷咸賓，浸淫有觀之風者，蓋以詩賦而得人耳。迨其志欲既滿，侈心乃生，忠臣浸疎，讒諛並進，溺於遊燕，耽於酒色，以李林甫、楊國忠爲輔佐，以安祿山、哥舒翰爲爪牙，病生於心腹而不知，禍起於蕭墻而罔覺，一旦豺狼爲患，尚且心醉，宜乎有播遷之難。然則明皇幸蜀者，乃以其不能用剛正之人，而近讒諛之賊，故罹此禍，豈詩賦之罪哉？臣知爲此語者，特腐儒不通變耳，特背公而營私耳。臣恐欲乞陛下速降詔旨，革經義科，許天下之士習詩賦以應選，仍所問之策禁貽虛無，惟求古今成敗可以爲後世鑑者，及通於時務而有謀斷者，則臣將見得人之盛，又復如祖宗之朝，而致治之美，高邁於熙寧之初矣。陛下若能奮發睿斷，用臣之策，則武學足以得虎臣，德望足以搜遺逸，制科設而不世之才出矣，經義革而博學之士至矣，朝廷乏人，臣未之信也。陛下今日縱爲權臣詆毀而不用其策，然他時經義不足以得備才，亦未免用臣計也。與其追用於已事，孰若决行於未然。幸願陛下裁之。然科舉之法又有大不公者，臣亦爲陛下縷陳之。蓋比年科舉，多爲富兒貴族於詔旨未下之日，預以金帛交結出身之官，又復賂監司，必差此官以赴本州考試，閤有得問目宗旨以嘱募文士而預爲之者，有得成篇以歸，俟入場而寫之者，有得一古字三場通用爲點記者，有與主文故舊以平昔所講之題而問之者，有主文受其賂，自斷决得復賂才能之人而成其文，庶使不辱於選者，甚至考官之來，有求見於道周旅邸者，有受燕于舉子之家者，有攜俠客而來陰求賄賂者。其所差封彌謄錄之人，又多受豪強之賂，預錄才能之士姓名與之，慮其軋己，於封彌處陰爲之記，或復尋而焫者有之，或投於井者有之，或節其文詞使讀之無叙者有之。封彌謄錄官又徒備員而不覺察，致空號禮闈之嚴，有司以歌酒自適，殊不以考較爲慮，洎其及期，則除私取之外，不過救拾文理合己意者足其額而已，故前期十日而其名已達於外者有之。臣嘗求中程試之文而讀之，其間未必皆無病也，或昧於古今而以漢爲唐者，或不通經旨而誤引證者，或全錄前輩時文者，或使故事而誤其姓名者，或以神祖而爲祖考者，綴緝不根之語而不答所問者，色色有之，致有士人指考官受賂之汚，摘舉子謬中之失，而訟于有司，則上下互相掩覆，不爲体究，致與其選者人不以爲榮。或素不知經而識字有數者有之，或註誦時文而不知經史者有之，或塵垢齷齪而言語無味者有之，或屠沽博奕輩而誤墨成蠅者有之，此皆緣賄賂不公，考較無術故也。嗚呼！祖宗科舉之法，本欲網羅俊彥，其弊至此，不識得若輩可與圖治耶？至於孤寒之士，棲遲乎道藝之域，休息乎編籍之圃，博覽強記，好古有素，議經可以重席，下筆幾於有神者，反以空囊敗橐，無爲先容，遂尔擯斥者紛紛籍籍，甚至有知其必不與選，不能與犀輩較短量長，於是遁職高卧而不就試者有之。此非科舉之法不公也，有司受賂之弊也。亦以經義多荒唐之語，而能爲空文者一人而兼數人故也。故凡士人將就試，則預採時文贍多人口者，以經意分排門類，每一門撰義數道，俟其入場，即以所問之題而參合辭意相類者依本

謄録。謂之迎題。或預料有司所問之題。而撰成全篇。至有五篇皆倦
略不措意者。况此革科以來。每一義題爲學前後。傳寫未嘗數十篇
者有之。其辭意不出乎此。有識之士。不欲䠋蹈其迹。或穿鑿而爲曲
說。後進無識者。或全録而不更一字。有司亦不能悉究。至於糊名一
判。則濫進者悉皆與榜。信乎經義不足以得人也。若選以詩賦。則前
弊皆可革。蓋詩賦不可預成。縱可料題而爲之。亦不過得其事實而
已。其聲律逆順非敢苟也。如是。則彼方爲己猶且不暇。何暇及他人
哉。臣愚欲乞陛下察臣所陳。垂憫孤寒之士。無負其稽古之勤。嚴降
詔旨。痛懲此弊。應今後科舉。有考試官受賂挾勢而私取人者。許士
人陳訴。監司考覈得實。著爲同受枉法贓坐罪。仍權閣取士一切法
度。乞行嚴察。無服前弊。如是。則孤寒者得以進身矣。此臣所願陳者
七也。臣竊觀天下所以入於衰亂者。皆緣冗食之民衆而無補之費

多。設國用之而軍儲不給也。臣愚欲乞陛下明斷。一切冗食而無補
者。悉行罷廢。以充軍餉。則養兵有糧。而無餽之之患矣。臣竊見上皇
爲姦臣誤國。壞亂綱紀。漸次陵遲。欲去前非。尚賴陛下振而起之。革
而新之。則功業昭著。而規模宏遠矣。若規規於仍舊貫。而不能因革
損益。則天下何望於陛下。上皇何急於禪位也。蓋上皇所以下罪己
之詔。而禪大寶於陛下者。亦知其爲姦臣誤謀。法度隳廢。無以支持
誠欲陛下爲振其頹綱而已。或謂三年無改於父之道。然後爲孝者
此乃儒臣不知權變之言也。臣謂方今法度。有不便於民。不利於國
者。當一切更張之。正孟子所謂如知其非義。斯速已矣。何待來年。是
也。臣所謂冗食而無補者何也。臣觀天下神霄宮。實國之大蠹。此亦
蔡京王黼誘致姦黨。共以妖術欺君罔上。故創此宮。備飾華麗。所費
不貲。四時祭醮。又蠹國用。謂之知宮者。不過挾勢欺民。規財養婦飲

酒。玷辱不修身。於恃崇道之勢。而動與士大夫爲等伍。肆爲姦贓。陷
於憲網者有之。求其精虔祝壽者蔑如也。謂之冗食而無補。信其然
乎。况天無二日。民無二王。天下之歸者本一也。今立兩君於宮中者
其意安在哉。此蔡京欲爲王莽之基。故陰令林靈素以妖言化上皇
而爲之。其意欲爲分天下之讖也。又况天子所都者大梁。四海九州
莫不賓貢于此。今遍滿中外州縣皆立王宮。是亦蔡京欲兆各據有
一方之讖也。祖宗之朝。胥爲此乎。祖宗之臣胥勸勉君父而爲此乎。
然則今日所以亂者。未必不兆於此也。臣願陛下速降詔旨。悉與罷
去。所有知宮道衆。各令還原觀。仍給還其宮與原住僧。改正寺額。所
有儀像。乞移於玉皇殿配享。此亦臣慮陛下不欲毀者。恐傷父子之
仁故也。然上皇英斷。能以理推今日之難如此。欲安我二百年之社
稷。則豈冝以一己而妨天下之大計哉。此特土偶人耳。毀之無傷乎

上皇之盛德。而足以成陛下之大功。則毀之亦無害也。所有神霄宮
田多者五十頃。少者不下十頃。所養之衆。不過十數人而已。况不能
興國家之緩急。徒使之斂財於己。以爲私計。臣愚欲乞陛下悉委守
令拘收其田。並課召民承佃。所納稅租。及宮中見存養之糧。悉充兵
儲。又籍沒天下宮中供器。亦可以爲養軍之用。實良策也。臣又觀天
下應僧寺多田者。或至百頃。而養僧不逾百員者有之。故凡諸路大
禪刹多者。爲姦猾之僧賄賂監司郡守。而求住持。酣酒嗜肉。而不爲
焚脩者有之。營私剋財。而不養僧衆者有之。狂嫖優倡。而不脩戒行
者有之。故每住一刹。則斂國家之常住。以爲親戚之私藏者。比比皆
是。臣愚欲乞陛下詔諸路專委守令。應律寺則契勘見存僧行數目
禪刹則契勘逐年所養僧行數目。並與量數支給口食田外。餘者並
沒入官。所有稅租。即量坐之。其田亦募民耕。以所納租爲軍儲。與其

為猾僧計會之餘則孰若為養兵供餽之費所有道觀亦乞依此法。仍天下諸州園悉齋錢欲乞罷之園悉日令禪刹自備齋食則計天下一歲之所省亦不輕矣。願陛下無猶豫也。臣又聞祿者所以代其耕也。方今有官君子養之既有常祿其所任之處又或有職田之俸。君人者一視而同仁則均有之可也。今又或有或無而不均或多或寡而不一。臣為陛下今日計莫若下詔應有職田處悉皆罷去所納租米乞充軍儲陛下能用臣三計則倉廩實府庫充招軍雖衆無患乎乏糧矣。此臣所願陳者八也。臣又聞君以兼聽博照為德臣以獻可替否為忠尊己者孤拒諫者塞孤塞之政亡國之風。是故立敢諫之鼓置誹謗之木開言者之路來天下之策此堯舜禹湯所以昌也。比干剖心箕子為奴折直士之節結諫臣之舌此桀紂幽厲所以亡也。臺諫雖卑實可與宰相等伺則風霜之任彈糾不法擿發有過百僚震恐莫敢為非義者實有賴於此。蓋御史臺為朝廷之紀綱臺綱正則朝廷理朝廷理則天下理矣。臣聞頃者蔡京專權懼人議己之失欲掩上皇之聽於是所舉擢而進者多其死黨阿諛順旨共成姦惡以為容曲從為賢以拱默尸祿為智諫官久虛而不除臺官取備以充位。故胥吏隸役民失農桑之時獄官深刻民受誣款之辜守令奸贓殘民害民滋甚而朝廷大臣方且愚弄綱紀有同兒戲陰懷叛逆欲分天下而有之。無肯為上皇言者浸淫日久遂致大亂幸賴祖宗之靈六賊奸計屢敗未至覆國而已。嗚呼臣輩去年春金賊初起邊臣告急奏章累至蔡京父子匿而不達乃收拾金寶寖自為備在朝大臣亦皆作去計略無一分捍禦之意直至虜寇漸逼乃始奏聞此臣得之於陳東書也。臣始讀之不覺掩卷浩歎。國家何負於大臣乃亦耶。疾風知勁草版蕩識誠臣豈虛言哉。既而忿氣拂膺恨不能

仗劍悉剖諸大臣肝膽而食之。未足以快臣心也。臣亦知其所自來矣。蓋本於不能擇臺諫之臣使常言天下之得失故至此耳。尋復竊聞陛下優選忠諒之士以任臺諫之職。臣知黎民赤子之幸也。於是洗心傾耳以俟其言天下之大利害試以觀國家之得人。想望風采為日久矣。今得其言不過紛紜細碎未有大過人者。又豈太平而全無可言耶。抑亦持祿保位而不肯言耶。畏罪禍而不敢言為權臣抑塞而不得言耶。以謂太平而無可言則干戈正此紛擾蠻夷尚未賓從政事風俗浸已不振祖宗法度廢而未舉四海俱無歡聲萬民悉有變色。天子未必皆善大臣豈能無過非可謂之太平也。若欲保位持祿而不肯言則未得位者當修其辭既居其位者當死其官。如其為身謀蓋亦辭尊而居卑辭富而居貧奚豈可為一己之私而廢天下之大計耶。若謂畏罪禍而不敢言則明主不惡切直以博觀忠臣不避鼎誅以直諫折檻而呼願得從龍逢比干於地下遊者果何人哉。身在諫職則白刃交於前視死若生矣。豈宜畏罪禍而緘口耶。若謂權臣抑塞而不得言則有官守者不得其職則去有言責者不得其言則去置笏于地而求退者能使上斂容而謝者其誰歟。言路既塞則高飛遠舉為赤松遊可也。不然則嬰逆鱗而干斧鉞之誅可也。何皆畏權臣不敢直諫哉。臺諫之臣知此而不言則是負陛下也。不識今日之所謂諫臣者果有面折廷諍如王陵者乎。古所守節死義如汲黯者乎。有刎血汙車輪者歟。有出行避驄馬者歟。不知其必無有也。蓋天下之士多能載於空言不能見於行事往往在布衣時則能忠言直陳雖犯主之顏色而不辭。及其處之以諫諍之職則保位持祿殆有過於阿諛者矣。嗚呼此輩何足算哉。使臣見之當唾其面而辱之。臣願陛下優選直臣以任此職。今朝廷之上搢紳之中布衣

之列。豈與其人耶。陛下第明鑑而博採之。又乞立法必擇臺諫官。雖宰相遴選。陛下必親策于庭。試以十事。五事詳往古之成敗。于以觀其所學。五事商權臣之得失。于以審其敢言。如是則可以得人矣。若復以柔顏軟語。妻婦相者為此。則臣將見大臣擅權。綱紀大壞。又甚於前日矣。臣聞呂元膺出為同州刺史。及中謝。德宗問其得失。元膺論奏。詞氣激切。上嘉之。謂宰相曰。元膺有讜言卓氣。宜留在左右。使言得失。卿等以謂如何。李藩裴垍賀曰。陛下納諫。超越百王。乃宗社無疆之休。請留元膺給事左右。臣以是知德宗所以能纘文奉天之難而復治者。蓋能賡求諫諍之臣而已。雖一人之直。尚不遺棄。必置之左右。而不使外任。臣愚欲乞陛下每用諫臣。悉以古為法。大臣朝見議政事。臺諫官得隨進與聞。仍許臺官退而辯論可否以陳之。或三月而不進一諫者罷之。又乞陛下親灑宸翰。榜于朝堂。昭告臺諫。各

冝以忠誼自立。應天下之利害。朝臣之善惡。政令之僻違。絕綱之當否。數陳彈奏。不冝隱情。庶使巖巖遺逸之士。知朝廷有一從諫如流之美。於是咸咸然動其心。峩峩然纓其冠。而來游于闕下。願進其謀讜。以致君於堯舜。納俗於成康矣。此臣所願陳者九也。臣又聞上言之以為命。下稟之以為令。故君命召不俟駕而行者。皆欲其盡臣子之禮。而無敢怠慢也。嗚呼。古之委身而為臣者。雖進之赴湯火冒矢石。亦犯難而竭節。況夫宣布詔令以告于民。用心不勞。而用力不多者。其忍違上之命耶。臣竊見比年以來。州縣之官。施為不法。以受賂營私為良圖。以奉詔卹民為餘事。朝夕所以念。念不過燕遊而已。酒色而已。財帛而已。為子孫計而已。曷嘗以理民為務哉。至於國家頒詔。本欲使天下士庶悉体聖意。以布德化。柰何守令非人。略不奉行者有之。甚至其言徽有皮及於州縣之官。則匿而不示。遂使天子德意無由下逹。致人心携貳。事罹艱苦。又歸怨於上。蓋頑民悍俗。不知天子本有恤民之深意。而守令不能奉行。徒為殘賊耳。欺君罔上。莫此為甚。臣觀陛下即位以來。寬大之詔屢下。然州縣官吏。前弊未革。亦不過掛之屋壁。徒為文具而已。初未嘗見其遵行也。今夫周官正歲帥治官之屬。而觀治象之法。徇于木鐸。蓋將以禁人。則宜使之皆知。不使之皆知。及犯令而刑之。則是罔民矣。然則先王號令。必使家至而戶曉之。故曰鼓舞萬物者雷風乎。鼓舞萬民者號令乎。臣竊觀方今詔旨之下。則所知者惟官吏而已。或詔下踰年。而民未及見者。何其風俗衰薄。不足以望古耶。此非國家之罪。郡縣無良吏致然也。臣又觀之。抗敕命者多矣。特上下相蔽。而無肯發擿耳。臣愚欲乞陛下痛責守令。應詔書到日。即須于庭以示百姓。仍存問緩急。悉令於要鬧之地。書壁曉諭。庶使有目有趾者。皆得以仰觀聖詔之懇切。而知天

子有軫念之勤。則人人思奮忠誼矣。仍乞督責守令。應朝廷有改常憲。禁絕民害。即令施行。無致稽緩。或尚循襲舊風。有違御筆者。即與除名勒停。如是則詔旨無患乎不宣布。民情無由而不誠服矣。此臣所願陳者十也。臣所進三書。條陳當世利害三十餘事。實為切要。然其間觸權臣者有之。忤天聽者有之。或結怨於富貴之門。或貽怒于臺諫之官。臣非不知李雲以草茅之士。露布上書。遂罹誅死。臣區區不避於此。而敢抗直言者。實願以身而安天下也。臣初則欲乞朝廷以一介之使。遣臣奉咫尺之書。說虜主而使之內附。臣當時若有此行。亦必烹於鼎鑊。既而此志不遂。而猶敢以三書干瀆宸聰者。臣知天下大利害。皆倫載于此。而無少遺。使其言得達于陛下。而萬民受賜。則臣雖死于朝。不辭也。臣願陛下明斷。必用臣計。則非徒朝廷客天下之民舉安。萬一權臣嫉怒。指臣為狂生。則乞陛下集朝臣而問之。或

臨御，樸呼行道之人問之。召京城耆老而問之。必謂臣之計爲可行而大臣之言爲忌進也。昔蘇世長進諫至切。唐高祖色變既而笑曰。狂態發耶。世長曰。爲臣私計則狂。爲國計則忠。臣今日亦請以此語爲陛下獻。陛下用臣之計。而賜臣以死。則臣死有光輝。含笑入地無恨也。若不用臣之計而免其罪。則臣非所願。蓋臣以寡援之身。必死於他人之手矣。史有之曰。千人之諾諾。不如一士之諤諤。臣雖微賤能鯁峭而敢言。朝廷有直臣。則天下太平矣。果辱陛下恕其狂妄。則臣尚有骨鯁之言。當進天聰。豈不能裨補國家萬一。惟陛下裁之。

歷代名臣奏議卷之八十四

經國

宋欽宗時。許翰上言曰。臣愚伏被詔言。除已具劄子陳衰疾不勝事任外。方此國步艱虞。臣竊懷欲有陳。而事有環。須朝夕上達。少緩則已後時不暇爲者。臣輒先具畫一以聞。

一自崇寧以來。天下之士。以謂非姦佞貪瀆不進。非軟熟趣和不容。故乞爲時所崇奬至大吏者。鮮有可用之才。今不得已。則當擢小吏而用之。唯使厲法。借以官資。使攝郡府。俟有功効而正除之。則人人磨厲。思自奮起。此賢於前日。全軀保妻子之臣。寵禄已過。如飽肉之鷹。不復鷙擊者。不翅百倍矣。

一今軍政久壞。士卒難恃。宜使郡縣什伍其民。而教之戰。使自保疆。緩急亦可調發以赴難。河東河北。與瀕大河師臣。皆使得擅一方之賦。使宜從事。以足兵食。昔唐李抱真節制澤潞。以賞罰激勵其民。得卒二萬。遂雄山東。是時稱昭義兵爲諸道冠。今使諸帥各放其法。則天下皆昭義兵矣。然昭義法。計丁擇人。蠲其徭租。農隙習射。歲終大校。此可持久而難以應卒。今寇難乃在數月之内。必欲令下而衆集事濟者。則諸縣皆有一鄉之豪傑使守令躬親訪問。召見喻以忠義。寵錫之榮。示以寇攘屠戮之害。借一進武義副尉等官。使各募少壯嚮爲用者。得分總之。縣得三四豪傑。則封內勁果忠固有用之人。可盡出矣。此其取効易且速。蓋一時之利也。如昭義之政。脩則効亦不過二三歲間可以兼行而持久者。雖至平世不可易也。臣頃亟爲淵聖言。禦寇之務。要在邊境。使邊境不禦。而寇入腹心。則人情震擾。士氣沮壞。驅而與鬬。百不當一。故祖宗以來。恃邊備不恃都城。又開祖宗之時。邊臣如郭進李漢超等。皆數十年不易委任而責成功。而去年諸州至有三易守者。邊帥無不紛紛變更。臣數爭之而不能得。今守帥凡宜於民兵者。顯著寃。令勿復動移。增秩賜金。以厲勳績。而後民兵可用。疆域可保。邊境可強也。

一臣去歲道過泗上。見歸朝官張企爾言。願得燕人三百。質其家屬。給馬貲金帛。登萊海道潛入燕境。號召鄉黨與叛。女真必有大功。亦聞已嘗有人以其策告宰相。唐恪恪笑之。比有族人自拱陷賊脫歸者。陰得契丹燕人之情。見其怨憤金賊。欲食其肉。臣以是知燕雲之可離也。契丹燕雲之地。本非國家所有。若使燕人遂得地。一以封其人。遇財曰以賞其士。則金賊支解。在入腹心。必不能入為中國患矣。

一臣考秦漢以來川兵之變。能覆堅敵者。皆合衆時以為強。如燕昭之破齊。漢高之取楚是也。今金賊既取契丹。遂亂中國。其勢必將加兵隣壤。如西夏高麗大小胡虜等。皆有凜凜狼顧之意。臣嘗建欲弃陝西。進築無用之地。以與西夏。增其歲賜。與之解怨。申結舊恩。使一辯士說之。可使出兵以攻雲中。又使人結高麗大小胡虜諸小羌等。與之立契丹後。則金賊坐見分裂。中國將得休息矣。按唐遭祿山之變。肅宗起靈武。引回紇之兵以復兩京。今但使之擾賊巢穴。其利百倍於唐也。

一河朔山東近甸郡縣。皆易野用車之地。可以教民車戰。昔者元魏調劉裕兵。畏其鐵騎衝突。以鐵鏁連車為函陣。又趙元昊反時。國家亦嘗用車有功。今金賊無他長技。所恃惟鐵騎耳。禦騎用車。古今所同。而我師每憚其重遲勞費。迄莫肯用。宜詔有司講明其法而習教之。

一還都有經久之制。行幸有促辦之功。二者異宜。今以近昔歲月之利言。令金陵帥臣集海船教水戰。儲積糜庾。待或行幸而已。其它一切營繕力役皆宜且止。存撫休息。以固民心。以建國本。此大務也。今雖已有詔旨戒飭。勿使勞民。然若非一切罷去。則恐勞民之戒。殆為虛文。昔唐太宗脩洛陽乾陽殿。以待巡幸。張元素諫之。以為勞民不可。即罷其役。曰使後必往。雖露坐庸何傷。況如今之艱虞。正宜貶損過中。乃能下感人心。上格天意。凡是府廷官寺。粗飭圮壞。則皆可以息鑾駕而張黼扆。使遠人皆知陛下盛德所以師象陶唐茅茨土堦之意。天下幸甚。右臣度金賊擾邊之期。不過旬月。若使小失支吾。必至又復深入。伏望聖慈。下臣之言於大臣。或有可採擇。則願詔速施行。庶幾及事。謹錄奏聞。伏候勑旨。

高宗即位。唐重應詔上疏曰。臣於今月十七日恭奉初一日皇帝登寶位赦書。望闕宣讀。人人感慨流涕。當國步多艱之際。忽聞詔書以定神器。宗廟社稷不失祭祀。四海生靈不忘舊戴。誠千萬世之幸。累日祇誦紬繹詞旨。其中有云。紹祖宗垂創之基。懷父兄播遷之難。卒章云。伺候兩宫之復。終圖萬世之安。其言哀痛深切。臣泣血銘心。推原德意而施行之。惟恐奉詔不勤不敏。以辜新政。若罷神霄朝拜。寬常平給散。限外印契。額外撲放。道傳遠俗者給據。商賈般販者免稅。如此等事。於朝政非大安危也。於國体非大利害也。於人情非大休戚也。陛下制詔之意。欲紹祖宗垂創之基。以京師為根本。以兩河為股肱。金人再犯京闕。則根本搖矣。長驅兩河。則股肱病矣。所以為興復之策者何如也。陛下以太上皇為父。以嗣君皇帝為兄。金人一舉而遷兩宫。當被髮纓冠而往救之矣。所為患難之方者何如也。自古夷狄之侵中國未有如此之酷然其吞噬之欲尚未亂是其爲陵之勢尚未已也前日致寇之因陛下嘗通知之乎今日禦寇之術陛下亦熟計之乎既不知己而又不知彼者必殆既不能彊而又不能弱者必危陛下度彼己之術則知所以自治矣察強弱之理則知所以常勝矣此天下之大計也陛下所以與大計天下者固以素定非臣所得而擬議也然以今日之急務有四而其利甚博大患有五而其禍不可勝言臣爲陛下舉其略而試陳之定都關中據山河百二之勢以植根本之地所以杜瓜分之漸也建牧大藩董宗子維城之封以固磐石之基所以救先解之失也通夏國之好而守吾舊疆所以繼好息民也立青唐之後而封以故地所以興滅繼絕也此四者千萬世之大利也雖千萬言而莫究豈非今日之急務乎若夫大患有五而救患者亦不可緩法令滋彰而吏緣爲姦欲救此者莫先於守

祖宗成憲朝綱委靡而不振故士大夫相習而詆謾欲救此者莫先於登用忠直軍政敗壞而不舉故將兵相扇而奔潰欲救此者莫先於大正賞刑國用竭矣而利原又失欲救此者莫先於選將漕之臣民心離矣而調發方興欲救此者莫先於擇循良之吏此五者非天下之通患乎今日之急務有四而其利甚博大患有五而其禍不可勝言皆詔旨之所未及臣愚不忍緘默以苟容敢竭誠而妄有陳焉天下之大計議不旋踵而投機之會間不容髮唯陛下獨斷而早圖之以起中興之運而成再造之功則祖宗垂創之基於此可紹而兩宮播遷之難於此可復矣此誠天下之大計也臣曩叨諫官屢陳致寇之因坐是斥逐永乏守土累上禦戎之略言皆有證頃者聞陛下以大元帥之節戡定國難臣嘗具劄子陳述三策乞移鎮關中以符衆望臣區區之愚已陳其梗槩矣茲者恭承詔旨許臣庶詳具利害

所述雖語言詆訐亦不加罪以此見陛下誠有聽言之意首開求言之路有君如此其忍負之臣愚戇狥國不識忌諱敢肆危言以塞明詔進退存亡之幾臣於此卜焉陛下不以臣愚不肖許赴行在得方寸地以披露肝膽庶或補於經綸之萬一臣之願也臣非爲身謀也實爲天下國家計也惟陛下裁幸

建炎元年尚書右僕射李綱議國是曰臣竊以和戰守三者一理也雖有高城深池弗能守也則何以戰雖有堅甲利兵弗能戰也則何以和以守則固以戰則勝然後其和可保不務戰守之計惟信講和之說則國勢益卑制命於敵無以自立矣景德中契丹入寇罷巡幸之謀決親征之策捐金幣二十萬而和約成百有餘年兩國生靈皆賴其利則和戰守三者皆得也靖康之春粗得守策而割三鎮之地許不可勝計之金幣以議和懲劫寨之衄而不戰於和與戰兩失之

其冬金人再寇識向廷臣以春初固守爲然而不知時事之異膠柱鼓瑟初無變通之謀內之不能撫循士卒以死捍賊外之不能通達號令以督援師金人既登城矣猶降和議已定之詔以欺四方勤王之師使虜得逞其欲凡都城玉帛子女重寶圖籍儀衛輦輅百工伎藝悉索取之次第遣行及其終也劫質二聖巡幸沙漠東宮親王六宮戚屬宗室之家盡驅以行因逼臣僚易姓建號自古夷狄之禍中國未有若此之甚者是靖康之冬并守策失之而卒爲和議之所誤也天祐有宋必將有主啟使陛下脫身危城之中總師大河之外入繼大統以有神器然以今日國勢揆之靖康之初其不相若遠甚則朝廷所以捍患禦侮綏寧萬邦者於和戰守當何所從而可也臣愚雖不足以知朝廷國論大體然竊恐猶以和議爲不然也何哉二聖播遷陛下父兄沈于虜廷議者必以謂非和則將速二聖之患而齎

陛下孝友之德。故不得不和。臣竊以謂不然。夫爲天下者。不顧其親。顧其親而忘天下之大計者。此匹夫之孝友也。昔漢高祖與項羽戰于滎陽成皋間。太公爲羽軍所得。其危屢矣。高祖不顧。其戰彌厲。羽不敢害。而卒歸太公。然則不顧而戰者。乃所以歸太公之術也。晉惠公爲秦所執。呂郤謀子圉以靖國人。其言曰。失君有君。羣臣輯睦。甲兵益多。好我者勸。惡我者懼。庶有益乎。秦不敢害。而卒歸惠公。然則不恤敵國而自治者。乃所以歸惠公之術也。今有賊盜於此。劫質主人。以兵威臨之。則必不敢加害。以卑辭求之。則所索彌多。往往有不可測之理。何則。彼爲利謀。陵懦畏彊。而初無惻隱之心故也。今二聖之在虜廷。莫知安否之審。固臣子之所不忍言。然吾不能逆折其意。又將墮其計中。以和議爲信。然彼必曰。割其地以遺我。得金幣若干則可。不然。二聖之禍且將不測。不予之。是陛下之忘父兄也。予之則

所求無厭。雖日割天下之山河。竭取天下之財用。山河財用有盡。而金人之欲無窮。少有釁端。前所予者其功盡廢。遂當拱手以聽其命而已。昔金人與契丹二十餘戰。戰必割地厚賂以講和。既和則又求釁以戰。卒滅契丹。今又以和議惑中國。至於破都城。滅宗社。易姓建號。其不道如此。而朝廷猶以和議爲然。是將以天下畀之敵國而後已。臣愚竊以爲過矣。爲今之計。莫若一切罷和議。專務自守之策。而戰議姑俟於可爲之時。何哉。彼既背盟而劫質。地不可復予。惟以二聖在其國中。未忍加兵。俟其入寇。則多方以禦之。所破城邑。條議收復。建藩鎮於河北河東之地。置帥府要郡於沿河江淮之南。治城壁。修器械。教水軍。習車戰。凡捍禦之術。種種具備。使進無抄掠之得。退有邀擊之患。則雖時有出沒。必不敢深入而憑陵。三數年間。生養休息。軍政益脩。士氣漸振。將帥得人。車甲備具。然後可議大舉。振天聲以討之。以報不共戴天之讎。以雪振古所無之恥。彼知中國能自強如此。豈徒不敢肆兇。而二聖保萬壽之休。亦將悔禍率從。而鑾輿有可還之理。儻捨此策。益割要害之地。乘金幣以予之。是倒持太阿以其柄授人。藉寇兵而資盜糧也。前日既信其詐謀以破國矣。今又欲蹈覆車之轍。以破天下。豈不重可痛哉。或謂強弱有常勢。弱者不可不服於強。昔越王句踐卑身重賂以事吳。而後卒報其恥。今中國事勢弱矣。盍以句踐爲法。卑身重賂以事之。庶幾可以免一時之禍。而成將來之志乎。臣以謂不然。夫吳伐越。句踐以甲楯三百棲於會稽。遣使以行成。而吳許之。當是時。吳無滅越之志。故句踐得以卑身厚賂以成其謀。枕戈嘗膽以勵其志。而卒報吳。今金人之於國家如何哉。上自二聖東宮。下逮宗室之係於屬籍者。悉驅之以行。而陛下之在河北。遣使降僞詔以宣召求之。如是其急也。豈復有息於趙氏哉

雖卑身至於奉藩稱臣。厚賂至於竭天下之財以予之。彼亦未足爲德也。必至於混一區宇而後已。然則今日之事。法句踐嘗膽枕戈之志則可。法句踐卑身厚賂之謀則不可。事固有似之而非者。正謂此也。然則今日爲朝廷計。正當歲時遣使以問二聖之起居。極所以崇奉之者。至於金國。我不加兵。而待其來寇。則嚴守禦以備之。練兵選將。一新軍律。俟吾國勢既強。然後可以興師邀請。有此武功。以俟將來。此最今日之上策也。古語有之曰。願與諸君共定國是。夫國是定。然後設施注措以次推行。上有素定之謀。下無趨向之惑。天下之事不難舉也。靖康之間。惟其國是不定。而且和且戰。議論紛然。致有今日之禍。則今日之所當監者。不在靖康乎。臣故敢陳和守戰三說以獻。伏願陛下斷自淵衷。以天下爲度。而定國是。則中興之功可期矣。

取進止。

綱復上言曰：臣竊以河北、河東兩路，國家之翰蔽也。唐杜牧謂河北視天下猶珠璣也，天下視河北猶四支也。珠璣苟無，豈不活身？四支既去，吾不知其為人。故王者不得不王，霸者不得不霸，猾賊得之足以致天下不安，其地勢風俗使然也。而河東實為天下之脊，介於河北、陝西之間，其地險固，其民堅忍，其俗節儉，其兵勁悍。祖宗得天下，削平僭亂，罔不臣服，惟河東最後再駕而後得之，其難如此。而靖康之初，金人犯闕，以孤軍入重地，我之守禦固而援師集，其勢不難於和。宰相失策，欲脫一時之禍，而不為久長之計，凡所邀求，一切許之，遂割三鎮，而河北、河東之地幾去其半。及賊兵退，三鎮兵民為朝廷固守，中山、真定及沿邊諸郡既已保全，而賊盡力以圍太原，不肯捨去。朝廷遣使以兵民之意及保塞陵寢之故，願輸租稅以易疆土，金人且許且攻，幾年而太原陷，猶信譎詐以講和，不為備禦之策。至其渡河再薄都城，遂盡割兩路以與之，畫河以為界，遣執政、侍從、郎官數十輩分詣交割，皆為兩路之人所殺。夫朝廷割地不足以塞金人貪婪之欲，而適足以失兩路士民之心。使地割而和可成，宗社遂寧，猶之可也。今乃假和議以款我，既破京師，挾二聖以北狩，脅逼臣僚，僭竊神器矣，而議者猶以割地為然，此何理哉？河北西路三帥府二十餘郡，靖康末所失者真定、懷、衛、濬一帥府三郡而已，其餘至今皆堅守。一路兵民有城郭者依城郭，無城郭者依大河、山西，自相結集，多者數萬，少者不下萬人，各立首領以糾統率，知名號者已數十處，日以蠟書號籲朝廷，乞師請援，願為前驅，因而循撫，為吾之用，數十萬衆不日可致。而金人留兵懷、衛、濬三郡，以扼吾要津，每郡不過三千人，其餘皆脅制吾民，剪髮易衣，以疑我耳。大兵臨之，遣間要約，必有應者，則三郡不旬月間可復也。三郡既復，則真定可圖，而中山之圍可解，河北復為我有矣。然後第功行封，以河外郡縣悉議封建，使自為守，朝廷量力以助之，則藩籬固而中原寧，此今日之要策也。河東之勢亦然，但所失州郡視河北為多，然所以處之之策亦無以過於此者。臣愚欲乞於河北西路置招撫司，河東路置經制司，擇文武臣寮中有材略名望素為兩路兵民信服者為之使副，布宣朝廷德意以結其心，信賞必罰以作其氣，訓練習服以教之戰，量補名目以旌勸其首領，寬給錢穀以賑貸其乏絕，辟置寮屬將佐，乘機應變，一切許以便宜從事，則兩路可以復，今中興之功指日可成，必自此始。猶捍水患於決溢之口，則下流無泛濫之虞；禦盜賊於門牆之外，則堂奧有安靖之勢，理之必至也。倘捨此而不為，則兩路之人且歸怨於朝廷，強壯狡獪者反為賊用，將何以待之？故臣以謂今日之所當先務者，無急於此。惟睿斷不疑，特從所乞，天下不勝幸甚。

綱又上言曰：臣竊以國家都汴，處中以臨四方，垂二百年，雖有變故，豈特仁德足以結萬邦之心，亦由以中制外，據天下之利，勢使之然也。方今多難之際，未可定都，以權時宜，固有所不得已者。然宗社朝廷一遷，天下之勢必有偏而不起之處，中原搖動，卒難復安，此臣所以夙夜思慮，欲為陛下權天下之勢，以濟長久之策也。古者帝王有巡幸之禮，故虞舜五載一巡狩，羣后四朝，而成王撫萬邦，巡侯甸，見於周官之書。今四方多故，宜講巡幸之禮以鎮撫之。除四京外，以長安為西都，襄陽為南都，建康為東都，各命守臣營葺城池、宮室、官府，使之具備，峙糗糧，積金帛，以備巡幸。陛下時乘六龍，鑾輿順動，以天臨之，覽觀山河之形勝，省察牧守之治忽，撫士民，問風俗，收豪俊之用，以攘戎狄，復境土，然後復據河洛而都之，此今日權宜之上策也。用臣此策，其利有三：藉巡幸之名，國勢不失於太弱，一也。不置定都，使夷狄無所窺伺。二也。四方望幸。使奸雄無所覬覦。三也。至於費用則長安當委之四川。襄陽當委之荊湖。建康當委之江淮閩浙。深或守臣。因陋就簡。務存壯麗。具圖來上。惟取便安。因緣掊擾者。重寘于法。則三都成而天下之勢安矣。議者謂車駕當且駐蹕應天。以繫中原之心。或謂當遂幸建康。以紓一時之患。臣皆以為不然。夫汴京宗廟社稷之所在。天下之根本也。陛下嗣登寶位之初。豈可不一幸舊都。以見宗廟社稷。慰安都人之心。下哀痛之詔。擇重臣以鎮撫之。使四郊畿邑之民乂安。益治守禦之具。為根本不拔之計哉。天下形勢。關中為上。襄陽次之。建康又次之。今捨上中而取其下。非得計也。宜先期降勑榜曉諭軍民。及以備謁陵寢為名。擇日巡幸。據要會之地。以駐六師。既有以繫中原之心。又有以紓一時之患。策無出於此者。臣愚伏望聖慈。斷自淵衷。詳酌而推行之。天下不勝幸甚。

綱又上言曰。臣以愚陋誤蒙聖恩。擢任宰相。初對之日。嘗以巡幸之議。冒瀆天聽。其意以謂京師初經殘破之後。理難固守。然車駕不可不一到。以慰天下之心。然後鑾輿順動。法古巡狩之禮。以行四方。西則關中。南則襄陽。東則建康。以天下形勝之勢觀之。關中為上。襄陽次之。建康為下。伏蒙睿慈特採其議。已降指揮京師。催促修城。祗俻謁欵宗廟。而永興襄陽建康皆令葺治宮室。以俟翠華之幸。臣累留身奏事。論及天下利害安危所繫之大者。未嘗不以此為言。嘗蒙宣諭。但欲先迎奉元祐太后及遷六宮如建康。并禁衛家屬願遷徙者亦津遣南去。而車駕獨留中原。選將屯兵。以衛行在。雖關中可往。雖金人可戰。臣竊仰陛下英睿果斷如此。雖古創業中興之主。如漢之高祖光武。唐之太宗。不是過也。昨日忽被手詔宣諭京師未可往。而欲為大王避狄之計。巡幸東南。擇形勝之便利。遠水火之焚溺。來春還闕。聚糧屯兵。為守禦攻討之計。令臣條具合措置事務以聞。臣伏讀愕然。未喻聖意。不知天慮與前不同。果以為當如此耶。將左右大臣密獻此說。姑從其策耶。如天慮果以為當如此。臣竊以為未然。而左右大臣密獻此說。則臣竊歎其未嘗深思遠慮。姑欲脫一時之患而不知禍難之在後也。夫京師。宗廟所在。陛下即位之初。禮當一到。徒以城池之備未備。而防秋之期已迫。勢有未可往者。臣固不敢力爭。至於巡幸東南以避狄。則臣不知車駕果將安之耶。若欲出於下策。遂往建康。則臣恐天下之勢傾。而中原不復為我有矣。請為陛下試詳言之。夫陝西者。中國勁兵健馬之區也。河北河東者。中國之屏蔽也。京畿及京東西者。中國之腹心也。江淮荊湖閩浙川廣者。中國之支體也。今與鄰國爭屏蔽之地。不能保腹心。以號召勁兵健馬與之馳逐。而欲自竄於支體之鄉。臣恐天下之勢偏而不舉。胡騎深入。

號令不行。州郡莫相救援。皆將碎於賊手。雖以精兵擁護京東控制淮楚。陛下雖欲還闕。不可得矣。況欲屯兵聚糧。議攻守計以迎二聖哉。王命不通。盜賊蠭起。殺害官吏。屠陷城邑。如今之河北兵民不待金人然後為害。自江以南。皆當搖動。不知獻策之臣。果能保其必安乎。夫江之廣不如河。江之險不如河。江之湍激不如河。金人渡河猶不能禦。江豈可恃。而南人之輕脆。非北人之比。賊至則潰。南方之城壁。非北方比。賊攻則破。陛下必以幸建康為安。臣愚竊以為過矣。夫利在耳目之前。患在一世之後。中智以上。乃能知之。今欲乘舟順流而東。其安便比於鞍馬之間。何啻相百。遠幸江湖之濱。其閑適比於兵革之際。何啻相萬。然偷取一時安適。而忘禍患之在後。獻說者如此。臣愚竊以為不思之甚矣。為今之計。縱未能行上策以趨關中。莫若取其次策。以適襄鄧。襄陽近為李孝忠所擾。雖已潰散。恐或殘毀。

惟鄧為可以備車駕之時巡矣。鄧者古之南陽。光武之所興也。西鄰關陝。可以召兵。北近京畿。可以遣援。南通巴蜀。可取貨財。東達江淮可運穀粟。有高山峻嶺可以控扼。有廣土寬城可屯重兵。民風號為淳固。盜賊未嘗侵犯。此誠天設以待陛下之臨幸。事之機會不可失也。願詔守臣增修城池。漕臣儲峙糧草。朝廷給降錢帛。廣行應副。專遣使者以督其事。將來秋高。六飛啓行。由陳蔡唐以趨南陽。不過半月可達。天下之士知陛下之不忍棄中原也。河北河東之民知陛下之不遠徙也。天下郡縣知陛下之處中以臨四方也。皆當心服而無解體之患。是一幸南陽則三者皆得。一幸建康則三者皆失。利害安危之幾在此一舉。陛下何憚而不行也。臣愚伏望聖慈斷自淵衷。從臣之言。勿是先入之說。天下不勝幸甚。

綱又上言曰。臣前已具劄子。論車駕巡幸京師。城壁未可保守。修葺

未備。當權時之宜。駐蹕南陽。據天下之中。以號令四方。不宜東幸建康。棄置中原。以失天下之心。伏蒙聖慈。令與執政同議。然前疏未盡區區之意。敢昧死再陳之。臣聞自昔人主當草昧艱難之時。或與英雄角逐。或為夷狄所侵。皆據地利而莫肯先退。盡人力而莫肯先屈。夫勝天下者必以勢。而據地利莫肯先退者。勢也。蓋天下者必以氣。而盡人事莫肯先屈者。氣也。漢高祖與項羽戰於滎陽成皐間。相持累年。高祖雖屢敗。不肯退尺寸之地。既割鴻溝。羽引而東。遂有垓下之亡。曹操與袁紹戰於官渡。操雖兵弱糧乏。不肯解去。既焚紹輜重。紹引而歸。遂喪河北。由此觀之。與勍敵爭勝負。豈可不據天下之勢而先自退哉。唐之初。突厥頡利以數萬騎飲馬渭水。去長安纔數十里。太宗以七騎臨渭上與語。以大義折之。既而王師大集。旌旗戈甲光彩精明。頡利震怖。遂以請和。本朝景德中。契丹以數十萬寇澶淵

真宗渡河親征。射殺所謂統軍撻攬者。虜主惶懼。遂亦請和而去。兩朝盟好。凡百餘年。由此觀之。為夷狄所侵。豈可不作天下之氣。而先自屈哉。今金人雖號為勍敵。其實皆中國失策養之使然。考其兵之強盛。豈能過項籍袁紹。其敢深入。豈能過頡利契丹。而吾方其未至之時。已相與震怖。委棄中原。而自竄於江湖之間。既失天下之勢。又索天下之氣。不知虜騎果復渡河。攻圍我城邑。屠戮我人民。以精兵控扼淮泗。而王命為之不通。盜賊蠭起。所在竊發。跨州連邑。自相建置。將何以待之。且今之所恃者。兵也。陛下每欲聚西北之兵十餘萬日加訓練。以待親征。睿謀壯矣。既適建康。不知此兵將何所用。夫建康水鄉。其土卑濕。其食魚稻。非西北之兵所利。不產粟麥稈草。土氣多熱。非西北之馬所便。往年方臘起於江浙。朝廷遣西兵討之。疾病物故者二之二。而馬之存者無幾。由此觀之。欲聚西北之兵而適建

康。猶資韋甫而適越也。惟南陽可為今冬駐蹕之計。賴天之休。陛下聖德所感。河北河東兩路兵民戴宋之心。借使賊敢深入。邀截掩襲中國得一勝則天下之勢壯而氣振矣。然後降親征之詔。率天下之師。問罪以迎二聖之鑾輿。決有轉危為安。撥亂反正之理。在陛下自強不息。力行之而已。臣備位宰相。不惟仰奇特達之知。思自竭盡以報萬一。天下之責交歸。謀慮一有不當。何以塞之。伏望聖慈斷自淵衷。察臣孤忠。勿為羣議所惑。天下不勝幸甚。

時[illegible]議遣使于金。綱奏曰。堯舜之道。孝悌而已。孝悌之至。可以通神明。陛下以二聖遠狩沙漠。食不甘味。寢不安席。思迎還兩宮。致天下養。此孝悌之至。而堯舜之用心也。今日之事。正當枕戈嘗膽。內備外攘。使刑政備而中國強。則二帝不俟迎請而自歸。不然。雖冠蓋相望卑辭厚禮。恐亦無益。今所遣使。但當奉表通問兩宮。致思慕之意可

也

紹興五年綱提舉西京崇福宫上言曰右臣伏奉詔書以偽齊金人賊馬退遁令臣深思熟講凡今攻戰之利守備之宜措置之方綏懷之略條具來上臣仰荷聖恩憐臣孤跡嘗備位於近司察臣迂愚有千慮之一得雖以罪戾屏伏海濱嘗不遐遺以國家邊防恢復大計特降清問顧臣學術闇疎智識淺短何足以稱詔旨而裨廟略之萬一敢竭狂瞽以塞明命伏惟陛下留神採擇臣不勝幸甚臣竊以僭逆之臣挾强悍之虜提兵南嚮假擾淮壖其意蓋料朝廷踰前日退避之轍得以乘間渡江憑陵東南不虞六飛親臨江上號令既行賞罰既明將士摧鋒僭賊偽路虜氣挫屈潛師遁逃此蓋陛下睿謨宏遠天威英斷之所致宗社無疆之休中外臣子之共慶也然臣區區之愚竊願陛下勿以賊馬退遁為可喜而以僭逆未誅仇敵未報為可憤勿以保全東南為可安而以中原未復赤縣神州猶汙於腥羶為可恥勿以諸將屢捷為可賀而以軍政未脩士氣未振而使狂寇得以潛逃為可虞則中興之期可指日而俟臣謹考往古之跡撥方今之宜條具攻戰守備措置綏懷之策以獻議者或謂賊馬既退當遂用兵為大舉之計臣竊以為不然譬如弈棊先當自生乃可殺敵生理未固而欲浪戰以僥倖此非制勝之術也高祖先保關中故能東嚮與項籍爭光武先保河内故能出征以降赤眉銅馬之屬肅宗先保靈武故能破安史而復兩京今朝廷以東南為根本儻不先為自固之計將何以能萬全勝敵又况將士暴露之久財用調度之煩民力科取之困謂宜大為守備痛自料理使之蘇息乃為得計議者又謂賊馬既退當且保據一隅以為目前之安臣又以為不然譬如弈棊捨局心而就邊角道處褊小淺以衰微何以取勝秦師伐晉以報殽之師諸葛亮佐蜀連年出師以圖中原不如是不足以立國高祖在漢中謂蕭何曰吾亦欲東耳安能鬱鬱久居此乎光武破隗囂詔岑彭曰人苦不知足既平隴復望蜀凡皆帝王以天下為度者也不如是不足以混一區宇戡定禍亂又况祖宗之境土豈可坐視淪陷不務恢復今歲不征明年不戰使賊勢益張而吾之所糾合精銳士馬日以消耗何以圖敵謂宜於防守既固軍政既修之後即議攻討乃為得計此二者守備攻戰之序也至於守備之宜則當料理淮南荆襄以為藩籬夫淮南荆襄者東南之屏蔽也六朝之所以能保有江左者以强兵巨鎮盡在淮南荆襄間故以魏武之雄苻堅石勒之衆宇文拓拔之盛卒不能窺江表後唐李氏有淮南則可以都金陵其後淮南為周世宗所取遂以削弱今朝廷欲為守備則當於淮南東西及荆襄置三大帥屯重兵以臨之東路以揚州西路以廬州荆襄以襄陽為帥府分遣偏師進守支郡小築城壘如開新邊其初朝廷應副以錢糧謂如淮東則以江東路財用給之淮西則以江西路財用給之以荆襄則以湖南北路財用給之徐議營田使自贍養遇有賊馬則大帥遣兵應援稍能自守商旅必通乃可召人歸業漸次葺理假以歲月則藩籬成矣前有藩籬之固後有長江之險加以戰艦水軍使沿江一帶帥府郡縣上連下接自為防守則賊馬雖多豈敢輕犯近年以來大將擁重兵於江南官吏守空城於江北雖有天險初無戰艦水軍之制故敵人得以侵擾窺伺欲為守備無他反此而已或謂三大帥率重兵以屯江北則供億之費不貲臣應之曰使三大帥屯兵於江南亦仰給於朝廷其費等耳曷若使之渡江葺理淮南以為家計則朝廷異時可省經費而藩籬之勢成為無窮之利守備之宜莫大於是有守備矣然後可以議攻戰之利亦當分責於諸

路大帥。謂如淮東之帥。則當責以收復京東東路。淮西之帥。則當責以收復京東西路。荆襄之帥。則當責以收復京西南北路。川陝之帥。則當責以收復陝西五路。諸路赴援。因利乘便。收京畿復故都。以戡大憝。此雖落落難合。然在陛下志先定於中。而斷以至誠。必爲之意蓋無不可成之理。至於擇將之術。治兵之政。車馬器械之制。號令賞罰之權。兵家皆有常法。無待臣言。而戰陳之間。因敵決勝。臨事制變者。兵無常勢。又不可以預圖也。臣顧竊以爲戒者。在勿失機會而已。夫機會之來。間不容髮。以戰則勝。以守則固。一失其機。悔不可追。昔劉表悔不用蜀先主之言。蜀先主曰。天下日尋干戈。事會之來。豈有終極。若能應之於後。則此未足爲恨也。臣竊觀朝廷近年以來。失機會者多矣。自今以往。如能保淮南荆襄以爲固。選將練卒。厲兵秣馬。聚財積穀。應機而作。則以弱爲强。取威定亂。於一勝之間。僭逆之臣

可正藁街之誅。强悍之虜。豈無殄滅之日。攻戰之利。莫大於是。此二者守備攻戰之策也。若夫措置之方。則臣願先定駐蹕之所。蓋萬乘所居。必擇形勝。然後能制服中外。以圖事業。臨安平江。皆澤國褊迫。偏霸所據。非用武之地。惟建康自昔號爲帝王天子之宅。以其江山雄壯。地勢寬博。可容萬乘。故六朝以來更都之。今鑾輿未復舊都。莫若權宜且於建康駐蹕。控引二浙。襟帶江湖。運漕財穀。無不便利。臣昨於建炎初建議。巡幸關中爲上。襄陽次之。建康爲下者。以天下形勢言之也。今以建康爲便者。以東南形勢言之也。然淮南有藩籬之固。然後建康可都。願陛下與二三大臣熟計之。既料理淮南。仍詔建康守臣。治城壁。脩宮闕。立官府。創營房。使粗成規摹。以待翠華之幸。近年以來。車駕所寓。因陋就簡。諸事草創。雖陛下以時方艱難。用過乎儉。然宮室制度。亦有不可已者。有城壁。然後人心不恐。有官府。然後政事可脩。有營房。然後士卒可用。惟自朝廷應副。詔有司以漸脩建。庶幾不擾。此措置之方所當先者也。綏懷之略。則臣願先爲自强之計。夫西北之民。皆陛下之赤子。荷祖宗涵養之德。其意曷嘗一日忘宋。特制於黠虜之勢。爲所驅迫。陷於塗炭。故捨二百年之本朝而事大不道之僭逆。豈其本心。惟朝廷之力。未能保護之。故數路之民。雖困於重斂。傷於峻刑。而不能以自歸。儻淮南荆襄藩籬既成。壤地相接。甲兵既備。天威震驚。必有結約來歸。如宿遷之民者。必有願爲內應。如京東郡縣者。宜命諸帥優加拊循。來歸者給田土。內應者予爵賞。官吏將士。祿秩由舊。許之自新。孰不感悅。朝廷近者得諸路簽軍。皆不殺而優卹之。自賊中來歸者。皆優與官秩。可謂得策。更願力爲自治自彊之計。使陷溺之民。知所依怙。益堅戴宋之心。此綏懷之略。所當先者也。攻戰守備措置綏懷。皆中興之至計。今日之急務。

聖慮所及。臣已粗陳其梗槩矣。臣伏讀詔書有曰。朕將虛已以聽。擇善而從。君臣之間。期於無隱。利害之決。斷以必行。臣三復聖訓。不知涕泗之交頤也。何則。君臣之遇。號爲千載。聽言用謀。尤其所難。未信而言。則有謗己之嫌。交踈言深。則有失身之戒。蓋雖朋友尚不易言而況於君臣之間乎。今陛下求治之切。詔旨如此。而臣以憂患之餘孤危特甚。欲淺言之。則何以副陛下期於無隱之訓。欲深言之。則慮有犯顏逆鱗之愆。感懼交中。進退維穀。雖然陛下當艱危多故之秋詔臣以丁寧惻怛之意。緘默不言。臣則有罪。有君如此。其忍負之。敢冒鼎鑊刀鋸之誅。以布心腹腎腸之實。惟陛下幸察。臣竊觀陛下有聰明睿智之資。有英武敢爲之志。然自臨御。迨今九年。國不闢而日蹙。事不立而日壞。將驕而難御。卒惰而未練。國用匱而無羸餘之蓄。民力困而無休息之期。陛下憂勤雖至。而未足以成中興之業者。則

群臣誤陛下之故也。陛下自近年以來所用之臣。凡幾人慨然敢任天下之重。建事立功。與夫充位備員者。皆不逃於聖鑒。夫用人如用醫。必先知其術業可以已病。然後使之進藥而責成功。今於醫者之術業。初不詳究而姑試之。則雖日易一醫。何補病者。殆將飲藥以加病而已。平居無事。小廉曲謹。初似無過。而乏濟時之大略。忽有擾攘之故。則錯愕無所措手足。不過奉身以退。天下憂危之重。委之陛下而已。不知何補於國家。陛下亦安取此。大槩近年所操之說有二。間暇則以和議為得計。而以治兵為失策。倉卒則以退避為愛君。而以進禦為誤國。衆口和之。牢不可破。然累年之間。豈蓋相望而初不得其要約。翠華蒙塵而尚未有所定居。上下苟且偷安。而不為長久之計。天步艱難。國勢益弱。職此之由。大運有開。天啓宸衷。赫然遠覽。悟前日和議之失。而親總六師。懲前日退避之非。而親臨大敵。逆臣悍

虜數十萬衆飲馬江干。雖未能掃蕩邀擊。盡殲醜類。而天威所臨。已足以使之震怖。不敢南渡。潛師宵奔。則和議之與治兵。退避之與進禦。其效槩可覩矣。今賊馬雖退。而虜情狡獪。變詐百出。未大懲創。疆埸相望。道里不遠。安知其秋高馬肥。不再來擾我。使疲於奔命哉。是宜明詔於卻敵之初。求善後之策也。臣夙夜為陛下深思熟計以為善後之策者無他。在盡反前日之所為。解琴瑟而更張之。先定其論。如弈棊之立意。後圖其功。如弈棊之置子。必可得志。臣請陳其說。竊觀自古創業中興之主。必以兵勝而為親征之計者。其意豈謂必冒矢石。履行陣而後可哉。蓋以所臨。人心自固。賞罰既當。士氣奮張。用能成功。故高祖既得天下。擊韓王信、陳豨、黥布。未嘗不親行。光武自即位至平公孫述。十三年間。無一歲不親征。本朝藝祖、太宗定維揚。平澤潞。下河東。皆躬御戎輅。真廟亦有澶淵之行。措天下於大安。此所謂始於勤勞。終於逸樂者也。退避之策。可暫而不可久。可一而不可再。退一步則失一步。退一尺則失一尺。往時自南都退而至於維揚。則關陝河北河東失矣。自維揚退而至於江浙。則京東西失矣。萬一有一虜騎南牧。復將退避。不知何所適而可。航海之策。萬乘冒風濤不測之險。此尤不可者。惟當於國家閑暇之時。明政刑。治軍旅。選將帥。修車馬。備器械。峙糗糧。積金帛。賊來則禦。俟時而奮。以光復祖宗之大業。此最上策。杜牧所謂上策莫如自治也。臣願陛下自今以往。勿復為退避之計。可乎。臣又觀古者敵國善鄰。則有和親。仇讎之邦。鮮復遣使。豈不以釁隙既深。終無講好修睦之理故耶。東晉渡江。石勒遣使于晉。元帝命焚其幣而卻其使。彼遣使來。且猶卻之。此何可往。假道於僭偽之國。而自取辱哉。果補於事。猶傷國體。金人自知罪惡之重。懼我必報。其措意為如何。而我方且卑辭重幣。屈體以求之。其不推誠以

見信決矣。器幣禮物。所費不貲。使軺往來。坐索士氣。而又邀我以必不可從之事。制我以必不敢為之謀。是和卒不成。而徒為此擾擾也。非特如此。於吾自治自彊之計。動輒相妨。實有所害。金人二十餘年。以此策破契丹。困中國。而終莫之悟。夫辨是非利害者。人心所同。豈真不悟哉。聊復用此以僥倖萬一。曾不知為吾害者甚大。此古人所謂幾何僥倖而不喪人之國也。臣願陛下自今以往。勿復遣和議之使。可乎。此二說者既定。然後擇所當為者。一切以至誠之意為之。先後本末。各有次第。俟吾之政事修。倉廩實。府庫充。器用備。士氣振。力可有為。乃議大舉。則兵雖未交。而勝負之勢已決矣。抑臣聞朝廷者根本也。藩方者枝葉也。根本固則枝葉蕃。朝廷者腹心也。將士者爪牙也。腹心壯則爪牙奮。今國家遠有盛強之黠虜。近有僭偽之逆臣。所仰以為捍蔽者在藩方。所資以致攻討者在將士。然根本腹心則

在朝矣。惟陛下正心以正朝廷。正朝廷以正百官。使君子小人各得其分。則是非既明。賞罰必當。自然藩方協力。將士用命。雖强虜不足畏。雖逆臣不足憂。此特在陛下方寸之間耳。臣昧死條上六事。一曰信任輔弼。二曰公選人材。三曰變革士風。四曰愛惜日力。五曰務盡人事。六曰寅畏天戒。何謂信任輔弼。夫撥亂之主。值時艱難。資輔弼之臣。同心同德。相與有爲。豈易致哉。必如元首股肱之於一身。父子兄弟之於一家。乃能協濟。故高祖視蕭何如左右手。太宗遇房杜如子弟。蜀先主得諸葛孔明如魚之有水。不如是不能感會風雲。以成王霸之業。今陛下選於衆以圖任。遂能捍禦大敵。可謂得人矣。然臣願陛下待以至誠。無事形跡。久任以責成功。勿使小人得以間之。則君臣之美。垂裕無窮。昔高祖終始用蕭何。太宗終始用房杜。故能戡亂定功。卒致太平。管仲有言曰。知人而不能用。害霸也。用而不能信

任。害霸也。信任而使小人參之。害霸也。霸者猶如此。而況於欲恢復天下者乎。魏鄭公有言曰。君臣同心。是謂一體。豈有置至公事形跡。若上下共由茲路。邦之興衰未可知也。夫事形跡者未必有過舉。而魏公以爲興衰未可知者。凡以無至誠相與之意。而惟嫌疑之爲避。不足建興邦之大績故也。陛下誠能推信任之誠。臣將見輔弼任責。而中興之業不難致矣。何謂公選人材。夫治天下者未嘗不資於人材。而創業中興之主。所資爲尤多。何則繼體守文。率由舊章。得中庸之材。亦足共治。至於艱難有爲。興衰撥亂。則非得卓犖瓌偉之材。未易有濟。故武王之有十亂。宣王之有吉甫方叔召虎。高祖之有三傑。光武之有鄧禹耿弇吳漢之屬。太宗之有房杜英衛之流。憲宗有裴度。武宗有李德裕。皆以不世出之材。佐大有爲之主。參翊佐佑。以成大業。古今通道。其可攷諸。然自昔抱不羣之材者多爲小人之所忌嫉。或中之以黯闇。或指之爲黨與。或誣之以大惡。或摘之以細故。而以道事君者。不可則止。難於自進。耻於自明。雖負重謗。遭深譴。安於義命。不復自辨。惟至明之主爲能察小人之情僞。而辨其臣之非辜。此霍光所以見察於昭帝。房喬所以見信於太宗也。陛下臨御以來。用人材多矣。世之所許以爲正人端士者。往往閒廢於無用之地。豈非羅此謗耶。遂使陛下寤寐側席而有乏材之歎。懷材抱義。願爲國家宣力者。無因而進。願陛下益亦少留聖意。致察於此。洪範皇極之疇曰。無有作好。遵王之道。無有作惡。遵王之路。無偏無黨。王道蕩蕩。無黨無偏。王道平平。好惡偏黨。皆足以爲至公之累。惟以道爲公而無好惡偏黨之私。則王道明矣。魏鄭公亡。太宗遣人至其家得書半藁。其可識者曰。天下之事。有善有惡。任善人則國安。用惡人則國弊。公卿之內。情有愛憎。憎者惟見其惡。愛者止見其善。愛憎之間。所

宜詳慎。若愛而知其惡。憎而知其善。去邪勿疑。任賢勿猜。則可以興矣。太宗感悟。夫人主豈能無愛憎。然必去愛憎而後得人以興者。愛憎出於私情。用人以興邦。必由於公道故也。管仲雖仇齊公必用。雍齒雖怨漢祖必賞。而況其餘乎。陛下誠能推至公之道。臣將見人材輩出。中興之業不難致矣。何謂變革士風。夫用兵之際。似與士風初不相及。然其實相爲表裏者也。士風淳厚則議論正。而是非明。朝廷賞罰。功罪當而人心服。此措置所以得宜。而寖明寖昌也。士風澆薄則議論不正。而是非不明。朝廷賞罰。功罪不當。而人心不服。此措置所以失宜。而寖微寖弱也。晉之士風尚虛浮而不事事。故當時措置乖謬。盜賊並起。而有五胡亂華之禍。本朝嘉祐治平以前。士風何其淳厚也。自數十年來。非特不事事而已。奔競爭進。議論徇私。邪說和口。足以惑人主之聽。元祐大臣如司馬光之流。皆持正論。爲朝廷長

應卻顧國久遠之計社稷之臣也。而羣枉嫉之。指為奸黨。聽其言則大者可族。小者可誅。賴國家寬仁。秖從竄逐。其士風遂相倣傚。顛倒是非。變亂白黑。政事大壞。以馴致靖康之變。非偶然也。殆今四十餘年。世變風移。憂憎之情銷盡。然後朝廷始知元祐羣臣之忠。褒贈官秩。錄用子孫。然已何補於事。曷若早變此風。則忠臣無誅譴之冤。國家有治安之實。兩受其利。豈不美哉。臣觀近年士風尤薄。隨時好惡。以取世資。不顧國體。惟欲進身。不覈事實。惟欲傷人。尤甚則大進小詆。則小遷讒詆成風。此非朝廷之福也。陛下得一張浚。付以重權。使禦強敵於關陝。浚雖以忠許國。而事失機會。不為無過。言者痛繩醜詆。誣以大惡。豈不太甚歟。浚有浴日之功。足以結陛下之知。有大臣之辨。足以回陛下之聽。故得自洗濯。復侍清光於帷幄之中。然其所傷已多矣。藉使遭謗困讒之臣。無浚之功。又無大臣為之辨白。而有

下石以擠之者。則何以自雪於君父。冀察其不然哉。夫朝廷設耳目及獻納論思之官。以廣視聽。固許之以風聞。至於大故。亦須覈實。使果如其言。則誅責所加。豈宜止從輕典。使言而無實。則誣人之罪。伏讒蒐慝。得以中害善良。皆非所以修政也。臣願陛下降明詔。以戒諭士大夫。使體德意。從忠厚。變近年澆薄之風。昔賈誼勸文帝養人臣以禮義廉恥。陸贄勸德宗聽言必考其實而察其情。以正典刑。不宜兩置而不問。皆治道之要。陛下誠能行責實之政。臣將見士風淳厚而中興之業不難致矣。何謂愛惜日力。臣聞之周書曰。功崇惟志。業廣惟勤。蓋功以志崇。所以為之規摹也。業以勤廣。所以為之積累也。猶建大廈。堂室奧序。其規摹可一日而成。至於鳩工聚材。則積累非一日所致。創業中興。何以異此。高祖得韓信。與之論亡楚之策。光武得鄧禹。與之論興漢之謀。蜀先主得諸葛亮。與之論鼎立之計。皆定

於談笑之間。而高祖以五年成帝業。光武以十三年混區宇。先主得蜀亦在數年之後。蓋積累而致者如此。今陛下臨御九年于茲。境土未復。僭逆未誅。仇敵未報。尚稽中興之業。則其始不為之規摹。其後不為之積累故也。邊事粗定之時。朝廷所推行者。皆簿書期會不急之細務。至於攻討防守之策。國之大計。皆未嘗留意。安得不為僭逆之臣。強悍之虜之所窺伺。然則自今以往。其可不惜日力哉。昔禹不貴尺璧而惜寸陰。今日朝廷艱難。乃惜分陰之時。臣願陛下詔二三大臣熟議所以規摹者。凡所施為。畫一條具。如立課程。以次施行。又詔州縣使躰陛下德意而奉承之。所立期限。勿太遽以致撓擾。勿太緩以失機會。使事得其序。不擾而辦。乃為得策矣。天下無不可為之事。亦無不可為之時。惟失其時。則患之小者日益大。事之易者日益難。正如醫者之治病。其在皮膚。針烙及之。其在五臟。湯劑及之。至於

骨髓。則雖有扁鵲俞跗。蔑以為矣。此時之所以不可失也。詩曰。迨天之未陰雨。徹彼桑土。綢繆牖戶。今此下民。或敢侮予。孟子曰。國家閒暇。及是時明其政刑。雖大國必畏之矣。夫用智者當於未奔迸之前。千日聚之。以待一日之用。渴而穿井。鬬而鑄錐。其能及乎。陛下誠能存愛日之心。將見為無不成。中興之業不難致矣。何謂務盡人事。臣竊觀天人之道。其實一致。人之所為。即天之所為也。國之將興。百度皆舉。天實佑之。猶之農夫盡其穮蔉之力。乃亦有秋。使未嘗致耕耨之勤。而欲望稼穡之利。其可得耶。天不人不因。人不天不成。人事盡於前。則天理應於後。自然之符也。光武以兵三千攻尋邑百萬者人也。適雷電風雨。遂有昆陽之勝。而中興之運啟者天也。孫權以兵三萬拒曹操數十萬者人也。適風順可以縱火。遂有赤壁之捷。而鼎足之勢成者天也。謝安以兵八千擊苻堅百萬者人也。適秦師小却。遂

有淝水之功。而東晉之祚延者。天也。創業中興之主。莫不皆然。盡其在我者。而以其成功歸之於天。孟子曰。君子創業垂統。爲可繼也。若夫成功則天也。今未嘗盡人事。敵至則先自退屈。而欲責功於天。其可乎。臣願陛下詔二三大臣。協心同力。務盡人事。以聽天命。則恢復土宇。翦屠鯨鯢。迎還兩宮。必有日矣。夫人心即天心也。下得人心。上合天心。則無不成之功。陛下誠能和同天人之際。臣將見中興之業不難致矣。何謂寅畏天戒。夫天之於王者。如父母之於子。愛之至則所以爲之戒者亦至。是以孔子作春秋。於災異必書。以謹天戒。臣觀商之盛如武丁。周之盛如成王。漢唐之盛如文景太宗之時。未嘗無天變。而不爲災者。以能寅畏其戒。而仰合其心也。是知人主之於天戒。必恐懼脩省。以致其寅畏之誠。則能變災以爲祥。天人之際。何其昭昭然也。比年以來。熒惑失次。太白晝見。地震水溢。或久陰不雨。或

久雨不霽。或當暑而反寒。乃正月之朔。日又食之。此皆天意眷佑陛下。丁寧反覆以致告戒。陛下雖嘗降詔。俾士大夫各脩厥職。以答天譴。然臣竊謂應天以實不以文。此在陛下以至誠之意。正厥事以應之。昔宋公一言。而妖星退舍。大戊桑穀共生於朝。而反以爲祥。陛下誠能行應天之實。臣將見百祥來止。中興之業不難致矣。此六者皆陛下所當先務。正心以正朝廷者。故糞土愚臣忘生觸死。爲陛下詳言之。抑臣又聞聖人不畏多難而畏無難。或多難以固其國。啓其疆土。或無難以喪其國。失其土宇。昔少康以一旅之衆。而祀夏配天。不失舊物。光武太宗皆躬擐甲冑。履危險而身致太平。享國長久。今朝廷人材不乏。將士是用。江淮荆浙閩廣川陝財用可理。是以爲中興之資。陛下勇智天錫。春秋鼎盛。欲大有爲。何施不可。要在改前日之轍。斷而行之耳。昔仲虺之稱湯。不稱其無過。而稱其改過不吝。蓋帝

王之度。如天地之無心。是則行。非則改。何憚之有。酈食其勸高祖鑄印以封六國之後。子房一言。則趣銷之。封德彝勸太宗用刑法以威天下。魏鄭公一言。則行仁義。遂致貞觀之治。無損盛德。而大功可成。豈竊竊然畏人之議己哉。陛下視建炎以來其所措置。是耶非耶。以爲是。則何以不見其效。以爲非。則安可復蹈其轍。臣前所陳皆改轍之道。非循舊跡所能爲也。擇善而從。斟酌而行。則在陛下矣。以祖宗二百年之基。四海億兆之生靈。皆繫於陛下。清燕之間。聖慮及此。得不慄慄危懼。勉勉自強。上以慰祖宗在天之靈。下以副四海生靈之望哉。昔周宣中興。南征北伐之盛。復古接下之義。詠於小雅。蓋有文武之吉甫。顯允之方叔。以爲之將帥。有孝友張仲。以在其左右。故能內脩政事。外攘夷狄。復文武之境土。然則陛下所當法者。深考周宣之詩。則得之矣。所謂善後之策。何以

加此。臣以至愚極陋之質。荷陛下非常特達之知。龍飛之初。虛席以待。眷遇之禮。邁於等倫。特以志廣材疎。自度不足以任天下之責。乃丐罷政。無補國事。每自愧惕。違去闕庭。凡更寒暑。犬馬之心。何嘗不在赤墀之下。自以罪戾遠屏。不敢復與世故。芻蕘之言。久不上達。近者邊報警急。戎輅親臨。臣子之情。不勝憤懣。故敢冒昧以三策爲獻。伏蒙聖慈特降詔書獎諭。今者又奉詔旨。咨以當世之務。而臣不量荒淺。冒進狂瞽之說。以瀆天聰。昔太宗謂魏鄭公爲敢言。謝曰。陛下導臣使言。不然。其敢數批逆鱗哉。今陛下盛德過於太宗。臣雖無魏公之敢言。然展盡底蘊。亦思慮之極也。良藥苦口而利於病。忠言逆耳而利於行。在陛下察之而已。況臣自經憂患。衰病交攻。氣息奄奄。日與死迫。常懼先犬馬填溝壑。無以報盛德之萬一。今得奉明問。攄至情。庶願足矣。雖死之日。猶生之年

也伏望陛下哀憐赦其愚直而取其拳拳之忠實天下之幸

歷代名臣奏議卷之八十四

歷代名臣奏議卷之八十五

經國

宋高宗紹興五年李綱上疏曰臣竊觀自古中興之君未有不由祖宗積功累德結于民心者故周宣本於文武漢光武本於高祖文景唐肅宗本於神堯太宗其植根固其流遠雖或中微一旦憤起則天戈所揮靡不如志興衰撥亂光復舊物非偶然也恭惟國家膺受天命祖功宗德聖聖相承重熙累洽垂二百載深仁厚澤涵濡萬物民之戴宋於億萬年何有窮已運遭陽九金冦作慝宗社顛危不絶如綫陛下應天順人纘承大統十年于今勵精圖治枕戈嘗膽欲戡大憝迎還兩宮綏安區宇則未克致中興如周漢唐有不難也臣聞勢有强弱事有成敗雖弱而有可成之幾雖强而有必敗之兆顧其理之如何耳譬猶醫者之療病不問形之壯羸惟察脉之治否興亡之理何以異此昔高祖與項籍相持當是時項籍强高祖弱然天下知高祖之必興者以其所施爲當於人心也是以隨何援此以說諸侯多仗劍以歸高祖遂成帝業光武起兵以攻王莽當時王莽彊光武弱然天下知光武之必興者亦以其所施爲當於人心者也是以王常吳漢耿弇之流一時英俊皆合謀以歸光武遂致中興然則强弱成敗之理較可覩矣金冦不道爲封豕長蛇以荐食中國可謂强也然恃其詐力慘毒無恩神怒人憤其亡必暴此雖强而必有敗之兆者也陛下時乘六龍保據江左遵養時晦可謂弱矣孝悌通於神明仁心結於海寓應機而發蓄銳而奮其勢必有起而應之者此雖弱而有可成之幾者也夫普天之下皆吾土也食土之毛皆吾民也披堅執銳爲敵人之所驅役者皆吾將士也垂紳搢笏爲敵人之所官使者皆吾士大夫也彼其心曷嘗一日忘宋戴顧國家之力未能

覆護之。偷生於僭偽之邦。苟免於虎狼之口而已。陛下誠能以天下為度。拯之於塗炭之中。則一人之心。千萬人之心是也。豈無感動傾復見漢官威儀。為中國禮義之人者哉。臣願陛下與二三大臣熟討凡所施設。務推至誠。以當人情。親信仁賢。以為腹心。駕御英傑。以為爪牙。謹號令。使毋數改。明賞刑。使當功罪。訓練士卒。備除戎器。理財以義。使斂不及民。而用度足。積穀以時。使雖遇凶歲而饋餉豐。知彼知己。因利乘便。伏振天聲以臨之。臣將見四方響應。飈舉雲集。沛然有不可禦者。中興之期。已在指掌之中矣。伏惟陛下留神幸察。

綱復論車駕不宜輕動疏曰。臣近因上疏論淮西事。冒昏狂瞽。竊謂車駕不宜輕動。正當靜以鎮之。諸將重兵不宜抽回。正當分屯要害。益為自固之計。妄意及此。其說略而未詳。今聞朝廷以梁汝嘉知平江。刱盖營屋萬餘間。及召張俊楊沂中全軍還駐建康。如此則是

移蹕之謀。抽回軍馬之計。皆審如所聞。宗社安危。生靈休戚。繫此一舉。敢冒萬死為陛下評陳之。臣聞自昔用兵以成大業者。必先固人心。作士氣。據地利。而不肯先退。盡人事而不肯先屈。是以楚漢相距於滎陽成臯間。高祖雖屢敗。不退尺寸之地。既割鴻溝。羽引而東。遂有垓下之亡。曹操袁紹戰於官渡。操雖兵弱糧乏。荀彧止其退師。既焚紹輜重。紹引而歸。遂喪河北。由是觀之。今日之事。豈可因一叛將之故。望風怯敵。遽自退屈。果出此謀。六飛回馭之後。人情動搖。莫有固志。士氣銷縮。莫有鬭心。虜偽乘之。誰為陛下堅守苦戰。以禦大敵者。且建康去平江無數百里之遠。非有高山大川以為限隔。使馬疾馳。數日可至。徒有怯敵之名。無益退避之實。建康有長江天塹之險。不能固守。何有於吳會哉。聲勢所逼。退而之臨安。又退而之閩粵。極矣。我退彼進。使賊馬南渡。得一邑則守一邑。得一州則守一州。得一路則守一路。亂臣賊子。黠吏姦氓。從而附之。虎踞鴟張。雖欲如前日返駕還轅。復立朝廷於荊棘瓦礫之中。不可得也。偷取目前之安。不顧異時噬臍之悔。非策之得者。借使虜騎衝突。不得已而權宜避之。猶為有說。今幸疆埸未有警急之報。兵將初無不利之失。朝廷正可懲往事。修軍政。審號令。明賞罰。益務固守。而遽為此擾擾。棄前功。蹈後害。以自趨於禍敗。豈不重可惜哉。臣故曰。車駕不宜輕動。正當靜以鎮之者此也。臣又聞自昔有江表者。必以淮南為藩籬。屯重兵於江北。然後江南可安。吳朝相繼數百年。雖符堅石勒宇文拓跋之盛。不能陵蹙。以強藩巨鎮盡列淮上之故。後唐李氏有淮南則足以保國。既失江北。國勢遂卑。由是觀之。今日之事。豈可因一叛將之故。悉罷屯戍。遂欲棄置於度外。張俊既去盱眙。楊沂中又去廬壽。李宏獨以千兵守之。使賊挾叛將以來。則廬壽必不能守。前日酈瓊之叛

屋守倉廩。置而不焚。豈無深慮。使賊得據合淝。則舒蘄光黃一帶無兵可禦。決須退保。是賊無亡矢遺鏃之費。以談笑而下淮西也。一失淮西。與之共長江之利。江南可得安乎。州縣無倫。人情震駭。一患也。鹽貨不通。糧餉皆阻。二患也。濟渡多端。難於控扼。三患也。時出兵以擾我。疲於奔命。四患也。得吾州縣。蟠結蟻聚。水草有依。遂為吾之痼疾。五患也。昔人有言。長江千里。當備者不過數處。如人一身。腠理為急。淮西者。今之腠理也。賊馬入寇。必趨廬壽。前日以劉光世全軍數萬人守之。猶懼不濟。今乃無兵。是委重地與敵。以為背脇疽根。豈不重可惜哉。臣故曰。諸將重兵不宜抽回。正當分屯要害。益務自固者此也。前日劉光世一軍。以措置失當之故。將士攜離。捨我歸敵。非細故矣。萬一因此翠華移蹕。將士召還。以致不可勝言之患。是措置之失。又非前日之比也。昔人有言。動不詳思。輒喜言誤。誤不可數也。

臣觀朝廷自建炎以來。每失機會。其誤多矣。譬猶奕者。前著雖差。後著猶可救也。若著著皆誤。何以取勝。傍觀者得不為之寒心。臣愚竊恐所以為今日計。願陛下深体漢祖之用心。堅忍而勿輕變。非有大警急。姑少安之。丁寧訓戒三四大臣。益圖所以自固之策。遣張俊全軍進屯廬壽。而存其家屬於建康。以便糧餉。命韓世忠兼保盱眙。而留楊沂中以衛行在。詔岳飛分兵江池。以保上流。沿江有備。則國勢亦粗定矣。前日剏造車船戰艦。所費不貲。初不聞置軍教閱。將安用之。謂宜收拾於建康上流州縣。如太平江池等州。蕪湖繁昌湖口等縣擺泊。仍於江淛間募習水善游者萬餘人。刺手背為水軍。差官統領。分隸教習。使金鼓旗旌上連下接。以備緩急之用。則賊騎雖盛。亦豈敢遽窺江右哉。使今冬防守無虞。則人心自安。國勢益固。可以徐圖善後之策。捨此不為。而但務退保。臣未見其可也。抑臣聞之。書曰。民非后罔戴。后非衆罔與守邦。又聞之孟子曰。保民而王。莫之能禦。天子作民父母。必有保民之心。然後衆心欣戴。如子之保父母。而上下之所以能相固也。蜀先主去荊州。從之者數萬人。曹操逐之。或勸捨衆而速行。先主曰。衆人從我。豈忍棄之。說者謂其有帝王之度。區區偏霸之主猶如此。而况於天下之君乎。臣願陛下以保民之憂為先。則雖弱必強。中興之業不難致矣。臣以愚拙。每進狂直之言。必蒙襃納。有君如此。其忍負之。故敢於艱虞之時。復進苦口逆耳之說。言或可採。願陛下與三四大臣熟議利害。斷而行之。庶幾有補萬一。徒能容納而不用。無益也。昔漢高祖開濟大業。非無張良陳平之臣出奇畫策。勳必有功。然勸為義帝伐項羽者。三老董公也。勸出武關置軍宛葉者。轅生也。勸都關中者。婁敬也。勸以親子弟王齊者。田肯也。必有衆謀。乃能有濟。今臣以孤陋遠在千里之外。每有所聞。輒敢聽覩。仰稗廟謨。尚庶幾於數千一。伏望聖慈赦其罪而取其忠。天下不勝幸甚。

綱又論和戰劄子曰。臣聞戰國之際。合從連横。皆其國安危存亡之所係。而當時六國之君不能深計利害。以聽其說。從人憑軾結駟說以合從之謀。則曰謹奉社稷以從。横人憑軾結駟說以連横之說。則又曰謹奉社稷以從。是其胸次初無一定之計。而為羣言之所眩惑。宜其無成功而卒至於敗亡也。夫合燕趙韓魏齊楚之師。協謀併力以拒秦。此六國之利。故從約既成。投書函谷關。而秦師不敢出關者十有餘年。豈非計之得耶。其後秦遣横人游說以欺六國之君。於是從散約解。爭割地以賂秦。秦有餘力以蠶食天下。而六國遂以不振。由是言之。為六國計。從說是也。横說非也。今之所謂和戰者。何以異此。古者鄰國交好。則有和親聘問往來。休息兵革。災患相卹。慶賀相從。夫是謂和。金人則不然。假和議以行其詐謀。割地取賂。既已約和。則又求釁以戰。以此亡契丹而困中國。中國為和所誤者多矣。十餘年來。持和議之說。一切苟且。希冀萬一者。何其紛紛也。夫靖康之間。彼以敵國待我。尚可言和。至建炎以來。見於文檄。彼其待我者為如何。乃欲恃和議以為自安之計。其可乎。况仇讎之邦。不共戴天。卑辭重幣。秖自取辱。何益於事。惟當脩政刑。明賞罰。選將帥。治軍旅。備器械。利甲兵。峙糗糧。積財用。士氣既振。乘機大舉。以恢復中原。是戰之可成中興之業。猶合從以拒秦。不可易之理也。然兵凶器。戰危事。雖孔子未嘗不致其慎。故曰臨事而懼。好謀而成。其可易言哉。知彼知己。乃可以戰。我實而彼虛。我堅而彼危。我治而彼亂。在我者有一定之規摹。有應變之方略。有輯睦之將帥。有精練之士馬。有蓄積之財用穀粟。而又敵人有間隙可乘之機會。然後可以決勝於千里之外。宗社安危所繫。不可忽也。今日為吾患者。不在劉豫而在金人。軍政既脩。欲議恢復。正當慮始慮卒。預圖善後之策。得某地當使某兵用某人可守某地。新附之衆如何撫綏。將來之事如何措畫。使金人來援。劉豫當如何以待之。此數事者皆有定議。則中興之功已在吾掌握中矣。勝負兵家常勢。大計已定。願無以細故動搖。益務自治自强。如漢高祖之堅忍。乃可得志。儻或且戰且和。如六國之朝秦而暮楚。臣愚未見其可也。伏望聖慈留神幸察。

八年。綱爲江西安撫制置大使。論中興之功奏曰。臣伏覩車駕以仲春令辰發軔吳門。巡幸建康。斷自宸衷。不貳不疑。慨然有恢復土宇掃清中原。拯濟烝黎。戡定禍亂。克讎大憝。刷恥復仇之志。天下臣子莫不望風鼓竦。抃蹈踊躍。顧少須臾無死。以觀中興之功。誠甚盛之舉也。臣竊觀自古建功立事。扶持社稷之臣。未嘗不以立志爲先。申包胥聞伍員有覆楚之言。則曰我必存之。其後哭秦庭以乞師。卒如其志。張柬之語武氏於荊南江中。其後卒復唐祚。垂祀三百。一夫發念真烈如此。而況以聖明之資。爲萬乘之主乎。高祖之志見於不肯鬱鬱久居漢中。而與韓信論定三秦之策。光武之志見於披輿地圖於信都城樓上與鄧禹論天下大計。此皆志定於前。功成於後。初似落落難合。而卒能建大功立大名。定大業。功施於當年。名垂於後世載在典冊。不可誣也。恭惟皇帝陛下。天錫勇智。運屬艱難。遵養時晦之久。應機立斷。惕然感圖。思欲撥亂興衰。光復祖宗之大業。故親總六師。以臨江表。捨去吳越。而幸建康。漸爲北伐之計。志慮規模可謂宏遠矣。臣願陛下益廣聖志。擴而充之。與神爲謀。日新其德。勿以去冬驟勝而自怠。勿以目前粗定而自安。凡可以致中興之治者。無不爲。凡可以害中興之功者。無不去。有所規畫措置。必以天下爲度。必以施於長久。可傳於後世爲法。則中興不難致矣。夫中興之於用兵

止是一事。要以脩政事。信賞刑明。是非別。邪正。招徠人材。鼓作士氣愛惜民力。順導衆心。爲先。數者既脩。則士奮於朝。農安於野。穀粟充盈。財用不匱。擇帥輯睦士卒。繕戰。用兵其有不勝者哉。方今黠虜雖强。不仁不義。專務變詐暴虐以脅制天下。神怒人憤。莫之與親。自古豈有如此而能久立國者。正如隆冬固陰沍寒。層冰千里。陽和既回應時消釋。此理之必至。無足怪也。昔者范蠡說越王勾踐以持盈者與天。定傾者與人。節事者與地。勾踐用之。國以富强。然又必以人事與天時相參。然後乃能成功。遂以報吳。臣竊觀國家去歲諸路豐穰今春雨暘調適。又將豐歲。是在我者得天時矣。正當脩人事以應之。以我之無釁。待彼之有釁。則戡亂定功。役不再籍矣。何遠之有。臣以固陋。自靖康以來。與聞國論。獨持戰守之策。不敢以和議爲然。今十有二年矣。孤危寡與。屢遭謗誣。仰賴聖明。曲加照察。脫身九死之中令得承乏。待罪方面。恭聞戎輅臨駐江干。將大有爲以成戡定之烈欣幸之情。倍萬常品。顧雖衰病。尚庶幾未填溝壑間。獲覩陛下恢復中原。攄憤千古。志願畢矣。輒罄狂瞽。干冒天威。

綱又論使事奏曰。臣竊見朝廷遣王倫使金國。奉迎梓宮。往返屢矣。今者倫之歸。與虜使偕。乃以江南詔諭爲使名。四方傳聞。無不駭愕何者。兩國通使。講好息兵。以禮爲先。自敵以上。無所不用其至。禮之經也。今乃不著國號。而曰江南。不云通問。而曰詔諭。此何禮也。宋有天下幾二百年。祖功宗德。以聖繼聖。聲歆溢于四表。炎運中微。夷狄亂常。馴致靖康之變。國祚幾絕。賴陛下總師大河之北。入繼大統。羣臣推戴。克受天命。履大寶。臨萬邦。爲神民萬物之主。一紀于茲矣。敵人遣使。乃敢命名如此。自古夷狄陵侮中國。未有若斯之甚者。原其所自。皆吾謀慮弗臧。未能自治自强。偷安朝夕。無久遠之計。羣臣誤

陛下之所致也。臣請試為陛下詳言之。方靖康末。金人破都城。跂宗社。遷二聖鑾輿以北。遷易姓建號。而陛下應天順人。光復舊業。自我視彼。則仇讎也。自彼視我。則腹心之疾也。豈復有可和之理。然而朝廷遣使通問。冠蓋相望於道。卑詞厚幣。無所愛惜者。正以二聖在其域中。為親屈已。不得已而然。猶有說也。至去年春。兩宮凶問既至。陛下抱哀銜恤。創鉅痛深。雖未能躬率六師以報不共戴天之讎。猶當寢罷使者。絕不與通。以正仇讎之名。慎固封守。選練將帥。以為自保之計。觀釁待時。動必有功。傳曰。名其為賊。敵乃可服。欲正仇讎之名以張恢復之本。正在此時。而朝廷夬策復遣使以迎梓宮。亟往遄返。帑藏為虜。初不得其要約。今者虜使荐至。遍建詔諭之號。公肆陵侮。不知朝廷將何以應之。夫奉迎梓宮。乃陛下孝思罔極。在人情不得不如此者。然金人狡獪。動出計謀。我以誠求。彼以詐應。借此為重。或

其姦咎不知朝廷何所憑信。臣恐墮其計中。禍難之來未艾。臣聞忠信為周。古者遣使。以忠信為主。故小雅於皇皇者華。君遣使臣之詩。諏謀度詢。必以周爰為言。使不忠信。為國之患非淺淺也。彼王倫何為者。市井駔儈之才。左右賣國之伍。三尺之童。皆知其不足信。而朝廷信之。此必有甘言以中朝廷之欲。臣恐聽虛詞而受實患。如楚之信張儀。以求商於之地也。且倫使事。初以奉迎梓宮為指。而虜使之來。乃以江南詔諭為名。循名責實。已自乖戾。則其所以罔朝廷而生後患者。未待詰而可知。臣在遠方。雖不足以知其曲折。然以愚意料之。虜為此名以遣使。其邀求大略有五。必降詔書。欲陛下屈體降禮以聽受。一也。必有赦文。欲朝廷宣布頒示郡縣。二也。必立約束。欲陛下奉藩稱臣。稟其號令。三也。必求歲賂。廣其數目。使我坐困。四也。必求割地。以江為界。淮南荊襄四川盡欲得之。五也。此五者。朝廷從其一

則大事去矣。天子之令曰詔。臣下則以稟令受詔為稟。標屈體降禮。權時之宜。以聽其詔令。則君臣之分定矣。君臣尊卑如天地相遼。降等就卑。以天為地可乎。其不可者一也。天子之恩曰赦。臣民則以過赦誠恩為幸。倘朝廷宣布頒示郡縣。則天下知朝廷之勢去。士民之心離矣。其不可者二也。履至尊以制六合曰天子。謹制度以為諸侯曰藩臣。天子出命者也。藩臣稟令者也。倘奉藩稱臣。稟其號令。則事不在我。國家之勢傾矣。其不可者三也。朝廷全盛之時。歲賂金人百五十萬。猶不能給。遂至敗盟。今日保據東南。財用鮮少。又有養兵之費。自益窘迫。而欲增賂以求金。蓋亦難矣。其不可者四也。淮南荊襄江淮之屏蔽也。四川。天下之上流也。不能措畫屏蔽。保有上流。資天險。繫人心以為固。而欲割要害之地。棄民以求安。必無之理。其不可者五也。金人變詐不測。貪婪無厭。縱使聽其詔令。奉藩稱臣。其志猶

未已也。必繼有號召。或使親迎梓宮。或使單車入覲。或使移易將相。或使改革政事。或竭取賦稅。或朘削土宇。從之則無有藝極。一不從則前功盡廢。反為兵端。以謂權時之宜。聽其邀求。可以無後悔者。非愚則誣也。使國家之勢單弱。果不足以自振。不得已而為此。固亦無可奈何。今土宇之廣。猶半天下。臣民之心。戴宋不忘。與有識者謀之。尚足以有為。豈可忘祖宗之大業。生靈之屬望。弗慮弗圖。遽自屈服。祈哀乞憐。冀延旦暮之命哉。昔少康以一旅之衆。祀夏配天。不失舊物。漢光武騎牛從軍。殺新野尉。然後得馬。率烏合三千。破尋邑百萬。遂定中興之業。晉保江左。財用匱乏。至尊至身衣練布。誘善賈以濟國用。卒延國祚百有餘年。今朝廷事力雖不足以望全盛之時。然將士如雲。帶甲之卒數十萬。士馬之盛。豈不過於少康光武。穀粟金帛。運漕不絕。舳艫相銜。財用之多。豈不過於東晉。有可為之資。而陛下又

有過人之聰明。何憚不為。而欲北面以事仇讎。甘受此屈辱也。夫自古創業中興之主。多由布衣。奮空拳以取天下。非吾之兵民財用。而吾能因而用之。積累以成帝王之業。詒謀子孫。垂裕無窮。今兵民財用。皆祖宗之所以遺我者。而陛下不思所以用之。遽欲委身束手。受制於仇讎之手。此臣之所不曉也。陛下縱自輕。柰宗社何。柰天下臣民何。柰後世史冊何。且立大事建大功者。必以作士氣得人心為先。而號令賞罰者其具也。人心士氣在今日雖已不及建炎之初。然審號令。明賞罰以振起之。尚為我用。陛下一受制於強敵。號令賞罰皆不由於己出。士氣日索。人心日離。將士益桀驁而不可馭。民庶益渙渙而不可蓄。威令一去。如神龍之失水。為螻蟻所困。後雖悔之。噬臍何及。此臣所以夙夜痛憤而寒心也。議者必謂勢有強弱。弱者必服於強。故大王事獯。句踐事吳。孫權事魏。皆行權以濟大業。藉此以感

動聖意。臣皆以為不然。昔者大王居邠。狄人侵之。事之以珠玉犬馬皆不得免。徙居岐山之下。從之者如歸市。狄人乃已。今陛下能以此已金人之侵乎。句踐身入吳以為臣僕。僅得歸國。枕戈嘗膽。卒以滅吳。今陛下能以此報金人之仇乎。孫氏起於江東。未能自立。姑臣魏以俟時。今陛下藉祖宗二百年之基業。縱使未能恢復土宇。豈可不自愛重。而怖懼屈服。以貽天下後世之譏議哉。為此說者。但欲求合於朝廷之意。而不顧患禍之在後。臣愚竊以為過矣。昔趙欲帝秦。魯仲連辭而折之。以謂秦帝則諸侯皆為所制。不聽命則誅戮隨之。欲帝秦者知其利而不知其害。秦非禮義之國。仲連有蹈東海而死耳。不忍為之民也。新垣衍詘。不果帝秦。而秦師為之退舍。曹操以十萬衆臨荊州。勢搖東南。雖張昭亦欲迎之。周瑜為孫權畫策。以謂如臣言。何往不可。將軍安所客乎。權拊案大悟。遂有赤壁之戰。而鼎足之勢成。此二人者。其所陳說深切著明。二君聽之。遂能反禍以為福。轉敗而成功。胸中照了明白洞達。果斷而不疑也。今虜使之來。其用事者未必不以兵隨之。以為脅制之術。顧朝廷所以措置者如何耳。措置有備。雖苻堅百萬之師不足畏。措置無術。雖數千百騎。使足以為吾擾。方危迫之秋。無排難解紛之略。則無貴於智者矣。朝廷自十數年來議論不一。執守不堅。無規模素定之計。玩歲愒日。苟且過時。無積累就緒之功。唱為和議者。紛紛趣度目前。而不以後艱為念。以致今日之陵侮。非偶然也。忠義之士。懷才抱智。不能自達者。豈乏人。臣願陛下特留聖意。且勿輕許。深詔羣臣講明利害可以長久之策。悉以上聞。陛下擇其善者而從之。廣謀兼慮而不偏聽。於今日事必有所補。臣昨於建炎元年嘗獻國是之說。以謂朝廷不能自強自治。但欲卑屈以從之。雖至於奉藩稱臣。虜人之謀勢猶未已。又於紹興

五年。蒙降詔訪問。嘗獻乞罷議和之說。以謂遣使議和。虜人必制我以必不敢為之謀。邀我以必不可從之事。非徒無益。而有害於吾自治自強之計。為患甚深。區區之忠。幸蒙睿察。今日之事。無他。遣使議和不已。使敵人得窺伺。謀畫皆引惹之所致也。臣願陛下為宗社大計。萬機之餘。長慮卻顧。覽前古之興亡。究今日之利害。倘或權時之宜。稟其號令之後。別有須索如前所陳。復稟正朔。易服色。趨朝會。禮誅賞。盡取鞍馬器甲之類。當如何處之。而吾之士氣既索。如何可以復振。人心既離。如何可以復收。國勢既傾。如何可以復完。今日執和議主事者果能任其責而保其必不然乎。遠察大王句踐之事。與今日不同。深味仲連周瑜之言。與今日相若。則利害昭然矣。臣世受國恩。奉事三朝。蒙陛下知遇尤厚。常願奮不顧身以徇國家之急。今事勢危迫。所以應之。一失機會。則禍難相尋。為害有不可勝言者。又非

前日之比。區區孤忠。願效愚計。第恐朝廷不能用之。夫用不用在朝廷。而臣激於義有不得不言者。惟陛下留神幸察。臣竊觀國家之與金人。勢不兩立。而今日之事。止在於絕之與通。亦不難決也。與之通則聽其號令。而臣屬之。動為所制。身危國蹙。必至於亡而後已。與之絕。則圖所以自治自强者。選將勵兵。待其來則禦之。勝負之勢。猶未定也。與其事不共戴天之讎。仰愧宗廟。俯失士民之心。而終歸於亡貽羞無窮。曷若幡然改圖。正仇讎之名。辭順理直。以作士民之氣。猶可以履危而求安。轉亡而為存。未為失策也。二者利害相去遠矣。臣願陛下出自睿斷。正王倫誤國之罪。而肆諸市朝。虜使來入境。則卻而弗納。已入境。則拘留而弗遣。降哀痛罪己之詔。深悔前日和議之失。丁寧反覆。其言切至。以激勵天下臣民將士之心。盡取賂遺敵人金帛。以募敢死之士。訓練習服。以守邊疆。以備不虞。以制虜人衝突。

此計既定。詔旨既頒。臣將見人情翕然回心易慮。天地神明亦當助順。強虜之師不戰而自屈矣。然後撫江淮以為固。進賢俊。退佞諛。修政事。明賞罰。治軍旅。積金穀。待時而奮。以圖恢復。此豈可與受制於人。甘心屈辱同日而語哉。且劉豫者。金人之所立。八九年間。豫之所以奉金人者可謂至矣。一旦廢棄。如弁髦土梗。何則。彼為利謀。而初不以恩信為事也。陛下視金人之於我。孰與於豫。豫猶如此。於我何如。彼雖以江南數千里地王我。其言猶不足信。而況於復故境歸侵地乎。惟智者可與料敵。惟明者可與照姦。陛下或以臣言為未然。願降臣章與羣臣之有智略者慮而圖之。勿為單見之所惑。勿為黠虜之所欺。勿至將來追悔不及。而後悔。則宗社生靈之福也。傳曰。日中必熭。操刀必割。時乎時乎不再來。臣言可採。陛下斷而行之勿疑。以為議論爭讙而害於今日之至計。願先斧鉞之誅。以懲妄發。夫上憂臣辱。主辱臣死。國家事勢至此。死何足惜。惟陛下裁幸。臣昨任江西安撫制置大使日。因淮西酈瓊之變。以己見利害具奏以聞。猥蒙聖恩。降詔獎諭。以臣論及侍從臺諫。以謂侍從者論思獻納之官。臺諫者耳目腹心之寄。以言為職。類皆毛舉細故以塞責。所論不過譴書實稽守倅令丞除授之失。曾至於國家大計。係宗社之安危。生靈之休戚。初未聞有一言及之。遂犯臺諫之怒。厚誣醜詆。以無為有。羣起而攻之。伏蒙聖慈洞照非辜。力賜保全。使得歸休山林。養病藏拙。臣之為幸大矣。蒙垢忍恥。不敢自明。緘口結舌。不敢復與世事。故芻蕘之言久不上達。然惓惓之心。未嘗一日不在赤墀之下也。今聞使事方亟。所係國體非輕。存亡之端。非獨安危而已。臣不勝憤懣。敢以狂瞽干冒天聰。罪當萬死。俯伏俟命。

綱論襄陽形勝劄子。曰。臣竊以當今天下形勝在襄陽。何以言之。四方地勢。正猶弈局。今車駕駐蹕於吳越。是置子於東南隅也。宣撫處置司聚兵於川陝。是置子於西北隅也。湖湘屯重兵以控制。是置子於西南隅也。吳越由湖湘以趨川陝。如行曲尺之上。相去萬有餘里。號令未易達。首尾不相應。一有緩急。何以為援。惟襄陽地接中原。西通川峽。東引吳越。如行於弓弦之上。地里省半。而又前臨京畿。密邇故都。後負歸峽。蔽障上流。遣大帥率師以鎮之。如置子於局心。真所謂欲近四旁。莫如中央者也。既逼僭偽巢穴。賊有忌憚。必不敢窺伺東南。將來王師大舉。收京東西及陝西五路。又不敢出兵應援。則是以一路之兵禁其四出。因利乘便。進取京師。乃扼其喉。拊其背。制其死命之策也。朝廷近拜岳飛為荊襄招討使。其計得矣。然駐軍岳鄂未聞前進。豈不以自兵火以來。襄陽焚毀尤甚。野無耕農。市無販商。城郭隳廢。邑屋蕩盡。而糧餉難於運漕故耶。臣觀自古有意於為國家立功名之今如劉錡祖逖之徒未嘗不據形勝廣招納拔剔撓立官府履艱險攻苦淡積日累月葺理家計然後能成功者若欲坐待其事成必無此理願詔岳飛先遣將佐軍馬及幕府官徑趨襄陽隨宜料理脩城壁建邑屋招納西北之民措置營田勸誘商賈之伍懋通貨賄稍稍就緒然後徙大兵以居之旁近諸郡如金房隨郢見屬我者可以撫綏如陳蔡許潁見從賊者可以攻取不過年歲間必有顯效如鄂屯兵聚糧運漕為難則泝江出襄陽城下通於荊鄂漕運之利未有如此之便者當以兵護糧船使賊不得抄掠則吾事濟矣今日天下形勝臣愚以謂無出襄陽之右者伏望聖慈特加睿察早降指揮無使緩不及事天下幸甚

建炎元年開封尹宗澤上奏曰臣伏見我國家承平幾二百年數世戴白之老不識兵革上下恬嬉猶免度日不復以權謀戰爭為念乃

以賊虜誕謾為可憑信朝廷恬視不少置疑不惟不曾教人坐作進退擊刺挽射之伎俾嚴攻討其間有實欲賈勇思敵所懷之今士大夫不以為狂則以為妄因循苟且以致賊虜顛越不恭遂有前日之禍臣不勝憤恨然茲非賊虜之能也皆由亡誠實之士鼓唱驕逸率以斂跡逃避曲學不恥為智為勇爾萬一有慷慨論列則掩耳不聽別造佞說以相浮動茲無他大抵只欲助賊張皇聲勢直為我祖宗一統基業更不當顧藉豈兩手分付與賊虜耳嗟乎何不忠不義之甚也臣每思念涕泗交下繼之以血此天地神明之所昭鑒臣恭惟淵聖皇帝靖康之初信此和議俾賊大獲而歸去冬與今春夏賊虜猖獗大臣柔邪諛佞畜縮畏避者不敢略有拒抗語但以詭譎為誠實包藏為智謀緘默為沈鷙遂致二聖蒙塵后妃親王與無辜之今流離北去想陛下龍潛濟鄆嘗親聞見張邦昌耿南仲輩所為也陛

下入紹大統即特前主和議者竄之嶺外使天下寃抑之氣一旦舒快自後臣竊聞陛下日與二三大臣論思講畫必欲大雪我朝之恥激勵卒伍勸率義士俾思勤絕以正夷夏不意陛下復聽姦邪之語又浸漸望和迂回曲折為退走計臣願陛下試一思之陛下初陟位何故以講和為非遂逐當時議臣陛下近日又何故只信憑姦邪與賊虜為地者之畫營繕金陵迎奉元祐太后仍遣省官迎奉太廟木主棄河東河西河北京東京西淮南陝右七路千百萬生靈如糞壤草芥略不顧恤比賊虜遣姦狡小醜假作使偽楚為名來覘我大宋虛實臣見如是因納諫狀與留守范訥乞收賊虜奉使之人置之牢獄奏取朝廷指揮庶激軍民士庶懷寃之心俾肯力戰仰贊陛下再造王室中興大宋基業之意今却令還置別館優加待遇臣奉此詔令憂思涕淚心欲折死不知二三大臣何為於賊虜情款如是之

厚而於我國家訏謨如是之薄臣每思京師人情物價漸如我祖宗時若鑾駕一歸則再造之功與中興之烈必赫奕宏大跨商周而越漢唐矣何姦邪之臣尚狃和議皇惑聖聰伏望陛下察之臣之樸愚不敢奉詔以彰國弱此我大宋興衰治亂之機也臣願陛下思之陛下果以臣言為狂願盡賜褫削投之瘴烟遠惡之地以快姦邪賊臣之心不勝痛憤激切之至臣籍藁闕下以俟誅戮

澤乞回鑾疏曰臣聞三代之得天下也得其民也得其民有道得其心也得其心有道所欲與之聚之所惡勿施爾也是則得民之道在察其心之所欲與其心之所惡而已此古所以有天時不如地利地利不如人和之語求民之和豈必家至戶到一一而求之哉應順天今承天下之大順則民不期和而自和矣臣蒙恩差知開封府臣雖衰老無能然必知開封蠹習諸統制下皆是招集惡少亡命無賴者

臣既領府事。更不敢徇身自顧。但以正道德誠感之。不旬浹間。彼惡少輩咸知格心。革謀斂迹遁去。其閭巷閭。亦自然悛改。上下帖然。無復肆擾。以是人人鼓舞。仰陛下之威懷。陛下之惠。拳拳慕戀。不啻嬰孺之愛父母。咸思發憤。敵其所愾。臣每聞王畿内外自父嘉靖熙熙皞皞。將如我祖宗慶祐熙豐時。臣觀人心念念係望者。惟願陛下六龍之御。警蹕之聲。早乘萬騎。來歸九重。以副萬邦切切系戀之誠。

澤又上疏曰。臣聞禹之行水。行其所無事。所謂無事者。非泊然無所為於事也。事無事而已矣。禹蒙天錫洪範九疇。知水有潤下之性。且親見堯有洪水滔天。績用弗成之患。遂因水之性。而順道之。故天下免乎昏墊。而奠厥攸居。蒸無他。皆堯用禹之力也。臣竊觀將士籍籍。皆願陛下歸京師。云京師是衆兵駐劄之本根也。商旅籍籍。皆願陛下歸京師。云京師是天下貫販之要區也。農民籍籍。皆願陛下歸京師。云京師是天下首善之地也。士大夫懷忠義者籍籍。皆願陛下歸京師。云京師是陛下朝宗之域也。臣前在臨濮兵寨中。實憂羣臣無遠識見。恐贊陛下去維揚金陵。又見京城有賊臣張邦昌僭竊。與范瓊輩擅行威福。無所忌憚。所以曾暫乞駐蹕南都。以觀天意。以察人心。仰蒙聽從。臣誤被寵恩。差知開封府事。今到五十餘日。物價市肆漸同平時。每觀天意。春頗清明。每察人心。和平逸樂。且商賈農民士大夫之懷忠義者。咸曰若陛下歸正九重。是王室再造。大宋中興也。臣竊料百僚中唱為異議。不欲陛下歸京師者。不過如張邦昌等姦邪輩。陰與賊虜為地耳。臣願陛下體堯禹順水之性。順將士。順商旅。順農民。順士大夫之懷忠義者。早降敕命。整頓六師。及詔百執事。示謁欽宗廟。垂拱九重之日。毋一向聽張邦昌姦邪輩陰與賊虜為地者之語。不勝幸甚。臣之少也。猶不如人。今年六十九矣。耄耄血誠。恨其學問荒疏。不能以激忠義之辭。仰動天聽。臣不勝涕泣痛恨之至。

澤又上疏曰。臣聞聖人中天下而立。定四海之民。夫中原。天下之中也。京師。又中原之中也。我太祖太宗受天景命。始基于汴。肇造無疆大歷服。固欲傳之億萬世。偶去冬今春。信憑賊虜姦詐。遂致二聖蒙塵。陛下不得已。應天順人。纂承寶緒。四海生靈。謳歌抃舞。自西自東。自南自北。罔不率俾。以俟庶績咸熙。萬邦嘉靖。陛下既即位。乃宴安南京。四方聞之。懷疑胥動。遞相鼓扇。閭閻諸州縣間。有驚劫傷殘之患。蓋是小民無知。因疑致憂。因憂致變。旋相蹂踐。弗奠攸居。蓋無他由。陛下守畏過當。駐蹕別都。俯徇姦謀。預圖遷幸。使狡獪皇惑。敢爾橫肆。盜據竊發。同循蹈蹟。庶有[illegible]以歸畎畝。以操耒耜。鑄劍戟為農器。思不犯於有司爾。若陛下勒翠華之御。俾千乘萬騎。回復輦轂。奠枕九重。臣竊謂可以垂衣裳而天下治。可以坐視天民之阜。王室自然再造。大宋可以中興。曷何夷狄之足憂。盜賊之足慮乎。古先哲王凡有大疑。必詢之左右。又詢之卿士。又詢之國人。又詢之卜筮。臣蒙陛下矜憐。頻遇。待罪開封。臣夙夜思念。竊恐陛下所親信左右輔弼之臣。於對揚獻納之際。不思祖宗創業之艱難。與致一統之匪易。輕徇臆說。有誤國家大計。所以狂妄冒死。觸犯天威。臣不勝憂憤戰慄激切之至。

澤又上疏曰。臣恭惟我大宋。深仁厚德。涵濡方夏。幾二百年。一旦金賊邀迎二聖。京師士民。皇皇無依。嗷嗷無告。若窮民無所歸者。若嬰兒而失其慈母者。忽聞陛下龍潛在濟。於是謳歌竭蹶。交走道路。蓋乃祖宗湛德浹洽。得其心故也。陛下紹登寶祚。尚留南都。臣自到京師。聞道路籍籍。咸曰陛下何不認我宗廟乎。何不眷顧我朝廷乎。何故使我社稷無所依乎。何輕捨我生靈。使我未有所仰乎。是都人之望陛下也切切如此。臣願早回六龍，俾人感翠華之至，漸慰其心。臣前劄具奏，以謂得其民當得其心。其所欲與之聚之，所惡勿施爾也。若陛下回鑾汴邑，是人心所欲也。願陛下與之聚之。陛下聽姦邪畏避賊虜之言，妄議遷幸，是所惡也。願陛下勿施爾也。老臣血誠，言不盡意。

澤又上疏曰：臣學問膚淺，不能式是古訓，對揚天休。今輒瀆悃誠，干冒睿聽，以臣耳目所親聞見事一二疏進。伏望陛下哀憐，特賜俞允。伏覩國家曾變更三舍之法以取士，意謂皐夔稷卨皆自此塗出。卒之迫於月試，對竊時文，罔有稽古者，是三舍果不足以取士也。又嘗尊崇道教以奉真，亦謂神仙莊老皆自此塗出。卒之誕謾譎怪，汙染成風，罔有成就者，是道術果不足以奉真也。又嘗進貢花石以昭事上帝。卒之驕淫矜誇，蠹耗財討，無有紀極，是貢花石果不足以享上也。又嘗結好虜人，欲以息民。卒之邀迎二聖，翔掠侵欺，靡所不至，是守和議果不足以息民也。當時行之，固有阿意順旨，作為歌頌以叨富貴者。其間亦有毅然獨立，不相詭隨，以鯁亮獲罪者。陛下觀之，昔富貴者為是乎？被罪者為非乎？臣每思之，宗廟社稷岌岌如是者，盡由姦邪論人鼓唱四事，俾民病弊，幾不聊生，所以致有今日之患。詩曰：商鑒不遠，在夏后之世。茲覆轍，正陛下蕭墻之鑒。今之言遷幸者，猶前日之言四事為可行，阿諛謟佞，動為身謀，翕翕訿訿，更相助成。今之言不可遷幸者，猶前日之言四事不可行而罹其罪者也。且我京師是祖宗二百年積累之基業，是天下大一統之本根，陛下奈何聽先入之言，輕棄之，欲以遁海隅一狂虜乎？臣觀河東、河西、河北、京東、京西之民，咸懷寃負痛憤，慨激切，想其慷慨之氣，直欲吞此賊虜。陛下何忍恬聽詖順，而不入剛正之言，卒靡罔心，勤絕究殘者？今東京

市井如舊，上下安帖，但嗷嗷之人，思望翠華之歸，謁欵宗廟，無衣九重，亦畜饑渴之望飲食，大旱之望雲霓也。臣竊謂陛下一歸，則王室再造矣，中興之業復成矣。陛下如以臣為狂率誕妄，願延左右之將士，試一詢之。昔周勃入北軍，使左袒右袒，以卜劉呂，蓋非獲已也。臣區區誠意，願陛下以遷幸大計，不獨謀之一二大臣，當與億萬之衆同之。臣忠憤不勝，涕淚交下，激切屏營之至。

澤又上疏曰：伏覩朝廷前遣翁彥國營繕金陵，比有詔復欲遣官奉迎太后六宮以往。臣謂朕當獨留中原。臣伏讀詔書，私竊疑之。此必有進言者，勸陛下過江避寇，而不思天下大計，託為愛君之迹，以濟其不忠。臣願陛下察其利害之實，斷自淵衷，早賜定論。重念本朝提封萬里，京師號為腹心。以祖宗都此，垂二百年，宗廟社稷所存，而民人依之以居者，無慮萬萬計。今兩河雖未敉寧，猶一手臂之不伸也。而乃遽欲去而之他，非惟不能療一手臂之不伸，并與腹心而棄之。豈祖宗所以付託之意，與天下睽睽萬目所以仰望之心哉？彼進言之臣，蘇何容易。且利害之端，曉然可見。臣乞陛下且駐蹕南都，未可輕議舉動。臣雖老矣，尚當翼鑠鼓勇，立辦禦敵之具，以圖萬全之舉。然後掃除宮禁，嚴備扈從，奉迎鑾輿，謁見九廟，非特使神祇祖考安樂之，庶幾中原增重，不失天下之大勢也。不然，則是徒為遠計爾。示虜以弱，非惟不恤兩河，抑又不恤中原，且去宗廟社稷而不顧，陛下豈忍乎？臣重為陛下惜者此爾，故敢直輸血誠，乞陛下留意無忽。昔景德間契丹冦澶淵，警報一聞，中外震恐。是時王欽若江南人，即勸章聖幸金陵；陳堯佐蜀人，即勸幸成都。惟寇準毅然關之，請帝親征，卒用成功。顧臣庸譾，何敢望準。然事適相類，不敢不以章聖望陛下也。臣又向期既已來迎鑾輿還都，即當身率諸道之兵，直趨兩河之

外。驟無虜騎時特生縛賊附立迎二聖以歸。春雪靖康一再之變然後奉寶玉璽以爲聖天子億萬斯年之資。臣之志願始畢矣。竊自謂愛陛下者無如老臣。然不知臣者必指臣以爲狂妄。臣亦非所恤也。伏望陛下觀事之宜。察臣之心。則知臣之忠於爲國。

澤又上疏曰。臣契勘京城四壁濠河樓櫓與守禦器具。其當職官吏協心併力。夙夜餘今率厲不懈。增築開濬。起造辦理。這皆就緒。臣又製造決勝戰車一千二百兩。每兩用五十有五人。一卒使車。八人推轂。二人扶轅。六人執牌輔轂。二十人執長槍隨牌輔轂。二十有八人執神臂弓弩隨槍射遠。小使臣兩員專幹辦閱習。車每十車。差大使臣一員總領爲一隊。見今四壁統制官日逐教閱。坐作進退。左右回旋。曲折之陣。委可以應用。又沿河十六縣與上下州軍相接。作聯珠寨以嚴備禦。臣見使王彥當中正在河西攻擊收復州縣。西京河陽鄭滑等州。同爲一體。把截採伺。次第賊虜畏服。已不敢輕犯。且自逮登極。臣自到京。奉揚陛下仁風。布宣陛下德意。今街巷市井人情物態皆已忻悅。救寧嘉靖。同祖宗太平時。顧臣犬馬之齒六十有九。比緣陛下委付之重。常恐寸力不任。惕惕憂懼。近日頓覺衰瘁。萬一溘先朝露。辜負陛下眷恤倚憫之意。臣死目不瞑。倘使臣與六官吏士民望翠華四聲之塵。瞻仰天顏。俯伏百拜。然後臣退填溝壑。亦如生之年。死骨不朽。論語曰。爲政以德。譬如北辰居其所而衆星拱之。京師乃我祖宗基命肇造二百年大一統基業本根之地。陛下奈何偏聽如張邦昌輩邪佞之語。欲巡幸爲名。輕去其所。使四海來享來王之人。偏信道路於偏僻州軍爲朝宗之地。[illegible]臣果得以此老身俯伏道左。迎陛下千乘萬騎。歸拱九重。奉陛下指揮號令。賊虜可以請盟。寇盡肅然平蕩。並宣於爲壽。遂大宋中興可必者。姦妄之人。言臣欲以擁衆。欲孽叛君父。要臣自頂至踵。皆伏斧鉞。臣已修整御街御廊護道橋子平整。南薰門一帶御路。開萬邦百姓觀望于京師者。日夜願瞻望陛下迎奉祖宗之主。與隆祐太后、皇后妃嬪、皇子入春城安大內以福天下。臣夙夜憂思。眷眷念念。繼之以泣。願陛下憐臣孤忠。矜臣衰暮。惟思心力不逮。或有誤陛下國家大計。今年河流不冰。惟陛下斷自淵衷。毋惑群邪之議。書曰。惟克果斷。乃罔後艱。臣下情不勝激切之至。

澤又上疏曰。臣聞易於渙之卦曰。渙汗其大號。此言人君發號施令如汗焉。一出而不可反也。臣竊觀陛下踐阼大寶。權時之宜。雖邇近句矣。天下之民延頸企踵。日望鑾輿之歸。經理中原。以建中興之業。故延者觀降詔書。即將還闕。恭謁宗廟。延見父老。中外聞之。莫不鼓舞相慶。歡謂陛下英斷如此。何事不立。何功不就。倘浮言之可惑。何哉狀之是要太平基業。已在此舉。乎詔之後。曾復一日。尚未聞千乘萬騎。消日啓行。民心不能無疑。爲臣愚竊意陛下乾綱不撓。離明並照。洞見安危之機。必不肯失信於天下。是必有姦臣誤陛下屢失信之誘也。伏見近者河陽水漲。斷絕河梁。有姓馬人妻王氏者。率衆討賊。賊勢窮蹙。未知所爲。此天亡虜寇之時也。若天與不取。反受其咎。臣欲因此時遣閤勍、王彥各統大兵。乘其危殆。大振軍聲。盡平賊壘。伏願陛下亟還京闕。以繫天下之心。則孰不用命。且投機之會。間不容穗。願陛下毋惑於姦臣之言。斷自淵衷。臣自頭鬚舉可保萬全無可疑者也。或姦謀欺天聽。未即還闕。伏願陛下從臣措畫。勿使姦臣沮抑。以誤社稷大計。陳師鞠旅。與之決戰。掃蕩胡塵。擴清海宇。然後奉迎鑾輿歸還京闕。以快天下之心。以塞姦臣之口。臣豢陛下知遇誓效死節。臣區區愚忠。未能自已。伏望聖慈特賜睿斷。天下幸甚。

二年澤又上疏曰臣聞易曰天下之動貞夫一孟子曰天下烏乎定曰定于一恭惟京師是我太祖高帝肇造大一統之本根也奕世聖人繼繼承承於此坐視天民之阜所以自西自東自南自北莫敢不來享莫敢不來王薄海內外罔不率俾陛下天錫勇智紹寶緒天下之人竭歷稽首咸曰一我王心今既奄有九有實萬世無疆之休陛下奈何不念四海生靈切切傒后之意乃偏聽姦邪之言託為時巡駐蹕淮甸不思我宗廟朝廷祠享報上垂拱視下又不思我二聖后妃親王天屬眷戀朝夕懷想迎取之志又不思我諸帝諸后陵園廟貌以時不祭所以貽厥子孫之情臣竊謂陛下若於二月間詔勅回鑾整蹕則天下皆知一人來歸九重強者當革心遠罪弱者當屏迹復業必無憂聚衆為盜賊諸軍將士震奮感激願敵所愾四夷亦必戢心懾謀以銷殘滅尚何惡之能為乎書曰時哉弗可失

臣若有毫髮誤國大計臣有一子三孫皆被誅戮以謝天下臣竊惡州縣狃於擾擾百姓扇搖不能耕桑耕桑失時則衣食之源盡廢衣食不給使諸大臣中雖有皐夔稷契伊尹周公亦不能善其後矣願陛下以祖宗二百年大一統基業為意不可憂思過計而信憑邪佞自為身謀者之誤早勅回鑾則天下幸甚臣犬馬之齒已七十於禮與法皆合致其事以歸南畝臣漏盡鐘鳴猶僕僕不敢乞身以退者非貪冒也實為二聖蒙塵北狩陛下駐蹕在外夙夜泣血惟恐因循後時使天下由此失我祖宗大一統之緒所以狂妄屢有數奏非臣好為此激訐恭望睿慈委曲詳察

澤又上疏曰臣聞人主中天下而立定四海之民恭惟太祖皇帝肇造區夏以今京師為天下中啟創業垂統貽傳之億萬世太宗真宗仁宗英宗神宗哲宗歷奕世聖人傳以相授皆以京師為本根之地所以高拱穆清坐視天民之阜必於天下之中也惟奠枕于京則自西自東自南自北莫敢不來享莫敢不來王矣偶緣玩習太平之久文武恬嬉狃於驕淫矜誇忘戰守之備遂致賊虜橫肆殘破州縣闖關京城劫迎二聖后妃親王與諸天眷蒙塵北去僑寓沙漠此忠臣義士所以夙夜涕泣繼之以血自陛下即位應天四海萬方歡忻鼓舞垂髫鮐背山農野叟咸以手加額仰面謝天曰天下有真主矣萬世永賴是天祚明德為無疆之休矣四方帖然若遠若近盡無盜賊豎陛下偏聽姦邪與賊虜為地者之語移蹕淮甸諸處兇惡強盜如蝟毛起如蜂閧聚縱火殺掠所在猖獗罔有悛懼以謂朝廷在遠無所依歸遂至是爾臣於二月十八日祗授降到黃榜詔勅云遂假勤王之名公為聚寇之患如是則勤王之人皆解體矣臣竊謂自虜人圍閉京城天下忠義之士憤懣痛切感厲爭奮故自廣之東西湖之南

北福建江淮梯山航海越數千里爭先勤王但當時大臣無遠識見無大謀略低回曲折憑信姦妄不能撫而用之遂致二聖北狩諸親骨肉皆為劫持牽聯道路當時大臣不出一語使勤王大兵前往救援凡勤王人例遭斥逐未嘗有所犒賞未嘗有所幫助飢餓流離困厄道路弱者填滿溝壑強者盡為盜賊此非勤王人之罪皆一時措置乖謬耳比來姦邪之臣方爾橫肆賊虜自然得勢強梁惡少無緣殄滅竊念國家聖子神孫繼繼相承深恩盛德淪浹人心洽浹骨髓今河東河西不隨順番賊不為剃頭辮髮而自保山寨者不知其幾千萬人諸處節義丈夫不顧其身而自黥其面為爭先救駕者又不知幾萬數也今陛下以勤王者為盜賊則保山寨與自黥面者豈不失其心耶此語一出自今而後恐不復肯為勤王者矣噫得天下有道在得其民得其民有道在得其心陛下若駐蹕淮甸俾人顒顒之

望皇皇之情。若有所慰安此人之心也。願陛下勿阻遏之。以失人心。臣仰詳詔語。豈陛下之意。皆詞臣失職。不能敷繹之過。臣願陛下黜代言之臣。別降罪己之詔。許還闕之期。以大慰元元激切之意。陛下還京登樓肆赦。則天下之人。盡皆遷善遠罪。不犯于有司。豈復更有為盜者。王室再造。大宋中興。在此一舉。願陛下睿斷而力行之。若以臣言上咈陛下之意。誅之赦之。惟陛下命。

澤又上疏曰。臣聞范仲淹云。天下之事。有二黨焉。一黨曰。發必危言立必危行。王道正直。何用曲為。一黨曰。遜言易入。遜行易合。人生安樂。何用憂為。天下之治亂。在二者勝負耳。大抵危言危行。是欲致君於無過。置民於無怨而已。天下豈有不治者乎。若夫遜言遜行之徒。阿諛曲折。隨意所嚮。迎逢爲合。君施恩於上而下弗被。民懷怨於下而上弗知。如是天下豈有不亂者乎。今之士大夫志氣

每下。議論卑陋。上者不過持祿保寵。下者不過便文自營。曾不能留心惻怛。為陛下思承祖宗二百年大一統之基業為可惜。又不為陛下思父母兄弟與至親天眷蒙塵沙漠。翹翹徯望大兵救援之意。又不曾為陛下思祖宗西京園陵寢廟為賊虜所占。今年寒食節。未有祭享之地。又不曾為陛下思京師是天下之本根。宗廟朝廷百司倉廩。儼然如舊。又不曾為陛下思河北河東京之東西陝右淮甸。百億萬生靈之衆。罹塗炭切膚殘破之苦。但朝進一言。暮入一說。計較遷舟冒大風險。欲南幸湖外。此姦邪之謀耳。臣嘗思之。是一欲為賊虜方便之計。二為姦邪親屬皆先已津置在南。嗟乎。為臣不忠不義。乃至於此。孔子所謂患失之。無所不至。正謂是也。臣夙夜痛心泣血瀝竭愚忠。為陛下保護京城。自去年秋冬。今春又三月矣。農務是時。陛下不早回九重。則天下靡有定。臣不勝憤懣激切。再瀆天聽。狂妄干冒。甘俟斧鉞。

歷代名臣奏議卷之八十五

歷代名臣奏議卷之八十六

經國

宋高宗建炎二年。開封尹宗澤上疏曰。易曰。幾者動之微。吉之先見者也。君子見幾而作。不俟終日。孟子曰。雖有鎡基。不如待時。蓋天下之事。見幾而為之。待時而措之。則事無不成。苟或失焉。必至汗漫委靡而不振矣。方今輦轂之下。民俗安靖。宗廟社稷。儼然如故。以致收復伊洛。而虜酋過河。[illegible]殺滑臺。而胡騎屢敗。河東河北。山寨義民。數遣人至臣處乞出給旗榜。引領舉踵。日望官兵之至。皆欲戮力協心。掃蕩番寇。以幾言之。則大宋中興之盛。於是乎先見矣。以時言之。則金賊滅亡之期。於是乎可必矣。惟在陛下見幾乘時。早還華闕。與忠臣義士究圖事功。則萬舉萬全。可以滅金賊而成中興也。或者以謂自揚至汴。時有小寇。恐屬車之來。途中不能無虞。臣謂造此言者。乃姦憸小人。自為身謀。殊不知盜賊所以作者。誠緣法駕久寓外郡。國勢未強。天下不能[illegible]之于一。故時有竊發之事。乃若六龍來復。宅中圖大。則比屋歡呼。人人各歸業。強不凌弱。衆不暴寡。豈復有盜賊耶。此事甚易明。其理甚易知。然而姦邪之蔽於營私。往往不肯開陳。而力為陛下詳說者。惟老臣而已。臣所以再三言之者。豈好辯哉。恭念祖宗二百年舊都。不忍[illegible]為姦臣委去也。恭念陛下聰明齊聖之資。不忍為姦臣蔽蒙也。念赤子之嗷嗷。不忍為姦臣坐視而不救也。念金賊猖獗。不忍為姦臣縱敵而不救也。伏願陛下念茲在茲。斷自淵衷。速回鑾輿。上以對祖宗之神靈。下以慰黎元之懷想。外以平醜類之侮拂。則天下大定。指日可期。書曰。勅天之命。惟時惟幾。望陛下留神而三復之。臣今遣僚吏呼延次升及臣之子穎。詣行闕以聞。

澤又上疏曰。臣得范瓊書。叙說所統軍兵。有海內招安使臣水軍奉聖旨。令於儀真駐劄。教習水戰。抗扼上流。於三月八日已到真州訖。讀此語而不知扈蹕之臣。誰為陛下建此議也。且王者無外。其規模約束。當使守在四夷。昔楚人城郢。史猶鄙之。況陛下奄有九有之時。可規規孑孑為偏霸之事乎。茲豈憸人之欲虛張賊勢。以為可防其意望邀延六龍進發之期爾。殊不知此聲一傳。則四方驚愕。必以謂中原不守。遂為江寧抗扼之計。如是則何以綏安四海之聽乎。蓋天子為君萬邦。而元后作民父母。陛下回鑾登樓肆赦。則普率之人欣欣怡怡而相告曰。天子宅中圖大。則萬邦罔不率俾矣。元后正[illegible]丕承。則兆民浸浸於變時雍矣。夫如是。臣將見金賊不足滅。而中興之功與天比崇。若使范瓊教習水戰。是聖心猶豫。尚緩還期。則中外播聞。愈自懾怯。則萬國何自而咸寧乎。此臣所以拭目注望屬車之塵。不忘夙夜。伏願陛下明詔范瓊。亟促人馬。不須更習水戰。祇備扈駕歸御京闕。毋使羣黎百姓齎咨涕注。則豈惟老臣之幸。實天下萬世之幸。

澤又上疏曰。臣竊見漢光武用寇恂為潁川太守。因從車駕擊隗囂。潁川盜賊羣起。帝顧謂恂曰。潁川迫近京師。當以時定。獨卿能平之。恂對曰。潁川惡少輕剽。[illegible]朕為我。但聞陛下有事隴蜀。故乘間竊發耳。若乘輿南向。賊必惶怖歸死。臣願執銳前驅。帝即日命駕南征。盜賊悉降。遂建東漢中興之業。臣竊見近日有招安到丁進者。數十萬衆。願為陛下守護京城。又李成願扈從還闕。即度河勦絕虜寇。又沒角牛楊進等領衆百萬。亦願率衆渡河。同迎取二聖。茲三頭項人馬。非潁川比也。今皆披瀝肝膽。同寅協恭。共濟國事。臣聞得道者多助。多助之至。天下順之。陛下千乘萬騎。來歸京師。九重遹追我太祖太宗奕世聖人二百年大一統基業。則天下必心悅而誠服。庶績其凝。萬國咸寧矣。尚何盜賊戎虜之之應矣。臣敢瀝悃誠，再冒天聽，伏望裁赦。

澤又疏曰：臣聞孟子曰：雖有鎡基，不如待時。故君子不先時而起，不後時而縮，當其可而已。易曰：幾者動之微，吉之先見者也。故君子見幾而作，不俟終日。不曰如之何而已。恭惟我國家曩緣虜人侵犯郊畿，殘破州縣，恣為誕妄，百端邀求。今天意悔禍，人心助順，考時與幾，實陛下中興之會也。古聖人勅天之命，惟時惟幾者，蓋以時幾不可失。而知幾若神，故也。臣觀京師城壁已增固矣，樓櫓已脩飾矣，龍濠已開濬矣，器械已足備矣，寨柵已羅列矣，戰陣已閑習矣，人氣已勇銳矣。汴河、蔡河、五丈河皆已通流，泛應綱運，陝西、京東、滑臺、京洛番賊皆已掩殺潰遁矣。天下萬邦，與幾向生靈，夙夕祈天而請者，鄉南懇禱而願者，但望陛下千乘萬騎，號令風伯雨師，清塵灑道，翠華回鑾，坤御九重，為四海九州作主耳。一人有慶，兆民賴之，蓋其時也。

姦其幾也。臣願陛下毋聽姦邪之言，而忽其時，忘其幾。天下幸甚。果息兩河山寨之心，與沮萬民敵愾之氣，則天下危矣。願陛下毋循東晉既覆之轍。臣老矣，不勝至誠惻怛懇切之至。願陛下哀憐之。

澤又上疏曰：臣聞孟子之言，術不可不慎也。矢人惟恐不傷人，函人惟恐傷人。巫匠亦然。臣因斯語，始知人心所存之邪正，與所作之是非，若以迹繫之，了然區分，如辨黑白。夫忠義之人，動容周旋，無非忠義，而不忠不義之事，無自而入焉。故其於上下，愛戴保護，不啻如函人惟恐其傷之也。彼不忠不義之人，動容周旋，亦無非不忠不義，而忠義之道，無自入焉。故其於上下，毀裂攘棄，不啻如矢人惟恐其不傷之也。恭惟我國家曩緣賊虜，肆橫殘破州縣，圍閉京城，劫掠邀求，靡有紀極，以至強迎二聖、二后、妃、親王與諸天眷蒙塵北去。凡忠義之士，莫不痛心疾首，泣血奮呼，佐佑陛下，張皇六師，震耀神武，總領貔貅之士，掃蕩沙漠，迎奉二聖，歸京師，俾中原生靈還定安集，閭或污穢，愛戴其上，保護其下，夙夜念念，想如函人，為惟恐其或傷之也。其不忠不義者，但知持祿保寵，動為身謀，謂我祖宗二百年大一統基業不足惜，謂我京城宗廟朝廷府藏不足戀，謂二聖后妃親王天眷不足救，謂諸帝諸后山陵園寢不足護，謂周室中興不足紹，謂晉室覆轍不足羞，謂巡狩之名為可效，謂僞地之伯為可述，儲金帛以為賊資，積器械以為賊用，禁止守禦之招募，慮勇敢之敵賊也，措保甲以助寇，慮流離之安業也。斯欲闇天聽，蔑戕下民。凡誤國之事，無不為之。猶矢人為惟恐其或不傷之也。臣願陛下驗已試之迹，以道揆之，則人心所存之邪正，與所作之是非，自然區分，無足疑矣。臣衰老孱懦，誤蒙陛下識擢，俾留守京城，兼開封尹事，臣砥礪殫竭，知無不為，惟恐失措有誤國家大計。然臣每所申奏，若非陛下察臣斷斷孤忠，憐臣

情情見悃，體天地之大德覆護，擴日月之大明照臨，臣與血屬，當齎砧斧，齏粉萬狀矣。尚安能為陛下保釐尹正，使京城市井里巷晏居樂業，熙熙皞皞，如我祖宗太平之時乎。臣之至此，豈止謗書盈篋而已耶。伏願陛下六龍萬乘，車歸大內，下慰四海生靈瀝血懇切之望。臣之言，此實出悃誠痛切憤悶，所以不避姦邪詆誣，不避冒犯誅戮。臣願陛下降臣此言，榜之朝堂，俾應在朝臣僚，實封章疏，指摘臣言，如臣言稍涉狂妄，乞正典刑，明臣罪惡；如臣言果符忠義，乞降詔勅，明告回鑾之期，庶安天下之聽。此事甚大，恭俟睿慈洞察，勿貳勿疑。

澤又上疏曰：臣犬馬之年，已七十矣。陛下不以臣衰老無用，付之東京留鑰。臣自去年七月到任，夙夜究心，營繕樓櫓城壁，掃除宮禁闕廷，分布柵寨，訓練士卒，教習車陣。比及終冬，諸事稍稍就緒。都城貼然，風物如舊，人人延頸跂踵，日夜傒望聖駕還闕。臣以故自今年正

月三日兩次遣屬吏及臣之子捧表速詣行在投進祈請車駕西上歸諱大赦於宣德門使天下曉然皆知陛下言旋舊都再造王室命令用是通達盜賊用是消弭無復有方命阻兵之患然後容臣為陛下條畫措置逐項陳請遣一使泛海道入高麗諭以元豐惇好之舊令出兵攻金賊之西又復遣官從間道趨河東諭折氏脩其舊職以固吾圉使三陲交攻金賊令彼應敵不暇吾方大舉六月之師一道由滑濬一道出懷衛涉河並進北首燕路訪大遼子孫興滅繼絕約為與國則燕冀之感恩荷德不患不為吾用如此則金賊勢必孤弱自可縛而臣之二聖天眷自此決有歸期兩河故地自此決可收復而況兩河之人感祖宗二百年涵養之澤雖陷賊踰年而戴宋之心初無攜貳使吾大兵渡河而戰則東北人民必有背賊歸我前徒倒戈攻于後以北蕃不顧為吾死孟子曰雖有智慧不如乘勢雖有鎡

基不如待時今時則易然也臣嘗以今日時勢觀之天意悔禍人心固結雖三尺童子爭欲奮臂鼓勇恨不碎金賊之首食金賊之肉又況當六月宣王北伐之時機會間不容髮陛下何憚而不亟還京師使臣獲奉咫尺之威請借筯以籌黃帝書曰日中必彗操刀必割此言時不可失也諺曰當斷不斷反受其亂此言斷不可誑也今日之事臣願陛下以時果斷而行之毋惑讒邪之言毋沮忠鯁之論儻陛下以臣言為是願大駕即日還都使臣為陛下得盡愚衷若陛下以臣言為非願陛下即日放罷老臣或重寘責臣所不辭惟明主可與忠臣言臣故昧死以聞

澤又上疏曰臣聞詩於小雅載六月宣王北伐之事蓋夷狄以弓矢馬騎為先而當六月斂藏之時皆難於致用故宣王乘時行師終於薄伐獫狁以建中興之功臣自留守京師夙夜匪懈經畫軍旅近據諸路探報賊勢窮促可以進兵臣欲乘此暑月遣王彥等自滑州渡河取懷衛濬相等處遣王再興等自鄭州直護西京陵寢遣馬橫等自大名取洺趙真定楊進王善丁進李貴等諸頭項各以所領兵分路並進既過河則山寨忠義之民相應者不啻百萬契丹漢兒亦必同心殲殄金人事纔有緒臣乞朝廷遣使聲言立契丹天祚之後講尋舊好且興滅繼絕是王政所先以歸天下心也況使虜人疑聞自相攜貳耶仍乞遣知幾辯博之士西使夏東使高麗喻以禍福兩國素蒙我宋厚恩必出助兵同加掃蕩若然則二聖有回鑾之期兩河可以安貼陛下中興之功遠過周宣之世矣臣犬馬之齒今年七十矣勉竭疲駑區區愚忠所見如此臣願陛下早降回鑾之詔以繫天下之心臣當躬冒矢石為諸將先若陛下聽從臣言容臣措畫則臣謂我宋中興之業必可立致若陛下不以臣言為可用則願賜骸骨

放歸田里誠歌擊壤以盡殘年頻煩上瀆天聽悚恐待罪

三年司諫趙元鎮上奏曰臣恭惟陛下歷茲艱運屢更變故雖否泰循環理之必至矣其或者眷佑我宋激勵陛下益堅憂勤之念以就中興之業乎昔趙簡子以襄子為後謂其臣董安于曰是其人能為社稷忍辱後襄子豪受灌飲之恥而卒滅智伯越王句踐敗困會稽既以反國置膽於坐飲食必嘗曰汝忘會稽之恥耶後亦以滅吳區區小國之君苟用心如此卒能有成今陛下承隆平久逸之後躬履艱棘淮甸之擾倉卒播遷三兇姦謀乘間竊發陛下不深以罪人而責躬克己唯以天下為念是能為社稷忍辱矣其亦飲食嘗膽如勇會稽之恥仰承天之所以責成之意則興衰撥亂此其始歟唯夫食不加肉衣不重綵折節下賢與百姓同勞苦是乃句踐之所以滅吳

元鎮又奏曰。臣嘗謂方今之事。有以易敗而難成者。其害有二。臺諫不盡言。朝廷不任責。不盡言則昧於利害之實。不任責則忽於成敗之幾。其欲保邦致治。不亦難哉。臺諫之不盡言也。以朝廷惡聞其事。拒之而不得言。言之而不得行。則與不言何異。畏棄地之譏。中變連和之策。懼避戎之論。力沮渡江之謀。遂使遺患都城。流毒淮甸。生民淪陷。社稷阽危。是皆不任責以致之。禍可既哉。今陛下深鑒其失矣。然今日之事與前不侔。議和之使。係踵於道。而兵禍不解。初幸浙西。再臨江左。而防扞未備。則朝廷之責益重矣。惟陛下與大臣圖之。毋蹈前車之失。至於祖宗基業付託之重。孰為之子孫。四海生靈歸附之心。孰為之父母。此則陛下之責也。當斯時負此責。顧不艱哉。唯自任不疑。力行不屈。赫然丕變。庶幾有濟。其或畏避苟且。幸其無事。則淪胥以敗。未見有振起之漸。昔劉備起漢蹶屬志在靖難。雖困敗沮辱

之中。而剛果之氣。略不少衰。一時豪傑。皆為其用。卒能以區區疲蜀。屢困中原之師。後世稱之。號為英主。今陛下再經大變。艱難顛沛。亦已極矣。而天下之責猶不得辭之。臣願陛下持志宜益堅。臨機宜益壯。奮發天威之斷。激昂神武之姿。至大至剛。終始如一。凡今日未獲之事。躬自任之。以風勵天下。使公卿任公卿之責。將士任將士之責。則內脩政事。外攘夷狄。舉在是矣。實宗社之幸。斯民之幸也。

元鎮又上奏曰。臣於今月初一日。嘗具愚懇。仰瀆聖聰。乞俟浙西平安。及建康已有渡江的耗。乃議進發。竊聞昨日已降旨揮。初十日巡幸平江。外議紛然。頗謂未便。臣不知朝廷有無探報。所報如何。浙西之寇。即今何之。平江境內。曾無侵犯。建康之衆。曾未渡江。若平江之吉凶未知。建康之去留未審。則今來車駕將安往耶。聞欲暫駐越州。徐圖所向。因為就食之謀。然越州百里之內。悉遭虜掠。不過取之衢發諸州。而陸路阻脩。艱於運漕。儻未接濟。何以支吾。倉皇之中。益難措手。兼敵人未遠。狡詐難防。萬一分兵出奇。姑為回戈之勢。則行在咫尺。寧無震驚。人心一搖。變故莫測。臣雖淺陋。慮猶及此也。或謂軍儲窘迫。不能安居。然此不殊。何由足備。臣愚欲乞先遣王瓔等軍分屯嚴整。不惟減省行在用度。亦足張大聲勢。應援浙西。以俟建康寧息。及平江保守無虞。然後移蹕北還。似未晚也。恭惟陛下以萬乘之尊。負宗廟社稷之託。凡茲舉動。要當萬全。前日須降德音。固已失之太遽。如今日回蹕之事。尚頗少留聖慮。豈可堅執前議。不虞後患。臣採之衆論如此。非臣管見敢此異同。伏乞留神省察。

元鎮又上奏曰。臣嘗謂天下有公論。不可以力制。不可以智勝。由堯舜周孔以迄於今。如權衡之設。黑白之辨。自一人之善惡。至朝廷之賞罰。一付於此。則天下治矣。國家陵遲衰弱之漸。人皆謂夷狄之為

患。其亦知有以致之乎。以善惡是非之倒置。公論久鬱而不明也。其來遠矣。禍胎至深。固宜痛心疾首。亟變而力新之。如救災溺。唯恐不及。如去惡草。絕其本根。使風教純一。物情和會。則人之所欲。天必從之。悔禍於我。其或在是。搢紳者聞猶昧此。或狃於術業之異。或牽於恩舊之私。陰有所懷。巧為沮遏。忘乎大公至正之道。而甘心於亡國喪家之術。亦其人之不幸歟。非特其人之不幸也。宗廟社稷天下生民之不幸也。靖康之初。發蔡京之罪。錄黨籍之家。而議者則曰。今邊事未息。軍政未備。忽而不省。乃復為此不急之務。建炎之初。辨宣仁之謗。復詞賦之科。而議者又曰。今二聖未還。兩河未復。置而不問。乃復舉此迂闊之議。其言一行。姦計潛發。遂使上皇引咎哀痛之詔。率為空文。淵聖紹復祖宗之言。訖無成効。噫。太平之論。須太平而為之。靡亦為之。而後至恥。尚惑於其說。如前所云。則天下之事無時而可

為雖善惡是非必斷於公論者亦不得而搖詞矣必欲賊服人望得其懽心不亦難哉唐憲宗用皇甫鎛程异為相裴度論之曰可惜者淮西盪定河朔底寧憲宗斂手削地韓弘輿疾討賊豈朝廷之力能制其命哉但以處置得宜能服其心耳德宗當奉天之難詔問陸贄一時急務何者切直贄對以理亂之本繫於人心況當變故搖動之時在危疑向背之際人之所歸則植人之所去則傾安可不審察羣情同其欲惡使億兆歸趨以靖邦家此誠當今之急務也以裴度陸贄之才非不知高城深池堅甲利兵與夫折衝制勝為禦侮防患之策而納忠於君者其言如此誠知弭亂之本與陛下紹膺大統適丞多艱欲大有為必知其要念憲宗中興之業在處置之得宜察陸贄理亂之言繫人心之向背舉祖宗之法復而未盡崇觀之患深而未除以至進退賞罰焉當於人心而合乎公論雖沛顛沛而因革可否

不可一日而廢唯公論著善惡明輿議攸歸士風丕變則慕德向化心悅而誠服之矣寧謂已往之事無益於今耶若夫積粟練兵之謀攻守奇正之謀當責之有司而朝廷之上朝夕之所講明者正宜在此唯陛下不以疎闊而忽之

起居郎胡寅進萬言書略曰臣竊考古者人君巡守本以省方觀民黜陟諸侯而考制度故舜以五載為節周以十二歲為節蓋有常制不然則詰戒戎兵征討不庭如高宗伐鬼方成王伐淮夷宣王伐玁狁無非事者先王之舉動惟此二端固不為苟也秦漢以來如始皇孝武乃好用兵外夷間以豫遊馳騁八荒國家病矣亦未有為狄人追逐逃避奔潰而無所定止者也至唐明皇為安祿山所敗首以萬乘之君棄宗廟社稷而出奔如古失國諸侯寓公為笑萬世至其後嗣習為故常代宗德宗皆一再出狩不以為恥然猶所據得形勢之利又有謀臣猛將為之宣力扞患難雖能克復不至滅亡而其挫志忍辱亦不少矣豈古所謂巡守之意哉本朝受命太祖太宗躬擐甲冑以定大業無有寧歲卒平四方奠宅中土則與古戒兵戎討不庭伐鬼方淮夷玁狁之事可無愧矣至真宗親駕澶州戡定北狄功尤俊偉自是以後坐致太平思欲告功神明昭示得意遂祠汾陰封太山則與古者省方觀民黜陟諸侯而考制度之意雖未盡善亦庶幾焉夫此二端蓋不費國勞民而國以益安民無怨咨者以其所舉凡欲為民非苟之也聖聖相繼至上皇九五朝非以郊祀籍田未嘗警蹕城外軍民之情四方觀聽皆以為固當如此歷百餘年生長老死惟京師為安爾靖康之失既往難悔陛下嗣位則正商高宗周宣王所遇之時而遽循唐明皇代德奔走之跡遂不力圖興復抗志有為公卿大臣及以省方巡幸之美名而文飾之自南都至維揚自維揚

至錢塘自錢塘至建康自建康至平江三年之間國益危勢益蹙狄益横人益恐回視過日但有不如況平江素無江山險固之强惟以陂澤沮洳數百里自保辟猶蹄涔坎井豈足以盤礴神龍一失波濤雖螻蟻猶能困之若又遠駕縱能緩於追侵而衆怨必生定有肘腋之變不待蓍龜所告理之必然者也故播越隱遁天下之人皆可惟陛下則不可臣自扈從以來日夜憂懼欲奮然陳論慕斷歎之所為竊恐哀心積久多畏在朝議論決不合諧虛逸聽聞無補於事欲泯默度日又念偷數苟存存亡休戚分義所同反覆思之不能自已輒以愚鄙之見條成一書綱舉七策別為二十事論巡幸之失畫撥亂之計冒昧塵瀆其間切要輒用黃紙貼出以備省覽至於因議大體而泛及他事者難以既不繫則亦用紙表見之非敢自謂無不中者然今日大謀恐須如此乃能振起伏望陛下懇惻憂思特賜詳閱如可

施行。即乞降付三省樞密院，參酌去取，斷為國論。仰日改圖，如或不能，則臣所見妄，亦可止於如是。雖備任用，何能有補。願從廢黜，實所甘心。至於狂戇之言，觸犯顏色，私自揣摩，理難寬貸。陛下寶慈天覆，必能恕之。震慄雖深，特以無恐。所有臣書謹具進呈。其書曰：臣伏覩詔書，以敵人侵陵，備禦不給，遂有移蹕之意。若顧岳鄂，左趨吳越，安危利害，下詢羣臣。臣時駭然，不意清問之及此。何者？陛下自錢塘來幸江寧也，有詔曰：以援中原矣。及至江寧，改舊邸之名，符啟建之義，改為建康府，以昭受命之祥也。有詔曰：興邦正議於宏規矣。繼而深懲維揚之禍，遣奉隆祐太后，以六宮及百司不與軍旅者之南昌也。有詔曰：朕與二三大臣，帷幄宿將，堅守不動，誓有一死，以荅羣生矣。前後三詔，近在半年之中，而今來詔音不同如此。退伏思念，至于旬時。陛下以安危利害訪於在廷，為盛慮之不精，計之不審，以害為利，以危為安，偷顧目前，妄有建白，則其負誣聖明，迷誤社稷，罪在不赦。輒陳愚見，不避斧鉞，泛論建炎謀國之失，而陳撥亂反正之計，念時事之迫切，仰德意之寬大，冀功効之可立，忘觸冒之難恕。惟陛下留神省察。臣聞孔子曰：成事不說，遂事不諫，既往不咎。今臣所陳，不免追咎既往者，蓋謂建炎已來，有舉措大失人心之事。今欲復收人心，而圖存，則既往之失，不可不追，不可不改故也。一昨陛下以親王介弟受淵聖皇帝之命，出師河北。二帝既遷，則當糾合義師，北向迎請，而遽膺翊戴，亟居尊位，遂上徽號，建立太子，不復歸覲宮闕，展省陵寢，斬戮直臣，以杜言路，南巡淮海，偷安歲月，虜兵深入，陝右遠破，京西而漫不治軍略，無扞禦盜賊橫潰冀之謀，何無辜元元，百萬塗地，怨氣上格，日昏無光，飛蝗蔽天，動以旬月，方且製造文物，糜費不貲，狠於城中，講行郊報，朝廷動色，狥謂中興，虜騎乘虛直擣行在，匹馬南渡

獲覩不堪，淮甸之間，又復流血，遠及反正，實倚移蹕建康，亦為久圖，百度頹弛，淮南宣撫卒不遣行，自畫大江，輕失形勢，一向畏縮，惟務遠巡，軍民怨咨，如出一口，存亡之決，近在目前。凡此節次十餘條，皆所謂舉措失人心之大者也。自古衰亡固不足道，請以中興者言之：夏少康、周宣王、燕昭王、越句踐、漢光武，莫不任賢使能，脩政事，治軍旅，而其奮發刻厲，期於必成者，則又本於憤疵恨怨之意，不能報怨終不為已，所以光復舊物，各稱賢君，未有乘衰微缺絕之後，竊竊焉因陋以為榮，施施焉苟且以為安，而能久長無禍者也。為陛下計，當如何，而黃潛善、汪伯彥類皆顧以乳嫗護赤子之術待陛下，曰上皇之子殆將三十人，今所存惟聖體，不可不自重愛也。曾不知太祖勤勞取天下，列聖兢業嗣守，不敢墜失，今也宗廟為草莽堙之，陵闕為豺鋒驚之，堂堂中華，戎馬生之，赫赫帝圖，盜賊營之，然則潛善、伯彥所以誤陛下，陷陵廟，蹙土宇，喪生靈者，又豈燕昭、越踐、漢光武之比乎。本初嗣服，既不為迎二帝之策，因循遠狩，又不為守中國之謀，以至于今，德義不孚，而號令不行，刑罰不威，而爵賞不勸。巡幸所至，民以淮甸為戒，駐蹕所在，人以虜至為憂。東南之州郡幾何，華之省方無已，若不更轍以救垂亡，則陛下永負孝弟之愆，常有父兄之責，人心已去，天命難恃，雖欲羈棲山海，跋履崎嶇，臣恐非所以為自全之計也。為今之策，願陛下一切反前失而已，則必下詔曰：繼紹大統，出於臣庶之謟，而不悟其非，巡守東南，出於僥倖之心，而不虞其禍，經涉變故，僅免危亡，蓋上天警戒於眇躬，俾大宋不失均舊物。金賊以小狄猖獗，薰汙中華，逆天亂倫，扶立僭偽，用夷變夏，俾臣作君。朕義不戴天，志思雪耻，父兄旅泊，陵廟荒殘，罪乃在予，無所逃責。以此號召四海，律動人心，不敢愛身，決意講武，然後選將訓兵，我衣臨陣，按

行淮甸。上及荆襄。收其豪杰。誓以戰伐。天下忠義之士。必雲合而景從。天下武勇之夫。必響應而飈起。國用不足。於此不患無財。甲馬不强。於此不患無備。有道多助。孰不順之。秦隴雖遠。驍騎壯士。即可坐致。齊魯雖失。饒財厚貨。必向風輸。陛下凡所欲爲。孰不如意。其爲利害。豈與退保吳越。自就滅亡同年而語哉。臣不自量。每切憤歎。既未能被堅執鋭。先啓戎行。而朋業簡編。討論古昔。固嘗忘其昧陋。少贊經綸。輒爲陛下畫中興之策。莫大於罷和議。蓋和之所以可講者。兩地用兵。勢力相敵。利害相當故也。非强弱盛衰不相侔所能成也。而其議則出於耿南仲。何也。淵聖皇帝在東宫。當宣和季年。王黼欲揺動者屢矣。南仲爲東宫官。計無所出。則歸依右丞李邦彦。邦彦其時方被寵眷。又陰爲他日之計。每因王黼讒譖。傾置解紛。亦緣上皇仁慈。本無移易太子之意也。既而淵聖嗣極。遍遷前朝大臣。而邦彦爲

次相。金賊遽至城下。邦彦諂諛小人。焉知遠慮。遂廢和議。而南仲以宫僚之重。舅奉椒房出奔。聞六飛堅守。至陳留而返。自愧其失。因附邦彦。而沮种師道擊賊之謀。於是覆邦之患。滋蔓而起。分朋植黨。必欲自勝。主戰伐者。李綱、种師道兩人而已。讒會一去。國論紛然。中制河東之師。必使陷没。以伸和議之必信。二帝遠去。宗族盡俘。中原塗炭。至今益甚者。本緣南仲主持邦彦。以報私恩。不爲國慮之所致。其朋徒附合。根枝膠結。寧誤趙氏。不負耿門之所爲也。使其可和。則淵聖執德不堅。馴致禍敗。而陛下卑辭厚禮。避地稱臣。無所不用其極。乞和之使。接武於道。宜其少緩師矣。何乃累年而尚無効耶。自古中國盛强。如漢武帝、唐太宗。其得志四夷。必并吞掃滅。以示廣大。俾亡取亂。極其兵力而後已。中國禮義所自出也。恃强陵弱。猶且如此。今乃以廉退慈仁君子長者之事。望於反常悖道腥臊禽獸之粘罕。豈

有是理哉。若以爲强弱之勢。絶不相侔。縱使向前。萬不能抗。則自古徒步奮臂。無尺寸之地。而爭帝王之圖者。彼何人哉。伏望陛下明照利害之原。罷絶和議。刻意講武。以使命之弊。爲養兵之費。此乃晉惠公征繕立國之策。漢高迎太公吕后之謀。斷而行之。堅確不變。庶幾貪狄知我有含怒必鬭之志。沙漠之駕。或有還期。不然。則今俯與東南萬事不競。納賂則孰富於京寔。納貨則孰重於二帝。餙子女則孰多於中原之佳麗。遣大臣則孰加於異意之宰輔。深思遠慮。反復計之。所謂乞和必無可成之理。昔北狄至澶州。王欽若、陳堯佐請幸吳蜀。惟寇準勸親征。及成功之後。欽若等爲恨無以藉口。則讒真宗曰。當是時。寇準亦嘗有好計。但是熱血相潑。譬如博錢。盡陛下爲孤注耳。使人君不明。則欽若之言爲愛君。而寇準之功爲幸勝。今之議和者。其情狀一一出於此。苟能息絶其議。陛下不藉之以塞民望。大臣

不彌之以寬己責。則必爲善後之圖矣。夫事有緩急。治有先後。既定議講武。則其餘庶常有日力不暇給者。當置行臺以區處之。今典章文物。一切掃地。百司庶府。猶爲虛設。其必不可闕者。惟吏部、戸部爲急。誠使江淮兩浙湖北並依八路法。慎擇監司而付之。則吏部無事亦復減省。不過置侍郎一員。郎官兩員。胥吏三十人。則所謂磨勘封叙奏薦常程之事。可按而舉矣。戸部所以治天下財賦也。今四方供貢。又不入于王府。往往爲州郡以軍興便宜截用。經常一壞。未易復理。竊觀行在支費。每月無慮八十萬。惟以榷貨鹽利爲無窮之源耳。故臣謂宜置行臺。或建康。或南昌。或江陵。審擇一處。以安太后六宫百司。以老指諳練大臣總臺。謹守成法。從事郎吏而下。不輕移易。豈留兵將爲營衛。令戸部計費調度以給之。其虛名無實徒費國用之所。一切省罷。陛下奉廟社之主。提兵按行。廣治軍旅。周旋彼此。不爲

定居惟是侍從臣寮帥臣監司要害守牧則當加意以時進退其賢不肖功罪之著明者而餽餉之權尚宜專責宰相而選委發運以迨行於下如漢委蕭何以關中唐委劉晏以東南經制得人加以歲月量入為出何患無財所謂宰相之任代天理物扶顛持危其責甚重非特早朝晚見坐政事堂弊弊然於文具無益之末移那闕次以處親舊濟其私欲而已也古之人君臨政願治必委任宰相豈徒體貌崇重一聽其所為亦必深相提策務為明白計日累月以考功緒陛下視今日國勢孰愈於前日乎此在宸心所自鑒照臣未敢深論也夫大亂之後風俗靡然躬率而丕變之者則在陛下務實効去虛文夫治兵必精命將必賢政事必修警戒大懸不為退計者乃孝弟之實也遣使乞和廣捐金幣不恥卑辱冀幸萬一者為孝弟之虛文也屈己致誠以來天下之士博訪策略信而用之以期成功者乃求賢之

實也未見賢者不克見既見則不能由之或因苟賤求進之人遂乃例輕天下之士姑為禮貌外示美名者為求賢之虛文也聽受忠鯁不憚拂逆非止面從必將心改苟利於國即日行之者乃納諫之實也和顏稱善從受其說合意則喜之不合則置之嘗爵所加人不以勸或内遷其切直而用他事遷徙其人者為納諫之虛文也將帥之材智必能謀勇必能戰仁必能守忠必不欺得是人而任之然後待以恩御以威結以誠信有功必賞有罪必刑者乃任將之實也庸奴下材本無智勇見敵輒潰無異於賊與之親厚等威不立賜予過度官職逾涯將以收其心適足致其慢聽其妄誕張大之語望其朴實用命之功者為任將之虛文也簡汰其疲老病弱升擇其壯健驍勇分屯在所寬營房以安其家室豐粟帛以足其衣食選眾所畏信者以董其部伍申明階級之制以變其驕恣悍悖之習大抵如周顯德年中世宗命我太祖之意然後被之以精甲付之以利器進戰獲虜則厚賞死則恤其妻孥退潰則誅其身降敵則戮其族令在必行分毫不貸者乃治軍之實也無所別擇一切安養姑息之惟恐一夫變色不恤幸無事則已大幸矣教習擊刺有如戲戰金鼓之節旗幟隊伍皆習虜人之所為紀律蕩然雖其將帥不敢自保者為治軍之虛文也慎選部刺史二千石必求明恕忠智之人使久於其官懲革弊政痛刈姦贓以除民害戢軍旅騷動盜賊未平必使寬卹之政實被於民固結百姓將離之心勿致潰叛乃愛民之實也詔音出於上虐吏沮於下誑以出力自保則調發其丁夫誘以犒設贍軍則厚裒其錢穀弓材弩料竹箭皮革凡干涉軍須之具日日征求物物取辦罔緣姦弊民已不堪乃復蠲其稅租載之赦令實不能免苟以欺之者為愛民之虛文也若夫保宗廟保陵寢保土地保人民以此六實

者行乎其間則為天子之實也陵廟荒圮土宇日蹙衣冠黔首為肉為血以此六虛者行乎其間陛下戴黃屋建帳殿質明輦出房雉尾金爐夾侍兩陛仗馬衛兵儼分儀式贊者引百官以次入奉起居既退宰相大臣卑卑而前搢笏出奏司辰唱辰正則駕入而仗出矣以此度日而國勢益卑彼粘罕者晝夜厲兵踔河越岱電掃中土遂有吞吸江湖蹂躪衡霍之意吾方挾持虛器訑訑然未知所之此則為天子之虛文也伏望陛下留意實効勿愛虛文若此七者奮發慷慨而力為之今宿衛單弱國威銷挫臣嘗言乞早勾發京師衛士赴行在又降箚於兩浙福建江東西湖南北四川二廣摘揀禁軍貢發充御營正兵增厚其月廩精加訓閱陛下自將之天子之軍既強則中國之勢自弱昔漢高祖嘗大敗於成臯矣與數騎渡河入張耳韓信軍奪其印易置諸將軍遂復振此得御將之大權雖知如韓信且

莫能測。宜其取秦滅項甚易。陛下今欲於劉韓張岳四人之兵有所移易廢置。臣知其不能矣。權既偏重。柄既倒持。彼必謂陛下不能一日而舍之。遂踞桀驁自以滋起。陛下以孤立之身寄於其上。安能使此四人者。豈無怨懟相激而不為變乎。苗劉之亂。率爾而作者。坐此故也。漢獻帝時。主柄下移。不能自立。李傕郭汜以偏裨小將。互劫乘輿。至以臭牛之骨與帝進饌。萬乘人主。為叛臣所質。此既往之鑑也。臣謂今日凡在兵必不可用。既未有以大更易之。莫若先集天下勁兵。以強御營之勢。然後可以彈壓悍將驕兵。悍將驕兵既不敢妄動就紀律。則四方橫潰之軍。及羣起不逞之盜。必自帖息。猶有披猖不軌者。遣偏師以銳卒往禽滅之。遂罷招安之策。況陛下以雪恥復讎為己任。仗大義而行天下。頑兇不義之徒。固將斂衽倒戈。而聽驅使之命矣。漢光武為銅馬帝者。用此道也。東南之禁卒既起。則又命福建團結槍仗手。建汀南劍邵武四郡。精選萬人。各擇其土豪使部督之。各屯本處。以俟興發。命兩浙募水手。并選發諸州撩湖捍海等兵。盡付水軍教習戰艦。命江東西湖南北募弓手。及在官閑田給養之。人得一頃。正稅之外。其餘科須。一切蠲免。命廣西及辰沅鼎靖於見數峒丁中。實科有技能壯勇者。不取虛數。分番踐更。屯戍襄漢為山林谿谷之援。以京西淮南荒廢無主之地為屯田。招集兩河山東及本路流徙之人。略依古法均節之。擇強武者訓習。使且耕且戰。文武臣中有明習營屯之事。肯承任者。因以任之。凡此六條。雖非講武必為之急。亦不可不為之助。陛下試使執政大臣委弃簿書細故。勿設他說以相論疑。日夜圖回擇人而為之。必見績狀。於是時而兵不強敵不畏。盜不息。然後可以歸之天命。無所復為矣。不然是自弃也。陛下內有自弃之心。而欲於目前三四庸將數萬潰卒中求為久安。三尺

童子亦知其不能矣。識者必曰。軍旅之興。民最受弊。今若如前所陳恐未能有損於強虜。而先已自殘其民矣。則臣應之曰。自虜入寇已來。國家歲歲以和好自勵。未嘗敢以兵刃北向。凡以愛民恐勞之也。然大河以南連亘數十州之地。城覆民屠。不可勝計。豈用兵之罪耶。設有一城一邑能率勵兵民。誓以死戰。一郡不克。一郡繼之。不猶愈於束手屈膝。斃於白挺之下哉。惟在任將相使處置合宜。則雖使民以死。尚且不怨。況欲用兵以保衛赤子乎。漢光武既滅新莽之後。東征西戰。尚十餘年而後天下大定。當時豈無勞民費財之事。以計者大。則有所不暇恤。顧能於軍旅擾攘之中。常有愛惜生靈之意。故天助而人歸之。苟坐視四海流血。而避用兵之勞費。則是舜不當征苗。啓不當討扈。高宗不當伐鬼方。宣王不當伐玁狁。以噎廢食。非通時務經國之遠猷也。自古圖王霸之業者。必定根本之地而固守之。而非建都之謂也。陛下家世都汴。舍汴都焉。今欲用關中而制山東。則力未能至。按南渡六朝之遺迹。則舍建康不可。雖然欲謀進取。則非堅坐不動之所能。必觀進取形勢之便用之。而圖成。臣竊謂惟荊襄為勝。春秋之世。楚嘗以是抗衡上國。窺周問鼎。三國割據。曹操關孫權以荊州假劉備。則失著而駭。六朝建享雖南北之形已判。亦必增重上流。庾亮欲經略中原。則先分戍漢沔。宋太祖欲伐魏。則先廣襄陽資力。故晉何充謂荊楚國之西門。地帶趙蜀。得人則中原可定。失人則社稷可憂。今湖北接京西。雖無大險。然方城為城。漢水為池。管仲之所不敢輕。蓋地近中州。上下不過千里。其要害易守。非如淮泗汗漫平原。枝衍四通。五達易入而難備也。曹操用兵。彷彿孫吳。而赤壁敗亡。幾於不救。則難易之勢可見矣。誠能屯唐鄧襄漢之田以養新兵。出廣西武陵峒丁。并施黔獠軍。築堅壘列守漢上。阻以水軍。經

以正軍律，以弓手民軍牽制江、黃，呼吸廬、壽，則進取之基立。然後陝西聲氣血脈通達，而騎卒可至。川、廣之富，皆猶外府，易以拱挹。其比於漂泊大江之南，棲伏東海之濱，險易利害相去遠矣。建康固是六朝舊都，昔守偏隅，遷延國祚，亦何不可。臣獨以為不可焉，蓋為陛下之責與晉元帝不同故也。西晉為劉聰吞併，無復能立，懷、愍兩君皆以弑殞，故元帝自琅邪王，又憑王敦專制淮南十年之威，起而纘祚，然傳世十一帝，享國百年，強臣內叛，胡虜外迫，其得僅存，猶綴旒耳。當時非無謀臣猛將提重兵出入，終不能復取中原者，非獨天運，亦勢使然也。今陛下之父兄在虜中，固無恙，穹廬氈帳，臭惡雜聚，其衣服飲食居處動靜，豈得比中國民庶中人之奉哉！其閒陛下嗣登寶位也，必日夕南望曰：吾有子弟為中國帝王，吾之歸庶有日乎？痛惟愁嘆幽辱之中，發此念為此言，于今三年，日迫日切，而獻謀者方欲導

陛下南狩自遠，日忘，遂無復國之心，別求建都之所，此臣所深不喻也。今河北、河東之民，知朝廷不復顧恩，已甘心左衽，山東、京西、淮甸之民，猶冀陛下未忍遽棄，若更遷延歲月，無以及之，則怨恨陛下而為敵國者，所在皆然，亦何必粘罕飛於此而欲建都，非特不可，亦必不能矣。故臣願陛下先命呂頤浩、杜充分部諸將過江、廣斥候，治盜賊，自以精兵二三萬為輿衛，於穩密州郡速置營屋，以安存其所謂老小者。陛下提此兵渡江而北，緩轡而上，遣使巡問父老，撫綏提刀之餘民，至于荊、襄，規模措置，為根本之地，猶漢高之於關中，光武之於河內。雖巡歷往來征伐，四出而所固守必争而勿失者，以荊、襄為重。陛下方富於春秋，非如昔人白首舉事，覬萬一之成者，誠能堅忍聳厲，坐薪嘗膽，悠久為之，而不能濟，則書傳所載周宣王、漢光武之事皆為妄言以欺後世，無足信矣。陛下聰明洞照，必不謂然也。上世

帝王為治之道，傳嗣宗族，強本弱枝，所以鞏固基局，綿延祚命。故三代有天下，皆傳數十世，而周又特為長久，蓋以大建宗室，以自藩屏故也。原其用心，蓋以天下為公，而不以為私。初非如後世以智力把持之，褊心多忌，雖有骨肉懿親，盼盼然不借以尺寸之權，而恐其伺便軋己。亡秦是已。漢以為鑒，遂大封同姓，非劉氏不王，及其久也，光武、劉備皆以宗室唱義而起於殘絕之後。夫漢高固欲為久遠無窮之慮，非為其一身也，以謂不如是，不足以大庇子孫萬世血食。然則封建宗室者，乃固守天下之要術也。今陛下之族北去者衆矣，所幸免亦幾何，而黃潛善、鄭轂小人之見，本無遠識，謂陛下以支子入繼，又不緣傳付之命，國步未夷，恐肺腑之間，不無非望之冀，考其行事，必嘗進言恫疑虛喝，以恐動宸心，故自南都以至維揚，誅竄之刑，疑忌之意，相尋繼見，雖其罪戾或自貽戚，然亦恐未必盡出於治親齊

家之美意。審如是，欲以保國而延歷，難矣。今宜同姓中不問親疏，選擇賢材，布之內外，廣加任使，其望實傑然出衆者，陛下宜留之宿衛，夾輔王室，其有克敵戡難之功者，宜漸為茅土之制，星羅而棊列，以慰祖宗在天之靈，以續國家如綫之緒，使醜虜知趙氏之居中國者尚如此其衆，既失而得復者，非獨陛下一人而已，則其撲炎火之横心，立異姓之逆謀，庶其少息乎！夫創業垂統之君，必立綱紀以遺子孫；繼世承序之君，必守綱紀以法祖宗。綱紀存則存，綱紀亡則亡，所繫如此矣。一君子進，衆小人未必退；一小人進，則衆君子必退矣。勢不兩立，而於君子為難。蓋其道固如此。仁宗皇帝在位最久，得君子最多。小人亦時見用，然罪著則斥之；君子亦或見廢，然忠顯則收之。故其成當世之功，貽後人之輔者，皆君子也。至王安石則不然，斥絕君子，一去而不還；崇信小人，一任而不改。故其敗當時之政，為後世

之審者皆小人也。仁宗皇帝所養之君子既久且遠。日以消亡矣。其后所教之小人。方新而近。其蕃息未艾也。所以誤國破家至毒至烈不知已時。然則陛下欲求君子而用之。而不愛爵祿以待其人。豈非甚不易得者乎。君子未得而已誠無堪臨事顯著之小人。稍稍類聚其未至則恐之惟恐其不來。其既至則用之惟恐其不速。混然雜進其黨必集。所謂悔過用賢之意與陛下反正之初絕不侔矣。陛下土地金帛。雖有幾何。豈堪此輩大言輕擿輸之夷狄耶。將以汲引豪傑。延致英雄。而標的如此。是猶却行而求前。北轅而適越爾。夫以賢治不肖。以治治亂。治平以前陛下之家法。以不肖治賢。以亂治治。熙寧已後陛下之家法。當今日否塞之氣充牣於中原。陰長之漸勃興於夷虜。非得希世異材。上下內外迭任交用。泰何由復。而否何由傾乎。此綱紀國家之一事也。右文左武者。有國不易之道。漢高祖用韓信彭越。不以

加於蕭曹。光武用賈復耿弇。不以加於鄧禹。唐太宗用李靖李勣。不以加於房杜。蜀先主用關羽張飛。不以加於諸葛孔明。非獨其禮文等降不同。其誠心所以待遇之亦異。今儒學衰息。未有巨賢碩德屹乎朝廷以收運籌指蹤之功。陛下所深恃以為心膂爪牙者。惟三四庸將耳。夫此數人者。以近時論之。曾不足以當种師道之廝役。況望古昔名將者而偃蹇罷然當負重寄。使平寇盜尚或未能。豈敢冀其向虜賊發一矢也。自愧無以塞責。則大言詭論以上欺睿聽。慢辭倨禮以下視朝士。謂今日禍亂皆文臣所致。以一二敵人方強未可與爭鋒必以退避。向係乘時而動。文不給勤其無功。動則請潰則盜則招。招則官。多復猜環。寢有窮已。其為國家之害。豈文臣所致望哉。竊聞陛下推心撫之矣。於本厚出入內禁。未以時賞節。小人不知義理。習於所熟。以謂君臣上下猶朋輩然。恃憑威靈。無有紀極。寵而不驕。驕而能降。降而不憾。憾而能恥者。鮮矣。臣願陛下。委大臣以腹心。待近臣以禮貌。常使南衙朝士氣勢重於此徒。天下抱才自愛之人。必願立於左右。緩急之際。必有能為陛下竭忠盡節。不愧古人者矣。與樊噲為伍。韓信猶羞之。況儒士乎。臣忝舉內朝班綴之後。欲求近臣如汲黯之孫。氣折淮南。尚未多得。羸軀弊輿。懦懦然於長戟犬馬之中。卒伍賤人。皆得以惡聲誰何之。不敢正色忤視。少拂其勢。從臣如此。況其下者乎。唐制監察御史秩七品。衣綠至卑也。然銜命出使。則節度使具橐鞬郊迎。本朝訟此意。郎官出使。則序位在轉運使之上。凡此益欲尊重天朝。習民於上下之分也。故事。宰相坐待漏院。三衙管軍於簾外倒杖聲喏而過。呂夷簡為相日。有管軍忽遇於殿廊。年老皇遽不及降階而揖。非有悖戾之罪也。夷簡上一表求去。以為輕及朝廷。其人以此廢斥。蓋分守之嚴如此。今見其分庭抗禮矣。推此類非一。日

長不已。陛下不為之別異表著。是自削堂陛。無復等威。亦將何所不至哉。此綱紀國家之二事也。治天下者。必取篤實躬行之士。而含浮華輕薄之人。所以美教化善風俗。本朝自熙寧以前。皆守此道。至王安石以佛老之似。亂周孔之實。絕滅史學。倡說虛無。以同天下之習。其習既同。于今五十年。士以空言相高。而不適於實用。以行事為粗迹。曰不足道也。其或蹈規矩。守廉隅。稍異於衆。則羣嘲而族笑之。以為異類。紛紛肆行。以至敗國。二帝屈辱。葬禮朝。以謂是適然耳。伏節死難者。不過一二。今此浮華輕薄之為害也。夫欲變風移俗。惟係上所好惡。韓琦富弼在朝。文武兩班升朝官以上。即不許自陳磨勘。皆聽檢舉。所以養勸廉恥。恢張四維。故當時人知自重。風俗忠厚。至今乃有身為從臣。而自陳磨勘。乞章恩轉官。不以為恥者矣。推而上之。見利必趨。義貪得必患失。遺其親。後其君。背叛篡奪。便可馴致。此

明君之所甚畏而深戒者也。今萬化之原本於陛下。苟方行孝弟則天下忠順者來矣。好賢遠佞則天下名節者出矣。貴清白則貪汙者屏矣。崇行義則奔兢者息矣。旌能實則譏誕者懲矣。貴忠厚則殘刻者遠矣。苟反此道則頹波日漫必至於糜爛而後已。至於文辭之麗言語之工。倒置是非移易黑白。誠不宜任用以爲浮薄之勸也。靖康二年。著作郎顏博文佞諛張邦昌則曰非湯武之干戈同堯舜之禪讓。及爲邦昌作請罪表則曰仲尼從佛肸之召本爲興周。紀信乘漢王之車固將誑楚。博文近世所謂能文之士也。其操術反覆如此。故廉恥道消。四維大壞則社稷隨之。陛下何利焉。此綱紀國家之三事也。法度者所以治天下之具。號令者所以行法度之然。而信義者所以出號令之實也。孔子曰自古皆有死。民無信不立。聖人重信至於勸死。疑若太過。而夫陋儒以智詐譎詭爲術者。必忽此言。然眞宗澶州與契丹結盟。契丹守之百有二十年。不敢先動。宣和宰相王黼一旦敗盟。舉兵結遠夷。伐與國。取景德誓書還之天章閣。天地鬼神所臨重誓自我背之。遂使虜人得以藉口。夫金賊何憾於我哉。皆契丹甚之假乎借兵報滅國之怨耳。失信之禍乃至於此。孔子之言良不爲過。而近日以來朝廷失信於民尤甚。臣不能徧舉其目。但如所謂前降指揮更不施行。如所謂已差下人別與差遣。此等奏語必日聞於冕旒之側矣。陛下何惜不勑大臣。俾審熟思慮而直爲此反汗之失。以欺驗四方之聽乎。今外州郡專制不稟朝命者漸多有之。所恃以指麾役使。惟在號令。出之不審則輕。守之不固則疑。輕而且疑則制命之權不在陛下矣。承受既熟。奉行實難。不曰略與應破指麾。則謂不曉。必又更改。近在朝廷。尚有此風。遠而四方從可知矣。陛下縱有眞賢實能付之民社。仁政惠澤播之黔黎。以是之故。何緣責其功

效。百姓雖愚。然習於知畏。必謂朝廷之令率皆誑我。是心一萌。姦雄得以誘之矣。此綱紀國家之四事也。郡守縣令者親民之官。監司者統臨州縣之長。天下之治起於一縣。縣治則州治。州無不治則天下治矣。明主必慎擇居此之人。既得其人。必久任之。以考功罪之實而施賞罰焉。近日以來朝廷移易郡守監司無月無之。殆不可勝紀。東南路分不過十數。何爲紛紛如此。陛下宜察其故矣。謂其不才而罷之耶。則曷若考慎於未命之前也。顧恐未必然。特出於用事者之私意耳。民力已困。財用已竭。潰兵劇賊方洋乎其間。戎務軍須交制乎其上。朝廷憂勞嘆息而未能救。尚忍不爲擇忠信之長慈惠之師以撫柔之乎。臣願深詔大臣。自今以往。於郡守監司縣令斷以三年爲任。非有大過勿輕移改。縣令不許輒從奏辟。去官具有貪汙爲民害者。舉祖宗法痛懲治之。仍許內外侍從官舉所知堪爲令者歲一人。後不如舉。降秩示誡。留意此事。庶幾斯民於鼎沸之中。有蘇息之望。又令吏部無闕以待入官之人。士無所得祿。一切苟且求權攝以度日。見居官者不能勝任。逃避患害。則求差檄幹辦之名。苟營俸粟。無復宿業之志。欲事治而民安難矣。今欲乞專委諸路帥臣轉運提刑。不以遠近共限一季申發部內見任及闕官已授未到職位姓名。參三司之實。得吏部爲案抵以行差注。諸有以便宜徑事辟置官屬者。必用曾任令錄以上無過犯人。其奏補出官及曾以不職無治狀罷者。不聽奏舉。奏補人必依舊法試銓。無銓則於逐路運司歲一試之。仍增時議策問各一首。精其選。少其數。中格則出官。以絕請求賄賂冗食之弊。肅清仕路。政在得人。此綱紀國家之五事也。臣稟賦凡下。無大過人。然夙夜思之。又考之往古。揆之公論。所得如此。於當世之務雖未能盡。亦可見其大槩矣。惟陛下動心加慮。反覆而求之。隆寬

降意開納而聽之。萬一可行，則至誠惻怛，奮乾之德而速圖之。日月逝矣。歲不我與。彼為今日難於前日，安知後日不又難於今日乎？往者雖不可復追，未嘗謂無可為者而遂已也。天定勝人。夫禍不再淶可憂懼。今年之春，震雷大雪，白虹貫日，中有黑子，錢塘之變，實先垂象。恭以上天之仁，眷顧陛下，懇懇至厚，所以申命用休者，不啻再矣。陛下出於屯難，側身修德，親近書史，引對多士，戚徹玩好，躬親庶政，亦非復維揚之比。臣民共知，不可誣也。然任至重者力必強，責至大者憂必深。天下萬姓以二帝之故，所望於陛下者，非止如是而已。邇閏月金犯大火，芒怒赫然。九月朔旦，日有食之。車駕復有思患預防之行，明堂遂廢，陽德大弱。錢塘受厚之地，豈可再枉六飛？縣名柏人，漢祖不宿，若趣會稽，韋三衢，則地形窮僻，匿衛益勞，貢賦不通，財用益窘，道路艱阻，朝覲益稀，郵置迂滯，命令益隔。人知陛下無興復之志，威權日削，無可瞻望，投戈四逸，孰能止之？惟有臣區區之言，理明事順，思迎父兄，誓報讎虜，奮志強厲，有進無退，庶足以感發軍情，率先將佐，於危絕之中求生存之道，此非怯懦畏避之所能濟也。不然而姑恃天命之不庸釋，是猶不耕于田，枵腹以待嘉穀之旅生，不績于麻，露肌以待野蠶之成繭，事理之必無者矣。又惟斯民戴宋無二者，徒以祖宗德澤深厚，人未忍忘，雖甚塗炭，猶未瓦解，雖甚愁怨，猶未反叛。然以比來巡行所過觀之，傍道里縣之民，一切空盡以避兵卒，其甚者田疇荒蕪，室廬破毀，生聚不保，滿目蕭條，殊非來蘇望幸之義。傳示四方，何以彰德？頃在建康，已獲虜賊之覘者，以此知虜人雖負千金之勢，而限以長江，未敢輕渡。然屯駐山東，聞有數路並入之謀，陛下不深委將相早為防遏，但欲深尋幽遠，則四顧州郡，復為壘邑。必曰君上尚且畏避，何以責我守城？民必觀此，安能久忍而無

變亂。若不望風胡跣以事夷狄，必將推賢擇能以自保治。陳勝、吳廣因民不忍，而劉項乘之，秦遂滅亡者，蓋本於此。古人稱中興之治者，曰撥亂世反之正。秦不正而甚亂，漢高祖反之正而興焉。王莽不正而甚亂，光武反之正而興焉。隋不正而甚亂，唐太宗反之正而興焉。唐末五代不正而甚亂，我太祖皇帝反之正而興焉。反之正者，反易其道，究其敗亡之由，盡更而去之，猶反覆手之易也。今之亂亦云甚矣，其反正而興之在陛下。其遂淩遲不振，亦在陛下。虜賊雖暴強，其亡可待。特恐中國豪傑因之而起，反吾之亂，興彼之治，則陛下之大事去矣。天下記之，野史書之，善惡榮辱，垂之方來，後人觀之，亦猶今之視昔。夫湯以七十里而有天下，楚以七千里而為讎人役。今粘罕之強未如秦，其得罪於中國無人不怨，則有甚於始皇之於六國也。東南形勢，控帶江山，兼有吳楚之地，坤維嶺海，提封自如，非如湯以七十里而起也，而乞憐偷生之勢，乃甚於楚之為秦役。此臣所以日夜憤懣，為陛下痛惜，而傷大臣之過計也。昔宗澤留守京師，一老從官耳，猶能致誠鼓動群賊，北連懷衛之民，誓與同迎二帝，皆相期赴期，密應者無慮數十萬人。不幸為黃潛善所惡，首方沮抑，憤悒而死。其志不就，群臣亦無敢以澤所謀達于宸聽者。以此知人心未厭二帝之德，何況陛下身為子弟，責孰加焉。誠欲北向而有為，臣將見鋤耰勝於長鍛，奮臂威於甲兵，舉四海惟陛下之用，決不為失策。惟在陛下斷與不斷，為與不為耳。五路事宜，張浚已行措置，今能使淮南荊襄肘臂相應，山東合從，則虜人所守者數千里之地，兵分勢離，批亢擣虛，攻其不備，多方以誤之，不厭不退，以十年為期，陛下必能掃除妖氛，一清天步，備上京之廟貌，拜鑾雒之神皋，遠迓父兄，歸安鳳闕，再新儀物，永固皇圖。陛下於時憂責方已，巍然南面，稱宋中興

永永萬年。銜懷無斁。其與惕息遁藏。蹈尾負恥。有如今日。豈不天地相絕哉。臣本疏外之蹤。無所知名。誤蒙睿眷。擢侍左右。顧睞之溫。寵遇之榮。多士疏傳。以為口實。重惟職司記注。掌書言動。喪亂已來。典籍廢缺。官業不舉。素餐是愧。況靦冠讎未殄。盜賊憑陵。鑾輅傍偟。民無死所。臣於此日得近清光。有知不言。有言不盡。曷非畏禍。即是欺君。震懼于衷。不能自已。輒愚抵冒。理合誅夷。寬仁如天。恃以無恐。儻或其言可采。有補大猷。尺寸之功。垂名竹帛。是古人之所榮。微臣之至願也。干瀆威嚴。臣無任隕越俟罪之至。

時議遣使入雲中。寅為中書舍人上疏曰。臣竊聞遣使臣入雲中。已有定議。臣愚陋蒙陛下擢寘從班。職在獻納。雖小事失當。猶合上聞。況遣使體大。縱使初不預議。苟心有所未安。豈敢緘默。輒形論奏。伏望陛下留神省察。昔孔子作春秋。以示萬世人君南面之術。無不備

載。而其大要。則在父子君臣之義而已。魯桓公為齊所殺。魯之臣子於齊有不共戴天之讎。而莊公者。乃桓公之子也。非特不能為父雪恥。又與齊通好。元年為齊主王姬。四年及齊狩于禚。五年會齊同伐衛。八年及齊同圍成。九年及齊盟于蔇。是年為齊納子糾。仲尼憑之備書于策。以著其釋怨通和之罪。魯莊惟忘父子君臣之義也。魯之臣子則而象之。故公子牙弒械成於前。慶父無君動於後。卜齮圍人犖之刃交發於黨氏武闈之間。魯之宗祀不絕如綫。此釋怨通和之効也。豈非為後世之永鑒乎。女真者驚動陵寢。戕毀宗廟。劫質二帝。塗炭祖宗之民。乃陛下之讎也。頃者誤國之臣自知其才術不足以戢安禍亂。而又貪慕富貴。是故譸張為幻。遣使求和。以苟歲月。九年于此。其効如何。彼之一身。既竊爵位而去。曾何足道。而於陛下聖德國家大計。則虧喪多矣。所幸陛下勇智日躋。灼然獨見於邪言久蔽之後。奮將天討。罪狀豫賊。再安國勢。漸圖恢復。天下忠臣義士。聞風興起。各思自効。以佐丕烈。譬如人行萬里。登車出門。又如支吾夏屋初正基阯。存亡治亂。實係此時。今乃無故蹈庸臣之轍。踐阽國之始。犯孔子之戒。循魯莊之事。忘復讎之義。陳自辱之亂。臣竊為陛下不取也。或謂不若是。少有貶屈。其如二帝何。臣應之曰。自建炎丁未以至甲寅。所為卑辭厚禮。以問安迎請為名。而遣使者不知幾人矣。知二帝所在者誰歟。見二帝之面者誰歟。聞二帝之言者誰歟。得女真之要領者誰歟。因講和而能息虜兵者誰歟。臣但見丙午而後。通和之使歸未息肩。而黃河長淮大江相次失險矣。臣但聞去年冬使者還言。酋豪帖服。國勢奠安。形于奏章。傳播遠近。曾未數月。而劉豫挾虜稱兵犯順矣。女真者知中國所重在二帝。知中國所恨在劫質。知中國所畏在用兵。則常示欲和之端。增吾所重。平吾所恨。匿吾所畏。

而中國坐受此餌。既久而後悟也。天下其謂自是敗謀必矣。何為復出此謬計耶。苟曰姑為是爾。則豈有脩書稱臣。厚費金帛。而成就一姑為之事也。苟曰以二帝之故。不得不然。則前効可考矣。況歲月益久。虜情益詐。必無可通之理也。臣嘗思之。陛下與女真絕。則臣下無所得。而人主為義舉。若通和。則利歸臣下。而人主受其惡。故凡願奉使通和者。皆身謀非國計也。陛下何不據孔子之論。而決此策乎。自王安石廢黜春秋。天下學士不知尊尚。一旦亂臣賊子接迹乎四海幸遇陛下篤信此書。孔子之志將伸於今日。使當考筆削之意。斷當今之事。只行一二大者。陛下美名輝映千古矣。當今之事。莫大於夷狄之怨也。欲紓此怨。必殄此讎。則用此之人。而不用講和之臣。行此之謀。而不循講和之事。使士大夫三軍百姓皆知女真為不共戴天之讎。人人有致死於女真之志。曾無一還之心。然後二聖之怨有可

平之日，陛下為人子之職舉，臣等萬下伸眉吐氣，食息世間，亦預榮矣。苟為不然，以中國萬乘之君，而稱臣於讎虜，則宰相而下，皆其陪臣也。借使女真欣然講解，以一將軍將數萬衆駐兵泗水之上，顧與陛下面相結約，歃盟而退，未知陛下何以待之。則又欲變置吾之大臣，分部吾之兵將，割我之地土，而取其租稅，有一于此，其能從之乎。從之則無以立國，不從則釁敗和好，將何據而可。臣實矇昧，思之不通，是以略具古義，浼瀆聰聽，惟陛下誠加采擇，或合聖意，即以世讎無害日月之明，適足以彰陛下好謀能聽之美，免累聖德，誤國大計。臣不勝區區納忠之至。

寅又奏曰：臣竊聞宰相張浚有論使事，為兵家機權，與臣所論事理不同。今何蘚遂行，不可挽止。臣待罪侍從，初有所陳，已荷聖知，今浚

以輸國謀，臣陛下之所敢顧而禮貌之者也，勢難以臣故以沮其議。臣不當力論取勝，徒成紛紛。然臣再三思慮，終未曉浚之說，須至剖析聞於聰聽。望陛下留神省覽，姑且志之，聖學俟他日驗臣所計與浚孰中孰否，則使事之利害決矣。今則未敢求直也。粘罕總師二十餘年，破大遼，弱我宋，雖無遠略，亦精於用兵，其所行事，盡詭詐也。今我之盡寶，彼豈不知，尚須卑辭執讞，然後足以驕其心，示弱屈服，然後足以平其怒乎。此遣使之無益一也。庚戌後不遣使，虜兵亦不來。及癸丑遣使，則鉤引虜使入國，熟視而去，曾不旋踵，而淮南之警奏至矣。此遣使之無益二也。前我所遣四輩，皆朝廷之選，侍從之臣，聞其入虜境，晝夜驅遶，略無禮節，及見粘罕，坐受跪拜，怱怱而歸，未嘗得其要領也。而況何蘚一使，臣其何能任覘國之事乎。此遣使之無益三也。昔富弼之使也，以一言息南北百萬之兵，可謂偉矣，使歸行賞遷進官職，端方以中國未能用兵，徒賴使人口舌下虜，為其大之聽，終不肯受。其識度如此，乃可辦國。今奉使者，首先論其私事，祈求恩澤，一一足意，而後行，所慮卑近，與市井之人無異，焉能明目張膽不辱君命乎。此遣使之無益四也。萬一虜賊臨以兵威，肆其恐脅，使人必不能就死，則反以我之情告之，是自敗也。死生之際，唯烈士不懼。曾謂何蘚而能之乎。此遣使之無益五也。虜賊之所大欲者，誰不知之。既有滅宋之心，正使劉豫明日就亡，今日亦必赴救，而況豫賊祈哀乞援，秋高草熟，來寇何疑，此不待窺覘，自可坐照於一堂之上也。此遣使之無益六也。今淮以北，劉豫自以為其封疆，河之北，粘罕自以為其土宇矣。使者之行，豈能乘雲馭風，徑至虜庭哉。必渡清河之阻，經濁河之限，然後能至也。去冬下詔，罪狀劉豫，明其為賊，今豫肯賓吾使人達之於虜哉。臣恐戎伐九伯，則有之矣。此遣使之無

益七也。今我與虜之勢，如兩家有沒世之怨，二弱一強，強者侵陵不休，弱者必固其門墻，嚴其戒備，待時而動，庶能有濟，乃欲命一僕奉諂以酒肉，悅以金帛，適足以重吾之弱，增彼之強而已。此遣使之無益八也。自古兵強馬衆，玩武不戢，而無自焚之變者，此五胡英傑勒曜垂珪之所難也。粘罕好財貪色，兇殘不義，特盜賊之雄耳，非有保國永世兼并天下之術也。度其勁兵壯者老，老者死，其犬馬之齒日已長矣。其謀臣志滿意得，沉酣子女玉帛之間，不越數年，必有禍敗，此易見也。萬一今冬黨助豫賊，昧於一來，陛下申嚴將士，據大江之險以禦之，彼再而衰，三而竭必矣。小小勝負，兵家之常。今未有兵交之形，而遽向納侮，以示畏恐，情見力屈，當反為所乘，非兵家形格勢禁之法。此遣使之無益九也。夫和人之心，迎合粘罕之意，為身謀而已。陛下聽察賢才，自異不使菲衣節食，卑宮室，陋器用，以養戰士

固將為父兄擄獲載不同之憤。靈淪濵不滌之恥也。若堅此和策。則
謀臣解體。義士喪氣。將帥偷安而卒伍泮散。以為無復有報忠效智
建立功名之日。使和人自謂其說可用如此。必有進為之漸。以國與
人。取說粘罕。大事去矣。此遣使之無益十也。獨有一說。使陛下難處
者。以二帝為言耳。然自建炎改元以來。使命屢遣。無一人能知兩宮
起居之狀。聲欬之音者。況今歲月益久。虜必重閟。惟懼我知之。今以
虜為父兄之讐。絕不復通。則名正而事順。他日或有異聞。在我理直。
易為處置。若通而不絕。則虜握重柄。歸曲於我。名實俱喪。非陛下之
利也。使或有知二帝所在。一見慈顏。宣達陛下孝思之念。雖歲一遣
使。竭天下之力以將之。亦何不可之有。其如艱梗悠邈。必無可達之
理乎。以此揆之。則以二帝為言者。理不難處也。臣聞善為國者。必有
一定不可易之計。正其大義。不僥倖以為之。漢高祖出關。得董公之

謀。以弒君討項羽。後雖屢敗。然項羽負不義之罪。雖強必弱。漢守
其策不變。終有天下。然張良嶢關之舉。養虎之喻。君子猶羞道之。
及劉先主諸葛武侯志在復漢。目操為賊。亦能三分鼎立。魏延出
奇欲速。孔明不求近功。君子以為真以天下自任者。古之英雄規
模注措。大抵如此。三國崛起。曹氏先據利勢。蜀最後立。豈以微弱
之故。卑下於操以苟存耶。孟子曰。君如彼何哉。強為善而已。今日
大計。只合明復讐之義。用賢才。脩政事。息民訓兵。以俟北向。更無
他策。儻或未可。惟是堅守。若夫二三其德。無一定之論。必恐不能
有為。至於何辭之行。非特無効。決須取辱。臣所見如此。豈得以張
浚有言而自抑也。又況蒙被詔書。曲加獎諭。見以為榮。今焉內懼。
所以致詳。盡義忘其喋喋。心在報君。非好辯也。若夫軍旅之事。則
未之學。張浚以遣使為機權者。臣所未諭。不敢強為之說。伏乞陛
下幸赦之。取進止。

歷代名臣奏議卷之八十六

歷代名臣奏議卷之八十七

經國

宋高宗建炎間編脩官胡銓論符離之敗疏曰臣聞古者或多難以
固其國啓其疆宇或無難以喪其國失其守宇齊有仲孫之難而小
白以興晉有里丕之難而重耳以起漢高有平城之難而成帝業光
武有王郎之難而興漢統唐太宗有渭水之難而大業以昌德宗有
奉天之難而唐祚益固何則以其畏多難而思所以保其國其操心
危而慮患深也城濮之役晉無楚備以敗於邲邲之役楚無晉備以
敗於鄢衛邢無難敗亦喪之晉武既平吳何曾知其將亂隋文既平
陳房喬知其必亡何則以其恃無難而不思所以固其國其操心不
危而慮患不深也故曰或多難以固其國啓其疆宇或無難以喪其
國失其守宇豈不然哉陛下思復不戴天之大讎處心積慮嘗與覩

虜不俱生雖古人枕戈嘗膽未能遠過近者淮上之衄蓋天以是厲
陛下之志使陛下動心忍性增益其所不能臣有以見天心之愛陛
下也篤矣臣願陛下益强其志毋以小衄以自沮蒐乘補卒休兵息
民期於身濟大業貫宗廟社稷之福

紹興元年戶部尚書葉夢得上奏曰臣准吏部牒備坐都省劄子臣
僚上言邊事未寧乞大詢衆庶備禦之策聖旨令行在職事官以上
具所見實封聞奏仍限五日者臣以疎拙不才罪戾廢棄之餘仰蒙
陛下過聽收召今者備列六官之長恩厚德大雖在承平無事之時
猶當感激奮勵圖報萬一況此中外艱虞陛下焦勞旰食昃日不暇給
之際且復屈己下逮思盡羣策主憂臣辱義當即死雖其愚陋敢不
竭盡犬馬之誠或冀于慮一得竊惟逆虜不道憑陵中國四年于茲
矣所舉無不中所為無不成卒莫能少挫其鋒者豈以北兵驟起之

餘越數千里之地盡用其民二十餘年叛天逆理流毒于我而我合
天下之智勇不能與之抗乎其患在於始謀不臧動失機會因循積
漬養成其勢是以在彼者日益肆在我者日益困于今救之於未為
愈難也夫兵機事也不度時不料敵則不可為故機會一失則為之
每難於靖康之初矣若以今春視去冬蓋又有難者焉去冬所聞出
沒於陝西河北之間者或曰游騎或曰簽軍未知主謀摠衆者何人
今聞粘罕嘗親至相州又至濮州又至開德府是主兵者在粘罕此
難者一也去冬以開德府守河我尚恃河以保南境故虜屢擊橋我
輙爭得之今開德既陷河已非我有則河南之地惟虜所欲往此難
者二也去冬河北京東諸郡存者尚衆南倚開德北倚大名東倚東
平此三大鎮者鼎足相峙而滄州又在其北德博與濮互為唇齒其
力猶足以相抗今惟東平歸然獨當宋魏之衝滄州孤絶在後此難

者三也南京自古最為南北咽喉關鍵唐安史之亂張巡許遠以死
守之卒全江淮今又京師糧道所寄沿汴而下距維揚無十日之程
視唐利害尤重澶魏既破道途之言皆謂虜騎嘗已至其處立萬一遂
薄南京則上可絶京師下可迫楚泗此難者四也京東河北諸郡初
固皆欲死守故我力雖不能經紀而一方自為嬰城之計民社各欲
保其鄉里者猶有可恃自開德等陷人情震駭皆無固志聞德州乃
望風迎降而巡社之民亦或反為之用則見存諸郡豈復可保此難
者五也只此三兩月之間難易不同又復如此不早為計虜既多得
吾地遂擇膏腴利便之所以為巢穴重誘吾民脅之以爲騷驛四出
今日復振則三兩月復陷一州以漸及於東南取者不能復可得陷者
不復可振則三兩月之後其救之豈不更難於今日乎又況猖獗之
勢有不止於此者臣竊觀虜前年冬去年春先破西京長安而去冬

抽還陝西京西軍馬。未數河北京東諸郡相繼遂陷。蓋其為謀。自有次第。是必欲潛窺淮甸而一擾京西陝西與河北之民。踵躡其後。故先去其擾。今既得志矣。則乘間而南。不在今春。必在今秋。若先自單州趨南京。次又趨宿州。次又自淮陽軍趨楚州。則沿汴一帶皆不可支吾。然是特為淮甸慮而已。何者。我猶可恃江以為之限也。若更分兵二。自陳潁出和州。渡宣化采石以趨金陵。一自唐鄧出襄陽。抵鄂州荆南以瞰上流。則長江之險。我亦不得專。吾復何以為計哉。此臣所以私憂也。為今之計。必先深戒靖康機會之失。然後論起備禦之策。所為靖康之失者何也。固守京師而不知避是也。古之帝王。一歲而四巡狩。初不以為難。後世巡狩之禮雖廢。然事有急緩。必不得已而從權者。未嘗有人主跬步不去王室之義。臣在經筵嘗因魏惠王遷都於梁之事論之矣。以謂王者無故而遷都則不可。因事而巡狩則無不可。自昔變難擾攘之際。未有不因遷避而存。遲疑固守而亡。故唐明皇以安祿山幸蜀。代宗以吐蕃幸陝。德宗以朱泚幸梁。僖宗以黃巢再幸蜀。此五君者雖一時不免奔趨遠適之勞。而後日皆保安全無事之福。惟晉成帝當蘇峻之變而不避。故危。梁武帝當侯景之亂而不避。故亡。此已事之明驗。不待深考而知者。靖康主謀之臣不知論此。乃合遷都巡狩為一事。不料敵之弱彊。不度我之勝負。徒襲宣和末議。以固守京師為得計。已大誤矣。又復決意謂虜必不再至。遠則邊境未嘗為防托力拒之謀。近則大河未嘗為經畫必守之計。終歲分爭於口舌之間者。僅在戰和二說。以逞其私。緩其所可急。急其所可緩。遠期至事迫始命。李回復蹈何灌之覆轍。以數萬衆守河。而旋設四輔。回至則盡潰。四輔兵未集。虜已過河。說束手不能救一籌。禍遂至於不可言。此天下所以痛心疾首不能釋也。今揚州則京師也。東京京西見存諸郡則邊境也。長淮則大河也。陛下視靖康之失如彼。則今日之圖其緩急先後宜何如哉。且天子居而在京師。則以京師為家而外以經營四方。出而在外。則擇外之安存深固之地為家。而外以經營四境。為家者一定。應事之機往來進退而以馬上治之。國不以所一定者自足域也。漢高帝起於漢中。東向而當項羽。故以咸陽為家。而蕭何守之。咸陽有定而高帝往來進退必至於擒羽者。未嘗有定也。光武起於南陽北向而當赤眉賊。故以河內為家。而以冦恂守之。河內有定而光武之往來進退必至於誅賊者。未嘗有定也。使高帝不離咸陽。光武不離河內。則不唯天下得失未可必。安知無坐困於敵人者哉。臣愚以謂今隆祐太后六宮既在錢塘者。陛下之咸陽河內。所宜為家者也。陛下若定家錢塘。鑾輿進則負江而北。退則阻江而南。惟便利之所在。不必固守維揚以煩動為重。陛下與

大臣講此宜詳矣。今虜猖獗。大約已可見。臣所不知者朝廷緩急之勢也。慎重國體。固欲舉措得宜。精審敵情。亦必機會中節。伏望陛下博通下情。廣遠斥候。如勢必至於過江。則願以進退順動之意預定其期。亟下詔書。明諭中外。無恃其不來。而使得倉猝乘吾不意。所既容扈從臣子之心安矣。四方形勢之望彊矣。則備禦之策惟吾力行而已。臣謂今日之務。有當為而未可為者。有不可不為者。有不得已而預為者。臣聞虜雖得五路。而河諸郡。然事勢猶未成。人心猶未一。吾能乘其未成未一之際。悉以兵力戰復過大河。以與河北見在諸郡山寨水寨之衆相為表裏。以待驅逐。使不得安吾境。此當為者也。然勢未可為。先且厚慰撫兩河。然後專事京東京西淮南控扼之地。謀其藩籬。內拒淮為險。以塞南牧之路。使不得窺覦。此不可不為者也。則當速為淮狹而難守。江闊而易守。第一。三路藩籬不能捍而

淮不可保。必退而守江。則鎮江金陵與上游荆南襄鄂之地。擇其要害抗以舟師。亦不得已而爲之者也。然不可不預爲。請試一二陳之。今夫虜之驟强。誠天假之。連年戰勝之威。百倍於我。而至京城。如蹈無人之境。殘破州郡。唯其所欲。我之不敵亦已審矣。而臣方以可復過河驅逐出境者。未較强弱。雖在彼。而論强弱所由致。則在理。天下無常弱。唯理之所在而已。我得其理則其氣伸。其氣伸則其勢不激而自强。不在力之衆也。我失其理則其氣屈。其氣屈則其勢不挫而自弱。不在力之寡也。昔後唐莊宗父事契丹阿保機。及莊宗之難。阿保機謂其使者姚坤曰。吾聞此兒有宫婢二千人。樂官千人。放鷹走狗嗜酒好色。任用不肖。不惜人民。此其所以敗也。我自聞其禍。則舉家斷酒。解放鷹犬。罷散樂官。我亦有諸部樂官千人。非公宴不用。由此言之。虜雖非人類。未可謂實然全無知識者也。及德光援石敬瑭破

張達。敬瑭問所以速戰而勝者。曰。吾謂唐兵能守鴈門而扼諸險。則事未可知。今兵長驅深入而無阻。吾知大事必濟耳。吾兵多難久。宜以神速破之。此所以勝也。然則德光雖彊。亦必視形勢地利。度其所可濟而後決勝。宣和之末。邊臣失計。既與虜通。又與之來。我中國政事之過覘之多矣。深謀狡智。乘我而重輕之者。既已窺於前。遂其所入。我所以待之者。未嘗有一事一爲當其節。彼復謂我無能爲而可侮者。又有以察於後。則飽其吞噬之氣。以馴致其彊者。豈無自而然哉。今陛下若能監宣和致寇之失。而一切盡反之。屏聲色。遠讒佞。抑僥倖。戒奢靡。簡誅求。撫彫瘵。凡可以興衰扶危者。無不爲。左右大臣能承陛下之意。深求靖康誤國之弊。而一切盡矯之。收人心。作士氣。擇將帥。練軍伍。較地利。料敵情。凡可以救災捍患者。無不舉。夫彼既以是覘而乘我。亦必以是覘我而知其不可乘。既以是察而侮我。亦必以是察我而知其不可侮。我亦持此以感人而人服。率此以用衆而衆從。其理一易。而氣隨之。彼豈終恃其彊。我豈終屈其弱乎。且周世宗之興。中國契丹之勢。未有以異也。奮然一起。以唐晉之兵。治唐晉之敝。未血刃而復三關。虜遁逃折北之不暇。彊弱之易。響於此可見矣。竊聞兩河山寨水寨之民。動以萬計。其怨虜深入骨髓。仰懷祖宗二百年德澤。蟠結之久。南向號呼以待中國之救者。未嘗一日而忘。我誠能力行前之所陳於內。而使人重撫此遺民。以收其用於外。數月之後。徐爲大舉。臣知大勢一逐。當如轉圜石於千仞之上。王尋之師非不衆。而光武破之於昆陽。曹操之師非不彊。周瑜敗之於赤壁。符堅之師非不銳。而謝玄潰之於淝水。事不至此。未可以定中興之期。所謂當爲而未可爲者此也。天下之勢在州郡。州郡能主形勢者在將與兵。祖宗以來。處河北河東陝西三邊之術。略可見矣。總之

有帥。命之有將。屬之有兵。以某郡爲帥府。則與之將者若干人。與之兵者若干人。險要之地。如何爲堡寨。捍禦之卒。如何爲屯戍。如是而守。如是而戰。如是而分。如是而合。有定法也。其自中出者。唯選帥命將出師之節而已。臣獨怪兵興之後。我之境土日蹙。則前日號爲邊面者。皆遂還次邊。於腹裏。而朝廷未嘗以三邊之法處之。除一二大帥之外。其餘州郡雖與敵境相接。猶一用承平故事。吏按籍以書生文吏計資考而爲之守。朝夕所從事。猶在簿書獄訟期會往來之間。將之有無。未嘗問也。兵之多寡。未嘗知也。忽遇卒變於內。盜賊聚於外。則時出行在之兵爲之誅討。事已復歸。泰然相忘。守一定之法。而治不急之務。與從容無事之時無以異。主兵者不過兵官巡尉。爲兵者未過刀手疲卒輩而隨其守之才。或粗能招集軍民。或其僚屬間有可用。皆各出於私意。自徐朝暮。帥臣有名無實。且有事。戰守無

所取謀合散無所聽命。勝不相聞敗不相救。如向者潁昌蔡州等諸郡棄城逃遁守臣。例不過以力不足藉口。朝廷亦莫能詰而日近濮州冀州等處雖能固守。外無一兵一騎以為之援亦卒至於陷沒而後已。以此治邊而虜何憚而不吾侵也。臣願亟取淮南京東京西三路要害之郡與虜相近者。一以前日三路極邊之法治之。東則鄆州徐州南京。西則潁州壽州和州。南則唐州襄州荊南。各隨其遠近立為軍數或使之召募或為之分隸而命以大將與其帥參治中擇近臣明敏宏毅忠信沉遠者一人為之總帥以節制之。小郡與偏裨聯於大郡。大郡與將聯於總帥。應州郡常事一皆命之。餘官守將專領軍事。各條其所為者上之朝廷。為擇其可者頒於總帥而授於所部虜未至則如何守。既至則如何戰。攻某州則某州應援。入某地則某州牽制。預定成算。日久按習。緩急有事。舉而盡行。必使腹心可以相

使臂指可以相及。守者如檀道濟之在壽陽援者如曹景宗之在鍾離擊者如韋叡之在合肥拒者如臧質之在盱眙縱今人才寡少。未必皆得如數人。然不可不以是求而用之。雖未能克敵。豈遂以單弱奔潰孤絕陷沒乎。所謂不可不為而速為者此也。保江下策也。虜勢既未可測。則我亦當為不可測之備去年秋始獲進對即嘗論虜或師河洛。分兵鼓行直趨襄沔橫據荊渚因我舟楫人卒順流進逼江左。即王濬等入吳之路。以為彼之上策。自許蔡而南。一出歷陽徑斷采石以趨金陵。即蘇峻所從亂晉本朝曹彬所從下江南以為彼之中策。是時河南與京東諸郡尚存虜之去就猶遠姑自河洛言之而已。今既不止於此。則尤當過為之防。敢終言其詳自古有事於東南未嘗不先以舟師出上流蓋所以奪我者以勢不以力也。王濬自益州至荊南作大船連舫百二十步受二千餘人。以木為城。馳馬其上

及既進自巴丘十四日至牛渚蘇峻在歷陽即今和州。其襲姑孰進慈湖蓋今太平州之間由采石而渡我曹彬下李氏。亦備用其迹。虜騎去春嘗已至汝州蔡州矣。自汝州入襄州至荊渚。自蔡州入光州至歷陽固不難。則江之可防非一道也。然是猶有可言者濬與彬皆中國人也。濬在益州作船七年而後成。虜雖得荊南。其勢未必遽能至是。然虜多燕人。粗能知書或竊取濬之餘意而傚之。至襲蘇峻之故道。則亦未易可當但其驅我人而用之。吾固亦可以我人而拒之。燕之悍者若欲自為之謀。則棄鞍馬而事舟楫捨所長而用所短我視平原易地得算為終多也。唯控扼者如何耳臣嘗建議欲以鄂州與荊南別為一路置帥府此實上流控扼之要而襄漢之所徑出吳孫氏嘗都以拒魏唐始以岳鄂為觀察使後陞為節度其意可見若鎮江金陵韓滉在唐最為近事築石頭五城修塢壁起建業抵京

峴樓雉相望建業即金陵京峴即鎮江之境也。造樓船三千柁。以舟師由海門大閱至申浦復與揚州陳少游以甲士三千。臨江會于金山。當朱泚之亂東南賴以安靜。今車駕或駐兩浙。則鎮江金陵尤所當先。治舟師不講已久。去冬雖嘗募海船四百餘艘於鎮江然而戰陣之習未聞其嚴也。鎮江之師。止可為鎮江之用。未見金陵所以待上流者。江東之備當以江東之舟與人用之。又鎮江有子城而無外城未有無城而能守險者今若速以鄂州與荊南各分一路。以抗於上。而命鎮江金陵揚州三帥。力舉韓滉故事脩之以至于下。則彼虜地之利害。較技之短長。必有覘而知畏者所謂不得已而預為者此也。恭惟陛下以聖神文武之資誕受中興之業躬履艱勤克己願治其長慮却顧算無不至。今日復以虜勢之迫。下詢於眾易曰天地設位聖人成能人謀鬼謀百姓與能。夫聖人成天地之能。而並立於其

聞者不過明則謀之人幽則謀之鬼而百姓之安危天下之安危也既盡人之謀而同其安危則內可以保一己外有以保天下百姓其謀稔之乎洪範九疇其次七稽疑曰汝有大疑謀及乃心謀及卿士謀及庶人謀及卜筮汝則從龜從筮從卿士從庶民從是之謂大同身其康彊子孫其逢吉謀衆稽疑之道其効盖如此陛下既用是道則不可不求是効若臣所見常智皆所共察利害得失顯然易明竊料陛下亦嘗熟計於胷中矣今卿士之言亦或宜有與臣同者陛下累嘗詳於胷中而臣又言之卿士又同之則願陛下斷而必行耳雖然陛下無乃以方祈請二聖宇文虛中奉使未迴意和議可恃不欲重見兵端乎臣以為不然夫靖康所以曠日持久不力為備者正以耿南仲持和議陛下虜計中而不悟今虛中之請成否未可知安可捨目前之急而待萬里之報盍姑存其說而不廢幸而有成不過虛為之

備如其不成固無後悔必欲還二聖非我形勢先彊彼肯遽有願從今仁自為備非彼見迫我不交鋒未可謂之兵端臣智識凡陋思慮短狹不足以仰塞明詔不勝拳拳憂國愛君之誠惟陛下垂恵采擇

八年夢得提舉臨安府洞霄宮上奏曰右臣今月十八日戌時准尚書省遞伏蒙聖上恩賜臣詔書一道以虜人初退陛下深懷善後之計俯以攻戰之利守備之宜措置之方綏懷之略特加訪逮臣材質朽鈍識慮褊淺不足上禆大議然念頃歲擢自閑廢驟承聖知度越綱人濫聞政事雖奇窮閑地奉事清光之日無幾而眷遇識拔天地生成之賜實與衆異銘鏤肺腑久未知報日夕愧負若無所容比者逆臣劉豫叛扶黠虜稱兵內侮犬馬之誠雖不勝忠憤而職在散地覦徒成算非所預智是以不敢犯分妄言姑因職守所當行義獻其未議今賊衆敗亡王威始震陛下天縱神武坐制彊敵之餘尚懷謙

懷博詢羣議不遺疎遠爲記孤愚此見陛下戰勝而不矜功成而不有舍己從人至誠樂與之意必將上追堯舜文武之用心以述祖宗之盛於此不言臣罪大矣敢殫竭底蘊試效萬一惟陛下垂恵采擇臣聞洪範言人君三德曰正直曰剛曰柔夫天下之變雖窮古之帝王御之不過有三焉非平康之世彊弗友則克之以剛爕友則克之以柔而已自陛下即位及今虜九三入寇其始衝突至於維揚臨江而不敢渡明年渡江至於錢塘四明歸而立劉豫今遂與豫合謀併兵長驅並至方其臨江不敢渡盖不能無畏於我棄而不守故明年復為南渡之計然猶未敢有意中原賊歸之後我不即撫定置而不問者累月故始萌其姦計戰而與豫我復委而下與之争遂別為此疆兩界視豫真若吾鄰遷延顧避入寇者不得繫歸順者不敢納豫驕於亡民絕於下所以恆然自謂得志無復忌憚陰導犬羊以圖僥倖

我愈退賊愈進我愈怯賊愈彊此其故何哉殆吾謀臣失討而一於用柔者勝也向使維揚之後有以御之固無錢塘四明之役錢塘四明之後有以御之固無今日之役今幸賴陛下睿明英武赫然獨斷出賊不意決策親征是以兇焰首摧狼狽失措曠日持久卒至於遁歷歲之失一朝正之天下孰不鼓舞感悅豫計已窮虜氣已懾此乃陛下宏濟艱難反於用剛之時不可不乘此遂定興王之業臣前嘗妄謂克復大統平定中原當自此始者誠有待於是然為之當有其序盖有進討之策有招納之策數路並進一舉而蕩平之此進討之策也廣敷德意以次而懷徠之此招納之策也進討而不及招納招納而不及進討皆未免有偏勝何者進討之策非兵強將選財豐食足未可遽動招納之策尚因人心無不可為數年之間欲以郡歸有如海州者欲以縣歸有如宿遷者舉衆內附少者數百人多者數千

人。亦無時而無陛下。察此人心。豈有一日忘本朝乎。果可進討之具。無不兼備。舉而用之。罔不為難。若猶未也。則先招納。後進討。自不失其所。臣請言之。臣往年待罪江東。得豫情實最詳。豫閣一几九材。年踰七十。其子璘狂悖慘刻。尤不為其下所伏。自行什一法。重斂於民。外以秦虜歲幣三百餘萬。又遠事關中。疲竭內地。民困貪暴。痛入骨髓。日夜引領以望王師之至。其告於吾人者。或曰天兵速來。不過今年。則人心懈。或曰我非順者。但能以大兵主張得我。我無不歸。此言人所共聞也。今虜復以十餘萬衆屯聚幾百日。數路騷然。彊者篡為篡寇。弱者服而轉餉。調度百色。必非豫能素辦。皆當盡出。誅求不椅。帶甲三冬暴露。非特民怨。兵且怨矣。非特豫困。虜且困矣。若陛下以天地大德。涵覆無外。盡洗從偽之民。而一新之。許其來歸。孰敢不從。待其歷述不恭。尚懷顧望。則臨之以兵。孰敢不服。臣願陛下與大臣熟議

定此二者。先下哀痛之詔。開諭偽境。應敍官者不即撫逆之意。深自引咎。若曰非民忘我。我自失之。原其淪陷。出不得已。使廓然皆知陛下待之與豫父子者異。則立為賞格以募之。以州降者。授以州。以縣降者。授以縣。挺身或舉衆來歸者。處之皆勿失其所。命遣吏多募信實之人。深入傳告。或說客辯士。因其人而動之。必有桐縋送款。如海州宿遷者。此吾不血刃而坐復境土之道也。益戒有司。訓練將士。儲積糧餉。若秋冬之間。虜與豫復至。不過進則攻戰。退則守備而已。前日已事之驗。固自可見。若虜與豫不至。而吾民猶有畏虜不即聽者。則待吾進討之具。備申飭諸路。約日齊舉而深入之。彼孰肯終捨順從逆。捨寬從虐哉。豫孤身獨立。衆散親離。少假歲月。非我擒豫。則豫必棄而奔虜。或吾民有圖豫而獻者。此必至之勢也。二議既行。陛下謹臣四事。良存乎其間。所謂攻戰之利者。見可攻而攻。見可戰而戰。

不可預言。但紀律備明。士氣奮張。將帥樂於為用。不俟御卻。勝而不驕。不勝而不懼。則在我有常勝之道。今之兵勇銳。視前不侔矣。尚恐罷冗者未盡汰。驕惰者未甚戢。將帥之材。猶未甚廣。蓋自軍興。號為兵者。皆大將自募。與招安之盜賊。貴多而不責精。偏裨亦出其選。朝廷藉之為用。未嘗別白簡擇。臣願稍備軍律。以前後號令約束損益。立為法制。以整齊之。徐令自汰其不足用。而誅其不律者。統制統領官。各使上其材能勳閥。朝廷更加審覈。時拔其能者。什之以事。或使自當一面。兵將無濫。法令明肅。閫閣在上。權不偏重。則何往而不勝也。所謂守備之宜者。防秋防冬之事。前此戒嚴則舉。解嚴則廢。未嘗修之於無事之日。是以事至旋謀。亦多苟簡文具。今要害之地。莫大於擇人。近歲或專委武夫。或取之負犯之吏。或姑錄其人。不問所長。卒而得人。或遷徙無常。或不與之兵。或有兵無食。至於鄰比策應事

制。相為犄角。皆未嘗預講。其尤為大害者。斥堠不明。往歲維揚師在泗州。猶疑其詐虜。今者秋州入境而後知之。夫以大軍曾集數月而後興越數千里而後至。尚不及知。況其他乎。臣願應守禦之地。丞擇人分任。量其守之大小而與之兵。與之兵必足其食。使各條上方略。可自守則如何守。自守不足。則如何援。九山川險易。道里遠近。鎮戍蹊塞。控扼急緩。詳考利害。一一規畫。朝廷與大將擇其便利。必可行者。授之以為成法。無事則習之。有警則行之。少假其權。以盡其能。久其任以責其效。別立探報之法。廣行收募。不必拘以一色。使敵情虛實進退。皆前期而知。無出所不發。則何守而不固也。所謂措置之方者。其目不一。要莫先於財用。今朝廷之兵。付之諸路大將者。皆非承平之所有。而糧餉調度。猶以有司之常法責之轉運使。否則出內帑之積以濟之。設有非常之用。則擬為經畫。或不免取於民。未有一定

之制。此豈可久哉。天下之財非不足。但歲久法弊廢而不舉。及當國時而為之者未講也。唐制諸道貢賦別而為三。有上供有留州有送使。本朝大略因之。上供之外。留州者邊州之所用也。送使者轉運使之所領也。唐制財用通而為一。本朝轉運使所領非兩稅常入。其他皆別為諸司。自軍興職守不嚴。事多權宜。監司一於侵奪。州縣一於隱蔽。苟濟目前。寖生欺弊。蓋上供猶有闕者。其餘遺漏失陷。雖朝廷不盡察也。臣竊以為宜盡取天下諸司所掌。會其實數。稍分別之。嚴其上供留州送使之辨。應行在支費有定式者。以上供責之戶部。諸鎮大將逐月供億。以送使責之轉運使。別為一司。盡總其餘財賦。一金以上。皆使通領。周知其數。而斡旋之。應戶部轉運使所不足。取以均濟。他皆籍之。以待非常之用。參較虛實。鉤稽出入。凡法令所當變通。職守所當分合。利害所當興革。有無所當乘除。存而封樁。轉而支移。非常法所得拘者。一以付之。朝廷但制其可否之節。取與之權。事有專責而權不分。則緩急可以取辦也。所謂綏懷之略者。招納之策既行。夫者固已舉矣。更令邊吏未收復者。多賑優擾。以待其至。已收復者。數下詔令。蠲其積欠。慰其心。時遣使命導之。溫言以通其意。阜通商賈。濟其乏絕。察吏人害民者去之。轉徙復業者量借之種糧。豫猶散來爭。則為出師以捍禦。其領衆來歸者。隨其多寡授之鄰近逃絕戶之田。舊有官者復其官。有才能者時擢而用之。則居者不失其所安。來者不失其所歸也。論豫之事。所以勵中國者不過於是。若虜之變詐。則不可盡測。議者或謂虜黷於用武二十餘年。吳乞買與黏罕分國並處。自不相制。契丹亦有興者。其國已衰弱。乃天亡之日也。必不能每舉以仇我。或曰彼欲搏噬於我久矣。方藉累勝之資。將有然。晉國猶闕。豈以一敗遂不復較。豫本無功於虜。非有腹心締固

之交。導之使來。無成而歸。殺懲其輕妄。更有廢置。或懼而攻圍。別出奇號。此皆不可知。然臣嘗論自古中國與夷狄本不相為盛衰。匈奴雄於北方。至冒頓而愈熾。漢高帝以三十萬衆圍於平城。僅以身免。然不害其降子嬰。誅項籍。以有天下。至於元成之際。五單于爭立。呼韓邪單于來朝。為之改元。不復更能窺邊。而漢亦自是不振。奪於權臣矣。突厥當隋末控弦百萬。羣盜悉臣尊之。唐高祖籍始畢可汗兵以定亂。亦為之屈。然不害其父子並興。創建數世之業。至宣懿之後素所患者。吐蕃破散離析。以數十州來降者相繼。而唐亦迫於藩鎮而亡矣。華戎異域。天固限之。而盛不能相傾。衰不能相救。誠有漢高帝唐高祖父子。雖冒頓始畢何害。即紛亂如五單于。殘滅如吐蕃何補元成宣懿之治。自靖康以來。常患以虜之盛衰為我之彊弱。故事每拘制不得盡為。今虜在萬里之外。既不可必得其實。則亦不必覘伺而後為之所。陛下以至誠不息之心。日新盛德。作興於上。小大之臣。咸懷忠良。國爾忘家。公爾忘私。奔走於下。脩明庶政。共成內治。則虜雖彊尚不足畏。況於豫乎。二聖未還。陛下聖孝純至。必有奉春於虜者。然連年遣使。初不得其要領。今兵端自彼。我固有辭。非使有所貸動。安能懼而悔禍。臣久伏田野。不知時事。管穴所窺。實為迂闊。干冒天威。無任惶懼激切屏營之至。

二年。布衣吳仲上書曰。臣嘗讀太史公敘布衣王蠋狀於田單贊曰。昔燕之初入齊。聞王蠋賢。令軍中環畫邑三十里無入。已而使人請蠋曰。齊人多高子之義。吾欲以子為將。封子萬家。蠋固謝。燕人曰。子不聽。吾引三軍而屠畫邑。王蠋聞之曰。忠臣不事二君。正女不更二夫。余炎助桀為暴哉。遂自經其頸於木枝。自奮絕脰而死。臣讀至此。未嘗不廢卷涕泣。扼腕而太息也。何哉。齊一小國也。且有懷慨忠義

之吉。今天下之大。四海之廣。得無其人乎。况天下之士。自崇觀以來蒙被國家教養。雖山林阜壤。巖谷海隅。靡不承長育而受恩德者矣。可以大國之人。不如小國之布衣矣。臣固有意於是。今臣至貧且賤。初非以富貴為心。爵祿為念。又非欲以片言幸陛下之用。從而求賞。竊臣之心。實無纖毫覬覦。况臣嘗立功於近世者屢矣。亦未嘗論功而求仕進。則今日之言。無意於爵賞也明矣。無意於爵賞而有言者非它。臣恐萬世之下。罪我聖宋無忠臣義士。故以臣所聞所見。盡臣之忠。竭臣之愚。為陛下陳之。伏望天慈早賜睿覽。不惟臣一身之幸。特為社稷之福。天下生靈之幸也。臣竊觀陛下有孝悌之大德。而二帝之問不通。陛下有湯武之聖明。而敵國之陵不已。陛下有太王之至仁。而土地之封日削。陛下躬堯舜之節儉。而國用之富不饒。陛下震雷霆之天威。而盗賊之鋒未戢。凡此五者。非特臣得以疑之。使三

尺之童。有知有識。亦將有所疑焉。何哉。二帝之問不通者。臣竊謂非陛下忘父兄之遷也。非大臣忘君父之恩也。蓋亦人力有所不及。思慮有所未至焉。臣竊觀趙王之入燕也。使者十輩。既不能達國之意。又不能全身於外。當時在朝。若張耳陳餘之徒。非不賢也。非不謀也。獨不如一廝養。能以片言說燕卒。與其君俱載而歸。今兩國之難未解。而鼎峙之形已分。使者雖數十輩。金帛雖數十萬。能免僞齊之盗免此遣使不如用廝養明矣。敵國之陵不已者。臣竊謂陛下忍小恥之太過也。示小敵之太怯也。蓋戎敵之性。譬之獰犬。若或迎之。徒而吠噬。臣竊觀苻堅之陵晉也。興師百萬。力足以移山岳。鞭足以塡江河。謝玄以計沮之。敗衂淝水。設使當時忍恥示怯。奔而避之。由江迤南。當為秦之屬郡矣。故古人有言。可以計勝。難以力屈。即此觀之。雖得間諜十萬。不如一謀士明矣。土地之封日削者。臣竊謂陛下視疆

場之大。輕侵藩屏之太易也。臣竊觀越王勾踐之脫於吳也。嘗膽以苦其心。任賢以廣其謀。雖一飲一食。未嘗不以滅吳為念。故當時其恥雖大。其國雖削。數年之間。復其疆而雪其恥。當今陛下國政之屬如大夫種者誰歟。軍旅之託。如范蠡者誰歟。然陛下移蹕而去之者屢矣。百姓從之者如歸市。雖太王之仁。不過此也。昔太王之去邠而之岐山。今陛下去汴而之吳越。跡實似之。謀則異也。臣未見陛下有滅夷狄之心。復父兄之讎。此臣所以曉夜太息為之不平。國用之富不饒者。臣竊謂陛下千里寄託之非人。四方土地之多曠也。臣竊觀司馬宣王之輔魏也。先廣田蓄穀。然後為滅賊之計。當時鄧艾著濟河之論。又陳屯田之利。其言以二萬人屯淮北。以二萬人屯淮南。合四萬之衆。且田且守。歲入米五百萬斛。十萬之衆。可給一年之食。臣竊見今日自常潤抵界至于大江。極目百里。盡成荒墟。所謂良田不知

其幾千頃。自淮迤南。荒蕪之田。又不知其幾千頃。廢卒既多。冗官不減。若於此時且耕且戰。則軍食何患不足矣。盗賊之鋒不息者。臣竊謂陛下姑息之德太厚。而殺戮之威不張也。臣竊觀宓子賤之治單父。齊寇至。魯人不及自刈。父老請民出刈。宓子不許。且曰。今年亡麥。明年可種。若使不耕者得麥。則其民樂有寇也。其言雖小。可以諭大。今之盗賊未戢。亦有樂寇之類。臣竊謂盗賊不可不滅。昔光武中興未嘗不以討賊為先。殺戮之則彼畏而自息。招之則彼安而復叛。臣以謂用盗賊攻盗賊。則萌寇無患乎不平矣。此五者雖君國之急務。然猶未足為陛下輕重。臣復見國勢如累卵之危。生靈有塗炭之厄。臣曉夕為之寒心。臣竊聞太祖皇帝之有天下也。奄有九有。席卷八荒。東漸于海。西被流沙。北極單于。南底交趾。四方四隅。罔不臣服。當其四夷未賓之初。止有中原。錢俶望風納土。由是置五王宅以待其

自至其後李昊欲以臣屬之為藩屏。遣使請命。太祖皇帝曰。天無二日。殿庭之上。豈可容鼾睡者。是欲天下一家。中國一人也明矣。創此基業。垂之十帝。可謂盛哉。太平日久。偶因邊臣失守。致使虜人長驅而入。賴祖宗之靈。社稷之福。使兆民有託于陛下。當時龍興南都。天下之人。皆知陛下孝慈。不忍父兄之遠播。而居其已破之城。今此駐蹕。乃在東南之一隅。臣竊為陛下疑之。不識陛下欲復祖宗之故業。則陛下有萬世無窮之計。尚乎。止欲為東晉之南據乎。臣竊謂復祖宗之統之基。若止如東晉之南據。則不過有百年之世。祚雖百年之計。尚恐土地日削。社稷日危。亦未必安於百年也。臣聞自淮以北。見屬偽齊。自古夷狄不能有中原。此金人以中原攻中原者也。近世說者必曰。朝廷賴偽齊以為藩籬。以捍金賊。臣竊謂不然。夷狄之患。患在手足。中國之患。患在心腹。不識說者將謂偽齊今不為盜。能保其子不為盜乎。復能保其孫不為盜乎。不識偽齊俟虜人既定之後。去僭偽之大號。還土地之故疆乎。為復割據中原。久假而不歸乎。若曰臣無伐君。則武王何為而并天下。若曰國可並立。則隋高何為而擒叔寶。良由勢不兩立。尊無二上者也。昔秦齊之強。猶不敢久僭帝號。今因胡人竊我名器。不歸他人。獨授劉豫。則知豫必以姦計為金人謀也。既為謀主。則無臣子之心明矣。況人臣之位。與人君之尊。不可同年而語。彼肯捨尊而就卑乎。則知劉豫無復納款又明矣。臣嘗譬之巨室之家。假人以堂室之奧。而自處門廊之隅。則居堂室者。豈無吞門廊之心乎。今劉豫所以卑辭自遜者。良由人心未歸。而羽毛未成爾。縱使劉豫止欲割據一方。豈不為姦雄開基。又況自古南北雌雄之勢。但見以北并南。未聞以南并北者也。臣竊觀國之所重者三。昔者神祖留意太學。蓋欲籠絡天下之英賢。而網羅天下之姦雄也。陛下駐蹕維揚之時。猶有隨駕學生。今悉罷去。而劉豫乃為學校以延多士。是誘陛下之英賢可知矣。今諸軍士卒。皆河北山東之人。其初止因虜人所害。故偷生南方。望陛下升斗之養也。前此兩年。兵食皆足。逼來竊見如劉光世軍中士卒一月之糧。或闕其半。里巷私語。皆曰。健兒不如乞兒。各懷去心。悉有歸志。而劉豫大彰聲勢。廣示富饒。省刑薄斂。卹眾安民。役思鄉之人。一有所聞。豈不動心。是誘陛下之士卒可知矣。南北往來商賈。如纖厚增其利。售我物貨。關市無征。阜通無禁。既闢商賈之路。遂雜五間之徒。古人夷關折符。使命猶且不通。況於往來弗禁者乎。臣竊見朝廷內外事無巨細。往往皆前期而知。此無他。從商賈之便者然也。從商賈之便。則是誘陛下之行旅可知矣。誘陛下之英賢。則謀議可得而策矣。誘陛下之士卒。則戰鬭可得而用矣。誘陛下之行旅。則國之虛實可得而知矣。臣竊見中國之士子。不由科舉進者。往往多不得齒於仕版。至如貪贓之士。雖有嘉謀嘉猷。非有左右先為之容。無因至陛下之前。則好名貪祿之士。豈不有如齊之心乎。臣竊見中國之士卒。飽則稍安。飢則心離。懷鄉樂土。人情所同。又況丘隴之所繫。嗜慾之所趨。今移北就南。歲久無歸。撫懷上之人。豈不有如齊之心乎。臣竊見中國之商賈。近緣軍興。征求百倍。為監官者。以奉上為心。以刻剝為志。行旅愁恨。痛入骨髓。由是百物不通。征商又倍。至如偽齊取民有制。彼貪利亡恥之徒。豈不有如齊之心乎。凡此三者。悉有離心。則陛下國勢日以孤危。臣又見劉麟猖狂尤甚。狼戾居多。父子異同。悖逆若一。僭偽二年。鼎勢已立。今劉豫不自量力。往往自比文王。而以其禍付之於麟。陛下若稍緩其歲月。彼將先收民心。足食足兵。形勢漸固。則中原無復為陛下有矣。中原既喪。則偽齊反得以太祖皇帝奄有中原。坐收四方之業矣。臣又聞金人皇弟悉趨陝西。悉在吞蜀萬一不幸蜀有變動。彼將順流而下。水陸並進。則陛下豈可復有乘舟之行哉。臣聞兵法有曰。我不欲戰。雖畫地而守之。彼不得與我戰者。乖其所之也。臣竊謂先平僞齊。則是乖其所之也。又況僞齊有脅無實。若即伐之。如摧枯拉朽。爾古人有言曰。今不取。後世必為子孫憂。今之僞齊若不亟平之。不特為子孫憂。臣以為陛下憂也。臣伏覩九月有星孛于東南。陛下肆赦。其文自責。可謂上畏天戒之深也。臣雖不曉天文。疑其非災。何以明之。昔楚將公子心欲與齊戰。時有彗星出柄在齊。占者曰。柄所在者勝。齊恃得柄。而不為備。所以敗績。今柄在東南。所謂得勝之道也。若不因天時而制勝。臣恐復如昔之齊也。故曰。天與不取。反受其咎。臣觀東南之地。本非帝王之都。歷考古今。未有卜世之久者。何哉。西北之地。土厚而水深。東南之地。山秀而水清。故土厚者其山高。水深者其流長。由古至今。卜都於西北者。或過乎十世。而僭號於東南者。未踰於百年。是亦土地之厚薄。流水之淺深者然也。又況吳越之地。形勢尤薄。實非帝王駐蹕之地。萬一未復神京。而建康古都。亦可以暫駐鑾輿。臣願陛下整我六師。用張天威。特回聖駕。臨幸秣陵。庶漸向於中原。無久居於海隅也。昔孟子曰。王者中天下而立。定四海之民。故漢高祖用劉敬之策。而唐神堯從太宗之謀。所以享國日久也。臣竊觀自古帝王之興。兵權未嘗重假於人。如高帝光武。皆親御六師。獨有唐末。藩鎮之權太重。設有朱全忠之禍。今陛下親御之衆。不如藩鎮之多也。臣竊憂之。臣願陛下簡練卒伍。繕治器甲。親征不庭。恭行天罰。則擒縱在我。而權勢不奪。臣竊觀陛下之兵。尚有百萬。而精銳之士。又有數萬。若傾國出師。又不知其幾萬。設或併力北伐。則父兄之仇可復。中興之業可圖。臣復願陛下天謀早決。如晉之平吳。唐之

伐蜀。斷自宸衷。不容衆議。又況利於人君者。必不利於人臣。利於人臣者。必不利於人君。且人臣趨戰於敵。與坐享於家。安危不同。是豈棄安而就危乎。今遁逃不發。遷留歲月。皆人臣自便為苟逸之謀。然而臣則安矣。君將危焉。此正所謂利於人臣。必不利於人君之謂也。古人有言曰。兵聞拙速。未覩巧之久也。今伐齊之策。萬一少遲年歲事必不濟。倘以言之。金人之所利者。玉帛子女。且如蜀中富庶。遐迩共知。狄人留意。必悉衆共攻東北之地也。兵必少加之。既立僞齊。必以為恃。況彼素欺吾怯。斷不為備。此天以中原歸于陛下。灼然明矣。兵法有曰。攻其無備。出其不意。此全勝之道也。國之安危。在此一舉。陛下若猶豫不斷。金人得蜀。必復立僭割據成國。陛下土地止有東南。雖有智臣。知不能善其後也。臣聞之。為王者可陛而為帝。為帝者不可復降而為王。萬一止有東南。不過為小國之君。其去帝業遠矣。臣願陛下勿謂力有所未及。時有所未至。因循苟安。以東南自適。恐成大禍。嘗以歸命侯長城公自安之言為戒也。臣竊觀周衰之末。戰國縱橫。無敢僭帝位者。今此劉豫首為亂階。自古亂者。雖不能成事。臣恐如湯武驅民者桀與紂也。觀其姓名。復符南宋。此亦可慮。陛下雖欲忍而容之。獨如宗廟社稷何。獨如天下蒼生何。況劉光世韓世忠皆擁重兵。久在江左。坐食縻費。於國有損。若即北伐。正所謂因糧於敵者也。伏望陛下痛察臣言。上以祖宗創業艱難為念。下以生靈塗炭為憂。焚舟決戰。如勾踐欲殺妻子。焚寶器之時。誓與三軍。飆戰共存共亡。則危國可以復安。亡地可以復得。臣聞之。一人有慶。兆民咸賴。國既傾危。百姓雖有穀粟。安得而食諸。萬一出師。糧食稍闕。亦可權借於民。斷在一舉。明喻利害。設使盡百姓之儲。以贍軍。獨不猶愈金人殺而奪之乎。臣聞之古人有言曰。有叛卒。無叛民。蓋民有業

而卒無生故也。況卒之所仰者曾給錢糧。今既財賦不足。則兵食不
繼。兵食不繼則叛心日生。叛心日生。正如吳起所謂舟中之人盡為
敵國矣。今臣伏願陛下重以軍糧為念。昔張邦昌僭號之時。所幸士
卒之心未離而去太平之日未遠。人懷祖宗之德。故未為國患。今此
離亂積歲。士卒暴露日久。咸欲息肩。臣恐猶水性趨下。隨所決而流也。
今若乏食。其心必離。臣恐大事去矣。臣又見近日沿邊州軍多用武
人為守。或不識字。或不曉法。州郡被害。莫此為甚。而又或起於卒伍
或招於賊徒。毒心不改。逆謀猶存。或以州叛而順。或恃守勢而虐
民。重念祖宗廣土四百餘郡。比為虜人割據將去太半。今自淮迤南
若守臣不得其人。則州郡遂時陷沒。不知陛下沿邊州郡復有幾矣
臣以謂武人深不可用為郡守。至如統兵亦須擇其善者。若賀若弼
有謀將鬪將之辨。正此之謂也。臣嘗觀柳宗元有言曰。尉尾大之勢

者莫如置郡守。救土崩之難者莫如建諸侯。今之江北。可謂土崩矣
臣竊見近置安撫大使。正如唐之節鎮。各有屬郡。亦置部曲。脊分權
之勢。無補國之威。文臣為之。則不知兵者有焉。武臣為之則貪殘寡
謀者有焉。設有寇至。皆是提重兵以自衛。統部伍以奔逃。或坐視而
不救。或伺隙以自便。昔唐之割據。皆此兆也。又況自古以來。國破者
必易其姓。國亡者未必易其臣。在亡國之為將相者。未必不為興國
之將相。於人君則有利害。在人臣初無損益。正如馮道歷事四姓。是
也。去此就彼。鑒之前代。則有馮道。驗之今世。則有杜充。陛下於此不
可不自為之計也。臣竊觀周以同姓之親而昌。唐任異姓之權而亡。
不可不戒。臣為陛下計之。當今之難。莫若以沿邊之郡千州之地。建
諸侯。以宗室之親者主之。彼有人民。復有社稷。且耕且戰。足為屏
翰。上合天數。下安邊庭。金枝玉葉。布在四方。可以伐敵國之謀。可以

絕亂臣之望。臣前言願陛下伐齊者策之上也。不得已而建諸侯者
策之次也。捨此二者。復有秘策。當俟對天顏而後面陳。非紙筆得以
盡也。臣竊見近日遣使未出我疆。已為賊劫。此乃以武臣守邊之禍
然所喪雖多。似乎天以其策付之陛下矣。臣昔見酈食其與唐儉為
死間事與今日頗相契合。古人用間為上。萬一陛下以臣前言可采
臣願為食其唐儉出使偽齊。說諭將定。陛下興師從而伐之。臣雖遭
偽齊鼎鑊之烹。而忠誼可以激礪亂臣賊子。臣死之日。如生之年也。
臣竊自料。臣死有三。陛下怒臣狂愚之言而殺之通衢。臣亦死也。陛下
用臣狂愚之言而遣之死間。臣亦死也。陛下不聽臣言。他日或如王蠋
自經於木枝。臣亦死也。有此三者必死之道。臣豈好死而惡生。臣實為
忠義所激。不顧微軀。此心願為聖宋之鬼。不忍為夷狄竊國之民也。臣
又聞主憂則臣辱。主辱則臣死。竊見大宋未有肯辱肯死者。臣復恐為

萬世笑。敢以狂愚一得之慮。為陛下陳其梗槩。昔比干剖心。子胥鴟夷
二子皆獲美名。而以惡聲歸於其主。此又非臣之所欲也。今臣不貪爵
祿。不釣名譽。不畏誅戮。其所欲者。欲陛下靜而思之。欲陛下聽而行
之。庶幾上可以回天意。下可以收人心。況太平之數在年歲間。陛下
不備太平之業。將以太平之業屬於誰乎。臣之愚忠已貫日月。臣自
謂無求於陛下。而陛下必有求言於臣矣。臣竊觀世俗之所好者。莫
好於富貴。今臣視之如浮雲。說終始以不貪為言。況趙孟之貴。趙孟
能賤之。臣萬一得為太平之民。豈不優亂世之將相乎。臣又見魯仲
連談笑而卻秦軍。平原君欲封之。魯仲連笑而謝曰。所謂貴於天下
之士者。為人排患釋難解分亂而無取也。即有取者。是商賈之士也。
臣雖不材。持此心久矣。臣曩於鄉曲里巷猶且患難相救。危厄相賙
況於君父艱難之時乎。臣竊見近為陛下陳其利害者。其志將以求

爵祿也。其大將以沽名舉也。書或再三。至于數十。往往陛下見之。既槩視以為常。雖間有奇謀異策。想見待遇一槩。今臣之書。已盡愚衷。歷陳於前。無復弃上。孔子曰。用之則行。捨之則藏。正愚臣之謂也。言甚拙直。不事雕琢。止取其利害之大意。或可或否。願陛下詳加擇焉。

三年。真伸新授監廣州。實口場鹽稅。上書曰。臣聞天無二日。民無二王。日並出則爭光。王並立則爭強。勢不兩立。尊無二上者也。昔劉項共興。爭奪相殺。卒分雌雄之勢。陳隋兩立。強弱相陵。遂興吞并之師。故忠义之國者。願殺身以成仁。不易朝而事主。若商之夷齊。齊之王蠋是也。今南北有真偽之君。淮汴如鴻溝之界。忠臣誼士。一念及此。涕淚交頤。臣雖不才。而慕夷齊之高風。懷前人之卓行。昨居畎畝。猶存憂國之心。今荷宸恩。豈忘報稱之効。臣頃自布衣。陳芻蕘之言者。良由忠誠貫日。義在捐軀。而陛下不以臣愚不肖。聽其狂瞽。采其愚慮。臣自顧無左右先為之容。獨以片言上達宸聽。蒙陛下知臣於畎茅之賤。命臣以初品之官。臣之遭遇。又非特賈生馬周之比也。臣上有垂白之母。自受命之後。豈不能歸拜慈親。誇耀鄉曲。仰念有君如此之聖。如此之賢。聽諫納言。雖唐虞之主。不過如是矣。臣當誓報聖恩。國爾忘家。臣生則願捐軀如王蠋。以激勵臣子。臣死則願為厲祟如張巡。以殄殲敵人。臣之忠義上徹白昂。自謂移孝為忠。正在此時。故雖過門而不入也。其勤勤念念。唯興利除害是圖。慮危求安是務。於是遊江淅之塗。采往來之議。視敵人之虛實。觀國勢之安危。講將帥之賢愚。論財賦之得失。究士卒之能否。瞻天時之變動。察人事之從違。訂禦侮之後先。臣既有所知聞。不敢自默。復以管見。上干天聽。伏望聖慈察臣無覬覦之心。憐臣有忠義之節。特賜睿覽。使臣區區蒭聽得以陳前。臣雖受僭越之誅。赴之鼎鑊。亦為快幸。臣聞之。順天者存。逆天者亡。適者金人逞其狼心。肆其蠭蠆。驅脅我宋。賊殺無辜。屠戮生靈。發掘墳隴。奪其子女。擄取金帛。雖浮圖佛宇。名山神像。靡不受害。觀夫彼之暴。桀豈不暴亡。又況寃殺之氣。上聞于天。毒虐之暴。幽及鬼神。天將悔禍。殄滅有期。圖讖所載。死亡無日。觀其謀議。止於金帛子女而已。今天下殘破。兵火幾遍。獨我西蜀富庶有年。賊人窺伺。蓋亦有日。適因陰陽未及即下。故悉驅犬羊以為蟻附。彼既傾衆以西。則劉豫孤然而東。豫之孤危得不設詭。即此觀之。敵人虛實不卜而可知也。臣聞之。中原者天下之根本也。四方者中原之枝葉也。秦漢之君莫不得中原而後成帝業。唐室之亂至于二三。如明皇德宗之時是也。其亂之甚。不過數月。或年歲間。而皇綱復振者。無他。良由即復中原。則四方易定。今陛下以聰明睿智之資。應今世千載之運。承大統於已危之時。振中興於顛覆之末。義要知圖讖之有驗符。瑞叶天人之有證。是宜中天下而立。定四海之民。今乃屈翠華之尊。而幸鯨海之隅。臣未之曉也。昔太王居邠。以避狄人。今陛下居吳以避金賊。太王之所避者特一狄人耳。正如兵法所謂不敵則能逃之。陛下之所避者。復生劉豫。獨不念國削則身危之謂乎。況金人得吾土地。不能守。得吾人民。不可用。正為貽患害於劉豫。昔元帝渡江終晉之世。不能有中原。當時僭竊皆胡虜醜類。猶且不能制。矧今劉豫以中原之人。而據中原之位乎。臣一思及之。略無生意。萬一劉豫未滅。則國之安危。不卜而可知也。臣聞之。將者國之輔也。輔周則國必強。輔隙則國必弱。苟以世胄擇人。則趙括為名將之後。必能全勝。苟以勇銳擇人。則武信君有戰勝之功。必能自保。今陛下付兵權之重。寵爵位之尊。不過二三人耳。其有通家所忌。則趙括之徒可憂也。其有戰勝而驕。則武信君之禍可戒也。又況國恃之為安危。民恃之為司命。豈可不擇。嘗聞古之命將也。以謀將為先。鬭將為次。智將為先。登將為次。至於大將則兼智謀而有之。尚欲其通古今。知成敗。如孫權之命呂蒙就學是矣。又觀古之為將者。進不求名。退不避罪。唯民是保。唯國是憂。故戰則必勝。攻則必取。後世有異此謀。靡不覆敗。昔唐之衰也。昔因黃巢之亂。當時諸道節鎮。擒一黃巢。如摧枯拉朽爾。人各坐視。留賊邀功。卒使唐祚不能支持。今劉豫無黃巢之畧而陛下富唐室之兵。其如諸將自為之計。坐視安危何。況夫庸將之見。但求利己。豈復憂君。蓋賊滅則將帥無邀君之權。士卒無頻濫之賞。其有包藏禍心者。則坐觀成敗。恃其主兵。漸成跋扈。古人師克在和。今陛下將士雖衆。孰講廉藺之歡。由此觀之。將帥賢愚。不卜而可知也。臣聞之。上下征利。其國必危。今之主將無非營私背公。蠹國害民之徒。何以明之。居於市則有四易之廛。居於水則有四易之舟。所至擅摧酤

之利。則官課為之不登。州郡恣無厭之欲。則民為之滅耗。坐糜廩祿無補事功。加之主將利其家。則士卒利其身。使民無措手足之地。孔子曰。百姓不足。君孰與足。古人居則隱兵於農。出則因糧於敵。且如羊祜之鎮南夏也。初無百日之糧。及至季年。有十歲之積。曷嘗須求國家。月費億計。止自營田之利。以勸羸弱之兵。臣觀今之將帥。征求市利。無所不為。止逞私家之富。靡卹國用之殘。況國家所入。止有東南數郡。其得既少於昔時。而其用復倍於曩日。良由諸軍唯慕虛聲。不求實效。廣收羸弱之兵。以益請糧之數。觀其一軍之內。堪出戰者。復有幾多。備虛名者。又復有幾矣。以有限之物。贍無用老弱之卒。則財賦之得失。不卜而可知也。臣聞之。人無勇怯。惟其所用。世之說者必曰。吳人怯而西北之人勇。昔吳王夫差敗齊於艾陵。辱晉於黃池。兵無敵於天下。則吳人安得謂之怯。苻堅擁百萬之衆。當淮淝之敗。草行露宿。

聞風聲鶴唳而恐。則西北之人。安得謂之勇。今國家所藉。皆止知有西北之兵。不知有東南之士。古人有言曰。勇怯在乎法。成敗在乎將。怯人使以刑則勇。勇人使以賞則死。臣觀西北之兵。刑不可以威。賞不可以勸。何哉。良由雜烏合之徒。混招安之衆。刑之太重則去此而就彼。賞之太輕則志惰而心離。又況諸軍無非潰亡之黨。子女既乏。金帛亦豐。常人之情。無子女則以子女為好。無金帛則以金帛為貴。今二者將既自富。士亦不乏。彼不待賞而足。又將何以勸。觀今之士卒。當其敵人稍息。邊境暫寧。則偷生苟旅。以干廩食。若或暫當移驟爾行役。且興怨謗之辭。欲生奔北之志。況於臨敵用命。豈不潰亡。由此觀之。士卒之能否。不卜而可知也。臣聞之。蛇虹彌天。秦晉所以止於昊而不能有中原。故曰天垂象見吉凶。聖人則之。自艱難已來。金人猖獗。陷維揚。長驅京邑。縱肆犬羊。陵虐行在。社稷之危甚於

綴旒。賴曆數之有歸。致舊物之不替。虜人一去四年。不敢加兵。蓋亦知我宋方興而未艾也。奈何犬羊無知。悖逆天道。假神器于劉豫。分神州為偽齊。雖欲使中原自相攻取。而天祚我宋。億兆攸歸。曾無有二。故日月齊明。星辰順紀。上則懸象無差。次則雨暘協序。古人有言曰。天視自我民視。天聽自我民聽。今謳歌者無不吟諷徽猷。獄訟者無不思乎聖德。由是天意漸回。而中興有兆。臣謂天時之得。不卜而可知也。臣聞之。天時不如地利。地利不如人和。故百姓歸往之謂王。百姓去之則為匹夫。臣竊觀京畿隕喪。九服崩離。天下豎然。將帥士卒鮮不背叛。忘君親之辱。偷一時之安。大臣或降於虜。將士或散為盜。莫不負國家養存忠誼。往往十有八九。獨我宋民懷祖宗之德。樂陛下之仁。從駕者並。猶邠人之歸市。太王安業者。猶百姓之謳歌大舜。衣帛皆飾。悲圖二聖之還。洞弊殘痛。欲復戴天之讎。邇無異言遠

無異望。咸有一節勠無二心。今天下但聞卒叛。未聞民叛。何以驗之。臣聞京東之民。見屬偽齊劉豫。行十一之征。可謂取民有制。民以為虐。痛思宋惠。南望王師。如旱望雲。簞食壺漿。家家為備。積穀助糧。人人有心。巷聞徯后之嗟。里有來蘇之望。民心如此。宋復何憂。臣以謂人事之和。不卜而可知也。臣聞之。先發制人。後發制於人。故事有緩急。勢有先後。昔東晉之有全吳者。以其得淮南故也。當苻堅興傾國之衆。取孤旅之晉。設若恃長江之險。退保江左。縱使堅衆未即南渡而對壘淮上。相持歲月。則晉豈復有百年之永乎。賴謝安之謀。謝玄之鋭。迎敵于壽春。敗賊于淝水。所謂得先發之道也。今淮南虚有屯駐之名。而無必戰之實。重兵皆在江南。而輕兵獨當淮右。萬一賊人得計。奪我上流。奄我淮甸。掠我州郡。對壘江旁。勝負雖若未分。而畔援豈逃。一決若坐以相持。久於歲月。使舟車不能通。糧食不相及。備

前而後寡。備左而右寡。豈國之利乎。今淮南非特脣齒之地。實腹心之圖。臣聞賊人窺我襄漢。則陵侮之萌。不卜而可知也。今夫知敵人之虚實。則制人不可不先也。知國勢之安危。則圖難不可不豫也。知將帥之賢愚。則委任不可不擇也。知財賦之得失。則國用不可不圖也。知天時之變動。則天與不可不取也。知人事之從違。則民利不可不興也。知陵侮之有萌。則敵謀不可不伐也。臣觀天下之情。當其事緩之時。則可因循。及其急迫之際。則宜力斷。今天下可謂急迫矣。臣聞之。中原者。譬如國朝之心。西蜀者。譬如國朝之腹。中原既割據於偽齊。西蜀復幾陷於胡虜。如人之身。心腹割裂。其能活乎。向也國家之難。止於安危。今也國家之難。繫之存亡。何哉。東南之地。不過百郡土地日削。形勢日卑。於天下無三分之二。其地狹一也。地傾而人衆山多而物稀。居中原之一偏。其人貧二也。其土地薄而不厚。其水清

而不深。無興王之氣。非帝王之州。三也。有此三者。雖陛下謙德自牧於全吳。至仁不争於天下。而百萬之師。坐縻廩祿。三歲之間。國用不貲。設有旱乾水溢之年。將如之何。况上地日削。則財賦日少。財賦日少。則何以給士卒之費。臣竊謂中原不取。則帝業不振。中興無期。危亡有兆。何則。金人雖強。實不足慮。劉豫雖微。其禍可憂。且如金人其來有時。其居不久。來則避之。去則復業。此不足慮也明矣。且如劉豫以臣竊國。因虜僭君。素無人望。唯多詐謀。彼以一旅之衆。當孤危之時。不一年之間。有大於劉豫。復據一京。將何以禦之。嗚呼。晉室之亂。起於元海繼踵僭竊。終不能平。沒晉之世。不復故疆。今劉豫恃金人之勢。素不臣之心。自揣悖逆。與我聖宋必不兩立。勢無俱存。彼若以利害痛誘金人。進屯淮右。雖不交兵。縱未南渡。無所不備。無所不寡。兩軍相持。積之歲月。必有存亡。將何所逃。臣以謂先擒劉豫。則

金人自定。昔羊祜有言曰。期運雖天所授。而功業必由人而成。不一大舉掃滅。則衆役無時得安。今陛下國勢。如彼之危。不毅然舉兵以決勝負。臣恐因循歲月矣。禍將至。臣嘗譬之病者。沉痾積月。而藥石自疑。服之温則疑其實。服之涼則疑其虚。雖有醫工。議論不同。處之無斷。既惑藥石。遷延歲月。殊不知日月既深。病亦彌篤。遂至膏肓豈所不及。臣以謂今之時勢。存亡顯著。事理灼然。若曰今日未可舉兵不知何時而可也。兵法有曰。不戰而屈人之兵。善之善也。今天下之人。皆知以不戰為善。殊不知力能勝人。謀能制人。則不戰為善。臣竊評天下之議者。不過曰。金人之強。昔苻堅非不強也。不過曰金人之衆。昔王莽非不衆也。以苻堅之強。王莽之衆。光武東晉避之可也。不戰可也。唯其勢不可避。亦不可不戰。因其必危必亡之勢。而為死戰卻敵之計。是以成功。臣竊觀自喪亂之後。未嘗接戰。設或遇敵。非因

戰敗多由瀆亡今無戰勝之功而責人自服不亦難乎又況皮幣不足以塞其貪事之以皮幣則不得免焉犬馬不足以充其欲事之以犬馬則不得免焉金玉不足以厭其求事之以金玉則不得免焉和議不足以必其信求之以和議則不得免焉金人反覆陛下知之詳矣今又割中原以假劉豫其志不特以中原攻中原也將以并吾土地也非特欲吾土地也將以危其社稷也臣竊謂祖宗創業之艱難累聖繼承之不易天下一統垂二百年今鼎已分列於賊臣國勢受制於胡虜雖有大江之南已失祖宗之業回首中原神人共怒尚宜方謀克復以雪大恥況彼吞并之謀已兆而危亡之禍將及豈可不為之計也臣聞金人以劉豫為所愛以中原為所謀臣願先奪其所愛伐其所謀彼必氣懾膽喪萬一舊惡不悛長驅復來俟其深入整師血戰痛掃醜類彼必蹈符堅之覆車而陛下享光武之中興矣昔

晉室之強取吳之弱易於反掌議論異同至于數載設非羊祜謀之於前而張華杜預贊之於後豈復成功臣以此知能斷大謀者少而樂因循者多也臣嘗聞否終則傾物極必反昔光武以數千之衆當王莽百萬之師謝玄以七萬之卒迎符堅九十七萬之衆強弱固不等矣衆寡固不敵矣卒能敗王尋之衆衂符堅之師者無他正如兵法所謂投之亡地而後存陷之死地然後生者也今敵人無王莽符堅之衆而陛下數倍光武東晉之師加之否終畏亂甚於光武東晉之時不一大舉其將焉恃又況金人不能自劫劉豫不能自據國論未能僉同將帥未盡樂戰惟陛下有宗廟社稷之重繼統承休之責上則有君父戴天之讎下則有黔首塗炭之厄利害繫乎陛下一人臣前書論馮道杜充詳矣伏望應天順時恭行天罰顧宸衷之獨斷與宗室子道謀焉嗚呼二聖蒙塵於沙漠豈不朝思暮想望陛下復中

原而為歸期宗廟遷移於亂臣豈不幽愁冥忿望陛下復中原以歸祭祀陛下幽明有此責望豈可安於東南而不為克復計也臣聞知陛下天姿純孝懷思二聖傷軫聖憂朔望遙瞻愁慘天地蓋亦忍恥含羞以圖後効雖天聽之屢決奈衆議之不一致使稽遲歲月坐待危亡臣竊觀陛下下求言之詔開忠讜之路可謂有意於中興矣言之悖謬者無罪言之切當者有賞可謂有意於聽納矣今雖賞可采之言未見行可采之事豈左右之臣以謂計不出己功不在身執一偏之見而惑陛下之英斷歟不然何其能善善而不能用也今臣所陳痛切可見萬一復有議者以臣狂妄沮惑聖斷伏願贍臣之心以謝不忠之臣臣竊觀回祿之禍歲歲為災雖生靈之可傷亦天意之有自然天道幽遠人所難測而臣以臆說敢試明之夫火生於寅其旺於午宋火德也駐蹕南方正當旺地故其患不在於朝廷而其灾

常及於百姓今上象無變而大灾屢甚豈天亦欲陛下歸中原以正其位乎不然何其屢禍百姓以為警戒陛下誠能垂日月之明奮乾剛之斷念生民之無辜知火德之獨旺整我六師克復神京上則順於天道下則安於百姓則今日之災安知不為成王之雷風宣王之旱魃反為生民之福也臣又聞國使之來問好雖通以臣料之情亦可慮何則金人反覆詭詐萬端可以力勝難以義服今此之來非國有變故則重有須求臣聞道路之言金國近年自相吞噬夫戎狄之性譬猶犬也居則搖尾相憐食則怒牙相視欲其必爭可試以肉今也子女玉帛富充其國因此爭鬬亂掇何疑萬一果如道路之言則劉豫孤立無所救援必藉來使安此人情緩我歲月胡不聞唐倫為使而李靖因之食其為使而韓信襲之已驗之禍不可不戒設或無此數謀必將重求割土厚責歲幣索我所難奪我必爭從之則國削

苟危道之，則起瑕生釁，其從與遣將何以戢。臣以此思之，晝則忘食，夜則忘寢，痛為陛下惜也。今使命將至，不可中輟，萬一虜有須求，臣願陛下陽諾陰違，俟其還報，乘其不疑，亟親征，劉豫可擒。臣竊觀天無變象於上，人無離心於下，時哉時哉，機不可失。陛下不於此時親御六師，躬行天討，則必有後時之悔也。臣竊見陛下設高爵以寵將，而將不加勸；竭廩祿以贍軍，而軍不加銳。彼敢戰之士，一歲驕惰一歲，而懷鄉之卒，一年離心於一年。若曰繕甲治兵，養銳待時，臣未之聞也。臣觀今之兵權委寄太重，且如某軍相呼，必曰某姓某家之兵。觀其稱呼，自相爾汝，處其權勢，必不統一。嗚呼，食土之毛，莫非王民，今不知有陛下，但知有將帥者，無他，良由下權太重，而上威不張也。平居無事，既相爾汝，互相招誘，認為己軍，萬一當敵，誰肯相救。臣以謂陛下若不收回兵權，親御兆衆，方且姑息將帥之不暇，豈能

制強敵而取中原乎。臣觀今之士卒，已無鬪心，其詭敢戰，必不若淮南之民，而淮南又不若京東之民。臣聞京東之民苦於劉豫，思我聖澤，猶子懷父，大兵臨境，彼必倒戈自為攻取。有征無戰，但當明其政刑，戒其士卒，弔民伐罪，慎無騷擾。若使京東之民自戰而勝，則吾之士卒豈不懷慚，自相激勵，軍威既張，士氣復振，然後薄伐醜虜，克復故疆，夫何難哉。臣聞智者千慮，必有一失；愚者千慮，必有一得。臣雖至愚，豈無一得。古人有負日之暄，欲獻於其君者，其謀雖拙，其忠可嘉。今臣以至愚之言，而類負暄之獻，區區之誠，蓋亦可見。臣非得已而不已者。況臣已蒙陛下命之以官，夫復何求，良由忠唯許國，義在救危。止知愛君，不知斧鉞之可畏也；止知憂國，不顧微軀之存亡也。於是譊譊不已，復有所言，蓋臣之忠義能為人之所不能也。今臣所陳，或有可采，願陛下試臣以難，萬一忠義之跡，言與行違，臣甘膏其斧鉞，以戒天下狂生。況臣初非自衒，亦非躁進，實以國家存亡為憂。中原喪亂，為念偽齊未滅，臣無生理。臣恐一如堯齊死於國亡之後，無精敗然故，始以天無二日為喻，而終以必擒劉豫為請，言雖率爾，其理甚明。伏望陛下聽而納焉，天下幸甚。

五年，御授虔州信豐縣主簿臣上書曰：臣聞人君之御天下，有帝者之德，必為帝者之業；有霸者之略，必為霸者之事。是故霸者之事，不可以為帝者之業；帝者之業，不可以行霸者之事。此上天之所以眷顧，下民之所以瞻視，亘古及今，千萬世不能易也。恭惟皇帝陛下以天縱上聖之資，當艱難顛覆之運，國祚中廢於金人，繼体幾絕於大寶。天未厭宋，挺生聖人。胡虜雖形吞滅之心，而上帝復昭繼絕之命。維揚追騎，會稽乘舟，去大駕之匪遙，何醜虜之自遁。灼見天意，遺我神宗無疆之休也。上考諸天，下揆諸民，非有帝者之德，果易當此。今陛

下有帝王之德，而行霸者之事，臣有所不取焉。何謂帝者之德？天下者，太祖太宗之天下也；社稷者，太祖太宗之社稷也。以父傳子，則上皇多男，而天下社稷必不及於陛下；以兄傳弟，則淵聖多弟，而天下社稷亦不及於陛下。不因胡虜之亂，則陛下無必傳之位；不有陛下之聖，則我宋無再造之功。今陛下以上皇之子，而傳上皇之位，則異乎光武之繼漢也；以淵聖之弟，而傳淵聖之位，則異乎元帝之繼晉也。仰觀諸天，而天無變象，是天與之也；俯察諸民，而民無離心，是人與之也。以太祖上皇之孫子，而當天民之所徯，不謂有帝者之德可乎。何謂霸者之業？太伯建國，止及七王；錢氏擅吳，不能四世。為地則卑，去海不遠，自古非興王之地，於今豈壯帝之居。新建太廟，營脩內庭，此未有去吳之心也；車駕親征，由蘇返杭，此未有歸闕之心也。居吳則左右之臣皆便，去吳則左右之臣不便，但知重遷，不為國計。殊

不知居其之久便於苟安不思進取土地從而國削百姓貧而財竭稅賦則預借一年慶縣則數及萬戶始也剝百姓之膏終焉搥百姓之髓造無用之戰舟耗國家之財賦虛役工匠殃及良民從官則人人兼侍講侍讀之稱在位則錄錄無備收攘敵之慮惰煬帝之博學李後主之能文不謂霸者之業可乎今大敵在前賊臣僭君以言其數則我宋今歲得其數以言乎時則我宋今歲得其時陛下不於今歲以帝王之德而建帝王之業將以帝王之業屬於誰乎臣聞兵法有言曰無恃其不來恃吾有以待之也無恃其不攻恃吾有不可攻也去歲賊臣犯我邊境悠然而來倏然而去初非大戰亦非小衄將非驍易彼非畏吾之將帥也士非他求彼非怯吾之士卒也何未交鋒一夕而遁以臣料之賊人之謀必欲困我師旅耗我糧食示我以怯誘我以利俟我弛備必爲衝突觀其凤謀初嘗小攻終或大舉京

城之圍會稽之襲皆用此計度彼今歲必有異圖聞彼簽軍將爲鏖戰萬一來寇何以爲備臣聞之將天下之兵者莫如將御天下之將者莫如相今之廟堂但聞取吏部之闕應知識之求起奔競之風使相府如市往往士大夫相遇則曰今日見丞相干某差遣得之者則曰某有黃緣之舊或瓜葛之親不得者則曰某無一日之雅無根柢之容間有獻一二言者不過目前小利爲藉手贄見之禮求其良慮卻顧爲陛下憂今歲之事則無有也縱使宰執良明而日應干求之不暇亦何暇爲陛下思父兄之仇爲久遠之謀也臣嘗聞蕭何爲高帝進韓信房玄齡爲太宗進杜如晦皆以將相之材識之必以將相之材用之今當顛危之時尤宜以此薦人尤宜如此擢用若曰取與未公用舍涉私汩汩於州縣拘拘於格法亦何補今日之顛危也昔李吉甫拜平章事遂謂裴垍曰流落遠地十有餘年後進人物罕所

知識術多精鑒今之才傑爲我言之掐陳三十餘人數月之間選用略盡當時翕然稱吉甫得人崔祐甫代常袞爲相除吏多是親故而當時亦稱允當二子者知識不同而任用合公自心無疑故天下是之嗟乎不知其人則當問之既知其人則當任之豈備位之久不聞薦一賢士如韓信如晦以驚世俗之耳目乎臣竊見近日雖有擇人之名而無得人之實今日除某監司倅守明日除某臺諫侍從未聞拔一賢士拜之大將如謝安之舉姪呂蒙之薦友爲卻敵之計今以無益之除擢爲急務而忽敵人入寇之大患臣竊爲陛下危之兵法有曰先發制人後發制於人此今日之急計也何謂先發制人臣聞古人之言我利春夏彼利秋冬以我利之時出不意之師分遣將吉以寡擊衆倍道兼程直趨河朔無擾良民止擒劉豫伐彼陰謀成此大計爲萬世之良圖作今日之上策詳觀此時伐齊之謀其利有六

一曰震陛下雷霆之威二曰成陛下孝悌之心三曰恢陛下帝王之德四曰蘇陛下凋瘵之民五曰復陛下祖宗之業六曰省陛下財賦之用萬一猶豫不斷少緩天誅赦而未伐其害有六一曰損陛下雷霆之威二曰失陛下孝悌之心三曰玷陛下帝王之德四曰困陛下凋瘵之民五曰棄陛下祖宗之業六曰耗陛下財賦之用何謂震陛下雷霆之威自金人猖獗國步艱難興兵十年車駕屢徙未見賊兵望風逃遁匪由戰敗多以潰亡致彼賊臣因而僭君使萬乘之尊屈臨海甸去滄溟之地遠無百里其國可謂削也爲上皇之後唯陛下一人其身可謂危也今以國削身危之時爲焚舟卻敵之計勝則擒之否則撓之茲不曰震雷霆之威乎何謂成陛下孝悌之心二帝北遷九年不返歲月易度愁戚難堪不有陛下彼將灰心既立陛下章不動心念又況久遷遐方混彼異類中原隔闊頻絕音塵陛下雖追

思於深宮。而天下有所未知。陛下雖感泣於九重。而夷狄有所未聞。孰若以復父兄之仇。為肅迎兩宮之還。為念使天下曉然。臣子感慨知陛下為父兄而取中原。知陛下念父兄而為死戰。茲不曰成孝悌之心乎。何謂恢陛下帝王之德。孝經曰。必有尊也。言有父也。必有先也。言有兄也。孝悌之至。通于神明。聖人之德。無以加於孝乎。今安於東南。雖朝勤夕念。恩及二聖。天下必曰。安而忘危。存而忘亡。將有漢高分羹之譏。今趨兵中原。雖未滅虜。以向二帝。天下必曰。聖君思父。聖君念兄。將有四國順之之義。陛下誠能斷然大舉矣。亦復仇懷思二聖。誓迎兩宮。身以孝悌率天下。而天下必以孝悌為移忠。茲不曰恢帝王之德乎。何謂蘇陛下恫瘝之民。東南生靈。實吾邦本。西北赤子。亦吾舊民。東南既困於須求。西北亦重於力役。干戈未息。禍患式同。西北赤子。雖陷偽齊。各思舊君。東南生靈。雖厭科須。亦思一戰。若

或師衆萬全。衆役獲安。陛下歸中原而統一。師徒渡河朔。以因糧救西北於水火。拯東南於溝中。瘡痍少息。賦歛稍寬。茲不曰蘇恫瘝之民乎。何謂復陛下祖宗之業。中民十金。猶世相承。祖宗天下。豈容自棄。又況祖宗得之。為至艱。累聖守之。為不易。嗟乎宋祚中微。皇天不絕。獨留陛下以承天休。今天下非金人之天下也。中原非劉豫之中原也。實我太祖皇帝受天明命。億萬斯年。天意中缺。以警子孫。劉豫不量。擅為己有。今以陛下之睿烈。憑祖宗之英靈。親御六師。恭行天討。擒叛臣如驅羊。取故壘若拾芥。克復神京。中天下而立。茲不曰復祖宗之業乎。何謂省陛下財賦之用。祖宗建國。奄有四方。陛下還都僻在一隅。以四方之官吏。縻一隅之俸。以四方之軍師。蠶一隅之食。國用日費於一年。財賦日少於一歲。今帑藏已空。民力已竭。取之於國。而國已乏。取之於民。而民已窮。金帛不能天降。穀粟不能地湧。若

遲歲月。坐食而亡。況當財少食乏之時。必危必亡之勢。思其坐盡。與之戰敗等歸危亡。孰若誓師血戰。併力前圖。掃清中原。分食天下。茲不曰省財賦之用乎。臣竊料世之議者必曰。取中原非難。守中原為難。此膠柱調瑟。不為國家久遠之謀也。若或得之。臣固有守之之術。但恐陛下憚於舉兵。惑於衆議。遲其歲月。不能善後爾。臣聞去冬車駕親征。巡幸平江。及其寇退。人望移蹕。不趨秣陵。復還臨安。天下失望。有識共駭。人人皆曰。趙鼎能勸陛下親征。而不能回蹕。臣之謀進大駕於建康矣。天下往往以此罪之。何哉。進幸建康。其得有五。稽留錢塘。其失亦五。何謂五得。一曰順陰陽而得時制。二曰迎水陸而便舟車。三曰因險阻而固其國。四曰向中原而絕窺伺。五曰近重地而激諸將。何謂五失。一曰縱賊臣之擅廢立。二曰曠古今而非帝都。三曰遠諸將而防衛突。四曰便安逸而忘父兄。五曰偏一隅而費挽漕。有

彼五得。有此五失。陛下何憚而不為還都計也。臣聞左右之臣居吳日久。室廬之盛。臺榭之樂。飲食之便。居處之安。陳其異論。力留聖駕。殊不知為臣則安。為君則危。陛下豈可不自為之謀也。臣嘗觀農夫之茅廬也。擇其地。得其時。面層巒之秀。背長岡之雄。然後耕則遂其求食。亦卒其歲。既優游於田桑。將永保其康止。其或處山之巔。臨水之滸。前無所迎。後無所據。則亦穀不足於晝。絲不足於夜。農夫之居猶且相其陰陽。況夫萬乘之尊。當有天下。宜如何哉。今錢塘言陰陽則不順。言風水則卑薄。不須遠舉。夫差錢鏐之國。紙以苗傅逆亂言之。亦足為陛下忌。豈可恬然自安。以從左右之便也。矧建康古都。晉有王氣。埋金所鎮。方冊具載。臣以謂居秣陵則速興。居錢塘則速禍。地勢使然。亦不可不軫聖慮也。臣向論劉豫必叛。今果叛矣。嘗論親征必勝。今果勝矣。唯還都一事。陛下未如臣請。若從臣言。中原克復

亦已久矣。臣又見近日諸路打造戰船，勞民動衆，耗國損財，往往取笑賊臣，見嗤胡虜。臣來自豫章，道路聞愁歎之聲，居民有逃移之患。臣請為陛下略陳其要。臣聞造舟之害，其說有四：一曰不合度而費其工；二曰不適用而損其時；三曰不可戰而費其人；四曰致播擾而妨民時。何以言之？今之造舟，豫章之工已取法於揚，揚之諸郡之工復取式於豫章。豫章之工猶未洞曉，他郡之匠豈能巧述？况夫輪軸之轉移，高下之增減，若使一舟先成，衆所共睹，隨宜增損，棄短取長，尚恐臨當機要，未中繩墨。今十舟並作，衆役同興，所見不同，互有巧拙，往往施之江湖，必不合度，此費工之一也。其長則二十餘丈，甚闊則二百餘尺，高及五尋，厚方十寸。遇風則不可戰，欲速則不得前。火攻則易焚，砲攻則易破。將欲捍江，所用不少；將欲破賊，賊已出賊計。今一舟之費動以數萬，若十舟之費，不知幾萬。設使可用，雖勞民役衆，興一時之利，小害何嫌？若曰長則去遲，高則降風，臨戰之日，或不可用，此損財之二也。輪軸之運用卒數旅，戰鬭之士不容一師。今十舟之行須二萬人，粗能移動。二萬之卒，用之老弱則力不及，用之強壯則妨戰士。古人造樓船作戰艦，止以聲為實，今以實為聲。况夫出戰之士猶慮不足，豈宜減戰士以操無用之舟？此費人之三也。材植不能天降，必取之於州縣；州縣不能自備，必取之於百姓。加之督責之官不問有無，唯求事集，不察可否，止欲塞責。至如板之大小，枋之長短，堪兩相接者，竭家資以買求；貧者攜妻孥而逃竄。臣聞江西之民，因戰舟致逃者十有二三。今農民在田，布種當務，若造舟既急，督責不已，豈不搔動？此妨民之四也。以一路言之，其害如此，其他諸路往往皆然。所造之舟不下百隻，所費之直不啻萬金。觀今國用不足，民力凋竭，諸軍日費動以千金，正宜斷惜財賦，薄卹民力，豈可使民因此逃移？書曰：民為邦本，本固邦寧。孔子亦曰：百姓不足，君孰與足？願陛下圖之。

臣又聞近日正字已上各舉守令，此又見用事之臣，務用其心。胡不聞孟子曰：諸大夫皆曰賢，未可也；國人皆曰賢，然後察之。國人之言猶且致察，况於諸大夫乎？朋黨之風，其來久矣。諸大夫所知，不過識其外貌，至於心腹，不可得而知也；不過聞其所言，至於所行，不可得而知也。其或涉於私恩，溺於親舊，不無偏見，不無妄聽，知識有所不及，薦舉由是不公。又况賢否溷殽，真偽參雜，薦引既多，銓擇不暇，彼既薦舉，未可不用，此既量才，不能不繁，然後廟堂之事愈多，而任用之弊愈甚。以臣計之，莫若許千里之民舉其守，百里之民舉其令，苟便於民，民願舉之，苟有不便，民自受害。是豈肯以千百里之害而為私舉乎？守令既得之，至公廟堂亦從而事簡，遂使宰臣可以留意破敵，專為克復之計。今若以事之細者小者，盡費經綸，雖使周公復生，聰明有限，亦必敗事，况於中下之才乎？臣之愚見，痛為執政惜其繁夥之事，枉使疲精耗神，若提其網紀，總其凡要，分任百辟，何事不成？

臣又見近年宰執之權太重，遂使人主之威不震，何以驗之？臣聞天下里巷之諺，皆曰結知於人主者，不若結知於宰相。何哉？今之宰執，其所引援，皆是故舊，大則致身侍從，次則薦對改官，不問人之賢否，不究才之短長，平日交結者，雖貪婪巧佞之徒，闒茸鄙薄之輩，或居外補，或致要途，而素昧平生者，雖抱伊周之才，挾管晏之術，功德加乎百姓，聞望振於朝廷，或棄遐方，或沉下僚，皆不得而進用矣。陛下胡不試回聖慮，深思其因？自建炎已來，身居畎畝，憂及國家，自進讜言，上結主知，命之以官，其人有幾？如車千秋之驟進者有幾矣？如馬周之任用者，又有幾矣？若曰言無所補，倘用命之以官，若曰言有可用，倘為置而不問，為復來天下之言，為文具官，直言之人為虛聲。季抑亦主知雖深。而掣肘有人。季抑亦宰臣除吏如田蚡。而陛下不得自任乎。况一言之合于上心。一言之穧于聖意。必有大過人者。若使之盡其所長。施於有為。略試其難。有功則進之。無功則黜之。亦足以見賞罰明而取與當矣。今也據忠讜之論。而命之以官。自官之外不復任用。為無違官為之薦引。必沉百僚之底。是使孤寒無容之人。特立獨行之士。雖有忠義之心。何緣自效。雖有將相之才。何由自試。嗚呼。隗始之事。不可復見。今以下僚羈言者之身。正猶以爵祿餌天下之一士。臣恐為夷狄所笑。昔晉文公遊獵逐禽。而遇農夫老古諫之。以獵不為過。文公受諫而歸。告武子曰。寡人遊獵失禽。而得善言。武子曰。其人安在。文公曰。猶在澤。武子曰。取其言而棄其人者盜也。文公使人迎而禮之。古人之於聽言任用。尤不忍忽。君既知之。臣亦助之。今君既知之而助之。如武子者誰歟。况當天下離亂。夷狄侵陵

不有君子。其能國乎。今憂國之勤者莫如臣。而知臣之忠者莫如陛下。竊意左右往往以直言而忌臣。而臣往往自負忠誼而疾惡。臣若不以夷狄未平。劉豫未滅為心。則將退處林泉。老死丘壑。陛下雖有安車蒲輪。不可得而召矣。重惟報國之志大。平亂之慮深。故譊譊不已。今之所陳。非敢自薦。深以執政之權太重。人主之柄不張。致天下有結主知。不若結知於宰相之說。痛為陛下惜也。臣前後三書。力圖劉豫。誓不與之俱生。將與我國家共安共危。共存共亡。正猶同舟之子。涉于大川。風濤沉濟。患難共之。若陛下毅然舉兵。親征不庭。臣願為前驅。雖使之赴水蹈火。皆所樂從。昔曰餓死首陽。經死木枝。則將悔其死之晚也。今臣不知忌諱。不顧死亡。獻忠陛下。人臣之節亦已立矣。激切之辭亦已至矣。陛下如或不聽。恐致危亡。不可救藥。臣願陛下追臣之官。褫臣之身。無使偽齊得臣。微軀或被扭械。未得即死。豈不玷臣平生忠誼之行。負臣平生忠誼之心。與言及此。貫日以者。席藁待罪。唯陛下少加察焉。

六年。伸再上書曰。五月二十日。右文林郎監潭州南嶽廟臣吳伸謹齋沐昧死百拜獻書于皇帝陛下。臣嘗讀五代史至王朴傳。觀其為周世宗畫平邊之策。其言且曰。攻取之道。從易者始。當時未以為然。及我太祖皇帝受天明命。削平僭偽。一如朴策。臣是以知攻取之道。貴夫知難知易。知堅知脆。不特可用於當時。固亦可用於今日。何以驗之。臣請借王朴之言為喻。朴書以吳為大而脆。以并為小而堅。蓋李氏割據江南。其北帶江。其東距海。其地則廣而可撓。其人則輕而易搖。雖號大國。實脆敵也。劉氏割據河東。左有常山之險。右有大河之固。北有契丹之援。其人則悍而輕死。雖號小國。實堅敵也。故朴以大而脆者為易攻。小而堅者為難取。易者宜先。難者宜後。國初所以

先吳而後并。卒用有成也。難易堅脆之策。曉然如是。用兵之道不能知此。雖使曠日持久。必不成功。往往敗績。若王邑不聽嚴尤之謀。至於自斃昆陽是矣。臣雖疏迹不才。非敢自比王朴。然當國步艱難之時。正宜輸忠効芹。願裨一二。况臣昨在畎畝之中。已蒙陛下知遇之深。臣曉夕思慮補報之心。唯有一死。臣軀甚微。若捐軀有益國家。雖赴湯蹈火。亦願自試。柰何無左右之容。致使臣犬馬之力無所施設。而臣傾心勞思。未嘗不為國家慮也。今日攻取之術。正有難易。臣輒以管見上干天聽。伏望聖慈卑賜睿覽。縱使一得之慮。未足裨補廟筭。亦可以見臣憂國之勤也。臣竊見劉豫悖逆天道。僭據中原。神怒于幽。人怨于明。天下之人欲將共起而誅之。借手取之。後時滅之太晚。臣以謂在紹興之初。擒之極易。在今日擒之稍難。臣於紹興之初力乞親征。以沐鋤僭逆。蓋恐其滋蔓難圖。已而果然。何以言之。在紹興

之初劉豫初僭羽毛未成兵猶未足食亦不繼加之金人方有事於蜀中彼且盡銳以攻四川其實無備於東北當是之時若親御六師攻其無備出其不意正如迅雷不及掩耳此萬全之計擒之所以必易在今之日僭偽既久名形勢已成又況王師盡屯淮右彼知其力屈勢弱必當死請于金人金人以日得萬緡之利必應力援於劉豫借使金人不渡大河按兵視兩家之勢正用剌虎之術益堕其計擒之所以必難以難擒之時而為必擒之謀臣恐非先後之術也臣竊觀關中之地劉豫認為已有彼方待敵於我西北之備想見弛慢臣欲乞擇一偏師用二萬人擣其虛以吳玠應之五路之地可傳檄而定既得五路蜀中民力亦可少蘇此所謂從易者始也又況吳玠坐守四川民力困弊昔諸葛亮且田且守尚不能取中原若田守皆不及亮又如之何萬一不為此謀臣恐年歲之間蜀中亦非陛下有也今

分遣二萬之衆與吳玠會於關中是斷劉豫之臂既得關中劉豫自危歲月之間可不戰而擒矣若棄易從難臣謂相持師老勝敗之機皆未可必臣竊料劉豫之謀秋高馬肥彼強亦來彼弱亦來蓋強則以勢恐之弱則以計撓之皆不過為自固之術爾臣以謂不若號令諸將休兵秣馬以佚待勞此又萬全之計也臣竊觀今之士卒亦漸精銳其為主將間有勇敢諸軍內外謀智之士未聞其人臣聞之易曰天地設位聖人成能人謀鬼謀百姓與能聖人且有謀焉司命所繫豈可無也用兵之在謀主有則勝無則負蓋亦可驗昔漢得三傑而興楚失范增而亡曹公跣足迎許攸而破冀州陳餘捨左車而死泜水用與不用灼然甚明何今日而忽諸臣在紹興甲寅固嘗論列張浚可用陛下察其非辜未幾召還果能平湖外之寇然而張浚自秉鈞軸出總師權一士之譽日減一日與古之名將用心大相遼邈

臣竊意其無他欲懲前此信任小人之弊而畏慎之殊不知進見一二人闕見果寡機會果暗物理果乖人情果昧則斥之可也謝絕可也其有通當世之務明道德之歸謀畫如良平議論如許李若一槩遇之得非懲於羹者吹虀之謂歟昔周亞夫得劇孟喜曰吳楚舉大事不求劇孟吾知其無能為也本朝縱張元而元昊叛留姚嗣宗而邊患息故吳楚成敗繫之劇孟邊陲安危見於張姚足夫去就所繫不輕則豪傑之士豈可忽哉臣審訂此理不特為張浚惜亦將為陛下惜也何則今天下分裂於賊臣劉豫僭號於中原雖非正君亦似兩國豪傑之士可南可北非猶昔日天下一家之時也將多方以羅之重法以禁之尚恐不能盡為我用況於置而不問縱而弗禁者乎臣昨見杜充為宰相順番遂帥大郡龔若虛以校尉投虜立作郎實自可誅夷其族朝廷復下所屬撫存其家臣每念之未曉其義況夫捨

此就彼必不我利今反撫存其家是縱天下之人為杜充龔若虛之徒也既有其人而不能用既去其人而不能禁可痛惜哉臣聞之劉豫聲言曰南朝每有一官未闕必三五人共之今我州郡皆以見闕任人不年歲間南方士大夫當盡歸我審如此言豈可不察古人有言曰已棄之而資敵者敗敵取之而助已者勝在今日不可不慮也臣又見今之都督如張浚者不可多得臣但惜其自任太專待人太薄猜忌太過所謂幕府從事者非親則舊皆闒茸備員會聚之日不過敘寒温問安否而已其有條陳利害論列可否面折庭諍咸無其人若然則張浚幕客皆是不如已者又安能策得失之計而協濟於料敵哉昔韓信非無智謀也見李生則再拜師事之曹公非無智謀也見許子則跣足而迎之今張浚自視與韓曹孰賢果自以為不及則下士之禮豈可怠也臣固欲面覩其人箴規其失重以前年春間

衆謗並起。獨臣雪其非辜，有此小嫌，不無疑忌。今若緘默，尚恐張浚幕客無一賢士，復蹈富平之轍，有悞國事。臣又安得不爲陛下詳言之。況臣紹興甲寅嘗論張浚忠有餘而智不足，言猶在耳。今若自恃其賢，不任謀士，復恐敗績。欲望聖慈檢會前書及以臣今日所陳明示張浚，庶使知其小疵，若或改之，則韓曾之功不難到也。臣聞春秋責備於賢者，今日扶持正有望於張浚，臣固耆之深矣。臣憂國之心，不能自已，或有難臣之謀，以謂臣初所上書乞誅劉豫，其言則曰萬一少遲，事必不濟。今此果然，朝廷不用臣言，一至於此，尚何譊譊未已。臣則應之曰：臣之存亡與國同其休戚，又非其他臣庶之比。奮忠竭節，尤當先於衆人。何以言之？臣前後數書皆是乞誅劉豫，誓不與之俱生。往往劉豫視臣亦爲死讎。萬一國家安則臣亦安，國家危則臣亦危。臣非畏死，臣恐死於劉豫之手，無益國事。今臣非貪祿躁進沽名釣譽，良爲天下之大。獨臣一人與國同其安危。至如其他臣下，事僞事真，略無甚大利害。況前有馮道歷四姓而不替之鑒，伏望陛下痛加察焉。不唯臣一身之幸，亦將爲廟社久長之計也。下旨冕旒，臣無任俯伏待罪之至。臣伸昧死百拜。

歷代名臣奏議卷之八十七

歷代名臣奏議卷之八十八

經國

宋高宗時張浚上言曰：臣受陛下聖知最厚，自謂遭逢奇會，蓋非偶然。凡有所見，盡言無隱。又況社稷至計所繫，臣安敢曲爲身謀，默不上達。仰惟俯賜矜察，不勝大幸。臣契勘金虜侵犯以來，強暴爲甚，肆不可當。公卿大夫上負國家，甘爲叛逆，其大惡不道，固不待言矣。次則不過畏避怯縮，隨時俯仰。虜之未至，幸且偷安；虜之憑陵，委身而去。陛下念其勢力不逮，旋復器使，此往事之明驗也。其間蓋有恨虜之不道，憫國之無辜，誓死捐身，力圖破賊，而事機之來，有成有敗，好事觀望之人，又復以輕狂而媒糵之。然則爲陛下社稷至計，果如之何而可乎？臣嘗折中而論之。大凡持盈守成，遵重是貴；謀功立事，勇決爲先。今國勢衰弱，寇難日至，使人人懷因循苟且之心，不敢任成敗安危之責，臣恐日復一日，坐致大壞矣。臣竊謂當今喪亂之後，謀身者易，任事者難。謀身則毀譽不至，任事則怨謗立隨。仰惟陛下念社稷之重，思中興之難，反復熟計，以觀得失。至於臣之起自孤遠，驟膺委寄，不自量力，妄意事功，則又甚難矣。今臣欲決意以圖賊，則恐負敗事之憂；欲專斷以立功，則恐貽擅權之議。至於因循玩日，始爲朝夕之計，事極勢危，終歸於無可柰何，則又臣之所深疾痛恨，不肯爲此以負陛下知遇也。伏惟萬機之暇，特賜省覽，庶使臣之孤忠，得被聖知，趨事赴功，雖死無悔。臣無任激切之至。

浚論當時事勢曰：臣聞受非常之恩者，圖非常之報；拯焚溺之急者，乏徐緩之音。臣竊惟當今事勢，譬若養成大疽於頭目心腹之間，不決不止。決遲則禍大而難測，決速則禍輕而易治。惟陛下謀之於心，斷之以獨，謹察情僞，預備倉卒，猶之弈碁，分據要害，審思詳慮，使在我有不可輕犯之勢。庶幾社稷有安全之理。不然。日復一日。且將鑾輿。異時以國與敵者。反歸罪於正議。此臣所以食不下咽。不能一夕安也。儻非陛下聖德在人。獲天地之祐。承祖宗之慶。有以照察其心。臣亦何所逃罪。

後論車駕進止利害劄　臣昨日幸侍天光。獲聞聖訓。退而思之。惟是車駕進止一事。利害至大。臣區區中懷所見。未知當否。輒以剖露。惟陛下深思而詳擇焉。臣竊惟天下之事。不唱則不起。不為則不成。自古賢聖之君。平定禍亂。未有謙退遠處。而能躋天下於太平之域者。惟太公避狄。句踐報吳。二事。士大夫多以為口實。不知與今事勢萬萬不同。夫祖宗二百年積累之基。付在陛下。不幸而虜人陵之。叛臣據之。陛下不得已而養銳待時。以俟天定。猶之可也。至於事有可為之理。時有可興之勢。思前慮後。猶豫不決。豈不重失人心乎。臣請以棊諭。善奕者先固基本。次定算數。臨以大勢。使之左右枝梧之不暇。然後我勝可必。彼敗可分。今四海生民之心。孰不思戴王室者。虜叛相結脅之以威。雖有智勇無由展竭。三歲之間。賴陛下一再進撫。士氣從之而稍振。民心因之而稍回。正當示之形勢。庶幾爭激忠起懦。而三四大帥者。亦不敢懷偷安苟且之心。夫天下者。陛下之天下也。陛下不自致力。孰肯履危險。忘寢食。孜孜焉惟恢復是望。而愚忠不移者乎。臣意謂今日之事。存亡安危。所自以分。陛下六師倘還。則有識解體。內外離心。日復一日。終以削弱。異時復欲下巡幸詔書。詐為深信而不疑者。何則。彼知朝廷姑以此為避地之計。實無意於圖天下故也。陛下若斷自宸衷。有進無退。車塵一動。上可以格天心。下可以順民望。虜叛之勢。寖以蹙縮。大功自是而立。大業自是而成。論者不過曰。萬一秋冬有警。車駕難於遠避。夫軍旅同心。將士用命。扼淮

而戰。破敵有餘。況陛下身臨大江。氣當百倍。苟士不效力。人有離心。陛下雖遁自為計。將容足於何地乎。又不過曰。當秋而進。士有戰心。及春而還。絕彼窺伺。此特可紓一時之急。應倉卒之警。年年為之。人皆習熟。謂我不競。當有怨望。難乎其立國矣。又不過曰。賊占上流。順舟而下。變故立生。所不可測。夫襄漢我有也。賊舟何自而來乎。虜叛事力有餘。果能陵犯。水陸偕行。自上而濟。陛下身蹕臨安。去建康無數舍之遠也。處之其安否乎。三者利害有同白黑。矧惟陛下遺兩宮之大恥。負四海之重責。天意人心。所皆屬望。有為而無成。天下猶矜憐而歸心陛下也。不為而坐待其盡。為禍可勝言耶。夫為將帥之策者。恐臣導陛下而前。督其進取。曾不知事有機會。時有利鈍。士馬不能遽益也。賊勢不能立破也。要宜剛大其志氣。恢洪其度量。以拯救天下百姓為心。仰無愧於天。俯無怍於人。處事而為。審時而動。先誅自治。利而誘之。致而破之。何難而不可濟哉。惟陛下斷以恢復為事。則任恢復之人。以退守為事。則任退守之人。使各引其類。求其黨。一意施為。為陛下畢盡死力。庶乎不至於操持兩端。擇利自謀也。臣又竊譬之。父有痼病。其子欲以瞑眩之藥治之。而或者爭止焉。為或人之謀。疑其愛己。為子之謀。似乎不審。然而人各有心。姑取諛悅。捨此遠彼。所不慭焉。謂子為不盡忠乎。其父豈不過謬哉。今日侍陛下。以還為臣之謀。無所任責。識亦得計矣。為陛下國家之計。恐有所未至。是以披心腹。露肝膽。反復一二言之。而不知其當否也。伏惟陛下裁赦。

後論脩德以圖恢復疏　臣聞明主能受盡言。暗主以言為諱。臣幸遭遇陛下。不以臣為至愚不肖。雖亦未聽其說。臣倘不以死力陳。而徇回顧後患。是臣負陛下矣。敢願盡區區之忠。烏乎。為忌言之哉。今

吾之二帝宗族遠處沙漠之地憂憤無聊可想而知輕侮肆辱可思而見臣嘗原揣而計之如此者蓋三千晝夜矣雖云歲奉之牛種時遣之粟帛數既不多安能充養彼其很虎用意實欲摧折而消磨之也雖然此尚以陛下總師于商不敢遽加無禮耳嗚呼陛下異時之事一或差跌禍有可勝言者乎臣自富平既敗分膏斧鉞陛下矜憐其心不以釁鼓臣幸復見天日陛下之惠也今事雖有可為之機理未有先勝之道令捫畏默終不以言而僥倖於一勝富平之事將復見於今日矣豈惟上辱陛下抑亦辱臣之身臣碩披肝膽露心腹為陛下言之夫兵家之事不在交鋒接戰然後勝負可分要在夫得天下之心則士氣百倍虜叛歸服不旋踵而四海定矣故人君之道莫先乎正心脩身以感格天下之心然而是豈可以偽為哉一毫有善四海共知今使天下之人皆曰吾君孝弟之心須臾不忘寢食之間

父兄在念則忠義之士當思有以共憤雪恥矣吾君言動舉措皆合禮法至誠不倦上格於天則教化必行於異日矣吾君之朝君子在位小人屏去侍御僕從罔匪正人譖言不行邪言不入市井之談不聞道義之說日至則內外安心各服其職矣吾君棄珠玉絕弄好輕犬馬賤刀劍金帛之賞不以予幸惟以予功則上下知勸矣夫如是則將帥之心日益以壯士卒之心日益以奮天下四海之心日益以歸彼將曰吾君之所為如此所行如此醜虜不道高肆吞噬曷不共力而同濟事功哉夷狄之人雖號荒服蓋亦心知善惡非若禽獸全無知識也聞陛下之威德知中國之理直則氣讋志喪小大離畏戰未必力衆未必同如此陛下何為而不可何事而不成乎嗚呼事成有一不然疑惑之說毫髮著見於外天下之人口不敢言心則敢疑[illegible]事乖勢去禍亂立作如覆水之不可救矣蓋隙一見於此心已

生於彼不易之道為人上者其可不畏而戒之耶且自古為君之難非獨今日也或一言之失或一行之非或失色於人或失禮於人或一小人在側便足以致禍致難起戎起兵前日明受之變犬逆之虜陳兵闕下旁引他詞其鑑不遠也今祖宗傳陛下以二百年之基業而陛下聖德日躋學問日廣斷然脩其在己者遂可以致帝王之治何憚而不勉之耶如臣備位宰輔受美祿享重名豈不欲懷蕃觀望因循度日以全其身哉顧以異時身無死所且蒙誤國惡聲則為臣莫大之醜故寧盡言而得罪於今日也不識陛下能恕而容之於後日乎陛下果能容之而欲以至誠行其事臣將繼此而一二以獻焉

浚又奏曰臣伏見近報罷諸路撿察財用官并福建江西路收買翎毛亦皆住罷臣仰惟陛下仁民愛物事每謹微雖帝王之用心不過是也然臣區區之意竊以為天下之勢有緩急天下之事有輕重急

其所緩重其所輕則顛沛於末流而害之加於百姓有不可勝言矣臣嘗謂天下大計譬如人之一身方安平無事之時恬淡虛靜調養元真是以保天和享壽考不幸而養治失素痼疾已成邪氣侵淩日甚一日苟非瞑眩之藥毒而治之臣恐元氣既失必無遂生之理今天下之勢衆所共知倘不思拯溺救焚之策以保吾民豈不終至危殆耶臣非不知夫捐器甲而不脩捨弓矢而不造羽毛不傷舟車不葺漕運不督激賞不施可以裕民力足財用崇虛聲靖國人然而叛虜之禍近在腹心一旦緩急誰任其責將棄吾赤子而避之乎亦將驅士卒而與之爭乎若欲驅士卒而與之爭即如前所陳敵一不可此數者固非天降地出出於民力而已安有事借民力而無毫髮之擾者哉夫合天下百姓之力除天下百姓之害而措之安平之域雖湯武復生無以易此也顧取之均平無或苛虐使錙銖寸粒還以為

民斯善矣。且商周之君當桀紂之時。退而脩德以待天定。方是時桀紂未嘗憑陵天下也。故能脩德以懷徠天下。歷時之久。得行其志。陛下上有父兄之讎。下有生民之責。虜之謀我。歲必一至。四海嗷嗷。未見休息。以事揆之。如黄帝之有蚩尤。漢高之有項籍。光武之於赤眉王莽。爭雄角力。曾不少暇。轉盻之間。存亡所係。自非一大痛滌掃除其惡。難行仁德與民更始。四海內外。何以獲安。且撿察之官。謹擇其人可也。以財用為不當撿察。非也。羽毛之賫。謂甲請捕置之不善可也。併兩路而悉罷之。非也。不然。即天下之事無一可為。姑束手端拱聽之而已。彼操仁義繩墨之說者。正如人之有疾。勢在膏肓。庸醫畏縮。方且戒以勿吐勿下。姑進參苓而安養之。終至於必死。主人猶以為愛己也。乃若良醫。進刳腹洗腸之術。傍觀駭愕。指以為狂。迨疾良已。尚不免夫輕試之譏。自古掠美附衆者。得譽常多。而肯經當權者

負謗常寡。天下之事。難如人意。大率如此。往者澶淵之役。寇準決策親征。功存社稷。事平之後。姦臣謂其輕棄萬乘。假此擠陷。迨事之警。使人傷憤。臣起廢放之中。蒙陛下一心委用。願竭死力。以報恩德。雖此而事臣不預行。然傳聞紛紛。思之誠為可畏。萬一異時事有大於此者。出衆人之不意。始徐起而議之。則敗事多矣。伏望陛下申敕內外。更賜詳議。國是既定。事乃可為。孟子曰。人之易其言也。無責耳矣。無責之人。言每輕發。况乎懷私意務搖動者乎。且靖康以來。借仁義愛民之言以進說者。不知其幾人矣。其後都城之禍。渡江之後。生民塗炭。莫之紀極。官私事力。十去八九。愛民之意。其實安在。當時大臣流離竄棄。雖死無益。而獻言陳說者。今尚保其妻孥。以安於田里也。臣之區區。不自量度。輒任國事。早夜以憂。必欲盡力而為之。然而事之成敗。猶恐未保。尚於此含糊首鼠。誤陛下決矣。伏望聖慈察臣之

心。苟所見邪僻不可信用。臣自此入覲天光。即乞骸骨歸養其親矣。冒犯天威。無任震恐。

後論和戰利害疏曰。臣夙負大罪。自謂必死瘴癘之地。仰惟陛下優容之。矜憐之。保全之。死骨復生。盡出聖神之造。自今已往。皆已死之日。而陛下實生之。臣今雖居苫塊中。豈敢恝然遂忘陛下恩德。且顧惜一己而默不出一言。庶幾有補萬一哉。惟陛下察其用心。恕之而已。臣聞自昔忠臣事君。莫不欲其主之明。莫不欲其主之聖。莫不欲其主之名顯日月。功蓋宇宙。彼知夫國家安榮。則其身亦與有安榮。故犯顏逆耳而不敢辭也。姦臣不然。惟利之圖。不復他恤。導君於非。使重失天下之心。而陰肆其邪志。始則曲意媚順。而蔽欺人主之聰明。終則專事擅權。而潛移生殺之大柄。跡其包藏。有不可勝言者矣。然而身滅家亡。族覆世絕。見於史冊。歷歷可攷。天下後世視之。曾犬

豕之不如。彼果何所利耶。惜乎至愚而莫之思也。日者陛下法乾之剛而用以沉潛。施設中幾。天下四夷孰不畏服。是臣可言之秋也。臣疎遠。不復預聞朝廷機事。而伏思念今日事勢極矣。陛下將拱手而聽其自然乎。抑將外存其名。而博謀密計。求所以為長久歟。臣識慮以為自此數年之後。民力益竭。財用益乏。士卒益老。人心益離。忠臣烈將。淪亡殆盡。內憂外患。相仍而起。陛下將何以為策。祖宗盛時。嘗與虜通好矣。惟力敵勢均。而國家取兵於西北。取財於天下。文武之才。世不乏人。是故其事得以持久。而百四十年之後。靖康大變。事出不意。禍亂之酷。亘古所無。論者猶恨夫恃和為可安。而不知自治之失也。今天下幾何。譬之中人之家。猶據其堂室。安居飽食其間。而朝夕陰伺吾隙。一日有間。其擒我乎。然則陛下不可不深思力圖於此時也。且虜嘗有弒立之舉矣。弒逆之人。天地所不容。人情所甚惡。

誠能任賢選能。脩德立政。斷然爲吾之所當爲。口不絕和。而實以勢臨之。彼必有求解之憂。借使虜不量度。輕爲舉動。第堅壁淸野以遲之。明示逆順。其衆自離。虜之危亡可立而待。何則。人心不肯趨逆而忘順也。假之五七年。而虜君臣之分定。彼國有人。得柄用事。雖有賢智。莫知爲陛下計矣。願陛下精思審謀。無忘朝名。無使異日有噬臍之歎。夫紛和衰弱之時。謂不能久。而強虜之變。萃生於內。則是天贊陛下。違天不祥。陛下其承之。臣聞人之俯仰天地間。所以自立其身者。不過忠孝二字。此天下之大義。不可斯須少忽也。而臣行負神明。孤苦餘生。親養已無所施矣。事有大義所當爲者。不過盡忠於陛下。顧雖頭目手足有可捐棄而爲陛下用者。猶不當顧惜。而況覩違聖明。極力保全。恩德至大。使臣有懷私顧己。匿情畏罪。慮禍之心。則是陛下不負臣。臣實負陛下。天地鬼神。其肯容之哉。是以不顧嫌疑。不避鼎鑊。不協詭踪。爲陛下陳之。陛下勿謂軍民之心爲可忽。忠良之言爲可棄。夫治天下譬持盟水。一傾而潰。有不可收拾者矣。陛下其念之哉。臣行年六十。死亡無日。非若紛紛者互持和戰之說。惟恐其說之不勝。而身之不獲用。貪目前之得。忽久遠之圖。臣知爲陛下國家計耳。陛下安榮。臣亦與有安榮。臣之自謀。亦豈爲不審耶。幸未死得終禮制。陛下不以臣爲愚而卒棄之。願陛下許臣居嚴墓間。賜之屋三十楹。田三十頃。俾得優游養痾田野間。爲陛下謀畫心腹之事。以畢盡愚忠。庶幾有補萬一。臣之志願足矣。惟陛下廣乾坤之度。以精求天下之賢。無忘祖宗國家之恥。父兄宗族之讎。盛德大業。昭著後世。臣猶幸及見之。臣不勝大願。

浚又上言曰。臣受陛下更生大恩。今至憂迫。身涉險萬里。常恐一旦死塡溝壑。終無以仰報萬一。思得以展盡所懷。瞑目無憾。臣嘗病夫世儒牽於和戰異同之說。而不知實爲一事。或者竊儒爲姦。不知經吏之心。切切焉利祿是圖。而有以欺惑陛下之聽。又其甚則大姦大惡。挾虜懷貳。以自封殖其家。簧鼓曲說。思弄天下斂平陳之。臣聞天地之大德曰生。而天地生物之功本於秋冬。蓋非嚴凝之于秋冬。則無以發榮之于春夏。然則秋冬之嚴凝。乃生物之基也。在萃之象曰。除戎器。戒不虞。而泰之九二爻辭曰。包荒。用馮河。泰萃之世。聖人謹於武備如此。謂不如是。不足以生物而行其心也。況時丁艱難。尚可忽略不省。啓大禍于後。反謂是爲得哉。若夫一時之和。則亦聖賢坐利天下之權也。商湯事葛矣。而終滅葛。書曰。湯一征自葛始。周文王事避狄矣。築室于岐。未幾謀以卻敵。詩曰。乃立冢土。戎醜攸行。文王事昆夷矣。而卒伐之。詩曰。昆夷駾矣。維其喙矣。越勾踐事吳矣。坐薪嘗膽。竟以破吳。越語曰。越十年生聚。十年教訓。彼皆翕之手。始而張之乎終。汲汲乎德政脩立。而以生利天下爲心。未嘗恃和爲安。自樂其身而已也。漢高祖嘗與項羽和。歸太公呂后。割鴻溝以西爲漢。東爲楚。良平進言。今楚兵罷食盡。此天亡之時。不因其機而取之。是養虎自遺患也。漢王從之。卒成大業。漢文帝與匈奴和。曾無間歲之寧。漢文全有天下。謂可和以息民。方是時百姓猶不免侵陵之苦。至武帝始一大征伐之。其後單于來朝。漢三百年間用以無事。唐太宗天下初定。有渭上之盟。未幾李靖之徒深入沙漠之地。犁其庭。係其酋。海內始安。焉能豈非以和爲權而得之哉。若夫石晉之有天下則不然。取之非其道。謀之非其人。桑維翰始終於和。其言曰。願訓農習戰。養兵息民。俟國無內憂。民有餘力。觀釁而動。動無不成。初若有深謀者。然考其君臣所爲。名實不孚于上下。朝廷之上。專務姑息。賞罰失章。施設謬戾。權移於下。政亂於上。無名之斂。莫知紀極。一時用事方鎮之臣。往往昏于酒色。厚于賦斂。乗于詼戮。以害于百姓。朝廷莫知所以御之。所謂訓農習戰。養兵息民。略無實事。維翰所陳。殆為虛言。姑欲信其當時必和之說。以偷安竊位而已。契丹窺見其心。謂晋無人。須求陵侮。日甚一日。後嗣不勝其忿。始用景延廣之議。僥倖以戰。而不知其荒淫怠傲。失德非一日。天下之心已離矣。天下之勢已去。天下之財已匱。延廣不學。不知行聖賢之權。亟思所以復其心。立其勢。強其國。急急兵戰之爭。事窮勢極。數萬之師。無一夫為之發矢北向者。至今為天下後世嗤笑。凡言君臣委靡不振。服役夷狄者。必曰石晋云。臣仰惟陛下聰明聖知。孝心純一。即位以来。簡用實材。虜人聞風而畏之。於是有議和之事。陛下以太母為重。且幸徽宗皇帝梓宮之亟還。和之權也。不幸用事之臣貪天之功。肆意圖利。乃欲翦除忠良以聽命於虜。而陰蓄其邪心。方國家閑暇之時。怠傲是務。德政俱廢。

而專於異已之去。志果安在哉。夫虜日夕所顒望者。欲我之忠良淪没耳。欲我之盡失天下之心耳。欲我之將士解體。其氣不復振作耳。欲我之懷於宴安。以甘于酖毒耳。前日用事者。一切徇其所甚欲。而畢為之。不幾乎與虜為地哉。身死之日。天下酌酒相慶。不約而同。下至田夫野老。莫不以手加額。其背天逆人。不忠于君。而天人之心重惡之如此。且彼曾不思夫虜之於我。其變之而和乎。其有餘力而肯和乎。其國中亦有掣肘之虞而和乎。其欲圖之於後而和乎。臣謂虜有大讎大怨不可復合。譬夫一葉之分。今日之和。必其酋帥攜離。人心睽暴。姑為此舉。以息目前。而圖回江淮。以去除後患之心。其中未嘗一日忘也。惜夫昏庸姦賊之人。奉於富貴。闇於政事。曾無尺寸之效。以上報於國家毫髮之惠。以下及於百姓。分列黨與。布在要郡。聚斂珍貨。以獨厚於私室。為身謀。為子孫謀。而不知為陛下謀。不知為

國家天下謀。坐失事機者二十餘年。以誤陛下社稷大事。有識之士誰不痛心。且夫賢才不用。政事不脩。國勢不立。而專欲責成受命於虜。遂足以啓輕侮之心。而正墮其計中。魯仲連所謂彼將有所與奪。梁王安得晏然而已乎。此甚可痛恨者也。敵國之人。何自而畏。敵國之難。何自而成。遲以歲月。百姓離心。將士喪氣。國亦危亡而已矣。臣願陛下鑒石晋之敗。而法商湯周太王文王之心。用越勾踐之謀。考漢唐四君之事。以保固社稷。天下幸甚。臣竊料前日用事者獻議於陛下。不過曰以我之和。而虜之變難荐生。是欺天之說也。虜相殘之釁。其来有素。初不在夫和與不和之間。向使國家德政脩乎上。威令加乎下。虜之變難。豈不有大於此。而我不世之恥。庶幾其可雪乎。又不過曰。姑少遲之。更俟其亂。此蓋慶其身之必不可辦任大事相與為叨竊苟且計而已。非國家計也。萬一虜有人焉。定其亂而強其國。

臣恐當是時陛下不得一夕安枕矣。古語曰。當斷不斷。反受其亂。又曰。天與不取。反受其咎。又曰。畏首畏尾。身其餘幾。又曰。機事之秘。間不容髮。此四者今日之謂也。願陛下體道之權。外示順聽。一一從之。於今及春陽用事。與廊廟大臣圖回大計。復人心。張國勢。立政事。不絶其和。而遣一介之使與之分別曲直逆順之理。事必有成。臣不孝之身。覩養已絶。含毒忍死。其亡無日。徒能為陛下言之而已。臣又伏思祖宗之德在天下至大至厚。太平之治多歷年所。三代盛時有不能及。恭惟皇帝陛下稟乾剛之資。而輔以緝熙之學。高為而不成。何治而不至。願陛下充其志氣。擴其聰明。必使清明在躬。如太虛然。惟是之從。以選賢才。以脩德政。以大基業。天下幸甚。

没奏恢復事宜曰。臣伏覩聖旨指揮。令沿江諸大帥監司帥守各條陳目今進討恢復事宜。合如何施行。具已見利害。疾速聞奏。與陛下

兼覽衆智。明目達聰之義也。天下幸甚。臣不自量。嘗以河東陝西之策上瀆天聽。伏想已達聰覽。竊惟今日之事。當自陝西河東山東始。以觀其變。以度其勢。然後因時而應。似爲得宜。臣仰惟陛下好生之德。格于天地。賊虜不道。自取殄滅。此天心也。誠可爲天下大慶。然臣嘗觀唐安祿山之亂。慶緒史思明繼之。稱兵爲虐。亦既數年。緣九節度之師。節度不一。心腹不相得。一敗不振。使之及此。誠可爲龜鑑也。臣自入本路界。早夜詢問江淮目今民力軍勢之實。百姓困於征役科斂頻繁。煩不聊生。軍馬疲於道路。飢疾相仍。殘死者衆。民多流離。軍有愁歎。將或驕而不武。兵或分而不協。臣願陛下厚撫軍民。亟施恩惠。固結其心。振作其氣。謹簡將帥。大脩軍政。乘此機會。掃除大難。陛下略細務。蠲常程。去冗食。專意馬上之治。除天下之大害。興天下之大利。如祖宗創業之初。則中興之業盛大無窮。功績之隆。震耀前

古。固陛下之所優爲。臣愚無識。嘗誤國事。每自震懼。顧何足以補萬一。區區愚忠。不忍少隱。當否未略。惟陛下寬赦采擇。不勝幸甚。

浚論歸正人利害疏曰。臣竊惟自昔創業中興之君。圖回天下。初非有夙恃之將素養之兵。舊撫之民爲之用也。攷其施設。事非一端。或取之羣盜。或得之降虜。或以夷狄攻夷狄。莫不虛懷大度。仰憑天道。俯順人心。以成大功。後世仁德之不孚。措置之失宜。馴致降人多有背叛。此非徒人事之繆。蓋亦天命之所不歸也。今陛下紹隆祖宗。方務恢復。乃於降者而首疑之。則左右前後與夫今日軍旅之衆。孰不可疑。而況他日進撫中原。必先招徠。事乃可濟。若處之失當。反激其怨。他日人自爲敵。未易可圖。計之出此。豈不誤哉。雖然。臣知此非陛下意也。蓋陛下將有經營四海之心。推誠待人。如天如日。豈比固陋之士。姑爲保身全家之謀。唯恐大江以南萬一生事耳。至於刺客間起。固竊有之。不可不防。然亦安可以此因噎廢食也。死生有命。富貴在天。聖賢豈虛語哉。臣之幕屬。固有力持此議者。臣嘗深闢之。伏乞睿照。

浚又論招納歸正人利害疏曰。今月初二日。司農寺丞史正志到建康。伏領御筆處分。臣不勝感懼。惟歸正一事。臣日夜思念至熟。不敢少怠也。竊惟國家自南渡以來。兵勢單弱。賴陝西及東北之人。不忘本朝。率衆歸附。以數萬計。臣自爲御營參贊軍事。目所親見。後之良將精兵。往往當時歸正人也。三十餘年。捍禦力戰。國勢以安。今一旦遂絕之。事有大不可者。臣不避誅責。敢條列于後。此令一下。中原之人。以吾有棄絕之意。必盡失其心。一也。人心既變。爲寇爲讎。內則爲虜用。外則爲我寇。二也。今日處分既出。聖意將見。淮北之人。無復渡淮歸我者。人迹既絕。彼之動息。無自而知。間探之類。廢爲而遺。三也。

中原之人。本吾赤子。今陷於虜三十餘年。日夜望歸。如子之仰父母。今有脫身而來者。父母拒而棄絕之。不得衣食。天理人情。皆所未順。四也。自往歲用兵。大軍奔馳。疾疫死亡十之四五。陛下慨念及此。既望諸將各使招募。若淮北之人不復再渡。所募之卒。何自而充。五也。尋常諸軍招江浙一卒之費。不下百緡。而其人柔弱。多不堪用。若非取兵淮北。則軍旅之勢日以削弱。六也。臣自叨任使。書即爲二說以盡其情。其一山寨之首領來歸。厚加犒勞。使持帛書。復往撫諭本處山寨。令各安居耕種。毋輒生事。以待王師。其二許令充應萬弩之選。若有官借補之人。不肯與效用爲列。即以忠義從軍之名處之。各令準備差出。間撥及學習弓弩以就行列。今近二百餘人。其攜家而來者。老弱不任軍用。則分撥荒田。借貸錢粮。俾爲屯守之計。區區不敢少容私意於其間。惟此一事。所係甚重。若果絕之。人心一失。大事去

矣。仰惟陛下聖明。仁孝英武。有太祖太宗之遺風。思欲拯生民之厄
雪廟社之恥。國家所係。人心為本。陛下恢洪聖度。同符天地。信順獲
祐。其理必然。天下幸甚。
浚又論泗州事宜疏曰。臣竊聞虜人有燕山自立者。偽赦傳聞。大略
可見。此天付陛下以恢復之日也。目今事宜。臣愚以為宜名券有智
辯使臣數輩。持主事牢執書。反復詳列。俾切中其心。庶幾祖宗故地。
不待血刃可復得之。仰惟陛下早夜整兵。訓戎命帥。擇將聚糧。備財
以待機會。中興之業。其必有成。臣又伏見淮東泗州。在今日最為要
害之地。若得一智勇兼長之將。以步騎五千。近日未經戰戍者。使守
其中。北可以通京師。東可以通山東。西可以通陳蔡。英雄豪傑。其必
有環應而起者。第與之深結。勿用輕復城邑。它日大兵一出。嚮導既
得。人心既歸。孰不響合。惟是擇任不可不謹。臣智識淺短。特以荷陛
下恩遇。夙夜殫竭。不敢不盡其誠。陛下不以為罪。自茲機事之來。臣
當次第具所見以進。用備采擇之末。伏惟聖慈貸其狂愚。不勝幸甚。
浚又論撫恤淮漢兵民及經理陝西河東事宜疏曰。臣竊見淮西虜
人以聖駕俯臨。大兵四出。引衆遁去。其勢必為北歸計。臣竊伏思之。
虜人悖逆天道。率脅醜類。來涉吾境。衆叛親離。旋被殺殘。天之相佑
國家。大啓昌期。可謂甚著。茲蓋皇帝陛下。執乾剛之權。惟其時中。蓋
仁孝之誠。有以上格。自信此心。終獲其應。顧茲機會。誠大有為之秋
也。天下幸甚。臣待罪藩方。望屬車之塵。不遠數舍。歡抃之餘。反復深
念。其敢不盡。竊以天意人事推之。今日為恢復之時。蓋無疑矣。雖然
恢復所宜詳講周慮。使出萬全。臣愚以為來遠之道。先自近始。今
之計。恐宜以撫養根本為急務也。惟自夏迄冬。江漢兩淮之間。兵救
禦寇。民困饋運。豪復大舉深進。誠恐所得未幾。而我之事力益覺其

擊。俾使河南之地。即盡得之。秋風既高。鐵騎萬一復來。不得不虞。恐
或一城差跌。百姓必重被其毒。孤中原歸戴之心。遲海內平寧之望。
臣故願陛下孜孜於撫兵恤民之事。俾江漢兩淮得少休息於三兩
月間。圖回經略之心。則默運而亟行之。願遣間使求歸故地。以寬其
情。以觀其勢。以急其志。以回其心。願陛下好生至德。使諸國之人。皆
知愛慕。而坐銷其精兵勇夫怨我復戰之意。時發檄文。責任將帥。招
撫中原。其間豪傑自樂輸情。獨陝西河東形勢所在。厥今可以進為
伏乞更勤神算。以時授之。俾先駐險地。常為大敵復臨之計。山東海
道。亦宜一大措置。付以成謀。據天下之要。阨海道之衝。左挐右引。使
支梧之不暇。而後使人之辭得伸其說。縱其未從。吾之勢力亦足以
平定中原矣。伏惟睿算固已洞燭。區區愚見。何補萬分。仰乞特賜采
擇。不勝幸甚。
浚又上經理淮甸疏曰。臣竊惟虜人退兵之後。士馬物故幾半。飲馬
長江之志。固未敢萌也。而用事群酋。人各有心。日夜備具。似有欲窺
淮甸之謀。先事預圖。理不可緩。我之甲兵。方之昔日西北之士。所存
無幾。而又去歲捍禦大敵。傷折逃亡。繼以病死。十亦四五。馬固同之。
以今歲事力。比量虜人。知其為弱也。識者或欲弭兵息民以治
在我。此說近是也。誠恐虜之圖事。未肯但已。一旦倉卒。何以待之。又
況補集將士。必資西北之人。能戰忍苦。方為可仗。然則乘機及時。內
堅守備。外疑敵心。左挐右制。使之首尾奔趨。人情搖動。斯為成算。不
可忽也。淮甸要處。我不先圖。異日強虜起海渡淮。先據形勢。則事有
難處者矣。惟陛下其念之。臣愚不勝惓惓。
浚又論蕭守等約降及恢復事宜疏曰。臣今月初七日得翰林學士
東宗書恭領御筆處分。臣愚荷陛下亦以腹心與謀。至討其敢不盡

誠臣契勘宿州總管蕭宇及蕭千戶皆契丹之族屬今其間契丹之威欲歸之心想見甚切其言誠實誠如聖諭臣見已選募得力心腹人前去外臣伏讀聖訓將來秋深以大兵繼之來降則重賞叛則破之陛下聖慮盖得之矣今當以兵臨境約之使降使其從我俾居先鋒同共破賊若付之以兵責成於宇等恐它日有難制者聖意素定臣謹當遵守惟是定中原圖恢復非徒係之天時亦須人事先盡有以副之仰惟陛下兢兢脩德誠意格天必欲拯斯民之窮復祖宗之業規摹甚盛然而朝廷承前日多事之後綱紀未立賞罰未明人才未集法令未行風俗未變甲兵未備財用未足自治上策猶不能盡厭人心臣愚以為今日之幾既不可失所以圖之當務酌中庶幾萬全臣前日之奏欲令吳璘固守德順時為聲勢牽制其西復欲令淮東之兵循海而出水陸漸進搖動其東彼之事勢大略可見然後復

以重兵進襄漢只當以一二萬人雜兵許順以示出奇盖彼處糧道難繼不當更用重兵恐乏食退師更沮軍勢異時善後之策莫若屯駐大軍於順昌非惟糧道便利屏蔽江淮而與山東陝西聲勢相通若河南之地盡歸於我臨河郡邑祇先選募令自為守我之大兵雲屯順昌招來英豪益壯軍勢常為備具以待其來縱竭國遠至亦必有以破之矣況其大勢既去不能復來耶臣所陳今日經常之規理當如是若夫東北之人雲合響應與夫夷狄相攻其勢擊藝此又一時機會雖事有決然者而不敢預必但當先為在我不可勝之計耳臣衰遲淺學何足以補聖聰萬一伏惟聖慈更賜睿斷特降處分

淩奏恢復事宜曰臣老無能為自蒙太上皇帝委用既而陛下紹續信於弥深審計密圖朝夕不替臣於五月間必欲廣運錢糧冒險沂淮置之于西正以事機之來理不可失今日誠有可為之時獨師旅

單寡賞予闕乏將帥雖得不可冒昧一戰以幸其成所宜圖為萬全左掣右制徐為之應若異時形勢自異果有必取中原之圖願陛下假臣以權使得少効尺寸然後歸老山林臣之願也至於見可則進知難則退惟社稷之計是謀惟生民之命是卹此又臣區區素心初不敢僥倖一時之功貽悔後日也伏乞聖慈更賜睿照

時詔問宰執方略資政殿學士李邴條上戰陣守備措畫綏懷各五事戰陣之利有五曰出輕兵務遠略擇將帥貴成功量賞格大略謂關陝為進取之地淮南為保固之地關陝雖利於進取然不用師於京東以牽制其勢則彼得一力以拒我今大將統兵者數人皆所恃以為根本焉一失利將不可復用偏裨中如牛皐王進楊琪史康明皆京東土人知地險易可各配以部曲三五千人或出淮陽或出徐泗彼將奔命之不暇此不動而分陝西重兵之一端也關陝今雖有二宣

撫其體尚輕非遣大臣不可呂頤浩氣節高亮李綱識量宏遠威名素著願擇其一而用之必有以報陛下又言陛下即位之初韓世忠劉光世張俊威名隱然為大將今又有吳玠岳飛者出矣願詔大將於所部舉智謀忠勇可以馭衆統師各兩三人朝廷籍記遇有事寘使當一隊毋隸大將則諸人競奮才智皆飛玠之儔矣大將爵位已崇難相統一自今用兵第可授以成算使自為戰而已慎勿遣重臣臨之以輕其權而分其功今郤敵退師之後必論功行賞願因士論有司預定賞格謂如得城邑及近上首領之類自一命至節度使皆差次使之相當所謂守備之宜有五曰固根本習舟師防地道講遺策列長戍大略謂江浙為今日根本欲保守則失進取之利欲進取則慮根本之傷古之名將內必屯田以自足外必因糧於敵誠能得以功名自任如祖逖者舉淮南而付之使自為進取而不至壼內以

事外。臣聞朝廷下福建造海船七百隻。必如期而辦。乞倣古制。肄伏波下瀨樓船之官。以教習水戰。俾近上將佐領之。自成一軍。而專隸於朝廷。無事則散之緣江州郡。緩急則聚而用之。臣慮敵人他年入寇。懲創今日之敗。必先以一軍來自淮甸。爲築室反耕之計。以綴我師。然後由登萊泛淮瀕吳越。以出吾左。由武昌浸江窺江池。以出吾右。一處不支。則大事去矣。願預講左支右吾之策。夫兵之形無窮。願詔臨江守臣。凡可設奇以誤敵者。如吳人疑城之類。皆預爲措畫。今長江之險綿數千里。守備非一。苟制得其要。則用力少而見功多。願差次其最緊處屯軍若干人。一將領之。聽其郡守節制。次緊稍緩處差降焉。有事則以大將兼統之。既久則諳熟風土。緩急可用。與旋發之師不侔矣。所謂措畫之方有五。一曰。親大閱。補禁衛。講軍制。訂使事降敕。榜大略謂因秋冬之交。闢廣場。會諸將。取士卒才藝絕特者而爵賞之。建炎以來禁衛單寡。乃藉五軍以爲重。臣常寒心。願擇忠實嚴重之將以爲殿帥。稍補禁衛之闕。使隱然自成一軍。則其馭將也若臂之使指矣。今諸郡廂禁冗占私役者大郡二三千人。小郡亦數百人。臣願講求。除郡守兵將官自禁軍給使外。餘僕從衣糧使自備人以役。大抵撥廂軍三分之二。而以其衣糧之數盡募禁軍。令人自用兵以來未嘗不以和好爲言。此決不可恃。然二聖在彼。不可遂已。姑以餘力行之耳。臣謂宜專命一官。如古所謂行人者。或止左右司領之。當遣使。今舉成法而授之。庶免臨時斟酌之勞。而朝廷得以專意治兵矣。劉豫僭叛。理必滅之。謂宜降敕榜。明著豫僭逆之罪。曉諭江北士民。此亦兵家所謂伐謀伐交者。所謂綏懷之略有五。一曰宣撫意。先振恤。通關津。遣材能。務寬貸。大略謂山東大姓結爲山砦以自保。今雖窘迫。必有來下者。願募有心力之人密往詔諭。應淮北遺民來歸者。令淮南州郡給以行由。差船津濟。量差地分人護送。毋得邀阻。有官人先次注授差遣。無官而貧乏者。令沿江州郡以官舍居之。仍量給錢米三兩月。俟其能自營爲生乃止。的有才智可用之人。隨宜任使。勿但縻以爵秩而已。凡諸將行師入境。敢抗拒者固在勦戮。其有善良老弱之人。皆從寬貸。使之有更生之望。

歷代名臣奏議卷之八十八

經國

宋高宗紹興間虞允文上言曰臣聞國勢有强弱人心有向背而天下之理有順逆理之順人心之所嚮也勢雖弱而可以强故有以百里之地而興王一旅之衆撥亂世而反之正者能用吾之順以應彼之逆而已彼以其虐吾則應之以寬彼以其奢吾則應之以儉彼黷於貨利吾則應之以無欲彼窮其力役吾則應之以不擾一順一逆之間而向背自分四海之大可使一心也世之人以斧析薪以錐鑿石可以必克矣然不得其理則斧可缺薪不可破錐可折石不可鑿而謂虜挾强勢用逆理可得志於天下振古未有也臣觀今日之勢天所以相陛下者甚厚而陛下所以荅天之休者無不用其至臣敢以今歲所覩見者粗言之罷騏坊之冗費減甲庫之雜務禁諸軍之重役細至於美瓜之獻卻而不納道路讙傳以至感泣臣愚猶欲望陛下廣運聰德緣其類而推之凡冗費如騏坊者雜務如甲庫者諸軍之弊有大於重役者外廷之獻又有甚於美瓜者願陛下必罷必禁以次而施行之蠹國害治之事已盡矣尚憂其未盡宅中國大之慮可休矣尚勤而勿休一號令之行煥然有以起天下之心而作其氣臣將見四方萬里之外莫不丕應傒志而勢有所激則弱者忘其所以為弱而强者失其所以為强恢復之功日月可冀尚何逆虜窺伺之憂哉里語曰盜欲入人之室主人覺之則盜無自而入矣此言雖小可以喻大冕冕孤忠惟陛下幸擇

胡宏上書曰治天下有本仁也何謂仁心也心官茫茫莫知其鄉若為知其體乎有所不察則不知矣有所顧慮有所畏懼則雖有能知能察之良心亦浸消亡而不自知此臣之大憂也夫敵國據形勝之地逆臣僭位於中原牧馬駸駸欲爭天下臣不是懼而以良心為大憂者蓋良心充于一身通于天地宰制萬事統攝億兆之本也察天理莫如屏欲存良心莫如立志陛下亦有朝廷政事不干於慮便嬖智巧不陳於前妃嬪佳麗不幸於左右時矣陛下試於此時沈思靜慮方今之世當陛下之身事孰為大乎孰為急乎必有歉然而餒惻然而痛坐起彷徨不能自安者則良心可察而言可信矣昔舜以匹夫為天子瞽叟以匹夫為天子父受天下之養豈不足於窮約哉而瞽叟猶不悅自常情觀之舜可以免矣而舜蹙然有憂之舉天下之大無足以解憂者徽宗皇帝身享天下之奉幾三十年欽宗皇帝生於深宮享乘輿之次以至為帝一旦劫於讎敵遠適窮荒衣裘失司服之制飲食失膳夫之味居處失宮殿之安妃嬪之好動無威嚴辛苦墊隘其願陛下加兵敵國心目睽睽猶飢渴之於飲食庶幾一得生還父子兄弟相持而泣歡若平生引領東望九年于此矣夫以臣之疏賤念此痛心當食則噎未嘗不投箸而起思欲有為況陛下當其任乎而在廷之臣不能對揚天心充陛下仁孝之志反以天子之尊北面讎敵陛下自念以此事親於舜何如也且群臣智謀淺短自度不足以任大事故欲偷安江左貪圖寵榮皆為身謀爾陛下乃信之以為必持是可以進撫中原展省陵廟來歸兩宮亦何誤耶萬世不磨之辱臣子必報之讎子孫之所以寢苦枕戈弗與共天下者也而陛下顧慮畏懼忘之不敢以為讎臣下僭逆有明目張膽顯為負賊者有協贊亂賊為之羽翰者有依隨兩端欲以中立自免者而陛下顧慮畏懼寬之不敢以為討守此不改是祖宗之靈終天暴露無與復存也父兄之身終天困辱而求歸之望絕也中原士民沒身塗炭無所赴愬也陛下念亦及此乎王安石輕用己私紛更法令棄誠

而懷詐興利而忘義尚功而悖道人皆知安石廢祖宗法令不知其并與祖宗之道廢之也邪說既行正論屏棄故姦詖敢挾紹述之義以逞其私下誣君父上欺祖宗誣謗宣仁廢遷隆祐使我國家君臣夫婦之間頓生疵癘三綱廢壞神化之道泯然將滅遂使敵國外横盜賊內訌王師傷敗中原陷沒二聖遠栖於沙漠皇輿僻寄於東吳囂囂萬姓未知攸底禍至酷也若猶習於因循憚於更變亡三綱之本性昧神化之良能上以利勢誘下下以智術干上是非由此不公名實由此不核賞罰由此失當亂臣賊子由此得志人紀由此不修天下萬事倒行逆施人欲肆而天理滅矣將何以異於先朝求救禍亂而致升平乎未言陛下即位以來中正邪佞更進更退無堅定不易之誠然陳東以直諫死于前馬伸以正論死于後而未聞誅一姦邪黜一諛佞何推中正之力而去姦邪之難也此雖當時輔相之罪

然中正之言乃陛下腹心耳目素何以天子之威握億兆之命乃不能保全二三腹心耳目之臣以自輔助而令姦邪得而殺之於誰責而可乎臣竊痛心傷陛下威權之不在己也

知饒州李彌遜上奏曰臣聞光武起南陽二年而破新室肅宗起靈武二年而復兩京元帝起建康數月而君臣之禮定遂成東晉之基事雖不同皆謀深志定力行而不疑故功效之成如此其速也竊惟國家之患振古未聞天祐宋德陛下興起於艱難之中以陛下英睿神武何啻並駕漢唐之君而祖宗流澤入人之深比方數代何啻相什百也然閱時滋久大勳未集者良由聖志未定廟謨未決上下無所遵承小大之臣無路以自效也爰自多事以來朝廷雖未嘗不以懷夷狄爲急而前後議者各私其說以相矛盾主和者以征討爲敗謀好攻者以守備爲失計彼是而此非朝令而夕改紛紜散亂上紊宸聰猶豫不決日復一日而已迫防秋之期矣故八九年間排難解紛之不暇其於恢復之圖初未有定計也求治效之成難矣哉夫千金之家爲巨室者必先度方隅正基址然後鳩工庀材藩垣而棟宇之則室成矣不然雖有良工無所施其巧也況天下之大不正其基址定其規模而可爲乎書曰事不師古以克永世匪說攸聞伏望陛下奮剛健勇智之德考前古已行之事酌今日當務之宜斷自宸衷定其規模而力圖之姦言浮議排斥不用上志既定然後詢謀一二同心之臣任之勿疑責以成效恢復境土歲月可待也天下之事未有不爲而成亦未有爲而不成者也古人有言患莫大於以爲不足爲而不爲願陛下早圖之

彌遜又上奏曰臣聞易曰介如石不終日吉孔子曰苟有用我者朞月而已可也三年有成天下之事方其臨機應變間不容髮朝聞而

夕行猶恐失之至於恢遠圖振長策貽謀百世之後非先其根芽封植而長養之不能成功故不俟終日不以爲速期月三年之間不以爲久爲國者不可偏廢也國家靖康之末法度大壞陛下繼紹丕圖日新庶政當如創業之初條舉而敘行之然夷狄盜賊無有寧歲盡心力而爲之僅救目前之急其遠者大者有所未暇此亦臨機應變隨時之義不得已爾而上下習熟便謂當然禦敵之外一切不議間有陳一說論一事利在歲月之後者衆皆指爲迂闊非笑而詆訾之朝廷因以爲不急之務置而不知妨功害治莫此爲甚也孟子曰猶七年之病求三年之艾苟爲不蓄終身不得傳曰無三年之蓄曰國非其國也豈有爲國之慮不及三年之近乎伏望陛下詔左右輔弼之臣禦敵之暇取社稷經遠之計治安亂危之所係者條具以進陛下少加宸慮審其先後緩急而推行之日滋月益必有成效上裨中

興之治，庶幾國有定安之期，民有休息之望。

彌遜又上奏曰：臣聞圖治安者忘艱難險阻之為勞，故終於逸樂而克成永世之基；溺宴安者忽因循苟且之可慮，故急於閒暇而馴致一朝之患。在昔多事之時，人君未嘗不欲求安，而每至於顛隮離析者，樂於苟且而倦於艱難故也。仰惟陛下聰明睿智，勇興衰撥亂之才，踐祚以來，焦心勞思，圖回治功，是宜措天下於泰山之安矣。然而國步未寧，民居未奠，一有小警，上下騷動，陛下不得高枕於九重之中，臣所未喻也。豈尚戒息於閒暇，而救焚拯溺之策不汲汲於朝夕耶？何以言之？臣竊觀累年寇退之後，中外熙然，便謂無事，朝廷有偃武之象，將帥思歸馬之期，一日無事，幸一日之安，一月無事，幸一月之安，欲求終歲之安已不可得，而求天下之安可乎？賈誼居文帝時，謂猶抱火厝之積薪之下而寢其上，火未及燃，因謂之安。今日方之，豈不為寒心哉！爲於萃除戎器，戒不虞，於既濟思患而預防之，居安慮危猶不可緩，而況欲轉危為安乎？臣願陛下不以艱難險阻為甚勞，而以因循苟且為甚可慮，思日前朝夕之娛，為社稷萬世長久之計，天下幸甚。

彌遜又上奏曰：臣近准大臣宣諭聖旨，令臣條具今日當行事件。臣惶恐震懼，罔知所措，自惟空疎，不識治體，何以仰副聖訓？輒罄愚衷，少布犬馬之誠。臣痛念國家多事，十有餘年，前後失圖，屢有改作，致誤陛下焦勞如此，未見成效。臣謹稽合公論，參酌事宜，今日規模當急為自治之計，先令國勢日安日强，以圖恢復，方為萬全之策。安强之術，其目有六：一曰固藩維以禦外侮，二曰嚴禁衛以尊朝廷，三曰練四方之兵以壯國勢，四曰富國用以備軍食，五曰收民心以固根本，六曰擇守帥以責實效。信能行此六者，則一年而安，三年而强。然

後資閩廣之利以守淮南，積四川之財以窺關陝，政事既修，舉則必勝。不然，按兵固守，俾徼邊聞遠者自至，惟陛下用之爾。然臣之所陳拯危救亂之策，難以循守故常，當如創業之初為之。先須陛下聖慮深思熟計，灼見利害，確然不疑，必欲力行，不為浮議所撓，方可擇人以任之，數年之間可見成效。良以國勢空虛，危弱至此已甚，不以持久，不能有成。若但應目前，以為迂闊而不為，孟子論三年之艾，政可為比。陛下既欲力行，而又委任得人，則於聽言之際尤不可不審也。蓋興大利必有小害，圖遠業必無近功，類非衆人所能窺測。無立言者甚易，立事者至難。若事有小害輒罷，人有小失輒廢，一守前日之轍，臣恐徒養小患，有害陛下安危大計，日復一日，事無立期，加以數年，天下有不可勝慮者矣。臣冒瀆聖聰，罪不容誅，伏望聖慈察臣區區之忠，不敢愛身，上酬天地生成之賜，貸臣萬死，使得少圖報效。臣不勝惶恐激切屏營之至。

兵部侍郎王庶入對，上曰：召卿之日，張浚已奏，趙鼎未來，此朕親擢，非有左右之助。庶頓首謝，因奏曰：恢復之功，十年未立，其失在偏聽，在欲速，在輕爵賞，是非邪正混淆。誠能賞功罰罪，其誰不服？昔漢光武以兵取天下，不以不急奪其費，不知兵者不可使言兵。又口陳手畫秦蜀利害，上大喜，即日遷本部尚書。

岳飛為太尉，從幸建康，以王德、酈瓊兵隸飛，詔諭德等曰：聽飛號令，如朕親行。飛數見帝論恢復之略，又手疏言：金人所以立劉豫於江南，蓋欲荼毒中原，以中國攻中國，粘罕因得休兵觀釁。臣欲陛下假臣月日，便則提兵趨京洛，據河陽、陝府、潼關，以號召五路叛將。叛將既還，遣王師前進，彼必棄汴而走，河北、京畿、陝右可以盡復。然後分兵濬滑，經略兩河，如此則劉豫成擒，金人可滅，社稷長久之計實在

此與帝答曰有臣如此顧復何憂進止之機朕不中制旨與浚不
協乞終母喪詔强起慰遣之飛因奏比者寢閣之命咸謂聖衷已堅
何至今尚未决臣願提兵進討順天道因人心以曲直爲老壯以逆
順爲强弱萬全之效可必又奏錢塘僻在海隅非用武地願陛下建
都上游用漢光武故事親率六軍往来督戰庶將士知聖意所向人
人用命未報而酈瓊叛浚始悔飛復奏乞進屯淮甸伺便擊瓊期於
破滅不許詔駐師江州爲淮浙援
監察御史鄭剛中上奏曰臣聞執一隅之見偏信自守者謂之衆人
見善則從惟義之適者謂之智人通流變化不可測知者謂之聖人
惟聖人之見高出一世之上故能牢制籠絡御天下而爲之主臣謂
和議高世之見陛下得之矣何則虜人侵犯中國禍毒流布則號呼
怨恨思欲犁庭而報耻者衆人之所同也而有智者不以爲然願我
之勢所未可與爲敵料彼之情猶不敢以爲信則早辭遜意姑曰從
之者智士之所同也而陛下不以爲然陛下之意决謂虜人之心在
於休兵河南之地必以歸我故於衆論猶豫之時守以測明不回之
斷所以得陜得洛得汴又得禁軍弓箭手以備西入之夏得穀粟布
帛以寬出蜀之兵可謂盛舉矣然而今也迎請之使半留半返凡我
所以懇祈于彼者皆靳且遲陛下於此雖已有高世之見然通流變化
區區臣子之心尚有望於陛下焉蓋虜今日之勢非前日之勢也我之
勢非前日之勢也何以言之昔爲虜謀者主爲和好者也而今爲虜謀
者其和好非自已出也然虜捨河南之地斂跡而北非其國中有牽
制之患外無及人之力當未至此則通和之議彼豈遽變第其謀國之
臣必不肯一遵前議勢須少示齟齬艱難之狀然則我所以懇祈于彼者
能一請而遂焉臣故曰虜今日之勢非前日之勢也河南之民方其陷洛

日有懷朝廷之心今其歸矣日有失朝廷之憂臣比見陜西兵民具
言虜無技能用一人可當其四五臣卜之曰如是則關陜當永無亡
失之患對曰不然朝廷主之則虜爲可敵朝廷棄而不顧則又復解
散而已嗚呼殆真情也使果有解散之憂其何以爲國哉臣故曰我
之勢非前日之勢也夫彼己之勢皆有不同則所以通虜人所以保
新疆者必有道焉静而勿躁緩而弗迫堅忍以濟其誠慮遠以防其
變如有須於我者於其所可酌中道以從之於所不可遜辭意以達
之此通虜人之道也定師臣以專其謀通兵勢以示其形料理三京
使其血脉相連分委大將使其號令相及此保新疆之道也
剛中又上奏曰臣聞人君之有天下猶人之有四體也人之四體惟
血氣浹洽脉絡流通然後疾病不生一者有痞塞則膚理爲之不榮
人君之天下惟德意交孚政事徧舉然後危亂不作一者廢隔則綱
紀爲之不貫國家多故以来江淮之北陰邪之氣結爲癰疽聚爲痼
癖者不可勝數頼陛下感動天地强敵革心和氣一通而大河以南
妖沴平息甚盛德也臣今年四月被旨爲樞密院行府參謀官渡江
踰淮道京洛抵關陜嘗爲陛下詳觀今日天下之勢關陜新復而且
遠然其就緒也必易三京去東南爲近然其就緒也尚難關陜就緒
矣三京之力又從而相接則關陜之安久而可保苟三京之力衰敝
不振於中則關陜孤絶後當有可慮者臣請備言之陜西諸路雖號
新復然得禁軍可四萬皆壯勇善戰之人是官不至於無兵也弓箭
手舊額一十四萬今猶得六萬是民尚可以爲兵也年穀既稔[illegible]官
中見管之粟與和糴相當共可以足一歲之食是土地不全曠也今
又益之以秦鳳熙河出蜀之兵豈撫使節制其間有一旦之警則兵
據險以經略趨走而關隴今未易窺也臣故曰就緒然易惟洛陽百

戰之餘凋殘尤甚其西則陝府為鄰陝自李彥僊死守虜悉力取之民無噍類其東則汴京應天府一帶久為劉豫兇焰所焚瘡痛未蘇三京戶口今計雖僅四十萬比平時不能十分之三近又緣屯田司收其已租之田追其元買農具公私相礙宿麥不入土民力殊困論其地勢則平川通道不見藩籬無一兵可以受甲無一家可以輸上孤城乍聚之衆不相統屬釁隙之所易生臣故曰就緒為難夫關陝先就緒而三京不能振起則朝廷之德意政事痞塞于數千里之間有如盜賊蒙死徼幸乘執事之不備則潼關以西不過自能保守當無氣力相援紀綱廢隔豈不再貽關陝之憂哉臣願陛下與二三大臣講究所以保養三京之道選任名德重望之吉置之要郡審擇材猷敏博之吏使為監司增廣戍兵而謹備不虞精究屯田而俾民安業使朝廷和氣自東南達乎西北中間血氣浹洽脈絡流通起居食

息日就安強則事功之興起未易量也苟惟不然膚理不禁復有受病之處不治將深矣

剛中又論東南根本疏曰臣聞第五琦謁見肅宗於彭原奏言今之急在兵兵強弱在賦財賦所出江淮為淵臣請悉東南寶貨飛餉函谷肅宗悅之臣不識陛下以肅宗之悅琦為是耶非耶陛下見肅宗之非則臣不復論若以為是則臣欲有言夫西北有亂藉東南為根本根本柰何欲先搖其本以徇西北乎國家兩宮遠狩中原未復生靈日望陛下出之於塗炭謂可棄西北而不顧者非也而又人心久而不收則離德澤久而不繼則竭僭竊之勢豈可容其蟠結漸牢謂可棄西北而不顧者非也知以西北為念力守其說而不忘經營則濟矣謂可困東南以徇西北者亦非也書曰民罔常懷懷于有仁西北之民以東南為裕則如水就下雖萬折而必至若東南自有愁歎之

苦彼何所慕而歸乎大抵事不可令再失策今陛下親撫六師大臣統護將展力共洗前日退避失策之悔則天下幸甚不然禁水一跌恐無有再能收拾者

剛中又上奏曰臣竊見朝廷自去冬建議移蹕論者是非相半或謂建康阻江為固有如胡馬徼幸萬一則受敵在先非百司安枕之地故以幸浙西為是或謂士卒之氣恃朝廷進退為強弱進尺則有賈勇之望退寸則有解體之憂故以幸浙西為非臣皆以為不然也古人之言曰人君門庭遠於千里堂下遠於萬里必待近而後理則其遠已如此身臨戎馬者便足以為治乎又曰不出戶而知天下坐於室而見四海必謂遠者難治則易亦如此決勝千里者亦豈不然哉鄰有堅敵士未解鞍或進或退觀時應變此未足以定是非而恐是非在其後也使朝廷謀慮足以料敵賞罰足以使人雖走一凾之書

可以驅三軍於水火孰謂捨建康而不可以制勝人亦不得而非之矣使防閑失計外侮可入則一馬朝濟暮即東南何臨安之可保吾亦安能獨是哉為今之計要當保其所謂是無使為人所非也乘輿還臨安矣侍衛亦臨安矣百司庶府皆臨安矣朝廷以為安且治耶其以為未然耶陛下與二三大臣密勿之意以為未治未安夙夜圖畫如是守淮如是守江何地置兵何人應敵上下同心不置中原於度外如是則豈害中興之功陛下與二三大臣以為已治已安兵自此可以漸息民自此可以少休虜人不復來東南不復擾我在堂奧藩籬已自可託如是則臣恐不能無後日之悔二者朝廷當自知所擇矣陛下豈不見鑾輅所臨州里老人攜子抱孫駢肩跰足如見父母其鞠育保全之道陛下宜有以勉之董仲舒曰高明光大不在於他在乎加之意而已臣不勝區區之心

剛中又上奏曰臣竊見比者虜使造朝人情疑慮咸謂國家數年蟠屈待時之氣一旦又訹甘言而自觧於是感激不平者咸以所見抗論于上夫論事者言不切至則事不可回論事而欲其必回則其言常多偏偏勝之論聽者難之而人主或至於厭聞矣然可否相濟社稷之福雷同之論古今之患故聖人之建功立事寧使衆智畢陳可否相反而不欲上下諛悅雷同而相比寧使發揚宣布戇愚而面折不敢使其緘默隱避顧望而腹非惟吾守中平至當之道裁應事機故雖衆多之論時有偏勝過直者亦一切虛心容納之所以下有盡言之忠上有兼收之美而事亦無適而不得其當也虜人之恨臣子緘於骨髓然國家士馬之氣力財用之源流智者當自默識而心計之機雖不可不投患亦不得不慮虜乃肯闗我以好言示我以善意我亦何辭而峻絶之乎絶之誠易也後日之策計將安出謂有揚旌

奏議卷之八十九 十一

電掃問罪破竹之勢則平時自可用之何待絶使者而後可以有為乎故尊意不與虜和者臣知其言必偏勝而難聽雖然犬方齧人豈有無因而自已虎方得肉必不無故而捨之驕虜狃忲種種如意今一旦欲還我已捐之地歸我已棄之民是未可信也而又妖祥變怪譎詐反覆之士無世無之亦不可不察故尊意不與虜和者其言雖偏勝過直臣謂陛下正當虛心容納而守以中平至當之道也中平之道法當何如亦曰應之而已好言善意我姑領之秣馬按兵靜觀其變所以守江所以守淮者論之宜加詳所以取中原所以圖恢復者念之宜益深使天意悔禍吾則與億萬生靈同享其福虜情叵測吾則與三軍將士常自有備矧又時移事異勢已不同當不至如前日斂手入其計中也道理明甚而人情不免於疑者正以未知朝廷信與未信為如何爾朝廷以虜為必信而善鄰之望在於朝夕則論者之言恐或可采不以為信而姑曰從之則以弱應强在理為順以誠待詐於我無損論者雖過陛下自可優容之古人有言聽者事之候也計者存亡之機也陛下跨馬橫槊以有天下虜人情僞何待馬援言之然後在於目中聽言定計當亦審矣疎遠之臣懷區區不自已之意上瀆天威惟陛下幸赦其愚

剛中又上奏曰臣今月十九日准樞密院劄子備奉聖旨御文以梓宮未還母后在遠陵寢宮闕兄弟宗族之故欲屈己就和令在廷侍從臺諫之臣詳思所宜條奏來上臣伏讀流涕仰見陛下孝友格天戎虜改意事雖可喜可疑至於屈己之言則臣子所不忍聞也且國家南渡以來間關險阻寒心銷志僅能自立謂今日可與虜爭者非癡則愚又況虜遣使曰休兵我何辭曰用兵虜曰通和我何辭曰立敵虜曰奉梓宮母后還我何辭曰不欲聽其甘言領其善意少降辭

奏議卷之八十九 十二

氣以就和議勢有不可已者然陛下詔群臣以屈己則臣所未詳夫屈己之事非一端也前世固有奉子女者有供金繒者有割土地者有北面而臣稱者皆上為宗社下為生靈不得已而為之今國家之於金虜土地為其所據金繒子女為其所取崇高之號亦嘗自貶而臣稱之屈已至矣不知此外又將何如其屈也父子之間所本者孝君臣之間所本者忠陛下欲為親屈此孝也安能使天下皆忘陛下而廢忠乎上而士大夫下而國人衆而三軍士卒方同心而上戴有如虜使狂悖過一縣則欲使縣令拜過一郡則欲使郡守拜至中都又妄有所欲則是傳一函紙自北撫定而南非通和也人皆肯從乎國人之情士大夫之情也陛下詢士大夫則見國人之情矣至於三軍士卒之情亦即此而可卜陛下儻未以為信試呼一二大將問之彼不至為酈瓊必不率三軍而屈膝也士大夫之情不得順小則去

大則其身死而已矣。三軍之情不得順。則事有不待臣言者矣。强敵之奉命至境。而吾軍民順從者半。未從者半。使者眙愕相顧。觸藩而返。則結讎造怨。益不淺淺。萬若卑辭報使者曰。江南雖小。要自各有君臨。以小事大稱臣可也。獨難行之禮。無以塞大國之責。弗辱顧儔則是吾之誠意不足以感動大國。而上天終未至於悔禍。未如之何也已。然後督勵將士。謹脩不虞。江外蹶起。則上下協心。再修甲寅之役。臣恐虜人使未能越長江如坦途也。雖然。臣有一焉。陛下欲謝使者。必先呼集大將。更令各與近上統制官數人同定此議。陛下仍開心諭之曰。强虜邀我以難行之禮。汝輩其許之乎。謂可許。則後日虜再對一函紙。又甚於此。計將安出。謂不可。則有邊陲之警。親為吾當之。彼如忼慨垂涕。各願致死。則長江之險。已增十倍。謝使者何憚。臣不敢遠引前代鋪敘為可觀之文。直以存亡禍福之幾係於今日者。

為陛下言其梗槩。愚陋不足以奉承明詔。臣罪當萬死。惟陛下幸赦之。

剛中又上奏曰。臣竊聞虜使就館。朝廷差官同王倫等計議。衆論皆謂朝廷審處適中。必無過舉。和議之事。次第可成。此至幸也。然衆皆知和議之可成。而不知垂成之事。亦復可敗。要須有道以濟之。何則虜所求出於平易。其事必成。虜所求出於甚難。其事必敗。事之成也。謀畫可以繼進。事之敗也。智者無以善其後。此幾微禍福之原。不可差以毫釐者。陛下應之。可不審乎。有如虜求我以甚難。則和議之敗。蓋有兩端。其一激怒於虜人也。二則激怒於國中也。有一于此。非但和議之不成。蓋亦產禍之甚速。臣請試言其略。朝廷若曰虜不可從。必峻辭而拒之。虜必曰稱臣者汝也。請和者汝也。致我使往來者汝也。今遽云爾。是我不紿汝而汝復無信也。其激怒將如何。和議當自是敗矣。朝廷若曰虜不可違。悉俛首聽之。國中必曰是無中夏也。是棄君等也。是忘宗廟也。雖有防川之力。恐不能防人之口。其激怒又如何。和議亦敗矣。為今日計者。必當以適中之論。調護其間。其從之也。不使激怒於國中。其有可辭也。不使激怒於虜人。周旋曲折。以就其事。如是則和議可成矣。雖然。適中之舉。要在勿速。有如未就。益擇善議論之士。熟為使者開陳道理。使其心解意悅。共擇兩平之道。守而行之。仍曉然令內外通知。勿使下有憂疑之意。如是則事無不濟。漢韓安國有言。謀事必就祖。發政占古語。側聞咸平二年。章聖皇帝謂曹彬曰。北鄙終成和好。此事須朕屈節為天下蒼生。然又須執綱紀。存大體。即為久遠之利。陛下欲謀事就祖。其法章聖之意而已矣。郅支求侍子。漢議遣谷吉送至庭。貢禹持不可曰。春秋之義。許夷狄者不一而足。先儒謂節制之。不求釋其欲也。陛下欲占古語。其合春

秋之義而已矣。陛下孝友之心。感天地而動金石。微臣區區之意。惟恐朝廷行之失當。有害成議。其數以和議為言者。乃所以欲和議之成也。陛下恕其愚否。

剛中又上奏曰。臣竊見講和之事。初則士大夫以為憂。中則民庶以為憂。今則將帥以為憂。士大夫見朝廷審處適中。未有失策。方朝夕為陛下同心謀慮。共圖善後之計。初以為憂。而今少定。民庶則視士大夫為舒卷者也。見士大夫之情稍安於前。故其憂亦緩而未迫。聞之道路。獨將帥之憂洶洶如風濤爾。朝廷但知今日某人入館議事。明日某人入內奏稟。而不知士卒竊竊之言。日益憤激。此其為患。不可不慮也。蓋陛下間關之初。收拾西北流離之士。拔為將帥。分置軍旅。相倚為安危者。踰十年矣。曰虜騎入境。詔使守禦者。諸將也。曰盜賊據險。詔使招捕者。諸將也。諸將頃雖未能以大功名自見。然其所

以事陛下者甚久且數今陛下一旦欲成和議虜使在館曾未與諸將道其曲折寧不使其疑且憂歟安知其不深思自念曰我輩平時不能相與展力今乃使君父至於屈己降氣則懷孚恩而感激者必至於自憝又安知其不相與語曰和議既成我輩自是當漸無用而朝廷自是漸至於相忘則防後患而危疑者必至於自恐使諸將憝且恐其終不為朝廷憂者無是理也臣愚謂此後勢當選擇大臣別作措畫以繫諸將之心目今且當分遣官吏密宣詔旨以慰諸將之意繫諸將之心則和議成與不成皆不相妨但少俟虜使北去之後議之未晚臣未敢進其說也至於慰諸將之意則勢有不可緩者陛下誠即日遣人分詣諸屯諭以至意使知朝廷施設皆無過當事成則與汝等彊兵積粟漸為進守之計不成則與汝等鞠旅陳師圖為後日之舉雖成否未知真偽相半然皆不捨汝以圖功也如是則將帥安而群論息人情通而和議固矣傳曰高鳥盡良弓藏今日豈陛下藏弓時乎愚瞽之計願陛下即施行之勿以為疑也

剛中又上奏曰臣累具奏稟講和事惟在審處中道務令可行陛下亦頗采納其說謂北使今已在館足可商議臣不勝幸甚今者如聞虜書纖藏未肯分付意欲陛下實行臣事之禮拜而奉之臣實駭懼且今日之事或從或違各有大害惟於從違之間求得中道乃可施行然而不可急也臣冒死畢其說惟陛下留神省察臣聞齊楚交善之國也秦欲伐楚先使張儀紿楚約獻商於之地六百里使之絕齊楚王大說群臣畢賀獨陳軫不賀楚王曰不煩一兵不傷一人而得地六百里子獨不賀何也軫對曰臣見商於之地不可得而患必至也且先出地後絕齊秦計必弗為也先絕齊後責地必受欺於張儀矣楚王不聽使勇士詈齊王絕之使將軍受地於秦張儀指謂楚使

奏議卷之八十九 十五

曰從某至某可六里楚之君臣始大悔今日講和之事臣竊謂類此而又有甚焉者夫不因謀慮不勞師旅而虜欲復故地還梓宮歸母兄反宗族是其所以許我者何止商於六百里耶秦欲使楚絕齊虜欲使我受詔使楚絕齊不過孤其旁援而已使我受詔是欲伐吾之本根也墮其計而孤旁援為禍猶淺墮其計而伐本根禍無乃深乎此不可不察也雖然用陳軫之計則必使秦先出地後絕齊然而秦不肯也今使虜先復故地還梓宮歸母兄反宗族而後奉詔則虜亦不肯矣軫恐後責地受張儀之欺則我豈不憂後求五事為虜所紿乎道理分明如此則講和之事自當絕之然而上之百穀下之國人皆紆回曲折共為陛下圖善後之策而不欲絕之者古語有云利則行之害則舍之疑則少嘗之今日之事正可以為疑也陛下孝友之性動天地而感金石釃酒奉觴日欲上長樂之壽故臣子亦不敢專言其害止欲陛下以為疑而少嘗之爾何則虜見吾今日朝廷氣力稍强號令漸一以地勢言之則又據長江而擁襄漢彼與其涉遠勞師而容有後害曷若設謀用計而制其十全此其智慮不淺然萬有一為者彼或夷狄析攻族類內潰欲有中原而患力之不足欲平故怨而念恩之無從則革意回心事有不可知者此正疑則少嘗之之時也少嘗之之道當如何亦曰推我誠心領其善意汝封一函紙來吾謹待爾使欽聽爾言可從則致禮以答之不則修辭以謝之執紀綱存大體如是乃可今虜使就館踰數日必欲屈陛下為自古帝王所不行之禮此豈謂之講和哉是其心非但欲使楚罵齊而自絕也然亦猶癡賈懸奇貨於市知人欲之則予價愈多而愈不肯售願陛下少回天意更賜從容命大臣於從違兩者之間求一可行之道與北使再三商量庶幾協濟講和之議陛下不可專見可從之利而忘

奏議卷之八十九 十六

其害事。苟失策。非但楚受六百里之欺。為天下後世笑而已。幾微之禍有不可測者。仰惟哀憐臣子之心而俯聽之。臣不勝懇祈之切。

剛中又上奏曰。臣昨日與臺諫連書入奏。乞令王倫等盡力取虜書納入。方為今日兩全之策。如聞聖意允許。不勝幸甚。然臣有一言更須控陳。惟陛下哀憐聽之。所謂取虜書者。但欲為虜使作道地爾。恐書至而我不屈。則虜或以為未滿。故欲取而納入。今日納入。明日見使者。或書與使偕入。置使者幕中。只臣授書入之陛下。徐出見使者。如是則不屈。非彼所知也。是謂兩全之策。至於陛下聖躬。則雖書入而不可屈也。聖人有言。莫見乎隱。莫顯乎微。隱微之中。天下所同見。陛下勿謂禁密之中。可以潛行。天日之表。可以暗屈。一人知之。什百人言之。四方萬里皆傳矣。或謂臣曰。陛下為親屈。傳之天下何害。臣應之曰。親歸地得。播告中外。布禮以謝大國之惠。天下不敢議。正恐

親未必歸。地未必得。徒取天下後世笑亦。又或謂臣曰。彼諾而我信之。有如負約。則曲為在彼。於我無愧。是又不然。墮其計。則解體喪氣。精銳銷懦。何所不有。又或謂臣曰。虜非前日比。誅亦何用。蒼蒼悔禍。事寧可知。臣又應之曰。用謀者。我虜之常情。革音者。古今之萬一。立國之道。以守常為正。而不可以僥倖為心。大抵破人之國。奪人土地者。未嘗不慮其再興也。若曰今不滅越。後必悔之。則吳君臣所以應越者如何。曰汝忘會稽之恥耶。則越君臣所以念吳者如何。非特是也。秦嘗破荊矣。後與荊人和。荊乃起為秦敵。又破魏矣。後與魏人和。魏乃起為秦敵。故秦之謀臣。痛誚其主。謂其不早成王業者。良由不絕滅荊魏。而使其得以收亡國聚散民。而再立宗社也。然則堅敵之待殘國。其心忍矣。故傳載其語曰。剷株掘根。無與禍鄰。禍乃不存。由是觀之。我虜之情。真可畏哉。若乃陛下孝友格天。祖宗德澤在人。强

敵改心。事隨世變。於理不謂之無。獨不可全信之亦。一書遠來。未見端的。天子屈帝尊而受之。無乃信之全乎。陛下為親而意切。天下念而心危矣。臣又得之王倫。謂虜後日有南北羈縻之請。此尤不可之大者。一言許之。後不可爽。今日奉詔之事。乃是議和之初。未嘗遠慮。但作悠悠之語。不思事至之時。遂至無畫。今若又以此事許其後日。則今雖平和。後復難處。惟陛下稍回聖心。思慮後日祖宗基業不全矣。民力窮矣。人心危矣。更令失計。悔將如何。伏望憫臣戆愚。察臣踈淺。但見人情物論有不允當。故盡取以告陛下。使陛下初不過聽。置臣言責之地。則臣豈敢越職犯分。累冒天威哉。臣不勝懇祈之切。

剛中又上奏曰。臣聞自下剸上。非全身之謀。再三而瀆。非得已之計。竭陳愚悃。仰冒帝尊。臣比緣使事。條陳利害數千百言。大要欲得和議不敗。天子不屈而已。昨與臺諫乞令專委王倫取虜書納入。陛下

念祖宗存大體之訓。是古人犯眾怒之言。俯從其計。事已獲濟。不勝幸甚。然臣尚有私憂者。敢因事濟之初。妄獻預謀之策。南北羈縻之請。臣所憂也。果有是耶。其不然耶。今復不正其始。則他時從違無策。利害益深矣。臣料陛下旦夕必再見使者。與之計議。大抵虜有所欲。寧難之於初。不可悔之於後。難於初。彼自見理而止。悔於後。彼固得以歸曲也。如聞朝廷亦嘗扣問驛客所有羈縻之人。欲於何時交付。臣謂審之是也。問其時則非矣。要當為虜言如某等人可還。如某等人不可得。開言創意。豈懷遠圖。勿謂事未至而謾云也。且如今來許我者事事皆得。籍兵之虜而可還乎。臣請備論之。通和之後。其割以還我者。必止是空地。無府庫也。無桑棗也。無蓄聚也。無大姓豪民也。梗莽丘瓏之間。所留者老病孤弱。豈復有强壯可戰鬬之人。郡縣既闕。東南虛匱。籍兵之虜。平時倚以為用者。又一旦舉而還之。則眾心

解散。不待立六國後。而人各指其故鄉矣。可不念哉。和議既成。萬端俱起。凡有措畫。便當爲經久之計。不可僥倖而苟就也。說者謂數年卑屈。祈哀自請。追敵國專使來聽。許以通好。豈容輕失其意。他時虜遣萬騎臨江。人情駭懼。吾內顧財用。自知不足。外督將士。或恐難用。則事亦可憂。此陛下之所慮也。紀綱散矣。士馬空矣。衣食竭矣。得宗族而復不能保。得土地而復不能定。大河之南。藩籬蕩然。始失元氣之人。忽忽待盡。此臣子之憂也。陛下之所憂。能作而起之。豈不在我。臣子之所憂。苟至其時。則無策矣。審量輕重。顧久圖遠。惟聖心加察焉。臣聞爵祿者。厲世之具也。陛下操爵祿而欲有爲。何所不可。然群言交入。衆智紛然。好謀能聽。此前史所以獨稱於漢祖。蓋事方危疑。國論未定。必有揣摩傅會之士。投隙而進。其心雖上欲。獵取陛下之爵祿而不知禍毒可流於天下。惟陛下禁其萌焉。臺諫。天子以爲耳

目。臣雖愚陋。不足以當陛下視聽之責。斷不敢導君父以喜聲惡色也。感激言狂至於流涕。冒瀆天威。罪在不赦。

剛中又上奏曰。臣伏見虜人敗約。中外不以爲憂而爲喜。虜逆天太甚。養禍孫謀。變已和之議而神必誅。驅久戰之兵而人極怨。措身危絕之地。行師盛夏之中。茲故可以無憂。陛下以孝悌之至。雖從其請。初未嘗爲屈己太過之事也。根本不移。藩籬如故。比前日實無所損。而敵人受其罔。茲故可以爲喜。夫舉大事者在酌民情。中外之情如是。勝負之形形矣。然區區之愚。憂喜猶交戰也。陛下精兵勁甲。需險有年。今欲震發沉潛。布昭聖武。則檄書一行。萬物吐氣。其誰敢禦。臣固安得不爲喜。然用兵者如樂水在繫。臨敵者如養虎遺患。惟持重可以鎮物。惟果斷可以成功。旋踵之間。禍福相倚。臣亦安得不爲憂。又念黠虜多詐。善爲妖祥。稍覺失利。便能以甘言相紿。正恐他時將帥鼓行。士卒用命。兇孽遊魂之日。或我師頻行不偕。小有萬一之虞。彼未必不再遣一介持消釋釁憾之語。復相紿弄於斯時也。陛下持以斷然之志不早。臣又安得不以爲憂。持之不堅。行之不果。既已爲強。又欲爲弱。遲疑兩端之間。吾進無所鼓。退失所據。皆志士寒心之日也。臣又安得不以爲憂。臣嘗精思深念。以爲今日之事。雖感動士心。同力赴敵。猶是中策。而陛下持以斷然之志。終始不變者。上策之上也。苟士氣不衰。國論堅決。鼓而進之。敵人震壞。則破竹之勢。次策可圖。知難而退。以戰爲守。則長江之險。方可爲固。不然。則後日持之不堅。與今日畏縮退避。其患一也。新疆之民。方如赤子之得父母。父母今又棄而遠之。計其宛轉塗炭。延頸拯救者。日夜號呼以冀。願陛下以臣堅果不變之謗詔之大臣。天下幸甚。

剛中又上奏曰。臣聞中國之治。有盛衰。夷狄之勢。有強弱。執權應變

因時制宜。此聖人撫中國御夷狄之道也。伏自夏五月。封疆之臣以敗盟之警聞。陛下惻然慨傷。知曲直之有在。爰戒師律。奉揚天威。究捷之書。以日來上。制宜應變之道。誠得之矣。夫以虜人輕視中國。無謀妄動。宜其一跌塗地。盡棄犬羊而不返。然猶能收拾餘衆。與有大河之民者無他。蓋去年修還地之好。今年報敗盟之警。長驅之馬。觸盛夏而甘踢死。頓吾猝遽之間。謀既不得素定。諸將之戰力亦未能齊一。此宜渠酋之誅。尚以頃刻淹也。雖然。今茲中冬。歲之杪日無幾。朝廷所以爲來年計者。蓋亦蚤正而先定乎。中國之盛衰。比前日自可見。夷狄之強弱。比前日自可料。願陛下乘萬寶再昌之始。即乾剛運動之初。開廓規模。沉潛機算。與二三大臣預爲來歲待敵之舉。動靜職守。皆使謀素定而力齊一。則中興之功成於此矣。謀之素定在朝廷。力之齊一在將帥。但朝廷之謀素定。則將帥之力自然齊一。側

聞太祖皇帝兵不過十萬而平定四海指麾如意者用素定齊一之
道也臣不勝區區願望之切

歷代名臣奏議卷之八十九

歷代名臣奏議卷之九十

經國

宋高宗時知揚州呂頤浩上奏曰臣竊以金人裒百戰之兵一年之
內兩犯京師天祐陛下不墮賊中躬有神器臣竊觀天下之勢以撥
亂為務成敗安危繫於施設臣不敢遠引堯舜三代之事昔周世宗
當中國殘弊之後王朴獻策曰唐失道而失吳蜀晉失道而失幽并
觀所以失之由知所以平之術在乎反唐晉之失而已必先進賢退
不肖以清其時用能去不能以審其材恩信號令以結其心賞功罰
罪以盡其力恭儉節用以豐其財徭役以時以阜其民俟其倉廩實
財用足人安將和則有必取之勢無不成之功陛下睿筭遠圖布昭
聖武伏願任賢使能信賞必罰理財節用積粟訓兵裁抑恩倖無令
撓朝廷之權揀選人材使之任將帥之責大開諫路而擇其善總攬
群策而從所長則何為不成何戰不勝哉

頤浩特進觀文殿學士上奏曰准尚書吏部牒備坐尚書省劄子臣
僚上言邊事已大詢衆庶奉聖旨行在職事官以上各具所聞實封
聞奏仍限五日者伏惟陛下即位以来仁民愛物之心孚于四海憂
勤恭儉之德格于上天是宜邊境安寧萬邦蒙福然而乘兵政敗壞
之後敵人以百戰之師投隙而南所向無前適丁斯時實勞措畫傳
曰天下多事聖哲馳騖而不足茲誠多事之際而聖哲馳騖不足之
時仰蒙大詢備禦之策臣本以儒學進身然嘗任西北沿邊差遣羌
狄情偽與夫戰陣之略粗聞一二犬馬之齒今已六十筋力不能勝
甲冑衰邁不能從軍旅顧有愚見不敢緘黙輒陳今日備禦十策條
具如後

一曰收民心臣聞治天下之道莫先於得民心昔漢高祖入關中

約法三章。除去秦之暴政。民大悅服。雖有項氏之彊。而終為所擒。唐德宗被圍奉天。內嬰孤城。外迫彊寇。所恃者人心未去。故卒能誅彊暴而復社稷。陛下清心省事。約己便民。慨然顧治。可謂勤矣。然金人因破滅契丹之勢。乘中原弛備之時。北破河朔河東諸郡。西陷京西陝右諸州。近復引兵渡河。駐兵于開德。大名府濮州境內。環地數千里。被其荼毒。可勝嘆哉。今虜騎漸迫京東州郡。若民心畏禍。一有動搖。竊恐京東州縣及淮南宿亳等州縣。望風而下。則不可支吾矣。伏望陛下發至誠之心。下哀痛之詔。遠法商周之罪己。近考奉天之詔書。由赦河北京東兩路。蠲免夏秋二稅。除放積年欠負。凡破陷州軍及鄉村人戶避虜寇而南來者。令州縣優加存恤。及防護家小。勿令賊盜殺害。凡此號令。斷在必行。播告遠近。使之周知。所有逐州軍軍糧。却令轉運司條具措置以聞。況京東州縣。累經大寇殘破之後。民失耕業。不曾種植。雖不放免。無可輸納矣。嘗考自古夷狄不善攻城。惟金人慓勇堅悍。輕生不畏死。長於攻城。諸路州郡緣大寇縱橫之後。鄉村有力人户。盡挈其家屬牛畜資產入州城居止。金人既破一城。緣此所得倍廣。伏望聖慈詔三省密院詳議利害。如京東淮南諸路城壁堅壯。守禦之備糧儲不乏去處。責令死守。如或不然。緩急之際。縱官吏與民避賊。或入山林。或入陂澤。庶免全郡生靈皆為魚肉。為此一路之民。開此生路。昔李光弼與史思明相拒。知洛陽不可守。沮韋陟之虛誕。縱民避賊。退保河陽。卒獲大捷。臣所願收民心者此也。

二曰定廟算。臣契勘金人駐兵於澶魏之郊。祈請之使屢行。而彼未有講和之報。范瓊韓世忠統兵北去。而未有決戰之期。致聖慮焦勞。大詢群策。廼主憂臣辱之時。而大將主兵官多言彊弱不敵。不敢交戰。百官之心。皆願鑾輿渡江。夫渡江一事。不得已必為之。但迎敵拒戰之計。豈可少緩哉。昔魏武帝以中原之盛。引兵南征。周瑜決策以舟師挫之。符堅舉百萬之衆。欲投馬箠渡江伐晉。謝安遣兵以敗之。況主上躬有天命。祖宗德澤在人。而金人殘忍貪暴。逆天殄物。安知我之弱不為彊。彼之彊不遂弱耶。昔韓信論項氏。以謂其彊易弱。與此相類。伏望聖慈明詔大臣議定廟算。陰為過江之備。而大為拒戰之資。申敕主將。修武備。講陣法。訓彊弩。料彼己。明斥堠。以決夾淮一戰。此不易之策也。昔范曄論高祖光武之畧。以謂淮陰論項王。審料成敗。則知高祖之廟勝。耿弇決策河北。定計南陽。則知光武之業成。夫廷論決策。不可二三蹉跌。臣願定廟算者此也。

三曰料彼己。臣聞用兵之道。在知彼己。知彼而不知己。必敗。知己而不知彼。亦敗。自金人犯邊以來。百戰百敗。非止百戰百敗。往往望風奔潰。不暇交鋒者。以將帥不知彼己。亦未嘗講究彼己之長短也。臣頃在鄜延環慶路。見我師與夏人接戰。每迭勝迭負。未有敗衄如今日之甚者。蓋鄜延環慶皆山險之地。騎兵非所利故也。金人起燕薊。歷趙魏。絕大河。至汴宋。皆平原廣野。騎兵馳突。四通八達。步人不能抗。此所以多敗也。夫彼之所長在騎兵。我之所恃惟步人。以步人抗騎兵。則平原廣野決不能立。惟阻險用奇。可以掩擊。為將不可不知也。胡人用兵在秋冬之後。每年四月。放馬入泊逐水草。號曰入濼。（注。山西州軍及燕薊諸處。契丹有國時。擇美水草之地數千頃。禁人耕墾。留以養馬。虜人謂之馬入濼。）入濼之後。馬不餵料。止食青草。七八月間。馬乃出濼之際。虜人畏大暑之時。出其不意而攻之。

庶可勝也。翰林學士孫洙制策論契丹其略曰。以一月之粮與六月之師。破之必矣。豈虛言哉。臣宣和四年。任河北轉運使。五月下旬。隨种師道與契丹相持於白溝。是年大暑。虜人以酷熱不可忍。不顧性命。躍入白溝河。以水浸其軀。其畏熱可知矣。自用兵以來。每於春冬交戰。正彼之所利。我所不利。此又所以多敗也。臣嘗觀晁錯議兵事曰。匈奴之長技三。中國之長技五。山林積石。涇川丘阜。草木所在。步兵之地也。車騎二不當一。土山丘陵。平原廣野。車騎之地也。步兵十不當一。有深意存焉。歷考自古論兵能知彼知己。未有出晁錯之右者。願詔諸將用我所長。擊彼所短。講求其說。以保萬全。臣所貴知彼知己者此也。

四曰選將材。臣聞之孫武曰。兵者國之大事。將者材之至難。傳曰。有必勝之將。無必勝之兵。又曰。將者人之司命。審如是。將帥之

材。要當遴選。委任若非其人。則禍敗不可勝計。然人材難知。功業寓於智識。就其智識觀之。則人材或可得矣。蘇轍有言曰。道藝文章。勉彊積習而可至。惟有知人之明。不可勉彊。譬如蕭何之知韓信。此豈有法可以授人者。轍之言雖可信。然孔子所謂視其所以。觀其所由。察其所安。莊周之論九證。豈虛語哉。今彊敵在境。天下多事。將材為急。臣願陛下詔行在從官及統制官三衙臣僚。各舉材堪將佐之人各二人。監察御史以上職事官各舉一人。委官問其謀慮。試其材武。如或可用。從而擢試。庶幾將材自此塗出。昔范曄有言曰。事苦則矜全之情薄。生厚故安存之慮深。夫以中人易流之性。享厚祿膏梁之奉。安存之慮既深。則臨敵用命者鮮矣。嘗觀太祖太宗皇帝駕馭將帥。嘗令有歉然不滿之意。如曹彬下江南。王全斌下蜀。未嘗過與官爵。郭進守山西。李漢超守關南。亦未嘗妄進官資。以其飢則着人。飽則颺去故也。以近事驗之。臣師古未知名之人。能佐趙哲平建寇。此類既衆。將材出矣。臣願陛下選將材者此也。

五曰明斥堠。臣契勘虜人用兵無斥堠。軍無行伍。止是選擇彊壯有物力之人。乘上等壯馬。四五人為一隊。齎弓箭及手刀。不帶衣甲前去探事。號曰硬探。其探事精審。日馳二百餘里。而中國諸軍。自來斥堠不明。萬一胡馬南牧。須揀選有材武心力。使臣將校百人。分為十二隊。給弓箭手刀及選擇壯馬乘騎。前去分頭探報。遇有警急。令奔馳前來。遞人給金字牌與之。所至村民官私。驗認牌子。給與飲食草料。蓋胡馬之行。若飄風驟雨。鄰傳步步探報不及。近年之弊。往往緣此。臣宣和七年。陷于金人。次年正月。在金人寨中。親見金人引兵到上德橋。而京師猶不知

是年十一月。金人已渡河破鄭州。執知州宋伯友。縱之使歸京師。伯友詣都堂陳述。而大臣以謂破鄭州者。河北彊寇。非金人。夫斥堠乖謬如此之甚。誠可怪駭。又如累年以來。胡馬渡河緣北岸無探報。不知戎馬所聚。今治舟楫綏簰筏。致南岸無由掩擊。臣願陛下明斥堠者此也。

六曰訓彊弩。臣嘗考近年以來。胡人入寇我師。遇之不暇成列。輒奔潰敗走者。以平原廣野。我之步人不能抗彼之騎兵故也。又虜人遇中國之兵。往往以鐵騎張兩翼。前來圍掩。為將者全不預謀。分兩翼而射之。所以不能立。臣嘗觀史冊所載。及以近事驗之。夷人之長實在騎兵。我之所長莫若彊弩。今欲禦騎兵捨彊弩將安用哉。晁錯曰。上下山坂。出入谿澗。且馳且射。匈奴之長技也。材官騶發。矢道同的。匈奴之革笥木薦弗能支也。此中

國之長技也。其理亦明矣。蘇秦合從，說韓曰：少府時力距來，皆射六百步之外。韓卒超足而射，百發不暇，止遠者括胸洞，近者鏑弇心。又曰：以韓之卒，被堅甲，蹠勁弩，帶利劍，一人當百，不足道也。夫史冊所載，茲可驗矣。以近事言之，崇寧三年，環慶路築大砦泉。种師中將前軍。兔酋比精者領鐵騎萬餘人前來奔衝，師中下馬，號令以彊弩射之，乃退。雖相持數日，不敗。五軍中必有老將見此事者。宣和四年冬，契丹大酋四軍太師引精銳來寇霸州，大戰於永清縣北。郭藥師用河北第六、第八、第十五將馬黃弩、神臂弓，藥師本將人馬分隊相間擺布，對列以馬黃弩、神臂弓射之，胡騎少卻。我師乘之，遂大敗。今淮東提刑薛彥國時為第十五將，可名而問也。日近用兵，多係孤軍獨進，為將者不知彊弩之利，遂致中原之長技無由施設。且如萬人為軍，

千人操弩，敵人騎兵驟至奔突，使三百步內彊弩並發，人人只能發兩箭，則敵人必卻。敵人既卻，我師乃可立。我師立定，然後可以語戰。近時之敗，以我師每為騎兵衝突，措足不定，所以敗也。神臂弓箭在軍器中雖最能及遠，然其藝難精，自來逐將下能射神臂弓者率不過三四百人。兼臨陣對敵，緩急之際，施放不快，不若彊弩之輕捷。臣願訓彊弩者，此也。

七曰分器甲。臣嘗觀虜人之軍，兵器便利，衣甲堅密，所以多勝。中國之軍，兵器不便利，衣甲不堅密，所以多敗。何以言之？虜人之軍皆是民兵，平時賦斂至薄，而緩急以丁點軍，器甲鞍馬無非自辦。平時家居，日逐擐甲冑而習弓矢，所以器甲各適用。中國之軍莫非黥卒，器甲從官給，身軀短小者或得長甲，脩長者或得短甲。力能挽七斗弓者或授以一石弓，力能勝兩石弩者或付之以三石弩。致弓弩不適用，反與短兵同。寒餓之卒，無力自辦器甲，可勝歎哉。昔馬燧製衣甲，必分三等，蓋有深意。晁錯曰：甲不堅密，與袒裼同；射不能及遠，與短兵同。夫驅人於行陣之間，以肌肉冒鋒刃，而甲不堅密，器不適用，良可哀也。又蕃兵遇敵，步人騎兵皆全裝，所以心固而敢戰。漢兵遇敵，馬軍全裝，步人則衣甲不具，所以心怯而畏戰。（步人戴笠子，不能禦箭；有弇心則無旁牌之類是也。）非特此也。蕃人軍行有車乘牛畜般載器甲，所以步人可以全裝。我師之行，無般載器甲之具，步人全裝，則困於負擔矣。此又為將者當講議措畫也。臣願詔五軍統制官使之講論其事，今日合如何措置，條具以聞。庶使士卒之心堅固敢戰。臣所謂分器甲者此也。

八曰備水戰。臣契勘金人既殘破京東州郡，而京西路刑軍去年

殘破，外止存金州與順昌府。虜人志在劫掠，向北州軍既無所有，則秋冬之交，睥睨淮南必矣。江淮水戰之具，在今日豈可不講？然防淮難，防江易。是防淮不若防江也。臣已條具夾淮一戰之計矣。防江之事，莫若備水戰。今朝廷雖於鎮江府擺泊海船以備衝突，而上流州軍自荊南府抵真州，凡可以濟渡處，並未聞措置，豈可不預為之計哉？昔魏武帝既得荊州，引兵窺吳，周瑜策曰：曹操捨鞍馬，仗舟楫，與吳越爭衡，本非中國所長。觀曹操軍方連船艦，首尾相接，可燒而走。乃取蒙衝鬭艦數十艘，實以薪草，膏油灌其中，裹以帷幕，上建牙旗。又預備走舸，大破曹公於赤壁。所謂蒙衝鬭艦，當講求其法製造於長江。所謂走舸者，亦不可忽也。又觀王濬伐吳，造大船連舫，方百二十步，受二千餘人，以木為城，起樓櫓，開四門，其上皆得馳馬。所謂大船

連舫。今亦可作也。又造大筏數十，方百餘步，今若可用，亦不可廢也。又古之戰艦，或曰樓船，或曰海鶻，或曰游艇。臣又嘗於雄霸州見備戰輕舟，或曰刀魚，或曰雲梢，皆不可闕也。伏望聖慈專置使二員，一員自荆南府至池州，一員自池州至鎮江府，專切提舉製造戰船，教習水軍，及詢訪古今備戰舟船，設施利害，申明措置，不可少緩。臣所謂備水戰者此也。

九曰控浮橋。臣契勘泗州、壽春府各有浮橋，除壽春府浮橋因大水漂壞，未曾修治外，朝廷已差兵防守泗州浮橋矣。竊恐斥堠不明，探報不的，萬一賊兵或馳至，緩急無以措手，不可不防也。靖康元年正月間，金人到磁州邯鄲縣，先遣郭藥師提騎兵三千夜馳三百里，比明至濬州，奪浮橋。是時內侍梁方平雖領精銳人兵在黃河北岸，以失於探報，不意賊騎遽至，人兵倉卒奔

潰，幸南岸守橋人望見虜中旗幟，急以猛火焚斷纜索，遂不得濟。虜人既不得濟，乃沿河上下尋覓舟船，編排巨筏，又四五日乃得濟。欲望聖慈詳酌，委官密竊前去措置，若可解拆，即權暫解拆其浮橋，腳船并大纜物料，並擺泊於南岸，却以舟船濟渡過往之人。如未可解拆，即南岸措置猛火油，準備緩急焚爇纜索。比之倉卒荒擾，事不侔矣。臣所謂控浮橋者此也。

十曰審形勢。臣仰惟陛下聖德龍飛，前年五月即位於睢陽，聖心憂遠，先觀損益，謂汴都之境，距大河止百里，過大河乃金人界也。誠未可以還闕，乃時巡淮甸，駐蹕維揚，逮今踰歲矣。茲者金人攻破河北、京東州郡，尚未退師，若駸駸南來，則大駕必須渡江。此勢之必然，人情之所共知也。夫虜人過大河，已不能控扼，我乃渡淮。既渡淮矣，又不能控扼，則我必渡江。若渡江之後，又不能控扼，則虜騎亦須過江。此實忠臣義士殺身徇國決死一戰之秋。臣已於前篇條具夾淮一戰之計矣，又請大習水戰爲備江之計矣。臣願陛下明詔大臣及統制大將，講論一戰之計，可以圖萬全之策。夫以金人善用兵，善料敵，彼知聖駕駐蹕維揚，楚泗之間，必有禦備，則必遣重兵由壽春府或光濠州境內渡淮南來，及以輕兵由宿泗前來牽制我師。兼光濠州界淮河淺狹，幾可徒涉，此尤不可不防者。要當分擘兩軍，以一軍屯泗州盱眙縣，以一軍屯壽春府花靨鎮，以備衝突。臣契勘自金人犯邊以來，我師遇之，望風奔潰，不暇接戰。是以胡塵所向，將膽落，士卒心驚，亦未嘗布爲一陣，使人自爲戰。若非據淮阻險以決一戰，必至於糜爛不振，又至於不可支持也。金人用兵雖號驍勇，然而無紀律，無陣法，若遇節制之兵，一敗之後，必至於

顛沛。但令我師倣古陣法，遵用節制，人人不退走，迎敵角勝負，則可以語一戰矣。常山蛇勢，雖茫昧不傳，而兵法具存，別有陣圖可考。昔漢高祖望黥布置陣如項羽，其心惡之。且黥布一卒能置陣如此，今之大將豈不厚顏耶？臣前所論金人所向盡用騎兵，平原廣野，我之步兵決不能抗，若非阻險用奇，決不能勝。則夾淮一戰，伏願疾速處畫，揀閱人兵，布列行陣，如何據險，如何進止，以決一舉。臣又聞有必勝之將，無必勝之兵。今大將人人畏怯，各陳引避之說，可謂無必勝之將矣，又安得必勝之兵哉？加以近年以來，朝廷駕馭將帥，賞罰未明，人不孚信，敗軍失律之將，未嘗明正典刑，致令統兵者畏死不畏法，何以示天下耶？昔孟氏之賂貴其將士，曰：吾父子以溫衣美食養士四十年，一旦臨敵，不能爲吾東向放一隻箭。今日大將誰肯率衆北向

放一箭哉。昔唐太宗征王世充，陣於洛陽之西，竇建德舉山東之衆，號三十萬，以助世充。諸將怯懼，太宗奮獨見之明，引兵過洛陽，陣於兩賊間，不憂世充躡其後，一戰而擒建德。夫唐太宗敢陣於兩賊間，而夾淮之戰，在吾境内，有糧草，有地利，我爲主，彼爲客，諸將尚躊躇而不敢進，國之爪牙將安用哉。昔周世宗征河東，劉旻率衆犯陣，兵始交，大將樊徽何愛能退走，其騎軍亂。世宗躬督戰，將士皆奮，遂敗旻軍。世宗休軍潞州，斬樊徽何愛能以徇，軍威大振。近時周兵未嘗行此誅責，然則孰肯用命哉。臣究觀金人之勢，若二三月間不寇淮甸，則秋冬之間，南牧必矣。備禦之策，不過如此。臣所覩審形勢者此也。

頤浩又奏曰：臣今月十七日准入内内侍省遞到金字牌降付臣詔書一道。臣已望闕祗受訖。臣仰惟陛下聖德日躋，睿謨天縱，方逆臣作亂，唱導狄人侵犯淮甸之初，奮發獨斷，親御六飛，巡幸近邊，號令諸將，上下用命，屢奏奇功，遂使黠虜退兵，生靈按堵。凡所謂善後之策，固不能逃於聖算矣。尚且發德音，下明詔，俯詢舊弼，問以方略，仰見陛下盛德謙冲，將屈群策，以圖中興之大業也。臣雖老且病，然荷陛下非常之眷，懷天地莫報之恩，輒以所見，析爲十事。凡今攻戰之利，守備之宜，措置之方，綏懷之略，具在十事内。雖智識謭淺，無所取材，然臣生長西北，兩邊出入，行陣僅二紀，耳聞目見，粗爲習熟，謹繕寫進呈。所冀螢燭末光，增輝日月，冒瀆天聰，臣無任兢皇戰懼激切之至。

一、論用兵之策。臣契勘，臣在河北塞上守官歲久，目覩金人與契丹相持二十年，今歲戰，次年和，次年復戰，而戎主天祚不悟其詐，卒致顛覆。仰惟陛下天性聖孝，痛北狩之未還，悼生靈之塗炭，屢遣信使，卑辭屈己，祈請講和，以紓父兄之阨，以救生民之命。而虜性貪婪，吞噬不已。自王倫之回，跨四年矣，歲歲舉兵侵犯川口。去年雖不曾出兵，而移師南來，大入淮甸，又與劉豫同惡相濟，其志豈小哉。今幸狄人已退，若不用兵，則五月間必傳箭於虜中，秋冬間復舉兵至淮甸，在我支梧賦斂，終至財力困竭，此不可不用兵也。況不用兵，則二聖必不得還，中原之地必不可復，僞齊資糧必不可焚。或曰：如此，遂廢講和一事耶？臣對曰：不然。古者兵交，使在其間，既不可因戰而廢和，又不可因和而忘戰。間遣使命，再貽書以驕之，復示弱以紿之，而我急爲備，出其不意，乘時北伐，此用兵之利也。

二、論彼此形勢。臣契勘，金人本契丹奴婢之國，戎主天祚侵陵其民，誅求無厭，以致憤怨，舉兵交戰，遂滅耶律氏。政和年間，内侍

童貫奉使大遼，得趙良嗣於盧溝河，聽其狂計，遂使由海道至女眞國通好。女眞既滅耶律氏，兵益衆，勢益張，知中國太平日久，都無戰備，必可圖也，遂陷中原，勢愈猖獗。二十年間，主張國事者國相粘罕也，爲之謀臣者劉彥宗、兀室宇蕭三太師、高慶裔、王芮、張愿恭之徒是也。爲之將帥者，斡离不、蟾目國王、余覩、婁宿孛堇、三太子、四太子、撻辣郎君之徒是也。謀無不成，戰無不克，横行天下，又近十年。彼之勢可謂彊矣。然粘罕之性，好殺而喜戰，用兵不已，昧於不戢自焚之禍，部曲離心已久，將士厭苦從軍，皆謳吟思其鄉土，勢必潰散，有將亡之兆。又虜性嗜殺，將兵所至，擄其彊壯，老弱掠其婦女財寶，悖天道，結民怨，窮極已甚，此亦將亡之兆。劉彥宗、斡离不、余覩、蟾目國王、婁宿孛堇皆已死，所存者才氣皆在數人下，兵將士所有子女玉帛充

牣于室。志驕意滿，此亦將亡之兆。凡此皆彼之形勢也。我之形勢比之數年前則不同。何以言之？數年以前，金人所向，我之戰兵未及交鋒，慾已遁走。近年以來，陛下留神軍政，揀擇精鋭，汰去羸弱，今二三大將下兵已精矣。陛下聖性精於器械，製作工巧，數年以來，卑宫室，菲飲食，而輟那財用修造器甲，今器械略備矣。兵既精，器械又備，將士之心曾經戰陣，膽氣不怯，勇於赴敵。故頃者韓世忠扼虜於鎮江，張俊獲捷於明州，陳思恭邀擊於長橋。去年虜人初到淮南，世忠首挫賊鋒，諸將屢得勝捷。至于吴玠累次大捷于川口，此我之形勢也。夫太祖太宗皇帝有兵十四萬而平定諸國，遂取天下。況今有兵十五萬，察賊之勢如彼，度我之勢如此，若不用兵恢復中原，則必有後時之悔，豈可少緩哉。

一論舉兵之時：臣在河北陝西緣邊，備見虜人風俗，每遇年四月初盡括官私戰馬，逐水草牧放，號曰入濼。入濼之後，禁人乘騎。八月末，各令取馬出濼，飼以麥豆，準備戰鬭。又虜人所長者，在弧矢之利，而暑月弓力怯弱，射不能及遠。故自古至今，凡夷虜犯邊，未嘗出於盛暑之時。歷代將師儒臣皆不知此，惟唐杜牧嘗獻言于宰相李德裕曰：漢伐匈奴，率以秋冬，當虜人勁弓折膠，重馬免乳之際，與之較勝負，故敗多勝少。今若以仲夏月發兵，出其意外，一舉無遺類矣。嗚呼！世稱杜牧知兵，善論事，豈虛言哉。臣於紹興三年十一月初八日嘗錄引杜牧之論，具劄子奏陳，次日進呈之際，蒙聖諭以爲夏月舉兵，乃周宣王六月北伐之意也。然時方議和，未暇及此。去歲秋末，朝廷再遣使人北去請和，而豫賊之子已與虜酋引兵過淮，信義俱棄，可知矣。然則和議豈可憑信？在我之計，豈可但已？縱令今年秋末復為邊患，臣願陛下蕭發宸斷，乘此機會，有不可失之時，密與大臣決策

定議，陰敕大將，速為之備，於今年四月初舉兵北伐。若乃進兵之路、趨汴之計、供餉之方、招懷之略，臣一一條陳於後，伏望睿明深思熟計，廣詢博訪施行，乞賜睿察。

四論分道進兵之策：臣本東北人，自中原陷賊以來，傳聞京西路殘破為甚，京畿次之，惟京東路、河北東路不曾經兵火，百姓按堵如舊，然皆於劉豫苛虐，思望本朝之心至今未泯，蓋祖宗德澤感民之所致。若乘斯民徯望之深，出敵人不意之際，舉兵北伐，必有大功。縱未能盡有其地，亦可收人心，慰民望也。臣已條具今年四月舉兵之策矣。臣欲乞於即今所有戰兵數内差撥五萬人，選大將一員統之，由泗州擣南京，至汴京。仍差大將一員統兵二萬人駐泗州，為應援。又別選大將一員統舟師二萬人，由明州趁今年四月内便風，泛海前去攻沂密，至青濰州。京東之民，企望王師日久，所至必望風而下。又遣大將一員提兵二萬駐濠州，以張聲勢。此兵不可深入，以糧運艱阻，但時遣奇兵渡淮，擣順昌府、陳州，則京西北路諸郡傳檄亦可下。惟是申敕大將，所至不得殺人，不得劫掠，務要宣諭朝廷德意，蠲除劉豫什一之政，明出黄榜，除二税之外，更不行青苗預買之法。所下州縣，選差逐處豪傑為衆推伏者主管事務。七八月間，且班師過淮，次年復出。臣已於去年十二月二十八日具奏兵法所謂彼入我出，彼出我入，不二三年間，中原之地，黄河以南，必先為我有者，蓋謂是也。乞賜睿察。

五論運糧供軍事：臣已條具分三路進兵以窺中原事，其糧食亦合分項應副。一項自明州由海道趁沂密州，兵二萬人，每人日支米二升，二萬人每日合支米四百石，一月合支米一萬二千

碩。臣乞於明州支上件恭充一月之粮。令海舡附帶前去到濠州板橋鎮左右住岸。則有粮可因矣。一項駐軍濠州策應入界大兵。所有軍粮。由淮河水運可到濠州岸下。則此項人馬。不患乏粮也。惟是自泗州趨汴京之兵五萬人。緣泗州以北。汴水不通。諸軍合賫十日之粮。至有粮地分。乞委江浙漕臣揀選淨米五萬碩。前期運至泗州。准備諸軍附帶入界。南京以北。鄉民稍有耕種。則可以因粮矣。仍乞申敕大將軍兵所至。曉諭鄉村。使民通知王師吊伐。除粮食必籍鄉村百姓供應外。一行軍士如敢攘奪財物。劫掠婦女。並行軍法。及覈分大將。凡王師所至。搜索劉豫父子所聚粮料。准備資給金人者。並行焚燬。紹興二年。臣在政府日。已定討北伐。嘗請韓世忠到都堂。諭以焚燬劉豫粮料事。世忠曰。此乃清野之法。不可不行。合具奏知。

六論大兵進發日。乞聖駕駐蹕鎮江府事。臣於建炎四年春末。車駕在紹興府日。嘗具奏韓世忠已於鎮江府江心艤舟邀截住虜酋四太子人馬。未得濟渡。乞車駕進幸浙西。號令諸將前去江上夾擊虜酋。及具奏聞以萬乘之尊。仗雷霆之勢。車駕所至。自可以聳動人心。銷弭群慝。此議未決。而臣罷政。其事不行。去歲秋末。虜騎初到淮甸。陛下奮然決策。下親征之詔。大駕進幸平江。諸將罔敢退縮。斬獲既衆。虜遂退師。此乃皇天悔禍開悟聖衷。宗社有靈。遂將恢復之兆也。臣嘗考五代時。耶律氏方彊德光舉兵破汴京之際。犬遼彊盛。自古亦罕聞也。不數年。周世宗即位。慨然有攘狄之心。親統諸軍。巡行塞上。其出師也。自乾寧軍御樓船入黄河順流而下。故北取三關。兵不血刃。歐陽脩撰五代史云。世宗英武之材。可謂雄傑。其料彊弱。較彼我。非明於决勝者孰能至哉。伏望睿明。深思熟慮。若夏初進兵北伐。乞時暫移蹕權駐鎮江府。訓飭大將撫循戰士。訖遣之。此帝王之盛舉也。嘗觀漢高祖唐太宗取天下。櫛風沐雨。躬臨行陣。況陛下天資聖武。精於馳射。何憚而不行哉。乞賜睿察。

七論經理淮甸。臣契勘淮南東西路平原廣野。皆天下之沃壤。自建炎三年金人殘破之後。居民稀少。曠土彌望數百里。今又重困金人蹂踐撻蕩一空。正當選擇守臣經理之際。不可緩也。夫總兵統衆破敵决戰。當貴武臣。撫存凋瘵。招集流移。當用文臣。欲望聖慈更命輔臣詳議可否。應淮南州郡除濠泗州壽春府差武臣外。其餘並差文臣。使之大講經理之政。仍勸率鄉村於三月間多種早禾。六七月間成熟。可濟艱食。比至防秋場圃畢矣。其東西二帥可委者。因任之。不可委者。別差官。仍訓敕令講

求羊祜治襄陽之故事踵行之。其通泰州產塩地分。尤宜選任能吏收塩息以助軍興。臣於宣和元年任太府少卿。嘗考榷貨務入納。大率淮南路入納歲得一千四五百萬貫。浙東西歲收七八百萬貫。下戶部勘當便見昔年所收實數。蓋通泰楚州產塩浩瀚。倍如浙東西。有此數事。豈可不遴選守臣乎。或曰。虜酋若犯邊。文臣豈可委。臣對曰。不然。去年宣撫司嘗奏武臣楚序等守承楚泗州矣。金人相近。望風遁去。大率東南州郡無城壁守禦之備。若小小寇盜。有兵者猶可禦捍。若大敵至。不問文武官皆不能保守也。但當較其利害大小。事体輕重而圖之。綏懷之略自此者始。此其要也。乞賜睿察。

八論機會不可失事。臣在陝西緣邊見中國與夏人相持。前後五十年。每出兵接戰。勝負各相半。惟自金人猖獗以來。中國之兵

未嘗交鋒望塵奔潰者。是豈金人真不可敵哉。我之兵不精耳。故自宣和七年以來金人一舉而圍汴京。再舉而破京城。又再舉而犯揚州。又再舉而渡大江。并陝西亦失之。數年以來朝廷深究其弊。修軍政備器械。又虜人過江之時。戰士屢經得捷。膽氣不怯。人人皆敢迎敵。則金人豈復能彊梁横行如往年哉。以近事言之。兵將初擊退於和尚原。再禦退於饒風嶺。又大捷於仙人關。去歲九月。賊犯淮甸。我師累捷。虜勉頓兵百餘日。師老糧匱。無所得而遁。則情見勢屈可知矣。夫侵陵中國如此之久。侮嫚如此之甚。今王師已振。虜衆向衰。若不發兵攻擊。則終無討伐之期矣。或曰得汴京而未能守。何益於事。臣對曰。不然。昔漢高祖入關。約法三章。除秦煩苛之令。民心歸之。項羽雖以其地析為三秦。徙高祖於漢中。然關中之地終為漢有。因之以取

天下。况此舉必可以擒劉麟猊僭偽。使中原之民。知神器不可以非望得。又可以示我宋不忘中國土地人民之意。無彼入我出彼出我入無大悔吝矣。臣嘗考宣和年間。國家以富有四海之事力。而戶部支費每月不過九十五萬貫。紹興三年臣在政府日。會計戶部經費每月一百一十萬貫。臣閑退以來。切料戶部經費必有增添之數。夫養兵二十萬。不能北向爭天下。則東南民力何可支梧。豈不寒心哉。况中原之人強悍壯實。東南之人柔脆怯弱。數年之後。見嘗戰兵漸次衰老消磨既盡。雖欲北向爭天下。亦難矣。臣冒死為陛下喋喋言之。乞賜睿察。

九論舟楫之利。臣嘗觀晁錯論兵。以謂中國之長技五。夷狄之長技三。未嘗不歎服錯之知兵也。以今日論之。虜人便鞍馬。每以騎兵取勝。國家駐蹕東南。當以舟楫取勝。蓋舟楫者。非虜人之長技。乃今日我之長技。棄而不用。可勝惜哉。臣已乞舟師二萬照應北伐之兵矣。臣嘗廣行詢問海上北來之人。皆云南方木性與水相宜。故海舟以福建船為上。廣東西船次之。温明州船又次之。北方之木與水不相宜。海水鹹苦。能害木性。故舟船入海。不能耐久。又不能禦風濤。往往有覆溺之患。今者國家與虜人相持之際。天以舟楫之利賜我。助中興之大業。朝廷其捨諸。臣自少壯時。遍走兩浙京東河北。及虜中沿海地分。通知海道可往去處。是宜大講海船之利。以擾偽齊京東諸郡。河北諸郡及虜中諸郡。今當聚集福建等路海船於明州岸下。先補船主梢工一官。依臣所論齎一月之糧。前去沂密州。仍選差曾在京東界與人接戰將兵。授以全裝鐵甲。使之北去。范温者本京東界不肯臣劉豫之人。在海山間聚衆屢與豫賊相抗。可遣也。崔

邦弼在青州為將官。數年間。與金人於青濰州界交兵。一方之人極喜之。可遣也。王進本係登州界巡鋪兵士。後來為兵官。嘗屠戮虜人。今留在青州。著人亦喜之。可遣也。臣自離朝廷。不知諸將下見管人兵之數。遙計崔邦弼下有兵約三千人。王進下約二千人。范温初到時有兵六千人。後來併入中軍。或汰往諸州軍充廂軍。若盡行剗刷歸范温處。約得五千人。已一萬人矣。又於諸軍中補足二萬人之數遣行。所至去處還偽齊海船可用者即留之。其不可用者即焚之。趁南風而去。得北風乃歸。虜人雖有鐵騎百萬。必不能禦。夫此行在我無浩瀚之費。到彼資東北之糧。萬全之計。豈可緩哉。乞賜睿察。

十論并謀獨斷事。臣嘗考古之帝王。舉大事決大議。謀不可不廣而斷不可不獨。晉武帝欲伐吴。群臣以謂未可。惟張華贊成其

計。故一舉而平江表。唐憲宗欲伐蔡。衆議排沮。惟裴度與帝意合。一舉而擒吴元濟。至今愈頌其功。向凡此蔡功。惟斷乃成。不敖不疑。由天子明是也。今陛下以聖明英武之資。方虜人退兵之際。首以善後之計。下詢於前宰相臣料六人者。或以謂當用兵。或以謂不當用兵。或欲且保江南。或欲經理淮甸。或欲堅守和議。或以謂上策莫如自治。或以謂來則拒之。去則勿追。乃禦戎之道。人人所見既不同。則議論必不一。若夫稽考已然之事。斟酌今日之勢。孰利孰害。孰緩孰急。是非可否。在聖主獨斷而已。臣事陛下之久。出入將相踰五年。平日嘗以謂若不舉兵。則必不能還二聖。復中原。牽制川陝賊兵。紹興三年春。臣已定計北伐。樞密院撥遣旁兵有宗底。偶潘致堯高公繪自粘罕處奉使回。恐害和議。其事中輟。今又二年矣。夫虜性反覆。金賊尤狡譎。

其操心堅忍。必欲吞噬我國家。陛下屈己極矣。去秋忽然兵至。其意不淺。今其去也。必大為之備。秋冬間若本國別無牽制。必舉兵南來。或併兵以窺四川。在我之計。決不可苟時暫安而忘北向爭天下事。萬一欲舉兵。更乞質諸大臣。參訂禁從。博訪鄉士。謀及庶人。謀及卜筮。所貴慮無遺策。動有成功。臣年已衰老。待盡於畎畝間。妄陳所見。不中事機。惟陛下赦其萬死。乞賜睿察。

貼黃。臣契勘自金人跳梁以來。天下之論。或以謂必講和議。或以謂必須用兵。二説膠擾。曾無一定之論。伏覩自建炎元年至今。前後所遣使命。差宇文虛中王倫朱弁郭元邁魏行可崔縱洪皓龔璹張邵輩。前後祈請。非不切至。近又遣潘致堯高公繪韓肖胄胡松年章誼孫近魏良臣相繼入國。竊料虜人國書。必無異決之言。亦有難從之請。姑欲款我爾。伏望聖明。深賜洞察。祈請十年。略無顯效。斟量和議可成或不可成。如和議可成。則臣乞舉兵之策。置而不用可也。如和議決不可成。則臣衰愚之言。或可備收採。謹具奏知。

頤浩又上奏曰。臣昨日留身奏事。仰蒙聖諭。朕欲親幸軍營。以視諸將教習陣隊。而前此宰執。力陳不可。近日自杭州舟行到常州。緣諸軍陸路不易。遂登岸乘馬。欲與衆人同艱辛。而范淙又以為不可。緣此鬱鬱。臣仰聞聖言。不覺感歎。竊以方今天下多難。乃用武戡定之時。馬上治之之日。按行營陣。出入御馬。乃其宜也。而儒士書生。尚欲依太平之際。必欲備法駕。具儀仗。非此不行。是猶欲以干戚之舞解平城之圍也。昔周武王師逾孟津。左仗黃鉞。右秉白旄。載於經籍。未聞有非之者。漢文帝親屈帝尊。往來於棘門霸上細柳營勞軍。以今

觀之。自咸陽東南西漢故都至霸上。道路約五六十里。計其往還。必須三兩日。是時臣僚亦不以為非。唐太宗躬擐甲冑。平定禍亂。如榆窠園之役。與單雄信觀角勝負。虎牢之戰。帝麾軍先登。率史大奈秦叔寶經麾幟馳出賊陣後。遂擒竇建德。此皆聖人英武之略。但陛下今日不當親臨戰陣。不當履危冒險。不當馳騁畋獵。不當身屬寨難。若按視軍營。出郊跨馬。何損於治哉。臣願陛下以剛斷為心。以神武為事。勿拘俗儒之論。自為鬱鬱。以圖中興之業。臣不勝幸甚。

頤浩又奏曰。臣契勘金人自建炎二年引兵扣淮。三年正月。遂直犯揚州。去年十月。以大兵分路渡江。皆有深意。近者蕭慶中引兵扣江。今復稍退。此皆天佑本朝聖德昭格之所致也。夫虜人今年既不渡江。則諸事可以措手矣。將以創中興之業。伏願陛下發中興之議。必行中興之實事。今當先定駐蹕之地。據都會之要。使號令易通於川

陝將兵順流而可下。漕運不至於艱阻。然後速發大兵一頭項往江西湖南以平群寇。一頭項往池州至建康府屯置已就招安尚懷反側之人。於明年二三月間使民得務耕桑則大江以南在我之根本立矣。然後乘大暑之際遣精銳之兵。與劉光世渡淮掎角而北去由淮陽軍沂州入密州以搖青鄆。命張俊躬親統兵由河中府入絳州以撼河東。乘兩路餘民心懷我宋未泯之時。知王師有收復中原之意。則中興之業可觀也。若不速為之。逡巡過春夏則金人他日再來。不惟大江以南我之根本不可立而日後之患不可勝言矣。臣嘗觀自古有為之君將以取天下者弗躬弗親。則不能戡禍亂定海內。伏望聖慈者漢高祖馬上治之之迹法唐太宗櫛風沐雨之事。速圖之。不可緩也。臣在西北二邊。出入行陣二十餘年。今者年踰六十。近在軍中頗覺筋力衰憊。非復昔時之彊壯也。日望陛下賜骸骨而歸。所

幸未填溝壑之前。一見中興之業爾。乞賜睿察。

知福州張守應詔論事劄子曰。臣今月二日伏奉詔書以郤敵之初圖善後之計。凡今攻戰之利守備之宜。措置之方。綏懷之畧。可悉條具來上者。仰惟陛下躰虞舜之達聰邁成湯之好問。不間遐邇務聞至言竊德意之所存。則中興之功指日可俟。臣雖固陋不肖疾病久衰。受恩至深。論報無所。敢不竭所聞以對。然言方盈廷未當拔詞蕘誑廣援古今以煩乙夜之觀。姑論利害之實願留神財擇。議者必謂虜人既遁當追奔逐北。恢復中原。以快宿憤。臣謂中原固可唾手而取也。儻一戰收復而能保固其土地。阜安其民人。則善矣。得土地而未能保固。得民人而未能阜安。是自困之道也。明詔四事。臣以謂莫急於措置。措置苟當。則餘不足為陛下道也。蓋措置失宜。則不能守備。守備不固。則不能攻戰。攻戰不勝。則不能綏懷。去冬虜人長驅以抵淮甸。蓋以措置未能無失故也。夫防江不若防淮。防淮然後可以駐蹕建康。駐蹕建康。然後可以經營中原。此緩急之序也。臣請言措置之大畧。其一措置軍旅。其二措置軍食。何謂措置軍旅。神武中軍當專衛行在。而以餘軍分戍三路。一軍駐于淮東。一軍駐于淮西。一軍駐于鄂岳。或荊南擇要害之地以處之。使北至關陝。西抵川峽血脉相通。號令相聞。有唇齒輔車之勢。則自江之南可以奠枕而臥也。然今之大將皆擁重兵。貴極富溢。前無利祿之望。退無誅罰之憂。故朝廷之勢日削。兵將之權日重。而又為大將者萬一有稱病而賜罷。或卒然不諱。則所統之衆將安屬耶。臣謂宜拔擢麾下之將。使為統制。每將不過五十。棊布三路。朝廷號令。徑達其軍。分合使令。悉由於朝廷。優假朝廷之權以用之。然後可以有為也。何謂措置軍食。諸軍既已分屯。諸路則所患者錢穀也。然所費多寡在彼猶在此。則所患

者轉輸也。然祖宗以來。每歲上供六百餘萬斛。悉出於東南。而轉輸未嘗以為病也。今宜以兩浙之粟專供行在。而江東之粟以餉淮東。江西之粟以餉淮西。荊湖之粟以餉鄂岳荊南。量所用之數。責漕臣輸將而歸其餘於行在。錢帛亦然。恐未至於不足也。然自艱難以來。漕運之船。悉歸漕司。仍委諸路各造一二百隻。專充轉餉。如有官司或諸軍拘留。則令漕臣州縣聞諸朝而痛懲之。諸軍錢粮既無乏絕之患。然後特降詔書。戒飭諸將申嚴紀律。不得秋毫侵擾州縣。以復業之民。戶口多寡為諸將殿最。歲終遣官覆實而升黜之。則民得以還其鄉里。而田野日闢。生齒日滋。江北州縣有興復之期矣。如是措置既定。候至防秋。復遣大臣為之都督。使諸路之兵進相援。退相保。如常山之蛇。首尾相應。居則可以守備。而進則可以攻戰。可以傳檄而定。僞齊可以折箠而笞強敵。可以保固其土地。而阜安其民人。綏

懷之略。亦在是矣。然臣復有區區之愚誠。敢因清問之及。而冒貢一二。敵人之輕中國尚矣。去秋之來。妄意車駕遠避。則大入江浙。如曩歲之易也。今既挫衄悵然而歸。後必不敢輕入。使其復來。其計須悉兵舉國。以取必勝。是宜陛下留神於善後之策也。如前所陳措置大略。臣熟計之。猶為未也。究其本原。則在陛下內修德而外脩政耳。召公之告武王曰。明王慎德。四夷咸賓。惟修德可以服四夷也。周詩之頌宣王曰。內修政事。外攘夷狄。惟修政可以攘夷狄。此皆書生常談。初無驚人可喜之論。然簡約易行。悠久見效。則未有此二端之為要也。蓋所謂慎德不過正心誠意。畏天愛民。儉于家。勤于邦。遠聲色。屏貨利。兢兢業業。凡可以累德者無不戒也。持久不勸。盛德日新。四海愛戴而不忍去。何患四夷之不服乎。所謂修政不過任賢。使能。信賞必罰。任賢者非止崇以爵倍。苟知其賢。則一切信任而不復致疑。使能者不必信任。苟有一能。則隨其才分。俾盡其力。信賞以勸功。不以所喜而與之。必罰以治罪。不以所惡而奪之。以至抑權倖。戢冗濫。謹法度。興廉恥。凡可以害治者無不去也。正朝廷以正四方。何患夷狄之不治乎。伏願陛下果斷而力行之。臣言狂瞽不足以稱塞明詔。俯伏以俟誅殛。

守為殿中侍御史乞詔大臣講求政事劄子曰。臣聞天下之勢。曆數脩短存乎天。強弱治亂本乎政事。在天者不可為。而政事之在人者不可不勉也。竊惟國家承平之久。振古未有。而夷狄之亂。亦振古之所無。然而祖宗德澤之深。基本之固。曆數延鴻。與天無極。陛下以神武纂承。四方延頸拭目以觀中興。則內修政事。外攘夷狄。在於因時設施。以隆不拔之勢。仰惟陛下憂勤及席。日再御朝。而公卿群臣上體焦勞。廢休齡窮日力。孜孜奉國。不為不至矣。然未見赫然有所設施以慰天下之望也。夫扶顛必期於正。持危必期於安。援天下之溺必期於拯濟。固宜賢者盡其慮。智者竭其策。勇士奮其節。怯夫勉其死。若乃遵常守故。躊躇相遜。而勞形怵心於簿書米鹽之間。臣恐未足以致太平也。恭聞太宗皇帝嘗謂大臣曰。卿等所奏簿書乃是常事。惟時務不便者須極言其失。又以在位諸臣自負才術。既用之後罕有悉心當事者。以責任大臣。今茲艱虞。聖哲馳騖不足之時。尤當愛惜寸陰以急先務。又況今春金寇蹂踐京西。及陝右。意其秋冬之間必大舉深入。汲汲為備。猶恐不及也。臣願陛下詔執政大臣惟以治軍旅。選將帥。嚴守禦。廣儲積。搜求人材。慰安人心。係政事之大者專意講求。凡細微不急之務付都司六曹長貳。檢詳祖宗法令屢決行下。庶幾精神心術不至煩勞。日力不至虛費。胥以上助陛下大有為之意。仰合太宗所以為子孫無疆之圖也。漢王吉有云。欲治之主不世出。公卿大臣幸得遭遇其時。言聽計從。而未有建萬世之長策。舉明主於三代之隆。務在簿書期會聽斷獄訟。此非太平之基也。宣帝用是總覈庶政。以致中興。臣之區區。誠有望於今日。臣言狂瞽。惟陛下裁擇。

守知洪州論遣使劄子曰。臣叨膺閫寄。職事之外。不當冒言天下之事。伏念受陛下大恩。自覩利害。不敢嘿嘿但已。惟陛下留神財擇。臣竊觀陛下亟已與金人講和。誠以梓宮未即山陵。兩宮久闕大養。孝思之切。委曲聽從。至於復河南故地。雖官吏軍民復見太平官府為幸。而凋瘵之餘。與虜接境。猶未得奠枕而臥也。故復河南之地。利害未為甚重。尚者金使之來。王倫之還。具言金國無所須索。梓宮兩宮所許甚確。昨日渡河。朝廷乃遣王倫監公佐奉迎。比聞金人輒留倫而反公佐。臣[illegible]遠外。固不能知曲折。而道路之言。以謂金人之留王倫。欲盡變前日之議。且以還河南之地為大恩。而責歲幣之數。梓宮兩宮。則未有還期。道路之言。雖未足信。然臣以理揆之。惟一倫則可以盡反前日之議矣。又聞金國前主和議之人。皆因事就誅。則前議之變。理之必然也。夫金人之用事者。今既非主和議之人。則和議之成與否不可知。特以嘗遣使發詔。故未能盡變初議。他日必以中國所不可行之事而為釁端矣。其始不須歲幣。今乃首以為言。其始許還梓宮。今乃置而不論。止以區區河南之地為大恩而責報焉。他日之事固可見矣。是宜長慮却顧。以為善後之圖。若執一變。因就彌縫。僥倖萬一之成。非計之善也。為今之計。非可以其變詐而遽廢前議。亦當遣使遜辭且議要約。且議歲幣。徐為之謀。不憚使命之煩擾也。其議要約也。若曰陛下卑辭厚禮致恭於大國。大國遣使下詔。而還復其侵疆。講信修睦之初。國人延頸以俟梓宮兩宮之還。今既愆期。上下觖望。何以展四體盡事大之禮乎。向日賜許。俾使行人失辭。國人無由户曉也。儻或未得。幾而圖之。蓋金人之意。謨我迎請之堅且急也。必厚有邀求以敝中國。臣恐中國之力。無以滿丘壑之欲也。以至疆場之事。必不得已。亦當善用前日契丹故事。必使中國可行。然後為善。其議歲幣也。若曰國家全盛之時。盡有河北山東膏腴之地。故或可勉。今山東河北盡屬金國。河南新疆瘡痍未瘳。而東南數十州歲幣安從出哉。反覆議論。必不得已而與之。則契丹之數亦不可過也。然臣之欲使人往反議論者。欲陛下試以審覘虜人盛衰虛實。徐察天意而為後圖。惟是明詔大臣激厲諸將。拔擢偏裨簡閱士馬。積財聚備器械。以為意外之備。而和議之成與否。且當置之度外可也。夫以陛下聖明天縱。必洞照此理。而臣愚過計。猶懼陛下孝悌之至。亟欲梓宮兩宮之還。或墮虜計中。而有噬臍之悔耳。冒貢狂瞽。出於愛君憂國之誠。不自知其進越。惟陛下裁赦。

時秦檜為相。和議咸然。猶以梓宮未還。母后欽宗未復。詔侍從臺諫集議以聞。禮部侍郎曾開上疏略曰。但當修德立政。嚴於為備。以義之仁。敵彼之不仁。以我之義。敵彼之不義。以我之戒懼。敵彼之驕泰。眞積力久。如元氣固而病自消。太陽升而陰自散。不待屈己。陛下之志成矣。不然。恐非在天之靈與太后淵聖所望於陛下者也。檜曰。此事大係安危。開曰。今日不當說安危。只當論存亡。檜矍然。

歷代名臣奏議卷之九十

歷代名臣奏議卷之九十一

經國

宋高宗時。秦檜力主和議。刑部侍郎陳橐上疏曰。金人多詐。和不可信。且二聖遠狩沙漠。百姓肝腦塗地。天下痛心疾首。今天意既回。兵勢漸集。宜乘時掃清。以雪國恥。否亦當按兵嚴備。審勢而動。捨此不為。乃遽講和。何以繫中原之望。既而金人果有所邀。議久不決。將再遣使。橐復言。金每挾講和以售其姦謀。論者因其廢劉豫還河南地。遂謂其有意於和。臣以為不然。且金之立豫。蓋欲自為捍蔽。使之南窺。豫每犯順。率皆敗北。金知不足恃。從而廢之。豈爲我哉。河南之地。欲付之他人。則必以豫為戒。故指以歸我。往歲金書嘗謂歲幣多寡聽我。所裁。曾未淹歲。反覆如此。且割地通和。則彼此各守封疆可也。而同州之橋。至今存焉。蓋金非可以義交而信結。恐其假和好之說騁謬悠之辭也。包藏禍心。變出不測。願深鑒前轍。益嚴戰守之備。使人人激厲。常若寇至。苟彼遵和。則吾之振飭武備。不害為立國之常。如其不然。決意恢復之圖。勿徇私曲之說。天意允協。人心響應。一舉以成大勳。則梓宮太后可還。祖宗疆土可復矣。

兵部侍郎張燾上言曰。自昔有為之君。未有不先定規模而能收效者。臣紹興初首以是為言。今七年矣。往者進臨大江。退守吳會。未朞月而或進或郤。豈不為敵所窺乎。今陛下相與斷國論者。二三大臣而已。一紀之間。十四命相。執政遞遷無慮二十餘。日月逝矣。大計不容復誤。願以先定規模為急。

燾為吏部尚書。上言曰。陛下信王倫之虛詐。發自聖斷。不復謀議。便欲行禮。群臣震懼罔措。必曰得梓宮。曰得母后。曰得宗族。始可議通好經久之禮。今彼特以通好為說。意謂割地講和而已。陛下之所願欲而切於聖心者。無一言及之。其情可見。奈何遽欲屈而聽之。一屈之後。不可復伸。從臣莫能正救。曾魯仲連之不如。豈不獲罪於天下萬世。

端明殿學士權邦彥獻十議。以圖中興。其略謂宜以天下為度。進圖洪業。恢復土宇。勿苟安於東南。駕御諸將。當威之以法。而限之以爵命。講讀之臣。取累朝訓典。及三代漢唐中興故事。日陳于前。以裨聖學。又監觀傷善妨賢之讒。偷安苟容之佞。市恩立威之姦。懷讒罔上之欺。聽其言。察其事。則忠邪判。愛民先愛其力。寬民先節其用。服已奉以佐國。當自執政始。分閫而屬大事。類非偏裨之所能為。必得賢臣大將。然後可。制置一官可省。宜令沿江州縣各備境內。總以漕帥。上自荊鄂江池。下至采石京口。委任得人。乃防秋上策。宗室中豈無傑然有人望可以濟艱難。贊密勿。留宿衛者。願求其人。置諸左右。人事盡。則天悔禍。不可獨歸之數。

吏部員外郎廖剛奏曰。臣伏見廟堂近因江南探報事宜。頗懷疑慮。謀畫方深。臣輒有愚見。仰瀆聖聰。伏惟採擇。臣嘗考唐德宗之在奉天。徒以飢羸之卒。守一縣之地。當朱泚十萬之師。危殆極矣。惟人心未去也。死者衆。卒能戡定暴亂。恢復大業。今吾甲兵猶可以決戰取勝。非若彼之寡弱也。北有重江之限。重兵又當其前。非若彼之窮蹙也。聖德日躋。人心愛戴。天之眷祐。斷可識矣。顧豈不足恃邪。群臣往往以維揚之事為戒。無敢任其責者。故未見端倪而遽為遷徙之謀。臣竊謂動靜之間。亦在審其緩急而已。何謂所當急。周防要害之津。申嚴斥候之法。重賞必罰。使之疾於飛鳥。此為事機最要者。顧可緩邪。鑾輿或須傾動。則所幸之地。預當經理。使如天之不可升。萬萬無窺伺之理。然後可。此為事體最重者。顧可緩邪。而自得報以來。未聞朝廷有急切措畫指揮此臣所未論也。建康鄱陽勢未暇議。首會稽而南惟永嘉與福唐所當留意。永嘉之險奇特與否臣所不知。如閩之四境。三面皆重山峻嶺。稍加人力。不復可犯。東南則大海。形勢之勝。殆是天設。永嘉固須便若論遠險。恐多不如也。臣願速降旨揮下本路增修寨柵以備不時之巡。所有盜賊未息。臣願曲賜赦宥。因遣一重臣往宣德音。使潢池赤子得以自新。彼且感恩激義。悉為我用。大抵閩之風俗重義尚氣。君臣父子之心雖為盜而不變。此臣所知也。何謂所當緩。易曰。吉凶悔吝生乎動。故古人有言。利不百不變法。功不十。不易器。又况動而有安危之機乎。今所在民物凋弊不堪重擾。盜賊竊發。多是乘時。若非事勢有大急迫。詎可輕動。臣願陛下熟計而審處之。期於不失機會而已。有如不得已而至於幸閩。則凡供億之事。必責他路致於海上。而出戰之兵。亦環駐於鄰境。閩人無所

困苦。則宗社所寄。安於泰山矣。然後恢復之計徐可圖也。將臣相臣。經畧四國。少須有成。進撫中原。正位布命。如日麗天。亦何傷於往者之虞淵乎。雖然臣愚竊料今歲虜騎勢分。必無南渡之事。伏望聖慈姑寬憂念。以慰天下。臣前所陳固懇下策。猶如孝子操瞑眩之藥。厥疾已瘳。無所用之。則志願得矣。惟聖慈察其區區幸甚。

周林上奏曰。孟子曰。君子創業垂統為可繼也。若夫成功則天也。聖人之順乎天。常以時觀之。聖人之因乎時。常以事觀之。時者天之所為也。事者人之所為也。事之未至。先時而起。其失也過。事之已暮後時而縮。其失也不及。視其事之所在。則知時之所可。而天之所與也。上穹悔禍。神贊令圖。虜偽之衆侵者既遁。盜賊之竊發者既除。士氣振躍而不驕。兵食給足而不乏。事之如是。時可占矣。傳曰。時哉不可失。伏願陛下奮乾之剛。發離之明。乘時競辰。應機而作。中興之功。指日可待。以副上天平治天下之意。不勝幸甚。

右正言陳淵奏曰。天命雖周公不敢知。然今日之事。以理觀之。天之眷宋未有艾也。何則。祖宗之德澤在人未竭。而民之戴宋無有窮已故也。臣請試言之。昔我太祖皇帝市不易肆而得天下。太宗繼之。四方僭偽不勞而服。真宗仁宗視民如傷。屈意和戎。以安赤子。不殺之德。入人心髓。後更五世。以至今日。中間姦臣繼執國命。百姓怔傯無所措其手足。故夷狄得以侵侮中國。自古王室還爾敗壞。遂至於不可支持者。未有酷於此時。然民心猶未離也。豈非祖宗德澤在人未竭。而民之戴宋無窮乎。觀民之從違。則天意可得而知矣。方淵聖入繼大統。雖兄弟之間。不能無疑。而獨於陛下親厚。此有以見天意也。當是時。大臣如耿南仲之徒。苟可以獻疑於淵聖者。無所不至。及其奉陛下為大元帥。莫有阻遏之者。陛下雖欲不去京城。不可得也。此

又有以見天意也。使北之行未果。虜已入寇。方圖引還。而二聖遠狩。皇族內外莫不扈駕以往。而陛下適遠父兄之側。故王室陵夷。而宗廟社稷賴陛下復存。此又有以見天意也。天留陛下。以興我宋。其意之篤蓋如此。當此之時。但當欽承之意。以追復祖宗之舊而已。蓋天之所以付陛下甚重。而其責亦不輕。若二聖未歸宗社未復。天下未一。金人之仇未報。則祖宗之業因循而不復振。而陛下之責亦不能塞矣。此宜朝夕黽勉坐薪嘗膽。而以為憂。然以今日之勢觀之。蓋有未能遽如陛下所欲者。蓋大江之南荊湖之間。與夫閩廣之寇尚為內患故也。未歸二聖復宗社。一天下。以報金人之仇。而內患不除。若出師北向以窮遠畧。則鼠竊狗偷近生肘腋。亦足以牽制我矣。故當先靜其內。然後外亂可弭也。諸葛亮必擒孟獲。然後出師。蓋為是爾。往者朝廷嘗命宰執。副以大將。先屯福建。以次及江東西湖南北之

危。蓋有意先平内患也。臣以謂既有以平之。必圖所以守之。慎擇守令。毋拘以常制。而使之以愛民為本。豈獨施於内而已哉。雖削平僭亂。鞭撻戎狄。而臣之。亦可也。

章誼上奏曰。臣聞近日諸軍有招安到諸處頭項人馬。頗不寧帖。雖重兵彈壓。將臣措置固已。別無他虞。然事欲經久。理須可行。臣詢之衆論。謂其說有三。蓋自來招安之人。必須裂其隊伍。易其將佐。異其居處。今新招之人。關防有所未至者一也。又行在諸軍月糧口食料錢。食錢並從一多。今新招之人日支食錢百錢。省口食二勝半。別無衣食自營之資。迫於老幼餬口之計。其撫養存恤有所未盡者二也。朝廷旁近郡如錢塘溫明等處。物價高下。比之越上。大段不同。並無戍卒。若分就錢塘近便去處。時暫駐劄。則士卒薪芻日資之物。決無高價倍用之費。即有警急。朝召而夕至。必無闕事。今新招之人。放縱既

久。乍從儉約。已自不堪。加之百物踴貴。日用益廣。是以不能安處。其屯泊暫戍之地有可議者三也。臣伏望聖慈速與大臣商量經畫。此三事者。以安反側。不勝大幸。若使之迫於飢窮。令其愁苦。雖法制日嚴。刀鋸積下。終不能禁其潰亂之心。何敢望其征役之用哉。

誼又上奏曰。臣竊觀陛下繼承大統。號稱中興。而險阻艱難。實同創業。中外臣子。豈無英才肯為陛下圖事揆策。關國強兵。出死力抗驕虜者乎。雖有此人。陛下深居九重。誰聽誰受。陛下何不定都東南。深固根本。擇一二大臣俾之居守。然後親御六飛。練兵選將。巡荊楚之郊。用關陝之衆。結羌夷之歡。引蜀漢之利。撫郡撫綏。以見武節。則深謀至計。奇材猛士。將雲集而景附矣。方陛下春秋鼎盛之時。鬱鬱於此。而不兼收群策。成馬上之功。蓋執事者未之思也。臣不勝區區之願。

誼又上奏曰。臣竊見國家屯兵之散在州郡者。不可勝數。平時虛費錢糧。優遊犒設。將來明堂大禮。決須忍迫州郡。希望給賜。朝廷若不預行措置。必生變亂。以臣耳目之所覩聞者。可舉而言也。自來大禮未有藩鎮。今藩帥之安於本鎮者。與州郡一等。其軍兵之數。給予之物。朝廷不必措置也。若夫藩帥之被兵而素仰給於縣官者。將來軍兵賜予之物。取辦於本鎮乎。仰給於朝廷乎。此其可慮者一也。張用已降指揮鎮撫舒蘄。而未能就職。孔彥舟雖罷鎮撫。而所領部曲實在湖南。岳飛留老幼於徽州。劉綱寓次舍於溧水。四人者將之軍兵賜予之物。其誰辦之。此其可慮者二也。自餘統兵之官。謂之盜賊。則有恭順之名。謂之將帥。則無攻守之效。或屯方州。或據縣鎮。尺籍伍符。不登於樞府。列營移戍。不由於信宣。如韓世清之在宣城。邵青之在太平。楊勍之在臨江。吳全之在洪府。張忠彥之在吉州。韓京之在

茶陵。劉紹先之在江西。大者有衆數萬。小者不下數千。將來軍兵賜予之物。其誰辦之。此其可慮者三也。朝廷大帥如呂頤浩劉光世張俊辛企宗所統之衆。見今有司經營應副。已自費力。將來軍兵賜予之物。其誰辦之。此其可慮者四也。四者之外。州郡各有隸將不隸將。禁軍與夫土軍廂軍。又復不住招刺以填闕額。自來大禮運司州郡。各有擀辦。僅能免責。今者在處官司。往往空匱。將來本路本州軍兵賜予之物。縱能辦集。而前項軍兵之寓其境上者。何以給之。與之則虛張軍數而難周。不與則侵陵官吏而為變。若非朝廷預有措置。深恐臨時別有喧競。伏望睿明深詔執政大臣。早賜經畫。

誼又奏曰。臣竊惟朝廷暫駐江左。以避金寇。蓋非得已。當為攘却恢復之圖。以振大業。然金人累歲南侵。朝廷亦累歲奔走。此豈金人計數之得哉。蓋謀國之臣誤陛下也。頃歲駐蹕揚州。是時陛下有兵數

千萬可以一戰而底族不明。金人奄至。卒以奔走。踰江而東。此宰相之過也。前歲移蹕建康。是時兵練將勇。食足財豐。據長江不測之險。當敵人疑懼之秋。可以守矣。而舟師不設。二相異意。金人未死。先已奔走。遁海而南。此宰相之過也。往者不可諫。來者猶可追。不知陛下今年守戰之策。安所從出。執政大臣誰為陛下任此事者。陛下幸守東南以固根本。瞰臨江海。憑據險阻。兵將不乏。糧賦未匱。不乘此時講明守戰之策。外過戎虜之侵。而僥倖無警。萬一事起倉猝。大臣復欲弃陛下之土疆。遺陛下之人民。委陛下之府庫。脫身奔走。此豈安國家定社稷之謀乎。臣愚以謂有江海則必資舟檝戰守之具。有險阻則必資郡縣防守之力。有兵將則必駕馭馴擾。不可為將帥自衛之資。有糧賦則必漕運轉輸。不可為盜賊侵擾之用。四者各付能臣。分路自辦。然後陛下親帥勁兵。徙將宅中。指授分遣信使。往來督察。

重賞以勸功。嚴罰以懲罪。其誰敢不用命哉。若以江左地狹。不足有為。則金人之師。必不盛於符秦。粘罕之謀。亦不踰於曹操。符秦敗於東晉。曹操衄於全吳。當是之時。江東之勢何如哉。伏望聖主考古驗今。委任大臣。早賜措畫。不勝大幸。

誼又奏曰。臣竊觀自古創業之君。與夫中興之主。必能屈群策以為智。合衆力以為疆。因山川之險阻以為固。然後守位以仁。故無敵於天下。今智能籌略之士。或上章公車。或侍從交薦。陛下固嘗官使之矣。未聞試用其言。此制敵所以無策也。今中原雖失。而淮甸江東戶口百萬。多力敢死之士。不可勝數。陛下不合而用之。此國勢所以不疆也。水有江海之險。而樓船戰士檝師沒人。有所不具。陸有山林之阻。而民兵土豪地形阨塞無人統理。此山川之險阻所以不足恃也。陛下承累聖付託之重。號稱中興。實同創業。尊用太王去邠之仁。以當金人內侵之勢。日朘月削。何時已乎。陛下誠能奮乾剛。屈群策。合衆力。因山川之險阻。且戰且守。北向而牧天下。則金人不足滅也。惟陛下財幸。

誼又奏曰。臣聞唐德宗幸奉天。兩稅度支使包佶寓揚州。儲財賦八百萬緡。將輸京師。而淮南節度使陳少遊懸脅取之。度支使嘗表以聞。時禍難煽結。帝未能制。乃曰。少遊國守臣。取度支財。防他盜耳。庸何傷。遠近咸稱帝得其機。少遊聞之。果不自安。即蓋博上表。請償。由是觀之。多難之世。事有守正而危。從權而安者矣。臣竊見宣撫處置使司屬官李允文挾降將張用之兵。擾江湖兩路之境。輒用便宜。擅更守宰。盛張戰功。覬冒官賞。罪狀明白。朝廷既得其情。俾之歸司。恩貸厚矣。允文徘徊鄂渚。尚以張用不肯放行為解。近者張用騰奏。有願聽節制之言。勝臍奏陳。有耆老借留之請。高衞懼其豪暴難制。至

今不敢之官。如此。則鄂州但留倅守。未有帥臣。又復馬進之兵。相望咫尺。蘄黃之盜。止隔一水。若朝廷堅執前降指揮。深恐人情別生向背。設使別授守臣。又須遷延日月。內不足以安張用反側之心。外無以杜盜賊闚伺之意。此正安危之幾。所宜審訂之日也。昔漢祖怵淮陰假王之請。躡足行封。卒定帝業。臣觀今日禍難煽結。不減於有唐。而陛下恢宏大度。同符於漢祖。投機之會。豈不以少遊淮陰為念哉。伏望少留聖慮。更與宰執商度。容此小醜。俯徇鄂州士庶所請。除為後圖。不勝大幸。

武義大夫曹勛論和戰劄子曰。臣竊惟天下大器。宗廟社稷大計。四海生齒大本。皆繫於國之安危。在今日利害。不出於和戰之間。議國事者。當先審所尚。而定國是。國是者。天之所與。時也。時之所行。事也。當戰則戰。當和則和。先後緩急。不容無一定之論。必措國於至安。然

後天下大器定於不傾宗廟社稷隆於鞏固四海生齒保於輯寧雖必世百年守之不易可也不審所尚而遂紛紜之論僥倖於萬一名曰嘗試之說天下之禍莫大於以國徇嘗試之說可為寒心者也且國之安危與已之進退得失孰輕孰重已之進退得失與人之毀譽好惡何損何益人臣而能辨此然後可以識國事苟惟以已之進退得失為心則必以人之毀譽好惡為重彼以謂人之毀譽好惡與其已之進退得失實相妨也故言戰則人朋而隨之者多譽之者亦多其心非一一明乎戰有必勝之道也特以謂主戰者不失為尊主強國之說今日言之譽之者必多固無害於已之進他日雖和亦無害於已之進蓋和亦不可忘戰是今日之言與他日之言皆無害於已之進而當戰與不當戰於國之安危不問也言和則皆睥睨而不敢隨者以和難保也今日言和固不妨已之進一旦有異焉則必大得罪而去不若言戰之兩無害於已之進也而當和與不當和於國之安危亦不問也況言和則主戰者惡之惡之則毀至矣於已之進豈不大為害乎二者皆不以國之安危為心而惟以已之進退為心以人之毀譽好惡為心此今日之風俗紛紜之論所自起也陛下所與圖回天下不過宰執數人而紛紜之論亦足以眩數人之聽是以廟堂之上主戰者陽為尊主強國之言以收小人之虛譽其中未必真有善善之策也陛下不用其言則以拒諫竊議於陛下以弱國騰謗於同列浩然引去亦不失高爵厚祿而小人之虛譽愈歸之主和者亦不知固執其所見往往惑於尊主強國之言而求免乎卑主弱國之謗進則迎合主意退則雷同衆人所謂國是果安在哉臣所謂以國徇嘗試之說可為寒心者也上天崇正統於中國保固祖宗積累之基純佑陛下之聖德眷命纘承將以充大久長於其後故周旋調護

成此安定之期若曰人謀慮未易致是臣不得不辨者惜天意與陛下聖德混於紛紜之論而不知所分也臣聞強弱異勢不可期也人身不能無病能不諱病則可以全身國不能無弱能不諱弱則可以圖強弱而為強自欺可也欺人可乎欺人可也欺天可乎春秋時呂甥為王城之盟謂秦伯曰晉國之小人不憚征繕以立圉君子則不然曰必報德有死無貳納而不定廢而不立以德為怨秦必不然秦伯曰是吾心也歸晉侯而成盟國復強晉君子可謂能審所尚也方其弱則言弱能不諱弱則足以養強也能養強則足以成強也使人臣之謀皆如晉之君子國何患哉陛下察今日紛紜之論如晉君子之言乎抑皆晉小人之言乎君子小人不能逃陛下聖鑒則陛下刑賞行矣單于嫚侮議兵樊噲請以十萬橫行匈奴季布曰噲可斬晁錯發七國之難吳楚兵起錯乃居守而勸景帝親征又方與調兵食身斬東市非袁盎私意也人臣自為紛紜進說而不可用不加罪焉且誤國矣亦不加罪焉孰不以嘗試之說售其身乎其言不行又無所加罪是以肆為紛紜而無所憚也臣觀今日之事非前日之比者以天定故也申包胥曰人衆者勝天天定亦能勝人臣解之曰禍福無不自已求之人衆者衆之所為凶德已極自求禍者也天豈樂禍乎人之所為凶德已極禍必自至天不能庇故曰人衆者勝天前日之事也天之於人禍終不悔乎其亂已極復圖安寧是謂天定人何以勝之故曰天定亦能勝人今日之事也臣請以東晉宋武帝驗之東晉之渡江也謀復中原之臣如劉琨祖逖庾翼桓溫之徒皆可以有立而卒不能成功者天定也苻堅為江左之舉以百萬之師一敗於謝玄劉牢之身死國亡計不旋踵豈謝玄劉牢之勇過於苻堅乎天定而堅欲以人勝自取禍也宋武帝得關中棄而不守知赫連之必來也宋武棄關中赫

連即取之由是南北舉安知天定而不敢為不定天祐之也故天定則人主之意不可不定主意定則人臣之意不可不定君臣之意定則天下自定定不定禍福如彼之明可不畏哉今陛下與腹心大臣酌天意之大定以斷國是以今日已有成策已見定効尚可復容紛紜之論崇虛名而令國受實禍乎虜欲求安易於保安者守邊不動為長久之計則虜保安之策也我欲求安難於保安者待虜不動則我保安之策也彼既不動我非特保安而已因得自治焉則千百之安在我也臣之所望於陛下者此也萬一為紛紜之論所惑以蹈至危則臣所望於陛下者未易就也此臣之所甚憂也願陛下毋忽臣言奉二儀之無私揭日月之大明鎮山嶽之不動行四時之信令則陛下之所欲為者自是無不可為者矣臣不勝至願

中書舍人周麟之論守應之策曰臣聞為國者必有一定之計大計已

定斷然無疑非徇一己之見也而千萬人之說莫能格非苟一時之利也而數百世之議莫能易此其為利害亦豈必天知神略而後知之惟所見者審而通乎事機所持者要而當乎人情所言者順而合乎天道所操執者彌固則所成就者愈大古所謂聰明賢聖大有為之君建功立事類如此仰惟皇帝陛下察問如虞舜憂勤如文王總攬權綱綜核名實則又與漢之宣光比立國於此固自有一定之計而近之言時事者乃紛紛而不一軍旅之言屬閭巷之言戚士大夫之言惑屬有所懷戚有所憂此其常態耳未至於大害治也惟惑之為害蓋有不可勝言者此無它銳與怠之謂也銳者言兵而欲用怠者諱兵而不言言兵而欲用是喜功也諱兵而不言是偷安也自講和以來九廟寧矣東朝安矣赤子休息矣成功著見昭昭可知陛下方且慎遣重臣厚將信幣以堅永好以釋群疑而汨之以喜功之說

其可乎喻盟弃好陛下之所不為也當朝廷閒暇脩明政刑振舉綱紀簡練將士此不可一日忘者陛下方且頒明詔飭庶工懲緘默之風華驕急之弊欲人人相與協濟國事而委之於偷安之說又可乎視漏忽傾陛下之所不取也如臣所見粗有確論曰守曰應兩言而盡之耳當無事則思所以守有不虞則思所以應思所以守自治之謂也思所以應不得已之謂也守之者在我應之者在彼在我者有常者也惟其有常則雖信睦交邊不能廢吾之所以守在彼者不測者也惟其不測則雖事變猝至不能逃吾之所以應今夫千金之家固其垣牆當人之所及也若曰吾與親黨為鄰不吾害也至慢易其固守之具而弗之理豈不殆也盜我所謂自治者如此詩曰迨天之未陰雨徹彼桑土綢繆牖户今此下民或敢侮予孔子曰為此詩者其知道乎能治其國家誰敢侮之此言自治之為可畏也獸蹂于田

荷戈而逐孺子之所知也若曰吾將委肉而飼之不汝噬也而獸且噬人矣雖欲不逐其能安乎所謂不得已者如此漢元康中乘匈奴之衰議欲擊之魏相不可曰救亂誅暴謂之義兵兵義者王敵加於已不得已而起謂之應兵兵應者勝爭恨小故不忍憤怒謂之忿兵兵忿者敗非但人事乃天道也亦言應敵之不得已也蓋能守者能應之道也守之無不固則應之無不勝矣守之既固則銷萌折衝人莫予侮且將無敵之可應焉昔人所謂善之善者理固如此臣願陛下增修德政厚施於民蓄材儉廣儲峙敦本而抑末去華而務實明賞罰而一於信振威令以致其嚴考將帥之能否而為摩勵之方察士卒之勤惰而求養用之實凡可以為守國之具者靡不恢張而偏舉如此守無不固矣度山川之遠近視道途之險易孰當其阻孰當其衝孰為之聲援孰為之犄角孰為之統一凡可以為應敵之機者靡

不素定而熙論。如此。應無不勝矣。守國之具皆可以熟議。而應敵之機。不可以豫言。惟在陛下力行之。心識之。執中自信而已矣。書曰。人心惟危。道心惟微。惟精惟一。允執厥中。夫人心危而易動。易動者浮言之所以興。道心微而難知。難知者至理之所以隱。君人者不過屏衆多之慮。致精一之思。執中自信。則聖人之能事畢矣。堯舜禹之治天下相傳以一道。不外乎此數語者。伏望陛下睿斷不移。操一定之計。圖守應之策。以為執中自信之道。而毋惑於喜功偷安之說。則千萬人之衆莫能搖。數百世之遠莫能易。質諸人事。質諸神明。臣之斯言。庶或無愧。惟陛下留神省察。天下幸甚。

提點成都路刑獄公事馮當可上書曰。臣竊以陛下臨御以來。遭時多艱。再造宗社。不憚屈己修好。息民。然謙損過中。寖成卑弱。弱形著見。然後強敵生心。夫濟寬以猛。濟弱以強。猶救火必以水。救寒必以

溫。不得不然。善為強者。先強其志意。志意強然後舉事以著其強形。強形見則弱形銷矣。陛下審知霸盟之必敗也。兵必不可弭也。當赫然慨憤。移蹕建康。示天下有為。下罪己之詔。感動中外。願與社稷俱為存亡。天下聞之。孰不投袂而起。此舉事以著其強形之一端也。且君為元首。所以率先天下。鼓動萬化。自古未有人主退而能使天下進。人主怯而能使天下勇。惟陛下厲其強志。著其強形。赫然有一怒安天下之心。忠臣義士。無不感應。人心一奮。士氣百倍。何所往而不可。昔真皇澶淵之役。陳堯咨勸幸蜀。王欽若勸幸江南。惟寇準決策親征。國家太平之基。一戰再定。當時果幸蜀。果幸江南。則靖康建炎之事。已在此時矣。今之形勝。又不比全盛之時。車駕已在江南。無復可往之地。福建二廣。陛下可到。彼亦可到。蜀雖險阻。形勢迫促。如鼠入牛角。必不能久。今匹夫舉措。猶知吉凶悔吝由動而生。何況萬乘而不深思。一動之間。變故莫測。將士觀望。忠義之氣沮喪散。而為盜賊。大事去矣。其與移蹕建康。使天下增氣。皆憤然北向。為陛下爭先死敵。萬萬相遠。又沿江備禦。朝廷雖已措置。然尚多闕疎。臣自蜀出峽。凡有兵將所在。必親見其人。問其策略。審其虛實。以備陛下詢採。大江數千里。諸軍屯營不一。不能盡言。姑以湖北言之。荊南鄂渚上流要衝。荊南兵力甚弱。雖添補顏萬卒。不帶家口。日夜思歸。統制官不伏李宏節制。無事之時。猶慮變出不測。緩急豈能為用。問其戰守之方。惟恃壘水護城。水口在城外。與敵共之。敵得水口。壅之可以灌城。決之可以攻城。李宏本田師中部曲。今自為一軍。田師中疾之。恐緩急必不相為援。田師中又老且病。借有忠義之心。已不能躬擐甲冑。出入戎行矣。然則上流要地。已不可保。彼田師中者。二十年講和。靜無所事。高堂大廈。玉帛子女。富貴安佚。至矣。及今有事。豈不自知。

度其心亦願退避。終保富貴。然難於自言。惟陛下急擇忠勇壯健如李宏李顯中之徒。易之。上流之地可恃以保。而田師中亦必銜荷聖恩矣。又沿流諸軍。無所總統。譬如有指無臂。筋骨脫落。安能擊搏攫拏。屈伸如意。今霸使既還。邊兵端便開。望陛下急擇文武大臣。有威望衆所畏信者。屬一人於荊襄。屬一人於江淮。有威望衆所畏服。莫如張浚劉錡。則陛下既用之矣。然猶有說。借其譽望。亦當便置之前行。勝負兵家之常。萬一小跌。搖動諸軍。今使之總統諸將。諸將自當前列。錡獨任指蹤。利害差遠。亦致重之道也。張浚嘗誤陛下事。陛下不以為賢。然方今天下皆以為當用。日夜跂踵願陛下用之。孟子曰。國人皆曰賢。然後察之。願陛下捨一己之好惡。以天下為心。勉用張浚。以副人望。一日之間。必能使軍民回心。踴躍鼓舞。其効亦非小補。張浚憂患頓挫。而歷耆老。已無少年輕銳之氣。惟陛下深察之。兵不

徒用必資財賦。財賦匪自天降。出於民力。軍興已來。三十餘年。賦斂煩重。民之津脉竭矣。蜀民雅婚喪祭之禮盡廢。風俗急迫。愁嘆無聊。荆湖盜賊。正晝攻劫。田野蕭條。州縣上供月樁無所從出。往往多仰征稅。所在稅務。特弓挾矢。要遮船舫。名曰征商。其實劫奪。負商小賈。至有弃舟逃遁者。長江上下。人不敢行。臣不知福建二廣。然以此較。必不能獨豐裕也。平居無事。諸軍之費。月給一月。常懼不繼。一旦用兵。費必十倍。國無所藏。民不可取。惟陛下痛自撙節。惡衣菲食。輟內庭之費。以佐軍用。自古克濟艱難。未嘗不由恭儉勤勞。陛下誠能至誠克己。躅損切身之奉。以養戰士。自被堅執鋭之夫。豈不知感激奮勵。捐其軀以報陛下者。內而公卿大臣。外而監司郡守。下而富商鉅賈。州縣兼幷之家。雖使分其家財之半。以佐軍用。亦將甘心。誠以陛下率之以身也。兵有衆寡。擇將統臨。整齊訓練。朞月可振。惟財用在今日最為難事。版曹司會計之臣。當日夜精思。省官吏。減州郡冗卒。精核當否。無一毫妄費者。庶或可以應辦。州郡冗卒。凡守倅白直之外。一無所用。一路監司。凡三四員。間有闕官。止一員而兼數職者。略不聞有廢事。然則官亦可省矣。必官闕而事廢。乃可建置。然則雖從省併。自不廢事。大抵精微會計。委曲周旋。必不取於百姓。然後根本不搖。此今日之大務也。又人主當艱難之際。圖四事功。聽言用謀。當聽而不聽。當用而不用。當有為而不為。當速而緩。與當緩而速。如發機括。差之毫釐。利害立見。惟人主清心靜慮。公聽遠覽。然後能適宜應變。願陛下疎遠閹寺。絕去便佞。使私意無所干擾。取捨無所熒惑。專一誠意與賢士大夫肯使謀議之臣。同心戮力。共濟大事。臣前所言。望陛下移蹕建康。選將練卒。用張浚劉錡總統諸軍。節用撙已。以充軍費。餘皆末事也。非事之本也。惟陛下遠便佞。疎近習。清心寡欲以臨事變。此興造業之根本。洪範所謂皇建其有極者也。今日之所當為者。必能以次而舉。無不切當。然後命大臣留守宮闕。陛下如建炎之初。馬上從事。以數千騎往來循撫諸軍。江淮荆襄。無有定處。使虜莫能知測。臣知雖未及戰。虜已知畏矣。夫虜人雖強。其強易弱。非誠得天下之心。其實強驅而南。陛下與之抗衡。不必大勝。粗足支敵。一二年間。彼釁隙自開。幽燕兩河。當有起而斃之者。陛下有半天下。帶甲三十萬。非奮空拳者。又長江巨澤。地利在我。何所畏哉。然今日之事誠急迫矣。如救焚拯溺。須臾不及。便繫存亡。臣料虜使既還。朝廷必有大措置。一新天下耳目。旬日之間。邈然無聞。臣恐廟堂之議。猶欲遣使祈請冀和。議可以遷延。以臣計之。萬萬無此理。三年前虜癸雖揚南牧之計已定矣。雖云還都。其實意欲自臨行陣。雖千百祈請。徒自貽羞。決不能回。今年未動。不過明年。幸其早動。陛下恐懼修省。悉頓條綱。猶能及事。其動愈遲。則禍愈大。不可及也。臣於紹興八年嘗蒙陛下召對。是時適虜使請和。臣以為疑。陛下不以臣為疎遠微賤。與之反復數四。至煩聖喻以為親屈己之意。其後太上梓宮歸葬中華。太母還就東朝之養。天下幾年不見兵革。不可謂無得於講和。然無以善其後。臣之愚言。猶有驗於今日。臣今又被名旨。虜人適欲敗盟。臣又以其狂愚冒瀆聖聰。望陛下特垂聖覽。採而用之。無使狂瞽之言又驗於異日也。臣被病昏塞。語言無次。干冒宸嚴。罪當萬死。惟陛下裁赦。

祕書省正字汪應辰上疏曰。和議不諧非所患。和議諧矣。而因循無備之可畏。異議不息非所患。異議息矣。而上下相蒙之可畏。金雖通和疆埸之上。宜各戒嚴。以備他盜。今方且肆赦中外。褒寵將帥。以為休兵息民。自此而始。縱忘積年之恥。獨不思異時意外之患乎。此因循無備之所以可畏也。方朝廷力排群議之初。大則竄逐。小則罷黜。至有一言迎合。則不次擢用。是以小人窺見間隙。輕躁者阿諛以希寵。畏懦者循默以備位。而忠臣正士。乃無以自立於群小之間。此上下相蒙之所以可畏也。臣願勿以和好之可無虞。而思患預防常若敵人之至。疏奏。秦檜大不悅。

應辰爲戶部侍郎。應詔言事曰。臣準尚書省劄子三省樞密院同奉聖旨。以防秋不遠。事貴預備。足食足兵。宜有長策。可令臺諫侍從。各以所見條具聞奏者。臣伏見上天助順。元惡殄滅。虜酋新立。畏天之威。遣使通和。辭意勤篤。陛下方且不自暇逸。而預爲防秋之備。不自賢聖。而博盡群臣之謀。天下幸甚。蓋自近日以來。傳聞不一。或以爲虜酋寬厚。能得衆者。或以爲懦弱不立者。或以爲急於和親欲復還河南地者。或以爲彼方厚立賞格。以勸戰士。如唐鄧陳蔡之類。失而復取。其志蓋未已者。或以爲河朔群盜擾其南。而契丹之遺種攻其北者。昔漢光武初定天下。臧宮馬武皆以匈奴衰亂時不可失。光武答以北敵尚彊。而屯田儆備。傳聞之事常多失實。古今通患。實在於此。要之爲國計者。不當問夷狄之盛衰。顧吾自治如何爾。東晉之季。苻堅以百萬之師。戰勝之威。長驅入寇。自謂投鞭於江。足斷其流。晉人懍懍有吾其左衽之歎。至於淝水之戰。虜衆奔潰。首尾不支。卒以亡國。然則夷狄雖盛。未足爲中國患也。晉之謀臣皆欲乘苻氏敗亡。開拓中原。王師一出。盡得兗青徐豫之地。然而君臣宴安。無復顧慮。以謝安之勳勞。猶不見容。而道子元顯之流。出而用事。晉之不振。實自此始。然則夷狄雖衰。未必爲中國福也。臣故曰。不當問夷狄之盛衰。顧吾自治如何爾。今詔旨以足食足兵爲慮。此二者。皆自治之要也。臣請先言足食之說。昔人以爲縣官當食租衣稅。然漢文景之盛。或

賜民田租之半。或盡除之。或三十稅一。武帝征伐四夷。窮極奢侈。於是有鹽鐵酒酤之禁。昭帝即位。一切罷之。至于後世。或用或否。唐至德宗用楊炎之說。盡取軍興以來暴斂橫賦。合而爲兩稅。又用張滂之說。始有茶禁。凡漢唐之所征取榷禁者。今皆不能易矣。然劉晏號爲善榷鹽。其始至也。鹽利歲纔四十萬緡。至大曆末。乃六百餘萬。天下之賦。鹽利居半。宮闈服御軍饟百官祿俸皆仰給焉。今止以淮浙計之。歲收一千三百四十萬。貞元八年。榷茶歲得四十餘萬緡。今則歲收二百四十萬矣。世固未有善理財之人也。獨不知劉晏復生。其於今日財利。尚能有所增加否乎。至於其他所取名色猥衆。曰經制。曰總制。曰無額上供。曰折帛。曰州郡寬剩。曰僧道免丁。曰寺觀寬剩。曰大軍月樁。曰贍軍酒息。曰糴本。總其所得。又十倍於兩稅而不翅也。然則今日利入之厚。漢唐之時與吾祖宗之盛。皆所不及也。宜其財聚於上。不可勝用矣。而大司農無經旬之儲。至於仰貽宵旰之慮。此其故何也。臣嘗以謂取之多。則宜有餘。而或以不足。取之寡。則宜不足。而或以有餘。以文景輕徭薄賦。而貫朽粟陳。以武帝籠天下之財。而用度常不繼。唐王仲舒觀察江西。奏罷榷酤錢九十萬。既三年。錢餘於庫。粟餘於廩。孔戣節度嶺南。盡除它名之稅。免屬州負逋之緡錢二百萬。而公藏私蓄。上下與足。由此觀之。不在乎取之多。而在乎用之有節也。今日財賦自其外而言之。左藏一歲所出。比於紹興之初。其多已增倍矣。臣不敢遠引前古。姑以陛下之初政爲率。則其間所當裁節者。固不少矣。仁宗至和中。諫官范鎮乞明詔中書樞密大臣。考求祖宗朝及天聖中官吏兵數。與天下賦入之數。斟酌損益。立爲條章。上下遵守。則國用有常。而民力有餘矣。此亦微臣所望於陛下也。凡百官有司浮冗之費。可以參酌舊制。一切減省。惟是軍旅

之用日以增廣因循浸久遂為成例一旦更革固亦未易然而賞典之冗濫獨不可以甄別乎尺籍之偽冒獨不可以考覈乎此特在陛下指麾之間爾又自用兵以來中外爭言便宜往往多出於希功徼幸之意如措置營田如結集民兵如招納歸附之類錢糧器械一皆取足於朝廷曾無毫髮之效亦莫知其何用也熙寧間韓絳以大臣宣撫陝西所費十八萬緡終無成功衆議沸騰以為大咎今所謂十八萬緡不知其幾矣況其事行之初議者固疑其有不可故臣願朝廷之上有所興為與衆共之使可否之論畢陳於前然後擇而從之如漢宣帝使公卿議屯田利害反復詳盡庶幾無輕舉妄費之失矣雖然此特言其外者而已至於內府之財則有非外廷所知者周官太宰以九式均節財用有匪頒之式好用之式然則王之用度雖曰不會要不出乎式也太府掌九賦九功之貳受其貨賄之入其頒財

則以式法授之而式貢之餘財則以共玩好之用元豐更定官制以金部左藏案主行內藏之出納而奉宸庫則隸于太府所以示天子至公無內外之異也自紹興十三年始詔內庫不隸戶部太府有司輙敢會問與供報者皆坐之中外之人不知所以然者何也疑詞異說無所不有臣竊觀陛下清心省事仁民愛物一皆出於天性宮掖使令既已不備又從而出之教坊音樂既已不聽又從而罷之此豈以外物為樂哉比以戎士暴露備邊犒師招軍市馬率從中出此豈以多藏為利哉而臣猶有不能已者竊恐賜予之間或過為豐厚而失於撙節出納之際或習為寬縱而失於考察雜色供奉冗食無用之人或雖澄汰而未盡也今陛下恭儉於上而左右近習與夫貴戚之家第宅池館窮極華美田園邸舍連亘阡陌此固不能使人之無言也夫有不忍人之心必有不忍人之政有仁心仁聞而民不被其

澤者蓋有之矣願陛下推其所為損之又損始自宮掖次及外廷如此則聖德日新人心說服而實惠及乎天下矣先王所不可儉者祭祀也至於當損之時則二簋可用享況於匪頒好用之類乎且臣聞之有國家者未嘗不以民心為安危惟我祖宗覆育天下斯民愛戴有隕無二尤見於艱難之時陛下試以東晉觀之方晉之國於江左中原分裂羌狄自相攻擊故邊境僅得以少寬而變故內起岌岌乎無終日之安所患者王敦也敦既死而蘇峻祖約連衡犯順所患者桓溫也溫既死而王恭商仲堪稱兵內向所患者孫恩也恩既死而盧循徐道覆相繼擾亂蓋其基本尚淺人心易搖故姦邪得以肆行而無所畏也自建炎以來羌虜之禍甚於東晉然而戶口雖或流離而無背畔之志盜賊雖或竊發而無響應之助强悍之將未能以使其下之為非暴虐之虜未能以禁其民之向化此皆祖宗德澤之所

固結陛下仁心之所感動相與扶持扞蔽以至今日豈曰小補之哉趙簡子使尹鐸為晉陽請曰以為繭絲乎以為保障乎簡子曰保鄣哉尹鐸損其戶數既而智伯攻晉陽決水灌之沈竈產鼃民無叛志凡今日之所以取諸民者臣已具陳於前矣願陛下思民心所係之甚重閔方今民力之已竭而求所以振救之惟有節省無益之費使財用充足然後賦斂之不得已者可以次第蠲除庶幾疲瘵之民得以蘇息則其為國家之保鄣者豈有已哉臣請言之兵之說昔陸贄有言克敵之要在乎將得其人馭將之方在乎操得其柄將非其人者兵雖衆不足恃操失其柄者將雖材不為用兵不足恃與無兵同將不為用與無將同固不在益兵以生事加賦以殄人也至和中朝廷招募新兵諫官范鎮以為財用不足民力凋敝而又欲募兵是何異欲救火而益以薪流之濁而復撓其源也兵不在衆在練之與將

何如耳。方儂智高寇嶺南之後。遣將不知幾輩。遣兵不知幾萬。死亡奔北。不可勝紀。然狄青所以取勝者。昔落數百騎爾。此兵不在衆。近事之效也。臣以為陸贄范鎮之說。切中今日之病。自儂寇以來。諸將坐擁重兵。初無尺寸之功。而高爵厚祿。極其富貴。安享優佚。遂成驕惰。無復激昂奮厲之志。兵籍雖多。初不閱習。或拘之以為工匠。或敺之以為商賈。或抑之以為僕廝之役。既慮使之以不當為之事。又侵奪其所當得之食。行路之人。皆知其不可用也。已而王虜驕奄至。曾不一戰。望風遁逃。浹辰之間。而兩淮之地。蹂踐幾遍。方且恬不忌憚。恣為誕設。列上戰功。誑惑群聽。危急之際。被旨應援。乃或游辭說討。顧望不進。陛下雖嘗取其不用命者治之。終未足以震服中外。且鈞是罪也。而罰有輕重。人猶不能無詞。況於或罰之或賞之乎。故其免於罪而蒙賞者。不知愧怍。而反謂朝廷之可欺。偃蹇傲睨。日以滋甚。陛

下捐金帛以賜士卒。適以資其刻剝之計。至於忿讟亟興。無以自解。乃復奏功第賞。超越資級。動以數萬。唐李愬平淮西。奏請將佐以下官九百五十員。憲宗謂裴度曰。愬誠有奇功。然奏請過多。使如李晟渾瑊。又何如哉。遂留中不下。以此校之。今日之事。無乃太甚乎。方無事時。朝廷有所使令。率以詔旨行下。或陰為遷延。或公肆欺玩。或直抗執而不行。不知一旦有急。能惟命是聽以徇國家之難乎。四方之人。何所觀望。三軍之士。何所勸沮。雖有貔虎百萬。將誰用之。故臣之所憂。不在乎兵之不足。而在乎軍政之不脩也。且今中外之兵。其老弱強壯。不可得而分也。其逃匿死亡。不可得而見也。然則雖欲益兵。亦不知其所以益矣。諸葛亮出師無功。或勸以益兵者。亮曰。大軍在祁山箕谷。皆多於賊。而反為賊所破者。則此病不在兵少也。在一人耳。今欲減兵省將。明罰思過。校變通之道於將來。若不能然者。雖兵多何益。自今以後。有忠慮於國者。但勤攻吾之闕。則事可定。賊可死。功可蹻足而待矣。由此觀之。亮非徒不肯益兵也。又欲減省之。蓋勝敗在將不在兵。兵多而冗。不若少而精也。臣願陛下內自省察。以前日之失為在己。奮發英斷。力行大公至正之道。而不牽於異說之私。賞善罰惡。無偏無黨。示天下以好惡所在。使人皆洗心易慮。以聽陛下所為。然後兵籍之多寡。人材之高下。皆可以按見其實。謹其訓練之法。號令必行。等級必嚴。技藝必精。心志必一。周旋進退。將無所不可者矣。昔人論兵。蓋有一可以當十者。亦有十不當一者。此顧用之何如耳。竊聞朝廷方簡閱州縣之兵。取其半以待不虞之備。此誠有不得已者。去冬固嘗發諸郡弓弩手什之七矣。遣之使行。驚擾狼顧。州郡有調發之費。室家有離散之怨。既至軍中。大率奴虜使之。初不藉以為戰鬪之用也。大敵在前。何嘗得一夫之力。且所謂正兵者。杖

止於此。況其下者乎。而又有甚不便者。夫盜賊之作。常生於細微。州縣之兵。雖不可施之於大軍。而追胥討捕。防護鄉井。蓋所以銷患於未萌也。晉武帝罷州縣兵。山濤陶璜皆以為不可。及永寧以後。盜賊群起。州郡不能制。此往事之鑒也。去冬既取所謂弓弩手者。州郡無備。則或發諸縣尉司弓手以守衛城郭。縣又無備。則或抑差編戶以代弓手之役。貪猾之吏。緣為姦。無所不至。或差或否。均被其擾。夫天下之事。順人情而行之。則如水之就下。咈人情而行之。則有挾山超海之難。故聖王之政。山者不使居川。渚者不使居中原。此非有神奇巧妙也。亦曰順之而已。今民之在田里者。則拘之於縣。縣之迯捕者。則執役於州。州之守衛者。則分隸於諸軍。豈所以為順哉。議者患州縣之空虛也。則請各置四隅之官。而以其土人為之。強宗富室。平日挾其財力以武斷於鄉曲。今又假以尺寸之柄。必行賄賂。明報仇

愁有甚於盜賊者。朝廷知其不便。尋卽寢罷。蓋凡所以開闔動搖。至于數四。公私煩費。騷然不寧。而訖不得其道理者。皆起於州郡之無兵也。今者詔旨止令選其強壯。就各州教閱。則固未必調發也。惟陛下精思熟慮於不得已之中。有所裁酌。使州縣不至於無備。田里不至於重擾。則州縣安寧。而朝廷安矣。臣仰惟陛下臨政願治。于茲有年。國宜益富。兵宜益強。而顧以不足為憂。凡在臣子。孰不呈愆。臣竊以為自古人君當艱難之際。其能積微而致著。革弊而為治者。要必以至誠為本。以力行為要。不尚虛文。專取實效。用其人必責以功。聽其言必驗以事。使欺偽者有所不敢為。而忠臣義士皆得自盡以奉其上。則天下無不可為之事矣。詩曰。秉心塞淵。騋牝三千。又曰。思無邪。思馬斯徂。夫馬之蕃息。何預於人君之心思。蓋物無小大。苟非以誠心持之。則所行之事。其施於外也。必苟簡。所用之人。其應於上也

必滅裂。又安能還至而有效乎。今日之事。特在陛下加之意而已。臣竊觀今之風俗。大率以欺罔為尚。夔路帥臣自謂訓練精兵二萬。及監司核實。初無一卒。東南鑄錢。祖宗時歲不下百萬緡。比年止以四十萬為額。又盡收天下之銅。有司以為可鑄三十萬。則是七十萬也。去年所納僅及五萬。而乃以六萬為羨餘而獻。夫以欺罔如此。旣不以為罪。又或從而賞之。人亦何憚而不為欺罔乎。此風不革。則天下之事所以仰勞聖慮者。何時而已耶。臣不勝惓惓獻其愚忠。惟陛下裁赦幸甚。

直秘閣喻汝礪上裕蜀策曰。論天下形勢。必資之秦。論秦雍軍須。必資之蜀。秦與蜀壤界之國也。擁四川之饒。據五路之強。而中興之大勢定矣。仰惟陛下至明旁燭。而用之以晦。大德丕冒。而用之以恭。於是結二國之信。致諸侯宗祧。徼上帝之福。錫之天下。綏靖河洛。澄一崤渭。天下胷腹也。今已據其胷腹。則號令之施。足以掩天下矣。光復大業。紹開中興。千載一時也。臣竊謂蜀宿重兵。歲月淹久。一歲供億無慮千萬緡。玉壘豐腴。爍於轉輸。西海羽毛。燼於器甲。而蜀人之力。日以殫矣。仰賴陛下惻怛晨興。念慮遠方。慨蜀漢宿兵之久。憐岷峨飛餉之勞。乃詔樞臣徙兵關右。全蜀父兄。亟蒙福祉。自謂可以少蘇一日之間矣。然臣竊念之。其弊猶在者。官冗是也。水濁則魚困。官冗則民亂。事要則易從。法簡則易行。且蜀之力何以困。兵蠹之也。非特兵蠹之。冗官病之也。蓋自軍興以來。於是有制置司之官。於是有都漕司之官。於是有州縣酒官。及催撥運米官之流。煩擾乎供須。崇侈乎饋問。公私焦然。物力耗竭。困羸空寡。老弱罷病。而蜀之人益以瘠矣。伏願陛下伸之以訓辭。裁之以紀極。省官併局。則益利一千不急之員。薄賦緩征。則瀧夔有息肩之日。如是。則蜀日以肥。可以餉秦。秦日

以勁。可以蔽蜀。中興之業。永為萬世無疆之休。

汝礪又上恢復策曰。嘗考荊楚之區。北臨漢沔。南薄夏廣。東界吳會。西瀕巴蜀。諸葛孔明以為用武之國者是也。外帶江漢。內據巖阻。魯肅以為金城之固者是也。孫權都武昌。黃龍之元。徙都建業。以陸遜輔其子鎮焉。豈非以其地形得上流之勢。依荊州之險。足以為國之隱蔽故耶。又使步騭守西陵。程普守江夏。呂蒙守陸口。朱然守南郡。而魯肅甘寧之徒。亦復經營於資水益陽之間。是數公者。皆天下魁桀奇偉豪爽萬人之英。而權悉付之以上流之任。其意蓋以為先據夏口。則上流之形勢可全。又據楚關。則南夏之勢彌廣。夫孫權雖威行江東。據有八州。騁拔貫力。不足以雋二方之雄。而劉備曹公天下強對也。陸遜非劉備對。周瑜非曹公對。卒能窘劉備於西陵。蹙曹公於赤壁。破壞摧辱。退步千里。夫豈有異故哉。誠以楚關為城。長江為

池亦得上流之便故也。仰惟陛下受命中興。恢復土宇。大縣數百。名都十二。自河而南。悉王悉臣。光復舊業。系隆我宋。世之議者䜣欲躡孔明跨有荆益之言。誦杜甫江陵望幸之句。以謂中原父老。虛心注目。顒望陛下朝服濟江。駐蹕諸宮。臣愚則謂其說是矣。而時則未可也。臣自岷江拏小舟溯夔峽。泛荆渚浮夏口。倚泊九原廬阜。皆草郡守。倒無田官。已而徜徉四顧。適眺千里。獸蹄鳥迹。寂無人聲。正念戈兵斬刈。歲月污久。孺人彫傷。牛畜肆玩。則地何由闢。粮何由積。將何以奉萬乘。供百官哉。取諸岷益。則岷益鮮耗而無窮竭。諸鄂郢。則鄂郢養求之未給。伏願陛下少俟之。加以數年。地益增治。粮益得蔵。然後振旆以臨三楚。清蹕而朝諸侯可也。更俟之歷歲滋久。河濟覧應。許洛爲大。然後復皇輿於舊京。旋古鼎於大邑可也。臣書生。駑弱。濟論國事。輕觸宸嚴。惟陛下赦其愚而熟一計之。

監察御史劉行簡論人主不憚改爲疏曰。臣竊觀自古人主處非常之時。建非常之業。謀無遺策。事靡不濟者。無他焉。機變敏速。不憚改爲而已。臣請以漢高帝之事言之。始高帝聽酈生撓楚之計。封六國後。且將刻印。付之。聞張良之說。旋悟其非。亟命銷印。群臣勸都雒陽。議既定矣。聞婁敬之説。即日從都。何其易改耶。處非常之時。建非常之業。不得不如此也。方今盜據中原。四郊多壘。軍旅荐興。國用耗竭。可謂處非常之時矣。陛下所與群臣早夜圖回者。無非安朝廷。定社稷。弭難銷兵。足國裕民之事。可謂建非常之業矣。然而機事之來。間不容髮。謀不能皆審也。知其疎則改之。擧不能皆當也。知其非則改之。機變敏速。亦在此耳。臣伏觀陛下近降詔旨。以謂承中否之運。不啻創業之難。自非陛下既知其難。聰明宏達。思慮至到。孰能知其難若此哉。臣謂陛下既知其難。則當以前古創業之君如漢高帝者爲法。凡群臣論議於前。陛下固當審思。然知其可用則斷而行之。無憚改作。如是乃可以濟功。如其循習拘攣。若可若否。則雖平居閒暇且猶不可。况今日之事哉。伏惟留神財幸。

歷代名臣奏議卷之九十一

歷代名臣奏議卷之九十二

經國

宋孝宗時著作郎王十朋上疏曰臣聞國猶身也強國與身者氣也醫者觀身之氣而知其人之壽夭識者觀國之氣而知其世之興衰自古帝王圖回天下雖謀之以智辯之以才必以氣為之主然後大業以濟劉項之爭雄也項自謂力拔山氣蓋世非也要之項之失天下也蓋以力而劉之得天下也蓋以氣夫百戰百勝一不勝而自謂天亡者氣何在哉曹戰屢敗而不為之屈卒之易敗為勝轉弱為強者氣也蜀先主英姿大度有高帝風兵雖屢挫而終不為曹操屈吳孫權聞周瑜之言拔刀斫案遂成赤壁之雋功吳蜀之勢非魏敵也然而能鼎有一方鼎足而立者氣使之然也臣來自草茅得之道路謂廟堂之上謀議之臣和戰守之議鬨然未決茲理固洞然易曉議者何不思之耶臣謂養今日之氣莫如守伸今日之氣莫如戰挫今日之氣莫如和今我兵寡力弱國威未振固未能與之決雌雄於一戰以伸天下之氣也正須養之使壯俟時而動宜於荊襄江淮要害之地如人身之可以禦風寒者數處命大將屯重兵以固守之縱未能得志於中原亦足以據長江之險都帝王之宅保吳蜀萬里之故疆何故屈己買和蹈前日之覆轍耶大抵天下之勢強弱均而和則彼此受其利晉與諸戎和我與契丹和是也強弱不均而和則強者得其利弱者被其害六國與秦和契丹與女真和是也虜以和議誦契丹而滅契丹矣又以和議誦中國而困中國矣耿南仲主和議而致靖康之禍秦檜主和議而弱國家之勢太上皇知虜之無厭而和之不可保也去歲下親征之詔而天下二十年湮鬱之氣亦少舒矣雖淮上之師不利而虜之被毒亦甚矣陛下應天受禪天下罔不歡欣鼓舞咸謂真主既出恢復指日可期也陛下宜親御鞍馬如漢文帝慨然發憤如唐憲宗撫巡六師以作將士之氣以圖進取之計況陛下之聖德可以動天陛下之節儉可以豐財陛下之英武可以定亂江淮有重臣以為長城川陝有良將以為爪牙亦何患事之不濟耶不然宜曰天設之險以為城池與民守之可也苟或復用和議則軍民解體雖苟一時之安而氣已為之索矣百萬之歲幣固有所不惜也至尊之名分其可自貶損於嗣登大寶之初乎諸將用命血戰新復數路其可復捐而與之乎西北之民襁負來歸者不知其幾又何復委之虎狼而使之甘心乎況講和之後舉天下唯虜之命是聽無厭之求難塞之請當不止此陛下將何以應之乎臣謂今日之計戰固未可輕和決不可議守以養氣俟時而伸乘機而發而已

十朋為侍御史上疏曰臣聞聖人之德無以加孝天子之孝莫大乎光祖宗而安社稷曰前王盈成之業而守之者孝也周之成康漢之文景是也承前世衰微之緒而興之者孝也商之高宗周之宣王是也國有恥而雪之者孝也漢宣帝臣單于以雪高帝平城之恥唐太宗俘頡利以雪高祖稱臣之恥是也先君有讎而復之者孝也夏少康滅澆以復后相之讎漢光武誅王莽以復劉氏中絕之讎是也歷代帝王雖守成中興雪恥復讎之迹不同其功光祖宗孝安社稷則一而已我藝祖皇帝應天受命肇造大業親平僭偽一統萬方聖子神孫繼繼承承可謂盛矣不幸運厄陽九醜虜亂華靖康之禍有不忍言者國讎世恥自古無之記曰君父之讎不共戴天春秋譏不討賊以謂國無臣子齊襄復九世之讎仲尼賢之楚以六千里之國事讎荀卿罪之聖賢立言垂訓責後世之為君臣為子孫者可謂至矣恭惟太上皇帝躬堯舜至聖之德有禹文知子之明斷自宸衷以社稷

付之陛下。聖意端有在焉。陛下天資英武。慨然以興復為念。竊聞每對群臣論天下事。則曰當如創業時。又曰當以馬上治之。又曰某事當俟恢復後為之。臣比因宣召語及祖宗陵寢。聖容惻然。曰四十年矣。臣仰知陛下之心。真夏少康商高宗周宣王漢光武之心也。柰何在位之臣。不知忠孝大節。不能仰副聖心之萬一。復欲蹈昔日姦臣之覆轍。屈己以和仇讎之犬羊。指祖宗中原之境土為虜人之土。謂不當取。指祖宗中原之人民為虜之人民。謂不當納。又取秦隴已復之故地。無故而棄之。以資寇讎。以絕生靈歸附之望。聞有說進取者則羣嘲而衆咲之。大臣唱之於上。小臣和之於下。翕為一談。牢不可破。自非陛下剛明果斷。不惑群議。則社稷大計。其誰與謀。有君無臣。真可以長太息也。臣願陛下推誠盡孝。終始如一。言動之間。不忘社稷。食息之頃。必念祖宗。側身脩行。上以承天意。興衰撥亂。下以慰民心。任賢勿貳。去邪勿疑。以革前日固任之失。有善必賞。有惡必罰。以振今日紀綱之弊。乃下詔音。戒飭有位。無小無大。咸懷忠良。共和附之私心。贊國家之大計。陛下既率之以孝。群臣咸應之以忠。如是則可以動天地。通神明。慰祖宗在天之靈。無負太上皇付託之意矣。中原何患乎不復。中興何待乎以日月冀耶。

十朋又上疏曰。臣恭惟陛下以英武之姿。奮剛明之斷。不惑群議。任用忠謀。遣二將臣出征淮甸。首平靈璧。敗虜將蕭琦而降之。又平虹縣。降蒲察徒穆大周仁。歸附者以萬計。又敗虜人于宿而得其州。可謂日百里以闢國。月三捷以奏功矣。投機而進。勢如破竹。恢復有期。神人交慶。正勇者效力。智者獻謀時也。況臣誤蒙親擢。為耳目之官。可無愚者一得之慮。以裨廟謨雄斷之萬一乎。臣竊謂王者仁義之兵。為弔伐而舉。況中原本吾土地。人民本吾赤子。正宜諭之以恩信。

先之以招納。不得已而戰伐隨之。臣慮諸將或不知此。臨陣之際。未必無過有殺傷。捷獲之後。又未必無秋毫之犯。恐傷陛下好生之德。失中原來蘇之望。欲乞陛下密詔張浚。深戒敕之。昔李晟平長安。李愬入蔡。國朝曹彬平金陵。皆得王師弔伐之意。宜諭諸將以此為法。庶幾富貴可以及子孫。功名可以垂竹帛也。又三虜將既降。宜速加封爵。以勸來者。昔沛公入關。留圍宛城。陳恢說以莫若約降。封其守。因使止守。諸城未下者。必聞聲爭開門而待之。沛公從其言。南陽守齮降。封為商侯。封陳恢千戶。引兵西。無不下者。今中原列城為虜守者。聞皆有離心。非不欲降。但未知吾所以待之者如何耳。彼聞蕭琦蒲察之徒降而受賞。亦何憚而不來。不然。則其心愈疑。而其守愈堅矣。今日之事。正宜若沛公用陳恢策。則可以不戰而屈人兵也。臣又聞汪澈被召。已至中途。未知誰攝其任。臣謂宜令張浚兼節制荊襄。庶得令出于一。輕重不偏。將士協心。遠近同體。緩急可以相聞。勝負可以相援。況荊襄將士素懷浚恩德。皇甫倜之徒。尤服浚威名。若使浚兼制之。則人必樂於用命矣。又吳璘退師保蜀。陛下亦宜以進取事詔之。且明諭以前日退保由建議者之失。不惜為悔過語以慰將士及三路人心。令璘觀時度勢。以圖進取。如秦隴可復得。宜即進吞以相掎角。以牽制虜人南牧之患。如是則虜數處受敵。救覆亡之不暇。縱未得其頭顱。必將遠竄沙漠矣。此數者皆今日之所甚急。臣願陛下與一二大臣速議。如臣言可採。乞賜施行。今正是天以機會受陛下。時不可失也。

十朋論用兵事宜劄子曰。臣竊以今日之事。有不可輕改者。曰用人。有不可不決策者。曰進蹕。有不可不深慮者。曰荊襄。有不可不急治者。曰兵賦。自古人君相與圖進取之計。必有一定不易之規模。知一勝一負為兵家常勢故少勝不為之喜小敗不為之沮秦穆用孟明三敗而後霸西戎漢高爭天下屢敗而後擒項羽諸葛亮才兼文武而有馬謖街亭之敗至於上表自劾蜀主不廢之卒能與吳魏抗衡而功蓋三分之國國朝范仲淹韓琦皆一代名臣俱有材畧其經略西夏也而亦有任福三川之敗仁祖不廢之卒能臣元昊而安中國此皆規模素定於胸次故能收異日之大功臣聞前日淮甸之師一月三捷宿州不利蓋亦兵家勝負常勢也異議者遂從而搖撼將帥之臣且謂大將不還以貽聖慮令李顯忠邵宏淵及諸統制軍馬已回濠泗矣亦足見小人幸災樂禍扇為浮言務在中傷不可不察也恭聞陛下遣中使給御札慰安張浚撫勞將士仍放顯忠等罪憫其血戰之勞而赦其一眚之愆真得前古帝王御將之道矣然外議詾詾謂陛下宣召楊存中欲用為主帥臣竊料聖意必不然然當人情紛擾之際不能無市虎之惑既而聞之初欲除荊襄宣撫又改御營使及聞邊報稍寧其議遂寢疑者雖稍息而不能無慮焉存中為將同功天下皆知之黷貨無厭交結中外爵位已極而求進不已彼其心但幸國家之有禍遂欲投隙而進亦何求而不得耶御營使不已必將有大於此者命令一出必失軍民之心使江淮荊襄隴蜀將士聞之必致解體且謂朝廷曰王師小衂而遽欲變易大帥非所以安人情威戎虜也臣所謂不能無患者在此建炎紹興間太上皇巡幸止用宰相樞密為御營使李綱朱勝非等嘗為之陛下將為視師之舉宜遵用故事以兩府大臣兼之足矣朝廷雖乏才其可以此輕屢存中輩耶此事尤在聖心素定不可變易於倉卒之間此臣所謂不可輕改者曰用人也臣聞天下之勢不在國之強弱而在氣之如何氣振則轉弱而為強氣沮則變強而為弱雖至強而懼則慄氣餒之

也雖至弱而怒則衝氣激之也景德間契丹舉國南寇王欽若請幸金陵陳堯叟請幸蜀以避其鋒真宗以問寇準準曰誰為陛下畫此策者罪可斬也今胡虜近迫西方危心當勵眾禦敵以衛社稷惟當進尺不可退寸奈何欲委棄宗廟遠之楚蜀鑾輿回轉一步則萬眾雲散四方瓦解楚蜀尚可至耶真宗善其計乃幸澶淵將士鼓勇射殺撻覽虜眾遂退此作氣以破敵轉弱而為強之尤大者也前年太上皇下親征之詔為建康之幸作士氣以走胡騎蓋得策矣惜乎議者不建遠大之計而遽回臨安也陛下前日下詔視師中外鼓舞秋涼進發或者猶以為遲今王師退保濠泗督府遠在盱眙陛下宜速進蹕以幸建康居六朝帝王之宅據東南形勢之勝可以援吳蜀可以控四方可以遠海道之虞可以壯淮甸之勢四方聞之孰不增氣至若百司之眾在今宜省犒勞之費比舊宜節庶幾萬騎易動如聖訓所謂當如創業時此臣所謂不可不決策者曰進蹕也臣聞荊襄居天下形勢之中乃古今必爭之地萬一虜人乘虛而入使川陝隔絕則東南之勢孤矣近聞朝廷既罷汪澈命張浚兼都督之使令出於一固已得策又用王彥知襄陽議者以為得人又聞以彥節制趙撙則或以為不可撙久在荊襄得士卒心彥自外來遽令受其節制恐武臣氣不相下或生釁端兼張浚在淮去荊襄遠甚或有機會恐闕報失期臣謂宜於前兩府侍從中擇一重臣威名稍著者以為宣撫既以浚督之又以重臣制之使彥與撙輩各當一面則荊襄可以無虞矣今朝廷知備淮甸而遠荊襄此臣所謂不可不深慮者此也今國家大則為進取之圖次則為守禦之計然議論及兵則其言必怯者以其所乏者兵與財也則兵不可以不招財不可以不理竊聞西北歸附之民其有可以為兵者眾督府及諸將不敢多募之者懼

國家有養之之費也。然今日之勢有不得不招。軍命張浚諭江淮荊襄諸將招其可用者而籍之。汰其無用者而民之。縱未至多。亦可補塡折傷之額。又東南之民亦有可用者。如江西福建及台之仙居婺之東陽諸處。其人皆健而善鬬。往往曹聚於茶商鹽賈間。可命守帥之臣重其直以招之。必有應募者。廣海諸寇有就招安者。可從而籍之。州縣有犯茶鹽禁者貸其罪而兵之。亦可以少補軍籍也。至如財者。臣以爲生之不如節之。今國家比天下全盛太平無事時非不節約。比祖宗創業艱難時。則可省非一也。乾德開寶間宮人不滿二百。宮猶以爲多。左右内臣止有五十餘員。止令掌宮掖。未嘗干預政事。宮殿内帷掛青布緣簾緋絹帳紫紬褥。今宮人之數。内臣之員。豈能盡如藝祖時乎。臣前日嘗奏欲聖躬親率之者。蓋欲以藝祖爲法也。近日臺諫所議裁減。雖日計不足。而歲計有餘。亦不爲無補。然奏已上

而未行者。豈以衆怨所在。而朝廷不敢當耶。今疆場未靜。上下同憂。權宜裁減。以紓國用。臺諫既以身任怨。大臣何避之有。至如理財之術。莫如遴選板曹。臣前日與諫臣共留趙子潚者。誠恐今日理財之臣未必賢於子潚也。似聞海寇稍息。不若別擇代者。而還子潚。不唯可以理財。如旦夕車駕進發。輦轂之下。譏議之察。議者謂非子潚不可也。此臣所謂不可不急治者此也。臣所陳四事。願陛下付大臣議之。如有可採。乞賜施行。

陳亮上五論曰。臣聞治國有大體。謀敵有大略。立大體而後紀綱正。定大略而後機變行。此不易之道也。仰惟陛下以睿聖神武之資。充碩大光明之學。留神政事。厲志恢復。罔敢自暇自逸。而大欲未遂。大業未濟。意者大體之未立而大略之未定歟。臣嘗爲陛下有憂於此矣。常欲輸肝膽。効情素。上書於北闕之下。又念世俗適薄。獻言之人。

動必有覬。心雖不然。跡或近似。相師成風。誰能不疑。既已疑矣。安能察其言而明其心。此臣之所大懼而卒以自沮也。今年春隨試禮部。僥倖一中。庶幾俯伏殿陛。畢寫區區之忠。以徹天聽。有司以爲不肖。竟從黜落。不得進望清光。以遂苦願。虛手東歸。杜門求志。因以爲功名之在人。猶在己也。懷愚負計。而不以裨上之萬一。是忘世也。有君如此。而忠言之不進。是匿情也已。無他心而防人之疑。是自信不篤也。故書其中興論一千八百餘言。大體大略。於斯見矣。并論開誠執要勵臣正體之道。合五篇。上干天聽。惟陛下寬其萬死。不以爲草茅之言。而留神財幸。是天下社稷之福也。於臣何有。

其一論中興曰。臣竊惟海内塗炭。四十餘載矣。赤子嗸嗸無告。不可以不拯。國家憑陵之恥。不可以不雪。陵寢不可以不還。輿地不可以不復。此三尺童子之所共知。曩獨畏其強耳。韓信有言。能反

其道。其強易弱。況今虜酋庸懦。政令日弛。捨戎狄鞍馬之長。而從事中州浮靡之習。君臣之間。日趨怠惰。自古夷狄之強。未有四五十年而無變者。稽之天時。揆之人事。當不遠矣。不於此時早爲之圖。縱有他變。何以乘之。萬一虜人懲創。更立令主。不然。豪傑並起。業歸他姓。則南北之患方始。又況南渡已久。中原父老日以殂謝。生長於戎。豈知有我。昔宋文帝欲取河南故地。魏太武以爲我自生髮未燥。即知河南是我境土。安得爲南朝故地。故文帝既得而復失之。河北諸鎮。終唐之世。以奉賊爲忠義。狃於其習。而時被其恩。力與上國爲敵。而不自知其爲逆。過此以往。而不能恢復。則中原之民。烏知我之爲誰。縱有倍力。功未必半。以俚俗論之。父祖質產於人。子孫不能繼贖。更數十年。時事一變。皆自陳於官。認爲故產。吾安得言質而復取之。則今日之事。可得而更緩乎。陛下以神

武之資，憂勤側席。慨然有平一天下之志，固已不惑於群議矣。然猶恚人心之不同，天時之未順，賢者私憂而姦者竊笑，是何也。不思所以反其道故也。誠反其道，則政化行，政化行則人心同，人心同則天時順。天不遠人，人不自反耳。今宜清中書之務以立大計，重六卿之權以總大綱，任賢使能以清官曹，尊老慈幼以厚風俗，減進士以列選能之科，革任子以崇薦舉之實，多置臺諫以肅朝綱，精擇監司以清郡邑，簡法重令以澄其源，崇禮立制以齊其習，立綱目以節浮費，示先務以斥虛文，嚴政條以核名實，懲吏姦以明賞罰，時省外郡之卒以充禁旅之數，調度總司之贏以佐軍旅之儲，擇守令以滋戶口，戶口繁而財自阜，柬將佐以立軍政，軍政明而兵自強，置大帥以總邊陲，委之專而邊陲之利自興，任文武以分邊郡，付之久而邊郡之守自固，右武事以振國家之勢，來敵

言以作天下之氣，稍間諜以得虜人之情，據形勢以動中原之心。不出數月，紀綱自定，比及兩稔，內外自實，人心自同，天時自順，有所不往，一往而民自歸。何者，耳同聽而心同服。有所不動，一動而敵自鬭。何者，形同趨而勢同利，中興之功可蹻足而須也。夫攻守之道必有奇變，形之而敵必從，衝之而敵莫救，禁之而敵不敢動，乖之而敵不知所往，故我常專而敵常分，敵有窮而我常無窮也。夫奇變之道雖本乎人謀，而常因乎地形。一縱一橫，或長或短，緩急之相形，盈虛之相傾，此人謀之所措，而奇變之所寓也。今東西彌亘綿數千里，如長蛇之橫道，地形適等，無所參錯，攻守之道無他奇變，今朝廷鑒守江之弊，大城兩淮，慮非不深也，能保吾城之卒守乎，故不若為術以乘其所之。至論進取之道，必先東舉齊，西舉秦，則大河之南，長淮以北，固吾腹中物。齊秦誠天下之兩臂也，

秦虜人以為天設之險而固守之乎。故必有批亢擣虛，形格勢禁之道，竊嘗觀天下之大勢矣，襄漢者敵人之所緩，今日之所當有事也。控引京洛，側睨淮蔡，包括荊楚，襟帶吳蜀，沃野千里，可耕可守，地形四通，可左可右，今誠命一重臣德望素著謀謨明審者鎮撫荊襄，輯和軍民，開布大信，不爭小利，謹擇守宰，省刑薄斂，進城要險，大建屯田，荊楚奇才劍客自昔稱雄，徐行召募以實軍籍，民俗剽悍，聽於農隙時講武藝，襄陽既為重鎮，而均隨信陽及光一切用藝祖委任邊將之法，給以州兵，而更使自募，與以州賦而縱其自用，使之養士足以得死力，用間足以得敵情，兵雖少而眾建其助，官雖輕而重假其權，列城相援，比鄰相和，養銳以伺，觀機而發。一旦狂虜玩故習常，來犯江淮，則荊襄之師率諸軍進討，襲有唐鄧諸州，見兵於潁蔡之間，示必截其後，且命諸州轉城進寨，如

三受降城法，依吳軍故城為蔡州，使唐鄧相距各二百里，並桐柏山以為固，揚兵擣壘，增陂深塹，招集土豪，千家一堡，興雜耕之利，為久駐之基，敵來則嬰城固守，出奇制變，敵去則列城相應，首尾如一。稍間探明斥堠，諸軍進屯光黃安隨襄郢之間，前為諸州之援，後依屯田之利，朝廷徙都建業，築行宮於武昌，大駕時一巡幸。虜知吾意在京洛，則京洛陳許汝鄭之備當日增，而東西之勢分矣。東西之勢分，則齊秦之間可乘矣，四川之帥親率大軍以持鳳翔之虜，別命驍將出祁山以截隴右，偏將由子午以窺長安，金房開達之師入武關以鎮三輔，則秦地可謀矣。命山東之歸正者往說豪傑，陰為內應，舟師由海道以擣其脊，彼方支吾奔走，而大軍兩道並進以截其胸，則齊地可謀矣。吾雖示形於唐鄧上蔡而不再謀進，坐為東西形援，勢如獲臂，彼將愈疑吾之有意京洛，特持

重以示不進則京洛之備愈專而吾必得志於齊秦矣撫定齊秦則京洛將安往哉此所謂批亢擣虛形格勢禁之道也就使吾未為東西之舉彼必不敢離京洛而輕犯江淮亦可謂乘其所之也又使其合力以壓唐鄧則淮西之師起而禁其東合房開達之師起而禁其西變化形敵多方牽制而權始在我矣然荊襄之師必得純意於國家而無貪功生事之心者而後付之平居無事則欲開布誠信以攻敵心一旦進取則欲見便揮利而止以禁敵勢東西之師有功則欲制馭諸將持重不進以分敵形此非陸抗羊祜之徒孰能為之夫伐國大事也昔人以為譬拔小兒之齒必以漸搖撼之一拔得齒必且損兒今欲竭東南之力成大舉之勢臣恐進取未必得志得地未必能守邂逅不如意則吾之根本撼矣此豈謀國萬全之道臣故曰攻守之間必有奇變臣謀人也何足

以明天下之大計姑跋愚慮之崖略曰中興論惟陛下裁幸

其二論開誠曰臣嘗觀自古大有為之君慷慨果敢而示之以必為之意明白洞達而開之以無隱之誠故天下雄偉英豪之士聲從響應雲蒸霧集爭以其所長自効而不敢萌欺罔之心截然各職其職而不敢生不滿之念故所欲而獲所為而成而卓乎其不可及也仰惟陛下英睿神武出於天縱嗣承大統于今八年天下咸知其為真英主矣而所欲未獲所為未成雖臣亦為陛下疑之也夫慷慨果敢陛下固示之以必為之意矣而天下之氣索然而不吾應或者明白洞達開之以無隱之誠者容有未至乎夫任人之道非必每事疑之而後非無隱之誠也心知其不足任而姑使之以充吾位使之既久而姑遷之以慰其心身尊位大而大責或不必任職親地密而密議或不得聞聽其言與之以位而不責其實責其實進之以目前而不待其成陛下自度任人之際頗亦有近於此者乎如或近之則非所謂明白洞達開之以無隱之誠也故天下懦庸委瑣之人得以自容而無嫌而狂斐妄誕之流得以肆言而無忌中實無能而外為欺罔位實非稱而意輒不滿平居則何官不可為緩急則何人不退縮是豈陛下當宁而嘆天下人才無一之可用而謂書生誠不足以有為則非陛下之過也天下之士有以致之耳雖然何世不生才何才不資世天下雄偉英豪之士未嘗不延頸待用而每視人主之心為如何使人主虛心以待之推誠以用之雖不必高爵重祿而可使之死況於其中之計謀乎人主而有矜天下之心則雖高爵重祿日陳于前而雄偉英豪之士有窮餓而死爾義有所不屑於此也夫天下之可以爵位誘者皆非所謂雄偉英豪之士也陛下勿以其可以爵位誘效使

而婢呼之天下固有雄偉英豪之士懼陛下誠心之不至而未來也臣願陛下虛懷易慮開心見誠疑則勿用用則勿疑與其位勿奪其職任以事勿間以言大臣必使之當大責近臣必使之與密議才不堪此不以其易制而姑留才止於此不以其久次而姑遷言必責其實實必要其成君臣之間相與如一體明白洞達磊然無隱而猶不得雄偉英豪之士以共濟大業則陛下可以斥天下之士而不與之共斯世矣不然臣恐孤陛下必為之心沮天下願為之志兩相求而不相值也以陛下英睿神武之資視古之賢君無所不及而有過之者而其效乃爾此臣所以區區愛君之心不能自已而輒獻其愚忠惟陛下裁幸

其三論執要曰臣竊惟陛下自踐阼以來親事法宮之中明見萬里之外發一政用一人無非出於獨斷下至朝廷之小臣郡縣之

瑣政。一切上勞聖慮。雖陛下聰明天縱。不憚勞苦。而臣竊以爲人主之職本在於辨邪正。專委任。明政之大體。總權之大綱。而屑屑焉一事之必親。臣恐天下有以妄議陛下之好詳也。自祖宗以來。軍國大事。三省議定面奏獲旨差除。即以熟狀進入。獲可始下中書造命。門下審讀。有未當者。在中書則舍人封繳之。在門下則給事封駁之。始過尚書奉行。有未當者。侍從論思之。臺諫劾舉之。此所以立政之大體。總權之大綱。端拱於上。而天下自治。用此道也。今朝廷有一政事。而多出於御批。有一委任。而多出於特旨。使政事而皆善。委任而皆當。固足以彰陛下之聖德。而猶不免好詳之名。萬一不然。而徒使宰輔之避事者。得用以藉口。此臣愛君之心所不能以自已也。臣願陛下操其要於上。而分其詳於下。凡一政事。一委任。必使三省審議取旨。不降御批。不出特旨。一切用祖宗

上下相維之法。使權固在我。不蹈曩日專權之患。而怨有所歸。無代大臣受怨之失。此臣所以爲陛下願之也。臣聞之故老言。仁宗朝有勸仁宗以收攬權柄。凡事皆從中出。勿令人臣弄威福。仁宗曰。卿言固善。然措置天下事。正不欲專從朕出。若自朕出。皆是則可。有一不然。難以遽改。不若付之公議。令宰相行之。行之而天下不以爲便。則臺諫公言其失。改之爲易。大哉王言。此百世人主之所當法。而況於聖子神孫乎。史之稱光武曰。明謹政體。總攬權綱。政體者。政之大體也。權綱者。權之大綱也。臣願陛下立政之大體總權之大綱。辨邪正。專委任。以章天下。得操要之實。而擧好詳之弊。則天下雄偉英豪之士。必有能奮然出力以辦今日之事者矣。臣不勝大願。

其四論勵臣曰。臣聞上下同心。君臣戮力者。事無不濟。上下相蒙。君臣異志者。功無不隳。春秋之時。晉伐楚。三合不止。大夫請擊之。莊王曰。先君之時。晉不伐楚。及孤之身而晉伐楚。是寡人之過也。如何其辱諸大夫也。大夫曰。先君之時晉不伐楚。及臣之身而晉伐楚。是臣之罪也。請擊之。莊王俛泣而起拜。晉師聞而夜還。越王求成於吳而歸。抱柱而哭。承之以禰。群臣聞之曰。君王何愁心之甚也。夫復讎謀敵。非君王之獨憂。乃臣下之急務也。其後越父兄請報恥。越王曰。昔者我辱也。非二三子之罪也。寡人何敢勞國人以塞吾讎。父兄曰。四封之內。盡吾君子。子報父仇。誰敢不力。越王卒用以滅吳。區區楚越。有臣如此。而謂堂堂大國。反無君憂臣辱臣死之義乎。今陛下慨念國家之恥。勵復讎之志。夙夜爲謀。稍時伺隙。而群臣邈焉不知所急。毛擧細事。以亂大謀。甚者僥倖茍且。習以成風。陛下數降詔以切責之。厲天威以臨之。而養安如故。無復

趨事赴功念讎報恥之心。豈群臣樂於負陛下哉。亦玩故習常。勢流於此而不自知也。臣願陛下慨然興懷。不御正殿。減膳徹樂。夕惕若厲。立群臣而語之曰。朕承太上皇帝付託之重。念國家之深恥。志在復讎。八年于茲。若涉淵冰。未知攸濟。而群臣玩故養安。無肯戮力。是朕不明不德。不足以承大寶。圖大業。其何顏以臨於王公民士之上。況敢即安以自取辱。群臣震懼頓首請罪。然後徐諭之曰。朕固未敢即安。群臣猶以朕可與有爲。其各共厥職。勉趨厥事。上率其下。下勉其上。自度其力之不逮者。無尸厥官。朕將明賞罰以厲其後。由今以往。群臣咸爲朕思所以畏天愛民。求賢發政富國強兵。復讎謀敵之道。無以小事塞責。無以小謀亂大。相與熟講惟新之政。使內外有序。則朕即安之日。陛下惕然側席。圖濟大業。而群臣不能惕然承意竭力。以報其上。是人而禽獸者也。誅之

殺之。何所不可。誠使上下同心。君臣戮力。則何事之不濟哉。

其五論正體曰。臣聞君以仁為體。臣以忠為體。徧覆包含如天地之大仁也。公家之事。知無不為忠也。故君行恩而臣行令。慶曆間杜衍輔政。遇有內降。輒封還之。仁宗以杜衍不可告之而止者。又多於所封還。治平初。任守忠離間兩宮。韓琦乘間開悟上心。斥之遠方。仍放謝辭。即日押出國門。君當其善。臣當其怨。君臣之體也。澶淵之役。自寇準而下。均欲追戰。章聖皇帝獨惻然許和。及其議歲幣也。章聖不欲深較。而準戒曹利用以不得過三十萬。天聖初。契丹借兵伐高麗。明肅太后徽許其使。呂夷簡堅以為不可而塞之。其後劉六符來求割地。夷簡召至殿廬。以言折之。君任其美。臣任其責。君臣之體也。今則不然。陛下銳意於有為。不顧浮議。而群臣持祿固位。多務收恩。陛下慨然立計。不屈醜虜。而群臣動欲隨順圖褰谿。使陛下孤立以主大計。群臣安坐而竊美名。是尚為得君臣之體乎。臣願陛下總攬大柄。端己責成。畏天愛民。以德自謙。明詔大臣。使當大任。不憚小怨。不辭大艱。使天下戴陛下之息。而嚴大臣之執守。敵人服陛下之德。而憚大臣之忠果。則何事之不濟。何功之不成。此祖宗養人心以行德義。正君臣之體。而為百世不易之家法也。故願陛下仰法祖宗。而大臣以寇準呂夷簡杜衍韓琦為法。天下有不足為者矣。

亮又上書曰。臣竊惟中國。天地之正氣也。天命之所鍾也。人心之所會也。衣冠禮樂之所萃也。百代帝王之所以相承也。豈天地之外夷狄邪氣之所可奸哉。不幸而能奸之。至於挈中國衣冠禮樂而寓之偏方。雖天命人心猶有所繫。然豈以是為可久安而無事也。使其君臣上下苟一朝之安而息心於一隅。凡其志慮之所經營。一切置中國於度外。如元氣偏注一肢。其他肢體往往萎枯而不自覺矣。則其所謂一肢者。又何恃

而能久存哉。天地之正氣。鬱遏於腥膻而久不得騁。必將有所發泄。而天命人心。固非偏方之所可久繫也。東晉自元帝息心於一隅。而胡羯鮮卑氐羌迭起中國。中國無歲不尋干戈。而江左卒亦不得一日寧。然淵勒遂無遺種。而慈懷之痛猶有所諉以自安也。晉之植根本無可言者。而江左諸臣若祖逖周訪陶侃庾翼之徒。皆有虎視河洛之意。而桓溫之師西至灞上。東至枋頭。又於其間脩陵寢於洛陽。蓋猶未盡置中國於度外也。故劉裕竟能一平河洛。而後晉亡。百年之間。其事既已如此。而天地之正氣固將有所發泄矣。元魏起而承之。孝文遂定都洛陽。以修中國之衣冠禮樂。而江左衣冠禮樂之舊非復天命人心之所繫矣。是以一天下者卒在西北而不在東南。天人之際。豈不甚可畏哉。一日之苟安。數百年之大禍也。恭惟我國家二百年太平之基。三代之所無也。二聖北狩之痛。漢唐之所未有也。堂堂中國。而蠢爾醜虜安坐而據之。以二帝三主之所都。而為五十年犬羊之淵藪。國家之恥不得雪。臣子之憤不得伸。天地之正氣不得而發泄也。方南渡之初。君臣上下痛心疾首。誓不與虜俱生。卒能以奔敗之餘而勝百戰之虜。及秦檜倡邪議以沮之。忠臣義士斥死南方。而天下之氣惰矣。三十年之餘。雖西北流寓皆抱孫長息於東南。而君父之大讎一切不復關念。自非逆亮送死淮南。亦不知兵戈之為何事也。況望其憤中國之腥膻而相率北向以發一矢哉。丙午丁未之變。距今尚以為遠。而靖康皇帝之禍。蓋陛下即位之前一年也。獨陛下奮不自顧。志在殲虜。而天下之人安然如無事。時方口議腹非。以陛下為喜功名而不恤後患。雖陛下亦不能以崇高之勢而獨勝之。隱忍以至于今。又十有七年矣。昔者春秋之時。君臣父子相戕殺之禍舉一世皆安之。而孔子獨以為三綱既絕。則人道遂為禽

獸夷狄皇皇奔走義不能以一朝安然卒於無所寓而發其志於春秋之書猶能以懼亂臣賊子今者舉一世而忘君父之大讎此豈人道之所可安乎使學者知學孔子當迫陛下以有為決不泪陛下以苟安也南師之不出於今幾年矣河洛腥羶而天地之正氣抑鬱而不得泄豈以堂堂中國而五十年之間無一豪傑之能自奮哉其勢必有時而發泄矣苟國家不能起而承之必將有承之者矣不可恃衣冠禮樂之舊祖宗積累之深以為天命人心可以安坐而久繫也皇天無親惟德是輔民心無常惟惠之懷自三代聖人皆知其為甚可畏也春秋之末齊晉秦楚皆衰諸侯往往困於陪臣而不自振當此之時雖如魯衛之邦苟能舉大義以正諸侯則天下可以一指麾而定也孔子惓惓斯世而卒莫能用吳越起於蠻夷之小邦而舉兵以臨齊晉如履無人之地遂徇諸侯黃池之會孔子之所甚痛也天地

之氣發泄於蠻夷之小邦可以明中國之無人矣王通有言夷狄之德黎民懷之三才其捨諸此今世儒者之所未講也今醜虜之植根既久不可以一舉而遂滅國家之大勢未張不可以一朝而大舉而人情皆便於通和者勸陛下積財養兵以待時也臣以為通和者所以成上下之苟安而為妄庸兩售之地宜其為人情之所甚便也自和好之成十有餘年凡今日之指畫方略者他日將用之以坐籌也今日之擊毬射鵰者他日將用之以決勝也府庫充滿無非財也介冑鮮明無非兵也使兵端一開則其跡敗矣何者人才以用而見其能否安坐而能者不足恃也兵食以用而見其盈虛安坐而盈者不足恃也而朝廷方幸一旦之無事庸愚齷齪之人皆得以守格令行文書以奉陛下之使令而陛下亦幸其易制而無他也是使度外之士擯棄而不得騁日月蹉跎而老將至矣臣故曰通和者所以成上下之苟安而為妄庸兩售之地也東晉百年之間未嘗與虜通和也故其臣東西馳騁而多可用之才今和好一不通而朝野之論常如虜兵之在境惟恐其不得和也雖陛下亦不得不和矣昔者虜人草居野處往來無常能使人不知所備而兵無日不可出也今也城郭宮室政教號令一切不異於中國點兵聚糧文移往返動涉歲月一方有警三邊搔動此豈能歲出師以擾我乎是固不知勢者之論也然使朝野常如虜兵之在境乃國家之福而英雄所用以爭天下之機也執事者胡為速和以惰其心乎晉楚之戰於鄢也欒書以為楚自克庸以來其君無日不討國人而訓之于民生之不易禍至之無日戒懼之不可以怠在軍無日不討軍實而申儆之于勝之不可保紂之百克而卒無後晉楚之弭兵於宋也子罕以為兵所以威不軌而昭文德也聖人以興亂人以廢廢興存亡昏明之術皆兵之由也

而求去之是以誣道蔽諸侯也夫人心之不可惰兵之不可廢故雖成康之太平猶有所謂四征不庭張皇六師者此李沆之所以深不願真宗皇帝之與虜和親也況南北角立之時而廢兵以惰人心使之安於忘君父之大讎而置中國於度外是以便妄庸之人則執事者之失策亦甚矣陛下何不明大義而慨然與虜絕也貶損乘輿卻御正殿痛自克責誓必復讎以勵群臣以振天下之氣以動中原之心雖未出兵而人心不敢惰矣東西馳騁而人才出矣盈虛相補而兵食見矣狂妄之辭不攻而自息懦庸之夫不却而自退縮矣當有度外之士起而惟陛下之所欲用矣是雲合響應之勢而非可安坐而致也臣請為陛下陳國家立國之本末而開今日大有為之略論天下形勢之消長而決今日大有為之機伏惟陛下試垂聽之唐自肅代以後上失其柄而藩鎮自相雄長擅其土地人民用其甲兵財

賦官爵惟其所命而人才亦各盡心於其所事卒以成君弱臣強正統數易之禍蓋祖皇帝一興而四方次第而平藩鎮拱手以趨約束使列郡各得自達於京師以京官權知三年一易財歸於漕司而兵各歸於郡朝廷以一紙下郡國如臂之使指無有留難自管庫微職必命於朝廷而天下之勢一矣故京師常宿重兵以為固而郡國亦各有禁軍無非天子所以自守其地也兵皆天子之兵財皆天子之財官皆天子之官民皆天子之民綱紀總攝法令明備郡縣不得以一事自專也士以尺度而取官以資格而進不求度外之奇才不慕絕世之偉功天子蚤夜憂勤於其上以禮義廉恥嬰士大夫之心以仁義公恕厚斯民之生舉天下皆由於規矩準繩之中而二百年太平之基從此而立然夷狄遂得以猖狂恣雎與中國抗衡儼然為南北兩朝而頭目手足渾然無別微澶淵一戰則中國之勢浸微根本

雖厚而不可立矣故慶曆增幣之事富弼以為朝廷之大恥而終身不敢自論其勞蓋夷狄征令是主上之操也天子供貢是臣下之禮也夷狄之所以卒勝中國者其積有漸也立國之初其勢固必至此故我祖宗常嚴廟堂而尊大臣寬郡縣而重守令於文法之內未嘗折困天下之富商巨室於格律之外有以容獎天下之英偉奇傑皆所以助立國之勢而為不虞之備也慶曆諸臣亦嘗憤中國之勢不振矣而其大要則使群臣爭進其說更法易令而廟堂輕矣嚴按察之權邀功生事而郡縣又輕矣豈惟於立國之勢無所助又從而朘削之雖微章得象陳執中以排沮其事亦安得而不自沮哉獨其破去舊例以不次用人而勸農桑務寬大為有合於因革之宜而其大要已非矣此所以不能洗夷狄平視中國之恥而卒發神宗皇帝之大憤也王安石以正法度之說首合聖意而其實則欲籍天下之兵

盡歸於朝廷別行教閱以為強也括郡縣之利盡入於朝廷別行封椿以為富也青苗之政惟恐富民之不困也均輸之法惟恐商賈之不折也罪無大小動輒興獄而士大夫緘口畏事矣西北兩邊至使內臣經畫而豪傑恥於為役矣徒使神宗皇帝見兵財之數既多銳然南征北伐卒乖聖意而天下之勢實未嘗振也彼蓋不知朝廷立國之勢正患文為之太密事權之太分郡縣太輕而委瑣不足恃兵財太關於上而重遲不易舉祖宗惟用前四者以助其勢而安石竭之不遺餘力不知立國之本末者真不足以謀國也元祐紹聖一反一覆而卒為夷狄侵侮之資尚何望其振中國以威夷狄哉南渡以來大抵遵祖宗之舊雖微有因革增損不足為輕重有無如趙鼎諸臣固已不究變通之理而況秦檜盡取而沮毀之忍恥事讎飾太平於一隅以為欺其罪可勝誅哉陛下憤王業之屈於一隅勵志復讎

而不免籍天下之兵以為強括郡縣之利以為富加惠百姓而富人無五年之積不重征稅而大商無巨萬之藏國勢日以困竭臣恐尺籍之兵府庫之財不足以支一旦之用也陛下早朝晏罷以冀中興日月之功而以繩墨取人以文法涖事聖斷裁制中外而大臣充位胥吏坐行條令而百司逃責人才日以闒茸臣恐程文之士資格之官不足以當度外之用也藝祖皇帝經畫天下之大略太宗皇帝已不能盡用臣不敢盡具之紙墨令其遺意豈無望於陛下也陛下苟推原其意而行之可以開社稷數百年之基而況於復故物乎不然維持之具既窮臣恐祖宗之積累亦不足恃也陛下試幸令臣畢陳於前則今日大有為之略必知所處矣夫吳蜀天地之偏氣也錢塘又吳之一隅也當唐之衰而錢鏐以閭巷之雄起王其地自以不能獨立常朝事中國以為重及我宋受命俶以其家入京師而自獻其

土。故錢塘終始五代。被兵最少。而二百年之間。人物日以繁盛。遂甲於東南。及建炎紹興之間。為六飛所駐之地。當時論者固已疑其不足以張形勢而事恢復矣。秦檜又從而備百司庶府以講禮樂於其中。其風俗固已華靡。士大夫又從而治園囿臺榭以樂其生於干戈之餘。上下晏安。而錢塘為樂國矣。一隙之地。本不足以容萬乘。而鎮壓且五十年。山川之氣。蓋亦發泄而無餘矣。故穀粟桑麻絲枲之利。歲耗於一歲。禽獸魚鱉草木之生。日微於一日。而上下不以為異也。公卿將相大抵多江浙閩蜀之人。而人才亦日以凡下。場屋之士以十萬數。而文墨小異已足以稱雄於其間矣。陛下據錢塘已耗之氣。用閩浙日衰之士。而欲鼓東南習安脆弱之衆。北向以爭中原。臣是以知其難也。荊襄之地。在春秋時。楚用以虎視齊晉。而齊晉不能屈也。及戰國之際。獨能與秦爭帝。其後三百餘年。而光武起於南陽。同

時共事。往往多南陽故人。又二百餘年。遂為三國交爭之地。諸葛亮由此起輔先主。荊楚之士從之如雲。而漢氏賴以復存於蜀。周瑜魯肅呂蒙陸遜陸抗鄧艾羊祜皆以其地顯名。又百餘年而晉氏南渡。荊雍常雄於東南。而東南往往倚以為強。梁竟以此代齊。及其氣發泄無餘。而隋唐以來遂為偏方下州。五代之際。高氏獨常臣事諸國。本朝二百年之間。降為荒落之邦。北連許汝。民居稀少。土產庳薄。人才之能通姓名於上國者。如晨星之相望。況至於建炎紹興之際。群盜出沒於其間。而被禍尤極。以迄于今。雖南北分畫。交據往往又置於不足用。民食無所從出。而兵不可由此而進。議者或以為憂。而不知其勢之足用也。其地雖要為偏方。然未有偏方之氣五六百年而不發泄者。況其東通吳會。西連巴蜀。南極湖湘。北控關洛。左右伸縮。皆足為進取之機。今誠能開墾其地。洗濯其人。以發泄其氣而用之。

使足以接關洛之氣。則可以爭衡於中國矣。是亦形勢消長之常數也。陛下慨然移都建業。百司庶府皆從草創。軍國之儀皆從簡略。又作行宮於武昌。以示不敢寧居之意。常以江淮之師為虜人侵軼之備。而精擇一人之沈鷙有謀開豁無他者。委以荊襄之任。寬其文法。聽其廢置。撫摩振厲於三數年之間。則國家之勢成矣。至於相時弛張以就形勢者。又非書之所能盡載也。石晉失盧龍一道以成開運之禍。蓋丙午丁未歲也。明年。藝祖皇帝始從郭太祖征伐。卒以平定天下。其後契丹以甲辰敗於澶淵。而丁未戊申之間。真宗皇帝東封西祀。以告太平。蓋本朝極盛之時也。又六十年。而神宗皇帝實以丁未歲即位。國家之事於是一變矣。又六十年而丙午丁未遂為靖康之禍。天獨啓陛下於是年。而又啓陛下以北向復讎之志。今者去丙午丁未近在十年間爾。天道六十年一變。陛下可不有以應其變乎。

此誠今日大有為之機。不可苟安以玩歲月也。臣不佞。自少有驅馳四方之志。常欲求天下豪傑之士而與之論今日之大計。蓋嘗數至行都。而人物如林。其論皆不足以起人意。臣是以知陛下大有為之志孤矣。辛卯壬辰之間。始退而窮天地造化之初。考古今沿革之變。以推極皇帝王伯之道。而得漢魏晉唐長短之由。天人之際。昭昭然可察而知也。始悟今世之儒士自以為得正心誠意之學者。皆風痺不知痛癢之人也。舉一世安於君父之讎。而方低頭拱手以談性命。不知何者謂之性命乎。陛下接之而不任以事。臣於是服陛下之仁。又悟今世之才臣自以為得富國強兵之術者。皆狂惑以肆叫呼之人也。不以暇時講究立國之本末。而方揚眉伸氣以論富強。不知何者謂之富強乎。陛下察之而不敢盡用。臣於是服陛下之明。陛下厲志復讎。足以對天命。篤於仁愛。足以結民心。而又仁明足以臨照群

臣一偏之論此百代之英主也今乃驅委庸人籠絡小孺以遷延大有爲之歲月臣不勝憤悱是以忘其賤而獻其愚陛下誠令臣畢陳於前豈惟臣區區之願將天地之神祖宗之靈實與聞之干冒天威罪當萬死

亮又上書曰臣嘗嘆西周之末犬戎之禍蓋天地之大變國家之深恥臣子之至痛也平王東遷以來使其痛内切於心必將曰臣子之憤藉晉鄭之勢以告哀於天下之諸侯以大義責其興師以奬王室其不至者天下共誅之則可以掃蕩犬戎洗國家之恥而舒臣子之憤矣然後正紀綱備法度覲會衛以和柔中國命齊晉爲方伯以糾合天下之諸侯文武之迹可尋東周之業可興也今乃即安於洛邑雖周民賴以粗安宗祀賴以不絶然使其臣子忘君父之大讎而置天下之諸侯於度外周之名號雖存而其實則眇然一列國耳嘗平王在位之時世之君子尚意其猶有待也及待之四十九年而士君子之望亦衰矣天子之命令不足以制諸侯則其互相吞噬盡其勢之所必至也天下不明於復讎之義則其君臣父子相賊殺習以爲常而不之怪也孔子傷宗周之無主痛人道之將絶而作春秋其書天王之義嚴矣書其出入之地者示天王不可置中國於度外也書其有所求者明天王之不可失其柄也其書討賊之義嚴矣賊不討不書葬者明一國之無臣子也一人討賊而以衆書者示夫人之皆可得而討也天子既不能以保天下之民而一國各自有其民其君之有志於民而閔雨者必書無志於民而不閔雨者必書土功必書飢饉必書孔子之心未嘗不庶幾天下之民一日之獲瘳也是君道之大端而聖人望天下與來世者可謂深切著明矣臣恭惟皇帝陛下厲志復讎不肯即安於一隅是有大功於社稷也而天下之經生學士講先王之道者反不足以明陛下之心陛下篤意恤民每遇水旱憂見顔色是有大德於天下也而天下之才臣智士趨當世之務者又不足以明陛下之義論恢復則曰脩德待時論富強則曰節用愛人論治則曰正心論事則曰守法君以從諫務學爲美臣以識心見性爲賢論安言計動引聖人舉一世謂之正論而經生學士合爲一辭以摩切陛下者也夫豈知安一隅之地則不足以承天命忘君父之讎則不足以立人道民窮兵疲而事不可已者不可以常理論消息盈虛而與時偕行者不可以常法拘爲天下之正論而不足以明天下之大義宜其取輕於陛下也論恢復則曰精間諜結豪望論富強則曰廣召募括隱漏論治則曰立志論事則曰從權君以駕馭籠絡爲明臣以奮勵驅馳爲寂察事見情自許豪傑舉一世謂之奇論而才臣智士合爲一辭以撼動陛下者也夫豈知坐錢塘浮侈之隅以圖中原則非其地用東南習安之衆以行進取則非其人財止於府庫則不足以通天下之有無兵止於尺籍則不足以兼天下之勇怯爲天下之奇論而無取於辦天下之大計此所以取疑於陛下者也三光五嶽之氣分而人才之高者止於如此經生學士既擯之以大義而取輕才臣智士又權之以大計而取疑陛下始不知所伏而有獨運四海之意矣故左右親信之臣又得以窺意嚮而效忠款陛下喜其頤指如意而士大夫亦喜其有言之易達也是以附會之風浸長而陛下之大權移矣尋常無過之人安然坐廟堂而奉使令陛下幸其易制無他而天下之人亦幸其苟安而無事也是以遷延之計遂行而陛下大有爲之志乖矣陛下勵志復讎有大功於社稷篤意恤民有大德於天下而卒不免籠絡小孺驅委庸人以遷延大有爲之歲月此臣之所以不勝忠憤而齋沐裁書擇今者不已而獻

之閫下。顯得望見顏色陳國家立國之本末。而開大有為之略。論天下形勢之消長。而決大有為之機。務合於藝祖皇帝。經畫天下之本旨。然八日待命。而未有聞焉。夫匹夫匹婦不獲自盡。民主罔與成厥功。使天下之言者越月踰時而後得報。在安平無事之時猶且不可。今者當陛下大有為之際。陳天下之大義。獻天下之大計。而八日不得命焉。臣恐天下之豪傑得以測陛下之意向。而雲合響應之勢。不得而成矣。陛下積財養兵。志在滅虜。而不免與之通和以俟時。固已不足以動天下之心矣。故既和而聚財。人反以為厲民。既和而練兵。人反以為動衆。舉足造事。皆足以致人之疑議。者惟其不明大義以示之。而後大計不可得而立也。苟又無意於臣之言。則天下愈不知所向矣。張浚始終任事。竟無一功可論。而天下之童兒婦女。不謀同辭。皆以為社稷之臣。彼其誓不與虜俱生。百敗而不折者。誠有以合於

天人之心也。秦檜專權二十餘年。東南賴以無事。而天下之童兒婦女不謀同辭。皆以為國之賊。彼其忘君父之讎。而置中國於度外者。其違天人之心亦甚矣。陛下將以辨天下之大計。而大義未足以震動天下。亦執事者之所當發正而預討也。臣區區之心。皆已具之前書。惟陛下財幸。

其又上書曰。臣竊惟藝祖皇帝經畫天下之大略。蓋將上承周漢之治。太宗皇帝一切律之於規矩準繩之內。以立百五六十年太平之基。至於今日而不思所以變而通之。則維持之具窮矣。舉江浙閩廣之士。亡慮十四五萬數。蜀不與焉。而齷齪拘攣曰甚於一日。選人之在銓者殆以萬計。而僥倖之源未有窮已。財用之入。倍於承平之時。而費於養兵者十之九。兵不足用。而民日以困。非必道微俗薄而至此也。蓋本朝維持之具。二百年之餘。其勢固必至此。藝祖皇帝固已逆知之矣。使天下安平無事。猶將望陛下變而通之。而况版輿之地半入於夷狄。國家之恥未雪。臣子之痛未伸。天錫陛下以非常之智勇。而又啓陛下以北向復讎之志。乃欲回今之勢而有為焉。此所以十又七年之間。聖慮愈勞。而取效愈遠也。群臣既不足以望清光。而草茅賤士。不勝憂國之心。私以為陛下春秋五十有二。經天下之事變為已多。閱天下之義理為已熟。舉足造事。必不傷國家之大體。知囊底之智猶足以辨此醜虜。六十以往。願將望一日之安。而亦何忍遺患於後人乎。臣以為拘攣齷齪之中。其勢當有卓然自奮於草茅。而開悟聖聰者。臣不自量其力之不足。而竊有志焉。是以具國家社稷之大計。質之天地鬼神而獻之闕下。陛下亦卓然拔之群言之中。特命大臣察其所欲言之意。臣妄意國家維持之具。至今日而窮。而藝祖皇帝經畫天下之大指。猶可恃以長久。茍推原其意而變通之。

則恢復不足為矣。然而變通之道有三。有可以還延數十年之策。有可以為百五六十年之計。有可以復開數百年之基。事勢昭然。而效見殊絕。非陛下聰明度越百代。決不能一二以聽之。臣不敢泄之大臣之前。而大臣拱手稱旨以問臣。亦姑取其大體之可言者三事以荅之。而草茅亦不自知其開口觸諱也。其一曰。二聖北狩之痛。蓋國家之大恥。而天下之公憤也。五十年之餘。雖天下之氣銷鑠頹惰。不復知讎恥之當念。正在主上與二三大臣振作其義。以泄其憤。使人人如報私讎。此春秋書衛人殺州吁之意也。若祗與一二臣為密。是以天下之公憤而私自為計。恐不足以感動天人之心。恢復之事。亦恐茫然未知攸濟耳。其二曰。國家之規模。使天下奉規矩準繩以從事。群臣救過之不給。而何暇展布四體以求濟度外之功哉。故其勢必至於委靡而不振。五代之際。兵財之柄。倒持於下。藝祖皇帝束之

於上。以定禍亂。後世不原其意。東之不已。故郡縣空虛。而本末俱弱。令不變其勢而求恢復。雖一旦得精兵數十萬。得財數萬萬計。而恢復之期愈遠。就使虜人盡舉河南之地以還我。亦恐不能守耳。其三曰。藝祖皇帝用天下之士人以易武臣之任事者。而五代之亂。不崇朝而定。故本朝以儒立國。而儒道之振。獨優於前代。今天下之士。爛熟委靡。誠可厭惡。正在主上與二三大臣反其道以教之。作其氣以養之。使臨事不至乏才。隨才皆足有用。則立國之規模。不至戾藝祖皇帝之本旨。而東西馳騁以定禍亂。不必專在武臣也。前漢以軍吏立國。而用儒輒敗人事。要之人各有家法。未易輕動。惟在變而通之耳。天下大勢之所趨。非人力之所能移也。臣之所以為大臣論者。其大略如此。而所謂數十年之策。百五六十年之計。數百年之基。與夫恢復之形勢。事大體重。尚未決之聖心。則不可泄之大臣之前也。故

止陳其大略之可言者三事以啓之。二三大臣已相碩駭。然而臣亦皇恐而退。跡遠草茅。寧復有路以望清光乎。馬周一時瑣瑣之才也。太宗喜其為常何陳事。召使面對。未至之間。使者連數輩趣之。使有能為太宗開禮樂法度者。其召之當不容喘矣。陛下聰明邁越太宗。而孩臣於群言混殽之中。孤立以行一意。卒不免泯默而止。其罪在臣之蹤跡不明。有以誤陛下也。臣本太學諸生。自憂制以來。退而讀書者六七年矣。雖早夜以窮皇帝王伯之略。而科舉之文。不合於程度不止也。去年一發其狂論於小試之間。滿學之士。口語紛然。至騰謗以動朝路。數月而未已。而為之學官者。迄今進退未有據也。臣自是始棄學校。而決歸耕之計矣。旋復自念。數年之間所學云何。而陛下之心。臣獨又知之。苟徒恤一世之謗。而不為陛下一陳國家社稷之大計。將得罪於天地之神。與藝祖皇帝在天之靈。而不可解。是故

昧於一來。舊名已在學校之籍。於法不得以上書言事。使臣有一毫攫取爵祿之心。以臣所習科舉之文。更一二試。而考官又平心以致之。則亦隨例得之矣。何忍假數百年社稷之大計。以為一日之僥倖。而徒以累陛下哉。世固有卻萬鍾之祿而不受者。亦有爭一錢以至於相殺者。人情相去之遠。何啻於十百千萬也。而臣欲持空言以自明。亦淺矣。審察十日而不得自便之命。臣將無以自見於山林之士。徒以傷陛下招致天下豪傑之道。臣今更待罪三日。而後渡浙誓將終老田畝。以弭群論。以報陛下拔臣言於眾中之恩。故昧死拜書以辭於闕下。臣闔門數十口。去行都無四百里。當席藁私室。以聽雷霆之誅。干冒天威。罪當萬死。

亮又上書曰。臣聞有非常之人。然後可以建非常之功。求非常之功。而用常才。出常計。舉常事以應之者。不待智者而後知其不濟也。前

史有言。非常之元。黎民懼焉。古之英豪。豈樂於驚世駭俗哉。蓋不有以新天下之耳目。易斯民之志慮。則吾之所求。亦泛泛焉而已耳。皇天全付予有家。而半沒於夷狄。此君天下者之所當恥也。春秋許九世復讎。而再世則不問。此為人後嗣者之所當憤也。中國聖賢之所建置。而悉淪於左衽。此英雄豪傑之所當同以為病也。秦檜以和誤國。二十餘年。而天下之氣索然而無餘矣。陛下慨然有削平宇內之志。又二十餘年。而天下之士。始知所向。其有功德於宗廟社稷者。非臣區區之所能誦說其萬一也。高宗皇帝春秋既高。陛下不欲大舉以驚動慈顏。抑心俯首。以致色養。聖孝之盛。書冊之所未有也。今者高宗皇帝既已祔廟。天下之英雄豪傑皆仰首以觀陛下之舉動。陛下其忍使二十年間所以作天下之氣者。一旦而復索然乎。天下不可以坐取也。兵不可以常勝也。驅馳運動。又非年高德尊者之所宜

也。東宮居曰監國。行曰撫軍。陛下近者以宅憂之故。特命東宮以監國。天下之論皆以為事有是非可否。而父子之際。至難言也。東宮聰明睿智。而四十之年。未必試以事也。故東宮不敢安。而陛下亦知其難矣。陛下何不於此時命東宮為撫軍大將軍。歲巡建鄴。使之兼統諸司。董護諸將。置長史司馬以專其勞。而陛下於宅憂之餘。運用人才。均調天下。以應無窮之變。此肅宗所以命廣平王之故事也。兵雖未出。而聖意振動。天下之英雄豪傑。靡然知所向矣。天下知所向。則吾之馳騁運動。亦有所憑藉矣。臣請為陛下論天下之形勢。而後知江南之不必憂。和議之不必守。虜人之不足畏。而書生之論不足憑也。臣聞吳會者。昔人以為不可都。而錢鏐據之以抗四鄰。蓋自毗陵而外不能有也。其地南有浙江。西有崇山峻嶺。東北則有重湖沮洳。而松江震澤橫亘其前。雖有戎馬百萬。何所用之。此錢鏐所恃以為

安。而國家六十年都之而無外憂者也。獨海道可以徑達吳會。而海道之險。吳兒習舟楫者之所畏。虜人能以輕師而徑至乎。破人家國而止可用其輕師乎。書生以為江南不易保者。是真兒女子之論也。臣嘗疑書冊不足憑。故嘗一到京口。建鄴。登高四望。深識天地設險之意。而古今之論為未盡也。京口連岡三面。而大江橫陳。江傍極目千里。其勢大略如虎之出穴。而非若穴之藏虎也。昔人以為京口酒可飲。兵可用。而北府之兵為天下雄。蓋其地勢當然。而人善用之耳。臣雖不到采石。其地與京口股肱建鄴。必有據險臨前之勢。而非止於斬斬自守者也。天豈使南方自限於一江之表。而不使與中國通而為一哉。江傍極目千里。固將使謀夫勇士得以展布四體以與中國爭衡者也。韓世忠頓兵八萬於山陽。如老羆之當道。而淮東賴以安寢。此守淮東之要法也。天下有變。則長驅而用之耳。若一一欲塹

而守之。分兵而據之。出奇設險。如兔之護窟。勢分力弱。反以成戎馬長驅之勢耳。是以二十年間紛紛獻策。以勞聖慮。而卒無一成。雖成亦不足恃者。不知所以用淮東之勢者也。而書生便以為長淮不易守者。是亦問道於盲之類耳。自晉之永嘉以迄于隋之開皇。其在南則定建鄴為都。更六姓而天下分裂者三百餘年。南師之謀北者。不知其幾。北師之謀南者。蓋亦甚有數。而南北通和之時則絕無而僅有。未聞有如今日之岌岌然以北方為可畏。以南方為可憂。一日不和。則君臣上下朝不能以謀夕也。罪在於書生之不識形勢。併與夫逆順曲直而忘之耳。高宗皇帝於虜有父兄之仇。生不能以報之。則死必有望於子孫。何忍以升遐之哀告諸仇哉。遺留報謝。三使繼進。金帛寶貨千兩連發。而虜人僅以一使。如臨小邦。關諸道路。哀祭之辭寂寥簡慢。義士仁人痛切心骨。豈以陛下之聖明智勇而能忍之

乎。意者執事之臣憂畏萬端。有以誤陛下也。南方之紅女積尺寸之功於機杼。歲以輸虜人。固已不勝其痛矣。金寶之出於山澤者有限。而輸諸虜人者無窮。十數年後豈不遂就盡哉。陛下何不翻然思首足之倒置。尋即位之初心。大泄而一用之。以與天下更始乎。未聞以數千里之地而畏人者也。劉淵石勒石虎苻堅皆夷虜之雄。曾不能以終其世。而阿骨打之興於金。近八十年。中原塗炭。又六十年矣。父子相夷之禍。具在眼中。而方畏其為南方之患。豈不誤哉。陛下儻以大義為當正。撫軍之言為可行。則當先經理建鄴。而後使臨之。今之建鄴。非昔之建鄴也。臣嘗登石頭鍾阜而望。今城直在沙嘴之傍耳。鍾阜之支隴隱隱而下。今行宮據其平處以臨城市。城之前則逼山而斗絕焉。此必後世之讀山經而相宅者之所定。江南李氏之所為。非有據高臨下以乘王氣而用之之意也。本朝以至仁平天下。不恃險

以為固。而與天下共守之。故因而不廢耳。臣嘗問之鍾阜之僧亦能言臺城在鍾阜之側。大司馬門適當在今馬軍新營之傍耳。其地據高臨下。東環平岡以為固。西城石頭以為重。帶玄武湖以為險。擁秦淮清溪以為阻。是以王氣可乘。而運動如意。若如今城。則費侯景數日之力耳。曹彬之登長千。兀朮之上雨花臺。皆俯瞰城市。雖一飛鳥不能逃也。臣又嘗問之守臣以為今城不必改作。若上有北方之志。則此直寄路焉耳。臣疑其言雖大。而實未切也。據其地而命將出師以謀中國。不使之乘王氣而有為。雖省目前經營之勞。烏知其異日不乘得而復失哉。縱今歲未為北舉之謀。而為經理建康之計。以震動天下。而與虜絕。陛下即位之初志。亦庶幾於少伸矣。第非常之事。非可與常人謀也。陛下即位之初。喜怒哀樂是非好惡。皦然如日月之在天。雷動風行天下。方如草之偃。惟其或失之太快。故書生得拘

文執法以議其後。而其真有志者。私自奮勵以求稱聖意之所在。則陛下或未之知也。陛下見天下之士。皆不足以望清光。而書生拘文執法之說。往往有驗。而聖意亦少衰矣。故大事必集議。除授必資格。才者以跅弛而棄。不才以平穩而用。正言以迂闊而廢。巽言以軟美而入。奇論指為橫議。庸論謂有典則。陛下以雄心英略。委曲上下於其間。機會在前而不敢為翻然之喜。隱忍事讎而不敢奮赫斯之怒。朝得一才士。而暮以當路不便而逐。心知為庸人。而外以人言不至而留。泯其喜怒哀樂。雜其是非好惡。而用依違以為仁。戒喻以為義。牢籠以為禮。關防以為智。陛下聰明自天。英武蓋世。而何事出此哉。天下非有豪猾不可制之姦。虜人非有方興未艾之勢。而何必用此哉。夫喜怒哀樂愛惡。人主之所以鼓動天下而用之之具也。而皇極之所謂無作者。不使加私意於其間耳。豈欲如老莊所謂槁木死灰

與天下為嬰兒而後為至治之極哉。陛下二十七年之間。遵養時晦示天下以樂其有親。而天下歸其孝行。三年之喪。一成不變。示天下以哀而從禮。而天下服其義。陛下以一身之哀樂而鼓天下以從之。其驗如影響矣。乙巳丙午之間。虜人非無變故。而陛下不獨不形諸喜。而亦不泄諸機密之臣。近者非常之變。虜人略於奉慰。而陛下不獨不形諸怒。而亦不審其簡慢之文。陛下不以喜示天下。而天下惡知機會之可乘。陛下不以怒示天下。而天下惡知讎敵之不可安。棄其喜怒以動天下之機。而欲事功之自成。是閉目而欲行也。小臣之得對陛下有卓然知其才者。外臣之奉公。陛下有隱然念其忠者。而已用者旋去。既去者無路以自進。是陛下不得而示天下以變也。大臣之弄權。陛下既知其有塞路者。議臣之多私。陛下既知其有同我者而去之。惟恐傷其意。發之惟恐其悵恨而不滿。是陛下不得而示

天下以惡也。陛下翻然思即位之初心。豈知其今日至此乎。臣猶為陛下悵念於既往。而天生英雄。豈使其終老於不濟乎。長江大河。一瀉千里。苟得非常之人以共之。則電掃六合。非難致之事也。本朝以儒道治天下。以格律守天下。而天下之人。知經義之為常程。科舉之為正路。法不得自議其私。人不得自用其智。而二百年之太平由此其出也。至於艱難變故之際。書生之智。知議論之當正。而不知事功之為何物。知節義之當守。而不知形勢之為何用。宛轉於文法之中。而無一人能自拔者。陛下雖欲得非常之人以共斯世。而天下其誰肯信乎。臣於戊戌之春正月丁巳。嘗極論宗廟社稷大計。陛下亦慨然有感於其言。而卒不得一望清光以布露其區區之誠。非疑臣之盡皆見惡。亦其勢然耳。臣今者非以其言之小驗而再冒萬死以自陳。實以宗廟社稷之大計不得不決於斯時也。陛下用其喜怒哀樂

愛惡之權。以鼓動天下。使如臣者得借方寸之地。以終前書之所言。而附寸名於竹帛之間。不使鄧禹笑人寂寞。而陛下得以發其雄心英略。以與四海才臣智士共之。天生英雄。殆不偶然。而帝王自有真。非區區小智所可附會也。干冒天威。罪當萬死。

歷代名臣奏議卷之九十二

經國

宋孝宗時。張浚論和戰利害疏曰。臣今月二十五日。恭被御筆處分。臣已即日具奏去訖。臣雖愚陋。中有所懷。敢不盡言。伏惟聖慈俯賜矜察。今之議者。孰不以戰守為說。其次則就遵舊轍。重講前好。以臣觀之。戰守之說是也。然而爭城爭地。罪不容誅。城高池深。兵甲堅利。委而棄之。地利不如人和。則是戰守之中。尚有可得而論者焉。臣竊以為戰守之道。本以廟勝。君天下者誠能正身以正朝廷。正朝廷以正百官。正百官以正萬民。用之戰則克。守則固。理有決然者矣。如是而後可以言戰守。仰惟陛下以神聖恭儉之資。受太上委任之重。即位以來。孜孜治道。然而德政未洽于人心。宿弊未革於天下。揆以廟勝。猶有可疑。臣愚願陛下發乾剛奮獨斷。於旬月之間。大布詔音。一新內治。盡循太祖太宗之治。使南北之人。知有大治於後。人心既孚。兵氣必振。臣衰暮之景。精力有限。理當退閑。以全晚節。豈肯分毫更有覬念。獨以事機迫切。治亂安危。斷在今歲。臣若尚懷顧畏。他日身名俱喪。雖國辱家悔之。無及。伏願陛下深軫宸慮。早定至計。事或二三。終恐無成。臣愚干冒聖聰。俯伏俟罪。

起居郎胡銓上疏曰。右臣准樞密院劄子。十一月十四日。三省樞密院同奉聖旨。令於後省限一日集議當與不當議和。合與不合遣使。禮數之後先。土疆之取與。條具聞奏。仍令各舉所知。以備小使者。臣竊惟國家自紹興初與金虜講和。竭民膏血而不恤。忘國大讎而不報。上下偷生。苟安歲月。以為盟好可恃。蕩然決去藩籬之守。一旦完顏亮變生肘腋。宗廟社稷。幾不血食。天下寒心。陛下即位以來。乾剛獨斷。奮然一圖。任張浚及二三大臣。力謀恢復。符離之師。兵不血刃。而故疆復得。使李顯忠盡忠於國。不貪小利。以成大舉之功。則中原響應。勢若破竹。恢復之期。可指以俟矣。雖然。功雖不成。事雖不立。自京都播遷之後。垂四十年。未有如符離之舉也。虜人緣此震慴。知陛下有大有為之志。知廟謨有出不意之奇。知邊鄙有折衝敵愾之人。知臺諫有明目張膽之臣。知朝廷有面折廷諍之士。以為中國有人。遂有乞和之意。兵法曰。無故而求和者謀也。虜人詭計。端在於此。昨來京都失守。本於大臣耿南仲主和。二聖劫遷。本於宰相何㮚主和。維揚失守。本於宰相汪黃主和。完顏亮之變。本於權臣主和。自汴京板蕩以來。四十年間。醜虜為封豕長蛇。荐食上國。何嘗不以和款暴蔑我二聖。汙衊我兩宮。殘毀我宗廟。陵夷我社稷。發掘我陵寢。皇天后土。實聞此言。今欲與不戴天之讎講信脩睦。二綱五常。掃地盡矣。就令和好可成。犬羊可信。決不叛盟。孝子順孫。寧忍為之。况萬萬無可

信之理審。前車覆。後車戒。陛下若不深思遠慮。力脩政事。力脩守備。力任將相。力圖恢復。而苟目前之安。臣恐後車又將覆也。議者乃曰。姑與之和。而陰為之備。外雖和而內不忘戰。此向來權臣誤國之言。陛下聞之熟矣。嗚呼。燕安酖毒。不可懷也。一溺於和。則上下偷安。將士解體。終身不能自振。尚又安能戰乎。其為酖毒多矣。可勝寒心。冒犯天威。臣無任戰懼之至。

銓又進故事曰。冒頓既立。時東胡強。使使謂冒頓曰。欲得頭曼時號千里馬。冒頓問群臣。皆曰。此匈奴寶馬也。勿予。冒頓曰。奈何與人鄰國愛一馬乎。遂與之。頃之。東胡以為冒頓畏之。使使謂冒頓曰。欲得單于一閼氏。冒頓復問左右。左右皆怒曰。東胡無道。迺求閼氏。請擊之。冒頓曰。奈何與人鄰國愛一女子乎。遂取所愛閼氏與東胡。東胡王愈驕。西侵。與匈奴中間棄地莫居千餘里。各居其邊為甌脫。甌脫。境上候望之處。東胡使使謂冒頓曰。匈奴所與我界甌脫外棄地。匈奴不能至也。吾欲有之。冒頓問群臣。或曰。此棄地。予之。於是冒頓大怒曰。地者國之本也。奈何予人。諸言與者皆斬之。

臣謹案春秋以地為重。凡書取地。皆惡之也。成二年。取汶陽田。則齊以戰敗而賂我。宣元年。齊人取濟西田。則我以不義而賂齊。夫齊以戰敗而賂我。非我取之也。而必書取。專惡我也。我以不義而賂齊。非齊取之也。而必書取。專惡齊也。取汶陽田。雖專惡我。然齊亦與有罪焉。何者。為人子孫。不能守先祖之土地。而輕以與人。得無罪乎。取濟西田。雖專惡齊。然我亦與有罪焉。何者。為人子孫。不能守先祖之土地。而輕以與人。得無罪乎。夫春秋書法重地如此。以為萬世守國者之戒也。嗚呼。冒頓夷狄也。且能知地者國之本。而不以與人。可謂深得春秋重地之旨矣。可不鑑哉。

銓為敷文閣直學士。乞規恢遠圖疏曰。臣頃坐異議。竄斥嶺海者垂三十年。自謂老於窮荒絕域。不復齒搢紳之列。豈意天假之年。陛下登大位。首賜收召。臣獲保首領。盡室生還。復見天日之清明。平昔區區之私。鬱結而不得伸者。顧畢之於旒扆之前。指天誓心。有死無貳。故兩忝華禁。首尾九年。每一賜對。臣未嘗不洗髓滌慮。極其精誠。期有以感動天聽。誠以今日國讎未報。陵寢未歸。故疆未復。臣所以夙夜痛心。誓不與醜虜共天者也。伏惟皇帝陛下。天錫勇智。退託以不能。惟兼聽是務。每聞臣言。曲賜優容。稱其直諒。臣摩厲此心。日復一日。不知老之將至。迫於七十致仕之禮。懇祈再三。陛下委曲保全。又復寵以延閣之美。臣雖碎身粉骨。未足以報天地父母之恩。輒敢極竭愚衷。少裨國論之萬一。伏望陛下。體堯蹈舜。轥禹轢湯。規恢遠圖。委任賢哲。植正黜邪。理財訓兵。濟師練將。逮鰥卹孤。然後布告中外。大

明君臣父子之義。必報國讎。必歸陵寢。必復故疆。混一區夏。以副太上付託之重。臣雖在畎畝。死無所憾。臣既陛辭。即出脩門。無復再瞻日表。臣不勝惓惓愛君憂國之誠。

楊萬里上疏曰。臣聞有天下之憂。有君子之憂。天下之憂。憂其君之不為也。君有為矣。天下之喜。而君子之憂也。蓋不為之君。其心逸。天下之所不快。有為之君。其志銳。天下之所甚喜。雖然喜者憂之所由寓也。銳者違之所由伏也。夫何故。銳則速。不以速而成。則以速而折。不忍其折。則無務於速也。速而折。折而不忍。則銳安得不變而為遲哉。天下之事。有百全之成。而無一折者乎。求其成。則必有以忍其折。不一朝之有為。必至於終身而不為。是故。君子見其初而憂其終。古之君子得有為之君而輔之。以求立天下之大功。則必有以養其君之志。而古之君子亦必有以自養其志。詳其發而重其舉。非詳其發也。

恐發之踈。則一發足以廢百發。非重其舉也。恐舉之輕。則一舉足以廢萬舉。君臣之間。其立也堅。而其謀也老。夫是以有成。老則不欲速。堅則雖可折而不可沮。勝而不勇。敗而不怯。得而不喜。失而不挫。優游容與。以待天下之隙。而徐制其要領。蓋昔者晉文之圖霸也。二年而欲用其民。子犯曰。民未知義。民知義矣。又欲用之。子犯曰。民未知信。民知信矣。又欲用之。子犯曰。民未知禮。蓋文公之志踊躍奮迅而欲有為者一也。而子犯三遏之。越王之報吳也。四年而召范蠡問曰。伐吳可乎。曰。未可也。又一年。又問曰。伐吳可乎。又曰。未可也。又一年。又問焉。又一年。又問焉。則皆曰。未可也。蓋越王之志踊躍奮迅而欲有為者四也。而范蠡四拒之。夫二臣者。舉其君踊躍奮迅之氣。而納之於抑鬱憤悶之地。使朝夕咨嗟求逞而不得逞。則無乃過乎。蓋二臣者深所以養其君之志。懼其速而折。折而沮也。及其國力已強。兵氣已振。事機之來而不可失。勝形之見而不可禦。則破楚滅吳了此事不終朝爾。唐之德宗。其志有一日不在於平藩鎮者乎。然不勝其憤。銳於遣三將而一伐。一伐而生朱泚之變也。則不敢言及於藩鎮者終其身。求節度則與節度。求宰相則與宰相。故藩鎮之禍。始於肅宗而成於德宗。至於亡唐。藩鎮亡之也。德宗豈真成藩鎮之禍者哉。速而折也。折而沮也。使德宗而不速。則不折。折而不沮。則豈不猶可為也。何遽至於晚年之姑息哉。文宗之志。有一日不在於誅宦官者乎。然不勝其憤。銳於任訓注而一決。一決而生甘露之禍也。則不敢言及於宦官者終其身。專制則聽其專制。詆辱則甘其詆辱。故宦官之禍始於明皇而成於文宗。至於亡唐。宦官亡之也。文宗豈真成宦官之禍者哉。速而折也。折而沮也。使文宗而不速。則不折。折而不沮。則豈不猶可為也。何遽至於飲恨而沒哉。二君之志。本以求天下之大功。

而反以得天下之大禍。則不養其志之患也。頃者新天子即位之初。春秋鼎盛。聖武天挺。赳然有必報不共戴天之心。剋復神州之志。天下仰目而望。庶乎中興之有日也。然親征之詔朝下。而和議之詔夕出。元戎之幕方開。而信使之軺已駕。紛紛擾擾。以至於今。而國論卒歸於和。此其病安在哉。蓋兆今日之和者。符離之役也。事不極則反不生。勢不激則變不形。暄甚則雨。冬窮則春。理固然也。戰豈與和期哉。和者戰之變也。非求變也。激而不得不變也。且是役也。天子之志固在於取中原也。抑嘗熟策之詳議之耶。議之不詳也。策之不熟也。得城而不能有也。成功而不能善後也。是故前日之勇。一變而為怯。前日之銳。一變而為鈍。安得而不歸於和哉。當其師之出也。臣固知有今日之和也。何則。天子即位之初。雖以堯舜為之。亦不能以一日而洽威德於天下也。威德未有以洽乎天下。而欲一舉以求非常之功。是非有成心也。有偉心爾。成乎心。猶未必成乎外也。心則偉矣。獨能成乎外耶。今日之事。臣所大懼者。懼天子之志沮於一折。而虜人有以窺吾之沮。而天下之禍所從生也。唐之二君。蓋可鑒矣。人有未富而先急於作大屋者。屋未成而家已貧。則他日一墻之頹。一籬之缺。而不敢議於補葺矣。一墻易補也。一籬易葺也。其費與屋同不同也。勇於屋之大。而怯於藩墻之細。則其志之沮也。臣嘗讀蜀志至於劉昭烈三見諸葛亮之事。則為之太息。蓋昭烈以漢之裔。欲誅曹操以復漢室。此昭烈之雅志也。然得徐州。則失徐州。得豫州。則失豫州。敗於呂布。又敗於曹操。奔走狼狽於荊楚之間。而無所於歸。宜其憊而不復自振也。而其見亮曰。孤不度德。欲信大義於天下。而智術淺短。遂用猖獗。至于今日。然志猶未已。嗟乎。昭烈者。是時已老矣。衰敗屢折。而志猶未已。此亮之所以樂於委身而願効其謀者也。彼其徒

手而成鼎峙之業。其以此哉。今天子以天下之半。帶甲百萬。表裏江淮。安坐而指揮天下之豪傑。以圖恢復祖宗之業。而澡靖康之恥。進則成混一之功。守則成南北之勢。何至於以一小折自沮。而汲汲以議和哉。臣願天子堅昭烈之志。而毋以唐之二君自處。則中興之功。天下未絕望也。

萬里又論國勢曰。臣聞善立國者。以人成天。而不以天敗人。蓋國之所以廢興短長者。天也。而所以使其廢興短長者。非天也。人也。惟人為能成天。惟天亦能敗人。非天之敗人也。人實恃天以自敗。而天亦不能如之何也。且夫國於天地。有與立焉。古之國蓋有至弱而存。有至強而亡者。蓋有一再傳十餘年而遂滅。有三四十世七八百年而不絕者。夫強者宜其不可亡。一再傳者皆艱難創業之君。宜甚不可滅。而乃至於滅亡。何也。弱者宜其朝不及夕。傳世至於二三十君之後。大抵不驕則怠。宜其無以自立。而乃至於長存。又何也。求之而無其形。究之而無其端。故曰天也。國一國也。有昨廢而今興。有既亡而復存。君一君也。有朝弱而暮強。有前衰而後盛。夫豈不以人乎哉。故夫善養身者。能延既絕之年。善謀國者。能延既衰之祚。人之所至。天亦至焉。故曰人也。自堯舜禹湯文武之為國計。與孔子孟子之徒為世主言者。大抵言人多於天。而言天寡於人。則憂夫有國者之以天敗人也。臣竊觀天眷我國家。已往之驗。以卜方來之祚。則知商周歷年之數。未足為國家逾也。臣蓋喜而憂之。喜者天也。而所憂者人也。方逆虜為靖康之役。彼謂天下無復國家有也。而民心依依戴其舊君。我是以有南京之立。方逆虜為維揚之役。彼謂深入窮侵之計不淺也。而風潮効靈。一隔千里。我是以有海道之安。方逆亮為江上之役。彼謂投鞭於江可以利涉也。而千艘一炬。虜酋授首。我是以有江

海之捷。則天之維持全安我國家者。屢危而屢不危。愈搖而愈不拔。其眷何如也。則國家子孫萬世帝王之業。了了在人目中矣。雖然。天之所以天者盡矣。而人之所以人者果盡也耶。臣不得而知也。果不盡耶。臣不得而知也。臣獨怪夫赤白囊一至。則廟堂騷然而失措。某所未有備。某所未有兵。募市人。招武勇。以為臨時應卒之計。講解之議一許。則君臣欣然而相慶。罷戎幕。散舟師。撤邊防。息憂顧。以享安逸無為之樂。既君臣欣然矣。而邊塵又動也。則騷然之色復見。既廟堂騷然矣。而和議又集也。則欣然之心復生。此何為者耶。千金之家。不幸而大盜為之鄰。前有父兄不戴天之讎。而後有盡盜吾千金之產之意。彼大盜者日夕聚惡少。治兵刃。伺間隙。以圖我。而未有以乘也。則陽謂我曰。吾與若為好也。所謂千金之主人者。將遂毀藩墻。投挺刃。晏然盤樂飲酒。而不為之慮乎。抑將外始與之好。而陰發為之

備也。嗟乎。千金之子能不忘於盜。而為天下國家者不能不忘於敵。天下之憂復有大於此者乎。則所謂以人成天而不以天敗人者。臣所不敢知也。蓋臣聞之。古之敵國對壘而未有息肩之期者。其處之大略有四。一曰謀。二曰備。三曰應。四曰隨。何謂謀。晝不甘食。夜不安寢。君臣日夜蹙頞相顧。以敵讎未滅為大憂。以天下未一為大恥。以宗廟社稷未有萬世不可亡之實為大懼。收召豪傑。選馬勵兵。深謀容計。期於必取。所謂卧榻之側豈容有鼻息雷鳴者。太祖皇帝所以建一統之大業也。何謂備。謀人而羽翼未成也。機會未至也。釁隙未生也。則遂不謀人也耶。我不彼謀。彼必我謀。是故防之也豫。而備之也周。備政刑。求人才。深溝高壘。積粟治兵。恐懼儆戒。常若一日而敵三至也。夫是以屹然有不可犯之堅。動則可以制人。靜則可以不制於人。為客則可以百全。為主則可以萬全矣。孫仲謀之所以走曹操

也。何謂應。欲為謀人而不能舉。欲為備人而不能無功。政事紀綱守其常。兵甲士馬因其舊。其國不至於大治。而亦不至於大亂。敵不至則不慮其至。敵至則徐應其至。夫不慮其至而徐應其至者。非有萬全之素也。蓋於一決以幸一勝爾。故其勝也。幸也。非計也。宋文帝之所以支佛狸也。何謂隨。既不能謀。又不能備。既不能備。又不能應。苟於安而不知危伏於其中。媮於樂而不知憂寓於其間。狎於敵人之詐而不悟。墮於敵人之計而不疑。至於覆亡其國。則曰天也。吳之所以誤於越也。謀人者其國興。備人者其國安。應人者其國僅存。而墮於人者其國必亡。有國者可不深懼而謹擇於此四者乎。臣竊觀朝廷今日之大計。而深所未諭也。謀耶。備耶。應耶。墮耶。蓋亦不出於應而已矣。敵至而能應。應於不能應。非不可也。而未善也。何則。饑而始學稼。渴而始鑿井。得為善理家者乎。且平居不為萬全之策。而緩急乃幸於一勝之功。可以勝也。而不可以必勝。一可以幸也。而不可以數幸也。臣懼朝廷今與虜人講解之後。輕信其情而不防其詐也。陛下之兵一解而淮陰之師至。鴻溝之境一分而垓下之禍作。此往事明也。臣願朝廷深為之備。以待不測之警。而後立國之大計。臣得次第而歷陳之。其二曰。臣聞聖人不幸而當天下分裂之際者。有所謂萬世之業者。有所謂數百年之業。圖無兩存。無兩亡。非有北無南。則有南無北爾。有能舉天下之二而一之。此萬世之業也。畫地以相傒。據險以相拒。攻則不足。守則有餘。此數百年之業也。今聖天子既懲於一舉而折。則萬世之業其成未有形。而其發未有候也。而數百年之業亦獨擾擾而未求所定。岌岌而未見所立。則亦可謂不能也已。非不能也。能而不為也。非不為也。為而不果也。果則為。為則能矣。昔司馬晉內有王敦蘇峻之亂。外有劉石之敵。晉寧不能乎晉也。而無病乎江左十葉之基。劉宋

之初。譙縱梗蜀。盧循逼都下。而姚氏慕容氏拓跋氏沸中原。宋宜不能乎宋也。而無害乎南朝數百年之祚。晉宋之君何人哉。使朝廷當此時將不為國乎。雖然。此猶有天下之半也。至於七十里而興商。百里而造周。湯文何人哉。朝廷當此時將不為國乎。雖然。此猶有土也。至於漢高帝一劍之外無餘物。光武一牛之外無餘資。而以創業以中興。二君何人哉。朝廷當此時。又將不為國乎。嗟乎。以高光為之能以無國為有國也。以湯文為之。能以一國為天下也。以晉宋為之。能以危國為安國也。然則天下豈有不可為之國哉。亦存乎其人如何爾。今也。內無敦峻譙盧之猖獗。外無劉石之英雄。而獨當一未亡之金虜。而又以全楚為家。吳越為宮。此楚莊吳闔閭子胥種蠡之所以強霸用武之國也。西控全蜀。南擁荊襄。北據長淮。此高帝先主孫仲謀揚行密之所以興起之根本也。距海限其東。而三江五湖繚其南

北。此古之六朝所恃以爲不拔。而不可兼得者也。引巴蜀之饒。漕江淮之粟。帀西戎之馬。而號召荆楚奇材劒客之精銳。此漢唐之所仰以爲資者也。奄是數者而有之。而日夕惴焉不能以自存。常若敵人之制其命。是挾千金而憂貧。有孟賁之力而憂弱者也。故曰非不能也。能而不爲也。非不爲也。爲而不果也。使聖天子一日斷自一心。不惑群議。卓然挈吾國而大有所建立。則萬世之業爲之有餘也。而況數百年之業哉。獨患乎因循頽墮。忘其我之所可惜。而徹其敵之所可忌者而已矣。蓋吾之所可惜而吾不惜。則凡所可惜者無所往而惜。無所往而惜者。亡之所從開也。彼之有所忌。而吾不示之以其所忌。則凡所可忌者無所往而忌。無所往而忌者。寇之所從召也。昔者秦之滅六國。非秦能滅六國也。六國實自滅也。不思久長之計。而苟一日之安。爭先割地以求和於秦。地朝割而兵夕至。蓋六國之君臣

其初以爲尺寸之地不足惜也。不知夫國之亡。乃自不惜尺寸始。非尺寸之地能亡國也。尺寸之不惜。則不至於亡國則不止。頃者虜人求唐鄧則與唐鄧。求海泗則與海泗。此何爲者耶。人有禦寇而不禦之垣之外。乃毀垣以納之。曰。吾將拒之戶。是得爲善禦寇者乎。夫室以戶存。戶以垣存也。垣毀是無戶也。室其得存乎。蜀失漢中而劉禅降。唐獻淮南而李景蹙。朝廷獨不見之耶。此臣所謂患乎忘其我之所可惜者也。漢高帝之西入關也。兵之所至。迎刃而解。如此其銳也。以仁義之師乘暴秦之亡。如此其易也。以高帝自將而子房爲之謀。如此其全也。而不敢越宛擊秦。非宛之能重秦也。能病漢也。蓋宛者漢之後顧之病也。宛一下。則漢何病焉。使秦人先得漢之所忌。遣一將固守而不下。則秦未易以歲月入也。異時朝廷舉長淮數千里而視之如隙地。不葺一壘。不置一卒。使寇之去來如入無人之境。此何爲者耶。議者猶曰。是時虜之創痍未盡瘳。而勢力未全盛也。而今者狠然有窺吾淮甸南下牧馬之意。朝廷儻復如前日置淮於度外。則天下之大禍至矣。虎之所以不可捕者。穹崖深林。入者凜然。而又熊游乎其前。豹伏乎其左。此人之所以甚忌也。使熊與豹皆去。而虎立於途。人孰不操戈以制之哉。臧質壁盱眙而佛狸亟還。劉仁贍堅守壽春而周師未得志。朝廷獨不見之耶。此臣所謂患乎徹其敵之所可忌也。大抵敵人之求。可以與。可以無與。天下之地。可以無守。可以守。可以與者。貨也。可以無與者。地也。可以無守者。已失之地也。可以守者。未失之地也。可以無與而與焉。可以守而不守焉。今之大患不在此耶。蓋逆亮嘗求漢淮之地矣。而光堯不與之地。而與之戰。臣願朝廷以光堯之塞逆亮而塞虜之貪。如蜀。如荆襄。如武昌。如沿江。朝廷固嘗嚴守備矣。臣願今日以待沿江之工而待淮。凡淮之要害之

地。虜之所必攻者。巨鎮如廬壽廣陵者。則各擇一大將委以一面而付之重兵。至於其它州郡。則多其壁壘而葺其城池。城池堅。則可攻而不可下。壁壘多。則寇有牽而不敢越。有大將重兵以居要。則沿淮之州。有所恃而無所懼。兵法所謂常山之蛇者此也。蓋固國者以江而不以淮。固江者以淮而不以江。而今之說者或曰。淮不可守。而江可恃。嗟乎。不恃江者。江可恃也。恃江。則江不可恃矣。昔者陳後主盡召江北之諸將以朝正。而韓擒虎賀若弼掩其虛以至江上。陳之君臣猶曰。天塹必無可濟之理。且引周齊之兵五來皆敗以待隋。言未既。隋師濟矣。甚矣夫江之誤南國也。非江誤人之國也。恃之者誤之也。宮之奇曰。虢虞之表也。唇亡則齒寒。江者淮之虢也。淮者江之虞也。朝廷其勿恃江而恃淮。勿恃淮而備淮。則數百年之業可得而議矣。不然。臣恐未可以一朝居也。或者又曰。守淮善矣。其如淮地之空

曠何若夫江者絕涉所謂備之不過數處直差易爾是不然有淮而後江者吾之江也無淮則江者非獨吾之江也亦敵之江也全而有之猶恐失之而況分之哉且吾之有淮以為空曠也使吾不有而虜有之彼以為空曠耶彼將居而耕耕而守守而伺則吾之一喘而彼聞一動而彼見惟有所不可測而後不可圖引寇以自逼而日夕與之相目於一水之間則國尚何可為而敵尚何可備哉故夫江者誤人之國而絕涉之論又誤人之江者也且吳人者欲淮而不得也非得淮而不欲也吾則有吳人之所無而又可棄吾之所有耶臣是以流涕而極言至此其三曰臣聞有為者必為其全何謂全不福其福不利其利是謂全夫為國者何嚮非福何擇非利而曰不福其福不利其利何也非不福其福也不福其禍中之福也非不利其利也不利其害中之利也夫何故貴乎福者貴其福而無禍貴乎利者貴

其利而無害曰福焉而禍之所寄曰利焉而害之所藏是無福賢於福而不利賢於利也故曰有為者必為其全不福其福不利其利是謂全今夫徑寸之珠潛於驪龍之頷而襲於萬仞之淵人將語我曰珠可得也其信者智乎其不信者智乎宜若信之者之智也殊不知身與珠孰重陸與淵孰安捐吾身而珠可得猶不為也況身可捨而珠不可得耶今士大夫孰不曰中原吾之舊物可取而不可棄雖然意則忠矣言則快矣而為國計則未也策今者不以今而以古料後者不以後而以今古者今之鏡也今者後之柢也盍觀之東晉乎蓋嘗有幽并矣至王浚劉琨亡而幽并亦亡又嘗有河南矣至祖逖亡而河南亦亡非數子之死而始亡幽并河南也數子之未死而幽并河南已亡矣蓋其存者名也其亡者實也盍觀之劉宋乎蓋嘗得關中矣至高祖還而失關中又嘗得淮北矣至明帝北討之敗而失淮

北非高祖之還明帝之敗而始失關中淮北也高祖之未還明帝之未敗而關中淮北已失矣蓋其得者名也其失者實也聞之曰雖鞭之長不及馬腹何則功視時為成毀時視天為盈虧天之所至時亦至焉時之所至功亦至焉未聞時先天而得功先時而就者也是故天與時相遭則以百敗之漢高帝取百勝之項羽天與時相違則以劉葛之雄傑熟視孱弱之曹丕靖康之初金虜之北歸也河北嘗為吾有矣紹興之間金虜嘗地見還也河南長安嘗為吾有矣逆亮之寇也海泗唐鄧又嘗為吾有矣隆興之舉也符離又嘗為吾有矣有則有矣而卒不有焉何也時也非時也天也然則古之舉亦足以為今之懲今之事亦足以為後之規矣是故為今之計和不如戰戰不如守和則懈戰則力故曰和不如戰戰則殆守則全故曰戰不如守昔吳大帝時諸將各欲立功多陳便宜帝以問顧雍雍曰兵法戒於

小利此等欲邀功名非為國也苟不足以損敵所不宜聽蜀將姜維每欲大舉伐魏費禕曰吾等不如諸葛丞相丞相猶不能定中原不如保國治民無決成敗於一舉嗟乎吳其以雍為懦而蜀其以維為壯矣雖然未見其害雍信懦而維信壯也及諸葛恪以輕動無功而民怨姜維屢出黷武而國亡則顧雍費禕之言猶信噫宋德富天下世萬億虜罪稽天亡不及夕不待智者而後諭也然日有中昃月有盈缺天之道也而況國乎天之於我國家蓋必有時矣可以俟不可以躁蓋聖人之於時所不能者二曰去曰來所能者二曰待曰乘臣願朝廷盡人事以周其待待其來而決其乘不以小利而輕試吾之大枝不以小鈍而中怠吾之大計則中興之全功不在今日在何日耶燕嘗欲圖苻堅慕容農曰取果於未熟與自落不過旬日然其難易美惡相去遠矣金虜之強不過苻堅萬萬其君臣萬萬不及堅朝廷盍少待哉

參知政事史浩奏曰。臣聞古之得天下者。皆由小以致大。若湯以七十里。文王以百里是也。湯之一征。天下始信。故東征西怨。南征北怨。怨者。徯其來而不至也。是故師至其國。若時雨降。非謂使四方之民先歸湯之國也。文王三分天下有其二者。有其心也。是故至武王時。始曰商之旅。其會如林。非謂使天下之民先歸文王之國也。若使民先歸其國。則七十里之亳。百里之豐。何以容東西南北之人。而所謂亳與豐之地。方且疲於贍養。自益窮蹙。又何暇脩文德以格遠人之心耶。今陛下北有勁虜。日爲姦謀以撓我。日縱流民以困我。沿邊守臣由之不知。方且日以招徠爲事。自去冬用兵以來。歸正之官。已滿五百。皆高官大爵。動欲添差見闕。歸正之民。不知其數。皆竭民膏血。唯恐廩之不至。數年之後。國家之蓄積。竭於此役。東南之士夫。久不得調。東南之農民。身口之奉。不得自用。安保其不起爲盜賊而求衣

食之資乎。不於此時有以救之。駸駸不已。布滿東南。蚕食既多。國用益乏。已來者不獲優恤。必有悔心。方來者待之愈薄。必有怨心。夫剥膚推髓以奉之。意者望其知恩而欲其爲我用也。若使怨悔之心生。終亦何所濟。此爲國遠慮者莫不寒心也。今說者必曰。不如是不足以繫中原人心。夫內脩政事。教化既明。風俗既厚。百姓家給而人足。使彼之士民。顒立於朝。願爲之氓而不可得。然後一旦興師。恢復土宇。皆爲王臣。則其心乃大悅。如湯之后來其蘇。武王之一怒而安也。若吾之政化未施。財力先屈。國尚未可保。安能繫中原之心乎。凡爲此論者。皆慕古人之虛名。昧當今之實利者也。臣願陛下密敕沿邊守臣。其有襁負而至者。諭之以久遠之計。曰。國家議戰與和。皆爲汝輩。久此隔涉。欲圖拯濟。若爲戰計。則他日得我故地。汝皆吾民。又何必捨墳墓棄親戚而來。若爲和計。朝廷亦豈遂忘汝等。宜各安本業

以俟議定。則彼必感我恤之之意深。念之之心切。將無所歸怨。而虜聞之亦必知我國有人矣。於是葺藩籬。保形勢。寬民力。以固邦本。募勇士以益軍籍。政脩而教興。國富而兵強。機會之來。豈有窮已。一舉而得中原矣。開明堂受朝賀。此成湯文王已試之明效也。夫未至此時而先爲計以自蹙。此虜之願。後雖噬臍其無及矣。利害得失之機。較然可見。陛下不可不深察也。儻未以臣言爲然。欲望聖慈亟自宸衷。上取太上之訓。下盡近臣之議。以歸至當。然後定其規模。使沿邊守臣有所遵守。

浩又上奏曰。臣聞棄實而務名。捨近而謀遠。見利而忘害。此三者天下之大弊。古今之至戒也。臣比者極論招納歸正人之非。雖荷聖慈已賜開納。尚慮議者或有異同。臣請得申言其詳。夫自淮泗之北。燕趙以南。幅員萬里。皆我故疆。若使朝廷根本已立。人材已衆。功無僭

賞。罪無佚罰。兵強國富。事力有餘。以陛下英武之資。乘中原愛戴之心。一舉而取之。宅中圖大。以復舊物。則天下之議。孰敢以爲非。今既未能。乃區區然招集逋逃之人。以爲繫中原之心。此臣所謂棄實而務名。一弊也。自去歲賊亮入寇之後。兩淮蕩然。驅虜殺戮。不可勝計。井湮木刊。積骸如山。慟哭之聲。至今未已。調度日繁。江左重困也。戍雖遣藩籬未固。此皆當如飢渴。如焚溺。日夜圖之者。今未見大有措畫。而廟堂之上。率常以太半日力。整會歸正人。某人乞官。某人援例。以廟堂猶如此。則宣撫司沿邊諸軍帥司州郡。又可知矣。此臣所謂捨近而謀遠。二弊也。北人初來。扶老攜幼。莫不皆言去虎狼歸父母。嗚噫流涕。以手加額。不知者觀之。真若可喜。然此輩小人何常之有。廩給祿賞少不厭其無涯之心。則怨詈並作。未必不刺取國事。歸報敵境。況又其間往往有本心爲間探而來者。此臣所謂見利而忘害

二弊也以此三說反覆究繹招納利害可以立決加之虜情難測譎詐萬端今北人將片紙來者卽與官僧道雖無度牒但持戒牒來者卽與度牒若黠虜設詐多作偽告偽牒源源而來上則竭國力以祿養之正官下則隳壞度牒之法我尚為有謀也哉且中國士大夫雖身登科第家世公侯一有去失坐廢終身而歸正官則一切不問是仕於虜廷者何其幸而仕於天朝者何其不幸耶中國士民欲為僧道者由買度牒以至書塡受戒非四五百千不可而歸正僧道則一切不問是生於虜界者何其幸而生於王土者何其不幸耶臣惓惓之實欲望陛下棄名取實以集大勳先近後遠以安邊鄙見利思害以杜亂萌異同之論一以理決之昔吐蕃欲取唐維州陰遣婦人嫁守閽者生子長大守閽而吐蕃入寇遂開關納之宣和中郭藥師入朝請擊鞠平陀岡乃默視可作營壘之地其後虜騎大入梁集于此則招納之事豈可忽哉豈可忽哉伏惟留神采擇

川陜宣諭使虞允文上言曰臣以孤遠之跡曲蒙陛下親擢聖恩不一實為非常之遇但以才力凡微未有豪髮報効媿懼并心敢因使命輒以今日不可失之機仰干四聰之聽伏惟陛下聖智默運成算不遺規模之遠固已素定用敢冒昧裨萬分一臣既聞虜中之亂虜兵在中原者不多實天相陛下恢復之時而形勢便利莫如陜西蓋得兵得馬得糧可以壯國威可以足軍餉欲守則有險可恃欲戰則有資可憑自古進取天下固有次序而莫先於此臣嘗所憂者大將相與因循無一肯出力為國家任責兩日來吳拱出示吳璘三書謹錄進呈臣觀其書意知虜為甚怯知其兵為可用知民心為已歸知粮道可以取足於西人又知其疾之已去老之可憂而自勉於一舉而臣所不知者朝廷怯於立事和戰未決尚以為疑也向虜使及境而言或以為虜中方亂有所未暇或以為虜廷未肯歸疆將有所要致於我以臣愚慮二說皆可置不問所當急者今日之機如因璘之意而用其機此在陛下與二三大臣斷以一言而已臣博采輿論謂中原之虜不多必無深入之憂若且令董庠以本管兵守淮東郭振以四統制兵守淮西趙撙駐信陽李道迫新野唐鄧之間各自其險而固守勿與虜戰且得息兵以待用先令吳拱選精兵二萬人從鄧州路與王彥會於商州以萬人守潼關使河南之虜不能進兵以援長安又以萬人與彥合力進討而吳璘姚仲擁大兵而出西人知朝廷大舉唱義而應者必甚於今日官軍聲震關輔則寶雞之虜知其無援又為西人之所共棄若不請降亦必引兵度河而去國家得於此時收兵籍馬因長安之粮而取河東則河南之粮而會諸軍以取汴則兵力全而可以省諸道之運至如兩河之地曰民之心可傳檄而定矣臣聞兵好合而惡分時難得而易失欲望陛下與二三大臣察納其說而熟計之稽以一定之說分命諸將使戮力以收不世之功天下幸甚臣迫於愚忠抵冒天威伏深震懼

允文又上言曰臣竊惟藝祖皇帝創業之初削平諸國首會襄陽之兵以取荊南蓋天下勝勢所在先得之則雄視吳蜀一統之祚實始於此今陛下留神於襄漢之上游控吳蜀之全壤規摹弘遠得藝祖之遺意天開聖哲先後同符而議者謂自古以來蜀以重山為險吳以長江為險而荊襄之地平原廣袤無一山一水之限隔故三國之後以至南北之分凡皆以兵為險良將勁卒求為重鎮方冊可考也道路錯出不可以數計而其大者有六自陜虢出盧氏可以直抵歸州自光化出茨湖可以直抵夷陵自汝州出新野可以直抵襄陽自唐州出棗陽可以直抵郢州自蔡州出信陽之三關可以直抵德安府自陳州出宛丘新息可以直抵光黃弥亘數千里實為坦塗皆當

以兵為險之地也。兵厚則險固，理之自然。而今之備兵反薄於守吳守蜀之數。一失支梧，虜勢橫潰，吳蜀之形，釁而為二也。兵雖多，首尾莫應，甚可慮也。伏願陛下曲軫淵衷，下臣之章於腹心大臣，議所以益兵之策，庶幾不失藝祖所以先重荆襄之意，為陛下恢復之基。天下幸甚。

歷代名臣奏議卷之九十三

歷代名臣奏議卷之九十四

經國

宋孝宗時，建康府通判辛棄疾進美芹十論曰：臣聞事未至而預圖，則處之常有餘；事既至而計，則應之常不足。虜人憑陵中夏，臣子思酬國恥，普天率土，此心未嘗一日忘。臣之家世受廛濟南，代膺閫寄，荷國厚恩。大父臣贊以族衆拙於脫身，被汙虜官，留京師，歷宿亳，涉沂海，非其志也。每退食，輒引臣輩登高望遠，指畫山河，思投釁而起，以紓君父所不共戴天之憤。嘗令臣兩隨計吏抵燕山，諦觀形勢，謀未及遂，大父臣贊下世。粵辛巳歲，逆亮南寇，中原之民，屯聚蜂起。臣嘗鳩衆二千，隸耿京，為掌書記，與圖恢復，共籍兵二十五萬，納款于朝。不幸變生肘腋，事乃大謬。負抱愚忠，填鬱腸肺。官閑心定，竊伏思念：今日之勢，朝廷一於持重以為成謀，虜人利於嘗試以為得計，故和戰之權常出於敵，而我特從而應之。是以燕山之和未幾，而京城之圍急；城下之盟方成，而兩宮之狩遠。秦檜之和，反以滋逆亮之狂。彼利則戰，倦則和，詭譎狙詐，我實何有。惟是張浚符離之師，粗有生氣，雖勝不慮敗，事非十全，然計其所喪，方諸既和之後，投閒蹂躪，猶未若是之酷。而不識兵者，徒見勝不可保之為害，而不悟夫和而不可恃為膏肓之大病，亟遂齰舌以為深戒。臣竊謂恢復自有定謀，非符離小勝負之可懲，而朝廷公卿過慮，不言兵之可惜也。古人言不以小挫而沮吾大計，正以此耳。恭惟皇帝陛下，聰明神武，灼見事幾，雖光武明謀，憲宗果斷，所難比擬。一介醜虜，尚勞宵旰，此正天下之士獻謀效命之秋。臣雖至愚且陋，何能有知，徒以忠憤所激，不能自已。以為今日虜人實有弊之可乘，而朝廷上策惟預備乃無患。故罄竭精懇，不自忖量，撰成禦戎十論，名曰美芹。其三言虜人之弊，其七言朝廷之所當行先審其勢次察其情後觀其變則敵之虛實吾既詳之矣然後以其七說次第而用之虜固在吾目中惟陛下留乙夜之神況先物之幾志在必行無惑群議庶乎雪恥酬百王除兇報千古之烈無遜于唐太宗興寇舉衣以復韓侯雖越職之罪難逃野人美芹而獻于君亦愛主之誠可取惟陛下赦其狂僭而憐其愚忠斧鑕餘生實不勝幸萬幸萬之至其審勢曰用兵之道形與勢二不知而一之則沮於形眩於勢而勝不可圖且坐受其斃矣何謂形小大是也何謂勢虛實是也土地之廣財賦之多士馬之衆此形也非勢也形可舉以示威不可用以必勝譬如轉嵌巖于千仞之山轟然其聲嵬然其形非不大可畏也然而塹留木拒未容於直遂有能迂回而避禦之至力殺形禁則人得跨而踰之矣若夫勢則不然有器必可用有用必可濟譬注矢石于高墉之上操縱自我不係于人有軼而過者抨擊中射惟意所向此實之可慮也自今論之虜人雖有嵌巖可畏之形而無矢石必可用之勢其舉以示吾者特以威而疑我也謂欲用以求勝者固知其未必能也彼欲致疑吾且信之以為可疑彼未必能吾且意其或能是亦未詳夫形勢之辨耳臣請得而條陳之虜人之地東薄于海西控于夏南抵于淮北極于蒙地非不廣也虜人之財簽兵于民而無養兵之費靳恩於郊而無泛恩之賞又輔之以歲幣之相仍横歛之不卹則財非不多也沙漠之地馬所生焉射御長技人皆習焉則其兵又可謂之衆矣以此之形時出而震我亦在所可慮而臣獨以為不足卹者蓋虜人之地雖名為廣其實易分惟其無事兵劫形制若可糾合一有驚擾則忿怒紛争割據蜂起辛巳之變蕭鷓巴反于遼開趙反于密魏勝反于海王友直反于魏耿京反于齊魯親而蕭王又反於燕其餘紛紛所在而是此則已然

之明驗是一不足慮也虜人之財雖名為多其實難恃得吾歲幣惟金與帛可以備賞而不可以養士中原廩窖可以養士而不能保其無失蓋虜政庬而官吏横常賦供億民粗可支意外而有需公實取一而吏七八之民不堪而叛叛則財不可得而反喪其資是二不足慮也若其為兵名之曰多又實難調而易潰且如中原所簽謂之大漢軍者皆其父祖殘于蹂踐之餘田宅罄於搥剥之酷怨憤所積其心不一而沙漠所簽者越在萬里之外雖其數可以百萬計而道里遼絕資糧器甲一切取辦於民賦輸調發非一歲而不可至始逆亮南寇之時皆是誅脅酋長破滅資產人乃肯從未幾中道竄歸者已不容制則又三不足慮也又況虜廷今用事之人雜以契丹中原江南之士上下猜防議論齟齬非如前日粘罕兀术輩之叶且骨肉間僭弑成風如聞偽許王以庶長出守於汴私收民心而嫡少嘗暴之於父此豈能終以無事者哉我有三不足慮彼有三無能為而重之以有腹心之疾是殆自保之不暇何以謀人臣抑聞古之善覘人國者如良醫之切脉知其受病之處而逆其必殞之期初不為肥瘠而易其智官渡之師袁紹未遽弱也曹操見之以為終且自斃者以嫡庶不定而知之咸陽之都會稽之游秦尚自強也高祖見之以為當如是矣項籍見之以為可取而代之者以民怨已深而知之蓋國之亡未有如民怨嫡庶不定之為酷虜今並有之欲不亡何待臣故曰形與勢異惟陛下實深察之其察情曰兩敵相持無以得其情則疑疑故易駭駭而應之必不能詳有以得其情則定定故不可惑不可惑而聽彼之自擾則權常在我而敵實受其弊矣古之善用兵者非能務為必勝而能謀為不可勝蓋不可勝者乃所以徐圖必勝之功也我欲勝彼彼亦志於勝誰肯處其敗勝敗之情戰於中而勝敗之機未

有所決。彼或以兵叅吾敵。謂其張虛聲以耀我乎。彼或以兵遁吾敵。謂其非匿形以誘我乎。是皆未敢也。然則如之何。曰。權然後知輕重。度然後知長短。定故也。它人有心。予忖度之。審故也。能定而審敵情。雖萬里之遠。可坐察矣。今吾藏戰于守。未戰而常為必戰之待。寓勝于敵。未勝而常有必勝之理。彼誠虛聲以耀我。我以靜應而不輕動。彼誠匿形以誘我。我有素備而不可以乘。勝敗既不能為吾亂。則固神閑而氣定矣。然後徐以吾之心。度彼之情。吾猶是彼。亦猶是。南北雖有異虞。休戚豈有異趣哉。虜人情偽。臣嘗熟論之矣。譬如猘狗焉。心不肯自閑。擊之則吠。吠而後却。呼之則馴。馴必鼓鬣。蓋吠我者忌我也。馴我者狎我也。彼何嘗不欲戰。又何嘗不言和。惟其實欲戰。而乃以和狎我。惟其實欲和。而乃以戰要我。此所以和無定論。而戰無常勢也。尤不可以不察。曩者兀朮之死。固嘗囑其徒使與我和。曰。韓

張劉岳。近皆習兵。恐非若輩所敵。則是其情真欲和矣。然而未嘗不進而求戰者。計出於忌我而要我也。劉豫之廢。亶嘗慮無以守中原。則請割三京。亶之弑。亮常懼吾有問罪之師。則又謀割三京而遂梓宮。亮之殞。褎又嘗緩我追北之師。則復謀割白溝河以丈人行事我。是其情亦真欲和矣。非詐也。未幾亶之所割。視吾所守之人非其敵。則不旋踵而復取之。亮之所謀。觀吾遣賀之使。知其無能為。則中輟而萌。辛巳之逆。褎之所謀。悟有班師之失。無意於襲。則又反覆而有意外之請。夫既云和矣。而復中輟者。蓋用其狎而謀勝于我也。今日之事。揆諸虜情。是有三不敢必戰。二必欲嘗試。何以言之。空國之師。商監不遠。彼必不肯再用危道。萬一猖獗。特不過調沿邊戍卒而已。戍卒豈有能必其勝。此一不敢必戰也。海泗唐鄧等州。吾既得之。彼閱師三年而無成。則我有攻守之士。而虜人已非前日之比。此二不

敢必戰也。契丹諸胡側目于其後。中原之士扼腕于其前。今之雖不得不從。從之未必不反。此三不敢必戰也。有三不敢必戰之形。懼吾之窺其弱而絕歲幣。則其勢不得不張大以要我。此一欲嘗試也。貪而志欲。得求不能充其所欲。心惟務于僥倖。謀不暇于萬全。此二欲嘗試也。且彼誠欲戰耶。則必不肯張皇以速我之備。且如逆亮始謀南寇之時。劉麟蔡松年一探其意而導之。則麟逐而松年鴆。惡其露機也。今誠必戰。豈欲人遽知之乎。彼誠不敢必戰耶。貪殘無義。忿不顧敗。彼何所䘏。以毋之親。兄之長。一忤其意。一利其位。亮猶弑之。何有於我。況今公海造艦。公淮治具。包藏禍心。有隙皆可投。敢謂之終遂不戰乎。大抵今彼雖無必敢戰之心。而吾亦不可不防其欲嘗試之舉。彼於高麗西夏。氣足以吞之。故於其使之至也。坦然待之而無他。惟吾使命之去。則多方脥䝟。曲意防備。如入見牛羊。未嘗作色。而

遇虎豹則厲聲奮臂以加之。此又足以見其深有忌于我也。彼知有忌我。獨無忌哉。我之所忌。不在于虜欲必戰。而在于虜幸勝以蹂淮而遂守淮以困我。則吾受其病矣。禦之之術。臣具于守淮篇。昔者黥布之心。為身而不顧後。必出下策。薛公知之以告高祖。而布遂成擒。先零之心。恐漢而疑罕开解仇結約。充國知之以告宣帝。而先零自速敗。薛公充國非有風角鳥占之勝。枯莖朽骨之技。亦惟心定而慮審耳。朝廷心定而慮審。何情不可得。何功不可成。不求敵情之知。而觀彼虛聲詭勢以為進退者。非特重困吾力。且失夫制勝之機。為可惜。臣故曰知敵之情而為之處者。綽綽乎其有餘矣。其觀釁曰。自古天下離合之勢。常係乎民心。民心叛服之由。實基于喜怒。喜怒之方形。視之若未有休戚。喜怒之既積。離合始決而不可制矣。何則喜怒之情。有血氣者皆有之。飽而愉煖而適。遽使之飢寒則怨。仰而視俯

而育。遽使之捐棄則痛。究而求伸。憤而求泄。至於無所控告則怨。怨深痛鉅而怒盈。服則合。叛則離。秦漢之際離合之變於此可以觀矣。秦人之法。慘刻寡恩。而漢則破觚為圜與民休戚。天下不得不喜漢而怒秦。秦人則役繁賦重不卹。而漢則寬仁大度。務從簡約。天下不得不喜漢而怒秦。怒之方形秦自若也。怒之既積。則喜而有所屬。秦始不得自保。遂離而合于漢矣。方今中原之民。其心果何如哉。二百年為朝廷赤子。耕而食蠶而衣。富者安。貧者濟。賦輕役寡求得而欲遂。一旦腥羶彼視吾民如晚妻之御嫡子。愛憎自殊。不復顧惜。方僭割之時彼守未固此謀未定。猶勉強姑息以示恩。時肆誅戮以賈威。既久稍玩真情遂出。分布州縣。半是胡奴。分朋植黨仇滅中華。民有不平。訟之於官。則胡人勝。而華民則飲氣以茹屈。田疇相鄰。胡人則強而奪之。孳畜相雜。胡人則盜而有之。民之至愛者子孫。簽軍之令

下。則貧富不問而丁壯必行。民之所惜者財力。營築饋餉之役興。則空室以往而休息無期。有常產者困窶。無置錐者凍餒。民初未敢遽叛者。猶徇于苟且之安。而詠於積威之末。辛巳之歲。相挺以興。矯首南望。思戀舊主者。怨已深。痛已鉅。而怒已盈也。逆亮自知形禁勢格巢穴迥遠。恐狂謀無成。而竄身無所。故疾趨淮上。僥倖一勝。以謀潰中原之心而求歸也。此機不一再。而朝廷慮不及此。中原義兵尋亦潰散。吁。甚可追惜也。今而觀之。中原之民。業嘗叛虜。虜人必不能釋然於其心。而吾民亦豈能自安而無疑乎。疑則慮患深。操心危。是以易動而輕叛。朝廷未有意于恢復則已。誠有意焉。莫若於其無事之時。張大聲勢以聳之。使知朝廷儼然有可恃之資。存撫新附以誘之。使知朝廷有不忘中原之心。如是。則一旦緩急。彼將轉相告諭。翕然而起。爭為吾之應矣。又況今日中原之民。非昔日中原之民。曩者民習於治而不知兵。不意之禍。如蜂蠆作于懷袖。智者不暇謀。勇者不及怒。自亂離以來。心安于斬伐。而力閑於攻守。虜人雖暴。有王師為之援。民心堅矣。馮婦雖攘臂。其為士笑之。孟子曰。為湯武驅民者。桀與紂也。臣亦謂今之中原離合之釁已開。虜人不動則已。誠動焉。是特為陛下驅民而已。惟靜以待之。彼不亡何待。其自治曰。臣聞今之論天下者皆曰。南北有定勢。吳楚之脆弱。不足以爭衡于中原。臣之說曰。古今有常理。夷狄之腥穢。不可以久安于華夏。夫所謂南北定勢者。粵自漢鼎之亡。天下離而為南北。吳不能以取魏。而晉卒以併吳。晉不能以取中原。而陳亦終斃於隋。與夫藝祖皇帝之取南唐。取吳越。天下之士遂以為東南地薄兵脆。將非命世之雄。其勢固至於此。而蔡謨亦謂度今諸人必不能辦此。吾見韓盧東郭俱斃而已。臣以謂吳不能以取魏者。蓋孫氏之割據。曹氏之猜雄。其德本無以

相過。而西蜀之地又分於劉備。雖頻以兵窺魏。勢不可得也。晉之不能取中原者。一時諸戎皆有豪傑之風。晉之強臣方内自專制。擁兵上流。動輒問鼎。自治如此。何暇謀人。宋齊梁陳之間其君臣又皆以一戰之勝。蔑其君而奪之位。其心蓋僥倖于人之不我攻。而所以攻人者。皆其自固也。至于南唐吳越之時。適當聖人之興。理固應爾。無足恠者。由此觀之。所遺者然。非定勢也。且方今南北之勢較之彼時亦大異矣。地方萬里。而劫於夷狄之一姓。彼其國大而上下交征。政厖而華夷相怨。平居無事。亦規規然模倣古聖賢太平之事以誑亂其耳目。是以其國可以言靜而不可以言動。其民可與共安而不可與共危。非如晉末諸戎四分五裂。若周秦之戰國。唐季之藩鎮。皆家自為國。國自為敵。而貪殘吞噬。剽悍勁勇之習。純用而不雜也。且六朝之君。其祖宗德澤涵養浸漬之難忘。而中原民心眷戀依依而不

去者又非得為今日比。臣故曰。較之彼時。南北之勢大異矣。當秦之時。關東強國莫楚若也。而秦楚相遇。動以數十萬之衆見屠于秦。君為秦虜。而地為秦墟。自當時言之。是南北勇怯不敵之明驗。而項梁乃能以吳楚子弟驅而之趙。救鉅鹿。破章邯諸侯之軍十餘壁。皆莫敢動。觀楚之戰士。無不一當十。諸侯之兵。皆人人惴恐。卒以阬秦軍入函谷。焚咸陽。殺子嬰。是又可以南北勇怯論哉。方懷王入秦時。楚人言之曰。楚雖三戶。亡秦必楚。夫豈彼能逆知其事之必至於此耶。蓋天道好還。亦以其理而推之耳。故臣直取古今常理而論之。夫所謂古今常理者。逆順之相形。盛衰之相尋。如符契之必同。寒暑之必至。今夷狄所以取之者至逆也。然其所居者亦盛矣。以順居盛。猶有衰焉。以逆居盛。固無衰乎。臣之所謂理者此也。不然。裔夷之長而據有中夏。子孫又有泰山萬世之安。古今豈有是事哉。今之議者。皆竊

懲往者之事。而劫於積威之後。不推項籍之亡秦。而猥以蔡謨之論晉者以藉口。是猶懷千金之璧。不能斡營低昂。而掉尾于販夫。懲蝮蛇之毒。不能詳覈真僞。而褫睨于雕弓。亦已過矣。故臣願陛下姑以光復舊物而自期。不以六朝之勢而自畀。精心強力。日與二三大臣講求古今南北之勢。知其不侔而不為之惑。則臣固當為陛下言自治之策。今之所以自治者。不勝其多也。官吏之盛否。民力之優困。財用之豐耗。士卒之強弱。器械之良苦。邊備之廢置。此數者皆有司之事。陛下亦次第而行之。臣不能悉舉也。頃今有大者二。陛下知之而未果行。大臣難之而不敢發者。一曰絕歲幣。二曰都金陵。臣聞今之所以待虜。以緡計者二百餘萬。以天下之大。而為生靈社稷計。曾何二百餘萬之足云。臣不為二百餘萬緡惜也。錢塘金陵俱在大江之南。而其形勢相去亦無幾矣。豈以為是數百里之遠。而遂有強弱之

辨哉。臣不為數百里計也。然而絕歲幣則財用未可以遽富。都金陵則中原未可以遽復。是三尺童子之所知。臣之區區以是為言者。蓋古之英雄撥亂之君。必先內有以作三軍之氣。外有以破敵人之心。故曰。未戰養其氣。又曰。先人有奪人之心。今則不然。待敵則恃驩好於金帛之間。立國則借形勢於湖山之險。望實俱喪。莫此為甚。使吾內之三軍。習知其上之人畏怯退避之如此。以為夷狄必不可敵。戰守必不可恃。雖有剛心勇氣。亦銷鑠委靡而不振。臣不知緩急將誰使之戰哉。借使戰。其能必勝乎。外之中原民心。以為朝廷置我於度外。謂吾無事則知自備而已。有事則將自救之不暇。向之袒臂疾呼而促逆亮之斃。為吾響應者。它日必無若是之捷也。如是則敵人將安意肆志而為吾患。今絕歲幣。都金陵。其形必至於戰。天下有戰形矣。然後三軍有所怒而思奮。中原有所恃而思亂。陛下聞取其二百餘

萬緡者。以資吾養兵賞勞之費。豈不為朝廷之利乎。然此二者在今日未可遽行。臣觀虜人之情。玩吾之重戰。而所求未能充其欲。不過一二年。必以戰而要我。苟曰其要我而遂絕之。則彼亦將自沮而權固在我矣。議者必曰。朝廷全盛時。西北二虜亦不免于賂。今我有天下之半。而虜倍西北之勢。雖欲不賂得乎。臣應之曰。是趙之所以待秦也。昔者秦攻邯鄲而去。趙將割六縣而與之和。虞卿曰。秦之攻趙也。倦而歸乎。抑其力尚能進。且愛我而不攻乎。王曰。秦之攻我也不遺餘力矣。必以倦而歸矣。虞卿曰。秦以其力攻其力所不能取。倦而歸。王又以其力之不能攻以資之。是助秦自攻也。臣以為虞卿之所以謀趙者。是今日之勢也。且今日之勢。議者固以東晉自卑矣。求之於晉。彼亦何嘗退金陵。輸歲幣乎。臣竊觀陛下聖文神武。同符祖宗。必將陵跨漢唐。鞭笞異類。然後為稱。豈能鬱鬱久居此者乎。臣願陛

下酌古以御今。毋惑紛紜之論。則恢復之功可必其有成。古人云謀及卿士謀及庶人。又曰。作屋道邊。三年不成。蓋謀貴衆。斷貴獨。惟陛下深察之。其守淮曰。臣聞用兵之道。無所不備。則有所必分。知所必守。則不必皆備。何則精兵驍騎。十萬之屯。山峙雷動。其勢自雄。以此為備則其誰敢來。離屯為十。屯不過萬。力寡氣沮。以此為備。則備不足恃。此聚屯分屯之利害也。臣嘗觀兩淮之戰。皆以備多而力寡。兵懾而氣沮。奔走于不必守之地。而嬰虜人遠鬬之鋒。故十戰而九敗。其所以得畫江而守者幸也。且今虜人之情。臣固已論之矣。要不過以成兵而入寇。幸成功而無內禍。使之踰淮。將有民而撫之。有城而守之。則始足以為吾患。夫守江而棄淮。吳陳南唐之事可見也。且我入彼出。我出彼入。曠日持久。何事不生。曩者兀术之將曰韓常劉豫之相曰馮長寧者。皆嘗以是導之。詎知其他日之計。終不出于此乎。

故臣以謂守淮之道。無懼其必來。當使之兵交而亟去。無畏其必去。當使之他日必不敢犯也。為是策者在於彼能入吾之地。而不能得吾之戰。彼能攻吾之城。吾能出彼之地。然而非備寡力專則不能也。且環淮為郡凡幾。為郡之屯又幾。退淮而江為重鎮曰鄂。渚曰金陵。曰京口。以至于行都扈蹕之兵。其將皆有定營。其營皆有定數。此不可省也。環淮必欲皆備。則是以有限之兵。而用無所不備之策。兵分勢弱。必不可以折其衝。以臣策之。不若聚兵為屯。以守為戰。庶乎虜來不足以為吾憂。而我進乃可以為彼患也。聚兵之說如何。虜人之來自淮而東。必道楚以趣揚。自淮而西。必道濠以趣廬。與道壽以趣和。自荆襄而來。必道襄陽以趣荆。今吾擇精騎十萬。分屯于山陽濠梁襄陽三處。而於揚或和置一大府以督之。虜攻山陽。則堅壁勿戰。而虛盱眙高郵以餌之。使濠梁分其半。與督府之兵橫擊之。或絕餉道。或邀歸途。虜併力于山陽。則襄陽之師出唐鄧以撓之。虜攻濠梁。則堅壁勿戰。而虛廬壽以餌之。使山陽分其半。與督府之兵亦橫擊之。虜併力于濠梁。而襄陽之師亦然。虜攻襄陽。則堅壁勿戰。而虛郢復以餌之。虜無所獲。亦將聚淮北之兵以併力于此。我則以濠梁之兵制其歸。而山陽之兵自沭陽以擾沂海。此正所謂不恃敵之不我攻。而恃吾能攻彼之所必救也。臣竊謂解雜亂紛糾者不控拳。救鬬者不搏撠。批亢搗虛。形格勢禁。則自為解矣。昔人用兵多出于此。故魏趙相攻。齊師救趙。田忌引兵疾走大梁。則魏兵釋趙而自救。齊師因大破之於桂陵。後唐莊宗與梁相持於楊劉德勝之間。蓋嘗屢戰而不勝。其後用郭崇韜之策。七日入汴而梁亡。兵家形勢。從古以然。議者必曰。我知搗虛以進。彼亦將調兵以拒進。遇其實。未見其虛。是大不然。彼沿邊為守。其兵不過數萬。既已厚屯于三城之衝。其餘不

容復多。兵少而力不足。謂能當我全師者。又非其所慮也。又况彼雖得淮而民不服。且有江以為之阻。則猶未足以為利。我一得中原。而簞壺迎降。民心自固。且將不為吾守乎。如此則在我者甚堅。而在彼者甚瑕。全吾所甚堅。攻彼所甚瑕。此臣所謂兵交而必亟去。兵去而不敢復犯者此也。嗚呼。安得斯人而與之論天下也哉。其屯田曰。趙充國論備邊之計曰。湟中積穀三百萬斛。則羌人不敢動。李廣武為成安君謀曰。要其輜重。十日不至。則二將之頭可致。此言用兵制勝以糧為先。轉餉給軍。以通為利也。必欲使糧足而餉無間絕之憂。惟屯田為善。而屯田蓋亦難行。國家經畫于今幾年。而曾未覩夫實效者。所以驅而使之耕者非其人。所以為之任其責者非其吏。故利未十百而害已千萬矣。名曰屯田。其實重費以歛怨也。何以言之。市井無賴小人。惟其懶而不事事。而迫於飢寒。故甘捐軀于軍伍以就衣

食而苟閒。縱一旦警急。擐甲操戈以當矢石。其心固偃然自分曰。向者吾無事而幸飽煖于官。今焉官有事而責死力于我。且戰勝猶有累資補秩之望。故安之而不辭。今遽而使之屯田。則是無事而不免耕耘之苦。有事而又履夫攻守之危。彼必曰吾能耕以食。豈不能從富民租佃以為生。而輕失身于黥戮。上能驅我于萬死。豈不能捐穀帛以養我。而重役我以辛勤。不平之氣。無所發洩。在畎畝則邀奪民田。脅掠酒肉。以肆無稽。蹺踐阡陌。則呼憤扼腕。疾視長上而不為用。且曰。吾自耕自食。官何用我焉。是誠未覩夫事成之利也。鹵莽滅裂。徒費粮種。秪見有害。未聞獲利。此未為策之善。如臣之說則曰。向者之兵怠惰而不盡力。向者之吏苟且而應故事。不如籍歸正軍民盡為保伍。擇歸正不簽務官擇為長貳。使之專董其事。且彼自虜中被簽而參耒耨之事。蓋所素習。且其生同鄉。井其情相得。上令下從。不至

生事。惟官之計其閒田頃畝之數。與夫歸正軍民之目。土人已占之田。不更動搖。以重驚擾歸正之人。家給百畝。而分為二等。為之兵者田之所收。則盡以畀之。謂之民者。年分稅一。則以為凶荒賑濟之備。室廬器具粮種之法。一切遵舊。使得植桑麻。畜雞豚。以為歲時伏臘婚嫁之資。彼必忘其流徙。使於生養。無事則長貳為勸農之官。有事則長貳為主兵之將。許其理為資考。久於其任。使得悉心於教勸。而委守臣監司覈其勞績奏與遷秩。而不限舉主。人孰不更相勸勉以赴功名之會哉。此今歸正軍民散在江淮。而此方之人。例以異壤視之。不幸而主將亦以其歸吾則求自擇於廟堂。又痛事形迹。愈不加卹。間有挾不平出怨語。重典已繫其足矣。所謂小名目者仰俸給為活。胥吏沮抑何有以時得。嗚呼此誠可憫也。誠非朝廷所以懷誘中原忠義之術也。聞之曰。因其不足而利之。利未四五而恩踰九十。此

正屯田非特為國家便。而且亦為歸正軍民之福。議者必曰歸正之人。常懷異心。群而聚之。慮後生變。是大不然也。且和親之後。沿江歸正軍民官吏失所以撫摩之恵。相扳北歸者莫計。當時邊吏亦皆聽之而莫為制。此豈獨歸正人之罪。今之留者既少安矣。更為屯田以處之。則人有常產。而上無重斂。彼何苦叛去以甘虜人橫暴之誅求哉。若又曰。恐其竊發。是人惟不自聊賴。乃攘奪以苟生。誠豐飫矣。何苦如是。飢者易為食。必不然也。誠使果爾。蹤而遠之於江外。不猶愈于聚乎內而重驚擾乎。且天下之事。逆慮其害而不敢求其利。亦不可言智矣。蓋今所謂御前諸軍者。待之甚厚而養之甚優。故驕。驕則不可復使。此甚易曉也。若夫州郡之卒異于是。彼非天子爪牙之故可以勞之而不怨。而其大半出于農桑失業之徒。故狎于野而不怨。往年嘗獵其丁壯勁勇者為一軍矣。臣以謂可革徙此軍。視歸正軍

民之數倍而發之。使阡陌相連。廬舍相望。並耕乎兩淮之間。彼其名益賤。必不敢倨視歸正軍民而媒怨。而歸正軍民視之猶江南之兵也。亦必有所忌而不敢逞。勢足以禁歸正軍民之變。力足以盡屯田之利。計有出于此者乎。昔商之頑民相率為亂。周公不誅而遷之洛邑。曰商之工臣。乃湎于酒。勿庸殺之。姑惟教之。其後康王命畢公又曰。不臧厥臧。民罔攸勸。始則遷其頑而教之。終則擇其善而用之。聖人治天下。未嘗絕物固如此。今歸正人聚于兩淮而屯。由以居之。覈其勞績而祿秩以誘之。内以節冗食之費。外以省轉餉之勞。以銷桀驁之變。此正周人待商民之法。秦人使人自為戰之術。而井田兵農之遺制也。況皆吾舊赤子。非如商民在周之有異念。術而使之。天下豈有不濟之事哉。其致勇曰。臣聞行陣無死命之士。則將雖勇而戰不能必勝。邊陲無死事之將。則相雖賢而功不能必成。將驕卒惰。無

事則已。有事則其弊猶爾。則望敵先遁。臨敵遂奔。幾何而不敗國家事。人君責成于宰相。宰相身任乎天下。可不有以深探其情而逆為之處乎。蓋人莫不重死。惟有以致其勇。則惰者奮。驕者聳而死有所不敢避。嗚呼。此正鼓舞天下之至術也。致之如何。曰。將帥之情與士卒之情異。而所以致之之術亦不可得而同。何則。致將帥之勇在乎均任而投其所忌。貴爵而激其所慕。致士卒之勇在于寡使而紓其不平。速賞而卹其已亡。臣請得而備陳之。今之天下其弊在于儒臣不知兵。而武臣有以要其上。故閫外之事。朝廷所知者勝與負而已。所謂當進而退。可攻而守者。則朝廷有不及知也。彼其意蓋曰。平時請要儒臣任之。一旦擾攘。而使我履矢石。吾且幸富貴矣。豈不能逡巡自變而留賊以固位乎。向者淮上之師有遷延而避虜者。是其事也。臣今欲乞朝廷於文臣中擇其廉重通敏者每軍置參謀一員。使

之得以陪計議。觀形勢。而不相統攝。非如唐所謂監軍之比。彼為將者。心有所忌。而文臣亦因之識行陣。諳戰守。緩急均可以備邊城之寄。將帥有可進而攻之便。彼知搢紳之士。亦識兵家利害。必不敢依違養賊以自封。而遺國家之患。此之謂均任而投其所忌。凡人之情未得志。則冒死亡以求富貴。已得志。則保富貴而重其生。古人論御將者以才之大小為難。謂御大才者。如養騏驥。御小才者。如養鷹犬。然今之將帥。豈皆其才大者。要之飽則飛去。亦有如鷹者焉。向者虹縣海道之師。有得一邑破數艦而還。以節鉞使相與之者。是其事也。臣欲乞朝廷靳重爵命。齊量其功等第而與之。非謂無予之。謂徐以予之。且欲使之常亹亹然有歆慕未足之意。以要其後効。而戒諭文吏非有節制相臨者。必以資級為禮。與左選人均。必使如正使遙郡者。聞有趨伏堂下之辱。如唐以金紫而執役之類。彼被介冑者。知一

爵一命之可重。而朝廷無苟若選貴賤之別。則亦矜持奮勵。盡心于朝廷。而希尊榮之寵。此之謂貴爵而激其所慕。營幕之間。飽煖有不充。而主將歌舞無休時。鋒鏑之下。肝腦不敢保。而主將雍容于帳中。此亦危且勤矣。而平時又不與之休息以養其力。至使之舁土運甓以營私室。而肆鞭撻。彼之心懷憤挾怨。惟恐天下之無事。以求所謂快意肆志者。而遂其上。誰肯捐身効命以求勝敵哉。兵法曰。視卒如愛子。故古之賢將有與士卒寢下者同衣食而分勞苦。臣今欲乞朝廷明勑將帥自教閱外。非備營治栅名公家事者。不得私有役使。以故士卒之心。此之謂寡使而紓其不平。人莫不惡死。亦莫不有父母妻孥之愛。冒萬死幸一生。所謂奇功斬獲者。有一資半級之望。朝廷較其毫釐而裁抑之。賞定而付之於軍。則胥吏靳之。主將邀之。不得利不與。敵去師捷。主將享大富貴。而士卒有一命。又復沮格。如此不

幸而死。妻離子散。香火蕭然。萬事瓦解。未死者見之。誰不寒心。兵法曰。軍賞不踰時。而古之賢將蓋有為士卒裹瘡卹孤者。臣今欲乞朝廷過有賞命。特與差官擕至軍中呼名給付。而死事之家。申勑主將。曲加撫勞。以結士卒之驩。此之謂速賞而卹其已亡。如此。則驕者化而為銳。惰者化而為力。有不守。守之而無不固。有不攻。攻之而無不克。凡茲數事。非有難行重費。朝廷何惜而不舉以收將卒它日之用哉。臣竊觀陛下向嘗訓百官以寵武臣。隆恩數以優戰伐。是誠有意于激勵將卒矣。然其間尚有行之而未及詳。已行而旋復弛之事。欲望陛下察臣所以得於行伍之說。如此而明付之宰相。使之審處而力行之。庶幾有以得上下之驩心。而急難不至于誤國。此實天下之至計也。其防微曰。古之為國者。其慮敵深。其防患密。故常不吝爵賞以籠絡天下。智勇辯力之士。不欲一夫有憂愁怨懟亡聊不平

之心以敗吾事蓋人之有智勇辯力者是皆天民之秀傑者類不肯自已苟大而不得見用於世小而又飢寒于其身則其求逞之志果於毀名敗節凡可以紓忿充欲者無所不至矣是以敵國相持勝負未決一夫不平輸情于敵則吾之所忌彼知而投之吾之所長彼習而用之投吾所忌用吾所長是殆益敵資而遺敵勝耳不可以不察儻曰謹備于其外患生于其內此正聖人所以深致意而庸人以為不足慮也昔者楚公子巫臣嘗教吳乘車射御而吳得以逞溪中行說嘗教單于毋愛漢物而漢有匈奴之憂史傳所載此類甚多臣之為今日慮者非以匹夫去就可以為朝廷重輕蓋以為泄吾之機足以增虜人之頭顱耳何則科舉不足以盡籠天下之士而爵賞亦不足以盡縻歸附之人與夫逋寇竄民之無所歸怨冤報恨之無所泄者天下亦不能盡無竊計其中亦有傑然自異而不徇小節者矣彼

將甘心俛首守死于吾土地乎抑亦壞垣越柵而求釋于他域乎是未可知也臣之為是說者非欲以聳陛下之聽而行已之言蓋亦有見焉耳請試言其大者逢亮之南寇也海道舟楫則平江之匠實為之淮南惟秋之防而盛夏入寇則無錫之士實甚之勍敵弓弩虜兵所不支今已為之殿司之兵此他卒為驕今已知之此數者豈小事哉如聞皆其北歸之人叛軍之長教之使然且歸正軍民或激于忠義或迫于虐政故相挈來歸其心誠有所慕也前此陛下嘗許以不遣矣自去年以來虜人間以文牒請索朝廷亦時有曲從其間有知詩書識義分者如辟元振輩上章請留陛下既已旌賞之矣若俗所謂四州王奇輩既行之後得之道路皆言陰通偽地教其親戚詐請虜庭移牒來請此必其心有所不樂於朝廷者若此曹雖閫懦無能累千百數舉發以歸之固不足卹然人之度量相越智愚不同或其

中亦有所謂傑然自異者意生所忽漸不可長臣願陛下廣含弘之量開言事之路許之陳說利害嘗其可採以收拾江南之士明詔有司時散祿廩以優卹歸明歸正之人外而敕州縣吏使之蠲除苛斂平亭獄訟以紓其逃死畜憤無所伸愬之心其歸正軍民或有再索而猶言願行者此必陰通偽地情不可測朝廷既無負于此輩而猶反覆若是陛下赫然誅其一二亦可以絕其姦望不然則縱之而不加制玩之而不加懲恐他日萬一有如先朝張源吳昊之西奔近日施宜生之北走或能馴致邊陲意外之擾不可不加意焉臣聞之魯公父文伯死有婦人自殺于房者二人其母聞之不哭曰孔子賢人也逐于魯而是人不隨今死而婦人為自殺是必于其長者薄於其婦人厚議者曰從母之言則是為賢母從妻之言則不免為妬妻今臣之論歸正歸明軍民誠恐不悅臣之說者以臣為妬妻也惟陛下

深察之其久任曰臣聞天下無難能不可為之事而有能為必可成之人人識能也任之不專則不可以有成故孟子曰五穀種之美者也苟為不熟不如荑稗何則事有操縱自我而謀之已審則一舉而可以遂成事有服叛在人而謀之雖審亦必持久而後可就蓋自古夷狄為中國患彼皆有爭勝之心聖人方調兵以正天誅任宰相以責成功非如政刑禮樂發之自己收之亦自己之易也朝而用兵夕而遂勝公卿大夫交口歸之曰此宰相之賢也明日而臨敵後日而聞不利則群起而媒孽之曰宰相不足與折衝也乍賢乍佞其說不一於是人君亦不能自信欲求立事難矣哉臣讀史嘗竊深嘉越勾踐漢高祖之能任人而種蠡良平之能處事驟而勝遽而敗皆不足以動其心而信之專期之成皆如其所料也觀夫會稽之栖五年而吳伐齊虛可乘也種蠡如不聞又四年吳伐齊虛可乘也種蠡反

發兵助之。又二年吳伐齊不勝。而種蠡始襲破之。可以取之。種蠡不取。又九年而始一舉滅之。蓋歷二十又三年。而句踐未嘗以為遲。而奪其權。豐沛之興。秦二年漢敗于薛。漢元年高帝厄于鴻門。又二年。絀于彭城。又三年。困于滎陽。又五年。不利于夏南。良平何嘗一日不從之計議。然未免于齟齬者。蓋歷五年而始蹶項立劉。高帝亦未嘗以為遲而奪其權議。以一勝一敗。兵家常勢。懲敗狃勝。非策之上。故古之人君其信任大臣也。不問于讒說。其圖回大功也。不卹于小節。所以能責難能不可為之事於能為必可成之人。而收其効也。虜人為朝廷患。如病疽焉。病根不去。終不可以為身安。然其決之也。必加炷艾則痛亟而無後悔。而其銷之也。止於傅餌則痛遲而終為大患。病而用賢。不一其言。至炷艾方施而傅餌移之。傅餌未粲而炷艾奪之。病不已而乃咎賢。吁亦自惑也。且禦戎有二道。惟和與戰。和固非

長策。然太上皇帝用秦檜一十九年而無異論者。太上皇帝信之之篤。而秦檜守之之堅也。今日之事。以和為可以安。而臣不敢必其盟之可保。以戰為不可諱。而臣亦不敢必其兵之可休。惟陛下推至誠疎讒慝。以天下之事盡付之宰相。使得優游無疑。以悉力于圖回。則可和與戰之機。宰相其任之矣。唐人視相府如傳舍。其所成者果何事。淮蔡之功。裴度用而李師道遣刺客以緩師。高霞寓敗而錢徽蕭俛以為言。憲宗信之深。任之篤。令狐楚之罷為中官。李逢吉之出為節度。皆以沮謀而見踈。故君以斷。臣以忠。而能成中興之功。而頃者張浚雖未有大捷。亦未至大敗。符離一衄。召還揆路。遂以罪去。恐非越勾踐漢高帝唐憲宗所以任宰相之道。非特此也。內而戶部出納之源。外而總漕總司之計。與夫邊郡守臣。屯戍守將。皆非朝夕可以責其成功者。臣願陛下要成功于宰相。而使宰相責成功于諸臣守將。俾其各得專於職治。而以祿秩褒其勞績。不必輕移遠遷。則人無苟且之心。樂于奮激以自見其才。一綱既舉。眾目自張。天下之事猶有不辦者。臣不敢信其然也。其詳戰曰。臣聞鴟梟不鳴。要非祥禽。豺狼不噬。要非仁獸。此虜人雖未動。而臣固將以論戰。何則。我無爾詐。爾無我虞。然後兩國可恃以定盟。而生靈可恃以弭兵。今彼嘗有詐我之情。而我亦有虞彼之備。一詐一虞。謂天下不至於戰者惑也。明知天下之必戰。則出兵以攻人。與坐而待人之攻也。孰為利。戰人之地。與退而自戰其地者。孰為得。均之不免於戰。莫若先出兵以戰人之地。此固天下之至權。兵家之上策。而微臣之所以敢妄論也。詳戰之說奈何。詳其所戰之地也。兵法有九地。皆因地而為之勢。不詳其地。不知其勢者。謂之浪戰。故地有險易。有重輕。先其易者。險有所不攻。破其重者。輕有所不取。今日中原之地。其形易。其勢重者。果安在哉。

曰山東是也。不得山東則河北不可取。不得河北則中原不可復。此定勢非臆說也。古人謂用兵如常山之蛇。擊其首則尾應。擊其尾則首應。擊其身則首尾俱應。臣竊笑之。夫擊其尾則首應。擊其身則首尾俱應固也。若夫擊其首則死矣。尾雖應。其庸有濟乎。方今山東者。虜人之首。而京洛關陝則其身其尾也。由泰山而北。不千二百里而至燕。燕者虜人之巢穴也。自河失故道。河朔無濁流之阻。所謂千二百里者。從枕席上過師也。山東之民。勁勇而喜亂。虜人有事常先窮山東之民。天下有變而山東亦常首天下之禍。至其所謂備邊之兵。較之他處。山東號為簡略。且其地於燕為近。而其民素喜亂。彼方窮其民。簡其備。豈真識天下之勢也哉。今夫。二人相搏。痛其心則手足無強力。兩陣相持。擣其營則士卒無鬬心。故臣以謂兵出沭陽則山東可指日而下。山東已下。則河朔必望風而震。河朔已震。則燕山者

臣將使之塞南門而守請試言其說虜人列屯置戍自淮陽以西至於沂隴雜女真渤海契丹之兵不滿十萬關中洛陽京師三處彼以為形勢最重之地防之為甚深備之為甚密可因其為重六為之名以信之揚兵於川蜀則曰關隴秦漢故都百二之險吾不可以不爭揚兵於襄陽則曰洛陽吾祖宗陵寢之舊廢祀久矣吾不可以不取揚兵於淮西則曰京師吾宗廟社稷基本於此吾不可以不復多為旌旗金鼓之形陽為志在必取之勢已震關中又駭洛陽已駭洛陽又聲京師彼見吾形忌吾勢必以十萬之兵而聚三地且沿邊郡縣亦必皆守而後可是謂無所不備則無所不寡如此則燕山之衛兵山東之戶民中原之簽軍精甲銳兵必悉舉以至吾乃以形牽之使不得遽去以勢留之使不得遂休則山東之地固虛邑也山東雖虜窮計青密沂海之兵猶有數千我以沿海戰艦馳突於登萊沂密淄濰之境彼

數千兵者盡分於屯守矣山東誠虛盜賊必起吾誘群盜之兵使之潰裂四出而陛下徐擇一驍將以兵五萬步騎相半誠行而前不三日而至兗鄆之郊臣不知山東諸郡將誰為王師敵哉山東已定則休士秣馬號召忠義教以戰守然後傳檄河朔諸郡徐以兵躡其後此乃韓信所以破趙而舉燕也天下之人知王師恢復之意堅虜人破滅之形著則契丹諸國如窩斡鷓巴之事必有相軋而起者此臣所以使燕山塞南門而守也彼虜人三路備邊之兵將北歸以自衛耶吾已制其歸路彼又虞淮西襄陽川蜀之兵未可釋而去也抑為戰與守耶腹心已潰人自解體吾又將突出其背而夾擊之當此之時陛下築城而降其兵亦可驅而之北反用其鋒亦可縱之使歸不虞而後擊之亦可臣知天下不足定也然海道與三路之兵將不必滿勇士不必皆銳蓋臣將以海道三路之兵為正而以山東為奇奇者

以強正者以弱弱者牽制之師而強者必取之兵也古之用兵者唐太宗其知此矣嘗曰吾觀行陣形勢每戰必使弱常遇強強常遇弱敵遇吾弱追奔不過數十百步吾擊敵弱常突出自背反攻之以是必勝然此特太宗用之於一陣間耳臣以為天下之勢避實擊虛不過如是苟曰不然必將驅堅悉銳由三路以進寸攘尺取為恢復之謀則吾兵為虜窮久矣驟而用之未嘗不敗近日符離之戰是也假設陛下一舉而取京洛再舉而復關陝彼將南絕大河下燕薊之甲借韃守之則河北猶未病河北未病則雌雄猶未決也以是策之陛東逾泗水漕山東之粟陛下之將帥誰與守此曩者三京之役是也下其知之矣昔韓信請於高祖願以三萬人北舉燕趙東擊齊南絕楚之糧道而西會於滎陽耿弇言於光武欲先定漁陽取涿郡還收富平而東下齊皆越人之都而謀人之國二子不以為難而高祖

光武不以為可疑卒藉之以取天下者見之明而策之熟也由今觀之使高祖光武不信其言則二子未免為狂何者其言落落而難合也如臣之論焉知不有謂臣為狂者乎雖然臣又有一說焉為陛下終言之臣前所謂兵出山東則山東之民必叛虜以為我應是不戰而可定也議者必曰辛巳之歲山東之變亦大矣然終無一人為朝廷守尺寸土以基中興者何也臣之說曰北方郡縣可使為兵者皆鋤犁之民可使以用此兵而成事者非軍府之黥卒則縣邑之弓兵也何則鋤犁之民寡謀而易聚懼敗而輕敵使之堅戰而持久則敗矣若夫黥卒之與弓兵彼皆居行伍走官府皆知其指呼號令之不可犯而為之長者更戰守其部曲亦稔熟其賞罰進退之權建炎之初如孔彥舟李成輩彼長吏驅良民膠固而不散者皆此輩也然辛巳之歲何以不變曰東北之俗尚氣而恥下人當是時耿京王友直輩

奮臂隴畝已死之而起彼不肯低首聽命以爲農夫下故寧嬰城而守以須王師而自爲功也臣嘗揣量此曹間有豪傑可與立事者然虜人誘之而不以戰自非土木之興築官吏之呵衛皆不復用彼其愚一旦之變以逞夫平昔悒怏勇悍之氣抑甚於鋤犁之民然而計深慮遠非見王師則未肯輕發陛下誠以兵入其境彼將開門迎降惟恐後耳得民而可以使之將得城而可以使之守非於此焉擇之未見其可也故臣於詳戰之末而備論之

左宣義郎祕書省校書郎兼國史院編修官員興宗上書曰臣聞聖人感人心而天下和平蓋人心不感則離離則天下之不和不平者將應之矣人心之感不感聖人初不問乎內外也以信示人無人不信以惠懷人無人不懷使天下畢信畢懷是之謂德感也恭惟祖宗建置社稷餘二百年永永將不替之象獨非有以德感人者乎此不

可不稽也臣愚不佞待罪三館鄉者丙戌之秋嘗入建請北方歸正之士拾遺袞襲冠帶本非前日一都督府力能誘而來之者誠以吾宋有大義中國有至仁北方將士樂歸陛下之德久也陛下感之亦極矣願聿加意以禮始終之是特國家未蹈還俘虜之議而臣之預言如此陛下過聽不以下臣迂愚其後繼用王友直於江上將王宏於步軍其餘才武以次錄用此聖主至斷至明者也中外率以爲是今者虜因盜賊之萌乃起俘虜之請茲事體大應酬若失使關安危臣日夜念此至熟也陛下若曲徇外庭之言不計利鈍不愛歸附姑曰還其十百以緩目前之患臣恐患自此滋矣且王言如日外庭乃欲餌之使朝廷前日爲義今日爲不義前日示信今日爲不仁虧敗德意莫甚於此又況俘虜一搖懼者必衆十可以聚百百可以合千風塵飛揚肘腋爲虞其甚可畏也其性純良者自此生心其慕教化者自此絕望懷反側者自此有詞心剽賊者自此鄉導陛下異時有事北方沿淮以北陛下縱欲募用其人不識誰肯爲陛下用乎此臣所以痛心疾首也今欲外圖帖息之計內寬流附之心陛下曷不試臣今畫三策於前顧臣之策必不爲此虜餌爲中國害也用其一則可以破不直之請用其二則可以塞無已之求用其三則可以成久禦之利唯上所命也謂宜今日因往來之使或對境之使遣之以書曰近聞侍旺懷異而楚州不知州之罪也本朝居數千里外其及知之乎比因大國有言然後覺之其楚州官吏並已竄謫沿邊軍民並已戒約則本朝凡嚴大國之意可謂曲折矣且侍旺自分必死故支離其詞奈何大國聽之萬一本朝獲一姦盜妄分折黨與入北界者本朝亦聽之乎如是則不直之請可破矣此臣策之一也又遣之言曰甲申之歲大國議和唐鄧海泗剩淮重地也輒舉以遺大國口血未

乾繼有兩淮之役俘取吾民凡數十萬本朝無愛南北之赤子惠顧前盟不敢求也今俘虜百十奔迸四出死生莫知大國累歲求之獨何意歟觀此似欲搖動和議曲不在本朝天地鬼神實臨之如是則無已之求可漸塞矣此臣策之二也傳曰善用兵者無赫赫之功豈獨用兵處事亦然也臣竊笑前者王琪等經理淮上引見而對朝辭而出道路莫不指目希置張皇竟以泄露諸將所以備虜者近乎虛聲而虜所以疑我者積乎實禍臣未聞事機不密而可用鷙鳥不伏而能擊者也是乃虜所以數啓紛紜之談歟今皆見之矣臣謂今日之事當卑其禮而長其息賒其日以寬其詞悠悠以款虜之縱不見信必無大侵然後潛正師律默課農桑陰蓄器械使事興而衆不知虜如我何則久禦之利漸成矣此臣策之三也彼虜自辛巳及今迭戰迭敗豈真健者哉謂秦無人今故直欲以威劫之耳如不出臣三策

則正墮虜計。悔無及也。或謂臣之三策當矣。陛下必審處之矣。陛下智勇能遠圖。天威能垂決。然尚有可慮者。太上之意主於和柔。故陛下一切委順。今者欲出詞拒虜。恐不遑也。萬一生事。如太上何。如大孝何。臣愚以此正陛下所以事太上而稱大孝者也。大孝以安社稷為悅。使一旦歸附動搖。流人怨憤。憂獨不在社稷之間乎。昔唐肅宗起師靈武。猶不欲以賊遺君父。當時以孝與之。況陛下至孝萬萬肅宗者乎。雖然。虜勢實不可保。陛下柰何不早為之策哉。漢七國削亦反。不削亦反。晉蘇峻召亦反。不召亦反。今臣度虜之勢。和亦變。不和亦變。特其變有早晚爾。而說者謂徑與俘虜。則繼今可以免禍。是猶抱虎而寢。搯虎之終不噬己也。烏乎亦愚矣。曷若整械飾穽。求所以禦虎者。今廼欲專用抱虎之術哉。內外歸附。亦必用此潛窺陛下以為榮辱死生之決也。措置一失。禍猶發機。從此殆矣。而可無思乎。陛

下若賜清問之燕。得熟數于玉陛。頓首試臣三策以次畢用之。若衆不附。敵不悟。榮名不成。則是臣飾說欺君者也。臣請伏辜。

秘書省正字趙汝愚論恢復奏曰。臣竊惟陛下仰承太上付託之重于此九年矣。凡祖宗之疆土未復。兩世之讎恥未報。實惟陛下之責未已。是宜陛下朝不遑食。夜不遑寢。日積月累。勤求所以為天下之道。如拯溺救焚而不敢緩也。雖然。急遽無善迹。促柱無和聲。又烏可不量事勢。苟為一切之計。惟速之是務哉。臣嘗竊聞或人者之言。謂陛下銳於圖事。惟患兵籍之不多。養兵既多。始憂財用之不給。內外虛耗。軍士怨嗟。於是苟有道可以豐財。則利害未暇究也。苟得人出以任事。則能否未暇擇也。兩淮城壘。土脉膏潤而不暇待也。沿江保甲徒擾。兼用而不暇恤也。凡此數者。亦由陛下不忘祖宗創業之勤。而求之太速耳。行之不已。臣恐陛下求之愈速。而其效愈遲也。經曰。必有忍。其乃有濟。又曰。小不忍則亂大謀。今夫陛下之所為。謀者豈細事哉。臣愚伏望陛下廣恢廓之度。建宏遠之規。不以小利動其心。不以速成敗厥事。求賢為上。立政次之。事之可為者屢省而後為。弊之可去者。以漸而後去。人事備而天時至。區區戎虜有不足殄滅者矣。

汝愚乞撫安歸正人疏曰。臣伏思天下之弊多矣。然其大且逼者莫若歸正人。繇晉祖宗涵養之餘。不勝胡虜之暴。一旦來歸。如脫寇盜而得慈母。其所望者深矣。朝廷既不能盡消其意。而民間時時訛言咸謂虜人來有所索。轉相驚動。懷不自安。夫以羈旅不自存之人。而懷反側不自安之意。豈得不深為之慮也。為今日計。要先求術以安之。人情既安。雖有姦宄。不能動搖矣。臣請試言所以安之之術。其一換授官資之人。並注添差差遣。至易得也。書鋪以其不知吏部格法百計邀阻。所須貨賂數倍常人。至有數月不得調者。欲望聖慈令吏

部措置。明立榜約。諸歸正人並以到鋪之日為始。後兩月不撥差遣許經吏部陳訴。犯者重置典憲。仍詔州縣。其合得俸給。並須按月支破。有積壓不支至一季以上者。令監司劾奏。其二北方豪傑之士。捐親戚。棄墳墓。間關而來。有闔門受戮而不顧者。其志豈存升斗之利哉。而所在例以傖荒待之。無以自達。鬱鬱叛去者亦多矣。欲望明詔諸軍管軍統制及緣邊監司守臣。依隆興元年薦舉武臣格式。有謀略沉雄可任大計。寬猛適宜可使御衆。臨陣驍勇可鼓士氣。威信有聞可守邊郡者。不以有無文武官資。各薦一二人。人以半歲為限。陛下親賜試問。擇可用者隨才用之。雖拔十得五。未足以盡其人。而羅畨且懷其黨亦粗慰矣。其三散在諸軍為兵者。人給錢絹不多。飢寒切體。進退無路。情實可矜。或者將校非人。一切指為北虜。勞逸異供種種不同。遂令忠義之心。積成愁怨之氣。國家財賦少積。縱未能均

有所濟猶宜遴選將帥能與士卒同甘苦者俾勤而撫之尚庶幾其可也凡此三者臣日夜念之方時無虞隱伏未見小有風飇之警懼非法令之所能制也惟陛下留神幸甚

汝愚又上自治之策曰臣疎賤無取誤蒙陛下恩私選自諸生擢登禁路非惟身荷寵禄且將澤及子孫致命捐軀誓難酬報又念國家靖康之難同姓一時俱北行者蓋數千人然則家國之事臣實義同休戚今身雖在遠苟可以效涓塵之益者誠不當畏避蓄縮以跡遠自疑也惟陛下留神幸甚臣伏自去歲夏中傳聞北虜還歸本土緣臣僻居海角無從詢問虜中事體臣仰惟陛下英明獨運威略如神多士盈庭算無遺策使臣空竭肺腑何補毫芒但以世受國恩不無私憂過計竊謂虜情難測未可輕言逆其盜據幽燕比年似亦安靜今乃無故妄動其間必有深謀或者謂其嫡庶不分兄弟爭立虜酋

牽制不斷將分國而王之昔趙武靈王既立少子而復愍長子欲兩王之猶豫未決而身及於難漢五單于爭立而其國遂衰設如或者之言在彼誠為失策然臣竊聞虜酋既老而常有敬慕太上皇帝之心故築宮以仁壽為名久欲為傳授之事使其復愛長子欲裂土而封之亦惟下一紙之令則其事即日可定矣何至捨其已成之業而犯衆情之所難棄中原之奧區而退伏於絶漠苦寒之地彼又豈不知陛下卧薪嘗膽志在規恢胡為遠自遁藏深形退屈兵法有進無退義豈其然臣謂朝廷正當深察其情而思所以待之之策未可直謂其施為悖謬而遂有輕視強敵之心也臣輒不量淺陋伏而思之而得三說其一曰昨在吏部時聞虜人之長子號許王者強暴不仁專好武事志在傾奪將為亂階臣始聞之常竊私喜其[illegible]亦有謂不然者今臣之所治雖在南方而官吏之中多北來人士其間亦有久在淮南而熟知淮北事體者皆言其人強忍堅忌素蓄姦謀援納雄豪收拾時譽常至泗淮措置邊事皆乘驛騎奔馳飇去倏來人不知其為虜酋之子也且謂其人不死必能大為邊患使虜人善自為謀妻之南據汴都授以偏師用為藩屏則國家將倍勞戍守邊境未易得安而虜酋在燕以重勢臨之彼亦安能篡奪今若陰使其父歸伏舊巢察其姦心用志非小其人蓋將挾君父之勢間兄弟之情乘北方士馬之強為併吞其國之舉發邊禍大可為深憂其二虜人自得國以來蓋常以北方為根本如漢高祖與項籍轉戰滎陽京索間而以關中為根本安禄山雖盜據洛陽而以范陽為根本之類是也竊料虜人三世篡奪不能不過為隄備今將立其少子而慮或者議其後也故以其身退居根本之地而壓之以重勢俟其少之徐議後圖然則一時之計雖若煩勞恐其因事制宜亦未為深失也臣又聞方

逐亮時剪滅宗室完顏氏多死者獨今虜酋佯為有疾退居遠郡若無能為一旦乘逐亮之動取其國如探囊逮其僭據許時亦絶不生邊事臣觀其人似亦非輕舉妄動者蓋恐其間必有說也其三或者疑其曩時篡弒皆在巳年今茲北遷將為厭勝然自虜酋得國今已二十餘年蓋嘗歷癸巳之歲矣未聞有厭勝之事何也大抵人之常情安土重遷吉凶悔吝皆生乎動誠使虜人無故妄動別無他議而違逆衆情勞役百姓中原父老固已不堪其擾矣又聞其隨行奴婢甚有逋逃去歲苦寒人畜多死如是不已孰不怨嗟竊恐其間將有豪傑之士如晉石勒劉聰之徒乘間俟隙倔起自奮弱則請服強則自固亦將重煩朝廷經理也臣竊料虜情為是三說以詳觀事勢賊兆已萌遠不踰三年近或止暮歲事機一發利害萬端不審陛下幾微之際亦嘗深念及此否孟子曰國家閒暇及是時明其政刑雖大

國必畏之矣。臣觀自古敵國相對，常苦難得閒暇之時，惟其預備於無事之先，故能患至而無恐。臣謂朝廷及今閒暇，當亟圖所以自治之策，不宜視同常務，使有後時之悔也。臣觀自古國之治亂，兵之強弱，全在得人。然則搜選人材，最為當今急務，練兵理財，盖又次之。陛下聖意憂勤，盡思一旦用兵之際，自東徂西，凡備敵者幾處，為總帥者當用幾人，將佐中素有威望可以獨當一面者幾人，若帥府賓贊能知兵家事體緩急可以濟務者幾人。兵法曰：興師十萬，出征千里，百姓之費，公家之奉，日費千金。陛下恭儉焦勞，內帑所儲者，可支幾歲？自古兵連禍結，亦豈可以歲月計哉。惟昔辛巳之役，上天垂祐，逆亮伏誅；甲申之役，虜人實有厭兵之意，故兵纔及境，不數月而遂解。要不可以是為準也。臣觀自古用兵，不計勝負，惟能持久者終成帝業。陛下復料今日之兵將財力，事勢能以持久而不困乎？若曰：祖宗德

澤感人甚深，中原故老常有謳吟思漢之意，一旦北方有變，必有簞食壺漿以迎王師者，朝廷乘破竹之勢，中原遂可傳檄而定矣，初不待歲月持久也。臣仰惟陛下自即尊位，于今二十餘年，盛德美意，日新一日，是宜上符天道，下順人情，克復之期，不俟再舉。然臣猶謂取諸已者可信，而責於人者難期，正須朝廷國勢安彊，然後豪傑可收為用。若昔晉宋之際，盖無日不望中原豪傑之助也，然計其功効，終成畫餅。故臣惟願陛下勤於自治而已。兵法又曰：知己知彼，百戰百勝。又曰：三軍之事，莫親於間，賞莫厚於間，事莫密於間。又曰：愛爵祿百金，不知敵之情者，不仁之至也，非人之將也。今虜酋北徙，國人既知之矣，然其所以北徙之意，朝廷猶未能深得其情，是則諸將用間不密之過。臣聞昔楊存中在紹興諸將中最為不及，然其設心措意，猶是向公。始李顯忠輩方得罪奔擒，棄置閑廢之中，存中為之傾貲

結納，故能卒收其用。臣聞存中每遣間諜，輒委之數萬緡，恣其所往，皆數年而後歸，故能深得虜人之情狀。今之諸將孰可任此？臣愚伏望陛下內則親詔大臣，選擇材以備政事；外則密諭將帥，厚遣間以覘敵情。至於近邊移戍修城，凡動人耳目之事，皆可少緩，而弗為虜人所欲。歲幣亦宜如數遣發，不必與之深較。嚴戒邊吏毋得輕輒生事，俾其安意肆志，不復以我為疑，然後養威蓄鋭，而徐觀其變，則庶幾其可圖矣。臣僭越狂妄，冒瀆天威，不任皇懼待罪之至。

戶部侍郎汪應辰論國用士風軍政疏曰：臣仰惟陛下初即大位，群臣百姓拭目傾耳，以觀化聽令。其精微遠大，雖非見聞可及，而動容周旋，一以禮法，仁孝之行，恭儉之德，惻怛愛民之心，謙虛盡下之誠，類皆出於聖性之自然者，以至收召名士，博求直言，追錄忠烈，莫不犂然當於人心，中外稱誦，以為此聖主也，一見決矣。孔子曰：三代之

王也，必先其令聞。詩曰：明明天子，令聞不已。夫豈有意於求名哉。盖昔之有事于四方，若卜筮罔不是孚者，以其民悅服之有素也。誠因始初清明之政，中外悅服之心，推其所已為，求其所未至，凡人心之所欲，而今日之所當行者，舉而措之，以幸天下，蓋沛然若決江河，莫之能禦。事半古之人，而功倍之矣。臣請言人心之所欲，而今日之所當行者，惟陛下財擇。自用兵以來，有司於常賦之外，所以搜求征取者，名色不一，蓋十倍於漢唐與祖宗之時而不翅也。州郡為之匱乏，百姓為之凋敝，宜其財聚於上，不可勝用矣，而大農常有不足之憂，則夫今日之國用，不可以不理也。平居無事，將帥之臣坐享貴富，一旦警急，聞命則遷延而不前，望敵則皇遽而自卻，事平之後，益自夸詡，論功第賞，動以數萬，若其名籍之虛實，技勇之高下，皆不可得而考核，則夫今日之軍政不可以不脩也。以便文自營為得計，以因循苟

且為練事。希功者肆意於誕謾而不疑。逐利者甘心於敓攘而不恥。朝廷所託材器職業者萃於群下也。而積習如此。將何望焉。則夫今日之士風不可以不變也。以陛下之仁聖。而因始初清明之政。中外悅服之心。慨然欲大有為於天下。以此三者為當務之急。酌之衆論參以時變。先甲三日而究其所以然。後甲三日而慮其將然。是非之理。本末之序。既已參於前矣。言之則必可行。行之則必可久。任使賢能必盡其人之材。賞罰功罪必當其事之實。騁浮辭者。不得以亂真。挾私意者不得以害正。斷之以不惑。持之以不倦。未有不還至而有效者也。國用理。則民可裕矣。軍政修。則兵可強矣。士風變。則政事可舉矣。內以治吾之國家。外以制敵。豈不綽綽然有餘裕哉。昔漢之文景躬行節儉。則有家給人足之效。宣帝總覈名實。則有吏稱職民安業之效。夫以居得致之位。操可致之勢。而又有能致之資。其於天下之事。特患有所不為爾。竊惟太上皇帝以天下之大。付之陛下。夫豈苟然而已哉。蓋以天下與人易。為天下得人難。太上皇帝既得其所難矣。陛下當思所以任其難者。詩曰我日斯邁而月斯征。夙興夜寐毋忝所生。時之不可失也。微臣不勝拳拳之至。

直煥章閣王師愈上奏曰。臣聞天位於上。雷動於下。其卦曰無妄。以四時言之。春夏之發生。雷雖震驚人不以為妄。所當然也。故能成育物之功。秋冬之斂藏。雷雖隱然而有聲。人莫不惕然而駭聽。蓋其動也妄。必有札瘥癘疫之患。聖人體天以立極。法天而圖治。安平之時。出入起居。罔有不欽。發號施令。罔有不臧。非以其材略智術是以高天下。亦以其動靜本於天理之自然。不撓乎人為之私也。是以濟大業者。當艱難之時。或速而有成。或緩而有成。究其所以然。皆無妄也。漢高之王漢中。未幾而長驅於滎陽京索間。不五載而成帝業。蓋因思東歸之志。其動不可以緩也。諸葛亮之相蜀。國事未定。則閉關息民以圖之。其動不可以速也。臣又聞善圖治者。如良醫之療疾。固有指日而鼓效者。亦有累月而致効者。氣血未衰。偶為外邪所乘。或汗或下。其効立見。此豈待累月之久哉。若夫沉痾之餘。羸然茶然。必在乎固其本元。養其精神。強其筋力。反欲投瞑眩之劑。求指日之効。又欲煤之以華靡宴樂之奉。其可哉。方今天下之患。胎於歷豐。結於崇觀。潰裂於靖康。變自紹興之初。上下相維持。將復振矣。未幾用事之臣。又從而弱之。幸賴天啓聖明。陛下嗣膺大統。規恢十年。始有蘇息安強之兆。實社稷生民之福也。伏願陛下遠稽羲經之無妄。俯察良醫之治疾。脩我之備。待彼之釁。毋欲速而輕動。其不能成萬全之勲者。臣未之信也。

師愈為長沙守。上奏曰。臣聞濟大業者。不可畏敵人之盛強。亦不可輕敵人之失德。畏其盛強。則心必怠。輕其失德。則心必驕。驕與怠一萌於胷中。而能圖回者鮮矣。三代而下。遇強敵者莫如漢高祖。方項羽席戰勝之威以入關。分王諸侯。可謂強矣。高祖則未嘗畏焉。羽之慓悍猾賊。所過殘滅。可謂失德矣。高祖則未嘗喜焉。竟適漢中。務寬仁以收民心。廓大度以用人傑。終能遂其欲東之志。五載而成帝業。其規模為何如。靖康之變。亘古所無之恥。不共戴天之讎。將五十年矣。在當時見聞其事者。壯者已老。老者已死。今之年三四十者。雖語以當時之事。已茫然矣。此讎此恥。殆將忘之。祖宗在天之靈。四海忠義之心。所望雪此恥復此讎。有待於陛下。陛下亦以雪恥復讎為己任。即位以來。宵旰焦勞。未嘗不在是也。然以強弱之勢論之。虜人土地之衆。金穀之富。車馬之壯。雖元魏所不逮。自古夷狄之盛。未之有也。世之畏縮守和議者。必持是說焉。曾不知強弱盛衰相為消長。未有強而不弱。盛而不衰者。厥今虜勢。妄知天意不欲稔其惡而殲焉。所謂其強易弱。其盛易衰。况加之以淫虐。中原之民怨入骨髓。以是觀之。其可畏乎。世之輕狂妄議進取者。往往又書是說。謂可以指日恢復。竊不思國家素備果何如哉。己巳之歲逆亮寇奪。辛巳之歲逆亮自斃。天授機會如此。國家不能進跬步取尺寸者。良由無素備也。何謂素備。一曰脩己任德。以承天意。二曰實惠及民。以固邦本。三曰廣收英傑。以為股肱。四曰據要害之地。以壯形勢。五曰練兵足用。以待進取。此五者人皆能言之。陛下亦飽聞而厭聽。人多以為腐儒常談。殊不知五穀無異嗜而能療飢。布帛無異采而能禦寒。五者雖若常談。實圖回之先務。要在深思而力行。既有素備。機會之來。斯能乘之。何謂機會。或骨肉爭國。或種落離叛。或姦雄割據。或大盜蜂起。或輕動深入。皆機會也。魏相曰。兵應者勝。素備已脩。或逢機會以應兵乘之。而不能成商宗周宣漢光武之業者。未之聞也。苟惟不此之務。徒能張虛氣。出大言。忘遠慮。爭小利。而曰能圖恢復者。非臣所知也。

歷代名臣奏議卷之九十四

歷代名臣奏議卷之九十五

經國

宋孝宗時。朱熹上奏曰。臣竊觀今日之論國計者大槩有三。曰戰。曰守。曰和而已。然天下之事。利必有害。得必有失。是以三者之中。又各有兩端焉。蓋戰誠進取之勢。而亦有輕舉之失。守固自治之術。而亦有持久之難。至於和之策則下矣。而主其計者亦以為屈己愛民。蓄力觀釁。緩師未為失計。多事以來。此三說六端者。是非相攻。可否相奪於冥冥之中。諍者各飾其私。而聽者不勝其眩。雖以陛下之明。蓋未能斷然無惑志於其間也。臣竊以為此其所以然者。由不折衷於義理之根本。而馳騖於利害之末流故也。故臣嘗竊妄謂人主之學。當以明理為先。是理既明。則凡所當為而必為。所不當為而必止者。莫非循天之理。而非有意必固我之私也。臣請復指其實而明之。蓋臣聞之。天高地下。人位乎中。天之道不出乎陰陽。地之道不出乎柔剛。是則舍仁與義。亦無以立人之道矣。然而仁莫大於父子。義莫大於君臣。是謂三綱之要。五常之本。人倫天理之至。無所逃於天地之間。其曰君父之讎不與共戴天者。乃天之所覆。地之所載。凡有君臣父子之性者。發於至痛不能自已之同情。而非專出於一己之私也。恭惟國家之與北虜。乃陵廟之深讎。言之痛切。有非臣子所忍聞者。其不可與共戴天明矣。太上皇帝念此讎之未報。雖享天倍不以為樂。一旦舉而付之陛下者。以陛下聰明智勇為必能成此志也。然則今日所當為者。非戰無以復讎。非守無以制勝。是皆天理之自然。非人欲之私忿也。陛下亦既有意於必為矣。聞者不知何人輒復唱為邪議。以熒惑聖聽。至遣朝臣持書以復虜帥。而為講和之計。臣竊恨陛下於所不當為者不能必止。而重失此舉也。且不知陛下不得已於議者之言而姑為此邪抑真欲和議之成而為此邪以為姑為此也則既為其始必慮其終我既請之彼必報之不可以苟為也且苟而為此欲以何求也哉無補於事徒害於理臣有以知陛下之不為也以為真欲和議之成也則議者所謂屈己愛民蓄力觀釁疑敵緩師示為失計者臣請有以議之夫人以藐然之身位乎天地之間至微也而能與天地並立而為三者以其有仁義之性而與夫陰陽之氣剛柔之體同出乎萬物之一原而無間也古之聖人所以參天地而贊化育者豈有他哉亦順此理而無所逆焉耳今釋怨而講和非屈己也乃逆理也己可屈也理可逆乎逆理之禍將使三綱淪九法斁子焉而不知有父臣焉而不知有君人心僻違而天地閉塞夷狄愈盛而禽獸愈繁是乃舉南北之民而棄之豈愛之之謂哉且不曰愛其君父而曰兼愛南北之民其於輕重之倫緩急之序亦可謂

舛矣夫子為政以正名為先蓋名不正則言不順事不成而民無所措其手足今乃欲舍復讎之名而以講好為觀釁緩師之計蓋不惟使上下離心中外解體緩急之間無以應敵而吾之君臣上下所為夙興夜寐以備自治之政者亦將因循懈弛而不復振矣正使虜人異日果有可乘而不可失之釁竊恐吾之可憂乃甚於所可喜而信誓之重名分之素彼皆得以歸曲于我蓋不待兩兵相加而吾氣已索然矣且自宣和靖康以來講和之效亦可槩見虜之情偽吾之得失蓋不待明者而後知而小人所以好為是說者蓋惟君子然後知義理之所必當為與義理之必可恃利害得失既無所入於其心而其學又足以應事物之變是以氣勇謀明無所懾憚不幸蹉跌死生以之小人之心一切反是其所以專為講和之說者特以便其私耳而謀國者過而聽焉豈不誤哉今使者將還大議將決此亦救過補

敗之時也臣願陛下姑置利害交至之說而以窮理為先於仁義之道三綱之本少加意焉體驗擴充以建人極深詔任事之臣亟罷講和之議大明黜陟以示天下使知復讎雪恥之本意未嘗少衰雖使虜意效順無所邀索乃是深有包藏尤之疑畏正言引義拒絕以伐其謀然後表裏江淮合戰守之計以為一使守固而有以戰戰勝而有以守奇正相生如環之無端將以歲月以必復中原必滅胡虜為期而後已雖其成敗利鈍不可逆睹而吾於君臣父子之間既已無憾則其賢於屈辱而苟存固已遠矣臣願陛下以此處心以此立志則仁義之道明於上而忠孝之俗成於下人道既得天地之和氣自當忻合無間而夷狄禽獸亦將不得久肆其毒則何事之不可成何功之不可立哉臣草茅微賤不識事宜獨以所學之論大功惟陛下擇焉

熹又奏曰臣聞益之戒舜曰儆戒無虞罔失法度罔遊于逸罔淫于樂任賢勿貳去邪勿疑而終之曰無怠無荒四夷來王周之文武寄以天保以上治內采薇以下治外始於憂勤終於逸樂其後中微小雅盡廢四夷交侵中國衰削宣王承之側身脩行任賢使能內脩政事外攘夷狄而周道粲然復興臣嘗以是觀之然後知古先聖王所以制御夷狄之道其本不在乎威彊而在乎德業其任不在乎邊境而在乎朝廷其具不在乎兵食而在乎紀綱蓋決然矣恭惟陛下躬履艱難之運而思所以成中興之功者既知當為與所當止之大端矣然而戎虜憑陵包藏不測中外之議咸謂國威未振邊備未飭將帥原未充士卒未練一旦緩急何以為計臣獨以為今日之憂非此之謂所可憂者乃大於此而恨議者未及之也臣竊觀今日諫諍之塗尚壅佞幸之勢方張爵賞易致而威罰不行民力已殫而國用未節

以是四者觀之則德業未可謂修朝廷未可謂正紀綱未可謂立凡古先聖王所以强本折衝威制夷狄之道皆未可謂備是則臣之所深憂也不識議者亦嘗以是聞於陛下之聽否乎臣願陛下三復詩書之言以監所行之得失而求所以修德業正朝廷立紀綱者必以開納諫諍黜遠邪佞杜塞倖門安固邦本四者為急先之務治其本而毋治其末治其實而勿治其名庶幾人心厭服夷狄知畏則形勢自强而恢復可冀矣臣疏遠賤愚震懾天威未敢盡竭所聞以文稽聖聽而粗舉其端如此伏惟陛下留神財幸

王質上言曰臣觀今日事勢訓兵理財粗為富强以待天下有變敵國有釁則乘機徙事於中原此今日恢復之定規也天下未有變吾能激之使變生敵國未有釁吾能撓之使釁作使就吾之機以行吾之志此今日規恢之奇謀也弋者取禽獵者取獸方其栖深林伏豐草待其偶

然自墜於網羅而後取之非弋獵之妙也動之使飛而觸吾之羅擾之使逸而觸吾之網網羅在此若有所不可已而必觸其中此弋獵之妙也自岐亮殞亡葛褒篡立為葛褒者其守國蓋亦得策然豈可以其得策而遂絕念忘懷以為終不可圖也要當使其不得已而必捨得策就失策彼雖明知而無可柰何必當出此臣所謂使彼就吾之機者蓋雄圖天下之妙訣也與陛下言恢復者衆矣亦有及此者乎正隆之末中原本不欲南向岐亮以勢刼之未至汴而軍已離未渡淮而盜已作未抵江而葛褒已叛中原大亂數年而後定此葛褒覆車之鑒也葛褒鑒岐亮之敗其勢不得不歸於和吾陛下堅持不和之論為葛褒者亦固知彼濟其初欲弃河南啗我以為和其臣力言岐亮之死軍勢甚危我不能襲而止陳蔡之陷汴洛大震我不能進而逐隴右之失關中欲傾我不能取而歸以此三者卜天意之不與

我苦勸葛褒勿弃河南已而削臣禮損歲幣欲就我以為和而陛下難於弃要害之地回勢如初已而大臣異議並邊撤兵則乘間進師遂脅我以為和而陛下權宜從之葛褒謀和之序有三勢未安則欲啖我以為和勢稍立則就我以為和勢既據則脅我以為和於是僅乃得成自辛巳至甲申何其欲和之堅謀和之艱也葛褒之披衰服冕其初未敢傲倖久長也至是東南既和中原漸定而其國始可保矣葛褒初年金人已有亡證其能存立漸至康强者和之效也故葛褒欲保今日之和猶秦檜欲保前日之和也成之既艱保之必力苟失和則必用兵用兵則中原之人又復如前而岐亮之患亦將襲後此葛褒之所甚懼也夫中原之與金人其不相安久矣靖康建炎之際宇宙横潰生靈駭散莫知性命之所寄金人得以卷蕩而平吞之然而立偽齊而復廢還河南而復取排徊展轉欲奄中原而未決欲

弃中原而又惜之既見東南之僅欲自全而不能為害也中原之人又久困蹂踐無所歸依其勢已折而不支於是決混一之計大徙五國之衆雜居中原曠然以夷變夏不從令者蕩盡城邑誅及種族中原既不能以抗金人而又無所望於東南力盡勢窮而始定此粘罕兀朮之徒善觀天下之勢而疾徐操縱不失其節以是能成其强然號為相屬而實未嘗相安粘罕兀朮之徒能變其外而不能變其中天意留此與我者將以待恢復者也岐亮好勝自恃以為中原之人食我水土為我臣僕者數十年無有不從而不知中原之人非相服之真心特以風恬浪靜難以施其鬣作鯨吞也風濤忽起足以鼓躍而戟棹則平時蓄憾之心至此得以逞矣岐亮之還師未嘗為我所得而多為中原百姓所殲關中隴右山東河南州縣之稍復未嘗為我所下而皆為中原百姓所獻岐亮一動而中原之釁作為吾之利

如此爲彼之害者。如彼葛發困岐亮之變。覺中原之心。設其謀欲靜以安之。中原安則其國安。其國安。則其身安。臣知葛發永不敢離燕地。永不敢與南師。何者。其身所以得此。倍因前人之舉此事也。我又爲之。則我身烏知其不爲亮。他人烏知其不效我也。葛發明見此理。堅守此說。故十年而中原無變。葛發之說終不移。則中原之變終不作。中原之變終不作。則金人之勢終不傾。不知我將坐待以至何時也。近者雖爲葛發之謀。覺誘中原之衆。吾淮南還徙之民稍復還歸。或者以是爲憂。而臣益以窺見葛發之心。可以行吾之謀也。蓋彼務爲銷變。而吾當激之使變生。彼務爲省事。而吾當撓之使事作。如人經病後務爲調適安和。惟恐病之復至。則當勞動其精神。耗散其氣血。不當養安使其安坐而少病。陛下既了然見天下之勢。則當斷然隨勢而施謀。備移乘輿進幸建康。則中原必權傳親征。彼不得不發刷調發以爲之

備。則本末之風漸起。狂心之浪隨生。中原之情固已動搖。而不靖茲發而不寧。將漸追前日正隆之態。岐亮以斷然不移之決。持熾然不可向之威。方其發難圖已不肯盡從。觀葛發之庸。豈可以比岐亮之果銳。人不肯盡從亮。則不肯盡從發也必矣。不肯盡從。則其間必有強然好爭。踴躍思動者出而爲抗。此天下有變之端也。間遣一使者復謀園陵。其勢決不肯從。不從則備我益急。備我益急則中原益騷。又間遣一使者求減歲幣。其勢亦決不肯從。不從則備我愈盛。備我愈盛。則中原愈擾。或者以爲鷙鳥將擊而匿形。苟欲圖人。不當警使爲備。此未可與權也。吾之警使爲備者。乃欲激之使變生。而撓之使事作。彼不如此。則無以動中原。中原動則彼覆亡之萌。而吾恢復之資。如此一兩年之間。可以漸致中原之鬨。坐成敵國之亂。而吾厲兵秣馬。揚欲進之聲而未動。飛符走檄。作欲往之勢而未行。中原一擾

則不能遽止。變久則變多。變廣則變熾。彼方分力以支中原。未暇念力以及東南也。中原室內之患。東南門外之憂。彼將孰先。則吾雖坐其禍。而未即受其敵。其初陰攪之。而未明犯之。及其成敗已決。去任之未定。分遣勁軍而前收中原之豪族。以爲吾爪牙。據中原之沃壤以爲吾囊橐。立契丹之主。使率契丹之衆。歸其故部。還爲渤海諸戎之在中原者。各隨其主而返其故。則女真亦不能獨立於中原。令人徒見其外尨然以大。而不知其中枵然以空。女真之衆曾不當奚契丹渤海靺鞨等諸國十之一。五國之衆。又不當河南山東河朔關隴等諸道百之一。措女真於五國之間。固已甚微。措五國於中原之內。蓋益甚矣。今吾與中原相合而爲一。則五國不得不散而去。女真不得不遁而歸。苟惟不然。則亦自相魚肉。決不能相守。不貳以與我並爭於中原也。諸戎與中原相錯。世俗所謂猫鼠之相亂。蜈蚣蛭蛇之

同穴者也。烏能久而相安。五胡之亂。劉氏爲匈奴。而胡滅之。石氏爲胡。而冉閔滅之。鮮卑又滅之。慕容氏爲鮮卑。而氐滅之。後興而晉又滅之。苻氏爲氐。而羌滅之。後興而羌又滅之。姚氏爲羌。而晉滅之。金人殘滅諸戎。陵蹂中原。假合而爲一家。凡今相處者。非其不戴天之讎。則其不反兵之讐也。故不獨中原與金人不相安。而諸戎亦與金人不相安也。金人常蓄土崩瓦解之勢於其腹心。而吾不思所以謀之。亦可謂偷安苟活之計矣。使偷而可安。苟而可活。如是而能久。猶云可也。太祖太宗相與議汴洛之都。太宗以遷爲難。則決策居汴。太祖嘆曰。不及百年。東南之力竭矣。未五六十年。而東南已以病告。蓋重兵宿於京師。而供給仰於東南。京師之備愈滋。則東南之力愈負重。今以東南爲國。西自興梁。東至吳越。羅兵爲守。已過承平之太半。而未止也。不獨養兵。而所以爲國之具。其取諸東南者。又倍重於承平

之時今將五十年矣其力日削一日歲朘一歲蘇綽之在魏也以國用不足重為征稅之法既而嘆曰今所為正如張弓非平世法也後之君子誰能弛之東南立國之初一時張弓之法至今不弛而更急者多矣近世趙開為塩酒之法以贍蜀師將死言曰若因循不恢復蜀將大困而我為禍首也此與蘇綽之意無異今張弓之法不弛而更加急恐非可以持久也大抵東南本非久立國之地民力盡則國從之漢自靈帝以後而南北分在南為孫氏晉自愍帝以後而南北分在南猶為司馬氏已而為劉氏為兩蕭氏為陳氏唐自昭宗以後而南北分在南為揚氏已而為李氏惟司馬氏有南最久名為百有二年而其間擁歷器徒有名號者歲月居多亦可謂國非其國也故在今日不得不注意中原以紓東南迫切之勢以圖宗社堅長之策西晉凡五十二年武帝粗安者二十餘年而惠帝懷愍極亂者三十餘

年至元帝中興而中原已無情於司馬氏矣何者相忌之日少相毒之日多也故晉人恢復為難然桓溫至灞上劉裕入長安中原猶有戀戀之情所謂長安十陵是公家墳墓咸陽宮殿是公家室宅舍此何之是時關中相繼為苻姚劉赫將八十年與劉裕初漢然也而苦邀其望痛恨其返蓋慮北有拓跋西有赫連此華人真情終不安於夷虜也我自太祖造邦德澤洽於中原者二百年今相離雖漸久而其情未泯也為我毀族為我毀身不可勝數而終不悔豈可使之帖然受制於人而無所泄其憤闊然相疎於我而無所効其情紹興隆興屢屢欲恢復而不就蓋謀國大臣握兵諸將之過而非中原之難下也中原難下當在它時日愈久則情愈衰情衰則相視如路人甚則相疾如仇讎此則中原難下之時也宣和取燕山契丹謂吾師曰南人只道燕雲是我故地不道屬我已二百餘年能無許久君臣之情今

日但當死鬬故緣易二州之外其餘皆怨然也它時中原故應有此氣象有此氣象則難圖矣政使不與夷虜相安則恐當有草萊豪傑起而收之今日雖有豪傑亦未能收何者人情未忘我也人情未忘我則知有我不知有它從我則能行捨我則不能立故豪傑睥睨而不敢輕發必待我而後可動雖使有赤眉王郎亦必託漢為名託漢為名則借漢為重是其權已在漢也權在漢則終當歸漢何者僞不敵真也今陛下握夷虜興亡之權制豪傑從違之命而或者以謂恢復為難陛下過聽而未決則是未嘗有以的然可指之形判然可易之理而告陛下者也臣謂今日有事於中原以十分為率而計之六分用中原攻金人一分用諸戎攻金人三分用東南攻金人若十分盡仰東南此晉宋所以多無成也宋文帝謂佛貍曰河南舊是我地今當修復不干河北不知中原已無情於司馬氏而安得有情於劉

氏也故檀道濟王玄謨之力易窮佛貍之勢難遏蓋專取力於東南而無所借助於中原此元嘉所以再舉而再屈非今日事勢之比也今日事勢大畧與東漢相同西漢自高祖以至平帝二百年而奪於王氏十五年光陰未遠風聲相聞故人情思漢為深光武起於中原其勢為便陛下興於東南其勢為不甚便然光武極其力堅其志而期於必成陛下容有所疑容有所憚者必有一擲之語孤注之言以動搖陛下之心而不知天下有全策如臣之謀也光武至不樂兵嘗言每一發兵頭須為白關東初平不堪兵間之積苦且欲置隗囂公孫述二子於度外然終不能自已者慮後患之難圖也況陛下守東南難久立之地對女真不並存之敵未易可以安枕高卧置此賊於度外以隗季孟公孫子陽待之也夫天下之勢至此不變則不解氣候煩蒸非疾雷迅雨則鬱滯之氣不散清明之氣不回當是之時惟

英主能與世爲雷雨。陛下眞英主也。可惜蹉跎。玩時。將老。陛下盍疑迤邐遺患將殃陛下之子孫。凡今所患。兵之未精。財之未裕。陛下試令臣熟數於前。然後知兵非難精。財非難裕。臣雖無似。自度與陛下辨此而不難。陛下誠能變風俗。銷朋黨。使讒辭詖行者。舉不得作。則出與陛下同心圖事。協力濟功者。將患其多。不患其少。臣雖不才。誠自信與陛下辨此而不難。臣非敢自謂能也。陛下有英主之高資。一借筯可以轉移天下之安危。一顧足可以鈐制英豪之死生。故臣敢謂與陛下畫策。與陛下任事。足以取效而無難。特陛下之爲英主也。如臣區區可惜爲斤斧之所傷。殘風波之所覆溺。生無所成。死有遺恨。實惟陛下圖之。

孝宗憂易相。圖論未定。質爲太學正。上疏曰。陛下即位以來。慨然起爲時有爲之志。而陳康伯葉義問汪澈在廷。陛下皆不以爲才。於是

先逐義問。次逐澈。獨徘徊康伯難於進退。陛下意終鄙之。遂決意用史浩。而浩亦不稱陛下意。於是决用張浚。而浚又無成。於是决用湯思退。今思退專任國政。又且數月。臣度其終無益於陛下。夫宰相之任。一不稱則陛下之志一沮。前日康伯持陛下以和。和不成。浚持陛下以戰。戰不驗。浚又持陛下以守。守既困。思退又持陛下以和。陛下亦嘗深察和戰守之事乎。李牧在鴈門。法主於守。守乃有戰。祖逖在河南。法主於戰。戰乃有和。羊祜在襄陽。法主於和。和乃有守。何至分而不使相合。今陛下之心志未定。規模未立。或告陛下金弱且亡。而吾兵甚振。陛下即勃然有勒燕然之志。或告陛下吾力不足恃。而金人且來。陛下即委然有盟平凉之心。或告陛下吾不可進。金不可入。陛下又塞然有指鴻溝之意。使臣爲陛下謀。會三者爲一。天下烏有不治哉。

質又奏曰。臣嘗論之。夫人之爲國。利至不能不喜。害至不能不懼。惟其當利害之際。喜而不示其喜之之形。懼而不露其懼之之迹。故其虛實不可得而窺。而淺深不可得而測。何者。慮之素定。故不搖。養之素厚。故不驚。彼其輕喜而驟懼者。皆慮之不定。養之不厚。故倉卒迫懼之中。利得以怵而動。害得以脅而遷。嗟夫。天下之變生於有間。而可入。善爲國者。深藏其喜懼之端。補綻縫隙。以自祕其肺腑。使人操之而莫能抵其淵。叩之而莫能揣其鑰。窮搜曲覽。而莫能得其要領。當是之時。雖有強隣悍敵。亦且逡巡退縮。而不敢措意於我。臣觀自古謀人之國。既先誘之以利。又唱之以害。夫誘之以利而唱之以害。所以尋其間也。或若不能開其彝彝之路。而開其入之之門。喜懼之情洋溢於內。而表襮於外。故墮其計而不知。此何異持人而授之以手足。盜在門而自啓其鍵也。其亦可謂大惑矣。蓋嘗者。秦人欲以十五

城而易趙璧。趙人雖吝於予璧。而喜於得城。璧既入而城不割。則倉皇攜璧以歸。夫秦人以虎狼之心。欲盡吞諸侯而宰天下。其志豈在璧也。而猶以試趙。趙人信之。則秦人固已得其肺腑矣。是以暴驁陵劫。至於加兵而不忌。蓋知其無能爲也。楚子伐宋。而宋不服。令其師曰。入築室反耕。楚爲能築室反耕也哉。何者。越千里以伐人。而強晉蠢蠢然又有欲動之勢。形孤而心搖。必不能久矣。而華元不得其情。褱悼惴慄。奔走求盟。若不可以終日。此其勢不得不析而歸楚。是二國者。其初未嘗有致弱之形。而不能自窒其間。以至於顛沛而不可自立。故臣嘗以爲善謀國者。尋其間。而善爲國者。窒其間。近者傳北朝欲歸河南之地。臣聞之士大夫。以爲朝廷至於動色相慶。已而聞北朝欲還汴京之鄰。臣聞之士大夫。以爲朝廷錯愕而莫知所爲。夫河南之歸。汴京之還。此不待智者而得其是非矣。何者。古之弃地有三。

或不能有而棄。或無所得而棄。或交相易而棄。此三者，今北朝皆無焉。臣固知河南之不歸也。然而此言之所以出者，臣恐北朝之謀以利誘我而試其喜不喜也。古之遷都有三。或以兵火殘弊而遷，或以隣敵窺伺而遷，或以形勢逼隘而遷。此三者，今北朝皆無焉。臣固知汴京之不遷也。然而此言之所以出者，臣恐北朝之謀以害嚇我，而試其懼不懼也。此正當今審問之時，而喜懼之形，烏可輕出。武臣讀東晉謝安傳，而詳觀其處利害之際。至於苻堅之寇而不為懼，謝玄之勝而不為喜。未嘗不咨嗟嘆息，以為後世君子之莫及。而推原其故，則蓋本於處之素定，而養之素厚。是以利不能誘，害不能嚇。夫天下之事，緣飾之則以文雅，而鎮壓之則以器局。既二者而輕重之，宰不足於文雅，而器局之君子，天下國家不可一日無也。

質又奏曰：臣嘗論之。晦靜而觀利害之變，揣其輕重，量其多寡而擇

其害輕，利重害寡，利多者為之。雖間有所拂於世俗，則固當有所勿恤。何者？天下之利害紛紜反覆於冥漠之中，搏之而不可執，其形跡之而不可究其端。然輕重有定勢，而多寡自有定量，甚不難知也。今夫以銖兩鈞石而視衡，則銖不若兩，兩不若鈞，鈞不若石。以龠合升斗斛而觀其量，則龠不若合，合不若升，升不若斗，斗不若斛。善處利害者，如衡之於銖兩鈞石，量之於龠合升斗斛，深明於毫忽之間，曲辨於分撮之際。惟夫世之君子心不平而氣不定，高則為名所眩，下則為利所怵。是以輕重之定勢，多寡之定量，舉皆一或顛倒而莫知。晁錯之削七國，王深謀之挑李雰，朱异之納侯景，楊國忠之賑安南，昔以為利一而害百者。利一而害百，雖童子亦有所避而不為。執天下之柄而不若童子之識，亦可謂大拙矣。臣嘗歎伏會昌宰相李德裕之善處事，以為非庸材常智所可及。烏介可汗回鶻不能振，退渾党項請以部落擊之。因天德軍使田牟以為言。德裕曰：不可。沙陀退渾不可恃也。見利則進，遇敵則走，誰肯為用耶？天德兵素弱，以一城與勁虜角，必敗。黠戛斯攻安西、北庭，武宗欲求其地。德裕曰：不可。安西距京師七千里，北庭五千里。異時河隴為我郡縣，故能緩急調運。河隴既入吐蕃，則何所興發？何道饋餉？縱得無用。嗟夫，有誅虜之便而不進，有得地之勢而不取。此庸材常智之所謂失機者也。而德裕所以揣輕重者甚明，而量多寡者甚精。以為誅虜而生釁，則不如勿誅；得地而耗財，則不如勿得。故它人以為可，德裕以為不可。而今之謀利害者不然。近者括沙田、籍銅器，此其為利亦末矣。臣聞之士大夫，沙田之數，租以石計，錢以緡計，殆不過十數萬，而江淮浙西之民咨嗟憤恨有甚不堪者。舉天下之銅器而付之爐冶，或者以為風餐土食之餘，薪烹火化之後，頗不利於鑄錢，而生民罷用一掃而空之。此二者

皆以毫釐之利，而召天下之怨，豈非謀利害者不揣輕重，不量多寡之過歟？臣聞天下之人，誰能皆有以順適其意？苟使吾事舉而有功，功成而有利，則雖朝謗夕譏，固有不必問者。今之所圖者，百分之勞，曾未有一分之獲，而天下已紛紜議論而不可禁。臣以為善計利害者不為也。

質又上固本論，其一曰：夫所謂重淮者何？臣嘗論之，曰有三鎮然後能守河，有兩淮然後能守江。江之恃兩淮，如河之恃三鎮，皆所以藩離其外而扃鐍於內。自渡江以來，強鄰悍敵相與隔樊墻而分爾汝，蓋無歲而不有疆埸之警。然建康未嘗聆西北金革之聲，而長江未嘗染羌虜戎馬之氣。雖以苻堅傾天下之鋒，而盡銳於一擲，卒阻於淝水而止。宋文帝與佛狸相抗，彼佛狸之師非脆敵也。衝蕩飄忽，一旦而臨瓜步，遂與建康相望。然逡巡退避，若不可以終日。故臣以為晉

之所以能保江左者，以兩淮有以當其前，佛狸之所以不能越也。者，以兩淮有以遮其後。國家渡江之初，跡未著而心未安，丞孫有兩淮而不能守。和親之後，誓已定而約已明，是故有兩淮而不敢守。然不能蔽淮，終不可以蔽江。今沿江之屯有四：一軍駐鄂州，一軍駐池州，一軍駐建寧，一軍駐鎮江。平居無事，形聯氣接，可以當衝要而塞孔道；一旦有急，上下數千里，聚之則不備，散之則不多。故臣以為蔽江先於蔽淮，非以為淮之寨可以蔽江也。綴之於前而待之於後，則守之也固，而應之也閑。蓋軍旅之中，一夫被重鎧，一夫被單鎧。被重鎧者，一鎧洞則一鎧存；而被單鎧者，一鎧洞則肌膚切矣。然而今日之討，有蔽江之實而無蔽江之名。有蔽江之實則我得利，無蔽江之名則彼不驚。此不可以不熟講也。今兩浙九州郡之卒，亡者不補，而在者無幾。是故有其籍而無其名，所以供官吏、衞府庫、遞郵傳者衆

不能備數。如是，則莫若舉給役之名而增州郡之卒。小州五百人，大州倍之。今之兩淮，地曠人稀，而郡縣狹弱，是以有冒禁通茶之商，出沒乎其間，發於江西，而浸流於江北，蓋嘗震動郡縣，力不能制。如是，則莫如以禦盜之名而增巡檢之土兵、尉司之弓手。小寨土兵二百人，大寨倍之；小縣之弓手百人，大縣倍之。一路有幾州，一州有幾縣，一縣有幾寨，誠能皆勇銳悍敏之夫，屬之以戈矛弓矢之法，而示之以坐作進退之節，誘之以賞，懲之以罰，不出五年，則精兵可以所在而有。此可謂我得其利而彼不驚者也。陛下若以臣之言為然，則密諭兩淮之帥臣，可以損其餽軍之數，而留之以為養土兵之資，則兩淮不為無用，而緩急可以禦敵；長江不為無助，而倉卒得以為備。蓋天下之事，不可使庸夫處之，庸夫處之，則安坐而待斃；不可使褊夫處之，褊夫處之，則張皇而生變。惟夫緩不為庸，急不為褊，然後能收

實實之功。是臣之策也。其二曰：夫所謂重蜀者何？臣嘗論之，蜀之常勢，非盜賊竊發、蠻夷侵擾之為可憂，而將帥專制之為可畏。自古蜀之盜賊，惟公孫述、李雄倔起於閭閻草野之中，猖狂僭竊以自正朔，蓋其適大亂之世。自李寶、張忠之敗，羅尚之死，而朝廷不復有一戈一戟入劍閣，縱橫飄忽，聽其所往而莫之限，故此二人者前無所忌，後無所顧，得以坐成割據之勢。其餘如漢之馬相、趙祗，晉之譙縱，本朝之王均、李順，皆不旋踵而撲滅。唐自天寶以後，蜀歲被南詔之擾，蓋嘗一至成都而不能居，又嘗再犯而不能入，然卒以奔敗而遠遁。故臣以為盜賊竊發、蠻夷侵擾，皆不為蜀憂，何者？主客之勢然也。今夫蜀地險阻而離隔，其人柔忍而朴厚。惟其地險阻而離隔，故盜賊卒然起於其間，而首尾肘腋不能以相應，故其心搖；蠻夷無故而深入，則斷續先後不能以相入，故其勢孤。心搖者易散，勢孤者難立，可以

為一時之擾，而不可為久遠之患。至於柔忍朴厚之人，呼之則來，招之則應，有姦雄桀勇之夫而專制乎其上，浸淫漸漬，久而必至於為害。故唐之崔寧、韋皋，皆積累歲之久，遂擁兵擅利以抗朝廷；梁之王建、後唐之孟知祥，亦皆先恢拓其腹心，而長養其羽翼，一旦反目而從容談笑，坐得數千里之地。小而為崔、韋，大而為王、孟。凡久而制蜀未有不然者，此臣之所以為今日之慮也。今之制蜀者，其初始有一時之功，然培溉養而遂有不可拔之勢。兄弟之相承，支黨之相聯，吏之奉承其風旨，民之習熟其名字也，蓋已久矣。夫平居無事，彼猶肯以虛名奉我，我得以虛名役彼；彼不幸有撐是之變，則虛名有不可施，而實禍將生。蓋臣以為杜鵑漸擇其所畏，假之以兵而布之列郡，以抗其勢而制其姦，重誨納京師之兵於蜀之腹心，以幸其有所憚而不敢動，而不知夫圈虎豹於一閑，跳踉奮嚙，乃所以趣其鬬擬刃

於人耳手之不疾應者未之有矣鴻漸之策走圉虎豹於一閧而蕭誨之策則擬刃於其背也故二策之在今日皆有所不可行何者將以銷變而反以生變非朝廷之利也臣愚以謂鎮靜而不驚寬緩而不迫久遠而有利者莫若專恤二川之民於常賦之外時有所蠲除其征需於常備之外時有所寬簡其力役間遣使者發德音下明詔丁寧委曲爲之訓辭而深恤其疾苦蓋朝廷之待巴蜀必有以大過於江淮閩浙湖廣之民而後有以大慰巴蜀之心使其常有不能忘朝廷之心則緩急之際斯有不忍負朝廷之意矣如是則將帥能有兵而不能有民有兵而不能有民則可以爲變而不可爲大患今兩川之民外資邊屯內供朝廷以臣度之蓋必有重困者縱而不恤恐爲專制者資耳

奏說交上規恢三事奏曰臣仰惟陛下神功聖武超冠古昔深念列

聖二百年之貽謨中原千萬人之思漢奮自踐祚力圖大勳銳意朝慨嘗日軫宸慮將帥之能否上塵於主擇士卒之實寡曲意以加惠繕治器甲修築城堡選練將士儲偫金穀雲屯之分布馬政之蕃息凡是數者陛下已經理而整齊之然臣猶有愚慮以獻陛下其說有三一曰毋露機二曰毋較禮三曰毋輕敵夫帝王之兵貴謀而賤戰智者之謀計定而機不發史臣論光武之復漢而歸之沉幾先物焉蓋幾之不沉則事未及舉而迹已布見將物先於我而我烏能先物哉臣願陛下以貴謀爲先以沉機爲智舉事貴乎漸使彼浸聞而不疑決策貴乎神使出其意而叵測戒飭邊吏防姦人之探刺申諭統帥毋生事以張皇凡吾求以勝敵者橫斜曲直而彼莫知所終焉此臣所謂毋露機也自古復人之讎必以吾所不足愛而易其所可愛小利不較小屈不恥此其志未可量也越王報吳卑辭厚禮惟吳是徇蓋辭之卑禮之厚於吾固無損也而適足以滋其驕玩之習稔其怠惡之志而重吾國人憤懣不平之氣用是以報烏有弗濟者臣願陛下毋憚言辭毋惜苛禮酬應之儀毋薄於疇昔使命之遣毋尊於小臣將取故予而養其貪侈之姦至已下人而激吾國人之憤謀之如此而待之又如此豈不足以舉事哉此臣所謂毋較禮也夫以有餘者待人而以不敢自足者處己則無玩敵無輕舉將見可而進如破竹矣東漢之初匈奴飢役自相紛爭臧宮馬武願得五千騎以立功光武謂傳聞之事常多失實帝非其請果無是事將欲益稔其惡靜觀其變而徐起以取之耳故其後有空弱庭之舉天下之事亦豈在驟忽而亟圖哉臣願陛下幸醜虜年來衰亡已兆而愈先自治嘉中原年來思漢正切而益務綏懷常若彼有難圖之形而我未有必取之勢蓄銳養晦堅意篤志待時而動翕然必爲將何往而弗克者此

臣所謂毋輕敵也夫是三者固豈區區然求目睫之勝哉養吾之力以深藏其機安吾之民以姑盡其禮全吾之策以熟料其敵皆所以爲不可測之計期必發而必中爾惟陛下鑒臣之說以觀今日之勢而不以爲迂將不歲月而復古興周明謨隆漢正休周宣漢光於千載之上如臣等輩期與中原赤子共覩漢官威儀之盛豈不壯哉

說交又上言曰臣嘗觀漢高祖最善處事方天下未定自關以西每先固守然後東征西伐得以取勝其自將擊陳豨也非蕭何守關中則韓信之叛實累其後明年又自將擊布亦回視郡處常使問蕭相國何爲帝之意謂寧使吾之伐人者未克毋寧使吾之境有變焉蓋踐前違後以掣吾肘用兵之大忌也臣仰惟陛下神功聖武超冠古昔深念列聖二百年之貽謨中原千萬人之思漢奮自踐祚力圖大勳將卒則上塵於主擇卒伍則捐金以加惠器甲城堡士馬金穀凡皆

人戰勝攻取之具。陛下已經理而整齊之矣。以天道好還之理。祖宗在天之靈。亦鑒觀陛下復古之念。如此。固已啓佑大業。而犁庭蹀血之盛。復見於今日矣。然臣猶有愚慮。不識忌諱。以獻陛下。伏見年來江湖之盗。時敢竊發。比者廣西李接小寇。亦敢為妖。此固自投死地。何足誅鋤。而臣私憂過計。以為當清明偃戈之朝。區區疥癬。隨自殄滅。固何足道。然陛下方篤意復古。勳在朝夕。它日復會東都。舉國大進。于時江湖閩廣數路。若一有警。必有腹後掣肘之患。此豈可以不預為之防也。夫江西湖南盗賊。固當深慮。若閩廣三路。尤不可忽。蓋地土牽聯罔籬之諸郡相望。别無險隘譬之崗阜。自成一區。或有寇盗。苟不即滅。非若江西湖南路。地形斷續。隔為散落。時有高下險限之比。若不先為之策。異日必為後累。臣輒以管見五説。仰溷天聽。其一曰。乞行下閩廣三路提刑司。專一措置諸州禁軍。令守臣同本州

兵官日務訓閱。立為賞罰。激厲能否。並不得占用一名。提刑每歲循行點按。不得因而搔擾。月具見管禁兵姓名人數申奏。其二曰。閩廣諸郡。城壁頹圮。兵器朽削。二廣尤甚。乞行下三路運司。借撥錢本。同各州守臣措置。目下修築城壁。務令堅固。打造器甲。務為可用。具已修打過城壁器甲數目申奏。其三曰。二廣郡守。多係部闕。凡以資序而得者。率是癃老罷軟之人。何以應猝。乞命大臣更擇緊要州。取旨升作堂闕。選材差授。許除第二任知縣人內係極邊瘴去處。厚立賞格。三路守臣陛辭之日。戒以訓兵愛民之事。庶使材力有餘。可以責任。其四曰。每遇三路謀帥。擇處必先威望智略足以彈壓鎮服者。仍乞同各州守臣皆一一久任。毋遽遷易。如任滿日。部內無切發事。並與遷秩。名擢否則取旨議罰。以為懲勸。其五曰。竊惟聖化旁洽。遠民興行。年來二廣之士。浸多秀穎。宜命大臣搜揚薦名。擇其一二。以漸擢用。誠足以收遠郡之心。銷姦慝之習。亦漢高慰趙子弟之遺意也。臣愚欲望睿斷。首以閩廣為重。頻鑒臣説。以次施行。庶幾陛下養晦蓄鋭奮然必為之日。可以專意北向。無復顧後之憂。蓋天下之事。惟周防厚慮者為不可敵也。惟陛下謹之重之。以全大計。寔宗社幸甚。

歷代名臣奏議卷之九十五

歷代名臣奏議卷之九十六

經國

宋孝宗時太學博士葉適上奏曰臣竊以今日人臣之義所當為陛下建明者一大事而已二陵之讎未報故疆之半未復此一大事者天下之公憤臣子之深責也或不知所言或言而不盡皆非人臣之義也虜弃無強大而難攻故言者皆曰當乘其機積久堅固而不可動故言者又曰當待其時夫究極本末審定計慮而識所施為之後先然後知機自我發非彼之乘時自我為何彼之待今之率易苟且習聞畢論而無復振起之實意則固以為必當乘機必當待時以緩歲月而誤大事是必然矣且虜知其不可以羈制中原久矣粘罕之立偽楚偽齊撻懶之還五路河南今酋之初又議割白溝以南而定盟好盡其本謀未嘗欲於河東河北之外越而有之也顏亮雖威脅

天下而北方起事以歸命者固已係踵我之偏師雖浪戰無律亦能擣陝鞠搖關輔得其要郡而守矣然則虜之所謂難攻者豈真難而不可動者豈真不可哉此姑未論可也方今之虜正以我自有所謂難我自有所謂不可耳夫我自有所謂難而不知變其難以從其易我自有所謂不可而不知變其不可以從其可於是力屈氣索甘為退伏常顧和好抽兵反戍拱手奉虜而暫安於東南臣以為此今日之大患所當先論者也陛下感念家禍始初嗣位葺兩淮理荊襄慰綏蜀道安集歸正人立忠毅忠銳等軍教民兵弩手新城壁造器械講馬政糴米儲貨屢屢樁積臣誠愚陋竊計陛下亦望廣遠中夜太息何止一事哉然而二十六年於此終未能奮發明詔有所舉動者積今之所謂難者陰沮之積今之所謂不可者默制之而然也蓋其難有四其不可有五臣請得為陛下條陳之夫重誓約畏先事以金

帛啗虜本景德以來立國之素規耳既嘗於契丹僥成於女真以至於浮海再三而謀夾攻費數百萬以買空燕則又宣和之所畫也故幹离不之始至也不過責納張覺紛亂元約而已粘罕復至又不過責悔割三鎮及間結余覩而已青城之辱忍復陳之則又不過以為當如誓書而已是三役者可謂覆載天常神理不容之巨罪也然虜自以彼直我曲用兵有名而國家遂為之包容垢恥恬受奇禍竄逐議臣降詔謝過建炎未和則祈請不絕紹興既和則紬損不較冊命行於至尊陪隸施於宰輔賴陛下威靈遠暢始得以匹敵往來耳置不戴之讎而廣兼愛之義自為虜弱既已久矣陛下欲尚加回護陰佚他隙則憤怒未昭固不足以激使受命之士若流涕行誅顯示決絕而國信所藏典故具在亦恐天下之大義未足以易有司之常守此則國是之難一也國之所是既然矣而士大夫之論何獨不然故

不以賊虜為可怒而反欲平北之不當不責主和之致寇而反罪守京之非策弃三鎮則同議者皆是割大河則簽書者不疑至於秦檜遂行其南自南北自北之論湯思退從而效之撤守弃地開門納敵幾危於隆興之初王之望尹穡翕然附和更為務實黜虛破壞朋黨趨赴事功之說相承至今況守已撤矣地已弃矣和親成矣尚何實之可務何事功之可赴哉雖然此猶小人之論耳至若為奇謀祕畫者則止於乘機待時忠義決策者則止於親征遷都沉深慮遠者則止於固本自治高談者遠述性命而以功業為可略精論者妄推天意而以夷夏為無辨小人之論如彼君子之論如此陛下欲詢衆謀則流言成市互為廢興若斷以獨志則慮之不盡事難輕發此則議論之難二也女真方之前世非勁虜也然而童貫逃師於始至种師道玩寇於設圍李綱失守於太原李回掃迹於河上黃潛善不知南渡

杜充未戰迎降。趙鼎持重迄無定算。張浚經略屢致奔潰。此皆國家付託委心腹之大臣也。賢佞雖異。敗事豈殊。陛下遍覽往策。當艱難鼎峙之時。豈無傑材異稟克就勳績者乎。今環視諸臣。前者後者。迭進迭退。其知此事本而可以反覆論議者誰乎。其抱此志意而可以策厲期望者誰乎。以奔趨官簿為閥閱。以勾校朱墨為詳練。能縛一姦民。遂自許為有智。能斬一縣卒。遽自負為有勇。其懷利尚同。毀傷善類。陰塞正路。誅以力攫要津者。充滿內外。陛下欲倚賴此徒。責驥足於蹇步。固無可言。若出意收拾遺逸於度外。則又孟浪散謾無足憑仗。此則人材之難三也。國家規模特異前代。本緣唐季陵夷。藩方擅命。其極為五代廢立士卒斷制之禍。是以收攬天下之權。銖分以上。悉總於朝上。獨專操制之勞。而下獲享其富貴之逸。故內治柔和。無狡悍思亂之民。不煩寸兵尺鐵。可以安枕無事。此其得也。然外網疏

漏。有驕橫不臣之虜。雖聚重兵勇將。而無一捷之用。卒不免屈意損威以就和好。此其失也。論者方偏樂安靖。以為寧有外虞。而無使內變。課其功效。固已過於漢唐遠矣。且靖康之事。未聞我有一城一邑敢為叛命而坐視胡虜長驅深入。惕息待死。屠戮之慘。與五代何異。則得失之筭。豈不明哉。夫徒懲五代之致亂。而不思靖康之得禍。故李綱請裂河南為藩鎮。范宗尹嘗劃邊面為鎮撫。皆隨以廢格。陛下循守舊模。而欲驅一世之人以報君仇。則形勢乖阻。誠無展力之地。若頓時增損。則其所更張。其所動搖。關係至重。豈得易言。此則法度之難四也。雖然是四難者。特其精華景象而已。計其事實。又有甚不可者焉。古者以民為兵。不以兵為民。因事以養兵。不養兵以待事。兵聚則求戰。不聚而不敢戰。今食錢自日一百以上。家小口累。仰給於官。國力不供。而常有饑寒之色。是以兵為民也。北方無事二十餘年

終不解甲。是養兵以待事也。養兵如故。和親亦如故。是聚兵而不敢戰也。合營屯廂禁見卒至六十萬。群校貴將廩祿無算。外盡州縣內困朝廷。蓋兵以多而遂至於弱矣。此舉天下以為不可動者也。昔固有以足財為患矣。未有皇皇汲汲取之無度如今日之甚者也。自漕司造船。揩府犒軍。而酒價十倍。和買折帛行而民有二賦。免役錢起供而役法弊。鹽袋錢增添而鹽筴盡。頭子勘合。免丁牙契。無不增錢。而州縣之間。益以苛碎。大抵經總制錢為州之害。月樁板帳為縣之害。而四蜀折估青草水腳。對減激賞。隔槽名色。其患若又為特甚。天下之錢歲入於官者八千萬緡。而支費常不足。蓋財以多而遂至於乏矣。此舉天下以為不可動者也。夫誅討仇賊。修立大事。使不愆素。是人主宰相之任也。整挈綱目。振舉小治。使不失時。是百官群有司之任也。未有以百官群有司之任付之吏胥而能治者。今自檢正都

司六部列屬以及寺監。皆綱目之所在也。受成吏手。能否莫辨。賄賂公行。關節交市。民冤不直。事滯不決。小治若此。況大事乎。蓋不信官而信吏使之然耳。此舉天下以為不可動者三也。夫以官聽吏。吏疲耎之名。人情之所避也。然而不免焉何也。國家以法為本。以例為要。其官雖貴也。其人雖賢也。然而非法無決也。非例無行也。驟而問之。不若吏之素也。暫而居之。不若吏之久也。知其一。不知其二。不若吏之悉也。故不得不舉而歸之吏。官舉而歸之吏。則朝廷之綱目其在吏也何疑。夫先人而後法。則人用。先法而後人。則人廢。不任人而任法。則官失職而吏得志矣。此舉天下以為不可動者四也。法繁用矣。人雖廢矣。然人材之定品。孰堪為其官。孰不堪為其官。孰宜為小。孰宜為大。其可用之實猶在也。今也任職則以人為可廢。擇官則為人之餌。學科舉卟名廢。計級而取。循塗而進。然不可為者何。賢何不肖。何君子何小人

之有哉。廉耻日缺，名實日喪，風俗大壞而不可救，蓋不任人而任法之弊，遂至於不用賢能而用資格耳。此舉天下以為不可動者五也。是之謂不特四者精華景象之難變，而五者事實之尤不可動者也。夫國是難變，議論難變，人材難變，法度難變，加以兵多而弱不可動，財多而乏不可動，不信官而信吏不可動，不任人而任法不可動，不用賢能而用資格不可動，故期之以功名而志愈惰，激之以氣節而俗愈媮，右列未能登進勇爵而儒步或以見薄為愧，信臣未足承接咨旨而外庭或以見疎為疑，公卿大夫私竊告語咸以今之事勢舉無可為者，姑以美衣甘食老身長子自足而已，豈非今之實患深害一大事之殘賊者歟。浴習牽制，非一時矣。其利害當講，其虛實當明，其是非當斷，其廢置當決，不講不明，不斷不決，陛下之志雖欲有為，將何恃而獨行哉。一世之人維縶手足，塗塞耳目矣，正性矣，豈知君

奏議卷之九十六　五

仇之當報而為陛下盡死力哉。臣故曰：二十六年於此，終未能奮發明詔有所舉動者，積今之所謂難者陰沮之，積今之所謂不可者默制之而然也。然則其難者豈真難乎，其不可者豈真不可乎。蓋自古人君有雖居天下之尊位而不得制天下之利勢以卒於無成者矣。陛下則不然矣。陛下之聖之武之勤之明，博學遠覽，絕識獨睿，漢之宣帝、光武，唐之太宗所不及也。講利害，明虛實，斷是非，決廢置，在陛下所為耳。大義誠立，則國是之難者先變矣。陛下之國是變，則士大夫議論之難亦變矣。群臣之在內者進而問之，在外者舉而問之，其任是事者親用之，其不任是事者疏遠之，則人材之難亦變矣。變國是，變議論，變人材，所以舉大事也。其所當順時而增損者某事耳，非輕動而妄更易也，則法度之難亦變矣。四難既變，則兵以多而弱者可使少之而後強也，財以多而乏者可使少之而後裕也。然後使官

與吏相制而不制於吏，使人與法相參而不役於法，使賢能與資格並行而不拘於資格，皆無不可動之患矣。期年必變，三年必立，五年必成，二陵之讐必報，故疆之半必復，不越此矣。臣故以為機自我發而非彼之乘，時自我為而何彼之待者也。若置而不論，因而不改，則我之所謂難者真難矣，勇豈復有易攻之機；我之所謂不可者真不可矣，勇豈復有可動之時。置之廢，亮之殞，幹魯之叛，皆彼之機也，我何乘焉；彼之時也，我何待焉。臣故以為率易苟且，習聞平論，緩歲月而誤大事者也。臣晝誦夜思，審觀天意，稽考人事，十五年矣，今日始得對清光，發緒論，陛下加聽之，傾反覆詰難以究其始末，非獨臣之幸，天地祖宗之靈所以望於陛下也。

適又上始論其一曰：有天下之大，必盡天下之慮；不盡天下之慮，鮮無患矣。太祖、太宗受天命，身自翦平者七國，盡有漢唐之天下，惟燕薊

奏議卷之九十六　六

前入契丹，力未能復，而趙保吉兄弟亂西方，靈夏繼陷，其後耶律浚驕，繼遷始自立，邊益警備矣。當國事者不復深究始末，直以中國既大也，道德既富也，患不能保境息人民而已，豈不足於二陸之區區哉。非惟不務討伐二虜以定西北之疆域，而乃反行聘使封冊以申百年之誓信，屈意而叢幣帛，專力而守和好，同此者為正論，異此者為浮薄。方莊盛時，南北相為兄弟，而天下無兵，安寧久於前世，自以為天下之慮盡於此矣。然而憑侮不除，萌櫱終在，小人因其間隙，倡復北之謀，前寡始勤，僥倖隨出，民心未之國家之守離矣。始也誤委三鎮，而兩河諸城愕以死而同拒，太原之師猶力竭而就擒。建炎嗣統，獨已失者河東耳，其他固在也。大臣怯懦，不能嘗日夜以謀，退卻於是，二年始盡失河北，紹興元年又失京東西，三年又失五路，此非有叛將亂臣據而與我爭衡者也，劉豫乃自女真援立之耳。

黏罕死僞齊廢虜用事厭兵舉數千里之地以還我是不戰而得數
千里地天誘之也然一旦兀朮背盟苦戰則所爲分畫者幾江以北
淮以南而我亦莫敢較焉至顏亮屠殘北方潰亂歸義之民處處屯
聚京東西秦鳳熙河州縣相次而復中國之威燕幾振矣然宰輔無
狀踵失策繼舊盟卒亦黽俛割四要郡畀之徒使中原遺黎飲泣內
恨絕望於我矣我不能守則民雖不爲變而終以分裂我不能守則
地雖嘗已得而終以失之其故豈有他哉始慮事之不盡而其患至
此也慮事不盡使百七十載之天下不因民之怨叛而直失其太半
隘處江浙以爲南北之成形六十年矣嗟夫是已往之事不可追而
悔者也方來之慮不盡則天下之患又將有甚於此豈可坐而講堯
舜三代之舊洋洋焉熙熙焉而不思夷夏之分不辨逆順之理不立
讐恥之義一切聽其爲南北之成形以與宋齊梁陳並稱而已者乎

成敗靡息也得失反覆也何常之有慮不盡則昔之天下雖大而不
能守慮之盡則今之天下豈惟能守之而反可以取之矣故以一取
百帝王之慮也以一取十霸強之慮也以一取一必至之慮也加以
思夷夏之分辨逆順之理立讐恥之義又取吾之所失而非冒彼之
所得也愈於必至之慮也夫以一取百以一取十其難明矣然取之
者慮之盡也以一取一其易明矣然不取之者慮之不盡也今將盡
天下而慮之而後以一取一者可得而見彼亦可以泛辭舉未可以
偏說定不可以遠事言也其二曰不盡天下之慮而終失天下之大
計此最大事未可不極論也古之所謂忠臣賢士者竭力以行其所
知言欲少行欲多言之若艱行之必勵故人莫敢多言而精於力行
今世議論勝而用力寡大則制策小則科舉高出唐虞下陋秦漢傳
心牽連皆取則於華辭耳非當世之要言也雖有精微深博之論務

使天下之義理不可踰越然亦空言也蓋一代之好尚既如此矣豈
能盡天下之慮乎有大利必有大害爲國者不敢專大利而分受其
大害以人參之使其害消昔之帝王莫不然國家因唐五代之極弊收
斂藩鎮權歸於上一兵之籍一財之源一地之守皆人主自爲之也
欲專大利而無受其大害遂廢人而用法廢官而用吏禁防纖悉特
與古異而威柄最爲不分雖然豈有是哉故人才衰乏外削中弱以
天下之大而畏人是一代之法度又有以使之矣宜其不能盡天下
之慮也自趙元昊反重之遼人求關南地天下之士始稍憤發深思
遠慮以爲之說然而內膽好尚之多言外狃法度之自利未能得其
中也不幸熙寧改法之事起自是以迄於宣和之末靖康之初士大
夫爭法之新舊辨黨之邪正鼓爲烈焰漲爲洪流而已過此何暇言
之是又熙豐以來困於世故之紛更而不能盡天下之慮也靖康之

難至痛極憤此上下深謀不知寒暑寢食之時也而苟目前忘大辱
者爲南自南北自北之論視宗廟君父之讐如疥癬之在身忍而不
搔無害也明示禍福以劫脅衣冠舉俛首而奉虜故二十餘年未有
出思慮於飲食刀筆之外者況其遠者乎是又紹興以來爲小人之
所挾制而不能盡天下之慮也陛下總權綱執樞要責功能課勤怠
崇實用退虛名審於改塞謹於遷敘破流品以求人才右武官以率
勇敢天下靡然知上意而承之矣然而懷欲爲之心者以無所施而
消縮負安作之累者以有所托而回吝利惟謀新害不改舊取民者
已困矣猶以爲仁政趨事者已弊矣猶以爲良法國無駿功常道先
畏士無奇節常心先壞俗衰時迫誰與謀長是又隆興以來未能盡
天下之慮也自非深觀遠覽遍知前失而不諱堅忍強力獨行所難
而不惑當爲則爲毋以爲昔未嘗有當改則改毋以爲今方備用除

百年之宿憤。開興王之大道。抃歲月之暴積。求日新之功效。明發講慨。同於飢渴。焉能盡天下而慮之乎。故臣願條列前後之源流。疏陳當今之本務。成敗得失。皎然而不亂。所以佐聰明之一二者也。

適又上親征論曰。將求今世之實謀。必先息今世之虛論。虛論有二。曰親征。二曰待時。何謂親征。天下方有事。君臣不得安寧。以身臨於矢葦。哭傷危苦而後定。蓋常事耳。太祖太宗未嘗不自總戎。眞宗之初固已幸大名矣。澶淵之役。於時頗有異論。傳者以為王欽若請之江南。陳堯叟請之蜀。寇準決策邑從渡河。六師驩動。用命。王超覽於滸。天而契丹請和。自此而上下始以親征為秘策矣。且契丹自岐叢以來。無歲不待志。大名澶淵之役。大將擁兵閉城而不敢出。契丹鼓兵行入無人之境。撻覽第偶死耳。其約和金幣之力耳。豈可謂將士惧不用命。必待人主親履行陣。然後可以為功哉。使寇準以此自衒。

可謂無識之甚者。而虛論既成。當靖康中。亦有謂當如眞宗故事親征者。亦有謂今日強弱異勢。不可復用親征者。建炎間深入兩浙諮興。初趙鼎田建康。而劉豫遁去。於是論者眞以為前日之所以屢敗者。為不親征耳。一親征而虜退舍。故秦檜二十年之和。而或之罪秦檜者。非能知其所以不和之說也。意在親征而已。亮氏之來。而光堯又嘗一出建康。雖名為勞師。其實亦用親征也。故陛下初即位。亦嘗下勞師親征之詔。其後以約和而止。夫今日之為謬論者曰久和好也。以苟安而已。甚不以苟安為正論者。問其說則曰。親征而已矣。嗚呼。謀國如是殆矣。兵強可也。財富可也。將能而禽敵可也。若此者。分實明。紀綱正。法度修。君臣上下一心同力以致之。有也。豈親征可以致之哉。百不一講。而委人主以臨危事。曰天子所存。兵無不勝。書生之虛論。未見危於此。父而不能覺。則利害之定形。不可決也。

適又上息虛論曰。何謂待時。此今論者所常以為言也。夫時有未可而待其至。昔之謀國皆如此。而今之所言特似之而非也。越之報吳也。范蠡文種以必在二十年之外。而二十年之內句踐欲不忍其憤而一決。則二人者出死力以止之。至其成功也。果在於二十年之外。此豈非所謂待時者耶。然二十年之內。越人日夜之所為。皆報吳之具也。故時未至則不動。時至則動而滅吳。若二十年之內無所為。而欲待時於二十年之外。可乎。自古兩敵之爭。高者脩德行政。下者蓄力運謀。皆有素治之術。先定之形。然必順其時而因勢之可為。則勝。逆時而求以自為則敗。若此者曰待時可也。陛下二十餘年之間。接手光堯二十餘年之事。聞待時之論而行待時之說熟矣。待時之說。時而為乘機。此群臣之欺大事。而誤陛下以自寬也。亮氏斃殞北方。諸命女眞亂離。其時豈不至耶。及陛下按甲兵而休之。玉帛交使。

由乾道元年以迄今日。不知何時可待而何機可乘乎。時若是之久而當待。機若是之遠而未可乘。則昔之所謂蔑陝隋唐多事之時。所以奮起而立功名者。豈必若是之泯泯默默。使少壯至於耆老而終不見耶。蓋待時之虛論。其誤天下國家審矣。臣請次今日之論。時自我為之。則不可以有所待也。機自我發之。則不可以有所乘也。不為則無時矣。何待。不發則無機矣。何乘。陛下姑自為其時而後自待之。毋使群臣相倚相背。徒玩歲月。前者既去。後者復來。不過如此而已也。昔之為國者。兩敵相形而時出焉。極遠者數年。而近者不終日。其君臣起而從時。每患其迫促而不及待。不患其悠遠而不可待也。悠遠而不可待。未有甚於今日也。若此者非眞有可待之時也。乃姑為待時之說而已。

適又上實謀論曰。何謂求今世之實謀。今壤地半天下。兼三國之吳蜀比南北之宋齊楳又財利之淵也。北方地雖敵半。計其賦入十分之二三耳。地大財富是以自為也。然而五六十年不足以自為而聽所為於虜者則有故焉。蓋自昔之所患者財不多也。而今以多為累。自昔之所患者兵不多也。而今以多為累。自昔之所患者法度疏闊也。而今以密為累。自昔之所患者紀綱分離也。而今以專為累。姑請言四事之最急者。今天下之財其為緡錢者茶鹽榷貨以二千四百萬矣。經總制以千五百萬矣。上供和買折帛以千餘萬矣。又別計四川之錢引以三千三百餘萬矣。古無有也。不特古無有也。宣和以前無有也。是財多也。為用之亦如是。其多今略計戶部之經費為千五百餘萬。此祖宗盛時一倍之用也。至於以六千餘萬供四屯駐之兵。此開闢以來所未有也。故財以多為累而至於竭。今天下之兵惟其在內之三衙。各曰宿衛京師。是其雖可議而猶不可廢也。四屯駐之

大軍何其多也。諸州之廂兵禁兵土兵。又有小小控扼所屯之兵。併兵之數。亦且百萬。亦古所無有也。雖然大則歷數十歲與虜人和親而不敢闢一日之兵也。小則草竊窮寇數百人忽而不能制。又古所未見也。故兵以多為累而至於弱。今內外上下一事之小一罪之擿皆先有法以待之。極一世之人志慮之所周浹。忽得一智自以為甚奇。而法固已備之矣。是法之密也。雖然人之才不獲盡。人之志不獲伸。昏然俛首。一聽於法度。而事功日隳。風俗日壞。貧民愈無告。姦人愈得志。此上下之所同患。而臣不敢誣也。故法度以密為累而治道不舉。自今邊徼犬牙萬里之遠。皆上所自制命。一郡之內。兵一官也。財一官也。彼監此臨。互有統屬。各有司存。推之一路猶是也。故萬里之遠。嚬伸動息上皆知之。是紀綱之專也。雖然無所分畫則無所寄任。天下泛泛焉而已。百年之憂。一朝之患。皆上所獨當。而群臣不與

也。夫萬里之遠。皆上所制命。則上誠利矣。百年之憂。一朝之患。皆上所獨當。而其害如之何。此夷狄所以憑陵而莫禦。讐恥所以最甚而莫報也。故紀綱以專為患。而至於國威不立。陛下雖朝思夕慮。溥滋味。遠聲色。躬攬明通。欲有所為而終不可為者。四事之累也。然則奈何。財以多為累。則莫若少之。故四總領為戶部之害。經總制折帛錢為諸州之害。板帳月椿為諸縣之害。則不可以不更也。兵以多為累。則莫若少之。故四屯駐大軍耗總領之財。諸廂禁土兵耗諸州縣之財計則不可以不更也。法度以密為累。則莫若疎之。故兵財民政分任而不一者不可以不更也。紀綱以專為累。則莫若分之。故四邊無所付於無郛郭則內無堂室。故處不可以守。出不可以取者。不可以不更也。更之則慰民心。蘇民力。解纏起痼。興滯補弊則一二年之間。可以抗首出北。而取北之虞在掌握矣。然非先盡其害則不能得其利。害

盡去。則利見矣。故四者之害。又當條列而言之於後。使知害者盡。則去害者眾。去害誠眾。則有可言之利矣。故言其所以為利者。又在於條列四害之後也。

適又論紀綱。其一曰。紀綱法度一事也。法度其細也。紀綱其大也。古人之為國。豈能盡正。蓋或得其大。或得其細。有失其一。必得其一。若細大俱失。而欲頫文細故以維持其國家。可靜而不可動。易亟辱而難尊榮。則本朝之事是已。雖然法度之失未至如紀綱之失。此古人之所甚諱也。自堯舜以來。外有岳牧。內有九官。一以制度頒以文告。覲以巡狩。誅僇雖國異家殊。莫有敢不相率而朝者。治兵如治刑。治夷狄如治中國。此唐虞夏商之紀綱也。至周參以宗室。維以功臣。其制加密矣。秦則破壞封建而為郡縣。削弱黔首。禁制將相。自天子以外。無尺寸之權。一尊京師。而威服天下。是時北胡亦始合為一國。則

築長城以限隔之。重緣邊之兵。攘郤其要地。而匈奴遯迹。自是不敢爭衡。然人主恣睢太甚。而下不堪命。不旋踵而敗亡。後世皆以秦之紀綱為失。雖然。秦之紀綱則誠失也。然而以強為失。而不以弱為失。以大為失。而不以小為失。夫強大之勢易為也。秦特不知為而已。亦未可以深罪秦也。漢因秦制。二邊各自備。內郡專刑賞。丞相御史雖統攝天下。刺史司隸雖督察郡國。而守相皆得自為兵。其兵也民。其民也財。其財也。極其所治無不可者。有進而授首。無迯而掣肘。兩漢之治。所以獨過於後世者。豈非其操之簡而制之要哉。當其盛時。攘夷闢地。至數千里。至其衰也。尚能係服單于而臣妾之。豈夫蹙縮九陽之論所可疵病其失哉。此漢之紀綱也。三國分裂。雖科禁嚴密。民無所措手足。本不足以言治。然邊方鼎立。彼此窺伺。一有蹉跌。而禍敗隨之。其所以皆自立於寡覆喪亂之餘。不可動搖者。豈非其分人

以地。任人以兵。功有所望。罪有所歸。截然自用而不相拘制哉。西晉使外制內。以成諸胡之亂。及其征鎮固守。以忠義相獎激。虛聲遺號猶為一統海內之具。至王導為東晉重上流之柄。壯揚州之勢。石勒符堅皆竭天下之力。無歲不戰。而晉卒賴以立。其後北則魏晉周隋。南則宋齊梁陳皆循用之。是則紀綱之所在。患乎授任之非人。而不以人為不當授任。患乎分畫之無地。而不以地為不當分畫。患乎外敵。而不患乎內侮。其事蓋昭然矣。唐用周隋府兵之法。揀擇天下之民。聚為強兵。內則諸衛將軍。外則節度總管。四夷臣屬。萬里請命。雖常困於征伐。而唐之威令又過於漢矣。州郡削小。分置益多。而辟置生殺之權。視前世皆已稍損。至於中年。邊將權重。遂成末大之患。無以抗之。而內地亦皆裂為藩鎮。殽雜混并。不分緩急。不辨內外。百世相承之紀綱。由此墜失。卒至五代。以成本朝懲創之說。而紀綱不可

復振矣。其二曰。唐之中世。既失其紀綱。而藩鎮橫。及其後也。藩鎮復不能自有其威令。而士卒驕。五代之亂。帝王屢易者。非藩鎮也。士卒也。雖然藩鎮尸士卒之上。而士卒依藩鎮以為名。見者不察。而以為其患專在於藩鎮。藝祖思靖天下。以為不削節度。則其禍不息。於是始置通判以監統刺史。而分其柄。命文臣權知州事。使名若不正任。若不久者。以輕其權。監當治榷稅。都監總兵戎。而太守者塊然徒管空城。受詞訴而已。諸鎮皆束手請命。歸老宿衛。昔日節度之害盡去。而四方萬里之遠。奉尊京師。文符朝下。期會夕報。伸縮緩急。皆在朝廷矣。其時契丹強盛。太原未服。西有諸戎之遺種。所以備守之者。猶倚邊將。至太宗則又漸收之。雖邊庭亦如內地矣。蓋民困於唐末五代之久亂。一日能使強藩悍將退聽。而天下安息。安得不自以為制馭宇宙之要譜。遵用而不易哉。雖然。為天下之紀綱。則固有常道。譬

如一家。藩籬垣墉。所以為固也。堂奧寢處。所以為安也。固外者宜堅。安內者宜柔。使外亦如內之柔。不可為也。唐失其道。化內地為藩鎮。內外皆堅。而人主不能自安。本朝反其弊。使內外皆柔。雖欲自安。而有大不可安者焉。故自端拱雍熙以後。契丹日擾。河北山東無寧居。李繼遷叛命。四方不解甲。諸將不能自奮於一戰者。權任重而法制密。從中制外。而有所不行也。咸平之末。真宗幸大名。傅潛王超以畏懦敗北。王繼忠以輕進被擒。景德初。親幸澶淵。幸而迄成和議。不然。用當日之規畫。而欲久與勇校。犯闕之危。未俟靖康而後見矣。夫恃虜之已和。而苟天下之無事。割西方以封殖趙德明。至其治具。則日密。法令則日煩。禁防束縛日不可動。爵祿恩意豢養群臣。狃於區區文墨之中。於僥倖之習勝。而志氣日銷削。節義日隳敗矣。論者或非之。其追言太祖之事。如姚內斌董遵誨郭進馮繼業之流。皆守一

郡官卑兵少然而豐財厚祿久任責成遂聲無虞而太祖能以其力內平僭偽蓋雄略如此而竊歎後之不能不知此固昔者為國之本然襄以懲創五季大甚之故削損已多隄防已嚴此特其未能去者而至其後則盡去之耳自景德以後王旦王欽若以歌誦功德撰次符瑞為上下之意以為守邦之大猷當百世而不變蓋古人之未至而今世之獨得也奚暇他議哉紀綱之失猶其粗者耳併與人材皆壞人之智慮不能自出於繩約之內歷考載籍非不燦然明備而皆未有能援昔以證今者但於煩文細故加增之使不可復脫而已此豈不為大可殺哉其三曰天下之弱勢歷數古人之為國無甚於本朝者真宗之末仁宗之初契丹守和約者三十八年趙德明亦三十年文恬武嬉舞蹈太平不見其為弱也及元昊始叛章得象之徒猶積其小醜欲剪滅之至論必於不赦既而屢出屢敗潼關以西人無

固志而契丹遂據兵境上以邀索周世宗故地使富弼重為解之然後乃已於是形勢大屈而天下皆悟其為弱證矣仁宗亦慨然思欲整治用弼與范仲淹韓琦為兩府論議前郤施行舛謬小人交鬬其間三人遂去而前規故習遂不可破當時議者以為三人不能循致治功而欲歲月成天下之事其意太銳故至於此嗟乎此三人者正坐不能以歲月成天下耳弼與琦相繼當國其懲前之禍愈深而循致之說愈用矣雖然循致者卒不能有所致也弼相四年琦相七年所循致者何事哉於是財用耗乏人才頹弛天下既弊愈甚而士以虛名相高故王安石佐神宗欲一反之而安石不知其為患在於紀綱內外之間分畫委任之異而以為在於兵之不強財之不多也使安石知之正其紀綱明其內外分畫委任而責成功然後取賦斂之煩者削之本學校隆經術以新美天下豈復有洶洶之論不惟無成

而反有所喪乎以神宗之厲志有為終於舉措衡決變法則為傷民開邊則為生事力圖靈武連以失利亦悔用兵之無益者不知改弱勢而為強勢而欲因弱勢以為強勢也夫改之與因由始論之一言之殊耳及其力行堅執乃成黨錮更紹聖崇寧而天下大病凡青苗凡保甲凡兵財之政所謂欲因弱勢以為強勢者至宣和末年掃地無有昔日弱勢之可守者又皆廢壞而其弱勢之不可反者遂為膏肓不可療之危疾雖分四總管以固捍禦委長安建康之守以募勤王天下氷解雲散一城一池劫制於虜而號令不能及矣當是之時割地以與人使自為守猶且不可況能自守而禁人也哉然則本朝之規畫其始終本末之際蓋可覩矣自周德威失榆關之險繼以雲中燕山兩道歸於契丹虜在長城之內而大河以北已有不可守之勢為天下者不按九州之圖籍略其四旁規其中央左顧右望以盡

天下之大形堅外柔內分畫委任群臣合力功罪有歸以正天下之常勢第因其所有捲絕前後而欲以人主之一力守之豈可得乎此天下之患所以二百年而常在論今天下之事所以窮數十百萬言而不能決也其四曰建炎初載李綱用事議分京東河北用唐藩鎮之法使自守其地諸道各置要郡次要郡以一兵馬之權綱所措畫則已陋矣括馬斂財騷動天下議者蠭起不得捉躂卒以遂去於是汪伯彥黃潛善無所施為以為稍徙近南安常守舊命使祈請自是以苟延歲月既而有維揚之禍蒼遑奔走東極海嶠始委張浚以川陝而宣撫處置之名立焉便宜行事之命出焉范宗尹相繼建請而江淮亦各分裂為鎮撫使于時盜賊充斥偽齊擁挾虜人連兵內向上流又置鎮撫大使文武參用犬牙相維復遣執政督視以一威望從臣任疎遠兼關陝然節制諸將保有全蜀張俊韓世忠岳飛亦次

第平殄群寇。江左所以粗定，而虜肯和者，亦任人之效也。雖然，分畫無法，寄任不專。張浚、趙鼎，汎然於事機之會，言戰不敢，請和不欲，贊日累月，師老糧匱，上下厭倦，而秦檜以為權不可外假，兵柄不可與人。故屈意俯首，唯虜所命，以就和約，廢誅諸將，竄逐名士，使兵一歸於御前，督府結局，收還便宜，使州郡復承平之常制。檜方矜其功伐，自此趙普以為經國之長算，莫能及也。且祖宗之天下，無故而失其太半，遭劫之讐，百世不可忘矣。乃以撫定江左為大功，何哉？戊申至辛巳二十年矣，女真一旦出不遜語，聞於殿陛，朝野喧然，拱手無措，相對駭愕，無可為者，而葉義問、汪澈出矣。及陛下嗣服以來，張浚總統於江淮，虞允文、王炎之屬相繼宣撫於漢中，蓋四五十年，時用分畫之法，稍以事權付託臣下，為國之紀綱，終不可廢者，亦已粗見於此。然而不明其地，則不可以任其人；不任其人，則不可以要其功。內

奏議卷之九十六　十七

治不定，則夫仇讐者誰與謀之？今百計裒取，竭東南之力以供餽四駐劄者，而兵不知用，因任舊將之子弟部曲，以夾待為統帥，而將不知兵。除授更易，一出內庭，報發承受，名為機密，而大臣不聞。諸州禁兵，零細纖弱，專使路鈐教閱訓練，而守臣不預。防遏內江，虛徼沿淮，紀綱所存，錯繆無序。然則有民誰治？有兵誰用？有地誰守？歲遷月易，孰為可見之效？而陛下規恢之圖，終將邑邑不試而已乎？天下非可以私智為也，方略非可以私術驗也。勝敗興廢，古今一塗轍而已。唯本朝之論，則欲私為而私驗之，是以頹弊委靡，至於今日而莫曉其故。此臣之所謂必盡知天下之害，而後能盡天下之利也。

適又上終論其一二曰：今天下之大害，其膠固而不能解，攣縮而不能伸，宿患積蠹，臣已盡言之矣。解之伸之，豈無其道乎？陛下始初出令，必有以大慰天下之心，必先罷去經總制錢之半。今州縣睽睽，不能安息，人之精力消耗殫竭，不可復有所為者，盡坐此錢而已。罷去其半，稍稍蘇息天下。然後州縣之月樁板帳罷矣。然後民之頭子麼寨、勘合牙契之類皆寬減矣。然後罷和買，罷折帛。和買折帛罷，則民所謂不正之斂皆無矣。三者罷而天下之心慰，喜溢之。然則國用所取給，臣以為二年之後，分畫既定，則朝廷之經費比今日必十去其五六。所罷者已以當之有餘，而二年之前則未也。陛下會計二年所罷之費為六千萬緡，盡斥內帑封樁以補助之。夫此內帑封樁者，以之罷減三者之苛斂，而以代戶部四總領之用，度其明德光耀，新美觀聽。自兩漢以來，未有此舉動也。然則求此以革去朝廷百年之宿弊，無不可者。以之減進士入官可也，以之減任子入官可也，以之破資格可也，以之重銓選可也，以之廢吏胥可也。百年以來，世論所謂動衆而名亂，惴惴然不敢舉。如臣所言之害者，今皆並舉而為之無難

奏議卷之九十六　十八

也。如此，則朝廷清矣。然後分兩淮、江南、荊湖、四川為四鎮，以今駐劄之兵各以委之。所謂四鎮者，非盡舉此百餘郡地以植立之也。於中各割屬數州，使兵民財賦皆得自用，而朝廷不加問焉。餘則各屬之而已，而又專擇其人，以各自治其一州。所謂兵民財賦皆得自用，則朝廷平日所置四總領餽其軍輸者，二年之後皆可無復興。彼以數州之財，足以養之矣。如此則彼之任專，吾之費輕矣。雖然，以兵與人，以地與人，此今日異常之大事。然其為之不驚世，不動衆。陛下一日命之則成矣，成則久，久則安之以為常。然若此者，內以朞月之內盡去民之所患苦，外以二年之外兵厲士奮，可用之於死，而大功可舉矣。陛下不惜財，不吝權，念吾之所大欲者，解膠固，伸攣縮，易於舉動，果於責成，以立大功而已，則減輕總制、和買折帛以先慰天下之心，而後朝廷所謂煩密不可變之法度者盡變之，以共由於疏通明達

之壘矣分江淮川蜀之地與之兵民財賦以重人臣之任而後朝廷所謂專閫不可分之紀綱者盡分之以各合於外堅中柔之術矣若此者兼兩漢之長而不襲兩漢之失待之以成功而終之以禮樂則三王之治不難進也雖然為此者官非難也而士為難士非難也而民為難民非難也而兵之為難誠今世之大弊也圖兵之難若定則天下之利盡矣其二曰致今日之治無他道上寬朝廷下寬州縣而已竭朝廷之力使不得寬者四駐劄之兵也竭州縣之力使不得寬者廂禁軍弓手土兵也然則何以治四駐劄之兵而寬朝廷今既減經總制罷和買折帛蠲之折估青草而內出二年之費以供餽四總領矣宜任四人者自郡守為統制召舊帥歸宿衛銷考其隱冒乾沒請給不盡及軍人之賦斂而治之然後俾四人者一聽其所為而吾無問焉所問者欲精其軍使各不過三四萬吾欲用士之鋭而不併

富其家小夫厲士而養之將用之於死地以求勝也乃為之立家是兵為民也古者民為兵今者兵為民宜其消惰孱弱而不可制也昔者之論曰欲一當百又曰欲一當十夫百十何可當也姑得以一當一則精兵也夫一人得一人之用則固已十四五萬人矣用之必死誰敢敵者女真之來南也雜以奚契丹勃海漢兒前纔五六萬後亦不滿十萬而已夫用兵者用其氣也多兵以自困氣先索耳吾之所問者如此又有所問更其敝政行其新令吾欲其無譁無動以毀於亂若此者在用人而已各與之數州地使自食而餘州得寬焉此二年之內所得為而二年之外收其効者也若是則朝廷寬矣然則何以治廂禁軍弓手土兵而寬州縣宜先標一二十州界之使散雜役之廂軍今之廂軍盡隸官下無在營者併與之以一二年之衣糧使各自為其子本以權給之而州無復給又散禁軍夫廂軍可散也禁

軍散且為亂柰何曰禁軍之可畏者為有以禁切州郡使不得私役且上教故也今不上教散而雜役如廂軍焉彼欣然自幸耳然則散禁軍如散廂軍弓手之費稍輕土軍差少不急散也久將稍盡要以必散而止夫廂禁土兵弓手皆散何以守其地自三等以上籍其家一人以為兵蠲其稅役大州二千人而止下州八百人而止州縣各為之所將校率用其人秋冬而教春夏則否有警呼召不用常法然其為兵也必在州縣四方三十里之近家者此三四年之內所得為而三四年之外收其效者也若是則州縣寬矣朝廷寬則凡所以取州縣者皆不用而食租稅之正矣州縣寬則凡所以取民者皆不用而斂租稅之正矣且又非特此也朝廷寬則群臣有暇而人材多矣不若今之乏也州縣寬則民有暇而善良多矣不若今之薄也上多人材下多良民兵省而精費省而富五年之內二年之外合其氣勢

用其鋒鋭義聲昭布奇策並出不用以滅虜而何所用哉雖然為此者無他也力行而已按其歲月在乎二年之外五年之內今日行此事去此敝某日此弊去此效見效不見則易其人加之意而必行之以日月計而實效致矣其三曰臣前所論者皆國門內事也夫門外事難論也自陛下嗣位以來士大夫莫敢有言及門之外者陛下嗣位以後始爭以門外事為言幾成俗矣言門外事既孟浪茫廣多虛寡要而門內事皆不及知故臣欲先盡門之內而及門之外今其將帥不知主名控禦不知地利則指事而言者妄矣臣請先論女真之始所以得者蓋每恠士大夫過於譽虜而甘為伏弱者何也其譽之也謂阿骨打黏罕兀朮三人者夷狄之雄傑皆古所無有故本朝之被禍最深此大妄也阿骨打豪其部中延禧煩擾既過不堪因執起而自叛此亦常理也不幸延禧政亂米普交鋒輒以敗亡女真者爾

其兵，食其糧，取其遺戈委甲，而因收其土地，被廉逃遁，而坐獲其國都。而謂阿骨打之雄傑，如石勒、慕容雋之流，以智力百戰，屢僨屢起，卒以得之可乎？阿骨打死，吳乞買立，不能主令，而斡离不、粘罕分之。其後兀术來江南，三酋者之奮，而我之所以布陣立敵而復不勝者，何故也？自其始入，而吾國已空，千里無當之者矣。彼蕩然而來也，夫未嘗與之戰而敗，則粘罕、兀术何以能獨過於古之諸胡，而遂取吾之中原如是其酷哉？蓋吾上下之人，莫有用命，拱手譽虜，甘為伏弱，而至此耳。且彼之所欲必得者，河北、河東耳。山東、河南之地，先以與張邦昌，後以與劉豫，又後以歸我。張邦昌不敢抗，而吾不能守也，退而遷維揚。劉豫見廢以歸我，而吾不能守也，退而割江北、淮南耳。彼眞見吾之不能守也，然後取而據之，然至今日猶有不自安之心焉。夫過於譽虜而不能自守，當其始也，乍見駭聞，倉皇擾攘，容有此論矣。今安定久矣，然而譽之不已，何也？故譽彼之兵則精銳，而吾則疲弱，然則何不易吾之疲弱，而譽彼之精銳何也？譽彼之威令則明信，而吾則玩侮，然則何不易吾之玩侮，而譽彼之威信何也？譽彼之規畫則審當，而吾則苟簡，然則何不易吾之苟簡，而譽彼之審當何也？譽虜以脅國人，而因為偷安竊祿之計，此風俗不忠之大，而無有知者。方靖康艱難時，唯宗澤不平此論。如澤者，未足以論古之立功立事者，然使澤得用，二聖不終北狩矣，固可一戰而敗也。蓋天下之禍，有大可痛者，不戰而敗，不守而亡，此則自古以來未見有如靖康者矣。不追議此而為可以戰、可以守之事，反謂自古未有如三酋之雄豪者，臣謂此論亦自古所未有。天地之理，久鬱不伸，必有待於陛下也。夫粘罕與斡离不同出，而獨圍太原者一年，既破都城，盡取中國之輜重，徐行而去。兀术生長極北，夢寐不知江湖舟楫為何物也，空

行問津，至於四明而後返。使古之兵法皆盡廢而不可用，則彼之雄傑誠若可信矣；使兵猶有法，則彼之所為，乃喪心失靈、狂惑而求死者也。何乃譽喪心失靈、狂惑求死之人，以為古之雄傑皆莫過也哉？

其四曰：請言女真所以守之者。夫阿骨打、粘罕皆生於東北窮小之遠夷，非素有兼天下之志也。契丹久安而政悖，一朝起於不顧死命之中，屢敗遼人。楊朴者因教以稱帝改元，至盡併契丹，而燕人為之用，及郭藥師導以犯闕，其後遂破都城而據中原。蓋昔之所謂劉、石、鮮卑、氐、羌，皆嘗生長中國，奮其雄心，公起窺伺；而粘罕、兀术本無其志也，特以敢於決鬬，而二國皆自莫敢較。其故臣亡虜相與為之立其國家，文法制度，參以本朝及遼之大略，繁劉韋制，若乃聚重兵，邊堅城，衣食嗜好，極於精善，非復戎虜之本質矣。始者我以二聖顯仁之故，使命百請，以講和好，驕不見從。鄜瓊之叛，擁全衆以歸劉豫，虜疑有間，且合從困彼也，遂急廢之，以河南、關陝來而罷兵。兀术再出，大敗於順昌、柘皋，始稍懼我，而盟約遂定。且以女真種落而兼中原，契丹為之主，其勢不順，其心不服，而保守至今六十餘年者，以中原積怯懦不自振之氣，且無有為天下倡者，雖或倡之，而居文法牽制之地，亦決不能堅壁而窮鬬故也。自紹興十一年以後，不惟我之所欲者專在和好，而女真之族類亦皆以和為利。亮氏弒君殺母，志平區夏，移都舊汴，南臨江淮，鼓聲所震，水波騰湧，然發之未幾，而今酋自立於後矣。方變昔日之君臣而為敵國，又嘗聲以還故疆為言。泛成大之使，湯邦彥之使，中間屢較禮文矣。自其向者平視我師，投袂賈勇，及此閑隙之以取怨，而虜卒不動。今歲退入其穴，傳聞多端，難可信據，然而上京蕭條，從行死喪，戀燕之樂，既而復返，此不可誣也。然則女真失其故部與契丹之地，而以燕為家，其君臣上下文法制

度。所以守其國者皆以中國為法。而又類和而不類戰喜静而惡動是雖六十年積累之久。而與此二國之人終非有手足肺腑之託也。其與劉石鮮卑氐羌之勍對不侔也明矣。然則其事在一大戰而勝之耳。夫一大戰而勝虜之心攝不復留中原。當以燕為固耳。吾之始一大戰而勝其求中原也固易。及其終於勝而不可禦使併燕得之此則難矣。雖然事豈有不難而後成也哉。今姑未言其終於勝而不可禦者。姑求其一大戰而勝之之道焉。勝之之道盡去吾之弊政。用必死之師。必死之將必死之士。決壞二百年糜爛不可通之說。眞以必死敵之則勝矣。若今世之言兵。出其策。張其陣。用其人以奇立功者豈可賴哉。在以實勝虛。以志勝氣。以力勝口而已矣。其五曰。請言前日之所以誤為恢復者。趙鼎書生。自附於問學收拾文義之遺說。與其一時士大夫共為貴中國賤夷狄之論。此說春秋者所嘗講也。不可以為不美。雖然中國之不可以徒貴。夷狄之不可以徒賤也。所謂女真者豈口舌講論析理精微之所能致耶。張浚之始用也。少年狂踈。忠信未足以感士。智勇未足以服人。蹙迫強項玩命之將。一舉而失關陝。蜀之全者幸耳。鼎既泛然於事機之間。不戰不守。虜來則進而拒。名曰親征。虜去則退而安。名曰駐蹕。而浚尤為無統。先尭四顧無所倚伏。以言孝思之迫切。則祐陵之梓宮未歸。顯仁之鑾輅未返以言闖功之救寧。則治兵講武不休。而漢虜之分決迄無期度。於是秦檜南自南。北自北之論衡入其中。堅不可破。而鼎與浚均逐矣。及孚紹興之末。檜死虜動。而隆興之初。浚專以恢復之說自任。號名天下。名為忠義自喜者和而從之。其實無措手足之地。聚兵淮上。則祖述范仲奄之舊說。欲與虜帥往返以定和議。為兩國生靈請命。一則欲結合北方大姓故家。契丹遺種相率響應。以誅大功。至其一取符

離。師徒潰散。人情摧沮。異論交興。而湯思退王之望尹穡力主割地以盟。而中原再失望矣。浚不成而敗事。及其招徠歸正歸明之人。散滿內地。窮困州縣。冗雜銓部。至今無根柢者。上書論事自謂能知虜情畫策出奇以干差遣而度歲月者。大抵皆浚所為也。蓋浚與鼎乃前日言恢復者之首。而其方略可考矣。昔者南北兩立。南欲反城而歸北。北欲奪地而來南。無義之人。志念不靖。亦始不如此。為將帥者謟致之而不敢絕。豈眞以此為立功實驗哉。今南北雖復為兩立之勢。而北本吾故都。故南之思北也迫。而北之望南也多。大姓舊家常思歸川一日。其理必然。無足怪者。特患吾威不立。而戰不勝耳。威立而戰勝。可使中原之士奮挺逐虜而迎我。然吾之真能恢復者不專在此況於契丹遺種豈可誘致。此與童貫用郭藥師伐燕拒女真何異耶。浚少年為將相。困躓白首。忠義不衰。而其所經畫者止於如此。先尭聖訓謂浚終不可用。豈非知人之明哉。今鄉曲之楊士志在邀利取寵。得取浚門下已陳之說。更互藩飾以為北方之事可策。而國信小吏以土物相饋遺。竊問廝養。而謂得虜密事。以相衒耀。沿淮守臣思為進用。討布心腹於䠊河之曹。越淮未幾。撰造虛事。以為間探之明若此者紛然繼踵。而恢復之說遂與舉子習程文以媒課試者無異。而國事眞無所考據矣。願陛下一掃盡去。勿留聖思。力行今日之實要。以實勝虛。以志勝氣。以力勝口。用必死之師。必死之將。必死之士。以二年之外。五年之內。責其成功可也。其六曰。請論今之所當分畫者虜以得中原為守。而不以備我為守。其戰妄進而已。其守嚴兵而已。昔人南北對壘之形。彼不及也。我無對壘之勢故也。然而吾以其無對壘之形而戰則欲效彼之妄進。守亦欲效彼之嚴兵。是所謂無對壘之勢者也。符離之戰是妄進也。雖使得宿得亳得徐。遂至汴郊將

何為乎。彼之所以由淮而安進者。明我之不敢耳。而我亦效之。何哉駐劄之軍。是嚴兵也。不度其必守而宿兵焉。宿兵於無用之地。將何為乎。故我之當進而置兵者四。興元一也。襄陽一也。合淝一也。泝海制置司一也。我之當守而置兵者二。建康一也。鄂州一也。當進而置兵。其必進者二。興元也。襄陽也。其不必進者。則合淝也。泝海制置司也。何謂必進。襄陽之出宛洛。興元之出秦鳳。二者我之所必當有事擾中州。按關隴形勢之冣先。古今之同論。決不可易者也。何謂不必進。從淮以出亳宋。大梁地散而難一。且虜之所必爭也。虜所必爭。吾能拒之。使不可進而安江南之心。其功多而大矣。海奇事也。危道也。其進所以取齊也。使關洛事濟。四方響合。朐山復來。則可用矣。不然則練而待之耳。何謂當守。夫建康鄂州當守也。然為國必分內外。其四外也。其二內也。內之不可不置兵。皆所以安江南也。雖然置兵無

多。必一人得一人之用。則合淝最多也。興元襄陽其次也。建康鄂州又其次也。制置司又其次也。不盡二十萬兵。足以滿之矣。夫謀天下之大事。成天下之大功。非可以攻人之無備。出人之不意也。必有堂堂之陣。正正之旗。攻堅排難之力而後可。我以此進。彼亦以此進。昔者謂彼能而我不能也。今無謂彼能而我不能。故我能彼亦能。盡我之所能以較彼之所能。短長相形。而勝負分矣。一再勝則霸王之資也。夫天下之功難成也。天下之事難謀也。晉宋之間。耀威河南。常事耳。枋頭灞上滑臺虎牢洛陽。皆得至焉。獨其不合天下之勢。所以南北分裂。而南之土地日削。既失蜀。復失淮。復失江北。故隋并陳也。紹興十一年之前。中原之號令猶或可樓。後始截然矣。末年潰亂。而諸將亦或有所至。今也復不能望見襄廬以北。論者方囂然以取中原為希世之事。不知中原雖可得。而北方猶未可圖也。況其不能望見

襄廬之北。而欲坐策中原者乎。陛下宜執分畫之要。謹命帥臣。立為至難不可動之實。以對堂堂之陣正正之旗。生其人之氣勢。而不務出於無備不意。以為立說之觀美。而實不可用。此則今世謀事立功之始也。其七曰。蓋今之所謂分畫者。以一當一。而以一取其一。適得半焉。以蜀當秦。亦以取秦。以荊襄當韓魏。以淮當梁汴。而未取梁汴也。又以泝海制置司不當齊而志取齊焉。如是而長江之內。深入吳越。旁極閩廣。而我之所以為國者。又當在分畫之外。其自守猶為有餘。至於人徒兵械財穀。而我之所以為具者。不待收聚經營而可以自足。則是非必奮於微弱。立於艱危。以小取大。以寡取衆。若昔者越之於吳。燕之於齊也。又非若女眞之於遼與我也。而又中原者我之地。中華者我之名。是則我於一當一一取一之外。又有所謂易焉者。雖然我之所有。亦非彼之所無也。我之所易。亦非彼之所難也。力均

者必以力勝。而我又有所謂難者。自宣和以前。以弱論行弱勢者二十餘年矣。宣和以後。又非止弱而已。我之人氣奪心懾。不能自主其命。而今也抗首奮勢。夫正其綱紀。欲必以二年之外。五年之內。而有大功。天下之人。或以爲笑。或以驚視。或以疑之。或以非之。或以沮之。異論四出。解體不前。且俊人材未嘗素練。識不足以信其志。意不足以行其力。則兵之欲少者未必不激其變。財之欲少者未必不因而之。此必致之勢。而君臣相與之間不能泰然自保以要其成者也。雖然事決有不可不然者。在陛下深信力行而已。蓋昔者其人所行之事。與其人所立之論。尚為不遠。論立於此。若射之有的也。或百步之外。或五十步之外。的必先立。然後挾弓注矢以從之。故弓矢從的。而的非從弓矢也。今日之論。先揣其人之不能行。與其勢之不可行。而論因以立。是引的自近以成射者之無能而已。自東晉王述蔡謨始有竟

時度時之論而商浩諸庾屢諫北方桓温事力尤盛謝安時會寂撓然皆勞民動衆卒無所成亦而敗喪隨之故王述蔡謨之論勝而今世偷惰無能之人竊取其說以疑亂當世所以國威久不振而陛下欲為之志久而無所為也故臣願陛下究觀古今之變盡其利害之情而得其難易之實解膠固仲攣縮先有以慰天下之心天下之人方傾耳張目聳動四顧而莫知陛下之說安從出也然後立堅定之論而講分畫之規警策群臣生其志力以終從陛下之論如射之立的而不使群臣一前一却懷詐飾非以疑沮陛下之所立譬如引的自近以成射者之無能也此天下之大決安危興壞之大端陛下之所先知者也知此者寡則臣雖微且陋得以其說為群臣之倡承望聖意而敷暢於下誅賞可用功罪可分而人材出矣

知桂陽軍陳傅良擬奏事劄子曰自古帝王之興未嘗不因天下之

變或草昧之初或叔季之後皆可以成大功而熙鴻號於無窮載籍所稱創業中興之君是也往者外有方張之虜內有交叛之將關河海岱群盜雲擾光堯太上皇帝崎嶇馬上撫定東南以康世屯以繫國祚遭變之難自古所無而天命復集于宋蓋時無不可為者矣恭惟陛下叡知神武之畧寬仁恭儉之德憂勤惻怛之意自纘丕緒以恢復為己任可謂對天地而不慚質鬼神而無慊者然而遷延稽故至今二紀比者賢士大夫類曰時不可為而以恢復為諱雖臣至愚竊所未喻且隆興用事之臣雖以朴忠竟無成功天下不與其才而與其心乾道用事之臣雖以大言亦無成功天下不與其心而與其名孔子曰必也正名乎今顧以恢復為諱果何名歟論說定則習俗成習俗成則人心不起人心不起則賞刑不足以懲勸是王業往往遂已也孟子以禹抑洪水周公兼夷狄孔子誅亂臣賊子凡以正人

心也聖賢事業以人心為本靖康之禍諸夏陸沉而人不恥君父播遷而人不怨天地易位三光五嶽之氣分裂而人不懼是尚為有人心乎馴至於今晏如平時不念國辱私相恩讐但為身謀患在得喪自非陛下有以再造彝倫一新士氣臣恐此義寖微寖滅或有後憂也方今虜主春秋甚高志不在動庶子嫡孫未知誰立一傳之後必非今日所覩矣以血氣方剛之君一時新進大抵生亳儻無遂暑且有內爭兵端其可禁乎就使虜無動矣以中原萬古衣冠淪為左衽五六十載北不是懷南不能令厭亂思治豈無其人聞之道路河決非常擾及關陝神怒民怨其兆見矣帝有特起伺以待之就使虜無動中原無特起以臣過計千乘萬騎介在東南禮樂庶事比從全盛地氣不能勝民力不能支亦豈子孫萬世帝王之業乎恭惟陛下叡知神武之畧寬仁恭儉之德憂勤惻怛之意宜為中興盛帝顯王而

以人心不起至於憂在子孫臣實未喻孟子曰得百里之地而君之皆能以朝諸侯而有天下未聞以千里畏人者也是在陛下而已臣不勝拳拳

戶部侍郎王之望奏曰臣伏聞金人改圖頗脩舊好遣使叩關將至闕下近陜西偽都統者亦揭牓令其將士毋得交戰以待講解察其上下之意和議甚切蓋和議不定則必有內憂不獨懼我師之致討而已國家以生靈為念固應許其自新其自新有如三事所宜審處一正名分二減幣聘三畫疆界竊料金人之議必出兩端一則欲仍用舊儀更增歲賂而以河南故地盡歸本朝一則欲復請侵疆各守舊境而以契丹故事求為敵國二者皆未可遽從也女真本窮荒小夷貢獻於我海上之盟以契丹之故約為兄弟契丹既滅便尋釁端以宣和為渝盟靖康為失信劫遷二帝淪陷中原聖主中興懷柔備至而狃

於常勝必欲兼并。出力既窮。始適和好。天子不較稱謂。伍已從雄者。正以彊弱之勢尚未敵耳。其後東昏正隆要盟屢變。至敢傾國大舉。直窺濟江。其渝盟信。視我宣和靖康。孰輕孰重。我可以為辭矣。今其立者素非人望。以孱庸之故。得自全於正隆之朝。完顏一宗。誅屠略盡。見在近屬。惟有葛王。僭盜之謀。起於群下。非有受命之符。遇亂之畧也。威福大柄。必在權彊。內外乖爭。覆亡可待。故即位未幾。已有兄弟之變。觀其累世骨肉自相翦除。此豈安固之基。豈長之運哉。則彊弱之勢與靖康以後事體不侔遠甚。若欲通好。必一尊海上之盟。復敵國之禮。然後可許。名分既正。威幣自輕。凡此二事。彼必不敢固執。惟分畫之議。恐費商権耳。大河以南。彼知終非所有。或肯輕以與我。而別有所邀。然淮漢之北。人稀土廣。都無險阻。汴都殘破。徒有虛名。雖或得之。未易經理。發兵戍守。少則不足。多則不堪。措置一乖。腹心罹

患。此黠虜反覆已試之策。而我向來受欺覆車之明戒也。豈可保哉。厥今天下之勢。惟陝西為可復。其地去虜最遠。控帶關河。內有四川為之根本。我已得其十餘州。若擁散關鳳翔之衆。則其餘風靡矣。今日之議。設以大河為界。固中國之福。猶當深圖利害。以極後艱。若以此更有邀求。豈容墮其姦計。彼或降尊損幣。自同契丹。而靳吝土疆不肯分割。則陝西之地決不可失。宜以我所得陳蔡唐許潁嵩洛并他路諸州兩相換易。如尚不可。則寧稍增幣。期於必從。獨留南陽。以通武關。我若并梁雍荊楊之區。保江漢秦蜀之險。平居無事。積粮固圉。虜雖猖獗。亦無能為。若有釁可乘。北方不足圖也。此事至重。非片言所決。必一再往復而後可了。惟少忍之而已。陝西既得。則置宣撫使司於階成和鳳之間。而分布將帥。據和尚方山仙人等原。以臨制關中。各用土人。保其鄉邑。如熙秦原兆要害之處。量出蜀兵戍之。使以其力自全。而不為獨累。邂逅有警。則下中而出征。萬一不虞。則回戈而固守。進可逐利。退無後憂。撫綏數年。形勢自壯。不煩粮餽。未耗金錢。惟稍出蜀綵。增印錢引。以募糴於陝西。便足以了辦經費。天下之利莫大於此。百世之業也。昔楚靈王窮兵桀虐。民不堪命。取陳蔡。取不羹。又將伐吳。為乾谿之役。楚人立子干以入郢。王師于訾梁。縊于申亥之家。子干微弱。亦不能自立。卒為弃疾所圖。弃疾既篡。求獲所安。乃盡反陳蔡不羹之封。其國始定。五年而後能出師。金人今日之勢。正類於此。仰惟朝廷必有成謨。狂瞽之言。豈足觀采。顧大議未定。不厭詢謀。用敢竭其區區之愚。惟陛下裁擇幸甚。

司農卿李椿上奏曰。臣竊謂國家創業。以兵為重。承平百年之後。軍兵習惰。一自南渡。中原流離之民。始為群盜。終得其用。蓋有劉張韓岳於江淮之上。二吳於西蜀之險。統馭有方。故能立軍制。拒彊虜。國

家之勢復振者。委任得人故也。自權臣當路。挾虜謀和。誅有功。沮大將。逐端人。用佞士。崇聚斂。獎進獻。汰戰士。困州縣。為固位之術。二十年間。軍勢銷鑠。士風委靡。不復有忘身徇國之士。為長久之計。惟知逢迎以圖富貴者。比比皆是。天祐宗社。權臣殞命。賴太上皇帝聖明洞察姦計。雪冤抑。逐邪佞。獎戰士。優農民。四方萬里。懽欣相賀。諸軍將士。其氣復振。未幾虜人叛盟。百萬之寇。竟無所施者。人心不離故也。孟子以謂得民心斯得天下者。於此可見人心之不可失也。仰惟陛下自臨御以來。凡下詔令。未嘗不以愛民恤軍士為急。故軍民感戴聖恩。銘肌刻骨。莫或忘也。凡百政事。陛下未嘗不經聖慮。一歸於公。當盡善而後已。天下固已幸矣。臣自遠方來。目擊之事。有可疑且憂者。不敢隱默。臣請言之。軍心未和。是也。國家所以保疆宇。固宗社。恃諸大軍是仰。今將難其材。故馭衆無術。士不溫飽。故其氣甚衰。加

以揀汰去其百戰之士。離軍失其父子之歡。所招非類。故不入紀律。待之不均。故舊人失望。近者鄂州大軍三千人。捕數百之寇。半年之間亡失過半。內有病患寄留者。無可奈何。臨陣戰歿者。猶為盡力。惟是避征逃竄。對敵退怯。小寇尚爾。遇大敵將如何。臣嘗詰問差來兵將官。但云絕無舊人。新人不經戰陣。其馭衆無術。不能自知也。新招之人。所請日不過百金。鄂州食用皆貴。如遇泥雨。日費草屨已用其半。又況有隨身器甲。時須修整。伏臘之費。一身尚不能給。有妻孥者不得溫飽。無可疑也。臣嘗與老將郭振議論。振以謂使舊人但執挺隨軍。亦勝新人堅甲利刃。以其諳練與否耳。況離軍之人。又帶去子弟甥姪之屬。軍中無相保之情。新招游手。但可充數。在教場閱習。固與人等。一旦遇敵。方知其不堪用。蓋徒得其表而不得其心故也。今諸處寄招人額。既是束以罪賞。州郡所費不貲。不敢稍解。或勒軍營

招收。則軍營陪費。或勒保伍招收。則保伍陪費。就招之人。多非情願。發遣之際。必須關防。起發三五十人。即別差管押三五十人。借請券食之外。又多雇舟裝載。以虞途中逃逸。如防罪隸。軍中得之。又亦關防。目為殃害。昔年岳飛一軍紀律最嚴。隱然如長城。今乃無異諸路廂禁軍矣。解彥詳等所將之兵。戰歿者不過百十人。而竄逸者不下數百。臣得江西提刑辛棄疾書云。彥詳所帶二千人。今但有九百餘人。臣計其陣歿及疾病寄留之外。餘皆竄逸不啻數百。此李川所以不得不按其罪也。此兵乃王琪選差之人。則其它一軍兵皆可知矣。臣密訪諸軍亦多類此。豈不誤國家緩急之用。至如待之不均者。臣竊聞軍中舊人有嗟歎之言曰。我自靖康建炎間從軍。身經百戰。豈意至今反不如後來歸正之人。我輩揀汰離軍之後。一任添差。又或不得請給。仕滿之後。便有飢寒之憂。在軍之人。將來離軍。不過如此。歸

正人則任他添差。三年為任。每蒙優卹。歸正從軍之人亦嗟歎曰。我輩本是國家赤子。偶緣阻隔多年。後乃仗義來歸。反不如俘虜血讎。離任轉官。特支路費。又給居屋。優卹甚厚。事屬倒置。此舊人失望之因也。以是數者觀之。軍士之心。略可料矣。臣憂內外之臣。不以實告陛下。政府大臣或未之知。使大臣知之。陛下聞之。決不忍坐視。必有以收其心矣。此臣所以憂也。臣愚庸衰老。初無可取。誤蒙陛下知遇。有所憂不可以告陛下。則臣之罪負大矣。所以不避溷瀆聖聽。冒昧奏聞。伏望睿慈毋忽臣戇直之言。遴選大將。久任之以馭其衆。講究屯田。以富軍士。揀汰不離軍以全父子之情。多收軍中子弟。寄招軍免立額。以刺情願之人。待軍士以一體以收其心。庶幾軍聲振國勢張。不誤陛下倚伏臣民無復憂疑矣。天下幸甚。

吏部尚書陳良祐奏曰。陛下慨復之志。未嘗忘懷。然詞莫貴於僉同。

不可不察。恃訪歸於獨斷。不可不審。固有以用衆而興。亦有以用衆而亡。固有以獨斷而成。亦有以獨斷而敗。今遣使乃啓釁之端。萬一散騎犯邊。則民力困於供輸。州郡疲於調發。兵拏禍結。未有息期。將帥庸鄙。類乏遠謀。對君父則言效死。臨戰陣則各求生。有如符離之後。不戰自潰。瓜洲之遇。望敵驚奔。孰可仗者。此臣所以未敢保其萬全。且今之求地。欲得河南。曩歲嘗歸版圖。不旋踵而又失。如其不許。徒費往來。若其許我。必邀重幣。經理未定。根本內虛。又將隨而取之矣。向之四郡。得之亦勤。尚不能有。今又無故而求侵地。陛下度可以虜聲下之乎。況止求陵寢。地在其中。曩亦議此。觀其答書。幾於相瀆。凡此二端。皆是求釁。必須遣使。則祈請欽宗梓宮。猶為有辭。內視不足。何暇事外。邇者未懷。豈能綏遠。

中書舍人張孝祥論謀國欲一奏曰。臣居鄉時。鄰之富者有二子焉。

一欲坐而商，一欲行而賈，而父莫之決也，而使之俱爲之，二子之始謀，非不善也。爲其徒者以二子之不協，則各幸其業之無成，植非而相殘，相奧而相傾。居無何，其家卒以大困。又有貧者，亦二子焉，以貧故汲汲焉相與營致，所以養其親者，均衣而節食，内鬩牆而外禦侮，朝於斯，夕於斯，期豐其家而已。是人者，訖致千金之貲。夫富之與貧，圖功之難易相去遠矣，以其謀或一而或二。貧者以富，富者以貧，甚矣謀不一之爲患也。書曰：惟精惟一。又曰：德惟一，動罔不吉。又曰：予有臣三千，惟一心。夫惟不一，則天下之事雖至小而無成，況夫濟艱難之運，起非常之治也。臣不勝憂國愛民之誠，惟陛下留神財察。

孝祥又上奏曰：臣竊惟金虜不道，縶我行人，中外同憤，聖意堅決，申飭邊備，以全制勝。如臣不肖，蒙被使令，感激隆知，誓當效死，顧受任之初，有當爲陛下言者，敢布一二。伏惟陛下神聖英武，得於天縱，承

念祖宗創業之難，太上皇付託之重，兢兢業業，不自暇逸，將以刷無窮之耻，復不共戴天之讎。天地鑒觀，神靈孚祐，苟充是心，何求不獲。然臣區區之愚，獨願陛下益務遠略，不求近功而已。夫所謂務遠略者，願陛下盡合拘攣，掃除積弊，去其所以害治者，而行其所當爲者。起居飲食不忘此志而已。夫所謂不求近功者，願陛下多擇將臣，激勵士卒，審度盈虛，躊躇四顧，不見小利而動，圖功於萬全而已。昔我太祖皇帝既得天下，諸藩跋扈，初未服從，我太祖皇帝規模以定，不動聲氣，磨以歲月，皆爲我有。臣願陛下以太祖皇帝所以平僭亂者爲今日恢復中原之策。臣不勝幸願。

校書郎熊克奏曰：金人雖講和，而不能保於他日。今宜以和爲守，以守爲攻。當和好之時，爲備守之計，彼不能禁吾不爲也。邊備既實，金人萬一猖獗，必不得志於我，退而乘我，曲不在我矣。且今日之守，莫

重淮東。金犯淮西，負糧自隨，其勢必難，若犯淮東，清河糧船直下易耳。然則守淮之策，以墾田修堰，教民兵爲先，援淮東之策，莫若即江陰建水軍，緩急可相應。然驟立一軍，應敵生疑，當託以海道商賈之衝，多敓，擬置一巡檢警督之，自此歲增兵，不出十年，隱然一軍矣。中興之際，不患兵不可用，而患將權難收。今日之弊，不患將不可驕，而患軍情易動。往時諸大將拊士卒如家人，自罷諸將兵權，御前主帥更徙不常，凡軍中管權之利，所以養士卒者，今皆轉而爲包苴矣。又朘其餘以佐之，得無怨乎？宜嚴戒將帥，毋縱掊削。帝嘉其有志。

屯田員外郎林栗上封事曰：前日之和，誠爲非計。然徽宗梓宮、慈寧行殿在彼，爲是而屈，猶有名焉。今日之和，臣不知其說也。宗廟之讎而事之以弟姪，其忍使祖宗聞之乎？無唐鄧則荊襄有齒寒之憂，無泗淮則淮東之備達于真揚，海道之防偏于明越矣。議者皆言和戎

之幣少，養兵之費多，不知講和之後，朝廷能不養兵乎？且非徒無益而已。與之歲幣，是畏之矣。三軍之情，安得不懈弛？歸正之心，安得不攜貳？爲今計，宜停使勿遣，遷延其期，比至來春，別無動息，徐於境上移書，諭以兩國誓言，敗之自彼，信不由衷，雖盟無益，自今宜守分界，休息生靈，不煩聘使之往來，各保疆埸之無事，焉用疲弊州縣，以奉犬羊之使乎。

知處州范成大上疏曰：臣聞自古建功業者，必有一定之規摹，規摹既定，則以其力之所能及者，日夜淬厲以赴之，而不可分其力於規摹之外。所謂力者有三：一曰日力，寸陰是也；二曰國力，資用是也；三曰人力，思慮智術之所及者是也。世事無窮，而三力有限，豈可分之於不急之地哉。臣雖疵賤，去國未久，固嘗仰窺陛下神謨聖策，將大有爲，竊計復古之心，規摹已定，然而風俗宴安，期會倥偬，稽古禮文

之事太繁。泰平虛賞之習未盡。日力窮於不急之務。國力耗於不急之須。人力疲於不急之役。皆非所以副陛下規摹之所欲為者。非贖然大有以損益之。愍不免於志勤道遠之歎。願陛下與共政之臣。自治三力。專用之於所欲為之地。凡規摹之外。一切稍緩。俟大欲既濟復之未晚。昔越勾踐未得志也。蚤朝晏罷。非謀兵之策則不講。自古能用三力無出其右者。故功業卓然。此雖陳迹。可以驗今。臣故併以為陛下獻。取進止。

時言事者議欲戍守清河口。左騏衛上將軍陳敏上言曰。金兵數出清河。必遣人馬先自上流潛渡。今欲必守其地。宜先修楚州城池。蓋楚州為南北襟喉。彼此必爭之地。長淮二千餘里。河道通北方者五。清汴渦潁蔡是也。通南方以入江者。惟楚州運河耳。北人舟艦自五河而下。將謀渡江。非得楚州運河。無緣自達。昔周世宗自楚州北神堰鑿老鸛河。通戰艦以入大江。南唐遂失兩淮之地。由此言之。楚州實為南朝司命。願朝廷留意。

歷代名臣奏議卷之九十六

歷代名臣奏議卷之九十七

經國

宋光宗紹熙四年。司農寺主簿呂祖儉奏曰。臣聞天下之勢。未有久安而不動之理。而治忽安危之幾。每伏於暇豫無事之時。此雖昔及今事理之必然。人主不可不加察者。恭惟藝祖皇帝肇造區夏以來。累聖相承。嚴恭寅畏。不敢自暇自逸。有以極夫祈天永命之功。故天下晏然。百年無事。自王安石用事。變亂祖宗法度。天下幾於動搖。元祐諸臣。戮力扶持。而天命人心。始復安固。章惇蔡京又傳會安石之說。窮極姦慝。蠹國害民。稔成靖康莫大之禍。陽九所遭。至是蓋百有六十年矣。高宗皇帝一馬渡江。中興大業。雖易動難安之勢。於是乎復平。然世有所厄。而大義未伸。舉是憂責。以畀付壽皇。聖帝壽皇憤讐耻之未報。宵旰圖治。思欲昭荅天人之心。而倦於憂勤。復以是憂責屬之陛下。此正昔人所謂憂責在身。不暇盡樂之時。然臣究觀當今之世。上下耽於逸豫。以宴安江沱為當然。而謂讐虜聘問往來。我得多算。浸忘事理之真實。曾不思夫六飛駐蹕行都。將七十載。我之於虜。終難兩立。而王業恐終難偏安。執政任事之臣。翫歲愒日。習矣不察。浮論日勝。而實理不明。弥文日增。而實事不治。國勢弗壯。人心易搖。近者如瀘南之報。士卒賊殺帥臣。幾成禍變。四方傳聞。殊駭觀聽。陵夷之漸。可為寒心。陛下日視昕朝。詳延衆聽。豈不加察乎悠然事理真實。則為久安之勢所推移。壓羨熏心。易忘儆懼。至於憂責所在。反以為迂緩不切。而安於不為。臣恐天下之勢。未必能常。然儻幾事變稍加於前。則陛下之焦勞。將有不容釋者矣。此臣所以夙夜拳數。願陛下速覽獨攬。思有以持其勢。而毋有所易也。夫靖康之事人神之憤未解。蓋當今憂責之大者也。臣嘗竊因父兄耆舊之所傳誠以推斯時之變故蓋憯於西晉永嘉之時二聖北狩之禍誠臣子所不忍言乃若宗室貴戚六宮嬪御死亡係纍其寃憤之氣則未易遽弭中原赤子肝腦塗地而存者復汙於腥羶輿地之圖不登職方之籍者又二分而有其二雖我高宗再造丕基然航海避狄于越于明于台于溫險阻艱難莫不備嘗則蓋曠古之所未有也陛下聖性高明静而思之是果可以一朝居乎是果可以遠而忘之乎苟聖念真及乎此積其精誠罔有所間自強不息與天同功則志向定而大義明所謂憂責在身若幾而不切者誠吾家事豈容安於不爲明詔二三大臣同其憂責必灼知屈己交虜之爲權計暫駐東南之非永圖蓋求忠實明智之士列于庶位以圖田內修外攘之實事共致祈天永命之極功俾內外上下革心易慮皆知不共戴天之義捨夫頹惰舊習爲所當爲而無暇乎其他則百志皆懋事業自著而更化善

治之規模惟陛下所以詔之儻惟不然歲推月移大義昏蔽孫文浮論浸失本真秖見其可喜而不慮其可憂廼欲以江左一偏之地與虜持久則區區之深憂蓋未易知其所終矣臣世受國恩莫能補報發言狂瞽罪當萬死惟陛下裁赦

寧宗時張浚楚州回奏曰臣伏奉今月十八日午時親筆處分臣已恭稟聖訓王之望等言泗州利害所當講明令欲且令謹守俟至秋初專責主事者俾權歸於一聖諭切當事機臣見遵依施行向北斥堠緣馬軍極少差使不敷泗上地勢平坦恐步卒當彼馬騎未能遽還近陳敏等建議欲於臨淮縣築堡屯步兵三百人爲斥堠庶幾緩急可以相應臣見審度措置又舟楫尚少誠如聖慮臣見委劉寶打造一百隻委運使黃仁榮應副材料工匠臣望陛下回宰執奏事宣諭令仁榮一到鎮江躬親應副臣見別具奏聞次他日舟船既辦分差忠勇軍駕放舟不闕人每舟以強弓弩手二十人載其上施放火箭是可禦敵伏乞睿照臣伏蒙聖訓諸將見和議成與不成之間語言反覆此正中其病臣即以宣示劉寶吳挺劉光時范榮等莫不悚懼知懼然而以臣觀之將帥難得英偉之才況人情之常不免觀望以此語言不一理當戒敕惟陛下示以好惡明正表儀俾各悉心奉公不求偷合苟容以報國家夫死者人之所難陛下以天下爲念不肯自求一己之安表而率之猶恐習成舊態各不盡力矧夫朝廷上下導之以和孰不捨難就易以幸一日安全也此是社稷大計在陛下爲重在群臣爲輕自非陛下毅然獨斷與天同心申之以號令務之以賞罰舉天下之大制命在我誰爲陛下出力者至於挺身任事盡節向前一有差跌則衆口交攻禍患不測而以貲結託平生畏避碌碌度日者例獲大官且無後悔茲望陛下深察必使賞罰之間上

當天心下合人情則後來諸將易於遣使伏望陛下更致聖思幸甚臣又伏蒙聖諭虜人八九月之間必竭力而來在陛下以社稷宗廟之重理宜過爲之備臣聞太公佐周以伐紂伊尹相湯以伐桀彼皆深通天人之際審桀紂之無道知其民之思治有所不動動無不成又況湯武之君德修于己而二臣用心上達於天計策圖謀若有神相蓋非偶然也臣學識矯下揆事度變妄足以望前賢萬一臣竊觀金虜無道弒主再世天怒人怨破滅無疑而臣所憂有大焉者今風俗習成上下相蒙惟知富貴不知有他上遠天理下虧臣節此風不改借使金賊已亡內患外變且將相仍而起矣而其責實在陛下臣願陛下正心修己急收人才以應天心以活萬姓必使事事誠實感格天人聖德日新兵革自息理之決然更無可疑詩曰鼓鍾于宮聲聞于外惟陛下敬之謹之天下幸甚

葉適上奏曰。臣聞欲明大義。當求公心。欲圖大事。當立定論。自獻者追忿。自安者忘讎。非公心也。勇者惟欲進。怯者惟欲止。非定論也。善為國者務實而不務虛。擇福而不擇禍。條目先定而始末不差。斯所謂公心矣。措己於安而制敵之危。斯所謂定論矣。臣恭惟陛下將明大義。以報國仇。此其所圖蓋不為小。臣實至愚。不敢自謂有公心定論者。然受恩深厚。中夕數起。故欲輒陳前語。庶幾仰贊聖志之萬一。言疏計拙。無所取材。臣罪大矣。雖然。條目先定非空談也。措己於安非姑息也。今或謂業既已顯。儻試一決。或謂且可收拾。但循舊貫。二論相持。臣恐坐靡歲月。古人愛日。豈應如此。臣願陛下先定條目之所當出者。而高拱於至安之地。然後責任群才。課功計效。一事一物皆歸大原。藩墻固。疆圉實。我既無奮。彼將倒戈。戰勝而無後憂。地得而可長守。此天地之心。祖宗之靈。所以望陛下也。

適又上奏曰。臣聞甘弱而幸安者衰。改弱以就強者興。陛下申命大臣。先慮預筭。思報積耻。規恢祖業。蓋欲改弱以就強矣。臣宿有志願。中夜感發。竊謂必先審知今日強弱之勢。而定其論。論定而後修實政。行實德。如此則弱果可變而為強。非有難也。臣將愽陳極論。而事闊語長。誠恐久留天聽。臣每念契丹累世大國也。女真乃以數千人擬闘。而天祚無戰不北。遂至於亡。以勢而言。當是時。我疑若可以分功者。然終不得一逞。而盧溝之役。累世軍實皆殲焉。何至此哉。又況西兵我之勁卒也。方臘猝叛。聲搖汴都。諸將提偏師俘臘。無遺種矣。渡江以後。扈衛艱難。誅剪盜賊。大抵西兵西將之餘也。夫契丹以燕遼全盛之力。而滅於女真崛起之兵。我以關陝驍悍之師。而敗於契丹垂盡之將。然則宣和強弱之勢。斯可識矣。自是以來。京城則陷。中原則失。維揚則渡江。會稽則航海。十年之間。未有能與女真抗者也。甚復虜與逆臣劉豫迫我不已。激而思奮。於是我始能勝於大儀。又勝於李家灣。又勝於順昌柘皋。而虜始與我定和矣。賴亮兇狂自殞。而我始能以敵國自主矣。夫虜以敗殞而後和。雖和而猶不失為雄。我以應久而後勝。雖勝而猶不敢盡用。然則紹興隆興強弱之勢。又可驗矣。今欲改弱以就強。務追斷應久之兵。而為問罪驟興之舉。作東南幸安之氣。而摧女真素執之鋒。此至大至重事也。誠宜深謀。誠宜熟慮。宜百前而不慴。不宜一卻而不收。故必備成而後動。守定而後戰。今或謂虜已衰弱。虜有天變。虜有外患。怵輕勇試進之計。用麤武直上之策。姑開先釁。不懼後艱。求宣和之所不能為。紹興隆興之所不敢。此至險至危事也。臣願陛下先定其論。論定而後修實政。行實德。變弱為強。誠無難者。在所施設如何爾。

適又上奏曰。臣所謂備成而後動。守定而後戰者。臣伏覩建炎紹興

渡江之後。非不欲固守兩淮襄漢。而虜人衝突無常。勢不暇及。既議和好。則收兵撤戍。已有定約。又不敢謀。故淮漢千餘里常蕩然不自保也。今雖分兵就邊。稍圖外向。然我既能往。彼必能來。是時淮漢守備不全。倉猝不過移治。而專倚大軍迎敵。勝負不可知。要必扼江而後止。如此則往者未足以係西北之望。而來者已足以搖東南之心矣。本期外攘。豈顧內擾。萬一搖動。將何賴焉。故臣欲經營瀕海沿漢諸郡。各做家計。牢實自守。虜雖擁衆而至。阻於堅城。彼此策應。首尾相援。藩墻樂好。堂奧不動。然後進取之計可言矣。此臣所謂改弱就強。實政之一也。四處御前大兵。國家倚以為命。歲費緡錢數千萬。米斛數百萬。東南事力盡矣。譬如亭子所賴四楹。一楹有闕。累及三楹。無獨全者。臣慮其間統副將校。人馬器甲。營伍隊陣。進戰退守。必然未能一一皆是。若今所委付果已得人。尤宜曉夕用心。事事整葺。

件件理會。若其未當。則利害甚多。伏乞陛下審之重之。此兵幾三十萬。未可便望一可當十。十可當百。但一人真有一人之用。淮漢能守。此兵能戰。數年之內。制虜有餘。此臣所謂改弱就強。實政之二也。圖此大事。莫先人材。陛下比年首以大義倡率。而在廷之臣。和者極寡。此未必皆怯懦首鼠。不肯任責也。亦由積安之久。素所不習。耳聞目見。茫然生疎。昔守文粹中論京城守具。白時中自謂事非經歷。則不知。而況兩陣決機。有大於此乎。今天下亦非無智意材力。願得自効。若淮漢千里。果當固守。四處大軍。果當精練。四方之才。隨其大小。宜付一職。使之觀事揆策。以身嘗試。習熟漸久。方能捨燕安而樂艱險。易脆弱而為堅強。勁虜在前。行者思奮。此臣所謂改弱就強。實政之三也。至於朝廷之上。封域之內。綱紀法度。號令賞罰。黜陟從實。條目至煩。然苟先是三者。則其餘可次第舉矣。

適又上奏曰。臣所謂行實德者。臣竊觀仁宗英宗號極盛之世。而不能得志於西北二虜。蓋以增兵既多。經費困乏。寧自屈己。不敢病民也。王安石大挈利柄。封樁之錢。所在充滿。紹聖元符間。拓地進築。而斂不及民。然豈舊人悉伐其美。然陳瓘譏切。曾布以為轉天下之積耗之西邊。邦本自此撥矣。於是蔡京變茶鹽法。括地寶。走商賈。所得五千萬。內窮奢侈。外黷兵革。宣和之後。方臘甫平。理傷殘之地。則七色始立。燕雲乍復。急新邊之用。而免夫又興。自是以來。羽檄交警。增取之目。大者十數。而東南之賦。遂以八千萬緡為額焉。多財本以富國。財既多而國愈貧。加賦本以就事。賦既加而事愈散。然則英主身濟非常之業。豈以貨財多少為拘。近者國用置司。偶當警飭武備之際。外人但見立式太細。鉤校甚詳。不能無疑。謂將復取。臣獨以為不然。何者。名實不繫。用度有紀。式寬民力。永底阜康。此詔書也。兩浙鹽丁既盡免矣。方以寬民。而何至於復取乎。參考內外財賦所入。經費所出。一切會計而總覈之。其理固當然。臣謂國家之體。當先論其所入。所入或悖。是以殃民。則所出非經。其為蠹國審矣。今經總制。月樁青草折估等錢。雖稍已減損。猶患太重。趁辦甚難。而和買折帛之類。民間至有用田租一半以上輸納者。貧官暴吏。展轉科折。民既窮極。而州縣亦不可為矣。以此自保。懼無善後之計。況欲規恢。宜有大賚之澤。伏乞陛下特詔大臣。使國用司詳議審度。何名之賦害民最甚。何等橫費裁節宜先。減所入之額。定所出之費。不須對補。便可蠲除。小民蒙自活之利。疲俗有寬息之覺。陛下修實政於上。而又行實德於下。和氣融洽。善頌流聞。此其所以能屢戰而不屈。必勝而無敗者也。改弱以就強。孰大於此。凡此皆其大要而已。陛下不以臣為愚且迂。敢不自竭而詳陳焉。

起居舍人真德秀奏曰。臣不佞。叨陛下擢司記注。日侍天光。在庶僚中最為親近。每惟報國之誼。無若效忠。而緘默不言。臣實有辜。今將以便親求郡。行去闕庭。敢不亟陳其愚。冀補萬一。臣竊聞女真以達靼侵凌。徙巢于汴。此吾國之至憂也。蓋達靼之圖滅女真。猶獵師之志在得鹿。鹿之所走。獵必從之。既能越三關之阻以攻燕。豈不能絕黃河一帶之水以趨汴。臣恐秋風一生。梁宋之郊。已為戰場矣。使達靼遂能如劉聰石勒之盜有中原。則疆場相望。便為鄰國。固非我之利也。或如耶律德光之不能即安中土。則姦雄必將投隙而取之。尤非我之福也。今當乘虜之將亡。而亟圖自立之策乎。抑幸虜之未亡而姑為自安之計乎。夫用忠賢。脩政事。屈群策。收衆心者。自立之本也。訓兵戎。擇將帥。繕城池。飭戍守者。自立之具也。以忍恥和戎為福。以息兵忘戰為常。積安邊之金。繒飾行人之玉帛。女真尚存。則用之於女真。強敵更生。則施之於強敵。此苟安之計也。陛下以自立為規模。則國勢日張。人心日奮。雖強敵驟興。不能為我患。陛下以苟安為志鄉。則國勢日削。人心日媮。雖弱虜僅存。不能無外憂。昔者孔子誦鴟鴞之詩。以為知道。聞滄浪之歌。則使小子聽之。蓋安危存亡皆所自取。若未當事變方興之日。而示人以可侮之形。是堂上召兵而戶内延敵也。微臣區區。竊所深慮。敢僭為陛下陳之。古者一士止百萬之師。一賢制千里之難。季梁在而隨不可伐。宮奇存而虞不可欺。今濟濟周行。號為多士。然漢儒所謂骨鯁者。其論議動衆心。憂國如飢渴者。既難其人。間有意見小異。則已成柄鑿。論議小激。則目以譸張。豈以朝廷之上所少者非此耶。夫平居工文墨。使刀筆。名儒宿望。或所不能。至於正色而沮姦萌。立談而斷大事。不以利害為遷就。不以招麾為去來。則又非小有才者所能辦。惟陛下以尊君重朝為心。合

天下正人以自助。毋問同異。毋徇愛憎。則鼎足之勢成。金城之守固。折衝厭難。孰大於斯。臣故曰用忠賢為自立之本也。昔勾踐之棲于會稽也。飲食不致味。聽樂不盡聲。內則脩令寬刑。振貧弔死。折節下士。而厚禮賓客。外則具車馬兵甲。而與三軍共饑勞之殃。凡可以報吳者無不為。而非可以報吳者不暇為也。國家南渡。駐蹕海隅。何異越棲會稽之日。宗廟宮室。本不應過飾。禮樂文物。本不應告備。惟當養民撫士。一意復讎。而秦檜乃以議和移奪上心。粉飾太平。沮鑠士氣。令日行某典禮。明日賀某祥瑞。士馬銷亡而不問。干戈頓弊而不修。士大夫豢於錢唐湖山歌舞之娛。無復故都黍離麥秀之嘆。此檜之罪所為上通於天而不可贖也。今豺虎鬭於中原。狐狸嗥於境上。危機交急。不同常時。臣願削去虛文。顓行實政。百司庶府。輪奐一新矣。繼自今繕營不急之役。姑輟焉可也。簿書期會之事。粗已整有緒矣。

繼自今常程瑣細之務付之有司可也。陛下日旰眂朝。惟大政是議。輔臣夙宵盡瘁。惟大計是圖。則句踐之功可尋。而中興之烈可冀矣。臣故曰。修政事為自立之本也。昔漢有邊鄙大疑。必使群臣雜議。季布得以中郎將而折列侯噲。狄山得以博士而詰御史大夫湯。北匈奴來求和親。光武既從皇太子言。卻其使矣。而班彪乃以不宜絕北為言。是一司徒掾而敢與太子異議也。豈非國家大事。臣子皆當盡言故耶。我朝熙寧中。契丹來議地界。時王安石當國。神宗乃以問韓琦、富弼。元祐初。夏人遣使納款。時司馬光為相。哲宗乃以問大防、純仁。高宗中興。內外尤為倥傯。然無一事不采人言。建炎四年。嘗議防秋矣。紹興初元嘗議弭盜矣。五年。則命前宰執各陳禦寇之策矣。八年。則命侍從臺諫各上講和利害矣。夫祖宗之明。非不知獨運專斷為神。顧以廣謀從衆為得者。凡以盡天下之心而建久長之策

也。今事會之來日新未已。臣願誕頒明詔。以虜徙而南。變迫吾圉。凡厥有位。其各盡言。然後博采衆長。按為定論。書曰。好問則裕。自用則小。命諸大夫各以情告無阿孤者。句踐之所以霸。諸有忠慮於國。但勤攻己之闕者。諸葛亮之所以賢。惟陛下以句踐為心。大臣以武侯為法。則事無不集矣。臣故曰屈群策為自立之本也。國之元氣。在於人心。元氣充則外邪卻。人心固則外患銷。天地常經。斷斷不易。陛下亦嘗察近日人心之舒戚乎。向者弊法新改。令出加嚴。雖大為防禁以示民。非欲峻刑名而繩下。而刺舉之官承迎過當。奏劾來上。類多中以深文。使追繞者未聞牽復之期。貶竄者尚隔惟新之望。薦紳之論疇不齎咨。臣願明勑有司原情差次。稍從釋免。以收士大夫之心。厥今州郡監司莫非材選。然平易中和之政少。而操切擊斷之意多。以理財自詭。則征利密於秋毫。以行令自媒。則用刑深於刺骨。夫我

朝立國本尚寬仁以此毒民懼者衆矣臣願選用循良退斥貪暴布宣德意洗滌瘡痍以牧百姓之心君人之柄惟器與名當靳而予則僥倖者生心宜予而靳則勞能者觖望頃緣軍賞多濫一切難以徵文雖徼偽所以別真而矯枉亦慶過直今邊候孔棘正卒罷武勇之秋臣謂荆襄兩淮之人嘗以功績著見爲衆所推消嘗命帥守監司捜揚來上擇其尤異者數人不次擢用自餘悉下銓曹審其來歷若非妄冒者悉與隨資注擬以收豪傑之心往者兩淮募兵雖數萬計有如諸軍關額自可撥隸分塡而議者以廩給爲慮務於汰遣方其例與緡錢資之使去小人寡慮媮快一時資用既空拱手亡策殆者遁藏山澤伺時而爲姦懦者丐乞道塗偷生而就盡夫急則望其效死緩則委棄弗圖後復使人孰肯用命今宜擇其伉健收寘戎行非惟增壯軍容消弭姦慝亦以收忠義之心自丙寅之役淮民流離有

司振卹失時死亡畧盡雖發上供貸常賦而凋殘未復生聚絕稀比聞州縣科役頻繁田賦雖蠲撮課仍重民兵團結衣裝弓弩責其自備教閱資糧令其自齎呻吟之餘何以堪此臣願朝廷深念保鄣之重多方優卹俾獲蘇醒以牧邊甿之心比境遺黎本吾赤子日夕南望如慕慈親彼既襁負而來焉有可拒之理竊聞疆吏便文塞責至以鋒鏑驅之既絕其向生之塗是激其等死之怨又聞秦隴之間有相率内附者自湼其面示無還心視昔八字之軍何異而入南不受歸北不可獸窮則搏勢有必然臣恐欲以靖邊祗以搜邊將以無事適爲多事也臣聞古之有國者患民之不附而不患民之加多孟子曰爲湯武敺民者桀與紂也今天下之君有好仁者諸侯皆爲之敺矣今中華之民窮而歸我是女真爲吾之鸇獺也其忍不爲茂林深淵以受之耶羊祜祖逖之事淺矣然能務脩德信撫納新附故吳人

悅服晉王復歸河堂堂鉅宋豈無能任二子之事者誠能謹擇其人分鎮三邊務以恩信懷柔而使遠人忻慕民既我附土將焉歸恢拓之基實在於此臣願朝廷亟加之意以收中原赤子之心夫得天下有道得其民斯得天下矣得其民有道得其心斯得民矣陛下誠能内有以保吾國之民則外有以懷鄰國之民以守則固以戰則克矣臣故曰收衆心爲自立之本也抑臣又聞有自立之本有自立之具今連營列戍虛籍不塡老弱溷殽教閱弛廢衣廩朘削憔悴無聊荊淮所恃者義勇民丁而團結什伍反成繹騷無以作其超距翹關之勇東南所長者舟師戰櫂而繪畫圖册徒事美觀而未嘗習以凌波破浪之技偏非痛掃弊端一新戎政則緩急將無可用之兵掊歛成風而士卒之怨弗卹忌克成習而偏裨之長莫伸或挾於奔北而威望不足服人或相爲水火而用心莫能協一公朝苞苴之路絕而別通

交結之塗田宅子女之欲盈而外竊廉潔之譽倘非博采衆言精加蒐擇則緩急必無可用之將昔李綱建議以爲欲保江南當葺理淮襄以爲家計夫荊襄形勝臣固習聞而兩淮利病則尤所深悉蓋軍國所資莫如鹽茶而淮有鬻海之饒兵食所仰莫如屯田而淮有沃壤之利其齊民則天性健鬬每易視虜兵其豪民則氣槩相先能鳩集壯勇使范蠡諸葛亮輩得而用之力本以務農教民以習戰雖方行天下可也其肯委之爲不足守之地哉中興之初志在進取故不暇脩營講和之後東於要盟又不克經理然孝宗皇帝所以設捍禦闢空曠者未嘗不留聖心竊惟今日實南渡以來所未有之時敵當衰亂自亡繼孝宗所欲爲之志夫高城深池勁兵重戍邊之大命也今淮東要害在淸河之口敵之糧道實出于兹而淮陰無尋丈之城無尺寸之兵徒以山陽可恃而已然山陽雖大而無淮陰之蔽彼無

實應之援。若敵以重兵遏前，而奇兵斷後，則高郵維揚之路絕，而山陽之形孤。山陽不守，則通泰危而江浙震矣。淮西要害在濡須之口。敵之糧道亦自此出。而濠梁安豐，城則卑薄，池則堙狹，兵則單羸，徒以廬和可恃而已。然有安豐之扞，則敵始不得以犯合肥。有濠梁之遮蔽，則敵始不得以走歷陽。藉有它徑可由，而吾之廬和當前，而濠壽斷後，則彼有腹背之虞，我有掎角之助，其能長驅深入蕩無所畏乎。故欲固兩淮，先防三口。此非臣之臆說也。昔孫氏之保江，屯邾城。雖小，猶屯三萬人。今維揚合肥，兩淮之根本，而兵數單弱，不及孫氏一邾城。故李綱嘗謂大將擁重兵於江南，官吏守空城於江北，以為非策。臣謂今日當議從江上之屯，以壯淮甸之勢。或謂果爾，始江面何。夫兩淮藩籬也，大江門戶也。藩籬特則盜賊無闚門之慮。兩淮固，則我馬無飲江之憂。策當精閱舟師，布列津要，則表裏相應，屹如金湯。其與區區坐守江壖，而使獷君獨之徒得以經營飛渡者，利害何翅什伯哉。雖然，此不足煩聖慮也。古之為國者，必有重臣以當閫外之寄。故蜀以孔明駐漢中，吳以陸遜守荊渚，皆付以事權，不從中御。故二人者得以乘機制變而收成功。今江陵建業雖有制閫之名，而實處內地，邊陲機事，多不即知。至於小有措置，必皆聽命于朝。有請輒從，尚云可也。請而弗獲，抑又多焉。藉有異材，何由展布。因循誤事，可為深憂。臣願於近臣中擇其更事任，熟軍情，威望素孚，文武兼備者二人，一於襄漢，一於兩淮之中，建立幕府，財許移用，官許辟置。其他悉如吳蜀任二臣故事，則荊淮之家計可成，而朝廷之憂顧可釋。此陛下所當亟圖而不可忽也。或曰：彼方紛拏，我幸無事，但求鎮靜，焉用張皇。臣竊以為不然。夫自古未嘗無夷狄，惟有以待之，則不敢窺。未嘗無姦雄，惟有以折之，則不敢肆。今不於斯時大有所振音，為一更生虎狼之敵。知吾易與，潛蓄螫心。當是時也，不知安邊金繒犒人玉帛可以窒其無饜之欲乎。夫古今之患非一，而激蒙為甚。昔范仲淹嘗謂時方用兵，未嘗諱言邊事。今朝廷若以張皇為戒，臣下滯於指，雖有警急，不敢上聞。本恐張皇，適成蒙蔽。昔雲南喪師，反以捷告。原其積漸，不過如斯。盛明之朝，可不鑑此。臣本迂疎，豈應妄論大事。然惟臣子之誼，有懷弗害，不足為忠。是以冒昧決於一言。區區愛君之心，惟聖明財察。

貼黃：臣竊惟汴都者，我祖宗開基建國，立郊社宗廟，正南面，朝群臣，而八蠻六狄奉琛臣妾之地也。今垂亡腥羶之虜，適得竊而居之。伏惟陛下赫然發憤，思列聖所以得之守之之繇，考宣和靖康所以失之之故。臣竊謂其得之守之也，莫不由於用君子。其失之也，莫不由於用小人。臣願深惟否泰之象，致察於君子小人消長之間，則王業之隆有日矣。臣竊惟虜既以移巢來告，索幣之報，必將踵來。其在朝廷，尤宜審處。以臣愚慮，苟能顯行止絕，以其貨幣頒犒諸軍，繕脩戎備，以激士心而張敵氣，此上策也。命疆吏移文與議，削比年增添之數，還隆興裁減之舊，此中策也。彼求我與，一切如初，非特下策，幾無策矣。蓋今遠夷群盜交馳中土，安知無善謀者覘吾舉措，必將曰：女真彼之深仇，亡在旦暮，且奉之唯謹，它日乘戰勝之威，為虛辭以恐動，將何求而弗獲耶。此召侮之端，致寇之本也。惟陛下超然遠覽，而銷患於未形，宗社幸甚。

德秀為江東轉運副使，上奏曰：臣愚不肖，蒙恩備使一路，遂將遠穆穆之光。竊伏惟念，人臣之義，雖在窮約，猶不忘君。況嘗以載筆之史，久直禁廬。今雖將指有行，而憂國念君之忠，其敢以既去遂已。謹復

深惟當世之故而願竊其區區惟陛下幸察
其四宗社之耻不可忘臣嘗觀古之人主於仇讎怨敵之國有勢未能報而姑事之者有勢雖不敵而不事之者有勢可以勝而遂報之者有勢可以報而反助之者昔太王之於狄也事之以皮幣事之以犬馬事之以珠玉凡其所欲悉以畀之蓋是時狄強而周弱畏天保國其道當然故孟子曰唯智者為能以小事大然狄之於周特一時之怨非百世之讎含垢包荒義未為失此所謂勢未能報而姑事之者也西晉懷愍二帝俱沒於劉聰元帝間關南渡立國日淺外寇方熾內難復興故終其身未皇北討然一介行李未嘗聘虜廷成帝時石勒來脩好詔焚其幣此所謂勢雖不敵而不事之者也勾踐會稽之辱舉國以臣妾於吳而能苦身焦思折節下士與百姓共其勞人事既修天應

亦至兵之稻蟹不遺種矣而夫差方觀兵中土與晉會于黃池勾踐得以乘閒舉兵遂墟其國此所謂勢可以勝而遂報之者也晉孝武時苻堅聚百萬之師志吞吳會賴謝玄等大破之淮淝堅既狼狽西歸其子丕復與慕容垂相持于鄴使晉之君臣有志經略乘機席卷若不甚難而謝玄方且從丕之請遣兵以救其窮餽米以濟其饑會苻氏之深讎與慕容而為敵未幾劉牢之等為垂所敗秦既不祀晉亦以衰此所謂勢可以報而反助之者也臣竊惟國家之於金虜蓋萬世必報之讎高宗孝宗值其方強不得已以太王自處而以勾踐之事望後人今天亡此胡近在朝夕旱蝗頻年赤地千里甚於夫差之時韃靼群盜四面交攻無異苻秦之季天其或者付陛下以有為之會乎臣嘗熟思待敵之策其別有三練兵選將直擣虜巢若勾踐襲吳之師此上策也按兵堅壘內固吾圉止使留幣外絕虜交若晉氏之不與敵和而鑒其宴安江沱之失此中策也以救災卹鄰之常禮施之於茹肝涉血之深仇若謝玄之助苻丕此下策也用上策則大義明混一之機也用中策則大計立安強之兆也用下策則大勢去阽危之漸也臣不知今日之廟謨其將安出乎願更化以來坐聚教訓未有勾踐十年之功固未可遽圖一戰之勝於傳有之攻不足者守有餘夫以堂堂大邦方地萬里誠能以待敵之禮而遇天下之豪傑以遺虜之費而厲天下之甲兵人心奮張士氣自倍何憚於此虜而猶事之哉若乃輕信邊臣迎合之言援醜虜於將亡置世讎而不念非惟忠臣義士沮氣解體而夷狄盜賊亦將有輕中國心萬一貽書請俘我將何詞以應之夫重於絕虜者畏召怨而啓釁也然能不召怨於

亡虜而不能不啓釁於新敵權其利害孰重孰輕故臣願陛下勉勾踐之良圖懲謝玄之失策則王業興隆可冀矣

其二曰北鄰之盜不可輕今之論韃靼者類曰猖獗小夷非有囊括并吞之志其論山東之盜者亦曰叢爾姦孽不過鼠竊狗偷之謀抑不思劉石苻姚之興大抵皆出荒裔全齊十二之險昔人用之嘗以霸強況今中原士民倀倀無主使盜亦有道則豪將從之苟得志而鄰於吾莫大之憂也廼者僞使之來輕舟淳海不十日而抵邊城舍舟登岸人無知者安知不以是覘吾之虛實乎臣願朝廷毋輕二賊日夜講求攻守之策以逆杜窺覦之心自治之方無急於此

其三曰韋安之誅不可恃今之議者大抵以虜存亡為我欣戚聞虎變之難則冀其非實得安靜之耗則幸其必然重以邊臣喜

為迎合或曰韃靼許和矣或曰群盜聽命矣或曰穹廬還北有日矣誠使虜命少延吾得以因時修備豈非至願政恐奔竄敗亡之餘勢必不久皇皇鉅宋初非小弱顧乃藉彼以為安是猶以朽壞為垣而望其能郭盜賊也臣願陛下勵自強之志恢立武之經毋以虜存為喜毋以虜亡為畏則大勢舉矣

其四曰導諛之言不可聽臣聞天難諶命靡常者伊尹所以訓太甲惟不敬厥德乃早墜厥命者召公所以戒成王聖賢言天不過如此未聞曰某星躔某舍則某業昌某神居某地則其福應也自嘉定更化以來兵偃歲豐民稍蘇息此誠聖德格天之效而溺於數術者猥曰五福太一實臨吳分審如其言則治亂興衰皆有天數無關君德豈不悖哉今邊事方殷正君臣戒懼之日而薦紳大夫工為諛悅或以五福是恃為言夫漢之肇造以寬仁得民而不在五星之聚井晉之卻敵以將相有人而不在歲星之臨吳矧乾象告譴適日尤甚其可恃讖緯不經之說而忽昭昭之儆戒乎惟陛下鑒天人之相因察諛佞之有害益修其本以格天休宗社之慶也

奏議卷之九十七　十六

其五曰至公之論不可忽臣聞公論國之元氣也元氣痞鬲不可以為人公論壅鬱不可以為國祖宗盛時用人立政一稽之衆論而行之以至公故人心誠服天下順治熙寧之世以新法為不可行者公論也王安石遠而咈之終以誤國紹興之際以和議為不可恃者公論也秦檜讎而嫉之遺患至今夫朝廷之舉措是而衆亦是之者治世也朝廷之舉措非而衆亦非之者亦治世也朝廷舉措自以為是而衆莫敢議其非此予思所以憂衛之君臣也往者侂胄弄權以威罰箝天下之口浸淫既久附和成風北伐一事中外共知其非而莫敢言其效蓋可睹矣使侂胄能虛心平聽不以先入為主而惟公論是從則國無加兵之禍已無僇辱之殃豈不美哉聞者加命之出外議譁然從臣爭之館學爭之庠序之士又爭之或者未必不以為紛紛多事臣獨曰此十數年來所無之氣象聖君賢相優容涵養致此盛事豈易得哉夫天下之大本同一家人主者父也大臣者宗子也大夫士者家之衆子弟也至於庶人之賤亦家之陪隸也父兄有過子弟爭之子弟有過陪隸言之蓋一家之事休戚實同凡其第第相規政欲共成門戶之美耳君臣之義何以異此而自昔惡聞正論者往往加以歸過賣直之名夫欲使士大夫畏避此名務為緘默直易易耳不知臣子至情本為國計何負於君父而顧嫉之耶深惟今日實公論伸屈之機朝廷之上若以言者為愛君為艱國無猜忌之意而有聽用之誠則公論自今而愈伸若以言者為沮事為徼名無聽用之誠而有猜忌之意則公論自今而復屈夫公論伸屈乃治亂存亡之所繫分故臣於奏篇之終反復極言忘其塵煩天聽之辜詩曰心乎愛矣遐不謂矣惟陛下亮臣愚忠

奏議卷之九十七　十七

德秀知隆興府上便民奏曰臣檢准慶元令諸監司守臣到任半年以上各具便民五事聞奏臣猥以駑劣蒙恩擢守豫章實兼江右帥事竊嘗伏念朝廷列置帥臣於諸道以總統兵戎為職時平無事則欲其建威銷萌蘖讋姦宄使盜賊不敢竊發萬有警急則整齊一道之衆惟上所使若臂指然非如列郡守臣獨以獄訟治財賦為稱職也臣觀大江之西縣地數千里其北則江州興國控扼江面實當光黃之衝其南則贛吉南安臨峒遂密峒越三路姦人亡命之所出

沒自餘郡邑小民亦皆輕僄好鬭殺人手貨之盜在在有之臣嘗妄論凡任帥職者皆當以治兵為先而帥江右者尤當以治兵為急故自到任以來凡事關軍政率不敢後然人情蹈常襲故往往視為內地語及武備則哂其不切慮及江西則指為過憂繕治城堞則曰不必徒費督責將佐則曰毋庸多事獨不思朝廷建牧之意將假以爵秩姑崇帥臣之虛名耶抑將整軍修戎屏翰王室責以帥臣之實職也昔唐曹王皋觀察江西裒兵大選群能著職遂能挫李希烈之銳使不敢南窺江淮紹興初李綱為本道安撫制置大使雖治城郭團結軍伍威聲隱然群盜相繼敗降如皋如綱始可謂無負朝廷之委寄矣臣雖不材無能為役顧區區平時願忠朝廷盡瘁職業則於二臣之事竊有志焉故今所陳一以治兵選將繕城弭盜為請其間有因本道利害而因及他道者事勢相關不容不爾伏惟聖朝采擇而施行之

一臣聞自昔外有敵國之虞則內必有盜賊之警故諸葛亮與魏相持而孟獲畔瀘南劉裕舉兵北伐而盧循犯建業二者之患常相因而起一於禦外則盜賊得以乘吾之虛而為根本之害一於備內則敵國得以伺吾之隙而為疆場之憂其為患均也然敵國在外所攻者吾之頭目其來也可知盜賊在內所攻者吾之腹脅其發也不可測故亮必先平南方然後經營北討裕能滅燕入秦而幾無以制徐道覆之謀然則盜賊其可忽哉國家南渡以來州郡之兵日以削弱一方有警必移大軍然後剋之往者李金之亂與近歲賴吉南安之擾皆取辦於此然使疆場無虞則舉備外之兵以平內冦其誰曰不可今邊事方興撤備無日沿江諸軍列戍淮漢以之禦敵猶懼弗給設不幸妄一男子竊弄耰耡於田畝間沿邊之戍既未可抽回州郡之兵又不足深恃此臣所為朝夕凜凜者也竊嘗思之與其養兵而待以無用孰若教之而責其可用臣所領十一郡有所謂團結禁軍者蓋諸道所不及其法選諸指揮禁軍之彊壯者（年若干以下試弓若干斗力弩若干斗）聚為一營命曰團結月增料錢一千合諸郡祖額凡若干人（隆興府一千人諸州軍各具實數）臣欲稍增其額合一路為一萬二千人（隆興府五百人諸州軍均添足數）一千日教旬閱責之兵官月按季拍責之守貳春秋二按則於團結中擇其年貌浸衰（年四十以上）事藝減退者仍還元來軍分而於諸指揮中選少壯人等事藝精熟者補其額及委帥臣不時點摘按試以攷兵將官之勤惰其揀選不精教練不熟者案劾以聞守貳不覺察併行責罰如此則一二年間州郡之兵漸趨精勇此弭姦銷萌之要術也然臣愚

慮不獨江西一道為然凡在內地皆當思所以為不虞之備如臣言可采乞下諸路一體施行

一臣竊考建炎三年金虜自黃州渡江由武昌趨興國取間道以犯洪州守臣王子獻遁去遂屠州城尋破撫袁諸郡遍蹂湖之南北然後北歸所至殘暴幾無噍類言之可為痛心今之議者大抵以江西為內地殊不思九州興國二郡前臨大江北望淮堧纔一水爾中興初江西安撫大使實兼節制蘄黃蓋以是也去歲之春虜犯黃州諸關江右震動本司承制檄調兵守江倉卒間僅能發諸州禁卒千人以往夫以步卒守江猶策馬使耕驅羊使戰其不勝任也必矣臣謂與其緩急調無用之兵以誤事孰若平時養有用之兵以待事江鄂二司各有水軍竊聞邊事既興多作步人起發今江州在寨僅有見管若干（具實數）而戰

艦可用者充為七緣郡司所管。計亦類此。借曰殘虜游魂，事非昔比。然困獸猶鬬，其可忽諸？况於外夷方興，倂雄爭驁，先事之防，尤當加意。臣願明詔江州都統司，及本州守臣同任江面之責。其人船闕少之數，日下招塡打造，以什之三分屯興國管下冨池等處，庶幾風寒之備，不至空闕，江右一道，恃以無虞。所有鄂司水軍，併乞一體行下措置。亦以什之三分戍武昌縣，蓋興國江面元隷江司，武昌江面元隷鄂司，分兵防守，並其宜也。如臣言可采，乞賜詳酌施行。

一、臣竊見江西統郡十一，而隆興實為帥府，諸郡所倚以為重。城郭甲兵之備，皆當整飭如法，然後足以壯觀瞻而弭窺伺。而臣到任之初，按視城堞，則其綿亘甚闊，而傾圮最多。尋加訪問，有寓居士夫語臣，謂五代以前郡城廣狹中度。南唐李氏謀遷豫章，乃始大其郭堞。郡之東湖，本在郭外，至是遂包入焉。紹興初，故相李綱為帥，蓋嘗縮其北面。然其廣袤猶若干里若干步。（臨見今實若干里竟）按守城法，當用兵若干人，茲豈易為力者。今誠能按唐之舊，瞰湖為城，則城之四面，西北有江，其東有湖，天設之險，殆無以過。此豫章百世利也。臣竊詳其說，可謂至當。然縮城重事，未敢輕言。而圮壞已極，則有不容坐視者。方李綱繕城之時，其工費仰於公朝，其役兵調於屬郡。時異事殊，不敢扳援有請，而本府年來調度百出，帑庾樗然，儻必竢有餘，然後興役，則夏潦秋霖之餘，頹圮益甚。沿江一帶居民，岌岌常有淪浸之憂。而城腳地被齧去處多已摧陷，更遭一水，其損愈多。近委江州鈐轄楊蒸相視，條具頗為詳悉。如砌城面以防滲漏，作荷葉溝以通水道，而後乂木以壯城骨，皆舊所未有。臣今一用其說，第工費浩汗，未知所出。稽諸舊牘，前帥臣沈作賓在任日，從本府撥到銀若干萬兩，付安撫司措置充犒賞費，今不獲已，欲於上項銀內權允借若干千兩，收買磚石竹木等物，及雇募人夫，五日下修築。却從本府於收到諸色窠名錢內，痛加撙節，旋次撥還，庶幾城堞得以一新，少重帥府之體。伏乞劄下遵守施行。

一、臣竊惟聖朝討安元元，思慮深遠。其在諸道，既有兵以備戰守，又有將以主其兵；復置帥以護諸將，號令素孚，紀律素定，一旦有警，將惟帥之所令，兵惟將之所使，以之戰禦，無不可者。自視事以來，講求軍政本末，乃知州郡禁卒多以供工匠、備廝役，事藝未嘗練習，教閱秖為具文，則兵不足以為兵矣。有副總管，有路鈐，有路分，又有州鈐，有將副，下至都監、監押，皆以主兵為職，而未嘗知兵。問其得官之由，或宗戚，或閤門，或國信所，或堂部吏，其間豈無可用之材？要於將畧鮮曾閑習，或飾文墨以自喜，或矜富貴以自娛，甚者闒茸廢放，無所不有，則將不足以為將矣。兵不足以為兵，將不足以為將，則帥之為帥，是以具員而已矣。望其藩維王室，如古之牧伯，顧不難哉！然兵猶可以閑習而精，將不可以強勉而學。竊見近歲指揮總管、路鈐例赴臺參，將副以下亦必從帥司鈐量，乃許之任。臣謂此僅可以察其年齒之壯老，與精力之強否而已。必欲得知兵之人，則臣願朝廷嚴其選擇。總管號為副帥，間嘗以節度使為之，其次路鈐、路分，亦武臣高選。今之環衛，蓋將帥之儲，及諸軍統制、統領等官，亦多習熟軍務者。臣謂總管、路鈐宜於環衛及統制中選其嘗歷戰陣者為之；州鈐、將副，則取諸統領、將副之諳知兵事者。都監、監押員多，不可悉擇，姑從舊制。差注年未六十之人，而責帥臣以從實銓量。毋使疾病眊昏者尸其任。庶幾州郡主兵之官漸得其人。平居精於教閱。緩急有所倚仗。非小補也。或謂審爾則閤門國信之屬何以處之。臣曰。為官擇人則治。為人擇官則亂。朝廷儻憂此屬之失職。固當置諸寬閑無事之地。至於軍政安危所係。則不可以不擇。如臣言非繆。乞賜詳酌施行。

一。欲乞通廣鹽於贛州南安軍。以弭汀贛鹽之害。

袁燮論蜀奏曰。臣不佞。去歲六月八日獲對清光。極陳蜀中利害。親聆玉音。有忠直可見之褒。是以仰窺聖心。垂意於坤維者如此。蓋此一方。去天萬里。安危休戚。艱於上達。形勢何以聯屬。警急何以赴援。非其他諸路比也。故聖心深慮之。殘虜稔惡。時有侵犯。今春大入。歷興元。寇金洋。遂至大安。我師勦之。殆無遺類。威聲既震疊矣。然犬羊之性。巧於窺覘。萬一乘我少懈。奪我江源。順流而下。聲撼東南。將若

之何。不可不慮也。夫藩籬嚴密。彼安得以窺我。根本堅壯。彼安得以搖我。昔孝宗皇帝光臨萬㝢。中外敉寧矣。而猶切切焉惟蜀是憂。輟執政大臣。繼踵宣威者。至于三四。又詔制置司同諸帥臣銓擇兵將庸懦不堪倚仗者。而易置之。夫宣威之設。不於他路。而獨於蜀。兵將之易置。不施之他路。而獨施之蜀。聖哲之心。深知天下安危實繫乎此。重此一方。所以重國勢也。陛下可不繩其祖武。而加重於此哉。蓋今日蜀之急務有六。臣請為陛下略陳之。夫階成和鳳。蜀之垣墉也。其地險絕。為吾障蔽。則關內諸郡。雖不亘城壁。自然安固。焚蕩以來。外無垣墉之可恃。內無城壁之可依。表裏俱虛。虜寧不肆其毒乎。人情岌岌。避難而逃者。無復歸志。以故也。毋憚大費。亟為之圖。慶償鬻爵費廣。不斷而責成於郡邑。視其多寡以為殿最。磨以歲月。庶可漸復。此其急務一也。自古巴蜀號稱多士。諸葛亮奮於隆中。豪傑歸之。如水赴壑。勳名燁然。先後相望。可以今日而無其人乎。屬者污帥察見姦欺。立談之間。斷此大事。此固蜀中之儁英也。如此人物。拔擢簡拔。推誠而任用之。何向不濟。此其急務二也。自古立國。賞必以信。況捐軀犯難。尤為可念者乎。故曰軍賞不踰時。欲民速得為善之利也。而議者或曰。是不宜厚。厚則貪功而生事。以宋璟不賞邊功為證。而不知其時之不同。多難之秋。正藉其力。庸可抑乎。大安之戰。其功甚偉。醲賞以厲其餘。誠不為過。此其急務三也。巴蜀天險。民生其間。類多勁武。勇於戰鬬。其天性也。然聚而不教。與無兵同。教而無別。與不教同。擇其傑異者。豐其犒賜。養其力。精其藝。而厲以忠義之節。則有勇而知方矣。推之田野之間。因農隙以習戰。若雄邊子弟所以著稱於唐者。則民兵亦精矣。此其急務四也。蜀之境土。與群蠻鄰。非我族類。未易調伏。今殘虜敢爾憑陵。安知蠻之不吾窺乎。昔李德裕之節

度劍南也。建籌邊樓而圖其形勢。復邛峽關以奪其險阻。威望隱然。數年之內。犬吠不驚。其所施設。必有深服其心者矣。已然之效。是以為法。此其急務五也。蜀本富饒之地。自折估之法興。財益匱。民益貧。重以殘虜之擾。窮悴無聊。何所赴愬。所宜選擇良吏。撫摩愛養。如保赤子。如烹小鮮。仁民之政。務在必行。逋負之物。蠲以惠下。以紓民力。以結人心。以為手足扞衛頭目之備。不亦善乎。此其急務六也。兼此六者推而廣之。則今日之蜀。猶往時之蜀也。如其不然。潰裂四出。不可復救矣。昔我藝祖肇造區夏。先取荊南以通入蜀之路。繼取全蜀。以圖混一之功。宵衣旰食。勤苦至矣。陛下嗣守丕基。可不念當時取蜀之難。而思今日保蜀之策哉。是故國事之可憂者。莫如蜀。外障之難防者。亦莫如蜀。何者。其地至遠也。有才而無識者。不足以為蜀帥。有勇而無謀者。亦不足以為蜀帥。何者。其任至重也。先朝遴選於衆

乂以張詠之徒為之。中興以援。吳玠吳璘兄弟實任其責。其才氣之雄。韜略之備。立乎千萬人之上。折衝禦侮。談笑閫爾。然則今日之典方面鎮全蜀者。其可不以前修自厲哉。付之以衆人所不敢當之事。期之以衆人所不能成之功。兼總四路。專其委寄。則威望日益隆。優遇賚佐。為之殊助。則謀慮日益廣。此方之瘵。庶其有瘳乎。西陲既安。則東南恃以無恐。臣所以披肝瀝膽。控告君父。若非獨為蜀計。為天下計。為宗社計也。嫠不恤緯。憂在宗周。惓惓之忠。惟陛下察之。

歷代名臣奏議卷之九十七

歷代名臣奏議卷之九十八

經國

宋寧宗時。知潼川府魏了翁上疏曰。臣聞三代而下。經制不立。故天下之弊常伏於救弊之初。漢自吳楚之變。分封以弱侯國。而末年之弊乃起於同姓弱而外戚彊。唐自安史之亂。裂地以授諸將。而末年之弊乃起於藩鎮強而王室弱。故善治者。能先時而制其弊。其次則因時而救弊。其下則弊已著而後徐為之救。如此。則亦何及矣。臣恭惟藝祖皇帝自大難未平。首創唐末五季之弊。外召藩鎮以還京師。臨遣廷紳以為牧守。天下莫不仰伏威斷之明。然而守邊之臣。則久其考任。假以事權。固不與內郡同也。未幾而初意漸失。猶於閩越亦僅乎。江淮諸郡。已令毀城隍。銷兵甲矣。淳化咸平距建隆不過四十年耳。盜發兩川。惟陵梓眉遂有城可守。濮盜作於近輔。如入無人之境。王禹偁自黃岡上疏。極陳江淮空虛之害。至謂名曰長吏。實同旅人。名為郡城。蕩若平地。富弼論江浙荊淮湖廣諸道。亦謂處處無兵。城壘不備。或數十夫持鉏耰白挺。便可盡殺守令。開府庫誰復禦者。至寶元康定以後。空內以事西邊。則武備之削滋甚。五年間盜殺巡尉。至六十員。入城剽劫者四十州。王倫起沂密。渡淮渡江。歷數千里。無一人禦之。張海等輩剽吏禦人於京淮湖陝間。州郡莫敢孰何。金州盜作。遠召州兵僅有二十四人。以承平之久。郡國猶有不會之財。猶有留州之緡。可以為招兵繕城之費。可以為一方緩急之備。然猶廩廩若此。熙寧而降。急財利以弱州郡。則益不暇為國遠慮。籍禁兵。罷招填。併軍額。括斂籍。分係將不係將。則尺籍雖闕。亦不願補矣。方時晏安。猶未見其為大害也。崇寧以後。賦斂日增。軍政日壞。郡益以削。一旦盜起東南。連跨州郡。囊擾詐都。久而後殄。況當斷邊之金。非拱手死難則望風棄城。蓋自建炎四年以前。惟知斂兵避狄。未嘗敢與之抗。甚者遠渡江航海。迫我不已。然後兵刃稍接。不數年而議和之使遣矣。紹興之末。虜闖淮薄江。旣迫而後應之。士氣稍伸。然猶不敢盡用其勝。極於此歲。承平日久。吳曦盈尺之紙。足以驚奔列雉。李元勵烏合之衆。足以震擾三道。張福千人之衆。足以披靡群壁。虜闖梁洋三泉。如履平地。虜闖斷黃五關。如升虛邑。嗟夫。強幹弱枝之弊。乃至此極。是焉得無以變通之乎。臣嘗歷觀中興諸臣如李綱。嘗欲分長安襄陽建康爲三都。胡舜陟嘗欲析三京關陝爲四巨鎮。張守嘗欲以大河州郡倣唐藩鎮付之帥守。范宗尹嘗欲分畫諸鎮更不除代。李彌遜嘗欲假帥守事權以銷姦宄。雖多事之時。與今日平世事體稍異。然郡國削弱之弊。則百年間如一日也。況今所恃以爲捍蔽者莫重於四鎮。曰江南。曰兩淮。曰荊襄。曰四川。使三邊不

警。則尙可以紓歲月之安。而金夏蒙韃局勢漫異。殘寇未殄。又生他寇。四鎮之寄。蓋非昔比。自比年來。朝廷垂意乎此。責之專而任之久。若知所以重其事矣。然而其要又在於擇人。苟匪其人。則責之專适以益其過。任之久。适以厚其毒。旣得人矣。則當假以遂事之權。聽其所爲勿從中制。不道官吏。惟其所辟置。要害之地。守令可以委任責成。則久其考任而就加爵秩焉。省部皆毋拘以文法也。財賦得以專其出入。他司不得尙循舊比以掣其肘也。軍籍得以覈其虛實。戎司不得掩虛額以自豐也。屯田當復。民兵當核。忠義當招。皆可以隨宜經理也。規摹旣立。則如國初守邊之臣。或十七八年。或十四五年。或八九年。無所改易可也。稽其勞效。而即鎮遷拜。自從臣以上。雖貴極公師可也。其旁近諸鎮。又當豫蓄資望之人以擬其乏。如是則受任之臣事權專一。得以展布四體。責其成功。而人亦改視易聽。不爲朝不謀夕之計。可以應終而知敵。三邊隱然爲國長城。緩急有恃矣。此藝祖皇帝久任邊臣之成規。而中興諸臣因時損益之遺意。儻蒙陛下不以臣言爲非。即乞與大臣審議而速圖之。臣冒黷聖聰。拱俟蕭斧之誅。

了翁爲起居舍人。上奏曰。臣蜀之鄙人也。陛下過聽。權司注記。每朝侍前殿。即東廂從退。侍後殿。則侯宰執臣寮奏事畢。乃得過前。凡所奏陳。陛下所可否也。退而問所謂起居注。則歲月淹久。事情殊塞。問所謂直前故事。則須贊之臣。疑爲久曠。臣以記言司過爲職。而每有含毫閣筆之羞。竊有感焉。帝舜之盛。中外無虞。而臣儆其君曰。兢兢業業。一日二日萬幾。君戒其臣曰。勑天之命。惟時惟幾。蓋未有一日不兢業。一時不整勑。誠以起居動作之頃。莫非天命之流行。斯須之不存。而吉凶判焉。悔吝生焉。可不甚懼矣乎。而況今日之事幾微

旣著。兢勑未加。則臣所未諭。今請試陳其略。士風媮薄。世道頹靡。面譽背毀。心私迹公。此事變倚伏之幾也。師老財殫。幣輕物貴。常產旣竭。本根旣搖。此人心向背之幾也。民夷雜居。客主不敵。齊淮兩大帥乘閒異情。此疆埸安危之幾也。金酋初立。委政舊臣。斂戎息民。招携棄怨。此其志不在小。重遲不發。則情態叵測。脫請繼好。則從違皆難。此鄰寇動靜之幾也。韃使旣至。行人亦還。情僞未明。邀求難塞。土疆歲略。禮際盟約。旣廢講畫。而越國以名。戎交遠以疏近。示弱以誨盜。此遠夷利害之幾也。然則即是數端。豈誠無一事者。縱有識時務通國體之臣。乃不得措一詞于下風。使潛運密移。旨發兵舉。則有司因人成事。已不無曠官之愧。脫有不虞之事。實發于卒。則淪胥之悔。將不及追。是可寘之悠悠而不速圖之乎。臣今姑以事之關於節目者言之。沿邊也。田或請分樓歸附。或請雜募民兵。或請專招土豪開墾。而

徐責其輸租。豈無一可行。而累歲未能決。儲蓄日輕。或請增鑄鐵錢以平銅會。或請改給新會。以解折半抽兌之疑。豈無一可采。而累歲未之行。沿邊忠義人或請分處授田以瀸其饑。或請增招正兵以權其勢。或請以補正兵之闕。而自為一軍。沿邊功賞或謂判郡總軍。西垂忠義。皆嘗立功。而未蒙賞。或謂三邊將士有喝四五官資累至數十而無一真命者。或請帥守監司具其著者而授用之。將帥之選。或謂沿邊長官各舉所知。或謂以此攝。俟待其有功而後真授。或謂將非真授。則無以令其下。疆場之備。或請增淮戍兵之生券以厚其廩。或謂給沿邊之閑田以資其生。糧運一事也。或謂徙平江百萬倉於京口以省費。或謂增鎮江高郵諸郡賞格以勸功。大抵若此類者甚衆。不容偏以疏舉。然揆諸事體。則節目可舉者耳。或延訪有識之士精辯而衆決。或分界授任之臣審度。力行。皆非有所甚難也。今曠

日持久。且無成說。況有如臣之所謂事變倚伏。人心向背。疆場安危鄰寇動靜。遠邇利害。此皆目前必至之患。及今汲汲圖之。已不可謂之知幾矣。而不思所以應之乎。人之精力。終為有限。縱能兼覽徧察亦恐詳小遺大。竊見先朝舊制。或有弊事當革。則令侍從言語之臣條具聞奏。凡以察時幾而共天命。尊道揆而盡法守。萃衆思而廣忠益。兼於當否之間。足驗人才之實。此在故府可舉而行。臣愚欲望陛下速諭大臣思天命之難諶。察時幾之易失。稟取弊事久而未革者具以來上。斷自聖意。命侍從臺諫給授筆札。使退而即其聽治之所各盡所見以聞。陛下與大臣詳擇其中而力行之。則一事有一事之益。一日有一日之功。幾至能乘事來能應。不循偷於坐觀事會而聽其勢之所趨乎。拳拳之忠。惟陛下速圖之。

秘書省正字兼書上疏曰。臣竊惟事君之義。知無不言。臣效官金陵兩淮之事接於見聞者。敢為陛下略言之。國家平日以禮義待士大夫。固望其有伏節死義之風。以恩意撫將帥。固望其有捐軀報國之忠。以民之膏血養官兵。固望其為一旦緩急之用。而以臣愚見。乃無一足恃者。此甚可痛心也。近年以來。兩淮城壁。大略具矣。而守邊之臣。務以其說相勝。前者以版築策勳。自支郡而易鎮大邦矣。後者欲新其說。則必言浚濠之利。前者以山城不可移沿邊之他郡。而且罷黜矣。後者欲變其說。則必言移治之便。方虜未犯淮。知朝廷意在安靜。則爭進安靜之說。及虜既入寇。知朝廷意在振作。則競以振作為言。此其意但知迎合取寵。而曷嘗以宗社生靈為念。一朝有變。其能盡忠竭節。為國死守哉。是士大夫不足恃也。將帥之臣。稍知徇國而能與士卒同甘苦者。亦豈無人。然大率得軍士之心者少。而斂軍士之怨者多。慣帥之風。蓋有年矣。試營運之名。行朘削之實。軍伍之

中。怨氣滿腹。威足以鉗其口。而實不足以服其心。至於偏裨猶有寸長。尋務抑遏。不使自伸。疾之甚於仇讎。防之過於寇敵。非但御下為然。而諸帥之自相與者亦然。以勢相軋。以計相傾。有請于朝則迭為矛盾。脫遇緩急。則不復救援。師克在和。古有明訓。今乃不相輯睦。一至於此。何以辦大事立大功哉。是將帥不足恃也。國家財力盡耗於餉軍。而官軍之不可用。無愚智皆知之。開禧丙寅之事。棄甲曳兵而走者。皆平日厚廩於縣官者也。其間稍以立功自見。及捍扼關隘之人。大抵皆義勇民兵萬弩手雄淮敢死諸軍耳。近者調兵分屯遣將四出。而却虜師於中渡者。乃強勇軍之統轄者也。戎帥恥己不如。力加沮戮。且有節制民兵之請。幸賴朝廷堅執弗從。又欲自招土豪。助己聲勢。不知素養官軍。將以何為。是軍士不足恃也。此三者皆國家腹心爪牙之用。而無一足倚仗者。且上下相蒙。以言為諱。國將奈

何哉。夫欲救三弊，必有三策。一曰嚴帥守之選，二曰併大軍之權，三曰興屯田之利。所謂嚴帥守之選者，牧養之責，乃其職分，而今日事宜，軍旅爲急。宜擇智略過人，曉暢軍事，赤心體國，不敢爲欺者，假以事權，寬其財賦，委以軍政，責其訓練，仍俾久任，毋復數易。其有職事修明者，增秩賜金，以激厲其志；而不然者，責罰隨之。能否甄別，則士大夫爭於效忠矣。所謂併大軍之權者，沿江軍帥，其習於行陣、忠勇可用者，宜使守極邊，以展盡所長；其雖有小材不足倚信者，宜以漸汰去，毋徒爲姑息。統兵之政，攝官掌之，殺其權而損其威，行之漸久，舉官軍而併隸於帥守，無掊克之害，無忌嫉之私，士氣頓蘇，軍心悅服，而將帥之弊不復爲國家之憂矣。所謂興屯田之利者，官軍既不足用，則當以民守淮；欲民自食其力，則當以田給民。論者皆謂兩淮在官之田少，豪戶之田多，不知田雖在民，力不足耕，黃茅白葦，極目無際。官司若議田租之入，彼憚於輸租，而輕於棄田，則皆官田也。然後隨其多寡，量以給民，而助其耕種之資，將見屯田之利興，塞下之粟多，民兵之食足，而轉餉之費省矣。此皆今日至急至切之務，而三策之中，其處戎帥、行屯田二事，節目甚多，宜從朝廷行下制置司，詳加條陳，亟以上聞。勿事虛名，務求實用，誠理內禦外之良圖也。臣書生，妄論當世利病，發於忠誠，不能自已，惟陛下財擇。

駕部員外郎李鳴復奏曰：臣竊惟今日事勢，有可憂者三。金虜雖衰，猶積歲好不通之憾；韃寇驟起，每懷無厭及我之心。此憂之隱於外者也。湖湘之擾，數年而後息；江閩之寇，群起而未定。此憂之著於內者也。山東歸附之志，日久而日乖；國家豢養之費，日增而日廣。此其爲憂又介乎內外之間者也。在外者，隄防之嚴，吾藩籬，謹吾斥堠，來則禦，去則守，期於寧謐而已，無他議也。在內者，經理之，示之以必討之威，開之以自新之路，叛則誅，服則舍，期於平定而已，無他策也。惟介乎內外之間者，謂之順，而狼子野心未易測也；謂之逆，而鷙鳥戢翼未遽彰也。蠹耗我財力，而繆曰吾其助國也；竊據我城邑，而詭曰吾其扞邊也。又有可慮者，假韃以爲己援，于以要我也；道韃以迫吾境，于以恐我也。將絕之歟，是漢之削七國，祇以激其變也；將置之歟，是唐之待藩鎮，終於稔其禍也。高爵厚祿，有所弗惜；日給月廩，有所弗吝。寘之以天子之臣，將命而出。竊計陛下與二三大臣圖之熟矣。雖然，此特一時權宜之策，非萬世長久之策也。臣識見淺陋，嘗早夜以思，竊伏妄謂與其倚人而有自弱之勢，不若立我而爲自強之道。自古天下之勢，無常弱，亦無常強，顧所以用之者何如耳。周宣王任賢使能，內修政事，外攘夷狄，而周以強；漢宣帝信賞必罰，吏稱其職，民安其業，而漢以強；唐憲宗剛明果斷，能用忠謀，不惑群議，而唐以強。陛下不以臣言爲愚，臣請陳今日之急務，以舉其說。蓋臣之所謂自強者，非有甚高難行之事也，不過欲陛下勤於求賢，切於愛民，嚴於治軍旅而已。夫賢者，國之精神也，精神足則有餘用。漢得一汲黯，而淮南之謀寢；唐得一李勉，而朝廷之勢尊。端人正士，其有益於人之國如此。今衮冠布武，莫非委質之臣，而臨事應變，每有乏才之歎，陛下亦嘗思之乎？既思之，當知所以求之。自昔有爲之主，未嘗借才於異代也。激之則雲合響應，沮之則岩隱穴藏。陛下儻能明示意向，朝拔一人，必揆之於公論之所共予；暮去一人，必稽之於公論之所共棄，將見真賢碩能之士濟濟在列，而人才出矣。民者，國之元氣也，元氣充則有餘力。三代得其民而享國以久，秦虐用其民而二世以亡。民心之向背，其關於國家之理亂如此。今郡縣肆誅求之慘，田里多愁恨之聲，陛下亦嘗聞之乎？既聞之，當知所以恤之。苟欲恤民，莫先擇吏。郡得一賢刺史。則千里受其福。縣得一賢令。則百里蒙其利。陛下儻能大明黜陟。取其贓汙殘暴者寘之極典。斷在必行。求其勤勞撫字者旌之擢之。務在必舉。將見政平訟理之風布滿郡國。而民心安矣。兵者國之爪牙也。爪牙利。則有餘勇。壯士夜半登城。足以誅淮蔡之叛。宿衛不能受甲。無以禦范陽之寇。兵氣之勇怯其係於國家之安危如此。今紀律不修於平居無事之日。然咨常動於倉卒有警之時。陛下亦嘗知之乎。既知之。當思所以治之。苟欲治軍。莫先擇將。主將不惜財。則士卒不惜死。主將能同甘苦。則士卒肯共患難。陛下儻能嚴行刑賞。取貪饕無厭者黜之。雖大將有所不恤。擇公忠有勇者陞之。雖小校有所不吝。將見風采號令之嚴。散在行伍。而軍威振矣。自強之道不一端而足。而自強之實惟三者為先。賢才聚則精神可以折遐衝。民心固。則元氣可以壽國脉。軍威振。則爪牙可以

禦外侮。彼冦賊姦宄。知吾朝廷規畫得宜。措置有序。將斂衽退聽之不暇。尚何敢為難塞之請。以濟其無厭之欲哉。昔唐杜牧憤劉從諫何進滔驕蹇不法。乃作罪言歷陳三策。其要曰。上策莫如自治。牧之所謂自治。即臣所謂自強之說也。陛下聖學高明。洞貫今古。簡冊所載。龜鑑具存。故臣願陛下勿徒求之於人。當求之於己。勿徒汲汲於外。當先汲汲於內。上自人主。下至百執事。尊意講究。上自朝廷。下至郡國邊鄙。併力施行。行之一日。則課其一日之效。施之一事。則責其一事之成。在我者既立。在內者既治。雖以之肅清海內。鞭笞四夷可也。而何一方之足慮乎。臣一介疎微。不識朝廷大體。繆當轉對。輒貢愚忠。惟陛下恕而察焉。天下幸甚。

太府寺丞陳仲微輪對曰。祿餌可以釣天下之中才。而不可啖嘗天下之豪傑。名航可以載天下之猥士。而不可以陸沉天下之英雄。實似道婞諷言者罷奪其官。父之叙復。時國勢危甚。仲微上封事。其略曰。誤襄者老將也。失襄之罪。不專在於庸閫疲將。孩兵也。君相當分受其責。以謝先皇帝在天之靈。天子若曰罪在朕躬。大臣宜言咎在臣等。當布十年養安之往繆。深懲六年玩寇之昨非。救過未形。固已無極。追悔既往。尚愈於迷。或謂覆護之意多。尅責之辭少。或謂陛下乏哭師之誓。師相飾分過之言。甚非所以慰恤死義。祈天悔過之道也。往往代言乏知體之士。翹館鮮有識之人。吮甘茹柔。積習成痼。君道相業。兩有所虧。方今何時。而在廷無謀國之臣。在邊無折衝之帥。監之先朝宣和未亂之前。靖康既敗之後。凡前日之日近冕旒。朱輪華轂。俛首吐心。奴顏婢膝。而今奉賊稱臣之人也。彊力敏事。捷疾快意。即今日畔君賣國之人也。為國者亦何便於若人哉。迷國者進。惛憂之欺。以逢其君。託國者護恥敗之局。而莫敢議。當國者昧安危之

機而莫之悔。臣嘗思之。今之所急。不止於兵閫外之事。將軍制之。而一級半階。必從中出。斗粟尺布。退有後憂。平素無權。緩急有責。或請建督。或請行邊。或請京城。創聞駭聽。因諸閫有辭於緩急之時。故廟堂不得不掩惡於敗闕之後。有謀莫展。有敗無誅。上下包羞。噤無敢議。是以下至器仗甲馬。褒颯庬涼。不足以肅軍容。壁壘柵扞。樊篤漏。不足以當衝突之騎。號為帥閫。名存實亡也。城而無兵。以城與敵。兵不知戰。以將與敵。閫不知兵。以國與敵。光景蹙近。目睫矣。惟君相幡然改悟。天下事尚可為也。轉敗為成。在君相一念間耳。乃出仲微

衛涇奏曰。臣自去冬以來。數因奏對。冒進瞽言。仰惟聖慈察其受恩之深。無隱君父。特賜寬假。固已不勝幸甚。然臣之愚。猶有未盡。今茲輪對。用敢索陳。伏祈財幸。臣竊惟復讎之說。在今日誠所謂正論也。蓋君臣父子之義。不可以跬步忘。則復讎之說。其可一日廢。然為是

說者常有兩端。所謂兩端者。名與實也。名實之分。真僞存焉。真僞之別。禍福形焉。誠不可不察也。故務其實。則可以格天。可以感人。積之之久。可以雪大恥。可以還版圖。可以成大業。假其名。則天人之際終不可欺。而徒以耗國。徒以蠹民。姦諛得以肆誕謾。虛聲足以來實禍。非惟不足以成事。而反以貽患。是烏可不察也。臣請歷言之。何謂務其實。力贊其君父脩德立政。登用賢才。愛惜民力。收拾人心。厲坐薪嘗膽之思。循內修外攘之序。謀慮周密。圖回久大。若是者。一日有一日之為。一歲有一歲之效。邦本浸强。國力浸裕。而吾之所志自可馴致。此所謂務實也。何謂假其名。或欲圖富貴則借是說以竊據。而其存心初無惻怛忠愛之誠。其圖事亦無本末先後之序。名為富國。國未嘗富。而先失民心。名為强兵。兵未嘗强。而先竭民力。欲定大計。而不恤百姓於目前。欲圖大事。而不慮危亡於異日。為茫不可詰之言。

指蹤不可成之事。坐使邦國內空。盜賊並作。其所圖迄無尺寸。而國勢日以衰亢。卒將召釁以遺人主。前史所載。班班可考。此所謂假名者也。臣請舉其尤者證之。如蜀之諸葛亮。所謂務實者也。其為相也。雖名魏為賊。而先務閉境勸農。育養民物。辟田疇。實倉廩。修法度。理軍旅。庶事精練。蓋八年之久。國事悉治。而後北駐漢中。聲罪以討焉。使亮而無死。中原不患難復矣。如晉之景延廣。所謂假名者也。雖知臣事契丹為恥。而不知當以恤民固本為先。徒為大言以激强虜。謂吾有橫磨大劍十萬。大戰則來。而事力實無以禦之。終致禍難。為後世笑。此其相去何翅霄壤之異。豈非方來之明鑒哉。恭惟陛下誠心懇切。無一日忘宗社之恥。固天下之幸。而臣之愚深恐小人投隙伺間以售其姦。更願陛下以是二端察臣下之所安。則真僞將無所逃。庶幾圖事揆策。不至差誤。上有以成陛下之志。下有以慰斯民之望。

臣不勝區區憂國愛君之誠。不復自計。以竭其愚。

淮東轉運副使賈傳上殿劄子曰。臣一介踈遠。蒙陛下誤恩。前年秋條浙西憲司分閫合肥。又移漕東路。往來兩淮。有得於利害之實者。請為陛下陳之。臣伏見本朝與北虜講和之後。以淮為界。蓋國家之門戶。江浙之藩籬也。經理之策。前後失於講究者。蓋非一也。夫有國斯有土。有土斯有人。有人斯有財。此理之必然者也。今兩淮耕種鹵莽。地力不盡。謂之有土可乎。生聚苟且。民志不固。謂之有人可乎。田賦止收課子。上供姑且樁管。謂之有財可乎。不特此也。山水寨僅有虛名。萬弩手徒為文具。禁軍闕額補而未足。土兵巡警少而不招。凡此皆利害之實不可不講究者。紹興之初。和議新集。區處規模容有未盡。迨今六七十年之久。而猶地有遺利。民無固志。儲積守禦若不足恃。豈不甚可惜哉。欲望陛下明詔兩淮守令。詳議殿最之格。計田

萊之多荒者。勸之耕植。使地力以盡。計室廬之未葺者。誘之營繕。使民志以固。歲入課租。必以裕民而助國。上供樁積。必以糴米而實邊。山水寨莫不增修。萬弩手不廢教閱。禁軍無令闕額。土兵不致乏人。講究利害之詳。隨宜申請。期有歲月之效。永遠遵行。當無事之時。則可以嚴守備。遇投機之會。則可以贊規恢。此微臣區區謀國之忠也。惟陛下裁幸。

理宗時。知瀘州魏了翁上疏曰。臣愚戇少通。充員柱下。近者誤叨詔墨。今得與講讀諸臣。悉心啓迪。無有所隱。臣既陪入侍。復許直前。敢無一言以塞大問。臣聞。人性無有不善。而後世有性惡之說。人情莫不欲安。而後世有喜亂之說。非後之人不古若也。孔子曰。斯民也。三代之所以直道而行也。言今此之民。即三代之時所以是是非非公平正直而無所回遹之民也。然古而好善。今疑其惡。古而欲安。今懼

其亂何也古之人垂憲象魏屬民讀法其明白洞達日星垂而河漢流也登進而顯之敘情以閱之其真實惻隱示其下而下不以情事其上則非人類也自後世而猜防日甚塗其耳目也而曰以神道設教惡其議政也而曰不可使知之夫民至愚而神決無可罔之理今閉之秖所以擾之迫其譁然而不寧也則疑其性惡咎其喜亂嗚呼此民也獨非三代直道之民乎而所習廼爾則亦未有以通其志耳臣嘗以是求之而有未喻於今日者凡六事敢為陛下歷陳其目陛下自即大位中外翹首跂足以望治於朞月間而天心難諶事變狎至民不見德惟戮是聞向也寢尖於未然今然矣向也挑蛟於未噬今噬矣倀倀行為曾靡所臻有識之士往往相謂累朝初政降詔求言矧茲旰食之時必首出此而久未有聞為惑滋甚嘗詔侍從兩省臺諫卿監郎官日輪一員面對意雖甚美然踐祚累月方聞詔旨詔旨至今又數月矣而對者僅及十餘蓋由一句之間變日不坐御殿之日止引一班故對群臣之時稀疎寡闊若謂恭默不言則便朝講殿固如平日奚獨於求言聽言而用其簡也祖宗盛時受朝決事或至日中不遑暇食退食之後再坐引對或當假寧猶御便殿或引至四五班不以為憚臣侍先帝殿坳幾一年是時將倦于勤猶日御前後殿班引至再和顏屈己靡有厭斁此陛下之所親見也今始初清明顧在廷百執事且不得數望下風則凡見辭奏事封章扣匭更無由至前矣生於深宮之中不知稼穡艱難者固有之矣陛下習知民間疾苦今遽爾隔絕臣竊惑之半年以來都城之內但見屢捐賞金以捕妄言之人夫以妄言獲罪雖其自取然而未睹求言之詔但聞戢謗之令此非初政所宜有也昔人謂防民之口甚於防川蓋言以宣意使壅塞不通則一旦潰裂將不可復收故周以監謗之令削秦

以誹謗妖言之法亡漢晉隋唐之季大抵皆以災異見於上而不悟百姓怨於下而不知變起蕭墻遂就衰替陛下所宜明白洞達以是為鑒而忽不加省此臣之所未喻者一也陛下自即大位宮壺行三年之喪所以教民知孝簾帷侍五日之聽所以示民有尊矧又定省溫凊秉禮不違飲食起居禀命惟恪厥惟子職若無毫髮之憾者而臣猶有疑焉天子之孝以安國家定社稷為先故德為聖人尊為天子富有四海之內宗廟享之子孫保之此大舜之孝也今內憂外禍緝見疊作而陛下未躬聽斷以弭豪萌中外皇皇未知陛下所以為宗廟子孫之計而顧以承顏養體為是乎且姑舉一事以明之陛下之於濟王錫之桂符爵之茅土居之輔郡賚書季午恩意優渥非特以全兄弟之倫孔子所謂父母其順矣乎陛下蓋深體此意也然而為之師傅既無賈誼始終梁勝之忠謹視盜賊又無張敞保全昌邑之智不幸而見汙匪人以殞厥命而陛下未聞有愧謝哀盎輟食哭甚哀之意自三日罷朝之後其餘恤典雖略講行而人不盡知使陛下所以致孜愛兄之初心亦未能盡白於天下遂使訛言胥動併為一談且濟王之卒凡有耳目雖不睹聞而小民無知妄相騰播莫有奠居近在畿甸間猶不能家至戶曉遠而荊襄川廣襲詭承姧抑又可知萬一有盜小人乘間伺隙假託名字以為亂階雖亦終於自斃而目前滄炭無及於救臣恐古人所謂安國家定社稷之孝不若是也夫子曰斷一木殺一獸不以其時非孝也自春以來其為一木一獸不已多乎臣謂今日之所當明白洞達者蓋不止此而此亦動搖人心之大者今若內出手書深惟既往之悔明諭聖志而圖所以厚其終者使天下曉然無惑於浮言則日月之明其食其更莫不咸仰此所以通天下之志而銷禍亂之本何疑何憚而久不為此此又

臣之所未喻者二也山東歸疆河北請吏此百年所未有之機也然而不并收其田野不城池其郡縣而移其民人使之烏合蟻聚於淮甸間抗民之精華士之藉猶以未足也聽其剽掠境外以自衣食此前代之所不為李全分閫授鉞受任山東而倏往忽來靡有定鎮亦前此之所罕見然而尚有可諉者曰事無大小稟命朝廷全於辭誘請祠以明君臣之義執杖庭拜以伸制閫之威而二月丙侵之變人情憤鬱不平全於斯時復能引咎自劾追徐晞稷赴鎮全又屬櫜迎拜涕泣自陳此豈惟逆順之理曉然於全之心有不可泯亦以堂堂中國德澤在人心有陸梁則自貽翦滅此全之所以不為而況天下之惡一也惡於朝廷而保於我則出乎爾者寧保其不反乎爾且主帥被害而全無以活之則全為主帥亦將無以令其下此亦非全之利也全以忠赤來歸名聞夷夏雖其部曲亦皆能以勳業自奮第功

行賞當貴一將是豈肯詫一首惡以自隳前功若假以旬月全必有以自見臣謂若更自朝廷明白洞達推赤心以喻之使其逮殄凶渠以伸國憲則名譽垂諸簡冊祿澤及其子孫全非木石寧不樂為若其姑託空言而終無以自見則神人共憤曲直有歸如漢侯王如唐藩鎮縱能以阻兵怙惡假息於一時終亦以違理亂常覆宗於異日此在朝廷可以明諭此指而久不為此臣之所未喻者三也古今惟不次用人如傅說呂望之儔最非易事其次則莫若資望兼來董仲舒曰小材雖累日不離於小官賢才雖未久不害為輔佐蓋言不次用人必賢者而後可若以其小有才也而遂當賢者不次之任則不特已試而人固已逆知其必不勝任矣國家盛時儲蓄將帥先自遠路監司漸擢京東西淮南俟其績用既章則擢任陝西河東北三路及成都路自三路成都具有成績然後名為三司副使或未可驟則

就理資序遂升郡漕以備帥臣之闕大其資歷若此則民情吏狀士風物宜道路山川甲兵財穀皆已周知而悉容之其歷官既久積伐已多則中外知名華夷信服如是舉而付之方面授以鈇鉞則未用而人期之既用而人信之有所不為為之可使事半而功倍今也不然顧旨如意耳不必資歷僥倖嘗試耳不必譽望嗚呼人之易其言也無責耳矣人至於忠忱體國真實任事則圖惟國事之濟言慮所終事惟其是而豈肯隨聲附和以僥倖萬一乎臣姑以淮東近事明之臣以嘉定壬午還朝其於事始不及盡知但見應純之後為賈涉涉之後為許國國之後為徐晞稷蓋涉見疑於純之而代純之國見惡於涉而代涉晞稷見忌於國而代國皆以前者為不善也而後取其所不合者驟遷以救之然則寧保後之不非今乎美錦微物也猶不使人學製豈百萬生靈之命嘗試於數人之手而恝然不以動其

心乎竊窺廟筭本欲彌縫補隙鎮安人情而乘間伺隙者遂得以竊售其說前帥未敗則陰為傾擠之計不幸而言中則顯任彌縫之責故朝廷但謂別用一人則不諳本末未識意嚮如臣所數以冀暫安豈謂此輩徒務營私寧暇體國況其涉歷尚淺智識有限以亂救亂安有窮已此當及今明白洞達盡懲曩誤更用老成老成之人惟欲行道救時豈是好高立異姑未問其才略但資威望亦足鎮安今金陵未謀帥亦宜以是選擇諸鎮近輔未得人亦宜以是更張此可以三隅反矣而悠悠未決臣之所未喻者四也古者國有大疑則謀及庶人謀及工商漢議已狹於前李唐以降又不如古然而尚於相維之間默寓交儆之意中書進擬門下審覆尚書奉行而兩省之屬有給舍諫官尚書省之屬有長貳郎曹一政令之行經涉非一使之得以迭為正救進乎樞府雖曰本兵而同班分班厥有深旨又使臺臣

得以糾逖侍從得以獻納百執事得以封章奏對蓋以宇宙大物非一人智力所能獨運也熙豐以後宰掾始繁而三省之屬有不得其職者矣中興以來務為省併而三省體統者不能盡復承平之舊者矣至於近世則愈觀愈失往往事之已行雖侍從兩省臺諫有不及知方其未然常若不知迨其知之則既無及中外之所指目莫不曰食君之祿而轅駒仗馬曾不少伸豈知君臣上下邈不相接有一事焉中外沸騰遠近傳布而有位之士猶罔聞知但見府城增衛關市戢言始從而訪問焉則知其為有警也然且莫名其為何事問之同列同列不知藉曰知之十不一二是雖欲言而不得其要雖言而無救於事易曰尊酒簋貳剛柔濟也此言險難之時君臣上下簡易而相親也今事勢愈迫則上下之情愈疎蓋必曰博訪則張皇多言則漏泄百司各舉其職則多事於是諮謀之道益狹委任之才日卑是

不亦過憂之甚歟范純仁嘗曰今所用之臣多是老於患難獎之使進尚恐心志不銳思慮未周若是戒使遠嫌則顧避全身自防不暇此言最近人情最切今日而況家國之憂人人所同亦欲各盡所懷以圖國事之濟是豈張皇漏泄潔身取名之時若使上之人明白洞達以總大體以開忠益以清中書之務以盡百司之職則合衆智以為智事簡而慮周何為不可而必欲掩匿覆護智慮所不及精神所不逮則當斷不斷常有後時之悔此臣之所未喻者五也夫國之恃以立者人心也人心之所歸則明白洞達至公而無私也今平居無事以官資崇卑軒輊天下士以意嚮異同親疎天下士士而可以軒輊可以親疎則所得者寡廉鮮耻之人耳夫人幼而學之壯而欲行之今顧遏其欲而不得行徒使之浮沉俯仰充數備員夫充數備員而不能以伸其壯行之欲其勢必將以不得其職而去則又積歲累

月牢辭固拒必使之邪正雜揉心迹莫明是壞於天子之庭而後已如此而欲以得賢士大夫其決不然也八九年間邊不撤警財殫力屈十室九空而貪暴之吏以苛征趣辦為能根刷積負重催豫借攬科抑納靡所不有而以此欺朝廷曰吾能不費朝廷一錢一粒而用度無乏世安有是理然有可諉者曰此用之公家也而又以豐谿壑之欲又以供苞苴之饋蓋未償前債已迫後圖得失薰心罔有藝極所謂飾廚傳營土木事遊觀求贏餘又不與焉方幣輕物貴田里蕭條此何等氣象而必使此輩肆於民上人不以貪暴者為怨而歸怨於其上曰世未嘗乏才也胡為選擇至此如此而望民心之不搖又不然也夫士大夫同寅叶恭而後紀綱立百姓尊君親上而後根本固今皆無以得其心矣或者尚曰失士心民心皆無損於事惟不可失諸軍之心嗚呼世安有士心民心胥失之矣而猶可以立國也況

又物價翔踴廩稍不給士卒常有飢寒之怨功賞遲緩升黜不明士卒常有疾視之意而又以貪將債帥次第椎剝三衙兩淮近且不察褻瀆罪益呼叫莫聞而尚以諸軍之心為皆可恃乎三者之心既無一可恃則陛下孤立於上大臣孤立於下臣不知何所恃以立國竊意所恃者惟數有天幸爾穆侯曰天幸多矣今又以天幸自為常也陸贄曰幸不可以常覬也夫天命不顯其符俾有國者兢兢以自勉今不明白洞達搖開覬摹兢兢然圖所固結人心之本而恃天幸以為國此臣之所未喻者六也臣既能極竭其罷罷之愚條陳六者之所未喻以冀陛下明白洞達作新庶政以振國勢之久弱以舒人心之積憤尚慮知聞不廣包括靡竟無以仰裨聖斷臣復定為邪正之二端以翼其說而陛下試終聽焉臣聞之朱熹曰天地之間有自然之理凡陽必剛剛必明明必易知凡陰必柔柔則暗暗則難測故光

明正大。疏暢通達。無纖芥可疑者。必君子也。回互隱伏。閃倏狡獪。不可方物者。必小人也。臣嘗以是爲察言觀人之鑒。而邪正之辨。了不可掩。如謂人事有失。則天象譴告者。此正論也。謂天命不足畏者。邪說也。謂憲章法度。所當遵守者。正論也。謂祖宗不足法者。邪說也。謂丁寧懇惻。可以感動人心者。正論也。謂失在推誠者。邪說也。謂正人端士。可以扶持元氣者。正論也。謂賣直沽名者。邪說也。謂政令之行。當廣謀博訪者。正論也。謂徒亂人意者。邪說也。謂事變之來。當防微杜漸者。正論也。謂亟當禁戢者。邪說也。謂每旦視朝。孜孜訪問者。正論也。謂尊嚴淵嘿。使人不可窺測者。邪說也。謂勤恤民隱。哀矜庶獄者。正論也。謂峻法立威。使民莫敢慢易者。邪說也。謂親師講學。以立政本者。正論也。謂俗儒不達時宜。好古是今非者。邪說也。謂敵國外患。宜急於內修者。正論也。謂虜無能爲。賊不足憂者。邪說也。大抵正

論爲陽。邪說爲陰。陽開則爲春夏。高明而發達。陰闔則爲秋冬。冥晦而斂藏。臣願陛下以臣前所陳未喻六條。行之以明白洞達。爲目前補偏救弊之策。以後所陳邪正二端。察之於繚繞回互。爲自今考言觀人之要。則取捨之極定於內。而安危之勢應於外矣。詩曰。天難忱斯。不易維王。惟陛下汲汲圖之。

了翁爲禮部尚書。上疏曰。臣謂昔者周公朝諸侯於明堂。凡九夷八蠻。六戎五狄之國。皆位於東南西北門之外。無它。內夏外夷之道。然也。自東漢以後。控御失道。貪得務廣。至引而寘之於堂奧之內。蓋自馬援實開其端於建武。曹操復蹈其轍於建安。遂使昌熾盛大於永熙元康之間。而橫潰四出於永嘉建興之際。援之初徙降羌於近地。而勸以耕牧也。其意不過使之不相猜貳。而有以得其心也。操之分匈奴五部於并州諸郡也。其意亦不過使之有所統屬。而爲吾之用也。彼一時淺功近利之見。豈知其後日之禍。一至此耶。晉太康元年。侍御史郭欽上疏於武帝。請乘平吳之威。徙內郡雜胡於邊地。而武帝不能用。斯言也。距江統之建議。已在先二十年矣。以武帝平吳之威。乃不能洗空五胡於未亂之日。而江統顧欲以責晉惠帝於二十年之後。亦晚且難矣。而江統猶曰。早絕其原。尚得謂之早乎。臣側聞日者喪師之後。招納北人。以補軍額。且收召桀黠。以備奔走。華戎雜居。識者寒心。又聞光黃之間。或以搜求王檝爲詞。或以收買軍需爲詞。出入無譏。甚矣爭國之無人也。武夫重閫。未必足以杜其隙。翔乃聽其自爲出入耶。藉曰和好已成。南北一家。無用過疑。然自昔未有恃和好而弛邊防也。陛下剛明奮發。力行江統之言。臣已疑緩不及事。而又日怡月邁。委之悠悠。臣知無容足之地矣。子曰。人無遠慮。必有近憂。蘇軾曰。患不在千里之外。則患在几席之下。今患在几席矣。

惟陛下速留宸慮。詔京襄兩淮諸帥。詰以區畫之方。何所可以處降附。何策可以安反側。各任其責。條上。有不如言。致生他變。則請身任其咎。斷在必行。臣嘗記先朝范仲淹爲陝西河東路宣撫。上疏乞顧問大臣。如契丹可以保信。必不入寇。亦不與元昊連衡。乞令大臣同書一奏。納于御前。他日或誤大事。責有所歸。臣之責諸帥。猶仲淹之責大臣也。惟陛下斷而行之。

洪舜俞進故事曰。晉元帝建武元年。置史官。立太學。太興元年。帝親雩。初置諫鼓謗木。新作聽訟觀。二年。置博士員。四年。置周易儀禮公羊博士。帝親覽庶獄。

臣聞物有本末。事有終始。知所先後。則近道矣。先者事之所當急。後者事之所當緩。緩急先後。不失其序。治道何患於不舉。元帝承皇綱解紐之餘。宜思興起國勢。如拯溺救焚之急。顧乃以宴

平之大體治危亡之煉證以守文之常度制應變之危機故近世論者謂此何等時而舉不急之務訟觀作矣胡不築將壇以拜淮陰太學興矣胡不立武舉以招汾陽親奪之禮行矣胡不承帝尊而勞細柳博士之員置矣胡不造樓船而命將軍諫鼓謗木設矣胡不修車馬備器械以圖修攘之治是非數端為可略也典午綴旒胡羯扛鼎中原豪傑競起而逐鹿時之所急不在是也使當時內以經制國用為實政而不以練末為僅足之規外以嚴飭兵備為實功而不以玉冊為苟安之地晉其興乎厥今金甌雖無玷缺之虞玉關未有閉拒之策戰難於必勝守難於必固和難於必信而民力國計已俱至於窮不汲汲於豐財強兵先其所當急而論義理者多清談言政事者多細務拆裳補帶以為巧折柳樊圃以為固厝火積薪以為安脫有意外之警臣恐非雍容拱揖之所能辦也

歷代名臣奏議卷之九十八

歷代名臣奏議卷之九十九

經國

宋理宗時侍御史李鳴復奏曰臣近覩郎報趙范趙葵全子才並除三京留守中原故都盡歸版籍高宗皇帝三十六年經營而不可得孝宗皇帝二十八年圖回而不能有者陛下總攬權綱不一載而坐復之功光祖宗業垂後嗣此固薄海內外喜聞而樂道也然二使之歸自陵寢也得之身履見之目擊或謂所過丘墟寂無煙火胔殖橫道蓬蒿蔽空皆緣韃寇經行舉無噍類是以若此其為慘毒蓋亘古所無有也惟韃寇有亘古所無之慘毒故國家有亘古所無之機會以其絕無而僅有也人固喜之臣實憂焉臣前所謂得之易守之難又謂用兵一事不獨係生靈之休戚實有關宗社之安危即臣之所憂大略也夫中原之所至清野邊關皆知之特朝廷未知之耳襄帥之所主在和既不以實告而惟欲以和而兼勳淮帥所主在戰亦不以實告而惟欲以戰而奏績和戰之議不同其誑為之辭以牽朝廷之聽從則一而已逮夫和之說不售戰之說得行盡起兩淮之夫悉空兩淮之積移防江之戰艦以漕運撤防江之戍卒以出征驅數萬之師入無人之境捷雖屢至實未嘗戰也兵不接戰非所謂捷也臣恐或遇大敵勝負之勢未可知也此可憂者一也古之取天下者爭其所有餘不爭其所不足諸將皆走金帛財物之府是財即吾財也築甬道以取敖倉粟是粟即吾粟也衆願耕於野商旅願出於市是民皆吾民也今咸無焉所獲者空城耳必也散東南之財而後人可聚發東南之粟而後食可飽移東南之民而後田可闢貨可通川竭谷虛丘夷淵實臣恐枝葉未敷而本實先撥矣此可憂者二也韃與金交戰幾三十年金未嘗不守河也而其師不由河以濟未嘗不守

關也而其騎不由關以入未嘗不講和也而其禍不以和而解蓋其蛇吞豕毒之暴習性堅忍不滅金不止也今釁隙既開忿心必激迸者偏師相遇小小交戰而我軍已不支矣然其國酋將佐猶深居草地未嘗出也其出愈遲則其禍愈大將恐不擊藩籬而直犯吾之堂奧不爭臂指而直衝吾之腹心先備弗豫後悔無及此可憂者三也迩者朝紳建議謂宜沿江重鎮別除帥閫内以捍蕭墻不測之患外以消尾大不掉之勢不但防韃而已此萬世長慮也而廟堂弗之聽其心蓋曰吾有河可恃有關可守乘破竹之勢振拉朽之威北渡河可舉燕趙西入關可定秦隴車書萬里文軌一家又何必畫江以為限志非不大論非不偉也然進於前豈可不顧其後利於得豈可不虞其失令韃寇南來王師小衂亦可小警矣而斂兵據險之外沿江措置且復悠悠非獨沿江也當風寒之衝者京襄也子才握制閫之權未嘗至洛楊恢罷制閫之命乃使守襄聞諸道路子才與葵爭欲得開封為之故違命不行僅遣楊義以往義之敗子才之罪也萬一韃人直趨峴首徑擣江陵制帥遠在一隅將誰任其責乎沿江事體最重荆襄事勢最急儻不博採千萬人之公論而惟曲從二三子之私情當重者反輕當急者反緩其不敗乃事者鮮矣此可憂者四也向苦蠹財害民暴征橫斂未有不自用兵始漢武帝有征伐四夷之功其末也至於算舟車榷鹽鐵唐德宗有一平海内之志其甚也至於稅間架除陌錢冒其所不可而為之皆兵食為之累也今天下費用夥矣而猶斂不及民特恃有楮耳蜀楮創於天聖其後行之陝府行之熙河至湟鄯之取多出以助兵費其法大壞遂以新界之一易舊界之四又詔四十一界至四十三界更不收兌此崇觀間姦臣誤國可為萬世鑒也今京楮之出至二十千萬有零矣而印造未已蜀

楮之出至十七千萬有零矣而用度未足萬一楮價益賤艱於支遣又何以為策此可憂者五也臣之為陛下憂者五而未嘗一陳其策非無策也是在將與相而已夷夏有強弱而使其強常在中國者將也内外有重輕而使其重常在朝廷者相也使為將者知所以應敵又能以体國為心知所以足兵又能以愛民為務有持重而無躁急有謹畏而無驕盈則前乎三者之所憂庶乎其可釋矣為相者不以一時之近功為喜必以萬世之遠業為慮察民情之休戚揆國計之盈虛固其本毋徒逐其末理其内毋騖其外則後乎二者之所憂亦庶乎其可釋矣雖然臣猶有言焉益之告舜也首發其嘆而曰戒哉儆戒無虞所以重其事也而詳其所戒則言罔者凡五罔失法度罔遊于逸罔淫于樂罔違道以干百姓之譽罔咈百姓以從己之欲是也言勿者凡三任賢勿貳去邪勿疑疑謀勿成是也此皆戒詞也而終之曰無怠無荒四夷來王何也蓋天下歸往之謂王使人君能於是八者戒謹而無怠忽之心儆懼而無荒廢之志則自西自東自南自北雖夷狄異類莫敢不來王矣古聖賢講明治道本末有序内外有別而相與儆戒之際其嚴如此臣之所憂者吾將相事也益之所戒者八人主事也陛下德性高明義理融貫以所當憂者責之將相以所當戒者行之聖躬中興事業不難致矣臣非不知三京既歸四海交慶顧乃不能將順以贊陛下之美猶且憂危以動陛下之聽臣非過慮也自昔圖大功定大業者未有大福將有大禍必上自人主下至百僚曰將曰相若内若外謹之重之使萬舉萬全而後可不當以常事論也惟陛下加察

鳴復又擬輪對劄子其一曰臣聞善用天下者當使有久安之勢而不可徒有幸安之心勢未可以久安汲汲焉求其安猶之可也上下苟玩

而謂勿藥為有喜。中外苟且。而以厝火為無虞。變幸而息。則動色相賀。不幸而作。則搏手無策。為國若此。將恐客疾日盛。元氣日衰。而天下之勢不可支持矣。國家承五季分裂之後。合天下之異而使之同。平澤潞。平維揚。西取巴蜀。南下湖廣。東有吳越。北征太原。而後天下始定于一。其開創如此其難也。列聖相承。遵守家法。以仁厚為立治之本。以畏天愛民為保治之道。以進賢退不肖為輔治之要。其持守如此其謹也。自王安石變亂舊章。以失天下之心。而內勢漸弱。王黼童貫妄開邊釁。以困天下之力。而外患遂生。遄致靖康之禍。尚忍言哉。六飛南渡。所以為興復者愈難於前。奕葉纂承。所以為持守者益謹於昔。誠以中原板蕩。王業偏安。祖宗大一統之天下。僅存其半。其規摹措置不容不爾也。陛下嗣位今九年矣。試觀今日天下之勢。為已安乎。為未安乎。先皇帝更化以來。內撫外寧。天下有泰和之風。陛

下踐阼以來。內阻外訌。天下皆急迫之態。峒寇猖獗。未足問。平日安居省地。號為良民。乃至攻劫郡邑。相扇為亂。此何等祥也。逆酋僭叛未足怪。平日仰食縣官。名隸尺籍。乃至殺逐帥守。肆無忌憚。此何等證也。不共戴天之虜。寢遜為鄰。固不容不慮。新寇遠在沙漠。距吾國風馬牛之不相及。乃至撤我藩籬。破我門户。漸入我堂奧。此何等氣象也。謂宜如太祖雪夜訪趙普。問以南征北伐之事。宜如仁宗開天章閣召范仲淹富弼。給以筆札。陳當務之急。兢兢業業。猶懼弗堪。汲汲皇皇。猶恐弗逮。而陛下端拱無為。一聽大臣之籌畫。大臣寬緩不迫。一聽事勢之自定。臣竊為陛下凜凜也。今湖寇幸已息。閩寇幸已定。邊淮之寇幸已屏迹。近畿之寇幸已授首。然幸何可恃也。吾不能使之無變。變既作矣。幸而勝之。赤子相殘。不知其斃於鋒鏑者幾千萬也。是幸之中固有大不幸者在也。乃若外夷肆侮。幸而遏金之殘。

則侵軼以得遄。燧以殞。不幸而遇韃之強。則一軍下大安。而全蜀擾動。一軍過房陵。而荊襄震悚。幸何可恃也。吾素無以禦寇。寇既至矣。趨而避之。狼心無厭。不至於蠶食殆盡不止也。是不幸之中尤有大可憂者在也。今天下大勢岌岌矣。問之蜀。幾亡而復存。問之淮。幾失而復得。問之襄漢。存亡得失未判也。果可以為安乎。恃民以守。而民無常心。恃兵以戰。而兵無固志。恃人以運籌決勝。而畏怯者敗事。奮發者未保其成事也。果可以為安乎。及今勇為。尚可移轉。失此弗慮。何以圖全。臣願陛下思祖宗創守之艱。念宗社付託之重。日與二三大臣求所以為保全之計。屈天下之群策。毋謂遜志者為是。逆心者為非。任天下之賢才。毋謂貴要者必可用。疏賤者必可棄。民如何而使之可以安業。兵如何而使之可以禦侮。內勢如何其可振。外變如何其可定。以宴安為鴆毒。而力用其

戒。以憂患為藥石。而急為之圖。陛下勿專以謙虛一德為盡君人之道。大臣勿專以鎮靜一說為得宰相之體。公卿百執事勿專以緘默一生為了臣子之節。上作而下必應。君倡而臣必和。夫如是斯可以易亂為治。轉危為安。否則如彼泉流。淪胥以敗。將莫知所届矣。臣至愚極陋。蒙陛下擢置周行。歲在庚寅。首當登對。時以四郊多壘。民未安居。臣不勝軫憂。歷陳時政之三弊。秋八月朔。復當轉對。時以逆全狂悖。朝廷未忍加誅。臣不勝憤激。再進自強之三策。日月逾邁。今又二年矣。天下事變。有甚於前。而陛下規模。無異於昔。此臣所以重為陛下凜凜也。雖然。去幸安之心。則斯可成久安之勢。此在陛下與二三大臣亟圖之而已。臣不識忌諱。冒貢愚忠。惟陛下裁赦。

其二曰。臣蜀人也。三仕劍外。十數年安危成敗。身履而目擊之。今蜀困甚矣。用敢以塵聖聽。蓋蜀自開禧丁卯以來。屢經大變。始擾於僭

僞繼擾於殘虜。近又擾於新韃。自新韃入寇。日甚一日。而蜀之爲蜀大非昔比矣。丁亥之始至也。重兵扼西和。而西和不動。以大將留屯有以爲之備也。游騎寇同慶。而同慶不備。以郡將堅守。而又有援兵爲之助也。麻仲敗蚴程信退走。賊進窺七方而七方不恐。以蜀帥在石門。距關纔五十里。而人心知所恃也。惟武階失亡。賊至文陽境上。賴官軍土豪相與協力驅之而退。韃雖縱橫數月。其所破者惟一郡耳。四蜀無夫佔之擾。諸司無科調之急。列郡輸獻助而弗受。襄漢遣援兵而弗納。路帥欲招忠義而弗許。寇來則禦。寇去則備。蜀雖驚擾其根本猶未撥也。往歲再由大散徑至鳳集。蹂踐我疆土。要求我財貨。驅虜我人民。田遂轉戰。而官軍不知。李寔固守。而戎帥不救。未幾而勢窮力屈。鳳集陷矣。潘福以大將守關者也。不施一矢而倉皇以潰。郭正孫以路帥守城者也。不畫一籌而流落以死。潰卒反戈韃寇乘間而梁洋又陷矣。鳳集不守。天水必無以自存。漢中既陷。同慶必難以自保。所可重惜者。沔陽有複嶺重關之勝。曩時兀朮以百萬之師阨於分番迭射而不得進。今過之如履平地。西和有因山爲城之固。前日韃人以方張之勢困於長槍短箭而不得逞。今拔之如振槁葉。益昌有連雲危棧之險。往日巴提挍以輕騎窺蜀。僅至大安復輪不返。今自利而閬。自閬而果。長驅深入若踐無人之境。有險不備。而謂險不足守。有兵不戰。而謂兵不足用。四大將先退近郊。而竟不免於潰。諸大司先具舟楫。而卒不免於奔竄。六七郡之地徧科夫佔。又督步運於成都。督舟運於沿流。而終不免於乏食。寇賊有吮血剖肌之慘。官吏有剥膚及髓之酷。吁尚忍言哉。嘗觀祖宗視蜀如在殿角西頭。張詠治行優異。真宗遣使諭曰。得卿治蜀。朕無西顧憂。趙抃自蜀召還。神宗謂曰。聞卿匹馬入蜀。以一琴一龜自隨。爲政簡易。亦稱

是耶。二臣事業光明俊偉如此。不特蜀賴以安。朝廷亦賴以尊。此無他。任得其人故也。邇者丁卯之變。程松實當之。則自來倉遽。己卯之變。董居誼聶子述實當之。則自劍門過。辛卯之變。桂如淵實當之。賊未過險。則浮家之巨艦先下三峽。賊既過險。則倍道之輕車徑至合陽。從論其迹。雖五十步百步。不容相笑。原誅其心。則如淵之走計已定於半載之前矣。於四蜀奚賴。於朝廷奚益。此無他。任非其人故也。今陛下肆頒宸綍。易置帥垣。固公論之所共慶。然受任於敗將之手。人實難之。必申嚴紀律。使四大將守禦之兵畏我而不畏賊。必招集流離。使十數州豪傑之士歸我而不歸賊。此外閫寄。今之用蜀者當任其責。必朝奏暮下。而後帥司之賞罰足以使人信。必言聽計從。而後帥司之號令足以使人服。此朝廷之事。陛下與大臣當加之意。若夫預儲帥才以備異日之用。則臣願陛下以昔之得抃者爲法。以今之得如淵者爲戒。則全蜀幸甚。天下亦幸甚。

鳴復又輪對狀曰。臣洪惟陛下以天縱之資。進日新之德。嗣膺大寶。于今十年。災異薦臻。事變迭作。撫左則右動。鎮前則後起。亦艱乎爲力矣。而上賴祖宗二百年之積累。寧皇三十年之憂勤。恭聖仁烈皇太后九年之保佑。克自抑畏。不敢遑寧。用能易危爲安。轉禍爲福。如鬱攸肆虐。彗星示象。天心若震怒矣。今兩暘時若。則在天已有助順之實。連歲大水。往歲又旱。民生若憔悴矣。今秋稼告成。則在人復有熙然之理。內而寇盜昔也猖獗。而今也妥安。外而戎虜昔也憑陵。而今也帖息。此正否而泰。剝而復之時也。臣濫當輪對。再獲瞻望清光。顧何以爲陛下獻。雖然。竊有言焉。臣嘗讀孟子。見其有曰。國家閒暇。及是時明其政刑。雖大國必畏之矣。又曰。國家閒暇。及是時般樂怠傲。是自求禍也。蓋及云者。當其可之謂也。過是則無及矣。同是閒暇也。

及其時而明其政刑則大國有必畏之勢。及其時而般樂怠傲則在己有自求之禍。舉措一差禍福隨異。可不畏哉。今邊境暫寧。妖氣暫弭。而隱然猶爲吾國家之大患者韃也。通者廟堂先事而慮。介使繦機而應。于以息兵端於未動銷事變於方萌。由中及外咸謂吾君吾相軫念及此。自今可保無虞矣。而臣猶以爲未也。臣嘗精思熟慮察往知來。妄謂韃之情有不可測者二。有深可慮者一。昔契丹自改建國號以來。連歲騷動。至景德初元。舉國來寇。直抵澶淵。我真宗決策親征。射殺撻覽而和議始決。是見吾中國之不可犯而後和也。金虜自得志中國之後。殘虐婚勃乎其不可禦。我高宗匹馬渡江艱難立國。遂分遣諸將屢以捷聞而和議始定。是知吾中國之不可輕而後和也。曩歲韃擾川蜀。突過均襄。猶虎兕出柙。吾未嘗敢嬰其鋒也。決戰唐鄧。圍困汴京。猶螳螂捕蟬。吾未嘗敢襲其後也。無故遣一介

使。掉三寸舌於我。曷爲來哉。其不可測一也。景德初。和契丹也。歲幣約三十萬。至慶曆中。重兵壓境。復遣使求關南地。我仁宗命富弼報聘。雖以死力爭。僅塞其割地求婚之請。而歲幣則不容不增也。紹興之和金虜也。以徽廟梓宮未復。顯仁皇太后未歸。吾中國屈也甚矣。河南之地未割。兀术之師已來。自是屢戰屢和。至逆亮敗盟臨江送死。虜氣大沮。雖名稱少易。而歲幣則不能痛減也。今韃使之來。其爲說甚簡且易。未嘗邀索也。其爲詞甚卑且遜。未嘗妄自矜大也。雖云韃使。而實非真韃也。雖致韃之書。而且謂書不足據也。國書如彼。而專對如此。其然。豈其然乎。其不可測二也。歲在丁亥。韃嘗遣兩金牌議和矣。一至西和州。一至秦家垻。制司以狀聞于朝。繼承密委。欲正其名曰通好。夫有爭而後有和。吾與韃未嘗爭也。不曰講和而曰通好。可謂名正言順矣。然講和也。通好也。皆吾中國婉爲之詞。而

韃之意則不爾也。觀其金牌所載。自謂爲天所錫。狂僭殊甚。總其大畧。敵以一言。蓋欲臣妾我也。欲使吾國中盡行投拜也。嘗聞韃之所吞諸國也。不有其土地。不征其稅賦。惟許其投拜而已。其不投拜者舉無噍類也。既投拜矣。視之若其家然。倏往忽來。必聽其驅役。不容拒也。夫漢以和親結匈奴。所屈者和親而已。國朝以歲幣啗二虜。所費者歲幣而已。今韃之情既不可測。萬一移其所以用之它國者用於我。我其何以待之。此深可慮者一也。臣之爲是說也。非謂韃之使不可遣也。韃之使當遣。而韃之和未可恃也。韃之和未可恃。則臣前所謂明其政刑者。不可緩也。且夫惟辟作威。惟辟作福。政刑當自上出也。陛下既終禮制。猶服通喪。恭詣几筵。必有定日。固無所謂般樂矣。一號令之出。國體所關。一政教之施。風化所係。亦嘗少關聖慮。審其當否乎。陛下日御經筵。講論經史。退居閑燕。游戲翰墨。固無所謂

怠傲矣。官刑所以儆有位。八柄所以馭群臣。亦嘗斷自聖衷。見之施行。朝廷之上。四方之所視傚也。今精忠體國者無幾。而託公營私者有相摩也。慷慨任事者無幾。而蹈常習故者踵相接也。鯁論正直者愧古詩之稱。嬉樂宴遊。至形月牘之奏。是政刑不明於朝廷也。監司郡守。郡縣之所恃以爲安也。今苞苴之貢不絕於中都。是媚上之習未除也。估籍之令屢聞於田里。是剝下之風未革也。寡廉鮮耻者不足恠。以聲名自居。以循良見稱者。未能免也。遐方偏壘。不足問。號爲通都輔郡者。不能盡無也。是政刑不明於郡縣也。將帥軍旅。邊鄙之所恃以爲固也。今糧孔艱。師不宿飽。設若寇至。何以爲守。老弱相半。藝不素習。卒然遇敵。何以爲戰。將帥酣豢富貴。多養安於平居無事之時。士卒困苦飢窮。每疾視於倉卒有警之日。是政刑不明於邊鄙也。慶曆中。仁宗銳意求治。任范仲淹富弼。每進見。責以太平。既又開

天章閣召對賜坐。凡所條奏。悉見施行。卒之西北二邊。皆弭耳聽命。亦見吾中國有政。知吾中國有人故耳。陛下欲明政刑於朝廷。臣請以是為法。紹興中。高宗篤意民事。嘗諭宰執曰。監司郡守若能奉職。宜加擢用。若不恤民奉法。郡守令監司按劾。監司令御史彈劾。如此則上下有紀綱。不至委靡。大哉王言。真國家之福。生靈之幸也。陛下欲明政刑於郡縣。臣請以是為法。淳熙中。孝宗刻意武備。講屯田以周其防。托明陣法以一其號令。守邊則欲重其選擇。將則欲澄其源。持身甚廉如王友直。如吳挺。必加旌異。蠹壞軍政如秦琪。必加斥絕。虜不敢南牧。實自是基之。陛下欲明政刑於邊鄙。臣請以是為法。上而朝廷。次而郡縣。又次而邊鄙。乘此閑暇之際。亟為經久之謀。幸外患之未萌。思內治之當舉。有憂勤而無般樂。有謹畏而無怠傲。有趨事赴功之實。而無玩歲愒日之憂。紀綱森嚴。法度峻整。行之以堅凝。持之以悠久。雖以此平定中原。混一區宇可也。韃之和不和。豈足為吾休戚哉。往者庚寅之秋。逆全跋扈。朝廷畀之以高爵。啗之以厚利。又欲遣列衛之臣銜命而往。臣於是時適當轉對。妄謂徇人而有自弱之勢。不若立我而為自強之道。乃陳三策。上瀆四聰。既而賊計逆萌。王師順動。新塘之捷。自強之明驗也。今韃與全雖有異勢。而朝廷遣使。則同此一機。臣為陛下謀。亦同此一理。千慮之愚。或有一得。惟陛下察焉。臣不勝拳拳。

鳴復又論天變可畏人事當脩疏曰。臣昨嘗妄謂厥今要務莫急於邊防。相距秋風。已無多日。今秋風至矣。驗之天象。太白經天。流星晝隕。又流星出牛宿。占皆為兵。甚至流血千里。無非昭示其警戒之意。天變見於上。人事可不脩於下乎。而求之今日。竊有大可憂者。淮西所幸在和。其和也未足恃。京西淮東所謀在戰。其戰也未可保。沿江正副所重。在守。其守也未必固。蔡息之師。忽爾斂去。徐邳之寇。翻然退休。或謂倚盎實為之。此和之小驗也。然狼子野心。變詐百出。先之以小信。安知無大不信者。踵乎其後。就使邊將委順。而虜酋之命掩至。則順必變而為逆。介使雖通。而乖爭之議或起。則同必轉而為異。北向之師。此不以鄒伸之未回而止。則南牧之事。彼豈以王檝既回而息。臣故謂其和未足恃者此也。自汴京退走。而我師之雄膽已喪。徐邳再陷。而我師之畏心愈甚。禦失其道。狙詐作敵。勢實使之。鄭賊以唐鄧出數郡之兵。而不能克王賊以宿叛合一路之力。而不能討。大敵未動。先期已困。小寇弗戢。從玆寖觀。羌方倚李伯淵為腹心。不思養虎以遺患。趙葵亦置夏全於肘腋。不虞飽鷹之颺去。邊塵未起。而銳氣已餒。兵刃未接。而敗證已具。臣故謂其戰未可保者此也。長江之險。固天所以限南北。然有其人。則因風縱燎。足以成赤壁之勝。無其人。則擧帆直指。得以據建業之地。今沿江之重鎮有二。在武昌則張元簡。金陵則陳韡也。元簡志大而謀疏。談辯風生。若可圖大事者。然往歲王檝之來。道過其境。囊封論奏。無一字得實。他人不是問也。元簡身為閫帥。居料敵制勝之地。三軍之勝負。兩國之強弱繫焉。使大敵在前。而耳目昏塞如此。豈不誤事。韡任重而力小。茅山之捷。誠若有起人意者。然承累政蠹弊之餘。司存之積。戰守之具。蕩然一空。曩者寇賊犯淮。方且控告廟堂。抽回戍卒。抽回戰艦。窘狀畢見。手足俱露。萬一藩籬或撤。門戶何恃。臣故謂其守未必固者此也。外之所以為和。所以為戰。所以為守者如此。而一二大臣猶襲故蹈常。恬然不以為意。譬如駕巨艦於洪濤之中。一檝不擧。而聽其勢之自如。亦已甚矣。陛下慎四方之多虞。思萬幾之當理。並建二相。凡在政府者。皆以序遷。豈徒以示恩寵哉。待之也厚。則望之也深。任之也隆。則責之也。事而曠日不關於實務。徒事於虛文。此何等時。陛下所以擢任者何意。而因循苟且。虛度歲月。視曩昔又甚焉。設若邊庭有警。邑甲兵之問。日至廟堂。持見計無所出。案吏奉行文書。不過飛一紙密劄。令用心隄備。不得縱容一人一騎過界耳。臣縱司言責。竊觀當今事勢。外有可憂之形。內無可恃之實。懍懍以告。是之謂欺。伏望陛下念天變之可畏。思人事之當修。詢問兩府大臣何道而可以致夷夏之相安。何策而可以底內外之無患。禮文損遜。有無可以卻胡騎。若猶未也。蓋亦速圖其所甚急。安坐拱默。有無可以強國勢。若猶未也。蓋亦力行其所不速。陛下毋謂韃居草地。距中原凡幾何里。其歸也未必出。其出也未容久。若此虜一動。則人心搖矣。毋謂二相並命。足以股肱帝室。國是必由此而定。治效必由此而著。若此心不協。則萬事隳矣。臣之所言者。社稷之大計也。願陛下留神。

貼黃。臣竊惟陛下往者親攬萬機。選任一相。天下拭目以觀惟新之化。此一機也。然有更化之名。無更化之實。故治日以少。亂日以多。邇者九重深思。二相並建。天下傾耳以聽協成之政。此又一機也。必痛懲既往之失。恪謹方來之圖。而後亂日以消。治日以長。願陛下與二三大臣謹之重之。時哉不可失。此事不容再壞也。伏乞睿照。又臣竊見今日將帥不和。而多有相圖相陷之意。士卒不輯。而且有相竊相習之風。內不自精。何以禦敵。朝廷不明賞罰。何以御下。轉危為安。易亂為治。是在廟堂區處耳。然非同志合謀。未足以集事也。併乞睿照。

鳴復又奏曰。臣竊妄謂今天下有可慮者三。有可幸者二。有所當勉者一。金虜再亡。棄去巢穴。百年不得已之略。一旦絕之。國論壯矣。然斷地不殊。困獸猶鬭。邊戍未撤。糧運孔艱。彼之殘喘日蘇。我之事力日困。萬一俛首強韃。求償於我。適歲梁洋之變。蘄黃之擾。餘毒猶在。其可慮一也。韃酋崛起。異類相吞。朝家不共戴天之恨。若將假手焉。國憤伸矣。然兩虎共鬭。卞術莫施。一敵未亡。一敵已熾。況上借舟有難塞之請。關表突騎有難遏之勢。萬一得志中土。與我為鄰。視景德之契丹。建炎之女真。亦奚以異。其可慮二也。山東歸附。趨順舍逆。祖宗版籍之舊。談笑得之。國勢張矣。然狼心難保。鷹飽則颺。御得其道。狙詐作使。御失其道。狙詐作敵。萬一條籠不足以止其齧。銜勒不足以戢其暴。則跳梁之勢。華異之謀。近在肘腋。其可慮三也。夫是三者雖未有顯然目前之變。而實有隱然意外之憂。制治未亂。保邦未危。朝廷其何恃以為重耶。自昔國家理亂。每關乎天意之從違。我藝祖受天明命。奄有寰海。聖聖相繼。簡在帝心。雖厄運中遭。而大業遄復。陛下纂承丕緒。于今五年。洪水橫流。暴風為沴。變若異矣。引咎自

省之實既著。反災為祥之理自彰。南郊肇禋。景星炳煥。以此見天心仁愛陛下。警之戒之。又從而眷顧之。易之大有曰。自天祐之。吉無不利。此一可幸也。自昔國家安危。每係乎人心之向背。本朝以仁立國。以不嗜殺人為一天下之規。德澤旁流。淪肌浹髓。故雖屢經大變。而民心不搖。南渡以來百有餘歲。養兵之費用愈夥。取民之名色愈繁。勢窮極矣。陛下肆赦之旨纔下。蠲逋之令繼頒。傾耳德音。舉手加額。以此見人心愛戴陛下。可生可殺。而不可使為亂。孟子曰。得其民有道。得其心。斯得民矣。此二可幸也。由前三者而觀。其可慮如彼。由後二者而觀。其可幸如此。進言於陛下而曰如是亦足以已矣。不幾於諛陛下乎。夫天難諶。命靡常。則天心未足恃。民罔常懷。懷于有仁。則人心未可恃。此在陛下盡君道而已。夫所謂君道如之何。其盡也。貴為天子。富有天下。一日二日萬幾。固不容以一端計。而天下之本在

國國之本在家。家之本在身。則斷可以一理求心術念慮之微而周
敢不正。則施之於事無不正矣。暗室屋漏之隱。而罔或不謹。則見之
於外無不謹矣。陛下英姿天縱。盛德日新。其於斯道。固講明有素。然
聖化之成。本乎常久。躬行之實。初無上法。由格物致知充而至於治
國平天下。大學之道。君道之本也。陛下固熟知之矣。然必朝思夕惟
而後為盡君道。由正心正朝廷。極而至於遠近莫敢不一於正。董仲
舒之說。君道之要也。陛下固優為之矣。然必終始如一。而後為盡君
道。君道以務學為先。陛下延進儒臣。日侍經幄。雖堯舜之稽古。商宗
之師古。何以遠過。講說討論之餘。亦嘗體之於身。驗之於心矣乎。若
猶未也。是務學之道未盡也。君道以聽言為急。陛下廣開言路。日覽
奏篇。雖漢高帝之從諫。唐太宗之導人使諫。未足與比。犯顏逆耳之
讜。亦嘗痛自檃括。見之施行矣乎。若猶未也。是聽言之道未盡也。業

奏議卷之九十九　十四

業致孝。必如舜而後盡事親之道。翼翼小心。必如文王而後盡事天
之道。思天下之溺。必如禹。而後盡憂民之道。立賢無方。必如湯。而後
盡用賢之道。從而言之。吏稱職。民安業。而後理內之道盡。車馬修器
械備。而後理外之道盡。條章品目雖紛然不齊。而端本澄源。實自陛
下一身始。此所當勉者一也。陛下而能盡是道也。則天心眷於上。人
心應於下。道德之威日隆。仁義之效日著。有所弗為。為無不成。而何
三事之足憂。陛下而或不能盡是道也。則天心久而釋。人情久而急。
法度漸弛。紀綱漸廢。忖所弗動。動輒齟齬。而非特三變之可慮。臣一
介疏賤。從下國來。未知朝廷事體。惟以耳目見聞之陋。肝膽披瀝之
素。稽諸往古。揆之方今。僭為陛下陳之。陛下儻加之意焉。持之以有
始有卒。戒之以無怠無荒。日新而至於又新。不息而至於悠久。如是
而家不齊。國不治。天下不平。四夷不賓。臣未之聞也。雖然。欲為君盡

君道。欲為臣盡臣道。天下至大也。萬幾至繁也。秉本執要。固在人主。
輔贊彌縫。當在大臣。自古論治。未有不以君臣並言者。孔子曰。為君
難。為臣不易。書曰。后克艱厥后。臣克艱厥臣。蓋天下事。每患乎以易
心臨之。苟以為易。難將至矣。苟以為難。易斯至矣。如知為君之難也。
則無輕民事。無安厥位。乾乾終日。盡其所以為君之道。有一弗盡。則
此心弗遑。而君德修矣。如知為臣之不易也。則乃心王室。任重天下。
戰戰臨淵。盡其所以為臣之道。有一弗盡。則此念弗置。而臣職舉矣。
虞廷之賡歌有曰。元首明哉。股肱良哉。庶事康哉。此言君明臣良。則
舉天下事皆得其安者也。又曰。元首叢脞哉。股肱惰哉。萬事墮哉。此
言君失之叢脞。臣失之懈惰。則舉天下事未有不隳廢者也。臣不量
愚陋。併誦此以為獻。惟陛下與二三大臣實圖之。天下幸甚。
嗚復又上奏曰。臣竊惟蜀之有關外四州。猶朝廷之有四蜀也。蜀據

奏議卷之九十九　十五

上流。有四蜀而後朝廷重。四州介在關表。有四州而後蜀重。臣蜀人
也。三仕關外。伏見四州有合措置者。敢因對揚之頃。為陛下陳之。其
一曰復家計寨之舊。其二曰增忠勇軍之額。家計寨復。則老幼有保
聚之地。而人心安。忠勇軍增。則州郡有守禦之備。而人心固。蜀之形
勢以三關為險。隸于梁曰武休。隸于沔曰僊人。曰七方。而所謂階成
岷鳳者。越乎三關之外。今雖創天水為軍。而實則前日成州之一縣
也。四州之有家計寨。蓋昔時吳玠實為之。岷曰仇池。鳳曰秋防原。階曰
楊家崖。成曰董家山。是四者皆有險可恃。有泉可飲。又為之糧以食
為之屋以居。無事則寓于州。有事則歸于寨。自紹興以來。遵守不易
七十餘載矣。曦變之後。此寨四廢。本路帥臣懼其無以守也。力請于
朝。而城築之議遂起。故岷有城。鳳有城。河池亦有城。岷鳳之城是也。
河池距殺金平二十里。咫尺天險。而亦城之。其城也。又隨築隨毀。則

徒費耳。雖然此往事無以議為也。臣獨以為州既有城。而山遂無寨則城之所容者必民之所聚者衆。是一城之外皆無駐足之地耳。萬一有警。不死於兵戈。則斃於道路矣。有城以禦寇。又有寨以保民。則軍民兩利而人心自安。官司顧何惜而不為哉。蜀之守禦以四大將為要。僊人之外曰成曰天水沔戎司主之。七方之外曰階曰嶓利副司主之武休之外。曰鳳集。興元戎司主之。其金戎司則又各為一隅。寨通商發蔽捍梁洋者也。官軍之外。而有土兵。初以陝西弓箭手法籍民丁為之。關外曰忠勇。梁洋曰義士。金州曰保勝。其與京西之保捷。大率相類。可以攻。可以戰。以之而守。尤效死弗去。蓋有屋廬田業以係其志。有妻子骨肉以堅其心。其勢不盡力不止也。臣往歲以犒軍至西和。見其人品強勁。技藝驍勇。問其所管。僅一千四百餘人。此大郡也。而其數止此。階成鳳可知也。關外之塵賦輕而役重。民之願

為兵也。非以免賦。蓋以免役也。夫賦輕。則官之所獨者少。役重。則民之所利者多。儻能因其俗而行之。為之以漸。持之以久。則邊戍可減生券可罷。古者寓兵於農之意。不過如此。戎司有官軍以捍敵。州郡有兵民以捍城。則聲勢益強。而人心自固。官司亦何憚而不為哉。厥今強寇遠去。殘虜僅蘇。當外患帖息之時。正內治修明之日。原堡之增葺。戍卒之還屯。民生之勞徠安定。任蜀之寄者。亦次第施行矣。如臣所建二議。勢若緩而實急。雖無一時可見之功。而實有異日久安之勢。推而廣之。沿邊之地。荒廢尚多。若募民墾耕。計口分授。蠲其租賦。藉以禦邊。專意力行。厥效自著。凡臣所論。大率為守蜀計也。若夫用蜀以卷三秦。用蜀以圖中原。則有漢高帝諸葛亮舊規在。惟陛下擇而行之。

鳴復又上奏曰。臣至愚極陋。頃叨誤渥。濫守金城。竊見金之為郡最係極邊。上津一帶。緊與[illegible]號為鄰。西城漢陰。距長安不數百里。郡之所仰以為根本者城也。而無城不足恃。又所賴以為藩籬者關隘也。而關隘亦不足多恃。蓋金州皆有城矣。城之外。又有堤焉以捍水。城方而小。堤順而長。各不相關涉也。適歲帥臣有城築之請。朝廷下城築之令。一時任事者。心手欲速。不暇審思。由東而北。因堤以增築。而堤之上可以階而升。由西而南。飭舊以為新。而新城之創修。僅與堤接。故城之形如舟焉。如帶焉。首尾不相應。而其中受敵最為要害。故曰不足恃。金之關隘。守以官軍。雖以土豪星分棊布。非不周密也。然戎司所管僅八千餘兵耳。在寨者十之六。在邊者十之四。遞疊更戍。而土豪則於近邊之地役之。亦以千餘里之邊封。七十餘處之關隘。而僅守之以數千之兵。能保其無虞乎。故曰不足多恃。然則如之何。孟子曰。天時不如地利。地利不如人和。此言地雖有險。而所以保其險者

人也。軍民雜處。每有紛爭之患。若軍民協一。則斯有可用之勢。嘉定己卯。虜人從間道入寇。踰鶻嶺。破上津。抵蜀口。土豪全紹飛戰之於前。統制張信擊之於後。虜未出境。而兩相忌嫉。內自交攻。紹飛不旋踵死。而官軍之歸寨者半。況于河。遂起大獄。此近事也。往歲之冬。韃兵至長安。又至商洛縣。殘虜之奔逆於境上者。踵相接也。臣與權都統吳彥深軫前轍。同為榜累戒諭軍民。明夫守禦之方。曉以利害之實。使之併力防遏。互相救援。從則有賞。違則有罰。謀議既定。人心頗安。使後之主兵者。皆如彥也。是固可與共國事也。萬有一不然。平居冰炭之不侔。則緩急胡越之相視。兵自為兵。民自為民。其害將有不可勝言者。臣嘗精思熟慮。竊見沔陽雖為次邊。最號衝要。守以季措嘗假之以節制軍馬之名。繼以田克忠。又畀之以制司參議之職。朝廷規畫意蓋有在。儻能推夫用之於沔者以施之於金。將見臂指一

身車民一體，而和協輯睦之實無乖爭違異之虞，以守則固，以戰則勝，其於邊防利害實非小補。

嗚復又論執政無定見侍從多私情奏曰：臣不識忌諱，私竊妄謂今天下未有久安之勢，而士大夫皆有幸安之心，此風不革，危亡之禍至矣。韃之侵犯吾中國已幾十年，丁亥之變，至階文而反，三關尚無恙也，蜀以東未有警也。辛卯之變，西下大安，破利閬，東殘金、房，過襄漢，事勢已不能堪矣。然金猶未亡，韃特假道於我，志在金，不在我也。今三邊皆與我爲鄰，無金以牽掣其肘，無黃河潼關以限隔其勢。先之以和，和未定而挑之以戰，一變也。繼之以戰，戰不利而接之以和，再變也。臣謂和不足恃，戰未可保，當以守備爲急。凡所論奏，必切切然及之。朝廷但見目前之無虞，而不知意外之可慮，是以虛度歲月，雖變故遝來，而猶不之悟也。今日事勢非曩時比矣。四蜀國之喉襟也，襄若得志，蠶食殆盡，然後順流而東，則建鄴其殆矣。荊襄國之腰腹也，襄若掩至，以輕兵綴城壘，重兵瞰江面，則常蛇中斷矣。其於兩淮也亦然。此豈可以丁亥之抄掠、辛卯之經過，謂其倏來無足多慮也哉。陛下一念通天，露香精禱，每論及邊事，必動容易色，聖心焦勞可謂至矣。而宰執雖虛懷而無定見，侍從雖建議而多私情，以無定見之規模，聽多私情之論議，無怪乎外患日滋，內勢日弱，而未有以大慰天下之望也。且宰執以論道經邦爲職者也，謂宜把握天下大勢，使一令之出、一政之施，人心於焉感動，士氣於焉奮發。今朝以爲然，暮忽以爲不然；始以爲可，俄復以爲不可。群然聚議，莫知適從，卒之賢否混殽，用舍倒置，經國若此，何以排大難、建大業哉。侍從以論思獻納爲事者也，正宜主持天下公論，使一議之建、一策之行，朝廷恃以尊安，天下聞而說服。今衆機薦引，率多親戚故舊之私，隨事獻替

每有黨同伐異之意，高談正理，滿腹私情，卒之仍足以亂真，邪足以奪正，謀國若此，何以安國家利社稷哉。不特此也，四郊多壘，甲兵之間，日至廟堂，此何時也，而盛騶從之集，燕樂於天府者有之，輟湖山之游，獻酬於公宇者有之。彼賊之狡謀，固已視吾中國衣冠爲几上肉，排牆之禍作矣，而如彼泉流，淪胥以敗，猶恬然不以動其心，曾謂中國有人乎。天若祚宋，使兀术褫魄於金平，逆亮游魂於采石，此固萬世宗社之洪福，四海生靈之公願。然天意莫測，人事當修，非宰執定其規模，侍從公其論議，羣有司百執事孜孜然以憂國爲志，臣未見其可也。今日之事急矣，臣不敢援引古今，藻繪章句，直書其所欲言者以進，且不避形迹，不顧利害，蓋欲轉移士大夫苟安之習，相與扶顛持危，使天下大器泰山其安而已。詞拙而情真，惟陛下省察。

嗚復又奏曰：臣近者獲觀右丞相喬行簡累陳奏劄，殊切事情，備韃者十有五，目前所見者八，關於紀綱者一，切於近憂者三，謂切實須當速行，謂兵屯更當增創，措置未禁于以實邊備，團結保伍于以捍外寇，明久任之制，則有言，重考察之法，則有言，以至合江淮爲一，或開宣幕，或命督視，此尤關繫之最大者。使一一見之施行，轉弱爲强，易危爲安，特一反掌之易耳。然臣撮其大要，思之復有所當講明者二焉。蓋舉事而無其人，則事未必濟；辦事而無其財，則事未必成。進退人才，宰相職也；通制國用，亦宰相事也。爲相者能於是焉加意，則如前所論，皆可次第而舉，不但著之空言矣。不然，臣猶未保其往也。且脩車馬、備器械，邊庭急務也，任非其人，則曰棄雖出，徭未嘗失一人一騎也，曩雖驟退，未嘗亡一矢一鏃也，紿言以相欺，而朝廷亦莫能詰矣。實關隘、峙糗糧，邊境重事也，任非其人，則曰某處已遣戍卷，不憂其難守也，某處已饋運矣，不虞其不足矣，大言以相誕，而朝廷

亦莫可誰何矣。昔之謀帥者必儲才以為緩急之代。今亡矣。成敗寄之一人耳。昔之禦邊者必擇才以任牧守之寄。今亡矣。可否决之專閫耳。天下本無事也。自斯人猖狂妄作。經營分表。而國中始不靜矣。天下本無變也。自斯人互相疾視。激起事端。而境內始多故矣。五大在邊。動輒牽制。而欲舉行連章累牘之所陳。能使之捷如吾意乎。臣故謂舉事而無其人。則事未必濟。正慮此也。國家財用養兵之費居多。慮淮交之太賤也。給以京楮。楮印而不已。亦將為淮交矣。慮湖會之太輕也。易以京楮。楮用而無節。亦將為湖會矣。古人制國用。必量入以為出。今生之者寡。食之者衆。未嘗制也。古者無三年之蓄曰國非其國。今倉廩俱竭。府庫悉空。未嘗蓄也。歲歲營繕。有損而無益。如漕司科降數百萬。見之獄案。祗以飽官吏之溪壑。他可知矣。歲歲和糴。多出而少收。如虞一飛關出四百五十萬。身在囹圄。竟不許有司

鞫勘。他可想矣。姦弊日滋。公私赤立。而欲悉行連章累牘之所奏。果能使之百廢具舉乎。臣故謂辦事而無其財。則事未必成。又慮此也。易帥於臨敵之時。兵家所忌。然帥才不可不儲也。是國於多事之日。智者所難。然國用不可不制也。或曰。人才之難從古所病。試加搜索誰可屬大事者。嗟夫。何代不生才。用之則行。舍之則藏。惟患不求耳。韓信跨下一孱夫耳。因蕭何而奮。諸葛亮隆中一野叟耳。遇先主而起。張韓劉岳曷嘗借之異代。而自足以致中興之業。曾謂舉目無人而遂聽其自為驕肆乎。或曰。國計之辦。尤今所難。曩嘗集議孰為策之良者。嗟夫。生財有大道。為之者疾。用之者舒。則財常足矣。文帝崇節儉。得絳灌佐之。而海內富。武帝好征伐。有衛霍蠹之。而海內虛矣。紹乾淳豈專仰之楮券。而自足以給一時之用。果謂拱手無策。而遂聽其自為頹壞乎。故必搜羅人才。使之足以供器使。而後臂指運動。

無施而不宜。通制國用。使之足以濟事功。而後血氣周流。無往而不遂。奏篇之所議者數十端。而臣獨以二事振其機要。臣非過為異論也。數十端者有司之職。二事者宰相之當務也。為相而能務其所當務。則執要可以御衆。執簡可以御繁。而天下無不治矣。言之狂愚。惟陛下加察

歷代名臣奏議卷之九十九

經國

宋理宗時戶部尚書眞德秀奏曰。臣既以祈天永命之說爲陛下獻矣。區區愚忠未能自已。輒復陳之。已者王師深入。或者往往議朝廷之過舉。臣獨有以識陛下之本心。蠢茲女眞。殲我河洛。逾百年矣。厥罪貫盈。天命勦之。則九廟神靈所當慰安。八陵兆域所當省謁。偷安不振。是以弱示敵。撫機不發。是以權予敵。此陛下之本心也。以名則正。以義則順。議者之言。無乃過乎。然昔之進取者必先立規二以爲一定不移之計。故十年生聚。十年教訓者。越句踐之規模也。閉關息民。務農講武。三年而後出師者。諸葛亮之規模也。惟其規模既定。確守不易。凡二十三年之間。非圖敵之事則不爲。故越師一出而吳不能支。亮雖扼於強對。亦能自保其國。自嘉定四年冬。始得韃人圍燕之報。有識之士。知國家異日必與韃鄰。既與之鄰。必不能無隙。既與之隙。必至交兵。臣雖愚憒。亦嘗屢言於朝。使當是時便立一定之畫。日夜而圖之。如農之有畔。如工商之有業。則其家計之立也久矣。何至遺陛下今日之憂耶。而權臣苟安。不爲遠慮。邊民凋耗而無以生聚。邊兵脆弱而無以教訓。農政不脩。兵備不講。而於其間繕官府以文太平。受寶玉以侈符貺。欺愚上下。以固己權。陛下一朝總攬環顧內外。無一可恃者。平居支持。猶懼未足。況以之圖大事乎。且用兵莫急於人才。武將能否短長。臣久在遠方。未之詳也。姑以文臣知兵威望已著者言之。舉世所屬。曾不數人。以天下之大。而其才可以當制閫者寥寥如此。豈天不生才於今代耶。高才自負者類多摧殘而沮喪。中才可勉者未嘗長養以作成。是以彫零蕭索若是極也。昔仁宗時賢材最盛。而歐陽脩猶曰。今奔走四方惟一杜杞。使脩在今日又可勝歎乎。夫古之用人。必有副貳。而祖宗故事。儲帥材於監司。今內而金陵荊鄂。外而兩淮襄漢。僅求充數。已患乏人。況於副貳乎。以人材之乏。臣是以憂進取之難也。夫用兵莫急於軍食。臣在嘉定末。以使事至盱眙。歸以告先帝曰。聞者自揚而之楚。自楚而之盱眙。經行所及。凡數百里。平疇沃壤。極目亡際。重湖陂澤。渺瀰相連。而田野之民。又皆堅悍強忍。亡異兜驕脆之態。迨久住邊城。訪聞益審。凡兩淮形勢之利。如在目中。然後喟然歎曰。此天賜吾國以爲大江之屏障。使強兵足食爲進取之資也。今事變一新。政吾更張規模之日。謂宜及今並行經理。大脩墾田之政。顓爲一司以領之。力本務農。如周秦之用西土。數年之後。積貯充實。邊民父子。爭欲自保。因其什吾勤以軍法。不待糧餽。皆爲精兵。金湯之勢成。磐石之基立。則退足以守。進足以攻。先帝首肯。至于再三。使權臣有意爲國經營。選用得人。措置有方。不數年間。可以坐收成效。而所用守將。大抵非材。經理之方。未嘗介意。塞下之備。枵然亡有。一旦舉兵。方遠漕浙米以入江。自江而入淮。泝既久澀。又須陸運。其爲勞費。甚於登天。以軍食之艱。臣是以憂進取之難也。夫此二難。皆權臣玩愒之罪。非今日措置之失。今日適承其弊。而承三十年之弊。欲整治之。度非十年不能。縱令動斂兼倍。亦非三數年不可。以臣觀之。此正諸葛亮閉關息民。務農講武之時也。願陛下亟與大臣籌之。考亮行事而參之以時勢之宜。立爲規模。確然不易。其間因敵制變。固有活法。要當以收斂靠實爲上。外則張皇聲勢。不爲敵所輕。內則嚴護本根。不爲敵所致。臣雖愚憒。然向爲先帝言莫非恢拓之事。今豈自渝素論哉。時措之宜。聖賢所貴。惟聖明裁擇。

貼黃。臣竊惟今日承權臣極弊之餘。猶以和扁繼庸醫作壞之後也。其證危，其力艱。若一藥之誤，至于害事，則人將以責和扁而不責庸醫也。是代為庸醫受責也。兢業戒謹，尤當百倍。惟陛下與大臣垂意。與其用猛狼之藥，不若施平穩之劑。臣所謂毋為敵所致者，蓋兵法有致人不致之說。王師之出，若狡虜有謀，縱令深入，縱後據守險要，以扼吾之前；匿兵設伏，以衝吾之中；鈔絕餉道，以斷吾之後。則吾之進退，豈不為難。此其當慮者一。又或陽棄河南，若不嘗省。或一年，或二三年，吾必大為經略之謀。移兵屯，運金穀，置官吏，繕城池，竭東南事力以填無窮之壑。俟吾緝理之有緒，然後傾國而爭之。當是時，欲守則為力孔艱，欲棄則前功俱廢。此其當慮者二。又王師盡起，分據諸城，而內之守備必虛。萬一虜以輕兵綴吾諸城之戍，而經由他道窺我三邊，其將還師以自救耶，抑姑堅守而勿顧耶。根本之重，豈容弗思。此其當慮者三。兵革一興，調

度繁夥。公私之積，又極殫虛。不取之民，將焉從出。昔宋元嘉之政，寇于江左。而用兵曾未幾時，既令王公以下至于富民各致金帛之助。而科借之數，猥及僧尼。書之史冊，後以為笑。本朝宣和間，外內富盛，徒以燕山之役，令民出免夫錢。盜賊緣之而作。比年以來，民貧至骨。聖朝更化，首事撫摩。常賦猶或蠲除，豈忍橫有科率。而外間所需，例下州縣。州縣何從取辦，不過責之於民。彫瘵之餘，豈堪朘削。臣昨守溫陵，見沿江制司行下收買藤麻，所至皆以為苦。近至三衢，又聞漕司行下收買豬皮。衢婺之民，不勝愁歎。夫藤麻豬皮細事，少加抑配，已不堪。設或用兵連年，所須者廣，欲不為科斂，勢不可得。人窮好亂，奸宄乘之。憂在腹心，良非細故。此其當慮者四。劉裕伐燕，孟昶實贊其決。裕既北向，內地空虛，盧循徐道覆之謀，猶豫久之。晉得為備，幸而破賊，豈曰成謀。前事之

師，未容不鑑。此其當慮者五。以前二難并此五慮，臣是以輒獻收斂靡實之言。惟陛下察臣之忠，而非苟異。亮明良會聚，早定大計。臣不勝懇懇效忠之至。

參知政事兼知樞密院事喬行簡上疏曰：八陵有可朝之路，中原有可復之機。以大有為之資，當可有為之會，則事之有成，固可坐而策也。臣不憂師出之無功，而憂事力之不可繼。有功而至於不可繼，則其憂深矣。夫自古英君，必先治內而後治外。陛下視今日之內治，其已舉乎，其未舉乎。向未攬權之前，其敝凡幾。今既親政之後，其已更新者凡幾。欲用君子，則其志未盡伸；欲去小人，則其心未盡革。上有勵精更始之意，而士大夫之苟且不務任責者自若。朝廷有禁包苴戒貪墨之令，而州縣之黷貨不知盈厭者自如。欲行楮令，則外郡之新券雖低價而莫售。欲平物價，則京師之百貨視舊直而不殊。紀綱

法度，多頹弛而未張。賞刑號令，皆玩視而不肅。此皆陛下國內之臣子，猶令之而未從，作之而不應。乃欲闔闢乾坤，混一區宇，制姦雄而折戎狄，其能盡如吾意乎。此臣之所憂者一也。自古帝王欲用其民者，必先得其心以為根本。數十年來，上下皆懷利以相接，而不知有所謂義。民方憾於守令，緩急豈有效死勿去之人。卒不愛其將，校臨陳豈有奮勇直前之士。蓄怨含憤，積於平日。見難則避，遇敵則奔。惟利是顧，皇恤其他。人心如此，陛下蓋未有以轉移固結之。遂欲驅之北鄉，從事於鋒鏑。忠義之心，何由而發。況乎境內之民，困於州縣之貪刻，阨於勢家之兼并。飢寒之氓，常欲乘時而報怨。茶鹽之寇，常欲伺間而竊發。蕭墻之憂，凜未可保。萬一兵興於外，綴於強敵而不得休，潢池赤子，復有如江閩東浙之事，其將奈何。夫民至愚而不可忽。內郡武備單弱，民之所素易也。往時江閩東浙之寇，皆藉邊兵以制

之。今此曹猶多竄伏山谷，窺伺田里。彼知朝廷方有事於北方，其勢不能以相及，寧不又動其姦心？此臣之所憂者二也。自古英君規恢進取，必須選將練兵，豐財足食，然後舉事。今邊面遼闊，出師非止一塗。陛下之將足當一面者幾人？勇而能鬭者幾人？智而善謀者幾人？非屈指得二三十輩，恐不足以備驅馳。陛下之兵能戰者幾萬？分道而趨京洛者幾萬？留屯而守淮襄者幾萬？非按籍得二三十萬衆，不足以事進取。借曰帥臣威望素著，以意氣招徠，以功賞激勸，推擇行伍，即可為將；接納降附，即可為兵，臣實未知錢糧之所從出也。興師十萬，日費千金，千里餽糧，士有飢色。今之餽餉，累日不已，至於累月，累月不已，至于累歲，不知累幾千金而後可以供其費也。今百姓多垂罄之室，州縣多赤立之帑，大軍一動，厥費多端，其將何以給之？今陛下不愛金幣以應邊臣之求，可一而不可再，可再而不可三。再三

之後，兵事未已，欲中輟則廢前功，欲勉強則無事力，國既不足，民亦不堪。臣恐北方未可圖而南方已先騷動矣。中原蹂踐之餘，所在空曠，縱使東南有米可運，然道里遼遠，寧免乏絕？由淮而進，縱有河渠可通，寧無盜賊邀取之患？由襄而進，必須負載，三十鍾而致一石，亦恐未必能達。若頓師千里之外，糧道不繼，當此之時，孫吳為謀主，韓彭為兵帥，亦恐無以為策。他日糧運不繼，進退不能，必勞聖慮。此臣之所憂者三也。願陛下堅持聖意，定為國論，以絕紛紛之說。

監察御史吳昌裔論蜀變四事狀曰：臣蜀人也，每恨三十年間，蜀有危證而遠不得聞，聞亦不實。今臣冒當言責，用敢痛哭流涕為陛下悉言之。議者皆曰蜀經三變，一敗而失四堡者，董居誼之罪也；二敗而棄五州者，鄭損之罪也；三敗而委三關者，桂如淵之罪也。彼三人者職為厲階，固不勝誅矣。然前車已覆，後車不戒，徒知追咎於既往，不校變通於將來。綢繆之牖不密，而田甫田；洒掃之戶不除，而營分表北，納十三州之款，西結十八族之謀，家計不牢，狄難已至。於是掠成破鳳，殘沔燬梁，僉洋階文悉為蹂藉，劍以外骸骨相枕，劍以內室家靡寧，居者尚擔而去，仕者浮家而下，視昔日之變尤極其慘。使非青原抓注綴虜之後，三泉重屯振虜之前，成都援兵應援于中，則橫決潰流，蜀將莽為墟矣。嗚呼！力疲者弛擔，手亂者更局。今虜騎稍退之際，正吾圖用暇之時，所當緊作措置，密為隄備，其可因仍舊習，虛老歲時，而遂使蜀成不可療之疾哉！臣采之公言，揆之愚見，謹條四事以裨一覽。其一曰：實規模。自昔蜀之所恃，事在天險。昭烈欲衆拒險而老瞞遁，王平實圍守險而曹爽還，蕭懿立柵據險而元英走，中興諸臣率承此制，蓋以敵騎我步，敵衆我寡，平原曠野易於衝突，高山峻谷難於仰攻。頓兵於萬全之地則勝，致敵於坦平之處則敗。且

以近事言之：趙彥吶屯駐青野，曹友聞控扼大安，是據險而守要者也。張慶敗于河池，何璘退于北谷，是舍險而入平者也。今土地日蹙，事力日窮，秦鞏之交，不迫自止，莫若經理要害，收斂規模，分責武臣畫地而守。如紹興間，吳璘在沔，楊政在漢，郭浩在金，皆以戎司兼安撫，使有軍市之租以自饒，有坊場之利以自富，或立家寨，或營屯田，或遣正兵以守重關，或調義士以防支徑，不拘文法，而責以事功。其大安一屯，却令副戎分守，虜擊東則漢軍當之，擊西則沔戎當之，東西受敵，則以大安所屯應之。制閫畫護於益昌，土豪列置於五郡，待其托裏牢密，有備無患。遲以一二年，後而後還承平舊規，未為失計也。其二曰：審功賞。兵法曰賞不踰時，所以砥礪戰士也。然賞不當功，則下輕上爵。臣每見李綱諸臣論崇觀以來功賞謟瀆，身冒鋒鏑之下而不蒙卹，贓黨名權要之門而反被優恩，朱勔子壻未嘗從軍而受

上賞。劉延慶帳下望風先潰。而犒銀絹賞與太監。臣竊歎之。近聞蜀之第功。亦有此弊。麻仲之殁十年。而微賞方下。田燧之殞六載。而幽卹未行。李沖李寬嬰城死守。而恩僅及於兩階。楊杞呼延域力戰陷陣。而爵不踰於一級。甚至何進孤軍之忠義。陳寅舉家之功節。精爽若存。而恩榮未稱。往往與棄城僨軍者同科。人皆以是歸咎朝廷報功之太遲。而不知端坐外閫上功之不實也。大抵功賞之不實有四。以賄賂為重輕。則不實。以親故為高下。則不實。以僚屬先將領。則不實。以廝役廁行伍。則不實。有此四失。而又有徇情媢功之患焉。鶻嶺關之捷。或謂逐飢虜耳。而幕府上功。超陞三級。花石峽之戰。賞則三總管耳。而帳前唱犒普轉七官。軍紀不肅。何以示勸。臣恐自茲退虜之賞。平賊之功。或以強親愛將充之。則怨不得平矣。臣謂莫若審札副閫詳酌等差。有首功顯著者。即日保明來上。或輕重不同者。限半月審核以聞。仍自朝廷之上專置賞功一司。以時放行。計程遞發。使有家者得官給付。無後者召親屬繼絕。如此而軍心不悅。天命不昭。未之有也。其三曰。討軍實。蜀之軍籍消耗甚矣。在璘玠時。尤以十萬為額。逆曦一變。而逃亡僅餘八萬。張莫弄亂。而消折不滿七萬。辛卯以後。戰潰尤多。東軍最弱。最先潰。摧踏最勁。繼亦潰。背嵬選鋒最守紀律。又劇潰。豈前日諸軍利禦寇。而今乃利為寇耶。茅簷葦屋。暑蒸寒凍。而兵寨窮。蛀麥糙米。沙雜水拌。而兵食窮。破繒敗絮。襟捉肘見。而兵衣窮。平時口眷無以為生。脫或臨陣。而責其效死。難矣哉。諸葛亮曰。臣到漢中。朞年矣。喪曲長屯將七十餘人。散騎武騎一千餘人。古人於軍實幾若無日不討其數而申儆之。今兵籍之散者亡者傷夷者逃冒者。臣不知其幾矣。核實料簡。莫易此時。謂宜勅分閫之臣與總戎之將。取見正軍見在之數。而以良家忠義足之。稍復七萬人之額

撥為三大屯之備。仍與時其廩給。優其衣賜。葺其寨栅。還其老小。無使有飢寒內顧之憂。萬一狃獲。畏敵先奔。則用吳玠青谿之法。必誅無赦。彼將前則知恩。顧後則知畏。自今蜀軍誰有不用命者哉。其四曰。儲帥材。臣讀國史。竊見孝宗皇帝嘗詔蜀去行都萬里。人材豫當儲蓄。以備緩急。令侍從臺諫各舉忠藎明敏之士周知蜀利害者為都轉運使。繼又因廷臣之請。諭宰執令於從臣中擇一二人可備制置使之用者為安撫使。蓋蜀之帥閫實任六十州安危。或有疾病危急。必自朝廷除授。動經年歲始克到官。一去一來之間。至為利害之大。我孝宗所以留意都漕路帥者。皆欲以為制使之儲也。矧今事會搶攘。人情震蕩。如去年帥在原上。數月信息不通。或欲從中臨遣。則以為緩不及事。或欲就近選差。則未能盡厭人言。迫不得已。至有衆建便宜而漫差撫諭者。帥才不備。其弊至此。雖韋虜自退。舍師已下原。然四年驅馳者。常抱玉關人老之嘆。寸進置副者。屢上金城乞骸之章。若非宿儲豫蓄。參錯布置。求所以為輪代者。則倉卒臨事。何以應手乎。天生一世人才。自足供一世用。老成之彥固多。後來之俊亦不弱。蓋有班近星履而風力著聞者。曹利甘泉。而志節慷慨者。王遂也。舊鎮荊州而得江湖心者。父帥靜江而有牧禦才者。咸謂其人可當方面。陛下倘仰法孝廟。宣諭大臣。遴選試人。分遣使蜀。除以三路運帥。或為大藩守臣。如張浚召而盧法原自夔帥來。吳璘卒而汪應辰以成都帥至。取之近地。用以顯征。其視萬里之遙。至自一二年之後者。蓋有間矣。凡臣所陳四事。雖無驚異可喜之論。並皆着實可行之言。蜀人未嘗不言。而牽於私情。言之不盡。朝廷未嘗不行。而忽於疏遠。行之不力。臣懇懇款款不厭於言者。蓋以民生之不易。禍至之無日。不敢欺君上而負父母之邦也。臣恐一己之智。猶有未周。欲乞如淳

典故。令蜀士之在朝者。公共聞奏。毋以書問疏密而移其毀譽。毋以親讎厚薄而岐其愛憎。破朋黨之說。撤私吝之見。各盡至公血誠以救鄉國。仍乞陛下諭二三大臣精擇而力行之。則蜀雖刹爛之後尚有復平之期也。不然。衣袽未戒。而虜突再來。譬彼樓苴。將不知所寄矣。臣不勝拳拳。

昌裔又論蜀事催王遂入蜀狀曰。臣近者輒上奏章言蜀邊事旨條四策。次論三人。並皆罄竭心思。參伍聞見。奏之既久。而後奏陳。不敢顧衂人情欺罔天聽。伏蒙陛下特采臣言。命王遂以帥成都。除楊伯雨以總餉事。臣與蜀人聞之。感至欲泣。何者。蜀在萬里之外。常有遐遺之憂。今乃睠西顧如在幾邑。此聖人不泄邇不忘遠之盛心也。但臣論事一劄。幾千百言。對證處方。乃救蜀之砭劑。而側聽累日。未見施行。豈陛下留中而未曾付出耶。抑既付外而大臣不以衛慮耶。

遂既委以兩事。即合亟令陛辭。趣其趲程前去。庶早到一日。則有一日之備。而巽亟屢上。内引無期。臣恐夏潦一生。秋風一起。虜騎突至。而議者莫前。則是雖臨遣帥臣而無益于事也。總計既已改畀伯雨。即合下臣前章。俾令疾速之任。庶可點磨錢物。以備急缺支用。今伯雨既除。而癸仲未聞顯黜。臣恐舊者幸脫。新者控辭。過時失糴。軍食之興。則其徒黨必將諉責於易總之非計也。臣竊詳遂之遲遲其行者。必以專閫勞勩。或有易置之疑。癸仲之悠悠識罰者。必以上下交結曲為回護之地。所以言者愈急而聽者愈緩。蜀民之痛。不啻頃刻千古而朝廷所行。視為閒慢常程。臣竊惑焉。臣近聞韃虜破階。窺文欲為幹腹深入之計。又攻打蕃族。徑為間道取蜀之謀。悉計日深入。危不保。得制副丁黼書云。蜀人所以助錢助糧者。只買一箇不左袒。又成都憲張起良書云。西州助軍錢百以上萬緡十餘萬。且為一路人請令。觀此事勢。直可寒心。若或顧惜顏情。互持意見。以待危將亡之疾證。而作不緊不切之治。療將恐膏斷脊絕。神離本傷。蜀之命脈不至大斃不止也。臣憂切家國。用敢重瀆聰明。欲望聖慈特紓憂顧。亟將臣所陳四章宣示二三大臣。或行下帥閫。令作緊措置。早賜遂以内引。促其入蜀之期。併付伯雨以點磨。亟求裕蜀之策。所有癸仲乞賜鐫職罷黜。以慰蜀人公望。臣盡言及此。遑恤其他。謹録奏聞。伏候勅旨。

昌裔又論今日病勢六事狀曰。臣嘗端居深念。細察天下之脉。以為方今病勢有積虛之證三。瀕危之證二。垂亡之證一。若其他隨部而換形者。難偏以蹤舉。今之醫者例曰脉細而氣虛者補。脉大而形危者平。遂變證以治療而不窮本原以理之。至於沉頓促急。則諉曰無方藥可為也。其不幾於護晉侯之疾而却秦緩之醫哉。不信仁賢。則

國空虛。言國以賢者為精神也。往者趣召故老。旁招時髦。群集于朝。咸謂必成雨矣。閱時未久。氣數復離。有甫參政路而以殄瘁告者。有僅班資殿而以鄉郡歸者。有不拜從橐而奉祠還里者。有不受美官而引疾卧家者。甚至海濱忠清之老。屢詔而不來。臺省鯁直之臣。相繼而引去。更化所召。其留幾何。縱有一二留者。又皆嘅病沮抑而各有退心。既不能退。又不能遂。此何等氣象而見於盛時耶。無三年之蓄。曰國非其國。言國以貨實為根本也。往者三京之役。邊儲一空。收拾之令。帑金盡耗。已事過往。不可復追。若能省縮而用之。尚可恩補也。奈何事變錯出。征費無窮。省視之行。縉以七百萬計。襄梱之犒賞以五百萬計。沿江命帥以三百萬計。諸將招軍以二百萬計。蜀中撫諭亦以一百萬計。一兵之遣。一鏃之支。皆仰朝廷。不可枚數。而況三總經費。科降非時。諸路和糴。子本不繼。行齋居送。在在枵然。脱有方

十里之旱。又何以供餽乎。兵不精利。與空手同。甲不堅密。與袒裼同。古人無日不討軍實而申儆之也。今士馬物故。符籍單虛。成淮之兵殲於戰。防江之兵死於叛。荆楚壯士。十喪七八。山西勁卒。纔僅三萬。所招新軍。率皆烏合。而倚為捍衛者。一皆狼子野心。加以器甲朽戈矛鈍。蒙衝海鰍。舊制不存。蒺藜拒馬。古法不講。銳首擊剌之不利。克敵弩力之不強。凡中國長技。恬不之習。是不欲於以卒予敵乎。此臣所謂積虛之證三也。韃寇深入。譬之外邪。先侵蜀道。九郡丘墟。繼犯京湖。十州疲敝。焚燬我室廬。劉我民。野無炊煙。路有宽骨。甚者河南投拜之君。秦鞏羈窮之酋。皆假韃名。交闖吾圉。敵來而不知備。賊去而不知警。方且泛泛條具。悠悠歲時。議恢拓。則信喜功之人。謀欲戍。則靠求成之士。憂國者無所承而退。開疆者無所禀而行。行然漫不決之謀。而欲當飄忽難制之虜。臣恐今年所憂。又有重於去年矣。蠹

賊內訌。比之惡疾。蜀口四戎司之兵。遇敵輒潰。京西五州。一路見聞竊起。摧鋒踏白。向利禦寇。而今乃為寇。克敵忠衛。昔為王民。而今乃殘民。近者浙江鹽寇。又見告矣。長蛇封豕。薦食四隣。而飢虎餓狼。乃為蕭墻之禍如此。招撫以柔之。則長亂。剪伐以威之。則蹙本。若夫往來不問。而縱其橫行。至以國家諸位之官。而加叛服不常之將。豈所以懾天下哉。此臣所謂瀕危之證二也。然而外患雖危。內寇雖迫。有民與守。則危可安也。迫可舒也。今內外諸事。一切受病。惟有民氣纔息尚存。然數年以來。斵而喪之者亦多矣。六月征伐而困兩淮之民。連年科調而困四川之民。兩州歸附而困京西之民。十乘征行而困沿江之民。舟船結筏而困沿海之民。濠梁浚築而困荆湖之民。稅畝折納而困江湖閩浙之民。朝廷政令不詳審以遵行。州縣姦貪又貪緣以為利。故有朘民之膏以進羨。剥下之膚以覬遷。苞苴之禁漸寬。

寵賂之風復熾。自是牧養無良吏。而田里皆疲瘵矣。嗚呼。國事至是。民心愈危。今又以貪吏行暴令而速之。將恐瓦解之禍立至。不特阽危而已。此臣所謂衰亡之證一也。臣嘗讀國史。竊見靖康初李綱以時望居省府。楊時以舊學居諫垣。許翰以耆德為中司。胡安國以經術為右掖。崔鶠李光余應求以直道為臺諫。种師道劉韐宗澤以威重為將帥。一時人才。不可謂之不聚。京師兵十餘萬。諸道兵二十萬。河南北兵二十九萬。河東北保甲三十五萬。延豐倉積粟四十萬碩。天駟監戰馬二萬疋。宣撫造車千餘兩。京師棄砲五百座。衲襖粽衫之屬。一一皆有播管。則兵儲不可謂之不豐。然常勝義勝舉軍迎降。宗雄宗傑分道入寇。河冰一渡。而中土橫潰。遂不可支。是豈醜虜叛卒果善戰耶。蓋自花石綱之擾。而江淮之民怨。造作局之置。而二浙之民怨。輸燕山米。而兩河之民怨。科免夫錢。而諸路之民怨。本實先撥。

人憮不寧。其所由來。非一日之故矣。今陛下更化願治。持有意乎元祐之盛。而天下事變膠轕。不幸而近類宣靖之時。安危樂亡。直可凜凜。臣謂藥不瞑眩。不足以起沉痾。醫不倉扁。不足以弭外邪。欲望陛下去讒遠色。以扶植人才。克己節用。以愛養邦本。罷營繕土木之費。專以修車備器為事。省閑慢文書之務。一以備邊禦寇為急。而又君臣上下。兢兢業業。日以小民祈天永命為心。凡中外蠹國害民之政。一切寢罷。如此則可以回天怒而銷狄禍矣。謹錄奏聞。伏候敕旨。

貼黃。臣竊見履畝之令。朝廷不得已而行之。使行之而有益於楮。猶可為也。今令行已久。而楮價不增。則是敝弊果何益乎。臣訪聞畿輔之間。中戶盡數已納。而大家往往牽免。州縣長吏不惟不能體朝廷之意。而反以旁緣為私。故有促辦催入。而久不解者。又有那移他使而覬自利者。於不得已之中。為甚無已之政。

此則汙暴之實。民其何以堪乎。臣願陛下明降㢘旨。截自住催。促六路之民。戶知德意。其有守令占吝不以實上者。各許本路監司覺察以聞。庶幾吏姦可戢。民氣可伸。實非小補。

昌裔又論朝廷重輕狀曰。臣聞朝廷者天下之幹也。朝廷重則天下治。朝廷輕則天下危。天下之安危治亂。不在乎他。在乎朝廷之輕重而已矣。木之身正然後枝葉所附以立。人之本端然後支體所係以行。朝廷之幹強然後郡縣邊鄙所恃以無恐。衆著宗仰之地。不先正固立事。而欲以運掉天下難矣哉。近世以來。則幹弱本顛。而積輕甚矣。盜賊內訌。襄樊失據。封守之臣何所承王命而適。偏師出境。宿求歸疆。北伐之將何所禀朝算而行。自山以南漢爲重。爲帥者以何而退也。漢東之國隨爲大。爲守者以何而徙治。此帥守之輕朝廷也。郢州戎司節制於沿江舊矣。而懷異志者敢以公檟而數制臣之罪。金

陵騎帥共事於齊安久矣。而起擴心者至以文榜而聲帥閫之非。救襄旭將留以總戎重事也。乃不俟命而歸淮東。防海舊戎。檄以赴闕厚恩也。乃不受令而趨海道。此邊將之輕朝廷也。以債軍而議銜者乃造屋於武昌。以殘民而竄求者乃管軍於荊渚。丹書未雪者已經營幕府之辟。彈墨未乾者或僥覬麾節之求。此官吏之輕朝廷也。禁營之卒。屢出辭語以撼都人。江上之軍。時肆譁言以譟府寺。興沔戰散之士。以衣糧而罪狀總所。文龍招收之兵。以調遣而抗拒制司。此士卒之輕朝廷也。甚至窺隙而爭。見間而起。盜賊有輕王官之心。戰者自戰。和者自和。夷狄有輕疆吏之心。積此衆輕。牢爲一病。務相遏養。苟度歲時。此豈可不及其本哉。朝有耆艾魁壘之士。則威望重。有諫諍輔拂之臣。則紀綱重。禮樂政刑自天子出。則國體重。廢置予奪以王柄馭。則主勢重。令者國之重器。審重則君尊國安。令者國之重

權。居重則本大末小。戰守持重。不以輕試。則天下無殘民。名器謹重。不以輕授。則朝廷無倖位。兩河削地。宜以裘度處置得宜。三鎮革心。專以德裕威敕有體。是朝政之重在輔相。否則朝廷亡人而爲賊亂所輕矣。汲黯面折廷諍。而淮南畏。李勉不避彈劾。而朝廷尊。是國法之重在臺諫。否則國家失士而爲天下所輕矣。宿衛倡亂。而朝廷不虔窮治。故高歡還而結客。政刑廢弛。安知非所以啓姦萌。藩臣違朝而朝廷事柄不一。故從諫歸而益驕。事權錯出。安知非所以滋亂象。朝有變色之言。則下有爭鬬之患。號令數啓。則君命輕矣。上有自專之吉。則下有不遜之人。攻事獨運。則主威奪矣。上有克勝之佐。則下有傷害之心。佳兵弗已。則國危矣。上有好利之臣。則下有盜竊之民。惟賄是聞。則民散矣。臣竊謂朝廷者先皇帝之朝廷也。若使下之奸上。小之加大。士卒之陵主帥。匹夫之輕量大臣。皆非所以慴天下而

尊朝廷也。陛下若能審於立國。而戒臣之所謂六輕。強於爲善而取臣之所謂八重。以此而責廟堂。以此而勵臺諫。又以此而儆內外遠近之臣。有德必進。不任職必退。名器必謹。政刑必清。威權獨令必肅。使狙詐有所憚而服。夷狄無所侮而動。則國家尊安。廟社深固。厄於綴旒之天下。將復重於九鼎大呂。惟陛下慕臣此章於國中。而與二三大臣亟圖之。

昌裔又論救蜀四事疏曰。臣竊惟蜀寇深矣。蜀禍慘矣。以藝祖蕩平之境土。而今被天下莫強之寇。以高宗涵育之人民。而今遭振古所無之禍。紹定辛卯。虜闖利閬。利閬以外。本實未盡撥也。端平乙未。虜侵漢沔。漢沔以內。生聚未盡空也。迨至去冬。其禍慘甚。蓋自越三關破三泉。摧利擣閬。窺文撓巴。而利路虛矣。嫚潼遂殘果合。來逼懷安歸擊廣安。而東州震矣。屠成都。焚眉州。蹂躪邛蜀彭漢簡池永康。而

西州之人。十喪七八矣。甚重慶。下涪陵。掃蕩忠萬雲安梁山開達。而夔峽之郡縣。僅存四五矣。又況虜所不到之地。悉遭訌潰之擾。民假為潰。潰假為韃。而真韃之兵。往往借我軍之衣裝旗號。恐民耳目。而卒屠之。蓋雖荒郊絕島之間。無一處而不被燎原沸鼎之毒也。今連虜兵自退。境土漸歸。將士乘時。皆以捷至。然昔之通都大邑。今為瓦礫之場。昔之沃壤奧區。今為膏血之野。青煙彌路。白骨成丘。哀恫貫心。瘡痛滿目。譬如人之一身。命脈垂絕。形神俱離。僅存一縷之氣息而已。陛下乃睠西顧。不忘遠民。前命樞臣。肇建宣梱。取一國之望而用之。可謂得其人矣。然竊惟西事壞爛之極。賊氣未撲。江路未清。庾置懲期。宣梱悠悠。未聞被受。但得之親友書問。咸謂三邊虔劉。遺黎殲盡。而幾於無民。諸郡殘破。公私赤立。而幾於無財。軍伍逃亡。率皆為虜向導。而至於無兵。農業轉徙。不得以時耕耨。而至於無糧。以蕩

然虛空之事力。而當猖獗飄忽之虜寇。雖百亮復生。不能為蜀計矣。若非朝廷速調援兵。多給軍實。大明黜陟。通暢事情。如藝祖取蜀之規模。高宗保蜀之調度。遞急經理。以救顛危。則秋深路熟。哨騎再來。是亦坐待其斃而已。臣猥以書生。不識時務。誤蒙恩命。俾贊軍籌。凡軍旅之事。不可隃度。經理綜密。當從其長。而行惟事關于朝廷而脉絡相貫者。敢代臣臺為陛下言。謹具條列于後。

一。蜀兵舊以十萬為額。蓋皆關陜五路勁軍。中興諸將以抗金虜而護蜀門者此也。開禧之變。招填僅及八萬。己卯之潰。消折不滿七萬。端平以後。戰散尤多。臣參以前年所聞。止有三萬之數。迨今去冬虜騎深入。則亦籍散亡。愈不可詰矣。或望風退走。而奔竄於巴山。或遇敵奔潰。而衝突於內郡。稍假韃裝束。而摽掠於民財。有為虜向導。而焚燬於仕族。夫率軍心蠹壞已非一日。

不潰則叛。不叛則降。紀律蕩然。而幾不能軍也。嗚呼。國家百年竭蜀膏血以養兵。今也不能為國禦寇。而反資敵為寇。非所謂困民力以養亂耶。竊觀昔之帥蜀者。當軍政敗壞之後。則必取諸道之生兵。制一方之死命。如李德裕以安定軍來。溫造以河中軍來。高駢以天平軍來。我之中權。力渾氣盛。所以驕兵悍將莫不膽寒於心腹。況今蜀之兵籍零落無幾。而一二存者。又皆習為亮囘。則欲制此患。其可無本領以勝之乎。竊惟高宗之遣張浚宣撫川陝也。付以親兵千五百人。騎三百。及八字一軍以從。而諸將如劉錫趙哲王彥皆在浚軍。時東南事勢。非不孔棘。而猶且那摘調遣者。蓋以重上流之勢。陛下既以命浚之事而命臺矣。欲乞參稽典故。於江淮荊鄂撥一萬兵往援西蜀。以聽宣梱節制。則威聲彈動。勝氣畢張。遺民必曰。有天兵來。人心可恃以無恐矣。諸軍必曰。有外兵至。善屬不可以陸梁矣。此最救蜀第一議。欲乞睿斷施行。

一。蜀中財用之困。始於炎興。在趙開時。歲收三千三百四十二萬。而所支之數。乃多五十二萬有奇。在李迨時。增收三千六百六十七萬。而終歲所出。又多一百六十二萬。自是而後。入少出多。調度轉急。臣嘗以紹定一歲之數計之。所收二千四百九十二萬餘緡。已減紹興所入之一。所支五千一十六萬二千餘引。乃過紹興增支之半。前後總餉。卒歲之興。每以二千五百二十四萬之數。仰給朝廷科降。不啻如赤子之仰哺。此蜀賦本末也。今自虜騎深入。根本盡竭。又非前日比矣。制總兩司之積蕩於閬州。若漕帥司之藏蓄於廣郡。而公府之財舉空。富家中產之金帛席卷於寇。都鄙郊邑之窖藏焚棄於盜。而私室之民力空。最

可痛者沃野千里，蕩然無民，離居四方，靡有定所，耕畬不闢，堙務不脩，秋不得收，春不得種，不知兵食將何時辦，軍需將於何取給耶？有人此有土，有土此有財，未有無人而有財用者也。蜀之所產者茶鹽，今道殣相望，何有手食用之家？蜀人所仰者酒税，今商旅不行，何有手征榷之利？經常調度，無一可以指擬，而況經理殘破，去處費用百出，欲以赤手取辦，抑亦難矣。昔趙鼎之為宣撫也，乞錢七百萬緡、度牒二萬道、師號二千五百道、金帶二十條、絹三萬疋、米五十萬石，當全蜀富實之時，而朝廷撥助宣司猶且優厚如此，況今事勢蕭索，措手極難，若非朝廷於常年科降之外，檢照紹興舊比，特捐內帑金帛千萬餘緡，以為臣壅建閫之費，併撥剩湖米數十萬石，以為今年餉師之用，將恐財竭兵飢，米盡人散，而蜀事去矣。此又救蜀急切之務，乞陛下諭二三大臣速賜施行。

一、賞罰者國之綱紀也。蜀遠朝廷，人心易墮，必資刑賞，聳起精神。張浚之宣撫川陝也，應有功績，合推恩賞，必關宣司審實給告。胡世將之盡護蜀帥也，如遇黜陟，待報不及，許以一面便宜施行。賞罰信而事權專，所以役使群動，而訖濟艱難者此也。近年事體與此相違，僨軍棄城者以宥貸而罰不加，伏節死義者以無力而功不錄，猥充廝役者得以掛名而僥倖，親冒矢石者反以覆實而沮格，黜陟無紀，功過不分，所以虜騎一來，將士解體，少有為國用命者。且以近事言之，如曹帥之棄師喪地，兗童之撓政酷刑，狂士之行賕罔上，見於臺諫所抨，其罪彰彰，有不容掩者，方且覆護，不加顯黜，何以慰百萬之生靈？正戎之殁於刼寨，副戎之隕於守隘，制參之死於城郭，封疆見於諸處所報，其功，僥倖有不容泯者，方且遲疑，未行優卹，何以勵三軍之死士？今蜀大亂之後，當以誅賞為先，欲乞朝廷大明公道，望風退走者雖未盡誅，而衆所怨歸者亦合先議譴罰；隕身鋒鏑者雖未盡錄，而死節之明著者亦合亟用褒嘉。命德討罪，務令盡合天理，以收渙散之心。或如李綱所請，置賞功一司，專令樞屬兼領其事，如冒賞不實，許告推治，遇敵不戰，按法必誅，別立約束，行下，則士未有不感奮者，此亦轉移蜀事之機括也。

一、郵傳軍中之耳目也。蜀遠萬里，呼吸難聞，全藉置郵以通氣脉，故吳玠之宣撫川陝，嘗置軍期遞，凡有警報不過十八日可聞於朝廷。丘崈之制置成都，創擺鋪遞，凡有奏請不過三十五日可徹於都下。所以軍情達而民隱伸，壅蔽通而報應速也。近年以來，舊規寖廢，軍中之遞不以報邊警，而但為交賄之驛；川中之

遞不以通脉絡，而徒為寄書之郵。甚至以游士為承受，以幹僕為通進，事勢稍急，則曲為覆護，而不使衆聞；私書未辦，則動多稽留，而不以時發。不知軍事呼吸之間，有凶有危，朝廷應報之際，宜夙宜急，豈可以軍中之耳目，而徇人情之私計哉？然此特在外之郵傳然也。御前金牌向者半月到川，今則往往幾月而不至夔門；密院雌黃牌向者兩旬至蜀，今則往往三月而不達。諸郡差除之所以壅滯，應報之所以稽遲，科降之所以愆期，功賞之所以沮難，上下否隔，而日月淹延，皆氣脉之不通然也。臣願陛下留意西事，還郵傳於奏邸，而勿使私人得以熱報發之柄；考郵置於密院，而勿使諸吏得以愆報發之期。又如潼閫帥臣所請，欲以都司官知首尾者專一人報應蜀事，凡申請辟差，並許畫時擬行，此亦通導血脉之樞要也。

右件四事，蓋皆至切至急之務。故臣晝夜思慮，首進此說。而又有事之綱領存於德意志慮者，敢為陛下終言之。自昔多難之後，必有詔令以聳聚人心。如張浚之建行，既親書詔賜之便宜黜陟，又有詔賜川陝官吏軍民；胡世將之建閫，既以親筆賜之者四，又有詔戒諭將士者二。君臣之間，叙情問勞，如父詔子，懇意無間，所以二臣感奮，三軍鼓動，并謀合智，訖濟中興之功。蓋有忱辭實意以感人也。况今蜀變之餘，痛猶未定，授任之帥，擔荷拯難。所宜仰體紹興德音，內出一綍，一諭蜀之士夫。又宜仰遵高宗手詔，親洒宸翰，以付宣撫之臣，蠲積逋賦，以業流徙，埋胔掩骼，以仁死喪，貸牛借種，以勸耕農，錄忠卹孤，以繼絕世，生聚教訓，還定撫摩。少須過冬，虜不再至，則蜀雖蠹壞剝爛之餘，尚有否傾復存之理也。惟陛下與二三大臣亟圖之。

貼黃：臣竊見仁宗嘗御邇英，謂講官曰："程琳心行不中。"時王洙侍讀，聞之。然上性寬厚，琳後竟至政府，蓋仁宗無宿怒也。又見孝宗御朝，嘗指周必大曰："此人反覆。"時宰陳應誠進擬聞之。然聖度恢廣，必大竟蒙柄用，蓋孝宗能忘人之過也。人臣事君，各盡職分，一時雖致震怒，而終至簡眷不衰者，豈有他哉？君譬則天也，譬則父也。為人為子，雖有過誤，在天與親，不無譴責。然事定則止，怒久則回，豈終於怒而不解釋哉？臣謂朝廷犯顏敢諫之臣，即他日伏節死義之臣也。更乞以天地父母為心，仁祖孝宗為法，培養扶持，以壽氣脉，不勝幸甚。

起居舍人兼侍講牟子才上疏曰："臣聞蜀猶一大棊枰也。論蜀於今日，特有棊亡之形，則救蜀於今日，當有急切之着。亡形具而無急着以救之，則亦亡而已矣。蜀與吳相為存亡者也。蜀亡，吳亦豈能獨存？然蜀亡形已具，其可坐視無一着以活之乎？且漢中前撤米倉，後撤石穴，左接華陽黑水之壤，右通洮平秦隴之墟，實擁以為蜀之股肱，捍決以為蜀之咽喉，四嶽三塗，皆不及也。今為敵所據，則亡形成而人搏手矣。益昌之南，陸走劍，而外東西川在焉；水走閬果而去，適夔峽焉。西則遞文龍二州，東則會巢壁諸郡，而烏龍桔柏又在其前。歐陽詹以為九州之險，司馬光以為秦蜀之衝，四會五達，不可失也。今為汪誰所城，則亡形具而人寒心矣。夫有垂亡之形，而未至於遽亡；有欲絕之勢，而未至於遽絕。萬一遇急着焉，則亡可存，絕可續，蜀尚可為也。安可以為遂亡而委之於不可救歟？然當審觀時機，斟量局勢而得其說焉。一曰補軍籍之闕。蜀口右護軍，亦曲端、吳玠、關師古之遺，關西部曲也。舊以十萬人為額，休兵後有名籍者猶九萬七千餘人。安丙帥蜀，以錢糧數狹，沙汰為八萬人。後來事力不及，節節減七萬人。通忠義之數，猶為十四萬人。丙申以來，逃亡死損，所餘無幾。今以所聞參之，興戎司見管四千六百餘人，沔戎司僅及三千人，金戎司不及千人，利戎司約七八千人，此四戎司見管之數也。此外有嘉定安撫司所管慶定精銳兩軍及增戍之軍共五千餘人，利閬劍諸頭目所部或三四百人，或五六百人，瀘帥司之軍不及千人，巴州所管武進軍今止有二千餘人，得漢堡所部三百餘人，制司帳下安西保定飛捷先鋒等共一萬四千餘人，夔帥司不及千人。總而計之，不滿五萬人之數。今四蜀田畝，盡入軍屯；制總科名，悉歸大閫；商賈百貨，盡籠于官。十年之內，乃不能增添一兵以補舊額，真可痛恨。往事已矣，失今不圖，闕短呈露，愈見衰颯不振，非所以壯吾軍也。議者以為當招集新兵三萬人，朝夕訓練，以為進屯之備，且慰安田、楊二家，歲以其兵來助，亦可大張軍聲，或可背城借一，以卻敵騎。如此，則蜀尚可為。若憚勞惜費，慮不及此，敵必乘虛攻吾之瑕，則備多力分，莫能制其死命。不出三年，蜀之命脉絶矣。二曰籍義勇之士。四蜀近邊劍閬巴蓬次邊，惟渠達六郡，租賦所入無幾。議者謂莫若舉此六郡之民，依向來梁洋義士法，照逐戶税籍高下，或一丁，或兩丁，以至三丁，料揀為兵，却與蠲輸，或每丁與免家業錢三百緡，令其自辦衣裝，自置軍器。每十人為一甲，五甲為一隊，五隊置一副將，十隊置一正將，逐縣置一部轄，州置一總轄以統之。每歲春秋教閲，至防秋，則團結于逐郡城屯，就令守禦不測，聽制司調遣。其如錢糧，遇守戍則始與支給。至放散，則仍令耕以自養。如此則平時無養兵之費，而緩急有制敵之用。如閬米倉之南地名三會，去歲敵兵來侵，不循常道，惟於此處會合諸兵，分入它路，一屯向利，一屯向巴蓬，一屯向渠廣。以為當起六郡已籍之民，聚為一大屯，堅守此地，以扼熱衝，使先人有奪人之心，則蜀尚可為。若遲疑不發，敵復重尋舊路，會兵於此，不

惟六郡生靈俱屠，而為蜀之大計轉見繆誤。不出三年，蜀之命脉絶矣。三曰壯分屯之勢。敵據漢中，去歲出兵，乃越米倉以南。臣以創議欲調六郡義士分屯三會以却之，蓋欲阻其越險之謀也。今敵又城利，則劍閬乃其切鄰，豈可畧無敵障哉。議者以劍門天險，實為戶樞，昔守三關，無所事此。今既退守，險實可因。莫若分三戎之兵，併三小屯之卒，今及萬人，阻關為固，而遴選智勇之將，申出軍實而訓其不齊，以遏敵騎突入西川之路。大獲一堡，形勢雖斗險，然規模窄狹，不當要衝，止可以作家計，不可以禦敵兵。莫若於閬州境內，踏逐一險要去處，大為城寨，約可安萬人，與大獲犬牙相制，分調諸戎之屯，益以新募之卒，今及萬人，阻山為固，而遴選驍騎之將，晝夜閲習，以遏敵騎出葭萌之衝。兵法又云，兵及萬人之屯，而後敵不敢過。今若依數措畫，創為東西二屯，以相犄角，如連栖之雞，彼觸則此應，如常山之蛇，首擊則尾應，使敵之後騎進不得抵巇於前，退不能躡擊於後，蜀尚可為。若以無兵為解，使敵用此計，城利之外，又進此屯，不出三年，蜀之命脉絶矣。四曰奮挑擊之威。敵進七百里而城利，豈曰無謀。雖上下以運遣艱澁為說，然敵日課諸軍，人打三升糧，以備日食，而利以西白水一帶，又皆平疇，若種麥以待其熟，而漕以小舟，豈憂乏糧。議者以為當及糧道未通之時，與二麥未熟之際，常出游兵，以擾擊之，困其事力，絶其命脉，然後徐起而圖之。此計之最善者。挑擊之地，各有方所。守閬中者，當於葭萌、青山、木瓜等處挑之；守劍門者，當於白水、陰平、陪文等處挑之，伺其怠而為攻劫之圖，乘其機而行掩襲之策，使取糧之兵不得越足於吾地，而耕耨之夫不得施功於彼土。曠日持久，情見勢屈，遂可為我鎡基。如此，蜀尚可為。若置之度外，敵反用此計，出沒於劍閬之間，鈔掠困我，不出三年，蜀之命脉絶矣。

五曰固根本之地。敵自丙申以來，惟知嗜殺以逞威。逃難之民，値者輒死。父母妻子，駢首就戮，膏血原野，可謂慘矣。幸而竄伏，得免深山窮谷間，有存者，而孑遺之民，生意一旻。况十許年來，田畝之利，盡歸軍屯，而耕糴軍需之苦，反甚於有田時也。鹽酒之利，併歸制司，而過數增榷之害，反甚於無事時也。以至鬻雞賣貨，彰明鳥附，施黔叙永，盡入私囊，而商旅失業，怨聲載道，則又人所不忍聞也。既不能芘其死，又以戕其生。彼方計出無聊，而敵騎突入，不救之令甫下，誘餌之術甫施，凡民無知，苟逃性命，有不獲已，相率去之，計其數不下二三百萬人。由是南畝蕪廢，種類斷絶，雖間有脫身來歸之人，又皆室閭不存，人牛俱喪。雖欲自活，其道無由。今制臣初至，規撫一新。若擇精選縣令，專以招集耕農，課其殿最，戶口增多者爵之，數倍一及中者賞之，視舊有虧者罰之。布宣德意，勞來還安，分以未墾田疇，給以牛犁

種子直將目前一切無藝之征諸處科糴之擾分司兵作之弊武臣
捕官之害悉皆蠲除使離散之民復安於中澤逃潛之魚復止於深
淵喘息小定必能為國耕稼為國輸利為國留以易相與效死弗去則
蜀尚可為若不知愛惜敵用故智盡殄遺黎以去不出三年蜀之命
脈絕矣六曰嚴三城之守重慶為保蜀之根本嘉定為鎮西之根本
夔門為蔽吳之根本得人焉而守則金城湯池其勢鞏固萬一有一
守關者異志雖使忠臣義士固守其土亦不能止其行路買門之奸此
計若遂守將為其所得軍民為其所脅如辛卯之西和辛丑之成都
者有之矣今三城鼎立守備甚嚴尤當以腹心之士分守三城之門
議者謂關表土豪散居四方若能溫言說諭厚募招來官其頭目之
人示以功賞之信彼必欣然樂為吾用然相道里之遠近而分撥之
其在西州者就令居嘉城其在東城者就令居渝城其在峽外者就

令居夔城假以歷歷聽其營運比及秋之際尋令各守城門彼山西
之人負勢尚義必能感激思奮相與固守彼愛惜人家自為謀計必
能盡其死力相與固守一舉而利此為至計若棄而不用敵騎薄城
必行重賂以買門不待三年蜀之命脈絕矣臣區區愚忠去秋宜前
齎於貼黃力言韓宣雖守夔張實雖守渝俞興雖守漢嘉而防遏當
在上流又謂利閬之間當置一大屯是時敵未有城利之事也若聽
言稍施行一二雖不能大有所益或亦可以伐其城利之謀今
城已就矣險已盡矣事已無可言矣而臣憂國不能自已猶欲於舉
郡未定之時進此急著以治晨謀若猶以臣言為迂遠而欲專倚仗
於夔門一城以為保護吳楚實在於是此予囊城郢計也臣見唇亡
齒亦寒矣況夔之上流塞塞可涉之處不一而足萬有一踏淺渡江
轉戰而南則由施黔而趨鼎澧由鼎澧而趨江南置夔於不顧之地

則蜀非吾有矣臣去蜀十又七年日夜憂憤雖力弱才窮未能備戎
行致死命以報國家猶幸日覲清光可以吐露胸臆比因進講經筵
伏蒙陛下憂軫蜀道賜以清問至於再三臣雖隨問隨答言其大概
然積蘊未盡謹效魯女之悲偏采蜀人之論條為六策以俟清問陛
下鑒其愚忠而賜之施行不特臣之私幸將西土之實幸不特西土
之幸將東吳之大幸若夫輕觸天威罪當萬坐惟陛下赦之
試閣門舍人王霆入對曰恢復之說有二曰規撫曰機會顧今日之
規撫安在哉守令所以牧民而憂養之未加將帥所以御軍而拊循
之未至邦財未裕而橫歛之數浸浮軍備未豐而和糴之害徒慘官
有土地而荒蕪民困賦役而破蕩獄訟類成冤抑銓曹率多淹留薦
舉無反坐貪墨得以引類而通班按刺不徇公微官易以逞意而連
逮以言郡計則紛耗於豪囊包苴以言戰功則多私於親昵故舊至

如降卒中慶養虎遺患輕敵開邊以肉餧虎夫以規撫之功要者而
不滿人意如此臣敢輕進恢復之說以誤上聽哉凡臣之所陳者誠
播告中外之臣悉懲其舊而圖其新規撫既立然後義旗一麾諸道
並進臣力尚壯願效前驅惟陛下堅定而勉圖之帝稱其言可采
殿中侍御史李宗勉率合臺上奏曰蜀之四路已失其二成都隔絕莫
知存亡諸司退保夔門未必能守襄漢昨失九郡今郢破荊門又破
江陵孤城何以能立兩淮之地人民奔迸井邑丘墟嗚呼危哉陛下
誠能亟下哀痛之詔以身率先深自貶損服御飲宴一從儉放後
宮待食之女罷掖庭不急之費止錫賚絕工役出內帑儲蓄以風動
四方然後勸諭戚畹世臣隨力輸財以佐公家之調度分上流淮東
淮西為三帥而以江淮大帥總之或因今任或擇長才分地而守聽
令而行以公私之財分給四處俾之招潰卒募流民之強壯者以充

遊手以補軍籍。仍選沿流諸郡將士爲捍禦之圖。猶可支吾。不然。將水陸俱下。大合荆楚之衆。擾我上流。江以南震蕩矣。或謂其勢强盛。耳於講和。欲出金繒以奉之。是抱薪救火。空國與敵矣。

歷代名臣奏議卷之一百

歷代名臣奏議卷之一百一

經國

宋理宗時。進士文天祥上書曰。臣一介踈賤。遭逢聖明。猥以庸愚早膺親擢。世道悠悠。風塵澒洞。臣於其間。蓋嘗感激奮發。以爲由今之道。無變今之俗。一日有關於天下國家之故。懼無以辱使令。柱門四年。讀禮之外。蓋未嘗一日不思以自効也。乃夏五。陛下臨軒策士。偶垂記憶。起臣於家居。進臣於仕籍。臣伏被寵命。感激不自勝。追惟蒙恩之初。阻於朝謝。北望天路。輒奉表以聞。伏蒙聖慈。許臣詣拜闕下。德至渥也。臣就道以來。采聞國事浸艱。邊烽煩迫。陛下引咎責躬。改過更始。召還舊德。斥去元姦。凡可以當天意回人心者。無所不用其至。伏惟陛下不自神聖。猶親洒宸翰。誕布詔書。庶幾中外臣庶。危言極論。以有補於今日之政。陛下悔悟之意。上通于天。天下於此咸服陛下之勇。臣甫及趨謝闕庭。兩讀綸音。爲之哽咽下泣。君臣之義。與天地並立。况臣蒙被厚恩。非衆人比。使於此時泯泯默默。上負陛下。內負帝衷。尚何以飲食於戴履間哉。是用不避斧鉞。輒奮愚忠。條其說以獻。惟陛下財幸。一曰。簡文法以立事。夫貴爲天子。富有四海。垂衣拱手以雍容於穆清之上。至尊之體也。不幸際時艱難。兵革四起。俯仰成敗。呼吸變故。此非用馬上治不濟。今國勢搶攘。尚猶未至如馬上之急。然禍入腹心。事干宗社。陛下爲皇皇拯救之謀。不得不略倣馬上治之之意。今陛下焦勞於上。兩府大臣黽勉於下。君臣之間。不可謂非日討軍實而申儆之者。然尊卑闊絶。禮節繁多。陛下平旦視朝。百官以次奏起居。宰相揖遜出奏。從容不踰時。軍國大事。與雖陛下日夜與宰相汲汲而圖之。猶懼不蔇。謀王斷國之設施。尊主芘民之蘊蓄。豈能以頃刻之際而究竟之哉。陛下退朝之暇。雖時出內批。以與宰相商論。宰相又時有奏劄以出其建明。然天下事得於面論者。利害常決於一言。筆墨所書。或反覆數百言而不足。事機交㨗。寸陰可惜。使宰相常有此等酬酢。則一事之末。固有費其日力者矣。其於幾務。豈不有所妨哉。古者天子之於大臣。或賜坐。或賜食。或奏事至日昃。或論事至夜分。凡皆以通上下之情。為國家至計也。賜茶之典。五代時猶有之。惟國初范質王溥頗存形迹。此事遂廢。陛下莫若稍復古初。脫去邊幅。於禁中擇一去處。聚兩府大臣。日與議軍國大事。陛下賜之款密。親是非可否於其間。衆議惟允。則三省晝時施行。上下如一。都俞吁咈之間。必將有超然度外之舉。天下何事不可為。何難不可濟。至於除授。尤有關繫。且如近者重臣建閫之事。方帥海門。隨遷建業。甫鎮建業。又遷上饒。布置變換。如奕碁然。命詔辰行。奔命不給。大者措畫之如此。小者遷徙之更多。人無定志。事無成謀。

當此艱危。豈不誤事。繼自今始。陛下宜與大臣熟議其人。備其職。其人任其事。人物權衡。當而後用。朝廷命令。具而後發。始此。則觀聽者不至皇惑。驅馳者不至遲回。人知其令出惟行。則無輕朝廷之心。士大夫知其可以展布四體。則鞠躬盡瘁而無所觀望。其於國事。決非小補。又如用一人也。或出於陛下之拔擢。或出於宰相之啓擬。中書已費行移。後省方及書讀。或有不當。又至繳駁。比其不繳駁也。則書黃徑下。其人徑受命矣。臺諫始從而有所指陳。是致國論紛紜而內外職守遷移如傳舍。施之平時。雖有體統。用之今日。恐誤事機。臣愚以為陛下宜倣唐諫官隨宰相入閣故事。令給舍臺諫從兩府大臣日入禁中聚議。其有不可。應時論難。不使追有後言。如此。則國事無聚訟之譏。宸命無反汗之失。事會無濡滯蹉跌之悔。豈不簡便易行哉。若夫中書乃王政之所由出。宰相之事。又天子所與論道經邦而不屑其他者也。今宰相來於倉卒之中。而制千里之難。立於敗壞之後。而責一旦之功。此雖敵手。未能以大有為。須是博采四方之論。參畫天下之慮。而後不憒於事。側聞軍期文書。填委叢積。宰相以其開誠布公之歲月。弊弊焉於調遣料降之間。侍從近臣。且日不暇相接矣。諸葛亮以區區之蜀。抗衡天下十分之九。究其經濟大要。則曰集衆思。廣忠益。今衆思不暇集。忠益不暇廣。宰相不得已。竭其一心。役其兩耳目。日與文書期會相尋於無窮。此豈其才之不逮哉。我朝三省之法。繁密細碎。其勢固至此也。柳宗元有言。失在於制。不在於政。為今之計。惟有重六部之權。可以清中書之務。今六部所司。絕是簡省。其間長貳。常可缺員。莫若移尚書省六房隸之六部。如吏部得受丞相除授之旨。而行省劄。兵部得稟樞密調遣之命。而發符移。其他事權。一倣諸此。而又多置兩府屬官。如檢正都承之類。使知蜀事者

置一員。知淮事者置一員。知諸路事者置若干員。兩府日與其屬劇切講畫。以治此寇。而文書行移不與焉。如此。則大臣有經畫之暇。可以日見百官。以及四方賢俊。酬應簡則聰明全。心志一。則利害審。塞禍亂之路。開功名之門。當自此始。惟陛下思之。二曰。倣方鎮以建守令。天下大患。在於無兵。而無兵之患。以郡縣之制弊也。祖宗矯唐末五代方鎮之弊。立為郡縣繁密之法。使兵財盡關於上。而守令不得以自專。昔之擅制數州挾其力以爭衡上國者。至此各拱手趨約束。捲甲而藏之。傳世彌久。而天下無變。然國勢由此浸弱。而夷狄遂得恣睢於其間。宣靖以來。天下非無忠臣義士強兵猛將。然各舉一州一縣之力。以抗虜鋒。是以折北不支。而入於虜。中興之臣。識循環救弊之法。蓋有建為方鎮之議者矣。然此不圖。因循至今日。削弱不振。受病如前。及今而不少變。臣不知所以為善後計矣。今陛下命重臣

建宣樞節制江東西諸州官民兵財盡與調遣廟謨淵深蓋已得方鎮大意矣然既有宣閫又有制司既有制置副使又有安撫副使事權俱重體統未明有如一項兵財宣閫方欲那移諸司又行差撥措揮之初各不相照承受之下將誰適從今日之事惟有略倣方鎮遺規分地立守為可以紓禍且如江西一路九江興國隆興與鄂為鄰朝廷既傾國之力以赴之姑所不論惟虜之至湖南者已宿堂奧此外八州其措置不容苟簡八州之中廬陵宜春最當衝要雖之為兵其法常有所避避八桂則出清湘避長沙則出衡陽今宜春見謂有兵惟廬陵猶此無備今堅攻瑕棄實擊虛雖既以此為得策則夫避宜春而趨廬陵其計將必出於此州縣之事力有限守令之權勢盡微虜至一城則一城創殘至一邑則一邑蕩潰事勢至此非人之愆若不別立規模何由戡定禍亂臣愚以為莫若立一鎮於吉而以建昌南安贛隸之立一鎮於袁而以臨江撫瑞隸之擇今世知兵而有望者令各以四州從事其四州官吏許以自辟見在任者或留或去惟帥府所為去者令注別路差遣其四州財賦許以自用自交事一日始其上供諸色窠名盡與帥府交事以前見未解數目亦許截留其四州軍兵見屬伍符者必寡弱而不振見行團結者必分散而不齊許於伍符團結之外別出措置收民丁以為兵彼一州之緊急者得三州稍寬緩之力以為之助三州之寬緩者得一州當其緊急而無後憂不出二三月如吉如袁其氣勢當自不同倣此而行之江東廣東無不可者夫郡縣方鎮之法其末皆有弊所貴乎聖人者惟能通變而推移之故郡縣所以矯方鎮之偏重方鎮所以救郡縣之積輕今郡縣之輕甚矣則夫立為方鎮之法以少變其委瑣不足恃之執莫今日之第一義也陛下一日出其度外之見不次拔數人之沈

鷙英果者委以數鎮俾各為國家當一面則郡縣之間文移不至於太密事權不至於太分兵財得以自由而不至於重遲不易舉旬月之間天下雷動雲合響應影從驅出境外雖以得志中原可也尚何惴惴宗社之憂哉三曰議團結以抽兵抽兵之說臣前已開其端而其節目未悉也請再陳之夫取兵於民周井田唐府兵之遺法也今使者四出分行營陣俾各處團結以自為鄉井之衛疾行之中此亦庶幾善步者然而無益也近時朝廷以保伍為意官府下其事里胥為里胥者沿門而行執筆以抄其戶口曰官命而各為保伍也已而上其籍於官又從而堊通塗之壁取其甲分五五而書曰保伍如右所謂保伍者如此而已臣居廬陵往時有寇警則鄉井又起所謂義丁者一日偶總擊柝以告其一方曰寇至毋去諸而等各以某日聚某所習所以守望至其日也椎牛釃酒以待隨其所乘信其所持往其類編為之伍一亟乎村墟井落之間翕然而聚忽然而散則義丁者又止如此而已今朝廷命使以團結州縣奉旨而行務計其規為布置當有加密於臣所言者然某所若干人某所又若干人屬邑合狀帳申郡府郡府合狀帳申朝廷計其數目當自不少然其分也散而不一其合也多而不精故當其分也則鄉村無以通於鎮市鎮市無以通於城郭虜突如其來彼一方者力不敵勢不支老弱未及捷教閱未及施雖有金鼓旗幟之物而未知坐作進退之節也雖有城池山澤之險而未知備禦攻守之方也且民之聚也使之自峙其糧自備其飲食則有所不能仰於官則無以給也有以給則又不能久也臣故曰無益也夫前所謂或千人或數百人此隅總一日能辦也今建言者不察其聚之易而用之難增兵之有名而拒虜之無實乃欲視其團結之多寡升降其官賞以為勸且意其一日之急或者可驅而

他之。賈誼有言。皆非事實知治亂之體者也。陛下怳然委數州立一方鎮。莫若俾爲帥者就團結之中凡二十家取其一人以備軍籍。一郡得二十萬家。則可以得一萬精卒。例而行之諸州。則一鎮新兵當不下二三萬。州郡見存之租賦。可以備兵食見存之財。可以備軍需。古人抽丁之法。或取之三家。或取之五家。今官收其來以就爲養。收其財以就爲用。既食其力。不當又重役其人。惟於二十家取其一。則役輕而易舉。州縣號召之無難。數月之內。其事必集。爲帥者。教習以致其精。鼓舞以出其銳。山川其便習也。人情其稔熟也。出入死生之相爲命也。鋒鏑之交。貌相識而聲相應也。如此兵者。一鎮得二三萬人。當凜凜然不下一敵國。合諸路列鎮。則精兵雖十餘萬可有也。太祖皇帝南征北伐。所至如破竹。計其兵曾不滿二十萬。使吾於諸閫之外。別得十餘萬精兵。則何向而不可哉。或曰。國家經常。皆用供億

州縣財賦各有窠名。今上流之兵未解。江淮之餽如故。使移此事力以給方鎮之兵。如諸閫何。嗚呼。擇害莫若輕。擇利莫若重。臣蓋籌之審矣。夫荊湖之路既梗。則雖欲漕運。而舟楫不能以前。江廣之備既虛。則雖有財賦。而土地不能以自保。與其束手無措以委輸於虜。孰若變通盡利以庶幾虜之可逐也。且夫江廣既全。則吾之境內。其惟正之供者尚多也。陛下撫此厄運。不得不勉。自節縮曲爲通融。多方以濟諸閫之急。支吾年時。虜必就盡。然後一正吾之郡縣。一復吾之經常。未晚也。不然。殆未知其所終。惟陛下深思亟圖之。四曰。破資格以用人。本朝用人。專守資格。祖宗之深意。將以習天下之才。世雖有賢明忠智之人。英偉奇傑之士。亦必踐歷之多。涉歷之熟。積勞持久而後得至於高位。養成遠大之器。消弭僥倖之風。人才世道。胥有利賴。然其弊也。有才者常以無資格而不得遷。不肖者常以不礙格法

而至於大用。天下卒有變。不肖者當之。而有才者拱手熟視。夫是以常遺國家之憂。臣嘗見數年以來。邊陲之間。偶缺一帥。陛下徬徨四顧。弄印莫屬。挨排應急。不得已。常取監司之風力者爲之。而趙魏老不可以爲滕薛大夫。陛下非不知其然也。他人資格或有未及。而彼適可得之。雖其才具容有不逮。然猶意境外無事。以幸其不至於敗缺。兆其敗缺。則倉皇變易。常至於失聲色而後已。嗚呼。此平世拘攣之弊也。今天下事勢潰決已甚。一有蹉跌。事關存亡。夫不可輕擇將。一壘不可輕畀守。況其重者乎。今自朝郎以上。凡內之卿監侍從。外之監司郡守。紫朱其綬。喝呵車蓋而出者。不知幾人。使其中果有非常之材。堪任將帥。則是望實既優。資格又稱。一日舉而置之萬夫百將之上。誰曰不然。然臣意陛下之未有其人也。則夫宗社安危之機。不可輕決於庸人。而有資格者之手。世之能辦事者固多矣。三辰不

軌。拔士爲相。蠻夷猾夏。拔卒爲將。事固各論其時也。今何如時。尚拘拘孑孑於資格之末。臣觀州縣之閒。凡寮底小官馳騁於繁劇之會者蓋甚有之。薦引之法。浸弊於私。而改官之格。率爲勢要者所攘。孤寒之中。獨無可任大事者乎。三歲一貢士。碌碌成事者衆。而氣槩才識望于鄉里。曾不得一名薦書。抱膝隆中。杖策軍門。固皆逢掖章甫之流也。夫今日之士。他日之官也。今日之小官。他日之爲公卿也。天下有事。凡能擔當開拓排難解紛。惟其才耳。固有明知其人之有才。而拘於資格之所不可。則亦姑委棄之。此豪傑之士所以痛心疾首於世變之會也。陛下如建立方鎮。收拾人才。臣願明詔有司。俾稍解繩墨以進英豪於資格之外。重之以其任。而輕授以官。俟其有功。則漸加其官。而無易其位。漢唐法度疏闊。其一時人才。常倜儻不羈。本朝以道立國。以儒立政。則亦無取乎。爾然至於今日事變叢生。人物

落落参何不少變之哉。至如諸州之義甲各有土豪。諸峒之壯丁各有偶長。彼其人望為一州長雄。其間蓋有豪武特達之才，可以備總統之任。一日衆之以為百校之長，則將帥由是其選也。其穎異通敏者，引之於帷幄樽俎之密，又從而拔其尤者，委之以人民社稷之重。則人才不可勝用也。至如山巖之氓，市井之靡，刑餘之流，盜賊之屬，其膽勇力絶，足以先登。其智辯機警，足以間諜。使貪使愚，使詐使勇，則群策群力皆吾屈也。昔之方鎮食其土地，用其人民，拊循其士大夫。驅策其澌弛之士。故雖以區區之地，常足以與天下爭衡。今雖未至於此。然陛下髣髴而行之。則吾規模意氣固已一變前日之弱矣。惟陛下熟計之，幸甚。夫古之為天下國家者，常有敵國相持之憂，然而立乎四戒之衝，雖將蚵兵潰，屢起屢仆，而其國終不可動，由卓然有所自立故也。今陛下奮發神斷。赫然悔悟。所以洗舊汙，更宿弊，如

雷霆風雨交馳並至而不可禦。陛下亦求所以為自立矣。而未得其方也。自立之方。臣前所獻之數條是矣。雖然。臣意陛下未之能行，則有說也。何也。悔悟之意未明也。奸人當國，指天下能言之士，謂之好名譁競。使好名譁競者常在朝廷。則清議之禍，陛下必及受用。事應不至今日。惟浸潤膚受為毒已深。而後陛下之人才盡逐。陛下今既悔悟矣。然鋒車所召。率未及前日擯棄流落之人。或謂陛下猶有畏其不靖共之意。夫今日之禍亂，靖共之報也。陛下猶有愛於貌為靖共者耶。此悔悟未明之一也。三數年前。縉紳之能出臆論事者，既為奸人所屏。學校之士。猶叩閽疊臺不自已。奸人疾其為害己也。託名學法。重致意於禁上書之一條。而後陛下之言語盡塞。陛下今既悔悟矣。然食肉之徒。未有能出一語以救陵遲之禍。惟學校不憚懇懇以為言。彼其所陳。固有未盡切實者。陛下何不擇其善者而施行歟。

此悔悟未明之一也。今有人焉，陷於酒色，湛溺而不自知。元氣日耗，蝕於內。吝邪日衝擊於外。四肢百骸，殘至解體。一日倏大悔悟。自創其酒色之愆。而使為朋友僕御者各得以勤攻己之短。其為身謀，幾晚矣。然知湛溺之為病，而猶諱其所從來。則是病根固在也。人非不知愛身。彼諱病根而不肯決去者。說其小而忘其大也。陛下所以救社稷重於救身。則夫病根所在。何所顧惜而不之去歟。高宗皇帝以麥飯豆粥之苦，植立東南百四十年太平之基。陛下嗣無疆大曆服。所以撫摩愛養培億萬年丕天之休。加用力焉。不幸比者中外怨叛。吾之赤子自延賊入寇，謀危國家。蓋至今日遠近為之荷擔。宗社幾於綴旒。天下之人。追咎其失，以為起於聚斂之過，而聚斂之事通國憤然怒罵，以為倡於陛下左右之人。夫此一人者竊弄威權。上累聖德。其凶燄威惡，蠹國害民者，臣不能具數。獨其攘臂聚斂。招集奸凶。

為陛下失民失土，以貽宗社不測之憂者，其罪莫甚焉。趙簡子命尹鐸為晉陽。尹鐸曰。繭絲乎。保障乎。簡子曰。保障哉。古之為天下計者。不屑於其小，而惟遠者是圖。不快於目前之求。而常恐其有一朝之患。故雖簡子區區之大夫，尹鐸區區之小吏。其所規為猶及於此。國家之大。不可以田舍翁自為也。後之人君思以富雄天下。固有時出其聚斂之術。然猶繭絲自繭絲，保障自保障。何物刑餘。為謀不臧。率天下以共向繭絲之的。而保障之地亦不得免焉。繭絲之毒不可忍，而後保障之禍不可為。陛下間者屢出內帑金帛，分給諸司，期有救於難。然調度方殷，兵革又不得息。前日聚斂繭絲之得未十百。今日救保障之費蓋千萬億秭而未有已也。嗚呼。誰生厲階，至今為梗。向使此人者。采以聚斂斷伐祖宗涵弘寬大之仁。蟊賊陛下神明英武之德。則必不妄籍民財以入借內司。必不豪奪民產以實御莊。必不詔

價西國以布中外貪酷之權。必不交通南牙以開新進汚濁之門。如此。則奸人必不得竊據相位偏置私人。如此。則強禦掊克之流必不得齒於縉紳。玷於節鉞。如此。則各郡有賢守。各路有賢監司。必不侵漁以交結北司。剝割以應奉內獻。民心必無離。宗社必無危。今朝廷知江閩盧取漁舟。故吾人為虜鄉道以至於此。曾不知是數年間外之監司郡守求為交結應奉。而一切不卹以失吾民戴宋無二之心者所在有之。江閩之事偶著爾。今論者追訟江閩之罪。死有餘責。則夫使士大夫貿貿焉為聚斂重失人心。激天下以各懷怨叛。如臣所指之人者。一死詎足道哉。且夫奸人之入相也。使非此人者與之相為表裏。以擁陛下之聰明。蔽為游揚。以關陛下之信用。則賢者必不以好名中傷。言者必不以譁競逐。學校之持公論者。必不以詭橫得禍。士大夫之秉直節者。必不以貪贓加罪。朝廷清一。言路光明。邪人何自而赫張氣燄。何自而壅隔。人離而陛下何以不覺。虜至而陛下何以不知。彼其依憑陛下恩寵以為奸人與主。故顛倒宇宙濁亂世界。而得以無忌憚。使陛下今日謬過於天地。負愧於祖宗。結怨於人民。受侮於羣下。則豈獨一奸人為之哉。原情定罪。莫重於與主。而奸人次之。莊周曰。兵莫憯於志。鏌鋣為下。言刺人而殺之。不在於手。而在於心。不在於鋒。而在所以用其鋒者。奸人則鏌鋣也。與主則志也。方今國勢危疑。人心杌隉。陛下為中國主。則當守中國。為百姓父母。則當衛百姓。且表三江五湖之險。尚無恙也。六軍百將之雄。非小弱也。陛下卧薪以勵其勤。斫案以奮其勇。天意悔禍。人心敵愾。殺虜送死且在旦夕。或謂其人者鋪張驚憂以沮陛下攘夷之志。處分脆弱將誤陛下為去邠之行。居前日則曰我能為君充府庫。以盜其權。居今日。則獻其小心。出其小有材使陛下意其緩急可恃以固其寵。向非陛下參酌國論。堅疑廟謨。為效死不去之計。則一日當試其說。六師一動。變生無方。臣恐京畿為血為肉者。今已不可勝計矣。小人誤國之心。可勝誅哉。臣愚以為今日之事急矣。不斬董宋臣以謝宗廟神靈。以解中外怨怒。以明陛下悔悟之實。則中書之政。必有所撓而不得行。賢者之車。必有所忌而不敢至。都人之異議何從而消。敵人之心膽何從而破。將士忠義之氣何自激昂。軍民感泣之淚何自奮發。禍難之來。未有卒平之日也。千金之家。得一悍奴。猶足以稔其私雖害于而家。未忍亟去。況其人給事之歲月已深。乞憐之懇款已熟。陛下性資仁厚。亦豈忍遽甘心焉。然宗社之事重。左右之恩輕。蠹民誤國之罪深。承顏順色之愛淺。伏惟陛下以宗廟社稷之故。割去私愛。勉徇公議。下臣此章。付之有司。暴其罪惡。明正典刑。傳首三軍以徇。如此。而天下不震動。人心不喜悅。將士不感泣而思奮。夷狄不駭愕而謀遷。是人心天理可磨滅也。是天經地義可澌盡也。臣所不信。臣嘗讀諸葛亮出師表。輒掩卷哀憤悲其用心。亮之言曰。宮中府中。俱為一體。陟罰臧否。不宜異同。若有作奸犯科及為忠善者。宜付有司論其刑賞。以昭平明之治。亮將獎率三軍。北定中原。攘除奸凶。興復漢室。其宮府之政。宜若無與。而獨區區以此為先者。良以社稷安危之權。國家存亡之故。不在境外侵迫之寇。而在內之陰邪常執其機牙。此亮所以深權內外本末之理。而先塞其禍亂之源也。今臣上自朝廷。下至州縣。所以分畫其規模纖悉其經緯以上助尊夏攘夷之一畫者。已略備矣。而臣獻其狂愚於末。猶有感於亮之所言。區區驚方何敢引亮為諉。顧所以忠君愛國之心。則亮之為也。臣非不知疏遠之人。指陳無狀。干犯天誅。罪在不赦。且使幸赦之不誅。則左右之人。仇疾臣言。亦將不免。然臣所以不顧危亡寧以身犯不測之鋒者。義命之際，臣固擇之精矣。方今社稷震動，君父驚虞，此所謂危急存亡之秋。臣委質為臣，與國同休戚，親見外患如火燎原，而內寇又棲樞根，固流波蕩，則禍難無涯，臣死亡正自無日，與休迫於權勢之威，憂疑於一己之禍，禁口結舌，坐待國家之難而後死，孰若犯死一言，感悟天聽，如陛下以為狂妄而誅之，臣固已自分一死；萬一陛下察臣之忠，行臣之言，以幸宗社，則臣與國家同享其休榮，等死之中，又有生路。此臣所以齎咨涕洟，望闕悵惘而不能自已也。臣冒瀆天威，殞越震懼，謹席藁私室，以俟威命之下。

幼主德祐中，天祥知平江府，上奏曰：臣本起書生，天性愚戇，遭逢理宗皇帝以直言取人，臣區區芹曝小忠，誤蒙親擢，聞於憂虞，則開慶透渡之禍急矣。臣推見當時致禍之本，上書關廡，乞磔狐鼠以謝天下。理祖皇明赫赫，自咸淳至于今日，無疆惟休，自時厥後，臣之蹤跡或百日于朝，或一月斥去，有言不信，忠憤徒深，則皆元奸專國之歲月也。不圖今日臣以憂患之身，奉詔入衛。太皇太后陛下、皇帝陛下以神明御極，矣德當天，宵旰顧憂，不以臣為不肖，授之以三路制撫職事，兼贊省府，就戍吳門。臣非不知國家阽危，民命如綴，朝命夕道，為國效死，復以私門憂感，展轉陳情，乞歸終制。章五六上，冀兩全之節，以不為盛代名教羞。天聽高高，終不聽許，而學士大夫交口責臣，謂有國家，有朝廷，有州縣，然後臣得以有其身，得盡為人子之職。臣所以感泣誓死而不敢復言去也。今當陛辭，即日就道，慟哭流涕，何以為陛下告。自古立國，一是以人心為本。齊一日喪七十餘城，以人心失也；田單一日復七十餘城，以人心固也。元奸得罪於天下，天下怨憤，鬱抑十有五年。遂使諸將解體，強吾民北面而役之，彼知歸慾元奸，未嘗歸過朝廷也。乃今三百餘年祖宗涵育之遺黎，無辜荼毒於夷狄之手，謳吟思漢，日俟王師。所在民義抗敵者，大或數萬，小亦數千。此撥亂反正之大機括也。然人心易得，其失亦易。須若朝廷弛公田，蠲常賦，寬商禁，起謫籍之淹滯，解科舉之靡容，天下誦之，以為快活條貫，人心頓蘇，敵勢頓沮。我是以有獨松關諸屯之捷，通國上下以為元奸失人心之事已盡洗濯，今日收人心者具已盡舉行，而臣恤緯之忠，獨以為未也。草間豪傑方且量朝廷之意嚮，邊頭諸將方且視廟堂之指授，學校之遊談，聚議閭閻之道聽塗說，方且劘執政之然否，追行事之得失，於傳有之。得國常於斯，失國常於斯。今上自宮闈與嗣皇起居，下自政府與公卿百執事，必人人一心，以殄此寇為志，則諸將莫不用命，英雄莫不歸心。以此衆戰，孰能禦之。以此攻城，何城不克。如大臣有辟嫌遠疑之迹，而無推車必行之心；群公持便安自營之私，而無同舟共濟之志；宮中與府中不相聞，閫內與閫外不相應，賞罰混淆，正邪貿亂，姑息牽制之意多，奮發斷制之義少；敵人以此輕中國，奸雄以此覘朝廷，人心之憤悱者日以怠，公論之激昂者日以靡，而我之衣冠將有甘心於被髮左衽而不悔者矣。其禍可勝言哉。裴度有言：承宗斂手削地，韓弘輿疾討賊，豈朝廷之力能制其死命哉，由處置得宜，能服其心耳。國家懲五季之亂，削除藩鎮，創建郡邑，一時雖足以矯尾大之弊，國勢浸弱，亦坐於此。是以敵至一州，則陷一州；敵至一縣，則陷一縣。中原陸沉，痛不可追。今不幸長江失險，戎馬馳於近郊，救時之急，須稍更革。詩云：淠彼涇舟，烝徒楫之。又傳云：大廈將顛，非一繩所維。臣嘗妄謂今日大勢宜分天下為四鎮，而都督統御于中。以廣西益湖南而閫於長沙，以廣東益江西而閫於豫章，以福建益江東而閫於番易，以淮西益淮東而閫於維揚。責長沙以取荊鄂，責豫章以取蘄黃，責番易以取江東六郡，責綿揚以取兩淮諸城使各開地大力衆足以抗敵分所任事約日齊奮而都督府指授諸將隨地接應有進無退日夜以圖之敵備多而力分疲於奔命而吾遺民必有豪傑伺間橫擊於其中如是則使彼隻輪不返進而問罪河南盡爲晉可也而何日蹙國百里之憂臣願睿慈下臣此章見之施行使內而朝廷舉措有以當天下之心外而邊閫布置有以合天下之勢則臣得以稍藉分司盡瘁一面布宣威靈勉效尺寸不惟得以忠先帝報陛下而臣亦有詞以白丘墓雖死之日猶生之年也

金宣宗貞祐初許古爲監察御史時信任丞相高琪無恢復之謀古上章曰自中都失守廟社陵寢宮室府庫至于圖籍重器百年積累一朝棄之惟聖主痛悼之心至爲深切夙夜思惟所以建中興之功者未嘗少置也爲臣子者食祿受責其能無愧乎且閭閻細民猶願望朝廷整訓師徒爲恢復計而今纔聞拒河自保又盡遷諸路軍戶河南彼既棄其恒產無以自生土居之民復被其擾臣不知誰爲此謀者然業已如是但當議所以處之使軍無妄費民不至困窮則善矣臣聞安危所繫在於一相孔子稱危而不持顛而不扶則將焉用事勢至此未知執政者每對天顏何以仰答清問也今之所急莫若得人如前御史大夫裴滿德仁工部尚書孫德淵忠諒明敏可以大用近皆許告老願復起而任之必能有所建立以利國家太子太師致仕孫鐸雖頗衰疾如有大議猶可賜召或就問之人材自古所難凡知治體者皆當重惜况此耆舊豈宜輕棄哉若乃臨事不盡其心雖盡心而不明於理得無益失無損者縱其強壯亦安所用方時多難固不容碌碌之徒備員尸素以塞賢路也惟陛下宸衷剛斷黜陟一新以幸天下臣前爲拾遺時已嘗備論擇相之道乞取臣前奏并

今所言加審思焉臣又聞將者民之司命國家安危所繫故古之人君必重其選爲將者亦必以天下爲己任夫將者貴謀而賤戰必也賞罰使人信之而不疑權謀使人由之而不知三軍奔走號令以取勝然後中心誠服而樂爲之用邇來城守不堅臨戰輒北皆以將之不才故也私於所暱賞罰不公爭於衆怨而懼其生變則撫摩慰藉一切爲姑息之事由是兵輕其將將畏其兵尚能使之出死力以禦敵乎願命腹心之臣及閑於兵事者各舉所知果得真才優加寵任則戰功可期矣如河東宣撫使胥鼎山東宣撫使完顏弼涿州刺史內族從坦昭義節度使必蘭阿魯帶或忠勤勇幹或重厚有謀皆可任以一方面又曰河北諸路以都城既失軍戶盡遷將謂國家舉而棄之州縣官往往逃奔河南乞命所在根括立期遣還違者勿復錄用未嘗離任者議加恩賚如願自効河北者亦聽陳請仍先賞之誡其日月州縣長貳官並以兼領軍職許擇軍中有才略膽勇者爲頭目或加爵命以收其心能取一府者即授以府長官州縣亦如之使人懷復土之心別遣忠實幹濟者以文檄官賞招諭脅從人彼既苦於敵從來者必多敵勢當自削有司不知出此而但爲清野計事無緩急惟期速辦今晚禾十損七八遠近危懼所謀可謂大戾矣又曰京師諸夏根本况今常宿重兵緩急征討必由于此平時尚宜優於外路使百姓有所蓄積雖在私家猶公家也今有司搜括餘糧致轉販者無復敢入宜即止之臣頃看讀陳言見其盡心竭誠以吐正論者率皆草澤疏賤之人况在百僚豈無爲國深憂進章疏者乎誠宜明勅中外使得盡言不諱則太平之長策出矣

張行信爲安武軍節度使兼冀州管內觀察使始至即上書言四事其一曰楊安兒賊黨但暮成擒蓋不足慮今日之急惟在收人心而

已。向者官軍討賊。不分善惡。一槩誅夷。刼其資產。掠其婦女。重使居民疑畏。逃聚山林。今宜明勅有司嚴為約束。毋令刼掠平民。如此則百姓無不安之心。姦人詿脅之計不行。其勢漸消矣。其二曰。自兵亂之後。郡縣官豪多能糾集義徒。捍禦土寇。朝廷雖授以本處職任。未幾遣人代之。夫舊者人所素服。新者未必皆才。緩急之間。啓釁敗事。自今郡縣闕員。乞令尚書省選人擬注。其舊官民便安者。宜就加任使。如資級未及。令攝其職。待有功則正授。庶幾人盡其才。事易以立。其三曰。掌軍官敢進戰者。十無一二。其或有之。即當責以立功。不宜更授他職。其四曰。山東軍儲皆鬻爵所獲。及或持勅牒求仕。選曹以等級有不當鬻者。往往駁退。夫鬻有所不當。有司罪也。彼何責焉。況海岱重地。群寇未平。田野無所收。倉廩無所積。一旦軍餉不給。復欲鬻爵。其誰信之。朝廷多用其議。

時朝廷議徙河北軍戶家屬於河南。留其軍守衛郡縣。參知政事高汝礪言。此事果行。但便於豪強家耳。貧戶豈能徙。且安土重遷。人之情也。今使盡赴河南。彼一旦去其田園。扶攜老幼。驅馳道路。流離失所。豈不可憐。且所過百姓見軍戶盡遷。必將驚疑。謂國家分別彼此。其心安得不搖。況軍人已去其家。而令護衛他人。以情度之。其不肯盡心必矣。民至愚而神者也。雖告以衛護之意。亦將不信。徒令交亂。俱不得安。此其利害所繫至重。乞先令諸道元帥府宣撫司總管府熟論可否。如無可疑。然後施行。及徙河北軍戶家屬於河南。將括地分授之。未有定論。勅尚書省分遣官聚耆老問之。其將益賦。或與之田。二者孰便。既而所遣官言。農民並稱。租賦已重。力不足以佃官田。願以給軍。汝礪奏曰。遷徙軍戶。一時之事也。民佃官田。久遠之計也。河南民地官田。計數相半。又多全佃官田之家。墳塋莊井俱在其中。

率皆貧民。一旦奪之。何以自活。夫小民易動難安。一時避賦。遂有逃言。及其與人。即前日之主。今還為客。能勿悔乎。悔則忿心生矣。如山東撥地時。腴田沃壤盡入勢家。瘠惡者乃付貧戶。無益於軍。而民則有損。至於互相憎疾。今猶未已。前事不遠。是為明戒。惟當倍益官租。以給軍糧之半。復以係官荒田牧馬草地量數付之。令其自耕。則百姓免失業之艱。而官司不必為厲民之事矣。且河南之田最宜麥。今雨澤霑足。正播種之時。誠恐民疑。以誤歲計。宜早決之。上從其請。尋遷尚書右丞。

興定間。朝廷以貫全苗道潤等不和。將分畀州縣。別署名號以處之。汝礪為尚書右丞。上書曰。甚非計也。蓋河北諸帥多本土義軍。一時權為隊長。亦有先嘗叛亡者。非若素官於朝。知禮義識名分之人也。貪暴不法。蓋無足怪。朝廷以時方多故。姑牢籠用之。庶使遺民少得

安。然彼互相攻刼。則勢必寖弱。勢力既弱。則朝廷易制。今若分地而與之。州縣官吏得輒署置。民戶稅賦得擅徵收。則地廣者日益強。狹者日益弱。久之弱者皆併於強。強者之地不可侵奪。是朝廷愈難制也。昔唐分河朔地授諸叛將。史臣謂其護養孽萌。以成其禍。此可為今日大戒也。不若姑令行省羈縻和輯。多方牽制。使之不得逞。異時邊事稍息。氣力漸完。若輩又何足患哉。議遂寢。

元光中。御史中丞師安石上章言備禦二事。其一曰。自古所以安國家息禍亂。不過戰守避和四者而已。為今之計。守和為上。所謂守者。必求智謀之士。使內足以得戍卒之心。外足以挫敵人之銳。不惟彼不能攻。又可以伺其隙而敗之。其所謂和。則漢唐之君固嘗用此策矣。豈獨今日不可用乎。乞令有司詳議而行。其二曰。今敵中來歸者頗多。宜豐其糧餉。厚其接遇。彼果肯為我用。則擇有心力者數十

人謂往以誘致其餘。來者既衆。彼必轉相猜貳。然後徐起而圖之。則
中興之功不遠矣。上嘉納之。

元世祖未即位時。郝經上東師議曰。臣經自乙卯十一月。被旨北上。
丙辰正月見于沙陀。不以鄙陋。問以時事。且命便宜條奏。於是奏立
國規模。治安急務。各數十條。佩華東載。從扞牧圉。遂筦軍國機務。同
諸執政奏稟。凡出師利害。未嘗不反復備言。及命論定。植齋奏議。乃
為七道議七八千言。悉罄知識。亦已罄竭。近奉命宣撫江淮。以先啓
行。又命有軍旅利害具文字遣使來上。竊惟大軍已出。不能中止。嚮
所論奏皆為無用。徒駘騎而逾遠。望君門而日切。汲黯不難於淮陽
而眷眷於李息。蓋激于中而有不能已焉者。彼亦重於此也。故國家
此舉。所繫甚重。存亡安危。於是乎在。既不能善其始。必當為全其終。
故不敢鍵默。復為東師議一篇。俾權府官武濟乘馹上進。畀諸執政

者譯聞奏。議曰。經聞圖天下之事於未然則易。救天下之事於已然則
難。於已然之中。復有未然者。使往者不失。而來者得以遂。則尤難也。
國家以一旅之衆。奮起朔漠。斡斗極以圖天下。馬首所向。無不摧破。
滅金源。并西夏。蹂荊襄。克成都。平大理。躪轢諸夷。奄征西海。有天下
十分之八。盡元魏金源故地而加多。廓然莫與侔大也。惟宋不下。未
能混一。連兵構禍。踰二十年。何曩時掇取之易。而今日圖惟之難也。
夫取天下。有可以力并。有可以術圖。并之以力。則不可久。久則頓弊
而不可振。圖之以術。則不可急。急則徼倖而難成。故自漢唐以來。樹
立攻取。或五六年。未有踰十年者。是以其力不弊。而卒能保大定功。
晉之取吳。隋之取陳。宋之取唐。皆經營比次。十有餘年。是以其術得
成而卒能混一。或久或近。要之成功。各當其可。不妄為而已。國家建
極開統垂五十年。而一之以兵。遺黎殘姓。游氣驚魂。虔劉劘盪。殆欲

殲盡。自古用兵。未有如是之久且多也。其力安得不弊乎。且括兵率
賦。朝下令而夕出師。躬擐甲冑。跋履山川。闔國大舉。以之伐宋。而圖
混一。以志則銳。以力則強。以土則大。而其術則未盡也。苟於諸國既
平之後。息師撫民。致治成化。創法立制。敷布綱條。上下井井。不撓不
紊。任老成為輔相。起英特為將帥。選賢能為任使。鳩智計為機衡。平
賦以足用。屯農以足食。內治既舉。外禦亦備。如其不服。姑以文誥。拒
而不從。而後闞隙觀釁。以正天伐。自東海至于襄鄧。重兵數道。聯織
接武。以為正兵。自漢中至于大理。輕兵捷出。批亢抵巇。以為奇兵。師
臣得人。師出以律。高拱九重之內。而海外有截矣。是而不為。乃於間
歲遽為大舉。上下震動。兵連禍結。底安于危。是已然而莫可止者也。
東師未出。大王仁明。則猶有未然者。可不議乎。國家用兵。一以國俗
為制。而不師古。不計師之衆寡。地之險易。敵之強弱。必合圍把稍。獵

取之。若禽獸然。聚如丘山。散如風雨。迅如雷電。捷如鷹鶻。鞭弭所屬。
指期約日。萬里不忒。得兵家之詭道而長於用奇。自會河之戰。乘勝
下燕雲。遂遺兵而去。似無意於取者。既破回鶻。滅西夏。乃下兵關陝
以敗金師。然後知所以深取之。是長於用奇也。既而為斡腹之舉。由
金房繞出潼關之背以攻汴。為擣虛之計。自西和徑入石泉威茂。以
取蜀。為示遠之謀。自臨洮吐蕃穿徹西南以平大理。皆用奇也。夫攻
其無備。出其不意。而後可以用奇。豈有連百萬之衆。首尾萬餘里。兵
飛雷動。衆與魏出。竭天下。倒四海。騰擲宇宙。軒豁天地。大極於遐徼
之土。細窮於委巷之民。撞其鍾而掩其耳。齧其臍而蔽其目。如是而
用奇乎。是執千金之璧以投瓦石也。可不惜哉。其初以奇勝也。關隴
江淮之北。平原曠野之多。而吾長於騎。故所向不能禦。兵鋒新銳。民
物稠夥。擁而擠之。郡邑自潰。而吾長於攻。故所擊無不破。是以用其

奇而驟勝。今限以大山深谷。阨以重險。莽限迂以危途。綫逕我之乘險以用奇則難。彼之因險以制奇則易。況於客主勢懸。蘊蓄情露。無寡掠以為資。無俘獲以備役。以有限之力。當無限之險。雖有奇謀秘畧。無所用之。力無所用。與無力同。勇無所施。與不勇同。計不能行。與無計同。泰山壓卵之勢。河海灌熱之擧。擁遏頓滯。盤桓而不得進。所謂強弩之末不能射魯縞者也。為今之計。則宜救已然之失。防未然之變而已。兩師既構。猝不能解。如兩虎相搏。入于巖限。見之者辟易不暇。又焉能以理相諭。使之逡巡自退。彼知其危。竭國以幷命。我必其覆。無由以自悔。兵連禍結。何時而已。大王殿下宜遣人稟命於行在所。大軍壓境。遣使諭宋。亦以大信。令降名進幣。割地納質。彼必受命。姑為之和。偃兵息民。以全吾力。而圖後擧。天地人神之福也。稟命而不從。殿下之義盡。而後進吾東師。重慎詳審。不為躁輕飄忽。為前定之謀。而一之以正。夫假西師以為奇。而用吾正。北師南轅。先示恩信。申其文移。諭以禍福。使知殿下仁而不殺。非好攻戰。闢土地。不得已而用兵之意。誠意昭著。恩信流行。然後閱實精勇。別為一軍。為帳下之卒。擧老成知兵者。俾為將帥。更直宿衛。以備不虞。其餘師衆。各畀侯伯。使吾府大官元臣。分師總統。為戰攻之卒。其新入部曲。嘗不知兵。雖名為兵。其實役徒者。使沿邊進築。與敵郡邑犬牙相制。為屯戍之卒。推擇單弱。究竟逃匿。編葺部伍。使聞望重臣為之撫育。總押近裏故也。為鎮守之卒。使掣肘之討不行。妄意之徒屏息。內外備禦。無有缺綻。則制節以進。既入其境。敦陳固列。緩為之行。彼善於守而吾不攻。彼恃城壁以不戰老吾。吾合長圍以不攻困彼。吾用吾之所長。彼不能用其長。選出入便利之地。為久駐之基。示必取之勢。毋焚廬舍。毋傷人民。開其生路。以攜其心。亟肆以疲。多方以誤。以斃其力。

兵勢既振。蘊蓄既見。則以輕兵掠兩淮。杜其樵採。而遏其糧路。使血脉斷絕。各守孤城。示不足取。即進大兵直抵于江。沿江上下列屯萬竈。號令明肅。部曲嚴整。首尾締構。各具舟楫。聲言徑渡。彼必震讋自起變故。蓋彼之精銳盡在兩淮。江面闊越。恃其嚴限。兵皆柔脆。用兵以來未嘗一戰。焉能當我百戰之銳。一處崩壞。則望風皆潰。肱髀不續。外內限絕。勇者不能用。而怯者不能敵。背者不能返。而面者不能禦。水陸相猗。必為我乘。是兵家所謂辟堅攻瑕。辟實擊虛者也。如欲存養兵力。漸次以進。以圖萬全。則先荊後淮。先淮後江。彼之素論謂有荊襄則可以保淮甸。有淮甸則可以保江南。先是我嘗有荊襄。有淮甸。有上流。皆自失之。今當徙彼所保。以為吾攻。命一軍出襄鄧。直渡漢水。造舟為梁。水陸濟師。以輕兵綴襄陽。絕其糧路。重兵皆趨漢陽。出其不意。以伺江隙。不然則重兵臨襄陽。輕兵捷出。穿徹均房。遠叩歸峽。以應西師。如交廣施黔選鋒透出。夔門不守。大勢順流。則幷兵大出。摧拉荊郢。橫潰潭湘。以成掎角。一軍出壽春。乘其銳氣。幷取荊山。駕淮為梁。以通南北。輕兵抄壽春。而重兵支布於鍾離合肥之間。掇拾湖濼。奪取關隘。據濡須。塞皖口。南入于舒和。西及於蘄黃。徜徉恣肆。以覘江口。烏江采石。廣布戍邏。偵江渡之險易。測備禦之疏密。徐為之謀。而後進師。所以潰兩淮之腹心。抉長江之襟要也。一軍出維揚。連楚蟠亘。蹈跨長淮。鄰我強對。通泰海門。揚子江面。密彼京畿。必皆備禦堅厚。若遽攻擊。則必老師費財。當以重兵臨維揚。合為長圍。示以必取。而以輕兵出通泰。直塞海門。瓜步金山。柴墟河口。游騎上下。吞江吸海。並著威信。遲以月時。以觀其變。是所謂圖緩持久之勢也。三道並出。東西連衡。殿下或處一軍。為之節制。使我兵力常有餘裕。如是。則未來之變或可弭。已然之失一日或可救也。議者必曰。三道並進。則兵分勢弱。不若併力一向。則莫我當也。曾不知取國之術。與爭地之術異。併敵一向。爭地之術也。諸道並進。取國之勢也。昔之混一者皆若是矣。晉取吳。則六道進。隋取陳。則九道進。宋之於南唐。則三面皆進。未聞以一旅之衆而能克國者。或者有之。徼倖之舉也。豈有堂堂大國。師徒百萬而為徼倖之舉乎。況彼波江立國百有餘年。紀綱脩明。風俗完厚。君臣輯睦。內無禍釁。東西南北輪廣萬里。亦未可小。自敗盟以來。無日不討軍實而申警之。彷徨百折當我彊對。未嘗大敗。不可謂弱。豈可蔑視。謂秦無人。直欲一軍僥倖而取勝乎。昔秦王問王翦以伐荆。翦曰。非六十萬不可。秦王曰。將軍老矣。命李信將二十萬往。不克。卒界翦以六十萬而後舉楚。蓋衆有所必用。事勢有不可懸料而僥取之者。故王者之舉必萬全。其僥舉者無賴崛起之人也。嗚呼。西師之出。已及瓜戍。而猶未即功。國家威全之力

在於東左。若亦直前振迅。銳而圖功。一舉而下金陵。舉臨安則可也。如兵力耗弊。役成遷延。進退不可。反為敵人所乘。悔可及乎。固宜重慎詳審。圖之以術。若前所陳以全吾力。是所謂坐勝也。雖然猶有可憂者。國家掇取諸國。飄忽凌厲。本以力勝。今乃無故而為大舉。若又措置失宜。無以挫英雄之氣。服天下之心。則茬惡懷姦之流。得以窺其隙而投其間。國內空虛。易為搖蕩。臣愚所以諄諄於東師反復致論。謂不在於已然。而在於未然者此也。易曰。豐其屋。蔀其家。闚其戶。闃其無人。方今之勢也。挽回元氣。收其放心。守約實內。以建皇極。實惟殿下之事。區區瞽言妄為干冒。無任戰懼之至。謹議

世祖自將攻宋。會兵渡江。圍鄂州。聞憲宗崩。召諸將屬議。經進議曰。易文言傳謂亢之為言也。知進而不知退。知存而不知亡。知得而不知喪。知進退存亡而不失其正者。其惟聖人乎。蓋乾之龍德。體天行健。六位時成。時乘六龍以御天。時者何。當其可之謂也。故可以潜則潜。可以見則見。可以惕則惕。可以躍則躍。可以飛則飛。五位者皆當其可。聖人之德也。至于上九。則惟知進與存。不知退與亡。不當其可而違其時。是以至此極而有悔。弗逮乎五位者。而猶謂之亢。龍德於是乎衰。不足以為聖王矣。故古之聖王。莫不以時進退。據乾知幾。舜自耕稼陶漁以至為帝。知進也。以天下與人。不私其子而以與禹。知退也。文王三分天下有其二以服事殷。知退也。武王遂伐殷而有天下。知進也。漢高帝不與項羽。棲蠖屈漢中。知退也。還定三秦以討羽。知進也。光武為更始殺其兄。齊武王而不校。展轉河朔。知退也。一旦自立。中興漢室。知進也。故上世稱聖王者。以舜為首。其次則稱文武。後世之稱聖王者。以高帝為首。其次則稱光武。皆知進退存亡之理。時乘御天。卒以龍德而位天位者也。至於魏孝文。雖不逮於文武

高光。遷都洛陽。總干問罪。辭順而返。齊人侵軼。報之以兵。聞喪而還。進退以禮。不隕師徒。卒全龍德為用夏變夷之賢主。亦其次也。彼馮威恃力以逞無疆之欲。皆亢龍之師也。秦苻堅。金海陵。亢而不悔者也。漢武帝。唐太宗。亢而有悔者也。雖皆亢龍。悔而知退。又其次也。夫舜不可及已。文武高光。魏孝文。漢武帝。唐太宗。後王進退有餘師矣。共惟大王殿下聰明睿知。足以有臨。發強剛毅。足以有斷。進退存亡之正。知之久矣。猶在沙陀命經曰。時未可也。又曰。時之一字最當整理。又曰。可行之時。爾自知之。大哉王言。時乘六龍之道。知之久矣。自出師以來。進而不退。經有所未解者。故言于真定。于曹濮。于唐鄧。亟言不已。未賜開允。乃今事急。故復進狂言。國家自平金以來。皆亢龍之師也。惟務進取。不遵養時晦。老師費財。卒無成功。三十年矣。先皇帝立政。當安靜以圖寧謐。忽無故大舉。進而不退。畀王東師。則不當

亦進也。而遽進。以為有命不敢自退。至於洪南。既聞凶訃。即當遣使徧告諸帥。各以次還。修好于宋。歸定大事。不當復進也。而遽進以有師胡會于江濱。遣使諭宋。息兵安民。振旅而歸。不當復進也。而又進。既不宜渡淮。又豈宜渡江。既不宜妄進。又豈宜攻城。若以幾不可失。敵不可縱。亦既渡江。不能中止。便當乘虛取鄂。分兵四出。直道臨安。疾雷不及掩耳。則宋亦可圖。如其不可。知難而退。不失為金兀朮也。師不當進而進。江不當渡而渡。城不當攻而攻。當速退而不退。當速進而不進。役成遷延。盤桓江渚。情見勢屈。舉天下兵力。不能取一城。則我竭彼盈。又何俟乎。且諸軍疾疫。已十四五。又延引月日。冬春之交。疫必大作。恐欲還不能。彼既上流無虞。呂文德已并兵拒守。知我國疵。閫氣自倍。兩淮之兵盡集白鷺。江西之兵盡集隆興。嶺廣之兵盡集長沙。閩越沿海巨舶大艦。以次而至。伺隙而進。如遏截於黃津

渡。邀遮于大城閼口。塞漢東之石門。限郢復之湖濼。則我將安歸。無已則突入江浙。擣其心腹。聞臨安海門已具龍舟。則亦徒往還抵金山。并命求出。豈無韓世忠之儔乎。且鄂與漢陽分據大別。中挾巨浸。號為活城。肉薄骨并而拔之。則彼委破壁孤城而去。泝流而上。則入洞庭。保荊襄。順流而下。則精兵健艪突過滸黃。未易遏也。則亦徒費人命。我安所得哉。區區一城。勝之不武。不勝則大損威望。復何俟乎。雖然。以王本心。不欲渡江。既渡江。不欲攻城。既攻城。不欲并命。不焚廬舍。不傷人民。不易其衣冠。不毀其墳墓。三百里外。不使侵掠。或勸徑趨臨安。曰其民人稠夥。若往。雖不殺戮。亦被蹂躪。吾所不忍。若天與我。不必殺人。若天弗與。殺人何益。而竟不往。諸將歸罪士人。謂不可用。以不殺人。故不得城。曰彼守城者止一士人賈制置。汝十萬衆不能勝。殺人數月不能拔。汝輩之罪也。豈士人之罪乎。益禁殺人。歸

然一仁上通于天。久有歸志。不能遂行耳。然今日事急。不可不斷也。宋人方懼大敵。自救之師。雖則畢集。未暇謀我。第吾國內空虛。塔察國王與李行省肱髀相依。在於背脅。西域諸胡。窺覘關隴。隔絕旭烈大王。病民諸姦。各持兩端。觀望所立。莫不覬覦神器。染指垂涎。一有狡焉或啓戎心。先人舉事。腹背受敵。大事去矣。且阿里不哥已行赦令。令脫里赤為斷事官。行尚書省。據燕都。按圖籍。號令諸道。行皇帝事矣。雖大王素有人望。且握重兵。獨不見金世宗海陵之事乎。若彼果決。稱受遺詔。便正位號。下詔中原。行赦江上。欲歸得乎。昨奉命與張仲一觀新月城。自西南隅抵東北隅。萬人敵上。可並行大車。排槎串樓。締構重複。必不可攻。祗有許和而歸耳。復何俟乎。願殿下以祖宗為念。以社稷為念。以天下生靈為念。奮發乾剛。不為鬻下。斷然班師。亟定大計。銷禍於未然。先命勁兵把截江面。與宋議和。許割淮南

漢上。梓夔兩路。定疆界歲幣。置輜重。以輕騎歸渡淮。乘驛直造燕都。則從天而下。彼之姦謀僭志。冰釋瓦解。遣一軍逆大行皇帝靈轝。收皇帝璽。遣使召旭烈阿里不哥摩哥及諸王駙馬。會喪和林。差官於汴京京兆成都西涼東平西京北京。撫慰安輯。召太子鎮燕都。示以形勢。則大寶有歸。而社稷安。失之東隅。收之桑榆。以退為進。以亡為存。飛龍在天。利見大人。無亢龍之悔矣。

世祖即位。經為翰林侍讀學士。陳便宜新政曰。臣昨承和者思傳聖旨。令臣條奏當今急務。付執政聞奏者。臣謹裁新政便宜十六事上進。不勝惶恐戰越之至。條列如左。一大有為以定基統。自古帝王之興。莫不以有為而後可以無為。故舜去四凶。格有苗。武王伐三監。誅管蔡。而後致無為垂衣之治。刑措頌聲之美。宋太祖初即位。未有以厭人心。趙普曰。陛下新登寶位。必先耀神武。有以挫英雄之氣。服天下

之心於是親平三叛海內以寧今日之勢未可謂無事政亦有為之時也當大起師徒以討不庭明其逆順使天下知所向如因仍苟且為人所先則禍亂一生未可猝定矣二嚴備禦以防不虞國家以雄武自勝故應敵疏于備禦今日之事尤非前日當察合軍旅廢為之備以待不虞且即位之初兵衞不徹警也昔周康王即位當無事之時齊侯以虎賁逆子釗于南門之外先皇帝有備皆剗木無備故捨而取之至於他日無虞京師宿衞之兵亦當留數萬況非平日之勢乎三定都邑以示形勢今日於此建都固勝前日猶不若都燕之愈也燕都東控遼碣西連三晉背負關嶺瞰臨河朔南面以蒞天下和林置一司分鎮藩根本北京豐靖各置一司分以為二輔京兆南京各置一司分以為藩屏夫燕雲王者之都一日緩急便可得數萬兵雖有不虞不敢越關嶺踰諸司而出也形勢既定本根既固則太平

可期四置省部以一紀綱今之執政各各奏事莫相統一皆命陛下親決雖聖明有餘亦不能處置皆當故姦人得以營惑自私若省部既立各分既定大總其綱小持其要天下事雖衆繁無事也五建監司以治諸侯諸鎮諸侯各握兵民不可猝罷當置監司以收其權制其所為則兵民息肩而政可立矣六誅兇渠以示勸懲從來亂政害民之人須誅其尤者不然則懼死逃去必為罔生事七親諸王以庇本根諸王既共推戴當加之以恩而勸之以義使無榮過於前日則可八行寬政以結人心從來宿弊可為盪滌至於今歲絲線包銀宜分數減免一切逋負皆蠲除之九赦罪戾以去舊汙自來新君即位必赦天下且今西北疑阻人情反側諸路打算重為紛擾宜行大赦并罷打算以慰安元元十罷冗官以寬民力諸州縣管民官員數可為限定小處可合并如幾人打捕鷹房諸科目名色官吏皆合罷歸

分付管民官諸色匠人頭目尤多有管三五戶者亦稱總管帶金牌皆合罷去只一路立一頭目總領造作天下百姓及匠人只養官吏亦不能也此最為急務如罷去此等此等都是好家門戶許補添軍民氣力為益甚大十一總錢穀以濟國用天下差發宣課交鈔諸色錢可置一大司分以總之無入諸路手不令買撲則所得皆可為國家用罷諸路宣課鹽鐵官冗員罷常平倉雖曰常平倉實未嘗有益於民但養無用官吏數千百人十二減吏員以衰良民諸路及州縣吏員不限數目挾持官府結為黨與苦刻良民縱橫為害今明降一詔旨大小州縣限員數必令保舉尤污暴者重罪而黜之十三堅毅果斷以成中興王者初政莫不銳意往往不能自堅鮮克有終惟斷天資乾剛群議不能移斷然必行而莫之阻故能保大定功漢元帝以優游不斷卒亡漢祚唐憲宗以果斷破蔡中興此其效也十四

擴充誠明以絕猜阻去逆詐億不信聖人所以推誠待物王者之明也一切小數以干聖聰者皆宜罷絕十五明賞罰以定功過有功不賞有罪不誅雖堯舜不能以善治天子無他職事只分別君子小人定其功過而賞罰之此其職也十六定儲貳以塞亂階國家數朝代立之際皆仰推戴故近世以來幾致于亂不早定儲貳之失也若儲貳早定上下無所覬覦則一日莫敢爭者且使朝夕視膳或出而撫軍守而監國練達政事此盛事也

順帝時監察御史脫脫穆而言去歲河南之賊窺伺河北惟河南與山東互相策應為害尤大為今之計中書當遴選能將就太不花答失八都魯阿魯三處軍馬內擇其精銳以守河北進可以制河南之侵退可以攻山東之寇庶幾無虞從之

歷代名臣奏議卷之一百一

歷代名臣奏議卷之一百二

守成

漢惠帝時曹參為相國子窋為中大夫帝怪參不治事以為豈少朕與乃謂窋曰若歸試私從容問而父曰高帝新棄羣臣帝富於春秋君為相日飲無所請事何以憂天下乎然無言吾告若也窋既洗沐歸間侍自從其所諫參參怒笞窋三百曰趣入侍天下事非若所當言也至朝時惠帝讓參曰與窋胡治乎乃者我使諫君也參免冠謝曰陛下自察神武孰與高帝上曰朕乃安敢望先帝乎曰陛下觀臣能孰與蕭何賢上曰君似不及也參曰陛下言之是也且高帝與蕭何定天下法令既明今陛下垂拱參等守職遵而勿失不亦可乎惠帝曰善君休矣

哀帝即位初多改成帝之政更易大臣欒免何武歸汎鄉侯國大司空師丹乃上書言古者諒闇不言聽於冢宰三年無改於父之道前大行在堂而官爵臣等以及親屬赫然貴寵詔書比下變動政事卒暴無漸臣不能明陳大義復不能牢讓爵位相隨空受封侯增益陛下之過間者郡國多地動水出流殺人民日月不明五星失行此皆舉錯失中號令不定法度失理陰陽溷濁之應也人情無子雖六七十猶博取而廣求孝成皇帝獨以壯年克己立陛下為嗣及棄天下陛下繼體四海安寧百姓不懼此先帝聖德當合天人之功也臣聞天威不違顏咫尺願陛下深思先帝所以建立陛下之意且克己躬行以觀羣下之從化天下者陛下之家也胏附何患不富貴倉卒若是其不長久矣

東漢光武時馮異自長安入朝帝謂公卿曰是我起兵時主簿也為吾披荊棘定關中乃賜珍寶錢帛詔曰倉卒蕪蔞亭豆粥滹沱河麥飯厚意久不報異稽首謝曰臣聞管仲謂桓公曰願君無忘射鉤臣無忘檻車齊國賴之臣今願國家無忘河北之難小臣不敢忘巾車之恩留十餘日乃遣

唐貞觀間太宗謂侍臣曰自古帝王亦不能常化假令內安必有外擾當今遠夷率服百穀豐稔賊盜不作內外寧靜此非朕一人之力實由公等共相匡輔然安不忘危理不忘亂雖知今日無事亦須思其終始常得如此始是可貴魏徵對曰自古已來元首股肱不能備具或時君稱聖臣即不賢或遇賢臣即無聖主今陛下聖明所以致理向若直有賢臣而君不思化亦無所益天下今雖太平臣等猶恐未以為喜惟願陛下居安思危孜孜不怠耳帝又嘗謂侍臣曰自古人君為善者多不能堅守其事漢高祖泗上一亭長耳初能拯危誅暴以成帝業然更延十數年縱逸之敗亦不可保何以知之孝惠為嫡嗣之重溫恭仁孝而高帝惑於愛姬之子欲行廢立蕭何韓信功業甚高蕭既妄繫韓亦濫黜自餘功臣黥布之輩懼而不安以至反逆君臣父子之間悖謬若此豈非難保之明驗也朕所以不敢恃天下之安每思危亡之事以自戒懼用保其終

太宗謂公卿曰朕端拱無為四夷咸服豈朕一人之所致實賴諸公之力耳當思善始令終永固鴻業子子孫孫遞相輔翼使豐功厚利令數百年後讀我國史鴻勳茂業粲然可觀豈唯稱隆周盛漢及建武永平故事而已哉房玄齡進曰陛下撝挹之志推功羣下致理昇平本關聖德臣下何力之有唯願陛下有始有卒則天下永賴太宗又曰朕觀古先撥亂之主皆年踰四十唯光武年三十三但朕年十八舉兵年二十四平天下年二十九升為天子此則武勝於古也少從戎旅不暇讀書貞觀以來手不釋卷知風化之本見政理之源行之數年天下大理風移俗變子孝臣忠此又文過於古也昔周秦以降戎狄內侵今戎狄稽顙皆為臣妾此又懷遠勝古也此三者朕何德以堪之既有此功業何得不善始慎終耶

太宗謂侍臣曰帝王之業草創與守成孰難尚書左僕射房玄齡對曰天地草昧羣雄競起攻破乃降戰勝乃剋由此言之草創為難魏徵對曰帝

王之起必承衰亂。覆彼昏狡。百姓樂推。四海歸命。天授人與。乃不為難。然既得之後。志趣驕逸。百姓欲靜而徭役不休。百姓凋殘而侈務不息。國之衰敝。恒由此起。以斯而言。守成則難。太宗曰。玄齡昔從我定天下。備嘗艱苦。出萬死而遇一生。所以見草創之難也。魏徵與我安天下。慮生驕逸之端。必踐危亡之地。所以見守文之難也。今草創之難既已往矣。守文之難當思與公等慎之。

太宗又謂侍臣曰。平定天下。朕雖有其事。守之失圖。功業亦復難保。秦始皇初亦平六國。遂有四海。及末年不能善守。實可為戒。公等宜念公忘私。則榮名高位。可以克終其美。魏徵對曰。臣聞之。戰勝易。守勝難。陛下深思遠慮。安不忘危。功業既彰。德教復洽。恒以此為政。宗社無由傾敗矣。

太宗又嘗謂侍臣曰。自古草創之主。至子孫多亂。何也。司空房玄齡曰。此為幼主生長深宮。少居富貴。未嘗識人間情偽。理國安危。所以為政多亂。

太宗曰。公意推過於主。朕則歸咎於臣。夫功臣子弟。多無才行。藉祖父資蔭。遂處大官。德義不修。奢縱是好。主既幼弱。臣又不才。顛而不扶。豈能無亂。隋煬帝錄宇文述在藩之功。擢化及於高位。不思報效。翻行弒逆。此非臣下之過歟。朕發此言。欲公等戒勗子弟。使無愆犯。即國家之慶也。

宋太宗時。翰林承旨蘇易簡嘗直禁中。以水試欹器。上密聞之。因晚朝問曰。卿所玩得非欹器耶。易簡曰然。江南徐邈所作也。命取試之。易簡進曰。臣聞日中則昃。月滿則虧。器盈則覆。物盛則衰。願陛下持盈守成。慎終如始。以固丕基。則天下幸甚。

哲宗元祐六年。翰林學士梁燾上奏曰。臣過被聖恩。驅策得侍清光。親聞德音。要使靜而不擾。安而不危。內惠中國。外綏四方。日隆廣問。未嘗不及政事之得失。臣同天下慶幸。陛下聰明。可謂知要矣。如君臣同德。共行此道。數年之間。必復見仁宗至治之時。比觀朝廷之事。似未副聖明之本意者。臣甚惑之。豈大臣不能將明德意。究宣膏澤。以廣為宗社長久安寧之計歟。或者聖意稍怠。奸人伺隙得進邪說。以眩亂聰明歟。臣早蒙知遇。擢在言路。納忠補報。難同衆人。不忍不為陛下一言也。願陛下察臣之志。少加聽焉。臣聞論者曰。致天下之治難。守天下之治易。臣獨曰。致之為易而守之為難也。蓋自古人主圖治之初。莫不急於求賢。渴於聞諫。得一善惟恐未能行。見一不善惟恐不能去。潛心於萬事幽微之無形。用意於衆人思慮之不到。兢兢業業。不敢暇豫。終至於安樂而無事。此天下之治。所以致之為易也。亦既治矣。而放其心。氣日益驕。志日益怠。謂賢者得以奉而忽於求。謂善言盡奏而厭於聽。謂事之微者為不足慮。謂患之隱者為不足防。奸生而不察。禍萌而不悟。故終致於敗亂而莫之救。此天下之治

所以守之為難也。易曰。君子安不忘危。治不忘亂。又既濟卦之象曰。君子以思患而豫防之。蓋安有危之理。治有亂之機。既濟而猶思禍患之潛伏。此皆聖人戒懼於治安無患之時者也。恭惟陛下臨御七年于今。進賢去佞。協天下之公。興利除害。同百姓之欲。刑罰清。賦斂均節。奸宄已銷。兵革略戢。歲物豐穰。民力寬暇。可謂有治之漸矣。守而勿失。治道可成。延是兩宮特守至難之際也。恭惟皇帝陛下進學不倦。臨政不怠。無宮室之好。無聲樂之玩。無佛老之惑。無用武之蔽。所以守之者有道矣。恭惟太皇太后陛下仁聖明謹。濟以大公。判別讒邪。裁抑僥倖。聽斷之間。事理常盡。照臨之下。物無徇情。此堯舜之用心也。而臣之區區尚以為憂者。竊恐陛下以未成之治為已大治。以小康之俗為可久安。包桑之慮日懈于心。杞憂之思不及於前。蓋積累而成者為至難。怠忽而敗之者為至易。臣區區之忠。蓋已面

陳。伏望陛下不以臣言為愚瞽。思而力行之。臣屢蒙聖恩降旨開納。臣未敢以為喜。書曰。知之非艱。行之惟艱。又曰戒哉。儆戒無虞。願陛下必行可聽之言。儆戒無虞之事。延洪無疆之休。天下幸甚

紹聖元年。門下侍郎蘇轍上奏曰。臣伏見御試策題。歷詆近歲行事有欲復熙寧元豐故事之意。臣備位執政。不敢不言。然臣切料陛下本無此心。其必有妄意陛下者。於父子之恩。不復深究是非。遠慮安危。故勸陛下復行此事。此所謂小人之愛君。取快於一時。非忠臣之愛君。以安社稷為悅者也。臣切觀神宗皇帝以天縱之才。行大有為之志。其所設施。度越前古。蓋有百世而不可改者矣。臣請為陛下指陳其略。先帝在位近二十年。而終身不受尊號。裁損宗室。恩止祖免。減朝廷無窮之費。出賣坊場。雇募衙前。免民間破家之患。黜罷諸科誦數之學。訓練諸將慵惰之兵。置寄祿之官。復六曹之舊。嚴重祿

之法。禁交謁之私。行淺攻之策。以折西戎之狂。收六色之錢。以寬雜役之困。其微至於設抵當。賣熟藥。凡如此類。皆先帝之聖謨睿算。有利無害。而元祐以來。上下奉行。未嘗失墜者也。至如其他事有失當何世無之。父作之於前。而子救之於後。前後相濟。此則聖人之孝也。昔漢武帝外事四夷。內興宮室。財賦匱竭。於是修鹽鐵榷酤平準均輸之政。民不堪命。幾至大亂。昭帝委任霍光。罷去煩苛。漢室乃定。光武顯宗以察為明。以讖決事。上下恐懼。人懷不安。章帝即位。深鑒其失。代之以寬厚。愷弟之政。後世稱焉。及我本朝真宗皇帝右文偃武。號稱太平。而羣臣因其極盛。為天書之說。及章獻明肅太后臨御。攬大臣之議。藏書梓宮。以泯其迹。及仁宗聽政。亦絕世不言。至今譏之。英宗皇帝自藩邸入繼。大臣過計。創起濮廟。羣議洶洶者數年。及先帝嗣位。或請復舉其事。寢而不答。遂以安靖。夫以漢昭章之賢。與吾仁

宗神宗之聖。豈其薄於孝敬而輕事變易也哉。蓋事有不可以廟社為重故也。是以子孫既獲孝敬之實。而父祖不失聖明之稱。此真明君之所務。未可與流俗議也。臣不勝區區。願陛下反復臣言。切勿輕事改易。若輕變九年已行之事。擢任累歲不用之人。懷私忿而以先帝為詞。則大事去矣。臣不勝憂國之心。冒犯天威。伏俟譴責

元符三年。陸佃蔡州召還。上奏曰。臣伏觀陛下即政之初。乾清坤夷。玉燭明潤。臣民欣戴。無有遠邇。惟知皷舞懽呼。恭惟陛下仁孝慈儉。粹然天成。聖神之姿。人久屬望。加以溫恭好問。學有光明。方將紹承謨烈。以登太平。如臣凡陋。有與收召。臣誠不自揆。願效涓塵之微。竊見神宗皇帝聰明文思。延登真儒。建立法度。布在四方。以幸天下後世。而元祐之際。輒見詆譏。紹聖以來。又皆稱頌。夫事無當否。一切紛更。國有常刑。固在不赦。然理有損益。不無廢續。惟務稱揚。亦已過矣。

爾雅曰。廢揚。續也。夫續前人。未必因前所為。利則廢之。善者揚焉。是為善續。詩書所稱。後世詠嘆不息是也。若元祐紛更。是知廢之而已。不知揚之之罪也。紹聖以來。率皆稱美。是知揚之而已。不知廢之之過也。伏願陛下咨諏仁賢。詢考政事。有廢有揚。以續大前人之光。惟其時物。與其當之為貴。大中之期。實在今日。伏惟聖神采擇。

徽宗時。左正言任伯雨上奏曰。臣聞有為則艱難。無為則逸樂。孔子曰。無為而治者。其舜也歟。繼堯故也。太祖太宗以艱難創業。神考以艱難革弊。皆不可以無為。故大有為。然而神考晚年事功已就。漸欲無為。與民休息。況繼述裕陵之事。而可以有為乎。臣謂陛下之繼神考。猶舜之繼堯。當無為而已。然恐生事之臣。或以為非。則前代有曹參之問。我家有真祖之言。取而用之。在陛下耳。漢之曹參問惠帝曰。陛下自察聖武孰與高皇帝。惠帝曰。朕乃安敢望先帝。參曰。陛下之言

是也。真宗有言曰。二聖功業英睿。朕安敢上擬。蓋以太祖太宗為不可及也。臣謂推遜其先。以謙為孝。可以立本。可以趨時。故曰。取而用之在陛下耳。

欽宗靖康元年。晁説之上奏曰。臣伏覩陛下即位之初。發明詔。修祖宗故事。天下幸甚。臣竊以祖宗制度宏遠。未易究觀。必先得其要。以盡其徵。恭惟太祖皇帝受天丕命。削平僭亂。混一區宇。基業太平。夐出百王之上。宜世世守之。固或差忒。倘少變易。則禍亂隨之。周人謹文武之績。漢家必曰。天下者高祖之天下。又曰。此高皇帝之法也。有宋之初。太祖嘗曰司侍。繼而太宗皇帝躬甲胄從太祖。不自以為能。常視若不足。惟太祖之法令是守。恐少失之。設如太宗時。即得好奇務新之士。變更太祖之規模。竊恐五代之變。未必不復出也。重惟太祖太宗一德同功。古未之有。宜乎真宗皇帝肇建南郊並配之儀。國家之盛曰咸平、景德。仁宗恭儉在位四十二年。日昔一日。未嘗一言自大。

未嘗一言自矜。惟畏民愛士。今四夷猶聞其風而歎息焉。國家聖聖重熙。率由此道也。臣愚願陛下無忘太祖之創業。太宗之善守。真宗之清淨。仁宗之恭儉。以增七廟之德。天下幸甚。

高宗時。洪遵進故事曰。唐書魏徵謂唐太宗曰。昔齊桓公與管仲鮑叔牙寗戚四人者飲。威公請叔牙曰。盍起為寡人壽。叔牙奉觴而起曰。願公無忘在莒時。使管仲無忘束縛於魯時。寗戚無忘飯牛時。威公避席而謝曰。寡人與二大夫能無忘夫子之言。則社稷不危矣。太宗曰。朕不敢忘布衣時。公不得忘叔牙之為人也。

臣聞聖人不畏多難而畏無難。何哉。方其多難。兢兢業業。朝思夕惟。如朽索之馭六馬。如抱火之厝積薪。慎之重之。安危存亡之念一日不敢忘於心。故雖艱難多事之時。而治功可指日以幾。無難之世。上恬下熙。賢不肖並進。治功日隳。雖以盛大之業。久安之勢。其危且亂。蓋不旋踵致也。唐太宗更百戰以得天下。而持盈守成之念未嘗少弛。魏徵猶且慮其不終。一話一言。形之諷諫。及其嘆高昌之亡。徵至援鮑叔牙之言以對。太宗為之御膺。有不敢忘布衣之語。明良契合如此。故二十三年間。功業烜赫。外戶不閉。幾致措刑。視貞觀之初。曾不少貶。向使太宗功成治定之後。拂亂其所為。臣恐救亡之不暇。安能垂紀三百。後世有以憑藉扶持者哉。彼梁武帝忘襄陽之危。而有臺城之厄。唐莊宗忘河上之戰。而有同光之禍。二君豈不躬冒矢石以取天下哉。而其終如此。嗚呼。何足以語太宗之盛耶。

元順帝至順二年。監察御史陳思謙上言曰。秦漢以來。上下二千餘年。天下一統者六百餘年而已。我朝開國百有餘年。混一六十餘年。土宇人民。三代漢唐所未有也。民有千金之產。猶謹守之以為先人所營。況君臨天下。承祖宗艱難之業。而傳祚萬世者乎。臣愚以興亡懇懇言者。誠以皇上有元之聖主。今日乃皇上盛時。圖治之機。茲不可失也。

歷代名臣奏議卷之一百二

歷代名臣奏議卷之一百三

都邑

晉侯謀去故絳諸大夫皆曰必居郇瑕氏之地沃饒而近盬國利君樂不可失也韓獻子將新中軍公揖而入曰何如對曰不可郇瑕氏土薄水淺其惡易覯易覯則民愁民愁則墊隘於是乎有沈溺重膇之疾不如新田土厚水深居之不疾有汾澮以流其惡且民從教十世之利也夫山澤林盬國之寶也國饒則民驕逸近寶公室乃貧不可謂樂公說從之遷于新田

漢高帝五年劉敬戍隴西過洛陽高帝在焉劉敬脫輓輅衣其羊裘見齊人虞將軍曰臣願見上言便事虞將軍欲與之鮮衣劉敬曰臣衣帛衣帛見衣褐衣褐見終不敢易衣於是虞將軍入言上上召入見賜食已而問劉敬劉敬說曰陛下都洛陽豈欲與周室比隆哉上曰然劉敬曰陛下取

天下與周室異周之先自后稷堯封之邰積德累善十有餘世公劉避桀居豳大王以狄伐故去豳杖馬箠居岐國人爭隨之及文王為西伯斷虞芮之訟始受命呂望伯夷自海濱來歸之武王伐紂不期而會孟津之上八百諸侯皆曰紂可伐矣遂滅殷成王即位周公之屬傅相焉迺營成周洛邑以此為天下之中也諸侯四方納貢職道里均矣有德則易以王無德則易以亡凡居此者欲令周務以德致人不欲依阻險令後世驕奢以虐民也及周之盛時天下和洽四夷鄉風慕義懷德附離而並事天子不屯一卒不戰一士八夷大國之民莫不賓服效其貢職及周之衰也分而為兩天下莫朝周不能制也非其德薄也而形勢弱也今陛下起豐擊沛收卒三千人以之徑往而卷蜀漢定三秦與項羽戰滎陽爭成皋之口大戰七十小戰四十使天下之民肝腦塗地父子暴骨中野不可勝數哭泣之聲未絕傷痍者未起而欲比隆於成康之時臣竊以為不侔也且夫秦地被山帶河四塞以為固卒然有急百萬之眾可具也因秦之故資甚美膏腴之地此所謂天府者也陛下入關而都之山東雖亂秦之故地可全而有也夫與人鬭不搤其肮拊其背未能全其勝也今陛下入關而都案秦之故地此亦搤天下之肮而拊其背也高帝問群臣群臣皆山東人爭言周王數百年秦二世即亡不如都周上疑未能決及留侯明言入關便即日車駕西都關中

劉敬說上都關中上疑之左右大臣皆山東人多勸上都雒陽雒陽東有成皋西有殽黽背河向雒其固亦足恃張良曰雒陽雖有此固其中小不過數百里田地薄四面受敵此非用武之國夫關中左殽函右隴蜀沃野千里南有巴蜀之饒北有胡苑之利阻三面而固守獨以一面東制諸侯諸侯安定河渭漕輓天下西給京師諸侯有變順流而下足以委輸此所謂金城千里天府之國劉敬說是也於是上即日駕西都關中

晉簡文帝時桓溫欲經緯中國以河南粗平將移都洛陽朝廷畏溫不敢

為異而北土蕭條人情疑懼雖並知不可莫敢先諫著作郎孫綽乃上疏曰伏見征西大將軍臣溫表便當躬率三軍討除二寇蕩滌河渭清灑舊京然後神旂電舒朝服濟江反皇居於中土正玉衡於天極斯超世之宏圖千載之盛事然臣之所懷竊有未安以為帝王之興莫不藉地利人和以建功業貴能以義平暴因而撫之懷愍不建淪胥秦京遂令胡戎交侵神州絕綱土崩之釁誠由道喪然中夏蕩蕩一時橫流百郡千城曾無完郛者何哉亦以地不可守投奔有所故也天祚永革中宗龍飛非惟信順協於天人而已實賴萬里長江畫而守之耳易稱王公設險以守其國險之時義大矣哉斯已然之明效也今作勝談自當任道而遺險校實量分不得不保小以固存自喪亂已來六十餘年蒼生殄滅百不遺一河洛丘墟函夏蕭條井堙木刊阡陌夷滅生理茫茫永無依歸播流江表已經數世存者長子老孫亡者丘隴成行雖北風之思感其素心目前之哀實為

交切。若遷都旋軫之日。中興五陵。即復緬成遐域。泰山之安。既難以理保。烝烝之思。豈不纏於聖心哉。温今此舉。誠欲大覽始終。為國遠圖。向無山陵之急。亦未首決大謀。獨任天下之至難也。今發憤忘食。忠慨亮到。凡在有心。孰不致感。而百姓震駭。同懷危懼者。豈不以反舊之樂賒。而趣死之憂促哉。何者。植根於江外數十年矣。一朝拔之。頓驅踧於空荒之地。提挈萬里。踰險浮深。離墳墓。棄生業。富者無三年之糧。貧者無一飡之飯。田宅不可復售。舟車無從而得。捨安樂之國。適習亂之鄉。出必安之地。就累卵之危。將頓仆道塗。飄溺江川。僅有達者。夫國以人為本。疾寇所以為人。衆喪而寇除。亦安所取哉。此仁者所宜哀矜。國家所宜深慮也。自古今帝王之都。豈有常所。將隆則宅中而圖大。勢屈則遵養以待會。使德不可勝。家有三年之積。然後始可謀太平之事耳。今天時人事。有未至者矣。一朝欲一宇宙。無乃頓而難舉。臣之愚計。以為且可更遣一將有威名資實者

先鎮洛陽。於陵所築二壘以奉衛山陵。掃平梁許。清一河南。運漕之路既通。然後盡力於開墾。廣田積穀。漸為徙者之資。如此。賊見亡徵。勢必遠竄。如其迷逆不化。復欲送死者。南北諸軍。風馳電赴。若身手之救痛癢。率然之應首尾。山陵既固。中夏小康。陛下且端委紫極。增脩德政。躬行漢文簡樸之至。去小惠。節游費。審官人。練甲兵。以養士滅寇為先。十年行之。無使隳廢。則貧者殖其財。怯者先其勇。人知天德。赴死如歸。以此致政。猶運諸掌握。何故捨百勝之長理。舉天下而一擲哉。陛下春秋方富。温克壯其猷。君臣相與。弘養德業。括囊元吉。豈不快乎。今温唱高議。聖朝互同。臣以輕微獨獻管見。出言之難。實在今日。而臣區區必聞天聽者。竊以無諱之朝。狂瞽進說。芻蕘之謀。聖賢所察。所以不勝至憂。觸冒干陳。若陛下垂神。温少留思。豈非屈於一人而允億兆之願哉。如以干忤罪大。欲加顯戮。使丹誠上達。退受刑誅。雖沒泉壤。尸且不朽。

宋孝武帝大明二年。朝議欲依古制置王畿。揚州移治會稽。猶以星變故也。尚書吏部郎沈懷文曰。周制封畿。漢置司隸。各因時宜。非好相反。安民寧國。其揆一也。苟民心所安。天亦從之。未必改今追古。乃致平壹。神州舊壤。歷代相承。異於邊州。或罷或置。既物情不説。容虧化本。上不從。

梁元帝承聖二年。下詔將還建康。將軍胡僧祐黃羅漢宗懍劉瑴諫曰。建業王氣已盡。與虜正隔一江。若有不虞。悔無及也。上令朝臣議之。朱買臣上言曰。建康舊都。山陵所在。荆鎮邊疆。非王者之宅。願陛下勿疑。以致後悔。臣家在荆州。豈不願陛下居此。但恐是臣富貴。非陛下富貴耳。

後魏孝文帝外示南討。意在謀遷。齋於明堂左个。詔太常卿王諶親令龜卜易筮南伐之事。其兆遇革。帝曰。此是湯武革命。順天應人之卦也。羣臣莫敢言。任城王澄進曰。易言革者更也。將欲應天順人。革君臣之命。湯武得之為吉。陛下帝有天下。重光累葉。今日卜征。乃可伐叛。不得云革命。此

非君人之卦。未可全為吉也。帝厲聲曰。象云。大人虎變。何言不吉也。澄曰。陛下龍興既久。豈可方同虎變。帝勃然作色曰。社稷我社稷。任城而欲沮衆也。澄曰。社稷誠知陛下之社稷。然臣是社稷之臣子。豫參顧問。敢盡愚衷。高祖既鋭意必行。惡澄此對。久之乃解曰。各言其志。亦復何傷。車駕還宮。便召澄。未及昇階。遥謂曰。向者之革卦。今更欲論之。明堂之忿。懼衆人競言。阻我大計。故厲色怖文武耳。想解朕意也。乃獨謂澄曰。今日之行。誠知不易。但國家興自北土。徙居平城。雖富有四海。文軌未一。此間用武之地。非可文治。移風易俗。信為甚難。崤函帝宅。河洛王里。因茲大舉。光宅中原。任城意以為何如。澄曰。伊洛中區。均天下所據。陛下制御華夏。輯平九服。蒼生聞此。應當大慶。帝曰。北人戀本。忽聞將移。不能不驚擾也。澄曰。此既非常之事。當非常之人所知。唯須決之聖懷。此輩亦何能為也。高祖曰。任城便是我之子房。加撫軍大將軍太子少保。又兼尚

書左僕射。

隋文帝嫌長安城制度狹小。將遷都。夜與高熲蘇威二人定議。散騎常侍庾季才旦而奏曰。臣仰觀玄象。俯察圖記。龜兆允襲。必有遷都。且堯都平陽。舜都冀土。是知帝王居止。世代不同。且漢營此城。經今將八百歲。水皆鹹鹵。不甚宜人。願陛下協天人之心。為遷徙之計。高祖愕然。謂熲等曰。是何神也。遂發詔創新都于龍首山。

唐武后時。麟臺正字陳子昂上諫靈駕入京書曰。臣聞明主不惡切直之言以納忠。烈士不憚死亡之誅以極諫。故有非常之策者。必待非常之時。有非常之時者。必待非常之主。然後危言正色。抗議直辭。赴湯鑊而不迴。至誅夷而無悔。豈徒欲詭世誇俗。厭生樂死者哉。實以為殺身之害小。存國之利大。故審計定議而甘心焉。況乎得非常之時。遇非常之主。言必獲用。死亦何驚。千載之跡。將不朽於今日矣。伏

惟大行皇帝遺天下。棄羣臣。萬國震驚。百姓屠裂。陛下以徇齊之聖。承宗廟之重。天下之望。喁喁如也。莫不冀蒙聖化。獲保餘年。太平之主。將復在於今日矣。況皇太后又以文母之賢。叶軒宮之耀。軍國大事。遺詔決之。唐虞之際。於斯盛矣。臣伏見詔書。梓宮將遷西京。鑾輿亦欲陪幸。計非上策。智者失圖。廟堂未聞骨鯁之謀。朝廷多有順從之議。愚臣竊惑。以為過矣。伏自思之。生聖日。沐皇風。摩頂至踵。莫非亭育。不能歷丹鳳。抵濯龍。北面玉階。東望金屋。抗音而正諫者。聖王之罪人也。所以不顧萬死。乞見一言。願蒙聽覽。甘就鼎鑊。伏惟陛下察之。臣聞秦據咸陽之時。漢都長安之日。山河為固。天下服矣。然猶北假胡苑之利。南資巴蜀之饒。自渭入河。轉關東之粟。踰沙絕漠。致山西之寶。然後能削平天下。彈壓諸侯。長轡利策。横制宇宙。今則不然。燕代迫匈奴之侵。巴隴嬰吐蕃之患。西蜀疲老。千里贏糧。北國丁男十五乘塞。歲月奔命。其弊不堪。秦之首尾。今為闕矣。即所餘者獨三輔之間耳。頃遭荒饉。人被薦饑。自河而西。無非赤地。循隴已北。罕逢青草。莫不父兄轉死。妻子流離。委家喪業。膏原潤莽。此朝廷之所備知也。賴以宗廟神靈。皇天悔禍。去歲薄稔。前秋稍登。使羸瘵之餘。得保性命。天下幸甚。可謂厚矣。然則流人未返。田野尚蕪。白骨縱橫。阡陌無主。至於蓄積。猶可哀傷。陛下不料其難。貴從先意。遂欲長驅大駕。按節秦京。千乘萬騎。何方取給。況山陵初制。穿復未央。土木工匠。必資徒役。今欲率疲弊之眾。興數萬之軍。徵發近畿。鞭撲羸老。鑿山採石。驅以就功。但恐春作無時。秋成絕望。凋瘵遺噍。再罹飢（一作饑）苦。倘不堪其弊。必有逋逃子來之頌。其將何詞以述之。此亦宗廟之大機。不可不深審（一作）圖也。況國無兼歲之儲。家鮮匝時之蓄。一旬不雨。猶可深憂。忽加水旱。人何以濟。陛下不深察始終。獨違群議。臣恐

三輔之弊。不止如前日矣。且天子以四海為家。聖人包六合為宇宙。歷觀邃古以至于今。何嘗不以三王為仁。五帝為聖。故雖周公制作。夫子著明。莫不著述堯舜。憲章文武。為百王之鴻烈。作千載之雄圖。然而舜死陟方。葬蒼梧而不返。禹會羣后。殁稽山而永終。豈非愛蠻夷之鄉。而鄙中國哉。實欲將示聖人之無外也。故能使墳籍以為美談。帝王以為高範。況我巍巍大聖。轢帝登皇。日月所照。莫不率俾。何獨秦豐之地可置山陵。河洛之都不堪園寢。陛下豈不察之。愚臣竊為陛下惜也。且景山崇麗。秀冠羣峯。北對嵩邙。西望汝海。居祝融之故地。連太昊之遺墟。帝王圖跡。縱横左右。園陵之美。復何加焉。陛下曾未察之。謂其不可。愚臣鄙見。良足尚矣。況瀍澗之中。天地交會。北有太行之險。南有宛葉之饒。東壓江淮。食湖海之利。西馳崤澠。據關河之寶。以聖明之主。養淳粹之人。天下和平。恭已正南面而已。陛下

不思瀍洛之壯觀，關隴之荒蕪，遂欲棄太山之安，履焦原之險，忘神器之大寶，徇曹閔之小節。愚臣暗昧，以為甚也。陛下何不覽諫臣之策，採行路之謠，諮謨太后，平章宰輔，使（一作協）蒼生之望，知有所安，天下豈不幸甚。昔者平王遷周，光武都洛，山陵寢廟，並在東京，宗社墳塋，並居西土。然而春秋美為始王，漢書載為代祖，豈其不孝哉！何聖賢褒貶於斯濫矣。實以時有不可，事有不（一作必）然。蓋欲遺小存大，去禍歸福，聖人所以為貴也。夫小不忍而亂大謀，仲尼之至誡。願陛下察之。若以臣愚不用，朝議遂行，臣恐關隴之憂，無時休息。臣又聞太原蓄巨萬之倉，洛口積天下之粟，國家之寶，斯為大矣。今欲捨而不顧，背以長驅，有識震驚，天下失望。倘鼠竊狗盜萬一不圖，西入陝州之郊，東犯武牢之鎮，盜敖倉一抔之粟，陛下何以預遏之？此天下之至機，不可不深懼也。雖則盜未旋踵，誅刑已及，滅其九族，焚其妻子，泣辜雖恨，將何及焉。故曰：先謀後事者逸，先事後圖者失。國之利器，不可以示人。斯言不徒設也。伏願陛下念之。臣西蜀野人，本在林藪，幸屬交泰，得遊王國。故知不在其位者不謀其政，亦欲退身巖谷，滅跡朝廷，竊感婁敬委輅，干非其議，要漢榮於萬全，取鴻名於千古。臣何獨怯而不及之哉。所以敢觸龍鱗，死而無恨。庶萬有一中，或垂察焉。臣子昂誠惶誠恐，死罪死罪。

代宗時，郭子儀為京城留守，自變生倉卒，賴子儀復安，故天下皆咎程元振。羣臣數論奏，元振懼，乃說帝都洛陽，帝可其計。子儀奏曰：雍州古稱天府，右隴蜀，左崤函，襟馮終南、太華之險，背負清渭、濁河之固，地方數千里，帶甲十餘萬，兵彊士勇，真用武之國，秦漢所以成帝業也。後或處而泰，去而亡者，不一姓。故高祖先入關定天下，太宗以來，居洛陽者亦鮮。先帝興朔方，誅慶緒，陛下席西土，戮朝義，雖天道助順，亦地勢則然。比吐蕃馮陵而不能抗者，臣能言其略。夫六軍皆市井人，寵虛名，逃實賦，一日驅以就戰，有百奔無一前。又宦豎掩迷，庶政荒奪，遂令陛下彷徨暴露，越在陝服。斯委任失人，豈秦地非良哉。今道路流言，不識信否，咸謂且都洛陽。洛陽自大盜以來，焚埃略盡，百曹榛荒，寰服不滿千戶，井邑如墟，豺狼羣嘷。東薄鄭汴，南界徐，北綿懷衛及相，千里蕭條，亭舍不烟，何以奉萬乘牲餼，供百官次舍哉！且地狹阨，裁數百里，險不足防，適為鬬場。陛下意者不以京畿新罹剽蹂，國用不足乎？昔衛為狄滅，文公廬于曹，衣大布之衣，冠大帛之冠，卒復舊邦。況赫赫天子，躬儉節用，寧為一諸侯下哉！臣願陛下斥素餐，去冗食，抑閹寺，任直臣，薄征弛役，卹隱撫鰥，委宰相以簡賢任能，付將臣以訓兵禦侮，則中興之功，日月可冀。惟時邁亟還，見宗廟，謁園陵，再造王家，以幸天下。帝得奏，泣謂左右曰：子儀固社稷臣也。朕西決矣。乘輿還，子儀頓首請罪。帝勞曰：用卿晚，故至此。乃賜鐵券，圖形凌煙閣。

昭宗乾寧初，朱朴擢國子毛詩博士，上書言當世事，議遷都曰：古王者不常厥居，皆觀天地興衰，隨時制事。關中，隋家所都，我實因之，凡三百歲，文物資貨，奢侈僭偽皆極焉。廣明巨盜陷覆宮闕，局署帑藏，里閈井肆，所存十二三，比幸石門、華陰，十二之中又亡七八九。高祖太宗之制蕩然矣。夫襄鄧之西，夷漫數百里，其東漢輿鳳林為之關，南菊潭環屈而流屬於漢，西有上洛重山之險，北有白崖聯絡，乃形勝之地，沃衍之墟。若廣浚漕渠，運天下之財，可使大集。自古中興之君，去已衰之衰，就未王而王。今南陽，漢光武雖起而未王也。臣視山河壯麗處多故都，已盛而衰，難可興已。江南土薄水淺，人心囂浮輕巧，不可以都；河北土厚水深，人心彊愎狠戾，不可以都。惟襄鄧實惟中原，人心質良。去秦咫尺。而有上洛爲之限。永無戎狄侵軼之虞。此建都之極選也。不報。

宋仁宗時。陝西四路安撫沿邊招討使范仲淹上論修建北京狀曰。

臣危言孤立。久荷聖知。當此旰昃之憂。豈可循默自守。雖以言而取罪。亦以盡臣子之心。臣先於景祐三年五月初。在開封府曾進劄子。言西洛帝王之宅。絶無儲備。乞聖慈以將有朝陵爲名。使東道有餘則運而西上。西道有餘。則運而東下。數年之間。庶幾有備。太平則居東京舟車輻輳之地。以便天下。急難則守西洛山河之宅。以保中原。當時臣言西洛可營者。以備急難也。今北事既動。營洛已晚。臣今別有愚見。請一二以陳之。臣竊聞脩建北京以禦大敵。以臣料之。可張虚聲。未可爲倚。何哉。河朔地平。去邊千里。胡馬豪健。晝夜兼馳。不十數日。可及澶淵。陛下乘輿一動。千乘萬騎。非數日可辦。倉卒之間。胡馬已近。欲進北京。其可及乎。此未可一也。又承平已久。人不知戰。聞寇大至。羣情憂恐。陛下引憂恐之師。進涉危地。或有驚潰。在爪牙之臣。誰能制之。此未可二也。又北京四面盡平。絶無險阨之地。儻乘輿安然到彼。而胡馬旁過。直趨河南。於澶淵四面乘凍而渡。京師無備。將何以支。宗廟社稷。宮禁府庫。皇宗戚里之屬。千官百辟之家。六軍萬民。孥屬盡在。無金城湯池可傍。無堅甲利兵可禦。陛下行在河朔。心存京師。豈無回顧之大憂乎。此未可三也。假使大河未凍。寇不得渡。而直圍守澶淵。聲言向闕。以割地會盟爲請。當此之時。京師無備。胡塵俯逼。陛下能堅守不動而拒請乎。唐明皇時。祿山爲亂。舊將哥舒翰以四十萬兵屯守潼關。請不出戰。且以困賊。楊國忠促令進討。一戰大敗。遂陷長安。今京師無備。寇或南牧。朝廷必促河朔諸將出兵截戰。萬一不勝。則有天寶之患。朝廷將安往乎。昔煬帝盤遊淮甸。遠離關中。唐祖

據之。隋室遂傾。明皇出奔西蜀。非肅宗立于朔方。天下不復爲唐矣。德宗欲幸益郡。李晟累奏。乞且幸山南。以繫人心。乃知朝廷萬邦之根本。今陝西河北聚天下之重兵。如京師搖動。違遠重兵。則奸雄奮飛。禍患四起。臣聞天有九閽。帝居九重。是以王公法天設險。以安萬國也。易曰。天險不可升。地險山川丘陵。王公設險以守其國。正在今日矣。臣請陛下速修東京高城深池。軍民百萬。足以爲九重之備。乘輿不出。則聖人坐鎮四海而無煩動之勞。鑾輿或出。則大臣居守九重而無回顧之憂矣。彼或謀曰。邊城堅牢。不可卒攻。京師坦平而可深犯。我若修固京師。使不可犯。則伐彼之謀。而沮南牧之志矣。寇入之淺。則邊壘已堅。寇入之深。則都城已固。彼請割地。我可弗許也。彼請決戰。我可弗出也。進不能爲患。退不能亡歸。然後因而撓之。返則追之。縱有鈔掠。可邀可奪。彼衰我振。未必不大勝。豈非陛下保社稷安四海之全策哉。或曰。京師王者之居。高城深池。恐失其體。臣聞後唐末。契丹以四十萬衆送石高祖入朝。而京城無備。閔宗遂亡。石晉時。叛臣張彥澤引契丹犯闕。而京城無備。少主乃陷。此皆無備而亡。何言其失體哉。臣但憂國家之患。而不暇顧其失體也。若以修築城隍爲失體。不猶愈於播遷之禍哉。朝廷百辟必曉此事。但懼議者謂其失體而不敢言。臣任在西陲。非當請聞而言此事。誠罪人也。然臣子之心。豈敢忘君親之憂。況臣素來愚拙。唯知報國而不知其受謗矣。昔奉春君負販之夫。勸高祖都關中。而張良贊之。翌日命駕。臣叨預近列。而輒建言。比之奉春君之僭。未甚爲過。至於西洛帝王之宅。太祖嘗修。有意在子孫。表裏山河。接應東京之事勢。連屬關陝之形勝。又河陽據大川之險。當河東之會要。爲西洛之北門。又長安自古興王之都。天下勝地。皆願朝廷留意。常委才謀重臣。天下幸甚。

宋庠論封畿上奏曰。謹按周制。王者都畿千里。千里之地。謂之寰內。井田百萬。是之自出。兵強地正。以制諸侯。漢都關中。亦分京兆、馮翊、扶風為三輔。又取河南、河內、河東、弘農四郡。合三輔之劇。遣司隸校尉以督之。雖地非幅員。侔于周制。若其包山河之固。冠郡國之首。置使持節。不與部刺史為等。亦王畿之意也。魏晉而下。始以司隸之治為司州。南北分爭。名實始替。然江左建國。常以宰相帶揚州刺史。朝廷根本。此焉是賴。至唐有天下。復都長安。乃因關河形便。分州郡為十道。而關內一道。全是王畿。雖無司隸之名。猶以華同岐三州為上輔。河南為東都。而京畿都畿並置觀察使。此皆強幹振樛。統御庶邦。國家因循五代。即都于汴。地非京邑之舊。州無輔畿之實。自祖宗以聖武神略。剗平僭偽。萬方臣妾。會于京師。雖城闕雄尊。閭里繁衍。而諸縣之外。便屬他州。州雖密迩。即為別路。畿內十六縣。纔置提點官二員。人瑣位卑。隸于漕運之局。寧所謂尊甸服重王官者哉。臣欲望略依周漢舊章。以三京所環之州。畫為畿內。曹濮單陳蔡鄭滑等八州。輔開封為中畿。以孟汝二州輔河南為西畿。以宿亳二州輔應天為東畿。併三畿之州。升曰近輔。通置畿內觀察使一人以統之。取臺省給舍為出入之資。凡輔州並乞正除刺史。取待制官以下正郎以上為出入之資。俸秩班品。異於列郡。除去今日虛名之弊。且示聖朝正官之漸。然後舉畿內之籍。均其租稅。輕其繇役。踵漢故事。徙天下豪族。內實三畿之州。四面設關梁。譏出入以嚴王制。應禁兵營府。分據寰內。如此。則海內震服而王室安矣。

高宗時趙元鎮論西幸事宜狀曰。臣昨奉聖訓。條具目今事宜。除已奏聞外。臣竊惟東晉渡江。全有淮甸。群賢協力。僅保一隅。亦以其外無陵侮之憂故也。今強敵南侵。視大江如履平地。淮南故非我有。而

江左郡縣。凡都會形勢之地。悉經蹂踐。其視東晉萬萬不侔矣。雖欲立國於此。其可得乎。況能平定齊魯。恢復晉趙。定建極宅中之計。惟關中與巴蜀兵民可恃。太祖皇帝時。已有遷都之議。陛下必欲經營中原。當自關中始。今關中半失之矣。欲經營關中。當自蜀中始。欲幸蜀中。當自荊南始。雖然。漢中鄰長安。而興利鄰秦鳳。太平之久。負販往來。山谷險絕。皆成蹊徑。昨長安潰兵。徑趨興元。全無阻遏。自興元趨劍門。更無棧道。而劍門兩間。亦有捷路可至成都。然則蜀中所恃之險。尚須措置。使絕不通行。然後可保。張浚之行。專委召集西兵。求聞營度守蜀也。今岳鄂路道可擇使臣三兩人。齎詔付浚。及選除利州夔峽等路監司守臣。委之協謀。為守蜀之備。俟浚回報。然後決意西行。且駐荊南。徐圖所向。為今日計。無踰於此者。謹具條畫下項。臣嘗謂天下之事。必有一定之論。匹夫之謀一身。商賈之謀一家。亦不可繆。悠悠然轉徙。終無所守。況欲立國為久遠之業。去歲四月。初陛下發臨安。幸建康。慨然有克復中原之意。臣嘗上言。欲守江南。當以淮為外戶。乞早發諸將屯守淮南。委杜充節制之。兵既不遣。充亦不行。淮卒不守也。後欲守江。以民丁為兵。以王義兵為使。臣嘗上言。民不足恃。義兵不可用。言卒不行。而江亦不守也。始議迎幸。不敢為戰守之策。艱關水陸。捿泊會稽。及洪州失守。復幸平江。為決戰之議。已而興國有警。進不能前。則移蹕四明。自始及終。元無定論。儻林之平所遣海船不到。則束手端坐。更無脫免之計。每思及此。為之寒心。故臣謂巡幸之宜。願以今歲為戒也。今秋既不可再登海舟。則捨上流荊襄之行無術矣。臣區區愚陋。不足仰承睿訓。惟陛下決擇。

元鎮又奏曰。臣已具愚見。仰瀆聖聰。尚慮所言未究所蘊。重為陛下陳之。且車駕駐蹕所在。天下之根本也。外設藩籬之固。中嚴堂陛之

居然後從中制外。運動得宜。譬之人身。有腹心。有手足。不可易置也。今捨二浙澤國險阻之區。而都建康顯敞衝要四達交爭之地。修飭宮城。移置官府。悉庫藏金帛隨之。不鑒維揚倉卒之禍。而為久遠安居之計。實臣所未諭也。若謂建康古帝王之宅。得形勢之利。然自堯舜三代秦晉而下。建都不一。各便其所宜。而未嘗相因。不聞後王之興。必居前王之地也。若謂地臨淮甸。足以係中原之心。便於進取之勢。然移蹕已復半年矣。進取之計果如何。中原之人歸者幾何。響應而起者又幾何。若謂易於號令。然前此兩經捍敵。車駕進臨。數作士氣。諸將奮勵承命即前。倘朝廷威令不行。駕馭無術。雖在營壘中無益也。不考利害之實。不度時措之宜。採書生之高談。按史冊之故事。而欲自致於顛危之地。乃曰欲圖恢復。臣竊以謂不可。雖然。臣知定都建康。未為得策。而陛下苟因臣說。遽議回鑾。臣亦以謂不可也。自

朝廷南渡。中外臣民莫不以恢復之說獻於陛下。臣自郎官歷臺諫至踐宰輔。前後進計於陛下。亦以此為先。陛下篤於孝悌。固亦未嘗不在是也。然而臣所期於陛下者。不忘恢復之念。常為恢復之謀。仰順天心。俯鑒人事。度德量力。觀釁而動。不敢輕舉而易發也。今恢復之勢已張。恢復之名已正。凡平日獻議之人。以謂恢復之功可跂而待。乃欲旋幸二浙。偷安目前。自為退縮削弱之計。必以陛下為不孝不悌之主。以臣為不忠不義之人。夫不孝不悌之名。固陛下不可受。而不忠不義之罪。臣亦安敢當之。此議論之臣他日必不見貸者。臣所謂欲議回蹕亦不可也。蓋一動移之間。便有強弱之勢。不可遷也。嗚呼。採虛名。忘實利。張虛聲。受實禍。其利害為如何。而浮言易動。主聽易搖。使任責者難於致力。而天下之事所以易敗而無功也。今為陛下計。唯是委任群臣。不責近效。俾盡前日措置之策。必取今日規模之利。用副陛下孝悌之心。亦不難也。如臣怯懦愚闇。實不足以及此。人有能不能。前日之規模措置。臣之所能也。今日之規模措置。非臣之所能也。不強其所不能。古人所取也。今以不能之事責人以必能。其人救身不顧也。赤族不恤也。其如國事何。進讓帷幄。雖不預國論。萬一陛下諮訪。見及臣之所言。不過如此。其言非今日之宜。則其人難語以今日之責矣。然則何所用之。臣所以不避雷霆之怒。仰干斧鉞之誅。披寫血誠。控告陛下。誠不敢偷悅取容。以欺聰聽耳。伏幸察臣哀切之懇。曲垂惻隱之仁。恢廓網羅。保全腰領。投之於無用之地。臣雖死之日。猶生之年。

兩浙西路安撫使葉夢得上奏曰。右臣伏聞朝廷已命翁彥國經理建康。以備巡幸。竊惟國家定鼎汴陽。固萬世無窮之計。然而聖慮深遠。以為萬一之備。或有不得已者。則形勢所在。不可不考。建康居東

南要衝。實恃大江以為險。然自豫章而東。長沙而北。江陵而西。江行數千里。控扼之會。皆以武昌為襟帶。孫權建鼎足三方之勢。抗魏制蜀。倚為用武之地。故周瑜呂蒙因之以破曹操。擒關羽。晉元帝南遷。首命陶侃以龍驤將軍為太守。故蘇峻之亂。卒賴其効。宋齊之後。專事隴蜀。不以為意。侯景長驅無所忌憚。遂致梁禍。唐以鄂岳為一道。觀察嘗委以重人。至牛僧孺罷相。文宗復以鄂州為武昌軍。置節度使。特命僧孺守之。則歷代兼制江湖之意。形勢大畧可見。唐雖都關中。與吳晉異。亦不敢忽也。至於所以夾輔建康者。又環之有五城。曰石頭城。曰冶城。曰臺城。曰苑城。曰新城。蓋大江之險。特可為之限隔。而所以守江者。必有為之捍禦。今惟新城在揚州之境。利害所繫差輕。其餘四城皆不可廢。韓滉鎮浙西。當朱泚之亂。潛修石頭城。人疑其異志。亦可知石頭城之為利。臣愚竊謂鄂州宜建為帥藩。宿以重

兵。以為建康之西門。石頭城當尋其故址興輯之。分備屯戍以謹大江之守。然後建康可恃以固。伏望聖慈特命大臣參議施行。臣職忝論思。雖事非所部。顧在今日。臣夫願自竭以冀秋豪之補。不敢以犯分為嫌。輒獻其愚。干冒天威。臣無任惶懼激切屏營之至。

夢得為江南東路安撫制置大使。又上宫室議曰。臣聞古者帝王宫室之制。不盡載於經。而略見於周官與禮。為門者五。為朝者三。為寢與宫者皆六。所謂五門者。曰皐門。曰庫門。曰雉門。曰應門。曰路門。皐門先儒謂王城之門。庫門次之。宗廟社稷其内。雉門。王宫之門。故旁設兩觀。此五門之别也。所謂三朝者。曰外朝。曰内朝。曰燕朝。周官朝士掌外朝之法。凡公卿大夫公侯伯子男三公皆有定位。是謂外朝。司士掌朝儀之位。三公卿大夫王族故士虎士太僕太右皆有定位。是謂内朝。太僕掌王之服位。王眡治朝。則前王位而退。入亦如之。是謂

燕朝。禮玉藻言王朝服以日視朝於内朝。退適内寢聽政。先儒謂外朝在庫門之外。凡國有大事。致萬民而詢焉。則御之。内朝在路門之外。凡日視朝見羣臣則御之。燕朝在路門之内。凡日退而聽政則御之。此三朝之别也。所謂六寢六宫者。先儒以周官宫人掌王之六寢之修。為言謂路寢一。小寢五。蓋在路門之内。而六宫王后之居又在其後。視王之六寢。此六寢六宫之制也。秦漢而下。沿革不同。即唐之近制考之。唐以宣政為前殿。謂之正衙。即周之内朝也。以紫宸為便殿。謂之閤。即周之燕朝也。而無外朝。日御正衙見羣臣謂之常參。朔望薦食諸陵寢。有思慕之心。不能臨前殿。即喚仗入紫宸。謂之入閤。至五代。其禮寖廢。常參不復日見羣臣。惟大臣一朝便殿而已。後唐明宗即位。始詔百官五日一隨宰相入見便殿。謂之起居。本朝因唐之舊。參酌古制。更為增損。今汴都南薰朱雀門宜為古之雉門。以大慶殿為外朝。故歲旦大朝會則御之。而其門即應門也。以文德殿為内朝。故月朔合六參官入見則御之。而其門即路門也。謂之過殿。其旁設東西閤門。則倣唐制以紫宸垂拱為閤也。遇朔不過殿。則喚仗入閤。而御紫宸。與望及五日百官一起居皆御之。以垂拱為燕朝。則日御以聽政。蓋相仍唐室舊内增修。不得不然。今陛下既以建康為别都。則視周洛邑與汴京。歲大朝會見百官。御大慶。月朔過殿御文德。望與六參御紫宸。日御垂拱。此四殿有不可闕。而忌前不坐垂拱。與吏部引見選人軍頭司呈試武藝等。本朝所增。蓋又有崇政後殿講筵有邇英殿。亦不可廢。此典禮所在。將以垂後經遠。固宜參備。端門亦當增為三門。以正天子之禮。則朝羣臣蒞四夷。賦政出令。行禮正名。上擬洛邑。次不失祖宗之意。若夫高下之度。廣狹之數。則先王初不為定制。各視時而為之。商之重屋。堂高三尺。周之明堂。堂高九尺。

若禹卑宫室。則夏之世室。其高一尺而已。其高下固不等也。周之路門。不容乘車之五箇。為丈有六尺五寸。應門二徹三箇。為二丈四尺。其廣狹固不同也。恭惟陛下以寬仁信兆民。以惇朴先天下。聖志固自有定。今宫城之内。其地有限。若有司推明德意。但取典禮所不可廢者。而不為觀美。則與其大而有闕。不若狹而能備。惟六寢六宫在内中。周禮既不詳。祖宗成法見於汴京者。因時便宜。當出聖裁。非臣所敢及。謹昧死上宫室議。伏惟陛下垂意採擇。

夢得又奏繳行宫圖并宫室劄子曰。臣近准尚書省劄子。備奉聖旨。以本府行宫昨緣臨時修蓋。不如法。及百司等屋宇。亦因旋行修造。致多苟簡。專委臣相度措置。立定規摹。畫圖繳進。逐旋如法營葺。務要可以經久。臣衰陋不材。誤蒙重寄。實非所能任。承命震恐。不敢輙辭。退考之古昔。周文武既定都於豐。謂之宗周。至成王欲宅洛邑。乃

後營之謂之成周亦曰東都以為四方道里遠近之中使朝覲貢賦取均焉及宣王遭犬戎之難會諸侯於東都選車馬備器械因還以居周遂中興則有正都有別都自周而然也晉重耳敗楚城濮追齊小白正天下之義合諸侯於踐土周襄王巡守臨之春秋書天王狩于河陽魯僖公朝于王所而左氏記重耳作王宮於衡雍則天子巡狩亦作宮焉然洛誥稱用牲于郊乃社于新邑有郊有社庶邦冢君皆在則別都之禮宜略與正都同而巡狩之宮止以朝見方岳則宜從約也今陛下巡幸東南臨安蓋巡狩之宮而以建康為別都則車駕未即還汴建康行宮受朝四方賦政出令視臨安宜有當增備者孔子頌禹之德曰卑宮室而盡力乎溝洫然則宮室雖在所備要以不侈大而卑為美漢高祖入關命蕭何治未央宮見其壯麗而怒曰天下洶洶勞苦數歲成敗未可知是何治宮室過度也世以高祖為

賢晉孝武時宮室弊壞謝安備之皆仰模玄象合體宸極後世譏焉恭惟陛下宏濟艱難聖猷恢遠勤儉之意天下聳聞臣頃者獲侍清光親所目擊雖服食器用之間有臣庶不堪者陛下皆安之今中原初定漸圖經理始用成周之制因時便事營創別都以興王業臣愚敢不上體聖志無費財無妄役無擾民參酌古今典禮所必不可闕者然後為之惟是今宮室地步昨來營繕禁中與外庭分擘去處參差不齊若止據見在地步相度即偏曲窄小其合添殿宇官府等難以安排若欲參備以為經遠持久之計則須有禁中空地那融去處非臣所敢專決今先次各草立規模措置畫到圖二本各行貼說并臣參酌古今典禮沿革制度撰成宮室議一篇領連在前同共繳進伏望聖慈取自睿斷行下付臣重具定本進呈所有圖內增添殿宇官府移改安排事理及那融禁中地步丈尺數目與內外防守利害

合奏稟事各別具劄子畫一開陳臣學術淺陋思慮不遠聞見不廣無以仰稱陛下委使之意塵犯天威臣無任惶懼激切屏營之至又奏營葺行宮制度畫一劄子曰臣遵奉聖訓先次草具到營葺行宮圖二本并宮室議一篇繳進所有圖內殿宇官府事理并那融禁中地步丈尺數目及宮城外門制度合詳具奏稟今具畫一開陳下項一周官王國皆旁為三門此天子之制也蓋五門皆取正中一門名之其旁又為兩門通為三門至雉門為王宮之門每正月之吉以垂治象則又有象魏設於門之左右謂之兩觀亦或謂之闕諸侯則不得備三門而無兩觀故獨魯以周公之賜得有兩觀則新作南門與新作雉門及兩觀見書於春秋今行宮但因建康府舊制為兩門其上增展門屋九間而已此諸侯之制也恐非典禮今打量舊城兩門各闊一丈七尺其兩門相去有地步六

丈若於中間就開一門即不須改作可就立三門門前東西仗舍各有地步可以增設兩觀一行宮見今有朝殿一所并兩廊屋其朝殿兩柱已損爛中空見行計置修換其餘廊屋等並多損漏逐時八作司不住檢計補葺未嘗有虛日今契勘宮城內地步東西南北相去各一百九十餘丈東除去年淮西宣撫使張俊展套新城五十餘丈南北內教場五十餘丈皆屬禁中在外東西相去止有九十餘丈南北自朝殿至宮門雖有九十餘丈其西面卻有禁中曲尺侵過地步除外南至宮牆止有四十餘丈東面內東門小殿外即是禁中牆直至舊几筵殿後其南自舊几筵殿至宮牆亦止有二十八丈五尺今來若以朝殿為正就移向南為大慶殿卻以其後基地蓋紫宸殿於紫宸殿西通禁中曲尺侵過地內蓋垂拱殿與紫宸殿作一排其前蓋文德殿即可略倣汴京舊制其那融禁中舊內曲尺侵過空地西五

十餘丈。址三十餘丈。其垂拱殿西止有十餘丈之內。諸司及內藏庫。軍器庫等。中書門下兩省樞密學士院職事皆在內庭。汴京並於皇城內建置。其往來通行路皆有門為限斷。其與禁中相接處。非隔殿宇。則為行廊。今行宮除內藏庫等散於四旁隙地建造。各不相連接外。其御廚御藥院翰林司入內內侍講筵所等並分設於朝殿中門外兩廊。兩省樞密同為一省。與學士院並在外。皆是一時權宜之制。其通行路處並無別門。內東門小殿東。及內教場三面。并張俊所展新城與禁中分隔處。止是築墻。恐不可以示尊嚴。若依前項措置。正中蓋紫宸殿。西蓋垂拱殿。接連空地創建行廊一條。直徹內教場東墻。即其南餘剩地。可以依倣汴京舊制減損作兩省樞密學士院。東面將小殿東舊墻改造行廊一條。直徹南面。可以分設御廚等緊要應奉局次。二項不惟可以略備所添屋宇。實外護禁中。却將舊几筵殿基

通南面空地直至宮墻。可以建置內藏庫等。凡經由行路並可處要會處創立別門。其東面改作廊。須那融過禁中六七丈。一祖宗舊制。崇政殿邇英殿皆在皇城東北內。崇政即講武殿。蓋試習武事之所。應軍頭引見司呈試武藝及忌前不坐前殿。吏部引見選人等皆坐崇政殿。講筵則坐邇英殿。今宮城東北別無空閑地。兼其西北內教場射殿。遂時引見諸軍。乃祖宗講武之意。若就為崇政殿。即其後空地可以就建邇英殿。若其地不可。那融垂拱殿西改造行廊。內禁中亦有空閑地。兼可以修建。緣事並屬宮禁。非臣所得干預。不敢擬定。右具進呈。

章誼乞於臨安駐蹕上奏曰。臣竊見東南四五月間地氣蒸潤。渡淮而南。土多鹹鹵。尤更卑濕。今來千乘萬騎駐蹕之所。宜擇形勢爽塏之地。雖回鑾汴京固已戒期。然暑暍方興。理宜少緩。臣契勘臣所管杭州東南俯瞰大江。西攬湖山之秀。北通大路。引漕江淮荊湖之物。通徽川廣京東京西諸路。比之鎮江常州蘇湖等處。特為雄大。自頃錢氏有國。最不被兵。近年雖遭方臘殘破。陳通擾攘。皆藉國威。電旋即收。海撫之州廨官舍稍稍寬宏。道路城郭亦易修治。水泉甘香。民不病暑。咫尺閩越。山川鞏固。方茲首夏届辰。如蒙警蹕南路。鑾輿首神舟。以時順動。長河如帶。無風濤之恐。鞍馬暫休。無箠策之勞。比之淮南地勢高爽。實可以揮却炎暑。暫駐六師。臣與本州官吏不勝拳拳瞻望之誠。伏乞宣示宰執。相度施行。

孝宗即位。欲成高宗之志。首詔經理建業以圖進取。而大臣幸安計未決。王阮試禮部。對策曰。臨安蟠幽宅阻。面湖背海。膏腴沃野。足以休養生聚。其地利於休息。建康東南重鎮。控制長江。呼吸之間。上下千里。足以虎視吳楚。應接梁宋。其地利於進取。建炎紹興間。敵人乘

勝長驅。直擣而我師亦甚憊也。上皇遵養時晦。不得已與平。廼駐臨安。所以為休息計也。三十年來。闕者全。壞者修。弊者整。廢者復。較以曩昔。倍萬不侔。主上獨見遠覽。舉而措諸事業。非固以臨安為不足居也。戰守之形既分。動靜進退之理異也。古者立國。必有所恃。謀國之要。必負其所恃之地。秦有函谷。蜀有劍閣。魏有成皋。趙有井陘。燕有飛狐。而吳有長江。皆其所恃以為國也。今東南王氣鍾在建業。長江千里。控扼所會。輟而弗顧。退守幽深之地。若將終身焉。如是而曰謀國。果得為善謀乎。且夫戰者以地為本。湖山回環。孰與乎龍盤虎踞之雄。胥潮奔猛。孰與乎長江之險。今議者徒習吳越之僻固。而不知秣陵之通達。是猶富人之財。不布於通都大邑。而匣金以守之。愚恐半夜之或失也。儻六飛順動。中原在跬步間。況一建康耶。古人有言。千里之行。起於足下。人患不為爾。知貢舉范成大得而讀之。嘆曰。

是人傑也。

隆興中。起居郎胡銓上建都疏曰。臣聞與人鬭。不搤其亢拊其背。未能全勝。何則。其勢不便也。漢高五年都雒陽。是時方有山東之亂。而秦之故地又未能全有。危亦甚矣。儻不先都四塞之地。則天下非漢有也。王郎反河北。獨鉅鹿信都為世祖堅守。此天下之根本在焉。苟釋此不守。則天下非漢有也。故臣嘗論之。項羽得關中而不能守。是不搤其亢拊其背也。高帝決都關中。所以搤其亢拊其背也。王郎得鉅鹿信都不能守。是不搤其亢拊其背也。世祖留意河北。所以搤其亢拊其背也。項羽不搤其亢拊其背。所以失天下也。高帝能搤其亢拊其背。所以得天下也。王郎不能搤其亢拊其背。所以失天下也。世祖能搤其亢拊其背。所以得天下也。此兩漢存亡之迹。婁敬所形可謂社稷之臣矣。臣竊觀今日天下大勢。自淮以北則天下亢與背也。建康則搤亢拊背之要地也。錢塘則燕安酖毒之危地也。安處錢塘。是與人鬭而不搤其亢拊其背也。此項羽王郎之計也。若據建康下臨中原。此高帝世祖興王之計也。況今西北欲歸之人。如溪民之謳吟思漢亦已久矣。苟不決策移蹕定都。何以繫西北延頸思歸之心乎。冒瀆天聽。不勝激切屏營之至。

歷代名臣奏議卷之一百三

歷代名臣奏議卷之一百四

封建

秦始皇初并天下。丞相王綰等言諸侯初破。燕齊荊地遠。不為置王。毋以填之。請立諸子。唯上幸許。始皇下其議於群臣。群臣皆以為便。廷尉李斯議曰。周文武所封子弟同姓甚衆。然后屬疏遠。相攻擊如仇讎。諸侯更相誅伐。周天子弗能禁止。今海內賴陛下神靈一統。皆為郡縣。諸子功臣以公賦稅重賞賜之。甚足易制。天下無異意。則安寧之術也。置諸侯不便。始皇曰。天下共苦戰鬭不休。以有侯王。賴宗廟天下初定。又復立國。是樹兵也。而求其寧息。豈不難哉。廷尉議是。分天下以為三十六郡。

始皇置酒咸陽宮。僕射周青臣進頌曰。陛下神聖平定海內。以諸侯為郡縣。無戰爭之患。上古所不及。始皇悅。博士淳于越曰。殷周之王千餘歲。封子弟功臣自為枝輔。今陛下有四海。而子弟為匹夫。卒有田常六卿之臣。何以相救。事不師古而能長久。非所聞也。

漢文帝以代王入即位。後分代為兩國。立皇子武為代王。參為太原王。小子勝則梁王矣。後又徙代王武為淮陽王。而太原王參為代王。盡得故地。居數年。梁王勝死。亡子。時賈誼為梁懷王太傅。上疏曰。陛下即不定制。如今之勢。不過一傳再傳。諸侯猶且人恣而不制。豪植而大強。植也。立漢法不得行矣。陛下所以為蕃扞及皇太子之所恃者。唯淮陽代二國耳。代北邊匈奴。與強敵為鄰。能自完則足矣。而淮陽之比大諸侯。僅如黑子之著面。適足以餌大國耳。不足以有所禁禦。方今制在陛下。制國而令子適足以為餌。豈可謂工哉。人主之行異布衣。布衣者。飾小行競小廉以自託於鄉黨。人主唯天下安社稷固不耳。高皇帝瓜分天下以王功臣。反者如蝟毛而起。以為不可。故蘄去不義諸侯而虛其國擇良日立諸子雒陽上東門之外（諸侯國皆在關東故於東門外立之也）畢以為王而天下安故大人者不牽小行以成大功今淮南地遠者或數千里越兩諸侯（越過也兩諸侯梁及淮陽）而縣屬於漢其吏民繇役往來長安者自悉而補中道衣敝（自悉其家資雖作衣）錢用諸費稱此其苦屬漢而欲得王至甚逃而歸諸侯者已不少矣其勢不可久臣之愚計願舉淮南地以益淮陽而為梁王立後割淮陽北邊二三列城與東郡以益梁不可者可徙代王而都睢陽梁起於新郪以北著之河淮陽北東以南擬之江（擬謂立封界）則大諸侯之有異心者破膽而不敢謀梁足以扞齊趙淮陽足以禁吳楚陛下高枕終無山東之憂矣此二世之利也當今恬然適遇諸侯之皆少數歲之後陛下且見之矣夫秦日夜苦心勞力以除六國之禍今陛下力制天下頤指如意高拱以成六國之禍難以言智苟身無事畜亂宿禍孰視而不定萬年之後傳之老母弱子將使不寧不可謂仁臣聞聖主言問其臣而不自造事故使人臣得畢其愚忠唯陛下財幸

八年夏又封淮南厲王四子皆為列侯誼知上必將復王之也上疏諫曰竊恐陛下接王淮南諸子曾不與如臣者孰計之也淮南王之悖逆無道天下孰不知其罪陛下幸而赦遷之自疾而死天下孰以王死之不當今奉尊罪人之子適足以負謗於天下耳此人少壯豈能忘其父哉白公勝所為父報仇者大父與伯父叔父也（師古曰白公太子建之子也大父即祖謂平王也伯父叔父平王諸子也）白公為亂非欲取國代主也發忿快志剡手以衝仇人之匈固為俱靡而已淮南雖小黥布嘗用之矣漢存特幸耳決擅仇人足以危漢之資於策不便雖割而為四四子一心也予之眾積之財此非有子胥白公報於廣都之中即疑有剸諸荊軻起於兩柱之間所謂假賊兵為虎翼者也願陛下少留計

武帝時大司馬霍去病上疏曰陛下過聽使臣去病待罪行間宜專邊塞之思慮暴骸中野無以報乃敢惟他議以干用事者誠見陛下憂勞天下哀憐百姓以自忘虧膳貶樂損郎員皇子賴天能勝衣趨拜至今無位號師傅官陛下恭讓不卹群臣私望不敢越職而言臣竊不勝犬馬心昧死願陛下詔有司因盛夏吉時定皇子位唯願陛下幸察制曰下御史丞相臣青翟御史大夫臣湯中二千石二千石臣賀等議古者裂地立國並建諸侯以承天子所以尊宗廟重社稷也今臣去病上疏不忘其職因以宣恩乃道天子卑讓自貶以勞天下慮皇子未有位號臣等宜奉義遵職愚憧而不逮事方今盛夏吉時臣等昧死請立皇子臣閎臣旦臣胥為諸侯王昧死請所立國名制曰蓋聞周封八百姬姓並列或子男附庸禮支子不祭云並建諸侯所以重社稷朕無聞焉且天非為君生民也朕之不德海內未洽乃以未教成者強君連城即股肱何勸其更議以列侯家之青翟等議曰臣伏聞周封八百姬姓並列奉承天子康叔以祖考顯而伯禽以周公立成為建國諸侯以相傅為輔百官奉憲各遵其職而國統備矣竊以為並建諸侯所以重社稷者四海諸侯各以其職奉貢祭支子不得奉祭宗祖禮也封建使守藩國帝王所以扶德施化陛下奉承大統明開聖緒尊賢顯功興滅繼絕續蕭文終之後于酇褒厲盛臣平津侯等昭六親之序明天施之屬使諸侯王封君得推私恩分子弟戶邑錫號尊建百有餘國而家皇子為列侯則尊卑相踰列位失序不可以垂統於萬世臣請立臣閎臣旦臣胥為諸侯王制曰康叔親屬有十而獨尊者褒有德也周公祭天命郊故魯有白牡騂剛之牲群公不毛賢不肖差也高山仰之景行嚮之朕甚慕焉所以抑未成家以列侯可青翟等議曰臣伏聞康叔親屬有十武王

繼體。周公輔成王。其八人皆以祖考之尊建爲大國。康叔之年幼。周公在三公之位。而伯禽據國於魯。蓋爵命之時。未至成人。康叔後扞祿父之難。伯禽殄淮夷之亂。昔五帝異制。周爵五等。春秋三等。皆因時而序尊卑。高皇帝撥亂世反諸正。昭至德。定海內。封建諸侯。爵位二等。皇子或在襁褓而立爲諸侯王。奉承天子。爲萬世法則。不可易。陛下躬親仁義。體行聖德。表裏文武。顯慈孝之行。廣賢能之路。內褒有德。外討強暴。極臨北海。西湊月氏。匈奴西域。舉國奉師。輿械之費。不賦於民。虛御府之藏以賞元戎。開禁倉以振貧窮。減戍卒之半。百蠻之君。靡不鄉風。承流稱意。遠方殊俗。重譯而朝。澤及方外。故珍獸至。嘉穀興。天應甚彰。今諸侯支子封至諸侯王。而家皇子爲列侯。臣等竊伏孰計之。皆以爲尊卑失序。使天下失望。不可。臣請立臣閎、臣旦、臣胥爲諸侯王。四月癸未。奏未央宮。留中不下。青翟等復言曰。臣等前奏大司馬臣去病上疏言。皇子未有號位。臣謹與御史大夫臣湯、中二千石、二千石、諫大夫、博士臣慶等昧死請立皇子臣閎等爲諸侯王。陛下讓文武。躬自切。及皇子未教。群臣之議。儒者稱其術。或誖其心。陛下固辭弗許。家皇子爲列侯。臣等竊與列侯臣壽成等二十七人議。皆曰。以爲尊卑失序。高皇帝建天下。爲漢太祖。王子孫。廣支輔。先帝法則弗改。所以宣至尊也。臣請令史官擇吉日。具禮儀。上御史奏輿地圖。他皆如前故事。制曰。可。

元光中。主父偃說上曰。古者諸侯不過百里。彊弱之形易制。今諸侯或連城數十。地方千里。緩則驕奢易爲淫亂。急則阻其彊而合從以逆京師。今以法割削之。則逆節萌起。前日晁錯是也。今諸侯子弟或十數。而適嗣代立。餘雖骨肉。無尺寸地封。則仁孝之道不宣。願陛下令諸侯得推恩分子弟以地侯之。彼人人喜得所願。上以德施。實分其國。不削而稍弱矣。上從其計。

東漢光武即位初。大司馬吳漢請封皇子。不許。重奏連歲。建武十五年三月。乃詔群臣議。大司空竇融、固始侯李通、膠東侯賈復、高密侯鄧禹等奏議曰。古者封建諸侯。以藩屏京師。周封八百。同姓諸姬並爲建國。夾輔王室。尊事天子。享國永長。爲後世法。故詩云。大啓爾宇。爲周室輔。高祖聖德。光有天下。亦務親親。封立兄弟諸子。不違舊章。陛下德橫天地。興復宗統。褒德賞勳。親睦九族。功臣宗室。咸蒙封爵。多受廣地。或連屬縣。今皇子賴天。能勝衣趨拜。陛下恭謙克讓。抑而未議。群臣百姓。莫大失望。宜因盛夏吉時。定號位。以廣藩輔。明親親。尊宗廟。重社稷。應古合舊。厭塞眾心。臣請大司空上輿地圖。太常擇吉日。具禮儀。制曰。可。夏四月戊申。以太牢告祠宗廟。丁巳。使大司空融告廟。封皇子輔爲右翊公。英爲楚公。陽爲東海公。康爲濟南公。蒼爲東平公。延爲淮陽公。荆爲山陽公。衡爲臨淮公。焉爲左翊公。京爲琅邪公。

光武封功臣皆爲列侯。大國四縣。餘各有差。博士丁恭議曰。古帝王封諸侯不過百里。故利以建侯。取法於雷。強幹弱枝。所以爲治也。今封諸侯四縣。不合法制。帝曰。古之亡國。皆以無道。未嘗聞功臣地多而滅亡者。乃遣謁者即授印綬。

魏齊王時。宗室曹冏上書曰。臣聞古之王者。必建同姓以明親親。必樹異姓以明賢賢。故傳曰。庸勳親親。昵近尊賢。書曰。克明俊德。以親九族。詩云。懷德維寧。宗子維城。由是觀之。非賢無與興功。非親無與輔治。夫親親之道專用。則其漸也微弱。賢賢之道偏任。則其弊也劫奪。先聖知其然也。故博求親疏而並用之。近則有宗盟藩衛之固。遠則有仁賢輔弼之助。盛則有與共其治。衰則有與守其土。安則有與享其福危則有與同其禍夫然故能有其國家保其社稷歷紀長久本支百世也今魏尊尊之法雖明而親親之道未備詩不云乎鶺鴒在原兄弟急難以斯言之明兄弟相救於喪亂之際同心於憂禍之間雖有鬩墻之忿不忘禦侮之事何則憂禍同也今則不然或任而不重或釋而不任一旦疆埸稱警關門反拒股肱不扶胸心無衛臣竊惟此寢不安席思獻丹誠貢策朱闕謹撰合所聞叙論成敗論曰昔夏殷周歷世數十而秦二世而亡何則三代之君與天下共其民故天下同其憂秦王獨制其民故傾危而莫救夫與民共其樂者人必憂其憂與民同其安者人必拯其危先王知獨治之不能久也故與人共治之知獨守之不能固也故與人共守之兼親疏而兩用參同異而並建是以輕重足以相鎮親疏足以相衛并兼路塞逆節不生及其衰也桓文帥禮苞茅不貢齊師伐楚宋不城周晉戮其宰王綱弛而復張諸侯慠而復肅二霸之後浸以陵遲吳楚憑江負固方城雖心希九鼎而畏迫宗姬姦情散於胸懷逆謀消於唇吻斯豈非信重親戚任用賢能枝葉碩茂本根賴之歟自此之後轉相攻伐吳并於越晉分為三魯滅於楚鄭兼於韓暨于戰國諸姬微矣惟燕衛獨存然皆弱小西迫強秦南畏齊楚憂懼滅亡匪遑相恤至於王赧降為庶人猶枝幹相持得居虛位海內無主四十餘年秦據勢勝之地騁譎詐之術征伐關東蠶食九國至於始皇乃定天位曠日若彼用力若此豈非深固根蔕不拔之道乎易曰其亡其亡繫于苞桑周德其可謂當之矣秦觀周之弊以為小弱見奪於是廢五等之爵立郡縣之官棄禮樂之教任苛刻之政子弟無尺寸之封功臣無立錐之地內無宗子以自毗輔外無諸侯以為藩衛仁心不加於親戚惠澤不流於枝葉譬猶芟刈股肱獨任胸腹浮舟江海捐棄楫櫂觀者

為之寒心而始皇晏然自以為關中之固金城千里子孫帝王萬世之業也豈不悖哉是時淳于越諫曰臣聞殷周之王封子弟功臣千有餘城今陛下君有海內而子弟為匹夫卒有田常六卿之臣而無輔弼何以相救事不師古而能長久者非所聞也始皇聽李斯偏說而絀其議至於身死之日無所寄付委天下之重於凡夫之手託廢立之命於奸臣之口至令趙高之徒誅鉏宗室胡亥少習刻薄之教長遭凶父之業不能改制易法寵任兄弟而乃師譚申商咨謀趙高自幽深宮委政讒賊身殘望夷求為黔首豈可得哉遂乃郡國離心衆庶潰叛勝廣倡之於前劉項斃之於後向使始皇納淳于之策抑李斯之論割裂州國分王子弟封三代之後報功臣之勞士有常君民有定主枝葉相扶首尾為用雖使子孫有失道之行時人無湯武之賢奸謀未發而身已屠戮何區區之陳項而復得措其手足哉故漢祖奮三尺之劍驅烏集之衆五年之中遂成帝業自開闢以來其興立功勳未有若漢祖之易也夫伐深根者難為功摧枯朽者易為力理勢然也漢監秦之失封殖子弟及諸呂擅權圖危劉氏而天下所以不傾動百姓所以不易心者徒以諸侯強大盤石膠固東牟朱虛受命於內齊代吳楚作衛於外故也向使高祖踵亡秦之法忽先王之制則天下已傳非劉氏有也然高祖封建地過古制大者跨州兼郡小者連城數十上下無別權侔京室故有吳楚七國之患賈誼曰諸侯強盛長亂起奸夫欲天下之治安莫若衆建諸侯而少其力令海內之勢若身之使臂臂之使指則下無背叛之心上無誅伐之事文帝不從至於孝景猥用晁錯之計削黜諸侯親者怨恨疏者震恐吳楚倡謀五國從風兆發高帝釁鍾文景由寬之過甚急之不漸也所謂末大必折尾大難掉尾同於體猶或不從況乎非體之尾其

可悼哉。武帝從主父之策。下推恩之令。自是之後。齊分為七。趙分為六。淮南三割。梁代五分。遂以陵遲。子孫微弱。衣食租稅。不預政事。或以酎金免削。或以無後國除。至於成帝。王氏擅朝。劉向諫曰。臣聞公族者。國之枝葉。枝葉落。則本根無所庇蔭。方今同姓疏外。母黨專政。排擯宗室。孤弱公族。非所以保守社稷。安固國嗣也。其言深切。多所稱引。成帝雖悲傷嘆息。而不能用。至於哀平。異姓秉權。以周公之事。而為田常之亂。高拱而竊天位。一朝而臣四海。漢之宗室王侯。解印釋綬。貢奉社稷。猶懼不得為臣妾。或乃為之符命。頌莽恩德。豈不哀哉。由斯言之。非宗子獨忠孝於惠文之間。而叛逆於哀平之際也。徒權輕勢弱。不能有定耳。賴光武皇帝挺不世之資。禽王莽於已成。紹漢嗣於既絕。斯豈非宗子之力也。而曹不監秦之失策。襲周之舊制。踵亡國之法。而僥倖無疆之期。至於桓靈。閹豎執衡。朝無死難之臣。外無同憂之國。君孤立於上。臣弄權於下。本末不能相御。身首不能相使。由是天下鼎沸。奸凶並爭。宗廟焚為灰燼。宮室變為榛藪。居九州之地。而身無所安處。悲夫。魏太祖武皇帝躬聖明之資。兼神武之略。恥王綱之廢絕。愍漢室之傾覆。龍飛譙沛。鳳翔兗豫。掃除凶逆。翦滅鯨鯢。遷帝西京。定都潁沛。德動天地。義感人神。漢氏奉天。禪位大魏。大魏之興。于今二十有四年矣。觀五代之存亡。而不用其長策。觀前車之傾覆。而不改於轍迹。子弟王空虛之地。君有不使之民。宗室竄於閭閻。不聞邦國之政。權均匹夫。勢齊凡庶。內無深根不拔之固。外無磐石宗盟之助。非所以安社稷。為萬世之業也。且今之州牧郡守。古之方伯諸侯。皆跨有千里之土。兼軍民之任。或比國數人。或兄弟並據。而宗室子弟。曾無一人間廁其間。與相維持。非所以強幹弱枝。備萬一之虞也。今之用賢。或超為名都之主。或為偏師之帥。而宗室有文者。必限小縣之宰。有武者。必置百人之上。使夫廉高之士。畢志於衙軛之內。才能之人。恥與非類為伍。非所以勸進賢能。褒異宗室之禮也。夫泉竭則流涸。根朽則葉枯。枝繁者蔭根。條落者本孤。故語曰。百足之蟲。至死不僵。以扶之者衆也。此言雖小。可以譬大。且墉基不可倉卒而成。威名不可一朝而立。皆為之有漸。建之有素。譬之種樹。久則深固其本根。茂盛其枝葉。若造次徙於山林之中。植於宮闕之下。雖壅之以黑墳。煖之以春日。猶不救於枯槁。而何暇繁育哉。夫樹猶親戚。土猶士民。建置不久。則輕下慢上。平居猶懼其離叛。危急將若之何。是以聖王安而不逸。以慮危也。存而設備。以懼亡也。故疾風卒至。而無摧拔之憂。天下有變。而無傾危之患矣。

吳大帝黃武七年。孫慮封建昌侯。後二年。丞相顧雍等奏慮性聰體達。所尚日新。北方近漢。宜進爵稱王。帝未許。久之。尚書僕射缺存上疏曰。帝王之興。莫不褒崇至親。以光群后。故魯衛於周。寵冠諸侯。高帝五王。封列于漢。所以藩屏本朝。為國鎮衛。建昌侯慮禀性聰敏。才兼文武。於古典制。宜正名號。陛下體先未育如舊。群寮大小。咸用於邑。方今奸寇恣睢。金鼓未弭。腹心爪牙。惟親與賢。輒與丞相雍等議。咸以慮宜為鎮軍大將軍。授任偏方。以光大業。

黃武中。南魯二宮初立。尚書僕射是儀以本職領魯王傅。儀嫌二宮相近切。乃上疏曰。臣竊以魯王天挺懿德。兼資文武。當今之宜。宜鎮四方。為國藩輔。宣揚德美。廣耀威靈。乃國家之良規。海內所瞻望。但臣言辭鄙野。不能究盡其意。愚以二宮宜有降殺。正上下之序。明教化之本。

晉武帝時。議郎段灼陳時宜曰。臣聞天時不如地利。地利不如人和。三里之城。五里之郭。圍圍而攻之。有不剋者。此天時不如地利。城非不高，池非不深，穀非不多，兵非不利，委而去之，此地利不如人和。然古之王者非不先推恩德，結固人心。人心苟和，雖三里之城，五里之郭，不可攻也。人心不和，雖金城湯池，不能守也。臣推此以廣其義，舜彈五弦之琴，詠南風之詩，而天下自理，由堯人可比屋而封也。曩者多難，姦雄屢起，攪亂衆心，刀鋸相乘，流死之孤，哀聲未絶，故臣以為陛下當深思遠念，杜漸防萌，彈琴詠詩，垂拱而已。其要莫若推恩以協和黎庶，故推恩足以保四海，不推恩不足以保妻子。是故唐堯以親睦九族為先，周文以刑于寡妻為急，明王聖主莫不先親後踈，自近及遠。臣以為太宰、司徒、衛將軍三王宜留洛中鎮守，其餘諸王自州征足任者年十五以上，悉遣之國。為選中郎傅相，才兼文武，以輔佐之。聽於其國繕脩兵馬，廣布恩信，必撫下猶子，愛國如家，君臣分定，百世不遷，連城開地，為晉魯衛，所謂磐石之宗，天下服其強矣。雖

云，割地譬猶囊漏貯中，亦一家之有耳。若慮後世強大，自可豫為制度，使得推恩以分子弟。如此，則枝分葉布，稍自削小，漸使轉至萬國。亦後世之利，非所患也。昔在漢世，諸呂自疑，內有朱虛東牟之親，外有諸侯九國之強，故不敢動搖。於今之宜，諸侯強大，是為太山之固。非我族類，其心必異。而魏法禁錮諸王，親戚隔絶，不祥莫大焉。間者無故又瓜分天下，立五等諸侯。上不象賢，下不議功，而是非雜揉，例受茅土，似權時之宜，非經久之制。將遂不改，此亦煩擾之人，漸亂之階也。夫國之興也，由於九族親睦，黎庶協和。其衰在於骨肉疏絶，百姓離心。故夏邦不安，伊尹歸殷；殷邦不和，呂氏入周。殷鑒在於夏后，共事之識，識來事之鑒也。

咸寧三年，衛將軍楊珧等建議，以為古者封建諸侯，所以藩衛王室。今諸王公皆在京師，非扞城之義。又異姓諸將居邊，宜參以親戚。帝

乃詔諸王各以戶邑多少為三等。大國置三軍五千人，次國置二軍三千人，小國一軍一千一百人。諸王為都督者，各徙其國使相近。

東晉元帝時，後軍將軍應詹上疏陳便宜曰：先王設官，使君有常尊，臣有定卑。上無苟且之志，下無覬覦之心。下至亡秦，罷侯置守，本替末陵，綱紀廢絶。漢興，雖未能興復舊典，猶雜建侯守，故能享年享世。殆忝古迹。今大荒之後，制度改創，宜因斯會，釐正憲則，先舉盛德元功，以為封首，則聖世之化，比隆唐虞矣。

後魏太武帝時，方士祁纖奏立四王，以日東西南北為名，欲以致禎吉，除災異。詔司徒崔浩與學士議之。浩對曰：先王建國，以作藩屏，不應假名以為其福。夫日月運轉，周歷四方，京都所居，在於其內，四王之居，實奄邦畿，名之則逆，不可承用。

孝明帝時，詔訪冤屈。光祿大夫右丞張普惠上疏曰：詩稱文王孫子

本支百世。易曰：太君有命，開國承家。皆所以明德睦親，維城作翰。漢祖封爵之誓曰：使黃河如帶，泰山如礪，國以永存，爰及苗裔。又申之以丹書之信，重之以白馬之盟。其以強大分王，罪犯墜邑者，蓋有之矣。未聞父基子構，世載忠賢，一死一削，用為恆典者也。故尚書令臣肇未能遠稽古義，近究成旨，以初封之詭，有親王二千戶，始蕃一千戶，二蕃五百戶，三蕃三百戶，謂是親疏世減之法。又以開國五等有所減之言，以為世減之趣，遂立格奏奪。稱是高祖本意，仍被旨可，差謬之來，亦已甚矣。遂使勲親懷屈，幽顯同冤，紛訟彌年，莫之能息。臣輒遠研旨格，深窮其事，世變減奪，今古無據。又尋詔書稱昔未可象，今始列壤。茲豈得混一內分天地也。故樂良、樂安同蕃異封，廣陽、安豐屬別戶等，安定之嫡，邑齊親王，河間戚近，更從蕃食。是乃太和降旨初封之倫級。無親無樹。非世減之大驗者也。傳授襲爵，亦在泰和

之年。時不世減。以父嘗全食足戶充本同之始封。減從今式。如此則減者減其所足之外。足者足其所減之內。減足之旨。乃為所貢所食耳。欲使諸王開國。弗專其民。賦役之差。貴賤有等。蓋準擬周禮公侯伯子男貢稅之法。王食其半。公食三分之一。侯伯四分之一。子男五分之一。是以新興得足充本。清淵吏多減戶。故始封承襲。俱稱所減戚謂減之以貢。食謂食之於國。斯實高祖齊然之詔。減實之理。聖明自釋。求之吏帛。猶有來盡。時尚書臣琇疑減足之參差。旨。又判之以開訓。所減之旨可以不繞於世減矣。而臣肇弗稽往事。曰。五等有所減之格。用為世減之法。以王封有親疏之等。謂是代削之條。妄解成旨。需同世奪以毒天下。民其從乎。故太傅任城文宣王臣澄拒弼累朝。識洞今古。為尚書之日。殷勤請孜孜於重議。祇旨不許於此遂停。又律罪例減。及先帝之緦麻。今給親恤。止當世之有服。律令相違。

威澤異品。使七廟曾玄不沾未恤。嫡封則爵祿無窮。支庶則屬內駁絕。儀刑作孚。億兆何觀。夫一人吁嗟。尚曰虧治。今諸王五等。各稱其冤。七廟之孫。並訟其切。陳訴之案。盈於省曹。朝言巷議。咸云其苦。恐非先王所以建萬國親諸侯。睦九族之義也。臣猥忝今任。於茲五年。推尋旨格。謂無世減之理。請近遵高祖減食之謨。遠循百代象賢之誥。退由九伐。進從九儀。則刑罰有倫。封不虛縣。斯乃文王所以克慎不敢侮於鰥寡。而況於公侯伯子男乎。今旨諮冤滯。愚以此為大者。求尋光錫之詔。并諸條格所奪所請。事事窮審。諸王開國非犯罪削奪者。並求還復其昔嘗全食足戶充本減從令式者。從前則力多於親疏。全奪則減足之格不行。愚謂祿力並應依所封之食而食之。若是則力少恭王衆帛。仍本戶邑雖盈之減。而秦既有全食足戶之異。故不得同於斷封之力耳。親恤所襄。請依律斷。伏惟親親尊賢位必功立。尊賢以同民。可不慎乎。親親以睦族。其可棄乎。如脫家允求以旨判為始。其前來史牒悉年久不追。

隋高祖踐祚。命奉車都尉于宣敏撫慰巴蜀。及還。上疏曰。臣聞開盤石之宗。漢室於是惟永。建維城之固。周祚所以靈長。昔秦皇置牧守而罷諸侯。魏后暱諂邪而疎骨肉。遂使宗社移於他族。神器傳於異姓。此事之明甚於觀火。然山川設險。非親勿居。且蜀土沃饒。人物殷阜。西通邛僰。南屬荊巫。周德之衰。茲土遂成戎首。炎政失御。此物便為禍先。是以明者防於無形。治者制其未亂。方可慶隆萬世。年踰七百。伏惟陛下日角龍顏。膺樂推之運。恭天處地。居揖讓之期。億兆宅心。百神受職。理須樹建藩屏。封植子孫。繼周漢之宏圖。改秦魏之覆軌。抑近習之權勢。崇公族之本支。但三蜀三齊。古稱天險。分王戚屬。今正其時。若使利建合宜。封樹得所。巨猾息其非望。姦臣杜其邪謀。

盛業鴻基。同天地之長久。英聲茂實。齊日月之照臨。臣雖學謝多聞然情深體國。輒申管見。戰灼惟深。帝嘉納之。

唐太宗即位初。上皇欲强宗室以鎮天下。自三從昆弟以上。雖童孺皆為王。上問群臣徧封宗子於天下利乎。封德彝以為今封爵太廣。恐非所以示天下至公。上曰然。朕為天子所以養百姓也。豈有勞百姓以養己之宗族乎。降封宗室郡王皆為縣公。

貞觀十一年。太宗以周封子弟八百餘年。秦罷諸侯二世而滅。呂后欲危劉氏。終賴宗室獲安。封建親賢。當是子孫長久之道。乃定制以子弟荊州都督荊王元景。安州都督吳王恪等二十一人。又以功臣司空趙州刺史長孫無忌。尚書左僕射宋州刺史房玄齡等一十四人。並為世襲刺史。禮部侍郎李百藥奏論以駁世封事曰。臣聞經國庇民。王者之常制。尊主安上。人情之大方。思闡理定之規。以弘長世之業。萬古不易。首慮同歸。然命曆有賒促之殊。邦家有理亂之異。遐觀載籍。論之詳矣。咸云周過其數。秦不及期。存亡之理。在於郡國。周氏以鑒夏殷之長久。遵皇王之並建。維城盤石。深根固本。雖王綱弛廢。而枝幹相持。故使逆節不生。宗祀不絕。秦氏背師古之訓。棄先王之道。翦華恃險。罷侯置守。子弟無尺土之邑。兆庶罕共理之憂。故一夫號呼而七廟隳圮。臣以為自古皇王君臨宇內。莫不受命上玄。冊名帝籙。締構遇興王之運。殷憂屬啟聖之期。雖魏武攜養之資。漢高徒役之賤。非止意有覬覦。推之亦不能去也。若其獄訟不歸。菁華已竭。雖帝堯之光被四表。大舜之上齊七政。非止情存揖讓。守之亦不可焉。以放勳重華之德。尚不能克昌厥後。是知祚之長短。必在於天時。政或興衰。有關人事。隆周卜世三十。卜年七百。雖淪胥之道斯極。而文武之器尚存。斯龜鼎之祚。已懸定於杳冥也。至使南征不反。東遷避逼。禋祀闕如。郊畿不守。此乃陵夷之漸。有累於封建焉。暴秦運距閏餘。數終百六。受命之主。德異禹湯。繼世之君。才非啟誦。借使李斯王綰之輩。咸開四履。將閭子嬰之徒。俱啟千乘。豈能逆帝子之勃興。抗龍顏之基命者也。然則得失成敗。各有由焉。而著述之家。多守常轍。莫不情忘今古。理蔽澆淳。欲以百王之季。行三代之法。天下五服之內。盡封諸侯。王畿千里之間。俱為采地。是則結繩之化。行虞夏之朝。用象刑之典。治劉曹之末。紀綱弛紊。斷可知焉。鍥船求劍。未見其可。膠柱成文。彌多所惑。徒知問鼎請隧。有懼勤王之師。白馬素車。無復藩維之援。不悟望夷之釁。未堪羿浞之災。高貴之殃。寧異申胥之酷。此乃欽明昏亂。自革安危。固非守宰公侯。以成興廢。且數世之後。王室浸微。始自藩屏。化為仇敵。家殊俗。國異政。強陵弱。眾暴寡。疆埸彼此。干戈侵伐。狐駘之役。女子盡髽。郩陵之師。隻輪不反。斯蓋略

舉一隅。其餘不可勝數。陸士衡方規規然云。嗣王委其九鼎。凶族據其天邑。天下晏然。以治待亂。何斯言之謬也。而設官分職。任賢使能。以循良之才。膺共治之寄。刺舉分竹。何世無人。至使地或呈祥。天不愛寶。民稱父母。政比神明。曹元首區區然稱與人共其樂者。必急其憂。與人同其安者。必拯其危。豈容以為侯伯則同其安危。任之牧宰則殊其憂樂。何斯言之妄也。封君列國。藉其門資。忘其先業之艱難。輕其自然之崇貴。莫不世增淫虐。代益驕侈。離宮別館。切漢凌雲。或刑人力而將盡。或召諸侯而共斃。陳靈則君臣悖禮。共侮徵舒。衛宣則父子聚麀。終誅壽朔。乃云為己思治。豈若是乎。內外群官。選自朝廷。擢士庶以任之。澄水鏡以鑒之。年勞優其階品。考績明其黜陟。進取事切。砥礪情深。或俸祿不入私門。妻子不之官舍。班條之貴。食不舉火。剖符之重。衣惟補葛。南陽太守。敝布裹身。萊蕪縣長。凝塵生甑。專知為利圖物。何其爽歟。總而言之。爵非世及。用賢之路斯廣。民無定主。附下之情不固。此乃愚智所辨。安可惑哉。至如滅國弒君。亂常干紀。春秋二百年間。略無寧歲。次睢上音嵯下音沮咸秩。遂用玉帛之君。魯道有蕩。每等衣裳之會。縱使西漢哀平之際。東洛桓靈之時。下吏淫暴。必不至此。為政之理。可以一言蔽焉。伏惟陛下握紀御天。膺期啟聖。救億兆之焚溺。掃氛祲於寰區。創業垂統。配二儀以立德。發號施令。妙萬物而為言。獨照宸衷。永懷前古。將復五等而修舊制。建萬國以親諸侯。竊以漢魏已還。餘風之弊未盡。勳華既往。至公之道斯革。況晉氏失御。宇縣崩離。後魏乘時。華夷雜處。重以關河分阻。吳楚懸隔。習文者學長短縱橫之術。習武者盡干戈戰爭之心。畢為狙詐之階。彌長澆浮之俗。開皇在運。因藉外家。驅御群英。任雄猜之數。坐移明運。非克定之功。年踰二紀。人不見德。及大業嗣立。世道交喪。一人

一物。掃地將盡。雖天縱神武。削平寇虐。兵威不息。勞心未康。臣陛下頃順聖慈。嗣膺寶歷。情深致理。躬籍前王。雖至道無名言象所絕。略陳梗槩。實所庶幾。愛敬蒸蒸。勞而不倦。大舜之孝也。訪安內豎。親嘗御膳。文王之德也。每憲司讞罪。尚書奏獄。大小必察。枉直咸舉。以斷趾之法。易大辟之刑。仁心隱惻。貫徹幽顯。大禹之泣辜也。正色直言虛心受納。不簡鄙訥。無棄芻蕘。帝堯之求諫也。弘獎名教。勸勵學徒既擢明經於青紫。將升碩儒於卿相。聖人之善誘也。群臣以宮中暑濕。寢膳或乖。請移御高明。營一小閣。遂惜家人之產。竟抑子來之願。不吝陰陽之感。以安卑陋之居。頃歲霜儉。普天飢饉。喪亂甫爾。倉廩空虛。聖情矜愍。勤加賑恤。竟無一人流離道路。猶且食惟藜藿。樂徹簨簴。言必悽動。貌成癯瘦。公旦喜於重譯。文命矜其即序。陛下每見四夷款附。萬里歸仁。必退思進省。凝神動慮。恐妄勞中國。以求遠方。

不藉萬古之英聲。以存一時之茂實。心切憂勞。跡絕遊幸。每旦視朝。聽受無倦。智周於萬物。道濟於天下。罷朝之後。引進名臣。討論是非備盡肝膈。惟及政事。更無異詞。纔日昃。必命才學之士。賜以清閑。高談典籍。雜以文詠。間以玄言。乙夜忘疲。中宵不寐。此之四道。獨邁往初。斯實生民以來。一人而已。弘茲風化。昭示四方。信可以期月之間彌綸天壤。而淳粹尚阻。浮詭未移。此由習之永久。難以卒變。請待彫琢成器。以質代文。刑措之教一行。登封之禮云畢。然後定疆理之制議山河之賞。未為晚焉。易稱天地盈虛。與時消息。況於人乎。美哉斯言也。中書舍人馬周又上疏曰。伏見詔書令宗室勳賢作鎮藩部。貽厥子孫。嗣守其政。非有大故。無或黜免。臣竊惟陛下封植之者。誠愛之重之。欲其胤裔承守。為國無疆。可使世官也。何則。以堯舜之父。猶有朱均之子。況下此已還。而欲以父取子。恐失之遠矣。儻有孩童嗣職萬一驕逸。則兆庶被其殃。而國家受其敗。政欲絕之也。則子文之理猶在。政欲留之也。而欒黶之惡已彰。與其毒害於見存之百姓。則寧使割恩於已亡之一臣。明矣。然則向所謂愛之者。乃適所以傷之也。臣謂宜賦以茅土。疇其戶邑。必有材行。隨器方授。則翰翮非強。亦可以獲免尤累。昔漢光武不任功臣以吏事。所以終全其世者。良由得其術也。願陛下深思其宜。使夫得奉天恩。而子孫終其福祿也。太宗並嘉納其言。於是竟罷子弟及功臣世襲刺史也。

太宗問左僕射蕭瑀朕欲長保社稷。奈何。瑀曰。三代有天下。所以能長久者。類封建諸侯以為藩屏。秦置守令。二世而絕。漢分王子弟。享國四百年。魏晉廢之。亡不旋踵。此封建之有明效也。帝納之。始議封建。

太宗令群臣議封建。魏徵議曰。若封建諸侯。則卿大夫咸資俸祿。必

致厚斂。又京畿賦稅不多。所資畿外。若盡以封國邑。經費頓闕。又燕秦趙代俱帶外夷。若有警急。追兵內地。難以奔赴。

宋神宗時。蘇頌上論王公封爵故事疏曰。唐令。王正一品。嗣王郡王國公從一品。正元二年五月。敕御史中丞竇參等奏文武官辭見宴集。請依天寶三年禮部詳定敕。親王嗣王任卑官職事。仍依王品。郡王任三品以下職事者。在同階品上。自外無文武官者。嗣王在太子太保下。郡王次之。國公在正三品下。郡公在從三品下。縣公在正四品下。正元四年五月。敕御史中丞竇參等奏文武官辭見。爵雖高。官或下。列於上官之上。非制也。自今已後。宜列於本官班之上。正元二十一年五月。敕御史臺奏准公式令諸文武官朝參行立。各依本職事官品為敘。緣有檢校官高職事卑。及嗣王郡王任職事官高卑不等。今請應檢校僕射及尚書以上。及嗣王郡王任職事官者。一切在

職事本品之上已上書見禮閣新儀國朝故事惟親王恩禮優異外餘郡王嗣王國公郡公縣公皆無異禮惟立班在本官之上又唐諸侯王薨子得襲封為嗣王永徽元年濮王泰薨立其子欣為嗣濮王垂拱初章懷太子賢薨授其子守禮太子洗馬為嗣雍王嗣王薨子皆襲封嗣韓王訥官至員外祭酒卒以其子炫為嗣韓王國子員外司業嗣曹王皐薨子有不襲封者道古為朝官不襲封有降爵為公侯者嗣王元景坐法賜死追封沂王以嗣海王子長沙嗣仍降為侯嗣楚王靈夔虢王子福嗣降爵為公有初但為嗣後數年乃封嗣王者嗣舒王沛天寶二年卒子業嗣至天寶九載封嗣舒王有由嗣王而還郡王者嗣韓王訥并子琭之類有加銀青階者景龍四年嗣韓王布言等十四人並加銀青光祿大夫有為諸衛將軍者嗣霍王暉開元中為左千牛員外將軍有為員外洗馬者嗣徐王茂孫延年附員外洗馬為嗣徐王有為宗正卿及州郡上佐官者皆出朝廷一時之命即無定制其居禮享葬以封戶多少為限中業以後封戶皆為虛名今所不用本朝未有嗣王之號若欲封拜謂宜先委禮官及兩省參詳定制然後行之

哲宗時宣德郎華鎮上言曰世或有謂周以封建而天下強其弊也陵奪秦以郡縣而天下弱其弊也土崩漢封同姓矯枉過正數十年間七國內向孝武分析侯國削弱已甚強臣無憚坐移龜鼎唐重方鎮漫以強大父而不變至於滅亡因謂法有必弊國有定勢法弊而勢偏未知矯革數十年之後則患不可支矣是果然乎抑亦未然乎夫漢初列國過制孝文盛時賈生已患之矣厥後諸侯微弱不與政事武宣之間已與哀平時類矣唐世方鎮強大天寶末年范陽干紀不在數世之後彼制置之失者也禍亂之幾其初皆已㣲見第未有強者發之爾苟有強者則如范陽之起於天寶此賈傅所謂火未及然者也是豈百年之形勢哉不足引以為論至於周室封建秦人郡邑亦非所以制國勢之強弱定脩短之期數者也試粗言之周建萬國親賢並侯列爵惟五分土惟三大者無不逮之勢小者有自全之力維之以法統之以道率職有功則慶賞必至犯分陵制則刑誅隨之方其盛時如指臂之附支體莫見陵奪之漸也後世法強不可制役者由天子失道王法不行征法自專并吞無禁縱之使大也使糾王無耄荒之政夷王無下堂之失厲王無板蕩之風幽王無鑒昏之行守文武之成法藥所失墜雖萬世如成康之隆可矣何陵奪之有哉若曰封建之勢必至於強不可制厲王之時諸侯已強大矣宣王將不能復會於東都因其力以南征北伐復文武之業矣秦置郡邑守令分治漢家因之與侯國並建文景而上諸侯強大僭亂不軌無屏翰之益孝武而下列國微弱等於郡邑無磐石之勢東京郡國輕重相若不足以維持然而兩漢用之四百餘年天下安寧不見土崩之弊秦人所以二世而亡者頻征遠戍厚賦重役人不見德而惟禁苛慘切之痛以失天下之心也由始皇二世之道而為政雖建萬國

親諸侯殆無救於亂亡若曰郡縣之勢必至於孤弱亦土崩文景武宣世祖明章之時將不能康民阜物講道息刑以隆成周之盛矣由是言之天下有道封建郡邑皆足以底平治而保無患天下無道封建則陵奪郡邑則土崩制國之勢果在封建乎在郡縣乎人主務隆道而已主道世隆則天下世治俯而師二漢文景明章之主也仰而遵商周湯武成康之君也尚何土崩陵奪之有哉禹之法非不善也傳之五世至小甲而商道衰文武之法非不善也傳之四世至昭王而王室弱西漢之法未衰於三代也傳之七世至宣帝而愈盛東漢之法未劣於西京也傳之四世至和帝而寖微啓之法亦二漢之比也傳之四世至中宗而益其實聖賢不特主道弗隆則禹湯文武之法不過一再傳而衰微中智之君繼世有為假隆主道則高祖孝文是能行六七世而愈盛蓋安其位而忘危者天下雖甚安而危常反

之保其存而忘亡者天下雖甚固而亡常及之有其治而忘亂者天下雖甚治而亂常及之夏商之君保有成業而不知懼輕為逸豫而重為興造輕為逸豫則多過失重為興造則鮮功德功德不見而過失日加危亂喪亡之所由至也西漢之主不忘危亂而知自勉輕為興造而重為逸豫輕為興造則有功德重為逸豫則無過失過失不作而功德日增治安存固之所由至也國家藝祖以成湯之勇智周武之聖德受天休命戡定大業身及太平紀綱法度經制施設之方所以垂裕貽謀者固已跨絕漢唐簡雜之術兼該四代久大之美矣太宗平晉征燕王業大定敦崇教化光濟丕烈真宗總文武之兩端合威德以並用震疊殊俗協和中夏禮樂既備然後告成岱宗祈穀后土垂拱于法宮之中明堂之上味廣成之訓師黃帝之治以清靜無為涵養天下仁宗按身以儉撫民以慈敬賞慎罰視之如赤子生而不傷挈而不困扶而不危節而不盡舉三王之善政以寵天下四十餘年生靈熙熙如在春臺之上英宗挺睿哲之資知人間之利病即位之日振權綱修法度慨然有興造之意雖享國未久而規摹宏遠矣神宗繼文考之志述文考之事宵衣旰食厲精庶政發明道術講修武備制作日新典章咸舉表飾治具奮揚聲采炳炳然三代之文物凜凜然中夏之威稜帝王事業益可觀矣今慈母與陛下復以仁恕忠厚之德濟之神聖相承兢兢業業視已治如未治視已安如未安克艱克勤世有興作故百三十餘歲而主道益隆天下益治三代之盛未之有矣考之以古準之以今國之強弱盛衰本無形勢之可定顧人主之德何如爾人主務明德以隆道隆道而盛大之業固矣區區形勢之論何足道哉

知太常禮院劉敞上奏曰臣等伏見周禮封爵諸侯皆有命書典策又有約劑書於宗彝及漢封功臣亦有丹書鐵契藏之宗廟誠以封爵之事傳世無窮不可不慎重其禮且以防後世之爭辨也本朝慶曆中始為諸王置後傳襲其時上思推孝而有司典策不備約束不明昨因邢國公世永亡殁冀王越王兩宮爭訟尋求故事以斷是非自中書宗正寺禮院史院皆無文書可以討論然亦非有司有所墮失也臣等以謂諸宮傳襲封國者甚多今不為造作約束恐後日常有紛競不已宗室爭辨薄義傷化甚非美事本朝制度雖不盡用三代自當因宜立憲著為律令使可遵守藏之大宗副在中書太史禮官貳之令於周禮之宗彝約劑漢氏之丹書鐵契傳示無窮於體甚便欲望朝廷特賜詳酌下禮官等參議施行

畢仲游上言曰聖人治天下其經制不啻萬事而萬事之中其經制有大且重者二焉曰封建曰郡縣也由商周以上知封建之利而不知郡縣之為利也由秦漢而下知郡縣之利而不知封建之為利也好古者喜封建而趨時者循郡縣是以王通稱郡縣之治不知其用子厚謂封建非聖人之意而湯武不得已是好古趨時之說不同也然世更數十或治或亂或強或弱或久或促未有能出此二者之經制也故封建則為諸侯郡縣則為牧守諸侯則其勢重牧守則其勢輕今知勢輕之易御而不知勢重之易治此子厚所以譏封建不如郡縣者也夫三代之上諸侯之勢非不重也三代而下牧守之勢非不輕也然至於末世晚路則皆歸於亂亡是故不繫於勢輕勢重而繫於為上者善惡得失也為上者事善而得則勢雖重不敢怙重而逆也為上者事惡而失則勢雖輕不肯守輕而順也二者之路其弊如一然其治則郡縣之勢不若封建而久且完也以久完之勢而終亦有弊者是皆失封建之本意也昔唐虞之封建將傳萬國不知有

封建之弊也。商之封建。世傳千七百有餘國。亦不知有封建之弊也。周之封建世傳八百國。而後卒有封建之弊。非封建之罪也。為上者不善。而封建之意已失也。故其始則國裂八百。益衰則併為數十。又併而為十二。又併而為九。又併而為六。遂皆併於秦。而周始亡矣。使周無甚惡之主。而不失封建之本意。制八百國之衆。而不使相併。始有相併。則代而更封之。國衆而易治。力小而易御。則封建安有不善哉。不然。則秦取李斯之議。去天下諸侯。分為三十六郡。置郡守與尉監。二世而易姓者。郡縣不如封建一也。漢以同姓異姓雜建為諸侯郡守。因主父之說。又以計弱同姓。故社稷奪於王氏。郡縣不如封建二也。自魏而下。盡剗封建之迹。一以郡縣為治。郡縣之力不足計其強弱。故未有不奪於強臣者。是郡縣不如封建三也。豈惟郡縣之勢不如封建哉。唐自天寶以後。嘗變郡縣為藩鎮。而大借其權矣。又正

元之間。藩鎮節度勢強而力驕。故無朝貢之禮。無生殺之情。天子為賜鐵券。尚宗室。而無益也。以詔削。以兵征。而無功也。無封建之益。而有封建之禍。是方鎮亦不如封建之効也。且外強者封建也。外弱者郡縣也。外強則患生於外。外弱則患生於內。患生於外者。內可以御而禍遲。患生於內者。外不可制而禍速。然則封建可以制外患。而郡縣不可以制內禍也。何以知封建之可以制外患也。封建者為諸侯。諸侯者為國。國則有君也。有臣也。有士民也。有鄰國也。有上下相維。左右相持。長義而不敢易動也。易動則臣或不從也。士民或不信也。鄰國或不聽也。不從則深諫。不信則上告。不聽則力禦。如封建不失其本意。國衆而勢小。有易動者。以天子之師。因其深諫上告力禦之一端。則易制矣。是故知封建之可以御外患也。何以知郡縣之不可以制內禍也。郡縣者為牧守。牧守者為外臣。外臣則無大勢也。無專

兵也。無擅制也。內有強臣之變。變而不知。知而不敢擅動。強臣以牧守之權。不足忌於外。於內則日月剝削。朝夕用力而已矣。是故。知郡縣之不可以制內禍也。不徒有可制不可制之形。且又有可治不可治之實焉。故封建則經界易均。稅賦易平。穀祿易分。官吏易擇。兵民易立。郡縣則經界不能均。稅賦不能平。穀祿不能分。官吏不能擇。兵民不能立。是又可治不可治之實也。是以二者之勢。始則同歸於無事。而封建歸可治也。末則同歸於亂亡。而封建歸可久也。如上得其本意而善守。則可久之患亦無有也。故可久之患生於上。失其本意而不善守。如不善守則雖郡縣亂愈速也。是郡縣不如封建之明說也。今夫常人之家。必鑿其井矣。是井者家家不可無。而有不可益者也。使或有狂子蹈之而死。則井非徒無益。亦有損矣。然不以狂子之蹈而廢井者。知非井罪也。今以諸侯之不順。不責上不能守其本意

而責封建。是由井溺狂子。不責狂子之蹈。而廢井也。豈不過哉。若夫方鎮。則最無說也。小其權則與郡縣無異。而不足以救難。大其權則徒有封建之勢。而無君臣民庶鄰國之畏。此唐亡之計。而五代求禍之途也。今國家上鑒三代之封國。二漢之雜建。秦魏晉周隋之郡縣。唐五代之方鎮。而方鎮患又切而近。故痛絕方鎮節度無益之勢。而使京官朝吏守得出長郡縣。至於百年無事矣。信得其道也。然今或意州縣之權輕。而東南不可不慮者。非徒事未然也。前日貝州之役。智高之暴。是權輕之害。東南之禍已効者也。今必欲變更。則莫若封建。必欲因循。則莫若郡縣。方鎮之患則已去矣。然封建之勢。非西東無慮。蓄積豐富。兵力盛強。臣有異姓之良。同姓之賢。則不可暴去郡縣之久制而卒為也。若守郡縣之常法。則弊不生於今日。必成於後世。不可不改也。為今之策。若以貴臣之賢者。然後出為守。以宗屬之

賢者。然後封為侯。如皇漢之雜建。而大不使至七國之强。小不使如長沙之弱。京官朝吏。更為令丞而佐治之。是變更而不暴。因循而有改者也。及乎四夷益服。積儲益富。兵力益强。良臣賢戚益衆。然後大分割而衆建。以天下為千國。上立其法而守其全。思結兵御。不使有能相并者。是萬世之計而得其本意也。

歷代名臣奏議卷之一百四

歷代名臣奏議卷之一百五

仁民

周文王作靈臺及為池沼。掘地得死人之骨。吏以聞於文王。文王曰。更葬之。吏曰。此無主矣。文王曰。有天下者天下之主也。有一國者。一國之主也。寡人固其主。又安求主。遂令吏以衣冠更葬之。天下聞之。皆曰。文王賢矣。澤及朽骨。又況於人乎。或得寶以危國。文王得朽骨以喻其意。而天下歸心焉。

文王問於呂望曰。為天下若何。對曰。王國富民。霸國富士。僅存之國富大夫。亡道之國富倉府。是謂上溢而下漏。文王曰。善。對曰。宿善不祥。是日也。發其倉府以振鰥寡孤獨。

武王問於太公曰。治國之道若何。太公對曰。治國之道。愛民而已。曰。愛民若何。曰。利之而勿害。成之勿敗。生之勿殺。與之勿奪。樂之勿苦。喜之勿怒。此治國之道。使民之義也。愛之而已矣。民失其所務。則害之也。農失其時。則敗之也。有罪者重其罰。則殺之也。重賦斂者。則奪之也。多徭役以罷民力。則苦之也。勞而擾之。則怒之也。故善為國者。遇民如父母之愛子。兄之愛弟。聞其飢寒為之哀。見其勞苦為之悲。

武王克殷。召太公而問曰。將奈其士衆何。太公對曰。臣聞愛其人者。兼屋上之烏。憎其人者。惡其餘胥。咸劉厥敵。使靡有餘。何如。王曰。不可。太公出。邵公入。王曰。為之奈何。邵公對曰。有罪者殺之。無罪者活之。何如。王曰。不可。邵公出。周公入。王曰。為之奈何。周公曰。使各居其宅。田其田。無變舊新。唯仁是親。百姓有過。在予一人。武王曰。廣大乎平天下矣。凡所以貴士君子者。以其仁而有德也。

魯哀公問政於孔子。對曰。政有使民富且壽。哀公曰。何謂也。孔子曰。薄賦斂則民富。無事則遠罪。遠罪則民壽。公曰。若是則寡人貧矣。孔子曰：「詩云：『愷悌君子，民之父母。』未見其子富而父母貧者也。」

齊桓公之平陵，見家人有年老而自養者，公問其故，對曰：「吾有子九人，家貧無以妻之，吾使傭而未返也。」桓公取外御者五人妻之。管仲入見曰：「公之施惠不亦小矣。」公曰：「何也？」對曰：「公待所見而施惠焉，則齊國之有妻者少矣。」公曰：「若何？」管仲曰：「令國丈夫二十而室，女子十五而嫁。」

公問管仲曰：「王者何貴？」曰：「貴天。」桓公仰而視天。管仲曰：「所謂天者，非謂蒼蒼莽莽之天也。君人者以百姓為天，百姓與之則安，輔之則彊，非之則危，背之則亡。詩云：『人而無良，相怨一方。』民怨其上，不遂亡者，未之有也。」

景公覩嬰兒有乞於途者，公曰：「是無歸夫？」晏子對曰：「君存，何為無歸？使養之，可立而以聞。」

公遊於壽宮，覩長年負薪而有飢色，公悲之，喟然歎曰：「令吏養之。」晏子曰：「臣聞之，樂賢而哀不肖，守國之本也。今君愛老而恩無不逮，治國之本也。」公笑有喜色。晏子曰：「聖王見賢以樂賢，見不肖以哀不肖。今請求老弱之不養、鰥寡之不室者，論而供秩焉。」景公曰：「諾。」於是老弱有養，鰥寡有室。

公昔賞賜及後宮，文繡被臺榭，菽粟食鳧鴈。出而見殣，謂晏子曰：「此何為死？」晏子對曰：「此餒而死。」公曰：「嘻！寡人之無德也何甚矣。」晏子對曰：「君之德著而彰，何為無德也？」景公曰：「何謂也？」對曰：「君之德及後宮與臺榭，君之玩物衣以文繡，君之鳧鴈食以菽粟，君之營內自樂，延及後宮之族，何為其無德也？顧臣願有請於君，由君之意，自樂之心，推而與百姓同之，則何殣之有？君不推此而苟營內好私，使財貨偏有所聚，菽粟幣帛腐於囷府，惠不遍加于百姓，公心不周乎國，則桀紂之所以亡也。夫士民之所以叛，由偏之也。君如察臣嬰之言，推君之盛德，公布之於天下，則湯武可為也，一殣何足恤哉！」

邾文公卜徙於繹，史曰：「利於民而不利於君。」君曰：「苟利於民，寡人之利也。天生烝民而樹之君，以利之也。民既利矣，孤必與焉。」侍者曰：「命可長也，君胡不為？」君曰：「命在牧民，死之短長，時也。民苟利矣，吉孰大焉。」遂徙於繹。

楚人有獻魚楚王者，曰：「今日漁獲，食之不盡，賣之不售，棄之又惜，故來獻也。」左右曰：「鄙哉辭也。」楚王曰：「子不知漁者仁人也。蓋聞囷倉粟有餘者，國有餓民（一本作下民多飢）；後宮多幽女者，下民多曠夫；餘衍之蓄聚於府庫者，境內多貧困之民：皆失君人之道。故庖廚有肥魚，廄有肥馬，民有餓色，是以亡國之君藏於府庫。寡人聞之久矣，未能行也。漁者知之，其以此諭寡人也，且今行之。」於是乃遣使恤鰥寡而存孤獨，

出倉粟，發幣帛而振之。

漢高祖十二年，相國蕭何為民請曰：「長安地狹，上林中多空地，棄，願令民得入田，毋收稾為禽獸食。」上大怒曰：「相國多受賈人財物，乃為請吾苑。」乃下相國廷尉，械繫之。數日，王衛尉侍，前問曰：「相國何大罪，陛下繫之暴也？」上曰：「吾聞李斯相秦皇帝，有善歸主，有惡自與。今相國多受賈豎金，而為民請吾苑，以自媚於民，故繫治之。」王衛尉曰：「夫職事苟有便於民而請之，真宰相事，陛下柰何乃疑相國受賈人錢乎！且陛下距楚數歲，陳豨、黥布反，陛下自將而往，當是時，相國守關中，搖足則關以西非陛下有也。相國不以此時為利，今乃利賈人之金乎？且秦以不聞其過亡天下，李斯之分過，又何足法哉！陛下何疑宰相之淺也。」高帝不懌。是日，使使持節赦出相國。

武帝拜卜式為中郎，式初不願為郎，上曰：「吾有羊在上林中，欲令子

牧之式。既為郎。布衣草蹻而牧羊。歲餘羊肥息。上過其羊所善之。式曰。非獨羊也。治民亦猶是矣。以時起居。惡者輒去。毋令敗群。上奇其言。欲試使治民。拜緱氏令。緱氏便之。

魏文帝時。尚書大夫王朗上疏曰。兵起以來三十餘年。四海盪覆。萬國殄瘁。賴先王芟除寇賊。扶育孤弱。遂令華夏復有綱紀。鳩集兆民。於茲魏土。使封鄙之內。雞鳴狗吠達於四境。蒸庶欣欣。喜遇升平。今遠方之寇未賓。兵戎之役未息。誠令復除足以懷遠人。良宰足以宣德澤。阡陌咸脩。四民殷熾。必復過於曩時而富於平日矣。易稱敕法。書著祥刑。一人有慶。兆民賴之。慎法獄之謂也。昔曹相國以獄市為寄。路溫舒疾治獄之吏。夫治獄者得其情。則無冤死之囚。丁壯者得盡地力。則無饑饉之民。窮老者得仰食倉廩。則無餧餓之殍。嫁娶以時。則男女無怨曠之恨。胎養必全。則孕者無自傷之哀。新生必復。則

殺者無不育之累。壯而後役。則幼者無離家之思。二毛不戎。則老者無頓伏之患。醫藥以療其疾。寬繇以樂其業。威罰以抑其強。恩仁以濟其弱。振貸以贍其乏。十年之後。既笄者必盈巷。二十年之後。勝兵者必滿野矣。

明帝時。殺禁地鹿者身死。財產沒官。有能覺告者厚加賞賜。廷尉高柔上疏曰。聖王之御世。莫不以廣農為務。儉用為資。夫農廣則穀積。用儉則財畜。畜財積穀而有憂患之虞者。未之有也。古者一夫不耕。或為之飢。一婦不織。或為之寒。中間已來。百姓供給眾役。親田者既減。加頃復有獵禁。群鹿犯暴。殘食生苗。處處為害。所傷不貲。民雖障防。力不能禦。至如滎陽左右。周數百里。歲略不收。元元之命。實可矜傷。方今天下生財者甚少。而麋鹿之損者甚多。卒有兵戎之役。凶年之災。將無以待之。惟陛下覽先聖之所念。愍稼穡之艱難。寬放民間使得捕鹿。遂除其禁。則眾庶永濟。莫不悅豫矣。

柔又上疏曰。臣深思陛下所以不早取此鹿者。誠欲使極蕃息。然後大取以為軍國之用。然臣竊以為今鹿但有日耗。終無從得也。何以知之。今禁地廣輪且千餘里。臣下計無慮其中有虎大小六百頭。狼有五百頭。狐萬頭。使大虎一頭三日食一鹿。一虎一歲百二十鹿。是為六百頭虎一歲食七萬二千頭鹿也。使十狼日共食一鹿。是為五百頭狼一歲共食萬八千頭鹿。鹿子始生。未能善走。使十狐一日共食一子。比至健走。一月之間。是為萬狐一月共食鹿子三萬頭也。大凡一歲所食十二萬頭。其鵰鶚所害。臣置不計。以此推之。終無從得多。不如早取之為便也。

吳大帝時。徵役繁數。重以疫癘。民戶損耗。行騎都尉駱統上疏曰。臣聞君國者。以據疆土為強富。制威福為尊貴。曜德義為榮顯。永世優

為豐祚。然財須民生。強賴民力。威恃民勢。福由民殖。德俟民茂。義以民行。六者既備。然後應天受祚。保族宜邦。書曰。眾非后無能胥以寧。后非眾無以辟四方。推是言之。則民以君安。君以民濟。不易之道也。今彊敵未殄。海內未乂。三軍有無已之役。江境有不釋之備。徵賦調數。由來積紀。加以殃疫死喪之災。郡縣荒虛。田疇蕪曠。聽聞屬城民戶浸寡。又多殘老。少有丁夫。聞此之日。心若焚燎。思尋所由。小民無知。既有安土重遷之性。且又前後出為兵者。生則困苦無有溫飽。死則委棄骸骨不反。是以尤用戀本畏遠。同之於死。每有徵發。羸謹居家。重累者先見輸送。小有財貨。傾居行賂。不顧窮盡。輕剽者則迸入險阻。黨就群惡。百姓虛竭。嗷然愁擾。愁擾則不營業。不營業則致窮困。致窮困則不樂生。故口腹急則奸心動而攜叛多也。又聞民間非居處小能自供。生產兒子。多不起養。屯田貧兵。亦多棄子。天則生之

而父母殺之。既懼干逆和氣，感動陰陽。且惟陛下開基建國，乃無窮之業也。疆埸大敵，非造次所滅。疆埸常守，非期月之戍。而兵民減耗，後生不育，非所以歷遠年，致成功也。夫國之有民，猶水之有舟，停則以安，擾則以危。愚而不可欺，弱而不可勝。是以聖王重焉。禍福由之。故與民消息，觀時制政。方今長吏親民之職，惟以辦具為能，取過目前之急，少復以恩惠為治。副稱陛下天覆之仁，勤恤之德者，官民政俗日以彫弊，漸以陵遲，勢不可久。夫治疾及其未篤，除患貴其未深。願陛下少以萬機餘閑，留神思省，補復荒虛，深圖遠計，育殘餘之民，阜人財之用，參曜三光，等崇天地。臣統之大願，足以死而不朽矣。帝感統言，深加意焉。

嘉禾六年，謝淵、謝宏等各陳便宜，欲興利改作，以事下上大將軍、右都護陸遜。遜議曰：國以民為本，強由民力，財由民出。夫民殷國弱，民瘠國強者，未之有也。故為國者得民則治，失之則亂。若不受利，而令盡用立效，亦為難也。是以詩歎宜民宜人，受祿于天。乞垂聖恩，寧濟百姓，數年之間，國用少豐，然後更圖。

孫皓時，徙都武昌，揚土百姓泝流供給，以為患苦。又政事多謬，黎元窮匱。左丞相陸凱上疏曰：臣聞有道之君，以樂樂民；無道之君，以樂樂身。樂民者其樂彌長，樂身者不久而亡。夫民者，國之根也。誠宜重其食，愛其民。民安則君安，民樂則君樂。自頃年以來，君威傷於桀紂，君明闇於姦雄，君惠閉於群孽。無災而民命盡，無為而國財空。辜無罪，賞無功。使君有謬誤之愆，天為作妖。而諸公卿媚上以求愛，困民以求饒，導君於不義，敗政於淫俗，臣竊為痛心。今鄰國交好，四邊無事，當務息役養士，實其廩庫，以待天時。而更傾動天心，搔擾萬姓，使民不安，大小呼嗟。此非保國養民之術也。臣聞吉凶在天，猶影之在形，響之在聲也。形動則影動，形止則影止。此分數乃有所繫，非在口之所進退也。昔秦所以亡天下者，但坐賞輕而罰重，政刑錯亂，民力盡於奢侈，目眩於美色，志濁於財寶，邪臣在位，賢哲隱藏，百姓業業，天下苦之。是以遂有覆巢破卵之憂。漢所以強者，躬行誠信，聽諫納賢，惠及負薪，躬請岩穴，廣采博察，以成其謀。此往事之明證也。近者漢之衰末，三家鼎立，曹失綱紀，晉有其政。又益州危險，兵多精強，閉門固守，可保萬世。而劉氏與奪乖錯，賞罰失所，君恣意於奢侈，民力竭於不急。是以為晉所伐，君臣見虜。此目前之明驗也。臣闇於大理，文不及義，智慧淺劣，無復冀望。竊為陛下惜天下耳。

東晉孝武帝時，豫章太守范寧上疏曰：臣聞道尚虛簡，政貴平靜。坦公亮於幽顯，流子愛於百姓。然後可以經夷險而不憂，乘休否而常夷。先王所以致太平，如此而已。今四境晏如，烽燧不舉，而倉庾虛耗，帑

藏空匱。古者使人，歲不過三日。今之勞擾，殆無三日休停。至有殘刑翦髮，以要復除。生兒不復舉養，鰥寡不敢妻娶。豈不怨結人鬼，感傷和氣。臣恐社稷之憂，積薪不足以為喻。臣久欲粗啓所懷，日復一日。今當永離左右，不欲令心有餘恨。請出臣所啓事，付外詳擇。

安帝時，劉毅以喪師乞解任，降為後將軍。尋轉衛將軍，開府儀同三司、江州都督。毅上表曰：臣聞天以盈虛為運，政以損益為道。時否而政不革，人凋而事不損，則無以救急病於已危，拯塗炭於將絕。自頃戎車屢駕，干戈溢境，所統江州，以一隅之地，當逆順之衝，自桓玄以來，驅蹙殘敗，至乃男不被養，女無匹對。逃亡去就，不避幽深，自非財殫力竭，無以至此。若不曲心矜理，有所釐改，則靡遺之歎，奄焉必及。夫設官分職，軍國殊用，牧養以息務為大，武略以濟事為先。兼而領之，盡出於權。事因藉既久，遂以常體。江州在腹心之內，憑接揚豫、藩

塞所恃，實爲藩籬。昔胡寇縱逸，翔馬臨江，抗禦之要，蓋擇爾耳。今江左區區，戶不盈數十萬，地不踰數千里，而統旅鱗次，未能減息。大而言之，是爲國恥。況乃地在無虞，而猶置軍府，文武將佐，資費非要，豈所謂經國大情，揚湯去火者哉。自州郡邊江，百姓遼落，加鄣亭險闊，畏阻風波，轉輸往復，恆有淹廢，又非所謂因其所利以濟其弊者也。愚謂宜解軍府，移鎮豫章，處十郡之中，屬簡惠之政，化及數年，可有生氣。且屬縣凋散，亦有所存，而役調送迎，不得止息，亦謂應隨宜并合，以簡衆費。刺史庾悅自臨蒞以來，甚有恤隱之誠，且綱維不革，自非綱目所理，尋陽接蠻，宜示有遏防，可即州府千兵，以助郡戍。

後魏太武帝時，南州大水，百姓阻饑。尚書令鉅鹿公劉潔奏曰：臣聞天地至公，故萬物咸育；帝王無私，而黎民戴賴。伏惟陛下以神武之姿，紹重光之緒，恢隆大業，育濟羣生，威之所振，無思不服，澤之所洽，無遠不懷。太平之治，於是而在。自頃邊寇內侵，戎車屢駕，天資聖明，所在克殄。方難既平，皆蒙酬錫，勳高者受爵，功卑者獲賞，寵賜優崇，有過古義。而郡國之民，雖不征討，服勤農桑，以供軍國，實經世之大本，府庫之所資。自山以東，偏遇水害，頻年不收，就食他所。臣聞率土之濱，莫非王臣，應加哀矜，以鴻覆育。今南摧獯寇，西敗醜虜，四海晏如，人神協暢。若與兆民共享其福，則惠感和氣，蒼生悅樂矣。世祖從之，於是復天下一歲租賦。

宣武帝時，侍中源懷表奏曰：景明以來，北蕃連年災旱，高原陸野，不任營殖，唯有水田，少可菑畝。然主將參僚，專擅腴美，瘠土荒疇，給百姓。因此困弊，日月滋甚。諸鎮水田，請依地令分給細民，先貧後富。若分付不平，令一人怨訟者，鎮將已下，連署之官，各奪一時之祿，四人已上，奪祿一周。北鎮邊蕃，事異諸夏，往日置官，全不差別。沃野一鎮，自將已下，八百餘人，黎庶怨嗟，僉曰煩猥。邊隅事尠，實少畿服，請主帥吏佐五分減二。詔從之。

隋高祖以山東民多流冗，遣使按檢，又欲徙民北實邊塞。皇太子勇上書諫曰：竊以導俗當漸，非可頓革，戀土懷舊，民之本情，波迸流離，蓋不獲已。有齊之末，主闇時昏，周平東夏，繼以威虐，民不堪命，致有逃亡，非厭家鄉，願爲羈旅。加以去年三方逆亂，賴陛下仁聖，區宇肅清，鋒刃雖屏，瘡痍未復。若假以數歲，沐浴皇風，逃竄之徒，自然歸本。雖北夷猖獗，嘗犯邊烽，今城鎮峻峙，所在嚴固，何待遷配，以致勞擾。臣以庸虛，謬當儲貳，寸誠管見，輒以塵聞。上覽而嘉之。

唐太宗即位初，民部尚書裴矩奏民遭突厥暴踐者，戶請給絹一匹。上曰：朕以誠信御下，不欲虛有存恤之名而無其實。戶有大小，豈得雷同給賜乎？於是計口爲率。

貞觀中，上謂侍臣曰：凡事皆須務本。國以人爲本，人以衣食爲本。凡營衣食，以不失時爲本。夫不失時者，唯在人君簡靜乃可致耳。若兵戈屢動，土木不息，而欲不奪農時，其可得也？王珪曰：昔秦皇、漢武，外則窮極兵戈，內則崇侈宮室，人力既竭，禍難遂興。彼豈不欲安人乎？失所以安人之道也。亡隋之轍，殷鑒不遠，陛下親承其弊，知所以易之。然在初則易，終之實難。伏願慎終如始，方盡其美。太宗曰：公言是也。夫安人寧國，惟在於君。君無爲則人樂，君多欲則人苦。朕所以抑情損欲，剋己自勵耳。帝又嘗謂黃門侍郎王珪曰：隋開皇十四年大旱，人多飢乏。是時倉庫盈溢，竟不許賑給，乃令百姓逐糧。隋文不憐百姓而惜倉庫，比至末年，計天下儲積，得供五六十年。煬帝恃此富饒，所以奢華無道，遂致亡滅。煬帝失國，亦由其父。凡理國者，務積於人，不在盈其倉庫。古人云：百姓不足，君孰與足？但使倉庫可備凶年，何須儲蓄？後嗣若賢，能自保其天下；如其不肖，多積倉庫，徒益其奢侈，危亡之本也。

太宗曰：隋煬帝求覓無已，內則淫蕩於聲色，外則勤人以黷武，遂至滅亡。朕觀此。但以清靜撫之。今百姓自百安樂。豈知朕之力也。魏徵對曰。堯時擊壤而歌。亦云帝力何有於我哉。只將此事以爲太平。百姓亦不知由主上安之也。太宗曰。朕今安養百姓。豈求其知。但論理亂在時君耳。魏徵對曰。此事非知之難。終行之難。

太宗曰。隋時百姓假有財物。豈能自保。自我有天下以來。存心撫養。無所科差。人人皆得營生。守其資財。即我所賜。向使我徵求無已。雖數賞賜。亦不如不得。魏徵對曰。堯舜在上。百姓亦云耕田而食。鑿井而飲。含哺鼓腹。而云帝有何力於其間哉。今陛下如此含養。百姓可謂日用而不知矣。又奏曰。晉文公出畋逐獸於碭。入大澤。迷不知所出。其中有漁者。文公謂曰。我若君也。道安從出。我且厚賜汝。漁者曰。臣願有獻。文公曰。出澤而受之。於是送出澤。文公命曰。子之所欲教寡人者何也。願受之。漁者曰。鴻鵠保大海之中。厭而欲移徙之小澤。則必有矰丸之憂。黿鼉保深淵。厭而出之淺渚。則必有網羅釣射之憂。今君逐獸碭入

至此。何行之太遠也。文公曰。善哉。謂從者記漁者名。漁者曰。君何以名爲。君其尊天事地。敬社稷。固四國。慈愛萬人。薄賦斂。輕租稅者。臣亦與焉。君不尊天事地。不敬社稷。不固四國。外失禮於諸侯。內逆人心。一國流亡。漁者雖有厚賜。不得保也。遂辭不受。太宗曰。卿言是也。

太宗曰。今人與古人同邪。魏徵對曰。人多以古人淳朴。今人澆薄。以臣量之。勢亦相似。太宗曰。今之人固不及古。古之君臣爲治。惟以百姓心爲心。近代帝王惟損百姓以適其欲。朕今與公等雖不及古。然須以百姓爲心。不得有損於物而自奉也。

太宗問拓設使人曰。拓設兵馬今有幾許。對曰。見有四千餘兵。舊有四萬餘人。太宗曰。爲君之道。必須先存百姓。若損百姓以奉其身。猶割脛以自啖。腹飽而身斃。又曰。身安天下安。必須先正其身。未有身正而影曲。上理而下亂者。朕每思傷其身者不緣外物。皆由嗜欲以成其禍。若耽嗜滋味。玩悅聲色。所欲既多。所損亦大。既妨政事。又擾生人。且復出一非理之言。萬姓爲之解體。怨讟既作。離叛亦興。朕每思此。不敢放逸。魏徵對曰。古者聖哲之主。亦近取諸身。遠體諸物。昔楚聘詹何曰。未聞身理而國亂者。陛下所明。實古之大義。

高宗永徽中。來濟兼太子賓客。進爵爲侯。帝嘗從容問馭下所宜。濟曰。昔齊桓公出遊。見老人。命之食。曰。請遺天下食。遺之衣。曰。請遺天下衣。公曰。吾府庫有限。安得而給。老人曰。春不奪農時。即有食。夏不奪蠶工。即有衣。由是言之。省徭役。馭下之宜也。

高宗時。造蓬萊上陽合璧等宮。復征討四夷。京師養廄馬萬匹。帑庫浸虛。知左史張文瓘諫曰。王者養民。逸則富以康。勞則怨以叛。秦漢廣事四夷。造宮室。至二世土崩。武帝末年。戶口減半。夫制治於未亂。保邦於未危。人罔常懷。懷于有仁。臣願撫之。無使勞而生怨。隋監未遠。不可不察。帝善其言。賜繒錦百段。爲減廄馬數千。

武后時。詔市河南河北牛羊荊益奴婢。置監登萊。以廣軍資。監察御史張廷珪上書曰。今河南牛疫。十不一在。詔雖和市。甚於抑奪。併市則價難準。簡擇則吏求賄。是牛再疫。農重傷也。高原耕地奪爲牧。所兩州無復丁田。牛羊踐暴。舉境何賴。荊益奴婢多國家戶口。奸豪掠賣。一入於官。永無免期。南北異宜。至必生疾。此有損無益也。抑聞之。君所恃在民。民所恃在食。食所資在耕。耕所資在牛。牛廢則耕廢。耕廢則食去。食去則民亡。民亡則何恃爲君。羊非軍國切要。假令蓄滯不可射利。后乃止。

武后將建大像於白司馬坂。成均祭酒平章事李嶠諫。造像雖俾浮屠輸錢。然非州縣承辦不能濟。是名雖不稅而實稅之。臣計天下編戶貧弱者衆。有賣舍帖田供王役者。今造像錢積十七萬緡。若頒之窮人。家給千錢。則紓十七萬戶飢寒之苦。德無窮矣。

中宗景龍二年。中書舍人李乂諫曰。江南鄉人採捕為業。魚鼈之利。黎元所資。江湖生育無限。府庫供支易殫。與其拯物。豈若憂人。且鬻生之徒。惟利斯視。錢刀日至。網罟年滋。施之一朝。營之百倍。未若回救贖之錢物。減貧無之徭賦。活國愛人。其福勝彼。

代宗大曆元年冬十月。上生日。諸道節度使獻金帛器服珍玩駿馬為壽。共直緡錢二十四萬。常袞上言。節度使非能男耕女織。必取之於人。斂怨求媚。不可長也。請却之。上不聽。

德宗貞元十二年。京兆尹李實言於上曰。今歲京兆雖旱。而禾苗甚美。由是租稅皆不免。人窮至壞屋賣瓦木麥苗以輸官。優人成輔端為謠嘲之。實奏輔端誹謗朝政。杖殺之。監察御史韓愈言京畿百姓窮困。今年稅物徵未得者。請俟來年。遂坐貶陽山令。

憲宗時。宣徽五坊小使方秋閱鷹狗。所過撓官司。厚得餉謝乃去。下邽令裴寰才吏也。不為禮。因構寰出醜言。逮詔獄。當大不恭。宰相武元衡婉辭諍。帝怒未置。裴度見延英。言寰無辜。帝恚曰。寰誠無罪杖小使。小使無罪且杖寰。度曰。責若此固宜。第寰為令。惜陛下百姓。安可罪。帝色霽。乃釋寰。

時浙西擒李錡伏法。惟舊例籍其家財產。業送上都。翰林學士裴洎李絳等上言曰。李錡兇狡叛戾。僭侈誅求。刻剝六州之人。積成不道之咎。陛下哀憫無告。為之弔伐。變愁怨之氣。為發生之和。歌舞聖時。負戴見德。其李錡家所積錢帛。皆斂於人。或有酷發冤濫之徒。破死其身。取其貨。或有枉法徵剝之吏。加其罪。納其財。前後事狀。布聞遠邇。聖恩本以叛亂誅討。蘇息一方。今輦運錢帛。播聞四海。非所以戒遏亂略。惠綏困窮也。伏望天慈下痛哀之詔。降雨露之澤。將逆人財物並以賜本道。代浙西百姓今年租賦。則萬姓欣戴。四海歌詠。上覽狀嘉歎久而從之。

時擢李渤為庫部員外郎。會皇甫鎛輔政。務剝下佐用度。而渤奉詔弔郗士美喪。在道上言。渭南長源鄉戶四百。今纔四十。閿鄉戶三千。而今千。它州縣大抵類此。推其敝始於攤逃人之賦。假令十室之逃。則均責未逃者。若抵石于井。非極泉不止。誠由聚斂之臣。割下媚上。願下詔一賜禁止。計不三年。人必歸于農。夫農國之本。本立而太平可議矣。又言道路苐不治。驛馬多死。憲宗得奏皆駭。即詔出飛龍馬數百給畿驛。

武宗會昌中。李德裕上奏曰。恤貧寬疾。著於周典。無告常餒。存於王制。國家立悲田養病。置使專知。開元五年。宰臣宋璟蘇頲奏。所稱悲田。乃關釋教。此是僧尼職掌。不合定使專知。請令京兆按此分付其家。玄宗不許。至二十二年十月。斷京城乞兒。悉令病坊收管。官以本錢收利以給之。今緣諸道僧尼盡以還俗。悲田坊無人主領。必恐貧病無告。轉致困窮。臣等商量。緣悲田出於釋教。並望更為養病坊。其兩京及諸州。各於錄事耆壽中。揀一人有名行謹信為鄉閭所稱者。專令勾當。其兩京望給寺田十頃。大州鎮望給田七頃。其它諸州望委觀察使量貧病多少給田五頃。三二頃以充粥食。如州鎮有羨餘官錢。量與置本收利。最為穩便。若可如此。方圓不在更給田之限。各委長吏處置訖聞奏。

後唐明宗嘗問中書侍郎馮道曰。天下雖豐。百姓濟否。道曰。穀貴餓農。穀賤傷農。因誦文士聶夷中田家詩。其言近而易曉。明宗顧左右錄其詩。常以自誦。

宋太宗太平興國三年。溫仲舒拜工部郎中樞密直學士知三班院。驟擢是職。召對別殿。仲舒以為國家平太原以來。代之容戍守年深。殺傷剽掠。彼此迭見。大河以北。農桑廢業。戶口減耗。凋弊之餘。極力奉邊。丁壯備徭。老弱供賦。遺廬壞堵。不亡即死。邪人媚上。循云樂輸。加以兵卒殘忍。行者辛苦。居者愁曠。願推恩宥。以綏民庶。太宗嘉納之。

太宗嘗燈夕設宴。宰相呂蒙正侍。上語之曰。五代之際。生靈凋喪。周太祖自鄴南歸。士庶皆罹剽掠。下則火災。上則彗孛。觀者恐懼。當時謂無復太平之日矣。朕躬覽庶政。萬事粗理。每念上天之貺。致此繁盛。乃知理亂在人。蒙正避席曰。乘輿所在。士庶走集。故繁盛如此。臣嘗見都城外不數里。饑寒而死者甚衆。不必盡然。願陛下視近以及遠。蒼生之幸也。上變色不言。蒙正侃然復位。同列多其直諒。

至道一年。太常博士直史館陳靖上言。先王之欲厚生民。莫先於積穀而務農。鹽鐵榷酤斯爲末矣。按天下土田。除江淮湖湘兩浙隴蜀

河東諸路地里夐遠。雖加勸督。未遽獲利。今京畿周環二十三州。幅員數千里。地之墾者。十纔二三。稅之入者。又十無五六。復有匿里舍而稱逃亡。棄耕農而事游惰。賦額歲減。國用不充。詔書累下。許民復業。蠲其租調。寬以歲時。然鄉縣擾之。每一戶歸業。則刺報所由。朝耕尺寸之田。暮入差徭之籍。追胥責問。繼踵而來。雖蒙蠲其常租。實無補於捐瘠。況民之流徙。始由貧困。或避私債。或逃公稅。亦既亡遯。則鄉里檢其資財。至於室廬什器桑棗材木。咸計其直。或鄉官用以輸稅。或債主取以償逋。生計蕩然。還無所詣。以茲浮蕩。絕意歸耕。如授以閑曠之田。廣募游惰。誘之耕墾。未計賦租。許令別置版圖。便宜從事。酌民力豐寡。農畝肥磽。均配督課。令其不倦。其逃民歸業。丁口授田。煩碎之事。並取大司農裁決。耕桑之外。令益樹雜木蔬果。孳畜羊犬雞豚。給授桑土。潛擬井田。營造室廬。使立保伍。養生送死之具。慶弔問遺之資。並立條制。俟至三五年間。生計成立。即計戶定征。量田輸稅。若民力不足。官借緡錢。或以市餱糧。或以營耕具。凡此給受委於司農。比及秋成。乃令償直。依時價折納。以其成數聞白戶部。帝覽之喜。令靖條奏以聞。

真宗時知處州楊億上奏曰。臣獲領郡符。合求民瘼。苟有圖於緘默。是上負於憂勤。儻有救於瘡痍。亦無辭於鼎鑊。臣竊見龍泉縣松瞿小梅松源三處酒坊。一年共趁辦額錢壹阡玖貫捌伯壹拾玖文足。並是勾當人自備麴米本柄醞造沽賣。收趁上件淨利錢數納官。自來州司抑項差勒人員軍將須管甘認勾當。並皆破貨家業。及身命償官。并均攤干繫人填納。臣自到任所。深訪其由。蓋是往年王師討伐江南。龍泉乃其境上。錢俶多調發卒士。防過邊陲。此時榷酤甚獲其利。縣民張延熙貪婪無識。遂入狀添起虛額。買撲勾當。自江南平

定。錢俶進納土疆。書軌既同。幅員無外。所遣丁卒皆已罷歸。遂致酤賣不行。課利虧失。元買撲戶並盡底破賣家產。填納不足。只有身命償官。州司又不敢陷失舊額。須至差勒平民。以至籍入家財。通紬身命。蠹傷和氣。深患生人。百姓亦嘗詣闕披陳。詔下三司相度。雖行刺問尋便供申。所司唯聚斂是圖。陸沉無報。瘡痍益甚。冤痛彌深。又況龍泉縣連接七閩。彌亘千里。山川險絕。閭舍稀疎。所是三處酒坊。並皆遠在草莽。數間小屋。僅庇風霜。雖有榷酤之名。全無醞釀之具。蓋是勾當之人。相承敗闕。興創不成。須至破賣田園。遺離刑辟。見今勾當人並係徵欠司抑項徵賞。每三數日一度就科。蓋省司之益峻課程。官吏之懼於書罰。雖加決責。何以徵填。擠溝壑而可期。扣閽閻而無路。臣備見此事。深究其由。自以受兩朝之聖知。忝百城之委寄。有所聞見。豈敢緘藏。雖獲罪以猶甘。庶期死而得請。伏望皇帝陛下。念

遠民之塗炭。採微臣之芻蕘。更詢祖府之訏謨。勿令計司之閑決。儻謂狂瞽之有實。所侵功利以非多。舊額之中。減其太半。人乃受賜。天實聽卑。苟事下於有司。必謹守於舊制。王澤既壅。民病愈滋。雖龔黃臨之。亦不能為理。臣伏見陛下踐祚之始。盡放天下逋欠。寰海之內歌舞太平。雖甚盛德無以加此。又自守郡之後。奮奉詔書。莫不以優卹為先。未嘗以課利為急。百姓既足。長府自然有餘。一人向隅。滿堂為之不樂。臣忝預諫列。獲佩郡章。早受特達之知。敢辭進越之罪。祈天俟命。伏切悲衷。干犯宸嚴。無任戰汗兢惶激切之至。

仁宗景祐四年。蘇舜欽上疏曰。臣聞矜孤養老。邦家之大政。卹貧寬疾。冊書之格言。竊見前代皆置悲田養病坊。唐至長安中。命使專領。亦選名德僧徒兼掌其事。縣官出錢收利。籍而用之。開元中。丞相宋璟上言乞罷。中旨不從。會昌沙汰僧尼。李德裕以悲田出於釋氏。遂

易名而增脩。國家富有四海。生齒寖繁。山澤之間。舉無遺利。賦稅之外。復有遠倉。或水旱為災。則流亡相屬。遇慈惠之吏。必率斂而飼養。逢苟且之政。必逃藉而死亡。本非惰慵。多值歉乏。又京城之內。丐乞者多。飢寒所侵。往往殘廢。或自折支體。困入溝塗。號呼里閭。呻吟道路。聚為穢厲。甚傷化風。陛下仁被草木。惠及昆蟲。惟此天窮未霑王澤。臣欲乞依有唐故事。創置悲田養病坊。州郡並以曹官領之。仍於高年擇信行可稱者三兩人。與僧官同切管句。三京給田十頃。望鎮州七頃。諸州軍等第給田以充粥食。有羨餘官錢置本收利以備醫藥。十歲已下。八十已上。仰州縣察訪無家可歸者。亦令看養。如此則大益仁化。無虧國風。頌聲喧傳。上資聖筭。和氣浹洽。可召豐年。

參知政事范仲淹上奏曰。臣聞淳化中。太宗皇帝以邊戶飢荒。多賣人口入蕃。頗憫惻之。特遣使以物貨收贖。各還父母。此人君之盛德也。近年緣邊漢戶被西戎虜不少。今既通和。伏乞出聖意。以內帑物帛委邊臣漸次收贖陷蕃漢戶人口。各還其家。使父母子孫再得完聚。則不惟邊上生民恩淪骨髓。必也至德動天。降祐主室。書之史策。光于後代。乞不降出。

慶曆二年。右正言歐陽脩論乞止絕河北伐民桑柘劄子曰。臣風聞河北京東諸州軍見脩防城器具。民間配率甚多。澶州濮州地少林木。即令澶州之民。為無木植送納。盡伐桑柘納官。臣謂農桑是生民衣食之源。租調係國家用度之急。不惟絕其根本。使民無以為生。至於供出賦租。將來何以取足。臣伏思兵興以來。天下公私匱乏者。殆非夷狄為患。全由官吏壞之。其誅剝疲民。為國斂怨。蓋由郡縣之吏不得其人。故臣前後累乞澄汰天下官吏者。蓋備見其弊如此也。今澶州之民。驟罹此苦。豈非長吏非才。處事乖繆

所致。兼聞澶州民桑已伐及三四十萬株。竊慮它郡盡皆效此。伏乞早賜旨揮。禁絕其合用材木。仍乞下轉運司。令相度漸次那容準備。其澶州人戶經伐桑者。乞差官檢覆量多少與權免將來絲綿紬絹之稅。竊以軍國所須。出自民力。必欲外禦契丹之患。常須優養河朔之民。若使道路怨嗟。人心離叛。則內外之患。何以枝梧。伏望聖慈特賜留意。

皇祐二年。知諫院包拯上奏曰。臣伏覩明堂赦書。應今日以前天下欠負官物。并於干繫保人名下催納。元非侵欺盜用。或雖是侵盜見今本家并干繫保人內委無抵當者。並令本屬及轉運司保明聞奏。其累經官吏保明三司未與除放者。限赦到一月內。令本處先具自來保明度數申本路轉運司。疾速保明繳連聞奏。當議並與除放。此誠陛下憂卹元元如是之至也。然臣歷觀前後赦文。凡

有恩依無不周悉而有司往往廢格不即遵行臣切聞真宗咸平年中親御便殿放三司所引諸色逋欠凡四千一百六人計物八萬三千數蓋先帝以恩詔每宥逋責有司必究問本末或縲係追逮益爲煩擾故命以籍引對而面釋之大哉先帝愛民矜物之心惟恐不及伏望陛下特降旨揮委三司特應係諸色逋欠人各具因依一一類聚備錄申奏並乞引見詳酌除放如此則恩出於上弊絕於下矣

極又上奏曰臣伏聞先帝時冬十二月雷震司天監奏主國家發恩布澤未及黎庶上召輔臣謂之曰此上天所以警朕也且河北關西戍兵未息民人勞止又三司轉運使率擾之事名類實繁大者宜即減省小者悉蠲除之將來改元赦書卿等宜盡采民弊著爲條目務澤及黎庶也大哉先帝愛民之心如是之至以陛下求

治之心亦先帝之心也臣切聞見陝西用兵之後朝廷急於錢運多所經畫丁夫征賦有常數矣若論之則盡爲無名之率其它酒稅錢穀之類亦有之額矣而貪於寵利者唯務聚斂掊克於下前後務以相勝前者增數十萬以圖厚賜後者則又增數十萬以圖優賞日甚一日何窮之有而民力困且竭矣所以瘡痍天下于今未息用是觀之其實豈爲國乎若果爲國豈不以愛民爲念哉禮曰與其有聚斂之臣寧有盜臣則先王顧生民何如哉今雖用度微窘而諸州旱澇相繼亦當寬養黎庶固其大本大本不固則國家從何而安哉況朝廷比下詔令未嘗不以寬民卹物爲先而有司往往不即遵行是陛下有憂民之心而民無繇知使王澤壅於上民情鬱於下此皆向者有司之失恐非所以流布愷悌慰安元元之旨也臣欲乞應自西事以來一切權宜之事因循未釐革者將來明堂赦書盡采餘弊著之條目悉與改正爲定制若民間夏秋二稅除依例輸外不得非橫支移折變茶鹽酒稅課利一切依舊額並攤分許極用有增減諸色欠負自來每遇恩赦不以存亡必根究本末但務追攝罕得除放乞今後於理合該蠲免者更不縲繫逮捕重爲煩擾並令疾速檢會除放若有司稽違必嚴行黜責如此則上可以遵先帝之意下可以救當世之患俾四方之人知陛下曠蕩之澤實及於下則海內幸甚

極又論歷代并本朝戶口疏曰臣近者獲登雲陛親奉德音詢及本朝并唐編戶多少之數臣雖粗陳梗槩不足以上對清問退而編考諸史盡見歷代本末竊以三代雖盛其戶口記籍莫得其詳國史所起惟兩漢最備謹按前漢元始二年人戶千二百二十三萬三千及後漢光武兵革漸息之後戶四百二十七萬六百三十永壽三年增

至一千六十七萬九百六十此兩漢極盛之數也三國鼎峙干戈日尋版籍歲減當時纔百四十餘萬耳晉自武帝平吳之後編戶二百四十五萬九千八百自後南北幅裂戶無常數少者不盈百萬多者不過三倍隋文帝平一天下至大業二年戶八百九十萬七千五百三十六及乎唐之初年人戶不滿三百萬至高宗永徽元年漸增至三百八十萬明皇天寶十三載已前最爲全盛只及九百六萬九千一百五十四自安史構亂之後屠戮生靈幾盡乾元已後纔滿一百至二百萬耳至武宗會昌年中其間相距百餘歲纔增至四百九十五萬五千一百五十一降及五代戰伐相繼日益耗散是時四分竊據之地逐處戶口各有數十萬太祖皇帝建隆之初有戶九十六萬七千三百五十三自後取蜀南平嶺表下江左闢湖湘所得戶口方逾百萬至開寶九年漸加至三百九萬五百四戶太宗皇帝至道二

年已增至四百五十一萬四千二百五十七。真宗皇帝天禧五年。又增至八百六十七萬七千六百七十七。陛下御宇已來。與民休息。至天聖七年。凡計編戶一千二十六萬二千六百八十九。至慶曆二年。增至一千三十萬七千六百四十八戶。八年。又增至一千九十六萬四千四百三十四。臣以謂前代戶口之目。三代已降。跨唐越漢。未有若今之盛者也。臣聞蚩蚩生聚。蕃息衰耗。一出於時政之所陶化。是故明主知其然也。則必薄賦斂。寬力役。救荒饉。三者不失。然後幼有所養。老有所終。無夭閼之傷。無庸調之苦。此乃陛下日慎一日。以致其盛。若遂與之休養。則可封之俗。不異二帝之世矣。

抑權三司使。又請罷天下科率縣回。臣伏見自西寇已來。急於饋運。常賦之外。調發相繼。天下民力。殆已竭矣。且先朝嘗與契丹和。請盟之時。省兵兩路。干戈日尋。詎聞有今之騷動乎。蓋郡縣長吏鮮得其人。

或遇非次配率。競效苛刻。貪官猾吏。緣以爲奸。乘釁誅求。不知紀極。轉運提刑。又不能察其臧否。各徇顏情而已。且民者國之本也。財用所出。安危所繫。當務安之爲急。安之在精擇郡守縣令。及漸絕無名之率斂。若乃橫斂不已。人懷危慮。或因歲之飢饉。以吏之殘酷相應而起。塗炭海內。此乃心腹之患。況已萌之兆。可不深慮乎。臣欲乞今後應係軍須所用之物。並令三司預先計度。於出產州軍置場收買。或非次急切須至配率者。亦乞勘會各於出產路分專委逐處長吏於形勢物力戶內等第均配。仍委知州通判親自監納。兼令轉運提刑專切提舉體量。稍有違越。並乞重行朝典。所貴重困之民。漸獲蘇息。

仁宗御邇英閣。讀正說養民篇。覽歷代戶口登耗之數。顧謂侍臣曰。今天下民籍幾何。知審官院梅詢對曰。先帝所作盡述前代帝王恭儉有節。則戶口充羨。賦斂無藝。則版籍衰減。炳然在目。作監後王。自五代之季。生齒凋耗。太祖受命。而太宗真宗休養百姓。天下戶口之數。蓋倍於前矣。因詔三司及編修院檢閱以聞。

歷代名臣奏議卷之一百五

歷代名臣奏議卷之一百六

仁民

宋英宗時知諫院傅堯俞論河北差夫狀曰臣奉勑差送伴北朝人使過北京竊聞朝旨令恩冀深瀛洺州乾寧永静軍等處脩河夫役於寒食後下手與議紛然以為非便臣獨念自古借力於民必在農隙河上差夫亦積有年未嘗不於寒食前放罷者惟緩急救護堤岸即不拘時候豈有每年常事故害農時且二三月間正是農忙之際若雇人充役必有數倍之費況又春晚或多雨水則人夫費力亦數倍尋常兼自来民間得預買紬絹錢以了春夫今直至寒食後點集則紬絹錢使費已盡又須生利取債數州之民轉見不易況元初擘畫别無利病只以天寒地涷為言今天幸不寒地已不涷伏望朝廷體察無事生害苟不以臣為狂妄乞早賜

施行

神宗熙寧三年御史中丞呂公著上奏曰臣竊惟祖宗承五季之亂撫有天下其間法度草創固亦未盡及古至於臨下以簡御衆以寛好生之德洽於民心則漢唐之盛無以加也是以有國百年民心欣戴雖凶年飢歲流離至死而無有背叛之心者良以仁心厚德深足以固結其心惟是月日既久事或有弊此陛下所以臨朝奮然思欲懲革然而施設措置未得其術纔及一二末事頗已咈戾衆心是以内外乖離人人危懼切以祖宗以来所以深得人心者艱難積累固非一日今豈可以一二末事輕失其人心人心一摇未易復收後雖有善政亦難行矣況上下危疑之際難安易動此臣所以為寒心也伏望陛下仰思先烈俯察物情凡所施為務在仁厚無致近讒以斂衆怨則人心悦而天意適矣

右司諫蘇轍再乞放積欠狀曰竊見三省尚進呈臣前奏乞將民間官本債負出限役錢及酒坊元額罰錢見今資産耗竭實不能出者令州縣監司保明除放事奉聖旨節文令戶部勘會應係諸色欠負科名數目仍契勘欠戶見今各有無抵當物力開具保明聞奏臣竊謂朝廷將施舍已責救民於溝壑之中其施行節次當如救焚不可少緩前件指揮令戶部開具欠戶見今抵當物力此事不在戶部惟州縣可見若令戶部取之州縣文字往来動經歲月反覆問難何時了絶救民之急不當如此此乃有司出納之常度而非朝廷救災之體如陛下將布德施仁以收民心答天意但使恩澤滂流雖民間小有僥倖何損於德況此積欠經涉久遠凶嵗疲民空煩鞭箠必無所得縱獲毫末無補國計乞特降朝旨直下諸路監司與州縣一面依下項除放結罪保明聞奏所貴小民

早被聖恩不致失所别致生事

彭汝礪上奏曰臣聞天下之理苟惟無心則雖匹夫之愚可以興知苟惟有蔽則雖聰明之士不能無惑焉言民則必欲愛之不能愛之則為不仁言利則必欲遠之不能遠之則為非義此其為説非有可攻也而今之言理財朘削刻剥及民之肌膚而民至於無以事父母育妻子然猶曰未也理固當如此臣以為陛下動必跂為之否也夫改為之始事或有過與不及今真損益以適厥中之時也惟陛下裁幸之

韓維乞罷保馬保甲劄子曰臣比因進對嘗具奏陳乞陛下深察盜賊所起之原罷非業之令寬訓練之程蓋為保馬保甲發也何則農民以稼穡為生使之出錢市馬已非其積又守護濰飼素昧其方萬一死損復更償買昔時一馬直三二十千者今至百千矣

農民如此，未有已時。愁歎之聲，聞於道路。近歲保甲築埵爲塲，聯爲團教。一丁在官訓習，又須一丁供送飯食。家闕耕作，身受勞苦，不無怨懟。夫使失業怨懟之人操持兵器，習爲擊刺之事，豈不可慮。近者又聞京西保馬頗爲群盜掠取，換易乘騎，如其外厭河北保甲漸亦作過，侵暴良民，州縣不能禁。此患在耳目之前，則更易措置，誠不可緩也。且臣非謂國馬遂不可養，但官置監牧可矣；臣非謂民兵遂不可教，但於農隙一時訓練可矣。孟子曰：天時不如地利，地利不如人和。人和可以勝天地，可不務乎。伏望留神聖慮，詳酌施行。

維出提舉嵩山崇福宮，帝崩，赴臨闕庭。宣仁后手詔勞問，維對曰：人情貧則思富，苦則思樂，困則思息，鬱則思通。誠能常以利民爲本，則民富；常以憂民爲心，則民樂；賦役非人力所堪者去之，則勞困息；法禁非人情所便者蠲之，則鬱塞通。推此而廣之，盡誠而行之，則子孫觀陛下之德，不待教而成矣。

石介上言曰：善爲天下者，不視其治亂，視民而已矣。民者國之根本也。天下雖亂，民心未離，不足憂也；天下雖治，民心離，可憂也。人皆曰天下國家，孰爲天下？孰爲國家？民而已。有民則有天下有國家，無民則天下空虛矣，國家名號矣。空虛不可居，名號不足守。然則民其與天下存亡乎？其與國家衰盛乎？自古四夷不能亡國，大臣不能亡國，惟民能亡國。民，國之根本也。未有根本亡而枝葉存者。故桀之亡以民也，紂之亡亦以民也，秦之亡亦以民也。漢有平城之危，諸呂之難，七國之反，王莽之篡，漢終不亡，民心未去也。唐有武氏之變，禄山之禍，思明、朱泚、宗權、希烈諸侯之叛，唐終不亡，民心未去也。夫四夷、太臣非不能亡國，民心尚在也。觀漢高祖、文、景，唐太宗，其有以結民心之固。王莽篡取漢，已亡矣，而民尚思漢，思未已，故光武乘之中興。武氏、禄山、朱泚、思明、宗權、希烈諸侯之亂，唐已亡矣，而民尚思唐德未已，故終至於三百年，民之未叛也。雖四夷之强，諸侯之位，大臣之勢，是以移國，是傾天下，而終不能亡也。莽等不能亡漢，武氏、禄山諸侯不能亡唐，是也。民之叛也，雖以百里，雖以匹夫猶能亡國。湯以七十里亡夏，文王以百里亡商，陳勝以匹夫亡秦，是也。噫！民之未叛也，雖四夷諸侯大臣不臣，不能亡國，況匹夫乎？民之叛也，雖匹夫猶能亡國，況四夷乎？況諸侯乎？況大臣乎？噫！爲天下國家者可不務民乎？書曰：可畏非民。孟子曰：民爲貴，社稷次之，君爲輕。故古之天子重民也，不敢侮於鰥寡。民雖匹夫也，有奸雄，有義勇。伊尹、呂望，義勇也；陳勝，豪傑也；黄巢，奸雄也。

伊尹、呂望不忍桀紂之民塗炭，奮於耕釣，起佐湯武，放桀係紂，義勇矣夫。陳勝不堪秦之民役苦，憤然舉兵以誅秦，豪傑矣夫。黄巢伺唐之隙，因民之飢，聚兵以擾天下，奸雄矣夫。書曰：可畏非民。有奸雄，有豪傑，有義勇，可不畏乎？是以聖人不敢侮於鰥寡，蓋不可以匹夫待民也。孟子謂民爲貴，社稷次之，君爲輕，蓋不敢以萬乘驕民也。吁！昏君庸主不知民爲天下國家之根本，以草芥視民，以血豕視民，故民離叛，天下國家傾覆。嗚呼！民可忽哉！

元豐七年，知滄州趙瞻請自大名府澶恩信安、雄霸瀛莫冀等州盡權賣，以增其利，纔半歲獲息錢十有六萬七千緡。哲宗即位，監察御史王岩叟言：河北二年以來新行鹽法，所在價增一倍。既奪商賈之利，又增居民之價，以爲息。聞貧家至以鹽比藥。伏惟河朔天下根本，祖宗推此爲惠。願陛下不以損民爲利，而以益民爲利，復鹽法如故。

以為河北數百萬生靈無窮之賜。會河北轉運使范子奇奏鹽稅欲收以十分。遣范鍔商度。岩叟復言臣在河北。亦知商賈有自請於官。乞罷榷買願輸倍稅。主計者但知於商賈倍得稅緡以為利。不知商賈將為民間復增貴價以為害也。

岩叟任右司諫又乞安集保甲破產人戶狀曰。臣蒙聖恩。許就寒食假中展墳於河陰道過官城縣之孫張村。有耆老為臣言。本村鄉七十餘戶今所存者二十、家而已。皆自保甲起教後來消減至此。當時人人急於逃避。其家薄產或委而不顧。聽任官收。或賤以與人。自甘客作今雖荷聖恩得免冬教。而業已破蕩。無田可歸。不知朝廷知百姓此等事否。臣既聞之。不可不以告陛下。且恐府界三路若此類者甚多。伏望詔諭執政大臣。令講畫所以安集之方。使離散之民。早得其所以稱陛下惠養之心。

哲宗元祐初。知戶部三司使張方平見上問曰。河北再榷鹽何也。上曰。始議立法非再榷。方平曰。周世宗榷河北鹽。犯輒處死。世宗北伐。父老遮道泣訴。願以鹽課均之兩稅。而弛其禁。許之。今兩稅鹽錢是也。豈非再榷乎。且今未榷而契丹盜販不已。若榷則鹽貴。契丹之鹽益售。是為我斂怨。而使契丹獲福也。契丹鹽入益多。非用兵莫能禁。邊隙一開。所得鹽利能補用兵之費乎。上大悟曰。其語宰相立罷之。方平曰。法雖未下民已戶知之。當直以手詔罷。不可由下出也。上喜。命方平密撰手詔下之。河朔父老相率拜迎。於澶州為佛老會七日以報上恩。且刻詔北京。

時司馬光乞罷散青苗錢白劄子曰。昨於四月二十六日降指揮令於正月二月支散常平倉錢穀。竊慮州縣多不曉朝廷之意。將謂却欲廣散青苗錢。多收利息。蔽行督責。一如未能推察官時斟酌青苗錢利民甚少。害民極多。臣民上言前後非一。今欲遍行指揮下諸路提點刑獄司。自今後其常平倉錢穀只令州縣依舊法趁時糴糶。其青苗錢更不支俵。所有舊欠二分之息盡皆除放。只令提點刑獄契勘逐州縣元支本錢隨見欠多少分作料次令隨稅送納。

右司諫蘇轍言近歲京城外創置水磨。因此汴水淺澀。阻隔官私舟船。其東門外水磨下流汗漫無歸。浸損民田一二百里。幾敗漢高祖墳。賴陛下仁聖惻怛。親發德音。令執政共議營救。尋詔畿縣於黃河春夫外更調夫四萬。開自盟河以疏洩水患。計一月畢功。然以水磨供給京城內外食茶等。其水止得五日閉斷。以此功役重大。民間每夫日雇二百錢。一月之費計二百四十萬貫。而汴水渾濁易至填淤。明年又須開淘。民間歲歲不免此費。聞水磨歲不過四十萬貫。前戶部侍郎李定以此課利惑誤朝聽。依舊存留。且水磨興置未久。自前

未有此錢。國計何闕。而小人淺陋。妄有靳惜。傷民辱國。不以為愧。況今水患近在國門。而恬不為怪。甚非陛下勤恤民物之意。而又減耗汴水。行船不便。乞廢罷官磨。任民磨茶。三月。轍又乞令汴口以東州縣。各具水櫃所占頃畝。每歲有無除放二稅。仍具水櫃可與不可廢罷。如決不可廢。當如何給還民田。以免怨望。八月辛亥。轍又言昨朝旨令都水監差官具括中牟管城等縣水櫃元浸壓者幾何。見今積水所占幾何。退出頃畝幾何。凡退出之地皆還本主。水占者以官地還之。無田可還。即給元直。聖恩深厚。蓋利與民。所存甚遠。然臣聞水所占地。至今無可對還。而退出之田。亦以迫近水櫃。為雨水浸淫。未得耕鑿。如鄭州界承近奏稱自宋用臣興置水櫃以來。元未曾取以灌注。清汴水流自足。不廢漕運。乞盡廢水櫃以便失業之民。十月遂罷水櫃。

三年二月翰林學士朝奉郎知制誥兼侍讀蘇軾論差役不便劄子

臣伏見陛下發德音下明詔以大雪過常燠氣不效農夫失業商旅不行引咎在躬渙汗之澤覃及方外而詔下之夕雪作不已臣備位近侍誠竊感憤發食而歎退伏思念陛下即位以來發政施仁無一不合人心順天意者當獲豐年刑措之報鳳凰景星之瑞而水旱作沴常寒為罰殆無虛日此豈理之當然者哉臣誠愚戇不識忌諱試論其近似者而陛下擇焉臣聞差役之法天下以為未便獨臺諫官數人者主其議以為不可改磨礪四顧以待言者故人畏之而不敢發耳近聞疏遠小臣張行者力言其弊而諫官蘇轍深詆之至欲重行編竄此等亦無它意方司馬光在時則欲希合光意及其既沒則妄意陛下以為主光之言殊不知光至誠盡公本不求人希合而陛下虛心無我亦豈有所主哉使光無恙至今見其法稍弊則更之久矣臣每見呂公著安燾呂大防范純仁皆言差役不便但為已行之令不欲輕變兼恐臺諫紛爭卒難調和願陛下問公著等令指陳差雇二法各有若干利害昔日雇役中等人戶歲出錢幾何今者差役歲費錢幾何及幾年一次差役皆可以折長補短約見其數以此計算利害灼然而況農民在官貪吏狡胥百端蠶食比之雇人苦樂十倍又五路百姓例皆朴拙差手分須令轉雇慣習人尤為患苦其費不貲民窮無告監司守令觀望不言若非此一事則何以感傷陰陽之和至於如此雖責躬肆眚徹膳禱祠而此事不變終恐無益今侍從之中受恩至深無如小臣臣而不言誰當言者然臣前歲因諫定役法與臺諫異論遂為其徒所疾屢遭口語今來所言若不合聖意即乞便行責降以戒妄言若萬一少有可采即乞留中只作聖意行下庶幾上答天戒下全小臣不勝恐懼待罪之至

五年二月軾以龍圖閣學士左朝奉郎知杭州上奏曰臣近者伏覩邸報以諸路旱災內出手詔兩道其略曰豈政治失當戶之害物者尚多上下厄塞情之不通者非一刑或不稱其罪用或不當其人又曰意者政令寬弛吏或為害而莫知賦役失當民病於事而莫察忠言有壅而未達賢才有抑而未用臣伏讀至此感憤涕泣而言曰嗚呼陛下即位改元于今五年三出此言矣雖禹湯之聖不惜罪己而臣子之心誠不忍聞思有以少補聖政助成應天之實使堯舜之仁名言留行忘迹禍應庶幾天人感通災沴不作免使君上數出此言不勝拳拳孤忠而智慮短淺又以出守外服不能盡知朝廷得失獨以目所親見民之疾苦州縣官吏日夜奉行殘傷其肌體散離其父子破壞其生業為國斂怨而了無絲毫上助國用者四事昧死獻言謹具條件如左

一伏見元祐四年八月十九日敕節文應見欠市易人戶籍納拘收產業自來所收課利及估賣到諸般物色錢已及官本別無失陷除已有人承買交業外並特給還未足者許貼納收贖仍不限年四方聞之莫不鼓舞歌詠以謂聖恩深厚燭知民隱誠三王推本人情之政也尋契勘杭州共有一百一十二戶合該上項敕條方且次第施行伏忽准尚書戶部符據蘇州申明如何謂之折納如何謂之籍納本部已依條估覆供認伏定入官折還欠錢謂之折納已經估覆三估不伏定即以所估高價籍定者謂之籍納惟籍納產業方許給還用此契勘遂無一戶可以應得指揮至有已給再追者於是百姓讙然出訴于庭以謂其等自失業已來父母妻子離散轉在溝壑久無所歸伏幸二聖在上昭恤如此命下之初如蒙更生今者有司以文生意又

復癃隔。雖有恵澤。盖與無同。臣即看詳元初立法。本為興置市
易已來。凡異時民間生財自養之道。一切收之公上。小民既無
它業。不免與官中首尾膠固。以至供通物產。召保立限。增價出
息。賒貸轉變。以苟趍目前之急。及至限滿。不能填償。又理一重
息罰。歲月益久。逋欠愈多。科決監錮。以逮妻孥。市易官吏方且
計較功賞。巧為文詞。致許人戶願以屋業及田土折納還官。各
以差官撿估承伏定文狀了日。理作季限放免息罰。召人添價
收買。方人戶在係㬰之時。州縣督責嚴急。如有產業田宅。豈復
自能為主。撿估伏諾。務須在官。雖名情願。實只空文。唯是頑狡
之人。或能抵拒。以至三估未肯供狀。及其既納。皆是折還欠錢
並籍在官者何不同。聖恩寬大。特為立法以救前日之弊。所稱
籍納。只是臨時立文。出於偶爾。而有司執閡。妄意分別。若果如

申明。即是善良畏事之人。不蒙憂恤。元初恃頑狡獪與官為競
之民。却被恵澤。事理如此。豈不倒置。不惟元條無此明文。實恐
非朝廷綏養窮困之意。及撿會元祐四年三月二十六日勅。人
戶欠市易官錢。將樓店屋產折納在官。並將所收務課充折。別
無少欠。亦許給還。亦不曾分別折納籍納。以此相明。顯無可疑。
自是蘇州官吏巧事以刻為忠。由有申明。而戶部吝於出納。以
害仁政。伏乞特加詳察。不以折納籍納並依元條施行。所貴失
業之人。均被聖恩。

一。伏見元祐元年九月八日勅尚書戶部狀。據提點兩浙刑獄公
事喬執中奏。熙寧四年後來至元豐三年以前新法積欠鹽錢。
人有均攤等人陪填。見今貧乏。無可送納。已累經赦恩。比類市
易等錢。只令送納產鹽場監官本價錢。其餘並乞除放等事。本

部勘當欲並依喬執中所奏前項事理施行。仍連狀奏聖旨依
及準提刑司備坐元奏積欠鹽錢。前後官司催納。僅及六年。備
到貫萬不少。今來所各並是下等貧困之人。無可送納。已累經
赦恩。及逐節事理。遂具狀申奏。今準省符前項指揮請詳朝旨
施行。本州契勘上件年分計有四百四十五戶。自承朝旨已來。
追今首尾五年。纔放得二十三戶。臣竊惟之。以謂東南鹽法久
為民患。原其造端。盖自兩浙。浸衍散漫。遂及江南福建。流弊之
末。人不堪命。故詔令之下。如救水火。今者五年之久。民之疾苦
依然尚在。朝廷德澤壅不行。何也。推考其故。盖提舉鹽事司
執文害意。謂非貧乏。不在此數。而州縣吏人因緣為奸。以市賄
賂。故久而不決。竊詳元奏之意。本謂積欠歲久。前後官司催納
到貫萬不少。今來所欠並是貧困之人。既以累經赦恩。比類市

易。只乞與納官本價錢。本部勘當以此並乞依奏。仍連狀奏聖
旨施行。即是執中所奏欠戶。自是貧困之人。皆當釋放矣。省部
行下務從文省。止是節略元奏。為其已涉六年。見今貧乏無可
送納。非為更行勘會須得委是貧乏。方可施行。至元祐二年。本
州再以元豐四年已後至八年登極大赦以前積欠鹽戶奏
乞除放。省部看詳。方始立文。如委是貧乏。即依元祐元年九月
十八日已降朝旨施行。以顯執中當時所奏並謂見今貧乏無
可送納。合行一例除放。及節次本州與轉運司各曾申明。省符
與元奏詞語不同。省部亦已闕析緣元係連狀並依前項所奏
施行。事理甚明。而主司堅執。至今疑惑。至使州縣吏人。戶戶行
遣。一一較量。計備官司。責罵隣里。尚復多方指摘。以肆覬求。待
其死徙然後保明。遂致其間一百四十九戶已放而復行勘會。

一百五十六戶中省見勘會而未圓。二十五戶已圓而申稟監司。及有一戶二戶旋申省部。如此反覆。多方留難。即五年之久未足爲遲也。伏惟仁聖在上。憂民疾苦。寤寐不忘。惠澤之下。宜如置郵傳命。今乃中道廢格。以開奸吏乞取之路。反使朝廷之恩。獨與奪於州縣胥人之手。省部既不能察。官吏亦恬不爲慮。甚非所以仰稱仁聖焦勞憂民之意也。伏乞明示德音。申飭有司。吏不勘會。是與不是貧乏。無俾奸吏執文害意。以壅隔朝廷大惠。不然。或斷以第三等以下並依上件朝旨施行。則詔令簡易。一言自足矣。蓋等第素定。貧富較然。朝行夕至。奸吏無措意也。所有元豐四年以後及至八年大赦以前所欠鹽戶亦乞依此施行。

一。伏見熙寧中天下以新法從事。凡利源所在。皆歸之常平使者。而轉運司歲入之計。惟田賦與酒稅而已。方是時。民財一窘亟。酒稅例皆減耗。諸路既已經費不足。上下督責益急。故酒務官吏至有興廣保雜作。州縣吏官視事去處。亦或爲小民諠譁群飲之肆。又不能售。往往句追罪戾。巧爲文致。誘導無知之民。以陷欠負破蕩之禍。如許人供通自己或借他人產業賒酒是也。臣近契勘杭州。自承上件指揮以來。以產當酒者計一千四百三十三戶。計錢一十四萬二千九百餘貫。前後官司催督監錮。繼以鞭笞。拘當在官。遣之離業。又因收其租利。中間以至係累犴獄。公與私皆擾。人與產俱亡。十餘年間。除已催到一十二萬九千四百餘貫。計千二十九戶外。尚有餘欠一萬三千四百餘貫。計四百四戶。歲月既各。終不能填償。豈非並是困窮無有之人乎。尋檢會元豐四年五月二十一日敕。酒務留當產業。依鹽錢例拘收。以其鹽與酒事同一體故也。今者鹽錢欠戶。已准元祐元年九月十六日及二年九月十八日朝旨。許納場監地頭官本價錢。餘並除放。獨酒欠至今未蒙如此施行。豈容事同一體。拘收則同。而除放則異。此無它。蓋有司不能推廣朝廷德意故也。臣愚欲乞將元豐八年登極大赦以前酒欠人戶。並依所欠鹽錢已得朝旨并今來前項申明。更不勘會貧乏。或斷自第三等以下事理施行。不惟海隅細民。並蒙休澤。寔亦無偏無黨。皇極之道也。

一。伏見元豐四年杭州合發和買絹二十三萬一千疋。准朝旨撥轉運司錢於餘杭等縣委官置場一十一處收買。尋以數內揀下不堪上供五萬七千八百九十疋。計錢五萬五千餘貫。卻勒逐場變轉。是時錢重物輕。一日併出。既賫言行濫。不受於官。又須元價。以冀償足。捐之市中。莫有顧者。於是官吏惶駭。莫知所爲。不免一切賒貸。及假借官勢。抑配在民。往往其間浮浪小人。與無賴子弟。詭冒姓名。朋欺上下。元買官吏苟得虛數。遂之有司。以緩目前之禍。其後督責嚴急。必於取償。素主近期。專委掐吏。十餘年間。如捕寇盜。除催到四萬六千餘貫外。餘欠八千二百餘貫。共二百八十二戶。並是貧民下戶。無所從出。與詭冒逃移。不知頭主。及干繫均納之人。遷延至今。終不能足。惟有得書以資奸吏追擾。遺害未已。今者伏准元祐五年四月初九日敕。諸處見欠蠶鹽和預買青苗錢物元是冒名。無可催理。或全家逃移。鄰里抱認。或元無頭主。均及干繫人。以此積年未能了絕。雖係元請官本。況內有已該元豐八年登極大赦者。依聖旨並特除放。歡聲播傳。和氣充塞。臣於此時仰知聖德廣大。並使充湯水旱。亦不足慮也。然政有體。事有數。體雖備而數不能盡。言雖不及而意在是者。蓋非俗吏所能知也。臣輒不避僭妄。竊詳和買之法。以錢與民而收絹。猶是補助耕織之意。公私兩有之利也。元豐官吏以絹與民而收錢。又皆行濫弃捐之餘。取價倍稱不實之直。除貸抑配。以苟免一時失陷之責。即是利專自爲。害專在民也。事理人情。輕重可見。聖恩矜恤。實在所先。臣愚以謂元豐四年退貴物帛。既同是和買之名。又有非法病民之實。自合依今年四月九日朝旨施行外。伏望朝廷深念前項弊害止是出於一時官吏私意。非如蠶鹽和預買青苗天下公共之法。更賜加察。告示矜寬。不以有無頭主。是與不是冒名及隣里包認。與均及干繫人。並特與除放。是亦稱物平施。天之道也。

右所有四事。伏望聖慈特察臣孤忠。志在愛君。別無情弊。更賜清問。

左右大臣如無異論。便乞出勅施行。若復稍有一事一件不如所言。臣甘伏罔上誤朝之罪。若復行下有司反復勘當。必是巧爲駁難。無由施行。臣緣此得罪。萬死無悔。但恨仁聖之心。本不如此。如天降甘雨。爲物所隔。終不到地。可爲痛惜。而況前件四事錢物。數目雖多。皆是空文。必難催索。徒使胥吏小人緣而爲奸。威福平民。故臣敢謂放之則損虛名而收實惠。不放則存虛數而受實禍。利害較然。伏望聖明特出宸斷。天下幸甚。臣愚蠢多處。言語蕪陳。干犯天威。伏候斧鑕。

七年二月。軾爲龍圖閣學士知揚州。狀奏曰。臣聞之孔子曰。善人教民七年。亦可以即戎矣。夫民既富而教。然後可以即戎。古之所謂善人者。其不及聖人遠甚。今二聖臨御八年。于茲仁孝慈儉。可謂至矣。而帑廩日益困。農民日益貧。商賈不行。水旱相繼。以上聖之資而無善人之効。臣竊痛之。所至訪問耆老有識之士。陰求其所以。皆曰。方

今民荷寬政。無它疾苦。但爲積欠所壓。如負千鈞而行。免於僵仆則幸矣。何暇舉首奮臂以營求於一飽之外哉。今大姓富家。昔日號爲無比戶者。皆爲市易所破。十無一二矣。其餘自小民以上。大率皆有積欠。監司督守令。守令督吏卒。文符日至其門。鞭箠日加其身。雖有白圭猗頓。亦化爲筚門圭竇矣。自祖宗已來。每有赦令。必曰。凡欠官物。無侵欺盜用。雖有侵盜。而本家及五保人無家業者。並與除放。祖宗非不知官物失陷。奸民幸免之弊。特以民既乏竭。無以爲生。雖加鞭撻。終無所得。緩之則爲奸吏之所蠶食。急之則爲盜賊之所憑藉。故舉而放之。則天下悅服。雖有水旱盜賊。民不思亂。此爲損虛名而收實利也。自二聖臨御以來。每以施舍已責爲先務。登極赦令。每次郊赦。或隨事指揮。皆從寬厚。凡今所催欠負。十有六七。皆聖恩所貸矣。而官吏刻薄。與聖意異。舞文巧詆。使不該放。監司以催欠爲職業。

守令上爲監司之所迫。下爲胥吏之所使。大率縣有監催千百家。則縣中胥徒舉欣欣然日有所得。若一旦除放。則此等皆寂寥無獲矣。自非有力之家納賂請求。誰肯舉行恩貸。而積欠之人。皆鄰於寒餓。何賂之有。其間貧困掃地。無可蠶食者。則縣胥教令通指平人。或云衷私擅買抵當物業。或雖非衷私而云買不當價。似此之類。蔓延追擾。自甲及乙。自乙及丙。無有窮已。每限皆空身到官。或三五限得一二百錢。謂之破限。官之所得至微。而胥徒所取蓋無虛日。俗謂此等爲縣胥食邑戶。嗟乎。聖人在上。使民不得爲陛下赤子。而皆爲奸吏食邑戶。此何道也。商賈販賣。例無見錢。若用見錢。則無利息。須今年索去年所賣。明年索今年所賒。然後計算得行。彼此通濟。今富戶先已殘破。中民又有積欠。誰敢賒賣物貨。則商賈自然不行。此酒稅課利所以日虧。城市房廊所以日空也。諸路連年水旱。上下共知。而轉

運司寡於財用，例不肯放稅。縱放亦不盡實，雖無明文指揮，而以喜怒風曉官吏，孰敢違者？所以逐縣例皆拖欠兩稅，較其所欠與依實檢放無異，於官了無所益，而民有追擾鞭撻之苦。近者詔旨凡積欠皆分為十料催納。通計五年而足，聖恩隆厚，何以加此！而有司以謂有旨倚閣者方得依十料指揮，餘皆并催。縱使盡依十料，吏卒乞覓必不肯分料少取，人戶既未納足，則追擾常在，縱分百料，與一料同。臣頃知杭州，又知潁州，今知揚州，親見兩浙、京西、淮南三路之民，皆為積欠所壓，日就窮蹙，死亡過半，而欠籍不除，以至虧欠兩稅，走陷課利，農末皆病，公私並困。以此推知天下大率皆然矣。臣自潁移揚州，過濠、壽、楚、泗等州，所至麻麥如雲。臣每屏去吏卒，親入村落訪問父老，皆有憂色，云：「豐年不如凶年。天災流行，民雖乏食，縮衣節口，猶可以生。若豐年舉催積欠，胥徒在門，枷棒在身，則人戶求死不得。」言

訖淚下。臣亦不覺流涕。又所至城邑，多有流民，官吏皆云：「以夏麥既熟，舉催積欠，故流民不敢歸鄉。」臣聞之孔子曰：「苛政猛於虎。」昔常不信其言，以今觀之，殆有甚者。水旱殺人，百倍於虎，而人畏催欠，乃甚於水旱。臣竊度之，每州催欠吏卒不下五百人，以天下言之，是常有二十餘萬虎狼散在民間，百姓何由安生，朝廷仁政何由得成乎？臣自到任以來，日以檢察本州積欠為事，內已有條貫除放，而官吏不肯舉行者，臣即指揮本州一面除放去訖。其於理合放，於條未有明文者，即且令本州權住催理，聽候指揮。其於理合放而於條有礙者，臣亦未敢住催，各具利害奏取聖旨。

元祐五年四月，給事中范祖禹乞車駕所過不毀民屋劄子曰：臣伏見祖宗時，執政大臣第宅散居諸處，或遇亡歿，車駕臨奠，儀衛簡省，雖入陋巷，亦不拆毀民屋。自熙寧初，置東西八位大臣，所居近在闕門，雖有臨奠，更不經歷街巷。昨來曹佾之喪，二聖臨奠，有司毀拆屋舍，經過居民，不無失所。雖百姓多侵街蓋屋，毀之不敢有怨，然因車駕經過，比它處獨被煩擾，恐非陛下仁聖子育萬民之意。切以今孫固亡歿，已在外第，街道甚遠，竊慮車駕臨奠，有司毀拆更多。臣愚欲乞先降指揮，除大段窄隘處量加撤去外，無令過當拆屋，庶使聖駕所過，小民知恩。

哲宗時，右僕射范純仁奏陳青苗等法疏曰：臣今月初五日，上殿奏事，蒙聖慈面賜詢問，臣有奏對未盡事理，今合再具敷陳。蒙聖問先朝青苗等法，臣對以先朝愛民之意本如父母愛子，而主法付之乳媼，若乳媼罔歘應法而無愛心，則赤子必生它患，更須乎安在立法非是，激以賞罰，所以官吏急功，尤為民害。尋聞恩音，謂當時不須立責。臣以奏陳中事衆，暇詳對，今合子細敷陳。大凡朝廷立愛民之法，

不若示愛民之意，法行則拘文徇迹，苟且應命，意通則隨事便民，宣布實惠。今陛下愛民正如父母念遠愛嬰兒，若不教乳媼愛子之心而特為立乳哺燥濕藥餌之節而使行，則乳媼將不問兒之大小肥瘦、虛實之異，及臨時飢渴疾病好惡之情，一切執用其法，則嬰兒必不自適，徒益生其疾苦，至有不能言而夭橫者多矣。此豈父母之本心哉！不若選擇乳媼而委之，使各盡其愛兒之心，飢渴燥濕，隨事得宜而字養之，則嬰兒皆向便適而康壯矣。今朝廷愛天下之民，為立徭役補助之法，付之監司守令而行，彼將不問俗之同異、民之好惡、利病及施行先後，一切守法強民而行，則民將失耕田鑿井之樂，增加疾苦，無告而流亡者多矣。此豈朝廷之本意哉！蓋拘以文法之害也。況天下親民之官，能知民疾苦利害者，十中無一，復能以朝廷立法之意推而行之，合於民心者，又加少焉。能合於民而不顧身之得

矣。上官之喜怒。肯盡己心而行者。百無一矣。如何使朝廷惠澤下究。而民不受其弊哉。臣願朝廷如臣乳媼之喻。而選擇監司守令。敕之以憂民之意。則將有實惠及民。不煩朝廷立法而天下安矣。其青苗等法。若當時雖不立賞。不免擾民。故元祐初。朝廷聞而更之。至今人以為便。

元祐八年十二月。右僕射范純仁丐外。上面諭呂大防曰。純仁有時望。不宜去。卿其為朕留之。亦遣中使趣純仁歸府。又遣中使趣純仁入見。純仁既入見。上出此奏。先是大防欲用侍御史楊畏為諫議大夫。要純仁同書名奏擬。純仁不可。上新聽政。諫官當求正人。畏傾邪不可除。因不敢與聞。遂故爭避位。大防不從。竟超遷畏為禮部侍郎。畏尋上疏乞講求神宗法制。以成繼述之道。上即召畏登對。自是悉召用熙豐舊人。實畏發之焉。

時殿中侍御史呂陶上奏曰。聖人以一身之尊而立乎萬民之上。能固結其心而使之欣戴悅服。得主數百年而猶不忘者。其道果安在哉。德澤之流行。如天地之無不覆載。如日月之無不照臨。如雨露之無不潤澤。窮幽極遠。盡其纖微。皆得以綏安煦育而莫之遺。被賜懷惠之人。淪浹於肌膚而著藏於骨髓故也。惠澤者。順從所欲而拂去其所不欲焉耳。彼惡於貧而吾濟之以富。彼畏於死而吾援之以生。彼困於勞而吾休之以逸。彼苦於虐而吾撫之以寬。此其所以結乎民心而使之不忘之具也。然而能極盡幽微而莫之遺者。是必詳眾人之所略。重眾人之所輕。而後能焉。若只略其所略而輕其所輕。則天下焉有不遺者哉。鰥寡孤獨者。眾人之所略也。而文王發政。則必先之。豈非天民之窮。猶蒙其惠。則六州之俗皆歸其仁歟。匹夫匹婦者。眾人之所輕也。而有不被堯舜之澤。則伊尹以為己推而納之溝。豈非一夫猶被其澤。則比屋之眾皆享其利歟。詩曰。哿矣富人。哀此惸獨。書曰。先王子惠困窮。皆所以不遺幽遠而能極盡之也。陛下寬惠慈恕。愛人恤物。無愧堯舜之用心。而天下之民。或陷於刑。或斃於不辜。或困於重賦。或窮於積逋。使憂愁怨嗟之聲未息。而和氣無以感召者。蓋惠澤有所遺而未能盡故也。非國家惠澤之不廣大。蓋群臣失職而不能宣導之也。群臣之不能宣導者。詳其顯而畧其隱也。重所後而輕所先也。上仁之則下賊也。上通之則下塞也。上厚之則下刻也。知斷刑之可以懲奸。而不察囹圄之寃也。知實廩可以足食。而不恤餓夫之殍也。知取民之有制。而不思凶荒之所宜救也。知豐財之為富。而不哀逋負之所當釋也。法律明著。如權衡之不可欺。郡縣之獄。使者將命而按覆。已論之罪。則考正於理官。詳讞於刑部。而又審於從臣。詔書數下。申飭留繫罪罰。有疑詳從參讞。蓋防民之寃負也。

而獄吏不能盡曲直。則文致其罪以求合於法。法吏不復辨真偽。則從而履之。罪成於文而刑麗於罪。雖按覆詳審之勤。亦無及矣。此天下之民或死於濫刑也。按壽昌之舊籍。觀諸歲豐有餘而斂。俵不足而散。以便農民。而常持其平。民田不幸而歸于公者。歲取其租以備水旱。而廣朝廷之惠。蓋慮民之損瘠也。而有司惰於遠慮者如已積。指下熟之年為上歲。以過郡之閑白。舉昔日之糴。計今日之估賣。以毋損於公利。饑殍滿野而倉廩不知發。道殣相望而饘粥不蘇救。此天下之民有斃於不粒也。天災間作。穡事不登。凡以告者。為除其賦。且著之令甲。示不可慢。蓋憂民之流亡也。而郡縣之吏。憚於興事。惡聞凶年。壅下情而不上達。粗庸之臣。以掊剋為勞。而務足歲課。霜雹大作。旱蝗相仍。五穀之收。無毫毛矣。而輸入之數。十猶七八。此天下之民有困於重賦也。赦令布告。凡逋負之不敢者。一切蠲去。蓋寬民之貧窶也。而郡縣以聞，則有司網羅疑似，索求譏督，幸其少與法戾，而復爲督責之令。及守宰并潰，雖欲勢不可得。乃鞭笞子孫，縲械鄰里，而猶有望焉。此天下之民有窮於積逋也。嗟夫。天子仁聖如此。而生民之受弊乃如此。九重高拱，安得而知乎。爲人父母，固不忍默視其然也。雖然。臣竊謂亦有警勸之術，以坐制萬里之外，而使之皆被其賜焉。時察其端而加之懲責，則警矣。利得以專而事爲之倡，則勸矣。祖宗之德，深可憲也。疑龍士元之符，而終雜其罪，則天下之冤獄孰敢不察乎。劾登州吏不以飢饉聞而命發粟以賑，則凶歲之饑夫孰敢不恤乎。臣故曰。時察其端而加之懲責，則警矣。淳化之詔，民田旱甚者蠲租不俟報，則除賦之令孰敢不舉乎。咸平之詔，閱逋籍，脫繫囚，而以內帑金錢償其負，則釋負之赦孰敢不行乎。臣故曰。利得以專而事爲之倡，則勸矣。用祖宗警勸之術，而施國家之德澤於天下，則生民無有不懷者。此陛下嗣政之先務，而天下未之見也。

陶又奏曰。凡國家之財用，與民之衣食，一出於農。農者天下之大本，王治之所貴，不可使之失職也。古者方天下之田而授之民。一夫一婦，所得百畝。自六卿六遂以及諸侯之國，人皆有田以耕，故無富貧之異。溝洫以導水泉之利，廬舍以安田野之居，雞豚狗彘，桑茹瓜果，凡可養生之具，莫不備至。故耕者不闕其用。春耕夏耨，不失其時。田畯之官出入畎畝，以勸勉慰勞其勤，故無曠土。宅不毛，田不耕，則又爲屋粟里布之罰，以懲其怠惰，故無游民。用之不過三日，故不困於役。取之不過什一，故不傷於財。三年耕，有一年之蓄，以備水旱，故無流亡。此先王制土處民之大畧，王道之基始也。自阡陌之興，法度大壞。其流散浸於千載之後而不可復收舉。今天下生民之困，而唯農爲甚。世之議者深探本原而力欲救之，故其說有二焉。或曰。古之有田者自耕而食，皆爲天子之農。今天下之田太半歸於兼并，而貧人不能占以爲業。天下之自耕而食爲天子之農者十無二三。耕而食於富人而爲之農者蓋七八矣。耕富人之田而食之，則歲時勞苦之所得見奪於兼并而無餘。雖自耕其田，而爲生之具，又多仰給於富人，則亦不免其見奪。是以貧者常廩不足之害，富者常專有餘之利。或欲人人皆有可耕之地，而貧窮得以自養，則莫若限吏民名田，無過若干。要以十年使歸吾法。向之多占者必有少損之漸。今之富强者，無復多占之理，則貧人可取其餘以自耕，不分其利於富人，而遂爲己有。庶幾農之可富也。或曰。守宰之職，在導民務本而安其生者也。今乃略於農事而以爲末。故田疇不闢，而未加勸導之意。水利久廢而未究脩講之術。賦役煩重而不能均一。民人流離而無以招懷。此農夫之所以重困也。莫若以耕桑爲守宰勸課之法，責之以勉勵田作之功。興廣灌溉之利，平均征役而撫集逋逃，則爲稱職。庶幾農之可安也。臣愚以爲此二說者，皆利於農，而施設之先後，則必始於限名田，而終於責守宰。何者。今農人之弊，蓋貧者無田以耕，與其有田而寡少者，皆不足以自養而仰給於人。是以富强獨專其利，而已受其病。雖得賢守宰以臨郡縣，又安能使利不專於富强而不足自養者無患於貧哉。故臣謂必先限田而後責守宰也。然臣又聞立法以救弊，法之不行，則如不立。任官以撫民，官之不擇，則如不任。此二者，朝廷之宜深究也。夫所謂吏民占田者，乾興中嘗採議臣之言而限之。今復舉而載於法令，示天下不可輕紀也。然以四海之廣而未聞過制被坐者，豈人皆畏法而不敢過歟。蓋吏不奉法，而未之懲焉。不奉法而不懲，民之過制而不坐，則天下之田安得而限哉。所謂耕桑勸課者，乃前世循吏之能裏國家亦嘗求之羣臣矣。名官以勸農殿最以戶口。賜之日曆以書其功過。而率多農田之說是也。然而仕路紛濫。郡邑之政。輙輕付授。使妄人得容其間。而爲民之蠹賊。則勸課之職。何以舉哉。苟非中必行之法。任必擇之官。則天下之農。未見少蒙其利也。

陶又奏曰。甚矣斯民之不聊也。生長治安之時。可以舒遲閒暇。樂其生矣。而萬事窘蹙。常若逢兵寇之難。荷戴仁惠之主。可以休養生息遂其宜矣。而狼心惶惶。常若罹暴戾之政。無水旱蝗蟲之災。衣食可足矣。而不免流亡捐棄於溝壑。無疫癘薦瘥之患。和齊可癒矣。而愁歎悲嗟。不絕於口。此其故非它。取之過制。力竭財匱。而天下多困窮也。耕夫織婦。日夜勤勞於農桑之事。田疇加闢。杼軸不停。而粒米未嘗充飢。衣褐無以卒歲者。歸之賦稅也。賦稅之總有四。曰穀。曰帛。曰金鐵。曰物產。而穀之品有七。帛之品有十。金鐵之品有三。物產之品

有六。以四總二十八品之別。括四海之地宜。詔邦國之求索。則一土之毛。未有不著其租也。一物之告。未有不輸其利也。而況舍其所有。取其所無。變而估之。以就羨餘之功也。按籍命數。輕賤其估。以張穀帛。實乃攘發而名曰市之。不可以稽其也。柰何斯民之不窮困。非獨乎此而已也。舉天下之寶貨。發於山澤。皆有禁蔽。民不得而取。盡其錙銖而入于公帑。舉天下之鹺茗。急於民用。而皆斷於官。恃之以爲大利矣。舉天下之關市商販之所通。百物之所易。皆有征算。手計毫釐而繩之以刑矣。舉天下之酒榷科率蕃滋。歲課衆長而不知止矣。斂求掊聚之術。偏滿四海。不遺巨細。如大網之張萬目。觸而過者皆杈其中。柰何斯民之不困窮也。國家之及乎此。亦非好利矣。經用太廣而調度常不足也。斂求掊聚如此其急。而一歲之入。出無餘焉。苟少緩急則何以濟矣。夫歲非常稔也。邊境非常安也。平居無事。歷入

以爲出。惕惕然猶懼其不能濟。萬一不幸有水旱兵戈之變。則又何以取給哉。明主不過出內帑金帛以助計臣。使之贍足。而不忍重困斯民也。夫內帑之盈虛。較於祖宗之時。臣不知其如何矣。然以地產有限。國費無窮而議之。亦可遠思長慮而少爲裁約也。臣愚以爲今之急務。莫若節經費。然後可以裁冗斂。能裁冗斂。然後可以寬民力。民力寬則王治可望其成也。國之經費有不可已者。豈一日而能節之哉。蓋亦節其可已者。以備其不可已者。而徐爲之計耳。養兵百萬。戍車以居。而饋餉不可闕也。萬官之冗。賢愚之互。而祿廩不可省也。郊見上穹。慶賚至廣。而故事不可廢也。河防屢潰。千里蒙患。而積備不可闕也。夷狄狂慢。戎在好戰。而歲賂不可絕也。此五者。國家之大費。天下皆知其不可已。固未能一日而節之。必循襲含忍而徐爲之計也。至于內外不急之費。不貲之用。若掖庭廩賜。燕私之盛。若百工

技巧冗食之衆。若大臣有進爵之賞。有易地之賜。而又有密賚。此皆可一日而節。無所憚也。臣願量時制宜。一切損減。以蓄貨財。以備五不可已之事。勿競錐刀。勿竭膏血以取於民。勿視之如塵滓而橫賜過予。勿濫爵度僧以救凶旱。則民力無重困。而國體有常尊矣。臣又聞向者嘉祐之末。癸酉赦令既出。郡縣無以賞兵。皆貸錢於民。至威之以刀鋸。區之以笞箠。爲國結怨而往有得者。陝洛之郊。皆狼顧而不寧。既而賜與之薄。或及千萬。議者有言罷賜一大臣。可以不貸於數郡。則用之之易。可不思其取之之難哉。

陶又奏曰。天下方困於力役之煩。而不得息肩。力役之甚困者。莫大於驅工農爲郡吏而役之。破產竭財以斃於凍餒。此生民之積憾。治世之深蠹。公卿大夫之共聞。而朝廷之熟聞也。昔者嘗採議臣之言而著之憲令。按郡邑之籍。循環而役之。惟先後之別。而不復計其盈

盧。是强者或幸而弱者或不幸。又從而變之爲限年之制。使富者不久逸。而貧者不甚勞。天下郡縣奉以爲通法而不敢輒議。豈朝廷寬假之惠止於此。而無救之道無以加乎。臣愚竊謂其未也。今細民之家爲有數十金之產則牛羊耒耜。鉏耰衾裯皆可籍之於公以備役之之費矣。方其役之將至而知其費之必及於凍餒也。則其心如避重誅。其勢如擇巨冤。奸薄巧僞悖義害教。以求其不及。是故母子之道絕。而昆弟之情離者往往而是。其甚者乃至服浮圖隸兵籍以一身自陷於非類。而覬幸於斯世焉。昔秦人之制。家有兩男而不分異者倍其賦。故其民富而子壯則出分。貧而子壯則出贅。語今之法有數十金之產而役之至於凍餒。則安使其母子昆弟不相親而身陷於非類哉。朝廷方將講太平之策。以厚風俗而法有類近於秦。明主愛民過於赤子。欲驅之富壽而反爲力役之大困。亦足惜也。而議者

以爲寬假之惠。撫救之道。不過如前之所謂無乃畧乎。夫人之疾病。而衆皆惜之者。爲其有所苦也。得良醫而治之必能察其爲疾之端。而務欲去焉。是痞則調其腹心。痺則强其手足。然後可以就瘉。有衆人恤病之心。無良醫去疾之術。則何救於所苦哉。知役之困民而欲少寬之者。其心固能恤病矣。而未革其所以困之之具。則終不可少寬其力。是去疾之術識有未至也。且役之能困於民者。其具有三而已。一曰饋輓之勞也。二曰公帑之盛也。三曰計會之煩也。是三者爲弊雖一。而有公私緩急之異。安可不察其原而識所以救歟。所謂饋輓之勞者蓋有無之相通。餉費之不可闕。傳置所不給。羨卒所不勝。以義言之則不爲私。以用推之則不爲緩。雖欲愛重民力。復可得哉。至於公帑之盛。計會之煩。則舉非公家之所宜急。而亦不重民力以耗於此。尚何憚而不革哉。舉天下之郡國官多而兵衆者。嘗已厚賜

緡錢以備燕犒。而又享貿易之息。可取濟矣。然安人一假之則不知紀極。舉回圖之事付諸鄉吏而責其豐贍以媚悅權貴。或要掠浮譽。以適自奉養。是安知力役之重困乎。臣願申飭法禁。以杜絕不仁之態。則其弊之革蓋三四矣。舉天下之課入經用盈縮耗登。重輕衆寡。大有及於萬億。小不滿於釐杪。貯積盈藏。最爲謹密。自縣而至郡自郡而至漕計而至三司。上下相繩。綱目相貫。決不可少欺矣。然以旬月歲時必上其籍而較於有司。役爲而已者至於子孫而較之未已。使疲民以不貲之費而供猾吏無厭之求。亦何益於事乎。臣願簡其條目而罷去數上之籍。凡金穀貨幣之局苟不至於趨更役任者。可如近歲亭驛之職。止以武吏司其出納。以代上農之勞。使猾吏無所覬望。則其弊之革又四五矣。夫二弊既革而重困之具止於一端。亦庶幾去疾之漸歟。

陶又奏曰。昔者聖人慮民之深而恤民之至。俯而視之如父母之於赤子。是故保息休養之道。巨細備盡而不闕其一。慮之於安而又能防其危。驅之於樂又能拯其憂。不屋則不足以居。故爲之棟宇以庇風雨之患。不耕則不足以食。故作之耒耨以興田疇之利。羽皮之不可久衣。故教之組織以具裘褐。毛血之不可久茹。故脩火之利以供烹飪。此皆爲生之具。亘乎萬世而不能輒易者也。而立爲天下國家之文理法度。以嚴君臣。以篤父子。以正夫婦。以隆禮義。以申刑法。使之循習畏信而底乎大定。此爲治之道。放乎四海而不可少亂也。聖人之至於此亦可已矣。而又哀其疾苦之無告而死亡之不可以考終也。於是辨其金石草木之品。性氣味而制其陰陽甘苦之用。以治其疾恙而使之不陷於凶。尋載之以爲書。習之以爲術。傳之千萬年而人亦賴之。與夫向之不能輒易而少亂者其利均而其功一也。降

及三代之盛。而保息休養之道。莫詳於周。周之制。分設六卿。各率屬以舉天下之治。禮樂刑政。條目雜然。是以致隆平而遂萬物。則又有醫師之官。掌醫之政令。有疾醫之職。掌萬民之病。分而治之。書其所以而至其祿食。豈非憂民之至。欲躋之壽域而無使一夫不獲哉。深惟洪範九疇。言天人相與之際。為人君治世之大法。而以五福六極列於終者。蓋明政教得失之驗。生民幸不幸之實也。五福之條有壽考康寧。而六極之別有疾病短折者。言格王之治。可納民於福而不可歸之於極也。然則生民不幸而疾病短折。豈非皇極之累哉。是以古稱堯舜至治者。蓋無夭子哭弟之民也。嗟夫。天下之民不幸而不得其死者非一也。質之洪範之五福。則未能敷錫。驗之堯舜之至治。則猶有少愧。安得不講備闕政而為驅躋之具哉。蓋民之不幸而死者有四。寇盜竊發。鋒鏑未寧。有亡於干戈也。寃枉不伸深

文抵罪。有亡於刑戮也。水旱間作。田疇汙萊。有亡於飢饉也。此三者國家常審知其端而逆為之備矣。誅鋤奸宄。固封圉所以息干戈之役也。精覈真偽。寬貸疑典。所以防刑戮之濫也。富積倉廩。時而散藏。所以禦饑饉之災也。其愛民之命可謂至矣。若夫協氣未發。雨暘不時。而有亡於疾癘者。則未嘗有以為備。豈不惜哉。今千里之郡。萬室之邑。而醫無良焉。愚夫道聽塗說。而為民之司命。以執其存亡之權。民之被病者。或拱手而俟死。誤治而亡之者。比比是也。以一郡言之。日誤一人。舉天下之大而計以歲月。不可勝數矣。此聖人之美利有所不至。而天下之和或未應也。臣伏思祖宗之時。嘗詔天下置博士。頒方書者。誠愛民之深德矣。今乃略而不以為急。使陛下之元元不能造於壽考而未為之備。竊為朝廷惜之也。如臣之策。宜博選良醫以教天下之專其術者。詔天下之民有能習之。則課試藝學而寬其賦役。使其鄉里鄉閭之人。可以治病而有前古相扶持之俗。則生民陰受朝廷之賜。而免不幸之死。非王道之一端而太和之本歟。全民之害。莫切於此。臣是以不敢侈言而夸說也

慕容彥逢奏曰。臣伏見陛下若稽古訓。自京師至州縣各置居養所以聚鰥寡孤獨之人。詔旨丁寧。臣下遵奉。遂無莩瘠。咸有所歸。發政施仁。孰大於此。臣竊以為鰥寡孤獨雖曰困窮。而至於衣服禮義之化。均太平之民。臣居田野間。江東溧陽縣以居養所元管屋宇隔截為八室。用發政施仁。必先四者為號。使男女異處。不相雜擾。一方之民莫不悅服。臣愚欲望聖慈特詔有司。應州縣居養所並依前項體式隔截異室。分處男女。不惟子惠之澤洋溢中外。而禮義之化不廢於困窮之民。以副陛下愛民誠意。

尚書右丞相梁燾上奏曰。陛下必欲百姓無困窮之憂。莫若賦斂寬

平。徭役輕簡。豐稔和平。則安養富庶之使常有餘力。凶荒勞救則敕恤休息之。使不至失所。臣下有寬恤百姓之請者。擇而行之。臣下有掊斂百姓之說者。一切罷之。郡縣之吏。別立舉法以防私恩。如知州通判知縣縣令。皆用公舉而不得以恩例為請。則多得實材。可以分憂矣。書曰。德惟善政。政在養民。又曰。知人則哲。能官人。安民則惠。黎民懷之。謂政事必本於愛民。言得人則善政行。民悅而歸心矣。

仁民

宋徽宗時。左正言任伯雨上奏曰。臣訪聞永泰陵工役人兵。入夏以來。天氣向熱。漸因疾疫多致死亡。竊慮聚衆之所。難得醫藥。臣伏聞仁祖朝。嘗因河北疾疫遣使頒藥。諸郡又嘗以湖南蠻徭未平。而兵久留戍。令醫官院定方和藥遣使給之。祖宗愛民之意雖遠不忘。而況近在京洛。事干泰陵。自今以後。數月之間暑熱有加。工役未已。欲望陛下時遣中使頒賜藥餌。卹其勞苦。問其飲食。如此。則人情欣悅。沴氣必消。赴功之人樂於盡力。亦可以見陛下致厚於泰陵之意。如以臣言爲然。乞作聖意訪聞指揮施行。

陳瓘乞遣使陝西河北河東京西奉行優恤德音奏狀曰。臣伏覩七月初八日德音。應河北京西路被水人戶。如可以優恤事件。令安撫轉運提點刑獄提舉司疾速條具奏聞。臣竊謂朝廷恩宥徧及天下。惟此兩路偏蒙優恤之惠者。以逐路有水災故也。今陝西河東自用兵之後。加以凶歉。公私匱竭。人物凋弊。甚於水災。而德音優恤之文。不及陝西河東。臣竊以爲不可。至如條具優恤事件委之安撫監司。此亦文具而已。朝廷實惠未必及民也。蓋安撫監司被受德音。下于諸州。州達于縣。備禮施行。循例報應。文移往復。動涉時月。迨於條具奏聞而優恤之民已塡溝壑久矣。朝廷優恤之意。非不急也。而州縣行遣之敘。悠悠如此。豈非文具而已乎。夫持文具以爲優恤之政。而欲使被災之民得復其所。茲固難矣。又況天下諸道。三路爲重。均有耗傷而止恤其一。未可以爲平也。臣謂平恤諸路莫如專遣兩使。一往河北京西。一往陝西河東。如治平熙寧故事。以安撫察訪爲名。以陛下初政。作朝廷施惠之意。達于諸道。民之飢饉流亡。愁苦疲怨之狀。皆得以實入告。自帥臣監司而下。愍其勞苦而劾其欺繆。事有方急而宜變。法有未便而當改者。皆得專達。至於講究邊防。熟圖利害。事或干於機密而非詔之所能該者。皆令面稟聖訓而奉行之。如此。則根本之地。均被恩澤。人心感悅。可召和氣。以廣陛下前日所以特降德音之意。謹錄奏聞。

貼黃。神考嘗謂近臣曰。昨來西師兵夫死傷者不下二十萬。有司失入死罪。其責不輕。今無罪置數十萬人於死。朝廷不得不任其咎。紹聖邊事兵夫死傷之數。倍增於昔。今日朝廷安可以不任其咎。雖頻推恩惠。尚未足以慰陝西河東之民。豈可置此兩路而獨恤河北京西乎。

仁宗時。河北路都轉運按察使歐陽脩言。轉運使專掌金穀。而不與兵戎之事。然向被朝廷密旨。令熟圖本路利害。陰爲邊備。今沿邊知州武臣。不過使副通判。乃常參初入京官。並得盡聞機事。而臣之本司獨不得與。臣非欲侵邊臣之權。蓋謂用軍備須量邊事之緩急。以至按察將吏亦當知處事之當否。請自今許本司與聞機事。仁宗從之。臣謂承平已久。北虜可防。熟圖本路利害。陰爲邊備。有備無患。正今日所當留意也。若遣使河北。則此事可以委之。

仁宗時。樞密副使吳奎言邊防武備宜選經畫之士。向雖有言者而採擇迷惑。朝廷一時處置而未暇講求。今兵事已息。正當審圖所宜以爲永久之計。仁宗曰。邊事正當以暇時講究。乃詔凡所當議者著爲條目奏而行之。臣謂朝廷幸於無事。因循玩寇數十年矣。今雖閑暇。正是講究邊防之時也。有備無患。所宜留意。若遣使河北。顧以此委之也。

貼黄臣所謂事有方急而宜緩者。謂解池之役也。法有未便而當改者。謂鈔法之類也。朝廷屢遣官相度脩復解州塩池。迨今累年未有成績。訪聞吾明橋東張陽灘西興工開河。日役夫二萬餘人。又自雲鄉縣界東至沙池三十餘里。凡二十料。合用三十四萬餘人。役一月畢。方陝西用兵之後。復於本路興此大役。有恐慮者皆知其不可也。只此事自合遣使相度。蓋聞本路近年以來。塩鈔之法極弊。物價日增。財用彌窘。邊計所仰。唯在解池。勢未可以遽罷此役。若先議鈔法。今本路諸司分占歲額塩鈔。各於鈔面元價之外。自取贏餘。與民爭利。積日既久。鈔價倍增。商賈難通。邊儲匱闕。若嚴禁諸司占留鈔。依舊只依鈔面召人入中見錢粮草。如此。則商賈復行。邊計有備。而解池之役因可少緩。利害纖悉。難以只憑本路諸司之言。必須遣使就彼詢究。然後可得利害之實也。兼通行河北滄塩經制鐵錢利害皆所謂法有未便而當改者。安可以不遣使乎。

欽宗靖康元年。宣教郎臣張九幹上書曰。臣聞立政造事而不明乎治亂之原者。未足以定天下。書曰。天佑下民。作之君。作之師。又曰。衆非元后何戴。后非衆罔與守邦。民惟邦本。本固邦寧。惠惟善政。政在養民。孔丘曰。百姓不足。君孰與足。孟軻曰。無君子莫治野人。無野人莫養君子。臣嘗參聖人之言。然後知有國家者。其安危存亡。未始不繫乎民也。迺者陛下即位之初。醜虜長驅。直抵城闕。非常變故。起自倉卒間。本其馴致之禍。夫豈一朝一夕所致哉。向使海內富實。邊用給饒。甲兵餉糧種種備設。則胡騎何由而南牧也。臣請為陛下歷陳之。臣竊考祖宗創業之艱難。積累之深厚。規摹之宏遠。垂二百年。其防患甚深。詒謀甚遠。實過于三代。中間不幸亂天下者。始於王安石。成於蔡京。頹波末流。乃有王黼童貫。此萬世不易之論也。當安石初變舊章時。始韓琦富弼司馬光之徒力爭新法。以謂其患必在五六年後。顧不驗哉。且自宣和間論之。王黼之用事也。方臘作叛於東南腹心之地。福建江淮數路受弊。曾不旋踵。開拓燕雲。調發免夫錢。流毒遍於天下。遂使盜起山東河朔。而桑麻之沃野。黍稷之膏腴。先翻為戰場矣。夷狄之窺中原。良有以也。禍胎釁端。誠不在外域。今陛下欲攘夷狄一時之患。莫先於征伐。而征伐之謀。屢奪於割地之議。臣以是知未有為陛下思所以致寇而求自固於本。本元無者。譬猶常人失於衛生。平日尫弱。乃嬰四時不正之氣。疾證在陰。非艾關元。不足以起死。然則陛下今日烏可不以邦本為急。先務亟發善政以涵養天下哉。舉所為善政之能博拯濟衆者。無出於臣所論積欠推割支移折變等弊。家至日見之也。又況陛下恭儉之德。聞於東宮者十年。

天下之人所以望於陛下甚厚。當布惟新之令。與天下更始。用休息于斯民。憲章祖宗。再造區夏。以成中興之業。若不力去積欠推割支移折變等弊。雖數赦無補也。何則。珠玉金貝雖曰可寶。適飢寒之用。則不若五穀布帛。故稼穡織絍是為農功。臣抑嘗見朝廷財賦大計。責之省寺。而省寺責之部使者。部使者責之州縣。而州縣責之里正始能辦事。是一日不可無野人也。百姓果可使有不足哉。陛下誠能聽臣下其所奏。俾二三大臣參酌利害。窮研隱瘼。著為成書。覩於乙夜。出寬大之詔。施厖鴻之澤。不與常法同科。德意丁寧。毋怠毋忽。天下之幸也。臣抑又聞帝德廣運。乃聖乃神。乃武乃文。奄有四海。為天下君。恭惟陛下躬聖神武文之資。君臨天下。必也運四海於掌中。俾恢然有餘地。無使一夫不被其仁。勿以金賊之入。方且用兵。語及此。則未遑暇。是孟軻所謂不揣其本而齊其末者也。臣願陛下蚤夜以忍負祖宗廟社稷之重。適丁多事之秋。非經萬邦屢豐年。恐亦未足以救寧禍亂。保守三鎮。則臣之策初若迂闊而足食足兵。或有取焉。幸陛下留神斷而行之。冒黷冕旒。臣無任昧死拜手稽首謹言。

許翰乞加恩死事者疏曰。臣伏見畿甸戎馬以來。戰士僵仆居民流亡。今兵既解。所宜矜恤。陛下聖慈哀痛元元。也已詔降度牒召人掩骼埋胔。然猶道途暴露。久未盡藏。恐傷士卒之關心。亦損天地之和氣。春晴熏蒸。化為癘疫。昔漢高祖下令軍士不幸死者。吏為衣衾棺斂。四方歸心焉。此高祖所以取天下之道也。不可不察。又近累有雍丘尉氏等縣。詣臺訴免和糴。方戎馬蹂踐之餘。復軍須饋運之後。十室九空。未有生理。而官司遽復督責使之頭會箕斂。非所以固邦本也。矧惟此邑。拱衛都城。祖宗加厚以待緩急。今不鎮撫。使之重困。將散之四方。則都城孤危。臣愚願詔官司選忠良吏。令分按田野。掩瘞

遺骸。又願陛下齋心齋戒於清穆之宮。敕中外寺觀為死事者祈禳。所在厚卹其家。以勸忠義之節於方來。戒漕司非具見錢不得和糴於民。勞來安集。使之復業。以昭太平之象。而正再造之基。

左司諫陳公輔論致太平在得民心疏曰。臣比緣奏對。特蒙聖慈諭臣親自擢用之意。命臣協心助成太平。臣皇恐感激。臣誠何人。獲聞此語。臣固當展盡底蘊。以補報萬分之一。然臣自愧學術智識皆不逮人。但有樸忠而已。惟陛下憐之。臣嘗詢諸朝士大夫。皆謂今日國家夷狄之患未除。太平之治誠未易致也。然以臣觀之。所以勝夷狄者必在於治中國。所以治中國者必在於得民心。陛下無以臣言為迂闊而不切於治也。孟子嘗曰。得天下有道。得其民。斯得天下矣。得其民有道。得其心。斯得民矣。然則民心焉可失哉。臣嘗原先王所以得民心者。無它。莫先乎有德而已。蓋易感者羣心。難京者威德。唯聖

人躬行於上者。既有感民之誠意。故百姓欣戴於下者。斯有愛上之誠心。非特如此。因所欲而與之。因所惡而去之。皆所以得民之心者也。是故善政者民之所欲也。虐政者民之所惡也。君子者民之所歡也。小人者民之所惡也。善政行之。虐政除之。君子用焉。小人去焉。此固所欲而與之。因所惡而去之。民心其有不得哉。臣不敢遠引前古。請以今日觀之。陛下龍德東宮十有餘年。恭儉出於天性。聰明本乎生知。愛民之誠。未占有孚。動民之行。不言而喻。盛德之着。固足以感民心矣。及乎一旦即位。遂取其政之善者舉而行之。政之虐者舉而除去之。忠良之君子以次召用。奸惡之小人以次竄逐。於是天下翕然莫不仰戴聖朝。如重陰蔽天。初見赫日。如大暑執熱。初濯清風。豈有不得其心者。故雖金寇之兵圍逼京師幾四十日。而都城百姓咸願固守。無一人有離心。四方援兵不日皆集。無一士有叛志。以至於州縣

之間。人情帖然。盜賊不敢乘間而起。此何以致其然哉。實有以得民之心而已。陛下誠能効大禹之克勤。體文王之節儉。至誠以行之。不倦以終之。撿身不吝。從諫如流。孜孜圖治。日謹一日。則其德愈盛。而不替矣。民心焉往而不歸哉。然後與宰執大臣。相與講明。求其善政盡舉行之。凡所謂虐政蠹國害民者。除之唯恐不盡。擇其君子。盡召用之。凡所謂小人蠹國害民者。去之唯恐不至。則所以得民心者至矣。夫民心既得。則中國焉有不治。中國既治。則夷狄焉有不服哉。此太平之功所以可圖也。昔齊宣王畏諸侯之侵。孟子曰。臣聞七十里為政於天下者。湯是也。未聞以千里畏人者也。滕文公以小國間於齊楚。孟子獨告之。鑿斯池也。築斯城也。與民守之。効死而民弗去。孰謂陛下以一人之尊。有天下之大。尺地無非其土。一民無非王臣。區區以夷狄為畏哉。臣願陛下勉之。但思所以得民之心。披誠不足畏

矣

李光論百姓失業劄子曰。臣聞堯舜在上天下無窮人。文王之民無凍餒者。蓋國以民為本民以食為天。自古賢聖之君莫不貴農重穀以裕天下。一夫不耕或受之飢。一女不織或受之寒。飢寒並至。而能不為奸邪者鮮矣。仰惟陛下臨御海宇躬脩節儉。以安百姓。涵養生息。如天地之無不覆載雨露之無不潤澤。每發德音。下明詔。未嘗不以寬恤為先。懷生之屬。罔不欣戴。可謂治極乎堯舜。而恩深於文王。好生之德。淪肌膚而浹骨髓矣。邇者朝廷稍務損益時政以適厥中。而奉承之吏。用意過當。不復推廣陛下仁民愛物之心。貪殘苛暴。公肆掊斂。百姓嗷嗷失業者眾。監司守宰。坐視流亡。恬不加恤。強者結集為寇盜弱者轉徙乎溝壑。是致輦轂之下。匃者日滋。號呼呻吟。擾攘道路。此陛下耳目所及至近而易察者。然且壅隔而不盡聞。況四方萬里之外乎。深恐愁嗟之聲。干戾陰陽。聚為沴厲。傷害和氣。臣愚伏望陛下流寬大之澤。抑煩苛之吏。申勑諸路提舉常平官。或聞遣信使以巡撫四方。延問民所疾苦。蠲逋負省徭役。以仰副陛下愛育元元之意。實天下幸甚

高宗時。尚書右僕射李綱寬民力劄子曰。臣伏以祖宗取於民者有常制。供於國者有常數。州縣寬裕民力豐饒而國用足。崇寧大觀以來。興造既多。用度浸廣。於是設法以取之。鹽鈔茶引。類多抑配。和買均糴。無錢可散。至於宣和之間。有應奉須索之煩。有燕山免夫之役。物力大屈。人心驚疑。如居風濤洶洶靡定。靖康之初降寬大之詔。將與民休息。而兵革未已。調發方興。州縣官吏。不克奉行。徒有虛文。初無實惠。民之憔悴幾不聊生。今日國勢人心比之靖康之初。又不相侔。自非無名之斂一切罷去與民更始。則失業不聊生之民。皆將聚

而為盜賊。天下之勢離矣。夫自崇觀以來。增上供之數。而一路州縣。又有養兵給官吏祿廩之費。用度百出。皆自得之。於是常賦之外。加斂以取於民。如江東西南北有至於納加耗米四石者。猾胥贓吏又因緣為奸。欲民力之不困何可得也。登寶位赦書已令勘會上供增數蠲減宜於元額以十分之三留本路為養兵及官吏祿廩之費。受納常賦依法加耗外。不得輒取。犯者重寘于法。則民被實惠而有更生之望矣。國家前此屯兵于畿甸。故歲漕東南金穀以實中都。今京畿屯兵無幾日之數。而帥府諸郡養兵之制興。則隨時增減以足國用。以寬民力。不可緩也。自餘不急之貢。及年例拋買無用之物。皆宜蠲減。茶鹽不得抑配。糴買先給價錢。如此。然後可以為政。夫民猶魚也。財猶水也。魚恃水以生。民恃財以養。水日汲而至於涸。則魚亡。財日取而至於匱。則民散。故善養魚者蓄之於陂池深渺之間。善養民者臨之以寬厚簡易之政。審能行此。則是以得民心。斯得天心矣。如合聖意。乞降旨三省措置條具施行。

樞密院編脩胡銓上奏曰。臣聞梁襄王問孟軻天下烏乎定。孟軻對曰。定于一。孰能一之。曰。不嗜殺人者能一之。陛下前日下詔戒諸大帥毋得多殺。聞者流涕。皆曰是宜為君有恤民之心。此誠合孟軻不嗜殺人之意。然而武夫悍卒不能上體至仁。皆務以暴易暴。竊聞向者軍兵有於路中掠人。探取其心以祭死者。往往而是。只如太平州火災。居民救死無路。率皆登城以避。而城上軍兵輒捽而殺之。人至蹈火而死者三千餘人。怨聲徹天。監司郡守畏首畏尾不敢上言。實孤陛下任使之意。然當塗火厄已不可及。至如掠人以祭。其禍未已。可勝寒心。昔邾文公用鄫子于次睢之社。春秋悼之。以為襄公之不霸在此一舉。況今軍兵殺人。其害不止於鄫子矣。臣愚欲望推明孟軻

之說。申戒諸軍，嚴行禁止。以廣陛下不嗜殺之心。庶幾惠澤結人。以定大亂。冒瀆天聰，臣無任戰汗。

銓又上奏曰：臣聞近日言事之臣，多以迎二聖、復兩宮勸陛下廣孝悌之道。而陛下孝悌之至，通于神明。日夜焦勞，痛憤醜虜，思欲自將待邊，以決一戰而不悔。是以連年大舉，深入敵窟。曰：吾必申吾孝悌之志而後已。然臣竊以謂聖人之孝與匹夫不同。匹夫以區區奉顏色為孝，聖人以安社稷為孝。社稷誠安，則二聖可還，兩宮可復。陛下之孝無加焉。如使社稷未安，陛下未得高枕而卧，尚何為孝乎。臣嘗聞昔有老而患積聚者，醫云：據病當下，一月而愈。若不下，半年而愈。然中年以後，一下一衰。積聚之患，終身之憂也。其人信之，終不以一月之快而易終身之憂。遂用醫言，以善藥磨治，半年而愈。初不傷氣而體力益全。因悟近日諸軍渡河，是醫者欲下一月而愈者也。其勢

未必不利。然終非萬全之道。以陛下聖明，相賢時勇，往無不克。而臣尚以為非萬全者，竊見一二年來東南之民，困於軍興，前歲大旱，人至相食。雖親父母手殺其子食之。去年雖大豐熟，比它歲所入十倍，然官斂其七八，民存二三。生理蕭然。卒有水旱，民無一年之儲。陛下所恃以為本兵之地者，東南爾。而民力如此。若興師不已，不惟勞民，必又重賦。兵法曰：興師十萬，則百萬家不得安業。今雖給降官告、度牒、交子，名為雜本，而民間不得一錢。實為白奪。州縣官吏又從而因緣為奸。官取其一，已乾沒十九矣。陛下試詢臺諫，有異臣言，甘伏斧鉞。臣愚欲望申戒天下官吏，務為寬恤。仍詔諸將，養銳持勝，少息民力。一二年間，氣力全盛，精神可以折衝，則積聚之患，可不下而愈也。聖人之孝，尚何以加於斯乎。冒犯天聰，臣無任戰汗之至。

銓又上奏曰：臣近自南方來，經歷州縣不少，頗聞民間利害。其甚害者，莫大於脩城。比年以來，甚至給紙劄、簽鄉丁，千百為羣。方春田作，捨耒耜而躬畚鍤，愁苦嗷嗷。而又科買塼木，動至萬計。率以軍興為名。縱居民壞廬室，人少不從，身死家破。而今之守臣驟遷數易，或半年即去，或一年即去。既知在任不久，遂務急於徼功。凡所營築，急若星火，但欲速成，不責實效。一經積雨，隨即頹圮。設有盜賊，如何可憑。況自來州軍自有牢城兵卒，今皆散為奔走之隸，而法外役民，妨耕擾業。陛下前日下詔，遠慕黃帝以車為衛，不但於九重之安，而冒霜露之苦。務在息民故也。遠方郡守，不能上體陛下德意，乃至勞民費財，繕治亭障。使其堅固可恃，尚曰煩勞。況其文具，實無補於備禦。加又因緣驅迫，役夫脩葺廨舍，崇飾觀臺，民窮無訴，遂為盜賊。欲望詔天下州軍，自今毋得大興力役。或有城築，必先計城廣狹，每郡守一任之間，脩毋得過百丈。須務堅固難毀，其任內有或壞者，重寘以法。

雖已去任，必須追坐。仍令逐路監司常切覺察。敢相容隱者，亦與同罪。如此，則不至大段擾民。而每任所脩雖少，必固。三兩任內，城遂可全。不惟民力稍蘇，亦庶幾城池或可待暴，非徒為文具而已。臣愚淺識，惟陛下憐其過計。

權吏部侍郎汪應辰轉對劄曰：臣聞漢高祖入關，蠲除苛法，秋毫無犯。秦民無不欲得高祖王秦者。及其失職之蜀，秦民無不恨者。夫以秦民之心如此。故高祖以崎嶇巴蜀之地，還定三秦，易於反掌。既而戰滎陽京索間，曠日持久。至於發老弱以從軍，計戶口以轉漕，民無不從者。卒以取天下。臣以是知民心所歸，其所係大矣。自艱難以來，中原之地陷於夷狄，而遺黎赤子懷戀有宋，歸戴陛下，其心未嘗一日而忘。彼雖壓之以戰則必勝之威，劫之以犯則必誅之法，宜其人服從於彼也。而終莫之從。我方保守和好，其歸明者還之。其欲來者

郡之宜。其人之絶望於我也。而其望愈確。嗚呼。此豈可以偽爲哉。今者淮北之民。更相携持。絡繹而至。殆無虛日。如大川之水。而強以人力障之。一旦隄防潰決。沛然東下。彼固不能遏其者哉。亦不能禦其來也。伏願陛下察斯民所以不忘國家如此其至。密詔有司厚加撫卹。使至者有歸。居者有養。以不失其所以來歸之意。則斯民心悅誠服。有殞無二。惟陛下之所欲用者矣。陸贄有言。所貴者財用。所收者人心。爲不失人。何憂乏用。惟陛下留意幸甚。

張浚議姑息狀曰。儒者拘於古義。惟知薄賦省用。可以得天下之心。而不知排天難。除大患。權一時之宜。救四海之急。其用心非不本於仁。取之於民。有不得已者。且愛民而姑息之。一旦有急。不能保護。使之父子流離。生事委棄。安在其爲仁也。況兩宮未歸。中原傒望。天下之心所以責望於我者至重矣。雖然。兵興之久。生民憔悴益甚矣。陛下勉之。寸陰是惜。至誠有爲以惠天下。臣請以死効力焉。

直龍圖閣李光乞遣臺諫按察民病以應天災劄子曰。臣猥蒙陛下召自藩方。擢置近列。職清事簡。無以仰裨聖政之萬一。當茲多事。實愧素餐。今者雖幸輪當轉對。既非視朝例當投進。則又無從瞻望清光。臣輒不避僭瀆之罪。敢陳狂瞽之說。臣聞人君繼天而爲之子。何所取法哉。取法於天而已。故天以金木水火土運於上。謂之五行。人君以貌言視聽思繼於下。謂之五事。堯舜之時。在璿璣玉衡。以齊七政。七政者。日月五星是也。箕子爲武王陳洪範。首言庶徵者。雨暘寒燠風是也。蓋人事失於下。則天變見於上。若影響之隨。猶桴鼓之應。甚哉。天心之仁愛人君也。一有不至。則出災異以譴告之。故有道之君。天必降鑒。若政事差繆。則日月有薄蝕之災。星辰有孛彗飛流之變。五事失當。則有常雨常暘常寒常燠常風之變。書曰。先王克謹天戒。臣人克有常憲。蓋人主之畏天。猶人臣之畏法也。恭惟陛下聖學日就。聰明日躋。庶政之間。固無大戾。但軍興之際。不免科斂。加以去歲諸路旱傷。江西湖北民不堪命。浙東百姓食犬豕之食。如聞日來州縣促辦鹽課。抵冒者衆。囹圄充斥。傷天地之和。變陰陽之候。自冬及春。雨雪不已。暖氣未效。有傷麥苗。此災異之大者。臣職在論思。不敢緘默。臣聞自古創業中興之君。必有所因而起。故漢祖因關中。光武因河內。安集撫養。使戶口充實。然後轉輸不匱。卒成大業。今六飛駐蹕東南。行已十年。江浙非陛下根本之地乎。亦將因是而起矣。然斯民流亡。失其本業。又天變如此。乃無一人肯爲陛下言之者。臣非不知陰拱循默。可以竊陛下之寵祿。叨陛下之富貴。然區區之心有不忍爲者。臣愚伏望聖慈於臺諫中選擇公忠諒直之士。可以委心腹者。按察諸路。核實以聞。如臣言不妄。乞詔三省措置施行。庶幾消弭天災。召來和氣。以仰荅天心所以眷顧陛下之意。實天下幸甚。

光又乞按察諸路財賦劄子曰。臣聞知天之天者王事可成。不知天之天者王事不成。國以民爲本。民以食爲天。今兵興之際。朝廷方議招納羣寇。江淮湖湘之間。以次招安。人心悅附。費用日廣。所患者糧食不足爾。今行在衛兵無慮數萬。而邵青崔增李捧韋官蜂屯蟻聚。仰給於縣官。所謂六路發運使者。其抛科糴買不過二浙十五六州。軍民間積藏。雖甀儲缶罄搜刷殆盡。自二浙之外。了不經營。頻年以來。江南諸路上供物斛。委爲盜資。贓貪之吏。乘時播擾。侵欺妄用。恣爲不法。無復忌憚。臣愚欲望聖慈速詔大臣更選清強通知財穀之人。按行諸路。見在已支簿曆抱照見實數。上之朝廷。仍乞檢會綱運舊法。除逐州每歲合支用外。其餘盡合發赴行在贍養衆軍。內有沿江去處。亦可那撥分遣就糴。庶幾遠近均平。用度給足。少寬浙郡疲蘇之民，求勝亭甚。

光又言蠲二浙積欠劄子曰：臣伏見近年以來，虜秋猖獗，中原蹂藉。陛下駐蹕東南，乘輿服御，悉務減省，而百司兵衆，皆仰給於二浙。加以今日營繕所須，一毫以上，皆出民力。師旅饑饉之後，斗米千錢，民雖凋弊，固有怨詞，深可憐憫。臣愚伏望聖慈，因今移蹕之後，稍流寬大之澤，以慰人心。應二浙積負，一切蠲除。臣契勘臨安府九邑科配，比它郡最爲煩併，其折變小麥爲害尤甚。及去年殘零稅賦，見今轉運司責限催納，其數至微，欲望特與釋放。昨緣前知府孫覿將義倉米於正稅外更有折糙米二斗五升，倉場受納，復增至一石。又有鈔旁公吏乞覓不下一二千。及每歲和買州縣既不曾支與價錢，今聞本府每匹更令納見錢四百文足，謂之靡費錢，竊慮行之既久，遂爲永例。諸縣因軍馬經由，支過係省錢斛，多不肯豁除，坊場虧欠課利，

奏議卷之一百七　十三

委非侵欺，無緣補發，而官吏欲假此擾攘時一舉行，追呼捕逮，謂之干照錢，縣官無所從出，止是剝民。如斯苛細，望悉蠲除，庶幾小民蒙被實惠，仰副陛下勤卹民隱之意。

左正言鄭肅上奏曰：臣嘗謂巡狩之禮，非偶然者。春則省耕以補不足，秋則省斂以助不給。憂勤之心，亹亹不已，惟恐天下之疾苦不得以上達，而九重仁政不得以下布耳。惟駟南巡之頃，當吾班雲行之博，恩散雨施於庶黎，正爲此也。陛下即位之初，首巡睢陽，雲行雨施之博，當自此界始。使天下引領而望之曰：徯我后，后來其蘇。如是則鑾輿所幸，孰非金城千仞？以軍興之際，一日二日萬幾，若未暇恤焉，則百姓將蹙頞而相告矣。傳之天下，速於置郵，萬一它有巡幸，當有難可慮者。臣切聞夏四月陛下臨幸之初，應天府下諸邑索供奉物。是今有不還其直者，臣嘗駁之。兵火之後，居民離散，一得真善如獲再生。州郡不能省此，復取其膏脂而略不加恤，誠忍人哉。陛下不及知，民間不得訴，安於殘忍者又以爲不足言。此宋都之民所以至今未蒙實惠也。且宋都陛下即位之地也，民心憂樂，天下將取則焉。臣愚欲乞陛下峻責當時供奉官吏不還其直者，且命朝廷償之，大曉諸邑，俾仰體聖意，庶幾四方相慶曰：天子聖恩如此，其巡幸所至又恤民如此。民心一定，陛下何往而不可哉。昔者太王避狄，狄之以皮弊犬馬以至於棄土地，莫若不復振者，卒能肇基王迹，歷年八百，其故何也？蓋當時去於岐山之下，民之從之者如歸市。民所不能捨，則天亦不能違矣。此邦之所以興也。書曰：天視自我民視，天聽自我民聽。惟陛下察之。

肅又上奏曰：臣竊謂天下之本，取諸一身足矣。邊鄙有寇，若病在四支；民心有失，若病在元氣。凡四支之有疾，未有不自元氣之衰。今

奏議卷之一百七　十四

欲治邊鄙，其可輕失民心乎？又況京畿近地，所賴民力爲切，此尤不可失者也。去年虜寇猖獗，再干我師，京畿近地悉爲戰場，十口之家，九遭屠戮，間有脫者，亦僅留餘息耳。陛下已登九五之位，逃民欣然如獲再生。然後老弱相扶，稍有歸者，然昔日所居蕩爲煨燼，田野之間，骸骨相枕，豈有餘力復爲耕耨之事乎？今也京畿漕司尚循舊例，日促秋租，以爲歲計，甚矣漕臣之誤國也。昔者周公之相成王，必陳王業。其詩云：三之日于耜，四之日舉趾。蓋以謂于耜舉趾，儻失其時，則歲無秋矣。且周正建子，于耜舉趾之時，在今爲正、二月之間也。今年虜騎四月方過，不知正二月間京畿之民何在哉？于耜舉趾既失其時，今取其租，當不少恕，民將如何？天不能雨，鬼不能輸，臣知百姓將復逃矣。若使京畿之民其心已失，譬之元氣已不復陽，四肢有病，其能愈乎？此正謀國者所當慮也。惟陛下審處之。

章誼乞寬假力田之家禁止州縣邀索疏曰。臣竊觀比年以來。虜騎侵陵。盜賊猖熾。編戶逃亡。人不粒食。浙西州軍。鎮江爲尤甚。近閱鎮江府丹陽縣。久無縣令。又無丞簿。殘民之願歸業者。有田而官不許耕。其願種者。必先計畝出金。官給田帳。列項畝之數。然後得施犂鋤之力。往是貧困之家。熟視已業而無貲自占。田疇荒蕪。坐致殍踣。非所以勸農土而安上者也。朝廷未嘗有此禁令。州縣監司決不敢出此指揮。此必猾胥貪吏爲之也。士民之避地於四方者。迫於兵革盜賊之警。而致飢寒流離之苦。彼其懷土之思。豈嘗一日而忘哉。今歸視其常業。郡縣必有所邀索而後就業。則願歸者無幾矣。臣願詔有司嚴行禁止。凡荒殘之處。田租力役。一切蠲除。聽民自擇膏腴。極力種蓺。一二年間。流移漸歸。戶口益衆。然後計其已耕之地。稍定常賦之入。蓋未晚也。近者紹興德音。固有牛租屋稅寬免指揮矣。若蒙聖慈更於力田之家特有寬假。不勝幸甚。

趙元鎮上奏曰。臣竊見去歲之秋。移蹕浙右。嘗詔郎吏以上。條具巡幸之宜。凡有可以加惠遠方者。莫不舉行之。德至渥也。今自溫台復臨吳會。所至郡邑。悉經蹂擾。無聊憔悴之民。欲赴訴於陛下者。不啻赤子之投父母。飢渴之于飲食。嗷嗷之情。尤非前日。陛下懷惻怛之心。視茲困弊。亦將哀其窮而副其所欲乎。願詔有司嚴勑州縣。應經殘破之家。特蠲今年賦役差率等事。及竹木甎瓦米麪之類。權與免稅。使之營葺生理。以漸復業。起凋瘵之疾。變愁嘆之聲。因之弭奸宄以消無窮之患矣。胡虜長驅。肆行殘殺。陛下無力以救之。固非得已。凡茲優卹之事。力所可至者。謂宜無惜。至愚而神。孰不欣戴。是乃固邦本之術。謀恢復之漸也。幸陛下誠心至意。果於必行。要令蒙被實惠。不徒爲掛墻壁之空文。斯爲盡善。事若緩而急者。惟陛下加察。

李石上奏曰。天下事有繁有簡。簡則易守。繁則難察。且九州四海之廣。天子一身。安能民民自治哉。曷亦取其簡而易守者。以爲治民之要。則其繁而難察者。可馴致也。今陛下執其簡且要者。以分之於監司守令。而民自治矣。縣以千計。州以百計。一道以數十計。陛下詔旨所以憂此民者。豈但千條萬端。吁。亦繁矣。監司守令三人者。誠有一於此。爲陛下分其甚繁之憂者誰乎。且付之以憂民之柄。則必擇其人而授之。必欲擇其人。則必親出陛下之權衡題品。庶可無憾。今縣令。苟掛名選部者。皆可得之。郡守則自京朝官以上。苟積歲月者亦得之。如監司。則係之朝廷矣。且以朝廷自選擇者。不過數十。則必自知其人之賢不肖。至於州縣守令。號爲千百計。能保其縣得卓魯。州得龔黃。人人爲賢守令哉。陛下既以民爲憂。又憂其所以治之者。其亦勞矣。不若以民寄之於守令。守令寄之於監司。自其簡者視之。而寄陛下之憂。則所以憂民者。可以紓其半矣。迺者陛下務於旌別。俾監司舉材可爲郡守縣令者。是亦知所以擇守令之一術。至於監司。則在朝廷矣。誠能思其所以爲要者執之於上。則堯舜無爲之治。豈遠乎哉。

石又上奏曰。天下之利。皆生於無所用。旱之舟。水之車。此無用之利也。夫有用者。人知競而急趨之。而無用者。則不屑而棄之。初不知無用。乃有用之資。沿邊不耕之田。乃無用之利也。今之江漢與巴蜀。乃昔之人所嘗屯兵其地。取其不耕者耕之。以爲食。爲息兵靜重之計。寬取民餽餉之勞。國家知之。置營田之官於其地。蓋得之矣。恐言之未盡。行之而未盡至。願陛下詔有司悉意出力而爲之。今有司所患者。不過曰耒耜錢鎛之費。耕耘芟藻之人耳。誠使有司稍借其費。又蒐汰兵之老弱不任穿帶者。募游手之閑民者。雜耕於其地。寬以歲月之力。視其歲入之厚薄而為田官之殿最。此誠裕民之一術也。且治人之疾則必為之藥而冀其愈也。陛下既知民之疾。取有司寬剩之財以裕之。是知其疾而為之也。疾未愈而藥不繼。陛下將何以愈之乎。然則營田者亦裕民之一術也。

兩浙西路安撫使葉夢得奏乞禁罷獻納借貸指揮狀曰。臣竊惟方今國雖未雪連年用兵外有方張未威之虜。內有乘間竊發之盜。然而都城失守幾月陛下諒遜未即大位。奸偽僭亂之人。竊居大寶。天下內外遠近卒無一人敢懷向背者。祖宗德澤二百年蟠結在人至深至固之效也。臣始聞二聖北狩。首移檄部內士庶兵民。喻以逆順。惟本國家根本靈長不拔之意。使各堅守一心。以待陛下之命。是時上下方洶洶。臣言一出。雖武夫悍卒婦人小兒無不感泣憤勵所在聚觀數百人。更相傳告以死自誓。臣以此占之。知吾宋之有天下。非

特天命方永在人心者固不可得而易也。陛下既嗣有大統。赦令繼下。其安恤元元。涵養撫存者無不備。蓋可謂知所本矣。應上供之數。非祖宗舊制而過取於民者一切盡罷。凡大負多所當輸者不以貫伯名色皆使蠲除。民知徹利薄征陛下之誠意。弛負已責陛下之仁心。其歡呼鼓舞。豈有已哉。然臣嘗觀自昔良法行之無不在人。使其人守之必先有以戒其漸。古之言曰。作法於涼其弊猶貪。作法於貪弊將若之何。去歲淵聖皇帝繼承之初。深監前日政事耗擾之弊。而力去之。其見於詔令者亦無所不盡。然在位之臣。不明大體未幾以國用窘匱乃開獻納金帛之令。其後金賊既迫城下。倉猝召勤王兵。應調發不足。又使得以借貸於民。天下固知二令非出於淵聖皇帝然郡縣被受能推廣上德者無幾。往往皆以中旨肆為誅求。愚民慳嗇安知公上之急。謂之獻納者未有不科數而得也。此例一除。凡急而取於民者。無不以獻納為名。於是去冬及春。有或課以等第或率以貫頭。有一邑而出三五萬緡者。有一郡而出二十萬緡者。至於再至於三不已。問之則曰法固有之。此出於軍須權宜而民所樂輸也。豈其實哉。借貸之令初慮官錢不足而勤王之兵不可緩。故不得已命之以備萬一。然且使償其歲租之半。亦向來有遷取之也。而所在不問府藏之有無。不論調度之多寡。畏監司者恐其劾問。為己謀者慮其後乏。迫期會而取辦。廢經畫而仰成。則惟民之求而已。入有常數用無常限。人得為市。高下在手。有上戶釋而下戶及者。有此色薄而彼色厚者。簿籍不足考。券契不足憑。所蠲之租。所償之期。尚安得而詳哉。臣耳目聞觀未嘗不為朝廷惜之。以謂科率之禁雖嚴而掊刻者猶未戢。擾攘之戒雖數而困苦者猶未蘇。此雖有司之過。然不幾作法於貪者歟。昔漢武帝事匈奴。卜式願輸家財半佐邊。公孫弘以

為非人情不軌之民。請勿許。式後復以錢二十萬給河南太守徙民。武帝召以為中郎。布告天下。尊顯以風百姓。然卒不聞復有獻者。古今人情大抵不相遠。唐德宗討朱滔王武俊。用韋都賓陳京請借商錢。期得五百萬可以支半歲。乃使趙贊行之。約罷兵而償。搜督既峻民有自經而死。避爭相訴哭者。長安為之罷市。然纔得八十萬。其後涇原兵亂。大呼於市。果假此以藉口。既不足濟所乏。徒以失民。得不償失。今陛下以聖慮啟中興。武帝德宗之事。固萬無有。然二令未除。慢吏庸人終得以並緣為奸以濟其私。百姓何知。但見前日之習尚在。必將疑陛下之詔以為虛文。而奸猾亂民之徒。或得因以扇惑其黨。則所害為不細。伏望聖慈特命有司。明示詔旨。以前二令出於有司一時之請。自今無得復用。凡州縣斂於民而稱情願詐軍期而輒借貸者。皆重坐之。使遠近之民。感恩懷德。皆能深信而不疑。則捍患

扶傾。少有見危而忍奮。孟子謂三代之得天下也。得其心。斯得民矣。此正今日之先務。深恐罔祀。臣不勝皇懼激切屏營之至。謹錄奏聞。

夢得又奏乞放免嚴衢州諸縣夏稅等狀曰。勘會近爲嚴州遂安縣兇賊倪從慶作過。本州淳安壽昌兩縣及衢州常山等縣。皆相連接境。自去冬至今。諸縣保甲把隘防守暴露。實爲勞苦。方春農蠶是時不無廢其作業。曾具奏請。欲候事平。特與蠲免夏秋二稅。及和買未奉指揮。今來倪從慶等已出就降。據統領官朝奉郎詹大和條具到應被劫被害之家。與把隘地分人戶量地里遠近。緊慢。隨鄉村輕重勞佚。分爲等第。參酌合行蠲免分數。下項須至奏聞者。一應係燒劫被害之家。逐戶下更不分等第。第一等戶與免一年夏秋二稅和買一半。第二第三第四第五等戶。並與免一年夏秋二稅及全免和買身丁。一應把隘地分。逐戶以緊慢分四等。第一等戶免夏稅三分。第二

等戶免夏稅四分。第三等第四等戶免夏稅六分。第五等戶全免夏秋二稅。并今年身丁。客戶同。已上各免和買五分。第二等第一等戶免夏稅二分。第二等戶免夏稅三分。第三等第四等戶免夏稅五分。第五等戶免夏稅并今年身丁。客戶同。已上各免和買四分。第三等第一等戶免夏稅一分半。第二等戶免夏稅二分半。第三等第四等戶免夏稅四分。第五等戶免夏稅并今年身丁。客戶同。已上各免和買三分。第四等第一等戶免夏稅一分。第二等第三等戶免夏稅一分半。第四第五等戶各免今年身丁。客戶同。已上各免和買二分。右臣契勘浙部自嚴州以東。山洞最爲深險。兇頑之民。恃以竊發。昨方臘作過。陷沒六州二十七縣。殺戮殘踐。官吏生靈。被害不貲。至煩朝廷遣發西兵數十萬。方能撲滅。今來倪從慶結謀。實欲效方臘。仍乘州縣起發勤王弓兵之後。所在空虛。其勢猖獗。比方臘尤易。幸緣把截防扼。不敢奔逃出洞。及發露在外奸細之人。無所附從。因此窮蹙請降。保全一方。實兩州諸縣保甲之力。若無所優恤。無以激勸後來。恭惟皇帝陛下紹休聖緒。恢復大業。方欲盡除天下蠹弊。還之太平。使懷生之類。無一物不得其所。則於此豪末之微。必預含覆之賜。欲望聖慈詳酌。許令依所條具等第。特賜蠲免施行。干冒天威。臣無任惶懼激切屏營之至。謹錄奏聞。

武義大夫曹勛上保民書曰。臣拳拳之忠。既願陛下愈勵畏天之實以副天意。仰惟陛下嚴恭寅畏。昭事恪謹。發自淵衷。光於聖德。躬行有餘矣。其見於主政立事。與三二大臣同心以明畏天之事者。臣願以保民爲先。臣聞春秋傳曰。國之將興。視民如傷。是其福也。福者天之所鍾。國之將興。賴天命爾。必視民如傷。然後爲福。是以自昔聖人所言大也。人君也。民也。未嘗不連屬而爲辭。蓋人君者天之所命而

民者天之所親也。後世爲治者每離而二之。所以下不爲民所懷。下不爲民所懷。則上不爲天所福。此理豈不昭然哉。子貢曰。如有博施於民。而能濟衆。何如。可謂仁乎。孔子曰。何事於仁。必也聖乎。堯舜其猶病諸。保民之事。雖堯舜猶以爲難也。臣伏觀咸平中。澶淵之役可謂大得志矣。當時若從諸將言。何所不可。真宗皇帝不爲也。遣曹利用出使。結好交幣。行千萬世息民之策。其形於言曰。我爲憂民切。戎車暫息方。聖意安在哉。慶曆中。北兵壓境。遣蕭英劉六符來聘。必欲得關南故地。乃止。可謂輕侮中國矣。以當時事力。豈不能快意於一戰。仁宗皇帝不爲也。命富弼報聘。增幣結約。尋歸盟而固之。其形於言曰。朕爲兩朝赤子。故屈己增幣以圖寧息。聖意安在哉。二祖之意蓋不欲逞一時之忿。而啓後日之禍。保民之大患也。天佑祖宗保民之盛慮。所以隆其基業於未艾者。顧不在此乎。宣和海上之約。使謀

出於彼。在我當何。契丹吾兄弟之國。祖宗兼愛南北之民。通好結和載書具焉。天地鬼神是臨。契丹之患。我當救之。而反共圖之。天地鬼神謂何。彼聞此言。臣知其縮頸而走也。儻先自我謀。則又何說歟。天佑祖宗保民之德。所以隆其基業於來艾者。今在陛下。諒陛下必能畏天。必能保民。必能承祖宗積累之甚。又能光大久遠於其後也。又畀陛下爲先帝雪恥於天也。亦祖宗與先帝在天之靈。所以深望於陛下者也。遺大投艱在陛下豈不重乎。保民之事。陛下可不勉乎。河南之復。一予一奪。終歲而已。亦天將以觀陛下保民之力也。臣料是時。謀臣必有獻言者。將因河南之復。大舉而取東北。又欲深入以雪大恥。陛下固未入其言使謀之者不已。一旦聖意從之。則兵端禍本創立自我。天意若曰。斯民也。針石砭膊於前日非得已也。奪拊吹噓曾未幾時而更創爲兵端禍本。生靈餘幾。惡戕之乎。兵連禍結。又當何時而定乎。天亦厭之也。故復以河南予敵。不予不息也。不息不能保民也。天意豈不明哉。天佑祖宗保民之德如此。所以報宣和之舉如此。既予陛下以河南。復奪之其速如此。皆以保民也。陛下須著哀心獨斷。屈己通和。以圖休息。得祖宗保民之意也。今又與同心大臣審定國是。以應天定之心。皆行保民之大意。臣猶以保民爲言者。聖人以一夫不獲爲辜。君子以匹夫匹婦不被其澤爲愧恥。保民之事。不當存其大而略其細。有其心而無其實德。今也。田疇之不墾闢。戶口之不滋益。商人販賣之不通。工人用器之不廣。逃移溝壑之不免。愁歎嗟怨之不除。以是爲保民可乎。陛下寬恤戒告。詔旨屢下。掛墻壁詠無用之空文。銜命令加出使之重擾。譬猶雨露自天而降。中間爲物所隔。潤澤不及於地。陛下存其大。而臣下不能行其細。陛下有其心。而臣下不能施其實德。臣所以有言也。夫生民之休戚。在人材

之賢否。政事之得失。紀綱之廢舉。風俗之薄厚。陛下前此東西巡幸未有定都。和戰攻守。未有定計。應敵不暇。不能以自全。自全不暇。未能以有立之時也。是以人材隨所舉而用。政事循一切之宜。綱紀聽其所爲。風俗任其所尚。保民之事。若有所未暇。天之責於人者輕也。今天下已享自全之時也。有立之時也。天之責於人者必周也。臣仰窺天意。下詳民瘼。恭望陛下一眡同仁。於此時至切也。陛下所當留神。群臣所當竭力。無出於此。愚臣於此所當盡言也。伏惟聖慈加察焉。不勝天下之幸。

王元渤論保民疏曰。臣聞保民之道無它。去其害民者而已矣。方今害民之大者有三。一曰横賦。二曰力役。三曰貪吏。朝廷固已戒横賦矣。然而起横賦之端者莫急於軍無定所。朝廷固嘗省力役矣。然而重力役之弊者莫大於興作不時。朝廷固已懲貪吏矣。然而長貪吏之態莫甚於好惡不明。且以近事言之。劉光世保江州。移之鎮江。韓世忠保鎮江。移之行在。張浚擁行在遣之淛部。師行所過。縣邑爲空。官廩不支。自須技賦。横賦之弊未害。臣恐保民未有道也。州郡傷殘人民凋弊。爲官吏者或增脩城壘。或繕治甲兵。初無堅守之謀。徒飾貪功之說。强寇一至。委而去之。向者民力又復一空。臣非謂此不當爲也。蓋當因時之爲。寬民之力。若能頻施惠愛。厚結民心。則粗擾可以擊賊。畫地可以固守。如其不然。但求文具。則貪功之人。必興力役。力役之政未節。臣恐保民未有道也。縣邑之所視者州郡也。州郡之所視者監司也。監司之害莫大於好貨。監司好貨則迫脅州郡。郡吏好貨則求請縣邑。邑吏好貨則掾剥鄉村。推原所自。盡緣好惡未明。朝廷非不好廉吏也。而廉吏或未擢。非不惡貪吏也。而貪吏或當使。如此求望耳。若於臨事之日。常知戒此三者。則保民之道。庶幾其可

家焉。
校書郎王十朋輪對劄曰。臣聞民為邦本。本固邦寧。自古人君未嘗不以得民心固邦本為急。而尤欲撫綏團結之於動搖疑貳之時。我國家有天下二百年矣。中遭厄運。而宗社復興者。良繇四海民心戴宋惟舊。陛下即位于今三紀。深仁厚澤。尤著在天下之心。然邇年以來。監司守令多不得人。蠹國斂怨。民心稍離。一曰不宣詔條。二曰不卹刑獄。三曰不先撫字。何謂不宣詔條。臣伏覩比年寬卹之詔屢下。然而實惠未孚于民。皆繇州縣不能奉行之敝。昔人謂徒掛墻壁。今則初未嘗掛。凡遇詔下。事有便於民而不便於吏者。或宣畢而遂匿。或略掛而遽收。故上雖有良法美意。下不得而知者多矣。既欲被其澤耶。何謂不卹刑獄。臣伏覩陛下慎刑卹獄之意。雖堯舜成湯亡以加。然措刑之效未遠於古者。蓋由師帥之任鮮或循良。昧者以胥吏為耳目。忌者以胥吏為精神。貪者以胥吏為鷹犬。案牘滿前。漫不加省。獄情出入。動由此曹。故富民納賂以買直。貧者不能自伸。強者劫持以求勝。弱者不能自免。所望以直其冤者監司也。今監司按部。動以胥吏數十自隨。所至州縣。唯務誅求。苟滿其欲。則獄事一切不問。而望其有所平反可乎。何謂不先撫字。國家張官置吏。本以為民。要當以撫字為先。催科次之。昔之循吏。勞心撫字而民皆樂輸。不待催科而常賦自登。夫催科自有常法。豈在先期而取辦。官以未及期為辦事。民當未及期而被虐。故常賦未入於官府。而横費已歸於蠹吏矣。悍吏侍尺牒。走鄉閭。歎呼隳突。雞犬不寧。而欲民安其業。可乎。臣又聞通者邊奏稍警。所在以防秋為名。拘集舟船。團結保伍。措置無術。州縣騷然。至有鬻田宅以充糧草之賦。殺耕牛以供筋角之輸。斬山林以為兵器。撤室廬以營寨柵。吏緣為奸。民被大擾。苟不有以安恤

之。切恐民避荼害。散為盜賊矣。況今夷狄外侮。國威不振。人心搖動。正宜撫綏團結時也。臣願陛下推溥博之仁。下惻怛之詔。勤卹民隱。動之以誠。官吏有害民者。必罰無赦。仍命宰相慎擇諸道監司。以寄休戚。以宣明詔條。慎恤刑獄。撫字黎元為先務。如是則四方萬姓。罔不感泣。人心既悅。寧患天意之不我助耶。臣以謂固本以寧邦者。莫大乎此。
時。御史中丞許景衡奏乞寬卹東南劄曰。臣竊見三路及京東西州縣。或為盜賊侵擾。或為金人殘破。戶口減耗。賦入無幾。今朝廷經費獨仰東南。軍須亦復不貲。當悉仰於東南。但東南之民。比緣府庫匱乏。横歛類煩。官吏貪殘誅剝尤甚。今來若非盡革舊弊。復加存卹。則必破產流亡。或為盜賊群起。意外驚擾。則無復耕桑之民。以應公上所須矣。豈不誤朝廷之大計哉。前日赦令德音寬大。而斯民未被惠澤。選易守臣。增置尚未就緒。今來已是秋深。所宜早見辦集。臣愚伏望睿明深念國家計用之根本。加惠東南之元元。應赦書所罷後來上供抛買及違法租賦之類。並仰有司疾速報應結絕。使實惠及民。申戒監司郡守。按劾奸贓。寬其徭役。使得安居盡力耕織。以供常賦。仍乞特降指揮。督責守倅之備。限在日近了當。凡東南諸路監司郡守。尚有闕員去處。並乞精加選擇。限日赴官。其沿江近邊控扼處縣令巡檢縣尉見闕。未曾注差去處。並乞令監司守臣公共選擇差辟。及見任人內有不可倚仗者。亦乞令選擇通急對移。務在盡公。不得偏徇。其被移人仍不理為過犯。庶使儲糧練卒。各務防守。如此則東南可以無虞。而朝廷之財用可以無匱乏之憂矣。
知平江府張守上奏曰。臣聞國之有民。猶魚之有水。火之有膏。木之有根。人之有元氣。水深則魚樂。膏沃則火明。根固則木蕃。元氣盛則

民人安。蓋民惟邦本，古之誼也。艱難以來，歲幸屢豐。賦入有常，用度僅給。蓋以陛下愛民如子，別無横斂，民不至於困也。今年諸路亢旱，穀貴人饑，惟浙右數州之地為稔。故糴數萃於數州，無慮百餘萬斛。而又被旱州郡，遣般以取給。公私逋負，乘時而責償。雖號豐登，民實困之。逃移猥多，州縣固不易辦矣。然軍食所資，不得已也。民知其不得已，其斂有餘，州縣亦思竭力促辦而不敢後也。然此數州之地，屏蔽行朝，供應軍須，前後不一。臣愚伏望睿慈特降明詔，令歲浙西糴買之外，不得更有科斂，庶幾一方少獲休息，使數州之民不以豐年為不幸，仰副陛下仁民之意。

守知紹興府上奏曰：臣伏見陛下憫恤元元，至誠惻怛，前日稽違詔書之吏，痛加懲創，德音昭宣，遠近孚信。今蒙聖慈不以臣為不才，使承之鎮東，必思蠲除民瘼，以承休德。臣頃並仕會稽，近又扈蹕久居，亦嘗詢究一方利病所疾，其利害之細者，皆不足言。而大者惟和買一事，民被毒為甚。然和買之害固已久，軫聖懷，亦嘗兩次裁減矣。諸路之所同也。至於本錢稽遲而支散不足，紬直翔貴而輸納亦艱，亦諸路之所同也。惟會稽民貧，一歲和買十七萬餘匹，得數太多，至今苦之。以家業錢計之，鄉村人户率二十千當輸一匹。詢之它州，未有如是之重也。夫以一家之業，總二十千，一紬之直，當四之一。輸納貴用，又復一兩千，殆及三分家業之一矣。蓋二十千之產，必膏腴以自資，然後能餬口。而縣官於賦稅之外，歲取其三之一，恐非仁聖之朝所宜有也。欲望睿斷，將紹興府和買量賜蠲減，設或不足於用，則臣條衣賜量行裁損，亦未為害。庶幾仰稱陛下仁民之意。

歷代名臣奏議卷之一百七

歷代名臣奏議卷之一百八

仁民

宋孝宗乾道元年，施師為臨安府教授，用陳康伯薦，賜對，言：歷年屢下詔恤民，而惠未加洽。陛下軫念惟恐一夫失所，郡邑搜求惟恐財賦不集，毋惑乎日降絲綸，恩不霑被。細民既困於倍輸，又困於非泛，重以歲惡，室且垂罄，粗不如期，積多逋負。今明堂肆赦，户自四等以下，逋自四年以前，願悉除免。上曰：非卿不聞此言。詔從之。

六年，汪應辰論愛民六事劄子曰：臣竊以自昔人君大有為於天下，雖醻酢事變不一，而是然皆以畏天愛民為本。蓋天視自我民視，天聽自我民聽，愛民乃所以畏天也。未有不得乎天而可以成天下之務，亦未有不得乎民而能得乎天也。自王者之迹熄，戰國之君務相傾奪，於是孫吳之戰伐，儀秦之縱横，申韓之刑名法術，紛起更進。天下為之騷然不寧。孟子於此時，獨力持仁義之說，以救民濟世。齊大國也，宣王一時賢君也。宣王欲辟土地，朝秦楚，莅中國，撫四夷，其志亦大矣。孟子乃曰：以君所為，求若所欲，盡心力為之，後必有災。其所以告宣王者，則在於反其本，養其民而已。夫以天下並爭，詐謀奇計之所不能下，長戰勁弩之所不能克，區區養民之說，不幾於拱揖而救焚乎。故當時例以孟子為迂闊而莫之用，言既不用，則亦莫見其效驗。然而後之能一天下者，漢高祖、光武也。高祖所任者蕭何，何之言曰：願大王王漢中，養其民以致賢人，還定三秦，天下可圖也。光武所任者鄧禹，禹之言曰：方今人思明君，如赤子之慕慈母，古之興者在德厚薄，不以大小。蕭何、鄧禹之言，即孟子之言也。世但見高祖、光武征伐四克，而不知其得天人之心，蓋在此而不在彼也。恭惟陛下宏規遠畫，將以紹復大業，底綏四方，而於愛養斯民，尤致意焉。竊於詞令見於政事動勤懇懇所不用其極固已合乎天矣。臣輙不自揆思所以將順聖德之萬一者。其一曰陛下雖有愛民之誠而良法美意惟而行之者。則在監司郡守。今之監司郡守多不實選。是以民未必皆被其澤。願陛下精擇其人。久任其職。考覈其課而進退之。其二曰獻言進計之人。類多捨循常而好紛更。蓋循常之功。未必有可見之迹可喜之事。而紛更之說。聽其言則美。施於事則擾。民受其弊常在於此。故昔人以謂康濟小民率自中。詳乃視聽。罔以側言改厥度也。其三曰權貨之利。今皆數倍於前代。州縣或科斂以取辦。雖未能蠲減。不宜有所增加以重困民力。其四曰州縣費用比承平時不翅十倍。豈復更有羨餘。貪猾之吏往往刻剥進獻。頃雖禁止。未能盡革。自今有犯令者。願陛下必行黜罰以明示好惡。其五曰收糴糧儲。繕脩器械之類。諸所費用。悉宜計其實直給降本錢。無使州縣於百姓

重賦之外。復有此等陪備。或更並緣肆為奸剥。其六曰民竭其財力以養兵矣。而又欲以民為兵。恐其不足以禦盗而適以為盗也。今雖已籍定。若免其教閲而約束州縣。毋或非時追集。遵法率斂。庶幾疲瘵之民得以安業。凡臣所陳。皆係斯民之休戚為甚切。臣之見聞思慮所不及者。蓋亦不少。惟陛下特留聖念。使士之誠實之言。民之疾苦之狀。皆得畢陳於前。次第而施行之。以固邦本。以承天意。天人協應。相與為一。則為之而感動之而功。將無不可者矣。

應辰知平江府辭朝論養民疏曰。臣聞孟子曰。得天下有道。得其民斯得天下矣。得其民有道。得其心斯得民矣。得其心有道。所欲與之聚之。所惡勿施爾也。三代之得天下也以仁。固已然矣。自三代以後。分裂擾亂無所不有。其能得天下而保守之者。亦未有不先得其民也。可以見孟子之言為萬世不易之理矣。恭惟本朝累聖相承。皆以仁恩義澤涵養天下。治安久長。雖三代有所不及。中更變故。而民心愛戴有隕無二。以能復建中興之業。得民之效有如此者。陛下以聖德撫世。仁民誠意未嘗不以斯民為念。然臣竊謂養民之政。雖在今日為甚切。而在今日亦為甚難。昔周公作無逸。以為文王不敢盤于遊田。以庶邦惟正之供。又曰。繼自今嗣王。則其無淫于觀。于逸。于遊。于田。以萬民惟正之供。言上無妄費。則下無横斂。民之供於上者皆正也。今陛下勤勞恭儉。固未嘗有逸豫之事。惟是艱難以來。事緒百出。費用數倍。是以賦斂煩重。禁權嚴密。而國用猶且匱乏。雖欲以萬民惟正之供。其勢有未可者。此養民之政在今日所以為甚難也。然而事固有不得已者。亦有可已而不已者。伏見比年以來。進言獻計之人。往往不究事之是非。不卹民之休戚。苟欲以取新立異。矜智飾辯。徒使凋瘵之民騷動疲敝。而其實於國無毫髮之益。若此類者。蓋

未易以一二數。陛下試取已行之事參考而審察之。皆無逃於聖鑒矣。昔元祐宰相范純仁以為堯舜之治。不過知人安民。知人則不輕信。安民則不妄動。小人之情希功好進。行險生事。妄說利害。覬朝廷舉事以求爵賞。朝廷若輕信其言。則民不安矣。國家之弊。常必由斯。臣竊謂純仁之言明白簡當。切於治道。伏望陛下於聽言舉事之際。審其是非。計其輕重。而究其本末之叙。成敗之效。庶幾事不至於輕舉。民不至於重困。亦以使天下之人知聖主惻怛之意如此。而其所不得已而取於民者。特勢有所不免爾。以陛下之勤勞恭儉。至誠不息。力行不倦。天意益順。國勢益強。必將併與今日所不得已者次第而蠲減之。以幸天下矣。臣不勝至願。

八年權禮部侍郎周必大上奏曰。臣竊見陛下以幣券太輕。日夜焦勞。一旦内出積鏹以百萬計。為權之之術。前日春軍民既被實惠。權

呼之聲。偏于行都。推是心也。豈止以羊易牛而已。臣請因聖德之所發而推廣之。臣聞愛民仁也。理財義也。二者相須初無二説。而中外之臣不能深體上心。用意或有未善。且如中興以來駐蹕二浙。踰四十年。蓋今日根本之地也。平時當愛養其力。緩急乃深得其心。而賦税供億反重於它路。蓋四方州縣近則畏監司之糾舉。遠則懼王臺之詰責。審於舉措。罔敢輕發。惟近甸官吏則不然。或陳其利而掩其害。或徇其名而蔽其實。凡有獻。明稱奉旨行之。吏民以其出於朝廷。莫敢違者。如近日越發論郡以隱漏爲名。增無實之税是也。竊料陛下特未詳知。知則必有以更之矣。臣雖書生。豈不思邦計未裕而徒爲空談。然而日侍清光。竊歎陛下有養民之德。而有司無體國之風也。敢冒昧言之。願陛下深詔執事。愛惜民力。譬如子弟富實。它日父兄有不時之須。雖竭其囊橐以濟用度。夫復何怨。不必平居無事驟

增科調。使懷戚戚也。詩曰。惠此京師。以綏四國。惟陛下念焉。

孝宗時。朱熹上奏曰。臣竊見諸路提刑司所管拘催州縣經總制錢。蓋前代之所無。而祖宗盛時亦未之有。特起於宣和末年。倉卒用兵權宜措畫。當時建議之臣方且自以爲功。而其見聞者。乃爲歎於先廟。以爲作俑之禍。且及子孫。渡江以後。雖知其弊。然費出愈繁。遂不能罷。復有增加。以至于今。乃爲大農之經賦。有司不復敢有蠲除之議。然其始者。亦但計其出納多寡之實數。而隨以取之。則事雖失體。而未有甚害。及紹興中。推行經界之法。民間違限契約。悉出投印。故一二年間。此錢之額。倍於常歲。逮其畢事。則便復常數。而無復前日之羨矣。而一時乃有僥倖掊克之人。輒爲比較之説。以誤朝聽。使凡歲入經總制錢。悉以經界之年爲額。其後雖或知其非義。而小變之。然猶必使趁及一年所收最多之數。至其甚無藝者。則雖或灾傷年分。檢放倚閣苗米税錢。已無所入。而所謂經總制錢者。版曹總所猶不肯與之蠲除。上下相臨。轉相逼迫。下吏無所措其手足。則其勢必至於巧爲名色。取之於民。以求幸免。司察之官雖知其然。然既利其歲額之盈。則亦不容有所何問。顧猶不足以及數。則遂不過將新蓋舊。轉後爲前。歲月愈深。逋負日積。大郡所欠十數萬緡。小郡亦不下一二萬數。官吏操切。日益嚴峻。而莫有知其事之本原者。臣恐不知州縣之煎熬局促。果何日而少紓。斯民之歎息愁怨。果何時而少息也。陛下學德深仁。愛民如子。疾痛苛癢。無細不知。抑搔按摩。無遠不及。顧偶未聞此法之弊而已。故臣輒敢冒昧以聞。伏望聖慈。深照本末。特詔有司。先將灾傷年分檢放倚閣苗税數內所收經總制額。盡依分數蠲除。然後別詔大臣深圖所以節用裕民之術。討論經總制錢合與不合。立額比較之利病而罷行之。以幸天下。臣不勝大願。

禮部員外郎范成大上奏曰。臣伏見比者臣寮有請以福建等路有不舉子之風。乞支錢米以濟貧乏。陛下推天地好生之德。特從其請。恩至渥矣。然其間尚有委曲。臣請續終其説。姑以臣前任處州言之。小民以山瘠地貧。生男稍多。便不肯舉。女則不問可知。村落間至無婦可娶。買於它州。計所失殺。不知其幾。檢準紹興八年指揮。貧乏妊娠。支常平米四斗。十五年指揮。改支常平米一石。又着令殺子之家父母鄰保與收生之人。皆徒刑編置。賞罰具着如此。而此風未殄者。蓋州縣以常平積欠。數過不暇。決不敢以此非時發倉。支賜既不復行。罪名亦不復問。臣伏覩去冬聖旨。將諸路常平義倉濫底折欠十七萬八千餘石盡行除放。若以此數救不舉之子。當活十七萬八千餘人。而與吏胥盜陷失如此。陛下尚且置而不問。臣決知陛下無所惜於貧乏之家也。昔蘇軾知密州。盤量寬剩得數百石。專儲以養棄

是時初無常平給賜之令。使軾在今日。則推廣上恩當如何哉。臣愚欲望聖慈申飭諸路提舉司并州縣長吏有似此處伍之屬。依累降指揮勸會貧乏如數支賜。又須申嚴法禁與之並行。并窮山僻縣常平義倉所管數少。不了支給。只成空文。乞令運司做蘇軾遺意措置寬剩。量撥助之。每歲各與支過錢米活過赤子數目奏聞。庶以溢聖朝仁壽之福。將濟斟雲長之休。聊又得十年生聚之義。惟宸慈軫念。

成大爲敷文閣待制四川置制使。又上奏曰。臣聞民惟邦本。本固邦寧。帝與王咸未有不得民而能立邦家之基也。得民有道。仁之而已。省徭役薄賦斂。蠲其疾苦而使安之。使民力有餘而其心油然知后德之撫我。則雖天不能容之變。而凶饑夷盜賊水旱之作。安能搖其本而輕動哉。此甚易知易行。而後之論治者往往過計。謂天下之大。須萬人而濟之。安得力而給諸。於是輕言功利。而重言道德。卒之道德不建而功利亦無聞焉。雖然。論治者皆以仁民爲難。而臣今敢以爲非難者。誠有得於聖主躬行之效。小臣將命實親見之者。請略詳其目。近者四蜀酒估之患。人不聊生。陛下審斷歲捐錢五十萬以代之償。此令一下。五十餘郡歡呼祝聖者。沸天隱地。旬日皆徧。士大夫舞手相慶。以謂吾蜀當有數十百年之安。臣於是知民之易德有如此者。又如關外和糴之困。詔旨下詢。有司未知所出。陛下審斷先免階成和鳳一年之糴。與時歲雖大熟。不足輸官。淳熙三年。免糴令下。秋旱薄收。而四州粒米狼戾。充箱溢筥。排門求售。較之往歲物價反平。漕臣行部過之。遮道頌說。東向感恩。或至涕下。臣於是知民之易感有如此者。恭惟聖主端委穆清之上。一動其念。加諸遠民。而萬里之外。觀感不應。捷如影響。微臣不佞。愚心了然。見王道之易易焉。孟子謂保民而王易若折枝。而非挾山超海之難。不爲過論。臣恭恭之誠。更願帝慈廣運。益加聖心。深詔內外執事曉然知陛下仁民固本之指。凡吾民疾苦。悉以上聞。苟有可以惠利便安之者。勿牽故常。臨以睿斷。使光天之下。至于海隅蒼生。罔有不被堯舜之澤。如是則衆心成城。道德有成。推恩以保四海。天下可運諸掌矣。其何大欲之不濟哉。此陛下躬行之效。證於孟軻之言。非臣臆說。惟聖神財幸。

李椿通判廬州。來赴召。上奏曰。臣竊以國家天下。譬之一身。朝廷腹心也。州縣四肢也。百姓膏血也。使膏血和暢。四肢康強。腹心寧靜。則身安可保矣。苟傷其膏血。瘁其四肢。而曰吾耳目腹心無恙。臣不信也。孟子有之曰。得天下有道。得其民。斯得天下矣。得其民有道。得其心。斯得民矣。仰惟陛下。謹國如護元氣。愛民如愛赤子。今大農不參諸路之虛實。監司不卹州縣之匱乏。州縣不卹百姓之困窮。致百姓心不服縣。縣心不服州。州心不服監司。實有以使然也。州縣常賦固有定數。非法科斂。固有約束。諸州有合趁月樁大軍錢。合樁窠名已自不足。又經總制許增不許虧。既曰無額上供。而復立額。州縣官兵諸路上司未嘗計度。此州所以心不服監司者也。州督財賦於縣。或立帳。或掛圖。或揭貼。與縣之合解色目。不復問其所自出。驅督嚴急。縣既被督。則亦巧作名色取之於民。民或有訴州縣。監司不得不公行。此縣所以心不服州者也。縣通唯財賦辦者爲能吏。愷悌之政幾希。民之疾苦。誰復過而問焉。此百姓心不服縣者。天下皆是也。臣不敢醜縷以瀆聖聽耳。以諸軍揀汰人論之。自累年諸軍揀汰使臣軍員不知幾何人矣。添差分在諸州。月增費錢米。不審省部監司曾有取會其數奏陳計度者否。建議揀汰疾老者。必曰可以減省總領所支遣。諸州不必卹此。誠建議者存心。決非念陛下赤子者也。何異幾其膏血四肢自謂無恙者安得郵民之義哉。然則兵老不揀可乎。百戰之士不存邮可乎。存卹老疾戰士。顧念無術。今揀汰使臣扶老携幼近者數百里遠者數千里。道路飢困狼狽之狀。見者憐之。所在州軍關先。不得請受者十六七。既滿之後赴部參選。抵以呈試格法久之。有所投者關不下五七年。何以為待闕之資。不得差注者亦又多矣。其所謂存郵徒有其名。官司兩受其弊耳。已添差在諸州者蓋無如之何矣。臣愚欲望聖斷。令百官集議自今諸軍揀汰人所以存郵久遠可行之理。庶幾有功戰士被其實惠。州郡亦可支梧。不為小補。

王覿上奏曰。臣嘗論之古之為吏者無所忌於民而為民者無所忌於吏。吏民不相忌。故其情通而氣協。情通則無乖阻。而氣協則無鬬爭。古者鄉邑之間。吏不猜民。民不疾吏。懽忻怡愉。如父子之相信。兄

弟之相愛。吏時追呼號召。未嘗及於民之門。而鞭扑笞箠。亦未嘗切於民之肌膚。閒則出之阡陌。勞來相勸。以勉其耕耔蠶織之事。然其色怡和而不厲。其辭委曲而不徑。無有以傷民之情者。故民之於吏。依依切切。常有慕戀感悅之意。出力以供其衣食。雖甚勞而不辭。及其無事之時。則又為補葺其宮室。以庶幾無虞於風雨鳥鼠之害。蓋嘗讀詩而至七月之篇。則見其吏民之情相親。豈弟慈祥無纖毫齟齬扞格之態。故曰。三之日于耜。四之日舉趾。同我婦子。饁彼南畝。田畯至喜。又曰。春日遲遲。采蘩祁祁。女心傷悲。其情亦可見矣。以為未也。七月鳴鵙。八月載績。載玄載黃。我朱孔陽。為公子裳。四月秀葽。五月鳴蜩。八月其穫。十月隕蘀。一之日于貉。取彼狐狸。為公子裘。續以為已裳。而公子則以玄黃。貉以為已裘。而公子則當以狐狸。蓋其不敢自愛其身。而愛其吏也如此。當是時為吏者優游恬樂。得以盡其

志。而為民者謹朴勤厚。得以安其生。雖有狼戾無賴之人。咸有悅慕而不肯疾視其上。蓋自秦商君設法以鬬吏民。而其情遂涣涣離散而不可復合。而平居吏之視民。惴惴然如觀其仇讎。故吏得閒。則肆其忿以毒民。而民得閒。則泄其憤以毒吏。蓋嘗思之。至於秦皇二世之際。郡縣之吏。屠人之父。戕人之子。暴虐慘酷。假天子之法令以濟其立。及夫劉項勝廣之變。則紛然剸刃於郡縣之吏者。不可勝數。蓋其勢之相激。不得不然者。故臣以為吏民不可使相忌。忌則爭。爭則必至於交離。而不可止。而後之於天下者。未能操其爭之之心。而反授以爭之之具。以遂其鬬。其初欲制奸吏。而不知其弊。或至於長奸吏。奸吏未必可制。而良吏先受病矣。今夫民之訟長吏者。使其誠無辜而濫罪。則不得不自伸其冤。誠過制而橫斂。則不得不自訴其抑。然其間或陷童僕以伺其陰。或結胥吏以制其失。或陽與之往來而

覘覗之。日則持之以為不法。雖狡猾者未有不墜其計也。此其端生於豪強兼并之家。恃勢以暴民。挾私以屈法。多不便於能吏。是故必欲擿法搜求而使之去。且今之為郡縣之吏者。蓋亦甚難矣。監司不邮郡縣。故嘗有不時之須。稍緩則符檄紛紜。適切則責急星火。權要不邮郡縣。故嘗有難應之求。稍不如所欲。則怒罵陵辱。以至於侵淫摇撼以快其志。而又加之兼并豪強之民。持其短長。以逞其詐。以肆其横。殆非所以保護能吏也。嗟夫。郡縣之閒。焉能事事盡善而人人無失哉。臣愚以謂非有大奸大惡。一號令之不審。一措置之失當。不甚害民而蠹國者。則包涵掩覆。有以略其過。責其效。而盡其才。使豪民不至於縱其奸。而能吏不至於沮其志。如是則歲月而吏民之争庶乎其可息也。

中書舍人崔敦詩論州郡掊克疏曰。臣仰惟陛下聖謨廣大。膺君英

明。雖非淺識所可窺測。然有愚誠庶幾裨益。竊惟國家閑暇之日正是愛養基本之時。譬之養身。若平居保固氣力。使之深厚。則臨事可以支疲勞。譬之植木。若常時培壅本根。使之牢固。則一旦可以待風雨。此蓋理之自然。事之必至者也。臣竊觀當今州縣之吏。頗成掊克之風。雖皆以添差歸正借多爲言。乃實以干寵取民聚斂爲事。不能體國。但務取民。徒見強濟之吏。因而得名者固多。不知奸貪之夫。藉以遂私者不少。不加痛革。浸累聖仁。臣今略具三事。下項。

一。籍沒家財。固有成法。近來州縣利其所入。遂有狡黠之人。妄亂指涉。以投其意。或稱爲強盜窩藏。或稱非嫡嗣戶絕。或侵析場務之本。或負大豪縣之財。不問何如。便皆拘籍。朝爲富室。暮爲窮民。且人之得罪。豈能無冤。資財既爲官司之破。隨所產亦爲勢力之賤售。後雖辨雪。難復再還。縱使多詞。終成無益。子孫窮

困。骨肉散亡。干陰陽之和。害忠厚之政。臣愚欲望聖旨。令後雖於法令合行籍沒。除已結正罪犯施行外。所有籍沒一節。具申提刑司看詳施行。仍候一年外。方許支用。其田產許收利入。亦候限滿方許出賣。

一。科罰之禁。前後具明。近來州縣乃出巧謀。其有富室豪家。儒子弱弟。既摭拾以負犯。遂恐嚇以刑名。徐令有司開道所欲。或倉庫城隍之未備。或舍館學校之未全。遂使繕脩。悉令出備。類多竭產。僅得陪償。實出脅持。俾稱情願。破上戶爲下戶。壞富民爲貧民。何嘗朝廷一毫擾民。皆是州縣倚法以削。臣愚欲望聖旨。令後州縣不許因事過勒出備脩造等事。許被苦人越訴。將違戾官吏重作施行。

一。受納之弊。今日已極。使緣費用之廣。須資賦入之贏。縱有寬容

寧無藝極。今乃年年增長。第累加添。不恤過多。急期取足。當受納差官之際。須利害切己之人。或資考已足。許以爲員。或祿廩素微。嗾之厚利。惟知掊力。豈復顧民。既是須求。又獻出剩。且州既明取其羸以供州。縣又明取其羸以供縣。茲猶爲可。復有不然。至乃贓吏作邑。貪夫主藏。同謀一心。作弊百計。裝綱運則可以多支。而私收於出境。變圭租則可以多糴。而傾入於私家。是以公私規圖。上下剋剝。合入米一石。今有至二石而可輸。合用錢一文。或有至兩文而未已。更遲以各將又如何。況今年歲豐登。穀米狼戾。一畝之入。不給官輸。終歲之勤。高幸一飽。不加措置。重困農民。臣愚欲望聖旨。令後州縣受納。並從轉運司將逐州交互差官。仍令所差官依常加耗受納。如有過數重取。徑轉運司覺察按劾。許人戶越訴。其不覺察官司。一例重作施行。

敦詩又論蠲放丁錢米夏税疏曰。恭惟陛下勵精政治。仁愛黎元。近者嘗有指揮。蠲月椿。或折帛錢。博謀近臣。未有定論。茲陛下深仁厚澤。未即下濟。臣嘗究其說。蓋月椿者。則曰月椿出於州縣。寬州縣則是寬百姓。然月椿名色實爲不一。其間亦多州縣合取以供經常固非盡是橫斂于民。其有常入不足。始爲一切之計。違法經畫求足其額。此乃不可盡見。今一擧而蠲之。此利悉歸州縣。使州縣守令一一得人。固不患不以寬民。然而州縣亦安能一一而居之。其間乘其寬裕。濟其奸私。貪者卷以自歸。侈者塡以自豐。其賢者則或苞苴饋廚傳。以作聲譽。何有惠利及於吾民哉。此議者又謂月椿之不可蠲也。主折帛者。則曰和買之不予錢。已非其舊。今復令折帛。夏税之輸絹。固其所有。今乃令輸錢。此名不正。言不順。民共苦之。其來已久。今稍蠲年歲。誠足以紓困窮之民。然州縣依法科敷折帛。上及上中等

戶。間有逃法利至下戶者亦少。雖所在不齊。難以槩論。儻一舉而蠲之。則誠慮上中等戶僥倖寬恩而下戶未蒙實利。此議者又謂折帛之不可蠲也。臣嘗謂土地不同。議論隨異。昔熙豐間。議役法者不一。大率吳蜀之民以雇役為便。秦晉之民以差役為宜。是時諸臣不能周知四方風俗。各執所見。遂為勝負。今議月樁折帛。其意亦然。任江西者親見月樁之害民。故以月樁為可蠲。任江東兩浙者親見折帛之害民。故以折帛為可寬。然終非齊一之論也。臣竊謂陛下天地父母之恩。愛養基本。此心之發。止欲寬民爾。然寬民之道。寬小民為上。壅水以起橫堤之魚。不若輸之淵澤以活無窮之鱗。授食以飼卧道之饑。不若散之窮林以飽無數之羽。是故寬小民則所損者少所利者眾。臣竊見諸路身丁錢米及第四第五等人戶夏稅皆取之小民者也。臣欲望睿慈斷自宸衷。取見諸路身丁錢米及第四等或止第

五等人戶合納夏稅酌量蠲放。此不待考覈。不須詢訪。詔旨一行。恩利便及。徑截明快。無復可議。難者或曰。如一戶有身丁錢米。又蠲夏稅。却有無身丁錢米處。止蠲夏稅。良為未均。臣謂如一戶有身丁錢米。又有夏稅。許從一多蠲放。有何不可乎。難者又曰。夏稅放至第四等或止放第五等。以為利及小民。然今有別置戶名。分寄田產。詭為第四等第五等者。未必盡皆小民也。臣謂國家布恩施仁。大為之限。若須一一推究。搜尋殆至不行。今就使詭為下戶者。不能禁之。要是及於小民者多矣。豈不愈於蠲月樁。則利專於公家。蠲折帛則幸上於上中戶乎。臣竊以國家久安。邊鄙寧靜。譬如養生寒暑未緣。正當護愛於真元。又如養木風雨未臻。尤宜培固於根本。是以臣每念忠染之報。多陳惠利之言。雖近常談。實為切務。今識見陛下仁心德意養大寧遠。欲革微施非常之恩。而遷徊既久。未見布宣。是以敢不自

從臺端所聞。伏乞睿慈併下臣章付三省參議施行。

翰林學士承旨洪遵乞放免崑山縣隱戶田賦劄子曰。臣恭仰陛下以文武剛明之姿。中興大業。號令之下。無非以元元為念。四方萬里。涵泳聖德。至深至渥。臣竊見平江府管下崑山縣苗米六千五百石有奇。頃緣經界逃民隱戶之田。皆籍以為數。自茲迄今。積十九年。監司者部前後差官體究。深知其弊。因仍未之革。人以為病。竊惟陛下慈仁為治。下之疾苦。唯恐不聞。聞而行之。唯恐不及。況朝廷經費。固不以數千斛為輕重。凡此虛數。歲無升斗之獲。奸吏因緣更移催促。其害不可勝言。欲乞聖裁特為蠲免。以惠一方。若或下之中書。中書行之戶部。不過有評而已。則民瘼未易除去。伏望睿慈亟賜施行。免致重困吾民。而實惠溥博。誠非小補。

楊萬里上民政疏曰。臣聞民者國之命。而吏之仇也。吏者君之喜而

國之憂也。天下之所以存亡。國祚之所以長短。出於此而已矣。且吏何惡於民而仇之也。非仇民也。不仇民。則大者無功。而其次有罪。驅之於後。功啗之於前。雖欲不與民為仇。不可得也。是故一政之出。上有意而未決。則吏贊之。上有命而未行。則吏先之。吏所以贊上之決而先上之行者。非贊其便民者也。贊其不便於民者。曷為不贊其便民而贊其不便於民者耶。贊其便民者無功。而贊其不便於民者則有功也。是故。政之不便於民者未必皆上之過也。朝廷將願外而取一金以問於其土之守。守必曰可也。民曰不可。不以聞矣。不惟不以聞也。從而欺其上曰。民皆樂輸。又從而矜其功曰。不擾而集。上賦其民以一。則吏因以賦其十。上賦其民以十。則吏因以賦其百。朝廷喜其善而不知有破家鬻子之民。賞其功而不知有願食吏肉之民。吏之肉不足食也。功歸於臣。怨歸於君。利於國者小。害於國者大。

此可悼爾。古之人君所以漸致於民散國亡而不悟者，皆吏誤之。蓋夫賦重而民怨，此奸雄敵國之資也，可不懼哉。唐趙贊爲一切聚斂之策，德宗盡用之。及涇卒之變，都民散走，而賊大呼曰：汝曹勿恐，不奪汝商貨僦質矣，不稅汝間架陌錢矣。德宗亦聞此也乎？奉天之圍，危於一髮，而猶庇趙贊，若愛子。然夫愛一趙贊而不愛社稷之重，忍於圍逼之辱而不忍於誅聚斂之臣，其入人之深如此。至於反國，可以戒矣。然趙光奇訴之以和糴害民，則不信；蘇弁歎之以官市利民，則信焉。且夫朝廷之政，雖聖人豈能盡善，惟其思以出之，諭以審之，見不可而更之，斯聖人而已矣。何德宗之難悟也。國家軍旅屢動，蓋有不得已而取之於民者，然譬之張琴，動則急之，靜則緩之。蓋動必有靜，靜之則其動必調；急必有緩，緩之則其急不絕。以動繼動，以急增急，則雖以黃帝五十絃之琴亦無全絃矣。聞之道路，往歲郴冦之

作，亦守臣和糴行之不善之所致也。嘗有以告陛下者乎？天下皆知朝廷有意罷此等之役矣。雖然，臣嘗有聞焉，江西之郡蓋有甲郡以絹非土産而言於朝，乞市之於乙郡者，此何謂也？民所最病者與官爲市也。始乎爲市，終乎抑配，是以聖人謹其始也。今乙郡之諸邑已有論稅之高下而科之者矣，無一錢償民也。民之不願者且治之，名爲督責於正租，實爲隣郡之橫斂。且有所謂和買者，已例爲正租矣。又有所謂淮衣者，亦例爲正租矣。今又求隣郡之絹，是三者之絹與正租之絹爲四倍而取之矣。民何以堪，而吏不以聞。惟朝廷亟罷之，庶不爲斯民不拔之痼根也。且無使民言曰：此絹自陛下始害。曰其如甲郡軍士之寒何？然則前乎此者，士皆冬而不裘耶？且甲郡欲市乙郡之絹，倚不遣吏私市之，何必假朝命而官市之哉？此必有奸焉。甲郡則出大農之錢，且書之曰：某日出某錢以市某郡之絹也。然某錢不及乙郡之民也，此必有私之者矣。民何從而訴哉？蓋民訴於朝廷，朝廷下之於州縣，州縣執訴者管之以誣其服，又呼其民强使之書於紙曰：官有錢償我矣。州縣以訴者之所服與民之所書而復於朝廷，無以詰也。罰一懲百，誰敢復言者？民有飲恨而已矣。晉女叔齊曰：何必瘠魯以肥杞。暉天子在上，而有司不平如此。

萬里又上疏曰：臣聞聖人之於天下，惟其有所甚疑，是故有所不疑。天下幾路，一路幾州，一州幾邑，而聖人以一身臨乎其上，以百吏分乘其下。夫所謂守令者，豈郡龔黃而縣卓魯者耶？聖人者將遂以爲吏皆能愛吾赤子，而吾民皆無疾苦愁嗟者耶？欲不疑而不得也。聖人則有所不疑者矣。蓋人不可以盡信，亦不可以盡不信。盡信則天下之奸有所蔽，盡不信則天下之人皆無可寄者。聖人者，擇天下之有可寄以察天下之有所蔽，是故深居九重而見民之肥瘠於四海

之外，優游巖廊而聞民之歎哭於大山長谷之間。唐虞之牧，西京之部刺史，唐之十道使，今之提轉刺舉之監司，皆天子之所寄以不疑者。雖然，今之監司疑則不疑矣，無乃太不疑耶？臣聞之先儒蘇軾曰：養猫以去鼠，不可以無鼠而養不捕之猫；養犬以防奸，不可以無奸而養不吠之犬。夫不捕不吠之猫犬，不過無功而已，未有大害也。然已在所不養。今則不然，猫與鼠同乳，而犬與盜搖尾矣。欲望其止於不捕不吠，而不可得也。朝廷亦嘗留意乎？蓋監司之於州縣，有所不敢問，有所不暇問，有所不復問。某郡之守，嘗爲侍從也，則監司幸其復爲侍從而有所求；某郡之守，嘗爲臺諫也，則監司懼其復爲臺諫而有所擊。至於縣令之與在朝某官有姻有舊者，皆不敢問。民訴某守，則執其人，封其辭，以送其守；民訴某令，則下其牒，以與其令。是爲守令報讎也。守令從而甘心焉，復有究者矣，誰敢自言？此之謂不敢

潤。朝廷舊歲免和糴。而江西之州有因秋租而每斛敷和糴十之二者。朝廷罷兵再歲。而舊歲江西之縣有督馬穀如星火者。大旱不稔。而不求減。飢民流徙。而不知恤。監司視之。亦如秦越也。此之謂不恤。問。郡縣之昏。憑守令之寵以暴吾民。民訴之者若拔山然。蓋監司既庇其守令。則併庇其胥吏。此之謂不復問。朝廷以監司為可信。安知其不可信。聖人之為天下。不使民有所怨而不洩。則其怨有當之者。怨而不洩者。惟無發也。一發。則必極於大亂而不可止。君相之於監司。盍亦如唐開元之精擇採訪使。而又專責臺諫以督察之。歲取其功罪之尤著明著之。以示天下。而不次陞黜一二人焉。以警其懦。臺諫急則監司警。監司警則郡縣肅。庶幾民怨之少洩。不至於一旦如潰洪河決蟻壞也。

蔡戡乞戒諭守令恤民疏曰。臣觀周官大司徒之職。以保息六養萬

民。曰恤貧。曰安富。夫單產貧民。固在矜恤。富家大室。猶欲全安之者。蓋君民相通。富藏於民故也。今州縣之間。一歲所入。可自供一歲之費。苟能吝出納。謹閉藏。察奸弊。何至匱闕。庸繆者既失於理財。能者又急於生財。理財之政不脩。則用度乏。生財之說一行。則民力弊。故大則搏噬富家。小則漁獵細民。以此為能吏相傳授。恬不為怪。富家大室一麗於法。喜動顏色。如得奇貨。詞所連染。追逮係累。搜摘隱微。強伏其罪。輕者出金以贖。動輒千緡。重者詆以深文。籍其貲產。或幸免於辱。不復興詞。或已破其家。無力控訴。為守令者方且自謂得計。比年以來。所在富家大室。衰替無幾。職此之由。縣令又以催科為名。侵擾下戶。常賦既足。猶以為逋。一吏持片紙。列戶數十。皆斗升尺寸之餘。比屋誅求。殆無遺者。蓋一履公門。其費數倍。罪責且及。人以所取微細。惟命是承。一歲之中。或至于再。積其所入。蓋亦不貲。以至受納加耗。率二石而可足一石。折買物色。直千金而僅支百金。沮格詔書。倍理已輸之租。違戾詔令。預借將來之賦。日朘月削。富者反貧。貧者愈困。斯民愁恨歎息。有不忍聞。夫聚財斂怨。以供公上之求。以給縣官之費。猶且不可。而況飾廚傳。事苞苴。興無益之工。縱無厭之慾。貧者或席卷而歸。郡守縣令。所望於承流宣化。遵養元元。乃反為民害如此。而謂之能得乎。夫所貴於能者。以其有非常之用。而賦不益。辦難能之事。而人不知。儻以聚斂為能。人孰不能哉。今之所謂能吏。古之所謂民賊也。可不痛戒而深懲之乎。欲望聖慈因郡守陛辭子亭訓諭使之布宣德意。以恤民為先。仍詔諸路監司常切體察。苟有違戾。許之越訴。重寘典憲。如是則陛下赤子得安田里。而家給人足之風可以馴致。

戡又論擾民四事疏曰。臣聞昔者趙簡子使尹鐸為晉陽。請曰。以為

繭絲乎。抑為保鄣乎。簡子曰。保鄣哉。尹鐸損其戶數。若鐸者可謂知所本矣。蓋邦以民為本。本固則邦寧。善治之君。未求所以保邦之術。而盡吾所以恤民之道。未有民不寧而邦寧者也。橫賦重斂。剝其肌膚。殫其膏血。民力憊矣。其如邦何。況陛下欲恢圖中原。東南根本之地。尤當愛恤民力。常賦之外。不宜以毫髮擾之。比年以來。擾民之事蓋非一端。夫造甲所以備戎器也。要當優給其費。少寬其期。不唯工役暇裕。自然製作堅好。今也日課一甲。何乃急迫如是。況一甲之費大約五十千。而縣官所給止十五千。則州郡日費三十五千。以歲計之。為錢一萬二千六百緡。大郡事力尚可支持。兩淮殘弊之郡。川廣淺陋之邦。何所從出。不過州責之縣。縣科之民。又況程限督促甚於星火。或有愆期。追逮禁繫。枷掠繼之。民安得不困乎。此造甲之擾一也。和糴所以備先具也。要當官自為場。視時直之高下而稍增之

痛戢丈胥侵漁之奸。則人將負擔而至矣。今也量立價直。半以楮幣。州郡知其不相若也。於是並緣為奸。次第而敷之民。中人之家。輸賦償逋之餘。益之無幾。欲為卒歲之計。乃盡取之。貧者。則屋起債轉糴以輸。不酬其直。不恤其有無。名曰和糴。其實強取。民安得不困乎。此和糴之擾二也。瀕江沙田。所產微細。自來人戶以為己業。輸納稅錢。一昨朝廷委官根括。盡行起租。比之鄉者之數不啻數倍。富家破壞屯產不足以償。貧者唯有流徙而已。陛下灼知其弊。嘗因肆赦。俾民自陳。如其已業。即以還之。州縣覬望。建議之臣。往往沮格不行。民無所訴。此沙田之擾三也。沿江十郡。拘籍鄉民教閱。遠者亦自數百里。近者百里。留滯數月。妨廢農務。而人置軍裝。造兵器。房賃扉屨之資動費百千。類多少年不還之輩。乘時詐取父兄財物。嬉遊城市。數月而去。一旦緩急。必不為用。無補於事。徒傷民力。此鄉兵之擾四也。以

至州縣不時之須。無名之斂。不可悉數。水旱流離之餘。何堪以此重擾乎。今堯舜在上。而恩澤不得下流。民情不得上達。由功利之臣。征求不已。偷惰之吏。奉行不虔故也。欲望陛下愛惜民力。以固根本。屢德音下明詔。戒飭州縣之吏。使之上體陛下德意。以愛養斯民為先。造甲未辦者。少寬其期。和糴未支者。多與之直。沙田則漸行起租。鄉兵則權罷教閱。凡有擾民之事。日求而去之。東南之民。得以息肩。根本既固。陛下一意外攘。庶幾無南顧之慮。

集英殿脩撰帥福建趙汝愚論福州便民事疏曰。準淳熙重脩令諸守臣到任及半年以上。具所寶民間利病或邊防事件須至奏聞者。

一。契勘本州元有西湖。在城西三里。迤邐至城。南流接大壕。通南湖。瀦蓄水澤。灌溉民田。事載閩中記甚詳。父老相傳。舊時湖周四十數里。天時旱暵。則資其所聚。高田無乾涸之憂。時雨泛漲。則泄而歸浦。早田無浸淫之患。民不知旱澇而長享豐年之利。後來人戶貪緣請射。歲納些小課利。謂之池戶。官中但見其絲毫之入。而不知其民戶永遠之害。歲月浸久。填淤殆盡。各立封畛以為己物。或寢為魚塘。或築成園圃。甚至於違法立券相售如祖業然。西湖南湖不復相通。而古人積水利民之地。盡為豪民猾戶所有。雖有潮水不住往來。而上下阻隔。無由通濟。臣照得本州地狹人貧。全仰歲事豐登。田疇廣殖。小有荒歉。難以支吾。況此兩湖彌望盡是負郭良田。自從水源障塞之後。稍遇旱乾。則西北一帶高田凡數萬畝。皆無從得水。至春夏之交。積雨霖淫。則東南一帶低田蔑泄遲滯。皆成巨浸。致使一方人戶白納稅租。而所謂池戶者。公然坐享重利。第以圭撮償官。其為利害大不相侔矣。今來若不申明朝廷。誠恐向後轉見湮廢。難以興復。

兩湖之民。永被其害。欲乞聖慈特降指揮。行下本州告示有田之家。許於農事之隙。稍循舊跡開浚。今附城為壕。上下流注。雖未能盡復古來丈尺。庶幾西湖與南湖通接。負郭之田。盡沾水利。而長享有年之效。兼照得本州舊無放生池。亦蒙朝廷許從今來所請。仍乞將上件西湖至南湖一帶盡充本州放生池。禁止採捕。仰祝兩宮無疆之壽。其每歲不過損本州公使庫所入池戶花利錢數百緡。而為一方人戶無窮之利。且與戶部諸司錢物全不相妨。無損於公。有濟於私。誠非小補。

一。竊見比年瀕海去處。間多盜賊。臣嘗推究其原。皆緣州縣官吏相承趣辦財賦。不復究心寬卹細民。致彼衣食不充。冒法趨生。無所不至。臣照得本州管下場務稅額重處。福清縣有海口鎮務。長溪縣有黃崎鎮務。二鎮皆僻在海隅。數十年前。人煙繁盛。

舟船湊集。故二鎮稅額不勞而辦。自海口鎮為海賊劉巨興焚爇之後。居人星散。市井蕭條。而黃崎鎮尤號迂僻。民物皆非其舊。然而二鎮稅額尚存。無緣登足。臣因考究簿書見二鎮比年收趂本州及諸司錢數類皆不及元額。然甚督責追呼無時無之。夫以昔時商賈之盛。則凡所稅者皆當稅之物。民力尚可堪耐。今以蕭條焚爇之餘而欲辦往時之稅。彼若不肆意一切誅取。何以逭一時之責。臣歷詢海濱之地。皆前臨大壑。背負高崖。土多斥鹵。難於種藝。惟藉魚鹽採捕以為生業。今二鎮官吏以上司督責之切。故誅取例在此曹。凡日用瑣碎譏察殆盡。此曹平時寃憤無告。一旦偶有桀黠者出而號召之。則彊力者皆盜賊。其弱而無能者皆耳目也。且如今春海賊吳郎嘯聚成黨。凡沿海捕盜官司。莫或遑處。贏糧裹帑。

惟恐之興。今若不窒其源。它時意外生事。課其所費與稅額所得孰多孰寡。臣今欲乞將海口黃崎二鎮稅自淳熙五年至九年凡五年所收到課利酌中立為定額。免致過有追呼責辦。然後從本州嚴行約束。開具曉示。不令搔擾。庶幾海濱細民稍獲安業。儻不為蠲減舊額而虛行檢束之令。亦恐徒為文具無以取信於民。如蒙聖慈矜允。即乞行下本州與諸司通議。不惟細民仰沾聖惠。而區區徙薪曲突之策。庶有取焉。

汝愚乞告戒監司郡守求裕民之術。疏曰。臣仰惟陛下臨御以來甚重刺史縣令之選。凡所以加惠元元為國家深長之計。非獨使之趣辦於一時也。比歲州縣之間。調度滋廣。為吏者不能仰體陛下選任之意。日汲汲焉惟以巧取橫斂為事。年增歲益。名數非一。至於民之休戚利病。則一切視為不急之務。雖一旦之訟有積十數歲而不決者。問其故。則曰。方治財賦。奚暇它事。為監司郡守者亦曰。彼郡彼邑財賦既辦。尚何求哉。上下相師。恬不為怪。然則陛下何賴焉。生民何望焉。孟子曰。善政得民財。善教得民心。又曰。無政事則財用不足。信斯言也。其為本末先後之序。蓋必有道矣。臣愚欲望陛下特降詔書丁寧告戒諸道監司郡守。俾各勤求所以裕民之術。具奏來上。陛下擇其可者次第行之。申飭刺史縣令有不以詔書從事者必罰無赦。庶幾疲俗可甦。和氣可召。天下幸甚。

汝愚又乞免除拆居民屋宇疏曰。臣去歲蒙恩賜對。嘗論君人之道惟務廣恩。人臣之義以勞任事。是時頗蒙陛下開納。其後都城內外相繼有拆屋事。人情扤擾。然在當時百姓皆知此是吳淵韓彥質所為。及韓彥質移知平江。所至人情感悅。意謂朝廷灼知其害。不復更

議除拆。今五閱月矣。若因臨安府陳乞展限。朝廷明降指揮更與展兩月限。竊自陛下寬恩然自此行下本府。使須徧行曉諭。道路相傳。數郡之民。不無擾動。恐非朝廷事體。深為未便。臣愚伏望聖慈特與收還成命。當此青黃未接之際。惟以慰安人情。此實國家中興之本。若夫除道路。治橋梁。蓋是有司之職。異時因事為之。固未為晚。臣一介孤遠。仰蒙陛下深知。惟思補報。苟懷所見。不敢不盡。惟陛下裁察。幸甚幸甚。

汝愚又乞置總首統轄金洋州歸正人疏曰。臣近據通判遂寧府張亨劄子。稱金州上津縣管下鄉村有忠義歸正人戶。散漫居止。昨來朝廷以其忠義來歸。給撥官田佃種。各令養贍其家。若夏秋豐稔可以養生。即自安業。稍有飢饉。便致流亡。蓋緣無人為之總統。或有飢貧失所。各去州縣遙遠。何由伸訴。乞從本司行下本縣。敦請內有信

義衆所推服之人數名為之總首。當官勸諭，因令來賑濟之際，各將諸村人戶姓名，住止去處，以地里遠近，合係若干人為總首，如各處人戶遇有荒歉貧乏不給之家，并有合伸訴事件，即仰就本總首陳訴，即自本總首具申州縣，優加存恤，不令失所。候將來取見合充忠義總首人數，乞從本司先次支給犒設一次，併令本州按月量與支破食錢。庶幾人肯盡心統轄。所有洋州與符縣亦乞準此勸諭。如或可行，乞行下兩州施行。臣詢訪得金州上津縣、洋州真符縣多有歸正人在兩縣管下近邊去處散漫居止，緣所居處乃古商於之地，其地險遠，其土荒瘠，設遇雨暘時順，所收已自不多，小有水旱之災，其人便覺狼狽。又緣邊頭去州縣絕遠，百姓殆與官吏相忘，下情無以上通，上恩不得下達。或有飢餓，便自流移，去就之間，事關利害。臣今擬張亨前項劄子所陳利害頗合事宜。兼臣照得張亨亦是北人歸正之人，久在金州居住，熟知彼中人情事體。又其人忠信懇實，臨事審詳。臣見委本官前去兩州點檢賑濟事。臣因就委本官同兩州守臣相度措置，候到，別具奏聞外，伏望聖慈特賜敷分，如以其言可採，伏乞指揮行下本司，以憑施行。

汝愚為江西轉運判官，上奏曰：臣昨陛辭日，親奉處分，令臣到江西日，講究裕民事件，候到任半年後奏來，兼省民力，比之紹興三十二年以前如何。臣恭聞聖訓，不勝震懼，深惟綿薄，顧無以仰承德意，夙夜惟念，畢竭愚慮。竊謂自昔堯舜三代暨秦漢魏晉隋唐以迄于今，其間所遇之君，昏明愚聖雖各不同，要之未有得民心而弗永厥世，不得民心而能享國長久者也。我國家列聖相承，所以固結人心者至深至厚。故上天眷命，篤生聖主。日孳孳然咨訪民瘼，惟恐不至。顧如臣輩一介微陋，猶丁寧訓戒，俾得自竭，況通顯名位踰臣數等者乎。孫深自慶幸，以為我宋億萬年之基業，實積於陛下宸衷方寸之地，是為宗社之福，天下生靈之幸也。況臣曉職有守，其或效涓塵之助者，臣敢不昧死以聞。臣伏自到任以來，宗住詢訪民間利害，及今來巡歷所至，有可以寬裕民力者，本司隨事斟酌輕重，次第罷行。獨有諸縣措置月樁錢物，其間名色類多違法，最為一方細民之害。臣試舉其太者，則有曰麴引錢，曰納醋錢，賣紙錢，戶長甲帖錢，保正牌限錢，折納牛皮筋角錢，兩訟不勝則有罰錢，既勝則令納歡喜錢，殊名異目，在處非一。臣嘗詢究，蓋已累經朝廷指揮及前後監司約束住罷矣。大抵類能力制於一時，而不能保無於後日。其弊正如鼠穴，左固則右透也。至詰其所從出入，則首以月樁無料名，循例措置為辭。甚者奸贓之吏，又為緣搭刻以濟其私，預於簿書之間，陰為抵讕之計，有司熟視，不可稽考。其間設有能自植立，整齊紀綱者，則往往窘於調度，拘攣牽制，困不得逞。其豪宗大姓，因得持是數者挾持官吏，以漁獵細民，流弊萬端，不可殫述。其原則始於月樁太重而已。臣下縣從憑，因盡考諸縣月樁出納之數，及其初科降之目，與夫先後因革之制觀之。其始蓋緣江淮用兵，供億數萬，朝廷深恐一時之事遽，合本路計月樁辦大軍錢物，而月樁之名始立。然其時降到旁通式內，猶許先取無額經制錢，不足，方取上供錢，又不足，則取諸司封樁錢，其後又增置贍軍七分酒息錢，其餘不以有無拘礙錢物，皆許移用。甚至急闕，則朝廷以時支降茶引度牒之類以濟之，是時兵火之初，所在皆有餘積，公私未告病也。今諸司封樁固不得用，而無額經制錢州縣皆有定額，不盡分隸月樁，此外所存名目，惟上供錢及七分酒息錢二種而已，其餘盡畫以取足於州縣也。況承平年久，州縣用度日廣，財賦日蹙，所以予之者歲益加少。謂如諸州科撥二稅，諸縣總用之贍。

而取之者。歲益加多。（謂如增收頭子錢。勘合錢。開月樁場錢之類。）非作法以取諸民。則何以哉。臣嘗略計本路月樁之數。每歲爲緡錢七十萬。而格外所入者半之。雖其間亦有傳致文法者。大抵法外之歛。什常三四也。今朝廷縱未能大有蠲除以盡掃宿弊。臣謂宜令有司擇其間最重者稍損恤之。且袁與筠接壤也。其地望同。其賦入同。而月樁輕重不齊。至於五倍。筠一州三縣。歲額之數。曾不及袁之一邑之多也。故袁之趣引錢歲取於民者爲緡三萬。而沿納虔取之數不與焉。今夫天子明聖憂民如此。而民之困於征歛如彼。故臣以謂陛下不聞則已。誠使陛下聞之。蓋如赤子匍匐將入井之時。其必惻然動於中矣。臣伏覩陛下即位以來。焦勞勤儉。雖乘輿服御。未嘗有毫髮妄費。至於減租蠲賦之令。爲民而下者。蓋前後相望也。即位之六年。減福建鹽課爲緡錢數十萬。七年。減折帛之半爲緡錢三百餘萬。十四年。減四川酒課重額爲緡錢四十七萬。以至減饒之天申金。徽之上供絹。臣所不知者。又不知其幾千萬也。顧江西十一郡之民。生齒數百萬。獨以月樁之故重困如此。是豈陛下愛民之本意哉。臣愚伏望聖慈。特賜詳酌。行下本路取見諸州軍縣月樁最重去處。隨其事力輕重量與蠲減。然後重禁官吏之妄取橫歛者。時一二人重置于法。以厲其餘。孰敢不遐聽也。是誠拔本塞源之計。惟陛下斷自宸衷。指揮施行。幸甚幸甚。

歷代名臣奏議卷之一百八

歷代名臣奏議卷之一百九

仁民

宋光宗時。吏部員外郎陳傅良初對劄子曰。臣恭惟藝祖受命平定海內。凡所以創業垂統。莫非可傳之法。而深仁厚澤垂裕後人。則專以愛惜民力爲本。臣案故牘自建隆至景德四十五年。南征北伐。未嘗無事。而金銀錢帛糧草雜物七千一百四十八萬。計在州郡。不會。古所謂富藏天下。何以尚此。當其時。諸道上供隨所輸送。初無定額。留州錢物。雖盡曰係省。而非取之也。蓋至大中祥符元年。三司始奏立諸道上供歲額。以此承平百年。家給人足。是傳序九帝。天下常多故矣。而民心不離。迨用中興。則以祖宗之澤在人深厚故也。臣常惟念藝祖以得民心受天命。比隆三代矣。然而以天下遜。不私諸子。纔一再傳。而萬世不祧之宗。僅同支庶。則是在天之靈。未享其報。高宗遭變。深探其本。由是推正統之自。納至公之說。而天命復集于壽皇聖帝。美暨陛下。豈非天哉。且天之報藝祖者如此。而陛下以膺歷之寶寬仁之德。誕膺天眷。方當繼體之始。伏惟亹念高宗推本之意。歛承壽皇付託之訓。以推行藝祖在人未泯之澤。爲萬世無疆之休。今其時也。臣不勝至願。

蔡戡論州縣科擾之弊疏曰。臣聞民爲邦本。本固邦寧。自古爲國者。欲固邦本。先結人心。欲結人心。先寬民力。欲寬民力。先擇守令。非其人。則主澤不能下流。人情無由上達。民力困。則人心離。人心離。則邦本危矣。臣少歷州縣。濫蒙朝廷任使。六持使節再總軍餉。足跡所歷。幾遍東南。求守令之循良者不可多得。能者以一切之政趣辦目前。賢者不得行其志。救過逃戾而已。推原廒自蓋山阪曾督責漕司。漕司督責州郡。州郡不恤縣道。縣道不恤百姓。上下相迫。前後相仍。習以為常。恬不為怪。民力之困。至此極矣。可不致弛易轍而拯救之耶。臣請詳言其故。且二稅古也。今二稅之內。有所謂暗耗。有所謂漕計。有所謂州用。有所謂斛面。二稅之外。有所謂和買。有所謂折帛。有所謂義倉。有所謂役錢。有所謂身丁布子錢。此上下之通知也。於二者之中。又有折變。又有水腳。又有縻費。有隔年而預借者。有重價而折錢者。其賦斂煩重。可謂數倍於古矣。然猶未也。有所謂月樁。有所謂鹽產。有所謂茶租。有所謂上供銀。有所謂乾酒錢。有所謂醋息錢。又有所謂科罰錢。其色不一。其名不同。各隨所在有之。不能盡舉。為保正者。科責土產。科買竹木。巡尉下鄉。則預備酒食。居民被盜。則先納賞錢。應期限則有繳引錢。違限期則有罰

奏議卷之一百九　二

醋錢。以至脩造公廨。迎鋪擔梁驛會。一切取辦。故中人之家。無不易屋破產以充役。為稅長者。逃絕稅則令代納。坍江稅則令代納。產去稅存無所從出者。又令代納。異縣亡鄉不能追逮者又令代納。已納在官者。不可復得。見欠人戶。則不為理還。故畢產之民。無不典妻賣子以免罪。如此。民力安得不重困乎。又有催科之擾。州差與縣。下縣。甚則州差州官。縣差縣官下鄉。甚則知縣親往。吏卒所至。需索百出。鞭笞縲繫。動輒數十人。所欠多係升合尺寸之餘。未納者不免於倍輸。已納者又從而再納。往往無有獲免。為守令者。但知以催科為急。無復一分愛民之心。所以堯舜在上而恩澤不得以下流者。正以此爾。恭惟陛下。祗守大寶。遵奉慈訓。凡發政施仁。無非以愛民為先。真堯舜之用心也。陛下裁損經總制錢。而所損者無幾耳。每歲常數。則未嘗虧少。陛下蠲放身丁錢。而所放者見欠耳。先納在官者無由理折。陛下裁減和買。恩至渥也。而鄉胥作弊。減免不均。陛下倚閣遠負。德至普也。而豪戶恃強。催索自若。陛下愛民之心。不能盡布。陛下卹民之政。不得盡行。此無它。守令非其人耳。縣令既不可盡擇。當擇郡守。郡守不能盡得人。每路當擇一賢監司。而委任之。陛下臨遣。諭以德意。使之徧行郡邑。觀見守令。講求民間休戚。可罷者罷之。可行者行之。計州縣一歲之出入。可蠲者蠲之。可減者減之。使上下相通。內外相應。無為文具以復命。庶幾實惠可以及民。民力可以少蘇矣。民力既蘇。邦本自固。天下幸甚。

寧宗時。江西提舉袁燮上便民劄子曰。臣竊惟民力之困至於今極矣。多方存恤。凡有便於民者。知無不為。庶乎其少蘇也。今州縣間皆有行戶。官司之所欲買。行戶不敢不供。然於市價謂

奏議卷之一百九　三

之官買。夫張官置吏。本以為民。民不被惠。而強買其物。官則利矣。民將若何。此不顧廉恥者。所以深為可罪。而適其漁獵者。所以深為可憫也。昔公儀休見其家織帛而怒。因茹葵而又怒曰。吾已食祿。又奪園夫紅女利乎。董仲舒美之曰。古之賢人君子在列位者皆如是。故下高其行而從其教。民化其廉而不貪鄙。今日士大夫所食之祿。民力為之也。既食其力。無補於民。又賤價以買其物。習以成風。恬不知愧。是之不戢。吾民愈困矣。臣愚欲望聖慈軫念民瘼。詔諭四方。應官司買物。並同時價。敢稍減者。並許越訴。計贓定罪。此亦惠民之一端也。

中書舍人陳傅良上奏曰。臣切謂今天下亦多故矣。臣未暇縷數。獨念民力之困於此為極。而莫與陛下救之者耳。賢士大夫不為不多。要莫與陛下救斯民者。何也。勢不行也。何謂勢不行。

欲救民窮，必為帥為漕為總領而後可。而三數官者，雖賢士大夫不樂為之故也。既曰賢士大夫而不樂為帥漕總領，何也？外權太輕。雖欲有所設施而不得騁故也。是故不為法令之所束縛，則為浮言之所動搖。不為時政之所諱忌，則為官游於其處而不得志者之所中傷。有是四患，雖賢者亦忍事苟歲月耳。而況其餘人乎？且夫人情誰不喜遷而惡滯，誰不好伸而恥屈，誰不趨利而避害？今也立朝自郎察不一二年，寺至卿監，又不一二年，鮮不得為從官。若夫帥漕，則有奔走徧天下而無一日朝覲者。其間僥倖或得貼職，自直閣積而至脩撰極矣。而所謂脩撰者，又必嘗為卿監而後得之。是終身無復從官之望。至所謂喜遷而惡滯，人情之不樂一也。今夫立朝苟有覲數，欸入辟閣，則可以移書帥漕暨總領而坐取之，無不如意者。至為帥漕達銜列牘奏辟一屬官，若准備差遣之類，輒不可得。若平平也，則不過送部勘當，訖於陸沉。若稍有過差之請，往往省部詰難回復。甚者至被論列，臣所謂好伸而恥屈，人情之不樂二也。今夫立朝自奉務職事官，皆得以親族子弟補國子監補解試及監司帥臣苟非在川廣二千里外，即子弟無收試之所。每遇大比無所附著，稍知謹畏者大率無故而廢一舉。不然，則為詭巧遷就，以避貢舉條制斯可矣。臣所謂趨利而避害，人情之不樂三也。如前四患，則是事權太輕，雖賢者猶不樂為之。如後三說，則是恩數太薄，而人人不樂也。夫可與救斯民者，必帥也，漕也，總領也。而人不樂為之至此，奈何憚改乎？臣竊以為今日之勢，莫若稍稍重外。重外之術，必使帥漕總領皆可馴致於從官，等以馴致於從官，而後可久任。可久任而後可責事功。如此，則帥漕

總領始曉然知朝廷委寄不輕矣。則夫前四患者，次第自去，而有為陛下出力救斯民者矣。

朱熹上奏曰：臣前任備員潭州，兼管荊湖南路安撫司書，竊見本路土瘠民貧，無它生理。而州縣歲計，入少出多。往往例於常賦之外，多收加耗，重折價錢。尚且入不支出，公私俱困。昨來諸司察見其弊，累嘗蠲減，務寬民力。連年所放，蓋已不貲。而州縣起發上供支遣俸給，諸色費用，尚仍舊額，略無所損。泌此官司已是狼狽，不可支吾。或有非泛賞給，調發支賜，若更差到諸班換授歸正雜流補官之人，復有增加，則愈見逼迫，無以為計。臣近者嘗與漕臣何異備奏全州守臣韓邈所申乞減添差員數，可見一端。至於其它州縣，大略往往類此。不唯官吏茍逭目前，多方趣辦，不暇為國家赤子計，而按察之官知其甚不得已，以至於此，亦不忍盡法按治，無由發覺。竊念本路東望朝廷，遠在二千餘里之外，而北據重湖，南撫谿峒，形勢所關，亦非它道之比。萬一民貧不堪誅剝，一旦屯結，自為擾亂，而盜賊蠻傜相挺而起，則不知議者何以處之。臣自到任以至去官，僅及三月，雖未及詳審究其曲折，然其大勢如此，亦不待智者而後知矣。故嘗深以為憂，欲為料理，但以召還之遽，未暇子細詢考，盡一奏聞。今者既蒙賜對，又不敢不為陛下一言，欲望聖慈深察，一視同仁，特詔本路帥臣監司更以前日全州所申事理，通之諸郡，並行均節，將大段闕之去處，特與痛加裁減，指定奏聞，取旨行下，庶幾州得以恤其縣，縣得以寬其民。而其間或有不奉詔者，亦且無詞以逃其罪，則遐遠之民，均被實惠，而寬大之恩，不但為掛墻壁之具而已。臣奉使亡狀，不早上聞，以至今日，死有餘

罪。伏惟矜赦而亟圖之。則一路幸甚。

衛涇論淮民當恤疏曰。臣仰惟國家中興以來。培植基業。以固立國之計。恃淮民為根本。自高宗皇帝生養保聚。幾三十年。户口豐衍。中更瘡痍。孝宗皇帝極意拊摩。謹擇邊守。蠲損常賦。察視水旱。惟恐民力之有傷。所以垂念加惠者。甚於中州內甸。蓋自是又三十餘年。且其土地饒沃。穀粟登成。是以淮民富實。家多蓋藏。聞粵江浙之民。往往有徙而附之者。故邊垂有泰山之安。其為聖慮至深遠也。比歲閒值饑歉。民多困匱。已非昔日寬裕之比。而州縣之間。凡有調度。並緣煩擾。事力寖微。公私煎熬。平居無事猶或不安其生。一旦緩急。何所倚以為固。臣不勝惓惓私憂過計。竊謂國之根本在是。朝廷不可不察也。去歲淮之東西。積潦敗稼。民頗告病。今春淫雨傷麥。無以續食。飢民流離。有所未免。救荒之政。甚不宜緩。不知州縣官吏目睹民瘼。備具蓄積。施行次第。有足以寬陛下宵旰之憂者乎。向者襄漢阻饑為擾。至勤朝廷區畫。推原所繇。是亦州縣勞來安集講之不素。鑒彼察此。烏可忽諸。矧長淮為江之藩籬。藩籬弗葺。則閭閻奚賴。其在今日關繫尤重。豈得不蚤計而預圖之。臣愚欲望陛下深念根本之所恃。仰法二祖之遠謨。明詔兩淮帥臣沿邊郡守。於民情休戚。必加之意。凡日前科擾之害。一切禁止。仍亟行下本路漕臣及常平司。應有飢荒州縣。疾速措置賑恤。務要實惠及民。以固安易搖之心。以消弭未然之慮。其於累朝愛養淮民之計。誠非小補。

又論歉歲伏熟及舊逋疏曰。臣聞聖王在上。必汲汲於民瘼之廣求。民隱之勤卹。蓋以斯民疾苦。無由自達於上。而其隱憂或不能盡白也。恭惟陛下仁覆天下。視民如傷。踐祚之初。歲遣告歉。陛下哀矜惻怛。形于玉色。為之薄征。為之已責。如古荒政。靡一不舉。德至渥也。以臣觀之。故歲田疇損於水旱。不為不廣。民之流移餓莩。亦不為不衆。然其間固有豐熟去處。州縣例以災傷為之蠲其田租。而一時寬卹之令。且使主戶輕其輸入。田賦減矣。租入輕矣。又得賑糶賑濟之粟。以為左餐右粥之地。則斯民雖在歉歲。而自無歉歲之憂。迺若今歲雖號豐稔。方秋西成。多稼雲委。田夫野老。喜見顏色。逮至登場。所收反薄。相顧觖望。欲赴愬於州縣。則田畝既無遺穗以自表。欲乞憐於主家。則主家以無官放而不從。此猶可也。積潦之田。民以貧病不暇播種。今官司或追其伏熟累年之逋。民既罄空無所從出。今豪強併至於責償。是以人情煎熬。田里愁歎。反有甚於故歲。此正唐趙光奇所謂時和歲豐。百姓不樂。而本朝蘇軾亦有豐年不如凶年之說也。豈非聖明之所欲急聞乎。臣以為日者陛下俯諫臣之請。五等丁錢。悉從蠲免。則是朝廷於經常之賦。曾不靳惜。安有田疇積潦。遍容州縣追其伏熟乎。又當從臣寮之奏。民間所貸糧本。取息無過五分。則是官府於借貸一事。已加裁制。安有逋負累年。過縱豪民併至責償乎。臣愚欲望聖慈明詔州縣。其有積潦之田。曾經檢視。悉與除放。毋令伏熟。如有遺戾。許監司按劾聞奏。累年之逋。嚴禁豪民。姑與倚閣。或尚監理。許州縣即時繼釋。庶幾斯民熙熙于春。粗知有豐年之慶。以仰稱陛下軫念元元求瘼卹隱之意。伏惟陛下財幸。

彭龜年乞權住湖北和糴疏曰。臣輒有愚見。仰干淵聽。臣照對去年朝廷以淮浙並饑。江湖小熟。遂下和糴之令。嚴遏糴之禁。恩甚渥也。然州縣亟欲集事。未免敷糴於民。商賈競起逐利。又復爭糴於下。而江淮兩浙帥倉以至總司戎帥。皆散遣官吏。多齎錢物。四處收糴。其所差人爭先趨辦。遞增價直。以相傾奪。米價既長。害及細民。細民日要添錢糴米。富家愈見閉糴自豐。遂使江湖小熟之地，反有飢餓不給之民。臣自江西以入湖南，所到去處皆病於此。及入湖北，愈覺益甚。去歲江陵雖止蒙朝廷撥降和糴米拾萬石，緣湖北地廣人稀，耕種滅裂，種而不蒔，俗名漫撒。縱使收成，亦甚微薄。每到豐稔之年，僅足贍其境內。萬一發泄出外，必至價直翔踊。常年米價每石若及兩貫，已為極貴，今來直至斗添數百，民猶未已。方此耕布之時，使百姓困於貴糴，無以自給，甚可憐也。況本府既有補糴，又有和糴，數目既多。深恐置場不能頓足，不免均之諸邑，諸邑復不免敷之百姓。上下相蒙，其勢有甚不得已者。其初定價，正當秋成米賤之際，只據一時市直，每石作一貫五百足。及到後來，諸處官司商販競來爭糴，米直陡貴。官司但以事干朝廷，只執元價，不敢增添。馴至今日，輸猶未足。乃是百姓受錢於米賤之初，而輸米於增價之後。甚者家無見儲，不免轉糴以償於官。焦勞如此，可不速為之計哉。臣至愚極陋，叨蒙陛下寄以牧養之責。臣既親見小民無牧養之具，豈可不仰告陛下。臣照對江陵府已申朝廷，乞將和糴未足之數，俟到秋成糴足，來年行下。臣契勘本府合糴米十萬，據諸處申到已糴及柒萬，尚有三萬米未糴。而見在之米，已承朝廷指揮，未令起發，以此見得淮浙之不待此米之來。所有未糴三萬，若得少緩收糴，卻得蘇此一方之民。緣今來已是五月，若俟朝廷行下，然後住糴，恐不及事。臣已令本府將見糴未足米數，且權住糴，以待回降。庶使青黃不接之際，留得此米接濟百姓，以了農事，不勝幸甚。

貼黃：臣訪聞諸路監司帥臣，在湖北糴米甚多。其糴米之價比之本府和糴每石率多一貫已上。故其交易比和糴尤易。臣計本府和糴之數，已及十分之七。即外路諸司所糴米數，亦是過之，

誤。使目即住糴，亦不關事。臣已行下本路諸州，令勸諭有米之家，當此艱食之時，先將米穀糴與百姓。如本州縣食米已足，即許將所餘之米，糴與外路般販之人。臣為見本路百姓委是闕食，不得不稍宜措置，以救目前之急。若是去年十二月、今年正月之交，臣亦不敢如此施行。但恐自此或有遏糴之謗，尚冀陛下為此一方之民，曲加察照，臣罪萬死，所不敢逃。

知徽州事袁甫奏便民五事狀曰：臣一介庸愚，寸長蔑有，濫膺論遣，承乏新安。良由聖朝選拔之公，但愧微臣叨逾之過。欲求報塞，罔憚勤勞，倏更一暮，合條五事。學不足以窺體統，識不足以達事宜，惟以便民為心，斯乃守臣之職。臣昨塵班列，獲覲清光，思歆少裨聖聰，嘗獻仁之一說，即蒙俞允，且賜褒嘉。況今圖為保障，深慙薾綿，施行於本州者，既以仁為先，奏陳於陛下者，宜以仁為急。條目雖異，綱領則同。惟欲實惠於民而已。伏乞睿慈，特加聞納，豈獨愚臣之幸，實一州百姓之幸。

一、臣仰惟陛下軫民疾苦，切於肌膚，拯民塗炭，急於焚溺，所以遣續民命，護養國脈，為億萬年無窮之基，可謂至深且長矣。臣竊見近者朝廷行下本州及監司，元申休寧縣體究賦税事，並須令音多所蠲減，皇乎休哉。湛恩汪濊，閭閻遐邇。臣濫綰郡符，得自與擊壤之民，歡欣感戴。臣伏覩戶部看詳之辭，洞見州縣情狀，破其私意，示以大公。其言曰：閱縣所申，則惟供上窠役耕，不靳若乃留州送使項目，責辦如初，是特為私已追責之謀，似非有躰國恤民之念。今準看詳之旨，盡蠲均一之恩，於是不持將上供數目量行減放，併將州郡所得自用者，並行蠲除。臣諷誦至此，竦然歎服，以為聖朝至張公道，勤恤民隱，如此甚爾小郡

雖甚追處，何敢不宣明惠意，推廣仁聞？已即備坐聖旨，張榜通衢。今深山窮谷之民，皆戶知之，甚盛舉也。而臣又思之，徽有六邑，俱號磽瘠，婺源、休寧最當衝處。今休寧則被惠矣，其獨遺婺源者，况婺源介乎萬山五嶺之間，邑最㣲，民最貧，而財計最窘，較之休寧殆又甚焉。吏部出闕，畏却莫前，縣佐循官，尚求免過，措正稅以辦別色，那新錢以摧舊逋，措置既無它策，預借是為良謀。幾一二年不知幾萬數家富室，懲氣勢而不輸官租，下戶貧民畏追呼而重納產稅，加以連歲非值豐登，兼又屢遭回祿。學舍庫務，幾無孑遺，井里市廛，并為瓦礫。擧此蕭條之邑，畀諸新辟之官，備經支傾，忘寢廢食，極疲勞而不憚，如醉夢之方醒。則夫蠲減之恩，豈可斯須少緩？雖然蠲減誠是也，祈哀於公上，先齊於本州，則是猶未能克己私也。己私未克，自立藩籬，是先

以婺源、休寧為二也。而欲朝廷視為一體，其可得乎？臣今所謂一以休寧為譬於本州，雖有損於朝廷，則不易徒，苟可利民，臣何愛焉。尋常州郡得用之錢，往往徒來視為己物，但知厭足其所欲，誰肯瘠己以肥人？弊俗既成，痼疾難療，在州之司鑰者既不忍決舍，在上之當除者亦不敢申明，由其封閉吝嗇之私執而不通，致使周流霶霈之澤隔而不下。臣之愚陋，它無寸長，獨於公私義利之間，粗知從違取舍之決。矧州縣事同一體，財賦自合通融。今欲稍寬縣道，豈可專撓朝廷，須先從本州除斷情之私，又乞朝廷減蠲名之欸，然後洞察之邑，始獲少蘇。臣已將十六年婺源拖下細絹一萬七千餘疋，茶租折帛錢一萬五千餘貫，月椿板式錢六千餘貫，應是婺源積逋，一切權行住催，本州撙節浮費，代為收糴，此綱惟是鑿空白撰之賦，皆係上供，及

縣所色目頻錢，尤重為害，細民既非本州所可自專，須欲朝廷特與減放。向使無例可舉，尚欲力行陳乞，况有休寧近例，婺源事體一般，俱從朝廷明降旨揮，並係監司差官講究。休寧既先減放，亦合例及婺源，庶幾可以解倒垂之急矣。所以條具婺源減放事件，臣今已申監司公共保明，同銜申取指揮，隷不能已。預此控陳，伏望聖慈采納施行。

一、臣竊詳本州起發上供絹綢，屢年以來，左帑却四數多。臣到官之始，積下前政數目，動踰萬計。督促諸邑，晝夜不停，追逮務苦，紛然四出。又緣向來官吏巧行敗移，雖有人戶姓名，往往皆非元物。今却而婦之縣，縣果何策哉？惟有重困吾民耳。臣每執筆行移，甚有愧色。上下壅滯，無由疏通，左帑嚴為限期，急如星火。本州懼無可解，凜若淵冰。臣區區愚慮，深恐今歲為匹，來歲倍

之，不三五年，積至數萬，百姓受害無有已時。於是與民圖新，多方曉諭，皆令加意織造，貼保全綱盡放。臣粗取信於民，民亦遵從其約。臣又考究自來攬戶之弊，其受於稅戶也，則昂其價；其買諸機戶也，則損其直。以紕疎難售之絹，乘綱運正急之時，官雖明知其奸，每每墮其術。又專揀等輩相為表裏，弊倖多端。民戶不堪誅求，耗用何所從出？不過減絲縷之費，務以塞無厭之需，由是真偽混淆，輻湊交集。名爲稅戶，實則斷官，無怪乎左帑之見卻也。臣痛懲此弊而一洗之，凡攬戶盡行罷去，專揀悉皆改差。所收人戶入納之錢，僅及則例，應干市利靡費之用，不取分毫。常時所以多取者，蓋緣無以飽衆人漁獵之欲耳。臣今既剗其窟，復澄其源，隷役官坊之人，並支日食之費，在官之所耗者少，在民之所利者多。又人戶歲輸，全憑來鈔，即時給付，客

無滯留。微臣不敢憚勞。官吏亦知宣力。稍有欺弊。斷在不容。民皆曰向也官場邀阻乞覓之弊。今皆無此患矣。絹雖有加於前。人自爭先而納。未嘗輒用一籌。亦不妄追一人。諸縣間有過苛。本州力行禁約。備散手榜。具述臣心。萬目觀瞻。豈容欺紿。雖然察州民之意。亦有隱忍而不敢言者。夫使民至於不敢言。臣獨不愧於心乎。何則。本州素不產絹。大非昇宣之比。攷諸新安志。國初歛絹止重數兩。其後不能盡遵此制。照令甲所載。江東一路稅絹共重十二兩。獨歙州以咸平二年特旨。只以十兩為定。併下庫務。不得退剝。每匹折七百三十一錢。至紹興十八年。戶部符每匹估價二貫足。乾道三年。詔以守臣納絹擾民。鐫秩罷之。補辭曰不念繭絲之闕。靡恤杼軸之空。大哉王言。為萬世法。其後議者又奏以為戶部退剝。徵絹屢行禁戢。深惟列聖之至意。顧豈愚臣之能知。然觀其加意於徽民。乃見夫周道之如砥。蓋田稅既重。則物帛當輕。立法公平。所宜世守。豈虞傳流之既久。反謂寬大為不然。漸欲求詳。浸非初意。今來所納稅絹精好。奏勝常年。臣圖運責於目前。安知可保於他日。竊慮向後繼之者未必盡棄兩場乞取之弊。亦未必贍隱專據日食之費。又未必按時給鈔。無須刻停留之患。而使徽民入納精好之物。則作俑乃自臣始。臣之所謂百姓隱忍而不敢言者此也。臣因今歲夏旱。禱祈上天。有曰。咎實在臣。民則何罪。臣對天而發此言。今又對朝廷而啟此奏。則夫軫恤徽民。其容可緩。伏望朝廷證咸平紹興乾道節次寬恤指揮。每匹只以十兩為定。仍照舊例行下庫藏。如及上項兩數。特免退剝。退剝既免。則全綱盡納。異時既無郡回之患。徽民遂有蘇醒之期。祖宗舊風。今日復見。顧

不休哉。且臣之所請者。十兩之則。退剝之禁。皆聖旨也。旨由朝廷而頒。額可由朝廷而廢乎。況臣非為己計。乃為後圖。若今年所起絹綱。多是臣手自揀。黍可堪充入納。斷無退剝之虞。萬一有之。皆係佳物。民將變更。又何患焉。欲望聖慈察臣出於公心。任下所屬檢舉。非但使徽民受無窮之賜。亦見聖朝取法祖宗愛養基本之厚意。若朝廷更欲審訂。即乞行下本路監司。令取索新安志及節次指揮。保明申奏施行。

一。臣聞常平義倉之儲。所以備凶荒也。平居為有用之備。則臨事無缺用之憂。今乃不然。有儲蓄之名。無儲蓄之實。臣歲在己卯簽貳霅川。本州常平義倉正隸本廳掌管。閱視簿籍。米纔數百斛。錢纔數百緡而已。臣為之大驚。一州倉儲。民命所係。空竭如此。緩急奈何。及夷攷其略。乃知本州秋苗歲入止五萬石。苗既已甚少。義倉自應不多。其常平坊場等錢。率以敗闕為詞。難於催促。所入微矣。而支用何其夥也。若胥吏。若軍兵。若徽廸直月廩之數。取諸常平。使其盡出於公。固未甚害。其間托名差使。輒敢旁緣冗支。倅廳自開倖門。州郡亦復援例。其餘官屬皆有干求。由是紛然。不勝其眾。蓄積本無幾也。濫費其可堪乎。臣既知其弊。遂絕其根。率之以身。一毫無妄。上而州郡。下而同官。盡裁以公。靡容私請。日積月累。所蓄漸豐。始焉僅四百緡。今也乃踰萬數。錢三十倍於前矣。秩滿之日。上之倉司。故案可覆也。臣因此思之。使天下諸郡遲之一兩歲之久。皆有三十倍之多。何積貯之足憂。何水旱之足慮。但今之居官者苟求塞責。不務恤民。常平使者歲歲差官。州縣容屬時時覆覈。或以虛為實。或指東為西。上下交欺。莫此為甚。安在其為儲蓄之實乎。且試郡來

此。昔以是爲先。但本州土瘠民貧。賦煩役重。每遇冬春之際。或連霖雨之餘。穀價稍增。民食稍缺。則官開倉糶。亟濟貧民。豈不特出年饑歲歉。流離餓莩。然後爲濟糶之舉也。故民之所以望於官者甚重。而官之所以惠其望者甚難。萬口嗷嗷。日冀救療。猶頼常平之外。又有平糶一倉。主於漕臺。隸於本郡。每歲告急。即行飛申。臣到任以來。詢之屢矣。今歲夏秋梅潦。民戶多以旱聞。其所望於官司。尤非平日之比也。略計六邑之內。婺源、祁門、黟縣。雨頗霑足。民皆歡呼。若歙若休寧若績溪。仲秋以後始獲甘霖。早禾已不及時。中晚庶幾可望。臣之愚意。謂除得熟縣分外。其旱歉諸鄉。若不亟拯困窮。將見立塡溝壑。爲民父母者。若之何。所合將常平義倉儲蓄之米。多行賑糶。民方倒垂。庶可寬釋。

本州痛節浮費。撙從羸餘。選委官屬。置局收掌。於浙間豐稔之邦收糴。以償元數。官無所耗。而民得所利。直至來春。可以接食。且散且補。循環不窮。信乎兩全之策矣。第目擊民飢。積而不散。豈不大失置倉之本意。若輕於捐廩。知散而不知補。又何以爲國家異時之永圖。臣粗知以體國之心。行惠民之政。既申祭散之請。必爲可補之圖。非敢徒事空言而已也。若夫輕關市之征。寬租賦之入。權勸分之實。凡可以救荒者。臣皆勉而爲之。惟來常平一事。非臣之所得專。所乞從朝廷行下轉運常平兩司。勿拘常程。多命濟糶。下可以副一州傒望之意。上可以廣聖朝矜恤之仁。伏惟睿慈果斷而亟行之。不勝大幸。

一。臣謹對本州僻處萬山之間。最是水旱。晴稍久則農田已憂乾槁。雨稍多則山水便見漲溢。里諺云。三日天晴來報旱。一聲雷發便撐船。言其易盈易涸之甚也。故此州農田多藉水利。因溪堰水者謂之堨。鑿田蓄水者謂之塘。興工雖難。爲利則廣。脩治不繫灌溉甚多。彌望數百頃之禾。惟資一塘堨之潤。臣嘗詢之長老。一一具能言之。奈何詎遠而慮久者。乃人之常情。趨近而憚費者。亦民之通患。本州地少下濕。滿目皆是高田。訪聞舊年。嘗憂夏旱。偶值數載之內。率多霖潦之時。小民玩習目前。以爲歲歲如此。不思及時瀦水。專望雨降自天。殊不知天時之難必哉。蓋脩築塘堨爲費不貲。徽民素貧。惜錢如命。苟可倖得省。遂謂卒歲無憂。其愚亦甚矣。臣因今年季夏。雨澤愆期。日夜禱祠。靡所不至。痛心疾首。無地自容。因思水利有備。何至煎熬若是。雖然。水利之廢。罪不專在民也。向來官司施行。以塘堨爲末事。上而常平使者提其要。下而州縣佐令任其詳。每遇農隙之時。舉行檢視之令。縣具圖籍來上於州。州命官察覈之阡陌。

建土埒碑。以爲標識。集大小保以定戶名。某堨興脩。某塘濬塞。衆目共見。不可厚誣。然後因其廢興。稍加懲勸。官既以是爲急。民亦孰敢弗勤。數年以來。恬不加察。問其主名。則含糊難致。按其故籍。則散漫罕存。苟且如斯。可爲太息。然而墜典未久。舊比可尋。欲乞朝廷下之倉司。倉司下之郡佐。時時督促。歲歲舉行。若縣道視爲常程。保甲不加檢舉。則委官屬察探以聞。慢令之人。必罰無赦。如此。則水利常足。農田無虞。抑臣又嘗以所聞質之鄉俗。皆言堨不可增。塘尚可益。但開塘費重。難以責民。莫若創在官之田。或買民家之產。多興陂塘之利。用濟無力之家。官吏爲之防閑。歲時加之濬治。或遇旱涸。放令流通。誠大惠也。臣偶閲故牘。見曩年績溪知縣王柟買田一百五十餘畝。開塘六十八所。夫縣尚能爲。何以州反不能爲乎。伏望朝廷采臣所奏。

行下本路常平司盡刷沒官田產以充開壙之用。臣亦當節縮浮費以助興脩之工。後人繼之，有恤民事，又將陸續必可有成。於朝廷無分毫費用之憂，於民間有世世無窮之利。顧不韙歟。惟聖慈開納幸甚。

一、臣竊謂本州從來多有火災，雖間出於意慮之所不及，然由人事有所未盡。臣自到官以來，首以是為急務，嚴保甲圖籍，則擇防虞官兵副八人，俾鄉之所推重者總之。稍四隅火備，則官多置器用，且令各自為備，仍具命兵隅官寮之。置潜火軍卒，則籍定姓名，每旬番上，且給官錢犒之。凡此特瑣瑣常行者耳。惟是依山為郡，號為產木之鄉。未聞邃宇高甍，蓋是竹蘺茅舍，融風一扇，煨燼無餘。雖屢挺灾，莫知改轍。臣曲加曉譬，率甚樂從。然慮貧弱之徒，不堪營造之費，官給錢本，鳩集陶工，開其借貸之門，寬其責償之限。今則棟甍相接，氣象一新，似可弭患於未形，豈徒救災於已著。雖然，猶未也。有所謂至大至急之務，衆人皆以為不可緩者，惟魚梁乎。此梁面挹紫陽山，陰陽家曰：山之在前者，既有崔嵬崒嵂之勢，則水之映山者當有淵渟演迤之形。清輝相含，則欝攸退避。雖一家之學，不足深泥，然五行之理，亦信有之。尚來草創之初，未遑經久之慮，得以柵木壅以囊沙，偶作久晴，猶云可也。霖雨暴漲，聲吼如雷，溪流激湍，勢疾如箭，則蕩然一空矣。臣去歲捐金錢，因舊址重加脩葺，頗勝曩時，綠波接天，澄然無際。使常如此，寧非大利。但隄防不固，水勢易隳，終非永永之計。臣愚以為若欲久而勿壞，莫若以石為之。夫石之勝於木也，人人共曉，特不肯為耳。一二年來，有官守者率多苟且，卷官帑以資私藏，畏巨費而靳為公家而作好事，拔一毛

亦不為，豈但石梁一事哉。臣鄙陋不善生財，粗知節用，今來痛減浮費，趲到錢一萬五千緡。況今計度工役，鑿山取石，候冬間水落之後，方可漸次舉行。難者曰：歲非豐穰，小民嗷嗷，冬春之交，正宜賑恤，奈何興此役以困民。臣應之曰：是乃所以救民也。獨不觀范仲淹之治杭乎。皇祐間，吳中大饑，殍殣枕路，仲淹以為歉歲工價至賤，乃令佛廬興土木之役，又新倉敖吏舍，民之仰食於公私者日數萬人。監司劾之，仲淹自陳興造之由，正欲發有餘之財以惠貧者，荒政之施，莫此為大。是歲兩浙惟杭民無流徙，前輩講之熟矣。今及小歉之時，興石梁之役，既可以濟貧民於目前，又可以貽利澤於悠久。誠一舉而兩得也，又何憚而不為乎。伏乞聖慈，允臣所奏施行。

理宗淳祐八年，監察御史兼崇政殿說書陳求魯奏曰：本朝仁政有餘而王制未備，今之兩稅本大曆之弊法也。常賦之入尚為病，況預借乎。預借一歲未已也，至於再，至於三。預借三歲未已也，至于四，至于五。竊聞今之州縣有借淳祐十四年者矣。以百畝之家計之，罄其永業，豈足以支數年之借乎。操縱出於權宜，官吏得以舞弄，上下為奸，公私俱困。臣愚謂今日救弊之策，其大端有四焉：宜採夏侯泰初併省州郡之議，俾縣令得以直達於朝廷；用宋元嘉六年為斷之法，俾縣得以究心於撫字；法藝祖出朝紳為令之典，以重其權；遵光武擢卓茂為三公之意，以激其氣。然後為之正其經界，明其版籍，約其妄費，裁其橫斂，則預借可革，民瘼有瘳矣。

淝務愈進，故事曰：漢高帝詔曰：欲省賦甚。今獻未有程，吏或多賦以為獻，而諸侯王尤多，民疾之。令諸侯王通侯常以十月朝獻，及郡各以其口數率，人歲六十三錢，以給獻費。武帝置初郡十七，且以其故俗治，毋賦稅。南陽漢中以往，各以其地比給初郡，時時殺吏，漢發南方吏卒往誅之，費皆仰給大農，以均輸調鹽鐵助賦，故能贍之。然兵所過縣，為以訾給毋乏而已，不敢言擅賦法矣。

臣聞人君有愛民之實意而後有及民之實惠。漢世詔書出於人主之真精神心術之微。悉於詔見之。觀高帝欲省賦甚之語。簡嚴明白。繼之文帝振貸賦租之語。勤勤懇懇。其愛民實意皆可以對越天地。安有不被其澤者。漢賦有三。曰賦以奉天子。算賦以治庫兵車馬。更賦以給戍邊。此詔所欲省。當是之時。又有獻賦。郡國假獻為名。重賦以為民害。故亟欲省之。方楚漢之爭未息。則初為算賦。及天下既定。則欲省獻賦。以此見傷財害民。無如兵費之重。兵費百出。而欲行愛民之政盡難。然愛民之意不可以兵而間斷也。武帝元狩之詔謂君者心也。民猶支體。支體傷則心憯怛。非無愛民之意。而好大喜功移之。臣嘗考司馬遷平準書。其論嘗取財贍兵本末九十餘節。一節深於一節。曰江淮之間蕭然矣。曰廢格沮誹窮治之獄用矣。曰三人言利析秋毫矣。曰吏道益雜而多賈人矣。曰稍稍置均輸通貨物矣。曰無慮皆鑄金錢矣。曰公卿大夫多諂諛取容矣。曰楊可告緡令縱矣。曰縣官有鹽鐵緡錢之故用益饒矣。曰隸徒入財得補郎。郎選衰矣。而終至於曰不敢言擅賦法矣而極。高帝欲為民省賦。帝乃聽吏擅取非經常之賦。夫豈不知有民哉。置郡方新。顒顒待哺。惡廢前功。惟求速辦。雖欲禁吏之不擅賦。不可得也。盈口賦三十。輪臺悔之。猶幸此意不絕如縷。而仁義之澤未至於遽斬。此所以壽四百年之脈歟。

牟濙上奏曰。臣既以正人心之說為陛下告矣。嚶嚶微忱有不能自已者。竊謂今天下根本在東南。東南根本在百姓。根本所蠹不可不加之意也。臣伏見天禧初。王旦為相。薛奎為江淮發運。旦告之曰。東南民力竭矣。張士遜為江西轉運。旦又告之曰。朝廷衣利至矣。方是時天下全盛。斯民日在涵泳養育中。民力必不至於甚也。而旦之言讀之使人凜凜。以今視昔為何如時。而可不深長思乎。蓋自西北有變。而事事仰給於東南。以江淮之奇移成天下之害。而兵力分。以東南之財。供給西北。調度而民力困。往時謂主兵者不卹民。今之牧民者亦且不留意於民矣。貪暴之吏。苛取橫斂。以飽其欲。而民生無一日蘇。聚斂之臣。刻膚澀髓。以媒其身。而利源無一孔遺矣。虎豹窟於變場。豺狼乳於春園。而陛下之赤子始無所告訴矣。民根本也。民貧矣。雖欲藏富於國。不可得也。故馬周奏疏上觀。謂有天下者不在積蓄之多。必惟百姓之苦樂。今歲事不至甚歉。而田里不免愁歎之聲。賦入自有定額。而郡縣率多急迫之態。聖主以視民如傷為心。大臣以恩斯民為念。而澤不下流。情不上達。非有司之責耶。民不畏死不可懼以禍。民不樂生。不可勸以善。臣恐數年之間。或有水旱凶荒

之變。壯者不散而之四方。則聚而為盜賊矣。雖有田疇。無人耕種。國賦安所從出。軍糧安所仰給耶。天下事未至。豫言固嘗為虛。及其已至。又無所及。臣願陛下亟詔二三大臣講求裕民之策。務力行於實政。不但付之空言。官吏之害民者去之。政令之不便於民者改之。有能為國家牧養小民。愛護邦本者。則重賞褒嘉之。擢用之。庶幾寬一分。則民受一分之賜。平居無事。民知有生之樂。自有尊君親上之心。可殺可辱。而不可與為不善。則何畏乎夷狄。何憂乎盜賊哉。書曰民惟邦本。本固邦寧。惟陛下留神。

李鳴復上奏曰。臣竊見會稽為郡。賦重而民貧。以和買一色言之。其為額當一路之半。雖淳熙特與之蠲減。紹熙併與之均科。而民之困於供輸仍在也。此無它。其為額太重故也。祖宗時貨輕而錢重。錢之在官者先期而給。絹之在民者易織而輸。官既與民相資。民亦樂為

官市。是之謂和買。時異事變。名存實亡。價直弗償。盡出科取。無復有所謂買矣。迭輸少緩。鞭撻即加。無復有所謂和矣。重以物價翔踴。視昔何啻數倍。官但督迫。民惟怨咨。嘉定庚辰。朝廷將累歲實催之數按為定額。一半理估。行之十四載。民力稍寬。端平初元。復催正色。二年。仍行理估。三年。又催正色。今以侍郎趙與懽申請。將列郡和買一體施行。難乎其為辭矣。然尚有可得而言者。朝廷之待會稽。不當與諸郡等也。永安陵寢弓劭藏焉。歲時之祭饗。程度有常。使命往來。項背相望。它郡有之乎。其不同一也。南陽帝鄉。近為居焉。由連阡陌有司不敢問。勢傾閭里。庶民不敢較。它郡有之乎。其不同二也。會稽有它郡所無之盛美。宜得它郡所無之蔭覆。今乃有它郡所無之擾擾。而又負它郡所無之供輸。為民父母。獨不當為之動心乎。臣自到官以來。士夫之論議。民庶之陳請。莫不皆以和買重困為言。臣伏而思之。置而弗問則傷民。行而太寬則傷國。今不敢乞如淳熙之截額。得如嘉定之一半理估足矣。或曰。放行一郡。則援例而起者。將何以拒之。是不然。會稽之特加優卹。以其為額太重也。以其有陵寢在也。以其為毓聖之地也。無是三者而輒以例言。何例之可援乎。淳熙十六年。詔於紹興府和買絹內特減四萬四千六百八十四匹。不聞它郡援例也。鹽湖古未有租。今變為湖田。輸于大農者六萬。此會稽額外之產也。朝廷獨知取而不知予乎。欲望陛下特出睿斷。將紹興府和買絹一項。仍照嘉定十三年體例一半理估施行。使怨咨之氣消歇。頌之聲作。如是則祖宗在天之靈。亦必歆忻悅懌矣。此實祈天永命之一。非但為一郡設也。

貼黃臣伏見紹興府和買為額既重。故人之避重就輕。其弊有三。稅戶為詭名寄產。寺觀徼幸請免。鹽亭戶廣行包占詭名之弊。理當歸併。但此名一出。則利未見而害先焉。為守令者。只當於剗受之際。爭訟之頃。隨事討究。不為歸併之名。而但有歸併之實。此最為得也。若寺觀之請免。自有正條。鹽亭戶之包占。另有元額。倘蒙朝廷特賜行下。使之按條施行。依額考覈。則此重彼輕之患。庶乎其革矣。上有一半理估之令。下無偏重不均之勢。民其少瘳乎。伏乞睿照。

度宗咸淳八年。起居舍人高斯得進故事曰。漢文帝十二年詔曰。道民之路。在於務本。今歲一不登。民有饑色。是從事焉尚寡。而吏未加務也。吾農民甚苦。而吏莫之省。何以勸焉。其賜農民今年租稅之半。

臣聞為國之本。在於擧民。擧民之本。在於擇吏。吏不得人。則惟務肥己以瘠民。而國之根本蹙矣。成周盛時。自鄉大夫以至比閭族黨之長。皆良吏也。故其民生而不傷。事而不困。八百年之基業鞏固而長久。不亦宜乎。三代而下。惟漢文帝最為有志於民。然無它道。惟擇吏焉而已。班固傳循吏。以文帝時河南守吳公蜀守文翁為稱首。謂其廉平而民從化。則吏道固以廉為本也。蓋廉吏寡欲易足。必無苛征暴斂朘膚剝髓之事。然以文帝之留意若此。吏猶有怠忽而不承命者。故十二年之詔責其不加務於民。又謂農民甚苦而吏莫之省。是必竭民膏血以自豐殖者。故賜租稅之半以振贍之。其意可見。臣觀漢唐而後。孳孳民事以擇吏為先者。莫如我朝孝宗皇帝。無日不申飭大臣。使之遴選郡守。郡守姓名。皆揭之御屏。朝夕覽閱。其有貪刻害民者。往往不待內外臺臣劾治。往以御筆罷去。而於水旱盜賊之歲。尤加意焉。其有於災傷之際。不恤民瘼。賦斂刻暴者。率皆不貸。重者至於追併。是以乾淳之際，民物殷阜，田里熙和，而無歎息愁恨之心。可謂盛矣。臣竊見今歲循人成功之時，淫雨彌旬，妨於農收。二浙水潦彌漫，爲害尤深。陛下卽閔元元，申嚴受納斛面之禁，而於公田民田之租，皆有蠲除，聖恩所被，孰不感戴。然吏多不良，苟取故態，習不悛改。而浙右輔藩尤甚（平江况普），蓋自八九月間，東方冒浸於水，淹爛於泥，百姓咨嗟，無所告訴之時，固已下令督趣税租，急於星火。且市斛之大，倍於文思，往往市斛之三，乃可納文思之一，是五倍取於民也。往往以資賂遺，以覬進取，如民命何。臣願陛下嚴敕監司，使之覺察，其有厲民以自肥者，必罰無赦。毋使肆其貪暴，職爲赤子，精選慈惠豈弟之令，以一洗其汚。庶幾俾瘡痍之民，庶其有瘳乎。

金宣宗貞祐四年，尚書右丞胥鼎上言曰：河東兵革之餘，疲民稍復，然丁壯既少，莫能耕稼，重以亢旱蝗螟，而饑饉所洊，犢鈩頻急，貧無依者，俱乏之食，富戶宿藏亦爲盜發，蓋絕無而僅有焉。其悽悴亦已甚矣。有司宜奉朝廷德意，以謀安集，而路州帥府遣官于遼沁諸郡搜括餘粟，懸重賞誘人告訐，州縣憚帥府，鞭箠械繫，所在騷然，甚可憐憫。今大兵既去，惟宜汰冗兵，省浮費，括集流亡，勸督農事，彼不是務，而使瘡痍之民重罹荼毒，是兵未來而先自弊也。願朝廷亟止之。如經費果缺，以恩例勸民入粟，不猶愈于強括乎。又言：霍州回牛嶺、樓嶺諸阨戍卒幾四千，今兵既去而農事方興，臣乞量留偵候，餘悉遣歸，有警復徵，既休民力，且省縣官。萬一兵來，亦足禦遏，舉一事而獲二利，臣敢以是爲請。詔趣行之。又言：河東兩路農民浸少，而兵戍益多，是以每歲糧儲常苦不繼。臣切見潞州元帥府雖設鬻爵恩例，然條目至少，未盡勸誘之術。故進獻者無幾，宜增益其條。如中都時，仍許各路宣撫司俱得鬻賣，庶幾多獲貯儲，以濟不給。

貞祐中，朝廷徙河北軍戶河南，宰執議給以田。太常丞石抹世勣上言曰：荒閑之田及牧馬地，其始耕墾，費力當倍，一歲斷不能熟。若奪民素蒔者與之，則民將失所，且啓不和之端。況軍戶率無耕牛，雖或有之，而廩給未敢遽減，彼既南來，所捐田宅爲人所有，一旦北歸，能無爭奪。切謂宜令軍戶分人歸守本業，收其晚禾，至春復還爲固守計。會侍御史劉元規亦言給田不便，上大悟，乃罷之。

興定二年五月，資德大夫兼三司使尚書右丞侯摯上言：山東、河北，數罹兵亂，遺民嗷嗷，實可哀衂。近朝廷遣官分往撫輯，其惠大矣。然臣忝預執政，敢請繼行，以宣布國家德信，使疲瘵者得以少蘇，亦圖報之萬一。宰臣難之。無何，詔遣摯行省于河北，兼行三司安撫事。既行，又上言曰：臣近歷黃陵岡南岸，多有貧乏老幼，自陳本河北農民，因敵驚擾，故南遷以避。今欲復歸本土，及春耕種，而河禁邀阻。臣謂河禁本以防閑自北來者耳，此乃由南而往，安所容姦。乞令有司驗實放渡。

元世祖在潛邸時，召真定府經歷官張德輝問農家作勞何衣食之不贍。德輝對曰：農桑天下之本，衣食之所從出者也。男耕女織，終歲勤苦，擇其精者輸之官，餘粗惡者將以仰事俯育，而親民之吏復橫斂以盡之，則民鮮有不凍餒者矣。又問典兵與宰民者爲害孰甚。對曰：軍無紀律，縱使殘暴，害固非輕。若宰民者頭會箕斂以毒天下，使祖宗之民如蹈水火，爲害尤甚。世祖默然，曰：然則奈何？對曰：莫若更選族人之賢如口溫不花者，使掌兵權；勳舊則如忽都虎者，使主民政。若此，則天下均受賜矣。

世祖時，趙天麟上策曰：臣聞南風之熏，揮五弦以宣阜財之意；征伐之主。封丞相以為富民之侯。一則體道而居常。一則知非而悔過。故得黎庶若赴羶之蟻。往往謳歌。子孫如在天之龍。昂昂振攢。此蓋愛民之效也。夫常人之類。曲盡施仁。況於少而無父之孤。老而無子之獨。老而無妻之鰥。老而無夫之寡。此四者。天民之窮而無告者。王制垂文。皆有常餼。禮也。匃錢之給。食小白之遺教。帝堯之不虐。孝文之收恤。霸王之道。何莫由斯。國家甲子年間詔條內一款。節該鰥寡孤獨不自存者。給降賑濟口糧。有疾病。命官醫調治。其藥物。惠民局支給。今又詔加米絹。益博施之仁。濟衆之聖。其揆一也。臣竊以聖人之心甚重。而在下者不能承宣。故猶或未之盡也。下民之困。情理多端。今略具民之無告者四條。惟陛下察之。乃有熊樸戍卒遭塞屯鄉俯一介之微軀。赴諸軍之大役。雲蒸霧滃。殺氣森森。月冷霜凄。憂心悄悄。或遺疫癘。或值傷亡。感白日以沉光。掩黃沙而抱痛。此其困者一也。又有家寒力弱。徭役煩多。官吏督責於前。債主追徵於後。苟天蹐地。無計安身。愁氣上騰。災興屢降。或自甘於縊刺。或轉死於他方。望桑梓以長嗟。恨終天之不再。此其困者二也。又有瘖瞽跛躄斷者侏儒。六親無依倚之人。元后所以矜憐之者。倘遇正官廉吏。尚承優恤之文。如其暴吏濫官。執啓眼青之顧。已辜丹詔還調米門。或輾轉之弗能。尚溝渠而委命。此其困者三也。又有梟獍其心。牛馬而襟裾。或當家窮之時。或值年飢之際。衣鶉衣之蔌蔌。啜藜藿以孜孜。恒産既無。良心盡滅。東西南北。輕遺父母以遁逃。冬夏晨昏。但見老羸之啼泣。霜風易吞。日月難延。罔極之恩。恍然猶夢。加之以王事靡寧。戶籍常存。將如何哉。維其痵矣。此其困者四也。其餘冗事。難以具陳。若此之類。皆國家之當憂者也。伏望陛下寬父母之慈心。拯生靈之困苦。凡軍戎之病者。命有司隨處以醫士治之。凡軍役之後亡卒遺骸

聚於一所。命大將軍以下具三牲之禮以祭之。庶幾下民知恩意之深。撫亡在上。盡當行之理也。凡癈疾而無依倚者。在不得自存之例。所在官司不承從。門贍者以違制論。凡民之父母年及六十以上。及年雖未至六十而有疾者。子孫弟姪不許遠離。離者以不孝弟之罪罪之。如已有人養育。不得已而遠耕者聽。然後慎名器以建官。考幽明以核實。均賦役以立法。務農桑以敦本。課義倉以賑災。先文化以易俗。禁奢侈以壯財。薄差稅以優民。若然。則無告者十可絕其九矣。其餘遵前詔而行之。雖欲見困窮之人亦不可得也。

英宗至治中。幸五臺。右丞相拜住奏曰。自古帝王得天下以得民心為本。失其心。則失天下。錢穀民之膏血。多取則民困而國危。薄斂則民足而國安。帝曰。卿言甚善。朕思之。民為重。君為輕。國非民將何以為君。今理民之事。卿等當熟慮而慎行之。

歷代名臣奏議卷之一百九

歷代名臣奏議卷之一百一十

務農

周宣王即位不籍千畝虢文公諫曰不可夫民之大事在農上帝之
粢盛於是乎出民之蕃庶於是乎生事之共給於是乎在和協輯睦
於是乎興財用蕃殖於是乎始敦厖純固於是乎成是故稷為大官
古者大史順時覛土（覛視也）陽癉憤盈土氣震發（癉厚也憤積也）農祥晨正（農祥房星也晨正謂立春之日晨中於午也農事之候故曰農祥）日月底于天廟（底至也天廟營室也孟春之月日月皆在營室）土乃脈發（脈理也農書曰春土冒橛陳根可拔耕者急發）先時九日大史告稷曰自今至
于初吉陽氣俱蒸土膏其動弗震弗渝脈其滿眚穀乃不殖（渝變也眚災也）
（言陽氣俱升土膏欲動當即發動變寫其氣不然則脈滿氣結更為災病穀乃不殖）稷以告王曰史帥陽官以
命我司事（史大史也陽官春官司事主農事之官也）曰距今九日土其俱動王其祗祓監
農不易（祓齋戒祓除也）王乃使司徒咸戒公卿百吏庶民司空除壇于籍命

農大夫咸戒農用先時五日瞽告有協風至（瞽樂太師知風聲者也協和也風氣和時候至也）
王即齋宮百官御事各即其齋三日王乃淳濯饗醴（淳沃也濯溉也饗飲也謂王沐浴飲醴酒）及期鬱人薦鬯犧人薦醴（鬱人司鬯犧人司尊也）王祼鬯饗醴乃行（祼灌也灌鬯飲醴皆所以自香潔也）百吏庶民畢從及籍后稷監之膳夫農正陳籍禮太史贊王
王敬從之王耕一墢（一墢一耜之墢也王無偶以一耜耕）班三之（班次也三之下各三其上也王一墢公三卿九大夫二十七）庶人終于千畝其后稷省功太史監之司徒省民太師
監之畢宰夫陳饗膳宰監之膳夫贊王王歆大牢（歆饗也）班嘗之庶人
終食是日也瞽帥音官以省風土（音官樂官也風土以音律省土風也）廩于籍東南鍾
而藏之（廩御廩也一名神倉東南生長之處鍾聚也謂為廩以藏王所籍田以奉粢盛）而時布之于農稷則
徧戒百姓紀農協功曰陰陽分布震雷出滯土不備墾辟在司寇乃
命其旅曰徇農師一之（徇行也一之先也）農正再之（農正后稷之佐田畯也故次農師）后稷三
之（后稷農官之君故次農正）司空四之（司空主道路溝洫故次后稷）司徒五之（司徒省民故次司空）大保

六之大師七之（太保太師天子三公佐王論道）大史八之（太史掌官府之治）
宗伯九之（宗伯卿官掌相王之大禮者也王不與祭則攝位故次太史）王則大徇（大徇帥公卿大夫親行農）
耨穫亦如之民用莫不震動恪恭于農脩其疆畔日服其鎛不解
于時財用不乏民用和同是時也王事唯農是務無有求利於其官
以干農功（求利謂變易攸勢干亂農功）三時務農而一時講武故征則有威守則
有財若是乃能媚於神而和於民矣則享祀時至而布施優裕也今
天子欲修先王之緒而棄其大功匱神之祀而困民之財將何以求
福用民王弗聽

漢文帝即位躬修儉節思安百姓時民近戰國背本趨末賈誼上奏
曰筦子曰倉廩實而知禮節衣食足而知榮辱民不足而可治者自
古及今未之嘗聞古之人曰一夫不耕或受之飢一女不織或受之
寒生之有時而用之亡度則物力必屈（屈盡也）古之治天下至孅至悉

也故其畜積足恃今背本而趨末食者甚衆是天下之大殘也淫侈
之俗日日以長是天下之大賊也殘賊公行莫之或止大命將泛（泛覆也）
莫之振救生之者甚少而靡之者甚多天下財產何得不蹷（蹷頓也）
漢之為漢幾四十年矣公私之積猶可哀痛失時不雨民且狼顧（民有畔意若狼之顧望也）
歲惡不入請賣爵子（賣爵賣子也）既聞耳矣（聞于天子之耳）安有
為天下阽危者若是而上不驚者（阽音閻阽危欲墜之意也）世之有飢穰天之行
也禹湯被之矣即不幸有方二三千里之旱國胡以相恤卒然邊境
有急數十百萬之衆國胡以餽之兵旱相乘天下大屈有勇力者聚
徒而衡擊罷夫羸老易子而齩其骨（齩五狡反齧也）政治未畢通也遠方之
能疑者並舉而爭起矣（疑讀曰擬擬謂與天子相比擬）乃駭而圖之豈將有及乎
夫積貯者天下之大命也苟粟多而財有餘何為而不成以攻則取
以守則固以戰則勝懷敵附遠何招而不至今毆民而歸之農皆著

於本。使天下各食其力。末技游食之民。轉而緣南晦。則畜積足而人樂其所矣。可以為富安天下。而直為此廩廩也。（廩廩危也。言務耕農事則天下富安。何乃不為而常不足。廩廩若此。）竊為陛下惜之。於是上感誼言。始開籍田。躬耕以勸百姓。

晁錯上奏曰。聖王在上而民不凍飢者。非能耕而食之。織而衣之也。為開其資財之道也。故堯禹有九年之水。湯有七年之旱。而國無捐瘠者。（言無相棄捐瘠病者。）以畜積多而備先具也。今海內為一。土地人民之衆不避禹湯。加以亡天災數年之水旱。而畜積未及者。何也。地有遺利。民有餘力。生穀之土未盡墾。山澤之利未盡出也。游食之民未盡歸農也。民貧則姦邪生。貧生於不足。不足生於不農。不農則不地著。不地著則離鄉輕家。民如鳥獸。雖高城深池。嚴法重刑。猶不能禁也。夫寒之於衣。不待輕暖。飢之於食。不待甘旨。飢寒至身。不顧廉恥。人情

一日不再食則飢。終歲不製衣則寒。夫腹飢不得食。膚寒不得衣。雖慈母不能保其子。君安能以有其民哉。明主知其然也。故務於農桑。薄賦歛。廣畜積。以實倉廩。備水旱。故民可得而有也。民者在上牧之。所以趨利如水走下。四方無擇也。夫珠玉金銀。飢不可食。寒不可衣。然而衆貴之者。以上用之故也。其為物輕微易藏。在於把握。可以周海內而無飢寒之患。此令臣輕背其主。而民易去其鄉。盜賊有所勸。亡逃者得輕資也。粟米布帛生於地。長於時。聚於力。非可一日成也。數石之重。中人弗勝。不為姦邪所利。一日弗得而飢寒至。是故明君貴五穀而賤金玉。今農五口之家。其服役者不下二人。其能耕者不過百畝。百畝之收不過百石。春耕夏耘。秋穫冬藏。伐薪樵。治官府。給繇役。春不得避風塵。夏不得避暑熱。秋不得避陰雨。冬不得避寒凍。四時之間。無日休息。又私自送往迎來。弔死問疾。養孤長幼在其中。勤

苦如此。尚復被水旱之災。急政暴虐。賦歛不時。朝令而暮改。當具有者半賈而賣。（本直千錢者止得五百也。）亡者取倍稱之息。（取一償二為倍稱。）於是有賣田宅。鬻子孫以償債者矣。而商賈大者積財倍息。小者坐列販賣。操其奇贏。日游都市。（奇謂有餘財而畜聚奇異之物也。）乘上之急。所賣必倍。故其男不耕耘。女不蠶織。衣必文采。食必粱肉。亡農夫之苦。有仟伯之得。（仟謂千錢。伯謂百錢也。）因其富厚。交通王侯。力過吏勢。以利相傾。千里游敖。冠蓋相望。乘堅策肥。履絲曳縞。（堅謂好車。肥謂良馬。）此商人所以兼并農人。農人所以流亡者也。今法律賤商人。商人已富貴矣。尊農夫。農夫已貧賤矣。故俗之所貴。主之所賤也。吏之所卑。法之所尊也。上下相反。好惡乖迕。而欲國富法立。不可得也。方今之務。莫若使民務農而已矣。欲民務農。在於貴粟。貴粟之道。在於使民以粟為賞罰。今募天下入粟縣官。得以拜爵。得以除罪。如此。富民有爵。農民有錢。粟有所渫。（渫散也。）夫能入粟以

受爵。皆有餘者也。取於有餘以供上用。則貧民之賦可損。所謂損有餘。補不足。令出而民利者也。順於民心。所補者三。一曰主用足。二曰民賦少。三曰勸農功。今令民有車騎馬一匹者。復卒三人。（復三卒之算錢也。）車騎者。天下武備也。故為復卒。神農之教曰。有石城十仞。湯池百步。帶甲百萬而無粟。弗能守也。以是觀之。粟者王者大用。政之本務。令民入粟受爵至五大夫以上。廼復一人耳。（五大夫。第九等爵也。）此其與騎馬之功相去遠矣。爵者上之所擅。出於口而亡窮。粟者民之所種。生於地而不乏。夫得高爵與免罪。人之所甚欲也。使天下入粟於邊。以受爵免罪。不過三歲。塞下之粟必多矣。帝從其言。

東漢順帝即位。不行籍田之禮。尚書僕射黃瓊以為國之大典不宜久廢。乃上奏曰。自古聖帝哲王。莫不敬恭明祀。增致福祥。故必躬郊廟之禮。親籍田之勤。以先羣氓。率勸農功。昔周宣王不籍千畝。虢文

公以為大讖。卒有姜戎之難。終損中興之名。竊見陛下遵稽古之鴻業。體乾肅以應天順時。奉先懷柔百神。今廟祀適闋。而祈穀絜齋之事近在明日。臣恐左右之心。不欲屢動聖躬。以為親耕之禮可得而廢。臣聞先王制典。籍田有日。司徒咸戒。司空除壇。先時五日。有協風之應。王即齋宮。饗醴載耒。誠重之也。自癸巳以來。仍西北風。甘澤不集。寒涼尚結。近春東郊。既不躬親。先農之禮。所宜自勉。以逆和氣。以致時風。易曰。君子自強不息。斯其道也。書奏。帝從之。

魏明帝即位。大司農司馬芝奏曰。王者之治。崇本抑末。務農重穀。王制無三年之儲。國非其國也。管子區言以積穀為急。方今二虜未滅。師旅不息。國家之要。唯在穀帛。武皇帝特開屯田之官。專以農桑為業。建安中。天下倉廩充實。百姓殷足。自黃初以來。聽諸典農治生。各為部下之計。誠非國家大體所宜也。夫王者以海內為家。故傳曰。百

姓不足。君誰與足。富足之由。在於不失天時而盡地力。今商旅所求。雖有加倍之顯利。然於一統之計。已有不貲之損。不如墾田益一畝之收也。夫農民之事田。自正月耕種耘鋤。條桑耕熯。種麥穫刈築場。十月乃畢。治廩繫橋。運輸租賦。除道理梁。墐塗室屋。以是終歲無日不為農事也。今諸典農各言留者為行者守田。計課其力。勢不得不爾。不有所廢。則當素有餘力。臣愚以為不宜復以商事雜亂。專以農桑為務。於國計為便。帝從之。

太和中。散騎黃門侍郎杜恕以古之刺史奉宣六條。以清靜為名。威風著稱。今可勿令領兵。以專民事。俄而鎮北將軍呂昭又領冀州。恕乃上疏曰。帝王之道。莫尚乎安民。安民之術。在於豐財。豐財者。務本而節用也。方今二賊未滅。戎車亟駕。此自熊虎之士展力之秋也。然搢紳之儒。橫加榮慕。搤腕抗論。以孫吳為首。州郡牧守。咸共忽恤民之術。脩將率之事。農桑之民。競干戈之業。不可謂務本。帑藏歲虛。而制度歲廣。民力歲衰。而賦役歲興。不可謂節用。今大魏奄有十州之地。而承喪亂之弊。計其戶口。不如往昔一州之民。然而二方僭逆。北虜未賓。三邊遘難。繞天畧帀。所以統一州之民。經營九州之地。其為艱難。譬策羸馬以取道里。豈可不加意愛惜其力哉。以武皇帝之節儉。府藏充實。猶不能十州擁兵。郡但十二也。今荊揚青徐幽并雍涼緣邊諸州皆有兵矣。其所恃內充府庫外制四夷者。惟兗豫青冀而已。臣前以州郡典兵。則專心軍功。不勤民事。宜別置將守。以盡治理之務。而陛下復以冀州寵秩呂昭。冀州戶口最多。田多墾闢。又有桑棗之饒。國家徵求之府。誠不當復任以兵事也。若以北方當須鎮守。自可專置大將以鎮安之。計所置吏士之費。與兼官無異。然昭於人才。尚復易中朝苟之人。無才者勢不獨多。以此推之。知國家以人擇

官。不為官擇人也。官得其人。則政平訟理。政平。故民富實。訟理。則囹圄空。陛下踐阼。天下斷獄百數十人。歲歲增多。至五百餘人矣。民不益多。法不益峻。以此推之。非政教陵遲。牧守不稱之明效歟。往年牛死。通率天下十能損二。麥不半收。秋種未下。若二賊游魂於疆埸。飛芻輓粟。千里不及。究此之術。豈在彊兵乎。武士勁卒愈多。愈多愈病耳。夫天下猶人之體。腹心充實。四支雖病。終無大患。今兗豫青冀亦天下之腹心也。是以愚臣慺慺實願四州之牧守。獨脩務本之業。以堪四支之重。然孤論難持。犯欲難成。衆怨難積。疑似難分。故累載不為明主所察。凡言此者。類皆疏賤之言。實未易聽。若使善策必出於親貴。固不犯四難以求忠愛。此古今之所常患也。

吳烏程侯時。倉廩無儲。世俗滋侈。民不務本。東觀令領右國史華覈上疏曰。今寇虜充斥。征伐未已。居無積年之儲。出無應敵之畜。此乃

有國者所宜深憂也。夫財穀所生，當出於民，趍時務農，國之上急。而郡下諸官所掌別異，各自下調，不計民力，輒與近期。長吏畏罪，晝夜催民，委舍佃事，遑赴會日，定送到郡，或蘊積不用，而徒使百姓消力失時。到秋收日，督其限入，奪其播殖之時，而責其今年之稅，如有逋懸，則籍沒財物，故家戶貧困，衣食不足。宜暫息衆役，專心農桑。古人稱一夫不耕，或受其饑，一女不織，或受其寒，是以先王治國，惟農是務。軍興以來，已向百載，農人廢南畝之務，女工停機杼之業。推此揆之，則蔬食而長饑，薄衣而履冰者，固不少矣。臣聞主之所求於民者二，民之所望於主者三。二謂求其爲己勞也，求其爲己死也。三謂饑者能食之，勞者能息之，有功者能賞之。民以致其二事，而主失其三望者，則怨心生而功不建。今帑藏不實，民勞役猥，主之二求已備，民之三望未報。且饑者不待美饌而後飽，寒者不俟狐貉而後溫，爲味者口之奇，文繡者身之飾也。今事多而役繁，民貧而俗奢，百工作無用之器，婦人爲綺靡之飾，不勤麻枲，並繡文黼黻，轉相倣效，恥獨無有。兵民之家，猶復逐俗，內無儋石之儲，而出有綾綺之服，至於富賈商販之家，重以金銀，奢恣尤甚。天下未平，百姓不贍，宜一生民之原，豐穀帛之業，而棄功於浮華之巧，妨日於侈靡之事，上無尊卑等級之差，下有耗財費力之損。今吏士之家，少無子女，多者三四，少者一二，通令戶有一女，十萬家則十萬人，人織績一歲一束，則十萬束矣。使四疆之內同心戮力，數年之間，布帛必積。恣民五色，惟所服用，但禁綺繡無益之飾。且美貌者不待華采以崇好，豔姿者不待文綺以致愛，五采之飾，足以麗矣。若極粉黛，窮盛服，未必無醜婦，廢華采，去文繡，未必無美人也。若實如論，有之無益，廢之無損者，何愛而不暫禁，以充府藏之急乎。此救乏之上務，富國之本業也。使管晏復生，無以易此。漢之文景承平繼統，天下已定，四方無虞，猶以雕文之傷農事，錦繡之害女工，開富國之利，杜饑寒之本。況今六合分乖，豺狼充路，兵不離疆，甲不解帶，而可以不廣生財之原，充府藏之積哉。

西晉武帝咸寧中，詔訪朝臣政之損益。司徒左長史傅咸上言曰：陛下處至尊之位，而修布衣之事，親覽萬機，勞心日昃，在昔帝王，躬自菲薄，以利天下，未有踰陛下也。然泰始開元以暨于今，十有五年矣，而軍國未豐，百姓不贍，一歲不登，便有菜色者，誠由官衆事殷，復除猥濫，蠶食者多，而親農者少也。臣以頑疏，謬忝近職，每見聖詔以百姓饑饉爲慮，無能云補，伏用慙恧，敢不自竭，以對天問。舊都督有四，今并監軍，乃盈於十。夏禹敷土，分爲九州，今之刺史，幾向一倍。戶口比漢十分之一，而置郡縣更多。空校牙門，無益宿衞，而虛立軍府，動有百數。五等諸侯，復坐置官屬，諸所寵給，皆生於百姓。一夫不農，有受其飢。今之不農，不可勝計。縱使五稼普收，僅足相接，暫有災患，便不繼贍。以爲當今之急，先并官省事，靜事息役，上下用心，惟農是務也。

武帝詔以比年饑饉，議所節省。齊王攸上奏曰：臣聞先王之教，莫不先正其本。務農重本，國之大綱。當今方隅清穆，武夫釋甲，廣分休假，以就農業。然守相不能勤心恤公，以盡地利。昔漢宣嘆曰：與朕理天下者，惟良二千石乎。勸加賞罰，黜陟幽明，於時翕然，用多名守。計今地有餘羨，而不農者衆，加附業之人，復有虛假。通天下之謀，則饑者必不少矣。今宜嚴勅州郡，檢諸虛詐害農之事，督實南畝，上下同奉所務，則天下之穀可復古政，豈患於暫一水旱，便有匱餓哉。考績黜陟，畢使嚴明，畏威懷惠，莫不自厲。又都邑之內，游食滋多，巧伎末業，飾奢麗，富人兼美，猶有魏之遺弊，染化日淺，靡財害穀，動復萬計。

宜申明舊法必禁絶之使去奢即儉不奪農時畢力稼穡以實倉廩則榮辱禮節由之而生興化反本於茲爲盛

武帝使黄門侍郎虞馥揔擊開倉廩振給飢民并省衆役百官各上封事後軍將軍應詹上表曰夫一人不耕天下必有受其饑者而軍興以來征戰運漕朝廷宗廟百官用度既已殷廣下及工商流寓僮僕不親農桑而游食者以十萬計不思開立美利而望國足人給豈不難哉古人言曰飢寒並至堯舜不能使野無寇盜貧富并兼雖皋陶不能使强不陵弱故有國有家者何嘗不務農重穀近魏武皇帝用棗祗韓浩之議廣建屯田又於征伐之中分帶甲之士隨宜開墾故下不甚勞而大功克舉也間者流人奔東吴東吴今儉皆已還反江西良田曠廢未久火耕水耨爲功差易宜簡流人興復農官功勞報賞皆如魏氏故事一年中與百姓二年分税三年計賦税以使之

公私兼濟則倉盈庾億可計日而待也

武帝欲廣農衆皆上議曰伏見詔書以倉廩不實關右饑窮欲大興田農以蕃嘉穀此誠有虞戒大禹盡力之謂然農穫可致所由者三一曰天時不愆二曰地利無失三曰人力咸用若必春無霡霂之潤秋繁滂沲之患水旱失中雩禜有請雖使羲和平秩后稷親農理疆甽於原隰勤藨蔉於中田猶不足以致倉庾盈億之積也然地利可以計生人力可以課致詔書之旨亦將欲盡此理乎今天下千城人多游食廢業占空無田課之實較計九州數過萬計可申嚴此防令監司精察一人失課負及郡縣此人力之可致也又司州十郡土狹人繁三魏尤甚而猪羊馬牧布其境内宜悉破廢以供無業業少之人雖頗割徙在者猶多田諸苑牧不樂曠野貪在人間故謂北土不宜畜牧此誠不然案古今之語以爲馬之所生實在冀北大賈牂羊取之清渤放豕之歌起於鉅鹿是其效也可悉徙諸牧以充其地使馬牛猪羊齕草於空虚之田游食之人受業於賦給之賜此地利之可致者也昔騏驥在坰史克所以頌魯僖却馬務田老氏所以稱有道豈利之所以會哉又如汲郡之吴澤良田數千頃洿水停洿人不墾植聞其國人皆謂通泄之功不足爲難舄鹵成原其利甚重而豪彊大族惜其魚捕之饒搆説官長終於不破此亦谷口之謠載在史篇謂宜復下郡縣以詳當今之計荆揚兖豫洿泥之土渠塢之宜必多此類最是不待天時而豐年可獲者也以其雲雨生於畚臿多稌生於决泄不必望朝隮而黄潦臻禜山川而霖雨息是故兩周争東西之流史起惜漳渠之浸明地利之重也宜詔四州刺史使謹案以聞又昔魏氏徙三郡人在陽平頓丘界今者繁盛合五六千家二郡田地逼狹謂可徙還西州以充邊土賜其十年之復以慰重遷之情

一舉兩得外實内寛增廣窮人之業以闢西郊之田此又農事之大益者也

愍帝時江東草創農桑弛廢熊遠上議曰立春之日天子祈穀于上帝乃擇元辰載耒耜帥三公九卿諸侯大夫躬耕帝藉以勸農功詩云弗躬弗親庶人不信自喪亂以來農桑不脩游食者多皆由去本逐末故也時議美之

後魏太武帝時多禁封良田又京師游食者衆侍郎高允因上言曰臣少也賤所知惟田請言農事古人云方一里則爲田三頃七十畝百里則田三萬七千頃若勤之則畝益三升不勤則畝損三升方百里損益之率爲粟二百二十二萬斛況以天下之廣乎若公私有儲雖遇飢年復何憂哉帝善之

唐太宗貞觀五年有司上書言皇太子將行冠禮宜用二月爲吉請

預以脩儀注。太宗曰。今東作方興。恐妨農事。命改用十月。太子少保蕭瑀奏曰。准陰陽家用二月為勝。太宗曰。陰陽拘忌。朕所不行。若動靜必依陰陽。不顧德義。欲求福祐。其可得乎。若所行皆遵正道。自然常與吉會。且吉凶在人。豈假陰陽拘忌。農時甚要。不可蹔失。

太宗時京師旱。蝗蟲大起。太宗入苑視禾。見蝗蟲。掇數枚而祝曰。人以穀為命。而汝食之。是害于百姓。百姓有過。在予一人。爾其有靈。但當食我心。無害百姓。將吞之。左右遽諫曰。恐成疾。不可。太宗曰。所冀移災朕躬。何疾之避。遂吞之。自是蝗不復為災。

太宗謂侍臣曰。凡事皆須務本。國以人為本。人以衣食為本。凡營衣食以不失時為本。夫不失時者。唯在人君簡靜乃可致耳。若兵戈屢動。土木不息。而欲不奪農時。其可得也。王珪曰。昔秦皇漢武。外則窮極兵戈。內則崇侈宮室。人力既竭。禍難遂興。彼豈不欲安人乎。失所

以安人之道也。亡隋之轍。殷監不遠。陛下親承其弊。知所以易之。然在初則易。終之實難。伏願慎終如始。方盡其美。太宗曰。公言是也。夫安人寧國。唯在於君。君無為則人樂。君多欲則人苦。朕所以抑情損欲。剋己自勵耳。

太宗以天下粟價率計斗直五錢。其尤賤處計斗直三錢。因謂侍臣曰。國以民為本。人以食為命。朕為億兆人父母。若禾黍不登。則兆庶非國家所有。既屬豐稔若斯。唯欲躬務儉約。必不輒為奢侈。朕常欲賜天下之人皆使富貴。今省徭薄賦。不奪其時。使比屋之人恣其耕稼。此則富矣。敦行禮讓。使鄉閭之間少敬長。妻敬夫。此則貴矣。但令天下皆然。朕不聽管弦。不從畋獵。樂在其中矣。房玄齡曰。陛下務農重穀。誠生民之幸也。

武后時。詔市河南河北牛羊。荊益奴婢。置監登萊。以廣軍資。監察御史張廷珪上書曰。今河南牛疫。十不一在。詔雖和市。甚於抑奪。并市則價難準。簡擇則吏求賄。是牛再疫。農重傷也。高原耕地奪為牧所。兩州無復丁田。牛羊踐暴。舉境何賴。荊益奴婢多國家戶口。姦豪掠賣。一入於官。永無免期。南北異宜。必至生疾。此有損無益也。抑聞之君所恃在民。民所恃在食。食所資在耕。耕所資在牛。牛廢則耕廢。耕廢則食去。食去則民亡。民亡則何恃為君。羊非軍國切要。假令蓄滋不可射利。后乃止。

德宗貞元五年。詔以二月一日為中和節。所司進農書。永以為恒式。

柳宗元進農書狀曰。臣伏以平秩東作。虞書立制。俶載南畝。周雅垂文。是皆奉天時以授人。盡地力而豐食。自陛下惟新令節。益厲農功。既立典於可傳。每陳書而作則。耕鑿之利。敷帝力於嘉謨。稼穡之難。動天心於睿覽。勤勞率下。超邁古先。凡諸率土。不勝幸甚。前件農書

謹函封進。

後唐明宗天成四年。上問宰相馮道曰。今歲雖豐。百姓贍足否。道曰。農家歲凶則死於流殍。歲豐則傷於穀賤。豐凶皆病者。惟農家為然。臣記進士聶夷中詩云。二月賣新絲。五月糶新穀。醫得眼前瘡。剜卻心頭肉。語雖鄙俚。曲盡田家之情狀。農於四民之中最為勤苦。人主不可不知也。上悅。命左右錄其詩常諷誦之。

宋太宗淳化四年。詔有司議均田法。太常博士陳靖上議曰。法未易遽行也。宜先命大臣或三司使為租庸使。或兼屯田制置。仍擇三司判官選通知民事者二人為之貳。兩京東西千里。檢責荒地及逃民產籍之。募耕作。賜耕者室廬牛犁種食。不足則給以庫錢。別其課為十分。責州縣勸課。給印紙書之。分殿最為三等。凡縣管墾田。一歲得課三分。二歲六分。三歲九分。為下。一歲四分。二歲七分。三歲至十分

皆爲中最一歲五分未及三歲盈十分者爲上最其最首令佐免選或超資敍者即增選降資每州通以諸縣田爲十分視殿最行賞罰候數歲盡罷官屯田悉用賦民然後量人授田度地均稅約井田之制爲定以法頒行四方不過如此矣太宗謂呂端曰朕欲復井田顧未能也靖此策合朕意

至道二年靖任將作監丞又上奏曰臣伏以天生蒸民爲國之本地生百穀爲民之財國非民罔興民非財罔聚故書有本固邦寧之旨易有聚人曰財之文考斯格言誠爲要道夫先王之聚民也豈能耕與之食織與之衣蓋開其貨殖之門示以農桑之本俾夫養生送死力役田疇而無輕家離鄉之心是知理國之道聚人爲先人聚則野無閑田家無乏用義夫節婦由是而生內則恭睦於親姻外則協和於鄉黨爭訟無所作邪僞無所安欲其教化不行不可得也苟不然

者則官無定籍世有浮民逆黨凶徒由是而起小則干陵於閭里大則侵軼於州縣禮遜無所興仁信無所設欲其刑罰不用不亦難乎是故王者察逆順之端究存亡之理設職官以持國本立井田以節民財貧弱者不使之飢寒富豪者不使之兼并小大畢濟遐邇同歸然後賦調上均而國無苛斂衣食下給而人無他求倉廩充盈時俗康阜既庶且富近悅遠來盡令四海之民咸若一家之子縱有風雨不節螟螣爲災但可以小虞未足以大害也而自秦壞周制立阡陌而尚戰功漢因秦規益算緡而取民利故使國內咸怨天下無聊至有劉項之爭莽卓之亂也逮夫晉魏迄于隋唐其閒明主昏君治亂相繼或增之以掊剋或施之以寬平或用於國而資於民或利當時而弊後世損益之理史籍具存然則地之生財有時人之用力有倦必在人君審時以測地察倦以因人使其力出無窮財生不匱則聚人之要在於茲矣今國家富有萬國治勝三王塞邪路於漢劉剗詭根於晉右罄域中之黎庶孰非王民窮宇內之舟車咸輸貢賦用衆庶則方今特出擬豐盈則邈古難差而且游力尚多曠土不少餒凍之色十五其民得非版籍之所未精勸課之所未備臣愚以謂精版籍莫若遵閭伍之法備勸課莫若申殿最之科如是則游力必除曠土盡闢管子曰欲治其國先知其人欲知其人先明其地蓋黃帝有鄉井之制周人置三隧之官使其什伍相司里鄰相保有無得以相貸巧拙得以相謀生產得以相均死病得以相救危難得以相助婚嫁得以相媒人顧其家家守其口奔亡者無所匿遷移者無所從欲蓋而彰不救而得故民有安土之意官無漏人之虞王政可行於民民心可繫於主衆寡之額老幼具存故周禮每至孟冬司徒獻其人數王拜而受冢宰貳之乃命有司登于天府其重民籍也如是又東

晉以土斷其民北齊之閒俗使其制陳亡隋亂紀紊綱頹洎乎李唐大革斯弊乃有村正掌其田野坊正司其邑居大約科條與今相類然以彼時村正坊長皆選彊幹廉平州官縣宰悉知丁口存歿三年一造戶籍三本一本供省司一本在縣主將一本納州照對隱一戶則罰加守宰漏一丁則罪連鄉鄰故得上盡其心下竭其力互相稽譏無敢罔欺加以糾擿姦訛督課租賦隨其等級並有勸懲今則州額不登天府未聞其必罰縣數有濫州司亦因而無言存亡只任於里胥增減悉由於田畯地有姦惡至彰露以方知戶有死亡遇差徭而始報夫如是得不掩藏其疾而使復本歸農者哉故曰版籍之所未精也又地者穀之所生穀者人之司命地不耕無以取其穀穀不熟無以養其人是以古者宅不毛田不闢皆有里布之率屋粟之租蓋勉其勤勞而罰其怠惰也漢詔曰洪範八政以食爲先斯誠家給

之源。刑措之本。是宜厚農薄賦。令與孝弟同科。昔其重農也如是。又孝平元始之初。有大農部丞之制。分管勸課。逐處耕桑。未踰二三載中。墾田九百萬頃。戶口人給。流亡漸還。又晉司徒石苞奏。郡縣農桑。未有殿最。宜增官屬。有所巡檢。帝俞其言。民獲其利。洎後或弛。不可備論。逮乎李唐開元。則立口分永業。各定頃畝。隨其等級。於事雖涉太煩。亦可躲為常式。但臣切見先有敕命。徧下諸州。俾置農師。猶謂勸人復本。然雖有其詔誥。而且無其主張。坊村得以因循。郡邑不虞其殿最。遂使耕耘之力。尚遺畎畝之間。故曰勸課之所未備也。臣所謀上件事由。兼有前古制度。儻若陛下不遺芻蕘。特賜施行。即乞據今村坊。加之保伍。隨其土斷。不問僑居。應是浮浪之徒。悉歸版籍。所管。然後按其人數。授以土田。五家為鄰。五鄰為保。遞相檢察。責以農桑。勿容游食之徒。勿縱惰耕之子。仍更示其殿最。勵彼屬官。或土不

曠功則隆之以爵賞。人有游力。則降之以典刑。自然上下相承。小大無隱。良疇委而再闢。游民蕩而復歸。太古之風。於今易遂。故曰。精版籍。莫若遵閭伍之制。備勸課。莫若申殿最之科。其有子細事宜。更在臨時條貫。遲循虛昧。無補盛明。

靖任太常博士直史館。又乞從京東西起首勸課疏曰。臣聞國以民為本。民以食為天。食足則民天協和。民安則國本正固。是以國非民罔立。民非食罔生。夫先王之欲生其民。豐其食者。莫大於積穀而勸農也。農田之興。教化攸重。王制曰。三年耕必有一年之食。九年耕必有三年之食。以三十年之通制國用。雖有凶旱水溢。民無菜色。然後天子食日舉以樂。抑所謂湯之流金爍石。堯之懷山襄陵。而國無捐瘠者。率由是道也。臣往歲輒進導化議五卷。其一曰聚人。乃遠自井帝已還。歷敘鄉井農田之損益。從自望朔而上。備論勸課圖籍之要。

非續主判三司開拆。及提點百司庫務日。前後二拜封章。皆議耕桑利害。又前年曲蒙聖造。許歸住處寧覲。亦曾稟取旨揮。尋到古本版籍。去歲伏奉敕命。差往荊湖。復自許州附奏劄子。兼乞容臣迴日。別具條件請行。畢區區之心。勤勤不忘於農事者。蓋以陛下御宇以來。二十餘祀。躬臨庶政。日總萬機。以至宵旰忘疲。夙夜不寐。陛下之欲萬邦咸寧。而四岳十二牧之任。未能遂堯舜之心。陛下之欲九功惟敘。而六府三事之官。未能致商周之理。抑又臣先居省職。日齎奏公事。次伏覩金口宣示曰。稼穡農耕。致教之大本。設有人為官家力行勸課。廉濟黎元。則蓋鐵擢黠。是何末事。并前歲中宣令尚方製造農器。散給諸郡。使教民耕。此又見陛下用意愈於前代哲王遠矣。臣由是晝付夜度。採古論今。或得之於方策之間。或取之於衆多之議。其可損而益用於聖世者。敢此布露而俟詳擇焉。臣謹按方今天下土田。

除淮海。江浙。荊湖。隴蜀。河東。已外郡邑。各在遠處。或廢或闕。假使勸課必行。即日未見其利。又古者強榦弱枝之法。必先富實於內。最請指以京畿之地。南北東西環遶三二十州。連接三數千里。其田之耕稼者十纔二三。又其耕稼之田。所入租稅者十無五六。既有坐家破逃之戶。又有惰農廢棄之夫。坐家破逃者。則姦偽日生。賦額歲減。賦額減。則國用不豐。國用不豐。則配率科斂無所不行矣。惰農廢棄者。則游手日衆。地利斯寡。地利寡。則民食不足。民食不足。則爭盜殺傷無所不至矣。又安得人康俗阜。地平天成。使萬乘端拱穆清。百官靖恭厥位。凡欲革其弊。鼎其利。非遇明朝昭代。孰敢議於斯乎。臣切見漢武帝之日。曾封丞相田千秋為富民侯。以趙過為搜粟都尉。過執事於外。能為代田。勸力教人。人獲其利。又孝平元始中。置大司農部丞十三人。人部一州。勸課農桑。不二年內。定墾田八百二十七萬五百三十六頃。

家給戶足。國用充盈。且以孝武孝平。漢之中主也。尚能選官擇吏。藏事於當時。矧陛下濬哲文明。超邁舜禹。若當才遴柬。責成其功。即前代帝王持何以擬陛下之清光休烈者也。臣愚不佞。欲乞於大臣中采其高識遠見誠能為國家立功立事者一人。比田千秋。只在中書兼判大司農事。又於朝行郎吏中取其才幹精通能撫民役衆者一人為副司農。比之趙過。執事於外。且從京東京西兩路良田美利之所起首勸課。仍兼轉運之名。所貴事歸一家。別無矛盾。或擬最屬吏。或部領使臣。分頭用心。教民力穡。又臣常由銜命出入。所見拋荒田疇。或倚枕溝渠。或比鄰城郭。可以致國家紅腐之粟。小以致民室巨萬之資。而皆卒是汙萊。極目無際者。臣亦嘗詢問。備得緣由。皆謂朝廷累下詔書。許民復業。雖官中放其賦稅。限以歲時。然鄉縣之間。行用非細。且每一戶歸業。即須中鄉所由。朝耕尺寸之田。暮入差科之

籍。追呼責問。繼踵到村。其免稅之名已受朝廷之賜。而逐時之費踰於租賦之資。況民戶所致逋亡。始因貧困。或閃私下之債負。或避官中之征徭。蓋不獲已而逃。固非樂為其事。尋為鄉里知覺。即使檢責資財。或只元住室廬。家事業之種木。計其所直。至甚微薄。鄉官即乘以了納稅租。債家則爭以平折欠負。不計遺下之物。固是蕩然無餘。及至他日却來。乃稱復業。居止既失。動用亦無。縱欲歸耕。農具何取。雖欲久住。生計莫營。以此逃亡不還者。遂食於他鄉。歸復田里者亦無門而力穡。且夫小人困患。必思其姦。姦心一萌。何事不作。若非聖朝設法。良吏盡心。遏流蕩於隄防。化災殃於穰枯者。則蚩蚩之類。擾擾何知。臣性顓蒙。志甚堅確。臣子事無巨細。必期成。儻陛下果納愚言。庶集其事。更或朝行之內。采擇未有其人。則臣之幽蔚得以待罪。願備趙過之用。以贊千秋之謀。又若陛下不棄非才。果授斯任。則

臣願於官中借逐處之閑田曠土。於逐處者大作將民。誘以開耕。委論租賦。官中亦譬如自來荒廢。且令不係省司。許臣別置版圖。便宜從事。酌人戶之等第。測田土之磽肥。分配必務其得中。課督必使其無倦。仍據逐戶歸業。逐處授田。至於細碎事目。並取大農擬議。除卻耕桑之外。復教植木種蔬。或養畜牛羊。或孳養雞彘。或給受田土之際。潛擬井田。或營造室廬之時。便立保伍。應是養生送死之物。追風立社之資。並令收積經營。防備支用。至纖至悉。必躬必親。使其黎庶樂生。官吏勤勸。待至三五年後。生計已成。有室家物產以可懷。有桑土園林而可戀。官中即量田收稅。計戶定征。以農司新附之人田。合計府舊存之戶稅。共成圖籍。置之司存。為萬古之一規。乃一勞而永逸。或慮新歸民戶多是貧困艱窮。心雖欲耕。力所不及者。若官中許於逐處預借和糴價錢。並管在農司。斟酌擘劃。或以充合造耕稼之

具。或以為買糴糧種之資。便須逐事計錢。明收貫伯。於東作之日貸於逐人。於西成之時。取其價直。據官中合要斛斗。依一逐處時估分文。折納入倉。分明係帳。且在農司收管。逐旋牒報三司。令三司如要收支。即隨處差人交割。仍點勘預借錢數。准折勾銷。有剩。則計數關官。有欠則農司催促。此亦應用之良策。有速成之要期。臣合貢此言。一繫上旨。又慮舊存稅戶。見管催科。覩新戶蒙優饒。棄舊業却來歸附。既失計省之賦額。又誤國家之軍須。臣固不敢韋此非。以為勤績。抑其間有兼并豪富之族。自來廣占田土。及坐家破逃亡之人。承前得其慣便。見官行此勸課。輒便用意無端。或農司配田之時。或人戶請田之際。紛爭競訟。頻忝典刑。乃須定在爭先。塞其姦妄。必使舊戶甘心於條貫。新戶得地以安寧。正家給刑措之源。國富人康之本。除次淮南江北諸道州軍。候此地事如有成。即彼處亦令勸課。自臣又

聞昔者周公之理也。一年而變。三年而成。五年而定。鄭子產為政。一年而人謗。三年而人頌。易曰吉凶悔吝生乎動者也。今臣以冗賤孤陋之跡。欲為國家立長久遠大之規。誠恐忌嫉臣者多而成就臣者少。或興沮謗誣奏不聰明。伏願陛下垂白日而照丹心。保元龜而體前事。容臣辛勤勉勵盡瘁於斯。儻三年無成五年不定。則國家自有典憲。徽臣亦能揣量。或流于幽州。或殛于羽山。皆臣之所甘心。固無恨也。然或五年以來事稍成就。況臣此際必已衰羸。兼慮前程隕蹟無日。亦願陛下不加爵賞。只乞賜臣優閑。於百越之間。假二車之職。庶得狐死有期於丘首。鳥巢不遠於南枝。如此。即是陛下之知臣至矣而臣報陛下之心極矣。其他給受田疇。嚴責官吏。創新戶之屬籍塞舊戶之姦訛。定差徭賦稅之等差。約儲積輦運之利害。有法度可以經久。有行用且合權宜。百事千端。無巨無細。臣悉請預大農之可否。采群議之是非。與眾士竭公共之心。助陛下數神明之教。顯有刑罰。幽有鬼神。苟違斯言。甘迯自孽。

真宗咸平五年。屯田員外郎盛梁乞授陳靖勸農使。諭民耕田曠土疏曰。臣昨因行縣。檢本州戶口。尋究簿書。即今公私荒田已及六千一百七十餘頃。欲夏正稅全虧一十萬四千八百貫石有餘。初謂州縣之官不能綏撫。致鄉村之俗各暫流亡。前後繼降明勑。不住招喚。其如舊降勑書只許歸業人戶容放一料苗稅。蓋緣逃移之日家資牛畜悉已破除。洎歸復之時屋木田園倒遭毀伐。墾土未觀於稼穡巡門已聽於征催。走牛羊雞犬之可隨。無屋舍園林之可戀。故有春歸夏去。秋復冬逃。以今近年州縣虛降版簿。評都類則空邁千萬。收實利則全無二三。臣伏見江南轉運使陳靖昔在先朝嘗陳農事。觀其舉措頗識淺深。但欲望特降勑書委向陳靖乞取江南兩浙公私郡大荒田逐處頃畝數目。并比征籌籍逃移人戶姓名。且於昇州都置勸農一司。俾於階銜之中授以勸農使額。仍抽諸會田農人吏攢成都大簿書。既逐處田土高下不同。內有久來逃移。纔畝全成榛蕪亦有近年流散。界址半已荒涼。復有白地平田。全作林菁之利。亦有被山兼水。頗需柴木之資。以此品量須分等級。仍乞逐州縣明掛敕牓。曉示諸色人云。及更委陳靖揀選三五人循良官吏散往諸州親諭鄉民。或有大段荒逃軍州。即委陳靖親自往彼。召耆年宿德之輩與親民守土之官同就鄉園。同陳酒饌。達君父勸課之意。示朝廷寬大之恩。如人戶有元舊莊田久難歸復。或是他人物業素失開耕者除已有人戶占射為主外。不問有稅無稅人戶。在公在私之家。以至事力僧人。宮觀道侶。並許量其事力請佃。討地耕耘。明與滅絕舊日稅名。剗去當時苗數。變茲曠土。悉作租田。仍許取便耕修。特免三年

輸送。責使修營住舍。畜養豬牛。待其竹木有成。田疇見利。顧室閭而全備。覩稼穡以豐饒。即自霸苦兩忘。飢寒並去。曷肯更思游惰。再樂適逃。然後每畝秋夏之中。都收二斗租利。更免諸般配率。雷例差徭。臣所陳勸農之課程。益之則內外有成。損之則公私無害。既江浙所獲之財自與諸路不同。有舡舟可以運輸。有物帛可以變易。待其事成之後。有利歸官之時。即令逐處州軍每納租課。悉令別倉收受。遇凶歲則糶充民食。當豐年則貢作軍須。有餘糧足以濟民。有羨財足以助戰。如江浙成其厚利。則淮甸荊諸河北關西亦可依此施行。其有施行節目。條貫事宜。約束之重輕。勸誘之法式。候諸處取到田段人戶都大數目。齊整。亦乞降敕與陳靖與臣討理商量。別作畫一條奏。

六年。陳靖為江南轉運使。上疏曰。臣竊以民惟邦本。食乃民天。管子

婦人。皆知此理。今盛梁所陳農事。願令臣之素心。實王化之大端。聖朝之急務。然臣再三忖度。未敢預聞其事者。蓋中書劄子所降旨揮令據轄下州軍躬親子細相度。不得行遣文字。蓋一者慮擾民戶耳。況江南農田久失制度。公私弊病根柢滋深。今朝廷若欲剗除。必須明行檢責。若是慮有勞擾。無若却且因循。事既因循。豈須擘劃。臣嘗觀史載。粗究興亡。見前代之拈入。御遠方之妙術。不使俗甚富庶。亦不使民至困窮。俗富庶則侈僭之心生。民困窮則怨亂之心起。欲其侈僭怨亂之不作。富庶困窮而得中。莫若周知田地之磽肥。遍測租賦之輕重。民戶丁稚之多少。物產貨殖之豐約。紀綱正於手。舒慘繫乎時。然後四海一家。如指其掌也。儻或覩深弊而不除。恕後患而不慮。唯務姑息。尚或推延。臣恐民之蓄姦慣便於此日。國家行事沮抗於他時。臣到任已來。未敢廢職。其諸處逃戶物產及官莊屯田。臣先已

取得荒熟頃畝數目見在。自去年七月已來。後逐旋差人幹當。於當年之內。其租課除舊額外。頗有出剩。以至逃戶物產官莊荒田頃畝甚多。並可勸課。候相次或有良便。上奏敷施。庶使利害顯然。朝廷信察。今所奉指揮據盛梁起請農事。令臣相度擘劃聞奏者。以臣愚慮若不先取進止。商難容易披陳。乞候將來臣或到闕。即子細分析以俟朝廷可否。

仁宗皇祐元年。右司諫錢彥遠上奏曰。臣伏以農桑者生民大事。國家急務。所以順天養民。禦水旱。制蠻夷之原本也。本朝自祖宗以來留意尤切。故諸路轉運司提點刑獄臣寮知州通判皆帶勸農職名。授教結銜。政在督課。而近歲徒有虛文。初無勸道之實。汙萊不闢。事出因循。今欲乞應天府諸州軍於長吏廳各置勸農司。以知州為長官。通判為佐官。於部內各舉精強官一員兼充判官。量抽吏人。先將部內諸縣令日已前見管墾田畝戶口數目陂塘山澤溝洫大之數著為帳籍。仍開析見有若干逃移人戶賦稅荒廢田畝。召之水利後來殘毀者委自勸農官司多方設法勸課。招誘安其生業。去其久害。興其長利。候至年終農隙之際。轉運司通行比較。委是增得墾田戶口數目。或流人自占。或逃移復業陂塘灌溉有利。桑棗廣植溝洫開闢賦稅增多。丁口蕃息。明著版籍。不至煩擾者。保明舉奏。朝廷。特與就賜章服。增其秩祿。如一任終始悉有顯效。令轉運司批上曆子到闕。委所司磨勘。即乞超擢任使。其判官亦特與磨勘引見。其轉運使提點刑獄臣寮每巡歷州軍。先須點檢勸農司設方得點檢諸事。如長吏等因循違慢職業。無聞人戶逃移至多。墾田之數日削並乞除授散官監當。其判官亦同降黜。所貴天下本農生民富給。為萬世之基。望詔三司檢舉舊貫賞罰施行。

嘉祐六年。起居舍人同知諫院司馬光論勸農劄子曰。臣聞食者生民之大本。為政之首務也。饑饉之世。珠玉金銀等於糞土。糴穀之為寶。不可一日無也。今國家每下詔書。必以勸農為先。然而農夫日寡。游手日繁。豈非為利害所驅邪。今農夫苦身勞力。惡衣糲食。以殖百穀。賦斂萃焉。徭役出焉。歲豐則賤糴以應公上之須。給債家之求。歲凶則流離異鄉。轉死溝壑。如是而欲使夫商賈末作之人坐逸厚利鮮衣美食者轉而緣南畝。斯亦難矣。然則勸農者言也。害農者政也。天下生之者益少。食之者益多。欲穀之無涸得乎哉。為今之術勸農莫如重穀。重穀莫如平糴。使諸路轉運使及州軍長吏。遇豐歲能廣謀糴入官。滿之日。倉廩之實。比於始至增衍多者賞之。其無水旱之災兵之費而蓄積耗減者黜之。又令民能力田積穀者不以為家如是則穀重而農勸。非有饑饉亦無流亡盜賊之患矣。今歲

北河東。以邊穀糴至賤。此亦國家所宜留意者也。
光又上奏曰。夫農。天下之首務也。古人之所重。而今人之所輕。豈獨輕之。又困苦莫先焉。何以言之。彼農者苦身勞力。衣粗食糲。官之百賦出焉。百役歸焉。歲豐則賤貿其穀。以應官司之求。歲凶則流離凍餒。先衆人塡溝壑。如此而望浮食之民轉而緣南畝。難矣。彼直生而不知市井之樂耳。苟或知之。則去而不返矣。故以今天下之民度之。農者不過二三。而浮食者常七八矣。欲倉廩之實。其可得乎。臣愚以爲凡農民租税之外。宜無有所預。衙前當募人爲之。以優重相補。不足。則以坊郭之民。部送綱運。典領倉庫。不費二三。而農民常費八九。何則。儇利戇愚之性不同故也。其餘輕役。則以農民爲之。歲豐則官爲平糴。使穀有所歸。歲凶則先按籍賙贍農民。而後及浮食者。民有能自耕種積穀多者。不籍以爲家貲之數。如此則穀重而農勸矣。

仁宗時。侍讀學士宋祁上奏曰。臣伏見邊鄙用兵以來。所急者莫急於食。食者出於力農。而國家未嘗留心於農事。天下郡縣雖有陂湖溝堰。例不修營。轉運使知州通判但帶勸農之名。畧無其實。不知州通判令佐結銜兼堤堰溝洫。習以爲常。亦不復知是何等語。豈以農國食艱。通天下計之。常無一年之畜。且天下無一年之畜。古語以爲國非其國。況今大兵在外。水旱難調。脫若荒儉相仍。臣知國用盡矣。軍興。則力耕之人餓死不救。羸老委溝壑。少壯爲盜賊。貽患國家。非細事也。臣欲望朝旨專下轉運使知州通判令佐等。農所曉告使於部内各按求陂塘古跡。可以利民救患者。並令修復。量率夫力。限日計功。如能不擾村鄉。久遠利濟。並與理爲勞績。優加酬賞。若因此乖失擾擾農人。所犯一疋以上。乞追官勒停。十疋以上。仍除名。終身不錄。又條制舊有五戶各一保。申明此條。今力農之家五戶相保。共甲如有惰丁游手不事桑柘不勤五穀田疇荒閑者。並許本保申舉。官司明行科罰。遷配遠州。其勤勸農業者。國家每三年畧行優加。自然人務農業。國計必充。

歷代名臣奏議卷之一百一十

歷代名臣奏議卷之一百十一

務農

宋神宗元豐八年門下侍郎司馬光上奏曰臣切惟四民之中唯農最苦農夫寒耕暑耘露體塗足戴星而作戴星而息蠶婦治繭績麻紡緯縷縷而積之寸寸而成之其勤極矣而又水旱霜雹蝗蜮間為之灾幸而收成則公私之債交爭互奪穀未離場帛未下機已非已有矣農夫蠶婦所食者糠籺而不足所衣者綈褐而不全直以世服田畝不知捨此之外更有可生之路故其子弟游市井者食甘服美日覩盛麗則不復肯歸南畝矣至使世俗俳諧共以農為嗤鄙誠可哀也又況聚斂之臣於稅租之外巧取百端以邀功賞青苗則強散重斂給陳納新免役則刻剝窮民收養浮食保甲則勞於非業之作保馬則困於無益之費可不念哉夫農蠶者天下衣食之原人之所仰以生也是以聖王重之臣不敢遠引前古切聞太宗皇帝嘗遊金明池召田婦數十人於殿上賜席使坐問以民間疾苦田婦愚戇無所隱避賜帛遣之太宗興於側微民間事固無不知所以然者恐富貴而忘之也故每臨朝無一日不言及稼穡真宗皇帝乳母秦國夫人劉氏本農家也喜言農家之事真宗皇帝自幼聞之故為開封尹以善政著聞及踐大位咸平景德之治有宋隆平之極景德農田勅至今稱為精當昔周公相成王作無逸曰先知稼穡之艱難乃逸則知小人之依蓋以一盂之飯一尺之帛莫不出於艱難人主既知之則不肯用之於無益散之於無功驕侈之心無自而生矣伏惟皇帝陛下富於春秋自非今者濬發德音大開言路使畎畝之民皆得上封事則此曹疾苦何由有萬分之一得達於天聽哉其文辭鄙俚語言叢雜皆身受實患直貢其誠不可忽也伏望皇帝陛下特賜省覽庶以開廣聰明資益聖性於民間情偽靡不周知異日太平之業由此為始矣

哲宗時同知諫院范祖禹論農事疏曰臣近蒙賜告暫至許昌竊見畿內已苦雨澇詢之村民皆云鄉村安靜公私少事無呼召煩擾唯是年歲未得豐熟不旱則水民常艱食夏麥既薄或全不收秋苗雖茂唯憂澇損臣切惟陛下哀矜百姓賑恤鰥寡德之所及可謂至厚然猶和氣未應陰陽隔并欲修政事以應之願陛下推其心而已矣夫天道不遠在君心所以感之人君愛民則天亦愛之人君愛民者在知其勞苦而恤其困窮天下之人至勞苦而常困窮者農民是也周公作無逸戒成王以先知稼穡之艱難又言商之逸王不知稼穡之艱難不聞小人之勞人君不可以不知天生時而地生財自一粒一縷以上皆出於民力然後人得而用人臣之祿受之於君故不可不報君人君之奉取之於民故不可不愛民天子者合天下之力而共尊養之凡宮室車馬服食器用無非取於天下皆百姓之膏血也其作之也甚勞其成之也甚難安而享之不可不思其所從來思其所從來則愛之而有不忍費財之心憂之而有不忍勞民之心以此之心行此之政而天下不安者未之有也天下之大生民之衆唯繫於一人之心君心靜則天下靜君心不靜則天下亦不靜朝廷唯恭儉節用無所營為常恐煩百姓則天下安息先王豈能人人而食之人人而衣之哉推其仁心脩其仁政以及天下則所被者廣矣臣願陛下當食則思天下有飢而不得食者當衣則思天下有寒而不得衣者凡於每事莫不皆然唯推至誠以召和氣庶幾皇天報應降豐年之祥使百姓家給人足則太平矣昔漢昭帝耕于鉤盾弄田其事至微史臣書之蓋以昭帝欲知稼穡之艱難與周公戒成王之意同也

爲世宗留心農事常刻木爲耕夫蠶婦置之殿庭欲見之而不忘朝祖宗以來尤重農穡太宗嘗謂近臣曰耕耘之夫最可矜憫春蠶既登併功紡績而繒帛不及其身田禾大稔充其腹者不過蔬糲若風雨乖候稼穡不登將如之何真宗於內殿植稻麥臨觀刈穫欲知田畝之勞至今遵之惟陛下深留意於農政而常以保惠小民爲先則天下幸甚

文彥博上奏曰臣聞化國之日舒以長蓋不奪農時不妨民力故日力有餘而歲收有望臣竊以自春以來時雨愆亢人情惶惶謂必艱食至今月八日大雨霶霈庶民鼓舞急於田事老幼就功力穡有秋正在今日臣慮州縣親民之官不知農事之急以小小詞訟勾追證逮禁繫淹延至於隨司門留亦皆拘繫頗妨農作臣欲乞下諸路及旱郡縣當此農事急切之時民間小可詞訟鬬爭一切且罷追擾除事干人命及劫賊急切公事即依常施行

徽宗建中靖國元年左司諫江公望上奏曰臣聞損上者益下之道厚下者安上之義未有不先厚下而上奠居者也未有下不益而上獨有餘者也民爲邦本食爲民天洪範八政以食爲先必曰農用八政者益下之道也詩之公劉以疆埸爲先必篤公劉者厚下之義也召康公獻公劉之詩於成王涖政之初箕子陳八政於武王勝商之後以大君初政貴乎知本本立則政舉矣故教生於既富禮興於足食操大器者未有不以農爲急今天下四民雜處侈靡淫巧之智興轉而爲工者皆是倚市罔利之徒熾散而爲賈者不可勝數執公府之役一邑之中不知其幾家焉怠惰游手一家之中又不知其幾人焉故一夫耕十夫待哺一家耕百家仰食豈獨如是軍賦於是乎出公須於是乎興賓客冠婚喪葬於是乎在一有旱乾水溢雖終歲勤動糟糠不厭流離轉徙於溝壑朝廷雖遣使發倉廩以振救之亦已十八矣監司郡守雖有勸農之名而無勸課之實設有其實人必詆爲迂闊而竊笑故不能持久也漢文帝以孝弟力田者同科詔書勸諭謁者賜勞自爾海內富足禮義興而幾致刑措今郡守縣令以外任之輕安於苟簡而不究治民不安業澤不下流無足怪也臣伏願行勸課力田之詔發於惻怛重於丁寧終以不倦以田疇墾闢多寡之地爲守令進退之法其有田疇加闢民安其政雖長子孫勿易於是久任之道寓焉璽書勉諭加秩賜金須公卿則簡之郡守闕郎選則縣令入補於是外重之勢舉焉一舉而三得之矣蓋外重則久任者安於圖治不爲苟簡因循之政加之惻怛丁寧不倦之詔諭雖有不欲力田之民蓋寡矣由是富庶之俗興禮義之教行天下之不治者未之有也伏望陛下少留意焉天下幸甚

徽宗時御史中丞王安中請行籍田禮劄子曰臣伏覩陛下肇建明堂既訖嚴配乃以十月之吉首行授曆頒需之禮三代墜典復見今日可謂甚盛之舉矣臣幸以言語待罪禁林於禮文之事宜因有陳然臣愚憒淺陋不足以仰窺聖學竊嘗攷之月令之文蓋欽授民時使時以作事者於農事爲尤謹夫農天下之本也親耕之禮事之本也王籍千畝天子三推先農之祀耒耜之載種稑之獻見於經者具制甚詳昔我太宗肇行是禮有司告畢猶以不終千畝爲恨迄於仁祖惟稼穡是好明道再籍并冕舉趾進至十有二畦三公而下咸盡攏焉神考稽古刱法正兹國南之位哲廟繼志述事務以思文之名恭惟累聖所以敦遺陛下者抑又大備時令之頒此實先務比者迎眞慶成臣獲扈清蹕待事郊次嘗寓天田壇壝榛蕪棟宇摧圮殆不足稱陛下重本務農之意恭惟陛下天錫獨智自初臨御立經陳紀

全法三代之盛。聖治昭格。天人同和。風雨順序。既屢有年。而縉紳之士。郊甸之老。猶欲拭目朱紘黛耜之觀者。蓋上以無忘列聖之德。下欲元元之衆。躋于富壽。振古如茲而已。臣愚欲望陛下申命有司。參具典故。斷自聖意。順時幸臨。若乃仗衛之設。賚予之數。赦宥之澤。則願陛下約文以就質。抑末以隆本。必于今無所甚費。則久遠可以時行。損益之宜。惟陛下所詔。臣言狂瞽。或有可采。即乞特降處分討論。取旨施行。

通判李新乞戒飭郡守勸農不以其實劄子曰。臣竊聞陛下孟春之月。親屈玉趾。行幸南郊。躬耕籍田。以先天下。行一撥三推之禮。舉百年之墜典。示萬世之禮容。穜稑之種。出自深宮。鸞輅之音。乃先原野。父老動色。中外驩呼。夫以一人之尊。而俯為大農之事。則勸農之官其將何以順承聖意。臣又聞昔者郡守春秋行縣。觀風俗。課農桑。而

暴吏乘時。風俗未嘗觀。農桑未嘗課。千騎五馬。重擾屬邑。飾廚傳。載賓客。攜妓效東山之遊。遊山寺如潘孟陽之作。所以先朝嚴罷郡守行縣。正為此也。今雖帶勸農之名。而無勸農之實。臣欲乞知州每春行縣勸農。量帶人從。所至不得再宿。及取索供帳。令人除道約束。戒嚴厲色。悚動。輙受饋送。從人丐乞錢物。其贓先坐知州。不許以失覺察原免。則勸農之官知所畏。而農知所勸。歲約有年。此富庶之本原也。

高宗時。章誼上奏曰。臣聞禁暴不可以無兵。而強兵莫先於足食。蓋定亂則倚兵。足食則倚農。古今一道也。然而古者兵農混而為一。苟可籍而為兵者衆。則農必多。農既多則食必足。後世兵農分而為二。苟可籍而為兵者多。則農必少。農愈少。則食愈乏。觀今日連營列戍之兵。則皆昔時耕鑿之民。今日蓬蒿荊棘之地。則皆昔時稼穡之野。地既廣而農稀。兵不耕而仰食於此。不恤而欲曠日持久。國家安危未見其可也。臣近因奏對。嘗乞授閑田以給諸軍。以裕兵食矣。今伏思之。曠土尚多。閑民猶衆。古之民也四。或為士。或為工。或為商。而農居其一焉。然士則農之秀出而有德行道藝者也。方其未仕也。是亦農而已。則是古者四民而農居其二也。今之民也九。蓋從仕者衆。執兵者多。僧道連墻。工商接武。徒隸盈於官府。游惰塞於道塗。舉是八等之人。其為農者百不一二焉。夫人不為農。則家不蠶織矣。不蠶則無衣。不農則無食。加以兵革未息。賦斂日至。設有水旱饑饉。將何善其後哉。唯陛下執古御今。務農重穀。設為法制。率是八等之人使無不授田。而唯農之為勸。則王業可興。而國勢鞏固矣。如臣言可採。乞付外廷措置施行。

李石上勸農疏曰。竊觀漢文帝勸農之詔。二十三年之間至於十數。

未嘗不惓惓太息。且漢興民僅息戰爭之苦。以歸安於田畝。歲月未幾。以謂不如此。不足以招徠勸集。以作其游手怠惰之氣。以趍於富足衣食之源。如文帝者可謂知所本矣。仰惟陛下親耕天田。以風天下。勸農之心切切然矣。如江湖兵火焚掠之地。今皆化為墾闢禾黍之場。大抵勸率之效也。今蜀以連年水旱。農有種而不得其穫。耕而不得其食。縣官力役迫之於其前。兼并督責驅之於其後。至於賣牛拆屋。棄田里以去。野無棲稼。田有荒萊者十居五六矣。州縣以勸農為官。獨不一為陛下省念之乎。且以名其官者。當思履其事。今乃指為不急之務。每以故事具酒食郊外。召耆鄰白髮之老。強名曰農。以勞之。特為宴游虛文。其實無補農務。農耕之勤惰。與田闢之多少。彼不知也。蒙其名而怠其事。可乎。且陛下方求所以裕民為無窮之利[illegible]使斯民疾耕力耘。自足於飽暖。民足則君足矣。不必他求也。臣願

陛下以農為裕民之本於詔旨丁寧及之如文帝焉則水旱之備可無慮也

蘇籀上務農劄子曰臣聞王政之先務農為本觀周公豳風所陳后稷以來田畯耜鎡斧戕蠶桑重穋滌場黃纁績褐想見先王愛利厚生之叙慨然稼穡艱難小人之咨者思文之粒烝民底于道矣古之治財者非一凡籠貨筭緡運米歛積甚勤且裕而周公所陳淵源深矣珠玉泉貨寒不可衣飢不可食有補飢寒而至重者粟帛也二者不充則他財無益蓋禾不天降非民力不生縑不地踴非民工不成今陛下帑藏出于租稅每歲祿廩軍賓以百萬計五年之蓄九年之備殆其可念自昔承平諸路之賦常不能自給素所仰者東南數十郡今淮南往往為斥候之郊罕復種植賦入惟恃二浙而已吳地海陵之倉天下莫及稅稻再熟貢綵八蠶方今縑綺之美不下齊魯又增以鹺鏹籠榷之盛夫復何加白丁工女終身絲繳五符尺籍盡力邊疆行陣者無暇播穡南畝者甘心餉饋二者互相養衛田夫必億兆於甲士犁牛必百倍於戰馬而後濟矣嗚呼孰謂溫飽天下而富強邦國非農也哉四民之最苦辛三務之最勞劇苟寬裕其生生之業則主商工及末務者亦不匱矣臣竊惟先聖有敦本興王之要道田里之安恃賢守令亦不必其躬行阡陌以為勸課惟科歛正辭惻怛務實使民養生送死無憾人心悅則陰陽和陰陽和而天地平於是風雨時若耕織咸遂殆其庶矣太公言寬民之目曰利之而勿害成之而勿敗生之而勿殺與之而勿奪樂之而勿苦喜之而勿怒夫如是地無遺利家有羨餘縣官豈在加賦侵牟而後足用閭閻困乏則邦本不固矣姑令有司量入為出出納之間不失欽慎歲計時耗裁抑浮冗累歲均省必致京坻之豐山嶽之儲帶甲百萬陳錫周令

簠實盈溢民有蓄藏穀縑雖鉅萬不以為家貲數雖公私咸有九年之積可也禮義益敦風化益厚矣陛下待遇守令賞罰以其勤惰於民才否必由民之謳謠誰敢不盡力哉嘗聞漢人雜術鹽鐵條目之說至數十萬言亦是裨益邦家之術臣謂習讀詩書敦本而末茂矣儒家仁富與霸道固異也臣不勝區區越職昧死以聞伏惟聖明裁擇

寧宗嘉泰初起居郎虞儔上力田劄子曰臣待罪柱史遲鈍無取蒙陛下畀節報謝虜庭所得於詢訪聞見之實者臣以口奏及見於進呈日錄矣臣嘗謂守邊莫若務富其民欲富其民莫若務興力田竊見兩淮多曠土官司往時募人營墾聽其占佃今已殆遍謂如佃田百畝往往廣為四至逾千畝者然其所占雖多力實不給種之鹵莽收亦鹵莽大率淮田百畝所收不如江浙十畝況有不及耕種去處以故淮郡雖號佃田殆遍而民間實無蓄積一遇水旱歲歉人情便覺皇皇況淮上土力壯厚與中原不異特患人力不至耳使如江浙農民耕耨以時灌溉有度務盡地力其為利豈不甚厚臣願朝廷與力田之科詔有司立為條格下兩淮監司守臣勸諭有田之家以來歲為始候布種畢日委字民之官躬履阡陌如有能招徠客戶貸給牛種務盡地力可為農民勸率應條格者次第保明申奏特與推恩如占佃數多耕種弗遍檢踏標出只聽給元佃畝數籍其餘歸之官別召客戶耕種其字民之官亦以力田為殿最賞罰之庶幾淮民知所激勸而以服田力穡為務不過數年地有羨利官司且與寬其征賦使民戶自臻富實豈特水旱之有先具至若民兵兵甲器械皆可以責其脩備春秋教閱皆可緝以紀律實守邊之要務也如蒙陛下採擇施行之誠非小補臣不勝惓惓

金宣宗貞祐三年。濬州防禦使田琢上書曰。河北失業之民。僑居河南陝州。蓋不可以數計。百司用度。三軍調發。一人耕之。百人食之。其能贍乎。春種不廣。收成失望。軍民俱困。實繫安危。臣聞古之名將雖在征行。必須屯田。趙充國諸葛亮是也。古之良吏必課農桑以足民。黃霸虞詡是也。方今曠土多。游民衆。乞明勑有司。無蹈虛文。嚴升降之法。選能吏勸課。公私皆得耕墾。富者備牛出種。貧者傭力服勤。若又不足。則教之區種。期于盡闢而後已。官司圉牧。勢家兼并。亦籍其數而授之農民。寬其負筭。省其徭役。使盡力南畝。則蓄積歲增。家給人足。富國強兵之道也。宣宗深然之。

元世祖時。趙天麟上策曰。臣聞稻粱黍稷。絲枲布帛。極今古以咸賁。貫人神而並用。口非匏瓜。終日不可不再食。身無毛羽。卒歲不可不製衣。一夫不耕。天下有受其飢者。一婦不織。天下有受其寒者。若使男不遍畝以盡地利。女不下機以盡人力。則豈有飢寒不足之人哉。我聖朝若稽古道。既立司農司。又令臨民官兼管內勸農事。凡以當務之為急也。然天下有無田可耕之家。有有田不耕之者。所以凍餒之人尚衆。乞匄之人尚多。臣謂四民之勞苦。天下之大本莫過於農家而已。夫士人學以居位。勤而不勞者也。工人作巧成器。勞而不苦者也。商人通財鬻貨。末而不本者也。農人之閑暇。惟冬而已矣。於是晝爾于茅。宵爾索綯。亟其乘屋。以待春陽。播厥百穀。以趍東作。三之日于耜。四之日舉趾。露体塗足。瘁身龜手。面塵不遑洗。頭蓬不暇梳。丁壯興功。老弱饋食。披星帶月。夜不安眠。冒雨衝風。晝不啓處。耕事未已。而蠶事起矣。懿筐採桑。斧斨伐揚。一月之間。古人謂如寇盜之至。非虛言也。至於炎天熾火。午日流金。耘耨荒蕪。用齊嘉種。氣如[illegible]綠。汗若翻漿。以至秋成而登場築圃。尚未知天意之或水或旱[illegible]或歉如之何也。於是父母之仰事。妻子之俯畜。租稅之科納。軍民之差役。胥吏之侵漁。繇役之費給。鄉里之慶賵。婚嫁之賸會。宿負之還償。田具之補置。一年之計。但望秋成。一產之資。破散不一。故區區稼穡。汲汲蠶桑。計其經費。選善者而鬻之。而納之。而折之。其餘絲絮之荒穢者自衣之。穀稻之秕糲者自食之。設如年豐。則一年辛苦。而一時歡樂。雞豚社酒。擊壤謳謠。尚可道也。儻遭水旱。則雖號泣旻天。孰救之哉。將并田宅而鬻之矣。雖然上至天子。下至庶人。不可一日無農家。故曰四民之勞苦。天下之大本。莫過於農家而已也。又按豳風有饁彼南畝。田畯至喜之語。蓋皆百姓勸其事而愛其吏。自願饁之。非督使供食也。今之勸農者。皆自責餽饟。往說于田。恐有汙濫之官因勸農而適野。遂恣意以宣驕。飲食非膏粱先之以怒詈。酒醴非多旨繼之以鞭扑。饜其腹於胥吏。投其餘於鷹犬。名為勸農。適所以擾農也。臣竊傷農家之勞苦。憤官吏之搔擾。顧天下之大本。伏望陛下移於睿慮。重此農桑。躬耕籍田。后親蠶以先之。凡農家之孝弟力田者。鄉三老具實舉之。免其人當年所耕田租稅之半。凡民恃富無他故而有田不耕。有桑不蠶者。鄉三老具實舉之。就於當年倍科其閑田之租稅。凡民老幼有田不能耕。有桑不能蠶者。令下之後。限一年須要僱停客戶完置牛具。違限者。如無故不耕蠶之例。凡勸農官管內有田桑無故不耕蠶者。委廉訪司察勸農官而罰之。凡逃戶田桑。令下之後。限一年官為召人耕蠶。違限則委廉訪司察勸農官而罰之。凡勸農官皆可自具飲食。若以後復有搔擾農家者。委廉訪司察之。如受賄之罪罪之可也。如是。則官皆慎勸。民皆力耕。男有餘粟。女有餘布矣。

天麟又策曰。臣聞祭祀者。人之大端。衣食者。人之常理。上自天子。下至庶人據此之務不可闕也今聖朝天開吉慶人沐鴻庬太常之正卿設司農之大寺職尸三禮望重三農欽乃攸司可謂備矣但以籍田之禮尚未施行公桑之儀似猶觖闕至如郊天祀地奠爲其豐潔之粢盛有事致齋何以得鮮明之衣布則將發倉廩而取粟向坊局而取衣是皆農夫之所樹藝紅女之所繰織雖有籍田而寔非陛下之所耕也雖備服物而亦非后宮之所出也以之對越神祇享于祖禰道或未盡禮不徒成陛下之心能無少歉謹按禮經之義遠稽前世之文適三陽交泰之春當是月上辛之日祈穀于太微之帝爾擇乎吉亥之辰封人壝宮掌舍設柢太僕秉轡保介從行綴黛耜于紺轅冠朱紘之華冕乘秩東作以至南郊具庶府之官僚聳萬民之瞻視天顏咫尺際恭就於三推黎庶三百合遂終于千畝公卿以下隨爵秩而亦耕藉飲之宜布龍光于既返內宰獻種于壓後神倉斂

獲于西成一旦用之中心足矣此天子籍田之禮也載按古經之文周違王后之制衣服不備不敢以祭天子有公桑之地地逼于川築蠶室于其旁建后宮于其上宮高一丈棘繞垣墉外戶扇而掩之逮大昕而崇此禁伐桑柘因具植筐后妃齋戒而臨焉戕斧由斯而動矣浴蠶手水食葉手風蠶卒眠矣歲既單矣吉婦之勤就矣奉繭獻于后矣后於是而言曰此以為君服與遂副禕而受之因少牢以禮之復詮良日后乃親繅手既三盆事終群下染之以玄黃朱綠為之黼黻文章君王致祭從而服之此后妃公桑之制也其文可考厥義甚明舉而行之可謂易矣此禮似輕而實重此制似小而極大蓋所以荅祖宗之功德盡祭祀之至誠知稼穡之艱難先天下以務本也伏望陛下無怒號公之直諫式同漢帝之親耕于彼天田成茲盛事吉瞻北頭三思粟帛之原上化下行一警農民之意於昭文化以迓太

平秩諸典章永示嘉範更望中宮協聖倣古親蠶以增助日之月光滌盡配乾之坤厚陰功浩浩陽熱明明守恒德以無疆獲泰亨之常定如此則下使田家之赤子倣父母以服勤上獲宗廟之靈神喜真誠而垂祐矣

歷代名臣奏議卷之一百十二

田制

後魏文成帝時民困飢流散豪右多有占奪主客給事中李安世上疏曰臣聞量地畫野經國大式邑地相參致治之本井稅之興其來日久田萊之數制之以限蓋欲使土不曠功民罔游力雄擅之家不獨膏腴之美單陋之夫亦有頃畝之分所以恤彼貧微抑茲貪欲同富約之不均一齊民於編戶竊見州郡之民或因年儉流移棄賣田宅漂居異鄉事涉數世三長既立始返舊墟廬井荒毀桑榆改植事已歷遠易生假冒彊宗豪族肆其侵凌遠認魏晉之家近引親舊之驗又年載稍久鄉老所惑群證雖多莫可取據各附親知互有長短兩證徒具聽者猶疑爭訟遷延連紀不判良疇委而不開柔桑枯而不採僥倖之徒興繁多之獄作欲令家豐歲儲人給資用其可得乎愚謂今雖桑井難復宜更均量審其徑術令分藝有準力業相稱細民獲資生之利豪右靡餘地之盈則無私之澤乃播均於兆庶如阜如山可有積於比戶矣又所爭之田宜限年斷事久難明悉屬今主然後虛妄之民絕望於覬覦守分之士永免於凌奪矣帝深納之

宋太宗時太常博士直史館陳靖上言曰逃民復業及浮客請佃者委農官勘驗以給受田土收附版籍州縣未得議其差役其田制為三品以膏沃而無水旱之患者為上品雖沃壤而有水旱之患瘠而無水旱之慮者為中品既埆瘠復患於水旱者為下品上田人授百畝中田百五十畝下田二百畝並五年後收其租亦只計百畝十收其三一家有三丁者請加受田如丁數五丁者從三丁之制七丁者給五丁十丁給七丁至二十三十丁者以十丁為限若寬鄉田多即委農官裁度以賦之其室廬蔬韭及桑棗榆柳種蓺之地每戶十丁者給百五十畝七丁者百畝五丁者七十畝三丁者五十畝不及三丁者三十畝除桑功五年後計其租餘悉蠲其課太宗從之

哲宗時畢仲游上奏曰有人則有田有田則有分田有瘠薄人有衆寡以人耕田相其瘠薄衆寡而分之謂之分分定而以名自占之謂之名田無甚難行者而至今不行則其制未均而恤之太甚故也蓋周井田之法一夫一婦受田百畝餘夫二十五畝以至工商士人受田亦各有等而又分之不易一易再易之差以一夫一婦而受百畝無主客之別比今二百畝矣以不易一易再易之相掩而又有餘夫則比今三百畝矣什一而征無他賦斂而又歲用其力不過三日則比今四百畝矣而何武之制自諸侯王及於吏民皆無過三十頃以一諸侯王而財七八農夫此所謂制未均者也名田之議起於董仲舒申於何武師丹至晉泰始限王公之田以品為差而均田之制起於後魏至唐開元亦嘗立法而卒皆不行夫名田之不行非下之人不行乃上之人不行也非賤者而不行乃貴者而不行也在上而貴者戴高位食厚祿官其子孫而賞賜狎至雖田制未均猶當行也而何師之議則單於丁傅董賢晉魏有存則名存而實去此則所謂恤之太甚者也今將議占田之數酌復除之法則周官之書漢魏隋唐之制有可行者有不可行者董仲舒以秦變井田民得買賣富者連阡陌貧者無置錐之地宜少近古限民名田以贍不足塞兼并之路其說雖正而不聞其制度何武之制大狹今日之制大無限宜約周官授田之數與唐世業口分之法參其多少而用之士大夫則因其

品秩之高下與其族類之衆寡無使貴者有餘而貧者不足要之仰足以事父母俯足以畜妻子旁可以及兄弟朋友而不爲兼并則善矣昔周官小司徒辨征役之施舍卿大夫國中貴者賢者能者服公事者老者疾者皆舍征秦民耕織致粟帛多與漢之孝弟力田皆復其身而丞相之子返與戍邊爲踐更卒則今日之復除亦可因而爲法九品者復其身六品者復其子孫五品以上乃復其家而戍邊之制可易以助今齊民之役雖丞相子必使出泉以助之則下貧之室不困於重煩而在上貴者亦不純於僥倖然田制之未均可以均也非今日之患也迫於富家大室而恤之甚者則自漢已來未有以處之今日之患也夫事稽之於古而不合驗之於今而未見其利害測之於人情未得其中若是者誠難行也今品田之數復除之法稽之於古無不合驗之於今已見其利害測之於人情得其中加之無丁

傳重賢之用事而今日之議過於何武師丹則無以富家大室爲難而行之矣天下幸甚

徽宗時李復上限田劄子曰臣竊見兼并強侈使小民不得安於朝廷愛養仁厚之政者無甚於今日蓋小民無知非惟但見目前小利又多不給豪猾高貲多張術以網羅之牽餌其毒良田舊業浸併而盡且如一村昔有數十家爲其兼并止有三五家又流而旁侵別村若火始炎勢熾未已是平日數十家盡歸一家心猶未滿又有占田已是中人百餘家之產者夫強者鳴鐘於堂列鼎於庭役保常民千百其指州縣之勢隨其低昂弱者日浸以削歲有不登則有轉徙流散之憂此不可不慮也著令雖有限田之法未嘗推行其法亦疏而未盡臣願詔有司重爲講究使之詳密別爲立法官戶百姓各爲裁不敵侵齧貧弱以廣聖朝之仁政

高宗時中書舍人洪遵論限田劄子曰臣恭仰陛下愛民之心至誠惻怛近以臣僚建請行限田之制命臣等看詳行下其法本於抑兼并恤編戶寬力役可謂盡善然州縣猾吏因緣爲姦至一於墓地蔬圃例皆紐計中下之家惟恐頃畝溢格至有貨鬻墳山以避徭役者甚非立法利民之本意而奉行之官不能体國漫弗加省臣愚欲望聖慈命戶部行下命品官之家止限見在田產應山林園圃及墳塋地段並行豁除仍乞只以逐縣爲準許依新制各計頃畝不通一州之數庶幾田制稍寬不致重擾天下幸甚

光宗時知漳州朱熹條奏經界狀曰臣準尚書省劄子備奉聖旨指揮命臣相度漳州先行經界事聞奏者臣衰晚迂疏無所能似猥蒙聖恩畀以郡紱靜惟僥冒常懼無以補報萬分今者乃幸遭逢聖朝不忘遐遠推行仁政首於二郡以臣適守是邦使得與討論之列其

爲慶幸何可勝言臣自早年即爲縣吏實在泉漳兩郡之間中歲爲農又得備諳田畝之事竊見經界一事最爲民間莫大之利其紹興年中已推行處至今圖籍有尚存者則其田稅猶可稽考貧富得實訴訟不繁公私之間兩得其利獨此泉漳汀州不曾推行細民業去產存其苦不勝言而州縣坐失常賦日朘月削其勢亦將何所底止然而此法之行其利在於官府細民而豪家大姓猾吏奸民皆所不便故向來議臣屢請施行輒爲浮言所沮甚者至以汀州盜賊藉口恐脅朝廷殊不知往歲汀州累次盜賊正以不曾經界貧民失業更被追擾無所告訴是以輕於從亂其時初未嘗有經界之役也以此相持久無定論不唯汀州之民不能得其所欲而泉漳二州亦復并爲所累弊日益深民日益困論者惜之今者議臣之請且欲先行泉漳二州而次及於臨汀既免一州盜賊過計之憂又有以慰兩郡貧

民延頸之望。誠不可易之良策也。臣雖多病。精力早衰。無以仰副使命。然不敢先一身之勞佚。而後一州之利病。竊獨任其必可行也。然今已是仲秋。向去十月農隙之時。只有兩月之久。若蒙聖慈特許施行。則所有合行事件。欲乞便令監司州郡一面施行。若俟得旨方行奏請。更俟報可。竊恐遷緩不及於事。須至條畫。并此奏聞。今具下項。

一。推行經界最急之務。在於推擇官吏。臣昨因本路諸司行下詢究。嘗具已見申陳。欲乞朝廷先令監司一員專主其事。使擇一郡守臣。以其昏謬疲輭。力不任事如臣等者。而使郡守察其屬縣。令或不能。則擇於其佐。又不能。則擇於他官。一州不足。則取於一路。見任不足。則取於得替待缺之中。皆委守臣踏逐申差。或權領縣事。或只以措置經界為名。使之審思熟慮於其始。而委任責成於其終。事畢之後。量加旌賞。果得其人。則事克濟而民無擾矣。伏乞聖照。許賜施行。

一。經界之法。打量一事。最費功力。而紐折算計之法。又人所難曉者。本州自聞初降指揮。即已差人於鄰近州縣已行經界去處取會到紹興年中施行事目。及募本州舊來有曾經奉行諳曉算法之人。選擇官吏將來可委者。日逐講究。聽候指揮。但紹興年中戶部行下打量攢算格式印本。多方尋訪。未見全文。竊恐諸州亦未必有。欲乞聖慈特詔戶部根檢謄錄。照對行事。

一。圖帳之法。始於一保。大則山川道路。小則人戶田宅。必要東西相連。南北相照。以至頃畝之闊狹。水土之高低。亦須當衆共定。各得其實。其十保合為一都。則其圖帳但取山水之連接。與逐保之大界總數而已。不必更開人戶田宅之闊狹高下也。其諸都合為一縣。則其圖帳亦如保之於都而已。不必更為諸保之別也。如此。則其圖帳之費亦當少減。然猶竊慮今日民力困弊。又非紹興年中之比。此費雖微。亦恐難以陪備。若蒙朝廷矜憐三郡之民。不忍使之更有煩費。則莫若令役戶只作草圖草帳。而官為買紙雇工以造正圖正帳。專委守倅及所差官會計買紙雇工之費。實用若干錢物。具申漕憲兩司。許就本州所管兩司上供錢內截撥應副。如此。則大利可成。而民亦不至於甚病矣。又據龍巖縣尉劉壁申。經界之行。惟里之正長其役最為煩重。彊理畎畝。分別土色。均攤稅賦。其在當時。動經歲役。出入阡陌。妨廢家務。固已不勝其勞。一有廣狹失度。肥磽失宜。輕重失當。則詞訴並興。而督責又隨至矣。然有產則有役。適當重難。使出心力以應役使。亦無可奈何。然彼皆鄉民。安知經界書算。則必召募書人以代此役。而書人能書算。必嘗為胥史之桀黠者。

莫不乘時要求高價。執役之人急於期限。不免隨索則酬。而又簿書圖帳所用紙札。亦復不貲。執役之人。安能勝此勞費。竊謂經界之在今日。不可不行。行之亦不患無成。若里正里長書人紙札之費有以處之。則可舉行。若坐視其殫力耗財。如曩日。恐非仁政之意也。臣竊詳此意與臣所奏大指畧同。而所陳利害更為詳盡。伏乞參照。特許施行。

一。紹興經界打量既畢。隨畝均產。而其產錢不許過鄉。此蓋以算數太廣。難以均敷。而防其或有走弄失陷之弊也。若使諸鄉產錢祖額素來均平。則此法善矣。若逐鄉產錢祖額本來已有輕重。即是使人戶徒然遭此一番打量攢算之擾。而未足以革其本來輕重不均之弊。無乃徒為煩擾而不免有害多利少之歎乎。今來推行經界。乃是非常之舉。不可專守常法。欲乞特許產

錢過鄉通縣均紐麋幾百里之內輕重齊同實爲利便伏乞聖
照特許施行
一本州民間田有產田有官田有職田有學田有常平租課田名
色不一而其所納税租輕重亦各不同政使坐落分明簿書齊
整尚難稽考何况年來產田之税既已不均而諸色之田散漫
參錯尤難檢計奸民猾吏並緣爲奸實佃者或申逃閣無田者
反遭俵寄至於職田俵寄不足則或撥到諸色官錢以充之如
此之類其弊不可徧舉今來欲行經界若更存留此等名字則
其有無高下仍舊不均而名色猥多不三數年又須生弊爲今
之計莫若將見在田土打量步畝一槩均產每田一畝隨九等
高下定計產錢幾文而總合一州諸色租税錢米之數却以產
錢爲母別定等則一例均敷每產一文納米若干錢若干（去州縣遠處通令輸錢）
米只一倉受納錢亦一庫交收却以到官之數照元分
數分隸若干爲省計若干爲職田若干爲學粮若干爲常平逐
旋撥入諸色倉庫除逐年二税造簿之外每遇辰戌丑未之年
逐縣更令諸鄉各造一簿（今子午卯酉年應辦大禮寅申巳亥年解發舉人惟此四年州縣無事）
開具本鄉所管田數四至步畝等第各注某人管業有典賣則
示元係某人管業某年典賣某人見今管業却於後項通結逐
一開具某人田若干畝產錢若干使其首尾互相照應又造合
縣都簿一扇類聚諸簿通結逐户田若干畝產錢若干文其有
田業散在諸鄉者則併就煙㸑地分開排總結並隨秋料税簿
送州印押下縣知佐通行收掌人户遇有交易即將契書及兩
家砧基照鄉縣簿對行批鑿則版圖一定而民業有經矣但或
者尚疑如此則本州產田納税本輕而今當反重官田納租本

重而今當反輕施行之後爭競必多須候打量了畢灼見多寡
實數方可定議其說似亦有理伏乞聖照并與行下候一面打
量了畢別具利害申奏聽次
一本州更有荒廢寺院田產頗多目今並無僧行住持田土爲人
侵占逐年失陷税賦不少將來打量之時無人照對亦恐別生
奸弊加以數年將遂不可稽考欲乞特降指揮許令本州出牓
召人實封請買不唯一時田業有歸民益富實亦免向後官司
税賦因循失陷而又合於韓愈所謂人其人廬其居之遺意誠
厚下足民攘奸興教不可失之機會也伏乞聖照特許施行右
謹錄奏聞伏候勅旨
理宗淳祐六年殿中侍御史兼侍講謝方叔上言曰豪強兼并之患
至今日而極非限民名田有所不可是亦救世道之微權也國朝駐
蹕錢塘百有二十餘年矣外之境土日荒內之生齒日繁權勢之家
日盛兼并之習日滋百姓日貧經制日壞上下煎迫若有不可爲之
勢所謂富貴操柄者若非人主之所得專識者懼焉夫百萬生靈資
生養之具皆本於穀粟而穀粟之產皆出於田今百姓膏腴皆歸貴
勢之家租米有及百萬石者小民百畝之田頻年差充保役官吏誅
求百端不得已則獻其產於巨室以規免役小民田日減而保役不
休大官田日增而保役不及以此弱之肉強之食兼并浸盛民無以
遂其生於斯時也可不嚴立經制以爲之防乎去年諫官嘗以限田
爲說朝廷付之悠悠不知今日國用邊餉皆仰和糴然權勢多田之
家和糴不容以加之保役不容以及之敵人睥睨於外盜賊窺伺於
內居此之時與其多田厚貲不可長保曷若捐金助國共紓目前在
轉移而開導之耳乞諭二三大臣撫臣僚論奏而行之使經制以定

兼并以塞。乎以尊朝廷。乎以裕國計。陛下勿牽貴近之言以搖初意。大臣勿避仇怨之多而廢良策。則天下幸甚。帝從之。

度宗咸淳三年。司農卿兼户部侍郎季鏞上言曰。夫經界嘗議修明矣。而修明卒不行。嘗令自實矣。而自實卒不竟。豈非上之任事者每欲避理財之名。下之不樂其成者。又每倡為擾民之說。故寧坐視邑政之壞。而不敢詰猾吏姦民之欺。寧忍取下户之苛。而不敢受豪家大姓之怨。蓋經界之法。必多差官吏。必悉集都保。必徧走阡陌。必盡量步畝。必審定等色。必紐折計等。姦弊轉生。久不迄事。乃若推排之法。不過以縣統都。以都統保。選任才富公平者。訂田畝稅色。載之圖冊。使民有定產。產有定稅。稅有定籍而已。臣守吳門。已嘗見之施行。今聞紹興亦漸就緒。湖南漕臣亦以一路告成。竊謂東南諸郡皆奉行惟謹。其或田畝未當。則令鄉局釐正之。圖冊未備。則令縣局程督

之。又必郡守察縣之稽違。監司察郡之怠弛。嚴其號令。信其賞罰。期之秋冬。以竟其事。責之年歲以課其成。如周官日成月要歲會以綜核之。於是詔諸路漕帥施行焉。

元世祖時。趙天麟上策曰。臣聞天時地利養萬姓於鴻鈞。富户貧家皆一人之赤子。理無輕重。政貴施行。臣謹按井田之法。六尺為步。步百為畝。畝百為夫。夫三為屋。屋三為井。井方一里。凡九百畝。其中為公田。八家皆私百畝。同養公田。公事辦然後敢治私事。百畝之養。勿奪其時。八口之家可以無飢矣。五畝之宅。樹墻下以桑。五十者可以衣帛矣。井百為成。成方十里。成百為同。同方百里。同百為畿。畿方千里。臣嘗計方千里之地。提封百萬井。山川城市等除百分提封之三十六。外定六十四萬井。為私田五萬一千二百萬畝。其井中廬除宅居二十畝之餘。為公田五千一二十萬畝。又乘除粟稻等子粒之多寡。

每畝歲只率一石五斗而計之。則私田子粒可得七萬六千八百萬石。公田子粒可得七千六百八十萬石。其鰥寡孤獨無告者須先賑恤焉。上下相睦。貧富相均。此隆周所以旁作穆穆迓衡。而孟子所以不憚區區告人也。自嬴秦變法之後。富者田連阡陌。而貧者無置錐之地。田思古道。邈矣哀哉。至於今。迫於豪富官貴而不能復也。我聖朝東西南北地境無窮。國家用費之資僅足。下民愁嘆之聲未絕。且古者方千里之地。得公田子粒七千六百八十萬石。方今能得之乎。臣知其斷不能也。伏見今王公大人之家。或占名田近於千頃。不耕不稼。謂之草場。專用牧放孳畜。又江南豪家廣占農地。驅役佃户。無爵邑而有封君之貴。無印節而有官府之權。恣縱妄為。靡所不至。此而弗治。化實難行。又貧家樂歲終身苦。凶年不免於死亡。荊楚之域。至有雇妻鬻子者。雖土風之常。然亦衣食不足之所致也。衣食不

足。由豪富之兼并故也。方今之務。莫如興復井田。尚恐驟然驚動天下豪富之家。宜限田以漸復之。伏望陛下一新田制。凡宗室王公之家限田幾百頃。凡庶族官民之家限田幾十頃。凡限外退田者。賜其家長以空名告身。每田幾頃。官階一級。不使之居實職也。凡限田之外。敢欺田畝者。坐以重罪。凡限外之田。有佃户者。就令佃户為主。凡未嘗墾闢者。令無田之民占而闢之。且全免第一年租稅。次年減半。第三年依例科徵。凡占田不可過限。凡無田之民不欲占田者聽。凡以後有賣田者。買田亦不可過限也。私田既定。乃定公田。公田之法。凡九等。一品者二十頃。二品者十八頃。三品者十五頃。四品者十二頃。其以下俱以二頃為差。至九品但二頃而已。庶乎民獲恒產。官足養廉。易曰。君子以裒多益寡。稱物平施。此之謂也。如是而行之五十年之後。井田可以興復矣。

歷代名臣奏議卷之一百十三

歷代名臣奏議卷之一百十三

學校

漢武帝時公孫弘為學官悼道之鬱滯與太常博士孔臧等上議曰臣聞三代之道鄉里有教夏曰校殷曰庠周曰序其勸善也顯之朝廷其懲惡也加之刑罰故教化之行也建首善自京師始繇內及外今陛下昭至德開大明配天地本人倫勸學興禮崇化勵賢以風四方太平之原也古者政教未洽不備其禮請因舊官而興焉為博士官置弟子五十人復其身太常擇民年十八以上儀狀端正者補博士弟子郡國縣官有好文學敬長上肅政教順鄉里出入不悖所聞令相長丞上屬所二千石二千石謹察可者常與計偕詣太常得受業如弟子一歲皆輒課能通一藝以上補文學掌故缺其高第可以為郎中太常籍奏即有秀才異等輒以名聞其不事學若下材及不能通一藝輒罷之而請諸能稱者臣謹按詔書律令下者明天人分際通古今之誼文章爾雅訓辭深厚恩施甚美小吏淺聞弗能究宣亡以明布諭下以治禮掌故以文學禮義為官遷留滯請選擇其秩比二百石以上及吏百石通一藝以上補左右內史大行卒史比百石以下補郡太守卒史皆各二人邊郡一人先用誦多者不足擇掌故以補中二千石屬文學掌故補郡屬備員請著功令佗如律令制曰可自此以來公卿大夫士吏彬彬多文學之士矣

東漢光武建武七年太僕朱浮以國學既興宜廣博士之選上書曰夫太學者禮義之宮教化所由興也陛下尊敬先聖垂意古典宮室未飾干戈未休而先建太學造立黌舍比日車駕親臨觀饗將以弘時雍之化顯勉進之功也尋博士之官為天下宗師使孔聖之言傳而不絕舊事策試博士必廣求詳選爰自畿夏延及四方是以博舉

用經唯賢是登學者亦勸遠近同慕伏聞詔書更試五人唯取見在洛陽城者臣恐自今以往將有所失求之於邇容或未盡而四方之學無所勸樂凡策試之本貴得其真非有期會不及遠方也又諸所徵試皆私自裝遣非有傷費煩擾於事也語曰中國失禮求之於野臣浮幸得與講圖讖故敢越職帝然之

魏齊王正始中廣陸亭侯劉馥上疏陳儒訓之本曰夫學者治亂之軌儀聖人之大教也自黃初以來崇立太學二十餘年而寡有成者蓋由博士選輕諸生避役高門子弟恥非其倫故無學者雖有其名而無其人雖設其教而無其功宜高選博士取行為人表經任人師者掌教國子依遵古法使二千石以上子孫年從十五皆入太學明制黜陟榮辱之路其經明行修者則進之以崇德荒教廢業者則退之以懲惡舉善而教不能則勸浮華交游不禁自息矣闡弘大化以綏未賓六合承風遠人來格此誠聖人之教致治之本也

東晉元帝初即位軍旅不息學校不脩散騎常侍王導上書曰夫風化之本在於正人倫人倫之正存乎設庠序庠序設五教明德禮洽通彝倫攸敘而有恥且格父子兄弟夫婦長幼之序順而君臣之義固矣易所謂正家而天下定者也故聖王蒙以養正少而教之使化霑肌骨習以成性遷善遠罪而不自知行成德立然後裁之以位雖王之世子猶與國子齒使知道而後貴其取才用士咸先本之於學故周禮卿大夫獻賢能之書于王王拜而受之所以尊道而貴士也人知士之貴由道存則退而脩其身以及家正其家以及鄉學於鄉以登朝反本復始各求諸己敦樸之業著浮偽之競息教使然也故以之事君則忠用之莅下則仁孟軻所謂未有仁而遺其親義而後其君者也自頃皇綱失統頌聲不興于今將二紀矣傳曰三年不為禮禮必壞三年不為樂樂必崩而況如此之久乎先進忘揖讓之容後生惟金鼓是聞干戈日尋俎豆不設先王之道彌遠華偽之俗遂滋非所以端本清源之謂也陛下以命世之資屬陽九之運禮樂征伐翼成中興誠宜經綸稽古建明學業以訓後生漸之教義使文武之道墜而復興俎豆之儀幽而更彰方今戎虜扇熾國恥未雪忠臣義夫所以扼腕拊心苟禮儀膠固淳風漸著則化之所感者深而德之所被者大使帝典闕而復補皇綱弛而更張獸心革面饕餮檢情揖讓而服四夷緩帶而天下從得乎其道豈難也哉故有虞舞干戚而化三苗魯僖作泮宮而服淮夷桓文之霸皆先教而後戰今若聿遵前典興復道教擇朝之子弟並入于學選明博習禮之士而為之師化成俗定莫尚於斯帝深納之

建武元年博士太常荀崧上疏曰臣聞孔子有云才難不其然乎自喪亂以來經學尤寡儒有席上之珍然後能弘明道訓今處學則闕朝廷之秀仕朝則廢儒學之美昔咸寧太康元康永嘉之中侍中常侍黃門之深博道奧通洽古今行為世表者領國子博士一則應對殿堂奉酬顧問二則參訓門子以弘儒學三則祠儀二曹及太常之職以得藉用質疑今皇朝中興美隆往初宜憲章令軌祖述前典世祖武皇帝聖德欽明應運登禪受終于魏崇儒興學治致升平經始明堂營建辟雍告朔班政鄉飲大射西閣東序圖書禁籍臺省有宗廟太府金墉故事太學有石經古文先儒典訓賈馬鄭杜服孔王何顏尹之徒章句傳注眾家之學置博士十九人九州之中師徒相傳學士如林猶是選張華劉寔居太常之官以重儒教傳稱孔子沒而微言絕七十子終而大義乖自頃中夏殄瘁講誦遏密斯文之道將墜于地陛下聖哲龍飛闡弘祖烈申命儒術恢崇道教樂正雅頌於

是乎在江揚二州先漸聲教學士遺文於今為盛然方之疇昔猶千
之一也臣學不章句才不弘道階緣光寵遂忝非服方之華實儒風
遐遠思竭駑駘庶增萬分顏斯道隆於百代之上搢紳詠於千載之
下伏聞節省之制皆三分置二博士舊員十有九人今五經合九人
準古計今猶未中半今九以外猶宜增四願陛下萬機餘暇時垂省
覽周易一經有鄭玄注其書根源誠可深惜宜為鄭易博士一人儀
禮一經所謂曲禮鄭玄於禮特明皆有證據宜置鄭儀禮博士一人
春秋公羊其書精隱明於斷獄宜置博士一人穀梁簡約隱要宜存
於世置博士一人昔周之衰下陵上替臣弑其君子弑其父上無天
子下無方伯善者誰賞惡者誰罰綱紀亂矣孔子懼而作春秋諸侯
諱妬懼犯時禁是以微辭妙旨義不顯明故曰知我者其唯春秋罪
我者其唯春秋時左丘明子夏造膝親受無不精究孔子既沒微言

將絕於是丘明退撰所聞而為之傳其書善禮多膏腴美辭張本繼
末以發明經意信多奇偉學者好之儒者稱公羊高親受子夏立於
漢朝辭義清俊斷決明審多可採用董仲舒之所善也穀梁亦師徒
相傳暫立於漢時劉向父子漢之名儒猶執一家莫肯相從其書文
清約諸所發明或是左氏公羊所不載亦足有所訂正是以三傳並
行於先代通才未能廢今去聖久遠斯文將墜與其過廢寧過而立
也臣以為三傳雖同一春秋而發端異趣案如三家異同之說義則
戰爭之場辭亦劍戟之鋒於理不可得共博士宜各置一人以傳其學
後軍將軍應詹上疏曰性相近習相遠訓導之風宜慎所好魏正始
之間蔚為文林元康以來賤經尚道以玄虛宏放為夷達以儒術清
儉為鄙俗永嘉之弊未必不由此也今雖有儒官教養未備非所以
長育人材納之軌物也宜修辟雍崇明教義先令國子受訓然後皇

聞親臨釋奠則普天尚德率土知方矣元帝雅重其才深納之
散騎常侍戴邈上疏曰臣聞天道之所運莫大於陰陽帝王之至務
莫重於禮學是以古之建國教學為先國有明堂辟雍之制鄉有庠
序黌校之儀皆所以抽導幽滯啓廣才思蓋以六四有困蒙之吝君
子大養正之功也昔仲尼列國之大夫耳興禮修學於洙泗之間四
方髦俊斐然向風受業身通者七十餘人自茲以來千載寧寘豈天
下小於魯國賢哲乏於曩時厲與不厲故也自頃遭無妄之禍社稷
有綴旒之危寇羯飲馬於長江凶狡虎步於萬里遂使神州蕭條鞠
為茂草四海之內人迹不交霸主有旰食之憂黎民懷荼毒之痛戎
首交拜於中原何遽籩豆之事哉然三年不為禮禮必壞三年不為
樂樂必崩況曠載累紀如此之久邪今末進後生目不覩揖讓升降
之禮耳不聞鐘鼓管絃之音文章散滅胡馬之足圖讖無復孑遺於

世此蓋聖達之所深悼有識之所咨嗟也夫治世尚文遭亂尚武文
武迭用久長之道譬之天地昏明之術自古以來未有不由之者也
今以天下未一非興禮學之時此言似是而非夫儒道深奧不可倉
卒而成古之俊乂必三年而通一經比須寇賊清夷天下平泰然後
修之則功成事定誰與制禮作樂者哉又貴遊之子未必有斬將搴
旗之才亦未有從軍征戍之役不及盛年講肄道義使明珠加瑩磨
之功荊隨發采琢之美不亦良乎愚以世喪道久民情玩於所習純
風日去華競日彰猶火之消膏而莫之覺也今天地造始萬物權輿
聖朝以神武之德值革命之運蕩近世之流弊繼千載之絕軌篤道
崇儒創立大業明主唱之於上宰輔篤之於下夫上之所好下必有
過之者焉是故雙劍之節崇而飛白之俗成挾琴之容飾而赴曲之
和作君子之德風小人之德草實在所以感之而已臣以闇淺不能

遠識格言。謂宜以三時之隙漸就經始。

成帝咸康三年。國子祭酒袁瓌上疏曰。臣聞先王之教也。崇典訓。明禮學。以示後生。道萬物之性。暢為善之道也。宗周既興。文史載煥。端委治於南蠻。頌聲逸於四海。故延州入聘。聞雅音而咨嗟。韓起適魯。觀易象而歎息。何者。立人之道。於此為首也。孔子恂恂道化洙泗。孟軻皇皇誨誘無倦。是以仁義之聲。于今猶存。禮讓之風。千載未泯。疇昔陵替。喪亂屢臻。儒林之教蹔頹。庠序之禮有闕。國學索然。墳卷莫啟。有心之徒。抱志無由。昔魏武身親介冑。務在武功。猶尚息鞍披覽。投戈吟詠。以為世之所須者。治之本宜崇。況今陛下以聖明臨朝。百官以虔恭蒞事。朝野無虞。江外靜謐。如之何泱泱之風。漠焉無聞。洋洋之美。墜於聖世乎。古人有言。詩書義之府。禮樂德之則。實宜留心經籍。闡明學義。使諷頌之音。盈於京室。味道之賢。是則是詠。豈不盛哉。疏奏。帝有感焉。

孝武帝太元元年。尚書謝石上奏曰。立人之道。曰仁與義。翼善輔性。唯禮與學。雖理出自然。必須誘導。故洙泗闡弘道之風。詩書垂軌教之典。敦詩悅禮。王化以斯而隆。甄陶九流。群生於是乎穆。世不常治。道亦時亡。光武投戈而習誦。魏武息馬以脩學。懼墜斯文。若此之至也。大晉受命。值世多阻。雖聖化日融。而王道未備。庠序之業。或廢或興。遂令陶鑄闕日用之功。民性靡素絲之益。亹亹玄緒。翳焉莫抽。臣所以遠尋伏念。寤寐永歎者也。今皇威遐震。戎車方靜。將灑玄風於四區。導斯民於至德。豈可不弘敷禮樂。使煥乎可觀。請興復國學。以訓冑子。班下州郡。普脩鄉校。雕琢琳琅。和寶必至。大啟群蒙。茂茲成德。匪懈于事。必由之以通。則人競其業。道隆學備矣。帝納其言。

孝武帝時。選公卿二千石子弟為學生。增造廟屋一百五十五間。而品課無章。士君子恥與其列。國子祭酒殷茂上言曰。臣聞弘化正俗。存乎禮教。輔性成德。必資於學。先王所以陶鑄天下。津梁萬物。閑邪納善。潛被於日用者也。故能疏通玄理。窮綜幽微。一貫古今。彌綸治化。且夫子稱回以好學為本。七十希仰以善誘歸宗。雅頌之音。流詠千載。聖賢之淵範。哲王所同風。自大晉中興。肇基江左。崇明學校。脩建庠序。公卿子弟並入國學。尋值多故。訓業不終。陛下以聖德玄一。思隆前美。順通居方。導達物性。興復儒肆。僉與後生。自學建彌年。而功無可名。憚業避役。就存者無幾。或假託親疾。真偽難知。聲實渾亂。莫此之甚。臣聞舊制國子生皆冠族華冑。比列皇儲。而中者混雜蘭艾。遂令人情恥之。子貢去告朔之餼羊。仲尼猶愛其禮。況名實兼喪。面牆一世者乎。若以當今急病。未皇斯典。權宜停廢者。別一理也。若其不然。宜依舊準。竊謂羣臣內外清官子姪。普應入學。制以程課。令

者。見生或年在扞格。方圓殊趣。宜聽其去就。各從所安。所上謬論。乞付外參議。帝既下詔褒納。又不施行。朝廷及草萊之人。有志於學者。莫不發憤歎息。

清河人李遼上奏曰。臣聞教者治化之本。人倫之始。所以誘達群方。進德興仁。譬諸上石。陶冶成器。雖復百王殊禮。質文參差。至於斯道。其用不爽。自中華湮沒。闕里荒毀。先王之澤寢。聖賢之風絕。自此迄今。將及百年。造化有靈。否終以泰。河濟夷徙。海岱清通。黎庶蒙蘇。兇慝奮化。而典訓弗敷。雅頌寂蔑。久凋之俗。大弊未改。非演迪斯文。緝熙宏猷。將何以光贊時邕。克隆盛化哉。事有如賒而急。寔此之謂也。亡父先臣回綏集邦邑。歸誠本朝。以太元十年遣臣奉表。路經闕里。過覲孔廟。庭宇傾頓。軌式頹弛。萬世宗匠。忽焉淪廢。仰瞻俯慨。不覺涕流。既達京輦。表求興復聖祀。脩建講學。至十四年十一月十五日

奉被明詔采臣鄙議敕下兖州魯郡準舊營飾故尚書令謝石令臣所須列上又出家布薄助興立故鎮北將軍譙王恬版臣行北魯縣令賜許供遣二臣薨徂成規不遂陛下體唐堯文思之美訪宣尼善誘之勤矜荒餘之凋昧愍聲教之未浹愚謂可重符兖州刺史遂成舊廟蠲復數戶以供掃灑并賜給六經講立庠序延請宿學廣集後進使油然入道發剖琢之功運仁義以征伐敷道德以服遠何招而不懷何柔而不從所為者微所弘甚大臣自致身輦轂于今八稔違親轉積夙夜匪寧振武將軍何澹之今震扞三齊臣當隨反蓑回天邑感戀罔極乞臣表付外參議

宋武帝受命明年議建國學以范泰領國子祭酒泰上表曰臣聞風化興於哲王教訓表之聖世至說莫先講習甚樂必寄朋來古人成童入學易子而教尋師無遠負糧忘艱安親光國莫不由此若能出不由戶則斯道莫從是以明詔爰發已成渙汗學制既下遠近遵承臣之愚懷少有未達今惟新告始盛業初基天下改觀有志景慕而置生之制取少停多開不來之端非一塗而已臣以家推國則知所聚不多恐不足以宣大宋之風弘濟濟之美臣謂合選之家雖制所未達父兄欲其入學理合開通雖小違晨昏所以大弘孝道不知春秋則所陷或大故趙盾忠而書弑許止孝而得罪以斯為戒可不懼哉十五志學誠有其文若年降無幾而深有志尚者何必限以一格而不許其進邪楊烏豫玄實在弱齒五十學易乃無大過昔中朝助教亦用二品潁川陳載已辟太保掾而國子取為助教即太尉准之弟所貴在於得才無繫於定品教學不明獎勵不著今有職閑而學優者可以本官領之門地二品宜以朝請領助教既可以甄其名品斯亦敦學之一隅其二品才堪自依舊從事會今生到有期而學校

未立覆簣實望其速回轍已淹其遲事有似賒而宜急者殆此之謂古人重寸陰而賤尺璧其道然也時學竟不立

齊武帝永明三年春詔立學創立堂宇召公卿子弟下及員外郎之胤凡置生二百人其年秋中悉集有司奏宋元嘉舊事學生到先釋奠先聖先師禮又有釋菜禮未詳今當行何禮用何樂及禮器尚書令王儉上議曰周禮春入學舍菜合舞記云始教皮弁祭菜示敬道也又云始入學必祭先聖先師中朝以來釋菜禮廢今之所行釋奠而已金石俎豆皆無明文方之七廟則輕比之五禮則重陸納車胤謂宣尼廟宜依亭侯之爵范甯欲依周公之廟用王者儀范宣謂當其為師則不臣之釋奠日備帝王禮樂此則車陸失於過輕二范傷於大重喻希云若至王者自設禮樂則肆賞於至敬之所若欲嘉美先師則所況非備尋其此說守附情理皇朝屈尊弘教待以師資引同上公即事惟允元嘉立學裴松之議應舞六佾以郊樂未具故權奏登歌今金石已備宜設軒縣之樂六佾之舞牲牢器用悉依上公其冬皇太子講孝經親臨釋奠車駕幸聽

明帝建武四年春詔立學永泰元年東昏侯即位時依永明舊事廢學領國子助教曹思文上奏曰古之建國君民者必教學為先將以節其邪情而禁其流欲故能化民裁俗習與性成也是以忠孝篤焉信義成焉禮讓行焉尊教宗學其致一也是以成均煥於古典虎門炳於前經陛下體睿淳神纘承鴻業今制書既下而廢學先聞將恐觀國之光者有以擬議也若以國諱故宜廢昔漢成立學爰洎元始百餘年中未嘗暫廢其間有國諱也且晉武之崩又其學猶存斯皆先代不以國諱而廢學之明文也永明以無太子故廢斯非古典也尋國之有學本以興化致治也天子於以諮謀焉於以行禮焉詩云

天子出征受命於祖受成於學執有罪反釋奠於學又云食三老五
更於太學天子袒而割牲執爵而酳以教諸侯悌也於斯學是天子
有國之基教也或以之所言皆太學事也今引太學不非證也據臣
所見今之國學即古之太學晉初太學生二千人既多猥雜惠帝時
欲辯其涇渭故元康三年始立國子學官品第五以上得入國學天
子去太學入國學以行禮也太子去太學入國學以齒讓也太學之
與國學斯是晉世殊其士庶異其貴賤耳然貴賤士庶皆須教成故
國學太學兩存之也非有太子故立也然繫廢興於太子者此禾明
之鉅失也漢崇儒雅幾致刑措而猶道謝三五者以其致教之術未
篤也古之教者家有塾黨有庠術有序國有學以諷誦相摩今學非
唯不宜廢而已乃宜更崇向其道望古作規使郡縣有學鄉閭立教
請付尚書及二學詳議有司奏從之

後魏獻文帝時中書令高允上奏曰臣聞經綸大業必以教養為先
咸秩九疇亦由文德成務故辟雍光於周詩泮宮顯於魯頌自永嘉
以來舊章殄滅鄉閭蕪沒雅頌之聲京邑杜絕釋奠之禮道業陵夷
百五十載仰惟先朝每欲憲章昔典經闡素風方事尚殷弗遑克復
陛下欽明文思纂成洪烈萬國咸寧百揆時叙申祖宗之遺志興周
禮之絕業爰發德音惟新文教搢紳欣慶莫不幸甚臣承旨勅並集
二省披覽史籍備究典紀靡不敦儒以勸其業貴學以篤其道伏思
明詔玄同古義宜如聖旨崇建學校以厲風俗使先王之道光演於
明時郁郁之音流聞於四海請制大郡立博士二人助教二人學生八
十人中郡立博士一人助教二人學生六十人下郡立博士一人助
教一人學生四十人其博士取博關經典世履忠清堪為人師者年
限四十以上助教亦與博士同年限三十以上若道業夙成才任教
授不拘年齒學生取郡中清望人行修謹堪循名教者先盡高門次
及中第帝從之郡國立學自此始也
時相州刺史李訢上疏求立學校曰臣聞至治之隆非文德無以經
綸王道太平之美非良才無以光贊皇化是以昔之明主建庠序於
京畿立學官於郡邑教國子弟習其道藝然後選其俊異以為造士
今聖治欽明道隆三五九服之民咸仰德化而所在州土學校未立
臣雖不敏誠願備之使後生聞雅頌之音童幼覩經教之本臣昔蒙
恩寵長管中秘時課修學有成立之人髦俊之士已蒙進用臣今重
荷榮遇顯任方岳思闡帝猷光宣於外自到以來訪諸文學舊德已
老後生未進歲首所貢雖依制遣對問之日懼不克堪臣愚欲仰依
先典於州郡治所各立學官使士望之流冠冕之冑就而受業庶必
有成其經藝通明者貢之王府則郁郁之文於是不墜書奏帝從之

孝文帝時國子祭酒鄭道昭上奏曰臣竊以為崇治之道必也須才
養才之要莫先於學今國子學堂房粗置弦誦闕尔城南大學漢魏
石經丘墟殘毀藜藿蕪穢遊兒牧豎為之歎息有情之輩實亦悼心
況臣親司而不言露伏願天慈回神紆盻賜垂鑒察若臣微意萬一
合允求重勑尚書門下考論營制之模則五雍可翹立而興毀銘可
不日而就樹舊經於帝京播茂範於不朽斯有天下者之美業也帝
不從
道昭為州郡又上奏曰臣聞唐虞啓運以文德為本殷周致治以道
藝為先然則禮樂者為國之基不可斯須廢也是故周敷文教四海
宅心魯秉周禮齊歸義及至戰國紛紜干戈迭用五籍灰焚群儒
坑殄賤仁義之經貴戰爭之術遂使天下分崩黔黎荼炭數十年間
民無聊生者斯之由矣爰暨漢祖於行陳之中尚優引叔孫通等

武中興於撥亂之際乃使鄭衆范升校書東觀降逮魏晉何嘗不殷勤於篇籍篤學於戎伍伏惟大魏之興雖羣凶未殄戎馬在郊然猶招集英儒廣開學校用能闡道義於八荒布盛德於萬國教靡不懷風無不偃今者乘休平之基開無疆之祚定鼎伊瀍惟新寶曆九服感至德之和四垠懷擊壤之慶而蠢尔閩吴阻化江湫先帝爰震武怒戎車不息而停鑾佇蹕留心典墳命御史中尉臣李彪與吏部尚書任城王澄等妙選英儒以崇文教澄等依旨置四門博士四十人其國子博士太學博士及國子助教宿已簡置伏尋先旨意在速就但軍國多事未遑營立自尔迄今垂將一紀學官凋落四術寢廢遂使碩儒耆德卷經而不談俗學後生遺本而逐末進競之風寔由於此矣伏惟陛下欽明文思玄鑒洞遠越會未款務修道以來之遐方殊服敷文教而懷之垂心經素優柔墳籍將使化越軒唐德隆虞夏

是故屢發中旨敦營學館房宇既修生徒未立臣學陋全經識蔽篆素然往年刪定律令謬預議筵謹依準前修尋訪舊事參定學令事訖封呈自尔迄今未蒙報判但廢學歷年經術淹滯請學令并制早勑施行使選授有依生徒可準帝詔曰具卿崇儒敦學之意良不可言新令尋班施行無遠可謂職思其憂無曠官矣道昭復奏曰竊惟鼎遷中縣年將一紀縉紳磯業俎豆闕聞遂使濟濟明朝無觀風之美非所以光國宣風納民軌義臣自往年以來頻請學令并置生員前後累上未蒙一報故當以臣識淺濫官無能有所感悟者也館宇既修生房粗構博士見員足可講習雖新令未班請依舊權置國子學生漸開訓業使播教有章儒風不墜後生覩徙義之機學徒崇知新之益至若孔廟既成釋奠告始揖讓之容請俟令出不報

[illegible]帝時侍中祭酒劉芳上奏曰夫為國家者罔不崇儒尊道學校為先誠復政有質文茲範不易諒由萬端資始衆務禀法故也唐虞已往典籍無據隆周以降任居虎門周禮大司樂云師氏掌以媺詔王居虎門之左司王朝掌國中之事以教國子弟蔡氏勸學篇云周之師氏居虎門左敷陳六藝以教國子今之祭酒即周師氏洛陽記國子學官與天子對太學在開陽門外案學記云古之王者建國親民教學為先鄭氏注云內則設師保以教使國子學焉外則有太學庠序之官由斯而言國學在內太學在外明矣案如洛陽記猶有仿像臣愚謂今既徙縣崧瀍皇居伊洛宮闕府寺僉復故趾至於國學豈可舛替校量舊事應在宮門之左至如太學基所炳在仍舊營構又去太和二十年發敕立四門博士於四門置學臣案自周已上學惟以二或尚西或尚東或貴在國或貴在郊爰暨周室學蓋有六師氏居內太學在國四小在郊禮記云周人養庶老於虞庠虞庠在國

之西郊禮又云天子設學當入學而太子齒注云四學周四郊之虞庠也按大戴保傅篇云帝入東學尚親而貴仁帝入南學尚齒而貴信帝入西學尚賢而貴德帝入北學尚貴而尊爵帝入太學承師而問道周之五學於此彌彰案鄭注學記周則六學所以然者注云內則設師保以教使國子學焉外則有太學庠序之官此其證也漢魏已降無復四郊謹尋先旨宜在四門案王肅注云天子四郊有學去王都五十里考之鄭氏不云遠近今太學故坊基趾寬曠四郊別置相去遼闊檢督難周計太學坊并作四門猶為太廣以臣愚量同處無嫌且今時制置多循中代未審四學應從古不求集名儒禮官議其定所帝從之

常山侯拓跋英奏曰謹按學令諸州郡學生三年一校所通經數因正使列之然後遣使就郡練考臣伏惟聖明崇道顯成均之風蘊[illegible]

考膠序之美。是以太學之館久置於下國。四門之教方構於京鄙。計習訓淹年。聽受累紀。然嵩造之流。憑閑於魏闕。不革之輩。宜返於齊民。使就郡練考。覈其最殿。頃以皇都遷構。江揚未一。故鄉校之訓。弗遑正試。致使薰蕕之質。均誨學庭。蘭蕭之體。等教文肆。今外宰京官銓考向訖。所遣四門博士明通五經者。道別校練。依令黜陟。

孝明帝時。明堂辟雍並未建就。起部郎源恭上書曰。臣聞辟臺望氣。軌物之德既高。方堂布政。範世之道斯遠。是以書契之重。理冠於造化。推尊之義。事絕於生民。至如郊天饗帝。蓋以對越上靈。宗祀配天。是用酬膺下土。大孝莫之能加。嚴父以茲爲大。乃皇王之休業。有國之盛典。竊惟皇魏居震統極。摠宙馭宇。革制土中。垂式無外。自北徂南。同卜維於洛食。定鼎遷民。均氣候於寒暑。高祖所以始基。世宗於是恢構。按功成作樂。治定制禮。乃訪遺文。脩廢典。建明堂。立學校。興一代之茂矩。標千載之英規。永平之中。始創雉構。基趾草昧。迄無成功。故尚書令任城王臣澄。按故司空臣沖所造明堂樣。并連表詔答兩京模式。奏求營起。緣期發旨。即加葺繕。侍中領軍臣乂。物動作官。宣贊授令。自茲厥後。方配兵人。或給一千。或與數百。進退節縮。曾無定準。欲望速了。理在難克。若使專役此功。長得營造。委成責辦。容有就期。但所給之夫。本自寡少。諸處競借。動即千計。雖有繕作之名。終無就功之實。爽塏荒茫。淹積年載。結架崇構。指就無兆。仍令辟臺之禮。掩抑而不進。養老之儀。寂寥而不返。構厦止於尺土。爲山頓於一簣。良可惜歟。愚謂召民經始。必有子來之歌。興造勿亟。將致不日之美。況本兵不多。兼之牽役。廢此與彼。循環無極。便是輟創禮之重。資不急之費。廢經國之功。供寺館之役。求之遠圖。不亦闕矣。今府寺大作。稍以粗舉。並可徹減。專事經綜。嚴勒工匠。務令克成。使祖宗有薦

之則蒼生覩禮樂之富。書奏。帝從之。

兗州刺史李崇上表曰。臣聞世室明堂。顯於周夏。二黌兩學。盛自虞殷。所以宗配上帝。以著莫大之嚴。宣布下土。以彰則天之軌。養黃髮以詢格言。育青衿而敷典式。用能享國久長。風徽萬祀者也。故孔子稱巍巍乎其有成功。郁郁乎其有文章。此其盛矣。爰暨亡秦。政失其道。坑儒滅學。以蔽黔首。國無黌序之風。野有非時之役。故九服分崩。祚終二世。炎漢勃興。更修儒術。文景已降。禮樂復彰。化致昇平。治幾刑措。故西京有六學之美。東都有三本之盛。莫不紛綸掩藹。響流無已。逮自魏晉。撥亂相因。兵革之中。學校不絕。遺文燦然。方軌前代。仰惟高祖孝文皇帝稟聖自天。道鏡今古。徙馭嵩河。光宅函洛。模唐虞以革軌儀。規周漢以新品制。列教序於鄉黨。敦詩書於郡國。使揖讓之禮。橫被於崎嶇。歌詠之音。聲溢於仄陋。但經始事殷。戎軒屢駕。未遑多就。弓劍弗追。世宗統曆。聿遵先緒。永平之中。大興板築。續以水旱。戎馬生郊。雖逮爲山。還停一簣。竊惟皇遷中縣。垂二十祀。而明堂禮樂之本。乃鬱荊棘之林。膠序德義之基。空盈牧豎之跡。城隍嚴固之重。闕磚石之工。墉堞顯望之要。少樓榭之飾。加以風雨稍侵。漸致虧墜。又府寺初營。頗亦壯美。然一造至今。更不修繕。廳宇凋朽。牆垣頹壞。皆非所謂追隆堂構。儀形萬國者也。伏聞朝議以高祖大造區夏。道侔姬文。擬祀明堂。式配上帝。今若基宇不修。仍同丘畎。即使高皇神享。闕於國陽。宗事之典。有聲無實。此臣子所以匪寧。億兆所以失望也。臣又聞官方授能。所以任事。事既任矣。酬之以祿。如此。上無曠官之譏。下絕尸素之謗。今國子雖有學官之名。而無教授之實。何異兔絲燕麥。南箕北斗哉。昔劉向有言。王者宜興辟雍。陳禮樂。以風化天下。夫禮樂所以養人。刑法所以殺人。而有司勤勤請定刑法。至

於禮樂則曰未敢。是則敢於殺人。不敢於養人也。臣以為當今四海清平。九服寧晏。經國要重。理應先營。脫復稽延。則劉向之言徵矣。但事不兩興。須有進退。以臣愚量宜罷尚方雕靡之作。頗省永寧土木之功。并減瑤光材瓦之力。兼分石窟鐫琢之勞。及諸事役非急者。三時農隙修此數條。使辟雍之禮蔚爾而復興。諷誦之音煥然而更作。美榭高墉嚴壯於外。槐宮棘宇顯麗於中。道發明令。重遵鄉飲。敦進郡學。精課經業。如此則元凱可得之於上序。游夏可致之於下國。豈不休歟。誠知佛理淵妙。含識所宗。然比之治要。容可小緩。苟使魏道熙緝。元首唯康。爾乃經營。未為晚也。靈太后令曰。省表具悉體國之誠。配饗大禮。為國之本。比以戎馬在郊。未遑修繕。今四表晏寧。年和歲稔。當勅有司。別議經始。

廢帝時。滕序廢替。名教陵遲。侍中羊深上疏曰。臣聞崇禮建學。列代之所修。尊經重道。百王所不易。是以均塾洞啓。昭明之頌載揚。滕序大闢。都穆之詠斯顯。伏惟大魏乘乾統物。欽若奉時。模唐軌虞。率由前訓。重以高祖繼聖垂衣。儒風載蔚。得才之盛。如彼薪槱。因以追隆周而並驅。駕炎漢而獨邁。宣皇下武。式遵舊章。用能揄揚盛烈。聿修厥美。自茲已降。世極道消。風猷稍遠。澆薄方競。退讓寂寥。馳競靡息。進必吏能。升非學藝。是使刀筆小用。計日而期榮。專經大才。甘心於陋巷。然治之為本。所貴得賢。苟值其人。豈拘常檢。三代兩漢。異世間出。或釋褐中林。鬱登卿尹。或投竿釣渚。徑升公相。事炳丹青。義在往策。彼我遐乎。不可勝紀。竊以今之所用。弗修前矩。至如當世通儒。冠時盛德。見徵不過四門。登庸不越九品。以此取士。求之濟治。譬猶却行以及前。之燕而向楚。積習之不可者。其所由來漸矣。昔魯興泮宮。頌聲爰發。鄭廢鄉校。國風以譏。將以納民軌物。莫始於經禮。著義肯

才義光於篇什。自兵亂以來。垂將十載。干戈日陳。俎豆斯闕。四海蕩涼。民物凋弊。名教頓虧。風流殆盡。世之陵夷。可為歎息。陛下中興纂曆。理運惟新。方隅稍康。實惟文德。但禮賢崇讓之科。沿世未備。還淳反樸之化。起言斯緩。夫先黃老而退六經。史遷終其成蠹。貴玄虛而賤儒術。應氏所以危言。臣雖不敏。敢忘前載。且魏武在戎。尚修學校。宣尼確論。造次必儒。臣愚以為宜重修國學。廣延胄子。使函丈之教日聞。釋奠之禮不闕。并詔天下郡國興立儒教。考課之程。咸依舊典。苟經明行修。宜擢以不次。抑斗筲喋喋之才。進大雅汪汪之德。博收鴻生。以光顧問。繫維奇異。兼精得失。使區寰之內。競務仁義之風。荒散之餘。漸知禮樂之用。豈不美哉。臣誠闇短。敢慕前訓。用稽古義。上塵聽覽。伏願陛下垂就日之監。齊非煙之化。儻以臣言可採。乞特施行。帝善之。

隋文帝時。潞州刺史柳昂見天下無事。可以勸學行禮。因上疏曰。臣聞帝王受命。建學制禮。故能移既往之風。成惟新之俗。自魏道將謝。分割九區。關右山東。久為戰國。各逞權詐。俱殉干戈。賦役繁重。刑政嚴急。羞救撥亂。無暇從容。非朝野之願以致於此。晚世因循。遂成希慕。俗化澆漓。流宕忘反。自非天然上哲。挺生於時。則儒雅之道。經禮之制。衣冠民庶。莫肯用心。世事所以未清。軌物由茲而壞。伏惟陛下稟靈上帝。受命昊天。合三陽之期。膺千祀之運。往者周室頹毀。區宇沸騰。聖策風行。神謀電發。端坐廊廟。蕩滌萬方。俯順幽明。君臨四海。擇萬古之典。無善不為。改百王之弊。無惡不盡。至君因情緣義。為其節文。故以三百三千。事高前代。然下土黎獻。尚未盡行。臣謬蒙獎策。從政藩部。人庶軌儀。實見多闕。儒風以墜。禮教猶微。是知百姓之心。未能頓變。仰惟深思遠慮。情念下民。漸被以儉。使至於道。臣恐

淪胥纏動延年世。若行禮勸學。道教相催。必當靡然向風。不遠而就。家知禮節。人識義方。比屋可封。輒謂非遠。上覽而善之。因下詔曰。建國重道。莫先於學。尊主庇民。莫先於禮。自魏氏不競。周齊抗衡。分四海之民。鬭二邦之力。遂為強弱。多歷年所。務權詐而薄儒雅。重干戈而輕俎豆。民不見德。唯爭是聞。朝野以機巧為師。文吏用深刻為法。風澆俗弊。化之然也。雖復建立庠序。兼啓黌塾。業非時貴。道亦不行。其間服膺儒術。蓋有之矣。彼衆我寡。未能移俗。然其維持名教。獎飾彝倫。微相弘益。賴斯而已。王者承天。休咎隨化。有禮則祥瑞必降。無禮則妖孽興起。人稟五常。性靈不一。有禮則陰陽合德。無禮則禽獸其心。治國立身。非禮不可。朕受命於天。財成萬物。去華夷之亂。求風化之宜。戒奢崇儉。率先百辟。輕徭薄賦。冀以寬弘。而積習生常。未能懲革。閭閻士庶。吉凶之禮。動悉乖方。不依制度。執憲之職。似塞耳而

無聞。涖民之官。猶蔽目而不察。宣揚朝化。其若是乎。古人之學。且耕且養。今者民丁非役之日。農畝時候之餘。若敦以學業。勸以經禮。自可家慕大道。人希至德。豈止知禮節。識廉恥。父慈子孝。兄恭弟順者乎。始自京師。爰及州郡。宜祗朕意。勸學行禮。自是天下州縣皆置博士習禮焉。

唐武后時。麟臺正字陳子昂上言曰。陛下方興大化。而太學久廢。堂皇埃蕪。詩書不聞。明詔尚未及之。愚臣所以私恨也。太學者政教之地也。君臣上下之取則也。俎豆揖讓之所興也。天子于此得賢臣焉。今委而不論。雖欲睦人倫。興治綱。失之本而求之末。不可得也。君子三年不為禮。禮必壞。三年不為樂。樂必崩。奈何為天下而輕禮樂哉。願引胄子使歸太學。國家之大務不可廢已。

鳳閣舍人韋嗣立上疏曰。臣伏聞古先哲王立學官。所以掌教國子以六德六行六藝。三教備而人道畢矣。禮記曰。化民成俗。必由學乎。學之於人。其用蓋博。故立大學以教於國。設小學以化於邑。王之諸子。卿大夫士之子。及國之俊選。皆造焉。八歲入小學。十五入大學。春秋教以禮樂。冬夏教以詩書。是以教洽而化流。行成而不悖。故自夫子至於兩漢。未有不因學而成者也。國家自永淳以來。二十餘載。國學廢散。胄子衰缺。時輕儒學之官。莫存章句之選。貴門後進。競以僥倖昇班。寒族常流。復因陵替弛業。考試之際。秀茂罕登。驅之臨人。何以從政。又垂拱之後。文明在辰。盛典鴻休。日書月至。因藉際會。入仕尤多。加以諂邪凶黨。來俊臣之屬。妄執威權。恣行枉酷。陷正直之伍。死亡為憂。道路以目。人無固志。罕有執不撓之懷。徇至公之節。偷安苟免。聊以卒歲。遂使綱領不振。請託公行。選舉之曹。彌長渝濫。隨班少經術之士。攝職多庸瑣之才。徒以猛暴相誇。罕能清惠自勗。使海

內黔首。騷然不安。賴陛下憂勞。頻有處分。然革弊斯近。此風尚餘。州縣官僚。貪鄙未息。而望事必循理。致俗康寧。求之於今。不可得也。陛下誠能下明制。發德音。廣開庠序。大敦學校。三館生徒。即令追集。王公以下子弟。不容別求仕進。皆入國學。服膺典訓。崇飾館廟。尊尚師儒。盛陳奠菜之儀。宏數講說之會。使士庶觀聽。有所發揚。弘獎道德。於是乎在。則四海之內。靡然向風。延頸舉足。咸知所向。然後審持衡鏡。妙擇良能。以之臨人。寄之調俗。則官無侵暴之政。人有安樂之心。居人則相與樂業。百姓則皆戀桑梓。豈復憂其逃散。而貧窶哉。今天下戶口。亡逃過半。租調減耗。國用不足。治人之急。尤切於茲。故知務學之源。豈惟潤身進德而已。將以安人利國。安可不務之哉。

玄宗時。國子祭酒楊瑒上言曰。古者卿大夫子弟及諸侯歲貢小學之異者。入太學。漸漬禮樂。知朝廷君臣之序。班以品類。分以師長。三

德四教。學成然後爵之。唐興二監舉者千百數。常選者十之二。考功覆校以第。謂經明行脩。故無多少之限。今考功限天下明經進士歲百人。二監之得無幾。然則學徒費官廩而博士濫天禄者也。且以流外及諸色仕者歲二千。過明經進士十倍。胥史浮虚之徒。眊先王禮義。非得與服勤道業者挈長短絕輕重也。國家啓庠序。廣化導。將有以用而勸進之。有司爲限約以黜退之。欲望俊乂在朝難矣。帝然其言。

代宗時。皇太子欲臨國學行齒胄禮。國子司業兼集賢殿學士歸崇敬。以學與官名皆不正。乃上議曰。古天子學曰辟雍。以制言之。壅水環繞如璧。然以誼言之。以禮樂明和天下云爾。在禮爲澤宮。故前世或曰璧池。或曰璧沼。亦言學省。漢光武立明堂辟雍靈臺。號三雍宮。晉武帝臨辟雍行鄉飲酒禮。別立國子學以殊士庶。永嘉南遷。唯有

國子學。隋大業中更名國子監。今聲明之盛。辟雍獨闕。請以國子監爲辟雍。省祭酒司業之名。非學官所宜。業者栒虡大版。今學不教樂。於義無當。請以祭酒爲太師氏。位三品。司業爲左師右師。位四品。近世明經不課其義。先取帖經。頗門業傳受義絕。請以禮記左氏春秋爲大經。周官儀禮毛詩爲中經。尚書周易爲小經。各置博士一員。公羊穀梁春秋共準一中經。通置博士一員。博士兼通孝經論語。依章疏講解。德行純絜。文詞雅正。形容莊重。可爲師表者。委四品以上各舉所知。在外給傳。七十者安車蒲輪敦遣。國子太學四門三館各立五經博士。品秩生徒有差。舊博士助教直講經直律館算館助教請皆罷。教授法。學生謁師。贄用腶脩一束。酒一壺。衫布一裁。色如師所服。師出中門延入與坐。割脩酌酒。三爵止。乃發篋出經。摳衣前請。師爲說經大略。然後就室。朝晡請益。師二時堂上訓授道義。示以文

行忠信孝悌睦友。旬省月試。時考歲貢。眂生徒及第多少爲博士考課上下。有不率教者檟楚之。國子移禮部爲太學生。太學又不變。徙之四門。四門不變。徙本州之學。復不變。繇役如初。終身不齒。雖率教九年。學不成者亦歸之本州。禮部考試法。請罷帖經。於所習經問大義二十而得十八。論語孝經十得八爲通。策三道。以本經對。通二爲及第。其孝行聞鄉里者舉解具言。試日義闕一二。許兼收焉。天下鄉貢如之。習業考試。並以明經爲名。得第授官。與進士同。有詔尚書省集百官議。時憚改作。故無施行。

德宗時。太子校書郎李觀請修太學。疏曰。臣伏思太學之爲道也。厥惟大哉。實所以德宇於國家。教源於萬方。辨齊於人倫。親親而尊尊。誠宜歲勑崇嚴。日致齋肅。祇工虔木。不俟乎榱崩。須朝命官取稱乎師氏。然後乃可以陳四代之禮。興無窮之風。闢素王之堂。削青襟之

篇。人懲廉隅。俗捐爭端。天下之人。人相則焉。是以德繇此澤。教繇此流。若水之潤下。浡涌植物。利不浩哉。今嘗觀斯壞甚不然。嗚呼。在昔學有六館。居類其業。生有三千。盛侔於古。中年禍艱。寢用耗息。洎陛下君人。宿弊尚在。執事之臣。顧不爲急。升學之徒。罔敢上達。積微成愚。超歲歷紀。賤臣極言。求合要道。且六館之目。其曰國子。太學。四門。書。律。算等。今存者三。亡者三。亡者職繇廢司。存者恐不遠修。與人有棄本之議。群生有將壓之虞。至於博士助教。鋤耕其中。播五稼於三時。視辟雍如農郊。堂宇頹廢。磊砢屬聯。終朝之雨。流潦下渟。既夕之天。列宿上羅。群生寂寥。攸處貿遷。而陛下不以問。官不以聞。執政之臣不以思。所謂德宇將摧。教源將乾。先聖之道將不堪。猶火之焱上。燄燄至焚其爲利也。豈不甚哉。日者聖朝以武夷時屯。有風教肆帀庸。今茲聖朝以文象天。經有皐衡。宣皇猷。實四三六五之君子閑

無三人間之。然事不為加理。人不為加安。然貢之夫不能應詔問寡
罷之產無以悟玄機。天下有倒懸之逆。諸侯有安忍之噬。執事之臣
深惟無從。但勞心於無益。全身於因循。是眾不知長國之術在乎養
士。養士之方在乎隆學。夫學廢則士亡。士亡則國虛。國虛則上下危。
上下危則禮義銷。禮義銷則狂可奸聖。賊可凌德。聖德逶迤。不知其
終。今觀執事之臣之心。必以修學為害時。而他害者千之。養士為費
財。而他費者萬之。殊不知此費無費。而他費為費也。此害無害。而他
害為害也。諺所謂溜之細穿石。綆之細斷幹。斯言損益有漸。非聰哲
靡察。今乃明徵於儒書。欽若於權輿。繼統於易從。恢業於純風。而望
海內隽傑靡然踵武於雲龍之庭。不知其可也。禮稱虞夏殷周天下
之盛王也。蓋以其有庇民之德。祚國之仁。可仰而巍巍。且太學之興。
本於有虞。達於三王。踰至漢魏。以降特盛於我太宗文皇。重聖邊之

無以增。尊興於先皇。而延於聖朝。此乃古帝王懲淳醨亂萌。故同教
于民。百代奉之以弘長。國家廣之以存在。陛下不宜忽之而已。今四
君德以相高。八聖幽而不昭。風聲隨而罔遂。焉夫四君之民。古猶且
制。陛下之民。猶且難矣。易制之民。猶或遺之。難矣之民。得不重慎。
魯春秋書太廟屋壞。傳曰。書不敬也。臣今懼聖朝之史書太學廢。亦
萬代之嗣無法。今聖朝聚國中之兵。守塞下之壘。空織婦之機。為豐
夫之儲。豈其惡民而賤物。誠為社稷之計也。設一旦農夫死。織婦病。
兵壘在邊。粟帛不輸。陛下此時其暇勸學乎。則禮義之心不素蓄於
人。亦難以致天下之和矣。且四方之學。太學之枝葉也。天子之教。諸
侯之本也。未有本之顛而枝葉之存。天子之廢而諸侯之興。夫為國
者亦猶治一人之身。京師人之心。四方心之體。諸侯體之四支。心平
則體悉易治。體平則四支之患不治而愈。今不留神於心體。而遇資

於四支時變於外。氣殫於中。則為不起之憂矣。伏惟陛下。察弛張之
會。觀損益之圖。減無用之府。崇有裕之原。發開修而百度明。庠序昌
而教化行。勞經邦於長久。熙帝載於登閎。顧夫周營靈臺。魯修泮宮
於陛下萬之一焉。伏惟速令於職司。無至於不可持。天下幸甚。
憲宗時。學士李絳上疏曰。自三代哲王。巳降奄有天下。未嘗不崇建
太學。尊重名儒。習干戚羽籥之容。盛樽俎揖讓之禮。以興教化。以致
太平。天子親入視學。皇太子行齒胄之禮。斯所以用化成天下也。故
記曰。如欲化民成俗。必由學乎。當征討之急。則先武事。了理平之運
則尚文德。二柄相須。百王不易。故漢光武於兵革之中。投戈講藝。魏
太祖亦於擾攘之際。崇立學校。歷代之於儒道。如此急也。後漢儒碩
之盛。太學至有三萬人。諷先聖之言。酌當代之務。時名碩德。康國濟
時。未有不遊於太學以躋顯位也。國家自高祖初平關中。便修太學。

并為功臣宗室子弟別立小學。建黌舍。大引儒訓。增置生徒。各立博
贍鴻儒碩學盛於朝列。質疑應問。討古辨今。咸徵經據。並得傳師法
故朝廷無不根之論。蕃夷有慕義之名。風教大行。禮樂咸備。正觀之
理。謂之太平。至于開元中。亦引國學之制。復睹儒道之盛。故太學彰
於衰亂之代。非所以俾風俗趨末而忘實。蓋由國學廢講論之禮。儒
者難師資之訓。自是以降。不本經義。不識君臣父子之道。不知禮樂
制度之方。和氣不流。悖亂遂作。其師氏之廢如是之害也。今天下遭
逢聖明。蕩滌瑕穢。前代所不能舉。而陛下舉之。百王所不能行。而陛
下行之。萬方傾耳。兆人企踵。思陶聖化。希承德風。而德盛道隆。闡弦
歌之雅誦。政流化洽。鮮儒學之高風。頃自胡寇亂華。乘輿避狄。中夏
凋耗。生人深離。儒碩解散。國學毀廢。生徒無鼓篋之志。博士有倚席
之譏。馬廄園蔬。殆恐及此。伏惟陛下挺超代之姿。敷振俗之令。復學

太學重示儒碩，精選生徒，獎寵博士，備徵天下名德專門之士，增飾學中屋宇，厨饌之制，殿最講習之優劣，彰明義訓之得失，明立科品，使有懲勸。拔萃出群者縻之以禄，廢業怠教者寘之以刑。自然儒雅日興，經典日重，先王之道日盛，太學之訓日崇。陛下垂拱明廷，受釐清禁，使師氏教德，不獨美於周時；橋門觀禮，豈復謝於漢日。伏希天造，特覽愚言，起兹廢墜，引於教化，冀裨聖政，少助皇風。上於是宣付中書門下，令脩起國學。

歷代名臣奏議卷之一百十三

歷代名臣奏議卷之一百十四

學校

宋太宗端拱初，史館修撰楊徽之因對上言曰：自陛下嗣統鴻圖，闡揚文治，廢墜修舉，儒學嚮臻，乃至周巖野以聘隱淪，盛科選以來才彥，取士之道亦已至矣。然擅文章者多超遷，明經業者罕殊用，向非振舉，曷勸專勤。師法不傳，祖述安在。且京師四方之會，太學首善之地，今五經博士並闕其員，非所以崇教化、獎人材、綏內及外之道也。伏望濬發明詔，博求通經之士，簡之朝著，拔自草萊，增置員數，分教冑子，隨其所業，授以本官，稟稍且優，旌別斯在，淹貫之士既蒙厚賞，則天下善類知所勸矣。無使唐漢專稱得人。太宗嘉納之。

仁宗至和三年，侍御史趙抃乞給還太學田土房緡狀曰：臣伏以商周之所以名治世，莫非崇樹學校，教育俊良，以敦厚風俗之為急也。後之苟簡淺末，有以庠序議治道者，咸以迂闊誚之。然則舍此而欲風化之享，是猶卻行而求前也。竊見京師太學殆將廢弛。在慶曆初，朝廷撥田土二百餘頃，房緡六七千，入學充用。是時供生員二百人。後來陳旭判監，贍養亦不下百人。近胡瑗管勾已逾三歲，纔贍及掌事諭義孤寒學徒三二十人而已。又自今年春夏已來，一切停罷。今自供給。所以然者，蓋向前所賜田土房緡並卻係國子監拘收占吝。近聞吳中復論奏乞依舊還太學，至今多日未蒙施行。臣愚以謂今若田土房緡不還太學，則無由贍養生徒；不贍養，則將見其紛然引去而之四方矣。如此，則太學遂廢。伏惟陛下聰明仁聖，凡輔弼臣[illegible]日欲致君於堯舜，今使太學遂廢，將不及商周之治，如之何唐虞之庶幾哉。伏望特賜聖旨指揮，以先所賜田土房緡給還太學，依舊許令修完齋舍，贍養生員，教育漸冊，一變至治，庶使本朝尊儒重道興學育材之盛。不愧於古之治世矣。

嘉祐元年。歐陽脩上奏曰。臣等伏見近日言事之臣爲陛下言建學取士之法者矣。或欲立三舍以養生徒。或欲復五經而置博士。或欲但舉舊制而修廢墜。或欲特創新學而立科條。其言雖殊。其意則一。陛下慎重其事。下其議於羣臣。而議者遂欲創新學。立三舍。因以辨士之能否而命之以官。其始也則教以經藝文辭。其終也則取以材識德行。聽其言則甚備。考於事則難行。夫建學校以養賢。論材德而取士。此皆有國之本務。而帝王之極致也。而臣等謂之難行者何哉。蓋以古今之体不同。而施之方皆異也。古之建學取士之制。非如今之法也。蓋古之所謂爲政與設教者。遲速異宜也。夫立時日以趍事。考其功過而督以賞罰者。爲政之法也。故政可速成。若夫設教。則以勸善興化尚賢勵俗爲事。其被於人者漸。則入於人也深。收其效

者遲。則推其功也遠。故常緩而不迫。古者家有塾。黨有庠。遂有序。國有學。自天子諸侯之子。下至國之俊選。莫不入學。自成童而學。至年四十而仕。其習乎禮樂之容。講乎仁義之訓。敦乎孝弟之行。以養父兄事長上。信朋友。而臨財廉。處衆讓。其修於身。行於家。達於鄉里。聞于鄉黨。然後詢於衆庶。又定於長老之可信者而薦之。始謂之秀士。久之。又取其甚秀者爲選士。久之。又取其甚秀者爲俊士。久之。又取其甚秀者爲進士。然後辨其論。隨其材而官之。夫生七八十歲而死者。人之常壽也。古乃以四十而仕。蓋用其半生爲學考行。又廣察以鄰里鄉黨而後其人可知。然則積德累善如此勤。而久求賢審官如此慎。而有次第。然後矯僞干利之士不容於其間。而風俗不陷於偷薄也。古之建學取士。其施設之方如此也。方今之制。以貢舉取人。往往四歲一詔貢舉。而議者患於太遲。更趣之爲間歲。而應舉之士來學於京師者類皆去其鄉里。遠其父母妻子。而爲旦暮干祿之計。非如古人自成童至于四十就學於其庠序。而鄰里鄉黨得以衆察徐考其行實也。蓋古之養士本於舒遲。而今之取士患於急迫。此施設不同之大槩也。臣請詳言方今之弊。既以文學取士。又欲以德行官人。且速取之歟。則真僞之情未辨。是朝廷本欲以學勸人修德行。反以利誘人爲矯僞。此其不可一也。若遲取之歟。待其衆察徐考而漸進。則文辭之士先已中於甲科。而德行之人尚未登於內舍。此其不可二也。且今入學之人。皆四方之游士。齎其一身而來。烏合羣處。非如古人在家在學。自少至長。親戚朋友鄰里鄉黨衆察徐考其行實也。不過取於同舍一時之毀譽。而决於學官數人之品藻爾。然則同學之人蹈利爭進。愛憎之論必分朋黨。昔東漢之俗尚名節。而黨人之禍及天下。其始起於處士之橫議而相訾也。此其不可三也。夫人

之材行。若不因臨事而見。則守常循理。無異衆人。苟欲異衆。則必爲迂僻奇怪以取德行之名。而高談虛論以求材識之譽。前日慶曆之學其弊是也。此其不可四也。今若外方專以文學貢士。而京師獨以德行取人。則實行素履著於鄉曲。而守道丘園之士皆反見遺。此其不可五也。近者朝廷患四方之士寓京師者多。而不知其士行。遂嚴其法。使各歸於鄉里。今又反使來聚於京師。云欲考其德行。若不用四方之士。止取京師之士。則又示人以不廣。此其不可六也。夫儒者所謂能通古今者。在知其意。達其理。而酌時之宜爾。大抵古者教學之意緩而不迫。所以勸善興化。養賢勵俗。在於遲久。而不求近效。急功也。臣謂宜於今而可行者。立爲三舍可也。復五經博士可也。特創新學雖不若即舊而修廢。然未有甚害。創之亦可也。教學之意。在乎敦本而脩其實事。給以糧糗。多陳經籍。選士之良者以通經有道之

士為之師，而舉察其有過無行者黜之，則在學之人皆善士也。然後取以貢舉之法，待其居官為吏，已接於人事，可以考其賢善優劣，而時取其尤出類者旌異之，則士知脩身力行，非為一時之利，而可伸於終身，則矯偽之行不作，而偷薄之風歸厚矣。此所謂實事之可行於今者也。臣等伏見論學者四人，其說各異，而朝廷下臣等俾之詳定。是欲盡衆人之見而擇其長者爾。故臣等敢陳其所有以助衆議之一。非敢好為異論也。伏望聖慈特賜裁擇。

七年，知諫院司馬光上奏曰：臣伏見國子監直講見缺數員，久而未補。蓋以近制須年四十以上，及進士九經出身，方得為之。臣愚以為學官正宜取德行經術可為師表之人，不當限以苛法。若不察其人之賢愚，而惟年齒出身，則其間雖有德行如顏回，經術如王弼，皆終身不可為學官也。又舊制學官皆先試講說，然後就職，近歲此法亦因循不行。臣欲乞今後[illegible]監直講有闕，許本監或兩制以上舉京朝官選人有德行經術者，自[illegible]姓名聞奏。更不問年紀及出身，其國子監所舉者委學士或舍人院試。兩制以上所舉者委國子監試。並須衆官聚聽，手舉疑義，面試講說，擇其義理精通者保明聞奏，方降勑差除。若德行邪僻，經術荒謬，而輒敢舉薦保明者，並乞嚴行朝典。

仁宗時，諫議大夫夏竦請興學校，疏曰：臣聞古之教者，家有塾，黨有庠，術有序，國有學，禮樂之始，教化之倫，於是乎在。五帝有成均之名，虞夏貴膠庠之禮，周監二代，品郊立學。漢氏握符，雅尚學校。元帝不限博士弟子之員，孝明教授期門羽林之士。永平之際，揖讓興焉。李唐好文，崇設兩監。不游太學，以為恥。施及叔世，事亦陵遲。國家法遵典故，惟遠是圖，時文載離，化成天下。但謹教勸學，有殊經意，設庠序之館，列博士之員，胄子請益之禮，中年廢考校之規，或有生徒，[illegible]已故儒雅之士厭其同糞。由是九州罕脩學校，蜀郡唯文翁之訓，[illegible]章[illegible]范寧之制，太守但思於固祿，刺史不聞其興學。遂使邊遐之俗，罔知鄒魯之風；冠帶之民，安有弦歌之化。雖間有儁材，而罕聞師訓，執泥經指，不知所裁。伏願陛下稽考古義，恢崇，又明太學之道于中，廣庠序之學于外，分命郡國各置學官，講信修睦，以裨教化。無使子衿之詩復歌於聖代也。

張方平上論曰：臣聞古之王者，建國君民，教學為先。古之教者，家有塾，黨有庠，術有序，國有學。夫其造育俊選，以成官材，是三政之基也。上賢崇德，正君師父兄之尊，是設教之本也。合射習鄉，脩揖讓弦歌之節，是禮樂所成也。養老合語，尊孤念功，是仁義所起也。出師受成，執訊反告，是廟堂之嚴也。選習材能，以助祭事，是宗祊之重也。蓋三王四代盛德之世，上自天子，外及諸侯，其所以化民成俗之道，未有不以學為先也。周官曰：州長春秋以禮會民而射于州序，黨正以禮屬民而飲酒于序，以正齒位。文王世子復載諸侯群吏養老之事。此則州鄉列國庠序之禮，咸與太學同制矣。周衰，天下大亂，干戈日用，而列國之學猶廢，故子衿刺其不脩，左氏美其不毀也。漢文翁首建黌舍於蜀郡，仲舒次發太學於京師，而公卿大臣名儒隱德，咸有門弟子，橫經傳道，書名錄牒，或數千人。至于東都，學士寖盛，故在兩漢其政事本於經術，其議論依於王制，朝有名數之勸，士為去就之行。及桓靈失御，姦亂滔天，王綱解絕，民勢版蕩，而賴正人持救，義士奮拯，支壞扶顛，更延餘曆，雖腥德已塞于上，而清議不敗于下。豈非教學之功漬染深厚之所致歟。江左晉氏，范甯立庠序於豫章，庾亮起講舍於鄂渚，然倡而不和，絕而不續，尋復廢圮，諸生解散。以是而觀時之風政，其可知也。惟我治朝，掾宸立極，丕冒出日，同文一軌，烏言鵜舌知誦簡冊之言。髽首卉裳咸襲端甫之服。奎壁有爛。河洛發祥。文物炳然。儒碩挺出。故學校俶落乎雕漢。續興乎鄒魯。規大於齊魏。弦誦聞於江浙。樂善之吏。經營其闕。民悅獻力。不令景從。庠序之制。班然且遍乎郡國矣。自非朝廷以道德風示四方。以禮義薰陶濟人。又安得不言而化。如草偃風行。若是之速乎。然臣聞一鬨之市。必立之平。一卷之書。必立之師。周典以本俗六安萬民。其一曰聯師儒。記曰。凡學之道。嚴師為難。師嚴然後道尊。道尊然後人知重學。今學宮咸存。而師位尚虛。諸生抱經。伥然無主。時敏厥修。難得樂群之所。必有正業。焉取函丈之間。且夫百工衆伎。必有師匠。緇黃所聚。輒立師長。況夫學者為國造士。使民興仁。所傳者累聖之格言。所習者先王之正道。師教不立。學乃虛器。夫三代而下。治道淳懷。儒雅尊博。莫如二漢。自文武之世。屢下詔書。勸命郡國。勸使立學。而終不能興

自餘歷世。小雅蕩然。故弗論矣。今天下承文明之化。庠序修立。乃盛於兩漢。朝廷宜遂成其善意。樂以成之。顧同不急之務。視之弗篤。豈國家尊道育材之意哉。聞者近甸數郡之學。雖為除手講官。旋復縻以吏職。攬簿領之不暇。何圖籍之能精。且國家奄有萬邦。吏員至衆。山澤津途。百家之聚。錐刀可斂。必遣王官。惟是膠庠主道所在。顧一士之廩祿。廢徵政之本原。豈朝廷貴教化而賤貨利之意歟。臣愚以為宜委清望近臣。上從朝列。下逮選曹。舉經術篤行之士。凡立學州郡。悉為選官。依其資任。優其稍祿。夫張官布職。散劇繫時。略之則輕。屬之則重。貴之則人必同趨。簡之則衆斯共薄。事無大小。柄其事則權歸。任無高卑。委其任則效立。臣愚以為欲使師禮嚴重。道訓尊立。在乎使之專治學政。主領學徒。勸良者旌而異之。悖惰者簡而黜之。及賓興之時。必參以學官之論。其當簡黜者弗在蒸髦之選。其當旌異者以預薦辟之貢。而命外臺察諸學之官其尤通博於講議勵精乎教育。能得學士自遠方至者。上之。特賜獎諭。或有賜。太學員缺則以充選。且制使才名之士不歷學官者。不得入乎館閣。入館閣者必先歷乎學官。猶近制先倅郡而後得補憲臺三院也。如此則清流美士。在乎學矣。自然師道尊而教立。士業成而行修。禮樂達乎閭巷。德化漸乎州里。國獲良才之用。民得善吏之庇。三綱以正。五教用成。弦誦聞乎四方。道德行於天下矣。

方平又上論曰。臣聞古有四民。皆世其業。則象賢世祿。為古之道。然三王四代。必教諸學。藝成德就。乃辨材而官之。故舜命夔典樂教冑子。夏氏大小之學。商人左右之序。皆所以教國子也。周官大司樂掌成均之法。以治建國之學政。而合國之子弟。王太子。王子。群后之世子。卿大夫元士之適子。國之俊選。皆造焉。崇以詩書之教。詔以德行

之微。干羽弦誦。凡學必時。脩六禮以節其性。明七教以興其德。比年考校。至于大成。然後論材定任而官使之。漢制中二千石。九卿得任子弟為郎。或沒于刺守。名績流著。亦蒙恩典。錄其後嗣。凡三署郎悉屬光祿勳。更直宿衛。歲察廉茂。舉四行。才迹優顯。始蒙選舉。銓居高第。方出補長丞。下自魏晉。迄于唐朝。臣僚有功利及民。勞效在國。始被恩澤。賜一子官。襃勵勸賞。其義甚大。臣竊覩朝制。凡職參侍從。班在兩省。無間中外。歲至誕節。輒任京官一人。郎官御監。外臺廉刺。凡及郊禮。輒任選職一人。又近制員外而無館閣得視正郎之秩。三丞而請致仕。亦綺門子之錄。誌由盛世一統。溥天無外。銓除路廣。郡縣員衆。足以霈灑王澤。周冒纖微之品。獎勸群吏。無為子孫之憂。然臣之愚心。竊有不足者。夫賞延于世。雖盛王之典。而能不當官。亦先賢所譏。今任子之塗益廣。而教育之道未施。且世祿之家。鮮克由禮。

粱之族名為易驕夫其生享豐餘之養習見逸欲之靡非不淬礪以先王道德恭儉之言陶染以古賢孝友祗庸之訓是使立身之道不篤雅官之法不脩罔知小人作業之勞不念稼穡艱難之勤家緒遠淪世美鮮濟故宜然矣彼性知禮義之貴心存藝文之樂卓爾而立不入於邪令器自成其亦幾矣是以古者作為膠學聚而教之非惟為國造士固乃為臣立家也臣伏請凡今之子弟以資任入仕者宜悉籍于太學其在都者令日入肄業遵古齒序之禮臣聞師嚴而後道尊欲尊乎教在嚴其師欲師之嚴在重其位伏願於朝士中擇宿儒清德名素在人者正授博士明立條教使行師弟子之禮以肅之比年考校顯勳罰惰及三年則大比能精一大經量策時務而通者送吏部依資補用其未精通者復留進業必及格始得除吏其在外者亦以大比時赴集升降同之傳曰學以從政不聞以政入學故夫學古入官量才授任著諸典訓若何捨之如此則名為責任實經誨育雖高華之胄有寒素之業也父兄必加夙夜之訓子弟必勤講脩之志勸勵之道立庠序之教興朝多世德之家官獲稱職之吏仰補時政旁救治法非邪教之大者歟

方平知睦州又奏請州學名額及公田狀曰臣聞古之王者建國君民教學為先古之教者家有塾黨有庠術有序國有學故三王四代盛德之世上自天子外及庶邦其所以化民成俗之道未有不以學為先也伏以新定古城山俗淳澹民風順睦以得州名邑有俊選之材野有名節之士先是太平興國九年知州故左補闕田錫始建今至聖文宣王廟及上請九經書于朝蒙恩給賜今見收管至景祐元年知州右司諫范仲淹就廟西垣建置學舍樹立講堂至寶元元年知州都官員外郎胡楷增新廟宇基址嚴敞及臣到任逾一歷茲以遂

奏議卷之一百十四　八

丁焉伏望陛下崇導德教之源廣厲學官之路俾是遠方之俗仰惠天子之光特與恩賜州學名目并乞於管內荒逃係官田內量給十數頃以給學糧選官以領其教職置籍以會其物費無游學之士遷安隷業之所使郡為鄒魯家為洙泗風化所被恩施甚美

神宗熙寧元年監察御史裏行程顥上疏曰臣伏謂治天下以正風俗得賢才為本宋興百餘年而教化未大醇人情未盡美士人微謙退之節鄉閭無廉恥之行刑雖繁而姦不止官雖冗而材不足者此蓋學校之不脩師儒之不尊無以風勸養勵之使然耳竊以去聖久遠師道不立儒者之學幾於廢熄惟朝廷崇尚教育之則不日而復古者一道德以同俗苟師學不正則道德何從而一方今人執私見家為異說支離經訓無復統一道之不明不行乃在於此臣謂宜先禮命近侍賢儒各以類舉及百執事方岳州縣之吏悉心推訪凡有明先王之道德業充備足為師表者其次有篤志好學材良行脩者皆以名聞其高道之士朝廷當厚禮延聘其餘命州縣敦遣萃於京師館之寬閑之宇豐其廩餼卹其家之有無以大臣之賢典領其事俾羣儒朝夕相與講明正學其道必本於人倫明乎物理其教自小學灑掃應對以往修其孝悌忠信周旋禮樂其所以誘掖激厲漸磨成就之之道皆有節序其要在於擇善脩身至於化成天下自鄉人而可至於聖人之道其學行皆中於是者為成德又其次取材識明達可進於善者使日受其業稍久則舉其賢傑以備高任擇其學業大明德義可尊者為太學之師次以分教天下之學始自藩府至于列郡擇士之願學民之俊秀者入學皆優其廩給而蠲其身役凡有父母骨肉之養者亦通其優游往來以察其行其大不率教者斥之遂役漸自大學及州郡之學擇其道業之成可為人師者使教于縣

奏議卷之一百十四　九

之學。如州郡之制。異日則千室之鄉。達於黨遂。皆當修其庠序之制。為之立師。學者以次而察焉。縣令每歲與學之師以鄉飲之禮會其鄉老。學者衆推經明行修材能可任之士。升於州之學。以觀其實。學業行廢者罷歸而罪其吏與師。其升於州而當者。復其家之役。郡守又歲與學之師行鄉飲酒之禮。大會羣士。以經義。性行。材能三物賓興其士於太學。太學又聚而教之。其學不明。行不修。與材之下者。皆歸以為郡守學師之罪。升於太學者。亦聽其以時還鄉里。復來於學。太學歲論其賢者能者於朝。謂之選士。朝廷問之經以考其言。試之職以觀其材。然後辨論其等差而命之秩。凡處郡縣之學與太學者。皆滿三歲然後得充薦。其自州郡升於大學者。一歲而後薦。其有學行超卓衆所信服者。雖不處於學。或處學而未久。亦得備數論薦。凡選士之法。皆以性行端潔。居家孝悌。有廉恥禮遜。通明學業。曉達治

道者。在州縣之學則先使其鄉里長老次及學衆推之。在太學者先使其同舍次及博士推之。其學之師與州縣之長。無或專其私。苟不以實。其懷姦罔上者。師長皆除其仕籍。終身不齒。失者亦奪官二等。勿以赦及去職論。州縣之長莅事未滿半歲者。皆不薦士。師皆取學者成否之分數為之賞罰。凡公卿大夫之子弟皆入學。在京師者入太學。在外者各入其所在州之學。謂之國子。其有當補蔭者。並如舊制。惟不選於學者。不授以職。每歲諸路別言一路國子之秀者升於太學。其升而不當者。罪其監司與州郡之師。太學歲論國子之有學行材能者於朝。其在學賓興考試之法。皆如選士。國子自入學。中外通及七年。或太學五年。年及三十以上。所學不成者。辭而為二等。上者聽授以筦庫之任。自非其後學業修進。中於論選。則不復使親民政。其下者罷歸之。雖歲滿。願留學者亦聽。其在外學七歲而不[illegible]

[illegible]皆時論致太學而考察之。為二等之法。國子之大不率教者亦[illegible]罷之。凡有職任之人。其學業材行應薦者。諸路及近侍以聞。徵之太學。其論試亦如選士之法。取其賢能而進用之。凡國子之有官者。中選則增其秩。臣謂既一以道德仁義教養之。又專以行實材學升進。去其聲律小碎。糊名謄錄。一切無義理之弊。不數年間。學者靡然丕變矣。豈惟得士寖廣。天下風俗將日入醇正。王化之本也。臣謂帝王之道莫尚於此。願陛下特留宸意。為萬世行之。

神宗時。監察御史裏行彭汝礪論三舍疏曰。臣伏覩國子監考試上舍依詮試例。臣伏念自王者之迹熄。而學校教養之法不明於天下。學者以言而不及道。於是其實幾亡焉。道之方行也。陛下以天明命奮然震起而鼎新之。放淫辭。黜邪說。造之以經術。而學士大夫知所本也。然風俗靡靡。未還忠厚。豈獨美之未成哉。亦由吾所以取之者

其法未盡也。且夫科舉之興久矣。相因於千歲。而欲革於一旦之近。臣固自知其難也。蓋亦有漸焉。今天下之士。或聚或散。而行能之實。非可以遽察。臣以謂當自庠序始。法度之行。自近及遠。故又當自太學始。考試頗以行能為差。雖未如古。蓋非殆庶幾焉。今上舍尤所以風動四方。比他時益當慎選。而必用糊名之法。似非朝廷所以養育德義之本意也。且朝廷罷詩賦。廢制科。欲取之以實也。今如是。則但察其詞而已。何異於以言也。論選士在學校。不循科舉之常。恐必非其人也。今如是。則不肖者亦可以僥倖。何以異於科舉也。今六經之說其明如日。雖老夫小子皆得自託於義理。學文不足患也。所慮者其實未應而已。臣欲乞試內上舍。皆以文行參考。如辭理優長。行義超卓為一等。操履仁義無玷者為一等。如有過闕。文雖中。不與焉。夫上舍中。其恩不過免解。或遂得一命。而使人人知所以自愛而畏於

德所施者寡而所及者遠矣是之謂要術行之以漸待之以久古或可復矣臣嘗侍罪學省稍詳本末如臣所論衆不能廢今所以必用封彌謄錄欲如内舍者恐物議難一不敢自任其責而朝廷所以如此者亦以私疑之也臣以謂陛下興起學校方將追還三代之美而立政造法乃無以異於後世之科舉則所失多矣夫行能有素非可以一朝一夕為之是非所繫者衆亦非一人之所能專也苟得其私第當竄其人而已不可以非其人而廢法也臣欲乞衹令鎖宿考校庶幾專一或以臺諫官一人臨之以防議論之私其他乞如試內舍體例則學校之興不至廢失矣

諫議大夫龔夬上奏曰臣伏覩制書舉人習業之外更試律義一道臣竊惟周王之教道德為先其次六藝而已故皆純全而道德以一風俗以同者此也陛下自熙寧以來大闡學校養育人材發明經旨

訓迪士類今一旦以刑名之學亂之臣所未諭夫道德者本也刑名者末也教之以本人猶趍末况教之以末乎臣愚欲望聖慈追寢習律制書俾多士專尚經旨悉意本業不勝幸甚

知興元府文同乞置府學教授狀曰臣自到本府遂詣學舍點檢見於處所褊狹僻在城下屋宇卑陋殆不可入其中生徒小大裁數人而已臣因詢問僚屬并偏訪左右所以如此不振之由皆言本府自唐末以來並無諸科修學及第之人從前每有科場皆是外州軍進士暫來就此假籍寄應纔獲薦到省皆下第無成遂各歸還本貫家復往此脩習所以其民便謂讀書無効更不從學近歲府縣雖稀有士人應舉終是素無師範所肄之業多不能上合新格臣初竊怪之山川人物土風次第與東西二川大抵相類彼處雖至小州每遇士常不下三四百人而本府邑屋富庶人民繁庶若此豈無秀異一輩之士以備官使但自來上下因循相與廢墮使朝廷風教獨未霑洽寥然一方遂絶文采深可歎也臣伏見本府司理參軍潘行自熙寧三年到任乃攝府學教授行能為之講說經藝教其對答大義誘掖後進孜孜不倦日授月試皆有條緒近日府縣子弟翕然盡願入學至於外郡士人聞之間亦漸有來者以此見人之趨嚮善道悉由勸獎訓勵儻得其心有所服自然不可制禦而卒至成業矣行今來舉主考第並已該磨勘來年正月滿當解罷臣竊慮行去之後俾他官承乏詳學者之所恱從未必有能如行者臣無緣問得本路與洋利文龍等州雖有進士徒具名爾其人亦嘗自患所居僻陋難得師友臣欲望朝廷勘會本府并前件五州自來實係少有舉人修學及第之處乞賜詳酌特置學官就與行改轉使正充本府府學教授所貴一府五州之人悉得就近修學不三二年當盡變此俗煥然與天下

士人相侔矣臣職在守土所治之下或有可請不敢自默臣無任恐懼激切屏營之至

知制誥蘇頌上議學校法疏曰臣聞古者立太學以教於國設庠序以化於邑雖王之諸子卿大夫之子弟及國之俊選皆造焉三代所以教化行而習俗成者繇此道也自鄉遂之制壞而學校從而廢缺漢晉而下代有興置至唐而後備上都立國子監以摠六學之務設官則有祭酒司業為之長博士助教直講為之訓導監丞主簿掌其政令外則京府州縣各有學並置博士助教以主訓授之職繇是黨庠遂序國學之制稍稍復矣國朝自景祐以來天下建學慶曆以後數立規程自是諸儒知所宗尚歲月寖久師生益增然而黌校之間未聞有業成通經之士顯著於時而副朝廷之選用者今明詔將議改制而降意於詢訪茲誠治世之先務而聖主所當留神也臣竊謂

本朝學制大抵倣唐之舊。然而設官有未備而教導有未至。歲積日累久而成効無聞也。何以言之。唐制學官國子則博士助教各二人。直講四人。大成十人。學生三百人。太學四門學則博士助教各三人。學生各五百人。而四門又有俊士八百人。律書算學則博士助教各一人。學生五十人至三十人。今之學官惟直講說書共八人。而無國子太學四門之別。職事又無殿最之課。太學生止於三百人。廣文生則三歲試補。但隨秋賦而不隸兩學聽習。律學雖有其名而無其職。書算則又闕焉。唐之學官每歲終考校。以訓授功業多少為殿最。學生則以業成通兩經以上者上于監。祭酒司業策試優者上于禮部。大成上于吏部。今二者咸無焉。其法制滅裂如此。而欲責其一道德而廣教化。勢不可得也。必欲別為新規。臣愚以謂積習既久。未易更張。莫若即舊法而增損之。則便而易行也。今學官八人。謂宜各令分

奏議卷之一百十四　十四

掌職事。五人專職講說。人各講一經。春秋兼三傳。禮記兼周禮儀禮。並為大經。各限二年講畢。毛詩為中經。限一年半。周易尚書為小經。限一年。三人掌教授諸生以詩賦文論經史大義及時務策。仍輪日直學。以待諸生請問疑義。并出試題目。若考校試卷。則八人通主之。其教導有方。成効顯著。為諸生稟伏者。俟及三年。委判監官聞于朝廷。望賜召試館閣職事。其不職者罷免之。學生以五百人為額。逐日早分經聽受。每經百人。仍兼習孝經論語。聽讀罷。則課習文史。每月公試。三學官考校優劣。分三等揭名于學。以為勸沮。監丞掌其課最。主簿糾其違慢。每一經講畢。監上于判監。集官案試大義十道。次日口試十道。各定為三等。大義通十。并口說明白。能發明聖賢深縕者為優等。大義通六。及口說俱通者為次等。不及六通為下等。其通一大經或一中經兼一下經試入優等者。上於朝廷。望加旌擢。或直送

省試。仍許特奏名次等。籍其名以俟再試。甄別下等。本學常加敦勉。其文行道藝超絕倫輩。朝野所知者。不拘常例。並許舉薦。以備朝廷擢用。其律書算等。亦望各立一學。量置生徒。庶令學者粗知本原。以之入官。不至牆面也。州郡之學。每州請置經學博士一員。內舉人及三百人以上者。朝廷為選差正官。三年為一任。如能舉職有效者。任滿日本州為保薦之。乞加旌擢。其餘本州辟召有科名守選官員。或經行純粹之士。上于本路。列奏朝廷。俟旨補授。仍給本學公錢為俸。亦以三年為任。任滿保薦如正官法。內命官望加優奬。舉人即授以閑官。再授教授之職。每州仍置說書一員。以本郡有經術文行之士為鄉里所推者充。仍從生徒衆舉。州為補置。本州無其人。則請於鄰州使專講說。諸生聽讀課試。亦約太學之例。如有經術精博。文藝優長者。上于州。州為覆試。籍其名以補學職。俟及三年。顯有功効者。舉

奏議卷之一百十四　十五

送國子監。與通經者同試。縣學置助教一員。推舉如州。說書例兼主講說教授之事。諸生有業成通經者。上于州學。與通經者校試。舉送州縣既立學校。須藉公費。望許摽撥本處閑田。或戶絕及僧寺莊土多處。斟酌移割入學充職田。隨生徒多少以定頃畝。州縣為差人主持。勾收課利入學以助支費。條約既備。獎勸既行。則人人各務本業。窮經學文。不三五年可以丕革舊俗矣。

宗丞劉摯乞增宗學官俸狀曰。臣所領職事。偶有管見。不敢自避僭冒之罪而苟簡不言。伏覩治平制詔。增立宗室教學之法。設教授官通大小學幾三十員。其講授課試條式明具。逐官除本俸及月請強錢六十千外。別無添給。而宮院承例衆率私錢充為月給。多者三五十千。其下不減二十千。臣等伏以諸宮宗室聽讀員數不等。大學小學亦復人數不同。而學官月給取足其間。故其斂率之法參差各異。

或歲俸入均割。或從員數分定。或大小學通融。或逐學各自承數。大學員多或俸優。則所斂輕而易供。員少或俸薄。則所出多而難集。取予緩急。亦又繫夫賓主恩意得失之間。故輸者受者皆有幸不幸焉。以至興訴投訟。本司為之督索。蓋此錢本非官為立制。至生詞訟。理難齊一。臣再惟教官於學者既為仰給之地。則俯仰顧私。恐少肯以嚴人之意飭厲自任。至其甚也。將必有委曲諂媚相事於謏諂宴集以求容悅者。蓋利之所在。人之常情。師生之分無由兩立。凡此甚非朝廷養訓宗子崇嚴學官本意。臣等不勝愚欵。欲乞將諸教授比在京宗學官。明立添支。稍優其數。舊例宮院所供月錢。一皆禁罷。庶教者既無徇私之慮。得以展意於其職。學者又免會斂之煩。而不得持此相為輕重。師道少抗。然後所謂程課可得而加察矣。臣等竊嘗計之。使學官員數常足。而誠聽增俸之優。其所加費為緡錢歲幾三萬千

緡。恭惟朝廷養士之制。新美完具。太學生千計。而郡國增立教官。緣學經費無請不獲。所以樂育人材。恩施甚厚。顧豈於宗學不費乃有愛惜。特有司未經申論。因循至此。伏望赦其愚。裁行之。

時議建武學。同修起居注張璪上言曰。古之太學舞干習射。受成獻功。莫不在焉。文武之才皆自此出。未聞偏習其一者也。請無問文武之士。一養于太學。

知諫院兼領國子監事陳襄上奏曰。臣伏覩先降詔書。令兩制已下至臺閣臣僚建議學校貢舉之制。得以上聞者。茲見陛下講求至治。思得求賢養士之要。以興起王業也。臣近以諫官兼領國子監。每至太學。視其齋舍頹弊。生徒挑撻。官吏苟簡。殊無法度。竊謂太學者天子教化之宮。自古聖帝賢王莫之敢廢。晉漢而下。雖無先王之法。然猶置師弟子。多及千數。唐貞觀中。規制益隆。增築學舍千二百間。博士生員與著姓子弟游於學者。僅至八千餘員。皇國朝儒學之盛。跨越漢唐。而弦誦之地寂寥至此。臣竊恥之。蓋藝祖創業。未遑斯事。當時謀議之臣識慮不遠。因循百年未有太學。今生員所居乃是司業廳事。與朝集數位而已。天下傒望。必行於陛下之手。事得其本。為之甚易。但陛下先求賢哲之士。使居師長之位。百度興葺。乃其末事。可以不勞而成矣。伏見前授試大理評事充忠武軍節度推官知許州長社縣事常秩。性行純明。專於古學。甘貧守道。不苟仕進。語默出處。非義不由。道德未加而人信之。此可謂以身治人者也。前授安州司戶參軍充國子監直講陳烈。忠孝仁勇。根於誠性。行與道合。心與俗違。博通群經。而尤明於禮學。思一物不獲其所。則其心憂焉。仁宗朝嘗以學官召之。數命不起。此可謂能自任以天下之重者也。二子之道則同。而其用或異。皆所謂學孔子者也。方今立國有道之士。求

烈與秩。未見其比。陛下方大有為之時。捨如是人而使窮居家食。恐非虞舜之舉十六相。文王待二老之意也。如陛下未即置諸左右。姑以禮命召至太學。使居博士之職。以經授弟子。師宗室公卿之子弟。與國之俊選咸得執經肄業。而以師禮處之。庶乎其可致也。有鄉貢進士管師常者。履行正固。經術專精。東南士人多所從學。更練民事而適於時用。嘗為太學正。衆論推服。鄉貢進士程顥者。有高堅之行。懷經濟之學。廷試不第。無復進取。守道用晦。名聞公卿。近聞諸路搜訪遺逸。以應赦書。師常與顥咸與薦達。亦望聖恩並除國子監一助教之名。庶幾太學生員有所規法。語曰。舉逸民。天下之民歸心焉。正謂此也。所有近詔諸臣議學之制。論者固多。伏望陛下選擇近臣。複付詳定。取其合於王制者。立為一代之法。頗不為淺者之論而遂罷止。則天下幸甚。

哲宗元祐元年左正言朱光庭乞擇名師主太學狀曰臣竊以立國家太平之基本者莫急於人材養天下人材之成就者莫先於庠序朝廷務要廣求人材而不素為之養則何由而得今上庠與州郡學校雖名為興賢而無養人材之實所以然者蓋無名師之故也夫所謂名師者其經術足以窮聖蘊其行義足以為人表又能至誠以教養為己任者是也昔在仁宗朝招胡瑗典太學當是時天下學者翕然向風所以成就人材為多至今未見其繼者豈國家之大四海之廣無其人患在不求之也今庠序之中未見以禮義教養唯見以苛禁繩治其所習經術所修行義孰為發明孰為視法學官者區區自顧苛禁之不暇奚暇治禮義哉甚非所以為首善之地也今朝廷所去弊政欲盡而所修善政未甚聞臣以謂所修善政莫先於置名師興學校以養人材首善自京師而風動天下伏望聖慈詔大臣博求真儒為天下所共推者使主太學以教養為己任罷三舍之弊法去一切之苛禁專務以禮義教養多士自然可以成就人材為陛下立太平之基本臣願陛下留神天下幸甚

左司諫王岩叟乞罷三舍法狀曰臣聞法有為名則善而行之則難事有用意則良而施之則失者三舍是也三舍之法言雖有高材異能未見能取而得之而奔競之患起奔競之患起而賄賂之私行賄賂之私行而獄訟之禍興獄訟之禍興而防猜之禁繁博士勞於簿書諸生困於文法非復混然養士之體而庠序之風或幾乎息此識者之所共嘆也臣竊謂庠序者所以萃羣材而樂育之以定其志業養其名譽優游舒徐以待其成今乃科舉之外別開進取之多岐以文離其心而激其爭端使利害得失日交戰於胸中損育德善道之淳意非所以篤教化成人材也臣愚乞驟已然之弊罷三舍法關先生弟子不相見之禁示學士大夫以義講解之餘止於公私試藝焉下如昔時自足以奬材氣而厲風聲使多士欣欣於從學則上庠宜復有雍容樂易之美為四方矜式矣

岩叟又請用薦舉之士為學官乞罷試法疏曰臣伏以砥名礪行以待用於世者士人之所以自處也養士人之節以成就其美而風天下之俗者朝廷之所以處士人也臣竊見内自太學外至州郡學官之制皆令就試四方之士區區於進卷屑屑於程文不憚奔馳之遠淹留之久者顧豈其心哉祿任迫之有不得已耳甚非所以重師道崇儒風惜士人之節也禮曰道尊然後民知敬學孟子曰人之患在好為人師今立法如此使人人自求為師欲天下之民知敬學恐不可得臣愚伏望聖慈令罷此法一用應詔薦舉之士為中外學官以重教導之選為天下勸

御史中丞劉摯乞畫修太學條制狀曰臣切以學校之制主於教育人材非行法之地也羣居衆聚帥而齊之則誠不可以無法然而法之為學校設者宜有禮義存焉可也比歲太學屢起大獄其事一出於誣枉於是有司緣此造為法禁煩苛凝密士之學其間者轉身舉足輒蹈憲網束濕愈於治獄條目多於防盜上下疑貳求於苟免先王之意禮義科旨逝已盡矣法有大可怪者博士諸生禁不相見教諭無所施質問無所從但博士月巡所隸之齋而已謂如此則請問者對衆足以為證佐以防私請以杜賄謝嗟夫學之政令豈不大繆先王意哉私請賄謝如是真可以絕之乎而又齋數不一不可以隨經分隸也故使之兼巡如周易博士或巡治禮之齋禮學博士復巡治詩之舍往往所至備禮請問相與揖諾至或不交一言而退昔之設學校教養之法師生問對憤悱開發相與曲折反復諄諄善誘盡

其意不如是之跡也其道不如是之洿也先王之於天下遇人以長者君子之道則下必有長者君子之行而報乎上者斯有禮也遇人以小人犬豕之道則彼將以小人犬豕自為而報乎上者不能有義也況夫學校之間哉太學自置三舍之法寖寖至今未嘗應令成就一人豈真無人也主司懲前日之禍畏罪避謗士雖有豪傑挺卒之才誰敢題品以人物自任而置之上第哉則是先帝有興賢造士之美意而有司以法害之也臣愚欲望聖慈詳酌罷博士諸生不許相見之禁教諭請益聽其在學往還即私有干求饋受自依律勅仍乞先次施行外應太學見行條制委本監長貳與其屬看詳省其煩密太甚取其可行便於今者有所增損著為科條上之禮部本部再行詳定上之三省以聽聖裁

又上奏曰臣昨者建言太學條制煩密失養士之意乞下有司刪修立後蒙朝廷選官置局及今已久未見成法緣所差官各有本職不得專一集議兼臣竊以謂庠序之制教育以成其材獎勸以進其志群居衆聚略為約束自古以來法之施於學校者其本不過如斯而已然則為今之議縱大措置猶可按據舊條考其乖戾泰甚者刪去之而存其可行可久便於今者則所謂學制可以一言而定矣若乃高闊以慕古新奇以變常非徒無補而又有害夫職親於諸生而習知其情偽者宜莫如學官也使其因人情利害而為之法者亦莫如學官也然則安用以他官置局為哉故臣前日奏請止乞令本學立法上禮部禮部再加參詳上三省以待聖斷誠如臣言學制成久矣今置局幾年議既希闊而議官各持所見紛然異同無所折衷學者疑惑趣向未安欲望聖慈指揮罷修定學制所檢會臣今年二月十五日所奏止以其事責在學官正錄以上將見行條制去留

修定嚴立近限次第條上取旨施行所貴因革不失其當法令速成以便學者以述先帝興學之旨以副陛下造士之意

四年龍圖閣學士朝奉郎知杭州蘇軾上奏曰臣伏見本州州學見管生員二百餘人及入學參假之流日益不已蓋見朝廷尊用儒術更定貢舉條法漸復祖宗之舊人人慕義學者日衆若學糧不繼使至者無歸稍稍引去甚非朝廷樂育之意前知州熊本曾奏乞用廢罷市易務書板賜與州學印賃收錢以助學糧或乞賣與州學限十年還錢今蒙都省指揮只限五年見今轉運司差官重行估價約計一千四百六貫九伯八十三文若依限送納即州學歲納二百八十一貫三伯九十七文五年之間深為不易學者旦夕闕食而望利於五年之後何補於事而朝廷歲得二百八十一貫三伯九十七文如江海之中增損涓滴了無所覺徒使一方士民以謂朝廷既已損利與民廢罷市易所放欠負動以萬計農商小民銜荷聖澤莫知紀極而獨於此飢寒儒素之士惜毫末之費猶欲於此追收市易之息流傳四方為損不小此乃有司出納之吝非朝廷寬大之政也臣以侍從備位守臣懷有所見不敢不盡伏望聖慈特出宸斷盡以市易書板賜與州學更不估價收錢所貴稍服士心以全國體

元祐中越州學教授慕容彥逢奏曰臣伏覩神宗皇帝恢崇太學以幸教多士製堂及齋名以寓訓迪學者游於斯仰之若日星之麗乎上也陛下緝熙先猷州縣學校咸建師長命以貢士而名堂及齋類多前日官司隨意建立或怪僻不馴或稽考無據或違背經旨以此揭示多士甚未稱朝廷育材之意臣愚欲乞府界及諸路州縣學舍堂及齋名除不許用太學敦化等堂名及論秀烝髦守約事齋名外並須用太學諸齋名即不得存留舊名及別有創立如蒙聖允乞下

有司頒降施行。

元符中，彥逢為太學博士，又上奏曰：臣伏覩陛下追述神考美意，首京師下至郡縣，俠崇學校，以幸教天下，增置諸路教官，所選唯經術行義之士。三代庠序之盛，宜無以加此。然諸路教官奉行貢士法，事體比昔為重。今員數既衆，又皆一時之選，而資任多係選人。國子監長貳歲舉改官止八人，施之太學正、錄，且猶不給，況諸路教官如此其衆邪？伏望聖慈，特詔有司，稍增國子監長貳舉官舊格，使凡預師儒之選者，益知自重，以稱陛下長育人材之意。

哲宗時，太學正葛勝仲進養士圖籍劄子曰：臣竊以三代之盛，班治纖設之方，尤備於成周，而周之隆，教養作成之法，獨推於文、武。文王之詩曰：不顯亦臨，無射亦保。故其效至於多士以寧。武王之詩曰：豐水有芑，武王豈不仕？故其效至於無思不服。雖聖人以神道設教，甚精神心術之妙不可推測，意者殆將以作人觀俊，為長久無窮之計，非特謀用於一時，以康庶事而已。棫樸云：周王壽考，遐不作人？下武云：於萬斯年，不遐有佐。故子孫賴之，而國以長楙。嗚呼盛哉！天祐斯文，越數千年而復生上聖，應世覺民之迹，若合符節。恭惟皇帝陛下以徇齊淵懿之資，屬熙洽隆平之運，聖學高明，道心昭徹，獨見治本在崇化厲賢，故自躬斷已來，首議學政，大闢雍頖，而於以育才聚聯師儒，而命之分教，以寓興孜勸之法，革科舉循沿之陋，陞進之令，雖出於親製，程試之文，每塵於乙覽。一歲餼廩，無慮數百萬，別為一司，經畫均制，不取於縣官，而坐以餘羨，且命諸道各售常產以資永業。行之十有餘年，典法大備，彬彬新美之才輩出，而晏晏忠厚之俗已成。雖詩歌文武之盛，無以進焉。既又命禮部以天下養士之額，今守之數，費用之多寡，田業之頃畝，載之圖籍，掌在有司。臣等恭承詔旨，討論編次，隨類編括，屢克成書。取大觀二年成終為準，既以逐州縣離為析數，又以天下合為總數。凡二十有四路，而中都兩學之費不與焉。彼漢中世增弟子員三千人，而唐太宗千一百區，載之史牒，已稱甚盛。顧視今日，倘是道哉？所有天下養士圖籍凡二十有五冊，謹隨狀上進。

畢仲游上奏曰：天下之事有至近且狹，偶得其道而行之，則雖累百世而不倦；有甚大極重，不得其道，則終無補於天下。今所謂律令，皐陶之刑也，增損隆殺，近所以為治之道，遂成不刊之書。學校之設，欲以進賢養士，為太平之具，不得其道，至今設為虛器而已，蓋甚可嘆也。古者家有塾，黨有庠，遂有序，國有學，而養老、習射、讀書、合樂、行禮於其中者，蓋欲使知君臣之義，父子之親，長幼之節，明是非，一好惡，積道藝以為天下之用。顏子不遷怒，不貳過，孔子謂之好學，而後世姑益賦廩，督課業，嚴禁令，以從事，豈古人所以為學之道邪？其君臣之義，父子之親，長幼之序，所以明是非、一好惡為道藝者，猶未備也。而又欲麗師堂，廣生舍，衆徒弟以為盛，其去道愈遠。蓋聞熙寧之初，變詩賦為經義以取士，增太學郡國學官，設三舍，改定式令以布行之。四方之人至京師者幾數千，而是非不明，好惡不一，道藝進取未有異也。而今復欲變經義為詩賦，退學官，更定式令以從事，則學士大夫之所以自得者果安在邪？以略言之，三代鄉舉里選之法雖難卒行，宜亦倣其大者，使四方士大夫有以自得，而後詔先生博士，率以君臣之義，父子之親，長幼之序，與夫是非好惡道藝之正，而詩賦經義則如古以射取士之法，得同能偶，然後序之，別為貢舉，以待科舉之士。存之而勿論，要使優游和易而不迫，化其心而勿強復其迹，則庶乎先王所以為學之道，而久以歲月，則遂將適於實用，不為虛器而徒設。天下幸甚。

學校

宋徽宗初即位。御史中丞王覿奏乞大學冬季補試疏曰。臣伏見太學外舍生以二千爲額。每歲四季補試。前後試中之人逾額雖多。而入學者少。故逐季補試不已。今科詔在邇。外舍生入學者漸衆。逮已及額。四方學者既不知在學諸生額足。又以朝廷逐季補試之法行之已久。未嘗中廢。故來就冬試者道路相望也。竊聞六學收接到諸生家保狀已是六百餘人。本學申禮部乞補試。而都省以額足不許。本學已曉示罷試。六百人者既不得試。能無怨嗟。若詔告有素。則皆然固所不恤。緣太學既未嘗先期告諭四方學者更不冬試。及學者如期限到闕之後。方指揮罷試。即是朝廷著令誤四方就學之人奔走道路也。豈所以信天下哉。況孤寒之士有不遠數千里而至者。不得試而使歸。顯於事理非便。臣欲乞朝廷指揮太學今年冬季依舊補試。其試中人候學中生員有闕以資次撥入。仍令本學契勘。如來年春夏季委要乃不須試補。即預先移文諸路州軍曉諭學者。令知若將來生員額闕合行補試。亦先期曉告施行。所貴不誤四方學者。

崇寧初。左司諫慕容彥逢上奏曰。臣竊謂諸路學校州有正錄。縣有長諭。迺至其餘掌事之人。皆奉行貢士法令。書攷陞遐之詳。蓋根本於此。而遠方諸士尚循積習之弊。迺或持其短長。糾率學衆。轟興訴訟。以至發其舊怨以快私忿。以此職掌類多畏縮求全。鮮克振職。臣愚伏望聖慈。特降睿旨編修學制。嚴立法禁。不唯整肅學政。亦以敦學士風

大觀中。湖北提舉劉才邵乞頒聖學下太學劄子曰。臣聞天佑下民。作之君。作之師。惟其克相上帝。寵綏四方。蓋治之之謂君。教之之謂

師治之教之之功天不能以自為必付之帝王帝王以盛德履尊位克稱君師之任用能相天而成其能四方之民賴以寧謐虞夏三代之盛見於詩書之所傳率由此道其後去聖既遠無所折衷異論肆行而道統益微漢興百年稽古禮文之事乃克修舉孝宣增光前烈留意藝文爰詔諸儒講論五經同異於石渠且使平奏其議躬自臨決章帝建初間復修石渠故事因著其説為白虎通議雖未能方駕前古而發揮聖道豈云小補兩漢之文於斯為盛載在方冊光華至今恭惟國家膺受駿命聖聖相承雲章奎文光耀相燭非若前代歷世十數而好文之主纔一二見也陛下躬濬哲之資緝熙光明之學紹開興運纂修列聖之丕緒萬機之餘無所嗜好獨玩意編簡考觀前言凡妙旨所寄精微浩博昔人之所未觀者皆獨得於心術之妙雖堯舜禹湯文武汲汲以成帝王之極功何以過此豈留意於章句之同異者得以望清塵哉天相斯文世道交興宗社再安兵革偃息而聖謨經遠首以育材為務爰頒詔旨崇建太學以聿教多士導民設教之意勤勤如此君師之任可謂兼全之矣夫學者以聖王為師親逢斯時千載之遇也搢紳韋布之士豈無望於餘光哉兩漢之事不足為今日獻臣愚不勝區區大願欲望聖慈於清燕之間凡微言奥旨自得於聖心者須之儒館學宮俾承學之衆得以味道真而泳聖涯莫不精白以承休德仰副陛下恢崇至道開明群心之意天下幸甚

徽宗時通判李新上奏曰臣伏覩大觀學令斷自聖知制為成書頒降郡國知所遵守者累年于茲矣昔游夏不能贊孔子一辭則學令之設詎容擬議者邪自三代已來未有如此之詳且明也如擬書代筆之禁奉行者失於不嚴州學季試已不能杜絶其弊而縣學補試歲升假手尤甚轉透題目出外於日晚坐撫弄筆硯以待文字之來其間謄錄至句語字畫錯繆雖差官監門例不敢搜索稍加譏何則必紛爭詬詈公肆底突傳出送入傍若無人一隸名學籍便以保庇門户有繫空名行食身未嘗一躡學圃者有假故逾限已經除籍再託之補試者臣欲乞諸生補試入縣學歲升入州學許教授當面試經義一道試日牒本州有出身官一員監如文義不通字札不同全然踈繆根究元試之弊則學者知所畏而州縣學無濫進叨冒之人矣

李復上取士劄子曰臣恭覩神宗皇帝憫士弊於俗學之久慨然作新造之以經術發明聖人之遺言使講求義理之所歸庶知乎修身行己上以事君內以事親涖官接物弗畔於道而今之學者爲不思此平日惟是編類義題傳集海語又大小經題目有數公議私課久已重疊印行傳寫其義甚多無不誦念公然剽竊以應有司之試終身之學止於如此甚者至於所專之經句讀不知音切不識苟誤中選入仕平生所學皆無可用非惟鄉閭無一善可稱雖有甚不齒者亦更不問朝廷建學立師設館給食而偷惰苟且若是安能副上教養之意哉欲責其務孝資忠臨民應務之効必不能也古者鄉舉里選非但取其浮文必皆考其素行臣欲乞立法取士以博學行義為先試言為次抑亦絶其干託奔競之私察其器識材術之異庶幾所養可取所取可用聖朝有得士之實

趙鼎臣乞駐蹕府學劄曰臣恭以陛下樂育人材建庠序開封雖實聲教風化之域天子所自治之地首詔執事並興府縣之學而有司推奉遠殆且十年博士弟子僑寄他所甚不稱明詔意致煩陛下幸以經筵曾下諭年之頃營舍完成生徒四集秋毫無有金芝二本產于

大成殿之末上而太學生楊汝等一千一百五十八人相與踴躍謳歌合辭而言以謂乘輿方躬郊丘之饗吾學乃肇路所經從今茲實挺生殆先聖先師篤出瑞物以報吾皇之德茲甚盛之舉謂臣黙不以聞何也臣竊以謂郊祀慶成之日千乘萬騎蹕還宮雖道出庠學之南躍非所以仰勤天步之臨也然而諸生伏清道之左聆屬車之音奏名通謁抑有着令如蒙天慈矜其懇誠示以恩意少駐六龍之驅一紆重瞳之顧如古武闈以寵新學則多士仰德孰不競勸四方聞風得以矜式以副陛下隆儒重道之意不勝幸甚臣待罪京邑職事所及有所見聞不敢緘黙謹昧死以聞

給事中俞臬上言曰學校三代之學也熙寧四年以前議者以為是五年則非之大觀三年以前議者以為是四年則非之豈學校固若是哉觀望者無定說爾恐使士有感者人無異論事之不美者不出於學校然後為得言頗見行

高宗時胡寅上疏曰臣竊謂孔子孟子皆生於列國戰爭之時衛靈公問陳而孔子以俎豆為對滕文公問為國而孟子以庠序為言聖賢之謀必非迂闊究觀治亂可驗不欺自軍興以來布衣韋帶之士儒風掃地下無學賊民興此先哲之所深憂非國家之美事也方陛下潜心道奧日就月將發明經世之書以幸當世而承學之士未有可以仰副聖懷者豈亦教導之法有所未至哉臣愚謂諸州教授宜慎擇老成名士以充其選仍詔守臣留意學校則凡鄉舉存學之耗居處飲食之制生徒多寡之額師儒殿最之法皆在所議如合聖心即乞睿斷詔大臣施行

刑部侍郎知漳州廖剛上奏曰臣聞學術之邪正道之所由以廢興天下之所由以治亂是以自古為天下國家欲化民成俗以興帝王之治者未有不審乎此蓋學必以堯舜禹湯文武周孔為師而外乎此者皆他道也異時王安石以[illegible]辭鋒淩轢一世自以前無古人後無來者然其學博雜無統頗僻失中乃至分文析字傍引曲證以行其臆說殆孟軻所謂邪說詖辭之害正者也蓋說救於正道則為邪辭溢於正理則為淫豈徒不足以明道而已哉如安石之學術大抵尊功尚利輕改作而廢典常獎軟熟而賤名節使天下靡靡日入於偷薄而莫之悟其為害亦深矣陛下天日之鑒灼見其弊悉罷黜之以幸天下誠斯文千載之遇也比詔名儒之能闢其說者以書來上竊意已經乙夜之鑒儻合聖意臣願須之學官鏤板以傳使學士大夫曉然皆知是非當否之所在庶幾邪淫之說不勝而人心皆歸於正豈小補哉

李石上奏曰臣聞六經者帝王之心術也其實見於行事而其文見於成書因其文以考其實因其實以推其心之所傳則堯舜禹湯文武周公孔子之德業可槩見也漢人之於垂絕之緒勤矣賴其收秦人之餘燼振起遺音使其有傳而復續專門名家之學未易及也如武帝之表章元帝之牽制二君者雖於經甚勤泥於成書與行事之迹不能推明六經心術之所自所謂讀堂上之書反有愧於椎輪之妙故也仰惟陛下之心則堯舜禹湯文武之心術也充之以惠利四海散之以潤澤萬物無一不有是心既有是心雖忘書亦可然猶儲精道奧灑為宸編以流布學校俾六經之文得附雲漢之章相為昭回矣頃者令取士通習六經與詩賦並行恐學者之習有所偏也則又下詔有司優取二禮之學其尊尚之意臣竊有以窺陛下欲託六經以達其心於天下也不知士子所以仰副今日教育所得於經之盛能如漢人之專門名家者乎抑止為剽章摘句誦習科第計而已

守。且聖人之經有資於金口木舌者為鐸說之師是也。今世之儒非必一一金口木舌。然所以為倡導之師者不可廢也。今之六經誠有所偏廢而不舉者。無師傳之過也。臣願陛下立六經博士於太學。俾四方學者各得以其經相授受。州郡學校精擇其師。如逐經學諭之類。如是。則無偏廢之經矣。

韓駒上論曰。臣聞方今陋儒之論。以為人主之治天下。直以禮樂刑政。而為士者亦務明於道德性命而已。文章不足尚也。臣竊以為過矣。昔者堯舜三代之世。文章煥然。周公仲尼聖人之在下者。文章亦深遠矣。今陋儒以已不能之故。而曰不足尚。則是六七聖人者皆不足法乎。且夫堯舜三代距今幾千歲矣。其風俗之盛衰尚可考者。以其書知之也。故周之噩噩不如商之灝灝。而商之灝灝不如虞之渾渾。周之衰也。禮樂刑政尚未大壞。而其文章獨先潰爛。無復渾灝之

奏議卷之一百十五　六

氣。後世言治者不過稱漢唐。誦其詩。讀其書。則亦皆差賢於後世。蓋自古未有盛德之世。而文章歉歉不振者也。是以聖人尚之。太祖皇帝時。天下初定。未皇文學之事。太宗皇帝數與侍臣論文。由是風俗翕然而變。嘗喜而謂侍臣曰。近時文物漸盛。它日必有著名者。其後累聖臨御。皆以叡文神學超軼百王。又皆崇儒表善。蓋自端拱淳化之後。天下又安。士得篤於文事。磨礱綴緝以副上意。百餘年間異人間出矣。臣嘗思之。此豈一朝夕力哉。是殆累聖奬勵激勸之所致也。臣聞太宗始尚文教。則士有王禹偁蘇易簡倡其風。真宗敦好詞學。則有晏殊楊億為之冠。仁宗時。則有若歐陽脩。在神考時。則有若王安石。此數公者。其文皆不愧於漢唐。而其餘以文擅於一時者尚不可一二數也。朝廷之上。文物之盛。至今耆老以為美談。真太平之雍熙[illegible]世之休光也。陛下天縱明智。肆筆成書。賡歌湯銘。播示海內。自有書籍以來未之有也。臣竊度之。雖有相如之典要。終嚴之奉對。常楊之制誥。尚未足以仰望清光。必有賡歌之皋陶。陳謨之大禹。効伎於周衛之內。而後為稱。方今雖不乏人。然而數年之後。壯者已老。老者已耄。則陛下所取以為侍從者類皆今之少年進士也。臣為進士顧所謂時文者。其體格曾漢唐之不如。則陛下它日所望以賡歌陳謨者誰乎。意者奬勵激勸之道有所未盡。而後生小儒承陋儒之說以為無事於此。是以日靡靡也。陛下廣庠序之教。置師儒之官。進士之高選者不惜好爵以尊顯之。不可謂不奬勸。而士未有深於文者。雖臣亦疑之。進士之高選者或幸得之。而未必深於文也。至體格卑弱者。又曾不屏黜。此固宜其不勉者矣。謂宜稍變其体。間求四方之能文者。不問疏賤而尊顯之。則不十年。必有能賡歌陳謨者出焉。使夫堯舜之主而有皋陶大禹之臣。以継今日之盛。且陛下它日功成

奏議卷之一百十五　七

治定。亦當得此等紀太山之封。鏤白玉之牒。與詩書並傳而不愧。宜不為無益。故臣欲破陋儒之論。而先言治天下者文之不可廢也如此。

駒又上論曰。臣聞古之人。其仁義充乎內。則其文不期而自工。是故讀易春秋。則知周公仲尼之道為閎深要眇矣。此必然之符也。有木於此。枝披葉落。而曰吾本根茂。則天下莫之信。士皆曰吾知行仁義。而其言漫汗繁雜。無一言當於理。則其所謂仁義者亦無乃非其實乎。陋儒之論。其不可聽亦明矣。臣請遂論時文之弊。昔者神宗皇帝既罷詞賦。始立經義之科。意以謂詞賦非古也。而六經之作皆本於聖人。學者如通其大義。則其文章亦將漸復於三代。今之學者既以講究道德。發揮章句。六經之旨亦略明矣。獨其文章未能復古。後生小儒皆為偶儷之詞。漫汗之文。繁錯以為工。繁雜以為美。昔李翱言

六經之文。不拘於儷也。詩曰。憂心悄悄。慍于羣小。則不偶儷矣。其曰遘閔既多。受侮不少。則偶儷矣。惟晉宋之間。始拘於偶儷。故劉子元以謂可一言而足者必衍以為二言。可三句而成者必增以為四句。然而偶儷之作。近世尤甚。是以至於纂錯繁雜而漫汗不可考。嗚呼。臣不知始變斯文之体者誰歟。甚乎不仁者也。臣丱角時從鄉先生問為大義。鄉先生曰。童子記之。大略如為賦而無聲韻耳。已而臣游場屋。視同列者果皆如此。因退而歎曰。此豈神宗皇帝罷詞賦之意耶。譬猶女工不欲作錦而壞其機。退而相與刺繡。夫錦之與繡則固不同矣。然其為纂錯繁雜則一也。陛下萬機之暇。亦嘗取今進士之文觀之乎。其偶儷漫汗。三代有之乎。六經有之乎。陛下聖學淵奧博稽上古。此固無逃於聖鑒矣。夫文之偶儷。始於東漢。而詞之漫汗盛於東晉。至其纂錯繁雜。則又前世所未有也。臣竊惟神宗皇帝罷詞

賦立經義。陛下崇學校。以三代之風期天下之士。而士止為漢晉之文以待天子之選。甚可羞也。恭惟陛下奎文袞章。超軼堯禹。學者雖無以測知其萬一。然而昭回之光。固萬物之所仰睹也。又近歲黜異端之後。士非三代之書不讀。誠可謂知本矣。其朝夕之所誦。捨六經則孟軻揚雄莊周列禦寇之書而已。六經何可及也。然詩之道志。書之述事。尚當取為法焉。至於孟軻之醇。揚雄之深。莊周之辯。列禦寇之不華。皆曩之工文者所採取也。今徒剽其語而不能學其文。是獨何歟。往者初立經義時。士以王安石為師。至今有司須其書於天下數十百卷。可取視也。亦豈獨偶儷漫汗之体哉。則是學者不能上陶風化以復渾灝之氣。而次亦未能希王安石立言之萬一也。豈不陋哉。士方狃於素習。見有不偶儷漫汗者則眾指為異端。而有司亦不肯取。又若所云。則是六經孟軻及王安石亦皆為異端乎。此亦謬言之大弊也。願下明詔。使為文者上窮六經之体以為質。中取孟軻諸子之作以為支。下如王安石義解之類以為義。至於漢晉之弊。則使蕩刮而滌鉏之。然後游於璧池之上。不負吾聖天子教育矣。

驗又上論曰。臣嘗謂學者之病在名實之不相副。庠序之士所慕者三代。今其文愧於三代矣。其所陋者漢晉。今其文不幸類之矣。是猶躬行顏閔之行而服盜跖之服。曰無傷也。此豈可不革其弊哉。前日陛下制詔多士。詞尚體要。使復三代之盛。甚大惠也。臣時聞之。踊躍太息。謂將立見渾灝之氣。詔書懇切。然無士君子之深於文者倡其風。士因陋就寡。不能遠希作者。徒為淺易之文以應有司之選。須言辭詞刊落不盡。違明詔。失聖意。臣甚為諸儒不取也。陛下即聽臣言。詔革文弊。則當慎擇有司而嚴其法。臣嘗計今天下郡國之士不翅數十萬人。既已講解義理發明經傳為其所難矣。豈無軼群拔俗之

才足以輔弱扶微而庶幾於三代之文者乎。特以有司非是不取也。不敢自騁於繩墨之外。凡臣之所患者。獨恐有司、升黜之際未盡別白。則士尊己守殘。其弊未可以猝除也。國家初乘五季之亂。文章萎薾地矣。以太宗真宗歷年之久。聲明文物之盛。然僅能革五季之陋而已。及仁宗時益務復古。是時綴文之士不為不眾。而七亦不甚為也。其後歐陽脩執文柄以度量多士。凡僻澀輕艷者擯其名而辱之。惟重厚典直者取焉。由是風俗一變。熙寧之初。僻澀輕艷之文既不復作。而雕蟲篆刻之技猶在也。士君子亦皆知其弊而不能自還。必上之所取者惟是而已。會王安石白罷詞賦。神考從之。而安石亦宜罵於天下。使以新義從事。士乃始去雕蟲篆刻之技。向令仁宗神考未有復古立經之意。而無良有司以升黜之。臣知其有所必不然矣。亦必言所好惡而以升黜繼之。雖欲變天下之至難可也。仁宗

復古風。神考之立經義。比於陛下之欲詞尚体要。可謂難矣。士猶助力以副科舉而順上之好惡。何則。利之所在。固衆之所趨也。今荆廣閩蜀之間。去京師數千里。學者無所取師。而都下鬻書者歲取進士高選之文集爲版本。傳播四方。謂之義格。後生小儒何識之。有徒見爲是文者例得高選。則皆摇唇燥吻。焚油繼日。誦讀以爲師法。此豈可不澄其源而欲清其流乎。故其要莫若慎有司之選。陛下欲民之不擾。則必擇導民之官。欲農之不惰。則必擇勸農之吏。欲士之深於文。則亦擇司文者而已。必得如脩及安石者。足以風動天下。而又諭以升黜之意。仍大臣自太學博士及郡國教授。每歲謹察其升黜之當否以爲賞罰。士雖未能遽復三代之風。然必須假之不一二年。必有可觀者。

駒又上論曰。臣聞士爲科舉之文。其工拙若無所繫於國家。而臣請詳爲陛下言之者。不獨以格氣卑弱。負陛下教育之意。且陛下立政造事。皆將復三代之盛。臣愚以謂典謨訓誥所以播之四方。傳之萬世。亦當盡如六經而後爲稱。士生於此時。不能自振拔於頹波之中。使至治之世。文事缺然。此賤臣所深惜也。夫文章雖小技。而古人未有不苦心勤力而後僅能工者。甚非可以一旦把筆而學爲也。如是則陛下亦無怪乎學者之不能文也。彼志於禄而已。故自爲兒童而父兄教之以義格。比十餘歲。則已誦數百篇。稍長而能執筆。則皆不治它技。惟以模擬爲工。已而試于有司。則固足以得禄矣。及其入官之後。年日加長。而志不加專。偶儷漫汗之文已熟於其手。而古文詩字。或未始識也。夫文之体固不一矣。而今之爲文者則一之。何則。其素所積畜者然也。然陛下它日使掌西掖之誥。視北門之草。與夫紬石室金匱之書者。例皆取此。今不教之於初學之時。而欲責之於入

官之後。臣以爲難矣。及夫職不稱。然後擯斥之。此又非學者之罪也。士方未仕。固不可使辨治它技以妨其業。誠如臣言。使爲科舉之文已略倣依三代之体。則它日遺言立意。自當不愧於古人。且臣非敢厚誣天下之進士也。陛下何不試於清閑之燕。取義格而觀之。觀其遣言立意。它日有能爲陛下編年記事如劉向班固者乎。有能爲陛下陳謨奏議如馬周賈誼者乎。有能歌功頌德如柳宗元韓愈者乎。有能發號施命如陸贄與白居易者乎。臣有以知其不能爲也。此六七公尚不可及。况其上者乎。今之學者則以爲此等皆不足爲也。曰通經而已。甚乎其不思也。臣不敢借古人以爲諭。今之所尊師者莫如王安石。文集數十百卷。其間箴銘歌詩賦頌表奏之類。無不皆善。經術特其文章之一端爾。世有醜女見鄰婦之美而學之。其眉目膚髮手足鼻口舉無所似也。獨以一節之似而曰我盡得其美。則未有不爲人之所毆棄者矣。此則士學安石之比也。往者哲宗皇帝患其若此。始立宏詞之科。陛下前又置詞學兼茂科。欲以此等求天下之士。其意既美矣。竊恐所得不廣。不足以儲他日之用。故臣竊効愚策以爲莫若教之於初學之時。又皆取六經孟軻之體以爲模楷。則自當不陷於邪說。前所謂宜聞求四方之能文者。不問疏賤而尊顯之。尚慮有司之選。有幸不幸。則士亦未勸也。臣聞累聖數獎詞學。當時群臣號能文者無不旋被擢。臣昳獻書生。所記者纔二三事爾。太宗嘗夜讀李度詩。朝而問丞相曰。度今何在。丞相言度坐法居絳州。有詔棄傳入直史館。夫度小官謫于外州。而一詩之善已蒙記識矣。則學者何得不勸焉。今四海之大。豈無如度者。陛下留意徹臣之言。詳延俊彦以助聖化。不勝幸甚。

駒又上論曰。臣聞儒者之患。非獨其文之不振也。學之不博。抑又甚

焉。陛下既詔學者復古之文，又當使之博學。今之拙者曰博溺心。又曰絶學無憂。此乃老子莊周絶俗之人，刳心去智之說，何可法焉。自孔子之學，而曰不如丘之好學也。又曰我學不厭。其宴居與門人應對之際，諄諄以學為言。故問禮問樂問官名，恥一物之不知。如曰博溺心，則肅慎之矢，專車之骨，巨魚萍實，聖人亦安用之耶。太祖皇帝而欲盡令天下武夫讀書，而況庠序之士秉筆操牘，其號曰儒，而所問輒不知，曰是不足知也，將誰欺乎。古人之博學者，臣不可徧舉矣。今士專修夫子之道，夫子既學矣，其師慕者又莫如王安石。臣聞安石於書無所不讀，故其講解經傳，訓釋文字，雜取百家諸子之說以發明之。誦其言而不知其所讀之書，謂之盡得安石之學，臣不信也。往者安石初建經義時，獨倡言道德性命之理，此其意非以文章學問為不足尚也，以為文章學問固儒者之本務，如女子而事組繡，法吏而讀律令，自當然爾。今以為不足尚而不務也，是乃中人之情，樂於閑佚而為之說。臣嘗游場屋間，見同列者專治一經，其所旁取以為資者，老莊揚列三經義解字說而已。此數書不一年可徧閱，又其甚則二三年可成誦也。故士終日袖手書案之上，無所用心，縱而問之，不必巨魚萍實之難知也，六經之事有不能知者矣。昔韓愈言陰陽地土星辰禮樂之書，雖今仕進者不要此，然古之人未有不涉於此而後為大賢者。臣觀漢董仲舒揚雄之屬，則累皆通於此。惟賈山以涉獵書傳，則已不得為醇儒矣。陛下不惜官爵以待天下之士，如一賈山且不得見，則是陛下何時而得仲舒輩哉。雖然，士之不學，非其所不能也，特以上之所設科無所事於此，則當此之時，自非好名者孰肯耗心疲力以腹貯萬卷書耶。臣恐數年之後，百家諸子皆為故紙，以與家人覆瓿而已，甚可惜也。今詔自太學及郡國庠序與

士講明經術之外，又勸之以不可無學，而時叩其所有，稍博聞者優與升擢，而甚惰無所涉獵者亦時屏黜一二，則士無有不勸者矣。苟其博學，則其文章亦必無前之弊。此尤不可以不先也。

駒又上論曰：臣向之所論者，專為學者而已。然士之不學，非學者之患，而國家之所宜慮也。陛下無以臣為過。士之不學，未過稠人中，閉口結舌，面赤汗下，使天下以為口實而已也。今之進士，類皆他日之公卿百執事也。彼方應舉時既無事於學，而其入仕之後，雖向之所讀數書者，又將捐去。朝服冠帶，所有者特枵然之腹而已。陛下置公卿百執事也，大則欲其謀王體，斷國論，小則欲其辯雜事而決疑獄，上以備左右之應對，下以與賓客言。今以枵然之腹立乎本朝之上，則陛下何望焉。其不學之患，今日未見也，他日見之矣。往者學士劉敞奉使北虜，虜人道使者由他徑，以誇示其郡國之大。敞盡明於地里，因責問之，虜人畏服。是時順州山中有異獸，虜不能名，以問敞。敞為言此駮也。虜益畏之。父老為臣言：神宗皇帝時御殿放榜，進士有暨陶者，有司讀暨為洎，而陶不應。侍郎蘇頌曰：吳有暨豔，暨讀為結。此得非其後乎。問之果然。神宗皇帝喜謂頌曰：果吳人也。慶曆元豐之際，士皆深於學矣。然微此二臣，則堂堂大宋幾何而不為外國之所鄙笑，多士之所訕薄乎。奈何今日不勸之使博學，以儲他日之用。陛下欲有所問，則皆恍然相視，醉心拱手而不能知，然後蒼猝四顧而求多聞之士，不可得矣。且夫效一官，總一職，非學亦不能也。真宗皇帝嘗因放榜謂群臣曰：天下至廣，藉群學共治之。今又得千餘分理州縣矣。以此而言，則是州縣之吏亦欲其知學也。鄭子皮用一不學之人尹何以為邑，而子產譬之於傷錦。如吏部歲補數百尹何於天下，則數年之後，殆無完錦矣。自州縣而上，其所職愈大，則所學

當益富。今士通於道德性命之理。誠前世所不及。然一爲吏則書所蓄積不過以善其身而已。是何預於天下之事。而驟布於郡國之間。此臣之所以私憂也。陛下幸以此教學者。又亟詔大臣歲擇博學者以名聞而尊顯之。如眞宗召崔偓佺於肥鄉主簿。而特置龍圖閣直學士以寵祉鎬。則海內皆承風。以不學爲恥矣。昔人有種漆者。鄉人皆笑之。十年而漆可以爲器。向之笑者悉取資焉。士之學亦學於今議。未有損益。臣言之若迂闊。然不十年。陛下必收其用矣。惟陛下留神省察。

駒又上論曰。臣愚無所識知。竊獨聞之於士君子。陛下稽古如帝堯。好學如孔子。萬機之暇。博覽前載之書。至於夜分不寐。蓋嘗慨然以士寡學爲歎。故臣略陳勸學之方。其詳則在陛下下議郎博士議以詔天下。臣嘗竊怪西漢之士亦專一經。而其飾吏事。斷疑獄。皆出於

此。今之學者亦專一經。而不能施於用。神宗皇帝所爲罷詞賦而建經義者。蓋將使之見於行事也。非以爲決科之具而已。今徒能誦王安石義訓及義格以待問。此豈神宗皇帝所望於士者耶。臣知其然矣。臣嘗以尚書試進士。請以尚書一經言之。尚書五十八篇。大約數萬言。自帝堯至秦穆。其世次之先後。與其誥命誓訓之所從作。雖見他書。學者所宜知也。奇文奥義。訓註不能盡者。昔之老儒有白首而不能窮也。然其可以爲有司之問題者。不過二千而已。二千之目。自元豐至今。凡太學公私試與州郡省試之所問者。皆不離此。而其所嘗問者又不再出。蓋今之可以爲題者。又纔數百而已。數百之義。學者如竭其力。數歲可備也。數百義足以應敵。則其他雖吾本經有不必究知者矣。有司按其義而可以合格。則又不敢不取。而鬻書者取士之所對義。刻爲版本。吾書則自堯典至秦誓。靡不皆有。謂之排類

後生小儒。曉夜課讀。雖不敢盡用。然少增損之。亦足以合格。如是而欲望其飾吏事。決疑獄。豈不難哉。六經之旨既爲微妙。其間星辰山川禽魚草木。皆資他書以相參驗。此王安石所以書無所不讀也。然今之學安石所訓之外。則不復研究。而有司之不可以爲題者。又皆不復究知。獨誦道德性命之言。以爲學聖人之道者如是足矣。蓋昔之善醫者。必先讀神農之書。以徧識天下之藥。雖其用藥之妙出於自得。非書之所能盡。然未有不明於藥性之寒溫補瀉而後能爲方者也。後之庸醫。以爲治病之妙不在於此。獨收古方。而不復讀神農之書。則其所試之方足以毒人而已。今之學者不幸類此。臣愚以謂宜於大義之外。令有司雜取六經中事。及安石之所未訓釋。或訓釋而未盡。與先儒之所疑而未決者。如今之策題以問士。常出其不意。而視其所通多寡以爲升黜。則凡誦時文者不能有所僥倖。而通經

博古之士出矣。凡臣之所言者。上自師儒。下逮進士。皆心知其弊。獨口不言爾。其間豪傑之士亦各欲暴露其所長。至於有所拘而不得馳騁。則尤不樂於此。而考試時文詞一律。試官亦並厭之。但上下相循以爲習俗。無有言於朝者。臣愚不肖。竊欣太平之難遇。而嘉聖道之方興。又重惜神考崇經教士之意不白於天下。是故勇不自制。既以其身當天下之譏。亦不虞蹈狂妄之罪。輒具爲書。冒獻於上。古人曰。士不通經。果不足用。惟明主裁之。

駒又上論曰。臣聞方今貢舉之法有三。曰義。論。策。要以義爲主。臣既科條之矣。策論亦足以考士之所學。而非今日之所先也。故臣特言其畧。而陛下試觀焉。臣聞眞宗皇帝時。制詔取士兼收策論。嘗謂丞相旦曰。時才政事盡在二者。臣竊惟神宗皇帝所以罷黜詞賦而獨不廢策論者。以爲取士之道義以觀其經術。論以察其智識。策以

辯其謀略。則天下之士盡在吾彀中矣。是時太學諸生有策居第一者其文辭亦未有以大過人也。然神宗皇帝尚取而觀。是以學者咸務經義之外。策論亦彬彬可取焉。近日學子乃以是爲餘事。不過亦以偶儷漫汗之文纂錯繁雜以充試卷而已。此尤失作文之体矣。而有司曰是餘事也。亦不以定升黜。又其所問率皆無益之事。類非所以取時才而詢政事也。夫學者之未侍其於時才政事是豈能知而有以助萬一邪。然既以設科則不得不盡其實。此真宗之所以兼收。而神考之所以獨不廢也。今之學子皆不觀史書則策論之不工爲無足怪。臣觀歷代史記其間車旆服器禮樂制度與夫守文之君當途之士相與謀是非而斷利害者皆今所宜知也。書云事不師古以克永世。匪說攸聞。太宗皇帝讀書至說命未嘗不太息也。神考之聖訓曰漢之武宣唐之太宗則吾無間然矣。自餘治世盛王則吾取二

三策而已。夫豈以史記爲不足觀邪。臣嘗與市人讀詔書于路竊見陛下戒伶官則引同光之政。諭宗室則稱劉向之美。蓋學爲王者久矣。漢丞相言謹按詔書律令下者文章爾雅訓詞深厚。小吏淺聞不能究宣。因重掌故之選。自是公卿士吏彬彬多文學之士矣。夫西漢之詔書無足道也。然猶恐淺聞者不能究宣。今聖天子誥命如此。而承學之臣率不知史書。此臣之所甚未諭也。陛下側席求賢。用之惟恐不及。士之去爲公卿蓋無日矣。今日之論則他日之陳議而爲陛下講治道者也。今日之策則他日之奏疏而爲陛下議時政者也。宋興以來名臣幾百人矣。其陳議奏疏班然可睹也。此豈致身廟堂之上而後學爲者。良爲布衣其學素明也。陛下試譜今日之策論以頃卜其陳議奏疏則他日之文物。恐未得如前日之盛。臣是以爲陛下極言之。臣嘗見一進士工爲文詞。至爲策論則亦漫汗偶儷無足觀者。臣偶問之。彼何苦而爲此。則曰不然。有司不我取也。夫神考與陛下教育之意。當使天下洗濯磨礱。日夜奮厲。務增其所未高。而極其所未至。以待國家之用。今以有司之故。而使豪傑之士喪其崖岸。去圭角以自貶損。則自中人以下。何可望其進邪。蓋古之教人者。患所以增益之。而今之教人。患所以摧抑之甚。非聖主意也。願陛下詔有司及考試時策論所問。皆可以察智識而辯謀略者。其文非得体則明教告之。而取經義之外。亦頗以定其升黜。庶使學者少通前代之事。無令空言不適於用。又時因得豪傑之士。凡此皆所以爲異日名臣之資。此神考與陛下教育之本意也。

孝宗時。知南康軍朱熹上奏曰。臣竊嘗伏讀國朝會要。恭覩太宗皇帝嘗因江州守臣周述之奏。詔以國子監九經賜廬山白鹿洞書院。既又以其洞主明起爲蔡州褒信縣主簿以旌儒學。每恨無由一至

其處。仰觀遺跡。又蒙聖恩。假守茲土。到任之初。考按圖經。詢究境內民間利病。乃知書院正在本軍星子縣界。而陳舜俞廬山記又載真宗皇帝咸平五年嘗勅有司重加修繕。間因行視陂塘。始得經由其地。見其山川環合。草木秀潤。真閑燕講學之區。而荒涼廢壞無復棟宇。因竊惟念太宗皇帝真宗皇帝所以幸教多士垂裕萬世之意其盛如彼。而下吏淺聞弗克原念以稱萬分之一。罪其大如此。駭懼震慴。不遑啓居。既又按考此山老佛之祠蓋以百數。兵亂之餘次第興葺。鮮不復其舊者。獨此儒館莽爲榛榛。雖本軍已有軍學足以養士。然此洞之興。遠自前代。累聖相傳。眷顧光寵。德意深遠。理不可廢。况境內觀寺鐘鼓相聞。殄棄彝倫。談說空幻。未有厭其多者。而先王禮義之宮。所以化民成俗之本者。乃反寂寞希闊。合軍與縣僅有三所而已。然則復修此洞蓋未足爲煩。於是始議即其故基度爲小屋十一

餘間教養生徒一二十人。茍緝經營。今已了畢。但其勅額官書皆已燒毀散落無復存者。不敢擅行標牓收置。輒昧萬死具奏以聞。欲望聖明。俯賜鑒察。追述太宗皇帝真宗皇帝聖神遺意。特降勅命。仍舊以白鹿洞書院爲額。仍詔國子監仰摹光堯壽聖憲天體道性仁誠德經武緯文太上皇帝御書石經及印版本九經疏論語孟子等書給賜本洞。奉守看讀。於以褒廣前烈。光闡儒風。非獨愚臣學子之幸。實天下萬世之幸。

熹召對延和。又上奏曰。臣昨任南康軍日。嘗具狀奏乞賜白鹿洞書院勅額。及乞以太上皇帝御書石經。并版本九經注疏。給賜本洞。今亦未蒙施行。而朝野喧傳。相與譏笑。以爲怪事。臣誠恐懼。不敢不盡其說。謹按本洞書院。實唐隱士李渤所居。當時學者多從之游。逮去憂舍。至五代時。李氏爲建官師。給田贍養。徒衆甚盛。迨至國初。猶數十百人。太平興國中。嘗蒙詔賜九經。而官其洞主。見於會要。而咸平五年有勅重修。仍塑宣聖及弟子像。又見於陳舜俞所記。蓋猶具存。可覆視也。夫以此洞之興。原其所自。雖若淺鮮無足言者。而太宗皇帝真宗皇帝眷顧褒崇。至於如此。則聖意所存。至深至遠。必有非下吏淺聞所能窺測者。今乃廢而不舉。使其有屋廬而無勅額。有生徒而無賜書。流俗所輕。廢壞無日。此臣所以大懼而不能安也。然竊意有司所以不能無疑於臣之請。固未必皆如譏笑者之言。殆必以爲州縣已有學校。不必更爲煩費耳。如其果然。則臣請有以質之。夫先王禮義之官。與異端鬼教之居。孰正孰邪。三綱五常之教。與無君無父之說。孰利孰害。今老佛之宮。徧滿天下。大郡至踰千計。小邑亦或不下數十。而公私增益。其勢未絕。至於學校。則一郡一縣僅一置焉。而附郭之縣或不復有。其盛衰多寡之相絕至於如此。則於邪正利

害之際亦已明矣。今有司非徒不能有所正於彼。而反疑臣之請於此。臣不能識其何說也。今幸蒙恩賜對。故敢復以爲請。伏望聖慈下臣此章。特從其請。既以紹承先志。啓迪群心。又以丕闡大猷。昭示抑邪與正之漸。實天下萬世之幸。

中書舍人崔敦詩論南康軍奏請白鹿洞書院額疏曰。臣竊惟國朝偃武崇文。首善太學。其後天下州郡始相繼有請建書院以養士。至道二年。賜西京嵩陽書院額。咸平四年。賜潭州嶽麓書院。大中祥符二年。從應天府請置新建書院。此類不一。皆賜經書。亦有命備價即游。及間有賜額者。江州廬山白鹿洞書院實太平興國二年。守臣周述言學徒數百人。望賜九經使之肄習。緣其學徒繁盛。於是有旨徒之。自慶曆詔許州府軍監立學。於是學校徧於天下。當時詔書有曰。除舊立學外。並令各立學。蓋舊學即書院之類是也。自太上皇帝中興。廣設學校。徧賜石經。所以教之之法。已是詳備。今來南康軍所奏雖非定制。然亦所以推廣朝廷崇儒重道之化。本監訪聞潭州嶽麓書院係隸屬郡學。所養生員皆自郡學補中撥入。及請選行藝之士充長。委實曲盡。今勘當南康軍奏所復白鹿洞書院養士一二十人。名額經書。未敢擅便標牓收買。本監欲下本軍隨宜措置標榜。所有經書具數申監印造。仍會潭州嶽麓書院隸屬州學規例。一體施行。

光宗紹熙三年。禮部侍郎倪思請復混補法。命兩省臺諫雜議可否。於是吏部尚書趙汝愚等合奏曰。國家恢儒佑文。京師郡縣皆有學。慶曆以後。文物彬彬。中興以來。建太學于行都。行貢舉於諸郡。然奔競之風勝。而忠信之俗微。亦惟榮辱升沉。不由學校。德行道藝。取決糊名。工雕篆之文。無進修之志。視庠序如傳舍。目師儒如路人。季考月書盡成文具。今請重教官之選。假守貳之權。嚴舍法以育材。因大

比以取十。考終場之數，定所貢之員，期以次年試于太學。其諸州教養課試升貢之法。下有司條上，愿議遂寢。

寧宗時，兵部侍郎虞儔上奏曰：臣聞三代令主，以至列國之君，皆有學。故天子曰辟雍，諸侯曰泮宮。雖小大不同，其化民成俗、長育人材，則一也。朝廷興太學，置明師，四方之士于于然而來，可謂盛矣。竊怪夫近年州郡之學，往往多就廢壞。士子游學，非圖餔啜以給朝夕，則假衣冠以誑流俗。而鄉里之自好者，過其門而不入，為教授者則自以為冷官而不事事。自一郡觀之，若未甚害也，舉天下皆然，則實關氣體矣。臣審究其所以，蓋人之常情，莫不以仕進為榮。選人之在外者，所望不過關陞與夫改秩而已。向也太守、監司所薦舉，狀先及教授。今則且以為贅員，置而不問，雖有提學司文字專舉教官，而員數又甚窄。向也教官在法得就任改秩，今則莫之許也。是以有不屑

就之心，故不能所不樂為之事，無足怪者。夫朝廷建一官，蓋欲使之治一職，苟以為迂闊於事，無補於時，曷不一舉而廢之？吏祿學糧，猶可省也。若以為化民成俗、長育人材，自學校始，祖宗以來，莫之有改，奈何使之名存而實亡乎？照得教官自堂除之外，在部格法，非曾試中詞科及學官殿試第一甲、省試上舍十名前等人，不許差注。蓋立法之初，重其選也如此。今選人到部，縱使有格，多不肯就，至與之堂除，亦不滿意。又就試者絕無一人，而干堂者日以猥衆。上而祭閤，非有所推用則不可得；次而幹官，非特降指揮則不可差。同候日月之久，廟堂無闕以處之，未免有淹滯之嘆。今若朝廷稍重教官之選，有以作新之，使其知所歆羨，則選人進取之路少寬，而廟堂造化之權亦廣矣。是一舉而兩得之也。或曰：然則其如闕遠何？臣應之曰：不然。京局之闕，至有三政、四政者，蓋以文字易得，庶幾他日可望於改

秩，初未嘗以為遠而莫之肯待也。臣願陛下明詔銓曹，復教授在任改秩之法，風厲監司、郡守，教授中有能勤於教育、作成士類者，舉狀之薦，必先及之，則孰不願仕於其間，激昂奮厲，以修舉其職業乎？將見異時民以之化，俗以之成，人材輩出，以為國家之用矣。此當今之急務也，惟陛下留神。

理宗時，起居郎魏了翁論教求碩儒，闢正學，疏曰：臣自去歲嘗以士習之弊告于先帝，大抵謂今之為士，蹤跡詭秘，見利則趨，脫有緩急，不可倚仗。今不幸而言中，小則賣友以求免，大則賣國以偷生，雖其自麗典刑，然已有傷國體，不及今圖所以久安長治之道，而隨事隨救，雖嚴刑峻法，比而誅之，不能禁也。臣以慶元進士、嘉泰學官、開禧館職、嘉定史臣，三十年間得諸舊聞，參以親見，蓋自乾道、淳熙以來，涵養作成，大儒輩出，學者景從。淳熙之季，雖已有唱為道學之目

者，然而儒風益盛，正理常勝。自孽韓柄國，又更偽學之名以排陷善類，其始也宗相之黜，舉朝咸曰不可，以是得罪者凡五十餘人。太學生上書固爭，亦踣難而不悔，猶以見先朝表章風厲，有益於人心者若此。自學禁既寬，士習日偷，夫所謂伊洛之學，非伊洛之學也，洙泗之學也；非洙泗之學也，天下萬世之學也。索諸天地萬物之奧，而父子夫婦之常不能違也；約諸日用飲食之近，而鬼神陰陽之微不能外也。大要以六經、語、孟為本，使人即事即物，窮理以致其知，而近思反求，精體實踐，期不失本心焉耳。奚其偽而被以此名，屏不得傳，於是驅一世而納諸近功淺利之域，以涉獵為學問，以綴緝為文章，以操切為實才，以貪刻為奉公，踵陋習訛，恬不之講。方時苟安，害未甚見也，一旦開邊之議，大官唱聲，一口附和，其不謂然者不過一二館職之卑耳，卒之內訌外侮，誤國殘民，流毒至今。夫學術之不明，其害

乃至於此。自嘉定以來，雖曰亟更曩轍，然老師宿儒零替殆盡，後生晚學散漫亡依。其有小慧纖能者，僅於經解語錄，諸生揣摩剽竊，以應時用。文詞浮淺，名節隳頽，蓋自其始學，父師之所開導，子弟之所課習，不過以譁衆取寵，惟官資宫室妻妾是計爾。及其從仕，則又上之所以軒輊，下之所以喜愠，亦不出諸此。古人所謂爲已之學，成物之本，固不及知也。一旦臨小小利害，周章錯愕，已昧所擇，脫不幸而死生臨乎其前，則全軀保妻子之是務，雖亂常干紀，有不皇恤。嗚呼，復此習也，而日長月益，平居無直諒多聞之友，立朝無正色犯顔之士，臨難無伏節死義之臣。雖利在盜賊，利在夷狄，亦委已聽命而已。陛下與大臣俱何便於此哉。陛下嗣服之初，正明示好惡，作新觀聽之秋，願與大臣圖惟長久安寧之計，毋以書生爲迂，毋以正論爲闊疏。數求碩儒，開闡正學，使人人知其有禮義廉恥之實，知有君臣

父子之親，知此身之靈於物而異於禽獸也，則見得必思義，見危必致命。夫如是，而君享用賢之福，爲人臣者亦職有利焉。周頤曰：師道立，則善人多。善人多則朝廷正而天下治。此斷斷然如數之可以療飢也。惟亟圖之。

元世祖至元十三年，不忽木與同舍生堅童、太答、禿魯等上疏曰：臣等聞之學記曰：君子如欲化民成俗，其必由學乎。玉不琢不成器，人不學不知道。故古之王者建國君民，教學爲先。蓋自堯舜禹湯文武之世，莫不有學，故其治隆於上，俗美於下，而爲後世所法。降至漢朝，亦建學校，詔諸生課試補官。魏道武帝起自北方，既定中原，增置生員三千，儒學以興。此歷代皆有學校之證也。臣等今復取平南之君建置學校者爲陛下陳之。晉武帝嘗平吴矣，始起國子學。隋文帝嘗滅陳矣，俾國子寺不隸太常。唐高祖嘗滅梁矣，詔諸州縣及鄉並令置學。及至太宗，數幸國學，增築學舍至千二百間，國學、太學、四門學亦增生員，其書算各置博士，乃至高麗、百濟、新羅、高昌、吐蕃諸國酋長亦遣子弟入學，國學之内至八千餘人。高宗因之，遂令國子監領六學：一曰國子學，二曰太學，三曰四門學，四曰律學，五曰書學，六曰算學，各置生徒有差，皆承高祖之意也。然晉之平吴得户五十二萬而已，隋之滅陳得郡縣五百而已，唐之滅梁得户六十餘萬而已，而其崇重學校已如此。况我堂堂大國，奄有江嶺之地，計亡宋之户不下千萬，此陛下神功，自古未有，而非晉隋唐之所敢比也。然學校之政尚未全舉，臣竊惜之。臣等向被聖恩，俾習儒學，欽惟聖意豈不以諸色人仕宦者常多，蒙古人仕宦者尚少，而欲臣等曉識世務，以任陛下之使令乎。然以學制未定，朋從數少，譬猶責嘉禾於數苗，求良驥於數馬，臣等恐其不易得也。爲今之計，如欲人材衆多，通習漢法，

必如古昔，徧立學校，然後可。若曰未暇，宜且於大都弘闡國學，擇蒙古人年十五以下、十歲以上質美者百人，百官子弟與凡民俊秀者百人，俾廩給各有定制。選德業充備足爲師表者，充司業、博士、助教，而教育之，使其教必本於人倫，明乎物理，爲之講解經傳，授以修身齊家治國平天下之道。其下復立數科，如小學、律、書、算之類。每科設置教授，各令以本業訓導。小學科則令讀誦經書，教以應對進退事長之節；律科則專令通曉吏牘；書科則專令曉習字畫；算科則專令熟閑算數。或一藝通然後改授，或一日之間更次爲之。俾國子學官總領其事，常加點勘，務要俱通，仍以義理爲主，有餘力者聽令學作文字。日月歲時，隨其利鈍，各責所就功課，程其勤惰而賞罰之。勤者則升之上舍，惰者則降之下舍，待其改過則復升之。假日則聽令學射，自非假日，無故不令出學。數年以後，上舍生學業有成就者，乃聽

學官保舉蒙古人若何品級諸色人若何仕進其未成就者令依舊學習俟其可以從政然後減聽學官舉其賢者能者使之依例入仕其終不可教者三年聽令出學凡學政因革生員增減條來時奏聞則學無弊政而天下之材亦皆觀感而興起矣然後續立郡縣之學求以化民成俗無不可者臣等愚幼見於書聞於師者如此未敢必其可行伏望聖慈下臣此章令諸老先生與左丞王贊善等共議條奏施行臣等不勝至願書奏帝覽之善

至元中翰林集賢學士程鉅夫奏曰臣聞國於天地必需才以為用而人才之盛非自盛也全在國家教育之勤其衰也反是考之歷代可考也國家自中統建元以來中外臣僚亦時閒求衰儒傑者皆自往時故老宿儒薰陶浸灌而然歷時既久以次淪謝邇來最是寥寥幾何矣臣不知更十餘年後人物當何如其瑣瑣也而主國論者恬不知怪視學校為不急謂詩書為無用不知人才盛衰乘本於此蓋嘗有旨行貢舉求好秀才上意非不諄切而妄人輒陰沮之應故事而集議凡幾作輟矣然則無怪乎選任之非才政治之不理也今已至此後當若何臣愚欲望陛下明詔有司重學校之事慎師儒之選京師首善之地尤當興建國學選一時名流為國人矜式優以饌廩隆以禮貌庶四方觀感有所興起外而名都大邑教官有缺不但循常例取庸人而已必使廷臣推擇可以為人表儀者條具聞奏令其諸生有經明行修者特與蠲免賦役依已降詔旨施行仍望國家教育有方多士鼓舞不倦他日隨取隨足無臨事乏材之歎天下幸甚

世祖時各道儒司悉以職官罷浙西道儒學提舉葉李召至京師奏曰臣欽覩先帝詔書當創業時軍務繁夥尚招致士類今陛下丕一區宇偃武修文可不作養人才以弘治道各道儒學提舉及郡縣授實風化所係不宜罷請復立提舉司專提調學官課諸生講明治道而上其成才者於太學以備錄用凡儒戶徭役已一切蠲免帝可其奏

葉李為尚書左丞一日從世祖至柳林奏曰善政不可以徒行人才不可以驟進必訓以德義摩以詩書使知古聖賢行事方略然後賢良輩出膏澤下流唐虞三代咸有胄學漢唐明帝數幸辟雍雖為觀美也乃薦周砥等十人為祭酒等官凡廟學規制條具以聞帝皆從之

成宗時翰林國史院檢閱官袁桷上國學議曰成周國學之制略於大司樂其遺禮可法者見於文王世子三代而上詳莫得而聞焉漢武表章六經興太學至後漢為尤盛唐制微附益之而其制愈加詳密今可考也宋朝承唐之舊而國學之制日隳至于紹興國學愈廢雖名三學而國學非真國子矣夫所謂三舍法者崇寧宣和之弊也至秦檜而復增之月書季考又甚夫唐明經帖括之弊唐楊綰嘗曰進士誦當代之文而不通經史明經但記帖括牒自舉非仄席待賢之意宋之末造類不出此今科舉既廢而國朝國學定制深有典樂教胄子之古意儻得如唐制五經各立博士俾之專治一經互為問難以盡其義至於當世之要務則略如宋胡瑗立湖學之法如禮樂刑政兵農漕運河渠等事亦朝夕講習庶足以見經濟之實往者朱熹議貢舉法亦欲以經說會粹如詩則鄭氏歐陽氏王氏呂氏書則孔氏蘇氏吳氏葉氏之類先儒用心實欲見之行事自宋末年尊朱熹之學唇腐舌弊止於四書之註故凡刑獄簿書金穀戶口靡密出

人皆以爲俗吏而爭鄙弃清談危坐卒至國亡而莫可救近者江南學校教法止於四書髫齔諸生相師成風字義精熟蔑有遺忘一有詰難則茫然不能以對又近於宋世之末尤甚者知其學之不能通也於是大言以蓋之議禮止於誠敬言樂止於中和其不涉史者謂自漢而下皆霸道其不能詞章也謂之玩物喪志又以昔之大臣見於行事者皆本於節用而愛人之一語功業之成何所不可殊不知通達之源者必悉天下之利害灌膏養根非終於六經之格言不可也又古者教法春夏學干戈秋冬學羽籥若射御書數皆得謂之學非若今所謂四書而止儒者博而寡要故世嘗以儒詬誚由國學而化成於天下將見儒者之用不可勝盡儒何能以病于世

仁宗時虞集爲集賢修撰會議學校乃上奏曰師道立則善人多學校者士之所受教以至於成德達材者也今天下學官猥以貢格授

強加之諸生之上而名之曰師爾有司弗信之生徒弗信之於學校無益也如此而望師道之立可乎下州小邑之士無所見聞父兄所以導其子弟初無必爲學問之實意師友之游從亦莫辨其邪正然則所謂賢材者非自天降地出安有可望之理哉爲今之計莫若使守令求經明行修成德者身師尊之至誠懇惻以求之其德化之及庶乎有所觀感也其次則求夫操履近正而不爲詭異駭俗者確守先儒經義師說而不敢妄爲奇論者衆所敬服而非鄉愿之徒者延致之日諷誦其書使學者習之入耳著心以正其本則他日亦當有所發也其次則取鄉貢至京師罷歸者其議論文藝猶足以聳動一[illegible]人非若泛泛莫知根抵者矣

順帝時蘇天爵乞增廣國學生員狀曰國家典章興隆庠序甄[illegible]勸勉責在憲臺夫成均實風化之原而人材乃邦家之本是宜[illegible]

[illegible]育賢能昔者世祖皇帝既定中原肇新百度知爲治必資於賢才而養賢必本於學官至元七年初命中書左丞許衡爲國子祭酒以教公卿大夫之子弟是時學徒未有定額其後政教既修學者寖廣追至仁宗皇帝增多至四百員然而近歲以來員額已滿至使冑子無從進學殊非祖宗開設學校廣育群材之美意也蓋自昔國家未有不由作興英賢而能爲治者也故漢室中興園橋門者億萬計李唐受命游成均者三千員人材之多近古未有洪惟國家海宇之廣庠序之盛又豈漢唐所可比擬獨於學徒員額猶少方今朝廷治化更新嘉惠儒術至于學校長育人材尤爲先務宜從都省聞奏量擬增添生員一百名內蒙古色目五十員漢人五十員應入學者亦如舊制錢穀所費歲支幾何人材所關實爲至重如此則賢能益盛俗化益隆其於治道實有補

歷代名臣奏議卷之二百五

風俗

齊景公好婦人而丈夫飾者國人盡服之。公使吏禁之曰。女子而男子飾者。裂其衣而斷其帶。裂衣斷帶相望而不止。晏子見。公曰。寡人使吏禁女子而男子飾者裂其衣斷其帶相望而不止者何也。對曰。君使服之於內而禁之於外。猶懸牛首於門而求買馬肉也。公胡不使內勿服。則外莫敢為也。公曰善。使內勿服。不旋月而國莫之服也。

魏武帝時。和洽為丞相掾屬。毛玠崔琰並以忠清幹事。其選用先尚儉節。洽上言曰。天下大器。在位與人。不可以一節儉也。儉素過中。自以處身則可。以此格物。所失或多。今朝廷之議。吏有著新衣乘好車者謂之不清。長吏過營。形容不飾。衣裘敝壞者謂之廉潔。至令士大夫故污辱其衣。藏其輿服。朝府大吏或自挈壺飱以入官寺。夫立教觀俗。貴處中庸。為可繼也。今崇一概難堪之行以檢殊塗。勉而為之。必有疲瘁。古之大教。務在通人情而已。凡激詭之行。則容隱偽矣。

明帝泰和六年。司徒董昭上疏陳末流之弊曰。凡有天下者。莫不貴尚敦樸忠信之士。深疾虛偽不真之人者。以其毀教亂治。敗俗傷化也。近魏諷則伏誅建安之末。曹偉則斬戮黃初之始。伏惟前後聖詔深疾浮偽。欲以破散邪黨。常用切齒。而執法之吏皆畏其權勢。莫能糾擿。毀壞風俗。侵欲滋甚。竊見當今年少不復以學問為本。專更以交游為業。國士不以孝悌清修為首。乃以趨勢游利為先。合黨連羣。互相褒嘆。以毀訾為罰戮。用黨譽為爵賞。附己者則嘆之盈言。不附者則為作瑕釁。至乃相謂。今世何憂不度邪。但求人之道不勤。羅之不博耳。又何患其不知己矣。但當吞之以藥而柔調耳。又聞或有使奴客名作在職家人。冒之出入。往來禁奧。交通書疏。有所探問。凡此諸事。皆法之所不取。刑之所不赦。雖諷偉之罪。無以加也。帝於是發切詔斥免諸葛誕鄧颺等。

吳大帝時。姚信集乞旌表鬱生以厲婦節。上疏曰。臣聞唐虞之政。舉善而教。旌德擢異。三王所先。是以忠臣烈士顯名國朝。淑婦貞女表迹家閭。蓋所以闡崇化業。廣殖清風。使苟有令性。幽明俱著。苟懷懿姿。士女同榮。故王蠋建寒士之節。而齊王表其里。義姑立殊絕之操。而魯侯高其門。臣切見故鬱林太守陸績女鬱生。少履貞特之行。幼立匪石之節。年始十三。適同郡張白。侍廟三月。婦禮未卒。白遭罹家禍。遷死異郡。鬱生抗聲昭節。義形於色。冠蓋交橫。誓而不許。奉白姊妹崄巇之中。蹈履水火。志懷霜雪。義心固於金石。體信貫於神明。送終以禮。邦士慕則。臣聞昭德以行。顯行以爵。苟非名爵。則勸善不嚴。故士之有誄。魯人志其勇。杞婦見書。齊人哀其哭。乞蒙聖朝爵命前則。上聞天聰。下垂坤厚。褒鬱生以義姑之號。以厲兩髦之節。則皇風穆暢。士女改視矣。

西晉武帝咸寧中。傅咸為車騎司馬。以世俗奢侈。上書曰。臣以為穀帛難生。而用之不節。無緣不匱。故先王之化天下。食肉衣帛皆有其制。竊謂奢侈之費甚於天災。古者堯有茅茨。今之百姓競豐其屋。古者臣無玉食。今之賈豎皆厭粱肉。古者后妃乃有殊飾。今之婢妾被服綾羅。古者大夫乃不徒行。今之賤隸乘輕驅肥。古者人稠地狹而有儲蓄。由於節也。今者土曠人稀而患不足。由於奢也。欲時之儉。當詰其奢。奢不見詰。轉相高尚。昔毛玠為吏部尚書時。無敢好衣美食者。魏武帝歎曰。孤之法不如毛尚書令。使諸部用心各如毛玠。風俗之移在不難矣。

惠帝時。風俗趣競。禮讓陵遲。諫議大夫庾峻上疏曰。臣聞黎烝之人衆而賢寡。設官分職，則官寡而賢衆。為賢衆而多官，則妨化。以無官而棄賢，則廢道。是故聖王之御世也，因人之性，或出或處，故有朝廷之士，又有山林之士。朝廷之士，佐主成化，猶人之有股肱心膂，共為一体也。山林之士，被褐懷玉，太上棲於丘園，高節出於衆庶，其次輕爵服，遠耻辱，以全志，最下就列位，惟無功而能知止。彼其清劭，足以抑貪汚，退讓足以息鄙事。故在朝之士，聞其風而悅之，將受爵者皆耻躬之不逮。斯山林之士，避寵之臣，所以為美也。先王嘉之，節雖離世，而德合于主，行雖詭朝，而功同于政。故大者有玉帛之命，其次有几杖之禮，以厚德載物。出處有地，既廊廟多賢才，而野人亦不失為君子。此先王之弘也。秦塞斯路，利出一官，雖有處士之名，而無爵列於朝者，商君謂之六蝎，韓非謂之五蠹。時不知德，惟爵是聞，故閭閻以公乘侮其鄉人，郎中以上爵傲其父兄。漢祖反之，大暢斯否，任

蕭曹以天下，重四皓於南山，以張良之勳，而班在叔孫之後，蓋公之曉，而曹相諮之以政。帝王貴德於上，俗亦反本於下。故田叔等十人，漢廷臣無能出其右者，而未嘗干禄於時。以釋之之貴，結王生之襪於朝，而其名愈重。自非主臣尚德兼愛，孰能通天下之志如此？其大者乎？夫不革百王之弊，徒務救世之政，文士競智而務入，武夫恃力而爭先，官高養而意未滿，功報叅其求不已。又國無隨才佐官之制，俗無難進易退之耻，位一高，雖無功而不見下，已負敗而後見用。故因前而升，則處士之路塞矣。又仕者黜陟無章，是以普天之下，先競而後讓，舉世之士，有進而無退。夫人溺於動俗，孰致撓於羣言？衛石為之失乎？清濁安可復分？昔者先王患向之所以取天下者，今之為弊。是故功成必改其物，業定必易其教。雖以爵禄使下，臣無貪陵之行。雖以甲兵定功，主無窮武之悔也。臣愚以為古者大夫七十懸車，

今自非元功國老、三司上才，可聽七十致仕，則士無懷禄之嫌矣。其父母八十，可聽終養，則孝莫大於事親矣。吏歷試無績，依古終身不仕，則官無秕政矣。能小而不能大，可降還涖小，則使人以器矣。人主進人以禮，退人以禮，人臣亦兼能受爵矣。其有孝如王陽，臨九折而去官，絜如貢禹，冠一免而不着，及知止如王孫，知足如疏廣，雖去列位而居東野，與人父言依於慈，與人子言依於孝，此其出言合於國撿，危行彰於本朝，去勢如脫屣，路人為之隕涕，辭寵如金石，庸夫為之興行。是故先王許之，而聖人貴之。夫人之性，陵上猶水之趣下也。益而不已必決，升而不已必困。始於匹夫行義不敦，終於皇輿為之敗績，固不可不慎也。下人并心進趣，上宜以退讓去其甚者。退讓不可以刑罰使，莫若聽朝士時時從志。山林往往間出，無使入者不能復出，往者不能復反。然後出處交泰，提衡而立，時靡有爭。天下可得而

化矣。

梁武帝天監中，徐勉為侍中。時人間喪事多不遵禮，朝終夕殯，相尚以速。勉上疏曰：禮記問喪云：三日而後斂者，以俟其生也。三日而不生，亦不生矣。自頃以來，不遵斯制，送終之禮，殯以朞日。潤屋豪家，乃或半晷，衣衾棺槨，以速為榮。親戚徒隸，各念休反。故屬纊纔畢，灰釘已具，忘狐鼠之顧步，愧燕雀之徊翔。傷風滅理，莫此為大。且人子承衾之時，志懣心絶，喪事所資，悉關他手，愛憎深淺，事實難原。如覘或爽，存没違濫，使萬有其一，怨酷已多，豈不緩其告斂之晨，申其望生之冀？請自今士庶，宜悉依古，三日大斂。如有不奉，加以糾繩，以勵末俗。帝可其奏。

後魏文成帝時，中書侍郎高允以高宗纂承平之業，而風俗仍舊，婚娶喪葬，不依古式，乃上奏曰：前朝之世，屢發明詔，禁諸婚娶不得作

樂。及葬送之日。歌謳鼓舞。殺牲燒葬。一切禁斷。雖條章久頒。而俗不尊變。將由居上者未能悛改。為下者習以成俗。教化陵遲。一至於斯。昔周文以百里之地。脩德布政。先於寡妻。及於兄弟。以至家邦。三分天下而有其二。明為政者先自近始。詩云。爾之教矣。民胥效矣。人君舉動。不可不慎。禮云。嫁女之家。三日不息燭。娶婦之家。三日不舉樂。今諸王納室。皆樂部給伎以為嬉戲。而獨禁細民不得作樂。此一異也。古之婚者。皆揀擇德義之門。妙選貞閑之女。先之以媒聘。繼之以禮物。集僚友以重其別。親御輪以崇其敬。婚姻之際。如此之難。今諸王十五便賜妻別居。然則所配者或少長差舛。或罪入掖庭而作合宗王。妃嬪蕃懿。失禮之甚。無復此過。往年及今。頻有擒劾。誠是諸王過酒致責。蹤其元起。亦由色衰相棄。致此紛紜。今皇子娶妻。多出宮掖。令天下小民。必依禮限。此二異也。萬物之生。靡不有死。古先哲王作為禮制。所以養生送死。折諸人情。若毀生以奉死。則聖人所禁也。然葬者藏也。死者不可再見。故深藏之。昔堯葬穀林。墓不易畝。舜葬蒼梧。市不改肆。秦始皇作為地市。下固三泉。金玉寶貨。不可計數。死不旋踵。尸焚墓掘。由此推之。堯舜之儉。始皇之奢。是非可見。今國家營葬。費損巨億。一旦焚之。以為灰燼。苟靡費有益於亡者。古之人豈獨不然。今上為之不輟。而禁下民之必止。此三異也。古者祭必立尸。序其昭穆。使亡者有憑。致食饗之禮。今已葬之魂。人直求貌類者事之如父母。燕妤如夫妻。損敗風化。瀆亂情禮。莫此之甚。上未禁之。下不改絕。此四異也。夫饗者所以定禮儀。訓萬國。故聖王重之。至乃爵盈而不飲。殽乾而不食。樂非雅聲則不奏。物非正色則不列。今之大會。內外相混。酒醉喧譊。罔有儀式。又俳優鄙褻。污辱視聽。朝廷積習以為美。而責風俗之清純。此五異也。今陛下當百王之末。踵晉亂之弊。而不矯然釐改。以厲頹俗。臣恐天下蒼生。永不聞見禮教矣。

隋文帝時。戶部侍郎李諤見禮教凋弊。公卿薨亡。其愛妾侍婢。子孫輒嫁賣之。遂成風俗。乃上書曰。臣聞追遠慎終。民德歸厚。三年無改。方稱為孝。如聞朝臣之內。有父祖亡沒。日月未久。子孫無賴。便分其妓妾。嫁賣取財。有一於茲。實損風化。妾雖微賤。親承衣履。服斬三年。古今通式。豈容遽褫縗絰。強傅鉛華。泣辭靈几之前。送付他人之室。凡在見者。猶致傷心。況乎人子。能堪斯忍。復有朝廷重臣。位望通貴。平生交舊。情若弟兄。及其亡沒。杳同行路。朝聞其死。夕窺其妾。方便求聘。以得為限。無廉恥之心。棄友朋之義。且居家理治。可移於官。既不正私。何能贊務。上覽而嘉之。五品以上妻妾不得改醮。始於此也。

諤又以屬文之家。體尚輕薄。遞相師效。流宕忘反。於是上書曰。臣聞古先哲王之化民也。必變其視聽。防其嗜欲。塞其邪放之心。示以淳和之路。五教六行。為訓民之本。詩書禮易。為道義之門。故能家復孝慈。人知禮讓。正俗調風。莫大於此。其有上書獻賦。制誄鐫銘。皆以褒德序賢。明勳證理。苟非懲勸。義不徒然。降及後代。風教漸落。魏之三祖。更尚文詞。忽君人之大道。好雕蟲之小藝。下之從上。有同影響。競騁文華。遂成風俗。江左齊梁。其弊彌甚。貴賤賢愚。唯務吟詠。遂復遺理存異。尋虛逐微。競一韻之奇。爭一字之巧。連篇累牘。不出月露之形。積案盈箱。唯是風雲之狀。世俗以此相高。朝廷據茲擢士。祿利之路既開。愛尚之情愈篤。於是閭里童昏。貴遊總丱。未窺六甲。先製五言。至於羲皇舜禹之典。伊傅周孔之說。不復關心。何嘗入耳。以傲誕為清虛。以緣情為勳績。指儒素為古拙。用詞賦為君子。故文筆日繁。其政日亂。良由棄大聖之軌模。構無用以為用也。損本逐末。流遍華壤。遞相師祖。久而愈扇。及大隋受命。聖道聿興。屏黜輕浮。遏止華偽。

自非懷經抱質，志道依仁，不得引預搢紳，忝厠纓冕。開皇四年，普詔天下，公私文翰，並宜實錄。其年九月，泗州刺史司馬幼之文表華豔，付所司治罪。是公卿大臣咸知正路，莫不鑽仰墳集，棄絕華綺，擇先王之令典，行大道於茲世。如聞外州遠縣，仍踵弊風，選吏舉人，未遵典則。至有宗黨稱孝，鄉曲歸仁，學必典謨，交不苟合，則擯落私門，不加收齒；其學不稽古，逐俗隨時，作輕薄之篇章，結朋黨而求譽，則選充吏職，舉送天朝。蓋由縣令刺史未行風教，猶挾私情，不存公道。臣既忝憲司，職當糾察。若聞風即劾，恐挂網者多。請勒諸司普加搜訪，有如此者，具狀送臺。諤又以當官者好自矜伐，復上奏曰：臣聞舜戒禹云：汝惟不矜，天下莫與汝爭能；汝惟不伐，天下莫與汝爭功。言偃又云：事君數，斯辱矣；朋友數，斯疏矣。此皆先哲之格言，後王之軌轍。然則人臣之道，陳力濟時，雖勤比大禹，功如師望，亦不得厚自矜伐，上要君父。況復功無足紀，勤不補過，而敢自陳勳績，輕干聽覽。世之衰道，極於周代。下無廉恥，上使之然。用人唯信其口，取士不觀其行。矜誇自大，便以幹濟蒙擢；謙恭靜退，多以恬嘿見遺。是以通表陳誠，先論己之功狀；承顏敷奏，亦道臣最用心。自衒自媒，都無慙恥之色；強干橫請，唯以乾沒為能。自隋受命，此風頓改。耕夫販婦，無不革心。況乃大臣，仍遵弊俗。如聞刺史入京朝覲，乃有自陳勾撿之功，諠訴墻墀之側，言辭不遜，高自稱譽，上黷冕旒，特為難恕。凡如此輩，具狀送臺，明加罪黜，以懲風軌。上以諤前後所奏頒示天下，四海靡然向風，深革其弊。

唐太宗貞觀初，承隋大亂，風俗薄惡，人不知教。御史大夫韋挺上疏曰：父母之恩，昊天罔極。創巨之痛，終身何已。今衣冠士族，辰日不哭，謂為重喪，親賓來弔，輒不臨舉。又閭里細人，每有重喪，不即發問，先造邑社，待營辦具，乃始發哀。至假車乘，雇棺槨，以榮送葬。既葬，鄰伍會集，相與酣醉，名曰出孝。夫婦之道，王化所基。故有三日不息燭、不舉樂之感。今婚嫁之初，雜奏絲竹，以窮宴歡。官司習俗，弗為條禁。望一切懲革，申明禮憲。

六年，太宗謂房玄齡曰：比有山東崔盧李鄭四姓，雖累葉陵遲，猶恃其舊地，好自矜大，稱為士大夫。每嫁女他族，必廣索聘財，以多為貴，論數定約，同於市賈，甚損風俗，有紊禮經。既輕重失宜，禮須改革。乃詔吏部尚書高士廉等刊正姓氏，翦其浮華，定其真偽。忠賢者褒進，悖逆者貶黜。士廉等以崔幹為第一等。太宗謂曰：我與山東崔盧李鄭舊既無嫌，為其世代衰微，全無官宦，自云士大夫。婚姻之際，則多索財物。或才識庸下，而偃仰自高，販鬻松檟，依託富貴，我不解人間何為重之。且大丈夫有能建德立功，爵位崇重，善事君父，忠孝可稱。或道義清高，學藝宏博，此亦足為門戶，可謂天下大丈夫。今崔盧之屬，唯矜遠葉衣冠，寧比當朝之貴？公卿以下，何假多輸錢物，兼與他氣勢，向聲背實，以得為榮？我今定氏族者，誠欲崇樹今朝冠冕，何因崔幹猶為第一等？只看卿等不貴我官爵耶？不須論數代以前，止取今日官品人材作等級，宜一量定，用為永則。遂以崔幹為第三等。及書成，頒之天下。復詔群臣曰：氏族之美，實繫於冠冕；婚姻之道，莫先於仁義。自有魏失御，齊氏云亡，市朝既遷，風俗陵替。燕趙古姓，多失衣冠之緒；齊韓舊族，或乖禮義之風。名不著於州閭，身未免於貧賤。自號高門之冑，不敦匹嫡之儀。問名唯在於竊貲，結褵必歸於富室。乃有新官之輩，豐財之家，慕其祖宗，競結婚姻，多納貨賄，有如販鬻。或自貶家門，受屈辱於姻婭；或矜誇舊望，行無禮於舅姑。積習成俗，迄今未已。既紊人倫，實虧名教。朕夙夜兢惕，憂勤政道，往代蠹咸以懲革。唯此弊風未能盡變。自今以後。明加告示。使識嫁娶之序。務合典禮。稱朕意焉。又謂侍臣曰。佛道設教。本行善事。豈遣僧尼道士妄自尊崇。坐受父母之拜。損壞風俗。悖亂禮經。宜即禁斷。仍令致拜于父母。群臣皆曰誠如聖旨。

中宗時。左臺侍御史度支員外郎兼博士唐紹上言曰。比群臣務厚葬以俑人象騎。眩耀相矜。下逮衆庶。流宕成俗。頗按令切教義損。凡明器不許列衢路。惟陳墓所。婚嫁設障車擁道為戲樂。邀貨損資動萬計。甚傷化紊禮。不可示天下。事雖不從。議者美歎。

南唐嗣主時。太常博士陳致雍上奏曰。臣竊聞中書商量不許旌表吉州孝子瞿處圭等門閭事。伏以上古之時。人民淳素。故可無為而治。三季澆薄。無常行義。可激勸而成。則旌表門閭是其旨也。中書舍人張緯不知大體。屢興僻論。以為鄉閭之民。苟避徭役。旌表則遞相傚傚。止塞則永絕其源。此章吏無識者之所譏。非大臣佐天子興教化之良術也。且有吳爽孝義著聞者絕鮮。陛下之德所感。相繼有廬墓者三人。而不以為人化所溢。誣慮其遞相傚傚。若相率為孝。則實害於時。相倣行孝。又何傷於政。懲惡本欲人懼。賞善本欲人勸。倘的相傚傚。則是陛下敦勸之有驗也。如不傚傚。又用旌表何為。今朝野之間。不義不孝者何嘗不有。風俗若此。正是陛下急於敦勸之秋。威小吏出此無稽之言。猶大臣必須懲絕。況居清切之司。當顧問之地。首創新議。謬莫甚焉。噫。為人臣子者上有君。下有親。何思沮人之為孝。夫王政之善。無先於舉人倫之本。莫大於孝。去年得貢舉已沮陛下教人之為學。此時於激勸又沮陛下教人之行孝。將順其美。一何疎哉。伏惟皇帝陛下至德格于上玄。廣愛刑于四海。邪見詭說必不能上惑聰明。然臣雖不才。而所務者大。所慮者遠。恐或有一可二言

是以不敢不奏。

蜀主王建時。劉蘩上疏曰。下之從上。如風偃草。以仁義理法化之。則為謹愿之行。以驕奢淫佚化之。則為狂蕩之俗。今一國之人。皆劫醉鞘。臣恐邦基頹然。如人之醉而不可枝持也。

宋真宗時。陳洪進子陳文顥為青齊廬壽西京水南北陝州四州都巡檢使。與諸弟不睦。御史中丞李惟清抗疏曰。文顥等並分符竹。委以方面。門榮盛。當世罕儔。先人之墳土未乾。私室之風規大壞。弟兄列訟。骨肉為仇。官奉私藏。同居異爨。屢經赦宥。久積人言。文顥首起訟端。當律文尊長之坐。乞寘散秩。以警浮俗。詔曰。文顥等頗傷名教。合寘邦刑。以其父有忠勲。未忍捐棄。宜賜戒諭。許其改過。儻無悛革。當正簡書。令御史臺告諭之。

仁宗天聖三年。大理寺丞范仲淹上奏曰。臣聞國之文章。應於風化。風化厚薄。見乎文章。是故觀虞夏之書。足以明帝王之道。覽南朝之文。足以知衰靡之化。故聖人之理天下也。文弊則救之以質。質弊則救之以文。質弊而不救。則晦而不彰。文弊而不救。則華而將落。前代之季。不能自救。以至于大亂。乃有來者起而救之。故文章之薄。則為君子之憂。風俗之壞。則為來者之資。惟聖帝明王之相救。在乎已不在乎人。易曰。窮則變。變則通。通則久。亦此之謂也。伏望聖慈與大臣議文章之道。師虞夏之風。況我聖朝千載之會。惜乎不追三代之高。而尚六朝之細。然文章之列。何代無人。蓋時之所尚。何能獨變。大君有命。孰不從風。可教諭詞臣興復古道。更延博雅之士布於臺閣。以救斯文之薄。而厚其風化也。天下幸甚。

九年。侍御史知雜事劉隨奏乞戒止奔競。疏曰。臣聞風俗信厚。草木被于仁恩。世道澆瀉。郡國所以愁歎。仁恩洽則邦家益固。愁歎甚則

王室下衰。三代已來，理亂之政，布在經史，垂誡後王。是故歷代聖君因時立制，治于未亂，安於未危。其術何也？在乎法令必行，賞罰公當，止塞僥求之路，興行禮遜之風。如此，則忠賢得以盡誠，姦佞無由妄進，百司舉職，列郡向方，掏公滅私，天下無事。自古稱垂拱而治者，用此道也。伏以皇帝御曆，三后繼明，建不拔之洪基，張率仁之景化。兩宮臨御，萬國歡康，禮重大臣，延納端士，欽恤庶獄，儉約豐財，小大必親，上下無壅。此皆上古帝王之能事也。近年文武之列，內外庶官，則有志務僥求，公行請託，對見號家戚洒涕以期恩勞，效纖微或自矜而無愧。或苟且進用，或規避遠官，或干犯有司，違之則動生謗議；或唐突執政，違之則顛倒是非。即有寄任藩宣，位望崇重，或表章不遜，或奏請無厭。況於無事之時，尚懷悖慢，若當要用之際，寧盡公忠？至于按察之司，宴安顧望，以容姦為大体，以舉職為近名，以巧詐為俊賢，以恬退為愚拙。以至貪殘之吏，黷于貨財，老疾之徒，罔知止足，務進者都忘於廉恥，營私者不顧於典刑，雖教導以彌勤，而奔競之猶甚。若無約束，寖壞紀綱，歷傷忠厚之風，殊非國家之利。伏望特頒明詔，徧示臣僚，俾知戒懼之心，共贊興隆之運。苟無悛改，當遂奏陳，寘彼簡書，用肅有位。

嘉祐七年，知諫院司馬光上謹習疏曰：臣以駑蹇之質，忝為諫官，荷陛下寵祿之優，責任之重，夙夜震恐，不遑寧處，思極竭愚忠，以報塞萬一。頑瑣細務，皆不足以煩瀆聖聽。竊以國家之治亂本於禮，而風俗之善惡繫於習。赤子之啼，無有五方，其聲一也。及其長，則言語不通，飲食不同，有至死莫能相為者，是無他焉，所習異也。至於古今亦然，有服古之衣冠於今之世，則駭於州里矣；服今之衣冠於古之世，則謬於有司矣。衣冠烏有是非哉？習與不習而已矣。夫民朝夕見之，其心安焉，以為天下之事正應如此。一旦驅之使去此而就彼，則無不憂疑而莫肯從矣。昔秦廢井田而民愁怨，王莽復井田而民亦愁怨；趙武靈王變華俗效胡服而群下不悅，後魏孝文帝變胡服效華俗而群下亦不悅。由此觀之，世俗之情安於所習，駭所未見，固其常也。是故上行下效謂之風，薰蒸漸漬謂之化，淪胥委靡謂之流，眾心安定謂之俗。及夫風化已失，流俗已成，則雖有辯智弗能諭也，彊毅不能制也，重賞不能勸也，嚴刑不能止也。自非聖人得位而臨之，積百年之功，莫之能變也。周易履之象曰：君子以辨上下，定民志。故天子之令必行於諸侯，諸侯之令必行於卿大夫士，卿大夫士之令必行於庶人，使天下之勢如身之使臂，臂之使指，莫不率從。詩曰：勉勉我王，綱紀四方。此禮之本也。昔三代之王皆習民以禮，故子孫數百年享天之祿。及其衰也，雖以晉楚齊秦之彊，不敢暴蔑王室，豈其力不足哉？知天下之不已與也。於是乎翼戴王命以威諸侯，而諸侯莫敢不從。所以然者，猶有先王之遺風餘俗未絕於民故也。其後日以衰薄，下陵上替。晉平公之世，魯子服回如晉，還謂季孫意如曰：晉之公室將遂卑矣。六卿彊而奢傲，將因是以習，習實為常，能無卑乎？其後趙魏韓氏卒分晉國。習於君臣之分不明故也。降及漢氏，雖不能若三代之盛王，然猶尊君卑臣，敦尚名節，以行義取士，以儒術化民。是以王莽之亂，民思劉氏而卒復之。赤眉雖群盜，猶立宗室以從民望。王郎矯託名氏，而燕趙響應。董卓之亂，袁紹以誅卓為名，而州郡雲合。曹操挾獻帝以令諸侯，而天下莫能與之敵。操之心豈不欲廢漢而自立哉？然沒身不敢為者，畏天下之人疾之也。自魏晉以降，人主始貴通才而賤守節，人臣始尚浮華而薄儒術，以先王之禮為糟粕而不行，以純固之士為鄙樸而不用。於是風俗日壞，入於偷邊叛君不以為恥，犯上不以為非，惟利是從，不顧名節。至于有唐之衰，麾下之士有屠逐元帥者，朝廷不能討，因而撫之，拔於行伍，授以旄鉞，其始也取偷安一時而已，及其久也則衆庶習於聞見，以為事理當然，不為非禮，不為無義。是以在上者惴惴焉畏其下，在下者睽睽焉伺其上。平居則酒肉金帛甘言屈體以相媚悅，得間則銛鋒利刃，狠心詭計以相屠膾，成者為賢，敗者為愚，不復論尊卑之序、是非之理。陵夷至于五代，天下蕩然莫知禮義為何物矣。是以世祚不永，遠者十餘年，近者四五年，敗亡相屬，生民塗炭。及大宋受命，太祖、太宗知天下之禍生於無禮也，於是以神武聰明躬勤萬幾，征伐刑賞斷於聖志，然後人主之勢重而群臣懾服矣。於是翦削藩鎮，齊以法度，擇文吏為之佐，以奪其殺生之柄；擥其金穀之富，選其麾下精銳之士聚諸京師，以備宿衛，制其腹心，落其爪牙，使不得陸梁，然後天下諸侯之分明而悖亂之原塞矣。於是節度使之權歸於州鎮，員之權歸於縣。又分天下為十餘路，各置轉運使以察州縣百吏之臧否，復漢部刺史之職，使朝廷之令必行於轉運使，轉運使之令必行於州，州之令必行於縣，縣之令必行於吏民，然後上下之叙正而紀綱立矣。於是申明軍法，使自押官以上各有階級以相臨統，小有違犯，罪皆殊死，然後行伍之政肅而士用命矣。此皆禮之大節也，故能四征不庭，莫不率服，汛掃九州，以陟禹之迹。至于真宗，重之以明德，繼二聖之志，夙夜孜孜，宣布善化，銷鑠惡俗，以至于今，治平百年，頑民殄絕，衆心咸安，此乃曠世難成之業。陛下當戰戰慄慄守而勿失者也。臣竊見陛下有中宗之嚴恭、文王之小心，而小夫之慮多謙讓不決，委之臣下，誠使所委之人常得忠賢，則可矣；萬一有姦邪在焉，此不危甚矣哉！古人所謂委任而責成功者，擇人而授之職業，叢脞之

務，不身親之也。至於爵祿廢置，殺生予奪，不由己出，不可也。洪範曰：惟辟作威，惟辟作福，臣之有作威作福，害于而家，凶于而國。威福之柄一失於人，而習以為常，則不可復收矣。此明主之所慎也。又頃以西鄙用兵，權置經略安撫使，總一路之兵，得以便宜從事，及西事已平，因而不廢。其河東一路總二十二州軍，鄉時節度使之權不能及矣。唐始置沿邊八節度，亦如是而已，以其權任太重，故後世有跋扈之臣。洛誥曰：毋若火始燄燄，厥攸灼叙，弗其絕。言慎其微也。又將相大臣典諸州者多以貴倨自恃，轉運使欲按舉職業，往往故違戾而不肯從。夫將相大臣在朝廷之時則轉運使名位固相遠矣，及在外為知州，則轉運使統諸州職也，烏得以一身之貴亂一州之事，轉運使不得問哉？漢刺史以六百石吏督察二千石，豈以名位之貴賤哉？又自景祐以來，國家怠於久安，樂因循而務省事，執事之臣頗行姑息之政。於是胥吏讙譁而斥逐御史中丞，輦官悖慢而廢退宰相，衛士凶逆而獄不窮姦，澤加於舊，軍人罵三司使而法官以為非犯階級，疑於用法，朝廷雖特誅其人而已，停之卒復收養之，其餘有一夫流言於道路而為之變令推恩者多矣。凡此數者，殆非所以習民於上下之分也。夫朝廷者，四方之表儀也，朝廷之政如是，則四方必有甚者矣。於是元帥畏偏裨，偏裨畏將校，將校畏士卒，姦邪怯懦之臣至有簡省教閱，使之驕惰；保庇羸老，使之繁冗；屈撓正法，使之縱恣；詆訾粟帛，使之憤惋。甘言諂笑，靡所不至，於是士卒翕然譽之而歸怨於上矣。彼既為之，則此效之；下既言之，則上從之；前既行之，則後襲之。苟彼為而此不效，下言而上不從，前行而後不襲，則怨怒聚於其身而禍亂生矣。長此不已，日滋月益，民之耳目習而安之，此有以異唐之季世乎？後魏孝明帝時，征西將軍張彝子仲瑀上封事，欲抑

擯武人不預清品羽林虎賁千餘人焚彝第殺彝父子官為收捕止殺者八人斬之其餘大赦以安之懷朔鎮人高歡時為使至洛陽見之歸而散家財以結客曰朝政如此事可知矣於是始有飛揚之志由是觀之紀綱不立則姦雄生心矣夫祖宗苦身焦思以變衰唐之俗而陛下高拱熟視以成後魏之風此臣之所為陛下痛惜也臣愚以為陛下當奮剛健之志宣神明之德凡群臣奏事皆察其邪正辨其臧否熟問深思求合於道然後賞罰黜陟斷而行之則天下孰不曠然悅喜詩曰君子如怒亂庶遄沮君子如祉亂庶遄已蓋言無所臧否之為患大也經略安撫使有征討之事則置之無事則當廢之儻未能廢則軍事迫急不暇奏知者使專之可也其餘民事皆委之州縣一斷於法或法重情輕情重法輕可殺可徒可宥可赦並聽本州申奏決之朝廷何必出於經略安撫使或轉運使規畫號令行下

諸州而諸州違戾不從者朝廷當辨其曲直若事理實可施行而州將恃貴勢故違之者當罪州將勿罪轉運使將校士卒之於州縣及所統之官或公卿大臣有悖慢無禮者明著階級之法使斷者不疑將帥之官有廢法違道以取悅於下歸怨於上者當隨其輕重誅竄廢黜公正無私御衆嚴整者當量其才能擢用褒賞如是則上之人難動而下用命矣上之人難動而下用命此所以尊朝廷也上下已明綱紀已定然後修儒術隆教化進敦篤退浮華使禮義興行風俗純美則國家保萬世無疆之休猶倚南山而坐平原也

仁宗時帝嘗御天章閣召公卿出手詔問當世急務知永興軍葉清臣上奏曰陛下欲息奔競此繫中書若宰相裁抑奔競之流則風俗惇厚人知止足宰相用憸佞之士則貪禁冒進激成渾波向有職在管庫日趍走時相之門入則取街談巷言以資耳目出則竊[illegible]論以警流輩一旦皆擢之職司以酬所任比日人士競踵此風出入權要之家時有三尸五鬼之號乃列館職或置省曹且臺諫官為天子耳目今則不然盡為宰相肘腋宰相所惡則揣以微旨公行擊搏宰相所善則從而唱和為之先容中書政令不平賞罰不當則箝口結舌未嘗敢言人主纖微過差或宮闈小事即極言過當用為訐直供職未逾歲時遷擢已常加等宋禧為御史勸陛下宮中畜犬設棘以為守衛削弱朝体取笑四夷不加訶譴擢為諫官王逵兩為湖南江西轉運使所至苦虐誅剝百姓徒配無辜特以宰相故舊不次擬擢遂有河北之行如此是長奔競也

張方平上備俗論曰臣聞古先聖人其制民之法詳矣始則經土立井分鄰畫伍為比閭族黨之法保受救賙之義辨之以四業任之以九貢以同風俗以齊豐寡將以敺之趍本勵之無游故使不畜者祭

無牲不耕者祭無盛不蠶者不帛不樹者不椁不績者喪無縗循處畝而勵之未從也又為罰焉故使宅不毛有里布田不耕出屋粟民無職事出夫家之征惰游棄本者縞冠素紕垂綏以恥之已事其事矣又懼其侈而慢也故使雖富不異服無故不食珍納幣無過五兩合親不踰一肉老少異粮長壯殊役則是衣服飲食喪祭嫁娶之事莫不為之法制矣而後家有塾黨有庠遂有序比為之長閭為之胥教訓敦勉繩非糾慝是以民之生業均平而國之禮義興起矣自秦民毀井田立阡陌賞勵貨殖寵縱兼并至有專地跨亭丘甸壟利占乎山澤强弱相伏富貧相役四維盡棄淫刑以逞王道蕩壞遂不可復其流虐遺弊盡至今焉于後天下或合或離承運立統凡十七姓平國治世惟漢與唐以文景之盛德文明之英才朝廷之政既修天下之俗已泰民知自重刑辟希省可謂既富庶而教之之時也不能

闊遼遠猷。為之制節。故其豐大及身而已。天寶之敗。仍覩取焉。今我治朝。一統寰域。日出月入。咸被聲教。自稚及耄。不知禁。攘導之以禮樂。漸之以德義。作法於治。今實其時。然天下務稽寡而游冗煩。末俗逸而誠農困。通貨貿遷者倅騎從後。坐廛射利者大第相倚。食享列鼎。服備四時。曲堂便房。妓妾夾侍。四方新異。出差畢到。與夫躬執耒耜。寒耕暑耘。水旱憂於前。租庸逼於後。奴妾不售。潦壑為家。其勞佚如何哉。臣聞周官以度數節。則民知足。夫饑食男女。人之大欲。死亡貧苦。人之大惡。故欲惡者。人情之大端。而制節者。理人之大柄。民知分限。規繩之不可踰。則貪奪僭侈之心息。仁義廉讓之意興。是故王道之端。必自制節始也。其在易履卦之象則曰。履以辨上下定民志。故知上下誠辨。則民志斯定。民志誠定。則暴亂侵爭之患何由作乎。向者須下明詔。誠天下服用之尤僭者。而靡法之俗知勸矣。夫齊一變至于魯。魯一變至於道。言理教之當以漸成也。臣聞。孝弟本於朝廷。禮義始乎京師。在詩晉國之篇以為其民憂深思遠。猶有陶唐氏之遺風。故繫之唐風。且陶唐氏之不為政久矣。其德教在民。雖百世而不易。非以其嘗所臨治被化尤厚者乎。今京師者。宮室所在。王教所先。宜乎其風俗敦厚質固以表正萬邦。使八紘取則。遠人知慕。是當以道德為富。而不以繁華為盛。今乃子女玉帛多於郡國。魚龍橦索過乎漢都。雕飾淫巧之器。奇衺纖靡之服。陳鬻于市。流於四方。詐偽姦欺。聚為淵藪。虧損皇道。熒亂民心。臣愚以為宜益條節。務從樸素。事為之制。物為之法。捲塞末路。摧箝游人。其兼并豪猾僭上剝下為蠧猶多。宜深撙約。使循律度。勿令侵急小人。以奉無厭之欲。則天下之鰥寡孤獨困窮無告者。得一息之寬矣。

方平又上奏曰。臣聞。下輕其上。賤人圖柄。則國家搖動。俗用不靖。

秋之義。以貴治賤。不使卑陵尊。左氏傳曰。下陵則上替。陵替之漸。不可長也。竊惟近歲以來。時風寖激。是非起於憎愛。毀譽移於朋黨。貴而尊者畏訕謗之見及。故待下之踰謹。賤而卑者恃詆訾之可行。故奉上之禮益倨。更相姑息。遂成此俗。法制因茲不振。堂陛由是益削。且畢國圖議。三事之職。將相進退。人主之柄。即措置有乖於理體。謨猷不允於人望。朝廷固有邇臣列侍。諫官御史。得言者衆。必有獻納。豈容小人妄銜干議。近如王預。仕人卑品。婁徹草澤狂生。投匭上封。恣斥朝政。唐貞觀中。監察御史徐師合上書論執政。不可兼數職。太宗曰。此人妄有毀謗。欲離間我君臣。流師合於嶺外。師合官為監察。所言未為切害。太宗流之。蓋所以重朝廷。謹風俗也。臣忝列諫官。以言事為職。豈欲杜塞群論。蔽虧聰明。顧此等纖邪無益於政。優容之不足以廣言路。崇長之足以損善俗。伏乞降出預徹等所上封奏。覩其義理。若顯為欺罔。侮黷國經。即未能深示刑章。乞且投畀遐徼。庶使行險之人知所懲沮。

神宗時。監察御史裏行彭汝礪上奏曰。臣聞天下之事其出無窮。而相禪於無所終始之者疑若甚勞。而古之人君乃至於無為者。能得其本而已。以四方為遠。故所正者惟京師。以一國為大。故所正者惟其家。以萬民為衆。故所正者惟百官。又以國家百官之富不可勝治也。故所正者惟其身而已。所守者約。而所施者博。此古之要道也。陛下有仁孝之行。恭儉之德。至誠惻怛之心。至於此非難也。而臣自京師觀之。淫麗之文勝。淳厚之朴衰。謾誕之風長。正信之俗微。非所以觀遠方也。自宮邸觀之。公侯放於驕淫而不禁。婦妾習於侈靡而不厭。非所以示國人也。自官府觀之。相尚以取譽。相引以趨勢。相傾以就利。為上者殘其下。為屬者持其長。而非所以法萬民也。陛下欲為漢唐則固軼於漢唐矣欲至三代而於此未正焉臣以為未也蓋古之人脩身以正天下而其俗既成之後雖抱衾之賤妾知自克以義而非止於關雎之后妃也雖衰世之公子篤於信而非止於麟趾之盛時也雖江漢之匹夫皆知無思犯禮而非止於京邑之近也雖牛羊之賤吏知有所不忍而非獨公卿大夫之賢也以古準今何其寥寥哉其弊亦必有在矣陛下試反而思之其躬行之未篤歟其昔者奢侈之弊因循而未革歟亦教之未至而制之不嚴歟所求於士者止以語言而不以德歟所取於臣急於利歟不然何風俗之難回也陛下有聖人之才有崇高富貴之勢頻呻俛仰再撫四海之外惟無為而已為之無不可至也臣觀四方之學其言語態度短長巧拙必問京師如何不同則以為鄙焉凡京師之物其衣服器用淺深闊狹必問宮中如何不同則以為野焉以此知以質厚示之則無不從而

質厚也異時皇族未嘗知經術也及陛下以經術造之而莫不欲為經術異時士人未嘗知法律也及陛下以法令進之而無不言法令以此知能以德禮示之則無不從而為德禮也夫天生蒸民有物有則所謂質厚也德禮也皆其所固有者也因性之所固有而順道之蓋無難焉在陛下加之意而已君子之德風小人之德草草上之風必偃此無足異也小臣以疏遠妄及陛下之家事以卑賤冒言妄及百官之嗜好以聖學之廣淵而道尋常之務以聖學之日新而言已塵之迹雖臣亦自知其疏闊也考之於古竊以為然焉惟陛下念之

哲宗初即位左司諫蘇轍上奏曰臣伏見皇帝陛下以至孝純仁承統踐祚太皇太后陛下以聰明睿智親攬庶政二聖協德以幸天下曾未朞歲而敝事稍去寬政復行元元之民免於流離之患蒙更生之福海內釋然無意外之憂不勝幸甚伏惟陛下恭勤祗畏致於天下復選於群臣增廣諫員求直言以自助天下之士聞風相慶臣竊何人得於今日備位於此然臣聞帝王之治必先正風俗風俗既正中人以下皆自勉以為善風俗一壞中人以上皆自棄而為惡中人自勉於善則人主耳目衆多易與為治中人自棄於惡則臣下朋黨蕃殖易以為非蓋邪正盛衰之源未有不始於此者也昔真宗皇帝臨馭群下獎用正人一時賢俊爭自託於明主孫奭戚綸田錫王禹偁之徒既以諫諍顯名則忠良之士相繼而起其後姦朋擅事丁謂秉間將竊國命而風俗已成朝多正士謂雖懷姦慝而無與同惡謀未及發旋即流放仁宗皇帝仁厚淵嘿不自可否是非之論一付臺諫孔道輔范仲淹歐陽脩余靖之流以言事相高此風既行士恥以鉗口失職當時執政大臣豈皆盡賢然畏忌人言不敢妄作一有不善言者即至隨輒屏去故雖人主寬厚而朝廷之間無大過失及

先帝嗣位執政大臣變易祖宗法度下至小民皆知其非而卿士大夫從風而靡則風俗之變於此見矣是時惟有呂誨范鎮等明言其失二人既已得罪臺諫有以一言及之者皆紛然逐去由是風俗大敗無一人復正言者天祐皇室啓迪聖德臨政未幾而以言路為急天下竦然思見祖宗遺俗然臣自至闕廷聞臺諫封事一切留中不出既不施行又無黜責臣不勝憂疑夫朝廷所以待臺諫者不過二事言當則行不當則黜其所上封事除事干幾密人主所當獨聞須至留中其餘並須降出行遣上所以正朝廷之紀綱使無廢職業下所以全人臣之名節使無負公議若當而不行不當而不黜則上下苟且廉恥道廢風俗衰陋國將從之臣願陛下永惟邪正盛衰之漸始於臺諫修其官則聽其言言有不當隨事行遣大者可黜小者可罷使風俗一定忠言日至陛下垂拱於上群臣肅雍於下則太平之

治可立而待也。惟陛下留神省察。天下幸甚。

元祐元年。殿中侍御史孫升上奏曰。臣伏以先王脩心治性之道載於六藝。學士大夫有窮年没世不能究其彷彿。至於治家居官脩身事上。不盡其誠。不合於義者多矣。况所謂道德性命之奧乎。比來京都士大夫頗不自信其學。乃求問於浮屠之門。其爲愚惑甚矣。臣訪聞慧林法雲。士大夫有朝夕游息於其間。而又引其家婦人女子出入無間。參禪入室。與其徒雜擾。昏暮而出。恬然不以爲怪。此於朝廷風化不爲無損。伏望聖慈特降指揮。應婦人不得以參請爲名。輒入禪院。如違。止坐夫子。仍令開封府於諸禪院門曉示。庶幾士大夫之家稍循禮法。不辱風化。

八年。侍講學士范祖禹上旌孝劄子曰。臣先修神宗皇帝實録。伏見元豐六年。資州奏資陽縣民支漸於熙寧中喪母。累年始克葬。因廬墓側。日三時號慕。肘行膝步。自負土起墳。初有雙白雀徘徊松上。明年有一狸馴墳側。觀漸上土。又明年夏。每當午培墳。日色炎盛。輒有陰雲蔽覆。即遇霖雨。方負土時。亦暫霽止。又有異烏一目如丹。至漸哭。常悲鳴向漸。夜有二狐狸呼繞如巡警之狀。久之。有烏群集。內一白烏獨日至漸培墳處回旋。後又有五色雀萬餘隨漸行哭。十日而去。漸已年七十。每號慟涕淚如雨。日唯食脫粟飯。不盥手濯足。所衣苴麻至爛碎。鬢髮亦皆斷亂。見者爲之惻楚。所居鄰人勾氏之子自娶妻即棄其親不養。覩漸至行。因夫婦感慟。即日迎其親還舍。朝夕侍奉不少懈。漸精誠格物。諸祥屢至。變其里俗。乞旌賞之。詔賜粟帛。臣今因修正史。再牒資州會問支漸事迹。恐有未盡。又要見本人存亡。據資州今年七月回申。資陽縣追到支漸取問。漸見年八十。與其阿王同歲。夫妻各無疾恙。漸自培墳三年歸家。後於元祐五年內白髮退落。再生黑髮。及四齒已落。復生。今身體輕健。二時飲食如舊。臣竊謂支漸以匹夫行孝。能感天佑助。報以壽考康寧之福。在於朝廷理宜獎勸。伏况先帝已賜粟帛。付之史官。今漸八十尚存。伏望聖慈特授漸一長吏助教。或更優與名目。旌其至行。可以激勵風俗。有補孝治之化。

哲宗時。畢仲游乞理會河東土俗埋葬劄子曰。臣見河東土俗浮圖盜賊稀少。人民耕田力作。衣食至薄。而罕敢爲非。比之他方。獄訟刑罰。十無二三。然其俗勤於養生。怠於送死。非士大夫之家。中民以下親戚喪亡。即焚其尸。納之缸中。寄放僧寺。與墓戶之家。類不舉葬。蓋雖上戶。亦有不葬而焚之者。乃刺史縣令不爲條教。而勸勉有所不至之過也。中間本路臣僚嘗擘畫奏請。官置園地。令寺院僧人守視收葬有主無主骨殖。仍得朝旨。每歲或間歲度僧一人。至今不廢。甚

大惠也。但寺院既附城郭。即所收葬骨殖。恐止及城郭之內與近鄉人戶。如僻小州軍。窮鄉遠道之民。未舉葬者。勢或不能相及。又官置園地有限。葬且無餘。無肯於官園地雜葬者多。是小民之家中戶已上既安風俗。不自舉葬。又恥與小民雜葬官園之中。往往依舊焚燬不葬。風俗未變也。臣願明勅本路守令。隨其土俗。創爲葬埋之說。務從省儉。但不焚毀。而棺斂藏諸地下。即可稍事華飾。非晉俗所憚也。中民已上。如此以善意勸勉。勿純驅以刑罰。使人人自葬其親戚。下戶無主骨殖。即任從官園掩瘞。其間家力可以舉葬。養生勤送死怠安於故俗。不從朝廷詔令。與州縣條教。尚敢焚毀。或年歲深遠不葬者。裁之以法。使於愧恥之外。知有科禁。則河東不葬之俗。庶幾可革。存亡幽顯。各得其所。自然和氣可召。風俗尤美。乞朝廷加意。

劉摯上奏曰。臣聞先王以厚俗爲本。俗不厚則本末固。此天下所由

亂也。方三王盛時。政俗俱朴。上下之接如膠漆。親戚之間如室家。而伐木行葦之詩忘厚為讎。歷數千年而波澤之流無有窮已。秦起於孤絕。斧肉六國。遂奄九有。攻守同道。一切以殘忍濟而政弊俗惡。出子分贅。遂成氣習。父子母婦不能保其綢繆。殺伐不義。迷於謦欬之間。胡越生於同堂合席之上。賈誼有借父耰鉏慮有德色。母取箕箒立而誶語之說。自秦漢以來。大抵風俗厚者易守而享歷長。風俗薄者難守而享歷短。夫禮義忠信。所以維持大物者。蓋可斷廢哉。細民罔罔。惟利是嗜。樂分穴淅。下逮禽蟻。而運大物者反緩風俗。汲汲以富國強兵為根株。使異政殊俗如此。則相招以趍死地而已。國雖富何恃而守。兵雖強何守而不亡也哉。陛下以天性事兩宮。以人倫友仲季。孝友之化。可謂蟠極無愧舜矣。然百年之風俗未厚如三王。而平居無憂。輒倣秦人之殘薄睽乖者。殆是也。傳習安固。自以為康莊。而一鄉小國。孝慈之家無幾焉。矯極過秦。則至身剔肌膚以自鳴孝。夫以盛德之流行。謂宜淪其肺膺而為秦轉漢。尚以滋太息者。法過而恩衰。事勝而情惡故也。今法母改適於夫為義絕。而其子非有犯則各相義絕於夫。以懲寡妻不節之愆。有犯同母以懲惡子不情之罪固善矣。然至使父死母窮。其子誘使之改從。母不出篋而兄弟逐以不母遇焉。析生異炊以和養其妻子。他日其母丐於其門。餌以錙豢之餘食者鮮矣。一陷於誘餌而流離孤弱。不遇日暮而母子相失。可以愁絕。此與秦俗何異焉。天下不知幾幾。而江淮之間尤為橫惡。使母不能安其室而去。尚誅以不子。況誘而弃之哉。所謂同居授繼至能養成前夫之子者。於法得貲給之。此已足救弊薄之俗也。而獨於改適貧不能生。棄其夫而歸者。子母追復合。雖已析生異炊。皆還之。俱貧不能自存者非。如此則惡子奪其私而弱母得其所矣。蓋人情不安室而去。則雖貧孰肯棄其夫。凡棄其夫而歸者。必非其本心。而惡子之弃者矣。父子既無親繼之相疑。而母子乃有復合之相愛。豈不善哉。陛下孝友至矣。而臣言及此。乃陛下畧然回車勝母之閭者也。

徽宗初即位。監察御史游酢上論士風之壞疏曰。臣聞天下之患莫大於士大夫無恥。士大夫至於無恥。則見利而已。不復知有義。如入市而攫金。不復見有人也。始則衆笑之。少則人惑之。久則天下相與而效之。莫之以為非也。士風之壞一至於此。則錐刀之末將盡爭之。雖殺人而謀其身可為也。迷國以成其私可為也。草竊姦宄。奪攘矯虔。何所不至。而人君尚何所賴乎。古人有言。禮義廉恥。謂之四維。四維不張。國非其有也。今欲使士大夫人人自好而相高以名節。則莫若朝廷之上唱清議於天下。士有頑頓無恥一不容於清議者。將不得齒於縉紳。親戚以為羞。鄉黨以為辱。夫然故士之有志於義者。寧飢餓不能出門戶而不敢喪節。寧厄窮終身不得聞達而不敢敗名。廉恥之俗成。而忠義之風起矣。人主何求而不得哉。惟陛下留意。

徽宗時。禮部侍郎張叔夜上論士風不振劄子曰。臣竊以天下官吏非不衆。廩祿非不厚。所宜奉承命令。究心政術。砥礪名節。以副陛下惠養元元。脩明法度之意。而乃務於苟簡。趣辦目前。以恤民隱者為迂儒。以親庶務者為俗吏。見利苟進而人不以為非。忘公自營而心不以為愧。懷祿養交。慢令曠職。士氣不振。節義不立。衆志相扇。懼成風俗。雖然。未可以此期天下之士。亦幸陛下留神采聽。或下詔丁寧以訓飭之。或因事獎進以激勸之。則士風可革。

欽宗靖康元年。監察御史余應求上論風俗由大臣倡導疏曰。臣聞大公至正之道不行於時久矣。人懷私意。士失常心。廉恥道喪。名節不立。諂諛相尚，詐誕成風。以全身保位為賢，以竭忠盡節為愚；以奔競進取為能，以恬退自守為拙；以刻剝辦事為有才，以重厚長者為無用；廢直道而徇私情，背公家而任己恩；財賄交通於權門，侈靡溢溢於私室；惜廉潔為矯詐，惡正直為介僻；敢言者謂之狂妄，正論者謂之迂闊；奮不顧身者衆必沮之，賢有才者則妬忌之；背君忘國，不啻路人；卑賤之態，甚於狗彘；禮教陵夷，風俗大壞，日益滋甚，莫可禁止。原其所以致此者，實用事大臣非其人，無以倡導之故也。夫大臣者，百僚之表，萬民之視效也。大臣欺君而罔上，故小臣誕謾以求合；大臣持祿以固寵，故小臣僥倖以求進；大臣貪鄙而不法，故小臣丞緣而為姦；大臣聲色以自娛，故小臣奢縱以相高。夫公卿士大夫所為若爾，欲望士行之正直，風俗之純厚，豈不難哉。作而興之，理若有待。陛下以甚盛之德，照臨百官，進用忠良，退斥浮僞，開公正之路，杜

邪枉之門，抑僥倖之求，受讜直之言，節儉以化天下，憂勤以帥羣辟，破朋黨以消小人，用忠厚以進君子，勿眤於嬖幸，勿徇於私謁，勿間於讒諂。大公至正之道，復見於今日矣。昔者文王節儉正直，在位化之，羔羊之詩是也。今縉紳之徒，下至民庶，莫不化陛下節儉之德矣。至於在位皆正直，臣猶以為未也。蓋朝廷之上，名器未謹，號令未孚；好惡未明，賞罰未當；因緣僥倖者未盡斥，姦贓狼籍者未盡誅；胥慝滋賞者未盡蕺抑。諂諛頗僻者尚或陰肆其謀，躁進苟合者尚或得請其私，背公死黨之習未除，附下罔上之風猶在。此而不革，何以為治。願下明詔，申嚴訓飭，一有不悛，重寘于理，庶幾士風丕變，民俗歸厚，以副陛下惟新之政。

欽宗時，李綱論用人材以激士風劄子曰：臣聞人主所以共治天下莫大於人材，所以陶成天下者莫先於士風。人材貴於衆多，故濟濟多士，文王以之寧；士風貴於淳厚，故古者長民從容有常，則民德以之歸厚。二者天下之大本，不可不察也。陛下廣學校以作成之，重爵祿以官使之，天下之士雲蒸而霧集，人材可謂衆多矣。至於士風猶有可議者，在於朝廷有以勸沮之而已。狃於虛枉而務虛僞，此士風所以未厚也。欲士無浮華之習，莫若舉惇朴以鎮之；急於進取而事奔競，此士風所以未厚也。欲士無奔競之操，莫若崇靜退以率之。夫褒實惇樸靜退之士，非內有所養而見善明，用心剛者不能也。內有所養而見善明，用心剛者，以類而進，則立朝必有可觀者，臨利害必有不可奪者，又豈徇情於流俗之間為哉。臣愚伏望聖慈親灑宸翰，詔二三大臣，進用人材，必以激勸士風為先務，獎褒實而察虛僞，舉惇樸而黜浮華，崇靜退而抑奔競，則士風厚而天下之俗皆歸於忠厚之域矣。此宗社無窮之計也。

許翰上言曰：臣聞國家之基，繫風俗之盛衰；風俗之變，視大臣之進退。祖宗以來，大臣有体，入則翊廟堂，出則寘藩鎮，進退之際，翳然可觀。比年大臣重去位而輕守節，既解政機，猶復碩望，轉蹈闕庭，以幸復用。故蔡京、王黼盤距都城，如古柏根，不可動移，數十年間，風俗大壞。禮義廉恥之節亡，而寵祿姑息之欲勝。此既往不可追已，矯而正之，要在今日。伏自陛下即位以來，則白時中、李邦彥、王孝迪、蔡懋相繼罷政，皆領內祠，不去朝著，此蹈京、黼之轍，違祖宗之法。今臣竊度邦彥方受恩旨，必將懷戀，伏願陛下因此罷之，朗時中、蔡懋特自請，上不失國家寵遇之恩，下以全大臣進退之義，明示大正以定國經，天下幸甚。

歷代名臣奏議卷之一百一十六

風俗

宋高宗紹興二十七年。監登聞鼓院范同上言曰。今民俗有所謂火化者。生則奉養之具唯恐不至。死則燔爇而棄捐之。何獨厚於生而薄於死乎。甚者焚而置之水中。識者見之動心。國朝著令。貧無葬地者。許以係官之地安葬。河東地狹人衆。雖至親之喪。悉皆焚棄。韓琦鎮并州。以官錢市田數頃。給民安葬。至今為美談。然則承流宣化。使民不畔於禮法。正守臣之職也。方今火葬之慘。日益熾甚。事關風化。理宜禁止。仍飭守臣措置荒閑之地。使貧民得以收葬。少裨風化之美。帝從之。

孝宗乾道五年。敷文閣待制汪應辰上論士大夫惇尚節義劄子曰。臣比者進見。伏蒙聖諭。如何得士大夫敦尚節義。臣雖率爾以對。猝遽之間。未能究極本末。又蒙聖諭。令臣陳其說者。竊以風俗之邪正。未嘗不係乎人君之取舍。所謂邪正者。雖曲折萬狀。要不出乎利與義而已。君子所知者義也。故為人臣則盡心勠力而無所避。直言正論而無所隱。凡義之所當為。雖死生禍福臨之而不顧也。小人所知者利也。利在君上。則惟君上之從。外若柔順而其實危險。外若恭謹而其實欺慢。及其見利則逝。見便則奪。又何有於君上哉。故傳曰。未有好利而愛其君者。未有好義而忘其君者。夫邪正之分。其明白如此。而昔之人主常患不能辨別之者。蓋從順則形悅。違異則致疑。介特則無助。阿黨則多與。靜則易退。巧佞則難遠。故以同異為愛憎。以愛憎為是非。而取舍皆失其真矣。恭惟陛下明智聰察。洞見幽隱。凡中外群臣其材分高下。皆無逃於聖鑒矣。然而風俗猶未能變者。臣竊謂當今之失。在於取人不覈其行。用人不覈其實。今但曰是能辨事也。是能趍時也。則其他不必問也。夫天下之事。以忠信誠慤之心行之。猶懼不濟。況付之於無行之人乎。蔽固以售其說。刻剝以營其私。蓋將無所不至矣。而其益人之國者果何在哉。此不覈其行之弊也。今有言曰。某利可興。某功可就。往往進之以爵祿。予之以事權。徐而考之。則名實相反。績用不効。非特不治其罪。而爵祿事權猶且如故。而或有加焉。此不覈其實之弊也。夫不覈其行。則頑頓者無所愧恥。不覈其實。則誕謾無所忌憚。是歐天下之人使去義而就利也。其積浸久。其流浸遠。將有不可勝言者矣。伏望陛下為久安長治之計。思清源端本之道。於邪正義利之辨。特留聖意。奬任忠厚正直之士。貴其和而不必其同。取其大節而不求其備。若其浮虛傾險。前後反覆者。則懲沮而差擇之。以明示好惡所在。行之以必。持之以久。則公論伸。正道明。人皆化而為善。所得者皆實才。所行者皆實事矣。何患士風之不競。節義之不立也。

淳熙四年。吏部侍郎周必大上言曰。臣聞古者治天下有要道。所以陶成風俗者。禮義廉恥也。所以維持紀綱者。法令賞罰也。二者相須。闕一不可。固未有風俗不正而能立紀綱者也。及至後世。謂禮義廉恥為迂而難行。謂法令賞罰為切而易見。是徒採其名耳。未究其實也。六經所載。不敢詳引。姑以管仲言之。仲固霸者之佐。知富國強兵而已。然著書八十六篇。首以禮義廉恥為國四維。彼豈迂而不切者哉。蓋上有賞則思苟就。上有罰則思苟免。上有法令則相與破壞而莫之守。此皆禮義廉恥不立之所致。而賈誼所為長太息於漢文之時者也。仰惟陛下宵旰圖治。日勤一日。凡可以陶成風俗維持紀綱。無所不用其至。然而算計見効尚未能仰副聖意者。亦以士風未能丕變故邪。蓋張四維固宜汲汲也。今夫君臣上下各有差等。尊卑貴賤不相踰節。是之謂禮。如此。則在上之位安矣。觀近臣以其所為主。觀遠臣以其所主。進退采會直道而行。是之謂義。如此則民心無巧詐矣。純紫有所守則臨事必端諒。過失無所蔽。則事上必忠實。是之謂廉。如此。則其行自全矣。平正其心。詭隨不容售也。委蛇其行。枉道不容伸也。是之謂恥。如此。則邪事不生矣。凡此四者。其是非可得而考。其次序可得而見。非若繫風捕影之無形。畫餅談河之無實。由是而之焉。二帝三王之治且不難致。於富國彊兵乎何有。願朝廷力行何如爾。

孝宗時。集英殿修撰帥福建趙汝愚申請舉子倉事。上疏曰。臣等伏見本路上四州軍風俗多不舉子。大為一方之害者其弊有三。一者違逆天倫。夭絕人命。傷朝廷仁壽之化。奸天地陰陽之和。二者建部之間。男多女少。姦淫劫略之事無日無之。遂致殺傷倍多。觸犯刑辟。三者建部等州既不舉子。貴家富室難得奴婢。卻以高價買於他州。緣此姦詐之徒誘略泉福等州無知男女前去貨賣。遂致父子生離。夫婦中絕。雖遵用勅律。徒流編配。而利之所在。終不能禁。凡此三者。朝廷法令非不嚴備。又累降指揮許支義倉錢米接濟貧乏之不能舉子之家。德意非不隆厚。祇緣本路多是山田。義倉等米歲入不多。州縣不能均給。無以取信百姓。風俗無由丕變。臣等竊見前安撫史浩任內嘗有奏請乞於諸縣各置官莊。收積租課。添助贍養。當時雖未準回降指揮。數內建陽一縣已有置到官莊。歲收米三百六十九石。逐年係安撫司收管。未曾給散。臣等今措置先於建陽一縣。就將上件官莊米選委士著官員士人驗實給散。行之數月。已成倫序。復用建陽縣例於建寧府崇安建安甌寧南劍州劍浦尤溪五縣次第推行間。臣等照得元降指揮舉子事。係專委常平司管幹。緣諸縣有安撫司官莊米。所以不免兩司同共措置。候將來事定日。仍將所置官莊撥歸常平司管幹。許兩司公共點檢。庶幾縣道不致作弊。然而舉子數目頗多。官莊米數有限。臣等照得淳熙三年六月二十四日準行在尚書戶部符準都省批下吏部尚書韓元吉劄子。自乾道五年以福建路有不舉子之風。貧乏之家生子皆賜以常平錢一千米一斛。又因守臣之請除其所納隨身丁錢。臣比為郡閩中。詢之父老。數年之間小民利於官給錢米。不敢溺子。全活甚衆。然猶恐積日累月。州縣怠於驗實。又謂常平所破錢米已多。吝於支與。為不可繼者。今建八州內四州溺子為甚。民貧土薄。所絕田產至為微細。間有寺觀絕業。取八州所得積而用之。亦可助上件支遣也。欲望聖慈更賜睿旨。應福建民戶寺觀絕產自今並不許出賣。專一拘檢。令常平司置籍歲收其租。通融以充一路養子之費。其不足處。月支常平錢米。提舉官逐歲稽考。按治州縣。須依元降指揮常切驗實。當官散給。務要實惠及民。本部檢準乾道五年四月十五日勅節文。臣僚劄子奏福建路有貧乏之家生子者許所屬自陳。委自長官驗實。於常平錢當官量行支給。每生一子。若給米一石錢一貫。亦不為多。如或可採。其餘路州軍有似此。亦乞依此施行。三省同奉聖旨依奏。并準淳熙三年二月四日勅。臣僚劄子奏乞行下諸路將出賣未盡田山等並與住賣。依舊召人承佃。其已承買約錢未盡與展限一季。本部今勘當欲依本官所陳事理施行。將常平司一依今來都省批狀指揮施行。今來常平司見盡數究實根括上件田產。欲乞聖慈特降睿旨許令於民戶寺觀絕產田並與住賣。召人承佃。將所收租利與安撫司所置官莊及常平

義倉錢米通融以充一路養子之費。庶幾實惠及民。風俗一變。以廣
朝廷好生之德。不勝幸甚。
樞密院檢詳文字兼檢正李椿上奏曰。臣竊謂天下之事固有似可緩而所繫實要切者。風俗僭侈當有節制是也。易繫曰。黃帝堯舜垂衣裳而天下治。以衣裳而治天下。有似可緩者。而定上下之分。明三綱之常自此始。豈不要切哉。伏自軍興以來。士大夫服紫衫以便戎事。不為過也。而四方皁吏士庶服之。不復有上下之別。且一衫之費貧者亦難辦。甲服而乙不服。人情所恥。故雖欲從儉。不可得也。不惟紫衫。其他衣服華侈。綺繡綵金。異色奇巧。日益以甚。所以民多貧困不知節約故也。仰惟陛下躬行節儉於上。而士庶侈僭於下。理宜有以節制之。易象曰。節以制度。不傷財。不害民。不為非要切之事也。伏望聖慈。付禮官酌古今之宜。定衣服之制。非命官軍兵朝省人。不得

服紫衫。華侈之物。一切禁之。變奢僭之風。還儉厚之俗。明上下之分。息貪困之由。天下幸甚。
椿為吏部侍郎。又上奏曰。臣伏覩在法。祖父母父母存及身亡服未闋。別籍異財者。合坐之罪非輕。又收養異姓出繼立嫡。皆有舊條。從來人畏法禁。守之以常。風俗淳厚。伏自國家南渡以來。時有建議立法者。或父母在日。許令摽撥產業。既分便不同爨。或致互相兼并。有父母見在。一貧一富者。有棄父母而別居者。又有母受一子之分者。以致身後詞訴紛紛。皆是。或有產業而無子孫。許令身後立繼。多是意在圖其產業。本無繼絕之義。親疏爭立。或寅夜葬埋。強行舉掛。或計囑親鄰。掩有貲財。論訴尤多。連年不決。或收養異姓。既違法令。遂棄任情。恣因財產以至兄弟叔姪殊無恩義。遞互番論。俱遭罪責。不知悔改。如此等類。本合入戶絕官司。豈利此而立法。正謂息爭端耳。

今來士大夫亦多有此詞訴。愚民視效。循習為常。近年官員合得身後恩澤。自長承受。以絕妄得之心。且人之有子與無。豈人能為。天理命分而已。爲子以承父之遺恩。或子亡不得受恩。則孫當承祖之遺恩。諸孫同視為祖。豈宜不從長而從幼。必有鬩墻爭論之弊。如此則是朝廷恩澤適足以為薄風之端。薄風習熟。士夫亦不復知其非矣。皆因輕議改法以從私欲。遂致風俗薄惡。不復有中原承平渾厚之風。風俗。天下之元氣。胡可不正。臣愚願聖慈詳酌。下有司檢討前後改法之因。應別籍異財及無子孫。身後立繼及養異姓子孫。及身後恩澤。悉循舊法。以絕爭端。以正風俗。天下幸甚。
椿又上奏曰。臣竊謂人身之彊弱在氣血。天下之盛衰在風俗。氣血充實。雖有無妄之疾可以勿藥而愈。風俗醇正。雖有非意之事可以不勞而治。蓋氣血者身之本也。風俗者天下之本也。故司馬光曰。風

俗天下之大事。教化國家之急務。不可不正也。邇來有敗風俗傷教化之語。始出於吏輩之口。傳之於士大夫之間。遂為口實而施之於政事者曰從窄。不曰從是而曰從窄。豈理也哉。從窄之風既行。則凡有立功該賞者。則必問難而沮之。有犯疑失之罪者。則必觀望而入之。臣伏覩賞令。諸功賞未酬敘而違格改者。格輕聽依立功時。格重聽從重賞。又斷獄律。失入者減三等。失出者減五等。仰見國家立法深合古訓。賞疑惟重。罪疑惟輕之義也。則從窄之政。豈不乖國家仁厚之教耶。臣近承都堂宣示。陛下與大臣論不立朋黨問荅。仰見聖學高明。深得忠恕一貫之道。臣不勝欽歎欣躍之至。則從窄之風決非聖意之所許也。故敢敷奏。伏願陛下有以救其弊。然則僥倖不可不禁。欺罔不可不戢。名分不可不嚴。貪汚不可不治。一歸於是而後可。欲望睿慈特作聖意諭百司。凡施於有政者。悉從是。不得蹈習從

寧之論。庶賞罰惟允。一變厚風而革薄俗。天下幸甚。
中書舍人崔敦詩上奏曰。臣聞民俗之厚薄。關於天下之治亂。堯舜之民。比屋皆可封也。所以為治。桀紂之民。比屋皆可誅也。所以為亂世。自昔聖帝明王所以移風易俗以壽天下之脉。知夫不可以法防而禁止。於是一以教化為先。暨秦漢以來風俗益弊。而時君世主不務崇尚教化。方區區於法禁之間。法愈繁而姦愈生。禁愈密而詐愈出。是以董仲舒王吉之徒。始推原所自。而以教化不修為言。竊觀文帝之世。一以君子長者之道待天下。鎮之以淵默。示之以淳朴。用能海內富庶。興於禮義。斷獄數百。幾致刑措。教化之效。詎不然歟。臣仰惟陛下勤儉之德。仁孝之資。尚忠厚以迪民彝。崇樸素以先天下。是以四海之民。觀感而化。悉趨於善。然而比年以來。民俗日薄。閭閻之內。田野之間。習嚚囂頑庸之態。肩争陵犯之風。以疾視為常情。

以讎殺為美事。及其極弊。至於賊人情。絕天理。不可忍言。漢魏相所謂今年子弟殺父兄妻殺夫。以為非小變者此之謂也。而士夫方循習為常。恬不為怪。蓋病在腹心。發見于外。已非美證。而頑以為緩豈不戾歟。雖然近民之官。無如郡守。上之所使以承流宣化。風俗不善宜責於此。臣伏望睿慈發德音。下明詔。俾四方長吏頗以教化為務射鄉飲饗之禮。可舉者舉之。孝友睦婣之俗。可旌者旌之。要不專於法禁。而務以移風易俗。使民回心而鄉道。茲至治之本也。且昔之為郡。其民有為不善。則閉閤自責。今使陛下之長吏人人各以風俗為任。則陛下之民其有不歸於善者乎。惟聖意留神幸甚。
員興宗上風俗議曰。臣聞聖人於天下之民。寬然無所不愛。彼無所不愛。則宜其無所不教也。天下之人。油然而生。林然而羣。方聖人之未作。教化之未敷。性或淳而傾。情或纂而放。其始非能周旋曲折而安於禮也。雍容和易而安於樂也。純一不移而安於信也。質直通明而安於義也。聖人憂焉。有道於此。毆天下之人。潛納於其中。銷其冥頑之姿。而制其暴戾之氣。使之雍容溫厚。由於禮樂而歸於信義。雖千百年而俗不變。世雖衰弱。而民必歸焉。三代之風。例皆如此。彼亦何以至此也。則教之使然也。臣觀其時朝廷鄉黨閭門之間。雍雍穆穆。其訓則五常六學。其分則士農工賈。其衣則黼黻文章。其食則籩豆簠簋。其治則井田肉刑。其進取則學校庠序。其飲宴則鄉射齒德之分。其野祭大蜡則有歌鼓之節。朝會相御之禮。一揖之為安。而三揖之為尚。再拜之為簡。而百拜之為尚。是其上下紆徐不迫之態。形於日用之間。而舉不以為難者。自後世觀之。三代之君民教意煩勞。得無迂闊而不可用歟。不知禹湯之君惠頤元元。其導之深。習之熟。禮樂信義便民而無蹈浮薄者。其權固在於此也。嗚呼。此三代之所

以治。周孔之所以言。而當時所以為俗歟。及秦之興。暴而不親。刻而不舒。非笑先王之六藝。破壞聖人之藩墻。天下之士民相與從事於迫急慘酷之法。不復有三代中和容與之態。悲夫秦世輕為天下而壞民俗者。乃至於此哉。漢室之興。公卿上下知斯人憔悴而難與為治也。遂欲振之以安靖。示之以不競。其後搢紳喑喑和附。氣益不振。故始變為阿諛之俗。東京之士懲前世之禍起於柔懦而不振也。中世以降。奇言過行多矯激以振之。故東京再變而為矯亢之俗。矯亢而不已。故激而為變者必出為三國之惑亂。三國惑亂而不已。故激而為變者必出為兩晉之虛無。其後則愈激而愈變。俗愈流訛。至唐猶未有所底止也。惟我國家列聖相嗣。斯民坐解倒弛。陶染惠厚。故太祖太宗以至仁宗。要言日出。是以聳動天下。此亦三代先教後懲之俗也。陛下臨御以來。每於民風。尤所加意。此操羣臣之言。戒奔競

去苟且。凡有以涉教化者無所不用其至矣。德肩三代。道並祖宗。信其無愧也。然臣竊窺遠邇之間。習俗久染。猶有未變革者。是則官吏不能盡敷德意之過耳。且如臣藩劇邑。兇民大姦。豪斷鄉曲。挾持官吏。州縣恐懾。吏俯首而奉之。橫欺小民。長其頑囂。此一俗也。姦人誦法。如誦詩書。以教唆為養生。以鼓鬪為樂事。良民怯畏。蓋亦坐是。此又一俗也。士人以干擾郡縣為資身。官吏以販貨道路為得計。漸廢廉恥。不知紀極。不知聖哲在上。豈容如此。此又一俗也。糜金之工。肩摩不息。嗜銷之匠。踵接不已。奇異之貨。奓尚相仍。權量出入。大小盡變。巧詐欺罔。是官吏不戒約之過。此又一俗也。凡此四俗。州縣尚未盡革。而川峽為尤甚也。陛下高拱九重。民俗王風久在聖度。凡臣所未議者。聖明已先行之。惟此毫末。俟自聖志。即賜禁戒。此猶迴坂走圜也。其又何難之有。

直寶文閣知靜江府兼廣西安撫李浩入對。論俗不美者八。其言曰。

陛下所求者規諫。而臣下專務迎合。所貴者執守。而臣下專務順從。所惜者名器。而僥倖之路未塞。所重者廉恥。而趨附之門尚開。儒術可行。而有險詖之徒。下情當盡。而有壅蔽之患。期以氣節。而偷惰者得以苟容。責以實效。而誕慢者得以自售。上問誕慢謂誰。浩具以實對。翌日謂宰相曰。李浩直諒。遂除權吏部侍郎。

直煥章閣王師愈論士大夫習俗上疏曰。臣聞相與以維持天下國家者。搢紳之士也。搢紳之士。其用心也公。凡舉事焉。謀於上者必盡公以採於下。聽於下者必盡公以助其上。可否之相濟。利害之灼見。擇其善者而從之。故事無不舉而功必隨之矣。一或異是。乃欲事舉而功成。豈不戛戛乎其難哉。臣嘗觀先正蘇軾在嘉祐間嘗有言曰。今之世。所可患者士大夫信服於朝廷者不篤。皆好議論以務非其上。使人眩於是非而無所從。從之則事舉無可為者。不從則其所行者常多故而易敗。夫所以多故而易敗者。人各持其私意以賊之。議論勝於下。而幸其無功者眾也。其言又曰。今世之舉事者雖甚小。而欲成之者常不過數人。欲壞之者常不可勝數。嗟乎。嘉祐之際可謂盛矣。士大夫習俗已如此矣。臣竊謂軾之言不特中當時之病。亦今日之砭劑也。私意一萌。唯務己之說勝。而謀於上者又未必皆可行而必有成。故其弊終至於此耳。嗟乎。此豈國家之福哉。臣愚欲望陛下申飭文武小大之臣。各去其私意。毋苟且以為同。毋矯激以立異。凡舉事焉。上必盡公以謀於下。下必盡公以助其上。從善而力行。殆見其事舉而功成矣。罔俾嘉祐之風俗為軾所議者復熾於今日。不其美歟。

光宗紹熙二年。司農寺主簿呂祖儉上奏曰。臣聞天下未嘗無事也。

然其所恃以為安者。蓋有忠藎徇國之臣扶持正救於其間。苟人才壞而習俗偷。則所恃以為安者既失之矣。將何以防其微漸而支其變故邪。惟我本朝作成封殖。治極隆平。繇景德迄于治平。豈為無事。然皆有其人以當之。故天下無變容動色之憂。自王安石惡異好同。刱為一道德同風俗之說。於是人才始壞。而直諒消亡。逮至崇觀間蔡京用事。又倡為豐亨豫大之說。於是人才愈壞。而俗益驕靡。當是時也。孰不自謂天下廓然無事。然靖康之變。曾不旋踵。三綱幾於墜地。如吳幵莫儔首與虜通。傳道意旨。助成僭竊。王時雍徐秉哲追捕宗室戚里。係纍送虜。迫逐出郊。凡若此比。難以悉數。臣每念及此。嘗切痛心。推原禍本。是皆狃於熙寧以來邪說之所致也。恭惟陛下紹承高宗壽皇之休緒。虛心無我。察納雅言。有合乎君人之大德。是宜四方萬里惟動丕應。不應復有熙寧餘論以壞人心。然驗之風聲氣習則猶未能無疑拱默成風頹靡成俗精鋭銷耎氣節益衰有所覆護則立一說以自寬有所遷就則求一説以自解間有矜爲修潔自好者則相與指爲詭異其欲發憤攄陳忠讜者則相與指爲矯激不幸而少有差忒則又從而媒孽之必使之甘爲庸人而後已人材習俗既至於此稍有事變憂在國家陛下亦嘗深察其所以然之故乎蓋比年以來適列近臣立爲皇極之言申以安靜和平之説始觀其名外則甚美徐究其實中廼不然不惟偷合取容者得以假是而務雷同懷苟且以爲全軀保妻子之計而斯説之熾將使朝廷之上無復有面折廷爭之風矣仗義守正志存忠愛者議論既不能雷同則必罪之以不恊于極舉動既不能苟且則必罪之以不務和平苟彼之以是名而不可離則加之以是罪而不可避風俗頹壞秪務自營寖寖浸淫國將何恃是斯説者廼誣害一世君之陷穽而爲實禍藪

塞之根本也伏望陛下慨然深念力救此風奬拔忠直以作新斯人拒闢邪説以恢洪正論發爲明詔風示多方使忠藎徇國者有以自立而不爲習俗之所詆誣而中材常士有以自奮而不爲習俗之所移奪夫如是習俗之論可破而不諱之路可開人材作興治道自舉而我之所恃以爲安者將磊堅固而不可拔矣

光宗時軍器少監劉光祖上奏曰比年以來士大夫不慕廉靖而慕奔競不尊名節而尊爵位不樂公正而樂軟美不敬君子而敬庸人既安習以成風謂苟得爲至計良由前輩老成零落殆盡後生晚進議論無所據依學術無所宗主正論益衰士風不競幸詔大臣妙求人物必朝野所共屬賢愚所同敬者一二十人參錯立朝國勢自壯臣雖終歲無所奏糾固亦未至曠官今日之患在於不封殖人才臺諫但有摧殘廟堂初無長養臣處當言之地豈以排擊爲能哉

寧宗嘉定十七年起居舍人魏了翁論士大夫風俗疏曰臣聞人主所與共天下者二三大臣也二三大臣所與共政事者內外百執事也君臣一心上下同德表裏無貳顛末不渝然後平居有所裨益緩急可以倚仗如人各有心身自爲謀則可否不得以相濟小大不能以相維而天下之患有不可終窮者矣易之同人曰同人于野亨其彖曰維君子爲能通天下之志蓋人之心公則一致私則萬殊無以通之則萬殊不一之私心足以害天下至同之公理此其事伏於冥冥而人莫之覺試論今日風俗之弊者莫不議其尚同也而臣則疑其未嘗有同也進焉而柔良退焉而剛方面焉而唯唯否否背焉而戚戚嗟嗟戒焉而挾其所嘗言以誇於人不成焉而託於所嘗料以議其上首曹之拘當掾屬之書擬有司之按事長吏之舉賢恩焉則歛而歸己怨焉則委之曰此安能以自由天象之妖祥時政之得失

除授之當否疆埸之緩急言焉則矜以爲功否焉則訕之曰此徒言而無益嗚呼龍斷而望可左可右蹄間而語可出可入蓋耆利亡恥之人貪前慮後者之爲耳士大夫而若此則其心豈復以國事爲飢溺休戚者哉蹤跡詭秘朋友有不及知情態橫生父子有不相悉使此習也而日長月益見利則趨見便則奪陛下亦何賴於此也況自比歲封章奏疏對策上書大率應故事徒文具而無惻怛忠敬之實而誘曰惡訐以近名也忌激以敗事也其號爲讜直亦不過充爲稱贊之詞而後微致規切之意如論治道則曰大綱已舉而節目小有未備論疆事則曰處置得宜而奉行稍若未至前後相師如此類者未易悉舉然猶日鍛月煉畫刪夜改而後上達夫齊人無以仁義與王言而孟子謂其不敬莫大乎是今之爲此説者是敎朝廷乎慢朝廷乎昔者固有百勸而一諷八律而一諫者矣固有約至上前而背

其議出言不可而入言可者矣又有始是什三中是什五後是什八始言十事儀去五六又去七八者矣所以裴回顧望則亦有說臨之以投竄死徙也震之以斧鉞刀鋸也然猶有駢頸刑戮竄名雷霆而不顧者今未有漢唐之甚而知莫敢言言莫敢盡非誠不敢也彼其心謂吾君不能行謂吾相不能受寧摞順而裹藏面從而腹誹人見其同也而臣見其未嘗同也人謂其有禮且敬也臣謂其至無禮也至大不敬也雖然士習至此亦有由然者矣老師宿儒零替殆盡後生晚輩不見典刑既無所則倣重以正人端士散漫不合故妄揣時尚習諛踵陋而久不之覺臣爲此懼深願陛下與二三大臣察人心邪正之實推世變倚伏之幾拓開規摹收拾人物苟挺特自守者雖無順適之可喜而决知其無反覆難信之憂必假借而納用之雷同相隨者雖無觸忤之可憎而决知其有包藏不測之患必踈遠而芟夷之若是則意嚮所形人心胥奮平居有規警之益緩急無乏才之憂其於治道興替關係匪輕臣不勝區區

寧宗時將作監主簿牛大年上言曰今日士氣亦久靡矣宜休立國之意以振起之夫有扶持作興之意而後搢紳無貪名嗜利之習無貪名嗜利之習而後有持正秉義之操國家之休戚在士大夫之風俗而風俗之善惡在朝廷惟陛下爲之振起樞括一運天下轉移而風俗易矣

理宗寶慶元年禮部侍郎真德秀上奏曰臣聞國於天地必有與立焉三綱五常是也夫自高卑奠位而大分已明帝降之衷而善性均有然維持而主張之繄君師是賴故聖人者作躬行此道以標的乎天下君臣之綱正於上而天下皆知有敬父子之綱正於上而天下皆知有親夫婦之綱正於上而天下皆知有別三者正而昆弟朋友之倫亦莫不正使凡生人之類各有寧宇不相闘暴賊殺者此唐虞三代數聖人之功所以與天地同其大也夫所謂五常者亦豈出乎三綱之外哉父子之恩即所謂仁君臣之敬即所謂義夫婦之別即所謂禮智者知此而已信者守此而已未有三綱正而五常或虧亦未有三綱廢而五常獨存者嗚呼是理也其扶持宇宙之棟榦奠安生民之柱石歟人而無此則冠裳而禽犢矣國而無此則中夏而裔夷矣臣嘗讀詩至六月之序曰小雅盡廢則四夷交侵而中國微夫小雅之詩財二十餘篇而綱常之義略備中國之所以爲中國者賴此而已而至於盡廢焉是自爲夷也四夷交侵之禍安得不以其類至乎又嘗攷觀古昔有當衰微削弱之世而綱常未至泯絶猶足以僅存者亦有治安彊盛之世綱常隳弛卒至於大壞而不可救者周自東遷日以卑矣然桓文出力以奬王室則猶有君臣也諸侯會盟以定世子則猶有長幼也故能擁持虛器尚數百年晉氏之興奄有吳蜀再傳而至惠帝可謂極盛矣而陽德不剛陰慝內熾讒巧交煽國本遂搖諸王跋扈主威逐奪三綱並廢而劉石之變興唐至明皇亦太平極治之日而宮闈恬寵黷亂天常姦諛肆欺潛竊國命兇邪造釁戕伐本支三綱盡廢而羯胡之難作即晉唐之事以驗序詩者之言千載相望若合符契有天下者柰何其不監哉惟我祖宗繼天立極其於事親教子之法正家睦族之道尊主御臣之方大抵根本仁義故先朝名臣或以爲家法最善或以爲大綱甚正或以爲三代而下皆未之有猗歟休哉聖子神孫所當兢兢保持而勿墜也恭惟陛下天啓𡖫明肇膺大寶此正端本澄源之時臣來自遠方竊聞朝野之論以謂陛下有承順太母之孝有憂憫元元之仁苟推是心何往非善獨不幸處天倫之變有未盡其道者雖　華之愛方篤而布

粟之謠遂興流聞四方所損非淺夫一政之行一令之出苟非於理害且隨之綱常大端是謂人極人極不立國將奈何且民無常情惟上所導大學曰上老老而民興孝上長長而民興弟又曰一家仁一國興仁一家遜一國興遜蓋情雖無常而性則本善倡之則應作之則興故慈孝隆於上則下有忠順之風愛敬虧於上則下有陵犯之俗影響相從至為可畏伏惟陛下深懲往悔而思所以補過者焉夫天子之孝與臣庶不同陛下欲報先皇之大德則繼志述事所當先衰麻之數哭踊之節其次也欲報慈闈之至恩則先意承志者不可後滫瀡之奉跪拜之恭其末也兢兢朝夕惟實德是充惟大政是習使朝廷以治而宗社以安則子道備矣誦二南正始之詩而思畏時之擇配者不可不謹玩大易正家之義而思平居之反身者不可不嚴近而九族必有以廣親睦之仁內而六宮必有以示肅雝之化則家道正矣委任臣工者人君之大體躬親聽斷者人君之大權二義並行初不相悖必使政令出於公朝而絕多門之私威柄歸於王室而無倒持之失則君道立矣子道修者仁之本家道正者禮之源而君道之主則又天下大義所由定陛下儻能明此三者而行之一本於誠則不求感人而人自孚不求正俗而俗自化姦雄不得為辭以動衆夷狄不得伺隙以生心治安長久之計無越諸此臣以迂疎誤蒙召擢寘在春官實掌邦禮深惟治亂安危之本豈在玉帛鐘鼓之間哉於進對之初首以大經大法為陛下告狂愚無取惟聖明擇焉

淳祐間知南劍州徐元杰上奏曰臣聞之詩曰周雖舊邦其命維新言邦邑承襲之舊而當作新乎民以迎天命之常新也今錢塘駐蹕之久驕奢淫逸長此安寧人心欲熾而天理泯矣滌舊染之風聲回新美之氣習此其機括在陛下而已然自曩時有納聲色以固寵位者

而後舉天下成誨淫之風至今觀先上國之士自一命以乎班資數白黛綠群載後車其勢已不容不貪黷臣觀都人生女自襁褓而教歌舞計日而鬻之不復有人父母之心士大夫以其良貴不貲之身每每自戕於冶容為售者之賤則夫嚴事君父而告之以不邇聲色覬其毓粹清明也奚其信昔墨翟不入朝歌之邑今堂堂禮樂之區此風積習轉轉日甚連甍罕良家矣是可不為風俗慮乎唐太宗出宮女三千人蓋其英武有大志如此孰謂陛下春秋鼎盛而不能為太宗之勇乎繼今其端本於宮掖之邃率先以禮制心而後士大夫能以禮自防民德可以歸厚矣自曩時有來苞苴以啓貪殘者而後舉天下成誨盜之風今苞苴之路雖窒士大夫猶忍施劫奪之政其弊在於不貴桑麻穀粟而貴金銀之器用匹夫之家亦越分而求之莫畿甸為尤甚比年金銀踴直上應乎天象之占楮幣積輕反以為郡縣折變之利士大夫方征求竊取不念胞體之本同向也綠林飛龍之擾生靈肝腦塗地以至上關王食之憂而士大夫至自賈禍者懷璧其罪也齊高帝曰吾治天下當使黃金與土同價陛下動心於此不以人廢言而以流化自近始繼今惟儉朴實用之崇置金銀於無用之地屏貪殘以挽生意消物慾以還天真是亦陛下訓廉謹刑之一助矣今流風交煽侈習競趍渡江以前窮奢極娛之禍厥鑒猶不遠也京畿根本實係觀瞻風俗樞機端自聖化為今之計莫若抑文尚質務實去華明禮教而為之範因人情而為之防欲使都人知有人父母之心不可不使士大夫知有暗室屋漏之媿臣願陛下以身帥臣下臣下以身率天下舊邦新命此其日也臣迫於憂愛而言之惟陛下與二三大臣亟圖之

元杰為侍左郎又上奏曰臣既懇懇納忠為陛下大臣解士論之疑

數陳於黼座之前矣然念國於天地必有與立君臣上下交相維持所以為國遠慮扶世常經者要當隨事捄失不當以患失為事蓋捄失與患失異捄失者綱常必飭名義必正經紀必陳立制度必昭明謂正心脩身為齊家治國之本故自上而下自早而暮惟以聞義不徙不善不改為憂他又何所患焉彼患失者一切反是以私恩為必報而每急於徇人以辦進為良圖而不顧於喪己得位者以同流合汙為至行任事者以便私適己為長策謂觸忤為妨進則事有可論不暇及也謂喑啞為圓機則心知其非何敢議也滔滔流俗幾年于兹悠悠風靡賢者不免若是者豈非患失之習有以痼之邪夫惟心有患失之蔽見利害而不見是非名位光顯第第苟容而不知名義植立凜凜難挫且今日在朝布列致身通顯者皆天資之美者也勇往直前聖賢事業夫孰不可勉者日用動息事無非學交游切磨學

無非事人苦不自覺耳輿昔警箴之助莫大於官師之相規有志功業之賢臣亦必曰勤攻吾闕求如不及可也不然本心之失懵不知捄顧惴惴然患外物之失孔子曰苟患失之無所不至矣吁可畏哉雖然于大夫當化風俗不當議風俗當論事理之是非不當恤身事之利害泛然言人之失則甚易奮然捄己之失則甚難臣早夜憂薰動息猛省堅苦刻厲粗謹初心惟恐庸愚易至間斷一不自覺駸駸小人之歸尚何以議人哉臣之初來惟欲一面清光於去天稍久之餘亟求還山勉卒舊業者臣之心也恩除太過隱然於心將亦不免動於患失之私矣因念學無止法過必改之反求本心痛切警懼日月之不再而人之所以為人者渺茫也臣既請罷職事伏惟陛下曲成臣志放臣還山臣犬馬之齒未衰事陛下之日儘長感時憂深誼當引去惟陛下矜赦

元杰又上言曰臣又聞人才難得自昔之通患人心不正今日之隱憂莫深焉夫士大夫不可以負知己固也自他人對知己而言則重在於知己自知己對君父而言則君尊如天無二上也他何敢知臣嘗怪夫舉主之薦人則終身有門生之稱士夫干求汲引其未薦之始已誤之以恩門矣以公舉而為私謝以朝廷之公法而便學者求者之私欲士風既壞習俗已成雖有識之士勉強而從俗焉臣前日講次讀國朝通略而陛下與臣嘉嘆藝祖皇帝之遠慮始詔進士不得呼知舉官為師門恩門并自稱曰門生此正人心之要術也今日士大夫知有私恩而鮮知有君父陛下既奮然作新之矣臣於此欲乞陛下明詔大臣取藝祖之所以戒進士者戒今日之士大夫請自來歲元日為始凡下而舉主之薦進上而大臣之擬除皆當使士大夫知有國法知有君恩不許仍襲恩門恩家恩座恩公之稱併於門

生二字亦合禁止內則令臺諫給舍覺察之外則使監司郡守稽劾之如此則人心正而風俗完矣其於世道非小補云

寶祐元年起居郎牟子才上疏曰臣聞羞惡人之良心廉恥國之大禁比年以來羞惡不立廉恥盡亡皆由士大夫急於富貴不自知其失口失色以至此極也易曰比之匪人不亦傷乎程頤以為三不中正而所比皆不中正其失皆可知言傷則悔吝不足道也古之人窮道之不行而不輕其去就是以孔孟雖在春秋戰國之時而進必以正彌子瑕謂孔子主我衛卿可得也孔子答以有命孟子出弔於滕嬖人王驩朝暮見孟子未嘗與之言行事此皆孔孟之門大公案也為孔孟之學者安可踰越廉恥跌蕩羞惡而惟匪人之比乎近者張元忠之事亦今日士大夫一大廉恥也窟穴既空書簡畢具姓名具在氣節盡頹風俗之衰莫此為甚天下惟精金不變惟良玉不燼惟

大廉不汚。惟真儒不磷。或變或爐。非精金良玉也。或貪或磷。非大廉真儒也。人豈無真羞惡。今以謗而奪。世豈無真廉恥。今以謗而廢。士大夫而以世道自任。當精擇乎此。然獨爲君子固伯王之所當恥。而衆醉獨醒。亦屈原之所自見。陛下安可以爲細故而忽之耶。先朝李士寧以卜祝賤流。招權納勢。朝士曲意交結。多有書尺往還。惟王旦一人無書尺。童貫輩以内侍權幹爲上所信。士大夫爭趍其門。至書姓名于簿。宇文粹中一人無姓名。其他如林靈素郭天信之流。趍者顛倒。迄至敗露。今元忠非卜史宦官之比。特依憑假託一黥奴耳。士大夫屈不貲之軀下交之。固已可羞。今乃與之接杯酒。盡殷勤。通書簡話。情素亦獨何心哉。陛下涵養人才。惟恐不至。而諸臣乃負陛下如此。陛下又一切涵容之。天覆地載。聖度固自寬弘。而彼獨不愧於心乎。參之公論。以爲淑慝不明。士大夫以身履污穢而不羞。以狐行

暮夜爲得計。其何以示天下後世哉。臣愚欲望陛下以此爲監。凡有夤緣憑籍。由他蹊以進者。擯而斥之。其爲厚廉恥明羞惡者大矣。惟陛下實圖利之

理宗時。司農卿權工部侍郎陳塤上奏曰。臣願陛下轉移世道之樞機。砥礪士大夫之廉恥。使知名義爲重。利祿爲輕。久去國以恬退聞者召之。久立朝以更迭請者從之。甘言容悅者必斥。真情由鬪者勿留。如此。則君臣上下皆以真實相與。四維既張。士大夫難進易退之風。當見於聖世。人才幸甚。

權司封郎官許應龍上奏曰。臣聞天下有當然之理。不可有所激。尤不可有所徇。激則矯枉以過正。故不合乎中。徇則迎合以苟容。又豈復有至當之論哉。古之君子平心以應物。毋固毋我。惟視夫理之如何耳。其行己。則中不倚而和不流。其待人。則上不諂而下不瀆。論事則明辨是非而不立異以求勝。事上則將順正救不以訐而爲直。外不爲人之所忌。中不失吾之所守。安見其所謂激。而又孰得以議其徇哉。此乃時中之道。士大夫之所當尚也。柰何人無定守。視時變遷。見夫激之可以立名也。則假公以濟私。惡常而好異。至相矛盾。不問是非。若是者固不能以成事。而秪見其多事。又見夫徇之可以媒進也。則揣摩而求合。阿附以取容。同聲相應。無復可否。若是者雖不至於生事。而必至於誤事。握風俗之樞者。將欲約其偏而歸之中。可不示之以好惡而使之知所趍避哉。仰惟陛下以中正履位。以道德同俗。建用皇極。以革偏詖之私。並用才德。以示翕受之公。保合大和。以杜分朋植黨之漸。既不使之過於激。復不使之流於徇。可謂得大中之道而明善俗之方矣。然士大夫之心既不至於激。則必至於和。賢和於朝。固帝治之盛。然和而不同。斯謂之君子焉。一或苟同。則其弊

復流於徇。是又不可不察也。利害可言也。復恐時好之不合。姦弊當革也。復患吏强而難制。難從之請。恐有所拂而曲從之。不可行之事。或有所迫而强行之。薦舉則多徇於私囑。予奪則或持於兩可。若是之類。皆未免有所徇也。轉而移之。誠不容緩。今陛下不倦於聽納。大臣方切於延訪。以公滅私。屢形於戒飭。用例破法。累見於申明。固未嘗不欲聞正論而明公道也。然作之而未應。倡之而未隨者何邪。昔人有言曰。人臣事君之常情。不從其令。而從其意。臣願陛下益開衆正。杜絶羣枉。獎端方之士。振委靡之習。使天下昭然知上意之所向。則觀感之下。孰不精白一心以承休德。在位正直之風。當不愧於元祐矣。狂瞽之言。冒犯天威。惟陛下赦其愚。

許應龍進抑奔競故事曰。昔慶曆間輔臣列奏。答手詔謂躁進之塗宜塞。臣等謂躁進懷貪之人。何代無有。在朝廷辨明而進退之。如責

人實效。旌人清節，貪冒者斥之，越附者抑之。如此則多士知勸，各生廉退之心。皇祐閒，憂患搢紳奔競，仁宗諭近臣曰：恬退守道者旌擢，則躁求者自當知恥。於是宰相文彥博曰：韓維安於恬退，乞加甄録，以厚風俗。

臣聞求者予之，不求者不予，此人之所以求也。夫奔競之習，固不能免，特在夫上之人處之如何耳。爵禄在上，下皆趨而爭之。故名曰奔競，則其弊非在下也。誘之於上而禁之於下，猶聚羶而欲去蟻，雖防禁日嚴，亦豈能杜絶之哉。惟當崇尚恬退，不待其求，徑加擢用。公道既明，不可倖得，則人皆勉於爲善以求自見。頭鑽肘刺，既知無益，則奔競之習，不待革而自止。仁祖諭近臣曰：恬退守道者旌擢，則躁求者知恥。慶曆輔臣亦謂貴實效而旌清節，則多士知勸。此乃清源正本之論。今之奔競，其弊已極。未歷任而求職，無寸功而冒賞，掄法用例，宛轉扳援，趨權附勢，妄圖榮進。求之則冀即真，未滿則思内擢，國近次則擇人之闕而勒令改替，百計營求，不進不止。其得者必不肯以僥倖自名，則其不得者必以沉淪爲歎。舉生妄心，恥不若人，何所不至。欲望風俗之厚，不亦難乎。推原其故，雖起於在下者有所求，而亦本於在上者有以遂其求。惟不待求而自予，有所求而不予，茲實救弊之要術也。蓋中人之性易流，榮進之念誰獨無之。不求自得，則孰不各安其分。不求不得，亦無藉乎求者之多也。誠使兩遷吾門者抑之，以戒貪進，安於靜退者薦之，以厚風俗，則伺候於王公之門，奔走於形勢之塗者，必皆聞風斂跡，恐爲清議之所指目，況敢冒然而求進乎。夫一兔在野，百人逐之，以可求而得也。積肉在市，過者不顧，以求而不可得也。苟皆知不當得者不容妄求。則奔競之風不患其難革矣。惟陛下與大臣圖之。

元英宗時，監察御史烏古孫良楨以國俗父死則妻其從母，兄弟死則收其妻，父母死無憂制，遂上奏曰：綱常皆出於天而不可變，議法之吏乃言國人不拘此例，諸國人各從本俗。是漢南人當守綱常，國人諸國人不必守綱常也。名曰優之，實則陷之。外若尊之，內實侮之。推其本心，所以待國人者，不若漢南人之厚也。請下禮官有司及右科進士在朝者會議，自天子至於庶人，皆從禮制，以成列聖未遑之典，明萬世不易之道。

歷代名臣奏議卷之一百一十七

歷代名臣奏議卷之一百十八

禮樂 凡古禮樂及記古禮

魯隱公五年九月。考仲子之宮。將萬焉。萬舞也公問羽數於衆仲。對曰。天子用八。諸侯用六。大夫四。士二。夫舞所以節八音而行八風。故自八以下。公從之。於是初獻六羽。始用六佾也。

漢成帝時。犍為郡於水濱得古磬十六枚。議者以為善祥。劉向因是說上宜興辟雍。設庠序。興禮樂。隆雅頌之聲。盛揖攘之容攘古讓字以風化天下。如此而不治者。未之有也。或曰。不能具禮。禮以養人為本。如有過差。是過而養人也。刑罰之過。或至死傷。今之刑。非皋陶之法也。而有司請定法。削則削。筆則筆。削者謂有所刪去以刀削簡牘也筆者謂有所增益以筆就而書也救時務也。至於禮樂。則曰不敢。是敢於殺人。不敢於養人也。為其俎豆管弦之間小不備。因是絕而不為。是去小不備而就大不備。大不備或莫甚焉。夫教化之比於刑法。刑法輕。是舍所重而急所輕也。且教化所恃以為治也。刑法所以助治也。今廢所恃而獨立其所助。非所以致太平也。自京師有誖逆不順之子孫。至於陷大辟受刑戮者不絕。繇不習五常之道也。夫承千歲之衰周。繼暴秦之餘敝。民漸漬惡俗。貪饕險詖。不閑義理。不示以大化。而獨敺以刑罰。終已不改。故曰。導之以禮樂而民和睦。初叔孫通將制定禮儀。見非於齊魯之士。然卒為漢儒宗。業垂後嗣。斯成法也。成帝以向言下公卿議。

東漢明帝即位。博士曹充上言曰。漢再受命。仍有封禪之事。而禮樂崩闕。不可為後嗣法。五帝不相沿樂。三王不相襲禮。大漢自制禮以示百世。帝問制禮樂云何。充對曰。河圖括地象曰。有漢世禮樂文雅出。尚書琁璣鈐曰。有帝漢出德洽作樂名予。帝善之。詔曰。今且改太樂官曰太予樂。詩曲操以俟君子。拜充侍中

章帝時。曹褒徵拜博士。會帝欲制定禮樂。褒上疏曰。昔者聖人受命而王。莫不制禮作樂以著功德。功成作樂。化定制禮。所以救世俗。致禎祥。為萬姓獲福於皇天者也。今皇天降祉。嘉瑞並臻。制作之符。甚於言語。宜定文制。著成漢禮。丕顯祖宗盛德之美。章下太常。太常巢堪以為一世大典。非褒所定。不可許。帝知羣僚拘攣。難與圖始。朝廷禮憲宜時刊立。明年復下詔。其略曰。漢遭秦餘。禮壞樂崩。且因循故事。未可觀省。有知其說者。各盡所能。褒省詔。遂復上疏。具陳禮樂之本。制改之意。拜褒侍中。

和帝永元九年。司空張奮上疏曰。聖人所美。政道至要。本在禮樂。五經同歸。而禮樂之用尤急。孔子曰。安上治民。莫善於禮。移風易俗。莫善於樂。又曰。揖讓而化天下者。禮樂之謂也。先王之道。禮樂可謂盛矣。孔子謂子夏曰。禮以修外。樂以制內。丘已矣夫。又曰。禮樂不興。則刑罰不中。刑罰不中。則民無所厝其手足。臣以為漢當制作禮樂。是以先帝聖德。數下詔書。愍傷崩缺。而衆儒不達。議多駮異。臣累世台輔。而大典未定。私竊為憂。不忘寢食。臣犬馬齒盡。誠冀先死見禮樂之定。十三年。更召拜太常。復上疏曰。漢當改作禮樂。圖書著明。王者化定制禮。功成作樂。謹條禮樂異議三事。願下有司以時考定。昔者孝武皇帝光武皇帝封禪告成。而禮樂不定。事不相副。先帝詔曹褒。今陛下但奉而成之。猶周公斟酌文武之道。非自為制。誠無所疑。久執謙謙。令大漢之業不以時成。非所以章顯祖宗功德。建太平之基。為後世法。

晉愍帝建興初。正旦作樂。熊遠諫曰。謹按尚書。堯崩。四海遏密八音。禮云。凶年。天子徹樂減膳。孝懷皇帝梓宮未反。豺狼當塗。人神同忿。公明德茂親。社稷是賴。今杜弢蟻聚湘川。比歲征行。百姓疲弊。故使

義衆奉迎，來舉履端，元首正始之初，貢士鱗萃，南北雲集，有識之士於是觀禮。公與國同體，憂容未歇。昔齊桓貫澤之會，有憂中國之心，不召而至者數國。及葵丘自矜，叛者九國。人心所歸，惟道與義。將紹皇綱於既往，恢霸業於來今。表道德之軌，闡忠孝之儀，明仁義之統，弘禮樂之本，使四方之士，退懷嘉則，令榮耳目之觀，崇戲弄之好，懼遠雲韶雅頌之美。非納軌物，有塵大教，謂宜設饌，以賜羣下而已。

成帝咸康七年，尚書蔡謨奏：八年正會儀注，惟作鼓吹鍾鼓，其餘伎樂盡不作。侍中張澄、給事黃門侍郎陳逵駮，以為王者觀時設教，至於吉凶殊斷，不易之道也。今四方觀禮，陵有償而之信，庭奏宮懸之樂。二禮兼用，哀樂不分，體國經制，莫大於此。詔曰：今既以天下體大，禮從權宜，三正之享，宜盡用吉禮也。至娛耳目之樂，所不忍聞，故闕之耳。事之大者，不過上壽酒，稱萬歲，已許其大，不足復闕鍾鼓鼓吹

也。澄、逵又啓：今大禮雖降，事吉於朝，然償而顯於園陵，則未滅有哀。禮服定於典文，義無盡吉。是以咸寧之會，有徹樂之典，實先朝稽古憲章，垂式萬世者也。詔曰：若元日大享萬國，朝宗庭廢鍾鼓之奏，遂闕起居之節，朝無磬制之音，賓無蹈履之度，其於事義，不亦闕乎。惟可量輕重，以制事中。散騎侍郎顧臻表曰：臣聞聖王制樂，讚揚政道，養以仁義，防其淫佚。上享宗廟，下訓黎元，體五行之正音，協八風以陶物。宮聲正方而好義，角聲堅齊而率禮，弦歌鍾鼓金石之作備矣。故通神至化，有率舞之感，移風易俗，致和樂之極。末世之伎，設禮外之觀，逆行連倒，頭足入筥之屬，皮膚外剝，肝心內摧。敦彼行葦，猶謂勿踐，翔伊生靈，而不惻愴。加四海朝覲，言觀帝庭，耳聆雅頌之聲，目覩威儀之序，足以蹋天，頭以履地，反天地之至順，傷彝倫之大方。今夷狄對岸，外禦為急，兵食七升，忘身赴難，過泰之戲，日廩五斗。方掃神州，經略中甸。若此之事，不可示遠。宜下太常纂備雅樂，簫韶九成，惟新於盛運，功德頌聲，永著于來葉。此乃所以燕及皇天，克昌厥後者也。諸伎而傷人者，皆宜除之。流簡儉之德，邁康哉之詠，清風既行，下應如草，此之謂也。愚管之誠，惟垂採察。

後魏文成帝和平六年，特進、征南將軍刁雍上表曰：臣聞有國有家者，莫不以禮樂為先。故樂記云：禮所以制外，樂所以脩內。和氣中釋，恭敬溫文，是以安上治民，莫善於禮；易俗移風，莫善於樂。且於一民一俗，尚須崇而用之，況統御八方，陶鈞六合者哉。故帝堯修五禮以明典章，作咸池以諧萬類，顯皇軌於云岱，揚鴻化於介丘，令木石革心，鳥獸率舞，包天地之情，達神明之德。夫感天動神，莫近於禮樂，故大樂與天地同和，大禮與天地同節。和故百物阜生，節故報天祭地。禮行於郊，則上下和肅。肅者禮之情，和者樂之致，樂至則無怨，禮至

則不違，揖讓而治天下者，禮樂之謂歟。惟聖人知禮樂之不可以已，故作樂以應天，制禮以配地，所以承天之道，治人之情。故王者治定制禮，功成作樂，虞夏殷周，易代而起。及周之末，王政陵遲，仲尼傷禮樂之崩亡，痛文武之將墜，自衛返魯，各得其中。逮乎秦皇，翦棄道術，灰滅典籍，坑燼儒士，盲天下之目，絕象魏之章，簫韶來儀，不可復矣。賴大漢之興，改正朔，易服色，協音樂，制禮儀，正聲古禮，粗欲周備。至於孝章，每以三代損益，優劣殊軌，歎其薄德，無以易民視聽。博士曹褒覩斯詔也，知上有制作之意，乃上疏求定諸儀，以為漢禮，終於休廢，寢而不行。及魏晉之日，脩而不備。伏惟陛下無為以恭己，使賢以御世，方鳴和鸞以陟岱宗，陪羣后以昇中岳，而三禮闕於唐虞，象舞替於周日。夫君舉必書，古之典也；柴望之禮，帝王盛事。臣今以為有其時而無其禮，有其德而無其樂，史闕封石之文，工絕清頌之享。良

由禮樂不興，王政有缺致也。臣聞樂由禮所以象德，禮由樂所以防淫。五帝殊時不相沿，三王異世不相襲，事與時並，名與功偕故也。臣識昧儒先，管窺不遠，謂宜修禮正樂，以光大聖之治。詔令公卿集議。

唐太宗時，以慶善樂為文舞，破陣樂為武舞，詔魏徵及虞世南、褚亮、李百藥等為之詞。太宗謂侍臣曰：昔周公相成王，制禮作樂，久之乃成。逮朕即位，數年之間，成此二樂，五禮又復刊定，未知堪為後代法否。朕觀前王有功於人者，作事施令，有即為法，所貴不忘其德者也。朕既平定天下，安諸海內，若德惠不倦，有始善終，自我作古，何慮不法？若遂無德於物，後代何所遵承？以此而言，後法不法，猶在朕耳。徵對曰：陛下撥亂反正，功高百王，自開闢已來，未有如陛下者也。更創新樂，兼修大禮，自我作古，萬代取法，豈止子孫而已。

高宗上元元年，大酺，上御翔鸞閣觀之，分音樂為東西朋，使雍王賢主東朋，周王顯主西朋，角勝為戲。郝處俊諫曰：二王春秋尚少，志趣未定，當推梨讓栗，相親如一。今分二朋，遞相誇競，非所以崇禮義、勸敦睦也。上瞿然曰：卿遠識，非衆人所及也。遽止之。

開耀元年，以立太子，宴百官及命婦於宣政殿，引九部伎及散樂自宣政門入。太常博士袁利貞上疏曰：正寢非命婦宴會之地，路門非倡優進御之所，請命婦會於別殿，九部伎自東西門入，而停散樂。上乃更命置宴於麟德殿，賜利貞帛百匹。

玄宗開元中，裴耀卿請行禮樂化導三事表曰：三者禮樂化導也。州牧縣宰所守者，宣揚禮樂；典書經籍所教者，返古還朴。上奉君親，下安鄉族，若皆和氣浹洽，自然化理清平。由此言之，不在刑法。聖朝制禮作樂，雖行之自久，而外州遠郡，俗習未知，徒聞禮樂之名，不知禮樂之實。竊見鄉飲酒禮頒於天下，比來唯有貢舉之日略用其儀，閭里之間未通其事。臣在州日，率當州所管縣二，與百姓勸導行禮，奏樂歌至白華、華黍、由庚等章，言孝子養親及羣物遂性之義，或有泣者，則知人心有感，不可盡誣。但臣州久絕雅聲，不識古樂。伏計太常其有樂器，大樂久備和聲。伏望令天下三五十大州簡有性識，於太常調習雅聲，仍請笙竽琴瑟之類各三兩事，令比州轉次造習，每年各備禮儀，准令式行禮，稍加勸獎，以示風俗。又以州縣之學，本以勸人，祿在其中，聞於學也。今計天下州縣所置學生，不減五六萬人，及諸色并國子，每年薦舉擢第過百人已上。雖有司明試，務在擇才，而學校衰微，居然可驗。州縣補學生之日，皆不願為遠郡；漢鄉貢之時，多有不願來集。恐成頹弊，不可因循。伏望詳擇其宜，徵加勸革。

德宗時，杜佑上三朝行禮樂制議曰：晉司律中郎將陳頎云：昔杜夔傳舊雅樂四曲，一曰鹿鳴，二曰騶虞，三曰伐檀，四曰文王，皆古聲辭。

太和中，左延年改夔騶虞、伐檀、文王三曲，更作聲節，其名雖存，而聲實異。惟夔鹿鳴全不改易也。魏代正朝大會，太尉奉璧，群后行禮，東廂雅樂常作者也。後有三篇：第一曰於赫篇，詠武帝，聲律與古鹿鳴同；第二曰巍巍篇，詠文帝，用左延年所改騶虞聲；第三曰洋洋篇，詠明帝，亦用左延年所改文王聲；第四復用鹿鳴之聲。重用而除古伐檀。及晉初食舉，亦用鹿鳴。按左傳，穆叔如晉，晉侯享之，工歌鹿鳴之二三，拜鹿鳴云：以嘉寡君也，敢不拜嘉。毛詩云：鹿鳴，燕羣臣嘉賓也。既飲食之，又實其幣帛筐篚，以將其厚意，然後忠臣嘉賓得盡其心也。詩傳並無行禮，及叔孫通所制漢儀，復無別行禮事。荀氏云：魏氏行禮食舉，再取周詩鹿鳴，又以宴嘉賓，無取於朝，考之舊聞，未知所應。荀勖乃除鹿鳴舊歌，更作行禮詩四篇，先陳三朝朝祭之義，食舉歌詩十二篇，化肇群后，奉璧趨步，拜起莫非行禮，豈容別設一樂謂之行禮耶。苟議鹿鳴之失，似悟音謬。遂制四篇，復賡前軌。

宋太宗時，鄉貢進士田錫請復鄉飲禮書曰：臣聞聖人建大業，得大位。制禮以經邦國，作樂以和神人。五禮行於朝，達遠方之民，有終身不得觀之者；六樂奏於宗廟，遠方之俗有終身不得聞之者。於是制鄉飲之禮，行鄉校之間。俾人徧知，使人易識。蓋其禮甚難，其儀甚詳，有獻酬之儀，有俎豆之數。命鄉人之賢者爲主，延鄉人之老者爲賓，揖讓拜起皆有儀，升降進退必有位。以金石之樂和其節，以雅頌之詩導其情。自秦承周衰，漢迹秦亂，不能行之。至後漢世祖行之，世祖之後復廢。至西晉復之，西晉之後又廢。至皇唐用之，明著禮文，數頒郡國，咸俾長吏以化黎元。至開元中，宣州刺史裴耀卿以爲鄉飲之儀，惟於貢士之日畧得舉用，其餘寢停。豈聖王化俗之心，豈良吏知禮之大。於是拜章奏以上言，自恭儉而行禮，月而習之，歲而行之。于是宣州耆老，宣庭條吏，每聞歌白華之什、華黍之詩、南陔之篇、由庚之頌，言孝子養親之道，述萬物遂性之旨，觀者皆踴躍，聽者有感泣。蓋禮樂之感於外，而精神之發於中也。在唐之世，爲唐之牧守。唐之世祚垂三百載，唐之牧守凡幾千人，唯耀卿能於一郡之間，獨奉先王之禮樂，猶化其俗，尚移其風。以是知先王之禮不徒行，先王之樂不徒用。但後人行之不得其道，用之不知其徵。國家大禮與天地同節，大樂與天地同和。禋天地，祭宗廟，祠山川，正齒胄，追封冊冠昏之禮，軍旅賓客之容，陛下皆舉百王之禮而行之，以六代之樂而明之，所謂禮樂刑伐自天子出。矧國家括地三百州，拓土一萬里，年穀屢豐，民風太和。朝廷之禮既崇，而遠方之民有未親見之者；朝廷之樂既備，而遠方之俗有未親聞之者。願陛下申明舊典，舉行新政，頒鄉飲之禮，修鄉飲之儀，使其觀祭獻之嚴，則知不忘報本矣；觀蘋藻之祀，

則知所貴者誠矣；見賢者爲主，則知尚德者可尊矣；視老者爲賓，則知高年者可恭矣；聞揖讓拜起之式，則知謙恭撙節之可學矣；見升降進退之容，則知折旋俯仰之可習矣；聞白華南陔之詩，則知孝於父母矣；聽雅音正聲之奏，則悅於和樂矣。月而習之，歲而行之，綏於禮而自熟，漬於通而彌深。訏謨化爲柔和，狠戾迁爲貞順，革惡歸善，流邪復正。其何然哉？蓋性相近也，習相遠也。不覺自生於知恥之性，既無過，又知恥。國家雖設刑而無犯，可刑矣；朝廷雖設禁而無過，差可禁矣。若是則爲父者以慈而爲教也，爲子者以孝而自守也，爲兄者以友愛而自得也，爲弟者以恭謹而自悅也，爲夫者以和而有其室家也，爲婦者以柔而事於舅姑也。一家率之，一鄉慕之，一邑化之，一郡榮之，一國興之，天下同之。得非王者厲精於禮樂而致之，諸侯折節於禮樂而奉之。若以爲古之禮也不可復行，則世祖承益恭之後而能行之，晉氏承元魏之亂而能復之，太宗革隋季之淫而能用之。若以爲俗之薄也難驟化之，則裴耀卿何以化之，宣州之民何以順之。是知三代絕迹，千古曠禮，猶可繕完，補葺損益，裁酌沿其俗，適其時而明之。況貞觀之風，開元之化，左顧不遠，右盼可及。彝章不泯，令式斯在。昔舜庭奏樂而鳥獸率舞，燕谷吹律而草木遂萌。文王行禮而虞芮懷慙，苑宣讓功而樂廣知變。夫金石至和，非有樂於鳥獸，而鳥獸自舞；草木無情，非必應於律呂，而律呂能通。西伯之仁不以化虞芮，而爭訟自息；晉卿之讓不以矯爍譽，而汰虐自亡。蓋禮樂之進物也速，而謙讓之服人也深。況欲以賓主之禮以明之，以獻酬之儀而示之，以金石之樂以和之，以升降之度而化之，以揖讓之容以導之，以尊賢之序以命之，以養老之道以喻之。人之心，物之性，得不優而柔之，而自趨之，感而慕之，而自化之。鄉飲之禮化民成俗矣。

如是之速也。願陛下詢公卿而復之。望陛下勅牧守而行之。行之朞年。則民知恥。行之再歲。則民知教。行之三載。則民知禮。行之而不輟。用之而能久。則比屋可封之俗。不獨堯帝之時也。聖代當復見矣。聞樂而感之者。不獨宣州有之也。天下當盡然也。天下幸甚。海內幸甚。惟陛下裁之。臣不勝悽悽愚理之誠。謹昧死奉書以聞。

真宗景德元年。北征凱旋京師。是日以懿德皇后忌。詔徹鹵簿鼓吹。禮官議曰。班師振旅。國之大事。后之忌日。家之私事。今大駕凱旋。軍容宜肅。昔武王伐紂。在諒闇中。猶前歌後舞。夫諒闇是重。遠忌是輕。以此而論。舉樂無爽。況春秋之義。不以家事辭王事。其還京日。法駕鼓吹音樂並請振作。

寧宗時。朱熹乞修三禮劄子曰。臣聞之。六經之道同歸。而禮樂之用為急。遭秦滅學。禮樂先壞。漢晉以來。諸儒補緝。竟無全書。其頗存者

三禮而已。周官一書。固為禮之綱領。至其儀法度數。則儀禮乃其本經。而禮記郊特牲冠義等篇。乃其義說耳。前此猶有三禮通禮學究諸科。禮雖不行。而士猶得以誦習而知其說。熙寧以來。王安石變亂舊制。廢罷儀禮。而獨存禮記之科。棄經任傳。遺本宗末。其失已甚。而博士諸生又不過誦其虛文以供應舉。至於其間亦有因儀法度數之實而立文者。則咸幽冥而莫知其源。一有大議。率用耳學臆斷而已。若乃樂之為教。則又絕無師授。律尺短長。聲音清濁。學士大夫莫有知其說者。而不知其為闕也。故臣頃在山林。嘗與一二學者考訂其說。欲以儀禮為經。而取禮記及諸經史雜書所載有及於禮者。皆以附於本經之下。具列注疏諸儒之說。畧有端緒。而私家無書檢閱。無人抄寫。久之未成。會蒙除用。學徒分散。遂不能就。而鍾律之制。則士友閒亦有得其遺意者。竊欲更加參考。別為一書。以補六藝之闕。而亦未能具也。欲望聖明特詔有司。許臣就秘書省太常寺關借禮樂諸書。自行招致舊日學徒十餘人。踏逐空閑官屋數閒。與之居處。令其編類。雖有官人。亦不繫銜請俸。但乞逐月量支錢米以給飲食紙札油燭之費。其抄寫人即乞下臨安府差撥貼司二十餘名。候結局日。量支犒賞。別無推恩。則於公家無甚費用。而可以興起廢墜。垂之永久。使士知實學。異時可為聖朝制作之助。則斯文幸甚。天下幸甚。

右統言禮樂

魯桓公二年夏。取郜大鼎于宋。納于太廟。非禮也。臧哀伯諫曰。君人者將昭德塞違。以臨照百官。猶懼或失之。故昭令德以示子孫。是以清廟茅屋。大路越席。大羹不致。粢食不鑿。昭其儉也。袞冕黻珽。帶裳幅舄。衡紞紘綖。昭其度也。藻率鞞鞛。鞶厲游纓。昭其數也。火龍黼黻。

昭其文也。五色比象。昭其物也。鍚鸞和鈴。昭其聲也。三辰旂旗。昭其明也。夫德儉而有度。登降有數。文物以紀之。聲明以發之。以臨照百官。百官於是乎戒懼。而不敢易紀律。今滅德立違。而寘其賂器於大廟。以明示百官。百官象之。其又何誅焉。國家之敗。由官邪也。官之失德。寵賂章也。郜鼎在廟。章孰甚焉。武王克商。遷九鼎于雒邑。義士猶或非之。而況將昭違亂之賂器於太廟。其若之何。公不聽。周內史聞之曰。臧孫達其有後於魯乎。君違。不忘諫之以德。

莊公二十四年秋。哀姜至。公使宗婦覿用幣。非禮也。御孫曰。男贄大者玉帛。小者禽鳥。以章物也。女贄不過榛栗棗脩。以告虔也。今男女同贄。是無別也。男女之別。國之大節也。而由夫人亂之。無乃不可乎。

齊景公與晏子坐于路寢。公歎曰。美哉室。其誰有此乎。晏子曰。敢問何謂也。公曰。吾以為在德。對曰。如君之言。其陳氏乎。陳氏雖無大德

而有施於民。豆區釜鍾之數。其取之公也薄。其施之民也厚。公厚斂
焉。陳氏厚施焉。民歸之矣。詩曰。雖無德與女。式歌且舞。陳氏之施。民
歌舞之矣。後世若少惰。陳氏而不亡。則國其國也已。公曰。善哉。是可
若何。對曰。惟禮可以已之。在禮。家施不及國。民不遷。農不移。工賈不
變。士不濫。官不滔。大夫不收公利。公曰。善哉。我不能矣。吾今而後知
禮之可以為國也。對曰。禮之可以為國也久矣。與天地並。君令臣共。
父慈子孝。兄愛弟敬。夫和妻柔。姑慈婦聽。禮也。君令而不違。臣共而
不貳。父慈而教。子孝而箴。兄愛而友。弟敬而順。夫和而義。妻柔而正。
姑慈而從。婦聽而婉。禮之善物也。公曰。善哉。寡人今而後聞此禮之
上也。對曰。先王所稟於天地。以其為民也。是以先王上之。
楚靈王合諸侯于申。椒舉言於楚子曰。臣聞諸侯無歸。禮以為歸。
今君始得諸侯。其慎禮矣。霸之濟否。在此會也。夏啟有鈞臺之享。商

湯有景亳之命。周武有孟津之誓。成有岐陽之蒐。康有酆宮之朝。穆
有塗山之會。齊桓有召陵之師。晉文有踐土之盟。君其何用。宋向戌
鄭公孫僑在。諸侯之良也。君其選焉。王曰。吾用齊桓。宋太子佐後至。
椒舉請辭焉。曰。僑有宗祧之事於武城。敢謝後見。徐子吳出也。以為
貳焉。故執諸申。楚子示諸侯侈。椒舉曰。夫六王二公之事。皆所以示
諸侯禮也。諸侯所由用命也。夏桀為仍之會。有緡叛之。商紂為黎之
蒐。東夷叛之。周幽為太室之盟。戎狄叛之。皆所以示諸侯汰也。諸侯
所由棄命也。今君以汰。無乃不濟乎。王弗聽。
趙武靈王平晝閒居。肥義侍坐曰。王慮世事之變。權甲兵之用。念簡
襄之迹。計胡狄之利。王曰。嗣立不忘先德。君之道也。錯質務明主之
長。臣之論也。是以賢君靜而有道民便事之教。動有明古先世之功。
為人臣者。窮有弟長辭讓之節。通有補民益主之業。此兩者君臣之

分也。今吾欲繼襄王之業。啟胡狄之鄉。而卒世不見也。敵弱者用力
少而功多。可以無盡百姓之勞。而享往古之勳。夫有高世之功者。必負
遺俗之累。有獨智之慮者。必被庶人之恐。今吾將胡服騎射以教百
姓。而世必議寡人矣。肥義曰。臣聞之。疑事無功。疑事無名。今王即定
負遺俗之慮。殆無顧天下之議矣。夫論至德者不和於俗。成大功者
不謀於眾。昔舜舞有苗。而禹袒入裸國。非以養欲而樂志也。欲以論
德而要功也。愚者闇於成事。智者見於未萌。王其遂行之。王曰。寡人
非疑胡服也。吾恐天下笑之。狂夫之樂。智者哀焉。愚者之笑。賢者戚
焉。世有順我者。則胡服之功未可知也。雖毆世以笑我。胡地中山我
必有之。王遂胡服。使王孫緤告公子成曰。寡人胡服。且將以朝。亦欲
叔之服也。家聽於親。國聽於君。古今之公行也。子不反親。臣不逆主。
先王之通誼也。今寡人作教胡服。而叔不服。吾恐天下議之也。夫制

國有常。而利民為本。從政有經。而令行為上。故明德在於論賤。行政
在於信貴。今胡服之意。非以養欲而樂志也。事有所出。功有所止。事
成功立。然後德可見也。今寡人恐叔逆從政之經。以輔公叔之議。且
寡人聞之。事利國者行無邪。因貴戚者名不累。故寡人願募公叔之
義。以成胡服之功。使緤謁之叔。請服焉。公子成再拜曰。臣固聞王之
胡服也。不佞寢疾。不能趨走。是以不先進。王令命之。臣固敢竭其愚
忠。臣聞之。中國者。聰明叡智之所居也。萬物貨財之所聚也。聖賢之
所教也。仁義之所施也。詩書禮樂之所用也。異敏技藝之所試也。遠
方之所觀赴也。蠻夷之所義行也。今王釋此而襲遠方之服。變古之
教。易古之道。逆人之心。畔學者。離中國。臣願大王圖之。使者報王。王
曰。吾固聞叔之病也。即之公叔成家。自請之曰。服者所以便用也。禮
者所以便事也。是以聖人觀其鄉而順宜。因其事而制禮。所以利其

賓而厚其國也被髮文身錯臂左衽甌越之民也黑齒雕題鯷冠秫縫大吳之國也禮服不同其便一也是以鄉異而用變事異而禮易是故聖人苟可以利其民不一其用果可以便其事不同其禮儒者一師而禮異中國同俗而教離又況山谷之便乎故去就之變智者不能一遠近之服聖賢不能同窮鄉多異曲學多辯不知而不疑異於己而不非者公於求善也今卿之所言者俗也吾之所言者所以制俗也今吾國東有河薄洛之水與齊中山同之而無舟檝之用自常山以至代上黨東有燕東胡之境西有樓煩秦韓之邊而無騎射之備故寡人且聚舟檝之用求水居之民以守河薄洛之水變服騎射以備燕其參胡樓煩秦韓之邊且昔者簡子不塞晉陽以及上黨而襄王兼戎取代以攘諸胡此愚智之所先時中山負齊之強兵侵掠吾地係累吾民引水圍鄗非社稷之神靈即鄗幾不守先王忿之其怨未能報也今騎射之服近可以備上黨之形遠可以報中山之怨而叔也順中國之俗以逆簡襄之意惡變服之名而忘國事之恥非寡人所望於子公子成再拜稽首曰臣愚不達於王之議敢道世俗之聞今欲繼簡襄之意以順先王之志臣敢不聽令再拜乃賜胡服趙文進諫曰農夫勞而君子養焉政之經也愚者陳意而智者論焉教之道也臣無隱忠君無蔽言國之祿也臣雖愚願竭其忠王曰慮無變揚忠無過罪子其言乎趙文曰當世輔俗古之道也衣服有常禮之制也修法無愆民之職也三者先聖之所以教今君釋此而襲遠方之服變古之教易古之道故臣願王之圖之王曰卿言世俗之間常民溺於習俗學者沈於所聞此兩者所以成官而順政也非所以觀遠而論始也且夫三代不同服而王五霸不同教而政知者作教而愚者制焉賢者議俗不肖者拘焉夫制於服之民不足與論

心拘於俗之衆不足與致意故勢與俗化而禮與變俱聖人之道也承教而動循法無私民之職也知學之人能與聞遷達於禮之變能與時化故為己者不待人制今者不法古子其釋之趙造諫曰隱忠不竭姦之屬也以私誣國賤之類也犯姦者身死賤國者族宗此兩者先王之明刑臣下之大罪也臣雖愚願盡其忠無遁其死王曰竭意不讓忠也上無蔽言明也忠不辟危明不距人子其言乎趙造曰臣聞之聖人不易民而教智者不變俗而動因民而教者不勞而成功據俗而動者慮徑而易見也今王易禮不循俗胡服不顧世非所以教民而成禮也且服奇者志淫俗辟者亂民是以蒞國者不襲奇辟之服中國不近蠻夷之行非所以教民而成禮者也且循法無過修禮無邪臣願王之圖之王曰古今不同俗何古之法帝王不相襲何禮之循伏羲神農教而不誅黃帝堯舜誅而不怒及至三王觀時而制法因事而制禮法度制令各順其宜衣服器械各便其用故禮世不一其道便國不必法古聖人之興也不相襲而王夏殷之衰也不易禮而滅然則反古未可非而循禮未足多也且服奇而志淫是鄒魯無奇行也俗辟而民易是吳越無俊民也是以聖人利身之謂服便事之為教進退之謂節衣服之制所以齊常民非所以論賢者也故聖與俗流賢與變俱諺曰以書為御者不盡馬之情以古制今者不達事之變故循法之功不足以高世法古之學不足以制今子其勿反也

漢高祖并天下諸侯共尊為皇帝於定陶博士叔孫通就其儀號高帝悉去秦儀法為簡易群臣飲爭功醉或妄呼拔劍擊柱上患之通知上益饜之說上曰夫儒者難與進取可與守成臣願徵魯諸生與臣弟子共起朝儀高帝曰得無難乎通曰五帝異樂三王不同禮禮

者因時世人情為之節文者也故夏殷周禮所因損益可知者謂不相復也（復重也因也）臣願頗采古禮與秦儀雜就之上曰可試為之令易知度吾所能行為之於是通使徵魯諸生三十餘人魯有兩生不肯行曰公所事者且十主皆面諛親貴今天下初定死者未葬傷者未起又欲起禮樂禮樂所由起百年積德而後可興也吾不忍為公所為公所為不合古吾不行公往矣毋汙我通笑曰若真鄙儒不知時變遂與所徵三十人西及上左右為學者與其弟子百餘人為綿蕞野外（謂以茅翦樹地為纂位尊卑之次也蕞與蕝同並音子悅反）習之月餘通曰上可試觀上使行禮曰吾能為此迺令羣臣習肄

武帝元封七年司馬遷等議改正朔時御史大夫兒寬明經術上迺詔寬曰與博士共議今宜何以為正朔服色何上寬與博士賜等議皆曰帝王必改正朔易服色所以明受命於天也創業變改制不相復推傳序文則今夏時也臣等闇學褊陋不能明陛下躬聖發憤昭配天地臣愚以為三統之制後聖復前聖者二代在前也今二代之統絕而不序矣唯陛下發聖德宣考天地四時之極則順陰陽以定大明之制為萬世則

宣帝時琅琊王吉為諫大夫上疏言欲治之主不世出公卿幸得遭遇其時未有建萬世之長策舉明主於三代之隆者也其務在於簿書斷獄聽訟而已此非太平之基也今俗吏所以牧民者非有禮義科指世世通行者也以意穿鑿各取一切苟順一時非正道是以詐偽萌生刑罰無極質樸日消恩愛寖薄孔子曰安上治民莫善於禮非空言也願與大臣延及儒生述舊禮明王制驅一世之民躋之仁壽之域則俗何以不若成康壽何以不若高宗

東漢章帝元和三年博士曹褒請著漢禮班固以為宜廣集諸儒共議得失帝曰諺言作舍道邊三年不成會禮之家名為聚訟互生疑異筆不得下昔堯作大章一夔足矣乃拜褒侍中

桓帝延熹九年郎中荀爽對策陳便宜曰臣聞之於師曰漢為火德火生於木木盛於火故其德為孝其象在周易之離夫在地為火在天為日在天者用其精在地者用其形夏則火王其精在天溫煖之氣養生百木是其孝也冬時則廢其形在地酷烈之氣焚燒山林是其不孝也故漢制使天下誦孝經選吏舉孝廉夫喪親自盡孝之終也今之公卿及二千石三年之喪不得即去殆非所以增崇孝道而克稱火德者也往者孝文勞謙行過乎儉故有遺詔以日易月此通時之宜不可貫之萬世古今之制雖有損益而諒闇之禮未嘗改移以示天下莫遺其親今公卿羣寮皆政教所瞻而父母之喪不得奔赴夫仁義之行自上而始敦厚之俗以應乎下傳曰喪祭之禮闕則

人臣之恩薄背死忘生者衆矣曾子曰人未有自致者必也親喪乎春秋傳曰上之所為民之歸也夫上所不為而民或為之故加刑罰若上之所為民亦為之又何誅焉昔翟方進以自備宰相而不敢踰制至遭母憂三十六日而除夫失禮之源自上而始古者大喪三年不呼其門所以崇國厚俗篤化之道也事失宜正過勿憚改天下通喪可如舊禮臣聞有夫婦然後有父子有父子然後有君臣有君臣然後有上下有上下然後有禮義禮義備則人知所厝矣夫婦人倫之始王化之端故文王作易上經首乾坤下經首咸恒孔子曰天尊地卑乾坤定矣夫婦之道所謂順也堯典曰釐降二女於媯汭嬪于虞降者下也嬪者婦也言雖帝堯之女下嫁於虞猶屈體降下勤修婦道易曰帝乙歸妹以祉元吉婦人謂嫁曰歸言湯以娶禮歸其妹於諸侯也春秋之義王姬嫁齊使魯主之不以天子之尊加於諸侯

也。今漢承秦敝，尚主之儀，以妻制夫，以卑臨尊，違乾坤之道，失陽唱之義。孔子曰：昔聖人之作易也，仰則觀象於天，俯則察法於地，觀鳥獸之文與地之宜，近取諸身，遠取諸物，以通神明之德，以類萬物之情。今觀法於天，則北極至尊，四星妃后。察法於地，則崐山象夫，卑澤象妻。觀鳥獸之文，鳥則雄者鳴鴝，雌能順服；獸則牡爲唱導，牝乃相從。近取諸身，則乾爲人首，坤爲人腹。遠取諸物，則木實屬天，根荄屬地。陽尊陰卑，蓋乃天性。且詩初篇實首關雎，禮始冠婚，先正夫婦。天地六經，其旨一揆。宜改尚主之制，以稱乾坤之性，遵法堯湯，式是周孔。合之天地而不謬，質之鬼神而不疑。人事如此，則嘉瑞降天，吉符出地，五韙咸備，各以其序矣。昔者聖人建天地之中而謂之禮，禮者所以興福祥之本，而止禍亂之源也。人能枉欲從禮者，則福歸之；順情廢禮者，則禍歸之。推禍福之所應，知廢興之所由來也。衆禮之中，婚禮爲首，故天子娶十二，天之數也。諸侯以下各有等差，事之降也。陽性純而能施，陰體順而能化，以禮濟樂，節宣其氣，故能豐子孫之祥，致老壽之福。及三代之季，淫而無節，瑶臺傾宮，陳妾數百，陽竭於上，陰隔於下。故周公之戒曰：不知稼穡之艱難，不知小人之勞，惟耽樂之從，時亦罔或克壽。是其明戒。後世之人，好福不務其本，惡禍不易其軌，截趾適屨，孰云其愚，何與斯人，追欲喪軀，誠可痛也。臣竊聞後宫采女五六千人，從官侍史，復在其外，冬夏衣服，朝夕稟糧，耗費縑帛，空竭府藏，徵調增倍，十而稅一，空賦不辜之民，以供無用之女，百姓窮困於外，陰陽隔塞于内，故感動和氣，災異屢臻。臣愚以爲諸非禮聘未曾幸御者，一皆遣出，使成妃合。一曰通怨曠，和陰陽；二曰省財用，實府藏；三曰脩禮制，綏眉壽；四曰配陽施，祈螽斯；五曰寬賦役，安黎民。此誠國家之弘利，天人之大福也。夫寒熱晦明，所以爲歲；

尊卑奢儉，所以爲禮。故以晦明寒暑之氣，尊卑侈約之禮，爲其節也。易曰：天地節而四時成。春秋傳曰：唯器與名，不可以假人。孝經曰：安上治民，莫善於禮。禮者，尊卑之差，上下之制也。昔季氏八佾舞於庭，非有傷害困於人物，而孔子猶曰：是可忍也，孰不可忍。洪範曰：惟辟作威，惟辟作福，惟辟玉食。凡此三者，君所獨行而臣不得同也。今臣僭君服，下食上珍，所謂害于而家，凶于而國者也。宜署依古禮尊卑之差，及董仲舒制度之别，嚴篤有司，必行其命。此則禁亂善俗足用之要。

宋文帝元嘉六年，駙馬都尉奉朝請徐道娱上表曰：謹按晉博士曹弘之議，立秋御讀令，上應著緗幘，遂改用素，相承至今。臣淺學管見，竊有惟疑。伏尋禮記月令，王者四時之服，正月駕倉龍，載赤旂，衣白衣，服黑玉，季夏則黃，文極於此，無白冠則恭履某膈也。且幘又非古服，出自後代，上附於冠，下不屬衣，冠固不革，而幘豈容異色。愚謂應恒與冠同色，不宜隨節變絲。土令在近，謹以上聞，如或可採，乞付外詳議。太學博士荀萬秋議：伏尋幘非古者冠冕之服，禮無其文。案蔡邕獨斷云：幘是古卑賤供事不冠人所服。又董仲舒止雨書曰：其執事皆赤幘。知並不冠之服也。漢元始用，衆臣率從。故司馬彪輿服志曰：尚書幘名曰納言。迎氣五郊，各如其色，從章服也。自兹相承，迄于有晉。大宋受命，禮制因循，斯既歷代成準，謂宜仍舊。有司奏：謹案道娱啓事，以土令在近，謂幘不宜變。萬秋雖云幘宜仍舊，而不明無讀土令之文。今書舊事于左。魏臺雜訪曰：前後但見讀春夏秋冬四時令，至於服黃之時，獨闕不讀，今不解其故。

十四年，帝以新撰禮論付太常傅隆，使下意。隆上表曰：臣以下愚，不涉師訓，孤陋閭閻，面墻靡識，謬蒙詢逮，愧懼流汗。原夫禮者，三千之本。人倫之至道。故用之家國。君臣以之親。男之婚。冠。少長以之仁愛。夫妻以之義順。用之鄉人。友朋以之三益。賓主以之敬讓。所謂極乎天。蟠乎地。窮高遠。測深厚。莫尚於禮也。其樂之五聲。易之八象。詩之風雅。書之典誥。春秋之微婉。勸懲。無不本乎禮而後立也。其源遠而流廣。其體大而義精。非夫叡哲大賢。孰能明乎此哉。況遭暴焚亡。百不存一。漢興。始徵召故老。搜集殘文。其體例紕繆。首尾脫落。難可詳論。幸高堂生頗識舊義。諸儒各為章句之說。既明不獨達。所見不同。或師資相傳。共枝別幹。故聞人二戴。俱事后蒼。俄已分異。盧植鄭玄。偕學馬融。人各名家。又後之學者。未遠暴時。而問難星繁。充斥兩。摛文列錦。煥爛可觀。然而五服之本。或差。哀敬之制。舛雜。國典未一於四海。家法參駁於搢紳。誠宜考詳遠慮。以定皇代之盛禮者也。伏惟陛下欽明玄聖。同規唐虞。疇咨四岳。與言三禮。而伯夷未登。微臣

竊位。所以大懼。負乘形神。交惡者無忘夙夜矣。而復攘充博採之數。與聞爰發之求。實無以仰酬聖旨萬分之一。不敢廢黜。謹率管穴所見五十二事上呈。其鄙拙淺伏用悚赧。

明帝泰始二年。有司奏皇太子所生陳貴妃禮秩既同儲宮。未詳宮臣及朝臣並有敬不。妃主有內相見。又應何儀。博士王慶緒議。百僚內外禮敬貴妃。應與皇太子同。其東朝臣隸理歸臣節。太常丞虞愿等同慶緒。尚書令建安王休仁議稱。禮。古妻既不得體君。班秩視子為序。母以子貴。經著明文。內外致敬貴妃。誠如慶緒議。天子姬嬪不容通音介於外。雖義可致虔。不應有牋表。參詳休仁議為允。詔可。

南齊明帝永泰元年。尚書令徐孝嗣上議曰。夫人倫之始。莫重冠婚。所以尊表成德。結歡兩姓。年代汙隆。古今殊則。繁簡之儀。因時或異。三加廢於王庶。六禮限於天朝。雖因習未久。事難頓改。而大典之要。深宜損益。案士冠禮。三加畢。乃醴冠者。醴則唯一而已。故醴辭無二。若不醴。則每加輒醮以酒。故醮辭有三。王肅云。醴本古。其禮重。酒用時味。其禮輕故也。或醴或醮。二三之義。詳許於經文。今皇王冠畢。一酌而已。即可擬古設醴。而猶用醮辭。實為乖爽。尋婚禮實篚以四爵。加以合巹。既崇尚質之理。又象泮合之義。故三飯卒食。再酳用巹。先儒以禮成好合。事終於三。然後用巹。合儀注先酳巹以再以三。有違旨趣。又郊特牲曰。三王作牢用陶匏。言大古之時。無共牢之禮。三王作之。而用太古之器。重夫婦之始也。今雖以方標示約。而彌乖昔典。又連巹以鏁。蓋出近俗。復別有牢燭。雕費采飾。亦虧曩制。方今聖政日隆。聲教惟穆。則古昔以敦風。存儉率以愛禮。沿襲之規。有切治要。嘉禮實重。宜備舊章。謂自今王侯已下冠畢。一酌醴以遵古之義。醴即用舊文。於事為允。婚亦依古以巹酌終酳之酒。並除金銀連鏁。自

餘雜器悉用埏陶。堂人執燭。足充燎炬。牢燭華侈。亦宜停省。庶斲雕可期。移俗有漸。參議並同。奏可。

梁武帝普通六年。尚書僕射徐勉上修五禮表曰。臣聞立天之道曰陰與陽。立人之道曰仁與義。故稱導之以德。齊之以禮。夫禮所以安上治人。弘風訓俗。經國家。利後嗣者也。唐虞三代。咸必由之。在乎有周。憲章尤備。因殷革夏。損益可知。雖復經禮三百。曲禮三千。經文三百。威儀三千。其大歸有五。即宗伯所掌典禮。吉為上。凶次之。賓次之。軍次之。嘉為下也。故祠祭不以禮。則不齊不莊。喪紀不以禮。則背死忘生者衆。賓客不以禮。則朝覲失其儀。軍旅不以禮。則致亂於師律。冠婚不以禮。則男女失其時。為國修身。於斯攸急。洎周室大壞。王道既衰。官守斯文。日失其序。禮樂征伐。出自諸侯。小雅盡廢。舊章缺矣。是以韓宣適魯。知周公之德。叔侯在晉。辨郊勞之儀。戰國從橫。政教

愈泯暴秦滅學掃地無餘漢氏鬱興日不暇給猶命叔孫於外野方知帝王之爲貴末葉紛綸遞有興毀或以武功銳志或好黃老之言禮義之式於焉中止及東京曹褒南宮制述集其散略百有餘篇雖寫以尺簡而終闕平奏其後兵革相尋異端互起章句既淪俎豆斯輟方領矩步之容事滅於旌鼓蘭臺石室之文用盡於帷蓋至乎晉初爰定新禮荀顗制之於前摯虞刪之於末既而中原喪亂罕有所遺江左草創因循而已釐革之風是則未暇伏惟陛下睿明啓運先天改物撥亂惟武經時以文作樂在乎功成制禮弘於業定光啓二學皇枝等於貴遊闢茲五館草萊升以好爵爰自受命迄于告成盛德形容備矣天下能事畢矣明明穆穆無得而稱焉至若玄符靈貺之祥浮溟撫山之貢固亦日書左史副在司存今可得而略也是以命彼羣才搜甘泉之法延茲碩學闡曲臺之儀淄上淹中之儒連蹤

繼軌負笈懷鉛之彥匪旦伊夕諒以化穆三雍人從五典秩宗之教勃焉以興伏尋所定五禮起齊永明三年太子步兵校尉伏曼容表求制一代禮樂于時參議置新舊學士十人止修五禮諮稟衛將軍丹陽尹王儉學士亦分住郡中製作歷年猶未克就及文憲薨殂遺文散逸後又以事付國子祭酒何胤經涉九載猶復未畢建武四年胤還東山齊明帝敕委尚書令徐孝嗣舊事本末隨在南第永元中孝嗣於此遇禍又多零落當時鳩斂所餘權付尚書左丞蔡仲熊驍騎將軍何佟之共掌其事時修禮局住在國子學中門外東昏之代頻有軍火其所散失又踰太半天監元年佟之啓審省置之宜敕使外詳時尚書參詳以天地初革庶務權輿宜俟隆平徐議刪撰欲且省禮局併還尚書儀曹詔旨云禮壞樂缺故國異家殊實宜以時修定以爲永准但頃之修撰以情取人不以學進其掌知者以貴總一

不以稽古所以歷年不就有名無實此既經國所先外可議其人人定便即撰次於是尚書僕射沈約等參議請五禮各置舊學士一人人各自舉學士二人相助抄撰其中有疑者依前漢石渠後漢白虎隨源以聞請旨斷決乃以舊學士右軍記室參軍明山賓掌吉禮中軍騎兵參軍嚴植之掌凶禮中軍田曹行參軍兼太常丞賀瑒掌賓禮征虜記室參軍陸璉掌軍禮右軍參軍司馬褧掌嘉禮尚書左丞何佟之總參其事佟之亡後以鎮北諸議參軍伏暅代之後又以暅代嚴植之掌凶禮暅尋遷官以五經博士繆昭掌凶禮復以禮儀深廣記載殘缺宜須博論共盡其致更使鎮軍將軍丹陽尹沈約太常卿張充及臣三人同參厥務臣又奉別敕總知其事末又使中書侍郎周捨庾於陵二人復豫參知若有疑義所掌學士當職先立議通諮五禮舊學士及參知各言同異條牒啓聞決之制旨疑事既多歲時

又積制旨裁斷其數不少莫不網羅經誥玉振金聲義貫幽微理入神契前儒所不釋後學所未聞凡諸奏決皆載篇首其列聖旨爲不刊之則洪規盛範冠絕百王茂實英聲方垂千載寧孝宣之能擬豈孝章之足云五禮之職事有繁簡及其列畢不得同時嘉禮儀注以天監六年五月七日上尚書合十有二秩百一十六卷五百四十六條賓禮儀注以天監六年五月二十日上尚書合十有七秩一百三十卷四十五條軍禮儀注以天監九年十月二十九日上尚書合十有八秩一百八十九卷二百四十條吉禮儀注以天監十一年十一月十七上尚書合二十有六秩二百二十四卷一千五條凶禮儀注以天監十一年十一月十七日上尚書合四十有七秩五百一十四卷五千六百九十三條大凡一百二十秩一千一百七十六卷八千一十九條又列副秘閣及五經典書各一通繕寫校定以普通五年

三月始橅寫畢。竊以撰正履禮，歷代罕就。皇明在運，厥功克成。周代三千，舉其盈數。今之八千，隨事附益，質文相變，故其數兼倍，猶如八卦之文，因而重之，錯綜成六十四也。昔文武二王，所以綱紀周室，君臨天下。公旦脩之，以致太平龍鳳之瑞。自斯厥後，甫備茲日。孔子曰：其有繼周，雖百代可知。豈所謂齊功比美者歟。臣以庸識，謬司其任。淹留歷稔，允當斯責。兼勤成之初，未遑表上，寔由才輕務廣，思力不周。永言慙惕，無忘寤寐。自今春輿駕將覲六師，搜尋軍禮，閱其條章，靡不該備。所謂郁郁文哉，煥乎洋溢。信可以懸諸日月，頒之天下者矣。愚心喜抃，彌思陳述。兼前後官一時皆逝，臣雖幸存，耄已將及。慮皇世大典，遂闕騰奏，不任下情，輒具載撰修始末，并職掌人所成卷秩條目之數，謹拜表以聞。

後魏孝明帝熙平元年六月，侍中劉騰等奏曰：中宮僕射列車輿

朽敗，自昔舊都禮物頗異。遷京已來，未復更造。請集禮官以裁其制。靈太后令曰：付尚書量議。太常卿穆紹、少卿元端、博士鄭六、劉臺龍等議：按周禮王后之五輅，重翟錫面朱總，厭翟勒面繢總，安車彫面鷖總，皆有容蓋。翟車貝面組總，有握。輦車組輓，有翣羽蓋。重翟，后從王祭祀所乘。厭翟，后從王賓享諸侯所乘。安車，后朝見於王所乘。翟車，后出桑則乘。輦車，后宮中所乘。謹以周禮聖制，不刊之典。其禮文尤備。孔子云：其或繼周者，雖百世可知也。以其法不可踰，以此言之。後王輿服典章，多放周式。雖文質時變，輅名宜存。雕飾雖異，理無全捨。當今聖后臨朝，親覽庶政，輿駕之式，宜備典禮。臣等學缺通經，叨參議末，輒率短見，宜準周禮備造五輅。雕飾之制，隨時增減。太學博士王延業議：按周禮王后有五輅。重翟以從王祠，厭翟以從王享賓客，安車以朝見于王，翟車以親桑，輦車宮中所乘。又漢輿服志云：秦并天下，閱三代之禮，或曰殷瑞山車，金根之色。殷人以為大輅。於是始皇作金根之車。漢承秦制，御為乘輿。太皇太后、皇太后皆御金根車，加交絡帷裳，非法駕則乘紫罽軿車，雲虡文畫輈，黃金塗五末，蓋爪在右，騑駕三馬。阮諶禮圖并載秦漢已來輿服，亦云金根輅，皇后法駕乘之，以禮婚見廟。桑輅，后法駕乘之，以親桑。安車，后小駕乘之以助祭。山軿車，后行則乘之。紺罽軿車，后小行則乘之。以哭公主、邑君、王妃、公侯夫人。入閣輿，后出入閤宮中小遊則乘之。晉先蠶儀注：皇后乘雲母安車，駕六騩。按周秦漢晉車輿儀式及見圖書，雖名號小異，其大較略相依擬。金根車雖起自秦，造即殷之遺制。今之乘輿五輅，是其象也。華飾典麗，容觀壯美。司馬彪以為孔子所謂乘殷之輅，即此之謂也。案阮氏圖，乘車亦飾以雲母。晉之雲母車即是一輿。周之翟車，其用正同；安車既名同周制，又用同重翟；山軿車案圖飾之

以紫紺罽軿車，雖制用異於厭翟而實同用於今。入閣輿、輿輦其用又同。案圖，今之黑漆畫扇輦，與周之輦車，其形相似。竊以為秦滅周制，百事刱革，官名軌式，莫不殊異。漢魏因循，繼踵仍舊。雖時有損益而莫能反古。良由去聖久遠，典儀殊缺。時移俗易，物隨事變，雖經賢哲，祖襲無改。伏惟皇太后叡聖淵凝，照臨萬物，動循典故，貽則後王。今輒竭管見，稽之周禮，考之漢晉，採諸圖史，驗之時事，以為宜依漢晉。法駕則御金根車，駕四馬，加交絡帷裳。御雲母車，駕四馬，以親桑。其非法駕，則御紫罽軿車，駕三馬。小駕則御安車，駕三馬，以助祭。小行則御紺罽軿車，駕三馬，以哭公主、王妃、公侯夫人。宮中出入，則御畫扇輦車。案舊事，比之周禮，唯闕從王享賓客及朝見於王之乘。竊以為古者諸侯有朝會之禮，故有從享之儀。今無其事，宜從省略。又今之皇居宮掖相逼，就有朝見，理無結駟，即事考實，亦宜闕廢。又哭

公主及王妃，周禮所無，施之於今，是合事要。損益不同，用捨隨時。三代異制，其道然也。又金根及雲母、駕馬，或三或六，訪之經禮，無駕六之文。今之乘輿，又皆駕四。義符古典，宜仍駕四。其餘小駕，宜從駕三。其制用形飾，備見圖志。司空、領尚書令任城王澄，尚書左僕射元暉，尚書右僕射李平，尚書齊王蕭寶夤，尚書元昭，尚書左丞盧同，右丞元洪超，考功郎中劉懋，北主客郎中源子恭，南主客郎中游思進，三公郎中崔鴻，長兼駕部郎中薛悅，起部郎中杜遇，左主客郎中元韡，騎兵郎中房景先，外兵郎中石士基，長兼右外兵郎中鄭幼儒，都官郎中李秀之，兼尚書左士郎中朱元旭，度支郎中谷穎，左民郎中張均，金部郎中李仲東，庫部郎中賈思同，國子博士薛禎、邢晏、高諒、奚延，太學博士邢湛、崔瓚、韋朏、鄭季明，國子助教韓神固，四門博士楊那羅、唐荆寶、王令儁、吳珍之、宋婆羅、劉燮、高顯邕、杜靈儁、張文和、陳

智顯、楊瑀、侯趙安、慶賓、天度、艾僧樹、呂太保、王當百、槐貴等五十人議，以為皇太后稱制臨朝，躬親庶政，郊天祭地，宗廟之禮，所乘之車，宜同至尊，不應更有製造。周禮雖有文，辭不辨形制，假令欲作，恐未合古制，而不可以為一代典。臣以太常、國子二議為疑，重集羣官，並從今議，惟恩裁決。靈太后令曰：羣官以後議折中者，便可如奏。

孝明帝時，胡太后數幸宗戚勳貴之家，侍中崔光表諫曰：禮，諸侯非問疾弔喪而入諸臣之家，謂之君臣為謔。不言王后夫人，明無適臣家之義。夫人，父母在有歸寧，沒則使卿寧。漢上官皇后將廢昌邑，霍光外祖也，親為宰輔，后猶御武帳以接羣臣，示男女之別也。願陛下簡息游幸，則率土屬賴，含生仰悅矣。不聽。

北齊文宣帝天保元年，皇太子監國，在西林園冬會，羣議皆東面。二年，於北城第內冬會，又議東面。吏部郎陸卬疑非禮，魏收改為西面。邢子才議欲依前，曰：凡禮有同者，不可令異。詩說天子至於大夫皆乘四馬，況以方面之少，何可皆不同乎。若太子定西面者，王公卿大夫士復何面邪。南面，人君正位，今一官之長無不南面，太子聽政亦南面坐。議者言皆晉舊事。太子在東宮西面，為避尊位，非為向臺殿也。子才以為東晉博議，依漢魏之舊，太子普臣四海，不以為嫌，又何疑於東面。禮，世子絕旁親，世子冠於阼，冢子生，接以太牢，漢元著令太子絕馳道，此皆禮同於君。又晉王公世子攝命臨國，乘七旒安車，駕用三馬，禮同三公，近宋太子乘象輅，皆有同處，不以為嫌。況東面者君臣通禮，獨何為避。明為向臺，所以然也。近皇太子在西林園，若於殿，猶且東面，於北城非宮殿之處，更不得邪。諸人以東面為尊，宴會避之。案燕禮、燕義，君位在東，賓位在西，君位在阼階，故有武王踐阼篇。不在西也。禮，乘君之車，不敢曠左，君在惡空其位，左亦在東，不

在西也。君在阼，夫人在房。鄭注：人君尊東也。前代及今皇帝宴會接客，亦東堂西面。若以東面為貴，皇太子以儲后之禮，監國之重，別第宴臣賓，自得申其正位。禮者皆東宮臣屬，公卿接宴，觀禮而已。若以西面為卑，實是君之正位。太公不肯北面說丹書，西面則道之，西面乃尊也。君位南面，有東有西，何可皆避。且事雖少異，有可相比者。周公臣也，太子子也，周公為冢宰，太子為儲貳。明堂尊於別第，朝諸侯重於宴臣賓，南面貴於東面，臣疎於子，冢宰輕於儲貳，周公攝政，得在明堂南面朝諸侯。今太子監國，未得於別第興宮東面宴客，情所未安。且君行以太子監國，君宴不以公卿為賓，明父子無嫌，君臣有嫌。按儀注，親王受詔冠婚，皇子皇女皆東面。今不約王公南面而獨約太子，倚所取邪。議者南尊改就西面，轉君倍吏，非合禮。方面既少，難為節文。東西二面，君臣通用，太子宜然，於禮為允。魏收議云：去天保

初皇太子監國冬會羣臣於西園都亭坐從東面義取於向中宮臺殿故也二年於宮冬會坐乃東面收竊以為疑前者遂有别議議者亦同之邢尚書以前之東面之議復申本懐此乃國之大禮無容不盡所見收以為太子東宮位在於震長子之義也按易八卦正位向中皇太子今居北城於宮殿為東北南面而坐於義為背也前者立議據東宮為本又案東宮舊事太子宴會多以西面為禮此又成證非徒言也不言太子常無東南二面之坐但用之有所至如西園東面所不疑也未知君臣車服有同異之議倚為而發就如所云但知禮有同者不可令異不知禮有異者不可令同苟别君臣同異之禮恐棄紙累札書不盡也子才竟執東面收執西面援引經據以相往復其後竟從西面為定

歷代名臣奏議卷之一百十八

歷代名臣奏議卷之一百十九

禮樂 統言禮

隋文帝初即位將改周制乃下詔曰宣尼制法云行夏之時乘殷之輅弈葉共遵理無可革然三代所尚衆論多端或以為所建之時或以為所感之瑞或當其行色因以從之今雖夏數得天歷代通用漢尚於赤魏尚於黄驪馬玄牲已弗相踵明不可改建寅歲首常服於黑朕初受天命赤雀來儀兼姬周已還於兹六代三正迴復五德相生總以言之並宜火色垂衣已降損益可知尚色雖殊常兼前代其郊丘廟社可依袞冕之儀朝會衣裳宜盡用赤昔丹烏木運姬有大白之旂黄星土德曹乘黑首之馬在祀與戎其尚恒異今之戎服皆可尚黄在外常所著者通用雜色祭祀之服須合禮經宜集通儒更可詳議太子庶子攝太常少卿裴正奏曰竊見後周制冕加為十二既與前禮數乃不同而色應五行又非典故謹按三代之冠其名各别六等之冕承用區分璪玉五采隨班異飾都無迎氣變色之文唯月令者起于秦代乃有青旂赤玉白駱黑衣與四時而色變全不言於弁冕五時冕色禮既無文稽於正典難以經證且後魏已來制度咸闕天興之歲草創繕修所造車服多參胡制故魏收論之稱為違古是也周氏因襲將為故事大象承統咸取用之輿輦衣冠甚多迂怪今皇隋革命憲章前代其魏周輦輅不合制者已勅有司盡令除廢然衣冠禮器尚且兼行乃有立夏衮衣以赤為質迎秋平冕用白成形既越典章須革其謬謹按續漢書禮儀志云立春之日京都皆著青衣秋夏悉如其色逮于魏晉迎氣五郊行禮之人皆同此制考尋故事唯幘從衣色今請冠及冕並用玄唯應著幘者任依漢晉制曰可

開皇初意定典禮。太常卿牛弘奏曰。聖教陵替。國章殘闕。漢晉為潛隨俗因時。未足經國庇人。弘風施化。且制禮作樂。事歸元首。江南王儉偏隅一臣。私撰儀注。多違古法。就廬非東階之位。凶門豈設重之禮。兩蕭累代。舉國遵行。後魏及齊。風牛本隔。殊不尋究。遙相師祖。故山東之人。浸以成俗。西魏以降。師旅弗遑。賓興之禮。盡未詳定。今休明啓運。憲章伊始。請據前經。革茲弊俗。詔曰。可。

虞世基奏曰。後周故事。并日月於旌旗。乃闕三辰。而章無十二。但有山龍華蟲作繢宗彝藻火粉米黼黻。乃與三公不異。開皇中就裏欲生分別。故衣重宗彝。裳重黼黻。合重二物。以就九章。為十二等。但每一物。上下重行。袞服用九。鷩服用七。今重此三物。乃非典故。且周氏執謙。不敢負於日月。所以綴此三象。唯施太常。天王袞衣。章乃從九。但天子辟日。德在照臨。辰為帝位。月主正后。負此三物。合德齊明。自

古有之。理應無惑。周執謙道。殊未可依。重用宗彝。又乖法服。今准尚書。予欲觀古人之服。日月星辰山龍華蟲作會。宗彝藻火粉米黼黻絺繡。具依此於左右髆上為日月各一。當後領下而為星辰。又山龍九物。各重行十二。又近代故實。依尚書大傳。山龍純青。華蟲純黃。作會。宗彝純黑。藻純白。火純赤。以此相間而為五采。鄭玄議已自非之。云五采相錯。非一色也。今並用織成於繡。五色錯文。惟孔安國衣質以玄。加山龍華蟲火宗彝等。並織成為五物。裳質以纁。加藻粉米黼黻之四。衣裳通數。此為九章。兼上三辰。而備十二也。衣褾領上各帖升龍。漢晉以來。率皆如此。既是先王法服。不可乖於夏制。徵而用之。理將為允。璽勅曰。可。承以單衣。

煬帝嘗大備法駕。嫌屬車太多。顧謂部郎閻毗曰。開皇之日。屬車十有二乘。於事亦得。今八十一乘。以牛駕車。不足以益文物。朕欲減之從何為可。毗對曰。臣初定數。共宇文愷參詳故實。據漢胡伯始蔡邕等議。屬車八十一乘。此起於秦。遂為後式。故張衡賦云。屬車九九是也。次及法駕。三分減一。為三十六乘。此漢制也。又據宋孝建時有司奏議。晉遷江左。惟設五乘。尚書令建平王宏曰。八十一乘。議兼九國。三十六乘。無所準憑。江左五乘。儉不中禮。但帝王文物。旂旒之數。爰及冕玉。皆同十二。今宜準此。設十二乘。開皇平陳。因以為法。今憲章往古。大駕依秦。法駕依漢。小駕依宋。以為差等。帝曰。何用秦法乎。大駕宜三十六。法駕宜用十二。小駕除之。毗研精故事。皆此類也。

唐太宗貞觀二年。中書舍人高季輔上疏曰。竊見密王元曉等俱是懿親。陛下友愛之懷。義高古昔。分以車服。委以藩維。須依禮儀。以副瞻望。比見帝子拜諸叔。諸叔即亦答拜。王爵既同。家人有禮。豈合如此顛倒昭穆。伏願一垂訓誡。永循彝則。太宗乃詔元曉等不得答吳

王恪魏王泰兄弟拜。

十三年。禮部尚書王珪奏言。准令三品以上遇親王於路。不合下馬。今皆違法申敬。有乖朝典。太宗曰。卿輩欲自崇貴。卑我兒子耶。魏徵對曰。漢魏已來。親王班皆次三公以下。今三品並天子六尚書九卿。為諸王下馬。王所不宜當也。求諸故事。則無可憑。行之於今。又乖國憲。理誠不可。帝曰。國家立太子者。擬以為君。人之脩短。不在老幼。設無太子。則母弟次立。以此而言。安得輕我子耶。徵又曰。殷人尚質。有兄終弟及之義。自周以降。立嫡必長。所以絕庶孽之窺覦。塞禍亂之源本。為國家者所深慎之。太宗遂可王珪之奏。

高宗時。楊炯上公卿已下冕服議曰。古者太昊庖犧氏。仰以觀象。俯以察法。造書契而文籍生。次有黃帝軒轅氏。長而敦敏。成而聰明。垂衣裳而天下理。其後數遷五德。君非一姓。體國經野。建邦設都。文質

所以再而復正朔所以三而改夫改正朔者謂夏后氏建寅殷人建丑周人建子至於以日繫月以月繫時以時繫年此則三王相襲之道也夫易服色者謂夏后氏尚黑殷人尚白周人尚赤至於山龍華蟲宗彝藻火粉米黼黻此又百代可知之道謹按虞書曰予欲觀古人之象日月星辰山龍華蟲作繪宗彝藻火粉米黼黻絺繡由此言之則其所從來有尚矣夫日月星辰光明照下土也山者布散雲物象聖王澤霈下人也龍者變化無方象聖王應時而教也華蟲者雉也雉身被五彩象聖王體兼文明也宗彝者虎也蜼以剛猛制物象聖王神武定亂也藻者逐水上下象聖王隨代而應也火者陶冶烹飪象聖王至德日新也粉米者人恃以生象聖王為物之賴也黼能斷割象聖王臨事能決也黻者兩已相背象君臣可否相濟也逮周氏乃以日月星辰為旌旗之飾又登龍於山登火於宗彝於是乎制袞冕以祀先王九章者法陽數也

以龍為首章袞者卷也龍德神思應變潛見表聖王深識遠知卷舒神化也又制鷩冕以祭先公也鷩者雉也有耿介之志表公有賢才能守耿介之節也又制毳冕以祭四望也四望者岳瀆之神也虎蜼山林所生明其象也制絺冕以祭社稷之神也粉米由之成象其功也又制玄冕以祭羣小祀也百神異形難可遍擬但取黻之相背異名也夫以周公之多才也故治定制禮功成作樂夫以孔宣之將聖也故行夏之時服周之冕先王之法服乃自此之出矣天下之服能事又於是乎異矣表狀請制大明冕十二章乘輿服之者謹按日月星辰者已施於旌旗矣龍山火米者又不踰於古矣而去麟鳳有四靈之名玄龜有負圖之應雲有紀官之號水有盛德之祥此蓋別表休徵終是無踰比象然則皇王受命天地與符仰觀則璧合珠連俯察則銀黄玉紫盡南宮之粉壁不足寫其形狀罄東觀之鉛黄無以紀其名實固不可畢陳於法服也雲者從龍之氣也茄者藻之自生也又不假別為章目此盡不經之甚也又鷩冕八章三公服之者也鷩者太平之瑞也非三公之德也鶚者鷙鳥也適可以辨刑曹之職也熊羆者猛獸也適可以旌武臣之力也又稱藻為水草無法象引張衡賦玄帶倒茄於藻井披紅葩之狎獵請為蓮花取其文彩者夫茄者蓮也若以蓮代藻變古從今既不知草木之名亦未達文章之意此又不經之甚也又毳冕六章三品服之者按此王者祀四望服之名也今三品乃得同王之毳冕而三公不得同王之袞名豈惟顛倒衣裳抑亦自相矛楯此又不經之甚也又黼冕四章五品服之者考之於古則無其名驗之於今則非章首此又不經之甚也若夫禮惟從俗則命為制令為詔乃秦皇之故事猶可以適於今矣若夫義取隨時則出稱警入稱蹕乃漢國之舊儀猶可以行於代矣亦何取於變周公之軌物改宣尼之法

者哉

武后垂拱初詔問羣臣調元氣當以何道麟臺正字陳子昂因是勸后興明堂即上言臣聞之於師曰元氣天地之始萬物之祖王政之大端也天地莫大於陰陽萬物莫靈於人主政莫先於安人故人安則陰陽和陰陽和則天地平天地平則元氣正先王以人之通於天也於是養成羣生順天德使人樂其業甘其食美其服然後天瑞降地符升風雨時草木茂遂故顓頊唐虞不敢荒寧其書曰百姓昭明協和萬邦黎人於變時雍迺命羲和欽若昊天曆象日月星辰敬授人時和之得也夏商之衰桀紂昏暴陰陽乖行天地震怒山川鬼神發妖見災疾疫大興終以滅亡和之失也逮周文武創業誠信忠厚加于百姓故成康刑措四十餘年天人方和而幽厲亂常奇慝暴虐誣黷天地川冢沸崩人用愁怨其詩曰昊天不惠降此大戾不先不

後爲虐爲察顧不哀哉近隋煬帝恃四海之富鑿渠决河自伊洛屬之揚州疲生人之力泄天地之藏中國之難起故身死人手宗廟爲墟逆元氣之理也臣觀禍亂之動天人之際先師之說昭然著明不可欺也陛下含天地之德日月之明眇然遠思欲求太和此伏羲氏所以爲三皇首也昔者天皇大帝攬元符秉封太山然未建明堂享上帝使萬世鴻業闕而不昭殆留此盛德以發揮陛下哉臣謂和元氣睦人倫捨此則無以爲也昔黄帝合宫有虞總期堯衢室夏世室皆所以調元氣治陰陽也臣聞明堂有天地之制陰陽之統二十四氣八風十二月四時五行二十八宿莫不率備王者政失則災政順則祥臣願陛下爲唐恢萬世之業相國南郊建明堂與天下更始按周禮月令而成之迺月孟春乘鸞輅駕蒼龍朝三公九卿大夫于青陽左个負斧扆憑玉几聽天下之政躬籍田親蠶以勸農桑養三老五更以教孝悌明訟恤獄以息淫刑脩文德以止干戈察孝廉以除貪吏後宫非妃嬪御女者出之珠玉錦繡雕琢伎巧無益者棄之巫鬼淫祀熒惑於人者禁之臣謂不數暮且見太平云

中宗時左庶子劉子玄上朝服乘車議曰伏以古者爰自大夫已下皆乘車而以馬爲騑服魏已降迄乎隋代朝士又駕牛車歷代經史具有其事不可二而言也至如李廣北征解鞍憩息馬援南伐據鞍顧盼斯鞍馬之設行於軍旅戎服所乘貴於便習者也按江左官至尚書郎而輒輕乘馬則爲御史所彈又顔延之罷官後好騎馬出入閭里當代稱其放誕此則專車憑軾可服朝衣單馬御鞍宜從褻服求之近古灼然之明驗也自皇家撫運沿革隨時至如陵廟巡謁王公冊命則盛服冠履乘彼輅車其士庶有衣冠親迎者亦時以服箱充馭在於他事無復乘車貴賤所行通用鞍馬而已臣伏見比者鑾輿出幸法駕首途左右侍臣皆以朝服乘馬夫冠履而出只可配車而行今乘車既停而冠履不易可謂惟知其一而未知其二也何者褒衣博帶革履高冠本非馬上所施自是車中之服必也襪而升鐙跣以乘鞍非唯不師古道亦自取驚今俗求諸折中進退無準且長裾廣袖襜如翼如鳴珮紆組鏘鏘奕奕馳驟於風塵之內出入於旌棨之間儻馬有驚逸人從顛墜遂使屬車之右遺履不收清道之傍絓驂相續固以受嗤行路有損威儀今議者皆以祕閣有梁武帝南郊圖多有衣冠乘馬者此則近代故事不得謂無其文臣按此圖是後人所爲非當時所撰且觀代間有古今圖畫者多矣如張僧繇畫群公祖二疏而兵士有著芒屩者閻立本畫昭君入匈奴而婦人有著帷帽者夫芒屩出於水鄉非京華所有帷帽創於隋代非漢宮所作議者豈可徵此二畫以爲故實者乎由斯而言則梁氏南郊之圖義同於此又傳稱因俗禮貴緣情殷輅周冕規模不一秦冠漢珮用捨無恒況我國家道軼百王功高萬古事有不便理資變通其乘馬衣冠竊謂宜從省廢臣懷此異議其來自久日不暇給未及推揚今屬殿下親從齒胄將臨國學凡有衣冠乘馬皆憚此行所以輒進狂言用申鄙見

睿宗景雲中諫議大夫源乾曜上奏曰聖王教天下必制禮以正人情君子三年不爲禮禮必壞三年不爲樂樂必崩古之擇士先觀射禮非取一時樂也夫射者别邪正觀德行中祭祀辟寇戎古先哲王莫不遞襲比年以來射禮不講所司恡費而舊典爲虧臣愚謂所計者財所虧者禮故孔子不愛羊而存禮也太射謂春秋不可廢

德宗貞元十三年柳冕兼御史中丞福建觀察使以久踈斥又性躁狷不能無恨乃上表乞代且推明朝覲之意曰臣竊感江漢朝宗

之議。鹿鳴君臣之讌。頌聲之作。王道本始。國家自兵興。不遑議禮。方牧未朝。讌樂久缺。臣限一切之制。例無朝集。目不覩朝廷之禮。耳不聞宗廟之樂。足不踐軒墀之地。十有二年于茲矣。夫朝會。禮之本也。唐虞之制。羣后四朝。以明黜陟。商周之盛。五歲一見。以考制度。漢法三載上計。以會課最。聖唐稽古。天下朝集。三考一見。皆以十月上計京師。十一月禮見。會尚書省應考績事。元日陳貢篚集於考堂。唱其考第。進賢以興善。簡不肖以黜惡。自安史亂常。始有專地。四方多故。始有不朝。戎臣恃險。或不悔過。臣忝牧圉之寄。憤不朝之臣。思一入覲。率先天下。使君臣之義。親而不疏。朝覲之禮。廢而復舉。誠恐負薪溘先朝露。覲禮不展。臣之憂也。比聞諸將帥亡歿者衆。臣自憚何德以堪久長。鄉國人情之不忘也。闕庭臣子所戀也。朝覲國家大禮也。三者臣之大願。表累上。其辭哀切。德宗許還。

武宗會昌中。李德裕上言曰。伏見禮記。古者君子將營宮室。宗廟為先。廄庫為次。宮室為後。又韋彤五禮精義對曰。古之制。廟必中門之外。吉凶大事皆告而行。所以親而尊之。不自專也。今令城外置廟稍異禮文。書於史策。必虧聖政。伏以朱雀門至明德門。凡有九坊。其長興坊是皇城南第三坊。便有朝官私廟。實則逼近宮闈。自威遠軍向南三坊。俗稱闇外。地至閑僻。人鮮經過。於此置廟。無所妨廢。臣等商量今日以後。皇城南六坊內。不得置私廟。其朱雀街緣是南郊御路。至明德門夾街兩面坊及曲江側近。亦不得置。餘圍外深僻坊並無所禁。所貴不違禮意。感悅人心。臣等頻奉聖旨。有事許再三論奏。輒罄所見。庶裨聰明。

宋太宗淳化二年。諫議大夫張洎上奏曰。臣准中書劄子。奉聖旨。入閤圖宜令史館修撰楊徽之等四人。將舊圖比對錯誤文字改正。修畢却送閤門者。臣伏以朝廷典憲。簡冊具存。近代因循。多違舊式。今陛下以入閤圖處文字錯誤。將令比對。即知聖念於臨朝儀注。謹重至矣。臣幸因詔旨。敢貢管窺。沿襲之宜。惟明主裁酌。竊以今之乾元殿。即唐之含元殿也。在周為外朝。在唐為大朝。冬至元日。立全仗朝萬國。在此殿也。今之文德殿。即唐之宣政殿也。在周為中朝。在漢為前殿。在唐為正衙。凡朔望起居及冊拜妃后皇子王公大臣。對四夷君長。試制策科舉人。在此殿也。今之崇德殿。即唐之紫宸殿也。在周為內朝。在漢為宣室。在唐為上閤。即隻日常朝之殿也。昔東晉太極殿有東西閤。唐置紫宸上閤。法此制也。且人君恭己南面。向明而理。紫宸黃屋。至尊至重。故巡幸則有大駕法從之盛。御殿則有鉤陳羽衛之嚴。故雖隻日常朝。亦猶立仗。前代謂之入閤儀者。蓋隻日御紫宸上閤之時。先於宣政殿前立黃麾金吾仗。俟契勘畢。喚仗即自東西

閤門入。故謂之入閤。今朝廷且以文德正衙。權宜為上閤。甚非憲度。況國家丕承正統。守內治平。凡百憲章。悉從損益。惟視朝之禮。尚屬因循。竊見長春殿。正與文德殿南北相對。殿前地位連橫。街亦甚廣博。伏請改創此殿。以為上閤。作隻日立仗視朝之所。其崇德殿。即唐之延英殿是也。為隻日常時聽斷之所。庶乎臨御之式。允叶前經。今輿論乃以入閤儀注為朝廷非常之禮。甚無謂也。臣竊案舊史。中書門下御史臺謂之三司。為侍從供奉之官。今常朝之日。侍從官先入殿庭。東西立定。俟正班入。一時起居。其侍從官則東西對拜。甚失北面朝謁之禮。今請準舊儀。侍從官先次入起居畢。在左右分行侍立於丹墀之下。故謂之蛾眉班。然後宰臣率正班入起居。庶免侍從官有東西對拜之失。得遵正禮。臣又聞古之王者。躬勤庶務。其臨朝之疏數。觀政事之繁簡。唐始受命。五日一朝。景雲初年。復循正觀故事。

自天寳兵興之後。四方多故。肅宗而下。咸隻日臨朝。雙日不坐。其隻日或遇大寒盛暑陰霪泥濘。亦放百官起居。其雙日宰臣以下奏覆公事。即時特開延英召對。或蠻夷入貢。勳臣歸朝。亦特開紫宸引見。陛下自臨大寶。十有五年。未嘗一日不鷄鳴而起。聽天下之政。雖剛健不息。固天德之常。然而游焉息焉。亦聖人之謨訓。儻君父焦勞於上。臣子緘黙於下。或不能隕身碎首。引大體以爭。則忠亮之心有所不至矣。臣欲望陛下依前代舊規。隻日視朝。雙日不坐。其隻日遇大寒盛暑陰霪泥濘。亦放百官起居。其雙日大官進食之後。於崇德崇政兩殿召對宰臣常參官以下。及非時蠻夷入貢。勳臣歸朝。亦特開上閤引見。並請准前代故事處分。臣聞易曰。聖人久於其道。而天下化成。苟動靜有常。恬和相養。憂勤宵旰。則當躬政於冕旒。端拱穆清。則可怡神於元默。夫如是。聖君燭明御極之治。勞逸相均。高明配

天。博厚配地。悠久而無疆矣。臣向承朝命。叨居館職。邦國儀注。合預參詳。當文思有截之時。獻塵露無庸之説。儻裨萬一。雖死猶生。

四年正月。以南郊禮成。大宴含光殿。直史館陳靖上言。古之饗宴者。所以省禍福而觀威儀也。故宴以禮成。賓以賢序。風雅之作。蓋爲盛焉。伏見近年内殿錫宴羣臣。當坐於朶殿兩廊者。拜舞方畢。趨馳就席。品列之序。糾紛無別。及至尊舉爵。羣臣起立。先後不整。俯仰失節。欲望自今令有司預依品位告諭。其有踰越班次。拜起失節。喧譁過甚者。並令糾舉。又惟飫賜之典。以寵武夫。大烹之餘。故爲盛饌。計一飯所費。可數人之饌。而將校輩或至終宴之時。尚有欲矣之色。蓋執事者失於察視。不及潔豐而使然也。伏望並申嚴制。至道元年三月。御史中丞李昌齡亦言。廣宴之設。以均飫賜。得齒高會。宜乎盡禮。而有位之士。鮮克致恭。當糾其不恪。又供事禁庭。當定員數。籍姓名以謹其出入。酒殽之司。或虧精潔。望分命中使巡察。並從之。

仁宗天聖七年。章獻太后將以冬至受朝。天子率百官上壽。祕閣校理范仲淹極言之。且曰。奉親于内。自有家人禮。顧與百官同列。南面而朝之。不可爲後世法。

翰林學士宋祁上奏曰。臣伏見宣德門前御道。南至天漢橋。久來設柸禁止行人。須立條制。許近上臣僚於道上行馬。近覩御史臺禮院重更定奪。應出節者爲近上臣僚。竊謂宣德門比周之外朝。朱雀門是唐之皇城。中有御路。蹕天子馳道。凡在臣庶。不合得行。漢制。皇太子尚不敢橫絶馳道。蓋尊君卑臣。上下有體故也。今朝廷制度。簡於唐漢。京都御路。止此一處。臣欲望自宣德門至朱雀門。外朝之地。皇城之内。表其中街。以爲馳道。應臣庶車馬。並禁往來。惟隨從乘輿。不在禁限。議者或謂契丹人使已曾許馳道行馬。難於改作。臣謂天子

制度。臣子共當崇戴。彼之使臣。亦陛下之臣也。設令彼有疑問。則令主客者具以實對。質之事體。無所妨礙。乞再下有司詳定。

參知政事宋庠論入閤儀奏曰。臣近因與宰臣進呈吳育文字。伏奉德音詢及入閤故事。臣雖與諸臣等畧陳梗槩。然理有未詳。退而講求。敍此條悉。夫入閤者。是唐家隻日於紫宸殿受常朝之儀也。謹按唐有大内。有大明宮。宮在大内之東北。世謂之東内。謂大内爲西内。自高宗以後。天子多在大明宮。此宮制度。尤爲華備。宮之正南門曰丹鳳門。門内第一殿曰含元。至大朝會則御之。對北第二殿曰宣政。謂之正衙。朔望大册拜則御之。又對北第三殿曰紫宸。謂之上閤。亦曰内衙。隻日常朝則御之。據唐制。凡天子坐朝。必須立仗於正衙殿。或乘輿止御紫宸。即喚正衙仗自宣政殿兩門入。是謂東西閤門也。若以國朝之制相爲比況。則今之宣德門。唐丹鳳門也。大慶殿。唐含元

殿也文德殿唐宣政殿也紫宸殿唐紫宸殿也今或欲求入閤本意施于儀典即須先立仗於文德之庭如天子止御紫宸即喚仗自東西閤門入如此則差與舊儀相合但今之諸殿比於唐制南北不相對值以此為殊耳故後來論議因有未明又按唐自中葉以還雙日及非時大臣奏事別開延英殿賜對若今假日御崇政延和是也乃知唐家每遇坐朝之日即為入閤而叔世離亂五朝草創大昕之制更從易簡正衙立仗因而遂廢其後或有行者常人之所罕見乃復謂之盛禮甚不然也今之相傳入閤圖者是官司記常朝之制如閤門有儀制敕合班雜坐圖之類何足為希闊之事哉況唐開元舊禮本無此制至開寶中諸儒增附新禮始載月朔入閤之儀又以文德殿為上閤差舛尤甚蓋當時編撰之士討求未至太宗朝儒臣張洎亦有論奏頗為精洽臣伏恐朝廷他日修復正衙立仗欲乞送付兩

制使預加商榷改正舊儀雖非要務亦所以刊誤文備成式也

庠又乞御前殿朔日立仗群臣朝服奏曰臣聞告朔之義周家尤重在昔宣聖愛羊存禮漢沿周制合朔朝會故雖優借大臣許朝朔望唐制立仗群臣背閤傘入會藝祖受命論次開寶通禮亦著月朔入閤之儀則朔日者為政之端辰講禮之盛節國家因五代之亂承千年之統始勝殘去殺務從簡易雖制度既定而謙讓未遑五日一參靡分朔望禁衛單少威儀粗率禮典弗振則朝廷不尊國容寖廢則臣下不肅臣愚以為羽衛之設非矜華侈所以重主威也朝會之作非專拜揖所以飾治體也臣願陛下上考成周仲尼之法下稽夫漢李唐之盛近守太祖開寶之禮明詔執事祗案成規每遇朔日坐前殿朝群臣旗狩細仗以次陳設公卿朝服如儀而罷如此則臣道肅而主道尊于以示四夷威萬國聳民耳目不可闕也夫禮有以素為責請其誠懇有以文為貴請其采章伏望陛下露臣此言使博士禮官得殫論可否講求故實如曰便禮即奉而行之使中　熙顯猷執競丕業由陛下之馴致也

庠又論車駕儀衛奏曰臣竊見車駕每有行幸自非郊廟大禮具陳鹵簿外其常日導從唯前有駕頭後擁扇繖而已殊無典禮所載公卿奉引之盛其侍從百司官屬下至廝役皆雜行道中步輦之後但以親事官百許人執檛以殿謂之禁衛諸班勁騎頗與乘輿相遠而士庶觀者率隨扈從之人夾道馳走喧呼不禁所過有旗亭市樓皆垂簾外蔽士民憑高下瞰了無忌憚邏司街使亦不呵止威令弛闕習以為常非所謂旄頭先驅清道後行之慎且自黃帝以神功威德猶假師兵為營衛則防微禦變古今一體按漢魏以降有大駕法駕小駕之儀至唐又分殿中諸衛黃麾等仗名數次序各有施設國朝承五

姓荒殘之弊事從簡略每鳴鑾游豫盡去戈戟旌旗之制儀衛寡薄頗同藩鎮此皆制度放失憚于改作之咎欲望聖慈專委一二博學近臣檢討前代儀注及鹵簿令采乘輿常時出入體式於三駕諸仗內斟酌儀物增嚴條禁上以示尊極次以防未然革去因循宜在茲日

至和元年直集賢院劉敞論溫成皇后立忌奏曰臣伏聞敕旨為溫成皇后立忌禮官請對不許臣竊惑之凡朝廷常務有司小事猶當上稽舊典下採眾論何況宗廟大禮至尊至重豈可以一時之寵獨決聖心義有借失貽笑萬世虧損威明悔不可追今議者乃云有邪佞寇啓眩惑聖聽瀆陛下以非禮勸陛下以拒諫若此無實尚非淺事設有其實罪亦大矣當伏兩觀之誅以謝天下且自太祖以來后廟四室皆陛下之妣也猶不立忌奈何以溫成私昵之愛變古越禮

則是貴妾於妣。尊嬖於嫡。上無以事宗廟。下無以教後嗣。恐祖宗神靈不樂於此。非陛下奉先思孝之意也。昔成湯改過不吝。故稱聖王。格于皇天。願陛下毋篤於嬖近之寵。毋安於邪佞之說。毋變先帝之舊典。毋枉宗廟之正禮。回易意慮。割情去私。詢于司存。追寢過命。使萬萬億年無復譏議。天下幸甚。臣以無能。忝備儒館。禮樂之失。臣得預焉。

御史中丞孫抃等上奏曰。臣等昨聞朝廷欲為后廟四室。并章惠皇后各立小忌。已具劄子論奏。至今尚未降出。臣等伏覩太祖太宗真宗三朝故事。皇后不祔太室者。皆不立忌。此國家大典。禮之制度。陛下不可不遵守。且孝惠孝章淑德章懷章惠。是陛下三世尊屬。別廟崇奉。多歷年所。即未嘗有此擬議。今因循之間。遽爾更改。中外聞聽咸謂陛下因温成而遂追及先朝諸后。布之詔命。則取四方之譏。書之史策。則貽萬世之誚。陛下臨御天下。踰三十載。聖功神德。卓若堯舜。今忽錄此一事。遂成非錯。俾盛美光大。有愧於疇昔。陛下安忍如是。欲望特降聖旨。集百官議定。然後行下制敕。所貴禮典詳愜。以順天人之心。

嘉祐四年。同知太常禮院韓維上奏曰。臣所領職。以同知禮院為名。禮有不正。知而不言。則負朝廷所以命臣之意。而失臣所以事上之禮也。故敢不避誅殛而言。臣誠見温成皇后廟樂牲器僭比祖宗。稽之禮經。則先聖之所不道。質於故事。則本朝之所無有。臣竊聞其時臣下有以唐武惠妃事上惑聖明者。惠妃之沒。雖嘗立廟。然至乾元之後。祀享即絕。自當時已知其非禮。豈足為聖朝法哉。臣近奏疏。願因親祫宗廟。特詔有司裁損其制。以全陛下廣孝愛禮之義。封章奏御。累日寢而不下。臣切惑之。陛下無謂數楹之屋兩簋之器。施之未損於治。蓋聖人所以興孝感明風教。以觀示天下者。禮存之於此也。如不以臣言為信。則并臣前章付中書門下。使大臣參議。事有可采。乞早賜施行。

仁宗時。張方平上論曰。臣聞昔在帝舜。命伯夷秩宗以典三禮。命夔典樂以教胄子。爰及夏商。制作損益。末相沿襲。周監二代。文物全備。事為之制。曲為之防。數度紀律。具于六典。於是教化浹洽。獄訟衰息。後之辟王。其所守者。惟祭與號。而天下尚知宗周。以其典禮攸出。根本所繫。雖齊桓晉文立威定霸。必挾王命以令四方。猶賜胙而下拜。請隧而不許。降及末世。韓魏之分晉。田氏之得齊。咸因諸侯請命于周。有封籍于文武之廟。而後敢正名稱爵。通於天下。則知疆域之大士民之衆。甲兵之彊。威勢之盛。不可以犯典禮之重也。不然者。以齊晉之視安烈。匹夫擒之尓。後至戰國。兵爭禍大。先法盡斁。三綱咸解。

諸侯先焚削舊禮之篇籍。而遂僭用王章焉。然其維持邦國。八百餘年。雖危不亡。將絕復續。非禮何以存之。漢初承秦滅學。盪無條貫。叔孫通探拾遺散。草創儀法。而後君臣之位正。郊祀之禮修。宗廟以尊。朝廷以嚴。理道克興。暴亂不作。至於設官分職。綱紀天下。本末條理。教民成俗。使諸侯軌道。咸歸于極。則未暇也。孝文接統。治致太平。賈誼勸上宜定制度。興禮樂。而當時將相大臣。皆介冑武人。不知治體。沮寢其議。漢氏當文景之世。可謂盛矣。百姓樂業。家給人足。五部之貨殖。七遷之豪舉。驕扇浮靡。汰盪亡度。閭閻之僭。乃過徹侯。夫以文帝之恭儉。務德具王道。而微者。所不至於王一息爾。其失由乎富庶而不能教也。逮乎武帝。招延材儁。其文章儀物。信美哉。而制度典禮終不克建。于後兵刑齊用。財貨益急。獨非叔孫之法維持之。殆矣。由是言之。叔孫氏之功垂于漢。不在蕭曹之下也。中興之後。稍復增緝。立明堂靈臺辟雍小學行宗祀養老之禮和安之世漸以陵遲桓靈不君王制大壞厥後吳魏異政南北殊俗世用多故文獻不足唐平隋亂太宗因開皇五禮修正頒行顯慶之初異同遞起開元之末討論甫定竊詳周官凡制度施設悉係之羣職人存則法舉上修則下存事為典常者則謂之禮不恭其事者輒董以刑衆渠相成本末為用經國治民同條共貫漢唐作者有異於是徒能類其篇目而不屬諸典司止具乎朝廷之儀不該乎天下之務吏民約束乃別著乎刑書子曰道之以德齊之以刑民免而無恥夫訓民正俗不在乎禮典而在乎刑書此乃備其末而廢其本縱其初而要其失故後王之道所以異乎三代者也我國家接衰唐之絕緒承五季之紕政德厚流光海宇大定為承平者逾六十年宜乎必世後仁可以勝殘去殺然風俗猶未歸厚刑罰尚頗繁密故由禮樂未明數制未立王道有所壅

而不備者也考定鍾律序正雅頌布明詔于天下識庶民之僭忒此固朝廷深惟治世之本欲清教化之原思納人於軌物者也臣聞之書曰伯夷降典折民惟刑言先以典禮教民而不專用乎法也是故禁於未發之謂禮救於已失之謂刑禁之於未發者謂大為之防使無越者救於已失者謂養成其俗而後革之子曰道之以禮樂而民和睦是故設法而革於既失不若立禮以防於未然也今小大之吏凡理民之術莫不以簿書督責為急務文巧苛深為善職聚斂侵漁集以為功剝刻貧民竭其膏血雖刀毫忽人盡爭之此乃驅之使相吞食過之使為盜亂又何暇孝友禮義之勸廉恥遜讓之貴乎故夫知理化之大體稍能使民回心而鄉道類非俗吏所能知者今凡羣臣之上計議條令之下四方非刑名之科即財利之事民不聞乎[illegible]教而惟利與刑之聞故法出而姦生令下而詐起苟取一切無[illegible]

思遠之慮由乎所以漸引其心術者未也方今聖主勵精於上賢輔講道于下兆民安業四夷來庭是可以闡九德而布政立圜水而宣德益廣天下之庠序俾習射之禮隆雅頌之聲分命大臣集諸儒碩生因前聖之遺制考舊禮之沿革定懿當之一說以折衷於諸家茲其繁重以便遵用自國家損益之法至吏民等級之度成皇家之大典立百世之宏規且王者受命必有制作是故質文互變忠恭殊尚改正朔易徽號別服色異器械所以新天下之耳目振舊物之頹廢又況禮樂之大固無沿襲之理矣今天下學士所習者前代之餘制廷列羣臣所引者往朝之故事我大宋繼天而王久曠大儀小臣鄙愚竊懷憤悵蓋太平之期難值英哲之主間出臣不勝踊躍于下以至斐然不量僭陳大議蓋為明時重惜也謹採末論稍近乎政教之本者存數條焉謹論

方平又上車服論曰臣聞為國以禮莫大乎制度制度成焉則上下之分定尊卑之序別爭奪之患塞僭亂之害除夫如是其理天下猶示諸掌乎傳曰夫名以出禮禮以體政政以正民是以政成而民聽易則生亂在易節卦象曰節以制數度議德行若夫以德詔爵以才居位是為議德行名位不同禮亦異數是為制數度故虞書曰車服以庸又曰五服五章哉周官則有五儀九命以正諸侯之位以等諸臣之爵自國家封方之度宮室門廡之式宗廟祭祀之法賓客交接之道鍾石羽籥之列几筵俎豆之數冕服圭籍珮組之飾車乘旗旂纓旄之制牢積饔餼之品祼酢問勞之節惟事事乃其有制而後邦國有倫也是故觀其采章則人望而畏辨其文紀而衆不敢黷有德者一物可以旌賞有功者一辭可以寵榮王者南面而治惟名與器而已漢世車服頗存周舊自士已上帶裳冠緌而皆乘車以馬為騑

服異其輪輻衡軛轄幰帷裳以彰等級之度。自江左至隋，儀物未替。而中原永嘉之後，五胡雜處，先王典禮蕩亂無遺。元魏高齊增為奇詭，輿裳制度於古無說。隋氏一統，稍復舊儀，車服等衰差為四品，有常服、公服、朝服、祭服。其二公朝服進賢三梁冠，絳紗單衣，白紗中單，皁領褾，白練裙襦，絳蔽膝，革帶，金飾鉤鰈，方心曲領，紳帶，玉鏢劍，山蒼玉佩，綬，烏皮舄，笏用象牙。乘車油幰朱網。是時內外百官文物有序，貴賤士庶較然殊別。至煬帝數事巡幸，屢興師役，百官行從，皆服袴褶，始詔隨車駕涉遠者皆戎衣，以五色表貴賤焉。唐侍臣服，令雖略比隋制，蓋陪祭朝享元會大事乃具服。其讌見進對，折上巾、紫襴袍，環帶、鞶囊，佩烏皮靴而已。始有乘馬之服，蓋車不復御矣。相承至今為。臣聞古先聖人制禮之意，為冠冕以莊其首，為履舄以重其趾，行步則有衡牙之聲，登車則有和鸞之節，是故斯須而必在禮矣。夫

貂而騎，趙武靈所為胡服也。靴，胡履也。合袴，胡袴也。傳曰：袞冕而乘冠以出，不亦簡彝乎。尊卑無章，民何効焉。苟曰便而已矣，天下庸得不馳騁而狂亂者哉。今郊祀大禮，天子駕玉輅，而王公百辟皆法服騎從，此禮之尤失者也。臣觀漢儀，雖守令之卑，皆有從車。唐景龍中，皇子將行釋奠於太學，有司草儀注，從臣皆衣冠乘馬，時議者以為馬本用於軍旅戎服，而乘貴於便習，長裾廣袖，紆組鳴玉，非馬上所宜，其儀遂寢。況國之盛禮，天下所觀，是宜示之以尊卑，顯之以秩序，而所輔相之重，雜於騶騎之羣，豈所以彰朝廷之尊嚴者哉。又巾履靴笏，自公卿大臣以為朝服，而卒校胥吏為制一等，其羅縠綺紈織文絺繡，自人君至于庶人，同施均用，其居室器玩之汰，則豪人大賈踰於貴戚。臣聞周官曰：以儀辨等，則民不越。臣愚以為宜約前世之禮文，詳定方今之制度，大臣復依漢晉乘車，駟馬，增異冠服，卿大

夫士以品式差降之。貴則備物，卑則略焉。其卒校胥吏，益稍撙省。其製令有所殊異，不相疑雜，則上下不相褻。朝廷之道尊，等級自隆，居然崇陛之象，紀章自辨，無復假器之譏矣。

福建路轉運使蔡襄上奏曰：臣伏聞陛下為溫成皇后立忌，臣竊謂聖人制禮，所以明輕重尊卑之節，過與不及，皆曰失禮。故太常設官職在檢討。陛下臨御天下三十餘年，動遵典法，聖德之盛，明如天日。近者溫成皇后薨逝，事不下禮官詳檢，既已施行，雖有過當，無由追改。今又立忌，考之於禮，未為適中。伏以孝章淑德章懷四后於陛下為伯祖妣為皇妣，其屬之尊如此，向來奉慈皆不立忌。溫成皇后生則為妃，後乃追冊，於陛下為卑幼之列，不應立忌。伏望聖慈追還勅命，庶乎天下之人知陛下以禮斷情，合於中道。

知太常禮院蘇頌請重修集國朝所行五禮疏曰：臣竊惟方今聖治

日新，百度修舉，其在朝政，固無可措言者。然詔旨開納，不容自嘿。輒敢以平昔所懷一二狂瞽，仰塞明詔。臣伏見國朝以來，制作禮樂，上采三代，下迄有唐，損益節文，簡冊具載。而前後禮官纂集類無法制，或直載一時所行，或雜牘歲月，條目相錯，本末不倫。臣竊考之六經，在禮有三種之別：周官著有司典領之事，儀禮載升降隆殺之節，戴記敘古今因革之文。雖聖賢作述之不同，而語其歸趣，實相為表裏也。後世言禮者，皆不出此三體。漢晉洎隋，雖代有作者，而苟簡一時，法制無取。唐明皇命學士等因正觀、顯慶所修五禮，討論刪改，集成一百五十卷，是為大唐開元禮，行於累朝，設於科舉，傳其學者，則有義鑑、義羅之類，比於近代之書，最為詳悉。故今世漢晉洎隋皆無傳，而開元禮獨不廢者，以其法制存焉故也。太祖皇帝特詔儒臣劉溫叟、盧多遜、扈蒙等祖述其書，傳以今事，仍加增損，遂成二百卷，是為

開寶通禮又有義纂一百卷以發明其旨要仍依開元禮設科取士逮今官司遵用斯為不刊况之六經儀禮之别也然此特一經也在於有司典領之事古今沿革之文備闕而不立故舉行之際尚或未備自開寶以後百年之間累聖躬行聲明寖盛非有繼述後世何觀嘉祐初太常歐陽修奏請編撰彼時臣任博士職預纂修常以恭謝一門分為三目其一自降御札公卿百司奉行辦備之事謂之有司其二自前期陳設至祼獻禮畢謂之儀注其三采古今曲臺論議更創之制謂之沿革以此一門為例他悉倣之修已議定具草會臣罷禮官領他職復奏姚闢蘇洵繼掌其事闢洵離析舊文更立新躰撰成一百卷是為太常因革禮雖號簡要幾同鈔節姑可以備有司之檢閱誠未足以發揚聖朝制作之盛也臣伏覩陛下留意典章修舉廢墜前歲詔命近臣詳定禮文自郊廟至於羣臣朝會與夫燕享器服

之名數聲樂之形容考古撰今審求至當皆三代之所放失漢唐之所闕遺斷自清衷舉行殆遍固當著於典訓與六經並行為萬世矜式也臣不勝願幸欲望再命諸儒討論國朝以來自開寶通禮至近歲詳定禮文以有司及儀注沿革依三禮隨類分門著為大宋元豐新禮付之太常頒於學官使博士弟子講習大義或施於科舉則數歲之後必有詳練該通之人上副拔擢可以為朝廷講議之官庶幾天下向風皆知禮教譏恭擯卻不學而能於變時雍可跂而待也

英宗即位初殿中侍御史司馬光上論後殿起居劄子曰臣竊見國家從來以垂拱崇政為便殿乘輿每旦先御垂拱退御崇政是以侍從近臣已於垂拱起居者非有職事奏對更不復至崇政近歲以來乘輿間日一御垂拱有司不詳事躰本末遂令學士待制及兩省官只赴垂拱不赴崇政起居近以山陵未畢乘輿不御垂拱將近旬月學士以下遂廢起居之禮豈有名為侍從近臣而動踰旬月不得瞻望顏色臣恐朝廷之儀由此相承寖成訛謬欲乞今後應乘輿不御前殿並令學士待制及兩省官赴後殿起居或以為太煩即令兩日一次起居

治平元年光知諫院又上論階級劄子曰臣聞治軍無禮則威嚴不行禮者上下之分是也唐自肅代以降務行姑息之政是以藩鎮跋扈威侮朝廷士卒驕橫侵逼主帥下陵上替無復綱紀以至五代天下大亂運祚迫蹙生民塗炭祖宗受天景命聖德聰明知天下之亂生於無禮也乃立軍中之制曰一階一級全歸伏事之儀敢有違犯罪至於死於是上至都指揮使下至押官長行等衰相承粲然有敘若身之使臂臂之使指莫敢不從故能東征西伐削平海内為子孫建久大之業至今百有餘年天下太平者皆由此道也近歲以

來中外主兵臣僚往往不識大躰好施小惠以盜虚名軍中有犯階級者務行寬貸是致軍校大率不敢鈐束長行甘言悅色曲加煦嫗以至儒怯兵官亦為此態遂使行伍之間驕恣悖慢寖不可制上畏其下尊制於卑所謂下陵上替者無過於此臣聞聖王刑期於無刑令寬貸犯階級之人雖活一人之命殊不知軍法不立漸成陵替之亂則所繫乃億兆之命也臣愚欲望陛下特降詔旨申明階級之法戒勑中外主兵臣僚令一遵祖宗之制如敢有輒行寬貸曲收衆心者嚴加罪罰以懲其餘庶幾綱紀復振基緒永安

二年光又言濮王典禮劄子曰臣聞聖人舉事與衆同欲故能下協人心上順天意洪範曰三人占從二人言蓋國有大疑則決之於衆自上世而然矣臣伏見鄉者詔羣臣議濮安懿王合行典禮翰林學士王珪等二十餘人皆以為宜準先朝封贈期親尊屬故事凡兩次

會議無一人異辭所以然者蓋欲奉濮王以禮輔陛下以義也而政府之意獨欲尊濮王爲皇考巧飾詞說誤惑聖聽不顧先王之大典蔑棄天下之公議使宗室疏屬皆已受封贈而崇奉濮王之禮至今獨未施行此衆人所以怫鬱而未爲穩愜者也或者恐陛下未能决知二議是非臣請更爲陛下别白言之政府言儀禮令文五年月勅皆云爲人後者爲其父母即出繼之子於所繼所生皆稱父母臣按禮法必須指事立文使人曉解今欲言爲人後者爲其父母之服若不謂之父母不知如何立文此乃政府欺罔天下之人謂其皆不識文理也又言漢宣帝光武皆稱其父爲皇考臣按宣帝承昭帝之後以孫繼祖故尊其父爲皇考而不敢尊其祖爲皇祖考以其與昭帝昭穆同故也光武起布衣誅王莽親冒矢石以得天下名爲中興其實創業雖自立七廟猶非大過况但稱皇考其謙損甚矣今陛下親爲仁宗之子以承大業傳曰國無二君家無二尊若復尊濮王爲皇考則置仁宗於何地乎政府若以二帝不加尊號於其父祖引以爲據則可矣若謂皇考之名亦可施於今日則事理不侔矣設使仁宗尚御天下濮王亦萬福當是之時命陛下爲皇子則不知謂濮王爲父爲伯若先帝在則稱伯没則稱父臣計陛下必不爲此行也以此言之濮王當稱皇伯又何疑矣今舉朝之臣自非挾姦佞之心欲附會政府誤惑陛下者皆知濮王稱皇考爲不可則衆志所欲亦可知矣陛下何不試察羣臣之情羣臣誰不知濮王於陛下爲天性至親若希旨迎合不顧禮義過有尊崇豈不於身有利而無患乎所以區區執此議者但不欲陛下失四海之心受萬世之譏耳以此觀之羣臣之忠佞邪正甚易見矣臣願陛下上稽古典下順衆志以禮崇奉濮安懿王如王珪等所議此亦和天人之一事也

光爲宰相韓琦等議濮安懿王合行典禮狀曰伏以出於天性之謂親緣於人情之謂禮雖以義制事因時適宜而親必主於恩禮不忘其本此古今不易之常道也伏惟皇帝陛下奮乾之健乘離之明擁天地神靈之休荷宗廟社稷之重即位以來仁施澤浹九族既睦萬國交歡而濮安懿王德盛位隆宜有尊禮陛下受命先帝躬承聖統顧以大義後其私恩慎之重之事不輕發臣等忝備宰弼實聞國論謂當考古約禮因宜稱情使有以隆恩而廣愛庶幾上以彰孝治下以厚民風臣等伏請下有司議濮安懿王及譙國大夫人王氏襄國大夫人韓氏仙遊縣君任氏合行典禮詳處其當以時施行

光與翰林學士王珪等議濮安懿王典禮狀曰臣等謹按儀禮喪服爲人後者傳曰何以三年也受重者必以尊服服之爲所後者之祖父母妻妻之父母昆弟昆弟之子若子若子者言皆如親子也又爲人後者爲其父母傳曰何以期也不貳斬也特重於大宗降其小宗也又爲人後者爲其昆弟傳曰何以大功也爲人後者降其昆弟也以此觀之爲人後者爲之子不敢復顧私親聖人制禮尊無二上若恭愛之心分施於彼則不得專一於此故也是以秦漢以來帝王有自旁支入承大統者或推尊父母以爲帝后皆見非當時取譏後世臣等不敢引以爲聖朝法况前代入繼者多宮車晏駕之後援立之策或出母后或出臣下非如仁宗皇帝年齡未衰深惟宗廟之重祗承天地之意於宗室衆多之中簡拔聖明授以大業陛下親爲先帝之子然後繼體承祧光有天下濮安懿王雖於陛下有天性之親顧復之恩然陛下所以負扆端冕富有四海子子孫孫萬世相承者皆先帝之德也臣等愚淺不達古今竊以謂今日所以崇奉濮安懿王典禮宜一准先朝封贈期親尊屬故事高官大國極其尊榮譙國太夫人襄國

大夫人。仙遊縣君亦改封大國太夫人。考之古今。實為宜稱。

先又論濮安懿王稱安懿皇疏曰。臣聞諸道路。未知信否。或言朝廷欲追尊濮安懿王為安懿皇。審或如此。竊恐不可。陛下既為仁宗後。於禮不當顧私親。臣先時言之以熟。不敢復煩聖聽。今臣不知陛下之意固欲追尊濮王邪。前世帝王以旁支入繼追尊其父為皇者。自漢哀帝為始。其後安帝桓帝靈帝亦為之。哀帝追尊其父定陶恭王為恭皇。今若追尊濮安懿王為安懿皇。是正用哀帝之法也。陛下有堯舜禹湯不以為法。而法漢之昏主。安足以為榮乎。仁宗恩澤在人。淪於骨髓。海內之心所以歸附陛下者。為親受仁宗之命為之子也。今陛下既得天下。乃加尊號於濮王。海內聞之。孰不解體。又安足以為利乎。夫生育之恩。昊天罔極。誰能忘之。陛下不忘濮王之恩。在陛下之中心。不在此外飾虛名也。孝子愛親則祭之以禮。今以非禮之

虛名加於濮王而祭之。其於濮王果有何益乎。三者無一可。而陛下行之。臣切惑之。此蓋政府一二臣自以鄉者建議之失。已負天下之重。苟欲文過遂非。不顧於陛下之德有所虧損。陛下從而聽之。臣切以為過矣。臣又聞政府之謀欲託以皇太后手書及不稱考而稱親。雖復巧飾百端。要之為負先帝之恩。虧陛下之義。違聖人之禮。失四海之心。政府之臣秖能自欺。安能欺皇天上帝與天下之人乎。臣願陛下急罷此議。勿使流聞達於四方。則天下幸甚。臣今雖不為諫官。然歸日已曾奏聞。身備近臣。遇國家有大得失。不敢不言。

四年五月。光又乞宰臣押班一依舊制疏曰。臣伏覩五月七日敕文准四日手詔。今後宰臣赴文德殿押班。自春分後或遇辰牌上。秋分後遇辰正牌上。垂拱殿視事未退。止令傳報宰臣更不過。令御史臺一面放班。餘日並依祥符敕命指揮永為定制。所有前降下太常禮院詳定文字更不施行者。臣竊見從來垂拱殿視事。比至中書樞密院及其餘臣寮奏事畢。春分以後少有不過辰初。秋分以後少有不過辰正。陛下臨御以來。惟近因服藥。曾於辰牌以前駕起入內。自餘皆在辰牌以後。然則自今以往無事之日。宰臣永不赴文德殿押班也。臣竊惟文德殿為天子正衙。宰臣為百寮師率。百寮既在彼常朝。則宰臣理當押班。斯乃前世之舊規。自祖宗以來。未之或改。今陛下即政之始。事非有大利害者。恐未須更張。伏望陛下特降聖旨。令宰臣一依國朝舊制押班。若陛下以前者已降手詔必欲限以時刻者。即乞自春分後遇辰牌上。秋分後遇巳牌上。並依今月四日指揮施行。猶庶幾此禮不至遂廢。

歷代名臣奏議卷之一百十九

歷代名臣奏議卷之一百二十

禮樂 典禮

宋英宗時，程頤代彭思永論濮王典禮疏曰：臣伏見近日以濮王稱親事，言事之臣，交章論列，中外論議，沸騰此甚。執政大臣，違亂典禮，左右之臣不能開陳理道，而致陛下聖心疑惑，大義未明。臣待罪憲府，不得不為陛下明辨其事。竊以濮王之生陛下，而仁宗皇帝以陛下為嗣，承祖宗大統，則仁廟陛下之皇考，陛下仁廟之適子；濮王陛下所生之父，於屬為伯；陛下濮王出繼之子，於屬為姪。此天地大義，生人大倫，如乾坤定位，不可得而變易者也，固非人意所能推移。苟亂大倫，人理滅矣。陛下仁廟之子，則曰父，曰考，曰親，乃仁廟也；若更稱濮王為親，是有二親，則是非之理，昭然自明，不待辨論而後見也。然而聖意必欲稱之者，豈非陛下大孝之心，義雖出繼，情厚本宗，以

濮王是生聖躬，曰伯則無以異於諸父，稱王則不殊於臣列，思有以尊大，使絕其等倫。如此而已。此豈陛下之私心哉？蓋大義所當，典禮之正，天下之公論，而執政大臣不能將順陛下大孝之心，不知尊崇之道，乃以非禮不正之號上累濮王，致陛下於有過之地，失天下之心，貽亂倫之咎。言事之臣，又不能詳據典禮，開明大義，雖知稱親之非，而不知為陛下推所生之至恩，明尊崇之正禮，使濮王與諸父夷等，無有殊別，此陛下之心所以難安而重違也。臣以為所生之義，至尊至大，雖當專意於正統，豈得盡絕於私恩？故所繼主於大義，所生存乎至情。至誠一心，盡父子之道，大義也；不忘本宗，盡其恩義，至情也。先王制禮，本緣人情，既明大義以正統緒，復存至情以盡人心。是故在喪服，恩義別其所生，蓋明至重與伯叔不同也。此乃人情之順，義理之正，行於父母之前，亦無嫌間，至於名稱，統緒所繫，若其無別，

斯亂大倫。今濮王陛下之所生，義極尊重，無以復加，以親為稱，有損無益。何哉？親與父同，所以不稱父者，陛下以身繼大統，仁廟父也，在於人倫，不可有貳，故避父而稱親，則是陛下明知稱父為決不可也。既避父而稱親，則是親與父異，此乃欺人以辭說，陛下言親意非一。不正謂父，臣以謂取父義則與稱父正同，決然不可，不取父義則其稱甚輕。今宗室踈遠卑幼，悉稱皇親，加於所生，深恐非當。孝者以誠為本，乃以疑似無正定之名，瀆於所尊，親屬不恭，義有大害。稱之於仁廟，乃有嚮背之嫌，去之於濮王，未損所生之重，絕無小益。徒亂大倫。臣料陛下之意，亦必須要稱親，止謂不加殊名，無以別於臣列。臣以為不然，推所生之義，則不臣自明，盡致恭之禮，則其尊可見。况當揆量事體，別立殊稱，要在得盡尊崇，不愆禮典，言者皆欲以高官大國加於濮王，此甚非知禮之言也。先朝之封，豈陛下之敢易？爵

秩之命，豈陛下之敢加？臣以為當以濮王之子襲爵，奉祀，尊稱濮王為濮國太王。如此，則夐然殊號，絕異等倫，凡百禮數，必皆稱情，請舉一以為率。借如既置嗣襲，必伸祭告，當曰姪嗣皇帝名敢昭告于皇伯父濮國太王。自然在濮王極尊崇之道，於仁皇無嫌貳之失，天理人心，誠為允合，不獨正今日之事，可以為萬世之法。復恐議者以太字為疑，此則不然。蓋繫於濮國，自於大統無嫌，今親之稱，大義未安，言事者論列不已，前者既去，後者復然，雖使臺臣不言，百官在位亦必繼進，理不可奪，勢不可遏，事體如此，終難固持。仁宗皇帝在位日久，海寓億兆，涵被仁恩，始陛下嗣位之初，功德未及天下，而天下傾心愛戴者，以陛下仁廟之子也。今復聞以濮王為親，含生之類，發憤痛心，蓋天下不知陛下孝事仁皇之心，格於天地，尊愛濮王之意，非有以不義加之，但見誤致名稱，所以深懷疑慮，謂濮王既復稱親，則

仁廟不言皆絕。羣情詾懼，異論喧囂。夫王者之孝，在乎得四海之歡心。胡爲以不正無益之稱，使億兆之口指斥謗讟，致濮王之靈不安於上。臣料陛下仁孝，豈忍如斯，皆由左右之臣不能爲陛下開明此理。在於神道，未遠人情。故先聖謂事死如事生，事亡如事存。設如仁皇在位，濮王居藩，陛下既爲冢嗣，復以親稱濮王，則仁皇豈不震怒。濮王豈不惻懼。是必君臣兄弟，立致釁隙，其視陛下當如何也。神靈如在，亦豈不然。以此觀之，陛下雖加名稱，濮王安肯當受。伏願陛下深思此理，去稱親之文，以明示天下，則祖宗、濮王之靈交懽於上，皆當垂祐陛下，享福無窮，率土之心翕然慰悅，天下化德，人倫自正，大孝之名光於萬世矣。夫奸邪之人希恩固寵，自爲身謀，害義傷孝，以陷陛下。今既公論如此，不無徊徨。百計搜求，務爲巧飾，欺罔聖聽，枝梧言者，徼冀得已，苟圖自安。正言未肯而巧辯已至，使陛下之心無由而悟。伏乞將臣此章省覽數遍，裁自宸衷，無使奸人與議，冀普心用意排拒人言，隱迹藏形，陰資陛下。若皆奸人也，幸陛下察而辨之，勿用其說，則自然聖心開悟，至理明白，天下不勝大願。

時議追崇濮安懿王，侍御史趙瞻爭曰：仁宗既下明詔子陛下，議者顧惑禮律所生所養之名，妄相訾難，彼明知禮無兩父貳斬之義，敢裂一字之詞以亂厥真。且文有去婦出母者，去已非婦，出不爲母，辭窮直書，豈是援以斷大議哉。臣請與之廷辨以定邪正。已而皇太后手書尊王爲皇，瞻歎曰：向者太后切責大臣，議乃得寢。今邪臣與中官交締，歸過至尊，而自爲之地，吾與首議之臣不並生矣。因復力辭。會假太常少卿，接契丹賀正使，入對，英宗問前事，對曰：陛下爲仁宗子，而濮王又稱皇考，則是二父，二父非禮。英宗曰：御史嘗見朕欲皇考濮王乎。瞻曰：此乃大臣之議，陛下未嘗自言。英宗曰：是中書過耳。陛下數歲時，先帝養爲子，豈敢稱濮考。瞻曰：臣請退諭中書作詔以曉天下。時連日晦冥，英宗指天示瞻曰：天道如此，安敢妄爲褒尊。朕意已決，無庸賓諮。瞻曰：陛下祗畏天戒，不以私妨公，甚盛德也。及使還，聞呂誨等坐濮議皆罷去，乞與同貶，不報。趣入對，英宗曰：卿欲就龍逢、比干之名，孰若効伊尹、傅說哉。瞻皇懼言臣不敢奉詔，使朝廷有同罪異罰之譏。

神宗元豐元年，知秦州呂大防請定婚嫁喪祭之禮，疏曰：臣伏見朝廷厲新庶政，舉以三代先王爲法，而獨於典禮制度似未及漢唐之盛。昨聞特下明詔，置局攷定禮文，得失有以見聖慮高明，急所先務。臣之愚衷，未欲聞於朝者，庶得申於今日矣。臣竊觀今之公卿大夫下逮士民，其婚喪葬祭皆無法度，唯聽其爲，而莫之禁。夫婚嫁重禮也，而一出於委巷鄙俚之習；喪祭大事也，而率取於浮圖老子之法。至於郡縣公私禮之大節，古所謹重者，一切苟簡，略無義理。臣謹按開寶通禮，迺太祖皇帝所立本朝一代之典。臣歷觀四方，唯於滄州嘗見之，以備考試舉人而已。禮之不行，無甚於此。周禮八則，禮俗以馭其民，蓋謂庶民則可參之以俗，而士以上當專用禮也。臣愚欲乞詔諭禮官，先擇開寶通禮論定，正而明著之，以示天下。遠者有禁斷以必行，雖未能下逮黎庶，而小人所視，是以成化。况臺省官視事州縣祭社稷、釋奠之類，已略用禮矣，推此而爲之，亦非絕俗難行之事。又令之所行者，於禮之中，纔舉數事，以漸善俗，義在於此。伏惟陛下留神財省，立萬世法，天下幸甚。

神宗時，集英殿脩撰李復上疏曰：臣聞聖王制治，莫重於禮，事不由於禮，無巨細皆不可行。三代之禮，至周而備。今考諸載籍，所傳者十纔二三。前世江都、開元皆嘗纂緝舊文而行之，當時折衷，執於古者泥而不通，順其時者陋而無法。學禮者有所不取，後世無可稽焉。傳曰：治定制禮。國朝承平一百六十年，高出唐虞，豈三代可擬。一代禮典，今猶未講。至使好禮之士，有家自為禮者。荀況論禮莫大於聖王。是惟聖人乃能制禮，惟王者乃能行禮。記曰：非天子不議禮，不制度，不考文。臣願詔有司，上自郊廟社稷，下至三祀一祀，與夫冠婚喪葬賓軍，辨其等威，裁其文物，不借不偏，㨿於古而不泥，宜於今而不陋，著為一代之典。其士庶所當行，則頒之郡縣，使通知焉。事有制度，燦然可觀，四夷百蠻承風取則，為治世甚盛之舉，豈勝幸甚。

金君卿上奏曰：周制諸侯雖有功，皆為侯伯，七命而已，其爵無至公者。故王之子弟及異姓之有大功德而封爵，不過侯，但得進地，審書之國，皆以侯爵而受上公之地。若列土侯伯有功德者，則加一命，為牧。推二王後與三公加命為上公者，得服衮冕。故禮記王制云：三公一命。按正義云：三公八命，身著鷩冕，若加一命，則為上公，與王者之後同，而著衮冕。按衮冕十二章：日月星辰山龍華蟲，六者畫於衣；宗彝虎蜼也藻火粉米黼黻，六者皆繡於裳。鄭康成注周禮司服云：王者相變，至周以日月星辰畫於旌旗，所謂三辰旂旗，昭其明也，冕服九章。康成既以周之衮服無日月星三章，復又注郊特牲王被衮以象天云：謂日月星辰之章。此魯禮也。設魯侯祀天之衮，服有三辰之章，周之天子以衮冕享先王，安得只有九章？豈天子之衮九章，而魯侯之衮十二章也。然郊特牲直言王被衮，既稱王，豈得謂之魯禮？且康成之說別無經據，但以郊特牲云旂十有二旒，龍章日月，以象天也。左氏傳曰：三辰旂旗，昭其明也。由是而言，至周以日月星畫於旌旗，而天子衮服遂無此三章。君卿今按諸經傳，衮冕之制，皆不云至周去日月星辰之章，即是周之天子衮冕當備十二章，而太常之旂亦畫日月星辰於其上，豈可謂已畫於旌旗，而服章遂廢也。若十二章不獨施之於衮，其他服諸參用之。如三辰之旂，亦畫龍章，若康成之說，即是衮之龍章亦可廢也，何謂獨去三辰也。王之衣與巾皆以黼，即是衮之黼章可去也。若古虎蜼施於宗彝，卿衮之服，何為復施虎蜼也。但天子衮服備此十二章，其旌旗亦畫三辰之章耳。由是知天子備章為然。二王之後，洎三公加一命者服衮冕九章，餘公侯並鷩冕七章。此周家之制也。自秦滅禮學，服初用玄，以從冕旒。自是，周制亡矣。漢興，禮服未備。世祖踐阼，三雍正兆七郊，至明帝遂就大業，初服旒冕，赤舄絇屨，以祀天地明堂，皆冠旒冕，衣裳玄上纁下，乘輿備文，日月星辰十二章。三公諸侯用山龍九章，卿已下用華蟲七章。以承大祭。永平二年，初詔有司采周官禮記尚書皐陶篇，乘輿服從歐陽氏說，公卿已下從大小夏侯氏說，冕皆廣七寸，長尺二寸，前圓後方，朱綠裏，玄上，前垂四寸，後垂三寸，係白玉珠為十二旒。三公諸侯七旒，青玉為珠；卿大夫五旒，黑玉為珠。皆有前無後，各以其綬彩色為組纓，旁垂黈纊。郊天地宗祀明堂則冠之。近得周制，魏晉而降，其制不經。其國公之爵，置自隋。冕用青珠九旒。侯伯則鷩冕。唐制皇太子衮冕白珠九旒，諸臣衮冕青珠九旒，鷩冕七旒，第二品之服。五代而下，天子衮冕十二章，諸臣之服有九旒冕九章、七旒冕七章、七旒冕五章、六旒冕三章。本朝因舊文參定新制，乘輿備章，為得其禮；諸臣之服九章，親王、中書門下三公奉祀則服之；七旒冕五章，九卿奉祀則服之；五旒冕同七旒冕之制，而衣裳無章，四品已下為獻官則服之；其次平冕無旒，太祝奉禮服之。自九旒冕而下，皆奉祀之服。若侍祠太廟、會諸臣，一品二品服五梁冠，其次三梁、兩梁冠，各以其品服之。以今之制，王爵同三師、三公，正一品，則當服九旒冕以奉朝會，祥符中贈文宣王，初謚議欲以爲帝，而以周之王爵帝號出是六國唐制封王，而第加美謚焉。又有唐開元封謚之初，已正南面而坐，被王者袞冕之服。則是王之封謚與漢而下王爵殊矣。今都郡縣文宣王之廟像，或用九旒冕九章，如周之上公。漢之諸侯王之服，或服十二旒。王者之冕，采章錯亂不次。今所詳定，請以文宣王冕服備十二章。然康成之義，用本朝制度，如漢唐故事。其十哲之服，緣祥符追贈之初，議以爲公，則是如公侯五等之公。時宰臣欲顏子於十哲中稍優其秩，因請以兗公顏子爲國公，費侯子騫爲鄆公，殊不知禮秩降於公矣。且國公之爵位在三師三公宮太嗣王郡王之下，爲從一品。郡公位猶在宮太之列。且異於周制上公之尊。今兗國公之冕設用九卿之服。七旒冕五章，則又降於周禮公侯之服。如用周禮公侯之服鷩冕，緣今配享先儒之列，若王弼杜預皆贈三公，當用今三公袞冕之服，豈可以兗國公之服反在王杜之下。欲今請以兗國公用袞冕九旒九章，視本朝三公之服。如周禮上公之制，子騫已下九人，從侯曾子等皆用鷩冕七旒七章，視周禮公侯之服。

殿中侍御史端中行上奏曰：臣伏見文德正衙之制，尚存常朝之虛名，襲謬行之謬例，有司失於申請，未能釐正。兩省臺官文武百官赴文德殿東西相向對立，宰臣一員押班，聞傳不坐則再拜而退，謂之常朝。遇休假併三日已上，驀內殿起居官畢集，謂之橫行。自宰臣親王已下應見謝辭者，皆先赴文德殿，謂之過正衙。然在京釐務之官，例以別敕免參。宰臣押班近年已罷，而武班諸衛本朝又不常置。故今之赴常朝者，獨御史臺官與審官待次階官而已。今垂拱內殿宰臣已下既已日參，而文德常朝仍復不廢，殊謬倒置，莫此爲甚。至於橫行參假與夫見謝辭官，先過正衙，雖沿唐之故事，然必俟御殿之日行之可也。有司失於申請，未能釐正，欲望特賜指揮並次罷去。

哲宗元祐元年，右司諫朱光庭上奏曰：臣聞孔子之言曰：立於禮。書曰：天秩有禮，自我五禮有庸哉。則是禮者與天地並而不可斯須廢也。自三代已後，其禮遂亡，漢唐規矩未足道也。今聖政日新，講修治具，臣愚以謂爲治之道無先於禮。蓋人情之檢柙，王政之綱維，莫不由此。夫禮廢而不講久矣，今天下之人，自丱角已根成人之服，則是何嘗有冠禮也。鄙俗雖亂，未識親迎人倫之重，則是何嘗有婚禮也。火焚水溺，陰陽拘忌，歲月無限，死者不葬，葬者無法，五服之制不明重輕，則是何嘗有喪禮也。春秋不知當祭之時，祭日不知早晚之節，器皿今古之或異，牲牢生熟之不同，則是何嘗有祭禮也。冠婚喪祭禮之大者，莫知所當行之法。朝廷之上未嘗講修，但沿襲故事而已。

奏議卷之一百二十

曾未盡聖人之蘊。公卿士大夫之間亦未嘗講修，但各守家法而已。何以爲天下之法。車輿服食器用玩好法禁不立，僭侈尤甚，富室擬於王公，皁隸等於卿士，風俗如此，一出於無禮而然也。臣今欲乞陛下詔執政大臣各舉明禮官參議五禮，上自朝廷所行之制度，下至民庶所守之規矩，纖悉講明，究極先聖人之蘊，以古參今，酌人情之所安，天下可通行以爲法者，著爲一代之大典，垂諸象魏，頒諸四海，以正人倫，以變禮俗。此則三王之舉也。臣願陛下勉之而已。記曰：王者治定制禮。恭惟祖宗以來，累聖相承，仁功德澤洋溢天下，固可以謂之治定矣。伏自陛下盛德臨御，興滯補弊，朝廷日益清明，此明王當制禮之時也。願陛下不以臣言爲微，特賜留神，以幸天下。

貼黃：朝廷盛化無遠不被，然而五禮之制多出沿襲，未盡講修，人不知其所止。其間冠婚喪祭之禮，尤當先講修，以示天下，俾得

遵行以為規矩然朝廷之上與公卿大夫之家皆未有成法
伏望聖慈命明禮之臣與禮官委曲講修以厚風俗
太常博士顏復上奏曰臣資材俚陋幸因儒術得在禮官充職以來
推道揆分守之要庶於萬一上報黽勉因思竭中齊外黙古稽今以
贊朝廷日興之儀不若一明禮實庶補風教以趨大治則臣分職之
心無負愧矣臣謂治世之禮發乎威儀撙節之間至民保皇極家無
異尚化行於上俗成於下不可謂名見而實不虛也不然好之雖篤
崇之雖華皆以儒名失實之識無少益于治體當王者盛時以人情莫
不本良心而後安故行禮未嘗外民大而郊廟禋祿之節小而閭里
祈崇鬼神之微近而朝覲聘問之度遠而庠序射享飲食之事盛而
蒐苗獮狩類禡之制卑而農畝頒禽獻豜之則崇而加元服降王姬
登賢養老之容下而比族冠婚並齒位讀邦法書孝婣之序內而賑

奏議卷之一百二十　九

哭聘賻之恵恤而私室送終之式雖隆殺不同致其恭明其敬發其
和復其本汲汲以為歲月日時當行之事而不敢斯須曠怠其志意
一也上躬帥之下說隨之如指臂相縈如源流相通渾然無少間隙
是以德風大成和氣充牣災害不生刑罰不試知天下有禮之實矣
三代而後沿襲苟簡禮樂之存虛名而已間有不世之君致時之臣
恢明考類煩察光輝止於郊廟朝廷之上崇禮風猷張大聲采未及
都門之外婦子畏之大戚勉勉不敢置尔皆不知其義以安之輔世
道民之効漠不可期其實之發久矣國家太平百年規模宏遠下視
漢唐太常之禮成書定簡尚止千篇歲舉郊廟朝會侍臣有司考復
論難貫附六經取會沿革上下數千年其制富贍精緻凡事不遺彬
彬然可師而士民之禮雖歷代之咎未降彝制下無矜式使有志之
士動底名失實之歎此甚可為治願惜也雖然民之至情雖不教不

能自見蓋天畀之源本善不可數揉下於此大失中則流祭等之
禮未教則流於祝禬佛齋婚姻之禮不教則流於委巷俚習賓客之
禮不教則流於游衍嬉樂師田之禮不教則流於戎風蕃俗長幼之
禮不教則流於道釋數術國之正禮格而不下民之良心奪于異習
而加愚欲風淳而治隆如北行而之粵緣木而求魚無可得臣之
愚誠欲乞皇帝陛下太皇太后陛下特發德音下詔禮官參考經史
古今儀式參諸家祭法歲薦時享家範書儀之類可取者高而不難
近而不迫成士民五禮不必冕弁以為冠韠韍以為衣俎豆以為器
儷皮以為幣駁車而行坐席而食就其便安以頒郡縣綴驅以令使
樂而不驚激曉以文使徐而知義誘掖本心則善之思思則辨辨則
安安則起居勤息造次顛沛莫不在忠順孝悌仁義之間皆有士
君子之器至化成矣王者牧民設刑以輔禮令律民之書一字有易

奏議卷之一百二十　十

則置郵而下郡縣士民常禮以至無書本末重輕不稱從可明矣惟
陛下留神則天下幸甚
二年禮部侍郎陸佃上宣仁皇后論文德殿受冊疏曰臣伏惟太皇
太后陛下自同聽政以來保護聖躬裁決萬務敬天愛人勤懷謙畏
至公至明度越前古而處臣下未能將明聖意之一切檢用章獻明肅
皇后故事嘗加討論萬一與禮闕失或累盛德故臣雖愚陋輙慕古
人事上篤於愛敬之意竊見天聖中翰林學士李維等嘗上章獻明
肅皇后御崇政殿受冊儀注後改御文德緣文德外朝在紫宸垂拱
之外故至今公議猶以維等取定儀注得禮之中惜其不果施行方
當太皇太后陛下至誠虛心每事求當乘此嘉會或蒙收採特詔有
司改御崇政殿受冊明內外之辨自我神母垂訓萬世不勝大幸況
於盛德至仁有光無損臣職在禮官苟有所懷義當罄竭仰瀆聖慈

臣不勝惓惓忠懇之至。

中書舍人曾肇上宣仁皇后論文德殿受冊疏曰：臣伏聞已降勑命，將來太皇太后受冊依章獻明肅皇后故事。臣伏考故事，皇帝於大安殿發冊（今大慶殿），皇太后於文德殿受冊。今來詔旨遵用舊典，臣子之議，復何所言。然臣伏見太皇太后自聽政以來，止於延和殿垂簾視事，受契丹人使朝見亦止御崇政殿，未嘗出踐外朝，豈非以聽決萬機出於權宜，垂簾視事蓋非得已，而外朝者天子之正宁。太皇太后崇執謙德，不欲臨御，以為天下後世法耶？推此言之，受冊外朝殆非太皇太后之意，特以故事當然爾。竊詳故事，天聖二年所制定皇太后受冊於崇政殿，仁宗出自聖意，特詔有司改文德殿，此蓋人主一時之制，非臣下之所得議也。今皇帝述仁宗故事，以極崇奉之禮，孝敬之誠，可謂至矣。臣竊謂太皇太后儻於此時特下明詔，發揚皇帝

孝敬之誠，而固執謙德，屈從天聖二年所制之議，止於崇政殿受冊，則皇帝之孝愈顯，太皇太后之德愈尊，天地神靈孰不歡喜，華夏蠻貊孰不推仰，兩誼俱得，顧不美歟。伏惟太皇太后聰明睿聖，慈仁恭儉，功德之被天下，堯舜禹湯不能遠過，非獨秦漢以來母后之所不及，則雖日御外朝，未足為過，而臣乃於一受冊之際猶以為言者，誠見太皇太后執心謙冲，至公至正，動容周旋必務中禮，非如漢唐母后私於其身，必不以受冊外朝為己之欲。臣愚故願因此增廣盛德，使天下曉然知聖心所在，垂之萬世，以為典則，而後之言禮者必曰母后不踐外朝自太皇太后始，豈非希世之高行哉。臣伏見昨者太皇太后志在聖人，毅然獨斷，令即英宗神御殿後建祖宗神御殿，詔旨深切，聞者感動，至於垂涕，此自古明智之君未必能為，而太皇太后行之無毫髮吝，則知今日退就便殿受冊必非所難，此臣所以敢冀而不疑也。夫一日出踐外朝，事至微也，然臣竊有私憂過計者，不得不極言之。章獻太后非獨受冊文德而已，元日御會慶殿受朝賀，南郊禮成御會慶殿受賀，長寧節御會慶殿百官上壽，其後又入太廟行恭謝之禮，此皆天聖明道故事。竊恐有司以次行之，未足以仰稱太皇太后為宗廟社稷權宜聽政之心，克己復禮謙恭抑損之盛德，臣之私憂過計實在於此也。太皇太后博覽古今，詩書以來母后得失蓋無不知，則於此舉必能自擇，豈待臣言而後思。然臣待罪侍從，以論思為職，苟有所見，不敢默默。

肇又論坤成節百官上壽奏疏曰：臣伏見太皇太后陛下近所自抑損，特發德音，不欲臨御外朝，退就崇政殿受冊，詔書一下，中外嗟嘆，忠義之士至於感泣。況臣待罪侍從，嘗獻瞽言，不謂偶合聖心，特加收採，非惟陛下克己復禮之聖，又以知陛下虛心納諫之明。士生此

時，未能竭忠盡智，裨補萬一，苟有所見，懷而不言，則竊位欺天，何所逃責。此臣之所以不避冒瀆之誅，傾寫肝膽，置于上前，儻一言有補，萬死無悔。臣竊聞近日有司建議坤成節於崇政殿上壽，其外殿賜酒并文武百官拜表班次，並比附天聖三年故事施行。臣伏考天聖三年故事，宰臣、樞密、三司使、學士、知制誥、待制、節度使、留後、觀察使、契丹使班于殿，拜上壽如禮，賜酒三行，百官詣內東門拜表稱賀。至天聖九年，始御會慶殿，百官上壽如乾元節之儀。蓋自天聖三年至八年以前，凡六年，盡如三年之制，是以見當時君臣守禮畏義之心，可謂至矣。今者三省、樞密院乃不全用天聖三年故事，及今有司之議，特降朝旨，令文武百官、諸軍將校隨班行上壽禮，此臣之所未諭也。太皇太后昨降詔書，以謂不敢自同章獻太后出臨外朝，就崇政殿受冊，竊詳聖意，蓋務從抑損，今乃令百官將校皆赴崇政殿拜立班

斿則是天聖八年以前之所未有禮更增於舊。在陛下謙恭抑損之志前後本末似不相稱。臣愚以謂此殆非太皇太后之意特執政大臣失於不思爾。伏惟太皇太后陛下躬前世婦后不可及之盛德有休息百姓覆育萬物之大功。使四海九州歡心愛戴之崇養其為尊榮亦已極矣。豈待百官特校稱列於庭然後為貴哉。臣愚故願特詔有司。一用天聖三年長寧節故事比附施行使天下之人知陛下謙恭抑損之志前後如一。本末相稱書之史冊垂法萬世豈不美哉。書曰不矜細行終累大德為山九仞功虧一簣。惟陛下留意無忽。

貼黃臣竊見崇政殿拜不至寬廣遇雨又須經錄延和殿前著赴坐。竊聞議者謂百官不赴則夏國使人亦不得與上壽賜酒。臣愚以謂天聖中非無夏國使人自可遵用故事。若以其外夷遠來奉貢特許入與上壽賜酒出自恩旨宜亦可為。更自聖意裁酌。

五年。給事中范祖禹乞看詳陳祥道禮書劄子曰臣竊以國家之用典禮為急興禮之學尚度尤難。太祖皇帝時命國子司業兼太常博士聶崇義考正禮圖采唐張鎰等舊圖凡六本撰成三禮圖二十卷奏之。太祖下詔嘉獎命太子詹事尹拙等集儒學三五人更同參議又下工部尚書竇儀裁定其三禮圖畫於國子監講堂。臣伏見太常博士陳祥道專意禮學二十餘年近世儒者未見其比著禮書一百五十卷詳究先儒義說比之聶崇義圖尤為精審該洽。昨臣條上言乞朝廷給紙札差書吏畫工付祥道錄進。今聞已奏御降付三省。臣愚欲乞送學士院及兩制或經筵看詳如可施行即乞付太常寺與所學義圖相參行用必有補朝廷制作。

徽宗大觀中。侍讀兼議禮詳議官慕容彥逢理會三禮圖奏曰臣竊惟功成作樂。治定制禮。方今六府既修。三事既和燕及皇天休既並至。功可謂成矣。治可謂定矣。講明禮樂以章天下其在今日。伏覩見行三禮圖係國初聶崇義撰集。其間車服器用之制與元豐頒行經義時有不同。自國子監建三禮堂與州縣學校畢繪其圖以示學者。乃至有司所掌名物猶雜用其制。未稱陛下統一道德之意。臣愚欲望聖慈特詔儒臣考據經義。改定舊圖俾有遵承及付國子監頒行。

徽宗時通判孝新乞州郡講習五禮新儀奏曰臣恭覽五禮新儀制作之妙追跡三代。陛下聖學高遠以作者之聖詔訓禮局講求裁定。典章儀物粲然有文自我作古。虞伯夷之所典。周孔之所制經而三百。曲而三千。未若今日煥明詳備者也。三代而下寥寥千載禮之廢壞綿絕緜摎時君未遑講明其失。或求諸野。腐儒曲學相與辨議紛若聚訟。豈特百年而興。是有待於至治之世而後可興者也。禮書既

成頒及天下。載白垂髫喜見太平之盛典。臣嘗謂吉凶二禮士民所嘗用。今州郡將新儀指摘出榜書寫牆壁務為推行之速。而苟簡滅裂增損脫漏謫讀不行。未越旬時字畫漫滅。不可復攷。民庶所行既未通知。至與新儀違戾。或僭或陋。寔非民庶之過。臣欲乞詔州並許公庫鏤板。儀曹句以某禮行下屬縣置籍抄錄。季行檢示粉壁及察民間所行之禮過與不及。州委教授。縣則有出身官。望就學講習新儀。監司歲終保明具奏察其勤弛而加勸懲之。如此則上下皆知禮。風俗日以厚矣。

太常卿葛勝仲上奏曰臣等竊考左丘明傳春秋以禮為釋經之例。上人某事曰禮也。某人某事曰非禮也。若此類甚衆而其他記禮特詳。韓宣子見周禮在魯則知周之所以王。齊仲孫湫見魯秉周禮則知魯未可動。臣等於是知為天下國家者不可一日廢禮。如此。莊公

謂非禮之舉，則其人諫以必書。周王有非禮之宴，則戒其臣以勿籍。於是又知先王之時，凡禮文之事無不載之簡冊也。周王享士會，設殽烝焉。士會不知其義，歸而講聚三代之典禮，以脩晉法。昭公如楚，孟僖子爲介，至鄭不能相儀，及楚不能答郊勞，歸乃講學，苟能禮者必從之。於是又知古之有官君子，恥不知禮，蓋如此也。魯昭公如晉，自郊勞至贈賄無失禮，如叔齊曰是儀也，不可謂之禮。禮所以守其國，行其政令，無失其民者也。趙簡子見太叔，問揖遜周旋之禮焉，子太叔曰是儀也，非禮也。夫禮，上下之紀，天地之經緯，民之所以生也。二子可謂知禮樂之本末矣。然制度文爲，雖禮之末，捨此則安上治民之意無以寓，則所謂禮之文者，豈可不載述以詒後哉。區區春秋之時，猶謹禮如此，況在承平盛大之世乎。本朝太祖皇帝始命大臣約唐之舊爲開寶通禮。天聖中王皞等又爲禮閣新編，其後賈昌朝

等復加編定，名曰太常新禮。嘉祐中歐陽脩等爲太常因革禮百篇。自建隆迄嘉祐，蒐裒紀述，固有遺逸，而自治平之後，蓋缺焉。恭惟皇帝陛下天縱睿智，照臨萬邦。既已體神出道，而制爲一世之禮，掩迹三代矣。其在有司，亦欲著明而不泯。爰命禮官編次因革之實，自治平至政和四年，纘爲一書，十四部。展條目皆視歐陽脩之舊。臣恭承神旨，相與譔次上進。臣等愚昧，適僭學，大懼不足仰稱明制，姑不敢廢職守而已。干冒天威，無任待罪隕越屏營之至。

勝仲又上元圭繅藉絢組議曰：承政和二年十一月十五日敕中書省、尚書省送到劄子，禮部昨擬定元圭繅藉絢組并圖本，係按周禮儀禮經旨，兼討論諸儒訓說，參酌擬定。實相爲表裏，竊慮亦合頒示中外，使明知盛朝制作皆傳經考古，欲附於元圭議冊之末，雕印頒給，仍連元劄子。二月十四日奉聖旨依。按周官典瑞，言王執鎮圭，繅藉五采五就，則圭必有繅藉。又按玉人言天子圭中必，鄭氏謂以組約其中央，則圭必有絢組。繅藉之制，鄭氏謂有五采文，所以薦玉，木爲中幹，用韋衣而畫之，五就，五匝也。又注儀禮亦云雜采爲繅，以韋衣木板。又賈公彥疏云木板廣袤亦與圭同，然後用韋衣之，乃畫於韋上，一采爲一匝，五采爲五匝，一匝爲一就，就成也。又崔靈恩三禮義宗言繅藉者以韋衣木板爲之，大小皆如其玉，又周官行人桓圭九寸，繅藉亦九寸，信圭七寸，繅藉亦七寸，則繅藉如其玉明矣。又聶崇義禮圖言既以采色畫韋衣於板上，前後垂之，又有五采組繩爲繫，上以玄爲天，下以絳爲地。絢組之制，按儀禮聘禮諸侯朝天子，圭與繅皆九寸，其間諸侯朱綠繅八寸，皆玄纁繫長尺，絢組。賈公彥云彼組不問尊卑，皆用五采長尺，以爲繫，所以束玉使不落。鄭氏注云采成文曰絢，上以玄，下以絳爲地，謂地者當是織紝之經，上以玄

纁，下以絳纁爲之經，以五采相雜爲緯成文。聶崇義不曉其說，徒見其有爲地二字，謬以爲象地，遂增玄爲天之說，誤矣。況經傳未嘗以絳色象地，宜以鄭氏爲正。且玄圭繅藉絢組制度莫傳，然希世至寶所以崇飾而韞藏者，雖極天下之美麗而爲之，苟不傳經稽古，則不足以爲稱。今欲約周禮玄圭繅藉絢組之制，下有司創造。舊三禮圖畫本繅藉采色之次並無意義，兼用朱丹相間，乃成六色。其絢組五色，既次多冗，不同，即不見上玄下絳之制。今之繅藉合以木板爲中幹，用韋衣而畫之，五采各一匝，黃居中，君象也，黑爲外，衆色入焉，有爲復於無爲之義也，青爲始，赤次之，白又次之，四時之序也。其絢組各長尺，上以玄爲經，下以絳爲經，用五采爲緯，錯織成文。玄圭絢組亦合上以玄爲經，下以絳爲經，用五采爲緯，錯織成文。按古絢組雖合施在繅藉，則左右是用，今玄圭中必，恐合隨宜製造

孝宗時趙元鎮論駐蹕戎服疏曰：臣伏見陛下以自渡江及今六年，經郡邑必御戎服，親部伍，誠欲震耀神武，激勵將士，示以同甘苦之意。然而人君之舉動，不可以簡約自畀；朝廷之規模，不可以權宜日削。恭聞朝夕駐蹕行宮，臣愚欲乞詔有司，盡禁旅衆與服御，正人君之威儀，羽衛導從，備朝廷之典禮，應如平日巡幸故事，稍加整肅，雖不能無幾萬一，亦足以張國威，消姦宄，慰遠民望幸觀瞻之願。

孝宗隆興間，起居郎胡銓上講筵禮序曰：臣聞君以禮為重，禮以分為重，分以名為重，名以器為重。古之有天下者，未患分不定，不患名不正，不患器不守，而常患不能隆禮而已矣。苟能隆禮，則分也，名也，器也，皆得其當，而天下治運諸掌。苟不隆禮，則分也，名也，器也，皆失其當，而天下亂矣。何謂禮？曰上下之紀，天地之經緯也，而民實則之。則天之明，因地之性，生其六氣，用其五行，氣為五味，發為五色，章為五聲。淫則昏亂，民失其性。是故為禮以奉之，為六畜、五牲、三犧以奉五味，為九文、六采、五章以奉五色，為九歌、八風、七音、六律以奉五聲，為君臣上下以則地義，為夫婦外內以經二物，為父子兄弟姑姊甥舅婚姻以象天明，為政事庸力行務以從四時，為刑罰威獄使民畏忌，以類其震曜殺戮，為溫慈惠和以效天之生殖長育。是故審則宜類以制六志，審行信令、禍福賞罰以制死生，乃能協于天地之經緯，是以長久。故趙簡子曰：甚哉，禮之大也。晏子曰：禮之可以為國也久矣，與天地並。是不亦君以禮為重乎？何謂分？君臣上下、君子小人、中國夷狄是也。南蒯枚筮，遇坤之比，曰黃裳元吉，子服惠伯謂上美為元，下美則裳，言上下之不可亂。趙簡子問史墨季氏出君之罪，史墨對以在易卦雷乘乾曰大壯，言乾為天子，震為諸侯，而在乾上，君臣易位，大亂之道也。司馬光說文王序易以乾坤為首，言君臣之位猶天地之不可易。程頤易傳說坤六五臣居君位之象。此皆嚴君臣之分也。在易一陽之長，雖甚微而聖人善之，故一君子用而天下皆相賀；一陰之生，雖甚微而聖人畏之，故一小人用而天下皆相弔。此皆嚴君子小人之分也。易以自我致戎為戒，而以三年克鬼方為憊，言夷狄當外而不內。賈誼以中國為首，夷狄為足，而以首反居下，足之顛居上，為亂亡之基。此皆嚴中國夷狄之分也。是不亦禮以分為重乎？何謂名？爵號是也。名近虛，於教為重；利近實，於教為輕。則名所以礪教也。名位不愆，為民所信，則名所以出信也。名以礪教，則教非名不立；名以出信，則信非名不行。是不亦分以名為重乎？何謂器？車服是也。器以藏禮，則器者禮之所以寓。小人而乘君子之器，盜斯奪之，則器者君子之所乘。昔仲叔于奚請繁纓以朝，仲尼聞之曰：惜也，不如多與之邑。惟器與名不可以假人。趙簡子問於史墨曰：季氏出其君而民服焉，而莫之或罪也。史墨曰：是以為君謹器與名，不可以假人。是不亦名以器為重乎？謹按禮經篇目凡四十有九，大抵不出此三者而已。如天子七廟，諸侯五；天子祭天地，諸侯祭社稷；天子祭天下名山大川，諸侯祭山川之在其地者；天子犆礿、祫禘、祫嘗、祫烝，諸侯礿則不禘，禘則不嘗，嘗則不烝，烝則不礿；天子社稷皆太牢，諸侯少牢；天子殺則擧大綏，諸侯殺則擧小綏；天子之田象日月，諸侯法雷；天子之三公之田視公侯，天子之卿大夫之田視伯子男之類，此君臣上下之分也。如君子中庸，小人反中庸之類，此君子小人之分也。如千里之內曰甸，千里之外曰流，此中國夷狄之分也。如次國之上卿位當大國之中，中當其下，下當其上大夫；小國之上卿位當大國之下卿，中當其上大夫，下當其下大夫之類，此名之別也。如大路繁纓一就，次路繁纓七就；天子龍袞，諸侯黼，大夫黻，士玄衣纁裳天子之冕朱綠藻十有二旒諸侯九上大夫七下大夫五士三之類此器之別也分也名也器也禮之大體也臣故曰上下之紀天地之經緯也仰惟陛下欽明文思濬哲文明同乎堯舜而非諛聞淺學所能窺測至於修五禮以覲諸侯與三禮以咨四岳亦駸駸乎唐虞之盛矣然猶銳意稽古禮文之事特降一札俾愚臣專講戴記一經豈徒欲玩夫三百三千之繁文呻其佔畢而已哉於曲禮見愛而知其惡憎而知其善之義於檀弓見事君有犯無隱之義於王制見天子齋戒受諫之義於月令見百工咸理無或作爲淫巧以蕩上心之義於文王世子見三公不必備唯其人之義於禮運見禹湯文武成王周公謹禮之義於禮器見忠信可以學禮之義於郊特牲見天子貴誠之義於內則見適合則服從不合則去之義於玉藻見天子搢珽方正於天下之義於明堂位見夷狄外而不內之義於大傳見尊賢

使能之義於少儀見人臣有諫無訕之義於學記見三王四代唯其師之義於樂記見爲君謹其好惡之義於經解見發號出令而民說之義於哀公問見君爲正則百姓從政之義於仲尼燕居見力禮樂而天下太平之義於孔子閒居見王者奉三無私以勞天下之義於坊記見禮以坊德之義於中庸見至誠配天之義於表記見大舜中心安仁之義於緇衣見惡惡好賢之義於深衣見規矩準繩之義於投壺見揖遜之義於儒行見崇儒重道之義於大學見正心誠意之義於鄉飲見王道易易之義於射義見擇士與祭之義於燕禮見君臣上下之義於聘義見君臣相與之義於冠婚喪祭之篇見養生喪死追遠之義然則聖學高妙誠非管窺蠡測所能髣髴其萬一夫豈消埃能有益於崇深乎而陛下親屈至尊曲垂聽納移日不倦真得堯舜三王之用心臣昨蒙賜對便殿歷時論及武夫悍將宜令知禮以革桀慢之習側聞玉音有及於唯禮可以已之之語臣退而書之竊謂晏嬰雖以此言告齊景而齊景終不能行陛下不惟聞而樂之又能舉以爲訓一言可以興邦陛下有焉臣愚願力行其說辨其分謹其名守其器勿輕以假人則社稷之福也孔子曰名器政之大節也若以假人與人政也政亡則國家從之弗可止也已冒瀆宸聰臣無任隕越之至

銓又論爲國以禮疏曰臣聞爲國以禮春秋魯慶父之亂齊小白問仲孫魯可取乎仲孫對曰不可魯秉周禮周禮所以本也國將亡本必先顛而後枝葉從之魯不棄周禮未可動也大哉禮乎道德仁義非禮不成教訓正俗非禮不備分爭辨訟非禮不決君臣上下父子兄弟非禮不定宦學事師非禮不親班朝治軍涖官行法非禮威嚴不行禱祠祭祀供給鬼神非禮不誠不莊此所以爲國家之根本故曰

爲國以禮大哉言乎臣處横海二十餘年無所用心惟知學禮至於險阻艱難之際每得其力以此知不學禮無以立誠非虛語陛下起臣於草茅顧野人區區愛君之誠何以爲獻惟此而已然禮經三百威儀三千未易僂數惟先正司馬光冠婚喪祭之儀簡而易行臣愚欲望陛下特詔禮官討論擇其要而易行者布之民間使耆儒宿學轉相傳授而武夫悍將亦令通行庶幾尊君親上者先忠孝人皆曉然知上意之所在則天下不足治矣難臣者則以謂方時多虞武夫悍將惟長槍大劍爲急何暇識禮臣請有以折之昔晉文欲用其民子犯以民未知禮未生其恭爲言於是大蒐以示之禮及城濮之戰晉侯登有莘之墟以觀師則曰少長有禮其可用也重耳以有禮而致城濮之勝子玉以無禮而致城濮之敗繇此觀之禮尤武夫之所急冒瀆天聰臣無任隕越之至

淳熙間袁説友上奏曰：臣竊見今來都下年來衣冠服製習爲虜俗。官民士庶浸相効習，恬不知羞，事若甚微，而人心所嚮，風化所本，豈不可治。爲有堂堂天朝，方懷讎未報，恨不寢皮食肉，而廼使犬戎腥羶之習，以亂吾中國之耳目哉。臣朝夕所憤懣不平者，茲不暇縷，姑以最甚者言之：紫袍紫衫，必欲爲紅赤紫色，謂之順聖紫；靴鞋常履，必欲前尖後高，用皁革，謂之不到頭；巾製則辮髮低髻，爲短統塌頂巾；棹篦則雖武夫力士，皆插巾側。如此等類，不一而足，豈特習以爲儀，咯無愧色；兼又身披虜服，而敢執事禁庭者，識者見之，不勝羞恨，竊恐此而不禁，將耳目習熟，人忘憤心，其於大計，寔有利害。臣愚欲望陛下亟發宸斷，盡行禁戢，宣諭臨安府守臣，自下多方約束，嚴行止絕前項虜服等。如有違戾，許人告首，支給厚賞，犯人取旨編配施行。其樂并手作人，亦編管他郡。及其他鼓吹歌舞習爲虜俗者，亦根究名色，禁止蕃伎，中國益尊，人心知所敬慕。或曰：是亡益也。今內治外攘之計，已具大綱，日月可冀矣。服製變易，誠亦何加損哉？臣則以爲不然。匹夫報仇，聞其名則心怒而弗聽，見其人則唾罵而不顧。況胥服其服而同其習耶？王導之惡庾亮，且欲以扇蔽西風之塵，蓋其惡之，惟恐其汚己也。今大讎未復，犬豗未剗，小大臣子惟當憤國蒙辱，未顧九死，思以蹀血虜庭，犁其巢穴，以副陛下二十年臥薪嘗膽之志。顧廼用夷變夏，甘心虜俗，曾不能如匹夫之報復，而下愧區區之王導哉。臣不敢也。臣願陛下凡中國怒氣所寓，雖一服製之微，亦當較計，使國人知懷憤悱，皆奮厲激發，見一虜服如惡惡臭，則氣之所攖，爲有弗濟者，惟陛下慨然而發憤焉，寔天下幸甚。

孝宗時，范成大論朝市儀注劄子曰：臣聞禮之有儀，禮之細也，然儀猶不立，則何禮之足云。今者黄道紫蓋，暫駐東南，朝市之制，當倣京邑，所以隆上都而觀萬國者，安得而不爾哉？臣伏見文武百僚，近衙朝會及德壽宮朝賀之類，退至宮殿等門，雜遝不暇，紛然闐咽，緣內之仗，衛外之從人，自相交鬨，至無路可行，貴臣近列，冠笏欹傾，有不能自持者。入公門，鞠躬如也；過位，色勃如也，足躩如也。謂君雖不御坐，過君之位者，猶當恭肅。今於駕興，班退失容如此，則朝廷之儀有當申嚴者。伏乞睿旨行下所屬，每遇朝集將退，縱有他處期會，但少紓頃刻，令編攔人寬出班路，使搢紳各依次序，安行趨出，以申鞠躬之躩之義。臣又伏見車駕行幸，前後禁衛各有重數，令眾與纔過駕後，圍子每重只四五人，不能呵衛，禁嚴法物及供奉班職，乃與行路人混爲一區，雖袒裼負戴者亦得並行禁圍之中。漢文帝號稱寬恕，縣人來闌蹕，猶匿橋下，必不敢闌入仗內，如今之縱弛，則扈從之儀有當申嚴者。伏乞睿旨行下所屬，乘輿行幸，增修鉤陳壁壘之制，望淥駕後衛卒，必使屬車禁衛盡絕，方許民庶通行。臣又伏見在京衙道，車馬相遇，皆有先後定制。今行都九衢之中，不問尊卑貴賤，務相排軋，而不遜避，甚或給使技藝及白身之與馬卒、擔夫街卒，皆與朝臣爭道，莫之誰何。古者國路馬及齒路馬之芻者皆有誅，非貴馬也，貴君馬，所以尊君也；而況君之朝臣乎？則衢道之儀有當申嚴者。伏乞睿旨下所屬，檢照條法，凡車馬相遇，有當避道，有當予道，有當斂馬側立之類，一如儀制，否者許被犯官司解送懲治。以上三者雖禮之細，而實關事體，所以觀國之光在是，誠不可忽。臣繆掌邦禮，未敢及其重大，謹按眾目之所不安者，姑舉一二，伏望聖慈責之攸司，以嚴禮禁。

趙汝愚乞編類隆興以後聘使儀禮疏曰：臣等竊惟行人之官，責任甚重，欲求稱職，必在擇人，人固須才，事當有據。嘗攷周禮行人之職掌賓客之禮儀。名位尊卑皆有禮籍，禮俗政事自爲一書。神宗皇帝嘗以遼國和好盟誓聘使禮幣儀式皆無攷據，始命蘇頌修成一書，名曰華夷魯衛錄。今兩國通好，姑務息民，凡所遣之使人皆是臨時選擇，事非素習，初匪世官，或有疑慮，責成吏手，安危所繫，事體非輕。欲望聖慈特命儒臣自隆興以後聘使往來之禮，吉凶慶弔之儀，編類成篇，以爲准式，使已用之文，粲然可觀，後來之事，酌之而行，可以息爭端，可以定疑慮。今後遇遣國信使副及接送館伴使，各授一編，使之檢用，誠非小補。

元世祖中統元年，宴羣臣於上都行宮，有不能釂大巵者，免其冠服。監察御史魏初上疏曰：臣聞君猶天也，臣猶地也，尊卑之禮不可不肅。方今內有太常，有史官，有起居注，以議典禮，記言動，外有高麗、安南使者入貢，以觀中國之儀，昨聞錫宴大臣，威儀弗謹，非所以尊朝廷正上下也。疏入，帝欣納之。

世祖時，東平布衣趙天麟上策曰：臣聞上古聖人之立制也，仰則觀象於天，俯則觀法於地，紀綱萬事，彫琢群情，有等有差，無奢無儉，俾華實之相副，庶儀則之可行，至於日用之間，咸有天然之道，降及後世，損益相須，代代殊文，其理一也。今國家官階各異，服色惟三，貫一統於中央，該二儀而混一。衆衣幅翳冠冕佩環盡削蕃文，咸遵近世。是故有紫有紅有綠有碧者，是唐朝之公服也，意感水一火二木三金四者，用四方之間色也。今又舉三等之色，而遺其碧者，從當時之宜也。至於玉犀金角之飾帶，金銀鍮鍇之殊節，象板以爲笏，間銀銅以爲帝，此在公之品級也。嘗悉分其天下之儀刑，猶爲未備，昔周室獨章於隧道，仲尼嘗惜於繁纓，蓋將以杜僭越之門，絕覬覦之望。定之後民之心志，塞奢侈之淵源，究而論之，可謂大矣。夫中者，乾坤之極致。人物之妙，模不及則逼下而爲固，太過則踰上而不遜，若夫中無過躬，事在合宜，不可以並迹而平心，不可以膠權而稱物，此乃中之至也。臣謂山節藻梲，複室重檐，黻繡絺繡，肩繪日月，皆古天子宮室衣服之制也。今市井富民臧獲賤類，皆敢居之服之，此臣所以惜之也。臣又按車馬者，古之命物也。今六合爲一，異代馬多，天下之人皆得乘之，亦無傷也。然大夫不敢徒行，是以有車，今市井之家往往以驕服駕車而乘之，與士大夫無異，此臣所以惜之也。臣又按上自省臺下及州府吏人，前世皆因黛色以別之，今猶闕爲出入公府與庶人無異，此臣所以惜之也。臣又按僧尼道士之服，自有其宜，今此等或不遵本教，雜混常俗，以致風化透傷，儌流難辨，此臣所以惜之也。臣又按古之五十者方得衣帛，七十者方得食肉，今之富人牆屋被文繡，鞍轡飾金玉，婢妾曳絲履，犬馬食菽粟，每召賓客，一筵之費，其直不貲，競相推尚。比古者亦以奢矣。古人之儉，是以多寬例，均貧人喜希。今人之奢，是以兼并風行，貧人愈困，此臣所以惜之也。方今之務在於下民之心太過，攝御之方未及，須爲格例以移之，庶乎貧富各得其正。伏望陛下略從前古，斟酌方今，凡房室車馬之類，明立節制，截自令下之後，並不得干冒僭越，凡僭制在令前者，隨即改之，凡吏員及僧尼道士，各從其服色服之，凡滌室鞍轡器皿衣服，勿用金銀塵貝文繡珠翠之飾，凡違令者，有司以違制論其可也。幸從臣言，則奢者雖家積萬金，亦無所矜其紛華榮耀之氣，而貪惏之志自皆止矣。僭者雖懷驕恣，亦無所啓其望外僥倖之心，而陵犯之念自皆息矣。奢僭既絕，而廉讓由興，廉者守潔於己，讓者推遜於人，聖人謂能以禮讓爲國乎何有。夫奢僭尚存而欲禮讓之化行，兩者交戰，斷不能也。故臨民者貴於明節制。

順帝時蘇天爵上奏曰。朝覲會同國家大禮。班制儀式。不可不肅。凡九品分官所以著尊卑之序。四方述職。所以同遠近之風。蓋位序尊嚴。則觀望隆重。朝拜典憲莫大於斯。邇年以來朝儀雖設。版位品秩率越班行。均爲衣紫。從五與正五雜居。共曰服緋。七品與六品齊列。下至八品九品。蓋亦莫不皆然。夫既踰越班制。遂致行立不端。因忘肅敬之心。殊失朝儀之禮。今後朝賀行禮。聽讀詔赦。先儘省部院臺正從二品衙門。次及諸司局院。各驗職事散官。序列正從班次。濟濟相讓。與與而行。如有踰越品秩差亂位序者。同失儀論。以懲不恪。庶幾貴賤有章。儀式不紊。上尊朝廷之典禮。下聳中外之觀瞻。

至正十九年。帝以天下多故。詔却天壽聖節朝賀。左丞相太平暨文武百官上奏曰。天壽節朝賀。乃臣子報本實。合禮典。今謙讓不受。固陛下盛德。然今軍旅征進。君臣名分。正宜舉行。不允。壬申。皇太子復率羣臣上奏曰。朝賀祝壽。是祖宗以來舊行典故。今不行有乖於禮。帝曰。今盜賊未息。萬姓荼毒。正朕恐懼修省敬天之時。奈何受賀以自樂。乙亥。御史大夫帖里帖木兒復奏曰。天壽朝賀之禮。蓋出臣子之誠。伏望陛下曲徇所請。若朝賀之後。内庭燕集。特賜除免。亦古者人君減膳之意。仍乞宣示中書。使内外知聖天子憂勤惕厲。至於如此。帝曰。爲朕闕於修省。以致萬姓塗炭。今復朝賀燕集。是重朕之不德。當俟天下安寧。行之未晚。卿等其毋復言。卒不聽。

右謹言禮

歷代名臣奏議卷之一百二十

歷代名臣奏議卷之一百二十一

禮樂　冠婚喪禮

魯襄公九年。公送晉侯。晉侯以公宴于河上。問公年。季武子對曰。會于沙隨之年。寡君以生。晉侯曰。十二年矣。是謂一終。一星終也。國君十五而生子。冠而生子。禮也。君可以冠矣。大夫盍爲冠具。武子對曰。君冠必以祼享之禮行之。以金石之樂節之。以先君之祧處之。今寡君在行。未可具也。請及兄弟之國而假備焉。晉侯曰。諾。公還。及衛。冠于成公之廟。假鐘磬焉。禮也。

唐太宗貞觀五年。皇太子冠。有司言。皇太子冠用二月吉。請追兵備儀仗。上曰。東作方興。宜改用十月。少傅蕭瑀奏曰。據陰陽書。不若二月。上曰。吉凶在人。若動依陰陽。不顧禮義。吉可得乎。循正而行。自與吉會。農時急務。不可失也。

右尊言冠禮

宋仁宗景祐元年。監察御史孫沔上奏曰。臣伏覩近降白麻。選立皇后。當禮院定到儀式。取冬至日奉冊皇后位中宮。事或必行。義亦未諭。伏自天聖以來。十有餘載。每下詔令。必曰克奉慈闈。數宣遠孝。及山園禰事。輅車發塗。陛下擗踊徒行。掩袂鳴慟。天下聞之。雖虞舜之爲心。周發之爲子。無以過也。今春百僚陳誠。五上封表。乞聽樂。而陛下純仁之懷。孺慕之意。哀志不衰。抑去未允。是知百行之本。一人克修。三載之憂。天下通制。雖易月之詔。臨政得於從權。期年而逾。在仁傷於有愛。而況明王廣孝思及萬世也。今建納皇后。必展鴻規。古禮交修。官儀備舉。慶賜兼行。惟心内易。奈何莊獻未及大祥。哀樂相參。切恐不可。士庶違之。則有踰制之刑。公卿違之。則負忘哀之責。豈英明之君。禮法之主。可自隳防範。以動風俗。則前之下令。皆爲空言。虧德名。無甚此舉。雖以禁掖久虛其位。固雖朝廷將順之宜。伏望陛下發慕往之情。奉有終之孝。追還近詔。別擇賢德。以俟過禫祥以成嘉會。則行告廟。更無嫌辭。則以御邦。孰敢不正。伏乞與執政大臣更從公議定。庶幾不顯於聞聽。臣生居寒微。不知國體。惟恐史筆直書千載之後。有虧陛下之全德。爾干犯天威。甘受斧鉞。

嘉祐二年。判太常寺吳奎等上奏曰。臣聞古者。婚姻始用行人告以夫家采擇之意。謂之納采。問女之名。歸夫廟卜。而獲吉以告女家。謂之問名納吉。今選尚一出朝廷。不待納采。又公主封爵已行。誕告不待問名而卜之。若納成則既有進財。請期則有司擇日。宜稍依五禮之名。存其物數。俾知古者婚姻之事。重而夫婦之際嚴。如此則亦不忘古禮之義也。欲俟公主出降日。令李偉家主婚之人。具合用雁幣玉馬等。陳於內東門外。以授內謁者。進入內中。付掌事者受之。其馬即不入。

英宗治平三年。穎王府翊善邵亢乞下太常禮院修撰穎王聘納儀範。奏曰。臣伏覩皇子穎王天資卓茂。婚姻及期。方陛下即政之初。而元嗣克家之日。推之於禮。莫重於斯。臣等伏見國朝親王聘納。雖開寶通禮具存舊儀。而因循未嘗施行。至有敲門羊酒。鎮撦錢銀。乃里巷之常談。蓋搢紳之不道。行於聖旦。竊所未安。欲乞降聖旨下太常禮院。博約舊典。修撰穎王聘納儀範。其故事非禮者。一切罷之。

哲宗元祐六年。范祖禹論納后儀制狀曰。臣竊以都亭驛常為遼使館舍。今納皇后以母天下。而先居之於夷狄之館。恐非所以觀示四方。為正始之道也。臣愚欲乞詳酌。以舊尚書省權為行第。又發冊奉迎命使及皇后入內。皇帝皆服通天冠絳紗袍。臣謹案古昏禮用冕服。無他服之文。通天冠絳紗袍本以代古皮弁之服。唐開元禮國朝開寶通禮亦皆服袞冕。發冊與奉迎同日。將以為天地宗廟社稷之主。繼先聖之後。其可以不致隆乎。伏請皇帝臨軒發冊命使奉迎及皇后入內。並服袞冕。以重大婚之禮。伏望聖慈更下三省檢案詳參酌。庶於國體為便。合於先王經禮之意。所有錄黃未敢行下。謹具封還。伏候敕旨。

貼黃。議者或謂昨來發太皇太后冊寶止服通天冠絳紗袍。今納皇后服冕有踰尊之嫌。臣謹案冕服祭服也。弁服齋服也。故南郊致齋服通天冠絳紗袍。祭之日乃服袞冕。冕服所以交神。非所以事親也。婚禮將以為天地宗廟社稷之主。有鬼神陰陽之義。故服祭服。與事親之禮不同。即無踰尊之嫌。臣與鄧伯溫等議狀已備論之。今服通天冠絳紗袍。於禮無所據。臣竊惜聖朝講明一代大典。而於先王之禮無據。則未足為法也。伏乞更賜詳酌。

哲宗時。御史中丞蘇轍乞令兩制共議納后禮劄子曰。臣伏見今月五日詔書節文。以皇帝尚虛中壼。令太常禮官參考古今典故著為成式。臣謹案通禮。納后最為嘉禮之重。自天聖以來。遠今六十餘年。在朝臣僚及太常官吏。無復親經其事者。茲禮至大。宜加重慎。竊見近歲議太皇太后皇太后皇太妃寶冊冠服儀衛等事。皆令翰林學士兩省給舍與禮官同議。今來皇帝婚禮所以承宗廟。奉兩宮。子四海。其事甚重。伏乞仍令翰林學士以下共加詳議。蓋慎始所以敬終。而正家所以齊天下。不可忽也。

右專言婚禮

東漢安帝元初三年。鄧太后詔長吏以下不為親行服者。不得典城選舉。時有上言牧守宜同此制。詔下公卿議者。以為不便。劉愷獨議曰詔書所以為制服之科者蓋崇化勵俗以弘孝道也今刺史一州之表二千石千里之師職在辯章百姓宣美風俗尤宜尊重典禮以身先之而議者不尋其端至於牧守則云不宜是循濁其源而望流清曲其形而欲影直不可得也太后從之

時有詔大臣得行三年喪服闕還職尚書陳忠因此上言孝宣皇帝舊令人從軍屯及給事縣官者大父母死未滿三月皆勿徭令得葬送請依此制從之至建光中尚書令祝諷尚書孟布等奏以為孝文皇帝定約禮之制光武皇帝絕告寧之典告寧休謁之名吉曰告凶曰寧古者名吏休假曰告史二千石有予告賜告予告在官有功法所當得也賜告病三月當免天子優賜其告使帶印綬將官屬歸家養病也貽則萬世誠不可改宜復建武故事忠上疏曰臣聞之孝經始於愛親終於哀戚上自天子下至庶人尊卑貴賤其義一也夫父母於子同氣異息一體而分三年乃免於懷抱先聖緣人情而著其節制服二十五

月是以春秋臣有大喪君三年不呼其門閔子雖要絰服事以赴公難退而致位以究私恩故稱君使之非也臣行之禮也周室陵遲禮制不序蓼莪之人作詩自傷曰缾之罄矣惟罍之恥言己不得終竟子道者亦上之恥也高祖受命蕭何創制大臣有寧告之科合於致憂之義建光之初新承大亂凡諸國政多趣簡易大臣既不得告寧而群司營祿念私鮮循三年之喪以報顧復之恩者禮義之方實為彫損大漢之興雖承衰敝而先王之制稍以施行故藉田之耕起於孝文孝廉之貢發於孝武郊祀之禮定於元成三雍之序備於顯宗大臣終喪成乎陛下聖功美業靡以尚茲孟子有言老吾老以及人之老幼吾幼以及人之幼天下可運於掌臣願陛下登高北望以甘陵之思揆度臣子之心則海內咸得其所

冲帝崩梁太后以揚徐盜賊方盛欲須所徵諸王侯到乃發喪太尉李固曰帝雖幼少猶天下之父今日崩亡人神感動豈有人子反共掩匿乎秦皇沙丘之謀近日北鄉之事皆天下大忌不可之甚者也太后從之即暮發喪

魏武帝幼子倉舒卒帝傷惜之甚掾邴原有女早亡帝欲求與倉舒合葬原辭曰嫁殤非禮也原之所以自容於明公公之所以待原者以能守訓典而不易也若聽明公之命則是凡庸也明公焉以為哉帝乃止

明帝太和中皇女淑薨追封謚平原懿公主司空陳羣上疏曰長短有命存亡有分故聖人制禮或抑或致以求厥中防墓有不脩之儉嬴博有不歸之魂夫大人動合天地垂之無窮又大德不踰閑動為師表故也八歲下殤禮所不備況未期月而以成人禮送之加為制服舉朝素衣朝夕哭臨自古以來未有此比而乃復自往視陵親臨

祖載願陛下抑割無益有損之事但悉聽羣臣送葬乞車駕不行此萬國之至望也聞車駕欲幸摩陂實到許昌二宮上下皆悉俱東舉朝大小莫不驚怪或言欲以避衰或言欲於便處移殿舍或不知何故臣以為吉凶有命禍福由人移徙求安則亦無益若必當移避繕治金墉城西宮及孟津別宮皆可權時分止可無舉宮暴露野次廢損盛節蠶農之要又賊地聞之以為大衰加所煩費不可計量且由吉士賢人當盛衰處安危秉道信命非徒其家以寧鄉邑從其風化無恐懼之心況乃帝王萬國之主靜則天下安動則天下擾行止動靜豈可輕脫哉

吳大帝嘉禾六年春正月詔曰夫三年之喪天下之達制人情之極痛也賢者割哀以從禮不肖者勉而致之世治道泰上下無事君子不奪人情故三年不逮孝子之門至於有事則殺禮以從宜要絰而

變事故聖人制法有禮無時則不行遭喪不奔非古也蓋隨時之宜以義斷恩也前故設科長吏在官當須交代而故犯之雖頃糾坐猶已廢曠方事之殷國家多難凡在官司宜各盡節先公後私而不恭承甚非謂也中外群僚其更平議務令得中詳為節度顧譚議以為奔喪立科輕則不足以禁孝子之情重則本非應死之罪雖嚴刑益設違奪必少若偶有犯者加其刑則恩所不忍有減則法廢不行愚以為長吏在遠苟不告語勢不得知比選代之間若有傳者必加大辟則長吏無廢職之負孝子無犯重之刑將軍胡綜議以為喪紀之禮雖有典制苟無其時所不得行方今戎事軍國異容而長吏遭喪知有科禁公敢干突苟念聞憂不奔之恥不計為臣犯禁之罪此由科防本輕所致忠節在國孝道立家出身為臣焉得兼之故為忠臣不得為孝子宜定科文示以大辟若故違犯有罪無赦以殺止殺行之一人其後必絕丞相雍奏從大辟

晉文帝崩國內行服三日武帝遵漢魏之典既葬除喪然猶深衣素冠降席撤膳太宰司馬孚等奏曰臣聞禮典軌度豐殺隨時虞夏商周咸不相襲蓋有由也大晉紹承漢魏有革有因期於足以興化致治而已故未皆得返情太素同規上古也陛下既已俯遵漢魏降喪之典以濟時務而躬蹈大孝情過乎哀素冠深衣降席撤膳雖武丁行之於殷世曾閔履之於布衣未足以喻方今荊蠻未夷庶政未乂萬機事殷動勞神慮豈遑全遂聖旨以從至情加歲時變易期運忽過山陵彌遠攀慕永絕臣等以為陛下宜回慮割情以康時濟治輒敕御府易服內省改坐太官復膳諸所施行皆如舊制詔曰每感念幽冥而不得終苴絰於草土以存此痛況當食稻衣錦誠愴然激切其心非所以相解也吾本諸生家傳禮來久何心一旦便易此情於所天罔極已多可試省孔子答宰我之言無事紛紜也言及悲剝奈何奈何孚等重奏伏讀明詔感以悲懷輒思仲尼所以抑宰我上聞聖恩所以不能已已甚深甚篤然今水旱干戈未戢武事未偃萬機至重天下至眾陛下以萬乘之尊履布衣之禮服麤席薦水飲蔬食殷憂內盈毀悴外表而躬萬機坐而待旦降心接下昃不遑食所以勞力者如斯之甚是以臣等悚息不寧誠懼神氣用損以疚大事輒敕有司改坐復常率由舊典惟陛下察納愚款以慰皇太后之心又詔曰重覽奏議益以悲剝不能自勝奈何奈何三年之喪自古達禮誠聖人稱心立衷明恕而行也神靈日遠無所告訴雖薄於情食旨服美朕更所不堪也不宜反覆重傷其心言用斷絕奈何奈何帝遂以此禮終三年後居太后之喪亦如之

武帝泰始二年八月詔書曰此上旬先帝棄天下日也便以周年吾煢煢當復何時壹得敘人子情邪思慕煩毒欲詣陵瞻侍以盡哀憤主者奏行備太宰司馬孚尚書令裴秀尚書僕射武陔等奏曰陛下至孝烝烝哀思罔極衰麻雖除毀瘠過禮蔬食麤服有損神和今雖秋節尚有餘暑謁見山陵悲感摧傷群下竊用悚息平議以為宜遠體降抑聖情以慰萬國詔曰孤煢忽爾日月已周痛慕摧感永無逮及欲奉瞻山陵以敘哀憤體氣自佳其又已涼便當行不得如所奏也主者便具行備又詔曰昔者哀適三十日便為梓宮所棄遂離衰絰感痛豈可勝言顧漢文不使天下盡哀亦先帝至謙之志是以自割示以副諸君子有三年之愛而身禮廓然當見山陵何心而無服其以衰絰行孚等重奏臣聞上古喪期無數後世乃有年月之漸漢文帝隨時之義制為短喪傳之于後陛下以社稷宗廟之重萬方億兆之故既從權制釋降衰麻群臣庶僚吉服今者謁陵衰慕若加衰

經近臣期服。當復受制。進退無當。不敢奉詔。詔曰。亦知不在此麻布耳。然人子情思。為欲令哀喪之物在身。蓋近情也。羣臣自當案舊制。期服之義。非先帝意也。宇等又奏。臣聞聖人制作。必從時宜。故五帝殊樂。三王異禮。此古今所以不同。質文所以迭用也。陛下隨時之宜。既降心克己。俯就權制。既除衰麻。而行心喪之禮。今復制服。義無所依。若君服而臣不服。雖先帝厚恩。亦未之敢安也。參量平議。宜如前奏。臣等敢固以請。詔曰。患情不能企及耳。衣服何在。諸君勤勤之至豈苟相違。

四年。皇太后崩。有司奏。前代故事。倚廬中施白縑帳。蓐素牀。以布巾裹凷草。軺輦板輿油犢車。皆施縑裏。詔不聽。但令以布衣車而已。其餘居喪之制。一如禮文。有司又奏。大行皇太后當以四月二十五日安厝。故事。虞著衰服。既虞而除。其內外官僚皆就。朝晡臨位。御除服

訖。各還所次除衰服。詔曰。夫三年之喪。天下之達禮也。受終身之愛。而無數年之報。奈何葬而便即吉。情所不忍也。有司又奏。世有險易。道有洿隆。所遇之時異。誠有由然。非忽禮也。方今戎馬未散。王事至殷。更須聽斷。以熙庶績。昔周康王始登翌室。猶戴冕臨朝。降於漢魏。既葬除釋。諒闇之禮。自遠代而廢矣。惟陛下割高宗之制。從當時之宜。敢固以請。詔曰。攬省奏事。益增感剝。夫三年之喪。所以盡情致禮。葬已便除。所不堪也。當敘吾哀懷。言用斷絕。奈何奈何。有司又固請。詔曰。不能篤孝。勿以毀傷為憂也。誠知衣服末事耳。然今思存草土。率常以吉奪之。乃所以重傷至心。非見念也。每代禮典質文皆不同。此身何為限以近制。使達喪闕然乎。羣臣又固請。帝流涕久之。乃許。

十年。武元楊皇后崩。及將遷于峻陽陵。依舊制。既葬。帝及羣臣除喪即吉。先是。尚書祠部奏。從博士張靖議。皇太子亦從制俱釋服。博士陳逵議。以為今制所依。蓋漢帝權制。興於有事。非禮之正。皇太子無有國事。自宜終服。有詔更詳議。尚書杜預以為古者天子諸侯三年之喪。始同齊斬。既葬除喪服。諒闇以居。心喪終制。不與士庶同禮。漢氏承秦。天下為天子脩服三年。漢文帝見其下不可久行。而不知古制。更以意制祥禫。除喪即吉。魏氏直以訖葬為節。嗣君皆不復諒闇終制。學者非之久矣。然竟不推究經傳。考其行事。專謂王者三年之喪。當以衰麻終二十五月。嗣君苟若此。則天子羣臣皆不得除喪。雖志在居篤。更通而不行。至今世主。皆從漢文輕典。由處制者非制也。今皇太子與尊同體。宜復古典。卒哭除衰。以諒闇終制。於義既不應不除。又無取於漢文。乃所以篤喪禮也。於是尚書僕射盧欽尚書魏舒。問杜預證據所依。預云。傳稱三年之喪自天子達。此謂天子絕朞唯有三年喪也。非謂居喪衰服三年與士庶同也。故后世子之喪而

叔嚮稱有三年之喪二也。周公不言高宗服喪三年。而云諒闇三年。此釋服心喪之文也。叔嚮不譏景王除喪。而譏其燕樂已早。明既葬應除。而違諒闇之節也。春秋晉侯享諸侯。子產相鄭伯。時簡公未葬。請免喪以聽命。君子謂之得禮。宰咺來歸惠公仲子之賵。傳曰。弔生不及哀。此皆既葬除服諒闇之證。先儒舊說。往往亦見。學者未之思耳。喪服諸侯為天子亦斬衰。豈可終服三年邪。上考七代。未知王者君臣上下衰麻三年者。誰下推將來。恐百世之主。其理一也。非必不能。乃事勢不得。故知聖人不虛設不行之制。仲尼曰。禮所損益。雖百世可知。此之謂也。於是欽舒從之。遂命預造議。奏曰。禮官參議。博士張靖等議。以為孝文權制三十六日之服。以日易月。道有污隆。禮不得全。皇太子亦宜割情除服。博士陳逵等議。以為三年之喪。人子所以自盡。故聖人制禮。自上達下。是以今制將吏諸遭父母喪。皆假寧

二十五月敦崇孝道所以風化天下皇太子至孝著於內而衰服除于外非禮所謂稱情者也宜其不除臣欽臣舒臣預謹按靖逵等議各見所學之一端未統帝者居喪古今之通禮也自上及下尊卑貴賤物有其宜故禮有以多為貴者有以少為貴者有以高為貴者有以下為貴者唯其稱也不然則本末不經行之不遠天子之與群臣雖哀樂之情若一而所居之宜實異故禮不得同易曰上古之世喪期無數虞書稱三載四海遏密八音其後無文至周公旦乃稱殷之高宗諒闇三年不言其傳曰諒信也闇默也下逮五百餘歲而子張疑之以問仲尼仲尼答云何必高宗古之人皆然君薨百官總己以聽於冢宰三年周景王有后世子之喪既葬除服而樂晉叔向譏之曰三年之喪雖貴遂服禮也王雖弗遂宴樂已早亦非禮也此皆天子喪事見於古文者也稱高宗不云服喪三年而云諒闇三年此釋

服心喪之文也譏景王不譏其除喪而譏其宴樂已早明既葬應除而違諒闇之節也堯崩舜諒闇三年故稱遏密八音由是言之天子居喪齊斬之制菲杖絰帶當遂其服既葬而除諒闇以終之三年無改父之道故百官總己聽於冢宰喪服已除故稱不言之美明不復寢苫枕凷以荒大政也禮記三年之喪自天子達又云父母之喪無貴賤一也又云端衰喪車皆無等此通謂天子居喪衣服之節同於凡人心喪之禮終於三年亦無服喪三年之文然繼體之君猶多荒寧自從廢諒闇之制至令高宗擅名於往代子張致疑於當時此乃賢聖所以為譏非譏天子不以服終喪也秦燔書籍率意而行尤上抑下漢祖草創因而不革乃至率天下皆終重服旦夕哀臨經罹寒暑禁塞嫁娶飲酒食肉制不稱情是以孝文遺詔斂畢便葬葬畢制紅禫之除雖不合高宗諒闇之義近於古典故傳之後嗣于時預脩

陵廟故斂葬得在浹辰之內因以定制近至明帝存無陵寢五旬乃葬安在三十六日此當時經學疏略不師前聖之病也魏氏革命以既葬為節合於古典然不垂心諒闇同譏前代自泰始開元陛下追尊諒闇之禮慎終居篤允臻古制超絕於殷宗天下歌德誠非靖等所能原本也天子諸侯之禮當以具矣諸侯惡其害己而削其籍今其存者惟士喪一篇戴勝之記雜錯其間亦難以取正天子之位至尊萬機之政至大群臣之衆至廣不同之於凡人故大行既葬祔祭于廟則因疏而除之已不除則群臣莫敢除故屈己以除之而諒闇以終制天下之人皆曰我王之仁也屈己以從宜皆曰我王之孝也既除而心喪我王猶若此之篤也凡等臣子亦焉得不自勉以崇禮此乃聖制移風易俗之本高宗所以致雍熙豈惟衰裳而已哉若如難者更以權制自居疑於屈伸厭降欲以職事為斷則父在為母期

父卒三年此以至親屈於至尊之義也出母之喪以至親為屬而長子不得有制體尊之義升降皆同不敢獨也禮諸子之職掌國子之倅國有事則帥國子而致之太子唯所用之傳曰君行則守有守則從從曰撫軍守曰監國不無事矣喪服母為長子妻為夫妾為妻皆三年內宮之主可謂無事揆度漢制孝文之喪紅禫既畢孝景即位於未央薄后竇后必不得齊斬於別宮此可知也況皇太子配貳之至尊與國為體固宜遠遵古禮近同時制屈除以寬諸下協一代之成典君子之於禮有直而行曲而殺有經而等有順而去之存諸內而已禮云非玉帛之謂喪云惟衰麻之謂乎此既臣等所謂制大義且即實近言亦有不安今皇太子至孝烝烝發於自然號咷之慕匍匐殯宮大行既奠往而不反必想像平故彷徨寢殿若不變從諒闇則東宮臣僕義不釋服此為永福宮屬當獨衰絰出入殿省亦

繼以繼令將吏雖家同二十五月之喪寧至於大臣亦奪其制皆從權茲進自以身為漢嗣居喪三十六日不敢踰國典而況於皇太子臣等以為皇太子宜如前奏除服諒闇制於是太子遂以緣降之議從國制除喪麻諒闇終制

惠帝初秦國郎中令李含領始平中正秦王柬薨含依臺儀葬訖除喪尚書趙浚有內寵疾含不事己遂奏含不應除喪本州大中正傅祗以名義貶含中丞傅咸上表理含曰臣州秦國郎中令始平李含忠公清正才經世務實有史魚秉直之風雖以此不能協和流俗然其名行峻厲不可得掩二郡並舉孝廉異行尚書郎與臨州含寒門少年而爽邁為別駕太保衛瓘辟含為掾每語臣曰李世容當為晉匪躬之臣秦王之薨悲慟感人百僚會喪皆所目見而今以含俯就王制謂之背戚居榮奪其中正天王之朝既葬不除藩國之喪既葬

而除藩國欲同不除乃當責引尊準卑非所宜言耳今天朝告于上欲令藩國服于下此為藩國之義隆而天朝之禮薄也又云諸王公皆終喪禮寧盡乃敘明以喪制宜隆務在敦重也其寧盡乃敘明以哀其病耳異於天朝制使終喪未見斯文國既葬而除既除而祔爰自漢魏迄于聖晉文皇升遐武帝崩殂世祖過哀陛下踐阼循疾諒闇以終三年率土臣妾豈無攀慕遂服之心實以國制不可而踰故於既葬不敢不除天王之喪釋除於上藩國之臣獨遂于下此不可安復以秦王無後含應為喪主而喪既除而祔則應吉祭因同王未有廟主不應除服秦王始封無所連祔靈主所居即使為廟不問國制云何而以無廟為貶以含今日之所行移博士使案禮文必也放勳之殂遏密三載世祖之崩數旬即吉引古繩今闔世有貶何但李含不應除服今也無貶王制故也聖上諒闇哀聲不輟股肱近侍猶宜心喪不宜便行婚娶歡樂之事而莫云者豈不以大制不可而由邪且前以含有王喪上為差代尚書勅王非日存近葬訖含應攝職不聽差代葬訖含猶躊躇司徒屢罰訪問踰含攝職而隨舉之此為臺勅府符陷含於惡者謂臺府為傷教義則當據正不正符勅唯含是貶含之困躓尚足惜乎國制不可偏耳又自以隴西人雖戶屬始平非所綜悉自初見使為中正反覆言辭說非始平國人不宜為中正後為郎中令又自以選官引臺府為比以讓常山太守蘇韶辭意懇切形于文墨含之固讓乃在未薨之前葬後躊躇窮於對罰而攝職耳臣從弟祗為州都督意在欲隆風教議含已過不良之人遂相扇動冀挾名義法外致案足有所邀中正龐騰便割含品臣無祁大夫之德見含為騰所侮謹表以聞乞朝以時博議無令騰得妄弄刀筆帝不從

太安元年三月皇太孫尚薨有司奏御服齊衰朞詔通議散騎常侍謝衡以為諸侯之太子誓與未誓尊卑體殊喪服云為嫡子長殤謂未誓也已誓則不殤也中書令卞粹曰太子始生故已尊重不待命誓若衡議已誓不殤則元服之子當斬衰三年未誓而殤則雖十九當大功九月誓與未誓其為升降也微斬與大功其為輕重也遠而令注云諸侯不降嫡殤重嫌於無以大功為重嫡之服大功為重嫡之服則雖誓無復有三年之理明矣男能張衛社稷女能奉婦道各以可成之年而有已成之事故可無殤非孩亂之謂也謂殤後者尊之如父猶無所加而止殤服況以天子之尊為無服之殤行成人之制邪凡諸宜重之殤皆士大夫不加服而令至尊獨居其重未之前聞也祕書監摯虞議曰太子初生舉以成人之禮則殤理除矣太孫亦體君重由位成而服全非以年也天子無服殤之儀絕朞故也然

是御史以上皆服齊衰。

東晉元帝時，瑯琊王裒薨，郎中令丁潭上疏求行終喪禮曰：在三之義，禮有達制，近代已來，或隨時降殺，宜一匡革，以敦于後。按今文，王侯之喪，官僚服斬，既葬而除。今國無繼統，喪庭無主，臣實陋賤，不足當重。謬荷首任，禮宜終喪。詔下博士議。國子祭酒杜夷議：古者諒闇，三年不言。下及周世，稅衰効命。春秋之時，天子諸侯既葬而除。此所謂三代損益，禮有不同。故三年之喪，由此而廢。然則漢文之詔，合於隨時。凡有國者，皆宜同也。非唯施於帝王而已。按禮，殤與無後降於成人。有後既葬而除，今不得以無後之故而獨不除也。愚以丁郎中應除衰麻，自宜主祭，以終三年。太常賀循議：禮，天子諸侯俱以至尊臨人，上下之義，君臣之禮，自古以來，其例一也。故禮盛則並全其重，禮殺則從其降。春秋之事，天子諸侯不行三年。至於臣為君服，亦宜以君為節，未有君除而臣服，君服而臣除者。今法令，諸侯卿相官屬為君服斬衰，既葬而除。以令文言之，明諸侯不以三年之喪與天子同，可知也。君若遂服，則臣輕重無應除者也。若當皆除，無一人獨重之文。禮有攝主而無攝重，故大功之親主人喪者，必為之再祭練祥，以大功之服主人三年喪者也。苟謂諸侯與天子同制，國有嗣王，自不全服，而人主居喪，素服主祭，三年不攝吉事，以尊令制。若當遠迹三代，令復舊典，不依法令者，則侯之服貴賤一例，亦不得唯一人論。於是詔使除服，心喪三年。

琅邪悼王煥，年二歲薨，元帝悼念無已，將葬，以煥既封列國，加以成人之禮，詔立凶門柏歷，備吉凶儀服，營起陵園，功役甚衆。琅邪國右常侍會稽孫霄上疏曰：臣聞法度典制，先王所重，吉凶之禮，事貴不過。是以世豐不使奢放，凶荒必務約殺，朝聘嘉會，足以展庠序之儀，葬送終，務以稱哀榮之情，上無奢泰之譏，下無匱竭之困。故華元厚葬，君子謂之不臣；嬴博至儉，仲尼稱其合禮。明傷財害時，古人之所譏；簡約，聖賢之所嘉也。語曰：上之化下，如風靡草。京邑翼翼，四方所則，明教化法制，不可不慎。陛下龍飛踐阼，興微濟弊，聖懷勞謙，務從簡儉，憲章舊制，猶欲節省，禮典所無，而反尚飾。此臣愚情竊所不安也。棺槨輿服旒翣之屬，禮典舊制，不可廢闕。凶門柏歷，禮典所無，天晴可不用，遇雨則無益。此至宜節省者也。若琅邪一國一時所用，不為大費。臣在機近，義所不言。今天臺所居，王公百僚聚在都輦，凡有喪事，皆當供給材木百數，竹薄千計，凶門兩表，衣以細竹及材，價直既貴，又非表凶哀之宜。如此過飾，宜從麤簡。又案禮記，國君之葬，棺槨之間容柷，大夫容壺，士容甒，以壺甒為差，則柷財大於壺明矣。槨周於棺，槨不甚大也。語曰：葬者，藏也，藏欲其深而固也。槨大則難為堅固，無益於送終，而有損於財力。凶荒殺禮，經國常典。既減殺而猶過舊，此為國之所厚惜也。又禮，將葬，遷柩於廟，祖而行，及墓即窆，葬之日即反哭而虞。如此，則柩不宿於墓上也。聖人非不哀親之在土，而無情於丘墓，蓋以墓非安神之所，故脩虞於殯宮。始則營草宮於山陵，遷神柩於墓側，又非典也。非禮之事，不可以訓萬國。臣至愚至賤，忽求革前之非，可謂狂瞽不知忌諱。然今天下至弊，自古所希，宗廟社稷遠託江表，半州之地，凋殘以甚，加之荒旱，百姓困瘁，非但不足，死亡是懼。此乃陛下至仁之所矜愍，可憂之至重也。正是臣矯末俗改張易調之時，而猶且竭已罷之人，營無益之事，殫已困之財，脩無用之費，此固臣之所不敢安也。今琅邪之於天下，國之最大，若割損非禮之事，務遵古典，上以彰聖朝簡易之至化，下以表萬世無窮之規則。此芻蕘之言，有補萬一，塵露之微，有增山海。

元帝時，愍懷太子為胡所害，始奉諱，有司奏曰：天子三朝舉哀，羣臣一哭

后已司空王導以爲皇太子副貳哀極善天有情宜同三朝之哀從之

明帝崩鍾雅遷御史中丞時國喪未朞而尚書梅陶私奏女妓雅劾奏曰臣聞放勳之殂八音遏密雖在凡庶猶能三載自茲以來歷代所同肅祖明皇帝崩背萬國當朞來月聖主縞素泣血臨朝百僚慘愴動無歡容陶無大臣忠慕之節家庭備聲妓紛葩絲竹之音流聞衢路宜加放黜以整王憲請下司徒論正清議

康帝時汝南王統江夏公衛崇並爲庶母制服三年尚書令顧和奏曰禮所以軌物成教故有國家者莫不崇正明本以一其統斯人倫之紀不二之道也爲人後者降其所出奪天屬之性顯至公之義降殺節文著于周典案汝南王統爲庶母居廬服重江夏公衛崇本由疏屬開國之緒近喪所生復行重制違冒禮度肆其私情閫闈許其過厚談者莫以爲非則政道陵遲由乎禮廢憲章穨替始於容違若

弗糾正無以齊物皆可下太常奪服若不祇王命應加貶黜詔從之

孝武帝太元元年崇憲太后褚氏崩后於帝爲從嫂或疑其服太學博士徐藻議資父事君而敬同又禮傳其夫屬乎父道者妻皆母道也則夫屬君道妻亦后道矣服后宜以資母之義魯譏逆祀以明尊尊今上躬奉康穆哀皇及靖后之祀致敬同於所天豈可敬之以君道而服廢於本親謂應服齊衰朞於是帝制朞服

十五年淑媛陳氏卒皇太子所生也有司奏詳母以子貴贈淑媛爲夫人置家令典喪事太子前衛率徐邈議喪服傳稱與尊者爲體則不服其私親又君父所不服子亦不敢服故王公妾子服其所生母練冠麻衣既葬而除非五服之常則謂之無服從之

十七年太常車胤上言曰謹案喪服禮經庶子爲母緦麻三月傳曰何以緦麻以尊者爲體不敢服其私親也此經傳之明文聖賢之格言而自頃開國公侯至于卿士庶子爲後各肆私情服其庶母同之於嫡此末俗之弊溺情傷教縱而不革則流遁忘反矣且夫尊尊親親雖禮之大本然厭親於尊由來尚矣禮記曰爲父後出母無服也者不祭故也又禮天子父母之喪未葬越紼而祭天地社稷斯皆崇嚴至敬不敢以私廢尊也今身承祖宗之重而以庶母之私廢烝嘗之事五廟闕祀由一妾之終求之情禮失莫大焉舉世皆然莫之裁貶就心不同而事不敢異故正禮遂頹而習非成俗此國風所以思古小雅所以悲歎當今九服漸寧王化惟新誠宜崇明禮訓以一風俗請臺省考修經典式明王度詔不答

安帝隆安四年太皇太后李氏崩尚書祠部郎徐廣議曰太皇太后名位允正體同皇極理制備盡情禮彌申陽秋之義母以子貴既稱夫人禮服從正故成風顯夫人之號昭公服三年之喪子於父之所

生體尊義重且禮祖不厭孫宜遂服無屈而緣情立制若嫌明文不存則疑斯從重謂應同於爲祖母後齊衰朞永安皇后無服但一舉哀百官亦一朞詔可

宋高祖永初二年黃門侍郎王准之上奏曰鄭玄注禮三年之喪二十七月而古今學者多謂得禮之宜晉初用王肅議祥禫共月故二十五月而除遂以爲制江左以來唯晉朝施用縉紳之士多遵玄義夫先王制禮以大順羣心喪也寧戚著自前訓今大宋開泰品物遂理愚謂宜同即物情以玄義爲制朝野一禮則家無殊俗從之

文帝元嘉二年帝既免喪司徒徐羨之與左光祿大夫傅亮上表歸政曰臣聞元首司契運樞成務臣道代終事盡宣翼冕旒之道理絕於上皇拱己之事不行於中古故高宗不言以三齡爲斷冢宰聽政以再朞爲節百王以降罔或不然陛下聖德紹興負荷洪業億兆顒

毓息陶成化。而聖旨謙挹，委成群司，自大禮告終，鑾遷三改，六閑佇照，遠邇傾屬。臣等雖幸誠庸闇，不能仰感，敢藉品物之情，謹因蒼生之志，伏望陛下遠存周文日昃之道，近思皇室締搆之艱，時攬萬機，躬親朝政，廣闢四聰，博詢庶業，則雍熙可臻，有生幸甚。

表之等重奏曰：近陳寫下情，言為心聲，本被還詔，鑒許未回，豈惟愚臣秉心有在，謂之朝野人無異議。何者？形風四方，寔繫王德，一國之事，本之一人。雖世代不同，時殊風異，至於主運臣贊，古今一揆。未有渾心委任，而休明可期。此之非宜，布自遐邇，臣等荷遇二世，休戚以均，情為國深，豈容順默，重披丹心，冒昧以請，上猶辭。表之等又固陳曰：比表披陳，辭誠俱盡，詔旨沖遠，未垂聽納。三復屏營，伏增憂歎。臣聞克隆先搆，幹蠱之盛業；昧旦丕顯，帝王之高義。自皇宋創運，英聖有造，殷憂未闕，艱患仍纏，賴天命有底，聖明承業，時屯國故，猶在民心。太山之安未易可保，睿明隆替，繫在聖躬，斷誠周詩風興之辰，殷王待旦之日。豈得無為拱己，復玄古之風，遂巡虛挹，徇匹夫之事，伏以宗廟為重，百姓為心，弘大業以嗣先軌，隆聖道以增前烈。愚瞽所獻，情盡於此。上乃許之。

十七年，元皇后崩，皇太子心喪三年。禮：心喪者有禫無禫，禮無成文。世或兩行。皇太子心喪畢，詔使博議。有司奏：喪禮有禫，以祥變有漸，不宜便除即吉，故其間服以綅縞也。心喪已經十三月大祥，十五月禫。禫除禮畢，餘一朞不應復有禫，宜下以為永制。詔可。

二十三年七月，白衣領御史中丞何承天奏曰：尚書刺海鹽公主所生母蔣美人喪，海鹽公主先離婚，今應成服，撰儀注參詳，宜下二學禮官博士議。公主所服輕重。太學博士顧雅議：今既咸用士禮，便宜同齊衰削杖布帶疏屨朞，禮畢，心喪三年。博士周野王議：又古今諸公主咸用士禮，衡陽王為所生太妃皆居重服，則公主情禮亦宜家中齊服為允。其博士庾蔚之、顧測、殷明、王淵之四人同雅議。何惔、王羅雲二人同野王議。如所上，臺按：今之諸王雖行士禮，是施於傍親，及自己以下，至於為帝王所厭，猶一依古典。又永初三年次月，符脩儀亡，廣德三主以餘尊所厭，猶服大功，海鹽公主躰自宸極，當上厭至尊，豈得遂服。臺據經傳正文，并引事例，依源責失，而博士顧雅、周野王等拜不肯怗，方稱自有宋以來皇子蕃王皆無厭降，同之士禮，著於故事。緦功之服，不厭於末，咸顧獨駁於所生，是由其所輕奪其所重，奪其所重，豈緣情之謂？臺伏尋聖朝受終于晉，凡所施行，莫不上稽禮文，兼用晉事。又太元中，晉恭帝時為皇子，服其所生陳氏練冠縓緣。此則前代施行故事，謹依禮文者也。又廣德三公主為所生母符脩儀服大功，此先君餘尊之所厭者也。元嘉十三年，第七皇子不服曹婕妤，正於麻衣，此厭乎至尊者也。博士既不據古，又不依今，背違施行，見事而多作浮辭，自衛，乃云五帝之時，三王之季，又言長子去斬衰，除禫杖，皆是古禮，不少。今世博士雖復引此，諸條無救於失。又詰臺云：蕃國得遂其私情，此義出何經記？臣按南譙衡陽太妃，並受朝命，為國小君，是以二王得遂其服，豈可為美人比例，尋蕃王得遂者，聖朝之所許也。皇子公主不得申者，由有厭而然也。臺察重更責失，制不得過十日，而復不訓答，既被催攝，二三日，方輸怗辭。雖理屈事窮，猶闇義恥服。臣聞喪紀有制，禮之大經，降殺攸宜，家國舊典。古之諸侯衆子猶以尊厭，況在王室，而欲同之士庶。此之僻謬，不俟言而顯。太常統寺，曾不研卻，所謂同乎失者，亦未得之。宜加裁正，弘明國典，謹案太學博士顧雅、國子助教周野王、博士王羅雲、顧測、殷明、何惔、王淵之、前博士遷員外散騎侍郎庾蔚之等，咸蒙抽叨備位丞疑。既不謹守舊文。又不審覈前准。遂上背經典。下違故實。率意妄作。自造禮章。太常臣敬叔位居宗伯。問禮所司。騰述往反。了無研却。混同茲季。亦宜及咎。請以見事並免今所居官。解野王領國子助教。雅野王初立議乖舛。中執捍愆失。未違十日之限。雖起一事。合成三愆。羅雲掌押檦失。三人加禁錮五年。詔敬叔白衣領職。餘如奏。

孝武帝孝建元年。有司奏。故第十六皇弟休倩薨夭。年始及殤。追贈謚東平沖王。服制未有成准。輒下禮官詳議。太學博士陸澄議。案禮有成人之道。則不為殤。今既追胙土宇。遠崇封秩。圭黻備典。成孰大焉。典文式昭。殤名去矣。夫典文垂式。元服表身。猶以免孺子之制。全丈夫之義。安有名頒爵首。而可服以殤禮。有司尋澄議無明據。却使秉正更上。澄重議。竊謂贈之為義。所追加名器。故贈公者便成公。贈卿者便成卿。贈之以王。得不為王乎。然則有在生而封。或既沒而爵。俱受帝命。未為吉凶殊典。何備文物。豈以存亡異數。今璽策盛秩。是成人之禮。羣后臨哀。非下殤之制。若喪用成人。親以殤服。未學含疑。未之或辯。設求詳衷。如所稱。左丞臣羊希參議。尋澄議既無畫然前制。則不合准據。按禮。子不殤父。臣不殤君。君父至尊。臣子恩重。不得以幼年而降。又曰。尊同則服其親服。推此文。旁親自宜服殤。所不殤者。唯施臣子而已。詔可。

又湘東國刺稱。國太妃以去三十年閏六月二十八日薨。未詳周忌當在六月。為取七月。勅禮官議正。博士丘邁之議。按吳商議。閏月亡者。應以本正之月為忌。請正閏各有所執。商議為允。宜以今六月為忌。左僕射建平王宏謂邁之議不可准據。按晉世及皇代以來。閏月亡者。以閏之後月祥。宜以來二月為祥忌。及大明元年二月。有司又

奏。太常、鄱陽哀王去年閏三月十八日薨。今為何月末祥。下禮官議正。博士傅休議。尋三禮。喪遇閏。月數者數閏。歲數者沒閏。閏在周內故也。鄱陽哀王去年閏三月薨。月次節物則定是四月之分。應以今年四月末為祥。晉元明二帝並以閏二月崩。以閏後月祥。先代成准。則是今比。太常丞庾蔚之議。禮正月存親。故有忌日之感。四時既已變。人情亦已衰。故有一祥之殺。是則祥忌皆以同月為議。而閏亡者。明年必無其月。不可以無其月而不祥忌。故必宜用閏所附之月。閏月附正。公羊明議。故班固以閏九月為後九月。月名既不殊。天時亦不異。若用閏之後月。則春夏永革。節候亦舛。設有人以閏臘月亡。若用閏後月為祥忌。則祥忌應在後年正月。祥涉三載。既失周朞之議。冬亡而春忌。又乖致感之本。譬人年末三十日亡。明年末月小。若以去年二十九日親尚存。則應用後年正朝為忌。此必不然。則閏亡可知也。通關並同蔚之議。三月末祥。

有司奏。雲杜國解稱國子檀和之所生親王。求除太夫人。檢無國子除太夫人先例。法又無科。下禮官議正。太學博士孫豁之議。春秋母以子貴。王雖為妾。是和之所生。按五等之例。鄭伯許男同號夫人。國子體例。王合如國所生。太常丞庾蔚之議。母以子貴。雖春秋明義。古今異制。因革不同。自頃代以來。所生蒙榮。唯有諸王。既是王者之嬪御。故宜見尊於蕃國。若功高勳重。列為公侯。亦有拜太夫人之禮。凡此皆朝恩曲降。非國之所求。子男妾母。未有前比。祠部郎中朱膺之議。以為子不得爵父母。而春秋有母以子貴。當謂傳國君母本先公嬪媵。所因藉有由故也。始封之身。所不得同。若殊績重勳。恩所特錫。時或有之。不由司存所議。參議以蔚之為允。詔可。

大明二年正月。有司奏。故右光祿大夫王偃喪。依格。皇后服朞。心喪

年應再周來二月晦除元嘉十九年舊事武康公主出適一十五月心制終盡從禮即吉昔國哀再周孝建二年二月其月末諸公主心制終則應從吉于時猶心禪素衣二十七月乃除二事不同領曹郎朱膺之議詳尋禮文心喪不應有禪皇代考驗已爲定制元嘉季年綱維深明聖心天至喪紀過哀是以出適公主還同在室卽情變禮非革舊章今皇后二月晦宜依元嘉十九年制釋素卽吉以文帝元嘉十五年皇太子妃祖父右光祿大夫殷和喪變除之禮儀同皇后

六月有司奏凡侯伯子男世子喪無嗣求進次息爲世子檢無其例下禮官議正博士孫武議按晉濟北侯荀勗長子連卒以次子輯拜世子先代成準宜爲今例博士傅郁議禮記微子立衍商禮斯行仲子舍孫姬典攸貶歷代遵循靡替于舊今胙土之君在而世子卒無

嗣未有非孫之謂愚以爲次子有子自宜紹爲世孫若其未也無容遠捜輕屬承綱繼體傳之有由父在立子允稱情典曾郎諸葛雅之議按春秋傳云世子死有母弟則弟無則立長年均擇賢義均則卜古之制也今長子早卒無嗣進立次息以爲世子服諸左氏理義無違又孫武所據晉濟北侯荀勗長子卒立次子亦近代成例據文採比竊所允安謂宜開許以爲永制參議爲允詔可

四年九月有司奏陳留國王曹虔季長兄虔嗣早卒虔季襲封之後生子銑以繼虔嗣今依例應拜世子未詳應以銑爲世子爲應立次子鏘太學博士王温之江長議並爲應以銑爲正嗣太常陸澄議立鏘右丞徐爰議謂禮後大宗以其不可乏祀諸侯世及春秋成美虔嗣承家傳爵身爲國王雖薨沒無子猶列昭穆立後之日便應卽纂國統于時既無承繼虔嗣以次襲紹虔嗣既列廟享故自與出數而還豈容蒸嘗無闕橫取他子爲嗣爲人亂嗣又應蒸祀本父按禮之公子不得禰諸侯虔嗣無緣降廟既廢銑本長息宜還爲虔季世子詔如爰議

五年閏月有司奏依禮皇太后服太子妃小功五月皇后大功九月右丞徐爰參議宮人從服者若二御哭臨應著衰時從服者悉著衰非其日如常儀太子既有妃朞服詔見之日還著公服若至尊非哭臨日幸東宮太子見亦如之宮臣見至尊皆着朱衣

有司又奏王太子妃薨至尊皇后並服大功九月皇太后小功五月未詳二御何時當得作鼓吹及樂博士司馬興之議按禮喪「喪大功之喪三月不從政今臨軒拜授則人君之大典今古既異賒促不同愚謂皇太子妃附廟之後便可臨軒作樂及鼓吹右丞徐爰議皇太子妃雖未山塋臨軒拜官舊不爲礙禫祔在殯應縣而不作祔後三御

樂宜使學官擬禮上與之又議按禮大功至則辟琴瑟謡「無自奏之理但王者體大理絶凡庶故漢文既葬悉皆復吉唯縣而不樂以此表哀今准其輕重倖其降殺則下流大功不容撤樂終服夫金石賓享之禮簫管警塗之衛寔人君之盛典當陽之盛飾固亦不可久廢於朝又禮無天王服嫡婦之文直後學推貴嫡之義耳既已制服成月虡懸終窆亦足以甄崇家嫡標明禮歸矣爰參議皇太子朞服內不合作樂及鼓吹

七月有司奏故永陽縣開國侯劉叔子夭喪年始四歲傍親服制有疑太學博士虞龢領軍長史周景遠司馬朱膺之前太常丞庾蔚之等議並云宜同成人之服東平冲王服殤寔由追贈異於已受茅土博士司馬興之議應同東平殤服左丞荀萬秋等參議南面君國繼體承家雖則佩觿未關成人得君父名也不容服殤故云臣不以殤

天子不殤父推此則知諸親故依殤制東平沖王已封前議皆升位薪列則為大成故鄗陽哀王追贈太常親戚不降愚謂下殤以上身居封爵宜同成人年在無服之殤以登官為斷今永陽國臣自應全服王於旁親宜從殤禮詔景遠議為允。

十二年十一月有司奏興平國解稱國子袁懸孫毋王氏應除太夫人。檢無國子除太夫人例下禮官議正太學博士司馬憲之議按禮下國卿大夫之妻皆命天子。以斯而推則子男之母不容獨異博士程彥議以為五等雖差而承家事等公侯之母崇稱得並子男於親尊秩宜顯故春秋之義毋以子貴國知從子尊與國均也彥參議以與之議為允除王氏為興平縣開國子太夫人。詔可。

明帝泰豫元年後廢帝即位帝所生陳貴妃為皇太妃有司奏皇太妃位亞尊極未詳國親舉哀格當一同皇太后為有降異又於本親朞以下當猶服與不前曹郎王燮之議按喪服傳妾服君之黨得與女君同。如此皇太妃服宗與太后無異但太后既以尊降無服太妃儀不應殊故悉不服也。計本情舉哀其禮不異又禮諸侯絕朞皇太后雖云不居尊極不容輕於諸侯謂本親朞以下一無所服有慘自宜舉哀親疏一儀準之太后兼太常丞司馬燮之議禮妾服君之庶子及女君之黨皆謂大夫士耳妾名雖總而班有貴賤三夫人九嬪位視公卿大夫猶有貴妾而況天子諸侯之妾為他妾之子無服既不服他妾之子豈容服君及女君餘親況皇太后妃貴亞相極禮絕群后崇輝盛典有踰東儲尚不服朞太妃豈應有異若本親有慘舉哀之儀宜仰則太后參議以燮之議為允太妃於國親無服故宜緣情為諸王公主於至尊是朞服者及其太妃王妃三夫人九嬪各舉哀。

後廢帝元徽二年七月有司奏第七皇弟訓養母鄭脩容喪未詳服制。下禮官正議。太學博士周山文議曰按庶母慈己者小功五月鄭玄云其使養之命不為母子亦服庶母慈己之服。愚謂第七皇弟宜從小功之制。參議並同漢魏廢帝喪親三年之制而魏世為舊君服三年者。至晉泰始四年尚書何禎奏故辟舉綱紀吏不計遠近皆反服舊君齊衰三月。於是詔書下其奏所適無貴賤悉同依古典。

歷代名臣奏議卷之一百二十一

歷代名臣奏議卷之一百二十二

禮樂 喪禮

南齊高帝建元四年尚書令王儉採晉中朝諒闇議奏曰權典既行喪禮斯奪事興漢世所源由甚遠殷宗諒闇非有服之稱周王即吉唯宴樂為譏春秋之義嗣君踰年即位則預朝會聘享焉左氏云凡君即位卿出並聘踐修舊好又云諸侯即位小國聘焉以繼好結信謀事補闕禮之大者至於諒闇之内而圖婚三年未終而吉禘齊歸之喪不廢蒐杞公之卒不徹樂皆致譏貶以明鑒戒自斯而談朝聘蒸嘗之典卒哭而備行婚禘蒐樂之事三載而後舉通塞興廢各有由然又案大戴禮記又孔子家語並稱武王崩成王嗣位明年六月既葬周公冠成王而朝于祖以見諸侯命祝雍作頌襄十五年十一月晉侯周卒十六年正月葬晉悼公平公既即位改服修官烝于曲

沃。禮記曾子問孔子曰天子崩國君薨則取羣廟之主而藏諸祖廟禮乎。卒哭成事而後主各反其廟春秋左氏傳凡君卒哭而祔祔而後特祀於主蒸嘗禘於廟先儒云特祀於主者特以喪禮奉新亡者至於寢則不同於古蒸嘗禘於廟者卒哭成事羣廟之主各反其廟則四時之祭皆即吉也。三年喪畢吉禘於廟躋羣主以定新主也。凡此諸議悉著在經誥昭乎方册所以晉宋因循同規前典卒哭公除親奉蒸嘗率禮無違因心允協爰至泰豫元年禮官立議不宜親奉乃引三年之制自天子達又據王制稱喪三年不祭唯祭天地社稷越紼而行事曾不知自天子達本在至情既葬釋除事以權奪委衰襲袞孝享宜申越紼之旨事施未葬卒哭之後何紼可越復依范宣之難杜預譏周之論云祭並非明據晉武在喪每欲存寧戚之懷不全依諒闇之典至於四時蒸嘗蓋以哀疾未堪非便頓改舊式江左

獻之通儒碩學所歷多矣守而弗革義豈徒然又宜即心而言公卿大夫則負扆親臨三元告始則朝會萬國雖金石輟響而簨虡充庭情　於恆哀而跡降於凡制豈以事安國家故也宗廟蒸嘗孝敬所先寧容吉事備行斯典獨廢就令必宜廢祭則應三年永闕乃復同之他故有司攝禮進退二年孫乘輿衰謂宜依舊親奉從之

梁武帝天監十八年帝春祠二廟既出宮有司以左將軍馮道根卒聞帝問中書舍人朱异曰吉凶同日可乎對曰昔衛獻公聞柳莊死不釋祭服而往哭之道根有勞王室臨之禮也帝即幸其宅哭之慟

後魏孝文帝時祕書令李彪上封事曰禮云臣有大喪君三年不呼其門此聖人緣情制禮以終孝子之情也周季陵夷喪禮稍亡是以要絰即戎素冠作刺逮乎虐秦殆皆泯矣漢初軍旅屢興未能遵古至宣帝時人當從軍屯者遭大父母父母死未滿三月皆弗徭役其

朝臣喪制未有定聞至後漢元初中大臣有重憂始得去官終服暨魏武孫劉之世日尋干戈前世禮制復廢不行晉時鴻臚鄭默喪親固請終服武帝感其孝誠遂著令以為常聖魏之初撥亂反正未遑建終喪之制今四方無虞百姓安逸誠是孝慈道洽禮教興行之日也然愚臣所懷竊有未盡伏見朝臣丁大憂者假滿赴職衣錦乘軒從郊廟之祀鳴玉垂緌同節慶之醼傷人子之道虧天地之經愚謂如有遭父母喪者皆得終服若無其人有曠官者則優旨慰喻起令視事但綜理所司出納敷奏而已國之吉慶一令無預其軍戎之警墨縗從役雖愆於禮事所宜行也帝覽而善之

文明太后崩將營山陵九月安定王休等率百僚詣闕表曰上靈不弔大行太皇太后崩背溥天率土痛慕斷絕伏惟陛下孝思烝烝攀諭罔極臣等聞先王制禮必有隨世之變前賢制法亦務適時之宜

良以世代不同，古今異致故也。三年之喪雖則自古，然中代已後，未之能行。先朝成式，事在可準。聖后終制，刊之金冊。伏惟陛下孝發衷慕，毁過禮，欲依上古喪終三年，誠協大舜孝慕之德，實非俯遵濟世之通。今雖中夏穆清，蕃邦康靜，然萬機事殷，不可暫曠，春秋蒸嘗事難廢闕。伏願天鑒抑至孝之深誠，副億兆之企望，俯就朝禮，數一從終制，則天下幸甚。日月有期，山陵將就，請展安兆域，以備奉終之禮。詔曰：以惆甫爾，未忍所請。休等又表曰：臣等聞五帝已前，喪期無數。三代相因，禮制始立，名雖虛置，行之者寡。高宗徒有諒闇之言，而無可遵之式。康王既廢初喪之儀，先行即位之禮，於是無改之道或虧，三年之喪有缺，夫豈無至孝之君，賢明之子，皆以理貴隨時，義存百姓。是以君薨而即位，不暇改年，踰月而即葬，豈待同軌。葬而即吉，不必終喪。此乃二漢所以經綸治道，魏晉所以綱理政術。伏惟陛下以

至孝之性，遭罔極之艱，永慕崩號，哀過虞舜，誠是萬古之高德，曠世之絕軌。然天下至廣，萬機至殷，曠之一朝，庶政必滯。又聖后終制，已有成典，宗社廢禮，其事尤大。伏願天鑒抑哀毁之至誠，思杜子之深責，仰遵先志典冊之文，俯哀百辟元元之請。詔曰：自遭禍罰，恍惚如昨，奉侍梓宮，猶彿髣髴。山陵遷厝，所未忍聞。十月，休等又表曰：臣等頻煩上聞，仰申誠款，聖慕惟遠，未垂昭亮。伏讀哀灼，憂心如焚。臣等聞承乾統極者，宜以濟世為務，經綸天下者，特以百姓為心。故萬機在躬，周康弗獲申其慕，漢文作戒，孝景不得終其禮。此乃先代之成軌，近世所不易。伏惟太皇太后叡聖淵識，慮及始終，明誥垂於典冊，遺訓備于末命。幸修厥德，聖人所重，遵承先式，臣子攸尚。陛下雖欲終上達之禮，其如黎元何。臣等不勝憂懼之誠，敢冒重陳，乞垂聽訪，以副億兆之望。詔曰：仰尋遺旨，俯聞所奏，倍增號絕。山陵可依典閣，

如公卿所議，衰服之宜，情所未忍，別當備敘在心。既葬，休又表曰：奉被癸酉詔書，述遺誡之旨，昭違從之義，遵儉葬之重式，稱孝思之深誠。伏讀未周，悲感交切。日月有期，山陵即就。伏惟陛下永慕崩號，倍增摧絕。臣等具位在官，與國休戚，庶心之至，不敢不陳。竊以為天下之至尊莫尊於王業，皇極之至重莫重於萬機。至尊故不得以常禮任己，至重亦弗獲以世典申情。是以二漢已降，逮于魏晉，葬不逾月，服不淹三旬。良以叔世事廣，禮隨時變，不可以無為之法行之於有為之辰。文質不同，古今異制，其來久矣。自皇代革命，多歷年祀，四祖三宗，相繼纂業，上承數代之故實，俯副兆民之企望，豈伊不懷，理宜然也。文明太皇太后欽明稽古，聖思淵深，所造終制，畫合世典，送終之禮，既明遺誥之文，載備奉而行之，是以垂風百王，軌儀萬葉。陛下以至孝之誠，衰毀過禮，三御不充半溢，晝夜不釋絰帶，永思纏綿，

感往哀及百姓，所以憂懼失守，臣等所以肝腦塗地。王者之尊，躬行一日，固可以感徹上靈，貫被幽顯。況今山陵告終，喪事咸畢，日已淹月，仍不卜練，比之前世，理為過矣。願陛下思大孝終始之義，聰億兆悲懼之心，抑思割哀，遵奉終制，以時即吉，一日萬機，則天下蒙恩，率土仰賴。謹依前式，求定練日，以備祔禪之禮。詔曰：此當別敘在心。既而帝引見太尉丕及羣臣等於太和殿前，哭拜盡哀，訖，坐思賢門右。詔尚書李沖宣旨於王等：仰惟先后平日，近集羣官，共論政治，平秩民務，何圖一旦禍酷奄鍾，獨見公卿，言及喪事，追惟荼毒，五內崩摧。丕對曰：伏奉明詔，摧情切絕。臣與元等未識古義，以先朽之年，歷奉累聖，國家舊事，頗所知聞。伏惟遠祖重光世襲，至有大諱之日，唯侍送梓宮者凶服，左右盡皆從吉。四祖三宗，因而無改。世祖、高宗，臣所目見。唯先帝升遐，臣受任長安，不在侍送之列，竊聞所傳，無異前式。

以惟陛下以至孝之性，哀毁過禮，伏聞所御三食，不滿半溢。臣等叩心絶氣，坐不安席。願暫抑至慕之情，遵先朝成事，思金冊遺令，永行前式，無失舊典。詔曰：追惟慈恩，昊天罔極。哀毁常事，豈足關言。既不能待没，而朝夕食粥，粗亦支任。二公何足以至憂怖。所奏先朝成事，亦所具聞，祖宗情專武略，未修文教。朕今仰稟聖訓，庶習古道，論時比事，又與先世不同。太尉等國老，政之所寄，於典記舊式，或所未悉。且可知朕大意，其餘喪禮之儀，古今異同，漢魏成事，及先儒所論，朕雖在衰服之中，以喪禮事重，情在必行，故暫抑哀慕，躬自尋覽，今且以所懷別問尚書游明根、高閭等，公且可聽之。帝謂明根曰：朕丁罹酷罰，日月推移，山陵已過，公卿又依金冊，援案魏晉，請除衰服，重聞所奏，倍增號哽。前者事逼山陵，哀疚頓弊，未得論敘，今故相引，欲具通所懷。卿前所表除釋衰麻，聞之實用悲恨，于時親侍梓宮，匍匐筵几，哀號痛慕，情未暫闋，而公卿何忍便有此言，何於人情之不足？夫聖制卒哭之禮，授練之變，皆奪情以漸。又聞君子不奪人之喪，亦不可奪喪。今則旬日之間，言及即吉，特成傷理。明根對曰：臣等伏尋金冊遺旨，踰月而葬，葬而即吉，故於卜葬之初，因奏練除之事，仰傷聖心，伏增悲悚。帝曰：卿等咸稱三年之喪，雖則自古，然中代以後，未之能行。朕謂中代所以不遂三年之喪，蓋由君上違世，繼主初立，故身襲袞冕，以行即位之禮，又從儲宮而登極者，君德未沉，臣義不洽，天下顒顒，未知所係，故須備朝儀，示皇極之尊。及后之喪也，因父在不遂，即生情易之情，運以為法，諒知敦厚之化不易遵也。朕少蒙鞠育，慈嚴兼至，臣子之情，君父之道，無不備誨，雖自蒙昧，猶解告旨，庶望量行，以免咎戾。朕誠不德，在位過紀，雖未能恩洽四方，化行萬國，仰稟聖訓之餘，億兆知有君矣。於此之日，而不遂哀慕之心，使情理俱

損，喪紀圮壞，若深可痛恨。高閭對曰：太古既遠，事難襲用，漢魏以來，據有成事。漢文繼高惠之蹤，斷獄四百，幾至刑措，猶垂三旬之禮，孝景承平，遵而不變，以此言之，不為即位之際，有所逼懼也。良是君人之道理自宜然。又漢稱文景，雖非聖君，亦中代明主，今遺冊之旨，同於前式，伏願陛下述遵遺令，以副群庶之情。杜預晉之碩學，論自古天子無有行三年之喪者，以為漢文之制，闇與古合，雖叔世所行，事可承踵，是以臣等慺慺干謁。帝曰：漢魏之事，與今不同，備如向說。孝景雖承昇平之基，然由嫡子即位，君德未顯，無異前言。又父子之親，誠是天屬之重，然聖母之德，昊天莫報，思自殞滅，豈從衰服而已。竊尋金冊之旨，所以告奪臣子之心，令早即吉者，慮遺絶萬機，荒廢政事。群官所以慺慺，亦懼機務之不理矣。今仰奉冊令，俯順群心，不敢闇默不言以荒庶政，唯欲存衰麻，廢吉禮，朔望盡哀，寫泄悲慕。上無失遵誨之志，下不乖眾官所請，情在可許，故專欲行之。公卿宜審思朕懷，不當固執。至如杜預之論，雖暫適時事，於孺慕之君，諒闇之吉，蓋亦誣矣。孔聖稱喪與其易也寧戚，而預於孝道簡略，朕無取焉。秘書丞李彪對曰：漢明德馬后保養章帝，母子之道，無可間然，及后之崩，葬不淹旬，尋以從吉。然漢章不受譏於前代，明德不損名於往史。雖論功比德，事可殊絶，然母子之親，抑亦可擬。願陛下覽前世之成規，遵金冊之遺令，割哀從議，以親萬機，斯誠臣下至心，兆庶所願。帝曰：既言事殊，固不宜仰匹至德，復稱孝章從吉不受譏，前代朕所以眷戀衰絰，不從所議者，仰感慈恩，情不能忍故也。蓋聞孝子之居喪，見美服則感親，故釋錦而服麤衰，內外相稱，非虛加也。今者豈徒顧禮違議，苟免嗤嫌而已，抑亦情發於衷，而欲肆之於外，金冊之意，已具前答，故不復重論。又卒日奉旨，不忍片言，後事遂非，嘿嘿在念，不

顧所懷。今奉終之事，一以仰遵遺冊，於令不敢有乖。但痛慕之心，事繫於予。雖無丁蘭之感，庶聖靈不奪至願。是以謂無違負。煩諸公所表稱先朝成式。事在可準。朕仰惟太祖，龍飛九五，初定中原；及太宗承基，世祖纂歷，皆以四方未一，羣雄競起，故銳意武功，未修文德。高宗顯祖，亦心存武烈，因循無改。朕承累世之資，仰聖善之訓，撫和內外，上下輯諧，稽參古式，憲章舊典，四海移風，要荒革俗。仰遵明軌，庶無愆違。所方於禍酷之辰，引末朝因循之則，以為前準，非是所喻。高閭對曰：臣等以先朝所行，頗同魏晉，又遣於時，故敢仍請。帝曰：卿等又稱今雖中夏穆清，庶邦康靖，然萬機事廣，不可暫曠。朕以卿若見遺，奪情不自勝，尋覽表，備見前賢論者，稱卒哭之後，王者得理庶事。依據此文，又從遺冊之旨，雖存衰服，不廢萬機，無闕庶政，得展罔極之思，於情差申。高閭對曰：君不除服於上，臣則釋衰於下，從服之義，

有違，為臣之道不足。又親御衰麻，復聽朝政，吉凶事雜，臣竊為疑。帝曰：卿等猶以朕之未除於上，不忍專釋於下。奈何令朕獨忍於親舊論古，王者不遂三年之服者，屈己以寬羣下也。究后之撫羣下也，念之若子，視之猶傷。卿等哀慕之思，既不求寬朕，欲盡罔極之慕，何為不可？但遵遺冊，不遂乃心，將欲居廬服衰，竊朝夕之慕，升堂襲素，理日憂之勤，使大政不荒，哀情獲遂，吉不害於凶，凶無妨於吉。以心處之，謂為可爾。遺旨之文，公卿所議，皆服終三旬，釋衰襲吉。從此而行，情實未忍。遂服三年，重違旨誥。今處二理之際，惟望至朞，使四氣一周，寒暑代易，雖不盡三年之心，得一經忌日，情結差申，案禮卒哭之後，將受變服，於朕受日，庶民及小官皆命即吉，內職羽林中郎已下虎賁郎已上及外職五品已上無衰服者，素服以終三月，內職及外臣衰服者變從練禮，外臣三月而除，諸王三都駙馬及內職至來年三

月晦，朕之練也，除衰即吉。侍臣君服斯服，隨朕所降。此雖非舊式，推情即理，有貴賤之差，遠近之別。明根對曰：聖慕深遠，孝情彌至。臣等所奏，已不蒙許。願得踰年即吉，既歷冬正，歲序改易，且足申至慕之情。又近遺誥之意，何待朞年？帝曰：冊旨速除之意，慮廣及百官，久曠衆務，豈於朕一人，獨有遺奪？今既依次降除，各不廢王政，復何妨於事，而猶奪朞年之心？高閭對曰：昔王孫倮葬，士安去棺，其子皆從而不違，不為不孝。此雖貴賤非倫，事頗相似，臣敢借以為諭。今親奉遺令而有所不從，臣等所以頻煩干奏。李彪亦曰：三年不改其父之道，可謂大孝。今不遵冊令，恐涉改道之嫌。帝曰：王孫、士安皆誨子以儉，送終之事，及其遵也，豈異今日？改父之道者，蓋謂慢孝忘禮，肆情違度。今梓宮之儉，玄房之約，明器幃帳，一無所陳，如斯之事，卿等所悉。衰服之告，乃至聖心卑已申下之意，寧可苟順沖約之旨，而頓絕創

巨之痛。縱有所涉，甘受後代之譏，未忍今日之請。又表稱春秋烝嘗，事難廢闕。朕聞諸夫子：吾不與祭，如不祭。自先朝以來，有司行事，不必躬親。比之聖言，於事殆闕。賴蒙慈訓，之恩，自行致敬之禮。今昊天降罰，殃禍上延，人神喪視，幽顯同切。想宗廟之靈，亦輟歆祀，脫行饗薦，心乖實旨。仰思成訓，倍增痛絕，豈忍身襲袞冕，親行吉事？高閭對曰：古者郊祭越紼行事，宗廟之重，次於郊祀。今山陵已畢，不可久廢廟饗。帝曰：祭祀之典，事由聖經，未忍之心，具如前告。脫至廟庭，號慕自纏，終恐廢禮。公卿如能獨行事，在言外。李彪曰：三年不為禮，禮必壞；二年不為樂，樂必崩。今欲廢禮闕樂，臣等未敢。帝曰：此乃宰予不仁之說，已受責於孔子，不足復言。羣官前表稱高宗徒有諒闇之言，而無可遵之式，朕惟信闇默之難，周公禮制自茲以後莫能景行，言無可遵之式，良可怪矣。復古康王既廢初喪之儀，先行即位之禮，於

長無改之道哉。三年之喪有闕。朕謂服美不安。允賢有諭。禮畢居喪著在前典。哉斯之言有缺之義。樂乖禮衰。高閭對曰。臣等據案成事。依附杜預。多有未允。至乃推校古今。重考衆議。實如明旨。臣等竊惟曾參匹夫。七日不食。夫子以爲非禮。及錄其事。唯書七日。不稱三年。蓋重其初慕之心。伏惟陛下以萬乘之尊。不食竟於五日。既御則三食不充半溢。臣等伏用悲惶。肝腦塗地。躬行一日。足以貫被幽顯。豈宜衰服三年。以曠機務。夫聖人制禮。不及者企而及之。過之者俯而就之。伏願陛下抑至慕之情。俯就典禮之重。誠是臣等懷懷之願。帝曰。追隆德厚。則思戀自深。雖非至情所感。發然曾參之孝。曠代而有。豈朕今日所足論也。又前表稱古者葬而即吉。不必終禮。此乃二漢所以經綸治道。魏晉所以綱理庶政。朕以爲既葬即吉。蓋其季俗多亂。權宜救世耳。諒非光治興邦之化。二漢之盛。魏晉之興。豈由

簡略喪禮。遺忘仁孝哉。公卿偏執一隅。便謂經治之要。皆在於斯。殆非義也。昔平日之時。公卿每奏稱當今四海晏安。諸夏清泰。禮樂日新。政和民悅。蹤侔軒唐。事等虞禹。漢魏已下。固不足仰止聖治。及至今日。便欲苦奪朕志。使不踰於魏晉。如此之意。未解所由。昔文母上承聖主之資。下有賢子之化。唯助德宣政。內風致穆而已。當今衆事草創。萬務惟始。朕以不德。沖年踐祚。而聖母匡訓以義方。詔誨以政事。經綸內外。憂勤億兆。使君臣協和。天下緝穆。上代已來。倚后之功得以仰比。如有可擬。則從衆議。堯雖蔡子禪舜。而舜自有聖德。不假堯成。及其徂也。猶四海遏密。終於三年。今慈育之恩。詔教之德。尋之曠代。未有匹擬。既受非常之恩。寧可遵其常式。既未殊一時。而公卿欲令即吉。冠冕黼黻。行禮廟庭。臨軒設懸。饗會萬國。尋事求心。實所未忍。高閭對曰。臣等遵承冊令。因循前典。惟願除衰即吉。親理萬機。

至德所在。陛下欽明稽古。周覽墳籍。孝性發於聖質。至情出於自然。斟酌古今。事非臣等所及。李彪曰。當今雖治風轉移。民無異然。江南有未賓之吳。朔北有不臣之虜。東西二藩雖文表稱順。情尚難測。若以臣等猶懷不虞之慮。帝曰。魯公帶絰從師。晉侯墨衰敗寇。往聖無譏。前典所許。如有不虞。雖越紼無嫌。而況衰麻乎。豈可於晏安之辰豫念戎旅之事。以廢喪紀哉。李彪對曰。昔太伯父死。遠越未失至德之名。夫豈不懷。有由然也。伏願抑至慕之心。從遺告之重。臣聞知子莫若父。母聖后知陛下至孝之性也難奪。故豫造金冊。明著遺禮。令陛下孝慕深遠。果不可奪。臣等常辭知何所啓。帝曰。太伯之言有乖令事。諸情備如前論。更不重敘。古義亦有稱王者除衰而諒闇終喪者。若不許朕衰麻。朕則當除衰闇默委政。受服以葛易麻。既衰服在上。公卿不得獨釋於下。故於朕之授變。從練已下。復爲節降。斷度令

古以情制衷。但取遺旨速除之一節。粗申臣子哀慕之深情。欲令百官同知此意。故用宣示。便及變禮。感痛彌深。

宣武帝永平四年冬十二月。員外將軍兼尚書都令史陳終德有祖母之喪。欲服齊衰三年。以無世爵之重。不可陵諸父。若下同衆孫。恐違後祖之義。請求詳正。國子博士孫景邕。劉懷義。封軌。高綽。太學博士袁昇。四門博士陽寧居等議。嫡孫後祖。持重三年。不爲品庶生二。終德宜先諸父。太常卿劉芳議。案喪服乃士之正禮。含有天子諸侯卿大夫之事。其中時復下同庶人者。皆別標顯。至如傳重。自士以上。古者卿士咸多世位。又士以上乃有宗廟。世儒多云嫡孫傳重。下通庶人。以爲差謬。何以明之。禮緯命徵曰。天子之元士二廟。諸侯之上士亦二廟。中下士一廟。一廟者祖禰共廟。祭法又云。庶人無廟。既如此分明。豈得通於庶人也。傳重者主宗廟。非謂庶人祭於寢也。兼累

世承嫡方得為嫡子嫡孫耳。不爾者不得繼祖也。又鄭玄別變除云
為五世長子服斬也。魏晉以來不復行此禮矣。案喪服經無嫡孫為
祖持重三年正文。唯有為長子三年。嫡孫朞。傳及注因說嫡孫傳重
之義。今世既不復為嫡子服斬。卑位之嫡孫不陵諸叔而持重則可
知也。且準終德資階方之於古。未登下士。庶人在官。復無斯禮。考之
舊典。驗之今世。則嫡範罕行。且諸叔見存。喪主有晉宜依諸孫服朞
為允。景邕等又議云。喪服雖以士為主。而必下包庶人。何以論之。自
大夫不世。每條標列。逮於庶人。含而不述。比同士制。無復疑也。唯有
庶人為國君。此則明義服之輕重。不涉於孫祖。且受國於曾祖。廢疾
之祖父亦無重可傳。而猶三年。不必由世重也。夫霜露既濡。異識咸
感。承重主祠。寧覯寢廟。嫡孫之制。固不同殊。又古自卿以下皆不殊
承襲。不代借差。不可以語通典。是以春秋譏於世卿。王制稱大夫不

世。此明訓也。喪服經雖無嫡孫為祖三年正文。而有祖為嫡孫者。豈
祖以嫡服己。己與庶孫同為祖服朞。於義可乎。服祖三年。此則近世
未嘗變。準古士官不過二百石已上。終德即古之朝士也。假令終
德未班朝次。苟曰志仁。必也斯遂。況乃官歷士流。當誡韋之運。而以
庶叔之嫌。替其嫡重之位。未是成人之善也。芳又議。國子所云喪服
雖以士為主。而必下包庶人。本亦不謂一篇之內。總不下同庶人。正
言嫡孫傳重專士以上。此經傳之正文。不及庶人。明矣。戴德喪服變
除云。父為長子斬。自天子達於士。此皆士以上乃有嫡子之明據也。
且承重者以其將代己為宗廟主。廟主子不云寢。又其證也。所引大
夫不世者。此公羊穀梁近儒小道之書。至如左氏詩易尚書論語皆有
典證。或是未寤。許叔重五經異議云。今春秋公羊穀梁說卿大夫世
位。則權并一姓。謂周尹氏齊崔氏也。而古春秋左氏說卿大夫皆得

世祿。傳曰。官族。易曰。食舊德。舊德謂食父故祿也。尚書曰。世選爾勞。
予不絕爾善。詩云。惟周之士。不顯亦世。論語曰。興滅國。繼絕世。國語
諸侯。世謂卿大夫也。斯皆正經及論語士以上世位之明證也。士皆
世祿也。八品者一命。斯乃信然。但觀此據可謂觀其綱。未照其目也。
案晉官品令所制九品。皆正無從。故以第八品准古下士。今皇朝官
令皆有正從。若以其員外之資為第十六品也。豈得為正八品之士
哉。推考古今。謹如前議。景邕等又議。喪服正文大夫以上。每事顯列。
唯有庶人含而不言。此通下之義。了然無惑。且官族者謂世為其功
食舊德者謂德侯者世位。興滅國繼絕世。主謂諸侯卿大夫無罪誅
絕者耳。且金貂七貤。楊氏四公。雖以位相承。豈得言世祿乎。晉太康
中令史殷遂以父拜不及所繼。求還為祖母三年。時政以禮無代父
追服之文。亦無不許三年之制。此即晉世之成規也。尚書邢巒奏依

芳議。詔曰。嫡孫為祖母禮令有據。士人通行。何勞方致疑請也。可如
國子所議。
宣武帝時。廣川王諧薨。詔曰。朕宗室多故。從弟諧喪逝。悲痛摧割不
能已已。古者大臣之喪有三臨之禮。此蓋三公已上。至於卿司已下。
故應爾。自漢已降多無此禮。朕欲遵古典。哀感從情。雖以尊降伏私
痛寧爽。欲令諸王有朞親者為之三臨。大功之親者為之再臨。小功
緦麻為之一臨。廣川王於朕大功。必欲再臨。再臨者欲於大殮之日
親臨盡哀。成服之後緦衰而弔。既殯之後緦麻。理在無疑。大殮之臨
當否如何。為須撫柩於始喪。為應盡哀於闔棺。早晚之宜擇其厥中。
黃門侍郎崔光宋弁通直常侍劉芳典命下大夫李元凱中書侍郎
高敏等議曰。三臨之事乃自古禮。爰及漢魏行之者稀。陛下至聖慈
仁。方遵前軌。志必哀喪。慮同臣等以為若朞親三臨。大功宜再。始喪

之初喪之至極既以情隆宜從始喪大殮之服伏如聖旨

孝明帝熙平二年太尉清河王懌表曰臣聞百王所尚莫尚於禮於禮之重喪紀斯極世代沿革損益不同遺風餘烈景行終在至如前賢往誥尚推有異或并證經文而論情別緒或各言所見而討事共端雖憲章祖述人自名家而論議紛綸理歸羣正莫不隨時所宗各為一代之典自上達下罔不遵用是使叔孫之儀專擅於漢朝王肅之禮獨行於晉世所謂共同軌文四海畫一者也至乃折旋俯仰之儀哭泣升降之節去來閭巷之容出入閨門之度尚須疇諮禮官博訪儒士載之翰紙著在通法辯答乖殊證據不明即詆訶疵謬糾劾成罪此乃簡牒成文可具閱而知者也未聞有皇王垂範國無一定之章英賢贊治家制異同之式而欲流風作則永貽來世比學官雖建庠序未修稽考古今莫專其任暨乎宗室喪禮百寮凶事冠服制裁日月輕重率令博士一人輕介議之廣陵王恭北海王顥

同為庶母服恭則治重居廬顥則齊蕎堊室論親則恭顥俱是帝孫語貴則二人並為蕃國不知兩服之證據何經典儀為舛駮莫有裁正懿王昵戚尚或如斯自茲已降何可紀極歷觀漢魏喪禮諸儀卷盈數百或當時名士往復成規或一代詞宗較然為則況堂堂四海藹藹如林而令喪禮參差始於帝族非所以儀刑萬國綴旒四海臣忝官台傅備位喉脣不能秉國之鈞致斯爽缺具聽所謂無所逃罪謹略舉恭顥二國不同之狀以明喪紀非異之失乞集公卿樞納內外儒學博議定制班行天下使禮無異準得失有歸并因事而廣永為條例庶塵岳沾河微酬萬一

北齊文宣帝天保中參議律令時議者以為立五等爵邑承襲者無嫡子立嫡孫無嫡孫立嫡子弟無嫡子弟立嫡子孫弟中書舍人刁柔以為無嫡子立嫡孫不應立嫡子弟議曰柔按禮立適以長故謂長子為嫡嫡子死以嫡子之子為嫡孫死則曾玄亦然然則嫡子各本為傳重故喪服曰庶子不為長子三年不繼祖與禰也禮記公儀仲子之喪檀弓曰何居我未之前聞仲子舍其孫而立其子何也子服伯子曰仲子亦猶行古人之道也昔者文王舍伯邑考而立武王微子舍其孫腯而立弟衍仲子亦猶行古之道鄭注曰伯子為親者諱耳立子非也文王之立武王權也微子嫡子死立其弟衍殷禮也子游問諸孔子曰不立孫注曰據周禮然則商以嫡子死立嫡子之母弟周以嫡子死立嫡子之子為嫡孫故春秋公羊之義嫡子有孫而死質家親親先立弟文家尊尊先立孫喪服齊衰父後者出母無服小記云祖父卒而後為祖母後者三年為出母無服者喪者不祭故也為祖母三年者大宗傳重故也今議以嫡子孫死而立嫡子母弟嫡子母弟者則為父後矣嫡子母弟本非承嫡以無嫡故得為父後則嫡孫之弟理亦應得為父後則是父卒然後為祖後者服斬既得為祖服斬而不得為傳重者未之聞也若用商家親親之義本不應嫡子死而

立嫡子孫若從周家尊尊之文豈宜舍其孫而立其弟或文或質愚用惑焉小記復云嫡婦不為舅後者則姑為之小功注云謂夫有廢疾他故若死無子不受重者小功庶婦之服凡父母於子舅姑於婦將不傳重於嫡及將所傳重者非嫡服之皆如眾子庶婦也言死無子者謂絕世無子非謂無嫡子如其有子焉得云無後夫雖廢疾無子婦猶以嫡為名嫡名既存而欲廢其子者其如禮何禮有損益代相沿革必謂宗嫡可得而變者則為後服斬亦宜有因而改

後周宣帝即位高祖葬詔便議即吉京兆丞樂運上疏曰三年之喪自天子達於庶人先王制禮安可誣之禮天子七月而葬以俟天下畢至今葬既促事訖便除文軌之內奔赴未盡鄰境遠聞使猶未至若以喪服受弔不可既吉更凶如以玄冠對使未知此出何禮進退無據愚臣竊所未安

唐太宗貞觀二年將葬故息隱王建成海陵王元吉尚書右丞魏徵與黃

侍郎王珪請預陪送上表曰臣昔受命太上委質東宮出入龍樓垂將一紀前宮結釁宗社得罪人神臣等不能死亡甘從夷戮負其罪戾寘錄周行徒竭生涯將何上報陛下德光四海道冠前王陟崗有感追懷常恨明社稷之大義申骨肉之深恩卜葬二王遠期有日臣等永惟疇昔忝曰舊臣喪君有君雖展事君之禮宿草將列未申送往之哀瞻望九原義深凡百望於葬日送至墓所帝義而許之於是宮府舊僚吏盡令送葬

四年太宗謂侍臣曰比聞京城士庶居父母喪者乃有信巫書之言辰日不哭以此辭於弔問拘忌輟哀敗俗傷風極乖人理宜令州縣教導齊之以禮典

十一年帝詔羣臣曰朕聞死者終也欲物之反眞也葬者藏也欲令人之不得見也上古垂風未聞于封樹後聖貽則始備於棺槨譏僭侈者非不愛其厚費美儉薄者實亦貴其無危是以唐堯聖帝也穀林有通樹之說秦穆明君也橐泉無丘隴之處仲尼孝子也防墓不墳延陵慈父也嬴博可隱斯皆懷無窮之慮成獨決之明乃便體於九泉非徇名於百代者洎乎闔閭違禮珠玉爲鳧鴈始皇無度水銀爲江海季孫擅魯斂以璠璵桓魋專宋葬以石槨莫不因多藏以速禍由有利而招辱玄廬既發致焚如於夜臺黃腸再開同暴骸於中野詳思曩事豈不悲哉由此觀之奢侈者可以爲戒節儉者可以爲師矣朕居四海之尊承百王之弊未明思化中宵戰惕雖送往之典詳諸儀制失禮之禁著在刑書而勳戚之家多流通於習俗閭閻之內或侈靡而傷風以厚葬爲奉終以高墳爲行孝遂使衣衾棺槨極彫刻之華靈輀明器窮金玉之飾富者越法度以相尚貧者破資產而不逮徒傷教義無益泉壤爲害既深宜爲懲革其王公以下爰及

黎庶自今以後送葬之具有不依令式者仰州府縣官明加檢察隨狀科罪在京五品以上及勳戚之家仍錄奏聞

十四年太宗謂禮官曰同爨尚有緦麻之恩而嫂叔無服又舅之與姨親疏相似而服紀有殊未爲得禮宜集學者詳議餘有親重而服輕者亦附奏聞是月尚書八座與禮官定議曰臣竊聞之禮所以決嫌疑定猶豫別同異明是非者也非從天下非從地出在人情而已矣人道所先在乎敦睦九族九族敦睦由乎親親以近及遠親屬有等差故喪紀有降殺隨恩有薄厚皆稱情以立文原夫舅之與姨雖爲同氣推之於母輕重相懸何則舅爲母之本宗姨乃外成他姓求之母族姨不與焉考之經文舅誠爲重故周王念齊是稱舅甥之國秦伯懷晉實切渭陽之詩今在舅服止一時之情爲姨居喪五月徇名喪實逐末棄本此古人之情或有未達所宜損益實在茲乎禮記曰兄弟之子猶子蓋引而進之也嫂叔之無服蓋推而遠之也禮云繼父同居則爲之朞未嘗同居則不爲服從母之夫舅之妻二人相爲服或曰同爨緦麻然則繼父且非骨肉服重由乎同爨恩輕在乎異居固知制服雖繼於名文蓋亦緣恩之厚薄者也或有長年之嫂遇孩童之叔劬勞鞠育情若所生分飢共寒契闊偕老譬同居之繼父方他人之同爨情義之深淺寧可同日而言哉在其生也乃愛同骨肉於其死也則推而遠之求之本源深所未喻若推而遠之爲是則不可生而共居生而共居爲是則不可死同行路重其生而輕其死厚其始而薄其終稱情立文其義安在且事嫂見稱載籍非一鄭仲虞則恩禮甚篤顏弘都則竭誠致感馬援則見之必冠孔伋則哭之爲位此蓋並躬踐教義仁深孝友察其所行之旨豈非先覺者歟但于時上無哲王禮非下之所議遂使深情鬱於千載至理藏於萬

古賢來久矣。豈不惜哉。今陛下以爲尊卑之敍雖煥乎已備。喪紀之制或情理未安。爰命秩宗詳議損益。臣等奉遵明旨。觸類旁求。採擿羣經。討論傳記。或抑或引。兼名兼實。損其有餘。益其不足。使經文之禮咸秩。敦睦之情畢舉。變薄俗於既往。垂篤義於將來。信六籍所不能談。超百王而獨得者也。謹按曾祖父母。舊服齊衰三月。請加爲齊衰五月。嫡子婦舊服大功。請加爲朞。衆子婦舊服小功。今請與兄弟同爲大功九月。嫂叔舊無服。今請服小功五月。服其弟妻及夫兄亦小功五月。舅舊服緦麻。請加與從母同服小功五月。詔從其議。

十六年。太宗謂侍臣曰。人情之至痛者。莫過乎喪親也。故孔子云。三年之喪。天下之通喪。自天子達於庶人也。又曰。何必高宗。古之人皆然。近代帝王遂行漢儀。以日易月之制。甚乖於禮典。朕昨見徐幹中論復三年喪篇。義理甚精審。深恨不早見此書。所行大疏略。但知自

咎自責。追悔何及。因悲泣久之。

太宗時武官丁艱憂屢有起復者。魏徵諫曰。國家草創之初。武官不格喪制。天下今既安定。不可仍奪其情。必有金革之事。自有墨縗之絰。帝曰。朕思之。然爲武事未息。如不可即止。

豫章公主薨。魏徵上奏曰。自豫章公主薨逝。陛下久著素服。羣情悚懼咸不自寧。臣聞古之王者絕於朞服。此乃前書典禮。列代舊章。陛下發上聖之慈。深下流之慟。素服以來。遂經旬月。禪往之義。是爲加隆。伏願割無已之痛。從先王之禮。改御常服。以副羣下之心。臣盡蒙重任。不敢寢默。帝從之。

高宗時衡山公主既公除。將下嫁長孫氏。于志寧以爲禮女十五而笄。二十而嫁。有故二十三而嫁。固知遇喪須終三年。春秋魯莊公如齊納幣。母喪未再朞而圖婚。二家不譏。以其失禮明也。今議者云公除從吉。此漢文創制爲天下。白姑耳公主身服斬衰服可以例除。情不可以例改。心喪成婚。非人情所忍。於是詔公主待服除乃婚。

中宗時韋庶人請妃公主命婦以上葬給鼓吹。詔可。左臺侍御史唐紹言鼓吹本軍容。黃帝戰涿鹿以爲警衛。故曲有靈夔吼雕鶚爭石墜崖壯士怒之類。惟功臣慈葬得兼用之。男子有四方功。所以加寵雖郊祀天地不參設。容得接閨閫哉。在令五品官婚葬無給鼓吹者。唯京官五品則假四品蓋班秩在夫君子。請置前詔。用舊典。不省。

玄宗開元初由再思上服母齊衰三年議曰。乾尊坤卑。天一地二。陰陽之位分。夫婦之道配。爲至若死喪之感。降殺之等。禮經五服之制齊斬有殊。考此三年之喪。貴賤無隔。以報免懷之慈。酬罔極之恩。稽之上古喪期無數。暨乎中葉方有歲年。禮記云五帝殊時不相沿樂。三王異代不相襲禮。白虎通云質文再而變。正朔三而復。自周公制

禮之後。孔父刊樹已來。更殊厭降之儀。以標服紀之節。重輕從俗。斟酌隨時。故知禮不從天而降。不由地而出也。在人消息爲適時之中耳。春秋諸國魯最知禮。以周公之後孔子之邦也。晉韓起來聘言周禮盡在魯。齊仲孫來盟言魯猶秉周禮。子張問高宗諒陰三年不言不聽其子服出。子游稱同母異父昆弟之服大功。子夏謂合從齊衰之制。此等並四科之數。十哲之人。高步孔門。親承聖訓。及遇喪事猶此致疑。即明自古已來昇降不一者也。三年之制。說者紛然。鄭玄以爲二十七月。王肅以爲二十五月。又改葬之服。鄭玄服緦三月。王肅訖葬而除。又繼母出嫁。鄭云皆服。王肅云從乎繼育乃爲之服。又無服之殤。鄭云子生一月哭之一日。王肅云以哭之日易服之月。鄭王祖經宗傳各有異同。荀摯采古求遵。並爲損益。方知去聖漸遠。殘缺彌多。故曰。議禮之家名爲聚訟。寧有定哉。而父在爲母三年行之已逾四

紀。洎自高宗大帝之代，不從則天皇后之朝，大帝御極之辰，中宗獻書之日，往時參議，將可施行，編之於格，服之已久。前王所是，疏而為律；後王所是，著而為令。何必乖先帝之旨，阻人子之情，虧仁孝之心，背德義之本，有何妨於彝倫，而欲服之周年，與伯叔母齊焉，與姑姊妹同焉。夫三年之喪，如白駒之過隙，君子喪親，有終身之憂，何況再周乎？夫禮若體也，履也，示之以跡；孝者畜也，養也，因之以心。小人不耻不仁，不畏不義，服之有制，使愚人跂及；衣之以衰，使見之摧痛。以此防人，人猶有朝死夕忘者；以此制人，人猶有釋服從吉者。方今漸歸古朴，須敦孝義，抑賢引愚，理資寧戚，食稻衣錦，所不忍聞。若以庶事朝儀，一一依周禮，則古之見君也，公卿大夫贄羔鴈珪璧，今何故不依乎？周之用刑也，則墨劓宮刖，今何故不行也？周則侯甸男衞，朝聘有數，今何故不行也？周則不五十不仕，七十不入朝，今何故不依乎？周則井邑丘甸，以立征稅，今何故不行乎？周則分土五等，父死子及，今何故不行乎？周則冠冕衣裘，乘車而戰，今何故不行乎？周則三老五更，膠序養老，今何故不行乎？諸如此例，不可勝述，何獨孝思之事，愛一年之服於其母乎？可為痛心，可為慟哭者。詩云：哀哀父母，生我劬勞。禮記云：父之親子也，親賢而下不能；母之親子也，賢而親之，無能則憐之。阮嗣宗晉代之英才，方外之高士，以為母重於父。據齊斬升數，麤細已降，何忍服之節制，減至於周？豈後代盡慙於枯骨，備古未必是，依今未必非也。又同爨服緦，禮經明義，嫂叔遠別，同諸路人，引而進之，觸類而長，猶子咸衣直綵，季父不服緦麻，推遠之情有餘，睦親之義未足。又母之昆弟，情切渭陽，翟輔論舅之寬，甯氏宅甥之相，我之出也，義亦殷矣。不同從母之尊，遂降小功之服，依諸古禮，有乖俗情，舉賢舅而宗姨，是陋今而榮古。此並太宗之制也，行之百年矣，輒為刊復，實用有疑。

五年，右補闕盧履冰上言曰：古者父在為母朞，徹靈而心喪。武后始同父三年，非是。請如禮便。玄宗疑之。又以舅嫂叔服未安，并下百官議。刑部郎中田再思曰：會禮之家，比衆訟緇，古不必是，而行今未必非。父在為母三年，高宗實行之，著令已久，何必乖先帝之旨，闕人子之情，愛一朞服於其親，使與伯叔母姑姊妹同。嫂叔舅甥服，太宗實制之。閱百年無異論，不可改。履冰因言：上元中，父在為母三年，后雖請，未用也。逮垂拱始行之，至有祖父母在而子孫婦潛行服再朞，不可謂宜。禮，女子無專道，故曰家無二尊。父在，為母服朞，統一尊也。令不任其失，恐後世復有婦奪夫之敗，不可不察。書留未下，履冰即極陳父在為母立几筵者一朞，心喪者再朞，父必三年而後娶，以達子之志。夫聖人豈淺情於所生，固有意於天下。昔武后陰儲篡謀，豫自光崇，并朞齊抗斬衰儀，而乘陵唐家，以啓釁階，孝和僅得反正，韋氏復出，醜穢天子，幾亡宗社，故臣將以正夫婦之綱，非特母子間也。議者或言降母服非詩所謂罔極者，而又與伯叔母姑姊妹等，且齊斬已有升降，則歲月不容異也。此迂生鄙儒未習先王之旨，妄足議。夫禮哉罔極者，春秋祭祀，以時思之，君子有終身之憂，謂何限一朞二朞服哉？聖人之於禮，必建中制，使賢不肖共成文理，而後釋。彼伯叔姑姊焉有筵杖之制，三年心喪乎？母齊父斬，不易之道也。左散騎常侍元行沖議曰：古緣情制服，女天父，妻天夫，斬衰三年，情禮俱盡者，因心立極也。妻喪杖朞，情禮俱殺者，遠嫌疑，尊乾道也。為嫡子三年斬衰而不去官，尊祖重嫡，崇其禮，殺其情也。孝莫大於嚴父，故父在為母免官，齊而朞，心喪二年，情已申而禮殺也。自堯舜周公孔子所同，而今捨尊厭之重，虧嚴父之義，謂之禮可乎？譏縱從母之名，以[illegible]之女黨，加於舅服，不為無禮；嫂叔不服，則遠嫌也。請據古為適。帝

二十三年，總書服紀所未通者，令禮官學士詳議。太常卿韋縚上言：禮一
喪服：舅緦麻三月，從母小功五月。傳曰：何以小功？以名加也。而堂姨
舅、母恩所不及焉。外祖父母小功五月。傳曰：何以小功？以尊加也。舅
緦麻三月，皆情親而屬疏也。外祖正尊，服同從母，姨舅一等，亦消輕
重。堂姨舅親未疏，不相為服，親母舅不如同爨，甚亦古意有所未概。
且外祖小功，此為正尊，請進至大功。姨舅儕親服，宜等，請進舅至小
功。堂姨舅以疏降，親舅從母一等。親舅母古未有服，請從袒免。於是
啇述議曰：自高祖至玄孫并身，謂之九族，由近及遠，差其輕重，遂為
五服。傳曰：外親服皆緦。鄭玄曰：外親之服異姓，正服不過緦，然祖父
母小功，以尊加；從母小功，以名加；舅甥、外孫、中外昆弟皆緦，以匹言
之。外祖則祖也，舅則伯叔也，父母之恩不殊，而獨殺於外者，有以也。
禽獸知母而不知父，野人則父母等，都邑之士則知尊禰，大夫則知

知尊祖，諸侯及太祖，天子及始祖，聖人究天道，原祖禰，繫姓族，親子
孫，則母黨之於本族不同明甚。家無二尊，喪無二斬，人之所奉不可
貳也。為人後，降其父母喪，女子嫁殺其家之喪，所存者遠，抑者私也。
若外祖及舅加一等，而堂舅及姨著服，則中外其別幾何？且五服有
上殺之義，伯叔父母服大功，從父昆弟亦大功，以其出於祖，服不得
過於祖也。從祖祖父母、從祖父母、從祖昆弟皆小功，以其出於曾祖，
服不得過曾祖也。族祖祖父母、族祖父母、族昆弟皆緦，以其出於高
祖，服不得過高祖也。堂姨舅出外曾祖，若為之服，則外曾祖父母、外
伯叔祖父母亦可制服矣。外祖至大功，則外曾祖小功，外高祖緦，推
而廣之，與本族無異，棄親錄疏，不可謂順。且服皆有報，則堂甥、外曾
孫、姪女之子皆當服，聖人豈薄其骨肉、恩愛哉？蓋抑於公者，求於私
義，有所斷，不得不然。苟可加也，則可減也。如是，禮可瀆矣。請如古便。

瀆。仲昌又言：舅服小功，魏徵嘗進之矣。今之所請，正同徵論。堂舅、堂
姨、舅母皆升袒免，則外祖父母進至大功，不加報於外孫乎？外孫而
報以大功，則本宗之庶孫用何等邪？帝手敕曰：朕謂親姨舅服小功，
則舅母於舅有三年之喪，不得全降於舅，宜服緦；堂姨舅古未有服，
朕思睦厚九族，宜袒免。古有同爨緦，若比堂姨舅於同爨，不已厚乎？
傳曰：外親服皆緦，是亦不隔堂姨舅也。若謂所服不得過本，而復為
外曾祖父母、外伯叔父母制服，亦何傷？皆親親敦本意也。侍中裴耀
卿、中書令張九齡、禮部尚書李林甫奏書：外服無降，甥為舅母服，舅
母亦報之。夫之甥既報，則夫之姨舅又當服，恐所引益疏，臣等愚昧
所不及。詔曰：從服六，此其一也。降殺於禮無文，皆自身率親為之數。
姨舅屬近，以親言之，亦姑伯之匹，可以所引疏耶？婦人從夫者也，夫
於姨舅既服矣，從夫而服，是謂睦親。卿等宜熟計。耀卿等奏：舅母

緦，堂姨舅袒免，請準制旨。自我為古，罷諸儒議。制曰可。

玄宗時欲增喪服，加外祖大功，舅小功，堂姨、堂舅、舅母袒免。太子賓
客崔沔奏曰：禮本於家正，家正而天下定。家不可以貳，故父以尊崇，
母以厭降，是以內服齊斬，外服緦，尊名所加，不過一等，今古不易之
道也。昔辛有適伊川，見被髮而祭，知其將戎，禮先亡也。比劉唐禮推
廣舊恩，故弘道以來，國命再移於外姓，本禮驗亡，可不戒哉！

代宗大曆元年，峽州別駕顏真卿上議曰：周禮大司樂職云：諸侯薨，
令去樂；大臣死，令弛縣。鄭註云：去謂藏之，弛謂釋下之。是知哀輕者
則釋，哀重者則藏。又按庾蔚之禮論云：晉元后獻崩，武帝咸寧元年
享萬國，不設樂。永嘉元年，冬惠帝三年喪制未終，司徒左長史江統
議：二年正會不宜作樂。又章皇后哀恨未終，后主已入廟，博士徐乾
議曰：周景王有后嫡子之喪，既葬除服，叔向猶譏其宴，今不宜懸家

晉禮志云晉武帝以來國有大喪廢樂三年。又按江都集禮說晉博士孔恢朝律遏密懸而不作。恢以為宜都去懸設樂爲作不作則不宜懸。孟獻子禪懸而不樂。自是應作耳。故夫子曰獻子加於人一等矣。非謂不應作而猶懸也。國喪尚近。謂金石不可陳於庭。又徐廣晉史曰。聞樂不怡。故申情於遏密。諒闇奪服慮政事之荒廢。是故秉權通以變常。量輕重以降差。臣以周禮去樂之文。宋志終喪之證。徐廣之論。寧戚孔恢之說。釋懸理既可遵。事又故實。伏請三年未畢。都不設懸。如有齊衰喪及遇大臣薨殁則量輕重懸而不作。

代宗崩。羣臣朝夕臨。常衮哭委頓。從吏或扶之。中書舍人崔祐甫曰。臣哭君前有扶禮乎。衮恨之。會議羣臣喪服。衮以為禮臣為君斬衰三年。漢文權制猶三十六日。玄宗以來始服二十七日。古者卿大夫從君而服。羣臣當從皇帝二十七日而除。其天下吏人。三日釋服。自遺詔。祐甫以為遺詔無朝臣庶人之別。皆應三日釋服。相與力爭聲色陵厲。衮不能堪。乃奏祐甫率情變禮。貶之。

德宗即位。初詔元陵制度務從優厚。刑部員外郎令狐峘上疏曰。遺詔務從儉薄。而今欲優厚。豈顧命之意耶。上優詔答之。及將發引。上見轀輬車不當馳道。問其故。有司對曰。陛下本命在午。不敢衝也。上哭曰。安有枉靈駕而謀身利乎。命改轅直午而行。

貞元初。暢當為太常博士。昭德皇后崩。中外服除。皇太子諸王將服三年。詔太常議太子服。當與博士張薦、柳冕、李吉甫曰。子為母齊衰三年。蓋通喪也。太子為皇后服者無文。晉元皇后崩。亦疑太子服。杜預議。古天子三年喪既葬除服。魏亦以既葬為節。皇太子與國為體。若不變除。則東宮臣僕亦以衰麻出入殿省。太子遂以卒哭除服。貞觀十年六月。文德皇后崩。十一月而葬。太子喪服之節。國史不書。至明年正月。以晉王為并州都督。既命。官當已除矣。今皇太子宜如魏晉制。既葬而虞。虞而卒哭。卒哭而除。心喪三年。宰相劉滋、齊映召問當等。子食於有喪者之側未嘗飽也。今太子以衰服侍膳。至尊可乎。令羣臣齊衰三十日。公除。宜約以為服限。乃請如宋齊皇后為其父母服三十日。除入謁則服墨縗。還宮衰麻。右補闕穆質上疏曰。三年之喪。自天子達于庶人。漢文帝以宗廟社稷之重。自貶。乃以日易月。後世所不能革。太子。人臣也。不得如人君之制。母喪宜無降。惟晉既葬公除。議者詭辭以甘時主。不是師法。今有司之議。虧化敗俗。常情所歎。夫政以德為本。德以孝為大。後世記禮之失。曰今而始。顧不重哉。父在為母期。古禮也。國朝服之三年。臣謂三年則太重。唯行古為得禮。德宗遣內常侍馬欽敘謂質曰。太子有撫軍監國問安侍膳之事。有司以三十日除。既葬釋服。以墨衰終。是何疑耶。質又奏疏曰。太子於陛下子道也。臣道也。君臣以義。則撫軍監國有權奪。父子問安侍膳。固無服衰之嫌。古未有服衰而廢者。舒王以下服三年。將不得問安侍膳耶。太子、舒王皆臣子也。不宜甚異。且皇后天下之母。其父母。士庶也。以天下之母為士庶降服可也。太子臣子也。以臣子為母降可乎。公除非古也。公門變服。今期喪以下緣制是也。太子晨昏侍。非公除比。墨衰奪情。事緣金革。今不監國撫軍。何抑奪邪。子之於父母。禮異而情均。太子奉君父之日遠。報母之日少。忍使失令名哉。乃詔宰臣與有司更議。當等曰。禮有公門脫齊衰。開元禮皇后父母服十三月。從朝旨則十三日而除。皇太子外祖父母服五月。從朝旨則五日而除。恐喪服入侍傷至尊之意。非特以金革奪也。太子公除以墨縗奉朝。歸宮衰麻。酌變為制可也。宰相乃令太常卿鄭叔則草奏。既葬卒哭。十一月小祥。十三月大祥。十五月禫。內謁即墨服。復詔問賀賛以為雖不能備古禮猶愈於魏晉之失遂悉宰相乃言居太子皇后喪至朝則抑衰承慕賀臣子至性惟心與服內外宜稱今賀請降詔於外無害罷衰於內謂言行於外而服異於內事非至誠乖於德教請下明詔如叔則議天子從之及董晉代叔則為太常卿帝曰皇太子服期縁諫官初非朕意暢當等請循魏晉故事羣論也

九年轉又補右拾遺史館修撰德宗重其職先召見延英乃命之張薦也子茂宗尚義章公主母亡遺占乃成禮帝念薦忠功即日召為左衛將軍許主下降又上疏以為墨縗禮本緣金革未有奪喪尚主者繆盩典禮違人情不可為法帝命中使者諭茂宗之母之請又意殊堅帝曰卿所言古禮也今俗借吉而婚不為少對曰俚室窮人子旁無至親乃有借吉以嫁不聞男冒凶而娶陛下建中詔書郡縣主當婚皆使有司循典故毋用俗儀公主春秋少待年不為晚請茂宗如禮使帝曰更思之會太常博士韋彤裴堪諫曰婚禮重人凡延賢命稱事立文謂之嘉所以承宗廟繼後嗣也衰禮創巨者日久痛甚者愈遲二十五月而畢謂之凶所以送死報終不有節也故夫義婦聽父慈子孝昔魯侯改服晉襄墨縗緣金革事則有權變安有釋縗服衣冕裳去聖室行親迎以凶瀆嘉為朝廷爽法疏入帝迓其言

憲宗以正月崩有司議葬用十二月下宿博士王彥威建言天子之葬七月春秋之義志崩不志葬必其時也舉天下葬一人故過期不葬則譏之高祖中宗葬皆六月太宗四月高宗九月睿代二宗皆五月德宗十月順宗七月惟玄肅二宗皆十二月有為為之非常典也且葬畢而虞虞而卒哭卒哭而祔皆卜日今葬卜歲暮則畢祔在明年正月是改元慶賜皆廢矣有詔更用五月

穆宗即位荒酒色景陵始復土即召李光顏于邠寧李愬于徐州期九日大宴羣臣右拾遺李珏與宇文鼎溫畬韋瓘馮藥同進曰道路皆言陛下追光顏等將與百官高會且元朔未改陵土新復三年之制天下通喪今同軌之會適去遠夷之使未還遏密弛禁本為齊人鐘鼓合饗未施禁內夫王者之舉為天下法不可不慎且光顏愬忠勞之臣方盛秋屯邊如令訪謀猷賜璽書召之可也豈以酒食之歡為厚邪帝雖置其言然厚加勞遣

昭宗時宰相韋貽範母喪詔還位兵部侍郎韓偓當草制上言曰貽範處喪未數月遽使視事傷孝子心今中書事一相可辦陛下誠惜貽範才俟變縗而召可也何必使出峩冠廟堂入泣血柩側毀瘠則廢務勤恪則忘哀此非人情可處也

歷代名臣奏議卷之一百二十二

禮樂 喪禮

宋真宗景德初，禮官詳定明德皇太后靈駕發引於京師，壬地權欑，依禮埋懸重，祔神主。安易上言曰：禮云既虞作主，虞者已葬設吉祭也。明未葬則未立虞主及神主。所以周制但鑿木為懸重以主神靈。王后七月而葬，則埋懸重，掩玄堂，凶仗輼輬車龍輴之屬焚於柏城。訖，始可以虞主吉仗還京，備九祭，復埋虞主，然後立神主升廟室。自曠古至皇朝，上奉祖宗陵廟，行此禮。何以今日乃違典章，苟且升祔，方權欑安主神主，未大葬輒埋懸重？且棺柩未歸園陵，則神靈豈入太廟？奈柏城未焚凶仗，則凶儀唐突祖宗。望約孝章近例，但於壬地權欑，未立神主升祔凶儀，一切祗奉。俟丙午年靈駕西去園陵，卻回祔廟。如此，則免於顛倒，不利國家。乃詔有司再加詳定，判禮院孫何等上言：按晉書，羊太后崩，廢一時之祀，天地明堂去樂不作。又按禮，王后崩，五祀之祭不行，既殯而祭。所言五祀不行，則天地之祭不廢。遂議以園陵年月不便，須至變禮從宜。又緣先準禮文，候神主升祔畢，方行享祀。若俟丙午歲，則三年不祭宗廟，禮文有闕。況明德皇太后德配先朝，禮合升祔。遂與史館檢討同共參詳，以為廟未祔則神靈不至，伏恐祭祀難行。欑既畢，則梓宮在郊，可以葬禮比附。遂按禮云：葬者藏也，欲人不得而見也。既不欲穿壙動土，則龍輴欑木題湊，蒙輴上四柱如屋，以襍畫塗之，所合埋重一依近例，使可升祔神主。安易妄言以凶仗為凶儀，指梓宮為棺柩，令百司分析園陵，況瀆聖聰，詆同臣下。安易又云：昔日觀群官盡公奉二帝諸后並先山陵後祔廟，今日觀群官顛倒奉明德皇太后獨先祔廟後園陵者。今詳當時先山陵後祔廟，蓋為年月便順，別無陰陽拘忌。

今則年月未便，理合從宜。未埋重，則禮文不備；未升祔，則廟祭猶闕。須從變禮，以合聖情。兼明德皇太后將赴權欑，而安易所稱柏城未焚凶仗，則凶儀唐突祖宗。按檀弓云：喪之朝也，順死者之孝心也。鄭玄注云：謂遷柩於廟。又云：其哀離其室也，故至於祖考之廟而後行。商朝而殯於祖，周朝而遂葬。今亦遍辭宗廟而後行，豈可以禮經所出，目為顛倒，吉凶具儀，謂之唐突哉？又云孝章皇后至道元年崩，亦緣有所嫌避，未赴園陵，出京權欑之時，未立神主入廟，直至至道三年西去園陵禮畢，然後奉虞主還京，易神主祔廟，以合典禮。今詳當時文籍，緣孝章為太宗嫂氏，上僊之時，止輟五日視朝，百官不曾成服，與今不同。初亦無詔命令住廟享。今明德皇太后母儀天下，主上孝極曾、顏，況上仙之初，即有遺命，權停享祀。今按禮文，固合如此。安易荒唐庸昧，妄有援引，以大功之親比三年之制，欺罔君上，乃至於斯。況安易以訐直自負，所詆者無非良善；以清要自高，所尚者無非鄙俗。名宦之志，老而益堅；詩書之文，懵而不習。本院所議，並明稽典故，旁考時宜，雖曰從權，粗亦稽古。請依元議施行。從之。

大中祥符九年，殿中侍御史張廓言：京朝官丁父母憂者，多因陳乞與免持服。且忠孝恩義，士所執守，一悖于禮，其何能立？今執事盈庭，各務簡易，況無金革之事，中外之官不闕，不可習以為例。望自今並依典禮，三年服滿，得赴朝請。

天禧四年，御史臺言：文武官并丁憂者相承服五十四月，別無條例。下太常禮官議，曰：按禮喪服小記云：父母之喪偕，先葬者不虞祔，待後事；其葬服斬衰。偕謂同月若同日死也。先葬者母也，其葬服斬衰者，喪之隆哀，宜從重也。假令父死在前月而同月葬，猶服斬衰，不葬不變服也。言其葬服斬衰，則虞祔各以其服矣。及練祥皆然，卒事反服重。雜記云。有父之喪。如未沒喪而母死。其除父之喪也。服其除服。卒事。反喪服。注云。沒猶終也。除服謂祥祭之服。卒事既祭。反喪服。服後死者之服。又杜預云。若父母同日卒。其葬先母後父。皆服斬衰。其虞祔先父後母。各服其服。卒事。反服父服。若父已葬而母卒。則服母之服。虞訖。反服父之服。既除練。則服母之服。喪可除。則服父之服以除之。訖則服母之服。賀循云。父之喪未終。又遭母喪。當父服應終之月。皆服祥祭之服。如除喪之禮。卒事。反母之服。臣等參考典故。則是隨其先後而除之。無通服五十四月之文。請依舊禮改正。

仁宗景祐二年。禮儀使上言曰。天聖五年。太常禮院言。自來宗廟祠祭。皆宰臣參知政事行事。每有服制。從復改差。多致妨闕。檢會唐會要。貞元六年詔。百官有私喪公除者。聽赴宗廟之祭。監祭御史以禮有緦麻已上喪。不得饗廟。移牒吏部諮之。吏部奏。准禮。諸侯絕周。大

夫絕緦者。所以殺旁親。不敢廢大宗之祭事。則緦不祭者。謂同宮未葬。欲人吉凶不相黷也。魏晉已降。變而從權。緦已上喪。服假滿即吉。謂之公除。凡既葬公除。則無事不可。故於祭無妨。乞令凡有緦服既葬公除。及聞哀假滿。許吉服赴祭。同宮未葬。雖公除。依前禁之。詔從之。又王洙郊祀錄。緦麻已上喪不行宗廟之祭者。以明吉凶不相干也。貞元吏部奏請得許權改吉服。以從宗廟之祭。此一時之事。非舊典也。今本院看詳。律稱如有緦麻已上喪。遣充掌事者。笞五十。此唐初所定。吏部起請。皆援引典故。奉詔百官有私喪公除者。聽赴宗廟之祭。後雖王洙著郊祀錄。是一時之事。非舊典也。又別無詔敕改更。是以歷代止依貞元詔命施行。至大中祥符中。詳定官請依郊祀錄。緦麻以上喪。不預宗廟之祭。今詳貞元起請。該據分明。王洙所議。別無典故。望自今後有私喪公除者。聽赴宗廟之祭。免致廢闕。

寶元元年。右司諫韓琦上奏曰。臣昨奉使還闕。竊聞朝廷自西事以來。兩次非時就宅宣召兩府臣寮。在外不測事宜。人情驚駭。當時物議。以謂有失持重之體。日近復知西京謠言。屢驚煩於上聽。昨日午後。又聞就宅宣兩府臣寮入內。搢紳士庶。無不憂惑。至晚方知只是魏國夫人薨謝。陛下雖隆乳母之愛。其如在禮止為緦麻三月之服。若言乎親。則非近也。若言乎尊。則不崇也。此止可一中人傳詔于宰臣之第。令議而奏之。何必徧宣近輔。震恐都人。事往不追。後當為戒。臣欲望每有國家體大之議。邊鄙機宜之急。合與兩府臣寮商量處置者。務從審密。以安人心。不宜倉卒以動群聽。臣又以送終之厚。前載所非。今魏國夫人於陛下親服既疎。葬禮亦當簡儉。望陛下勿聽左右張皇。過為奢侈。況國家西鄙設備。兵須未豐。正宜節用聚財之秋。不可更為無益之費。言或可采。幸賜納用。

慶曆元年。右正言孫沔乞權住豫王葬禮。奏曰。臣伏覩豫王以遽逝致殞。奄棄妙齡。人神共悲。嗟感何及。況陛下以一人繼體之大。慈父鍾愛之心。變禮伸情。追爵制服。故四方知陛下思念之懷。悲感之意亦已至矣。使天下為父者。是以仰仁慈之孝也。竊聞欲取五月中葬於永定陵。以春秋之義。固為得禮。蓋陛下以哀痛之深。無以盡其意而欲飾終顯跡。冀竭精志。雖使死者有知。亦無所益。諒大聖至明。無幽不照。豈於此事更有所疑。實以情所未忍。遂起此議。今左右大臣。宗親中闈。皆為皇帝軫悼。未敢直請緩期。竊恐因仍成事。難復救論。臣職當建言。故非獲已。當君父痛切之際。而復不能將順其旨。獲罪必矣。臣豈惜一默。而誤陛下之遠謀。朝廷之大計也。然豫王未可葬者三。悉數以陳。願賜詳覽。且一品之葬。禮式甚煩。百日之間。工役難就。啟土塋山。驅人勞衆。諸宮因此葬者亦多。所費之財。非五十萬未

雖罷事，令三司力屈，百計收斂，邊鄙宿兵未得豐足，豈宜以三歲之恩忘四方之事？此未可一也。又京洛之間，衝要之所，自累賊侵軼，國家征討，饋運糧草，賫送甲兵，往還搔擾，民頗不聊。配率科條，歲無虛刻，塋墓若此騷興，州郡如何供給？此未可二也。復況西賊竊伺中國，已僅數年，以水旱不調，謂得天時，以將帥不和，謂合人事，巧搖百端，思欲一決，今若因我之變，起役之次，或盡兵力以幸此災，益啟戎心，轉為邊患，此未可三也。臣所見至愚，固未為得，庶盡懇切，上裨聰明。伏欲乞權宜就近安殯，俟丙事稍定，一二年間具禮改葬，正合典儀。伏望皇帝陛下，以禮制情，以義斷恩，以祖宗社稷為心，以安危休戚是念，無執小節，以妨永圖。臣恭聞真宗皇帝四十餘方長育陛下，司牧羣生，為世真主。今陛下盛德形容，始三十歲，受萬世無疆之福，何患乎錫羨之嗣晚也？伏乞養氣保神，順時進膳，將寬聖慮，專斷邦機，則天下幸甚。

沔又奏曰：臣聞忠臣切言，非欲披狂名於時，在回君心而已。聖人納善，非以啟衆議之口，在惜國體而已。故帝王舉一事，出一令，有不便於時，未合於衆，必容三諫，以達四聰，貴與衆思利害，周察體宜。一說中戳，萬有蒙福；破柔邪之謀，開明哲之志，不惟其大，亦以為難。臣非不知犯顏不若取媚，蹈險不若偷安，苟人人自圖，恐非國家之利。恭惟皇帝陛下仁明同堯舜，恭儉若文景，大度包荒，純誠愛物，好善無厭，從諫弗咈，接臣下以從容，形溫潤於顏色，是使至愚得以盡慮。況臣非才，叨備諫列，豈可見事自隱，以一言為供職，遂與衆退默？起外廷竊議，臣所不取也。是敢再陳狂瞽，上瀆聖明，惟陛下察之，聽之，容之，畢之而已。臣若以此獲譴，實亦無恨。近以豫王卜葬，曾上封奏，細陳其事，又前日崇政殿進對，三復盡意，雖言拙識淺，不足以動天聽，乃知聖心惟切思念，故非確然聖意不可奪。此恐陰陽術數之流，左右纖佞之輩，巧陳厭勝，多說災祥，上惑視聽，以此未決。臣伏覩以天時人事國計未便者，察之。甲春卜葬，盛夏起墳，鑿土穿山，六十餘穴，損害生命，役人勞衆，數十萬工，衝冒暑熱，遭在毒日，流爍更或大雨霖潦，修治橋路，供億頓遞，不啻於民。何以集事？此天時未便者一也。豫王最幼，殤禮為下，諸宫附葬，族屬多長，以卑動尊，亦非順也。遣方士卒衣食不足，而藏寶於地下，郡邑人民配率無數，而勞生奉死者，此於人事未便者二也。西鄙屯戍三十餘萬，省司歲用，合計不支，蜀一廷尉，官纔得几千斛，免一里胥役，米過數百貫，綱發已勞，用度不給。況南郊在今冬，賞賚千萬，其為窘急，或亦可知。今一品儀仗，尚用千餘人，附葬諸喪，各備執事，車騎導從，僅萬餘衆，往復勞擾，非五十萬緡恐未能畢事。此於國計未便者三也。此非獨臣言，乃三事大夫有

識者之言也。陛下貴為天子，以一幼子展送終之禮，庶盡其愛，亦未為過。其為未便者，以時有所妨爾。蓋國家多事之際，在陛下割慈忍愛，克己復禮，為天下蒼生計。況西賊猖熾，敗軍殺將，人心憂危，未有安寧，而重三歲之怨，怨為妖之眚。陛下以為如何？且天下安，雖未有子，亦不足為憂也；若天下危，雖有子，得不為慮哉！況其奉死者也。臣又覩欲了葬者有三：諸宫國戚一也，中人監護二也，司天陰陽三也。皆旁集已事而利進身也。今三事大夫有識者意有補益，而未能回上心者，遠也；國戚監護陰陽者事有所損，而能伺上意者，近也。伏望陛下察遠近之言，究損益之本，則王之葬禮庶幾權止矣。昨日又見敕旨差朝臣減省費用，此乃陛下所慮至微至悉之深也。然恐此二人力未足為監設中貴大臣所信而能節制也，不若俟一二年間，中外稍安，備禮改卜，亦為王者之光，而天下之幸也。今陛下當悲悼之

際。微臣無將順之心。而煩黷宸議。干瀆天聽。尚冀感回睿思。勞賞罰誅責之罪。逃避何及。

至和元年。沔爲樞密副使。論張貴妃喪禮過制。疏曰：臣最處孤迹。特荷聖恩。如遇有關事于大體。不敢隱默自求安全。苟狂言有所開悟。雖誅責亦之。補報竊見貴妃夭亡。上心感悼。欲加異禮。尤宜節情。史筆一書。後世爲戒。故不可不謹也。臣雖叨近班。莫聞中議。實有所疑。合具陳奏。庶獻更資討論。免貽中外之議。

一。皇儀殿爲祖宗大后權厝之所。今還妃子在內。恐非一品所宜。必是倉卒之間。禮官之失。又聞諸宮之親。朝夕聚衆緣裹千人。號泣踰月。且正寢至近。在上全無避忌。何皆如是。促魂而有知。必不得安。況凶穢之氣。干犯尊嚴。尤爲不便。惟知禮者傳笑四方。更乞酌其舊典。速行遷殯。庶協中道。

一。恭德之謚。蓋禮官務取美名。以奉上意。未暇開陳。恐成敗事。至於三朝聖后。以孝以章。皆以後來孝思。尊易謚法。今貴妃便以恭德爲號。實可譏駁。詳稽前志。無此失禮。何況因情自我爲繆。必致起謗。上玷聖明。唯乞審議。免貽後誚。至於郭氏張氏二后。並無謚號。前規盡在。速乞削去恭德二字。

一。園陵監護使。竊見郭后張后並在奉先殯。蓋於體不宜起陵。議葬于西京。今以貴妃特欲與陵之役。未知以何名。擇地而爲御度。人臣豈敢盡言。況今經冬無雪。數千里災旱。加之疾疫。是四方多虞之時。宜且靜以鎮之。若役萬兵之衆。費百萬之財。於國賦民力。實爲大損。不若使俟豐年。徐議其制。臣前日聞宰臣初議殯。殯于普安院。最爲得體。

臣愚鈍少文。久守外方。不盡知朝廷體要。聞有議者。皆以奉貴妃之議爰過。蓋佞人阿旨。未以直道裨聖意。將以服勞。而求爵賞。倘凶憸不自天降。地出。在於人情而已。苟得其中。則爲後世令典。國家延洪慶基百年。中外無患難者。蓋仁義深而禮法正爾。陛下當爲祖宗惜之。伏望還妃子之靈出皇儀殿。罷哭泣之儀。去恭德之號。省園陵之名。然後重加詳酌。所貴中禮。天下幸甚。干瀆天威。難逃誅責。臣不勝惶懼激切之至。

慶曆二年。知諫院歐陽脩論楊察請終喪制。乞不奪情劄子曰：臣近見丁憂人。如孝標居父之喪。來入京邑。奔走權要。營求起復。已爲御史所彈。又聞新及第進士南宮觀聞母之喪。匿不行服。得官娶婦。然後徐歸。見在法寺議罪。孝標官爲太常博士。觀在場屋粗有名稱。此二人猶如此。則愚俗無知。違禮犯義者何可勝數矣。蓋由朝廷素不以名教獎勵天下。而禮法一隳。風俗大壞。竊以風化之本由上而下。

伏見起復。龍圖閣待制楊察素有章疏。乞終母喪。而朝旨未允。夫臣子之行。惟孝與忠。察以文中高科。官列近侍。而能率勵頹俗。以身爲先。陛下宜曲賜褒嘉。遂成其志。使還善化俗自察而始。豈可不遂人情。勝執舊弊。推祿利之小惠。廢人臣之大節。臣謂近侍奪情。本非軍國之急。不過循舊例。示推恩而已。今察以節行自高。志在忠孝。知貪冒祿利爲可恥。若朝廷奪其情。使其於身不得成義行。而於母有罔極之恨。豈是謂之推恩乎。方今愚俗無知。違犯禮義。至使繫獄訟。嚴刑罰而不能禁止。脫有一人欲守名教。而全忠孝以勵天下者。又爲朝廷不許。則風俗之弊。其咎安在。伏乞早降恩旨。許其終喪。不獨成察之志。亦以爲朝廷之美。

四年。脩論葬荊王劄子曰：臣伏覩朝旨。雖差宋祁監護故荊王葬事。然未見降下葬日。及一行事件。或聞以歲月不利。未可葬。或聞有司以財用不足乞且未葬者陰陽拘忌之說陛下聰明睿聖必不信此巫卜之言而違禮典但慮議者堅執方今財用不足不可辦葬陛下聞有勞民枉費之說則不得不應因以遲疑臣謂前後勅葬大臣宗費枉用之物至多豈是朝廷本意皆為主司措置之失致人因緣以為姦爾今若盡節浮費及絕其侵蠹而使用物不廣則將復以何辭而去不葬臣不知所司會將一行用度計定大數否內若干是浮費若干是實用若實用之物數猶至多而力不可辦則緩之可也若實用之物少只是蠹倒浮費多則可削去浮費而已今都不計度而但云無物可葬則不可也未見實用之數多少不量力能及否而曰必須遵禮而曰必須葬亦未可也如臣愚見酌此兩端葬則為便然須先乞令王堯臣宋祁等將一行合用之物列其名件內浮費不急者一一減去之若只留實用之物數必不多假如稍多更加節減雖至

儉薄理亦無害如此則葬得及時物亦不費夫儉葬古人之美節侈葬古人之惡名今避儉葬而不肯節費留喪而待有物之年以就侈葬則非臣所知也若曰儉葬亦未能辦則乃過言之甚也然外之與議為國家論事體者皆云葬則為便令朝廷議者分而為二顧物力者則不顧典禮國體論典禮國體者則不思財用辦否各執偏見議久不決以惑陛下之聰明令便葬之害一不葬之害五便葬之害不過費物然力有可為不葬之害所失則大不肯薄葬而留之以待侈葬成王之惡名一也信巫卜之說而違典禮二也目下減節乃所易為他時豐足理或難待使皇叔之柩五七年間不得安宅而神靈則無歸三也使四夷聞天子皇叔薨而無錢出葬遂輕中國而動心四也今天下物力雖乏然凡百用度不能節費處多獨於皇叔之身有所裁損傷陛下孝治之義五也此臣所謂葬則為便者也荊王於國屬最尊名位最重伏乞早令定議無使後時

修又論葬荊王一行事劄子曰臣風聞已有聖旨荊王葬事令三司與太常禮院及監葬官等同議減節浮費此足見陛下厚於皇叔之恩念民惜費之意一舉而兩得也然臣每見朝廷作事今愛民節用而常枉費勞人蓋為議事之初不得其要或失於不精審者有四民間不科配一也州縣供應物有定數二也送葬之人在路禁其呼索三也州縣官吏不得過外供須以邀名譽四也苟絕此四者則無大患矣昨京西一路遭張海驚劫之後不可更有誅求臣今欲乞指揮三司應是合要之物並須官給不得民間科買仍乞先將一行儀仗人馬并送葬人等一人以上先定人數然後劄與京西令依數供頓則可無廣費自荊王以下諸喪非至親者未必令其自往仍乞限定人數及每人將帶隨行人數亦乞限定凡皇親及一行官吏除宿頓

合供飲食外不得數外呼索州縣官吏亦不得於官供飲食外别致諸物獻送權要其受獻送并呼索並以入己贓論仍乞御史裏行一人隨行糾察其數外帶人及州縣隨順呼索獻送物等官吏物出於己亦從違制若託以供頓為名於民間賤買及率掠者皆以枉法贓論如此防禦方可杜絕浮費以稱陛下厚親節用之心

慶曆三年集賢校理余靖上奏曰臣伏見陰陽尅擇官狀申皇子故鄂王發引服並取今月初四日又伏見每年正月五日紫宸殿開宴管領契丹賀正人使切恐有司循故事申舉以戎使為重依例作樂開宴臣身為禮官故敢先事言之切以故鄂王雖有襁褓是為無服之殤其如已賜爵命當同成人之例父子天性豈能無戚今日服之而明日宴樂情何以安且臣寮之家遭此喪尚當給假況萬乘之主因戎狄之使不得申其私恩深可痛也臣以為若不得已宣名與禮

食。而撤去聲樂絹遣大臣告諭戎使。以皇帝有嗣續之痛故罷去聲樂。非有輕重於北朝也。戎狄雖同禽獸不敢以此爲恨。昔周景王以子喪既葬而興宴。春秋譏之以爲失禮。古者卿佐之喪雖有祭祀尚猶廢樂。况在親父子乎。臣不勝區區之至。

太常禮院上議曰。禮記。父母之喪無貴賤一也。又曰。三年之喪。人道之至大也。請不以文武品秩高下並聽終喪。時以武臣入流者雜。難盡解官。詔自今三司副使已上非領邊寄並聽終制。仍續月俸。武臣非在邊而願解官者聽。凡奪情之制。文臣諫舍以上。牧伯刺史以上。皆卒哭後恩制起復。其在切要者不候卒哭。內職遭喪但給假而已。願終喪者亦聽。惟京朝幕職州縣官皆解官行服。亦有特追出者。凡公除與祭

四年。參知政事范仲淹奏議葬荆王疏曰。昨日奉聖旨。令中書熟議荆王葬事者。臣謂此議有三。其一曰。年歲不利。此陰陽之說也。其二曰。財用方困。此有司之憂也。其三曰。京西寇盜之後。不可更有擾擾。此憂民之故也。臣又別有四議。乞陛下擇之。其一曰。諸侯五月而葬。是自古不易之典。今年歲不利之說。非聖人之法言也。其二曰。天下財利雖困。豈不能送葬一皇叔耶。陛下常以荆王是太宗愛子。真宗愛弟。雖讒惑多端。陛下仁聖。力能保全。使得令終。豈忍送葬之際。却惜財利而廢典禮。使不得及時而葬。恐未副太宗真宗之意。臣爲陛下惜之。豈不防天下之竊議哉。更乞檢會先朝諸王之薨。有無權厝之者。其三曰。自來勑葬。多是旋生事端。呼索無算。臣請特傳聖旨。令宋郝王守忠與三司使副并禮官聚議。合要物色。務從簡儉。畫一聞奏。與降勑命。依所定事件應副。更不得於勑外旋生事節。枉費官物。仍出聖意特賜內藏庫錢帛若干。備葬事。使三司易爲應副。如此則陛下孝德無虧。光于史策。其四曰。自來勑葬。枉費太半。道路供應。民不聊生。臣請特降聖旨。荆王二子并左右五七人送葬外。其餘婦人合存合放。使與處分。更不令前去。自然道路易爲供頓。大減冗費。既減得費耗。又存得典禮。此國家之正體也。乞聖慈從長處分。臣待罪政府。不敢不盡。

七年。禮官邵必上言曰。古之臣子未有居父母喪而輒與國家大祭者。今但不許入宗廟。至於南郊壇景靈宮皆許行事。按唐吏部所請緦服既葬公除者。謂周以下也。前後相承。誤以爲三年之喪得吉服從祭。失之甚也。又按律文。諸廟享有緦麻以上喪不許執事。祭天地社稷不禁。此唐之定律者不詳經典意也。王制曰。喪三年不祭。惟天地社稷爲越紼而行事。注云。不敢以卑廢尊也。是指王者不敢以私親之喪廢天地社稷之祭。非謂臣下有父母喪而得從天子祭天地社稷也。然律文所以不禁者。未止謂緦麻以上。周以下故也。南郊太廟俱爲吉祀。奉承之意無容異禮。今居父母喪不得入太廟。至南郊則爲愈重。朝廷每因大禮侍祠之官普有霑賚。使居喪之人得預是事。是不欲慶澤之行有所不被。奈何以小惠而傷大禮。近歲兩制以上並許終喪。惟於武臣尚仍舊制。是亦取古之墨縗從事。金革無避之義也。然於郊祀吉禮則爲不可。下禮院議曰。郊祀大禮。國之重事。百司聯職。僅取濟集。若居喪被起之官悉不與事。則或有妨闕。但不以慘黷之容接於祭次。則亦可行。請依太常新禮。宗室及文武官有遭喪被起及卒哭赴朝參者。遇大朝會聽不入。若緣郊廟大禮。惟不入宗廟。其郊壇景靈宮得權從吉服陪位。或差攝行事。詔可。

至和元年。孫抃論溫成護葬宜減損正禮疏曰。臣在病假中。聞朝廷議貴妃事。累與劉子論奏。數日間留中不降。今制命已出。必不可更

至議論。但臣愚謀爲聖朝惜此一舉。欲望陛下特降詔旨申諭四方言前追册之命。止旌褒貴妃生前勤效。若挺身以衛宸極。劄胥以書奏章之類。其將來護葬次第。宜減損正禮。務從簡易。至於諸般遺賞恩例。並須一一檢尋國家故事施行。如此則尚可以稍救前失。惟新聖德。方今自秋不雨。終冬無雪。春陽淺進。粟麥未敷。人心皇皇。疾疫相繼。災異之大。莫甚於此。陛下恤民勞。憂國力。答天意。順物情。在此行也。臣不勝拳拳之至。

五月。抃爲御史中丞。又論張貴妃進册皇后跡曰。臣伏見貴妃薨逝。陛下以數年內助之效。議欲追册后謚。舉行園陵。號名既崇。事體尤重。參較禮典。頗未合宜。況自去年秋冬至于春首。雨雪不降。粟麥未敷。必慮百司難爲供應。伏望陛下先詔大臣商榷。次命禮官議定。然後施行。所貴聖朝事典。動有根據。亦所以惜人力而答天意。

抃又乞改差以次臣僚監護溫成皇后葬事跡曰。臣伏以國家禮制隆殺。從宜本緣人情。匪自天降。規模法式。中外觀瞻。得之則取重朝廷。失之則貽誚天下。臣伏覩溫成皇后禮葬初命參知政事劉沆爲監護之職。當時物論。或未爲非。今沆爰主作相。謂宜立須改差。奈何重惜更張。務固不變。風憲論列。陛下所宜留神。相臣懇辭。陛下所宜聞可。上守祖宗之軌範。下從臣子之讜言。念公相燮理之非輕。俾后妃終始之如禮。伏況自啓殯祭奠。制度繩墨。一切辦集。定無闕事。其監護職除宰相外。欲乞速賜改差以次臣僚。免使虧本朝之典禮。取後代之譏議。臣寫誠瀝血。所難盡言。伏惟陛下思之。慎之。特賜采納。則天下幸甚。

嘉祐七年。知諫院司馬光論董充媛賜謚册禮跡曰。臣伏見充媛董氏薨。追贈婉儀。又贈淑妃。陛下閔爲之輟朝。掛服。羣臣進名奉慰。又有司爲之定謚及行册禮。於葬日仍鹵簿。外廷之議。皆以爲董氏名秩本微。病亟之日。方拜充媛。今送終之禮。太爲崇重。臣按古者婦人無謚。近世爲皇后有謚。及有追加策命。妃嬪以下。未之有也。鹵簿本以賞軍功。未嘗施於婦人。唯唐平陽公主有舉兵佐高祖定天下之功。方給鼓吹。後至中宗時。韋后建議妃主葬日皆給鼓吹。非明王之令典。不足法也。臣愚念陛下恭儉寡欲。近歲以來。後宮之寵。絕無太盛過分著聞於外者。此四方之人所以咨嗟頌詠。歸仰聖德也。不意今茲以既沒之董氏。而有司諂曲妄崇虛飾。以褻紊制度。瀆慢名器。使天下之人。疑陛下隆於女寵。甚非所以益聖德也。況禮數既崇則凡事所須用度益廣。今明堂大禮新畢。帑藏空虛。賦斂日滋。元元愁困。誠不宜更崇大後宮之喪。以横增煩費。夫亡者雖加之虛名盛飾。豈能復知。而適足以仰累聖德。臣竊惜之。伏望陛下特詔有司悉

罷議謚及册禮事。其葬日更不給鹵簿。凡喪事所須。悉從減損。不必盡一品之禮。以明陛下薄於女寵而厚於元元也。

仁宗時宋祁言郭稹不應爲嫁母持服狀曰。臣竊惟禮者敍上下制親疎別嫌明微以爲之節也。故三年之喪雖天下達禮。至於情文相稱。必降殺從宜。故尊有所申。則親有所屈。不敢以所承之重而輕用於其私者也。伏見前祠部員外郎集賢校理郭稹。生始數歲。即鍾父喪。而母邊氏更適士人王渙。稹煢煢孤苦。以訖成立。是無伯叔。又鮮兄弟。奉承郭氏之祭者。惟稹一身而已。毋邊氏適王氏。更生四子。今邊不幸而訃聞。稹乃解官行服。以臣愚管。見深用爲疑。伏見五服制度勅。齊衰杖朞降服之條曰。父卒母嫁及出妻之子爲母。其左方注曰。謂不爲父後者。若爲父後者。則爲嫁母無服。今詳邊氏嫁則從夫。已安於王室。死將同穴。是非於郭。偶而稹既爲父後。則宜歸重本宗。

雖欲懷有慈之愛，推無絕之義，亦不得為已嫁之母亢父而盡其禮也。傳者輕奉父統，則郭之承重更無他親，備執母喪，則王之主祀自有諸子。臣詳求制旨，疑議不當解官行服。夫禮有所殺，君子俯就也；誼有所斷，聖人不專也。況當孝治，宜謹彝經。伏乞降臣此狀下有司博令詳議，其郭稹為父後為嫁母應與不應解官行三年之喪，然後明垂定制，俾守共規。臣備禮官，不敢寢嘿，謹具狀奏聞。

英宗即位初，殿中侍御史司馬光乞遣告哀使劄子曰：臣等竊見大行皇帝晏駕已近旬日，其告哀於契丹使人尚未進發，兼聞不曾素戒使者對答繼嗣之辭。臣等竊議，深恐未便。何則？國家既與契丹約為兄弟，遭此大喪，立當訃告。虜中刺探之人所在有之，今天下縞素，虜中豈得不知？而訃告之人尚未到彼，虜謂中國有何事故，能不猜疑？自古大宗無子，則取於小宗以為後，著在禮典，豈為國惡？若虜人有問，盡以實對，有何所傷？今問繼嗣於使人，而使人對以不知，事體豈得便穩？況陛下初為皇子之時，詔書已布告天下，虜中安得不知？今若荅以虛辭，不足誑彼，而適足取其笑侮耳。國家自與契丹和親以來，五十有六年，生民樂業。今國有大故，正是隣敵闚伺之時，豈可更接之失禮，自生間隙？臣等願朝廷早決此議，令使人晝夜兼程進發。若虜中問及繼嗣，皆以實告。孔子曰：言忠信，雖蠻貊之邦行矣。臣等愚意竊以如此為便。

光乞撤去福寧殿前尼女劄子曰：臣竊見大行皇帝梓宮在福寧殿，自啓攢以來，每日裝飾尼女置於殿前，傅以粉黛，衣之綺繡，狀如俳優，又類戲劇。臣不知其說果何謂也。羣臣見者無不駭異，或嘆其失禮，或竊有譏誚。褻嫚威神，莫甚於此，殆非所以裨助哀容，觀示萬方。伏望聖慈速令撤去。孔子曰：葬之以禮，此孝之大也。臣願陛下因此

乞降聖旨下有司，應將來靈駕進發以至襄事，凡儀仗送終之物有鄙俚無稽不合禮典如此之類，悉宜撤去，無使四方之人有所觀笑。

光言遺奠劄子曰：臣聞禮為人後者為之子也。孔子曰：人未有自致者也，必也親喪乎。又曰：喪事不敢不勉。故天子即位之初，天下所以瞻仰而歸心者，唯在執喪盡禮而已矣。恭惟仁宗皇帝舉天下而授之陛下，明睿獨斷，人莫能間。父母能生陛下，不能使陛下貴為天子，富有四海，至於萬世子孫永饗天祿，皆仁宗皇帝之厚德，不可忘也。今靈駕發引，遠就山陵，天長地久，永無還期，痛毒惻怛，無甚於此。伏望陛下至日，若聖體稍安，行禮之際，威儀容止，動加矜慎，擗踊哭泣，過於哀毀，以竭孝思之至，報罔極之恩，結四海之心，慰萬民之望。盛德本基，盡在於是，不可以不嚴畏也。此雖聖明所自知，然臣區區尚欲以塵露之微，助山海之大，庶幾萬一或有所益焉。

光論虞祭劄子曰：臣聞禮既葬而虞，虞，安也。柩既藏矣，孝子不忍一日離其親，恐精神彷徨無所依歸，故祭以安之也。然則虞者孝子之事，主人當親其禮，非臣下所得攝。臣竊見今月三日虞祭，百官皆入就位而哭，而陛下不親其禮，使宗正卿攝事，臣竊惑之。伏以永昭陵距京師猶五頓，木主還未至之時，不可一日不虞，故使羣臣攝事。今木主已達京師，近在內殿，而有司不根禮意，尚如塗中使羣臣行事，於親踈之序有所不稱，於哀慕之情有所未盡。臣恐聞見之人不知有司之失，而歸責於陛下。今未至卒哭，尚有三虞，欲望自來日以後，陛下親行其禮。

光又奏曰：臣昨日上言虞祭者孝子之事，非臣下所得攝，乞陛下親行其禮。陛下不以臣言為輕，以為得禮，已降聖旨依臣所奏。今日禮儀既具，百官在庭，而陛下不出，復使宗正卿攝事，在列之臣無不愕

然自冬以昨日有司不爲陛下設親祭之禮，猶可謂之有司之失。若今日之事，則咎將誰歸？此皆由臣惷愚以彰陛下之過，臣之罪重，惟陛下裁之。臣聞易曰：不遠復，無祇悔，元吉。孔子曰：過而不改，是謂過矣。伏望陛下來日雖聖躬小有不康，亦當勉强親行其禮，以解中外之惑。

治平二年，翰林學士王珪上議，乞依先朝封贈期親尊屬故事，奏曰：臣等謹按儀禮喪服，爲人後者，傳曰：何以三年也？受重者必以尊服服之。爲所後者之祖父母、妻、妻之父母、昆弟、昆弟之子若子，若子言皆如親子也。又爲人後者爲其父母期，傳曰：何以期也？不貳斬也。特重於大宗者，降其小宗也。又爲人後者爲其昆弟大功，傳曰：何以大功也？爲人後者降其昆弟也。以此觀之，爲人後者爲之子，不敢復顧私親。聖人制禮，尊無二上，若恭愛之心分施於彼，則不得專一於此故也。是以秦漢以來，帝王有自旁支入承大統者，或推尊父母以爲帝后，皆見非當時，取議後世，臣等不敢引以爲聖朝法。況前代入繼者，多宮車晏駕之後，援立之策或出母后，或出臣下，非如仁宗皇帝年齡未衰，深惟宗廟之重，祇承天地之意，於宗室衆多之中簡拔聖明，授以大業。陛下親爲先帝之子，然後繼體承祧，光有天下。濮安懿王雖於陛下有天性之親，顧復之恩，然陛下所以負扆端冕，富有四海，子子孫孫萬世相承者，皆先帝之德也。臣等愚淺，不達古今，切以爲今日所以崇奉濮安懿王典禮，宜一依先朝封贈期親尊屬故事，高官大國，極其尊榮。譙國太夫人、襄國太夫人、仙遊縣君亦改封大國太夫人，考之古今，實爲宜稱。

神宗熙寧元年，翰林學士王珪上奏曰：臣等謹按王制，喪三年不祭，唯祭天地社稷，爲越紼而行事。傳謂不敢以卑廢尊也，則居喪而可得見天地也。春秋僖公三十三年傳：凡君薨，卒哭而祔，祔而作主，特祀於主，烝嘗禘於廟。杜預以謂新主既特祀於寢，則宗廟四時常祀自當如舊，是則居喪而可得見宗廟也。周公稱商高宗諒陰三年不言，子張疑之，以問仲尼，仲尼答曰：何必高宗，古之人皆然。高宗不云服喪三年，而云諒陰三年者，杜預又謂古者天子諸侯三年之喪，既葬而服除，諒陰以居，心喪不與士庶同禮也。然則服除之後，郊廟之祭可以舉乎？南齊以前，代君嗣位，或仍前郊之年，或別自爲郊，下有司議，而王儉乃援晉宋以來皆改元即郊，而不用前郊之年。又自漢文以來，皆即位而謁廟。至唐德宗以後，亦踰年而行郊。況本朝景德二年，真宗居明德皇太后之喪，既易月而服除，明年遂享太廟而合祀天地於圜丘。臣等伏請皇帝將來冬至躬行郊廟之禮，其服冕車輅儀物音樂緣飾事者，皆不可廢。

神宗時，知太常禮院蘇頌議承重法，疏曰：臣近因上言臣僚家廟祠享事，乞重定服紀親疏之制，曰：一節，准五服年月敕，斬衰三年，嫡孫爲祖，以爲長子。今士庶之家，子孫罕分嫡庶，其相爲服，往往一槩以斬衰期，或踰年從吉，便行嫁娶，苟有犯者，緣敕律不分士庶，使當一例斷罪。臣以謂古者貴賤不同禮，諸侯大夫世有爵祿，故有大宗小宗主祭傳重之義，則喪服從而異制。匹士庶人亦何預焉？何以言之？謹按喪服傳曰：父爲長子，何以三年也？正體於上，又乃將所傳重也。鄭康成曰：重其當先祖之正體，又以其將代己爲宗廟主也。而經不言長孫爲祖者，爲有爵土，則父歿次當傳己，其承重可知也。近代仕不世爵，宗廟因而不立，尊卑亦無所統，其長子孫與衆子孫無以異也。生而情禮則一，死而喪服獨異，恐非先王制禮之本意也。而世俗之論，乃以三年之喪爲承重，故謂當服者爲承重，而不知爲承大宗之重也。嘗聞慶曆中朝廷欲議臣僚應任子者長子長孫差優與官，餘皆降等，此亦近立宗之法也。然雖有此議，亦不果卒行。慶曆末，石中立卒，未幾庶子從簡又卒，嫡孫祖仁先已服期，不知後服，禮官以爲宜別制斬衰嘉祐中劉煇祖母卒自言幼孤鞠於祖母雖有諸父亦乞解官行服禮官議煇是長孫自當承重臣竊謂祖仁官丞郎列近職世荷賞延豈亦有重可承者也煇乃庶官世又非顯若云鞠於祖母報以三年可也有諸父存而令承長孫重非也故熙寧八年六月詔書嫡子死無衆子者然後嫡孫承重襲封爵者雖有衆子猶承重此明宗子傳重正合古禮而未議無封爵者及庶人所以承重之意故學禮者猶以爲未盡也傳曰都邑之士則知尊禰大夫及學士則知尊祖故諸侯及其太祖天子及其始祖之所自出由是言之尊卑之禮有隆殺之異而喪服從而爲之制也明矣今服祖重者而無所以爲重之義又無大夫庶人之別是尊卑一統而貴賤同體也臣伏覩朝廷修舉遺墜禮無不講喪服之制事干典刑有所未明固宜稽考欲乞特詔禮官博士參議禮律若以無封爵者無傳重之義即乞別立服制如在禮故合承重亦乞參酌古今收族主祭之禮立爲宗子繼祖有以異於衆子孫之法及庶人與士大夫當與不當同一律頒布天下使人知尊祖不違禮教則州郡用法斷於不疑也臣職在守藩不當輕議禮典然嚴刑獄亦州郡之所得言也

神宗崩時詔禮官詳議禮部尚書韓忠彥等議朝廷典禮時世異宜不必循古若先王之制不可盡用則當以祖宗故事爲法今言者欲令羣臣服喪三年民間禁樂如之雖過山陵不去衰服庶協古制緣先王恤典節文甚多必欲循古又非特如所言而已今既不能盡用則當循祖宗故事及先帝遺制詔從其議

哲宗初即位祕書省校書郎范祖禹上疏曰臣謹案禮喪服斬衰父傳曰爲父何以斬衰也父至尊也諸侯爲天子傳曰天子至尊也君傳曰君至尊也先王制禮以君服同於父皆斬衰三年蓋恐爲人臣

者不以父事其君此所以管乎人情也自上世以來未之有改至漢文帝遺詔始令吏民三日羣臣三十六日而除後世又爲易月之制二十四日而大祥三月禫而釋服與紀之數尤薄於漢焉自漢以來不惟人臣無服君之服而人君遂亦不爲三年之喪惟晉武帝以疏素終三年其羣臣多以爲非蓋諂諛之人習於流俗而不知禮也唐之人主無有爲三年服者而三百年間議者亦未嘗及之蓋世無達禮之士而人不知事君之義也惟國朝自祖宗以來外廷雖用易月之制而宮中實行三年之服且易月之制前世所以難改者以人君自不爲服故也今君上之服已如古典而臣下之禮猶依漢制是以大行在殯而百官有司皆已復其故常容貌衣服無異於行路之人無哀戚思慕之心豈人之性如此其薄哉由上不爲之制禮也夫衰麻哭泣孝子仁人之所以表其哀也賢者無服則無以致其哀不肖者無服則遂忽而忘之是以禮義偷薄忠孝陵遲則由無服以管其情也素冠之詩刺不能三年蓋爲是矣此其禮之失者臣請得以悉陳之今羣臣易月而人主實行喪故十二日而小祥朞而又小祥二十四日而大祥再期而又大祥夫練祥不可以有二也既以日爲之又以月爲之此禮之無據者也古者再朞而大祥中月而禫禫者祭之名也非服之色也今乃爲之慘服三日然後禫此禮之不經者也既除服矣至葬而又服之蓋見梓宮不可以無服也祔廟而後即吉纔八月矣去小祥未久也而遂純吉無所不佩此又禮之無漸者也臣伏見大行皇帝之喪自三月十三日服至二十八日而除羣臣衰麻纔十六日遺詔易月因襲故事已行之禮未可追也臣愚以爲過山陵宜令羣臣朝服止如今日未除衰朞而服之漸除其重者再朞而又服之朞乃釋衰其餘則君服斯服可也此非有所難行惟存其

衰麻而已。今之冠服非古之制也。至於禫亦必為之服。惟未純吉以至於祥。然後無所不佩。則三年之制畧如古矣。夫衰裳不可以服勤。斷以日月而易朝服以治事。誠是也。然既葬而遂除之。臣竊以為太早矣。孔子曰。喪事不敢不勉。又曰。上好禮則民莫敢不恭。伏惟皇帝陛下聖政之美。四方風動。上順天意。下順人心。書曰。今王嗣厥德。罔不在初。於以革千餘歲之弊。正一代之禮。教天下使知君臣之義。其於風化。非小補也。如以臣言為然。乞下有司考正其禮。臣又聞儉葬者。聖哲之訓也。奢葬者。世俗之失也。宋華元厚葬其君。君子以為不臣。漢世山陵多藏金寶。故有張釋之之言。劉向之論。世所明知也。武帝在位歲久。茂陵中物無所容。霍光不達大體。以厚葬為愛君。無所減損。從而益之。故西漢之末。唯霸陵獨完。葬之厚薄禍福可睹矣。臣誠知國家山陵送往。儉於前代。然猶以為言者。欲於儉約之制。損

之又損。使天下知其中無所有。見其中無可欲。則萬世之利也。臣昔者伏見仁宗皇帝葬於昭陵。有緘封皮匣納之方中者甚多。皆出於禁中。人莫得而知也。臣愚以為如此之類無益於先帝。竊恐沿襲故事猶或藏之。推此類以損之。必猶有可省者也。昔周太祖將終。戒世宗曰。昔吾西征。見唐十八陵無不發掘者。此無它。惟多藏金玉故也。我死當衣以紙衣。歛以瓦棺。勿作石羊虎人馬。惟刻石置陵前云。周天子平生好儉約。遺令用紙衣瓦棺。嗣天子不敢違也。汝或吾違。吾不福汝。周祖生於五季之末。非有前聖之識。而其葬乃如太古。此其智賢於秦始皇遠矣。近事不遠。即本朝所代也。臣以為周祖懲唐奢葬。故以儉薄矯之。然以天子之喪而幾於羸葬。則太偏而不可為繼。今惟於儉制之中加損約焉可也。臣頃在書局。未嘗敢越職言朝廷得失。今非職而言者。竊以先帝之服。臣子所同也。先帝之葬。四海所共也。臣身服先帝之服。預先帝之葬。知其不合於禮而不言。憂其或過於厚而不以告。臣所不敢已也。臣嘗采唐事為唐鑑數百篇。欲獻之先帝。屬先帝不豫。未及上。其中一篇論厚葬。一篇論喪服。輒不自揆。謹錄上進。庶幾觀古以知今。少裨萬一焉。干冒旒扆。臣無任惶懼俟罪之至。

祖禹又上疏曰。臣前上疏論大行皇帝喪服。乞令羣臣依典禮三年之制。臣之愚見以為過山陵雖易朝服。宜存其衰麻而服乘之飾。止如今日。至期年而漸變之。以至於祥禫。然後全吉。此非有所難行。惟令有司考正之而已。今已卒哭。山陵有期。喪服事重。道之隆汙。俗之厚薄繫焉。不可不早議也。國家承平百有餘年。列聖欽明。動循典禮。人倫之正。朝廷之治。高之前世。自三代以後未之有也。惟是喪服猶依漢制。遂使臣居君喪情禮至薄。後世或謂本朝無一達禮之士。

臣竊惜之。且在禮臣子一也。今君服於上。臣除於下。是有父子而未有君臣也。天子者天下之共主也。故其喪使天下共服之。臣伏見朔望之禮。羣臣朝服以造于先帝之殯宮。是以吉服臨喪也。而人主獨以衰服在上。上下異禮。是以先帝之服為人主之私喪也。以吉服臨喪。以先帝之服為人主之私喪。此皆禮之不安者也。臣前所言君服斯服者。竊以為君臣當同服也。伏惟祖宗以來此禮未改者。蓋喪事常出於倉猝。而有司惟舉故事。因襲而行。無所損益焉。今欲風天下以忠孝。使民德歸厚。莫若先正此禮。則衆庶曉然明於君臣之義矣。夫居喪之禮。衰麻本不可以去身。然而朝廷之上異於私家。故古者君臣居喪而行吉禮。則釋衰而服冕。既終禮。則釋冕而服衰。今人君素服以聽朝。羣臣朝服以治事。蓋亦古之遺法也。臣愚以為羣臣燕服亦宜為之制度以齊之。吉禮則朝服與燕服皆吉。凶禮則朝服與

燕服皆凶，居喪朝服所以從宜也，而燕服有紅紫之飾，則何以異於無服者乎？聖人所以制服者，使民見其服而哀不忘乎心也。必使之既去朝服而猶以有喪者自處，則人情不可得而忘矣。於二十七月之內，其服宜純縞素，至小祥而漸變之。古者練衣黃裏縓緣，此練之服也。既小祥則燕服亦可以有色，而服采之飾漸加以緣可也。書曰：三載，四海遏密八音。古者禮不下庶人，惟遏密三年所以為君服也。詩曰：溥天之下，莫非王土；率土之濱，莫非王臣。然則民亦臣也。今附廟以後，惟群臣不舉樂，而四海之內萬民得以作樂焉，此所以不知戴君之重也。臣愚以為宜禁民舉樂三年。竊惟朝廷所以不循遏密之制者，蓋不欲使天下之民三年不樂，而為樂工者所在有之，恐其失業，故寧殺禮以便民也。臣以為凡天下之為俗樂者，率皆游民，非良農也。使之廢業三年，乃所以教之使知為君之有服也，彼不為樂，必有他業以養其生，未必至於困窮也。今殺禮以姑息之，是使人不知君臣之義也。故臣以為禁之合於禮而無傷於俗，足以厚天下之情。夫為國家者以禮為急，不可忽也。伏望陛下奮然斷之以禮而勿疑。

祖禹進故事曰：永徽元年正月，太宗女衡山公主應適長孫氏，有司以為服既公除，欲以今秋成昏。于志寧上言：漢文立制，本為天下百姓，公主服本斬衰，縱使服隨例除，豈可情隨例改？請俟三年畢成昏。帝從之。

臣祖禹曰：書曰：三載，四海遏密八音。君喪三年，自古以來，未之有改也。漢文率情變禮，薄於喪紀，始令吏民三日釋服，臣三十六日釋服，雖欲自損以便人，而不知使人入於夷狄也。自是以後，民不知戴君之義，而嗣君遂亦不為三年之服，唐之人主無能謹於禮者。故有公除而後昏，既除而舉樂，內無父子，外無君臣，而欲教化行於禮俗成，難矣。夫君者，父道也；臣者，子道也。無君是無父也。況人君而可以無父乎？若君服於內，臣除於外，是有父子無君臣也。為國家者必勸革漢文之謬制，遵三代之隆禮，教天下以為喪三年，則眾著於君臣之義也。

元祐元年，太常丞呂希純論司馬光薨乞罷紫宸殿稱賀上疏曰：臣謹按禮記檀弓：衛有太史曰柳莊寢疾，公曰：若疾革，雖當祭必告。公再拜稽首，請於尸曰：有臣柳莊也者，非寡人之臣，社稷之臣也。聞之死，請往。春秋書仲遂卒于垂，壬午猶繹，萬入去籥。仲尼曰：非禮也。卿卒不繹。以此見古之人君聞大臣之喪，雖宗廟之祭皆廢。今宰臣司馬光薨逝，在明堂散齋日內，嚴父配天，國之大典，固不可廢。至于御樓肆赦，恐亦難罷，惟是紫宸殿受賀一節，緣是慶賀之事，比之宗廟之祭為輕。方聖情軫悼元臣，而群臣拜舞稱慶，恐於禮義人情

未為宜稱。所有今來禮畢紫宸立班，伏乞聖慈特賜詳酌旨揮。

二年，崇政殿說書程頤上奏曰：臣伏覩有司排備開樂宴，臣備員勸講，職在經義，輔導人主，事有害義，不敢不言。夫居喪用喪禮，除喪用吉禮，因事而行，乃常道也。今若為開樂張宴，則是特為一喜慶之事，失禮意，害人情，無大於此。雖曰故事，祖宗亦不盡行，或以故而罷，或因事而行。臣愚竊恐祖宗之意，亦疑未安故也。自古太平日久，則禮樂純備，蓋講求損益而漸至爾。雖祖宗故事，固有不可改，有當隨事損益者。若以為皆不可改，則是昔所未遑，今不復作，前所未安，後不得復正。朝廷之事更無損益之理，得為是乎？況先朝美事，亦何嘗必行。臣前日所言殿上講說是也。故事未安，則守而不改，臣前言冬至受賀表是也。臣前後累進狂言，未嘗得蒙采用，而言之不已者，蓋職之所當，不敢曠廢。伏望聖慈特賜聽納，自中降旨罷開樂宴，直俟因

予而用於義爲安。

歷代名臣奏議卷之一百二十三

歷代名臣奏議卷之一百二十四

禮樂 喪禮上篇

宋哲宗元祐三年八月翰林學士蘇軾上奏曰臣近准鈐轄教坊所關到秋燕致語等文字臣謹按春秋左氏傳曰昭公九年晉荀盈如齊卒於戲陽殯于絳未葬晉平公飲酒樂膳宰屠蒯趨入酌以飲工曰汝爲君耳將司聰也辰在子卯謂之疾日君徹燕樂學人舍業爲疾故也君之卿佐是謂股肱股肱或虧何痛如之汝弗聞而樂是不聰也公說徹樂又按昭公十五年晉荀躒如周葬穆后既葬除喪周景王以賓燕叔向譏之謂之樂憂夫晉平公之於荀盈蓋燕服也周景王之於穆后蓋朞喪也燕服者未葬而樂屠蒯譏之朞喪者已葬而燕叔向譏之書之史冊至今以爲非仁宗皇帝以宰相富弼母在殯爲罷春燕傳之天下至今以爲宜今魏王之喪未及卒哭而禮部太常寺皆以爲天子絕朞不妨燕樂臣竊非之若絕朞可以燕樂則春秋何爲譏晉平公周景王乎魏王之親戚與卿佐遠比荀盈近比富弼之母輕重亦有間矣魏王之葬既以陰陽拘忌別擇年月則當准禮以諸侯五月爲葬期自今年十一月以前皆爲未葬之月不當燕樂不可以權宜郊殯便同已葬也臣竊以陛下篤於仁孝必罷秋燕不待臣言但至今未奉指揮緣上件教坊致語等文字今合於燕前一月進呈臣既未敢撰亦不敢稽延伏乞詳酌如以爲當罷只乞自陛下聖意施行更不降出臣文字臣忝備侍從叨陪講讀不欲使人以絲毫議及聖明故不敢不奏。

八年軾又狀奏曰臣伏見元祐五年秋頒條貫諸民庶之家祖父母父母老疾無人供侍子孫居喪者聽尊長自陳驗實婚娶右臣伏以人子居父母喪不得嫁娶人倫之正王道之本也孟子論禮色之輕

哀不以所重徇所輕。喪三年為二十五月。使嫁娶有二十五月之遲。此色之輕者也。釋喪而婚會。廢於禽犢。此禮之重者也。先王之政亦有適時從宜者矣。然不立居喪嫁娶之法者。所害大也。近世始立妾居父母及夫喪而貧乏不能自存。並聽百日外嫁娶之法。既已害禮傷教矣。然猶或可以從權而冒行者。以女弱不能自立。恐有流落不虞之患也。今又使男子為之。此何義也哉。男年至於可娶。雖無兼侍。亦足以養父母矣。今使之釋喪而婚會。是直使民以色廢禮耳。豈不過甚矣哉。春秋禮經記禮之變。必曰自某人始。使秉直筆者書曰。男子居父母喪得娶妻。自元祐始。豈不為當世之病乎。臣謹按此法本因邛州官吏妄有起請。當時法官有失考論。便為立法。臣備位秩宗。前日又因邇英進讀論及此事。不敢不奏。伏望聖慈特降指揮。削去上條。稍正禮俗。

元符三年。哲宗崩。徽宗即位。詔山陵制度並如元豐。七月十一日啓菆。二十日靈駕發引。八月八日葬永泰陵。九月一日以升祔畢。群臣吉服如故事。太常寺言。太宗皇帝上繼太祖。兄弟相及。雖行易月之制。實斬衰三年。以重君臣之義。公除已後。庶事相稱。具載國史。今皇帝嗣位哲宗。實承神考之世。已用開寶故事。為哲宗服衰重。今神主已祔。百官之服並用純吉。皇帝服御宜如太平興國二年故事。禮部言。太平興國中宰臣薛居正表稱。公除以來。庶事相稱。獨命徹樂。識者得宜。即是公除後除不舉樂外。釋衰從吉。事理甚明。今皇帝當御常服素紗展腳幞頭。淡黃衫。黑犀帶。請下有司裁製。宰臣請從禮官議。乃詔候周期服吉。時詔不由門下。徑付有司。給事中龔原言。喪制乃朝廷大事。今行不由門下。是廢法也。臣為君服斬衰三年。古未嘗改。且陛下前此議服。禮官持兩可之論。陛下既察見其奸。其服遂正。

八年不得已從之。臣竊為陛下惜。開寶時并汾未下。兵革未弭。祖宗櫛風沐雨之不暇。其服制權宜一時。非故事也。源坐黜知南康軍。

是詔依元降服喪三年之制。

徽宗時。左正言任伯雨上言曰。臣伏見持服人奉議郎李譓奪服除京西路轉運判官。應副山陵。此事雖小。關於體者甚大。臣為諫官。不敢緘嘿。竊以祖宗故事。朝廷有大事。邊鄙有大兵。將相大臣名德侍從。乃有奪服者。然亦不得已爾。今山陵事務。人人可辦。諸道寺監豈無可用之才。何至小官奪服以駭人耳目。若四夷聞之。豈不有之才之恥。古人謂天下之事。多為不識事體之人壞之。朝廷事體所宜愛惜。臣伏願陛下追還成命。下三省別差官。

高宗時。徽宗皇帝寧德皇后訃至。朝廷用故事。以日易月。知永州胡寅上疏曰。臣聞三年之喪。自天子至於庶人一也。古之聖帝明王。躬

率天下者。明於父子之親。君臣之義。由堯舜逮漢初。其道不變。其間欲短喪者有之。而聖人不許。責宰我曰。予之不仁。子生三年。然後免於父母之懷。予也有三年之愛於其父母乎。公孫丑欲使齊宣王為朞喪。曰。猶愈乎已。孟子辟之。紾其兄臂而徐徐云耳。兄臂不可紾。徐徐是亦紾也。親喪不可短。為朞是亦短也。此皆聖賢大訓。載在方冊。以示後世者也。及漢孝文自執謙德。用日易月。至今行之。子以便身忘其親。臣以便身忘其君。心知其非而不肯改。以臣觀之。孝文固有罪矣。孝景冒奉遺詔。陷父於失禮。自陷於不孝。乃千古薄俗之首也。自常禮言之。猶且不可。況變故特異。如今日者。又當如何。恭惟大行太上皇帝大行寧德皇后蒙犯胡塵。永訣不復。實由粘罕。是有不共戴天之讎。考之於禮。讎不復。則服不除。寢苫枕戈。無時而終。所以然者。天下雖大。萬事雖眾。皆無以加於父子之恩。君臣之義故也。伏覩

十二月二十五日聖旨洽聞朝政典以日易月臣竊以爲非矣自常
禮言之猶須大行有遺詔然後遵承今也大行詔音不聞而陛下降
旨行之是以日易月出陛下意也大行艱厄之中服御飲食人所不
堪疾病粥藥必無供億觸外之後衣衾斂藏豈得周備正棺卜兆知
在何所況茫沙漠膽守爲誰伏惟陛下一念及此荼毒摧割倍難堪
忍推原本因皆自粘罕怨讎之切切於聖情情動於中必形於外豈
麻之服其可二十七日而遂釋乎縱未能遵春秋復讎之義俟讎殄
而後除服猶當革漢景之薄喪紀以三年爲斷不然以終身不可除
之服二十七日而除之是薄之中又加薄焉必非聖心之所安也昔
滕定公薨滕文公欲行三年喪問於孟子孟子曰親喪固所自盡也
自盡者言己之親己當竭其哀痛非他人所能止也滕文公用其言
曰是誠在我至今美之未聞以爲過也晉武帝爲文帝服喪雖從權

除服而猶素冠疏食如居喪者羊祜欲請帝遂服三年裴秀傅元難
於復古且以君服不除而臣下除之是有父子無君臣也其議遂止
當時未有以孟子之言曉之者然武帝至孝感慕遂以疏素終三年
故司馬光曰漢文師心不學變古壞禮後世帝王不能篤於哀戚之
情而羣臣諂諛莫肯釐正晉武以天性矯而行之可謂不世之賢君
而裴傅庸臣習常玩故不能將順其美惜哉夫有父之親有君之尊
服莫重焉豈爲難於復古哉臣下不行而自廢人子所當爲之大事
乎方滕之百官皆不欲也文公猶以爲疑孟子曰上有好者如風下
之從者如草歠粥面深墨即位而哭百官莫敢不哀者以身先之故
也文公篤信而力行顏色戚哭泣哀於是時四方來弔者皆悅其得
禮何則舉措合於人之良心良心不可滅故也今在陛下斷之於心
身自行之裴秀傅元之言豈宜何是恤乎陛下遠離大行十有一年雖

問寢以天下養既不足以當大事矣獨有三年之服少稱孝思尚
可自勉耳夫中國所以異於夷狄以有父子君臣也陛下一舉而人
義皆盡夷狄有人焉豈不心服乎吳王夫差每出必使人謂己曰汝
忘越王之殺汝父乎則對曰唯不敢忘陛下衰服在躬痛苦隨之甚
於夫差夷狄有人焉豈不知畏乎雖宅憂三年而軍旅之事皆當決
於聖裁則諒闇之典有不可舉蓋非枕塊無聞之日是乃枕戈有事
之辰故魯侯有周公之喪而徐戎並興東郊不開則以墨衰即戎孔
子取其誓命後世晉王克用薨梁兵壓境莊宗決勝於夾寨則太祖
殂契丹入寇世宗接戰於高平古今莫不以爲善今六師戒嚴稽將
北討萬騎之衆孰非軍旅陛下聽斷乎決得禮之變卒哭之後以墨
縗臨朝合於孔子所取其可行無疑也武夫悍卒介冑之久不無倦
心獨可以至恩大義感動而使之前日詔書令大將偏裨發哀成服

識者無不稱善此乃漢祖爲義帝縞素之節得馭軍之本制勝之大
幾矣陛下更以身率之深有以感動於人仁者爲此增思慕大行之
心智者爲此畫撲滅女真之策勇者爲此奮百死無一還之氣天下
匹夫匹婦皆可率而効命於龍荒之外自古所謂君臣之義父子之
恩悉歸於陛下巍然爲萬世帝王之師矣亦善乎晉苛思之論喪禮
也曰必誠必信勿有悔焉蓋人子之喪親非可再爲者也今日行禮
一有未盡是爲不誠不信他日追悔尚何及耶是居三年雖若久矣
自孝子當之若白駒之過隙惟恐日月之逝也亦何久之有如合聖
意便乞直降詔旨云恭惟太上皇帝寧德皇后誕育眇躬大恩難報
欲酬罔極百未一伸鑾輿遠征遂至大故訃音初至痛貫五情想慕
慈顏杳不復見怨讎有在朕敢忘之雖軍國多虞難以諒闇然衰麻
撫戎非異人任以日易月情所不安興自朕躬服喪三年即戎衣墨

況有權制布告中外昭示至懷其合行典禮令有司集議來上如敢沮格是使朕為人子而忘孝之道當以大不恭論其罪陛下親御翰墨自中降出一新四方耳目以化天下天地神明亦必佑助臣不勝大願臣雖守外郡不當論事然職列禁嚴敢納論思均有責焉且其所述皆前聖賢之論非出私意陛下學問高明孝思深切遭此大變振古所無雖貴為天子富有天下由舜而論僅同敝屣夫何足以解憂者必將有取於此言是以不敢緘默謹昧萬死薦之聰聽

張浚論終行喪禮事曰臣昨日伏蒙聖慈特遣中使宣諭欲終行喪禮且緩聽政之期仰惟聖情哀慕大孝格天凡在臣子孰不感涕臣竊惟天子之孝與士庶不同必也仰思所以承宗廟奉社稷若規規然以堅守孝節為事顧何以副委託之重哉今日之事利害所繫則又有大於此者梓宮未返天下塗炭至讎深恥亘古所無陛下揮涕

而起斂髮而趨一怒而安天下之民臣猶以為晚也至若易月之制聽政之期臣嘗考之故事援以人情皆為得中伏望聖慈痛自抑損早賜矜從臣不勝至願

浚又論易月之制曰臣竊惟陛下至孝之性出於天成思慕親之弗及痛梓宮之在遠雖躬行終身之喪臣知其猶未稱陛下孝思之深也惟是易月之制若聖慈堅欲不允則出而勞師臨戎訓閱士卒皆為非禮陛下固當不得已以徇羣臣之請獨異時視朝之服比故事更令淡白仍寬其制多以踈麻之帛為之帟帳服用並去采飾懇從樸素以示天下追慕痛念之意蓋太上皇帝在位二十六年天下蒙被厚澤今不幸而崩於沙漠之北故天下之責望於陛下也深陛下勉從羣請止以軍旅多事思所以雪大恥圖恢復安宗廟救百姓而身行於宮中著喪禮如制可以感格天心可以俯慰人望臣罪被聖訓知聖心之所以自盡者於孝道已盡尚慮陛下疑易月為非制故不憚煩瀆上凟宸聽伏冀裁覽

時徽宗未祔廟太常少卿吳表臣奏行明堂之祭翰林學士朱震因言王制喪三年不祭惟祭天地社稷為越紼而行事春秋書夏五月乙酉吉禘于莊公公羊傳曰譏始不三年也國朝景德二年真宗居明德皇后喪既易月而除服明年遂享太廟合祀天地于圜丘當時未行三年之喪專行以日易月之制可也在今日行之則非也

章誼乞從隆祐太后遺誥服朞制奏曰臣等伏覩四月十四日大行隆祐皇太后遺誥芳時艱難合行禮儀難以備舉皇帝服朞以日易月仍不候除服聽朝御政又奉四月十五日手詔朕以繼體之重當從重服以稱孝思之意臣等恭讀大行皇太后遺誥則謙慈之心周密之慮固已合於禮經宜於時事有司訓典未易改易陛下追崇恩

禮務極孝誠尚以朞制為輕將降重服之詔雖改薄從重將以風勵四方實為盛德之事然捨輕從重設之先王禮儀有秦隆殺之節大行隆祐皇太后遺誥服朞之制已應禮典伏望皇帝陛下少抑聖情俯就中制以為天下後世之訓

誼又奏曰臣伏覩大行隆祐皇太后遺誥皇帝不候除服御朝聽政勿以吾故妨廢軍國事務臣等有以見皇太后丁寧諄複之意為備盡矣陛下聖性自天朝夕追悼未即臨朝頗妨萬幾于茲累日軍書邊瑣有合條陳國是民言咸須奏稟今以仁孝之至情而忘天下之大計恐無以慰四海望治之心奉太母遺世之訓伏冀皇帝陛下體宗廟付託之重念生靈仰戴之誠少寬聖心勉稽禮典以日易月既已克用舊章則聽政御朝亦乞俯從輿望庶幾遵奉徽音丕臻至治臣不勝懇祈之至

乞議定殯宮禮物節省給賜浮費奏曰臣竊見朝廷近差總護道頓遞二使又差按行使夫監領脩奉等官所以營奉大行隆祐皇太后殯宮之禮無不具盡有以見皇帝陛下仁孝之誠情文相稱厚物備官以伸大報寔至德也臣伏見陛下祇率群臣臨服次舉音哀慟感泣左右則孝愛之情著矣至於垂下詔音欲從重服罷朝踰旬示恐聽政則追奉之禮嚴矣又復布惠澤於家臣寬繫囚於囹圄則四海九州恩施之報溥矣唯是河洛阻脩陵邑未啓是以稽奉殯宮權於近甸凡可以衛護梓宮之禮慰安仙聖之靈者固宜嚴飭有司不可闕矣若比之列聖皇太后園陵之禮工役之大財費之廣道路之遠兵衛之設固當備於異時遷奉之日不容一朝盡舉而辦行也臣伏讀大行隆祐皇太后遺誥以謂方時艱難合行禮儀難以備舉則國母所以詔諭聖王者固已明然矣其在臣子亦宜仰體至懷協承美意然臣觀累日以來有司以公用支費為名所取銀絹緡錢之數已不可勝計臣竊恐護長執事之人不知他時遷奉之費便欲扳援故事干冒請給蠹耗國用朝廷財力所不能辦無益孝思有累大業也宜閱有司以今年季秋明堂藏事禮大用廣經營未就若今日浮費不節則將來用度不繼減損則兵必怨聚斂則民不堪有一于此則不足以安宗廟定社稷非為孝治之本也臣伏望陛下明詔大臣議定禮典應干殯宮祇奉禮物悉從崇厚自餘給賜浮費悉行減罷庶遵先后慈儉之訓仰稱陛下追奉之誠不勝幸甚

謹又乞減罷總護頓遞二使給賜奏曰臣近曾奏乞明詔大臣議定大行隆祐皇太后殯宮應干禮典悉從崇厚自餘給賜浮費悉行減罷庶遵先后慈儉之訓仰稱陛下追奉之誠未蒙施行今來恐奉[illegible]宮總護頓遞使受敕并了畢各支賜銀絹四百匹兩詔書初降中外駭聞不知二使所受何名而得此也若謂省記園陵故事耶則今太母殯宮未可以比昔時之園陵蓋亦明矣園陵乃在京師數百里之外其山川之險則有過關越澗之虞其日月之久則有風雨泥淖之阻其道路之遠則有次舍暴露之勞其徒役之衆則有周防彈壓之慮至於宮嬪從衛之多服飾齎送之厚朝晡獻享之儀啓殯復土之節皆祇勤夙夜殫極思慮然後僅以集事當是之時朝廷閔勞大臣勸誘群隸隨其等級勞賚匪頒則厲或有之然亦未聞如此之厚也今殯宮去城數十里之近方之園寢每事不同責任其勞者漸部漕臣越州守令與夫一行兵民而已總護橋道頓遞二使不過受其成事指喻官屬而已領事之初固已支請錢糧寄造酒醴以為公用犒設之資日增食錢別給驛券以益官吏廩給之費禮糧備厚蓋不乏矣今乃援園陵之例冒金帛之多無名而受受而不辭忘廣遜之風闕苟得之路豈樞機侍從之臣所宜為哉總護橋道二使既已冒受則按行修奉之官提舉幹辦之屬亦將引領覬倣希望無已朝廷將何以給之誠使廣費多用而有益於殯宮祇奉之禮則臣不復敢論唯其無補孝誠而徒費帑藏在臣不得而不言也況今寇狄未賓盜賊未息江淮招討一司淮南安撫一使擒寇捕[illegible]屬糧餉不貲朝廷日夕經畫尚慮不繼而又明堂大禮近在秋杪財[illegible]費未充民力已困臣子於此不能效力乃復冒受苟得亦何心哉伏望睿明照察特罷二使給賜指揮以塞臣下貪婪之欲俾遵太母慈儉之戒以隆陛下經國之本天下幸甚

光宗時知閤門事趙汝愚奏請車駕過宮執喪成禮疏曰臣等謹瀝血投誠仰告陛下邦國不幸大行壽皇聖帝奄棄群臣臣等不任哀痛昨早後殿奏事陛下面許臣等只候審問禮[illegible]等子細即便過宮

又音甚確。臣等退就祥曦殿門外等候。久之，未有處分。臣等哀情切相繼屢有文字控請，及繳進慈福壽聖皇太后御札，令臣等邀請車駕過宮。雖蒙奏知，盡降御寶付外，亦未聞鑾駕之出。至日景過午，又緣大暑，大行梓宮不可遲緩，臣等不得已，先詣重華宮，臨宣布遺誥了當。雖賴陛下威靈，一夕內外幸而無事，然自古及今，未有聞父喪而不奔赴者。今陛下聖德愈虧，人情愈惑，縱禍亂未作，臣等竊為陛下危之。臣等伏惟大行皇帝已擇用此月十一日小歛，十三日大歛成服。陛下若不及此時過往執喪成禮，少用人子之情，不知何時而遂可往耶？陛下既失此時而不往，則陛下將終不成服乎？陛下既有父之喪，而終不成服，不審將服何服而視朝以見羣臣乎？故事成服聽政，御殿皆有節次。今禮節盡廢，不審陛下將用何日復視朝乎？縱陛下一切不問，不審北使將来弔祭，陛下亦可堅辭固拒而不出乎？陛下若預思北使之来不可不往受弔祭，則今日之奔赴亦何可緩也。臣等受恩深重，義當圖報，深見今日利害，如在目前，不避死亡，仰瀆天聽。伏望聖明特賜詳覽，速降指揮，来日絕早過宮，以成小歛之禮，猶可以少慰人情，少紓禍亂。臣不任哀切懇請之至。

汝愚又奏曰：臣等屢乞宣對，面陳悃愊，又繼入文字，陳說利害，而天聽高邈，殆如不聞。今有司卜用十三日大歛成服，陛下若失此時不出，則是永無可出之時矣。遺誥皇帝成服，三日聽政。今陛下既未成服，不知何時遂可聽政耶？禮法蕩然，紀綱盡壞，開闢以來所未嘗有。臣等適備員輔近，痛心疾首，無地自容。兩日以來，市井之間，興訛造謗，無所不有，千恠萬狀，不可聽聞。臣等一身不敢愛死，所可恨者，太祖、太宗創業艱難，高宗中興，十年百戰，今勢累卵，誠可痛爾。伏望聖明早賜開寤，速降指揮，来日過重華宮大歛成服，庶幾可以收拾人心。

少延國祚。若更失此機會，則陛下之事去矣。臣等蒙國厚恩，不避誅戮，控瀝血誠，冒瀆威聽，不任哀痛隕越之至。

寧宗開禧三年，成肅皇后夏氏崩，殯于永阜陵正北。吏部尚書陸峻言：伏覩列聖在御，間有諸后上仙，緣無山陵可祔，是致別葬。若上仙在山陵已卜之後，無有不從葬者。其他諸后葬在山陵之前，神靈既安，並不遷祔。惟元德、章懿二后方其葬時名立未正，續行追冊。其成穆皇后，孝宗登極，即行追冊改殯，所為攢宮典禮已備，與元德、章懿事體不同，所以更不遷祔。竊稽前件典禮，祇緣喪有前後，勢所當然。其於禮意，却無隆殺。今来從葬阜陵，為合典故。從之。

寧宗時，侍制侍講朱熹乞討論喪服劄子曰：臣聞三年之喪，齊疏之服，飦粥之食，自天子達於庶人，無貴賤之殊。而禮經勑令，子為父，嫡孫承重為祖父，皆斬衰三年。蓋嫡子當為父後，以承大宗之重，而不能襲位以執喪，則嫡孫繼統而代之執喪，義當然也。然自漢文短喪之後，歷代因之，天子遂無三年之喪。為父且然，則嫡孫承重從可知已。人紀廢壞，三綱不明，千有餘年，莫能釐正。及我大行至尊壽皇聖帝，至性自天，孝誠內發，易月之外，猶執通喪，朝衣朝冠，皆以大布，超越千古拘攣牽制之弊，革去百王衰陋卑薄之風，甚盛德也。所宜著在方冊，為世法程，子孫守之，永永無斁。而間者遺誥初頒，太上皇帝偶違康豫，不能躬就喪次，陛下實以世嫡之重，仰承大統，則所謂承重之服，著在禮律，所宜一遵壽皇已行之法，易月之外，且以布衣布冠視朝聽政，以代太上皇帝躬執三年之喪。而一時倉卒，不及詳議，遂用漆紗淺黃之服，不唯上違禮律，無以風示天下，且將使壽皇已革之弊去而復留，已行之禮舉而復墜。臣愚不肖，誠竊痛之。然既往之失，不及追改，唯有將来啓殯發引，禮當復用初喪之服，則其變除之節尚有可議欲望陛下仰體壽皇聖孝成法明詔禮官稽攷禮律預行指定其官吏士民男女方喪之禮亦宜稍為之制勿使過為華靡布告郡國咸使聞知庶幾漸復古制以昭四海之聽有以著於君臣之義實天下萬世之幸。

理宗淳祐間侍左郎官徐元杰上奏曰臣昔事先師文忠公真德秀時嘗語臣曰君臣交際之禮惟拳拳納忠未至於詆訐則待君上之體臣佩服師説惟守樸忠不敢孤陛下選擇之恩臣私竊自念戊戌告歸分甘山林抗疏而辭謝陛下恩除者屢矣去冬被命循牆弗俞深惟君臣之義所不容廢故勇於一來嘗私謝大臣曰盡事天之敬而事君推報國之忱而報德是臣之所以不負陛下者即所以不負大臣也故圖報大臣者在於隨事納忠不在於承意順旨況陛下廣諫諍之路恢容受之量事適有所當言奇以寓愛助而存天理其忍

緘默不以顯告陛下哉臣前日晉侍經筵親承聖問以大臣史嵩之起復之事三學上書卿曾見否臣奏雖聞有書未之見也竊窺聖意豫憂邊事故有此命臣又嘗妄奏陛下出命大早所以啓人之疑然人言不可沮抑且須靜以處之陛下自盡陛下之禮大臣自盡大臣之禮玉音曰俞臣又何所容喙及見學校之書使人痛哭流涕感嘆拂膺何士論之不少恕也大臣讀聖賢之書畏天命畏人言前此嘗變之頃觀其累疏避位詳切及於雙親喜懼之年念家庭之愛哀感終喪禮制有常臣竊料其何至於忽送死之大事輕出以犯清議哉臣聞大臣年十四五時憤侂胄之權奸達白諸父請密圖之此父在觀其志自少時已知有大義今父沒觀其行大倫所在果何待士論而後知哉日昕庭出命之易士論所以凜凜者蓋以陛下為四海禮[illegible]綱常之主大臣身任道揆扶翊綱常者也孝經曰天子有爭

臣七人雖無道不失其天下況有道之世而議道謗其可咈哉天地間惟道理最大人言之所以必爭者顧惜此耳昔孟子謂壯者以暇日修其孝弟忠信可撻秦楚之堅甲利兵至論敵國外患之有無則以為吾國存亡之所係然則外患非所當警內治要審所先有天保以上諸詩之本領則采薇以下諸詩之事功特舉而措之耳數十年來人皆忽此只於末上理會所以力勞而効寡視儒生正論為迂闊君子愛人以德今當保惜一代之臣而成就三年之禮國事所當急者元台重任華夏觀瞻三省綱維靡容渙散陛下如以宗社生靈為念以綱紀法度為心必咨於大臣曰當今內外執政法從之臣孰為有才孰為有德孰可舉以自代參酌輿論而後爰立舉之得人則四海九州受大臣之賜即大臣之在任也聖德高明靜觀事勢如以邊境為可慮則遣使就問計可也如以備禦責講求則使之預料便宜

一一圖上可也將帥牧御之才錢穀甲兵之事姑仍舊貫而經理之亦可也如此則大臣於家庭無虧欠於朝廷有勳勞富鄭公弼五疏而終辭起復之命若又豈容以專美哉矧世道未嘗狹也大臣積慶之家也前者有餘而不盡用後者愈用而不勝窮鄭國彌忠修齡距福生榮死哀命圭公袞使節侯封人知詫千載一時之盛而不知其早歲清修平生恬淡翁若張之夫報如此今大臣福祿聲光辭克儇美又何欠焉不惟陛下當愛惜之而大臣亦當自愛惜之端憂凡莚勿過哀毀其於讀禮之次無非閱理之時仰探千古之聖賢將大後來之勳業止於此基之夫欲富好貴人之常情不以其道則君子有所不處建功立業君子之職心志於道義則功業有所不足道況道義有所未安而過眼空花之富貴自昔滓汙簡冊重穢宇宙者不知其幾遠人大觀之識自了凡物皆朽惟名義為不朽今京城之內人

心皇皇乎論籍籍自聞大臣有延復之命雖未知其避就之何如凡有父母之心莫不失聲涕零是一家何為而然人心天理誰實為之臭言及此非可使聞於寬伏也陛下焉得而不悔悟大臣烏得而不堅忍臣竊因輪對僭瀝血忱懇懇納忠倘敢詆訐特為陛下愛惜民彝為大臣愛惜名節所以望大臣者不止於今日知臣罪臣天地鬼神昭布森列不可誣也臣以經筵既承清問輒又出位言此不當更塵班綴伏乞陛下奮發神斷罷臣職任并臣叢祠臣謹退而閉門掃却以俟陛下誅斥之命臣罪當萬死

山陵

漢文帝時張釋之為中郎將從帝行至霸陵上居外臨廁（廁作之側也）時慎夫人從上指視慎夫人新豐道曰此走邯鄲道也（走者奏趨也）使慎夫人鼓瑟上自倚瑟而歌意悽慘悲懷顧謂羣臣曰嗟乎以北山石為槨用紵絮斮陳漆其間豈可動哉（斮音側略反）左右皆曰善釋之前曰使其中有可欲雖錮南山猶有隙使其中無可欲雖亡石槨又何戚焉文帝稱善

成帝永始元年嘗起昌陵解萬年自詭昌陵三年可成卒不能就羣臣多言其不便者下有司議皆曰昌陵因卑為高度便房猶在平地上客土之中淺外不固卒徒萬數然脂夜作取土東山與穀同賈故陵因天性據真土處勢高敞旁近祖考前又已有十年功緒宜還復故陵勿徙民便詔曰朕執德不固謀不盡下過聽萬年言昌陵三年可成作治五年天下虛耗百姓罷勞客土疏惡終不可成朕惟其難怛然傷心夫過而不改是謂過矣其罷昌陵及故陵勿徙吏民令天下毋有動搖之心

帝營起昌陵數年不成復還歸延陵制度泰奢光祿大夫劉向上疏

曰臣聞易曰安不忘危存不忘亡是以身安而國家可保也故聖賢之君博觀終始窮極事情而是非分明王者必通三統明天命所授者博非獨一姓也孔子論詩至於殷士膚敏祼將于京喟然歎曰大哉天命善不可不傳于子孫是以富貴無常不如是則王公其何以戒慎民萌何以勸勉（萌與氓同無知之貌）蓋傷微子之事周而痛殷之亡也雖有堯舜之聖不能化丹朱之子雖有禹湯之德不能訓末孫之桀紂自古及今未有不亡之國也昔高皇帝既滅秦將都雒陽感寤劉敬之言自以德不及周而賢於秦遂徙都關中依周之德因秦之阻世之長短以德為效（効驗微徵也）故常戰栗不敢諱亡孔子所謂富貴無常蓋謂此也孝文皇帝居霸陵北臨廁（廁側近水也一說霸陵山北頭廁近霸水帝登其上以遠望也）意悽愴悲懷顧謂羣臣曰嗟乎以北山石為槨用紵絮斮陳漆其間豈可動哉張釋之進曰使其中有可欲雖錮南山猶有隙使其中無可欲雖無石槨又何戚焉夫死者無終極而國家有廢興故釋之之言為無窮計也孝文寤焉遂薄葬不起山墳易曰古之葬者厚衣之以薪臧之中野不封不樹（厚衣之以薪言薪以覆之也衣音於既反）後世聖人易之以棺槨棺槨之作自黃帝始黃帝葬於橋山堯葬濟陰丘壟皆小葬具甚微舜葬蒼梧二妃不從禹葬會稽不改其列（不改物之列也）殷湯無葬處文武周公葬於畢秦穆公葬於雍橐泉宮祈年館下樗里子葬於武庫皆無丘隴之處此聖帝明王賢君智士遠覽獨慮無窮之計也其賢臣孝子亦承命順意而薄葬之此誠奉安君父忠孝之至也夫周公武王弟也葬兄甚微孔子葬母於防稱古墓而不墳（墓謂壙穴也墳謂積土也）曰丘東西南北人也不可不識也為四尺墳遇雨而崩弟子脩之以告孔子孔子流涕曰吾聞之古者不修墓蓋非之也延陵季子適齊而反其子死葬於嬴博之間穿不及泉斂以時服封墳掩坎

其高可隱（隱，於靳反，謂人立可隱肘也），而號曰骨肉歸復於土，命也，魂氣則無不之也。夫嬴博去吳千有餘里，季子不歸葬。孔子往觀曰：延陵季子於禮合矣。故仲尼孝子，而延陵慈父，舜禹忠臣，周公弟弟，其葬君親骨肉皆微薄矣。非苟為儉，誠便於體也。宋桓司馬為石椁，仲尼曰：不如速朽。秦相呂不韋集知畧之士而造春秋，亦言薄葬之義，皆明於事情者也。逮至吳王闔閭，違禮厚葬，十有餘年，越人發之。及秦惠文、武、昭、莊襄五王，皆大作丘隴，多其瘞藏，咸盡發掘暴露，甚足悲也。秦始皇帝葬於驪山之阿，下錮三泉，上崇三墳，其高五十餘丈，周回五百餘里。石椁為游館，人膏為燈燭，水銀為江海，黃金為鳧鴈。珍寶之藏，機械之變（作機發木人之屬，盡其巧變也。匠作機弩矢，有所穿近輒射之），棺槨之麗，宮館之盛，不可勝原。又多殺宮人，生薶工匠，計以萬數。天下苦其役而反之。驪山之作未成，而周章百萬之師至其下矣（周章，陳勝之將）。項籍燔其宮室營宇，往

者咸見發掘。其後牧兒亡羊，羊入其鑿（鑿，謂所穿冢藏者；音在到反），牧者持火照求羊，失火燒其藏椁。自古至今，葬未有盛如始皇者也，數年之間，外被項籍之災，內離牧豎之禍（豎，童也），豈不哀哉！是故德彌厚者葬彌薄，知愈深者葬愈微。無德寡知，其葬愈厚，丘隴彌高，宮廟甚麗，發掘必速。由是觀之，明暗之效，葬之吉凶，昭然可見矣。周德既衰而奢侈，宣王賢而中興，更為儉宮室，小寢廟，詩人美之，斯干之詩是也。上章道宮室之如制，下章言子孫之眾多也。及魯莊公刻飾宗廟，多築臺囿，後嗣再絕（謂子般、閔公皆弒死也），春秋刺焉。周宣如彼而昌，魯秦如此而絕，是則奢儉之得失也。陛下即位，躬親節儉，始營初陵，其制約小，天下莫不稱賢明。及徙昌陵，增埤為高（埤，下也；音婢），積土為山，發民墳墓，積以萬數，營起邑居，期日迫卒（卒讀曰猝），功費大萬百餘（大萬，億也。大，巨也）。死者恨於下，生者愁於上，怨氣感動陰陽，因之以饑饉，物故流離以十萬數（物故，謂死

也。流離，謂失其居處也）。臣甚惛焉。以死者為有知，發人之墓，其害多矣；若其無知，又安用大？謀之賢知則不說，以示眾庶則苦之；若苟以說愚夫淫侈之人，又何為哉！陛下慈仁篤美甚厚，聰明疏達蓋世，宜弘漢家之德，崇劉氏之美，光昭五帝三王，而顧與暴秦亂君競為奢侈，比方丘壠，說愚夫之目，隆一時之觀，違賢知之心，亡萬世之安，臣竊為陛下羞之。唯陛下上覽明聖黃帝堯舜禹湯文武周公仲尼之制，下觀賢知穆公延陵樗里張釋之之意。孝文皇帝去墳薄葬，以儉安神，可以為則；秦昭始皇增山厚藏，以侈生害，足以為戒。初陵之橅，宜從公卿大臣之議（橅，音規摹之摹），以息眾庶。書奏，上甚感向言，而不能從其計。

東漢光武建武二十六年春正月，初作壽陵。將作大匠竇融上言：園陵廣袤，無慮所用。帝曰：古者帝王之葬，皆陶人瓦器，木車茅馬，使後世之人不知其處。太宗識終始之義，景帝能述遵孝道，遭天下反覆，而霸陵獨完受其福，豈不美哉！今所制地不過二三頃，無為山陵，陂池裁令流水而已。

章帝欲為原陵、顯節陵起縣邑，東平王蒼聞之，遂上疏諫曰：伏聞當為二陵起立郭邑，臣前頗謂道路之言，疑不審實，近令從官古霸問涅陽主疾（古，姓。涅陽主，光武女，竇固之妻也），使還，乃知詔書已下。竊見光武皇帝躬履儉約之行，深覩始終之分，勤勤懇懇，以葬制為言，故營建陵地，具稱古典，詔曰：無為山陵，陂池裁令流水而已。孝明皇帝大孝無違，奉承貫行（貫行，謂一皆遵奉也），至於自所營創，尤為儉省，謙德之美，於斯為盛。臣愚以園邑之興，始自彊秦。古者丘隴且不欲其著明（古者墓而不墳，故言不欲其著明），豈況築郭邑建都郛哉！上違先帝聖心，下造無益之功，虛費國用，動搖百姓，非所以致和氣、祈豐年也。又以吉凶俗數言之，亦不欲無故繕修丘墓，有所興起。考之古法則不合，稽之時宜則違人，求之吉

亡復未見其福陛下體有虞之至性追祖禰之深思然懼左右過議以累聖心臣蒼誠傷二帝純德之美不暢於無窮也惟蒙哀覽帝從而止

靈帝熹平元年竇太后崩宦者積怨竇氏曹節王甫欲用貴人禮殯帝不可於是發喪成禮節等欲別葬太后而以馮貴人配祔詔公卿大會朝堂令中常侍趙忠監議太尉李咸時病扶輿而起擣椒自隨謂妻子曰若皇太后不得配食桓帝吾不生還矣既議坐者睹望中官莫肯先言廷尉陳球曰皇太后以盛德良家母臨天下遭時不造援立聖明因遇大獄遷居空宮家雖獲罪事非太后今若別葬誠失天下之望且馮貴人無功於國何宜上配至尊李咸曰臣本謂宜爾誠與意合於是公卿以下皆從球議節甫猶爭之咸復上疏曰章德竇后恭懷安思家犯惡逆而和帝無異葬之議順朝無貶降之文今

長樂尊號在身親嘗稱制援立聖明光隆皇祚太后以陛下爲子陛下豈得不以太后爲母子無黜母臣無貶君宜合葬宣陵一如舊制帝從之

晉愍帝時三秦人尹桓解武等數千家盜發漢霸杜二陵多獲珍寶帝問驃騎大將軍索綝曰漢陵中物何乃多耶綝對曰漢天子即位一年而爲陵天下貢賦三分之一供宗廟一供賓客一充山陵漢武帝享年久長比崩而茂陵不復容物其樹皆已可拱赤眉取陵中物不能減半于今猶有朽帛委積珠玉未盡此二陵是儉者耳亦百世之誡也

東晉哀帝即位初穆帝山陵將用寶器太常江逌諫曰以宣王顧命終制山陵不設明器以貽後則景帝奉遵遺制遂文明皇后崩武皇帝亦承前制無所施設惟脯糒之奠瓦器而已昔康皇帝玄宮始用

[illegible]飲欲爲此蓋太妃園邑之制稍遵先旨累世之法今外欲以爲故事臣請述先旨停此二物書奏從之

隋文帝時獻皇后崩上令蕭吉卜擇葬所吉歷筮山原至處云卜年二千卜世二百具圖而奏之上曰吉凶由人不在於地高緯父葬豈不卜乎國尋滅亡正如我家墓田若云不吉朕不當爲天子若云不凶我弟不當戰沒然竟從吉言吉表曰去月十六日皇后山陵西北雞未鳴前有黑雲方圓五六百步從地屬天東南又有旌旗車馬帳幕布滿七八里并有人往來檢校部伍甚整日出乃滅同見者十餘人謹按葬書云氣王與姓相生大吉今黑氣當冬王與姓相生是大吉利子孫無疆之候也上大悅

唐高祖崩太宗詔山陵一準漢長陵故事厚送終禮虞世南上言曰臣聞古之聖帝明王所以薄葬者非不欲崇高光飾珍寶具物以厚

其親然審而言之高墳厚隴珍物畢備此適所以爲親之累非曰孝也是以深思遠慮安於菲薄以爲長久萬代之計割其常情以定之耳昔漢成帝造延昌二陵制度甚厚功費甚多諫大夫劉向上書其言深切皆合事理其略曰孝文居霸陵悽愴悲懷顧謂羣臣曰嗟乎以北山石爲槨用紵絮斮陳漆其間豈可動哉張釋之進曰使其中有欲雖錮南山猶有隙使其中無可欲雖無石槨又何戚焉夫死者無終極而國家有廢興釋之所言爲無窮計也孝文寤焉遂以薄葬又漢氏之法人君在位三分天下貢賦以一分入山陵武帝歷年長久比葬陵中不復容物霍光暗於大體奢侈過度其後至更始之敗赤眉賊入長安破茂陵取物猶不能盡無故聚斂百姓爲盜之用甚無謂也魏文帝於首陽東爲壽陵作終制其略曰昔堯葬壽陵因山爲體無封無樹無立寢殿園邑爲棺槨足以藏骨爲衣衾足以朽肉吾

營此不食之地。欲使易代之後，不知其處。無藏金銀銅鐵。一以瓦器。自古及今，未有不亡之國，無不掘之墓。長亂以來，漢氏諸陵無不發掘。至及燒取玉匣金縷，骸骨并盡，乃不重痛哉！若違詔妄有變改，吾爲戮屍於地下，死而重死，不忠不孝，使魂而有知，將不福汝。以爲永制，藏之宗廟。魏文此制，可謂達於事矣。向使陛下德止如秦漢之君，臣則緘口而已。不敢有言。伏見聖德高遠，堯舜猶所不逮，而俯與秦漢之君同爲奢泰，捨堯舜殷周之節儉，此臣所以猶戚戚也。今爲丘壟如此，其內雖不藏珍寶，亦無益也。萬代之後，但見高墳大塚，豈謂無金玉也。臣之愚計，以爲漢文霸陵，既因山勢，雖不起墳，自然高顯。今之所卜，地勢即平，不可不起。宜依白武通所陳周制爲三仞之墳，其方中制度，事事減少，事畢之日，刻石於陵側，明丘封大小高下之式，明器所須，皆以瓦木，合於文帝不得用金銀銅鐵，使萬代子孫並皆遵奉。一通藏之宗廟，豈不美乎。且臣下除服用三十六日，已依霸陵，今爲壟又以長陵爲法，非所宜也。伏願陛下深覽古今，爲長久之慮。臣之赤心，惟願萬歲之後，神道常安，陛下孝名揚於無窮耳。書奏不報。

世南又上疏曰：漢家即位之初，便營陵墓，近者十餘歲，遠者五十年，方始成就。今以數月之間而造數十年之事，其於人力，亦以勞矣。又漢家大郡，都五十萬戶，即日人衆未及往時，而工役與之一等，此臣所以致疑也。

太宗詔有司議獻陵制度。房玄齡等曰：漢長陵高九丈，原陵高六丈。今九丈則太崇，三仞則太卑，請依原陵之制。從之。

貞觀十年，長孫皇后崩，上念后不已，於苑中作層觀以望昭陵。嘗引魏徵同登，使徵視之。徵熟視之曰：臣昏眊不見。上指示之，徵曰：臣以爲陛下望獻陵，若昭陵則臣固見之矣。上爲之毀觀。

中宗神龍元年，將以太后合葬乾陵。給事中嚴善思上疏曰：神明之道，體尚幽玄。今欲啓之，恐致驚黷。況合葬非古，宜於乾陵旁更擇吉地。不從。

代宗大曆十年，獨孤皇后崩，上悼痛，詔近城爲陵，以朝夕臨望。右補闕姚南仲上疏曰：臣聞人臣宅於家，帝王宅於國。長安乃祖宗所宅。其可興建陵其側乎？夫葬者藏也，欲人之不得見也。今西近宮闕，南迫大道，使近而可視，殁而復生，雖宮以待之可也，如令骨肉歸土，魂無不之，雖欲之近，復何益耶？且王者必據高明，燭幽隱，先皇所以因龍首而建望春也。今起陵目前，心一感傷，累日不能平。且匹夫向隅，滿堂不樂，況萬乘乎？天下謂何？陛下謚后以貞懿，而終以褻近，臣竊惑焉。今國人皆曰后陵在近，陛下持日省而時望焉。斯有損聖德，無益先后。欲寵反辱，惟陛下熟計。疏奏，帝嘉納，進五品階，以酬讜言。

德宗立，詔元陵制度務極優厚，當竭帑藏奉用度。刑部員外郎令狐峘諫曰：臣伏讀漢劉向論山陵之誡，良史咨欷，何者？聖賢勤儉，不作無益。昔舜葬蒼梧，弗變其肆，禹葬會稽，不改其列，周武葬畢，陌無丘壟處，漢文葬霸陵，不起山墳。禹非不忠，啓非不順，周公非不悌，景帝非不孝，其奉君親皆以儉薄爲無窮計。宋文公厚葬，春秋書華元爲不臣；桓魋爲石槨，夫子以爲不如速朽。由是觀之，有德者葬薄，無德者葬厚，章章可見。陛下仁孝切於聖心，然尊親之義，貴合于禮。先帝遺詔送終之制，一用儉約，不得以金銀緣飾。陛下奉先志，無違物。若務優厚，是咈顧命，盩經誼，臣竊懼之。今赦令甫下，諸條未出，望速詔有司從遺制，使詔答曰：朕頃議小陵，荒哀迷謬，以違先旨。卿引據典禮，非唯中朕之失，亦使朕不遺君親于患，敢不聞義而從，奉以終始。

準古遺直尙以加焉。

德宗時司勳郎中權德輿上昭陵議曰。右奉進止。寢宮在山上。置來多年。曾經野火燒爇。摧毀略盡。其宮尋移在瑤臺寺左側。今屬通年欲議修置。緣舊宮本在山上。元無井泉。每緣供水稍遠。百姓非常勞弊。今欲於見住行宮處修造。所冀久遠便人。又爲改移舊制。恐所見未周。宜令中書門下及百寮同商量可否聞奏。臣聞古宗廟之制。前有廟。廟列昭穆。後有寢。寢陳衣冠。自秦漢已來。始因陵立廟。有寢宮便殿。雖廟居陵傍。而無必在山上不在山下之定制。且禮文所貴。宜也。稱也。祀事所資。敬也。潔也。伏以昭陵因山。太宗所建。宮在山上。以便當時。自野火延燒。行宮山下亦已久矣。今若伐木縮板。程功就險。神道貴靜。或非所宜。則與置陵之初。事體爲異。況舊制既毀。新宮是修。考於便地。可以經久。所謂宜稱也。又井泉在下。汲引爲易。享獻之禮。是資嚴恭。本於明德。惟馨亦在吉蠲爲饎。故禮之言祭也。承曰清滌。言其潔清滌濯也。又曰不敢用常褻味。所以交於神明也。因茲列井以備蔬羞。所謂潔而敬也。凡舉事必以制度當否爲大。而以人力勞逸爲細。若於事爲當。又無所勞。不亦順昭陵愛人之心乎。不亦叶陛下從宜之禮乎。今列聖寢宮有在山下者矣。然則致敬來格之義。豈以山上山下而爲遠近耶。臣愚以爲但在柏城之內。則不云遠。陛下精誠愼重。詢及庶僚。從獻所聞。伏增戰越謹議。

時昭陵寢宮爲原火延燔。而容祭瑤臺佛寺。又故宮在山上乏水泉。作者憚勞。欲即行宮作寢。詔宰相百官議。吏部員外郎楊於陵議曰。園寢非三代制。自秦漢以來附陵置寢。或遠或近。則無聞焉。韋玄成等議園陵於興廢初無明語。且寢宮所占在柏城中。距陵不遠。使諸陵之寢皆有區限。故不可徙。若止柏城。則故寢已燼。行宮已久。因以治飾亦復何嫌。或曰太宗創業。寢宮不輒易。是不然。夫陵域安神。神本靜。今大興荒廢。累役寒延。非幽穸所安。改之便。太常博士韋彤曰。先王建都立邑。不利則爲之遷。況有故耶。今文寢災。徙而宮之。非無故也。神安于從。因而建寢。於禮至順。又它陵皆在柏城。隨便營作。不越封兆。乃百易徙。帝重改先帝制。遂宮山顚。

武宗會昌中。李德裕上奏曰。奉宣懿皇太后祔光陵。同玄宮。及不移福陵。只祔廟。何者爲便。商量奏來者。臣等伏以園寢已安。神道貴靜。光陵因山久固。僅二十年。福陵近又修崇。豈彰嚴奉。今若再因合祔。須啓二陵。或慮聖靈不安。未合先旨。又以陰陽避忌。亦有所疑。不移福陵。實合禮意。伏以照臨在天。光靈未遠。合食淸廟。於禮無違。足以申陛下大孝之心。表先后昭配之德。既遵舊典。允愜衆情。臣等商量祔太廟。不移福陵。實爲允便。臣等不任感切之至。

歷代名臣奏議卷之一百二十四

歷代名臣奏議卷之一百二十五

禮樂 喪禮山陵及祭祀

宋英宗初即位，殿中侍御史司馬光言山陵擇地劄子曰：臣竊聞大行皇帝欲以十二月二十七日大葬，而朝廷遣使案行山陵，至今未知定處。或云欲於永安縣界之外廣求吉地，臣愚以爲過矣。夫陰陽之書，使人拘而多畏，至於喪葬，爲害尤甚。是以士庶之家，或求葬地，擇歲月，至有累世不葬者。臣常深疾此風，欲乞國家禁絶其書而未暇也。今山陵大事，當守先王之典禮，至於葬書出於世俗委巷之言，司天陰陽官皆市井愚夫，尚之問也。古者天子七月，諸侯五月，大夫三月，士踰月，葬於北方北首，未嘗問歲月，相山岡，然考其子孫之吉凶，豈有異於今哉。春秋書己丑葬恭嬴，雨不克葬，庚寅日中而克葬。丁巳葬定公，雨不克葬，戊午日下昃乃克葬。然則雖云卜日，亦臨事制宜也。周禮冢人掌公墓之地，先王之葬居中，以昭穆爲左右，明不擇地形也。然而周有天下三十六王，八百六十七歲。至王者受命於天，期運有常，國之興衰在德之美惡，固不繫葬地時日之吉凶也。且葬者藏也，本以安祖考之形體，得土厚水深高敞堅實之地則可矣。子孫豈可因以求福哉。又稱者國家以拘於時日之故，擧用八日大斂，自爾以來，聖躬有疾，至今尚未平復，陰陽無驗亦已明矣。况國家自宣祖以來葬於永安，百有餘年，官司儲備素皆有備。今改卜他所，不惟縣邑官司更須創置，亦恐大行皇帝神靈眷戀祖宗，未肯即安於新陵也。凡科率之物，期日遠則民力寬而事易辦，期日近則貴急多而事不集。磚石之類，積重難移，若山陵之處不使豫先知之，則有司何以供辦，百姓何以輸納。至時暴加迫趣，則一錢之物必直十錢，疲羸之民將不勝其弊矣。伏望朝廷特賜指揮，案行山陵使等只於永安縣界舊陵側近選擇善地，旬日之内早定奏聞，仍令有司先計度山陵的實合用之物，降下本處，寛設期限，使之備辦，不得約度數及妄立近限，必使所令明信，則事無不濟，而民力不困矣。

時治永昭山陵，悉用乾興制度，知制誥鄭獬上言曰：今國用空乏，近賞軍已見橫斂，富室嗟怨，流聞京師。先帝節儉愛民，蓋出天性，凡服用器玩，極於朴陋，此天下所共知也。而山陵制度乃欲致乾興最盛之時，獨不傷儉德乎。願飭有司損其名數。

翰林學士范鎮上奏曰：乾德初改葬宣祖安陵之制，其深五十七尺，高二十九尺，其下宮及兆域遠近之數皆稱於是。是時天下既定，財用盈豐，非不能崇高侈大以示意而榮觀也。蓋太祖皇帝方無事時，念深思遠，以爲厚葬非禮，無益於孝，作爲中制，以示後世法也。昌陵、熙陵、定陵、昭陵雖增損不一，然皆非太宗、真宗、仁宗、大行皇帝之意，寔哀毁擗慕之際，事有司而爲是也。昭陵之役，距今四年，中間仍以水災，則公私事力爲可知也。伏惟陛下抑哀毁擗慕之情，奉太祖之中制，其今未上宮、下宮及兆域之數，願一以安陵爲法，使國用民力得少寛裕，則四方觀聽，知陛下愛民念祖之心，以爲初政之美。臣不勝區區之意。

鎮又奏曰：竊聞大行皇帝受命寶及沿寶法物與平生衣冠器用，皆欲擧而葬之，恐非所以稱大行皇帝恭儉之意。其受命寶，伏乞陛下自寶用之，且示有所傳付。若衣冠器玩，則請陳於陵寢及神御殿，歲時展視，以慰思慕。詔檢討官討尋典故，及命兩制禮官詳議。翰林學士王珪等奏議曰：受命寶者，猶昔傳國璽也，宜爲天子傳器，不當改作。古者藏先王衣服於廟寢，至於平生器玩，則前世既不皆納於方中，亦不盡陳於陵寢。謂今宜從簡約，以稱先帝恭儉之實。臣等謹按殿中侍御史傅堯俞乞減昭陵用度疏曰。臣伏聞大行皇帝山陵。一準真宗山陵故事。臣跡愚亡狀。竊以定陵比永昌永熙事事益增。陛下孝思無窮。故取禮物極盛者為比。臣非細顧思感傷陛下哀念先帝之意。而竊未敢以為得也。伏惟陛下周覽博識。貫通古今。至於孝不繫於厚葬。奢無益於逝者。固不待臣言而後曉。所以不復遠引旁撫為蔓辭以重煩聖聽。獨有一事。慮陛下悲慕之切。未遑及之。故臣昧死以陳。夫以陛下之孝而天下之廣。俾先帝陵寢更加於真廟。亦不為難而無所害也。然古先哲王多以儉薄為義者。豈歉於力而嗇於財邪。蓋人情不以禮節之。則將無有限斷。臣竊謂送終之具得如太祖太宗先帝可以無憾。奉先之志得如太宗真宗陛下可以無愧。況乾興事體與今不同。而大行皇帝享國四十二年。慈愛惻怛。惟恐一物失其所。今之興役。正當盛夏。限過急。不能免傷人之生。物雖官給。不能免勞民之力。若緣定陵制度。禮物稍加裁損。則傷生者坐減。而勞力者易供。誠如是。臣竊意先帝在天俯而窺之。必將亦以為慰也。敢乞陛下詳思遠慮。以禮斷情。俾大行山陵取永昌永熙為例。既足以終先帝恭儉之德。而奉承遺詔。又足以發陛下仁孝之道。而光昭初政。一舉而眾善皆得。惟陛下留神。干冒旒扆。臣無任惶懼激切之至。

神宗時。程顥代父上書曰。臣聞孝莫大於安親。忠莫先於愛主。人倫之本。無越於斯。人無知愚。靡不知忠孝之為美也。然而不得其道。則反害之。故自古為君者莫不欲孝其親。而多獲不孝之譏。為臣者莫不欲忠其君。而常負不忠之罪。何則。有其心。行之不得其道也。伏惟陛下以至德承洪業。以大孝奉先帝。聖心切至。天下共知。然臣以疎賤復敢區區冒萬死以進其說者。願陛下以至孝之心。盡至孝之道。鑑歷古之失。為先帝深慮。則天下臣子之心無不慰安。所謂歷古之失觀秦漢而下為帝王者。居天下之尊。有四海之富。其生也奉養之如之何。其亡也安厝之如之何。然而鮮克保完其陵墓者。其故何哉。獨魏文帝唐太宗所傳嗣君能盡孝道。為之永慮。至今安全。事迹昭然。存諸簡策。嗚呼。二嗣君不苟為崇侈以徇己意。乃以安親為心。可謂至孝矣。漢武之葬。霍光秉政。暗於大體。奢侈過度。至使陵中不復容物。赤眉之亂。遂見發掘。識者謂赤眉之暴無異光自為之。謂其不能深慮以致後害也。二君從儉。後世不謂其不孝。霍光厚葬。千古不免為罪人。自古以來。觀此明鑑而不能行之者。無他。眾議難違。人情所迫爾。苟若務合常情。遂忘遠慮。是乃厚於人情而薄於先君也。不亦惑乎。魏文帝所作終制。及唐虞世南所上封事。皆足取法。其指陳深切。非所忍言。願陛下取而觀之。可以見明君賢臣所慮深遠。古人有言曰。死者無終極。國家有廢興。自昔人臣當大事之際。乃以興廢之言為忌諱。莫敢議及於此。苟循人情。辜負往者。不忠之大者也。臣竊慮陛下追念先帝聖情罔極。必欲崇厚陵寢。以盡孝心。臣愚以為違先帝之儉德。損陛下之孝道。無益於實。有累於後。非所宜也。伏願陛下損抑至情。深為永慮。承奉遺詔。嚴飭有司。凡百規模。盡依魏文之制。明器所須。皆以瓦木為之。金銀銅鐵珍寶奇異之物。無得入壙。然後昭示遐邇。刊之金石。如是則陛下之孝顯於無窮。陛下之明高於曠古。至於紈帛易朽之物。亦能為患於數百年之後。漢薄后陵是也。或曰。山陵崇大。雖使無藏。安能信於後世。臣以為不然。天下既知。後世必知之。臣嘗遊秦中。歷觀漢唐諸陵。無有完者。惟昭陵不犯。陵旁居人。尚能道當日儉素之事。此所以歷數百年。屢經寇亂而獨全也。大臣之於君。猶子之於父。豈有陛下欲厚其親而臣反欲薄於其君乎議以厚於先帝無厚於此者也遺詔陛履尚當保而藏之未敢不恭況於國陵得不窮深極遠以應之乎陛下嗣位方初羣臣畏感臣苟不言必慮無敢言者陛下以臣言為妄而罪之則臣死且不悔以臣言為是而從之則可以為先帝之福大陛下之孝安天下之心垂萬世之法所補豈不厚哉臣哀誠内激言意狂率願陛下詳覽而深察之天下不勝大願

御史中丞鄧潤甫上言曰興利之臣議前代帝王陵寢許民請射耕墾而司農可之唐之諸陵因此悉見芟劉昭陵喬木翦伐無遺熙寧著令本禁樵采遇郊祀則勑吏致祭德意可謂遠矣小人掊克不顧大體願絀剗議之人而一切如令從之

范祖禹進故事曰唐太宗貞觀十一年二月帝自為終制初文德皇后疾篤言於帝曰妾生無益於人不可以死害人願勿以丘壟勞費天下因山為墳器用瓦木而已及葬帝復為文刻之石稱皇后節儉遺言薄葬以為盜賊之心止求珍貨既無珍貨復何所求朕之本志亦復如此王者以天下為家何必物在陵中乃為己有今因九嵕山為陵鑿石之工纔百餘人數十日而畢不藏金玉人馬器皿皆用土木形具而已庶幾姦盜息心存沒無累當使百世子孫奉以為法至是帝以漢世豫作山陵免子孫倉猝勞費又志在儉葬恐子孫從俗奢靡於是自為終制因山為陵容棺而已

臣祖禹曰厚葬之禍古今之所明知也夫藏金玉於山陵是為大盜積而標示其處也豈不殆哉是以自漢以來無不發之陵後之人主知其有害無益而姑為之以貫禍迹相接而莫之戒也太宗雖為終制以戒子孫而昭陵之葬亦不為儉及唐之季不免暴露之患豈非高宗之過乎

哲宗元符初著作郎周常上疏言祖宗諸陵器物止用塗金服飾又無珠玉蓋務存質素昭示訓戒自裕陵至宣仁后寢宮乃施金珠願收貯景靈殿以遵遺訓詔寘之奉宸庫

徽宗時陳瓘乞憫恤山陵人夫疏曰臣聞唐穆宗山陵時久雨時寒役人飢凍頗甚至有持鍤抱塹而死者穆宗憫之於是治路人夫各賜之絹臣謂絹者有限之物豈得人人而與之兼諸色應奉之人例皆勞苦所可矜者非特治路人夫而已也國家自裕陵以前夫事既畢之後即降德音下兩京等處凡干應奉之人悉蒙恩恤惠而不費非賜絹之比也迺者泰陵應奉之人緣雨水異常州縣督責甚於他時所以敘其情而憫其勞者亦宜加厚惟陛下留意幸甚

寧宗時趙汝愚論山陵三事奏曰臣恭聞大行太上皇帝奄棄天下之養凡在臣子孰不痛心況臣累世蒙恩尤極哀慕恨以身在遐遠無繇得效奔走之賤服犬馬之勞輒有管見三事少伸誠懇之萬一惟聖明裁幸其一祖宗陵寢皆在洛陽累朝制度具存典禮唯紹興中徽宗皇帝梓宮既還未能歸葬故一時攢奉權在會稽雖寢衛之制已嚴而山陵之土未復規制淺薄可為深憂竊聞當時議者之言欲俟恢復疆土之後奉迎靈駕歸附永昌迹其本謀初若甚善然荏苒歲月易致因循正使克復西都豈宜再議遷改今大行太上皇帝山陵命使遠日有期陛下篤於送終動遵禮訓臣謂與其慕虛名而受實害孰若如禮及時深藏固護永為無窮之計也昔舜都蒲坂而葬于蒼梧禹都平陽而葬于會稽皆因巡狩不返遂即其地而葬帝王之事豈不可法伏願遠遵虞夏近法漢文因山為陵務極深厚金銀之飾悉用屏除使千萬世永絕後害然則陛下之所以事其親者自始及終皆可以無憾矣若乃牽於權宜之說失此時而不為臣恐

下他日雖有追悔之心亦終難於改作誠不可以不深思而熟計也昔漢成帝營延陵泰奢劉向上疏極諫至謂死者無終極而國家有廢興其言深切無所諱避陛下幸取其書一復讀之則可以鑒矣其二古者三年之喪自天子達于庶人天下之通禮也至漢文帝變古立制以日易月後世承用未能有改惟晉武帝雖既葬除服而深衣素冠降席撤膳終三年而後復吉臣仰惟陛下天性純至篤於孝養二十六年兩宮之內父父子子之無間言雖若堯舜文武之盛殆無以過矣區區晉武顧何足進哉今一旦遭罹變故陛下不無哀昏之思嬰孺之念而兩宮相望將何以用其情是不幸而處禮之變者聖人於此亦安得不隨事而制宜也恭惟皇太后春秋已高伉儷感而獨處故宮之內揆之人情寧無觸目感傷之意陛下欲日詣于長樂則又未免數蹕煩民臣謂宜因既葬之後迎太上皇后歸別殿

以奉几筵請皇太后遷御內以便侍養法開元鴻慶之制即德壽宮為神御殿以奉香火如此則陛下一舉而三事俱得百費盡省矣其三臣側聞顯仁皇后之喪太上皇帝嘗降手詔禁天下不得以助攢宮修奉貢獻煩費擾民天語丁寧德至厚也然而事大體重有司猶不免過意奉承使命所馳冠蓋旁午所至州縣勞弊萬端今浙東旱傷百姓飢乏張頸待哺方仰給於縣官而工役繁興科調方急事變至此其將奈何臣伏讀太上皇帝遺誥有曰山陵制度務從儉約臣以是推原前日紹興之詔則知太上皇帝念念愛民之意始終不忘非特為是空言姑循故事而已也臣願陛下明詔有司討論舊典凡土木營造之役官吏卒乘之數給賜犒賞之費繁文末節無益於實用者皆條舉而備陳之曰某事可節某事可省其不可得而節省者則優給雇直以募浙東之飢民使之服役則飢者可以得食役者可以

無怨廉然仰稱太上皇帝遺誥之意臣方此憂虞悲閔禍變心志荒亂言語狂僭罪當萬死伏望聖慈曲賜原宥特詔大臣參照典故詳酌施行。

汝愚又論山陵乞遵用七月之制疏曰臣不避死罪復有愚悃仰冒天聽臣去年十一月二十四日恭奉太上皇帝遺誥一時號慟哀疚切心伏思紹興攢宮規制淺薄國家不可以虛名而受實害輒陳管見妄致瞽言乞遵虞夏巡狩之禮法漢文薄葬之制及時如禮曰山為陵深藏固護永為無窮之計至十二月初一日臣修寫既成緘封附遞行未旬浹而伏聞有司循用近例不待七月已卜日奉攢矣臣仰惟太上皇帝仁聖之德冠絕百王陛下大孝始終遠追三代方將以衰絰行三年之制思極所以追慕之情而大葬之禮尤用權宜歲月推遷臣所甚懼臣聞之禮曰夫喪不可不深長思也又曰葬也者

藏也今太上皇帝梓宮雖已舉攢要非久計況兩京在遠道路阻修正使克復有期豈可更議遷改孰若考稽古誼及時而葬以圖萬世之安也又禮曰天子七日而殯七月而葬本朝故事喪禮亦皆用七月伏望睿慈檢照臣昨來所奏斷自聖意深詔有司遵用累朝典禮議行七月之制其山陵制度務存深厚而不必過為開廣以藏無用之物此去三數月間尚可營辦如此則太上皇帝在天之靈可以永安而陛下事親送終之禮深長之思皆可以無憾矣臣遠守藩符山陵重事豈宜輕議而情切意迫不容但已謹昧死奏聞伏深隕越之至。

王十朋代越帥王尚書上疏曰臣去秋陛辭之日親奉玉音諭臣以永祐陵昭慈宮崇奉事件臣仰見聖心篤孝著於攢墟雖堯舜之德何以加此臣至越之初首朝陵廟瞻望松柏不勝悲涕凡薦祭之物

崇奉之具。修造之費。臣仰體聖懷。固不盡力。臣輒有區區愚忠。敢不冒死以聞。竊見攢宮修造。每年一小修。三年一大修。率以為常。此固陛下奉先罔極之心。臣子所宜奉行而不懈也。然臣竊謂陵寢所存神靈是依。神道貴幽。理宜安靜。若頻歲修造。未免震驚。故古不修墓。聖人非薄於其親。意謂寧親莫如寧神。是乃孝之大者。今攢宮棟宇已固。器用已備。松栢已茂。陛下崇奉之心亦可謂至矣。臣欲乞自今以後。未必以三年大修。每年小修為拘。但令本府常預備瓦木工匠之類。以俟不時之須。凡遇棟宇或損則更之。器用或舊則新之。松栢或枯則補之。如是則工役不繁而丹艧常新。歲月寖久而陵廟愈安。以昭先帝儉德之恭。以稱陛下寧神之孝。不勝幸甚。

光宗時樞密使趙汝愚論山陵乞下禮官詳議。疏曰。臣伏見祖宗皇帝以元符三年既葬于永泰陵。至紹興元年昭慈聖獻皇后上僊。是時高宗皇帝方駐蹕會稽。江淮之間。日事征戰。昭慈之葬。未能歸祔。始為攢厝。蓋用權宜。將以憤激三軍之心。不絕中原之望也。其後秦檜主和好。南北之勢既分。永祐永思。因仍不改。聞見習熟。視以為常。遂致諸陵尚存淺土。其制卑薄。可為深憂。復於獻殿之中。鑿以處屋。不達天地之氣。不覩日月之光。年歲滋深。大葬無日。攷之典禮。固已非宜。驗之葬書。亦所甚忌。臣每思及此。良切痛心。今大行至尊壽皇聖帝將卜因山。宜稽舊典。稍倣祖宗山陵之法。亦從南北風土之宜。但使皇堂尺度不可大廣。蓋石傅厚不可不增。修建陵臺。酌為中制。仍為獻殿。勿復幽扃。庶幾葬者永安。後嗣蒙福。若已攢而未祭。俟因事而別圖。如蒙聖明。特賜俞允。伏乞行下禮官詳議施行。

汝愚又論山陵利害。乞付有司集議。疏曰。臣聞養生者不足以當大事。惟送死可以當大事。然則大行壽皇聖帝山陵之奉。陛下安得不致其謹也。臣仰惟祖宗陵寢。皆在洛陽。制度崇深。具在簡策。皇堂下深五十七尺。高三十九尺。陵臺三層。正方。每面長九十尺。既高且廣。守衛至嚴。後代子孫所宜觀法。始緣南渡。權卜稽山。號曰攢宮。蓋非永制。實居淺土。蔽以上宮。本期克復神京。奉還靈駕。雖其志甚美。而其事實難。荏苒歲時。今已六十餘載矣。東南諸郡所至皆山。凡擇地者必以山為限。地勢局促。不類中原。蓋自昭慈之西。已用五穴。山勢漸遠。其地愈卑。往歲思陵之葬。其深不盈九尺。復土之後。僅能掩棺。聞者寒心。幾於慢藏。雖江南土地卑薄難擬故都。然近畿王氣所鍾。豈無佳兆。其如拘以陰陽之術。限以日月之期。刑責太嚴。事體至重。人懷苟且。各為身謀。至於國家深長之思。君父危辱之禍。皆不暇顧。嗚呼痛哉。傳曰。死者無終極。國家有廢興。歷攷古今。無非爾鑒。今冒然在遠。恢復未期。豈宜徒徇虛名。以基實禍。臣比見按行使副還自會稽。皆言陰陽家流須用丙山壬向。全類按圖索馬。不復他營。若以昭穆安排。皆無餘地。僅存一穴。又下思陵。伏思穆恭二宮。他日如何合祔。其後利害。臣未敢言。儻今不圖。後悔何及。伏望陛下孝思罔極。惟懷永圖。勿拘遠近之分。毋惑陰陽之說。擇平原高燥之地。為大行深固之藏。崇建陵臺。悉遵舊制。陛下盡送終之禮。壽皇享萬世之安。臣子不勝幸甚。議者若謂累聖卜攢。神靈已安。妄壽皇篤孝誰匪素心。此蓋婦人之仁。殆非天子之孝。昔吳延陵季子適齊。其長子死。葬於嬴博之間。曰。骨肉歸復于土。命也。若魂氣則無不之也。無不之也。而遂行。孔子以為合禮。況壽皇英靈在天。何所限隔。為臣子者當圖實利。難徇空言。臣學術荒疎。而區區管見如此。不敢緘默。聞已降指揮。侍從臺諫禮官集議安穆安恭皇后合祔典禮。伏乞聖慈下臣此章。付有司集議施行。

孝宗時煥章閣待制侍講朱熹上奏曰臣竊惟至尊壽皇聖帝聖德神功覆冒寰宇深仁厚澤浸潤生民厭世上賓率土哀慕宜得吉土以奉衣冠之藏垂裕後昆永永無極而因山之卜累月于茲議論紛紜訖無定說臣嘗竊究其所以皆緣專信臺史而不廣求術士必取國音坐丙向壬之穴而不博訪名山是以粗略苟簡惟欲祔於紹興諸陵之旁不惟未得其形勢之善若其穴中水泉之害地面浮淺之慮偏仄傷破之餘驚動諸陵之患雖明知之亦不暇顧羣臣議者又多不習此等猥賤之末術所以不能堅決剖判致煩明詔博訪在廷臣實痛之其敢無辭以對蓋臣聞之葬之為言藏也所以藏其祖考之遺體也以子孫而藏其祖考之遺體則必致其謹重誠敬之心以為安固久遠之計使其形體全而神靈得安則其子孫盛而祭祀不絕此自然之理也是以古人之葬必擇其地而卜筮以決之不吉則

更擇而再卜焉近世以來卜筮之法雖廢而擇地之說猶存士庶稍有事力之家欲葬其先者無不廣招術士博訪名山參互比較擇其善之尤者然後用之其或擇之不精地之不吉則必有水泉螻蟻地風之屬以賊其內使其形神不安而子孫亦有死亡絕滅之憂甚可畏也其或雖得吉地而葬之不厚藏之不深則兵戈亂離之際無不遭罹發掘暴露之變此又其所當慮之大者也至於穿鑿已多之處地氣已洩雖有吉地亦無全力而祖塋之側數興土功以致驚動亦能挺災此雖術家之說然亦不為無理以此而論則今日明詔之所詢者其得失大槩已可見矣若夫臺史之說謬妄多端以禮而言則記有之曰死者北首生者南向皆從其朔又曰葬於北方北首三代之達禮也即是古之葬者必坐北而南向蓋南陽而北陰孝子之心不忍死其親故雖葬之於墓猶欲其負陰而抱陽也豈有坐南向北反背陽而向陰之理乎若以術言則凡擇地者必先論其主勢之強弱風氣之聚散水土之淺深穴道之偏正力量之全否然後可以較其地之美惡政使實有國音之說亦必先此五者以得形勝之地然後其術可得而推今乃全不論此而直信其偏旁之偏說但以五音盡類羣姓而謂冢宅向背各有所宜乃不經之甚者不惟先儒已力辨之而近世民間亦多不用今乃以為祖宗以來世守此法順之則吉逆之則凶則姑亦無問其理之如何但以其事質之則其謬不攻而自破矣蓋自永安遷奉以來已遵用此法而九世之間國統再絕靖康之變宗社為墟高宗中興匹馬南渡壽皇復自旁支入繼大統至於思陵亦用其法而壽皇倦勤之後旋即升遐太上違豫日久以至遜位赤山亦用其法而莊文魏邸相繼薨謝若曰吉凶由人不在於地不有所廢其何以興則國音之說自為無用之談從之未必為

福不從未必為禍矣何為信之若是其篤而守之若是其嚴哉若曰其法果驗不可改易則洛越諸陵無不坐南而向北固以合於國音矣又何吉之少而凶之多耶臺史之言進退無據類皆如此試皆詰問使之置對必無辭以自解矣若以地言則紹興諸陵臣所未覩不敢輕議然趙彥逾固謂舊定神穴土肉淺薄開深五尺下有水石難以安建矣而荊大聲者乃謂新定東頭之穴比之先定神穴高一尺一寸五分開深九尺即無水石臣嘗詳考二人之言反復計度新穴比之舊穴只高一尺一寸五分則是新穴至六尺一寸五分則與舊穴五尺之下有水石處高低齊等如何却可開至九尺而其下二尺八寸五分者無水石耶且大聲既知有此無水吉穴當時便當指定何故却守上肉淺薄下有水石之處以為神穴直至今日前說漏露無地可蔽然後乃言之耶其反覆謬妄小人常態雖若不足深責然其

好心乃欲奉壽皇梓宮置之水中而略不顧忌則其罔上迷國大逆無道之罪不容誅矣脫使其言別有曲折然一坂之地其廣幾何而昭慈聖獻皇后已用之矣徽宗一帝二后又用之矣高宗一帝一后又用之矣計其地氣已發洩而無餘行圍迴路下宮之屬又以迫狹之甚不可移減今但就其空處卽以爲穴東西趲那或遠或近初無定論蓋地理之法譬如針灸自有一定之穴而不可有毫釐之差使醫者之施砭艾皆如今日臺史之定穴兆則攻一穴而遍身皆創矣是又安能得其穴道之正乎若果此外別無可求則亦無可奈何而今兩浙數州皆爲近甸三二百里豈無一處可備選擇而獨遷就偪仄於此數步之間耶政使必欲求得離山坐南向北之地亦當且先泛求壯厚高平可葬之處然後擇其合於此法者況其謬妄不經之說初不足信也耶臣自南來經由嚴州富陽縣見其江山之勝雄偉

非常蓋富陽乃孫氏所起之處而嚴州乃高宗受命之邦也說者又言臨安縣乃錢氏故鄉山川形勢寬平邃密而臣未之見也凡此數處臣雖未敢斷其必爲可用然以臣之所已見聞者逆推其未見未聞安知其不有佳處萬萬於此而灼然可用者乎但今偏信臺史之言固執紹興之說而不肯求耳若欲求之則臣竊見近年地理之學出於江西福建者爲尤盛政使未必皆精然亦豈無一人粗知梗槩大略平穩優於一二臺史者欲望聖明深察此理斥去荊大聲置之於法卽日行下兩浙帥臣監司疾速搜訪量支路費多差人兵鞴馬津遣赴闕令於近甸廣行相視得五七處然後遣官按行命使覆按不拘官品但取通曉地理之人參互考校擇一最吉之處以奉壽皇神靈萬世之安雖已迫近七月之期然事大體重不容苟簡其孫逢吉所謂少寬日月別求吉兆爲上此十字者實爲至論惟陛下采而用之庶幾有以少慰天下臣子之心用爲國家祈天永命之助臣本儒生不曉術數非敢妄以淫巫瞽史之言眩惑聖聽自速譏誚蓋誠不忍以壽皇聖體之重委之水泉沙礫之中殘破浮淺之地是以痛憤激切一爲陛下言之譬如鄉鄰親舊之間有以此等大事商量吾乃明知其事之利害必至於此而不盡情以告之人必以爲不忠不信之人而況臣子之於君父又安忍有所顧望而默默無言哉惟陛下詳賜省察斷然行之則天下萬世不勝幸甚

右專言喪禮

齊景公疥遂痁期而不瘳諸侯之賓問疾者多在梁丘據與裔款言於公曰吾事鬼神豐於先君有加矣今君疾病爲諸侯憂是祝史之罪也諸侯不知其謂不敬君盍誅於祝固史嚚以辭賓公說告晏子晏子曰日宋之盟屈建問范會之德於趙武趙武曰夫子之家事治言於晉國竭情無私其祝史祭祀陳信不愧其家事無猜其祝史不祈建以語康王康王曰神人

無怨宜夫子之光輔五君以爲諸侯主也公曰據與款謂寡人能事鬼神故欲誅於祝史子稱是語何故對曰若有德之君外內不廢上下無怨動無違事其祝史薦信無愧心矣是以鬼神用饗國受其福祝史與焉其所以蕃祉老壽者爲信君使也其言忠信於鬼神其適遇淫君外內頗邪上下怨疾動作辟違從欲厭私高臺深池撞鍾舞女斬刈民力輸掠其聚以成其違不恤後人暴虐淫從肆行非度無所還忌不思謗讟不憚鬼神神怒民痛無悛於心其祝史薦信是言罪也其蓋失數美是矯誣也進退無辭則虛以求媚是以鬼神不饗其國以禍之祝史與焉所以夭昏孤疾者爲暴君使也其言僭嫚於鬼神公曰然則若之何對曰不可爲也山林之木衡鹿守之澤之萑蒲舟鮫守之藪之薪蒸虞候守之海之鹽蜃祈望守之縣鄙之人入從其政偪介之關暴征其私承嗣大夫强易其賄布常無藝徵斂無度宮室日更淫樂不違內寵之妾肆奪於市外寵之臣僭令於鄙

亂欲養求不給則虐民人苦病夫婦皆詛祝有益也詛亦有損聊攝以東姑尤以西其為人也多矣雖其善祝豈能勝億兆人之詛君若欲誅於祝史修德而後可公說使有司寬政毀關去禁薄斂已責

漢成帝末年頗好鬼神亦以無繼嗣故多上書言祭祀方術者皆得待詔祠祭上林苑中長安城旁費用甚多然無大貴盛者谷永說上曰臣聞明於天地之性不可惑以神怪知萬物之情不可罔以非類諸背仁義之正道不遵五經之法言而盛稱奇怪鬼神廣崇祭祀之方求報無福之祠及言世有僊人服食不終之藥遙興輕舉登遐倒景覽觀縣圃浮游蓬萊耕耘五德朝種暮穫與山石無極黃冶變化堅冰淖溺化色五倉之術者皆姦人惑衆挾左道懷詐偽以欺罔世主聽其言洋洋滿耳若將可遇求之盪盪如係風捕景終不可得是以明王距而不聽聖人絕而不語昔周史萇弘欲以鬼神之術輔尊靈王會朝諸侯而周室愈微諸侯愈叛楚懷王隆祭祀事鬼神欲以獲福助卻秦師而兵挫地削身辱國危秦始皇初并天下甘心於神僊之道遣徐福韓終之屬多齎童男童女入海求神采藥因逃不還天下怨恨漢興新垣平齊人少翁公孫卿欒大等皆以僊人黃冶祭祀事鬼使物入海求神采藥貴幸賞賜累千金大尤尊盛至妻公主爵位重絫震動海內元鼎元封之際燕齊之間方士瞋目扼掔言有神僊祭祀致福之術者以萬數其後平等皆以術窮詐得誅夷伏辜至初元中有天淵玉女鉅鹿神人轑陽侯師張宗之姦紛紛復起夫周秦之末三五之隆已嘗專意散財厚爵祿竦精神舉天下以求之矣曠日經年靡有毫氂之驗足以揆今經曰享多儀儀不及物惟曰不享論語說曰子不語怪神唯陛下距絕此類毋令姦人有以窺朝者上善其言

晉武帝太康九年詔并二社之祀車騎司馬傅咸上表曰祭法王社太社各有其義天子尊事宗廟故冕而躬耕躬耕也者所以重孝享之粢盛親耕躬自懃躬自為立社者為籍田而報者也國以人為本人以穀為命故又為百姓立社而祈報焉事異報殊此社之所以有二也王景侯之論王社亦謂春祈籍田秋而報之也其論太社則王者布下圻內為百姓立之謂之太社不自立之於京都也景侯此論據祭法祭法大夫以下成羣立社曰置社景侯解曰今之里社是也景侯解祭法則以置社為人間之社矣而別論復以太社為人間之社未曉此旨也太社為百姓而祀故稱天子社郊特牲曰天子太社必受霜露風雨以羣姓之衆王者通為立社故稱太社也若夫置社其數不一蓋以里所為名左氏傳盟於清丘之社是也衆庶之社既已不稱太矣若復不立之京都當安所在乎祭法又曰王為羣姓立七祀王自為立七祀言自為者自為而祀也為羣姓者為羣姓而祀也太社與七祀其文正等說者窮此因云墳籍但有五祀無七祀也按祭五祀國之大祀七者小祀周禮所云祭凡小祀則玄冕之屬也景侯解大厲曰如周社鬼有所歸乃不為厲今云無二社者稱景侯祭法不謂無二則曰口傳無其文也夫以景侯之明擬議而後為解而欲以口論除明文如此非但二社當見思惟景侯之解亦未易除也前被敕尚書召誥乃社于新邑惟一太牢不二社之明義也按郊特牲曰社稷太牢必援一牢之文以明社之無二明稷無牲矣說者曰舉社則稷可知苟可舉社以明稷何獨不舉一以明二國之大事在祀與戎若有二而除之不若過而存之況存之有義而除之無據乎周禮封人掌設社壝無稷字今帝社無稷蓋出於此然國主社稷故經傳動稱社稷周禮王祭社稷則絺冕此王社有稷之文也封人所掌社壝之無稷字說者以為略文從可知也謂宜仍舊立二社而加立帝社之稷時成粲議稱景侯論太社不立京都欲破鄭氏學咸重表以為如祭法之論景侯之解文以此壞大雅云乃立冢土毛公解曰冢土太

社也景侯解詩[illegible]實惟土五色景侯解曰王者取五色土為太社封四方諸侯各割其方色王者覆四方也知此太社但為立京都也不知此論何從而出而與解乘上違經記明文下壞景侯之解臣雖頑蔽少長學門不敢默已謹復續上劉寔與咸議同詔曰社稷一神而相襲二位衆議不同何必改作其使仍舊一如魏制其後摯虞奏以為臣按祭法王為羣姓立社曰太社王自為立社曰王社周禮大司徒設其社稷之壝又曰以血祭祭社稷則太社也又曰封人掌設王之社壝又有軍旅宜乎社則王社也太社為羣姓祈報祈報有時主不可廢故凡被社釁鼓主奉以從是也此皆二社之明文前代之所尊以尚書召誥社于新邑三牲明文詩稱乃立冢土無兩社之文故廢帝社惟立太社詩書所稱各指一事又皆在公旦制作之前未可以易周禮之明典祭法之正義前改建廟社營一社之處朝

議斐然執古匡今世祖武皇帝躬發明詔定二社之義以為永制宜定新禮從二社詔從之

宋孝武帝大明七年二月丙辰有司奏鑾輿巡蒐江左講武校獵獲肉先薦太廟章太后廟并設醽酒公卿行事及獻妃陰室長官行事太學博士虞龢議按周禮四時講武獻牲各有所施振旅春蒐則以祭社茇舍夏苗則以享礿治兵秋獮則以祀方大閱冬狩則以享烝案漢祭祀志惟立秋之日白郊事畢始揚威武名曰貙劉乘輿入圃躬執弩以射牲以鹿麛太宰令謁者各一人載獲車馳送陵廟然則春田薦廟未有先准兼太常丞庾蔚之議龢所言是蒐狩不失其時此禮久廢今時龢表以講武教人又使供就且先薦二廟禮情俱允社主土神司空土官故祭社使司空行事太廟宜使上公參議蒐狩之禮四時異議禮有損益時代不同今既無復四方之祭三殺之儀嚮廢來久今籥獲牲物面傷翦毛未成禽不獻太宰令謁者擇上殺奉送先薦廟社二廟二依舊以太尉行事詔可

南齊武帝永明三年有司奏來年正月二十五日丁亥可祀先農即日輿駕親耕宋元嘉大明以來並用立春後亥日尚書令王儉以為亥日籍田經記無文通下詳議兼太學博士劉蔓議禮孟春之月立春迎春又於是月以元日祈穀又擇元辰躬耕帝藉盧植說禮通辰日日甲至癸也辰子至亥也郊天陽也故以日藉田陰也故以辰陰禮卑後必居其末亥者辰之末故記稱元辰注曰吉亥又據五行之說木生於亥以亥日祭先農又其義也太常丞何諲之議鄭注云元辰蓋郊後吉亥也亥水辰也凡在墾稼咸存灑潤五行說十二辰為六合寅與亥合建寅月東耕取月建與日辰合也國子助教桑惠度議尋鄭玄以亥為吉辰日陽生於子元起於亥取陽之元以為生物

亥又為水十月所建百穀賴茲沾潤畢熟也助教周山文議盧植云元善也郊天陽也故以日藉田陰也故以辰蔡邕月令章句解元辰云日幹也辰支也有事於天用日有事於地用辰助教何佟之議少牢饋食禮云孝孫某來日丁亥用薦歲事于皇祖伯某注云丁未必亥也直舉一日以言之耳禘太廟禮曰用丁亥若不丁亥則用己亥辛亥苟有亥可也鄭又云必用丁己者取其令名自丁寧自變改皆為謹敬如此丁亥自是祭祀之日不專施於先農漢文用此日耕藉祠先農故後王相承用之非有別義殿中郎顧暠之議鄭玄注郊後吉辰而不說必亥之由盧植明子亥為辰亦無常辰之證漢世躬藉肇發漢文詔云農天下之本其開藉田斯乃草創之令未覩親載之吉也昭帝癸亥耕于鉤盾弄田明帝癸亥耕下邳章帝乙亥耕定陶又辛丑耕懷魏之烈祖實書辛未不繫一辰徵於兩代矣推晉之革

觀象之占，晉、秩是脈，膺康成，非有異見者也。班固序亥位云：入陰氣應亡射，該藏萬物而雜陽閡種，且亥既水辰，含育為性，播厥取吉，其在茲乎。固序丑位云：陰大旅助黃鍾宣氣而牙物。序未位云：陰氣受任助蕤賓君主種物使長大茂盛。是漢朝迭選，魏室所遵，酌為用者，實暴有據。參議奏用丁亥。詔可。

明帝建武二年旱，有司議雩祭，依明堂祠部郎何佟之議曰：周禮司巫云：若國大旱，則帥巫而舞雩。鄭玄云：雩，旱祭也。天子於上帝，諸侯以下於上公之神。又女巫云：旱暵則舞雩。鄭玄云：使女巫舞旱祭，崇陰也。鄭衆云：求雨以女巫。禮記月令云：命有司為民祈祀山川百原，乃大雩帝，用盛樂。乃命百縣雩祀百辟卿士有益於民者，以祈穀實。鄭玄云：陽氣盛而恒旱，山川百原，能興雲致雨者也。衆水所出為百源，必先祭其本。雩，吁嗟求雨之祭也。雩帝，謂為壇南郊之旁，祭五精之帝，配以先帝也。自鞉鞞至柷敔為盛樂，他雩用歌舞而已。百辟卿士，古者上公以下，謂句龍、后稷之類也。春秋傳曰：龍見而雩。當以四月。王肅云：大雩，求雨之祭也。傳曰：龍見而雩，謂四月也。若五月、六月大旱，亦用雩禮。於五月著雩，義也。晉永和中，中丞啟雩制，在國之南為壇，祈上帝百辟，舞童八列六十四人，歌雲漢詩，皆以孟夏。得雨，報太牢。于時博士議，舊有壇，漢魏各自討尋不分。今命有司祈祀山川百原，乃大雩。又云：乃命百縣雩祀百辟卿士，則大雩所祭，唯應祭五精之帝而已。句芒等五神，既是五帝之佐，依鄭玄說，宜配食於庭也。鄭玄云：雩壇在南郊壇之旁，而不辨東西。尋地道尊右，雩壇方郊壇為輕，理應在左，宜於郊壇之東，營域之外築壇。既祭五帝，謂壇宜員。尋雩壇高廣，禮傳無明文。案覲禮設方明之祀，為壇高四尺，用珪璋等六玉，禮天地四方之神，王者率諸侯覲禮，為所以教尊尊也。雩祭五帝，粗可依放。請今築壇，壇崇四尺，其廣輪仍以四為度，徑四丈，周員十二丈，而四陛也。設五帝之座，各依其方，如在明堂之儀。竊尋以世祖配五精於明堂，今亦宜饗於雩壇矣。古者孟春郊祀祈嘉穀，孟夏雩祭祈甘雨，二祭雖殊，而所為者一。禮惟有冬至報天，初無得雨賽帝。今雖闕冬至之祭，而南郊兼祈報之禮，理不容別有賽答之事也。禮祀帝於郊，則所尚省費，周祭靈威仰，若后稷各用一牲。今祀五帝，世祖亦宜各用一犢，斯外悉如南郊之禮也。武皇遏密未終，自可不奏盛樂，至於旱祭舞雩，蓋是吁嗟之義，既非存懽樂，謂此不涉嫌。其餘祝史稱辭，仰祈靈澤而已。禮舞雩乃使無闕，今之女巫，並不習歌舞，方就教試，恐不應速。依晉朝之議，使童子，或得取捨之宜也。司馬彪禮儀志云：雩祀着皁衣，蓋是崇陰之義。今祭服皆緇，差無所革。其所歌之詩，及諸供須，輒勒主者申攝備辦。從之。

東昏侯永元元年，步兵校尉何佟之議曰：蓋聞聖帝明王之治天下也，莫不尊奉天地，崇敬日月。故冬至祀天於圓丘，夏至祭地於方澤，春分朝日，秋分夕月，所以訓民事君之道，化下嚴上之義也。故禮云：王者必父天母地，兄日姊月。周禮典瑞云：王搢大圭，執鎮圭，藻藉五采五就，以朝日。馬融云：天子以春分朝日，秋分夕月。覲禮天子出拜日於東門之外。盧植云：朝日以立春之日也。鄭玄云：端當為冕，朝日春分之時也。禮記朝事議云：天子冕而執鎮圭，尺有二寸，率諸侯朝日於東郊，所以教尊尊也。故鄭知此端為冕也。禮記保傅云：三代之禮，天子春朝朝日，秋暮夕月，所以明有敬也。而不明所用之定辰。馬、鄭云用二分之時，盧植云用立春之日。佟之以為日者太陽之精，月者太陰之精。春分陽氣方永，秋分陰氣向長，天地至尊，用其始，故祭以二至；日月禮次天地，故朝以分。差有理據，則融、玄之言得其義矣。

漢世則朝朝日，暮夕月。魏文帝詔曰：覲禮，天子拜日東門之外，又禮方明。朝事議曰：天子冕而執鎮圭，率諸侯朝日於東郊，以此言之，蓋諸侯朝天子，祀方明，因率朝日也。漢改周法，羣公無四朝之事，故不復朝於東郊，得禮之變矣。雖旦夕常於殿下東向拜日，其禮太煩。今採春分之禮，損漢日拜之儀，又無諸侯之事，無所出東郊。今正殿即亦朝會行禮之庭也，宜常以春分於正殿之庭拜日，其夕月文不分明。其議奏。魏秘書監薛靖論云：舊事，朝日以春分，夕月以秋分。案周禮朝日無常日，鄭玄云用二分，故遂施行。秋分之夕，月多東潛，而西向拜之，背實遠矣。謂朝日宜用仲春之朔，夕月宜用仲秋之朔。淳于睿駁之，引禮記云：祭日於東，祭月於西，以端其位。周禮秋分夕月，並行於上世。西向拜月，雖如背實，亦猶月在天而祭之於坎，不復言背月也。佟之案禮器云：為朝夕必放於日月，鄭玄云：日出東方，月出西方。又云：大明生於東，月生於西，此陰陽之分，夫婦之位也。鄭玄云：大明，日也。知朝日東向，夕月西向，斯蓋各本其位之所在耳。猶如天子東西遊幸，朝堂之官及拜官者猶北向朝拜，寧得以背實為疑邪。佟之謂魏世所行善得與奪之衷。晉初棄圜丘方澤於兩郊，二至輟禮。至於二分之朝，致替無義。江左草創，舊章多闕，宋氏因循，未能反古。竊惟皇齊應天御極，典教惟新，謂宜使盛典行之盛代，以春分朝於殿庭之西，東向而拜日；秋分夕於殿庭之東，西向而拜月，此即所謂必放日月以端其位之義也。使四方觀化者莫不欣欣而頌美。旒藻之飾，蓋本天之至質也。朝日不得同昊天至質之禮，故玄冕三旒也。近代祀天，著衮十二旒，極文章之義，則是古今禮之變也。禮天朝日，既服宜有異。頃世天子小朝會，著絳紗袍、通天金博山冠，斯即今朝之服，次衮冕者也。竊謂宜依此拜日月，甚得差降之宜也。佟之任非禮局，輕奏大典，寔為僭官，伏追愆釁。從之。

後魏宣武帝時，太常卿劉芳以社稷無樹，乃上疏曰：依合朔儀注，日有變，以朱絲為繩，以繞係社樹三匝，而今無樹。又周禮司徒職云：設其社稷之壝而樹之，田主各以其社之所宜木。鄭玄注云：所宜木，謂若松柏栗也。此其一證也。又小司徒封人職云：掌設王之社壝，為畿封而樹之。鄭玄注云：不言稷者，王主於社，稷，社之細也。此其二證也。又論語曰：哀公問社於宰我，宰我對曰：夏后氏以松，殷人以柏，周人以栗。是乃土地之所宜也。此其三證也。又白虎通云：社稷所以有樹何也？尊而識之也，使民望即見敬之，又所以表功也。案此正解所以有樹之義，了不論有之與無也。此其四證也。此云社稷所以有樹，何？然則稷亦有樹明矣。又五經通義云：天子太社、王社，諸侯國社、侯社。制度奈何？曰：社皆有垣無屋，樹其中以木，有木者土主生萬物，萬物莫善於木，故樹木也。此其五證也。此最其丁寧備解有樹之意也。又五經要義云：社必樹之以木。周禮司徒職曰：班社而樹之，各以土地所生。尚書逸篇曰：太社惟松，東社惟柏，南社惟梓，西社惟栗，北社惟槐。此其六證也。此又太社及四方皆有樹別之明據也。又見諸家禮圖社稷圖皆畫為樹，唯誡社誡稷無樹。此其七證也。雖辨有樹之據，猶未正所植之木。案論語稱夏后氏以松，殷人以柏，周人以栗，便是世代不同。而尚書逸篇則云：太社惟松，東社惟柏，南社惟梓，西社惟栗，北社惟槐。如此，便以一代之中而五社各異也。愚以為宜植以松。何以言之？逸書云：太社惟松。今者植松，不慮失禮。惟稷無成證，乃社之細，蓋亦不離松也。帝從之。

唐武后時，東都置太社，禮部尚書祝欽明問禮官博士，周家田主用所宜木，今社主石，奈何？張齊賢與太常少卿韋叔夏、國子司業郭山梓尹知章等議春秋君以軍行祓社釁鼓祝奉以從故曰不用命戮于社社稷主用石以可奉而行也韓重愚曰社主用木以地產最實數呂氏春秋言殷人社用石後魏天平中遷太社石主其來尚矣周之田主用所宜木非民間之社數非太社也於是舊主長尺有六寸方尺七寸問博士孫何嘗贊等議社主之制禮無傳天子親征載以行則非過重禮社祭土主陰氣靜則承衛天子太社方五丈諸侯半之五主數社主宜長五尺以準數五方二尺以像陰偶則其主以象物生方其下以象地體埋半土中本末均也請長以吉尺五丈又問社稷壇隨四方用色而中不數尺冒黃土稱何嗣賢等曰天子太社[illegible]廣五丈分四方上冒黃土象王者覆被四方然則當以黃土覆壇上舊壇上不數尺覆被之稱乖於古義是名方色飾壇四面及陛偏黃土全覆上焉祭牲皆[illegible]其後[illegible]又立帝稷命[illegible]青

參定。

憲宗嘗問祈禳之數門下侍郎同中書門下平章事李藩對曰孔子病子路之禱漢文帝每祭勅有司敬而不祈伏神無知則不能降福有知固不可私己求媚而禮之也且義於人者和於神人為神之主人安而福至帝深[illegible]曰當與公等上下相勗以保此言後複問神仙長年事藩知帝且[illegible]所惑極陳荒妄誕不可信。

武宗會昌中李德裕上論九宮貴神壇狀曰准天寶三載十月六日勅九宮貴神實司水旱功佐上帝德庇下民冀嘉穀歲登災害不作每至四時初節令中書門下攝祭者准禮九宮次昊天上帝壇在太清宮太廟上用牲牢璧幣類於天地神祇天寶三載十二月玄宗親祀乾元元年正月肅宗親祀伏以累年以來水旱愆候恐是有司禱請誠敬稍虧今屬孟春令修祀典望至明年正月祭日差宰臣一人初請向後四時祭並差僕射少卿尚書等官所冀稍重其事以申嚴敬臣等去月二十五日已於延英面奏伏奉聖旨令檢舊儀進來者今欲及祭時伏望令有司崇飾舊壇務於嚴潔

德裕又論九宮貴神狀曰伏以自大和以來水旱愆候陛下常憂稼穡每念蒸人臣等所以上副聖心以修墜禮伏見大和三年禮官御史等狀或言縱司水旱兵荒品秩不過列宿今者五星悉是從祀日月猶在中祀又云太一天一此九神於天地猶子男也竊觀其意皆是以星辰不合比於天地當不知覩而言之則為天地而在天成象自有尊卑謹按後魏五均志大辰第二星盛而常明者為天皇露寢大帝常居始由道與而陳變通之迹又天皇大帝其精耀魄寶蓋萬神之秘圖與河洛之命紀皆稟焉此則上帝是星之明據也天一掌八氣九精之政令以佐天極徵明而有常則陰陽序而大運與太一

掌十有六神之法度以輔人極徵明而得中則神人和而王道平又北斗有權衡二星天一太一參居其間所以財成天工輔相神道也若一槩以列宿論之實為乖謬又按漢書天神貴者天一太一佐曰五帝古者天子以春秋祭太一則列於祀典其來久矣今五帝猶為大祀則太一宜降禮稍重其祀固為得所劉向言祖宗所立神祇舊條誠未易動又曰古今異制經無明文至尊至重難以疑說正也以劉向博通尚難改作況臣等學不究於天人禮尤懵於祀典妄為參酌恐未得中伏望更令太常卿與禮官評定庶獲明據。

歷代名臣奏議卷之一百二十六

禮樂　祭祀

宋太祖時左拾遺知制誥高錫上封議武成王廟配享七十二賢内王僧辯以不令終恐非全德尋詔吏部尚書張昭工部尚書竇儀與錫重銓定功業終始無瑕者方得預焉秘書郎直史館梁周翰上言曰臣聞天地以來覆載之内聖賢交騖古今闊流校其顛末鮮克具美周公聖人也佐武王定天下輔成王致治平域德大勳蟠天極地外則淮夷構難内則管蔡流言疐尾跋胡垂至顛頓僅不仆不僵得辨明此可謂之盡美哉臣以爲非也孔子聖人也刪詩書定禮樂祖述堯舜憲章文武卒以棲遲去魯奔走厄陳雖試用於定哀曾不容於季孟又嘗顧盜跖之虎尾聞南子之佩聲遂辱慎名未見其可此又可謂其盡善者哉臣以爲非也自餘區區後賢瑣瑣立事比於二聖曾何足云而欲責其磨涅不渝始卒如一者臣竊以爲難其人矣昉自唐室崇祀太公原其用意蓋以天下雖大不可去兵域中有争未能無戰資其佑民之道主乎爲武之宗蠲張國威遂進王號貞元之際祀典益修因以歷代武臣陪饗廟貌如文宣釋奠之制有弟子列侍之儀事雖不經義足垂勸况於衆口不之通賢起難討論亦不折中今若求其考類別立否臧以羔袖之小疵忘狐裘之大善恐其所選僅有可存只如樂毅廉頗皆奔亡而爲虜韓信彭越悉葅醢而受誅白起則錫劒杜郵伍員則浮尸江澨左車不債軍之將孫臏實刑餘之人穰苴則憤卒齊庭吳起則非命楚國周勃稱重有置甲尚方之疑陳平善謀蒙受金諸將之謗亞夫則死於獄吏鄧艾則追於檻車李廣後期而自剄竇嬰樹黨而喪身鄧禹敗於回溪終身無董戎之寄馬援死於蠻徼遂尸闕遷奠之儀其餘諸葛亮之倚事偏方之主王景畧之葦佐閏位之君關羽則爲仇國所禽張飛則遭帳下所害凡此名將悉皆人雄苟欲指瑕誰當無累或從澄汰盡可棄捐况其功業穹隆名稱烜赫無夫牧稚咸所聞知列將通侯竊所思慕若一旦除去神位擯出祠庭吹毛求異代之疵投袂忿古人之惡必使時情頓惑竊議交興景行高山更奚瞻於往躅英魂烈魄將有恨於明時伏况陛下方厲軍威將遏亂畧講求兵法締構武祠蓋所以勸激戎臣資假陰助忽使長廊虛邈僅有可圖之形中殿前空不見配食之坐似非允當臣竊惑焉深惟事貴得中用資體要若今之可以議古恐來者亦能非今願納臣微忠特追明敕乞下此疏俾議其長

建隆初有司言周木德木生火宜以火德王色尚赤遂以戌日爲臘三年戊戌臘有司畫日以七日辛卯和峴奏議曰按蜡始於伊耆後歷三代及漢其名雖改而其實一也漢火行用戌臘臘者接也新故相接畋獵禽獸以享百神報終成之功也王者因之上享宗廟旁及五祀展其孝心盡物示恭也魏晉以降悉沿其制唐乗土德貞觀之際以前寅日蜡百神卯日祭社宫辰日享宗廟開元定禮三祭皆於臘辰以應土德今以戌日爲臘而以前七日辛卯行蜡禮恐未爲宜况宗廟社稷並遵臘享獨蜡不以臘請下禮官議議如峴言今後蜡百神祀社稷享宗廟皆用戌臘一日

太祖時司寒之祭常以四月命官率太祝用牲幣及黑牡秬黍祭玄冥之神乃開氷以薦太廟建隆二年置藏氷署而修其祀焉秘書監李至上言曰案詩豳七月曰四之日獻羔祭韭蓋謂周以十一月爲正其四月即今之二月也春秋傳曰日在北陸而藏氷謂夏十二月日在虛危也獻羔而啟之謂二月春分獻羔祭韭始開氷室也火出而

暴賦。火星昏見，謂四月中也。又按月令：天子獻羔開氷，先薦寢廟。詳其開氷之祭，當在春分，乃有司之失也。帝覽奏曰：今四月韭可苦舉矣，何謂薦新。遂正其禮。

太宗太平興國八年，河決滑州。遣樞密直學士張齊賢詣白馬津，以一太牢沉祠，加璧。自是凡河決溢，修塞皆致祭。秘書監李至上言曰：按五郊迎氣之日，皆祭逐方嶽鎮海瀆。自兵亂後，有不在封域者，遂闕其祭。國家克復四方，間雖奉詔特祭，未著常祀。望遵舊禮，就迎氣日各祭於所隸之州，長吏以次為獻官。從之。

真宗景德四年，判太常禮院孫奭上言曰：來年畫日，正月一日享先農，九日上辛祈穀祀上帝。春秋傳曰：啓蟄而郊，郊而後耕。月令曰：天子以元日祈穀于上帝，乃擇元辰，親載耒耜，躬耕帝籍。先儒皆云：元日，謂上辛郊天也；元辰，謂郊後吉亥享先農而耕籍也。六典、禮閣新

儀並云：上辛祀昊天，次云吉亥享先農。望改用上辛後亥日，用將禮文。

仁宗天聖三年，同知禮院陳詁上言曰：蜡祭一百九十二位，祝文內載一百八十二位，唯五方田畯、五方郵表畷一十位不載祝文。又郊祀錄、正辭錄、司天監神位圖，皆以虎為於菟，乃避唐諱，請仍為虎。五方祝文衆族之下增入田畯、郵表畷云。記曰：八蜡以祀四方，年不順成，八蜡不通。歷代蜡祭獨在南郊為一壇，惟周、隋四郊之兆乃合禮意。又禮記月令以蜡與息民為二祭，故隋、唐息民祭在蜡之後。日請蜡祭四郊各為一壇，以祀其方之神，有不順成之方，則不修報。其息民祭仍在蜡祭之後。先是，太常寺言：四郊蜡祭宜依一百神制度築壇。其東西有不順成之方，即祭日月，其神農以下更不設祭。又舊儀神農、后稷並設位壇下，當移壇上。按禮記正義，伊耆

神農也。今壇下更設伊耆氏位，合除去之。政和新儀：臘前一日[illegible]神四方。蜡壇廣四丈，高八尺，四出陛，兩壝，每壝二十五步。東方[illegible]明位，西方設夜明位，以神農氏、后稷氏配。配位以北為上，南北[illegible]神農位，以后稷配。五星、二十八宿、十二辰、五嶽、五鎮、四海、四瀆及五方山林、川澤、丘陵、墳衍、原隰、井泉、田畯、倉龍、朱鳥、麒麟、白虎、玄武、五水墉、五坊、五虎、五鱗、五羽、五介、五毛、五郵表畷、五羸、五猫、五昆蟲，從祀各依其方設位。中方鎮星、后土、田畯設於南方蜡壇酉階之西，中方嶽鎮以下設於南方蜡壇午階之西，伊耆設於北方蜡壇卯階之南，其位次於辰星。

康定元年，集賢校理、同判吏部南曹胡宿上奏曰：臣伏以火正閼伯之祠，南京國朝受命之地，自祖宗以來，未領祠官，竊為朝廷惜之。按春秋傳：高辛氏之二子，長曰閼伯，季曰實沈，居於曠林，不相能也，日

尋干戈，以相征討。后帝不臧，遷閼伯於商丘，以主辰，故辰為商星；遷實沈於大夏，以主參，故參為晉星。又襄公九年傳：陶唐氏之火正曰閼伯，居商丘，祀大火，而火紀時焉。且五行之官，祀為貴神，每歲五時祀之，謂之五祀。火正又配食於火星者，以其於人有功。祭大星，又祭之。漢書曰：古之火正，謂火官也，掌祭火星，行火政。季春昏心星出東方，而咮七星鳥首正南方，則用火；季秋星入，則止火，以順天時，以救民疾云爾。大辰，房心尾也。大火，謂之大辰。周官保章氏之職，以星土辨九州之地，所封之域，皆有分星。鄭氏引十二次之分，則云大火，宋也。左氏傳亦曰：宋，大辰之墟。漢書地理志：宋，房心之分野。周分微子於宋，今睢陽是也。按圖經：古商丘在宋城縣西南二里，高八十丈，周迴二百步。今閼伯之祠，直當其上。蓋房心，天帝之明堂。太祖皇帝於此受命，奄宅天下，以宋建號，以火紀德。都梁宋之郊，當房心之次，則

大火之精。閼伯之靈。擁祐福蔭。國家濡澤。其施者深矣。而傳序四聖。享祀弗及。祥符中。交脩大禮。拱揖諸神。雖偏方遠國山林之祀。不出經據。偶在祀典者。尚秩王公之爵。增牲牢之品。而大火閼伯。國家蒙福之地。又陶唐氏之大正。宋興八十年。祠官不以聞。此有司之闕也。又按左氏國語。董因逆晉文公於河。公問曰。吾其濟乎。對曰。君之出也。歲在大火。閼伯之星也。是為大辰。辰以成善。又曰。嗣續其祖。如穀之滋。韋昭以為辰為農祥。周先后稷之所經緯以成善道。子孫繼續其祖。如穀之蕃滋。推此而言。則東方七宿。房心通有農祥之稱。若因舊立古祠。除潔壇地。臨遣近臣。對祭閼伯。不惟講脩大正。亦足以祈求年豐。以陶唐之舊祀。祖宗之闕典。一旦陛下恢而復之。為萬世法。詒厥子孫。永錫純嘏。不勝區區。帝以宿疏下太常禮部議。於是太常禮部復奏曰。伏以閼伯為堯火正。寔居商丘。主祀大火。猷宿其官。後

世因之。祀為貴神。配火侑食。亦如周棄配稷。后土配社之比。下歷千載。遂為種祠。祖宗以來。郊祀上帝。而大辰已在從祀。閼伯之廟。每因赦文。及春秋委京司長吏躬致祭奠。咸秩之典。未始云闕。然國家有天下之號。實本於宋。五運之次。又感火德。宜興王之地。商丘之舊。作為壇兆。秩祀大火。以閼伯配之。每建辰建戌出納之月。內降祝版。詔留司長吏奉祭行事。籩豆牲幣。得視中祠。雖非舊章。特示新禮。其閼伯舊廟。并壇兆之制。請如宿所奏。官為修崇之。其言比年國家數有火災。宜遣使告謝。然消復變異。專在君德。恐未可施行。

宿任兩浙轉運使。知制誥。論祀九宮貴神奏曰。臣竊見前書載九宮貴神實司水旱。雖不經見。而當時尊祀次於昊天上帝。唐明皇肅宗嘗親祠事之。雖大和降為中祀。至於會昌復重其禮。仍以宰相往脩祀事。國家祗若舊典。列於常祀。至和中。因脩時祭。光祿小吏從祀。雷雨震死者二人。威靈所傳。年月未遠。參首夏無盡。而時雨尚愆。有惻上仁。偏走羣望。昔宣王遭旱。雲漢之詩曰。上下奠瘞。靡神不宗。況司水旱之神。又可闕諸。愚以謂宜因此時。特遣近臣。併祀九宮貴神。以虔禱祈。

宿又論太湖當在祀典狀曰。臣竊見吳中太湖。即禹貢震澤也。廣三萬六千頃。其水利溉蘇湖常三州之地。而蘇湖為多。去二郡亦近。湖中大小山七十有二。洞庭林屋福地。皆在其中。商帆賈楫。日相上下。二郡各利湖廟。而常州無廟。蘇州廟在洞庭。湖州廟在大錢口。方俗目為平水大王廟是也。二郡小小叢祠皆祭。而太湖獨不祭。蓋由祀典失載。因循忽諸。禮。境內山川。諸侯當祭。國家無文咸秩。靡祀不宗。其太湖欲乞下蘇湖常三州。登其祀典。春秋差官致祭。

至和二年正月。翰林學士歐陽修上奏曰。臣伏見今月八日聖旨。疎決禁囚。特行減降。及軍士各有特支。陛下聖慈。本以興國寺奉安真宗皇帝御容。有此恩旨。而中外之議。紛然不一。皆為正月八日是溫成皇后周年。故有此特支疎決。又見聖駕朝謁萬壽宮。又云溫成畫像在彼。所以聖駕親臨。自去年追冊溫成皇后之後。朝廷每於典禮過極優崇。遂致議者動皆疑惑。今又聞來日聖駕幸奉先寺酌獻宣祖皇帝。外議喧然。又云溫成皇后祠廟在彼。伏以陛下聖德仁孝。未為祖宗神御以時酌獻。不可使中外議者謂陛下意在追念後宮寵愛。託名以謁祖宗。虧損聖德。其事不細。臣欲乞明日幸奉先寺酌獻畢。更不臨幸溫成祠廟。以解中外之疑。以止議者之說。臣職忝侍從。無[illegible]裨補。聞外人議論。不敢不言。不唯臣有愛君之心。合具陳述。陛下舉動。為萬世法。亦不可不謹。

嘉祐八年正月，禮官呂公著上奏曰：臣伏見故追尊溫成皇后於城南立廟，四時薦月祭奠，以待制舍人攝事，牲幣祼獻，登歌設樂，並同太廟之禮。蓋當時有司失於講求，非有典據。昔商宗遭變，飭己思咎，祖己訓以祀無豐於昵，況以內寵列於秩祀，非所以享天心、奉祖宗之意也。欲乞改溫成廟為祠殿，歲時只遣宮臣行事，薦以常饌，以明祀事有斷。

仁宗時，判太常寺呂公綽上言曰：古者天地宗廟日月五方百神之祀，咸有尊罍。五齊三酒，分實其中，加明水明酒，以達陰陽之氣。今有司徒設尊罍，而酌用一尊，非禮神之意。宜按周禮實齊酒，取火於日，取水於月，因天地之潔氣。又言祖宗配郊，當正位，今側鄉之，非所以示尊嚴也。

宋祁論國忌疏曰：伏見列聖忌日，沿唐之舊，百官伏閤慰訖，咸詣寺觀，施狀齋讚之行香，仍置神位，進奠蔬餼。臣竊思之，禮尤不經。方外之言，本以懺罪求福，講訓迷妄，丘樊委巷，不達死生之變，故於喪葬亦或用之。至於朝獻帝範，非若匹夫下俚可行之也。臣愚不敢遠較國家積累之慶，且自太祖而下，豐功鉅德，家至戶曉，生為睿明，殁為上神，何福之求？何罪之懺？求於非福，則是諂祭；懺於無罪，則是誣親。沿事處理，謬悠可判。且其諡在金冊，主在清廟，每春秋享祀，前期有司齋戒奉之，濯灑潔之禮，以相儀樂以節步，尚畏不蠲，以為非馨。今乃緇髡羽衣，輕換先烈，執具猥餗，以希迪常，使在天有知，其不能下而臨享也明矣。頃罷忌日百官行香，及撤去所設神位，必若國家難於驟改，則每及忌日，止令道釋二家自率其徒，焚薰禱唄，列為疏奏，閤遣一使馳詣陵寢焚之，以伸蒼黔謝生之報，庶幾近於禮歟。

宋庠奏乞禁止祠壇側近塋域狀曰：伏見國家大小祠壇在近郊者二十一所，春秋薦日享獻不絕。臣檢勘其處，大祠有九宮貴神，青帝白帝黃帝感生帝皇地祇，朝日夕月蜡祭百神，共九壇，壝不二百步，或五十步，皆有古墳拱木及庶民葬焚骸之地，熏蒿布濩，氣臭聯接。或盛夏行禮，則執事者不勝其厭亂，黍稷薰，冒豆籩。其為不虔，固已太甚。人尚知惡，神焉肯歆。謹案令式，大祠壇三百步不得葬埋。太宗淳化中，因大臣建言，移築十祠壇，以遠塋冢，歲月既久，寖禁疏懈。臣聞古者兆帝於郊，是稱吉土，宅神之隩，爰本積高，因隅爽塏之宜，以修圭潔之薦。又且散齋七日，致齋三日，不預刑殺，不臨凶弔，然後疏瀹諸慮，祓去不祥，故能衷對上靈，開右多福。寧有迫近宰樹，密適鬼隣，燃骴煬瘞，暴骨流殘，欲使苾芳上達，盻蠁降臻，其可得耶？況今疫癘頻年，蝗旱仍出，災氣未究，嘉祥弗興，原其所來，或在於此。臣以為故冢既難遷斥，則當改卜善地，以建新壇，焚瘞可得呵止，則宜廣壝步而防褻慢，明著甲令，以示方來，據其高嚴，式表寅奉，遵協禮令，深便神人。

庠又乞於御苑空地內種植奉祠祭狀曰：伏見國家每歲大小祠祭，黍稷取於太常，果蔬出於司農，乾茹責於光祿，然三寺皆牒取市物入供祠祭。但具名品，無復馨嘉，雖明德上通，不貴多物，而工祝奉告，固有愧辭。夫孝子事親，必求仁粢；聖王饗帝，實立神倉。三代以來，藉禮惟重，取不告乏，用乃有虔。國朝因循，未遑斯議，故令官司怠於祭典，廢隳百靈薦嘗。一切須索，習貫成瀆，神無據焉。臣竊見玉津瑞聖諸園，舊有隙地，異時主者墾為公田，歲藉其收，以備常用。臣願即於苑中擇上腴之地，播五穀之種，謹耕耨之法，慎登穫之勤。每春種秋斂之，陛下順時恭興，親省稼穡，眺畝，因行勞賜。一以奉國大事，一以勸民力農。穀成之後，擇其上者奉大祠，次者奉中小祠，各以御廩付

□由吏邑制粢品悉量而取之至其粢蔬之細比須園游之植外薦祭物內將至誠達其令芳以介福祿茲非三代爲籍千畝以事天地社稷山川先古以爲醴酪粢盛之比也其與物物仰市瀆褻神祇者寧並日而言哉

祁又上家廟疏曰伏覩慶曆元年十一月郊祀赦書應文武官並許依舊式創立家廟蓋所以隆孝治穆彝倫風勸海內恩化甚美而有司終不能推述先典明喻上仁因循顧望遂踰十載使王公薦享下同委巷衣冠昭穆雜用家人緣偷襲弊殊可嗟惻臣嘗因進對屢聞聖言謂諸臣專殖第產未立私廟寧朝肆勸戒有所未孚將風教頹陵終不可復睿心至意形于歎息臣每誦天訓愧汗交浹日夜循省求諸臣未即建立者誠亦有由蓋古今異儀封爵殊制因疑成憚逡格詔書禮官既不講求私家何緣擅立臣以謂未信而望誠者上雖必責徒善而設教者下或有違若令官制已頒禮與成異尚安所習不稟其規雖官司劾之可矣然之可矣凡在臣子孰敢不勉哉今幸遇皇帝陛下因大饗之報躬嚴配之禮帝天尊祖孝冠百王聖化所覃海內知勸臣欲乞明敕有司奉行慶曆詔書下禮官博士及臺閣儒學之臣考案舊章同加詳定不拘小以妨大不泥古以非今因時制宜使稱情禮則可矣若欲必如三代有家嫡世封之重山川國邑之常然後議之則墜典無可復之期而禮祀殆幾乎息矣夫建宗祏序昭穆別貴賤之等所以爲孝雖有過差何害於治殖產利營居室爲子孫之業與民爭利顧不以爲恥逮夫立廟則曰不敢寧所謂敢於爭利而不敢於爲孝邪以爵服承襲之間不有遺古因放而不復又所謂去小違而就大違邪此諸儒之惑亦以甚矣臣幸得待罪宰相以明教化美風俗爲職不勝惓惓請因明詔舊文議以時決若制下之日或在立廟之科願貰地一廛悉力經始以副聖人廣孝之義庶私門顯親之榮推美人倫非獨臣幸

知太常禮院蘇頌上家廟議曰檢會慶曆赦書文武官並許依舊式創立家廟謹按周禮諸侯五廟內考廟曰王考廟曰顯考廟是諸侯祭父祖及曾高所以然者服盡四世始祖不祧通爲五世也大夫三廟及曾祖也始封不祧通爲四世而高祖止於享嘗也士二廟及王考也皇考則爲壇而祭之下士止於一廟其王考則無廟而祭之唐及本朝廟二品以上得祭四世三品以下皆祭三世六品以下無廟者皆祭於寢（按開元禮及開寶通禮皆云六品以下若有廟者如五品禮無廟者祭於寢）今赦恩既許依舊式即合依禮令之數又按古者一世一廟五世則有五廟矣今之廟制與古不同皆爲一廟同堂異室則一品二品之廟並一堂四室三品四品五品之廟並一堂三室乃合禮制又禮記王制曰大夫士有田則祭無田則薦是有土者乃爲廟祭也有田則有爵無土與爵則子孫無以繼承宗祀若然是有廟者止於其身子孫無爵祭乃廢也又禮曰父爲大夫子爲士葬以大夫祭以士今二品之家立廟者既死而子孫主祭如六品以下即祧二主祔一主又牲牢俎豆器物頓異在於人情似未允愜若乃參合古今之制依約封爵之令皆當立廟者請因遇恩封國公立廟一堂四室祭及高祖量賜田若干頃尚書將軍及曾任二府或節度使者特封郡公立廟一堂三室祭及曾祖賜田若干頃給諫以上曾任學士者特封縣公廟亦一堂三室賜田若干頃其初封官未及二品者依三品未及三品者依五品其未有廟者即不得賜田每田二頃許置客戶若干人並免州縣科役其田除租稅外地利悉入其家專以奉祭事不得他用死則子孫承襲並世降一等當襲封者須長嫡子特改一官外其餘恩數悉同常

其田子孫不得典賣。有罪絕者還沒官。此亦稍近古法。可以上副恩之意。若以封爵難於遽行。即請考按唐賢寢堂祠享。儀不須於牢俎豆止用燕器。祭常食而已。

知諫院范鎮上疏曰。臣近者監祭九宮貴神。竊見以常朝官充攝太尉行事。况屬大祀。深恐未便。伏覩唐天寶年。敕以九宮神實司水旱。功佐上帝。德庇下民。冀百穀歲登。災害不作。每至四時。令中書門下往攝祭者。又惟禮九宮次昊天上帝。壇在太廟之上。用牲牢璧幣類天地神祇。前代王者或親行享祀。緣累年以來四方水旱相繼。慮是有司供職不謹。稍失精嚴。欲乞向後四時祭享。其攝太尉令兩制已上官。所貴差重其禮。以申崇奉之意。

知洪州夏竦請斷祆巫狀曰。臣聞左道亂俗。祆言惑衆。在昔之法。皆殺無赦。蓋以姦臣亂節。狂賊亂規。多假鬼神。動搖耳目。漢之張角晉

之孫恩。偶失防閑。遂至亂衆。國家宜有嚴刑。以肅多方。竊以當州東引七閩。南控百粵。編氓右鬼。舊俗尚巫。在漢欒巴已嘗翦理。爰從近歲。傳習滋多。假託禨祥。愚弄黎庶。勦絕性命。規取貨財。皆於所居塑畫魑魅。陳列幡幟。鳴擊鼓角。謂之神壇。嬰孺褓褓。已令寄育。字曰壇留。壇保之類。及其稍長。則傳習祆法。驅為童隸。民之有病。則門施符術。禁絕往還。斥遠至親。屏去便物。家人營藥。則曰神不許。民病者欲飯。則云神未聽。殘忍令殺人。死於飢渴。洎至亡者服用。又言餘祟所憑。人不敢留。規以自入。若幸而獲免。家之所資。假神而言。無求不可。其間有孤子單族。首面勇妻。或絕戶以求財。或害夫而納婦。浸淫既久。習熟為常。民被非辜。了不為怪。奉之愈謹。信之益深。從其言甚於典章。畏其威重於官吏。奇神異像。圖繪歲增。邪籙祆符。傳寫日夥。小則雞豚致祀。斂以還家。大則歌舞聚人。食其餘胙。婚葬出處。動必求問。坊盜鬭爭。行須作水蠹。耗衣食。賊盛也。聞設欲祠禱。雜進給依於典憲。具有章條。其如法未勝姦。藥未勝疾。宜峻典以革祆風。當州師巫一千九百餘戶。臣已勒令改業。歸農及攻習鍼灸之脈。所有首納祆妄神像。符籙。神衫。神杖。魂巾。魂帽。鍾角。刀笏。沙羅等一萬一千餘事。已令焚毀。及納官訖。伏乞朝廷嚴賜條約。所冀屏除巨害。保有羣生。杜漸防萌。少禆萬一。

英宗時。翰林學士范鎮議毀慈廟狀曰。夫禮不可以不及。亦不可過。故慈母不世祭。慈母而必祭者。恩在於己。未可以不及也。祭而不以世者。其恩已斷。未可過也。春秋傳所謂於子祭。於孫止是也。伏以先皇帝以章懿皇太后有鞠保之恩於己。故以時而祭。是禮之不可不及也。今陛下嗣位。於章惠皇太后於屬為孫。其恩已斷。其祭宜止。是禮之不可以過也。先皇帝之不可以不及。陛下之不可過。皆為禮矣。

神宗時。張方平劉摯等論廟事疏曰。臣伏見司農寺奏請。降下新制應祠廟並依坊場河渡之例。召人承買。收取淨利。本府勘會。在府及管下所管祠廟五十餘處。皆已依應施行訖。內有閼伯廟。宋公微子廟。已係百姓承買。閼伯廟納錢四十六貫五伯文。微子廟一十二貫文。並係三年為一界。臣竊以閼伯遠自唐堯遷此商丘之土。主祀大火。而火為國家盛德所乘而王。本朝歷世尊為大祀。微子宋之始封君。開國于此。亦為本朝受命建號所因。載于典禮。書之著令。所當虔潔。以奉祀事。又有雙廟。乃是唐張巡許遠。以孤城死賊。所謂捍大患者。今既許承買之後。小人以利為事。必於其間營為招聚。紛雜冗褻。何所不至。慢神瀆禮。莫甚於此。蓋聞有天下者祭百神。故咸秩無文。懋于羣祀。先聖哲王所以致恭于鬼神者。所以為國家萬民。六經訓典可矣。故曰。克典神天。俾作神主。此人君之職也。今既歲收細微。而攝

國體至大臣愚欲乞朝廷詳酌留此三廟更不出賣以稱國家嚴恭典祀追尚前烈之意。

知諫院陳襄上奏曰臣等看詳禮曰天子玄冕朝日於東門之外又曰祀四望山川則毳冕祭社稷五祀則希冕祭群小祀則玄冕主羣小祀林澤墳衍四方百物之屬。孔穎達謂此據地之小祀以血祭社稷為中祀埋沈以下為小祀也若天之小祀則司命司中風師雨師鄭雖不言義可知矣。國朝祀儀祭社稷朝日夕月風師雨師皆服袞冕其禱祭先蠶五龍亦如之祭司命戶竈門厲行皆服鷩冕壽星靈星司中司寒中霤馬祭皆服毳冕皆非是今天子六服自鷩冕而下既不親祠廢而不用則諸臣攝事自當從其所祭之服伏請依周禮凡祀四望山川則以毳冕祭社稷五祀則以希冕朝日夕月風師雨師司命司中則以玄冕若七祀禱祭百神先蠶五龍靈星壽星司寒

馬祭蓋皆羣小祀之比當服玄冕。

哲宗元祐元年太常博士顏復上奏曰臣聞禮廢失中寧過于厚過厚之積不可致遠國之大事無若于禮禮者謂有其舉之莫敢廢也有其廢之莫敢舉也言國厚叅然皆本先王立法而後言三代之時不無不正可疑之祀由聖人裁之以義是者存之否者去之為天下不刊之通法雖有高才强辯莫能舉廢也近世拘儒不考本義探穿厚之疑論謂歷代之祀有出于秦滅學之餘時君迫取俚儒無根之說者有原于緯候妖妄之書者有由諸儒解經一時臆見穿鑿傅會者有取傳記非聖雜書者有本方士術家襘禳陰陽拘忌之術者謂莫敢廢之與常祀共行則民疑致力祝多愧辭有司弃去不[illegible]顓學者觀之莫原其禮雖齋明盛服恩處如在嘉玉吉幣豐牲潔粢至神不榮矣。國家襲唐之舊有加無損。皇帝陛下寅畏三靈勤恭太皇太后陛下明德格神萬方伊賴。惟歷朝大典未深講明。此達禮者夙夜惓惓于盛時也。伏乞降詔禮官考經為正凡干讖緯攷諸儒曲學前古汚朝苟制諸子疑禮道士醮祈術家厭勝一切刪去然後大小羣祀皆合聖人之制行之無瀆慢之嫌奉祠免褻慢之色瀆汚可薦黍稷惟馨上帝居歆百神享止三時不害景福來同制禮成樂備之世是以臣愚冒昧喁喁有望于陛下也。惟陛下留神則臣與達禮之士不勝大願。

哲宗時太常卿葛勝仲進太常祠祀儀制劄子曰臣准尚書省劄子奉聖旨歲中在京大中小祠祀應于儀制并合差官吏祇應人物及牲牢禮料名數等各奉常逐一抄錄成策進入毋致漏落臣等看取會所屬躬加編次勒成一書。竊以肇昔聖王制祭祀以交神明以一統二精三牲四時五色六律七事八種九祭十日十二辰以致之千

品萬官億醜兆民經入畡數以奉之以齋肅衷正無所窮使先聖之後能知山川之號昭穆之世禮節之宜威儀之則忠信之質禋潔之服而致恭明神者為之祝使名姓之後能知犧牲之物玉帛之類采服之宜彝器之量壇場之所屏攝之位而心率舊典者為之宗。今臣等以寡凡之質待罪祠宮蒐裒編纂大懼不足仰稱明制每歲大祠凡九十有六中祠凡二十有九小祠凡一十有四。每祀為一卷歲再祀歲四時祀歲月祀若祭名異而祀儀相類則合一卷凡四十有八卷標錄二卷以太常祠祀儀制格目為名謹隨狀上進。

徽宗崇寧三年太常博士羅畸上言曰。九宮諸神位無禮神玉惟有燔玉。竊謂宜用禮神玉少倣其幣之色薦於神坐。議禮局言先王制禮用圭璧以祀日月星辰。所謂圭璧者圭其邸為璧以取殺於上帝也今九宮神皆星名而其玉用兩圭有邸夫兩圭有邸祀地之玉。以

祀上辰非周禮也乞改用圭璧以應古制

大觀中侍讀兼議禮武選詳議官慕容彥逢奏曰臣伏覩近降手詔命有司講究禮樂之情文以幸天下可謂太平甚盛之舉臣竊惟禮有五經莫重於祭祭之秩于典者多矣而自京師至一十郡縣春秋祈報徧于天下者唯社稷為然今郡守縣令不深推其故以是為不急之祀壇壝不修甚者民得畜牧種藝於其間春秋行事取具臨時乃或器用弗備粢盛弗蠲齋祓弛懈祼獻失度甚不稱陛下稱秩祀典之意臣契勘社稷之祀勅令該載詳悉欲望聖慈特降睿旨戒勅郡縣務在遵承命諸路監司巡歷所至察視壇壝其不如儀者具事狀以聞庶幾官司祗肅祀事神用顧享

彥逢又上奏曰臣竊惟國家稱秩祀典受百神而禮之考諸令格唯以齋日多寡為大中小祀之辨大祀散齋四日致齋三日中祀散齋

三日致齋二日小祀散齋二日致齋一日參稽情文各有攸當然祀之通於天下而最顯著社稷釋奠春秋二仲州縣展事四方士民於焉觀禮而皆列於小祀近緣臣僚奏請比附國子監修立外州軍釋奠儀注散齋三日致齋二日則既升為中祀矣所有外州軍社稷齋日義難獨殺臣愚伏望聖慈特詔禮官討論增定

秘書監何志同上言曰諸州祠廟多有封爵未正之處如屈原廟在歸州者封清烈公在潭州者封忠潔侯永康軍李冰廟已封廣濟王近乃封靈應公如此之類皆未有祀典致前後差誤宜加稽考取一高爵為定悉改正之他皆倣此

高宗紹興二年禮部員外郎李應上奏曰程嬰公孫杵臼於趙最為功臣神宗皇嗣未建封嬰為成信侯杵臼為忠智侯命絳州立廟歲時奉祀其後皇嗣衆多今廟宇隔絕祭亦弗舉宜於行在所設位望祭從之十一年中書舍人朱翌言謹按晉國屠岸賈之亂韓厥正言以拒之而嬰杵臼皆以死匿其孤卒立趙武而趙祀不絕厥之功也宜載之祀典與嬰杵臼並享春秋之祀亦足為忠義無窮之勸

十八年二月監登聞鼓院徐㻧上言曰國家原廟佐命配享當時輔弼勳勞之臣繪象廟廷以示不忘累朝不過一十餘人今之臣僚與其家之子孫必有存其繪象者望詔有司尋訪復奉於景靈宮廡之壁非獨儆寵諸臣之子孫所以增重祖宗之德業亦以為臣子勸

孝宗乾道五年太常少卿林栗上言曰國家駐蹕東南東海南海實在封域之內自渡江以後惟南海王廟歲時降御書祝文加封至八字王爵如東海之祠但以萊州隔絕未嘗致祭殊不知通泰明越溫台泉福皆東海分界也紹興中金人入寇李寶以舟師大捷於膠西神之助順為有功矣且元豐間嘗建廟於明州定海縣請依南海特

封八字王爵遣官詣明州行禮詔可

寧宗慶元中太常少卿虞儔應詔上封事曰臣伏准尚書省劄子五月十四日三省同奉聖旨而雨澤愆期禱祈未應可令侍從臺諫兩省卿監郎官館職疏陳闕失及當今急務毋有所隱臣恭惟皇帝陛下寅畏上帝軫憂下民既命執政侍從奏告郊廟又遣宰屬卿監郎官祈禱名山疏決獄囚寬釋監繫以致責躬避殿減膳徹樂九重之上可謂焦勞一念之頃必能感格然猶以為未也方且降求言之旨此社稷之福生靈之幸也臣竊以謂為國家者不過事神治民兩端而已臣至愚極陋官在奉常凡治民之利病未暇縷陳而事神之闕失豈容緘默聞之禮曰治人之道莫急於禮禮有五經莫重於祭夫祭者所以交於神明之義也雖幽明有間而肸蠁潛通苟不務嚴潔而欲成藝瀆哭變之害未有不由此也昔者孔氏之門子路請禱夫

子善之曰。丘之禱久矣。夫不致敬於常祭之時。而亟禱於災變之日。亦已晚矣。其何及乎。春秋書雩二十有一。皆在七月之後。左氏傳之曰。龍見而雩。過則書。蓋龍見乃建巳之月。於是月而雩。則常祀也。過是而講焉。此春秋所以譏也。朝廷今歲四月已舉行雩祭之禮矣。非若春秋之失時而雩於七月之後也。然而自五月以來。雨澤愆期。旱勢日廣。未免再雩者。其故何哉。臣知其說矣。蓋由朝廷上下以禮樂為無用之虛文。以祠祭為有司之故事。其間壇壝傾圮而不脩。齋館摧頹而不葺。牲牷滌養之不謹。神廚割烹之不虔。以至樂工供官之屬。悉皆市井藍縷之人。鍾鼓管絃。率蠹於節奏。籩豆簠簋。或有怠於滌濯。其為褻慢。無所不有。將何以感格天地。和協神人。其寒暑之不節。風雨之不時。咎在於斯。其來久矣。臣自供職以來。隨事懲革。唯力是視。不敢苟簡。然區區愚見。未能自已。伏覩已降指揮。今年正係

郊祀年分。事大體重。非常祭比。欲望聖慈特降睿旨。申勑有司。必嚴必戒。凡應辦禮料。雅飾樂具。供備祭服。修葺壇壝。齋館神廚之類。悉纖至悉併。乞朝廷劄下合屬去處。不得作毋郊常程事例施行。庶幾無一事不用其至。無一物不致其誠。上足以迓續天休。次足以光華國典。此當今之急務也。臣不勝惓惓。

寧宗時。衛涇上奏曰。臣恭惟陛下寅畏天命。明德恤祀。大而天地宗廟社稷。次而群望百神。祗循彝典。咸秩時事。固有關遺禮。嚴體重。所不容忽。百官有司。固當恪共廼職。以欽承精意。然人情狃於玩習。法制廢於具文。儻不因事申勑。革偷振惰。何以交通肸蠁。對越神明哉。臣竊考太常祀典。歲凡八千有二。其祀有小大之殊。差官有崇卑之異。擇戒有期。齋宿有日。欲其上下交脩。謹於承事。今乃有薦享太廟而以局務小臣攝獻官者。有奏告社稷。已差執事而避免者。有員數

足。而臨期通攝僅及其半者。有職事移易而官品邈絕。殊不相稱者。若是之類。未易偏舉。等威素褻。觀聽易瀆。禮失敬褻。甚於此。臣伏見乾道三年指揮。行事官稱疾請假者。依條牒醫官局。看驗。及淳熙十一年。臣僚奏請。祭祀委官。如果拘於職守。違有疾病者。須於未受誓戒之前報聞。當差一等班列充代。臣愚欲望聖慈明詔。有司檢坐前項指揮申嚴行下。今後差祠祭官。必遵條格。所差之官不許規免。庶幾人無避事。禮無闕官。仰副陛下昭事神天之實。

度宗咸淳八年。起居舍人高斯得奏曰。臣聞人臣生而有功德於民。則其死也。聖王制為祭祀之禮以報之。此仁之至。義之盡也。人君之治天下。建立法度。興起事功。安定國家。捍禦菑患。必衆建臣工而後可以有濟。然君之於臣也。使之必報之。生則榮之以爵祿。死則秩之於祭祀。傳曰。聖王之制祭祀也。法施於民則祀之。以死勤事則祀之。

以勞定國則祀之。能禦大菑則祀之。能捍大患則祀之。夫是之謂五義。自堯舜以來。未有易此者。故禮記者。列農稷后土以下十有餘人。皆有功烈於民者也。成周之時。有勲勞者祭於大烝。有道德者祭於瞽宗。其他或即其地而祠。或立之廟以祭。載諸傳記。班班可考。凡皆以崇德報功而已。東漢之臣如馬援者。佐中興之業。平內外之難。馬革裹尸之志。至死不移。其於勤事定國。禦菑捍患。可謂兼之矣。而大功未錄。讒言並興。薏苡之謗一聞。光武大怒。妻孥惶懼。不敢歸葬。孤魂悵悵而無所依。況敢祀典之秩乎。同郡朱勃上書。纍訟其冤。而陳聖王祀臣五義之說。其規諷光武亦深切矣。帝終不悟。書奏。報歸田里。終帝之世。援謗卒無與明。若光武者。真少恩之主哉。陛下天資仁厚。遇下以恩。苟有尺寸之功。靡不酬報。固非漢世之君所敢望矣。然襄淮徼擾。京索未清。士卒暴露為日茲久。豈無身膏野草。魂為國殤

人。主將不以聞，有司不以告。則忠憤之氣亦能感天地之精，干陰陽之和。以召水旱昆蟲之變。臣願陛下監光武之失，閔邊將之死亡，命閫臣搜訪死事，悉以上聞，旌而錄之，庶幾將士聞之感激而思奮，其於安邊保境，實非小補。

金世宗大定十四年，國子監言：歲春秋仲月上丁日釋奠於文宣王。用本監官房錢六十貫，止造茶食等物，以大小楪排設，用留守司樂，以樂工為禮生，率倉場等官陪位。於古禮未合也。伏覩國家承平日久，典章文物當粲然備具，以光萬世。況京師為首善之地，四方之所觀仰，據釋奠器物行禮次序，合行下詳定。兼兗國公，親承聖教者也，鄒國公，功扶聖教者也，當於宣聖像左右列之。今孟子以燕服在後堂，宣聖像側還虛一位，禮宜遷孟子像於宣聖右，與顏子相對，改塑冠冕，粧飾法服。一遵舊制。

章宗泰和三年，尚書省奏：太常寺言：開元禮祭帝嚳、堯、舜、禹、湯、文、武、漢祖，祝板請御署。開寶禮議軒轅、顓頊、帝嚳、陶唐、女媧、成湯、文、武請御署，自漢高祖以下二十七帝不署。平章政事鎰、左丞匡、太常博士溫迪罕天興言：方岳之神，各有所主，有國所賴，請御署固宜。至于前古帝王，寥落杳茫，列于中祀，亦已厚矣。不須御署。參知政事即康及鉉以為三皇五帝禹湯文武皆垂世立教之君，唐宋致祭，皆御署，而今降祝板不署，恐於禮未盡。不若止從外路祭社稷及釋奠文宣王例，不降祝板，而令學士院定撰祝文，頒各處為常制。勅命依舊降祝板而不請署。

元世祖時，東平布衣趙天麟上策曰：臣聞大易有云：精氣為物，遊魂為變。是故知鬼神之情狀。鬼幽而神明，鬼陰而神陽。一呼一吸，無非鬼神也；一動一靜，亦無非鬼神也。是以聖人灼知樞幹之相關，爰立祭祀之大禮。及其弊也，啟人尚之，望乎明之，幾何其不胥而為邪祟蠱心之流邪。禮天子祭天地及天下之名山大川，諸侯祭社稷及名山大川之在其地者，大夫祭五祀，士祭宗廟，庶人祭祖考而已。上得兼下，下不得僭上。皆有制以節之也。故禮不在煩而在乎誠，事不在過而在乎中。以之應神祇，庶乎其近矣。今國家稱秩元祀，咸秩無文。既有禮部及太常司、侍儀司以備其節文，又詔令所在官司歲時致祭五嶽四瀆名山大川歷代聖帝明王忠臣節士之載在祀典者，稱欽依式，皆其宜也。竊見方今小民，不安常典，妄事明神，其類甚多，不可枚舉，略舉一端，惟陛下察之。夫東嶽者，太平天子告成之地，東方藩侯當祀之山。今乃有倡優戲謔之流，貨殖屠沽之子，每年春季，四方雲聚，有不遠千里而來者，有提挈全家而至者，干越邦典，瀆神明，停廢產業，靡損食貨，亦已甚矣。昔季氏魯國之上卿，旅於泰山，孔子猶欲其宰救之。況小民之賤乎。或者以天人無二，幽明相通，報薦之誠，無不可者。臣竊以為非也。設如此言，則虛驚高遠，貴賤兩忘其或有事而不經官府，直詣闕廷，亦當理耶。所謂執道之空曠而亂名器者也。夫人之教不以名器分之，則將紊矣。小民之心不以名器繩之，則將恣矣。況淫祀者事神之誠極寡，希福之貪甚多。且父慈子孝，何用焚香；上安下順，何須楮幣。不然，則雖竭天下之香繼爐而焚之，罄天下之楮為幣而爇之，臣知其斷無益矣。何以言之。神者明也，豈從僥倖之許，豈受枉濫之賂耶。君子之人，守其恒心，未嘗妄祀禱福而福自隨之；愚惑之人，居於下流，每欲妄祀禳災而災弗離之。故知禍福皆人所召，非神之所能加損也。然而聖人立祀禮者，報其當然之本，行吾當然之義也。伏望陛下申明前詔，使天下郡縣官各祭名山大川、聖帝明王、忠臣節士之在其地者，凡下民當祀之神，如祖考及門屝戶竈等聽之。凡非典所當祀而祀者禁之無令妄瀆。凡祈神賽社椎漿酒稚肉飾立神像泥金鏤木者禁之無令妄費。如是則非但巫風之寖消抑亦富民之一助也。

右專言祭禮

歷代名臣奏議卷之一百二十六

歷代名臣奏議卷之一百二十七

禮樂（此言樂）

周景王二十三年王將鑄無射而為之大林單穆公曰。不可。作重幣以絕民資又鑄大鐘以鮮其繼若積聚既喪又鮮其繼生何以殖且夫鐘不過以動聲若無射有林耳不及也。夫鐘聲以為耳也耳所不及非鐘聲也猶目所不見不可以為目也。夫目之察度也不過步武尺寸之間其察色也不過墨丈尋常之間耳之察龢也在清濁之間其察清濁也不過一夫之所勝是故先王之制鐘也大不出鈞重不過石。律度量衡於是乎生小大器用於是乎出故聖人慎之。今王作鐘也聽之弗及比之不度鐘聲不可以知龢。制度不可以出節無益於樂而鮮民財將焉用之。夫樂不過以聽耳而美不過以觀目若聽樂而震觀美而眩患莫甚焉。夫耳目心之樞機也必聽和而視正聽和則聰視正則明。聰則言聽明則德昭聽言昭德則能思慮純固以言德於民民歆而德之則歸心焉。上得民心以殖義方是以作無不濟求無不獲然則能樂。夫耳內龢聲而口出美言以為憲令而布諸民正之以度量民以心力從之不倦成事不貳樂之至也。口內味而耳內聲聲味生氣氣在口為言在目為明言以信名明以時動名以成政動以殖生政成生殖樂之至也。若視聽不龢而有震眩則味入不精不精則氣佚氣佚則不龢於是乎有狂悖之言有眩惑之明有轉易之名有過慝之度出令不信刑政放紛動不順時民無據依不知所力各有離心上失其民作則不濟而求則不獲其何以能樂。三年之中而有離民之器二焉國其危哉。王弗聽問之伶州鳩對曰。臣之守官弗及也臣聞之琴瑟尚宮鐘尚羽石尚角匏竹利制大不踰宮細不過羽。夫宮音之主也第以及羽聖人保樂而愛財財以備器祭以殖財。故樂器重者從細，輕者從大。是以金尚羽，石尚角，瓦絲尚宮，匏竹尚議，革木一聲。夫政象樂，樂從和，和從平。聲以和樂，律以平聲。金石以動之，絲竹以行之，詩以道之，歌以詠之，匏以宣之，瓦以贊之，革木以節之。物得其常曰樂極，極之所集曰聲，聲應相保曰和，細大不踰曰平。如是而鑄之金，磨之石，繫之絲木，越之匏竹，節之鼓而行之，以遂八風。於是乎氣無滯陰，亦無散陽，陰陽序次，風雨時至，嘉生繁祉，人民龢利，物備而樂成，上下不罷，故曰樂正。今細過其主妨於正，用物過度妨於財，正害財匱妨於樂，細抑大陵，不容於耳，非和也。聽聲越遠，非平也。妨正匱財，聲不和平，非宗官之所司也。夫有和平之聲，則有蕃殖之財。於是乎道之以中德，詠之以中音，德音不愆，以合神人，神是以寧，民是以聽。若夫匱財用，罷民力，以逞淫心，聽之不和，比之不度，無益於教，而離民怒神，非臣之所聞也。王不聽，卒鑄大

鐘。二十四年，鐘成，伶人告龢。王謂伶州鳩曰：鐘果和矣。對曰：未可知也。王曰：何故？對曰：上作器，民備樂之，則為和。今財亡民罷，莫不怨恨，臣不知其和也。且民所曹好，鮮其不濟也。其所曹惡，鮮其不廢也。故諺曰：衆心成城，衆口鑠金。今三年之中而害金再興焉，懼一之廢也。王曰：爾老耄矣，何知？二十五年，王崩，鐘不和。

東漢章帝時，上以太常樂丞鮑鄴等上樂事，下車騎將軍馬防，防奏言：建初一年七月，鄴上言：王者飲食必道須四時五味，故有食舉之樂，所以順天地，養神明，求福應也。移風易俗，莫善於樂。樂者天地之和，不可久廢。今官樂但有太蔟，皆不應月律，可作十二月均，各應其月氣，乃能順天地，和氣宜應。明帝始令靈臺六律候而未設其門。樂經曰：十二月行之，所以宣氣豐物也。月開斗建之門，而奏歌其律。誠宜施行，願與待詔嚴崇及能作樂器者共作治，考工給所當。詔下太常。太常上言：作樂器直錢百四十六萬，請太僕作磬上奏寢。今明詔下臣防，臣輒問鄴及待詔知音律者，皆言聖人作樂，所以宣氣致和，順陰陽也。臣愚以為可順上天之明時，因歲首令正月太蔟之律奏雅頌之音，以立太平，以迎和氣。

魏明帝青龍中，大治殿舍，西取長安大鐘。散騎常侍高堂隆上疏曰：昔周景王不儀刑文武之明德，忽公旦之聖制，既鑄大錢，又作大鐘，單穆公諫而弗聽，伶州鳩對而弗從，遂迷不反，周德以衰，良史記焉以為永鑒。然今之小人好說秦漢之奢靡以盪聖心，求取亡國不度之器，勞役費損，以傷德政，非所以興禮樂之和，保神明之休也。是日帝幸上方，隆與卞蘭從。帝以隆表授蘭，使難隆曰：興衰在政，樂何為也？化之不明，豈鐘之罪？隆曰：夫禮樂者，為治之大本也。故簫韶九成，鳳凰來儀，雷鼓六變，天神以降，政是以平，刑是以錯，和之至也。新聲

發響，商辛以隕；大鐘既鑄，周景以斃。存亡之機，恒由斯作，安在廢興之不階也？君舉必書，古之道也。作而不法，何以示後？聖王樂聞其闕，故有箴規之道；忠臣願竭其節，故有匪躬之義也。帝稱善。

宋順帝昇明二年，王僧虔為尚書令。僧虔好文史，解音律，以朝廷禮樂多違正典，民間競造新聲雜曲，時齊太祖輔政，僧虔上表曰：夫懸鍾之器，以雅為用；凱容之禮，八佾為儀。今總章羽佾，音服舛異。又歌鍾一肆，克諧女樂，以歌為務，非雅器也。大明中，即以宮懸合和鞞拂，節數雖會，慮乖雅體。將來知音，或譏聖世。若謂鍾舞已諧，重違成憲，更立歌鍾，不參舊例。四縣所奏，謹依雅條，即義沿理，如或可附。又今之清商，實由銅爵，三祖風流，遺音盈耳，京洛相高，江左彌貴，諒以金石干羽，事絕私室，桑濮鄭衛，訓隔紳冕，中庸和雅，莫復於斯。而情變聽移，稍復銷落，十數年間，亡者將半。自頃家競新哇，人尚謠俗，務存噍

數，不顧音紀，流宕無崖，未知所極，排斥正曲，崇長煩淫。士有等差，無故不可去樂，禮有攸序，長幼不可共聞。故喧醜之制，日盛於廛里；風味之響，獨盡於衣冠。宜命有司，務勤功課，緝理遺逸，迭相開曉，所經漏忘，悉加補綴，曲全者祿厚，藝妙者位優，利以勤之，則人思刻厲。反本還源，庶可跂踵。事見納。

梁武帝初，樂緣齊舊。武帝思弘古樂，天監元年，遂下詔訪百寮曰：夫聲音之道，與政通矣，所以移風易俗，明貴辨賤，而韶濩之稱空傳，咸英之實靡託，魏晉以來，陵替滋甚，遂使雅鄭混淆，鐘石斯謬，天人缺九變之節，朝讌失四懸之儀。朕昧旦坐朝，思求厥旨，而舊事靡存，未獲釐正，寤寐有懷，所為歎息。卿等學術通明，可陳其所見。於是散騎常侍尚書僕射沈約奏答曰：竊以秦代滅學，樂經殘亡。至于漢武帝時，河間獻王與毛生等共採周官及諸子言樂事者，以作樂記，其內

史丞王定傳授常山王禹。劉向校書，得樂記二十三篇，與禹不同。向別錄有樂歌詩四篇，趙氏雅琴七篇，師氏雅琴八篇，龍氏雅琴百六篇，唯此而已。晉中經簿無復樂書，別錄所載，已復亡逸。案漢初典章滅絕，諸儒捃拾溝渠牆壁之間，得片簡遺文，與禮事相關者，即編次以為禮，皆非聖人之言。月令取呂氏春秋，中庸、表記、防記、緇衣皆取子思子，樂記取公孫尼子，檀弓殘雜，又非方幅典誥之書也。禮既是行己經邦之切，故前儒不得不補綴，以備事用。樂書事大而用緩，自非逢欽明之主，制作之君，不見詳議。漢氏以來，主非欽明，樂既非人臣急事，故言者寡。陛下以至聖之德，應樂推之符，實宜作樂崇德，殷薦上帝。而樂書淪亡，尋案無所。宜諸生分令尋討經史百家，凡樂事無大小，皆別纂錄。乃委一舊學，撰為樂書，以起千載絕文，以定大梁之樂，使五英懷慙，六莖興愧。

大同二年，侍中蕭子雲以梁初郊廟未革牲牷，樂辭皆沈約撰，至是承用，子雲始建言宜改。啟曰：伏惟聖敬率由，尊嚴郊廟，得西鄰之心，知周孔之迹。載革牢俎，德通神明，黍稷蘋藻，竭誠嚴配，經國制度，方懸日月，垂訓百王，於是乎在。臣比兼職齋官，見伶人所歌，猶用未革牲前曲。圜丘眡燎，尚言式備牲牷；北郊誠雅，亦奏牲去；孔備清廟登歌，而稱我牲以潔；三朝食舉，猶詠朱尾碧鱗。聲被鼓鍾，未符盛制。臣職司儒訓，意以為疑，未審應改定樂辭以不？敕答曰：此是主者守株，宜急改也。仍使子雲撰定。敕曰：郊廟歌辭，應須典誥大語，不得雜用子史文章淺言，而沈約所撰，亦多舛謬。子雲答敕曰：殷薦朝饗，樂以雅名，理應正採五經，聖人成教。而漢來此製，未全用經典。約之所撰，彌復淺雜。臣前所易約十曲，惟知牲牷既革，宜改歌辭，而猶承例不嫌流俗乖體。既奉令旨，始得發曚。臣夙本庸滯，昭然忽朗，謹一依成旨，

悉改約制。惟用五經為本，其次爾雅、周易、尚書、大戴禮，即是經誥之流，悉意亦取，無用。臣又尋唐虞諸書，殷頌周雅，稱美是一，而復各述時事。大梁革服，偃武修文，制禮作樂，義高三王。而約撰歌辭，惟浸稱聖德之美，了不序皇朝制作事。雅頌前例，於體為違。伏以聖旨所定樂論，鍾律纖緒，文思深微，命世一出，方懸日月，不刊之典，禮樂之教，致治所成。謹一二採綴，各隨事顯義，以明制作之美。覃思累日，今始克就，謹以上呈。敕並施用。

後魏孝明帝神龜元年，陳仲儒請依京房立準以調八音。奏曰：夫準本以代律，取其分數，調校樂器。而調聲之體，宮商宜濁，徵羽用清。若依公孫崇止以十二律聲，而云還相為宮，清濁悉足，唯黃鍾管最長，故以黃鍾為宮，則往往相順。若均之八音，猶須錯采眾音，配成其美。若以應鍾為宮，蕤賓為徵，則徵濁而宮清，雖有其韻，不成音曲。若以

中呂為宮。則十二律中全無一所取。今依京房書中呂為宮。乃以去滅為商。執始為徵。然後方韻。而崇乃以中呂為宮。猶用林鐘為徵。何由可諧。但聲音精微。史傳簡畧。舊志準十三絃。隱間九尺。不言須柱以不。又一寸之內有萬九千六百八十三分。微細難明。仲儒私考準當施柱。但前却柱中以約準分。則相生之韻已自應合。其中絃粗細須與琴聲相類。施軫以調聲。令與黃鐘相合。中絃下依數畫六十律清濁之節。其餘十二絃須施柱如箏。即於中絃案盡一周之聲度著十二絃上。然後依相生之法以次運行。取十二律之商徵。商徵既定。又依琴五調調聲之法以均樂器。然後錯采衆聲以文飾之。若事有乖此。聲則不和。尚書蕭寶寅奏仲儒學不師受。輕欲制作。事遂寢。

永安末。樂器殘闕。莊帝命尚書左丞拓跋孚監儀注。孚上表曰。昔太和中。中書監高閭、太樂令公孫崇修造金石。數十年間乃奏成功。時

大集儒生。考其得失。太常卿劉芳請別營造。久而方就。復召公卿量校合否。論者沸騰。莫有適從。登被旨勑。並見施用。往歲大軍入洛。戎馬交馳。所有樂器亡失垂盡。臣至太樂署問太樂令張乾龜等。云承前以來。置宮懸四箱。簨簴六架。東北架編黃鐘之磬十四。雖器名黃鐘。而聲實夷則。考之音制。不甚諧韻。姑洗懸於東北。太簇編於西北。蕤賓列於西南。並皆器象差位。調律不和。又有儀鐘十四。虛懸架首。初不叩擊。今便刪廢。以從正則。臣今據周禮鳧氏修廣之規。磬氏倨句之法。吹律求聲。叩鐘求音。損除繁雜。討論實錄。依十二月為十二宮。各準辰次。當位懸設。月聲既備。隨用擊奏。則會還相為宮之義。又得律呂相生之體。今量鐘磬之數。各以十二架為定。奏可

孝武帝永熙二年春。錄尚書長孫稚、太常卿祖瑩表曰。臣聞安上治民。莫善於禮。移風易俗。莫善於樂。易曰。先王以作樂崇德。殷薦之上帝。以配祖考。書曰。戛擊鳴球。搏拊琴瑟以詠。祖考來格。詩言志。律和聲。敦敘九族。平章百姓。天神於焉降歆。地祇可得而禮。故樂以象德。舞以象功。干戚所以比其形容。金石所以發其歌頌。薦之宗廟則靈祇饗其和。用之朝廷則君臣協其志。樂之時義大矣哉。雖復沿革異時。晦明殊位。周因殷禮。百世可知也。太祖道武皇帝應圖受命。光宅四海。義合天經。德符地緯。九戎薦舉。五禮未詳。太宗世祖重輝累耀。恭宗顯祖。誕隆丕基。而猶經營四方。匪遑制作。高祖孝文皇帝承太平之緒。纂無為之運。帝圖既遠。王度惟新。太和中命故中書監高閭草創古樂。閭尋去世。未就其功。閭亡之後。故太樂令公孫崇續修遺事。十有餘載。崇敷奏其功。時太常卿劉芳。以崇所作體制差舛。不合古義。請更修營。被旨聽許。芳又釐綜。久而申呈。時故東平王元匡共相論駁。各樹朋黨。爭競紛綸。竟無底定。及孝昌已後。世屬艱虞。內難

孔殷。外敵滋甚。永安之季。胡賊入京。燔燒樂庫。所有之鐘悉畢賊手。其餘磬石。咸為灰燼。普泰元年。臣等奉勑營造樂器。責問太樂前來郊丘懸設之方。宗廟施安之分。太樂令張乾龜答稱芳所造六格。北廂黃鐘之均。實是夷則之調。其餘三廂宮商不和。共用一笛施之前殿。樂人尚存。又有沽洗太簇二格。用之後宮。撿其聲韻。復是夷則。於今尚在。而芳一代碩儒。斯文攸屬。討論之日。必應考古。深有明證。乾龜之辨。恐是歷歲稍遠。伶官失職。芳久殂沒。遺文銷毀。無可遵訪。臣等謹詳周禮。分樂而序之。凡樂圜鐘為宮。黃鐘為角。太簇為徵。姑洗為羽。若樂六變。天神可得而禮。函鐘為宮。太簇為角。姑洗為徵。南呂為羽。若樂八變。地示可得而禮。黃鐘為宮。大呂為角。太簇為徵。應鍾為羽。若樂九變。人鬼可得而禮。至於布置。不得相生之次。兩均異宮。並無商聲。而同用一徵。書曰。於予擊石拊石。百獸率舞。八音克諧。神

人以和。計五音不具則聲豈成文六律不備則理無和韻八音克諧莫曉其旨聖道幽玄微言已絶漢魏已來未能作者案春秋魯昭公二十年晏子言於齊侯曰先王之濟五味和五聲也以平其心成其政也聲亦如味一氣二體三類四物五聲六律七音八風九歌以相成也服子慎注云黄鍾之均黄鍾為宮大簇為商姑洗為角林鍾為徵南吕為羽應鍾為變宮蕤賓為變徵一懸十九鍾十二懸二百二十八鍾八十四律即如此義乃可尋究今案周禮小胥之職樂懸之法鄭注云鍾磬編縣之二八十六枚漢成帝時犍為郡於水濵得古磬十六枚獻呈漢以為瑞復依禮圖編懸十六去正始中徐州薛城送玉磬十六枚亦是一懸之器檢太樂所用鍾磬各一懸十四不知何據魏侍中繆襲云周禮以六律六同五聲八音六舞大合樂以致鬼神今之樂官徒知古有此制莫有明者又云樂制既亡漢成謂

奏議卷之一百二十七　八

詔武武德武始大鈞可以備四代之樂奏黄鍾舞文始以祀天地奏太簇舞大武以祀五郊明堂奏姑洗舞武德巡狩以祭四望山川奏蕤賓舞武始大鈞以祀宗廟祀圓丘方澤群廟祫祭之時則可兼舞四代之樂漢亦有雲翹育命之舞罔識其源漢以祭天魏時又以雲翹兼祀圓丘天郊育命兼祀方澤地郊今二舞久已無復知者臣等謹依高祖所制及周官考工記鳧氏為鍾鼓之分磬氏為磬倨之法禮運云聲十二律還相為宮之義以律吕為之劑量奏請制度經紀營造依魏晉所用四廂宮懸鍾磬各十六懸塤篪箏筑聲韻區別蓋理三稔於兹始就五聲有節八音無爽笙鏞和合不相奪倫元日備設百僚允矚雖未極萬古之微賾實是一時之盛事竊惟古先哲王制禮作樂各有所稱黄帝有咸池之樂顓頊作承雲之舞大章大韶堯舜之異名大夏大濩禹湯之殊稱周言大武秦曰壽人及焚書絶學之後舊章淪滅無可準憑漢高祖時叔孫通因秦樂人制宗廟樂迎神廟門奏嘉至皇帝入廟門奏永至登歌再終下奏休成之樂通所作也高祖六年有昭容樂禮容樂又有房中祠樂高祖唐山夫人所作也孝惠二年使樂府令夏侯寛備其簫管更名安世樂高祖廟奏武德文始五行之舞孝文廟奏昭德文始四時五行之舞孝武廟奏盛德文始四時五行之舞武德者高祖四年作也以象天下樂已行武以除亂也文始舞者舜韶舞高祖六年更名曰文始以示不相襲也五行舞者本周舞秦始皇二十六年更名曰五行也四時舞者孝文所作以明天下之安和也孝景以武德舞為昭德孝宣以昭德舞為盛德光武廟奏大武諸帝廟並文始五行四時之舞及卯金不祀當塗勃興魏武廟樂改六韶武用虞之大韶周之大武總號大鈞也曹失其鹿典午乘時晉氏之樂更名正德自昔享其不損益相

奏議卷之一百二十七　九

緣徽號殊別者也而皇魏統天百三十載至於樂舞迄未立名非所以聿宣皇風章明功德贊揚懋軌垂範無窮者矣案今后宮饗會及五郊之祭皆用兩懸之樂詳攬先誥大為紕繆古禮天子宮懸諸侯軒懸大夫判懸士特懸皇后禮數德合王者名器所資豈同於大夫哉孝經言嚴父莫大於配天宗祀文王於明堂以配上帝即五精之帝也禮記王制庶羞不踰牲燕衣不踰祭服論語禹卑宮室盡力於溝洫惡衣食致美於黻冕何有殿庭之樂過於天地乎失禮之差遂於千里昔漢孝武帝東巡狩封禪還祀泰一於甘泉祭后土於汾陰皆盡用明其無減普泰元年前侍中臣孚及臣瑩等奏求造十二懸六懸裁訖續復營造尋蒙旨判令六懸既成臣等思鍾磬各四鎛相從十六格宮懸已足今請更營二懸通前為八宮懸兩具矣一具闕於太極一具列於顯陽若圓丘方澤上辛四時五郊社稷諸祀雖

時日相六數用之無關孔子曰周道四達禮樂交通傳曰晉有禘樂賓祭用之然則天地宗廟同樂之明證也其升斗權量當時未定請即刊校以爲長準周存六代之樂雲門咸池韶夏濩武用於郊廟各有所施但世運遙緬隨時亡闕漢世唯有虞韶周武魏爲武始咸熙錯綜風聲爲一代之禮晉無改造易名正德今聖朝樂舞未名舞人冠服無準稱之文武舞而已依魏景初三年以來衣服制其祭天地宗廟武舞執干戚著平冕黑介幘玄衣裳白領袖絳領袖中衣絳合幅袴襪黑舄文舞執羽籥冠委貌其服同上其奏於廟庭武舞武弁赤介幘生絳袍單衣絳領袖皁領袖中衣虎文畫合幅袴白布襪黑韋鞮文舞者進賢冠黑介幘生黃袍單衣白合幅袴服同上其魏晉相因承用不改古之神室方各別所故聲歌各異今之太廟連基接棟樂舞同奏於義得通自中原喪亂晉室播蕩永嘉已後舊章湮沒

大武皇帝破平統萬得古雅樂一部正聲歌五十曲工伎相傳間有施用自高祖遷居世宗晏駕內外多事禮物未周今月所有王夏肆夏之屬二十三曲猶得擊奏足以闡累聖之休風宣重光之盛美伏惟陛下仁格上皇義光下武道契玄機業隆寶祚思服典章留心軌物反堯舜之淳風復文武之境土飾宇宙之儀刑納生人於福地道德熙泰樂載新聲天成地平於是乎在樂舞之名乞垂旨判臣等以愚昧參厠問道望御之日伏增惶懼詔其樂名付尚書博議以聞其年冬集羣官議之瑩復議曰夫樂所以乘靈通化舞所以象物昭功金石播其風聲絲竹申其歌詠郊天祠地之道雖百世而可知祭神育民之理經千載而不昧是以黃帝作咸池之樂顓頊有承雲之舞堯爲大章舜則大韶禹爲大夏湯爲大濩周曰大武秦曰壽人漢爲大予魏名大鈞晉曰正德雖三統互變五運代降莫不述作相因徵

物殊別者也皇魏通格三才化洽四宇奕世載德累葉重光或以文德興邦或以武功平亂功成治定於是乎在及主上龍飛載造肇命惟新舊軌自同與刑罔二德載均於兩儀仁澤被於四海五聲有序八音克諧樂舞之名宜以詳定案周兼六代之樂聲律所施咸有次第咸學以後維禮散已漢來所存二舞而已請以韶武爲崇德武舞爲章烈總名曰嘉成漢樂章云高張四懸神來燕饗宗廟所設宮懸明矣計五郊天神尊於人鬼六宮陰極體同至尊理無減降宜皆用宮懸其舞人冠服制裁咸同舊式庶得以光贊鴻功敷揚大業録尚書事長孫稚已下六十人同議中奏詔曰王者功成作樂治定制禮以成爲號良無間然又六代之舞者以大爲名今可準古爲大成也凡音樂以舞爲主故干戈羽籥禮亦無別但依舊爲文舞武舞而已餘如議

後周孝閔帝時太常長孫紹遠據名工人創造樂器以八爲數故黃門侍郎裴正上書以爲昔者大舜欲聞七始下洎周武爰創七音持林鐘作黃鐘以爲正調之首詔與紹遠詳議往復於是遂定以八爲數焉及高祖讀史書見武王克殷而作七始又欲廢七而懸八并除黃鐘之正宮用林鐘爲調首紹遠奏云天子懸八肇自先民百王共軌萬古不易下逮周武甫修七始之音詳諸經義又無廢八之典且黃鐘爲君天子正位今欲廢之未見其可

隋文帝開皇九年平陳獲宋齊舊樂詔於太常置清商署以管之求陳太樂令蔡子元于普明等復居其職由是牛弘奏曰臣聞周有六代之樂至韶武而已秦始皇改周舞曰五行漢高帝改韶武曰文始以示不相襲也又造武德自表其功故高帝廟奏武德文始五行之舞又作昭容禮容增演其意昭容生於武德蓋猶古之昭也禮容生

於文始猶秦之五行也文帝又作四時之舞故孝景帝追述先功采武德舞作昭德舞被之管絃薦於太宗之廟孝宣采昭德舞為盛德舞更造新歌為於武帝之廟據此而言遞相因襲縱有改作並宗於昭至明帝時東平獻王采文德舞為大武之舞薦于光武之廟漢末大亂樂章淪缺魏武平荊州獲杜夔以為軍謀祭酒使創雅樂時散騎侍郎鄧靜善詠雅歌樂師尹胡能習宗祀之曲舞師馮肅曉知先代諸舞總練研精復於古樂自夔始也文帝黃初改昭容之樂為昭業樂武德之舞為武頌舞文始之舞為大昭舞五行之舞為大武舞明帝初公卿奏上太祖武皇帝樂曰武始之舞高祖文皇帝樂曰咸熙之舞又制樂舞名曰章斌之舞有事於天地宗廟及臨朝大饗並用之晉武帝泰始二年遣傳玄等造行禮及上壽食舉歌詩張華表曰按漢魏所用雖詩章辭異興廢隨時至其韻逗曲折並繫於舊

一皆因襲不敢有所改也九年荀勗典樂使郭夏宋識造正德大豫之舞改魏昭武舞曰宣武舞羽籥舞曰宣文舞江左之初典章堙紊賀循為太常卿始有登歌之樂大寧末阮孚等又增益之咸和間鳩集遺逸鄴沒胡後樂人頗復南渡東晉因之以具鍾律太元間破苻永固又獲樂工楊蜀等閑練舊樂於是金石始備考其設懸音調並與江左是同慕容垂破慕容永於長子盡獲苻氏舊樂垂息為魏所敗其鍾律令李佛等將太樂細伎奔慕容德於鄴德遷都廣固子超嗣立其母先沒姚興超以太樂伎一百二十人詣興贖母及宋武帝入關悉收南度永初元年改正德舞曰前舞大豫舞曰後舞文帝元嘉九年太樂令鍾宗之更調金石至十四年典書令奚縱復改定之又有凱容宣烈之舞齊代因而用之蕭子顯齊書志曰宋孝建初朝議以凱容舞為韶舞宣烈舞為武德舞據韶為言宣烈即是古之大

武非武德也故志有前舞凱容歌辭後舞凱容歌辭者矣至於梁初猶用凱容宣業之舞後改為大壯大觀焉今人猶喚大觀為前舞故知樂名雖隨代而改聲韻曲折理應常同前克荊州得梁家雅曲今平蔣州又得陳氏正樂史傳相承以為合古且觀其曲體用聲有次請修緝之以備雅樂其後魏洛陽之曲據魏史云太武平赫連昌所得更無明證後周所用者皆是新造雜有邊裔之聲戎音亂華皆不可用請悉停之制曰制禮作樂聖人之事也功成化洽方可議之今宇內初平正化未洽遽有變革我則未暇晉王廣又表請帝乃許之十四年三月樂定秘書監奇章縣公牛弘秘書丞北絳郡公姚察通直散騎常侍虞部侍郎許善心兼內史舍人虞世基儀同三司東宮學士饒陽伯劉臻等奏曰臣聞賁將王鼓由來斯尚雷出地奮著自易經邃古帝王經邦馭物揖讓而臨天下者禮樂之謂也秦焚經典

樂書亡缺爰至漢興始加鳩採祖述增廣緝成朝憲魏晉相承更加論討沿革之宜備於故實永嘉之後九服崩離燕石苻姚遞據華土此其戎乎何必伊川之上吾其左衽無復微管之功前言往式於斯而盡金陵建社朝士南奔帝則皇規粲然更備與內原隔絕三百年於茲矣伏惟明聖膺期會昌在運今南征所獲梁陳樂人及晉宋旗章宛然俱至曩代所不服者今悉服之前朝所未得者今悉得之化洽功成於是乎在臣等伏奉明詔詳定雅樂博訪知音旁求儒彥研校是非定其去就取為一代正樂具在本司於是并撰歌辭三十首詔並令施用

開皇間弘又請依古五聲六律旋相為宮雅樂每宮但一調唯迎氣奏五調謂之五音縵樂用七調祭祀施用各依聲律尊卑為次高祖猶憶何妥舊言孫奏下不許作旋宮之樂但作黃鍾一宮而已於是

牛弘及秘書丞姚察通直散騎常侍許善心儀同三司劉臻通直郎虞世基等更共詳議曰後周之時以四聲降神雖采周禮而年代深遠。其法久絕不可依用。謹按司樂。凡樂圜鍾爲宮。黃鍾爲角。太蔟爲徵。姑洗爲羽。舞雲門以祭天。函鍾爲宮。太蔟爲角。姑洗爲徵。南呂爲羽。舞咸池以祭地。黃鍾爲宮。大呂爲角。太蔟爲徵。圜鍾爲羽。舞韶以祀宗廟。馬融曰。圜鍾。應鍾也。賈逵鄭玄曰。圜鍾。夾鍾也。鄭玄又云。此樂無商聲。祭尚柔剛。故不用也。干寶云。不言商。商爲臣。王者自謂。欲箴其實而去其名。若曰有天地人物。無德以主之。謙以自牧也。先儒解釋。既莫知適從。然此四聲。非直無商。又律管乖次。以其爲樂。無克諧之理。今古事異。不可得而行也。按東觀書馬防傳。太子丞鮑鄴等上作樂事。下防。防奏言。建初二年七月。鄴上言。天子食飲。必順于四時五味。而有食舉之樂。所以順天地。養神明。求福應也。今官雅樂獨

有黃鍾。而食舉樂但有太蔟。皆不應月律。恐傷氣類。可作十二月均各應其月氣。公卿朝會。得聞月律。乃能感天。和氣宜應。詔下太常評焉。太常上言。作樂器直錢百四十六萬。奏寢。今明詔復下。臣防以爲可順上天之明時。因歲首之嘉月。發太蔟之律。奏雅頌之音。以迎和氣。其條貫甚具。遂獨施行。起於十月。爲迎氣之樂矣。又順帝紀云。陽嘉二年冬十月庚午。以春秋爲辟雍議太學隨月律。十月作應鍾。三月作姑洗。元和以來。音戾不調。修復黃鍾。作樂器如舊典。據此而言。漢樂宮懸有黃鍾均。食舉太蔟均。止有二均。不旋相爲宮。亦以明矣。計從元和至陽嘉二年。纔五十歲。用而復止。驗黃帝聽鳳以制律呂。尚書曰。予欲聞六律五聲。周禮有分樂而祭。此聖人制作以合天地陰陽之和。自然之理。乃云音戾不調。斯言誣之甚也。今梁陳雅曲。並用宮聲。按禮。五聲十二律。還相爲宮。盧植云。十二月三管流轉用事。

當用事者爲宮。宮君也。鄭玄曰。五聲宮商角徵羽。其陽管爲律。陰管爲呂。布十二辰。更相爲宮。始自黃鍾。終於南呂。凡六十也。皇侃疏還相爲宮者。十一月以黃鍾爲宮。十二月以大呂爲宮。正月以太蔟爲宮。餘月放此。凡十二管各備五聲。合六十聲。五聲成一調。故十二調。此即釋鄭義之明文。無用商角徵羽爲別調之法矣。樂稽耀嘉曰。東方春。其聲角。樂當宮於夾鍾。餘方各以其中律爲宮。若有商角之理。不得云宮於夾宮也。又云。五音非宮不調。五味非甘不和。又動聲儀宮唱而商和。是謂善本。太平之樂也。周禮奏黃鍾。歌大呂。以祀天神。鄭玄以黃鍾之鍾。大呂之聲爲均者。均。調也。故崔靈恩云。六樂十二調。亦不獨論商角徵羽也。又云。凡六樂者。皆文之以五聲。播之以八音。故知每曲皆須五聲八音錯綜而能成也。禦寇子云。師文鼓琴。命宮而總四聲。則慶雲浮。景風翔。唯韓詩云。聞其宮聲。使人溫厚而寬大。

聞其商聲。使人方廉而好義。及古有清角清徵之流。此則當聲爲曲。今以五引爲五聲。迎氣所用者是也。餘曲悉用宮聲。不勞商角徵羽。何以得知。荀勗論三調爲均首者。得正聲之名。明知雅樂悉在宮調。已外徵羽角。自爲謠俗之音耳。且西涼龜茲雜伎等。曲數既多。故得隸於衆調。調各別曲。至如雅樂少。須以宮爲本。歷十二均而作。不可分配餘調。更成雜亂也。其奏大抵如此。帝並從之。

弘又上議曰。謹案禮。五聲六律十二管。還相爲宮。周禮奏黃鍾。歌大呂。奏太蔟。歌應鍾。皆是旋相爲宮之義。蔡邕明堂月令章句曰。孟春月則太蔟爲宮。姑洗爲商。蕤賓爲角。南呂爲徵。應鍾爲羽。大呂爲變宮。夷則爲變徵。他月倣此。故先王之作律呂也。所以辨天地四方陰陽之聲。揚子雲曰。聲生於律。律生於辰。故律呂配五行。通八風。歷十二辰。行十二月。循環轉運。義無停止。譬如立春木王火相。立夏火王

土相。季夏餘分，土王金相。立秋，金王水相。立冬，水王木相。還相為宮者，謂當其王月，名之為宮。今若十一月不以黃鐘為宮，十二月不以太簇為宮，便是春木不王，夏土不相，豈不陰陽失度，天地不通。劉歆鐘律書云：春宮秋律，百卉必彫；秋宮春律，萬物必榮；夏宮冬律，雨雹必降；冬宮夏律，雷必發聲。以斯而論，誠為不易。曰：律十二，今直為黃鐘一均，唯用七律，以外五律，竟復何施。恐失聖人制作本意，故須依禮作還相為宮之法。上曰：不須作旋相為宮，且作黃鐘一均也。弘又論六十律不可行。謹按續漢書律曆志，元帝遣韋玄成問京房於樂府，房對受學故小黃令焦延壽六十律相生之法。以上生下，皆三生二；以下生上，皆三生四。陽下生陰，陰上生陽，終於中呂，而十二律畢矣。中呂上生執始，執始下生去滅，上下相生，終於南事，六十律畢矣。十二律之變至於六十，猶八卦之變至於六十四也。冬至之聲，以

黃鐘為宮，太簇為商，姑洗為角，林鐘為徵，南呂為羽，應鐘為變宮，蕤賓為變徵。此聲氣之元，五音之正也。故各統一日，其餘以次運行，當日者各自為宮，而商徵以類從焉。房又曰：竹聲不可以度調，故作準以定數。準之狀如瑟，長丈而十三絃，隱間九尺，以應黃鐘之律九寸。中央一絃，下畫分寸，以為六十律清濁之節。執始之類，皆房自造。房云受法於焦延壽，未知延壽所承也。至元和中，待詔候鐘殷肜上言：官無曉六十律以準調音者。故待詔嚴嵩具以準法教其子宣。召宣補學官，主調樂器。太史丞弘試宣十二律，其二中，其四不中，其六不知何律。宣遂罷。自此律家莫能為準施絃。嘉平年，東觀召典律者太子舍人張光問準意，光等不知。歸閱舊藏，乃得其器，形制如房書，猶不能定其絃緩急。故史官能辨清濁者遂絕，其可以相傳者，唯大推常數及候氣而已。據此而論，京房之法，漢世已不能行。沈約宋

志曰：詳按古典及今音，家六十律無施於樂。禮云十二管還相為宮，不言六十。封禪書云，大帝使素女鼓五十絃瑟而悲，破為二十五絃。假令六十律為樂，得成亦所不用。取大樂必易，大禮必簡之意也。又議曰：案周官云，大司樂掌成均之法。鄭衆注云，均，調也。樂師主調其音。三禮義宗稱周官奏黃鐘者，用黃鐘為調；歌大呂者，用大呂為調。奏者謂堂下四懸，歌者謂堂上所歌。但一祭之間，皆用二調。是知據宮稱調，其義一也。明六律六呂迭相為宮，各自為調。今見行之樂，用黃鐘之宮，乃以林鐘為調，與古典有違。晉內書監荀勗依典記，以五聲十二律還相為宮之法，制十二笛。黃鐘之笛，正聲應黃鐘，下徵應林鐘，以姑洗為清角。大呂之笛，正聲應大呂，下徵應夷則。以外諸均，例皆如是。然今所用林鐘，是勗下徵之調，不取其正，先用其下，於理未通，故須改之。上甚善其議，詔弘與姚察、許善心、何妥、虞世基等正

定新樂。

文帝時，令國子博士何妥考定鐘律。妥上表曰：臣聞明則有禮樂，幽則有鬼神。然則動天地，感鬼神，莫近於禮樂。又云：樂至則無怨，禮至則不爭。揖讓而治天下者，禮樂之謂也。臣聞樂有二：一曰姦聲，二曰正聲。夫姦聲感人而逆氣應之，順氣成象，故樂行而倫清，耳目聰明，血氣和平，移風易俗，天下皆寧。孔子曰：放鄭聲，遠佞人。故鄭衛宋趙之聲出，內則發疾，外則傷人。是以宮亂則荒，其君驕；商亂則陂，其官壞；角亂則憂，其人怨；徵亂則哀，其事勤；羽亂則危，其財匱。五者皆亂，則國亡無日矣。魏文侯問子夏曰：吾端冕而聽古樂，則欲寐；聽鄭衛之音，而不知倦，何也？子夏對曰：夫古樂者，始奏以文，復亂以武，修身及家，平均天下。鄭衛之音者，姦聲以亂，溺而不止，優雜子女，不知父子。今君所問者樂也，所愛者音也。夫樂之與音，相近而不同。為人君

者禮審其好惡案聖人之作樂也非止苟悅耳目而已矣欲使在宗廟之內君臣同聽之則莫不和敬在鄉里之內長幼同聽之則莫不和順在閨門之內父子同聽之則莫不和親此先王立樂之方也故知聲而不知音者禽獸是也知音而不知樂者衆庶是也故黃鍾大呂弦歌干戚僮子皆能舞之能知樂者其唯君子不知聲者不可與言音不知音者不可與言樂知樂則幾於道矣紂為無道太師抱樂器以奔周晉君德薄師曠固惜清徵上古之時未有音樂鼓腹擊壤樂在其間易曰先王作樂崇德殷薦上帝以配祖考至于黃帝作咸池顓頊作六莖帝嚳作五英堯作大章舜作大韶禹作大夏湯作大濩武王作大武從夏以來年代久遠唯有名字其聲不可得聞自殷至周備于詩頌故自聖賢已下多習樂者至如伏羲減瑟文王足琴仲尼擊磬子路鼓瑟漢高擊筑元帝吹簫漢高祖之初叔孫通因秦

樂人制宗廟之樂迎神于廟門奏嘉至之樂迎神于廟門奏嘉至之樂猶古降神之樂也皇帝入廟門奏永至之樂以為行步之節猶采薺肆夏也乾豆上薦奏登歌之樂猶古清廟之歌也登歌再終奏休成之樂美神饗也皇帝就東廂坐定奏永安之樂美禮成也其休成永至二曲叔孫通所制也漢高祖廟奏武德文始五行之舞當春秋時陳公子完奔齊陳是舜後故齊有韶樂孔子在齊聞韶三月不知肉味是也秦始皇滅齊得齊韶樂漢高祖滅秦韶傳於漢高祖改名文始以示不相襲也五行舞者本周大武樂也始皇改曰五行及于孝文復作四時之舞以示天下安和四時順也孝景采武德舞以為昭德孝宣又采昭德以為盛德雖變其名大抵皆因秦舊事至於魏晉時用古樂魏之三祖並制樂辭自永嘉播越五都傾蕩樂聲南度是以大備江東宋齊已來至于梁代所行樂事猶皆傳古三雍四始實稱大盛及侯景篡逆樂師分散其四舞三調悉度入齊齊氏雖知傳受得曲而不用之於宗廟朝廷也臣少好音律留意管絃年雖耆老頗皆記憶及東土剋定樂人悉返訪其逗遛果云是梁人所教今三調四舞並皆有手雖不能精熟亦頗具雅聲若令教習傳授庶得流傳古樂然後取其會歸撮其指要因循損益更制嘉名歌盛德於當今傳雅正於來葉豈不美歟謹具錄三調四舞曲名又製歌辭如別其有聲曲流宕不可以陳於殿庭者亦悉附之於後書奏別勑太常取妥節度於是作清平瑟三調聲又作八佾鞞鐸巾拂四舞先是太常所傳宗廟雅樂數十年唯作大呂廢黃鍾妥又以深乖古意乃奏請用黃鍾詔下公卿議從之。

唐太宗貞觀元年春正月宴羣臣奏秦王破陣樂上曰朕昔受專征民間遂有此曲雖非文德之雍容然功業所由不敢忘也封德彝

曰陛下以神武平海內文德豈足比乎上曰戡亂以武守成以文文武之用各隨其時卿謂文不及武斯言過矣。

十四年二月癸丑太常少卿祖孝孫奏請所定新樂上曰禮樂之作是聖人象物設教以為撙節治政善惡豈此之由御史大夫杜淹對曰前代興亡實由於樂陳將亡也為玉樹後庭花齊將亡也而為伴侶曲行路聞之莫不悲歎所謂亡國之音以是觀之實由於樂上曰不然夫音聲豈能感人歡者聞之則悅哀者聽之則悲悲悅在於人心非由樂也將亡之政其人必苦然苦心所感故聞之則悲耳何有樂聲哀怨能使悅者悲乎今玉樹伴侶之曲其聲具存朕當為公奏之知公必不悲耳尚書右丞魏徵對曰古人稱禮云禮云玉帛云乎哉樂云樂云鍾鼓云乎哉樂在人和不由音調上然之。

十七年太常卿蕭瑀奏言今破陣樂舞天下之所共傳然美盛德之

形容尚有所未盡。前後之所破劉武周薛舉竇建德王世充等。臣願圖其形狀以寫戰勝攻取之容。上曰朕當四方未定因爲天下救焚拯溺。故不獲已乃行戰伐之事。所以人間遂有此舞。國家因茲亦制其曲。雅樂之容。止得陳其梗槩。若委曲寫之則其狀易識。朕以見在將相多有曾經受彼驅使者。旣經爲一日君臣。今若重見其被擒獲之勢。必當有所不忍。我爲此等所以不爲也。蕭瑀謝曰此事非臣思慮所及。

武后載初元年后謂內史邢文偉曰。移風易俗莫善於樂。伯牙鼓琴鐘期聽之。知意在山水。是人能移風易俗矣。何取樂耶。文偉曰聖人作樂本人心。變風俗。末世樂壞則爲人所移。后嘉歎焉。

中宗時宴兩儀殿酒酣胡人襪子何懿等唱合生歌言淺穢。因倨肆。考功員外郎武平一上書諫曰。樂者天之和。禮者地之序。禮配地。樂應天。

故音動於心。聲形于物。因心哀樂感物應變。樂正則風化正。樂邪則政教邪。先王所以達廢興也。伏見胡樂施于聲律本備四夷之數。比來日益流宕。異曲新聲哀思淫溺。始自王公稍及閭巷。妖伎胡人街童市子。或言妃主情貌。或列王公名質。詠歌舞蹈。號曰合生。昔齊衰有行伴侶。陳滅有玉樹後庭花。趨數驁僻。皆亡國之音。夫禮慊而不進即銷。樂流而不反則放。臣願屏流僻。崇肅雍。凡胡樂備四夷外。一皆罷遣。況兩儀承慶殿者。陛下受朝聽訟之所。比大饗羣臣。不容以倡優媟狎虧汙邦典。若聽政之暇。苟玩耳目。當奏之後庭可也。

玄宗時涼州獻新曲。帝御便坐召諸王觀之。寧王憲曰。曲雖佳然宮離而不屬。商亂而暴。君卑逼下。臣僭犯上。發於忽微。形於音聲。播之詠歌。見於人事。臣恐一日有播遷之禍。帝默然。及安史亂。世乃思憲審音云。

周世宗顯德六年。帝以王朴素曉音律詔之。朴上疏曰。禮以檢形。樂以治心。形順於外。心和於內。然而天下不治者。未之有也。蓋樂生於人心。而聲成於物。物聲既成。復能感人之心。昔黃帝吹九寸之管。得黃鍾正聲。半之爲清聲。倍之爲緩聲。三分損益之以生十二律。旋相爲宮以生七調。爲一均。凡十二均。八十四調。而大備。遭秦滅學。歷代罕能用之。唐祖孝孫考正大樂。其法始備。安史之亂。什亡八九。至于黃巢。蕩盡無遺。時有太常博士殷盈孫。鑄鎛鍾十二。編鍾二百四十。處士蕭承訓校定石磬。今之在縣者是也。雖有鍾磬之狀。殊無相應之和。其鎛鍾不問音律。但循環而擊。編鍾磬徒縣而已。絲竹匏土僅有七聲。名爲黃鍾之宮。其存者九曲。考之三曲協律。六曲參涉諸調。蓋樂之廢缺無甚於今。臣謹如古法。以秬黍定尺。長九寸。徑三分。爲黃鍾之管。與今黃鍾之聲相應。因而推之。得十二律。以爲衆管互吹。用聲

不便。乃作律準。十有三弦。其長九尺。皆應黃鍾之聲。以次設柱爲十一律。及黃鍾清聲。旋用七律以爲一均。爲均之主者宮也。徵商羽角變宮變徵次焉。發其均主之聲。歸乎本音之律。迭應不亂。乃成其調。凡八十一調。此法久絕。臣獨見之。乞集百官校其得失。詔從之

南唐嗣主時。太常博士陳致雍奏曰。臣聞羽籥干戚。所以調八風也。金石絲竹。所以正五音也。古先哲王致人神協和彝倫攸序者。鮮不由之。高皇帝再造丕基。顯登大寶。修三代之禮。正八佾之儀。未及下車。遽命置舞童。令樂師導之以節奏。教之以升降。將備大禮。于今二十年矣。近者兵戎未偃。王師出討。言便宜者或以舞童長積年之儲爲無用之具。請並用充士伍。以從討伐。此皆畫餅之言。非聖賢之教也。禮樂者國之本。安可無之。而又或衣冠之子。或市井之人。將戈戟以祭戎。執鼓旗而揮麾。非其能也。且其數不過百十人而已。加之以

教習積年成功，一旦棄之，復無傳者。存之未必減太倉之粟，廢之豈益國家之師哉？臣竊惜之。仲尼曰：「爾愛其羊，我愛其禮。」蓋亦此也。伏惟皇帝陛下，酌聖王之盛典，特降聰明，許從仍舊。

宋仁宗景祐三年，右司諫韓琦上奏曰：臣伏聞樂音之起，生於人心。是以喜怒哀樂之情感於物，則噍殺嘽緩之聲隨而應，非器之然也。故孔子曰：「樂云樂云，鐘鼓云乎哉。」著其言，斯有在。孟子之對齊宣王亦有今樂猶古樂之說，言能與百姓同樂，則古今一也。唐太宗聽祖孝孫新樂，乃謂樂之作，蓋聖人緣物設教，治之隆替，亦不由此。魏元成對以樂在人和，不由音調。此皆聖賢述樂之大方。以臣識暗藝膚，素非知音，陛下誤賜甄采，使待罪諫列。昔被詔旨，令與丁度等詳定胡瑗、阮逸、鄧保信所造鐘律事。臣粗考前志，參驗今古二家之說，互辨來蓋遂援之圓方，分保信之短長，參質之與據，皆無所闕。伏自藝祖造邦，仁宗撰緝禮典，郊事咸備，通用王朴之樂，悠無更易，以至祭康寧。又兵革銷戢，天下無事垂八十載。為樂之用，非不和也。頃因燕肅獻規，妄加磨鑢，逮會李照赴闕，謂非克諧，陛下發天縱之能，留日昃之聽，精加練覈，許之改作，逮於成功，即薦郊廟，暨逸、瑗繼至，咸言照樂穿鑿，再令造律，即又圖徑來合。保信續上新法，亦乃長廣乖古。竊以祖宗舊樂，遵用斯久，屬者徇一士之偏議，變數朝之定律，賜金增秩，優賞其勞。曾未周春，又將易制。臣慮後人復有從而非者，不惟有傷國體，實則虛費邦用。歷觀前代[illegible]、樂者之管尺尚存而猶是非紛紜，累年方就，未見今之速而易也。臣竊計之，未若窮作樂之原，為政治之本，使政令平簡，民物熙洽，內擊壤鼓腹以歌太平，斯乃上世之樂可得，以器象求乎？既達其原，又當究今之急，以佐隆業。國家方夏寧一，朝廷晏清，西北北垂，又弛邊備，犬戎之性，豈能常保弱則畏服，強則驕逆？漸習皆納，何代而無？必思宜備不虞，未可全撤大信。此陛下之與左右弼臣宵旰所慮，宜先及之。緩急求樂之議，移訪安邊之議，急其所急，在理為長。臣欲乞詔下攸司，盡記二家律法及所造管尺鐘磬權量，存而未行。再命天下有精曉音律者，俾之評正，然後施用。候一二年間，訖無至者，則將王朴、逸、瑗、保信三法，別召稽古近臣，取其中多合志者，以備雅奏，固亦未晚。今之定奪，權且停罷，萬一財擇，不勝至幸。

寶元元年，琦知諫院，上奏曰：臣先於景祐三年嘗奉聖旨，令與丁度、胥偃、高若訥同共定奪阮逸、胡瑗、鄧保信等所造鍾律。尋將歷代典志文字及將漢錢分寸較量，得王朴舊樂於太祖朝，留令和峴以司天監景表尺減定，與漢唐尺度差近。其胡瑗、阮逸、鄧保信并李照等鍾律，俱不合古，遂具聞奏。再奉聖旨，令將漢錢分寸及景表尺，則造律管參校。臣與丁度等各陳述不曉音律，乞再訪知樂者俾令詳定。後蒙寢罷。其時臣曾將景祐廣樂記看詳，備見實紀李照不依古法出意制造律度之事。今來南郊在近，陛下躬行大禮，不可以李照所造違古之樂上薦天地宗廟。臣竊聞和峴減定王朴舊樂鐘磬等見今並存，欲乞特降聖旨下太常寺，將來郊禋用舊樂，所貴國容成備，神聽惟和。

景祐四年，秘閣校理余靖議李照所定樂，奏曰：臣聞道路傳言，已降旨揮，今月十六日皇帝御後殿，命中書樞密院及修樂書臣寮同於上前詳議李照、胡瑗所定雅樂是非事。臣竊謂樂者因聲以布其和，聲者因器以宣其用。故假金石以為器，然後聲得而和；分宮商以為音，然後樂可以審。今李照之說，形器可覩；胡瑗之議，音聲未傳。以此二者同，欲定優劣，不亦難乎？又況言有辨訥，意有巧拙，又安能頃刻之聞定之手。臣又以爲古之作樂者知聲有清濁。故吹律以制其中。然久而失傳。故累黍以存其法。後世增損。不能識其本。聲皆以古法求之。尚或得其髣髴。舍古而不用。不知悉何所從。况胡瑗所陳頗有條據。何不試令造鐘磬一編。與李照之樂更考迭奏。取其絲竹之聲諧和而不相奪者定以爲樂。而後行用。彼時諸識亦未爲晚。臣嘗聞諸着古云。並言李照學無師法。自傳損益。又兆闕文。意以爲內助。故得紛然。恣其偏見。而律黍疏長。鐘聲震掉。不得古制。不可垂法。察於衆言。照未全是。若以樂爲政之大者。當謹重改作。則宜讓於李照未改之前。今既改而未定。又宜詳考律呂審的制度。以防其失。臣故謂當令胡瑗作爲鐘磬。而與照樂兩辯真聲。然後是非灼然。如在衡鑑。不辯而可知也。臣不任區區瞽言待罪之至。

歷代名臣奏議卷之一百二十七

歷代名臣奏議卷之一百二十八

禮樂 純十樂

宋仁宗慶曆元年翰林學士宋祁上奏曰。臣伏覩右司諫直集賢院韓琦奏劄子節文。謂會將景祐廣樂記看詳備見賈紀李照所造違古之樂。不可以上薦天地宗廟。竊聞和峴減定鐘律等。見今存在。欲乞特降聖旨指揮下太常寺。復用舊樂者。奉敕已差資政殿大學士宋綬等與兩制同共詳定聞奏。伏緣臣自景祐元年中曾蒙差赴太常寺與燕肅等共磨治鐘磬。後來親見李照重定律度。及相次提舉胡瑗別造鐘磬。臣於太常樂器粗知本末。苟有所見。不容隱默。謹具畫一于後。

一。李照所造鐘磬。當時只是將太府寺布帛尺一面定法改造。比舊樂頓下四律。伏緣李照資性詭僻。辯論專固。莫非出自私意。

不循古法。其尺約長王朴尺二寸。其斗法以六百二十黍爲一龠。六龠爲一合。向古十龠爲合。今損差四合。十合爲一升。十升爲一斗。謂之律斗。其秤以升水之重爲一斤。（比今太府見用秤舊秤一斤十兩）十斤爲一秤。（今太府秤以十六斤爲一秤）謂之律秤。又減鐘磬十六枚爲十二枚。（自古經文中無十二枚爲一架）其鐘之形狀並不依典故。聲韻迭相掩過。舉樂。及李照自造大竽大笙。亦充太樂行用。皆淫濫新聲。不係古制。及有新降到雙鳳管。樂工吹之並不成聲。李照雖自稱曉音律。其實與伶官賤工識見無異。遂敢敗壞祖宗以來舊樂。使朝廷以不法之器薦見天地祖宗。四海傳聞。莫不竊議。只如照所定黃鐘之管。乃是南呂倍聲。舊黃鐘九寸正聲。却降在太簇夾鐘之間。其太簇商聲君位也。今君聲降在臣位。羽聲乘處尊宮。三年有餘。於理尤害。天災人事不合常禮。皆不祥之大也。

如此數事人無愚智皆共明知陛下況深達律呂可以斷自聖慮便改正。應干李照當請添損者並違經背古乞如郭琦所奏一切皆令停罷並復祖宗舊制。

一、太常寺舊樂本自唐昭宗時雅樂已散器無孑遺。有博士商盈孫按酌典故更造鐘𨥁。其後五代相傳習而不改。至周時王朴重定尺度略加添正。太祖朝又詔和峴以景表尺重加磨治。稍令聲下。昨緣景祐二年燕肅始乞修正樂器。其時只得王朴律準。又無王朴所定律尺律管參驗音韻。而燕肅只據律準與鐘聲按定高下。即是此太常舊樂。比王朴時已自不同。況和峴減定之後。又經真宗朝景德中李宗諤一次修飾。至燕肅凡經三度磨鑢。然俱不先立尺律律管所以後來無處根正法度音律。然其舊器傳自唐末。歷祖宗三聖無人輕議用之蓋幾八十餘

年。雖非的然如舜韶周武法度明備要之沿襲本末實與典禮最近。非同李照率意詭妄改作不經。今若陛下且以為舊典差近法度。即乞先取景表尺裁鑄律管以案王朴律準。然後和峴當時所定聲律高下確然可見。況舊鐘尚有七百餘枚。係本寺收官。畧如磨鑢。令與聲律相協。所有舊磬為李照定樂時盡底磨截。破壞無見存者。若且將李照所定石磬自太簇以下刻磨長短。亦與舊樂黃鐘以下彷彿相近。及將本寺磬朴二百餘片柜無添補。亦可諧合音律與鐘粗得三架。即可於將來南郊大禮前一時了畢。不過數月便可見功。其餘絲竹諸器只是移正聲調便成雅樂。況禮樂之本出自天子。今陛下天縱睿聖通知音律。復古順適尚所致疑。伏乞即下有司速令修復以旌善述之美。

一、景祐三年詔令臣監領胡瑗鑄造鐘磬一架。臣伏見胡瑗既算法。雖將先儒所說黃鐘管內八百一十分為方分算法。並與鄭康成周禮注及班固律歷志古法相合。自隋唐以來諸儒辨論黃鐘一龠之法皆不及瑗。相次於雜物庫請銅鑄之時忽於雜銅內得古鐘三枚。即不知甚年。及是何州縣納到。臣與故翰林侍讀學士馮元即時驗認。其鐘古質精妙須鑄皆有廉隅。上有三十六乳。餘外緣雲氣為飾。有兩欒之制。如鈴不圓。正與周禮所說形制相符。一鐘破損。二鐘尚可叩擊。遂子細洗滌於鐘上有篆文兩行。其篆亦字體古簡。推本其文。未是近代所造。乃是漢魏間所用者。其文曰。越作朕皇祖文考寶和鐘越思萬年子子孫孫永保用享凡二十二字。臣與馮元商量。此既古器。又合經典。（除三十六乳與鄭康成說小異。康成以為鐘每面三十六乳。即一鐘合七十二乳。）遂畫圖子進呈。

後一面勅令胡瑗懸依古鐘形狀製造新鐘成一十六枚。其胡瑗所定律尺律管。比王朴鐘只下半律。鐘磬甚得諧韻。其時不曾許當面進呈。遂只送太常寺收係。即目見在。後來又蒙別差官詳定李照胡瑗等律尺管。其時議者皆云胡瑗實龠之黍或有小大不同。以為未盡合古。遂抑而不行。至於八百一十分之法則盡以為然無有非者。臣以為胡瑗之尺黍雖有長短大小之差未盡合古。然比舊樂又近法度。如更使諸儒畧加論討庶可施行。而合雅正矣。臣又竊謂陛下用心詳定雅樂之日。獲此古鐘乃是瑞應。因此若便定律尺律管。使諸儒極意論難。從其長者定為尺法。然後作鐘石以聲之。有何不可。而前來議者固執李照不法之器。以為此樂已經郊祀天地不可輕改。更候有知音者然後改之。且祖宗舊樂相傳八十餘年。經真宗東封西

祀。一旦奪照狂妄率然敗壞。却無輕改之憚。今欲依據經典裁正。律度反以爲更俟知音。假如今世遂無知音。則是李照不經之器。便傳後代。取笑千載。此亦陛下昭然可判識者之大謬也。臣以爲陛下既自明律度。不須更以知音爲言。夫知音自古難得。非獨今也。若世無夔牙。則且當以法自據。雖有淸濁高下。其失不遠。故臣願陛下只將胡揍八百一十方分之法。詔取上黨秬黍。擇其中者。差一二精力官。官及左右一二信臣。於宮中畫加校定。陛下因以餘暇。親臨制決。黍定求寸。寸定求尺。尺定則律度量衡四物皆正矣。然後依古法。將新尺試以推步晷景。若合。此一不謬也。試以新管埋地候氣。氣候若應。此二不謬也。然後可以遂班天下。明告以律度量衡之法。因之修定雅樂。詔嘗今精知音律經術者同加討論。事無不濟。然此一事雖非朝夕

急政。陛下能以萬機之暇。應而定之。亦千載不刊之美也。其有先獲古鐘。恐禁中忘記。當時進呈圖樣。今再畫到一本。隨狀進呈。

右具如前。臣以儒吏爲業。合爲文辭敷啓。又緣臣久在病假。既不獲乞上殿面奏。今來事涉辨論。不敢脩飾文語。貴要暢盡事理。是敢直說本末。

祁乞減編鐘事奏曰。准中書送下監鑄編鐘所李照狀。爲乞減編鐘十六爲十二事。狀後批奉聖旨送修撰樂書馮某等詳定聞奏者。右臣竊以作樂制器。取象非一。本乎律呂播爲音均。用在極和。要歸協雅。而短長淸濁。遞相損益。諸儒爲說。各自名家。援據經師。資爲辨博。較其實。主執有之論。昔伶倫命律。初無配類。后夔典樂。唯取克諧。究理盡深賾。人致感。原聖人立樂之意。豈獨執於一方。金石設懸。虡易其數。自鎛縣十二以至編縣二十四。盡八音之器。因物制宜。歷代相沿。遂多創述。若絃聲一以至於五十。律聲一倍以至於三倍。或減半以爲得。或備數而無害。變均度曲。應和爲經。工師常員。雅鄭無辨。不足以備問對。擊考之度。第循其故。獨何曉於是非。周朝樞密使王朴嘗造準以考聲律。太常實嚴和峴亦經參校。論者以爲尺度太短。雅聲過高。自此少能知音。莫傳其業。今止以照素識音律。使校定六樂。照又調合鐘磬。務要和聲。察其用心。良亦精密。且又請改編鐘十二以爲與律數而足。但學者多所未聞習。周官或乃失傳。下議以詢博求。至當況禮樂之大典。方太平而後備。若丞衆說。則有會禮聚訟之煩。若遂反古法。則有事不師古之戒。臣考視圖載。皆有趣義。願聖上覽其意而定焉。

祁論司武舞所執九器各有所用奏曰。臣案武舞六十四人。左執干。

右執戚。離爲八列。又別使工人執旌居前。次執鼗。次執鐸。次執錞。次執鐃。次執相在左。次執雅在右。各分行於列。至樂作舞入。則自鼗而下。咸振作之。舞工定位而止。及舞將退。又振作之。舞工畢出而止。臣竊詳鼗鐸之説。義不虛生。蓋舊史禮經徧舉其凡。不言其細。故輩作旅進。無有先後。且鼗者所謂導舞也。鐸者所謂通鼓也。錞者所謂和鼓也。鐃者所謂止鼓也。相者所謂輔樂也。雅者所謂陔步也。夫錞于鐃鐸在周鼓人四金之奏。以和軍旅也。武舞象功。故得以軍器參焉。是舞之容節。導於鼗。通於鐸。和於錞。止於鐃。輔於相。陔於雅。義可見矣。寧有導舞方始。止鼓參焉。止鼓既振。通鼓默焉。進退不倫。終始無別。臣雖不習故事。竊以私意處之。謂當舞入之時。鼗鐸以先之。錞以和之。相以輔之。雅以節之。及舞之將成也。則鳴鐃以進行列。築雅以陔步武。各分左右。鼗舞俱出。其鼗鐸錞相皆止而不作。故司馬戒曰鳴鐃且卻。斯之

請矣如此則允協樂志庶復舊職

郊祀別撰郊廟歌曲明述祖宗積累之業奏曰歌詩之興尚矣自陶虞而上書逸其傳商頌與有存者商周詩大備竊聞班固之論也以為商周雅頌上本有娀姜嫄卨稷始生玄王公劉古公太伯王季姜女太姒作合之德乃洎成湯文武受命武丁成康宣王中興下及輔佐伊尹周召太公申伯召虎山甫之屬靡不褒揚既信美矣聲始歌詠而施及金石洋洋渢渢遂盈塞乎天地之間使後世子孫有以祖述稱頌而德之無極也洎秦亂刻禮亡樂缺逮漢六世始立樂府采詩夜誦多舉司馬相如之屬造為詩賦略論律呂以合八音之調然其郊廟歌詩未有祖宗之事又不制雅樂有以相變盛德之音寖以大章史官追積深譏其非南北霸雜音謠哀怨僻篇促節以雕蔚相矜唐家累盛頌惡前烈詔禮於野緩樂於旅然至郊廟

歌詠亦止一時之事體不遠稽乎不入雅累句屬音商周之風衰焉安業撥亂正聲兼失或入河海或淪坑谷宋興承五運末流繼千載紹基受命之始日不暇給故未皇協律之事而樂正禮官又非夙儒故老制作之懿久無聞焉雖薦脩大禮別製辭曲然皆踵沿舊體未始改為遂使祖宗耿光盛烈幽伏槁簡天命靡昭以為神羞而武穆文孫春秋助祭但習容典不知王業之艱難誠可畏也臣朴野蔑微不遠故實竊惟太祖武皇帝推闡位曆正統撥亂海之以默不端東纏吳越右擁蜀壘大去荊僭獎伐叛晉士無離傷邦用底定罷諸道御度以絕僭萌收天下精兵以强京服太宗文皇帝鋪敦武旅遂定并汾分遣良史綏靖萬國斂才懋官內經百度平租射籍以賙四人戢威懷德卒議封禪肆我真宗紹休聖功於時匈奴穿塞海寇逼郊一戎底行肆覲名山六龍巡幸厭角請罪然而不忘細故許其歡盟

休寧北方浮于今是賴而又進步逾遐靈篇崇奉高濟汾河景光瑞福薦臻翕習臣所不能盡述商之發祥周之監觀方茲蔑矣然而清廟詠歌但紀函蒸淳濯之細不推積德累功之本千品萬官靡所寄言故臣願陛下萬機之餘取三聖實錄摭其武功文德在民耳目尤祥極瑞非人力所至者鋪棻發揚作為歌詩別詔近侍略依生民公劉猗那長發之比裁屬頌聲使被金石尚體要而去浮靡根中和而矯淺巫稅言質而易曉理懿而行遠俾天下昭然知祖宗造邦濟世之勤子孫無淊假怠遑之志臣下有祖述奉揚之義超唐軼漢遂躋三代寧不盛耶

郊祀論太樂署雷鼓靈鼓路鼓備而不擊及無三鼗奏曰臣案周大司樂之職雷鼓雷鼗奏於圜丘以祀天也靈鼓靈鼗奏於方丘以祀地也路鼓路鼗奏於宗廟以格祖也歷代用焉著為樂令然則小鼓為

大鼓先引猶作樂之漸故兩施無嫌也國朝崇薦郊廟但各設鼓於樂縣之內備而不擊夫有鼓無鼗於禮已闕設而不用在理尤甚蓋上睽五代抗敝失傳有司持循罔暇論討臣以為可詔本署稽舊典詢遺法作為三鼗以備大樂祭天之際其鼓若鼗皆使縣工播而擊之用諧音節如此則器備禮完神祇來格矣舊說鼗者如鼓而小以木貫中作柄雷鼗柄各四枚為八面靈鼗柄各三枚為六面路鼗柄各二枚為四面旁以結皮為耳搖之還自擊也以通雷鼓靈鼓路鼓掌鼓之工每面一人左手播鼗右手擊鼓云

郊祀論太樂署有舂牘之名而無舂牘之器奏曰臣觀景德中李宗諤所進樂纂革部中著舂牘其說曰周禮笙師掌教舂牘應雅以作祴樂賓醉而出奏祴夏以三器築地為之節（三器謂牘應雅也）明不失禮也大五寸長七尺短者或三尺其端有空漆畫之以兩手築地今並於宮

縣舞樂中用。臣比徧閱樂工，言初無此器，又責其樂器之籍，則明著春牘，而說與樂纂相符。又景德樂書予今多在。詰其所以，乃云恐宗誤論著之時，止憑本署簿文，謬著於樂纂耳。臣謹采三禮圖所畫春牘之狀，大略可曉。然檢嚴著令及舊史，其文武二舞諸工所用，但有鼗鐸鐃鐲相雅干戚籥翟等器，不著春牘，則知後人誤采古名以爲空說矣。

祁論竽及巢笙和笙奏曰：臣奉詔與太常臣燕肅等同畫太常樂器以備稽覽。至匏部有竽及巢笙和笙共種。案舊說，竽長四尺二寸，三十六簧，宮管在中，形參差像鳳翼；巢笙十九簧；和笙十三簧。今據太樂諸工以竽巢和三種併爲一器，皆取胡部十七管笙爲之，但以宮管移裓左右，用爲小異。其巢和二笙，在景德中李宗諤又奏定二義管懸貫匏中，今爲十九管。臣嘗索於樂署，得鳳笙一種，樂工言此古器，今不可用。攷驗形製，乃古竽也。其長四尺有餘，三十六管，列管參差，及曲頸皆爲鳳飾，其空悉在管外，歲久不治，有管無簧，今但秘而存之，爲無用之器。臣以爲可募知音者修復古竽，以合正聲，革易舊今著工用所淺俗忘遷之器，勿令亂雅，并案竽以合正聲，革應舊製。傳曰放鄭聲，謂此物也。

祁論精選太常樂工及募能知音者備太常官屬奏曰：昔虞舜命后夔典樂教胄子，其言曰：詩言志，歌永言，聲依詠，律和聲。夔亦曰：於予擊石拊石，百獸率舞。自周以上，胄子出於公卿，聲工皆有明德，其爲樂可以道古，其爲舞可以動容，故能來格祖考，而同和天地。道衰官失，政移諸侯，制度陵僭，音由緩靡。然且晉有師曠，魯有師乙，判南北之風，執商齊之宜，援古驗今，若符合節。其後士人，則漢有京房，魏有杜夔，晉有荀勗，隋有鄭譯，唐有張文成、祖孝孫，雖未能考正中聲，以盡善美，其推本律呂，有足稱道。自梁詆周辱，亂不厭，猶使王朴、竇儼緒求墜闕，略合遺器，累黍定尺，造準寫聲，求七均，叩五音，以成八十四調。儼又著大周正樂一百二十篇，雖廣而不要，雜而無類，苗務相敗，雅鄭同倚。然禮失求野，蔑有可采，而宋興達者尚未聞焉。臣謂古之所以爲工者，皆精敏之人；後之所以爲工者，皆輿廝之賤。古之所以總司者，材堪則任；後之所以總司者，官達則遷。樂不逮古，實於何有？比來諸工，尤爲清混，或坐區貫子，或力穡農人，苟避乎丁，咸求著籍，未識所習，況責所聞？族居州處，尤如墻面，雖誨以六樂，教以二南，亦不能諧神祇，和邦國矣。朝家丕纂謨烈，咸事俊良，必不惜才，無容懟德，願求之任之未至耳。且一日失官，尚及於死，三年廢樂，當何不壞？古有其人則樂舉，無其人則樂息。昔周官盡在，武坐且或失傳；漢準具存，幹家莫能取定。又況年祀綿曠，器用淪亡，賢者恥而不精，鄙夫濫以安處，而望樂正雅頌，其由致哉？臣願陛下明下詔書，且募天下知音之人，秩以微祿，使備太常官屬，賒其歲限，漫使討論，擇其所長，以備闕典。又按舊令，太常諸工取年十八以下姿情可教者，使滿定員，明立章條，以判勤惰，如此則不過十稔，官修事備，以須陛下功成作樂矣。

嘉祐元年，知諫院范鎮上奏曰：臣伏見國家自廢祖宗舊樂用新樂以來，及今四五年，日食星變，冬雪秋雹，風雨不時，寒暑不節，不和之氣，莫甚於此者。使樂無所感動則已，樂而有所感動，則衆異之至，未必不由此也。去年十二月晦，大雨雪大風，宮架飄壞，元日大朝會，樂作而陛下疾作。臣恐天意以爲陛下不聽變祖宗舊樂而輕用新樂也。不然，何以方樂作之時而陛下疾作？天意警陛下之深。自初議樂時，臣嘗論新樂非是，其間畫一一適，最爲詳悉，今再具進呈，乞下執政大臣參詳。臣晝有如可采，伏乞且用祖宗舊樂，以俟異時別加制作。

鎮又奏曰：臣近奏國家自用新樂以來，風雨不節，災異衆多，乞且用祖宗時舊樂。已蒙下兩制及臺諫官參詳。及今兩月，未聞奏上。伏緣逐時祠祀及九月恭謝，皆所施用，不可淹久不決。竊惟衆樂之和，以律與金石為本。故律之法曰：凡律圍九分。凡律者，言十二律也。故黃鍾徑三分，圍九分，長九十分，積實八百一十分。自九十分三分損益之，而十二律長短相形矣。自八百一十分三分損益之，而十二律積實相通矣。（凡律圍九分，[illegible]然）今黃鍾、大呂、太簇、夾鍾、姑洗、仲呂、蕤賓、林鍾八律皆徑三分四厘六毫，圍十分三厘八毫；夷則、南呂二律徑三分，圍九分；無射徑二分八厘，圍八分四釐；應鍾徑二分六釐五毫，圍七分九釐五毫。十二律圍徑不同，則積實損益不通。外之長短有損益，而內之積實無損益。此律之法非是也。古之鍾有大小，則容受有輕重，故黃鍾之重二鈞，容二千龠；自二千龠二鈞三分損益之，而十二鍾大小輕重容受殊矣。今之十二鍾一以黃鍾為率，而無容受輕重大小之別。又古之鍾皆圓制而側縶之，所以出其聲也。而今之鍾皆褊制，又平縶之，故其聲鬱而不出。（古鐘亦有平縶者，然空其兩以出其聲，然亦非周之制也。）周禮疏云：應律之鍾狀如今之鈴，不圓，故有兩角也。（謂銑）按鈴之狀本圓，安其兩角以為鍾，故云如鈴而不圓。今以褊為不圓，以似鐸為如鈴，所以聲鬱而不發。此鍾之法非是也。古之磬以一律為之博，二律為之股，三律為之鼓，謂十二磬各以其律之長短為法也。今之十二磬皆以黃鍾為律，博九寸，股一尺八寸，鼓二尺七寸，而無長短之別。此磬之法非是也。律與金石之法非是，樂所以不和也。乞令算官考校十二律積實分損益之數，并臣今狀下兩制及臺諫官一處參詳。所貴易為曉正。

四年，翰林學士王珪上言曰：昔之作樂，以五聲播於八音，調和諧合，而與治道通。先王用於天地宗廟社稷，事于山川鬼神，使鳥獸盡感，況於人乎？然則樂雖盛而音虧，未知其所以為樂也。今郊廟升歌之樂，有金石絲竹匏土革，而無木音。夫所謂柷敔者，聖人用以著樂之始終，顧豈容有缺耶？且樂莫隆於韶，書曰戛擊，是柷敔之用。既云下而擊鼓，知鳴球與柷敔之在堂。故傳曰：堂上堂下各有柷敔也。今陛下躬祠明堂，宣詔有司考樂之失，而合八音之和。於是下禮官議，而堂上始置柷敔。

仁宗時，張方平上雅樂論曰：臣聞人函陰陽五行之氣，有喜怒哀樂之情，心術所形，隨感而動，動而無節，則必有淫佚詐僞之心、勃亂暴慢之事。是以聖人立禮以文其外，作樂以理其中，發於詠歌律呂，播於金石管絃，調雅正之聲，導生氣之和，全其天理，迪其善心，而不使邪氣僻情得接焉。古之天子諸侯卿大夫無故不徹樂，士無故不去琴瑟，弦歌雅頌之音洋洋乎流于族黨鄉州之中，民共聞之，莫不油然有易直子諒之心、慈愛爾莊之意。是以天下和悅，禮義有序，故曰：移風易俗，莫善於樂。謂其感人之深也。教化治世之要，必本於禮樂焉。及自周衰，王道喪敗，禮壞樂散，諸侯各溺所好，國異其俗，而鄭衛燕趙秦齊楚越淫過凶嫚微僻侵數之聲作，斷棄先王之樂，用變亂正聲。秦漢已還，承習備用。魏晉南北兵禍煩多，雜之以巴渝，參之以胡羯。耳目熒潰，心志驕放。古者所以興理，後世更用致亂焉。其雅聲金奏，雖世議究補，然登歌下管，既非賓饗所用，崇牙樹羽，徒為備物之器，惟於郊廟擊拊成禮而已。間者伏聞朝廷招集諸生，考正雅樂，蓋國家深惟治本，修起頹廢，上以尊宗廟，下以表風俗者也。臣愚鄙，不達樂意，竊思有以仰贊盛事，少裨聖化者。臣聞昔在帝舜命夔典樂教胄子，周官大司樂掌成均之學政，至于師瞽矇，皆用有道德通教化者，世其官業，通其精義，故能用之祭祀而神鬼格，施之朝廷而君臣正，展之律呂而陰陽和，作之庠序而萬民協。漢氏教得人之盛，而協律在乎儒雅質直之列。又漢制卑者之子不得舞宗廟之酎，取二千石至關內侯適子方為舞者。歷代而下，樂府令丞多用士人。臣伏見太常樂工率皆市井閭閻屠販末類，很惡汙濁，雜居里巷間，有大事輒集而教之，禮畢隨散，則其藝安得而精？褻慢三靈，誣黷典禮，豈人君虔奉天地祖宗之意乎？今夫執技以事上，若曆家則有司天之監，醫藥則有翰林之署，其琴弈書畫一藝之微者，莫不厚賦廩稍，閒蒙好賜，聯翩羨倍，朱紫垂章者亞肩于朝。其太樂諸工，與古者大夫士之職也，所習者先王所以風化天下、交接天人之具，用則天

子齋戒被法服，儀典咸具而後設之，是其於邦國之禮誠重矣，而乃畜養之至薄，習肄之至簡，曾不得齒乎醫卜雜藝之末，以露一命之榮。是以人望太常之門，徑趍而過矣，又何暇一傾耳乎鍾磬之音者歟？今幸得朝廷興起古道，較定鍾石，臣謂宜特立太樂署，依司天監為之官次秩序，稍用知鍾律之士以充其選，擇衣冠之後，或設為官蔭，若漢太常弟子，為立選限，如太廟齋郎室長之制，領屬太常，使專肄習焉，以奉郊廟之饗，以盡孝恭之誠。其天下有學校庠序之所，使得備金石之樂，春秋釋奠，行射鄉之禮，則奏焉，以風示天下，化民厲俗，則庶乎神人接洽，上下恭順，正四氣之和，奮主德之光，民知鄉方，而人倫清矣。謹論。

蔡襄乞用新樂於郊廟劄子曰：臣伏覩詔旨南郊且用舊樂，令兩制禮官詳定聞奏。臣竊以五代多故，大樂淪亡，至王朴、竇儼始加詳造。太

祖皇帝每謂雅樂聲高，近於哀思，不合中和，因詔和峴討論，以影表尺比王朴所定尺加四分，遂造十二律管，校其聲下朴所定樂一律。當時雖詔許施行，然未嘗制作樂器，至今所用皆王朴舊物。伏惟陛下紹隆祖考，精意禮樂，博延天下儒者，尋繹經義，設司制作，垂二十年，其費鉅萬。然周禮、史記、漢書雖有舊說，施於制器，自已不合。適者兩制諸儒參議，約古制減下一律，其功用就，陛下親御便坐按閱，傳臣畢與觀聽，工作精好，聲律和暢，陛下審慎，再令詳定。臣竊謂今來皇祐累黍尺與影表尺同，不異古制，一也；減下一律，歌者協聲，近於中和，二也；上符太祖皇帝減下一律之旨，三也；前來諸儒或有異論，只於形制小大與緣飾之文時有異同，至於聲律本無他說，四也。以四者之明驗，故可用而無疑也。臣聞聖人制禮作樂，皆因時垂法，必以考閱猶與，以求古樂。自秦漢以來，其說已亡，況其形制聲律豈能

盡傳？幸今所存者略可依倣，雖不能盡及於古，比之今樂，器精而聲和，若施之郊廟，薦於朝會，亦一時之盛事。臣見前代諸儒議事，未始一定，多亦制决。今南郊甫近，若衆論一有未合，則屏而不設，是陛下二十年精求之心，一旦又復捨去，必天降秬黍然後定尺，此空論也。伏望聖斷，特許施行。

英宗時張方平請郊祀用新樂事疏曰：臣前承宣召崇政殿觀新樂，近又聞聖旨以將來南郊且用舊樂，令兩制詳定。伏以後周律本王朴、竇儼之所考正，朴既人傑，儼亦通儒，制作所傳，必貫精義。按朴疏云：自秦而下，旋宮聲廢，自漢至隋垂十代，凡數百年，所存者黃鍾之宮一調而已，十二律中惟用七聲，其餘五律謂之啞鍾。唐太宗用祖孝孫、張文收考定雅樂，而旋宮八十四調復見於時。唐末之亂，二器都盡，購募不獲，文記亦亡，集官詳酌，終不知其制度。鄭及後唐晉漢

缺壞尤甚。至于十二鑄鍾亦不復通其音律。輒備一瑑而擊之。編鍾編磬具儀而已。然竹匏土僅有七聲。雖黃鍾之宫一調亦不和。備其餘八十三調。於是泯絶。世宗臨視鍾虡。患雅聲論替。乃命竇儼考詳八音。粗加和會。以朴通於律曆。宣示古今樂錄。令加討論。朴遂依周法以秬黍定尺。作律準十三絃。分尺寸設柱以準十二管之聲。十二聲中。旋用七聲爲均。旋宫之聲久絶。由朴而復出。遂命太常按習。國初因之。後太祖以雅樂聲高。近於哀思。不合中和。因詔和峴審詳其理。峴言王朴黍尺較西京銅望臬古制石尺短四分。樂聲之高良由於此。乃詔依古法創新尺。并黃鍾九寸管。令工人品校其聲。果下於王朴所定管一律。遂重造十二管取聲。自此雅音和暢。景德中。御史上言太常樂器多損。音律不調。先皇命李宗諤考較課習。既而親臨閱之。亦先以律準定鍾石。自是樂府復有制度。陛下自景祐巳來講求樂

事。于時李照輩各率所見。議論不經。製作乖方。尋亦廢罷。聖心漲惟治本以禮樂爲大事。故孜孜訪遠。必欲盡其精要。考音制器。蓋巳詳備。在周王朴雖造律準。略定八音。尒時世宗方經略四方。用干戈征伐。日不暇給。蓋但編次舊器。考擊粗諧會而巳。藝祖詔和峴重定律尺。亦未嘗有所改造也。今陛下既合衆議。新作金石。試之廣庭。聲律又協。此乃藝祖之遺意。先皇之遠懷。夫又何疑成而不用。夫樂本於人心。成聲於物。聲既和。而反感於人心者也。先王以是交人神。變風俗。其用大矣。然歷代之審音者常鮮其人。又聲音之妙。非淺學所及。應於耳而通於心。然後能達其精微之致。儒生學者按文泥古。踞於形器制度之間。而不能知律呂本於自然之道。音官藝人記其搏拊節奏之序。而不能知教化之原。臣往年嘗蒙宣示樂府要略。竊以蒙昧妄爲注解。即知聖心之於樂律。通達本於天縱也。外廷諸臣不足以仰望清光。預制作之議。今郊祀日近。乞命太常勅工人按肄新器。使益精習。用之禮天地。薦祖宗。以伸陛下之孝誠。則積年之勤。亦不虛設。無煩過事謙損。以稽盛節。

神宗元豐二年。太常禮院主簿楊傑上言大樂七事。一曰歌不永言。聲不依詠。律不和聲。謹按虞書曰。詩言志。歌永言。聲依詠。律和聲。八音克諧。無相奪倫。神人以和。蓋歌以永詩之言。五聲以依歌之詠。陽律陰呂以和其聲。金石絲竹匏土革木。八音克諧。無相奪倫。然後神人以和也。若夫歌不永言。聲不依詠。律不和聲。八音不諧而更相奪。則神人安得和哉。且金聲舂容。失之則重。石聲溫潤。失之則輕。土聲函胡。失之則下。竹聲清越。失之則高。絲聲纖微。失之則細。革聲隆大。失之則洪。匏聲叢聚。失之則長。木聲無餘。失之則短。惟人稟中和之氣而有中和之聲。是以權量八音。使無重輕高下洪細長短之失。故

古者升歌貴人聲。八音律呂皆以人聲爲度。以一聲歌一言。言雖永不可以逾其聲。（如大呂曲用羽祖一句。以仲南黃仲四聲歌之。聲律最爲和協。）今人歌者或詠一言而濫及數律。（如正安曲至誠感神。一字無夾黃四聲。）或章句已闋而樂聲未終。（如正安曲已終尚有黃無夷夾大五聲之樂。）蓋所謂歌不永言也。伏請節裁煩聲。以一聲歌一言。遵用永言之法。且詩言人志。詠以爲歌。五聲隨歌。故曰依詠。律呂協奏。故曰和聲。先儒云依人音而制樂。託樂器以寫音。樂本效人。非人效樂。此之謂也。今祭祀樂章並隨月律。聲不依詠。以詠依聲。律不和聲。以聲和律。非古制也。伏請詳定大樂。以歌爲本。律必和聲也。二曰八音不諧。鍾磬闕四清聲事。謹按虞書曰。簫韶九成。鳳凰來儀。蓋虞樂之成以簫爲主也。商頌曰。既和且平。依我磬聲。蓋商樂和平以磬爲依也。周官鍾師掌金奏。凡樂事以鐘鼓奏九夏。蓋周樂合奏以金爲首也。是鍾磬簫者衆樂之所宗。爲聖帝明王之所貴。數十有

六。其所由來尚矣。漢得古磬十六於犍為，鄭氏注周禮編鐘編磬及大周正樂三禮圖編鐘編磬並以十六為數，示天子之樂用八。鐘磬簫倍之以為十六矣。且十二者律之本聲也，四者律之應聲也。本聲重濁，應聲輕清。本聲為君父，應聲為臣子。故其四聲或曰清聲，又曰子聲也。自景祐中李照議樂以來，鐘磬簫始不用四聲，是有本而無應，有倡而無和，若四十餘年矣。八音何從而諧耶？今巢笙其管皆十有九，以十二管發律呂之本聲，以七管為律呂之應聲，用之已久，而聲至和協。伏請參考古制，依巢笙例用編鐘編磬簫之四子聲以諧八音。三曰金石奪倫。謹按大司樂文之以五聲，播之以八音。八音雖異，其所以應律則一也。故樂奏一聲，諸器皆以其聲應也。既不可以不及，又不可以有餘。八音克諧，無相奪倫，此之謂也。今大樂之作，琴瑟塤篪笛簫笙阮箏筑奏一聲，則鎛鐘特磬編鐘編磬連擊三聲，泯於衆樂中，聲最煩數而掩壓衆器，求其所謂無相奪倫，不亦難哉！伏請詳定大樂，其鎛鐘特磬編鐘編磬並依衆器節奏，不可連擊三聲，所貴八音無相奪倫。四曰舞不象成。謹按樂記曰：夫樂者，象成者也。總干而山立，武王之事也；發揚蹈厲，太公之志也；武亂皆坐，周召之治也。又曰：武始而北出，再成而滅商，三成而南，四成而南國是疆，五成而分周公左召公右，六成復綴以崇天子。是大武之舞六成，象周德之成矣。國朝以謙德受禪，郊廟之樂先奏文舞，次奏武舞。其於武舞也，容節六變：一變象六師初舉，所向宜北矣；二變象上黨克平，所向宜北矣；三變象維揚底定，所向宜東南矣；四變象荊湖來歸，所向宜南矣；五變象邛蜀納款，所向宜西矣；六變象兵還振旅，所向宜北而南矣。今大舞者非止發揚蹈厲，進退俯仰不稱成功盛德，差失其所向，而又文舞容節殊無法度。故曰舞不象成也。伏乞參考樂記象成之文，詳定二舞容節，及改正所向，以稱成功盛德。五曰樂失節奏。謹按孔子語魯太師曰：樂其可知也。始作，翕如也；從之，純如也，皦如也，繹如也，以成。始作翕如也，治作翕然如衆羽之合。縱之純如也，節奏明白，皦如也。繹如其緒之不窮也。夫然後成。今大樂之作，聲不齊一，節奏混殽，往來無敘，曷聞所謂翕如、純如、皦如、繹如者乎？伏請稽考孔子之言，詳定大樂節奏。六曰祭祀享無分樂之序。謹按大司樂乃分樂而序之，以祭，以享，以祀。乃奏黃鍾，歌大呂，舞雲門，以祀天神；乃奏太簇，歌應鍾，舞咸池，以祭地示；乃奏姑洗，歌南呂，舞大磬，以祀四望；乃奏蕤賓，歌林鍾，舞大夏，以祭山川；乃奏夷則，歌小呂，舞大濩，以享先妣；乃奏無射，歌夾鍾，舞大武，以享先祖。夫金石衆作之謂奏，詠以人聲之謂歌。陽律必奏，陰呂必歌，陰陽之合也。順陰陽之合，所以交神明致精意也。今冬至祀天，不歌大呂；夏至祭地，不奏太簇；春享祖廟，不奏無射；秋享后廟，不歌小呂。既不能奏律歌呂，順陰陽之合，以格上神，而又無專祀四望山川用樂之制，則何以贊導宣發陰陽之氣而生成萬物哉？故曰祭祀享無分樂之序也。伏請依周禮分樂之序，以奉祠事。七曰鄭聲亂雅。謹按孔子曰：惡紫之奪朱，惡鄭聲之亂雅樂。然朱紫有色而易別，雅鄭無象而難知。聖人懼其難知也，故定律呂中正之音以示萬世。楊雄曰：中正則雅，多哇則鄭。又曰：黃鍾以生之，中正以平之，確乎鄭衛不能入也。今雅樂古器非不存也，太常律呂非不備也，而學士大夫置而不講，考擊奏作委之賤工，如之何不使雅鄭之雜耶？伏請審調太常鐘磬，依典禮用十二律還宮均法，令上下曉知十二律音，則鄭聲無由亂於雅也。今著大樂十二均圖一卷，備述律呂宮調，又各取本宮樂章一首附于篇，以圖考聲，則雅鄭昭然別矣。

條上堂上鐘磬議曰：准中書劄子節文，詳定郊廟禮文所詳定，伏請每遇親祠宗廟，歌者在堂，更不兼設鐘磬，宮架在庭，更不兼設琴瑟匏竹，更不寘之於牀。其郊壇上下之樂，亦乞依此。正之有司攝之，准此。謹按虞書曰：戛擊鳴球，搏拊琴瑟以詠，此有虞堂上之樂也。下管鞀鼓，合止柷敔，笙鏞以間，簫韶九成，擊石拊石，此有虞堂下之樂也。正義曰：球爲玉磬，商頌云：依我磬聲，亦玉磬也。大射禮，鐘磬在庭，今鳴球於廟堂之上者，按郊特牲云：歌者在上，貴人聲也。左傳曰：歌鐘二肆，則堂上有鐘明，磬亦在堂上，故漢魏以來，登歌皆有鐘磬，然禮樂鐘磬者，諸侯樂不備也，是知堂上象朝廷之治，堂下象萬物之治，堂上堂下，八音各備，而互見之，不可闕也。又按禮曰：升歌清廟。詩曰：清廟，祀文王，此有周堂上之歌也。大司樂：路鼓路鼗，陰竹之管，龍門之琴瑟，九德之歌，九磬之舞，於宗廟之中奏之，若樂九變，則人鬼可得而禮矣。此有周廟中降神之樂也。降神之樂既有獻之琴瑟，則宮架内琴瑟不可去矣。所有祀郊及有司攝事，伏乞壇殿之上依舊設鐘磬，其宮架下降神之樂亦乞依舊設琴瑟，其匏竹不寘於牀，即乞依禮文所奏請。

條奏請太廟殿上鐘磬狀曰：右臣伏聞聲音之道與政通，堂上之樂所以象宗廟朝廷之治，堂下之樂所以象萬物之治，堂上堂下，用樂雖殊，八音克諧，各不可闕，其實一也。今太廟之樂，堂下具八音，萬物之治可謂周矣，堂上之樂則闕鐘磬，在宗廟朝廷之治，八音有所未備焉。臣職在禮樂，不敢不言。謹按禮曰：鐘聲鏗，鏗以立號，詩曰：至和且平，依我磬聲。是知樂之節令，自鐘聲而立，樂之和平，依乎磬聲，則鐘磬安可闕哉。臣昨蒙睿旨，提轄修製朝會殿上玉磬，嘗於去年具奏，乞依虞書戛擊鳴球之義，俟玉磬成日，先用之於太廟殿上，以稱

陛下稽古奉先之志。尋蒙付外，未奉朝旨施行。今雖玉磬未成，伏遇春陽發生之時，太廟孟享之日，欲乞出自聖斷，依古復用殿上鐘磬，所貴發揚至音，號令衆樂，以格祖考，以致和平，上自朝廷，下及萬物，咸被福祐。臣不勝大願。

三年，秘書監致仕劉几等上奏曰：臣等伏見太常大樂鐘磬凡三等，王朴樂一也，李照樂二也，胡援阮逸樂三也。王朴之樂其聲太高，此太祖皇帝所嘗言，不俟論而後明。仁宗景祐中，命李照定樂，乃下律法，以取黃鐘之聲。是時人習舊聽，疑其太重，李照之樂由是不用。至皇祐中，胡援阮逸再定大樂，比王朴樂微下，而聲律相近，及鑄大鐘，咸或譏其聲弇鬱，因亦不用。於是郊廟依舊用王朴樂，樂工等自陳若用王朴樂鐘磬，即清聲難依，如欲製下律鐘磬清聲，乃可用。盍驗王朴鐘磬太高，難盡用矣。今以三等鐘磬參校其聲，則王朴阮逸樂之黃鐘，正與李照樂之太簇相當。王朴阮逸之樂編鐘編磬各十六，雖有四清聲，而實差黃鐘大呂之正聲也。李照之樂編鐘磬各十二，雖有黃鐘大呂，而全闕四清聲，非古制也。聖人作樂以紀中和之聲，所以導中和之氣，清不可太高，重不可太下，使八音協諧，歌者從容而能永其和，乃中和之謂也。臣等因精擇李照編鐘編磬十二參於律者，增以王朴蕤賓應鐘及黃鐘大呂清聲，以爲黃鐘大呂太簇夾鐘之四清聲，俾衆樂隨之，歌工兼清聲以詠之，其聲清不太高，重不太下，中和之聲可以考矣。欲請下王朴樂二律，以定中和之聲，就太常鐘磬擇其可用者用之，其不可修者則定從而別製。

神宗時，大司樂劉昺上言曰：五行之氣有生有克，四時之禁，不可不頒示天下。盛德在木，角聲乃作，得羽而生，以徵爲相，若用商則刑，用宫則戰，故春禁宫商。盛德在火，徵聲乃作，得角而生，以宮爲相，若用

羽則刑用商則戰故暴禁商羽。盛德在土宮聲乃作。得徵而生。以商為相者用角則刑用羽則戰故季夏土王宜禁角羽。盛德在金商聲乃作。得宮而生。以羽為相者用徵則刑用角則戰故秋禁徵角。盛德在水羽聲乃作。得商而生。以角為相者用宮則刑用徵則戰故冬禁宮徵。此三代之所共行。月令所載深切著明者也。作樂本以導和。用失其宜則反傷和氣。夫淫哇蕪雜干犯四時之氣久矣。陛下親灑宸翰發為詔旨。淫哇之聲轉為雅正。四時之禁亦在所頒則協氣粹美繹如以成。詔令大晟府置圖頒降。

侍御史陳襄上疏曰。臣謹看詳古者先王用樂皆有上下之節焉。虞書曰戛擊鳴球搏拊琴瑟以詠。注舜廟堂之樂也。曰下管鼗鼓合止柷敔。注堂下樂也。曰笙鏞以間。注間迭也。謂二者迭奏也。曰簫韶九成。注簫見細器之備。備樂九奏而致鳳凰。言其樂之盛也。周之樂其節亦有四焉。曰升歌曰下管。曰間歌。曰合樂。儀禮燕禮鄉射禮有工歌鹿鳴笙入奏南陔間歌魚麗笙由庚合鄉樂關雎鵲巢皆三終是也。大射禮則有升歌下管而無間歌合樂鄉射禮則有合樂而無升歌下管。間歌用於射而其樂故略也。燕禮鄉飲禮四節備者主於君臣之會賓客之交故其樂備。鄉飲酒禮曰合樂於周禮曰大合樂者天子諸侯禮故有間矣。曰大者又加備爾。王者以樂致鬼神示宜其以六律五聲八音六舞合而奏之無所遺也。故樂之序歌者在上琴瑟和之貴人聲也。吹者在下金石次之賤人氣也。工歌作而後匏竹興匏竹興而後播鼗擊鍾磬以應之。故曰禮交動乎上樂交應乎下和之至也。今者升歌堂上乃設編鍾編磬二於前楹以亂人聲匏竹列於堂下而歌者乃坐于鍾磬之間失上下之序矣。皇帝升降祼鬯受嘏則止用登歌而宮架不作。迎神送神沃盥復位酌獻有司攝

俎則止用宮架而工不登歌。又皆戾於古矣。周禮樂師教樂儀行以肆夏。注為人君行步以肆夏為節。又鍾師凡樂事以鍾鼓奏九夏。肆者云。鍾中得奏九夏謂堂上歌堂下以鍾鼓應之也。周禮內宰注薦徹之禮當與樂相應。孔穎達云。天子薦時歌清廟。及徹歌雍。明薦徹皆用升歌而已。餘樂不作也。若迎神之樂則周禮大司樂以黃鍾為宮大呂為角太簇為徵應鍾為羽路鼓路鼗陰竹之管龍門之琴瑟九德之歌九韶之舞。其奏九變及分樂而序之以享先祖則奏無射歌夾鍾舞大武文之以五聲播之以八音是也。伏請宗廟之樂皇帝升降沃盥祼鬯酌醴受嘏復位凡行步之節並升歌堂上而下以鍾鼓應之。如奏肆夏之儀有司薦徹則惟用升歌而已。其迎神之樂九變宮用鍾歌興安之歌舞文德之舞。（猶大司樂九德之歌九磬之舞。）和之以琴瑟播之以鼓鼗。送神亦如之。（送神樂不經見蓋可徹此。）如今制一成可也。若三獻之禮則奏無射歌夾鍾舞文舞其樂皆一成（猶周大武。）舞惟薦腥之後則備上下之奏。陳功德之舞。（如太祖太宗文武之舞並作踏帝止奏文舞。）其樂六成。庶合乎舜之簫韶周之大合樂也。

哲宗時殿中侍御史呂陶奏乞不用教坊官為舞郎疏曰。臣聞樂以象德。舞以明功前古尚矣。三代之盛憲章繁縟載在傳記可得而詳。其屈伸俯仰之容疾徐進退之節皆所以發揮當世之勳烈而昭示無窮也。恭惟本朝制作文典大備而天地宗廟之祀所用八佾尚以教坊伶人為舞郎。非極盡虔敬之義。臣愚伏望特詔禮官博士講求漢唐以來典故裁量其宜。定舞郎之制勿以教坊伶人濫充其數。

徽宗崇寧七年三月議禮局言先王之制舞有小大。文舞之大。用羽籥。文舞之小。則有羽無籥。謂之羽舞。武舞之大。用干戚。武舞之小。則有干無戚。謂之干舞。武舞又有戈舞焉。而戈不用於大舞。近世武舞

以戈配干未嘗用戚已式舞以戚配干置戈不用庶協古制又言伶州鳩曰大鈞有鎛無鐘鳴其細也細鈞有鐘無鎛昭其大也然則鎛大器也鎛小鐘也以宮商為鈞則謂之大鈞其聲大故用鎛以鳴其細而不用鐘以角徵羽為鈞則謂之小鈞其聲細故用鐘以昭其大而不用鎛然後細大不踰聲應相保和平出焉是鎛鐘兩器其用不同故周人各立其官後世之鎛鐘非特不分大小又混為一器復於樂架編鐘編磬之外設鎛鐘十二配十二辰皆非是蓋鎛鐘猶之特磬與編鐘編磬相須為用者也編鐘編磬其陽聲六以應律呂既應十二辰矣復為鎛鐘十二以配之則於縣重複乞宮架樂去十二鎛鐘止設一大鐘為鎛一小鐘為鐘一大磬為特磬以為衆聲所依詔可。

八年八月宣和殿大學士蔡攸言九月二日皇帝躬祀明堂合用大樂按樂書正聲得正氣則用之中聲得中氣則用之自八月二十八日已得秋分中氣大饗之日當用中聲樂今看詳古之神瞽考中聲以定律中聲謂黃鐘也黃鐘即中聲非別有一中氣之中聲也考閱前古初無中正兩樂若以一黃鐘為正聲又以一黃鐘為中聲則黃鐘君聲不當有二況帝指起律均法一定大呂居黃鐘之次陰呂也臣聲也今藏黃鐘三分則入大呂律矣易其名為黃鐘中聲不唯紛更帝律又以陰呂臣聲僭竊黃鐘之名若依樂書正聲得正氣則用之中聲得中氣則用之是冬至祀天夏至祭地常不用正聲而用中聲也以黃鐘為正聲易大呂為中聲之黃鐘是帝律所起黃鐘常不用而大呂常用也抑陽扶陰退律進呂為害斯大無甚於此今來宗祀明堂緣八月中氣未過而用中聲樂南呂為宮則本律正聲皆不得預欲乞廢中聲之樂一遵帝律止用正聲協和天人刊正訛謬著於樂書詔可。

徽宗時李復上議樂疏曰臣聞治定制禮功成作樂此王者甚盛之舉天下浹洽人心悅豫發為和聲因其人聲之和而播之八音又形容其成功之象也三王不相沿樂豈苟為異哉治世成功各不同也記曰大樂與天地同和樂豈易知乎三代之樂亡已久矣唐貞觀中命祖孝孫張文收考定雅正粗而未備後累經喪亂其器與書今皆不傳載籍所言雖皆以黃鐘為本上生下生隔八相生及其律管徑寸短長但糟粕耳有能遺其舊說脫然識其聲別其音者未之聞也夫黃鐘律之始也半之清聲也倍之緩聲也三分其一而損益之此相生之聲也十二變而復黃鐘之總乃相旋為宮之法也萬物動皆有聲若追樂精微之妙凡聞其聲則知是何音合何律是為正音是為變音是為清是為濁如此方為知音可以識樂矣近者陛下有詔選官定樂又博求前代之器夫前代之器各一時之用若得漢唐之器乃漢唐之樂也若得魏晉之器乃魏晉之樂也且欲求為多見則可矣遂以用為今日本朝之樂恐未然也晉之荀勗取牛鐸為黃鐘出於獨見果合於古乎樂之作欲動天地感鬼神自漢以還未之聞也朝廷昔嘗定樂矣陛下以謂未盡美善亦不能形容祖宗之功業而又本朝運膺火德獨徵音未明此固當重為考定也今聞衆議又只依往昔糟粕而製器此安足以副陛下所降之詔意夫知音者聞之於耳得之於心自不能傳於言過其應於心方可默契徵音火南方之音也火性炎上音當象之乃欲就其下而抑之恐非也臣願詔天下廣求天性自能知音者敦遣令赴議樂所多方以試之是誠不謬矣為講論庶幾其可矣若徒以舊說尺寸長短廣狹重輕而製器此工匠皆能為之矣何足以為樂乎臣愚見如此惟陛下擇之。

高宗時希衣韓駒上疏曰樂壞久矣昔漢有制氏者猶能紀其鏗鏘而已是時去周未遠而士大夫已刺制氏之不如然尚有一宿工以傳先王器自是先王之器湮不復見士不得聞鏗鏘況能識其義乎既不能識其義又何知其成也且自先王之時民已不勝其自欲婾放之心然自淫其聲者矣未有亂其器者也其為淫聲蓋亦由乎笙磬琴瑟之中出焉尚且有禁後世乃始增為彈箏擊缶吹竽撾鼓之戲始亂樂之器矣其萌芽時或自閭里或自夷狄至其寖繁則邦國亦用焉又其為器愈陋而愈工愈工而愈濫斯民之不復古意在斯乎求言前載每用慣歎豈圖今日親逢韶濩之作夫其目厭乎陋器耳熟乎哇聲驟而示之正樂廣大怡愉高明博備固已茫乎若一游廣庭而入闉里也昔之記者以為牙曠之屬能使鳥魚下上始徒以為虛語乃今驗其然耳矧今之樂本明天子自與神物以為之制豈但牙曠之所為哉士雖耳剽目淺比之鳥魚亦靈甚矣

既而習之將必有成於樂者顧非愚之所能也雖然摳衣勾指受業君子之塗亦得識其略矣夫子有言知之不如好之好之不如樂之孟子亦言樂則生生則烏可已召之樂其器朴其聲簡文侯以之而坐寐而仲尼以之輟肉者蓋必有朴而文簡而微者焉士與乎此則其精微獨得於心見於外者不過手舞足蹈而已其妙萬物之學豈可紙上語哉此明天子之所造也幾於成矣然猶未也夫以顏子之賢必不惑於鄭聲而夫子使之放懼其易以惑也上安得人人如顏子然而入宮則聞正樂出宮則聞哇聲其能成也希矣其能成而久又愈希矣要使丘井田野賓婚禱祀率用是樂向之陋器一掃蕩之則士無所易惑得以養心蓄性而極於道徐出其學為聖時之用無不可者愚終不足以與此

叙書正字張孝祥乞更定太常樂章劄子曰臣恭惟陛下飭躬齋精祇見郊廟靡愛圭幣懷柔百神獨聲詩之薦未稱明德伏觀太常所奏樂章第其篇數則有詳略之不同稽之文義則或遠語而弗協三歲之親祠四時之常祀率用此也而習熟所傳有司弗議臣甚懼焉恭惟真宗仁宗寔始親製薦饗樂章所以申景鑠宣至和假三靈之驩者焯然與日星較著而當時輔臣翰苑奉詔而作者亦皆依永光垂典冊雅頌所編未足進也臣愚欲望聖慈深詔通臣取凡太常樂章更定篇次裸別部分具以奏御陛下萬幾之暇用列聖故事擇宗廟郊禘親祠所用駿發睿思肆筆而成其餘分命大臣與兩制儒館之士一新撰述衰為成書下之太常以俟來歲郊見奏焉庶幾中興追繼韶勺施之無窮

金章宗明昌五年詔用唐宋故事置所講議禮樂有司謂雅樂自周漢以來止存大法魏晉而後更造律度訖無定論至後周保定中衛古玉斗於地中以造尺律其後牛弘以為不可止用蘇綽鐵尺至隋

亦用之唐興因隋樂不改黃巢之亂樂縣散失太常博士殷盈孫亦以周法鑄鎛鐘編鐘處士蕭承訓等校石磬合而奏之至周顯德以黍定律議者謂比唐樂高五律宋初亦用王朴所制樂時和峴以周顯德律音近哀思乃作西京銅望臬石尺重造十二管取聲下王朴一律景祐初李照取黍累尺成律以其聲猶高更用太府布帛尺遂下太常樂三律皇祐中阮逸胡瑗改造上下一律或謂其聲弇鬱不和依舊用王朴樂元豐間楊傑參用李照鍾磬加四清聲下王朴樂二律以為新樂元祐間范鎮又造新律下李照樂一律而未用至崇寧間魏漢津以范鎮知舊樂之高無法以下之乃以時君指節為尺其所造鐘磬即今所用樂是也然以王朴所制聲高屢命改作李照以太府尺制律人習舊聽疑於太重其後范鎮等論樂復用李照所用太府尺即周隋所用鐵尺牛弘等以謂近古合宜者也今最見有

樂以唐初開元錢校其分寸亦同。則漢津所用指尺殆與周隋唐所用之尺同矣。漢津用李照范鎮之說而恥同之。故用時君指節為尺。使衆人不敢輕議其尺。雖為詭說其制乃與古同。而清濁高下皆適中。非出於法數之外私意妄為者也。蓋今之鐘磬雖崇寧之所製。亦閒隋唐之樂也。閲今所用樂律聲調和平無太高太下之失。可以久用。唯辰鍾辰磬自昔數缺。宜補辰鍾十五。辰磬二十一。通舊各為二十四虡。上曰。嘗觀宋人論樂以為律主於人聲不當泥於其器。要之在聲和而已。

右統言樂

歷代名臣奏議卷之一百二十八

歷代名臣奏議卷之一百二十九

用人

商湯問伊尹曰。三公九卿二十七大夫八十一元士知之有道乎。伊尹對曰。昔者堯見人而知。舜任人然後知。禹以成功舉之。夫三君之舉賢皆異道而成功。然尚有失者。況無法度而任己直意用人必大失矣。故君使臣自貢其能則萬一之不失矣。又問王者何以選賢。對曰。夫王者得賢材以自輔然後治也。雖有堯舜之明而股肱不備則主恩不流化澤不行。故明君在上。慎於擇士務於求賢。設四佐以自輔。有英俊以治官。尊其爵重其祿。賢者進以顯榮。罷者退而勞力。是以主無遺憂。下無邪慝。百官能治。臣下樂職。恩流群生。潤澤草木。昔者虞舜左禹右皐陶。不下堂而天下治。此使能之效也。

周武王問太公望曰。得賢敬士。或不能以為治者何也。望對曰。不能獨斷。以人言斷者殃也。武王曰。何為以人言斷。望曰。不能定所去以人言去。不能定所取以人言取。不能定所為以人言為。不能定所罰以人言罰。不能定所賞以人言賞。賢者不必用。不肖者不必退。而士不必敬。武王曰。善其為國何如。望曰。其為人惡聞其情而喜聞人之情。惡聞其惡而喜聞人之惡。是以不必治也。武王曰善。

武王又問太公望曰。舉賢而以危亡者何也。望對曰。舉賢而不用是有舉賢之名而不得真賢之實也。武王曰。其失安在。望曰。其失在君好用小善而已。不得真賢也。武王曰。好用小善者何如。望曰。君好聽譽而不惡讒也。以非賢為賢。以非善為善。以非忠為忠。以非信為信。其君以譽為功。以毀為罪。有功者不賞。有罪者不罰。多黨者進。少黨者退。是以羣臣比周而蔽賢。百吏羣黨而多姦。忠臣以誹死於無罪。邪臣以譽賞於無功。其國見於危亡。武王曰善。吾今日聞誹譽之情矣。

齊桓公享發兵攻魯。心欲殺管仲。鮑叔牙曰。臣幸得從君。君竟以立。君之尊臣無以增君。君將治齊。即高傒與叔牙足也。君且欲霸王。非管夷吾不可。夷吾所居國國重。不可失也。於是桓公從之。乃佯爲召管仲。欲甘心。實欲用之。管仲知之。故請往。鮑叔牙迎受管仲。及堂阜而脫桎梏。齋祓而見桓公。桓公厚禮以爲大夫任政。

桓公使管仲治國。管仲對曰。賤不能臨貴。桓公以爲上卿。而國不治。桓公曰。何故。管仲對曰。貧不能使富。桓公賜之齊國市租一年。而國不治。桓公曰。何故。對曰。疏不能制親。桓公立以爲仲父。齊國大安。而遂霸天下。孔子曰。管仲之賢。不得此三權者。亦不能使其君南面而霸矣。

桓公問於管仲曰。吾欲使爵腐於酒。肉腐於俎。得毋害於霸乎。管仲對曰。此極非其貴者耳。然亦無害於霸也。桓公曰。何如而害霸。管仲對曰。不知賢。害霸。知而不用。害霸。用而不任。害霸。任而不信。害霸。信而復使小人參之。害霸。桓公曰。善。

管仲有疾。桓公往問之。仲父若棄寡人。豎刁可使從政乎。對曰。不可。豎刁自刑以求入君。其身之忍。將何有於君。公曰。然則易牙可乎。對曰。易牙解其子以食其君。其子之忍。將何有於君。若用之。必爲諸侯笑。及桓公歿。豎刁易牙乃作難。

桓公問於甯戚曰。筦子今年老矣。爲棄寡人而就世也。吾恐法令不行。人多失職。百姓疾怨。國多盜賊。吾何如而使姦邪不起。民衣食足乎。甯戚對曰。要在得賢而任之。桓公曰。得賢奈何。甯戚對曰。開其道路。察而用之。尊其位。重其祿。顯其名。則天下之士騷然舉足而至矣。

桓公曰。既以舉賢士而用之矣。微夫子幸而臨之。則未有布衣屈奇之士踵門而求見寡人者。甯戚對曰。是君察之不明。舉之不顯。而用之乘官之卑。祿之薄也。且夫國之所以不得士者。有五阻焉。主不好士。諂諛在傍。一阻也。言便事者。未嘗見用。二阻也。壅塞掩蔽。必因近習。然後見察。三阻也。訊獄詰窮其辭。以法過之。四阻也。執事適欲。擅國權命。五阻也。去此五阻。則豪俊並興。賢智求處。五阻不去。則上蔽吏民之情。下塞賢士之路。是故明王聖主之治。若夫江海無不受。故長爲百川之主。明王聖君無不容。故安樂而長久。因此觀之。則安主利人者。非獨一士也。桓公曰。善。吾將著夫五阻以爲戒本也。

景公問於晏子曰。寡人從夫子而善齊國之政。對曰。嬰聞之。國具官而后政可善。景公作色曰。齊國雖小。則何爲不具官乎。對曰。此非臣之所復也。昔先君桓公身體墮懈。辭令不給。則隰朋侍。左右多過。刑罰不中。則弦章侍。居處肆縱。左右懾畏。則東郭牙侍。田野不修。人民不安。則甯戚侍。軍吏怠。戎士偷。則王子成父侍。德義不中。信行衰微。則筦子侍。先君能以人之長續其短。以人之厚補其薄。是以辭令窮遠而不逆。兵加於有罪而不頓。是故諸侯朝其德。而天子致其胙。今君之失多矣。未有一士以聞者也。故曰未具。景公曰。善。

景公出獵。上山見虎。下澤見蛇。歸。召晏子而問之曰。今日寡人出獵。上山則見虎。下澤則見蛇。殆所謂之不祥也。晏子曰。國有三不祥。是不與焉。夫有賢而不知。一不祥。知而不用。二不祥。用而不任。三不祥也。所謂不祥。乃若此者也。今上山見虎。虎之室也。下澤見蛇。蛇之穴也。如虎之室。如蛇之穴而見之。曷爲不祥也。

景公伐宋。至于岐隄之上。登高以望。太息而歎曰。昔我先君桓公。長轂八百乘。以霸諸侯。今我長轂三千乘。而不敢久處於此者。豈其無管仲歟。弦章對曰。臣聞之。水廣則魚大。君明則臣忠。昔有桓公。故有管仲。令桓公在此則車下之臣盡管仲也。晉臼季使過冀。見冀缺耨。其妻饁之。敬相待如賓。與之歸。言諸晉文公曰。敬德之聚也。能敬必有德。德以治民。君請用之。臣聞之。出門如賓。承事如祭。仁之則也。公曰。其父有罪可乎。對曰。舜之罪也殛鯀。其舉也興禹。管敬仲桓之賊也。實相以濟。康誥曰。父不慈。子不祗。兄不友。弟不共。不相及也。詩曰。采葑采菲。無以下體。君取節焉可也。文公以為下軍大夫。

晉師敗歸。桓子即荀林父請死。晉侯欲許之。士貞子諫曰。不可。城濮之役。晉師三日穀。文公猶有憂色。左右曰。有喜而憂。如有憂而喜乎。公曰。得臣猶在。憂未歇也。困獸猶鬬。況國相乎。及楚殺子玉。公喜而後可知也。曰莫余毒也已。是晉再克而楚再敗也。楚是以再世不競。今天或者大警晉也。而又殺林父以重楚勝。其毋乃久不競乎。林父之事

君也。進思盡忠。退思補過。社稷之衛也。若之何殺之。夫其敗也。如日月之食焉。何損於明。晉侯使復其位。

晉平公問於叔向曰。昔者齊桓公九合諸侯。一匡天下。不識其君之力乎。其臣之力乎。叔向對曰。管仲善制割。隰朋善削縫。賓胥無善純緣。桓公知衣而已。亦其臣之力也。師曠侍曰。臣請譬之五味。管仲善斷割之。隰朋善煎熬之。賓胥無善齊和之。羹以熟矣。奉而進之。而君不食。誰能強之。亦君之力也

衛君問於田讓曰。寡人封侯盡千里之地。賞賜盡御府繒帛。而士不至何也。田讓對曰。君之賞賜不可以功及也。君之誅罰不可以理避也。猶舉杖而呼狗。張弓而祝雞矣。雖有香餌而不能致者。害之必也。荊齊燕代。四國為一。將以攻秦。秦王召群臣賓客六十人而問焉。曰。四國為一。將以圖秦。寡人屈於內。而百姓靡於外。為之奈何。群臣莫對。姚賈對曰。賈願出使四國。必絕其謀而安其兵。乃資車百乘。金千斤。衣以其衣。舞以其劍。姚賈辭行。絕其謀。止其兵。與之為交以報秦。秦王大說。賈封千戶。以為上卿。韓非知之。曰。賈以珍珠重寶。南使荊吳。北使燕代之間。三年。四國之交未必合也。而珍珠重寶盡於內。是賈以王之權外自交於諸侯。願王察之。且梁監門子。嘗盜於梁。臣於趙而逐於世。監門子。梁之大盜。趙之逐臣。與同知社稷之計。非所以厲群臣也。王召姚賈而問曰。吾聞子以寡人財交於諸侯。有諸。對曰。有。王曰。有何面目復見寡人。對曰。曾參孝其親。天下願以為子。子胥忠於君。天下願以為臣。貞女工巧。天下願以為妃。今賈忠王而王不知也。賈不歸四國。尚焉之。使賈不忠於君。四國尚焉用賈之身。桀聽讒而誅其良將。紂聞讒而殺其忠臣。至身死國亡。今王聽讒則無忠臣矣。王曰。子監門子。梁之大盜。趙之逐臣。姚賈曰。太公望齊之逐夫。

朝歌之廢屠。子良之逐臣。棘津之讎不庸。文王用之而王。管仲其鄙人之賈人也。南陽之弊幽。魯之免囚。桓公用之而霸。百里奚虞之乞人。傳賣以五羊之皮。穆公相之而朝西戎。文公用中山盜而勝於城濮。此四士皆有詬醜。大誹天下。明主用之。知其可與立功。使若卞隨。務光。申屠狄。人主豈得其用哉。故明主不取其汙。不聽其非。察其為己用。故可以存社稷。雖有外誹者不聽。雖有高世之名。無咫尺之功者不賞。是以群臣莫敢以虛願望於上。秦王曰。然。乃復使姚賈而誅韓非。

秦王拜李斯為客卿。會韓人鄭國來間秦。以作注溉渠。已而覺。秦宗室大臣皆言於王曰。諸侯人來事秦者。大抵為其主游間於秦耳。請一切逐客。李斯議亦在逐中。斯乃上書曰。臣聞吏議逐客。竊以為過矣。昔繆公求士。西取由余於戎。東得百里奚於宛。迎蹇叔於宋。來丕

豹公孫支於晉。此五子者不產於秦而繆公用之并國二十遂霸西戎。孝公用商鞅之法移風易俗民以殷盛國以富彊百姓樂用諸侯親服獲楚魏之師舉地千里至今治彊。惠王用張儀之計拔三川之地西并巴蜀北收上郡南取漢中包九夷制鄢郢東據成皐之險割膏腴之壤遂散六國之從使之西面事秦功施到今。昭王得范雎廢穰侯逐華陽彊公室杜私門蠶食諸侯使秦成帝業。此四君者皆以客之功。由此觀之客何負於秦哉。向使四君却客而不內疏士而不用。是使國無富利之實而秦無彊大之名也。今陛下致昆山之玉。有隨和之寶。垂明月之珠。服太阿之劒。乘纖離之馬。建翠鳳之旗。樹靈鼉之鼓。此數寶者秦不生一焉而陛下說之何也。必秦國之所生然後可。則是夜光之璧不飾朝廷。犀象之器不為玩好。鄭魏之女不充後宮。而駿良駃騠不實外廄。江南金錫不為用。西蜀丹青不為采。所以飾後宮。充下陳娛心意說耳目者必出於秦然後可。則是宛珠之簪傅璣之珥阿縞之衣錦繡之飾不進於前而隨俗雅化佳冶窈窕趙女不立於側也。夫擊甕叩缻彈箏搏髀而歌呼嗚嗚快耳目者真秦之聲也。鄭魏桑間昭一作韶虞武象者異國之樂也。今棄擊甕叩缻而就鄭衛退彈箏而取昭虞。若是者何也。快意當前適觀而已矣。今取人則不然。不問可否。不問曲直。非秦者去。為客者逐。然則是所重者在乎色樂珠玉而所輕者在乎人民也。此非所以跨海內制諸侯之術也。臣聞地廣者粟多。國大者人眾。兵彊則士勇。是以太山不讓土壤故能成其大。河海不擇細流故能就其深。王者不卻眾庶故能明其德。是以地無四方民無異國四時充美鬼神降福此五帝三王之所以無敵也。今乃棄黔首以資敵國。卻賓客以業諸侯使天下之士退而不敢西向裹足不入秦。此所謂藉寇兵而齎盜糧者也。夫物不產於秦可寶者多。士不產於秦而願忠者眾。今逐客以資敵國。損民以益讎內自虛而外樹怨於諸侯。求國無危不可得也。秦王乃除逐客之令。

漢高帝為漢王時陳平自楚歸漢因魏無知求見漢王。漢王召入。是時萬石君石奮為中涓受平謁。平等十人俱進賜食。王曰罷就舍矣。平曰臣為事來所言不可以過今日。於是漢王與語而說之。問曰子居楚何官。平曰為都尉。是日拜平為都尉使參乘典護軍。諸將盡讙曰大王一日得楚之亡卒未知高下而即與共載使監護長者。漢王聞之愈益幸平。遂與東伐項王至彭城為楚所敗引師而還收散兵至滎陽以平為亞將屬韓王信軍廣武。絳灌等或讒平曰平雖美丈夫如冠玉耳其中未必有也。聞平居家時盜其嫂事魏王不容亡而歸楚歸楚不中又亡歸漢。今大王尊官之令護軍臣聞平使諸將金多者得善處金少者得惡處平反覆亂臣也。願王察之。漢王疑之以讓魏無知。問曰有之乎。無知曰有。漢王曰公言其賢人何也。對曰臣之所言者能也。陛下所問者行也。今有尾生孝己之行而無益於勝敗之數。陛下何暇用之乎。今楚漢相距臣進奇謀之士顧其計誠足以利國家耳。盜嫂受金又安足疑乎。漢王召平而問曰吾聞先生事魏不遂事楚而去。今又從吾游信者固多心乎。平曰臣事魏王魏王不能用臣說故去事項王項王不信人。其所任愛非諸項即妻之昆弟。雖有奇士不能用。臣居楚聞漢王之能用人故歸大王。臝身來不受金無以為資。誠臣計畫有可采者願大王用之。使無可用者大王所賜金具在請封輸官得請骸骨。漢王乃謝厚賜拜以為護軍中尉盡護諸將。諸將迺不敢復言。王又謂陳平曰天下紛紛何時定乎。平曰項王為人恭敬愛人士之廉節好禮者多歸之。至於行功爵邑重之。

士亦以此不附。今大王慢而少禮。士廉節者不來。然大王能饒人以爵邑。士之頑鈍嗜利無恥者亦多歸漢。誠各去其兩短。襲其兩長。天下指麾則定矣。然大王恣侮人。不能得廉節之士。顧楚有可亂者。彼項王骨鯁之臣亞父鍾離昧周殷之屬。不過數人耳。大王誠能捐數萬斤金。行反間。間其君臣以疑其心。項王為人意忌信讒。必內相誅。漢因舉兵而攻之。破楚必矣。王以為然。

高帝即位五年。置酒雒陽南宮。帝曰。列侯諸將毋敢隱朕。皆言其情。吾所以有天下者何。項氏之所以失天下者何。高起王陵對曰。陛下慢而侮人。項羽仁而愛人。然陛下使人攻城略地。所降下者因以予之。與天下同利也。項羽妬賢嫉能。有功者害之。賢者疑之。戰勝而不予人功。得地而不予人利。此所以失天下也。帝曰。公知其一。未知其二。夫運籌策帷帳之中。決勝於千里之外。吾不如子房。鎮國家。撫百姓。給餽饟。不絕糧道。吾不如蕭何。連百萬之軍。戰必勝。攻必取。吾不如韓信。此三者皆人傑也。吾能用之。此吾所以取天下也。項羽有一范增而不能用。此其所以為我擒也。羣臣悅服。

文帝拜張釋之為謁者僕射。從行。上登虎圈。問上林尉禽獸簿。十餘問。尉左右視。盡不能對。虎圈嗇夫從旁代尉對上所問禽獸簿甚悉。欲以觀其能口對響應亡窮者。文帝曰。吏不當如此邪。尉亡賴。詔釋之拜嗇夫為上林令。釋之前曰。陛下以絳侯周勃何如人也。上曰。長者。又復問東陽侯張相如何如人也。上復曰。長者。釋之曰。夫絳侯東陽侯稱為長者。此兩人言事曾不能出口。豈効此嗇夫喋喋利口捷給哉。且秦以任刀筆之吏。爭以亟疾苛察相高。其弊徒文具亡惻隱之實。以故不聞其過。陵夷至於二世。天下土崩。今陛下以嗇夫口辯而超遷之。臣恐天下隨風靡。爭口辯。亡其實。且下之化上。疾於景響。舉錯不可不察也。文帝曰。善。廼止不拜嗇夫。

侍季布為河東守。人有言其賢者。文帝召。欲以為御史大夫。復有言其勇。使酒難近。至留邸一月。見罷。季布因進曰。臣無功竊寵。待罪河東。陛下無故召臣。此必有以臣欺陛下者。今臣至。無所受事。罷去。此必有毀臣者。夫陛下以一人之譽而召臣。以一人之毀而去臣。臣恐天下有識聞之。有以窺陛下也。帝默然慙。良久曰。河東吾股肱郡。故特召君耳。布辭之官。

宣帝五鳳三年。丙吉病篤。上自臨問吉曰。君即有不諱。誰可以自代者。吉辭謝曰。羣臣行能。明主所知。愚臣無所能識。上固問。吉頓首曰。西河太守杜延年。明於法度。曉國家故事。前為九卿十餘年。今在郡治有能名。廷尉于定國執憲詳平。天下自以不冤。太僕陳萬年事後母孝。惇厚備於行止。此三人能皆在臣右。唯上察之。上以吉言皆是而許焉。

時蕭望之上疏曰。陛下哀愍百姓。恐德化之不究。悉出諫官以補郡吏。所謂憂其末而忘其本者也。朝無爭臣則不知過。國無達士則不聞善。願陛下選明經術。溫故知新。通於幾微謀慮之士以為內臣。與參政事。諸侯聞之。則知國家納諫憂政。亡有關遺。若此不怠。成康之道其庶幾乎。外郡不治。豈足憂哉。書聞。徵入守少府。

益州刺史王襄奏蜀人王褒有軼材。迺徵褒。既至。詔褒為聖主得賢臣頌。於是褒對曰。夫荷旃被毳者。難與道純綿之麗密。羹藜含糗者。不足與論太牢之滋味。今臣僻在西蜀。生於窮巷之中。長於蓬茨之下。無有遊觀廣覽之知。顧有至愚極陋之累。不足以塞厚望應明旨。雖然。敢不略陳愚而抒情素。記曰。共惟春秋法五始之要。在乎審己正統而已。夫賢者。國家之器用也。所任賢。則趨舍省而功施普。器用利劍用力少而就效眾。故工人之用鈍器也，勞筋苦骨，終日矻矻。及至巧冶鑄干將之樸，清水淬其鋒，越砥斂其鍔，水斷蛟龍，陸剸犀革，忽若彗氾畫塗。如此則使離婁督繩，公輸削墨，雖崇臺五層，延袤百丈，而不溷者，工用相得也。庸人之御駑馬，亦傷吻敝策而不進於行，胷喘膚汗，人極馬倦。及至駕齧膝，驂乘旦，王良執靶，韓哀附輿，縱馳騁騖，忽如景靡，過都越國，蹶如歷塊，追奔電，逐遺風，周流八極，萬里一息。何其遼哉？人馬相得也。故服絺綌之涼者，不苦盛暑之鬱燠；襲貂狐之煖者，不憂至寒之悽愴。何則？有其具者易其備。賢人君子，亦聖王之所以易海內也。是以嘔喻受之，開寬裕之路，以延天下英俊也。夫竭知附賢者，必建仁策；索人求士者，必樹伯迹。昔周公躬吐握之勞，故有圄空之隆；齊桓設庭燎之禮，故有匡合之功。由此觀之，君人者勤於求賢而逸於得人。人臣亦然。昔賢者之未遭遇也，圖事揆

策，則君不用其謀；陳見悃誠，則上不然其信；進仕不得施效，斥逐又非其愆。是故伊尹勤於鼎俎，太公困於鼓刀，百里自鬻，甯子飯牛，離此患也。及其遇明君遭聖主也，運籌合上意，諫諍即見聽，進退得關其忠，任職得行其術，去卑辱奧渫而升本朝，離疏釋蹻而享膏粱，剖符錫壤而光祖考，傳之子孫，以資說士。故世必有聖知之君，而後有賢明之臣。故虎嘯而風冽，龍興而致雲，蟋蟀俟秋吟，蜉蝣出以陰。易曰：飛龍在天，利見大人。詩曰：思皇多士，生此王國。故世平主聖，俊乂將自至。若堯舜禹湯文武之君，獲稷契皋陶伊尹呂望，明明在朝，穆穆布列，聚精會神，相得益章。雖伯牙操遞鍾，逢門子彎烏號，猶未足以喻其意也。故聖主必待賢臣而弘功業，俊士亦俟明主以顯其德。上下俱欲，驩然交欣，千載一合，論說無疑，翼乎如鴻毛遇順風，沛乎如巨魚縱大壑。其得意若此，則胡禁不止？曷令不行？化溢四表，橫被無窮，遐夷貢獻，萬祥畢臻。是以聖王不徧窺望而視已明，不單傾耳而聽已聰，恩從祥風翱，德與和氣遊，太平之責塞，優游之望得，遵遊自然之勢，恬淡無為之場，休徵自至，壽考無疆，雍容垂拱，永永萬年。何必偃仰詘信若彭祖，呴噓呼吸如喬松，眇然絕俗離世哉！詩云：濟濟多士，文王以寧。蓋信乎其以寧也。

成帝河平二年，御史大夫張忠奏京兆尹王尊，罷尊坐免官。吏民多稱惜之。湖三老公乘興等上書訟尊治京兆盡節勞心，夙夜思職，撥劇整亂，誅暴禁邪，皆前所希有。今御史奏尊傷害陰陽，為國家憂，靖言庸違，象龔滔天。原其所以，出御史丞楊輔，素與尊有私怨，外依公事，傅致奏文。臣等竊痛傷尊脩身潔己，砥節首公，刺譏不憚將相，誅惡不避豪強，功著職脩，威信不廢。前以京師廢亂，選用為卿，賊亂既除，即以佞巧廢黜。一尊之身，三期之間，乍賢乍佞，豈不甚哉！願下公

卿大夫博士議郎定尊素行，當如御史章，尊乃當伏觀闕之誅，放於無人之域，不得苟免。及任舉尊者，當獲選舉之辜，不可但已。即不如章，飾文深詆，以愬無罪，亦宜有誅，以懲讒賊之口，絕欺詐之路。於是復以尊為徐州刺史。

成帝時，御史大夫于永卒，谷永薦用薛宣，上疏曰：帝王之德莫大於知人。知人則百僚任職，天工不曠。故皋陶曰：知人則哲，能官人。御史大夫內承本朝之風化，外佐丞相統理天下，任重職大，非庸材所能堪。今當選於群卿，以充其缺。得其人則萬姓欣喜，百僚說服；不得其人，則大職墮斁，王功不興。虞帝之明，在此一舉，可不致詳！竊見少府薛宣，材茂行潔，達於從政。前為御史中丞，執憲轂下，不吐剛茹柔，舉錯時當。出守臨淮、陳留二郡，稱治。為左馮翊，崇教養善，威德並行，眾職脩理，姦軌絕息，辭訟者

意年不至丞相府。赦後餘盜賊什分三輔之一。功效卑爾。自左
內史初置以來未嘗有也。孔子曰。如有所譽。其有所試。宣考績
功。課簡在兩府。不敢過稱。以千載誣之累。臣聞賢材莫大於治
人。宣已有效。其法律任廷尉有餘。經術文雅足以謀王體。斷國
論。身兼數器。有退食自公之節。無私黨游說之助。臣恐陛下忽
於羔羊之詩。舍公實之臣。任華虛之譽。是用越職陳宣行能。唯
陛下留神考察。

哀帝初立。欲匡成帝之政多所變動。丞相王嘉上疏曰。臣聞聖
王之功在於得人。孔子曰。材難。不其然與。故繼世立諸侯。象賢
也。雖不能盡賢。天子爲擇臣立命卿以輔之。居是國也。累世尊
重。然後士民之衆附焉。是以教化行而治功立。今之郡守重於
古諸侯。往者致選賢材。賢材難得。拔擢可用者。或起於囚徒。昔

魏尚坐事繫。文帝感馮唐之言。遣使持節赦其罪。拜爲雲中太
守。匈奴忌之。武帝擢韓安國於徒中。拜爲梁內史。骨肉以安。
張敞爲京兆尹。有罪當免。黠吏知而犯敞。敞收殺之。其家自冤。
使者覆獄。劾敞賊殺人。上逮捕不下。言使者上奏請逮捕敞。而
天子不下其事也。會免亡命數十日。宣帝徵敞拜爲冀州刺史。
卒獲其用。前世非私此三人。貪其材器有益於公家也。孝文時
吏居官者或長子孫。以官爲氏。倉氏庫氏則倉庫吏之後也。其
二千石長吏。亦安官樂職。然後上下相望。莫有苟且之意。其後
稍稍變易。公卿以下傳相促急。又數改更政事。司隸部刺史察
過悉劾。發揚陰私。吏或居官數月而退。送故迎新。交錯道路。中
材苟容求全。下材懷危內顧。一切營私者多。二千石益輕賤。吏
民慢易之。或持其微過。增加成罪。言於刺史司隸。或至上書章

下衆庶知其易危。小失意則有離叛之心。前山陽亡徒蘇令等
縱橫。吏士臨難莫肯伏節死義。以守相威權素奪也。孝成皇帝
悔之。下詔書二千石不爲縱。二千石不以故縱爲罪所以便之
也。遣使者賜金尉厚其意。誠以爲國家有急。取辦於二千石。二
千石尊重難危。乃能使下。孝宣皇帝愛其良民吏有章劾。事留
中會赦一解。故事尚書希下章。爲煩擾百姓。證驗繫治。或死獄
中。章文必有敢告之字乃下。唯陛下留神於擇賢。記善忘過容
忍臣子。勿責以備。二千石部刺史三輔縣令有材任職者。人情
不能不有過差。宜可闊略。令盡力者有所勸。此方今急務。國家
之利也。前蘇令發欲遣大夫使逐問狀。時見大夫無可使者。召
盩厔令尹逢拜爲諫大夫遣之。今諸大夫有材能者甚少。宜豫
畜養可成就者。則士赴難不愛其死。臨事倉卒乃求。非所以明

朝廷也。嘉因薦儒者公孫光滿昌。及能吏蕭咸薛脩等。皆故二
千石有名稱。天子納而用之。

時傅太后欲與政事。右將軍傅喜數諫之。由是傅太后不欲令
喜輔政。上於是用左將軍師丹代王莽爲大司馬。賜喜黃金百
斤。上將軍印綬。以光祿大夫養病。大司空何武尚書令唐林皆
上書言喜行義脩絜。忠誠憂國。內輔之臣也。今以寢病一旦遣
歸。衆庶失望。皆曰傅氏賢子。以論議不合於定陶太后故退。百
僚莫不爲國恨之。忠臣社稷之衛。魯以季友治亂。楚以子玉輕
重。魏以無忌折衝。項以范增存亡。故楚跨有南土。帶甲百萬。鄰
國不以爲難。子玉爲將。則文公側席而坐。及其死也。君臣相慶。
百萬之衆。不如一賢。故秦行千金以間廉頗。漢散萬金以疏亞
父。喜立於朝。陛下之光煇。傅氏之廢興也。上亦自重之。明年正

月遷徙。師丹為大司空。而拜喜為大司馬。封高武侯。

後漢光武為蕭王時。以河內險要富實。欲擇守者而難其人。問於鄧禹。禹對曰。寇恂文武備足。有牧民御衆之才。非此子莫可使也。乃拜恂河內太守。謂曰。昔高祖留蕭何關中。吾今委公以河內。當給足軍糧。率厲士馬。防遏他兵。勿令北度。王引兵而北。恂調糇糧。治械器。以供軍。未嘗乏絶。

建武十一年。郭伋為并州牧。過京師。帝問以得失。伋曰。選補衆職。當簡天下賢俊。不宜專用南陽人。是時在位多鄉曲故舊。故伋言及之。

光武時。武陽侯朱浮上疏曰。陛下清明履約。率禮無違。自宗室諸王外家后親。皆奉遵繩墨。無黨執之名。至或乘牛車。齊於編人。斯固法令整齊。下無作威者也。求之於事。宜以和平。而災異

猶見者。而豈徒然。天道信誠。不可不察。竊見陛下疾往者上威不行。下專國命。即位以來。不用舊典。信刺舉之官。黜鼎輔之任。至於有所劾奏。便加免退。覆案不關三府。罪譴不蒙澄察。陛下以使者為腹心。而使者以從事為耳目。是為尚書之平。决於百石之吏。故群下苛刻。各自為能。兼以私情。容長憎愛。在職皆競張空虛。以要時利。故有罪者心不厭服。無咎者坐被空文。不可經盛衰。貽後王也。夫事積久則吏自重。吏安則人自靜。傳曰。五年再閏。天道乃備。夫以天地之靈。猶五載以成其化。況人道哉。臣浮愚戇。不勝惓惓。願陛下留心千里之任。省察偏言之奏。

南陽太守杜詩上疏薦陽都侯伏湛曰。臣聞唐虞以股肱康。文王以多士寧。是故詩稱濟濟。書曰良哉。臣詩竊見故大司徒陽都侯湛。自行束脩。訖無毁玷。篤信好學。守死善道。經為人師。行為儀表。前在河內

朝歌。及居平原。吏人畏愛。則而象之。遭時反覆。不離兵凶。秉節持重。有不可奪之志。陛下深知其能。顯以宰相之重。衆賢百姓。仰望德義。微過斥退。久不復用。有識所惜。儒士痛心。臣竊傷之。湛容貌堂堂。國之光輝。智略謀慮。朝之淵藪。髫髮厲志。白首不衰。實足以先後王室。名足以光示遠人。古者選擢諸侯以為公卿。是故四方回首。仰望京師。柱石之臣。宜居輔弼。出入禁門。補缺拾遺。臣詩愚戇。不足以知宰相之才。竊懷區區。敢不自竭。臣前為侍御史。上封事。言湛公廉愛下。好惡分明。累世儒學。素持名信。經明行修。通達國政。尤宜近侍。納言左右。舊制九州五尚書。令一郡二人。可以湛代。頗為執事所非。但臣詩蒙恩深渥。所言誠有益於國。雖死無恨。故復越職觸冒。

明帝時。驃騎將軍東平王蒼上疏薦吳良曰。臣聞為國所重。必在得人。報恩之義。莫大薦士。竊見臣府西曹掾齊國吳良。資質敦固。公方

廉恪。躬儉安貧。白首一節。又治尚書。學通師法。經任博士。行中表儀。宜備宿衛。以輔聖政。臣以蒼榮寵絶矣。憂責深大。私慕公叔同升之義。懼於臧文竊位之罪。敢秉愚戇。犯冒嚴禁。

章帝時。韋彪以世承二帝吏化之後。多以苛刻為能。又置官選職。不必以才。因盛夏多寒。上疏諫曰。臣聞政化之本。必順陰陽。伏見立夏以來。當暑而寒。殆以刑罰刻急。郡國不奉時令之所致也。農人急於務。而苛吏奪其時。賦發充常調。而貪吏割其財。此其巨患也。夫欲急人所務。當先除其所患。天下樞要。在於尚書。尚書之選。豈可不重。而間者多從郎官超升此位。雖曉習文法。長於應對。然察察小慧。類無大能。宜簡嘗歷州宰素有名者。雖進退舒遲。時有不逮。然端心向公。奉職周密。宜鑒嗇夫捷急之對。深思絳侯木訥之功也。往時楚獄大起。故置令史以助郎職。而類多小人。好為姦利。今者務簡。可皆停省。

又諫議之職。應用公直之士。通才謇正有補益於朝者。今或從徵試輩為大夫。又御史外遷。動據州郡。並宜清選其任。責以言績。其二千石視事雖久。而為吏民所便安者。宜增秩重賞。勿妄遷徙。惟留聖心。書奏。帝納之

司徒第五倫薦用鉅鹿太守謝夷吾。上疏曰。臣聞堯登稷契。政隆太平。舜用皐陶。政致雍熙。殷周雖有高宗昌發之君。猶賴傅說呂望之策。故能克崇其業。允協大中。竊見鉅鹿太守會稽謝夷吾出自東州。厥土塗泥。而英姿挺特。奇偉秀出。才兼四科。行包九德。仁足濟時。知周萬物。加以少膺儒雅。韜含六籍。推考星度。綜校圖錄。探賾聖秘。觀變歷徵。占天知地。與神合契。據其道德。以經王務。昔為陪隸。與臣從事。奮忠毅之操。躬史魚之節。董臣嚴綱。勖臣懦弱。得以免戾。寔賴厥勳。及其應選作宰。惠敷百里。降福彌異。流化若神。爰牧荊州。威行邦

國。奉法作政。有周召之風。居儉履約。紹公儀之操。尋功簡能。為外臺之表。聽聲察實。為九伯之冠。遷守鉅鹿。政合時雍。德量績謀。有伊呂管晏之任。闡弘道奧。同史蘇京房之倫。雖密勿在公。而身出心隱。不狥名以求譽。不馳騖以要寵。念存遜遁。演志箕山。方之古賢。實有倫序。採之於今。超焉絕俗。誠社稷之元龜。大漢之棟甍。宜當拔擢。使登鼎司。上令三辰順軌於歷象。下使五品咸訓于嘉時。必致休徵克昌之慶。非徒循法奉職而已。臣以頑駑。器非其疇。尸祿負乘。夕惕若厲。願乞骸骨。更授夷吾。上以光七曜之明。下以厭率土之望。庶令微臣塞咎免悔

安帝時。尚書陳忠論薦劉愷。上疏曰。臣聞三公上則台階。下象山岳。股肱元首。鼎足居職。協和陰陽。調訓五品。考功量才。以序庶僚。遵烈風不迷。遇迅雨不惑。位莫重焉。而今上司缺職。未議其人。臣竊差次諸卿。考合眾議。咸稱太常朱倀。少府荀遷。臣父寵前忝司空。倀遷並為掾屬。具知其能。倀能說經書而用心褊狹。遷嚴毅剛直而薄於藝文。伏見前司徒劉愷。沈重淵懿。道德博備。克讓爵土。致祚弱弟。躬浮雲之志。兼浩然之氣。頻歷二司。舉動得禮。以疾致仕。側身里巷。屢紛恩紼。進退有度。百僚景式。海內歸懷。往者孔光師丹。近世鄧彪張酺。皆去宰相。復序上司。誠宜簡練卓異。以厭眾望。書奏。詔引愷拜太尉。

御史中丞樊準薦用龐參。上疏曰。臣聞鷙鳥累百。不如一鶚。昔孝文皇帝悟馮唐之言。而赦魏尚之罪。使為邊守。匈奴不敢南向。夫以一臣之身。折方面之難者。選用得也。臣伏見故左校令河南龐參。勇謀不測。卓爾奇偉。高才武略。有魏尚之風。前坐微法。輸作經時。今羌戎為患。大軍西屯。臣以為如參之人。宜在行伍。惟明詔採前世之舉。觀魏尚之功。免赦參刑。以為軍鋒。必有成效。宣助國威。鄧太后納其言。

即擢參於徒中。召拜謁者。使西督三輔諸軍屯。

先零羌豪僭號北地。詔龐參將降羌及湟中義從胡七千人。與行征西將軍司馬鈞期會北地擊之。參兵至勇士城東。為杜季貢所敗。引退。鈞等獨進。參既已失期。乃詐病引兵還。坐以詐疾徵下獄。校書郎馬融上書請之曰。伏見西戎反畔。寇鈔五州。陛下愍百姓之傷痍。哀黎元之失業。單竭府庫以奉軍師。昔周宣玁狁侵鎬及方。孝文匈奴亦略上郡。而宣王立中興之功。文帝建太宗之號。非惟兩主有明叡之姿。抑亦扞城有虓虎之助。是以南仲赫赫。列在周詩。亞夫赳赳。載於漢策。竊見前護羌校尉龐參。文武昭備。智略弘遠。既有義勇果毅之節。兼以博雅深謀之姿。又度遼將軍梁慬。前統西域。勤苦數年。還留三輔。功効克立。閒在北邊。單于降服。今皆幽囚。陷於法網。昔荀林父敗績於邲。晉侯使復其位。孟明視喪師於崤。秦伯不替其官。故晉

景升赤狄之土。秦穆遂霸西戎。宜遠覽二君。使參僚得在寬宥之科。誠有益於折衝。毗佐於聖化。書奏赦參等。

順帝時。當會茂才孝廉。太尉龐參以被奏稱疾不得會。上計掾廣漢段恭因會上疏曰。伏見道路行人。農夫織婦皆曰太尉龐參竭忠盡節。徒以直道不能曲心。孤立羣邪之間。自處中傷之地。臣猶冀在陛下之世。當蒙安全。而復以讒佞傷毀忠正。此天地之大禁。人主之至誡。昔白起賜死。諸侯酌酒相賀。季子來歸。魯人喜其紓難。夫國以賢化。君以忠安。今天下咸欣陛下有此忠賢。願卒寵任以安社稷。書奏。詔即遣小黃門視參疾。太醫致羊酒。

尚書史敞等薦胡廣曰。臣聞德以旌賢。爵以建事。明試以功。典謨所美。五服五章。天秩所作。是以臣竭其忠。君豐其寵。舉不失德。下忘其死。竊見尚書僕射胡廣體真履規。謙虛溫雅。博物洽聞。探賾窮理。六經典奧。舊章憲式。無所不覽。柔而不犯。文而有禮。忠貞之性。憂公如家。不矜其能。不伐其勞。翼翼周慎。行靡玷漏。密勿夙夜。十有餘年。心不外顧。志不苟進。臣等竊以為廣在尚書。劬勞日久。後母年老。既蒙簡照。宜試職千里。匡寧方國。陳留近郡。今太守任缺。廣才略深茂。堪能撥煩。願以參選。紀綱頹俗。使束脩守善。有所勸仰。

永和中。李固遷將作大匠。上疏陳事曰。臣聞氣之清者為神。人之清者為賢。養身者以練神為寶。安國者以積賢為道。昔秦欲謀楚。王孫圉設壇西門。陳列名臣。秦使懼然。遂為寢兵。魏文侯師卜子夏。友田子方。軾段干木。故群俊競至。名過齊桓。秦人不敢窺兵於西河。斯蓋積賢人之符也。陛下撥亂龍飛。初登大位。聘南陽樊英、江夏黃瓊、廣漢楊厚、會稽賀純。策書嗟歎。待以大夫之位。是以巖穴幽人。智術之士。彈冠振衣。樂欲為用。四海欣然。歸服聖德。厚等在職。雖無奇卓。然夕惕孳孳。志在憂國。臣前在荊州。聞厚、純等以病免歸。誠以悵然。為時惜之。一日朝會。見諸侍中並皆年少。無一宿儒大臣可顧問者。誠可歎息。宜徵還厚等。以副群望。瓊久處議郎。已且十年。眾人皆怪始隆崇。今更滯也。光祿大夫周舉。才謨高正。宜在常伯。訪以言議。侍中杜喬。學深行直。當世良臣。久託疾病。可敕令起。是日有詔徵用倫、厚等。而以固為大司農。

桓帝延熹二年。尚書令陳蕃、僕射胡廣等上疏薦徐稺等曰。臣聞善人天地之紀。政之所由也。詩云。思皇多士。生此王國。天挺俊乂。為陛下出。當輔弼明時。左右大業者也。伏見處士豫章徐稺、彭城姜肱、汝南袁閎、京兆韋著、潁川李曇。德行純備。著于人聽。若使擢登三事。協亮天工。必能翼宣盛美。增光日月矣。桓帝乃以安車玄纁備禮徵之。

時合浦太守孟嘗以病徵還。隱處窮澤。尚書郎楊喬上書論薦曰。臣前後七表言故合浦太守孟嘗。而身輕言微。終不蒙察。區區破心。徒然而已。嘗安仁弘義。耽樂道德。清行出俗。能幹絕群。前更守宰。移風改政。去珠復還。饑民蒙活。且南海多珍。財產易積。掌握之內。價盈兼金。而嘗單身謝病。躬耕壟次。匿影藏采。不揚華藻。實羽翮之美用。非徒腹背之毛也。而沈淪草莽。好爵莫及。廊廟之寶。棄於溝渠。且年歲有訖。桑榆行盡。而忠貞之節。永謝聖時。臣誠傷心。私用流涕。夫物以遠至為珍。士以稀見為貴。槃木朽株。為萬乘用者。左右為之容耳。王者取士。宜拔眾之所貴。臣以斗筲之資。趨走日月之側。思立微節。不敢苟私鄉曲。竊感禽息亡身進賢。嘗竟不見用。

延熹九年。李膺等以黨事下獄考實。太尉陳蕃上疏極諫曰。臣聞賢明之君。委心輔佐。亡國之主。諱聞直辭。故湯武雖聖。而興於伊呂。桀紂迷惑。亡在失人。由此言之。君為元首。臣為股肱。同體相須。共成美

惡者也伏見前司隸校尉李膺太僕杜密太尉掾范滂等正身無玷
死心社稷以忠忤旨橫加考案或禁錮閉隔或死徙非所杜塞天下
之口聾盲一世之人與秦焚書阬儒何以爲異昔武王克殷表封閭
墓今陛下臨政先誅忠賢遇善何薄待惡何優夫讒人似實巧言如
簧使聽之者惑視之者昏夫吉凶之效存乎識善成敗之機在於察
言人君者攝天地之政秉四海之維舉動不可以違聖法進退不可
以離道規謬言出口則亂及八方何況髡無罪於獄殺無辜於市乎
昔禹巡狩蒼梧見市殺人下車而哭之曰萬方有罪在予一人故其
興也勃焉又青徐炎旱五穀損傷民物流遷茹菽不足而宮女積於
房掖國用盡於羅紈外戚私門貪財受賂所謂祿去公室政在大夫
昔春秋之末周德衰微數十年間無復災眚者天所棄也天之於漢悃
悃無已故殷勤示變以悟陛下除妖去孽實在脩德臣位列台司憂

責深重不敢尸祿惜生坐觀成敗如蒙採錄使身首分裂異門而出
所不恨也帝諱其言切託以蕃辟召非其人遂策免之
時徐州從事臧旻上書訟第五種曰臣聞士有忍死之辱必有就事
之計故季布屈節於朱家管仲錯行於召忽此二臣以可死而不死
者非愛身於須臾貪命於苟活隱其智力顧其權略庶幸逢時有所
爲耳卒遭高帝之成業齊桓之興伯遺其亡逃之行赦其射鉤之讎
拔於囚虜之中信其佐國之謀勳效傳於百世君臣載於篇籍假令
二主紀過於纖介則此二臣同死於犬馬沈名於溝壑當何由得申
其補過之功乎伏見故兗州刺史第五種傑然自建
在鄉曲無苞苴之嫌步朝堂無擇言之闕天性疾惡公方不曲故論
者說清高以種爲上序直士以種爲首春秋之義選人所長棄其所
短錄其小善除其大過種所坐以盜賊公負筋力未就罪至徵徙非

有大惡者虞舜事親大杖則走故種逃亡苟全性命冀有朱家之路
以顯季布之會願陛下無遺須臾之恩令種有持忠入地之恨種會
赦出
獻帝時公車司馬令謝該以父母老託疾去官欲歸鄉里會荊州道
斷不得去少府孔融上書薦之曰臣聞高祖創業韓彭之將征討暴
亂陸賈叔孫通進說詩書光武中興吳耿佐命范升衛宏脩述舊業
故能文武並用成長久之計陛下聖德欽明同符二祖勞謙厄運三
年乃讙今尚父鷹揚方叔翰飛王師電鷙羣凶破殄始有橐弓臥鼓
之次宜得名儒典綜禮紀竊見故公車司馬令謝該體曾史之淑性
兼商偃之文學博通羣藝周覽古今物來有應事至不惑清白異行
敦悅道訓求之遠近少有疇匹若乃巨骨出吳隼集陳庭黃熊入寢
亥首有二非夫洽聞者莫識其端也雋不疑定北闕之前夏侯勝辯

常陰之驗然後朝士益重儒術今該實卓然比跡前列間以父母老
疾棄官欲歸道路險塞無由自致猥使良才抱璞而逃踰越山河沈
淪荊楚所謂往而不反者也後日當更饋樂以釣由余克像以求傅
說豈不煩哉臣愚以爲可推錄所在召該令還楚人止孫卿之去國
漢朝追匡衡於平原尊儒貴學惜失賢也書奏詔即徵還拜議郎
融又論薦處士禰衡上疏曰臣聞洪水橫流帝思俾乂旁求四方以
招賢俊昔孝武繼統將弘祖業疇咨熙載羣士響臻陛下叡聖纂承
基緒遭遇厄運勞謙日昃惟岳降神異人並出竊見處士平原禰衡
年二十四字正平淑質貞亮英才卓礫初涉藝文升堂覩奧目所一
見輒誦於口耳所暫聞不忘於心性與道合思若有神弘羊潛計安
世默識以衡準之誠不足怪忠果正直志懷霜雪見善若驚疾惡若
讎任座抗行史魚厲節殆無以過也鷙鳥累伯不如一鶚使衡立朝

必有可觀。飛辯騁辭。溢氣坌涌。解疑釋結。臨敵有餘。昔賈誼求試屬國。詭係單于。終軍欲以長纓牽致勁越。弱冠慷慨。前世美之。近日路粹嚴象。亦用異才擢拜臺郎。衡宜與為比。如得龍躍天衢。振翼雲漢。揚聲紫微。垂光虹蜺。足以昭近署之多士。增四門之穆穆。鈞天廣樂。必有奇麗之觀。帝室皇居。必畜非常之寶。若衡等輩。不可多得。激楚揚阿。至妙之容。臺牧者之所貪。飛兔騕褭。絕足奔放。良樂之所急。臣等區區。敢不以聞。

曹操薦荀彧表曰。臣聞慮為功首。謀為賞本。野績不越廟堂。戰多不踰國勳。是故曲阜之錫。不後營丘。蕭何之土。先於平陽。珍策重計。古今所尚。侍中守尚書令彧。積德累行。少長無悔。遭世紛擾。懷忠念治。臣自始舉義兵。周游征伐。與彧勠力同心。左右王略。發言授策。無施不效。彧之功業。臣由以濟。用披浮雲。顯光日月。陛下幸許。彧左右機近。忠恪祗順。如履薄冰。研精極銳。以撫庶事。天下之定。彧之功也。宜享高爵。以彰元勳。

歷代名臣奏議卷之一百二十九

歷代名臣奏議卷之一百三十

用人

魏太祖置酒漢濱。關內侯王粲奉觴賀曰。方今袁紹起河北。杖大衆。志兼天下。然好賢而不能用。故奇士去之。劉表雍容荊楚。坐觀時變。自以為西伯可規。士之避亂荊州者。皆海內之儁傑也。表不知所任。故國危而無輔。明公定冀州之日。下車即繕其甲卒。收其豪傑而用之。以橫行天下。及平江漢。引其賢儁而置之列位。使海內回心。望風而願治。文武並用。英雄畢力。此三王之舉也

何夔言於太祖曰。自軍興以來。制度草創。用人未詳其本。是以各引其類。時忘道德。夔聞以賢制爵。則民慎德。以庸制祿。則民興功。以為自今所用。必先核之鄉閭。使長幼順敘。無相踰越。顯忠直之賞。明公實之報。則賢不肖之分。居然別矣。又可脩保舉故不以實之令。使有司別受其負。在朝之臣。時受教與曹並選者。各任其責。上以觀朝臣之節。下以塞爭競之源。以督羣下。以率萬民。如是則天下幸甚

太祖置校事盧洪趙達等。使察羣下。法曹掾高柔諫曰。設官分職。各有所司。今置校事。既非居上信下之旨。又達等數以憎愛擅作威福。宜檢治之。太祖曰。卿知達等恐不知吾也。要能刺舉而辨衆事。使賢人君子為之。則不能也。昔叔孫通用羣盜。良有以也。達等後奸利發。太祖殺之以謝於柔。

三公無事。又希與朝政。柔為廷尉。又上疏曰。天地以四時成功。元首以輔弼興治。成湯仗阿衡之佐。文武憑旦望之力。逮至漢初。蕭曹之儔。並以元勳。代作心膂。此皆明王聖主。任臣於上。賢相良輔。股肱於下也。今公輔之臣。皆國之棟梁。民所具瞻。而置之三事。不使知政。遂各偃息養高。鮮有進納。誠非朝廷崇用大臣之義。大臣獻可替否之

謂也。古者刑政有疑，輒議於槐棘之下。自今之後，朝有疑議及刑獄大事，宜數以咨訪三公。三公朝朔望之日，又可特延入講論得失，博盡事情，庶有裨起天聽，弘益大化。帝嘉納焉。

文帝踐阼，散騎常侍王象薦楊俊曰：伏見南陽太守楊俊，秉純粹之茂質，履忠肅之弘量，体仁足以育物，篤實足以動衆，克長後進，惠訓不倦，外寬內直，仁而有斷。自初彈冠，所歷垂化，再守南陽，恩德流著，殊隣異黨，襁負而至。今境守清靜，無所展其智能，宜還本朝，宣力輦轂，熙帝之載。

明帝即位，何曾累遷散騎侍郎、汲郡典農中郎將、給事黃門侍郎，上疏曰：臣聞為國者以清淨為基，而百姓以良吏為本。今海內虛耗，事役衆多，誠宜恤養黎元，懷以使人。郡守之權雖輕，猶專任千里，比之於古，則列國之君也。上當奉宣朝恩，以致惠和；下當興利而除其害。

得其人則可安，非其人則為患。故漢宣稱曰：百姓所以安其田里而無歎息愁恨之聲者，政平訟理也。與我共此者，其惟良二千石乎。此誠可謂知政之本也。方今國家大舉，新有發調，軍師遠征，上下劬勞。夫百姓可與樂成，難與慮始，愚惑之人，能厭目前之小勤，而忘為亂之大禍者。是以郡守益不可不得其人，才雖難備，猶宜粗有威恩，為百姓所信憚者。臣聞諸郡守有年老或疾病，皆委政丞掾，不恤庶事；或体性疏怠，不以政理為意，在官積年，惠澤不加於人。然於考課之限，罪亦不至詘免，故得經延歲月，而無斥罷之期。臣愚以為可密詔主者，使隱核參訪郡守，其有老疾不隱親人物，及宰牧少恩，好修人事，煩撓百姓者，皆可徵還，為更選代。

蔣濟遷為中護軍，時中書監令號為專任，濟上疏曰：大臣太重者國危，左右太親者身蔽，古之至戒也。往者大臣秉事，外內扇動。陛下卓然自覽萬機，莫不祗肅。夫大臣非不忠也，然威權在下，則衆心慢之，勢之常也。陛下既已察之於大臣，願無忘於左右。左右忠正遠慮，未必賢於大臣，至於便辟取合，或能工之。今外所言，輒云中書，雖使恭慎不敢外交，但有此名，猶惑世俗。況實握事要，日在目前，儻因疲倦之間，有所割制，衆臣見其能推移於事，即亦因時而向之。一有此端，因當內設自完，以此衆語，私招所交，為之內援。若此，臧否毀譽，必有所興；功負賞罰，必有所易。直道而上者或壅，曲附左右者反達。因微而入，緣形而出，意所狎信，不復猜覺。此宜聖智所當早聞，外以經意，則形際自見。或恐朝臣畏言不合，而受左右之怨，莫適以聞。臣竊亮陛下潛神默思，公聽並觀，若事有未盡於理，而物有未周於用，將改曲易調，遠與黃唐角功，近昭武文之迹，豈近習而已哉。然人君猶不可悉天下事以適已明，當有所付。三官任一臣，非周公旦之忠，又非

管夷吾之公，則有弄機敗官之弊。當今柱石之士雖少，至於行稱一州，智效一官，忠信竭命，各奉其職，可並驅策，不使聖明之朝有專吏之名也。

太和中，樂安廉昭以才能拔擢，頗好言事。散騎黃門侍郎杜恕上疏極諫曰：伏見尚書郎廉昭奏左丞曹璠以罰當關不依詔，坐判問。又云諸當坐者別奏。尚書令陳矯自奏不敢辭罰，亦不敢以處重為恭，意至懇惻。臣竊愍然為朝廷惜之。夫聖人不擇世而興，不易民而治，然而生必有賢智之佐者，蓋進之以道，帥之以禮故也。古之帝王之所以能輔世長民者，莫不遠得百姓之懽心，近盡群臣之智力。誠使今朝任職之臣皆天下之選，而不能盡其力，不可謂能使人；若非天下之選，亦不可謂能官人。陛下憂勞萬機，或親燈火，而庶事不康，刑禁日弛，豈非股肱不稱之明效歟。原其所由，非獨臣有不盡忠，亦主

有不能使百里奚愚於虞而智於秦豫讓苟容中行而著節智伯斯則古人之明驗矣今臣言一朝皆不忠是誣一朝也然其事類可推而得陛下感帑藏之不充實而軍事未息至乃斷四時之賦吝薄御府之私毅帥由聖意舉朝稱明與聞政事密勿大臣寧有懇懇憂此者乎騎都尉王才幸樂人孟思所為不法振動京都而其罪狀發於小吏公卿大臣初無一言自陛下踐阼以來司隸校尉御史中丞寧有舉綱維以督姦宄使朝廷肅然者邪若陛下以為今世無良才朝廷之賢佐豈可追望稷契之遐蹤坐待來世之儁乂乎今之所賢者盡有大官而享厚祿矣然而奉上之節未立向公之心不一者委任之責不專而俗多忌諱故也臣以為忠臣不必親親臣不必忠何者以其居無嫌之地而事得自盡也今有疏者毀人不實其所毀必曰私報所憎譽人不實其所譽而必曰私愛所親左右或因之以進憎

愛之說非獨毀譽有之政事損益亦皆有嫌陛下當思所以闡廣朝臣之心篤厲有道之節使之自同古人望與竹帛耳反使如廉昭者擾亂其間臣懼大臣遂將容身保位坐觀得失為來世戒也昔周公戒魯侯曰無使大臣怨乎不以言賢愚明皆當世用也堯數舜之功稱去四凶不言大小有罪則去也今者朝臣不自以為不能以陛下為不任也不自以為不知以陛下為不問也陛下何不遵周公之所以用大舜之所以去使侍中尚書坐則侍帷幄行則從輦親對詔問所陳必達則羣臣之行能否皆可得而知忠能者進闇劣者退誰敢依違而不自盡以陛下之聖明親與羣臣論議政事使羣臣人得自盡人自以為親人思所以報賢愚能否在陛下之所用以此治事何事不辦以此建功何功不成每有軍事詔書常曰誰當憂此者邪吾當自憂耳近詔又曰憂公忘私者必不然但先公後私即自辦也

伏讀明詔乃知聖思究盡下情然亦怪陛下不治其本而憂其末也人之能否實有本性雖臣亦以為朝臣不盡稱職也明主之用人也使能者不敢遺其力而不能者不得處非其任選舉非其人未必為有罪也舉朝共容非其人乃為怪耳陛下知其不盡力也而代之憂其職知其不能也而教之治其事豈徒主勞而臣逸哉雖聖賢並世終不能以此為治也陛下又患臺閣禁令之不密人事請屬之不絕聽伊尹作迎客出入之制選司徒更惡吏以守寺門威禁由之實未得為禁之本也昔漢安帝時少府竇嘉辟廷尉郭躬無罪之兄子猶見舉奏章劾紛紛近司隸校尉孔羨辟大將軍狂悖之弟而有司嘿爾望風希指甚於受屬選舉不以實人事之大者也嘉有親戚之寵躬非社稷重臣猶尚如此以今況古陛下自不督必行之罰以絕阿黨之原耳伊尹之制與惡吏守門非治世之具也使臣之言少蒙察

納何患於姦不削滅而養若昭等乎夫糾擿姦宄忠事也然而世憎小人行之者以其不顧道理而苟求容進也若陛下不復考其終始必以違衆迕世為奉公密行白人為盡節焉有通人大才而更不能為此邪誠顧道理而弗為耳使天下皆背道而趨利則人主之所最病者陛下將何樂焉胡不絕其萌乎夫先意承旨以求容美率皆天下淺薄無行義者其意務在於適人主之心而已非欲治天下安百姓也陛下何不試變業而示之彼豈執其所守以違聖意哉夫人臣得人主之心安業也處尊顯之官榮事也食千鍾之祿厚實也人臣雖愚未有不樂此而喜干迕者也迫於道自彊耳誠以為陛下當憐而佑之少委任焉如何反録昭等傾側之意而忽若人者乎今者外有伺隙之寇內有貧曠之民陛下當大計天下之損益政事之得失誠不可以怠也

景初元年。司徒司空並缺。散騎侍郎孟康薦崔林曰。夫宰相者天下之所瞻效。誠宜得秉忠履正本德仗義之士。足為海內所師表者。竊見司隸校尉崔林稟自然之正性。體高雅之弘量。論其所長以比古人。忠貞不回則史魚之儔。清儉守約則季文之匹也。牧守州郡。所在而治。及為外司。萬里肅齊。誠台輔之妙器。衮職之良才也。

明帝時。詔書博求衆賢。散騎侍郎夏侯惠薦劉劭曰。伏見常侍劉劭。深忠篤思。體周於數。凡所錯綜。源流弘遠。是以羣才大小。咸取所同而斟酌焉。故性實之士服其平和良正。清靜之人慕其玄虛退讓。文學之士嘉其推步詳密。法理之士明其分數精比。意思之士知其沈深篤固。文章之士愛其著論屬辭。制度之士貴其化略較要。策謀之士贊其明思通微。凡此諸論。皆取適己所長而舉其支流者也。臣數聽其清談。覽其篤論。漸漬歷年。服膺彌久。實為朝廷奇其器量。以為若此人者。宜輔翼機事。納謀幃幄。當與國道俱隆。非世俗所常有也。惟陛下垂優游之聽。使劭承清問之歡。得自盡於前。則德音上通。煇燿日新矣

散騎常侍王肅上疏曰。除無事之位。損不急之祿。止浮食之費。并從容之官。使官必有職。職任其事。事必受祿。祿代其耕。乃往古之常式。當今之所宜也。官寡而祿厚。則公家之費鮮。進仕之志勸。進仕之志勸。各展才力。莫相倚仗。敷奏以言。明試以功。能之與否。簡在帝心。是以唐虞之設官分職。申命公卿。各以其事。然後惟龍為納言。猶今尚書也。以出內帝命而已。夏殷不可得而詳。甘誓曰。六事之人。明六卿亦典事者也。周官則備矣。五日視朝。公卿大夫並進。而司士辨其位焉。其記曰。坐而論道謂之王公。作而行之謂之士大夫。及漢之初。依擬前代。公卿皆親以事升朝。故高祖躬追反走之周昌。武帝遙可奏之汲黯。宣帝使公卿五日一朝。成帝始置尚書五人。自是陵遲。朝禮遂闕。可復五日視朝之儀。使公卿尚書各以事進。廢禮復興。光宣聖緒。誠所謂名美而實厚者也

中領軍桓範薦徐宣曰。臣聞帝王用人。度世授才。爭奪之時。以策略為先。分定之後。以忠義為首。故晉文行舅犯之計而賞雍季之言。高祖用陳平之智而託後於周勃也。竊見尚書徐宣。體忠厚之行。秉直亮之性。清雅特立。不拘世俗。確然難動。有社稷之節。歷位州郡。所在稱職。今僕射缺。宣行掌後事。腹心任重。莫宜宣者。帝遂以宣為左僕射

齊王即位。曹爽使弟羲為表。薦司馬懿曰。臣亡父真奉事三朝。入備冢宰。出為上將。先帝以臣肺腑遺緒。獎飾拔擢。典兵禁省。進無忠恪積累之行。退無羔羊自公之節。先帝聖體不豫。臣雖奔走侍疾。嘗藥曾無精誠翼日之應。猥與太尉司馬懿俱受遺詔。且慙且懼。靡所底告。臣聞虞舜序賢。以稷契為先。成湯褒功。以伊呂為首。審選博舉。優劣得所。斯誠輔世長民之大經。錄勳報功之令典。自古以來未之或闕。今臣虛闇。位冠朝首。顧惟越次。中心愧惕。敢竭愚情。陳寫至實。夫天下之達道者三。謂德爵齒也。懿本以高明中正。處上司之位。名足鎮衆。義足率下。一也。包懷大略。允文允武。仍立征伐之勳。遐邇歸功。二也。萬里旋旆。親受遺詔。翼亮皇家。內外所向。三也。加之耆艾。紀綱邦國。體練朝政。論德則過於吉甫樊仲。課功則踰於方叔召虎。凡此數者。懿實兼之。臣抱空名而處其右。天下之人將謂臣以宗室見私。知進而不知退。陛下岐嶷克明克類。如有以察臣之言。臣以為宜以懿為太傅大司馬。上昭陛下進賢之明。中顯懿身文武之實。下使愚臣免於謗誚。

安定太守孟達薦王雄曰臣聞明君以求賢爲業忠臣以進善爲效故易稱拔茅連茹傳曰舉爾所知臣不自量竊慕其義臣昔以人乏謬充備部職時涿郡太守王雄爲西部從事與臣同僚雄天性良固果而有謀歷試三縣政成人和及在近職奉宣威恩懷柔有術清慎持法臣往年出使經過雄郡自說特受陛下拔擢之恩常勵節精心思投命爲效言辭激揚情趣款惻臣雖愚闇不識真僞以謂雄才兼資文武忠烈之性踰越倫輩今涿郡領戶三千孤寡之家參居其半比者守兵藩衛之固誠不足舒雄智力展其勤幹也反受恩深厚無以報國不勝慺慺淺見之情謹冒陳聞

吳孫權時步騭上疏曰臣聞人君不親小事百官有司各任其職故舜命九賢則無所用心彈五絃之琴詠南風之詩不下堂廟而天下治也齊桓用管仲被髮載車齊國既治又致匡合近漢高祖擥三傑以興帝業西楚失雄俊以喪成功汲黯在朝淮南寢謀郅都守邊匈奴竄迹故賢人所在折衝萬里信國家之利器崇替之所由也方今王化未被於漢北河洛之濱尚有僭逆之醜誠擥英雄拔俊任賢之時也願明太子重以經意則天下幸甚

陸遜拜上大將軍右都護上疏陳時事曰臣以爲科法嚴峻下犯者多頃年以來將吏罹罪雖不慎可責然天下未一當圖進取小宜恩貸以安下情且世務日興良能爲先自非姦穢入身難忍之過乞復顯用展其力效此乃聖王忘過記功以成王業昔漢高舍陳平之愆用其奇略終建勳祚功垂千載夫峻法嚴刑非帝王之隆業有罰無恕非懷遠之弘規也

孫休時西陵督陸凱封都亭侯後轉左虎林中書丞華覈表薦凱曰凱天姿聰朗才通行絜昔歷選曹遺迹可紀還在交州奉宣朝恩流民歸附海隅肅清蒼梧南海歲有颶風瘴氣之害風則折木飛砂轉石氣則霧鬱飛鳥不經自凱至州風氣絕息商旅平行民無疾疫田稼豐稔州治臨海海流秋鹹凱又畜水民得甘食惠風橫被化感人神遂憑天威招合遺散至被詔書當出民感其恩以忘戀土負老攜幼甘心景從衆無攜貳不煩兵衛自諸將合衆皆脅之以威未有如凱結以恩信者也銜命在州十有餘年賓帶殊俗寶玩所生而內無粉黛附珠之妾家無文甲犀象之珍方今之臣實難多得宜在輦轂股肱王室以贊唐虞康哉之頌江邊任輕不盡其才虎林選督堪之者衆若召還都寵以上司則天工畢脩庶績咸熙矣

孫晧即位樓玄爲宮下鎮禁中候主殿中事玄應對切直漸見責怒後人誣白玄與賀邵相逢駐立耳語大笑謗訕政事遂被詔詰責送付廣州華覈爲東觀令上疏曰臣竊以治國之體其猶治家主田野者皆宜良信又宜得一人總其條目爲作維綱衆事乃理論語曰無爲而治者其舜也與恭己正南面而已言所任得其人故優游而自逸也今海內未定天下多事事無大小皆當關聞動經御坐勞損聖慮陛下既垂意博古綜極藝文加勤心好道隨節致氣宜得閒靜以展神思呼翕清淳與天同極日夜思惟諸吏之中任幹之事足委杖者無勝於樓玄玄清忠奉公冠冕當世衆服其操無與爭先夫清者則心平而意直忠者惟正道而履之如玄之性終始可保乞陛下赦玄前愆使得自新擢之宰司責其後效使爲官擇人隨才授任則舜之恭己近亦可得

晉武帝以劉毅清貧賜錢三十萬日給米肉年七十告老久之見許以光祿大夫歸第門施行馬復賜錢百萬後司徒舉毅爲青州大中正尚書以毅懸車致仕不宜勞以碎務陳留相樂安孫尹表曰禮凡

早者執勞尊者居逸是順叙之宜也司徒魏舒司隸校尉嚴詢與毅年齒相近往者同爲散騎常侍後分授外内之職資塗所經出處一致今詢管四十萬戶州兼董司百僚總攝機要舒所統殷廣兼執九品銓十六州議論主者不以爲劇毅但以知一州便謂不宜累以碎事於毅大優詢舒太劣若以前聽致仕不宜復與遷授位者故光祿大夫鄭袤爲司空是也夫知人則哲惟帝難之尚可復委以宰輔之任不可諮以人倫之論臣竊所未安昔鄭武公年過八十入爲周司徒雖過縣車之年必有可用毅前爲司隸直法不撓當朝之臣多所按劾諺曰受堯之誅不能稱堯直臣無黨古今所患是以汲黯死於淮陽董仲舒裁爲諸侯之相而毅獨遭聖明不離輦轂當世之士咸以爲榮毅雖身偏有風疾而志氣聰明一州品第不足勞其思慮毅疾惡之心小過主者必疑其論議傷物故高其優禮令去事實此爲机闇毅使絕人倫之路也臣州茂德惟毅越毅不用則清談倒錯矣於是青州自二品已上光祿勳石鑒等共奏曰謹按陳留相孫尹表及與臣等書如左臣州履境海岱而參風齊魯故人俗務本而世敦德讓今雖不充於舊而遺訓猶存是以人倫歸行士識所守也前被司徒符當參舉州大中正僉以光祿大夫毅純孝至素著在鄉閭忠允亮蹇諤於事上仕不爲榮惟期盡節正身率道崇公忘私行高義明出處同揆故能令義士宗其風景州閭歸其清流雖年耆偏疾而神明克壯實臣州人士所思準繫者矣誠以毅之明格至不言而信風之所動清濁必偃以稱一州咸同之望故也竊以爲禮賢尚德教之大典王制奪與動爲開塞而士之所歸人倫爲大臣等虛劣雖言廢於前今承尹書敢不列啟按尹所執非惟惜名議於毅之身亦通陳朝宜奪與大準以爲尹言當否應蒙評議由是毅遂爲州都銓正人流清濁區別其所彈貶自親貴者始

帝以會稽王道子無社稷器幹慮晏駕之後皇室傾危乃選時望以爲藩屏將擢王恭殷仲堪等先以訪王雅雅以恭等無當世之才不可大任乃從容曰王恭風神簡貴志氣方嚴既居外戚之重當親賢之寄然其稟性峻隘無所包容執自是之操無守節之志仲堪雖謹於細行以文義著稱亦無弘量且幹略不長若委以連率之重據形勝之地今四海無事足能守職若道不常隆必爲亂階矣帝以恭等爲當時秀望謂雅疾其勝己故不從二人皆被升用其後竟敗有識之士稱其知人

惠帝時詔羣僚舉郡縣之職以補内官御史中丞傅咸上書曰臣咸以爲夫興化之要在於官人才非一流職有不同譬諸林木洪纖枉直各有攸施故明揚逺于仄陋疇咨無拘内外之任出處隨宜中間選用惟内是隆外舉既頹復多節目競内薄外遂成風俗此弊誠宜亟革之當内外通塞無所偏耳既使通塞無偏若選用不平有以深責責之苟濟無憂不平也且膠柱不可以調瑟況乎官人而可以限乎伏思所限者以防選用不能出人不能出人當隨事而制無須限法法之有限其於致遠無乃泥乎或謂不制其法以何爲貴臣聞刑懲小人義責君子君子之責在心不在限也正始中任何晏以選舉内外之衆職各得其才粲然之美於斯可觀如此非徒御之以限法之所致乃委任之由也委任之懼甚於限法是法之失非己之尤尤不在己責之無懼所謂齊之以刑人免而無耻者也苟委任之一則慮罪之及二則懼致怨謗已快則朝野稱詠不善則衆惡見歸此之戰戰孰與倚限法以苟免乎

著作郎陸機薦賀循等上奏曰伏見武康令賀循德量邃茂才鑒清

遠服膺道素，風槩夷峻。蹔試二城，刑政肅穆。前蔡陽令郭訥，風度簡曠，器識朗拔，通濟敏悟，才足幹事。循守下縣，編名凡悴。訥歸家巷，棲遲有年。皆出自新邦，朝無知己，居在遐外，志不自營，年時倏忽，而邈無階緒。實州黨愚智所爲恨恨。臣等伏思臺郎所以使州州有人，非徒以均分顯路，惠及外州而已。誠以庶士殊風，四方異俗，壅隔之害，遠國益甚。至於荊揚二州，戶各數十萬，今揚州無郎，而荊州江南乃無一人爲京城職者。誠非聖朝待四方之本心。至於才望資品，循可尚書郎，訥可太子洗馬舍人。此乃衆望所積，非但企及清塗，苟充方選也。謹條資品，乞蒙簡察。

懷帝時，上公舉賢良方正，刺史王敦以賀循爲賢良，杜夷爲方正。乃上疏曰：臣聞有虞咨元凱時登，漢武欽賢俊孝響應，故能允協時雍，數崇盛化。伏見太孫舍人會稽賀循，處士廬江杜夷，履道彌高，

清操絕俗，思學融通，才經王務，循宰二縣，皆有名績。循係東宮，忠恪允著；夷清虛沖淡，與俗異軌，考槃空谷，肥遁匿跡，蓋經國之良寶，聘命之所急。若得侍讀公車，承對冊問，必有忠讜良謀，弘益政道矣。

元帝爲瑯琊王，鎮建康，時安東司馬王導進計曰：古之王者，莫不賓禮故老，存問風俗，虛己傾心，以招俊乂。況天下喪亂，九州分裂，大業草創，急於得人者乎。顧榮、賀循，此士之望，未若引之以結人心。二子既至，則無不來矣。帝乃使導躬造循、榮，二人皆應命而至，由是吳會風靡，百姓歸心焉。自此之後，漸相崇奉，君臣之禮始定。俄而洛京傾覆，中州士女避亂江左者十六七。導勸帝收其賢人君子，與之圖時事。荊揚晏安，戶口殷實，帝嘗從容謂導曰：卿吾之蕭何也。對曰：昔秦爲無道，百姓厭亂，巨猾陵暴，人懷漢德，革命反正，易以爲功。自魏氏以來，迄于太康之際，公卿世族，豪侈相高，政教陵遲，不遵法度，群公卿士，皆饜於安息，遂使姦人乘釁，有虧至道。然否終斯泰，天道之常。大王方立命世之勳，一匡九合，管仲、樂毅，於是乎在。豈區區國臣所可擬議。願深弘神慮，廣擇良能。顧榮、賀循、紀瞻、周玘，皆南土之秀，願盡優禮，則天下安矣。帝納焉。

元帝稱制，使各陳時事損益。西閣祭酒丁潭上書曰：爲國者恃人須才。蓋二千石長吏是也。安可不明簡其才，使必允當。既得其人，使久於其職，在官者無苟且，居下者有恒心。此爲政之較也。今之長吏遷轉既數，有送迎之費。古人三載考績，三考黜陟，中才處局，故難以速成也。

元帝時，江州刺史應詹上疏曰：夫欲用天下之智力者，莫若使天下信之也。商鞅移木，豈禮也哉，有由而然。自經荒弊，綱紀頹陵，清直之風既澆，糟粃之俗猶在。誠宜濯以滄浪之流，漉以吞舟之網，則幽顯

明別，於變時雍矣。弘濟茲務，在乎官人。今南北雜錯，屬託者無保負之累，而輕舉所知，此博采所以未精，職理所以多闕。今凡有所用，宜隨其能否而與舉主同乎褒貶，則人有慎舉之恭，官無廢職之咎。昔冀缺有功，胥臣蒙先茅之賞；子玉敗軍，子文受爲賢之責。古既有之，今亦宜然。漢朝使刺史行部，乘傳奏事，猶恐不足以辯彰幽明，弘宣政道，故復有繡衣直指。今之艱弊，過於往昔，宜分遣黃散若中書郎等，循行天下，觀採得失，舉善彈違，斷截苟且，則人不敢爲非矣。漢宣帝時，二千石有居職修明者，則入爲公卿。其不稱職免官者，皆還爲平人。懲勸必行，故歷世長久。中間以來，遷不足競，免不足懼，或有進而失意，退而得分，莅官雖美，當以素論降替；在職實劣，直以舊望登敘。校游談爲多少，不以實事爲先後。以此責成，臣未見其兆也。今宜峻左降舊制，可二千石免官三年乃得敘用，長史六年，戶口折耗，道

里倍之。此法必明。使天下知官難得而易失。必人慎其職。勸無惰官矣。都督可課佃二十頃。州十頃。郡五頃。縣三頃。皆取文武吏醫卜不得擾亂百姓三臺九府中外諸軍有可減損。皆令附農。帝息末作。道無游人。不過一朞。豐穰可必。然後重居職之俸。使祿足以代耕。頃大事之後。遐邇皆想宏略而寂然未副。宜早振綱領。肅起群望

帝以王敦勢盛。漸疏忌王導等。御史中丞周嵩上疏曰。臣聞明君思隆其道。故賢智之士樂在其朝。忠臣將明其節。故量時而後仕。樂在其朝。故無過任之譏。將明其節。故無過寵之謗。是以君臣並隆。功格天地。近代以來。德廢道衰。君懷術以御臣。臣挾利以事君。君臣交利。而禍亂相尋。故得失之迹。難可詳言。臣請較而明之。夫傅說之相高宗。申呂之輔宣王。管仲之佐齊桓。衰范之翼晉文。或宗師其道。垂拱受成。委以權重。終致匡主。未有憂其逼已。遂為國蠹者也。始田氏擅齊王莽篡漢。皆藉封土之資。假累世之寵。因闇弱之主。資母后之權樹比周之黨。階絕滅之勢。然後乃能行其私謀。以成篡奪之禍耳。豈遇立功之主。為天人所相。而能運其奸計。以濟其不軌者哉。光武以王族奮於閭閻。因時之望。收攬英奇。遂續漢業。以美中興之勳。及天下既定。頗廢黜功臣者。何哉。武力之士。不達國體。以立一時之功。不可久假以權勢。其興廢之事亦可見矣。近者三國鼎峙。並以雄略之才。命世之能。皆委賴俊哲。終成功業。貽之後嗣。未有從忿遺方來之恨者也。今王導王廙等。方之前賢。猶有所後。至於忠素竭誠。義以輔上。共隆洪基。翼成大業。亦昔之亮也。雖陛下乘奕世之德。有天人之會。割據江東。奄有南極。龍飛海嵎。興復舊物。此亦群才之明。豈獨陛下之力也。今王業雖建。羯寇未梟。天下蕩蕩。不賓者衆。公私匱竭。倉庾未充。梓宮沉淪。妃后不反。正委賢任能。推轂之日也。功業垂就。晉祚方隆。而一旦聽孤臣之言。惑疑似之說。乃更以危為安。以疏易親放逐舊德。以佞伍賢。遠虧既往之明。顧傷伊管之交。傾巍巍之望。喪如山之功。將令賢智杜心。義士喪志。近招當時之患。遠遺來世之笑。夫安危在號令。存亡在寄任。以古推今。豈可不寒心而哀歎哉。臣兄弟受遇無彼此之嫌。而臣干犯時諱。觸忤逆鱗者何。誠念社稷之憂。欲報之於陛下也。古之明王思聞其過。悟逆旅之言。以明成敗之由。故採納愚言。以考虛實。上為宗廟無窮之計。下收億兆元元　命臣不勝憂憤。竭愚以聞。疏奏。帝感悟

明帝時。尚書右僕射紀瞻。謂郗鑒有將相之材。恐朝廷棄而不恤。上疏請徵之。曰。臣聞皇代之興。必有爪牙之佐。扞城之用。帝王之利器也。故虞舜舉十六相。而南面垂拱。伏見前輔國將軍郗鑒少立高操体清望峻。文武之略。時之良幹。昔與戴若思同辟。推放荒地。所在孤特。衆無一旅。救援不至。然能綏集殘餘。據險歷載。遂使凶寇不敢南侵。但士衆單寡。無以立功。既統名州。又為常伯。若使鑒從容臺閣。出內王命。必能盡抗直之規。補袞職之闕。自先朝以來。諸所授用。已有成比。戴若思以尚書為六州都督征西將軍。復加常侍。劉隗鎮北。陳眕鎮東。以鑒年時。則與若思同。以資則俱八坐。況鑒雅望清重。一代名器。聖朝以至公臨天下。惟平是與。是以臣寢頓陋巷。思盡聞見。惟開聖懷。垂問臣導。冀有毫釐萬分之一

成帝咸和初。詔公卿舉賢良方正直言之士。太常華恒舉虞喜為賢良。會國有軍事不行。咸康初。內史何充上疏曰。臣聞二八舉而四門穆。十亂用而天下安。徽猷克闡。有自來矣。方今聖德欽明。思恢遐烈。旌輿整駕。俟賢而動。伏見前賢良虞喜。天挺貞素。高尚邈世。束脩立德。皓首不倦。加以傍綜廣深。博聞強識。鑽堅研微。有弗及之勤。處靜

味道無風塵之志高挑柴門怡然自足宜使蒲輪紆衡以旌殊操一則翼贊大化二則敦勵薄俗

穆帝時安西將軍桓溫薦譙秀表曰臣聞大朴既虧則高尚之標顯道喪時昏則忠貞之義彰故有洗耳投淵以振玄邈之風亦有秉心矯跡以敦在三之節是故上代之君莫不崇重斯軌所以篤俗訓民靜一流競伏惟大晉應符御世運無常通時有屯蹇神州丘墟三方圮裂兆庶絕嚮於中林白駒無聞於空谷斯有識之所悼心大雅之所歎息者也陛下聖德嗣興方恢天緒臣昔奉役有事西土鯨鯢既懸思宣大化訪諸故老搜揚潛逸庶武羅於羿浞之墟想王蠋於亡齊之境竊聞巴西譙秀植操貞固抱德肥遯揚清渭波于時皇極遘道消之會群黎蹈顛沛之艱中華有顧瞻之哀幽谷無遷喬之望凶命屢招姦威仍逼身寄虎吻危同朝露而能抗節玉立誓不降辱杜門絕跡不面偽庭進免襲勝亡身之禍退無薛方詭對之譏雖園綺之棲商洛管寧之默遼海方之於秀殆無以過于今西土以為美談夫旌德禮賢化道之所先崇表殊節聖哲之上務方今六合未康豺豕當路遺黎偷薄義聲不聞益宜振起道義之徒以敦流遯之弊若秀蒙蒲帛之徵足以鎮靜頹風軌訓囂俗幽遐仰流九服知化矣

宋高祖時寧子先上陳損益曰隆化之道莫先於官得其人校卜之方莫若人慎其舉雖復因革不同損益有物求賢審官未之或改師錫僉曰煥乎欽明之誥拔茅征吉著於幽賁之爻晉師有咸丘衍作賞楚樂無入蔿賈不賀今禪命惟新多人引領韶之盡善已備於振網武之未盡或存於理且雖九官之職未可偕舉親民之選尤宜在先愚欲使天朝四品官外及守牧各舉一人堪為二千石長吏者以付選官隨缺敘用得賢受賞失舉任罰夫惟帝之難豈庸識所易然舉爾所知非求多人因百官之明教與一識之見報然在己豈容徇物之私今非以選曹所銓果於平黍眾職所舉必也惟良矣宜使求賢闢於廣塗考績取其少殿若才實拔群進宜尚德治阿之宰不必計年免徒之守豈限資秩自此以還故當才均以資資均以地宰莅之官誠曰吏職然監觀民瘼翼化宣風則隱厚之求急於刀筆能事之功接於德心以此論才行之年歲豈惟政無秕蠹民庇手足而已將使公路日清私請漸塞士多心競仁必由己處士砥自求之節仕子藏交馳之情寧子庸微不識治體冒昧陳愚退懼違謬

文帝元嘉九年詔內外百官舉才江夏王義恭上表曰臣聞雲和備樂則繁會克諧驊騮駿服則致遠斯效陛下順簡黃化文明在躬王衡既正泰階載一而猶發慮英髦凝情仄陋幽谷空同顧若揚歷是以潛虬覺鱗佇利見之期翔鳳弭翼應來儀之感竊見南陽宗炳操履閑遠思業貞純砥節丘園息賓盛世貧約而苦內無改情軒冕屢招確爾不拔若加以蒲帛之聘感以大倫之美庶投竿釋褐翻然來儀必能睞變九官宣贊百揆尚書金部郎臣徐森之臣府中直兵參軍事臣王天寶並局力允濟忠諒款誠往年逆臣叛逸華陽失守森之全境寧民績章危棘前者經略伊瀍元戎屢襲天寶北勤河朔東據營丘勳勇既昭心事兼竭雖蒙褒叙未盡才宜並可授以邊藩展其志力交阯遼邈累喪藩將政刑每闕撫莅惟艱南中負遠風謠迥隔蠻獠狡竊邊氓荼炭實須練實以綏其難謂森之可交州刺史天寶可寧州刺史庶足威懷荒表肅清遐服昔魏戊之賢功存薦士趙武之明事彰舊廩臣識愧前良理謝先哲率舉所知仰酬採訪退懼瞽言無足甄奬

齊明帝詔求異士始安王遙光表薦王暕及東海王僧孺曰臣聞求賢暫勞垂拱永逸方之疏壤取類導川伏惟陛下道隱旒纊信充符

璽，台駒空谷，振鷺在庭，猶懼隱鱗卜祝，藏器屠保，物色闕下，委裘河上。非取製於一狐，諒求味於衆米。而五聲倦響，九工是詢，寢議廟堂，借聽輿皁。臣位任隆重，義兼邦家，實欲使名實不違，徽章路絕，勢門上品，猶當裕以清談；英俊下僚，不可限以位貌。竊見秘書丞琅琊王聰，年二十一，七葉重光，海內冠冕，神清氣晏，光迪中和，叔寶理遣之談，彥輔名教之樂，故以暉映先達，領袖後進，居無塵雜，家有賜書，辭賦清新，屬言玄遠，室迩人曠，物疏道親，養素丘園，台階虛位，庠序公朝，萬夫傾首，豈徒荀令可想，李公不亡而已哉。乃東序之秘寶，瑚璉之茂器，除驃騎從事中郎。

後魏大武帝時，僕射郭祚奏言：考察令：公清獨著，德績超倫，而無負殿者為上上；一殿為上中；二殿為上下。累計八殿，品降至九。未審今諸曹府寺，凡考在事，公清然才非獨著，績行稱務，而德非超倫，幹能粗可，而守平堪任，或人用小劣，處官濟事，并全無負殿之徒，為依何

第。景明二年以來，至今十有一載，準限而判，三應昇退。今既通考，未審為十年之中，三經肆眚，赦前之罪，不問輕重，皆蒙宥免。或為御史所彈，案驗未周，遇赦復任者，未審記殿得除以不？詔曰：獨著超倫及才備寡咎，皆謂文武兼上上之極言耳。自此以降，猶有八等，隨才為次。今文已具，其積負累殿，及守平得濟，皆含在其中，何容別疑也。所云通考者，據總多年之言。至於黜陟之體，自依舊來年斷，何足復請。其罰贖已決之殿，固非免限。遇赦免罪，惟記其殿除之。

孝文帝太和三年，淮南王他奏求依舊斷祿。文明太后令召羣臣議之。尚書中書監高閭表曰：天生烝民，樹之以君，明君不能獨理，必須臣以作輔。君使臣以禮，臣事君以忠。故車服有等差，爵命有分秩，德高者則位尊，任廣者則祿重。下者祿足以代耕，上者俸足以行義。庶民均其賦，以展奉上之心。君王聚其材，以供事業之用。君班其俸，垂惠則厚；臣受其祿，感恩則深。於是貪殘之心止，竭效之誠篤。兆庶無侵削之煩，百辟備禮容之美。斯則經世之明典，為治之至術。自堯舜以來，逮于三季，雖優劣不同，而斯道弗改。自中原崩亂，天下幅裂，海內未一，民戶耗減，國用不充，俸祿遂廢。此則事出臨時之宜，良非長久之道。大魏應期紹祚，照臨萬方，九服既和，八表咸謐。二聖欽明文思，道冠百代，動遵禮式，稽考舊章，準百王不易之勝法，述前聖利世之高軌，置立隣黨，班宣俸祿，事設令行，於今已久，苛慝不生，上下無怨，姦巧革慮，闚覦絕心，利潤之厚，同於天地。以斯觀之，如何可改。又洪波奔激，則隄防宜厚；姦悖充斥，則禁網須嚴。且飢寒切身，慈母不保其子；家給人足，禮讓可得而生。但廉清之人，不必皆富；豐財之士，未必悉賢。今給其俸，則清者足以息其濫竊，貪者足以感而勸善；若不班祿，則貪者肆其姦情，清者不能自保。難易之驗，灼然可知。

如何一朝便欲去俸。淮南之議，不亦謬乎。詔從閭議。

宣武帝景明初，洛陽縣獲白鼠，散騎常侍盧昶奏曰：謹案與瑞，外鎮刺史二千石令長不祇上命，刻暴百姓，人民怨嗟，則白鼠至。臣聞禎不虛見，德合必符；妖不妄出，欲彰必至。是以古之人君，或怠瑞以失德，或祇變而立功。斯乃萬古之殷鑒，千齡之炯識。比者災氣作沴，恆陽戾度。陛下垂如傷之慈，降納隍之旨，哀百姓之無辜，引在予之深責，舉賢黜佞之路，道映於堯先，進思納諫之言，事光於舜右。伏讀明旨，俯觀徵謹，敢布腐腎，以陳萬一。竊惟一夫之耕，食裁充口；一婦之織，衣始蔽形。年租歲調，則惟常理。此外徵求，於何取足？然自比年以來，兵革屢動，荊揚二州，屯戍不息，鍾離、義陽，師旅相繼，兼荊蠻凶狡，王師薄伐，暴露原野，經秋淹夏，汝潁之地，率戶從戎，河冀之境，連丁轉運。又戰不必勝，加之退負，死喪離曠，十室而九。細役繁徭，日月滋

甚苛酷吏。因逞威福，至使通原遍野，田蕪罕耘，連村接閈，蠶飢莫食。而監司因公以貪求，豪猾恃私而逼掠。遂令鬻短褐以益千金之資，制口腹而充一朝之急。此皆由令長牧守多失其人。郡闕黃霸之君，縣無魯恭之宰。不思所以安民，正思所以潤屋。故士女呼嗟，相望於道路；守宰暴貪，亂聞於魏闕。往歲法官案驗，多掛刑網，謂必顯戮以明勸戒。然後遣使覆訊，公違憲典，或承風挾請，輕樹私恩，或容情受賄，輒施己惠。御史所劾，皆言誣枉；申雪罪人，更云清白。長侮上之源，滋陵下之路。忠清之人見之而自怠，犯暴之夫聞之以益快。白鼠之至，信而有徵矣。伏願陛下垂厭指之鑒，察妖災之起，延對公卿，廣詢庶政，引見樞納，博求民隱，存問孤寡，去其苛碎，蠲徭賦，與民休息。貞良忠讜，寘之於朝；姦回貪妄，棄之於市。則九官勿戒而恒敬，百縣不嚴而自肅，士女欣欣，人有望矣。

孝明帝時，光祿大夫右丞張普惠上疏曰：臣聞明德慎罰，文王所以造周；咸有一德，殷湯所以革夏。故能上令下從，風動草偃，畏之如雷霆，敬之如明神。是以天子家天下，綏萬國，若天之無不覆，地之無不載。遷都之播，庶方子來。汎澤所沾，降及陪皂，寧有岳牧二千石縣令及尉，治中別駕及諸軍幢，受命於朝廷而可不預乎？此之班駮，雲雨之不平，謂是當時有司出納之未允。何以明之？仰尋世宗書百官普進一級，中有朝臣刺史登時發授，則內外貴賤莫不同霑。又覆奏稱爰及陪皂，明無不逮。自後人寧其心，紛綸盈庭，嫌此誤惑，視聽限以汎前，更為年斷，六年三年之差，以意折之。汎前汎後之茲，隔而絕之。遂使如綸之旨，頓於一朝。汎前六年上第者全不得汎，三年上第者纔半階而已。汎前汎後合考者，隔絕而不得；無考者兼折而全。汎前汎後，有考無考，並蒙全汎與否，乖違勤舊，彌歷差若毫釐，謬以千里。

其此之謂乎。易曰：言行，君子之所以動天地，可不慎歟！言之不從，無以抑之。遂奏奪牧守外祿，全不與汎。散官改為四年之考。汎前者八年一階，政令不一，冤訟惟甚。與而復奪，其本在茲，致使邀駕擊鼓者無理以加其罪，誹謗公聽者無辭以抑其言。尊瞽所由生，慢勃所由起。夫琴瑟不調，撓而更張，善人國之本也，其可棄乎？詩云：樂只君子，邦家之基。堯典曰：克明俊德。呂刑曰：何擇非人？周官曰：官不必備，惟其人。咎繇曰：無曠庶官，天工人其代之。詩云：人之云亡，邦國殄瘁。又曰：雨我公田，遂及我私。孔子曰：不患貧而患不均。如此則官必擇人，汎則宜溥。請遠遵正始元旨，近準聖明二汎，內外百官悉同一階。不以汎前折考，不以散任替年，則同雲共澍，四海均洽。如謂未可，宜以權理折之。易曰：聖人之大寶曰位，何以守位曰仁。春秋傳曰：一曰擇人。如此則乃可無汎，不可無考。守宰之汎既以追奪，則百官之汎不

應獨霑，溥澤既收，復誰敢怨？夫三載之考，與於太和；再周之陟，通於景明。閑劇祿力，自有加減；陪臣以事省降而考，則三年。朝官既祿等平，曹吏四周乃陟。考祿參差，各稱其任。且一日從軍，征戍苦於煩任；終年專使，決斷重於陪臣。恒上若通為三載之考，無汎隔折，則各盈其分。亦足以近塞群口，遠綏四方。日昃求賢，猶有所失，況不遵擇人之訓，唯以停久而進乎？自今已後，考黜願以三宅革心，遴進願以三俊居德。書曰：舉能其官，惟爾之能；稱非其人，惟爾弗任。斯周道所以佑辟康民，敢不敬宗？臣忝官樞副，既察冤訟，寤寐惟省，謂宜追正。愚固所陳，萬無可採。

尚書右丞吏部郎中遷平東將軍光祿大夫辛雄上疏曰：帝王之道，莫尚於安民。安民之本，莫加於禮律。禮律既設，擇賢而行之。天下雍熙，無非任賢之功也。故虞舜之盛，穆穆標美；文王受命，濟濟以康。高

祖孝文皇帝。天縱大聖。開復典謨。選三代之典禮。採二漢之典法。端拱而四方安。刑措而兆民治。世宗重光繼軌。每念舊俗。官人有道。萬里清謐。陛下劬勞日昃。躬親庶政。求瘼恤民。無時暫怠。而黔首紛然。兵車不息。以臣愚見。可得而言。自神龜末來。專以停年爲選。士無善惡。歲久先叙。職無劇易。名到授官。執按之吏。以差次日月爲功能。銓衡之人。以簡用老舊爲平直。且庸劣之人。莫不貪鄙。委斗筲以共治之重。託碩鼠以百里之命。皆貨賄是求。肆心縱意。禁制雖煩。不勝其欲。致令徭役不均。發調違謬。箕斂盈門。囚執滿道。二聖明詔。寢而不遵。畫一之法。懸而不用。自此夷夏之民。相將爲亂。豈有餘憾哉。蓋由官授不得其人。百姓不堪其命故也。當今天下。黔黎久經寇賊。父死兄亡。子弟淪陷。流離艱危。十室而九。白骨不收。孤煢靡恤。財殫力盡。無以卒歲。宜及此時。早加慰撫。蓋助陛下治天下者。惟在守令。最須

簡置。以康國道。但郡縣選舉。由來共輕。貴遊儁才。莫肯居此。宜改其弊。以定官方。請上等郡縣爲第一清。中等爲第二清。下等爲第三清。選補之法。妙盡才望。如不可並。後地先才。不得拘以停年。竟無銓革。三載黜陟。有稱者補在京名官。如前代故事。不歷郡縣。不得爲內職。則人思自勉。上下同心。枉屈可申。強暴自息。刑政日平。民俗奉化矣。復何憂於不治。何恤於逆徒也。竊見今之守令。清慎奉治。則政平訟理。有非其才。則紛紜荒穢。伏願陛下暫留天心。校其利害。則臣言可驗。不待終朝。昔杜畿寬惠。河東無警。蘇則分糧。金城克復。略觀今古。風俗遷訛。罔不任賢以相化革。朝任夕治。功可立待。若遵常習故。不明選舉。欲以靜民。便恐無日。

北齊文宣帝時。制詔問求賢審官。秀州長史樊遜對曰。臣聞彫獸畫龍。徒有風雲之勢。金舟玉馬。終無水陸之功。三王篤禮賢。將收實用。一毛不拔。復何足取。是以堯作虛賓。遂全箕山之操。周移商鼎。不納孤竹之言。但處士盜名。雖云久矣。朝臣竊位。蓋亦實多。漢拜丞相。便有鐘鼓之妖。魏用三公。乃致孫權之笑。故山林之與朝廷。得容非毀。肥遯之與賓王。誰有優劣。至於時非蹈海。而曰羞作秦民。事異出關。而言恥從衛亂。雖復星干帝座。未易高尚之心。月犯少微。終存耿介之志。自我太嶽之後。克廣洪業。禹至神宗。舜格文祖。陛下受天之明命。光華日月。爰自納麓。乃格文祖。儀天地以設官。象星辰而布職。漢家神鳳。甦用紀年。魏氏青龍。蓋將改號。上膺列宿。咸是異人。下法山川。莫非奇士。所以臺堂甲觀。脩德日新。廟鼎歌鍾。王勳歲委。循名責實。選衆舉能。朝無銅臭之公。世絕錢神之論。昔百里相秦。名存霸籍。蕭張輔沛。姓在河書。今日公卿。抑亦天授。與之爲治。何欲不從。未必稽首天師。方聞牧馬之術。膝行山上。始得治身之道。但使帝德休明。自強

不息。甲夜觀書。乙日通奏。周昌桀紂之論。欣然開納。劉毅桓靈之比。終自含弘。高懸王爵。唯能是與。管庫靡遺。漁鹽畢録。無令桓譚非讖。宦止於郡丞。趙壹負才。位終於計掾。則天下宅心。幽明知感。歲精仕漢。風伯朝周。冀人去而復歸。台星拆而還斂。詩稱多士。易載群龍。從此而言。可以無愧。

隋文帝時。國子博士何妥上八事以諫。其一事曰。臣聞知人則哲。惟帝難之。孔子曰。舉直錯諸枉。則民服。舉枉錯諸直。則民不服。由此言之。政之治亂。必慎所舉。故進賢受上賞。蔽賢蒙顯戮。察今之舉人。良異於此。無論諂直。莫擇賢愚。心欲崇高。則起家喉舌之任。意須抑屈。必白首郎署之官。人之不服。實由於此。臣聞爵人於朝。與士共之。刑人於市。與衆棄之。伏見留心獄訟。愛人如子。每應決獄。無不詢訪群公。刑之不濫。君之明也。刑既如此。爵亦宜然。若有懋功。簡在帝心者。便

可擢用。自斯以降若選重官必須參以衆議勿信一人之舉。則上不偏於下無怨望其二事曰孔子云是察阿黨則罪無掩蔽。又曰君子周而不比。小人比而不周。所謂比者即阿黨也。謂心之所愛既已光華榮顯猶加提挈。心之所惡既已沈滯屈辱薄言必怒提挈既成。必相掩蔽則欺上之心生矣。屈辱既加。則有怨恨謗讟之言出矣。伏願廣加逖訪。勿使朋黨路開威恩自任。有國之患莫大於此其三事曰臣聞舜舉十六族。所謂八元八愷。計其賢明理優今日猶復擇才授任。不相侵濫故得四門雍穆庶績咸熙。今官員極多用人甚少有一人兼數職。爲是國無人也。爲是人不善也。今萬乘大國髦彦不少縱有明哲無由自達東方朔言曰尊之則爲將。卑之則爲虜斯言信矣。今當官之人。不度德量力既無呂望傅說之能。自負傅巖渭水之氣。不慮憂深責重唯畏總領不多安斯寵任輕彼權軸。好致顛蹶實此之由易

曰鼎折足覆公餗其形渥凶。言不勝其任也。臣聞竭力舉重。不能爲用。伏願更任賢良。分才參掌。使各行有餘力。則庶事康哉。其四事曰臣聞禮云析言破律亂名改作執左道以亂政者殺。孔子曰仍舊貫何必改作。伏見比年以來改作者多矣。至如范威漏刻十載不成。趙翊尺稱七年方決。公孫濟迂誕醫方費逾巨萬。徐道慶迴互子午。糜耗飲食。常明破律。多歷歲時。王渥亂名。曾無紀極。張山居未知星前已蹂籍太常。曹魏祖不識北辰。今復轔轢太史。莫不用其短見。便自夸毗。邀射名譽。厚相誑罔。請今日已後有如此者。若其言不驗。必加重罰。庶令有所畏忌。不敢輕奏狂簡。其餘文多不載。

開皇四年。治書侍御史柳彧上表曰。昔漢光武與二十八將披荊棘定天下。及功成之後。無所任職。伏見詔書。以和干子爲杞州刺史。干子弓馬武用是其所長。治民莅職。非其所解。如謂優老。可加厚賜。若令刺舉。所損殊多。帝善之。干子竟免。

帝勤於聽受。百僚奏請多有煩碎。彧又上疏諫曰。自古帝王莫過唐虞。然皆勞於求賢。尚逸於任使。陛下留心治道。無憚疲勞。乃至營造細小之事。出給輕微之物。一日之內酬答百司。日旰忘食。夜分未寢。動以文簿憂勞聖躬。願察臣言。少減煩務。唯經國大事。非臣下所能裁斷者奏請詳決。自餘細務責成所司。帝嘉之。

歷代名臣奏議卷之一百三十一

用人

唐高祖武德元年河南州縣相繼降唐。劉武周降將尋相等多叛去。諸將疑尉遲敬德囚之。屈突通殷開山言於秦王世民曰。敬德若叛。豈在尋相之後邪。遽命釋之。引入卧內。賜之金曰。丈夫意氣相期。勿以小嫌介意。吾終不信讒言以害忠良。公宜體之。必欲去者。以此金相資。表一時共事之情也。世民以五百騎行戰地。世充帥步騎萬餘猝至。圍之。單雄信引槊直趨世民。敬德躍馬大呼。橫刺雄信墜馬。翼世民出圍。更帥騎兵還戰。屈突通引大兵繼至。世充大敗。僅以身免。世民謂敬德曰。公何相報之速也。自是寵遇日隆。

武德中。杜如晦為秦王府兵曹參軍。俄遷陝州總管府長史。房玄齡曰。府寮去者雖多。蓋不足惜。杜如晦聰明識達。王佐才也。若大王守藩端拱。無所用之。必欲經營四方。非此人莫可。秦王自此猶加禮重。寄以心腹。遂奏為府屬。嘗參謀帷幄。

太宗即位。玄齡為中書令。奏言秦府左右未得官者共怨前宮及齊府左右處之先己。帝曰。古稱至公者。蓋謂平恕無私。丹朱商均子也。而堯舜廢之。管叔蔡叔兄弟也。而周公誅之。故知君人者以天下為心。無私於物。昔諸葛亮孔明小國之相。猶曰吾心如稱。不能為人作輕重。況我今理大國乎。朕與公等衣食出於百姓。百姓人力已奉於上。而上恩未被於下。今所以擇賢才者。蓋為求安百姓也。用人但問堪否。豈以新故異情。凡一面尚自相親。況舊人而頓忘也。才若不堪。亦豈以舊人而先用。今不問能不能。而直言其怨嗟。豈是至公之道耶。魏徵為太子洗馬。帝召責之曰。汝離間我兄弟何也。徵慷慨自若。從容對曰。皇太子若從臣言。必無今日之禍。帝為之斂容。厚加禮異。擢拜諫議大夫。馮立為東宮率。帝數之曰。汝昨者出兵來戰。大殺傷我兵。將何以逃死。立飲泣而對曰。立出身事主。期以效命。當戰之日。無所顧憚。因歔欷悲不自勝。帝慰勉之。授左屯衛中郎將。

太宗時。御史大夫杜淹奏諸司文案恐有稽失。請令御史就司檢校。上以問封德彝。對曰。設官分職。各有所司。果有愆違。御史自應糾舉。而淹所言大為煩碎。淹默然。上問淹何故不復論執。對曰。德彝所言真得大體。臣誠心服。不敢遂非。上悅曰。公等各能如是。朕復何憂。尚書左僕射杜如晦奏言。監察御史陳師合上拔士論。謂人之思慮有限。一人不可總知數職。以論臣等。帝謂戴冑曰。朕以至公理天下。今任玄齡如晦。非為勳舊。以其有才行也。此人妄事毀謗。止欲離間我君臣。昔蜀後主昏弱。齊文宣狂悖。然國稱理者。以任諸葛亮楊遵彥不猜之也。朕今任如晦等亦復如法。流陳師合于嶺外。魏徵為秘書監。有告謀反。帝曰。魏徵昔吾之讎。止以忠於所事。吾遂拔而用之。何乃妄生讒構。竟不問徵。遽斬所告者。

帝謂侍臣曰。化及與玄感。即隋大臣受恩深者子孫。皆反。其故何也。岑文本對曰。君子乃能懷德荷恩。玄感化及之徒。並小人也。古人所以貴君子而賤小人。帝曰然。

太宗嘗謂侍臣曰。朕每日夜恒思百姓間事。或至夜半不寐。惟恐都督刺史堪養百姓以否。故於屏風上錄其姓名。坐卧恒看。在官如有善事。亦具列於名下。朕居深宮之中。視聽不能及遠。所委者惟都督刺史。此輩實理亂所係。尤須得人。帝又謂侍臣曰。為政之要。惟在得人。用非其才。必難致理。今所任用。必須以德行學識為本。諫議大夫王珪曰。人臣若無學業。不能識前言往行。豈堪大任。漢宣帝時。有詐稱衛太子。聚觀者數萬人。衆皆致惑。雋不疑斷以蒯聵之事。宣帝曰。公卿大臣當用經術明於古義者此則固非刀筆俗吏所可比擬帝曰信如卿言帝又謂侍臣曰朕看古來帝王以仁義為治者國祚延長任法御人者雖救一時敗亡亦促既見前王成事是足元龜今欲專以仁義誠信為治望革近代之澆薄也珪對曰天下凋喪日久陛下承其餘弊弘道移風萬代之福但非賢不理惟在得人帝曰朕思賢之情豈捨夢寐給事中杜正倫進曰世必有才隨時所用豈待夢傅說逢呂尚然後治乎帝納之帝又謂岑文本曰梁陳名臣有誰可稱復有子弟堪招引否文本奏言隋師入陳百司分散莫有留者惟尚書僕射袁憲獨在其主之傍王世充將受隋禪群僚表請勸進憲子國子司業承家託疾獨不署名此人父子足稱忠烈承家弟承序今為建昌令清貞雅操實繼先風由是召拜晉王友兼令侍讀尋授弘文館學士

帝曰百官之內應有堪用者朕未能知之不可遍次為天下主誠亦難朕

今行一事則為天下所觀出一言即為天下所聽用得好人為善者皆勸誤用惡人不善者競進賞當其勞無功者自退罰當其罪為惡者誡懼故知賞罰不可輕行用人彌須審擇侍中魏徵對曰擧選之事自古為難故考績黜陟察其善惡今欲求人必須先訪其行審知其善然後任之假令此人不能濟事只是才力不及不為大害誤用惡人假令強幹為患極多但亂代惟求其材不顧其行太平必須材行俱善始可任用也帝曰夫人之身假令無病不免有疥癬及時有小惡處用人求備理實為難徵對曰古為政但擧大體堯舜之時非全無惡但為惡者少桀紂之代非全無善但為惡者多譬如百尺之木豈能無一枝節今官人居職豈能全不為非但犯罪者少即是大化所司奏凌敬乞貸之狀帝責徵等濫進人徵曰臣等每蒙顧問常具言其長短有學識強諫爭是其所長愛生活好經營是其所短今凌敬為人作碑文教人讀漢書因茲附託回易求利與臣等所說不同

陛下未用其長惟見其短以為臣等欺罔實不敢心服帝納之

徵頗論止足之分帝未之許徵曰群臣委任既久許其避退權用之咨觀其能否既得預察群才又無獨任之譏使善人得進長廉讓之風君能行之於今是為將來永法帝曰信如公言然論者猶有同異時至京下當別議帝嘗坐於丹霄門外之西堂引徵及右僕射李靖中書令溫彥博等入宴言及群臣才行謂靖等曰朕自為王至於今日官人或上書獻計勸朕為善者多矣日月稍久官漸怠志意即移言論漸少無不衰倦唯魏徵與朕為善官職益高志節彌厲見朕一事失所甚於己身有過朝夕孜孜終始如一自即位以來唯見此一人而已是以敬之重之同於師傅不以人臣處之其後每謂房玄齡等曰魏徵被我拔擢特異其報我亦深矣君與我契闊艱辛多歷年所勞苦之極人莫能加然自即位以來輔弼我躬安我社稷成我

今日功業為天下所稱君不得與魏徵比矣徵多病辭職帝曰公獨不見金在鑛何足貴邪善冶鍛而為器人乃寶之朕方自比於金以卿為良匠而加礪焉卿雖疾未及衰廢得使爾帝又謂群臣曰為政者豈待堯舜之君龍益之佐自我驅使魏徵天下又安邊境無事時和歲稔其志益如此先是將發十六道黜陟大使畿內道未有其人帝親定之問房玄齡等曰此道事最重誰可先使右僕射李靖對曰畿內事非魏徵莫可帝作色曰朕欲向九成宮亦不小寧遣魏徵耶朕每行不欲與其相離者適為其見朕是非必無所隱今公等語遣去朕若有得失公等能正邪乃令李靖充使魏徵從往九成宮帝又與群臣論及十六國諸主優劣曰符姚固何獨為所稱房玄齡對曰為任使得人則見稱無其人則不見稱當時為有王景略帝謂群臣曰此猶朕之有魏徵徵拜謝焉徵既亡帝使人至其家得書一紙

始平蕃其可識者曰天下之事有善有惡任善人則國安用惡人則國弊公卿之內情有愛憎憎者惟見其惡愛者止見其善愛憎之間所宜詳慎若愛而知其惡憎而知其善去邪勿疑任賢勿猜可以興矣

侍御史馬周上疏曰理天下者以人為本欲令百姓安樂在刺史縣令縣令既衆不可皆賢若每州得良刺史則合境蘇息天下刺史悉稱聖意則陛下可端拱巖廊之上百姓不慮不安自古郡守縣令皆妙選賢德欲有遷擢為將相必先試以臨民或從二千石入為丞相及司徒太尉者朝廷必不可獨重內臣外刺史縣令遂輕其選又刺史多武夫勳人或京官不稱職始出補外折衝果毅身力彊者入為中郎將其次乃補邊州而以德行才術擢者十不能一所以百姓未安殆由於此帝因謂侍臣曰刺史朕當自簡擇縣令詔京官五品已

上各舉一人

治書侍御史劉洎以為左右丞相宜特加精簡上疏曰臣聞尚書萬機實為政本伏尋此選授任誠難是以八座比於文昌二丞方於管轄爰至曹郎上應列宿苟非稱職竊位興譏伏見比來尚書省詔勅稽停文案壅滯臣誠庸劣請述其源貞觀之初未有令僕于時省務繁雜倍多於今而左丞戴冑右丞魏徵並曉達吏方質性平直應彈舉無所回避陛下又假以恩慈自然肅物百司匪懈抑此之由及杜正倫續任右丞頗亦厲下比者綱維不舉並為勳親在位器非其任功勢相傾凡在官僚未循公道雖欲自強先懼囂謗所以郎中予奪惟事咨稟尚書依違不能斷決或糾彈聞奏故事稽延按雖理窮仍更盤下去無程限來不責遲一經出手便涉年載或希旨失情或避嫌抑理勾司以案成為事了不究是非尚書用便僻為奉公莫論當否互相姑息惟事彌縫且選衆授能非才莫舉天工人代焉可妄加至於懿戚元勳但宜優其禮秩或年高及耄或積病智昏既無益於時宜當置之以閑逸久妨賢路殊為不可將救茲弊且宜精簡尚書左右丞及左右郎中如並得人自然綱維備舉亦當矯正趍競豈惟息其稽滯哉疏奏尋以洎為尚書左丞

高宗時魏元忠遷監察御史帝嘗從容曰外以朕為何如主對曰周成康漢文景也然則有遺恨乎曰有之王義方一世豪英而死草萊議者謂陛下不能用賢帝曰我適用之聞其死顧已無及元忠曰劉藏器行副於才陛下所知今七十為尚書郎徒歎彼而又棄此帝默然慚

武后時麟臺正字陳子昂上軍國利害疏曰臣伏見陛下憂勞天下百姓恐不得所又發明詔將降九道大使巡察天下諸州兼申黜陟

以求人瘼甚大惠也天下百姓幸甚臣竊以為美矣未盡善也何以言之陛下所以降明使豈非欲令天下黎元衆庶知陛下夙興夜寐憂勤念之邪欲天下賢良忠孝知陛下夙興夜寐思任用之邪欲使天下姦人暴吏亦知陛下夙興夜寐務欲除之邪陛下聖意必若以此而發使乎則愚臣竊見陛下之使有未盡善也若愚臣所謂使者先當雅合時望務為衆人所推仁愛是以存恤孤惸賢明是以進拔幽滯剛直是以不避彊禦明智是以照察姦非然後使天下姦人畏其明而不敢為惡也天下彊禦憚其直而不敢為過也天下英奇慕其德而樂為之用也天下孤寡賴其仁而欣戴其恩也夫如是然後可以論出使矣故輶軒未動於京師天下翕然皆已知矣今陛下使猶未出朝廷行路亦非之人皆以為非任朝廷有識者亦不稱之夫天子之使未出魏闕朝廷之人皆已輕之何況天下之衆哉夫欲黜

陟求療豈可得也。陛下所以有此失者。在不選人。亦猶此使非天下之大任。故陛下遂大失至於此也。宰相復以為尋常但奉詔而行之。苟以出使為名。不求任使之實。故使愈出而天下愈弊。使彌多而天下彌不寧。其故何哉。是朝廷輕其任也。輕其任則不擇人。不擇人則使非其實。使非其實則黜陟不明。刑罰不中。朋黨者進。貞直者退。徒使天下百姓修飾道路。送往迎來。無益於聖教耳。臣久為百姓。實委知之。陛下欲令天下黎庶知陛下夙興夜寐。憂勤政化。不可得也。故臣以陛下大失。在於此也。未欲正其末者。必先端其本。清其流者。必先潔其源。自然之符也。國家此弊亦已久矣。今陛下若不重選此使妙得其人。天下黎元必謂陛下尚行尋常之政。不能革此弊也。則賢人必不出。貪吏必得志。悍獨必哀矜。天下百姓無所賴於陛下。此使也。臣不勝有願。願陛下與宰相更妙選朝廷百官素有威重名節為

眾人所推者。陛下因大朝日。親御正殿。集百僚公卿。設禮儀以使者之禮見之。於是告以出使之意。懇懇懃懃。戒無敢威。遂授以旌節而發遣之。先自京師而訪豺狼。然後攬轡登車以清天下。若如是。臣必知陛下聖教不旬月之間。天下家見而戶習也。昔堯舜氏不下席而天下理者。蓋黜陟幽明。能折中耳。今陛下方開中興之化。建萬代之功。天下瞻望。冀見聖政。此之一使。是陛下為政之大端也。諺曰。欲知其人。觀其所使。不可不慎也。若陛下必知不可得其人。則不如不出使。出使煩數。無益於化。但勞天下之人。是猶烹小鮮而數撓之耳。伏惟陛下察焉。

子昂又上論牧宰疏曰。臣伏惟陛下當今所共理天下。欲致太平者。豈非宰相與諸州刺史縣令耶。陛下若重此而理天下。手臣見天下理也。若陛下輕此而理天下。手臣見天下不得理也。何者。宰相陛下之腹心。刺史縣令。陛下之手足。未有無腹心手足而能獨理者也。臣竊觀當今宰相。已略得其人矣。獨刺史縣令。陛下尚猶輕之。未見得其人。是以腹心雖安。而手足猶病。而天下至今所以未得大利耳。臣竊惟刺史縣令之職。實陛下政教之首也。陛下布德澤。下明詔。將示天下百姓。必待刺史縣令為陛下謹宣之。故得其人則百姓家見而戶聞。不得其人。但委棄有司而挂牆壁耳。陛下欲使家與禮讓。吏易清勤。不重選刺史縣令。將何道以致之耶。愚臣竊見陛下未有舟楫而欲濟江河。不可得也。臣比在草茅為百姓久矣。刺史縣令之化。臣實委知。國之興衰莫不在此職也。何者。一州得賢明刺史。以至公循良為政者。則千萬家賴其福。若得貪暴刺史。以徇私苛虐為政者。則千萬家受其禍矣。夫一州禍福且如此。況天下之眾。豈得勝道哉。故臣以為陛下政化之首。國之興衰。在此職也。臣伏見陛下憂勤政理

欲安天下百姓。無使疾苦。然猶未以刺史縣令為念。何可得哉。臣何以得知陛下未以刺史縣令為念。臣竊見吏部選人。補一縣令。如補一縣尉耳。但以資次考第。徒宦遊歷。即補之。不論賢良德行。能以化人。而拔擢見用者。縱吏部侍郎時有不知此弊。而欲超越用人。則天下小人已囂然相謗矣。所以然者。習於常而有驚怪也。所以天下庸流一雜。賢不肖莫分。但以資次為選。不以才能得職。所以天下陵遲百姓無由知陛下聖德勤勞夙夜之念。但以愁怨以為天子之命遣如此也。自有國來此弊最深而未能除也。豈不甚哉。昔漢宣帝有言曰。朕之所共理天下者。豈非良二千石乎。故宣帝之時。能委任矣。伏願陛下與宰相深思妙選。以救正此弊。使天下之人稍得以安。臣有計然甚鄙近。未能著之於書。願陛下與念明宰相圖之。以安天下。幸甚幸甚。

武后時魏元忠為張易之兄弟所構獄方急蘇安恒獨申救曰王者有容天下之量故濟其心能進天下之善故除其惡不然則鬼神為怒陰陽紛舛陛下始革命勤秉政樞博逖謀猷天下以為明主暮年厭怠讒佞熾結水火相炎百姓不親五品不遜天下以為暗君邪正糅進獄訟冤劇何昔是而今非耶居安忘危之失也竊見元忠廉直有名位宰相履忠吞邪佞之徒嫉之若讎易之兄弟無功無德但以為附不閱數暮位勢隆極指馬獻蒲先害善良自元忠下獄人人偶語謂易之交亂且及四國烈士撫髀忠臣鉗口懼易之之權恐先誅受戮虛死無名況賊虜方彊賦斂重困而自縱讒慝搖變遐邇臣恐四夷低目窺覘為邊鄙患百姓託義以清君側遂應之人叩閽而吾陛衛左右從中以應爭鋒朱雀之門問鼎大明之宮陛下何以謝之臣今計者莫若收雷電之威解恢恢之網復爵還任君臣如初則天下幸甚陛下縱不能斬佞臣塞人望且當抑奪榮寵翦其羽翅無使驕橫為社稷之憂疏奏易之等大怒遣刺客邀殺之賴鳳閣舍人桓彥範等悉力營解乃免

明堂尉沂州刺史韋承慶上疏諫曰以文明恭拱當路執政者未滿歲率以罪去大抵皆惡逆不道夫構大厦濟巨川必擇文梓艅艎若垂毀而敗則是架朽木乘膠船也臣謂陛下求賢之意切而取人之路寬故 言有合而付大任夫以堯舉舜獨歷試諸難況庸庸者可超履輔相以百揆萬機畀小人哉書聞不報

證聖初詔九品以上陳得失獲嘉主簿劉知幾上言君不屢授臣不虛受妄受不為忠妄施不為惠今群臣無功遭遇輒遷至都下有車載斗量杷推椀脫之諺又謂刺史非三載以上不可徙宜課功殿明賞罰后嘉其直

長安中武后謂狄仁傑曰安得一奇士用之仁傑曰陛下求文章資歷今宰相李嶠蘇味道足矣豈文士齷齪不足與成天下務哉后曰然仁傑曰荊州長史張柬之雖老宰相材也用之必盡節於國即召為洛州司馬它日又求人仁傑曰臣嘗薦張柬之未之用也后曰遷之矣曰臣薦宰相而為司馬非用也乃授司刑少卿遷秋官侍郎

韋嗣立拜鳳閣侍郎同鳳閣鸞臺平章事時州縣非其人后以為憂李嶠唐休璟曰今朝廷重內官輕外職每除牧守皆訴不行非過累不得遣請選臺閣賢者分典大州自近臣始后曰誰為朕行嗣立曰內典機要非臣所堪請先行以示群臣后悅以本官檢校沂州刺史

中宗神龍中蕭至忠授中書侍郎同中書門下平章事上疏陳時政曰求治之道首于用賢苟非其才則官曠官曠則事廢事廢則人殘歷代所以陵遲者此也今授職用人多因貴要為粉飾上下相蒙苟得為是夫官爵公器也恩倖私惠也王者止可以金帛富之粱肉食之以存私澤也若公器而私用之則公義不行而勞人解體私謁開而正言塞日朘月削卒見凋弊今列位已廣冗員倍陛下降不貲之澤近戚有無涯之請臺閣之內朱紫充滿官秩益輕恩賞彌數才者不用用者不才故人不効力官匪其人欲求治固難矣又宰相要官子弟多居美爵並罕才藝而更相誘託詩云私人之子百僚是試或以其酒不以其漿鞙鞙佩璲不以其長此言王政不平而眾官廢職私家子列試榮班徒長其佩爾臣願陛下愛惜爵賞官無虛授進大雅以樞近退小人於闕左使政令惟一私不害公則天下幸甚宜貞觀故事宰相子弟多居外職非直抑彊宗亦以擇賢才請自宰相及諸司長官子弟並授外官共寧百姓表裏相統帝不納

韋嗣立為兵部尚書論職官多濫上疏曰臣聞設官分職量才置吏

此本於理人而務安之也。故書曰在知人。在安民。知人則哲。能官人。安民則惠。黎民懷之。能哲而惠。何憂乎驩兜。何畏乎有苗者。是也。此明官得其人。而天下自理矣。古者取人必先採鄉曲之譽。然後辟於州郡。州郡有聲。然後辟於五府。才著五府。然後升之天朝。此則用一人。所擇者甚悉。擢一士。所歷者甚深。孔子曰。譬有美錦。不可使人學製。此明用人不可不審擇也。用得其才則治。非其才則亂。治亂所繫。焉可不深擇之哉。凡今之取人。有異此道。多未甚試効。即頓遷擢。夫競趨者。人之常情。僥倖者。人之所趣。而今務進不避僥倖者。接踵比肩。布於文武之列。有文者用理內外。則有回邪贓汙上下敗亂之憂。有武者用將軍戎。則有庸懦怯弱師旅喪亡之患。補授無限。員缺不供。遂至員外置官。數倍正闕。曹署典吏。困於祗承。府庫倉儲。竭於資俸。國家大事。豈甚於此。古者懸爵待士。唯有才者得之。若任以無才。

則有才之路塞。賢人君子所以遁跡銷聲。常懷歎恨者也。且賢人君子守於正直之道。遠於僥倖之門。若僥倖開。則賢者不可復出矣。賢者遂退。若欲求人安化洽。復不可得也。人若不安。國將危矣。陛下安可不深慮之。

玄宗時。姚崇嘗於帝前序次郎吏。帝左右顧。不主其語。崇懼。再三言之。卒不答。崇趨出。內侍高力士曰。陛下新即位。宜與大臣裁可否。今崇亟言。陛下不應。非虛懷納誨者。帝曰。我任崇以政。大事吾當與參。至用郎吏。崇顧不能而重煩我邪。崇聞乃安。由是進賢退不肖而天下治。

宣義郎左拾遺內供奉張九齡上封事曰。臣所以上事。以臣愚見。並當時尤切。不敢飾詞。伏願陛下觀覽可否之宜。幸甚幸甚。臣伏以陛下自克清內難。光宅天下。常欲躋人於富壽。致國於太平。聖慮每勤。德音屢發。然猶黎人未息。水旱為憂。臣竊伏思之。有由然矣。臣聞乖政之氣。發為水旱。天道雖遠。其應甚速。昔者東海枉殺孝婦。旱者久之。一吏不明。足婦非命。則天為之旱。以昭其冤。況今六合之間。元元之眾。莫不懸命於縣令。宅生於刺史。陛下所與共理。此尤親於人者也。多非其任。徒有其名。致旱之由。豈惟孝婦一事而已。是以親人之任。宜得其賢。用才之道。宜重其選。而今刺史縣令。除京輔近處雄望之州。刺史猶擇其人。縣令或備員而已。其餘江淮隴蜀三河諸處。除大府之外。稍稍非才。但於京官之中。出為州縣者。或是緣身有累。在職無聲。用於牧宰之間。以為斥逐之地。或因時附會。遂忝高班。比其勢衰。且無他責。又謂之不稱京職。亦乃出為刺史。至於武夫流外。積資而得官。成於經久。不計於有才。諸若此流。盡為刺史。其餘縣令。已下。固不可勝言。蓋甿庶所繫。國家之本務。本務之職。反為好進者所

輕。承弊之人。每遭非才者所擾。陛下聖化從此不宣。皆由不重親人之選。以成其弊。而欲天下和洽。固不可得也。古者刺史入為三公。郎官出宰百里。莫不互有所重。勸其所行。臣竊怪近俗偏輕此任。今朝廷卿士入而不出。於其私情。遂自得計。何則。京華之地。衣冠所聚。子弟之間。身名所出。從容附會。不勞而成。一出外藩。有異於此。人情進取。豈忘於私。但立法制之。不敢違耳。原其本意。固私是欲。今大利在於京職。而不在於外郡。如此。則智能之士。欲利之心。日夜營營。寧肯復出為刺史縣令。而陛下國家之利。方賴智能之人。此輩既自固而不行。在外者又技癢而求入。如此。則智能之輩。常無親人之者。陛下又未格之以法。無乃甚不可乎。故臣愚以為欲理之本。莫若重刺史縣令。此官誠專智能者可行。並宜懸以科條。定其資歷。凡不歷都督刺史。有高第者。不得入為侍郎列卿。不歷縣令。有善政者。亦不得入

爲臺郎給舍。即雖遠處都督刺史至於縣令。以次差降以爲出入。亦不得十年頻任京職。又不得十年盡任外官。如此設科以救其失。則內外通理。萬姓獲寧。如積習爲常。遂其私計。陛下獨宵衣旰食。天下亦未之理也。又古之選用賢良。取其稱職。或遺闕而辟召。或一見而任之。是以士修素行。不圖僥倖。群小不遂。亦用息心。以故姦僞自止。流品不雜。今天下未必理於上古。而事務日倍於前。誠爲不正其本。而設巧於末。所謂末者。吏部條章。動盈千百。刀筆之吏。辯析毫釐。節制揞摭。溺於文墨。胥吏之猾。又緣隙而起。臣以爲始造簿書。以備用人之遺忘耳。今反求精於案牘。不急於人才。亦何異遺劍中流。而刻舟以記去之彌遠。可爲傷心。凡有稱吏部之能者。則曰從縣尉與主簿。與縣丞。斯選曾執文。而善知官次者也。惟據其合與不合。不論賢與不肖。大略如此。豈不謬哉。陛下若不以吏部尚書侍郎爲賢。必不

授以職事。尚書侍郎既以賢而受委。豈復不能知人。知人之難。雖自古所謹。而援十得五。其道可行。今則執以格條。責於謹守。苟其心能自覺者。每選於所授。亦有三人五人。若又專固者。則亦一人不授。據資配職。自以爲能。爲官擇人。初無此意。故使時人有平配之議。官曹無得賢之實。朱紫同色。清濁不分。是於聖朝有何裨益。故臣以爲選部之法。弊於不變。變法之易。在陛下渙然行之。假如今之銓衡。欲自爲意。亦限行之已久。動必見疑。遂用因循。益爲浮薄。今若刺史縣令精覈其人。即每年當管之內。應有合選之色。先委考其才行。堪入品流。然後送臺。臺又推擇擭所用之多少。爲州縣之殿最。一則州縣慎於所舉。必收入官之才。二則吏部因其有成。無多庸人之數。縱有不任。送者妄起怨端。且猶分謗於外。臺不至諠譁於南省。今則每歲選者動以萬計。京師米物爲之空虛。豈多士若斯。蓋渝濫至此。而欲仍舊致理。難於改制。秖益文法煩碎。賢愚渾雜。就中以一詩一判。定其是非。適使賢人君子。從此遺逸。斯亦明代之闕政。有識者之所歎息也。又天下雖廣。朝臣雖衆。而士之名聲。誠可知也。若使毀譽相亂。聽受不明。事將已矣。無復可說。如知其賢能。各有品第。每一官缺。而不以次用之。則是知而不爲。焉用彼相。借如諸司清要之職。當用第一之人。及其要官缺。時或以下等叨進。以故時議無高無下。惟論得與不得。自然清議不立。名節不修。善則守志而後時。中人則躁求而易操。其故何哉。朝廷若以令名進人。士子亦以修名獲利。而利之所出。衆則趨焉。已而名利不出於清修。所謂多歸於人事。其小者苟求取得。一變而至阿黨。其大者許以分義。再變而成朋黨。斯並教化漸漬使之必然。故於用人之際。不可不第高下。若高下有次。不可妄干。天下士流。必刻意修飾。思齊日衆。刑政自清。此皆興衰之大端焉。不

可不察。易曰。履霜堅冰至。言聖人之見終始之微矣。臣今所言。上刺史縣令等事。一皆指實。縱臣所欲變法。不合時宜。伏望更發睿圖。及詢於執事。作爲長算。振此頹風。使官修其方。人受其福。天下幸甚。伏惟陛下聰明神武。動以聖斷。正當可爲之運。未行反本之法。微臣企竦。竊有所望。伏願少留宸聰。稍覽愚誠。必無可施行。棄之非晚。不勝塵露裨補之誠。

肅宗至德元年。北海太守賀蘭進明詣行在。上命房琯以爲御史大夫。琯以爲攝御史大夫。進明入謝。上怪之。進明因言與琯有隙。且曰。晉用王衍爲三公。祖尚浮虛。致中原板蕩。今房琯專爲迂闊大言以立虛名。所引用皆浮華之黨。真王衍之比也。陛下用爲宰相。恐非社稷之福。且琯在南朝。佐上皇。使陛下與諸王分領節制。仍置陛下於沙塞空虛之地。又布私黨於諸道。分統大權。其意以爲上皇一子得

天下則已不失富貴。此豈忠臣所為乎。上由是疏之
代宗大曆十四年，常袞言於上曰：陛下久欲用李泌。昔漢宣帝欲用
人為公卿，必先試理人。請且以為刺史，使周知人間利病，俟報政而
用之。
初，天下用兵，官爵冗濫。元王秉政，賄賂公行。及袞為相，思革其弊，四
方奏請，一切不與，而無所甄別，賢愚同滯。崔祐甫欲收時望，作相未二
百日，除官八百人，前後相矯，終不得其適。上嘗謂祐甫曰：人或謗卿
所用多涉親故，何也？對曰：臣為陛下選擇百官，不敢不詳慎。苟平生
未之識，何以諳其才行而用之。上以為然。
德宗興元元年，蕭復奉使自江淮還，與李勉、盧翰、劉從一俱見上。勉
等退，復獨留，言於上曰：陳少游任兼將相，首敗臣節。韋臯幕府下僚，
獨建忠義，請以臯代少游鎮淮南，使善惡著明。上然之。

貞元十六年，義成節度使盧群卒。賈耽曰：凡就軍中除節度使，必有愛憎
向背，喜懼者相半，故衆心不安。自今願陛下只自朝廷除人，庶無他變。
十八年，浙東觀察使裴肅既以進奉得進，齊總掌後務，刻剥以求媚。
又過擢為衢州刺史。給事中許孟容封還詔書曰：衢州無他虞，齊總
無殊績，忽此超獎，深駭群情。若有可錄，願明書勞課，然後超改，以解
衆疑。詔遂留中。上召孟容獎之。
德宗時，門下侍郎趙憬陳前世損益，當時之要，獻審官六議。一議相
臣，曰：中外知其賢者用之，能者任之，責材之備，為不可得。二議庶官
曰：臣嘗謂拔十得五，賢愚猶半。陛下但何如五也，十二可矣。故廣任
用，明殿最，舉大節，略小瑕，隨能試事，用人之大要也。三議京司闕官
曰：今要官闕多，閑官員多，要官以材行闕，官以恩澤。是選拔少，優容
衆也。宜補闕員以育人材。四議考課，曰：今內庶僚、外刺史課最尤者

擢以不次，善矣。臣謂黜陟宜責歲限。若任要重，未當遷者，加爵或秩；
其餘進退，宜示遲速之常。若課在中考，如限者，平轉而歷試之，即無
苟且之心、滯淹之慮。五議遺滯，曰：陛下委宰輔舉才，不徧知也，則訪
之庶僚；又不徧知也，訪之衆人。衆聲囂然，十舉之未信，一毀之可棄。
臣謂宜采士論，以譽多者先用，非大故者勿棄。六議藩府官屬，曰：諸
使辟署，務得才以重府望。能否已試，則引而置之朝，無俾久滯。帝皆
然之。
翰林學士陸贄薦袁高等狀曰：臣近因奏對，言及任人，陛下累歎乏
才，憫然憂見於色。臣退而思省，且喜且懼。所喜者，樂陛下急於求賢，
明君致理之資也。所懼者，耻近侍不能薦士，微臣竊位之罪也。輒自
揣擇，思舉所知，猶懼鑒識不明，品藻非當，反覆參校，未果上聞。昨蒙
宣示中書進擬量移官，令臣審看可否者，因悟貶降之輩，其中甚有

可稱。臣以素所諳知，兼聞公議，此狀之內，僅得十人。狀所不該，又有
三四，或因連累左黜，或遭讒忌外遷，至有行能，咸著名跡，寘之清列，
皆謂良材。若但準例量移，又令仍舊出守，固非陛下愛賢之意，亦乖
海內望理之心。儻蒙特恩追赴行在，試垂訪接，必有可觀。錄用棄瑕，
既符德號，振淹求舊，亦闡大猷。謹錄薦陳，庶備採擇。其餘差序遠近，
並具別狀以聞。
贄又論替換李楚琳狀奏曰：右欽溆奉宣聖旨，李楚琳不可久在鳳
翔，欲俟朕到日，簡擇一人替楚琳充節度使。楚琳別與一官，便隨朕
歸京。既有迎駕諸軍，威勢甚盛，因此替換，亦是權宜。卿宜商量穩便
否者？臣聞王者有作，先懷永圖，謀必可傳，事必可繼，不因利以苟得，
不乘便而幸成，故能上下相安，而理可長久也。彼楚琳者，固是亂人，
乘國難而肆逞，其毒賊邦君而篡居其位，按以典法，是宜汙瀦。既屬

多虞不遑致討。乃分之以旄鉞。又繼之以寵榮。遂至南巡。頗全外順。道途無壅。亦有賴焉。雖朝命累加。蓋非獲已。然王言一出則不可渝。縱闕君臣之恩。猶須進退以禮。今若因行幸之威勢。假迎扈之兵甲。易置以歸。是同虜執。以言乎除亂則不武。以言乎務理則不誠。禍變繁興。爲日久矣。負扆居位。豈唯一人。以此時巡。後將安入。以此撫御。誰其感懷。昔漢高僞遊。韓信見擒。功臣繼叛。天下幾危。征伐紛紜。以至沒代。其徵偉之不可也如此。陛下得不爲至戒哉。議者謂之權宜。臣又未諭其理。夫權之爲義。取類權衡。衡者稱也。權者錘也。故權在於懸。則物之多少可準。權施於事。則義之輕重不差。其趣理也。必取重而舍輕。其遠禍也。必擇輕而避重。苟非明哲。難盡精微。故聖人貴之。乃曰。可與適道。未可與立。可與立。未可與權。言知幾之難也。今者甫平大亂。將復天衢。輦路所經。首行脅奪。易一帥而虧萬衆之義。得一方而結四海之疑。乃是重其所輕。而輕其所重。謂之權也。不亦反乎。以反道爲權。以任數爲智。君上行之必失衆。臣下用之必陷身。歷代之所以喪亂而長奸邪。由此誤也。夫以韓信才略。當時莫儔。且負嫌猜。已遭告訐。縱之是以亂區竄。除之可以安國家。幸而成擒。猶謂失策。當時被攻戰之害。百代流詭詐之譏。況楚琳卒伍凡材。厮養賤品。因時擾攘。得肆猖狂。非有陷堅殪敵之雄。出奇制勝之略。頗同狐鼠。乘夜睢盱。晨光既升。勢自踡縮。今郊畿已乂。武衛方嚴。汧隴鎮壓於其西。邠涇扼制於其北。顧是岐下。若居掌中。以楚琳瑣劣之資。處掌中控握之地。縱令蹢躅。何惡能爲。願陛下姑務含弘。普安反側。促駕遄歸。錄功揚勤。敦肆眚之恩。布惟新之令。然後徵韋皐楚琳俾入分文武之職。擇元勳宿望命出總岐隴之師。則彼承詔欣榮。奔走不暇。安敢萌介。復勞睠鄉。措置得宜。萬無一跌。何遽過動。不爲後圖。仰希睿聰。試更詳慮。謹奏。

贄又答論蕭復狀奏曰。右欽溆奉宣聖旨。卿所奏蕭復事。朕已具悉。假使更無別意。終是不識事宜。今巡行諸道轉運事多乖失。緣孟皞年老。今欲除蕭復爲福建觀察使。便令赴任去。就亦應得所。卿意以爲何如者。伏以將相之任。所委皆崇。中外迭居。亦是常理。然君臣有禮。進退不可以不全。理體有宜。本末不可以不稱。頃盜興都邑。駕適郊畿。陛下悔征賦之煩繁。念黎元之困悴。誕降德旨。深示閔傷。特遣大臣普詢疾苦。本期還報。將議優蠲。衆情顒顒。日望上達。今者未終前命。遽授遠藩。則是膏澤將布而復收。渙汗已發而中廢。事既失望。人何以觀。斯乃進退之禮不全。本末之宜不稱。謂爲得所。臣實疑之。儻慮事乖方。不欲淹留在外。則當諭以詔旨。促其歸程。遠郡巡歷未周。但令副介分往。待其復命。親訪物情。革弊垂恩。用符德號。俟務既畢。能否益彰。徐擇所宜。以圖進退。庶於事体允得厥中。謹奏。

贄爲中書侍郎同中書門下平章事。議汴州逐劉士寧事狀奏曰。右希顏奉宣聖旨。適得李萬榮奏。劉士寧因出遊獵。三軍將士遂閉城門不放入。欲遣令赴朝。使萬榮安撫軍州。今已寧帖。卿等宜知悉者。伏以劉士寧昏荒暴慢。惡貫久盈。聖情愛人。久爲含忍。親離衆叛。自取奔亡。不勞師徒。克靖方鎮。恭承宣諭。欣賀實深。然梁宋之間。地當要害。鎮壓齊魯。控引江淮。得其人則安則強。失其人則危則弱。今士寧見逐。雖是衆情。萬榮總軍。且非朝旨。此亦安危強弱之機也。陛下審之愼之。或恐奏事之人。尚私所奉之將。妄陳体勢。欲徼求。承前授任失宜。多爲此輩所誤。假使心無詐罔。其如識之經通。與之籌畫。解不撓敗。今軍州既定。是得安詳。望且選一朝臣馳往宣勞。更淹旬日。徐察事情。見情而後啚之。則冀免有差失。候至坐日。續更面陳。謹

先狀以聞謹奏

贄又論朝官缺員及刺史等改轉倫序狀奏曰。右臣聞於經曰。濟濟多士。文王以寧。又曰。無曠庶官。天工人其代之。蓋謂士不可不多。官不可不備。敦付物以能之義。闡恭己無爲之風。此理道得失之所由也。夫聖人之於愛才。不唯側席求思而已。乃復引進以崇其術業。歷試以發其器能。旌善以重其言。優祿以全其操。歲月積久。聲實丕豐。列之於朝則王室尊。分之於土則藩鎮重。故詩序太平之君子。能長育人才。書比梓人之理材。既勤樸斲。惟施丹雘。禮著造士。易尚養賢。蓋以人皆含靈。唯所誘致。如玉之在璞。抵擲則瓦石。追琢則珪璋。如水之發源。壅閼則污泥。疏濬則川沼。是以書籍所載。歷代同途。祚屬殷昌。必時多儁乂。運鍾衰季。則朝乏英髦。當在衰季之時。咸謂無人足任。及其雄才御寓。淑德應期。賢能相從。森若林會。然則興王之良佐。皆在季代之棄才。在季而愚。當興而智。乃知季代非獨遺賢而不用。其於養育獎勸之道。亦有所不至焉。故曰。人皆含靈。唯所誘致。漢高禀大度。故其時多魁傑不羈之材。漢武好英風。故其時富瓌詭立名之士。漢宣精吏能。故其時萃循良核實之能。逮乎哀平桓靈。昵比小人。疏遠君子。故其時近習擾國。栖嬖戚擅朝權。是知人之才性。與時升降。好之則至。獎之則崇。抑之則衰。斥之則絕。此人才消長之所由也。臣每於中夜。竊自深惟。朝之乏人。其患有七。不澄源而防末流。一也。不考實而務博訪。二也。求精太過。三也。嫉惡太甚。四也。程試乖方。五也。取舍違理。六也。循故事而不擇可否。七也。夫多少相緣。非嘉量不平。輕重相欺。非懸衡不定。用之苟不得其道。則主者實病。而權量無尤。故按名責實者。選吏之權量也。宰相者。主權量之用也。宰相之主吏。猶司府之主財。主吏在序進賢能。主財在平頒秩俸。假使用

奏議卷之一百三十　十九

財失節。則司之者可以改易。而秩俸不可以不頒。主吏乖方。則宰之者可以變更。而賢能不可以不進。其行甚易。其理甚明。嚮者命官。頗異於是。常以除吏多少。准量宰相重輕。宰相承寵私。則援引雖濫而必進。宰相見疏忌。則擬議雖當而罕俞。是使群材仕進之窮通。唯繫輔臣恩澤之薄厚。求諸理道。未謂合宜。夫與奪者。人主之利權。名位者。天下之公器。不以公器徇喜心。不以利權肆忿志。不以寡妨衆。不以人廢官。或其阻執事而擁群材。所謂不澄源而防末流之患也。經曰。無以小謀亂大作。無以嬖人疾莊士。蓋務大者。不拘於小累。謀小者。不達於大猷。嬖者或佇異於莊。莊者必性殊於嬖。理勢相激。宜其不同。進賢援能。諒君子之事。遏惡揚善。非小人所能。君子以愛才爲心。小人以傷善爲利。愛而引之則近黨。傷而沮之則似公。近黨則不辨而憂疑。似公則不覆而先信。是以大道每隳於橫議。良才常困於中傷。夫士啓讒。多由於此。所謂不考實而務博訪之患也。夫人之器局。有圓方大小之殊。官之典司。有難易閑劇之別。名稱有虛實之異。課績有升降之差。將使官不失才。才不失序。在乎制法以司揀擇。人而秉鈞。制之不得厥中。則其法可更。而其契不可亂也。擇之不當所任。則其人可去。而其秉不可奪也。如或事多錯雜。任靡適從。而但役智以求精。勞神而救弊。則所救愈失。所求愈荒。故書曰。元首明哉。股肱良哉。庶事康哉。元首叢脞哉。股肱惰哉。庶事墮哉。嚮之輔臣。鮮克勝任。過蒙容養。苟備職員。致勞睿思。巨細經慮。每有缺官須補。或緣將命藉才。宰司慎擇上聞。必極當時妙選。聖情未愜。復命別求。執奏既不見從。則又降擇其次。如是至于再。至于三。所選漸高。所得轉下。或斷於獨見。罔詢僉諧。或擢自旁求。不稽公議。權衡失柄。進取多門。等差不倫。聲實相反。此所謂求精太過之患也。臣　聞耀衆之珠。不能無

奏議卷之一百三十　二十

纇。連城之璧不能無瑕。矧伊有情寧免愆咎。仲尼至聖也。猶以五十學易無大過爲言。顏子殆庶也。尚稱不遠而復。無祇悔爲美。況自賢人以降。孰能不有過失哉。珠玉不以瑕纇而不珍。髦彥不以過失而不用。故玄元之教曰。常善救人。則無棄人。文宣亦云赦小過舉賢才。齊桓不以射鉤而致嫌。故能成九合之功。秦穆不以一眚而掩德。故能復九敗之恥。前史序項籍之所以失天下。曰於人之功無所記。於人之過無所遺。管仲論鮑叔牙不可屬國。曰聞人之過終身不忘。然則棄瑕錄用者。霸王之道。記過遺才者。衰亂之源。夫登進以懋庸。黜退以懲過。二者迭用。理如循環。進而有過則示懲。懲而改修則復進。既不廢法。亦無棄人。雖纖芥必懲。而才用不匱。故能使黜退者克勵以求復。登進者警飭以恪居。上無滯疑。下無蓄怨。俾人於變。以致時雍。陛下英聖統天。威莊肅物。於善既切。計過亦深。一詆譴責之中。永

居嫌忌之地。夫以天下士人。皆求宦名。揆登朝班。千百無一。其於修身勵行。聚學樹官。非數十年。間勢不能致。而以一言忤犯。一事過差。遂從棄捐。沒代不復。則人才不能不乏。風俗不能不偷。此所謂嫉惡太甚之患也。臣聞君子約言。小人先言。君子之道。闇然而日章。小人之道。的然而日亡。孔子曰。始吾於人也。聽其言而信其行。今吾於人也。察其言而觀其行。又曰。舉直措諸枉則民服。舉枉措諸直則民不服。然則舉措不可以不審。言行不可以不稽。吶吶寡言者未必愚。喋喋利口者未必智。鄙樸忤逆者未必悖。承順愜可者未必忠。故明主不以辭盡人。不以意選士。凡制爵祿。與衆共之。先論其材。乃授以職。所舉必試之以事。所言必考之於成。然後苟妄不行。而貞實在位矣。如或好善而不擇所用。悅言而不驗所行。進退隨愛憎之情。離合繫異同之趣。是由捨繩墨而意裁曲直。棄權衡而手揣重輕。雖甚精微。不

能無謬。此則所謂程試乖方之患也。天之生物。爲用罕兼。性有所長。必有所短。材有所合。亦有所睽。曲成則品物不遺。求備則觸類皆棄。是以巧梓順輪桷之用。故枉直無廢材。良御適險易之宜。故駑驥無失性。物既若此。人亦宜然。其於行能。固不兼具。前志所謂千年一聖。五百年一賢者。才難不其然乎。夫惟聖人。方休全德。賢之爲目。猶有未周。且以未周之才。彌五百年而有一。遂欲求備。曷由得人。若夫一至之能。偏稟之性。則中人以上。迭有所長。苟區別得宜。付授當器。各適其性。各宣其能。及乎合以成功。亦與全才無異。但在明鑒大度。御之有道而已。帝王之盛。莫盛於唐虞。臣佐之盛。莫盛稷禹。稷禹之比無非大賢。然猶各任所能。不務兼備。故尚書序堯舜命官之義。自稷禹谷益以降。凡二十二人。所命典司。不踰一職。用能平九土。播百穀。數五教。序五刑。禮樂興和。蠻夷率服。洎鳥獸魚鼈。亦罔不寧。蓋由舉

得其人。任得其所。鑒擇職授。審之於初。不求責於力分之外。不沮撓於局守之內。是以事極其理。人盡其材。君垂拱於上。臣濟美於下。功燁當代。名施無窮。及其失也。則升降任情。首末異趣。使人不量其器。與人不由其誠。以一言稱愜爲能。而不核虛實。以一事違忤爲咎。而不考忠邪。其稱愜則付任逾涯。不思其所不及。其違忤則責望過當。不恕其所不能。是以職司之內。無成功。君臣之際。無定分。此所謂取捨違理之患也。今之議者多曰。內外庶官。久於其任。又曰。官無其人。則闕之。是皆誦老生之常談。而不推時變。守舊典之糟粕。而不本事情。徒眩聰明。以撓理化。古者人風既朴。官號未多。但別愚賢。匪論資序。不責人以朝夕之效。不計事於尺寸之差。不以小善而褒升。不以一眚而罪斥。故虞書三載考績。三考黜陟幽明。是則必俟九年。方有進退。然其所進者。或自側微而納于百揆。雖久於任。復何病哉。漢制

部刺史秩六百石。郡守秩二千石。刺史高第者即還為郡守。郡守高第者即入為九卿。從九卿即遷為亞相相國。是乃從六百石吏而至台輔。其間所歷者三四轉耳。久在其任亦未失宜。近代建官漸多。列級逾密。今縣邑有七等之異。州府有九等之差。同謂省郎。即有前中後行郎中員外五等之殊。並稱諫官。則有諫議大夫補闕拾遺三等之別。洎諸臺寺率類於斯。慭有當資。各須循守。若依唐虞故事。咸以九載為期。是宜高位常苦於乏人。下寮每嗟於白首。三代為理。損益不同。豈必舉於變易哉。蓋時勢有不得已也。至如鯀堙洪水。績用靡成。猶終九年。然後殛竄。後代設有如鯀之比者。豈復能九年而始行罰乎。臣固知其必不能也。行罰欲速。而進官欲遲。以此為稽古之方。是猶卻行而求及前人也。頃者臣因奏事。論及內外序遷。陛下乃言舊例居官歲月皆久。朕外祖曾作祕書少監。一任經十餘年。量晉將

順曆情遂奏云。臣於大曆中曾任祠部司勳二郎中。各經六考。陛下之意。頗為宜然。以臣惓惓實有偏見。凡徵舊例。須辨是非。是者不必渝。非者不必循。況於舊例之內。自有舛駁之異哉。先聖之制。權臣用事。其於除授。類多徇情。有一月屢遷者。積年不轉者。至中歲。君臣構嫌。姑務優柔。百事凝滯。其於選擢。尤所艱難。始以頗僻失吾。繼以疑阻成否。至使彝倫斁。庶位多滯。是皆可懲易。是為法。夫取才求有三術焉。一曰拔擢以旌其異能。二曰黜罷以糾其失職。三曰序進以謹其守常。如此則高課者驟升。無庸者亟退。其餘績非出類。守不敗官。則循以常資。約以定限。故得殊才不滯。庶品有倫。參酌古今。此為中道。而議者暗於通理。一槩但曰宜久其任。得非誦老生之常談而不推時變者乎。夫列位分官。緝熙帝載。匪唯應務。兼亦養才。是以職事雖有小大閑劇之殊。而俱不可曠缺者。蓋備於時而用耳。故記

曰天子以騶虞為節。樂官備也。唯經邦贊國之任。則非有盛德不可以居。故記曰。設四輔及三公。不必備。惟其人。議者昧於明徵。一槩但曰官無其人則闕。得非守舊典之糟粕而不本事情者乎。今內外羣官考深合轉。陛下或言其已有次第。須且借留。或謂其未著功勞。何用數改。是乃循默者既以無聞而不進。著課者又有成績而見淹。雖能否或差。而沉滯無異。人之從宦。積小成高。至于內列朝行。外登郡守。其於更歷。多已長年。孜孜慎修。計日思進。而又淹逾考限。亟易星霜。顧懷生涯。能不興歎。殊異登延之義。且乖勸勵之方。夫長吏數遷。固非理道。居官過久。亦有弊生。何者。時俗常情。樂新厭舊。有始卒者。其唯聖人。降及中才。罕能無變。其始也砥礪之心必切。其久也因循之意必萌。加以盈無不虧。張無不弛。天地神化。且難常全。人之所為。安得皆當。是以分分而度。至丈必差。銖銖而稱。至鈞必謬。莅職既久。

寧無咎愆。或為姦吏所持。或坐深文所糾。偶以一跌。盡隳前功。至使理行不終。能名中缺。豈非上失其制。而推致以及於斯乎。故聖人愛人之才。慮事之弊。採其英華而使之當其茂暢。而獎之不滯。人於已成之功。不致人於必敗之地。是以銳不挫而力不匱。官有業而事有終。此理之中庸。故書以為法。遷轉甚速則人心苟而職業不固。甚遲則人心怠而事守浸衰。然則甚速與甚遲。其弊一也。陛下俯徇浮議。謂協典謨。久次當進者。既曰務欲且留。缺員須補者。便曰官不必備。則才彥何由進。叅理化孰與交修。此所謂循故事而不擇可否之患也。伏惟陛下憂勤務理。夢想思賢。体陶唐有虞聰明之德。以敷求法太宗天后英邁之風。以拔擢然而得人之盛。尚愧前朝。底乂之功。未光當代。良以七患未去。三術未行。而又曆察太深。宸嚴太峻。常人才器。曷副天心。故雖獲超升。亦驟從黜廢。人物殘瘁。抑斯之由。而議者

莫究致弊之端。但恐革弊之策。反以廣於進用爲情故。以梗於除授
爲精詳。以避謗爲奉公之誠。以擿瑕爲選士之要。乃至稱毀紛綵美
惡混并。凡有遷升。必遭掎摭。聖德廣納。不時發明。小人多言。益敢陰
詐。以是眩惑。自無全人。進用之意轉疑。汲引之途漸隘。舊齒既凋敗
殆盡。下位或滯淹罕升。故令官序失倫。人才不長。資望漸薄。砥勵浸
微。高郢等衰殆不相續。臣以竊位屬當序才。懼曠庶官。亟黷宸衷。昧
識不足以周物。微誠不足以動天。徒勤進善之心。轉積妨賢之罪。愁
惶交感。焚灼盈懷。凡除吏者。非謗刺之所生。必怨讟之所聚。宰臣擬
戾多起於茲。屢屢上干。何所爲利。但以特罪鈞轄。職思其憂。兼迫於
感恩顧効之誠。不得不冒昧言之耳。其於裁擇用舍。惟陛下圖之。謹
奏。

贄又論除裴延齡度支使狀奏曰。右緣班宏喪亡。臣今日面取進止

今當此選。總有四人。杜佑。盧徵。李衡。李巽。並曾掌判財賦。各有績用
可稱。資望人才。亦堪獎任。聖旨以淮南未可移動。盧徵又近改官。令
臣擇一人。與江西追取李衡者。臣以支計之司。當今所切。常須檢制
黠吏。不可斯須闕人。待追李衡。數月方到。或恐綱條弛紊。錢物隱欺。
李巽近追到城。請授給事中。且令權判。若處理稱職。除戶部侍郎。如
材不相當。則待李衡到。別商量處分。既免曠廢於事。又得閱試其能。
兩人之中。必有可取。陛下累稱穩便。許依所奏施行。臣又退更詳思。
以爲無易於此。希顏適宣進止。李巽知度支。恐未相當。且空與給事
中。朕更思量司農少卿裴延齡甚公清。有才。宜令判度支。便進擬狀
奏。其李衡亦從追取者。伏以周制六官。實司理本。冢宰制國用。量入
爲出。司徒掌邦賦。敷教恤人。今之度支。兼此二柄。準平萬貨。均節百
司。有無懋遷。豐敗相補。利害關黎元之性命。貴賤繫財物之盈虛。加

以饋餉邊軍。資給禁旅。劇務則生患。寬假則容姦。若非其人。不可輕
授。裴延齡僻戾而好動。躁妄而多言。遂非不悛。堅僞無恥。豈獨有識
深鄙。兼爲流俗所嗤。頃列班行。已塵清貫。更居要重。必斁大猷。是將
取笑四方。貽殃兆庶。尸祿之責。固宜及於微臣。知人之明。亦恐傷於
聖鑒。伏願重循前議。俯察愚誠。更於四人之中。選擇取其尤者。庶諧
僉屬。不紊朝綱。延齡妄誕小人。任之交駭物聽。臣雖熟知不可。猶慮
所見未周。適憬眼疾漸瘳。後日即合假滿。待其朝謁。乞更參詳。去邪
勿疑。天下幸甚。謹奏

贄又論齊映齊抗官狀奏曰。右希顏奉宣進止。卿等所進齊映替李
衡。緣江南與湖南接近。齊映齊抗既是當家。同任方面。事非穩便。宜
別商量者。齊映齊抗。同姓別房。既非五服之親。則與衆人無異。聖朝
推誠致理。未嘗先事示疑。曩之李皐李兼。鄰接方鎮。今之韓滉全義

密邇軍城。此例甚多。無足爲虞。但以中朝要職。常苦乏人。至如映抗
良才。並當臺閣妙選。臣等先請授映禮部。聖旨令且向外商量。儻許
移鎮江西。亦是漸加恩獎。齊抗文學是周。精敏罕儔。掖垣之駁議司
言。南宮之掌賦。承轄俾居其任。皆謂當才。若蒙追赴闕庭。試加顧問。
察言稽行。必有可觀。可否之宜。伏候敕旨。

帝審觀擇吏宰畿邑。而政有狀。名宰相語。皆賀帝得人。兵部侍郎同
中書門下平章事柳渾獨不賀。曰。此特京兆尹職耳。陛下當擇臣輩
以輔聖德。臣當選京兆尹承大化。尹當求令長親細事。代尹擇令。非
陛下所宜。帝然之。

憲宗元和三年。翰林學士白居易論王鍔欲除官事。宜狀奏曰。右臣
竊聞王鍔見欲除平章事。未知何故有此商量。臣伏以宰相者。人臣
極位。天下具瞻。非有清望大功。不合輕授。王鍔既非清望。又無大功。

若加此官。深爲不可。昨日裴均除平章事。内外之議。卓已紛然。今王鍔若除。則如王鍔之輩。皆生冀望之心矣。若盡與則典章大壞。又未獻恩。若不與則厚薄有殊。或生怨望。倖門一啓。無可奈何。臣又聞王鍔在鎮日。不恤凋瘵。唯務差税。淮南百姓。日夜無憀。五年誅求。百計侵削。錢物既足。部領入朝。號爲羡餘。親自進奉。凡有耳者。無不知之。今若授同平章事。臣恐四方聞之。皆謂陛下得王鍔進奉。而與宰相。也。臣又恐諸道節度使。今日已後。皆割剥生人。營求宰相。私相謂曰誰不如王鍔邪。故臣以爲深不可也。其王鍔歸鎮。與在朝。伏望並不除宰相。臣尚未知所聞信否。貴欲先事而言。或恐萬一已行。即言之無及。伏惟聖鑒。俯察愚衷。謹具奏聞。謹奏。

居易又奏論元稹左降狀曰。右伏緣元稹左降事宜。昨李絳崔群等再已奏聞。至今未聞宣報。伏恐愚誠未懇。聖慮未回。臣更細思。事有

不可。所以塵黷至於再三。臣内察事情。外聽衆議。元稹左降。不可者三。何者。元稹守官正直。人所共知。自授御史以來。舉奏不避權勢。只如奏李公佐等之事。多是朝廷親情。人誰無私。因以挾恨。或假公議。將報私嫌。遂使誣謗之聲。上聞天聽。臣恐元稹左降已後。凡在位者每欲舉事。先以元稹爲戒。無人肯爲陛下當官執法。無人肯爲陛下嫉惡繩愆。内外權貴。親黨縱有大過大罪者。必相容隱而已。陛下從此無由得知。其不可者一也。昨者元稹所追勘房式之事。心雖奉公。事稍過當。既從重罰。足以懲違。況經謝恩。旋又左降。雖引前事以爲責詞。然外議諠諠。皆以爲元稹與中使劉士元爭廳。自此得罪。至於爭廳事理。已具前狀奏陳。況聞劉士元踏破驛門。奪將鞍馬。仍索弓箭。嚇辱朝官。承前以來。未有此事。今中官有罪。未見處置。御史無過。却先貶官。遠近聞知。實損聖德。臣恐從今已後。中官出使。縱暴益

甚。朝官受辱。必不敢言。縱有被凌辱毆打者。亦以元稹爲戒。但吞聲而已。陛下從此無由得聞。其不可者二也。臣又訪聞元稹。自去年已來。舉奏嚴礪在東川日。枉法收沒平人資産八十餘家。又奏王紹違法給券。令監軍神柩及家口入驛。又奏裴玢違勅旨徵百姓草。又奏韓皐使軍將封杖打殺縣令。如此之事。前後甚多。屬朝廷法行。悉有懲罰。計天下方鎮。皆怒元稹守官。今貶爲江陵判司。即是送與方鎮從此方便報怨。朝廷何由得知。臣聞德宗時有崔善貞密告李錡必反。德宗不信。送與李錡。李錡大怒。遂掘坑縱火燒殺崔善貞。未數年李錡果反。至今天下爲之痛心。臣恐元稹左降後。方鎮有過。無人敢言。皆欲惜身。永以元稹爲戒。如此。則天下有不軌不法之事。陛下無由得知。此其不可者三也。若無此三不可。假如朝廷誤左降一御史。蓋是小事。臣何敢煩黷聖聽。至于再三乎。誠以所損者微。所關者大。

以此思慮。敢不極言。陛下若以臣此言爲忠。又未能別有處置。必不得已。則伏望且令追制。改與一京司閑官。免令元稹却事方鎮。此乃上裨聖政。下愜人情。伏望細察事情。斷在聖意。謹具奏聞。謹奏。

居易又論太原事三件。一曰。右嚴綬輔光太原事迹。其間不可遠近具知。臣前日對時。已子細面奏。今奉宣輔光已替。嚴綬續追。此皆聖鑒至明。左右不能惑聽。合於公議。斷自宸衷。内外人心。甚爲愜當。其嚴綬早須與替。不可更進。緣與輔光久相交結。軍中補署職掌。比來盡由輔光。今見别除監軍。人人失依託。或恐嚴綬相黨。曲爲妄陳軍情事宜之間。須過防慮。伏望聖恩速令貞亮赴本道。便許嚴綬入朝。二曰。右貞亮元是舊人。曾任重職。陛下以太原事勢。使替輔光。然臣伏聞貞亮先充汴州監軍日。自置親兵數千。任三川都監日。專殺李康。兩節度使事迹。深爲不可。違性自用。所在專權。若貞亮處事依

前。即太原卻受其弊。雖將追改。難以成功。其貞亮發赴本道之時。恐須以承前事。切加約束。令其戒懼。此事至要。伏惟聖心不忘。三曰。右范希朝前在振武。威令大行。至今蕃戎望風畏伏。况又勤儉信實。所在士卒歸心。今若太原要人。無出希朝之右。伏恐聖意慮其有年。臣又訪聞希朝筋力猶堪驅使。但且令鎮撫。必愜軍情。待其一二年間。威制成立。然後擇能者。即必易守成規。則雖老年。事須且用。其靈武比太原雖小。亦是要鎮。如納臣愚見。伏恐便須擇人與希朝相代。謹具奏聞。謹奏

居易又論嚴綬狀曰。奉宣令依中書狀撰制除嚴綬江陵節度使。右臣伏以趙宗儒衆稱清介有恒。嚴綬衆稱怯懦無能。二人臧否。優劣相懸。宗儒自到江陵。雖無殊政。亦聞清淨。境內頗安。綬要改移。即合使擇勝宗儒者。且嚴綬在太原之日。聖聰備聞。天下之人。以為談柄。

陛下厭其節制。追赴朝廷。至今人情。以為至當。今忽再用。又替宗儒。臣恐制書下後。無不驚歎。兼邪人得計。正人憂疑。大乖群情。深損朝政。臣前後奉宣撰制。若非甚不可者。亦不敢切論。今此除授。實甚不可。伏望聖意更賜裁量。其制未敢便撰。伏待聖旨。謹奏

居易又論孟元陽狀曰。奉宣令依中書狀撰制除孟元陽右羽林軍統軍。仍封趙國公食邑三千戶。右臣伏以孟元陽激水有功。河陽有政。自到澤潞。戎事頗修。但以老年。事須與替。比諸流輩。事迹不同。今所除官。合加優獎。昨者范希朝在太原日。昏耄不理。人情共知。及除統軍。衆猶謂屈。今元陽事迹。不同希朝。又除統軍。恐似更屈。雖加封爵。悉是虛名。况元陽功效忠勤。天下有數。今以無能者一例除改。無所旌別。臣恐今日已後。無以勸人。以臣所見。若改除金吾大將軍。輕重之間。實為得所。只如柳惟晟李簡之輩。有何功業。合比元陽。猶居此官。勤逾年歲。伏望聖慈以此裁量。其制未敢依中書狀便撰。謹奏。

帝嘗問前古王者所以治亂。門下侍郎同中書門下平章事杜黃裳知帝銳於治。恐不得其要。因推言王者之道。在脩己任賢而已。操執綱領。要得其大者。至簿書獄訟。百吏能否。本非人主所自任。昔秦始皇帝親程決事。見嗤前世。魏明帝欲按尚書事。陳矯不從。隋文帝日昃聽政。衛士傳餐。太宗笑之。故王者擇人任而責成。見功必賞。有罪信罰。孰敢不力。孔子之稱帝舜。恭己南面。以其能舉十六相。去四凶。而至無為。豈必刓神疲體。勞耳目之察。然後為治哉。帝以黃裳言忠。嘉納之。

皇甫鏄言利幸於帝。陰籍左右求宰相。戶部侍郎崔羣數言其佞邪不可用。既入對。及開元天寶事。羣因推言其極曰。安危在出令。存亡繫所任。玄宗故初得姚崇宋璟盧懷慎蘇頲韓休張九齡則治。用宇文融李林甫楊國忠則亂。故用人得失。所係非輕。人皆以天寶十四年安祿

山反為亂之始。臣獨以為開元二十四年罷張九齡相。專用李林甫。此理亂之所分也。願陛下以開元為法。以天寶為戒。社稷之福也。

上命學士自今奏事。必取群連署。然後進之。群曰。翰林舉動。皆為故事。必如是。後來萬一有阿媚之人為之長。則下位直言無從而進矣。

帝嘗御浴堂北廊。召學士李絳對。上從容言曰。朕觀前王任多賢才所以理。即今日都無賢才可倚。何故也。絳對曰。自古及今。帝王未有不任賢則理。用邪則亂。明著史傳。不敢備陳。夫聖主理當代之人。祇選當時之賢。極其才分。使可致理。豈借賢於異代以理今日之人。近代北齊任楊遵彥則理。用高阿那肱則亂。隋代任高熲則理。用楊素則亂。國家任房玄齡杜如晦魏徵王珪姚崇宋璟則理。用李義甫許敬宗李林甫楊國忠則亂。事狀擺於目前。理亂存於史策。夫致賢之路。歷代不同。大凡王者不以至尊輕待臣下。不以己能蓋於凡器。折

節下吉甫躬禮賢。天下仰知聖意貴能之人方出。是巖穴無晦迹之儔。朝廷有佐時之器矣。上曰。何以知其必賢而任之。柔對曰。聖問至當。誠為難知。堯舜亦以知人為難。況近代澆薄。真偽不分。固不易知也。然以事小驗之。必十得七八矣。任官清廉。無貪穢之跡。當事正直。無阿容之矜。章疏諫諍。無希望依違之苟。在左右獻納。無邪佞愉悅之辭。言必及遠大。行不顧財利。如此則可謂近於賢矣。若言必諂諛。動關名利。但攻人之短。不揚人之善。求己之售。不量己之分。觀望主意。以希合為心。逢迎君意。以恩幸為志。為主招怨。為身圖利。斯可謂之小人也。驗之以行事。參之輿議。然後用之。委用以後。名聲相副。則當任之。既任之。則當久之。使代天下之績。久而化感。然後聖君垂拱而天下治矣。賢者秉理端直。身寡黨援。拔擢賢者。則小人怨謗。杜塞邪徑。則奸人搆陷。制度一。則貴戚毀傷。忠正進用。則諛佞攻擊。夫用賢豈容易哉。自非聖主明君。懸鑒情偽。不使毀謗得行。疑似生隙。盡其材器。極其智用。然後政化可得而興。故齊桓公任管夷吾。一則仲父。二則仲父。齊國大理。是任之不疑也。管仲對桓公曰。既任君子。而以小人參之。此害霸也。古人以求賢不吝則賢者不出。故喻以蝸蚓之餌。以求吞舟之鱗。設釜鍾之祿。以致濟代之器。不可得也。陛下但以數事驗之。以言。校之以實。操之於衆。任之以權。則賢不肖得矣。伏惟聖智詳察。上曰。卿言得之。盡於此矣。

帝於延英殿謂宰臣曰。古人言官不必備。惟其人。卿各有親故。則必有冗食者。卿當與朕惜官。以弘公道。吉甫奏曰。臣每用一官。未嘗不訪於公議。有堪獎進。然敢奏陳。至於親故。不敢援引。權德輿曰。臣寡親故。亦不敢進用。今奉宣示。更不敢有違聖旨。絳曰。至公之道。實無親疏。惟觀其人才與職位相當。若有才。雖是親故亦合進用。昔建中初德宗臨御天下。崔祐甫為相。半年之內。除官八百餘員。德宗謂祐甫曰。卿除授太多。又聞多是親故。何也。祐甫對曰。所問當與不當。不看多之與少。其是臣親故。方諳知其才器。尚不敢用。其不諳者。安敢與官。德宗賞其言。衆以謂所對公當。至今人稱之。天后朝。命官猥多。當時有車載斗量之謠。及至元中。致朝廷赫赫有名望有事績者。多是天后所進之人。有言拔十失五。猶得其半。若拱嘿避情故之嫌。使聖朝闕濟濟多士之美。是依違容悅之臣。非聖主至公委任之道也。若才位實乖。情故可驗。臣豈敢逃責以妨賢路。上曰。如卿所言。至公之道。不論多少。秖在至當爾。卿當我倚信。勿責斯言。

帝又問。玄宗開元時致治。天寶則亂。何一君而相反耶。絳曰。治生於憂危。亂生於放肆。玄宗嘗歷試官守。知人之艱難。臨御初任用姚崇、宋璟。勵精聽納。故左右前後皆正人也。洎林甫、國忠得君專引傾邪之人。分總要劇。於是上不聞直言。嗜欲日滋。內則盜臣竊以興利。外則武夫誘以開邊。天下騷動。故祿山乘隙而奮。此皆小人啓導從逸而驕縱。時主所行無常。治亦無常。亂。帝曰。凡人舉事。病不通於理。追悔其失。古人處此有道耶。絳曰。事或過差。聖哲所不免。是以天子有諫臣所以救過。上下同體。猶手足之於心膂交相為用。但矜能護短。常情所蔽。聖人改過不吝。願陛下以此處之。

御史中丞柳公綽與宰臣不協。為所陰中。帝對絳忽云。柳公綽遂奏臺中公事不理。我與一遠郡刺史。以勵後人。何如。絳遂奏曰。自柳公綽為中丞。公議皆云稱職。性素強直。不依附於人。衆傳掌權之人有忌者。輙欲去之。伏望聖意審詳根由。上大悅曰。誠如此。且任之。如有闕。緊去之何晚。

元和七年。以元義方為鄜坊觀察使。義方媚事吐突承璀。李吉甫欲自托於承璀擢義方為京兆尹李絳惡而出之義方入謝因言絳私其同年許季同以為京兆少尹故出臣鄜坊專作威福明日上以詰絳曰人於同年固有情乎對曰同年乃四海九州之人偶同科第情於何有且陛下不以臣愚備位宰相宰相職在量才授任若其人果才雖在兄弟子姪之中猶將用之况同年乎避嫌而棄才是乃便身非徇公也上曰善遂趣義方之官

十三年以皇甫鎛程异同平章事裴度崔群極諫其不可上不聽度恥與小人同列求退不許乃上疏曰鎛异皆錢穀俗吏佞巧小人陛下一旦寘之相位中外駭笑况鎛在度支專以豐取刻與為務中外仰給之人無不思食其肉比者裁損江西糧料幾至潰亂程异雖人品庸下然心事和平可處繁劇不宜為相臣若不退天下謂臣無恥臣若不言天下謂臣負恩今退既不許言又不聽臣如烈火燒心衆

鏑叢體所可惜者淮西盪定河北底寧承宗斂手削地韓弘輿疾討賊豈朝廷之力能制其命哉直以處置得宜能服其心耳陛下建升平之業十已八九何忍遽自墮壞使四方解體乎上以度為朋黨不之省

上謂宰相曰人臣當力為善何乃好立朋黨度對曰方以類聚物以羣分君子小人志趣同者勢必相合君子為徒謂之同德小人為徒謂之朋黨外雖相似內實懸殊在聖主辯其所為邪正耳

憲宗時韓愈論孔戣致仕狀奏曰右臣與孔戣同在南省為官數得見戣為人守節清苦議論平正今年纔七十筋力耳目未覺衰老憂國忘家用意深遠所謂朝之耆德老成人者臣知戣上疏求致仕故往看戣戣為臣言已蒙聖主允許伏以陛下優賢尚齒見戣頻上二疏言詞懇到重違其意遂即許之此誠陛下仁德之至然如戣輩在朝不過三數人實可為國家愛惜自古以來及聖朝故事年雖八九十但視聽心慮苟未昏錯尚可顧問委以事者雖求退罷無不殷勤留之優以祿秩不聽其去以明人君貪賢敬老之道也禮大夫七十而致仕若不得謝則必賜之几杖安車七十求退人臣之常禮若有德及氣力尚壯則君優而留之不必年過七十盡許致仕也詩曰雖無老成人尚有典刑此言老成人重於典刑不可不惜而留也今戣年無疾疹但以年當致仕據禮求退陛下若不聽許亦無傷於義而有貪賢之美况左丞職事亦極清簡若戣尚以繁要為辭自可別授秩崇而務少者今中外之臣有年過於戣尚未得退戣獨何人得遂其願人皆求進戣獨求退尤可賢重臣所領官無事不敢請對蒙陛下厚恩苟有所見不敢不言伏望聖恩特垂察納

愈又舉張籍狀曰登仕郎守秘書省校書郎張籍右件官學有師法

文多古風沈默靜退介然自守聲華行實光映儒林臣當司見闕國子監博士一員生徒藉其訓導伏乞天恩特授此官以彰聖朝崇儒尚德之道謹錄奏聞伏聽勑旨

愈為兵部侍郎舉韋顗自代狀曰中散大夫守大理少卿驍騎尉韋顗右伏準建中元年正月五日制常參官上後三日舉一人自代者前件官學識該達器量弘深朝推直道代仰清節顯映班序十五年餘夷險一致風猷益茂屈居少列未副羣情文昌政本侍郎官重高德之舉顗宜當之乞回臣所授庶弭官謗

愈為京兆尹舉馬摠自代狀曰銀青光祿大夫檢校尚書右僕射兼戶部尚書馬摠臣伏以近者京尹用人稍輕所以市井之間盜賊未斷郊野之外疲瘵尚多前件官文武兼資寬猛得所累更方鎮皆有功能若以代臣實為至當謹錄奏聞謹奏

穆宗長慶二年。以裴度爲司空東都留守。諫官爭上言。時未偃兵。度有將相全才。不宜置之散地。上乃命度入朝。

六年。或告泗州刺史薛謇有異馬不以獻。事下度支。使巡官往驗。未返。上遲之。使品官劉泰昕按其事。判度支盧坦曰。陛下既使有司驗之。又使品官繼往。豈大臣不足信於品官乎。臣請先就黜免。上乃召泰昕還。

敬宗即位。王廷湊屠元翼之家。帝羞惋。歎宰輔非其人。使凶賊縱肆。學士韋處厚上疏曰。臣聞汲黯在朝。淮南寢謀。千木處魏。諸侯息兵。王霸之理。以一士止百萬之師。一賢制千里之難。裴度元勳巨德。文武兼備。若位巖廊。委參决。必使戎虜畏威。幽鎮自臣。管仲曰。人離而聽之則愚。合而聽之則聖。治亂之本。非有他術。陛下當饋而歎。恨無蕭曹。今一裴度擯棄于外。所以馮唐知漢文帝有頗牧不能用也。帝感悟。

寶曆九年。王璠等奏李德裕厚賂仲陽。陰結漳王。圖爲不軌。上怒甚。路隋曰。德裕不至如此。果如所言。臣亦應得罪。乃以德裕爲賓客分司。而以隋代之。隋不得面辭而去。

文宗太和三年。路隋平章事。言於上曰。宰相任重。不宜兼金穀瑣碎之務。如楊國忠元載皇甫鎛皆姦臣所爲。不足法也。上以爲然。於是裴度辭度支。上許之。

四年。上以鹽鐵推官姚勗能鞫疑獄。命權知職方員外郎。韋温奏。郎官朝廷清選。不宜以賞能吏。上乃以勗檢校禮部郎中。仍充舊職。楊嗣復曰。温志在澄清流品。若有吏能者皆不得清流。則天下之事孰爲陛下理之。恐似衰晉之風。然上素重温。終不奪其所守。

宣宗召翰林學士令狐綯。與論人間疾苦。帝出金鏡書曰。太宗所著也。卿爲我舉其要。綯摘語曰。至治未嘗任不肖。至亂未嘗任賢。任賢享天下之福。任不肖罹天下之禍。帝曰。善。朕讀此嘗三復乃已。綯再拜曰。陛下必欲興王業。捨此孰先。詩曰。惟其有之。是以似之。進中書舍人。襲彭陽男。遷御史中丞。再遷兵部侍郎。

河陽判官李商隱爲節度使王茂先奏舉韓琮等四人充判官狀曰。

右琮右件官。早中殊科。素推雅度。弦柔以直。清伏而清。頃佐憲臺。且丁家難。當衰而齒未嘗見。既祥而琴不成聲。逮此變除。未蒙援攜。臣頃居鎮守。琮已列賓僚。謀之既臧。剛亦不吐。頗藉中選。榮借外藩。伏請依資賜授憲官。充臣節度判官。段瓌右件官。言思無邪。學就有道。屢爲從事。嘗佐正人。加其富有文辭。精於草隸。儒而且捨。通而不流。臣所部稍遠京都。每繁章奏。敢茲上請。乞以自隨。伏請依資賜授憲官。充臣節度掌書記。裴蘧右件官。魯國名儒。邑鄉右族。松寒更翠。馬老不迷。臣昔忝鑿門。碑爲記室。屬辭而夙構無異。論兵而故校多歸。

委以前籌。見其餘地。伏以前任大理評事。已三十三箇月。比於流輩。已是滯淹。伏請特授憲官。充臣觀察支使。夏侯疃右件官。藏器於身。爲仁由己。齋莊難犯。勁挺不撓。臣任切拊循。務繁稽古。思留仙尉。以重賓階。伏請依資改授一官。充臣節度巡官。以前件狀如前。臣四朝受任。三鎮叨榮。慕碣石之築宮。廣延儒雅。効西河之擁彗。樂得賢才。韓琮等並無所因依。不由請託。久諳才地。堪列幕庭。伏希殊私。盡允誠請。謹錄奏聞。

天平節度使令狐楚奏舉杜勝等狀曰。臣切見杜勝右件官。流慶相門。策名詞苑。當仁罕讓。見義敢爲。符彩極高。涯涘難抱。臣前任已奏爲判官。臨事而每見公方。與語而必相弘益。今臣寄分圜綍。任切訓齊。將奉廟謨。實在賓彥。伏請賜守本官。充臣團練判官。李潛右件官。洛下名生。山東茂族。仁實甚富。天爵極高。妙選文場。亟仕侯國。珪璋特達蘭杜芬馨。今臣廉問大藩。丞請列郡。諮其謀猷。共贊朝經。伏請賜守本官充臣觀察判官。李潘右件官。倭國馳聲。貞階擢第。口含言瑞。身出禮門。臣前任已奏為判官。遇下而和易不流。臨事而貞方有執。今臣職參國政。務切軍須。實假平均。以同尉薦。伏請賜本官充臣觀察支使。盧涇右件官。博涉曲經。該覆流略。自孔壁所壞。汲塚之藏。三篋能知。五車盡讀。加之文采。兼以器能。前者為臣屬僚。嘗在州推鞫。明断而不容吏欺。哀矜而莫有人冤。今者團練之司。稽巡是切。直思奬勸。非敢用情。伏請依資賜授涉官充臣都團練巡守。以前件狀如前。伏以長人者必以吏分勞。選開幕者亦用士為重輕。若不樹人。何以報國。況臣素無勲効。謬竊寵榮。至於賢材。敢掩筐篚。前件官並推實者。堪贊藩條。伏希殊私。盡允誠請。謹録奏聞

後晉高祖天福二年。太府少卿邉光範上書曰。臣聞唐太宗有言。朕居深宮之中。視聽不能及遠。所委者惟都督刺史。則知此官實繫治亂。尤須得人。今則刺史或因緣世禄。或貢奉家財。或微立軍功。或但循官次。寔恐撫民無術。御吏無方。以此牧民。而民受其賜。鮮矣。望選能吏。以蘇民瘼。用致升平。奏入留中不出

三年。詔百僚各上封事。中書舍人竇貞固疏曰。臣聞舉善為明。知人則哲。聖君在位。藪澤豈有隱淪。昭代用材。政理固無紊亂。求賢若渴。從諫如流。鄭所以譽子産。魯所以識文仲。為國之要。進賢是先。陛下方樹丕基。宜求多士。乞降詔百僚。令各司議定一人。有何能識。堪何職官。朝廷依奏用之。若能符薦引。果謂當才。所奏之官。望加奬賞。如乖其舉。或涉徇私。所奏之官。宜加殿罰。自然官由德序。位以才升。三人同行。尚聞擇善。十目所視。必不濫知。臣職在論思。敢陳狂狷。書奏。帝深嘉之。命所司著為令典

後周世宗。好拔奇俊。有自布衣及下位上書言事者。多不次進用。兵部尚書張昭疏諫曰。昔唐初劉洎馬周起於徒步。太宗擢用為相。其後柳璨朱朴。方居下僚。昭宗亦加大用。此四士者。受知於明主。然太宗用之而國興。昭宗用之而國亡。士之難知如此。臣願陛下存舊法而用人。當以此四士為鑒戒。世宗善之

周世宗顯德元年。以違衆議破北漢。帝自是政無大小皆親決。百官受成而已。河南府推官高錫上書諫曰。四海之廣。萬機之衆。雖堯舜不能獨治。必擇人而任之。今陛下一以身親之。天下不謂陛下聰明睿智。足以兼百官之任。皆言陛下褊迫疑忌。舉不信羣臣耳。不若選能知人公正者以為宰相。能愛民聽訟者以為守令。能豐財足食者使掌金穀。能原情守法者使掌刑獄。陛下但垂拱明堂。視其功過而賞罰之。天下何憂不治。何必降君尊而代臣職。屈貴位而親賤事。無乃失為政之本乎。不從

六年。世宗嘗問相於兵部尚書張昭。昭薦李濤。世宗愕然曰。濤輕薄無大臣體。卿薦之何也。對曰。陛下所責者細行也。臣所舉者大節也。昔張彥澤虐殺不辜。濤累疏以為不殺必為國患。漢隱帝之世。濤亦上疏請解先帝兵權。夫國家安危未形而能見之。此真宰相器也

用人

宋太祖時符彥卿鎮大名頗不治。太祖以王祜代之俾察彥卿動靜。祜以百口明彥卿無罪。且曰五代之君。多因猜忌殺無辜故享國不永。願陛下以為戒。彥卿由是獲免

太宗雍熙四年。陳王元僖薦趙普上言曰臣伏見唐太宗有魏玄成、房玄齡杜如晦。明皇有姚崇宋璟。魏知古。皆任以輔弼委之心膂、財成帝道康濟九區。宗祀延洪史策昭煥良由登用得其人也。今陛下君臨萬方焦勞庶政宵衣旰食以民為心。歷考前王誠無所讓而輔相之重未偕曩賢。況為邦在於任人任人在乎公正。公正之道在於賞罰。斯為政之大柄也。苟賞罰匪當。淑慝莫分。朝廷紀綱。漸致隳紊。必須公正之人典掌衡軸直躬敢言以辨得失。然後彝倫式序庶務

用康。伏見山南東道節度使趙普。開國元老參謀締構厚重有識不妄希求恩顧以全祿位。不私徇人情以邀名望。此真聖朝之良臣也。竊聞憸巧之輩。朋黨比周衆口謷謷。惡直醜正恨不斥逐遐徼以快其心。何者。蓋慮陛下之再用普也。然公讜之人。咸願陛下復委以政。啓沃君心。羽翼聖化。國有大事。使之謀之。朝有憲綱使之舉之。四目未察。使之明之。四聰未達使之達之。官人以材則無竊祿。致君以道則無苟容。賢愚洞分。玉石殊致。當使結朋黨以馳騖聲勢者氣索。縱巧佞以援引儕類者道消。沈冥廢滯得以進。名儒鑑衎得以顯。大政何患乎不舉。生民何患乎不康。匪踰朞月之間。可臻清靜之治。臣知慮膚淺。發言僭易。伏望陛下旁采群議。俯察物情。苟用不失實。邦國大幸。籍田禮畢。太宗欲相呂蒙正。以其新進。籍普舊德為之表率。冊拜太保兼侍中。帝謂之曰卿國之勳舊。朕所眷倚。古人恥其君不及堯舜。卿其念哉

端拱二年。太保兼侍中昭文殿大學士趙普薦張齊賢可任為相。上奏曰臣叨受寵榮致招殃咎。昨縈疾苦全是困危。承聖主之憫憐切加救療念微臣之衰朽。難以扶持。近者雖獲朝參尚無氣力料茲病苦。那得久長。疑大限以非遙。恨深恩之未報。儻歸泉壤實負穹蒼。臣是以斟酌物情体量時事。今有合聞顧慮須至敷陳。庶傾無隱之誠。願固太平之業。況國家山河至廣郡縣尤多。寰中之文軌雖同。塞上之干戈未息。勞民動衆寧有了期。歲久年深。別憂生事。防微遠慮必資通變之才。定難扶危宜退諂諛之輩。此時機務須藉正人。去年醜虜侵邊。生靈受弊萬衆軫焦勞之慮。上官無翊贊之功。最是微臣偏懷愧恥。即目同僚共事。無非謹審清廉。唯於獻替之時。並執謙恭之禮。稍存緘默。寧濟急須。宜求抱義之人。必有分憂之士。臣竊覩工部

侍郎張齊賢。早居鄉曲。流布令名。開寶年中。西京知府焦繼勳河南縣令盧振等當時同上奏章。並以賢良稱舉。從來履行本是真純。後來御試登科。遐方奉命親民。涖事頗著廉平。數年前特受聖知昇於密地。公私識者。盡謂當才。不期歲月未多。出為外任。臣在鄆州日雖聞消息未測緣由。日來微有傳聞或云奏對過當。凡言大事須有悔尤。其如義士忠臣。不顧身之利害。姦邪正直。久遠方知。如裴度為相之日。正色當朝。捐軀佐國。公家之事。知無不為。而能黜退姦邪。不避權勢。致其朋黨疾之如讎。雖讒毀競生。頻遭罷免。而忠勤顯著。轉重功名。平蔡州五十年賊臣。並因裴度之功。李林甫居相位十七年。不曾忤旨。唯將諂佞自固恩榮。黨惡容姦。承顏順意。安祿山顯有悖逆並不隄防以至敗國亡家皆因悖逆所致。林甫既死。斲棺棄屍。況明皇帝文武聰明。唐朝英主。良由委任非當。為患實多。唯有用人。不可不

讜。則知抱忠良者尚肯依違。懷諂佞者唯思苟且。若非察言觀行。何以知見否臧。張齊賢素蘊機謀。兼全德義。從來差遣。未盡施能。應濟經國之才。堪副濟時之用。伏乞皇帝陛下留居左右。歷試艱難。緩急之時。堪期得力。如當重委。必立殊功。臣所以潛貢管窺。望垂天鑒。更希詢訪。免誤安排。冀分宵旰之憂。同建久長之策。臣之此狀。特乞留中。所貴全繫君恩。免貽衆怨。僭踰之罪。無以自逃。

真宗咸平元年。知鄆州謝泌乞用宿舊大臣以小人爲戒。上奏曰。臣聞古先哲王。詢于芻蕘。察於邇言者。蓋慮視聽壅蔽。故採此以達于物情。亦罕聞用其言。不察其實。而遽行其事也。易曰。小人勿用。必亂邦也。先朝時。侯莫陳利用、陳廷山、鄭昌嗣、趙贊之徒。喋喋利口。人心惟危。賴先帝聖聰。尋各誅翦。然爲患已深矣。此皆陛下備見之也。自陛下臨

御以來。盡去此輩。是以天下咸知日月之明。乾坤之大。詩云。靡不有初。鮮克有終。望陛下行之久而惟新。唐明皇初用姚崇則治。晚用林甫、國忠則亂。此亦望陛下深加聖慮。臣聞工欲善其事。必先利其器。古者輔聖帝、佐明王。建萬世之基。立不拔之策者。必有老成之人。至於成康刑措。蓋從周召之謀。文景清靜。亦用蕭曹之畫。明皇太平。復是姚宋之策。委精練國政。斟酌王度。未聞市井之徒、奔走之吏。可當其任也。陛下深察前古用小人則亂。用大臣則治。然後小人不敢萌心。而大賢得以畢力也。

咸平中。轉運使劉綜上言。夫天下州郡長吏。審官皆擬資例而授。未爲得人。自今西川、荊湖、江浙、福建、廣南知州。或地居沖要。戶口繁庶之處。望親加選任。其執政舊臣及給舍以上知州處。亦擇官通判。又京朝官當任遠官者。率以父母未葬爲辭。慮求規免。請自今父母喪未葬者。許請告營辦。審官投狀。並明言父母已葬。方許依例考課。違者並罷其官。

天禧元年。權右正言魯宗道奏言。守宰去民近。而無以區別能否。今除一守令。雖資材低下。而考任應格。則有司無擯斥。故天下親民者。黷貨害政。十常二三。欲裕民而美化。不可得矣。漢宣帝除刺史守相。必親見而考察之。今守佐雖未暇親見。宜令大臣近臣、中書詢考以言。察其應對。試之以事。觀其施爲。才不肖皆得進退之。吏部之擇縣令倣此。庶得良守宰宣助聖化矣。帝納之。

真宗時。知處州楊億薦韓永錫。上奏曰。臣忝分朝寄。獲擁郡符。官吏之間。合知其能否。闕庭之遠。敢避於薦論。臣伏見前監本州縉雲縣茶鹽酒稅三班借職韓永錫。早以明經。曾干場屋。既不擇祿。遂齒班行。一自監臨。六遷寒燠。檢身奉上。挺夙夜匪懈之誠。守道安貧。勵風雨弗渝之操。士流推慕。名跡藹然。臣詢於群倫。備知行實。苟莞榷之任

不足盡才。州縣之間。可使從政。儻預字人之選。必成循吏之名。臣竊觀淳化四年。選進士諸科舉人充班行。曾降宣命。如兩任六考無遺闕。許與文資安排。永錫考秩之間。與詔書而未應。臨涖之際。實官業之甚優。伏望聖慈特與文資昇獎。徇私黷貨。保其不爲。有此臣當連坐。

仁宗天聖五年。左正言劉隨上奏曰。臣伏見宰臣王曾因染微疴。拜章求退。深自刻責。懇再三。兩宮感悟。未賜允許。聽於群議。亦所不安。中外具瞻。卑期仍舊。臣職居諫列。亦合敷陳。伏緣進退大臣。治亂攸繫。忠良進用。則天下皆喜。憸邪進用。則天下皆懼。譬之兵器。四柄與人。苟非溫厚端良。未可容易輕授。蓋君子得柄。則裁成景化。折衝禦侮。以安天下。唐明皇用姚崇是也。小人得倖。則中傷良善。剸割任情。以危天下。唐德宗用盧杞是也。且君子小人各有其黨。君子之黨起。則禮樂興行。仁義是蹈。長轡遠御。邦家用寧。唐太宗之世是也。小

人之黨起，則姦邪欺罔，請託害政，詐作威福，以亂天下，唐順宗之世是也。是以知進退宰臣，不可不謹。臣觀王曾厚重寡言，公忠有守，先朝起擢，參預鈞衡，兩宮聖明，俾專機務，炎涼屢換，畏謹益恭，人無間言，命謂賢相。而況齒髮未暮，疾病可瘳，頗解四輔之班，似為一身之利，雖知止不殆，宜避遜於崇高，而憂國如家，未可輕於去就。伏望聖慈深加敦諭，勿受封章，病恙稍平，復令視事，舉先朝之甲令，以宰司之職業，侵權撓政者，許其寘法，黜幽陟明，則委以公行，振舉綱條，獨論庶務，輔佐聖德，以成太平，豈不美哉。臣竊慮聖慈憫其懇誠，或遂來請，必若將求宰執，思量未易其人。中外大臣，豈無希望，然授其柄，政雖簡於聖心，得位持權，亦防於難制，丁謂之類是也。臣雖甚寡識，亦嘗品量，以曾之厚重鎮俗，張知白之孜孜奉國，呂夷簡之能斷大事，曾

宗道之事君無隱，斯並先帝東求，兩宮登用，驅策既久，勤勞一心，羣議公言，未宜改易。所有王曾，伏願頻降中使，偕宣慈旨，候其疾損，速赴朝參。如此，則眷注之情益彰，於信用補報之效必盡，於才謨輿論若斯，謹達天聽。

寶元元年，直史館、同知禮院宋祁上奏曰：臣伏以陛下躬至聖，開大明，數引近臣，延謀急政，退託不勢，闢敢言之路，日昃便坐，以須告猷。夫人君據安而念危，則終不危；操治而慮亂，則終不亂。何則？幾微之兆，成敗之端，森然前判於胸中矣。臣向已被詔對，所欲言事，聞於上未合明聽。陛下赦其無狀，再降德音，似欲竭盡下情，以裨萬一。顧臣敢無辭而對？人臣之所以有朋黨者何也？由忠邪之不早判耳。且君子得位，必引其類，使協濟忠名，不為私也。小人獲進，亦引其類，使爲動聲勢，不為公也。君子指小人所引，固曰朋黨；小人指君子所引，亦曰朋黨。君子常少，小人常多。此人君所以易惑而難辨也。陛下何不質之以事，驗之以言？其言也險賊忌害，巧為迎合，聽之似可，用察之而無實，小人也。其言也質直寡正，多所補益，聽之似迂，察之而有實，君子也。又以其言驗其人之行事，事與言合者為忠，事與言反者為邪。不黜其邪，不進其忠，則朋黨終不除矣。臣下之所讒佞得行者何也？由朝廷聽言之路太廣也。夫正人能言，邪人亦能言。古者稱言之無罪者，謂有道之言也。若邪人憑虛以害有位，架妄以間忠臣，亦以為不可加罪，則是以言長邪矣。且邪人緣隙投詐，寄事造奇，詆人必以難驗之文，傷人必以似是之辭，使進不得自辨於主，退有以離間於君。於是正人幽憤，有功抑退。如此者，陛下雖加罪焉可也。正人則不然，發為中辛，偲為正諭，引古今之宜，根刑政之本，質之衆則無害，措之事則可行，不為勢傾，不為利奪。如此者，陛下雖加賞焉可也。故大闢言路，而正言不賞，妄言不罰，則讒佞終不去矣。今議者皆曰：

朝廷誠安且治，臣以為不然。夫三患未去，安得為治？直亂之未作耳。請試言之。夫與賢人謀事，而與不肖者斷，一患也。重選大臣而輕任之，二患也。大事不當而小事是急，三患也。何則？賢人必為國計，而不肖者專為身謀。為國計者必待至公，故言直而獲少；為身謀者專挾己私，故喻巧而獲多。人君不能察之，則姦詐行矣。於是言長利者，則破之以小害，使終不能為利；圖大功者，急之以近效，使終不得立功。善令方下，而謬令移之矣；公議始行，而私議奪之矣。且不肖之人，已不能忠，而忌人之納忠；已為不善，而能敗人之為善，故白作黑，以是為非。若朝廷已知其姦，未能斥去，郭公所以戒亡也；已知其賢，而與不肖者並任之，劉向所以獲罪也。此方今患之最切者也。夫大臣左輔右弼，參贊樞綱，朝訪夕對，彌縫漏闕，既以為忠且賢而擢之，材且能而任之矣，是宜待之以無二，責之以一心。今或指纖探采，飛語小

則被黜。大則賜罷。朝爲卑冗。暮爲檮杌。遂令家無全節。人無全行。何其有道之世而賢者之乏耶。誠任之失其理矣。徒使繼至者。瞻前畏後。偷合取容。事存形跡。曰防猜阻。以稽國事而不慮。苟身謀以自安。大臣如此。陛下何賴焉。且君視臣如手足。彼將以手足爲報。君視臣如路人。彼亦將以路人爲報。此患之次也。聚天下莫急於財。鎮天下莫切於兵。制四夷莫神於機。任天下莫謹於官。今財已匱而不肯計。兵甚冗而不能擇。機至而不敢謀。官濫而不知選。而執事者但且計小利害。責小經費。羣對而旅前。取旨而奉行。日循一日。歲偷一歲。陛下又不念此。寧是朝廷福耶。此患之又次也。假如萬一邊境有事。盜賊相扇。甲兵宿野。粮饋在路。此時三患不去。誰能出身爲國。與陛下共此安危耶。誰能執節慷慨。與陛下前死不顧耶。臣故曰非能治也。直亂之未作耳。陛下誠能詔中書門下。使擇天下之冗官。稍清流品。詔

樞密院去天下之冗兵。寢明紀律。斷自宸慮。必取成功。不使渙汗獲收。匪石中轉。則縣官之財。有數年之饒。爲萬一不虞之備。策之善者也。臣智識庸暗。不足上當清問。輕率狂狷。惟陛下裁赦其誅。

祁又薦張定方狀曰。右臣伏以良工搆材爲廈。明主搆士爲國。而材須求集。士待舉知。然後衆成長厦。功與時立。伏見應沈淪草澤科張定方。年三十八歲。識慮沈敏。氣直行危。文尚体要。不工聲病。涉知韜略。兼明道式。甘足貧槁。久無仕心。昨爲鄉黨敦勸。入應詔舉六論程藝。非其素心。有司報罷。怡然引去。閉閣却掃。不干州閭。立言忼慨。指摘民弊。臣知壽州日。以禮致問。延至公門。觀其議論。尤爲切至。因取其所著書。得卻狄治戎戰書等篇。質多采少。紀實求當。臣亦指文索事。與相辨詰。解棙應變。籌策有餘。非但角空言。競華論而已。臣以爲如定方等輩。不可多得。或蒙召赴上都。程其所長。授一職事。官令往西北邊郡。必能研究術略。參贊帥臣。討論營陣。商確攻守。至於撥煩幹蠱。又其緒餘。臣既知其人。不敢有蔽。謹錄定方所著三軸。并封上。如有可采。伏乞特賜收試。果無所取。臣甘苟言之罪。

仁宗時。呂夷簡執政。進用者多出其門。吏部員外郎范仲淹上百官圖。指其次第曰。如此爲序遷。如此爲不次。如此則公。如此則私。況進退近臣。凡超格者。不宜全委之宰相。夷簡不悅。

康定元年。仲淹知延州。乞皆責管軍臣寮舉智勇之人。狀曰。臣竊見邊上將帥常患少人。今高繼嵩纔亡。人情頗駭。恐鎮戎不能守禦。却須藉朱觀往彼。朱觀既去。則鄜延路又闕敢勇之將。國家奄有四海。未必乏才。豈天地生人厚於古而薄於今。蓋選之未精。用之未至。今諸軍諸班必有勇智之人。多被管軍臣僚人員等遞互彈壓。不得進用。坐至衰老。如朱觀元是軍班出身。因歷邊任。方得將名。伏望聖慈

專督管軍臣僚等。各於諸班中搜羅智勇之人。各舉一名。不以將校長行。或試以武藝。以觀其膽略。出衆。便可遷轉於邊上任使。如將來頗立戰功。則明賞本主。或屢敗軍事。亦當連坐。所貴諸路漸次得人。不致頻有那移。免使戎狄謂大國之乏才。愈增驕氣。況西北二方將帥之闕。實非細事。乞國家常爲預備。早加遷擢。

慶曆中。仲淹爲陜西經略安撫使。奏乞擇臣僚令舉差知州通判。疏曰。臣等竊以天下郡邑。牧宰爲重。得其人則致理。失其人則召亂。推擇之際。不可不慎。國家承平以來。不無輕授。應知州通判縣令。因舉薦擢任者少。以資考序進者多。才與不才。一塗並進。故能政者十無二三。謬政者十有七八。國家詔令程式。天下一体。何則能政之處。民必蒙福。謬政之下。民常受弊。非國家法令之殊。蓋牧宰賢愚之異也。今四方多事。民日以困窮。將思爲盜。復使不才之吏臨之。賦役不均。刑

罰不當科，率無度，弊之不恤，上下相怨，亂所由生。若不急於求人，早革其弊，誠國家之深憂也。然自來雖曾詔臣僚各舉所知，或舉士非賢，則多謬薦。臣等欲乞聖慈特降詔書，委中書樞密院臣僚各於朝臣中薦堪充舉主者三人，候奏到姓名，即逐人各賜勑一道，令於通判內舉成資已上一員充知州，知縣內舉成資已上一員充通判，薄尉中舉有出身三考以上、無出身四考一員充職官知縣，或於職官令錄內舉五考以上之人充京官知縣，仍於勑明言所薦之人若將來顯有善政，其舉主當議旌賞；若贓汙不理，苛刻害民，並與同罪。所貴生民受賜，寇盜自息。

仲淹又奏乞於職官令錄中舉充京官知縣疏曰：臣近與韓琦上言乞擇舉主，令逐人於通判中舉知州一員，於知縣中舉通判一員，於薄尉中舉職官知縣一員。已蒙降勑至密院入遍洛，臣看詳勑頭名署臣等上言，於理未便，欲乞只作朝廷憂勞之意，特選臣僚舉官，其體甚重。仍乞於薄尉中舉職官知縣一員下添入「或於職官令錄中舉五考以上之人充京官知縣」，計添一十九字，庶無遺才。

仲淹又奏舉胡瑗李覯狀曰：臣聞臣之至忠，莫先於舉士；君之盛德，莫大於求賢。泰通之朝，豈敢隱默。臣竊見前密州觀察推官胡瑗，志窮墳典，力行禮義，見在湖州郡學教授，聚徒百餘人，不惟講論經旨，著撰詞業，而常教以孝悌，習以禮法，人人嚮善，閭里歎伏，此實助陛下之聲教，為一代之美事。伏望聖慈特加恩獎，升之太學，可為師法。又建昌軍應茂才異等李覯，丘園之秀，實負文學，著平土書、明堂圖，鴻儒碩學見之欽愛，講貫六經，莫不贍通，求於多士，頗出倫輩。搜賢之日，可遺於草澤，無補風化。伏望聖慈特令敦遣，延於庠序，仍就所著文字進呈，則見非常儒之學。

仲淹又同韓琦奏舉雷簡夫狀曰：臣等竊見秘書省校書郎簽書秦州觀察判官廳公事雷簡夫，昨蒙朝廷敦遣，起於草澤，佐幕以來，備見通敏，求之多士，得為異才。欲乞聖慈特加獎擢，與轉一官，就差充邊郡通判，庶觀能效，可進榮階。若不如所舉，臣等甘當同罪。

仲淹又同琦奏乞酬獎張信狀曰：臣等竊見環慶教押軍陳奉職張信，自殿侍在邊上，累次與西賊鬬敵，前在延州趙瑜等手下作前隊，殺退蕃賊，得趙瑜等銀椀衣服。後來趙瑜等並轉三資，張信即未曾酬獎。其人氣豪膽勇，武力過人，為一時之猛士，在指使中少見其比。欲乞朝廷特與改轉一侍禁，送种世衡手下管押軍隊，分擘與禁軍一兩指揮專切教習，獨作一隊，為奇兵使喚，必能身先士卒，以立勝功。

仲淹又奏舉許元張去惑狀曰：臣竊覩國家用兵以來，急於財利，雖百姓大困，更難刻剝，三軍不足，又須經營，莫若求通敏之才，省枉費之用，庶幾下不生怨，上不乏須。臣切見殿中丞監在京榷貨務許元，才力精幹，達於時務。伏望聖慈指揮取索榷貨務勾當過有勞績，特與超轉一官，差充江淮制置發運判官，必能減省冗費，疏通利源，不害生民，有助軍國。又臣切見張去惑素有時材，不避艱苦。昨慶州修大順城，建事之初，日有寇至，人情畏懼，卻求中輟，遂差張去惑往彼勸諭將佐，晝夜興功，眾乃同心，方能集事。兼於寧州專管修城，或創修山城，功料浩瀚，並以了畢，防城戰具皆能精辦。臣昨同罪舉本人乞改一官，充陝西轉運判官，已奉朝旨依奏，候有闕即差。今來陝西省罷轉運判官，其張去惑自合別與差遣。伏望聖慈差監在京榷貨務，替許元勾當。臣所舉此二人，若不能辦濟，臣甘失舉之罪。

仲淹又奏舉杜杞充館職狀曰：臣聞書曰：「先王坐以待旦，旁求俊乂。」蓋天下治亂繫之於人，得人則治，失人則亂，故先王盡心焉。臣伏覩朝廷兩府任人多擢於兩制。詞臣必由於館殿。是館殿為育材之要府，豈宜賢俊不充。至于衰廢。唐太宗置弘文館，延天下賢良文學之士，命更宿直，聽朝之暇。引入內殿講論政事，至夜久方罷。今館閣臣僚，率多清貧，僑居桂玉之地。皆求省府諸司職任，或聞在館供職者，惟三兩人，甚未稱陛下長養群材之意。臣切見虞部員外郎杜杞、太常丞章岷、秘書丞尹洙、秘書丞張揆、殿中丞王益恭、殿中丞呂士昌、大理寺丞蘇舜欽、大理寺丞楚建中、環州軍事判官姚嗣宗、國子監直講孫復，或文詞雅遠，可潤皇猷，或經術精通，能發聖蘊。伏望聖慈委中書樞密其間擇實已著者，不限資任，先次召試，各補館職。或有未稱公議者，已加詢采，更候悉其才行，即賜施行。今後館閣臣僚供職經二年，不就諸司職任者，已特與恩例差遣，庶令英俊之遊，日玩典籍，不親米鹽之務，專修經緯之業，長育人材，無尚於此。臣切聞太宗皇帝集唐文皇之遺風，特建秘閣，與三館並崇，聽朝之餘，時或遊幸。此祖宗盛事，不為不重。今館閣供職員數至少，臣方敢上言，所舉雖多，皆搢紳有聞之士，更在朝廷取擇。臣謂天下至大，聖人其難之。綱紀或隳，雖治必亂，俊哲所聚，雖危必安。今邊鄙尚虞，旰昃未暇，正宜及此時廣大修王度，以固其本之時也。惟聖慈留意。

三年，仲淹為參知政事，論轉運得人，許自擇知州，上奏曰。臣竊見古者內置公卿士大夫，助天子司察天下之政。外置岳牧方伯刺史觀察使、採訪使，統領諸侯守宰以分理之。內外皆得人，未有天下不大治者也。今轉運、按察使，古之岳牧方伯刺史觀察採訪使之職也。知州、知縣，古之諸侯守宰之任也。內官雖多，然與陛下共理天下者，唯守宰最要耳。比年以來，不知選擇，非才貪濁老懦者，一切以例除之。以一縣觀一州，一州觀一路，一路觀天下，則率皆如此。其間縱有良吏，百無一二，是使天下賦稅不得均，獄訟不得平，水旱不得救，盜賊不得除。民既無所告訴，必生愁怨，而不思叛者，未之有也。民既怨叛，姦雄起而收攬之，則天下必將危矣。今民方怨而未甚叛，去宜急救之。救之之術，莫若守宰得人。欲守宰得人，今請詔二府通選轉運使。如不足，許權擢知州人。既得人，即委逐路自擇知州，不任事者奏罷之。仍令權擢幕職官。如是行之，必舉皆得人。凡權入者，必俟政績有聞，一二年方真授之。雖以精擇，尚慮有不稱職者，必有降黜。直俟人稱職而後已，仍令久其官守，勿復數易。其有異政者，宜就與升擢之。若然，官修政舉，則天下自無事矣。朝廷惟總其大綱而振舉之可也。

仲淹又奏乞許元、張去惑下三司相度任使疏曰。臣近與宰臣上殿，因議財用不足，蒙賜德音，謂宜選諸路轉運使。臣尋面對，云轉運司得平和之人則可，得刻剝之人則百姓受弊。尋奉聖旨，民惟邦本，不可侵擾。臣退而思之，以江淮制置發運司為財賦之要地，最宜得人。使二員互換上京，所轄諸州不暇巡歷。臣切見監在京榷貨務內殿中丞許元，智識通敏，可幹財賦，復能愛民，不為侵刻，遂舉充江淮制置發運判官。又著作佐郎通判寧州張去惑，昨在邊陲實經煩使，遂舉監在京榷貨務替許元。此二人臣曾舉充陝西轉運判官，已奉聖旨依奏，候有闕日與差。既是轉運判官資地，今來舉充上件職任，未至過越。切見朝臣宋緘、陳執禮為因王欽若妻并宋綬妻陳乞在京臨當，有臺官上言不當，已奉聖旨改差。臣在樞密院日所舉許元、張去惑，切當錢穀，雖與前人陳乞事體不同，亦慮三司別有長才可舉。伏望聖慈指揮三司副使相度此二人之才，如不堪上件任使，即別舉朝臣，庶協公議。

仲淹又奏葛宗古疏曰。臣竊知延州西路都巡檢使葛宗古為侵用公使錢入己。奏案已上朝廷。臣昨奏陳邊上得力將佐葛宗古實在其數。今恐審刑大理寺斷入極典。縱蒙朝廷寬貸，亦須降充近下班行。必然挫辱。更無勇戰之氣。臣伏覩刑統節文，諸監臨主守以官物私自貸人。及貸之者無文記以盜論。有文記准盜論，立判案減二等。即充公廨。及用公廨物若出付市易而私用者，各減一等坐之。議曰：即充公廨，謂以官物迴充公廨。今朝廷支賜臣寮公使錢，既已支付，遂屬更不係省帳拘管，不收出剩，亦無磨勘。其公使錢顯是迴充公廨之物。私用者自有上項正條。無元無條貫，今將私用公使錢入己為監主自盜之法，只是法寺近例斷遣。不敢從輕，遂至入罪。切慮今後有公使錢處官員因循之間。為人詐捨多陷除名死罪之坐。誠為法之一弊。公朝固當正之。伏望聖慈宣與新判大理寺杜曾。令上殿指陳侵用公使錢正條。付中書參酌，免有枉濫。其葛宗古弓馬精強，後

有膽勇，在鄜延路中最為驍果。今來朝廷選將之際。此人實恐難得。乞從正條定罪。然後議其末減。

康定元年知諫院富弼乞令宰相兼樞密使。上奏曰：臣伏見自來兵機公事，全委密院。今邊鄙多警，不同往時。若無更張，必有敗闕。況事干治亂，執政豈可不知。文武二途，自古一致。臣竊觀周史宰相魏仁浦曾兼樞密使。國初范質、王溥亦以宰相參知樞密院事。臣今欲乞依故事，亦令宰相兼樞密使，所貴同心協力，各無猜嫌。共議安邊，必能集事。

慶曆三年，弼又乞韓琦、范仲淹更任內外事。上奏曰：臣伏聞近降勑命，除陝西四路招討經略使韓琦、范仲淹並授樞密副使。仰認聖意，只從公論。不聽讒謗，擢用孤遠。天下之人皆謂朝廷進用大臣常如此，則太平不難致也。然議者惟云進用大臣，雖則美矣，其如西寇未殄，亦須藉才。若二人俱來，或恐關事。群論皆願一名來使處內，一名就授樞副之命，且令在邊表裏相應，事無不集。以臣愚慮，亦謂群衆所說甚得允當。然近日或聞有異議者，謂樞密副使不可令帶出外任，恐他時武官援此為例，深不穩便。此乃橫生所見，巧為其說，沮陛下獨斷之明，害天下至公之論。臣謂立此異議者，必知韓琦、范仲淹以西事方急，堅辭此職，既未肯從命而來，又不合帶出外任，是欲惑君聽，抑賢才，姦邪用心，一至於此。況先朝累曾有大臣帶兩府職任，應急出外，事畢還朝。不聞後來有武臣援以為例。臣願陛下無信異說，專採公論，一名來使處於內。一名就授樞副之職，且令在邊。或許二人一歲一更，均其勞逸，亦甚穩便。內外協濟，無善於此。臣旦夕恭聞韓琦、范仲淹已有奏報西事未了，懇辭恩命。朝廷兼此處分深合事宜。臣不勝懇懇激切之至。

弼為樞密副使，薦張昷之等可充轉運使副狀曰：臣近曾兩奏乞令中書樞密院通選諸路轉運使副。令逐路轉運選轄下知州。逐州選部內知縣縣令。若此三種官一一得人。則天下自然無事。朝廷不勞而治矣。然欲知民細微利病，須要好縣官。欲得好縣官，須先擇好知州。欲得好知州，須先擇好轉運使副。須是輔弼大臣用心至公，精加揀選。親戚故舊者不得蓋蔽。可去者必去之。仇讎疏遠者不得抑塞。可用者必用之。去之者勿避其怨謗，用之者勿求其感激。不邀恩於己。不推過於人。若能如此。則天下賢者才者可以盡為朝廷之用。何患不得諸路轉運二三十人而已。伏緣國家之事，莫非至公，須是輔弼大臣用心精選，當黜則黜。則退黜之人。以謂朝廷公行，自然無怨人。既無怨，事乃平貼。若有大臣不存公共之心，推事與人。則退黜者以謂朝廷本不過我。只是某人私相見排。遂生怨怒，架造讒謗，君聽

既處事乃破壞。此於朝政為害之大者也。今既委逐路轉運使副、升黜一路知州。其權甚重。其事亦大。須是有才識能分別善惡。仍須推心至公而行事果敢。然後可當轉運之任。今逐路見任及新差下未到任轉運使副。共二十八員。其間的有才識能分別善惡推心至公行事果敢者。無三人而已。其餘雖別無顯過可黜。奈何碌碌常才。緩急無用。其間亦有作過之人。但未敗露。或以敗不行。若不更張。必難集事。臣今來於衆論得九人。皆謂堪充轉運使副。可以委付選擇轄下知州。必得盡公不負朝廷差委。謹具名次如左。三司鹽鐵副使張昷之。知雜御史魚周詢。史館修撰王質。知諫院王素。三司判官沈邈。知濰州董儲。江南東路提點刑獄楊紘。權三司判官杜杞。權三司判官燕度。右九人皆搢紳之選。今來且充諸路轉運使。而皆可拔擢任使。更乞令兩府同共銓量施行。內董儲是宰臣晏殊遠親。然其人實

有才用。但年齒稍高而心力不退。不可以大臣親嫌而廢也。臣又慮諸處見任轉運使副例各未滿。或別無顯過。恐中書以謂替罷無名。臣今欲乞特降詔書告諭天下。備陳轉運使職任非輕。自來有失精選。致職事廢弛。物論大以為非。昨據樞密副使富弼上疏。乞澄汰天下不才轉運使副使。下中書樞密院。令同共用心。推擇中外有才識堪任轉運使副臣僚。今據兩司條奏到其人已下若干人。堪充轉運使副。已令差赴逐路充職。幹當務在稱職。以副朝廷委任之意。又據兩司條奏到見任轉運使副其人。以若干不聞顯効。並仰中書門下就便別與差遣。若降此詔告諭天下。則退者以兩府公黜自當無詞。進者以兩府選善。孰敢不勉。如此行遣。不是無名。使天下之人耳目一變。謂朝廷進善退惡。政令清明。守官者各知恐懼。不敢因循。豈不美哉。豈不善哉。

仁宗時。宋庠奏曰。聖詔曰。牧守之職。以惠綏吾民。而罕聞奏最。將帥之任。以威服四夷。而艱於稱職。豈制度未訖不能通變於時邪。豈簡擢靡臻不能勸勵于下邪。臣等竊觀舊史。欲治之主未嘗不留意守宰。以宰方內。慎求將帥。以清戎索。矧陛下秉至聖之德。御久安之世。靖民防患。孰先於此。謹按朝廷列郡四百。地踰前代。參建官吏。分督政條。其間知州。實匪輕選。大者則領以公相。次者寄以從官。自餘遠迹由卿監郎官而下。莫不推材是擇。考績序遷。一有踰違。並從案劾。或降或罷。無所私焉。臣等以謂選任之官。如此粗足。若欲人皆邵杜。政必龔黃。質於前聞。恐難盡善。然重內輕外。今古常情。臣等敢不更務采掄。審加勸沮。或申明約束。或廉察風謠。奏最之科。庶幾可復。然不得謂制度不立矣。若乃將帥之舉。宥密是司。國朝之規。名分難越。儻或奇材拔於羣萃。勇略著於邊疆。任用之間。亦當公論。然亦不得

謂簡擢不臻矣。

慶曆中。知諫院蔡襄乞罷呂夷簡商量軍國事。上奏曰。臣伏見前宰臣呂夷簡。被病以來。兩府大臣三次詣夷簡家議事。及守司徒罷相之後。朝廷有旨令商量軍國大事。今月二日宰臣章得象以下。又詣其家評論西事。臣切謂夷簡病時。陛下於內中開設道場。及賜手詔。錫與至多。眷注之心。當世無比。臣謂陛下假人以恩則可。假人以禮則不可。何哉。陛下春秋方盛。固宜親決萬機。却令宰臣樞密詣夷簡決事。臣恐天下四夷聞之。謂陛下如何主也。兩府大臣輔陛下而治天下者。今乃並笏受事於夷簡之門。里巷之人。指點竊笑。臣恐天下四夷聞之。謂大國之材。而無二下之承。雖陛下特隆恩眷優待老臣。正得為君之道。而夷簡不能上承陛下之意。而無引避推讓之心。夫為人臣端居私家。屈大臣而自便。於理安乎。況夷簡謀身忘公。養成

天下今日之患。遂致二邊連構。百姓困窮。萬手所指。無敢言者。上天降鑒。祖宗垂靈。輒以病解。而陛下尚令參决大政。是陛下至今未之悟也。臣切以陛下即位之初。夷簡便為參知政事。其後數年。漸至宰相。出陳州半年。復入。又出許州一年有餘。移領魏府。召歸作相。首尾二十年間。不居政府。纔二年有餘耳。前後雖有王曾、李迪、張士遜、陳堯佐、呂隨等。更迭為相。而歷年之深。無如夷簡。輔政以來。所言之事。陛下一皆聽信而施行之。出藩未幾。還當大政。以病居家。兩府問事。得主之深。無如夷簡。輔政既久。得主又深。固當敦風教。正庶官。安百姓。鎮四夷。今乃不聞功業。但為私計。豈不負陛下眷遇之意也。夫開直言。旌讜論者。宰相之体也。夷簡執政以來。屢貶言者。凡三四次。如曹修古、段少連、孔道輔、楊偕、孫沔、范仲淹、余靖、尹洙、歐陽修等。或謫千里。或抑數年。或緣私恨。假託人主威權。以逐忠賢。以洩己憤。殊不

念陛下虛受惡名。此不忠之大者。又使天下之人。父教其子。兄教其弟。咸以直言為諱。此乃絕忠讜之嘉謀。成本朝之闕政。其過一也。夫獎懿行。厲廉節。宰相之方也。古之聖人教人之道。先以名節為本。若不使好名。則何惡不為。何善不毀。縱不陷於惡。亦不免碌碌因循為闒茸之人也。夷簡為性不識。欲人附己。見為善介特而自立者。皆以好名希求富貴以污之。舉人恥此。往往退縮。以避好名干進之毀。是以二十年來。人人不肯尚廉隅。厲名節。淺者因循闒茸。深者靡惡不為。恬無愧恥。但能阿附感間夷簡悉力護之。奸邪不敗。浸成此風。習以為俗。又使天下之人皆以遂利為智。能遠勢為愚鈍。此乃廢廉恥之節。成奔競之風。其過二也。夫善則稱君。過則稱己。宰相之行也。夷簡一恩之施。皆須出我門下。或先露其事。使人預知。或先抑其事然後與行。若不可行者。則歸怨同列。大則稱奉聖旨。以是脅附者多陰為羽翼。使天下之人。迷大公之論。有朋黨之議。其過三也。夫進賢退不肖者。宰相之職也。臣見數年以來。審官院、京朝官、吏部銓選人、樞密院三班院使臣授官之後。例皆待闕一年二年。以此計之。冗官至多。而曾不裁損。奇材異績。未聞獎拔。貪墨昏耄之人。曾經免罷責罰及未雪理。務施小惠。多與收錄。使天下貪廉混淆。善惡無別。其過四也。夫富國恤民。宰相之事也。自關陝兵興以來。修完城壘。饋運芻粟。科配百端。悉出州郡。內則帑藏空虛。外則民力殫竭。嗟怨叛散聞於道路。不幸有水旱之災。其變不可量也。蓋由不選材能充三司使副使、發運使、轉運使。但務收取人情。用為資歷。纔至數月。即又遷移。循環奔走。自求升進。欲以興財利寬民力。其可得乎。其過五也。夫懷忠誅逆。宰相之略也。邊鄙無事之時。臣僚或陳備邊之策。或述禦寇之方。皆為虛妄。引惹或降差遣。或與衝替。邊臣因此。唯尚姑息。是以士

卒不練。器械不完。黠羌窺我強弱。輒懷異志。夷簡當國之際。山外之敗。任福已下死者數萬人。豐州之戰。失地喪師。鎮戎之役。葛懷敏以下死者又數萬人。蓋由遣命將帥。或分或合。法制不定。上下不和。大戰則大敗。小戰則小敗。使生靈肝腦塗染砂磧。父子夫婦。存歿冤痛。廟堂之上。成算安在。其過六也。夫暢國威。制鄰敵。宰相之謀也。自西師敗衄之後。北虜乘隙。遣使入朝。輒違先帝之盟。妄請關南之地。歲增金帛僅二十萬。而猶勤於壓境。堅求納字。凌脅中國。大為恥辱。度其禍福。譬若疽瘡。但未潰耳。制敵之術。為患日深。其過七也。夷簡出入中書。且二十年。不為陛下興利除害。苟且姑息。以至事事隳壞。如此。臣謂夷簡若實有智謀。執政從來。只務固寵。不肯施設。是不忠也。若竭盡智謀。處置顛倒。是不材也。不材不忠。二者必當一責。尚貪威勢。不能力讓。或聞夷簡乞令政府一兩人至家商議大事。足驗夷簡

退而不止之心也。臣又見故相王旦執政僅二十年。後以病退。只帶宮觀使名。不復與聞邦政。故事甚明。其夷簡伏乞朝廷特罷商量軍國大事。庶使兩府大臣專當責任。無所推避。陛下於夷簡正君臣之分。存終始之恩。伏乞陛下斷而行之。以全國体

三年。襄乞令韓琦范仲淹更任內外事。上奏曰。臣伏見陝西路招討使韓琦范仲淹等各除樞密副使。並以西寇未寧。懇辭恩命。朝廷再賜手詔。督令赴闕。臣竊料琦等必再有陳論。辭免於未決之間。而異同之說有三焉。曰使琦仲淹偕來也。曰一處乎內一處乎外也。曰皆留在邊也。使之偕來者。此朝廷之本意。蓋陛下推獨斷之明。採至公之論。以二人久處邊陲。詳知本末。致之宥密。思有變更。將以求破賊之計耳。然論者之說曰。邊臣最苦者奏報文字。或有稽緩。或即裁制。動不如意。所以久無成功。今得邊臣而任之。則細大可知。表裏相應也。

用兵不勝。由軍制未立。無部分統轄之法。若不更變。未見可勝之期。今得邊臣而任之。可責以更變之術。所以宜一處乎內也。西寇雖已請盟。而戎心不可倚信。琦等素習兵事。上下之情通浹。今盡還朝。新帥鄭戩山川之險易未知。軍旅之部伍未練。若賊乘我機便。忽有奔突。必難制禦。此所以宜一留於外也。曰皆留在邊者。此沮抑之論也。惡琦仲淹者。若於陛下前百般毀短之。陛下必不信矣。若称其材德而言。陛下不得不疑也。必謂仲淹等威名已著。羌戎畏甚。今將去邊。必有侵擾。臣謂不然。仲淹作招討使。羌戎既畏其威名。今在樞府。正議兵謀。其畏必甚矣。若謂關中民情素所倚賴。今既還朝。衆所失望。臣又謂不然。在陝西民既倚賴。今在樞府。必陳利病而行之。所賴者愈大。以是校之。情僞甚明。然或者謂二人孰宜處於內外。臣以物議言之。二臣之忠勇。其心一也。若以才謀人望。則仲淹出韓琦之右。處內者謀之。而處外者行之。故仲淹宜來。琦當留邊。於理甚當也。其韓琦范仲淹伏乞朝廷不聽辭避。各授恩命。上以明陛下任賢之堅意。下以恊衆庶之公論也。

襄又論用韓琦范仲淹不宜使後有讒間不盡所長。上奏曰。臣伏見去月已來。陛下拔任諫官。都下翕然稱慶。又數日。罷夏竦樞密使。用韓琦范仲淹作樞密副使。制命一出。士大夫賀於朝。庶人喜於路。至有飲酒呼號以爲樂者。謂陛下去邪任忠。可刻日以觀太平矣。臣聞易泰之彖辭曰。內君子而外小人。君子道長。小人道消。否之彖辭曰。內小人而外君子。小人道長。君子道消。然則君子進則天下泰。小人進則天下否。陛下退一邪臣。進一賢人。而舉國歡欣者。豈以一邪一賢獨能關天下利害乎。蓋以一邪退則其類退。一賢進則其類進。衆邪並退。衆賢並進。而天下不泰者。無有也。雖然。臣竊憂之。頃年莊獻

明肅太后初棄六宮。陛下親臨庶政。一日出令。邪臣沮氣。天下觀聽洒然。決意期於一變以臻大治。自後數年。方內無事。左右之臣。易於襲常而恬於苟安。陛下憂勤之心。且亦少懈。已而西羌背違。舉兵寇邊。遣將興師。屢戰屢敗。饋運賦斂。百姓困窮。北虜乘釁。窺我强弱。遣使求地。京師震駭。幸而增賂。以得暫息。四海嗷嗷。日憂一日。以將來之患。當如何也。然猶指忠賢之士而屬望焉。幸而進用。庶其叶力而大有爲。以解焦勞之急。陛下奮發剛斷。博採物論。擢而任之。人人懽欣。而臣獨切憂者。誠恐進用之後。或有讒間。或拘舊例。使之不盡所長而去。則天下必有遺材之恨。所損不細矣。當今天下之病。臣請譬諸病者。其安時。調養適宜。固不病矣。其在皮膚。醫者能早去之。病且安矣。此二者皆已不及。而病在肢体。正待良醫之時。陛下又選任良醫。儻信任不疑。聽其設施。非徒愈病。又致民於壽考。若於此時使良醫

不得盡其術則天下之病愈深雖有和扁之妙難責速效矣願陛下思祖宗社稷之重矜四海生民之困憤西北二虜之恥發乾剛夫決之道拔賢材收衆策不憚改作以成大功天下幸甚

襄爲起居注乞罷王舉正用范仲淹上奏曰臣伏以當今之務至要至切者莫若擇執政之臣執政之臣苟容不材欲百職修舉者無有也切見參知政事王舉正材能寡下久忝大用柔懦緘默無補於時天下之人指目羌虜爲患兵戈未寧生民窮困調賦貧蹙陛下豈不念祖宗社稷之重國家安危之計而令舉正碌碌備員自陛下擢用韓琦范仲淹以來人人日期太平韓琦范仲淹見已到闕若以處置邊事韓琦足以當之乞移仲淹參知政事其舉正伏乞退罷以叶公議

襄又奏曰右臣近論述參知政事王舉正柔懦緘默無補於時特乞

罷退樞密副使范仲淹才名德望素著於人乞參知政事或者以謂若用仲淹參知政事卻令舉正復入樞府朝廷於大臣不失進退之体臣切謂舉正軟懦無能豈可卻令入樞府雖中書總天下之事重於樞密院專講兵謀豈可用不才之人也臣聞人主御群臣稱職者用之不職者去之舉正預政以來有何建明著於時論儻不以罪斥而以恩罷其爲幸也大矣伏惟陛下天資仁厚不忍失一大臣之意奈何羌虜皆擾生民已困兵戈未寧水旱不節嗷嗷四海思望休息急於用才之日陛下雖欲存小恩宰輔雖欲託同列豈不悮國家大計乎伏望陛下發乾剛出聖斷退舉正用仲淹以答天下之望臣爲諫官論列大臣先當議其才與不才若舉正過惡未欲盡言煩瀆朝廷早以禮去亦無令醜迹暴揚於事爲便

四年襄又奏乞留歐陽修狀曰臣竊見知制誥知諫院歐陽修擢龍圖閣直學士河北都轉運使臣等已有論列乞罷河北之任依舊知諫院至今未蒙朝命臣等伏念事有重輕處才而處才有長短適用爲宜朝廷安危之論繫於天下則爲重河北金穀之司繫於一方則爲輕修之資性善於議論乃其所長至於金穀出入之計勤幹之吏則能爲之任修於河北而去朝廷於修之才則失其所長於朝廷之体則輕其所重伏惟陛下增置諫員以來外人不計諫官之能否但知陛下有開納之美一旦驟榮修之身使令遠去外人不知朝廷任用之意但以修好切直不容於時臣等非私於身寔爲朝廷惜任人之体伏乞陛下罷修龍圖閣直學士河北都轉運職任令依舊知制誥知諫院事

仁宗時襄請敘用孫沔狀奏曰右臣伏見分司南京孫沔以罪譴謫臣以守官海域去京師至遠事至傳聞不得真實然觀貶降之書及

有廢職之詞皆謂孫沔知杭州日有趙氏事沔誠有之固當重責然沔之治杭州剗除蠹弊摧豪強令行禁止與浮屠大族目爲讎敵其間雖有過當然風俗混淆至今衰息所爲如是雖至愚之人必能自察沔雖闊略然老於人事以嚴明自處而輒爲不法至此使一日罷去小人共咎何恃而得安全是明目而投陷穽孰肯爲哉臣恐審問体量之際未得其實臣聞趙氏與父同日下審問所其父一夕而死所以道路之言皆謂拷掠以成其事古者大臣不理況究沔以審訊樞密待罪而已臣恐縱今以後大臣有罪不能自明由沔而始頃年儂賊寇鈔二廣近侍至多獨沔被謫瘴毒惡地干戈危處沔親當之是亦有勞矣今以累赦之餘三州按察安能無過沔且老權落之餘豈復自振然臣子之心惡名難受伏乞陛下哀憐念已用之效察難明之咎滌洗拂拭有所任用必能修省以報陛下天地再生之施、

襄又奏乞選擇翰林學士不用資序劄子曰臣風聞臣僚上言爲翰林學士員闕乞未添補臣竊謂暫減員數不若精選才賢有唐以來此職最爲清近朝夕開宴與天子論議天下之事如陸贄李絳皆不世之才所論者足以開悟人主聰明贊成天下之業今來只循資序隨例補選或行迹奸邪或才識暗懦中書據名除臣莫敢抑退況茲一職動是兩府之資苟不擇人豈陛下選任忠良之意臣欲乞今後翰林學士闕員中書不得依資差除伏望出於聖衷選人任用庶幾奸邪暗懦之人無由濫進

歷代名臣奏議卷之一百三十二

歷代名臣奏議卷之一百三十三

用人

宋仁宗時歐陽脩舉米光濬狀曰右臣伏自準勑計置河東沿邊粮草所過州軍遍見文武官吏不少其間臨民治軍可稱邊任者絶難得人伏見西頭供奉官閤門祗候岢嵐軍使米光濬年四十餘世家代州熟知本路邊事出於將種練習兵機兼有膽勇會弓馬自到岢嵐二年處置皆合事宜昨代州寧化各爲守將非才引惹北人爭侵疆界惟岢嵐草城川正當北界要害之地去年北人來侵疆界光濬應機拒守致獨岢嵐得不侵却土地亦不張皇臣自過本軍體問軍民備得其實伏覩近降宣命指揮差李偉替令赴闕切以邊鄙常患難材苟得其人豈宜屢易兼自有移替宣命軍民並各衆狀舉留其米光濬臣今同罪保舉再任岢嵐如再任後犯入己贓及邊防軍政但有一事敗悞並甘連坐其狀奏聞伏候勑旨

又狀曰右臣近曾同罪奏舉西頭供奉官閤門祗候米光濬再任岢嵐軍使竊知朝廷爲光濬病患曾加體量臣昨任岢嵐親見光濬絶無病狀體問得去年偶因飲酒暫曾不安竊緣本人有心力會弓馬諳熟邊事善撫軍民況岢嵐當草城川一路地形平坦與北虜止隔界壕不比代州尚有險固捍禦控扼尤藉得人臣嘗見朝廷選擇邊將比及於武臣中求得一人常患難得而任使候其知次第亦須年歲之間其米光濬於武臣中不易多得在岢嵐既久又已知次第其人既不病患又無過犯料其替去別得差遣必與今任輕重一般與其移易往來不若責之久任況知光濬亦累曾乞替臣今所舉非徇光濬之私蓋爲邊防之計其米光濬伏望聖慈特加獎擢與優轉一官且令再任以防緩急可以使喚如朝廷遷官及再任後犯入己贓

及邊事有所敗悞臣亞甘同罪

慶曆三年修又論王舉正范仲淹等劄子曰臣伏見朝廷擢用韓琦范仲淹為樞密副使萬口懽呼皆謂陛下得人矣然韓琦禀性忠鯁遇事不避若在樞府必能舉職不須更藉仲淹如仲淹者素有大材天下之人皆許其有宰輔之業外議皆謂在朝之臣忌仲淹材名者甚衆陛下既能不惑衆說出於獨斷而用之是深知其用矣可惜不令大用蓋樞府只掌兵戎中書乃是天下根本萬事無不總治伏望陛下且令韓琦佐樞府移仲淹於中書使得參預大政況今參知政事王舉正最號不才久居柄用柔懦不能曉事緘默無所建明且可罷之以避賢路或未欲罷亦可且令與仲淹對換當今四方多事二虜交侵正是急於用人之際凡不堪大用者去之乃十天下公論不必待其作過亦不須俟其自退也況若令與仲淹對換則於舉正不

離兩府全無所損伏望陛下思國家安危大計不必顧惜不材之人使妨占賢路如允臣所請即乞留中特出聖斷指揮或尚未欲施行即乞降付中書令舉正自量材業優劣何如仲淹若實不如即須自求引避以副中外公議

修乞力拒浮議終責任范仲淹等上奏曰臣伏聞范仲淹富弼等自被手詔之後已有條陳事件必須裁擇施行臣聞自古帝王致治須待同心叶力之人相與維持而君臣相得之難謂之千載一遇今仲淹等遇陛下聖明可謂難逢之會陛下有仲淹等亦可謂難得之臣陛下既已傾心待之仲淹等亦又各盡心思報上下如此臣謂事無不濟但願行之如何爾況仲淹富弼是陛下特出聖意自選之人初用之時天下已皆相賀然猶竊謂陛下既能選之未知用之如何爾及見近日特開天章從容訪問親寫手詔督責丁寧然後中外宣然既驚且喜此二盛事固以朝報京師喧傳四海皆謂自來未嘗如此責任大臣天下之人延首拭目以看陛下用此二人欲作何事必二人所報陛下果有何能是陛下得失在此一舉生民休戚繫此一時以此而言則仲淹等不可不盡心展效陛下不宜不力主而行使上不玷知人之明下不失四海之望臣非不知陛下專心銳志必不自怠而中外大臣且憂國同心不必相忌而沮難然臣所慮者仲淹等所言必須先絕僥倖因循姑息之事方能救數世之積弊如此等事皆外招小人之怨怒不免浮議之紛紜而奸邪未去之人亦須時有讒沮若稍聽之則事不成矣臣謂當此事初尤須上下叶力凡小人怨怒仲淹等自以身當浮議奸讒陛下亦須力拒待其久而漸定自可日見成功伏望聖慈留意終成之則社稷之福天下之幸也

四年修又論鄭戩不可為四路招討上奏曰臣伏覩勅除鄭戩知永

興軍兼陝西都部管自聞此命外之議論皆以為非在臣思之實亦未便竊以兵之勝負全由處置如何臣見用兵以來累次更改或四路置都部管或分而各領一方作合作離各有利害唯夏竦往年所任鄭戩今日之權失策最多請試條列臣聞古之善用將者先問能將幾何今而不復問戩能將幾何直以關中數十州之廣蕃漢數十萬之兵沿邊二三千里之事盡以委之此其失者一也或曰戩雖名都部管而諸將自各有將又其大事不令專制而必禀朝廷假如邊將有大事先禀於戩又禀於朝廷朝廷議定下戩戩始下於沿邊只此一端自可敗事其失二也今大事戩既不專若小事一一問戩則四路去永興皆數百里其寨栅遠者千餘里使戩一一處分合宜尚有遲緩之失萬一耳目不及處置失宜則為害不細其失三也若大小事都不由戩而但使帶其權豈有數十州之廣數十萬之兵二三子

里之邊事，作一虛名，使為無權之大將。若知戩可用，則推心用之；若知不可用，則善罷之，豈可盡閫中之大。設為虛名而以不誠待人，其失四也。今都部署名統四路，而諸將事無大小，不稟可行，則四路偏裨各見其將不由都部署，則上下相效，皆欲自專，其失五也。今都部署是大將，反不得節制四路，而逐路是都部署，都將却得專制一方，則委任之意失，又乖殊軍法，難行，名體不順，其失六也。若知戩果不可大用，但不敢直罷其職，則是大臣顧人情，避己怨，如此作事，何以弭息人言。其失七也。料朝廷忽有此命，必因韓琦等近自西來有此擘畫。琦等身在邊陲，曾為將帥，豈可如此失計。臣今欲乞令兩府之臣明議四路不當置都部署利害，其鄜、戩既不可內居永興而遙制四路，則乞落其虛名，只令坐鎮長安，撫民聽政，以為關中之重。其任所繫亦大，而使四路各責其將，則事體皆順，處置合宜。

修又論三司判官擇人之利劄子曰：臣伏見近差薛紳為轉運使。紳是三司判官，資例合作轉運使。然外人議論未允者，若以昔日差人，合更有不如紳者，亦不足怪。蓋見朝廷近更新制，不次用人，凡舊轉運使稍不材者，悉令換易。忽見却用薛紳，所以人言未允。昨來京東用沈邈，替却見宗簡。今用薛紳，又更不及宗簡，此臣之所以未諭也。平時無事，公私上下從容，吏無大小，奉法守常而已，所以疑騃庸謹不為大過，雖庸暗繆懦者，皆可苟祿偷安。而朝廷可以不擇賢愚，一例差擬，官雖漸濫，猶未敗慢。今天下事勢，豈比閑時。盜賊縱橫，而州郡無備；公私困乏，而用度轉多；賦役繁興，而人戶凋耗。雖有出人之才，尚恐不能了事，豈可尚循舊例，依次用人。然臣竊思方今中外差除，未肯脫去舊例，如紳之輩，謂其已作省判，須令作轉運，則弊在差省判之時，不平慎擇也。夫前已濫者不能驟去，後來者又不擇之，永無

澄清之時矣。臣今欲乞詳定差省判之法，每遇闕人，或令本省使副自舉，或朝廷先擇舉主，令舉主擇人，但重其保任同罪之法，而不必限其資序。如此，則省判得人；省判得人，則將來有好轉運使；有好轉運使，則逐路澄清，民財用足。以此而言，擇得一省判，為數十州民之福。其利甚大矣。得人為利甚大，則失人為害亦大矣。伏望聖慈留意裁擇。

修改右正言論轉運所按吏不必更令提刑體量上疏曰：臣近見淮南按察使邵飾奏為体量知潤州席平為政不治及不教閱兵士等，朝廷以飾為未足信，又下提刑司再行体量。臣竊以轉運、提刑俱領按察，然朝廷寄任重者為轉運，其次乃提刑爾。今寄任重者言事反不信，又質於其次者而決疑，臣不知邵飾果是才與不才，可信與不可信。如不才不可信，則又何疑？然又不知為提刑者其才與飾優劣

如何？若才過於飾，尚可取萬一；不才於飾，見事相背，却言席平為才，邵飾合得罔上之罪矣。若反以罪飾，臣料朝廷必不肯行。若捨飾與席平俱不問，則善惡不辨，是非不分。況席平曾作臺官，立朝無狀，只令制勘亦不能了。尋御史中丞以不才奏罷，朝廷兩府而誰不識乎？其才與不才，人人盡知，何必更令提刑体量，然後為定？今外議皆言執政大臣託以審謹為名，其實不肯生事而當怨，須待言事者再三陳狀，使被黜者知大臣迫於言者不得已而行，只圖怨不歸己。苟誠如此，豈有念民疾苦、澄清官吏之意哉！若無此意，是好疑不決，則尤是朝廷任人之失。自去年以為轉運使不察官吏，特出詔書加以使名，責其按察；今按察使依稟詔書舉其本職，又却疑而不聽。今後朝廷命令誰肯信之？凡任人之道，要在不疑，寧可艱難於擇人，不可輕任而不信。若無賢不肖一例疑之，則人各心闌，誰肯難事？今邵飾言一不

才顯者。所貴朝廷肯行。然後部下振竦。官吏畏之。今反為朝廷不信。却委別人。則飾之使威。誰肯信服。飾亦難見其下。今後見事不若不為。不獨邵飾一人。臣竊聞諸處多有按察官吏。皆為朝廷不行。人各嗟懟。以謂任以事權。反加沮惑。朝廷之意不可諭也。伏望聖慈特敕其邵飾所奏。特與施行。今後按察使奏人。如不才老病灼然不疑者。不必更委別官。示以不信。所貴不失任人之道。而令臣下盡心。

嘉祐元年。修為翰林學士。論用人之要在先察毀譽之人。奏曰。臣伏覩近降制書。除賈昌朝為樞密使。旬日以來。中外人情莫不疑懼。搢紳公議。漸以沸騰。蓋緣昌朝稟性回邪。執心傾險。頗知經術。能文飾姦言。善為陰謀。以陷害良士。小人朋附者衆。皆樂為其用。前在相位。屢害善人。所以聞其再來。望風畏怨。陛下聰明仁聖。勤儉憂勞。每於用人。尤所審謹。然而自古毀譽之言。未嘗不並進於前。而聽察之際。

人主之所難也。臣以謂能知聽察之要。則不失之矣。何謂其要。在先察毀譽之人。若所譽者君子。所毀者小人。則不害其為進用矣。若君子非之。小人譽之。則可知其人不可用矣。今有毅然立乎朝。危言讜論。不附人主。不附權臣。其直節忠誠素為中外所稱信者。君子也。如此等人。皆以昌朝為非矣。宦官宮女左右使令之人。往往小人也。如此等人。皆以昌朝為是矣。陛下察此。則昌朝為人可知矣。今陛下之用昌朝。與執政大臣謀而用之乎。與立朝忠正之士謀而用之乎。與左右近習之人謀而用之乎。或不謀於臣下。斷自聖心而用之乎。昨聞昌朝陰結宦官。創造事端。謀動大臣。以圖進用。若陛下與執政大臣謀之。則大臣勢在嫌疑。必難啓口。若與立朝忠正之士謀之。則無不以為非矣。其稱譽昌朝以為可用者。不過宦官左右之人爾。陛下用昌朝。為天下而用之乎。為左右之人而用之乎。臣伏料陛下必不為左右之人而用之也。然左右之人。謂之近習。朝夕出入。進見無時。其所讒諛。能使人主不覺其漸。昌朝善結宦官。人人喜為稱譽。朝一人進一言。暮一人進一說。無不稱昌朝之善者。陛下視聽漸熟。遂簡在乎聖心。及將用之時。則不必與謀也。蓋稱薦有漸。久已熟於聖聰矣。是則陛下雖斷自聖心。不謀臣下而用之。亦左右之人積漸稱譽之力也。陛下常患近歲以來。大臣体輕。連為言事者彈擊。蓋由用非其人。不叶物議而然也。今昌朝身為大臣。見事不能公論。乃交結中貴。因內降以起獄訟。以此規圖進用。竊聞臺諫方欲論列其過惡。而忽有此命。是以中外疑懼。物論喧騰也。今昌朝未來。議論已如此。則使在其位。必不免言事者上煩聖聽。若不爾。則昌朝得遂其志。傾害善人。壞亂朝政。必為國家生事。臣愚欲望聖慈抑左右陰薦之言。採搢紳公正之說。早罷昌朝。還其舊任。則天下幸甚。臣官為學士。職號論

思。見聖心求治甚勞。而一旦用人偶失外庭物議如此。既有見聞。合思裨補。

脩又舉胡瑗奏曰。臣伏見新除國子監直講胡瑗充天章閣侍講。有以見聖恩獎崇儒學。褒勸經術之臣也。然臣等竊見國家自置太學。十數年間。生徒日盛。常至三四百人。自瑗管勾太學以來。諸生服其德行。遵守規矩。日聞講誦。進德修業。昨來國學開封府幷鏁廳進士得解人中。三百餘人是瑗所教。然則學業有成。非止生徒之幸。庠序之盛。亦自是朝廷美事。今瑗既升講筵。遂去太學。竊恐生徒無依。漸以分散。竊以學校之制。自昔難興。惟唐太宗時生徒最多。史冊書之。以為盛美。其後庠序廢壞。至于今日。始復興起。若一旦分散。誠為可惜也。臣等欲望聖慈特令胡瑗同勾當國子監。或專管勾太學。所貴生徒不至分散。

脩又舉梅堯臣狀奏曰：臣等忝列邇班，無裨聖治，知士不薦，咎在蔽賢。伏見太常博士梅堯臣性純行方，樂道守節，辭學優贍，經術通明，長於歌詩，得風雅之正。雖知名當時，而不能自達。竊見國家直講見闕二員，堯臣年資皆應選格，欲望依孫復例，以補直講之員，必能論述經言，義導學者，使與國子諸生歌詠聖化于庠序，以副朝廷育材之美。如後不如舉狀，臣等並甘同罪。

脩舉處士陳烈狀曰：臣伏見國家崇建學校，近年以來，太學生徒常至三四百人，此朝廷盛美之事，數百年來未嘗有也。然而教導之方必慎其選，其進德修業必有篤行君子，可以不言而化者，使居其間，以爲學者師法，庶幾内修其實，不止聚徒之多，爲虛名之美也。伏見福州處士陳烈，清節茂行，著自少時，晚而益勤，久而愈信，非惟一方學者之所師，蓋天下之士皆推尊其道德。謂宜以禮致之，朝廷必有裨補。近聞命以官秩，使教學於鄉里，其禮甚薄，未足以稱勵賢旌德之舉。臣今乞以博士之職，召致太學，雖未能盡其材，亦足以副天下學者之所欲，而成朝廷崇賢勸學之實。

再舉陳烈狀曰：臣嘗奏舉福州處士陳烈有道德，可爲博士，處之太學。竊聞朝廷命以官秩，俾之講說，而烈辭讓不起。臣亦嘗知烈之爲人，其學行高古，然非矯激之士，其所藴蓄，亦欲有所施爲。況聖恩優異，褒賁所及，是以勸天下之爲善者，在烈不宜辭避。然其進退之際，亦有所難。蓋朝廷前命以本州教授，彼方辭讓而遽有國學之名義，不得不辭。然自古國家樂賢好士，未始不如此；在下者逡巡而避讓，在上者勤勤而不已，以勵難進之節，而天下靡然識上有好賢不倦之心，上下相成，以勸風俗。臣謂朝廷宜再加優命，致烈必來，則於其進退之際，已是以勉勵媮薄。臣今欲乞未命以官，但且召至京師，彼

必無名辭避。俟其既至，徐可推恩。況今胡瑗疾病，乞致仕，學校之職不可闕人，能繼瑗者，非烈不可，欲乞早賜指揮。

脩又舉進士張立之狀奏曰：臣伏見朝廷之議，常患方今士人名節不立，民俗禮義不修，所以取士多濫，而浮僞難明，愚民無知，而冒犯者衆。蓋由設教不篤，而獎善無方也。伏見徐州進士同三禮出身見守選人張立之，能事父母有至孝之行，著聞鄉里。本州百姓僧道列狀稱薦，前後長吏累次保明，安撫臣僚亦嘗論奏，至今未蒙朝廷甄擢。其人母年八十，無禄以養。銓司近制，於選人秩許入遞遠官。立之家居，則患禄不逮親；欲就遠官，則難於扶侍。有至孝之行，而進退失所；有累薦之美，而褒勸不及。於立之養親之志，所病至少；於朝廷獎善之道，所施至多。伏望聖慈特下銓司，採問本人行止，及前後論薦迹狀，與一本州合入官。所貴旌一士之行，勸一鄉之人。伏以古今致理先於孝子，勸賞最勤。今孝悌之科，久廢不舉，旌表之禮，久闕不行。欲乞今後應有孝行著聞，累被薦舉者，與一本州官，令自化其鄉里。仍乞著爲永式。其張立之，如允臣所奏，乞送銓司施行。

四年，修又論包拯不當代宋祁爲三司使，狀奏曰：臣聞治天下者在知用人之先後而已。用人之法，各有所宜：軍旅之士先材能，朝廷之士先名節。軍旅主成功，惟恐其不趨賞而爭利，其先材能而後名節者，亦勢使之然也。朝廷主教化風俗之薄厚，治道之汙隆，在乎用人，而教化之行於下也。不能家至而諄諄諭之，設常務尊名節之士，以風動天下，而聳勵其媮薄。夫所謂名節之士者，知廉恥，修禮遜，不利於苟得，不牽於苟隨，而惟義之所處，白刃之威有所不避，折枝之易有所不爲，而惟義之所守。其立於朝廷，進退舉止皆可以爲天下法也。其人至難得也，至可重也。故爲士者常貴名節以自重其身，而君

人者亦常全名節以養成善士。伏見陛下近除前御史中丞包拯為三司使。命下之日，中外喧然，以謂朝廷貪拯之材，而不為拯惜名節。然猶冀拯能執節守義，堅遜以避嫌疑，而為朝廷惜事体。數日之間，遽聞拯已受命。是可惜也，亦可嗟也。拯性好剛，天姿峭直，然素少學問，朝廷事体或有不思。至如逐其人而代其位，雖初無是心，然見得不能思義，此皆不足怪。若乃嫌疑之迹，常人皆知可避，而拯豈獨不思哉。昨聞拯在臺時，常自至中書詰責宰相，指陳前三司使張方平過失，怒宰相不早罷之。既而臺中僚屬相繼論列，方平由此罷去，而以宋祁代之。又聞拯亦嘗彈奏宋祁過失。自其命出，臺中僚屬又交章力言，而祁亦因此而罷。而拯遂代其任。此所謂蹊田奪牛，豈得無過。而整冠納履，當避可疑者也。如拯材能資望，雖別加進用，人豈為嫌。其不可為者，惟三司使爾。非惟自涉嫌疑，其於朝廷所損不細。臣請原其本末而言之。國家自數十年來，士君子務以恭謹靜重為賢。及其弊也，循默苟且，頹墮寬弛，習成風俗，不以為非。至於百職不修，紀綱廢壞，時方無事，固未覺其害也。一旦黠虜犯邊，兵出無功，而財用空虛，公私困弊，盜賊並起，天下騷然，陛下奮然感悟，思革其弊，進用三數大臣，銳意於更張矣。於此之時，始增置諫官之員，以寵用言事之臣，俾之舉職。由是修紀綱而繩廢壞，遂欲分別賢不肖，進退才不才。而久弊之俗，驟見而駭，因共指言事者而非之，或以為好訐陰私，或以為公相傾陷，或謂沽激名譽，或謂自圖進取。群言百端，幾惑上聽。尚賴陛下至聖至明，察見諸臣本以忘身徇國，非為己利，讒間不入，遂荷保全。而中外之人久而漸信，自是以來二十年間，臺諫之選屢得讜言之士，中間斥去奸邪，屏絕權倖，拾遺救失，不可勝數，是則納諫之善，從古所難，自陛下臨御以來，實為甚盛，於朝廷補助之

效，不為無功。今中外皆安，上下已信，纖邪之人凡所舉動，每畏言事之臣。而事無巨細，亦惟言事是聽。原其自始，開發言路，至今日之成效，豈易致哉。可不惜哉。夫言人之過，似於激訐；逐人之位，似於傾陷。而言事之臣得以自明者，惟無所利於其間爾。而天下之人所以為信者，亦以其無所利焉。今拯併逐二臣，自居其位，使將來奸佞之人得以為說，而惑亂主聽。今後言事者不為人信，而無以自明，是則聖明用諫之功，一旦由拯而壞。夫有所不取之謂廉，有所不為之謂恥。近臣舉動，人所儀法，使拯於此時有所不取而不為，可以風天下以廉恥之節，而拯取其所不宜取，為其所不宜為，豈自薄其身，亦所以開誘他時言事之臣，傾人以覬得，相習成風，此之為患，豈謂小哉。然拯所恃者，惟以本無心爾。夫心者藏於中，而人所不見；迹者示於外，而天下所瞻。今拯欲自信其不見之心，而外掩天下之迹，是猶手探其物，口為不欲，雖欲自信，人誰信之。此臣所謂嫌疑之不可不避也。況如拯者，少有孝行，聞於鄉里，晚彰直節，著在朝廷。但其學問不深，思慮不熟，而處之乖當。其人亦可惜也。伏望陛下別選材臣為三司使，而處拯他職，置之京師，使拯得避嫌疑之迹，以解天下之惑，而全拯之名節，不勝幸甚。臣叨塵侍從，職號論思，昔嘗親見朝廷致諫之初甚難，今又獲見陛下用諫之效已著，實不欲因拯而壞之者，為朝廷惜也。臣言狂計愚，伏俟誅戮。

五年，脩舉布衣蘇洵奏曰：臣猥以庸虛，叨塵侍從，無所裨補，常愧心顏。竊慕古人薦賢推善之意，以謂為時得士，亦報國之一端。往時自國家下詔書，戒時文，諷勵學者以近古，蓋自天聖迄今二十餘年，通經學古，履忠守道之士，所得不可勝數。而四海之廣，未能無山巖草野之遺。其自重者既伏而不出，故朝廷亦莫得而聞。此乃如臣等輩

所宜求而上達也。伏見眉州布衣蘇洵，履行淳固，性識明達，亦嘗一舉有司，不中，遂退而力學。其論議精於物理，而善識變權，文章不為空言，而期於有用。其所撰《權書》、《衡論》、《幾策》二十篇，辭辯閎偉，博於古而宜於今，實有用之言，非特能文之士也。其人文行久為鄉閭所稱，而守道安貧，不營仕進，苟無薦引，則遂棄於聖時。其所撰書二十篇，臣謹隨狀上進。伏望聖慈下兩制看詳，如有可採，乞賜甄錄。謹具狀奏聞。

慶曆三年，監察御史裏行包拯論縣令輕授疏曰：臣聞古之所重為民父母者，縣令耳。今之所賤而不能振起風教者，亦縣令耳。蓋擢用之際，未精其選。凡其清流素望，或稍挾權勢之人，即苟謀他官，恥為縣道。但庸人下品，甘於其職，雖郡隸吏卒，皆能訶制，苟免罪戾之不暇，欲振起風教，為民父母，其可得乎？且今朝廷仕進，清選大臣子弟，

偶緣文墨，或希辟命，即自下僚擢陞館職，不然，才出外任，例為簽判，不歷為縣，便作通判、知州，洎為長吏，昧於民情，懵然其間，不知治道之出。況四方多務，令長尤在得人。欲乞今後貼職并簽判及京朝官凡歷任中，不曾任縣令及知縣者，不得便為長吏、按察之官。且令知縣，方得入通判、知州，如此，則宰邑得其人，長吏亦不能僥求而至。

四年，拯請不用苛虐之人充監司第一劄子曰：臣竊見諸道轉運司自兼按察及置判官以來，并提點刑獄等，体量部下官吏，章疏相繼，頗傷煩碎。兼聞審刑院、大理寺，日近奏案尤多，倍於往年，況無大段罪名，並是掎摭微累，不辯虛實，一例論奏。孤弱無援者，則按以深文；權勢豪猾者，則縱而不顧。內則徇一身之利，以殖其私；外則竊振職之名，以圖其進。效尤無恥，惟恐不及。至有公清守節之人，或不曲事左右，為眾所嫉者，即被加誣搆，成其罪，遂使守己之士，或負終身之玷，

可不痛惜哉！且治平之世，明盛之君，必務德澤，罕用刑法。故董仲舒曰：陽為德，為春夏，當和煦發生之時；陰為刑，為秋冬，在虛空不用之處。以此見天任德不任刑也。王者亦當上体天道，下為民極，故不宜過用重典，以傷德化。昔暴世法網凝密，動罹酷害，下不堪命，卒致潰亂。老子曰：其政察察，其民缺缺；其政悶悶，其民淳淳。臣願聖明鑒於此言而無忽焉。方今民力凋殘，國用窘迫，若乃專用刻薄好進之吏，則民不聊生。竊恐非國家之福也。雖朝廷累降詔命約束，罕或遵禀。此弊不去，為患寖深。欲望聖慈宣諭執政大臣，應轉運、提刑等，並令精選廉幹中正之人，以充其職，苛細矯激之輩，屏而不用，則天下幸甚。

拯又第二劄子曰：臣先曾上言，以諸道轉運使自兼按察及置判官以來，并提點刑獄等，体量部下官吏，頗傷煩碎。兼審刑院、大理寺

奏案尤多，倍於往年，況無大段罪名，並是掎摭微累，不辯虛實，一例論奏。此蓋苟圖振舉之名，以希進用之速，爾遂使天下官吏各懷危懼。其廉慎自守者，則以為不才；酷暴非法者，則以為幹事。人人相效，惟恐不逮。民罹其患，無所訴告。殆非陛下委任之本意也。其被体量之事，或智慮所不及，或人情偶不免，若非切害，亦可矜憫，雖欲改過，其路亡繇，豈不痛惜哉！兼訪聞天下茶鹽酒稅，遂丞長吏皆徇轉運使之意，以求課額羨溢，民則例遭配買，商旅則倍行誅剝，為國斂怨，無甚於此。且朝廷設按察、提刑之職，蓋欲去貪殘之吏，撫疲瘵之俗。今乃務為苛細，人不聊生。竊恐未為國家之福也。比者幸屬郊禋盛禮，大霈慶澤，欲乞於赦書特行約束：凡官吏先被体量者，情非重犯，咸許自新，後或不悛，必寘於法，庶使悔過之人，免負終身之累。其諸處茶鹽酒稅，亦乞除元額外，不得擅增課利，搔擾人戶，應係自來諸

般調率且乞權罷以安海内生靈之心。伏望聖慈少賜省察。

仁宗時。拯引王旦等故事論奏曰。臣讀先朝實録。大中祥符中。并益二州歲滿當代。先帝徧閲侍從官姓名。謂輔臣曰。此等各有所長。然求其文雅適用。可委方面者鮮矣。每念有唐名賢。比肩而出。何當時得人之多也。王旦等曰。方今下位豈無才俊。或恐拔擢未至爾。然觀前代求賢。不求其備。不以小疵掩其大德。今茲立朝之士。雖爲無過。陛下每務保庇之。然流言稍多。則亦梗於任使。大都迭相稱譽。近乎黨。糾過訐非。近乎公。鑒其愛憎。惟託上聖。誠哉是言。至切至當。緣近世之患。正在於此。以四海之廣。豈患無賢。而患在信用之不至爾。且頃歲以來。凡有才名之士。必遭險薄之輩。假以他事中傷。殆乎擯棄。卒不得用。議者至今痛惜之。欲望聖慈申命宰執。應臣僚素有才行。先以非辜被讁。如楊紘王鼎王綽等。雖曾叙用。未復職任者。並乞復與甄擢。或委之繁劇。必有成效。如是則風化日益美。賢俊日益獲。積之以久。和氣洽乎上下矣。

拯知諫院。請復封駁疏曰。臣伏見朝廷近日凡有除改制令已行。或物論未允者。則臣僚上疏論駁。因而追改者有之。然亦若精擇而後用之之審也。故外議不然。謂進退可否之柄。不專於上。流聞四方。大損國体。且兩漢而下。並以左曹給事中顯駁正之任。李唐尤重其選。若擢用未當。則論列于内。不顯揚于外。蓋不欲明君之過。沽己之直也。近代則不然。但違一衆議。一官則必揚言于朝。以爲己功。意爲臣之選。豈當如是乎。竊觀國家循舊例。置門下封駁司。以近臣兼領。未嘗見封一勑駁一事。但有封駁之名。而無封駁之實。因循不振。豈不惜哉。且歷代典故淪廢多矣。此局幸而未墜。祇在舉而行之。臣請特正封駁之職。選兩制以上慎重介直不撓者主之。或令諫官兼掌。應有除授之制。並先由門下。其不可者得以辨別是非。封還詔勅。如此。則差易改正。無免漏泄。少裨聖政。

拯又請先用舉到官疏曰。臣伏覩近日降勅節文。委中書樞密院選舉主二十人。令舉堪充知州通判知縣各一員者。蓋國家精擇良吏之深旨也。所有内外被舉之人。至今未見擢任。兼訪聞。逐路轉運使。累有体量到州縣長吏等。其間不才貪猥之尤甚者。欲乞所舉之人内先次進用。令往彼衝替。若依人數。是日方議差除。則貪猥之民受害深矣。況幅員至廣。官吏至衆。贓貨暴恣。十有六七。若不急於用人以革其弊。亦朝廷之深憂。不可不察。

拯又論委任大臣疏曰。臣嘗讀漢書谷永傳曰。帝王之德。莫大知人。誠哉是言也。夫王者端居巖廊之上。垂拱而仰成者。以能知人能官人使之然爾。或異於是。則雖堯舜之焦勞癯瘠。亦不能成無爲之化也。伏惟陛下以明叡之姿。勵精求治之切。中外臣僚才與不才。固無有能逃聖鑒者矣。且丞弼之重。最爲今之極選。而治亂繫焉。若乃挾然盡心敢任天下之責者。即當委而付之。設或拱默取容。以徇一身之利者。亦當罷而去之。惟在陛下神機洞照。甄別而信任之爾。若任而不擇。擇而不精。亦止不能爲治。抑所以爲害矣。夫近臣中素有公望實才衆所謂賢者。陛下既得而知之。亦宜亟擢而用之。若知而不能用。用而不能盡其才。何以致理哉。不可以避嫌不舉。猶然便謂無事。況諸路飢饉相繼。財用不足。府庫虛竭。士卒驕惰。振舉紀律。杜絶萌漸。正是可爲之時。固宜參用賢者。助成治体。此尤不可緩也。大抵今之居位者。挾奸佞。則敢善而背公。弱愞懦。則貪直而畏禍。皆諸然但以勢利相軋。苟得無恥。豈有援賢進能之意乎。儻令知是輩比肩並進。而望風俗日益厚。教化日益成。其可得哉。論者皆只令君以庶直退讓有才之士擇焉而用置諸左右則向日之失立可矯正而邪諂苟且忌刻姦險之徒當不令而去矣陛下何憚而不為哉臣以祇賤之迹叨預言責之任圖所以為報者惟思傾竭愚慮庶可上裨聖政萬分之一下願陛下少留神明則天下蒙棄

拯又論大臣形迹事疏曰臣伏見朝廷累年以來凡進用庶官義處大事必避形迹以為公道上下相蔽習以為常有才者以形迹而不敢用不才者以形迹而不敢去事有可為者以形迹而不為事有不可行者以形迹而或行此蓋苟避中傷以防後害爾為身謀則可為國謀則不當如是此最時政之大害也且天子擇宰相宰相擇諸司官長諸司官長參舉僚屬俾公卿大夫而下各稱其職然後推誠委任坦無疑貳則中外協濟政務脩舉知此而不臻治平者臣所未論也臣伏讀唐書太宗朝或言魏徵阿黨者帝使溫彥博驗之無狀因令彥博讓之且曰今後不得不存形迹他日徵入奏曰臣聞君臣協契義同一体豈可不存公道惟事形迹若君臣上下同遵此路則邦之興喪或未可知帝瞿然改容曰吾已悔之矣又高宗嘗責侍臣不進賢才李安期對曰聖帝明王莫不勞於求賢逸於任使設使堯舜苦已癯瘠不能用賢亦王化不行況天下至廣非無奇才但比近公卿薦引即遭譖誘以為朋黨沉淪滯者未伸而在位者已損所以人思苟免競為緘默若人主虛已招納廣務搜訪不忌恩讎惟能是用讒既不入誰敢不竭忠誠此皆事由君上非臣下所能致也高宗深納其言所以貞觀永徽之代最稱太平者蓋由廣延納之道推至公之心使之然矣宜乎載在史冊煥為美談伏自陛下嗣守神器已逾二紀日御便殿孜孜求治雖古先格王未有如是之憂勞也而時多疵癘歲未富康國廩罕蓄邦計益削者何也蓋知人用人之道恐有所未盡爾昔齊桓公問管仲曰何者害霸曰不能知人害霸也知而不能用害霸也用而不能信害霸也信而又使小人參之害霸也故管仲一諸侯佐爾猶慎於信用小人況巍巍盛德復將有所間然乎伏望陛下奮乾剛之威確然英斷申命宰執進用賢雋斥去形迹之弊以廣公正之路判忠佞抑僥倖察左右愛憎之說延中外讜直之議慎重名器振舉綱目則可使教行于上民悅于下召天地之和氣致邦國於永寧惟在陛下日慎一日力行而已

拯又彈宋庠疏曰臣等今日中書傳諭奉聖旨宣示宋庠自辯及求退等書臣等蒙陛下擢任臺之諫垣惟采取天下公議別白賢不肖敷聞于上冀陛下倚任當得其人以熙大政不使貪冒非才者得以膠固其位害敗于事乃臣等之職分陛下所責任者也固不敢緣私誣欺變白為墨惑亂陛下耳目動搖大臣儕侍以取奇譽為賈身計斯亦臣等所自信陛下所明照者也臣等昨於二月二十二日具劄子論列宋庠自再秉樞軸首尾七年殊無建明略效補報而但陰拱持祿竊位素餐安處泮泮以為得策且復求解之際陛下降詔未及斷章庠乃從容遂止其請是見其固位無恥之甚也今乃自辯謂臣等議論暗合己意臣等亦謂宋庠本意暗合天下之議論斯不近於欺乎陛下所深察矣且云無過則又不然臣等竊以前代至于祖宗之朝罷免執政大臣莫不以其謨明無效取羣議而行也何則執政大臣與國同体不能盡心竭節灼然樹立是謂之過宜乎當黜非如羣有司小官之類必有犯狀挂于刑書乃為過也唐憲宗朝權德輿為宰相不能有所發明時人譏之俄以循默而罷復守本官憲宗聰明仁斷之主也德輿文學德行之臣也當時罷免只緣循默不必指瑕末致罪名而然也至如祖宗朝罷免范質宋琪李昉張齊賢亦只

以不稱職均勞逸為辭。未嘗明其過也。近歲方乃掇拾細故。託以為名。揚于外廷。斯乃不識大體之臣上惑聖聽。有乖舉措。非所以責大臣之義也。宰臣豈無細過。臣等不言之者。蓋為陛下惜此事體。臣等所陳。惟陛下聖度詳覽。若以為是。則乞依前來劄子早賜施行。儻以臣等為謗讟時宰。敢肆狂妄。亦乞治正其罪。重行降黜。臣等無任激切俟命之至。

拯請選諫議大夫疏曰。臣謹按唐六典。隋氏門下省置諫議大夫。從四品下。龍朔中改為正諫大夫。開元初復舊。凡置四人。掌侍從規諫。伏下後言朝政得失。故其秩峻。其任重。歷代以至祖宗。未嘗輕授。近歲殊不選擇。但以任敘遷。如吞鏞等輩。咨贖不才。而皆踐此職。是以朝廷名器容易假人。黍黷典常。莫斯之甚。臣欲乞今後應少卿少監等該磨勘改官。如曾經職司。委是素有才望。為衆所推者。方得轉諫議大夫。其餘不得徇入。止授以大卿監。所貴官無濫進。流品益清。

拯請選用提轉長吏官上疏曰。臣聞王者之總治天下也。內則宰臣百執事。外則按察之官刺史縣令而已。若中外各得其人。協心以濟。則陛下垂拱仰成。無為無事矣。夫轉運使提點刑獄。在乎察官吏之能否。辨訟獄之寃濫。以至生民利病。財賦出入。莫不蒞焉。事權至重。責任尤劇。設非其人。則一路受敝。如州縣之職不舉。按察之吏又不以聞。則朝廷無繇而知。是一方之民有終無告者矣。昔漢宣帝曰。與我共理天下者。其惟良二千石乎。蓋刺史縣令耳目接於民事。政令所出。慘舒攸繫。今朝廷既以輕授。又數數更易。其才者雖有育民濟治之具。亦烏所施設。或又況庸庸者乎。今粗舉一二條陳如左。竊見近日除授轉運使。但理資序。不甚選擇。若江西路劉緯。利州路李熙輔。皆知識庸昧。衆所共知。其提點刑獄亦未甚得人。若廣西潘師旦。江東令狐揆。京西張士安。河北席平。皆素非幹敏之才。或無廉潔之譽。猥當是選。豈乎不任其職。雖近例並委兩制奏舉。然所舉之人。或才者久格以微文不用。故不才者往往進焉。乃是訶其細而忽其大。恐非任才之意也。欲乞今後應除轉運使。先望實而後資考。則所得精矣。凡舉提刑。若係黨之人。不協公議。即乞責其謬舉。則委他官。如此則可絕徇私之請矣。刺史縣令前後條約非不丁寧。其中濫進者亦衆。如曹琰自通判便授潤州大郡。果非理決人致死。又聞韓松知鼎州。緣本州控接蠻界。居常屯治軍馬。舊係武臣知州。後乞選差文資。況韓松累任以不治聞。豈可當此邊任乎。欲乞今後應差知州。並令有司精覈治狀。審驗人才。以州郡繁簡要僻差而授之。庶幾不至敗事。所有奏舉縣令。即令流內銓選注繁劇不治之邑。是則民瘼少而和氣可召矣。伏望聖慈申命宰府奉而行之。則天下幸甚。

拯請選河北知州疏曰。臣近奉使往回。竊見河北當路州軍。各係近邊控扼之地。所有知州等並是朝廷一一精選。蓋欲謹邊防。訓士卒以為急務。今則不然。但能增飾廚傳。迎送使人及曲奉過客。便為稱職。則美譽日聞。若稍異於此。則謗議紛然。往往因此降黜者有之。緣每年兩次人使往來。動經七八個月。遂處豫為準備。不敢少懈。況去歲兩度非次人使。乃是一年之內。迎送絕無虛日。又何暇畧謀訓練戎兵。訪聞北虜日夕點集兵馬。添創營寨。但以西討為名。然戎狄之心。殊不可測。議者雖云盟誓堅固。萬無負德。且安不忘危。利或生害。又況已然之兆。不可不預為之備也。臣觀一路武臣未甚得人。但借進市恩結挾朋謗爾。一旦急用。必無成功。加以邊備未完。邊廩未實。苟有騷動。將何取濟。此朝廷所宜深慮也。臣欲乞今後應緣邊及當路知州部署鈐轄駐泊等。並武臣中不以官位高下。但選擇有武藝

將材可用者任之。專責以守倅撫馭之術。如有實效。不可以浮議數有移替。俾軍民安其政令緩急不至敗事。如允臣所奏。即乞特賜指揮

擬請選廣南知州疏曰。臣竊見廣南應係知州例差奏蔭京朝官初任知縣及一考者。伏況世祿之胄鮮悖義教。童孺之歲便忝仕籍。未嘗學政。即使司民甫越朞年。又移典郡。且一邑之事尚未練悉。以條之重安可責成。地雖遠僻。不可輕授。方國家多務。謫竄旁午。遠民困重。尤在得人。臣前任瑞州日。具知其事。或無職官處。只是知州獨員管勾。其猥冗恣橫之輩。則惟誅求。庸懦懵昧者又全不曉事。民罹其害。無所訴告。提刑轉運使悼其遠惡。復不能巡歷按劾。但上下相蒙耳。臣欲乞令後奏蔭京朝官合該廣南知州者。並令於次任知縣內。選有治績及舉主者。方得差移。併乞勘會元無職官處。各選置一員。

仍令轉運提刑司非時不得差出。所貴閑掌郡事。輯寧異俗

擬請選利州轉運使疏曰。臣伏見中書劄子。知巴州楊佐奏非体量得巡檢頓士寧為事過當。非理打罵兵士。州司取勘。及提刑轉運使巡歷到州。問頓士寧有何不備。只一向盤問所劾官。況頓士寧與李熙輔有舊。意作本司採訪施行。若頓士寧指論臣詔法何以遵守。又見本路提刑司奏巴州見禁巡檢頓士寧并兵士等及轉運使李熙輔到彼審問。據頓士寧口稱屈抑及分析知州不公事。一面行遣差官往彼推勘及差利州通判史世隆往巴州權交替知州楊佐赴闕院照勘奉聖旨令提刑司選清強官盡理取勘施行。竊緣楊佐見為長吏。部下官屬既有不公。理合体量按問。今李熙輔乃憑信頓士寧分析之一面差官往彼交替楊佐赴推院照勘。顯是熙輔與士寧有舊。挾私任情。不遵詔勅。若今舉劾之吏。被誣者便下所司與人對勘。則今後部下官屬有過。長吏畏避不敢按問。乃是廢格詔勅。而容長姦惡。此尤事体不可之甚也。兼熙輔不才庸謬。衆所共知。臣先曾論列未賜施行。況利州一路累經災傷。人民凋敝。全藉按察之官綏撫鎮靖。其熙輔所為如此。豈宜久居是職。必恐別生事端。欲望朝廷選差廉敏才識之士。充本路轉運。以安遠民。如楊佐顯有贓私罪犯。即令本路提刑司体量確實事狀聞奏。依條施行。

擬再請選轉運提刑疏曰。臣伏見諸路轉運使并提點刑獄。自來朝廷凡有差除。皆以資序敘遷。或用臣寮薦舉。間容濫進。未甚得人。致一方之民必受其害。如李熙輔張経等。居按察之任。當一路之重。不能遵守詔勅。振舉職業。而挾私逞憾。無所畏憚。妄構刑獄。恣行追逮。雖已衝替。未足懲戒。各乞重行黜降。以警將來。所有宣州廖詢秀州邊瑀。不公事迹中外傳聞。昨因安撫奏劾。方此彰露。而本路提轉殊

失按舉。居職不稱。合正朝典。臣欲望聖慈。應今後差轉運使提點刑獄臣僚。並請選素有才能公直廉明之人充職。不以資序深淺為限。則逐路得人。而官吏有所稟畏矣

擬請置發運判官疏曰。臣竊以京師大衆之都也。兵數十萬。財用儲廩皆仰給於東南。主是任者制置發運使最為今之劇職。固不可輕以授人。況朝廷參用兩制。假以事權。委任之重。不謂不至。伏見發運使許元自判官及正職八年。東南利害無不周悉。所以歲運不乏者。蓋久任得人之明效也。緣施昌言許元續用頗著功。當別有進擢。則後來雖有才者。必恐未能究財用出入之數。則無由辦集。臣欲乞依許元例。令置判官一員。於朝臣內選差素有公望幹才者充。如前久任。所貴総悉其事。嗣守成規。或昌言等緩急替移。免致敗事。

擬請復韓贄等臺官疏曰。臣竊見祠部員外郎韓贄屯田員外郎孫

授太常博士閤詢等才識明茂資質純正此任御史各以微累黜免
多歷年所慶經恩宥勘會前來所坐原情且非大故棄瑕亦合録用
況御史臺闕官甚衆奏舉罕得其人如贇等求之方今實為精選臣
以謂可復舊職必允清議伏望聖慈特令還臺或不如所舉臣甘當
同罪

經論河北帥臣疏曰臣伏見河北自商胡决溢之後連歲水旱倉廪
匱乏可不深思遠慮而忽天戒也臣近上書以河朔連歲災傷公私
匱乏帥臣長吏尤在得人其有不顧久任者乞於中外臣僚中推擇
諳知彼中事宜敢任大責者專委付之俾綏撫疲民經畫遠圖庶幾後
患可弭且河朔之於京畿猶心腹之與背脅義同一體休戚均之今災
異如是豈可坐視其弊恬然以為無事但欲因循憚於更張措置可
乎臣實懼焉惟陛下留神省察以河北事體至太師臣等可用可罷
速賜神斷天下幸甚

歷代名臣奏議卷之一百三十三

歷代名臣奏議卷之一百三十四

用人

宋仁宗慶曆三年起居舍人陝西轉運使孫沔過闕論宰相不進賢
者為將來之資上奏曰臣竊以直言指佞忠臣之亮誠革弊救時聖
人之能事古之士有負鈇鑕趨鼎鑊不避死亡之罪以回主上之心
非不知愛身命保富貴自為安逸之計而寧取摧折之苦蓋不敢以
所損之小忘所補之大也自祖宗有天下垂八十餘載其間正人
直士未嘗以言廢者雖時犯顔獲罪要不過黜一官使居於外不踰
年而已還豈有若古之伏法流竄而殄絶其身者歟景祐已前綱紀
未嘗廢猶有感激進說之士觀今日之政以驗今日之事幾何不痛
哭長歎息而後無人為陛下言者臣實恥之亦不敢遠引高論唯以
時之要務而陳之願少留宸聽夫州郡承風者吏也皆猥懦老耄縣

邑稟令者牧守也皆昏聵罷駑制敕方下人咸以為不足信未踰月
而數更奏請已行人咸以為不能久又隨時而改易利權反覆民多
殫竭邊鄙久師而自敝戎狄伺隙以爭長事至危而陛下以為安人
皆憂而臣下唯相目者何也由宰相多忌不能進賢者朝廷失策不
能任正人之所致也先聖所以能致太平者求端方之士用諒直之
人故臣之姦佞無不知民之疾苦無不聞知則隨而去之聞則擇而
行之書諸史策不可備舉臣但見莊獻總政之年陛下恭默之日有
王曾張知白魯宗道李迪蔡齊薛奎以正直迭居兩府曹修古李紘
劉隨鞠詠孔道輔以亮節更任諫垣參用才智十年之間中外無大
故然猶姦纖僥倖閹寺戚福未能悉去亦不為害景祐以後丞相呂
夷簡進當國政以承平可恃以功業可久遂黜忠言廢直道消為
使相出鎮許昌以王隨陳堯佐代其任才術負重謀議不協忿爭中

章。取笑多士。政事寖廢。即歲罷免。又引張士遜冠台席。本非遠識。致敗乃事。戎狄始起於邊陲。卒伍竊發於輦轂。合黨徒行。殺燭逃遁。損威失体。殊無慚愧。尚得三師居第自奉。蓋執政不得人之效也。豈不由丞相不進賢者為將來之資。但用不如己者為自固之計。故陛下思當今之才。無若丞相之賢。復召自大名。再秉鈞衡。于茲三年。不更一事。以姑息為安。以避謗為智。西州將帥連敗。北虜脅取無厭。兵殲貨悖。天下空竭。刺史守宰。不得一法令變易。士民怨嗟。隆盛之基忽至于此。是由不能進賢退不肖為社稷大計也。今夷簡以病求退。陛下手和御藥。親寫德音。恨不移鄉之疾在于朕躬。四方義士一聞詔書。有泣下者。丞相在中書二十年。三冠輔弼。所言陛下無不從。所請陛下無不行。終始顧遇。而未嘗少衰。可謂宋朝得君一人而已。未知以何道報聖人至深至厚。推誠篤信之恩也。噫。膺常滿前。誰階於

此。智慮未有居丞相之右者。使陛下祇有夷簡。而天下無其人也。設遂請老。何人自代。今天下士大夫皆稱賢才。而陛下不用者。左右毀之也。天下士大夫皆謂纖邪。而陛下不知者。朋黨庇之也。天下士大夫皆謂不才。而陛下任之。謂丞相不知。未之有也。嗚呼。天下重柄。累聖相授。豈可輕易哉。夫貨殖之家。有至寶之物。猶當謹重扃鑰。非博識者不得一觀。豈可付之愚童騃吏。終日戲玩。不委諸地而毀之。則盜所奪之矣。昔太祖以一旅興王業。太宗以五路定天下。真宗承經營之策。數十年間。遂至泰寧。何嘗不選用宰相與平章大政。為萬世業。若屋之柱石。身之手足。手足委墜。心体未有得安者。柱石摧朽。宮室未有得久者。宰輔非才。天下豈有得致治者也。方今北虜伺患。以致壓境而取財。西戎數勝。以使結鄰而請和。二方之情。熾難知。中國之興衰所繫。加之民人疲弊。政事隳雜。此實朝廷非常之時。非更張

章變則不能至于治平也。臣觀在位之意。無已然之見。事急則錯置失宜。既往則怡懌自若。去歲北戎有割地之請。未及境而百姓暴起。晝夜不息。遣將帥。進官秩。推轂轅。衣委數十萬兵而遣之。一日邀結囊好。兵分勢解。去無後慮。將帥處於閑地。不得一瞻天日之表。示不復用兵。何憂樂進退之易也如此。今又聞西賊款塞。公卿忻忻。日望和好。此乃緩兵息民之一事耳。若因此振綱紀。修廢墜。任賢使能。節用養兵。則景德祥符之風。當見於今日矣。若恬然不顧。遂以為安。臣恐土崩瓦解。不可復救也。而丞相便為四方已寧。百度已舉。欲因病默默而去。無一言啓沃上心。別白賢不肖。雖盡南山之竹。不足書其罪也。若薦用賢才。合天下公議。俾士大夫皆服其心。是失之於始。而得之於終。猶可寬天下萬世之責。苟遂容身不救前過。不合己者舍之。不順己者退之。以柔而易制者升為腹心。以奸而可使者任為羽翼。

以謟佞取人者為君子。以愚懦無識者為長者。使之在廊廟布臺閣。上惑聖明。下害生靈。為祖宗計則必危。為子孫計亦未可保。於終若是。張禹不獨生於漢。林甫復見於唐。可不謹哉。可不懼哉。臣官為侍從。班近清列。緘默度日。榮名可期。何必多言。自貽狂率。上忤聖意。苦論宰輔。蓋不忍陛下受隱晦之名。丞相書奸邪之迹。為後世所賤也。臣又聞天子擇宰相。必觀立朝之本末。採多士之僉論。臨大事而有守。秉諒節而不回。居外則有撫民之譽。在內則有諍臣之風。一日登庸。為方受賜。落落然有大臣之器。此庶幾得矣。若循資次補。亦丞相素為之地。安肯援賢才於不次哉。在陛下察之謹之。況國家安危之勢。在此一舉。亦恐未有人為陛下如此言之也。臣見數年前有論西北事者。有談兵略者。謟佞之輩。必攘臂而非笑之。觀方今之事。非言者之過也。竊恐臣今日之言。亦前日之事也。故非擺闔之辭。離間

之說。悉士大夫有識之論也。可以質於天地。可以達於君親。不愧於
人。不畏於後臣區區之心。章觀咫尺。恥有見聞不盡愚忠。雖異日為
傾邪所害。貶竄誅戮。臣亦無悔。伏望陛下念祖宗之基業。社稷之
盛靈。開日月之明。奮雷霆之斷。永信任忠良。而去敗亂之敝事。克復
昇平。存於此日。則天下幸甚。
慶曆中。吏部尚書夏竦進策曰。伏以國家安危。系乎蒼生。蒼生治亂。
繫乎宰字之官。於民甚親。古者子男之國。今為令佐之任。故漢詔郎
官出宰百里。百里之任。非材不居。國家之制。若何輕之。春秋之義。用
賢治不肖。用貴治賤。方今令佐。雜居叢脞。或醫師畫工之許貧窶。京
百司吏之論久次。貴游子弟之序資蔭。京朝職官之遣削奪者。皆得
調授州縣之間。吏道益雜。率多不善。文法罕諳政事。下有妻孥以牽
其心。上無清華以誘其望。縻於因循。甘於賄賂。皆曰過且罷。不失為

同類。罪一一棄不失為豪民。以是而觀。非用賢治不肖者也。況州縣之
僚。苦於庸賤。稽首階墀。廝役公府。民之疾苦。不能抗行。州之蠹食。不
敢力禁。或牧守非材。好自尊大。輕視王之命臣。不若己之僕御。賢者
忍恥。懶圖政事。愚者徇財。不顧輕辱。以是而觀。非用貴治賤者也。夫
用不肖治不肖。則政弊。用賤治賤。則民不伏。以水濟水。誰能食之。嗚
呼。縣境相壓。令長肩比。一清九濁。尚為多賢。比屋空虛。百里瘡痏。傷
天之和。致時之災。不在斯人。誰當其咎。伏念陛下軫念元元。垂意令誘
擇其材能。除其不肖。貴其爵服。去其庸賤。合仲尼春秋之義。流先王
愛民之意。則太平之化。可階而至也。
五年。翰林學士張方平乞令中書樞密院依舊聚廳議事。上奏曰。臣
竊見宰相賈昌朝陳執中等乞解兼樞密使。已降詔允所請。自古已
來。歷代之前。三公之職。無所不總。國初中書樞密院兩相兼領。臣竊

謂其時蓋是後周世宗憲欲合二府以復唐舊。及范質等罷其職。遂
致事体兩分。謀議不一。總於主斷。實煩柄馭。比以戎虜為患。邊防多
警。始命宰臣關決樞務。國論粗合。皆方為常。今疆埸雖即漸寧。戍守
未能解備。畜北虜如畜虎。飢則噬人。養鷹飽且颺去。兩相既罷去此
職。退朝必更不聚廳。便如路人。往來杜絕。今雖有處分。凡干軍國機
要。及邊陲事宜。令依舊同共商量施行。又緣朝廷舉動。惜体中外人
情。易搖三邊。忽有小警。兩地即須聚議。便是非常之事。遠動四方之
疑。合固易離。離則難合。今聖恩已聽昌朝等解罷使名。即密院文書
自不通僉。諸房事務。亦罷呈稟。臣愚以為其邊防奏報。軍馬機宜。依
舊常且聚廳。每事並皆同議。於後或有警急。庶幾得以周知。儻值有
事商量。亦免動人視聽。若或聖心採納。乞特宣諭施行
七年。方平論請通中書樞密院事。上奏曰。臣竊以朝廷政令之所出。

為事之本原。一統於中書。若樞密院。則古無有也。起於後唐權宜之
制。因循相承。兵權寖重。乃與中書對秉衡軸。至於分軍民為二体。別
文武為兩途。宣勅並行。議論難一。事無任責。更相顧望。自古為理患
在多門。況今二府之中。豈盡材能之士。朝綱内弛。邊事日生。西戎北
狄。有憑陵中夏之志。財用殫窘。百職曠廢。此時廟堂之上。豈容非材。
夫欲朝廷尊。邊事寧。其要在乎揀別大臣才不才而已矣。陛下若去
不才之人。又復誰當選用。若使宴安朝列。容身養望者。優游偷倖。則
勞臣益解体。武士益離心。蓋事体大。實在詳察。謂宜講求利害。稽復
古制。省樞密院。歸於中書。若又重於改為。則莫若通樞密院之職事
於中書。見任樞密使副。才者留之。不才者去之。其諸房吏史。且皆如
循指置施會。俟更圖議。是以一政事之本。重賞罰之權。汰冗濫之
蠹。慰俊偉之望。改而張之。不傷体裁。而成之不動衆。陛下幸與一二

宰臣稽考。深圖此議。有益於國。願斷自聖心行之。詔降制以審臣察
樞密使
八年。詔近臣論時政。方平言祖宗之時。文武官不立磨勘年歲。不為
遷升次序。有才實者。從下位立見超擢。無才實者。守一官十餘年不
轉。其任監當或知縣通判知州。至數任不遷。當時人皆自勉。非有勞
効。知不得進。祥符之後。朝廷益循寬大。自監當入知縣。知縣入通判。
通判入知州。皆以兩任為限。守官及三年。例得磨勘。先朝始行。未見
有弊。及今年深。習以為常。皆謂分所宜得。無賢不肖莫知所勸。願陛
下稍革此制。其應磨勘敘遷。必有勞績。或特敕擇官保任者。即與轉
遷。如無勞績。又不因保任者。更增展年。其保任之法。須選擇清望有
才識之人。命之舉官。如此。則是執政之臣舉清望官。委清望官舉親
民官。凡官有闕。惟隨員數舉之。庶見急才愛民之意。

仁宗時。方平請令二府各舉將帥。上疏曰。臣竊思二廣通謀。三邊設
備。外則民力漸困。內則府藏寢虛。將帥既少才謀。兵士又非精勁。安
邊攘寇。未見長策。天下之勢。深索維持。惟是用人。尤為急要。直須不
次選擇材能。伏乞陛下特降宸旨。令兩地大臣人皆舉其所知。或有
智勇堪任將帥。勤幹可治錢穀。但其才用明有所長者。各舉三數人。
俟其舉上。陛下以暇時御便殿。將所舉奏面質舉者。其前來已試用
之迹。及將來堪任使之狀。使據事實陳其材能。衆以為然。即與進用。
不惟援擢得人。亦可以見大臣知識之深淺。但用得其才。人思陳力。
即可以下集衆務。上分憂勞也。
方平又上官人論曰。臣聞股肱元首。一體而後成人。陰陽沖氣。三合
乃能生物。君臣之義。相須猶然。故理亂在庶官。安危繫所任。良臣惟
聖。后德惟臣。按歷代之典刑。觀先王之治道。莫不秉賢授任。論才賦
政。勞於圖擇。佚於任使。堯之克明俊德。舜之時亮天功。分職用人。繼
咨四岳。故堯曰。疇咨若予采。湯湯洪水方割。有能俾乂。舜曰。有能奮
庸熙帝之載。疇若予工。疇若予上下草木鳥獸。則是播種心樓擊拊
必變。各用所長。故善其事。爰及三代。官有世守。業精能勵。言務用舉。
在漢武宣之朝。亦稱多士之美。內則有儒雅質直謇正文章應
對之臣。外則有將帥奉使宣風理民之良。咸稱諸用。各濟其志。以故
西漢號為近古。凡魏晉而下。創圖之主。致治之君。未有不能駕馭英
髦。賞拔俊彥。而能建大功業。立大制度。貽謀長世。垂裕載籍者也。然
官紀之制。世增其弊。碌碌不要。末請試繇論。蓋天子惟君萬邦。圖任三
事。總百揆者則謀建庶官之長。列庶長者則博選衆職之任。畢治其
目。專領其綱。各有典司。不相侵紊。故人有所守而各安其事。為法也
簡而責效也詳。人君可以垂拱而仰成。百度所以條貫而有序。及乎

隋氏悉擧下權。一命之微。咸向王命。三銓汩混。諸流繁錯。皋陶九德
不足以盡官才之品。周官六計不足以為弊吏之法。毛玠之執衡鑒
不足以振頹俗。山公之善題目不足以發清議矣。唐氏雜用隋制。皇
朝多循唐舊。今吏部之職。分而為五。仕涂煩廣。賢愚不能周知。資格
有常。能否固難悉辨。然王者設官分職。以立民極。知人則哲。能官人
安民則惠。大臣舉賢援能。分治邦政。在乎旁招俊乂。列于庶位。夫百
司羣受。既非專達。各有其長。其旦夕承弼。出入起居。發號施令。左右
前後之士。固宜周識其善惡。各盡其器能。孰有致君成務輔相之道。
可以居廟堂。孰有折衝決勝將帥之略。可以安邊域。孰有沈謀深識。
可以斷大事。孰有純誠朴忠。可以臨大節。孰明通變之術。可以主邦
計。孰有方重之望。可以執邦憲。孰有詳練故實稽古之學。可以備對
問。孰有不畏彊禦敢言之氣。可以司諫諍。此皆帝室儀表。當世衡石

朝家較畫之所賴，生民休戚之所憑，夫不深詳乎僉議，風厲乎簡潔，一職不舉，百有闕政矣。至于專使之才，如終軍陸賈者，救人之術，如延壽黃霸者，澄清風俗，凌厲名節，如張綱范滂者，明慎刑獄，哀矜平恕，如釋之定國者，此皆內與之為政，外委之宣風，揚化之恩威，為民之紓慘者，又可不素察其能否，而充收其功用乎？臣嘗讀漢書，見元嘉中丞相王嘉上疏曰：前山陽亡徒蘇令發為盜，欲遣使問狀，時無可使者，盩厔令尹逢拜諫議大夫遣之。今諸大夫有材能者甚少，宜先畜養，使之成就，臨事倉卒乃求，非所以明朝廷也。臣每讀至此，輒發卷長息。以夫孝哀之世，其天下之廣，職位之衆，猶或宜也，而朝廷處事郡國殄寇，至無一使人之才，得非內上失素儲之道者歟？故臣深願陛下廣知臣之明，為立政之本，采核周親疏之間，信任存始終之禮，使端良之士夙夜乎左右，才德之臣表率乎臺閣，廉能之吏剸守乎州郡，則陛下國可以高拱乎太紫，凝神乎穆清，不出戶牖之前，而天下固已理矣。臣才驚識近，不通理要，相時官人之道，稍近乎政之損益者，論著于後，搜所遺焉。謹論。

方平又上用人體要論曰：臣伏以皇朝兩府，前代三司，所以平章廉政之經，總覽萬事之紀，下賦羣吏之職，旅成天下之務。故高宗以傅說作相，而說旁招俊乂，列于庶位。周官太宰以八柄詔王馭羣臣。西漢丞相東西曹，或起為中二千石。東漢三府察廉秀高第，出補刺守，入居卿校。南朝晉宋以來，五品已上，執政與吏部參掌。以至于唐，宰臣猶得以不次進用官吏。代宗時，元載當國，而公道隘塞，常袞預政，而人材壅滯。及崔祐甫作相，日除小數人，未逾年，凡除吏八百員。上問：或謗卿所除官多涉親故，何也？祐甫曰：進擬庶官，必量能補任，臣若與其相識，方可粗諳人才，若素不知聞，則何由察其言行？上以為然。識者是之。憲宗時，李吉甫自承旨作相，謂學士裴垍曰：吉甫自尚書郎流落遠地十餘年，後進人物罕所接識。宰相之職，宜選擢英俊，君多精鑒，幸聞今之才傑。垍取筆疏其名，凡得三十餘人，數月之內，選用略盡，當時翕然稱重，吉甫有得人之稱。自文宗之世，宗閔德裕之輩，挾私後公，結援相傾，而朋黨之議興焉。故文宗曰：去河北賊至易，去此朋黨實難。由是進用一官，遷除一吏，各相顧瞻，恐涉譏議，豈至公宰物之道歟？伏惟我太祖太宗之朝，擢賢任能，使人以器，才略奇傑，或數年而至公相，猥昧無庸，或逾紀而不改官，或甲品而屢要重，或高秩而居冗散，升沈取捨，惟才是視，故能興造功業，妥綏四表，制度遺文，貽厥永代。夫功名所立，必由駕馭，後世因循感弊。蓋自承平之久，在今致理之本，莫先官人之事，助陛下官人者，豈非宰相乎？官至御史臺省，遷用之命，故在政府，郎官已下，為乎審官，旨授之職，統乎選曹，是二有司者，宰司實掄之。且今外任之重，國權所寄，不在廉刺之職，分而為二，轉運使、提點刑獄者也。天下諸道不登百人，是百人者誠才，則天下之政舉矣。此陛下所當東諮，宰司所宜慎選者也。臣比見詔書，吏委兩省兩制薦舉，此固朝廷不欲私用人之柄，與天下公共之意。然凡被舉者，又果盡賢乎？若類其資歷，第其秩俸，貫魚受寵，無復區選，定焉於乾，不知適變，是猶按伯樂之圖而求騏驥於市也。臣愚謂宜斷自宸明，遠遵往制，以用人之柄責於宰司。凡滯淹之才，俊傑之器，名行磊落，衆實共聞，自可越次甄升，急收其效。若依階躐級，豈曰用人？雖大吏而不能厥職，居剌守而不閒治務，大者宜罷歸田里，小者宜退從冗散。漢官儀曰：三公聽採長吏臧否，人所疾苦，條奏之，是為舉謠言。又漢舊制，州牧奏二千石不任位者，事皆下三公，遣掾吏按驗而黜免之。此前代中外羣吏升黜善惡，咸自宰司之故事也。既付之以柄，推之以誠，則一夫不獲，一官不舉，陛下有所問之矣。或曰：經綸屯昧之時，則有不次急用之擢；持盈守成之時，自宜遵常守故而已。臣以為此乃腐儒之謬說，豈英主之遠謀。且陛下向者躬覽萬機，再新區極，獨斷不謀，拔才振滯。彼一二臣上膺獎擢，咸自早歲驟升清要，又豈資任之云乎。況此三司實掌衆職，動而引例，何謂掄材。能者一日而在下，則失一日之益；不能者一日而在上，則有一日之損。故升拔善良，斥遠邪惡，以一日為晚，何遵常守故之謂乎。夫然，故上下盡心，庶官修舉，天下之士可得而官使也。上無焦勞之憂，旰昃之慮，而百職理矣。謹論

七年，詔群臣陳左右朋邪、中外險詐而無所行。殿中侍御史何鄭請閱實其是否，因論誠與疑乃治亂興亡之本。上奏曰：臣聞興邦國之治，在通上下之情；通上下之情，在体天地之道。故天地交而萬物告

由至和被焉，君臣交而衆情達，緣至誠感焉。在易有之，上下相交而志同，則為泰，蓋人情亨通而至也；上下不交而志乖，則為否，蓋由物情乖阻而然也。斯道得失，繫時興亡。傳曰：商以兆人離，周以十人同。離則自疑生，同則由誠至。唯誠與疑，乃治亂興亡之本，人君可不鑒哉。恭惟陛下以寬大之資，紹宅丕緒，以博厚之度，信待羣后，純用一德，懷來衆心。然而歷選大臣，其間豈無一持詐之者；博求多士，其間豈無一懷欺之人。然不可以一臣詐而疑衆臣，一士欺而疑衆士。嚮以陛下懲艾所任，疑阻微生，羣臣承風，殊少開悟，獻封章者迎陛下之意，多有嫌避；明約來者覘陛下之旨，動設猜防，日增月加，寖成其弊。於國体有損，於人情靡安。今略舉疑貳之大端，是以明其害而監其失。夫擇官者，宰輔之職，今補一吏，則疑其涉私，故常煩勞於親決矣。分閫者，將帥之任，今專一事，則疑其異圖，故多方而加其羈制矣。特訪者，大臣之体，今見一言，則疑其請託，故賓客有待而不許接矣。相先後者，士人之常，今進一善類，則疑其朋黨，故推薦不得而行矣。分邪正者，言官之職，今斥一邪人，則疑其實情，故忠憤不得而伸矣。凡在任事者，皆公卿士大夫之職，周旋忠力，乃其責也；彼之觸法，皆胥吏小人之事，乾沒奸利，乃其分也。今待周旋忠力之人，防如乾沒姦利之類，欲其廉恥興行，人物忠厚，不可得矣。一生此風，遂致弊俗，非但君疑於下，抑亦臣疑於上焉。故大臣疑用之不專，則不敢任事矣；小臣疑待之不厚，則不敢輸忠矣；偕顧問者疑言之不從，則不敢抗論矣；懷忠讜者疑誠之不達，則不敢盡規矣；慕功名者疑任之不固，則不敢專行矣。若循此不返，是朝廷無必可信之士，無必自保之人。君臣上下交相疑，而欲天下無否塞之患，猶卻行而求及前人也。此非陛下素志之然，皆臣下避忌順成之過也。夫不忌不克，周文所

以基王迹也；豁達大度，漢高所以成帝圖也；雄猜多忌，魏武所以失君德也。唐太宗於君臣去形迹，而致貞觀之治；德宗待宰輔多疑貳，而召奉天之亂。此數君者，皆非常主也，然而無忌克能豁達，則興邦至治之如此；持雄猜懷疑貳，則失德召亂之如彼。是皆往世明驗顯蹤，不得不戒之。爾伏望陛下体天地所以交泰，而推誠於君臣之際；監周文、漢高、唐太宗所以興邦致治，而圖其安；戒魏武、德宗所以失德召亂，而防其危。分國政以授之相，委戎事以歸之將。至於羣司多士，各付所職，使尊者執其要，卑者治其詳。陛下高拱而統臨之。唯威福政令則必自己出，其他盡付之有司，孰敢不為陛下悉力也。傳曰：疑則不任，任則不疑。斯理之然也。以陛下今求治之心，其事在一易慮之間爾，何憚而不為。但慮及之，則風俗可丕變，天下可亨會治平，矣何遠之有。臣以愚淺，素懵治體，然竊念今日之賢士大夫，以疑

任相，專以成陛下之失，故敢覼縷而陳之。夫忠志則語切而辭多。伏惟聖明不以狂愚而遺其言，則死幸甚。

皇祐二年，鄭知雜事論宰相擇賢材而久其任。上奏曰：臣竊以唐虞三代，成天下之治，爲日曠久不敗者，非其時之易治，由其君在位久，歷年多爾。然不唯其君在位歷年之久，抑亦由任其臣專且久也。虞之賢臣，皋陶爲冠，夏之賢臣，伯益爲首。舜禹任之，與之始終，故能成主治。湯得天下，以伊尹爲輔，不唯其身任之，及其子孫亦任之。太戊之在位，其相伊陟而已。高宗之中興，其相傅說而已。皆終其世而未嘗聞一易人焉。所以能享其名。周武創王業，唯周召之用，不唯其身用之，及其後王亦用之，所以能成其功。漢高之取天下也，以蕭何，其治天下也，亦以蕭何。何之終，繼以曹參。亦不唯其身任之，至於後嗣亦任之，所以能大其業。劉備之得蜀中，晉元之得江左，顧其業亦甚微矣。

然而能抗衡中夏，延及數世者，以任諸葛亮、王導專久之致也。唐太宗成貞觀之治，非他也，由其信房杜王魏、長孫之篤而致也。明皇致開元之治，亦非他也，委姚崇、宋璟之固而致也。東漢李固、杜喬、陳蕃，時君亦知其賢而用之，然用之不能終，爲邪險害之，所以遠衰危之患。隋高祖平天下，由其任高熲之功，任之不能終，以楊素承之，所以無宏遠之業。憲宗之平夏州，破淮蜀，由任杜黃裳、裴度、崔羣而致也，任之不能終，以皇甫鎛、程异間之，所以復有叛渙之患。凡兹歷代任人之效，任之不厭其久，未始不致治，任之不保其終，未始不致亂。爲人君者，必以是爲鑒，則庶幾漂漂三代之際矣。後漢治郡縣，司倉庫，皆官之輕者，然而當善其吏，久而至子孫者爲美，況其任天下之事，而欲朝受命，夕成功，未之有也。伏惟陛下勵精致理，擇賢爲輔，自始即位，及今所命二府之臣，已數十人，以三朝所任人校之，皆不若今之

多也。然而亟用亟罷，不能待久。其遠者五七年，次者二三年，下者又不及之。唯呂夷簡在相位十數年，中間兩罷而復用之。李迪兩被進拜，始任之數月，其罷也才逾年。杜衍之拜，甫及百日。雖進退用捨，聖慮所決，必皆有爲。然而人情見陛下始用之，不聞其盡賢，既退之，不知其有過，其謂諸臣出入二府，皆其常也。但官重則可以補矣。故近來仕至兩省官者，人莫不皆有大用之望。其望無他，不過冀享祿以溫家族，假官勢以榮子孫。甚者謂一歷二府，得書黃紙，則以爲榮。此不可怪也。用二府之臣，計非陛下苟用之，必以其有輔天下之望者矣。天下之人亦□望於諸臣焉。自進用及今，不累月而星變爲異，以前世之事爲驗，多謂於大臣不利。天道幽遠，災異之發，固不虛應，然不必在於一端也。竊恐傾危之士，緣以爲言，或以過有災異，則固當罷免，或以避禍患，則退自安全。陛下或無所持，不堅，一爲浮言所移，諸

臣又將不安其位也。今之任者既不能自固，後之來者亦未必能安也。若是，二府無一定之任矣。二府無一定之任，而欲議天下之治，其無日矣。人君有聖明之資，可樂也。尚孳孳勞於求賢者，亦與之圖致治之具，使功業成於當年，名歸榮於後世爾。以陛下聰明神聖之資，於堯舜遠甚，然在位僅三十年，而政理文采，未暇浸淫於漢唐之間。由任大臣不久，而人爲苟且之計也。夫國家之弊，莫大於人臣苟且。況大臣乎。今日任大臣者，可謂弊矣。伏望陛下懲既往之失，而圖將來之得。其於二府大臣也，必知其賢，然後用之。既用之，必使久於職焉。既久矣，必待之以勿疑焉。審此數端，擴日歷年，而責其成功，人雖中材，荷陛下信任之固，必將勉強爲陛下宣力，而講長世之謀。況任得賢材而又久，則堯舜之治無難及矣。

仁宗時，直龍圖閣知潞州尹洙上奏曰：臣聞至治之本，在於務大體。

不在乎任察也。漢明帝察察。唐德宗以察為明。皆著譏前史。非盛德之論。然則衆之好惡必察之。臣丁忠邪必察之。非謂究發隱微作為聰明者也。近聞詔獄所治頗多善士。因醉飽之咎發曖昧之罪。臣竊以為過矣。大抵士君子少長脩飭。始終如一。著皆純固介特之士。舉朝論之。百不一二。至於年位尚輕。頗或疎縱。及寄責稍重。始自矯厲而能建事功於世。立名節之效者。不可勝紀。此殆常人之情。明主所深亮也。茲是雖性。臣所慮者上下相伺。動輒得咎。刻薄之風寖以成俗。於盛明之治所損不細。非特為二三子言也。又比年以來。既行之愚尚或中寢。既用之法罕蒙開釋。豈搏擊之言易以進。寬厚之論難為陳哉。伏惟陛下采漢臣寬和之義。鑒吳主狡事之弊。因慶澤之後發寬大之詔。明諭有司。凡臣下纖介之愆。非蠹損教誼侵害民物者勿復以聞。至若暴亂之萌。驕僭之原。誣罔朋比。徇私贓汙。此王誅之所先。顧陛下留神聽察。然去其細而遺其大。則善者懼而惡者戒矣。狂瞽之言。惟聖明財擇。

翰林學士王珪舉王安國狀奏曰。右臣竊覩漢之取士非一。孝悌醇謹郡國舉茂材孝廉與夫文學之高第。又令丞相御史采賢才敦學醇遜有行者而舉之。間有奇異。又博求賢良方正直言極諫之人。漢所以同風三代者無異術。特以得人為盛爾。伏見應茂材異等科王安國。翰林學士安石之弟。行義純茂。而學足以明先王之道。其少已自高。恥與天下士出入場屋間。況肯晚同門蔭子弟以苟一時之進哉。今年將四十。身不得廁皁衣之列。行與陛下之民老于太平而無所為。士大夫咸為惜之。夫三歲一詔貢舉。而實學者未必盡得。制科所得。又不過一二人。豈若漢博取而廣收之。若安國者。儻得間有所收。不亦為明朝得人之助乎。伏望特許如王回孫侔黃君俞等例。除一恩命。且令於國子監講說。以試其長。或不如所舉。豈當坐冒聞罔達之罪。

珪又薦孫侔林希劄子曰。臣伏觀前代之治。逸於享國者未始不勞於求賢也。夫以九寰之邃。非可以博覽天下也。固必考薦者之言而後試用之。臣伏見試秘書省校書郎孫侔。行義純正。好學不倦。少嘗游于場屋。其後遂退居江湖。然其所為詞章。能下於諸生也。知永興軍劉敞奏掌本道機宜。亦辭不就。辟夫士於困窮之中。秉節自高。顧今豈多得邪。又新杭州於潛縣尉林希。材學過群。衆所共聞之。昨羅官闕中。略至京師。未擇祿而去。未嘗一涉權勢之門。彼誠安於中而不怵于外。與夫煦煦然苟營於人者。不亦遠哉。伏望朝廷並擢為國子監直講。庶使闡劘道藝於勸學之路。豈云無補之。

珪又薦丘與權劄子曰。臣伏以求治之朝。而翰墨之臣無以愈於薦

士之補也。伏見福州閩縣主簿丘與權。景祐中。有聲科場。自爾二十餘年。困于州縣。然孤潔自遠。米鹽苟合於當途之人。觀其藝文優深。議論純正。竊謂遭時右文。宜見收采。臣今保舉堪充國子監直講。如經擢用。犯正入己贓。臣甘同罪。

珪又薦李徽之劄子曰。臣伏見諫議大夫李徽之。相門之秀。蚤探經術。前後累更寄任。而其治不與俗吏同務。昨差知鳳翔府。先帝知其名。特召對而遣之。近以疾求領南京留司御史臺。今聞疾已平。尚在陳留未赴。任方朝廷急於用人。若徽之者。可惜置之閑廢之地。望特出宸衷。試許入見。觀其議論可取。卻與一要劇差遣。則徽之既蒙省錄。當益盡補報之心。

珪又薦李摩劄子曰。臣伏見太子中舍李摩。故諫議大夫繹之子。少有才組。見推鄉閭。歷官以來。累有大臣薦辟。以異茂之器。飾以文雅。

舉有可觀昨因被病退居閑中涉今累年如聞所患已平但安恬自守未欲一來京師兼庠未分司以前久不下磨勘文字舊有名試宿擇亦辭而不就其風節誠可嘉尚欲望朝廷特與就除陝西一合入差遣庶廣惇勸之路

知制誥劉敞乞叙用呂溱狀奏曰右臣伏見南京分司呂溱降官責廢已來聞諸道路皆謂坐費公使錢罪當奪官嘗見呂溱歷典蘇楚杭徐數州所至皆有風稱絕無貪名況其壯年已在近侍豈肯自棄如此然其爲人資性疎闊脫略細務誠恐撿防不至致陷深法臣竊見頃年蘇舜欽監進奏院日費官故紙爲伶人之費坐監主自盜除名爲民遂卒貶所事出仇人情輕法重至今天下冤之臣恐呂溱所犯多或類此兼溱素負尊禄閑居便至失所伏望朝廷矜憫特賜牽復使溱少加撿防未忽鄙碎盡心臨事其於補報陛下未可量也

干澆聖慮臣無任戰懼之至謹具狀奏聞

吳育知陝州進資政殿大學士名還判尚書都省一日侍讀禁中帝因語及臣下毀譽多出愛憎此所當慎也育曰知而形之言不若察而行之事聖主之行如日月之明進一人使人皆知其善出一人使人皆曉其惡則陰邪不能構害公正可以自喜百王之要道也

皇祐初王舉正拜御史中丞乃奏張堯佐庸人緣妃家一日領四使使賢士大夫無所勸未報舉正因留班廷諍乃奪宣徽景靈二使又言先朝用人雖守邊累年者官止邊郡刺史今所用未盡得人而剋期待遷使後有功者何所勸耶且轉運使察官吏能否生民休戚賴焉今甫下而數更不終歲而再易恩澤所以未宣民疾所以未瘳者職此故也

皇祐中孫抃以右諫議大夫權御史中丞劾下諫官韓絳論奏抃非紕繆亦未可任風憲詔即手疏曰臣觀方今士人趨進者多廉退者少以善求事爲精神以能訐人爲風采捷給若嗇夫者謂之有議論刻深若酷吏者謂之有政事諫官所謂才者無乃類是乎若然臣誠不能也仁宗察其言遂視事

監察御史傅堯俞彈孫抃上奏曰三公之官歷世攸重蓋所以鎮撫夷夏燮和天人苟非其材闕而不備必使俊傑不待乎次進常品不可以苟至則天下想風靡然皆勸陛下天度廣納恩過乎厚在位者叙未要勤勞而寵光已溢往往延和觀望計校其淺深薄厚不知自省以圖報塞稍復遷延未登大用兼內懷怨懟不平之色見於顏面者何哉以衡軸之地牽至者時有而不任責之罰常輕耳此當世大弊陛下所宜深察臣竊見參知政事孫抃歷叙自守望實俱輕徒以高科久居清列承旨翰苑無歎於抃乃使若更二府積有歲時當寓

撫之榮無一毫之助居其位而不預其事甘其寵而不知其譯昏塞之路日以派聞傳笑士民取輕夷狄每進趨軒陛首優長顧勤勞之臣竊爲之解倦上累日月之照將爲方冊所謗亡郡縣小官稍不稱職謂爲尸素無益誅譴免逐者多矣豈有賦禄萬鍾備員三事愔然無知可以久處其任者一伏望陛下不以臣言爲妄不以臣狀留中付外施行俾抃罷免少抑貪幸且礪忠勤不獨臣愚謂然實中外顒顒之望臣不勝懇激之至

堯俞又乞停薛向新命上奏曰伏以二府之設大政所出各有分職共熙天朝無相奪倫乃可言治懷敘弱採綱紀而自紛之欲使百司安所取法此源一啟其流將大風聞陝西轉運副使薛向到闕參議馬政幾經有條貫是否皆未可知朝廷推恩頗異常等既落權字又候二年除轉運使轉運使自隸中書門下而樞密院一切專行臣雖

淺悉不練國家故事。若果如是者實紊綱紀。誠非細故。豈可因循。伏望陛下斷自宸衷。停薛向新命。況向資歷尚淺。寵任已優。俟其績用有成。進擢未晚。不獨審慎名器。塞僥倖之路。且使中書樞密院名分各正。臣非區區為薛向言。蓋以朝廷事体不容虧損。苟有所顧。當窒其源。惟陛下必賜施行。臣不勝懇激之至。

知制誥胡宿乞留三御史上奏曰。臣竊以御史者天子耳目之官。所以上廣聰明。下防威福。若有畏懦無狀。緘默不言。即是尸祿素餐。負陛下之任。使罷之可也。若其不畏強禦。糾發姦違。可謂能言。是其本職。旌之可也。近聞臺官彈奏事連宰相。陛下不置詔獄按問。止令開封府訊狀。憑劉宗孟一面單辭。黜三人御史。於朝政有損。於人情未服。昨日聞御史差勑留中未下。外議皆謂必是聖心覺悟。不黜臺官。人情莫不喜悅。剛猛御史。自古難得。今若逐去。須別舉人。所舉之人未必能勝此也。近日讒見未息。姦究須防。古人有言。猛虎在深山。藜藿為之不採。猶言直臣在朝。姦臣遠避也。臣欲乞降旨留三御史在朝。以警姦邪。臣昨晚蒙宣召。已曾面論此事。欲乞聖慈更賜詳度。

至和元年。言事御史馬遵論安危之機在於命相。上奏曰。臣每讀唐書見宰相崔群對憲宗論開元天寶中事。未嘗不廢卷而嘆。以為知言。其略曰。安危存亡繫所任。明皇用姚崇宋璟張九齡則理。用李林甫楊國忠則亂。人皆以天寶十五年祿山自范陽起兵。是理亂分時。臣以為開元二十年罷賢相張九齡專任姦臣李林甫。理亂自此已分矣。其切至明白如此。豈不謂之知言乎。蓋人之用舍存乎前。國之安危係乎後。譬猶養身常須畏疾。不可以覺痛之日。始為受病之辰。當審之厥初也。竊聞輔臣累懇求退。或慮聖慈重違其請。則別須求之以付大柄。今山推別都之鎮。日食正陽之朔。天變仍見。多事可慮。

伏望陛下深惟三聖基業之大。四海生靈之命。采中外之公議。斥左右之私言。鑒開元天寶之理亂。戒林甫九齡之用舍安危之幾。在此一舉。間不容髮。雖悔何追。陛下擢臣列諫之中。任之以言事之責。日夜惟念無以補報。若煩碎迂闊之論。不敢上煩天聽。惟中書政本。命相用人。最為急務。與其後時而悔。不若先事而言。在職所宜。雖死無恨。惟陛下留神省察。則天下幸甚。

嘉祐元年。遵又論宰相逐諫官。乞與辨明。疏曰。臣聞御史中丞張昇累上殿論列。為趙抃等昨乞外任。奏章雖入。朝旨未從。及宰相劉沆獨入文字。指言抃等朋黨及罪惡條件。因此除出。則是成命雖自朝廷。本意實由宰相。所以外議喧譁。皆謂宰相逐諫官。非厚誣也。切觀自古帝王皆以聽忠為賢。拒諫為醜。今頻年出臺官。非朝廷美政。損陛下聖德。若因張昇論列。特與辨明。四方聞之。皆知臺官之出。非陛下本意。正朝廷之体。全陛下之名。在此一舉。臣以當職。須合力言。為朝廷惜体。為陛下惜名。非特為諸臣而發之也。臣無任區區納忠之至。

遵又疏曰。臣聞御史中丞張昇累上殿言宰相獨入文字。除出臺官趙抃等不當。若謂抃等素非善人。不當除為臺官。既為臺官而後有過。亦當即時罷黜。不可久令在朝。俟其求出而後言之。即當行降責以正典刑。不宜尚帶舊官。猶專民政。如其無過。豈敢以空言止除小郡。本末而言。皆為未允。若謂奉行條貫。當出。則中書條貫甚多。未必盡能執守。只如宣徽使明有定制。不得過兩員。今除四員矣。如此之類。不可條陳。未聞別入文字。持有條陳。以此而言。乃是意欲舉行。即引為詞耳。宜張昇再三辨明而不能已也。自來臺官多不為人所喜。而陛下尤甚。非權臣天性惡之。蓋使之然也。若非聖君主張。盡令權臣廢置。則諫垣憲省之中。求過避禍之不暇。豈復能為朝廷計哉。陛下聖明必照此事。伏乞英斷。

至和二年。侍御史趙抃乞勿令歐陽脩等去職。上言曰。臣伏以天子南面之尊。左右前後須得正人賢士為之羽翼。朝廷有大賞罰可以詢訪。有大闕失可以裨益。有大急難可以謀議。有大禮法可以質正。竊見近日以來。所謂正人賢士者紛紛引去。朝廷奈何自剪除羽翼。臣未見其能致遠也。憂國之人莫不為之寒心。如呂溱知徐州。蔡襄知泉州。吳奎被出知壽州。韓絳知河陽府。此皆衆所共惜其去。又聞歐陽脩乞知蔡州。賈黯乞知荊南府。侍從之賢。如脩輩無幾。今堅欲請郡者非他。蓋傑然正色立朝。既不能曲奉權要。而乃日虞中傷。皆欲扳溱襄奎絳而去耳。今陛下又從其請而外補之。臣恐非朝廷之福。朝廷萬一有緩急事。則陛下何從而詢訪也。何從而裨益也。何從

而謀議也。何從而質正也。所失既多。雖悔何及。詩不云乎。濟濟多吉文王以寧。此謂文王雖大聖人。得居尊安寧者。蓋在朝多賢哲之士而致之然也。臣愚伏望陛下鑑古於今。勿使脩等去職。留為羽翼。以自輔助。則中外幸甚。臣無任懇切納忠之至。

歷代名臣奏議卷之一百三十四

歷代名臣奏議卷之一百三十五

用人

宋英宗時。張方平論進用臺諫官事體。上言曰。伏見天禧元年初復臺諫官詔勅云。所置臺諫官三年內不得差出。仍不兼領職務。候及三年。或屢有章疏實能裨益。特越常例。别與升遷。若職業蔑聞。言事無取。移授散秩。仍遣監臨。比來朝廷命臺諫官甚異先朝本意。蓋臺諫官之設。所以切磨理體。助為聰明。非使其生事招權為仕宦捷徑也。粤自近年增置員數。而又進擢殊速。聽用過當。頗開朋黨險危。善良鼓動風波淪胥以敗。此雖易轍。尚存遺俗。不有丕變曷扶國體。乞今後應臺諫官宜如天禧詔勅。俾之久於其職。以觀其效。儻於政令無所發明。雖有奏論不適理道。稍明黜陟用勵公忠。庶明治方以風化下。

時言事者數與大臣異議。樞密副使呂公弼諫曰。諫官御史為陛下耳目。執政為股肱。股肱耳目必相為用。然後身安而元首尊。宜考言觀事。視其所以而進退之。

治平元年。殿中侍御史呂誨乞中外之臣出入更任。上奏曰。臣竊以漢宣時。悉出諫官補郡吏。諫大夫蕭望之為平原太守。內不自得。因上疏求還。守少府。未幾。復為左馮翊。憂畏移病。上遣使諭意。蓋知望之材任宰相。欲詳試以政事故也。唐陸贄亦言中外迭任。誠為國求治之切務也。臣伏覩臣寮有初任不曾歷外官。後未嘗出國門。致身高位者甚非公朝用賢詳試之道也。而又比年二府用人。除拜不出於京師。重內輕外。亦以明矣。以此居內者安為倚附。唯恐補外。居外者久而不復。自謂絕陞進之望。使盡賢於蕭望之。亦未必能平於中也。陛下即位之初。馭臣之道。宜使均平。漢宣詳試之術。思任賢共理。俾中外之臣出

入要任。考其績效。責以名實。以是取人。得之必多。太平之治。不難致矣。惟聖神留念。天下之福也。

二年。誨乞親擇御史上奏曰。臣伏覩御筆除授殿中侍御史范純仁。監察御史裏行呂大防。朝命既出。公議皆允。臣聞漢孝武即位之初。田蚡爲相。薦人或起家至二千石。權移主上。帝乃曰君除吏盡未。吾亦欲除吏。非明哲之君。智能燭理。則威福之柄幾爲田氏專矣。臣見陛下始除二人者。誠有旨哉。臣向來所陳請令中外兩制官。每歲各舉才能之人。藉於禁中。要堪任使。即請宸衷自擇。免臨時薦舉。可以杜絕請求之路。此至公之法。願陛下久而行之。被用之人。莫不歸感上恩。必盡死節以圖報效。自昔興王之道。未有不繇於是也。惟聖慮以操柄之重。謹始克終。天下幸甚。

英宗時。誨知諫院。又上疏曰。臣聞漢宣帝拜刺史守相。必親見問。觀其所繇。退而察其行以質其言。有名實不相副。必知其所以然。斯最切於治道也。國朝故事。親民官通判以上擬任。先引見。仍於中書呈身。替還知州。許上殿言利便三事。乃察言觀行之體也。比年引見呈身如故。但未嘗親問。中書不閱實言利便三事。亦皆罷之。天下郡守不得人者十五六。豈聖朝求治之意哉。疏遠之臣。有終身不得近清光。伸一言以紓素蘊者。欲君臣之道相屬。上下之誠相接。不亦難乎。臣欲乞今後凡除擬知州人。引見日。令上殿。親有所問。審察其人。仍俾中書閱其可否。然後授之以任。替還依舊許言利便三事。因而綜核。必得其實。

誨又乞添置言事官上奏曰。臣竊以臺諫官者。人主之耳目。中外之事。皆得以風聞。蓋輔益聰明。以防壅蔽。臣伏覩天聖景祐間。三院御史常有二十員。而後日益衰減。蓋執政者不欲主上聞中外之闕失。然亦不下數員。今御史闕中丞者累月。御史五員。差出者二人。唯臣與范純仁呂大防供職。封章十上。報罷者八九。諫官二員。司馬光遷領他職。傅堯俞出使。廟廷諍臣僅同廢置矣。自古言路壅塞。未有如今日之甚也。臣切爲聖朝惜之。下情何得以上通。天聽何由而遠及。臣伏乞聖衷鑒照。斯弊特爲振起。添置言事官員數。以廣聞見。實求治道之大要也。

三年。參知政事歐陽脩上奏曰。臣竊以治天下者。用人非止一端。故取士不以一路。若夫知錢穀。曉刑獄。熟民事。精吏幹。勤勞夙夜。以辦集爲功者。謂之材能之士。明於仁義禮樂。通於古今治亂。其文章論議。與之謀慮天下之事。可以決疑定策。論道經邦者。謂之儒學之臣。善用人者。必使有材者竭其力。有識者竭其謀。故以材能之士布列

中外。分治百職。使各辦其事。以儒學之臣置之左右。與之日夕謀議講求其要而行之。而又於儒學之中擇其尤者。置之廊廟。而付以大政。使總治群材衆職。進退而賞罰之。此用人之大略也。由是言之。儒學之士可謂貴矣。豈材臣之後也。是以前世英主明君。未有不以崇儒術學爲先。而名臣賢輔出於儒學者。十常八九也。臣竊見方今取士之失。患在先材能而後儒學。貴吏事而賤文章。自近年以來。朝廷患百職不脩。務獎材臣。故錢穀刑獄之吏。稍有寸長片善爲人所稱者。皆已擢用之矣。夫材能之士。固當擢用。然專以材能爲急。而遂忽儒學爲不足用。使下有遺賢之嗟。上有乏材之患。此甚不可也。臣謂方今材能之士。不患有遺。固不足上煩聖慮。惟儒學之臣。難進而多棄滯。此不可不思也。臣以庸謬。過蒙任使。俾陪宰輔之後。然平日論議。不能無異同。雖日奉天威。又不得從容曲盡拙訥。今臣有館閣取

士愚見具陳如　別奏欲望聖慈因宴閑之餘。一迂睿覽或有可采乞
常賜留意。

脩又疏曰臣竊以館閣之職號爲育材之地。今兩府闕人則必取於兩制兩制闕人則必取於館閣。然則館閣輔相養材之地也。材既難得而又難知。故當博采廣求而多畜之。時冀一得於其間則傑然而出爲名臣矣。其餘中人以上優游養育以獎成之亦不失爲佳士也。自祖宗以來所用兩府大臣多矣。其間名臣賢相出於館閣者十常八九也。祖宗用人初若不精然所采既廣故所得亦多也。是以有文章有學問有材有行或精於一藝或長於一事者莫不畜之館閣而獎養之。其傑然而出者皆爲賢輔相矣。其間不至輔相而爲一時之名臣者亦不可勝數也。先朝循用祖宗舊制收拾養育得人尤多。自陛下即位以來所用兩府之臣一十三人而八人出館閣。此其驗也。只自近年議者患館閣之濫遂行釐革而改更之。矯枉失太過立法既峻取人遂艱。使下多遺賢之嗟國有乏材之患。今先朝收拾養育之人或已被遷擢或老病死亡。見在館者無幾而新法艱阻。近年全無遷進。臣今略具館閣取人舊制并新格則可見取人之法如何所得之人多少也。

一舊制館閣取人以三路進士高科一路也。大臣薦舉一路也。歲月酬勞一路也。進士第三人以上及第者并制科及第者不問等第並只一任替回便試館職。進士第四第五人經兩任亦得試此一路也。兩府臣寮初拜命各舉三兩人。即時召試此一路也。其餘經歷煩難久次或寄任重處者特令帶職此一路也。今三路塞其二矣。自科場改爲間歲後第一人及第者須兩任回方得試。自第二人至第五人更永不試制科入第三者亦須兩任回方得試。其餘等第並永不試。則進士高科一路已塞矣。兩府大臣所薦之人並只上簿候館職有闕則於簿内點名召試其如館閣本無員數無有闕時故自置簿來至今九年不曾點試一人。則大臣薦舉一路又塞矣。惟有酬勞帶職一路尚在爾。

一新制館閣共置編校八員本爲館中書籍久不齊整而館多別有差遣不能專一校正。乃別置此八員。故選新進資淺人令久任而專一校讎。所以先令作編校二年然後升爲校勘。爲校勘四年後升爲校理。爲校理又一年方罷編校別任差遣然自置編校後適值館閣取人之路漸廢。今議者遂只以編校爲取士新格往時直館直院直閣校理皆無定員惟材是用不限人數。今編校限以八員爲定。以此待天下之多士宜其遺材於下矣。八員之内仍每七年方遇一員之闕而補一人。以此知天下滯材者衆矣。

右以臣愚見編校八員自可仍舊每有員闕令中書擇人進擬陛下必欲牢籠天下英俊之士則宜脫去常格而獎拔之。今負文學懷器識磊落奇偉之士知名於世而未爲時用者不必惟陛下博訪審察悉召而且置之館職養育三數年間徐察其實擇其尤者而擢用之。知人自古聖王所難然不以其難而遂廢。但校十而得一二。亦不爲無益矣。況中人上下養育獎成之不止十得一二也。

知制誥韓維繳蘇寀詞頭論同時斥六諫臣。上奏曰臣今月七日中書送到詞頭一道除刑部郎中蘇寀守本官兼侍御史知雜令臣撰詞者。臣切以自濮安懿王稱親三御史得罪以來群議洶洶人情不以爲愜傅堯俞等復不肯就職論事愈急士大夫切爲朝廷憂之而變遽作奚狀加慢忠義愛君之人往往切議陛下因此微懷

刑前詔之失。大還放逐赫然有爲以新德政。今忽除蘇寀爲御史知雜。則堯俞等豈復可留之望。武同時而斥六諫。臣切恐祖宗以來未有此事。内失人望。外啓戎心。虛災異先見之戒。開禍敗不測之端。臣驟蒙拔擢。典司告命。不敢阿諛隱諱以孤陛下任使。其詞頭不敢奉行。已具狀繳納中書訖。臣緣此事兩違詔旨。自度罪惡深大。必不得復見清光。然區區愚忠。猶願陛下深畏天戒。謹察人情。以爲社稷之計。

治平間。維知通進銀臺司。論范鎮請郡劄子曰。臣竊聞翰林學士范鎮上章求補郡。外議藉藉。皆以爲陛下以鎮作宰相批答不稱旨。諭令解去。不知此事虛實果如此者。臣竊爲陛下不取。鎮誠有罪。自可明正典刑。若其所失止在文字之間。苟非甚悖義理。猶當函容以全待近臣之体。陛下前黜錢公輔。中外莫不以爲太重。至或相傳謂公

輔別有過惡。主上不欲暴揚。故行遣至此。陛下連退二近臣。而衆人皆不曉。然知其所謂。臣恐自此臣下各懷疑懼。莫敢爲陛下盡心者。鎮今既從其自請。例須換職領郡。於鎮何損。但可惜者。陛下舉措。朝廷賞罰耳。臣近對延和。嘗論人君好惡。當明賞刑以示天下。使人知所從避。則風俗可移。又以爲雖聖賢思慮。不能全無過差。假如陛下設有處分。改之則是章納善從諫之美。此語甚近。陛下亦應記得。臣驟蒙拔擢。不敢俛默自同衆人。伏望聖慈察臣獨者所言。更於此事精加思慮。及其未有成命。速賜回革。所冀不至上累聖德。

維又繳納舉臺官勅第一劄子曰。臣昨日閤門送到勅一道。令臣舉官二人充御史。臣伏以知人之道。古今至難。故聖王取士之法。必有所試。見其迹效可用。然後升進。乃不失人。臣伏見呂誨等剛果強勁。守義不回。至于犯死亡之誅。不顧忌諱以盡論議。求之古今。如此至少。臣又聞陛下獨者自出范純仁呂大防二人姓名除御史。衆見純仁等能竭節言事。皆謂陛下明於選任得人。純仁等不負陛下所知得事君報國之道。今一旦斥逐遠方。士大夫莫不竊歎痛惜陛下毀已成之美。受可恥之名。失當世之屬望。貽後代之譏議。今奉勅旨令別舉御史。臣伏自惟度臣之駑下。何敢少望清光。雖欲慎擇。豈如聖主自擇。又人未試用。誠亦難知。如誨等則有已試之效矣。陛下必欲爲官求人。采群言以興至治。則臣願復二人者以佐陛下招賢納諫之美。其舉臺官勅。臣已具公文繳還閤門。未敢祗受。干冒天威。臣無任惶懼隕越激切之至。

第二劄子曰。臣今月十三日准中書劄子。奉聖旨令臣依勅舉官聞奏者。聖量兼容。不責奉詔之稽緩。特諭恩旨。便合祗受。然臣伏再惟念事君之道。義當傾竭。若内懷不盡之意。外竊嘗言之名。而無益於

國事者。臣不忍爲也。故敢不避鈇鉞之誅。以申其說。臣竊以自古聖王優待諫諍之臣。雖甚狂直。必加涵忍者。非勢不能黜也。以爲黜此一人。則傷衆多之心。遂此一失。則敗天下之事。故不爲也。治平以來。四方傾聽。日望陛下開納群言。勸帥衆力。以光祖宗之大業。而返使爲此。臣所以痛心疾首。爲陛下深憂也。自呂誨等被黜。至於市井之人。皆知此事爲非美。而在朝之臣。未聞有識力竭忠爲國家救此失者。則陛下斥逐近臣。貶臺官之效已可見矣。聖慮偶失。爲此一事。而上下雷同。便即成就。使如後日復有它事。而人情如此。臣恐非陛下之福也。今聞傳堯俞等非久還朝。萬一復如誨等強爭不已。則又將黜此三人乎。同時而黜六諫臣。此危殆之道也。陛下欲顧之乎。臣所以再不奉詔者。實冀以區區懇迫之誠。終寤聖意。陛下察前後所言甚純。思慮未是。奮發特奮英斷。而幸此事。以慰天下之心。非臣之

利陛下社稷之利也。其衆臺官劾見在閤門未敢奉行。劄子已繳納中書訖。所有臣不即奉詔之罪。惟朝廷處分。干犯天威。臣不任惶懼戰越懇切之至。

上遇疾。慈聖光獻后同聽政。天章閣待制兼侍講知諫院司馬光上疏曰。昔章憲明肅有保佑先帝之功。特以親用外戚小人。負謗海內。今攝政之際。大臣忠厚如王曾。清純如張知白。剛正如魯宗道。質直如薛奎者。當信用之。猥鄙如馬季良。讒諂如羅崇勳者。當疏遠之。則天下服。

光又論御藥院劉保信等與授外任不得閤理官資狀曰。臣伏見祖宗以來。擇內臣謹信者幹當御藥院。以其職任最為親近。恐名位寖崇。歲月稍久。則權勢太重。不可制御。故常用供奉官以下為之。轉至內殿崇班則出為外官。此乃祖宗深思遠慮。防微杜漸。高出前古。詒謀萬世者也。近歲以來。頗隳舊法。居此任者。往往閤理官資。請其俸給。久而不去。殊失祖宗之意。深為不便。今茲踐祚之初。所宜革去積弊。率由舊章。竊聞幹當御藥院劉保信等四人。亦嘗自陳乞因覃恩別授外官。伏望陛下各依逐人所請。及應自來內臣閤理官資者。並除正官。授以外任。別擇供奉官以下素知心腹忠信謹愨之人。使幹當御藥院。仍自今後只以轉官至內殿崇班以上者。並須出外。一遵祖宗之制。不得閤理官資。依舊留任內廷差遣。

詔錄額外直省官四人為閤門祗候。光為侍講學士奏曰。國初草創。天步尚艱。故御極之初。必以左右舊人為腹心耳目。謂之隨龍。非平日法也。閤門祗候在文臣為館職。豈可使厮役為之。

知常州陳襄乞留陳經不對移任滿狀奏曰。臣檢會當州昨據管下太子中舍知無錫縣事陳經狀稱。為與本州推官邵奇是親妨嫌。尋備錄本官狀申奏。其陳經近蒙降勅移知婺州蘭溪縣。卻差知蘭溪縣屯田員外郎鄭琰前來對移。事須至奏聞者。臣今訪聞得知常州無錫縣事太子中舍陳經自到任以來。公勤幹敏。練達民政。事無大小。躬親聽斷。無不曲盡人情。緣本縣所管二十三鄉。主客戶口。獄訟浩繁。積年不治。號難治之邑。經至一年。庶事脩舉。兼為當州脩開運河。從無錫縣界望亭堰至武進縣奔牛堰。一帶工料共計一百三十餘里。並是差委本官都大管勾開河司公事。諸般經畫。以至畢工。並得濟集。此方是開濬河身。及除去望亭一堰。疏導太湖水勢。通入運河。雖獲利濟。緣近河兩岸民田到水溝瀆。及合置堰閘去處。並未開修。全藉經向去勸率人戶下手興工。大段開掘溝港數處。通徹運河。及創置堰閘。若遇旱歲。即多引導太湖之水浇溉田土。大水之後。即時決放河水下江。如此則四縣民田遂無水旱。方為經久之利。自經移勅到後。舉縣皇皇。如去父母。不住經州告訴。乞留滿任。以此見陳經之為邑。實有惠利。使民不忍其去。況先有朝旨許職司体量部內守宰之官。如有良吏。特與保明。再任縣令。如經誠不易得。臣實為百姓惜之。欲望朝廷俯從民欲。乞留本官終滿此任。始末了當上件河事。況推官邵奇考第頗多。到官已及一年半。欲望朝廷許令成資。或於蘇潤湖秀對換一職官差遣。并對移到無錫縣屯田員外郎鄭琰。未有替人。卻乞依舊赴蘭溪縣勾當。並無妨礙。如允所奏。伏乞早降指揮。謹具狀奏聞。

殿中侍御史范純仁奏乞於郊赦前復錢公輔官狀曰。知制誥錢公輔。因繳進詞頭。責授滁州團練副使。竊緣繳進詞頭。亦是中書舍人故事。其言雖有過當。其情懇亦無他。不過欲補陛下聰明。盡其愚衷而已。不應重蒙貶責遂同邪佞雖汙之人。中外人心寧不疑懼。因此言路頗塞實損惟新之政、今聞陛下以水災之後深求直言然在數十近侍之臣。亦未聞各上封章指陳時政闕失得非以公輔為戒。各務保全其身。是使受恩無言於陛下將何所賴。伏望聖慈特於南郊赦前牽復公輔一官。以明陛下容納直言之意。庶使小大之臣各盡忠正上補聖猷。則天下幸甚。

純仁再乞復錢公輔官狀曰臣近曾上殿奏陳乞於南郊赦前。牽復錢公輔一官。至今不蒙施行。蓋以自公輔貶官之後朝廷除授寧無不當。臣僚各以公輔為誡。不復敢有言者。使濫進者不畏公論苟容者足以偷安。虧損聖明無甚於此。況臣僚中能不以身計為心而以職事為恤者。十無一二。陛下容而納之尚恐不勸。今又深加貶謫。則誰不各求自安。人或盡然。國家何賴。臣之區區實在於此。伏望聖慈

降臣前奏。付中書門下施行。使言路復開。聖政無壅。盡忠勤職者有所勸。苟容偷祿者有所羞。則天下幸甚。

起居舍人傅堯俞再論徐綬。上奏曰。臣近有狀。乞追寢祠部郎中集賢校理徐綬三司判官之命。未蒙施行。臣雖甚愚。竊所深惑。不知朝廷之用徐綬。以德行邪。以文學政事邪。以德行。則虧缺如此。以文學政事。則行苟不修。雖游夏冉季將有所不取焉。況文學未絕人。而政事無所聞者乎。儻謂高科必於顯用。是朝廷所以待之之意異於眾人矣。待之審異。則責之宜更深。豈肯為眾人之所不忍為者而自謂曰我高科也。朝廷曰彼高科也。授受之際。皆以為當然。此臣所以深惑者也。況陛下踐祚以來。天下傾耳拭目以觀望者久矣。政事之初崇獎如此等人。不獨不足以風勵天下。實恐四方之人有以窺朝廷而妄議淺深也。惟陛下留神省察。

神宗立判河陽富弼論擇聽既多當辨君子小人上奏曰。臣伏自陛下踐祚以來未對天表。蒙差入內供奉官李從政傳宣撫問。密旨丁寧。特將非常之眷。絕出流品。仰識恩德天地莫量。方屬疾恙所纏。是遐殊極。不得入奉冕旒。略舒臣懇。輒以病中傳聞一二事。不避斧鉞之誅。附李從政上奏。伏惟聖明一賜觀省。不勝大幸。臣竊聞陛下始臨御。好博采兼聽。務廣聰明。此古聖王之所尚。而君道之至美也。四方皷舞歌頌。以謂臣下情偽。時政得失。必不能逃聖覽。高太平可立致也。然其間事体有萬類。人品有百端。自古人君採聽之際。至難至謹。得其人。則必以正道而忠以告之。所說固有益於時也。不得其人。則專務窺伺。循情阿旨。變曲直者有之。挾愛憎者有之。以至陷害忠良。援引邪僻。張皇威福。聳動觀聽。大則規取官職。小則希求貨財。事至如此。則人君採聽之至德。翻成虧損之大弊也。何哉。蓋自古以來。

君子常寡。小人常眾。人君採聽之際。故得人常少。不得人常多。得人少。故好事常不足。不得人多。故惡事常有餘。何謂也。君子力行仁義尊主庇民。為好事也。君子則惟道是從。不計身之進退。用則進而行道。不用則退而無悶也。小人則不然。惟利是嚮。若為正道所抑。其身不得進。則戚戚不肯休。千岐萬路。不顧名節。經營鑽刺。得其進而後已也。既以進身為急。惟知富貴之可樂。則何道之肯守。何善之肯為哉。又況君子常為小人所勝。故從古以來治世少而亂世多者此也。緣君子則可以致治。小人只以致亂也。若是君子小人並立於朝。實所難辨。蓋小人外則文飾其詞。所說理道。不減於君子。而其心及其所為迹則如水火之異也。書曰。知人則哲。惟帝其難之。注云。帝謂堯也。夫堯為大聖人。仲尼比之如天。而尚未盡得知人之道。況乎居堯之下者哉。自三代以降。諸侯失國。天子失天下。子孫散而為皂隸。宗社

欲而為邪惡者皆因用小人而致之也。由此觀之。小人豈當親而用之。又豈當信而任之耶。臣以謂帝王都無職事。所以別君子小人乃帝王之職也。然千官百職豈盡煩帝王辨之乎。但精求任天下之事所謂大臣者不越十數人。不使一小人參用於其間。則千官百職要諸大臣分而選之。而漸及天下州縣之吏。然不得人矣。顧雖欲亂。不可得也。恭惟陛下天賦睿明。神受英略。守祖宗之基業。行堯舜之道德。博取眾人之善。欲盡萬物之情。為君之難。無甚於此。然願陛下勿謂所采既廣。便望所得必多。其間須防姦詐小人。惑亂聖聽。姦謀似吾詐辭似忠。疑似之間。不可不早辨也。大抵人君生殺權在乎己。不患人不諂奉而容附之也。只患人不肯盡忠而有失即諫也。諂奉則順情而喜。人君喜。則富貴可得也。諫之則逆耳而怒。人君怒。則殃禍可致也。順情而取富貴者小人也。逆耳而受殃禍者君子也。取富貴者眾。則百

千。則千。其不避殃禍而欲救人主於無過之地者。百千人中未有一二。此惟在陛下審察之。謹擇之。既得其人。則專信之。力行之。無容姦佞破壞朝廷。自理萬方無事。陛下可高枕也。又聞昔賢有英俊沉下僚之歎。形於諷詠。若英俊果沉滯於下。誠宜急取進之。以服士心。其有內行不守。素履非真。績効無聞。公論不與。所以久而不用。如此之輩。必恐使其朋黨。訴以冤抑。妄陳危苦之狀。以動淵衷。亦願陛下深察究其所從來之迹。直俟見其實。而進退之可也。又聞王者端拱垂衣以治天下。然所以勸獎群動。而能役使之。俾自奔走於職業者。無他。惟官與賞二柄而已。捨此復有何道哉。官謂爵位。賞謂金帛。苟德稱其官。功協其賞。雖官至高。賞至厚。不為過也。先王所以重惜之。而不妄與人者。非吝之也。蓋恐德不稱。功不協。人有不平之論。則無以為勸也。近日上殿臣僚。頻蒙面賜緋紫者。臣不知當賜與未當賜。但聞多於往時耳。爵位金帛。固不可非次而與之。其餘佳章服華顯。人亦貴重。亦可以為勸獎之物。若賜之不以勞。又不以年。其有勞有年而得之者。未以為貴。而反恥之。為不足勸也。陛下凡所賜與。未使人知感而勸。勉勤其職也。若徒俾僥倖者喜。而有勞有年者恥而不勸。則是棄之也。何勸勵之有焉。書曰。車服以庸。傳曰。惟名與器不可以假人。唐有中書令衣緋宰相衣綠者。以此知不可不稍貴之惜之。以為勸獎之一端也。臣少而康壯。已不及人。今既老且病。志氣衰耗。固無所取。而妄以狂瞽之說。塵瀆天聽。者實恃陛下虛懷待物。無所不容。乃敢然也。惟聖慈特賜詳覽。恐亦有補

弼判河陽。除左僕射。論除拜大臣當審。上奏曰。臣在河陽。去年七八月間。東有人自京師來。並有人自河朔來。亦有南自蔡許。西自陝洛來者。皆云。公以病求解。使相章奏頻切。上將許之。却為上盡疑。今之兩

府大臣。復欲用公入相。公既未能步趨拜起。則必名公作宮觀使。且留都下。以備訪問時政得失。臣竊每問來者。此皆朝廷大議。宜大除拜。理當至密。外人何由得知。來者則云。此固不可得而知也。臣雖聞此說。然終之不信。以謂陛下必不如此。既而傳聞韓琦、文彥博、陳升之。郭逵相次皆求罷免。又非備禮。蓋有必去之意。以至侍從及主兵之人。各有去位之意。其未求去者。非欲不去。蓋求去者已多。未敢有求爾。雖勉強且住。誰復更肯盡心乎。若後有許去者。則必節次更有人求去。上撓宸衷。臣續聞此說。略無虛日。則臣向之不信。亦成疑矣。今又蒙差臣充集禧觀使。盡如兩月前四方傳來之語。都無小異。如何使臣不信哉。撫認之日。汗流驚駭。豈有此等國機大事。預令四方人皆知。四方尚知。則兩府大臣安有不知者耶。陛下既知此疑貳。則執政者不得不求去也。臣曉夕思惟。必慮陛下微失防謹。政事泄漏。

使人人不安。各懷疑懼而盡欲解去。此田文所謂主少國疑。大臣未附百姓不信。正如今日陛下之事。然魏王時自然如此。今此則或恐陛下聖慮偶有未周而致其疑也。致其未附也。致其不信也。陛下必欲解其疑。使之附而信。莫若罷臣新命。推誠以待諸人。必若其間有難久留者。則當徐圖去就。所貴事体兩全。況韓琦以下七人。盡是兩朝顧命大臣。各有忠義之心。豈宜輕議出處。以搖天下云云之論哉。臣若貪冒恩寵。便爲觀使。優游輦下。醫藥尤便。亦無一郡之責。於臣之幸。天下無比。然却有所大不便者。何哉。臣若遂居觀職。陛下雖都不遣中使傳宣撫問。京師四方之人。亦疑曰有使至也。雖或遣使只是問疾。而都不問及他事。京師四方之人。亦疑凡百朝政皆來問臣也。雖或遣使時復問事。臣都不敢吝一語。京師四方之人。亦疑凡百朝政臣皆剌口議論其短長也。陛下試思之。此三節果能使人不疑乎。臣知萬無不疑之理也。若皆疑之。則令兩府八人者遂有不鮮体者乎。臣亦知萬無不鮮体者也。漢宋昌云。公事公言之。若言私。王者不受私。今乃使臣於閑宫觀中靜坐竊議朝廷之政。致見任大臣一一解體。是公耶。是私耶。臣亦知京師四方之人。不論賢不肖。必皆謂之私也。臣徇從陛下私竊之恩。而輒便當之。則是臣如何人耶。不惟取罪今世。至於千古之下。亦不能逃責矣。臣獲罪責於今古之人固不足惜。然於陛下爲君之道。治國之体。還無所損乎。臣亦知所損無大於此也。伏緣天下治亂安危之際。全繫天子任人當與不當。若當則更繫信與不信爾。齊晏子謂用賢而不信。是大不信。豈可目爲常事而容易措置乎。大凡罰一人衆皆懼而不敢犯。則罰之。賞一人衆皆悅而有所勸。則賞之。尋常賞罰尚須如此謹重。況用舍大臣。豈宜容易乎。今陛下欲用臣一人。反使衆大臣皆解体而不肯信。則陛下豈宜遂其事而必行之哉。夫人情亦不難曉。但請陛下如臣所乞。速放令臣早還本任。仍更臨朝分明宣諭大臣云。朕欲一見富弼者無他。只爲是先朝舊人。都無用必他。既堅來辭免。即卻令歸河陽。天下事豈存一富弼乎。吾自有諸賢倚賴。無所憂慮。即衆心自安。何必更敢求去乎。陛下若決能用臣此説。則前失尚可十救五六。若終不用臣説。則大臣與侍從兵輩官往往離心離德。無術可救。無事可迴。即陛下更與何人共謀國事哉。惟願聖慈萬萬熟慮。幸不一向堅用前意而不移。用誤大事。臣又聞陛下詢訪太多。聽信太雜。因而小人各有希望之心。無所不説。説者既衆。是非溷淆。此説已行。他説又奪。展轉相效。無有紀極。陛下所聞之事。盈塞于心。萬務日生。何暇辨别。則所行必有當否。所用必有差失。政無一定之論。人無自保之心。上下紛紜。起纖禍患。臣前附李從政所奏劄子。正爲此也。更望聖慈并此文字。時賜一覽。非臣之幸。乃社稷生靈之幸也。

元豐六年。弼以司徒致仕。上奏曰。臣聞自古致天下治與亂者。大綱不出用諛佞讜直之人二端而已。諛佞者進。則人主不聞有過。惟惡是爲。所以致亂也。讜直者進。則人主日有開益。惟善是從。所以致治也。此乃人主致治亂之大略焉。臣自離朝廷。退居林下。時亦仰知朝廷所爲。大率諛佞者競進。讜直者多處于外。雖有在朝者。蓋恐觸忤姦佞。亦皆結舌不敢有所開陳。又聞近日中外或有事緒。上撓聖懷而忠義之士但仰屋竊嘆。不見有聞于上者。致陛下不得知。而又更張之。此實非朝廷之福也。惟願陛下開衆正之路。杜群枉之門。講求善政。變禍爲福。俾天下受賜。坐致太平。此老臣有望於陛下。其間事目甚多。亦不敢妄有條列。但舉其大略。惟聖君留神而擇焉。不爾。即恐浸漬漸深。禍亂將至。則于時益煩宵旰之憂。而亦無所濟矣。老臣犬馬區區之志。略陳其端。伏望聖慈無少忽而深思之。力行之。乃天下之幸。宗社之福也。

神宗即位。初。翰林學士呂公著論舉臺官不必校資序。上奏曰。臣近蒙恩充翰林學士。伏見本院自來舉臺官並須前行員外郎以下至太常博士歷通判一任已上者。仍須衆學士同狀保舉。切以御史之職。所以上輔天子聰明。下糾百職。事無大小。皆得奏論。必須資性端方。學識兼茂。然後可以處憲臺任言責。由是而求諸多士之中。未易中選。今乃限以資格。而常欲得人。必恐其難。切見近歲以來。前行員外郎以上知諫院者並得兼起居舍人。朝廷之意。務欲廣進人之路。而御史兼官之制尚闕。蓋有司未嘗講求。臣又見比來保舉堪充御史裏行或以資淺報罷。臣聞唐太宗雅好直言。馬周以布衣為監察御史裏行。裏行之名自馬周始。其後官卑未得真御史者。皆除裏

行。然則裏行之設。本以待資淺之人。今乃以資淺為不應選。正失前代設官之意。臣又覩天聖七年言事者以三院御史出為省府判官轉運使。其間多是知縣充舉。深為僥倖。乃詔今後知州通判方得奏舉。近日臺官。其稱職者雖或次補諫列。其不任職者雖真御史亦以舊資出補外任。然則資序高下。不必校量。又聞孔子曰。舉爾所知。爾所不知。人其舍諸。夫以人才之難。必待數人盡知。固不可得。苟一人知之。衆人非出於實信。但雷同繫書。則又非為國求賢之意。凡臣所言。灼然易見。若增成舊制。於體無害。伏惟陛下以聖明文武。初即尊位。左右之臣。悉皆訪遠。巖穴之士。尚將旁求。豈獨於御史耳目之官而不能廣開其路。伏望聖慈裁許。自今後每御史有闕。即翰學士御史中丞一員保舉。自正郎前行員外郎並依諫官例除兼御史。朝官以上不問資序。並除裏行。太常博士通判及一年者並依舊制。如此。則用人之法不及苟密。而舉善之心各得自盡。不勝大幸。

熙寧二年。公著又論臧否人物宜謹密。上奏曰。臣聞易曰。君不密則失臣。臣不密則失身。幾事不密則害成。夫人主延見群臣。與講天下之事。而論及人物之臧否。此所宜謹密者也。苟人主謹密而有所不至。則人臣憚後害之及。念失身之戒。而不敢盡其所欲言。此易之所謂不密則失臣者也。況人君用人。既用其所長。固欲知其所短。若知其所短而暴之。則莫肯盡其心。方將同舟而濟。共輿而馳。若不能使人人盡其力。則其勢未可知也。惟留意幸甚。

十年。公著提舉中太一宮。乞廣收人才。上奏曰。臣伏覩近詔舉才行堪任陛擢官。竊觀陛下自臨御以來。虛心屈己。以待天下之士。士之起草茅由小官而起至顯近者。不可勝數。然猶孜孜以求賢為急。誠欲廣收人才。無所遺棄。臣伏思自昔有為之君。不借賢於異代。然唐

虞之際。亦稱才難。則世固未嘗乏賢。而人才亦不可多得。今陛下降由中之詔。非徒為虛文也。中外所舉。蓋百有餘人。雖不盡當。誠參考名實而試用之。宜有可以塞厚望應明指者。臣又竊詳今日詔意。謂之才。然數年以來。天下之士。陛下素知其能。嘗試以事而中就闕外者尚多。恐其間亦有才實忠厚欲為國家宣力者。未必盡出於迂闊繆戾而難用也。漢武帝時。公孫弘初舉于朝。以不稱旨罷。後再以賢良舉。帝以親擢為第一。不數年間。遂至宰相。由是觀之。人固未易知而士亦不可忽。何則昔日所試。或未能究其詳。數年之間。其才業亦各有進。惟陛下更任之事。以觀其能。或召之對。以考其言。兼收博納使各得自盡。則盛明之世無滯才之嘆。不勝幸甚。

公著為御史中丞。論推擇太精。群材難進。上奏曰。臣竊惟陛下以聖哲之資。將興致治。其於臣下能否。固所周知。然臨朝而歎。常若乏人。

臣竊以爲人之難知，堯舜猶病。然自昔有爲之君，亦不借才於異代。況今之人才，衆人之所共知，而陛下之所熟講者，蓋亦不少。若用之既盡，然後可以言乏才。試之不效，然後可以言難知。今則不然，左右之任，尚多闕員，而大小之賢，鮮得纍進。陛下雖推擇至精，可以無濫賞之過，然羣才難進，誰與致非常之功。昔唐之德宗，非不愛惜名器，由其責人太容，授任至難，至於東省闕凡累月，南臺唯一御史，故陸贄以爲太精而失士。臣竊觀之，自昔用人之際，所以常多疑貳者，患在君臣之間，未免形迹。居常謀事，則多已睽異；至於論議，則尤難協同。臣伏願陛下與執政之臣，凡選任之際，務存公坦，忘去形迹，則後乂咸事，天工不曠矣。

元豐元年，公著爲端明殿學士，上疏曰：臣聞濟濟多士，文王以寧。方周之興，至於兔罝之人，有可以當腹心干城之任者。今三館祕閣之

職，乃朝廷之華選。前世以來，將相名臣多出其間，得人之盛，難以遽數。臣在皇祐、至和中，備員館閣，當時同輩，後亦往往至通顯。比來雖有簡拔，其數不多，其中或以勞進者，又皆外補。朝廷平日難於收擇，緩急必乏使令。以至近者遣使高麗，頗煩聖擇。古人有言：士不素養，無以重國。臨事倉卒乃求，非所以尊朝廷也。臣竊以謂天下未嘗乏才也，求之而後至，用之而後知耳。臣愚願陛下考合庶言，斷自聖舉，更得雋偉之士，疏通之才，稍增館閣之選，平日足以優遊飭厲，緩急惟所用之，以重朝廷，不勝幸甚。

熙寧元年，樞密使、劍南西川節度使文彥博上奏曰：先帝切於求治，審於任人。臣等因進擬差除官，上曰：朕向在藩邸，每聞朝廷除官多是不厭衆論，朕以爲掄選不得其當。及朕臨御以來，精意求人，不恡好爵，今選於衆，方知得人頗難。然隨才任之，使各稱其職可也。臣等上奏曰：帝王任人，不藉才於已往，不俟賢於將來，隨才任之，誠如聖諭。

四年，彥博又上奏曰：臣屢被德音，將來西事寧息，更須精擇守邊之臣，積粟訓兵，爲經久之制。此乃陛下恭紹祖宗之丕基，慎守盈成之大法，將欲躋斯民於富壽，致天下於太平。臣退思之，不勝欣忭。又思以蓬薄孱拙，未能上副陛下孜孜求治之意，更增悚惕。今所擇邊臣，雖未得周才，及已試之效，但思慮精審，不輕舉妄動，以求徼幸，苟圖進身，則已善矣。獲能訓兵積粟，節用愛民，恩威兼著，將使羌狄懷附，非但不敢侵侮而已，亦所謂長城巨屏，致朝廷高枕無虞矣。若一用輕險躁妄之人，使之守邊，爲國生事，以知身利，則邊無寧謐之歲，兵無休偃之時，中外搔然，民不聊生矣。臣謂有唐天寶、建中之難，可爲龜鑑。開元初，明皇勵精求治，任姚、宋爲相，馴致太平。當時不賞邊功，

以防生事。及天寶之際，林甫、國忠作相，引用匪人，布在朝列。時以承平既久，財力富盛，於是邀功之將，務恢封略，以甘上心，欲蕩滅契丹，翦除吐蕃，喪師者失萬而言一，勝敵者獲一而言萬。寵錫之極，驕矜遂增。哥舒翰統西方二帥，安祿山統東方三師，戰吏之卒，俱受官名，郡縣之積，罄爲祿秩。於是驕將銳卒，萃於二統，邊陲勢強，朝廷體弱。祿山一唱，中原蕩析。元和中，宰相李絳亦對憲宗云：開元之末，姦臣說以興利，武夫說以開邊，天下勞弊，以至大盜竊發，兩都覆没。憲宗又嘗問侍臣建中之難，朱泚盜據宮闕，德宗播遷梁、漢致亂之由。宰臣李吉甫對曰：德宗之初，躬行節儉，任崔祐甫作相，勤遵至道。及祐甫殁，繼其任者或非其人，忠諫不聞，小人來間，邀功便己，苟媚當時，以爲河朔未寧，宜用力取，甘言先入，主聽致惑。是時國財不足，趙贊司國計，纖細剋急，皆率京師商賈富民。又諫官陳京獻策，税屋間架，

立法峻急。人情愁怨。遂致陜師叛亂。鑾輿播遷。實由輕用悉信小人剝下之謀。以致危亂。是二臣者皆繇憲宗追念前朝之失。以為元龜。臣今伏聞德音。以西事寧息之後。慎擇邊帥。為經久之制。實安邊息民之遠圖。乃馴致太平之長策。天下幸甚。然尚慮有邀功生事之將、希時取合之臣。潛為甘言上惑睿聽。伏望陛下鑒前古治亂之由。更加詳察。或付之外廷公議可否。兼樞密院每進擬用人。陛下累云某人好作事可用。某人不肯作事不可用。臣愚以謂事有可作而不作誠為過矣。未可作而作。失其宜矣。不可作而妄作。非惟害事。實害治道。夫天下之人不從上令而從上好。上好是焉。下有甚者。且中人常情鮮克守道。趨時希旨。從上所好。則必勉強作為。不計後之利害。止圖一時僥倖者眾矣。伏望陛下察其言。觀其行。原其始。要其終。可行而行。可作而作。庶無後害。比者臣以劉邵人物志進說。未審陛下以謂

如何。臣以邵之書主於詳察人物。於任官擇材之法有可觀焉。故其序云。明王之宜玩。宰相之宜覽。又曰。人之質量。中和最貴。中和之質必平淡無味。故能調成五材。變化應節。是以觀人察質。必先察其平淡而後求其聰明。至於人主任材。亦貴乎淡。若道不平淡。與一才同好。則一才處權。眾才失任。夫一才處權。則憸邪之人枉道附離而希進。朋比之風翕矣。眾才失任。則端方之士守分卷懷而思退。忠正之路梗矣。然則於任人求治之道。必有所偏。偏則必有所害。傳曰。遠佞人。去鄭聲。夫佞者才智之稱。蓋邪佞之人必有小小才智以飾身而干進。其事君也。務納小忠。興小利以自效。夫小忠必為大忠之賊。小利必為大利之害。苟人主不早辨之。終必致於禍亂。如聖人之於去佞。其戒尤為深切。書曰。在知人。在安民。知人則哲。安民則惠。能哲而惠。何憂乎巧言孔壬。伏願陛下貴乎淡之道以用人。使群才不失其任。推哲惠之心以去佞。使群邪不干於正。此堯舜所以致治而於變時雍者由斯道也。臣備位樞近。內省尸素。思竭區區上裨聖政。干冒旒冕。伏俟嚴誅。

元豐三年。彥博除太尉。開府儀同三司。復判河南府。過闕入覲。上奏曰。臣讀漢史。晁錯之策云。五帝神聖。其臣莫能及。故自親事。臣謂錯之言乖謬頗甚。因試論之。夫易之乾曰天道也。君道也。坤曰地道也。臣道也。天地既位。君臣之象著矣。君臣交濟。邦家之治隆矣。而錯乃云。臣不及君。故自親事。然則古之聖帝明王安用輔相而致治乎。所謂五帝者。堯舜為聖之優。故仲尼刪詩書。則斷自唐虞。為萬世法。二典之載。堯則有命羲和為天地四時之官。允釐百工。庶績咸熙。舜則命禹平水土。棄為稷。契作司徒。皋陶作士。垂為共工。益為朕虞。伯夷秩宗。夔典樂。龍納言。皆選於眾而後用其人。各任以職。且云僉曰

汝諧。慎柬之至也。所以百工允釐。熙帝之載。如此則堯舜果自親事乎。仲尼曰。舜何為哉。端拱正南面而已。錯所謂自親事。豈非乖謬乎。若後之人君謂錯言為是。乃以一身一心。兩耳兩目。獨任自用。以周天下之萬務。豈不殆哉。又將使群后自聖。無復察邇言好問之務。仲尼云。一言幾於喪邦者。謂人莫己若。則錯之言亦幾於茲乎。臣故著論。深切以明之。庶幾有所補益。

熙寧元年。唐介拜參知政事。先時宰相省閱所進文書於待漏舍。同列不得聞。介謂曾公亮曰。身在政府而文書弗與知。上或有所問。何辭以對。乃與同視。後遂為常。帝欲用王安石。公亮因薦之。介言其難大任。帝曰。文學不可任邪。經術不可任邪。吏事不可任邪。對曰。安石好學而泥古。故論議迂闊。若使為政。必多所變更。退謂公亮曰。安石果用。天下必困擾。諸公當自知之。中書嘗進除目。數日不決。帝曰。當

問王安石。介曰。陛下以安石可大用即用之。豈可使中書政事決於翰林學士。臣近每聞宣諭某事問安石。可即行之。不可不行。如此則執政何所用。恐非信任大臣之体也。必以臣為不才。願先罷免。安石既執政。奏言中書處分劄子皆稱聖旨。不中理者十八九。宜止令中書出牒。帝愕然。介曰。昔寇準用劄子遷馮拯官不當。拯訴之太宗。請前代中書用堂牒。乃權臣假此為威福。太祖時以堂帖重於敕命。遂削去之。今復用劄子。何異堂帖。張洎因言廢劄子。則中書行事別無公式。太宗曰。大事則降敕。其當用劄子。亦須奏裁。此所以稱聖旨也。如安石言。則是政不自天子出。使輔臣皆忠賢。猶為擅命。苟非其人。豈不害國。帝以為然。

翰林學士司馬光論擇言事官當以三事為先。上奏曰。臣今日面奉聖旨。令臣採訪可為諫官者。密具姓名聞奏。臣辭不獲命。退而惶恐。默自思忖。凡擇言事官當以三事為先。第一不愛富貴。次則重惜名節。三則曉知治体。具此三者。誠亦難才。臣愚何足以識別賢能。竊謂已試之人差為可信。伏見三司鹽鐵副使呂誨。累居言職。不畏強禦。再經謫降。執節不回。侍御史呂景。外貌和厚。內守堅正。見得知恥。臨義不疑。於臣所知之中。此兩人似堪其選。更乞陛下博訪眾臣。裁以聖意。

二年。光再舉諫官劄子曰。臣昨日面奉聖旨。令臣採訪可任諫官者。密具姓名聞奏。臣竊見龍圖閣直學士陳薦。舊事陛下於藩邸。其忠厚質直。陛下必素知之。直史館蘇軾。制策入優等。文學富贍。曉達時務。勁直敢言。職方員外郎王元規。自少至長。志操堅正。所居之官皆著風迹。集賢校理趙彥若。師氏之子。強學懿行。不減於父。平居恂恂。如不勝衣。遇事剛勁。人莫能奪。此四人者。臣所素知。竊謂可備諫職。伏乞聖明更賜裁擇。

三年。光又論不當復劄下舍人院須令草李定詞頭。上奏曰。臣竊見近者朝廷除秀州判官李定為監察御史裏行。知制誥李大臨、蘇頌等累次封還詞頭。數日來外間皆言朝廷已為之寢罷。今日復聞劄下舍人院。須令草詞。臣竊意朝廷知大臨等既累次封還詞頭。今復劄下。則為反覆。必難奉詔。因欲以違命之罪罪之。使今後凡朝廷所行政令。群下無敢立異者。若果如此。則百執事之人。自非偷合苟容者。皆不得立於朝。政令或有得失。陛下復何從知之。晏嬰所謂以水濟水。賈山引秦之季世以戒漢文帝者。正慮其如此耳。臣前論逐臺諫官。今又言大臨等。非敢私此數人。正為國家惜言路之絕耳。伏望陛下審思而徐行之。勿使聰明遂至壅蔽。則天下幸甚。

貼黃。國家不次用人。固無常法。然必使眾心厭服。然後為美。是以堯舜非不聰明也。其命官皆先謀岳牧。既眾言僉同。復明試以功。而後用之。故舉不失能。而上下雍熙也。臣素不識李定。實不知其行能如何。陛下果知其賢。何不且試之以漸。俟其功效顯著。眾皆知之。然後不次擢用。則誰曰不可。何必今日與臣下力較勝負。殆非人君廣大之体也。

元豐七年。光又薦范祖禹狀曰。右臣伏以報國之忠。莫如薦士。負國之罪。莫如蔽賢。臣伏見奉議郎同編修資治通鑑范祖禹。智識明敏。而性行溫良。如不能言。好學能文。而謙晦不伐。如無所有。操守堅正。而圭角不露。如不勝衣。祖禹乃今正議大夫致仕范鎮兄孫。自祖禹年未二十為舉人時。臣已識之。今年四十餘。行義完固。常如一日。祖禹所為本末。無如臣最熟知。臣於熙寧三年。奏祖禹自前知資州龍水縣事。同修資治通鑑。至今首尾一十五年。由臣頑固。編集此書。久而不成。致祖禹淹回沈淪。不得早聞達於朝廷。而祖禹安恬靜默。如可以終身下位。曾無留滯之念。臣誠孤陋。所識至少。於士大夫間。罕遇其比。況如臣者。遠所不及。凡言所言。莫非據實。不敢溢美。今所修書已畢。祖禹應隨吏部別授差遣。臣竊爲朝廷惜此良寶。委棄榛莽。伏望皇帝陛下特賜采擢。或使之供職秘省。觀其述作。或使之入侍經筵。察其學行。自然進用繫自聖志。如蒙朝廷擢用。後有不如所舉。臣甘與之同罪。

熙寧元年。右正言供諫職孫覺論人主不宜有輕羣臣之心。上奏曰。

臣風聞臣下之論。陛下以睿聖聰明之資。不世出之才。以臨羣臣。羣臣未有以望清光。佐下風者。故陛下有輕羣臣之心。雖未知信否。而臣竊惑焉。竊以帝王之興。亦各用其一時之人耳。然不借才於異世也。方今人才雖爲乏少。陛下欲興太平。宜且隨才試用。將有真賢大儒可與成功者至矣。若必舉夔稷契然後爲相。太公方召然後爲將。則臣恐難以待也。昔者燕昭市骨。終得樂毅。齊威不拒九九之數。以成伯功。譬之創大廈者。棟梁榱桷之材無所棄。成大車者。轅轂衡軏之用無所遺。以其各有所施。各適其用故也。昔魏武侯謀事而當。羣臣莫能逮。退朝而有喜色。吳起憂之。楚莊王謀事而當。羣臣莫能及。退朝而有憂色。申公巫臣與之。魏武之驕其臣。楚莊王之自以爲憂。其度量相去遠矣。書曰。能自得師者王。謂人莫己若者亡。夫王之與亡。其爲適不同甚矣。然其所以至此者。乃在乎驕士與求士之間。夫求益而不已。則天下之善歸之。人主而兼天下之善。不王何也。驕士而不已。則不聞其過。日聞讒諂面諛之人。居如是。雖謂之亡可也。故古者天子聽政。使公卿至于列士獻詩。瞽獻曲。史獻書。師箴。瞍賦。矇誦。百工諫。庶人傳語。近臣盡規。親戚補察。瞽史教誨。耆艾修之。而後王斟酌焉。夫矇瞽庶人。非有以賢於王者。然且不廢。況於朝廷之士哉。詩曰。詢于芻蕘。書曰。天下愚夫愚婦一能勝予。若芻蕘之賤。夫婦之愚。王者皆有所取。則其兼覽廣聽。而至於幽隱。及於微物者。此道素行也。今者公卿侍從之官。皆天子所與朝夕謀議。以揆事圖策於堂上者。今其見也。近者不過數刻。遠者無召問賜對之期。其或乞至左右。乃須待命數日。然後得前。以疏遠難見之人。迫於須臾倉卒之間。則其言不能達其情。其論不能究其事必矣。陛下又或易之。而意不在焉。則見其才愈下。其論愈卑也。陛下若能改用此道。數見以盡其恩。切問以觀其意。使其所懷得伸。而無遁情。則下莫敢不盡。雖其疏遠者。亦且于于然而來矣。陛下徧得天下之吉。而大小各當於用。則太平不旋踵而興。若以人才皆不足與有爲。而類忽之。則臣恐其賢者容默苟簡以求去。不肖者偷合諂諛以投陛下之隙。若是。則所失雖近。而爲禍甚遠也。易曰。言出乎身。加乎民。行發乎邇。見乎遠。可不謹哉。陛下垂意聽察。不勝大幸。

覺又論君臣相疑之弊。上奏曰。

臣風聞羣臣竊論陛下聖質甚美。每加於初。而聖治未能有改於他日。此由聖心所以待遇羣臣者。未能曠然無疑。羣臣之所以事陛下者。亦往往自疑於未信也。臣嘗以謂天下之患。最大而尤切者。莫甚於君臣相疑而相遇以僞。夫以誠待物。物之格者幾何。若以疑焉。則誰敢自盡。陛下欲使羣臣人人自盡。而比周朋黨之行不設。讒誣譖謗之說不行。則莫若事至而制之以義。言至而窮之以理也。夫臣下欲爲比周朋黨。讒誣譖謗。以蔽惑人主之聰明者。其大則欲擅主之權。其小則欲干主之利。陛下知權之所在而謹持之。知利之所出而謹守之。則二者之患息矣。所謂持權者。非以羣臣爲不可任也。陛下事至而不制之以義。言至而不窮之以理。一切惟大臣之聽，則權在大臣必矣。若將不任大臣而顧訪於他臣，亦事至而不制之以義，言至而不窮之以理，一切惟他臣之聽，則權又在他臣矣。屑屑然徒取諸此以益彼，未見持權之善也。臣以謂陛下欲羣下之不為比周，不為讒譖，莫若察之以明，而謹夫義理之所在；欲羣下之不擅權利，莫若進賢遠佞，而賞當功，罰當罪也。臣觀陛下即位以來，進擢羣臣，其初未嘗不崇奬優異，其後則或斥棄疏外，僅不陵藉之耳。禮曰：進人若將加諸膝，退人若將墜諸淵。此人主之所尤宜戒者也。臣竊以謂凡如此始信而終疑之者，雖其才或不足以備訪逮、堪任使，類或為人所間，釁端一開，則不得為全人。陛下。臣恐陛下持此道不變，數年之後，可以備任使者少矣。伏願察之以曆，稽考之以理義，進退黜陟，惟義所在，則孰敢背公而循私，比下罔上，以自近於誅戮哉。

覺又論任賢使能之異，上奏曰：臣前日崇政論事，或未至切者，反蒙陛下曲賜嘉納，有事似至小，推之所害極大，臣雖反復言之，未蒙省察。臣性愚訥，奏對之際，未能悉盡事情，退而追誦陛下之言，未盡於理者，臣請得備論之。臣歷觀書傳，見人君用臣，二道而已：任賢、使能之分既殊，任使之方亦異。有道德仁義，忠言嘉謀，可以任天下之重，揆萬事之理，治亂安危之機，未能兆於四海而見之堂上，詭詭譎怪，若不可以用於時，而收采掇拾，無不盡其所長，此可謂役物而不役於物，用人而不為人用者也。王者得此人焉，任之者與之同心同德，猶元首股肱焉，付之以天下，而上心不疑，託之以四海，而人言不能間。至於所知有限量，所能有彼此，譬之俎豆罇罍之為器，輪輳棟宇之為木，方圓大小，短長曲直，各適於用而止耳。此功用役使之士，可以履外而不可履內，可以責之事功，而不可責之言議，謂之賢也，則仁，且有智德，循而才舍，不以富貴貧賤動其心，不以用舍得喪違其操。人主不與之同量合德，則不可得而屈；立其朝而道不行則去。故道德之士，常擇君而後起，豈以人主之取舍輕重移其心哉！故人主之得此士也，大則師之，其次友之，則天下治矣。謂之能也，則奔走役使之人耳。可貴可賤，可榮可辱，予奪而進退之，惟上所令，猶恐恐然惟懼其君之厭已也。然而世無是人，則誰為君役？誰為君使者？故明主謹視其臣之賢能而馭之，各以其道。善馭臣者，譬之善馭馬，若夫鸞旗在前，屬車在後，行不數十里而舍，則非稱德之驥，倍至之馬，不可以駕君之車。及用之戰陳，用之馳逐，則非駿足疾驅，超軼而絕塵者，不可以獲多而取勝。善馭馬者亦謹視其所用而已。周禮以八柄馭羣臣，漢書亦曰：泛駕之馬，跅弛之士，亦在御之而已。豈不信哉！臣又聞詩曰：文武吉甫，萬邦為憲。又曰：侯誰在矣？張仲孝友。說詩者曰：宣王興，孝友之臣處內，以文武之士征伐，在人主左右而可處乎內者，非孝友之臣不可也。書曰：其侍御僕從，罔匪正人，以旦夕承弼厥辟，出入起居，罔有不欽。然則備從官而不得正人，無乃非先王之意乎？臣所謂近侍之官不可輕以與人者，以此故也。陛下欲興太平，以盡革天下之弊，而即位以來，所奬拔數人者，多有口才而無實行，務行險以徼幸，而不循常理。孔子曰：遠佞人。周公曰：繼自今立政，其惟克用常人。蓋佞人者，其言似忠信，其行似方直，然而規以售君之寵，而肆其志焉，為其甚似而非也。非至明則莫之能察，非至剛莫之能勝。故雖若顏子者，孔子猶使遠之。常人者，奉法循理，忠信而篤實，終不以亡為有，以虛為盈，隨其所用，大小各以見效，至於無常之人，雖巫醫之賤，不得為之，為其變亂善惡，顛倒是非，足以害上之政也。今陛下欲尊寵孔子之所遠，而棄忽周公之所用，無乃非政化之美歟？

陛下聖質高明。絕出羣臣之上。羣臣未有以望萬分者。故陛下思得卓越不羈之士與之有為。臣謂此輩。獨可藉其精力。收其智能。駕馭而使之。不可以為侍從親近之臣也。臣恐日浸月長。若此曹彙征墻進。充滿於朝廷。則賢人去。正人逐。其為患禍。尚可以一二而言之哉。伏願陛下觀詩書之所任使。周公孔子之所用舍。無速於近功小利。則王道可成。禮樂可興。伏惟留神察之。不勝大幸。

覺又論果於用善斷於去惡。上奏曰。臣聞易否泰之辭曰。君子道長。小人道消。內陽而外陰。內君子而外小人。則為泰。泰者通而治也。小人道長。君子道消。內陰而外陽。內小人而外君子。則為否。否者閉而亂也。易之意。謂天道不能無陰陽。人道不能無小人君子。若陽氣盛長。萬彙通遂。則羣剛用事。而陰伏於外矣。聖人在上。賢人道亨。則君子用事於內。小人在外矣。君子小人。迭相消長。迭相勝負。譬圓方之不相合。冰炭之不同器。然聖人在上。則賢人出見於世。將以有為。此其氣類感通自然之應也。易曰。雲從龍。風從虎。聖人作而萬物覩。本乎天者親上。本乎地者親下。則各從其類也。臣又聞傳曰。堯有大功二十。舉十六相。去四凶也。舜之治天下。功德多矣。傳不言其他。而以八元八凱之進於朝。鯀共工驩兜之流於外。以為功。謂舜能辨羣臣之正邪。處君子小人當於內外。則朝廷清明。天下大治。萬務雖衆。何以加於此哉。臣又聞管子曰。齊威公之郭。問其父老。郭何以亡。父老曰。以其善善而惡惡也。威公曰。若子之言。乃賢君也。何至於亡。父老曰。不然。郭君善善而不能用。惡惡而不能去。所以亡也。然則人主有善善惡惡之心。於用舍之際。遲疑而不忍。及其久。邪臣進而正臣退。小人得志。而君子槖身以去。則其不亡者希矣。臣又聞書曰。爾無昵于憸人。充耳目之官。迪上以非先王之典。謂人主所任以為耳目者。必皆正人吉士。則其行篤實。其言忠信。所以道上者。皆先王之法言也。人主之患。莫大於昵近小人。小人之言。人主不必盡用。萬一見聽。害政大矣。古之人君。亦有知其小人。而用數以役之者。初則愛其才。藉其力。謂可以駕馭而用之。及其既久。狎熟慣習。先意承旨。卜射人主所好惡之事焉。人主忽不自覺。其說苟得行。則正人相引去而亂敗隨之矣。故曰。與不善人居。如入鮑魚之肆。久而不知其臭也。臣竊惟陛下以堯舜之質。濬明不世出之才。即位未幾。進退大臣。如數白黑。四海九州。莫不注心拭目。以望太平。而朝廷之上。忠邪混淆。君子齰舌而不敢言。正人徊徨而欲去。歲且再朞。而功緒落落。未有治安之斷。以陛下之明。判此無難者。然優遊牽制。有所不忍。恐其有以得於陛下。而陛下惑猶未解也。若爾。則臣知陛下之計誤矣。陛下幸少垂意。臣言。法否泰之象。使君子小人。各得內外之常。處以成虞舜進賢去佞之大功。果於用善。斷於去惡。不為郭父老所憂。清耳目之路。使先王之典。日陳於前。臣知天下不足治。太平不難成也。

覺又論諫官貶秩。不當再舉其職。奏曰。臣近准敕命。降授前件官。同知諫院。臣已祗受訖。於二十一日正衙。二十三日門謝。並畢。臣竊以告臣之辭云。薦引公卿。措置職任。而輕肆宜有懲。責臣之命已來。夙夜惟思。若以臣畎畝無狀。學問零落。不足以拾遺左右。論大臣能否。則已矣。若以臣所論不當於理。則臣所學於古者如此。敢違臣所學以徇世乎。然敕命已下。未敢遽有論列。既乞補外。而三狀聞奏。未蒙報可。臣欲勉強就職。則臣方以言忤旨得罪。奪官傳曰。人臣不見察於君。不敢立於朝。臣雖闇愚。敢忘斯義。臣謹上考聖人旁稽傳記。反覆一二。為陛下言之。非以避臣之罪也。將以明君臣之義也。陛下幸赦其罪。使得畢陳。臣聞孔子所謂諫臣七人者。三公四輔也。天子與此七人者屢爲繩愆糾繆格君心之非羣臣之賢不肖相與謀議而進退之。泯然不見其辨爭之迹。而治化已成於天下。後世七人者不任其責。始以小官與人主論辨天下之萬事。故諫官雖微而與謀於王侍與聞於國論宰相與人主進退賢不肖於廟堂之上。諫官與人主别白賢不肖於造膝之間。其所從來久矣。孔子曰。君子之仕行其義也。又曰。勿欺也。而犯之。説臣之事陛下也。情不敢隱。而每犯顔焉。義之所在則言之不疑。又聞孔子曰。君子之事君也。將順其美。匡救其惡。晏子曰。君所謂可而有否焉。臣獻其否而成其可。君所謂否而有可焉。臣獻其可而去其否。若如吾辭所謂則人臣之義有匡救而無將順。有獻否而無成可。始得事君之義。而無隱情也。或者乃謂諫臣小官。不當與人主進退大臣之事。又或云。諫臣雖可以論大臣之賢不肖。然不當云以某代某。臣又以爲不然。衛大夫史鰌以蘧伯玉賢而不用。彌子瑕不肖而任事。數以諫而君不聽。死且不懈。至以屍諫。衛公卒退彌子瑕而用蘧伯玉。成帝時。御史大夫缺谷永薦薛宣。成帝用之。鮑宣以諫大夫上言。請黜汝昌侯傅商。方陽侯孫寵。宜陵侯息夫躬。而名用故大司馬傅喜。故大司空何武。師丹。故丞相孔光。故左將軍彭宣。明年。上遂召孔光。免孫寵息夫躬。又名何武彭宣復爲三公。杜詩以南陽太守上疏。稱伏湛柱石之臣。宜居輔弼。郎顗言黄瓊李固可任時政。伊尹傅説不足爲比。此數人者皆位下言輕。或勸人主進退大臣。或欲以某代某。當時或用或不用焉。未嘗以爲非也。唐之盛在太宗之臣。莫如魏徵。時有言徵阿黨親戚者。太宗使温彦博按之。又使彦博責徵不得不存形迹。他日徵入奏曰。臣聞君臣叶心。義同一体。未聞不存公道。唯事形迹。若君臣上下同遵此路。則邦之興喪。或未可知。太宗改容曰。吾已悔之。若徵之言可謂深得治体矣。使太宗以形迹待羣臣。羣臣以形迹事太宗。嫌疑猜阻。上下之情不通。則與秦之末世何異。豈能成貞觀之治哉。今使言者論羣臣之非。而不言其是。論羣臣之惡。而不言其美。稱其人。不得言堪其職。述其才不得言堪其任。其爲形迹豈不甚哉。臣雖非魏徵之賢。實欲陛下復太宗之治也。故臣之事陛下也。知盡臣之義而無隱情。上不見三公之尊。下不知九品之賤。愚智忠邪。苟知其詳者。悉以獻於左右。傳曰。爲人臣者無以有己。明委質以事君。則身非己有。生殺予奪。唯上所令。傳曰。匹夫不可奪志。豈謂可殺可生者身也。可予可奪而志不可以奪歟。以臣賤微。言論不合。放廢竄逐。尚傷於治。聖恩博大。纔奪兩官。或周章震擾。喪其所圖。遂於陛下懷不盡之意。則罪莫大焉。况臣自供諫職。纔及兩月。得對至于五六。而章十餘上。臣之本末。詳亦粗簡聖心。然臣所言無一見效。臣論樞密使邵亢在位無狀。而陛下疑之。論御史中丞滕甫姦邪。而陛下不信。則是臣猶可疑。而言不足聽也。陛下置之左右耳目之臣。而取言無足采者。不知將何補於治。臣所以區區求去者。非徒不得其言。亦以深爲陛下謀耳。伏望聖慈特賜檢臣前後三狀。罷臣言職。除一外官。臣見居家待罪。所有實録院檢討同知諫院管幹國子監。臣並不敢供職。

二年。覺又論不必每事遣使狀。奏曰。臣聞朝廷務一切更制。庶事將多遣官出諸路以集之。臣竊以爲過矣。本朝承百年之弊。事有偏而不舉。溢而不斂者。不可勝數。將欲變而新之。則在張其綱紀。正其法度。擇羣材而付之。若事事遣使。凡皆出於朝廷。則臣恐不盡事情。而又生勞擾之弊也。臣切以諸路使者。多是朝廷素所選擢。久更任使。幸以成法授之。必能集事。其間或有罷懦不才不勝任者。自可换以才吏。若又難得職任相當者。則若近歲權發遣及副使判官之類。或召至京師或朝廷臨遣使其法度出於一而議論精詳則自集事矣或諸路使者不可多置不足以分幹庶事則聽其辟舉屬吏若近者發運使之於東南則人皆知朝廷所以付畀之意而務竭其力今不擇才否一切遣使代治其職則庸者得以偷安而才者不勸矣

三年覺又論罷司馬光樞密范鎮封駮司不當上奏曰臣前日延和面奉聖旨議改青苗法復常平舊制又乞諸路提舉非其人有意更易臣切喜嘆以為中外之論正欲如此而聖諭及之真臣等之所望四方之所幸也翹足企首以俟德音昨日又聞罷司馬光樞密副使罷范鎮通進封駮司若以司馬光爭論青苗新法拒違詔除鎮從而和之駮正而不肯下則是青苗之議持之尚堅而延和宣諭或亦有不果者歟臣屢嘗奏聞青苗漸去極為細事徒以大臣講求不詳議論不審而倉卒苟且擾動天下故人情不安論難鋒起當此時雖有

善謀良法難以推行況考之於古而或差施之於今而未嘗措置舛錯如此其甚者哉奈何以難行之法惡人議之至罷一樞密副使繼一封駮司流聞四方所損不細傳載後世何以觀法昔成王剪桐葉以戲叔虞史佚從而封之曰天子無戲言西府之重何止有如司馬光之直諒豈但方於叔虞詔敕之嚴固不啻於桐葉陛下有戲言之過則號令之所被眡人以空虛無用之文誥命之所加示人以玩弄可移之物書曰令出惟行不惟反易曰渙汗其大號令行而更改汗出而復反何以使人信而誅其或惰者乎朝廷張官分職固欲人人其官士稱其職也范鎮封駮識者莫不是之不能聽用其言奈何罷其職任傳曰守道不如守官鎮能守其官是封駮得人也遽然罷之豈將患其不順己耶不順陛下者多見容不順執政者輒見斥臣恐人主之權或移於下矣失職者固法之所誅守官者又朝廷之所棄不知陛下將取固祿保位苟容其身以備員充數者乎不然何宜進者反聽其罷宜任者反從而黜耶臣以陛下致今日之紛紜而在朝群臣往往求去者何耶徒以青苗新法人情不安所遣使者多非其人大臣建議而不從言者力爭而不聽至於罷免柄臣之新命黜責禁近之守官推劾諫臣之風聞內外騰沸駭動四方臣切憂他變朴紛而告治亂從此分矣伏望聖慈采群論之所長奮乾剛之獨斷稍復常平之舊法悉罷提舉之庶官自然人情復安中外如故

歷代名臣奏議卷之一百三十五

歷代名臣奏議卷之一百三十六

用人

宋神宗熙寧元年翰林學士鄭獬論今世亦有房杜之才。上奏曰臣比因賜對論及房喬杜如晦。陛下問臣今世有此人否。臣對以房杜者曠世無之。苟所見未至。則安知今世無有如房杜者哉。臣退思陛下思得房杜用之。此唐太宗之用心也。而在陛下求之至與未至耳。自古帝王何嘗求異世之士而用之。當大業之際。富貴乎廟堂之上者。天下止知有宇文述虞世基而已。又孰知有房杜也。則房杜者。乃隋室之棄士也。及太宗龍躍乎太原。於是二人者攀鱗而起。左携右挈。遂定天下。當是時。天下灑然始知有房杜焉。則今之處幽約甘蓬蓽者。焉知其人不及房杜者耶。顧陛下網之未密。搜之未至耳。夫天下之士。有材在已者。思有為於世。猶寒者之欲衣。飢者之欲食。其求用之心。尤切於世主求賢之意。而其迹無繇而至前。或湮廢而不遂者。可勝言哉。惟有道之士。以義自勝。則雖老死於巖穴間無憾也。至於雄傑之士則不然。如其蹉跌。則潛心世變。幸有風埃之警。遂躡而攫之。故劉備久不跨馬而髀肉生。見而流涕。此其志豈斯須忘功業哉。而欲漢室之不搖。豈可得乎。故世主必渠渠懇懇。欲得賢而為我用者。正為此也。虛懷屈已以訪之。高爵厚禮以來之。上之所好。其下必有應者。好之而未至。不可遽曰今世無房杜。高宗思賢。其精誠乃通乎夢寐。於是得傅說焉。此用心之顯也。臣願陛下推此心。繼之以不倦。則必有如房杜者杖策而至矣。言陋意拙。惟陛下裁赦。

獬又論薦士及求直言疏奏曰。臣聞舉天下之事者。不患乎知不及。而常患乎力不足。力不足則舉而不勝。其勢必屈。故知之而不能窮天下之理。必任群力而舉之。茲所以汲汲而求賢也。自陛下即位以來。未聞卓然拔進一賢者。天下之事猶如前日。而欲起太平之治者。雖矣。然陛下深拱九重。固未能周知群臣之能否。夫天子所以寄耳目者。公卿大夫也。公卿大夫日與庶官接。宜熟知其所為。其下固有豪偉非常之士而未薦者。臣願陛下降明詔。俾按察官及兩制正刺史已上。各許特薦文武官之有才能者。舉如不實。令御史劾奏。請論以法。如此。則宜得實才。陛下按其籍。眡其所舉者衆。則茲人必有過人者矣。官有闕。因而次補之。績效既明。則又顯擢之。不下席天下之賢能積於此矣。臣又聞天下之事無窮。雖堯舜之明。而欲盡無窮之事。臣知其必殆。然卒所以能為堯舜者。以其能兼聽無窮之言也。事幾出於彼。群言會於此。雖至深至隱。皆可羅列而陳於前矣。傳曰。舜好問。其弗信已乎。臣亦願陛下降明詔。許中外臣僚草萊之士皆得上封事。極言無諱。陛下總群策而擇之。則明徹乎萬里之外矣。豈惟得言哉。又將以得士矣。言如詣理。或可賜對。參類擇色以索其所蘊。則天下之才何逃乎。二者皆陛下基命之初急務也。如可施用。則乞付翰林草詔。中書具為條約。詔下之日。必有畜才而待用者翹然而出矣。敢冀陛下留意。

神宗時。獬又論用材劄子曰。臣以為今之急務莫急於得士。士之材不材。必試而后見。臣觀陛下勞於求賢。而疑於任使。有兼采之名而無必用之實。故天下治功未能興起者。繇此乎。夫求士必於其賢者。其人苟賢矣。進言曰某士可用也。陛下乃以為未足。參訪之他人。他人以為非也。則陛下猶豫往復。終疑而不用也。以疑心而欲覺天下士。安得豪傑之徒奔走而盡力哉。昔魏文公謂唐太宗曰。貞觀之初。賢者所舉。即信而任之。比來以衆賢舉而用。以一人毀而棄。不察其原。而使讒佞得行也。陸贄亦謂德宗求才不如武后時。非徒人薦士。

亦許自薦。而德宗賞鑒獨任，難於公舉。武后以易得人，德宗以精失士。此皆世主疑於任人之弊也。然而陛下不能遂用者，豈聖意恐用非其才，而招四方之指議乎。故必審訪其真偽，直須材而后試之。如此，則其擇愈詳，其失愈遠矣。何則？人非美備，安能飽衆人之口。蓋有愛憎忌疾者，廁其間以仲尼之才，將用於齊，其勢易進也。而晏子言逐逐之。况幽昧一介之士，欲求過於天下之士，其勢至甚難也。而不知幾晏子攢頰而議。是以天下士絕望於陛下，而相與爭馳於大臣之門。其志豈遂甘於背陛下哉？蓋附陛下不如附大臣，附陛下則不得用，附大臣則得用。其參據於要地者，必多於陛下之所自擢。其某人為某門下士，可槩而數也。此陛下不能自信，舉而棄之以資大臣之黨耳。然而陛下用人而不精，亦復何患乎天下之指議哉？陛下之所持賞罰之柄者，將焉用之。昔之舜與鯀皆四岳之薦，一為聖人，一為凶人。而堯且用之，以四岳賢者也。不用且恐失士。及其試而績不成，於是舜起而誅之。是堯舜之進退，豈不明白哉？苟賢者進言曰：其士可用，陛下何不隨其所長而用之。圖其新，不計其素，錄其長，不責其短，兼收而並用之，則天下豈有遺材。如其有成績，則賞而進之；有敗事，則罰斥之，至於所舉陛黜亦如之。不過數年，其進而在上者必敦實材力之士，其退而在下者必空疏躁妄之徒，則又孰敢以虛名不材者以欺陛下哉。

嚮又論責任有司劄子曰：臣聞舉天下者，繁治之則難，周簡治之則易，通此理然也。凡天下一日有機事，陛下必欲手挈而縷解之，不亦難為力乎。此陛下所以御朝至日旰，或不暇食，不避苦寒酷暑之凌薄。曉夕不得休息，而二府亦焦然相與騁聚而議，其文牒之判寫，日不足，則斂而歸諸私第，至薄晚閽扉乃出，至於繫安危之大計則又何暇賜清閒之對，君臣從容講摩於都俞之間哉。此其故是所以繁治之也。是陛下未嘗明職分，而以賞罰責下也。故羣有司之事，則取決二府。二府之事，則取決陛下。如此則上愈勞而下愈不治，大綱愈廢而小目愈繁。從何而得優為之哉？昔舜謂禹曰：汝作司空，平水土。契為司徒，敷五教。皋陶作士，五刑有服。各任以職，而舜無為，若舜者可謂知為君哉。唐太宗謂房喬曰：公為僕射，當助朕訪賢材，比聞閱牒訟，豈暇求人乎。若太宗者，真能責宰相哉。臣以為天子者宜以安危大計責二府，以庶事廢置責群有司。凡文治委之東府，武治委之西府，俾其定議以聞，不得取決於上。陛下審可而行之，行之而害天下，則定議者受責。群有司之事不得取決二府，據理以行，行之而害於事，則有司受責。故上所治者彌簡，而下所治者彌繁，簡則易舉而明，繁則不勞而通，則萬事有所歸矣。臣願陛下先詔二府，凡事之叢冗不繫於利害者，一切省之，合歸於有司，可頒而行也。二府之事，皆則俾之顓慮，以謀國。慮之不精，謀之不明，行而害天下者，於是黜而去之。提大柄以臨群下，此至要之術也。則陛下可以高拱乎巖廊之上，以御乎天下之治，與萬民共承無疆之福，豈不休哉。

熙寧元年，左丞蒲宗孟上仕進抑塞書，前夔州觀察判官蒲宗孟謹昧死百拜上書皇帝陛下：臣聞聖人之持天下，不幸而至於極弊大壞之際，欲更變律令，猶當以不可測之術，不可知之權，風動天下，使天下安趨而樂從，奔走而不知。故未嘗倉卒亟暴為駭擾之法，以逆人之欲，拂人之情，強人之所不喜，違衆戾物，以招怨取怒，斂大憤，起深憾，而離天下之心也。况不至於極弊大壞之際，安可無故而為矯世動俗之事，結怏怏不快於天下，罷畏自迷時。朝廷惡官多而吏道雜，一切斷絕之，如防寇盜，如捍讎敵，如備狼虎，惟恐去之不盡，而不

患其有傷稹隸堤障其路苛文峻法。離合其薦貸增廣其年祀。抗絕
其遷升常恐其應條目而符格令。合制度而契圜模。以取一日之榮
也。自古厭士未有如今日之甚。簡賤王官未有如今日之障也。彰灼
著明而鼓衣冠之怨未有如今日之暴也。白衣下士至於吏部選人。
上及朝廷之所謂郎曹卿列。無一人不被窒遏。無一人不拂其所欲。
此皆前世好治之君。孜孜降己。貪求渴選。賴而共與為理者。而今日
舉將去之。不啻於棄弓人斥遣奴僕之易。如之何使英偉自重之士
竭謀盡慮為國家喜奮事功流風迹武。精才奇智之人。素守廉隅素
謹德行。素重名節。不忍捨簪紱而從負販。有父母妻子之迫。又不忍
去而之山林。持其不得已之心。含恥強顏出入人上。黽勉苟過。此甚
可歎。向者大臣為法。以節約進士經生之數。舉天下而計之。三年之
間。率多數十萬人而取三四百也。又裁減任子之令。舊歲而補者增

為三歲。三歲者增為再郊。三丞告老之澤。十八道使者遷任之寵例
皆寖罷。大較比舊。每歲已有千餘人不占仕籍矣。入仕之難既如此。
既仕之後。又多為不可進之格以沮之。故舉職官之令行而京官歲
積者常百餘員。朝廷猶以為未也。名見引對之際。又不用銓究正律
不循祖宗故事。予奪無準。出於臨時。使天下有偶得偶失之嘆。惶惑
驚擾。以為不便。而今年六月己未之詔。又令天下通判之人。率不得
舉京官。而轉運判官亦減其當舉之數。士人何所恃而進也。前無榮
華以誘其心。後無溫飽以足其衣食。陛下尚欲責之治黎元養赤子。
不已疏乎。不徒如此。其甚者又有增年遷秩之法。止郎限卿之令。止
郎而限卿。是又何也。堯舜已來未嘗有也。古之爵祿。王者所以厲世
磨鈍。而今之爵祿。朝廷務以沮善而惰志。豈聖人把持天下之術耶。
仕官而有可止之時。則人之為善有可止之心矣。為善而可止。則朝

廷尚誰與共天下哉。陛下豈不思入仕之人乎。方今所貴而寵用者
進士一科。以進士言之。使天下入仕者率三十而得仕。四十而京官。
比及引年之日。不過為陛下中行郎中耳。然而其間幾何而至此。其
補奏而得仕。誦書而入官者。又豈人人四十而盡京官耶。以此而較
安在明為科條。嚴設禁令。止郎限卿。以取萬載之譏乎。此最清朝深
失之議。而治世無謂之法。殆獻計者慮之不精。求之不熟。趨目前而
忘遠圖。思小利而不知無益。逞一時之見。動天下之心。使怨府歸於
朝廷。蘗根蟠于天下。不足以懲弊革蠹。祇以收憾而取怨矣。腐儒小
生。不曉治體。凡以謂天下之事。皆當洗剔痛治。然後可以置於太平。
遂陳快意之論。悅耳之說。以亂陛下視聽。不知陛下新有大寶。正當
以至恩厚德結人。而不宜為苛察拂戾之事。駭擾天下也。嗚呼。最易
得者天下之勢。最難得者天下之心。昔武王有亂臣十人。同心同德。

而周室以興。紂有亂臣三千。離心離德。不能保天下。夫人之心不可
失也如此。臣願陛下精意極慮。不憚亟更而陳己之失。喜進取。惡擯
棄。人之常情也。是以古之明王。因其情之所喜順而誘之。無不得其
欲。故知人之惡飢寒也。與之祿使至於飽煖。知人之惡貧賤也。與之
爵使至於富貴。知人之惡擯棄也。與之榮名使榮於進取。惟其如是。
所以天下聰明才俊豪邁雄傑舉世不可屈服之人。皆樂為之用。喜
為之盡力。其故何耶。是非有奇策異筭。蓋亦順其情而已。今也。舉違其
情而欲舉之。共天下臣未見其可也。願陛下勿為太過已甚之事。廓
然開其可進之路。疏其窒塞之源。使轉運判官與列郡通判復得依
舊舉官。以誘州縣仕宦之心。使郎無可止之期。卿無可限之數。以破
清望官塞絕之歎。使選人至於改官。而資地應格者不奪於臨時。以
杜銓選惶惑之擾。則天下榮望復在。衣冠進路復通。而仕官復尊。而

朝廷復重美治平之法。減京官舉職官使京朝已上四年而磨勘。持此之術行之十年。仕途自清。吏員自守。何必巧為術以障之。曲為防以蔽之乎。百日之疾。求一日以愈之。必知不可。而五六十年之弊。乃欲盡去。不已遽乎。願陛下從容安意以待之。倉卒亟暴。恐非天下之福。臣過計論事。罪在冒瀆。惟陛下裁赦。臣宗孟昧死再拜。

二年。右諫議大夫呂誨論王安石姦詐十事。第二狀曰。臣伏蒙宸慈差內臣李舜舉宣諭。為言王安石事。敢不上体聖意。震恐無地。況臣世受國恩。家有忠範。惟知死節。以圖報效。竊以我朝開基一百餘年。四方無事。前古未聞。然太平之久。事固有繫于聖慮者。以是思之。尤當謹於措置。謀謨在於得人。安危在所倚任。圖任舊德。推廣恩信。以至萬務講求利病。在乎沉機默運。不當形迹。因事制宜。脩敝補廢。上應天災。務以安靜。乃今日之事也。王安石者。本以文章進。豈意遽為輔弼。惟逢迎陛下之意。張皇一時之事。祖宗法度。首議變更。天下利害。皆欲搖動。斥逐近侍。盜弄威權。傾危老臣。欲速相位。人情甚鬱。公議不容。獨陛下未悟。信任安石。與之講求治道之要。進退天下之士。臣恐無益於盛時。徒有累於知人。陸象先曰。天下本無事。但庸人擾之。賈誼曰。天下大器也。置之安處即安。置之危處即危。斯真廟堂之論。可為保邦之術也。臣伏望陛下深思社稷之重。判別忠邪之人。應天以篤實之誠。置器審安危之地。垂拱泰寧。天下之福也。安石進說少加澄省。如臣者久居要職。實無補報。陛下不當奪生靈之資而益無用之臣。雖聖度并容。而公議不與。敢偷安覆。以累公朝。遲懸而言。惟祈鑒照。

監察御史裏行程顥乞留張載。上疏曰。臣伏聞差著作佐郎張載往明州推勘苗振公事。竊謂載經術德義。久為士人師法。近侍之臣以其學行論薦。故得召對。蒙陛下親加延問。屢形天獎。中外翕然。陛下崇高儒學。優禮賢俊。為善之人。孰不知勸。今朝廷必欲究觀其學業。詳試其器能。則事固有繫教化之本源。于政治之大体者。儻使之講求議論。則足以盡其所至。夫推按詔（一作）獄。非謂儒者之不當為。臣今所論者。朝廷待士之道爾。蓋試之以治獄。雖足以見其鉤深練覈之能。攻摘斷擊之用。上可試諸能吏。非所以盡儒者之事業。徒使四方之人。謂朝廷以儒術賢業進人。而以獄吏之事試之。則抱道修潔之士。益難自進矣。於朝廷尊賢取士之体。將有所失。況苗振罪犯明白。情狀已具。得一公平幹敏之人。便足了事。伏乞朝廷別賜選差。貴全事体。謹具狀奏聞。

兼御史知雜事劉述乞留呂誨。上奏曰。臣伏覩罷御史中丞呂誨差知鄧州。坐言事失實故也。臣伏思本臺舊制。御史所以許風聞言事者。以事方萌芽。未至形見。及展轉詢採。難以究知其詳。能先時而言之。則可以遏絕禍亂之原。救藥事機之先。其間固容有不審。而於大体無甚害也。今聞呂誨因言章辟光狂妄離間岐王。以連及輔臣長短。乃是誨盡忠於陛下。以救朝政之闕耳。豈有它哉。今遽然黜之。士大夫相與驚歎。甚為陛下惜此舉也。陛下踐阼方三年。已罷五中丞矣。天下之人。不知端末。將謂陛下惡聞直言。但欲人阿意順指耳。豈惟汙損聖德之休。細實恐公忠之人。由此解体。奸邪之黨。緣隙而進。以白為黑。以正為邪。陛下覺悟而悔之。已後時矣。而況誨之為人。公正峭直。知無不為。四方之士。交口稱譽。乃人之望也。中司之任。朝綱之所寄。今乃轉為動搖。自壞綱紀。臣所未諭也。臣愚伏望陛下察誨之無它。矜誨之過小。追還前詔。俾復舊職。上全國體。下慰人望。臣之至願也。臣非不知斯言之入。即取權臣之怒。誠不忍孤陛下之任使耳臣下勝彷徨待罪之至。

神宗時王安石參知政事。帝下詔專令中丞舉御史不限官高卑。趙抃爭之弗得。劉述為吏部郎中上言舊制舉御史官須中行員外郎至太常博士資任須實歷通判。又必翰林學士與本臺丞雜互舉。蓋衆議僉舉則各務盡心不容有偏蔽私愛之患。今專委中丞則愛憎在於一己。若一一得人猶不至生事。萬一非其人將受權臣屬託自立黨援不附已者得以中傷。媒蘗誣陷其弊不一。夫變更法度其事不輕。止是參知政事二人同書劄子。且宰相富弼暫謁告。曾公亮已入朝臺官令不關人何至急疾如此。願收還前旨。俟弼出與公亮同議然後行之。

孫固知審刑院。神宗問王安石可相否。對曰安石文行甚高處侍從獻納之職可矣。宰相自有其度。安石狷狹少容。必欲求賢相呂公著

司馬光韓維其人也。凡四問皆以此對。

朱京擢監察御史。時中丞及同僚多罷去京抗疏曰御史任之則重。略之則輕。今耳目之官屢進屢卻則言者不若靜默為賢。直者不若柔從為智。偷安取容雖得此百數亦何益國邪。

起居舍人同知諫院范純仁奏乞詔還呂誨疏曰臣竊見前御史中丞呂誨坐言事失實奪職降知鄧州。緣誨賦性質直素秉忠義朝廷許其風聞言事。誨亦得之不疑。既有所聞遇事輒發論議雖有過當其情實可含容。又況陛下舉直錯枉遏惡揚善之時如誨之臣不宜謫去四方不知其罪無以獎勸正人。伏望特回睿恩放罪詔還。雖是已補中丞。亦可別與職任留之左右實激忠良。

純仁又論孫永且令依舊知秦州狀曰臣前次上殿親承德音以孫永守邊失策。更且責其後效有以見聖心寬大使過責成深得秦繆公任孟明規之道矣。今日却聞孫永降職移知和州。以李師中代為秦帥。臣竊以帥臣之職尤須久任方能諳熟邊事經緝遠略。若因事屢更則不惟迎送勞人。兼亦百事更變兵民之情不無煩擾。兼臣舊與孫永李師中相識。各粗知其性行。孫永忠謹慎靜是可使之安守。李師中實有材力急難可用。然好進任術不能靖安其職若邊事稍寧必須躁動別圖進用。如此則久長之效未必得知。臣欲乞且依前來聖訓孫永與降職且令依舊知秦州以責後效。李師中且令在河東。可徐觀其政績。然免移易勞人庶事煩擾

純仁又論富弼疏曰臣聞股肱惟人良臣惟聖則君之倚良臣猶人之須手足也。手足不可舉則無以為人。大臣不任事則無以為國。故虞舜作歌戒其臣曰股肱喜哉元首起哉。是股肱之臣出於任用則元首之德日以興起也。陛下即位以來慎求輔相冢宰之位闕以逾年。近得富

弼委之大柄四方士民莫不鼓舞。以謂聖主既得賢臣則德澤日新太平可待。而弼登用以來屢以舊疾謁告。入則隨衆循舊未欲有為退則謝客杜門罕通人事雖陛下丁寧宣召而弼終未詣職。竊以中書政事日有萬機朝夕之間贊襄是賴在陛下萬乘之尊尚以宗廟社稷之重惟日孜孜旰昃不暇而弼乃以養痾自便處之晏然臣逸君勞於義安忍或以謂陛下待弼恩禮雖厚而誠有所未至用弼雖重而任有所未專。使弼不盡其才所以鬱鬱失職而遂遷求去也。以臣思之竊謂不然。且弼起自布衣仁宗擢為宰相先皇帝暨陛下倚為宿德元老。四方士民望弼為賢臣碩輔。在弼報稱之義自應如何。況陛下懼災求治之時而弼位居冢廓君臣之際不宜形跡當自任以天下之事盡陳其所欲為必曰方今何事可憂何人可任何利可興何弊可革何者為先務何者宜緩行然後審陛下用捨之度而弼之去就自明。何必僶勉媕阿自為

卷縮。是非不決，明辨進退，不敢顯言。第且移疾於家，使人主厭於客養，然後翻然決去，方爲善謀者哉。臣切慮弼惑道家全神養氣之言，拘曲士忘名忌滿之節，不以天下之重易其愛身，不以萬務之急妨其養性。恤己則深於恤物，愛疾則過於憂邦。但能早退自全，即爲明哲之術，殊聖人朝聞夕死之義，而弼以爲得。此又弼之過計也。且詩曰：雖無老成人，尚有典刑。則是朝之老成過於典刑之重也。易曰：王臣蹇蹇，匪躬之故。則是人臣之分不以一身爲恤也。今弼若遂還遂去，則致陛下有不用老臣之迹，弼亦有不能竭節匪躬之名。不用老成則於聖德有虧，不能匪躬則於臣節無取。則弼之處身致主，兩皆失宜，而望儀形四方，表率百辟，難矣。臣又自念弼與先臣素有契義，在臣當有忠告之言。而以待罪諫垣，未敢私通書謁。伏望聖慈將臣此奏宣示弼，如臣妄詆大臣，願乞重行貶責。如以臣言爲是，則弼宜思

體貌，當不可更如前日倚疾自便。速當請恭赴位，同寅戮力，竭致主安民之慮，講興治補弊之術，延訪多士，採擇羣才，上以副陛下倚毗，下以副士民屬望。使虞舜之賡歌，不獨見美於前世，微臣不勝大願。竊聞弼以足疾迎送有妨，不見賓客，則將何以詢訪事勢，別識人材。切計弼雖在家養疾，未過安坐靜室，賓客既知弼有足疾，必不責其迎送之禮，若只坐與之語，於弼有何所損，亦乞聖慈宣諭此意。

純仁又論劉琦等不當責降第一狀曰：臣今日忽聞詔令，以臺官劉琦等言多失實，事輒近名，擅去官曹，動喧朝聽，等罷各落御史，降充監當者。聞命之際，中外震驚。蓋人臣以率職爲忠，人君以納諫爲美。率職之臣獲罪，則忠勤不勸；納諫之風或闕，則君德有虧。是以仁宗皇帝開廣言路，優容諍臣，執政不敢任情，小人不能害政，以致太平日久，億兆歸心。先皇帝容納直言，未嘗變色，是時呂誨等與臣爲御史，亦嘗擅納告身，皆蒙慰諭封回。自是誨等力求外補，此陛下之所親覩，固爲萬世之先。陛下述事繼明，思紹先烈，而因二三執政不能以道事君，教化或失其後先，刑賞致乖於輕重，中書蔽其本末，但致外議喧騰。凡居言責之臣，敢不即時論奏。既許風聞言事，即是過失得原。而柄臣遂非，掊摭其罪，欲其畏避，循縮遇事不敢輒論，雖於政府便安，而陛下將何所賴。且執政王安石以文學自負，以議論得君，專任己能，不曉時事，而又性頗率易，輕信難回，舉意發言，自謂中理。近以陛下切於求治，安石不度己才，欲求近功，忘其舊學，舍堯舜知人安民之道，講五霸富國強兵之術，尚法令則稱商鞅，言財利則背孟軻，鄙老成爲因循之人，棄公論爲流俗之語，異己者指爲不肖，合意者即謂賢能，所以薦薛向爲通才，指呂誨爲無用，致陛下無從諫之美，使時政有揠苗之憂，臣常失望痛心，故已屢有陳奏。孟子曰：不

以舜之所以事堯事君，不敬其君者也；不以堯之所以治民治民，賊其民者也。陛下有堯舜之資，而安石議桑羊之術，不恭甚矣。四方百姓未安，而安石欲使小人以擾之，賊之甚矣。加以曾公亮年高不退，廉節已虧，且欲安石見容，惟務雷同苟且；福則好拘文法，今則一切依隨；趙抃心知其非，而詞辯不及安石，凡事不能力救，徒聞退有後言。此皆陛下大臣所爲，安得政令無失。求諫尚恐不及，何暇深責諍臣。蓋以安石之心，將欲果於興事，所以深惡言者，懲戒後來，殊不知成湯罪己而興，禹拜昌言，曰聖。周道既衰，則有防川之蔽；秦法雖暴，而有敢怒之民。陛下睿知聰明，洞照古今，豈可啓寵偏聽，而失天下之心。伏望陛下平氣虛懷，深爲國計，將琦等責降告敕，速賜追還。安石不可久在中書，必恐任性生事，宜速解其機務，或且置之經筵。是以啓中外之望，弭未然之患，如是則商湯改過之美，可復見於今。帝

堯從欲之化。不獨稱於古。臣不勝大願。然臣久居諫列。智慮不明。不能救止未然。遂致聖政有失。雖陛下不憚改作。而臣之職事已隳。豈敢殭在諫垣。輒以居家待罪。自今月十日更不供職。伏乞重行貶竄。以戒百官。

貼黃。今後政府臣寮舉辟欲垂張親知。但只先同議論。候至簽敕之時。别作回避。則言者無由奏彈。陛下豈可不察。劉述方被劾奏。恐執政陷以稽遲之罪。劉述既見事有未安。自當不敢行下。本是盡心職事。却蒙執政深怒。況王安石舊作中書舍人。糾察在京刑獄。亦曾繳納詞頭。不肯入謝。今日不存忠恕。以至于此。亦乞陛下詳察。

第二狀曰。臣昨日上言。乞追還劉琦等責降誥敕。臣已居家待罪。以俟竄殛。然有愛君之心。尚冀一伸。伏緣臺官爲天子耳目。將使警察

百辟。以防權倖之非。今琦等一言柄臣。便蒙落職監當。若指君父之過。則將何法以加之。況自先皇帝已來。人主未嘗自有過失。皆因大臣舉措不謹。玷累朝廷。且君父既爲人所玷累。則忠臣孝子寧忍不言。陛下不察其心。更加貶竄。不惟自塞耳目。乃使忠孝莫伸。方今多士盈庭。太半趨附執政。陛下更以法令驅之。使畏大臣。則其任性恣行。何所不至。陛下雖欲制馭。必傷終始之恩。所以人主雖當仰成執政。而督察之任。委之臺官。俟有過行。則使彈擊。下以使大臣知懼。上以全君臣之恩。此是從古以來馭臣之要道也。陛下將臣此奏。反覆究詳。特與追還二人。以正朝廷之失。則臣死之日。猶生之年。

熙寧三年。直舍人院呂大防論御臣之要。上奏曰。臣伏見陛下求治之意可謂至矣。四方孤遠卑賤之吏。或一善可稱。或一詞可録。不問其秩之高下。皆傳名而見之。燕閒從容。盡其所蘊。聖心退訪。猶以爲未至。又詔百官之在朝者。各封上其所欲言。而以次對於廷下。自爾以來。且將數年。伏惟陛下觀天下之人。才不爲不多。而閲天下之事理。不爲不衆矣。然人才多。則賢不肖並進。而難知。事理衆。則可與不可雜至。而易惑。恭惟聖鑒之明。固無遁照。然區區之愚。竊謂古今人主之臨御動。則皆稱御。蓋天下者車也。羣臣者馬也。法度者轡策也。要在人主善御之而已。御得其要。則車安而馬習。轡緩而策簡。御失其要。則車危而馬敝。轡急而策煩。人主之所以貴要者無他。在此而已。臣愚以謂御臣之要。必先退纖柔而進樸直。略言詞而責行實。然後爲得。臣竊見近年被名見用之臣。其善事固不少矣。而以浮辯巧說而進者。或有之。臣竊原其理。蓋有二塗。或以一切逢迎。徼倖速進。及考其成敗。則不足經遠。或援引古義。以證已見。不度宜適。而謂今世可行者。雖所以言者異。而敗事蠹理。其害則同。此陛下不可不熟

察也。自古雖聖人在上。未嘗不以巧言爲戒者。蓋美言之於人。易眩而難察。易聽而難行。故雖堯舜在上。亦以巧言令色爲畏。以靜言庸違爲患。以壬人讒說爲憂。況其下者哉。以此論之。故宜專進崇實忠良之士。以奉成聖化。雖言有拂戾。行有簡直。若不合者。亦在陛下容養而成就之。漢武帝愛司馬遷嚴助之才華。而尊汲黯卜式。唐太宗好許敬宗李義府之文章。而信任王珪魏徵。此明主之鑒。有以區處之矣。以陛下之文明致治。將躋于二帝三王之盛。而知人之難。必不在漢唐二主之後也。

知審官院蘇頌同李大臨等繳李定詞頭。第一劄子曰。臣等檢會熙寧三年七月六日奉聖旨。今後臺官有闕。委御史中丞奏舉。不拘官職高下。令兼權。如所舉非其人。令言事官覺察聞奏。臣四月二十八日上殿面奉聖旨。將上件條貫赴舍人院商量草除李定官制者。臣

等尋將上件條貫赴院同共看詳蓋為從前臺官須得於太常博士以上中行員外郎以下奏舉釋職後來為朝行中難得資序相當之人故朝廷特開此制云不拘官制高下者只是不限博士與中行員外郎耳即非謂選人亦許奏舉也所謂兼權者如舊官資序不相當三丞以下未可為監察故且令上權前行員外郎以上不可為侍御故令下兼詳此皆不為選人設也若不拘官職高下并選人在其間則是秀州判官亦可以權裏行不必更改中允也以此言之選人不可超授臺官明矣至如程顥王子韶等並已先轉京官因中丞薦舉方蒙特遷中允上權監察今李定是初等職官資序若特與改官只合轉大理寺丞且選人特改京官已是優異若更授超朝籍處之憲臺恩命重疊陞擢非常先朝已來未有此比未知李定有何所長而可當此殊命也臣等所以喋喋有言不避斧鉞之誅者非他也但為

愛惜朝廷之法制而遵守有司之職業耳且爵祿賞罰進退黜陟皆陛下得以專之無所不可者若事下有司則具有條制當官者須奉行而固執也大抵條例戒於妄開今日行之它日遂為故事若有司因循漸致隳紊誠恐倖門一開則仕途奔競之人皆有僥求希望不次之擢朝廷名器有限焉得人人而滿其意哉前世所以謹重爵賞不以假人雖有奇才異倫亦須試以職事俟有成效然後超擢者以此也兼臣等前來論列雖不具記上件條貫亦只指陳選人超授臺官為過當耳如宋敏求言去歲驟用京官而遷之今又以幕職官便陞朝著而峻履糾繩之地切恐即循官制之舊未壓群議臣大臨言秀州判官除授監察御史裏行不唯超越資序未壓群言抑亦有乖國朝從來法制臣頌言去歲詔旨專令中丞舉官雖不限資品猶以京秩薦授人所以無言者以前有詔令故也詳此與今來舉到不拘官職高下條制亦不至遠戾以此臣等所以須至再執守初議也臣等非不知再拒嚴旨獲罪不輕但以意在盡公不敢自為反覆上誤朝廷耳所有臣大臨昨日當草薛昌朝除官制初亦疑慮未得允當既而思之昌朝雖非御史之薦朝廷特除緣是京官為有程顥王子韶近例所以不敢違拒非如李定選人之比也欲望聖慈更加詳察臣等惓惓之誠所有李定除官制臣等未敢具草

第二劄子曰臣今月二十一日准中書劄子右諫議大夫知制誥宋敏求奏今月十九日當直中書刑房送到前秀州軍州事判官李定特除太子中允權監察御史裏行詞頭伏以御史之官國朝以來其任頗重去歲驟用京官而選之今又以幕職官便陞朝著而峻履糾繩之地臣恐弗循官制之舊而未厭群議所有詞頭未敢具草奉御批速送別官命草臣伏以國朝近制進補臺官皆詔御史中丞知雜

與翰林學士更互於太常博士以上中行員外郎以下嘗任通判官中奏舉充三院其未歷通判者即須特旨方許薦為裏行儻非其人或至連坐所以慎重臺閣之選也去歲詔旨專令中丞舉官雖不限資品猶以京秩薦授緣已有前詔故人無間言今定自支郡幕職官入居朝廷糾繩之任超越資序近歲未有臣恐有違官法無益治朝敏求所以惓惓而進言者納忠而舉職也議者或曰唐世自諸侯幕府入登臺省者多矣而定之此除豈為過耶臣以謂不然在唐方鎮盛時有奏辟郎官御史以充幕府者由此幕府建節增重祖宗深鑒此弊一切釐改州郡僚佐皆從朝廷補授大臣出鎮或許辟官亦皆隨資注擬滿歲遷秩並循銓格非復如唐世之比而今之三院事任又重於昔時況定官未終更非時召對不由銓考擢授朝列不緣御史之薦直賓憲臺雖朝廷急於用才度越常格然驟紊法制必致人

言。所益者小。所損者大。再詳敏求前奏。攬得允當。所有李定除官制未敢具草。

第三劄子曰。臣今月二十三日准中書劄子節文。尚書工部郎中知制誥李大臨狀。所有李定除官制內有未便。奉聖旨令蘇頌依前降指揮撰詞。臣竊以官品有高下。職事有閑劇。皆所以待才能之士。擢授有資級。保任有常法。亦所以抑奔競之塗。由古以來。茲道不易。祖宗之朝。或有自起孤遠而登顯要者。蓋天下初定。士或棄草萊而不用。故不得不廣搜揚之路。自真宗仁宗以來。每有除授。雖幽人異行亦不至超越資品。蓋承平之代。事有紀律。故不得不循用資品選擇之法。今朝廷清明。俊乂並用。進任臺閣。動有成規。而定以遠州幕官。非有積累之資。明白之効。偶因召對。一言稱旨。便授臺官。政府既已奉行。有司不能抗議。使制命遂行。四方聳聞。仕進之間。豈無觖望。況

今天下之廣。英豪之衆。它日或更有非常之人。又過於此。寅緣進見。奏對稱旨。則復以何官處之。寖漸不已。誠恐高官要職。或可以岐路而致。事有萬一。不可不防。臣所以區區建言者。上以遵朝廷之法制。下以盡有司之職業耳。謹按六典。中書舍人之職。凡詔旨制勑。皆按典故而起草。制勑既行。有誤則奏而正之。故前後舍人論列差除。用典故而蒙改正者非一。今三院御史。須中丞學士薦舉。朝臣乃典故也。或不應此。其敢無言。去歲以京官除授。所以無言者。以前有詔令故也。今若先立定制。許於幕職官中選擢三院。則臣等復有何言。而敢違拒。邪況定之此制前日。敏求大臨洎臣。皆知不應近制。是以各有論奏。今再被詔旨。若便奉行。是臣故違官守。自作二三。上累聖明。孰任其責。竊謂威福之柄。人主得以自專。官守有責。臣下得以固執。若朝廷以定才實非常。則當特與改官。別授職任。隨資超用。無所不可。不必棄越近制。處之憲綱。若臣上憚嚴誅。靦顏起草。誠慮門下封駁。不肯放過。縱門下不舉。則言事之臣。必須重有論列。或定畏議固執。不敢祗受。是臣一廢職事。而致論議互起。煩瀆聖聽。則臣之罪戾。死有餘責。所有李定除官制。未敢具草。

第四劄子曰。臣今月一日准中書劄子節文。李定除太子中允監察御史裏行詞頭。奉聖旨劄與蘇頌。所除李定。係是特旨。不礙近條。令疾速撰詞。臣爲詳自來本院凡有中書送到詞頭。並是當制舍人奉行。唯是當制日曾封還詞頭。其詞頭再下。若元封還之官。卻再當日。即轉送以次官命詞。昨日中書劄子送舍人院。是臣當制。所以獨具劄子奏陳。今日輪當李大臨直日。上件劄子合是本官奏行。卻專送臣處。顯見不依得自來體例。是同一職事。而差使有異。臣豈敢越次承受。若云因臣論列除改不合條例。便送臣處分。緣上件

論奏。是與李大臨一狀同議事體不殊。卻不依常例。送本院輪次承受。其劄子已具狀繳納中書門下。伏乞依自來體例施行。去訖。兼臣與李大臨等前後論列李定差除未得允當。蓋是遵守朝廷之法制。奉行有司之職業。初等職官超授朝列。兼權御史。不應近制。所以未敢具草。今來中書劄子。稱係是特旨除授。不礙近降條制。臣切謂若果出聖意拔擢。即須是非常之人。名聲顯聞於時。然後可以厭服羣議。爲朝廷美事。不然。則進用之路自有階漸耳。昔馬周爲常何作奏條陳得失二十餘事。皆當世切務。唐太宗拔於布衣。近世張知白上書言事論議卓越。真宗皇帝拔於河陽職官。此二臣者。可謂有顯狀矣。遭時遇主。可謂非常矣。然周猶召直門下省。明年方用爲御史裏行。知白召對稱旨。亦命試舍人院。然後授以正言。非如定遠州職官素無聲稱。偶因孫覺論薦。一賜召對。便蒙超授。縱有奇謀碩畫。亦未

顯著於時。豈足以上稱不次之擢。但用其言不試以實。天下才辨之士聞之。皆思趨走勢要。以希薦用。此門一開。未必為國家之福也。故前代用人之法。必加詳試。俟見成效。然後陞擢者。亦所以防僥倖之路也。今臣不避誅殛。再貢瞽言者。誠見陛下容受直言。可不思獻納。少裨補耶。其李定特旨除授。欲望陛下早賜采納群議。或詢近臣若謂定之才果足以副陛下特旨之擢。則臣自當受妄言之罪。萬一臣言不虛。即乞再加詳酌。或別授一官。置之京師。俟它時見其實狀。進用未晚。如此。不唯臣等職事得舉。兼亦可以養成定之才。貴免詒異日之論議也。臣不勝夙夜惓惓納忠之至。然臣已是五次論列。累拒詔命。罪在不赦。戰恐待罪。不敢逃竄。

知制誥宋敏求繳李定詞頭上奏曰。臣今月十九日當直中書刑房。送到前秀州軍事判官李定特除太子中允權監察御史裏行詞頭。伏以御史之官。國朝以來其任頗重。雖列屬三院。各有等差。至於肅政外朝。紀綱所寄。號為清峻。選擇益均。舊制須太常博士經兩任通判。方許舉奏入臺。蓋以歷任既深。則更事益多。朝廷之儀得以詳熟。景祐初。以資任難有相當者。遂許奏舉博士以上通判未滿任者。為御史裏行。去歲驟用京官而還之。今又以幕職官便陞朝著。而峻處糾繩之地。臣切恐弗循官制之舊。而不厭群議。所有詞頭。未敢具草。

知制誥李大臨繳李定詞頭奏曰。臣以今月二十二日准中書劄子。令看詳宋敏求蘇頌所奏。委得公當。伏以御史之職。糾正內外。自國朝故事。每有員闕。必用太常博士已上官。然後補之。仍須曾歷通判。方許舉薦。今李定秀州判官。除監察御史裏行。不唯超越資序。未厭群言。抑亦有乖國朝從來法制。欲乞頌等所陳。蓋亦有補於朝廷。伏望早賜詳酌。所有李定除官制。未敢具草。

大臨又奏曰。臣今月三日准中書劄子。送下蘇頌繳納李定除太子中允監察御史裏行詞頭。奉聖旨所除李定出自特旨。並不礙近制。令舍人院疾速撰詞。輪次是臣當制。切緣臣與蘇頌前後累次論列。屢煩聖聽。非不知狂率僭易。罪當萬死。然猶喋喋不已者。無它也。蓋以職在近列。忝贊書命。詔敕未便。理合奏論。既有所懷。豈敢緘默。切以李定自初等職官超授御史。不次遷擢。舊例所無。若云差除特自聖旨。不礙近制。夫凡朝廷爵賞之出。稍有優異。皆可謂之特旨。或事有未當。豈可以特旨之故而不許當官者以職事而論列耶。以陛下之聖。睿聰明容納。必無不許之理。以此臣得以盡所懷而終言之。且定自屬仕塗。未聞有卓然稱譽為時所推。若謂之有經術行誼。則召對數刻之間。陛下豈能盡見其所蘊之深淺也。若陛下以其辨論可取。急於任用。則還之以一官可也。徐觀其所為。然後別加遷擢可也。不當遽然置在憲臺。駭動物聽。於之未安。於國體亦有所損。故前頌之所論。唐太宗用馬周。先置門下省。明年方為御史裏行。國朝用張知白。亦先試於舍人院。然後授以正言。蓋為此也。今定之除。既未厭群議。若制命一出。豈免門下之封駁。臺諫之章疏耶。臣當此時。雖欲自劾請罪。亦無及矣。縱陛下容恕。不加誅責。然臣復何面目以處陛下之左右耶。以此須至先事建言。儻蒙聽察。不唯在臣職業粗得所守。亦於朝廷萬分裨益。臣不勝兢惶隕越待罪之至。其李定除官制。未敢具草。伏望聖慈更賜詳酌。

神宗時。校書郎晁補之奏舉趙元緒狀曰。伏見本府居住朝奉郎新差監在京物料庫趙元緒。父故太子少師致仕槩。在仁宗朝。曾與韓琦曾公亮歐陽修同執政。時仁宗初命英宗領宗正。槩言宗正非所以為重。乞立為皇子。後預顧命。策立英宗嗣大寶。功施社稷。同時勲臣之子。皆蒙次第褒擢。多已通顯。而縣之嗣子。獨沉常調。簪組之傳。不絶如綫。元緒刻意承家。學問自立。吏事足稱。勘會知揚州蘇頌。知應天府何正臣。權京東轉運副使吕温卿。皆嘗論縣之功。薦元緒之才。可倫任使。未蒙施行。臣竊覩神宗在東宫。吞縣書。謂首定大策。固已措時於久安。世蒙顯休。方當與國而長。樊縣之有勲王室。事固灼著。其墳墓居第。在宋歲時闕人照管。伏望聖慈檢會前後臣僚奏乞。特賜甄録其子元緒。與一南京差遣。庶以廣國家求舊念功之美意。而勸臣子之為忠孝者。

監察御史陳師錫上奏曰。臣聞堯舜禹稷之相遇。其朝夕都俞勸戒。不過於任賢勿貳。去邪勿疑。蓋為君之先務在此也。夫知任賢者。而任之之意不專。賢不可得而任矣。知去邪矣。而遲疑不斷。雖有去邪之意。邪亦不可得而去矣。昔齊桓公問管仲曰。吾欲酒腐於爵。肉腐於俎。得無害霸乎。管仲曰。此極非其善者。然非害霸也。任賢而使小人間之。害霸也。又曰。郭何以亡。管仲曰。以其善善而惡惡。桓公曰。善善而惡惡。何以亡。管仲曰。善善而不能用。惡惡而不能去。郭由是亡。由此言之。人君不得任賢去邪之道。大不可以王。小不可以霸。守而不變。將至於亡。其能霸且王乎。管仲且猶知此。況不為管仲者乎。宋興百五十餘載矣。號稱太平。享國長久。遺民至今思之者。莫如仁宗皇帝。臣竊嘗考致治之本。亦不過於開納直言。善御群臣。賢必進。邪必退。自明道中。初親覽萬幾。見政事之多僻。知輔佐之失職。自宰相吕夷簡。樞密使張耆。參副夏竦。陳堯佐。范雍。晏殊等。一日皆罷去。天下已服其英斷矣。寶元之初。地震冬雷。用諫官韓琦之言。而宰相王隨。及同列陳堯佐。盛度。韓億。石中立。同時見黜。嘗用夏竦為樞密使。諫官歐陽修論其姦邪。即日罷竦。判河陽。晏殊為宰相。諫官蔡襄言其不

恤邊事。廣置田宅。即日出殊知潁州。其後不次擢用杜衍。范仲淹。富弼。韓琦。以致慶曆嘉祐之治。為本朝甚盛之時。遠過漢唐。幾有三代之風。若仁宗牽於偏聽。優柔不斷。臺諫備位。言不見用。賢善不進。朋姦不去。則安能享四十二年太平之福乎。臣願陛下遠思堯舜禹稷任賢去邪之道。中采齊桓管仲善善惡惡之戒。近法仁祖納諫御臣之意。則太平之盛。指日可見。臣以疏遠朴陋。誤蒙收擢。敢竭所聞。上裨萬一。伏望陛下留神省察。倘蒙加意。豈獨一介小臣之幸。實社稷生民之福也。

黄廉為監察御史裏行。建言。成天下之務。莫急於人才。願令兩制近臣及轉運使各得舉士。詔各薦一人。繼言寒遠下僚。既得名聞於上。願令中書審其能而表用。則急才之詔。不虚行於天下矣。

知杭州陳襄薦吴師仁劄子曰。新制已前。嘗選請到本州進士吴師仁在學充教授。体訪得本人履行淳正。器識高遠。嘗肄業太學。名聞縉紳。應舉不第。退歸田里。甘貧守道。專治誠明義理之學。而不為異端之説。自充教授以來。夙夜孜孜。誨誘不倦。曾未數月。學者翕然向風。知所勸激。使之久處。必有成就人才。美厚風俗。伏望聖慈特賜收采。令充本州州學教授。

熙寧中。襄為侍御史知雜事。又論大臣皆以利進。上奏曰。臣竊聞已有制命除韓絳樞密副使。兼參知政事。絳以才望序遷。固未為過。然朝廷所以用絳之意。似乎不厚矣。陛下始用王安石參預大政。首為興利之謀。先與知樞密院事陳升之。同領制置三司條例司。未幾升之用是遷為丞相。而絳又領之。曾不數月。今又以絳參預政事。則是中書選任大臣。皆以利進。昔古致治之朝。未有此事也。書曰。茲惟三公。論道經邦。燮理陰陽。官不必備。惟其人。此輔相之任也。大戊之興也

則有伊陟臣扈格于上帝，巫咸乂王家。高宗之興也，則有甘盤傅說。而商祀配天。成王之立也，則周公爲師，召公爲保，興作禮樂，遂致太平之功。不聞以利責之也。唐憲宗剛明果斷，能立事功，以藩鎮漸平，肆意修欲。程异、皇甫鎛探知其旨，以誅剝財利說之，故憲宗獨排物議而以异、鎛爲相，裴度表斥，親信雖極言論列，終亦不悟。季年昏惑，曾庸主之不若。信乎利之蔽人也如此！君人者之所任與其所好，足以爲戒矣。今陛下執政之臣，凡以利進者三人矣。雖聖德高明，不足以致惑，亦不可以不謹也。臣欲乞罷絳參知政事，今後中書選任大臣，必求道德經術之賢以處之，而不得以利進。如陛下不欲追寢已行之命，即乞將制置條例司與青苗補助之法，只歸三司，及責之守令相度施行，庶不害於王政，而足以全大臣之節矣。

襄知諫院乞召還范純仁狀曰：臣伏覩近降中書劄子，内聖旨，就差知河中府兵部員外郎直集賢院范純仁充成都府路轉運使。劄付御史臺者。臣聞御史中丞呂公著、右正言知諫院孫覺皆有文字，乞留純仁要劇差遣，未蒙俞旨。純仁向以諫官言事，議論有所不合，於義難處，懇求外官。陛下深示矜容，不獲已而與之善郡，中外之論，已惜其去。謂無歲月之久，必當召還供職。今復使之遠適，人情殊駭。在陛下之意，不過藉其風力，安慰遠民。然内外資望之臣可以當此一路者，猶足選擇。如純仁者，忠義勁正，乃陛下耳目之官，嘗以言事被逐，而志無所奪，輕利信道，不爲苟且之計，求之今日，豈易得哉！衆口一辭，皆以爲不當去。伏望聖意早賜召歸，要近以厭人望，非特臣之私言也。謹具狀奏聞。

襄又依敕文舉陳烈狀曰：准御史臺牒，准熙寧十年九月七日敕，奉聖旨，應内外官侍制以上，各於文臣内舉才行堪任陞擢官一員，令中書審察。如所舉不譯，取旨隨材用試。即不得舉已係帶職及兩府自己親戚者。臣伏見前授安州司户參軍充國子監直講陳烈，心仁氣剛，才智卓越，學聖人之言而必踐其行，稽先王之法而必適於時，博通群經，尤明於典禮之學，其爲文章，淵源浩博，肆筆而成，求之宿儒，未有比者。慶曆初嘗與鄉貢，試于禮部，罷歸田里，無復仕進，安貧力學，積四十年，著書數萬言，未見其止。仁宗朝嘗因近臣論薦，及本部監司長吏高其風節，數以名聞，累降名命，以學官起之，辭而不至。世以爲潔身獨行之士，是非知烈者也。烈之所學，皆孔孟之志，觀其事業，是以有爲，自以身載聖賢之道，不爲苟進，可以禮致而不可以利畜。如斯而已矣。伏思陛下享御以來，博延髦雋，得人之盛，跨越百王。如烈之賢，不爲難致，欲望陛下特以禮命召至闕庭，賜對清閒，親降聖問，使陳二帝三王之術，六經四子之要，與夫當世之務，以著于

篇。必有以上稱陛下尊賢重德之舉。今保舉堪充清要，不次任使。如蒙朝廷擢用後，不如所舉，臣甘坐面欺之罪。謹具狀奏聞。

襄又彈李南公狀曰：臣伏准中書劄子，太常博士李南公已降敕命，就差權發遣京西路轉運判官，依舊提舉本路常平廣惠倉，兼管勾農田水利差役事。劄付御史臺者。南公資力甚淺，學術無聞，雖小有才，未足以驟加劇任。近爲制置司奏辟，卑以青苗之法爲使，迎合柄臣，曾未赴官，遽還此命。雖理權發遣，資序其實與轉運使副事權均一。使察按一路，所繫不輕，非有資望之人，豈宜越次輕授。況青苗取利之法，臣已累次論列，乞行寢罷，未蒙指揮。令來更令轉運判官專領其事，外持使者之權，内與制置司相爲響應，是以公行率剝，坐致餘贏，在於愛民，誠爲未便。所有南公轉運判官之命，欲乞追還，別與差遣，試之以事，如其的有顯效，然後擢而任之，庶

使輕揚巧佞之人無由妄進。仍乞以臣前後乞罷青苗劄子早賜降
付中書裁決施行。謹具狀奏聞。
襄判尚書都省乞選擇縣令劄子曰。臣備位銓衡。膺旨授之寄。伏見
吏員冗雜。無所銓品。非國家清源正本之道。臣固未敢別有改更。但
以縣令一職最為親民之先者。上以宣導主澤。下以阜安百姓。苟非
其人。則百里蒙其害。此固不得不慎擇也。自仁宗天聖間舉之。令制
始行。是時天下翕然以為良法。雖窮荒極陋之邑皆號得人。然臣竊觀
之。猶以為未至。何則。蓋天下之邑至多。而被舉之員不足。間以常調
入令之人。衮同差注。故未能均得良吏也。臣今相度。欲乞應係選人
知縣縣令處。有闕並以奏舉人充。仍詔諸路職司長吏今後奏舉縣
令。須是實有才行政術可以字民者。即不得徇私妄有保薦親舊勢
要不職之人。如有繆舉。專委御史臺覺察彈奏。每至舉狀到銓。委自

判銓臣僚。將逐人歷任內勞績及舉主人數。並具手實校量銓次。籍
為上下二等。仍令諸路轉運司勘會轄下州軍將所管逐縣戶口多
少。公事繁簡。亦為二等。擇其素號繁難不治之邑。及京朝官知縣久
闕正官之處。取係上等手實人以次授之。其次等人。即與以次縣分
作兩等差注。如奏舉員數不足。即於常調合入令錄資序人中選歷
任內有京職官縣令舉主三人充折。令狀與奏舉人一例入等差注。
如內有賢能之士。偶然舉主未足不該入等者。然其才術可當繁劇。
即委判銓同罪保舉。入逐等差注。每歲判銓二員所舉各不得過十
二人。其有素行乖越。人品猥懦。昏耄癃疾之人。雖合入等。亦委判銓
體量。降等與常調差注。其奏舉入令人。並乞與免見職司長吏廷參。
其資序仍次幕職官之下。而在錄事參軍之上。如到任後政績有聞。
及舉主五人以上。合該磨勘者。候得替到銓日。其任劇縣者。即與截
中次等縣者。與先次引見。如別無治迹。及舉主不足。自依常選人例
施行。稍懲繆濫。違闕不如舉狀者。即坐所舉之人。如此則天下邑無
小大遠近。及繁難不治之處。舉皆得人。偏遠之民咸被聖澤。此實陛
下安養元元之首務也。如以臣言為可采。伏乞降付銓司。令臣與同
判官商議合行條約。未盡事件。子細具析以聞。

歷代名臣奏議卷之一百三十六

用人

宋神宗熙寧四年監察御史裏行劉摯論人才上疏曰。臣竊以為治之道唯知人為難。蓋善惡者君子小人之分。其實義利而已。然君子為善非有心於善。而惟義所在。小人為惡頗能依真以售其偽。而欲與善者淆。故善與惡雖為君子小人之辨。而常至於不明。世之人徒見其須臾而不能覆其久也。故君子常難進而小人常可以得志。此不可不察也。恭惟陛下承百年太平。覆大有為之會。搜寀人物。不次而用。至於今日。未見卓卓有功狀。可以補國利民。仰稱詔旨。而中外頗有異焉者。此何謂也。豈所以用之者或未能盡得其人歟。臣且以將命出使者言之。其規畫法度。始皆受之於朝廷也。一至於外。則大異矣。興利於無可興。革故於不可革。州縣承望。奔命不暇。官不得守

其職業。農不得安其田畝。以掊削民財為功。以興起犴獄為才。陛下振之均役之意。變而為聚斂之事。陛下興農除害之法。變而為煩擾之令。守令不敢主民。生靈無所赴愬。臣以謂此等非必皆其才之罪。特其心之所向者。不在乎義而已。故希賞之志。每在事先。而奉公之心。每在私後。故顛倒繆戾。乃無所成。其能少知治体。有愛君之意。出憂國之言者。皆無以容於其間。是故今天下有二人之論。有安常習故。樂於無事之論。有變古更法。喜於敢為之論。二論各立。一彼一此。時以此為進退。則人以此為去就。臣嘗求二者之意。蓋皆有所是。亦皆有所非。樂無事者以謂守祖宗成法。獨可以因人所利。據舊而補其偏。以馴致於治。此其所得也。至昧者。則苟簡息惰。便私膠習。而不知變通之權。此其所失也。喜有為者以謂法爛道窮。不大變化。則不足以通物而成務。此其所是也。至鑿者。則作為聰明。棄理任智。輕肆獨用。強民以從事。此其所非也。彼以此為亂常。此以彼為流俗。畏義者以並進為可恥。嗜利者以守道為無能。二勢如此。士無歸趨。臣謂此風不可浸長。東漢黨錮。有唐朋黨之事。蓋始於此。在易之象。以君子道長。小人道消為泰。小人道長。君子道消為否。傳曰。惟君子為能通天下之志。書曰。皇建其有極。又曰。無有作好。遵王之道。無有作惡。遵王之路。記曰。一道德以同俗。又曰。舜執其兩端。用其中於民。今天下風俗可謂不同。情志可謂睽隔。而消長之勢。可謂才明矣。臣願陛下虛心平聽。默觀萬事之變。而有以一之。其要在乎謹好惡。重任用而已。爾前日意以為是者。今求諸非。前日意以為短者。今取其長。稍抑虛譁輕偽。志近忘遠。幸於苟合之人。漸察忠厚謹重。難進易退。可與有為之士。抑高舉下。品制齊量。收合過與不及之俗。使會通於大中之道。然後風俗一。險阻平。民知所向。而忠義之士識上之所好惡。無

有偏陂。莫不奮迅而願為之用。則施設變化。惟陛下號令之而已。臣謂方今之故。無大於此。惟陛下幸察。

摯又論監司上奏曰。臣自待罪風憲。屢嘗以天下監司為言。乞澄汰選擇。誠以朝廷政令。使監司得其人。則推行布宣。可以諭上指而究惠澤。苟非其人。則所謂徒善而已。終於民不得被其利。夫上之所好。下必有甚。朝廷以名實為事。行總覈之政。而下乃為刻急淺迫之行。朝廷以教化為意。存寬厚之政。而下乃為舒緩苟簡之事。皆習俗懷利。迎意而作。故所為近似而非上之意本然也。今雖因革之政有殊。而觀望之俗。已有迎合爭先。不量可否。不校利害。一槩定差。騷動一路者。朝廷察其意。固以黜之矣。推此以觀人情。大約類此。且天下之事。散在諸路。總制于監司。其大者治財賦。察官吏。平獄訟。考疾苦。使者皆

務為和緩寬縱苟於安靜則事之委靡不振世之受敝不勝言也向來黜責數人皆以其非法掊斂意在市進虐民甚者亦非欲使之漫然不省其職廢所宜治之事謂之寬厚也昧者不達故矯枉或過其正臣謂此法不可滋長須要大為之禁伏乞聖慈詔執事申立監司考績之制以常賦之登耗郡縣之勤惰刑獄之當否民俗之休戚為之殿最每歲終以詔誅賞仍自今歲始焉庶幾有所隱括裁制之使循良者不入于弛肅給者不入于薄然上副聖明制治用中之意未察時之寬猛緩急觀俗之過與不及而張弛其政正今日事也

摯又乞補諫員奏曰臣伏以國之政令常患為名甚美而事無其實竊觀庚戌詔書令內外兩制各舉諫官二員當此之時天下臣庶皆知陛下欲開廣言路謂此官之任職在補發人主聰明而直言朝廷闕失故求天下公議所與之人此盛德事也兩制各以所知應令者

蓋數十百人矣然至今頗未見有所用之方陛下厲精政理豈徒文虛名而廢實事耶豈數十百人者之材業皆不足以少副詔意耶不然復將聽大臣自有所擇用之耶夫百執事固大臣之所宜擇然惟有在言路者當出於人主爾諫院自孫洙補外及今逾月缺員已多當陛下求忠言如不及之時伏願檢會去年兩制所舉人數內親選有重望諒直之人補任諫員交輔聖政以實前日之詔不勝大願

館閣校勘王存乞崇用忠實仁厚之吏上奏曰臣惟御史臺告報當臣轉對者臣聞為治不在多言顧力行何如此至論也陛下自即位以來克己一心憂勤庶政未嘗事燕游之好擢任材能修明法度有亹勉不倦之心內經貨財外明威武有長轡遠馭之略觀前世求治之主規模宏廓而勵精如此者不見一二謂宜天下震動鼓舞以趨太平然為之累年而人情未害衆論不可其故何耶豈非所以為法有未諭於民心而所任行法者有不厭於物論耶陛下亦盍反求所以然矣蓋治貴適宜不必舍近而慕遠事斷當理不必違古而狹今祖宗法制行逾百年固有陵夷偏弊而不舉者陛下作而振起之是當爾也先王善政有可施於今者祖宗未遑及焉陛下舉而推行之是亦當爾也然議者遂以為本朝之法卑狹潰壞必盡更其故然後為治臣恐好議論者過也古人有言徒善不足以為政徒法不能以自行此言雖有善法必得人而行之切見比年擢用之人才慧有餘而忠實不足行法之吏刻暴相勝而仁厚無聞群情惑而橫議興未必不由於此然則所謂行法適足以壞法也臣恐澆薄相扇寖以成風今卿大夫聚於朝論刑而不及德士庶人交於下言利而不及義夫朝廷進人之賢否風俗繫之風俗之厚薄盛衰隨之仰惟陛下恢堯舜舍己從人之美体仲尼察言觀行之明深抑巧佞險薄之風崇

用忠實仁厚之吏使大宗之風俗淳厚於三代陛下之德化比隆於二帝豈不盛哉臣愚不識忌諱伏惟陛下幸赦而省察之臣不勝拳拳

司鹽鐵判官錢勰乞拳舉才德之士上奏曰臣聞天下之治有因有革祖宗遺德在人法度明備此陛下之所宜因而世習久治弊隨以生此當今之所宜革也伏惟陛下操大有為之志而當不可不為之時凡所以不憚更張而務以興利除害堯舜文武之用心也臣竊嘗深計熟慮當今之宜其先務之要不過擇人而已今陛下先器能而後履歷惟材是舉可謂急於擇人矣然臣尚慮有所獻者以謂人才不患同而所用有宜適用不盡其才則雖才且無益多才而不涉道則為患大於不才惟道德規矩之士而其才足以經濟世務者此自陛下所宜養育成就以待非常之用者也自餘百執事之任有才智通

繳可以難集事務，而不能深知禮義之科指者，祗足充繁使，而不可居內外表率之官。而抱公守道，難進易退之士，雖無敏捷趨走之便，而堪屬大事者。此居內可備顧問，而居外可為表率。臣願陛下參舉才德，各盡其用，必使有德者先進，而有才者佐之，俾上不失經國之體，下不失使民之利，以陛下至明不惑之資，洞見情偽，器而使之，天下幸甚。

總又乞擇經術耆艾之士以備顧問，上奏曰：臣伏見漢制，侍中、左右曹、諸吏、常侍、給事中，皆加官，多至數十人。或得入禁中，掌顧問應對。唐制，供奉學士以文學言語出入侍從，因得參謀議，納諫諍，是皆人王所與燕見者也。恭惟陛下天縱之資，尊意經術，遴揀臺閣，未嘗廢授。妙選名儒，以備要近，然皆外領事務，日有官守之責，未協盡規之義。臣願陛下益選其間經術通明，有守不畏，耄耋耆艾之士，無取該貫史學，通知古今，可以謀王體斷國論者，優以清閒，引之親近，使專意討論，以備朝夕燕見，紬繹顧問，蕃勿獻替，少裨萬一，則與夫事已施行而使言事者論列利害，彰於群聽，勢相遼而所益廣，惟陛下省察。

御史中丞楊繪論舊臣多求退，上奏曰：臣竊見唐尚書左丞孔戣年及七十致仕，得請，韓愈上疏言：自古以來及聖朝故事，年雖高，位視聽心慮苟未昏錯，尚可顧問委以事者，雖求退，罷兼不留止，優以祿秩，不聽其去。以明人君優賢貴老之道也。禮曰：大夫七十而致仕，若不得謝，則必賜之几杖。及引詩云：雖無老成人，尚有典刑。此言老成人重於典刑，不可不惜而留也。臣切謂孔戣年已七十，致仕得請，愈猶以老成可惜而留之。則近日老舊之臣，年未及七十，而堅求休退者，已聽數人矣。范鎮始六十有三而致仕，呂誨約六十而致仕，歐陽脩六十有五而致仕，富弼年六十有八被劾後歸，養疾司馬光、王陶始踰五十，雖皆未致仕，而得閑散地，雖彼數臣自以知止足為高節，臣所疑何獨近來高者之多乎。唐大中時，吏部侍郎孔溫業求外遷，宰相白敏中顧同列曰：吾等可少警。孔吏部不樂居朝矣。彼白敏中一庸相也，尚能以賢人不樂居朝自警，而況陛下以大聖之資，孜孜求治，而老舊之臣相繼有不待年而求去者乎。老者退而少者進，舊者遠而新者眾，得不徹軫於聖懷哉。但恐訪於偏辭者則曰：彼皆奸邪之人，畏陛下之神明而遠遁矣。否則曰：彼皆沮止新法者，今新法既已便，故皆羞忸而退矣。臣願勿信於偏，而少加警於聖慮，則天下幸甚矣。為國任臣之道，惟其用之當而已，故無老少舊新之分也。然而老而舊者常過於重謹而難以興變法，少而新者常善於進取而易以興作事。臣以為二者之說宜參取之，乃得其當。若取之偏，則少而新者可與圖其始之利，而不肯慮其終之害。老而舊者能防其終之弊，而不肯謀其始之變。若能用易於作事者俾圖其始之利，而裁之聽難於變法者俾慮其終之害而防之，則事得其宜矣。古有云：老者之知，少者之決，此之謂矣。切恐少而新者言其利則易從，老而舊者言其害則難入，而或有利十而害百者，但聞其利不聞其害焉，民或被其害而無由上達矣。

繪又論諫官當人主自擇，上奏曰：臣聞天子有諫臣七人，雖無道不失其天下。謂三公四輔為七人之數。今之諫官即古之三公四輔之職，其任得非重哉。擇之可不謹乎。本朝諫院官多或至五六人，少猶不下三人，然皆出於清衷之自擇。蓋天子既以事委宰相，則天下之人悉趨附而無敢陳其不遠。設置諫官以相維之，其如位宰相者必不喜諫官之敢言，理固然也。不爾，裴垍安得獨稱美於唐哉。爲宰相者。則必自除附己者為之。乃不如不置也。徒自蔽於耳目而已。陛下博通古今。至於納諫。昌拒諫危之說。如唐太宗終始納諫而昌。唐明皇不能終。而危之事。具布史策。不假臣言也。伏覩孫沫補郡。後來官闕而不填者旬月。得非難其人邪。臣切見李絳有云。聖王選當代之人。極其才分。自可致治。豈借賢異代。治今日之人哉。臣願陛下擇在朝之臣。擇其老成諳練典故之士。而置之諫列。以參聽其議論。不無補於聖聰也。而勿委宰相除之。若委而除之。則必取新進之士。不敢異論者。不由撿正并條例而升。則自編校與敎局而援矣。願陛下兼聽而廣視之。取資深淺之人。雜用乎以集衆才之美。而濟天下之務。幸甚。

五年。御史劉孝孫乞合對之人。量加試用。上奏曰。臣伏見陛下講僃衆務。揀拔人材。雖毫善寸長。畢蒙收采。英識曆鑒前古罕及。然其間

有名自遜遠使之對揚。天資高明。聖問宏興。幽仄之士。作對清光。舉動語言過於兢畏。偶有罷去。能無沮傷。蓋其始名也。皆以為榮。及其罷去也。不勝其辱。況十人或緣臣僚薦舉。或為朝廷所知。比之華派。必有可采。苟就其材器。各加試用。不惟不沮傷其志。是亦陛下覆載涵育之德也。

孝孫又論方面之寄勿遽更易。上奏曰。臣前日奏事延和。論及久任官吏之意。臣切謂設官分職。以相經緯。而不責悠久。一切代徙。曾無常任。皆自昔之公患。比來朝廷思革前弊。如監司使者稍稍任之久。而方面之寄。尚或遷易不常。事大体重。方幸得人。要且勉徇吏民便安之意。少息遞傳送迎之勞。而假歲月。使得盡所施設。夫豈不美。如留守大名府韓琦。知成都府趙抃。皆朝廷舊臣。天下之所屬望。琦有大勳。抃有清德。所至鎮服。如其父母。藩垣之外。得斯人而任之。則可以坐分宵旰之憂矣。臣願陛下留神方面。遴揀名德。久其時歲。勿遽更易。雖心在王室。臣子之志。而無以公歸。實厭輿望。臣不勝區區。

九年。監察御史裏行蔡承禧。論除授不經二府。上奏曰。臣伏覩近日命趙禼為安南招討使。李憲為之副。外議紛紛。皆云不自二府。此雖陛下擇才之明。亦必與大臣商議。又曰憲所陳請。多不經由二府。徑批聖語下招討司。此果有之乎。是非之間。臣未易以臆決。風傳之事。或難盡信。然若無其由。安得此語。臣職居風憲。義不可隱。苟有聞見。宜以悉陳。臣竊以人君之職在知言。以言任人。既難偏用。則先參驗其平日之素行。又考察其今日之所能。凡所能所行已先參考。則曰功曰效。徒可類求。自小官而至大吏。自大吏而至大臣。及夫參預政機。圖回樞要。任既重矣。察亦至矣。故古之知治之君。不以疑大臣為嘉謀。以擇大臣為重事。若夫適不足以簡人君之心。行不足以孚天

下之衆。所措乖戾。所為諂邪。則數告外遷去之可也。至於使居其職。而不責以所任之事。使充其位而不責以所行之言。內計定。而外言得以轉移。近習進。而輔政之語得以侵奪。或文符直行。而不領屬於公府。或論議陰進。而不關決於樞廷。則滅裂紀綱。何莫由此。諒朝廷以為事之大者。必須僉謀。已令大臣詳論。事之小者。不欲迂滯。祇使小臣開陳。或患其究轉而虛有留難。或以其迫急而不暇詳問。夫王言之出。尤在謹微。其初小不留神。其後遂為故事。某日某事。稍繫政經。已嘗不下二府。某日某事。不繫國體。倘緣却閫外司。樂便疾於一時。忘幾微於後日。一啓其漸。復難改更。況於邊徼休戚至重。且命大臣者。所以同安危而繫休戚者也。今至煩莫若邊鎮。至重莫若將臣而有不預焉。則大臣之能知其任者。必皆自疑。莫敢安其處矣。既不敢安其處。則同心同德之義。虧矣。大臣之罷軟者。必曰。勢位已極矣。

上已爲之而又以力爭則擅尊權之欲失大臣之不勝其任者必曰此出於聖旨我何預哉是謂其能者爲自疑之端不才者爲容身之地積此而往豈國家之利耶而又君逸臣勞勢自當爾主憂臣辱事皆固然未有君宵旰於上而使臣得燕安於其官主憂勞於中而使臣乃恬然於其下者也臣不必遠引古今以國朝言之章聖皇帝責謂李穆天旱如此盈車載德於汝安乎可謂能知責輔弼之方矣太祖以王著醉於玉宴而悉逐御史此可謂能責彈劾之臣矣蓋平日不侵其所職則日後可責以有成臣伏觀近世朝廷所以責臣下者至輕羣臣所以自任其責者尤鮮二府侵奪寺監之職寺監侵外任監司之職監司侵州縣之職方今之弊在所革除豈可相承上下如此則恐權綱一紊拯之則難臣欲乞除命大臣臺諫之外事無巨細非經二府者不得施行其乞不下兩府者悉傳以法其大臣或可疑若不堪其任者速令罷免如二府之論或有異同陛下總攬其成裁斷其可而後行庶盡帝王寧下之美大臣無譏上之欲人人自任其責君臣之間各盡其道

侍御史周君乞重使者之任狀曰臣伏見朝廷近年遣使出外大則察訪制置小則幹當公事遠至兼兩路近亦十數州竊原其意豈非以天下至廣人情萬殊高拱深嚴未能周知夫事物風俗之變環顧僻遠未能親諭以德意志慮之詳臨遣輶車旁午道路盡欲其宣布上澤考正法度講求民瘼推行義利擊奸暴振滯淹甄別賢方澄清風俗此堯之聰明舜之考績文王之憂勤而陛下之求治也然將命之人名聞或不稱所選煩苛掊剋失於大體所至郡縣惟糾擿簿書小失刑名吏文空言變更已成而妄作聰明摧辱監司而自爲威重聽往失實措置乖方期會之嚴甚於星火以致職司謟意官吏驚憂一方驛然不敢安處有識聞見爲朝廷深惜殆非所謂肅肅王命仲山甫將之皇皇者華言遠而有光華之義也近聞朝廷察訪体量幹當公事等官內有任意違法者許本路監司覺察聞奏必以使者不職如前所陳故行約束不令過當然王人銜命乃爲外司檢察本末倒置非所以尊大朝廷也臣願陛下重使者之任謹選而時遣之非素有才行曉知民務之人不以將命非廢置利害關於要切之事不以輕出無令使者爲監司所議庶幾君命不辱國体增重崇忠厚之化革偷薄之風

十年監察御史裏行彭汝礪論守令許保明再任上奏曰臣聞事有若緩而所主最大理有若迂而所關最急者守令是也今之談治道者咸謂迂緩忽而不省然百里之命千里之寄財賦之繁疲實尸之獄訟之重彼實任之向使一不得人則陛下雖有德澤誰與達此百

姓雖有沉冤誰與領此臣伏見陛下儲神政機勵精民務屢下德音誕告中外峻刺舉之法嚴考課之令四方聳然咸知趣向以臣觀之今四海幅員之廣有學士大夫之衆所謂循良之長慈惠之師宜不難得然限以歲月不足以程其功槩以資格不足以起其意臣今以爲宜委按察官精嚴部吏其有究心政理宜於其人有志功名善於其職者縣令許知州保明申監司知州許監司保明奏朝廷不限員數並許再任如任內別有功狀卓然可觀大者特賜詔除次者優加秩任其合關陞磨勘者並與就任陞改如此則能者得極其意奮迅於事功中材不忍自棄自勉於職業

汝礪又奏曰臣比緣入對乞令吏部選薦人才以待朝廷考擇蒙恩許令尚書左選略賜施行甚大惠也詩曰濟濟多士文王以寧欲多士育道在知所以養之求之而已養之在久求之在博譬猶楩楠杞

擇之本皆須百年而後成。蘋蘩蘊藻之菜亦非一所而可得。尚書左選惟升朝文臣而已。如右選及侍郎選不與焉。衆才所聚。未謂無人。臣欲乞令三選皆倣尚書左選法而推行之。責之以不已。必有所得。上稱朝廷所以求取長育人才之意。惟陛下留神

汝礪乞選任大臣諫官狀奏曰。右臣學不獨於理。又不稔熟於時事。雖思罔昧自竭。亦自知其無補也。臣切自念三代之盛莫如周。周莫盛於成康。昭不克繼。穆幾於亡。宣王中興。然已不純於文武矣。高祖取秦為漢。一傳而有呂氏之禍。文景之際盛矣。而亦有七國之亂。武帝好大喜功。兵出無虛歲。海內為之騷然。光武再有天下。論令溫雅。政教宣昭。所克繼者顯肅而已。肅已下無稽焉。神堯之功不及湯武。太宗之治幾於成康。至於高宗孱弱。武氏遂專制。明皇之興不克厥終。唐自此微矣。下于五代。中國分裂為七八。及真人出。四海一而

聖聖相續。太平踰百年矣。自三代以來。其盛未有如今日也。深惟萬物之變。相往還於無窮。治不能無亂。安不能無危。臣稽諸天變。察諸人事。參之往古。驗之來今。度天下之勢。足以為大治。亦可以為亂。是以為大害。亦可以為危。治亂安危之機。在陛下察之而已。臣之不肖。自顧無益陛下事。惟陛下謹擇大臣以與政事。選揀忠直以當言路。庶幾利害邪正。不壅於聞聽。而天下終保於治安也。臣不勝拳拳之至。臣所陳非一。不能以動天聽。天下之事。在下者不能言之。而在上者不能知之。雖然不能言之。及其能言之。則亦行之矣。不能知之。及其能知之。則亦去之矣。則是猶未為深能也。若夫已言之而不能行。已知之而不能去。則為害大矣。臣不任震懍。謹錄奏聞。

汝礪又奏曰。臣聞為君難。任人而用之。則為君非難。知人難。修身而取之。則知人非難。陛下固天縱之將聖。又不厭於學。其於天下是非之理。固已昭晰矣。惟所以是之而觀天下之賢。惟所以非之而觀天下之不肖。則邪正曲直。何隱於日月之照耶。然天下之理有似是而非。物之終有敝者。不可不察也。所任主於仁而有容者也。而庸懦者同焉。庸懦者其形似仁而非仁也。所任主於知而可以謀也。而纖巧者附焉。纖巧者其謀似智而非智也。所使主於勇者也。是以有為者也。而暴戾者出焉。是暴戾者其迹似勇而非勇也。自陛下即位。此類誤陛下多矣。幸陛下加察焉。子曰。始吾於人也。聽其言而信其行。今吾於人也。聽其言而觀其行。蓋亦不得已矣。然自朝廷至于郡縣凡幾倍。自公卿至于士凡幾人。欲以一人之知。昭明而盡察之。亦不可勝辨矣。使臣為計。亦擇其大者而已。臣願總天下之事而總計之。盡天下之才而兼論之。而為之圖籍焉。自廟堂之上。與任安危者當幾何人。而其通大。其德駿。可與同者今幾人。自邊境之大。所與分邊寄者今幾何人。

而其謀深。其猷壯。可以使者今幾人。內之為府為監為省為寺者幾何處也。外之諸路及為大郡府又幾何處也。其德行可以教人。其忠謀可以諫諍者。可以長人者。可以理材者。可使者。或貴或賤。或遠或近。今總幾人。敘之吾以謀之公卿大夫。聽之民言。皆以為可。則可以不疑矣。以信任之使之固。以恩遇之使之厚。以禮遇之使之盡。久之乃遷焉。夫其大者已得之矣。其小者付之有司。不用吾知焉可也。以臣所計。不過數十人。而天下事定矣。蓋堯之所知者一相而已。舜之所命四岳九官十二牧。凡二十二人而已。周官之所論三公三孤六卿。凡十二人而已。天下亦多事矣。雖衆而推之。將不勝其多。而其所求者止於如此。乃所以能是也。蓋堯以一相使引其類。則得十六相。舜以二十二人分治內外。而不仁者遠。周以六卿各率其屬。而兆民治。此其所以為帝所以為王也。夫四海之大。百官之富。未嘗無才也

在人主所取而已。詩曰薄言采芑于此菑畝。夫宣王中興之周秉天下之才寡餘之時。嶇然興起求所以爲相所以爲將蓋無不如其意。以今日之盛。祖宗恩德數被百年。而陛下養育之等亦何求而不得乎。惟陛下念之。

汝礪又論縣令狀奏曰。臣聞朝廷選職司重於郡守。選郡守重於縣令。亦勢之自然也。然臣嘗以謂一路之爲職司者。不過三四人。一州爲之守者一人。而爲之令者或五六人。或十人。事之自縣而至於州者十止於三四。自州而至於職司者一二而已。故利害係於民者至多。而其迹尤與民親者莫如令也。陛下作爲法度尤用意於此。而臣所經涉徧江淮數千里之間。求其能至於不敗事者已少。而其不才苟簡貪冒之人。實不可勝數。其能以至誠推陛下之德意志慮以施於民者往往而絕也。臣以謂爲縣終不得人。則陛下雖有善政終不

〇奏議卷之一百三十七　十三

得以及天下。莫不有青苗免役也。有處以爲大利。有處以爲大害。莫不有賦稅也。有處以爲增羨。有處以爲虧損。然則法之行繫於令也。今選人有舉者三人進爲令。令得舉者五人遷爲京官知縣。其所保者未爲賍汙而已。雖不能不恤也。邑有小大。人之才有餘不足。循名次授之。則不才者往往誤當煩劇難治之寄。而有能者或置於寬閑無事之地。此非善使人之方也。且如廬州之舒城合肥慎縣與亳之衛真皆用京官。如饒州之安仁餘干與歙之祈門皆係舉令。然合肥慎縣之事。十於衛真舒城祈門之煩。非安仁餘干比也。今不度其力而任之。其能不敗乎。夫喜安逸惡勤勞。皆人之常情也。非少優與之。則孰肯自投於危劇之地哉。臣乞令逐監司籍繁難縣皆待舉而後入。令稍優以恩例。其治狀尤善者獎擢之。至無狀者黜之。因以爲舉者之賞罰。因以觀舉者之賢否。如此。則縣邑偏得才能而民莫不受賜矣。然臣初從仕。見自選調爲令。自令得以京官爲縣。頗自喜慰。人人皆有激昂趨赴事功之心。自此數年。至不樂爲縣。雖少年强力。往往自屈以就管庫之安閑。而一縣闕令。嘗更數年。復攝者以爲寄寓而事之敝敗多矣。凡此皆制御太嚴之敝也。且如青苗免役。其條件已不可勝計。一行移之不如式。一出納之不如期。則憂辱已隨之。今審官流內銓自比年得替者餘二千人矣。自縣事得罪者十至六七焉。傳曰。未有多禁而能止者。未有多令而能行者。計亦在擇人而已。不爲之方。而以煩文纆之。求郡邑之治。猶羈縶馬而責之千里。必不能至矣。惟陛下少寬銜轡。使得有行焉。臣向聞陛下宣諭使人曰。化國之日舒以長。使人可爲也。士人聞之。至有感泣者。夫先王有不忍之心。則有不忍人之政。惟陛下力行之。

貼黃。臣問審官吏。今知縣闕次常有餘處。雖至好縣。分亦不肯注

〇奏議卷之一百三十七　十四

按。故諸處闕官有至數年者。今逐處縣分惟除了青苗免役等錢。則監司以爲材能。亦不問其它。人不復知有縣令職事。陛下之民其休戚尤繫於縣令。未爲之計。則雖陛下日新政治。民終不獲安息。

汝礪又論遣使狀奏曰。臣聞人君有視聽之明。而不足以周於物。有仁民愛物之心。而不足以達於天下。於是遣使焉。將使以興利也。非智不足以知之。非仁不足以行之。將使以除害也。不忠則不能無欺。不信則不能無詐。然則遣使亦重事也。今諸路有都轉運轉運發運提點刑獄提舉常平市易。而逐司各有官。勾當內有司農市易將作軍器兵部。其出使者或三四人。或六七人。而朝廷特遣之使。又皆不與此比。所遣既數。而所與又多不慎。小人因緣附託。得播尺寸之柄。而乘權勢之來。一旦作爲威福以迫蹙州縣。將迎少失。則發剔微細

而吏無害之所矣。如程昉以閹人將命而狠愎傲慢雖近臣往往見其爲毒。劉彝於民言獨不知有以告陛下未也。如張靚異時獮奇俊生。其在兩浙阿附。魏丕醜迹今已見矣。如張諤爲司農使其屬挨閑禪。一旦罷去者八人。而今報之寥寥十幾六七。至今留滯未決。如軍監以選人張景許置皮角而所至陵轢蹂躪郡邑爲之紛然。陛下之德意未施而怨讟先滿於道路。朝廷之事未集。而威令遂輕於天下。以此知使事非可輕也。且古者遣使雖數。然以傳記考之。如大小行人訓方氏撢人之屬。其所職各一事。未有預黜陟與奪如今之易也。今司農寺屬官所至皆得操發而其類尤爲橫逆。臣聞先王之使人。其大小輕重。各因其才而已。少年吏更涉未熟。又非有過人之智而委付如此。必不克堪矣。臣伏思朝廷遂路有職司數人。皆爲陛下布宣德意以詔於民者也。今博選其人。可以任朝廷之事矣。國家既爲之

枯青苗之法未行農田差役之事未舉故須專使如將作補完城壁軍器計置皮角亦皆至遣官今事且就緒使職司遣人足矣。職司不能集責之可也。何用紛紛如此也。其它亦申勅所司慎出其屬。庶幾更得自盡其力無使國家威令頓輕於天下也。

元豐間曾肇上言曰。右臣伏覩孝州人試將作監主簿潘興嗣。五歲以父任得官。二十二歲授江州德化縣尉不行。熙寧二年。朝廷察其高以爲筠州軍事推官不就。今年五十六歲安於靜退三十餘年。臣切以康定中。徐復以處士收用。辭不就。得官其一子。近王回孫侔皆以幽潛見錄。命下而回已死。亦得官其一子。李觀以國子直講退歸。死十年亦得錄其後。則國家之於激獎廉退。既肆其所守又恩及其世蓋消歆事。今與王回同時見錄之人。有孫侔而後又有興嗣處幽不改其操皆已白首。然未有爲上聞者。故其子獨未蒙恩。切以康定至今纔四十年。士之耽志於隱約而爲朝廷所知者。止此數人。蓋枯槁沈溺。其守至難。故其人至必爲國家者取而顯之。使天下皆知士之特立無求於世者。未爲上之所遺。則自重者孰不勉。浮競者孰不愧。可謂施約而勸博。寵祿之所以勵世。其實在此。臣故敢以聞。伏惟陛下幸察侔及興嗣。躬難進之節。遭遇聖時。用王回徐復李觀爲比。加恩其子。使斯人不卒窮於閭巷。足以明示天下。興嗣有子群。年二十六歲。孫侔今家眞州。謹狀奏聞。

八年。監察御史王岩叟上奏曰。臣聞治天下者。不患乎無賢。而患有而不能用。用而不能盡。而使小人間之。以亂其治。爾蓋小人之傑者皆有材可稱。有能可喜。修威儀。正顏色。飾辭令。與賢並進於前。誰非賢哉。此人主所宜察之而勿誤也。臣以謂旁求嘉賴而深考之。博採公議而審觀之。則賢佞可得而分矣。臣請詳道所以察賢佞之說。陛

下垂聰明以聽焉。幸甚。賢人之所爲。其進也難。其退也易。利之所在不競也。勢之所居不趨也。言行。則偏偏以留而色不驕。言不行。則遲遲以去。而色不怨。以百姓之安爲樂。而不以已之安爲樂。以國家之危爲憂。而不以已之危爲憂。矯世厲俗。有所不爲。以觸忌也而不變。犯顏逆鱗。無所不盡。以嬰禍也而不悔。不蔽天下之善。不隱天下之惡。專以不欺事其君。執德秉義。終始如一。不觀當時之所好惡而順之。此所謂賢者也。陛下試持此以取之。而天下之賢有不爲陛下所得者。臣不信也。佞人之所爲無定志也。無定言也。上所欲爲則爲之。不惜其君之過舉也。不卹其民之後害也。進人不以爲國家而以爲已。謀事不以先社稷而以先身。天下有疾苦而不以告也。天下有善良而不以聞也。懷祿耽寵。人情之所共厭而不自知也。前日以爲是後日以爲非而不愧也。然而自古中材之主。未嘗不爲所惑者。其巧

言可聽，真吟色可悅，佞人君子之朴訥非所敢爾，此所謂佞人也。陛下試持此以照之，天下之佞人有不爲陛下所見者，臣不信也。孔子曰：知、仁、勇三者，天下之達德。伏惟陛下知足以知之，仁足以守之，勇足以行之。惟知之益深，守之益固，行之益篤，以終之而已。延登忠賢，以輔成主上之聖德；放遠佞柔，使不爲清明之瑕。天下幸甚，社稷幸甚。

哲宗即位，王岩叟爲右司諫、權給事中，繳駁安燾除知樞密院，上奏曰：臣伏以左司諫之職，屬門下省，近蒙本省批狀，差權給事中。給事中職當論駁，臣雖暫權，義難苟且。今日伏覩畫黄，除安燾知樞密院，公議不允，臣不敢放過門下。緣過門之後，即是施行，既已施行，益難追改。擬燾不才無補，陛下而玷處廟堂，坐尸厚祿，考之物論，謂當置之散地，別進賢才，今乃超遷總領機務，位愈高而德愈不稱，任益

大而才益不宜，必恐多致人言，上煩聖聽。臣所以輒先封還，乞陛下更加裁處。夫陛下必倚其久，未欲遽行罷免，則願且勿陞其位。但令與范純仁並爲同知，諫院可也。臣亦再三爲陛下思之，唯如此頗爲易處。伏望聖慈恕臣瀆慢僭易之罪，察臣區區愛國之心，特垂采納。

岩叟又論安燾敕命不送給事中書讀，上奏曰：臣兩次論駁除安燾知樞密院敕命，久之不下，意謂聖慈已賜開納，今訪聞已有指揮，門下省更不送給事中書讀，疾速施行。臣聞命皇恐，不知所措。陛下必以臣爲違拒睿旨，遂一面施行。臣仰惟國家置官司，正要上下相關防，相審察，唯恐有失誤，所以重審之至。況給事中喉舌之任，若不由過，則不成命令，何所不可？臣遽違君之命，至于再三，雖陛下優容，未加誅戮，臣自知罪不容矣。然臣少而讀書，本學事君之道，今不敢不以其所學事吾君也。臣位可奪也，而守官之志不可奪也；身可忘也，

而愛君之心不可忘也。守官之志可奪，則陛下今日雖喜臣從命，後日將不復信臣矣；愛君之心不忘，則陛下今日雖未喜臣，後日將復念臣矣。陛下聰明照微，豈不察臣之所以區區效愚忠而不已者，爲陛下耶？臣自爲耶？豈與大臣結怨仇而不避者，爲國計耶？爲身耶？陛下欲人阿意順旨則易，欲人抗言執議則難。臣不爲易而爲其難，亦何心哉？但恐因臣不能爲陛下守職事，而遂沮抑，則人人務爲其易。非朝廷之福也。古人有言曰：賞當賢則臣下勸，罰當罪則姦邪止。此國家之大柄，而人主不可以不謹也。陛下一日逐章子厚於汝州，可謂罰當罪矣；一日擢范純仁爲執政，可謂賞當賢矣。然安燾之進，則未見其當。此臣之所以當力爲陛下言也。陛下曰必行之，臣曰必不可行，則是以臣抗君也，宜乎死有餘責。然臣言之不已，爲之不舉者，以臣職當然也。守職而不敢隳，乃所以奉陛下也。

貼黄：臣豈不知即時奉行，上則可以順陛下之意，下則可以悅大臣之心？順陛下之意，是臣之志也，然國體之所係。悅大臣之心，非臣之志也，況公議之所不與。臣但知以守官盡臣職，不敢將職事作人情，若少爲俯仰，使失忠義，豈明主朝廷是臣負天下國家爲罪大矣。此臣所以冒犯天威，再三論列，冀陛下開納也。

岩叟再辭書讀乞差官權給事中，上奏曰：臣封還安燾除知樞密院敕黄，伏蒙御批，以國家進退大臣皆須以禮，況前日延和奏事已審面諭，御令復如是，非予所以待大臣之意也，可速書讀，無執所見者。臣既居諫諍之地，又假封駁之任，不敢俯仰姑息，而爲陛下守官，不敢顧避從諛，而爲陛下持法。今燾差除未安，已累聖德，命令斜出，虧損紀綱。此事至重，實繫國体。臣所以夙夜思慮，殆廢寢食，屢進愚忠，

莫回天意。陛下初以燾次補而進之。終以燾自辭而聽之。是進退大臣之禮也。臣以燾為不才。累當雜舉賢並進。所以上助聖明判白賢佞。被在任端亮名節之人。知陛下聰明鑒別。感激自勵。是所以副陛下待大臣之意也。及近和殺對。蒙被天獎。使臣得安心言事。必賜主張。在臣之分。何以為報。須事無大小。有利國家者。知無不言。乃可以副審眷。況今日之事。諫官御史議論如一。臣之區區。豈敢偏執所見。伏望聖慈察臣之心。恕臣之罪。特依前奏。早賜施行。

貼黃。臣切恐陛下之意。謂已行之命。重於更改。緣給事中本為封駁所設。所封駁皆已行之命。置官之意。蓋以封駁為重。而不以已行為重也。自唐至德以來。命令既出。由給事中封駁之。改而後行者。不可勝數。陛下固已熟知如此。更願優容開納。使有司得為陛下守官。以正綱紀。臣謂為臣之罪。莫大於反覆。臣既再三論

列。義難卻行書讀。伏望陛下別賜指揮。差官權給事中。以全孤臣之守。

岩叟又奏曰。臣累言安燾之進。不能協公議。不能重朝廷。不能服四夷。又告命不由門下書讀。無以正法度。無以持紀綱。無以救群臣。所繫甚大。望今未蒙省納施行。多士之論。皆以皇帝陛下。太皇太后陛下自聽政以來。未嘗有一事不愜天下之心。今乃因不才無狀之人。致累吾君全美之德。非獨臣惜之。天下愛君之人。誰不惜之。臣恐有獻言者誤陛下。但謂已行之命不可回。不復陳義理當如何。此非忠於陛下之言也。非明於王体之論也。自古及今。唯苦口逆耳諫止君父。使無過舉為天下後世所議。乃忠臣也。乃明於王体者也。臣切以明主唯義是從。不以回已行之命為難。請引仁宗朝一事以告陛下。慶曆三年三月二十二日。除夏竦為樞密使。四月八日。用御史中丞王拱辰。諫官歐陽脩等十一疏。追竦樞密使敕。當時名儒石介作為聖德頌。以詠仁宗之美。天下流傳。至今稱為盛事。伏望陛下法而行之。不以改已行之命為難。而以聽諫為重。天下幸甚。臣志在愛君。忘其再三之瀆。惟陛下察臣之忠。臣死無恨。

岩叟又論擇相不可不謹。上奏曰。臣切觀詩書所載。歷代傳記之所著。其稱帝王能事。莫大於知人。知人所先。莫先於輔弼。輔弼得賢。則百寮任職。而上自處於無為之地矣。至簡而全人君之美。不勞而收天下之功。故臣區區愛君之心。願陛下無失乎此也。伏思陛下聽政方踰年。而治道已清。四方已寧。人人之心。懽欣交通。而無所不足者。陛下進賢退佞。如指白黑之效也。今輔臣缺位。臣知陛下擇賢而任之。必無所誤。然中外之人。莫不翹首拭目以觀陛下此舉。臣不可不告陛下甚戒之重之。孔子曰。眾好之。必察焉。孟子曰。左右皆曰賢。未

可也。諸大夫皆曰賢。然後察之。見賢焉。然後用之。陛下以孔子所以不輕信之心而取之。庶乎其無失矣。陛下念公忠之臣得之難也。不可不勞心於初以求之。誠得其人。則陛下逸矣。念佞邪之人去不易也。不可不精意於初以別之。誤進一人。則陛下憂矣。自古以來。世主之患。患在喜高名之士。而陋少文之人。曾不知高名之下有奸才。少文之中多重器。不可不察也。成天下之業。敗天下之事。常爭於辨與不辨毫釐之間耳。賢者居廟堂。則上可以尊天子。重朝廷。下可以安百姓。鎮四夷。苟一非其人。則國事危而人心搖矣。群邪類升。百偽交作。陛下雖欲莫挽。而則有不可得也。陛下之憂。實臣之憂。敢於未然傾瀝肝膽。庶幾有補萬一。惟陛下采納。甚幸。

貼黃。切以命執政大臣。不與差除百官同也。百官雖進者不合公議。退之甚易。執政既進。朝廷便繫體貌。雖陛下悔而欲罷。亦有

所不可。所以不可不謹之者此也。初若不謹。後致人言。則陛下傷知人之明矣。

岩叟又乞審於進賢果於去奸。上奏曰。臣伏覩陛下即位之初。首副天下之望。用司馬光執政。信行其言。以革天下之弊。惟光憂國愛民之誠心。信於上下。信於內外。故陛下一用之。而天下之心安。四夷之心安。而陛下之心亦安。今不幸光薨。臣知陛下之心漠然矣。臣竊聞百姓相與憂曰。吾君能不忘光之言乎。求其類而用之。使持循其法乎。又憂曰。奸人無乃復將為朋。動搖正論。以欺吾君乎。無乃競為身謀。不卹國家之急。以病吾民乎。誰復以吾君之心為心。以吾民之意為意。夙夜盡瘁。以遺其身如光者乎。吾君方倚光以圖治。而天遽奪之。其何意耶。臣願陛下益勵乃心。益謹乃事。益重所付。不可泰然以忘憂也。今宜先有以釋民之憂。而安其心者。惟當果於去奸。審於進賢。二端而已。爾夫大忠在朝。奸人雖未去。猶有所忌而不能為也。光薨。奸人今不可少留矣。此臣之所以言陛下當果於去奸也。朝廷輕重。天下安危。生靈休戚。在用人而已。今天下將觀陛下用人以卜否泰。此臣之所以言陛下當審於進賢也。去奸進賢。皆能有以協天下之望。則百姓復何疑而憂哉。惟陛下圖之。天下幸甚。

貼黃。自古人臣因妬賢嫉能之心。而遂害國事者。無世無之。臣觀光之賢。上則見信於陛下。下則見信於百姓。人人自恥以不及也。臣恐此後必有妬光者。陰以妄言毀短光之所為。以疑陛下之心。候間隙一開。則將入其邪說。行其奸謀。以壞善政。此陛下不可不察也。臣平生未嘗與光交接。又未嘗受光恩。非私於光也。惟恐小人或誤陛下耳。今天下事大定矣。民安且樂矣。此治道之成。而聖功之著也。惟在陛下持之益堅。信之益篤。勿有所移。則天下幸甚。中外之人。皆望大禮後罷張璪輩二三邪佞無狀之人。何意璪輩未去。而先失一忠臣。此中外之心所以為歎恨之深者也。今因璪輩自有請。願陛下早賜從之。別命忠賢。以重朝廷。以為國家倚賴。以慰服天下之心。亦不可更容遲久。玷辱廟堂。使蒼生失望。四夷不安也。

六年。岩叟簽書樞密院事。乞用君子保泰道。上奏曰。臣聞論者曰。致天下之泰難。守天下之泰易。臣獨曰。天下之泰。致之易。守之難。蓋方其未也。莫不急於求賢。渴於聞諫。得一善惟恐未之能行。見一不善惟恐未之能去。潛心於隱微。而用意於人之所不到。兢兢業業。不敢暇豫。故卒至於安樂而無事。此天下之泰所以致之易也。既泰矣。曰我尚何求哉。心日益驕。志日益怠。謂賢者足矣。而怠於求。謂善言盡矣。而厭於聽。謂患之隱者為不足慮。謂事之微者為不足防。好生而不知禍。變而不悟。故卒至於敗亂而莫之救。此天下之泰所以守之難也。易曰。君子安而不忘危。存而不忘亡。治而不忘亂。又既濟之象曰。君子以思患而豫防之。此皆聖人戒懼於治安無患之時者也。伏惟陛下臨御七年。于茲進賢去佞。協天下之公。興利除害。同百姓之欲。無淫刑。無橫斂。不聞一夫有怨嗟之聲。奸究不作。兵革不試。時和歲豐。海內寧謐。以古驗今。可謂泰矣。陛下又所以守之者有道。無宮室之好。無聲色之玩。無畋遊之樂。無神仙之惑。無干戈之喜。私謁不行。苞苴絕跡。百王之蔽。乃無一焉。進學勤政。寒暑不渝。德日以新。天下之勢固已不憂矣。而臣尚區區若此。亦何心哉。以謂今日之治。不易至此。臣愚誠過計。竊憂朝廷恬於無事。積怠初心。或容小人乘間而蹶我泰道。為陛下惜爾。夫小人而無能。不足畏也。惟小人而材然後可長。在陛下審問之深考之明辨之謹過之不使小人得以雜其間必擇端良忠信不二之君子而用之則今日之所以保泰道者全矣備矣陛下以純一之德守于上羣臣以純一之意守于下使泰道日長而無窮天下無忘臣不勝大願

岩叟拜樞密直學士簽書院事入謝太皇太后曰知卿才望不次超用岩叟又再拜謝進曰太后聽政以來納諫從善務合人心所以朝廷清明天下安靜願信之勿疑守之勿失復少進而西奏哲宗曰陛下今日聖學當深辨邪正正人在朝則朝廷安邪人一進便有不安之象非謂一夫能然蓋其類應之者衆上下蔽蒙不覺養成禍胎深又進曰或聞有以君子小人參用之說告陛下者不知果有之否此乃深誤陛下也自古君子小人無參用之理聖人但云君子在內小人在外則泰小人在內君子在外則否小人既進君子必引類而去若

君子與小人競進則危亡之基也此際不可不審兩宮深然之

岩叟又論劉摯蘇轍上疏曰臣伏見右僕射劉摯以人言避位于今累日中外之議惶惑不寧切以摯自陛下垂簾之初首當言路條陳政事排斥奸邪無所顧避天下知其忠故不次登用天下之人莫不以為當而大奸在外含怨蓄怒欲食其肉者非一二矣今朝廷清明天下安靜固出于兩宮虛心求治開誠納諫之效然一時戮力盡忠之臣摯居其最實陛下同心一體可保終始無變之人也自非罪狀顯著衆所不容豈可因一二偏詞輕示退棄臣恐適足快羣奸之意而失衆正之心非所以為國家計也臣每患朝廷之上享陛下高爵厚祿者雖多而與陛下同心悃意者則少今就少之中又將退斥臣反覆念慮竊以為憂蘇轍素有時名元祐以來排邪助正竭力亦多今若止因一舉官失當使行罷逐恐於陛下進退大臣之體有所未允況言者別有所懷未易可測臣不知披肝瀝膽事陛下之日久者為可信邪是一歲言路未得其腹心者為可信邪安知其間無朋邪挾私而陰與群姦為地者陛下何不稍緩其事試加考察將必有所見知臣言之不妄古人有云天子重大臣則人盡其力輕去就則物不自安願陛下曲加含忍以全終始之遇且使小人不能有以闚陛下臣遭遇陛下非常之知不與衆人比既有所見不忍負恩默默自守臣本欲俟來日垂簾面奏以當行事齋戒不獲登對須至冒昧天威進此狂瞽惟陛下裁擇幸甚

貼黃臣慮言者欲盡塞衆正之路不過以朋黨加之先惑聖意然自古奸人之欲排陷善良者莫不皆為此無形之說以肆誣罔陛下博覽書史必能深察

歷代名臣奏議卷之一百三十七

歷代名臣奏議卷一百三十八

用人

宋哲宗時傅堯俞自知明州召爲秘書少監兼侍講擢給事中吏部侍郎御史中丞。奏言人才有能有不能。如使臣補闕拾遺以輔盛德。明善正失。以平庶政。舉直措枉。以正大臣。臣雖不才。敢不盡力。若使窺人陰私。抉人細故。則非臣所能。亦非臣之志也。

元祐元年。平章軍國重事文彥博奏曰。臣伏蒙聖恩特差中使降手詔詢訪。仰披訓旨。俯集兢營。恭惟太皇太后陛下坤厚博載。天光大明。自聽政以來發號施令。及進賢退愚。時政污隆。或因或革。小大愜當。中外欣悅。所謂宗社無疆之福。太平浸隆之時矣。而猶謙勤退托。以臣遭遇累聖。久竊重任。又謂其犬馬之齒加長。宜有重言而賜下問。乃詢黃髮。采芻蕘之義。臣敢不勉竭愚忠。粗禆虛佇。夫治体之大。莫

大乎任賢納諫。近者所用輔相。所擢諫官。皆久積時望。天協輿情。必能弼直獻納。上副陛下求治深切之心。以至罷去市易。減損青苗。傳養保馬。免納役錢。寬保甲按閱之頻。遂豐民耕種之業。此則市井畎畝之人。歡呼之聲。必已達於天聽矣。豈在老臣條陳而後詳。然上之數事。有損無益。不可久行而罷者。本非朝廷所圖。皆是近年以來臣僚急進。僥倖成風。率務妄起事端。自求總領。粗有微效。則過求恩賞。事若有害。曲無責罰。欲其省官省事。民安政治。不可得矣。爲今之要。當革此弊。自去年以來。斥去聚斂之臣。頒寬農商之利。四民樂業。萬國歡心。無名之入。多已削除。有常之用。當要豐足。今之戶部。實主邦計。尚書侍郎郎中員外。未聞精擇久任。唯見屢遷數易。欲使何人專任其責。國之大計安所望哉。此乃朝廷所宜先而不可忽也。又謂臣之所知甚大。任者臣素愚昧。艱於知人。然累玷鈞衡之任。惟在薦賢以

圖報國。方其當軸任人。極於慎柬。拔十得五。安敢庶幾。及出領外藩將踰一紀。朝中多士。罕有識知。雖有所聞。莫更所試。輕議論薦。恐未審詳。然熟聞士論。謂樞密直學士劉庠。端正有守。雖已在近職。久從外補。臣向在樞密。庠在太原。邊事民政。鎮靜不擾。光祿大夫前吏部侍郎蘇頌。性行淳和。學問該博。於本朝故事多所詳記。若備顧問議論。當有禆益。朝奉大夫京西路提點刑獄劉奉世。才力精明。所守堅正。向爲樞密院檢詳及中書檢正。頗得時譽。若並召還左右。宜有所補。更乞聖明詳擇。或更有新進。可副柬求。容臣博訪。別具奏陳。況天下之大。必有多士。實於周行。然自數十年來。養育人材。有所未至。蓋鄉里舉選。不兼取文行。禮部復試類救膚淺之學。今若條理學校貢舉之法。庶幾取士得人。以次擢升大任。則濟濟以寧。如周之盛。方朝廷大推仁政。勤恤民隱。親民之官。專在守令。臣謂宜中戒吏部慎擇

其人。政得以和。民受其賜。前代銓衡授官之後。多赴政府引驗。問其所長。或采其已試之効。而遣之。間有昏謬不才。類多退落。如此則郡縣得人。政事修舉。又用人之法。當各因其才器。孔門四科。分政事文學之品。亦須就其所長而受其職。職乃無曠。前朝選試文學之士。即寘於館閣育材之地。漸進用之。雜學士待制。皆主侍從備顧問議論。以禆時政。今則盡補外任。臣謂宜略定員數。留充左右供職。久當察其器識。緩急勸政闕人。便可僉議進擢。臣蒙詔旨詢訪。敢不傾盡所蘊。但以老昏言無倫理。不任隕越惶懼之至。

二年。彥博又乞中外官久任。上奏曰。臣以中外任官移替頻速。在任不久。各有如驛舍。無由集事。何以致治。故累嘗上言。乞中外官各令久任。須滿資考。近日以來。遷改尤爲頻數。蓋由風俗躁競。例欲速遷識。識者或避煞詩。不能鎮靜。欲望中外治安。未可期也。臣欲今後凡差

除中外官並具見在任官年月滿未滿。須令任滿方得交替。如是急速籍才，須要其人，則不拘此制。其任滿得替之官，須具在任實有勞績，方與照會合關陞遷。所責官吏自此不敢苟簡欲速，百職自然修舉。

貼黃：臣累曾上言，以吏、戶、刑部官屬主選、大計、刑罰，并外任監司及親民之官，並須久任。此繫朝廷致治之本，不可忽也。今乞與三省更申明祖宗舊法，遵守施行。

元祐元年，門下侍郎司馬光乞令監司、州縣各舉按所部官吏。白劄子曰：臣檢會監司、知州、通判於本部官吏內，有罪惡顯著而有失覺察者，並連累責降。雖有舊條，然未嘗一一行遣。又應一路一州吏衆多，上位覺察不盡。又未指定合覺察事件，致寬者則一切不問，急者則濫及無辜。又凡為監司、州縣長吏，當進賢退不肖，不可但令覺察有罪，不令薦舉賢才。今欲立舉薦四條：一曰仁惠。謂世民利物，專所衆費。非虐刻不忍曲果人情者。二曰公直。謂心無適莫，事不比黨。非內私外公，賣佞詐直者。三曰明敏。謂深察情僞，識辨事非飾詐，探美。利矜炫者。四曰廉謹。謂安貧守分，動遵法度。非矯清釣名，偷安避事者。按察四條：一曰苛酷。謂用刑繫苛，殘虐踰法者。二曰狡佞。謂傾險巧詐，危人自安者。三曰昏懦。謂不恤物情，依阿無守者。四曰貪縱。謂饕餮無厭，任情不法者。凡監司、州縣於所部之民，皆得以此入條舉按官吏。其舉薦者於本部官吏之內，有仁惠、公直、明敏、廉謹者，可舉則舉，無有定數。縣舉之州，州置簿記姓名。州舉之監司，監司置簿記姓名。監司舉之朝廷，中書置簿記姓名。各隨所舉行能任使以試之。果有實效，則漸加擢異。其按察者，監司專按察知州軍、通判，路分都監以上；知州軍、通判專按察在州官吏及諸知縣；知縣專按察簿、尉及縣界內官吏。若有苛酷、狡佞、昏懦、貪縱者，縣躰量申州，州躰量申監司，監司躰量申奏。續更躰量的確事迹，糾發施行。若有失察覺，別致因事彰露，其監司降知州軍，知州降通判，通判各降一資，知縣降監當。其餘所部官吏，監司、知州軍、通判皆得按察，但不坐失覺察之罪。即挾情按察不以公者，候勘鞫見實，只依常法。知縣惟得具事迹申州，不得擅勘命官。

太常少卿梁燾乞五事論相之得失。上奏曰：臣聞自古聖主賢君任用宰相，必取天下公議之所在者。得公議則人望得，得人望則人心得，得人心則四海懽欣，交通而無事。四海懽欣交通而無事，則坐享太平之福，隆太平之基矣。伏惟太皇太后陛下嚴靜仁明，與天無私；恭惟皇帝陛下孝敬聰哲，嗣隆正統，宜得老成道德之臣以為宰相，濟以二三賢哲，同寅協恭，咸有一德，使聖賢事業相資而成康靖之功，此宗社之福，生靈之幸也。夫天下之人所共尊敬依歸者，人主也。宰相不敢為欺蔽侮慢，是與天下之人同心以事其上也。以是而人心喜之，公議從而歸矣，以其盡忠盡公也。宰相敢為欺蔽侮慢，是不與天下之人同心以事其上也。以是而人心怒之，公議從而去矣，以其不能盡忠盡公也。當公議所歸，人主雖欲不用之，不可得也。若不用之，是抑天下之喜心也。邦國所以安者，以人有喜心也。喜心豈可抑之哉？是雖欲不用，亦不可得也，況有用賢之志乎？當公議之所去，人主雖欲用之，不可得也。若用之，是激天下之怒心也。邦國所以危者，以人有怒心也。怒心豈可激之哉？是雖欲用之，亦不可得也，況有去邪之志乎？前世之主，皆務崇用輔佐以興起治道，然而一失所由，流患後世。初有害政之累，終有難制之憂，甚可懼也。唯聖君賢主為能得之。於是獲上天之數祐，洽四海之懽心。其初至明甚易也。臣輒言人主聽言受事之規摹，以廣論相之得失。唯陛下錄其忠而裁擇焉。宰相者，患專權固位，竊用人主之威福也。夫持權久者習強矣，未有不好其權者也。居位安者貪寵矣。未有不固其位者也。好權則忌人為功。固位則謀身為深。公議之所不與也。有以恭儉行己。夙夜在公。善則稱君。過則歸己。不敢避所難。不敢忽所易。唯知尊主威而盡忠於上。可謂不好權不固位矣。是公議以為可任宰相者也。宰相患在立朋黨。以私滅公。相為傾危。而蒙人主之聰明。此公議之所不與也。有以中立不倚。孤忠自守。進一士必以其公譽。而不敢以私愛也。既進之。必曰主上之明。以譬其恩。退一吏必以其公毀。而不敢以私惡也。既退之。必曰朝廷之公。以當其怨。國家之事。必正色直言。力行而不回。不委曲交結。以避一身之危。不俛仰顧忌。以藉衆力之助。唯知尊主威而盡忠於上。可謂不立黨矣。是公議以為可任宰相者也。宰相者患在以權位妄自尊大。以逼主勢。上有輕易人主之心。下有陵侮多士之氣。此公議之所不與也。有以謙虛沖約。折節下士。不恤己之勞瘁。以君逸民安為急。不恤己之菲薄。以君裕民富為先。唯知尊主威而盡忠於上。可謂不以權位妄自尊大矣。是公議以為可任宰相者也。宰相者患在不以正道事其君。不恤是非利害。唯君意之是感。唯君欲之是從。至於政疵民病而不為顯言。依違因循而不為更張。此公議之所不與也。有大公至正為心。與人主同道一德。慨然以立忠言。奮然以行正事。意在成國家之利。而除生靈之害。唯知尊主威而盡忠於上。可謂以正道事其君矣。是公議以為可任宰相者也。宰相者患在務結私恩。斂善醜正。誘集群邪。陽尊忠良。陰結奸惡。擇[illegible]要路。指為死黨。一倡十和。表裏相應。幸上之未悟。得以肆行其志。此公議之所不與也。有以樂善好賢。安君靜民為事。謂爵祿人主之柄也。非臣下所敢專。必公言於廟堂。而請決於上。使清明之恩。平行而直流。開張公道。銷除奸朋。唯知尊主威而盡忠於上。可謂不結私恩矣。是公議以為可任宰相者也。凡此五者。所宜辨也。君臣之大要。古今之先務也。人主得之以為安榮。失之以為憂悔。故聖君賢主。必明察而審擇。獨斷而力行也。陛下如天大明。無幽不燭。真偽邪正。判別白黑。誠以曉然知公議之所在者。自有人矣。伏願自強明德。任賢勿貳。用公議所在。早命宰相。以慰人望。以收人心。自然陰陽和而風雨時矣。一旦明制布告。是臣喜色相視。國人歡聲相聞。四方忠義咸歸一德。天下之願也。臣跡在疏遠。接士民最近。聞公議為真且熟。輒敢布於天聽。願陛下信其公議之在下者。果如此也。臣遠觀詔書。近覩政事。仰識聖意明目達聰。欲通下情而盡公讜。樂聞直言。不吝改作。是正人端士。千載會遇不可失之時。故臣不敢苟舉細故。上瀆宸聽。忘僭越。論國家之大者。遠者臣區區之誠。以謂人主之職在論一相。論相之得失。安危之所以分。干冒宸嚴。臣不勝盡節竭誠激切之至。

熹改右諫議大夫。乞親賢疎佞。堅其始終。上奏曰。臣聞天下治亂在賢佞。而人君之道。以用人為先。得之賢。則君德清明。政曰忠厚。百姓和樂。四夷賓敬。而朝廷尊安矣。故治之所由興者在此。甚可愛也。失之佞。則君德蔽蒙。政由煩苛。百姓怨讟。四夷驕侮。而朝廷危辱矣。故亂之所由起者在此。甚可畏也。自古帝王莫不知之。然得之賢人常少。而失之佞人常多。其故何哉。蓋始於之勢畧而謹忽之心殊也。夫治亂之作。當其微時。間不容髮。至其著也。判如霄壤之異。人君者所宜深戒早辨。謹持而不失毫厘也。賢人之事君也。主於盡忠。盡忠則不欺。不欺則至公。至公則言有所拂。事有所違。人君者初則親之。終則疎之。方其急於求治之時。責其盡忠。勵其不欺。行其至公。雖有所拂違而必喜之。及其久也。習於既安而或怠於為治。以既怠之心處拂違之間。故終有所厭而又疎之也。賢人疎。則佞人乘隙以入矣。佞人之事君也。生於不忠。不忠。則忌於欺罔。欺罔則為私。為私則言皆諛悅。事皆柔從。人君者初則逆之。終則比之。方其急於求治之時。唯知彼人之善壅蔽聰明也。必嚴思慮以待之。及其久也習於既安而或怠於為治。以既怠之心。處諛從之間。故終有所愛之。而又比之也。與賢人俱。時有以忤其意。然而卒至於治。與佞人俱。莫不得其所欲。然而卒至於亂。此治亂之相去甚近而甚著。則堯舜桀紂之分。胥壤不足以侔其遠矣。惟大聖人為能發其聰明。謹其好惡。峻其去取。堅其始終。以救天下之患。定天下之心。成天下之治。舉以此也。恭惟太皇太后陛下。以大公至正制臣下。皇帝陛下。以至仁純孝承祖宗。親用忠賢。風節頗厲。疏斥奸佞。朋黨漸消。清明之德日以尊。忠厚之政日以修。和樂興於百姓。實敵見於四夷。太平之功。指日可待矣。誠願陛下自強剛德。如天不息。必使怠惰之意。未少動於清衷。察兩端之傾

危。排根而去之。明一忠之靜正。舉類而進之。將令風俗純厚。朝廷尊安。近者献其忠。遠者扶其公。仰致仁祖之治不難及矣。惟聖心少加思焉。臣愚不勝惓惓盡節。幸陛下裁納。

燾又奏曰。臣伏聞誥命除給事中顧臨侍制河北都轉運使。清議頗為朝廷惜之。臨昨任河東轉運使未久。陛下名入為給事中。是知臨之用宜在朝廷。顧臨論思獻納。號為稱職。未久復出為轉運使。士論以此疑之。未有以識聖意之所在也。竊以侍從之官。親近主上。其進退繫朝廷輕重。不宜輒有改易。今以轉運使求其在外者。宜自有人。以給事中求其在內者。如臨恐不易得。伏望聖慈特賜指揮。臨依舊供職。庶朝廷多得正人。上下相維。共守祖宗之法度紀綱。助陛下求治之意。

五年。燾為御史中丞。又論宰相以禮去者可以復用。上奏曰。臣伏見陛下。眷遇大臣。極其恩禮。不忍聞其過惡。難奪其位。使傷其進退之名。所以委曲容覆。真有天地之賜。為大臣者。何以副陛下之深仁乎。祖宗之時。宰相率二三年以禮去。今宰相率二三年以罪去。禮去者。顧義重。雖有功而必去。罪去者。顧利重。非有罪則不去。以禮去者可以復用。以罪去者不可以再來。蓋祖宗之大臣。皆以名節自重。一舉動。必存大體。必副人望。不敢尊寵祿以自安。不敢挾權勢以自強。日思以得罪為憂。以妨賢為懼。故率三二年自引避位。朝廷褒眷。自有恩數。其優者為使相。其次猶須超進數官為大學士。其在位也。名益重。望益高。眷益厚。一旦復用。則中外之民。莫不以為宜。皆為朝廷助喜。此所以朝廷重也。其間亦時有貪鄙之人。當去而不去。以固位戀祿。清議已不容矣。以之招致人言。暴著過惡。從而罷遣之。殆不過一諫官一御史論之。則已不能安矣。如臺諫合攻。逆擊者衆。則終身不

得復用。故以禮去者多。以罪去者少。大臣既已法。小臣從而廉。士大夫化之。皆磨勵振潔。以節操相高。風俗純美。由此道也。比年以來。大臣皆以竊祿偷安為計。寖以成風。雖有大過。猶巧自掩蓋。恐其失位。一二人言之。不知求去。臺諫官共言之。又不肯去。至於紛紛不已。上不能止其言。竟出其章疏。然後請退。聖恩乃聽之。公議為之鄙薄。私友為之歎惜。喪其節守。敗其名譽。冒其過惡。終以疏絕。朝廷雖以之人而欲用之。疑其姦心之不滅。畏其清議之不容。卒不敢用。所以有罪不可復用。必用其以次者。安得人材衆多而為用乎。朝廷將無人可用矣。此不可不思也。祖宗之時。輔相之材非不多也。然而進者必以其賢。退者必以其禮。去而復來。所以用之不乏也。臣近嘗建言乞陛下許呂大防以自請罷去相位者。正為如此。若蒙陛下許呂大防令以禮去。不唯大防得其進退之道。且掩覆其罪狀。不為臣言之所指

擿。不為公議之所不容。使之養望於外。它日用之。必無敢議者。設有議者。其跡以無罪而去。陛下主張之。無累知人之明矣。是於大防其有天地之賜。足稱陛下眷禮之本意也。非獨以安大防也。又以示後來之人。皆思以禮去位。而漸以名節自重。知祖宗之大臣也。朝廷由是尊矣。伏望聖慈以安危為計。治亂為念。以養大臣之譽望為意。以勵搢紳之廉隅為術。保全大防今日之去。存全大防它日之用。兢謝畢烈之譏。銷戚戚愁怨之氣。上敬天道。下順民心。中不失君臣之恩。一舉而三善得。豈不美歟。伏惟聖神采納。天下幸甚。

哲宗時。燾為尚書左丞。與同列議夏國地界不能合。遂乞去。哲宗遣近臣問所以去意。且令密訪人材。燾曰。信任不篤。言不見聽。而詢問人才。非臣所敢當也。使者再三。乃言人才可大任者陛下自知之。但須識別邪正。公天下之善惡。圖任舊人中堅正純厚有人望者。不牽左右好惡之言。以移聖意。天下幸甚。

元祐元年。范純仁上奏曰。臣近以辭免恩命。伏蒙聖慈累差中使封回劄子。宣諭丁寧。者感戢之臣。屢煩天聽。再蒙遣使恩與過優。固當勉勵疲駑。上副任使。然臣有危懇。須合力陳。竊聞臣今來告命不曾經門下審讀。臣聞爵人於朝。與眾共之。所以昭示至公。杜絕私門。乃有司之職守。為朝廷之典章。此萬古不易之規。而聖王之通道也。今聞臺諫臣僚皆有文字論列。而未蒙追改。陛下必以謂進用輔臣。已有成命。未當因人之言輕有回改。以示睿斷。欲全恩禮。臣之愚慮竊謂不然。方今援擢臣僚。須宜辭令。多因公卿密啓。或非陛下素知。若不經歷有司。必然難得審當。今來臺諫官若俱有文字。即是朝野公言。其言當則人皆謂之忠賢。其言不當則人皆謂之讒黨。各自保其名節。豈肯輕易奏論。非同一人私竊之言。可以惑亂聖聽。陛下當加然聽信。不必致疑。彼皆陛下選用正人。使為耳目之官。豈有人而不用耳目。而可以聽視於天下也。況陛下臨御以來。聞善必納。從諫如流。今乃於臣告命。持吟不過門下。言者必不肯已。微臣必不敢居。久鬱眾情。恐失羣望。不如因臣辭免。特賜允從。則上可以資陛下納諫之明。下可以成愚臣安分之志。而俾近臣得職。言路開通。廣帝堯捨己從人之風。協成湯從諫弗咈之義。一舉而數善皆得。在聖明可不務乎。與夫微臣叨被誤恩。違格公議。利害相去遠矣。伏望陛下察臣竭誠為國。不為身謀。特賜留神采納。天下幸甚。

二年。純仁同知樞密院。臺章論韓維不當與外任。疏曰。臣竊聞門下侍郎韓維有與外任指揮。臣伏見韓維。公忠篤實。稟於天性。議論賞罰。據理直前。盡心國家。不避嫌讟。陛下用為執政。可謂股肱之良。伏惟陛下寬仁大度。委任羣臣。進退輔弼。咸以至公。今韓維未聞别有大過。不俟封章陳請。遽然逐去。必有奸人密行譖訴。上誤聖聰。致陛下用賢不終。使大臣失進退之節。實恐正人失望。有虧聖政。伏望陛下深加睿思。或因臣察開陳。卻令追寢前命。以成帝堯捨己從人之。以繼商湯改過不吝之美。臣被恩殊異。難以緘默。伏望聖慈深賜采察。天下幸甚。臣與韓維亦無姻戚。既欲上裨聖化。難以避嫌自安。更乞聖慈遍詢文彥博呂公著已下諸大臣。則知維之邪正。若維果是正人。則雖有此小過失。今望陛下主張。若以小過去之。是使奸人得計。恐非天下之福。臣聞謗韓維者多言其引用親戚。乞陛下將進用過韓維親戚遍問三省。元是何人發意。因與不因韓維。自然有無阿私事狀明白。庶不誤陛下至公懲戒之意。

純仁又論大臣輔政不當顧慮形迹。上奏曰。臣近見執政議論。以章子厚父年將九十。因明堂恩霈之後。欲請除一鄉郡。使便其親。臣但見其可裨仁化。不應其他遂共以為當然。繼而關三省奏上。陛下即賜允許。臣以陛下天地之仁。念其衰老之親。不錄往愆。臣實喜不自勝。遂於簾前仰贊聖德。以謂自古臣子無如今日遭逢。繼聞諫官有言。陛下遂寢前命。亦是聖心從諫之美。前日更蒙宣諭。此亦三省有失。思慮不及。今後不得如此。臣愚恐有言者以謂朝廷所怒之人。不當遽有開陳。又謂執政都徇人情。必有主張之者。致煩陛下宣敕戒諭丁寧。微臣固宜佩服聖訓。然有未盡之懇。亦當罄竭數陳。方陛下急於求治之時。是臣子知無不為之際。豈宜顧慮形迹。畫縮周防。今所用大臣。多是老於患難。陛下獎之使進。尚恐立志不銳。思慮太周。若更戒使遠嫌。則恐顧避保身。自防不暇。在陛下愛惜諸臣。則為恩德之厚。若使輔翊聖政。卻恐事無所裨。蓋人臣以匪躬自信為難。嫌疑固寵為易。若今審其所易。沮其所難。則其間希意顧望之人。翻為

得計。甚非朝廷之福。伏見仁宗皇帝。唯委執政。一無所疑。凡所進除。多便從允。而使臺諫察其不當。隨事論奏。小則旋行改正。大則罷免隨之。使君臣之恩意長行。朝廷之綱紀自正。是以四十餘年。不勞而治。況陛下方稽仁皇之治。聖度如天。從諫不倦。任賢不疑。紀人之功忘人之過。皆是自古人君所難。若更垂拱責成。進於委任。臺諫糾其謬誤。侍從釐其論思。群臣一德一心。陛下無為無事。自然不須防慮。百職具修。坐致太平。垂休萬世。天下幸甚。

貼黃。凡人於富貴功名。皆願乘時早享。近用二三執政。年皆六十已上。或七十已上。是餘年無幾。今幸遭逢陛下。行堯舜之政。獲居近輔。可謂千載一時。不於此時攀附神聖。早立功名。不知更待何日。豈肯別懷顧望。阿徇他人。自取上疑。以招危辱。在常情且無此理。況陛下以公望選擇人哉。其間或有進人不敢太速。責人不敢太深者。不過謂事當馴致。不可黑白太明。卻恐漸成朋黨。害陛下和平之政矣。萬一因此恐有間言。誤陛下不細。又蒙宣諭。譬如人家尊長。所怒之人。卑幼豈可輕易寬解。臣愚以謂不然。蓋人主之量。當如天地。無所不包。眾人所欲進退。則人主從而行之。所謂舍己從人。便無喜怒好惡之迹。又使奸人測見意旨。別生讒間。以惑聰明。古今盡然。殷鑒不遠。惟陛下稽測。唐魏徵有讒其阿黨親戚於太宗著帝使溫彥博責以不避形迹。遠嫌疑。徵謝曰。臣聞君臣同心。一體。豈有置至公。事形迹。若上下共由茲路。邦之興喪。未可知也。帝瞿然曰。吾悟之矣。以此可見自古君臣之間。不當更事形迹。此陛下之所熟聞。臣敢引而言之。

哲宗時。用二三大臣皆從中出。侍御臺諫官亦多不由進擬。純仁上

言曰。陛下初親政。四方拭目以觀。天下治亂。實本於此。舜舉皋陶。湯舉伊尹。不仁者遠。縱未能如古人。亦須極天下之選。

純仁為右僕射。論用人疏曰。臣昨日面奉德音。詢及將用之人。臣愚雖不足以贊陛下則哲之明。然不敢不竭心極慮。仰副聖問。須至再三陳奏。少補萬一。伏緣聖政之初。選用股肱。正如舜舉皋陶。湯舉伊尹。須宜譽望出眾。才德過人。方可以倚辦國事化服羣心。縱未能遠比古人。亦須極天下精選。不宜參以中常之士。恢知人之德。伏望陛下深垂聖念。少察愚衷。慎推舉直之方。以稱安民之化。

純仁又論擇臺諫疏曰。臣累聞德音。欲選擇臺諫官。命自中出。事既出於宸斷。發自至公。實須言路得人。則中外快愜。然臣愚以謂臺諫者。陛下之耳目。朝廷之準繩。可以分別邪正。規助風

化。百職之中。其任最重。當陛下初親庶政。四方拭目以觀。知人舉直之化。萬一小有失當。渙汗難收。綸綍既行。所繫不細。更望深留聖念。慎加審擇。則天下幸甚。

純仁爲中書侍郎。奏舉彭汝礪劄曰。臣近嘗具可充臺諫官人姓名奏入。亦嘗與鄧温伯等面奏彭汝礪等可爲御史中丞。乞陛下早賜照略。至今未蒙降旨。伏緣舉直錯枉。則天下心服。孔子曰舉直錯諸枉能使枉者直。蓋用得其人。則不惟朝廷尊嚴。亦可使天下士風知所趨向。則其選用當否。所繫不輕。臣職叨宰弼。今逾半年。未嘗進用一賢以居要劇。於臣可謂失職。朝夕不遑寧處。所以不避煩黷天聽。伏望睿慈早賜選擇。庶當聖政之初。得以化服多士。

元祐元年。御史中丞劉摯等論安燾敕命不送給事中書讀。一奏曰。

臣等伏聞除安燾知樞密院事。因給事中兩次封駁。不當遂蒙特降指揮。更不送本官書讀。直下吏部施行。臣等切見安燾差除。未論當否。然朝廷命令之出。必由門下中書省審而後行。所以謹重防察。示至公於天下也。今陛下除一大臣。因其封駁。不當遂廢給事中職業。不令書讀。則是命大臣以私矣。私門一開。將何以振肅公道。維持紀綱乎。伏惟陛下臨御以來。政事之舉。皆合至公。獨此一事。設施乖戾。恐於盛德所損不細。臣等深爲陛下惜之。伏望速降指揮。追還告命。及詳覧臣寮前後論列安燾章疏。別賜指揮。以全朝廷典法。

貼黃。制敕不由門下及省審書讀不備。則不成命令。其經歷之司必不敢過。被受之人必不敢當。

摯等又上奏曰。臣等累次論奏安燾知樞密院不當。其錄黃不令給事中書讀。及經歷受付官司。並不覆奏。乞寢罷追改正其罪。今已數日。未賜俞允。臣等以謂朝廷高爵重位。非有德與功。不可虚受。若以恩禮假借。則不協公議。今安燾才望素輕。備位樞府。已爲忝幸。一日驟有遷進。躐過衆人。士論紛然。謂朝廷除拜樞府之長。殊不遴選。非所以鎮社稷服四夷。命令既出。給事中不得書讀。於法式未備而施行。門下一省官存職廢。紀綱紊亂。此事尚書僕射左右丞皆無一言建明。執奏遂付有司。乃是上下廢法。中外徇私。何以訓治四方。維持萬世。所繫甚大。極可駭嘆。恭惟太皇太后陛下保佑聖德。以端正法度爲急。今有此舉。人皆惜之。非獨惜安燾差除之過。分蓋惜國家法度之廢失也。伏望聖慈檢會臣等累次論列事并今來奏陳。寢罷安燾除命。所有經歷受付官司。并乞早正其罪。其范純仁錄黃指揮。仍乞由門下省書讀省審施行。

摯又乞追還安燾等告命。及施行經歷付受官吏之罪。上奏曰。臣近

見安燾范純仁告命。不由給事中。直付所司。臣以謂朝廷之大失政也。故尋具狀。與臺官連狀共四次論列。至今未蒙追正。臣誠不知陛下命令。不使給事中書讀。此何意也。將憚其封駁耶。厭其封駁耶。夫天下之理。不過是非當否而已。陛下試思之。今來進用燾等。若果當其人。不緣私授。則天下必以爲是。而給事中雖百十封駁。猶當終使之經歷而後行。不然。罷其人可也。若燾等之進。不由公道。理有未安。天下不以爲是。而給事中乃能封還駁正。則是拾遺救失。善守其官。有補于國者。陛下當嘉納而改爲之。乃盛德之事也。不當厭憚其言而廢其職也。今陛下以給事中之言爲是耶。爲非耶。而陛下何故自隳典憲。爲此委曲。行政不由於正道。命官乃出於斜封。不知誰爲陛下建此謀者。今於門下之錄黃判書云。奉聖旨更不送給事中書讀。於吏部之告身給事中銜下明書云。奉聖旨更不書讀。制命乖當未

見有如此者。實恐取誚四方。貽譏後世。不可忽也。錄黄初下。既見批旨。則門下侍郎合行進駁。不合放出。既出之後。尚書省左右僕射左右丞亦合執奏。不合承行。既行之後。命令不合。吏部亦合申稟。不合書告。是官司上下皆阿諛苟且。失其職守。壞亂紀綱。成此繆誤。以累聖德。臣不知陛下以名器祿食養大臣。置百官。將何所用之。凡人主出令差誤。古今所不能無。但左右之臣。將順救正之。則不至於成其失。况皇帝陛下富於春秋。淵默之日。而太皇太后陛下聽政。不出房闥之時乎。夫斜封墨敕。濫官橫賞。乃前古之所以名亂者也。今大臣欲以此事事陛下。若門户一開。何所不有。欲望聖慈詢問大臣。令今如此施行。是與不是。苟以為是。則可謂罔上迷國。苟知其非而不言。則可謂不忠。焉可以任人之國柄。伏請速降指揮。追還袞等告命。依國朝典故行下。所有門下侍郎及尚書省官屬。吏部官吏。各有前項罪狀。

狀乞以臣此章并前後論列文字。付外施行。

貼黄。進任大臣。而不從告命編歷門下。乃是陛下先以私自蔽也。制書不全而受之。是臣下以私自進也。上下如此。則何以厭服中外。臣固知袞等之必不敢受也。

陛下臨御方踰年。正當謹守祖宗法度。以銷壓權倖。今差除告命。偶有差失。左右執政既不肯建明。而臺諫之言又不蒙聽納。則朝廷闕失。誰復救之。陛下既已沮壞給事中所守。而又欲壞言路職業。臣所以夙夜憂懼。不能自已。非獨論袞之進退而上惜朝廷紀綱。所以防微杜漸而已。

摯又論司馬光薨。當謹於命相。上奏曰。臣伏見左僕射司馬光薨逝。朝野人情驚悲。一詞皆曰。天乎不慭遺一老。以大濟我國家而奪之速。此何理也。臣恭惟陛下以至明至聖。首識光忠。曾諮左右。舉天下以聽之。而光亦以大忠直道。忘身徇國。雖奸謀異心。百端排沮而橫身當之。夙夜盡瘁。以死國報。其純誠至公。足以薦天地而貫神明。真所謂社稷之臣矣。然而非陛下信任之明。仰成之篤。則光亦安能自行其志。故天下不獨義光事君之盡節。而以陛下任賢不貳為難能也。今光云亡。兩宮車駕即日臨奠。賻禭之典。有加故常。下至搢紳善士。閭巷鄉野之人。罔不為之哀歎。而唯是奸邪之黨。醜正惡直之徒頗已相與有竊喜之意。蓋小人從來怏怏不便於新政。藏情匿跡。日夜窺伺。常幸有非意之變。以冀善治之不能成。今其臆度。以謂陛下既失光之助。則前日求治之意。必稍變懈。遂可以乘便投隙。熒惑而動搖。此其所以喜也。且陛下為政以來。收拔衆正。布列上下。制國之法。除民之害。雖節文潤色有未齊者。至於大本已定。十之八九矣。惟陛下益加之意。常以辨別邪正。保邦愛民為念。堅守此指。終始如一。

而已行之令。持循無變。則治道成矣。廟堂之上。必有如光之事朝廷者。臣實懼陛下悼光之後。謂誰助我者。而意稍有間。則邪謀陰計或起而乘之。此臣之所以為私憂而獻其說也。抑臣又有過計之言。蓋今上宰虛位。竊惟不日制詔命相矣。此尤不可以不謹。外論籍籍。謂文彦博必代光之任。臣固知不然。然於萬一之中。不可以不言。彦博年逾八十。爵位窮極於天下矣。前日陛下假其威望。以為朝廷之重。其官則天下之師。其職則平章軍國重事。陛下之禮元老尊崇優借。可謂得其体也。今若任之以為相。三省有職守矣。其成敗之責。豈師臣之所宜當。其繁悉之務。豈老人之所能辦。殆非所以愛彦博也。又彦博於知人。非其所長。賢士大夫罕出其門。近日有所薦論。衆皆傳之為笑。若居上相。引用人物。每每如此。今日引一二。明日引三四。積而至於百十。常才列于朝路。非小害也。其人專其位。高有所薦者。若陛下遠其言則傷恩。皆從之則害政。又非所以安彥博也。臣昨四月中。已曾建論此事矣。故今日之命相。實繫天下之安危與善政之成毀。可不重哉。伏望陛下詳考歷選。得其人而任之。以尊廟社。以厭公議。臣不勝僭越待罪之至。惟陛下赦其愚而察其忠。

哲宗時摯為侍御史。乞選監司澄汰州縣。上奏曰。右臣准尚書省劄子。准十月十八日聖旨指揮節文。比者詔令屢下。以寬民力。使安公私。官吏或致廢格。自今州縣悉心奉行。監司點檢。御史臺覺察彈奏者。臣有以見陛下誠心愛民。慎重政令。天下幸甚。臣竊謂州縣之政。廢舉得失。其責宜在監司。夫監司之任亦重矣。一有賢不肖。則係地數千里休戚繫之。曩時朝廷大更法度。選建推行之人。故不以資任。務得果健強銳。奮厲風生之才。盡規以就事。倚辦於一時。及法行事立矣。而其後用人。猶復因襲。未嘗推量時宜。有所張弛之也。是以

至今使者之政。刻覈褊迫。相師成風。郡縣承望。亦莫敢不然。使民不見德與義。而惟利是觀。惟利是聞者。蓋亦久矣。斯豈政令之本意然哉。奉宣繆戾。積習至此故也。比蒙聖明哀念元元。取監司罪惡已甚者。既去之矣。然其餘人材類尚駁雜。情志未一。各懷所私。蓋其陰有觀望者。則必習常而慢令。以致惠澤之壅。其殘中覬利者。則又將矯枉而過正。或發其所宜治之事。二者不可不察也。唯得其人。庶幾此患。臣欲望聖慈詳酌。河北河東陝西素號劇部。向來所用。俱有出於暴進。多非更歷民事。人微望輕。雖自過為威刻。而下終不服。今宜稍復祖宗故事。於三路各置都轉運使。用兩制臣僚充職。以重其任。自餘諸路。亦望推擇資任稍高。練達民政。識治體。近中道之人。分補監司之任。明援之以詔令。使忠厚安民。而不失之寬弛。蕭然應務。而不失之淺薄。部使者誠如此。州縣之政隨之。則先朝之仁政。陛下之恩德。庶幾下究。而與民休息無難矣。考察見任之無狀者。一切澄汰罷之。被罷之人。苟非有顯過。宜還其資考。別為任使。要令不至於失職無聊而已。方今先務。恐實在此。伏望評酌施行。

摯又乞令蘇軾依舊詳定役法。上奏曰。臣聞中書舍人蘇軾辭免詳定役法。有旨不許。又具辭免者。竊以差役之法。最今重事。陛下欲使利害曲盡。置局講求。此甚盛德。自置局以來。為日浸久。未見就緒。而議法之官。頗已屢易。今聞軾以議有異同。力欲辭避。人人如此。則法度之成。何時可冀乎。臣聞五味不同。而適於口者味相足也。五聲不同。而悅於耳者聲相協也。一可一否。一是一非。雜然並作。此議之所以同歸於盡。一人曰可。皆曰可。一人曰是。皆曰是。信如此。又何以議為哉。議有異同。正宜反覆曲折。相足相協。以趨至當。而遽為避就。非獨議法難成。使奸人乘之。投隙伺釁。撓議法意。非國之計也。臣願深

詔執事者。毋矜飭。毋復發。毋以小利妨大体。使利害曲盡。以稱朝廷之意。所有蘇軾。且令依舊詳定。仍乞催促成就。以時布宣。鎮慰天下喁喁之望。

貼黃。呂大防范純仁韓維皆係朝廷遴擇。兼官為執政事。無不領。雖離去本局。其責尚存。軾若陳乞獲免。則不復干預。非大防等比。不可不論。

摯為門下侍郎。與同列奏事。論及人材。摯曰。人才難得。能否不一。性忠實而才識有餘。上也。才識不逮而忠實有餘。次也。有才而難保。可藉以集事。又其次也。懷邪觀望。隨勢改變。此小人也。終不可用。哲宗及宣仁后曰。卿常能如此用人。國家何憂。

元祐元年。翰林學士朝奉郎知制誥蘇軾上論冗官劄子曰。臣伏見近日言者以吏部員多闕少。欲清入仕之源。救官冗之弊。裁減任子

及進士累舉之恩、流外入官之數，已有旨下吏部、禮部與給舍詳議。臣竊謂此數者，行之則人情不悅，不行則積弊不去，要當求其分義，務適所中，使國有去弊之實，人無失職之歎，然後為得也。欲乞應任子及進士累舉免解恩例，並一切如舊，只行下項。

一、奏蔭文官人，每遇科場，依進士法試大義策論，如係武官，即試弓馬或試法，並三人中解一人，仍年及二十五已上方得出官。內已舉進士得解者免試。如三試不中，年及三十五已上，亦許出官。應試大義策論及試法者，在京隨進士赴國學，在外赴轉運司；試弓馬者，在京隨武舉人赴武學，在外轉運司差官。

一、進士累舉免解合推恩者，並約嘉祐以前酌中數目，立為定額。如所試優長，係額內人數，即等第推恩，並許出官；如係額外，即並與一不出官名銜。

一、流外入官人，除近已有旨裁減三省恩例外，其餘六曹、寺監等處及州郡、監司人吏出職者，並委官取索文字看詳，有無僥倖，定奪酌中恩例。

右若行此數者，則任子雖有三試留滯之艱，而無終身絕望之歎；亦使人人務學，文臣知經術時務，武臣閑弓馬法律，皆有益於事；而進士累舉有詞學人，自得出官，若無所能，得虛名一官，免為白丁，亦無所恨。如有可採，乞降下與前文字一處詳議。

摯又同鄧溫伯、胡宗愈、孫覺、范百祿等薦朱長文劄子奏曰：臣等伏見前許州司戶參軍蘇州居住朱長文，經明行脩，嘉祐四年乙科登第，墜馬傷足，隱居不仕，僅三十年。不以勢利動其心，不以窮約易其介，安貧樂道，闔門著書，孝友之誠，風動閭里，廉高之行，著于東南。本路監司、本州長吏前後累奏，稱其士行經術，乞朝廷旌擢，差充蘇州州學教授，未蒙施行。近奉詔中外臣僚自監察御史已上，並舉堪充內外學官二人，此實朝廷博求人才、廣育士類之意。如長文者，誠不可多得。其人行年五十餘，昔苦足疾，今亦能履。臣欲望聖慈褒難進之節，收久廢之材，量能而使之，特賜就差知蘇州州學教授，非惟祿餼調養一鄉善士，實使道義模範彼州之秀民。

軾等又薦用劉攽狀奏曰：右臣等伏見朝議大夫、直龍圖閣劉攽，近自襄陽召還秘省，旋以病乞出守蔡州，自受命以來，日就痊損，假以數月，必復康強。謹按攽名聞一時，身兼數器，文章爾雅，博學強記，政事之美，如古循吏。流離困躓，守道不回，此皆朝廷之所知，不待臣等區區誦說。但以人才之難，古今所病，舊臣日已衰老，而新進長育未成。如攽成材，反在外服，此有志之士所宜為朝廷惜也。欲望聖慈留攽京師，更賜數月之告，稍加任使，必有過人。臣等備員侍從，懷不能

已，冒昧陳論，伏候誅譴。

二年，軾乞錄用鄭俠、王存狀曰：右臣聞國之興衰，繫乎習俗；若風節不競，則朝廷自卑。故古之賢君，必厲士氣，當務求難合自重之吉，以養成禮義廉恥之風。臣等伏見英州別駕鄭俠，尚以小官觸犯權要，冒死不顧，以獻直言；而秘閣校理王安國，以布衣為先皇帝所智擢，至館閣召對便殿，而兄安石為相，若少加附會，可力致富貴，而安國挺然不屈，不獨納忠于先帝，亦嘗以苦言至計規戒其兄，竟坐與俠游從，同時被罪。呂惠卿首興大獄，鄧綰、舒亶之徒，構成其罪，必欲置此人于死，賴先帝仁聖，止加竄逐。當來數年，逐惠卿而起安國。今來朝廷赦俠之罪，復其舊官，經今踰年，而俠終不赴吏部參選。考其始終出處之大節，合於古之君子殺身成仁、難進易退之義，朝廷若不少加優異，則臣等恐俠浩然江湖，往而不返，若遽先朝露，則有識必

爲朝廷興失士之歎至於安國不幸短命尤爲忠臣義士之所哀惜臣等嘗識其少子斿斂而篤學直而好義頗有安國之風養成其才必有可用欲望聖慈名斿赴闕及致察斿行實與依丞賜録用不獨擢直於九泉之下亦所以作士氣于當代也

軾同傅堯俞孫覺狀奏右臣等伏見徐州布衣陳師道文詞高古度越流輩安貧守道若將終身苟非其人義不往見過壮未仕實爲遺才欲望聖慈特賜録用以奬士類兼臣軾臣堯俞皆嘗以十科薦師道伏乞檢會前奏一處施行

軾又同李常王存鄧温伯孫覺胡宗愈狀奏右臣等竊見給事中顧臨資性方正學有根本慷慨中立無所阿撓自供職以來封駮論議凛然有古人之風僥倖之流側目畏憚近聞除天章閣待制充河北都轉運使遠去朝廷衆所嗟惜方今二聖臨御肅正紀綱如臨等輩

正當置之左右以輔闕遺或者謂緣黄河變臨幹治臨之所學實有大於治河治河之才固有出臨之上者欲望朝廷别選深知河事者以使河北且留臨在朝廷以盡忠亮補益之節臣等備位侍從懷有所畏不敢不盡

五年軾以龍圖閣學士左朝奉郎知杭州進何去非備論狀奏曰臣自揣虚薄叨塵侍從常求勝己以爲報國恭惟先皇帝道配周孔言成典謨雲漢之光藻飾萬物而臣子莫副其意蓋嘗當食不御有才難之歎伏見承奉郎徐州州學教授何去非文章議論實有過人筆勢雄健得秦漢間風力元豐五年以累舉免解吝策廷中極論用兵利害先帝覽而異之特授右班殿直使教授武學不久遂爲博士臣竊揆聖意必將長育成就以待其　豈特以一博士期去非而已哉而去非亦志強毅不苟合於當時　卿故莫爲一言推轂成就之者臣任翰林學士日嘗具以此奏聞乞換文資置之太學雖蒙恩換承奉郎而今者乃出之徐州教授此於博士乃似左遷非獨臣人微言輕不足取信亦恐朝廷不見其文章議論無以較量其人謹繕寫去非所著備論二十八篇附遞進上乞降付三省執政考覽如臣言不繆乞除一館職非獨以收羅逸才風曉士類亦以彰先帝知人之明一經題目決無虚士書之史册足爲光華若後不如所舉臣甘伏朝典

六年軾爲翰林學士承旨左朝奉郎知制誥兼侍讀乞擢用陳遵彦上奏曰臣竊謂朝廷用人以行實爲先以才用爲急二者難兼故常不免偏取而端静之士雖有過人之行應務之才又皆藏器待時耻於自獻朝廷莫得而知之如臣等輩固當各舉所聞以助樂育之意伏見左朝散郎前簽書杭州節度判官廳公事程遵彦吏事周敏學

問該洽文詞雅麗三者皆有可觀而事母孝謹有絶人者母性嚴甚遵彦甚宜其妻而母不悦遵彦出之妻既被出孝愛不衰歲時伏臘所以事姑者如未出而母卒不悦遵彦亦不再娶十五年矣身爲僕妾之役以事其母雖前史所傳孝友之士殆不能過臣與之同僚二年備得其實今替還都下未有差遣碌碌衆中未嘗求人臣竊惜之伏望聖慈特賜采察量材録用非獨廣搜賢之路亦以敦厲孝悌激揚風俗若後不如所舉臣甘伏朝典

七年軾爲龍圖閣學士左朝奉郎守兵部尚書上奏曰臣竊謂才難之病古今所同朝廷每欲治財試除盜賊幹邊鄙興利除害常有臨事乏人之嘆古人有言寬則寵名譽之人急則用介胄之士所用非所養所養非所用此古今之通患也臣伏見承議郎監東排岸司林豫自爲布衣已有奇節及從事所至有聲其在漣水屏除群盜尤著

方將其人勇於立事常有爲國捐軀之意試之盤錯之地必顯利器伏望聖慈特與量材擢用若後不如所舉臣等甘伏朝典。

元祐元年右司諫蘇轍等論安燾敕命不送給事中書讀上奏曰。臣等前月二十八日。奏論安燾除知樞密院告不令給事中書讀直下吏部施行事。人微言輕未能仰回聖意。切惟封駁故事本唐朝舊法祖宗奉行未嘗敢廢其法而不守也。蓋此法之設本以關防欺弊君臣所當共守。今安燾差除未允公議有司舉職寘不爲過而陛下即令廢法。以便一時。古語所謂若有短垣而自踰之。臣等切恐百司法度自此隳廢君臣之間無所據執何以經久。近日朝廷除呂公著門下侍郎止因中書吏人行遣差誤不經門下而給事中范純仁以失職爲言朝廷爲之行遣以申明舊法。及今未幾乃以一安燾之故特開此例況燾與純仁並命二告皆不經書讀切料純仁必不肯不顧前言黽勉而受。純仁既不受命則燾必不敢不辭燾既力辭而給事中又封駁不已。臣等必恐此命無由復行。伏乞陛下克己爲法檢會前奏。且令燾依舊供職陛下必謂先朝舊臣無大過惡不可輕棄則同知樞密院任用不輕。陛下必謂已行之命不可中止則命之未行臣等無由預議君既行之後又不得言。則朝廷設置臺諫竟將安用。陛下明聖其必不然。臣等區區所惜者祖宗法度非敢必行己意以廢格明詔。惟陛下裁擇

歷代名臣奏議卷之一百三十八

歷代名臣奏議卷之一百三十九

用人

宋哲宗元祐元年右正言朱光庭論司馬光當謹於命相上奏曰臣竊以君臣之義均乎一體。股肱或傷何痛如之。司馬光天生正人爲陛下出整齊法度惠養元元內則招俊乂以在官外則鎮蠻夷而欽衽。其精忠貫天地。大節扶邦家。正直格神明康濟逮黎庶佐佑聖政。除去敝事十有八九朝廷已清明矣。天下已安樂矣。光雖逆我中孜心王事造次顛沛未嘗離去。以至盡瘁沒身至誠至公古人無與比。可謂之真宰相矣陛下作災良弼痛傷愈深今司馬光身雖殁而孜孜爲朝廷深意願陛下勿忘也。司馬光之才業人或有之。其愛君愛民之心。求之天下未之見也。愛君不敢欺愛民惟恐傷而今而後陛下每見敢欺罔吾君者願以司馬光爲法。遂而勿用也。然則欺罔者何以見之。謂吾君不能居仁由義而又不能陳善閉邪惟能逢迎其惡者是乃欺罔者也。每見敢殘虐害民者。願以司馬光爲法遂而勿用也。然則殘虐者何以見之。厚斂以困其財勞役以竭其力窮兵黷武寘之危地。是乃殘虐者也。此皆司馬光平生之深疾。願陛下常存此心以察群臣。使公忠進而欺罔退。豈弟興而殘虐亡則司馬光之死猶生之年也。方今朝廷法度雖已修而未全。惠澤雖已施而未浹。正在陛下堅初志惠至忠勿惑小人邪說而忘司馬光所以爲朝廷孜孜之意。不可變易已行政事也。明堂大禮已畢。張璪必當罷去陛下勿固留。善退之可也。命相陛下必有以處之。執政中尚闕兩員除授之際宜取天下之公望。以忠厚公正。器識宏遠可以勝大任者任之。勿爲近習所惑。妄有所許則言者不敢負職事。除授既得其人臣亦非妄言矣。伏望聖慈預深思慮擇任賢臣。以幸天下

充庭又同寶文閣待制樞密都承旨劉充甞論楊畏除御史不當伏奏曰臣等伏見朝廷以御史闕員屢詔近臣俾舉所知近者本臺及兩制等數以名聞未嘗采錄中外疑惑莫知所謂及再令舉官敕下略出事因如葉仲稱衍則曰已係省郎陳鵬則曰已係監司臣等既見指此爲不應格遂於常調通判資序中以田陳充張徵充薦二人者皆敦厚剛正可任言責剡奏以來于今兩月未蒙朝廷有所簡拔今日乃聞以楊畏爲監察御史竊惟祖宗之制所有命近臣舉言官者蓋耳目之任不欲置執政之私人也今兩制等奉詔舉官不合大臣之意則妄以監司省郎爲解拒而不用楊畏不係所舉之士又見充永興軍路提刑未審朝廷何名陰授臣等後來所薦既非監司省郎即合依公掄選它日苟不稱職自可併坐謬舉之罪今既未嘗試之以事而便謂其才不堪取舍任情殊無義理伏望聖慈追還楊畏

新命止令於兩制等舉到人內選差庶使祖宗之法不至墮廢

第二狀曰臣等近嘗論奏楊畏差除不當未蒙施行臣等伏覩祖宗故事天禧二年二月詔左諫議大夫樂黃目知制誥陳知微於常參官舉公清強敏才堪御史者各一人臣等竊惟聖訓皆有徵旨何者御史之任所以糾察百僚苟非剛正無私不可濫居此職故先須擇舉主使之引類是以受詔者知明主睠倚之厚博簡忠良被舉者体朝廷責任之嚴敦尚名節得人之盛無愧前古厥後方令兩制資次舉官當時議者已謂無善惡皆得薦士故多非其人然未嘗專出於執政也今兩制等初以名聞則猥曰已係監司省郎更令別舉後來所薦既以應格則又棄而不用乃以私意外召楊畏且畏見授永興軍路提刑獨非監司乎前日以此拒人而今日躬自蹈之威福自任返復如此舉官之詔遂成空文祖宗之法日益廢壞臣等竊爲陛下惜之況二聖臨御仰成輔弼若言路漸布私黨則政事闕答何由盡達天聰爲大臣之計則安爲陛下之慮則疏矣伏望聖慈鑒前代奸邪蒙蔽之患備聖人開廣聰明之理罷畏新命以示至公

第三狀曰臣等已兩嘗論奏楊畏差除不當至今未奉旨揮竊覩祖宗以來尤重風憲之任必得公正之士付之彈劾之權所以糾察百僚振肅綱紀雖在人主未嘗敢以已用之必命近臣與本臺長貳更互奏舉以協中外之望如畏者初無自立之譽又非應詔之薦忽數簡拔甚喧物議昔王安石當國惟以破壞法度爲事每於言路多置私人持寵養交浸成大弊今朝廷之政率由舊章豈容臺臣更踰覆轍伏望陛下審察事理罷畏新命再令近侍各舉所知庶得端良不廢故事

第四狀曰君臣近以三次論列楊畏差除不當未蒙施行竊聞議者以謂本朝嘗用舊人乃欲持此沮抑公論臣伏覩祖宗以來雖有復

名之例率皆風節暴著爲搢紳所服如呂晦之類者方可不用奏舉再授言職今楊畏從王安石之學議論駮雜及呂惠卿用事又傾心附托緣舒亶之薦得爲御史觀其所至固已刻薄考其素履多復乖異豈可爲有故實妄引匪人臣竊謂朝廷不至乏才如此之甚伏望陛下審察義理罷畏新命庶幾言路純一眾聽不惑

第五狀曰臣近已四次論列楊畏差除不當未蒙施行臣竊惟御史之官朝廷雖有復召舊人之例謂宜一一稱其才實參以公議如畏之趨向乖僻附麗奸邪搢紳之間多所鄙薄非獨出於臣之私言也況元豐之末已嘗任用任職之日曾無建明雖粗曾彈擊貴近亦是承望權臣風指爲之鷹犬今若不考其實輕授風憲臣恐匪人得進浸壞言路伏望聖慈深賜省察檢會臣累次奏事理早降旨揮罷畏新命以

稱陛下爲官擇人之意。

監察御史上官均論宰相不當關決細務。上奏曰。臣聞朝廷設官分職。所以治事。位有高卑。則事有煩簡。事有煩簡。則心有勞逸。位尊者宜逸。不逸則不足以謀天下之大務。位卑者宜勞。不勞則不足以理天下之庶事。夫宰相之職。弼諧人主。運旋樞極。其視百官。任尊任重。天下之事無所不總。然而所該者衆。則力有不逮。致詳於小。則大有不及。此勢之必然也。昔漢陳平爲丞相。文帝問以決獄錢穀之數。陳平以爲當責廷尉內史。宰相者。上佐天子理陰陽。順四時。下遂萬物之宜。外鎮撫四夷諸侯。內親附百姓。使卿大夫各得其職。此可謂知宰相職任矣。唐太宗嘗謂房喬曰。公爲僕射。助朕廣耳目。訪賢才。比聞閱視訟牒日數百。豈暇求人哉。乃敕細務屬左右丞。大事關僕射。此言宰相不當親細務也。臣切見比年左右僕射。每至都省。閱視訴牒多及百

餘。少不下三五十。又省吏呈稟文書亦共夫常行細事。不知其幾。方陛下臨御之初。講脩百度。左右大臣所宜盡心盡謀。董正綱紀。以副陛下求治之意。今則視聽分於訴牒。智慮勞於細務。臣切恐政教之大要。生民之大利病。人才之能否。兵戎之操術。繫天下之安危治亂者。有不暇深思而詳講。將有偏弊不舉之處。臣切爲陛下惜之。今之左右二丞。與夫六曹尚書。其於謀主体。興國論。分領列部。委寄選任不爲不重。臣欲乞以省中事務類分輕重。某事爲關尚書。某事爲關二丞。某事爲關僕射。尚書可以覽決者不必關二丞。二丞可以決者。不必關僕射。如是。則位愈高者任愈大。任愈大者事愈簡。事愈簡者心愈逸。事簡心逸。則天下之大務得以熟慮而詳究。長策遠馭。建萬世之基業。較省覽訴牒。勞心細務。利之小大。固相遠矣。

諫議大夫孫覺乞收還給事中新命且在諫職。上奏曰。臣竊聞有旨除臣給事中。聖恩深厚。所不敢當。然臣伏見前後執政大臣。每臺諫臣察言有及之者。多遷官以寵之。使罷言職。尋即令人刺抉微細過差。逐之使去。以報其私怨。言事官不顧大臣威勢。斥言其罪。乞行黜免者。所以報主上之恩。行言守之責也。何至言未絶於口。而身已擯于外。不惟人主威福移於大臣之家。又使上爲朝廷。不顧忌諱。直節敢言之士。慄慄危懼。不保其身。豈可不爲朝廷惜哉。臣近因見御史翟思在神宗朝論韓縝受人私饋馬。先朝不爲施行。翟思爲國子司業。進神宗挽詞。誤落韻。亦小過耳。言者及之。謫守臨江軍。御史黃降言縝爲相非才。即遷降國子司業。罷其言職。臣見仁宗朝言事臣僚爲國盡忠。於大臣無所避忌者。仁宗終始保全之。故言者敢肆直言以報國恩。一時名臣多由此出。如臣微賤。流落于外。十有五年。神宗晚歲。始賜召還。皇帝陛下太皇太后陛下臨政之始。首蒙擢寘經筵。

去年七月中。始供諫職。如臣愚賤。前後言事不合聖旨者不可勝數。宜在斥逐之日久矣。今者蒙恩遷給事中。於臣之私。極爲榮幸。然臣前後論縝。未蒙施行。一日去職。使縝得挾怨中傷。臣實未知死所。今日在得言之地。尚可布露本末。爲陛下言之。一日去職。悲嫌已成。如翟思黃降。有希縝意旨中臣者。臣雖欲自辯不可得也。伏望聖慈特賜旨揮。收還給事中新命。使臣且在諫職。他日韓縝去位之後。別有差遣。臣不敢辭。

二年。尚書左僕射呂公著論韓維不當罷門下侍郎。上奏曰。臣伏思陛下自臨政以來。慈仁寬大。判別忠邪。於輔弼之臣。每加優禮。故得上下安樂。人情悦服。今來韓維必是進對之間。語言乖謬。上觸龍鱗。然維昨與范百禄爭論刑名等事。若以爲性強好勝則有之。亦未見奸邪事迹。若以奏劾臣寮。當有章疏。則自來大臣遭臺察論亦未嘗

須有章疏。比來批語所罪。恐未足以宣示四方。兼維素有人望。久以直言蹇諤。陛下始初清明。方蒙收用。忽然峻責。罪狀未明。慮必騁嫌之人。飛語中傷。以惑聖聽。況五六十年來。執政大臣不曾有此降黜。恐中外聞之。無不驚駭。自此人情不敢自安。臣又竊思皇帝陛下。春秋方富。正賴太皇太后陛下。訓以仁厚之道。調平喜怒。以復仁祖之政。若大臣倉猝被罪。則小臣何以自保。臣受陛下恩與常人不同。意欲致君於堯舜。措國於不傾。以報陛下。故今來雖當雷霆之怒。不敢愛身以陷陛下於有過之地。伏望少留聖慮。其批降指揮。見只在臣處。收藏聽候指揮。

中書侍郎呂大防論韓維不當罷門下侍郎。上奏曰。臣今據呂公著封送錄到降付中書省御批指揮一件。為門下侍郎韓維面奏范百祿不當。可守本官分司南京。及稱一面繳奏元降指揮。臣竊詳韓維

忠讜有素。二聖甚重。陛下自初臨政。擢維於沉滯之中。委以柄用。實士大夫莫不稱頌盛德。為之相慶。一旦忽以奏事差失。遽行譴責。恐非所以風示四方。開接眾正之體。公著不令臣知。一面論列。必已竭盡至誠。上裨聖治。伏望天慈詳察。特為開納。況維所坐至細。止是拙於奏陳。未可加以重責。若此命一出。則人人有不自安之意。繫今日治躰之根本。伏望深思而熟察之。少息雷霆之威。使全臣子進退之分。臣不勝至懇至願。

尚書右丞王存論韓維不當罷門下侍郎。上奏曰。臣昨日赴崇政殿上壽。聞班列中。口語籍籍。云韓維罷知外州。問之皆不知所因。臣雖未審端的。然眾聽驚駭。若過敕黄過省。然後論列。則徒紛紛無補闕遺。是敢不避冒死之誅。輒陳誠款。惟陛下留聽。伏見維秉心端亮。有古大臣之風。在熙寧元豐間。以論事不合。久斥外任。陛下臨御。首先援擢寘之經筵。遂參柄用。天下公論以為朝廷得人。觀維辭氣慷慨。亦自謂老年被遇。君臣遇合。千載一時。故每激厲思有補報。至于刑名小事。一一盡心。議論之間。多所詆忤。人或謂維執滯。而維以此自任。原其用心。本欲報國。今來忽除外郡。眾論恟恟。皆不知其得罪之由。若維有陰慝隱奸。聖心獨知為人所指摘。亦當明示中外。使判然無疑。若謂舉措失當。則朝廷並是三省同共商量。豈容維得專之。今獨加罪於維。其他豈可幸免。夫率賞罰貴在明白。大臣進退。君子小人消長所繫。臣元祐以來。竊默執政。亦未見有如此暴者。此中外所以駭且疑也。臣自受命為丞轄之日。被受德音。今來進用。出於太皇太后親選。不由左右引拔。宜盡心報國。臣仰服聖訓。日夜惕勵。思報萬一。今觀中外疑駭之事。而隱默不言。則有負陛下知獎。臣亦何顏處此。伏乞少留聖慮。若維别無顯過。伏乞聖度包容。特寢今來指揮。

兼維嘗以年老請外。他日若賜允從。即君臣之間恩義兩全。

三年右正言劉安世論寺監官冗狀奏曰。臣伏見先皇帝考古賦事。建置治官。天下之務。分總於三省。散隸於六曹。循名責實。躰雖善而措置法度。未暇致詳。此議者所以論官冗之弊。而首及於寺監也。伏惟陛下即政之初。常賦之外。一切蠲復。所入有限。則國用有不足之慮。是以專置官局。裁節浮費。而膳部併於主客。虞部入於屯田。又量事之閑劇。以定員之多寡。六曹所減凡十九員。而官無廢事。人無異議者。處之得其理也。臣嘗觀先帝時寺監長貳。多不並置。亦有無卿而丞簿行其事者。今太僕衛尉鴻臚光祿太府各二卿。軍器將作少府各二監。丞簿官屬。仍不預焉。省曹所減。止十餘員。而寺監所增仍倍平昔。前日省官之詔。遂為虛文。損彼益此。何補於治。昔杜佑建議於唐。以謂皋陶作士正五刑。今刑部尚書大理卿。是二皋陶也。

垂作共工，利器用。今工部尚書、將作監是二垂也。伯夷秩宗，典邦禮。今禮部尚書、禮儀使是二伯夷也。伯益作虞，掌山澤。今虞部郎中、都水使者是二伯益也。舊名不廢，新職日加。空存虛稱，皆無實事。臣每愛其言最為切理。今百司中，除必經寺監，而長貳解散，予奪悉稟六曹，不惟虛煩文移，淹留旬月，而又省寺旨揮間多異同，內外有司艱於遵守。加以官吏猥衆，糜耗廪祿，非有釐革，將不勝弊。欲望聖慈參酌典故，稽考名實，凡寺監之職，可以歸之六曹者，宜盡省之。或事務實繁，及政躰所繫不可廢者，亦宜裁為定員，不使冗濫，庶官得其人，經費易給。

安世又論李察知濟州不當。劄子曰：右臣切聞近以堂除朝奉郎李察知濟州。考之公議，皆謂不可。蓋以察頃在京東，嘗摠漕計，專務掊克，希望進用。及移陝西，異居厚實經其事。凡所規畫，多察始謀。洎聞居厚擢為待制，遂對賓佐自矜其能，以謂用我計策，遂有成效。彼蒙恩命，己獨不賞，扼腕憤惋，形於辭色。陛下即政之初，以居厚刻剝大甚，特行竄責。察遂杜口，不復論功。究其本末，乃陰險禍賊，奸邪趨利。縉紳之間，鮮有倫比。昨以變制去官，未即顯黜，中外之人，指為幸免。今朝廷敦尚仁厚，進登賢能，尚容刻薄之徒，尚竊民社之寄，非所以明好惡於天下，表勸沮於公朝。伏望聖慈特留宸慮，縱未能投於荒裔，豈復可委以麾符？宜徇僉言，重行降黜，庶使聚斂酷暴之吏，有所戒懼。

哲宗時，安世又論何洵直差除不當。狀奏曰：右臣等風聞司勳員外郎何洵直除秘閣校理、秘書郎。切以官制初行，舊帶職名者，並為虛設。朝廷許納職以換一官，是時如何洵直因納職特轉與官者，固非一人。而所謂秘書省職事官者，尤為慎選。自陛下初復館職，皆用大臣薦舉，或揚歷著勞，許帶此職。未有既納職改官，而無故再得職名者。又秘書郎自官制以來，非文行素著，未嘗輕授。今來除洵直校理，及秘書郎。在洵直有不當得者二：並已經納職，轉官而復還舊職，於法不當得也。雖曾中高科，而行義不為賢士大夫所與，於公議又不當得也。有二不當得，而朝廷以天下之精選，併與此人，其可安乎？臣等蒙陛下擢置言路，固知今日所患者，人材為急，是以常願陛下推廣聰明，搜訪賢能。臣亦未嘗敢輕議人物。如今日洵直所除，於法有礙，於公議未允。伏望聖慈特賜寢罷，令洵直且依舊作郎官，使天下曉然知名器不可以假人，豈勝幸甚。

安世又論韓玠差除不當。狀曰：右臣伏見朝廷近除韓玠充利州路轉運判官。按玠元豐中已嘗奉使蜀道，推行市易之法，過為苛急，以希進用，至使縣官躬執升斗，求免陵辱。陛下踐祚之初，崇尚寬大。玠為言者彈其慘刻，朝廷尚以為疑，遂委別司躰量。是時玠之叔祖縝方為宰相，而提點刑獄郭槩畏避權勢，不以實奏。陛下責其觀望，先行降黜。其後提舉官例各省罷，而韓維繼為執政，玠之所犯遂不窮治，乃依無過人，平除河南通判。其酷調責之日，西南之路，俾民驚擾。當時議者已謂罰不當罪。今來遽復職司，何所懲戒？況兩川之人，皆陛下之赤子。玠之暴政，已為一路之害，移之隣部，何以副聖朝仁愛遠民之意？伏望陛下收其新命，以允公議。

第二狀曰：右臣近嘗論列韓玠除利州路轉運判官不當，乞行追寢，至今未奉指揮。按韓玠向任成都路提舉官，推行市易之法，過為苛急，一路之吏民蹙不聊生。言者交攻，詔令司驗，提點刑獄郭槩畏宰相韓縝之勢，躰量不實。陛下責其觀望，先行降黜。其後提舉官悉皆省罷，而韓維相繼執政，巧為庇覆，得不窮治，遂依無過人例，止除河南通判。當時士論固已不平。今來遽復職司。仍舊隣部。珎之詹啓道路流聞。人知復來。孰不憂畏。臣聞兩川之俗易動難安。朝廷擇使。宜先謹厚知治躰之士。而珎刻薄急進。見於已試。固當懲沮。以抑躁暴。庶幾畏。同或可再用。而薄責未久。亟委使節。負之公議。僉謂不可。況與珎同時省罷提舉官之無過犯者。今爲通判。往往未復差遣。珎實有罪。獨被遷擢。輕重倒置。尤非公道。伏望聖慈檢會臣前奏事理。特降指揮罷珎新命。以稱陛下仁愛遠民之意。

第三狀。右臣近以韓珎除利州路轉運判官不當。兩具論列。未蒙允許。固不足頻煩天聽。然而苛虐暴急。見於已試。同時省罷無過之人。今爲通判。往往未復差遣。珎實有罪。尚免竄黜。河南未久。遽遷使節。輕重倒置。有害政躰。故敢奏陳。乞罷新命。繼聞臺臣亦有章疏。而朝廷沮遏公議。不爲追寢。臣固疑之。詢諸搢紳。果有異論。皆謂執政

之間。有珎姻家。陰爲之地。是以臺諫之奏。抑而不行。信如此言。公道安在。況近者三省奏擬高士英爲權工部員外郎。竊聞獨出睿斷。以謂終是族姪。遂行追改。中外無不傳誦聖德。心悅誠服。今執政大臣凡是姻戚之家。即不避嫌疑。更相汲引。及言事官明援罪狀論列。即不卹義理。極力主張。甚非所以稱陛下至公擇人之意也。伏望聖慈詳覽臣兩奏事理。特降指揮罷珎新命。以抑僥倖。

四年。右諫議大夫范祖禹論呂大防劉摯。疏曰。臣伏見陛下罷范純仁。獨任一相。古者三公官不必備。蓋充此位者。未易得人。陛下重惜如此。皆聖帝明王之意也。然臣竊恐自此天下之事。未免益勞聖慮。太平之期。未可望也。何以言之。臣觀今日大臣。未有可副陛下任使倚信而不疑。如司馬光呂公著者也。呂大防未爲執政以前。人望不及純仁。自居大任。純仁頗失人望。是以大防比之差少過失。然其爲人。麁疎果敢。好立崖岸。簡於接物。士大夫多不親附。夫自六曹尚書侍郎。兩省侍從。皆朝廷所與共爲治者也。天子所賴者大臣。大臣所賴者賢士大夫百官。昔司馬光爲相。欲知選事。問吏部。欲知財利。問戶部。凡事皆與衆人講求。便者存之。不便者去之。此天下所以受其惠也。比年以來。未聞宰相召一人問以本職事。亦未聞召一賢士大夫問以政事得失。人民疾苦。其監司知州自外來者。亦未聞召一人問以州郡利害。文書成於吏手。官曹不敢爭執。物情不接。上下相蒙。但聞專任吏人而已。若有差失。爲害必甚。臣望陛下特出聖斷。以儆飭輔臣。無使大防得專制朝權。無使臣下得乘間窺測聖意。陛下深居帷幄。皇帝未親庶政。尤不可使宰相權重。宜防其漸。劉摯本以骾直敢言。陛下所自拔擢。自居中書。人多言其有窺伺相位之心。與同列論議。多洩其語與言事官相表裏。范純仁好用親戚。摯不與之爭。陰其

語於言事官。使攻之。呂公著嘗與臣言。摯若進德修業。何患不爲宰相。何須如此。摯之此心。同列亦多覺之。夫宰相者。不得已而爲之。當以爲憂。若以此心得之。必無善政矣。然則朝廷何所賴。天下何所望哉。又識別人物。更不及純仁。純仁上則爲大防所制。下則數爲摯所中。懦而不喜以至於罷。夫陛下極天下之選。取於千萬人之中。得此數人。而猶如此。臣以此知人才之難也。昔神宗以陳升之有才智。既用爲相。問於司馬光。光言升之才智誠如聖旨。但恐不能臨大節而不可奪爾。昔漢高祖論相。以陳平知有餘。然難獨任。真宗用王欽若丁謂。亦以馬知節參之。凡才智之人。必得忠直之人從傍制之。此明主用人之法也。今陛下專任大防。而劉摯有缺柄之心。必與大防協同。此非相參之人也。近用左右丞二人。又皆人望素輕。風節不著。陛下臨御以來。所用執政。惟韓縝[illegible]不合公論。餘皆天下之望。其間

雖非全德。亦皆有可稱。近所用二人。殊不類前後差除以臣料之。自此廟堂議論必無異同。朝廷政事一決於大防與摯。無有敢違之者。如此則公道何由得立。臣權安得不盛。恐非國家至計。此臣之所深憂也。惟陛下稍自攬權綱。無使威福之柄漸移於下。臣非敢離間君臣。陛下以諫官為耳目。若有所聞見。不以告陛下。則上負任使。若朝廷政事自此日勝一日。豈獨大防有賢相之名。乃宗社生靈之幸。萬一如臣所慮。豈可不使陛下預知之哉。臣不勝憂國惓惓之心。

貼黃又言。蔡確罪惡。初違朝廷。大臣皆不以為意。及諫官論奏。陛下以怒。然後大防奉而行之。純仁與王存則固執前見。議論立異。此所以不同耳。夫大臣乘人主喜怒以起立勢威。則人皆畏之。人主唯見其順己。而不自覺權移於下。古之強臣。皆成於此。惟陛下深謹喜怒。無使臣下得乘其便而作威福也。

祖禹為給事中。舉張咸賢良劄子曰。臣伏見前陵井監仁壽縣令張咸。素有履行。富於文學。元祐三年。有近臣舉應賢良方正能直言極諫科。蒙召試秘閣。以不中第。復歸本任。臣切惟朝廷復方正之舉。欲求絕異之才。若稍誘進。則士知嚮慕。咸自前舉罷。益強於學。今官滿赴闕。欲就再試。而兩制已上所舉人已足。遂方孤進。無由自達。伏望聖慈特降指揮。與免奏舉。許令就試。庶使寒俊之士不至遺滯。

五年。祖禹又舉學官劄子曰。臣伏見朝廷分置學官。以教養天下之才。近歲增廣員數。師儒之任。尤難其選。寒遠之士。無因自進。乃如臣輩。亦當稱舉以待上用也。臣竊見左宣德郎劉渙瀛州防禦推官知峽州夷陵縣事李傳。新授滄州南皮縣令張景仁。皆詞學優長。履行修飭。為士人所推重。並堪充太學博士正錄及諸州教授。伏望朝廷更賜考察選用。以助長育人才。

祖禹又薦曾孝純劄子曰。臣伏見奉議郎曾孝純。故太傅公亮之子。節操履行。皆人所難。好學修身。深自藏晦。年十七歲。為殿中丞。今三十七歲。出官以來。並不磨勘。熙寧中。鏁廳應舉。得解省試下第。及公亮薨。先帝特賜孝純同進士出身。孝純以父存日曾許奏一族人。而未及奏。堅辭出身。乞迴授族人一官。以成父志。先帝許之。自元豐元年丁父憂服除。即乞壽醫。至七年。先帝特除太常丞。以不參吏部。又不就命。臣竊以孝純恬尚之節。雖在岩穴之士。寒遠之臣。猶當旌顯以厲風俗。而況三公之後。勳臣之胄。豈可有滯才而不用乎。伏望聖慈特加不次陞擢。或處以館閣之職。朝廷必有得人之美。臣忝備侍從。不敢不言。乞賜詳察。

祖禹又薦韓維等狀曰。臣聞報國之忠。莫如薦賢。負國之罪。莫如蔽賢。昔臧文仲知柳下惠之賢而不舉。孔子以為竊位。又以為不仁。臣

蒙陛下累加拔擢。寘之諫省。又遷門下。兼職經筵。于今累年。受恩深厚。無裨毫髮。常思竭盡愚慮。無有所隱。庶幾以此少酬萬一。竊慕古人報國。以薦賢為忠。實懼有臧文仲竊位不仁之罪。臣今有劄子四道。並乞留中。若陛下以臣言薄有可采。乞出自聖意。處分則臣之幸。如以臣言為不然。臣不敢避妄言之誅。惟陛下裁赦。臣無任震懼之至。

其一曰。臣伏見經筵闕官。宜得老成之人。以重其選。韓維素有鯁直之稱。先帝以維東宮之臣。眷遇甚厚。維與王安石不合。以此齟齬。不至大用。未嘗少屈於安石之黨。天下皆以為賢。陛下用為門下侍郎。中外皆謂得人。維於政事雖有執滯不通。然其人風節素高。疾惡如讎。奸邪畏之。前年罷免。未聞顯過。今久領宮觀。乃與章惇為一例。甚非宜也。先帝東宮之臣。唯孫固與維二人

見存。陛下所宜加禮。若召維以經筵之職。不唯學識論議足以開益聰明。維有人望。物論必大以爲愜。臣竊恐執政以維觸忤陛下。故不敢言。夫君之於臣。如父之於子。有過則譴而逐之。怒既息。則召而使之。豈有終怒而不解也。陛下嗣位以來。言事之臣亦嘗以所言過當上忤陛下。或罷其職。或出之外任。已而皆復召還擢用。是以天下皆知陛下聖意至公。不以喜怒進退羣臣。昔仁宗平生無怒。唯是唐介彈文彥博。其日仁宗極怒。貶介春州別駕。尋復悔之。改介英州。未久復召爲御史。因此重介剛直。驟被擢至兩制。天下皆知仁宗不徇喜怒。最爲盛德。陛下若出聖意。復召韓維。則天下必皆伏陛下之至公。此深爲聖德之美。

其二曰。臣伏聞翰林學士承旨蘇頌。近乞致仕。陛下已降詔不允。

臣竊見頌博聞強識。白首好學。至於詳練國朝典故。尤非諸臣所及。熙寧中。王安石用選人李定爲御史。頌知制誥。封還詞頭再三。不肯草制。坐落職歸班。二年方除一郡。其後又爲奸臣所惡。追攝對獄。卒無一事。忌其進用。排斥在外。然先帝素重其博洽。召令修書。眷遇保全。以至今日。更歷夷險。操守不變。方今朝臣資望履歷。未有先於頌者。頌年七十有二。精力不減少壯之人。陛下左右豈得博見洽聞之士以備顧問。臣竊慮頌別有陳請。伏望聖慈且留之經筵。

其三曰。臣伏見知杭州蘇軾。文章爲一時所宗。名重海內。陛下所自拔擢。不待臣言而可知。臣竊觀軾忠義許國。遇事敢言。一心不回。無所顧望。然其立朝多得謗毀。蓋以剛正疾惡。力排奸邪。尤爲王安石呂惠卿之黨所憎。騰口於臺諫之門。未必非此輩也。

陛下舉直措枉。別白邪正。以致今日之治。如軾者。豈宜使之久去朝廷。況軾在經筵。進讀最爲有補。臣愚伏望聖慈早賜召還。令向書闕官。陛下如欲用軾。何所不可。朝廷選擇常患乏才。每一官闕。久之不補。今有一蘇軾而不能用。不知更求何者爲才也。臣竊爲陛下惜之。

其四曰。臣伏見刑部侍郎趙君錫孝行書於英宗皇帝實錄。臣謹按[君錫。尚書工部侍郎良規。傳云。子君錫甚孝。以良規老而治良不懈。棄官出入卧起隨之。]昔周宣王欲得國子之能導訓諸侯者。樊穆仲稱魯侯孝。宣王乃命之。大雅宣王之詩曰。侯誰在矣。張仲孝友。言宣王使文武之臣征伐。與孝友之臣處內。古之選臣。先取其孝。蓋孝者人倫之冠。百行之首也。人君與孝友之人處。則德性粹美。而風俗淳厚。是以輔導人君者。宜莫如孝也。君錫之孝。士大夫所共知。爲人溫良恭敬。勤有規矩。給事中鄭穆館閣耆儒。操守純正。中書舍人鄭雍慎靜端潔。言行不妄。穆雍久在三府。清議無過。此三人者皆宜置左右。備講讀之職。如經筵闕官。伏望聖慈於此選擇。

六年。祖禹再封還解鹽置使狀曰。右臣竊以置官不如議法。議法不如擇人。法者人之所爲也。官者法之所行也。故事之利害。擇人爲先。苟不得人。雖有良法亦無所施。或反爲害。雖改置官司無益也。仁宗時。范祥獻鹽法。慶曆四年遣祥與陝西轉運使議其事。至八年乃以祥爲提點刑獄。使推行之。言者爭以爲不便。皇祐二年遣包拯往視之。還言便。三年又召祥與三司官議。乃擢祥轉運使。至和中罷。至嘉祐三年。張方平包拯請復用祥。乃以爲制置使。自初議至此十五年。方委以總領。其慎重如此之至也。蓋祥有已試之效。故不使他職以盡其能。此乃先得其人而設官也。自祥卒後。皆轉運使副兼之。

熙寧二年。以解鹽判官李師錫爲轉運判官。自此不除解鹽判官。以永興軍通判兼之。今朝廷以轉運司職務不專。有害鈔法。故欲專置使臣。不知鈔法有害。是人壞之邪。是法壞邪。若人壞之也。則當懲治其人。其人不可。別擇任人而已。若法壞也。則當講求范祥之法。修復之而已。臣謹按國范祥之鹽法。後人不能易。小有增損。人輒不便。今不考究其法。而改置官司。官司雖改。而法弊猶存。則與不改何異。若去其法弊。而又得其人。則雖在轉運司亦可也。若轉運司侵奪鹽利。則重其法禁。誰敢違之。豈必改易官司哉。祖宗時或以提轉兼領。或專置使。或置判官。皆有故事。但自嘉祐八年以後。不專置使。今一旦復之。先有勞費。故不可不慎重。臣竊觀前世承平。治道無不簡易而清靜。唯是唐明皇天寶亂政。廣置使名。利出百孔。朝廷近年增置官司稍多。亦不久而罷。今若增監司一員以主之。猶愈於別置使之煩。臣

前奏已言之矣。閔子騫曰。仍舊貫如之何。何必改作。孔子貴其言。蓋爲治者不尚煩也。諸葛亮偏霸之相。猶出教曰。事有不至。至于十返。來相啓告。今來之舉。臣之愚見。竊謂未安。伏望聖慈更賜詳酌。謹再具封還。

貼黃。檢會李師錫以前不見曾除判官。蓋判官亦不常置。

竊謂解鹽一司事務必不多。故祖宗朝置使時少。不置時多。自轉運司兼領已數十年。不聞闕事。今別置一使。則事權不可輕小。必與提轉略均。乃可以統攝州縣。所主者止是解鹽一事。鈔法利害又未必繫此。故臣以爲先有勞費。

祖禹改禮部侍郎。兼翰林侍讀學士。轉對條上四事。狀曰。准御史臺牒。十二月一日文德殿視朝。輪當轉對。奏事。臣有管見。謹具如後。

一。臣伏以自祖宗肇造區夏。剗削藩鎮。分天下爲十八路。置轉運使。副提點刑獄。有州三百。州置守。皆得專達於朝廷。有縣一千二百。縣置令。皆命於天子。其始也。收鄉長鎮將之權。悉歸於縣。收縣之權。悉歸於州。收州之權。悉歸於監司。收監司之權。悉歸於朝廷。監司者。古州牧連帥之職也。郡守者。古公侯之國也。縣令者。古子男附庸之君也。自古封建則有強僭之患。郡縣則無藩屏之衛。漢法古建侯王。終有七國之變。郡守權重。得專生殺。唐世自方鎮至縣令。皆有專殺之威。不請於朝廷。惟本朝之法。上下相維。輕重相制。如身之使臂。臂之使指。民自徒罪以上。吏自罰金以上。皆出於天子。藩方守臣。統制列城。付以數千里之地。十萬之師。單車之使。尺紙之詔。朝召而夕至。則爲匹夫。是以百三十餘年。海內晏然。諸閑而不興。寇竊亂賊而不作。舟車所至。海隅出日。無異近地。不惟祖宗仁恩德澤深結於民。亦由制置

郡縣最得其道。前世所未有也。夫監司付以一路。守臣付以一郡。縣令付以一縣。皆與天子分土而治者也。其可以不擇人乎。夫一縣令不得人。則百里之地受其害。一郡守不得人。則千里之地受其害。監司所以代天子巡狩。黜陟功罪。進退能否。內集財賦。外衛封疆者也。若不得人。則一路可知矣。朝廷比年命中外兩制舉監司。又出省郎爲之。亦有意慎選矣。然監司有善。未嘗知也。有不善。亦未嘗聞也。夫人之情。能者以見異而不能者亦見容。則自中人以下。幾何而不惰。是以議者多言監司職事不舉。夫天下之吏。患在不奉法令。而觀望朝廷之意。朝廷之意寬。則吏治尚簡。遂至於怠。朝廷之意急。則吏治慘刻。遂至於苛。夫觀望上下以爲寬猛者。是未得人也。賢人君子。豈有觀望而爲政者哉。祖宗以來。有考課監司之法。神宗時猶行黜陟。近歲

廢而不舉。臣望陛下詔大臣舉行考課之法，專考察諸路監司置簿於中書，凡有奏請及功罪皆書之，參之以衆言，驗之以行事，歲終則較其優劣，簡其能者，亦簡其不能者，而廢置之。舉天下十八路監司不過數十人，欲皆知之亦無難矣。夫選天下郡守，此大臣之職也。古者天子親之。漢宣帝曰：庶民所以安其田里而無愁怨歎息之聲者，政平訟理也。與我共此者，其唯良二千石乎。以爲太守者吏民之本，數變易則下不安。故二千石有治理效，輒以璽書勉勵，增秩賜金，公卿缺則選諸所表，以次用之。是以漢世良吏於斯爲盛，稱中興焉。光武廣求民瘼，觀納風謡，吏多得人。百姓寬息，建武永平之治，後世莫及。唐太宗曰：爲朕養民者，唯在都督刺史，朕常書其名於屏風，得其善惡之跡，皆注於名下，以倫黜陟。是以貞觀之治，幾於三代。明皇開元之初，欲重都督刺

史，選京官才望者爲之。十二年，以山東旱，命選臺閣名臣以補刺史。十三年，帝自選諸司長官有聲望者十一人爲刺史。又勅京官五品以上，外官刺史四府上佐各舉縣令一人，視其政善惡爲舉者賞罰。是以郡縣多得良吏，其治幾於貞觀。國朝太宗皇帝嘗語宰相曰：朕擇循吏，俟選及三百人，則天下何憂不理。臨御以來，郡縣未理，由擇人之未當也。太宗又嘗選秘書丞楊延慶等十餘人，分爲諸道知州，謂宰相曰：刺史之任，最爲親民，非其人則下受其弊。審官院上新所選京朝官充知州者二十餘人，令御前印紙曆子。太宗親書以賜之。其略曰：惠愛臨民，奉法除奸。因謂知院錢若水曰：所賜戒諭，有除奸之語，恐不曉者從而生事，苛論以除奸之要在乎奉法耳。朕盛暑中寫此，豈不勞乎。蓋爲官擇人，以安百姓也。神宗嘗謂執政曰：朕思祖宗百戰而得

天下，今以一郡付之庸人，深可痛心。自太祖至神宗，未嘗不留意親擇郡守。今二聖垂拱，悉以政事付之大臣，然則今日擇郡守，乃大臣之職也。自京朝官以上，功罪善惡無若吏部知之爲詳。臣愚欲乞先委吏部尚書，取當爲知州者，具其功過、舉主而擇其可任者，保明之以上三省。三省召而審察之，凡當召者，使之言二事以上，如轉對法，或前任利害，或朝政闕失，不惟可以觀其才識，亦因以廣言路，通下情。昔堯之試舜，亦詢事考言，舜之用人，亦敷奏以言，明試以功。夫欲知其人，不過以言與事二者而已。若其言可底行，及有功狀，與其舉主多名人，則可用無疑矣。其不及者，以次差之，其否者與京府或藩郡通判，其罷癃不能任職者與宮觀，有罪者自依條法降監當。既定其等，然後使御史臺糾其不當者，到官則委監司考其課，每及一年，則以

優劣，聞而行黜陟焉。如此，則能者必出，不能者必漸退。雖未盡善，得人必多矣。夫有監司則有郡守，有郡守則有縣令。未有監司郡守得人，而縣令可以容貪庸昏闇之人也。是故，天子任宰相，宰相擇監司與郡守，監司郡守當擇縣令。宰相察監司，監司察郡守，郡守察縣令。朝廷據其所察而行賞罰，此豈難哉。夫有考課而無黜陟，與不考同。今吏部雖以上中下爲等，文具而已，非有賞罰使人勸沮也。臣伏望陛下明諭大臣，使慎擇監司，而專考之。又使大臣代陛下擇郡守，其監司郡守考課，必行賞罰，使監司郡守專察縣令。庶使天下官吏漸多得人，然後可以言治矣。臣伏見近制，舉殿中侍御史、監察御史，須通判資序，曾歷任一年以上人充。臣嘗受詔與兩制同舉，會議終日，無一資序相當可充選者。聞有一人應格，又衆論未以爲允，雖由舉者審知人

才不應資，亦拘礙資格。所以尤難得人。緣資格之設，本以向者多不拘資序，或特除選人。故立此法，矯枉過正。臣愚欲乞參酌前後條制，裁處其中。應舉監察御史，取第二任知縣以次；殿中侍御史，取初任通判以上。更不限資，懸一年。其尚書省官並以奉議郎以上。所貴資序稍寬，易得應格，兼收衆才，益廣言路。亦經久之通法也。

一臣竊見朝廷常患將帥之才難得其人。仁宗時，每邊臣闕，或自禁近除授，試之諸閫，然後大用。外任則都轉運使、待制、雜學士可用者常數人，選擇而使之。未嘗言乏。豈人才獨多於今？由朝廷養之有素也。將帥之選，多出於監司。初為監司者，先自遠路漸擢至京東西、淮南，其資望最深、績效尤著者，乃擢任陝西、河東、河北三路及成都路。自三路及成都召為三司副使，其未可

擬者，或與理副使資序。自副使除待制，出為都轉運使。未自初為監司至三路及三司副使者，其人年勞已深，經歷已多，緣邊山川道路、甲兵錢穀，皆所諳知。故帥臣有闕，可備任使。中才之人，亦能勉強。朝廷以其經歷，亦倚仗而不疑。夫人雖有聰明絕人之才，若未嘗目覩，終不如親歷者所得之多也。自王安石用資淺之人為監司，使之推行新法。其奉法稍寬者，則以為不才，往往廢斥。其苛急聚斂、為士民所共疾者，乃得在職，或不次進擢。是故才與不才，兩皆廢壞，而資序一切不用。二聖臨御以來，深懲監司刻薄，多以罪黜。其任用者，又未嘗以遠近為之資序。每邊帥有闕，則不知可用者為誰。由朝廷養之無素也。臣愚欲乞復祖宗時用監司之法，先自遠路漸擢至京東西、淮南，然後選其能者任三路及成都。試之戶部、司農、太府，或左右司郎官，然後出為都轉運使。邊臣有闕，於此選授，則可用之才必多矣。今監司除授無法，或初除即與近路及三路，自三路卻遷之遠地，則人情已不樂；在三路者或久而不遷，其才能資望又不足以備邊師之任。此所以人常乏也。今若復祖宗三路之法，以任轉運使，其提點刑獄、轉運判官，亦擇才能者與諸路更互為之。使往來出入於三路者常多，則知邊事者必衆矣。

祖禹為翰林學士，上疏曰：臣伏見元祐之初，陛下召程頤對便殿，自布衣除通直郎、充崇政殿說書。天下之士皆謂得人。雖真宗之待种放，亦不過此也。孔子曰：舉逸民，天下之人歸心焉。夫舉一人而天下莫不歸心者，何哉？為善於幽隱者，知其必不廢也。陛下用頤，實為希闊之美事，而纔及歲餘，即以人言罷之。頤之經術行誼，天下共知。司馬光、呂公著皆與頤相知二十餘年，然後舉之。此二人者，非為欺罔

以誤聖聽也。頤在經筵，切於皇帝陛下進學，故其講說語常繁多。頤草茅之人，一旦入朝，與人相接，不為關防，未習朝廷事体，迂疎則固有之。而言者謂頤大佞大邪，貪黷請求，奔走交結，又謂頤欲以故舊傾大臣，以意氣役臺諫，其言皆誣罔非實也。蓋當時臺諫官王巖叟、朱光庭、賈易皆素推伏頤之經行，故不知者指以為頤黨。頤一匹夫也，有何權勢動人，而能傾大臣、役臺諫？自古處士入朝，無有不被謗毀。蓋處士本不求仕進，能輕富貴，公卿大夫自以己不能如此，故無不稱重。將謂處士入朝，必有過人之能，致太平之術，故其責望常重。至於不賢者，則直以處士為矯詐，為沽激，為釣名。又處士多不次得美官，故其憎疾之多。是以自古處士入朝，未嘗無謗毀也。陛下慎擇經筵之官，如頤之賢，乃是以輔導聖學。至如臣輩，叨備講職，實非敢望頤也。臣久欲為頤一言，懷之累年，猶豫不果。使頤受誣罔之謗於公

正之朝。臣每思之，不無媿也。今臣已乞去職，若復召頤勸講，必有補聖明，臣雖終老在外，無所憾矣。

元祐中，祖禹為侍講，薦講讀官劄子曰：臣自居講職，竊謂天子當博求天下賢才，置之左右，以備顧問，裨益聖學。近觀祖宗之時，講筵之臣多由儒官薦引，故臣每思得人。闇達天聰，然無因而言，懼為煩瀆。或涉親舊，言則有嫌。今臣已三奏乞外任，將去講職，苟有所懷，不敢不吐露于陛下。臣之愚見，可充講讀者，具列如後。

讀官王存、蘇軾、趙彥若、鄭雍

講官程頤、孔武仲、呂希哲、呂大臨、吳師仁

右王存端方厚重，素有人望，前已執政，若使之進讀，足以重經筵之選。蘇軾文章為天下第一，其名亞於司馬光，但忌嫉之者多，此在陛下主張而用之耳。趙彥若父師民，以經行淳懿，久侍仁宗書筵。彥若德性類其先人，博學多聞，詳練故事。去年為其子得罪，其情可亮，非有大過，不宜久棄。鄭雍自為中書舍人，臣嘗言其可備講讀。雍自居言職，風望愈高。今講官猶有闕員。此四人者，實允眾論。程頤本末，臣別具劄子論列。孔武仲學問該洽，講說明白，仁宗時賈昌朝、曾公亮皆以知制誥兼講職。今武仲若以中書舍人兼職，自如故事。呂希哲是司空公著之子。公著嘗言此子不欺暗室。其人經術履行，識者皆謂可備勸講。今已五十四歲，但希哲是臣妻兄，故臣久不敢稱薦。今將去朝廷，竊謂言之可以無嫌，更乞陛下詢問大臣，參考其人。呂大臨是大防之弟，修身好學，行如古人。臣雖不熟識，然知之甚久。亦以宰相之弟，故不敢言。陛下素知臣不附執政，又臣已乞外任，故不自疑，望陛下記其姓名，以備他日選用。吳師仁自為布衣，以行誼稱於士大夫。元祐初，朝廷特召為學官，眾論皆謂師仁宜入侍經筵。臣前後已三薦師仁，更乞采於眾論。臣誠狂愚，惟陛下裁赦。無任震懼之至。

祖禹又薦講官劄子曰：臣伏聞仁宗天聖初，嘗詔天下訪求講說之士。今陛下方嚮學問，宜博選正人，置之左右。臣誠愚陋，承乏於此，大懼無以少補聰明。苟有所知，不敢不言。臣伏見前校書郎司馬康，年三十九，篤志好學，行如古人，資性端方，克肖其父。臣昔與司馬光修資治通鑑，康為本局檢閱文字，與之相接近十五年，備覩其人，操守如一。尤長於講說，使之執經，必能稱職。質於公論，皆以為宜。臣切以光之忠直，簡在聖心，如康之賢，陛下必自援擢。今臣止言其所長，伏望陛下知察而已。

貼黃：臣聞先朝舊置講官四員，今孫覺在寬假，臣與顏復輪講，委是闕官。臣與司馬光相知，眾所共悉。今之所言，非敢私於知己。輒薦其子，實以康之學行，可備勸講。臣受陛下厚恩，惟欲得人，以助聖學，故不敢畏避嫌疑，密入此奏。伏乞留中，特自聖意處分。

祖禹為著作郎，奏曰：臣伏見左朝請郎馮山，熙寧九年為祕書丞，通判梓州，御史中丞鄧綰舉充臺官。山自以素與鄧綰迹疎，及不諳知朝廷事體，乞免赴闕。辭順義正，不為激訐，而風節自高。山以母老，違任鄉便，二十餘年，不到京師。臣素不識山之面，因修先帝實錄，見其辭奏，而知其賢，詢之西南士人，稱山之美，如出一口。山年已六十三。丁母憂，服除，當赴闕朝參。臣又伏見前睦州青溪縣尉張舉，自治平四年甲科登第，以侍親未嘗出官，既終養，遂屏居不仕。元祐之初，近臣論薦，除潁州教授，亦辭不赴。臣於去年四月，具劄子奏舉，未蒙施行。舉有節行文學，登科二十七年，年已五十，不為世用。二人者皆可為朝廷惜也。伏望聖慈並加不次進擢，寘之清要，以勵風俗，必有所補。

祖禹爲右諫議大夫。論執政闕官奏曰。臣伏聞安燾以母病在假。孫固以老疾求退。聞燾母病已危篤。固年踰七十。必是筋力難支持。臣竊慮執政有員闕。不敢不先事而言。執政與人主同執天下之權。其任至重。必有才德公正無邪可保其不欺謾。爲天下所服者。乃可登用。不可止以勳舊。亦不可止以科第進也。樞密院必得曉知邊事多所更歷之人。門下侍郎資任最隆。皆次宰相。伏乞深留聖意。愼加選擇。陛下自去年以前所用執政多協人望。其間雖非全德。亦有所長可稱。惟近日所用二人。殊不類前後差除。臣昨於簾前奏陳。料陛下必盡記憶。今若有闕。不可更不得人。重失天下所望也。臣不勝區區之愚。

祖禹又薦陳祥道禮官劄子曰。臣伏見秘書省正字陳祥道。深於禮學。用意專精。衆之諸儒未見其比。昨任太常博士。上其所著禮書一百五十卷。蒙擢寘秘省校正之職。雖爲清流。然祥道之學未有所施。今太常禮官皆朝廷所選用。宜更多得禮學之士。則議論有所質正。伏望聖慈使禮官有闕。便復以祥道充職。與理秘書省校正資任。如及歲限就除此職。不唯禮官得人。亦朝廷器使人才。用其所長之意也。

五年。侍御史孫升欲乞明降名用裴綸爲御史因依。上奏曰。臣竊聞新除監察御史裴綸辭免除命甚堅。議者皆言綸之擢用。外廷不知所以被召因依。未經試用之臣。蹤迹疎遠。一旦爲人主所知任之爲耳目。非緣近臣論薦。則必有章奏感悟人主。如唐之馬周也。且觀遠臣以其所主。進不以禮。主或非人。雖孔子猶見疑於衆人。必待孟子以爲之辨。況裴綸言行未足以信於天下。而名用未明。豈予綸辭避而不敢當其命也。御史居耳目紀綱之地。以正色敢言不避權強爲職。其進也豈可不自重哉。伏望聖慈詳察。明降名用裴綸因依付外。不獨使綸有以自明。立朝無愧。亦所以示天下後世用人之心公也。

歷代名臣奏議卷之一百三十九

歷代名臣奏議卷之一百四十

用人

宋哲宗元祐間，諫議大夫王覿言選遷執政事上疏曰：臣近者伏見左僕射司馬光以疾不起，中外人情所共痛悼。衆與親舊思禮甚渥，固其宜也。光，社稷臣也。執政朞年之間，興利除害，進賢退不肖，功業赫然著於天下。凡有識之士，不以光得行其志爲難，而以陛下特達拔擢用光於閑退之中，而信任不疑爲難也。然光之薨，上自聖情，次及賢士大夫，下至於民庶，莫不嗟惜，而奸邪傾險之人，則方且私相慶快也。非徒慶快之而已，又覬非光之比者入而爲相，則庶幾得以復騁其私焉。然則陛下命相可得而不慎哉？或謂太師文彥博宜將代光執政矣，臣愚決知不然也。何則？陛下前日既知彥博者老當尊禮之，而不以三省細務嬰之矣。今日豈復用以代光執政哉？陛下以師臣處彥博，最爲得體，仍俾之平章重事，此曠世殊禮也。人臣之榮無以加矣。彥博以耆德重望而當此殊禮，誰曰不然？固之以尊朝廷而鎮夷夏也。惟不當尊委以政。夫三省事務之繁，既非年逾八十之人所能任。且又政事之要，莫甚於用人，而彥博素無知人之鑒，故比者入朝首薦崔台符，而次引楚建中、權紳，傳以爲笑。此陛下聽覽之所及也。臣固知陛下必不委彥博以政也。或者之所謂，乃私憂過計而已。臣又聞中書侍郎張璪將乞補外，而適當大禮之後，執政大臣必更有求去者。或者深疑朝廷以求去者之多，而既不可以皆聽，則璪特緣此而亦留矣。臣愚亦以爲不然也。夫璪之不安其職，自以彈劾者衆，私慝暴著，公議不容，而求去焉。與夫無故而求去者異矣。朝廷禮意何可以均一也。國祖宗以來，執政大臣於大禮之後請去者非一，或聽或否，繫於臨時觀其人之如何耳。若璪者，雖無請，尤當去之。況其有請哉！臣故知陛下必不以請去者多而璪亦得留也。或者之所謂，亦私憂過計而已。臣又見侍從之間，久次之人，其才能趣向鮮有聞者。陛下將以補執政之闕，尤不可不慎也。夫知臣莫若君，惟不限以資秩前後，而視其有大公至正之心，能爲陛下消危疑、厚風化、興利除害、進賢退不肖者而用之，則有補於聖政矣。陛下勿謂司馬光既薨之後更無其人也。臣願陛下左右大臣必深察詳擇之。既知其可用矣，則禮遇之，信任之，而無怨焉。異日必有盡忠於陛下如光者止矣。苟非其人而有累於國，則去之何傷，故曰任賢勿貳，去邪勿疑也。此臣之所陳，陛下皆有已行之效者，聖心應之當已熟矣，何必臣言？然臣之區區以謂陛下惟能終始於此，則可以成太平極治之業，而無愧於堯舜三代之君也。惟聖慮詳酌。干冒宸聽，臣無任戰汗之至。

覿又奏爲言差除名試事上疏曰：臣伏聞爲治之要，莫先於用人，故書曰：惟治亂在庶官。官不及私昵，惟其能；爵罔及惡德，惟其賢。夫自古以來爲國家者，豈不欲皆得賢者能者而官爵之？惟其私有所自蔽，則不能者有時而以爲能；惡有所難知，則不賢者有時而以爲賢。爲此官爵所以不得皆及於賢者能者，而治亂亦不得不異也。臣竊見近日差除，多不協於公議。夫監司者，一路生靈、百城官吏休戚之所繫也，可得而輕授耶？然而闒冗不才如王公儀，庸瑣無恥如盛南仲，與賈青朋奸如程高，爲李憲奴使如孫路者，而皆得以爲之，則彼一路生靈、百城官吏休戚之所繫者，乃在此曹，可不爲之痛惜哉！且陛下之用監司，不可謂不慎矣，既委執政以擇之，又命侍臣以薦之，所用宜皆得人也。今猶公議不以爲然者，蓋人之難知亦已久矣，非特今日也。今侍臣雖薦之，而於能不能之間，豈皆無惑哉？執政加察而用之可也。執政雖用舍而於賢不賢之間豈皆無意哉。言事官操公議而論之可也。言事官之言誠不審則陛下行之何疑。若以謂侍臣既薦之矣。執政不當復審。而其心誠非。亦用之。執政既用之。則言事官不當復論。而其言雖戇亦置之。如此。而欲任用之得人。不亦難乎。方二聖臨朝。群賢輔政。不應有此弊。臣但見比者除授既多失當。及言事官論列又不施行。故切疑之。此非朝廷之福也。臣前日復聞除刑部郎中王振爲大理少卿。自郎官爲少卿。雖非遷擢。然振之爲大理官久矣。當楊汲爲卿之際。因其滿罷。又薦以爲大理正。振險巧刻深。最爲楊汲、崔台符所愛信。汲、台符鍛鍊之獄。多振力也。前日爲郎官。已駁物論。今又使之治獄。不惟恐故態復作。以害良善。兼衆論必以謂朝廷復用酷吏爲廷尉矣。非所以安人情也。臣愚竊謂承崔台符、楊汲、王孝先之後。須用稍通經術。性質忠厚之人爲之卿。而使

天下無冤民。乃有補於聖政。如振者。當與台符、汲、孝先同黜。安可以復用也。臣又聞執政所薦館職。非晚召試。外議籍籍。亦謂其人有不足以辱文館者。夫執政大臣各舉其所知以應詔。豈不欲高才盛德之士以稱陛下之任使哉。蓋潔其進者。皆不保其往。愛其才者。或不察其行。故未免人言之多也。臣亦望陛下宣諭執政。更加採聽而去取之。庶幾召試之後。人無異論。臣智識淺陋。豈敢自謂知人。然今所論列。皆得之於公議也。惟聖慈詳察。

覲又留安燾疏曰。臣竊聞同知樞密院安燾累居請郡。臣愚不知聖意之所在。將聽其去邪。不聽其去邪。臣伏見安燾與清臣。其才能皆無足以過人者。當蔡確、韓縝、章惇、張璪當國用事之際。燾、清臣惟務順從。不能有所建明。方是時。不惟確、縝、惇、璪爲可去。而燾、清臣亦可去也。然諫官御史交章列疏。具言確、縝、惇、璪之惡。而罕及燾、清臣者。本非爲惡之人。雖務順從。其情可恕。故言雖或及而不力也。昨者清臣自尚書右丞除左丞。論者謂清臣雖序遷。而常才不可以更有進擢。臣之說亦如是也。燾自同知樞密院除知樞密院。論者以謂燾從執政下列。而直出門下侍郎之上。超躐太甚。臣之說亦如是也。蓋其時確、縝、惇、璪未盡去。小人之黨方熾。得全才重德之人。進爲輔相。以肅清邪黨。而燾、清臣素乏骨鯁之譽。無足賴者。然言者猶止欲朝廷不更升遷而已。未嘗欲陛下逐而去之也。今確、縝、惇、璪皆已罷黜。邪黨既消。先帝之舊執政。惟燾、清臣在焉。陛下若遂聽其去。則過甚矣。蓋燾若去。即清臣迹亦不安。而復須求去。其勢然也。臣向論縝、璪姦邪。累蒙陛下宣諭。欲存留舊人。此聖度高遠。過於常情萬萬。然縝、璪姦邪顯著。勢不可留。以害政。故終爲衆論之所不容。陛下必欲留舊人。燾、清臣可留也。燾、清臣雖常才。留之無害於聖政。去之有損於國

体。此公論也。臣切見言事臣僚惟務以彈劾爲事。今燾之求去。彼雖知其留之爲便。而不少肯爲陛下言者。避嫌疑也。臣不敢以嫌疑之故。不盡忠於陛下。惟聖慈詳酌。

元祐六年。覲爲刑部侍郎。轉對劄子曰。臣伏見諸路監司移易頻數。座席未煖。已或有欲去之心。職事不暇。豈能爲經久之計。夫官不宿業。古今之通患也。今雖負多闕少。久任稍難。然中外官司。猶頗有三年之法。至於監司。豈可以責之速效。而轉徙頻數。比它官特甚。大率一路之間。郡縣百數。巡歷經年。未能周遍。官吏之能否。民物之利病。非熟見而詳察之。未易得其實也。或數月而易。或朞年而罷。則雖有高才遠慮。何暇施爲。甚者習爲因循苟簡。以幸替去。弊無所革。淨吏不知畏。長久之策。置而不講。故轉運司財用日耗。提刑司常平坊場之政。寖以隳壞。此不可以不恤也。臣伏望朝廷立監司久任之法。明

詔諸路監司以久任之意。使才高慮遠者有所施為。因循苟簡者知其無以逃責。則各思自竭而職事舉矣。

元祐中。殿中侍御史呂陶乞差梁彥通充監司任使。上奏曰。臣竊以朝廷分遣監司。臨按郡邑。生民之休戚。一道之利害。繫其舉措。事權至重。選任或失。人乃受弊。非彊明通恕。深知世務者。不可輕付。臣將命使遠。路途河朔。官吏能否。粗得而知。伏見右朝請大夫權知邢州梁彥通。性質不苟。識慮甚明。慎守官箴。備諳民政。不任察而下情通。不峻刑而群吏畏。賑恤流散。屏息寇盜。皆有良術。見於治效。況彥通更踐之久。累蒙煩使。嘗經六任堂選。實歷三任知州。資序不為不高。勞能不為不著。尚淹一郡。衆論惜之。今知邢州。至三月已及一年。伏望聖慈檢會本人資歷。及其勞效。特降指揮差充監司任使。必能宣布德澤。振舉教條。上副簡拔之意。

陶又上明任劄子曰。古之聖人。制為君臣。以立於朝廷者。豈獨辨上下之体。全人主之尊而已乎。其勢必相須。其義必相濟。將以辨天下之事也。然而君臣之際。常患乎責之非其任。待之失其心。無相與之情。以固相須之勢。無相信之實。以伸相濟之義。是以賢智才能之士不獲自盡於上。而治道有未至焉。此其故非他。蓋人主以細務為先。而不留神於天下之大計。以猜嫌為術。而不思憂患之誰與處也。天下之事。固有大小矣。治亂安危之機。政教威福之具。所謂大者也。舉而責之大臣。則當矣。大臣之責既重。而天子待之又深。不以崇高富貴自養。而薄其顧遇之禮。不以盈成閑暇為足恃。而與之計及存亡休戚之外。相接以情。相交以道。上無疑貳之隙。而下無猜嫌之端。則同能竭忠致力。盡其為臣之分。而天下之事不足辨矣。此易所謂泰。而劉向以為通而治也。永惟堯舜之盛。九官分職。禮樂刑政。任得其人。而朝廷之上。皆吁都俞。君有以詢於臣。而臣有以告於君。其言皆出於懇誠。而其道各務於訓戒。昌明之化。基於此歟。漢高帝唐太宗皆以英豪蓋世之才。經營天下。奇謀密畫。則責之蕭張。典章禮樂。則求之房杜。其君臣之間。相與論議。則丁寧反覆。切究事情。密如朋友。此聖君賢主善任大臣。而能盡其心以崇王道之大略也。二府者。所謂經邦論道之官。與天子維持天下。而圖安危者也。其智慮之所存。其才業之所及。豈止於除吏斷獄之間。而不出金穀律令之外乎。生民未安。必有以安也。四夷未懷。必有以禦也。教化未至。必有以導也。綱紀未備。必有以完也。朝廷之所責者其重如此。則所待宜何如哉。昔我祖宗。皆深明大臣之任而有以待當時之輔相。可謂至矣。或諭以撫夷夏和陰陽為効。或戒以進賢退不肖為職。或命以簿書之外極言時務。或賜以詔旨問禦戎之策。或給以筆札俾疏陳利病。其於

君臣之義。豈不篤哉。此真忠大節之所以感奮而嘉猷至計之不可歇也。天下之務。孰患其不能盡矣。今垂拱生朝。邇英名對。奏白之餘。清閒燕見。其亦暇及於此乎。其未暇及乎。臣實疏賤。莫得而知也。及於此矣。則聖賢之交。萬政畢舉。天下之大福也。若猶未也。則上下之情疏。而君臣之義有未至。朝廷庶務失於講之無素。豈貽他日之悔矣。固非臣之私憂過計也。然好議者切謂陛下嗣政之始。天威赫然。睿略雄斷。如高明之不可窺。而度左右大臣。雖有遠謀奇策。可以盡天下之利害。猶深思極慮而不敢輕發。則亦朝廷之光懿。伏惟明主以社稷生民為心。敦篤恩義於君臣之際。示之以無所不測。結之以有所不疑。降意垂聽。從容終日。以咨訪詢求於二府之臣。使之陳當世大務。而與之圖其取捨。則慮無遺策。舉無過事。治道日隆。而盛德日新矣。又曰。天子待大臣以不疑。則上下之情相通。此治化之所由

起也。而大臣之報於天子，豈可少慢哉。夫三公之官，不以一職而名者，蓋天下之事靡所不統，而未嘗專于一也。是故與天子論道於朝廷，而參六官之政，與六卿之教焉。且論道而統邦，而六官六卿之政教皆有所舉，則天下之事失有不責於己乎。然而理勢有本末，體用有大小，務其本不務其末，為之大不為之小，此所以持其宏綱略其治要，而不若百官之循循也。古謂宰相不親小事者，如此而已。後世或隨乎一時之言，而為之說曰：決獄以廷尉，治粟以司農，禮樂有奉常，軍旅有將帥，宰相者，任人擇職，責其成功而已。至於施為興作，皆莫得而與也。是說者，知末務而不知本。可襲常而未可應變矣。何則天子保御四海，臨制萬事，而與之共政者，乃七八大臣耳。方其天下無事，朝廷清明，刑訟衰少，財用富積，禮樂大備，兵革不試，則大臣無與彼事，而享成功可也。若乃法令不一，而刑罰濫。國費不給，而民力困，禮荒樂濫，而教化流弊，軍旅不足用，而夷狄未畏，則安可無與其施為興作之間哉。今天下號為治安，然非無事之時也。元勳舊德謀議廟堂，非無致君援世之術也。而天下之人有未諭者三，臣是以不敢默也。夫是非異論，成敗異勢，則處之以與奪，乃可以成天下之利。然而功過隨之，行有得失，政有可否，則精之以獻替，乃可以全人主之美。然而榮辱繼之，賢不肖混淆，陞黜繆戾，則辨之以進退，乃可以用天下之君子。然而毀譽應之。不處以與奪，則不能息天下之害，而何以成其利。不精以獻替，則不能救人主之過，而何以全其美。不辨以進退，則不能除天下之小人，而何以用其君子。是故大臣之於君，必息天下之害，而不計其功過；必救人主之失，而不慮其榮辱；必除天下之小人，而不恤其譽毀。此所以成其利，全其美，而用其君子也。漢欲擊匈奴右地，魏相以為不可，報怨於遠夷，願罷其兵，既而三世

藩鎮無敢入寇。唐欲赦吳元濟以悅方鎮，裴度謂不與賊俱，余請自督諸將以討，乃能平蔡人之亂。此處以與奪者也。今天下之事，或急於邊，或切於國，或未宜於民，而群臣有以更張廢置之議聞於廟堂。則少為之裁決，而多牽之有司，且要以不可有失者何也。王嘉在位，數務諫諍，陳蕃楊震疏佞邪，列災異，語皆切直。魏元成指陳當否，多至數千萬言，此補以獻替者也。今朝廷之政，未容無失，或繫於睿德，或誤於聖教，或動於天變，惟諫官御史敢論其端，而未聞謀猷入告循繼衰闕者何也。傅遷奸政，則孔光勇於罷黜；楊彤在朝，則王商為之奏免。此辨以進退者也。今天下之士，上自朝廷之臣，而下至山林之匹夫，修潔標行者有所言，則大臣當收其器而用之矣。至於宿惡已懲，足以戕民蠹化，章而未發於罪罟，則未聞顯白其狀而發激之，以激濁下流。而藏起啓俗，而猶使之貪爵冒倍以居人上者，何也。凡為此者，豈非以人君之權不敢侵，而功名責其全歟。惟明主深察，夫為臣之難，與為君之不易，既待之不疑，以通其情，又亮其不侵以責所報，則庶乎能釋天下之未諭者，而天下可以大治也。

陶又上議官策曰：天下承平既久，任官之弊極於今日矣。仕路寬濫，紛紜至塞，而朝多倖位也。吏員愈衆，國費益廣，而生民困窮也。郡縣之吏，政有匪人，而德澤不宣也。日月為勞，職業不厲，而萬事惰廢也。人人競進，苟覬祿利，而廉恥銷亡也。積數十年之弊，而欲一朝革之，不窮其源，而決之於橫流，未見其可以澄清也。弊固有原矣。入仕之法不精，用人之制不慎也。臣不敢遠撫古訓，立為迂疏之論以取高於衆。惟列述祖宗成憲，參以近事，願朝廷擬酌其宜而用焉，可也。貢舉之數，雜流之選，比歲講議，熟矣。獨任子之恩，雖加裁節，而猶或疏焉。臣故曰：入仕之法不精也。建隆之制，歲補有定員，而重以試覆試

不如奏者生之也。祥符之詔入學習經。限年課試對於廷而校之職。公卿子弟有以術業不明而罷歸也。夫定員入學之制。固未易復於今。而習經試藝可少做而行矣。臣愚以為凡蔭奏者。可著籍而未命者以一藝為能。若經史。若兵刑。惟習之聽。嚴其科格而覈其能否。能者官之。而未能者使之退而復習。要其成而後命之。則上有考實之功。下無增年之詐。恩補之數。頗損於舊。而不患於冗濫矣。夫州縣之吏。為考六七舉者五六人。則可以為京秩。而治縣門資而京秩者考六七。舉者一二人。則亦可以治縣。治縣者六歲舉者又二人。則可以為治中。為治中者五歲舉者又三人。則可以為郡守。此國家斂才擢善之深術。使人樂為之用而不已也。然而法制一定。循襲既久。泥不知變。則進退在下。而與奪不出於上。反為用人之大弊。甚可歎也。且天子之尊。人皆畏信而不敢慢者。惟取舍在我。而不拘於衆人也。今

貴其考任。如此。限其舉者又如此。苟有合於式度。則選吏而上至郡守。皆可計日而得。是下有必取之勢。而上無必不與之理。安敢議其賢愚而進退哉。所謂人主之威柄者。猶不得而持之也。夫不議賢愚而推式度之從。則黑白雜糅。而官或敗壞。不足怪矣。臣故曰用人之制不慎也。臣聞祖宗之時。州縣之吏。陞見而改秩。其陞黜可否。一出於人主之意。而無必得者矣。凡以私被坐。與決獄而失於深故者。屢對而不遷矣。自擇能吏分治方州。而責以秦彭之效矣。選治中以佐武人。令之為牧者矣。錄外官功過而閱於禁中矣。以名召對而旌擢者二十四人矣。凡此者皆以明威斷而示獎勸也。今陞見之吏。未嘗不遷。內之不遷者。惟增歲考而益薦員也。郡守治中之舉。歲無常數。而寡詔者衆。惟有司第其先後而授之也。外官之功過。天子未嘗盡知也。召對而旌擢者。未見其人也。為法如此。而求任使之當。將可得乎。臣

愚以為凡吏有陞見而改秩者。與若循按。以事差次功過而特可否之。增考益薦之令。皆廢而不用。凡京秩而去素所謂舉而陞者。是今以往。悉宜罷去。時詔大臣部使者二千石。慎擇良吏而薦。如近日尤異之比。歲不過數人。命有司與左右之臣。詳考行能。微用資格。如比歲政府除罷之類。任以守宰郡丞之職。明主周詢廣采。而寵榮其卓然者。則與奪存式度之外。而進退出於威柄。天下之吏。孰不淬濯奮厲。而求聞於朝廷哉。其畏懦猥闒自知不能有立於斯世者。必亦銷歛縮藏。而不敢覬幸矣。此官之大敝。庶幾可以革也。又曰救弊之術如治水。既澄其源。而不疏其流。以就潔清。則必散漫四出。漸漬汙濁之地。而使為向時之患。臣前所論者。宜為之先。可以澄其源矣。繼而有潔流之議。則安敢默哉。夫精其入仕。慎其用人者。所以進天下之賢而退不肖也。以一日之法制。施於千萬人之間。而欲數十年之弊

則天下之賢。豈能盡進。而不肖者豈能盡退邪。蓋亦大為之防而稍遏之。磨以歲月。而期及於被也。夫天下之吏。非盡賢而亦非盡不肖。其勢相雜而未一。則導之之術。莫若明趨向。嚴責任。使天下之人曉然知君子小人之分。不可少亂。而朝廷懲勸之道。詳審明白。則賢者安其是。而不肖者易其非。何弊之不可去哉。今日之患。蓋趨向不明。責任不嚴。君子小人之分亂。而所導非所勸故也。趨尚者義利之辨。責任者。勤怠之分也。厲之以趨義。而不誘之以就利。所以明趨尚也。然而趨義者多矣。督之以勤勞。而不赦之以怠惰。所以嚴責任也。而怠惰者少矣。趨義則廉。就利則貪。勤勞則稱職。怠惰則廢事。此人情之所同。而天下之共知也。朝廷之於百官。貴其廉而賤其貪者。欲天下之吏皆廉也。而忽誘之以就利。則安能勸天下之廉。崇獎其稱職而惡其廢事者。欲天下之吏皆稱職也。而或開之以怠惰。則安能勸

天下之稱職乎。且仕而受田者。所以旌圭潔之行而養之。非計其歲入之豐而設為高爵重位也。守以長千里。丞以佐郡。而令以治縣。名器之辨在此而不在彼也。今圭田之侍皆躐而授之。不復議名器而惟歲入之辨。守或俛而為丞。丞或詘而為令矣。為之者豈皆安庸而無知哉。世所謂善人能吏者往往流入其中。而無甚愧之色。謂法令許我以然也。趣尚之不明如此。則仕者何利不就於此。貪冒之風所以起也。夫張官置吏而分以職者。欲舉吾事也。事而不舉則職廢。雖罪之。亦無憾矣。生民之疾苦未蠲。賦稅之重輕未一。監司守宰之過也。可責之矣。朝廷嘗欲恤其疾苦。均其重輕。而不責於可責之官。乃特遣吏以辦。臣不知豐爵厚祿而素養之。命曰與我共理者將安用邪。責任之不嚴如此。則居官者何事而不怠乎。此廢弛之患所以成也。二者非獨吏之不肖。蓋朝廷有以導之而不勸矣。臣故曰。所導非所

勸也。嗟夫。圭田之躐授。足以起天下之貪冒矣。況奸贓有復用而無永黜者。祖宗之禁不如是之疏。開寶已來有棄市者也。恤民均稅之特遣吏。足以容天下之廢弛矣。況不職聞上而無失舊物者。祖宗之恩不如是之濫。淳化中有處以州佐者也。臣故曰。莫若明趣尚。嚴責任。趣尚明。責任嚴。則吏勸而政舉也。又曰。夫古之循吏。布宣德澤。設為條教。使民宜之深而信之篤。所居稱治。所去見思。風迹炳然。垂休千載。而後世莫能及之者。何也。非古之人皆賢。而後世之吏多不肖也。非風俗醇漓代變。而治體不可復也。意者朝廷之於君子待之不適其分。用之不盡其材。而遂有所不為乎。尊賢退不肖者。人倫之大別也。尊賢所以勸不肖。退不肖所以任賢。此乃使天下之士求為之用而務有所立也。今智愚混亂而失其別。用捨重輕惟式度之聽。是故雖有卓然之才。雜處其中。而無所辨異。則其心必亦自惰而不欲有

為矣。此所謂待之不適其分也。法令者禁非防過之具。為小人而設也。君子不幸而過。猶議其賢能而釋之。則用之於君子可疎而不可密也。可疎而不可密者。使才勝於法。而足以適用。不使法勝於才。而無能施也。舉今之法。蓋密於君子。而使之不能施其才矣。科條詳悉。網羅備具。大至於生殺與奪之間。小及於出入起居之際。一不可離於法。是故雖有倜然之士。願發所存。以盡行己之道。回環四顧。而皆為法之所繩。則其心憤懣沮怯而不敢復議。安敢觸罪冒禁以求驚世駭俗之名乎。是以其勤勞止於簿書刀筆。其思慮不出於規矩繩墨矣。此所謂用之不盡其才也。夫君子之始仕。則未嘗不以濟時及物為先務。安有不欲不敢之心哉。及乎既從事於其間。而觀其勢之如此。而志願之相違也。於是抑而不振。晦而不彰。濡而不泯。藏而不試。惟明主思致天下之力。而輔成治道。豈不惜於此乎。昔之賢君待循

吏者可見矣。拜刺史守相輒親見。問觀其所由。不數變易。使民服從教化。有治効者。勉以璽書。賜金增秩。公卿缺則以次選用。今皆不可得而有也。民政之尊宜莫如守宰。一官而共之者三人。群趨於有司閱籍而聽命。計以歲月。輒復代去。雖百職曠惰而未至於受贓。則登按所不及。其術略不苟而民賴以治。則碌碌言罷。退而合為一。又群趨而聽命矣。其所得之分。則分毫無損益也。昔之賢臣為循吏者亦可見矣。使郵亭鄉官養鰥寡貧窮。而又為之制喪祭之具也。擅發倉廩以賑餘縣流民。而得全活也。減少府用度。齎刀布遣諸生詣學京師也。以守相賦斂違法而遽解印綬也。以孝婦冤獄不理而謝病求去也。今皆不可得而有也。於法無有。而人不可以行也。一郡之廣。坐視斯民之將斃。而不能賑濟者。朝廷有未報也。一邑之大。熟察斯民之所勞。而不能興革者。州郡有未從也。不慮乎此。而遽為之則姍笑其

近名既駁其興事甚者至於罪廢而不録也。昔之人恢闊疏闊多出於繩檢之外以望其成功。今之吏委曲遜避以趨於法禁之中。而求其無過也。嗟夫。上之所任者既如彼之輕。下之所畏者又如此之重。則尤異之效。循良之政。何時而及於古哉。得之有別。而使進退出於威柄。則臣嘗議其略於前矣。嘉祐之詔。有察守宰治行。而命以久安者何中道而止也。惟明主既先之以擇才授任而不取必於式度。又繼之以循率先憲而戒其屢易。必拂去不欲之心。而使之磨礪。凡天下之吏有以宜民便國而抵罪者。可特議其過而時亦宥之。勿拘深文。遂至廢斥。以振動不敢之氣。而使之馳騁。則賢者無自情而有所施。古之循吏出矣。昔漢臣有言。二千石部刺史。三輔縣令。有材任職者。人情不能無過。差宜可闊略。令盡力者有所勸。可為今日道也。

陶又乞戒飭謝景温劄子曰。臣切以朝廷威令之不行。亦已甚矣。爵

祿者。人主所持以為馭下之柄。而臣子乃敢自擇其輕重也。王命一出而遷改之。中外無以取信。則何以聳動四方而尊國体乎。蓋自陛下繼統以來。恭默未言。紀綱法度。一付宰執。凡有進擬。多可其奏。遂使不知分義之人動懷僥倖。謂朝廷可慢而命令不足虔。進退去就。惟己之便。此風一啓。為害不細。固當戒其漸也。西蜀天下之大鎮。事權委寄素號雄重。出守者有大用之漸。陛下於臣僚何負矣。近者是謝景温知成都。乃以老病求免。其意非他。蓋重內而輕外。好近而惡遠。避難而就易。且有所待也。況景温自開封以罪罷去。待知蔡州。在蔡州未數月。遷潁昌。未赴潁昌。乃知成都。可謂恩遇隆厚矣。不滿其意。有以為辭。委質事君。豈可如是。景温果病且老乎。則宰執不當除之。使違命而不行也。果非病且老乎。則是內倚權要親為之助。而自擇其便也。彼大邦名鎮。慎選而任之。尚且偃蹇不行。傲慢自若。則窮陬僻郡。聞關險阻。聞命而往者。又何不幸也。雖朝廷委曲函容。徇從其請遂領便郡。而公議殊不平之。平居無事。優假太過。今日除一官而不行。明日遣一使而得免。萬一急難倉猝。不知如何用人矣。祖宗之世。孰敢侮慢至於此也。昔真宗除郭贄知大名。自陳戀闕。真宗曰。朕命贄知大藩而不行。則何以使令。卒遣之。又以陳若拙知澶州。若拙懇辭不已。遂令責降。英宗以閻詢知廣州。遷延不赴。乃落待制知商州。此皆人主慎與奪之權。重命令之術也。願陛下法而行之。夫景温之事。詔命已然。臣非敢乞行追路止。欲望朝廷特令戒飭。以肅驕蹇。仍乞宣諭宰執。自今已往。凡有除擬。並須慎擇其人。使無可避之理。務在必行。或敢妄有辭免。即行降黜。所以重命令。尊朝廷。乃今日之急務。

鄧潤甫除翰林承旨。中書舍人鄭雍當制。制未出。言事者五人

交章攻之。換為侍讀學士。雍言。二職皆天下精選。以潤甫之過薄不當華其命。以為姦邪。不當在經幄。今中外咸謂朝廷姑以是塞言者如此。則邪正何由可辨。善惡何由可明。若每事必待人言。是賞罰之柄不得已而行。非所以示信天下也。

時二府禁謁加嚴。雍為左諫議大夫。又上言曰。旁招俊乂。列于庶位。宅百揆職也。彼有走不及公卿之門者。猶當物色致之。柰何設禁若是。且二府皆天子所改容而禮貌之者。乃復防閑其私如此乎。於是援賈誼廉恥節行之說。以諫詔弛其禁。

帝嘗問朋黨之弊。御史中丞胡宗愈對曰。君子指小人為姦。則小人指君子為黨。君子蓋義之與比者。陛下能擇中立之士而用之。則黨禍熄。明日。具君子無黨論以進。

韓川遷殿中侍御史。上疏言曰。朝廷於人才常欲推至公以博采

及其弊也，則銳於利權勢而抑於孤寒。常欲收勤績以赴用，要其終也，則莫不狀虛名而廢實效。近制太中大夫以上歲舉守臣遇大州闕，則遴諸所表。他雖考課上等，皆莫得預。推原旨意，蓋欲得人。然所謂太中大夫以上，率在京師，唯奔鶩請求者得之為多。至於涖歷郡縣洽狀應法者，顧出其下。則是謹身修潔之士，不若營求一章之速化也。於是詔吏部更立法。

八年，左司員外郎張舜民乞留范純仁，上奏曰：臣聞物之危者莫甚於綴旒，事之急者莫過於拯溺救焚。以今日朝廷之勢言之，彼一事者猶未足喻也。東朝在殯，陛下初總萬幾，求助之心，夙宵在疚。天下之人傾耳拭目，以觀盛德日新之政。而大臣不安，小人得路。數日已來，朝暮忷忷，至於市井行路之人，皆謂宰相爭議不叶，出而避位。在於平日已驚動耳目，況大行太皇太后殯塗未乾，股肱之間已見攜貳者，不有小人乘微間謀，亦未必至此。又見已經雙日御殿，別無宣押指揮，便謂聖意已有厚薄。純仁必不肯住，浮論百端，不可縷數。然臣愚獨念大行太皇太后召范純仁於服藥之前，而陛下聽其去於大漸之後。不唯君臣去就之分如此之速，小人間諜之謀由此得行，使朝廷治亂之端自此遂分，而於聖德初政亦有深累。在臣之愚，與凡百姓在廷之士、都邑四方之人，寧不為陛下惜也。嘗觀前代，去留大臣所繫甚重。近日劉摯、蘇轍之行，有如遺棄，中外之人不知其由，識者歎駭，疑惑至今未已。今純仁又去，安知居者之得自安乎？一年再出相，二年三出相，非朝廷之美。後雖有皐、夔、稷、契，誰肯盡心竭誠以事陛下乎？上則大臣自疑，下則小人乘間，朝廷之勢不言可知。以臣之愚，不若且留純仁，仍乞陛下面戒二相，使之叶力濟務，勿聽間言。內足以伐小人之謀，外則以慰四方之望。使天下之人咸曰

奏議卷之一百四十　十五

純仁欲去，陛下能留之；小人有謀，而陛下能伐之。惟君知臣，惟睿作聖，寧不美哉。臣職不在言路，身非諫臣，獨區區之誠，見危急之微萌，憤朋黨之傾覆，痛東朝之委託，憂陛下之孤惸，似忘雷霆，出位失言，不勝迫切之至。

貼黃：臣於元祐二年嘗備員御史，上殿親聞大行太皇太后宣諭：祇為官家年幼，臣僚且要盡公，勿令小有朋黨。今聖訓在耳，仙遊未遠，而朋黨已成，追誦德音，不勝摧痛。

元祐中，劉涇上時議策論人才曰：臣聞皇帝輅置之深閑而不以載御，則腐敗猶積薪；象尊龍璜置之暗陋而不以獻酌，則汙賤猶瓦罷。人材作輟，殆有類此。蓋天下不可一日無人，而胚胎盤錯，固有漸就，非君師孰識之哉。朝廷據大鼎，烹千歲不調之珍羞，養賢無方，可謂盛矣。然臣不肆竊有疑者，或大作之，或大毀之，使人材一握而憔悴，何也？比年之前，取材之路廣，用材之基峻，得材之數富。方斯時也，天下之士挾寸銖者不安於家，日夜增長，人人以見遇相波瀾，君細歡忻，各得所願，可掌而見也。一壼之成，至於廢食。取材之路迫狹如山蹊，用材之基陵遲如蟻垤，得材之數空荒如壞圃。天下之士聞有廢於家者矣，無復曄曄煌煌可照之光彩也。夫豈以取材之路廣，則爵祿有濫及之憂；用材之基峻，則小人有輕進之患也哉。君子小人，更為倚伏，兼收博採，則此類何所不容。要之識用君子，識除小人而已。以輕進為患，而一切拒其來，正所謂廢食於壼也。臣官小郡，去國為遠，莫能盡知。然比日取材、用材、得材三者何如哉？臣恐士大夫委放怠而不自振，舉山林迂野，妄以鄙論疑朝廷也。臣意人才比他物池事不同，早夜提撕於前，鞭策於後，當使之以千里為歷塊，九州為席上可也。少不介意，則平居揖會，苟以幸免，一遭急難，則爵祿濫及。

奏議卷之一百四十　十六

也甚於取材太廣之初。小人輕進。愈多於用才太峻之際。豈若謹持之慶作報之中。定以為天下豪傑之歸宿乎。詩之用賢首材常居太平無事之秋。蓋太平無事。則人君以用才為不急。而有至於巍巍故也。古者有大過惡。朝黜暮收者。匿金盜嫂臣賊是也。匿金盜嫂臣賊苟材足驥馬。亦安得以一時之陷溺。遂終身廢乎。凡人見困於空乏拂亂之地。動心忍性者罕矣。從而後用之。則感激罪悔。可以死責。此古人所以有取於匿金盜嫂臣賊之意也。臣願陛下加廣取材之路。拔車山淵。試以難劇。如昔始事之時。至於宿疑瑕疵。皆得復用。以洗滌山川鬱蒸之滯氣。加峻用材之基。無遂廢於小人輕進之憂。加富得材之藪。以上齊文王棫樸宣王采芑之美。較他事物。相為補利害。何如哉。蓋自天地開闢以來。未有以多得人材而反至於潰亂弱削者也。

涇又論縣邑曰。臣聞守令之擇。其難一也。而今尤為難。方天下簡便無事。則銓門如歸市。爭取徑去。無留難者。比年以來。銓法為之一變。先後名壓當與不受。徒往淹歷歲時。或下就空閑不急之局。以此歲其竟至用換武籠。使衛停遞惡之人。以充其乏。而使士大夫有不樂就之心。銓司有輕用之意。受命之日。一縣之綱領。百里之民。已自隳壞矣。而何暇責寄委之重。文武。以臣究觀縣道。其法度既以可守。而甚者特兼役事。有隱失不前之憂。然又力堪倚辦。則雖百十前役無足念也。誠不樂就者。縣有大小。事有簡繁。大且繁者過常多。小且簡者過常少。然其間盡心力為之。與夫僶仰休閒而治者。同一官守。同一階資。而上下法網又常寬於大縣。無功是過。在人情亦安肯俛首就之哉。然事之前。縣有望除。其祿金分十千至十五。隆殺之異。非此色人。不得為此等縣。雖其拘攣然。亦可以懲艾矣。今選人祿金等為一例。其以資序升銓者。又別事也。祿金等。則利圭田。圭田等則利事簡。三者兼所利。而徒就事繁過多之地。雖使卓茂魯恭。尚有難色焉。臣比見武人以試法換應子以歲月遷。往往出為大邑。其詞言進占百色梗梗良可取。蚩侮。而況責其稔政事。為陛下愛百里之嬰兒乎。是為奸胥過惡之愚弄而已。以此言之。負不洗之過。疑而傷弓破膽又可知也。臣聞諸議者。謂宜以事體簡劇。為上中下三等。上縣月給食金五十。中縣月三十。下縣不給。仍以所隸縣贓罰不係省錢充。則官無橫費。而人有樂盡之意矣。今兼兵之邑。監當之局。一比常邑所給為優。一比常邑所給等。而責輕。此所以人人樂就焉。陛下試以今官局較之。有安坐無事。而月給食金者。何可勝數。至於州縣主難之害。出金入粟。曾無寸勞。而數滿萬。則已自次第給之矣。反於縣道重受惜乎。又況官無橫費。而使人人樂為。其利害何如哉。乃若議為循

資歲年升季等賞。則臣疑過甚。而恩有不及。周者況今興利捕盜試法差委。其常典大率用此。又加以縣道歲月之遷。則益紛紛矣。所以屢縣道者既重矣。然後可以議擇材而受也。故凡上縣則歸之中書。為堂除。少做今守倅權入之法。或旁升。或止循皆可也。中縣委銓司以所謂腳色者。差擇焉。是一舉而兩得之也。則賢者獲盡其材。而不肖者可以謹守免過。今司農之丞簿。以歷縣道為正。蓋新進競者有不聞稼穡之勤故爾。司農上有大吏。非此屬所得專。而猶峻為之若此。況一邑百里。付在令手。而使之紛紛顛倒。為左右口實。彼丞佐亦安得必正救之哉。朝廷每一遣新。則嘗責監司以對移舉選。倚成為急。而監司又忽忽奉行而已。與其澄汰之於末流。則曷若追始出之本一清為源。源之利乎。比年以水利擇材固善矣。然一邑百里。使以水利為恤。則他關民事者。果可以悠悠而已哉。今所謂長官者。人人蓋

之。而謂諸寨皆曰知縣。奈何使親民之官。與若夫牧子比也。亦惟朝廷有以增重焉

同知太常禮院劉攽輪對劄子曰。准御史臺告報。臣次當轉對者。臣器識淺庳。知慮短乏。不足以周知先務裨助教化。然臣年已十。讀書學古。所聞不少。經歷世事。所見非一。愚者之慮。倘有千數。將有一得上副詔求。臣某頓首死罪具條畫如左。臣竊觀前世之事。見致治之道。莫不始於務民。所以使務民者。在於治民之官。治民之官不同。有善取民者。有善養民者。善取民者。得民財而已。行一切之政。不日而賦入如意。遂了目前。似若可喜。善養民者不然。必察以歲月。曠日持久。勤於撫字。而後百姓家給人足。其效難於遽見。然善治天下者知取民不可以久常。而養民之為貴。故去彼取此。國家承五代之敝。聖化更治。不數十歲而民安富。蓋貴養民之吏而吏得其職爾。何以言之。本

朝之法。中外之官。莫不以郡縣為資敘。百官知民事之為先。賢才不以居外而為鄙。是其所以宣布德澤周遍幽隱。臣愚以謂此尚有未盡者。宜稍益而廣大之。且郡縣大小不同。事之繁簡相遠。當差為五等。異其品秩。殊其俸祿。自守令掾屬幕職以為陞降。能者進而居上。不能者退而就下。即中都顯官須人。輒取其優最者予之。如此則中外之官。知務養民為先。莫不饒力於民事。則百姓何患乎不富庶。而王化何憂乎不淳備哉。臣聞前漢議秦人之政曰。徒文具無惻隱之實。是實要之確論也。國家法令詳備。每有所施為。輒著為條貫。而未嘗求民之情。夫法令所以助治。而非為治之本也。今設以無辜之人。文致其罪。案牘完備。在上者雖極聰明。無由別白。則此無辜者終亦已矣。由是觀之。法令雖完。未如吏之良也。既得良吏。亦宜闊略微文。使得申其智慮。如是則聖澤下究。元元蒙惠矣。又伏見朝廷分別諸路。使監司督察州郡。諸路皆數千里之廣。列城至于百十。生齒之衆。官吏之盛。監司為上耳目而聽視之。若不清廉好義。不足以正身率下。若不智惠敏事。不可以興利除害。若不平心一意。不可以分別臧否。若不勤身勸率。不可以周遍幽隱。四者有一。則一路之治無由可舉。國家付其重權。而內無督察之者。中材之人。莫不因循苟免。或肆其喜怒。寵頑用罷。或顛倒民務。以害為利。或怠惰自肆。不勤職業。或畏避權要。抑絀孤遠。甚無謂也。臣謹按漢事。御史中丞外揔州郡。故黃霸薛宣之材。為其所稱進黜退。白黑分明。今國家亦宜如漢制。擇御史二人分察外路監司。聽其風聞言事。即有顯過。露章推劾。如此。則案察之官不敢曠職。朝家耳目萬里無蔽矣。

哲宗時校書郎李昭玘論治吏進策曰。君主靜。臣主動。君任逸。臣任勞。靜而逸則使人。動而勞則使於人。故動而不辭勞。而不怨者。義之

制也。舉天下之物。無以易我者。莫大乎身。舉天下之人。無以先我者。莫親乎家。既以身事人。則身不得而有。既以家食人。則家不得而懷。可予可奪。可殺可活。莫適而非君也。又焉得擇害而後安哉。孟子不往見諸侯。孔子君命召。不俟駕。曾子居武城。越寇至則去。子思居衛。齊寇至則未嘗逃。以孟子則無官也。曾子則師也。若孔子之不俟駕。子思之不去。蓋事君之義。不可不畏也。先王之時。大夫使於四方。雖四牡之嘽嘽。周道之倭遲。勤至於不敢懷歸。憂至於不遑將母。其心則非不悲。其居則未嘗寧處。不以不能忘私之思。勝不敢慢命之義故也。非特使臣之如此也。至於戍役之士亦然。薇既老而不得食。歲既暮而不得歸。驅之以行道之勞。迫之以雨雪之苦。告之以靡使歸聘之私心。繼之以我行不來之死志。義使然也。非特戍役之士如此也。雖婦人猶能勉其夫之勤勞。告其夫以不可懷歸之義。凡以致其義

而已矣。夫或生或死或安或危。莫之為而為。莫之致而至。是數者皆天也。若夫遇事不苟免。臨難不易節。有憤直而無流宕。此士之於君臣之際。當自致而已。苟為不知義。而操富貴之勢。憂事物之累。惴惴然惟恐其去己。則凡可以避患者無不為也。臣嘗觀東漢之時。班超開通西域。立功萬里。五十國皆款關納質。馬援清隴西。定嶠南。威窮域。冒毒霧。緣死徼。二人者豈甘心絕域萬死一生之計哉。忠義所激然也。以光武之賢。臣能自致如此。而陛下聖德聰睿。不自有己。優禮公卿大夫。輕施爵祿。縻之以歡。與之心。屈之以不倦之德。將以責在位之臣。行令而無奮起。功而不嶄然。而天下之大業。社稷之長策。古人未盡之遺利。當世必行之良法。皆出於上之經營注措之先。而猶不能奉承趨走。以應指顧。至於轉徙以避事。苟簡以違命。懼遠適則以覲親。厭繁使則以病告。使人之如此。孰有為上守節死義者哉。

何不旌拔一二忠義之臣。與議政事。放斥不職之吏。錮而勿用。以懲偷慢。以勵風節。使兄弟之臣。誠死宗廟。法度之臣。誠死社稷。輔翼之臣。誠死君上。捍難禦患之臣。誠死城郭。人君恭己正南面。其於責成也何有。

昭犯又上策曰。先王之設官也。與之亮天工。治天職。其人是以任官。其官足以行法。朝無幸位。位無曠事。然後可以比群吏之治。收庶績之懇而成王業。方其任人也。未嘗不勞於所求。優其所使。蓋士之明先王之道。達今王之變者。得位則行。不得位則止。近之以至恭則就。不恭則去。故有爵以貴其德。有祿以富其功。有冠冕佩服之尊。有章服徒御之盛。所以立於朝廷。長於民上者。遇之已至矣。屈樛木之富而引之無遺。盧巷阿之中而受之無拒。有諫則行。有言則聽。與之以義。意樂之以至誠。又亦至矣。為人臣者。固宜同寅協恭。正直在位。致其道以養人。修其身以行法。內盡其心而不欺。外竭其力而不懈。不擇事而辭難。知無不為。為無不至。以服其上之所勞。以報其上之所施。不能如此。而私義以害其公。私智以非其上。懷祿固存。背公死黨。則先王復何以馭焉。有刑以治之而已。夫刑之所加。常在於不善之小人。今乃致於公卿大夫之際。下則毀廉恥之節。上則傷尊賢貴貴之義。非所勸也。先王之意。以謂使之既有禮。養之既有信。在位獨不恤。而違上慢命。以亂成法。所以設官分職。復何望於治人哉。此刑之不可廢也。方其功之所取。則晝日三接。不讓於無威。罪之所去。則肆諸市朝。不疑於無怨。先之於舜。舜進為賓。吉而善善之報。惟恐其不優。舜之於四凶。雖放流竄殛。而惡惡之刑。惟恐其不著。聖人之情無所苟也。其於進賢退不肖之義。各從其當而已矣。周官太宰以官刑糾邦治。大司寇以官刑上能糾職。大司徒令於教官曰。各恭爾職。考乃事。以聽王命。其有不正。則國有常刑。雖然。其刑之也。又豈一日

而誅之。而輕絕身之善哉。不至則待之以月。月不至則待之以歲。一歲之違。猶以為未也。三歲大計。然後誅之。夫誅之則善悉奪之。則不速。然猶頑不即去。以干上之典。此刑之所以無赦也。先王之責人也既如此之詳。而躬自厚者亦未嘗不謹也。成湯不邇聲色。不殖貨利。檢身若不及。然後制官刑以儆於有位者。躬自厚之道也。主上取人以身。脩身以道。凡謀之所可聽。言之所可行。降之不遑。舉之不次。朝獻其言。而暮試其能。朝為布衣。而暮為卿相。用之不遺其舉。與之不求其備。可謂厚於與人矣。內則穆其德。外則勤勞其行。教信以一。好惡明。威以審是非。可謂自厚矣。官人百吏。猶不能體上之志。行上之令。善之以嘉獻。示之以周行。或非爭以起事。或偷慢以違命。罔上而不忠。趨利而忘義。在所察治而已。傳曰。臨事接民以義。應變寬裕有容。恭莊以先之。政之始也。然後中和察斷以治之。政之隆也。然後進退誅賞之。政之終也。一年而與之始。三年而與之終之謂歟。

紹聖元年吏部侍郎彭汝礪上奏曰。臣等以謂治天下之道在得人。欲得人。在知所以養之。吏部總在選百官之籍。當功罪資磨凡升黜之事。以詔朝廷。予奪自唐以來。為任至重。於今非古矣。嚴與進退。條目具備。凡所注擬。吏挾法以前曰某人於法如此。在所取。某人於法如彼。在所後。長貳無所可否。惟法之為聽。雖知其人之賢否。銖銖不能移輕重。夫知人亦難矣。今可以知之者。莫若吏部。觀其事而知名實。聽其言而知好惡。見其容而知厚薄。察所舉而知所與。斯久之過半矣。臣以謂人材埋之。今日為甚。請當精責吏部為拔材計。上于朝廷。朝廷察之。或賜以對。或試以事。籍之以待任使。凡為惟其人。非其人而薦之為朋下。以欺君為可欺為罔上。朋下罔上。必誅無赦。如此則士皆知自愛以待上之考察。任其事者皆思為朝廷得人。不敢為苟簡計。此豈小補之哉。然其要則在擇長貳而已。若夫明好惡以示之。隆學校以養之。選師儒以教之。此惟陛下加之意而已。

二年。秘閣校理畢仲游上言曰。君子以名用人者。為其信於衆也。一人譽之不足以成名。必衆人譽之。然後可以成名。則名者。信於衆之謂也。然士有依名而蹈利。不思行己之何如。養交取合亦足以成名者。故君子之用人。必索其實。孔子曰。吾之於人也。誰毀誰譽。如有所譽者。其有所試矣。試者。所以索其實也。而太史公亦曰。其實中其聲者謂之端。實不中其聲者謂之窾。窾言不聽。奸乃不生。則名實者。用人之大契。君子所以配仁義而並行之公道也。昔漢宣之治雖不及三代。然刺史守相輒親見勞問。觀其所由。退而考察。以質其言。有名實不相應者。必知其所以然。公卿缺。則選諸所表以次用之。故漢世多良吏。於孝宣時為多。而龔遂黃霸之徒皆得以良吏自見於世。元成而下。孝宣之業雖衰。然名實之法猶有存者。故建武永平間。郎官出宰百里。尚書令僕亦為郡守。而廣延第五倫鮑昱之徒。更以郡守入為三公。守令之重如此。是以卓茂魯恭皆以縣令為循吏。茂亦卒至三公。則孝宣名實非徒一時之稱。蓋得孔子試之之意。而後世可以循用故也。自唐以來。官在內者重。官在外者輕。故張九齡欲重刺史縣令之權。歷都督刺史。然後入為侍郎列卿。歷縣令。然後入為臺郎給諫。而法亦卒不克行。本朝之制。九品可以為縣令。七品可以為郡守。則是九品之賤。已當漢郎官之選。而七品之人。已任漢令僕事矣。持祿廣內者。既無治民之責。而多進退之門。守法在外者。則數出於俗吏。而不見用。就有用之者。不過由縣令而居幕府。由郡守而為監司。所謂臺郎給舍令僕三公。未有由此塗而出。則內官安得不重。外官安得不輕。是以名實相紛。毀譽清亂。養交取合之人。漸以得志。則守令如龔遂黃霸卓茂魯恭。亦何道而進。今兩漢之法雖卒難行。然當師其大意。稍重郡守縣令之官。通都大邑有善政者。數加獎勵。使必由縣令然後居寺監。由郡守然後至臺省。則人人樂於外官。赴

功治職。齊民可受其賜。而寺監臺省亦將得真材。毀譽名實無所紛亂。又合孔子試之之意。蓋事有不名而自至者。西漢重功名。則權奇倜儻之士出。東漢重名節。則蹈難死義之臣衆。有唐尚文詞。則詩歌賦頌綴文之人亦出而不絕。今果重在外之官。使必由縣令而後居寺監。由郡守而後至臺省。則謂良吏者亦將不期而自至。名實之論。惟所加意。

仲游又論人材上言曰。人材之所以難得者。非難得也。物生天地之間。貴賤美惡未嘗偏無。何獨至於人而無材耶。其所以無材者。知之不以其道。處之不以其分。是故雖有材而如無材。材之在人。非比貌象聲色可以外求也。不更事變。則有材者且不能自知。而况他人而可以知之乎。蕭曹絳灌樊酈之徒。非與高祖遇。則沛上之刀筆屠沽負販人爾。豈自知有將相之器哉。孔子曰。吾之於人也。誰毀誰譽。如有

所譽善有所試矣。又曰。視其所以。觀其所由。察其所安。人焉廋哉。以孔子之聖。豈不待試而後知人。而孔子必試之。則聖人之術可見矣。所以者。所用之心也。所由者。所更之事也。而所安者。窮達利害不動之謂也。既原其所用之心。又論其所更之事。卒要於窮達利害而不動。則人之賢與不肖。材與不材。已過半矣。而有譽之者且必試之。而後進。則孔子之門多賢智者。其道然也。後世取人之詳者。小瑕細行或廢其終身。而用人之寬者。抱大故而不問。既不原所用之心。又不論所更之事。卒不要窮達利害之際。動與不動。而有譽之者。又往往不試而後用。則雖孔子之聖。殆無以盡其賢與不肖。材與不材。故曰。知之不以其道也。人之無材。未能害於事也。惟有材而不肖。則可以亂天下。故有材之人。所宜深察賢與不肖之時也。而近世之用人。取其材而置其賢不肖。人或問之。則曰。我用材爾。此在上者自以為知術。

而智士之所以寒心而太息者也。漢之張湯桑弘羊。唐之裴延齡皇甫鎛。唯其有材而不肖。故雖汲黯卜式裴度陸贄不能與之爭。而卒亂漢唐之治。則用人者當先定其賢不肖。而後論材與不材。昔堯之用人。伯夷典禮。夔典樂。后稷播種。皋陶為大理。而皆君子也。使后稷有張桑裴鎛之材。而能播種。堯肯任之乎。而近世用賢。則不問材不材。用材。則不問賢不肖。用賢則不問材。不材猶可也。用材不問賢不肖則不可。故曰。處之不以其分也。今以太宗之有天下。豈比前世而獨之材也。惟知之以其道。處之以其分。則材將自至。材者至而天下治矣。然私有所怪者。莊子曰。寓言十九。重言十七。夫人之材。雖寓言重言之所增益。而不寓於他人。使有重者言之。而自獻其材。則材之大小已可知矣。而近世之用人。十有五六其自獻者。此又愈於知之不以其道。處之不以其分。然則知之以其道。處之以其分。而無敢自獻之材。正今日之先務。

三年。監察御史蔡蹈論臣僚上殿不得差遣上奏曰。臣竊見朝廷近日引見上殿臣僚。已蒙賜對。退而俟命。十有七八。不報而去。臣伏思疏遠小臣。偶緣薦引。乍瞻天顏。罔不震懼。進對之際。倉卒遺忘。所不能免。若其辭貌不近柔佞。而有鄙野之氣。就列之久。會有變革。且器使之。以觀其能。既而無所取材。斥之未晚。先王之時。務得人材。雖侏儒聾聵。有司火。修聲蘧篨蒙瞍之用。所謂器而使之者也。今朝廷方患人材之少。職事官員闕。自左右僕射而下。以至寺監丞簿。往往通攝。無以充數。今其進既難。則人材益見之少。因而自抑。不敢以賜對為望。則遠近相傳。士志畏怯。不自勸勉。殆非養才也。詩曰。芃芃棫樸。薪之槱之。傳曰。量才而任官。度德而定位。又曰。與人不求備。如此則下無遺才。而朝無虛位矣。官人之盛。雖成周不得過也。惟陛下圖之。

徽宗時。改元建中靖國。當國者欲和調元祐紹聖之人。故以中為名。右正言任伯雨言人才固不當分黨與。然自古未有君子小人雜然並進。可以致治者。蓋君子易退。小人難退。二者並用。終於君子盡去。小人獨留。唐德宗坐此致播遷之禍。建中乃其紀號。不可以不戒。

歷代名臣奏議卷之一百四十

歷代名臣奏議卷之一百四十一

用人

宋徽宗立。左司諫鄒浩上疏曰。孟子曰。左右諸大夫皆曰賢。未可也。國人皆曰賢。然後察之。見賢焉。然後用之。左右諸大夫皆曰不可。勿聽。國人皆曰不可。然後察之。見不可焉。然後去之。於是知公議不可不恤。獨斷不可不謹。左右非不親也。然不能無交結之私。諸大夫非不貴也。然不能無恩讎之異。至於國人皆曰賢。皆曰不可。則所謂公議也。公議之所在。槩已察之。必待見賢然後用。見不可然後去。則所謂獨斷也。惟恤公議於獨斷未形之前。謹獨斷於公議已聞之後。則人君所以致治者。又安有不善乎。伏見朝廷之事。頗異於即位之初。相去半年。遽已如是。自今以往。將如之何。願陛下深思之。

知永興軍王覩上殿劄子曰。臣竊以朝廷用人。凡内外之職。豈不欲其久任。特患貧多闕少而未能耳。貧多闕少之弊。理當變圖。則久任未易遽也。惟是逐路監司。輕用之則貧多。慎擇之則貧少。何異而不久任。今一路郡縣數十。察官吏之能否。究民物之利病。非一歲再歲之所能盡也。不使久其職。則務爲苟簡。取辦目前。職業浸隳。弊事滋長。夫天下之廣。吏員之衆。朝廷安能遍察。獨賴監司爲之耳目。振其綱領。況逐路不過數人。選擇差易。誠皆得其人而久任之。則四方萬里之民。蒙賜豈少哉。惟聖慈留神以幸天下。

覩爲御史中丞。薦用丁騭上奏曰。臣伏聞報恩無先於薦士。不拜莫大於蔽賢。況當顯後之朝。敢效相先之義。臣切見朝散郎丁騭才識高明。學問深博。行義足以表俗。文章足以華國。安於管庫。垂二十年。雖公論之所共高。而自視常如不足。方今政事之急。正在人才之少。如騭之賢。宜淪落於外。伏望朝廷擢置清要。必有補於聖治。如後不如所舉。臣甘坐貢舉非其人之罪。

元符二年。殿中侍御史陳師錫論任賢去邪在於果斷上奏曰。臣聞堯舜禹稷之相遇。其朝夕都俞勸戒。不過於任賢勿貳。去邪勿疑。蓋爲君之先務在此也。夫知任賢而任之之意不專。賢不可得而任矣。知去邪而遲疑不斷。雖有去邪之意。邪亦不可得而去矣。昔齊桓公問管仲曰。吾欲酒腐於爵。肉腐於俎。得無害霸乎。管仲曰。此極非其善者。然非害霸也。任賢而使小人間之。害霸也。又曰。郭何以亡。管仲曰。以其善善而惡惡。桓公曰。善善而惡惡。何以亡。管仲曰。善善而不得用。惡惡而不能去。郭由是亡。由此言之。人君不得任賢去邪之道。大不可以王。小不可以霸。守而不變。將至於亡。其能霸且王乎。管仲且猶知此。況不爲管仲者乎。宋興一百五十餘載矣。號稱太平。饗國長久。遺民至今思之者。莫如仁宗皇帝。臣竊嘗考致治之本。亦不過於開納直言。善御群臣。賢必進。邪必退。自明道中親攬萬機。見政事之多辟。知輔佐之失職。自宰相呂夷簡。樞密使張耆。參副夏竦。陳堯佐。范雍。晏殊等。一日皆罷去。天下已服其英斷矣。寶元之初。地震冬雷。用諫官韓琦之言。而宰相王隨及四列陳堯佐。盛度。韓億。石中立。同時見黜。嘗用夏竦爲樞密使。諫官歐陽修論其奸邪。即日罷竦判河陽。晏殊爲宰相。諫官蔡襄言其不恤邊事。廣置一日宅。即日出殊知潁州。其後不次擢用杜衍。范仲淹。富弼。韓琦。以致慶曆嘉祐之治。爲本朝甚盛之時。遠過漢唐。幾有三代之風。若仁宗牽於偏聽。優柔不斷。臺諫倚倍言不見用。賢善不進。朋姦不去。則安能饗四十有二年太平之偶乎。臣願陛下遠思堯舜禹稷任賢去邪之道。中采齊桓管仲善善惡惡之戒。近法仁祖納諫御臣之意。則太平之盛。指日可見。伏望陛下留神省察。

三年中書舍人鲁肇論惟材是用無係一偏之奏曰。臣竊觀唐太宗初即位。急於求治。擢拔賢儁。不以一途。故取魏徵於仇讎。取馬周於布衣。取王珪杜淹韋挺於流竄。其餘罪亡俘虜之臣。咸引在朝。惟材是任。卒賴其助。以成貞觀之治。及我太祖皇帝踐祚之始。亦以人材為先務。是時。承五代衰亂之餘。太祖皇帝征伐四方。粗定天下。制度典章。尚多闕略。又自郭周以後。藩鎮幕府。不得奏辟士大夫。罕有資蔭入官之門。唯進士經學二途而已。然歲取進士止三十人。經學止五十人。選舉既難。求無滯材。太宗知其然。故在位二十餘年。所擢士以萬計。含短取長。不求其備。一時草澤遺逸之人。收拾略盡。本朝名臣多繇此出。後世稱誦。以謂太宗明於治體。以天下為度。非衆人所及。故能越去拘攣。以牢籠豪傑。為國之用。此誠不世出之英。其後嗣所宜師法者也。臣伏見近歲以來。內則臺省清要。外則藩府守將。類多闕員。或曰乏材而然。臣謂古者不借材於異代。無世而無材。患在用之不廣爾。用之不廣。則取人有限。取人有限。則材者不必用。用者不必材。是以上之政事有曠廢不舉之憂。下之懷能抱器之士有鬱塞不伸之嘆。此宜今日之所留意也。陛下臨御以來。銳於更化。其所引拔。固已不專一途。然臣愚過計。尚意左右之臣。或未盡以皇極大中之道。啓迪於陛下。陛下於用人之際。不能無方。致陛下勵精求治之初。有人材不足之慮。伏望陛下遠稽唐貞觀所以致治之迹。近以太宗皇帝振舉滯淹為法。無惑於浮言。無係於一偏。斷自聖心。唯材是用。收其大者以為棟梁柱石。其小者亦足備榱桷居楔之任。庶於經營清朝。無施不宜。以成治功。以通衆志。豈獨天下之幸。實社稷無疆之福也。在易之泰曰。包荒。用馮河。不遐遺。朋亡。得尚于中行。蓋當上下交泰。君子道長。小人道消之時。荒穢者包之。馮河不中者用之。

奏議卷之百四十一　三

遠者不遺。邇者不朋比。如此。故得尚于中行。所以為盛。在書之皇極曰。無偏無黨。王道蕩蕩。無黨無偏。王道平平。無反無側。王道正直。如此。故能作民父母。以為天下王。惟陛下留聽毋忽。

肇為翰林學士。論減罷監司守臣上殿狀曰。臣聞朝廷政事。以民為本。與民親者。莫如逐路監司及州長吏。祖宗以來。常重其選。故監司辭見。皆得上殿。而州長吏人數猥多。不可人人延見。則擇其州之要重繁劇。與夫沿邊守禦之地。為長吏者。則許上殿。舉天下之大。無慮三百餘州。而長吏得對清光。親承訓敕者。不及百人。不為多矣。近者伏覩詔書。知州軍辭見合上殿者。減罷其半。於半之中。又減朝辭上殿者二十有二州。其辭見得上殿者。纔一十有三州而已。紹聖四年文臣一路兵鈐及監司職任。並須上殿指揮。又罷不行。臣愚竊所未諭也。夫祖宗必令監司知州軍上殿者。豈苟然哉。視其貌。則疲癃老疾無所擇。與之言。則能否邪正莫能欺。因此以察執政用人。則精粗得失無不見矣。為監司長吏者。受命而行。躬聞德音。則人人曉達上旨。有所遵守。政成而歸。親面天顔。則人人各述所知。口陳指畫。而上下之情。無有不通者矣。非獨如此。躬親庶政。收攬威權者。人主之大柄。延見臣下。諮詢不倦者。人主之盛德。祖宗以來。所以不憚日昃之勞。不厭應接之煩。蓋有以也。今陛下初即寶位。方當勵精為治。日接群臣以廣聰明。以通衆志之時。而遽有此變更。臣愚竊恐四方聞之。或意陛下倦於諮詢。或意陛下略於待士。而為監司長吏者亦將苟且因循。無自勵之志。非所以崇德義興治功也。夫自古帝王有志於治者。未嘗不廣延群臣。博問兼聽。而於治民之官。尤所注意。在漢宣帝每拜刺史守相。輒親見問。觀其所繇。退而察其行。以質其言。有名實不相稱。必知其所以然。嘗曰。庶民所以安其田里。而無歎息愁恨之。

奏議卷之百四十一　四

聲者政平訟理也。與我共此者其惟良二千石乎。故西漢二百餘年。獨宣帝世循吏為盛。漢之刺史，即今監司之任也。漢之守相，即今之知州軍之任也。宣帝所以綜覈名實，為漢賢主，其本在此。以陛下明聖，方將興建德業，比隆三王，如宣帝所行，為之甚易。臣愚欲願陛下近守本朝成憲，遠稽漢宣帝故事，出自聖意，申命輔臣，自今監司知州軍辭見上殿，並如舊制。內監司及帶一路兵鈐，仍依紹聖四年旨揮，其餘則依今年六月十六日詔書施行。所貴上循祖宗之典，下貽子孫之法。其於政體，蓋非小補。惟陛下留意毋忽。天下幸甚。

右正言陳瓘論絕述上疏曰：臣切惟天下萬事，而人主所當問者一事而已，用人是也。堯舜之法，試而後用。是以九年然後見伯鯀之罪，歷試然後知大舜之聖。不試而用，其失多矣。陛下欲開言路，首還鄒浩，取其有既往之善，可謂得已試之材，允合人心，無可正救。而聞御史中丞安厚卿尚緣往事論浩罪惡，欲寢已成之命，自明前舉之當。其說以謂先朝之事，且當遵承，國是所繫，不可輕改。臣請以祖宗故事明其不然。昔唐介之忤仁廟也，內指貴妃，外詆宰相，竄于嶺表，昭示天下。是則鄒浩盡忠之言，何異於唐介；先帝一時之怒，何異於仁祖。仁祖有日新之意，久而變通，是以還介於一年之內。先帝有日新之意，未及改命，而棄天下於數月之間。愛君之人，念此傷痛。光續前緒，正在今日。豈有事事不改，而可以謂之善繼；天下皆非，而可以執為國是乎。國家一繼一述，皆本於孝。善繼人之志，善述人之事，以太平之久，自堯舜三代乃至漢唐，皆不及焉。一人有慶，兆民賴之。孰大於此。若夫不改父之臣與父之政，則是孟莊子之所謂孝耳。戰戰兢兢，何足為天子道哉。陛下居武王繼述之位，而執法之臣，揚孟莊子不改之說，曲徇其請，則臣下享因循之利；從公議，則聖主被忽忘之譏。非上誤朝，一以私意。風憲之職，當如是乎。然則鄒浩既來，安厚卿可去矣。雖聖度寬容，姑爾含貸，而明示好惡，亦不可緩。黜幽之典，宜自安始。伏望即降指揮，以警列位。天下幸甚。

瓘又乞罷王師約樞密都承旨上疏曰：臣聞武王即政之初，群臣進戒之詩曰：陟降厥士，日監在茲。蓋言陟黜人材，上合天意，然後可以慰天下之心。初政之所宜謹，無大於此也。臣伏見駙馬都尉王師約近除樞密院都承旨，非祖宗用人之法，違神考設官之意，臣不可以不論也。本朝矯衰唐之弊，駙馬都尉無有任權要者。惟王貽永尚太宗女鄭國公主，一年而主薨，貽永即納所賜第，後三十年乃歷邊任。仁宗知其賢，擢任樞密。當此之時，貽永名為帝婿，實已疏外。今師約賜第猶存，而未歷邊任，豈可用貽永之例，而遽擢於樞密之地乎。神考詔樞密院置都承旨，以文臣為之；副承旨，以武臣為之。或參求外戚之可任者，以充此選。然一文一武，不相參也。今以師約援文臣之倍，豈神考設官之意乎。陛下遠師堯舜，近法祖宗，四方萬里，無不延頸舉踵，以觀初令，求拔寒俊，而遽以姻戚先之，巖穴之士，將何望焉。三省樞密院進擬如此，失天下之心矣。願陛下守祖宗用人之法，稽神考設官之意，罷師約新除，以允公議。

瓘又上奏曰：臣十二日嘗具奏狀，言駙馬都尉王師約除樞密院都承旨，非祖宗用人之法，違神考設官之意，乞行寢罷，未蒙施行。臣所當論未可已也。師約在元豐中嘗為神考之所試用，其人修謹寡過，士論亦頗與之。然而臣之所言，非論師約之賢否，特以初政用人，不循舊章，未拔寒士，先擢姻戚，恐失巖穴之心，以為廟堂之累。區區之忠，非立異也。若蒙陛下採狂瞽之言，寢已行之命，則用衆從善，實為兩得。伏望聖慈特降睿旨，罷師約新除，以全初政之美。

瓘為校書郎。論立賢無方。上奏曰。臣聞書曰。萬邦黎獻共惟帝臣。詩曰。率土之濱。莫非王臣。故東西南北之人。皆可任也。成湯大有為之時。所專任者。伊尹一人而已矣。然而孟子曰。湯執中。立賢無方。所謂無方。則立于朝廷者非一人而已。臣謂神考之用人。正與成湯相似。熙寧之初。專任王安石。熙寧之末。則立朝廷者。不主一人而已矣。是以天下洗心之士。無彼無此。皆願為神考之用。而朝廷之上。平無偏黨。成湯之用人。何以加此。紹聖大臣。以纂述王安石為名。託繼述之文。借朋黨之說。以屏除異己之人。因司馬光則謂洛人皆不可用。因呂大防則謂陝人皆不可用。因劉摯則謂東人皆不可用。彼自紹聖以來。西北士大夫皆無望於朝廷。甚非神考所以立賢無方之意。臣謂善救弊者。先救其偏。此陛下今日之急務也。蓋無方之說。可以救一時之弊。可以為初政之法。

瓘又論用人惟己。上奏曰。臣聞用人惟己。亦成湯之事也。臣嘗謂立賢無方。則朝廷不偏。用人惟己。則臣下無黨。為君之難。在此兩者。成湯所以能由此道而為後王之師者。始於執中而已矣。中則不偏。中則無黨。無黨無偏。無黨王道蕩蕩。神考熙寧之初。立賢有方。用人惟安石。熙寧之末。立賢無方。用人惟己。一弛一張。得文武之道。有始有卒。見聖人之心。此陛下今日之所當法也。

瓘又同任伯雨乞罷溫益給事中。上奏曰。右臣聞漢高祖即位之初。所先封者。皆故舊親愛之人。用張良之言。急封雍齒。於是群臣人人有自堅之意。唐太宗即位之初。秦府舊人未遷官者。皆有咨怨。房喬以為請。而太宗答曰。設官分職。以為民也。當擇賢才而用之。今不論其賢不肖。而直言怨嗟。豈為政之體乎。臣愚以謂張良之諫。有益於高祖。房喬之請。無補於太宗。此二君者。一則有聽諫之明。一則有察言之公。故當即政之初。不失用人之理。此漢唐既往之善。初政之所當稽也。臣伏聞太常少卿溫益除給事中兼侍讀。按益知潭州日。有新州羈管人鄒浩道過本州。晚投僧寺。就宿寄食。而益差本州兵馬都監遣浩出門。續令走卒數輩逼浩登舟。使之冒風夜渡而去。浩以言事得罪。既經行遣。不知所過州軍吏緣何事催辱逼逐。使至於此。又分司安置人范純仁。劉奉世。韓川。呂希純。呂陶。皆在本路。並為益所侵困。當時用事大臣以益為是。而天下公議以益為非。今陛下召還鄒浩。厚禮純仁。而奉世之徒。皆已叙復。所以合天下之公是非也。益之所為。又已達于聖聽。謂宜躬攬之初。正益之罪。而乃擢置侍從。處之經筵。付以封駁之任。非緣端府舊僚。何以致此。臣願陛下用堯舜大公之法。稽漢唐既往之事。罷益新除。黜之于外。使天下皆知陛下不以故舊之私恩而廢天下之公議也。如是則一除之失。何足以累聖政。而不吝之明。適足以新盛德。臣不勝惓惓愛君之忠。惟陛下加聽。幸甚。

瓘又進故事曰。韓琦范仲淹並為樞密副使。臣瓘曰。韓范二人。先以朋黨見疏。今復並用。臣愚嘗謂君欲辨朋黨。先須除忌諱。仁祖之初。范仲淹。杜衍。富弼。韓琦之徒。當時指為朋黨。朝廷行遣仲淹。書其罪惡。兩次榜于朝堂。景祐中勑榜則以謂仲淹憸言罔上。立黨挾私。躁率詆欺。密行離間。寶元中勑榜則以謂仲淹挾朋相援。奸利自營。結陰好以濟仇。託強辭而市直。當時諫官乘勢摘排。和其言者如出一口。據此兩次勑榜。則是仲淹以奸憸敗露。永可棄絕。及仁祖翻然悔悟。所謂奸憸者。忽取其正直。所謂詆欺者。忽以為忠信。如上天寒暑陰晴之變。非臣下常情所可測度。復并韓琦並用。皆大合於公議。天下謂之韓范。神考為韓琦作神道碑。實載其美。當景祐寶元之間。歐陽修論朋黨。引商紂桓靈之事。觸犯忌諱。無所不至。仁祖取其議論。不罪其言。故天下公議終不見掩。臣所謂若欲辨朋黨。先須除忌諱者。仁祖已試之效也。神考熙寧之初。專任王安石。自安石與呂惠卿紛爭之後天下有王黨有呂黨。神考於王黨之可用者亦用。呂黨之可用者亦用。故二黨之禍不及朝廷。而於既往之事。緣此悔悟。從而改舊者多矣。未嘗悔過而執吝也。夫惟不吝。然後用人惟己。此神考之所以合乎成湯者也。蓋改過不吝。則忌諱自除。用人惟己。則朋黨自消。臣故曰。若欲辨朋黨。先須除忌諱。

以殿中侍御史唐介為尚書工部員外郎直集賢院。初介為臺官彈宰相文彥博。忤旨貶嶺南。未幾復殿中侍御史。秉行知復州。尋還中使名為殿中侍御史。論者以謂天子優容言事之臣。近古未之有也。至是介辭言責。又欲安全之。故有是命。

臣璀曰。臣嘗謂天之運也。譬如車輪之轉。高者復下。下者復高。其變無常。不可執也。執者失之。老子之大戒。仁祖之責唐介。一年之間。即復名用。不惟於唐介如是。凡言官之斥逐者。無不然也。言事及於大臣。則大臣必罷。若大臣復用。則言者亦還。正如車輪之往來流轉而無所執也。上意不偏。下亦無黨。其妙處皆非衆目之所能覩。其理闊闊。非衆心之所能思。此仁祖自得於獨知者也。豈外入之善乎。莊子曰。天道運而無所積。故萬物成。帝道運而無所積。故天下歸。聖道運而無所積。故海內服。仁祖用人之術。可謂如天運而無所積矣。天下之所以歸。而海內之所以服也。臣嘗攷唐時牛李之黨。自牛僧孺對策之後。至李德裕死于崖州。一張一弛。凡四十一年而後朋黨之禍息。仁祖在位四十二年。所用之人。其類不一。然不至立黨而相攻者。以上無偏執。運轉在我。故樸圓術妙。足以轉天下。而不為天下之所轉也。臣謹按古之朋字。即鳳字也。一已在上。而衆鳥從之。人主用人惟己。則天下之人皆來朋我。若鳳陷在下則臣下各自立朋。此自然之理也。

老子曰。貴以賤為本。高以下為基。

臣璀曰。文帝納賈誼讜切之言。養臣下以節。未辱大臣。於是堂陛愈高。而基本愈固。易曰。以貴下賤。大得民也。何以異於此哉。臣嘗謂自三代以降。善治天下者。無如孝文。然其術出於老子。故仁祖之於老氏也。取其簡約。而神考之於漢文也。謂無間然。蓋老異於孔。而其本則同。漢劣於周。而善亦可取。此二聖之所以垂訓也。仁祖皇祐四年。謂輔臣曰。朕臨御以來。命參知政事多矣。其間忠純可紀者。蔡齊。魯宗道。薛奎而已。宰相王曾。張知白。皆履行忠謹。雖時有小失。而終無大過。李迪亦朴忠自守。第言多輕發耳。龐籍對曰。才難自古然也。上復曰。朕記其大。不記其小。臣三復聖訓。因考王曾知白之所以見重於仁祖者。蓋能以清淨之術而無為之化。所謂大而可紀者。其在茲乎。

諫議大夫龔夬論封駁差除狀曰。臣伏聞新除程伯孫王钀蔣長生黎珣。鮑朝賓等。充郎官給事中。以伯孫等皆大臣姻戚。已行駁奏。未奉俞音。復命他官書讀。側聞清議殊未為允。蓋執政薦吉自當旁招俊乂。若有姻戚。果賢邪。人自知之。今中外朝臣責任人材。如伯孫者何可勝數。又况賢俊如林。未蒙識擢。而首論用此數人。是以士論紛紛。未以為當。若大臣專引親舊。多非其才。則朝廷不得無疑。若是則俊曰雖欲進賢。不可得也。於是天下之真才。朝廷不可得而用矣。門下本以省審為職。若給事中所駁。改付別官書讀。則是非不可不決。後官所書是耶則前官不爲無罪若前書所駁非耶則後官豈可繆書。若一切不問惟命令之速行則給事中之職幾於廢矣恐非建官設屬轉相維持補救政事之意伏望聖慈特賜詳酌施行。

大觀初蔡京再相向所立法度已罷者復行。祠部郎官葉夢得言周官太宰以八柄詔王馭群臣。所謂廢置賞罰者是之事也。太宰得以詔王而不得自專。夫事不過可不可二者而已。以爲可而出於陛下。則前日不應廢。以爲不可而不出於陛下則今不可復。今徒以大臣進退爲可否無乃陛下有未了然於中者乎。上喜曰邇來士多朋比媒進。卿言獨無觀望。遂除起居郎。時用事者喜小有才夢得言自古用人必先辨賢能賢者有德之稱。能者有才之稱。故先王常使德勝才不使才勝德崇寧以來在内惟取議論與朝廷同者爲純正。在外惟取推行法令速成者爲幹敏。未聞器業任重識度經遠者特有表異。恐用才太勝願繼今用人以消德爲先。

大觀中吏部侍郎慕容彥逢論理會守令劄子曰臣伏見陛下勵精政事比降明詔惠綏庶民教養多士所以訓飭丁寧甚悉眞極盛之舉也。臣竊謂陛下聖謨高遠固非臣子所能仰望清光。至於推行德意憲應見於事實而與士民尤親者蓋在於守令。舉皆得人。則事功不以便文自章則太平之基豈復他求。昔朝廷制考課之法。殿最賞罰既詳且備。臣愚欲乞守令任滿課入優等者除合得賞格外其未經選擢之人三省審察。如人材果可任使隨其資秩特加獎擢。或寘諸省府寺監要劇之選或委以諸路監司按察之寄。若此群吏聞風莫不激勸各以行治自奮豈惟究宣惠澤上以副陛下惻怛之誠又足以搜揚疏遠以盡爲官擇人之術其效豈小補哉。伏望聖慈特詳酌施行。

徽宗時。御史中丞王安中論知縣闕官劄子曰。臣竊惟陛下天資仁聖愛民重本。詔書數下。德意具昭。而奉承者在朝廷。推行者在郡縣。自朝廷下之省部。省部下之監司。監司下之郡。皆行文書而已。至于郡下之縣。始及於元元之衆。然則最近民而實行陛下之德意者莫切於縣令。臣伏覩近日諸路奏請。如夔言管下永静將陵德州平原成都利州等路。皆以縣無正官上達聖聽。而河南明州陝西廣東且皆奏乞差人。吏部以見榜闕多自春季至今。更不刷闕見在任人。曰有中明過滿乞省罷及催差替人者。而替期未至者亦多乞宮觀或願就監當。大抵諸路縣邑不闕官。則多未有替人。太平多士之時。人樂仕宦。而百里之任。願獨憚往。其說有四。苟免之塗多。難工之事衆。督察之官不公。賞罰之施不均故也。先帝成憲。勑改官人必令作縣。關陞通判必實歷知縣人。熙寧元豐間。用恩賞改官免知縣者少。今

恩賞改官者衆。而用考第改官人。力足以取堂除。乞宮祠。則不復到部。通判闕自監當人以上。稍有因依。皆可徑得。蓋不必用實歷關陞。況創制負闕有與當實歷者。諸司辟官有乞理實歷者。然則誰肯屑爲縣道哉。臣所謂苟免之塗多者。此也。治縣之才。世固以爲難。而責辦於法度之中。取成於法度之外者。又不能無。凡買物曰置場之類者。不均數。則不能應拋降之數。凡賣物曰鋪戶之類者。不抑配。則不能及撥立之額。運送綱栰。貼助夫役。水旱之訴。蠲租則失漕計之指。公使之須守法。則取州郡之怒。臣所謂難工之事衆者此也。守倅之賢未必能服人。而行縣季點者又其下僚。監司之才未必能戢下。而往來督責者。又其屬官。文檄之聲。陽戒以無違詔令。而風指之密。陰趣使抵冒法禁。守倅監司。不特資以免責。而喜功生事者方以爲進身之利。臣所謂督察之官不公者此也。致功就事。縣任其勞。論罰則

獨厚於他官第實則每居於下列臣所謂賞罰之施不均者此也夫近民之官而所以病之者若是遂使所在闕人元元受弊方並議負多而洛闕執者先填闕以修官臣愚欲望聖慈申嚴賞應之制舒究責辦之實戒監司守倅使同利害公賞罰勸沮使當功罪庶幾人無憚往之心不爲避免之計縣得正官職有常守必有能爲陛下宣布德澤勤卹下民者事始朝廷而及天下其利甚大惟陛下財擇

尚書右丞陸佃執政與曾布比而持論多近恕每欲參用元祐人才尤惡奔競嘗曰天下多事須不次用人苟安寧時人之才無大相遠當以資歷序進少緩之則士知自重矣又曰今天下之勢如人大病向愈當以藥餌輔養之須其安平苟爲輕事改作是使之騎射也

左司諫江公望乞用元祐人才上言曰臣日者獲遇清光親承聖訓以今日之治勢當以繼述爲先復賜宴間側聆睿旨以今日朝廷所

患元祐人爲多臣退而思之既持繼述之論必寘於元祐之説此理勢之必至者也夫孝子之心莫不以繼述爲美哲廟同孝於神考矣持繼述之論牢不可破輔政非其人以媚於己爲同忠於君爲異有一語不合時學必目爲流俗一談不相侔時事必指爲横議借威柄以快私隙必以亂君臣父子之名分以感動人主故元祐之臣投荒屏裔爲之一空所引陰險憸佞輕浮刻薄之小人內結中貴以偵伺主意外生邊事以持久祿位人力困竭國用匱乏天下爲之騷然泰陵不得盡繼述之美大臣持論不平之過也昔成周之時作興人材化雨德風浸潤披拂菁菁有阿陵之養芃芃是薪標之用一遭幽厲之禍人才彫落至宣王中興有德輶如毛民鮮克舉之愛莫助之之歎宣王知人才可以培殖而生可以護養而成若芑之新田菑畝培殖護養有力故南征薄采而足用也元祐人才皆出於熙寧元豐培養之餘遺紹聖竄逐之後彫隷落莫存餘無幾天假殘息苟有待焉陛下有作萬物興覩雨露滂沛咸被湔洗不旋踵名實葉近或布在臺省要藩便郡班班有之萬無一生之人既獲全活百有十非之者一切俱原豈惟不失前日仕宦豈盡爲有進擢之望人非木石豈不懷恩陛下不用則已用之則若臂之使指若手足之捍頭目豈復有不應我哉陛下持繼述之論而以元祐人爲多不過患其不爲使爾此正非所慮也陛下操利勢持名器躰乾剛之德用皇極之道以臨御天下以役使群動人臣結髮辭親委質就仕既移所事而事陛下豈有驁然不爲使哉陛下不迫其所難不彊其所不能祇欲同心協力遵奉神考已成之法度徐將講求繼述之義意與天下共享其利彌昔齊桓釋射鉤之讎而管仲得以濟其功晉文不宿斬袪之怨而勃鞮得以成其名王珪魏徵易所事而不以陰計爲讎唐太宗用其

直而卒成仁義之治神考於元祐之臣其先非有射鉤斬袪之讎陰計之隙也先帝信仇人而黜之陛下黜仇人而用之用其隙猶足以濟治況非其隙而用之者乎其肯爲陛下盡也必矣陛下若立元祐爲題必有元豐紹聖爲之對有對則諍興諍興則黨復立矣縉紳之禍何時已也可不痛哉陛下嘗榜朝堂并布告天下以爲政取人無彼時此時之間損益惟時之宜用舍惟義之所在又改元詔旨亦稱思建皇極嘉靖庶邦蓋嘗端好惡以示人本中和而立政皇天后土實聞此言陛下欲渝斯言其如皇天后土何論述事則一無所作述之而已此詩所謂率由舊章而閔子騫所謂仍舊貫何必改作者也論繼志則治雖不同而同歸于道時雖不同而同歸于治若啓之敬承禹道武王之卒伐功者也惟道是同豈泥于已陳之迹哉二典常道也可則君之否則稽之何常之有惟茲不常是乃所以爲常道也

伏望陛下以繼述為大計。以因時損益為盡義。雖步驟馳騁不越於神考法度之間。皆足以為治。是猶王良、造父之挾輿馬。驚御疾徐之節在我。雖欲項領而為之用。勢亦不可得已。況非迫其所難。而強其所不能也。揚雄曰。御得其道。則天下狙詐咸作使。御失其道。則天下狙詐咸作敵。治天下者審所御而已。能審所御。雖狙詐且為之使。況不為狙詐者乎。故有國者惟患人才之不多。不患多而不可用。惟患不能用而已。陛下明諭群臣。以朕之所謂繼述者如此。朕之所以遇元祐之臣者如此。咸俾承聖訓。各務同心協力以成繼述之美。以保富貴安榮。朕於爵祿何所愛焉。儻陽為公心。陰結死黨。專立異論。務沮成法。或怏怏非其君而驁不為使。則明行誅斥以戒在位。朕於汝無愧。汝負朕為多。自速之禍也。悔何及焉。先之以訓誥之情。申之以丁寧之義。終之以惻怛之意。此周公所謂予不惠若茲多誥。蓋有不

奏議卷一百四十一　十五

獲免者矣。如是。元祐之人惟患其不多。繼述之義無患其不盡。天下何患其不治。陛下御之而已。夫仁者善合人。不仁者善離人。惟聖人能置人於其間。是猶水火之不相能也。置鼎焉。故能濟烹飪之功。成五味之和。今宰相執政。侍從臺省。陛下善置人焉。雖若水火之不相能也。必有足以濟治者矣。此尤不可不察也。匹夫之智。雖聖人有所不知。芻蕘之言。雖聖人亦知採擇。臣之言。偶類乎匹夫之智也。臣之職無異於芻蕘。陛下或加採擇。則聖人之不知所以為知之至也。

左正言任伯雨上言章惇狀奏曰。臣聞名不正則言不順。言不順則事不成。故欲成天下之大事者。必以正名為本。臣前者所論章惇求去。不可不許。此乃名正言順之事。在陛下斷之而已。惇為先朝宰相。先帝山陵未畢。不可以出惇也。出之太遽。則名不正矣。今也不然。陵土未復。而惇自求去。去就在惇。不在朝廷。亦如王珪既死。別命舊相。死生在珪。不在朝廷也。惇處可嫌之地。迹不自安。果於求去。理可必從。陛下之所以留惇者何哉。以別無舊相可以代惇故耳。臣前者妄陳愚計。以謂范純仁之賢。可以代惇。舉而相之。則天下之心皆向朝廷。況是先朝舊相。付以陵事。乃其宜也。急用純仁而果於去惇。則可以慰四海思賢之心。可以示二聖用平之意。用平則人無反側。得賢則事可諧詢。假使純仁辭疾不赴。而朝廷衆美實已兼。畧考之公議。孰曰不然。唐順宗之初。叙用謫逐之人。陸贄、陽城皆當時之賢者。未聞詔命。死於貶所。時不待。今良可追恨。今純仁年過七十。加以篤疾。萬一不待詔除。遂先朝露。非唯無以慰天下之心。亦恐老成之言。願告于朝廷者。不得剖露。豈特二聖之所不足。亦純仁垂死之恨也。漢宣帝欲封丙吉。而憂吉病不起。欲使人加紼而封。及其生存也。古之明

奏議卷一百四十一　十六

君。誠意用賢。其急如此。今純仁老矣。目不見物。押班升降。勢必不能。然而舊德雅望。非宰相不足以處之。若也堅辭。然後改命處以閑局。待以優禮。有疑則問。

貼黃。仁宗時自侍從而上。多以方寸小紙細書問之。遇事便詢。先慰天下思賢之心。終獲黃耇嘉言之助。若不早許惇去。倘是以成此事。臣願陛下先下臣前章三省。然後從惇之請。改命純仁。所有永泰陵使事。令先朝執政時暫與領。候純仁到闕。然後交割。如純仁辭免。則權付之人便可充代。如此則進退輔臣不為無禮。改命陵使人無間言。名正言順。無可疑者。臣願陛下上稟睿斷而行之。天下幸甚。

尚書右丞范純禮從容諫曰。適者朝廷命令莫不是元豐而非元祐。以臣觀之。神宗立法之意固善。吏推行之。或有失當。以致病民。宣仁

聰斷，一時小有潤色。蓋大臣識見異同，非必盡懷邪為私也。今迹論之臣，有不得志，故挾此開口，以元豐為是，則欲賢元豐之人；以元祐為非，則欲斥元祐之士。其心豈恤國事，直欲快私忿以售其奸，不可不深察也。又曰：自古天下治亂，繫於用人。祖宗於此最得其要。太祖用呂餘慶，太宗用王禹偁，真宗用張知白，皆從下列寘諸要途。人君欲得英傑之心，故當不次拔擢。必待薦而後用，則守正特立之士將終身晦迹矣。

宣和中，殿中侍御史許景衡奏罷宮定、宋中孚參部劄子曰：臣竊惟承平日久，吏員滋多，而大小使臣尤為冗濫。吏部待次者動經數年，廩祿不繼，誠可矜憫。陛下至仁及物，獨智察微，灼見注差不行，多緣吏職猥雜，蓋以偶叨一命，徑歸銓選，注擬冗猥之由是。自此政和七年十一月六日，特降御筆手詔節文：應緣人吏補官，未罷吏職，不得參部。或曰後續降處分，並許執奏不行。務在百執恪意遵守，著為永法，無或衝革。宸翰布告中外，鼓舞。孤寒武臣方有就祿之望。伏覩近降指揮，開封府廳司使臣宮定、宋中孚許令參部，依舊本府祗應。議者咸謂前降御筆，焯如日星，豈容胥吏小人，輒敢邀求衝改。如使出於特恩，亦礙前立永法。伏況前日平江府奏辟吳彥璋充司戶曹事，既有成命，而吏部執奏，以為彥璋曾坐圍田水利不實，已係御筆勒停。伏蒙陛下特垂天聽，既始奉，遂罷奏辟指揮，確守禁約，杜絕欺罔。有識悅服，如蒙大賚。今者宮定等徒以一時僥倖之路，首破御筆永不衝革之法，比之彥璋辟命，事体尤重。若不特賜改正施行，深恐後來紛紛藉援以為例，豈惟吏部右選冗濫之弊未易澄革，且使雲章奎畫援著為永法者，殆成虛文。此尤不可不論者也。竊觀自頃朝廷大政，皆由御筆處分，直其百辟遵奉，庶績咸熙。然而歷年于茲，

向之積弊猶未盡去，蓋有如開封胥吏之類，撓法害政者未嘗鋤治故也。臣愚伏望陛下奮乾剛之威，守已行之令。凡有僥倖干請，一切斷以明刑。夫以天下之至公，示聖人之大信，則立政立事，豈不遠過唐虞成周之盛哉。在陛下誠意篤行之而已。臣不勝大願。所有開封府使臣宮定、宋中孚，伏乞睿斷，嚴賜施行。

欽宗靖康元年，監察御史余應求論將相當同心協謀疏曰：臣嘗謂自古人君出應帝王之運者，必有同心一德之臣，以大公至正相與輔佐，彌縫經綸，圖回以定禍亂，以寧邦家，以立法度，以施政教，成莫大之功，定可久之業。請舉古事以明之。昔唐房杜之相太宗也，玄齡每議事，必曰非如晦莫能籌之。及如晦至，卒用玄齡之策。蓋如晦長於斷，玄齡善謀，兩人深相知，故能同心濟謀，佐佑帝室。姚宋之相明皇也，崇善應變以成天下之務，璟善守文以持天下之正。二人道不同，同歸于治，故能輔佐開元，治隆中興。夫三百年間輔弼者不可稱，良相止四人，非唯君臣遇合之難，而輔佐之臣協心共謀者為尤難也。其次又有武夫勳臣，亦能躰國徇忠，釋私忘怨者，若廉頗藺相如之於趙，寇恂賈復之於漢，郭子儀李光弼之於唐是也。夫平居無事之時，執政大臣猶欲其同心如此，又況於艱難未定之時乎。武夫勳臣猶能釋私忘怨，躰國徇忠如此，又況儒學之士，以道義相許，以公忠相望，以古人事業相期，本無怨隙嫌疑也。豈一旦各據勢位，遂乖素願，務徇其私，而固為異同者乎。恭惟陛下以甚盛之德，撫中興之運，時否而望泰，法敝而望變，民困而望息，國危而望寧。夷狄四侵而兵未解，財賦久匱而用益急，賢否渾淆而未辨，名器冗濫而未清，紀綱已弛而未振，號令數易而未孚。焦心勞思，忘寢與食，其憂勞天下

如此。是宜執政大臣，仰體聖意，如房杜姚宋，同心相濟，以圖治功之時。必無宿怨私憾，如廉藺賈寇郭李之所存也。然而議論掣操，不能無異。要當公心正念，以大公至正之道相與，無置私情於胷中，則善矣。又況人之受才，自有限量，不可同也。陛下今所注意而任用者，不過一二大臣。以臣觀之，亦各有所短。吳敏失之怯，李綱失之果，徐處仁失之奇。失之怯者，才不足也，其弊則優柔懦弱而失事機；失之果者，器不足也，其敝則勇銳於事而或過舉；失之奇者，識不足也，其敝則煩碎伺察而失大體。若能各去其短，無任私情，無眤私怨，協心共謀，才不足者去其怯而克斷，器不足者去其果而謹審，識不足者遠謀慮而務大體，庶可安靖邊境，爲中興之助矣。非特此也，种師道、姚古皆邊鄙老將，有謀略威望，可以倚任。初召師道，都人待之如望歲焉。陛下既加信任，又畀姚平仲以節。平仲失利，非師道罪也。及姚古

至併與師道罷之。或謂兩家世爲仇敵，不可並用。臣謂廉藺賈寇，先國家之急而後私讎；子儀光弼，握手涕泣，正在今日。陛下何不以此義諭之，而兩任之乎。兵革方興，老將氣沮，謀格而不行，非所以盡人謀也。欲望聖慈下臣此章，示將帥大臣，儻皆能如臣所言，陛下雖未能深居高拱，亦可少安矣。陛下更能留意論相，以尊朝廷，安中國，而御遠夷，非特爲諸臣之幸，實宗廟社稷天下蒼生之幸。

應求又論用人太易上奏曰：臣聞重爵位，則多士勸；謹用人，則朝廷尊。蓋與之不重，則下輕上爵；易於用人，則去之必速。此理之必然者。近者朝廷此弊尤甚，末流至今，未之能革。陛下臨御甫三月矣，凡用四宰相，凡執政、列侍從者十餘人。初不謹愼，故去之每速。近日除用尤爲超躐，有趣召未至而已屢遷者，有未收功效而與峻職者，有自下僚擢爲侍從者，有取其一言辭褐爲師儒者，有一日差除至二十餘人者。其人之賢愚能否，固未暇論，然視爵位亦太輕矣，用人亦太易矣。夫賢才之士，有可不次用者，如湯之於伊尹，高宗之於傅說，不過一人而已。未聞當時百執事之衆皆然也。方今名器冗濫而未清，仕進僥倖而未抑，誠宜大有刻革，以新初政。乃復輕易如此，臣竊惜之。願詔執事，特加詳謹。毋備具官僚，毋超躐除授，毋徇私愛，毋用非才，使綸綍之下，當人心而無煩言，則朝廷尊而多士勸，政事修而夷狄服矣。

翰林學士許翰論相上言曰：臣嘗學易，觀否泰之象，則知君子小人未嘗相無於天下。雖堯舜在上，世必有小人；雖桀紂在上，世必有君子。其所以爲治亂相反如此者，堯舜錯之得宜，而桀紂置之失當也。故錯之得宜，則君子小人並受其福，是以皆謂之泰；置之失當，則君子小人各窮于禍，是以同謂之否。所謂當與不當，要在內外之間而

已矣。泰內君子而外小人，則其象內健而外順；否內小人而外君子，則其象內柔而外剛。剛者君子之德，柔者小人之德也。使君子有爲於內，則內健可以制天下；使小人委聽於外，則外順而天下從之。何謂內外？傳曰：睽，外也；家人，內也。皆泰反其類也。故人君躬必與小人睽，而以君子爲家人者，類固相反。雖然，人君以一人之明，而欲以盡知天下之君子，親之使爲家人；又欲盡察天下之小人，睽而遠之，則雖堯舜之聖難於此。然圖其易，則必有要矣。舜選於衆，舉皋陶，則不仁者遠；湯選於衆，舉伊尹，不仁者遠。故易曰：君子有解，小人退也。前日君子小人，上下倒植，內外逆施，以罔充斥。臣未易遽論，而獨竊怪陛下即位以來，朝廷之間，未見泰象，臣是以請先論之。如近日王孝迪之昏庸，已汚翰苑，而擢中書侍郎；蔡懋之頑固，已敗樞府，而猶遷右丞。當時內外聞之，無不悵然失望。此則陛下既悟而逐之矣。今又將

相張邦昌於廟堂。則是古之所謂外。今之所謂内。頻進之禍。豈復勝言。臣切意陛下聖明。豈不知前日之亂。皆生於大臣姦謀。不去此屬無以為治。而相邦昌者。蓋或權以濟胡騎之行。未必遂用。故臣未敢正譽。而一發其端於此。他日若果用之。則臣請得以死爭之。臣以謂陛下正始之時。置相不可不謹。譬如植木。始得嘉木。有種其後材將不可勝用。始得惡木而植之。則惡木日滋。其極將至無復取材。且君臣一躰。相須而成。自昔未見有君無相而能成大業者也。故陛下欲為文帝。則相必有陳平周勃。欲為唐太宗。則相必有房玄齡杜如晦。欲為堯舜三代之君。則必有堯舜三代之佐。而後能無不為。為無不成。將前卜天下之安危。在始觀置相之得失。故願陛下考而慎之。先王知人之道。要在公聽並觀。驗左右之言於諸大夫。驗諸大夫之言於國人。驗國人之言於其人可見之迹。灼知其賢而後用。此孟子用人之法。而易之所以為泰者。故臣輒敢論思先之以為治本。

為御史中丞。上言曰。臣聞否泰以類相從。否則小人以類來。泰則小人以類往。先王之智。未能遍知四方萬里之遠。使君子小人不亂於前者。要在求其類之所自。推而廣之。如牽擊頓。則順者不可勝數也。方今天下姦惡。如織蕪穢。郡縣戕賊。黎元凡才無幾。革之能冒寵有續貽之嘆。吏部充塞無闕以擬注。祿費空匱不給於祿廪。若不一大鑒革。恐終不可有濟。今以軍興多故。郡縣賞遺。皆農民桑直而經。上下皆弊。公私甚勞。而姦宄無用之人。坐糜倉廩之蓄。此所謂繁其華者傷其實。披其枝者傷其根者也。願詔吏部稽考廢官。凡由楊戩李彥之公田。王黼朱勔諸道之應奉。童貫譚稹等西北之師。孟昌齡父子河防之役。與夫燮蜀湖南之開疆。關陝河東之改幣。吳越山東茶鹽坑田之利。曾覿池苑營繕之功。後苑書藝局文字庫所與之實。深朋比德。各從其類。又若近習所引。獻頌可採。効用有功。應奉有勞。特赴殿試之流。此皆與民為蠹。敗俗妨賢。姦宄取位。賄賂買官。所叨恩數。不限高卑。一切視舊還其本秩。若非此族。而橫竊名器。如橫行節度之貴。仕秘閣延殿之華資。或以童稚奴僕而濫膺。或以商賈胥徒而貨取。令人人論列。簡牘徒繁。願令吏部各具門闕。諸臺諫分使看詳。上之朝廷。次第裁抑。其坐公田得罪如解于可非理譴逐。豈自元斷月日。復其資秩恩數而升擢之。以勸忠諒。然後位著可清。賢能可進。生民可安。國用可節。昔唐斜封墨勅官一日停數千員。不以為疑。今亦何難哉。夫糞土為牆。礎石不能施塗墍。鄭衛調瑟。后夔難以致簫韶。詩曰。周雖舊邦。其命維新。願陛下順天休命。而一新之也。

右諫議大夫楊時論用人太易上奏曰。臣聞書曰。天命有德。五服五章哉。天討有罪。五刑五用哉。夫命有德。討有罪。皆天也。人君不得而

私焉。奉天而已矣。臣竊觀陛下即位以來。未三月。更易宰輔凡八九人。大臣民之表。吾之天子躰貌之而屬其節者也。其進之也易。故其去之也輕。欲其自重而不苟難矣。孟子曰。左右皆曰賢未可也。諸大夫皆曰賢未可也。國人皆曰賢。然後察之。見賢焉。然後用之。夫上自左右卿大夫之言。下逮庶人之議。皆曰賢。則用之可以無疑矣。然猶察之。見賢焉然後用之。其考審豈不至矣哉。湯之用人惟己。由此道也。昔季布為河東太守。人有稱其賢者。文帝召之。欲以為御史大夫。又言其使酒難近。罷之。季布曰。陛下以一人之譽召臣。又以一人之毀去臣。恐天下有識者聞之。有以窺陛下也。若季布之為人。固無足為陛下道。然其言足有取者。臣恐陛下用人如此。天下聞之。亦有以窺陛下也。近見百司群吏有待次一二年者。而復除它人代之。此近日嬖倖受請賂而私請者之所為。前此無有也。陛下欲盡循祖宗之

法。不可復用此例。譴之於始。猶懼不終。始之不謹。後將若何。臣伏望陛下重惜名器。無輕以授人。一非其人。則民受其弊。亂之所由生。不可忽也。仍願聽言而加察焉。見賢而後用。見不賢而後去。無容私焉。奉天而已。天下幸甚。

太學生陳東。乞復李綱舊職疏。臣等聞任賢勿貳。去邪勿疑者。社稷之主也。奮不顧身。死生以之者。社稷之臣也。妬賢嫉善。妨功害能者。社稷之賊也。陛下聰明英睿。獨智旁燭。賢邪判然。天下戴以為社稷之主。而在廷之臣。奮勇不顧。以身任天下之重者。李綱是也。所謂社稷臣也。其庸繆不才。忌嫉賢能。動為身謀。不恤國計者。李邦彥。白時中。張邦昌。趙野。王孝迪。蔡懋。李棁之徒是也。所謂社稷之賊也。陛下斷然不疑。拔綱於九卿之中。不一二日。任為執政。中外相慶。知陛下之能任賢矣。罷時中而不用。知陛下之能去邪矣。綱任而未專。時

中斥而未去。復相邦彥。又相邦昌。自餘又皆擢用。何陛下之任賢猶未能勿貳。去邪猶未能勿疑乎。今又聞復罷綱職事。臣等驚疑莫知所以。綱起自庶官。獨任大事。邦彥等疾如仇讎。恐其成功。因綱用兵小不利。遂得乘間投隙。歸罪於綱。然一勝一負。兵家常勢。小勝固未足為喜。而小挫亦未足為辱。況示怯示彊。奇謀祕計。豈可遽以此傾動任事之臣。臣等竊聞邦彥時中等盡勸陛下他幸。見事有急。各陳乞親黨外任。遣家屬隨之遠去。豈身為大臣。不能以一家死社稷之難。其意止欲倉卒之際。各保妻孥耳。諸大臣一鼓而倡之。百官有司群起而和之。遂令京城之人。閧然騷動。弗安其居。若非綱為陛下建言。則乘輿播越在外。宗廟社稷已為丘墟。生靈已遭魚肉。陛下將有棄宗廟社稷之名。賴聰明不惑。特從綱請。中外聞之。雖愚夫愚婦莫不舉手加額。仰讚聖德之盛。綱之力豈曰小補之哉。是宜邦彥等譖

誘忌嫉無所不至。臣等伏見邦彥等享高爵厚祿。為日最久。坐視天下之弊。未嘗肯發一言以圖補報。至如王黼童貫蔡攸。共興北師。唯鄭居中力爭以為不可輕舉。而王安中者。力贊其役。邦彥等輩略不可否於其間。實陰助黼以貽今日之禍。陛下新即寶位。適有變亂之虞。邦彥等不引咎歸己。自求貶放。而尚偃蹇固位。忌賢嫉能。陛下若聽其言。斥綱不用。則宗社存亡未可知。且虜人既和之後。尚敢縱兵肆掠。屠我畿內。犬羊之性。急則搖尾。緩則跳梁。聞陛下任綱。自知滅亡無日。請和之意必更激切。而邦彥等乃得藉口以沮成謀。綱罷命一傳。士大夫失色。兵民騷動。至於流涕相吊。咸謂不日為虜擒矣。則是陛下罷綱。非特墮邦彥等計中。又墮虜計中也。聞邦彥等尚執前議。必欲割地與之。曾不知祖宗土地。得之甚難。又況河北實朝廷之根本。而三關四鎮實河北之根本。若棄三關四鎮。是棄河北。若棄河

北。則朝廷復可都大梁乎。自真宗仁宗兩朝以來。北虜蓋有割地之請矣。朝廷寧屈已增幣以塞其欲。至於土地。一寸不肯與之。今陛下即政之初。邦彥等便欲棄祖宗境土。不知割與太原中山河間以北十有餘郡之後。邦彥等能使虜人不復叛盟乎。綱孤立無助。天下共知。其可以大用。臣等請為陛下言其一二。頃歲京師大水。自宰相大臣。下及百官。爭占舟船。或結木栰為避水計。獨綱慷慨為上言之。至為姦臣譖逐。數年不用。前日邊報初至。宰相骨肉盡皆出京。獨綱妻孥未嘗遷徙。陛下方深顧北之憂。而左右無一人為陛下請行者。綱獨奮然而以身任之。綱之用心可見矣。陛下何忍信朋邪之討而斥正人端士乎。若綱用兵小挫。遂當廢罷。則童貫劉開邊隙以貽今日之禍。近又引兵數十萬。以事雲中之役。匹馬隻輪無還者。朝廷曾不議貫之罪。何綱小挫而加罪乎。一進一退在綱為輕。在朝廷為

甚重。今日宗社安危在此一舉，幸陛下即反前命，復綱舊職，以安中外之心，付种師道以閫外之事。陛下若以臣等之言為未足取信，試御樓呼耆老一問之，呼軍民一問之，呼行道商旅一問之，試咨有官君子使言之，必皆曰綱可用，而邦彥等可斥也。用舍之際，陛下不可不審。

太學生雷觀乞擇相上奏曰：臣為諸生時，權臣路鉗天下之口。臣之父兄師友，聞引古論事，小有激昂，則必深戒力告，以請毋多言以取禍。其後臣入太學九載，具知權臣果能以身障言路，恣其姦惡，而臺諫官徒備員以進，不聞一言，使祖宗紀綱法度掃地殆盡，天下之民咸不得其所，致夷狄猖獗，兵連禍結，以成今日之釁者，皆言路不通，上下蒙蔽之失也。善乎臣之友生高閌之言曰：天下之利害，當使天下之人議之。天下之人得以利害之言盡聞于上，則當言之人雖欲緘默取容，不可得也。言官得以盡其職，則執政之臣雖欲擅權為姦，不可得也。陛下臨御之初，即下求言之詔，詔下踰月，上封事者不減千數。然未聞以某人言某事實為利而行之，某人言某事實為害而罷之，豈求言之詔徒有文具耶？抑獻言者皆猥冗不足取耶？無乃付之有司，而執事者尚循前弊，沮遏而不行耶？此獻言者不能無疑也。當今所急，止一言而已，論相是也。國家崇寧以來，相非其人，官以類進，私昵者官之，惡德者爵之，賢能之士，反斥逐不用，自為朋黨，其治亂不待今日而後見，識者已分於崇寧之初矣。雖欲正刑明辟，以嚴誤國之誅，固自無及，言之復何益乎？然不究其為亂之階，則莫知其撥亂之道。臣為陛下略指前日宰相姦術之大者言之。假紹述二字而行己之作為，假國是二字以主己之好惡，假享上二字以遂己之私欲，進直言者以狂妄斥，立正論者以邪說禁，善阿諛者以純正用，姦術

既行，無所忌憚，敗壞法度，紊亂紀綱，靡所不為，莫可殫舉，致使黠虜幾危社稷，而陛下受莫大之屈辱者，皆前日相非其人之故也。陛下即位以來，見於施為，藹然有求治之心，而論相之職，亦未為稱，此臣所以謂為當今之急務也。白時中老繆無用，罷相之日，公議稱快，咸謂陛下必能擇賢而相之，乃但遞遷李邦彥、張邦昌，兩士大夫皆言二人亦前日輔相之無狀者，察其操術，未過持兩可以固養恩寵而已。前日輔相之無狀，姑置勿論，第自陛下即位以來，一二大事，彼曾有慷慨一言乎？虜所言者從之，所欲者與之，不聞有忠義一言，奮然以折敵人之心，其何以威撫四夷，而使之畏服乎？蠹國害民，起戎招盜，十數巨姦，天下之人思食其肉，不饜，而二人初不敢誰何，至因人言，稍行罷黜，詎能不畏彊禦而退不肖乎？陛下知求言從諫，而未知論相何先後緩急之失序耶？臣又慮有為陛下言者，必曰邦彥、邦昌曩在政府，亦嘗以燕雲不可圖，童貫不可再遣，今果如其說，義當相之。臣以謂不然。二人在政府日來，知如此，則當力陳其不可之狀，至不見聽，則以死繼之，縱未能死，則宜引去，然卒持祿不諍，不過畏童貫之禍也。今日之禍，皆前日肉食者之過，豈可不擇人而用之乎？東漢陳龜曰：三辰不軌，擢士為相；四夷不恭，拔卒為將。何等時而遍遷貴臣耶？自祖宗以來，相臣多因言官論列，直指某人可相，某人不可相，無非天下之公議，此最為我宋之盛典。崇寧以來，臺諫一蒙時相援擢，則多懷私恩，無有直言者矣，此亦不可不察也。今日之相，莫若陛下誠心廣求，虛己任用，勿謂天下無其人也。

欽宗時，起居郎胡安國繳葉夢得落職宮觀詞頭上奏曰：准刑房送到詞頭一道，臣寮上言，龍圖閣直學士應天尹葉夢得初為蔡京所知，亟躋禁從，後為異類所用，除應天尹，及其妹婿許亢宗自郎官超

拜起居舍人等事奉聖旨葉夢得落職宮祠。許亢宗罷起居舍人與郡者謹按夢得自少年時不自慎重為蔡京所知。躐居要官誠為可罪。然其人頃由謫籍起守蔡州。郡事甚理。繼移潁昌政聲尤著。許潁間士民至今思之。日者南都不治。自葉著陳迪宋昭年等相繼留守。軍儲闕乏不能彈壓盜生變故幾至危亂。及夢得下車纔及數月。府事嚴肅糧餉充溢。其治狀不可得而掩也。今虜寇日深。所在州郡人情震駭。設或變生倉卒。而材具優裕。必可捍禦外盜保守一州。擁衛王室如夢得者少矣。此乃棄瑕責效之時乃以蔡氏所引。而棄諸閑散良可惜也。今河北宣撫副使。昨在越州。方臘寇境設計謀卒保越城。臘以破走。後在真定亦著聲績而乃不幸為童貫之所引也。可以為貫黨。廢其才而不用乎。湖南安撫使郭三益。前在洪府。值運司調發戍卒不支錢糧。幾至叛亂。三益發言栽處戍卒遂帖而三益乃王

黼之所引也。可以三益為黼黨廢其才而不用乎。故贈諫議大夫陳瓘。在元符末。論列蔡京其言曰。京所引置。布列中外。凡數百人。使京在朝。則此數百人者皆蔡京之黨。黜京于外。則此數百人者皆朝廷之用。人皆以為名言。今陛下既正典刑。治京似之罪。京死道途仮竄嶺表。若子若孫悉皆編置。家財籍沒於府庫。地土悉歸於縣官。不復有蔡氏矣。則凡二十年間昔日為京所引用者。今皆朝廷之人也。若更指為京黨。則人才之廢棄於艱難乏使之時衆矣。且黨論何時而消弭乎。以臣愚見棄瑕捨過消伏黨與。正在今日。欲乞陛下察臣所論。或有可取。特賜聖裁。如夢得輩得以通下情。宣上澤使血氣周流榮衛條暢免於死亡之患矣。故稽于衆者堯也。好問者舜也。拜善言禹也。改過不吝。湯也。不聞亦式。不諫亦入。文王也。然人情惡人逆耳而喜人順從。言路難於開闢而易於壅閉。元符末年下詔求言擢用

名士豐稷王覿。繼長於憲臺陳瓘。鄒浩並升於諫省。盡言無隱。蹇蹇乎至和嘉祐之風矣。曾未朞年臺諫正臣。刻名黨籍布衣僥倖屏斥膠庠。由是方開之徑。復成茅塞。初開之路。荊棘並生。天下莫不鉗口結舌。以言為諱。至於胡塵犯闕。戎馬在郊。而猶不敢以聞也。靖康之初。太學諸生。不避刑禁。伏闕上書。乞誅六賊。蓋積二十年抑鬱不平之氣。而伸眉吐舌發舒於一日之間。有大升黜未協公論。而數十萬衆。不謀同詞。頃刻而集。天下之大情亦可見矣。言路不可壅亦已明矣。曾未數月。而余應求。李光以憲臺得罪。陳公輔。程瑀以諫省去官。趙令衿以獻書論事。黜送銓曹。潘良貴以奏對語侵貢司。征市。而言路茅塞。荊棘復生。群臣諱言。乃至失國。伏自南渡以來追賞東澈優卹其家。促召馬伸。俾歸行闕。至於返正赦令初下。其節文曰。自今朕躬過失。及宰執臣寮行事失當。咸許論列。言事得當。不次旌擢。雖有

抵牾。亦不加罪。甚矣其有意乎言路之闢也。然觀邸報。衆謫以乞誅朱琳等。而出守偏州。呂祉以與諫長異同。而通剌外郡。臺諫班列盡蕭疎矣。言事者乞誅棄郡。以聳動方州守土之臣。朝廷寬假責其後效。以明使過之義。自不相妨。至於同列各陳所見。不相朋比。是明其公。何必出之於外以示茅塞言路之漸乎。故臣願堅守赦文。久而弗變。召還植祉以昭言路開闢之端。則下情不壅。而治道成矣。

李光奏引對人乞先經三省劄子曰。臣伏見陛下踐阼之初。下詔求言。虛懷聽納。雖疎遠小臣。間或引對。親賜詢考。將以開廣言路。簡拔儁髦。此盛德之舉也。臣愚竊慮陛下驟當幾微。臣下忠邪。未易洞照其間頗有利口辯言。乘時僥倖以徼寵祿。姦人窺覬。名器浸輕。而實材忠樸之士。往往恥於自售。甚失陛下所以惻怛訪逮之意。欲乞今後臣寮非本職合上殿人。委三省大臣博采公議。先次審察。如委有

行實及策略議論過人即命引對屢蒙抑絶奔競以來僥倖之士

光又乞假借臺諫委任大臣剳子曰臣伏見陛下自即位以來懲艾前日姦邪當國杜塞言路之弊於是增置諫員雖憲臺六察咸得言事又許臣寮實封投匭職事不應上殿人亦得奏對開公正之路開私邪之門海内聞風莫不稱慶今纔數月未聞用一直言得一賢士而言路浸復有壅塞之患近降旨揮奏事既罷不得從容留身不合上殿人雖有旨揮亦令覆奏臣知陛下有厭言之意矣諫官御史不稱假借一言迕意旋被斥逐臣知陛下有拒諫之實矣陛下貴為天子富有天下如天地之無不覆幬日月之無不照臨而懷疑偏任惴惴然惟恐羣臣之欺己此得御姦邪之術而未得任忠賢之道也陛下所謂親除者一舉而得余應求再舉而得陳公輔此二者今乃迎合大臣或為游說例被斥逐使誠有之是親除之人豈足信任乎以

天下之大四海九州之廣而陛下欲以耳目所及擢用一二士大夫所任未必得人而先已失衆心矣衆心一失人懷疑貳不知孰與共守天下者乎不亦所得者少所失者大乎耿南仲為東宮官輔道陛下十有餘年此腹心之臣也雖甚愚陋之人莫不知之而李綱敢與抗論詆訐其短此其跡率無謀可知矣而謂懷姦以事陛下則非也彼懷姦以事陛下者知南仲不可動搖則陰交而固結之上可以保寵祿下可以行私意而天下安危社稷存亡則有時而不暇䘏也耿南仲與陛下同休戚利害者其設心豈有他哉特其所見或有偏係不通之處未嘗豁然使陛下以大公至正之道照臨百官撫御寰區也臣恐姦邪之徒窺見陛下好惡更相譛毀迭相媒孽無忠信仁厚之風成猜忌刻薄之路人人惴恐莫肯披露情實以事陛下伏望精回淵慮假借臺諫則盡聽納而容狂直體貌大臣則專委任而責成功

臣誠狂愚不識忌諱有所聞見懷不能已伏惟陛下留神聽納天下幸甚

歷代名臣奏議卷之一百四十一

用人

宋高宗建炎間編脩胡銓論臣寮陳乞子弟差遣狀曰臣勘會銓司近年銓選人倍多員闕常少待闕者多是孤寒貧乏之人得替住家動經年歲遇有合入闕次多被權貴之家將子弟親戚陳乞便行衝改或已注授卻令待闕或纔到任者即被對移只就權貴幹當家私不問孤寒便與不便兼臣所見臣寮陳乞多非急切事故或云近便鄉里或云看覷墳塋僥倖希求妄託名目孤寒阻滯徒益怨嗟臣欲乞今後臣寮須有急切事故如委任邊計未許般家及致仕分司丁憂病患之類方許陳乞子弟差遣其餘無事故自侍恩澤陳乞者許銓司勘會如已注人者更不注已到任者更不衝移並令別與陳乞仍不許連併陳乞兩任如允臣所請乞下銓司遵守施行

御史中丞許景衡乞除尚書省長貳與并除樞密二臣劄子曰臣聞謀之貴衆斷之貴獨今天下大政一歸於陛下宸斷惟是贊襄彌綸同德協謀者則不厭其衆且多也竊見尚書省比闕長貳而同知樞密院事亦久闕而不除雖用近制三公通治三省然文昌政事之本樞筦總兵之地各有任屬安可久虛其位哉伏況近年財用匱乏民力困弊賞罰僭濫官吏猥多盜賊害民請屬成俗軍政不吝邊防未完陝西並邊諸州地震彌月壓傷軍民京東淮南浙西積水被野有害秋稼此正陛下敷求輔佐振舉紀綱之時也臣愚伏望睿明博考天下之公議慎選當世之忠賢以補政府之闕使之上贊聖治以亮天工而熙庶績海內幸甚

景衡又論宗澤劄子曰臣竊聞議者多指開封尹宗澤過失事未知是否知何澤之爲人及其爲政固不能亡過擧錯未知果指何事而言也若只緣拘留金國使人此誠澤之失也然原其本心只緣忠義所激止於輕發未盡識國家事躰耳又未知別有何等罪犯也然臣自浙度淮以至行在得之來自京師者皆言澤之爲尹威名政術卓然過人誅鉏強梗撫循善良都城帖然莫敢犯者又方修守禦之備歷歷可觀臣雖不識其人竊用歎慕以爲去冬京城之內不能固守良由大臣無謀尹正非才之故使當時有如澤等數輩赤心許國相與維持則其禍變亦未至如此其酷也往者不可咎來者猶可追今來只掇其末度小疵便以爲罪不顧其盡忠報國之大節則臣雖至愚竊以爲過矣況澤昔在河朔遭遇陛下遮留拱衛繼參幕府宣力爲多今尹天府其績效又章章如此則其所爲終始亦可考矣而議者獨不能少優容之其不恕亦甚矣乎且開封宗廟社稷之所在其擇人居守尤非他州別路之比今若罷逐澤則當別選留守不識

今之縉紳其威名政績亦有加於澤者乎若有其人則除授交割尚費日月兵民亦未信服防秋是時計將奈何若未有其人則澤未宜遽然更易也人材難全久矣惟聖人以天地爲度包容長養兼收而並用之庶幾其有濟也其宗澤伏望聖慈上爲宗廟社稷下爲京師億萬生靈特賜主張厚加委任使成禦戎治民之功天下幸甚臣無任懇切拳拳之至

景衡又論黃潛厚除戶部尚書劄子曰臣伏覩近降指揮黃潛厚除戶部尚書除目始下外議紛然咸謂潛厚是宰相潛善親兄遷拜亦既超踰職事又爲同省此爲可略理寔未安臣蒙誤恩適在言責雖欲默焉不可得也竊惟官有親嫌義當迴避不獨祖宗成憲蓋亦前世不易之制也小州縣小官凡係內外之親稍有服屬則當引嫌求避又況文昌六曹實隸宰相而可兄弟並處者乎前此潛善在中書門

下省。而潛厚為戶部侍郎。理固無嫌。既除宰相。而潛厚尚仍舊職。議者惑焉。而未及論列者。豈非以其除授在前故耶。今者忽從列侍進長地官。積恩驟遷。實駭觀聽。竊聞潛善潛厚各有章奏。乞行迴避。臣愚欲望睿慈特從其請。一則示朝廷至公不為貴近屈法。一則使天下知宰相不私所親。以成潛善兄弟之美。所謂一舉而兩得也。願賜采擇。

景衡又乞令黄潛厚迴避第二劄子曰。臣昨具劄子論列黄潛厚於宰相潛善為親兄。今來所除戶部尚書。實有親嫌。甚遂人各請迴避。欲乞睿慈特從所請。以示至公。以成其兄弟之義。至今未蒙施行。臣聞法者天下之法也。當與天下共守之。若朝廷先自違法。則何以責天下之不守法者哉。且州縣小官。苟有親嫌而不迴避。則監司郡守必按劾之。若朝廷之上。兄弟之親。不自請避。而諫官御史又不論列。是天下之法。只行於郡縣之間。而不行於朝廷之上也。如此。欲望人心服。而治功成。不亦難乎。且使今日諫官御史畏避而不敢言。然公議終不可掩也。它日必有言之者。竊意陛下亦必追咎臺諫阿附而不盡言也。故臣寧得罪於今日。不敢得罪於它日。況潛善亦累曾奏乞迴避。陛下正宜從之。是不獨成潛善之美。亦使臣免它日罪戾。不勝幸甚。所有潛厚除戶部尚書指揮。伏乞改正。別與差遣。

景衡又奏乞差張瑱知和州劄子曰。臣訪聞和州境上。數為盜賊侵擾。有本州通判張瑱者。嚴明有吏幹。郡人愛戴之。遂設方略。嚴守禦。賊不敢犯。比瑱罷去。賊遂破城。縱火官府民居。一日而燼。瑱雖以年格并知州資敘。得請宮祠。聞其精力未衰。尚可為郡。若朝廷以和州兵火之餘。擬擇守臣。莫如瑱。夫用人在乎因任而已。試得其成效。斯可以無疑矣。臣與瑱未嘗相識。得諸士論如此。故輒以聞。願賜裁擇。

元年。知開封府宗澤條畫四事劄子曰。臣聞人君職在論一相。昔舜有天下。選於衆。舉皐陶。不仁者遠。湯有天下。選於衆。舉伊尹。不仁者遠。皐陶贊舜去四凶。而後九德咸事。庶績其凝。伊尹贊湯革夏。而後咸有一德。格于皇天。是知不仁者遠。不能播其惡於衆。始能使衆賢和於朝。更相汲引。以成大功也。以人君深居九重。其彌縫變理。鎮撫表正。但仰成于朝而已。高宗得傅說。而商中興。憲宗得裴度。而唐中興。臣願陛下於稠人廣衆中。不以親疎。不以遠近。不以夢。不以卜。虛心考察。參以國人左右之言。爰立作相。俾之應變守文。果得其人。能率厲衆志。交修不逮。其在位皆節儉正直。小大之臣。咸懷忠良以持天下之正。以成天下之務。天下其有不大治者乎。陛下果尊道德。遠邪佞。與大臣言。欽而信。毋使小人參焉。與賢者遊。親而禮。毋使不肖者與焉。用賢勿貳。去邪勿疑。斯言行而天下治矣。書曰。知之非艱。行之惟艱。知之不行。無益也。行之不至。無益也。蓋事在陛下力行之而已矣。

四年。中書舍人綦崇禮舉仇念充監司狀奏曰。准尚書省劄子奉聖旨。行在從官。各舉可充監司者。右臣伏覩起復朝散郎新差知建昌軍仇念。性資忠厚。識操端方。進士登科。富於學術。歷任縣道。皆有治迹。律身無過。疾惡如讎。其為政以奉法循理為務。抑豪右。伸寒弱。不撓於彊禦。不詘於勢利。所至而人思愛之。使其當一道之寄。必能激濁揚清。除民疾苦。如言者之論。令保堪充監司任使。如蒙朝廷擢用。後有不如所舉。臣甘當同罪。謹錄奏聞。

崇禮為兵部侍郎。面對第二劄子曰。臣聞君之有臣。所以濟治。臣効其實用。則君享其功。臣竊其虛名。則君受其弊。實用之利在國。虛名之美在身。志於國者不計一己之毀譽。而惟天下治亂之憂。潔其身者。不顧天下之治亂。而惟一己毀譽是恤。然而効力於國。其實甚難。而世未必貴。竊名於己。其爲則易。而且以得譽。二者之間。操繫風俗。關治亂。有天下者不可不察也。昔西京之吉。惟其徇國而不求名。故漢道以昌。司馬氏之季。務爲浮虛。而無實用。故晉室以亡。前世之鑒。其可忽諸。臣竊觀今日士大夫之俗。而知國家之不競。蓋在於此。無激昂奮勵之志。而以循謹自持爲賢。無捐軀致命之節。而以全身遠害爲智。方聖拮馳騖。惟日不足之時。則知無不爲者。所宜貴也。而見謂生事。當黎元凋瘵。勞來還定之日。則服勤州縣者。在所尚也。而取譏俗吏。以至避言利之名。而常賦經用。寖以不理。要解事之目。而舊章故實。多所廢格。若此之類。皆便己自爲。非國家之福。豈陛下所利哉。臣愚伏望睿明深燭厥理。凡官人賞罰之際。取其能濟時用。有益於

國家者進之。察其虛名無實。欺衆要譽者退之。黜陟既明。好惡既彰。則人材風俗從而丕變。而眞賢實能出爲陛下用矣。

高宗時。崇禮講筵殿進呈劄子曰。臣觀光武躬好吏事。亦以課覈三公。其人或失。而其禮稍薄。至有誅斥詰辱之累。任職責過。一至於此。故朱浮嘗上疏譏諷苛察。帝信刺舉之官。黜鼎輔之任。有所劾奏。便加免退。然則能以令終者寡矣。及浮爲司空。而坐賣弄國恩免。又以陵轢同列。帝每銜之。但惜其功能。不忍加罪。則是乙所見。蓋亦有以自取。非獨苛察之爲咎也。如馮勤早以材能爲帝所賢。在司徒之位。欲令以善自終。乃引浮爲戒。丁寧反覆勉之以忠臣孝子之譚。於是勤愈恭約盡忠。以任職親重。歿而悼惜之。推是心也。彼於王公大臣。夫豈不能保其始卒之恩哉。惟其人耳。昔伊尹告太甲曰。惟尹躬先見於西邑夏。自周有終。相亦惟終。此伊尹事君之志。而詩稱仲山甫曰。既明且哲。以保其身。夙夜匪解。以事一人。此宣王任賢之美。爲人臣者。其上如伊尹。其次如仲山甫。亦已足矣。援之言行。考之詩書。所美者在此。則勸之爲賢。於斯不疑。嗚呼。君爲元首。臣爲股肱。一體相須。休戚同焉。苟過則稱君。固非人臣歸美之誼。而移過於下。亦非人君罪己之實。惟君臣各盡其道。則上下並受其福。此魏徵所以願爲良臣也。臣區區効忠于此。惟陛下加察焉。

崇禮又論朋比劄子曰。臣伏見近者陛下特奮英斷。以某等朋比姦罔斥去不疑。邪正既分。中外咸服。竊惟兩省政令所出。都司紀綱所在。臣恐後來居職者。或懲羹吹虀。不復論事。浸以廢職。彼朋比之徒蓋皆依託正義。果於傾訐。一唱十和。以售其姦。雖被斥逐。猶自相稱譽。未必貼然退聽。今既更用。若廢職不舉。鯁言不聞。是使其徒得以藉口。下則鼓惑流俗。上則歸過朝廷。爲害不細。臣愚欲望聖慈特出

睿訓。戒諭在官者使各舉職。盡言開肆。厥心毋懲前事。務以闢公正之路。杜邪枉之門。仰副陛下焦勞念治之意。

崇禮又乞漕司官通共應副財用劄子曰。臣伏見諸路轉運司官多係雙員以上。自來朝廷於本路有所興作。或供軍之類。漕臣應主其財用者。往往指名專委一員應副。蓋欲獨任其責。而事能倚辦也。然所委之官。不惟苟欲事集。以免咎罰。既專應副。便有希賞之心。不暇顧其經費。則必督責州縣。凡所有錢物。或盡用無餘。本司官不預差委者。以其有被受專旨。勢亦不能留占。徒致紛爭。及漕計不足。則又督責州縣。取於常數之外。而州縣受其弊矣。州縣受其弊。則百姓被其害矣。此蓋從來朝廷未之思也。臣愚欲望聖慈特降睿旨。自今後諸路應有非泛用度。其漕司官更不專委。並令通共應副施行。

崇禮又面對第二劄子曰。臣竊觀蜀地。自昔蓋多英才。由漢司馬相

如王褒揚雄相繼之後。世不乏人。至于皇朝尤賴其用。如陳氏堯叟。堯佐堯咨。范氏鎮百祿。祖禹。蘇氏洵軾轍。皆蜀人也。其餘知名者未易悉數。兵興以來。衣冠奔播。川蜀士人。多還故鄉。就便從辟。不出四路。今行朝累年。在選更無蜀人。而近自江浙。遠至荊淮閩廣。州縣間亦罕聞有在官者。此豈陛下旁求俊彥。立賢無方之意耶。近者德音雖有指揮。仰宣撫監司郡守。於未有差遣人內擇可用者具其才能以聞。頗赴行在者。未得邀限周盡。善矣。臣愚猶以為未也。伏望聖慈深詔大臣。先行搜訪遴擇材實素有聞者。不以有無差遣。不待去處薦名。直從朝廷號召而收用之。以示陛下公天下之心。以慰彼方士大夫之望。

紹興間。張浚議任事上奏曰。昔漢高祖得陳平於亡虜。其信任不疑。至捐萬金而輕以予之。尚書生儒士。與聞其計。得不痛惜而力止之

乎。臣謂非特漢祖為難能也。陳平受之而不辭為尤難焉。使今之為臣者。蒙陛下以萬金付與。殆將自失而走矣。夫拯天下之難。救生民之急。非君臣同德一心。慨然有高天下之氣。事未易立也。平本無王佐之才。特其英姿雄略。差出一時耳。尚能輔漢成四百年之業。況以陛下之明聖。仰承祖宗積世休德。苟為臣下者。不惜其身。不顧其私。不慮其禍。任天下之責而為之。庶乎或有濟矣。如臣愚陋。終恐不足以副使令之萬一。

二年。浚又上言曰。臣昔歷考傳記。深究前代得失存亡之因。竊觀漢高祖所以屢危而復振。不過豁達大度。信任三傑耳。夫漢高祖承亡秦之餘。自始及終。以此道平定天下。是知寬洪任人。真御天下之長策。方今金虜猖暴。無異亡楚。陛下承祖宗二百年之緒。仁恩惠澤。沛然在人。而又聖德日新。著聞天下。中興之治。夫何遠哉。臣愚願陛下鑒漢祖之所以得天下者。默而識之。事有疑貳。與之更新。舉能用賢。期以信任。蓋自崇觀以來。士風寖壞。學儒為業者。往往背道而營私。故進說於人君者。或懷朋黨之私。或快宿昔之忿。遂使大臣不得行其志。小臣不得盡其才。且夫郡守方伯之任。亦已重矣。往年被論者動輒十數。相繼罷斥。跡其所攻。率多舊過。臣謂處今之職。雖污不才。民實受害。按而得實。黜之可也。而指摘往事。虛實未明。數郡之間。迎送不暇。此豈為國家計乎。況多事之日。利害有大於迎送。以此推之。近臣進退。將帥用捨。尤當謹審。且布衣之交。尚有腹心相與者。緩急之間。誓死期許。況陛下以帝王之尊。御天下之大。欲致中興。欲平禍難。非得社稷之臣數輩。信而任之。果何能濟耶。至於夷考其大節。究觀其忠義。求之於始。信之於終。此又陛下之所優為。臣愚願併以為獻。

浚又條具四事。上言曰。臣嘗觀詩曰。任賢使能。周室中興。賢以言其德。能以言其才。當今大亂後。國勢紛擾。與創業圖事者無異。才德兼全之人。不可以盡得。猶宜專取實有才能者。是以漢興之初。如陳平無行。英布犯法。彼其智勇果有益於實用。亦略而取之。如責細行事形跡。漢何以立四百年之基也。又況言語文詞之士。徒以親近之故。先獲任用。宣力四方之人。豈不解體。易曰。大君有命。開國承家。小人勿用。其詞必繫於師之上六。蓋上六。師道之終也。用師之始。則異於此時。然其所謂勿用。非盡絕而不用也。特不使之居廟堂處上位而已。觀孔子釋爻象之辭。謂小人勿用。必亂邦也。使其非居廟堂處上位。何以至於必亂邦乎。此事在陛下心曉獨斷。以助成中興之業。無惑腐儒紛紛之論。致臨事緩急無可倚仗之人。伏乞睿照。

浚又上言曰。堂上遠於百里。堂下遠於千里。門庭遠於萬里。人君端

拱九重之內。而欲徧知天下之事。盡察天下之情。不亦甚難乎。臣嘗謂為君有要道。在夫善任人而已。不然。則一己之聰明。何以勝千萬人之思慮。是故自古賢聖之君。必選端正忠實之士以充左右侍從之列。廣問博詢。而姦邪壅蔽之計不行。昔人之喻。謂虎有以狐自隨者。以狐終不能竊弄其威也。然狐隨虎而行。則百獸為之辟易。而其威信焉。曷若遠而去之之為愈乎。在昔人君之於臣下。固有知其操術之不正。施為之非義者。謂我之聰明。是以制而御之。曾不知其耳目所不及者。所損多矣。可不戒哉。

後又議皇極之道。上言曰。甚矣。古之人君喜人為善而樂人之改過也。臣於洪範見之。其言曰。凡厥庶民。有猷有為。汝則念之。不協於極。不罹于咎。皇則受之。而康而色。曰予攸好德。汝則錫之福。時人斯其惟皇之極。夫不協于極而受之。自言好德而信之。聖人所以待下者豈不忠且恕乎。或謂好德者。許之自言。容有欺詐。聖人信而弗疑。得無碍於治乎。是不然。聖人修身以化人。推誠以待人。積之歲月。雖欺詐者且將遷而為善。況於不忍為此。以負其教誨者耶。蘇軾之論。以謂唐武后之無道也。非獨進人無所留難。士之自薦。皆得盡其才。其後開元之間。幾致刑措。皆武后所收也。德宗好察而多忌。士無賢愚。例不得進。國空無人。以致奉天之禍。故陸贄有言。武后以易得人。陛下以精失士。豈欺哉。斯言也。臣故併陳之。

後又議進退人才。上言曰。人主之於人材。試之州縣。養之館閣。見其可用則用之。不必以未盡深知為嫌。見其可去則去之。見其可罪則罪之。不必恥其用之於前而遽變之於後也。要當如天地之於萬物。一切待以無心。吾之為此。凡以為民而已。非有一毫私意於其間也。雖然。人才之遇合。又有大患焉。以因一言之契。意雖無長才奇略。寖

以稍用。或因一事之拂意。雖有賢德美行。寖以疏遠。此無它。蓋其喜怒好惡之氣未能平之以歸于道。故投隙乘間者得以行其姦也。夫如是。則日復一日。賢者益退。不肖者益進。終至於國家喪亡。天下大亂。初以為得計。而其失計莫大於此矣。初以為我之威福得以肆行。而其後威福不行。莫大於此矣。故古之賢君。莫不正身平氣。以求合於聖人之道。其用意終在天下後世。不敢私其一己。是以於進退人材之際無不當理焉。臣願陛下力行之。

後又言曰。臣前日親奉玉音。訓諭以謂有天下國家者。凡以為民。今刺史縣令之官。未盡得人。令臣選擇。臣私自喜幸。仰慶陛下酌見治道之原。顧雖愚庸。願竊有獻。當今治民之官。少得其人者。無它。蓋因內重外輕。祖宗之法盡廢故耳。流落于外者。終身不獲用。經營於內者。積歲得美官。此治道之所以分。而斯民之所以不被其澤。臣請一二而數之。稍有時望。躐序而遷。雖無實效及民。忠言補上。而身已富貴矣。此其一也。大臣取人。假借拔擢。吳豪之說。曾未踰時。便居侍從。進用如此。孰不歸心。故其所言所為。求報於人。立者多求附於大臣者多。此其二也。士大夫一居州縣。遂無進身之望。貪汙自誤。不顧廉恥。此其三也。受知於大臣。其身速化。怫然惟懼斯人之去也。毀譽由此而不公。議論由此而不一。分門立朋黨。無不至焉。此其四也。富貴可以倖得。名位可以巧取。其修身必不專。其為學必不篤。罔上賣交。惟利是視。風俗何自而厚哉。此其五也。所用之人。既非素望。吏狄之所輕侮。天下之所憤疾。此其六也。不歷民事。利害不明。詔令之行。職事之舉。安能中理。此其七也。一歲屢遷。官不修職。其視公家之務殆如傳舍。此其八也。夫內重外輕。其害於天下百姓。且不便於國家之計。如此。可不思所以變其道耶。雖然。驟而行之。人情駭愕。是非共

延無益於事。惟徐徐而理之，事事而正之。磨以歲月，治道可復也。
浚附子杖入奏曰：臣竊惟自古大有為之君，必有心腹之臣相與協
謀，同心以成治功，得失利害，君臣一體，不容秋毫之間，然後上下觀
望，響應影從，事克有濟。如伊尹之於成湯，太公之於周，其次管仲之
於齊，諸葛亮之於蜀，書傳所載，始終可考。不然，作舍道邊，何日可成。
安危禍福之幾，其應不遠，可不畏哉。恭惟陛下天錫勇智，撥亂帝王，
而臣區區，首蒙眷遇，任以邊事，所恨臣學識淺短，不先其本，屑屑於
軍旅之末，負罪聖賢，咈違天地，以致將士失律，譴謫繼舉，蓋內治未
先，而從事於外，其應必爾，皆臣不知本原，孤負陛下，以至於此。早夜
悔恨，事無所及。臣今衰老，況復誤事如此，天下士大夫之心，其誰復
信之。而陛下亦安得不有疑於心？在臣去就，所當審決。今邊隅粗定，
軍旅粗整，虜以傷敗之餘，其勢未能為竭國之舉，而臣以孤蹤踐前

覆，後強頑鬧，日動輒掣肘，平日之氣消磨殆盡，陛下將安所用之？伏望
陛下深為國計，精選天下巖穴之賢，付以中外大柄，任之專，信之篤，如
前數君所為，謀出於一，而使之旁招忠信之士，相與參錯，毋使小臣
得以陰間，不使異議得以輕搖，先內後外，以圖恢復，庶幾月積其功，
歲著其效，太平之期有可望也。載惟陛下當至艱至難之時，遇古未
有之強敵，若非君臣相與為一，朝夕圖回，均任其責，不較利鈍，終期
有成，誠恐歲月易逝，後悔難追，甚可痛惜也。臣老矣，罪戾又積，伏願
陛下矜憐，賜以骸骨，使之待盡山林，無令出處狼狽，取笑天下後世，
臣不勝大幸。
浚又議彈擊上言曰：自昔為臺諫之臣者，通曉古今，深明治體，其弛
張歙翕，莫不以天下國家為念，嘗考其所言，輕重緩急，皆有條理，於
某人之有才者，則必力排而極詆之，惟恐其言之不切，論之不詳，非

有心於甚惡之也。誠不如是，則彼之姦計得以行，彼之才術得以施，
將為天下國家之害矣。至於人材平下，政事差失，始擊之使退，未嘗
以陰昧之事切切然深指之，使其人革而悔悟，尚可以為朝廷之用，
不為無補也。乃若宗工巨儒，功在社稷，則初不以末節細故而輕議
其失，蓋欲使四夷八蠻知有是人，斯足以增朝廷之氣。近世進用非
人，皆失此意，臣獨賴陛下掩人之過，成人之美，則孰不歸心而樂為
吾用也。
紹興四年，王之道論擇守令以結民心上奏曰：臣聞孟軻有言，得天
下有道，得其民，斯得天下矣；得其民有道，得其心，斯得民矣。國家承
兵火之餘，斯民凋瘵為甚，而扶持至今，乃中興之漸者，祖宗之德澤
在民心，而民心未厭也。臣愚以為今日之急，先務莫大於結民心，而
結民心者，無踰於擇守令。自陛下即位，于今八年，未聞某人出守某

郡，出宰某邑，覲還而問之曰：當今作郡以何為先？當今作邑以何為
急？考其在官也，亦未嘗察其所言，驗其所行而誅賞之，以示勸沮者。
其還也，亦未聞勞而問之曰：爾之作郡，除民之害者有幾，興民之利
者有幾？爾之作邑，戶口孰與昔盛，耕桑孰與昔富？而觀其人材，考其
政績，擢為公卿百執事者。伏望聖慈憫斯民之疾苦，鑒孟軻之至言，
明詔內外臣僚，內而監察御史以上，外而牧守監司以上，互保舉所
知，堪為監司守令者各三人，使明言其所長，然後召赴都堂，命宰相擇
而用之。朝辭之日，陛下開延對便殿，訪以得失，審其賢否，丁寧告戒
而遣行之，庶幾監司守令知所以愛民，天下之民亦知陛下之愛我
如此其至也。故緩急可使如左右手。為人君而天下可使如左右手，
該古人所謂仁者無敵，何外侮之為慮哉。
吳守論大臣非辜書曰：正月二十九日，右迪功郎新授監廣州實口

塲監稅臣吳仲。謹齋沐裁書昧死。臣聞趙襄子見圍於晉陽。罷圍有功之臣五人。高赫無功而受上賞。五人皆怒。襄子曰。吾在拘厄之中。不失臣主之禮者。唯赫也。子雖有功。皆驕寡人。孔子聞之曰。趙襄子善賞士乎。賞一人而天下之臣不敢失君臣之禮。臣讀至此。每興嗟而不能自已。豈審世無高赫之徒乎。將功同而賞異乎。將使忠信之士不容於朝端乎。將使忠信之士陷於罪戾乎。昔人有所謂忠信而獲罪者。此臣所以區區晝則忘食。夜則忘寢。痛為天下國家惜也。臣聞建炎之間。苗傅作亂。一夫唱惡。賣位遷移。廢主立幼。擅國威權。當是之時。天下皇皇。左右無措。嗟有驕君之心。未聞有盡禮之臣。至於能赴國難者。尤鮮其人。獨一張浚以微弱之書生。率天下之義士。忠誠一發。兇冠二軍。遂擒元兇。再復大寶。張浚之忠。聞于四夷。達于皇天。豈特夷狄知之。雖三尺之童亦知之。豈特三尺之童知之。而陛下亦自知之。昔申蒯陳不占赴莊公之難。不能成功。後世猶且義之。況於冒天下之大義。立不世之大功乎。臣雖不敢備擬仲尼之褒。然竊謂張浚賢於高赫遠矣。嗟夫。才有短長。事有優劣。可謂忠有餘而智不及。臣請為陛下畢陳其說。臣聞張浚之師陝右也。憂國忘家。見危致命。食不兼味。祿不受餘。聞利國之言。咨嗟而不能已。見忠義之士延禮唯恐其後。廉潔愛吝。士卒化之而不貪。公忠御下。吏民善之而無謗。此所謂忠有餘者也。料敵人之不審。陷曲端於無辜。昧左右之諂言。執一已之私斷。失五路之地。喪數萬之師。覆軍陝右。延敵窺川。取怨朝廷。歛怨鄉曲。此所謂智不及者也。今五路失利。四川孤危。罪在張浚。夫復何說。而臣有言者。無使臣隱伏朋黨之私。墮敵人之計。絕忠臣之路。何以言之。臣聞女無美惡。入宮見妬。士無賢不肖。入朝見嫉。蓋貪寵之心。人情所同。朋黨之患。古今皆有。且夫為臺諫者。必欲速為侍從。為侍從者必欲速為輔弼。為輔弼者必欲速專鈞衡。此貪寵之漸也。甲居台輔。則甲有親戚故舊。乙居台輔。則乙有親戚故舊。甲或罷政。則甲之親戚故舊無所依焉。乙或罷政。則乙之親戚故舊無所依焉。此朋黨之私也。今張浚還朝。不復元樞之位。必正台司之權。在內則必嫉之。或有攀援更易差除。在百寮必嫉之。若不群而攻之。必排而逐之。則上下俱緣遷陞之階。朋黨不得少固其位。萬一眾口銷金。積毀銷骨。擠以失地之罪。陛下不得已而逐之。豈不快朋黨之私乎。臣聞魯以季友治亂。魏以無忌折衝。虞不用宮之奇而晉并之。吳不用子胥而越并之。田單縱反間於燕而樂毅奔。陳平縱反間於楚而范增去。子玉死而文公之君臣相賀。廉頗逐而白起之籌策得施。借使張浚智雖不及數子。忠實優之。臣竊謂今世如張浚者鮮有幾矣。萬一忠臣見逐。必有不忠者矣。觀其用兵。雖暨金人未必不患其忠。設或反間得行。而張浚罪者。豈不墮敵人之計乎。臣聞齊桓公有尊周之功。後有滅項之罪。春秋書夏滅項為齊侯諱之。故古人以功覆過。良有以也。今張浚復辟之功大。失地之罪小。非特臣得以知之。天下之人所共知之。何哉。金人起兵三十餘載。北滅契丹。南侵中原。天降長亂。醜虜孔熾。張浚以五路散地之兵。當百萬犬羊深入重地之虜。如嚴投卵。其不敵也明矣。尚能枝梧數年。與之相持。及其退保四川。敵人卒未能下。蓋亦張浚之功也。若曰失陝西之地。潰五路之兵為可罪。則曩者失太原之利。致陷神京。失汴京之利。播遷二帝。禍延今日。遂使翠華巡狩於海瀕。賊臣割據於中土。當時用事之臣。比之張浚罪狀有差。如是張浚功大而罪小也。足明矣。設若寘浚於罪地。使後之有功者人人欲與赤松子遊。使未立功者將以張浚為戒。後有患難。誰肯赴之。豈不絕忠臣之路乎。臣竊見五卷文談。人人爲浚危之。咸曰。某黨某人欲有言也。張浚之來畫疏列上。必於失地之外。吹毛求疵。增其過惡。陛下雖有褒子之明。必不能却如簧之言以保全之。若然。則張浚未來。則其罪緩。張浚即至。則其罪速。萬一果如道路之言。則張浚罪逐將無所逃。何則。張浚不至。則議者必曰。慢而不恭。有違命之惡。張浚即來。則議者必曰。覆軍之將。有失地之罪。今遲遲其行。豈非畏人之言乎。抑亦自謂無功而歸。羞澀其行乎。方其未至。已有論列其罪者。及其還朝。罪之何疑。臣又聞道路之言曰。非特一二人欲言之。且將群而攻之。不特群而攻之。必使之罪去而後已。嗚呼。開言路者。所以納公忠而去偏黨也。今以朋黨之私而所親所舊。雖有大惡。則過而庇之。非親非故。雖有小過。必摭而逐之。至使執政不敢除一吏。忠臣不獲全其身。可痛惜哉。嗟乎。言張浚之短則易。爲張浚之事則難。若試以言張浚之人。而任張浚之責。則敗

績尤甚於浚矣。臣竊謂艱難以來。未有如浚比者。萬一使言者必行。而浚罪去。不知誰可繼其忠乎。古人一賢勝百萬之師。若賢者不容於朝。且欲修政事而攘夷狄。不亦難乎。臣嘗聞周公使管叔監商。管叔以商畔。夫周公弟也。管叔兄也。周公之過。不亦宜乎。當時以功覆之。後世亦未嘗罪周公。而議者則曰。周公之過。如日月之蝕焉。今張浚失地之過雖明。而赴難之忠亦至。臣恐巧言易入。聽斷所難。伏望陛下痛加察焉。無使朋黨得以快其私。無使敵國得以乘其間。無使一忠臣因而晦其跡。實宗廟社稷之福。天下生靈之幸也。臣與張浚居處則異鄉。勢位則相邈。既非親戚。亦非故舊。初無私於浚也。今論張浚之一身。而玷及滿朝之權貴。臣固知不得罪於今日。必斂怨於他時。臣之棄斥。幾不能免。其必有言而無愧者。臣自謂視富貴爲甚輕。以忠義爲甚重。今至公之論忤及權臣。不過使臣終身不得仕進爾。

至如張浚復辟之忠。古今所難。臣實慕之。使臣以忠義得罪。雖伏之斧鉞。赴之鼎鑊。在所不辭。豈畏朋黨之害乎。臣之所陳。披肝瀝膽。聽之罪之。唯陛下所命焉。干冒冕旒。臣無任俯伏待罪之至。臣伸昧死百拜。

張浚引咎去相。忤言者引漢武誅王恢爲比。觀文殿學士李綱奏曰。臣竊見張浚罷相。言者引漢武誅王恢事以爲比。臣恐智謀之士卷舌而不談兵。忠義之士扼腕而無所發憤。將士解體而不用命。州郡望風而遁。無堅城。陛下將誰與立國哉。張浚措置失當。誠爲有罪。然其區區徇國之心。有可矜者。願少寬假。以責來效。

九年。綱又除潭州荊湖南路安撫大使。綱具奏力辭曰。臣迂疏無周身之術。動致煩言。今者罷自江西。爲日未久。又蒙湔擢。畀以帥權。昔漢文帝聞季布賢名。召之。既而罷歸。布曰。陛下以一人之譽召臣。以一人之毀去臣。臣恐天下有以窺陛下之淺深。顧臣區區進退。何足少多。然數年之間。亟奮亟躓。上累

陛下知人任使之明。實無補於國體。詔以綱累奏不欲重違。遂允其請。

今年趙元鎮援潘良貴常同事上奏曰。臣昨日入省致齋。不當趨朝奏事。伏見親筆批諭潘良貴及常同差遣。臣以不簽書刑罰文字。無職名。未定須俟面奏。然後施行。臣嘗謂朝廷之貴在安靜。安靜則和氣蒸薰。天下自然蒙福。今幸朝多君子。無乖異之人攪擾其間。是以坐致安靜之風。而良貴天奪其魄。輕舉妄發。而常同輩又不分別曲直。隨俗毀譽。自作不靖。致此紛紛。仰惟陛下以日月之明。照臨百辟。天威神斷。曲盡事情。在臣之愚。無復可議。然尚有一得之慮。欲已不能。冒犯威顏。無所逃罪。臣於此數人者何有厚薄之異。至於進退取捨。實關國體。在臣不敢不言也。張絢良貴皆二浙之士。與臣本無契分。常同雖嘗薦之。然自作言官。屢以語言侵臣。臣嘗因此懇求避位。子諲始識於种師道宣司幕中。雖戚里貴游子弟。而好學樂善。文雅有餘。平日交游議論之間。凡有補於正論。有助於善類者。未嘗不竭其誠

心。士大夫以此稱子諲。而子諲亦以此受知於陛下。至如良貴常同輩。皆子諲素相欽重者。今常同既出。張絢決不可留。是因子諲而致此數人相繼而去。恐於子諲不甚光美。亦非其本心也。臣輒獻愚忠。願陛下少留聖慮。如子諲無罪。不當外補。或陛下不欲私潛藩之舊。即乞寢與職名處之近郡。非晚復可召用。良貴與次等職名。即與小郡。與本等職名。即與宮觀。如此。則重輕一分。而賞罰之意。天下曉然知之矣。常同張絢且降不允旨揮。俟行遣良貴等了絕。然後徐為區處。或移關慢。或令補外。無不可者。庶幾朝廷安靜。士論厭伏。足以彰陛下包納狂直之美。而子諲去就之間。亦復盡善矣。且良貴等今日之過。誠不可恕。若考其平素。亦曰端良之士。倘一旦併遂棄斥。子諲心懷憂懼。益不自安。蓋其人畏義而樂善故也。臣區區愚直。豈敢懷私黨庇。如陛下不以臣言為然。即一如親筆批諭行遣未晚。然臣特

罪宰輔。實不欲呶呶之徒妄議朝廷。亦所以愛惜子諲耳。不避煩瀆。重取誅譴。唯陛下深加省察。臣不勝萬幸。

高宗時。元鎮又上奏曰。臣適蒙陛下降出任申先辯訴言章奏狀。緣兩日假故。未及進呈。又緣親筆不欲住滯。為復只今行出。或容臣二十一日奏稟訖。然後施行。從來從官落職。未可無名。必坐其奏狀。乃降旨揮。臣詳觀申先所陳。意以論列沈與求。因緣致此。言誠過差。不為無罪。臣願陛下廓天地之量。少賜容忍。以全事體。若所言別無過當。則何緣落職。唯其肆言不屈。衆所難堪。而陛下能容忍之。是乃盛德事。臣區區之愚。尚有曲折。唯聖聰省察。申先一得罪於陛下。激怒於衆人。本因與求之事。今若坐其所奏落職行遣。臣恐張浚不免憂疑。而章惇蔡卞之黨。懽忻鼓舞於外矣。以陛下寬仁大度。不能容一狂直。使大臣不安。群小交賀。臣竊為陛下惜之。臣備位宰輔。無所補報。唯有朴忠。敢不竭盡。

貼黃。臣於申先非有所厚。昨申先論列沈與求。臣深不以為然。亦嘗奏稟。訖陛下尚能記憶。今申先奏章有議者謂臣不當與臺諫立敵。此臣戒申先之言也。又言大臣方行臺諫之言。以示無私。則申先於臣不無怨望。而臣不避讒謗。輒敢冒瀆聖聽。誠以責一申先為小。禁而其間所繫利害為甚大。臣非敢倚張浚為重。陰濟其私意也。伏望睿照。

元鎮又奏曰。臣嘗以任申先落職事。敘陳曲折。煩瀆聰聽。伏蒙聖慈俯鑒愚懇。特賜親筆。許令奏稟訖施行。仰認天地之仁。少霽雷霆之怒。不唯申先保全進退。亦使臣下遇有所見。得盡區區。無所隱避。則陛下涵容之德。高明溥博。闊略細故。所志者遠大矣。幸甚幸甚。然臣尚有欲告於陛下者。初陛下以伯雨之言。追貶惇卞。錄用申先。所以旌

別淑慝。明辨是非。雖在九泉之下。猶知懲勸。則是以為萬世臣子善惡之戒。當時中外咸知此道復興者。以陛下聰明絕人。洞見底蘊。不為浮議所惑。而臣亦不量微薄。不避衆怨。身任而當之。今曾不幾時。申先乃蒙斥逐。以臺諫四人之請。陛下不得已而行之。若又因其赴訴之言。更加削奪。則非所謂十世宥之道也。臣恐惇卞之黨有以窺伺聖意。禍機一發。姦計遂行。不特申先粉碎。雖如微臣。勢難苟免。是不得不懼。臣故輒為申先一言。亦所以自為謀也。併幸慈憐矜察。

直龍圖閣李光乞委官節錄封事劄子曰。臣恭聞陛下因城內火災。惕然恐懼。延問近臣。憂形于色。乃發德音。下明詔。以求直言。此甚盛之舉也。陛下自即位以來。數遭變故。倉卒之際。即下求言之詔。勤勤懇懇。發於至誠。然訖歲閱月。國勢日削。夷狄日強。盜賊益熾。百姓益窮。天地之變。水旱為災。星辰失度。寒暑反時。此豈盛德之報也哉。臣

意陛下有求言之名而無聽言之實故也。今艱難之時，懷憤獻忠者當累及之。臣竊慮封事之多，未易省覽，未免壅積，徒為文具而已。臣伏見仁祖時嘗委張方平、司馬光詳定中外所上封事，盡心料簡。合於義理可施行者，雖文采不足，一一奏聞。光與方平亦嘗奏乞其間識慮精出於衆，辭陳政事，文采詳明者，乞賜召對，面加詢訪，果有可采，籍其姓名，隨才擢用。今中原士大夫輻湊東南，所獻封事豈無公論？臣愚伏望聖慈，檢會祖宗故事，專委侍從官二員，擇其公忠端亮者俾之選擇，所可取者節錄成冊，每季或逐月進呈，以備乙夜之覽。忠言嘉謀，庶有裨益，以仰副陛下恐懼修省、艱難求助之意。

光為禮部尚書乞增選臺諫狀曰：臣伏睹二月九日手詔節文，以太陽有虧，氛氣四合，俾侍從之臣遵前後詔書，各舉能直言極諫之士一人。臣猥以膚薄，嘗居從列，天變如此，既不能仰承聖意，有所建明，又不能薦舉一人以應明詔，雖陛下不以為罪，臣實慚懼。臣伏見朝廷自罷制科，踰六十年矣，士子惟習經義，為有司應用之文。一旦責以賢良之舉，當具詞業，徼進恐如嘉祐故事，臣竊謂實難其人。又近年以來，風俗駸駸衰壞，士大夫惟務依阿，躁求濟之說，畏沽激之名，不以堯舜之道事陛下。當今痛開言路，而嬰鱗犯顏者，臣固未之見。況求疏遠草萊之士，如富弼、蘇軾之流，豈易得哉？宜其寂寥而無聞也。今朝廷艱難至此極矣，陛下親馭戎輅，以捍大敵，因災異以求直言，雖振熒救溺，未足諭其急也。若依常格薦士，儻或有之，俟其進卷稍中程度，方許召試，又有過閣六論，行遣迂緩，比至大廷，非假以歲月，未易集也。此豈陛下今日因天變求言之本意哉？臣恐或者妄議陛下徒有求言之名，而無求言之實，雖臣亦竊疑之。臣在宣和間，初除尚書郎，例合進對。方是時也，權倖當路，姦邪充斥，臣懷不能已，力陳一二弊事者，以開言路為說，大臣惡之，謫臣知桂州陽朔縣事。況臣今日蒙被陛下獎遇，致位通顯，當國家禍亂之後，強膺侍從，以竊觀。加以天變如此，陛下執然在疚，下詔丁寧，旁求直諒之士，冀聞藥石之言，可謂切矣。而臣久稽明詔，罪無可逃。臣竊惟方今小大之臣、百司庶府，無言責者，既不復論事，值時因轉對，誦陳言以塞責而已。陛下所賴以周知四方利病、朝政闕失，繩人主之愆違，辨臣鄰之邪正者，不過三五臺諫官耳。自古天子有爭臣七人。唐制，散騎常侍、諫議大夫各四人，左右拾遺、補闕各四人，共十有六人。國朝左右諫議大夫，左右司諫、正言各二人，常不下六七人，專論人主過失。夫人非堯舜，誰能無過？賴諫臣以正救之耳。御史者，邦之司直，專以非擊姦邪為職。唐制，御史大夫一人，中丞二人，侍御史四人，殿中侍御史六人，監察御史十人。本朝因之，雖其數或有增損，未嘗闕也。故自三公宰執、侍從、百司，力敵勢均，一非其人，咸得論奏，故能非權倖拔進用之。始折禍亂於未萌之前，其任豈不重哉？陛下即位以來，臺臣諫官預言事之列，不過二三人，而中丞、諫議久虛其缺，豈士大夫懷姦朋比，能以忠實事陛下未易得邪？何久而不除也？如其不豫，士大夫未嘗負陛下，而陛下疑之，是陛下自塗其耳目也。大抵人主意向，雖一顰一笑之間，衆得而窺伺之，其應如響，在陛下所行何如耳。陛下用一骨鯁之士，則在位皆節儉正直，而萬物吐氣矣。陛下用一諛佞之人，則在位皆持祿保寵，小人無忌憚矣。其利害豈不萬萬哉？臣久去闕廷，身紆郡紱，寵祿既優，無所裨補，重念忠臣雖在畎畝，義不忘君。偶因明問，輒復妄發狂瞽之言，仰瀆冕旒之聽，死有餘罪，惟陛下赦其愚而採聽焉。

著作郎張嵲因對言：吳蜀唇齒之勢也，蜀去朝廷遠，今無元帥，一年矣蜀之利害臣粗知之忠勇之人使之捍外侮則可至於撫循斯民則非所能辦也宜於前宰執中擇其可以任川事者委任之然川蜀繫國利害非腹心之臣不可今早得一賢宣撫使爲要又言自駐蹕吳會以來似未嘗以襄陽荆南爲意今宜亟選儒臣有牧御之才者爲二路帥使之招集流散興農桑治城壁以爲保固之資益重上流之勢

歷代名臣奏議卷之一百四十二

歷代名臣奏議卷之一百四十三

用人

宋高宗時章誼乞謹選執政大臣上奏曰臣聞人主繼天而爲之子宰相代天工而熙庶績百辟卿士猶日月四時運行而不息者也如此則君無爲而逸臣有爲而勞故曰天何言哉四時行焉百物生焉自堯舜禹湯文武以來未之有改也今陛下即位累年于兹求治甚切宵衣旰食焦勞憂慄於廟堂之上而群臣奉令承教優游逸樂於下真所謂本末倒置上下易位以此求治是適越而北轅也夷狄內侵誰爲陛下建攘却之策者盜賊紛擾誰爲陛下言消弭之術者財用匱乏人民流散宗社靡寧土疆日蹙執政大臣略無扶顛持危之意但以致身宰輔位高金多爲樂即有緩急謀在奔走設使陛下覺悟或行罷免高可望開府大觀文次不失資政節度使國勢微弱兵禍相纏九族分離二聖播越陛下獨受其無聊此臣所以疚心懸膽願陛下慎選執政大臣之意陛下得二三賢執政慰天下之望彌夷狄之難而陛下優游無爲責成仰治天下才智之士皆爲陛下奔走自竭然後君臣之位正而治道得矣此天之道也非臣之臆說也惟聖主留神幸甚

誼又乞參稽衆論選擇大臣上奏曰臣聞爵人於朝與士共之刑人於市與衆棄之蓋刑賞大政帝王不敢私決擇也其好惡予奪必詢之衆庶謀之卿士以觀公議之所在然後用捨焉考之於經虞舜聖君也所用禹益伯夷之屬亦聖賢之臣也其未得也必始於疇咨其得之也乃由於僉舉是以孔子稱之曰舜有臣五人而天下治又曰無爲而治者其舜也與言得人之盛致治之美也後世朋比之臣懷私植黨欲鉗衆多之口以逆奪人主之視聽於是立爲說曰下輕其

上爵賤人圖柄臣則國家拱動由是天子進退大臣不問天下之公
議而執政用事之人引用黨與當同充合日入於亂亡之域而人主
均孤立矣今陛下所與共圖天下之治者惟二三執政也人或未充
官或未備非降疇咨之命不足以得俊傑之才迺者參知政事謝克
家以疾辭位陛下深惟國計之重遂聽其請下擇大臣有賢之稱外
厭眾庶望治之情甚大惠也臣聞參知政事之選位亞宰司任重職
大必咨僉諧之舉乃詢中外之聽如得其人今日與宰相議論可否仰
副陛下側席之求則安榮自此成禍災自此弭土疆自此復苟非其
人治亂分矣孟軻有言曰左右皆曰賢未可也諸大夫皆曰賢未可
也國人皆曰賢然後察之見賢焉然後用之伏望陛下體虞舜好問
之德觀孟軻察言之道公聽並觀參稽眾論慎極一時之選然後斷
自聖心使此大政不勝天下之望

誼又乞重宰相之責上奏曰臣竊見陛下御極以來至今相者前此
四相以不稱職而罷今皆從容閒曠不受憂責在彼未為失計也陛
下之國勢日蹙宗社日危萬官億姓六宮九族遷徙不常殆無容足
之地此宰相誤陛下也陛下終以論一相為人主之職而未嘗躬行
威斷其於禦戎大計未有指授臣恐又無以善其後矣夫禦外患者
必先定攻守之策成內政者必先操威福之權宰相者為陛下擇攻
守之人而佐陛下施賞罰之政者也前此御營之兵宰相領之而急
則奉陛下以避攻守之策何如哉賞罰喜怒不攻功罪自其已出威
福之權何如哉陛下誠能指授方略而責宰相以辟土疆躬親聽斷
以明賞罰則宰相之任雖專而宰相之責亦重委任責成期以歲月
境外之患可弭中興之功可冀君臣並受其福豈不美歟
誼又論大臣數乞引去上奏曰臣竊觀日者大臣數為出入致煩陛
下遣使宣諭傳詔勞問至於再三然後就職自春徂夏殆無虛月此
雖於人臣進退之禮所不可廢而論其以誠事君自任以天下之重
者恐未安也禮記曰事君者量而後入不入而後量孔子曰陳力就
列不能者止夫今之為陛下大臣者其除拜之始必自負其才以謂
戎虜可平盜賊可息土疆可復以此為己任故其嘉言讜議仰當上
心是以受而不辭所謂量而後入也及其執政之後事有不遂其初
所求去者將必有說矣諫不行言不聽膏澤不下於民則去焉可也
力少而重未易任智小而大未易謀不能而止則去焉可也不然則
功已成矣名已遂矣不伐其功不居其名體天之道引身而退則去
焉可也今陛下聽言納諫其於大臣奏請未嘗少卻而大臣任陛下
之事非功成名遂之時但數因人言乍去乍留此甚非大臣以道事君
之義也臣謂大臣當為陛下建天下之大利除天下之大害以身任

天下之責如樂毅之輔燕以破齊為任如種蠡之輔越以報吳為任
如諸葛孔明之輔蜀以興復大漢為任如周公之輔成王以平三監
滅淮夷為任誠以此自任則雖有流言飛語所不恤也大臣今日之
事陛下其所任者何事其欲去者何事去就紛紜誠無益也公孫弘
曰揉曲木者不累日銷金石者不累月周公期年而化臣弘尚竊遲
之公孫弘何人哉能以天下自任如此臣願睿明深詔執事責其恢
復之大功而使之勿為區區之苛禮攘夷狄弭盜賊指日以冀當今
之成效不勝大幸若其受任無功仰辜委寄雖曰進退有禮亦何以
塞天下之望哉
誼又乞重監司之選上奏曰臣伏觀部使者之職號為外臺所以統
治郡縣頒宣部條廉問風俗任至重也前世選授大概有二欲請練
世務求之久次則惟其官欲簡拔俊良待以非常之舉則惟其人是

以舜之四岳十二牧。周之方伯連帥。漢之州牧刺史。唐之採訪觀察使。其高者咸預公卿之選。下者亦秩眞二千石。所以用責理職。求之久次也。若夫國事任職。務在得人。登賢選能。唯恐不及。則凡文學政事有一可稱。風操識度在所甄録者。雖無積月累歲之勞。假以權發遣之號。蓋亦不待次而舉也。近時委任頗異於此。伏望聖明考此二端。增重部使者之職。自非豪傑卓異之材。毋勿輕授。上觀虞周。下採漢唐。使嘗歷從官卿監之人。咸預茲選。而與臺閣省寺之除更為出入。不唯可以革去内重外輕之弊。且復輶軒所至。吏民有所矜式。仰稱陛下知人任使之明。不勝幸甚。

又論劉綱合還鎮戍隸一將帥上奏曰。臣聞滁濠州鎮撫使劉綱昨在江東。別無職守。欲歸淮南。軍衆乏食。進退無據。士卒散擾。於是挺身自歸朝廷。冀蒙措置。而羈旅累月。每詣都堂宰執。略不省顧。端坐客次。見士大夫輒流涕自言。誠可憐憫。臣愚以為劉綱果有罪乎。自當平正典刑。若猶可恕哉。其無罪。則當付以職任。無宜閑廢。緣劉綱之父劉佶。身本農家。頗富於財。自靖康建炎以來。出身衛國。裁平巨寇。卒死於兵。今劉綱所領。皆其父部曲。往往盡是莊客家僮。若不令劉綱自行鈐束。或聞劉綱貧困無歸。决須散為盜賊。別生變亂。昔唐朱泚帥涇原。以忠誠自歸。既至長安。拘留不遣。一旦部曲擁泚為亂。幾亡唐室。蓋亦當時措置乖誤也。伏望聖慈畧鑒前事。特賜睿斷。發遣劉綱還鎮。或如岳飛體例。領其部曲。隸一將帥。使不失職。不勝天下之幸。

又論徽州知通棄城乞將權汪希旦上奏曰。臣聞近者張琪之兵自臨安府奔走。侵犯徽州。其徽州知通望風棄城而遁。六月十三日。張琪人馬猶在臨安府之昌化縣。而十四日徽州已無官吏矣。有寄居官汪希旦者。知官吏逃避之地。自徽州城中折簡招發使四郡守禦。至十八日。尚未有還任者。遂具事因申尚書省樞密院。至今張琪人馬未知所向。徽州安危亦未可知。而郡守通判尚未有申發文字。與汪希旦相繼至朝廷者。臣又不知本路帥臣監司曾無申發文字。與汪希旦相繼而來者也。夫郡守通判帥臣監司受任以守一州一路。而盜發不知。盜至不禦。上不能聞之朝廷。請兵討捕。下不能躬率吏民。力為戰守。率皆奔走掩匿。不以上聞。此則畔官離次。不勝其任矣。如汪希旦者。素非朝廷倚任。授閑置散之人也。乃能憂國如此。臣謂防秋甚近。諸路帥臣監司知州通判。所宜一例選擇。悉付能臣。則今年戎虜可禦。盜賊可息。若委任非人。復如徽州知通者。將誤陛下立國之勢矣。所有徽州知通。朝廷固宜汰斥。其汪希旦亦乞審明量事獎擢。以為人臣能否之勸。

劉行簡上殿劄子曰。臣竊惟為政之要。莫切於救弊。事之弊者固非一端。而尤以人材為急。自古人主所與共天下之治者。未嘗不為之公卿大夫士。必得眞材實能。列于庶位。偏為吾用。猶懼有闕。比歲以來。乃或不然。舉所謂材能者。皆斥去之。事孰與齊。人材論落。莫甚斯時。迄今垂二十年。槁死寂寞之濱者。不可勝數矣。其幸而未斃於溝壑者。於今亦無幾人。可勝慨歎。昔人或以十年不調。白首為郎。尚痛恨其不遇。方之斯時。猶未為失其所也。臣以衰晚。誤膺簡召。自揆庸虛。豈有深謀祕畫。可以仰裨日新之政。惟有振滯淹之說。願以為獻。伏望陛下深詔大臣。搜舉向來擯斥委棄不用之士。取其尤者。遞次拔擢。必皆仰戴恩德。益輸忠畫。于以共成治道。實非小補。惟陛下留神財幸。

行簡又上疏曰。李道裕貞觀末為將作匠。有告張亮反者。詔百官議皆言亮當誅獨道裕謂反形未具帝怒不暇省斬之歲餘刑部侍郎闕宰相屢進不可帝曰朕得之矣是嘗議張亮者朕時雖不從今尚悔之遂命道裕臣竊謂臣受知於君不以一時遇合為難而以知其心之所存為不易太宗之於道裕也始棄其言卒乃用之豈以疇昔之事為過而悔之歟曰不然太宗願治之主也其措心積慮未嘗不在於天下國家雖一事之疑必悔之況其平時欽恤用刑每決死罪必三覆五奏而後定意太宗之斷未必為踈而追悔不忘若是者豈恤刑之心誠有合耶嗚呼人主未嘗無願治之志然而不克有濟者誠不至而已矣苟出於誠則反覆念慮浸久而不忘惟其當而後已故於聽用之際有合於心者雖棄之於前而收之於後不以自慊也若德宗之於陸贄則不然當危難時惟贄言是聽天下既定乃追仇盡言怫然以譴倖逐猶棄梗焉以此一事是以觀人主之用心矣何必多耶

行簡又乞命侍從臺諫舉縣令疏曰臣聞刺史入為三公郎官出宰百里守令之任在古甚重其體惟均朝廷循襲故常漫不加擇唯郡守間蒙選除外縣令注擬悉歸銓曹臣竊以謂近民之官縣令為最豈得若此而況今日中外多故軍旅荐興安民保疆其事不一為縣令者非但如前日出入阡陌勸督農桑謹期會簿書而已苟非其人為患滋大唐太宗嘗詔內外五品以上舉任縣令者於是官得其人民無愁歎漢馮野王上書願試守長安令宣帝奇其志然終不以與之蓋遴選如此臣愚以謂莫若倣古之意令侍從臺諫各舉所知可充縣令者若干人上之朝廷左右司置籍以備選用然後命監司守臣察縣令之不職者汰之以所籍姓名隨闕除授假以五品之服任滿稱職有進秩陞等之賞其治行尤異者不次拔擢使之歆艷則人人激昂以赴事功舉當者有重賞舉謬者有罰庶幾近民之官得十得五有以仰副陛下仁民愛物之意

權吏部侍郎廖剛論縣令劄子曰臣竊聞朝廷近日有意遴選縣令此誠忠養元元之急務然古有郡守入為三公郎官出宰百里惟外內無輕重之偏是以人榮其官而樂於治民近世不然內重外輕至縣令為尤甚凡督責難辦罪罰易及非他官比故人未有願為者拘於格法不得已然後為之彼稍負才器可以得美官者未嘗過而問也然則奈何欲薦舉而使之為邪臣謂差注一付吏部而重其賞罰以為勸沮可也選人除軍功捕盜非實歷令丞一任不許改秩等官京朝官非實歷知縣兩任必如祖宗法外不得為通判內不得為郎官其有治績顯著者優加旌別如漢增秩賜金之類而貪汙不法者又必重寘典憲如此則才者勸亦願就而妄作者有所憚矣蓋不必

薦舉為可賴也昨者陛下嘗詔舉為令者舉才者既有不願就而其乞憐於親舊以得之者往往非才此其弊也且事故有要領使監司郡守皆擇得其人則視令之賢否而進退之正其職耳烏在遍天下之令皆選之於朝廷區區管見惟陛下裁擇

剛又論除中丞上殿劄子曰臣嘗聞唐文宗擢丁居晦為御史中丞謂宰相鄭覃曰朕嘗與居晦論世人言李杜元白為四絕如何居晦曰此非君上合論之事朕以此記得居晦可為御史中丞又謂牛僧孺可以為大夫覃曰向為中丞頗不能擊搏恐非風望文宗搖首曰不然鸞鳳自與鷹隼異美此文宗任人之意也臣闒茸下材陛下不以其不肖擢居是職固不敢望古人萬分之一然臣伏讀訓詞責臣持大體以正國之紀綱有以見陛下之意與文宗合矣人主惟患不得論道經邦燮理陰陽之人與之躋一世於仁壽之域若乃區區擊

文之未聖所留神者哉。居臺之言宜有取於文宗也。中丞執法。固當無所持邪慝擊去姦邪之爲國害者。乃撏撦細故。矜惜介於紙兒之微賣何足道。罪之不察。僧孺宜乎。文宗不以爲然。臣願陛下不以文宗爲無足法。而忽其意。臣亦不敢徇流俗之見。專事苛察而忘大體也。惟聖明鑒焉。

剛又論朋黨劄子曰。臣聞洪範之書曰。無有作好。遵王之道。無有作惡。遵王之路。無偏無黨。王道蕩蕩。無黨無偏。王道平平。無反無側。王道正直。會其有極。歸其有極。此箕子爲武王陳世之大法。蓋帝王不易之常道也。若好惡悖於正。雖偏黨徇其私心。則不能蕩蕩如天之大。平平如天之明矣。所謂大中至正之道矣。會歸其有極。大中至正之謂也。人君惟以大中至正之道。照臨百官。無有愛惡。無有底滯。一視同仁。則萬邦黎獻化上之德。亦將惟皇之極是訓是行。以近天子之光。爲有所謂朋黨者哉。蓋天子作民父母以爲天下王。薄海內外。無小無大。孰非吾之臣子。無賢無不肖。孰不欲媚于天子以求其所欲。此戴天履地者之常情也。然而後世乃有朋比之徒。結爲死黨。或至於相與欺君罔上而不顧者何哉。臣嘗思其故矣。請試爲陛下言之。今夫人主以甲爲朋黨也。方與乙共治之。惟乙之徒是與。惟甲之徒是惡。他日以乙爲朋黨也。則又與丙共治之。惟丙之徒是與。惟乙之徒是惡。乃至更出迭入。亦莫不然。此朋黨之弊所以至於牢不可破也。何則。利害有以怵之。彼慮其所終。則其勢不得不然耳。故臣嘗謂朋黨之名雖生於君子小人之相鬭。其實人君有以致之也。誠使王道明於上。善惡別白。仁賢不肖襲情在位在野。各安其分。則朋黨何自而興乎。臣每聞聖訓。常自謂於物無心。有以見廣大之德與天地合矣。然至於論臣下朋附之迹。則未免有彼此之間。臣故不避誅責。輒以是爲言也。願陛下垂日月之明。而惟君子小人是辨。鑒往代之失。而推皇極之道。是遵。賢則用之。豈曰彼之黨嘗所援引而必疑之哉。狠瑣無用。則置之。豈曰彼之黨嘗所擯棄而必錄之哉。若進若退。若取若舍。初無係吝於其間。而必合天下之至公。此所謂皇極之道也。如是。則君子之徒莫不以類而進。萃聚於朝。志同謀合。濟濟其和。而天下之人。方且胥慶以爲得人。雖有姦慝。不得厚誣以爲朋黨矣。凡以朝廷清明。君子小人之分素定。初無可疑故也。由是觀之。大中至正之道行。則朋黨不革而自消。是誠在我而已。惟虛明不以臣言爲迂。而加採擇焉。天下幸甚。

剛又奏曰。臣聞易以內君子而外小人。爲天地交泰之時。蓋君子道長。小人道消。泰之道也。反是則爲否。而天下無邦矣。人君之於君子小人。可不謹哉。蓋小人未嘗無適用之才。固不必盡廢。然而必外之者。誠言足以惑人主之聰明。非事足以亂人主之心志。一容其身。則膠固而不可去。仲尼論爲邦。貴於遠佞人者以此。臣願陛下選任之際。每加察焉。旌別淑慝。無使小人得間於君子。庶幾朝廷清明。風俗純一。在位皆有羔羊之德。而詩人無彼人之刺矣。不亦善乎。

胡寅上疏曰。臣聞周公制法。使民興賢出使長之。使民興能入使治之。以是致太平。垂萬世。後漢熹平時。緣朝議以州郡相黨。人情比周。乃制婚姻之家及兩州人士不得對相監臨。立三互法。禁忌甚密。蔡邕上疏論其非。且以韓安國起自徒中。朱買臣出於幽賤。並以事宜還守本邦。豈顧循三互。繫以末制乎。司馬光韙其言。近年指揮監司郡守。不得除用土人。違周公之訓。蹈熹平之失。出於當時用事大臣私意。非良法也。未得賢才使臨本邦。知利害尤悉。愛百姓尤切。不賢不才者雖在他方。以非吾土爲害滋甚矣。不知擇人而好於土法。此與

三五同為積世哭也臣愚伏望陛下明詔大臣翻除近弊盡公選擇惟務得人有功則賞有罪則罰何憂其徇情亂政而以私恩不廣示天下哉

寅又上疏曰臣竊見洞庭水賊本緣官吏非人政煩賦重所致今治之之術以郡縣得人為首而縣令尤為近民若得其人則能奉行寬恤之政使未為賊者安土樂業已為賊者壞植散群其選付責成不在兵將之下豈可輕也軍興以來便宜辟置及於縣令固已非是又乞不以諸般拘礙皆許奏辟於是詐冒負罪盜賊無行一切拘礙不敢至朝廷參銓部者咸輻湊之其為赤子之害何勝言乎又况鼎州昨緣程昌禹借補為合官吏猥多急政豪奪為楊么驅民今程千秋繼之尤當加意選擇縣令而所陳如此豈可聽許臣欲乞因千秋所請特降指揮應殘破縣分奏辟令佐者須選已出官歷任無贓私罪

犯也今方許奏請盡俾其未出官無歷任曾犯贓私罪及見係狀降未經叙復或無出身告勑批書印紙而稱兵火去失者即不得輒行奏辟及不得陳乞不以諸般拘礙辟差庶幾縣令得人百姓受惠釋棄兵刃復緣南畝以臣愚見不以諸般拘礙辟差縣令利害甚大所有已降指揮臣未敢書行

校書郎王十朋輪對劄子曰臣一介小臣不識忌諱不知朝廷事體每懷嫠不恤緯之憂竊聞道路匈匈咸謂虜情叵測有南下牧馬巢穴汴都窺伺江淮之意廟堂之上帷幄之臣必有料敵制勝之策臣不可得而知然議者以謂邊奏有警則群臣失色相顧傳聞稍息則恬然便以為安且謂敵有內難勢必不來夫不恃我之有備而幸敵之有難其謀國之術亦踈且殆矣自建炎至今虜未嘗不內和殘賊也然一酋斃一酋出其勢愈熾曷嘗為中國利哉要在所以自治者如何爾誠有先備敵雖強而不足憂我苟無備雖有難幸之利在彼或不以有難為畏乘我稍怠長驅而來其將何以禦之耶臣謂今日禦敵之策莫急於用人用人之要莫先乎人望蓋知人之術自古所難蕭何不生孰能識韓信於未知名之日孟軻復出亦必取士於國人皆曰賢晉悼公以民譽而用六卿遂成復霸之業東晉以人心而起謝安遂成破敵之計國家寶元慶曆間西夏叛命仁宗以經略安撫之任付之韓琦范仲淹二人雖有時望軍中有一韓一范西賊破膽之謠兵不久用而元昊臣服皇祐中用文彥博富弼為相朝士相賀仁宗以古之用人或以夢卜苟不知人當從人望夢卜豈足憑耶元祐初相司馬光遼人夏人相戒曰中國相司馬矣彊無生事人望之能服人如此今若外若內士大夫軍民口無異辭咸謂有天資忠義材兼文武可為將相者有長於用兵士卒樂為

之用可為大帥者今乃投閑置散無地自效甚者斥於藩郡以泯沒其材內為讒邪之所媢忌外為夷狄之所竊笑天下輿情憤悶抑鬱臣願陛下斷然為社稷計起而用之以從人望可以作士氣可以慰人心可以寢敵人之謀可以圖恢復之大計陛下縱未大用之亦宜付以江淮重任使自當一面為國長城亦可無西顧憂矣臣又聞范仲淹初以言事得罪尤為宰相呂夷簡所惡斥逐于外及西方用兵仁宗思用仲淹夷簡薦之亦以仲淹果能成功夷簡不失為賢相陛下當以仁宗之心為心大臣當以夷簡之事為法相與任用天下之賢才以為排難解紛計天下幸甚社稷幸甚其次有舊宰執侍從及嘗言事之臣名節素著者或守遠藩或食祠祿或已休致或在謫籍並宜起廢置諸朝列其聲名風采亦足以聳動一時謀謨措畫必有大過人者諸將有以驍勇善戰稱者亦宜列置分布於荊襄江淮間以

爲木牙藩屏。用賈誼衆建諸侯而小其力之法以駕馭之。如是則異人輩出，可以供任使矣。猛虎在山，藜藿不採。國有人焉，雖富自消。臣以爲禦戎之策莫大於此。

右正言陳淵論用有德上奏曰：天下之士有有德者，有有才者，有有智者。人君用之，惟其宜而已。智者謀之，才者辦之，有德者守之。是三者闕一不可。用或偏焉，必不能有所濟矣。故書曰凡厥庶民，有猷有爲有守，汝則念之。才智與有德者之謂也。或曰治平之時惟德是恃，艱難之際所當用者才與智而已。是不然。夫有德者，尚施而不可。昔高帝定天下，天下所謂傑然者三人。既以爲其腹心爪牙之用矣，其餘如曹參、周勃、陳平亦皆足以相國。才智之徒蓋不少也。然必待四老人者出，以傳太子，然後漢室以安。光武中興，寇、鄧、耿、賈之流二十八人，皆依乘風雲，俱有可稱，所謂才智者亦衆矣。然必起良吏卓茂以爲太傅，然後風俗以變。由是言之，才智之士艱難之時雖不可無，而有德者亦不宜忽矣。

淵又論用老成上奏曰：夫學然後知其不足，經歷既多然後知其誤。蓋方少年，恃其天資過人，銳氣以待物，更事之後未有無悔者也。悔而知改，猶足以爲善。悔而不改，終於敗國亡家者有之矣。故學不可以已也。若乃學焉而未至，事不素練，則老成之人可尊而不可忽。人主深居九重之中，稼穡艱難之未知，而能應天下方來之變者，知此而已。昔者孫權年未及冠，而能使曹操望其營壘，以生子當如孫仲謀。此可謂一時豪傑之王矣。然其母嘗以屬張昭，故昭每諫之，必以太后爲言。我太祖皇帝英偉之資，無與倫比，而杜太后嘗令趙普輔之。夫孫權之智，不減張昭，而太祖之聖，豈趙普所可跂及乎。取其經變之多，歷事之久而已。況於不及二君，而欲棄老成人，未見其可也。

袁允文奏還吏部侍郎任應辰除知衢州詞頭疏曰：臣聞士君子之進退去留，必觀於時。時當去而不去，傷乎廉；時當留而不留，傷乎義。廉義裂而公議定矣。今勇番犯活遊寇多薰君父勤宵旰之憂，乃智者効謀，勇者効力，忘家報國之時也。應辰發歲以文章決科，陛下親擢爲第一，賜名之寵，多士至今歆豔。年甫四十，又蒙親擢，爲言語侍從之臣，不爲不遭遇矣。一旦無故禱外，廷紳之論咸疑之，謂應辰之才望實周於世用。朝廷若籍其才望以禦外侮，則衢之爲郡不爲要選。若以其罪言黜，則不明言其罪以正其當黜之名。若出於應辰之請，則有傷於事君之義，而非書生報國之本心也。應辰之去，名既不正，苟不以爲非，則援引而求去者踵至而紛紛矣。多事之時，如使人材相繼去國，此物論所以爲朝廷惜也。臣愚欲望睿慈特應辰衢州之命，特賜追寢，且令依舊在職，以待後日或有任使，庶幾朝廷百僚各安其職，不爲苟去之計，而公議自定。更乞自宸衷裁酌施行。

武義大夫曹勛上言曰：臣聞官者，勵世磨鈍者也。人者，趨德慕名者也。官得其宜，則事辦而功就；人樂其事，則功倍而邦寧。故聖王觀向慕宜，因事制法，所以勵人厚國也。恭惟陛下建中興之業，必制中興之典，然後驅一世之民而成興王之功。臣欲乞如古制，爲武功官貫十等，惟寵戰功，它賞不與，每授令禁於銜。官同，則以此高之。密院別置籍記載其名，謂之入等，則不次色用。陛下擢使令，庶約功而得死節，兼濫而收實才。方時右武，於是在焉。或可施行，乞下臣具等格聞奏。

帝嘗詔權禮部侍郎周必大，同王之奇、陳良翰對選德殿，詔出手劄，舉唐太宗魏徵問對，以在位久，功未有成，治效優劣，苦不自覺，命必大等極陳當否。退而條陳：陛下練兵以圖恢復，而將數易，是用將之道未至。擇人以守郡國，而守數易，是責實之方未盡。諸州長吏倏來忽去。婺州四年。易守者五。平江四年。易守者四。甚至秀州一年而四易守。吏姦何由可察。民瘼何由可蘇。上善其言。

必大除敷文閣待制兼侍讀兼權兵部侍郎。兼直學士院。上勞之曰。卿不迎合。無附麗。朕所倚重。必大奏言。太宗儲才為真宗仁宗之用。仁宗儲才為治平元祐之用。自章蔡沮士氣。卒致裔夷之禍。秦檜忌刻。逐人才。流弊至今。願陛下儲才於閑暇之日。

吏部侍郎洪遵薦王秬奏狀曰。臣伏覩降授右朝散大夫王秬。廉勤公明。所至可述。頃為夔州湖北路轉運判官。每出按屬部。盡以隨行胥吏。閉之一室。臨當於途。須衆吏上馬已。然後乃去。雖供帳宿幕亦只用漕司者。至於薪水芻粟。不得已合用者。皆估計其直。給錢償之。州縣無秋毫之費。民間詞訴。躬親聽決。無一不得其平者。部內賍吏望風斂迹。不敢復肆。嘗於武昌築堤。外遏江漲。內灌民田。行旅農人。均

被其賜。兩道歌詠其政。以為近所無有。前知真州。到任才五月。曾無之事。又能取其贏餘。積米數千石以為來歲軍儲之備。拊循凋郡。日不暇給。千里之民。上下便安之。一時諸司以激濁揚清為職。既不能薦。反以羅織成罪。按章所言。類無實迹。而使之錮於聖世。人以為冤。誠如近降指揮所謂有公累而其材實可用者。起之閑廢。必能遍事赴功。如蒙朝廷收拭。付以煩劇。去處施之政事。當有可觀。臣今先次舉到王秬一員。保任終身。如犯贓及不職。甘與同罪。謹錄奏聞。

紹興中。遵又薦用林珦。上奏曰。右臣伏覩右通直郎新差通判福州軍州事林珦。本出書生。敏於為政。治民有愛利之行。持己有公廉之稱。昨知宣州宣城縣。縣有笪岳豐錖兩陂。遍溪水以溉田。自政和初。為水所壞。莫能修復。並陂之民。歲常苦旱。珦修治朞月而畢。高山之頂。皆為良田。明年宣城大水。破圩田一百六十餘所。而陂口不動。百姓更名曰林公泉。後知常州無錫縣。舊例令佐四廳催科。浮民徭以為姦。珦為雜催者至七百餘人。因緣侵漁。人蒙其害。經界覆實官在縣置枷械於門。追呼自便。又於太保長名下勒取丁口圖帳七千餘本。皆魚鱗細圖。期限嚴峻。遂以重價就買官中本送納。珦始至之日即時禁止。又戶長催科。舊以五日一比較。有逃絕。則令償填。村遭縲。則加杖責。徒為苛擾。元不集事。珦親行鑴諭。盡革宿弊。是年官物不出省限皆足。而戶長未嘗輒追一人到官。酒壚茶肆至無村民之蹤。差役有闕。人爭先為之。及為邵武軍通判。有水口土軍擅開武庫。被甲持刃。驚動遠邇。珦以計撫定。得其首惡四人按誅之。餘一無所問。先是和平大寺兩寨戍卒循習縱肆。官吏不能彈壓。皆以此為之帖然。凡平時能害齊民。如公吏弓手亡賴子弟及詐為秀才宗室者。以事指曹。躬治不貸。悉皆斂迹。一郡方安其惠化。會緣小人誣譖。遂以罷

去。今朝廷雖知其有冤。起倅藩府。然尚待遠次。未究設施。臣與珦初不相識。采之士大夫公議。知其所為所行。灼然有大過人者。臣今保舉堪充繁劇州郡守臣任使。臣除已舉王秬外。今來所舉林珦係第二員。如蒙朝廷擢用。後其人終身犯贓及不職。臣甘與同罪。謹錄奏聞。

遵又薦胡璉上奏曰。右臣伏覩左從事郎胡璉。學古為政。勤身奉公。嘗為洪州豐城令。邑當水陸之衝。民狡吏頑。素號繁劇。前政或坐應辦不登。或緣獄訟不理。多以罪去。惟璉興利除害。抑彊扶弱。痛治豪猾之撓政者。善良得以安堵。諸司率皆薦之。如蒙朝廷旌擢。付之大縣。必有可觀。臣今保舉堪任知縣縣令。如後不如所舉。臣甘與同罪。臣除已舉過左宣教郎羅犨外。今來所舉係第二員。謹錄奏聞。

左正言鄧肅辭免除左正言第十三劄子曰。臣嘗觀宣和司諫高伯

振覬望王甫。不敢誰何。每出傳呼諫官道路之人。皆得以慢罵之。靖康諫議洪芻。阿附耿南仲。不恤國難。一日過朱雀門。群小擁其馬以數之曰。國步如此。爾所諫者何事。彼二人者方其巧爲身謀。以竊禁從。往往自以爲得計。殊不知欺君之罪。重於欺天。故伯振死於白刃而洪芻流于海島。皆天有以罰之也。臣誤蒙三朝之知。嘗緣論事。宣和之末。嘗進乞罷花石詩。群臣欲置於死地。上皇赦之。仍欲名對。靖康之初。賜對便殿。力詆權臣。當時指以爲狂。而淵聖審之。尚寘於寺監。今年不食楚粟。飢餓殆不能行。萬死一生。奔赴行在。陛下即擢於言路。初望天顏。遽論宰執。必待其去。臣言乃已。當時士夫謂臣必踵張所兵給之轍矣。而陛下錫臣以五品之服。且褒以聖語。謂臣論事正當甚可取。顧臣何人。上蒙聖眷如此。雖瀝臣之血而膾臣之肝。不足以謝天地之德也。然臣之職則諫臣也。若陛下曰然。而臣亦曰然。若

陛下曰否。而臣亦曰否。是奉天子者也。非諫天子者也。雖聖德眷遇。未即賜罪。然臣獨不愧於心乎。獨不愧於天地神明乎。今雖可免。異日將如何哉。不爲高伯振。即爲洪芻矣。此臣愚所以日夕惶恐。而未知死所也。竊惟人主之職。在論一相。陛下初登九五之位。召李綱於貶所。而任之以鈞衡。其待之非不尊。而禮之非不厚。然李綱學雖正而術疎。謀雖深而機淺。固不足以上副眷注之誠矣。惟陛下嘗顧臣曰。李綱真以身徇國者。今日罷之。而責詞嚴甚。此臣所以切有疑也。既非臺章。又非諫疏。不知造詞者亦何所據而言之。臣若觀望。豈復敢言。臣愛深。其敢默默乎。且兩河百姓雖頗効死。而九月之間。略無統領。民心渙然。將無所適從矣。及李綱措置不一月。間民兵稍集。今綱既去。兩河之民將如何哉。僞楚之臣。罪當萬死。前日紛紛皆在朝廷。李綱先乞逐逆臣張邦昌。然後叛黨稍能正罪。今綱既去。則叛臣將如何哉。叛臣在朝。則政事乖矣。兩河無兵。則夷狄驕矣。李綱於此亦不可謂無一日之長也。昔者宣王所以爲中興之主者。內脩政事。外攘夷狄而已。陛下聖德過於周宣。所以脩政事而攘夷狄者。豈可後哉。李綱一日之長亦惟陛下察之。

御史中丞張守論差李公彥李正民權官不當劄子曰。臣聞正朝廷以正百官。正百官以正萬民。蓋朝廷施設。不問大小。當則人心服。否則人心離。在廟堂跬步之間。而利害實繫於四方萬里之遠。不可不慎也。伏見太常少卿減爲一員。近自外召黎確爲太常少卿。使赴行在視事之二日。又除李公彥爲太常少卿。交割職事。臣所未諭。使公彥賢於確。即當除黎確而用公彥。不然則是重疊除授也。既知重疊除授。即當改正。今踰旬日。未聞施行。若以黎確爲是耶。而確亦久以汙著名。縉紳士論。未以爲非也。又伏見中書舍人有闕。祖宗故事。差起居舍人兼權。又聞即差它官。今董逌爲右史。而差左司員外郎

李正民權中書舍人。臣所未諭。使正民賢於逌。即當便用正民爲中書舍人。不然。即是董逌不學無文也。逌不學無文。則不當權爲右史。若曰逌不可權攝耶。而逌亦久以文學著稱。士論亦未以爲不可也。無故罷黎確而用李公彥。是其厚於公彥。然人必以爲公彥擠之。恐非愛人以德之意也。亦恐擠奪之風自是起矣。近捨董逌而遠取李正民。未必薄於董逌。然人不能無疑。而逌亦無以自安。恐非以禮處人之意也。亦恐祖宗故事自是廢矣。方今號令不行。紀綱未立。舉措之間。人心所繫。伏乞詔大臣評酌改正施行。

守爲殿中侍御史。論增置教授狀曰。臣竊見六月二十二日聖旨。復置教授四十餘員。仰知宸明留神儒術。雖在軍旅。不忘俎豆之意。然揆其公議。未能無惑。恭惟國家自遭夷狄之禍。二聖播遷。鑾輿出狩。兩河之地已陷。胡虜而西京關陝尚爲賊巢。邊亭無卧鼓之期。潢池有弄兵之警。征役守禦。遠近騷然。行闕防秋。當在朝夕。雖諸道蕭然。勞謙誠深。然四方萬里。不能戶知。但見詔書增置教授。恐謂

先其所緩，後其所急。此不可者一也。崇寧以來，蔡京用事，舉天下遍置教授矣。然庠序所出，未可質討其所以教養成就之才，亦未甚愈於昔也。宣和之末，卒無救於禍亂。方今痛懲往弊，急所當先，而更重是過，貽笑後世。此不可者二也。或謂士人猥多，無闕可授，姑欲以此廣遣滯留。臣聞為官擇人，未有為人而擇官也。況茲多艱，理宜省併冗員，裁節浮費。縱使未暇，豈當復增？況得祿私喜，不過此數十人爾。彼竊議而解體者，不知幾千萬人。此不可者三也。師儒之官，要在遴選。近制改科，參用詩賦，後進習經，僅不通曉，若取兼習詩賦可為人師者，誠恐今日未易多得。姑徇一時之求，以失四海之望，未見其利。此不可者四也。其間借有試中教授之人，數固不多，自有祖宗以來舊置教授窠闕，因以除授，誰曰不然？昔叔孫通歸漢，弟子百餘人無所進，莫不怨之。通曰：漢王方蒙矢石爭天下，諸生寧能鬪乎？故先言斬將搴旗之士。其後漢業既定，禮儀既成，稱為奉常，通因進曰：諸弟子儒生隨臣久矣，願陛下官之。

高帝悉以為郎。諸生喜曰：叔孫生聖人，知當世務。蓋因時制宜，先後緩急，古今不易之道也。今陛下方居漢高之馬上，而公卿大臣豈當出通下哉？伏望聖慈明詔大臣，追寢已降指揮，俟軍務平定日取旨施行，天下幸甚。

守又狀：臣近嘗具疏論列，復置教授事，未蒙施行。臣竊謂學校建官，固為美事，但無事之日，教養士類，務飾太平，稍多何傷？在於今日，誠恐未可。所有利害曲折，已具前奏。臣又聞堯舜之仁，不徧愛人，急親賢也；堯舜之智，不徧愛物，急先務也。故雖堯舜之聖，必度緩急之宜而有為也。陛下上法堯舜，以圖回治功，時當艱難，理有先後，尤宜因時乘理，以求所急。顧茲防秋在邇，選將練兵，捍外治內，孜孜汲汲，如救焚拯溺，而乃增置教官數十員，何異適越而北轅，救經而引其足耶？今謂士人多聚東南，舊任試中及合差之人，差除不行，因設官以與之。臣竊以為過矣。且試中之人數目甚少，舊所有處亦可除授，若為舊任者多，則自行三舍以來，置任教授者不可勝數也。若謂合差之人多，則不過及此四十餘人耳。此數十人，雖喜於得祿，其間粗有知識者，固未必以為然也。又況所不及者衆耶？方其無闕之可授，則人固思於速求；及其有闕而不及，則人必懷於怨望。利害得失，固亦明甚。又況崇寧以來，設官冗濫，無非徇一時之求也，卒致財殫力屈，夷狄內侮，貽陛下今日之憂。若以為教授可復，則崇寧以來冗濫之冗官，何憚而不復也？伏望聖慈檢會前奏，亟賜寢罷，天下幸甚。

呂頤浩論黜浮薄之士上奏曰：臣前日與宰執進呈潘祭差充川陝宣諭官，李愿下幹辦公事，面奉聖訓，令既與李愿、潘祭比因上殿，觀其為人頗輕浮，不可全信。此行祇以祭久在西方，知川陝人意，倚詢問爾。然祭臣素不識之，但曾召至都堂，觀其為人有口辯，善談論，然舉止輕儇，議論捭闔，政如聖訓。臣與宰執退而仰嘆睿照精明。以此推之，人之才否忠佞，豈能少逃於聖鑒。臣嘗觀自古立功立事之人，皆剛毅木訥，重厚寡言。其輕儇辯捷之人，聽

其言雖可喜，使之臨事，非惟鮮克有濟，亦往往至於敗事。故自古聽言之際，尤不敢忽。昔張釋之對漢文帝，以謂絳侯、東陽侯言事曾不能出口，豈效嗇夫喋喋利口。今以嗇夫口辯而超遷之，恐天下風靡，不可不察。釋之之論是矣。唐德宗寵任裴延齡，延齡每奏對，恣為詭譎，皆衆所不敢言，延齡發之不疑。德宗雖頗知其詭譎，但以好詆毀人，冀聞外事，故親厚之。韋渠牟形神浮躁，有口辯，德宗親信之。此二人者，皆以辯捷變亂是非，唐政不綱。孔子謂惡利口之覆邦家者，此也。臣願陛下日後引對臣僚之際，更加詳審，察其趣向而用之，庶幾所進擢者皆重厚沈毅之人，而退黜輕儇浮薄之士，使小人不得陷君子，則可以立功立事，以濟中興之大業矣。臣不勝拳拳之至。

秘書正字張孝祥論涵養人才劄子上奏曰：臣聞國勢之強弱，不係於土地之廣狹，甲兵之利鈍，而係夫人才。所謂人才者，有一時文章足以藻飾治具，風采足以羽儀薦紳，此平時用之而有餘者也。靜有

以寒未形之機，動有以應方來之變。如藥石真可療病，如穀粟真可救飢，此則平時既未嘗涵養蓄備，而羽檄交馳之際，則又不可頃刻而無此者也。恭惟陛下以天縱之聖，躬履興運，而宵旰求治，深思遠慮，將以遺子孫萬世之安。搜羅人才，惟恐或失，所謂藥餌治具，羽儀薦紳者，固自不乏。然臣區區之忠，猶效此言者，誠懼夫實用之才尚少也。夫楩楠杞梓，自拱把知其為良，然不假之以歲月，培壅封殖，遽責之以任重，鮮有不撓折者。是人才貴夫涵養。欲望聖慈深詔二三大臣，俾更廣求實才可用之人，善謀能斷，文不足而質有餘者，置之中都，扶持長養，屢試熟察，以須其成。在平時則隆國勢，以折未萌；於緩急則分任奔走，禦侮捍患，無不可者。誠得一二千輩，森布在列，則陛下可以垂拱無為，固宗社於盤石，而二三大臣亦可以優游怡愉於廟堂之上，而無所事矣。

極家行府參謀鄭剛中請除罪籍上奏曰：臣檢會今年五月五日敕書內一項：新復州縣見停廢文武官將校公吏未經甄敘人，並許赴所在自陳，保明以聞，當議特與甄敘。臣切詳劉豫僭竊，違天悖道，謂之有功者，實助豫為虐之人；謂之有罪者，未必真坐累也。今豫所錄者，朝廷包含混貸，捐其舊惡；豫所斥者，朝廷從而棄之，可乎？方使無辜抱恨之人，伸冤自訴，有司銓錄原減。論如常程，則是朝廷尚為偽齊行法也。臣愚欲乞應新復州縣官吏軍民被罪有文字照驗者，並不理遺闕，減降未經敘復者，即依本等敘復。內有元因劉豫補受，復為劉豫廢奪者，亦不在甄敘之限。庶幾功罪兩平，眾論惟允。

剛中又乞委任李寀上奏曰：臣竊觀四牡勞使者之詩也，序詩者謂有功而見知則說矣。臣昨日上殿，因稟奏江西盜賊，聖訓以李寀恐不能辦了此事。臣退而有疑，朝廷頃以江西多盜，恐州縣不能存撫，至於失業，遣察官採訪措置，而名以宣諭。此寀奉使之指也。為寀者布宣德意，接察官吏，訪求致盜之端，講究弭盜之術，則寀之事畢矣。至於討捕誅戮，則非兵不可，猶一病人，陛下方命醫視之，而藥未具也。為醫者觀其形色，審其氣候，其處納邪，其處受病，歸告主人，使具藥而攻之，則醫之事畢矣。江西之盜，在處皆有，而虔、吉最甚。江西之兵，合不過三二千人，餘皆土軍巡尉之屬，與賊不相當也。深山峻谷，如窟如巢，兵至散而民，兵退聚而盜，寀將所有之兵分布搜討，能當幾處？筠州黃十五負險不服，寀方督申世景圍捕，而虔、吉、袁、撫接連湖南諸處，往往三五百人成群出沒，此蓋盜多兵少，力所不及也。非擁兵坐視，而徒以招安為事也。若謂寀出使之日，便不帶兵前去，則寀之意豈不以數郡皆有盜賊，根株連結，自非得其要領，未易進兵，又恐前期遣發重有勞費，是猶醫者欲見病然後求藥於朝廷，而寀

之藥，非不善也。如聞寀自到江西，展躬盡力，一路官吏遂皆究心。數千里之外，利害動息，皆使到朝廷，此其為補，亦非小小。雖未可謂之有功，陛下亦當知而使之就矣。得無有告陛下者曰：李寀授之以兵而不欲，今果不辦矣。信有是也，則願陛下思朝廷所以遣寀之意，本不專使捕賊，而寀所以先措畫招安者，蓋坐無兵。今朝廷方分遣大兵，隨張守以去，亦須得寀編歷諸郡，詳究利害，使民間知朝廷專有耳目之官與之採訪，上下感懼而平定有期。若謂寀無功於江西，而不令究其施設，則前日遣使之意虛矣。願聞燭微之睿旨，昭靡臨之臣，臣不勝區區。

剛中又論人才上奏曰：臣聞世之論治道者，莫不以求才為急。夫人君以一身之微，受寄託之重，孰不欲與賢智共之？然用之不因所長，則得之雖多，寧有補於治道哉？大抵用才如用藥，苓朮參桂，徒聚之

無益也。惟寒溫緩急各因其性。然後有起病之功。不然是與無藥等爾。道德才智彼取之無益也。惟長短小大。各隨其能。然後有致治之效。不然是與無才等爾。皐禹稷契夔龍伯益。皆一世俊傑。舜知用之。至於禮樂刑政。各不失其所付。茲其所以聖歟。陛下履中徽之運。圖復古之功。以禮為羅賢俊並致臣子。雖一介無它技。而盛德包覆。皆所不遺。是則無才者非今日之患。而量才任用者正所急爾。昔馮簡子善斷事。子太叔善決。公孫揮善辭令。裨諶善謀。而鄭國之政常使裨諶謀可否。簡子斷之。公孫為辭令。成乃付子太叔行之。是以無敗事也。陛下以至誠之意。照日月之明。何所不察。區區之言尚賴陛下因任群材。使小大之臣。各迪有功。且無用非所長之失。則唐虞之盛。或有補於萬分。惟陛下留神省察。與三數大臣圖之。

明年又乞留曹開。罷柳約召命。上奏曰。臣竊得於傳聞。曹開罷禮部侍郎。衆論疑惑。開之所坐。臣未得而詳也。然聖恩從來優禮侍從。未嘗輕有罷黜。雖言章論數其短者。猶委曲保全。其去。此開之罷。所以人不能無疑。每見人稱開厚重質實。有文采。論今日朝廷人物者。必指為善類。宜無顯過。得罪非於清議也。或謂止緣近日論議。使事略有異同。遂至牴牾。獨臣以謂不然。陛下聖度如天。物物並受。數降詔旨。謂今此通和之事。無非審處中道。務令經久可行。固嘗許群臣條奏利害一二來上。陛下之心。可謂酌人情而濟世者。則開也。雖有大同小異之見。君父寧不諒其心乎。謂緣論使事而罷者。非也。求其所以致罷者。而弗得焉。乃開讀愚太甚。有至妄發狂瞽之言。聖人初有不能容者。則開之罷。疑或出於此也。臣數日前嘗上疏乞罷柳約召命。未聞施行。夫約之為人。陛下當自知之。事童貫而求其薦。事路真官而聞其術。媒僅之事。又許於孫悟之妹。其素行不待臣暴章之而後露

也。然如約者。陛下猶欲拔擢而用之。則如開者豈不能容忍而留之乎。約之來。陛下雖未必待從之。開之去。陛下雖未必終忘之。但朝野見一曹開去。一柳約來。進退人材。似有可疑。此衆論之所以惑也。一曹開去。使未損於朝廷。恐如開者又或去焉。則有損矣。一柳約來。使未累於朝廷。恐如約者又或至焉。則為累矣。聖人虛心屈己。禁萌於甚微。而防患於甚久。方今虜使遠來。計議未定。愛君憂國之人。心魂夜悸。謂禍福之幾。皆在乎此。是雖衆智交陳。群策並入。原其用心。皆為區區。正當容納。各領其意。他日事成。使論事者自懷無遠見之羞。脫或不成。陛下回思言者不至有悔。如是可矣。況陛下南渡以來。聖德日躋。略無過舉。如前日胡銓上書狂悖。削吏擯而投荒宜矣。然猶從大臣之請。俯加原貸。則開之罷。臣誠有望於聖思焉。武帝初不能堪汲黯之言。其後則曰天子置公卿輔弼之臣。寧令從諛承意。陷主於不義乎。故卒優容之。此臣所以懇祈於天聽也。臺諫。天子以為耳目。下有公論而不上聞。則是耳目失其所司也。臣忍為是哉。縷縷之言。期以報陛下而已矣。上瀆天威。罪當萬死。惟聖慈幸赦之。

剛中又論久任良郡守上奏曰。臣聞人君張官置吏。欲其以實德惠民而已。官吏不能皆良。而畏朝廷之責。故虛文之弊由之以生。臣頃以責實之說。區區為陛下言之。遂而又為陛下求所以革虛文之道。其莫如久任乎。夫吏員之冗。無如今日。久任之說。非所宜言。而臣所謂久任者。謂良郡守也。郡守不良者。易而去之。一方之福。其有安便風俗。百姓信愛。確然能布宣上意。使實惠被民者。大抵閱三數政而得一人。輒為奪之。為害多矣。臣親見州郡長吏更易之際。非但公私費耗。迎送煩擾。文書獄訟。變移之弊。為不可言。往往上下苟且。人情弛慢。輪時未定。既而長吏者至。風俗不能周知。利害不能徧察。慮朝廷

皆辦有條，苟不能謹以紓一時之急，則無以塞責。況復遷延歲月，得更易而去，則其自爲謀者善矣，此所以忍爲虛文而不顧也。幸而得一良吏，教令已孚，績用方著，朝廷亦何苦奪此而與彼乎？謂欲以旌其能，則增秩賜金之典可按而行也。或謂臣昔守令之選既有成法，今無遽易者矣。如臣所聞，或三兩月，或半歲，久者亦不至於成資而罷，是法雖具，有時而廢也。前史謂忠良之吏，國家所以爲治也。求之甚勤，得之至寡。臣願陛下申嚴成法，重長吏之遷徙，可乎？今有治狀者，亦可賜金增秩，俟其終滿，召用之未晚也。聖人爲官擇人，不爲人擇官，陛下留意行之，臣恐州縣虛文之弊自此可息。

右僕射呂擢奏曰：臣自歷官以來，荷累朝黼扆之知，兹者又蒙聖恩爲臣比經艱難，粗立功效，擢寘宰輔。臣敢不仰體眷禮優厚，雖糜骨粉身，亦恐未能圖報天地父母之德。苟有所見，安忍不爲陛下别白誅言之臣。竊攷祖宗留意人才，度越前代，是以元祐間名儒鉅公相繼而出，人亦各奮己長。陛下聖學高明，博觀圖史，此不能逃睿鑒矣。惟是王安石首先變亂祖宗法度，紹聖間章惇、蔡京、蔡卞兄弟之徒，各快私意，以忠爲邪，以邪爲忠，將元祐諸人累更竄逐，衣食不繼，殁于遐荒海嶠者甚衆，子孫禁錮，貧悴異常，至于今寃之。而數輩愚爲是舉，豈不有負國家耶？臣區區愚見，今陛下六飛雖暫駐吳會，然臣恭料宸衷仰思二聖之心，瞻念陵寢，恢復境土，則未始一日而忘也。如元祐諸人，經隔歲月，並未嘗追復官職，依條格合得恩數，亦不曾給付。雖其間有子孫族屬緣兵火之後，捨鄉里墳墓，隨車駕南來者甚衆，然尚有淪陷北界者亦多。欲乞聖慈廓獨照之明，廣好生之恩，不以臣爲僭率，責其狂妄，將元祐臣僚命有司條具，經遷責之人並例復元授官爵，子孫合陳乞恩數，照應格法，放行。庶幾南來之族無不感戴鴻霈之澤。在北界之家，亦知陛下懷思中原淪陷名臣之族，痛念向來皆由姦邪誤國，宗社播遷，而一朝盡還其父祖官爵恩澤，人非木石，安得不銘佩陛下耶？臣今所乞，亦恐旁詐而叵測，先將元祐之家子孫用之，本朝則所失愈多，後雖欲爲亦無及矣。更望睿慈不下臣此章，乞作聖意批出，庶幾遠邇存殁皆戴陛下矣。冒瀆天聽，臣無任怔惶戰慄之至。

范宗尹嘗任僞楚，故凡受僞命者皆録用。戶部侍郎季陵上疏曰：前日士大夫名節不立，論事者皆喜攻之。瑕疵既彰，不復可用，縱加拔擢，攻者踵來，雖君相制命亦不能爲之地。臣試舉其罪大者言之：崇寧大觀以來，嘗助巨奸由詭道以躐寵榮者，不知幾何人；邦昌亂朝，不能死節者，不知幾何人；苗劉專殺，拱手受制者，不知幾何人。以義責之，固不容誅；以情恕之，亦不幸耳。弄筆墨者文致其罪，既得惡名，

誰敢引薦？臣願明詔宰執，於罪戾中選擇實能，量付以事，勿因一眚廢其終身，仍詔臺諫爲國愛人，勿復言。

馮當可論守令銓選上奏曰：臣竊謂於民至親，莫如守令。守令之選，難得其人。當今銓選所行，並依格法。格法所當與，雖庸謬之質，有司不得而奪；雖循良之才，有司不得而與。天下論者皆言欲救其弊，莫若任人。或使內外薦揚，或令主者詮擇。然風俗弊壞爲日既久，奉公竭節蓋鮮其人，或恐銓擇任情，薦揚非實，誠無益於救弊，徒妄至於紛紜而已。臣愚願陛下謹擇監司，勿以輕授。監司，陛下耳目之臣也，苟得嚴明督察之才，風彩一路，黜陟其廉污，廢置其賢否，下吏有所矜式，小民有所告訴，則雖萬里之外，如在咫尺之前。州縣非才，誠非所患，自軍興已後，民力彫弊，重以漁擾，民愈不堪。守令之多，陛下豈能爲民盡擇？今天下監司不過數十人耳，少加簡擇，不患無才。陛下

付授之際，往往亦將視其資歷之高卑，不復論其人才之可否。徒使者以趁期會爲急，懦者以不生事爲賢，至於刺舉精明，使州郡望風畏肅者，未之見也。陛下愛民如子。民，國之本也。守令虐民，國之巨蠹也。監司刺舉，守令之精鑒也。伏惟少留聖慮。

歷代名臣奏議卷之一百四十五

歷代名臣奏議卷之一百四十四

用人

宋孝宗隆興二年，張浚次平江，奏論人才，劄曰：臣初十日自平江府門外起發，屢得兩淮物價不貴，據諸處報聞水已通，糧運畢集，建康、鎮江榷貨兩務，日納二萬餘緡，俟臣回日，取見錢糧的確數目，別具聞奏。伏乞聖慈，少寬念慮。臣今日得知泰州范愉申到被虜脫歸人曾充虜寨軍曹司，備知虜中人馬錢糧數目，與向來范常所換并近日于崇之所供申數目一同。仰惟陛下聖知自天，神機獨照，虜之強弱形勢，盡在目中，所患乏同心同德之助，而文詞之士，識見淺陋，無肯爲陛下竭死力任重責者。向若智者獻謀，勇者效命，通財計者究心於經畫，練邊事者盡節於封陲，先其所急，後其所緩，一意圖事，有死無二，如創業之時，馬上求治，陛下何憂夫事之不濟哉。臣願陛下急收人才，爲吾羽翼，必使議論歸一，讒說莫間，以操今日之變，天下幸甚。

廷臣上言，謂國朝視文武爲一體，故有武臣以文學換授文資，文臣以材略智謀換右職。當邊寄者，蓋文武兩塗，清本參間，若文臣總幹戎事，不換武階，則終以氣習相忌，有不樂從者矣。今兵塵未息，方厲恢復之圖，願博採中外有材智權略，可以臨邊，可以制閫者，倣舊制改授。從之。乾道以後，又選大將之家能世其武勇者、武舉及第、武藝絕倫可爲將佐者。曾廷臣言曰：方今國家之兵，東至淮海，西至川蜀，殆百餘萬，其間可爲將帥者，不在其上，則在其下，而朝廷未知振其氣、表其才也。今文臣有三人舉者，則爲之循資；再任五人，則爲之改秩，而武臣無有焉。古語曰：三辰不軌，擢士爲相；蠻夷不恭，拔卒爲將。宜令都統制視監司者，歲舉武臣二人；視郡守者，歲舉一人，以智勇俱全爲上。善撫士卒、專有膽勇者次之。不次於將校士卒優以獎擢。被擧人有臨戰不用命者，與文臣犯入已贓者同，併坐擧主。帝可其奏。仍著爲法。

隆興間，起居郎胡銓上疏曰：臣聞人主高拱一堂之上而天下之事無不知，人之賢不肖無不察，事之利害無不聞。豈他術哉？不過曰委任一相而已矣。夫一相豈能盡知天下之事、盡察人之賢不肖、而盡決夫事之利害哉？不過向人之賢者進之，人之不賢者退之，言之善者用之，不善者罷之，事之利則行之，害則去之。故賢相能兼衆人之善，而賢主能兼宰相之善。然世之治也，宰相尚能而遜其下，羣賢竭智以事其上，上下有禮而治功成，由不爭也，謂之懿德。世之亂也，宰相稱其功以加衆人，衆人伐其技以憑其上，是以上下無禮而亂虐生，由爭善也，謂之昏德。自古天下國家廢興存亡之端，未嘗不係

乎斯二者也。夫留侯漢朝第一也，坐籌畫策，天造地設，漢庭無能出其右者。然樊噲諫沛公無止秦宮，沛公不從，留侯曰：噲言善，顧聽之。婁敬說漢王都關中，上疑之，留侯曰：婁敬之言是也。於是上即日車駕西都關中。夫韓淮陰猶恥與噲爲伍，而婁敬脫輓輅一妄庸人耳，而留侯亟推其言於漢，吾可不謂大賢哉？魏相亦中興賢宰也，其謀謨廟堂之上，必有大過人者。然讀趙充國二疏傳，則亦用衆臣之長耳。充國欲罷兵留屯，計可謂迂矣，相推其言以爲可，必用，帝乃從其計。疏廣爲太子傅，平恩侯許伯建議使其弟舜監護太子家，廣曰：太子師友必於天下英俊，不宜獨親外家。相免冠謝上曰：此非臣等所及。宣帝由是聽之。夫用兵大議也，太子國本也，魏相不以二臣爲輕議，而更以爲可從，孝宣中興，丙魏有聲，豈不由推賢揚善而致然哉？區區之愚，仰惟裁擇。

乾道中，秘書省正字林光朝上疏曰：臣聞之道塗，竊謂陛下即位以來，每有人才不足之歎。昨者銜使殿對宰臣，論及用人之道，雲章奎畫，聚而成書，臣以正字名官，一代謨訓，所當紬繹，幸因賜對，得以吐狂愚之説。願陛下少垂聽焉。陛下有虞舜之孝，有夏禹之儉，有文王之勤勞，又其經營土宇，整頓人物，有唐太宗之明。天下以是數者歸之陛下，蓋以其實狀也，非虛名也。陛下溫顔聽納，如此不憚煩，不應有人才不足之歎。此臣所未喻也。夫以天地所養，雨露所滋，雜然百物，古猶今也。百物之在天下，何嘗不足？古今天下豈有人才闕然不足之時耶？人君自處常若不足，則人才斯有餘矣。若自以爲有餘，則安得不起人才不足之歎乎？高帝自以爲有餘，則四皓不肯出。光武自以爲有餘，則嚴子陵不肯仕。若以謂天下之大，不得此數人者，是未足爲輕重。然舜所得纔五人耳，禹得一皐陶，文王得夫二老者，帝王

之世人才非不足，而其未易得也又如此。陛下嘗有意於唐太宗之事。太宗所得者房玄齡、杜如晦，一時人物，又皆夤緣房杜，得以盡其所長。是貞觀之時，未嘗以人才不足爲患也。臣因論太宗之事，偶於此又得一説。天下人才有遭逢成就，在乎上之人。今天下以鄭國公魏證爲純臣，若無一事可議者，方其邀遊於李密、竇建德二者之間，使如是終身無所遇合，則安得爲全人？以是知豪傑之士，琢削鐫磨，或有待乎上之人，陛下何遽以人才不足爲患也。芻蕘之言，多不切事情，惟陛下裁赦冒犯天威，不任隕越。

淳熙中，光朝爲中書舍人，繳奏謝廓然賜出身除殿中侍御史詞頭狀曰：臣昨蒙陛下記録孤遠，自一臣於嶺外，遭遇臨雍，夤緣從臣之後，冒亦已太過。當此晚節，非有好名干進之疑，事或可言，雖死何憾。臣竊聞王安石欲以李定爲監察御史裏行，宋敏求知制誥，不敢具

第。今月二十六日遂到錄黃一道。謝廓然可賜出身除殿中侍御史。此在公論有所未安。臣職當書行。若畏禍忍恥。不得已書之。他日陛下必然有所悔。則臣爲欺君者。臣之殘年。尚在人數中。豈應負此名。此臣所以不避誅斥。而略陳大槩。臣備數詞掖。凡所行謝廓然詞。未嘗不備述上意。以謝廓然爲能史。今陛下賜以太常之第。命以御史之官。是科目太凡。名器太輕。非所以開張正塗。防來議論也。前日嘗欲以李大正爲六察官。未幾復寢。豈謂科目出於至公。不以輕予人也。謝廓然之所長者。可以治財賦。理獄訟。至於耳目之司。紀綱之地。則有所不可。六部寺監。所係者一職。惟御史府所係者國體。天下以爲可畏者諫官御史也。非御史可畏。畏公議也。安得如范純仁呂大防者除書之下。公議自定。苟或人人皆可爲御史。則公議不立。公議不立。則天下亦何畏哉。是國體輕重在於此。不可不早定也。中書號

令所自出。令出惟行。弗惟反。今此一件。臣若書行。不知中書所當繳者爲何事。然天子擇言事之官。而臣以本職有所可否。則爲犯雷霆之威。無復生全。臣已闔門待罪。所有錄黃。臣未敢書行。

乾道三年。虞允文奏論用人久任利害。疏曰。皇帝御選德殿。命臣俊卿。臣允文。臣克家。入奏事已。乃賜坐從容。論今日治道。上顧謂臣等。用人必當其才。必久其任。其效乃著。臣等對各有指。臣某昧死奏。誠如陛下聖訓。然自古才難知。而用之亦難。惟公其選。則才無不當。久其任則職無不舉。虞舜氏命官置牧之意。具載於書。其嚴如此。上曰良是。命臣等各述所對。將刻之屏障。君臣交修。垂永永戒。臣等拜手。退。敬推原本始。上稱明詔。臣觀舜典八百一十二言。命官之序。周悉重複。皋陶以刑。契以教。夔以禮樂。禹則播九州。告水功。各司一職。不相亂也。三年而考其績。九年而黜陟之。水土平。刑政舉。庶功畢奏。

考其當時選用之際。上則爲之堅謹。詳難壬人。下則往哉欽哉。懋濟相遜。不求責於力分之外。不尚簡於授受之初。其選公。故能當其才。而可久其任。庶政惟和。萬邦以寧。叔季而降。君臣之間。非不知此。至分職任事。輒背此而馳。抑亦有繇也哉。授者無委能之意。受之者有偷合之心。或才不才之並處。而娟忌生焉。或君子小人之參用。而機謀勝焉。一王導之賢。使不察於愛憎。而曾參之是非。亦失於疑似。甚者朋邪醜正。險陂害成。溺於親昵。而用其偏。壓以權勢。而防其進。風尚既薄。人偽益滋。陰摧鄰與。而伺候短長。巧出語言。而變亂白黑。私謁日勝。公道日晙。用之無適當之才。任之無可久之效。此自古及今害治之大者。危亡之相尋。可畏可懼。爲不可不察也。且羿非射則無術。秋舍奕則無藝。倉扁舍醫則無活人之功。蓋執一而求與百俱廢矣。故武王之治。位事惟能。孔子之言。使人以器。如因其能。隨其器。久任而責成

之。失之者亦鮮矣。昔在慶曆。樞密副使臣弼上言。欲輯三朝典故。文字編成一書。寘在二府。俾爲模範。因乾德任官之節。爲之釋曰。先朝臺省之任。必取才望相當。能稱其職者。以三年爲滿。所以人無躁進之心。官有宿守之業。近者除授數月即遷。人知速去。官無成績。奔競之風。由此而甚。嗚呼。弼誠知治體者也。臣不佞竊於今日有感於斯言。臣其謹書。

允文又上言曰。臣聞論相繫之人主。而擇相當以天下。故宰相者天下之選也。選不以天下。而用於一人之私意。所相非所任。所任非所相。而天下之心必有所不服矣。舜之舉皋陶。湯之舉伊尹。所以必選于衆。而不仁者自遠也。陛下登大位今七年。勤於論相。數置而亟免者。已七八輩。豈陛下所樂爲哉。意者論相之初。擇之不審也。以陛下之聖則天縱。以陛下之智勇則天錫。以陛下之所立規摹則天授。群

臣何敢望清光萬分之一。而敢冒當軸柄之位。故泯默就職，奉行文書。尚皇皇然，鰓鰓然，有不勝任之憂。其欲求免於譴訶亦難矣。舜之相皐陶、湯之相伊尹，方冊所載。一君一相之間，道與氣合，禮與情備，上下相須，驩欣交通，無形迹疑忌之嫌。治功之成，高出千古。豈有他哉。以聖賢明良之會，相倚而不相遠也。荀卿論人主之道，有曰身能相能者王。其相須蓋如此。昔魏武侯與群臣謀事，群臣不能及，罷朝有喜色。吳起諫以楚莊王之言曰：世不絶聖，國不乏賢。今寡人與群臣謀事，而群臣不及，有楚國殆矣歟。至唐太宗與臣僚論事，有不出太宗意者，太宗退而憂之。景德之間，真宗與陳堯叟論前代求治之君，蓋嘗舉其事以相為戒也。如臣不才，視近歲數輩相有不能企而及者多矣。學不足以自信，明不足以自防。一身之孤，不足以自保。而欲使臣輔陛下天之所縱，所錫所授者，求其能審國是，斷國論，強

國勢，立功立事，以副陛下簡拔之意。臣雖甚愚，自知其不可也。臣願陛下舉舜湯所以選者，思楚莊王、唐太宗之所憂，著法真宗皇帝君臣所以相戒者，旁求非常之才，以應非常之運，擇之於未用之前，信之於既用之後，使之議論天下之事，陛下虛心而察納之，使之負荷天下之責，陛下端己而責成之。論議負荷，不岐為二，而是非自定，利害自明，虛誕之勢不分，毀譽亂真之禍不作，則治功必進，治效必成。四海之大，惟陛下意所欲為，而實非臣之所能也。改命更擇，以幸天下。臣敢以死請，伏惟財幸。

乾道五年，汪應辰進杜黄裳、李德裕告君故事曰：唐憲宗與宰相論自古帝王或勤勞庶政，或端拱無為，互有得失，何為而可。杜黄裳對曰：王者上承天地宗廟，下撫百姓四夷，夙夜憂勤，固不可自暇自逸。然上下有分，紀綱有叙，苟選天下賢才而委任之，有功則賞，有罪則刑，選用以公，賞刑以信，則誰不盡力。何求不獲哉。故明主勞於求人，而逸於任人。至於簿書獄市煩細之事，各有司存，非人主所宜親也。昔秦始皇以衡石程書，魏明帝自按行尚書事，隋文帝衛士傳餐，皆無補於當時，取譏於後代。其耳目形神非不勞也，所務非其道也。夫人主患不推誠，人臣患不竭忠。苟上疑其下，下欺其上，將以求理，不亦難乎。武宗以李德裕為相，德裕言於帝曰：致理之要，在於辨群臣之邪正。夫宰相不能人人忠良，或為欺罔，主心始疑，於是旁詢小臣，以察執政。如德宗末年，所聽任者惟裴延齡輩，宰相署敕而已，此政事所以日亂也。陛下誠能選擇賢才以為宰相，有姦罔者立黜去之，常令政事皆出中書，推心委任，堅定不移，則天下何憂不理哉。

臣竊以唐自天寶後，惟憲宗、武宗能修政事，復振廢令。觀杜黃裳、李德裕所以告其君者，可謂得其要矣。二帝能信用其言，宜

其有成功也。

六年，周必大上言曰：臣聞主政圖事，人才為急。然而平居選擇則易，緩急求之實難。又況一官易效，通才難得。優趙魏者不可為滕薛，有文事者未必有武備。自非儲蓄素廣，品目素定，一旦任違所長，用過其量，譬之以驥捕鼠，使蚉負山，小大雖殊，其失一也。仰惟陛下內脩政事，外攘夷狄。今日先務，孰有大於此者。臣願詔執事，薦舉中外文武之才，不限員數，不拘資序，區分所能，總為一籍。若馭軍，若臨邊，若經理財賦，若行視利害，若監司，若郡守，惟類以著。詳識格目，仍於其間各紀所長。假令其人可馭軍也，又須別列其孰智孰勇，孰當為偏裨，孰當為統帥。其人可治郡也，又須辨其孰中和，孰健決，或使之撫雅俗，或使之治繁劇。人為一格，格備數人，繼此有得，接續來上，藏之禁中，副在二府，無事之日，預加審覈，遇有任使，按圖而取，比之既突

當是已竭，激昂其爲利害，其初進矣。

七年，必大爲禮部侍郎，論人才上言曰：臣聞帝王用人之道二。不次而仕者，大才也；循次而升者，常才也。故使傅說如太公之先覺，如伊尹，一旦拔於耕釣之間，寘諸輔佐之列，人亦孰以爲過？若乃僥倖而託於詭僞而託於誠，私而託於公，苟不察焉，其害深矣。孔子曰：始吾於人也，聽其言而信其行；今吾於人也，聽其言而觀其行。堯猶如此，況後世乎？仰惟陛下知人則哲，如帝堯；立賢無方，如成湯。人才小大，固不逃於藻鑑。然乃者嘗遣使理財矣，又嘗遣使按軍矣，方被命之初，截截慉慉，似若可聽。及責成效，蔑如也。此無它，用之過其量，責之不待功。故既冒爱寵，榮則懼誅譴，獲罪。於是多方以掩其過，姦作以盡厥辭。雖以陛下之明，隨加譴斥，然而兵民已被其侵擾，財用已爲其蠹耗，噬臍之悔可勝計。今臣願陛下於用人之際，因言以考其實，誠可而後遷。彼知爵祿不可僥倖取也，必將勉事赴功，少副陛下總核之路，而真才實能見矣。

淳熙二年，必大爲右文殿修撰，論久任上言曰：臣伏觀自昔人君大抵始於憂勤，久則豫怠，非固欲其如此，剸裁爲耳。陛下則不然，臨御大寶十四年于茲，自強不息，新而又新，可謂度越百王，光于載籍。是宜功成治定，垂拱無爲之效。然而大欲未得，猶勤宵旰者，何也？人主有急治之心，群臣無任事之實故也。臣試舉當今要務一二而言之。陛下既擇內外將帥之官矣，而士卒勇怯，甲兵堅窳，未免悉關於淵聽。既擇內外主計之臣矣，而調度盈虛，水旱備豫，往往猶煩於聖慮。以至興一利，除一害，小大之臣，舉未有獨當其責者，不過遵守成規，奉行文書而已。事成則沾遷爵秩，被受賜予；不成，則援例委任不專，非我罪也。縱加之罰，率用輕典。是以初爲苟且之計，而終懷幸免之心。使陛下之善政良法舉爲虛文，既淑得口，殊未有以少副憂勤者，非以此歟？臣願陛下勞於用人，逸於仰成。凡仕以是職，必責以是事。久其歲月，盡其才力，底績而賞，使之勸；曠官而罰，使之懼。一人雖容于上，百職交修于下。如此而功弗成，效弗著，臣不信也。揚雄曰：於事則逸，於道則勞。陛下念焉。

必大改敷文閣待制，上言曰：臣謂官人久矣，而今爲甚，蓋上有名器寖輕之弊，則下有淹滯失職之嗟。惟其寖輕，故勸沮之法壞；惟其失職，故苟且之心生。何謂勸沮之法壞？古之設官專待賢能，故賢者得之則勸，而不肖者以不得爲沮；能者得之則勸，而不能者以不得爲沮。今也不然，進士以藝，任子以世，雜流以歲月，固未嘗考其賢與不賢、能與不能也，應格斯與之耳。然則勸沮之法安得不壞？何謂苟且之心生？今分職有限，而入流無窮，一官闕則十數人守之。其在吏部者，大率十餘年僅成一任。凡往來之費，待闕之資，皆仰給於三年之俸，故貪者益貪，儒者益儒，低首下心，使人自營，以冀官滿而去。尚何敢與上官抗論是非，爲下民辨白枉直哉！且不特吏部注授爲然也。所謂堂除，乃據擬人才之地，今郡守皆除三政，倅貳闕至八年。凡卓然才智之士自爲朝廷所知者，固所不問，姑以中人論之，三十而仕，七十告老，若十年而爲一官，則平生不過四任而已。然則苟且之心安得不生？臣願陛下明詔三省，力裁入流之數，以清其源；毋艱既仕之路，以通其流。庶幾數年之後，其弊稍革，而人材見矣。

三年，必大爲兵部侍郎，論用人二弊，上言曰：臣嘗觀司馬光歷年圖序，以謂人君之道一，用人是也。自三代兩漢以迄于唐，用得其人，罔不興；用匪其人，罔不亂。布在方冊，昭然可考。陛下聖學高明，深燭此理，故自即位以來，內屬於聖心，外採諸衆論，求人惟恐不及，用才惟恐不盡。下至占一善名一藝者，咸表而出之。固嘗上嘉虞舜製論而列諸右矣。然屢省乃成，商求繼仰副聖心者何也？深惟其原，殆有二焉：一曰上下之分未嚴；二曰義利之說未明。何謂上下之分未嚴？夫任賢使能，人主之柄也；助人主進賢退不肖，大臣之任也。近世則不然，一官或闕，自銜者紛至，始則不度能否，悉力以求之，求而不得，則設計以取之。示之好惡，爲莫肯退聽；限之資格，而取必不已，未聞朝廷有所懲戒也。如此而望其痛遺獨方，胡可得哉？何謂義利之說未明？居是官思是職者，義也；背公而營私者，利也。今中外求官者，不知其幾人，未得之則計職務之繁簡、廩稍之厚薄，既得之則指日而望遷，援比而欲速。所謂公家之事，姑應簿書期會而已，初未嘗爲旬歲計也。如此而望其趨事赴功，斯亦難矣。夫十室之邑，必有忠信，況以天下之大，豈謂無人？臣所以爲是言者，誠以風俗之薄厚繫士大夫

之向背。若二弊不去，則風俗日壞，國家何賴焉？臣願陛下明詔執政大臣，深思向來致弊之由，共圖今日革弊之術，使士風稍振，百官舉職，庶幾不失陛下用人之本意。羔羊之詩曰：召南之國，化文王之政，在位皆節儉正直，斯致治之樞要也。

周必大又奏曰：臣聞舜之時，稷播百穀，契敷五教，皋陶作士，后夔典樂，終身守其官，未之或易。所謂三載考績，三考黜陟明，不過遷爵秩加服章而已。是以任久而責專，志定而功成。後世人才既不如古，仕於朝者又遷擢靡常。今歲爲某職，來歲任某事，一或不然，輒興滯留之歎。往往用過其量，處非其據，職業多曠，績用弗成，爲臣者既以被謗，而國家亦不能收用人之效。然今昔之通患也。臣愚欲望聖慈於任使百官之際，益留宸念。始也審度才力，隨其大小付之以事，而勿使躐等；終也考覈功效，或增秩，或賜服，而勿使數易。蓋不躐等則僥倖之望息，而速進之念絕；不數易則當職之心勉，而厭倦之意消。自然下安其分，上獲其利，豈曰小補哉。

淳熙元年，參知政事龔茂良上言曰：官人之道，在朝廷則當量人才，在銓部則宜守成法。法本無弊，例實敗之。法者，公天下而爲之者也；例者，因人而立，以壞天下之公者也。昔之患在於用例破法，今之患在於因例立法。譏稱吏部爲例部。今七司法，自晏敦復裁定，不無疏略。然守之亦可以無弊，而狃情廢法，相師成風，蓋用例破法其害小，因例立法其害大。法常靳，例常寬，今法令繁多，官曹冗濫，蓋緣此也。望令衆集參附法，及乾道續降申明，重行攷定，非大有抵牾者弗去。凡涉寬縱者，悉刊正之，庶幾國家成法簡易明白，賕謝之姦絕，冒濫之門塞矣。於是重修焉。

孝宗時，正字趙汝愚論謀國者必有腹心之臣。上疏曰：臣聞古之欲

謀人之國者，必有所謂腹心之臣。齊威公之管仲，越句踐之范蠡，漢高祖之良平，唐太宗之房杜，是數君臣者，其相與謀也，皆竭誠盡意，無復嫌疑，如父子兄弟之親。其家國爲一定之計，故其施也有序，其動也有期，非僥倖爲一旦之所爲也。陛下英明神武，將大有爲於天下，至於腹心之任，臣竊疑之。陛下臨御以來，其所顯用者多矣，其間深謀密畫，外廷不可得知，然而遠者不過二三年，近纔數月而罷去矣。紛紛，迄無定論，蓋亦有可議者矣。豈非相與之誠，或有所未至歟？非惟人懷自疑之心，專事形迹，以求苟免，而吏下知其無權，亦徒而慢之。雖欲自力，不可得也。將何以責其謀國之效哉？臣愚伏願陛下審求賢哲，察而後信之。夫輕信於前者，必重疑於後，爲其因失而致戒也。惟察之深，然後能信之篤。陛下誠能察人於未試之先，而信賢於既用之後，使大小之臣咸得以才自盡，則陛下何功不立，何事不成？

臣謂今日清源正本之要，實在於是。惟陛下擇焉。

汝愚爲集英殿修撰、帥福建，又申乞勅叙商榮，付安撫司自效。附奏曰：契勘本路阻山瀕海，常有盜賊不時出没，正在平居收蓄人材，以備緩急一旦之用。某伏見保義郎商榮，昨自偏境仗義來歸，忠勇絶人，累著勞效，先任楚州磨盤巡撫，日嘗過北界，收復州縣。朝廷以其生事，責送建寧府拘管。據商榮供具到腳色，蓋是當時主將有實使之然者。榮惟懷忠義，而不知朝廷事體，遂致輕銳觸犯憲章。原其本情，實爲可憫。今來拘管已十有三年，累經赦宥，若不稍加甄叙，竊恐無以激昂士氣。欲望敷奏，將榮權付本司自效，隨宜支破請給，候將來立功效日，別與除乞差遣。

汝愚又奏按知金州秦嵩狀曰：臣嘗讀前史，伏覩秦漢以來，謀臣良士，凡言制御夷狄之術者，莫不以謹擇邊吏爲首，其選重矣。究其爲術雖若不同，而大槩有五。其一曰以廉律己，化服異類。二曰智勇絶人，威震敵國。三曰謹固封疆，不起邊釁。四曰撫摩邊民，厚固根本。五曰愛養士卒，盡其死力。能此五者，則雖有强敵，亦可以坐制矣。今有人焉，受朝廷邊陲重寄，而罪惡盈積，略無善狀，臣不敢以被詔命，朝夕去此，顧惜人情，遂置而不問，惟聖明裁擇。臣伏見知金州秦嵩，所在貪汙，贓狀狼藉，衆共指議，不可具陳。昨知黎州，常遣諸寨土丁入蕃界採賺脂木以爲什器。一日又遣土丁二十七人過大渡河採斫板木，遂爲青羌所執者五人，死者二人，幾至生事。今任金州，未住，遣人於黎州販賣，近販金珠過大安軍，而爲稅官所覺，投稅至數百緡，則其貨物之多，從可知矣。望其以廉律己，化服異類，可乎？嵩始壯時，

猶可幸其一割之用。今聞久病，不能良行，每出見賓客，輙用兩人扶掖。比丁家難，衰悴可知。而尚爾經營，志在苟得，望其能智勇絶人，威震敵國，可乎？嵩在黎州，既緣採板木生事，土丁五人爲青羌拘執不還。嵩一時計無所出，遂厚賂奴兒結，俾往青羌調護其事。已而盡得所執土丁，及所斫板木以歸。嵩既苟逃譴責，而奴兒結亦自以爲功，欲徙居于安静舊寨，深入漢地數十百里，據沈黎之門户。而嵩遂許之，不能拒也。是時羌中豪猾隨而至者三十餘人，白水三村附從者亦數十人。雖視一方，深據要害。於是蜀人上下憂懼，欲逐之不可，欲遠之不能，遂爲沈黎腹心之害。作賴留正以計殺之，則大爲邊患，其勢未已。今仰憑陛下威靈，邊事寧息。然數年之間，勞師動衆，費耗百出，推原亂階，則嵩實爲之也。今任金州，亦未嘗以邊事爲意，歸正人逃亡、盜賊出沒，皆縱而不問。望其能謹固封疆，不起邊釁，臣知其不能矣。上津一縣本隸商州，去金州絶遠，通邑人户纔二千家，而歸正人實居其半。政賴守令加意存撫，猶恐不及。而嵩專事掊克，略無顧恤之意。每歲令副尉奚文欽將茶隨門除俵，至秋熟時，每茶一斤，折納麥三斗或四斗，有償納不足者，則來歲從而算息，息復增息，每歲轉加。臣聞上津一縣二千餘家，而總欠金州茶錢三萬餘貫。稍稍豐熟，則督責盈門；纔遇飢荒，則逃移北界。本司案牘前後具存。望其能撫摩邊民，厚固根本，臣知其不能矣。嵩在黎州，日役軍役數十百人入山採打竹木。木爲柴薪，竹爲火炬，轉賣公庫，收錢入己，瑣碎如此，其他可知。轉運司支降諸軍糴米本錢每石五道，嵩但以布帛雜物準錢一道，配與諸寨土丁，科糴粟米，支散軍糧，取其餘利。諸軍怨之，至今切

誠如此而望其愛養士卒盡其死力。臣又知其必不能矣。臣竊惟金州北鄰大敵，而居四蜀之衝，其地望不爲不重。又安撫一司錢物甚富，朝廷本以待邊防之計，諸司未嘗檢覈，不幸相繼罷政，多不得人，變化出沒，無從稽考，竭民膏血，盡以爲贓吏封植貨賂之資，可爲傷痛。又金州民事多與戎司相關，間嘗有親戚在軍中，遂充將佐，故凡事皆俯首聽命，略不能爲百姓主持，人情怨嗟，無所赴告。伏望聖慈將秦嵩特賜黜責，稍紓兩郡軍民之憤，選選有資望文臣與圖共理，一方幸甚。

汝愚又薦部內知縣黄謙、林　、李信甫、趙彦繩疏曰：臣等伏以一邑之宰，寂爲近民，而親使其能以体國愛民爲心者，是誠可嘉。臣等任一道之責，自惟無以補報朝廷，果有廉能循良之吏

爲陛下撫字百里，治狀有聲，輙隱然不以上聞，臣等豈容無罪。竊見知建寧府建陽縣黄謙，持身有道，爲政有方，自視事以來，留心撫字，前後士民列狀條其政績者非一，據其所陳，自有建陽莫之與比。臣等初未之信，及体訪覈實，但見其政平訟理，民無愁歎，百姓愛之如愛父母。況建陽劇邑，財賦素窘，號難治，黄謙本儒者，每旦未明即起治事，夙夜盡公，未嘗少懈，終始二年殆如一日，以此人心悦服，租賦樂輸，而官用充衍，餘財與前政補欠數萬緡，而餘力與諸生講論經學，亦可謂之通財矣。知泉州晉江縣林　，廉靖介潔，獨立有守，累曾知平江府崑山縣，方赴任間，前官任内有積逋累萬計，州郡欲使之認納，林　不忍以貽民害，毅然不奪，寧甘心棄官而去，其重義輕禄有如此者。臣等考其今之邑政，以律身奉公爲先，以厚風俗爲本，吏職民事不擾而辦，境内盡殖，安其田里，公事一切任理，不爲權勢所移，人推其公亮，亦不敢干之以私，往來者交口稱之，誠可謂端方之士矣。知福州懷安縣李信甫，學有源流，夙敦恒慎，忠知準衡，無所偏黨，故其見於踐履、施於政事，惟務安靖，不爲表暴，以民隱爲急，以公調爲緩，身任逋責，歛不及民，慈祥之政洽於一同。比以微恙在告旬浹，士民羣集縣庭，爲之禱祈，卻之不去，其得民情者此。知建寧府崇安縣趙彦繩，天性明達，優於治縣，首務革去宿弊，以寬民力，如除科罷之害，杜詭逋之患，又務勸農以敦本，置學粮以養士，公私不勞，辦集士民爲之稱快。聽訟必使兩造案前委曲詳問，有如父子，以故事無冤枉。今之縣令難乎其人，此四人者爲福建八郡諸邑之冠，欲望聖慈特加顯擢，以爲良吏之勸，又豈四邑百姓之幸。

汝愚又薦陳棨、趙幼閒、王聞詩、丘寨昭：臣昨權吏部侍郎日，準尚書

省劄子，奉聖旨令臣薦舉才行兼備、素經擢用者二三人。臣後因赴對，嘗奏知緣薦舉文字是臣始初奏請，在臣不無妨嫌，乞免薦舉。是時恭奉聖訓，令臣俟將來人才日奏來。臣自後承恩補郡，不敢妄有奏陳。今臣已到任一年有餘，自惟疏庸，別無補報，所見一路州縣小官中實有一行純備、素經擢用之人，可以仰答明詔者，臣若復嘿知而不言，臣則有罪。臣伏見從政郎南外睦宗院宗學教授陳棨，天資粹溫，克以門學，其言約而義富，其履卑而行峻，自登第二十餘年，棲遲選調，安貧守道，未嘗干祿。臣觀其人經明行修，表裏純慤，如良金美玉，可爲清廟之器。從政郎福州候官縣丞趙幼閒，器資端亮，誠度寬容，恬淡優游，不急仕進，凡勢利之塗衆人所共趨者，幼閒獨退然引避，若無意於世者，至公家有利病，則未嘗不首出爲臣言之。臣觀其人忠信篤實，可臨大節。承務郎前福州連江縣丞王聞詩，故大

子產，事十朋之子，內行修飭，頗有父風，出而臨民，不苟於事政事。公卿之子凡到官者，類得優異差遣，況十朋為陛下舊學，清名直節，當世貴重。而其子能敦尚志節，兩任執政，史部注擬差遣，今任既滿，且復經年，蕭然里居，衣食不繼，乃有不復禁仕之意。臣觀其人，廉靖修潔，可勵風俗。如蒙朝廷擢用之後，將來不如所舉，臣甘坐謬舉之罪。

汝愚又薦進士劉伯熊，嘗增上奏曰：臣等恭覩淳熙十五年九月八日明堂赦文內：應士人有節得才識學術素為鄉里推重不求聞達者，委帥臣監司同加搜訪，遍衛結罪保明聞奏。臣等仰惟皇帝聖德格天，禮告修，必形審，首廣搜遺逸，孜孜訪問，常如弗及。臣等仰奉明詔，精意考擇。今有其人，敢不論薦。臣等伏見簡州鄉貢進士劉伯熊，學術淹通，制行淳古，樸誠見解，不復就舉，屏居著論，不求聞達，諸然味道之腴，無書不覽，其所為文，高古純粹，嘉惠後學，蜀士大夫多出其門。且其孝友信義，不但聞於一鄉，至論當世之務，靡不通貫。成都府鄉貢進士常堉，蚤歲穎悟，嘗與薦名之列，後亦被免，不復就試，隱居山林，已三十餘年，單衣疏食，不改其度，足跡未嘗至城市，著書立言，有補風教，一邦之人，皆敬而愛之。欲乞遵用赦書，優加褒擢，庶幾山林博習之士，不至湮沒無聞，非惟表盛世搜揚之禮，亦以為異時風俗之勸，其於聖政，實非小補。

汝愚乞諸軍各置參謀官，伏奏曰：臣伏觀自古所命將帥，皆用王之鄉士，極詩書禮樂之選，近至唐世，凡雄邊重鎮，亦無不選任名臣，其功名顯著者，往往入為宰相，其後如裴度、李德裕，亦皆所至茂著勳績。仰我國家累世承平，將帥之任，未遽前古，此非天之降材於今獨異，亦由選任之際，文武太分，以至是耳。故雖有慷慨功名之士，皆無由習知軍旅之事，而專於武勇者，則例以儒生迂闊，視為無用，此緩急之際，朝廷所以有乏才之歎也。臣伏見唐之諸鎮，皆許辟召儒生學士，並參戎幕，若裴度在淮西，用韓愈為行軍司馬，此固不論，若烏重胤奮自行伍，亦能以禮羅致石洪、溫造二人，皆一時名士，賓主之間，能兩無疑阻者，良由當世之法，文武並用，士大夫聞見習熟，故久自安之耳。今沿江諸軍舊例，有許置主管機宜文字及幹辦公事去處，其職本在階級之外，頗得唐之遺制，然皆奪於權要，或狃於私情，選任太輕，士亦羞鄙，望其高識遠慮，能參理戎務，協贊軍謀，難矣。臣愚欲望聖明參稽古制，思為國家長久之計，於三衙及鎮江、建康、鄂渚、興州屯軍多處，每軍特置參謀官一員，如江池之類，元未置主管機宜文字處，與增置機宜文字一員，使之與聞軍事，然非稍優其禮，則士不屑為，非精選其人，則無益於事。如蒙睿慈特賜採納，其合理資任，合從請給之屬，並乞下有司詳議施行，庶幾他日異材間出，為國家用，誠非小補。

汝愚又乞罷諸軍承受，上奏曰：臣仰惟陛下神聖聰明，比隆堯舜，深發大號，斥遠巨蠹，朝野聞之，莫不鼓舞，以服陛下之斷，以頌陛下之明，幸甚。臣聞安危有本，成敗有機，撫機而失，後必有悔。陛下赫然奮發明斷，臣謂陛下此舉，威行萬里，中外將吏孰不人人聳懼朝廷之所為。若朝廷乘此事機，一新天下之觀聽，革除蠹弊，委任忠良，四方聞風，易於感格，此其勢甚順也。臣所願者，惟在陛下加之意而已矣。臣竊觀今日之弊，其最大者，無如諸軍置承受。其始祇緣諸軍有奏報文字，或有滯留之弊，故各置承受，務要速達。然而因循既久，蠹弊實多，外以壅隔諸軍之情，內以潛窺陛下之意。傳聞諸軍凡有奏請文字，皆先取決於承受，承受以為可則進呈，承受以為不可則退去或進或退有司皆無由稽察非若章奏通進二司皆有文據可點檢也故軍中雖有看實利害皆無由自達而陛下聖意微有喜怒彼必先事知之於是將帥禍福輕重之權陰受制於承受而賄賂之風猖充之政行矣雖陛下聖明在上每事体察而軍情戎務固有不容盡知者也臣伏覩祖宗時雖有走馬承受之名然實非今日之制蓋祖宗時三路沿邊走馬承受皆在本路置司遇有機速公事方許馳傳入奏朝見訖亦不得在京遷延久住其使臣皆是三班院選差雖間有差內侍去處其見本路帥臣之禮秖許依屬官例其視今日事躰輕重豈示霄萬甚相遠耶臣伏見行在百司凡有奏發急速文字皆經由通進司晝時進呈陛下勤勞不倦無不朝奏暮報何獨至於諸軍奏請而反有滯留之弊哉此其情蓋可見也陛下誠能明立章程嚴為賞罰頒而行之循何不可臣愚伏望申嚴訓戒令後諸軍除

帶程文字並依舊赴章奏房投進外凡有機速文字並許實封晝時赴通進司投進通進司即時別項進入或有合降付三省密院商量文字亦乞明詔大臣先次將上取旨施行其諸軍承受並乞住罷庶絕上下壅隔之弊然後收還將帥之權俾為輔相之責蓋將帥者三軍之司命國家安危之所繫也其賞罰進退之權雖歸之人主而蒐選考察之事當責在大臣昔漢之高祖光武唐之太宗聰明英武過於群臣何啻百倍至於任使諸將收采人物亦皆訪於蕭何鄧禹房杜數公若大臣平居恬然不以人材為意臣恐一旦邊陲有警不幸諸將或乏人意不審陛下此時誰與謀者此臣所以不得不深憂而過計也至於承旨一司比來權任甚重解紛易繫實在此時選任之間尤宜詳審歷考累朝故事蓋許文武並用臣采之輿論得之公言或謂前侍從中亦有老成忠實曾任樞府諳曉軍政徧歷寧撫深識

事宜者惟陛下博詢衆志斷自宸衷極一時投受之公示四方好惡之意自然本朝增重士氣激昂化貪為廉易懦為勇當強可待克復有期乃若姑踏故常憚於改作非惟玩歲愒日無益於事亦恐此機一失後益難為力也昔齊威王即位既九年諸侯並侵齊國不治一日發憤烹阿大夫及左右嘗譽之者於是群臣聳懼莫敢飾詐務盡其誠齊國大治強於天下此非其嚴有足稱者蓋其乘勢便利遂能一意行之有若順風行舟故用力少而見功多也使威王今日烹一阿大夫明日復用一阿大夫臣恐徒為是紛紛終無益於齊之治亂矣今之事勢實類於此臣伏思累日不能默默偶值經旬假故未敢請對而愚衷迫切恐失事機謹遵用八月壬子詔書實封入奏惟陛下裁擇幸甚

袁說友論實才上言曰臣聞聖人之用人不務愛其始之所似可喜

而每信夫終之所果可用蓋天下之才貴乎實而不貴乎名也高標大言自立名字足以驚眩當世而譏評時政則又怨上軋下鼓動震喝若纖纖可愛豈不似可喜哉然終之成就迄於荒忽瀰漫不適於用而沽激矯訐自是以取名矣至於實才之在天下非有喬傑卓鷙之行以自表亦往往自為可用能行之學以致力於事功誠實之地顧以虛名者視之殆無一可喜然實之所在要其成就於後者必有續用惠利之可書是以聖人之用人知其始若可喜者為不足進而終之果可用者為必可恃則有以黜虛偽之名崇務實之士而實才之用始足以辦天下矣仰惟陛下臨御今十八年焦勞求賢以起平治而事功之立猶未能盡副宵旰之念何哉夫實才之與虛名其相去已不侔矣而士大夫好名之弊甚於好利好利者其弊止於一身而好名者將欺天欺君欺人自欺之不暇人而至於所欺者如此則大

用而禍太小用而禍小是豈為國家福哉。大抵士之在朝限職以治內可也。實之不務而或撲稜以固位姑息以養譽者反以得立朝之名。州郡之職練兵而愛民可也。實之不務而或掊斂以稱最結託以求譽者反以得作郡之名。右選之職熟韜鈐而尚智謀可也。實之不務而或文雅以緣飾言語以媒譽者反以得兼資之名。所謂賜對詳利害而計實用可也。實之不務而或訐言以為直矯飾以沽激反以得讜言之名。相師成風以為當然。而靡靡之響使人主焦勞獨運於其上。而百職浮靡掠名於其下。坐縻歲月而功效弗立。抑可惜也。今之人才固未盡至於此。然以陛下求賢甚勞勵治甚切。而大勳之集尚未足以當聖意者。臣恐隆虛名之弊。猶有以累陛下之知人也。今欲曠然大變。使人皆有趨事赴功之心。不事大言。不務好名。不為矯行以將意於實用實效之地。此只在陛下一好惡爾。臣竊觀仁宗皇

帝謂張士遜曰。今之士多不能補益時政。又揚君之過以釣虛名。朕甚惡之。大哉聖人之謨訓也。故雖一權州縣令張龜年亦以其賦調先期併獄無擾。即下詔褒用。於是實材輩出。項背相望。仁宗之治。軼迹三代者其機在此。臣愚欲望陛下於用人之際。凡文武之臣內外之職。悉別以名實。而考其始終。度其人有志於實用而不事矯訐沽名者則浸以任使。若其大言無當敢為詭辭騖虛名以動主聽者。一毫不以假借。仍申諭大臣於進退百寮。一以實材為急。陛下一好惡之頃。大臣一進退之際。將不出歲月皆梘儀聽唱靡然嚮風。變虛名而務實用。雖不能為國家辦事者。則天下之大事舉矣。惟陛下財書

中書舍人崔敦詩奏乞以公論用人狀曰。臣聞國家之治忽繫乎公論廢存之間。蓋所謂公論者。非可以強名。眾心之所謂當然乃天道也。臣嘗觀孟子論進賢退不才之法。曰。左右皆曰可勿聽。諸大夫皆曰可。勿聽。國人皆曰可。然後察而用之。左右皆曰可殺。勿聽。諸大夫皆曰可殺。勿聽。國人皆曰可殺。然後察而殺之。蓋左右之言常得自售其私。諸大夫之論猶恐未協于眾。至於國人之論舉國之所謂當然。是謂至公。是謂大同。未有不得夫用舍之當者也。臣仰惟本朝祖宗法天立道。廟堂之上。持公論以調萬化之原。縉紳之間。伸公論以廣九重之聽。是以治功之盛。超冠古昔。爰自熙寧大臣變更法度。于時士大夫欲排羣議以行私說。一切指公論為流俗。自是名節不競。馴至弊敗。臣嘗以為公論所在。治道是由。人主者。天下公論之主也。臣恭惟陛下遠撫旁招。兼聽一視。朝廷無私黨。天下無壅情。王道蕩蕩。過乎三代之盛。然而聖人之德。又當新而不窮。臣子之心。每有加而無已。臣伏願陛下建大中之極。開旁燭之明。深詔大臣施舍廢置。必詳觀輿議之歸。明敕近臣。是非善惡。必悉考僉言之當。要使公論

在上。昭然明白。亦俾中外知聖意之所向。則天下幸甚。

翰林學士承旨洪遵舉監司郡守上奏曰。臣伏覩右朝奉郎權知辰州軍州事張允蹈。儒雅醞藉。長於治民。前守臨江。今知盧溪。周旋兩郡。皆以治最聞。可謂循良之吏。使當一路。必能激濁揚清。奉行德意。右承議郎充江淮荊浙福建廣南路都大提點坑冶鑄錢司主管文字鄭沔。跡通修潔。臨事不苟。嘗為廬州合肥令。治效顯著。泉司為屬前後三任。鼓鑄之事。尤所諳曉。部使者惜其去。薦之。因任授以一郡。必有可觀。允之及沔。係見今可任之人。右承議郎新差通判明州軍州事吳松年。名臣之子。敏於詞翰。踐更事任。積有能聲。緣未歷親民之官。故無績狀可書。至於廉勤公明。乃其天資。異時可備刺舉之選。右通直郎知平江府吳江縣張棫。學古入官。奉公不撓。為令吳江。當舟車之衝。外應軍須。內究民事。以至大駕行幸。部辦無闕。斡旋蕞邑。

民間無秋毫之擾。異時付之郡寄。必能趨事赴功。松年及畯。係將來
可任之人。臣今舉到張允之等四員。保任終身。如後不如所舉。甘與
同罪。謹錄奏聞。

遵知建康府薦梁公永、程渭老劄子曰。臣竊見右宣教郎知建康府
溧水縣梁公永。愛民戢吏。有循良之風。剖決優游。庭無滯訟。催科不
擾。夏秋二稅。率先辦集。前後士民舉留者甚衆。右從事郎知池州建
德縣程渭老。敏於臨事。有剸劇之才。去年秋。境內旱災。躬行阡陌。檢
放皆實。救荒之政。靡所不講。比之旁邑。流亡最少。百姓德之。臣所領
縣四十有三。其可稱者絕無而僅有。欲望聖慈特加旌擢。庶幾風動
一路。以為能吏之勸。

遵又奏舉邵宏淵劄子曰。臣一介疏逖。陛下付以方面劇寄。夙夕惟
念。常懼無以酬報萬一。苟有管見。不敢緘嘿。臣竊謂今日先務。選將

厲兵莫此為急。仰惟陛下銳意中興。留神軍政。汲汲求人。惟恐不及。
天下幸甚。臣伏見邵宏淵驍勇有謀。為時宿將。驍雄之目。著聞中外。
昨在湖湘立功。鼎人德之。血食至今。逆亮犯順。宏淵提孤軍抗方張
不制之虜。真揚免於塗炭。兩郡為之立廟。其人雖六十餘。而矍鑠強
健。不廢鞍馬之習。久屢散地。公論惜之。欲望天慈斷自聖意。收拭錄
用。庶幾緩急之際。可以倚仗。臣觸冒宸嚴。無任戰灼之至。

遵又奏舉趙撙、郭剛劄子曰。臣比以悍卒奸贓。專輒行誅。上章自劾。
干瀆天聽。伏蒙聖慈灼見。曲賜原貸。臣還望闕庭。無任感激之至。臣
竊見馬帥趙撙到軍以來。蠢革前日刻剝之政。軍士舊逋。一切蠲放。
按視軍馬。勤於教閱。約束諸將。不得役使。令下之初。人人悅服。建康
都統制郭剛。留意軍政。一歲有餘。葺治器甲。為之鼎新。不時於諸軍
撞教。紀律嚴明。轅門敬畏。將帥得人。實為今日先務。臣備員數閫。竊

府所聞知。不敢自嘿。僭冒淵聰。臣不勝震懼之至。謹具奏聞。伏乞採照。

中書舍人史浩上奏曰。臣等恭惟陛下龍飛御極。曾未渝旬。首擢臣
等寘之從列。深惟際會。竊自省循。陛下天縱聖學。雖出生知。然而就
傅以來。二十餘年。太上皇帝遴選儒臣。俾為輔導。及其成效。蓋有日
矣。譬如多稼有年。既耕而耨。既種而穫。夫豈一日之力哉。臣等晚備
誦說。聖質已成。初無消塵裨益。而猥蒙厚恩。先朝舊學。心實不安。此
而不言。使陛下未發舊文。求介推世祖。召嚴光之令。臣實有佻功蔽
賢之罪。欲望聖慈特降明詔。凡曾侍潛邸臣寮。依累朝故事。第加恩
典。

浩為觀文殿大學士兼侍讀。上奏曰。臣聞誤國之罪。莫大於蔽賢。報
君之忠。無踰於薦士。臣嘗承乏經帷。薦士職也。敢失其職。以速官刑。
又況臣千載一時。遭遇聖明。從始暨終。自頂至踵。受陛下生成之恩。

特出倫等。欲報之心。宜何如哉。臣今老矣。智慮荒落。不足以寄陛下
腹心。筋力衰癃。不足以任陛下股肱。然區區報國之誠。雖老不能忘
去。朝夕思念。唯有進達賢才。異日倘有毫分之補。庶幾臣之志願償
一二焉。重惟內之庶尹百僚。已經選用。外之監司帥守。已經臨遣。臣
皆不敢寘論於其間。若夫懷才抱識。沈伏下僚。而未能自達者。據臣
所知。尚十餘人。明州鄞縣主簿薛叔似。學窺往聖。志慕前脩。試吏之
始。已有能聲。若任之以事。當無施而不可。新紹興府司理參軍楊簡。
性學通明。辭華條達。孝友之行。閨門內化之。施於有政。其民必敬而愛
之。新建寧府崇安縣主簿陸九淵。淵源之學。沈粹之行。輩行推之。而
心悟理融。出於自得。新撫州軍學教授石宗昭。學問操履。文采政
事。四者皆過人。而深自韜晦。無好異之失。新寧國府府學教授陳謙。
材術既高。文章尤美。推其所用。必能稱職。新鄂州推官葉適。資稟甚

高得記能文。其學進而未已。前江東安撫司幹辦公事崔博禮學問該通。辭藻華贍。與其弟博詩禮相埒。識者惜其未用。新江陰軍江陰縣尉袁爽學問醇明。性資端厚。守正而無矯激。久在庠序。士子推服。添差通判常州趙善譽。宗子之秀。學問文采。俱有可觀。吏材尤高。不在彥逾下。前撫州州學教授張貴謨。文學吏治。務求實用。試之以事。必有益於時。前臨安府回易庫胡拱。故禮部尚書沂之子。沈厚似沂。而淵停允峻。安恬守道。不願人知。前衡州州學教授舒璘。性資誠慤。好學不倦。而練達世故。材質有用。新紹興府府學教授舒烈。性質和粹。操履端固。平居雖簡易。而遇事有守。明州州學教授王恕博通性理。諳曉民事。時輩推其為可用之材。監潭州南嶽廟湛循。性資和裕。學問通明。頃中甲科。不求榮進。而為親請祠。時輩推之。臣所知見。處下僚未經先達薦引者。凡一十有五人。如蒙聖慈以臣言為不妄。即乞睿旨降付中書省籍記姓名。隨才錄用。

歷代名臣奏議卷之一百四十四

歷代名臣奏議卷之一百四十五

用人

宋孝宗時蔡戡論用人上奏曰。臣聞為治莫如求賢。求賢莫如變俗。俗所趨向。視上之好惡而已。自古人君未嘗借財於異代。所用者不過當世之人。在人君作而成之。祖宗盛時。韓范文富余尹歐蔡比肩於朝。故能成四十二年太平之治。固為萬世不拔之基。元祐初載。司馬光呂公著范純仁呂大防劉摯蘇轍蘇軾輩相繼用事。一時侍從臺諫之臣。皆天下選。故後世謂元祐之治有嘉祐風。非天之降才獨萃於此時。蓋祖宗所以作成之者固有道也。祖宗之制。莫重制科。其次則進士高第。制科第三等進士第一人。初授職官或知縣。代還升通判。再任滿。方試館職。制科第四等進士第二人以下。及諸科任子從可知矣。祖宗以文學取之。故以州縣試之。欲其諳練民事。而適於用也。今則不然。進士高第雖授外任。闕期未及。召命已下。詞科出身。今日拜命。明日升朝。又有初非異科。不歷外任。夤緣交結。徑登朝籍。曾不數年。持節擁麾而去。州縣之事。懵然不曉。材者猶不免於胥吏。經年累月習而後知。不材者終身憒憒。惟吏是從。民被其害。不可勝言。甚非祖宗立法之意。祖宗之制。凡執政侍從。未有不歷省府而後大用。蔡齊進士第一。亦先為三司使。歐陽脩一代名儒。亦先知開封府。然後為執政。蘇軾制科異等。亦先為開封府推官。呂公著有時名。亦先除戶部判官。然後為侍從。其他名公鉅卿。莫不如此。祖宗求之以名。用之以實。故人皆可用。而事無不立也。今則不然。凡中詞科舉進士者。蓋有不離闕廷。不歷繁劇。自館閣升左右史。入禁近。大率十年可致卿寺。下視六部七寺猶同冗局。簿書獄訟。目為鄙事。不屑為之。往往不通世務。不達吏道。天下無事。尚可充員。萬一緩急。鮮不敗事。

甚非祖宗用人之意。臣謂今日卿士大夫屬秩於下，不爲無人。陛下當饒舞有才難之歎，蓋非乏材也，作成人材未得其道也。臣願陛下特賜睿旨，討論祖宗舊制，因時斟酌之。凡制科詞科及進士三名，用近日學士例，特與添差職官，任滿方許收召。其餘進士任子，必歷州縣差遣六考以上，仍有審執侍從監司郡守舉薦召對，而後除職事官。凡館職學官太常宗正寺將作軍器監官，必兼劉曹，其間才學之士可以大用者，必歷省府遷轉次第而至卿相。含是則守一官效一職，終身無榮進之望。天下之士既知聖意所在，莫不洗濯磨礪，各奮所長，以赴功名之會。祖宗得人之盛，將復見於今日。

戢又論委官差人侵擾州縣上奏曰：臣恭惟國家設官分職，上下相維，大小相維，臂之使指。故内則省部，外則諸司州縣。凡有文移，次第而下，符檄所至，敢不聽從。比年以來，文移既繁，期會無信，前後相踵，新故相仍，州縣疲於應酬，不無違滯。於是委官差人，相望絡繹，公私煩擾，不可勝言。所委之官，憑藉權勢，妄作威福，陵轢守宰，鞭箠吏胥，州縣奉承，惟恐不至。公庫非時宴餉，驛券計日批支，凡所干求，惟命是聽，少不如意，誘罵隨之。甚者搜摘隱微，造作言語，還司之後，公肆詆訐，譖愬既行，陰被其害。前者未去，後人復來，旁午道途，充滿驛舍。又有使臣承局，計囑文移，托追索之名，爲取給之具。所在州縣，常有數人，此曹無知，惟利是視，苟不厭其所欲，追脅吏輩，慢侮官曹，踰月累旬，坐待不去。州縣之擾，莫甚於斯。臣愚欲望睿旨嚴飭有司，凡省部追索州縣金穀，以次移之諸司，諸司移之屬郡，屬郡移之屬縣。凡有慢令者，亦以次而劾之，大者罷黜，小者鐫秩。諸司有追索於屬郡，屬郡有追索於屬縣，亦如之。輒委官差人侵擾部内者，必置諸罰，庶幾此弊懲革，州縣之吏得以展布四體，趨事赴功，仰副陛下願治之意。

戢又論用人不當上奏曰：臣聞自古人君立國用人，未有違衆自任而能成功者也。未聞事之是非，人之賢否，先觀衆心之向背如何。書曰：謀及乃心，謀及卿士，謀及庶人，謀及卜筮。夫謀而至於庶人，可以已矣，又且質諸鬼神，不聞逆多從少而其事可立也。孟子曰：左右皆曰賢，未可也；諸大夫皆曰賢，未可也；國人皆曰賢，然後察之，見賢焉，然後用之。夫國人皆曰賢，可以已矣，又且察其人焉，不聞國人皆曰不可，而其人可用也。故人心之所不欲，雖有良法，聖人不能必行；人心之所不與，雖有與聖人，不敢必用。蓋違衆而立事，事雖可立，亦必不濟；違衆而用人，人雖可用，亦必無功。而況事未必是，人未必賢，詎可輕拂人心？昔古之稱堯者曰：稽于衆，舍己從人。稱舜者曰：舍己從人，樂取諸人以爲善。堯舜聖人之盛者，天下後世不可及矣，宜其任己而

自用也。方且舍己從人，蓋謂一己之聰明，或有所偏，不若天下之聰明爲公也。恭惟陛下體堯蹈舜，寵德百王，方欲規恢遠圖，紹復大業，人心向背不可不察矣。立一事而人心不欲，必其事之不可立也；用一人而人心不服，必其人之不可用也。違人心而爲之，非徒無功，臣恐適所以害之也。臣願陛下法堯舜舍己從人之美，稽箕子謀及庶人之言，詳孟軻國人皆賢之說，於立事用人之際，博採公議，俯徇人心。人心之所同，即天意之所在。能順人心，則合天意。以此立事，何事不立；以此圖功，何功不成。惟陛下所欲爲耳。

戢又乞遴選監司上奏曰：臣聞漢制部刺史秩六百石，位下大夫，掌奉詔條察二千石居所部，各舉爲守相。夫以小制大，以卑臨尊，輕重若不相準，然當時所遣非御史丞相史，則諫大夫博士，皆朝廷要官也。夫嘗仕朝廷，則德意具悉，而知所以欽承；嘗爲要官，則名望素重

而知所以自愛。秩卑則樂進。賞厚則勸功。故漢部刺史得人爲多。其
後更置州牧秩真二千石行之未久。功效陵夷。姦軌不禁。卒仍其舊。
國朝選任監司。略循漢制。多以朝臣爲之。雖執政侍從爲郡太守皆
得廉按其權顧不重歟。比年以來。此選寖輕。往往自守貳循次而至
監司。不復選擇。故其名望不足以服衆。風采不足以動人。州縣亦多
易之。部內一有達官要人。趨走奉承。唯恐或後。職業之不修。獄訟之
不理。寃抑之不伸。莫敢過問。甚則饋遺相往來。酒食相追逐。一爲所
陷。夫復何言。此監司之所以失職。州縣之所以被害也。而況川廣去
朝廷最遠。所賴外臺耳目之寄。激濁揚清。戢姦惠良。以稱臨遣之意。
苟非其人。上下蒙蔽。遠民何所控訴乎。今諸路監司。不過五十人。臣
愚欲望睿慈明詔大臣。選朝廷要官有風力才幹者。更迭用之。庶幾
監司得人。廉按稱職。州縣之間。無復有貪暴偷墮之吏。天下幸甚。

王賞奏論使材二疏。一曰。無責全材。臣嘗論曰。聖人之用天下。常使
人欣欣有自喜之心。下自一介之士等而升之。人各自顧負荷。可用
於世。才者常思奮其才。智者常思泄其智。一旦苟可以施爲。則激昂馳
騁。惟恐後時而不發。當此之時。天子優游於上。而天下之人奔走於下。大
者則爲之勞心以集大事。小者則爲之勞力以濟其職。孜孜矻矻以
自選其能。疲弊辛苦。忘其身而不恤。甚者蹈白刃觸湯鑊冒患難而
不知諱。惟夫自以爲無用於世。則氣消意壞。雖有才智。久而散緩廢
弛。以至於枵然而無用。夫天下之才智。可作而不可沮也。世之良弓
激而發之。一寸之鏃可使有千步之勢。弛而放之。與仆株朽木同。故
聖人常以有用引天下。以爲無用而自絕。則其可用蓋無幾矣。臣嘗
歎息唐八司馬。皆天下雄豪俊特之才。如柳宗元劉禹錫。其所蘊藏
蓋百分未試其一。故其陵厲軒昂之氣。雖憂深憔悴之中。猶自見其

文章議論而不可泯。其精華果銳。摧屈而低折。不得已而暴露於荒州
僻郡之間。蓋亦有過人者。而程异晚年復振。唐之財用遂濟。然此
豈可以不惜也。愚嘗讀洪範之書。以爲皇極之道。貴大而不務寬厚
而不苛。而堯舜禹湯文武。所以用天下之術。顧可以推見於此。何者。
有猷者有謀略也。有爲者有膽力也。有守者有志節也。有謀略者能
畫。有膽力者能辦。有志節者能立。此不可不念也。故曰汝則念之。雖
然。有謀略者或至於詐而不知正。有膽力者或至於縱而不知法。有
志節者或至於執而不知變。蓋非天下之中道矣。雖然。苟未嚴於惡
者。亦不可以不受也。故曰不協於極。不罹於咎。皇則受之。嗟夫。皇極
之道。非聖人孰能行之。苟或崔浩張華王猛之謀略。杜黃裳李德裕
張柬之郭崇韜之膽力。申屠嘉張昭竇武何進之志節。此固經學者
有所不錄也。臣聞昔者太祖皇帝以大度欽天下之士。深知趙普之

貪曹翰之橫。而包涵覆幕。未嘗見於辭色。故趙普曹翰俱得以爲名
臣。自雍熙端拱之後。用法愈詳。而責人愈密。蓋其弊至于今有二。一
曰記舊惡。而不開其新。二曰。錄其暫失。而不責其後效。且天下之士
誰能無悞而進者。陛下以天下之權付之宰相。凡取予黜陟皆出其
手。而今之議者曰某人故相黨也。臣愚不知誰非其黨歟。既斥其老。
則其他自可以淬磨洗濯而與之更始。故臣以爲莫若棄其舊而開
其新。夫人一辭令之不當。一措置之不審。雖大智有所不免。而何必
銖稱寸量於其間。銖稱寸量則自公卿大夫以下至於州縣之丞尉。
其破碎而不全者甚衆而非可以一二數也。故臣以爲莫若略其暫
失。而責其後效。夫天下之勢。要使輕重兩適其平而已。臺諫者。列
善惡之實。而致諸天子。天子者。權善惡之宜。而置諸士大夫。是以能
示輕重之勢。何者。臺諫列善惡之實。而虛之以公。故人無邪心。天子

權善惡之宜而行之以怒故人無棄才。此所謂並行而不相悖者。然臣之論非所施於大姦慝也。

二曰無拘定制。臣嘗論之曰。聖人之於天下。惟其我取必於人。而人不能取必於我。是以天下惟聖人之為聽。何者。我取必於人。則權在我。人取必於我。則權在人。人主之所為奔走於天下者權也。以奔走天下之具而委之於人。則欲富者富。欲貴者貴。如執券取償。其勢不得不應。隨其所欲而應之。則我之富貴有限。而彼之所欲無窮。置而不應。則闒然有不平於其心。浮躁者則怨怒而形於色辭。而長厚者亦不免歎息滯悶而不能一日釋其意。以為天子爵祿彼當予我而我當得也。倚之以為予而不予以為吝。計之以必得而不得以為枉。故人主多負謗於天下。而天下多不盡力於其君。所貴夫聖人者。不牽於天下之私情。而附合於天下之公論。彼天下之私情孰不欲富。孰不欲貴。而聖人一以公論驟予其間。必其有可以得富貴之理。然後遺之以富貴之資。故得之則釋然有以自慰其意。而不得者亦憮然有以自愧。自慰以當天下欲為之心。而自愧以作天下不為之氣。臣嘗讀西漢百官年表。以為武帝規模法度固不若古帝王之粹。而其役用天下。皆聖人不言之妙術也。張歐為中尉九年而遷。而寧成之遷四年。韓安國之遷一年。商丘成為大鴻臚十二年而遷。而田千秋之遷一年。田廣明之遷五年。故臣以為武帝之用人。有不可以遲速推。漢制。宰相之闕。則取諸三公。三公之闕。則取諸九卿。然而石慶之死。御史大夫當遷而不遷。而太僕公孫賀得之。公孫賀之死。御史大夫商丘成當遷而不遷。而涿郡太守劉屈氂得之。御史大夫延廣之罷。九卿當遷者甚衆。無何取諸濟南太守之王卿。御史大夫公孫弘之卒。九卿當遷者甚衆。無何取諸河東太守之番係。故臣謂武帝之用人各有不可以次第度。彼武帝者。以為吾之爵祿而使天下以意揣而情窺。則吾爵祿之權將析而歸諸天下。是故示之以不可知之端。而引之以不可窮之緒。使天下惟知愛之而為。為之而力。而終莫敢有所歆羨邀持於其間。此固武帝之所以為雄材大略也。近者大臣之議。患夫在朝廷者居之數月。則悄悄然已有欲進之心。居之滿歲。則汲汲然邀有必進之意。又少遲之。則凜凜然不可留也。是以故歲之詔。定日月以為遷易之限。曰將以洶躁進者之心也。患夫在朝廷者不量淺深。不度高下。無故而遷不愧。不得而得不遜也。是以故歲之詔。循序以為進擢之格。曰將以塞僥倖之路也。此二者。其意則甚公。而其名則甚美。然臣之所慮者。士大夫取必於朝廷之爵祿。而朝廷又自開其必取之門。臣之所不識也。夫天下惟不可為此必然之說也。為此必然之說。則人將有必然之心。今將致其力者。則先令之曰。行百里予百金。而未至於百里。百金固不可得也。至於百里。雖跛躄者亦無以卻之矣。其初欲以致有力者。而其終不能卻跛躄。此必然者之過。為今日之計。莫若參其才之優劣。揆其績之高下。廢置予奪。雖出於必然之間。使天下之人知之而不能名。名之而不能議。然後有以深服天下之心。而致天下之力。夫使天子之爵祿而日月可以馴致。資序可以必得。雖童子皆能遍計之矣。而烏能以鼓舞天下哉。

貿又論馭臣勿窮恩上疏曰。臣嘗論之。聖人之服天下。惟其我無望於人。而人不能無望於我。夫是以能鼓舞天下才俊豪傑之士。至於奔走勞苦。終其身而不厭。夫天下之才俊豪傑。所為奔走勞苦。終其身而不厭者何也。有所深慕而不可以遽取。有可得之者。而無必得之理。欲進則有所格。欲退則有所不忍捨。聖人默然其顛眄顰笑。而天下爭先為役，而聖人漠然終未嘗有所求於天下。夫使天下才俊豪傑之士稍有所長，則挾其所習以邀其上，軒然自以為天子不可一日無我也。而天子盼盼然惟其欲之為徇，憮然亦自以為天下不可以一日而無斯人也。天子以為天下不可以一日而無斯人，則斯人亦以為天子不可以一日而無我。夫如是，則黃帝堯舜不能以彌名天下。嗟夫，天下誠不可無才俊豪傑之士也，而不可使之失機。故聖人駕馭才俊豪傑之士，廉於用恩而信於用法。大抵一為我之所賴於爾者輕，而爾之所托於我者重，我可以無爾，而爾不可以無我。然聖人之所以憑藉而倚伏者，甚重而不輕也，是之謂機。昔者高祖崛起於匹夫之微，而與秦楚爭天下，所藉以為心膂爪牙者，惟二三豪傑是賴。然高帝銖分寸量，未嘗有以大慰其心。下某城則得某邑，破某敵則錫某爵，否則終歲不遷。至於以一齊而授韓信，猶靳靳而

不肯予。彼高帝非有所齎，以為我之官爵有時而窮，土地有時而盡也。要使有時而窮者常若無窮，有時而盡者常若無盡，使夫豪傑之士相與回旋曲折於無窮盡之中，而莫自知。此固高帝之所以為善將將者也。唐明皇寵一安祿山，自營州都督十遷而至宰相，自平盧一軍五增而兼三道之兵。祿山之才未盡，而爵祿已窮矣。臣聞之習鷹者：搏擊之權在鷹，而飲食之權在人。故鷹之於人，常不惜其搏擊之力，以易其飲食之資；而人之於鷹，常重惜其飲食之資，以邀其擊搏之力，而後能用鷹。有凌丈夫皆惴惴然惟恐其不可使也，則雉兔雞鼠日陳于前，其不颺去者鮮矣，而安能為盡力於擊搏哉。明皇之於祿山，是養鷹而飽者也。臣嘗論祿山逆計萌於天寶之中年，然而隱忍涵養，以爵祿之窮而後發。是故役使天下豪傑之士，必使彼之才有盡，而我之爵祿不可窮。今之為大將，平居無事，為天子統會士卒而已，非有攻城略地之功、汗馬之勞也。然而無故而進其階，加其職。夫今之為大將者頗非小官也，驟致不已，不數月可以極人臣之位。昔者曹彬克江南，太祖皇帝惜一節度使不與，寧奉留之以待已蜀之平。狄青交廣逐儂智高，纔欲寵以樞密使，獨宰相龐籍以為西北猶未平，後有大功，何以賞之。蓋其深謀遠慮，以為寧使之常有所不足，而不可使之自安於有餘。今無故而窮之，何也？且天下未嘗無緩急也，窮之於無事之時，則何以使之於有事之際乎。臣懼其才未足而爵祿先窮也。

樞密院檢詳文字李籍上奏曰：臣仰惟陛下宵衣旰食，勵精求治，親攬權綱，進退人材，宜乎內外咸康，丕臻至治，以彌陛下焦勞圖回之志。而外則吏強官驕，民怨不伸，田野未闢，物價翔踊，州縣窘匱，百姓窮苦，潛于不戢，盜賊時有。內則主勞於上，臣逸於下，百寮苟且，多為身謀，直言不聞，相徇成俗，命令數更，未適攸當，其故何哉？臣愚竊意陛下腹心無謀畫之臣，規模無一定之計。故百僚苟且、相徇成俗者，不識陛下之規模也；命令數更、未適攸當者，腹心無臣以謀陛下之事也。陛下非不求謀畫腹心之臣以圖至治，蓋求之未有其人也。然則多士在朝，寰宇之廣，豈無其人足以為國家用者？臣愚竊意陛下用人進之欲速，退不盡禮。進之欲速，故多不勝其任；退不盡禮，則真才實能隱晦而不出矣。臣愚欲望陛下審擇其人以用之。陛下開其賢矣，置之左右，與之論天下之事。其剖析如流者，固易見也；其遲疑不決者，亦易見也。陛下知其才矣，察其操守，觀其志趣，皆不逃聖鑒矣。既賢且才，則與之謀畫治天下一定之規模，使百僚知所趨嚮，莫敢苟且，內外弊風俱不勞而變矣，陛下圖治之心遂矣。臣蹤遠小臣，惟知盡忠，不知忌諱，僭觸狂妄之誅，惟陛下寬之，以來忠讜之言，天下

章甚。

椿又轉對曰。臣竊謂人材不可不擇。天下本非乏材也。顧作成之如何耳。陛下臨御以來。收拾人物。多出親擢。至郡守監司兵將官其參辭悉令陛對。大開言路。雖微賤之士。皆得論事。陛下未嘗憚煩焦心勞思。以圖治功。宜乎多士在庭。盡忠竭力。共濟國事。四海福康。使陛下端拱無爲。不勞而治斯可矣。比者泛使之來。未測其意。大小之臣以至細民。俱懷疑懼。而不聞一士爲陛下謀者。臺諫侍從亦皆緘默袖手以觀。賴陛下神聖獨斷。自有以服之。人情乃寧。尊陛下高爵厚祿者不爲不多。而一有小事。而莫能有毫髮之助。可不謂人材之乏。至如州縣闕乏。當申之於漕司計度之。以有餘補不足。漕司不足。則當申之省部科撥足矣。至於煩陛下遣中使宣問。又差奉使會計累月。往來僅能罷一人易一人。且諸路數百州。一一凟聖躬如此。可

不謂人材之乏乎。先儒以謂天生一世人。自足以了一世事。本非無人也。但不任其職也。何以不任其職。風俗使然也。風俗若何。主勞而臣逸也。陛下親攬權綱。聖主之事也。謂如近日陛下遂臺諫罷執政。可以銷朋黨破姦邪。正紀綱。保善類。群臣莫不厭服陛下之英斷。所謂親攬權綱。如是而已可也。若督計州縣之收支。機察小臣之微罪。臣願陛下不必經聖慮也。提綱挈領。舉其大者。則小者莫不舉也。臣仍願陛下嚴禁臣寮游權倖親近之門。爲士大夫而游近倖之門。臣知陛下必深惡之。然勢或使然也。陛下每惡腐儒及爲巧佞所誤。致陛下於進退人材之際。無所取信。則必求所以察察之術以察察人。不自膚近。何從而知之。故得罪而不由中書者。或以謂近習所察也。得進而不由中書者。或以謂權倖所薦也。未必實然。萬一有此理也。規進之士。不知義命。唯進是求。或以苞苴。或以諂諛。交結附纍。寖以成

風。人材所以委靡。臣仰惟陛下聖明之朝。而目覩此風。實痛惜之。臣流落寒士。隻影孤立。本無才術。誤蒙陛下擢用。行年六十有四。疾病在身。未日無幾。苟有所見。畏忌而不言。是臣負陛下恩遇也。臣切切之心。無由上達天聰。今因轉對。得露愚誠。臣又願陛下選擇有人望負道德之重者進用之。使負道德之士進退人材。議論得失。以示恩負陛下而任私意矣。以此適用人。以名節取士。則士風振而人材出矣。晉琅琊王初過江東。王導等輩以未有人望歸之。以爲憂。故收拾東土之望。顧榮賀循紀瞻卞壼之流進用之。遂能立國。蓋人望者國之基本也。其可忽諸。然則何以知負道德之重者。以唐明皇之所以用宋璟。仁宗皇帝之所以用富弼。則易知之矣。臣狂瞽之言。冒犯天威。死有餘罪。臣不任戰懼待罪。伏乞睿照。

椿兼論正乞擢用北人。上奏曰。臣愚庸無取。屢蒙陛下親擢。逮對之

際。親承玉音。以臣北人。今所以召用。則臣荷陛下特達之知。且知陛下不忘中原之意也。仰惟陛下欲用北人。豈不以其性多忠實。豈非惡傾巧之人。所以進忠實之士。則臣固當以忠實事陛下。不敢求奇巧圖迎合。以希覬官爵。庶幾有以上稱陛下用北人之本旨。臣竊惟伏自太上皇帝南渡艱難之時。任呂頤浩。所以能誅逆臣。破群寇。扶宗社。立紀綱。可謂有大勳勞。及叛臣挾虜勢侵犯淮甸。太上皇帝用趙鼎。遣諸將破虜。虜衆而後國勢張。宗社固。天下翕然歸重。此二臣者。皆北人也。當時蓋非二臣。決未必能立此功業。自二臣遂廢死亡。其家皆破碎。北人立朝者殆絕。況北人南來今五十年矣。所存無幾。其近年歸正之士。又亦屈指可數。且北人性多拙直孤立。以拙直孤立處之機巧奔競風波之內。其何能立也。不惟不能立。臣亦慮必將有受害者矣。又有流落失所之士。飢寒切身。俯仰於人。干求進望。未復有北方

直寬之氣味者不可不察也。故陛下雖有用北人之意，未有以上副聖心所欲也。臣嘗聞晉琅琊王初過江東，王導輩以未有人望歸之，以為憂。故收拾東土之望，顧榮、賀循、紀瞻、卞壺之流，迨用之，遂能立國。臣願陛下兼收並進，惟賢是用，唯道德是尊，不必曉然露欲用北人之意，庶不失東南士心，亦足以保全彫殘流落北方之士。果有剛敏材器如呂頤浩，學術方正如趙鼎者，賴陛下尊而用之，然後有以稱陛下用人之心也。伏乞睿照。

播兼尹京，又奏曰：臣伏聞漢陳平以智稱，不以德稱者也。任宰相不吝刑獄錢穀之對，詭知宰相之職，所以能成不世之勳。唐稱賢相，前有房杜，後有姚宋。表表在人耳目，乎今稱美。房杜不言功，盖舉皆得宜，故無功可稱。姚崇薦郎吏，明皇仰視不荅，以謂言郎吏非宰相事。崇聞歎服。後世稱其得體。宋璟自南海至都下，不與中使交談，當時為人歸重，至今凜然可尊。不惟五人之能，是文帝、太宗、明皇用人得其道也。故能成刑措、貞觀、開元之治，非偶然也。仰惟陛下睿智仁明，上希堯舜，賢於文帝、太宗、明皇遠矣。十餘年間，焦勞求治，躬攬權綱，三帝之勤政，未足上擬聖德之彷彿。而考實其治，則未及漢唐全盛之時，何哉？主勞於上，臣逸於下。天下之事，無任責之人。故用力多而見功寡，其以此也。臣每內遠方來與士大夫議，但聞得失升沉之計，罕聞憂國為民之言。以奉公者為野，以具實者為愚，習以成風。上下苟且，故政無大小，皆待陛下躬自與決；才無能否，皆待陛下親行進退。至于出納之吝，上煩聖躬，士大夫惟知圖進，不復以國家治亂關於心，所以未臻至治也。易曰：君子安而不忘危，存而不忘亡，治而不忘亂，是以身安而國家可保也。食君之祿，不留意於此，焉足以為士君子哉。臣愚願陛下飭大臣，戒百寮，各使不忘聖人之戒，明安危存亡治

亂之理，盡心臣道，各率乃職，毋勞君父，以圖自逸，共裨聖政，日躋至治，天下幸甚。

播又曰：臣聞晉室之南渡也，王導實佐之。始至江東，深以東南人望為念，故收拾顧榮、紀瞻等用之，所以能立國。南北雖分，而能保其正統，洽得人心故也。仰惟國家仁厚之政，洽于民心，雖遭艱難阻隔，而人情不忘歸仰，非東晉可以比擬。伏自陛下臨馭以來，未嘗一日忘中原。故孜孜以人材為念，而中原之士，苟選擇至，如臣之愚，亦蒙異眷，存被超擢。臣仰體陛下聖慮，以北人稟性忠實者多，所以收用，期於忘身徇國，以圖治具，德至渥也。臣自念生長河朔，賦性愚拙，流寓江湖五十餘年，每歎人材之難得，盖緣士風之不振。顧陛下惟才是用，不拘南北，兼北人至此無幾，況陛下兩宮身居南土，不可不固結其心。惟臣言之無嫌。承平全盛之時，北人立朝，尚以疎直不得行其素，別今日艱難而僅有，陛下雖欲全之，適所以害之，雖其全美，此臣所以痛心疾首，願陛下深思遠慮，選才於公論，毋取於交結，信任其忠實，毋取於詭隨，庶幾士風漸革，真才輩出，不患不能輔佐聖明，以圖至治也。臣不勝皇懼待罪。

衍經奏論人才疏曰：臣聞人君臨制天下，所與建功立業者，惟人才是賴。然自古及今，未有儲之不廣，養之不素，而能備大有為之用者也。仰惟陛下臨御日久，博觀今日人才，孰者以為果有餘也，果未足也。以為不足，則內而朝廷，外而郡縣，百司庶府，其在任者員倍而無缺；其待選者倍蓰而又多。以為有餘，則因循玩歲，而職業不舉，委靡從俗，而士行不脩。執政大臣所以圖回於廟堂，左右侍從所以論思於邇列，皆陛下所親信委任，非臣疎賤所得知也。至於當世知名之士，一時簡記之臣，皆陛下異時之所拔擢録用，陛下亦嘗致察於斯

乎。其自任以重。輔導君德。不汲引親舊以為黨與。不棄遺蹤逖以誤信用。是以當腹心之任者幾人。昌言正色。別白賢否。務存大體而不責苛細。務振紀綱而不望風旨。是以任耳目之司者幾人。持節刺舉肅清所部。不結權要以自僥。不借孤寒以示公。是以膺臨遣之寄者幾人。勸課農桑。使民安業。不為姑息以要譽。不肆貪暴以害民。是以稱牧養之責者幾人。一旦邊陲有警。羽檄交馳。臨機料敵。彈壓三軍之衆。威聲德望。鎮撫中外之心。足以倚緩急之用者幾人。聖明在上。天涵地育。臣不敢謂舉無其人也。聞之議者。竊謂今之士大夫徇利而不顧義。務名而不務實。習成軟熟。則謂之得體。稍知激昂。則指為生事。公清鯁亮者。苦落落而難合。脂韋容悅者。常擬擬以自媒。忠誠篤實者。以迂闊而見疎。貪鄙巽懦者。以僥求而倖進。是以氣節頹敗而不立。風采銷委而無餘。庸庸無聊。默默尸位。若大若小。渾然一律。前

至者習寵而無恥。後來者效尤而何憚。賈山曰。士修於家。而壞於天子之庭。此之謂也。風俗成矣。國家何賴。而況邪徑未塞。辯小爭繁。苞苴賄賂之公行。干託請求之無厭。附炎逐臭。希寵爭榮。陛下以至公之心。而猶牽於毀譽之偏私。以至明之見。而未免於人情之曲徇。邪正之辨。未盡昭白。是非之論。未盡公當。頹弊風俗。沮壞人材。莫甚於此。臣願陛下光昭聖德。奮自宸衷。念國勢之所以未張。思人材之所以未振。廣薦賢之路。必惟賢者而後任。盡任賢之道。毋使不肖參其間。窒其邪枉之門。時出非常之斷。崇獎骨鯁之士。則詆默之風自革。簡拔靜退之人。則躁進之徒自遠。廣寬容之度。毋疑人臣之為近名。養敢言之氣。毋使人臣之懷畏罪。儲之日廣。養之日厚。風俗丕變。賢能輩出。一旦取而器使之。惟陛下所志。而曰人材不足者。臣不信也。將見主威以隆。國脉以固。靜足以弭姦本。動足以復土疆。何弊之不革。何事之不成。何功之不立哉。惟陛下留神省察。豈惟臣之幸。天下之幸也。

經繳徐耕祠祿上奏曰。臣竊惟御史耳目之司。朝廷紀綱所繫。惟無私乃能體國。正已斯可律人。必振揚風采。砥礪廉隅。然後風憲尊嚴。百辟整肅。伏見朝奉郎徐耕素乏聲稱。誤膺簡擢。自頃入臺。凡所論奏。多不厭衆望。其劾翁點也。反為點上章詆毀。指其所言率挾私意。耕雖苦詞辯數。訖無以自解。識者固已議其辱臺。所宜引避。乃偃然自安。已而蘇邴旦之敗。交通之跡。尤為彰露。物議甚喧。亦可以言去就矣。而猶包羞居職。如罔聞知。累月以來。一無建明。日惟覬望遷擢。此其風采銷靡。廉耻道喪。尚足以稱陛下糾繩之任乎。近因繼峇親戚販鬻私酒。鹽場務摘發。動以千計。付之有司。公行可也。乃力與庇護。甚至縱令僕廝爭奪紛競。都人聚觀。請囑守臣必欲釋放。遂至

徽聞天聽。陛下曲全事體。猶敘與郡之命。今因其引疾。畀以祠祿。陛下所以待耕可謂厚矣。而耕不自愛重。上負陛下。久尸要任。敗壞臺綱。若不別白言之。切慮中外莫知其故。反疑陛下輕去臺臣。有累聖德。臣愚欲乞睿斷。特將徐耕祠祿指揮特賜寢罷。俾之循省。庶幾上以彰陛下黜陟之公。下以釋搢紳疑似之論。不勝幸甚。臣雖時暫兼攝。不敢隱嘿。隨廢職守。所有錄黃臣未敢書讀。謹錄奏聞。

經又繳兵部郎官劉炳除江西提舉上奏曰。臣竊惟常平使者之任分一道刺舉之權。若昔先朝選掄持重。在外必登最郡課績有治聲在內必服勤郎省。著聞朝蹟。始與茲選。是為拔擢。儻授非其人。則公論不置。臣伏見新除江西提舉劉炳。試州速外。資望甚淺。夤緣收召遂厠朝列。繼以宣司辟置諸議。超躐郎選。以寵其行。而炳天資闇愚。材術疎短。職在裨贊。補報蔑如。進退之間。義當自審。顧方入部就職。

偃然安居物議沸騰乃謀去就傲幸便節造遂所欲丐外之章不知引咎猶謂非不欲趨事赴功敢為大言欺罔衆聽學士大夫豈知禮義廉恥行不顧言當如是乎縱朝廷寬大不欲加罪使之善去幸矣況炳為丞未久為郎又纔數日凡郎曹久次而去者亦不過得節是宜黜罰而反被拔擢人雖置而不問炳獨不知愧乎臣愚欲望聖慈特發睿斷將劉炳新除江西提舉旨揮特賜寢罷且與待闕州軍差遣庶幾朝廷不至過予在炳受之亦安乃所以全其進退之節不勝幸甚所有録黄臣未敢書行謹録奏聞

衛博上殿劄子曰臣聞人主無它職以進退大臣為職大臣無它職以佐天子進退百執事為職在列之臣有一賢焉以復于上而進之可也有一不肖焉以復于上而退之可也知賢而進之知不肖而退之大臣之職然矣近世以來廟朝之論進賢則有聞矣於不肖者之退則未之或聞也職業之不修行誼之不喜冗猥之冒進貪鄙之自植非彈擊之來上廉問之發舒則清議不加憲章不及者有之浴襲之風從來久矣聖人在上朝廷清明小大之臣罔不精白以承休德固不容不肖者濫吹其間然於大臣所以佐人主進賢退不肖之職豈宜有偏而不舉之弊臣愚欲望聖慈明詔在廷各恭乃事厲乃行一乃心俾二三大臣精校而審覈之以揚進退之任庶幾賢不肖之別不致混殽箕材實能奮迅而出有以上副陛下厲精求治之意

博又上劄子曰臣聞人各有能有不能昇之射精矣而不能敵秋之奕遂父之馭至矣而不能舉烏獲之任鏤冰者不可使琢玉刻朽者不可以鑽堅聲之樂削之門言之守雖聖人不能廢其用夔之樂垂之工皐陶之理雖大舜不能更其任所貴乎量才授職因事賦官者正在是爾今之仕者自一命而至於公卿自簪楚簿書而至於稽古

禮文之事莫不欲擅其能尚以一藝向名一能自營者非特其心歉然不滿而人固亦小之此古之所以職業設而萬事治後之所以職業略而萬事隳者且有然有乏材之歎則亦厚誣天下之士矣仰惟陛下廉心望治盡已任人士有尺寸之長未嘗不録舜之所以為舜陛下蓋得之矣雖然張湯官御史大夫而仍兼治獄劉晏位宰相而不去鹽鐵應之此特權臣近事豈當聖朝豈因循軌轍而勿處普人之下哉臣愚欲望聖慈詔執事大臣無責人以全務無強人以不能明習典章者則使之居臺閣善綱盈虛者則使之主國計治獄者必法理之士分閫者必智勇之臣録所長護所短久任而責成之將見百工熙熙績凝熙乎三五之世矣

侍御史王十朋上奏曰臣聞古之為民師帥者能以德化人則人恥於為盜能以威服人則人不敢為盜能以智略屈人則可以除一時之盜三者俱無焉則何以為民師帥共理天下乎臣竊見廣賊海寇久未殄滅上勞聖慮者蓋緣帥守不得其人既不能使之懷德畏威又無智略以勦除之也朝廷不詰其致亂之由懲其不職之罪又從而遷為大藩因而久任亦可謂失刑矣臣切見知明州韓仲通不能防禦海寇致昌國定海諸縣皆被其毒而海道為之不通粉有捕致海寇者仲通從而縱之遂致其徒益熾昌國令嘗獻謀於郡仲通忽而不聽四明人莫不切齒朝廷既不罷黜之又除知紹興府仲通不能治一郡其可以典大藩帥一路乎知靜江府俞良弼不能彈壓化之盜遂致蠻徒而二廣為之騷然運使鄭鄣用虔吉茶商以俞凌鐵良弼忌鄣併與茶商等皆不奏功致茶商憤然嘯呼而起醜黨數千合陷沒州縣殺戮官軍守臣有死者其勢方熾朝廷不能正良弼之罪乃因而久任之安能使鼠竊狗偷輩即時殄滅乎仲通劉濤小人昔

爲秦檜階之。其惡將見於白簡。臣不復論之。議者猶謂其有濟才可
以任使。及治四明。最無善狀。專用公帑。交結黨援。海盜將帥。略無計
畫。其才亦可見矣。良弼雖無仲通之罪。然聞其老成不事事。況二浙
去朝廷爲最遠。斯民所恃以爲命者。惟師帥之臣。顧使弼爲大帥。而
盜賊充斥如此。何以安遠人乎。臣欲乞痛斷。罷仲通紹興之除。易良
弼靜江之帥。別擇有用之才以代之。將見海廣二寇。不討而自滅矣。
十朋又上疏曰。臣聞有旨令龍大淵往兩淮撫諭者。仰見聖心憂念
將士。故遣左右心腹之臣爲勞來旋歸之使。蓋出於大淵不憚勞苦。
慨然請行。亦可嘉也。然命令初下。議者囂然。咸謂自古遣使。或巡行
天下。或撫諭軍民。皆於士大夫中遴選人才。如漢之八使用張綱等。
唐之十一使用交何等是也。太上皇建炎紹興間。亦嘗遣使撫諭矣。
或用臺察。或用郎官。出於遴選。時號得人。今大淵雖爲潛藩舊臣。議

者謂非出於朝廷遴選之公。銜命撫師。有輕國體。又慮大淵之出。聞
者謂是陛下所親信之人。州縣必希意而將迎。諸軍或望風而交結。
萬一復致人言。如前日臺諫給舍之論列。豈不重貽聖慮。亦非所以
保全大淵也。臣以謂王師之還。陛下已降詔慰撫之矣。今只委張浚
勞來安集之。不必更遣撫諭之使。切恐將士以宿州不利而還。未測
朝廷之意。忽聞使命之出。心必懷疑。不如寢而勿行。以安反側。不然
乞命宰相於朝列中擇其忠實通曉者。敕遣之。以重光華之使。以塞
中外之議。不勝幸甚。
十朋爲著作郎。上疏曰。臣聞人主之職。莫大於論相。尤宜遴選於嗣
位之初。論相得人。則可以相與大有爲。遴選於嗣位之初。斯可以慰
天下惟新之望。昔舜之受命也。選於衆而首舉皋陶。湯之革命也。選
於衆而首舉伊尹。高宗中興也。首求諸野而爰立傅說。成王訪落也。

首以師保而並稱周召。漢高祖首相蕭何。而成創業之功。唐太宗首
相房杜。而致貞觀之治。明皇首相姚崇。憲宗首相杜黃裳。武宗首相
李德裕。我太祖之有天下也。宰相雖因周舊。其自圖任也。則首用趙
普。仁宗即位之始。則相王曾。又以李迪張知白魯宗道爲宰執。皆正
人也。英宗因舊相韓琦曾公亮而委任之。又起富弼爲元樞。用歐陽
脩爲參政。治平之治最號得人。神宗又因治平宰相而委任之。及韓
琦既去。則代以富弼。元祐垂簾之際。首用司馬光。又起文彥博於已
老。平章軍國重事。又相呂公著。又進擢呂大防范純仁。元祐人才於茲
爲盛。歷代帝王與我祖宗任用大臣。皆極一時之選。又皆遴擇於新
政之初。是以厭伏天下人心。君臣相與有爲。各成一代之勳業。人主
之職。其有大於此乎。恭惟太上皇授陛下以大寶之位。又以一相遺
之。虛右揆以待陛下自擇。天下莫不拭目以觀此舉。臣願陛下擇諸

內外千官百辟之中。求有清德雅望負王佐才者。孰有兼資文武可
以撥時活國者。必諸大夫國人皆曰賢。天下蒼生想其起者。然後用
之可也。苟惟不然。寧虛位以俟之。不可使庸人鄙夫僥倖而得。以失
天下之望。非特此也。人主之職雖在於論相。至若侍從臺諫亦不可
不親自識擢。宰相得人。則內可以奠安宗社。外可以鎮服四夷。又得
賢侍從以論思獻納。真諫官以拾遺補過。才御史以糾肅姦邪。如是
則內之百執事。外之監司郡縣。皆可以得人。陛下端拱一堂之上。群
天下人才。如意而任使之。內修外攘。中興之功。不日可冀矣。
十朋代越帥王尚書上疏曰。臣聞唐杜牧論兵。謂上策莫如自治。夫
內修政事。盡自治之策也。任賢使能。又自治之要者。昔漢以汲黯寢
淮南之謀。晉以謝安破苻堅之衆。唐以陸贄濟奉天之難。我國家寶
元慶曆間。西夏叛命。仁宗皇帝以經略安撫之倚付之范仲淹韓琦

軍中有一韓一范。西賊破膽之謠。兵不大用而元昊已服。本朝與虜強弱不敵。惟當以人才勝之。苟得伏節死義如汲黯輩。則謀當自寢。風流雅望如謝安輩。則敵當自退。忠謀讜論如陸贄之徒。則難當自解。兼資文武宏材偉略。如韓范二臣。則虜當自服。所謂一士止百萬之師。一賢制千里之難者也。臣又聞范仲淹初以言事得罪仁宗。尤為宰相呂夷簡所惡。斥逐于外。及西方用事。仁宗思用仲淹。夷簡亦力薦之。仲淹果能成功。夷簡不失為賢。今邊境未寧。正宜側席求賢之日。臣願陛下以仁宗之心為心。大臣以呂夷簡之事為法。相與任用天下之賢才。以為排難解紛之計。仍詔侍從臺諫監司郡守。各舉人才。勿遺疎賤。朝奏暮召。如恐不及。如是。則異人輩出。可以供陛下之任使矣。夫猛虎在山。藜藿不採。國有人焉。難當自消。自治之術。莫大於此。

知番陽王師愈論養人才。上奏曰。臣聞致治者。必資於人材。願治之君。輔治之臣。皆能知之。皆能言之。然而每患人材之難得者。豈天下果乏材也哉。自古成大業者。未嘗借材於異代。況我國家聲教所暨。不為不廣。受天地之中以生者。今猶古也。顧所以養之取之用之如何耳。鄧林之木信美矣。必培其本根。茂其枝幹。斯能成可用之質。大匠觀其質而採伐之。斲削其樸。斯能成堪任之器。因其小大。度其長短。或為宗桷。莫不各適其宜。然後大廈可成矣。凡用人材者亦若是。嘗觀有周之時。菁菁者莪。在彼中阿。豈非樂育於其始乎。追琢其章。金玉其相。豈非作成於其中乎。疏附先後。奔奏禦侮。各當厥職。非器使之效乎。此所以濟濟多士。獨稱於有周也。今之用人。似恐不然。一時俊乂。稍有稱於世。忌嫉者衆。未指其小瑕。則索其舊愆。或誣以昧昧難明之過。必使之困躓而後已。吁。是誠何心哉。況夫人之所稟賦負材術者。未能無可議之失。尚氣節者。未必有應變之具。必欲求全肆毀矣。可哉。苟或見用。又且不度其力小。而責以任重。不假以歲月而責其速效。宜乎歷年之久。治效之未成也。臣愚欲望聖慈遠鑑有周之隆。近察鄧林之木。凡曰人材。始則保護愛惜之。次則磨礱作成之。終則隨器久任之。其下能成事功者。臣未之信也。管見瞽言。冒瀆天威。戰兢之至。

師愈又奏曰。臣聞自漢罷侯置守。秩二千石。任共理之寄。其祿厚矣。其任專矣。其權重矣。故當時郡守多有治功。著於方冊。迨至武帝置刺史以臨之。秩止六百石。蓋欲以小制大。稍殺其權。未至太輕。其任之專固自若也。人亦奮勵以成治功。惟我國朝待遇守臣。體固甚厚。祿亦不薄。二年成資。添置監郡。任已不專矣。又置監司以臨之。權已輕矣。雖欲自奮。已不若兩漢之時。近歲以來。二年成資者十無二三。

監司統監。其員益衆。郡守之權。輕無如是之甚者。且以江東一路言之。止九郡耳。有兩總領。兩運使。兩提刑。又有安撫提點提舉各一員。是則一人守郡。臨之者九人。十羊九牧。猶未足以況也。至若監司置司之郡。益又甚焉。豈非長官尊大。為郡守者欲行一事。欲下一令。動輒掣其肘。而吏卒撓政。未可縣舉。稍加繩治。交鬪釁隙。郡守必至斥去而後已。監司縱有賢者。欲懲其弊。而吏卒之徒。恥其不勝。必多方為計。使監司墮其術中而不自知。吁。可歎也哉。安平之時。已難於成事功。涵容調護。尚可愒日。或有盜賊之警。兵革之用。必致敗事。甚失建侯作屏之意。臣愚欲望聖慈明詔宰執。凡監司之郡。必擇宰執侍從及嘗任臺諫有風力者為之守。其位望頗重。庶可展其所長。不然。止令監司兼領郡事。必久其任。責以治效。至若會府帥臣之權。頗與之均。尚庶幾焉。

師愈直煥章閣知長沙論作邑之難。上奏曰：臣聞字民之官莫親於縣令。陛下愛育斯民，如保赤子，重縣令之選，嚴黜陟以別善否，德意渥也。為縣令者，孰敢不仰體聖意，恪脩厥職。然而官卑權輕，法密責重，上下皆得以鈐制害之者太衆。乞為陛下詳陳之，願少垂聰覽。上焉有監司守倅，始則驅之冒法以辦事，末則寘之深文以自解，況又有私喜怒於其間，無所分訴，此其一也。次則有屬官，有曹職官，有本縣同官，有寄居，有過客，多欲遂其私，為賢令者豈能盡如其所欲，往往撰造是非，譖之監司守倅，為監司守倅者略不加察，從而罪之。此其二也。下則有本縣人吏，有豪強上戶，有教唆把持健訟之猾民，相為表裏，又皆欲遂其私，為賢令者豈肯徇其所欲，於是人吏伺缺失，豪強率錢帛，教唆把持者議狀本裝點虛詞，遣健訟者訟之，輕則欲其逐去，甚則使之敗官喪身破家而後已。此其三也。抑又有監司州

府之案吏，與夫承局、排軍、院虞候、散從官，平時持一紙引，傲睨無禮，下視縣令，厚有所求，稍不如其欲，裝事端以譖訴，監司守倅者聽之，屬官曹職官助之，其不被害者鮮矣。此其四也。陛下擇字民之官為甚重，而上下小大害之者如此其衆，雖使卓魯復生，欲展其材，詎可得乎。是以作邑者莫不苦其難。上官者亦皆知其難，第莫肯加卹耳。甚負陛下任官愛民之意。然而京朝官作邑，尚敢不顧其害，與衆為敵，間有善政。至若選人作邑，抑又難焉。選人非無賢才，然而皆懷寸進之心，皆為改官之計，鮮不彌縫上下，以干虛譽，甚者兇易官錢以買舉狀，相習成風。上下知其所急者在此，尤得以制之。故選人作邑為尤難也。臣愚欲望聖慈罷選人作邑，盡令京朝官為之，庶可革其希進之弊，責以字民之効。仍敕監司郡守，凡知縣顯然舞贓無狀者，依公按劾，寘典憲，誠不足卹。其謬懦不材者，逐之亦無害。惟是清強賢令為上下所不喜者，當保護愛惜之。或為人所誣，無由直其冤，庶養賢材，可行其志，字民之効著矣。

歷代名臣奏議卷之一百四十五

歷代名臣奏議卷之一百四十六

用人

宋孝宗時韓元吉進故事曰。唐書杜黃裳傳。憲宗嘗問前古王者所以治亂。黃裳知帝銳於治。恐不得其要。因推言王者之道在脩己任賢而已。操執綱領要得其大者。至簿書獄訟。百吏能否。本非人主所自任。昔秦始皇帝親程決事。見嗤前世。魏明帝欲按尚書事。陳矯不從。隋文帝日昃聽政。衛士傳餐。太宗笑之。故王者擇人任而責成。見功必賞。有罪信罰。孰敢不力。孔子之稱帝舜恭己南面。以其能舉十六相去四凶而至無為。豈必刓神瘦體。勞耳目之察。然後為治哉。帝嘉納之。由是平夏蜀。翦齊滅蔡。復兩河。以機秉還宰相。紀律設張。赫然中興。自黃裳啓之。

臣觀憲宗即位。懲建中貞元多難之餘。強藩悍將。頡頏爽制。當時宰相杜佑鄭絪輩。猶巽懦姑息。不足任此。故帝欲以身任之。實甚勞矣。夫群臣之不足倚。是未得其可任者也。而黃裳不自以為嫌。乃為帝言為治之要。在擇人任之。恐其弊精神於簿書獄訟之間。卑視聽察察於耳目之際而已爾。由是憲宗翻然感悟。擇人任焉。然黃裳僅能言之。而無天年。繼以李吉甫始任其責。出郎吏以為刺史。省冗官八百員。省吏千四百。併州縣。停入仕。易藩鎮者三十六。又繼以裴垍。整齊法度。課吏治。別淑慝。獎勵諫官。悉使言事。百度脩舉。朝無幸人。其後則若李藩之塗詔。李絳之論事。裴度之討賊。帝皆一意任之。無復自任。俾各得盡其才。而竭其慮。庶政內修。天威四出。削平畔亂。克復兩河。無不如志。論者以謂憲宗剛明果斷。非止伐蔡一事也。使大臣如杜佑鄭絪而任之。則安得為明。聞黃裳言而不用。則安得為斷。要在明於可明。斷於可斷。得其人為先。則尚何所勞哉。故人君勞於求賢。逸於得人。非畏其勞也。畏其非所當勞而枉用焉。唯求賢足以當之。若勞於細務。則群臣退將安坐拱手。視吾之勞。而莫肯任事也。史臣謂憲宗中興由黃裳啓之。其不誣也。

楊萬里進千慮策論相上曰。臣聞聖人不能為天下求宰相。而能為天下受宰相。惟能受之。是乃能求之歟。知所以求之。而不知所以受之。則雖焦心側席而相不至。搜巖剔藪而相不出。夢卜物色而相不真。蓋亦有出而至者矣。其如不真何。人主曰忠。天下曰邪。人主曰才。天下曰繆。夫是之謂相不真。是故一言而天下譁之。一動而天下折之。非天子悟而逐斯人。則斯人慙而去之耳。且夫一邑不可欺以令。一郡不可欺以守。而天下獨可欺以相哉。聖人之求宰相初不求也。非不求也。不求者所以深求之也。是故聽天下之自求其人。而我無與焉。其得之也。蓋曰爾自求之。爾自得之。吾為爾用之焉耳。其用之也。則曰爾選我以其人。吾為爾相之矣。其人欲去。而天下不允。則

曰還爾相。未足之謂能為天下受宰相。古之聖人惟其受而不求。是以求而必得。得而必任。任而必久。久而必成。蓋得而必任。故其人敢於盡。任而必久。故其功不敗於搖。敢於盡而不敗於搖。亦何事之不成哉。而古之君子之相其君。亦不敢犯天下之所不許。天下不許。而君許之。君子有深藏遠遁以自脫天下之譏而已。昔者漢武帝相車千秋。而取譏於匈奴。魏文帝以賈詡為太尉。而貽笑於孫權。張昭薦李濤為宰相。而周世宗薄其無大臣體。夫能言天下不敢言之事。而回人主不可回之疑。有如千秋之賢乎。策袁紹則取袁紹。策馬超則取馬超。有如詡之謀乎。知張彥澤之必為晉患。知周高祖之必不為漢臣。有如濤之先見乎。而或以譏笑於敵國。或以不取於其君。古者人主之用相如此其難也。楚以遠子馮為令尹。而子馮不食以避之。晉以蔡謨為司徒。而曰我為司徒。後世必哂。竟不拜。唐李鄘為宦者引為相。而鄘

恥之。竟不就職。三君子者皆賢者也。夫豈不堪於相而不欲富貴哉。古者君子不輕以身相人。如此其嚴也。後之君子違天以利其身。拂衆以欺其君。不計其身之所有。以僥其分之所無。可謂不智乎。及得其所無。而天下皆責之以所有。上以誤其國。下以誤其身。皆是也。可謂智乎。陛下即位之初。蓋嘗謀之國人而得賢相矣。天下方以爲賀。而陛下以爲疑。非陛下疑之也。姦臣有以啓陛下之疑也。使陛下待之不堅。天下恨之。陛下悔之。亦無及矣。而近歲以來。每虛宰席以待其人。天下聳而望曰。其必有以慰我。既而麻制一傳。則天下怫然誹之。或曰。此無聞之人也。或曰。此非君子。或曰。此何人。而何以了此事。故朝廷輕用之。輕視之。亦輕罷之。其來不爲朝廷重。其去不爲朝廷輕。其進不爲天下喜。其退不爲天下戚。舜之於皋陶。湯之於伊君。武王之於太公。齊威之於管仲。蜀先主之於諸葛亮。似不如此。蓋陛下

知爲天下求宰相。而不知爲天下受宰相也。故老相傳祖宗朝嘗闕宰相。天下之望在於韓琦富弼故洛之人。則曰。我丞相三詔不起也。相之人則曰。我侍中屢詔不行也。此天下之人自擇宰相以遺朝廷。今天下豈無其人。天下之望豈無所在。陛下從其望之所在者而用之。擇之在天下。受之在聖。善用而觀之。效則久之。此真天下之相也。而獨擾擾焉何也。

論相下曰。臣聞天子之相。必其人有以自恃。而後其人爲足恃。蓋天下大器也。有有此器者。有負此器者。天子者有此器者也。宰相者負此器者也。匹夫有百金之器。則必擇其負。擇其負故重其人。夫惟重其人。而後負之者輕其器。蓋人可以勝器。而器不可以勝人。人勝器者全。器勝人者顛。舉天下之大而負之。負之而不能堪。舉之而不能舉。事至而亂。變起而驚。已且無以自恃。而天子何恃焉。古之大臣居

天下之至安而不驕。居天下之至危而不懾。不勞談笑。不動聲色。而天下自定。此其意非苟爲不測之量。靡爲不折之氣。以鎮服物情而已。其必有以自恃也。恃在應。應在裕。夫敵國之相圖。姦雄之相窺。固輕發於吾之所窮。而重發於吾之所裕。夫惟先事而破其謀。有事而出其不意。發則應。應則不窮。天下安得而不定。天子者得斯人而相之。則天下可以高枕而無足憂。何則。有足恃者也。後之君子懦者既不足與有爲。而其勇者又往往得其所恃之似。而無以實之。蓋亦有所謂不勞談笑。而不動聲色者矣。然可與之居安。而不可與之居危。可與之守常。而不可與之應變。此其中無應變之機。而其外示鎮服之麽。故無事則若不可測。而有事則敗矣。故夫古之相其君。而當天下之變者。蓋有鎮物以破敵者矣。有同乎鎮物。而不同乎破敵者焉。有推誠以解紛者矣。有同乎推誠。而不同乎解紛者焉。有示強以止亂

者矣。有同乎示強。而不同乎止亂者焉。謝安遨遊飲博。以當苻堅。房琯彈琴清談。以當安史。此同乎鎮物也。然淝水大勝。而陳濤大敗。何也。人不同也。蓋安有謝玄。而琯有劉秩。此其所以不同於破敵歟。郭子儀單騎以入回紇。張延賞亦使渾瑊徼備以盟吐蕃。此同乎推誠也。然回紇拜郭子儀。而唐以安。吐蕃幾擒瑊。而德宗欲出避。何也。情不同也。蓋回紇之寇。子儀知其情之不得已。故變寇以爲盟。吐蕃之盟。延賞不知其情之欲圖唐。故變盟而爲寇。此其所以不同於解紛歟。裴度答朱克融以兵匠速來之語。景延廣答契丹以橫磨大劍之語。此同乎示強也。然克融卒不敢動。而契丹遂滅晉。何也。勢不同也。蓋以克融而犯唐。則以臣而叛君。以晉而怒契丹。則背恩而立怨。此其所以不同於止亂歟。當天下之變。而決天下之機。不可以一法應也。得其一法。而不得其不一之法。未有不敗事者。方晉之未捷。謝安

與王衍何以異。而陳濤之未敗。平涼之未變。契丹之未動。所謂房琯者。延賞者。景延廣者。誰不以爲謝安郭子儀裴度復出也哉。蓋應變之難如此。今強虜盜有中原之半者。四十年矣。自逆亮之變。其君臣日夜伺吾之隙。而求吾之便。又五六年矣。此何等時耶。然無事則訖而不戚。有事則驚而失措。不知朝廷所恃以應變者何人耶。豈其以天下之大。而空無一人之足恃。上之人獨得而不憂也。然則將求謝安郭子儀裴度之才。何從而得之。夫子曰如有所譽者。其有所試。人之能不能。雖聖人不能逆知之。其能知之者。以其試之也。然才可試而變不可試。臨變而試才者。養死而試醫者也。古之聖人。惟能擇天下甚難之事。以試天下之才。故一旦有急而不亂。則試之者熟。而備之者素也。嘗聞寇準以小臣言事。而爲太宗之所知。太宗屢以事窮詢於準。已知其有宰相之才。當是之時。天下承平。豈有亡變。其何事於準哉。其後真宗澶淵之役。獨決親征之議。對敵高卧。天子恃之以爲無恐。諸將恃之以成大功者。乃前日太宗所審詢之人也。今宰相之才。無事而不求。且不試。蠶而不績。明年何衣。稻而不麥。明年何食。臣實憂之。

萬里千慮策論冗官上曰。臣聞聖人之爲天下。必與天下難其初。難其初猶病於末。況易其初者乎。易其初。則天下孰不曰。聖人之於我易也。則我之求也何難。於是貧求富。賤求貴。不獲者求與。而聖人亦曰來。吾富爾。吾貴爾。吾與爾。天下皆欣然曰。聖人之於我果易也。則求者紛然而來。來者不勝其衆。則應者不勝其費。使費而有以費也。則與天下盡費而何惜。然求者無窮。與者有極。與者既竭。求者方來。以有極塞無窮。則上不堪其煩。以方來責既竭。則下不厭其禁。下不厭而上不堪。則上之人閉戶以卻其下。其初惟恐天下之不來也。而不慮其來而無以受。惟恐天下之不就也。而不慮其悅而無以繼。其始不慮。其終無及於慮。則安得而不閉戶也。與其閉之也。孰若其初之不開也。開以名。吾獨得閉而卻之哉。舟人之操舟也。有萬斛之舟焉。有一葦之舟焉。以一葦之力載一葦。則一葦小而大。以萬斛之力載萬斛。則萬斛重而輕。不善操舟者。不計其舟之能。而惟其人之悅。百人而登一葦。不知拒也。百萬之粟而委於萬斛之舟。不知辭也。幸中流而不遇風也。中流而遇風何如哉。則人浮於舟也。天下非舟乎。堯舜之時。民之善而可封者。比屋焉。士之可用而願爲臣者。萬邦黎獻焉。爲堯舜者將盡封而官之乎。官不過百。而國不過萬。則盡天下之地有不足於封。而盡朝廷之官。有不足於仕者矣。納以言以採諸其中。明以功以試諸其外。可者取。否者黜。天下之悅不悅。堯舜不恤也。則人不浮於舟也。官何自而冗。朝廷自天子龍飛之初。固天下之大慶也。固不可以無天下之大賚也。然潛藩之州。出節之鎮。士之被恩而官焉。進士之以年得官。而未應於格者。皆以橫恩而官焉。者以千計焉。何其多也。任子之法。議臣請因多故而痛省之。可省而亦省也。郊焉而任者。又以數千計。何其愈多也。此而不惜。至於吏部灑墨而不去。省簿汗牛而日增。人不加少。而官不加多。則減館職。罷寺簿於內。而省監司之寮屬於外也。而官冗自若也。不難其初。而難其後。其有及乎。爲今之計。龍飛之恩。無所於咎矣。而任子猶可議否也。任子之法。備未能限其入官之門。盍亦嚴其試吏之塗耶。勿限其門。名也。嚴其塗。實也。寬與嚴並。名與實偕。則有不省之省。不減之減者。夫子之射也。觀者如墻。夫子不拒也。至使子路出而令焉。則去者半矣。此之謂不拒之拒。勿限其門。如墻者也。嚴其塗。半去者也。吾非去之也。吾之法行。而彼自去也。仕進之路之盛者。進士任子而已。士之舉於太學舉於州郡。三歲而一詣太常者，亡慮數千。而南宮之以名聞得官者僅於三百焉。累舉特恩而得官者僅於二百焉。則是大比者再而進士之官者僅及於千也。至於任子，公卿侍從每郊而任焉，庶官再郊而任焉，較於進士，則郊者再而任子之官者五六其千也。進士之修身積學者，有老死而不一第，得之難如此，而取之不勝其寡。任子者至未勝衣而命焉，得之易如此，而取之不勝其多。則官冗之源在進士乎？在任子乎？故臣以謂借未能限其入，蓋亦嚴其試。試何為而嚴也？任子之銓，其歲視進士之大比，而非大比則不銓。取人一法，其數視進士之多少，而以初銓為定額。其場屋之日，昔以吾今以三，則緊焉者簡矣。其中程之藝，昔以一，今以三，則易焉者難矣。如是而中者乃得補州縣之吏，而其五不中者，然後特與之補吏焉。自宰相子弟下至於庶官之子弟，必均焉，則一舉而三利得矣。貴游子弟脫綺襦之習

而勵寒素之業，以成其才，一也。得之不難，則愛之也重，孰不自奮於功名，而國與民不受其厲，二也。進士、任子，其進也均，則兩無怨，其來者徐，則應者不迫。初難而末甚易，不過十年，官曹清矣，三也。又何官冗之足病也哉？

論冗官下曰：臣聞任官者寧以事勝人，無以人勝事；寧以恩棄人，無以人棄恩。先王之時，一事一官也。不惟一事一官也，蓋有數事而一官也。以一官而任數事，是之謂事勝人。事勝人，故居官者無餘暇，而身無餘力，心無餘思。無餘思則明，無餘力則精，無餘暇則不懈。精明而不懈，則一人無餘也，而治百事有餘矣。況數事乎？今則不然。一官而數人居之，一事而數人治之。數人而居一官，則不競其公而競其私；數人而治一事，則任其功而不任其責。甲則曰吾之官正也，彼則增也；乙則曰官無異官，事無異事也，我何增，爾何正焉？至於事之缺

而不理，民之不悅而有辭，上以責之，則皆曰非我也。責將誰執哉？此以人勝事之病也。先王之時，官者不於材未論之先，而祿者必於位既定之後。以材詔官，則非材不官矣；以位詔祿，則祿不及於無位矣。非材不官，則天下顧官者不僥於官而趨於材；祿不及於無倍，則天下干祿者不冒於祿而求有所立以得位。蓋有有材而不官，有所立而不位者矣，未有不材而官、無立而位者也。則祿之為祿，誰得竊取而素養之？是之謂寧以恩棄人。今則不然。人有餘，官不足於目，有無官而增官，官有餘而位不足，於是有無位而制祿者，有是人有是官有是位而祿之。蓋曰子大夫之勤也，不可以不食也。今也臨無民也，治無事也，而創為空虛之名以為之位，而賦之祿，不曰祿之棄耶？此以人棄恩之病也。昔者堯舜在上，禹皋夔龍在下，何其事之多，而人之寡也。一日萬幾，事不多耶？而皋陶一人也，明刑則斯人焉，弼教則斯

人焉，制蠻夷則斯人焉，治寇則斯人焉。刑也，教也，蠻夷也，寇賊也，是得為細事耶？舉數大事而一士師之官兼之，而數事如一事也。大事如細事也，則天下之官有下於士師，而天下之事有小於此數者，其有以人勝事者乎？三代之士，蓋有貧而祿仕者矣，疾而食於上者矣。抱關擊柝也，乘田委吏也，此貧而祿仕者也。然士則祿仕也，而非抱關擊柝，非乘田委吏，則祿亦有及之者乎？無也，則必有職而且功也。瞽者食於樂，跛者食於門，此疾而食於上也。然人則食也，而非能樂，非能門，則祿亦有及之者乎？無也，則必有事而且勞也。則當時之祿，其有以人棄恩者乎？古今之官，蓋未有冗於今日者也。祖宗之制，每路監司提轉而已。今則提轉之外，又有提舉常平者焉。郡有常賦，賦有常入，一吏運牙籌足矣，不可以無官長也，臨之以一轉運足矣。今則有使，有副，又有判焉。小郡兵馬之官，至於五六人而同一職。小

邑征稅之官，至於二三人而共一事。以人勝事，莫甚於此。老氏之宮、嶽瀆之祠，率建官以領焉。自宰執侍從之斥者、歸者、老者，與夫庶官之一命而上而貧者、懦者、客者、耆者，高之為置使，為提領，甲之為主管，為監當。此何職哉？此職何事哉？國之安危，民之休戚，政之利害，不知也。而一日不廩之則怨，問之則曰：我奉祀也。如是者千百焉，國得而不貧，民得而不病耶？以人棄恩，莫甚於此。楚人有拙於耕者，患於踐其所種而莫之生也，則以數人肩其輿，而己坐於上以種焉，自以為策之得矣。既而鄰田之稻生矣，而己之稻不生。夫楚人者非不知愛稻也，而愛非其愛也。以己之不踐為不踐，而忘其數人之踐為踐之大也。設官以為民也，恐一官一人之不治，而以數人治一官，得無踐吾民者多耶？人有毀瓦畫墁而得食，則食人與食於人者交受其笑。制祿以食功也，以士大夫之無倖而創為奉祠窒虛之位以祿之，得無與毀瓦畫墁者類耶？臣願朝廷痛革其弊。每路之監司，止設提轉之二職，而轉運止於一員，析離若以隸於刑，舉常平以歸於漕，則監司之冗員省矣。大郡之兵官不踰於二，而小郡則止於一。大邑之征稅設官者一，而小邑則兼以令丞。至於幕職，有簽書而又有判官者，簿尉之可以併省者，則存其一而廢其一，則郡邑之冗員省矣。庶乎人不勝事也。先嚴任子試吏之法，三歲一試，而補吏者不過五百，則來者徐，而官曹漸清，然後乘其清而去其浮食。所謂祠祿者，一切罷之，庶乎不以人棄恩也。若乎不制其來，勿病其眾；不散其眾，勿病其冗。前之說行，所以制其來而散其眾也。制之散之，而後去其冗，則盡去天下之冗官，而天下有不覺者矣。覺且不覺，怨且得而怨也耶？

臣聞才之在天下，求之之法愈密則愈疎，取之之塗愈博則愈狹。然則天下之才果不可求乎？古者一代聖人之興，則一代之人才亦從而興。夫豈不求而自至也？蓋聖人者度越世俗之拘攣，徹藩墻，去城府，神傾意豁以來天下度外奇傑之士。故才者畢赴，不才者自伏。後世之君以為天下之人舉將欺我而不可信，於是立為規矩，創為繩墨，以斂揚澄汰天下之士。取之不勝其精，而實粗。得之者皆纖然入規矩中繩墨，而奇傑之士皆漏於規矩繩墨之外。故求治而莫之與治，遭亂而莫之與除，紛紜膠擾而不能成功。然則天下之才，求之安事於密，而取之安事於博哉？蓋密則必有所隔，博而未離於密也。國家自祖宗知規矩繩墨之未足以羅度外奇傑之士也，是故進士任子以待群才，制科以待異才，得人蓋不少矣。然自制科中罷而復行，今四十年而竟未有一士出而副側席之求。此其故何也？無乃今之制科非古之制科歟？無乃不用規矩繩墨而規矩繩墨愈急歟？故臣嘗謂今欲求制科奇傑之士，夫惟有所不求，斯可以求之矣。昔者西漢制科之盛，莫武帝若也。嘗求其所以策之之說，則曰：上嘉唐虞，下悼桀紂而已；則又曰：禹湯水旱，厥咎何由而已。何其甚平而無難也！非無難也，不暇於難也。夫武帝者，方風宿晨興，以願聞治道之要之不暇，而暇搜蠹簡，摘瘦辭以為苟難，以與書生角一日之記問也哉？今則不然。先命有司而試之，以莫知所從出之題；既又親策於廷，而雜之以奧僻恠奇之故事，不過於何晏、趙岐、孔安國、鄭康成之傳注，與夫孔穎達之疏義而已。此豈有關於聖賢之妙學、英雄豪傑濟世之策謀也哉？以訓詁之苛碎而求磊落之士，以蟲魚之散殊而釣文武將相之才，不幾於施鱔鱓之笱以羅橫江之鯨，掛黃口之餌以望鳳之來食也耶？其不至固也。非惟不至也，亦不能也。非惟今之士不能也，雖使古之聖賢如孟軻者復生，亦不能也。孟子之時去周之盛時與今孰遠也？孟子與孟獻子相去猶近也。

詐侫惡閣籍之害已而去之。孟子已不能記其誰。孟獻子之友五人。孟子已忘其三。則孟子亦安能中令之所謂制科也哉。夫孟子者。固無事於此能也。孟子則有所不能者矣。孟子曰。如欲平治天下。舍我其誰。韓子曰。孔子以是傳之孟子。此孟子之所能也。今也不求天下之士為孟子之所能。而求其為孟子之所不能。則是其所求者非其所求也。故曰。今欲求制科奇傑之士。夫惟有所不求。斯可以求之矣。且朝廷以此等求士而不得也。求而得。則亦烏用是呫呫者為哉。張華能對千門萬戶之問。而不能救賈后司馬倫之亂。前之敝。後之癈。小之眇。大之暗。臣愚欲望朝廷參之以祖宗漢唐制科之本意。立大端而去細目。使士之所治。上之為六經之正經。下之為十七代史與諸子之書。而削去傳注與僻之問。其學則主乎有用。其辭則主乎去諛。上及乘輿而不諱。歷詆在廷而不恕。使天子得聞草野狂直之論。

而士得專意乎興亡治亂經濟之業。庶乎奇傑有所挾者稍稍出矣。議者曰。求馬者非求駑也。求駿也。今去其難而純乎易。則懼駑者之至。如之何。是不然。求馬者求其一日千里乎。抑將求其它技乎。今求馬者不問其能千里與否。而曰吾欲其能撮蚤而捫蝨搏鼠而擒兔也。可乎。士之能廋辭隱帙者豈曰奇傑。而奇傑之士焉在廋辭隱帙之能不能也。雖然。臣猶欲有言焉。士固有挾策謀而不能乎文辭。有能乎文辭而不肯入有司之刀尺。苟軍旅之間委諸將以薦謀臣才士。不問於文與武。任與未任。而諸郡大比之薦名。擬進士定額十之一。以其半而試士之能古文者。略放宏辭之体。以其半而試士之知兵獻策者。略倣武舉之制。上之於宗伯而取之。視進士之科名焉。其數不出乎奏名之常額。而不羈之士。不至於橫奪其輿以聲病之客而取科級者。不猶愈乎。如此而猶有遺才焉。臣不信也。

論人才中曰。臣聞天下之情。有所大不可曉者。常喜背人主之所向。而向人主之所背。人主當宁太息。悵不盡得天下之才而用之。庶幾乎危可安。亂可治。亡可存也。此豈非人主之所向也哉。然求忠則得奸。求才則不才者至焉。奸邪不才之人。蓋人主之所甚不欲者也。示天下以所向。而天下必背其所向。示天下以其所不欲。而常得其所不欲。天下之情。如此其不可曉也。是豈真不可曉哉。天下之情甚易曉也。何也。人主無不洩之旨。而密旨在所向之外也。天下之人伏其外。以窺其中。從其洩而得其密。是故背人主之所向。以陰合其所向。天下之情甚易曉也。子之養親也。膾炙以為養。禮也。子問父以所嗜。必曰膾炙。而不曰蛙蛤也。然退而察其親。則蛙蛤以為進。非蛙蛤之為嗜。為子者何憚而不進之以蛙蛤哉。夫父曰膾炙。而子曰蛙蛤。曷不從其所命。而從其所不命耶。蓋其所命者飾也。其所不命者

真也。故夫不從其所命。而從其所不命。善從命者也。人主之令天下曰。吾好忠而惡奸。好才而惡不才。夫豈不善。然天下之進而嘗之。忠與奸兩售。而才與不才各求售焉。則其好惡一切有所反。當此之時。天下宜何從。昔者田子與隰子登臺南望不言。而隰子知其意在於伐木。曹公下雞肋之令。三軍莫喻。而楊脩知其意在於退師。上之人舉目搖足。而天下已知其旨矣。聖天子即位五年于茲。下求言之詔。開狂直之塗。而忠言猶未聞也。嚴薦舉之法。謹聘名之禮。而真才猶未出也。天下其真無才耶。蓋天子之令天下有所必不敢信者也。天子如此其聖明也。願治如此其急也。求才如此其勤也。而天下有所必不敢信者何也。天下但見夫布衣撾鼓而訴民瘼。則下之吏而屏之遠方也。後進小臣越職言事。觸犯忌諱。則罪之以沽名躁進。而臺諫又真投其學以緘壞其人也。儒德宿望朴忠而敢諫。則上下左右

群憎而朋嫉之。不罷黜廢放則不止也。元勳將相敢任大事而能決大計者。則排斥抑塞而死徙殆盡也。夫歡忻以致其來。聳踴以起其懦。愛憎長養以防其消。循懼天下之才不至也。今也日夜深沮而痛折之。使天下之士。出一語言則曰猖狂。厲一節行則曰矯激。作一事功。則曰生事。而曰天下真無才也。此雖一飯九歎息。一日百下詔。天下之忠賢奇傑勇於言而敢於為者。誰敢信而來哉。何則所求者之言。與所好者之旨。其真有不可欺也。覺而不怪。將遂成風。是風一成。則治亂存亡之機將必至此。夫風也者。無形而不可執。無根而不可援。倡之莫知其所自起。知之莫知其所自隨。合散翕忽。如童子之謠。非天非鬼。而不勝其秘怪。非作非傳而不勝其流布。禁之則愈滋。窮之則莫推。而是風也。成則閡人之國。粹然於唐虞三代。故其祚長。闒然於秦。故其作浧。凜然如東漢。故其國雖援。廢然於魏晉。故其國速

亡。風之所在而國隨之。甚可懼也。古之聖人必有以默觀天下之風。見其發。知其成。整其徵。不待其定。是故拒其所從變之端而導其所宜歸之塗。故天下之人。陶其風者自非下愚。皆得以成其才而收其用。何謂導。導在好。好在獨。人主之所好。獨而不分。則天下誰不遜探其好而爭為之趨。專迎其獨而莫為其它。使天下趨而不它。則雖捐肝腦。蹈鼎鑊。前者未既而後者來。東漢之凜然者。夫固有導之者也。仁祖之世。天下爭自濯摩以通經學古為高。以救時行道為賢。以犯顔敢諫為忠。此風一振。長育成就。至嘉祐之末。號稱多士。其將相侍從臺諫之才。猶足為子孫數世之用。而不見其盡。何也。仁祖之所好獨在是也。聖天子即位之初。不可謂無仁祖之所好矣。然分而不一。未久而移。今天下風變矣。變而之凜然則幸也。而臣未見其凜然也。變而不反。喑噫默默。怡怡靡靡。此風一成。天下有急。不知誰為之死

哉。臣不勝大懼。

論人才下曰。臣聞人有常言。皆曰今天下乏才。天下真乏才耶。才者天之生也。古多才而今乏才。則是天之厚於古而薄於今耶。穡非后稷而無歲無粟。地非淯川而無地無竹。天之生物。今猶古也。而獨不生才耶。臣嘗聞之。天下之才。其生在天。其成不在天。天生之。君成之。亦君壞之。才生於天而壞於君。而曰天下乏才也。可乎哉。蓋天下之才。莫難於成而莫易於壞。士之幼而壯。壯而老。父兄之所訓誨。君師之所長育。不知其幾何日。博之古今以入其智識。之世務以出其能。不知其幾何事。或昔之過而今矯之以功。或彼之短而此濟之以長。嘗險易而涉風霜。不知其幾何變。閱日之久也。更事之多也。應變之熟也。而其才猶有不成者矣。幸而成才。則上之人當知何而愛惜。故曰才莫難於成。人之至情。自非前無千載之眩。後無萬人之怵。獨立

自信。如比干。如伯夷。誰不違於禍以觸於福者。天下之人如是而成才矣。白夜瑩之。猶恐昏之。日夜策之。猶恐息之。而上之人乃不使之免於禍。則是才者國之獲身之賊也。其誰不解体。故曰才莫易於壞。惟善用才者。不惟能成天下之才。亦能轉壞以為成。而不善用才者。不惟不能邀其成而亦不能扶其壞。今日壞其一。明日壞其二。天下之才銷委腐敗。而緩急乃無一人為之用。無一人為之用。其果無才耶。使善用者起而承之。濯摩翦拂而用之。則故者新。懦者奮。而散者聚。天下之大功不終朝而可成。後世見漢高帝。唐太宗收攬天下英雄而盡得其用。以為後世無復有此之人物。不知漢之所用。即秦之所棄。唐之所得。即隋之所遺。何前之無。而後之有耶。蓋壞其成與成其壞。惟上之人如何爾。今天下之無才。豈真無耶。抑上之人成之者過少而壞之者過多耶。國朝人才一成於慶曆。再成於元祐。初壞於

紹聖大壞於崇觀。當其成也歟，世收其用。及其壞也，至今被其患。光堯之興，褒表元祐之名臣，又從而序進其子孫，盡斥崇觀之姦黨，又從而竄其裔，使天下曉然知忠義才德之士暫閼而愈光，姦佞誤國者終不逃其誅，振而作之，十有餘年，人物之盛，凜有慶曆元祐之風。雖中更權臣排去異己，長告訐，興羅織，以痛折天下之忠臣義士，然士大夫之器質既成，終不為改。譬知玉之已琢，不復為璞，金之已鏤，不復為鑛。陛下始初清明，盡起諸老而置之於朝，天下相慶，如見漢官威儀也。陛下亦知其所自乎？光堯成之，陛下用之，當是時山林枯槁之士，毫髮絲粟之才，手手然而來，紛紛然而起，人人有自奮自喜之意。今未久也，而霍然分散為之一空。此何為者耶？孟子曰：昔者所進，今日不知其亡也，王無親臣矣。李固曰：一日朝會，見無一宿儒可顧問者，誠可歎息。今日之事得無類此？陛下亦嘗察之乎？察之蓋亦嘗憂之乎？且陛下之於天下之才，自用之，自壞之。天下知其不然也。意者左右之有讒人歟？讒人之讒也，亦豈曰吾讒人也？蓋曰吾忠也。其逐君子，亦豈頓逐也？蓋有漸也。自以為忠，而逐人有漸，人主不察，則讒者昌矣。今夫小人之與君子，不為異也，將以同而逆其害，必以同而欺其僚。退則與僚同，進則不與僚同，而與主同。彼小人者退而不與君子為同，則其諂不容；進而不與君子為異，則其諂不力。是故初賁之，終陷之，公孫弘之背汲黯是也。小人之陷君子也，不曰斯人可逐也，必先陽為之地，而外者與之厚，既以釋其君，又以安其今。釋則不疑，安則不戒矣。惟君不疑而人不戒，是故一旦逐之而莫之覺。武后之言於高宗，乞貴來濟是也。讒必有名，讒而無名，則言之者作，而聽之者不堅。古之讒者，必有以不作其言，而堅其君，蓋曰非有利於我也，而不利於國。其君安得不懼然動，決然從乎？姚崇之訛是

疾以諧張說是也。吁！讒人之千機百穽如此，君子者舉而觸焉，動而中焉。為人主者，奈何恬而不察，察而不憂耶？此臣所以流涕而深言之。惟陛下幸察。臣聞用才有道，無所不惜者，才之所從富也；不足惜者，才之所從壞也。今天下老成之才，視之以為不足惜，壞而棄之。臣恐才之不壞者寡矣，臨事而無人，則又曰天下無才。屈原曰：舍騏驥而不乘，焉遑遑而更索。此臣之所以歎也。

萬里又上奏曰：臣聞聖人之於天下，惟其有所甚疑，是故有所不疑。天下幾路，一路幾州，一州幾邑，而聖人以一身臨乎其上，以百吏分手其下。天下所謂守令者，豈郡龔黃而縣卓魯者耶？聖人者將遂以為吏皆能愛吾赤子，而吾民皆無疾苦愁歎者耶？欲不疑而不得也。聖人則有所不疑者矣。蓋人不可以盡信，亦不可以盡不信，盡信則天下之姦有所蔽，盡不信則天下之人皆無可寄者。聖人者擇天下之有可寄以寄天下之有所蔽，是故深居九重而見民之肥瘠於四海之外，優游巖廊而聞民之歌笑於大山長谷之間。唐虞之牧，西京之部刺史，唐之十道使，今之提轉刺舉之監司，皆天子之所寄以不疑者。雖然，今之監司疑則不疑矣，無乃太不疑耶？臣聞之先儒蘇軾曰：養猫以去鼠，不可以無鼠而養不捕之猫；畜犬以防姦，不可以無姦而養不吠之犬。夫不捕不吠之猫犬，不過無功而已，未有大害也，然已在所不養。今則不然，猫與鼠同乳，犬與盜搖尾矣。欲望其止於不捕不吠而不可得也。朝廷亦嘗留意乎？蓋監司之於州縣，有所不敢問，有所不暇問，有所不復問。某郡之守嘗為侍從也，則監司幸其復為侍從，而有所求；某郡之守嘗為臺諫也，則監司懼其復為臺諫，而有所擊。至於縣令之與在朝某官有姻有舊者，皆不敢問。民訴某守，則執其人，封其辭以還其守；民訴某令，則下其帖以與其令。是為

守令蝗蝝也守令從而甘心焉後有究者夫誰敢自言此之謂不敢問朝廷舊歲免和糴而江西之州有因秋糴而每斛斂和糴十之二者朝廷罷兵再歲而舊歲江西之縣有督馬斂如星火者大旱不登而不末減飢民流徙而不知恤監司視之亦如秦越也此之謂不服問郡縣之胥憑守令之寵以暴吾民民訴之者若拔山然蓋監司既庇其守令則併庇其胥此之謂不復問朝廷以監司為可信安知其不可信聖人之為天下不使民有所怒而不洩則其怒有當之者怒而不洩者惟無發也一發則必極於大亂而不可止君相之於監司盍亦如唐開元之精擇採訪使而又專責臺諫以督責之歲取其功罪之尤者明著之以示天下而不次陞黜一二人焉以聳其慵臺諫急則監司警監司警則州縣肅州縣肅民怒之少洩不至於一旦如潰洪河決蟻壞也

萬里乞留張栻疏孝宗時上書曰臣聞人主無職事進君子退小人此人主之職事也昔者舜之功亦多矣而傳獨以舉十六相去四凶為舜之大功魯平公非不賢矣而後世乃以信臧倉疑孟子為平公之恨人主之職事豈復有大於進退賢否者乎恭惟皇帝陛下以治功之不振為大憂以國勢之不強為大恥比年以來選置宰相更易百官凡負天下之望稱士林之秀者陛下朝取一人夕取一人羅而致之朝廷之上山林之士幾無遺矣慶曆元祐之盛殆不過此詩曰靡不有初鮮克有終臣切觀近日之一二事而私憂陛下之變於初也臣竊見左司郎中張栻有文武之材有經濟之學蓋其父浚教養成就之者三十年以為陛下一日之用陛下知之亦十年矣陛下試之亦屢矣煩使矣寘之都司儀之講筵陛下亦驟驟用之矣天下方拭目而觀非觀朝廷也觀栻也積平生之學天下想其負所學膺聖主

之知天下想其負所知而栻自立朝以來凜凜自奮其在都司有所不知知無不為其在講筵有所不言言無不盡天下不以為栻之賢而以為陛下之聖蓋身賢非賢而用賢為明能言非難而聽言為聖且如前日樞臣張說之除在廷之臣無一敢言獨栻言之人皆以為成命之難回而陛下即為之改命是時天顏之喜聖語之褒行路之人皆能言之以為堯舜之捨己從人成湯之改過不吝陛下兼而有之然一旦夜半出命逐之遠郡民言相驚以為朝廷之逐張栻是為張說報仇也臣以為不然陛下如惡其人必不聽其言既聽其言必不惡其人然天下之人難以戶曉此意未必出於陛下而此謗獨歸於陛下此臣所以不勝其憤而為陛下一言也至於小人如韓玉者士論籍籍謂其人狼子野心工於讒譖深於險賊當陛下屬恢復之志推豁達之度使功使過不疑不貳故如玉者亦偶得以備使令於前而玉小人不知聖恩之深陰懷兩端之志其大姦大惡之將臺臣既言之矣臣獨聞之士大夫之間玉有書與知識云不勝秋風鱸魚之思識者聞之莫不寒心昔陳平背楚歸漢終為漢之用侯景背魏歸梁終不為梁之福今之待玉幸其有陳平之用而不察其有侯景之詐豈不危哉且臺諫者古之法官蓋天子之耳目朝廷之紀綱也宰臣聞其有言則狼狽而出府尹將聞其有言則犇走而釋兵非畏臺諫也畏國法也今臺臣之言玉者至於七八矣而玉頑然坐曹不以為意是無國法也法存則國安法亡則國危他日萬一有姦雄焉其誰肯為陛下言之借使言之其誰畏之議者皆曰陛下逐一君子如彼其易而去一小人如此其難陛下何以得此聲哉此臣所以不勝其憤而為陛下一言之也大抵小人之言未可聽也激君子則小人必以為黨排小人則小人必以為訐臣聞昔者孔戣之去韓愈上書

留之。唐帝不以為黨。張湯之姦。李息畏禍不言。汲黯深以為責。臣雖無汲黯之見責。不敢不發韓玉之姦。臣知陛下之不罪諫臣過於唐帝。不敢不留張掞之去。劉向曰。用賢則如轉石。去佞則如拔山。此漢成帝之為也。陛下之聖。必不為此。但恐言之而利害不明。諫之而忠誠不切。不足以感動聖心。爾臣願陛下沛然改命。留其所當留。去其所當去。朝廷輕重。在此一舉。臣區區獻忠。不勝萬死

萬里又上留劉光祖奏曰。臣昨被命覆考殿試。進士鎖宿半月。不知近事。至二十五日二十六日唱名。歎恩賜告。少休私寓。忽聞殿中侍御史劉光祖除太府少卿。又聞光祖即欲出國門上章丐祠。奉聖旨不允。有以見光祖不負陛下之知。又見陛下眷留光祖之勤也。臣頃守筠州。恭遇陛下龍飛九五之初。日夜翹首跂足。佇觀陛下維新之政。責己寬民。尊賢納諫。勤學問。遠聲色。斥近倖。凜凜乎漢宣帝唐太

宗之上矣。惟一二執法言責之臣。孤陛下之器使。往往假彈擊之權以濟修怨之私意。文姦邪之說。以排異己之正士。識者歎息。四方何觀。臣是時家陛下收召臣子大義。豈宜俟駕而行。世路孔艱。又欲自屏而返。辭不獲命。進退徊徨。積憂熏心。鬢髮盡白。既蒙賜對。再寘周行。黽俛就列。愧無補報。適者陛下赫然震怒。斥退一二之臺諫。親擢光祖為副端。而光祖忠氣奮發。知無不言。言無不盡。陛下虛懷嘉納言無不聽。聽無不行。在廷相賀。以為公道之昭明。太平之濟登也。而今也光祖之遷。外議籍籍。或謂光祖以言事犯天威。或謂論推倖除授未蒙施行。臣以為聖明在上。必無此事。及見不允光祖丐祠之請。益知聖主之可恃。而外議之未然也。昔何武之去。鮑宣留之而復召。孔戡之去。韓愈留之而不從。臣與光祖。初無一日之雅。今茲偶然同朝。竊慕二臣為國留賢之義。願陛下勿許唐帝失賢之悔。儻聖意惜然遂行其言。而復光祖言職。固足以大慰中外之望。若其未也。亦當略行其說。使近倖不至輕視陛下耳目之官。朝廷益尊。而光祖亦藉以可留。實天下幸甚。臣謹昧死以聞。

著作郎兼國史編脩員興宗議冗員上奏曰。臣聞古之聖人。知民不可以獨治。故因民而設官。知吏不可以泛命。故量官而置吏。使天下吏稱其官。民安於吏。用一人則百人勸。登一吏則百事治。事任至簡。則員不容多。擇吏最精。則冗不容濫。一吏去則一吏補。材業之相形大小之相勉。外郡之官闕。則選之於士民。省部之官闕。則選之於外郡。至於禁從以上。次第選置。其材愈高。則其用愈遠。職業一定。無有泛濫之虞。三代漢唐之初。所以世蒙其治。吏安其分者。由此之故也。逮至隋唐之末。風俗寖流。廉恥隳壞。天下之吏。紛紛沓沓。上設官者不已。下求仕者亦不已。凡有司選部所集。如聚蠅鴈。填咽肅前。因資

除授。有司不敢措手於其間。雖欲察其賢否。賢否惡未易察也。臣觀唐末此弊頗甚。百官泛濫。有試銜。有設官。有兼。有守。有判。有知。聯絡輕重。仕法如此。其不齊也。用以進士。用以制科。用以辟召。又用以雜科流外。與夫向薦鬻爵之名。縱橫錯雜。入流如是。其不清也。彼以仕法之不齊。入流之不清。雖使左稷右契。知銓掌課。亦且欲去官冗之弊。臣竊見其難為也。而況隋唐拘拘不變者乎。恭惟國家奕葉載德。太祖太宗振刷海內。真宗仁宗法而效之。累朝惟以賢俊為急。不以除授為私。太平興國初。朝官班簿。纔二百人。至咸平初。止四百人。天聖元年。漸至千人。夫以四海之大。設千員之官。當時猶病其冗。故先儒李淑謂明道已前選士一歲入京官不過數人。祖宗欲革冗濫之纖悉如是。真為萬世法也。恭惟陛下臨御以來。明照群臣。嚴東百辟。一有冗濫下職之吏。投閒置散。此聖意欲除千載之惑。而大驅吏蠹

也。然銓司諸路每一官闕猶不下數人爭之。大抵仕流尚冗人皆見任子之泛。皆病進士之濫。皆患特恩之廣。心則知之。不能出口何也。怨一言則怨者衆也。然臣子之義苟以利國者未卹怨言。先儒范仲淹嘗奏疏於仁宗皇帝曰。冠蓋塞路。簪紱盈門。謂之賞延無乃大甚。願與大臣特新此議。仲淹以任子之制。不少加裁節。則吏源卒未可清也。臣願朝廷略稽仲淹之節任子。少損其制可乎。此言行。則一冗去矣。先儒李淑嘗奏疏於仁宗皇帝曰。取人既廣。則求學益速。頗啓封闕名。兼採聲實。約今歲吏部闕官之數。為來年進士入等之準。是進士或至泛濫。則實材未易致也。臣願朝廷略稽李淑聲實之說可乎。此言行。則二冗去矣。先儒蘇軾嘗言於哲宗皇帝曰。吏部以有限之官。離以待無窮之吏。將來特奏名。止乞量行收取。其餘不理選限。是則特恩積弊不去。則僥倖或有未懲也。臣願朝廷略行蘇軾量取之說。軾之言行。則三冗去矣。凡是三冗。皆吏道之大冗也。今朝廷既以漸革之。則吏亦漸省矣。吏省則遂可以省祿。祿省則又可以省費。如是則薄海郡縣凡在仕版。漸不紛雜。未逃陛下指顧之用也。昔唐太宗定海內官七百員曰。吾以此待天下賢士足矣。唐太宗聰察之主。猶且如是。況陛下天稟聖智倍萬於太宗者乎。願陛下一加採擇則海內之至幸也。陛下近者已詔有司加意選事。外銓吏姦。如銓曹之門。隱匿闕次。引例異同。据摭小節之弊已漸削也。若更少清入仕之門。於此至治果日月異也。

興宗又議守令上奏曰。臣聞古者天下之勢分寄於列侯。今者天下之勢分寄於列郡。古以一侯守一國。今以一吏守一郡。其賞罰政教施為措置皆足以繫一方之利害。外邑即古之附城也。縣令即古之子男也。大小相貫。職任不淺。守令其何可忽也。兩漢之治。惟此為急能吏所在。近即近取之。遠即遠取之。才業俱備。名實相副。是時百官有能。然後為刺史。刺史有能。然後為郡守。公卿者又選郡守之有能者也。郡守不輕其付。至於如此。若乃縣令之進。其法頗是。孝者廉者。諸郡則舉之。才者賢者。五府則辟之。既久而後進。既試而後用。初用則以為長。漸用則以為令。故其士民已信其人。蒙其化。是則兩漢縣令之輕重。亦猶太守之輕重。臣嘗反復窺兩漢之冊。下見其輒輕此職也。嗟夫。自唐中葉以降。太守之職寖薄矣。齊民寖受其病矣。若進士者。多以不根之文。決科十數年之後則得之。任子者。多以乘肥衣輕之餘。遊官十數年之後則亦得之。特奏者多以從使奔走之勞。十數年之後。求試邊郡。則又得之矣。以取之之實既異於古。進之之途又多於古。是以若此其無別也。雖然。數百歲之後。一遇聖時。此弊即可滌去也。恭惟陛下思深道遠。聽覽明備。天下之吏。舉無不矚。而況守令最為近民者乎。臣竊聞道路之言。近者凡守臣過闕。庭陛下必察其辭旨以驗其才。問之政事以覈其實。退又咨訪以考其行。陛下丁寧加意牧守。乃三代命侯之意。兩漢不足道於陛下之前矣。然臣竊觀今者州縣守令。未盡仰認德意。勵己修飾。此則諸路銓格之病也。蓋銓司及諸路務拘一定之制。凡知縣兩任。例關陞通判。通判兩任。例陞知州。吏以資而授其官。如人受雇而計其直。一有不舉。恐其怨咨。是以昏懦不職之徒。養資以苟歲月。遂可因循而望州郡。如此之類。前後不可縷舉。彼以非才得州郡。於莽鹵則其治郡亦必出於莽鹵。得縣適於苟且。則其治縣亦必出於苟且。臣見比年治郡之吏。間不得人。多僕役其境內。或貪送迎以自尊。或徇燕遊以自適。或指宣布為虛文。或以苛刻為善政。縣令之弊與是相等。壯者則欲苟免而亟去。老者則欲苞苴而緩行。一邑之間。簿書有不精者。吏胥有不民者。徭役有不均者。鰥寡有不恤者。是固先儒之患矣。仰賴陛下深察此弊。近者聖旨令諸路守臣體訪部內知縣。或有癃病老疾之人。申取朝廷指揮。改差岳廟。如貪贓暴虐者。亦奏聞取旨。當議罷黜。聖謨洋洋。縣令殃民之路。自此庶少革乎。然而臣猶慮州郡大吏。猶有闒然不率者。欲望朝廷更加精擇。始則嚴其選。中則督其課。終則勸其實。而郡縣庶幾畢理也。蓋諸郡通判。一有不才。不敢自用。郡守可以制之。郡守不才。加以自用。通判無如之何矣。臣愚伏望諸州通判闕陞知州。自非卓然有顯異之跡。嘗佐某州。達明某事。嘗佐某官。能去某弊。雖資合入郡。既無此功。又無平日行義。郡國之符。不宜輕付。此臣之所謂始嚴其選者也。監司既以舉刺守令為事。若守令有非常之績。與不可掩之罪。監司能舉能刺。則宜同其賞。不舉不刺。則宜同其罪。乞朝廷常令監司課守令。又令御史課監司。用力小而見功多。

總覈名實。在陛下指顧之間。決無難者。此臣所謂中則督其課也。昔張九齡常以郡守之能者宜擢為列卿。縣令之能者宜擢為臺郎。陛下比嘗名擢能吏矣。聖意廣遠。自越古昔。臣願益充而行之。臣又見四川等處中有繁劇縣道。最難治者。不下數十。累年闕官。非故闕官也。吏不敢為也。伏望朝廷令四川條具繁難縣道。含有幾邑。幾年闕官。能吏如願調者。一任無過。乞與特轉一資。如是。則劇繁之邑。有才者必不辭。無才者必不至。終歲無闕官曠事之弊矣。此臣所謂終則勸其實也。夫以守令不職。擴陛下日月之明。赫然臨於其上。又因是三者。勸懲於其下。臣將見郡縣畢治矣。臣言雖若循常。然細慮之。治本實不過此。陛下亦必樂聞之。蓋聖人常有父母斯民之心。無一日而不在民故也。

右諫議大夫黃洽言。宰相代天理物。要在為國得人。人主之命相。任則勿疑。宰相重則朝廷尊。朝廷尊則廟社安。宰相掄才任職。當盡公心。君子進則庶職舉。庶職舉則天下治。上首肯再三。乃曰。卿如良金美玉。渾厚無瑕。夫其以卿為朕弼耶。

陳傅良以言事去。彭龜年黃度楊方相繼皆去。工部郎李大性抗疏言。朝廷清明。乃使言者無故而去。所甚惜也。數人之心。皆本愛君。知其愛君。任其去而不顧。恐端人正士之去者。將不止此。孟子曰。不信仁賢。則國空虛。臣所以為之寒心也。

嵊縣尉謝深甫言。今日人才。樗中侈外者多矣。詭矯訐浩激者多騁騖。激昂者急於披露。然或隣於婞奔。剛介者果於植立。而或鄰於太銳。靜退簡默者寡有所合。或鄰於立異。故言未及酬。而已齟齬。事未及成。而已挫抑。於是趨時徇利之人。專務身謀。習為軟熟。畏避束手。因循苟且。年除歲遷。亦至通顯。一有緩急。莫堪倚仗。臣願任使之際。必察其實。既悉其實。則涵養之以蓄其才。振作之以厲其氣。栽培封殖。勿使沮傷。上嘉納。

秘書郎國史院編脩實錄院檢討官呂祖謙脩徽宗實錄書成。進秩。面對言曰。夫治道體統。上下內外。不相侵奪而後安。鄉者陛下以大臣不勝任。而兼行其事。大臣亦皆親細務。而行有司之事。外至監司守令職任。率為其上所侵。而不能令其下。故豪猾玩官府。郡縣忽省部。掾屬凌長吏。賤人輕柄臣。平居未見其患。一旦有急。誰與指麾而伸縮之邪。如曰。臣下權任太重。懼其不能無私。則有給舍以出納焉。有臺諫以救正焉。有侍從以詢訪焉。倘得端方不倚之人分處之。自無專恣之慮。何必屈至尊以代其勞哉。人之關鬲脉絡。少有壅滯。久則生疾。陛下於左右雖不勞操制。苟玩而弗慮。則聲勢浸長。趨附浸多。過咎浸積。內則懼為陛下所譴。而益思壅蔽。外則懼為公議所審而益肆詆排。願陛下虛心以求天下之士。執要以總萬事之樞。勿以畫任或誤而謂人多可疑。勿以聰明獨高而謂智足徧察。勿諱於小而忘遠大之計。勿忽於近而忘壅蔽之萌。

秘書丞陳居仁入對。論文武並用。長久之術。陛下獎進武臣。深得持平救偏之道。然未必得智謀勇略之士。或多便佞輕躁之徒。時復有偏勝之患。帝嘉納。

太常博士黃黼輪對。言周以輔翼之臣出任方伯。漢以牧守之最擢拜公卿。唐不歷邊任。不拜宰相。本朝不爲三司等屬。不除清望官。仁宗時韓琦范仲淹龐籍皆嘗經略西事。久歷邊任。始除執政。邊奏復警。范仲淹至再請行。貝州之變。文彥博親自討賊。乞於時望近臣中。擇才略謀慮可以任重致遠者。或界上流。或委方面。習知邊防利害地形險阨。中外軍民亦孚其恩信。熟其威名。天下無事。則取風績顯著者。不次除拜。以尊朝廷。邊鄙有警。則任以重寄。俾制方面。出將入相。何所不可。上嘉獎曰。如卿言。可謂盡用人之道。

嚴州教授袁樞嘗奏言。臣竊聞陛下嘗讀通鑑。屢有訓詞。見諸葛亮論兩漢所以興衰。有小人不可不去之戒。大哉王言。垂法萬世。遂歷陳往事。自漢武而下。至唐文宗。偏聽奸佞。致于禍亂。且曰。固有詐僞而似誠實。憸佞而似忠鯁者。苟陛下日與圖事於帷幄中。進退天下士臣。恐必爲朝廷累。上顧謂曰。朕不至與此曹圖事帷幄中。樞謝曰。陛下之言及此。天下之福也。

陸游論選用西北士大夫劄子曰。臣伏聞天聖以前。選用人才。多取北人。寇準持之尤力。故南方士大夫沉抑者多。仁宗皇帝照知其弊。公聽並觀。兼收博采。無南北之異。於是范仲淹起於吳。歐陽脩起於楚。蔡襄起於閩。杜衍起於會稽。余靖起於嶺南。皆爲一時名臣。號稱聖宋得人之盛。及紹聖崇寧間。取南人更多。而北方士大夫復有沉抑之歎。陳瓘獨見其弊。嘗言於朝。以重南輕北。分裂有萌。嗚呼。瓘之言。天下之至言也。臣伏覩方今雖中原未復。然往者衣冠南渡。蓋亦衆矣。其間豈無抱才術蘊器識者。而班列之間。北人鮮少。甚非示天下以廣之道也。欲望聖慈命大臣近臣。各舉趙魏齊魯秦晉之遺才。以漸試用。拔其尤者而任之。庶上遵仁祖用人之法。下慰遺民思舊之心。其於國家。必將有賴。伏願留神省察。

游又論作起士氣劄子曰。臣伏讀御製蘇軾贊。有曰。手抉雲漢。斡造化機。氣高天下。乃克爲之。嗚呼。陛下之言。典謨也。軾死且九十年。學士大夫徒知尊誦其文。而未有知其文之妙。在於氣高天下者。今陛下獨表而出之。豈惟軾死且不朽。所以遺學者顧大矣。然臣竊謂天下萬事。皆當以氣爲主。軾特用之於文爾。趙普氣蓋諸國。故能成混一之功。寇準氣吞醜虜。故能成却敵之功。范仲淹氣壓靈夏。故西討而元昊歎伏。狄青氣懾嶺海。故南征而智高殄滅。至於韓琦富弼文彥博之勳勞。唐介包拯孔道輔之風節。大抵以氣爲主而已。蓋氣勝事則事舉。氣勝敵則敵服。勇者之鬭。富者之博。非有他也。直以氣勝之耳。今天下才者衆矣。而臣猶有憂者。正以任重道遠之氣未能盡及古人也。方無事時。亦何所賴。此。一旦或有非常。陛下擇群臣使之假鉞而董三軍。擁節而諭萬里。雖得賢厚篤實之士。氣不素養。臨事遑遽。心動色變。則其舉措豈不誤陛下事耶。伏望萬機之餘。留神于此。作而起之。毋使委靡。養而成之。毋使沮折。及乎人才爭奮。士氣日倍。則緩急惟陛下所使而已。且吳蜀閩楚之俗。其渾厚勁朴。固已不及中原矣。若夫日趨於狗苟怯薄之域。臣實懼國勢之寖弱也。不勝私憂。犯分獻言。恭惟陛下裁赦。

中書舍人張孝祥論用才之路欲廣劄子曰：臣聞國之強弱，不在甲兵，不在金穀，獨在人才之多少。項羽未嘗不強也，未嘗不勝也，而高祖卒取天下。蓋項氏之臣，所謂傑出者往往不能容，反爲劉氏用。無敵手，項亡而劉之興也。臣恭惟陛下以英武不世出之姿，當艱難之時，獨運神斷，恩濟宏業，孜孜汲汲，二年于茲，而成功泯然，未有端緒，蓋所謂人才者尚少，不足以備使令耳。今入官之門雖廣，而用才之路實狹。古者取於盜賊，取於夷狄，取於仇讎，取於姻戚，苟才矣，初不問其生出之本末也。今茲不然，非進士科，則朝廷已不敢輒有除用。幸而用一人焉，議者必曰此非清流也，此某人之戚黨也，此某人之子若孫也，此故嘗有所負犯也，此跌宕而不羈也。其用武臣亦然。吹毛求疵，深排力詆。夫如是，而欲力致天下之豪傑，以濟非常之事，難矣。欲望聖慈深詔大臣，各體此意，兼夫拘攣，收拾度外之士，傳取而詳察，以備緩急之用。人才既多，使之治財賦，使之治軍旅，使之宣力四方，陛下措無往而不獲，無爲而不成。臣不勝惓惓。

知宜黃州劉清之入對言用人四事：一曰辨賢否，謂道義之臣，大者可當經綸，小者可爲儀刑；功名之士，大者可使臨敵，小者可使立事；至於專謀富貴利達而已者，下也。二曰正名實，今百有司職守不明，非曠其官，則失之侵侮。願詔史官考究設官之本意，各指其合主何事，制旨親定，載之命書，依開寶中差諸州通判故事，使人人曉然知之，而行賞罰焉。三曰使材能，謂軍旅必武臣，錢穀必能吏，必臨之以忠信不欺之士，使兩人者皆得以效其所長。四曰聽換授，謂文武之官，不可用違其才，然不當斥之而列，宜令文武臣四品以上各以性行才略及文武藝，每歲互舉堪充左右選者一人，於合入資格外稍與優長。

歷代名臣奏議卷之一百四十六

用人

宋光宗紹熙元年。湖南轉運判官陳傅良薦宋文仲等狀曰。臣恭覩明詔搜羅湖廣遺材。竊見通直郎知潭州長沙縣宋文仲有適務之才。而發於謙和。有及物之志。而安於靜退。蓋文仲雖生長南土。其家學則中原文獻也。頃丞萍鄉。藹有民譽。方臣假守桂陽。嘗付其爲人就訪之。而文仲嘗爲桂陽錄事參軍。授臣本軍會計錄一卷。臣遵行之。所以能蠲除宿負。罷弛斛斗。不得罪於其民者。文仲之助也。尋領使事。訪以九郡利病。無不周知。前者倉司雜補諸郡。米僅十萬斛。今者漕司蠲錢亦數萬緡。皆文仲發之。臣以爲文仲雖衡陽人。實國士也。奉議郎知常州無錫縣吳獵。學問本於純實。器識期於遠大。所居閭郡宗爲師友。凡與之遊。類多自愛。而獵於其交有善稱之。不容口有過。掖之不遺力。有急難雖不利於其身。赴之不恤也。頃從事桂林幕府。與平李接之亂。未嘗言功。已而帥臣劉焞不理於口。而獵誼不避罪。屢訟其冤。人臣如此。其不負國必矣。臣守桂陽。獵適爲贍軍酒官。助講荒政。甚於饑渴。桂陽故事。遇皇帝登極奉表。進銀三千兩。爲方採荒之際。力不辦此。臣懼無以塞責。獵嘗教臣申請減額。迄蒙睿旨損三之一。爲惠一方。獵與有力。臣以爲獵雖長沙人。亦國士也。文林郎知潭州攸縣蔣礪。素秉端亮。恥爲苟簡。往歲江陵令兼攸縣。康惠之養。兩邑同辭。觀其爲吏。苟不便於民。雖上官令之不聽。苟便於民。雖匹夫不獲伸。則身任其責也。臣嘗見其詣闕所上書。論廣右利害有四。救弊之說。及與提點刑獄司論經總制錢。其言惻怛。可以施用。則近臣所謂遠方因革。可備咨訪者。在靜江則礪其人也。奉議郎知全州清湘縣楊炳。識度沉審。濟以通練。亦佐桂幕。與平李接之亂。隨宜知變。見謂善謀。而其操履自不可奪。及今爲縣。益著吏績。郡實賴之。臣得其嶺外鹽筴本末一書。自開寶訖于淳熙。上下二百餘年。燦然明白。其論以政和蔡京變法。實爲亂根。馴致二廣連年多盜。官鈔客販。迭爲民擾。蓋利東路則西人被其害。利西路則東人被其害。宜爲損益兼惠兩路。斯可以便公私息紛更。以臣所見。廣鹽之說十數家。未有如炳之平者。則近臣所謂遠方因革。可備咨訪者。在臨賀則炳其人也。如臣不肖。非有知人之明。能得此數子於衆人未識之先。正以久居於此。或聞之公論之熟。或見之同事之詳。如宋文仲。吳獵之在湖南。蔣礪。楊炳之在廣右。朋儕鄉黨。咸所推先。牧守賓僚。無不器重。臣如隱默。不惟負蔽賢之罪。是不奉明詔也。已於今年某月某日具狀奏聞。臣愚欲望聖慈特賜甄錄。以昭示公朝不遐遺之美。謹錄奏聞。伏候敕旨。

四年。傅良爲起居舍人兼中書舍人。繳奏給事中黃裳改除兵部侍郎。狀曰。臣以樓鑰差充御試官。時暫兼攝吏左房書黃。事近者新除鄭汝諧權吏部侍郎。錄黃一道。臣已書行去訖。給事中黃裳不肯書讀。輒有論奏。臣於鄭汝諧有鄉曲之好。於黃裳有僚友之情。與此二人。初無厚薄。鄭汝諧之除授。堪與不堪。黃裳之封駁。當與不當。臣不復論。忽奉聖旨改黃裳兵部侍郎。此臣之所不敢默默也。何者。給舍封繳。是謂官守。其言行則謂之振職。其言不行則謂之失職。振職謂之功。失職謂之罪。此百王以來。與國家列聖之所務暴白者也。今者黃裳之言。臣不識陛下以爲是歟。抑以爲非歟。若以爲是。則當聽從。若以爲非。則當罷黜。今也陰廢其言。而陽遷其官。是非不明。賞罰倒置。臣竊以爲當今之時。未宜有此。何者。陰廢其言。而陽遷其官。古來傳記。嘗有此事。若非猜阻之君。喜權任數。以此爲蓋抹之術。則是姦回之臣，嫉賢醜正，以此爲中傷之計。今陛下寬容樂易，非猜阻之君；二三大臣靖共正直，非姦回之佐，不謂清朝有此過舉。臣頃常奏事，嚮言君德當與天同，無蒙淵聽，曲加奬納。今夫天發生則爲雨露，肅殺則爲霜雪，未有明示雨露之恩，而密加霜雪之慘者也。由此觀之，若袞所言悖理傷道，營惑聰明，懷姦挾私，變亂事實，則陛下且出其章播之公衆，明怒而明黜之。如此施行，豈不正大？若袞所言止於爲國過慮，無悖理傷道之失，或是求人太備，無懷姦挾私之邪，則以陛下明恕，何所不容？豈應遣符遽有遷改？今乃名爲進官，而實奪其當言之職，外示優假，而中不無怒絶之意，遂使凡有官守之人，人自疑。黃袞雖去，何以繼之？強顔緘默，詎無愧耻？隨事正救，未知所終。則此除之後，將見給舍竟爲虚設，雖有忠賢，無以自明，此臣之所甚憂而不敢默默也。欲望廣爲少霽天威，收回成命，令黃袞依舊供職，以釋在廷之疑，以爲來者之勸。

傅良又上奏曰：臣昨具奏給事中黃袞繳封駁不行，改除兵部侍郎，乞收成命，且令黃袞依舊供職。所有錄黃一道，當日繳還中書門下省去後，更不付出。仰見聖心本無適莫，不唯闊略黃袞違避，亦復不以僭越罪臣。感激隆寬，何以論報？然黃袞尚未被受供職指揮，瑣闥闕官今已數日，臣愚竊度或者陛下以爲無此故事，爲遲之耳。臣孜之史傳，人臣嘗失人主之意，將及去官，俄而再留者，不可勝數。今特舉給事中二事爲陛下誦之。唐呂元膺自給事中除同州刺史，及入謝，奏對激切，憲宗嘉之，翌日諭宰相曰：元膺讜言直氣，朕欲留在左右，使言得失。李藩、裴垍進賀，曰：陛下納諫，冠於前王，臣等既不能廣求直言，又不能薦進直言，合當負罪。今請以元膺復爲給事中。上悅而從之。且夫元膺解職刺州，已有成命，而憲宗終惜其去。李藩、裴垍復贊其留，遂令元膺再還舊官，故憲宗號爲英主，裴、李亦稱名相。雖然，此猶是唐朝故事，非本朝家法也。紹興二年，以兵部尚書權邦彥爲簽書樞密院事，給事中程瑀三疏駁之，尋令他官書讀。程瑀乞罷，遂遷兵部侍郎，瑀不拜，除龍圖閣待制、知信州。臺諫官江躋、方孟卿皆言黃門職典出納，顧不留瑀，自助竊爲朝廷惜之。上批復除瑀給事中。及入謝，上曰：給事之設，正要駁異，豈在雷同？朕以卿再三求去，勉從所請，然深不欲卿去，故再有此除。瑀出，特賜象笏，是則陛下家法也。仰惟高宗中興之初，君臣相與，不事形迹，故程瑀志在報國，不以嬰鱗爲懼，而敢於駁邦彥；江躋、方孟卿志在惜賢，不以明叱爲嫌，而敢於留瑀，而高宗天錫勇智，從善如流，故亦不以反汗爲吝，而深信躋等之説，用瑀如故。傳之史籍，千載美談。臣所以不敢信宿進此二事，以贊聖斷之決。伏望宸衷體高廟無我之心，二三大臣効李藩、裴垍獻替之力，特收成命，速降黃袞依舊供職指揮，以增聖治之光華，以勸臣工之興起，而微臣不肖亦得與江躋、方孟卿同託不朽，曷勝榮幸。

傅良又繳奏張子仁除節度使狀曰：臣恭覩數日以來，一二明詔，講慶壽之禮，足以歡兩宮之心；除蠲田之令，足以快四海之望，中外大小之臣莫不手額欣抃，延頸以企。曰：近者二三大臣進退哀榮之典久未予決，意自今聖心豁然，如天開霽，必次第處分矣。忽奉宸旨，張子仁除節度使，果有以見九重燕閒未嘗不軫懷勳舊，而及其後人。誠舉斯心而加諸大臣，則一指揮之頃耳。然而人之關繫有重輕，則事之施行有先後。今二三大臣進退哀榮之典，宰執臺諫屢嘗奏請矣，留未下而遽加恩於勳臣之子，則是輕重不倫，先後失序。臣竊未曉，不敢不爲陛下條陳之。且夫留正輔相初政，于今四年，言聽志行，曾未有君臣之間而人君宰不審便出脩門授之經義未為中節然而待旅郊外屏居山樊毋欲陳情亦既累月陛下誠恕之歟則策免舊章皆可覆視誠不欲其亟去歟則或以少保歸班但解機政或以內祠領使間奉朝請則為政者進退唯命矣復何辭若猶靳靳觖望稟命不虔則持憲臣容臺豈容但已然則今置正弗問而遽加恩於子仁獨何歟恩足以及勳臣之後而念不至上相此臣之所未曉者一也非特此也趙雄以抱病不瘳均佚鄉郡陛下強起之以帥江西雄之進牘亦一再上而重違天威當暑出峽竟以舊恙卒于官萬里旅櫬道路惻然雖雄勳業不敢望過厚之禮而有司常廢安用損益何為恤典遲遲至今至如尤袤三朝老儒而陛下之潛邸僚友也最蒙眷簡行且大用而其致仕遺表之章亦數月未報然則今置雄等弗問而遽加恩於子仁又何歟恩足以及勳臣之後而念不至故老此臣之所未曉者二也非特此也關陝對壘今六十年國家以十萬貔貅付之吳氏父子三世全蜀晏然不煩西顧者吳挺之力也陛下方將召見闕庭行采薇杕杜之禮曾未及講挺復致仕故尤以為傳聞失實屏申奏而不信豈非託重於挺愛之欲其生乎陛下之意則厚矣而非其事情也以挺之威望敵國之所窺覦則擇代不可以不謹以挺之恩信士卒之所懷感則恤終不可以不至以挺之事權決內偏重則一旦而收之又不可以不深加思慮也方今急務未有過此然則今置挺弗問而遽知恩於子仁抑又何歟恩足以及勳臣之後而念不至大將此臣之所未曉者三也雖然臣所云云特謂輕重不倫先後失序物論沸騰因事而進言耳若夫張子仁者介在閑散人不稱數雖少長將家而無橫草之勞雖久綴班行而無涓埃之補不知何故得此殊渥且夫開府建節非叙遷之官也帝廷爭號非私昵之賞

也無故而取之則交結之謗在子仁適足以禍之無故而予之則非況之患在聖朝不足以勸人況張子仁嘗使令姚德打死命官歐陽安中又有外宅婢阿關吊炮烙刀刃之刑虐害阿鄭等蓋嘗經法寺定斷臺官覺察矣又皆以議功僅從追奪即其怙勢奸法見於奴婢罪狀明白不當除授大略如此其他妨礙臣未暇數以煩天聽臣不勝拳拳欲望聖慈下采公論將張子仁無故恩數速賜罷寢以光華主德尊重名器而亟因群情舉行體貌大臣之禮則社稷之福也搢紳之願也所有錄黃臣未敢書行謹錄奏聞

第二狀曰今月十二日恭奉御筆付下臣昨奏繳張子仁除節度使事奉御筆為係勳臣之子特除節度使可與書行須至再有奏聞者臣昨不揆愚賤嘗繳奏張子仁除節度使事退惟螻蟻輒抗雷霆言雖當理死有餘罪今者恭奉御筆臣書行仰惟聖度如天曲賜容忍而人親灑宸翰明示風旨顧臣何人尚敢違件雖然臣聞修當行之政者足以慰僕望之情施無故之恩者足以來謗讟之臣前所奏固知子仁之為勳臣子也但方群情嗷嗷延頸累月皆以留正待放而罷命未聞趙雄告終而恤典不及凜然西陲擁兵十萬之吳挺物故闕無主者當此時也而授鉞於閑散庸繆之人豈宜先者反後宜緩者加急則是捨當行之政而推無故之恩臣恐僕望者惶惑而謗讟至矣此所以深為聖明惜此事體且夫報答舊勞孰與輔初政者之為親矜憐後裔孰與尊師閣者之為重此事理曉然豈惟群臣雖子仁固知之也使子仁稍有念慮則亦於此恩數踧踖不安矣臣是以不敢隱嘿須至再三言庶幾熙朝不以無故之恩而先當行之政恭惟陛下聰明仁孝遠繼三五儻蒙少霽威嚴下采上詧而今而後天意豁然萬幾之間群疑冰釋事關廟廊則立見施行憂在疆埸則使預

處實上以承兩宮之志。下以盡百辟之情。人無後言。事無後患。如是則國家尊榮。朝野忻豫。雖勳舊子孫憑藉寵靈。窮極富貴。亦物議之所不及矣。至如張子仁有罪無功。自是不當有此除授。則臣不暇論。所有元御封付下臣奏狀一件。連粘在前。謹錄奏聞。

紹熙中。太學博士彭龜年乞留侍御史劉光祖以伸臺諫上疏曰。臣等備數學官。素餐無補。事有職守。不敢越思。惟念國家開設學校。所以涵養天下公議之原。而臣等僅以課試文藝苟求塞責。誠不足仰稱明指。日夕憂懼。不知所爲。適有一事。偶關士氣之消長。臣等儻顧出位小嫌。緘默自愛。揆之初心。實所不忍。臣等伏見殿中侍御史劉光祖。近除太府少卿。士論紛紛。皆謂因論異端除授之故。事之始末。疏遠小臣不能盡知。或是或非。皆不敢決。然臣等竊以爲不可者。偶留近倖而遠逐臺臣。其於國體所繫甚大。臣嘗竊觀祖宗借重臺諫之意。揆之古昔。所未前聞。劉安世劾胡宗愈至二十餘章。而不以爲瀆貴重大臣。如文彥博因唐介一言爲之亟罷。而不以爲權。蓋所以優假直臣。尊安國勢。其爲計慮至深遠也。今光祖論端。其言必不如安世之切。陛下偶然進端。亦未必寵任如彥博也。而祖宗處之如彼。陛下處之如此。以此而觀之。孰得孰失。當不待人言而後喻矣。陛下嗣登大寶。始初清明。隆寬盡下。邇迹三五。豈容有此瑕玷。傳播四方。寧免疑惑。況天下士氣。方患不振。今日之事。朝路籍籍。皆以爲不可。而告陛下者曾幾何人。平居則仰屋竊歎。遇事則緘默不言。陛下既未有以興起斯歎。而敢言者復不得伸。臣等深恐言者自此不敢言。而不言者亦以言爲戒。甚非國家之福也。臣等私憂痛不止此。陛下所以遷端者。止念其服役之久。而言者適然攻之太亟。陛下亦適然拒之太堅。小人不知。必謂其徒得君如此。其專擅勢如此。其固附聲託影。寖成驕横。則他日將有不勝憂者。當是之時。臣等恐陛下尤費區處。如今日也。陛下天資恢廓。以虛受人。於天下事初何容心。其始本無親昵近倖之意。而遽進端。其終亦無厭薄臺諫之意。而遽逐光祖。然疑似之迹。未能昭明。群情共疑。所當深慮。昔韓維因論臺官進退。有曰。自古聖王優待諫諍之臣。雖甚狂直。必加含忍。其勢非不能黜也。以爲黜此一人。則傷衆多之心。遂此一夫。則敗天下之事。故不爲也。況臣憂國。其言懇切。深中事情。臣等欲望陛下平心定氣。更加審處。少抑近倖之恩寵。以伸臺諫之公論。復留光祖。俾復其位。使天下曉然知陛下聖德光明。本無偏倚。自此無復顧慮。各罄心腹。以不負陛下任使。實宗廟無疆之福。臣等冒犯宸嚴。罪當萬死。不勝俯伏俟命之至。

龜年論續降指揮之弊。上疏曰。臣聞古之善治天下者。詳於用人而略於用法。故法不過制其大綱。而君臣之間相與講切者。唯擇人以付之而已。故所用無非才。而法亦恃以無敝。後世徒欲以法籠絡天下。左牽右制。一創百補。不勝其繁。而用人之際。鹵莽滅裂。一切不問。故人適足爲法之蠹。而紛紛改更。皆非法之真敝。實人敝之耳。恭惟陛下聰明憲天。不自克聖。寬洪盡下。言無不聞。近日天下利害。雖瑣細猥繁。亦得以上達天聰。然究其所言。類多責辭於法。而不求治於人。故朝下一敕。夕更一令。所謂續降者。殆不勝紀錄。曾不知官非其人。法亦徒設。姦吏舞弄。出此入彼。適足以亂吾法耳。故臣妄謂善治天下者。任法不如任人。變法不如變俗。使天下士大夫皆持公爾忘私。國爾忘家之心。以蒞官效職。則國家之法何者非善。苟有所不及。亦必有以治之矣。臣之區區。願陛下與二三大臣先講所以官人之方。無使資格得以容不才。濫舉得以行私意。移審察人情之心。以審度人物。變推行己私之智。以推行公道。則求用之人必無不才。所居之官。必稱其職。雖以今日之法爲天下盖有餘矣。不然臣未見徒法可以立者。唯陛下留神。

吏部尚書趙汝愚奏薦張漢卿元汝楫狀曰。臣等備數銓曹。愧無補報。所得滯淹之士兩人。職守所在。不敢隱默。竊見從事郎張漢卿。初任監興國軍在城酒稅。到官未久。偶太守不相知。督責太過。漢卿不堪其辱。遂和淵明歸去來詞一篇。大書于印曆而歸。今杜門讀書。恬澹自守。已十有六年。又承節郎元汝楫。嘗監復州酒稅。課亦登辦。時郡中公使庫有賣醞酸腐。太守責令酒務變賣。汝楫辭曰。在城拍户。困於省額。不聊生矣。豈能認無用之酒。陪無名之錢乎。堅拒不受。太守怒。抑汝楫下蒸廳供責。吏稍侵之。汝楫曰。我直彼曲。何供之有。遂取印曆一抹而歸。今躬耕畎畝。盖二十餘年矣。臣等竊惟漢卿等皆一介小官。能不爲勢利所屈。忍貧絶禄。不辱其身。若朝廷稍旌異之。

使各充其所志。則異時臨事。必有可觀。伏望聖慈特將漢卿汝楫並與堂除差遣一次。仍令吏部取索印紙重別換給。庶幾廉恥道興。縉紳知勸。誠非小補。

汝愚薦蜀中三縣令狀曰。臣頃歲蒙恩備員制閫。竊見西蜀四路多士如林。其間學行優長。俱被朝廷選用。惟諸邑知縣。未聞以治績蒙擢用者。竊恐無以深慰遠俗。臣伏見承議郎劉甲。乃元祐名臣摯之曾孫。幼孤能自奮立。昨知夔州雲安縣。其邑素號難理。惟甲寬而有制。明而不苛。爲政優游。人自悅服。既去而人思之。宣教郎程驤。人物秀整。嘗宰義眉青城兩大縣。而青城尤多巨族。租賦皆不以時輸送。惟驤到官。不用刑罰。雖經累月而未嘗督迫。人亦無犯。從事郎謝辛。爲人磊落。有志事功。上津極邊僻遠。久無人願就。惟辛一聞辟命。略不辭難。時有朝旨修鵲嶺關。工役甚大。而窮山極谷。民户凋零。勢必甚擾。賴辛躬行險阻。委曲措辦。事濟而人安之。在任三年。綏撫善良。鋤治強狡。四境安靜。及辛既滿。經今累年。復無一人肯就辟者。右三人非惟所行政績尤異。而文學行誼亦皆可觀。伏望聖慈特賜旌擢。以爲四蜀官吏之勸。一方幸甚。

汝愚又應詔薦李信甫徐[illegible]湜王聞[illegible]蓀楊翼之狀曰。臣伏見朝請郎主管建昌軍仙都觀李信甫。質實無華。剛毅有守。入居臺諫。頗著直聲。出守近藩。亦多美政。朝奉郎兩浙西路提舉常平公事徐誼。育德粹温。受才膚敏。方居學校時。已慨然有憂世之志。今把麾持節。所臨有聲。朝奉郎知建寧府鄭湜。文爲國華。積有時望。建寧災冦之餘。人情未安。自湜下車。寬猛並用。旬月之間。吏民悅服。右三人各曾任監司太守。可備郎官卿監之選。宣教郎荊湖北路安撫司幹辦公事王聞禮。故太子詹事十朋之子。重厚質直。有其父風。臨事毅然。

義形於色。宣教郎邛州蒲江知縣范蓀。資稟粹然。清約自守。臣見其嘗臨利害。群議紛紜。蓀獨退避不爭。人服其量。從政郎前汀州武平縣丞楊翼之。風力敏彊。有志當世。莅官則政事可紀。居鄉則信義可稱。右三人資歷未深。可備職事官之選。若蒙朝廷擢用之後。其間有不如所舉者。臣甘坐謬舉之罰。

知潭州朱熹同監司薦潘燾韓越蔡咸方銓狀曰。臣等竊見比年以來。臣僚申嚴薦舉之法。以革獨員之弊。蓋所以示公道而杜私情也。然人之才固有不同。而薦之者所見亦或不一。往往獨員之薦常多。而列銜之薦常少。繇此故也。臣等備員帥臣監司。其於一路人才職當留意。既不敢以己見獨薦。而參之以公論。苟有可以備采擇者。又安敢隱嘿。竊見朝請大夫權知邵州潘燾。以學問持身。以儒雅飾吏。不鄙夷其民。首以教化爲務。崇尚學校。修建先賢祠宇。民有嚚訟。論之以理。事至有司，媺於決遣。由是庭訟日簡。郡圄屢空。湖北偏寇侵犯邊境，而晝夜置得宜。民用安堵。至於移屯置寨，為民防患者，無所不用其至。其他設施，一切不苟。臣熹昨與帥臣周必大已嘗以其姓名薦聞矣。朝請郎權知全州韓邈，名臣之後，材力有餘。入仕以來，凡三作邑，皆有可紀。民情利病，纖悉洞究。全之為郡，又貴枝梧，而邈迺能檢柅吏姦，稽考滲漏，民間輸納，不多取斛面。除貴商稅，寬獄苛細。前政財賦不辦，逋至未幾，即不欠漕計，且足郡用。奉議郎權通判郡州綦成，有高祖袠精明之風。自初試吏，即以能聞。用獲盜賞改官。又洞收彊賊。應副錢粮賞緡資。又因水澇賑濟，中書籍記姓名。比者郡有猺人之擾，咸詣山前督捕，暴露經時，多設方畧，鉤致變詐之情，卒能使之恐懼納款。其他依理郡政，不競不隨，經總制錢不待催督，每歲溢額。總所亦已保奏。委之賑濟措置，有方，民被其惠。奉議郎提刑

司幹辦公事方銓，器資宏裕，識趣高明。向宰懷安劇邑，運事三帥，皆稱其寬簡不擾，急吏緩民。所薦之詞，如出一口。懷安之民至今稱之。今任湖南屬官，其在幕中，靖重寡言，濟否無營。至於酬應事機，多所贊助。前任提刑徐某嘗以其學識深潛，持守正固薦充所知。是四人者，職雖不同，然其才各適於用。欲望聖慈特加旌擢，以為趨事赴功者之勸。如後不如所舉，臣等甘坐謬舉之罰。須至奏聞者。

熹知漳州，薦龍溪縣令翁德廣狀：右臣叨被誤恩，假守偏郡。自到官以來，惟思所以仰稱使令之意，以為布宣德意，固為郡守之職。然苟屬縣奉行不得其人，則無官而及於百姓。故嘗深察諸縣令佐之賢否，其背公營私，廢弛不職者，已嘗按劾，具奏得旨施行。其涖官公勤，委有善狀者，又豈敢默默而不以上聞乎。臣伏見朝奉郎知龍溪縣翁德廣，天資剛直，才氣老成，不為赫赫可喜之名，而每有懇懇愛民之實。臣嘗以縣事大要者三察其施為，知其果有可稱者：刑獄詞訟財賦是也。縣所解徒流以上罪，歲率數十。臣取其案牘觀之，見其親書條目，委曲難問，必盡因辭而後已。又州司理院再行審鞫，而囚卒無異辭，皆以縣之所鞫為得其情。是能上體國家哀矜庶獄之意也。漳之四邑，龍溪為大，理訴之牒日百餘紙，巧偽詆讕，姦詐百出。德廣乃隨事處決，終朝而畢，人服其公。未嘗有知責留禁之人，是能使百姓無屈抑不申之訟也。縣所賦入最為浩繁，合三縣之數，不足以當龍溪十分之八。郡之經費，賴以取足。德廣乃從容應辦，民自樂輸，吏無追胥，是能足用裕民而無抑配科斂之患也。攷其治行，蓋庶幾乎古之循吏者。竊謂若使凡為縣者皆能如此，則國家德澤不患於壅閼，而田里之間亦不復有歎息愁怨之聲矣。臣與德廣為同郡人，其孝友稱於宗族，行義信於鄉閭，臣素知之。固已甚審。至此一年，察

其所以施於有政者，又如此，故今不復以鄉曲為嫌，已照薦舉格令舉充陞陟員數。又念方以災患乞奉香火朝，又得旨便當解罷，而德廣去替亦以不遠，竊恐後來者知德廣之賢，未能若臣之詳，偶至脫略，則在臣有見賢不能舉之罪。臣愚欲望睿慈察臣所舉，出於公論，將德廣特與陞擢差遣，以為官吏勤事愛民之勸。臣不勝大幸。謹錄奏聞。

蔡戩奏薦鄂州通判劉清之狀：照對臣等待罪本路，職任雖不同，其於薦賢報國，臣子之心則一。部內有賢知而不舉，當得蔽賢之罪。臣等不敢隱嘿，竊見承議郎通判鄂州軍州事劉清之，學行醇篤，議論正平，不為矯激以盜虛名，不肯詭隨以追時好。其憂國愛民之心，趨事赴功之意，出於懇惻。居官首以風化為務，留意學校，廣延生徒。又率介胄子弟，欲習兵書者肄業其中。荊楚之俗明鬼病者不藥而

巫。死者不葬而火潰之，力禁止之。而又斥淫昏之祠，表烈女之墓，擿告訐之風。使民知嚮。屢攝郡事，邦人宜之。頃任太常寺主簿。以憂去官。今任垂滿，其人靜重，恥於自媒。臣等不言，終恐湮沒。欲望睿慈特賜旌擢，或且試以一郡，必能撫字疲民。儻以一節，必能澄清屬部。儻不如所舉，臣等甘坐謬舉之罰。

戢奏薦衢州通判宗嗣良狀曰。照對諸州通判，亦號按察官。郡守或闕，必以次攝事。如得其人，則郡政賴以修舉，所補不細。臣等近遵聖旨，考察一路郡守臧否，具名聞奏去訖。惟是通判攝行郡事，顯有勞効者。臣等職在廉察，其敢蔽而不言。竊見通直郎權通判衢州軍州事宗嗣良，故觀文殿學士、京城留守澤之孫。澤以忠義著聞，而嗣良天資明敏，濟以勤恪。自到官之初，適值知州趙彥恂因言章放罷，嗣良實權州事。衢為湖南劇郡，嗣良不以時暫權攝，而懷苟且之心。夾遣滯訟，曉夕不懈。蠲除苛斂，務寬民力。稽察欺隱，財賦自足。首尾半年之間，起發上供錢物，應副官兵請給，並無違闕，而不聞秋毫之擾。安撫轉運兩司委嗣良和糴米三萬餘石，米嘗過糴，而應期了辦。其他處事，多合人情。一郡士民，翕然稱之。近已得守臣張綽到任交割訖。綽嘗知南康軍，嗣良為建昌知縣，累政皆以罪去，而嗣良獨以治辦稱。綽亦素知其能。到郡之初，賴以協濟。兼詢訪得嗣良初任汀州長汀縣主簿，郡守以廉吏薦。嘗蒙中書省籍記姓名。次任靜江府靈川縣令，亦為漕臣所薦。今觀其人稟資強敏，足以辦事，存心忠厚，不肯擾民。如蒙朝廷付以劇任，必有可觀。欲望聖慈特賜旌擢，使之展盡其才，亦為能吏之勸。不勝幸甚。

戢又奏薦臨安通判王補之狀曰。臣猥以疏庸，承乏京邑，適值多事，加以歉歲，應辦百出，惴惴然惟曠敗是憂。所賴寮佐同心叶濟，僅無

遺闕。臣嘗具奏，今將趨事赴功之人，稍加旌擢，激厲其餘，得旨依奏。臣竊見臨安府通判王補之天資敏明，濟以勤恪，精通法令，兼曉義理。臨事不苟，處事適中，而又行之以公，持之以恕。每有滯訟疑獄，多委參訂，必加詳審，於人情法意無不曲當。昨來禁中修造，阜陵發引，與夫舉行荒政，悉以委之。一一皆趣辦，臣賴其裨贊為多。考其治行，實為一府僚屬之最。兼其人試中法科，曾任大理寺丞，例當得郡，而乃俯就倅貳之職，其廉於進取可知。欲望聖慈特賜旌擢，他日或有緊難任使，必能了辦。儻不如言，甘坐謬舉之罰。

戢又奏薦胡槻、万俟似狀曰。照對臣等所部二十四州，去朝廷最遠。仕者不憚數千里，深入瘴鄉，無非為利。婾惰苟且，浸以成風，鮮有不溺其習者。其間廉平之吏，僅或有之。求其材術優異，治績昭著者，得二人焉。臣等隱默不言，不惟獲蔽賢之罪，淑慝不分，亦無以示勸。臣敢冒死奏聞。竊見奉議郎知邕州胡槻，名臣銓之孫，家學自有源流。其人性資明爽，風力強敏，有志事功，究心職業。前任靜江府通判，差權貴融象三州，所至輒最，諸司交薦之。邕管控邊，控溪洞，彈壓蠻賊，最為要地。管下武緣、宣化二縣，羣盜淵藪，豪猾巨寇，根株囊橐，盤固累年，吏不能制。槻到官未冬，廣設方略，遣人擒捕，戮其渠魁，蕩其巢穴。餘黨屏竄，境內帖然。邕年以來，沿邊官吏多為州洞所啗，恣其侵暴，不敢呵問。槻止以律令，無一毫與之交私，示以威信，蠻獠知畏。豪民販鬻生口，貴出外界，槻力行禁止，此患少息。蠻人互市，吏卒姦弊百出。槻痛革之。又能節損用度，修葺城壁，建樓屋千餘間，除治軍器，訓練士卒，以備不虞。勸誘州洞士人入學聽讀，使知忠義，職務具舉。課其治效，實為一道之最。又朝奉大夫通判靜江府万俟似，相臣卨之孫。其材具風力不在槻下，雖兩佐郡未究所長，前任潭州通判

帥臣王藺、余端禮相繼力薦於朝。會倡適以憂去。今任到官累月，協贊郡政，非一。其人明而能恕，敏而加審。凡定奪公事，躬覽案牘，剖決是非，平允詳盡，合於法意，當於人心。委之以事，不擇劇易，不避嫌怨，毅然有守，不可干以私。勤遵繩檢，皆守廉隅，不爲流俗所移，寮吏之中，未易多得。實爲一府之望。臣等與二人素無雅故，亦非請託，既知其才，不敢隱蔽。欲望聖慈特賜旌擢，以爲遠方官吏之勸。儻不如所言，臣等甘坐謬舉之罰。

戡又奏薦高商老、周熺、劉董狀曰：照對臣等俱蒙誤恩，臨涖劇部，惠欲推廣德意。惟藉郡守得人，凡二十四州之廣，其有治績顯著者最不相繼奏聞。向者諸司嘗以知邕州胡槻爲一路之最，首先剡上。未蒙朝廷施行，續加考察，復得其人，不避煩瀆，輒敢論薦。伏見朝請郎、權知象州高商老，行義著聞鄉閭，才術見推流輩，文學吏事皆有過人。頃宰劇邑，已著能稱。前後守臣以其政績上聞，嘗降四轄指揮，今爲象臺，實行將兩考，爲政平易，民懷吏畏，撿柅姦弊，郡計自然有餘。撫摩凋瘵，田野爲之加闢。以至興修學校，繕治城池，鼎新軍營，易茆以瓦，區處有方，人不知役。繼累政窘匱之餘，而能百廢具舉，稽之列城，未易多得。又朝散大夫、知潯州周熺，問學深醇，操履堅正，秉心靜退，恬於勢利。士論鄉評，莫不歸重。繼宰兩邑，吏民至今去思。遠爲總所幹官，分務池陽，革去弊蠹，號爲稱職。諸司亦嘗交章論薦。今茲試郡清潯，愷悌宜民，恪意牧養，流亡復業，獄訟清簡，人皆安之。在一路中獨無訟牒至于諸司。又能持身廉介，以律寮吏，久例以魚稅錢幾千緡爲郡守月給，熺皆却而不取，人所難能。攷其治行，近古循吏。又朝奉大夫、知賓州劉董，允祐故相摯之後，勤遵家法，嚴正有守，吏不能欺。試郡西融，諸司已嘗論薦，宜陽控扼群蠻，最爲衝要，而郡計窘匱，事多廢弛。自董到官數月之間，興滯補弊，井井有條。理諸傜奉賜官兵廩祿，率皆按月支給，無復異時逋滯之苦。奉行鹽筴，允得其宜。調度賴以豐裕。民傜安堵，不相侵擾。實爲邊最。臣等參訂共議，得此三人，不敢隱默，自貽蔽賢之罪。亦不敢私徇，以干謬舉之罰。欲望聖慈特加甄擢，庶幾可爲遠方牧守之勸。

戡又奏薦蔣來叟狀曰：臣守藩行且再春，自念初無毫分可以稱塞，惟有薦賢報國之心，不能自已。竊見靜江府雖邈在嶠南，然國家二百餘年聲教所暨，風化所漸，爲日滋久，比來文物寖盛，人材間出，過於曩昔。往往困於僻遠，無路自達，終老炎荒。今有卓然傑立而爲郡適在巡管之內者，不敢隱嘿，謹以薦聞。竊見知賓州蔣來叟，天姿敏明，抱負瓌偉，績文種學，高出輩流，莅官臨民，動輒可紀。早中甲科，繼登朝列。其人材可與中州之士頡頏，實爲二廣人物之秀。今守荒遠小郡，規摹施設，如古循吏。治行藹聞，爲一路最。特處之未得其地，用之不盡其材，使之陸沉瘴鄉，誠爲可惜。若假以內地麾節，漸加擢用，必有可觀。臣愚欲望聖慈特賜甄錄，以爲遠方表勸，庶使嶺外士子仰認聖主不忘遠之意，後來人材出者皆知激厲，以備國家器使，不爲無補。臣不勝區區至願。謹錄奏聞。

戡又奏薦趙時保、方信孺狀曰：照對臣今月二十六日承宰州公文，準吏部符七月初二日三省同奉聖旨：在內令侍從、臺諫、兩省、御監郎官，在外令監司、郡守、前宰執、侍從，不拘文武臣，各舉人材三兩人，限三日具奏者。臣伏覩奉議郎、通判常州軍州事趙時保，性資闓爽，吏事精明，濟之以中和，飾之以儒雅。初調武進縣尉，已有能稱，適值歲饑盜發，時保廣布耳目，多設方略，尋即捕獲，用賞改官。及宰句容，剖決民訟，皆得其平，經理財賦，不擾而辦，興利除害，愛民戢吏，邑人至今思之。今任昭陵郡丞，究心職業，有志事功，處心和平，不尚苛刻，治事勤恪，不爲苟且。佐理郡政，調娛爲多。諸司所委，看定按牘，平讞獄訟，咸謂允當。列銜論薦者至再。前後舉者二十餘人。其人老成詳審，練達疏通，凡所施爲，無不中節。事方叢委，時彼處之綽有餘裕。付以一路，必能澄按所部；畀以一郡，必能惠養小民。委之繁劇，必能治辦。今已書兩考，旦夕受代，唯朝廷所用。又承務郎、知紹興府蕭山縣丞、淮東隨軍轉運司幹辦公事方信孺，材猷雋明，風力強敏，文采吏事，皆有可觀。粤自弱歲下筆出語，固已驚人。出於天資，非由學力。及其入仕，慷慨敢爲，事不辭難。所治輒辦，初調番禺縣尉，承累政廢壞之後，創立解宇，盡造營房，置辦軍器，教閱弓手，境内肅然。番禺新會闕令，府檄攝事，剗剔蠹弊，百廢一新。朝廷行下勸諭納粟，本府委令信孺措置，到三萬餘石。諸司知其才，同銜奏辟，知增城縣。上章列薦者無慮十數。今任以獲盜賞改秩，知蕭山縣丞。到官未幾，姓名聞于朝廷，選差充淮東隨軍轉運司幹官，見在軍前應辦。其人年壯氣盛，有意功名，奮厲激昂，不擇劇易。少加涵養，必爲成材。內而繁難職事，外而沿邊任使，皆可試用。此二人者，臣或目擊其治行，或熟知其才業，舉以應詔。將來朝廷擢用，後不如所舉，甘俟朝典。

戡又奏薦万俟侶、張忠恕狀曰：照對臣等濫膺委寄，剸舉列城，五嶺之南，封域至廣，薦賢揚善，職所宜先。雖在僻遠，猶當識拔。況居臺府之下，豈出流輩之中。若不公共奏聞，何以明示表勸？伏見朝奉大夫、通判靜江府万俟侶，好學自修，不墜祖烈。涖官行己，皆有可觀。廉介自將，公正不撓。遇事明審，而持心近厚。材優治劇，而不爲煩苛。入仕已及六任，前後兩丞會府，所至皆有聲績。自倅靜江，逾一考，詳定案牘，剖決精當，攷覈簿書，革弊洗空，吏不能欺。事至立辦，動遵繩檢，不

可干以私。頃在長沙，時帥臣王藺、余端禮相繼力薦于朝。比來諸司亦嘗剡上。雖已報聞，未蒙甄錄。又通直郎、充廣南西路轉運司主管文字張忠恕，生長名門，耳濡目染，不學而能，服勤儒素，而無貴介之習。妙齡秀發，而有老成之風。試吏之初，人已夸敬。遠爲賓幙，尤見其材。運司財計，至爲浩繁，分典南鈐，尤難平允。加以漕臣仍年數易，中閒鹽筴通滯，爲多患怨。乃能一意裨替，稽抉吏姦，區處得宜，事皆修舉。頃爲臨安府樓店務時，帥漕各舉以所知。比來漕臣亦嘗論薦。前此以其方始到官，故諸司未敢列薦。臣等竊詳二人，雖中州僚佐之盛，恐亦未易多得。而使之淹回遠方，實所共惜。敢望聖慈特加擢用，庶使臣子歆羨，知嶺海之間無異畿甸。有善必錄，無遠不聞，人皆樂於遊宦，以興起事功，實一路幸甚。

戡又乞選擇監司上奏曰：臣聞范仲淹執政，患諸路監司不才，取班簿視之，每見一人姓名，以筆勾去，以次更易。富弼曰：公是一筆，焉知一家哭。仲淹曰：一家哭，何如一路哭耶。遂悉罷之。韓琦當國，用監司或非其人者。崔公孺曰：公居陶鎔之地，宜以造化爲心。造化以蛇虎者害人之物，故置蛇於藪澤，置虎於山林。今公乃置之通衢，使爲民害可乎。夫監司者，號爲外臺耳目之寄，其權任亦重矣。苟得其人，百姓知所畏。苟非其人，一路受其害。可不遴選耶。國初始置轉運使，淳化中遣官提點諸路刑獄。天聖中置轉運判官。熙寧中置提舉常平。其後又有提點坑冶茶馬市舶，俱號監司。一路之間，多至五六人。使有風節才力者爲之，一二人足矣，何以多爲。如其不然，重爲民害。九除一監司，槩以中數，歲費三萬緡。公帑萬緡，迎送萬緡，傔給五十緡，兵卒券食五千緡，賢者居之，所費止此。不才者抑又甚焉。多取頭子錢者有之，抑賣公庫酒者有之，科買土產物者有之。巡歷之餽遺，寬

設吏卒之取乞批支蓋非一端州縣之擾可知也而又遷易不常費所不貲耳以湖北漕言之淳熙三年迨今五六年間凡送迎三十餘次如此漕計安得不匱民力安得不困乎以臣愚見未若省其員而擇其人夫畿甸之内最爲浩穰向來獨員亦未有不辦之事今江東西湖南北福建並置兩漕其一似可省矣淮浙閩廣產鹽之地置提舉可也湖南北江東西似可併矣茶馬坑冶職兼數路遣使可也閩廣市舶職務至簡似亦可併矣員省則可以減費員少則易於擇人費減則用度足人擇則職務舉此必至之效也臣愚欲望聖慈明詔大臣應諸路漕臣止除一員江湖提舉茶鹽閩廣提舉市舶議所以省併之然後遴選有風力資望者分使諸路監司得其人必能激濁揚清而守令職稱守令得其人必能奉法循理而田里安業爲治之要莫先於此取進止

醴泉觀使周必大奏論任官疏曰臣聞堯舜而下設官分職未嘗不以久任爲先鯀堙洪水汨陳五行堯猶待其九年然後易置暨舜亦以三載考績九年然後黜陟幽明後世何獨不然粤自漢唐以迄于今論者孰不以是爲急務固無待於縷進只如本朝文彥博年過九十吏事最多當元祐二年輔哲宗初政累上言謂中外任官移替頻速在任不久有如驛舍無由集事何以致治今聖主臨御詢事考言竊計講之已熟决第施行抑臣偶有管見輒妄言之今外路迎送守倅監司借請不貲凋耗郡帑最爲大弊其尤可慮者川廣小郡廂禁軍人數至少每遇迎新送舊往往別作名色盡數差撥遠者一年近或半歲奔走道路廢其閱習平時既已傷財緩急又將誤事若皆任滿猶且庶幾其間偶有事故則歲中一再如此何以堪之臣意欲朝廷將川廣小郡迎送在千里之外者別爲區處或就所過州郡隨其川陸應副舟車遂節交替所費度不甚多其本處迎送止以鄰境爲斷一則大省借請二則不妨備禦然須所過州郡體國奉公乃無阻滯其餘大郡事力可辦又當別作措置願付議臣審詳利害使之悠久可行免至輕於出令若乃選擇得人深戒數易或令臣任舉增秩賜金之典則不勞更張善無以加矣

監察御史虞儔輪對劄子曰臣聞邦本之安危常係乎民情之舒慘民情之舒慘常係乎守令之賢否書曰民惟邦本本固邦寧唐張九齡曰元元之衆繫命於縣令光生於刺史蓋擇守令以結民心以固邦本聖哲之格言帝王之先務也臣竊見今之州縣若守若令莫不以財賦爲先未嘗以民事爲意其農桑之勸不勸差役之均不均戶口之安不安獄訟之理不理如秦人之視越人肥瘠蔑焉不加憂喜於其間至若催科一事則急於星火上供有常額則以出剩爲能者

限有定期則以先期爲辦斛斗升合所以準租也則對量加耗尺寸銖兩所以均稅也則展取奇零不求羨餘之獻則爲乾沒之謀推肌剝髓十室九空民財既殫民心亦怨萬一水旱繼作年穀不登飢寒迫於身其不去而爲盜賊者鮮矣善乎揚雄有言曰秦之有司負秦之法度秦之法度負聖人之法度是以秦之末年郡縣皆殺其守令而叛蓋怨疾之久矣唐至僖懿以後奢侈日甚賦斂愈急連年水旱百姓流殍盜賊並起尤憎官吏得者無不殺之亦若秦而已矣夫張官置吏而使民疾之如讎則其爲國不亦危乎易曰履霜堅冰至是豈可不爲寒心哉我本朝有天下二百餘年所恃以爲萬世不拔之基者人心而已臣願陛下躬行節儉減省冗費不事以區區財賦爲急明詔大臣精擇守令且以惠養斯民爲先俾之以課勸農桑平均差役安集戶口理斷獄訟蓋農桑既勸則民有餘財差役既均則民

有餘九户口既安則民無流移獄訟既理則民無冤抑雖有天災不能使之困雖有姦民不能使之亂人心既固邦本永寧矣宗社幸甚生靈幸甚

儒又論對劄子曰臣聞為君之道莫過用人聽言之二端而已用君子而以小人間之非也聽忠言而以讒言沮之亦非也夫薰蕕不同器梟鸞不並栖君子必惡小人小人必害君子君子不能勝小人小人常勝君子自古至今勢不兩立君子在內小人必在外小人在內君子必在外內外之分否泰係焉毒藥苦口利於病忠言逆耳利於行吾口則難受逆耳則難從小人一善窺人主之意務為迎合君子則據正論事而不肯詭隨雖上之人公聽並觀然久之不能無惑雖灼知其為姦邪然未有能決去之者況執狐疑之心持不斷之意乎昔漢元帝即位之初蕭望之張猛劉向與夫恭顯許史之徒雜然並立

於朝是非相攻好惡相激元帝初心固亦洞然卒也望之引決於私室張猛自殺於公車劉向擯斥不得進用其紀綱日以紊權柄日以移國祚日以衰無足怪者雖能更制七十餘事以公田及苑振業貧民減樂府省罷甘泉宮衛齊三服官節用愛民蓋小善無益也然則為君之道豈不在用人聽言之間乎昔子夏有言舜有天下選於衆舉皐陶不仁者遠矣湯有天下選於衆舉伊尹不仁者遠矣陛下聰明如舜勇智如湯豈異世而同符者有如漢元帝之事亦不可不察雖然小人之情僞常以疑似而亂真惟無心於上者乃克有所見權衡無心於輕重故錙銖莫欺水鑒無心於妍醜故毫釐罔遯人主苟能無心以御羣臣是非邪正一付之衆議衆議所是我則與之衆議所非我則去之彼惡得而欺我哉夫合衆人之視然後為公視合衆人之聽然後為公聽書曰天視自我民視天聽自我民聽衆之所在

雖天不廢也惟陛下留神取進止

起居郎劉光祖乞留侍講朱熹劄子曰臣孤遠之迹幸得依日月之末光侍立螭坳勸講經幄至親至近凡有所懷敢不輸瀝血誠上千天聽臣十九日直前面對奏陳本職之外因言朱熹前後論事望且畧與施行庶幾其人久在經筵補助聖德臣之愚慮蓋恐朱熹自見有言不行決至求去君之難而去之易四方視此為國重輕所以乞陛下采擇其言畧行一二良以此故也臣當時只慮熹從此因不合而求去使人得以窺議國家不圖是日陛下不知積因何事大不樂喜批出與之宮觀熹自求去臣猶恐虧損事體今陛下乃自去之其所傷抑已多矣然必有其故而臣等不知不然陛下何用之急而去之遽宰臣之言轉力陛下怒之轉深也哉趙汝愚本為愛護君德存全國體見此御筆密不使人知之雖其同列亦不以告意謂天意終

回然後徐令熹從容自請遂其難進之素志而陛下未察以為助熹而不行人主之命令中批徑達熹所觀此則聖怒之深固可知矣自昔英雄之主怒及忠賢如漢武帝之於汲黯唐太宗之於魏證者其怒也如雷霆之震而不測及其悔也如日月之食而復明臣請為陛下陳之武帝方招徠文學儒者詔策之曰吾欲云云黯對曰陛下內多欲而外施仁義奈何欲效唐虞之治乎帝默然怒變色而罷朝公卿皆為黯懼帝退謂左右曰甚矣汲黯之戇也及莊助為黯請告武帝則曰古有社稷臣至如黯近之矣前以為愚戇而後則以為社稷之臣武帝豈終怒黯哉太宗於魏證言無不從證前後二百餘奏無不剴切一日朝罷怒曰會須殺此田舍翁長孫皇后問曰誰也太宗曰魏證數廷辱我后退具朝服立於庭太宗驚問其故后曰妾聞主明臣直今魏證直由陛下之明故也妾敢不賀太宗乃悅夫太宗之

於諫。方盛怒而欲黜。聞后言之善。則悅而從之。太宗豈終怒諫哉。漢唐之英主無終朝之怒。此猶以義理而矯其天資者也。本朝仁宗皇帝。仁厚之主也。亦嘗有所不堪而怒。尋復悔之。唐介之事是也。介彈文彥博。仁宗怒。曰。介言他事乃可。至謂彥博因貴妃得執政。是何言也。介面質彥博。其爭愈切。仁宗大怒。玉音甚厲。衆恐禍出不測。是時蔡襄修起居注。立殿陛。即進曰。介誠狂直。然納諫容言。人主之美德。必望全貸。遂召當制舍人。就殿廬草制。貶春州別駕。明日御史中丞王舉正救解之。上亦中悔。改爲英州別駕。仍從介言罷彥博政事。其後召介。復用爲御史大夫。仁宗暫怒而即悔。不惟無恨介之心。又使之再在言路。眞所謂聖度如天。非漢唐二君所能及也。今陛下之怒熹。無乃類於是乎。臣安知在內無莊助之請。長孫后之賀。而臣實居蔡襄之任。敢不以仁廟事陛下乎。雖然。熹明先聖之道。爲今宿儒。職

專勸講。蓋陛下之所尊禮。又非黜諫介三臣之比也。三臣以直諫違怒。而熹以古道獲譴。則儒者果無益於人之國如此乎。且熹爲人。陛下在潛邸。久知其姓名。以壽皇之英明。嘗欲用之。而卒不及用。以太上之寬厚。又欲用之。而竟不能致者。蓋小人望風而嚴憚之有素。此熹所以在外。則負四海之望。在朝。則無一日之安也。然陛下即位之始。首召熹而寘之於侍從者何哉。陛下初膺大寶。以危惕爲心。招來耆儒而崇獎之。用慰遠近之望。此陛下初政之最善者也。而熹本不可屈。老乃更變。深存宗社之念。夫是以翻然一來。臣素不識熹。無與相見。但勉令少留。不可遽爾求去。以副主上嚮學渴賢之意。趙汝愚亦嘗令臣勉熹。切未須深切言事。第磨以歲月。涵養聖心。俟既浹洽不患不言聽而諫從。恐多強人主以所難行。久必生厭。厭而請去。則頓乖始謀。轉使朝廷難於處置也。熹比往來。已是與人曲折。聞臣此言。自謂斟量可否。亦欲遲久有補聖明。獨不知曾向陛下言及何人。說及何事。忽觸天威。至於即日罷遣。臣料必不因十九日經筵留身所奏之一事。而陛下遂赫然去之也。熹久有重望。又在經幄。不問他官。進之退之。皆當有禮。故大臣重惜事體。不即施行。秘而不言。仰冀必回天意。而方逢宸怒。未軫聖思。蹤跡彷徨。對人絕無顏面。且陛下亦嘗念之乎。使太上前者因廷臣盡言而舉逐之。則方人心欲變之際。祖宗社稷誰與扶持。陛下曆數誰其翊戴。今群賢幸集。而一旦無故先去首召首用之大老。使人解體而離心。臣兩日如醉如迷。不謂聖君忽有此失。只如臣往年以執憲殿中。極論吳端趣遷。給諫失職既蒙宣諭執奏如初。還忤太上之意。奪臣言職。然猶俟臣三請祠而後許臣去國。今陛下既曰憫熹耆艾。又何恩意之薄如也。且古之君子進人以禮。退人以禮。今之君子進人若將加諸膝。退人若將墜諸

淵。今陛下之於熹。無乃加膝墜淵之謂乎。夫天道乃人事也。前日不測之風雷。即兆陛下時出不測之號令有如此也。熹麋鹿之性。惟恐不入山林。臣等姑爲慶之。而陛下乃解而縱之。是使熹得遂初欲。而陛下自乖始圖。陛下得無未之或思也歟。臣叨荷寵榮。不忍嘿嘿。伏望聖慈覽臣此章。釋然悔悟。以示遠近。以安群聽。昔帝堯捨己從人。而成湯改過不吝。無使前日尊儒重道之心。一變而爲惡直醜賢之舉。臣非助熹者也。乃眞助陛下者也。惟陛下財幸。

侍講朱熹以言事去。監登聞鼓院游仲鴻上疏曰。陛下宅憂之時。御批數出。不由中書。前日宰相留正之去。去之不以禮。諫官黃度之去。去之不以正。近臣朱熹之去。復去之不以道。自古未有舍宰相諫官講官而能自爲聰明者也。願亟還朱熹。毋使小人得志。以養成禍亂。

殿中侍御史林大中奏言。進退人才。當觀其趣向之大體。未當責其

行事之小節。趣向果正。雖小節可責不失爲君子。趣向不正。雖小節可喜不失爲小人。又論今日之事莫大於讎耻之未復此事未就則此念不可忘此念存於心。乎以來天下之才。作天下之氣倡天下之義此義既明則事之條目可得而言治功可得而成矣。

歷代名臣奏議卷之一百四十七

歷代名臣奏議卷之一百四十八

用人

宋寧宗即位朱熹召至闕未幾予祠校書郎項安世率館職上書留之言御筆除熹宮祠不經宰執不由給舍徑使快行直送熹家竊揣聖意必明知熹賢不當使去宰相見之必執奏給舍見之必繳駁是以爲此駭異變常之舉也夫人主患不知賢爾明知其賢而明去之是示天下以不復用賢也人主患不聞公議爾明知公議之不可而明犯之是示天下以不復顧公議也且朱熹本一庶官在二千里外陛下即位未數日即加號召畀以從官俾侍經幄天下皆以爲初政之美供職甫四十日即以内批逐之舉朝驚愕不知所措臣願陛下謹守紀綱毋忽公議復留朱熹使輔聖學則人主無失公議尚存不報。

嘉泰二年葉適上奏曰臣聞欲占國家盛衰之符必以人材離合爲驗昔周文武身致多士作而用之預卜天命最爲長久召康公爲成王賦卷阿之詩言求賢用吉士其興託淵然以深其旨意沃然以長不以美而以戒其詞曰藹藹王多吉士惟君子使媚于天子又曰藹藹王多吉人惟君子命媚于庶人夫上媚天子下媚庶人不以抗犯爲能而以順悦爲得此豈有諂曲之意存乎其間哉忠信誠實盡公忘家惟以國之休戚關憂樂不以己之曲直校勝負故能上爲人主所信下爲百姓所愛蓋人材合一之時和平極盛之治其效如此非末世所能及也往者陛下初嗣大寶臣服在百僚偶當進對輒不自已竊嘗申繹卷阿之義爲陛下獻天啓聖明德意開廣志慮日新銷磨黨偏秉執中道人材庶幾復合和平可以馴致臣尋疾羸殘目覩斯事不勝感歎臣聞治國以和爲體處事以平爲極和如庖人之味

焉。主於養口，而無酸鹹甘苦之争也。使猶有酸鹹甘苦之争，則非和矣。平如工人之器焉，主於利用，而無痕跡節目之累也。若猶以痕跡節目爲累，則非平矣。故善調味者，必使衆味不得各執其味；而善制器者，必能消衆不平，使皆效其平。人臣誰無有己？惟明主能使其忘己。仁宗初年，嘗有黨論，至和嘉祐之間，昔所廢棄，皆復湔洗，不分彼此，不問新舊，人材復合，遂爲本朝盛時。臣久病積衰，已絶榮望，區區之愚，所幾人臣忘己體國，冥心既往，圖報方來，如子事父，無有怠竭，職任所係，畢智陳力，分守所嚴，極忠盡敬，不私一身以自徇，而與公家相爲後先。如此，則下知和平之實義，上享和平之實福，遠追文武，近法仁宗，以無愧於卷阿之詩。惟陛下財幸。

開禧二年，適又奏曰：臣聞君莫賢乎好士不衰，臣莫急乎愛君愈厚。竊觀自昔人主渴想治功，招徠賢俊，意好所加，不間疏遠，而四方之

士無不承風延頸，争欲自竭。及其既衰，怠忽厭棄，視群臣倏進乍退，若鳧鴈去來，不復計惜。而其臣遂皆喪氣解體，消縮畏避，往往曰：君不已用，時不我容。懷自疑之心，興不遇之歎矣。然則君之好不衰，而臣之愛愈厚，乃自古及今之難事也。臣恭惟陛下天度淵沖，聖心昭曠，多士彙起，衆善類升，向除月召，惟恐不及，罔因先容，多出公論，人材可以無遺落之憾矣。雖其間固有已進而復退，屢遜而不前，將用而輟，止願試而未獲者。而況剛柔異性，適介殊方，毀譽多端，好惡難一，要亦未能盡合也。固守以待察，愛君宜愈厚，蓋人臣之義當然。臣願陛下益堅至誠，不衰往好，君門四闢，萬方競進，援擢官使，何患乏人。然非真賢實材，不足以贊事業；非多聞直諒，不足以補闕遺；非睦德醇行，不足以紀民彝；非孤忠峻節，不足以勵士操；非爾雅不足以飾治學；非本統不足以垂訓誥；爲辯主，拙爲巧師。凡此不同，并包兼覆納，我洪造揚于明朝，信國家之盛時矣。臣惓惓愛君，終始不移，義畢於此。惟其狂愚，豈逃睿照。

寧宗時，余天錫上疏曰：臣荷國恩，起家分閫，旋蒙趣覲，躐玷邇聯。時權禮部侍郎曹豳，實在諫省，蓋嘗抗疏請用臣大騤。臣與豳交最久，相知最深。今觀其所論於君父，有陳善之敬；友朋有責善之道。而豳遂遷官，乃竟污要路，豳以不得其言，累疏句去。夫亟用舊人，而遂退一莊士，則將謂之何哉？豳老成之望，直諒多益，寘之近班，可以正乃辟，可以儀有位。欲望委曲留行，使之釋然無疑，安於就職，則陛下既服好賢之美，而微臣亦免妨賢之媿。帝從之。

直學士院陳傳良繳奏朱熹宮觀狀曰：准中書門下省送到録黄一道，三省同奉聖旨，朱熹依舊煥章閣待制，提舉隆興府玉隆萬壽宮，任便居住。又准送到并免朱熹謝辭録黄一道，令臣書行。臣竊以爲

朱熹者，三朝故老，難進易退，二十餘年，多任祠禄。今也欣慕聖明，幡然一出，天下相賀，以爲得人。則進退之間，豈宜容易？未審何故遽聽退閑？除目之頒，滿朝失色。一則歸咎宰執，不能回容旨於未出之初；一則交譏給舍，不能還成命於已行之後。紛紛之言，其來未已。臣所以纔有所聞，一面具奏，未蒙報可，方切惶惑。今此録黄當臣書行，臣若嚴憚天威，俯首惟命，則是上累主德，下喧士論，皆臣之故。臣必不敢。區區欲望聖慈追寢上件指揮，所有録黄，臣未敢書行，謹録奏聞。

貼黄：臣伏思念，若但寵其行，未足以彰陛下不吝之德；莫若留之，方慰人望。伏乞睿照。

宗學博士許應龍論量能授官第二劄曰：臣聞量能而授官，此古者用人之要術也。夫人之才不能皆全，或純於道德，或善於才幹，優於理民者，將畧未必長；精於心計者，法律未必審；校短量長，惟器是適，

則事無不舉分職授任或乖其宜則績用不成故有虞之世能敷教者使作司徒能典禮者使作秩宗明五刑則命之作士諧八音則命之典樂各專一能各守一職未嘗迭遷而互用之故百工惟時庶績其凝而泰和之治亦由此而致奈何後世用人不問德之宜才之稱否既使之治兵又使之理財方使之理財復使之典獄禮樂之任付之若而人工技之司付之若而人以一人之身而責之以百官之所爲備宜其人材之難爲也夫責之以所難爲則人之能爲者鮮遜相率而不爲故典禮者雖未知禮而不以爲媿典獄者雖未知律而不知以爲恥其意蓋曰百司庶府皆然也吾何以知爲哉固有才稱其職得以究其所長者至於遷擢或又移之他職矣所職之事苟非其所素習則不得不委之吏故吏得以容其姦而本末源流蠹弊根究蓋有不及察者流弊至此故居官者皆不度其才之短長德之小大

朝欲爲此暮欲爲彼而有不安厥職之心然則爲官擇人者其可無以處之乎昔司馬光屢言於祖宗之朝欲博選在位之士使德行者掌教化政術者爲守長勇畧者爲將帥明法者典法明禮者典禮此正量能授官之意在今日所當講明者而或者又曰雖量其能當久其任善於其職者增秩加賞而不徙其官苟數遷數易則心懷去就事復苟且是固然爾然好進者常情之所不能免儻積歲不遷將有十年不調之嗟從事獨賢之歎怠惰之心必生廢事之弊猶故是則久任之說固未易以遽行也爲今之策惟精於財計者必使之理財迨其遷也復以精於財計者代之長於銓綜者必使之典銓迨其遷也復以長於銓綜者代之至於典禮典兵莫不皆然雖不久其任而前後相繼者莫非其才之所長則亦何事之不舉何職之不稱哉今日明人試金科者多處之以刑法之官歷邊事者率付以邊陲之寄此固因才授任之美意也尤願陛下明詔大臣益廣此意精加采擇於百司庶府之間莫不各隨其才而無強其所不能則人人各盡所長復循名責實考其幽明而黜陟之則庶官無曠當匹休於前古矣

起居舍人吳泳疏言世之識治體而憂時幾者以爲天運將變矣世道將降矣國論將更矣正人將引去而舊人將登用矣孰持初意封植正論茲非砥柱傾頹之時乎若使廉通敏慧者專治財賦淑慎曉暢者專御軍旅明清敬謹者專典刑獄經術通明使道訓典文雅麗則使作訓辭秉節堅厲使備風憲奉法循理使居牧守剛直有守者不聽其引去恬退無競者不聽其里居功名慷慨者不佚之以祠庭言論闓爽者不寘之於外服隨才器使各盡其分則短長小大安有不適用者哉

兵部員外郎左司郎中起居舍人兼太子右諭德曾從龍使金還轉

官疏言州郡累月闕守而以次官權攝者彼惟其攝事也自知非久何暇盡心於民事獄訟淹延政令玩弛舉一郡之事付之胥吏幸而除授一人民望其至如渴望飲是未及境而復以他故罷去矣且每易一守供帳借請少不下萬緡郡帑所入歲有常數而頻年將迎所費不可勝計然則輕於易置公私俱受其病欲望明詔二三大臣郡守有闕即時進擬其有求避憚行者悉杜絕其請其繳劾彈壓者疾速行之蓋郡計寬則民力裕利害常相關故也

御史唐璘召對緝熙殿首疏奏天變而至於怒民怨而幾於離渙宇將傾天下有不可勝諱之慮陛下謂此何時幾欲累德文過飾非疏遠正人狎暱咸宦濁亂朝政自取覆亡宰相用時文之才爲經世之具不顧民命輕挑兵端不度事宜頓空國帑委政厥子內交商人賄塗大開小雅盡廢瑣瑣姻婭敢預邪謀視國事如俳優以神器爲奇

貪，都人側目。朝士痛心，盡正無將之誅，以著不忠之戒。崔與之操行類揚綰，雖修途莫景，力不逮心，而命下之日，聞者興起。爲行簡，頗識大體，朝望稍孚，而除授偏私，事多遺忘，宜擇家相替。宗子輔民物，以慰父母之望，毋使天變寖極，人心愈離也。上爲改容。

韓侂胄用事，箝天下之口，使不得議己。太府寺丞呂祖儉以論死，布衣呂祖泰上書直言，中以危法，流之遠郡。侍講王居安奏請明其寃，以伸忠鯁之氣。又疏言古今之治本亂皆吏爲倚伏，以治易亂則反掌而可治，以亂治亂則亂去而復生。人主公聽則治，偏信則亂；政事歸外朝則治，歸内廷則亂；問百辟士大夫則治，問左右近習則亂；大臣公心無黨則治，植黨行私則亂；大臣正小臣廉則治，大臣汙小臣貪則亂。如用人稍誤，是一侂胄死，一侂胄生也。趙彦逾與樓鑰、林大中章奏並召。居安言：鑰與大中用，宗廟社稷之靈，天下蒼生之福。彦

逾不可與之同日而語。彦逾始以趙汝愚不與同列政地，遂啓侂胄專政之謀。汝愚之斥死，彦逾之力居多。而彦逾者，汝愚之罪人也。陛下乃使與二人者同升，不幾於薰蕕同器，邪正並用乎？非所以示趨向於天下也。

侍御史李鳴復論擢任二府之臣當責其實，上奏曰：臣聞臺諫者，天子之耳目；宰執者，天子之股肱也。耳目聰明，則四方萬里之遠，無幽而弗燭；股肱運動，則一日二日之幾，無微而不舉。歐陽脩嘗謂宰相尊行其道，諫官卑行其言。諫官雖卑，與宰相等。蓋以夫尊卑異勢，雖有小大之殊，而關繫一理，實無等差之別。脩以書遺司諫，故不及臺臣。然而臺諫皆有言責者也。臣以虛膚繆膺委寄，惴惴朝夕，常有不勝其任之憂。故申嚴紀綱，自本臺始。臺綱既肅，將推之朝廷，達之天下，使皆井井有序。莫重於中書，莫嚴於右府，命令之所自出，理亂之所攸關，而閱歲踰時，員猶多闕。貳公弘化，屢以告聞。天下事物之衆，豈一人之智所能周知；朝廷機務之繁，豈一相之力所能獨任。此非獨臣憂之，凡位于朝者莫不憂之；非獨位于朝者憂之，凡天下之有識者亦莫不憂之。陛下聖慮洪深，宸章敷涣，久居政府者循序而進，召自遠外者以次登庸。中外聳瞻，無不舉手加額。而朝儀位序，交章推遜，又究乎虞廷濟濟之風，一事而衆美具焉。此皆陛下選任至公，精神感召，故人情胥悦，僉論允諧，甚盛舉也。雖然，陛下之選用數臣也，非徒爲是觀美也，必有以責其實；數臣之際遇陛下也，非但講相遜之虛文也，當有以副其實。曩者權臣懷引類之私，故賢否混淆，薰蕕雜處，今無有矣；儻衆正聚於中，羣邪屏於外，而猶治不加進，無益也。曩者權臣懷獨運之私，故緘默成風，摸稜成習，今無有矣；儻居可爲之地，逢可言之時，而猶畏避退縮，無益也。慶曆中，范仲淹、富弼歸

自陝西，擢置二府。仁宗皇帝特開天章閣，從容賜問，凡所條奏，輒見施行。其傾心待遇如此。陛下之擢任數臣，將以有爲也，可不以是爲法乎？杜衍謹守規矩，仲淹自信不疑，韓琦純正而質直，富弼明敏而果銳。平日閒居則相稱羨之不暇，爲國議事則公言廷諍而不私。是四人者，當時賢之，後世頌之。二三大臣之得君，將以行其道也，可不視此爲勸乎？厥今機會鼎來，事力未裕，廟堂之上，縉紳之間，謀論略有不同，襄閫之和，淮閫之戰，意嚮迥然各異。天下正觀數臣之所以補報陛下者果有何策，陛下之所以擢任數臣者果以何能。夷夏盛衰存此一舉，生靈休戚繫此一時。謂宜謹之重之，使道出萬全，試無一擲，此尤第一義也。二三大臣任重股肱，而臣以繆悠職司耳目，股肱耳目誼均一體，是用不識忌諱，冒貢愚忠，惟陛下察焉。臣不勝拳拳。

臣又聞二府每困於多事而條屬常病於闕員以闕少之員臨繁劇之務胥吏環擁案牘滿前目不停視手不停筆十未去二三已報會堂矣精力強敏猶能自出其已見期限或迫亦未免受成於吏手否則淹延遷頓至有踰數月不下者夫化更新積弊當黃必也清其務擇其人使官無闕員員無廢事而後可此亦二三大臣所當講行者也

嘉定初袁燮為樞密院編脩輪對劄子曰臣聞天下有一日不可不明者正道也天下有一日不可不用者正人也用正人則正道明用邪人則正道鬱正道明則黜陟有叙而治本立正道鬱則是非顛倒而權綱紊臣恭惟陛下履位之初委任賢相綱羅天下正直之士鱗集于朝人情翕然以為治本可立太平可致而欲竊威權者從旁睨之不便於己有嫉惡之心彭龜年逆知其必亂天下嘗因面對顯言其姦陛下悚然開納賜坐從容俾盡其說龜年亦盡誠無隱退而稱頌聖德寬明容受讜直臣時備數學官實親聞之深為天下賀然龜年繼以罪去而權臣根據自若於是手姦心浸長無所忌憚羣邪和之排斥善類積而至於無故興師幾危社稷嚮若陛下篤信龜年之忠折姦邪於萌蘖之初豈至是哉雖然往者不可及來者猶可追正人端士今不為乏惟陛下用之爾書曰有言逆於汝心必求諸道有言遜于汝志必求諸非道此萬世人主聽言之要法也言雖忤意而合於道斯忠言矣言雖可喜而悖於理斯不忠矣往年龜年所進合於道之言也今日復有指陳闕失盡忠無隱者即龜年之言也陛亦追思龜年蓋嘗臨朝歎息語輔臣曰斯人猶在必大用之褒贈謚于常典榮名冠於西清擢其後嗣寘諸班列固已深知龜年之忠矣陛下此時之心即二帝三王敬賢納諫之心也常存此心急聞剴切之言崇獎朴直之士若龜年之效忠者接踵而至矣一龜年雖沒衆龜年繼進何憂天下之不治哉昔天聖中御史曹修古論事鯁切忤宮闈意謫守小郡不幸而卒其後仁宗深知其忠嘆其用之不盡優贈以官無子而官其婿察其如修古者敬而聽之自是忠言讜論源源而來孔道輔范仲淹包拯韓琦富弼歐陽脩余靖王素蔡襄唐介趙抃范鎮司馬光之流皆以端亮切直相望於三四十年之間以君德則修明以朝綱則清肅以深仁厚澤則結於人心而不可解忠諫之有益於國豈不明甚伏惟陛下念忠臣之愛君仰仁宗以為法使士氣常伸而正塗常闢則光明盛大之治復見於今日矣臣聞之風俗無常惟上所導導之以正直則人心皆趨於正直矣導之以邪佞則人心皆趨於邪佞矣此誠風俗之樞機而治亂安危之所由分也可不謹歟惟陛下留神省察

九年燮又輪對劄子曰臣聞君子為陽小人為陰陰足以干陽則君子之道消中國為陽夷狄為陰陰足以干陽則中國之勢弱是故善為天下者當使陽制陰而不當使陰干陽今淫雨為害兼旬未止此乃陰盛而陽微也君子道消中國勢弱此其證也豈小故哉陛下謹天之戒敬天之怒則當求其所以弭災消變之策嘗觀有言天子無職事惟辨君子小人而進退之此天子之職也人望之所屬者登進而不遺公論之所非者擯斥而不用君子小人粲然如黑白之明邪不害正陰不干陽此誠弭災消變之上策也往時陛下奮發乾剛誅鋤元惡收還威柄登崇俊良天下喁喁翹首以觀日新之政一二年來正論漸微正塗漸梗賢者相率絜身而去忠言嘉謨以宗社生靈為念者浸不如更化之初而諂諛緘默以順為正自營其私者尚多有之此豈天意之所望哉立政一書實萬世人主用人之法其言曰

類俊尊上帝又曰克知三有宅心灼見三有俊心以敬事上帝然則人主尊天事天之實莫急於用賢其理明甚挺魁傑之器而沉伏於下僚棲遲於遠外不獲展盡其所長非天所以生賢之意也一春多雨及夏尤甚霖霪不已蠶麥俱傷且有餘於今必不足於後旱涸隨之飢荒繼之吾民重困而國勢益岌岌矣皆由未合天心所以災變若此蠢爾殘虜其國垂亡而輒敢侵犯王略無所忌憚皆由君子適消所以召侮如此此天所以大儆陛下也豈可不推原天意一舉一錯之間益致其謹歟書曰崇德允元而難任人蠻夷率服傳亦云進英俊以强本朝本强則精神折衝陛下必欲今日國勢恢張威聲震疊亦惟擇夫剛毅正直不肯詭隨公論之所屬而猶沉伏于下僚棲遲於遠外者拔舉而尊禮之則精神立變矣誰敢侮之夫正直之士其言鯁切故人主易以疏諂諛之臣其言軟美故人主易以親然鯁

切者譬諸良藥雖苦口難受而足以伐病軟美者譬諸醇酒雖適口可悅而足以亂德殘虜見侵中國之大病也汲汲治之猶恐不及又豈可遲緩乎以忠言爲良藥亟服之而不疑自然元氣充實外邪不能入矣堯舜之聖急於親賢漢高帝之興也納善若不及唐太宗聞馬周之賢召而未至四輩督促古者聖賢之君大抵皆然伏惟陛下毋以兹事爲可少緩明詔二三大臣獎拔忠賢不啻飢渴天下幸甚

三年工部員外郎楊簡上奏曰嘉定元年冬十有二月臣獲輪對三劄奏陳不勝痛切未蒙施行臣幼承父訓毋執已見改過從善臣著于心不忘使臣所言非則何敢固執已見而不改臣自知學以來今行年七十熟複其思無以易此陛下試取臣三劄複觀之陛下虛明如日月之照臨是非坦然且今江淮湖湘之寇並作由賢不肖渾殽監司守令而下多非其人是非顛倒殘虐不恤下民怨咨故聚而爲

盜近陛下下明詔非不諄諄告戒而羣臣或竊議往往監司亦視爲文具如昨陛下今當行詔旨所言而已精擇衆所推服正直不畏彊不撓之士巡行以黜陟天下之監司守令賢則久任不可輕易知人甚難不可求備畧其小過大過必黜若用臣前者輪對三劄施行之可使羣盜無作雖日愿無變即致治安先正范仲淹富弼亦言委逐路自擇知州委州自擇知縣仍久其官守其有異政者就與陛擢臣自習舉子事業至于今未知其幾思幾慮深念時務條件雖多皆莫先於擇賢久任而後次第可行欲弭寇盜莫先擇賢久任欲移風易俗莫先擇賢久任欲葺國祚莫先擇賢久任願陛下與大臣圖議力循舊例自取禍亂力行范富之說及下采臣言以弭禍亂以安社稷若慮員多闕少久任則無闕可處士大夫則臣願所任既賢其餘不肖乃害民敗國之人不足深恤臣不勝爲國軫憂不勝惓惓

簡又奏曰臣嘗觀堯舜舍己從人禹以益贊而班師湯以改過而稱聖武王聞旅獒之諫而不諱子貢曰君子之過也如日月之食焉過也人皆見之更也人皆仰之曾子曰我過矣漢高帝猶曰吾不如子房吾不如蕭何吾不如韓信唐杜淹建議而封倫折之淹默然太宗曰何不申執淹曰臣服其議又何言此不惟當時太宗悅之臣於數百年之後亦深服淹之大公不私到于今念之不忘淹雖有他過而於服義一節臣心服之近代以來改過服義之心寖衰王安石本有非常之譽後諸賢競議新法咸決於去位安石豈不動心致疑而決策不回者恥於改過也故其末流至於小人類進禍及國家今朝廷遇大事必集議大公無我取法唐虞三代臣深惟改過乃聖賢之大德而近世士大夫或未至明白多以改過爲恥故人亦不敢忠告臣願陛下取羣臣之改過服義者表章之升擢之力障文過飾非之頹

溥彰明大公無私之正德，使群臣凡百建議，不遂非飾辭以假義為大善，則集衆智歸于一，是國家何事不辦，而堯舜禹湯之大道，復大明於今日矣。臣深念近世士大夫，知改過服義為聖人之大德者，識所罕見。臣不勝念念，惟陛下留神，天明斯道，以幸天下，以成大功，以垂法萬世。臣不勝惓惓。

嘉定中秘書郎袁甫上疏曰：臣淺陋書生，充員册府，華叨賜對，再覲清光。此時不言，豈惟有負斯心，亦且有負陛下。請罄愚衷而畢陳之。臣聞朝廷諱言邊事，非國家之福也。士大夫敢言邊事，實國家之幸也。雖然，邊事，外也。敢言外事而不敢言內事，亦豈國家所望於臣子者哉。凡今之言邊事者，不過曰將未擇，兵未練，財未豐，爾識大體者又不過曰規模未定，血脉未通，爾獨不思是數端者，其病不在外而在內，不在四肢而在腹心，曷謂腹心之疾？規模未定，偷安者撓之也。

血脉未通，壅蔽者隔之也。將帥未擇，忌嫉者沮之也。兵財未治，欺誕者壞之也。陛下端居蠖濩之宮，不能盡知邊事，則必委諸二三大臣。大臣一耳目之聰明，亦不能盡知邊事，則必有諮訪之人。朝夕相親之素，或得以窺其機，優柔浸潤之久，或得以巧中其意。玩視變故，動輒揣摩，事雖迫切，偷安之說先入為主，漸啓荒怠之習，而國勢日微。稍厭忠直之臣，而人才日靡。規模若此，自謀不給，何暇謀人。陛下儻慨然覺悟，痛懲前失，庶幾偷安者無所售其說矣。邊塵一起，事變萬端，自非大開樂告之門，何以翕受群言之入。今則猜防已甚，情懷難孚。邊境之間，妄意揣度，以為朝廷之上，真偽不分，締交先容者有所奏陳，則虛事類指為實，孤立寡援者或有控請，則實事亦指為虛。夫朝廷固未必盡然，而疑似則亦有可議。比者蜀事初若可駭，旋以奏報失實，斥免帥守，漕臣自此相戒言蜀事者少矣。臣得之傳聞，方

殘虜從汴之始，倉皇奔逸，可謂無措。而上下之間，相與辯論，輸寫真情，有言畢達，虜以鼠伏鳥竄之餘，尚有博謀並采之意。我以朝廷清明之際，乃自貽上下間隔之憂。此微臣所以痛心也。陛下儻大明公道，則壅蔽者無所容其姦矣。擇一大帥，謀一邊守，採諸輿議，未必乏才，而必取夫平居親倚左右薦導之人，蓋曰如是而後始可信任耳。不知至誠許國者，無不可信，而平居親倚者未必真可信也。抱負奇偉者，無不可任，而左右薦導者未必真可任也。謹護風寒之地，蓋有舉朝明知用非其人，而莫肯為陛下一言者。姦雄竊窺，有輕我心。夷狄聞之，謂中國何至於夙負物望，可當方面者，往往忌嫉之謗牢不可破。雖陛下亦惑之矣。臣不知為國擇人，何苦沮抑忠賢以快忌嫉者之私乎。足食足兵，有國所重。經理圖回，夫豈無策。今陛下未有弭兵之期，而先有厭兵之心。將用言利之人，而實無理財之術。自其厭

兵之心先主於胸中，是以群下之言紛然而迎合，外飾虛名，而內有排正論之實。陽言守禦，而陰蓄主和議之心，豈不謂之欺誕可乎。我師交賄，非無明禁，與其懲賄賂之姦，不若杜其所從入之門。州郡苞苴，非無明禁，與其革苞苴之弊，不若清其所由來之源。今不務為此，而日求生財之策，由是括常平之積，取州郡之贏，曰吾將以供軍也。竭彼盈此，有同兒戲，不謂之欺誕可乎。臣是以妄論今日之病，雖莫延於外，而實根本於內。欲鋤其莠，當除其根。偷安之根不去，則規模終不可立。壅蔽之根不去，則血脉終不可通。忌嫉之根不去，則將帥終不可擇。欺誕之根不去，則兵財終不可治。此斷斷不易之理也。陛下何不超然遠覽，深思內憂有甚外患，而日夜講求消靡之方乎。我祖宗之御天下也，政事委於中書，可謂專矣。然必擇公忠鯁切，風采著聞者使為臺諫，必擇端亮守正，敢於論駁者使為給舍。天下之事

有利有害群臣之姦有正有邪。所當彈者臺諫得以公彈之。所當駮
者給舍得以公駮之。此祖宗設官邪。肅朝綱之大本也。今日誠體祖
宗之意以行之。俾任是職者不恤大而論細。不避難而言易。紀綱既
正。百官承休。豈復有為偷安為壅蔽為忌嫉為欺誕以惑吾之聽者
哉。唐太宗英主也。魏徵進諫且曰。兼聽則明。偏聽則闇。甚矣聽之易
偏。而邪之易以害正也。臣願陛下審兼聽之美。戒偏聽之私。充元氣
以禦外邪。正內治以安邊境。國勢日張。基圖日固。以系我宋億萬年
無疆之休。實天下幸甚。
侍御史劉漢弼奏曰。自古未有一日無宰相之朝。今虛相位已三
月。尚可狐疑而不斷乎。願奮發英斷。拔去陰邪。庶可轉危而安。否則
是非不兩立。邪正不並進。陛下雖欲收召善類。不可得矣。臣聞富弼
之起復止於五請。蔣芾之起復止於三請。今嵩之既六請矣。願聽其

終喪。亟選賢臣早定相位。帝覽納
袁說友上言曰。臣昔者恭覩陛下學念根于至誠。學力期于無倦。添
置講員。增益經史。日有定課。夕有訪問。務為入耳著心之學。不為故
事虛文之舉。中外慶賀。如出一辭。臣竊惟自古聖王之治。其端本澄
源。所恃以長久者在於親君子遠小人而已。惟尚書一經。其言此道
最為詳盡。敢因陛下添講此經。得以少述其畧焉。益告舜曰。任賢勿
貳。去邪勿疑。以言任君子則貴於專。去小人則貴於決也。禹告舜曰。
知人則哲。能官人。安民則惠。又曰。何畏乎巧言令色孔壬。以言能任
君子則不畏於邪佞小人。然後惠及於斯民也。伊尹告太甲曰。逆忠
直遠耆德。比頑童。時謂亂風。邦君有一于身。國必亡。以言不親忠直
之君子而比頑童之小人。則亂亡可立至也。傅說告高宗曰。惟治亂
在庶官。官不及私昵。惟其能。爵罔及惡德。惟其賢。以言用賢能之君

子則治。用私昵之小人則亂也。周公告成王。繼自今立政。其勿以憸
人。其惟吉士。用勱相我國家。以言成王初政當去小人任君子則能
竭力以輔國也。穆王告伯冏曰。謹簡乃僚。無以巧言令色便辟側媚。其
惟吉士。以言人主左右當選用吉士而毋用便辟之小人也。凡此數
端。載之尚書。無非以親君子遠小人為安國家利社稷之本。然而自古
人主固有始也知君子之可親。而終也則移而為親小人者矣。固有
貌親君子而心實疏之。至於小人則貌與心俱親者矣。固有君子以
拂意而日疏。小人則以順旨而日親者矣。固有小人指君子以為黨
人。主於墮其計而遂疏君子者矣。固有毀言日至。譖語日聞。而君子
則以讒毀而去者矣。是五者之患。豈有他哉。蓋君子之事君也以正。
正則難入。小人之事君也以順。順則易親。君子難進而易退。故其勢
易以疏。小人挾智以固寵。故其勢易以親。君子每責難於君。故辛多

齟齬。小人則逢君之惡。故樂於聽從。惟賢君聖主身善明用心。則知
天下之治亂。繫於君子小人之用否。為之取捨進退。使之各當其所
而不相亂。別白區處。使之各定其論而不能惑。唐虞三代之治。蓋無
有越此者。漢元帝用蕭望之。其始也亦知親君子矣。一墮小人之譖
卒以洪恭石顯而衰漢業。唐元宗相姚宋。其始亦知親君子矣。一墮
小人之謀。卒以林甫國忠而亂唐室。以是知人主之親君子為甚難。而
尤難於悠久。人主之親小人為甚易。而尤易於亂亡。漢唐二君其明驗大
効哉。以臣見本朝范祖禹之言曰。小人莫不養君之欲。豈獨奢靡之
娛。悅耳目是以蕩君心哉。人君樂得其欲而不知為天下害。惟能親
正直遠邪佞。則可以免患矣。至哉斯言。其深得小人之用心者。仰惟
陛下初政所及。動合人心。其親君子遠小人。固以深得其說矣。而臣
猶以是為言者。誠恐自今以往。歷日浸遠。時日益異。事日益變。寧不

為陛下長久之慮乎臣願陛下深究尚書一經其言親君子遠小人如是切至鑒漢唐二君治亂之所分觀范祖禹論小人之情狀常軫聖懷分別邪正外而百僚庶君內而左右近侍凡忠誠正直之臣道學實德之士此皆君子也願陛下視如手足親如腹心不以日久而浸疎不以拂意而輕厭凡便僻邪佞之輩虛誕貪謟之徒此皆小人也願陛下嫉如仇讎視如草芥不以親昵而偏信不以悅意而愈親堅此聖心守此聖鑒陛下享國萬年而長用此道毋搖於異議毋奪於諸言則尚書一經帝所以帝王所以王端可齊驅而並駕矣臣不佞倘陛下開納其言固常見之行事務用感激奮厲盡瀝肝膽為陛下一言唯聖慈留神毋忽焉

知成都曹彥約奏曰臣竊見陛下更化以來拔擢人物寸長片善遴用無遺可謂深於愛賢矣士大夫食祿任事思所以報君體國外可

以宣力四方內可以主持正論然而緩急之際當饋太息每有人才不足用之患其故何歟蕭望之可使為太傅不可使為馮翊黃霸可使為潁川守不可使為御史大夫人才之於世用要各有分劑也持正論者未必有吏治行惠政者未必有邊才優於教道者未必有剖決之能篤於孝友者未必有強明之譽鳧脛雖短續之則憂鶴脛雖長解之則悲雖有聖智不能加毫末於其間矣漢武帝得人之用冠絕前代史於贊語稱之剖析甚至謂之滑稽者不必責以質直謂之文章者不必責以篤行各有所長大畧可見儻不以其力之可為者而用之以其所不能者而強之譽進者常處其所易盡力者常居其所難人才雖盛宜不足以有用於世也臣自識事以來讀呂公著所為手記具載人物纖悉詳備德履之有可紀政術之有可稱直録其名不載其事其他一言一行稍不可廢則云某人稱其能文某人稱其有守念前賢愛人物如此心甚慕之亦嘗取今世搢紳之士筆之簡冊求如公著所記者以為準則將以供當路之所問也比年國事既多薦名亦衆歷數舊編則見於録用者十已八九用人路廣而猶有乏才之歎臣竊惑焉豈用之不得其所不足以盡其才耶將忌間者撓之而不得以行其志耶如其忌間者撓之而不得以行其志則主聽於上者固當有以任其責若謂用之不得其所不足以盡其才則不為無說矣古人度德而定位量能而授官者其私以觀其所與試其事以觀其所能與之言以審其所欲教之語以警其所不逮然後以是事任之以是責之毀言日至而不置其疑謗書滿篋而不改其度婁敬建和親之議則使之結約者莫如婁敬王恢建馬邑之策則使之擊輜重者莫如王恢事成宜享其利事不濟宜受其罰載在史策不一而足孝宗用史正志之為發運遣湯邦彥之為泛使距

今未遠猶出諸此不知不測用人之說何所起也開禧倡議復古未必全誤當路者以術數愚之其規撫已狹隘矣起武將於散地俾守襄陽臨行問所欲則曰到彼當自知耳輟近臣於禁路俾宣諭湖北臨行請所為則曰飢民與忠義相挺耳及覩恢之旨方播而諸將之師已出宣威之命方下而三交河之敗已聞謂用兵而不厭於詐詐於境外可也烏有共事任事之人乃相與為隱哉今之用人固不相與為隱然使其心腹不得以洞達利害不得以辯告上之所以識之者未盡下之所以自結於上者猶疎則視相與為隱者纔一間耳時方急於用將因得以論將言之臣頃在湖南得節制鄂州討捕軍馬知偏裨之中勇怯之不能皆一也又知其軋於統制統領而不敢有所自言也自準備將以上日引一二輩與之坐以觀其情因訓練官以下日引一二輩與之語以察其技藝然近敵則擇取其欲行者遣

之而不欲者不強也。故其被命者皆樂行。而其遇敵者皆樂戰。然亦如此而已耳。未敢見其一捷。而以大將許之也。自開禧以來。外侮狎至。廟堂之上。莫不以選將為急務。士大夫間。莫不以選將為至計。謂可以為將者則有之矣。謂可以為大將。則舉天下難之。而不敢言也。勇而有力者常十一。勇而有志者不百一。勇而有謀者不千一。勇而重厚知國家事體者雖萬億不得其一也。十而有一者行伍也。不足問也。百而有一者部隊將。不足為也。千而有一者可以為而將百人矣。萬而有一者可以為而將千人矣。至於萬億而不得其一。即所謂重厚知國家事體者也。彼大將者豈若小將之易與哉。動而與兵法合。謀靜而與前賢合。德爵祿不足以累其心。中御不足以變其令。觀朝廷施設可以知曲直。望敵人營壘可以知勝負。小挫不足以言屈。小勝不足以言功。非明哲不足以知其人。非信任不足以重其事。與

其以常人當之。猶不若闕之之為愈也。臣常薦人為統制矣。朝廷以軍帥處之而不稱。非其人不可為統制也。臣常薦人為沿邊繁難任使矣。朝廷亦以軍帥處之而不稱。非其人不可為沿邊繁難任使也。謂臣所薦者輕。而朝廷所以用之者重。雖足以自慰。謂朝廷以用人之急。而塞其向進之路。雖臣亦不敢以為喜也。何也。中才之人。分量有限。敵戰之士。志趣不等。善戰者可以先登陷陣。不可與議進取之大計。攢軀者可以斬將搴旗。不可與計廉隅之小節。其初本急欲用之。而其後乃塞其向進之路。用人之難。一至於此。每訪愈下。其才愈難。擇將之說。如之何而可以繼也。劉光世童貫之將也。為中興名臣。韓世忠梁師成之將也。其功業烜赫如此。今敗絃而用諸將。非必擇今世之敗事者。盡棄之而後可也。用得其道。而使之勿疑。處得其宜。而使之勿驕。捨短取長。庶乎其可耳。故臣嘗論之。惟天下之至公。而

後可以來天下之賢。惟天下之實德。而後可以用天下之賢。卻缺戰勝。晉臣得封。陳平計行。無知受賞。古人用賢之意。為天下分職耳。豈必自我出而後為得哉。丘山合土而為高。江河合水而為大。願陛下用人之際。開心見誠。使有口者皆得以盡言。有言者皆得以受賞。則求賢之路廣矣。若乃薦於此者。或用之於彼。薦之急者。或處之以緩。於幾事則密矣。非用人之實也。汲黯見憚淮南。寢謀元王。設醴穆生委質。古人敬賢之意。為斯世有用耳。豈有愛之而不敬。敬而不愛者哉。宜諒多聞者必有益於人。便辟善柔者必有損於道。願陛下用人之際。表裏如一。所可敬者親之。惟恐不速。則用賢之効著矣。若乃曲留名德。而不用其言。包荒巧宦。而不忍其去。於體貌則均矣。非用人之實也。有用人之實。則公論服。無用人之實。則志士疑。此又衆人之所難言。而臣不敢有隱者也。陛下寬其罪而加察焉。臣不勝幸甚。

魏了翁罷督予祠。右正言李韶訟曰。了翁剛志問學。幾四十年。忠言讜論。載在國史。去就出處。具有本末。端平收召。論事益切。去年督府之遣。體統不一。識者逆知其無功。了翁迫於君命。黽勉驅馳。未有大闕。襄州變出肘腋。未可以為了翁罪。樞庭之召。未幾改鎮。改鎮未各有旨予祠。不知國家四十年來收拾人材。犖然有稱如了翁者幾人。願亟召還。處以台輔。

詔知泉州。又奏曰。人主職論一相而已。非其人不以輕授。始而授之如不得已。既乃疑之。反使不得有所為。是豈專任責成之體哉。所言之事不必聽。所用之人不必從。疑畏憂沮。而權去之矣。

江東轉運副使真德秀薦知信州丁黼等狀。同右臣踈庸一介。誤蒙陛下付以外臺耳目之寄。嘗竊自誓。以為臧否人物。其責非輕。倘一毫輒徇其私。則內愧此心。外慚物議。臣雖甚愚。實所不敢。往者蓋嘗

以公論弗容而劾數吏矣。今部內之官有爲公論所容而嘿不以聞，何以宣蔽賢之罰。臣竊見朝奉郎知信州軍州事丁黼，性本誠實，學有師傳，脩身立朝。物論素所推許。今爲郡守曾未數月，循良豈弟之政已流聞於四方。朝散郎通判建康府事曾耆年，天資耿介，履行端莊，出自名家，老於州縣，精明峻潔，意氣不衰。承議郎提領建康府户部贍軍酒庫所主管文字李宷，性行粹溫，規摸詳縝，早親師友，多所見聞，澹然自持，不爲苟進。奉議郎分差建康府諸軍粮料院楊若仔，方識遠論正，氣平靜重，自將耻爲表襮。從政郎建康府府學教授楊邁篤於問學，副以詞華，心術端良，操守無玷。此數人者，雖其職守不同，然資諸衆論，皆所謂君子之才，非區區擅一長、辦一職者之比。用敢仰體清朝之意，各以實聞。伏望聖慈特賜甄擢，儻一詞謬妄，臣甘伏罔上之誅。

德秀又薦洪彥華等狀曰：臣一介迂愚，濫將使指。理財弊訟，職務寔繁，所賴僚屬相與協濟。竊見承議郎江南東路轉運司主管文字洪彥華，天資樸茂，學問淹該，居常務自韜晦，不以己長示人。而徐考其所爲，則言行相副，表裏如一。曩宰衡之茶陵，適值儉歲，疲心拊字，民無流亡。至於應辦和糴、招募効用，皆不擾而集。諸司嘗以政最剡聞于朝。甫及期年，以內艱去，邦人父老懷其遺愛，久而不忘。繼宰信之上饒，以惠利爲政，如在茶陵時。然其恬退自將，安於平進，故知之者少。臣謂如彥華者，若加進用，俾究所蘊，必有可觀。從事郎前江南東路轉運司主管帳司趙彥覃，賦性敏明，持身潔白。嘗爲鄂州錄參，目其年尚少，已爲兵帥詹體仁所知，目以佳士。其在漕幕，宣力最多。振荒以來，朝夕講究，如己休戚。臣以廣德兩縣苗傷尤甚，九月間即令彥覃前往，與本郡守貳圖所以拯救之方，而能悉心盡瘁，不憚勞苦，凡所以區畫多適事宜。給散有方，人被實惠。臣已兒循行至郡，士民稱之，如出一口。聞其滿替，皆願借留。臣謂如彥覃者，若寘之煩劇，俾效所長，亦必有以自見。臣於二人者察之既熟，又皆當代去，儻不亟加論薦，是謂蔽賢。庸敢冒聞，以備采擇。伏望聖慈將彥華、彥覃特賜旌擢，若後不如所舉，臣甘坐之。

德秀薦本路十知縣政績狀曰：臣等竊見江東一道，爲縣四十有三，而號爲難治者居其太半。蓋上供送使，爲數甚夥，月椿版帳，率多白撰。爲令者朝夕惴恐，惟財賦不辦是懼，至於撫循瘵苦，伸理冤滯，往往視爲弗切。上下循習，謂之當然。有能於煎熬之中，少施寬裕之政，不専以催科爲急，而以字民爲心，其在臣等所當激勸。今采諸物論，得十人焉，謹具列于左。須至奏聞者。宣教郎知徽州歙縣馮特卿，器資靖峻，學識通明。到官以來，孜孜所職。至誠爲實，一意在民，催科有

方，不擾而集。縣民程暉之子爲盜所殺，蹤跡曖昧。臣嘗委之迹捕，乃能多設方略，日夜究心。甫踰數月，罪人斯得，姦究盡伏，竟結獲伸。考其風績，可爲本道之最。奉議郎知饒州鄱陽縣趙汝愈，天族之英，篤志爲善，清修雅淡，有儒素之風。當官而行，不爲阿徇。廉靜無擾，田里安之。宣教郎知信州弋陽縣柴景望，學校舊人，雅有士譽，強毅自守，卓犖不群。弋陽近歲凋弊日甚，自其到任，搜剔爬梳，結立義役，以革紛爭賣弄之弊，優卹户長，以除科較代輸之苦，裁決獄訟，一出至公。人情翕然，稱爲賢令。宣教郎知信州玉山縣趙希榆，天資靖重，心術端良。涖官之初，適郡守趙不摭務爲苛暴，官吏重足而立。同時諸邑鮮不逢迎，榆於其間，獨能弗改常度，慈祥豈弟，藹然有循吏之風。去夏邑境洪水驟至，榆方在告，力疾而出，巡行拊勞，不俟申請，捐公錢以予民，賴以全活者甚衆。宣教郎知池州青陽縣許復，學問淹該，材力

強濟池之諸邑曩因宣限用於預借湙始至官適逢旋歲朝夕勤瘁
如理家然既賞舊逋又免新借邑之瘠瘵於是一洗亦頼以少紓蓋
有功於此邑者宣教郎知太平州當塗縣王洽敢待講師愈之子天
資粹雅操行潔脩其為邑也必予愛人用刑省賦常有不得已之意
士民稱誦翕然一詞承事郎知寧國府宣城縣尤爚名家之子生長
見聞宣城夙號煩劇爚材力精敏治辦有方務以恩信及民不為苛
猛歲適旱飢推行荒政曲盡其至殄除蝗蝻宣力尤多臣等每因百
姓至庭試加訪問皆稱其賢已決之訟番訴絕少承議郎知建康府
溧水縣俞適老成詳練通知物情其治邑以省事不擾為本人甚安
之奉議郎知池州貴池縣蔡汝揆廉謹自將精勤不懈奉行荒政能
盡其心奉議郎知池州銅陵縣魏軏中持身恪謹為政寬和始終如
一有可稱者右臣等所部縣令之可稱者雖非止此十人而得諸見

聞間有未審者不敢遽加論薦自特卿而下人品高下亦各不同大
槩主於字民則均在可取之域故臣等輙效舉爾所知之誼伏望朝
廷特賜甄錄若後不如所舉臣等甘坐謬妄之辜

德秀又奏曰臣等伏讀嘉定八年九月辛未明堂大禮赦書內一項
應士人有節行才識學術素為鄉里推重不求聞達者委監司帥臣
同加搜訪每路一二人仍與本州長吏具從來所為事實所通學術
連銜結罪保明聞奏即不以常材備數委三省再加察訪如所舉不
妄特與擢用仰見聖朝網羅遺逸之意臣等朝夕博訪期所以稱塞
明詔之萬一竊見文林郎監潭州南嶽廟趙蕃元祐故家學有源委
識慮深遠節操清高蚤歲得官臨事有守年逾四十即上祠請隱居
求志蓋三十載矣安貧處約泊然無營少工於詩晚益平澹身雖閒
退而愛君憂國之念未嘗少忘其在州里誘掖後進一以孝弟忠信
為本著雖名在吏部然其行誼學識素為鄉曲所推不求聞達正應
詔旨臣等既深知其為人又其家居適在所部庸取輙以名聞伏望
朝廷更加察訪如臣等所舉不妄即乞特加旌擢以厲士俗其於世
教蓋非小補謹錄奏聞

歷代名臣奏議卷之一百四十八

用人

宋寧宗時衞涇論人才六事上奏曰臣聞人材盛衰繫國隆替國之將興則朝多雋良精神可以折衝及其將畢士氣銷弱緩急不可倚仗此為國遠慮者所當憂也然材之盛衰不同非天之生材有時其所以壅閼摧傷之者固非一端也書稱用人必詢於僉謀孟子論用賢必斷之國人蓋人材至多非一人所能盡知所可信者天下之公議也公議所與從而與之公議所非從而去之予奪去取一本乎公議則人之賢不肖曉然而易辯矣若捨公議之所在信任左右以為耳目則愛惡毀譽或行其間浸潤膚受有不自覺左右所謂賢未必為公議之所與也公議所謂賢未必不為左右之所忌也其言亦間有合於公議者矣蓋欲取信於人主而為他日不肖者之地也如是則諂諛阿附之徒僥倖獲用而孤立獨行之士無自而進矣此人材所由衰者一也人主之德莫大於虛心無我舜之所以大不過曰舍己從人夫惟虛心無我則可以翕受眾正舍己從人則能取人以為善苟或蔽有我之累無舍己之誠則愛憎任情不得其正鯁亮者未必非忠也而終惡其忤己諛說者未必非佞也而終喜其順己任政事者據誼執正則以為好異遵守成模則以為稱職任言議者論奏無隱則齟齬難合少所建明則馴致進用抑不思鯁亮者果為愛君乎諛說者果為愛君乎此人才所由衰者二也序進賢能大臣之職也人主不能自用天下之才故舉而屬之大臣大臣進用乖方裁量失平則易其人可也建賢進能之柄不可奪也大臣欲避主疑以為自安之計遂不以明揚士類收拔人物為己任用捨進退惟奉成旨不敢平章至使衡柄旁出進取多門大臣失職此人材所由衰者三

也人材固未易徧識伏於踈遠者尤不能知操柄者苟平心應物廣詢博採以為賢則用以為不賢則棄借未盡當十得六七矣柰何平居為親故擇官之意常多為國求材之意常少好趨進者以昵己而亟用樂安恬者以踈己而見遺權力多助者不能沮止孤寒寡援者不能薦進守格法則賢愚同滯務甄拔則槩量無準此人材所由衰者四也士大夫之資稟不能皆齊而其趨向亦各異亮直者或易至過抗而安於循默者必指以為沽名剛正者或少所涵蓄而便於容悅者必指以為矯激私相詆訾浸淫不已遂致人主入其言亦疑其為沽名疑其為矯激也而疾之彼固未免於或偏也就其偏而論之世之容默者常多而剛直者常少人主又不能為之保持所以多者常勝而少者常見沮也此人材所由衰者五也士大夫所以重於朝廷者以去就不苟也有官守者不得其職則去然後可以守其職有言責者不得其言則去然後可以行其言夫義所當去聽其去非特足以全士大夫進退之節亦所以重朝廷之職守也若漫然欲去而不力是然止之而即止去就義乖廉恥道喪是人材之與紀綱上下交壞之也士大夫愈見薄矣此人材所由衰者六也由此觀之人材盛衰曰君曰大臣曰士大夫皆不能無責焉方今明盛之朝固無棄材之嫌而未免有乏人之憂者其來非一日也臣願陛下深惟國家之安危憫惜人材之衰少先斷自宸衷公賜兼聽照臨壅蔽捐去愛憎獎納忠讜然後明詔大臣不私於進退士大夫不私於論議使群材並進無摧傷壅閼之患則朝廷之基本鞏固賢雋輩出建功立業無不如意矣此尤當今之急務也惟陛下財幸

涇奏舉王觀之狀曰臣聞報國之道當舉賢才舉賢才之道當考實蹟臣承乏江西閫寄首尾已是三年前此並未敢輕於舉賢蓋欲遍

之於名參之於衆參加考察無得其實今蒙恩易鎮行且去此一道官吏之政績敢以實聞竊見宣議郎江南西路轉運司主文字王觀之家學淵深天資夷粹往年編入宣幕守荊諭蜀者率賴其助試邑江之德化善政尤多今為江西運管處事極有條理然未嘗矜能以求名持論主於正大而尤知潔已以律下識者皆以為遠器朝請郎撫州通判趙時通公族之英自致名第揚歷州縣俱以材稱貳政天府遇事不苟歲滿而罷或者惜之適守撫州就攝郡事邦人悅服其明允又稱其廉平驗之行事尤有實政承議郎江南西路安撫司主管機宜文字洪僕風度端凝吏能整密生於相門克守儒風自為漢陽簽幕諸司已交薦其材及至試邑黃陂治辦之外又有學道愛人之政今為本司機幕每事明審無不合宜雖容撥煩廉介可敬陸沉幕屬未盡其長朝奉郎筠州通判孫格七閩之秀早掊儒科明習

條章老成端介昨來宰泉之同安殊有能聲今益通判筠陽凡所關決未始留滯宣教郎知建昌軍新城縣何遅策名太學擢第一科初為隆興節推當路交薦其材且繼任成都撫幹諸司亦表其廉能試邑新城盡起宿弊催科不勞而辦田里無不安之通直郎知撫州崇仁縣彭耕名父之子克世其美其才足以強濟其心主於寬平崇仁當累政玩弛之餘耕到官數月治聲藹然獄訟既清財賦亦裕推其餘力猶能廣學校築堤岸以惠邑人通直郎知臨江軍新淦縣趙公括學古入官脩飭廉謹早年甘守遠次務師先達以為名及壯試吏所至去思新淦縣邑素多豪猾公括廉介守法不畏強禦苗耗而疑獄之吏不能欺邑以大治奉議郎知隆興府新建縣桂如虎儒行吏能俱有足取安於平進廉不近名服勤邑事行且受代臣察其聽斷之間並無過舉通直郎知筠州高安縣潘熏生長名家習熟文

敏持心近厚律己以廉其在高安安靜不擾而邑事整整有理閭里安之文林郎贛州瑞金縣丞陳景仁奮身上庠遂策名第再轉而為丞劇邑每事健決不避權豪猾攝邑寄無不辦治州郡材之從政郎隆興府武寧縣丞連元操守端潔學術該洽贊畫邑略潔己奉公靖共自將不事奔競迪功郎臨江軍軍學教授徐僑經學脩明文詞贍麗能謹庠序之教務崇義理之文教導有方士類多之已上十二人臣始得之於衆言未敢深信及驗之行事委有實績仍其間多是前後累經監司守臣論薦非特臣一己之私言欲望朝廷特賜審察擢用他時必能效尺寸於事功誠非小補

逕又奏舉滕璘等狀 臣誤蒙聖恩分閫江右一道十二州之官吏雖不能徧觀盡識然其間學以從政居官可紀者采諸公論參加考察今得七人知而不舉臣則有罪竊見朝奉郎隆興府通判滕璘天

資靖重學術淹該早為省殿試前名未肯輒干捷徑盤旋州縣逾三十年晚造班行未究所蘊今通守本府淮職公勤叶贊為多從事郎江南西路轉運司幹辦公事趙師秀操尚清修詞章典麗嘗一第二十七年未脫選曹師秀怡然不以介意自參漕幕處事正平持身潔廉贊畫平允承議郎知隆興府奉新縣潘景伯器度高雅政術疏通三仕于隆興邦人稱之無間言試邑奉新留心撫字剖決滯訟平易近民奉新之人無不賢之宣教郎知隆興府武寧縣趙善璆質性宏達材諝端良既由門蔭以登門第又中法科以試廷評出宰武寧曾未數月催科不擾而辦獄訟不察而明武寧之人無不德之迪功郎贛州州學教授將日宣稟質重厚行已端良旨收科名益進學問分教章貢士譽日隆其誨人以行義為先不專以文詞為上迪功郎建昌軍軍學教授黃宜履行粹夷文學醇茂奮從舍選復取甲科初仕盱

江歲月未久，然其教人必以規矩，士類服之。迪功郎袁州分宜縣尉鄭魏挺學問老成，典刑詳練，登名前列，自當注擬教授，魏挺乃能不卑小官，屈就尉職，出入阡陌，戢盜安民，廉勤強濟，邑人稱之。以上七人不惟文學可采，亦有政績足觀，科名皆在人前，職位猶在人後。欲望朝廷他時特賜旌擢，以為一道官吏之勸。

涇又奏舉徐範等狀曰：准淳熙十六年七月十六日勑節文，臣寮奏乞令監司帥守各舉其所知，不必列銜同薦，只乞令監司各公共按舉。又准嘉泰二年三月二十四日指揮節文，乞如後來增刱所薦科目、所知廉吏等名目悉行罷去。又准嘉定六年八月一日勑中書門下省，臣寮奏節文，適者從臣奏請，欲復所知之舉，嚴臧否之法，乞須示監司帥臣，繼自今凡所舉部內人才與未所知臧否科目之薦，務在公心採訪，取其才行卓絕、績用彰著者，指實聞上。八月一日三

省同奉聖旨依。臣伏覩從政郎南安軍大庾縣令徐範，名父之子，家有吏材，試邑大庾，寬心撫字，居多可紀之績。宣教郎知筠州新昌縣事沈鏜，名臣之孫，脩謹好學，游吏民社，留心聽斷，殊有廉平之稱。脩職郎南安軍南安縣令楊洽，學問淵源，文詞藻贍，為令南安，平易近民。迪功郎筠州軍事推官俞機，生長名家，優有才具，昔幕筠陽，事不辭難。迪功郎筠州司法參軍詹直，學問醇正，父子世科，政術通明，守以廉介，人稱其賢。宣教郎知撫州樂安縣董仁澤，早擢儒科，兼通世務，樂安最為荒陋，仁澤興仆植僵，民懷其政。宣教郎知江州德化縣事林晏，克守家法，極有吏能，究心撫摩，令修於庭戶之閒，民皆便之。宣教郎知隆興府分寧縣事陳元衡，身名第，有志事功，律己奉公，撫民戢吏，呂里安之。迪功郎監江南西路轉運司造船場溫良輔，識度和平，幹才整密，處事謹審，而有辦集之能。如範等者，實臣所知。欲望聖慈更加考察，特賜旌擢。臣今所舉徐範等九人，充所知。

涇又奏舉蕭舜咨狀曰：臣近者不廢蹤外，輒以一道屬吏之實績冒昧上聞，繼而博加採訪，尋致參考，猶有未盡。與其避再瀆之嫌而有遺材之愧，不若冒三獻之恥而效勿欺之忠。竊見宣教郎知撫州金谿縣事蕭舜咨，成均高選，丞策名第，材猷奮碩，操守端方，提身無瑕，臨政不苟，金谿凋弊，隨邑實賴其撫摩寬平之實，人甚安之。從事郎撫州軍事判官彭去非，舊由門蔭，遂取世科，學識醇明，器資鯁亮，行己有恥，守法不阿，臨川前後守臣多資其贊畫，廉潔之實，人尤稱之。迪功郎江州湖口縣尉陳韡，夙有師承，蚤收科級，務為實學，不事空言，志尚既高，識趣亦遠，儻及其華而用之，必能以事業表見。今仕湖口，適丁歲飢，捄荒有術，邑人德之。已上三人去替各已不遠，輿論既無間言，諸司亦嘗交薦，驗之行事，誠可旌擢。欲望朝廷特賜甄錄，以

風厲一道之官吏，使居官廉平、行已忠實者有所激勸，誠非小補。

涇又奏舉章琢、甄世光乞賜甄錄狀曰：臣竊惟用人之道，猶之用器；擇人之術，比之擇材。器不可不及鋒而用，材不可不及時而擇。及鋒則多利器，及時則多良材。臣前後薦士，已成屢瀆，今於所部又得二人，其材與器皆堪煩使，涵養更久，必大可觀。然知其可使辦事，又當及其英銳早加收拾。竊見承務郎監潭州廣積倉兼衙倉章琢，材力強濟，識度精明，博通舊聞，練達世務。本州倉官前此並緣久例，不免侵漁，琢能持身潔廉，遂絕此弊。郡有亡金之獄，累月不得主名，臣委之考覈，數日卒得其實，使之剖析凝滯，當無留難。迪功郎潭州醴陵縣尉甄世光，奮自儒科，曉暢民事，出入阡陌，未始辭勞，而又不事詭隨，能自植立。醴陵之治理，效世光之助為多。已上二人，欲望朝廷特賜甄錄，他日或有繁難任使，必能辦治。惟幸朝廷及鋒及時而採取

之。

涇又列薦徐鈞朱著留鈞乞賜甄擢狀曰：臣等誤蒙聖恩，付以一道耳目之寄，凡所部官吏之庸濁苛刻者，未敢避怨，具以實聞，悉蒙朝廷施行，不勝遠民之幸。至於良二千石治行表表，衆所共睹者，若知而不舉，何以勸功？竊見朝請郎權知全州軍州事徐鈞，學古好脩，謹身率下，不事表暴，力行撫摩，刑役清平，田里安帖，餘事著書，有補後學。又能崇教化以厚風俗，築城壁以固藩籬，其他善政不一而足。朝請大夫權發遣道州軍州事朱著，持身潔廉，蓄學醇正，居家孝友，賦政中和，到郡之期雖未為久，而豈弟之實信服於民，財賦獄訟，色色整辦。加之志趣端靖，未為苟合，人品既高，政術亦茂。朝散大夫權發遣邵州軍州事留鈞，存心簡靖，臨事寬明，雖出相門，實通吏道，到官以來，能於整辦之中，未失拊循之實。已上三人，臣等參之頗審，若蒙朝廷特賜甄擢，決不上孤使令。

涇又列薦薛洽等狀曰：臣等竊惟承流宣化，其責在守令；揚清激濁，其責在長吏監司。臣等誤膺委寄，既以一路郡守之有治行者冒昧奏聞，若及守而不及令，何以為字民者之勸？竊見奉議郎知潭州長沙縣薛洽，持身清潔，涖事醇明，謹儉自將，不事形跡，每月催科，僅足則止，能藏富於田里，不窮民以自豐，考之近時，可為廉吏。通直郎知潭州安化縣趙崇模，自出相門，學有家法，明練而不好察，公廉而務近民。安化民獠錯居，崇模以豈弟行之，無不馴服，用之他日，當為遠器。宣教郎知潭州醴陵縣羅[illegible]，為學醇正，臨事寬明，能於催科之中，不廢撫字之政，終日孜孜，主於愛人，考之行事，允有賢業。通直郎知潭州湘鄉縣趙伯駿，恬靜有守，廉介無華，剖決得宜，不事苛察。湘鄉邑大事叢，伯駿從容治之，若有餘地，參之輿論，妥有能稱。宣教郎知道州營道縣蔡師仲，性資敏明，器度開爽，達於政術，每事練習，而又持身廉勤，御下有方，若試之事任，實為通材。從事郎知衡州耒陽縣趙孝錫，由蜀籍自致儒科，練達吏能，不廢學業，時帥臣朱熹亦嘗舉之，今為耒陽，居多惠政。已上六人，臣等互加參稽，頗為詳審，欲望朝廷特賜旌擢，以為作邑之勸。他日設不如所舉，則繆罔之罪，臣等所不敢逃。

涇又奏舉李鼎等狀曰：臣竊惟國家分道置帥，許以察吏；臣子以自報國，未若薦賢。臣承恩守藩，內外閱歲，得於考察，宜有薦揚。竊見宣教郎知潭州益陽縣李鼎，資性和平，學業醇茂，初任宜春簿，領縣為臨賀教官，皆以脩潔受知當路。循次改秩，試邑益陽，適承彫弊之餘，力行撫摩之政，能脩學校以勸士，寬期會以安民，獄訟不容而明，催科不擾而辦，平易近民，於鼎幾之。從政郎邵州州學教授陳觀，賦資

靖共，持身端介，平昔安分，未始干進，舊從朱熹講學，尤以名義氣節為重。分教邵陽，極力作成，不專事於文辭，能誨人以廉恥恬退，有守於觀似之。從事郎郴州桂東縣令黃龜鼎，材詣疏通，器能肅給，三仕于桂陽，民懷其惠。今為桂東縣令，乃昔峒寇所巢，龜鼎雖務懷柔，亦不姑息，革暴而良，漸有端倪，還定安集，龜鼎有力焉。從政郎道州江華縣令莫价，志氣好修，文采亦富，見於議論，每事正平。江華之在舂陵，號為難治，价力行撫字之政，不忍鄙夷其民，學道愛人，价有志焉。已上四人，在臣部內，具有實迹可采，欲望聖慈特賜褒擢，以厲其餘，庶見九重不忘遠之意。

涇又奏舉朱端等狀曰：臣蒙恩任使一路，雖職不專於剌舉，至官吏能否，亦嘗考察，以備器使。今所部守貳有能名者，采之公言，纔得四五。知而不舉，是謂蔽賢。伏見朝請郎知南劍州朱端常，才具優長，儒

雅飭吏最。襄宰長洲縣事，整辦諸司，列薦其能，朝廷嘗加擢用。今守延平，尤有治效。撙節郡用，置惠民倉，糴米備積，以助常平。閱習禁軍，月有按試等第支賞，以厲士卒。考其施設，實有可觀。朝奉郎、通判泉州何松，性資明達，政術亦優。一試劇邑，以辦治稱。兩為郡丞，以循良著。溫陵浩穰，民夷錯雜，屯戍軍兵數億，以時彌縫關決，賴以協濟。承議郎、通判邵武軍趙善稌，宗室近屬，能自奮厲，強明敢決，所至有聲。通守齋安，牙稅增羨十餘萬緡，盡數起解，無所欺隱，殆為諸郡之最。今倅昭武，合發上供，亦不擾而辦。宣教郎、通判建寧府張國均，性質篤誠，遇事不苟。奉議郎、通判汀州樓鏘，才華茂美，所至有聲。富沙大府，民物繁夥；臨汀偏州，俗習獷悍。皆能協贊其守，政化大行。此五人者，考察已久，並著能名，委有政績。欲望朝廷特加表用，以為官吏之勸。

涇又奏舉陳嗣宗等狀曰：臣聞進賢受上賞，蔽賢蒙顯戮，在上之令則有勸懲，為臣之義第知體國。臣誤蒙聖恩，付以一路，玩歲愒日，無補毫分。惟有薦賢，是為報效。近則親所目擊，遠或采之公言，既得其人，不敢隱嘿。伏見儒林郎、福建路提刑司檢法官陳嗣宗，天資靜重，學問深醇，斷獄議刑，持平守正，處置明允，人無異詞。文林郎、前汀州州學教授孔夢符，文學著稱，議論英發，曾為從臣列薦，中書籍記選用。從事郎、西外宗學教授林士遜，風猷醞藉，經學淵源，訓導有方，麟趾化洽。宣教郎、前知福州寧德縣王克恭，學問正醇，器識宏遠，究心撫字，遺愛在民。繼之者宣教郎鄭伯良，器質純厚，才識茂明，平易近民，催科不擾。奉議郎、前知泉州同安縣章太蒙，學術醇正，操履端方，政尚中和，民惜其去，久淹州縣，未盡其才。承務郎、知福州長溪縣江潤祖，聽訟有方，催科不擾，濬河以便民耕，修學以養士，類具有實政，非敢溢美。承務郎、知福州懷安縣趙師玘，宗室子，能自飭修，儼頎剸劇，綽有餘刃。宣教郎、知建寧府建陽縣黃千里，吉法優等，擢第乙科，文學議論，可備館閣。承奉郎、知建寧府崇安縣趙必愿，克紹家學，奮取儒科，抱負不凡，實為遠器。從政郎、建寧府左司理參軍吳端忠，稟資仁恕，遇事詳明，盡心平反，獄無冤濫。承務郎、知福州長溪縣丞黃以大，操尚剛潔，政事通明，剖決民訟，無不平允。修職郎、泉州安溪縣主簿王仲龍，名臣之後，學有本源，簿領卑官，未究其用。迪功郎、福州候官縣主簿黃佾，詞學優贍，論議有餘。迪功郎、福州閩縣主簿鄧樞，履行端潔，通曉事情，皆限於特科，無以自見。此十有五人，或懷才抱藝，或立事建功，片善寸長，悉有可錄，量能授任，不厭其多。伏乞朝廷特加旌擢。

涇又奏舉陳孔碩狀曰：臣叨竊寵榮，遂延災疾，蒙恩從欲，俾奉叢祠。

縱使危喘獲全，不復可為世用。拳拳報國之忠，猶於薦賢，或可自見。臣伏見朝散大夫、福建路安撫司參議官陳孔碩，學得師承，行推介潔，有志斯世，不事空言，以其才術無施不可。臣頃玷從班，被旨薦士，初未識面，得之士友，即嘗薦聞。已而朝廷專採公言，旋加甄擢，將漕廣西，職事脩舉，措置溪峒，漸有倫緒。再蒙召用，以病力辭，遂得鄉部議幕。官閑無事，誠足優賢。朝廷方脩內治，並防外禦，如孔碩之才，處以閑曹，誠為可惜。臣與之同僚首尾一年，益熟其人，不能自嘿。欲望聖慈特賜改除，若內若外，隨所委任，必有以上副隆指，見於事業。臣冒犯天威，下情無任。

涇又奏蔡汝揆等狀曰：臣誤蒙聖恩，再畀江右閫寄，已五閱月，日夕搜訪官吏之有實政者，已得六人焉。知而不舉，近於蔽賢。竊見朝散郎、通判筠州軍州事蔡汝揆，受材膚碩，遇事精明，昔宰貴池，諸司嘗合薦其政今為高安通守公心關決郡無留事吏民一詞稱之朝奉大夫前通判隆興軍府事史復祖優有吏材勤守法律三為郡倅所至有聲隆興滿歸人惜其去考其行事具有條理宣教郎知隆興府豐城縣事汪綬奮自名門留心官業材雖強敏政甚平和本府日放詞狀豐城邑大而訟獨少田里相安俱無閒言承奉郎知建昌軍南城縣事黃以大家世良吏復親名儒律己廉平示民安靜昔丞長溪臣嘗舉其政績今南城邑政過長溪遠甚行且有譽滿民愛其去宣教郎知撫州樂安縣事孫起予儒學吏能皆有足稱乙第三十六年人數其滯樂安獷俗而起予反著學道愛人之美承事郎知袁州宜春縣事黃應酉有政有文精力英發初登名第鄉黨稱之宜春劇邑而應酉兼有催科撫字之譽是六人者臣不惟觀諸文移之申明而又考諸案牘之剖決不惟采諸士大夫之公論而又訪諸詞訟之細民

委得其實故敢冒言欲望朝廷特賜旌擢

涇又奏舉留丙楊恕等狀曰臣誤蒙聖恩尋分江右之閫玩愒罔功日夕懼惕惟念事君以人薦賢報國尚可少效萬分故於一道之官吏尋尋搜訪其為政有實績者敢不悉為陛下言之臣竊見朝請大夫知撫州軍州事留丙稟資重厚賦政和平雖生相門諳練民事撫之郡計董董丙到官五月不趣迫而事以辦鎮靜不擾田里安之年事以迫召遠加擢用猶足以得其數年之力朝散郎權知臨江軍事楊恕器識沈靜學術醇明備更繁難曉暢吏事到郡踰年臨政不事察察力行撫摩崇尚教化財計昔迫而今寬訟牒先繁而後簡軍民相安人稱其賢朝奉郎添差通判隆興軍府事安示澄文行粹美資性誠慤不以館閣清流而不屑吏事不以耆儒宿德而簡略訟牘務事詳審精力強明有德有才人愛而敬之朝奉郎通判隆興軍府事俞

遷克守家學卓有能聲昔宰溧水其政已為諸邑之最今倅是邦一力裨贊郡事多賴之摟剔蠹弊而吏不敢肆灼知消偽而民不敢欺施於內外繁劇之任必有可紀通直郎通判南安軍張清臣生自名門習於吏事揚歷州縣安於平進南安斗壘自溪峒擾變以來民產失耕冒佃而經總制欠額數多幾於束手清臣於關決平允之餘能條理財賦以無乏供人所甚難者承議郎通判隆興軍府事許稷胄出世家持身清謹存心職業不事表襮到官方及數月其見於關決者已多可觀吏民信之略無閒言從事郎充江南西路安撫司幹辦公事徐清叟學業醇茂奮身甲科分教當塗鄰境士類從之如歸今蒞婉畫率皆可行之實守正不阿足為遠器從事郎充江南西路轉運司幹辦公事方大琮志氣好脩文采亦贍早為南宮亞選士論稱之主畫漕幕詢決詳明考其行事允有賢業已上八人者在本路守

貳幹官之內考察頗審識求多得真間率皆累經監司論薦欲望聖慈特賜甄擢

涇又奏舉范應鈴狀曰臣竊謂國之根本在乎民民之休戚在乎令臣通者不揆疏外以一道官吏之政有實績者冒昧敷奏而縣政之卓然可稱者猶未殫舉也宣教郎知撫州崇仁縣事范應鈴持身清介遇事精明初任尉于吉之永新屢與郡太守争辯是非而守常屈崇仁當積弊難治之後應鈴嚴於吏而寬於民苦斷非泛之費蠲罷苛擾之取私謁不行豪猾屏迹不畏強禦實可大用奉議郎知隆興府南昌縣事趙師陶稟資粹溫持心平正六年嶺外保譽藹然得邑南昌仍在舊所遊學人情至稔之地師陶善待故舊而屏絕請託凡民間爭訟親自體訪必欲盡得其情而獲罪者皆伏而不怨平易近民允有賢業承議郎知袁州萍鄉縣事趙彥章文學優長議論公正一

第三十五年。安恬自若。前任本路提刑司幹官。以所得京削遜與別司毋老之人。今為萍鄉。無非學道愛人之政。搢紳樂道之。宣義郎知筠州高安縣事余珪。襟度溫雅。政術詳明。生於相家。苑若寒素。初入浙西倉幕。已有令譽。今於高安彫瘵之邑。不事敲朴。月解自辦。撫摩小民。而獄訟平息。上下皆安之。奉議郎知隆興府新建縣事邵應梓為學醇正。處事寬明。分教于衢。于徽。皆稱士論。改秩作邑。飾以儒雅能於催科之中。不廢撫字之政。參之公議。委有能稱。宣教郎知撫州臨川縣事趙崇𢌿。賦姿開爽。遇事直前。犯險潢池。以慨選。時臨川頗號繁劇。崇尹到官未久。聲譽甚佳。能於整辦之中。不失和平之政。考之行事。可謂通材。承事郎知建昌軍廣昌縣事滕仲寔。生長名族。服習典刑。筆進宦塗。多所揚歷。廣昌僻在山谷。風俗頑獷。仲寔一以無事理之。獄訟簡寡。政譽翕然。從事郎知吉州永新縣事潘復擢。自儒

科精曉吏事。前者分教蘄春。大得士譽。今來新鄰接溪峒。加以豪户盤結。復調娛得宜。強者伏而弱者愛之。刑役清簡。綱紀肅然。此八人者。皆作邑有善狀。字民有實政。為一道所稱。欲望朝廷特賜甄錄。

涇又奏舉吳幹等狀曰。檢準淳熙十六年七月十六日勅節文。臣寮奏。乞令監司帥守各舉其所知。不必列銜同薦。乞令監司各公其接舉。又準嘉定六年八月一日勅中書門下省臣寮奏節文。適者從臣奏請欲復所知之舉。嚴繳否之法。乞須示監司帥臣。繼自今凡舉部內人才與夫所知。繳否科目之薦。務在公心採訪。取其才行卓絕。績用彰著者。指實聞上。八月一日奉聖旨依。臣竊見迪功郎撫州州學教授吳幹。文學俱優。恬退有守。始到官。舍訪問郡之宿儒。率學之諸生。親登其門。請為學正。提點刑獄孫德輿聞之。謂此風不行久矣。不待有司。即騰牒陟之薦。考其教育。勤有成法。從政郎隆興府府學教授梁致恭。學術醇正。質直無華。奮自膠庠。以取科第。留意教養。每考察士子。於文詞之外。孫寒無媒。諸臺自舉之。於其垂滿。人惜其去。從事郎筠州軍事推官李伯賢。生長名家。自有植立。持身勤恪。遇事詳明。筠之郡政。多其區畫。并有條理。士論材之。修職郎隆興府武寧縣丞趙公珊。奮自屬籍。卓有吏能。律己公平。持心寬厚。武寧巖邑。公珊一以和平佐其長。財賦辦治。人情安之。迪功郎江州德安縣主簿周良。學有源流。行無瑕玷。德安邑計彫弊。不可為邑。宰為之引去。良被檄越承職。以攝邑事。整治半年。不鞭朴而財計蘇。民稱其賢。從事郎建昌軍南豐縣主簿趙希棼。服習家訓。通曉吏道。臨事不苟。諸臺多所委任。本司凡有差檄。究心了辦。不表襮而聲譽著。人誦其能。迪功郎隆興府奉新縣主簿黃之望。材具優長。器能肅給。蚤歲志學。有聲場屋。奮身名第。留意職業。委以事任。皆得其當。迪功郎建昌軍南城

縣尉黃師稷。天資端謹。材諝通明。於職事所當為者。莫不修舉。而猶能裨贊其長。以分任邑事。求之下寮。未易多得。修職郎興國軍永興縣尉趙崇畀。材識優長。政事勤恪。奮身科第。抗志高騫。出入阡陌。戢盜字民。境內肅清。邑人德之。如幹等九人。實臣所知。欲望聖慈特賜褒擢。

涇又奏舉趙汝誠等狀曰。臣近舉撫州教授吳幹等充所知。而一路官吏猶有四人焉。與其取蔽賢之罪。寧受再瀆之譏。敢盡為公朝言之。臣竊見奉議郎通判建昌軍兼管內勸農事趙汝誠。器資岐嶷。援政術詳明。為丞為宰。當路交薦。今倅盱江。關決平允。財計辦治。人稱其能。通直郎知隆興府奉新縣主管勸農公事趙希晉。賦性開爽。遇事儁明。厭歷寖多。政譽日嫩。催科撫字。皆究其心。一邑相安。人器其業。承奉郎知隆興府武寧縣主管勸農公事兼兵馬監押趙師巖。智不執

方材無滯用，雖生長籍貫，事儒素，租賦趨辦，縣務簡寡，由是驩然民安其政。迪功郎贛州司法參軍鄭斯立，經學通明，操行端潔，手不釋卷，月評所推，自是館閣之器，淹汨州縣，士論惜之。以上四人者，今舉充臣所知，後不如所言，甘坐謬舉之罰。

經又應詔舉真德秀等充廉吏狀曰：臣伏準尚書省劄子，并吏部牒中書門下省八月十八日三省同奉御筆，可令侍從、兩省、臺諫、卿監、郎官及在外前執政、侍從、諸路帥臣、監司各舉廉吏可以為表勸者三人，疏名聞奏，以備選擢者。右臣衰病退老，不與世事相接，然有朋舊來訪，生死因及一二。竊聞近來貪吏稍多，裒民尅軍，一切聚斂，民之膏血竭矣。民惟邦本，本固邦寧，民心一搖，關繫甚大。聖天子初政軫念及此，特降御筆，令舉廉吏以表勸之，愛護邦本，此意切矣。臣知陛下非應故事為觀美而已。臣竊謂今日一州一路惟大吏貪贓為

奏議卷一百四十九　十五

甚。小吏固有貪者，然民之被害尚淺；若大吏貪贓，民之被害有不可勝言者。小吏之廉亦豈無人，但泛泛被舉，恐未足為表勸，非明詔之意。若大吏之貪者非臣所當言，敢以大吏之廉足以表勸風俗者三人為陛下言之。臣竊見前知泉州真德秀、章棪二人者，天資廉慤，操守純固。泉南多舶貨，士大夫間有不免，而二人者前後為泉，皆於舶貨毫髮無取。去泉之日，舶商擁道攀送，以大香炷餞其行，二人者皆卻不受。商人無以效其勤，持香至郡治曰：此吾欲獻使君，而使君皆不受，吾姑可復留。以大爐注香於郡之門，香聞闤府，相與涕泣而祝之。何施而得此於人也。傳曰：臨財毋苟得。司馬遷為李陵云：臣見其臨財廉。士大夫平居暇日未嘗不曰能廉，至臨財未免有可議，而二人者臨財如此，可謂忠信行乎蠻貊矣。又見前知汀州趙崇模，廉介有守，未自表襮。臨汀大禮年分進奉本色銀二千兩及文帳諸軍八千餘貫，兩項共為一萬五千緡，例取之縣，縣斂之民。崇模到任，即自於州家抱認，嚴戢諸縣敷擾，民咸德之。又諸寨土軍久不補刺，崇模任內刺百餘人。二年所支錢糧自當萬五千緡，皆州郡撙節支遣，於民間賦稅日前所欠，並與倚閣。邦人翕然以為前此守臣蓋未嘗有。大槩汝愚諸子皆能守家法，而崇模賢譽益高。此三人者皆大吏之廉足以為表勸者。今德秀已蒙公朝擢至禁從，章棪見蒙收召，崇模今為輔郡，公朝已皆獎用，似不待臣言者。然臣區區竊謂使大吏之廉者皆如此三人，則斯民蒙福，邦本益固，實萬世無疆之休。故特述此三吏之廉節，風厲天下。蓋大吏之貪者苟有羞惡之念，必知愧悔；若小吏之貪者聞大吏之廉，必皆化而為廉，所謂中人以上可以語上也。其關繫風俗之樞機，實非細事，是敢冒昧奏聞。

經又應詔舉李燔等狀曰：今月二十三日準尚書吏部符，承嘉定六

奏議卷一百四十九　十六

年正月十八日勅中書門下省臣寮劄子奏節文，乞明詔內外之臣各舉所知，在內侍從、臺諫、兩省官，在外帥守、監司，立以期限，不拘資格，不拘統屬，各許於文臣常調之中舉實才之士二三人。其有言行可稱，事功可述，並條列聞奏，以其所薦籍之中書，精加審覈，次第選擢。儻或欺誣，必與連坐。正月十八日三省同奉聖旨依，自指揮到日限十日聞奏。臣伏見文林郎、添差江南西路轉運司幹辦公事李燔，經術精博，趣操剛方，早從師友，多士推服。分教襄陽，為帥臣鄭挺挾私奏劾，自是杜門刻志學問，不屑意仕宦，審掌故，列屬寺丞，皆辭不就，為淹選調。未厭師慕，宜加崇獎，以勵廉退。奉議郎、前荊湖南路安撫司主管機宜文字陳元勳，文彩高華，吏能強濟，素安平進，有志事功，方峒寇猖獗，宣勞幕府，剿裁區處，曲盡事宜。帥臣曹彥約嘗以功狀聞于朝廷，今已書滿，以其才力使任劇煩，優有餘裕。承直郎差

充江淮荆浙福建廣南路坑冶鑄錢司幹辦公事鄭準性資邁爽學術淹該業名儒科通練世故陞沅州縣未究所蘊若蒙選擇必有以自見於時臣誤蒙聖恩俾分閫寄自揆疎拙無以補報祗承明詔許之薦舉敢以所知三人者冒昧以聞如璠之學行實堪臺閣之選若元勲若準俱可備中外職任將來不如所舉臣甘坐謬舉之罰

涇又奏舉趙崇度等狀曰臣等誤蒙聖恩分職臺閫深圖報國竟急爲賢今於部内得一二人敢用條陳以備器使臣等伏見宣教郎知桂陽軍趙崇度家法嚴整吏事詳明推其惻怛忠誠之心施於撫摩愛利之政桂陽爲郡地險而僻民健以囂崇度臨之以至廉行之以不擾人自感服舉無異詞即其操履允是遠器文林郎知郴州宜章縣趙彦玭沉浸詩書被服儒素其父公誠在孝宗朝爲賢監司遺愛去思今淵蜀道彦玭克濟前美不墜家聲今宰山邑政有條理申嚴

舊制結集土丁邑境有備故峒寇之擾止在旁邑而獨不犯其境百姓以此感之從事郎邵州新化縣令徐爾出自儒家篤於講學文墨議論能世其傳故施於邑政藹有循良豈弟之風険俗頑民安其政教善怙惡懼首里知懷是三人者分處郡邑皆能爲陛下牧養小民培殖國本況崇度乃故相忠定公汝愚之子陛下念其父之忠勲諸子多蒙録用豈侍臣等以爲軒輊特以職守所在不敢蔽賢如彦玭如爾則沉淪下僚無蚍蜉子之援若不論薦何由自達伏望聖慈特賜擢用則三人者必能有所植立仰益明時後或不如所舉甘坐謬舉之罰

涇又奏舉封彦明充將帥狀曰準行在尚書吏部符承嘉定五年十月二十八日都省劄子臣寮奏節文諸路帥憲許每歲奏舉可備將材及堪充鈐轄以上任使者各兩人於奏内聲説或不如所舉甘同罪罰隨以姓名籍之省府候將帥有闕參以衆薦次第除用如經録用有誤使令檢照元舉官重加責罰以革徇私覓舉之弊十月九日奉聖旨依臣竊惟養之當有素而不可取具於臨時者將才也自頃用兵江淮諸將遇敵輒敗蓋望風奔潰者多有之豈非蓄養無素而取具臨時之過歟臣伏見降授成忠郎封彦明舊身行伍有志事功頃在兵間粗著勞效方和議未成時制置大使丘崈嘗薦於廟堂臣於是時實備位政府密謂其人材武勇若獎勵作成之他日必爲朝廷之用頃因峒寇猖獗自殿司統制移飛虎軍卒以才選偶不諳地利兵於輕動遂致敗衂因此罪斥然其御下整肅能與士卒同甘苦軍中至今思之謫居郴歸來蒙淵深憂患頓挫當益增其所未能廢棄之久實爲可惜臣一向退閒少與兵將官交接敢以所知上塞明詔伏望聖慈弃過匿瑕特賜甄録以備邊場之儲亦激勵將才之一

術也臣今舉封彦明係嘉定六年第一員之數後不如所舉臣甘坐謬舉之罰

涇又奏舉布衣胡大壯乞賜褒録狀曰檢準嘉定五年十一月十三日近降指揮臣寮上言節文方今收用人材非止一途然山林畎畝之間懷德抱道不求聞達者豈無其人願俾監司守臣博加搜訪具以名聞無爲文具朝廷審察其實以禮招致從而尊顯之庶幾上有得賢之實下無遺材之嘆三省同奉聖旨依臣聞君以求賢致化臣以選賢報國古之道也恭惟陛下聖化日新上法祖宗崇儒重道博選賢俊之意比者明詔有司加惠遺逸責之搜訪俾以名聞且欲考察其實以禮招致而尊顯之雖堯舜之用心大禹之勤求不是過也臣濫分符閫遠在湖湘欽承德音夙夜惟謹廣求精選幸得其一詎敢忘報國之誼干蔽賢之典而不以上達哉臣伏見潭州衡山縣

布衣胡大壯，故寶文閣直學士謚文定安國之孫，右承務郎宏之子也。抗志高遠，制行介潔。自其少時，已著孝友之稱。既長，受其祖安國之學於父宏，研究經術，博通墳典。其持論以明義利為本，其立已以尚識實為要。冠歲學成，即不事科舉，隱居衡嶽之下，躬耕自給，讀書自娛，爵祿外慕，一毫不以嬰其心。深藏固匿，足跡未嘗至城市。州縣官必禮於其廬，然後得見。於是行成于身，理于家，信于鄉黨，達于遠邇。邦人敬愛，咸慕其道德，尊之曰西園先生。平日著述雖多，而封建論數篇，尤為先達推重。近時如前帥臣曹孝約、提舉樂章，咸嘉其行，相繼劄上本州，以嶽麓書院堂長虛席，嘗遣官吏以禮延致，至今力辭未就。臣觀其學識節行，足以師表後進，蓋亦古之所謂逸民也。臣竊聞孝宗朝嘗有詔舉遺逸，於是福建諸司芮燁等以魏掞之之名來上，則掞之自布衣召對，賜第，命為學官。又嘗與監察御史謝諤論

郭雍之學，皆本於易，則雍自沖晦處士加封頤正先生。此皆近事，彰彰在人耳目者。竊自陛下更化以來，動遵孝宗成憲，至於獎進恬退，尤所急先。今大壯年踰六十，雖曰無求於世，而體力康強，亦非無用於世者。若使朝廷試加表異，俾如魏掞之、郭雍輩得以齒下士被光寵于朝，不至與草木俱腐，則興起人心，轉移風俗，視孝宗時亦何難焉。是以臣愚輒體古人報國之誼，不敢泛然論薦，而以大壯應詔。欲望聖慈特降睿旨，下之三省，斟酌典故，將大壯量才褒録，或畀之一命而授以在外學官之職，或錫之綸誥而假以處士之名，庶幾山林巖穴之棄材悉為時用，可以仰副陛下求賢致化之意矣。臣不勝惓惓。

涇又奏舉黃學行等狀曰：臣聞事君以人者，臣道之大端；薦人於天子者，諸侯之職分。臣通班秘殿，分閫遐藩，圖報國恩，所當薦士。知賢不舉，臣竊恥之。臣竊見從事郎前全州州學教授黃學行，識度高邁，學業醇茂，發優舍選，復占儒科，分教清湘，留意樂育，鄰境士類從之如歸。餘日著書，進而未已。守臣曾松、徐筠嘗薦其政績文學。近者提刑樂章、提舉林行知亦薦其文行俱高。臣參酌公言，允有實跡。從政郎永州零陵縣令劉用行，器資沈靜，趣向端方，決科効官，尤精吏事。初任真州揚子縣尉，克舉其職，備著公勤。制帥黃度、守臣潘友聞皆嘗露章薦其材美。今為零陵令，勞心撫字，已著善聲。稽之輿論，允謂通材。迪功郎潭州寧鄉縣主簿李劉，學問深粹，器識醇明。吏化之初，於貢闈對策，論事剴切，知舉樓鑰等得其文，以為洋洋晁、董、公孫之對，可為清朝得人之賀。既而從臣曾晙、何異、黃疇若又以其學問淵源，文詞秀發，可配古作，薦之於朝。今為寧鄉簿，領臣每試之以事，見其剖決詳明，議論平正，表裏無瑕，足為遠器。已上三人，資歷雖淺，文

學俱優，在臣部內，考察頗審，況前後各有論薦，欲望聖慈特賜甄擢，以為館學臺閣之儲。設他日不如所舉，臣敢辭謬舉之罰。

涇又奏舉張聲道張履信狀曰：臣蒙恩分閫，尸位逾年，職在藩宣，責兼刺舉，欲率其屬，當簡乃僚。竊見朝請郎改權發遣永州軍州事張聲道，早擢儒科，嘗丞冊府，文采學問，士論所推。自去班行，荐更麾節，今為永州，留心郡政，剖決民訟，發擿吏姦，撙節非泛之資，罷去非義之取。如零陵舊有竹稅，久已無竹，而稅額尚存，聲道到任，採訪即為蠲放。客旅舊苦重征，多不入城，市井蕭條，聲道寬其認額，民旅遂通。又能捐俸助學，勤身率下，豈弟之政，田里安之，識者謂其材堪臺閣，不當淹郵遠外。朝請郎通判潭州軍州事張履信，賦資清謹，臨事強濟，昨宰巖邑，已著能聲，帥守監司屢嘗論薦。通判本州，過滿三考，凡事任責，未始辭難，起發經總制錢數目浩瀚，稱提新

會協贊為多。其他關涉無滯。持身廉潔。始終如一。試以內外劇繁之任。必有可觀。朝奉郎前通判衡州軍州事廖思恭。資端方。克守家法。嘗任理掾。以直去官。兩為劇縣。治狀稱最。衡陽武岡。備著賢勞。承攝永道二州。首尾年餘。剔除姦弊。愛惜財賦。一毫不以妄用。代者賴之。近雖蒙朝廷差知房陵。然其材術操行。宜在激濁揚清之選。已上三人者。在本路守貳之內。不易多得。欲望聖慈特賜甄擢。他日必能各以所長見於世用。

淳熙詔舉人才舉游九言等狀曰。臣承尚書吏部牒。準今月十二日都省劄子節文。已月十二日。三省同奉聖旨。在內令侍從臺諫兩省卿監郎官。不拘文武臣。各舉人才三兩人。某人有某才。堪辦某事。某人有某能。堪任某責。並須明著實迹。結罪保明。仍限三日具奏者。臣伏覩通直郎主管建昌軍仙都觀游九言。資材剛實。不專意於文藝。

淳熙間。知靜江府張栻嘗露薦章於孝廟。朝稱其臨事有斷。留意軍伍間事。今已三十年。更嘗既多。其才益老。近任江東撫幹。贊畫帥閫區處事務。軍民至今思之。但其人過於自許。幾有亢訐之累。如朝廷棄瑕錄用。置之幕府。或邊鎮任使。必能盡瘁報國。有所植立。朝奉郎主管台州崇道觀錢文子。器識弘毅。不以科目自居。頃爲幕僚。改秩宰邑。醴陵不卑其官。刻意民事。撫摩善良。鋤治姦惡。盜賊爲之屏息。豪傑望風戢斂。縣計上供之外。沛然有餘。及試郡天台。振厲風采。治民馭軍。寬猛得宜。偶嘗處事少差。未免矯枉之失。如朝廷洞被簡拔。處以繁劇州郡。或經理財賦。必能彈壓斡旋。不至乏事。承議郎前通判慶元軍府黃宜。世事精練。吏道敏強。嘗為劇縣。財計不擾而辦。獄訟咸得其平。吏畏民愛。前後少見其比。嘉泰二年。有旨令宰執論薦邊郡守臣。謂宜才學優長。邑政有聲。足以充選。緣其資格未及。宜俾實歷通判。得倅四明郡。政多所裨補。海道利便。講之尤熟。兼曾在淮郡守官。諳悉事體。議論可聽。儻蒙朝廷照已降指揮擢用。或別有繁難職任。其才盡所優為。臣竊惟朝廷興舉事功。方貪才使過之時。此三人者。皆有可用之實。不宜寘之閑地。今或嘗因褒黜。見處祠祿。或任滿替罷。未有差遣。是敢冒昧上塵明詔。如將來不如所舉。臣甘坐謬舉之罰。

淳又奏舉蕭遵等狀曰。臣蒙恩分閫。自揆罔功。惟念薦賢可以報上。今有當官可紀。居鄉有譽。察識已熟。詎敢壅蔽。弗以名聞。臣伏見朝請大夫充荊湖南路安撫司參議官蕭遵。材識優長。政事勤恪。克守家學。蔚有文名。前宰臣侍從皆舉充著述之選。嘗以倅得郡。而有恬退之心。兩為湖南帥幕。深知利便。軍民相安。人誦其德。朝請郎通判潭州軍州事施槁。器度恢閎。材識明達。留意官業。備著勞能。嘗為淮

東倉。勸荒政。賴其經理。為邵陽倅。善撫摩。猺蠻畏威。長沙關決平允。不事苛擾。闔郡稱之。朝奉郎通判潭州軍州事姜注。稟資溫粹。持心正平。濟美故家。飾以儒雅。其試邑贊幕。俱有聲稱。當路交章。至于再四。今倅是邦。稱提錢會。公私流通。人蒙其惠。承議郎充荊湖南路安撫司主管機宜文字謝操復。天資廉謹。識見疏通。出自名門。精於吏事。昨任建寧。更屬能區畫茶利。及宰浦城。能字民發姦。今贊機幕。曉暢軍務。措畫犒賞。裨助為多。從事郎全州州學教授謝興甫。天資華美。氣質粹和。謹重好脩。學術甚正。為殿試第五名。十年不調。今始分教清湘。到官以來。嚴於教養。士子賴其作成。從事郎新廣南西路提點刑獄司幹辦公事郝夢祥。學識該通。詞章炳蔚。議論守正。孝友可稱。嘗由甲科。不自矜耀。嘗分教郴陽。兼攝倅職。隄防盜賊。動中事機。今待遠次。鄉黨稱其材業。此六人者。皆當官可紀。居鄉有譽。前後帥守

監司屢有薦舉材之有用於此可見欲望聖慈隨其所長特加録用他日必能展效不負選掄。

涇又奏舉趙綸等狀曰臣竊謂國之根本在乎民民之休戚係乎令令得其人政無不舉知而不薦何以勸功伏見通直郎知潭州益陽縣事趙綸相門濟美具有典刑天資粹和學識明邃近方更選試邑益陽綸到官之初寬以牧良善嚴以御彊梗民訟以時剖決曲直各得其當催科先出信由是無重疊追擾一邑之政整然可觀從事郎知潭州善化縣事趙彦擂屬籍老成儒科自奮持心寬厚律己廉平善化為潭州附庸爰自前官縱弛之後繼以貪吏裒斂之餘彦擂匡畫有方鉤索蠹弊不事鞭扑財計自裕一郡之人皆以為能從政郎衡州耒陽縣令祝夢良上庠秀發材學優長吏事詳明有如素習耒陽為衡外邑自比歲盜起鄰境戛調發屯駐之衝民不奠居正資安

集夢良到任未冬一意拊摩平易近民推為循吏此三人者皆作邑有善狀不負字民之選臣愚欲望聖慈特與甄擢俾就器使以勸循良不勝幸甚

涇又奏辟宋億充潭州通判狀曰臣契勘潭州管縣十二獄訟繁多事緒叢委全藉倅貳相與協力濟辦其有久贊畫諾備宣賢勞廉潔著聞士論推服就俾關次允為公舉臣伏見宣教郎武安軍僉判宋億資禀粹美學問深醇奮身科目雅安平進三任九考始脫選階今為僉幕已遂過滿凡擬斷民訟共稱公平臣自到任以來見其處事明審不為詭隨持身廉勤不自表襮一郡僚屬少出其右臣今照得通判潭州軍州事張履信合在今年十月滿替已辦取接下政鮑華據張履信繳申鮑華回書稱以地遠艱於涉歷別求便利闕次欲望聖慈就差宋億抵替鮑華見闕已差下馬相改替宋億不特倅貳得人郡事賴以協濟亦使本路官吏知廉平有守如億者得見知於公朝庶幾寡廉鮮恥之人聞風知慕洗心易慮以趨事赴功所謂崇靖退以抑躁競厲廉隅以革奸貪激揚勸沮之方莫此為急。

涇再奏舉宋億狀曰臣二年分閫初乏寸長僅免曠瘝實賴僚佐臣伏見奉議郎前僉書武安軍節度判官廳公事宋億學有師承行無玷闕靜重能守廉潔不私嘗由甲科雅安平進用舉主考第始獲更選以年制所拘遂授僉幕臣在鄉里已知其賢及來長沙適同王事朝夕相與識察益熟凡擬斷獄訟悉得其平區處職事皆協于理清不矯亢和不詭隨一郡賓僚少出其右臣嘗乞以倅貳奏辟後準回降以不曾作縣難於施行臣實愛其人不容但已乞令再任仰蒙俞允首尾四載操守如一臣之拙政蒙助甚多近以滿替咸惜其去而臣又誤叨改畀之命若不再以億之人材政績瀆天聽則實有蔽

賢之罪其何以勸來者欲望聖慈察臣斯舉出於公論特降睿旨試以內外陞擢之職俾盡所長庶幾明時無失士之嗟在下免陸沉之歎扶持世道豈曰小補。

歷代名臣奏議卷之一百四十九

歷代名臣奏議卷之一百五十

用人

宋理宗親政，即以考功員外郎洪咨夔爲禮部員外郎，召入見，乞養英明之氣，及論君子小人之分。帝問今日急務，對以進君子而退小人，開誠心而布公道耳，言在陛下一念堅凝。又問在外人物，對以崔與之護蜀而歸，閒居十年，終始全德之老臣，若趣其來，可爲朝廷重。真德秀、魏了翁皆陛下所簡知，當聚之本朝。

紹定六年，翰林學士知制誥真德秀上奏曰：臣側聞中外之論，皆謂今日賢材滿朝，而治效不立，議論盈庭，而弊事不修，憂時者爲之歎惜，異意者爲之姍侮，豈所謂賢者非賢，而衆議之紛紛舉不足采耶？臣竊謂人材有大小之殊，而善用者取長略短，皆足以有濟；議論有同異之別，而善聽者去非從是，皆足以有補。子產相鄭，擇能而使之。

馮簡子能斷大事，子太叔美秀而文，公孫揮能知四國之爲，而又善爲辭令，裨諶謀野則獲，子產皆因其所長而任之，用能卓然自立於晉楚二彊國之間。堂堂天朝，人材豈下於鄭者？願詔大臣，日加延訪，使數陳所蘊，而攷察其行能，條舉衆弊，而分委以經畫，課其效之成否，隨之以黜陟焉。如此則可用之人出矣。漢昭帝時，吏民上書言便宜，有異輒下杜延年平處復奏。神宗皇帝詔中外上言，得失委司馬光、張方平同詳定選擇。及哲廟嗣位，臣民皆上封事，亦令先與執政看詳，此皆故事之可法者也。近覩御筆，令將端平奏議繕寫成冊以進。羣言繁多，無所決擇，文書盈几，倘由徧覽，願倣先朝已行之典，命兩制近臣或兩省都司官二三人，付之看詳，刪去浮辭，剟取要語，仍各從其類，繕錄成秩。凡關於君德帝學者，進入禁中，備陛下之覽閱；關於朝政邊防者，送三省密院，備大臣之采擇。繼今臣下章奏悉用此法，苟當於理，無不施行。如此則可用之言見矣。用人聽言，各有其實，倘治之不立，而弊之不修耶？若夫悠悠泛泛，玩愒歲月，以虛譽用人，而無以覈其能否；以虛文聽言，而無以訂其是非，臣恐弊事日滋，治效愈邈，其患未知所終也。懇切有陳，伏祈聖察。

德秀爲禮部侍郎，上奏曰：臣聞敵國外患，自昔有之，根本安強，形勢鞏固，則敵雖盛而不足憂；根本單虛，形勢削弱，則敵雖微而有足懼。臣觀今日近有金虜，遠有韃人，狡焉窺覦，意在叵測，而淮壞之變，尤駭聽聞，羣情方搖，未易底定。蓋嘗深思熟計，竊以爲聚正人端士於朝廷，使之盡言補過者，此內固根本之方也；布賢牧良將於方維，使之養民訓兵者，此外固根本之要也。根本強則形勢張矣。古之有國者，以人材爲輕重，故一千木足以藩魏，一季梁足以安隋，厥效甚明，不可誣已。今朝廷之上，紳綬濟濟，夫豈乏人？然敏銳之士多於老成，

政事之才富於經術，慷慨敢言者少，故正論罕聞；廉退自重者少，故士風弗競。陛下嗣服之初，嘗以耆艾而褒傅伯成、楊簡矣，以儒學而褒柴中行矣，近復以恬退而用趙蕃、劉宰矣，海內聞風，孰不欽歎？然前乎三臣，雖加異數，而聘召未聞，是有優賢之名，而無用賢之實也。至於直亮敢言，有如陳宓、徐僑者，非特召擢未加，雖褒寵亦莫之及，此議者所爲弗滿也。陛下誠欲收用賢之效，臣願旌伯成、簡於內祠，置中行於經幃，若宓若僑，擢之言論之地，且益求其類，而招徠之，使華髮舊德之良，清名峻節之彥，咸冠委珮，畢萃於朝廷。陛下開心見誠，俾之條陳闕失，夫臣虛懷無我，與之商確事宜，毋糜以好爵，而言論不從，毋隆以虛文，而情意弗浹，則賢者之所有，皆爲朝廷有矣。如是而內之根本弗強，非所慮也。趙簡子將保晉陽，必先有以寬其民之力；李牧將攻匈奴，必先有以養其兵之銳。今四方長人之官撫字

不聞而叨憒日甚萬金之產或一朝而白奪累世所積或微罪而沒官夏秋之賦輸納至于再三關市之征苛細及於毫末鞭笞籬下而燕笑自如膏血已殫而溪壑未滿以此貿官職以此廣田廬於是乎民貧至骨矣諸道總戎之帥訓肄不勤而掊克是務自偏裨以至士卒其家貲稍厚者必使之治貨財非優之也蓋幸其負課而掩有也其廩給稍豐者必以之供役使非親之也蓋利其損金而求免也軍中行語以酒爐藥局為藉貲產之梯媒謂當其事者必不能自免也回易房廊為陷子孫之坑穽謂其身雖死而監督至於無窮也主帥剝偏裨偏裨剝隊伍有日給千錢而不足衣絮者有月廩數斛而不飽糟糠者以此飾苞苴以此買歌舞於是乎兵貧至骨矣嗚呼兵民俱病一至斯極此何時而莫之捄耶臣願陛下明詔輔臣一新黜陟用廉仁之守而去貪殘任賢能之將而斥暴橫使之視民如子卹軍

如家崇飲氷食蘖之風均挾纊投醪之惠俾人有生意而士有奮心如此而外之根本弗強非所患也漢人有言本強則精神折衝本弱則招殆致凶為邪謀所陵臣觀方今之勢可謂弱矣司馬光嘗謂祖宗苦身焦思以變衰唐之俗陛下高拱熟視以成後魏之風適日之事何以異此不亟圖之則紀綱日以陵夷風采日以銷鑠駸駸焉將有不可復振者此臣所以痛心疾首思有以為陛下告也今區區所陳實轉弱為強之本惟朝廷不以為迂而采用之則其效有可以歲月期者詩曰心之憂矣不遑假寐臣不勝惓惓

德秀為戶部尚書上奏曰臣前二疏略盡愚忠中夜以思復懼有所未盡者敢不空臆言之臣竊惟今日廟謨不可無一定之決群臣不可無相濟之和自頃偏師失利陛下特發英斷薄責帥臣姑令以功贖過蓋得秦穆用人之意而置司于泗審適東淮仰窺聖算沉潦嘿悟進取之難漸為收歛之計大臣至公無我不膠先入之言從容回斡蓋有不可曉然示人者然臣尚慮將帥恥於無功或云洛陽雖失東南之兩都自如或云虜將已棄河南之戍兵盡去或又謂韃有內變未能報東門之師凡若是者若可喜而實未然也昨者洛邑之舉望風輒遁汴睢之守其能堅乎一將雖亡豈無他將戍兵暫去寧保不來惟幸內變之或然則可牽制而未動然犬羊多詐每能以此誑人方粘罕聚衆來南亦有林牙復興之報若廟朝不審遽信所聞猶豫之間計不早定必待敵至然後圖之則遲緩未免失機倉猝而不及審慮曷若及今酌理勢之所宜務規模之先立按為定論毋或轉移以之應敵庶有餘裕臣所以謂廟謨不可無一定之法也先聖有言君子和而不同所貴乎君子者以其叶心而共濟非以其阿意而相從也比者更張以來登延衆彥將追元祐之風而群賢持論頗有

不一之患盖兵議既興有以先發制人為說者有以量時度力為言者彼是此非莫能相一而臣願以為善者蓋同異紛紜之中實至當之論所由出故也然朝廷之上初未嘗以同異為好惡而搢紳之列乃或以同異為愛憎臣則憂之夫主於先發制人者為國也主於量時度力者亦為國也意見不同同於為國盍亦平心商搉惟是之從可也奚必以異己而相嫉乎元祐中廩廩向治矣惟群賢自為矛盾小人得以乘之卒稔成紹聖之禍今雖未至於斯可不預防其漸臣願陛下戒諭群臣各盡忠益事求適當不必苟同見有異同勿相疑忌成衆賢和朝之美取同心報國之功此臣所以謂群臣不可無相濟之和也臣志在納忠喋喋無已仰祈聖察

德秀謝獎廉吏奏劄曰臣今月十六日伏準尚書省劄子八月十五日一省同奉御筆近真某奏事欵因訪聞廉吏集以知袁州趙簽夫

對。朕惟獎廉所以律貪。亦庶幾化貪為廉之效。以惠吾民。趙葵夫可除直秘閣與監司差遣。劄送臣者。伏念臣叱以名札入對。便朝具陳生靈耗斁之由。皆本州縣貪殘之故。淵衷有惻。天語載詢。欲知廉吏之姓名。以備聖時之采擇。念頃過宜春之境。頗嘗聆守土之賢。百口自隨。惟祿是仰。一介弗取。其節可稱。遂以所聞。具陳于上。退而竊省。尚有當言。若崔與之帥成都。值載歸艎之圖籍。楊長孺守長樂。罔侵公帑之圭銖。皆最為當世所推。乃不能悉數以對。方重愚臣之怵惕。忽傳宸筆之褒嘉。當九重厲精思治之秋。正四方視儀聽唱之日。一守臣之蒙擢。殆若細微。百執事之鄉風。孰不興起。祗承命告。倍切忻愉。汙吏革心。實關公道。督言獲用。豈曰私榮。顧承明詔之休。竊更廣宸聰而咨訪。循良未舉。盍宏封察之規。貪濁當懲。可廢烹阿之典。乃若澄源而正本。尤先昭德以塞違。使清光之化。首倡於朝廷。而廉恥之俗交興於中外。庶幾民生日厚。邦本弗搖。此下臣獻替之微忠。抑初政施行之急務。敢因奏謝。僭有數陳。伏乞睿察。

起居郎魏了翁論除授之間。公聽並觀。如元祐用人。上疏曰。臣伏準正月已巳詔書。令臣舉賢能才識之士。又準辛卯詔書。令臣悉心啓迪。毋有所隱。顧一介踈賤。旬月之間。洊被詔墨。竊窺聖意。固欲兼采衆知。急聞直言。然臣嘗妄議。下之從上也。不從其所令。而從其所行。夫使奢佞在服。忠言日聞。直不見踈。才不招忌。則聲氣之合。有不待勸勉而至者。不然。闒茸得志。阿諛成風。愛賢而不親。禮善而不用。則稍知自好者。將望望然去之。矧所謂真才碩能者乎。熙寧元豐之間非無君子也。自王安石呂惠卿。遂異已以快其私。元氣銷靡。若不復見。一旦哲宗踐阼。崇慶垂簾。振而新之。則大小胥奮。於是司馬光文彥博呂公著在相位。呂大防韓維劉摯范純仁在政府。鮮于侁蘇轍孫覺梁燾范祖禹朱光庭傅堯俞呂陶為臺諫。蘇軾在翰苑。范百祿曾肇劉攽蘇轍在詞掖。而經筵講讀官則傅堯俞韓維范祖禹趙彥若。崇政殿說書則程頤。名而不至則范鎮也。史官則陸佃曾肇朱光庭黃庭堅。自餘此類。不可殫紀。然而所謂元祐諸賢之盛。則非借才於異代也。有作新觀感之實。德有丁寧惻隱之真意。故數月之間。精采頓異乃爾。雖然。此特元祐初年也。七八年間。大抵若此。其間調亭既久。雖若稍不逮初。然正論卒勝。世號宣仁為女中堯舜。寧不信然。臣愚欲望陛下試取臣言。參稽史冊。內以示承慈訓。外以申命大臣。自今除授之間。公聽並觀。如元祐用人。使才器分量無一不當其位。則實意所孚。善類皆為時而出。詩曰。國雖靡止。或聖或否。民雖靡膴。或哲或謀。或肅或乂。陛下幸毋以乏才忽之。臣不勝區區。

了翁為吏部尚書。乞趣詔崔與之參預政機。上奏曰。臣伏覩陛下親攬大政。特頒手書。首以廉隅砥厲臣鄰。百司庶府。聞命踴躍。大邦小侯。望風胥勸。然而終以染濡熏習之久。回遹之謀。淪浹肌髓。鄙夫任人。積頑寡恥。貪吏債帥。誅求亡厭。此風終未殄也。乃者陛下特頒御筆。遠自廣南召崔與之參預政機。除書一頒。中外胥慶。而與之方以年邁疾侵。固請謝事。夫當仕有官職。而以其官召之。則不得以疾為解。陛下所以詔諭之者。非不切至。而與之重於一出。特為晚節計耳。與之初辭宗伯。再辭天官。今又力辭政府。古所謂大臣者。與之庶幾有焉。今若賴其恬靜廉退之節。表正羣工。亦足以革競鎮浮。廉頑立懦。臣愚欲望陛下親御宸翰。以趣其行。勉以君臣之大義。諭以家國之深憂。庶其幡然而來。協助親政。則陛下意鄉所形。必有聞風興起者矣。臣無任區區。

端平初。帝嘗訪廣東經略安撫使崔與之。以政事之孰當罷行。人才之孰當用舍與之力疾上奏曰天生人才自足以供一代之用惟辨其君子小人而已忠實而有才者上也才雖不高而忠實有守者次也用人之道無越於此蓋忠實之才謂之有德而有才者也若以君子爲無才必欲求有才者用之意嚮或差名實無別君子小人消長之勢基於此矣陛下厲精更始擢用老成然以正人爲迂闊而疑其難以集事以忠言爲矯激而疑其近於好名任之不專信之不篤或謂世數將衰則人才先已凋謝如真德秀洪咨夔魏了翁方此柄用相繼而去天意固不可曉至於敢諫之臣忠於爲國言未脫口斥逐隨之一去而不可復留人才豈易得而輕棄如此陛下悟已往而圖方來昨以直言去位者亟加峻擢補外者亟與召還使天下明知陛下非疏遠正人非厭惡忠言一轉移力耳陛下收攬大權悉歸獨斷謂之獨斷者必是非利害胸中卓然有定見而後獨斷以行之似聞獨

斷以來朝廷之事體愈輕宰相進擬多沮格不行或除命中出而宰相不與知立政造命之原失其要矣大抵獨斷當以兼聽爲先儻以不兼聽而斷其勢必至於偏聽實爲亂階威令雖行於上而權柄潛移於下矣

端平中中書舍人袁甫直前奏事劄子曰臣恭惟陛下彰國步之多艱憂更化之未効特發睿斷亟命宰輔陛下此心上通于天中外臣民嘖嘖不鼓舞臣竊謂宰輔之職固貴乎專亦戒乎太專不專則責不歸一太專則失於獨運陛下知左揆之忠直無他腸而恐其勤勞太過不可以無助也於是置右弼以佐之陛下之心不過如是而寡見淺識者妄窺形似謂聖意將有所移矣陛下察右弼之老成有素望必能長慮卻顧共圖國事也於是使濟左揆之所不及陛下之心不過如是而旁睨竊聽者又揣摩意見謂聖心將偏有所重矣亟命二相

可謂至當而紛紛之論如此臣謂陛下英斷奮發雖莫過於此舉而二相之事陛下乃莫難於此時何難爾難於塤箎之相應金石之相宣如有虞濟濟之盛時也雖然是不難天下萬事莫善於公莫不善於私房玄齡問正主庇民之道於王通通曰先遺其身能遺其身然後能無私無私然後能至公至公然後以天下爲心矣世之爲大臣者未嘗不自謂能遺其身也然身若何而可遺必方寸洞然無一毫之私意而後能遺其身必不市恩不修怨不相傾相軋而後能遺其身必天下之所謂君子者進而用之天下之所謂小人者黜而遠之凡親故貴緣私相援引陰祈竊托者一切屏去而後能遺其身若夫任私意矜小智徇偏見聽邪說胸中膠膠擾擾非真有國爾忘家公爾忘私之心則何足以爲至公臣之所謂公者非曰外爲示公而已也貌似同心而中生牙蘖烏在其爲公耶是故專制擅決者固不足

以爲公而徘徊猶豫善避形迹者似公而亦非公也勇往好勝者固不足以爲公而謙遜畏抑務爲小心者似公而亦非公也何則宰輔者國家之柱石柱石不牢大廈將顛而何謙遜畏抑之有且非獨大臣之身爲然也彼與之謀議者豈無素相厚善托以心腹之人哉若其中立不倚徇義忘利者侃然正色爲謀必忠是固有益而無損矣如其內懷顧望各有所主則造作語言緣飾事端讒間之隙既開交鬪之風浸熾於是朋黨之論興矣用一人焉彼以爲此之黨此以爲彼之黨而人主始莫知所適從矣行一事焉彼以爲此之私此以爲彼之私而人上始惑於聽聞矣無事之時倡爲此論猶慮簧鼓是非徒亂人意況當中外搶攘事變蠭起之際乎方今至大至急之務亦多端矣楮輕物貴民不聊生一也軍情動搖志在好亂二也虜人窺我將謀大舉三也閫外諸帥不相協和四也凡此者皆付之悠悠泛泛

不肯出力爲公家遠計。而朝夕所從事。不過互相猜疑。逆求勝負。又
而習慣。愈激愈甚。明主臨朝慨嘆。惟曰其去朋黨何。士大夫相與私
議。亦曰其如朋黨何。此正唐人所謂去河北賊易。去朝中朋黨難。今
雖未見其形。而兆已先見矣。先見之兆。不務防微。待其彰著。不可撲
乃欲從而救之。不亦難乎。本朝朋黨之論。惟韓琦當國。有以消平調
一之。遂使兩黨之迹。涣然冰釋。琦既罷。相黨論復起。諸賢斥逐無虛
日。而小人忌琦者。獨以其後扶持善類。琦力爲多。臣願以此事爲大
臣勉。元祐之初。章惇蔡確。政出。元豐舊黨。分布中外。多起邪說。以搖撼
在位。呂大防倡調亭之說。宣仁聖烈皇后疑不能决。蘇轍抗章謂大
臣若正己平心。爲安民靖國之計。則人心自定。雖有異黨。誰不歸心
宣仁是之。臣願以此語爲陛下獻。雖然。抑臣又有深於此者。蓋人主
之英斷。不自外生。當由心出。臨朝之時。尊嚴若神。未足爲英主也。要
必無纖芥嗜好。汩其澄明之性。則發爲英斷。自然有不可玩者。如其
齋莊於路朝。而舒肆於燕私。酒色觀游。便嬖側媚。凡所以營惑耳目
感移心志者。有一於此。則國家大事。其精力必有所不及。其志慮必
有所不周。大臣見其然也。亦且憂懼悶鬱之不暇。而况權勢之相逼
黨與之相擠。日夜圖回。各求其自全之計。國事將誰與任責耶。大臣
既不任責。則人主之腹心耳目。不得不寄於所親信之人。凡在左右
者。幸其有可乘之隙。則黜白爲黑。以紊亂朱。將何所不至哉。然則探
本窮源。又在陛下正身以率下而已。舜之歌曰。股肱喜哉。元首起哉
此責在大臣也。臯陶之賡歌曰。元首明哉。股肱良哉。此責在人主也。
臣竊觀今日亟命二相之後。而有一人焉。不能平心以徇公。則將先
之以猜疑。而終之以朋黨。有猜疑之萌。則股肱不可謂之喜。聽朋黨
之說。則元首不可謂之明。臣非敢爲是過慮也。誠見今日通國上下。

惟知患在疑廣。而不知憂伏蕭墻。惟知勢在兵寇。而不知禍起縉紳。是
以慇懃愚忠。不知忌諱。惟陛下與二相深思聳畀綢繆之言。而亟圖之。天
下幸甚。宗社幸甚。
聖語。甫奏曰。陛下亟命二相。天下莫不欣悦。爲二相者。所當各盡
公心。勿徇己私。則可以上副陛下委任之意。讀至陛下置右獮俾助
左援之所不及。玉音云。朕意正是如此。外間何爲有紛紛之論。某奏
天下事有一必有兩。兩則易於不一。惟英主有以一之。漢文帝嘗亟
相陳平周勃矣。一則智謀。一則重厚。有文帝在上。雖是二相。而歸於
一。唐太宗嘗並相房玄齡杜如晦矣。一則善謀。一則善斷。有太宗在
上。雖是二相。而亦歸於一。然則今日何慮紛紛之論。惟在陛下一人
而已。讀至莫善於公。莫不善於私。玉音云。極是。某奏主意所向。人情
之所趨也。主意向左。彼則趨而左。主意向右。彼則趨而右。陛下不可
不察人情之所趨。趨之之初。未遽見有大害。趨而不已。分朋植黨。自
此始矣。讀至讒間之隙既開。交鬬之風滋熾。而朋黨之論於是乎興。
玉音云。此事極可慮。又云。朕嘗宣諭大臣云。朕亟命兩相。正賴叶心
共濟國事。卿等宜深體此意。某奏陛下聖諭極當。讀至人主之英斷
不自外生。當由心出。某奏臣在講筵。每奏陛下此心所宜常常清明。
不可少有昏蔽。陛下責宰輔以叶心。須是陛下先自正心可也。今亦
是數述此意。讀至大臣既不任責。則陛下之腹心耳目不得不寄於
所親信之人。凡在左右者。幸其有可乘之隙。則黜白爲黑。以紊亂朱。
將何所不至。某奏陛下於此不可不着精神。若使大臣不任責。而左
右得以乘其間。彼之巧謀詭計。於不知不覺之中。入陛下之胷臆。此
其利害不小。玉音云。此果是利害不可不察。某奏陛下之言及此。宗
社之福也。讀畢。玉音又問自除二相。不至有嫌疑。否。某奏陛下以赤

心委任二相。二相俱賢，何至遽生嫌疑。但臣所謂人情之所趨，各有偏徇。若陛下無以一之，却恐嫌疑從此生。且如目今中外多事，可謂甚矣。左揆一向辭避，右揆又一向畏避。若各事形迹，深恐擔閣國家事，無人承當。緩急之際，將若之何。某又奏：近日廣寇已平，京口叛卒不用招安，盡行誅戮，國威稍申。又雨澤霑足，雨後快晴，一餉可望。但韃虜可憂。須及今勉二相如救焚拯溺，速作措置。上玉音云：人情好亂誠為可慮。某奏：陛下所以當日新盛德，剛健不已者，正將以弭禍亂之萌也。若陛下不進德，大臣又不任責，以好亂之人情，激成事變，直易易耳。陛下以臣此劄宣示兩相，俾其力行一箇公字。玉音云：御議論極當，便當示兩相。遂退。

甫入上奏曰：臣竊惟前歲之夏，猥以淺學，獲侍經帷。玉音下問漢元帝親近儒生，乃優游不斷，孝宣之業衰焉。用儒何為若此。特不得真

儒用之耳。臣是時仰贊王言之大，且力陳元帝之時，如蕭望之、劉向之徒，雖未是為真儒，然亦忠愛懇惻，赤心為國。惟元帝聽信不專，惑於讒間，此所以優游不斷，漢業寖衰。陛下既俞臣之言矣。臣竊見端平更化之始，魁壘耆艾，俊傑之才，濟濟在列。陛下銳意望治，衆賢交進，嘉謨曰敬天，曰愛民，曰講學納諫，言制敵則曰勿和，言救楮則曰節用。此皆究極根源之地，而陛下日聞衆君子之說，以為如此可以坐致昇平矣。而筭計見效，泛如捕風，内沮外訌，楮輕物貴，人情皇惑，國勢阽危，陛下以為端平君子未能有過於嘉熙，而反不及焉。於是心疑君子之無益於人國矣。噫，其果無益於人國耶。抑名曰用君子，而實未嘗盡其用耶。夫所貴乎真君子者，如精金良玉，一心事君，決無他念，專意為國，決不營私。似迂闊也，而實懇切；似高亢也，而實敬畏；似爭辯也，而實和平。果盡其用，則有益於國大矣。今陛下先懷無益之疑，於是興拊髀之歎，而窺陛下之意向者，真以君子為誤國，而微動陛下之悔矣。未誤而且悔，則當求不誤者用之。然使至於復悔可也，柰何旁蹊曲徑，趨者如市，淫朋比德，習以成風，邊事譯騷，一時憂窘。及其暫退，動色相賀，心志一驕，靡所不至。前日私意之不敢逞者今則逞矣，前日倖門之不敢啓者今則啓矣。至於治國之要務，禦敵之至計，實政未嘗講，實備未嘗修，秋風一起，憂窘又如初矣。臣恐嘉熙之誤，未必不如端平之誤；而嘉熙之悔，又未必不似端平之悔也。然則其欲果安在歟。臣嘗反覆深思，竊謂上有堅凝之定力，則下有堅凝之實効。今泛泛悠悠，如舟流之靡屆，昏昏憒憒，如醉夢之未醒。用君子矣，而又使小人間之，朝而進一說焉，陛下以為可，暮而進一說焉，陛下復以為然，是可謂之堅凝乎。是可謂之定力乎。臣以為莫若封植君子之根本，使無纖罅微隙之可投，專意責成，勿搖浮議，則

必不至於誤且悔矣。天下大物也，陛下不能自治，纘命一相，一相不能獨任，而博賫衆賢，此大公至正，無偏無黨之道也。惟在聖君賢相力持堅凝之志，破君子無益之說，勿疑其悞，而易至於悔，則為君子者乃可展布四體，畢智竭忠，而責其堅凝之効矣。如使倏用驟變，乍佞乍賢，則羣臣且將狐疑莫有固志，而陛下左顧右眄，無足以稱任使者，則臣恐陛下孤立於上矣。昔仁宗朝張昇為中丞，彈劾無所避，上曰：卿孤特乃能如是。昇曰：臣仰託睿聖，是為不孤。今陛下之持禄養交者多，而赤心謀國者少，陛下似孤立也。信哉是言。衆賢聚在本朝，更相儆戒，互相輔翼，非獨賢者之勢不孤，而人主之勢亦不孤。舉朝皆持禄養交之臣，其徒實繁，其根彌固，小人不孤，而人主則孤立矣。臣願陛下察否泰之機，辨君子小人之實，無使積成孤立之勢，可也。大凡君子無近功，小人無遠慮。小人以為可安可樂者，鴆毒也。一

中其姦身且危矣君子以爲可安可樂者藥石也磨以歲月疾必瘳矣臣追憶陛下發漢元帝用儒之問有感於心是以罄竭愚衷冒犯天聽惟冀陛下勿至於屢誤屢悔而終收君子有益之功此實宗社無疆之休臣不勝惓惓

聖語　甫又奏乞陛下保護愛惜君子不可輕易動搖上曰端平更化之初賢者布在朝廷不曾做得一事衆弊膠轕愈不可爲甫奏劉安世正是極論此事以臣所見非是端平君子無益於人國乃是朝廷任用不篤未能使君子展盡所長耳陛下先疑君子無益於人國衆聞者謂君子誤國今則陛下能不悔用君子此則大計利害讀至旁蹊曲徑淫朋比德與夫私意倖門等語甫奏陛下當於此警省若欲杜絶此弊須是有堅凝之志乃可臣如去年天變陛下赫然奮發進退輔相大臣天下歌詠陛下聰明剛斷今顏

任一相圖濟艱難勿爲小人轉移方可謂之堅凝讀至人主孤立等語甫奏仁廟可謂堯舜之主張昇尚謂之孤立蓋左右前後亦心爲國者少而持祿養交者多此所謂孤立也陛下若終疑君子無益於人國則將屢誤屢悔適成孤立之勢矣可不懼哉上甚開納讀畢上又論及楮券事問秤提如何某奏楮券到今已是築底別無良策朝廷且欲一時扛得價起不得已行此策昨日見邸報閩浙四郡守皆以價高遷秩猶恐受賞者不能自保其往若萬一更欲行罰則斷斷不可何則天下長吏未必盡賢如朝廷責其不能奉行繩以峻罰爲郡守者思欲逃責免禍暴酷之路一切施行民無所措手足矣故臣區區懇告陛下切勿用罰召怨以傷邦本上曰是

甫爲中書舍人兼崇政殿説書經筵進講故事曰元祐元年司馬光言朝廷詔近臣舉可任監司者待其不職亦可并坐舉者呂公著曰亦須執政審擇光曰自來執政只於舉到人中取其所善者用之韓維曰今不先審察待其不職而後罰之甚失理義公著謂除用多矣亦由限以資格維又言光持資格太謹光言資格豈可少維曰資格但可施於叙遷若升擢人才豈可拘資格

臣聞國朝之置監司深得漢元封置部刺史之意劉安世嘗論之以爲秩低而權重秩低則其人激昂自進權重則得行其志此良法也祖宗盛時中外乂安州縣奉法而里無事實由監司得人之故見謂青齊福星者不特鮮于侁一人而已蓋監司與他官不同天下郡縣之衆朝廷除授豈得人人而察之寄按察之權於監司是擇監司者所以擇天下之守令也臣久在外服粗嘗諳歷大率監司之選必清威有時望而後足以激濁揚清必強敏有風力而後足以糾官邪必

曉練有精神而後足以察奸弊此等人才與未必多得欲諸路監司俱得其人必不拘資格而後可臣於呂公著韓維之語實深有感焉以元祐盛時可謂賢才彙征之會而監司之任尚有除用多失之憂何哉蓋懲王安石用資淺之人專以資格爲重故也司馬光之言曰安石執政始置提舉常平官又增轉運副使判官皆選資淺輕俊之士爲之夫安石專用輕俊之士固不可苟有持重知大體聰明識時務而資格未至者可坐視民生之愁困世道之陵夷而不亟選用之乎維之言曰資格但可施於叙遷若升擢人才豈可拘資格斯至論也今日楮輕物貴役重賦煩兵驕民窮寇盜間作求治之要莫切於擇監司而擇監司之要不當專限以資格漢部刺史以秩低而取之正以此耳今真才實能爲有拘閡而不獲用乃甘心取夫軟熟苟且者而責之以攬轡澄清之寄則宜其廢職而害民也臣願陛下深思祖宗置監司之意玩繹呂公

著韓維之言。明詔大臣。妙選賢明監司。務盡限以資。將使之分布諸道。以振紀綱。以銷禍亂。不勝幸甚。

唐太宗大曆十四年。以崔祐甫為門下侍郎同平章事。自至德以後天下用兵。諸將競論功賞。故官爵不能無濫。及永泰以來。天下稍平。而元載王縉秉政。四方以賄求官者。相屬於門。大者出於載縉。小者出於卓英倩等。皆如欲而去。及常袞為相。思革其弊。杜絕僥倖。四方奏請一切不與。而無所甄別。賢愚同滯。崔祐甫代之。欲收時望。推薦引拔。常無虛日。作相未二百日。除官八百人。前後相矯。終不得其適。德宗嘗謂祐甫曰。人或謗卿所用多涉親故。何也。對曰。臣為陛下選擇百官。不敢不詳謹。苟平生未之識。何以諳其才行而用之。上以為然。

臣聞用人之大弊有二。其始皆以善為之。而其流乃至於大不善

不可不察也。何謂大弊有二。或失之寬。或失之嚴。失之嚴者。繩墨太謹。而無含受兼容之量。失之寬者。規模太廣。而有不避嫌疑之譏。茲二者俱未能無弊也。常袞為相。承賄賂公行官爵冗濫之餘。慮無以振頹綱而挽狂瀾。故矯之以嚴。崔祐甫代之。懲袞之狹隘。而賢智有蘄伊之嘆。故復矯之以寬。夫矯之固善矣。其亦嚴者拘。而寬者縱。知矯他人之弊。而不知己自蹈於一偏之弊。故史之論袞。雖嘉其杜絕僥倖。而又謂其賢愚同滯。則是倖門雖窒。而正路未闢。太嚴之害。固應如是。祐甫欲收時望。作相未二百日。除官八百人。一時輩不甚快然。攷其所用。多涉親故。前後相矯。一弊去。一弊生。豈非矯枉太甚之過乎。善哉司馬之論曰。用人無親疏新故之殊。惟賢不肖之為察。又曰。己不置毫髮私意於其間。蓋私者天下之大蠹也。不避親故之嫌者。固私矣。親故果賢。以嫌而不用者。亦

私也。遠嫌畏謗者。固私矣。必待己之所素識而後用之者。亦私也。何者。俱未能克己故也。擇人以代天工。焉有所謂己哉。苟以公為心。當用則用。當捨則捨。付諸天下而已。何與焉。三代而下。事業遠矣。諸葛亮其庶幾乎。郭攸之費禕董允向寵之徒。森布朝列。一時得人。可謂盛矣。然亮未嘗以己意而私黜陟也。廖立李平。用公論斥之。而深足以折服其心。雖遭廢棄。略無怨色。非無私何以能若是。史臣評之曰。開誠心。布公道。盡忠益時者。雖讎必賞。犯法怠慢者。雖親必罰。嗚呼。若亮之相業。又豈袞與祐甫之所能及哉。

周威烈王六年。齊威王召即墨大夫。語之曰。自子之居即墨也。毀言日至。然吾使人視即墨。田野辟。人民給。官無事。東方以寧。是子不事吾左右以求助也。封之萬家。召阿大夫。語之曰。自子守阿。譽言日至。吾使人視阿。田野不辟。人民貧餒。昔日趙攻鄄。子不能救。衛取薛陵。子

不知。是子厚幣事吾左右以求譽也。是日。烹阿大夫。及左右嘗譽者。於是群臣聳懼。莫敢飾詐。務盡其情。齊國大治。彊於天下。

臣謂齊威王烹阿封即墨之事。人特見一時威權之奮發耳。不知平日審察之功。蓋有素也。於即墨則曰吾使人視即墨。於阿則曰吾使人視阿。威王不輕信毀譽之說。而必謹擇夫寄耳目之人。今其人果可信也。吾然後使之。是故賢否一定。而賞罰不差。近者朝廷有討田收券之令。臣奏疏凡三四。甚為陛下惜此一舉。何則。科斂無名。動搖人心。非美事也。況今日任牧民之寄者。大而郡守。小而縣令。誰懷視民如子之心。勞緣此令。朘削脂膏。無不甘心。又縱尋斧焉。本根之傷多矣。臣嘗於經筵舉威王之事。為陛下反覆言之。以為任陛下之耳目者。在內則臺諫。在外則監司。凡陛下所使為臺諫監司者。誠如威王之使人視阿即墨。瞭然如見之目前。而赫然

加賞罰焉。則封者無愧。而罪者亦甘心矣。如陛下一出此令之後，聽諸路之守令肆其欺誕。任其搥剝。惟求取辦於一時。不顧元氣之日耗。臣竊爲寒心焉。強敵攻支體於外。而陛下又自戕腹心於內。歟今論者但知鞫人之可畏。而不知優畝之令自生一鞫。可畏尤甚。若陛下寄耳目之人。蚤夜容察。吏不得肆其姦。尚庶幾焉。不然殆哉。太祖高宗創業中興。艱難甚矣。陛下其無忽。

前漢元帝紀贊曰。帝少而好儒。及即位徵用儒生。委之以政。貢薛韋匡迭爲宰相。而上牽制文義。優游不斷。孝宣之業衰焉。

臣今月初九日幾侍清光于經筵。陛下舉漢元帝好儒故事。玉音云。論者謂元帝特未得真儒而用之耳。如得真儒而用之。何患牽制文義。優游不斷耶。此論甚佳。卿以爲如何。臣奏聖學高明如此。可爲宗社慶。苟爲善類慶矣。九真儒固鮮。而識真儒者尤鮮。譬之玉焉。真玉未必無瑕。人見其瑕也。遂輕弃之。不知雖曰有瑕。不害其爲玉。何可弃也。若石而無瑕。不過石耳。又奚足貴。人才亦猶是也。真賢實能豈無微過。惟識真者不以小疵掩其大德。如使寸寸而量。銖銖而較。則真儒不以小瑕而弃者幾希。此惟在陛下明知人之鑒。以洞燭人才之底蘊而已矣。陛下欲然嘉納臣退而思之。尚有未盡之遺論焉。當元帝時。劉向之剴切。蕭望之之剛正。雖未足爲古之儒。就漢世言之。亦可謂儒之真者矣。元帝非不知二賢之可用也。向數有論奏。深當上心。則曰君且休矣。吾將思之。望之爲師傅。帝知其經明行修。欲任宰相。夫既心知之。則當篤任其人。既曰將思之。則當力行其言。然向之精忠。終不能奪王氏盜竊之權。而望之一爲恭顯所陷。恥以其身就吏。寧死而不悔。嗚呼。曾是而謂元帝好儒可乎。論者謂帝特不得真儒而用之。故有優游不

斷之失。不知有儒如蕭劉。尚且外爲尊敬之貌。而內無信用之實。卒使抱恨以終其身。假令得古之真儒。元帝能用之耶。然則人主之病莫大乎柔弱。柔弱而不斷。則左右小人乘間投隙。變亂是非。君子不得一日安於朝廷之上。此則漢元帝膏肓不治之疾。而非漢無真儒之所致也。有天下者尚鑒茲哉。

侍御史李鳴復奏曰。臣聞內君子外小人爲泰。內小人外君子爲否。君子小人之進退。治亂之所由分也。舜有天下。十六相在所舉。四凶在所去。可謂能知人矣。而伯益猶告之曰。任賢勿貳。去邪勿疑。勿之爲言戒辭也。所以堅帝舜舉相去凶之念。而使之不變也。今陛下既知賢之當任矣。臣願一此心而不二。既知邪之當去矣。臣願信此心而不疑。二三大臣。能勉其所當勉。羣有司百執事。能戒其所當戒。而陛下又能味伯益之語。堅帝舜之心。則天下無不治矣。臣不勝惓惓惟陛下垂察。

鳴復知紹興府奏曰。臣嘗觀司馬光論修身之要有三。曰仁。曰明。曰武。治國之要亦有三。曰官人。曰信賞。曰必罰。歷仕三朝。皆以此爲獻。且曰臣平生力學所得。至精至要。盡在於是。光。端人也。以不欺事主。臣竊慕之。臣向者待罪臺端。妄論禦外之策。莫過於和戰守。理內之道。無出於兵民財。和戰守雖三。而當以固守爲重。兵民財雖三。而當以節財爲急。其區分條畫。所以別其輕重之宜。緩急之序者。無慮數千言。既又欲其言之必可行。思其事之必可成也。復以用人之說進。謂稽諸既往。揆之方來。所以致內外之兼治。當自得人始。臣今去國。朝夕思念。所以獻之陛下者。未敢易以他說。和戰守固不一也。然得其人。則和可成。戰可勝。守可固。兵民財固不一也。然得其人。則兵可強。民可安。財可裕。特在吾君吾相所以責成委任者何如耳。今朝廷

之上論事之臣多任華之臣喜好名之士常趨乎同列務實之士每沈於下寮發言盈庭紛然聚訟若可刻期課效矣或付以事任則逶回羞澀停手若刀鋸鼎鑊之在前知所以言而不知所以行何益哉鳴佩遊朝歡然聲價謂宜無職不舉矣及責以事功則誕謾迂闊卒如捕風逐影而莫究其迹名爲如彼而實則如此何益哉因其言而委之以行然後見其言之果有補於時因其名而責之以實然後信其人之真有用於世聽言觀人之法莫切於此適者侍從臺諫卿監郎官皆被旨薦士遴章累牘多至數十人少亦不下七八人朝廷已書之於籍矣上以實求下必以實應外而和戰守之應酬內而兵民財之經理正當於焉選之於焉用之司馬光有言用人之道采之欲博辨之欲精使之欲適任之欲專采之欲博者無求備於一人也辨之欲精者毋使名冒實僞冒真也使之欲適者用不違其才也任之

欲專者無使邪慝之人敗之也然後爲之高爵厚祿以勸其勤爲之嚴刑重誅以懲其慢賞不私於好惡刑不遷於喜怒此人君之要道也光之言即臣之說也陛下誠於是焉而加意則所以禦外所以理內將井井有序而成効可求矣臣稟資愚魯負疴跡孤危蒙陛下眷遇之隆覆存之篤慚無以報乎逮闕庭輙效司馬光舉其平日之所已陳者諄複言之陛下不以其爲常談而垂聽焉宗社幸甚天下幸甚

鳴復又奏曰臣昨嘗妄論禦外之策莫過於和戰守理內之道無出於兵民財其輕重之宜緩急之序已皆白言之然稽諸既往揆之方來所以致內外之兼治未有不自得人始也今日之人才何如哉數十年來贓汙習成風正道喪孔子曰性相近也習相遠也又曰惟上智與下愚不移當柄臣氣焰熏灼之時逢長風而孤騫尚狃瀾於既倒者固不能盡無若見義而謬爲伯夷見利而甘爲盜蹠者滔滔皆是也今鵷行鷺序太半虛員督府名藩率多剩印朝廷欲辦一事舉一職彷徨四顧每難其人則人才之不足非今日所當加意乎雖然天下未嘗無才亦視夫上之人所以作成振起者何如耳用人之道其要有二一曰量才而授之以事二曰久任而責之以實昔司馬光嘗論官人之法其爲說曰人之才性各有所長官之職業各有所守自古得人之盛莫若唐虞之際然稷契皋陶益伯夷夔龍各守一官終身不易苟使之更來迭去易地而居未必能盡善也光之意蓋謂收採天下之英俊隨其所長而用之則天下事將無不可爲者今習俗蠹壞已汙者固不可使清而公道昭明方來者豈宜併棄陛下舉監司則有詔舉將帥則有詔舉公廉明練堪任帥閫監司則又有詔內而侍從臺諫外而執政從官內而三衙環衞外而總管軍帥各搜羅推擇以供陛下之器使者不知其幾矣舉而不嘗試而不懲

之以連坐之法可也未用而遽疑其不可用已舉而過慮其不足舉悠悠歲月徒嘆乏才衰乎不再豈不甚可惜哉陛下儻能宣諭大臣重加遴選勿限資格曉錢穀者使治財賦明政術者使爲守長負智謀者使任將帥其他如禮樂刑政有顓而長莫不皆然下至醫卜百工亦隨其能而任之將見人心激昂各勤乃事而懲勸之法得以施之於後矣臣故謂量材而授之以事在今日所當行者此也光又嘗進理財之策其爲說曰官久於其業而後明工久於其事而後成是以古者世官相承以爲氏光朝陳恕領三司十餘年至今稱能治財賦者以恕爲首豈恕之材智獨異於人哉蓋得久從事於其職故也光之言非獨可爲理財之法施之他職將無不可者今大化更新宿弊當革經久之政不講僥倖之風尚存陛下試思親政以來見之除授者凡幾任某人以某事所著者何績委某人以某職所成者何功

不曰而遷視官府如傳舍數期而去謂職業爲假途積年而寵以美官豈足爲勸。剥下而使之佚罰何以示懲。責任不專而倖心生。黜陟不明而玩心作。以此圖治尚何怪事功之不立哉。陛下儻能明詔大臣任以是官必課以是績。理財者使之究見源流。而財必欲其裕。治民者使之周知疾苦。而民必欲其安。主兵者使之精加訓練。而兵必欲其強。其他職任。視此施行有功則增秩加賞而勿徙其官有罪則流竄刑誅而勿貸其罰將見人心震懾。各盡所長。而前日之委寄皆班班然有實效之可紀矣。臣故謂久任而責之以實在今日所當行者此也。且自古未嘗借才於異代也。周宣王當土室板蕩之後側身脩行任賢使能有仲山甫以出納王命有申伯以式是南邦。有方叔召虎以驅攘夷狄。則周未嘗無才。漢宣帝當權臣擅命之餘。厲精爲治信賞必罰。命丙魏以輔政。命龔黄以治郡。命趙充國以控制西羌

則漢未嘗無才。蓋天生一世人自足辦一世事。激之則雲合響應。沮之則巖隱穴藏。吾君吾相果能舉之以公。待之以信。委之以事。責之以實。寵之以厚賞。又威之以顯罰。如是焉而猶有乏才之歎。謂朝廷不尊。萬事不理。百姓不寧。四夷不服。臣未之信也。康誥稱文王之德曰庸庸。祗祗。威威。顯民。蓋用其可用。敬其可敬。刑其可刑。古聖人爲治之道。初不外此。惟陛下裁擇。

鳴復又上奏曰。臣猥以孤蹤。來從萬里。蒙陛下特賜親擢。俾玷通聯大懼疏愚。無裨塞。尚以煩言而去國。今以召旨而造朝。方圖入奏而赴堂治事之令已頒。方切控辭。而隨班引見之命已下。遭遇有此戰兢實多。臣竊見皇祐中。文彦博爲唐介論奏。介貶别駕。彦博出知許州。其後彦博入朝。因言介頃爲御史。言事多中臣病。雖有風聞之誤。然責之太過。請獲召用。彦博之寛洪。介之剛直。當時兩賢之杔範

唐璘曹豳趙涯皆嘗論臣者臺諫言事職也。言之無罪。聞之足以戒四臣之有言於陛下。臣之藥石也。今臣偶叨誤恩。辭不獲命。恐四臣者懷不自安。欲望聖慈特出宸斷。於乾於璘召而再使之來。於豳於涯留而弗使之去。庶各修職業。共濟事功。開大公至正之門。去分朋植黨之患。特在陛下一轉移間耳。

淮東制置使李曾伯特薦陳通判等二十員狀奏曰。臣恭貳淮邊消埃無補。見具奉祠歸里之請。未忘薦賢報國之忠。即其周旋事任之間得於嘗試儕輩之熟。其有已爲公朝之所識别。本司之所薦辟。不敢復贅。乃若懷珪璋而滯邊埸。抱杞梓而困泥塗者。蓋得二十人焉。格於限員。未皇盡舉。恐遺實用。敢以名聞。竊見宣教郎、通判泰州軍事陳力修。以經術飾吏。以直道事人。議論不凡。器識宏遠。從事郎充淮西江東總領軍馬錢粮所幹辦公事陳應先。學造崇修。而益力更

爲後進之所宗。退然一儒。不競於物。是二人者。望實素孚。宜備館學之選。通直郎通判淮安州軍事李仲鼇。軍旅之事生長見聞。通敏之才。閱歷詳熟。文林郎充浙西兩淮發運使司幹辦公事鎮江府分司陳夔炎。閩士之平實。見諸飛輓。有治劇才。文林郎差充淮西轉運司提轄催促綱運物斛官孫具會。淮士之翹英。采諸條陳。有事功志。是三人者。佐藩條。辦漕事。幹畧俱優。是任邊方繁重之寄。迪功郎淮東提舉司幹辦公事林月卿。贊畫臺幕。以肅給聞。從事郎僉書招信軍判官廳公事沈孫唐。佐理邊城。以公勤著。迪功郎廬州舒城縣主簿章公權。議論表儀。時賢多以大魁期之。今讀其文。而信鸞棲枳棘。人所共歎。迪功郎濠州州學教授鄧巽悃愊無華。辭藻絢麗。從事郎滁州州學教授孫子秀。刻意問學。操履端方。迪功郎泰州州學教授林遇。經明行脩。甚宜教官。從事郎通州州學教授費貴會決科稽古。克世其

家若乃氣節之克自植自立言論之不為激隨俱能風猷相尚則迪功郎高郵軍高郵縣主簿余黯史材俱懿學政兼優明清謹於三尽惠愛洽于一同則迪功郎高郵軍司法參軍周福孫從事郎真州揚子縣令弟發其人也律己以嚴蒞事以敏讞獄以恕則從事郎林子顯從事郎泰州司理參軍李覺從政郎高郵軍錄事參軍趙希焰其人也此十五人者雖才行各有不同而器能皆適於用夫廣廈集衆材而成菁莪自樸草而育如蒙睿慈悉賜甄錄隨才器使必有可觀

端平中監察御史吳昌裔論宰相不當指臺臣為朋比上奏曰臣聞世之盛也人主暢皇極之道以公天下世之變也人臣借朋比之說以空善人遂而漢唐之禍近則元祐之籍皆因朋黨遂至阽危鑒昭昭甚可畏也臣來自遠方濫班朝列簿正容臺蓋踰一年無左右以為之先容無臣鄰以為之延譽素位而行不願乎外乃去夏孟饗

竊聞陛下宣諭宰執問臣姓名越三日除王府官又諭宰相謂臣可充此選臣一介疏賤不知何以誤蒙陛下簡記耶臣於去冬傳聞蜀邊孔棘三上祠請竟閼俞音忽蒙御筆除臣監察御史不知陛下又何所取臣而有此除擢耶臣感激恩遇欲報無所竊謂數十年來臺諫言人主者易言大臣者難攻及上身者猶能曠度有容議及宰相者往往罪在不測所以朝廷闕政不敢盡言臣於入臺之次日首言國朝臺諫之彈擊大臣次月輪事又言二相之私用親故以宰執之非才備位如陳卓者則劾而退之以宰士之庸人利口如余鑄顏耆仲等則擊而去之是皆衆之公論一毫無所容心惟知忠於陛下之職分而已近者竊見左丞相鄭清之畀家不起從駕不出免牘屢陳有曰激成朋比又曰稔成朋比殆似指及臣等不知所謂朋比者比何人耶夫朋比二字乃善人之厲階非治世之美事也所貴乎宰臣者正欲堅融善意以涣其疑翕受人言以平其施今乃自為朋比之說以猜疑言事之臣蓋鄭清之始也輕於用兵而國威喪終也折於從和而勇難遂根本盡撓智勇俱竭朝夕凜凜懷不自安惟恐人之議己又緣臣範首論何處而其親朋懼臣清叟連抨明人而其鄉黨懼臣繼論劉克莊等而其賓客懼故其徒倡為此說以動清之清之亦復持此說以惑陛下始於群小之自謀成於累疏之自辯故為形迹激作擠排不盡逐臺諫不止也夫宰相雖尊人臣也臺諫雖卑法官也今除吏盡由宰相惟有臺諫出於陛下親擢若宰相有關奏而禁臺諫使不言以一夫之私情廢天下之公法臣恐自此威權倒植耳目塗塞陛下雖有八柄之尊而徒擁虛權於上矣是豈總覽之初意哉臣不避誅譴輒敢效歐陽脩辯雪琦弼仲淹朋黨之論懇懇為陛下言之陛下若愛惜紀綱以臣等之言為是則乞將全臺論列遠

賜施行以消朋比之風若猶存體貌以臣等之言為僭亦乞將言事諸臣速賜處分以全進退之節毋使朝堂之上與公論為敵兆搢紳之禍而開危亂之萌天下幸甚宗社幸甚臣不勝拳拳

呂午奏同杜範乞留徐清叟疏曰臣等一介疏賤分察臺綱與殿中侍御史徐清叟同事自供職以來感激恩遇知無不言所上奏章動關國體每蒙陛下曲賜優容臣等誓欲磨揩以圖報稱今於二十九日忽聞御筆徐清叟除太常少卿臣等恍然莫測所謂豈因清叟近日三漸劄子言及貴近致激陛下之怒耶臣等竊見陛下自更政弦廣開言路凡言二郎言諸當路言及小人復用聽為累牘語涉諫狂雖在小臣靡不容受清叟既居臺貳正色盡言是亦職分之宜不知其言之戇今陛下一旦出令俾遷他官此必有左右近臣懷讒挾私以此移主意而陷善良者奉常清官似不為小清叟得去亦所甘心然臧

明之朝乃使直臣以言事去職不惟於臺綱有損播之天下亦恐於聖德有虧一舉兩失臣等深切惜之用敢援祖宗朝臺臣留御史例欲乞聖慈亟回成命仍令清叟赴臺供職足以彰陛下改過不吝之美若以臣等之言為僭欲乞併與清叟俱黜庶幾不辱此臺有辭于世謹錄奏聞

又疏曰臣等昨於二十九日冒犯上疏乞留徐清叟仍任言職自謂上稟渝怒必取譴訶繼聞省劄俾權戶部侍郎臣等仰見陛下初心不以直言為忤非加異數以示優恩上意益昭群疑咸釋然臣等竊謂臺諫非處寬閑國家重輕故殿中侍御史馬遵罷而合臺請留殿中侍御史龔夬去而諫省同論或至八奏或王聯名此皆為治世之美事亦足彰列聖之盛德臣等雖愚不肯誤蒙親擢不敢不以先正事祖宗者事陛下故一再奏聞非私清叟也為陛下惜敢言之臣也

非比同列也為陛下扶紀綱之地也陛下動遵成憲容受讜言未嘗因事黜一言者今以清叟言及貴近而出則自今不復有言貴近者矣言及小人而去則自今不復有言小人者矣豈不杜塞正路而自啓多門哉臣等謂遷之美官而使出不若復以言責而使留欲乞陛下矜清叟之盡言念臣等之惜體不嫌反汗特賜追還如唐開元之制令御史依舊視事以昭聖明之德以光祖宗之功臣等荐瀆聖聰甘俟顯黜謹錄奏聞

又疏曰臣比者為徐清叟言事去職遂同杜範再疏留之非惟事體相關蓋亦職分當爾側聽累日未蒙施行若以陛下為怒其言耶則露朝數奏經筵宣諭詞旨甚溫未嘗見天顏之含怒也以陛下為諱其直耶則宣示二邸戒敕諸璫中外竦服足以彰盛德之有容也然而供職三月遂令出臺同列聯章曾不反汗遂使盛世有諱直言之事明主有出臺諫之名陛下即位以來未嘗有此過舉臣之愚陋深切惑焉或謂顧復私親交迫於內左右近侍列拜於庭故不得已而出之宮禁事秘非臣所得而知或謂清叟嘗因造開兵端論及廊廟節帖奏疏專攻宰臣故欲借此以去之廟謨密運亦非臣所能測但見陛下和顏受諫倏變而雷霆清叟正色盡言忽奪風憲意者必有挾私交譖乘間密移觸人主之盛怒而重臺臣之罪者臣知非陛下之本心也方清叟被命之始臣等不免固留今聞已出城闉何敢更有煩瀆惟臣與清叟同被親擢同論宰相三漸之疏嘗又嘗聞之清叟既翻然引去而臣乃偃然獨留豈有面顏復司分察若非與之同出將恐自此孤危用敢陳情仰干淵聽欲望聖慈罷臣言職畀以叢祠俾得歸守故廬返脩初服以全進退之誼實拜高厚之恩臣言不欺有如皦日謹錄奏聞

昌裔又論楊恭等疏曰臣竊惟國家用人之塗有二資格所以待常才特用所以拔奇士法意兼取號為得人今有碌碌亡奇而用不以次者臣采之公論得二人焉奉議郎幹辦行在諸司審計司楊恭品格凡庸資性貪刻自登仕籍不守官箴為獄掾則以寡謹而劾為邑宰則以多贓而罷待年叙用自有憲章今未填邑債而辟幕官未赴州貳而升計府去彈劾時僅二年耳人言籍籍咸謂超覦儒林郎主管尚書戶部架閣文字王龍榮人品纖細資質善柔雖躐科名未有歲歷初為州幕甫踰一年改辟帥屬又止數月夤緣外援遂入中都倉門之命甫頒而閣庫之除已峻聞其官簿蓋未書三考也近者趙與之獄聞龍榮亦與其事詭遇求進士論恥之夫六院臺省之儲掌故文儒之選而以望輕資淺得遂其間且進不以正頗有鼯鼠之塵此豈所以清表著乎欲望聖慈將恭龍榮並賜罷黜以為輕躁奔競

者之戒。謹具覺察以聞。

貼黄。論陳允迪等。臣竊見陛下更化之初。於郡守監司最嚴其選。近來除授率多非人。有出使罔功。而領藩符治郡無狀而持憲節。臣敢摘其尤者言之。新知常德府陳允迪。貪人也。起身世家鮮克由禮。囊飾湖廣。肆為姦贓。苞苴以奉權門。囊橐以豐己欲。梱載入君。己玷臺評。今閭里居。豈無生意。而猶經營復用。出守桃源。桃源舊總所隸也。不知允迪何以見湖北吏民乎。新江東提刑林杲。妄人也。通諸林姬。嘖有煩言。近守番陽。恣為暴政。專行稅畝之令。異於恤民之心。至追印紙以督縣官。枷吏卒以蘇閭里。旬日取辦。以至蕩然。追倚閣令頒而輸錢已足。遂為己有不以實聞。今乃僥倖恩除。使風一道。番陽乃建臺之地也。不知杲何以見江東父老乎。臣參伍見聞。知其貪虐甚著。欲望聖慈將允迪杲特罷新任。別選良吏。以惠兩路之民。

昌裔又論史宅之上疏曰。臣聞人主之體。臣以恩人臣之正。主以義恩者。所以懋功。義者。所以制命也。仰惟陛下以忠信重祿勸士。以恩厚德禮敬臣。慨念故相彌遠之勞。不替始終侍遇之意。節以一惠。秩以三師。爵以真王。至於以從素及其孥。以衛筆保全其門戶。可謂過於恩矣。然晉重耳之賞。不及介推。以為難與處叔孫昭子之不勞。仲尼以為不可。能彌遠貪天之功。震主之勢。病國自擅。黷貨無厭。大臣議之於前。小臣爭之於後。原其心暴其過。至于今而未衰者。此非正義之在人心。不可以恩勝乎。近覩邸報。史宅之除煥章閣待制知袁州。除目之頒。上下疑怪。不知陛下姑欲以寵之耶。將實以用之耶。姑以寵之。則宅之鄮鄞之金足以自潤。銅山之錢足以自饒。武安之甲第腴田足以自給。不待得千里以為富也。實以用之。則宅之多欲寡諂必不能廉以表民。怙侈宣驕。必不能儉以固本。泰安長傲。必不能敬以臨事。又安能導王德意以致之民也。宜春州小地狹。人安吏循。韓愈蓋嘗臨之。號為佳郡。今以再世學為貪之子。一日不更事之人。強其不堪。自所非據。得無有忝共理之寄乎。況宅之方其父病時。代擬除目如條。及其病棘時。僥覬恩賞如嬉。此皆陛下所習知者。縱或未能如先朝之制。聽謝事之文。除職賦閑。亦為優眷。乃欲以郡政授之。臣恐非所以愛之也。昔大將軍光卒。宣帝思報定策之功。一家三人皆封為侯。時張敞上書。請罷三侯就第。謂宜明詔以恩。不聽群臣以義固爭而後許之。尚使宣帝非少恩之主。漢廷有引義之臣。君明臣良。仁至義盡。必不至醞成他日霍氏之禍也。今陛下錫命既恩不失為厚。而臣等竭節守義。未能忘言。欲望聖慈特將宅之袁州新命不嫌反汗。待其控免。即予以祠。至於宅之除授。乞收回於造命之前。庶幾上無過舉。而下無煩言。臣等狂瞽之忠。不至屢瀆天聽。謹具覺察以聞。

淳祐四年。同知樞密院事趙葵疏奏。今天下之事。其大者有幾。天下之才。其可用者有幾。吾從其大者而講明之。疏其可用者而任使之。有勇略者治兵。有心計者治財。寬厚者任牧養。剛正者持風憲。為官擇人。不為人而擇官。用之既當。任之既久。然後可以責其成效。又乞亟與宰臣講求規畫。凡有關於宗社安危治亂之大計者。條具以聞。審其所先後緩急。以圖籌策。則治功可成。小患不足畏。

歷代名臣奏議卷之一百五十

歷代名臣奏議卷之一百五十一

用人

宋理宗淳祐中太常寺主簿高斯得言大臣貴乎以道事君今乃獻替之義少而容悅之意多知耻之念輕而患失之心重内降當執奏則不待下殿而已行濫恩當裁抑則不從中覆而遽命嫉正而比邪喜同而惡異任術而詭道樂媮而憚勞陛下虚心委寄所責者何事而其應乃爾時范鍾獨當國過失日章故斯得及之

十二年斯得爲秘書少監兼侍立修注進故事曰哀帝時鮑宣上疏曰今朝臣亡有大儒骨鯁白首耆艾魁壘之士論議通古今喟然動衆心憂國如飢渴臣未見也厚外親小童及幸臣董賢等在公門省戶下陛下欲與此共承天地安海内甚難夫官爵非陛下之官爵乃天下之官爵陛下取非其官官非其人而望天説民服豈不難哉宜急召故大司空何武師丹故丞相孔光故左將軍彭宣皆智謀威信可與建教化圖安危龔勝爲司直郡國皆謹選舉可大委任也陛下前以小不忍退武等海内失望陛下尚能容亡功德者甚衆曾不能忍武等邪順帝時李固上疏曰安國者以積賢爲道陛下初登大位聘南陽樊英江夏黄瓊廬陵楊厚會稽賀純西海欣然歸服聖德厚等在職雖無奇卓然夕惕孳孳志在憂國臣前在荆州聞厚純等以病免歸誠以悵然爲時惜之一日朝會見諸侍中並皆年少無一宿儒大人可顧問者誠可歎息宜召還厚等以副群望

臣嘗觀舜之命官曰咨汝二十有二人欽哉惟時亮天功臯陶之陳謨亦曰無曠庶官天工人其代之夫人君代天理物朝廷之上庶官所治皆天事也其可一時之不亮一官之或曠哉然曠官有二無其人曠也非其人亦曠也舜之所命禹宅百揆棄后稷契作司徒臯陶作士垂共工益作虞伯夷典禮夔典樂龍作納言既不虚其位又皆當其才得人之盛卓冠千古嗚呼尚矣後世朝廷之官類多曠廢非果乏才也有而不能用耳哀帝時鮑宣言朝臣亡有大儒骨鯁白首耆艾魁壘之士論議通古今喟然動衆心憂國如飢渴者至於使外親小童在公門省戶下可謂曠官之甚也然何武師丹彭宣龔勝之倫蓋當時號爲骨鯁耆艾者乃以排外家丁傅廢斥不用順帝時李固言朝會見諸侍中並皆年少無一宿儒大人可備顧問者亦可謂曠官之甚矣然樊英黄瓊楊厚賀純之徒蓋當時號爲宿儒大人者乃以忤權臣梁冀病免而歸二君有才不用乃使不才者充位備數以妨賢俊其曠天工也甚矣雖然二漢之官非其人而曠也今日之病則不但非其人而又至於無其人焉尚書六員不置其一侍郎八員闕其五大小卿監十七員闕其九二府掾屬九員闕其六郎曹二十餘員闕其半謂天下果乏才耶則祖宗以來如慶曆元祐乾道淳熙之際人才輩出布滿朝廷皆取諸當世而足不借之於異代也何獨今日而無之乎采諸公論在外諸臣可備侍從卿監郎曹郎吏之選者固有其人柰何正學直道與時落落謀人之國者觀望上意必使朝廷空虚而不肯召用其負一世之望祇排小人不勝項背相望而去者視之亦不甚惜使鮑宣李固見之能不以何武師丹黄瓊楊厚梗棄爲歎乎然而今日所甚病者又在於二相矛盾私意相持坐視朝廷曠官廢事歷歲踰時曾不知恤陛下亦未嘗少加訓敕使之留意於選任也舜臯陶以天工相戒固如是乎臣願陛下深詔大臣妙選時髦速補衆職之闕庶幾併志合謀共熙帝績不至取國空無人之誚天下幸甚

淳祐間徐元杰進故事曰唐杜如晦傳如晦長於斷房元齡善於謀兩人深相知故能同心濟謀以佐佑帝當時語良相必曰房杜云

臣聞自古人臣莫難於遭時而得君尤莫難於同時而得君然同時得君矣或未能真切同心輔君以共治正恐天下之事不壞於專則壞於避其何以副天下之望哉故人臣非相得之難而相知之為難相知既深則相信而不疑不相知之深則相悅而莫克相濟心之同不同卒以是基之昔者周公作誥於召公不悅之日周召似不深相知者然周公挽留之辭切召公終為之動是周公之所以知召公者如此召公其不知周公乎觀書如無逸如周官如立政如君奭諸篇凡其格君致治大畧可睹太宗以英明之姿出而撥亂立極杜如晦為相而房元齡同之天下新定臺閣制度憲章容典率二人討裁傳稱如晦長於斷元齡善於謀必歎美之曰兩人深相知故能同心濟謀以佐佑帝終之以語良相者必曰房杜史氏可謂至論矣夫人臣辦天下之事者才也而所以能辦天下之事者心也元齡如晦皆有講學之力河汾王通告元齡以正主庇民之道必能遺其身而後能無私又斷之曰至公然後能以天下為心及稱如晦則曰若逢明主於萬民其猶天乎至比之春生夏長秋斂冬成極於萬類咸宜百姓日用不知之驗異時二人得君以共治皆此心此學之推此史氏又稱之曰宰相所以代天者也輔賛彌縫而藏諸用使斯人由之而不知而進之於古明哲之域尚非二臣充其無私循天之心寧免屑屑於形迹之粗拘拘於肝鬲之外雖已同患難而濟其治未思同安逸以慮其危計目前瑣細之利害而宗社生靈悠長之遠慮邈然不以是介心則何以維係有唐三百年之天命而至於規模宏遠如是哉吁臣於是益

嘆元齡如晦非同心濟謀之難而相知之深真可謂之難也夫以太宗天下新定之餘氣勢翕合股肱協同猶必一乃心力而後有濟今天下視唐為何如耶以臣觀之蓋同舟遇風之時也前乎制柁者非其人舟弊漏而日滲滲幸以聖主而得賢宰間關運動若將出淺而入洪矣而篙工棹卒呼呼未齊維楫失亡謾不之救滲漏四溢又弗之窒今焉兩分制柁之責坐舟中者皇皇然望其出手撐駕率衆工而諫共濟顧乃悠悠泛泛莫知所之脫有風濤之虞其不淪胥以敗者幾希元齡如晦之事載在方冊覩周召為庶幾蓋今日元臣宿望所素習聞者也相知夙深同心叶濟臣敢以是為今日勉雖然元齡如晦史臣稱之以良相宜矣自古君明則臣良虞書之歌曰元首明哉股肱良哉庶事康哉陛下明併日月燭臨羣工延若命相之初袞奎寶畫寵錫道揆者曰開誠心布公道集衆思廣忠益所以責望股肱者至矣臣又於此益願陛下申飭此意日日以是警勸之矧今所最急者莫切於邊防國用之實務惟在乎蒐求實才各副任使課責實效上寬顧憂此二揆所當夙夜究心躋世于理可也然切念夫稍愆和豫者許寬調攝之期可宣勤勞者戒勿嫌疑之避惟國事之大者俾商畧共圖若常程除授期會調度之務許令二三執政相與隨宜而區處必也審量中外之人物參錯邊庭之事任凡已收召者用之必當其所尚多逸遺者汲汲聘用而無疑庶不至坐失事幾付歲月於虛擲少俟右揆體力康平之餘諭其疇昔相知之深勉其心德叶同之報豈非宗社生靈之幸歟不然以儒者之道反無益於人之國家豈但為世俗竊笑而已哉臣興言及此不覺涕零天地鬼神臣布森列不可誣也惟陛下以是宣諭二三大臣使之同秉至公血誠之心以

作牽吾以叢庶政興滯補弊責實勸功。今何如時不可緩矣。易曰納約自牖。臣恃聖德之明。敢因條奏故事而昌陳之。惟陛下矜赦。

元祐應詔薦士上奏。明恭準聖旨指揮自侍從至郎官各薦舉淳實敏明堪充內外職事官者。臣猥以疎庸綴陳廷列無報稱常切凌兢。竊惟內外之修攘莫重賢能之任使。朝思夕念。所以懇懇切切告之廟朝者。初不敢厭其數。凡舉世公論所推予之者。亦既莫不屢瀆天聰矣。惟是才業之著于州縣者。未悉以上聞。氣節之著於卑官者。又限於資格。今即臣平日深知之深。如京官如選人各以五員為明時薦。臣謹第其人品。細書其銜位姓名。作四項條奏如左。

一臣伏見承議郎新通判郎武軍陳羲和。發由學校。見謂典刑。項分教泉南。部使者陳韡欲以京剡上。羲和辭曰。愚年踰五十矣。他人誰肯相繼薦舉。謝不受。諸司聞而異之。不旬月而舉剡溢格。作邑晉江。廉靖公恕。士民歌之。及倅鐔津嘗攝郡事。一日必躬救荒有略。殆不減晉州所活民命之數。堂有垂白之母。家事率稟命而行。母子俱賢。道途爲稱之。臣與為代。方敬其人之孝廉。且剛介而不屈於權勢。每事必親問之。未謂當路風聞之說。遠使之去。臣為之泣別焉。今猶待郎武平分之吟。士論稱歎久矣。宣教郎前知信州玉山縣綦爲積心苦學。抗志前脩。初尉建昌。已有植立。弓兵畏愛。警補忘疲。三載居官。境內興械。其丞衡陽。佐理聲績具見於當路之所稱道。為八桂糾曹。盡心刑獄。一郡無冤民。薦猷及格。試令玉山。勞心諄諄。視民猶子。一毫不以妄施。至於戢姦鉏暴。殊不以強禦而沮。前後舉陞陟舉科目舉旌擢者率二十餘剡。臣亦嘗備數薦之矣。宣教郎新擬知福州古田縣事鄭偘。有文藝而充以器識。交名勝而博於見聞。從容詞翰之間。有古作者氣象。其為監場官也。措置規模。吏卒為諫。及綜合萬卷。剖決如流。至今士民稱之。進居沿海制幕。識慮精詳。且有婉畫。事之可否。見必立表。寧甘犯時之所忌。不忍苟徇以病民。契蹟滿朝。恬然不以希進為意。臣謂此三人才識氣節宜甄錄陞擢。可以備異時風憲之選。

一臣伏見朝奉郎通判瀘州軍州事趙崇粟。才具疏通。心事平實。臣雖不識其人。聞其政於宰鉛邑之時。邑廩場兵八百人。前後每困於月支之不及。人戶以預借為苦。經理有道。公私通融。不煩文移。尚或不給。蓋其為政有本末。待士有禮。遴選庠序之教而興以孝悌。凡士習科舉之業。崇粟率以旬課考覈。焉士民化之。勤脩文行。而獄訟日以簡寡。今倅長沙。凡郡綱軍政之所係。善贊帥長密商畧之。帥亦傾心採納其善。是以庶務闓發畢舉曠。脩邦人歌別駕之功。從來士夫類能言之。宣教郎新知臨安府臨安縣王亞夫。生長名門。多識性行。才學器識。卓爾不凡。初為會稽倉官。考核姦欺。盡齊糾職。撥兼幕屬。擾畫尤長。帥府以部內多凋敝之邑。二一試之。攝宰亞夫。以撫字之意行於催科之中。所去見思。旗幟遠道。又為閩清令。莫不舉偏補弊。各適其宜。邑多大家。不阿不撓。良善為之吐氣。且其素以恬靜自持。不挾書不干進。當路聞風而爭舉之。臣與之交。嘗謂臣曰。平心敬物。世間事無不可為者。臣以是尤敬之。臣謂二人者才學實切於實用。宜稍擢獎任。以備他日都曹之選。

一臣伏見從事郎監行在省倉上界門趙希懷。名父之子。宗胄之賢。自其為海鹽簿領時。覽心銷注。曉夕忘疲。藹然有廉平之譽。當路名賢知其器識之宏深。已加旌擢者殆不容口。今為省倉門官。尤嚴於吏卒出入往來之禁。檢柅欺弊。家切究心。薦舉及格。蓋非有求而得者。臣在都曹嘗欲薦之。已為他人所先矣。從政郎監行在編估局詹文杓孝行著於家庭賢譽藹於鄉井審身庠序光價翕騰分教瑞陽文風爲之丕變今爲京局疏導貧滯檢梲吏欺尤能以職業自見臣與同里知其平實無華雅有志向非務眩鶩外者之比臣以爲是二人者可以備二令掌故採擇之需

一臣伏見迪功郎特差監行在贍軍激賞庫葉采學有淵源文有氣骨平居雅有膽畧人多以後來陳鞾期之由其婦翁李方子所得於晦庵朱熹之真傳故能服膺古訓而勿失今職居筦庫勉竭忘勞捧檄僉畿多所及物特賢皆以廉勤公介稱之采方志於向上事業暇則手不釋卷異乎馳逐京塵者多矣迪功郎新建昌軍軍學教授盧鉞審身庠序卓然以名節自持方其流俗頹波率先以天理民彝之不可亂者爲之啓奏忠誠懇惻審

不顧身而一以國之安危存亡者晝夜慟哭臣與素昧近甫識之蓋嘉其志敬其人汲汲然薦引之迪功郎新信州上饒縣主簿湯漢家學相先文價發定其所交游者皆前輩老師宿儒也不惟著述具有法度至於操履亦有禁儀近世名賢率尊尚之或獎薦之奏名別頭其對天陛昌言無隱犯時忌而不顧其辭大畧謂上下相習於欺大欺則大得志小欺則小得志蓋箴切當時之膏肓今待次勾稽奉朝命主象山書院稍與諸生日由乎博文約禮之地是雖未及乎民而所以及於士者亦不貲矣臣以爲是三人者謂宜度越拘攣或陟之文學掌故或改畀以史次教官豈殖長養以待異時之顯用豈不足以壯國之精神臣生而愚戇一無他長惟有愛敬賢材不翅飢渴今所薦引劑量久之既已明著其所長亦可知其績用況朴實廉敏萬口

八誣如蒙聖慈擢用後或不如所薦臣甘重坐繆舉之罰。

劉克莊進故事曰杜衍爲相尤抑絕僥倖凡內降與恩澤者一切不與每積至十數則封還之或詰責其人謂歐陽脩曰外人知杜衍封還內降耶吾居禁中每以杜衍不可告之而止者多於所封還也其助我多矣。

臣按內降非盛世事也詩詠后妃以無私謁爲賢桑林禱旱以婦謁盛自責蓋自昔未嘗無是事但古先哲王理慾明界限嚴能防其微杜其漸爾降及叔季非惟不能防杜又且開扃破鑰以導其來西園買官斜封墨敕至今遺臭故諸葛亮有合宮府爲一體之論唐人有不經鳳閣鸞臺何名爲敕之歎我朝家法最善雖一熏籠之微必由朝廷出令列聖相承莫之有改其後充蔡用事患同列異議始請細札以行之初猶處分大事既而俯及細微後不勝

多至使小臣揚球張補代書謂之東廊御筆迄成禍亂臣嘗竊論祖宗盛時內降絕少間出一二則有論列者有繳駁者有執奏者誨純仁等寧謫而不以濮議爲是茂良必大寧去而不與兩知閤並立衍寧罷而不肯求容護倖之門此所以爲極治之朝也臣采之輿言謂邇日蹊隧傍啓廟堂積輕中外除授間有不由大臣啓擬近臣薦進者顯仕率貴游之子專城多恩澤之侯畿郡謂守上煩宸斷小臣改秩或出中批既累至公亦傷大體求者予者奉行者皆以爲常不以爲異遂使天下之人以誨純仁茂良必大之事責望有司以衍之事責望大臣以仁宗禁中之語責望明主臣竊爲陛下君臣惜之本朝名相多矣惟衍號爲能卻內降者豈有他道哉臣嘗考之其拜也在慶曆四年九月其免也在明年正月當國僅三數月意此衍之所以能直道而行乎臣故謂小臣能以去

就為輕。雖大事可論。大臣能以去就為輕。雖內降可執。橫恩可寢。人主能以朝廷紀綱為重。貴近干請為輕。則堂陛尊而命令肅矣。惟陛下留神。

權司封郎官許應龍論量材進故事曰。太宗嘗語宰相曰。統制諸夏。自有道理。內外官吏。當量才任使。如匠者創屋。棟梁欂櫨。咸不可闕。天下至廣。未能獨理。致治之道。全在任人。苟得其人。何患不理。孝宗御製用人論曰。人君以任使百官為事。百官則分職以治其事。用得其宜。則百職舉而庶事立。用失其宜。則百職廢而庶事隳。蓋人才有能有不能。固不可以一槩論也。擇不厭精。任不厭久。小有以成小。而天下無廢事。大有以成大。而天下無廢政。如是則太平之基可立。先王之治可追矣。

臣聞天下無不可為之事。而患乎無可用之才。何世不生才。何才不資世。臨政願治之主。孰不以人才為急也。然或資之以成功。或任之而敗事。其必有故矣。蓋可用者用之。則足以勝其任而無事之不集。不可用者而輕用焉。則舉措必乖其宜。而何功之可成。是以英明之君。不慮夫事功之難立。而惟慮夫真才之難得。兼收而博采。詳觀而諦審。必其人之果智也。而後使之謀事。果勇也。而後使之禦敵。持重者委之備邊。通練者委之治軍賦。綏御有方者委之弭盜賊。酌量輕重。各當其任。以之圖事。何向不濟。請以漢宣帝之事明之。今觀其時。膠東有流離之民。潢池有弄兵之寇。關東之漕運重費。而塞之烽燧時警。事緒膠轕。若未易經理也。然帝之所以處此者。惟於人才之間。切切乎可不可之辨。任將則問其誰可。擇守則令舉可用。謀事則反覆詰難。度其計之可必用者。始從而聽信之。則帝之所以用人者

蓋考之詳而擇之精矣。故賑飢則著勞來之效。糴穀則省轉漕之費。渤海之盜。安之而自弭。先零之衆。緩之而自降。理內攘外無不如意。得人之效。蓋可觀矣。共惟陛下以聰明之資。紹延洪業。厲精思治。側席求賢。將欲內修外攘。以措天下於泰山之安。然疆埸之防。尚費經畫。垂亡之虜。猶未掃除。攣孫雖欲降而招撫未定。飢民雖稍蘇而瘡痍未瘳。若是之類。亦當深思而熟討。然使無人以任其責。則悠悠歲月。曷觀成效。兼亦擇可用之才而使之畢力以圖功乎。邊郡之要。將帥之屬。或延訪於廟堂。或奏辟於諸司。其所以求才之意可謂至矣。然知人之道。自古所難。闊論高談者若善謀。輕舉妄動者若敢為。露才揚己者若多多而益辦。禎特遲鈍者若隨機而應變。苟輕信而遽用之。則非惟不足以圖事。而反至於生事。不特不能以成功。而或至於敗功。則必明目而達聽。詳考而精擇。以言進者。則察其所行以質其言。以名取者。則考之以實以驗其名。以能舉者。則試之以事以觀其能。若然。則毀譽不足以亂其真。虛誕莫得以肆其欺矣。患乎不得人哉。雖然。用人於閒暇之時。與用人於緩急之際。未可以一律拘也。蓋當緩急之際。擢之未峻。則無以使之勸。任之不專。則無以責其成。何者。邊陲之地。非內郡比。況當多事之時。人所憚往。苟無高爵重祿以誘之。孰肯犯難而不辭。閫外之寄。所係甚重。安危之機。變於瞬息。苟不假之以事權。則動皆掣肘。何以乘機而制變。故擢之峻。則感激思奮。任之專。則事權歸一。夫如是。以戰則克。以守則固。尚何外患之足慮哉。然非精擇之於其始。而徒曰峻擢之可以使人也。而輕予之以不次之官。豈無大言無實者得以竊吾之爵祿乎。不知其才之果

長可以責其後効。而徒曰使功不如使過。則敗衂之將其將奚用
乎。此尤所當察者。惟陛下留神。
應龍又論用人。進故事曰。昔司馬光進言。謂設官分職。以待賢能。大
者道德器識。以弼諧教化。其次明察惠和。以拊循州縣。其次方略勇
畧。以捍禦外侮。小者刑獄錢穀。以供給役使。豈可專取文藝之人。欲
理萬事耶。然則四方之人。雖於文藝或有所短。而其所長有益於公
家之用者。安可盡加弃斥。使終身不仕耶。又曰。人各有所長。或優於
德而嗇於才。或長於此而短於彼。雖皐陶稷契。尚各守一能。況於中
才。安可求備。故孔門以四科取士。若專引知識。則嫌於挾私。難服衆
心。若止循資序。則官匪其人。何由致治。乞朝廷設十科以舉士。
臣聞天下固有不一之才。人主當無執一之見。蓋人才之在天下。
若十指然。小大長短雖若不齊。而皆適於用。兼收並蓄。待用無遺。

則皆有以自見。而天下無不舉之事。苟用一而廢一。則互相傾軋。
必有分朋植黨之弊。昔皐陶謂翕受敷施。九德咸事。則俊乂在官。
可以撫五辰而凝庶績。柰何後世之君。不知出此。文帝好清静。而
豪傑之士難合。武帝用才智。而道德之士見遺。宣帝尚刑名。而儒
學之士不用。皆由所尚之偏。故天下之才不能以盡用。要之人主
當與天同量。栽培傾覆。生育長養。各隨其稟賦之自然。而無容心
於其間。苟好惡之私。先累於其中。則人才高下。必不能隨宜器使。
而急於求進者。必至迎合。黨同而伐異。俱欲求勝。非惟不足以成
事。而清流濁流之患。實基於此。司馬光論任人。欲取道德器識。明
達吏畧刑獄錢穀者並用之。而長於此短於彼者。不可求備。此乃
官使人才之要術也。嗟夫。人才不同。彼此異見。其來非一日矣。足
一蹋軍門。視文士如仇讎。首一戴儒冠。輕武弁如草芥。矯矯特立

則以静重為苟容。處事詳審。則以剛直為沽譽。長於吏才。則以明
經術者為腐儒。專於學問。則以了官事者為俗吏。少俊則以老成
為遲鈍。寛厚則以嚴明為苛刻。各分黨與。判乎其不相入也。人主
用才。惟求以辦吾事。濟吾治而已。安可主一而廢一哉。陛下建用
皇極。無黨無偏。耆德者召之。文學者用之。吏事者任之。或長於將
畧。或精於財計。或以循良稱。或以讜直名。莫不擢用。固無一毫好
惡之私。然求賢之詔屢下。剡薦之牘交馳。而人心多私。罕以實應。
靖退不競者。無由自達。單寒寡援者。未免見遺。臣願陛下開衆正
而達四聰。使任薦舉者。悉參公論。舉能其官。則錫以進賢之賞。稱
匪其人。則加以謬舉之罰。如此。則真才實能。皆為吾用。而何事不
立。中興之烈。可指日以冀耳。惟陛下與大臣亟圖之。
應龍又進故事論久任。曰。英宗朝吴申言。近年以來。官吏數易。王舉

元自三司副使。一年之中。凡歷四使。沈立自知滄州。未及半年。已更
三任。蘇寀累任皆不及一年。哲宗朝上官均言。太守以一郡為傳舍。
吏民以太守為使客。送故迎新。紛紛道路。太守不暇整治其紀綱。吏
民豈有信服其政事耶。臣以為奉行朝廷之法令。而利澤天下者。内
則係百官長貳。外則係監司郡守。内外不得人。則不足以稱職。得人
而屢易。則不足以舉職。職不舉。則政事廢弛。而下受其弊。雖有才吏
與不才者。相去無幾。朝廷雖有良法美意。是為徒法而已。
臣謂久任而責成功。此用人之良法也。夫人才各有所長。因其長
而任之。遲之以歲月。則可以自見。苟數遷數易。則人無固志。事多
苟且。況更代之際。意向或有不同。施設未免相反。涖事方新。蠹弊
不能盡知。胥吏必生欺誕。内外之治。所以不能並舉者。職此之由
也。今内而百司庶府。不問人才之能否。惟以職任為資歷。理財未

幾則又易而典禮明刑未久則復使之典教一人之身無官不可為久而不遷則懷淹滯之歎如此則百事何由舉祇見其因循歲月耳外而監司太守或一歲而再遷或甫至而復易迎新送舊交錯於道人知吏之不久不率其政令吏知去之不遠不究其心力是以民瘼未蘇吏治不振其弊有不可勝言者況邊陲之寄尤不容不久雖以三歲為期然邇日以來移彼易此殆無虛月縱有諳熟兵畧留意邊備之人然效未成而已去兵卒何由而閑習備守何由而堅固今多事之秋將欲興起治功其可不以久任為先乎內則量能而授官長於財計者則所遷者皆理財之職明於法理者則所擢者皆法理之任至於他官亦莫不然克稱其職則優加旌擢使之知勸不必遽易以强其所不能任於外者因其有風采則使之持節因其有政事則付以典郡庶各盡其才以圖績效治

最上聞則遷秩昇職以示甄別迨其既久則擢之以不次之職以酬其累歲之勞夫有功見知則說孰不勉勵以稱上意吁此非難轉移者特在乎堅守而不變耳雖然任人固不可不久而擇人尤不可不精茍非其人則癃老者必至廢職疏謬者必至悞事而貪黷苛刻者必至為無窮之害必詳考之於其初而後可以久任於其後此又澄源正本之論惟陛下與大臣亟圖之。

應龍又進故事論均內外曰昔大中祥符中張知白上言昔唐李嶠嘗云安人之方須擇郡守竊見朝廷重內官輕外任每除授牧伯皆避命致辭比遣外任多是貶累之人風俗不澄皆由於此望於臺閣妙選賢良分典大州共臻庶績淳熙間臣僚上言伏見今之士大夫以州縣為滯路以朝廷為捷逕此內重外輕之所由致欲望聖慈鑒斯久弊特留宸慮為中外往進之路凡郡邑之吏有治行名迹純實不欺無間疏遠不次擢用以風厲天下孰有不勸者乎

臣謂重內輕外此吏治所以不振也夫人之情有功而見知則說非才而任事則必有瘝曠之虞今之持節把麾者多不安於外而慕於內內則遷擢之必速而爵位之易崇外則績效之雖彰而褒遷之未必及故因循苟且玩歲愒日而治效蔑聞況仕於內者或不恤物論致遭彈擊往往畀以外任夫仕於王朝職閑事簡尚不勝任乃使之分一郡一道之寄事叢如毛決不能理豈不為民之病乎茍於臺閣妙選賢良使之更迭以示重外之意復於監司郡守擇其有聲績者寘之朝列以示褒表至於廷紳之貶黜者則庶以直館而不任以民事夫碌碌之庸者既不復用則有志事功者孰不思勉以見知如是則吏稱其職而民安其業蓋有不難致者矣。

應龍又進故事論名實曰真宗時王旦有識畧善鎮定大事其於用人不以名譽必求其實茍賢且才矣必久其官衆以為宜為某職然後遷之士雖咈於己者亦不以私廢仁宗朝司馬光言致治之道在於任官且謂奸計之臣衒奇以譁衆養交以市譽居官未久聲聞四達朝廷或以衆言而賞之則虛偽者無不爭進矣其失在於國家采名不采實夫以名行賞則天下飾名以求功。

臣聞漢宣帝不審膠東相之偽是後俗吏多為虛名齊威王能察阿大夫之譽於是人人不敢飾非夫徇名而不責實此今之大勢也且邊陲未寧國論未定兵增而財愈匱患蘗而威不振正當嚴綜核之政圖興起之功任人則必求其可用之實而雜偽以假真者所當辨論事則必求其可行之實而大言無當者所當察崇奬忠正抑遠虛浮行之以公守之以堅則分朋植黨妄相稱譽者莫

得以肆其欺矯情飾貌恙於媒進者不能以揜其跡如此則上下相蒙皆求以實自見而天下無不舉之事矣王旦謂用人必求其實而司馬光謂采名不采實則虛僞者無不爭進真至當之論也二公皆我朝之賢臣勵相國家以致升平其大要不外乎此然則今日欲振起事功以復祖宗之盛可不以是爲先歟夫名固國家之所當尚而士大夫之所當慕也恥沒世而名不稱君子以德名爲幾名苟不立必同流合汙無復氣節爲人上者不可不加砥礪然必因名以考其實因實以責其效則任人而必覈實才議事而必得實用苟外事表襮而中實無有更相標榜而實不副名蹈常襲故而不達時宜矯枉過正而徒欲立異施之於政則扞格而難行若是者是特虛名耳果何益於國家之大計哉是必聽言而觀行使僞不得以亂真庶可收

實才之用而立太平之基苟是非不審徒以其好名而一切厭之則其心未服異論迭起賢否混殽非惟不足以成事而清流濁流之患或兆于此是必審思之明辨之則衆正之路闢群枉之門塞濟濟布列無非真才庶績咸熙萬邦咸寧可指日以冀耳

洪舜俞進故事曰明道中執政除親舊二人爲正言司諫上謂曰祖宗法臺諫官須出宸選若大臣自除則大臣過失無敢言者治平二年以范純仁爲殿中侍御史呂大防爲監察御史裏行近制御史有闕則命翰林學士御史中丞迭舉二人而上自擇取一人爲之至是闕兩員舉者未上而出純仁大防姓名而命之

臣聞臺諫天子耳目之官耳以司吾之聰目以司吾之明而人執之可乎張行成無先容舉爲殿中侍御史柳公權有諍

臣風屈爲諫議大夫萬衆覩擢遍臣莫與矣知足以則任耳目之寄者激昂振厲思稱主知周而無所比正而無所阿朝政之得失廟論之是非相業之修廢不吐不茹悉以上聞不至於壞私恩徇偏見以亂天下之公我朝祖宗法臺諫官須出宸選正以是也異時唐介論文彥博王陶彈韓琦以二輔臣之賢猶不爲之少隱況下於文韓者乎雖然臺諫不由進擬固足攬馭臣之枋要必人主有至明之見而後能奮獨斷以聳衆聽否則不謀之外廷謀之左右親暱附下罔上抑又甚矣大明在上邪正洞燭得范純仁呂公著而內出姓名得歐陽脩余靖王素而御筆親除斯無愧累朝之盛

牟子才除起居舍人進對直前奏劄曰臣聞君子之於小人猶陰之於陽不能以相無而消長有常亦非人之所能損益也先

儒以爲聖人作易於其不能相無者既以健順仁義之屬明之而無所偏主至於消長之際淑慝之分未嘗不致其扶陽抑陰之助蓋陽屬君子陰屬小人固不可相無亦不可相亂固不可相亂尤不可相暴泰之爲卦內健而外順內陽而外陰內君子而外小人所以深致內外之辨使之介限一明不相殽亂君子得其位可進以有爲小人得其欲雖退而無怨故聖人名之以泰泰之爲言安也言君子小人各得其所而不相害乃所以爲安也自古惟堯舜之時足以當之三代而下治亂靡常然不過由此二道用君子則去小人用小人則去君子未聞君子小人而參用者也用君子則治用小人則亂亦未聞君子小人參用而可以久安而無亂者也然則有天下國家而欲久安而無亂者必自辨君子小人始不明君子小人之辨而泯其異同混其

賢否而曰吾將以是為安也直幸而已矣非聖人所為致泰之道也臣抑嘗讀國朝元祐之事而竊有感焉夫元祐之所以為元祐者用君子而退小人也元祐之所以為紹聖則君子小人並用故也方元祐之四五年當時言者已凜然以邪正之不辨為憂宋光庭則謂用人之際當以善與利二者之間加明察使正臣日進而邪臣永退范祖禹則謂憸人在前則害政事在下則害風俗大則傾覆邦國小則殘敗善類不當使之在位為他日患蘇轍則謂君子小人勢如冰炭同處必爭一爭之後小人必勝君子必敗不可惑於浮議引與共事王岩叟則謂小人無能斯不足畏小人而材然後可畏當明辨力遏毋使小人得以雜其間其言皆深切著明反覆詳盡而於泰之一卦莫不援以為據蓋以為保泰之道在乎此

而墮泰之道亦在乎此是豈私憂過計哉使當時盡用其言絕禍萌敦治本雖百年元祐可也柰何調亭之說雖賢如呂大防范純仁劉摯亦且惑之楊畏鄧溫伯李清臣皆小人之雄而引之腹心俾得乘間抵巇陰唱邪說紹述之論起而君子不能以一日安其後黨錮禍成雖大防純仁摯亦皆不免報復之禍則調亭之論蓋亦疏矣遂使國家當其禍敗至於宣靖之事不可勝悔而光庭祖禹轍岩叟之流獨受知言之名可不為痛哭流涕者哉伏惟陛下臨政願治垂三十年宜可以為元祐矣而乃岌岌乎紹聖且宣靖宜可以為泰矣而乃駸駸乎為姤為遯陛下亦嘗思其故乎陛下未嘗不用君子而不純於用君子未嘗不去小人而不盡於去小人故其勢不免參而用之夫君子小人勢不兩立參而用之則是正

邪相勍而使之日鬭于下豈有安靖之理哉陛下試觀三十年間君子小人幾進幾退幾僨幾起幾勝幾負相尋至今未有止極者皆以此也陛下見其如此不察其故以為是紛紜華競者皆君子之過也而小人又搆而陷之以為必去其類而後可靖國則益誤矣故始於君子小人並用而卒至於君子日空小人日盛臣竊惟小人不去其害之大者有三焉累君德也害治體也敗善類也敢為陛下悉言之小人性本巧惡又敢欺誣其狡獪之術是以逢迎而為悅其淫詖之辭是以譸張而為患變黑為白指鹿為馬以之惑人主之視聽而亂其是非甚至借人主之喜怒以成其威福恥為正論而厚誣其君為不可以責難陰進邪謀則歸過於上以自逃於公論遂使謗議流聞聲光不著此則欺誣之說有累於君德也小人性本傾

危又好反覆勢在彼則始趨而終背勢在此則始背而終趨閃倏游颺蹤跡詭秘巧險側媚情態乖張其狀似三變柔行巽入善為模稜軟語畢詞曲相容悅其狀似兩來操三變之心行兩來之術而視勢之所趨為向背此反覆之說有害於治體也小人性本刻薄又喜激發上惡譁競則曰是好名也是多言也上惡朋比則曰是某黨也是交結也上惡誕妄則曰是欺罔也是浮矯也駕虛翼偽造謗興訛其譖貝錦其言巧簧陽為納忠陰實激怒其術一售其勢遂成梟心逞志無所不為此激作之說有害於善類者也此三害者千岐萬轍為變多端不懼上之悔悟務行其言不恤國之憂危務伸其志不虞君子之困敗務遂其說為禍之烈如此而可使之一日參乎君子之間耶今通國之所謂小人者陛下亦知去之矣臣以為非去之之難而辨之之難

去一小人。是一小人也。安知一小人之去。無一小人之進。辨之則幾矣。夫君子小人。如數一二。如別蒼素。辨之無難者。是在陛下之心耳。陛下如能致知格物以明此心。賤貨貴德以一此心。明目達聰以廣此心。使此心之體。如衡之平。如鑑之空。既不失其好惡本然之真。又有以得其是非當然之則。所謂君子小人之情狀。固無所逃乎陛下之前。而陛下又即其賢否枉正之所在。而為用舍進退之分焉。柔邪巧佞。阿意承旨者。必斥。剛方鯁亮。犯顏苦口者。必容。輕儇便給。狡慧剸刻者必遠。而莊重靖嘉。淵純朴茂者。必親。出入多岐。陰有所主者。必屏。忠信不二。孤立無朋者。必用。汰其庸猥卑雜。而存其耿介挺持。去其狠戾駔獪。而任其弘毅忠和。懲其躁競無恥。而擢其靖退有守。黜其陰默深阻。而取其疏明洞達。不以鄉原而易狂狷。不以嬖人而嫉莊士。不以美疢而疏藥石。則忠邪之位定。而內外之限明。豈不能致元祐泰亨之治哉。今上而論思獻納。多忠讜正之臣。次而給舍臺諫。皆端亮純實之士。下而百司庶尹。又能時發讜言於靖共正直之餘。陛下宜鑑鏡其心。勿以小人參乎其間。而二三執政。亦宜去偏累之私。昭平明之治。融朋黨之意。絕反覆之慮。一以開誠心布公道之言。而為進君子退小人之地。思元祐諸老拳拳之憂。鑒紹聖以往紛紛之事。務使邪正不暴。陰不勝陽。以成泰內之治。豈不韙歟。不然。實未有以知人才之孰忠孰邪。而姑聽其一時之作賢作佞。則臣謂用者不必用。去者未嘗去。而所謂安者。乃階亂之所伏也。臣隱憂所發。冒進瞽言。不勝拳拳。

牟子才乞留察院徐經孫奏狀曰。臣昨日忽聞察院徐經孫輕車出關。不勝駭愕。退竊自歎。以為臺諫天子耳目之官。既以耳目寄之。凡所論列。皆當聽行。以求廣其耳目。矧今人才日衰。公論日塞。陛下方欲

扶持振起。以幸惠世道。而數月以來。妄庸之流。乃皆乘藉氣勢以抗天下之公議。遏順以此去。經孫復以此去。通國藉藉。皆謂以一不肖而去二臺官。何陛下重於去一不肖。而輕於壞祖宗三百年臺諫哉。臣且不知車載斗量世何乏斯人。復何益於陛下。而所以累陛下者。如此也。陛下高見遠識。超越古今。而或者乃輒以妖邪庸鄙之論。肆言君父之前。而無所忌憚。甚至以厭玩而矯誣。夫謂其君不能者。謂之賊。此中外之所共切齒。而彼方以議論不足聽。流品不足別之言。逆遏公論。使天下無有復言其姦者。是必有教之者也。臺諫一言之。而輒去。則其計得而其勢張矣。臣竊窺陛下聖明。必不以其言為是。而於紀綱之地。亦必不忍摧抑阻遏。使至此極也。區區之愚。惟望陛下主持公道。存全事體。詔追經孫。復還言職。亟屏邪說。以厭輿論。庶幾去留輕重之間。不至有偏。則或可救一二於末流也。昔仁宗朝。唐介以論文彥博遂。已而彥博亦罷去。元老大臣。仁德之重。而猶不免於兩罷。陛下亦何愛于此哉。臣待罪兩制。伏見未三月間。兩遂言者。非盛世美事。不敢泯默而無一言。謹歷愚忠。上裨黈聰之萬一。輕觸蕭斧。惟陛下幸赦。

牟子才又繳黃蛻狀奏曰。臣聞玉堂給札。故事也。祖宗盛時。率以來天下之英才。觀其論議。以定一時之國是。非細故也。比奉詔旨。名試湯漢黃蛻二人。臣待罪禁林。偶當發策。竊切惟念。千數年所問之題。或言度數。或言古史。或言錢穀之瑣屑。或言禮樂之繁簡。皆非當世要務。輒不自揆。撰述四條。以靜激順拂。消翕得失。為問而抑揚開闔。不為枝辭。意甚坦白。其所關皆當今國論大節目。使答策者。隨問指陳。固可以空臆盡言。極論時弊。而無所回撓諱護。今觀臣蛻所對。以借學經靖順之誤。為執事大人之譏。最切中今日之病。與臣所問者靜

惡激喜順惡拂之語。尤相發明。至於論君子小人分數消長早晚講不當併為一。國家紀綱不可廢其言皆是也。惟是諭揚大姦一節。用意包藏最啼天下之公議臣讀之至此。口去汗下為駭愕且蜕之言曰淳祐初元之相富國雖牢籠把握之人議其姦然擔當開拓得去毅然與人主論是非。則於大臣身上事本不為過。嗚呼。信斯言也。是杜富韓范其人也。其投拭大姦可謂至矣。然嘗論之古之專任宰相者。謂其能總攬庶務。凝定國勢。非使之牢籠把握。以固權利也。今大姦以挾數用術。為胡制人主之具。而人主不之覺。以邪謀秘計為愚弄人主之術。而人主不之悟。彼之所以得罪天下者此爾。而謂人議其姦可乎。古所謂擔當開拓得去者。謂其德足以任重致遠。量足以翕受敷施。非謂小有事而無忌憚也。今大姦不能捍禦外患。而專假和議為買靜之鎡基。而自謂有才。不能開忱布公。專任私意為謀國之張本。而自謂有術。彼之所以得罪於天下者此爾。而謂擔當開拓得去可乎。古所謂毅然敢與人主論是非者。謂其能區別忠邪剖析義理也。今大姦信任羣小。椓喪王國為是。而廢棄忠賢。二念則不以為非也。以刻薄政事。朘削元氣為是。而封培忠學一脉。則深以為非也。彼之所以得罪於天下者此爾。而謂能與人主論是非可乎。古之所謂大臣者。謂其以道事君。不可則止也。今大姦以功利之說。富國強兵之資。而勇於自利。以權謀之術。操制天下之本。而巧於自謀。公論已沸而不知退。事勢已窮而復欲求。彼之所以得罪於天下者此爾。而謂能盡大臣之事可乎。夫誤國之罪大於此。彼以一身而會其惡。此固陛下之所深惡。而天下公論之所不容也。陛下自甲辰改紀。屛而斥言。明示意向。以弗復用。十餘年間。通國上下無敢齒之者。而臣蜕乃輒犯不韙。嘘久寒之灰而重然之。蜕非病狂喪心。臣不知其所

以為言何也。其不出於大姦之唆使。必出於一時之觀望。彼大姦之心。無一日不在鉅鹿下。又重之以人物彫然之秋。姦黨竊目之際。一旦給札之士奮然推稱其才量。以為可以當天下之大事。此猶褒卓莽而譽盜跖。固卓莽盜跖之所驩欣而鼓舞也。萬一有怵其邪說或動宣室之思。信其邪謀。遂下追封之詔。則天下之事去矣。邇日以來。外論闕然。以為大姦復出。此必大姦自謂哦餌之說得行。其徒譁然附之。遂以為此言出公論之推許。而陛下且將信而復用之也。陛下荷祖宗之託。所以為貽謀燕翼計者甚至。決不忍輕棄其說。舉天下而付之一擲。然此論易於蠱惑。若非陛下深長其思。堅定其守。則必為邪說所搖。必為小人所亂。其所關係甚大。臣蜕副本初傳之日。搢紳暨六館之士。一詞憤之。臣蜕攖人之議已也。則亟更定元本。改人議其姦一句。莫為拚其姦改大臣身上事本不為過一句為反有非君子所可及者。蜕之心跡。至是益周章矣。夫譽大姦而誤主聽。其罪固不勝誅。竄元本而欺天下。其心尤不可恕。然蜕尚敢於欺陛下。何不敢於欺天下哉。臣行將告歸。本不欲多言以重仇怨。而搢紳六館之士。往往咎臣。以為不當無所可否。存之以惑觀聽。至危言切責。以為黨姦臣竊觀蜕含糊於當世之事。而果決於譽姦相之能。誇詡擔當開拓之才。以潛移上意。覆護牢籠把握之罪。而追仇議者。公論在人。自不可泯。第改本既出。是非並行。或恐外以逆公論之抵排。而陰實為姦人之道地。果如人言。則臣罪大矣。用敢冒昧陳其顛末。庶陛下知大姦之不可用。而邪論之不可信也。昔高宗皇帝謂輔臣曰。試館職人。當取實有文學議論。若召試備禮。非祖宗取人之意。近日三人試卷。朕嘗親覽。如沈長卿輩尚懷朋附。又不實陳實事。尤哉。王言此召試取人之良規也。臣謂今日臣蜕之言。即沈長卿尚懷朋附不

指實事之意也欲望陛下以高宗皇帝爲法深察朋附之言昭定疑國真大姦於度外則宗社幸甚。

歷代名臣奏議卷之一百五十一

歷代名臣奏議卷之一百五十二

用人

宋理宗時牟子才奏趙汝騰徐霖不當遷遂狀曰。臣比因輪對有感時事。輙論君子將散其幾有十履霜堅氷危慮并迫禱陛下忻垂採納至於元祐紹聖反覆之際留問再三。所以爲世道憂者至勤切也。錄此一意可以疑國是可以熄邪說。羣臣百僚交誦聖明曾未數日趙汝騰除翰林學士以遷去。徐霖與在外差遣以遂去。駭機忽發事變倏異與臣前所聞於陛下者如出兩轍臣竊惑焉陛下既知所以爲世道憂則求所以保之可也。不惟不能保而又自摧斲擯斷之。臣以爲必有誤陛下者。而非陛下之本意也。不然。以陛下之聖明。而有此何也。唐德宗非不愛陸贄。而終仇其盡言非不用蕭復。而常惡其輕己。至於盧杞姦邪則曰朕殊不覺裴延齡則更以爲忠謂德宗性與小人合與君子殊。德宗庸主也。豈不然哉。而陛下則聖明也。惟聖明爲能鑒忠邪別。淑慝故臣竊有望於陛下也。夫正邪無兩立之理。陛下所爲更化之意者。以用賢也。所爲用賢之意者。以去邪也。用賢去邪無他道在陛下堅其初意而已。霖之去內扺甚駭。汝騰之出。臣莫知其端。或謂有所營救而陛下疑之。或謂有所抵觸而陛下怒之。臣不能詳也。陛下用汝騰爲給事小人重足而立反目而視久矣。一二繳駁。仇怒者衆。飛語搖撼者有之。詭辭浸潤者有之。汝騰瑟縮不安。已爲去計。四方之誚責者日至。猶謂某人當論奏而不論奏某事當諫止而不諫止。汝騰固知其勢之甚難。而力之不可勝獨賴陛下聖明而爲之主。而陛下固弗肯主。則惟有去耳。汝騰老矣。不憚數千里冒涉畏景。來事陛下。亦欲有所建立。而徒取空名以歸。豈其願哉。勢有不得已焉耳。若汝騰者善類之所主也。其真純端亮無所矯飾。疏明洞達無所回隱忠君憂國懇款至忱如火熱水寒出於天性況同姓之卿義同休戚決非欺陛下者獨其好賢太切嫉惡太甚故見一君子則極口稱譽不顧立黨之嫌見一小人則極力去之而不計報復之禍黨則多疑仇則多怨其所以去殆或以此然陛下可不亮其心乎徐霖固小人之所仇也自其力抗權姦方張之勢且不暇顧其軀命豈計名哉幸而不死因以得名亦陛下養其氣節成就至此天下莫不聞之一旦論事小忤即呵斥摧挫無復禮意陛下毋乃摘其小疵而遺其大慮乎霖既敗為仇人笑而天下願忠之士搖手咋舌以霖為戒臣竊以為非便也霖雖狂狷不猶愈於鄉原乎鄉原者滔滔皆是而何惡於霖也霖所論事是一非若坐之以罪則自昔所記鬻拳兵諫薛廣德欲頸血污車輪朱雲折殿檻大呼等事則又甚矣臣以為霖狂則有之彼素恃陛下恩厚遂忘忌諱亦不料至於如此也彼豈不能紆徐為和因循歲月以取好官何苦犯危難自餌讒口陛下亦察其心可乎汝騰善類之所主霖小人之所仇陛下始焉尊用二人固所以昭用賢去邪之意今一日盡去初意變矣衆賢解體羣邪得志事勢岌岌正復可憂故臣以為非陛下本意必有誤陛下者也惟聖明豁然捐去疑貳察其心亮其忠汝騰必勿失之霖終保全之以允善類以沮小人以繫初意以回世道幸甚幸甚或謂汝騰已出理無復還臣以為有司馬光故事在光以中丞論張方平移翰林學士抗疏力辭神宗手詔諭光稱其經術行義且謂苟以言事罪卿豈復遷卿美職於是取告勑付閤門趣光令受光奏謝罪請上殿後受告詔光受告後上殿所以保全者如此今陛下以此意降詔遣使趣之使受其舊職則汝騰豈不能為陛下一留哉霖則陛下既予之郡矣然猶有愚見非為霖計也元祐中韓維以與范百祿爭論

刑名事罷御劄至謂奏劾臣僚既無明文何異殺讒呂公著累章力爭而中批之詞猶厲則請論不已及便殿反覆數陳其言謂皇帝宜調平喜怒以復仁祖之政而維卒善罷其為人主心術之慮至矣霖小臣非敢方維特欲陛下反覆斯言而深鑒焉非特霖幸諸臣之幸也臣立朝自有本末上無附麗下無比周公論所激冒犯宸嚴無所避死

子才又為趙汝騰辯兼大有劾章狀奏曰臣聞君臣父子之間天下誠實之所在也臣子告君父之言必以其實非其實而敢於誣蔑以告者是以私意而窺君父也嗚呼尊知君父而忍欺之則何事而不為欺邪臣竊見近者趙汝騰除翰林學士知制誥未供職間而諫議大夫葉大有急劾去之士論怪駭併為一談汝騰文學行義昭著天下立朝有謇諤之鄰居官有廉平之稱往歲初間凡三十餘疏而後去今春受詔五閱月而後來其難進易退之風天下高之今忽為大有誣奏遂去此衆議所以恟恟不平始大有為汝騰所繳奏臣猶疑其深讎高壘為自全計或用鄭寀故智以老其鋒今乃發其褊心造為誣語以欺陛下陛下察大有之懷私念汝騰之無罪格奏不下所以愛惜人才存全事體可謂曲盡矣而大有不體陛下美意乃多錄副本散布中外且欲揭之通衢此與紹聖元符揭之朝堂異世一心臣偶得其本參詳始末然後知其言汝騰特發於私意而遂忘其欺耳昔司諫江公望謂揚前一磚地是人臣對君父極言天下事處唯上不欺天中不欺君下不欺心則可免戾矣有欺天乎欺君乎抑欺心乎臣子之事君父宜無尊卑大義一也矣有長諫省而職在諫君臣為說書而職在正君焉有大有以汝騰不實之罪上欺君父而臣不以其實為陛下告乎大有言汝騰叨升郎闈冒直翰林殊失典

故。無一篇文字可觀。臣聞近世詞臣。無出汝談之右。汝騰師事汝談為所推許。其掌書命。蔚然有汝談之風。大有乃以無文訕之。大有文采不耀。每為江萬里所鄙笑。徐霖在館。嘗以其文之氣衰薾為改竄大有為文如此。而反汝騰之路。其曰無一篇文字可觀。是欺陛下也。大有言汝騰因趙善湘媚嵩之之父彌忠。而丐恩乞憐。方嵩之用事時。初無氣節之可書。臣聞汝騰直翰苑時。行史嵩之督府轉官制中。有精能儆役之間等語。嵩之以為輕己。遂不受三官。而甚惡汝騰。緣此得罪。大有乃謂丐恩乞憐無氣節之可書。是欺陛下也。大有又謂汝騰兄弟卯翼於陳韡。後排之如寇讎。其身久館穀於以夫。近攻之如路人。夫陳韡之凶暴。以夫之詭譎。汝騰排之。天下莫不以為快。所謂卯翼館穀。臣不能詳知。但大有嘗為汝騰所舉。其為卯翼館穀多矣。一旦彎射羿之弓。誠其所謂人面獸心。將自指邪。指汝騰耶。是又

欺陛下也。大有謂故相清之察其不能文。不畀視草之職。鞅鞅失望迨其來歸。毀清之為甚。臣聞清之雅敬汝騰。屢以官誘之。卒獨帝欲除直院。汝騰不領其意。議論寖異。最後因日食正陽。疏其賄賂清之益怒。陳垓密受風旨。遂遭誣劾。固不待再來而毀清之也。大有謂其鞅鞅失望。是欺陛下也。大有又言汝騰詐曰清貧。行李不辦。臣知其在鄱陽。承嘉婺女時。有未請俸料。臣聞汝騰所守三郡。皆有善政世號循吏。而清廉一節。尤為皎皎。其歸也。至無屋可居。寄跡蕭寺。無田可耕。取仰祠祿。閩士類能言之。不特閩士人人能言之也。大有乃謂三郡無未請之俸料。且俸料乃赤旁所封之祿。朝廷所以養廉。藉使盡取。亦其當然。大有誣以之祠主。是窮矣。是又欺陛下也。大有又謂汝騰大則稱長宗盟。畧不容一老之遺。次則破格相輔。將襲二臣之後臣聞汝騰之繳以夫。實秉公論。彼其盤錯已深。一擊匪易。而以為孫

長宗盟計何其小也。汝騰聲望豈去一以夫而後能稱長宗盟哉。至於破格相輔。尤為非據。汝騰每謂宗姓不可為宰相。雖汝愚為之猶不免禍。蓋以是過與籌之姦謀。且其聲利素薄。此來不過作數月留為國家定大計。排大姦而已。豈有意於襲二臣之後哉。且大有既為諫長。一武可居政府。所以徘徊顧望而不肯去者。原其本心。正欲襲二臣之後。而反以此議汝騰。是欺陛下也。大有又謂陛下灼見徐霖之首鼠。斥之於外。京師萬衆。咸仰天日之清明。汝騰以同謀而敗露乃誣奏而欺天。臣聞大有嘗乞憐於汝騰。詞甚哀苦。而汝騰亦許其革面矣。徐霖聞而非之。頗詰責汝騰。於是奏疏有乞盟太賢。豈可赦之之語。汝騰讀之哄然。觀此則非同謀可知。而大有疑汝騰漏言。使霖播之。深恨汝騰。遂謂同謀敗露。誣奏欺天。是又欺陛下也。大有又言汝騰濡滯鄉關。愈聽譁徒。又要私黨。以代乞留。貢上書以為公議

夫孟子不用三宿出晝。屈原被放。徬徨去郢。豈若是淺丈夫悻悻然去則窮日之力哉。且同列諸賢。重惜其去。叩閽求賢。天理所激。謂之買斷可乎。草茅之士。重惜其去。作詩送別。分誼當爾。謂之譁徒可乎。大有不明為士之誼。遂以此為鉗制之術。此何異腐鼠之嚇鵷鶵也。不知留行詣人可得而鉗制乎。是又欺陛下也。大有謂臣擢自丙午冬。非清之之力也。又素排嵩之之姦。又無一事干與篡。更未嘗黨親發攻一正人。臣聞嵩之以牒試冒濫屈大有。大有窮而無歸。怨則有之。若謂非清篡之黨。則將誰欺。清死嵩去。而遺毒餘烈。至今為梗。以大有為之死黨故也。雖家置一喙。殆難自解。況核榮所論列。皆是夫有嫉使今乃欲避其名。以欺天下。此尤姦之大者。臺諫中今無嫉榮之可嫉。遂自劾汝騰。以洩其忿。其陷害忠良之意。是愈不可掩。且大有以不孝誣江萬里。欲制獄以限陳億子等二十士。謂之不畏

君子可乎是亦欺陛下也凡大有所言臣參稽反覆無一之實其欺甚矣而又有大可畏者臣不可以終莫之辨也臣聞諫議大夫給事中俱隸後省皆紀綱之地今汝騰以社倉事論大有其職分也未聞言之是否紀綱所在大有所當懼思也乃視如不聞揚揚上殿復胃不韙顯劾汝騰則給舍可廢也紀綱可紊也且汝騰再召已七閱月使果有過惡胡不攻之於先而獨用此數日乎汝騰繳之後亦劾之臣不知此一意也公乎私乎自來臺諫按劾雖小人行其胸臆猶有託焉未聞直述其私形之彈疏臣觀大有所論汝騰之文累數百言無非因爲辯數然則汝騰不得罪於君父不得罪於公論而獨以忤一大有用爲罪狀播之遠邇姦雄小人所不敢爲者而大有爲之臣不知大有何所恃而敢爾也大有不過欲假陛下之威隆其權勢以恐喝天下使無敢復有議其姦者然不知祖宗三百年之臺諫專爲

大有設乎專以爲大有報復之地乎生此厲階漸不可長此其一也自昔小人之攻君子莫不反用其鋒在元符指司馬光爲姦邪在慶元則指朱熹爲僞學雖以章蔡何劉諸人回山倒海之力猶不能移萬世之公議今大有目汝騰爲頑夫爲奸邪爲凶與臺皂隸口語藉其說之不足行固不待後世矣何能爲有無哉獨其敢於變亂黑白熒惑睿明所謂小人而無忌憚者也又立黨之一說爲穽於國中夫小人而欲亡人之國必先空君子之類君子無過惟坐之以朋黨而朋黨人主之所甚惡也黨錮之禍起而漢衰清流之禍起而唐亡大有胡忍而爲此也且大有左挾以夫右挾與篡而內主垓萊獨無黨乎急於矯枉以捻流禍此其二也大有至謂近日水災爲甚皆汝騰鼓流俗唱浮論所致昔恭顯之流以地震爲蕭望之劉向之罪白青無光爲周堪張猛之咎其說傅會甚巧以元帝之暗猶察其妄至下詔切責之而大有乃敢以此言進於陛下不知大有以陛下爲何如主也是以陛下爲元帝之不如也且劉向所謂將同心以陷正臣者正爲大有輩設耳言之獨不泚其顙乎國家不幸有大災異正賴君臣上下交相規戒崇陽抑陰以弭變怒而大有忽唱爲邪說移過玩變欺天誣人大有庸淺鄙陋未能知人況能知天邪論一畀受淫靡已此其三也若此三說臣竊料其意不止於去汝騰而已大有才本平凡氣質甚下少年僥倖不暇學問昧於聖賢命義之大戒妻妾宮室之念驅之於中利慾富貴之圖誘之於外而又有柔邪之資諂佞之口足以自媒世謂巧宦遂其得志文以奸深領袖臺端羽翼元惡上則以妾婦之順媚惑聖聽下則以鬼蜮之智陰戕善類傳寀坦之衣鉢爲垓萊之指蹤論者以垓萊爲梁成大以其公爲小人小人而顯者也以大有爲李知孝以其陰爲小人小人而隱者也原情定罪浮於垓萊而一去一留是謂

佚罰夫鷹化爲鳩識者猶憎其目而欲冀其可誘爲善未已疏乎今外議藉藉皆謂大有上殿之日面承密指退而草疏遂肆詆誣又謂陛下積怒汝騰厭薄君子固留大有以排根以臣所見萬無或然皆大有專徇己私陰圖報復遂使歸過君父謗流海宇在大有亦復何情大有每謂已決歸期非敢欺誑又謂若逐汝騰則拜辭君門退處畎畝去百大有不足以當一汝騰然汲其邪正混其是非猶諺曰兩罷也今汝騰除職予郡而大有頑然自如轉石拔山有識痛恨以大有爲臺諫則汝騰非給舍乎以汝騰爲黨則大有非私黨乎以汝騰爲無錄黃不當繳駁則大有非當論事而反肆排彈乎陛下見其務爲唯阿謂之恭謹可托腹心見其好進饞諛謂之盡誠可寄耳目方且抗之以戰公議垂之以彰聖斷而忠賢之去如土梗弁髦天位天職陛下獨不與一大有共之乎夫世變之趨如江河之日下雖天地鬼神

有莫能移。爲欲赤手捧湍以礙之。臣固知其不可也。今小人之勢已成。君子之禍將作。然與泯默以陷淪胥之害。寧盡言而就黨錮之誅。用敢直疏其事。無所回隱。所謂立朝之大節。事君之大誼。臣知此而已。他不暇計。惟陛下亮其不欺。

子才又論救高斯得徐霖李伯玉狀奏曰。臣聞國於天地間。必有與立者。其惟君子乎。君子進則國之所與立者存焉。君子退則國之所與立者忽焉。其理昭昭。如燭照龜卜。不可誣也。伏自陛下更新大化。收召時賢。歐陽脩所謂選之千官百辟之中。而得此數人者。莫不布在班列。氣象翕然。四海流聞。足爲盛事。頃緣葉大有以私意攻趙汝騰。遂致一時大起諍論。交攻互擊。上瀆聖聽。賴陛下審察是非。大有竟逐。其去匪實。得當衆論無譁。比日以來。事體小定。凡百有位。豈無肺腸。亦願各務精共。安其職業。以彰陛下優容之德。以成聖朝肅睦之風。而高斯得徐霖等忽爲御史所劾。雖御史意見與人異殊。然此二人者。皆號君子。其大節表表可觀。李乃文致其罪。牽聯盡去。是以或者議論紛然。謂其似是而實非。託濤而寄治。蓋知陛下適來積怒徐霖未已。逢迎風旨。遂肆擠排。而又并以此時中傷斯得。不特快平日之積忿。且以致諸人之必爭。萬一有語言不倫。舉動過當。則又指爲立黨。目爲好名。或謂之訕上要君。或謂之侵官越職。用爲罪狀。激怒聖心。諸人戇愚。殆不之悟。連臂接跡。始墮其機。以臣觀之。豈惟諸人不悟。雖陛下明聖。亦未察焉。昔陳執中嬖奴之死。言者持之甚急。范鎮乃以爲非。且以尊治其私矣。論人體者以鎮之待小人猶恐之如此。今何獨無鎮之心乎。況斯得素號剛方。不畏強禦。觀其平日論奏。庶幾陳瓘鄒浩之特操。似未可以此少之也。若王益柔傲歌之作。王拱辰一網盡去。韓琦亦以爲非。且謂攻益柔豈爲傲歌。意蓋有在。琦之於小人。深阻之如此。今何獨甘於拱辰乎。況小人之爲狂夷者。其行有得於曾晳琴張之遺意。亦未可以此少之也。所幸陛下灼見群情。大爲容覆。斯得既除職與郡。徐霖亦并以寬科。是陛下雖勉行臺臣之言。而終有保全君子之意。一時氣類莫不驩然。以爲世道之回猶可望也。而伯玉復以罪去。未免憂疑矣。以内批而逐臣寮。此豈盛時美事。韓維之去。呂公著爭之。宋熹之去。趙汝愚留之。皆以内批施行。而爲宰相執奏。彼豈不知將順之美。豈不識朋比之嫌。而輒犯天威。力伸論救。蓋謂人君舉動。實係觀瞻。稍失和平。有傷事體。且於君德關繫非輕。故寧犯不測之誅。而不欲置其君於有過之地。陛下夙存寬大。優禮舊工。止緣積怒於徐霖。遂有指揮之乘。怏怏不已。頓以爲常。至于再五。殆似手滑。而宰相憚於忤旨。俛首奉行。此之公著汝愚。大爲有愧。且李伯玉本無過尤。偶以論奏之章有關風憲之體。伯玉草茅質直。不暇周詳。但見都司彈糾之條。謂即祖宗可行之事。遂因輕舉上觸威顏。遂麾而不見泰山。當時蓋有所蔽。不然。覆車未遠。伯玉何苦蹈之。況伯玉心事真純。側行平實。豈肯比周爲黨。蓋亦忠憤所驅。在於明時。似可矜諒。昨所下御筆詞旨嚴峻。聞者愕眙。臣謂陛下有高視宇内之意。輕視臣下之心。而欲一切震之以威。臣愚以爲過矣。夫聖人推恍而任理。虛己以盡人。以天地日月爲心。何嘗有好惡之私。以風雨霜露爲教。何嘗有喜怒之迹。昔我仁祖撫育臣民。四十[illegible]年。卒用此道。旋逐唐介而旋召介。斥范仲淹而復用仲淹。其他逆耳之言。亦皆所過者化。而且誠恭寅畏。終始不渝。用能固結人心。扶植元氣。以爲燕翼之地。所謂數世之仁也。恭惟陛下天德清明。尚符仁祖。獨於好惡之際。喜怒之間。猶頗反之。聖心所加德之[illegible]。戢威於雷激霆砰之際。持定見於衡平鑑空之時。諒斯得徐霖之孤忠察御王㦤愚之無罪。雖未如仁祖之用介於既斥。用仲淹於既黜。亦當察其萋斐。賜以包荒。特回反汗之仁。用稍不遠之復。繼自今日益恢至公。毋以好惡亂是非之真。毋以喜怒汩性情之正。毋以朋黨加忠賢之罪。毋以獨運崇一己之威。毋以辯詰窮言者之辭。毋以疑貳來讒邪之口。毋以憸人任紀綱之責。毋以御筆快斥逐之私。庶幾聖德日新。異端潛泯。上無變容動色之事。下無疾聲大呼之尤。公道光融。豈不甚偉。臣職在經筵。事當正救。不敢雷同拱默以苟容其身。冒犯天威。無所逃罪。

貼黃。臣久具此奏。蓋皆平心而論。非有矯激。不過願陛下存大體壽威嚴而已。既塵於上聞。徒抱憂愛。今獲覲清光。若吐而復茹則是昧其本心。欺陛下矣。謹復以元奏上徹聖聰。惟陛下幸察

子才乞留徐霖狀奏。臣頃因誤遷。汙玷班行。待罪奉常。兩忝三館

貼職。未去愧負初心。今月八日入局。見校書郎徐霖去國後。所申樞書省狀。因而詢問。乃知臣霖應詔言事。論及諫議大夫京兆尹之罪二辭不獲。遂申都省。徑出國門。此等舉措。雖駭觀聽。然與口去而心留。陽受而陰辭者。不可同日而語。三館之士見其所爲。莫不擊節於是。聯名合辭爲王留行。繼而得之傳聞。則謂昨來宰相親以東縶勉而留之。既而遣宰士尹煥即其寓止。慰而留之。昨又聞御筆下廟堂諭意留之。既又札委大著姚希得前路挽留之。君相不下士久矣。今吾君吾相謙勤勉勞至于再三。可謂待士有禮矣。可謂不鄙薄人言矣。士而聞此。莫不奮厲。況臣霖親受寵遇。豈不欲黽勉就職。以稱陛下留行之意。然再三思之。數十年來風俗不美者。皆緣世俗有所謂禮數之說。有所謂祠請之說。所以轉相倣效。公然言之。不愧不怍。今臣霖飄然徑去。不以富貴利達動其心。此其所謂過人遠甚。觀其申省之詞。有以如言去而復留。稱辭而又受。甘伏簡書。是猛省截斷。斷無復回之理矣。況兼所論諫議大夫者。失出詔獄黨救奸臣之罪。京兆尹有李昂英所言。森列可畏之事。則是與此二臣爲敵矣。夫與人爲敵。而自出弱辭。自行狹路。而使敵有可攻之隙。其何以勝天下之公議耶。此臣所以敢謂臣霖決不復回也。陛下若果有意留之。惟有亟罷諫議大夫京兆尹之職。則可以使之必回。不然霖之去萬牛不可挽矣。其或霖之去果不可留。則遷擢之間。或與改合入官。或與之近郡添倅。以華其歸。則臣今日之去。豈不足以風厲諸臣。而霖春秋方富。又豈不能進用於他日。以重王國耶。惟陛下擇斯二者。乃若諫議大夫京兆尹之所爲。未問其有罪無罪。合公議與不合公議。只以廉恥一節。激厲之。彼豈不內自愧者。勇於一去以存全國家之大體耶。切聞京兆尹宣押歸府之後。未復治事。騰章乞祠。則是猶知廉恥也。

獨諫議大夫乞留徐霖之疏。乃反自以爲是。更無一語求退。其遲疑陛下未必施行。則是全無廉恥也。夫禮義廉恥。國之四維。所以維持人心者此也。所以維持世道者此也。諫議大夫以己律人者也。而先自壞所以維持人心。維持世道之具。而欲以此糾正官邪。其誰能服。況其資質柔佞。心術回邪。道路之人皆能言之。若國家養此不捕之貓。留此不鳴之鷹。秖是汙辱臺省耳。欲望陛下出自聖意。別選骨鯁之士。以振諫議大夫之職。其於天下所補不細。又豈養廉耻厚風俗而已哉。所有京兆尹。陛下既以民訟不可留滯。復令日下治事。則乞嚴行宣諭。俾之洗心滌慮。改過自新。免致再有人言。則京師衆大之區兩浙旱荒之地。有所賴利矣。臣本蜀人。職聯三館。與臣霖素非親知。於諫議大夫京兆尹亦無仇怨。陛下亮臣之心。赦臣之罪。特賜施行。公議幸甚。

子才延和殿面對第一劄子曰臣一介疎慵待罪博士比因忌諱游乞退闕將期獲展於素心乃遂繳膺於二奏旋申前請泛闕俞音致令孤子之蹤尚玷班聯之末茲緣參告適值對班幸天表之再瞻豈忌言之敢發。臣聞區別是非者天下之公言。包容賢否者當今之邪說。自昔言者每當國論危疑之秋。欲混邪正為一說。昭然號於天下曰皇極。曰大中。以為包含依據之的。而不知經之所謂皇極者。非此之謂也。蓋皇者君也。極者至也。言人君之身。居至極之地。以為天下之標準。周公所謂以為民極者是也。自漢儒誤以大中二字而訓之而後世遂以為寬洪廣大之言。又以大中為含洪姑息善惡不分之目。如元祐之調亭。元符之建中。慶元之建極皆是也。然嘗論之。君子小人不可並用。君子小人之說不明。而是非顛倒賢否貿亂。其餘毒遺烈。往往之以斲喪元氣殘害國家蠹壞善類而不自知也。元祐更化以來。姦邪失職居外。日夜伺便規求復入。呂大防輩乃欲合兩黨而用之。其意將以消平舊怨也。而蘇轍則謂邪正不可兼用。兼用必至交爭。此元祐調亭之說也。自此說一行。未幾而李清臣以吏書入矣。又未幾蒲宗孟以兵書進矣。又未幾而鄧温伯之徒復以外藩起矣。雖瑣瑣繳駁諫官論列事得暫止。然此路一開。終不能遏小人之進。激而為紹聖反覆之禍。則此說實為之。非斲喪元氣之斧斤乎。元符末年。瓘浩雖來。章蔡未去。邪正雜揉。朋黨交攻。元祐之黨嫉視熙豐之人。紹聖之人忿怒元祐之黨曾布一旦以大中至正之道。改元建中。其意蓋欲以元祐兼紹聖而行之也。而曾肇則謂當先分別君子小人。然後可以行大中至正。此元符建中之說也。自此說一行。而鄧洵武以愛莫助之圖進矣。又未幾而温益錢遹之徒擁要津矣。又未幾而蔡京為左丞且拜右僕射矣。雖旌別淑慝有詔。紛亂憲章有戒。然此

機既決。終不可以止小人之來。激而為宣靖危亂之禍。則此說實為之。非殘害國家之鴆毒乎。慶元中柄韓專國擯逐善類。至標道學之目。以為攻詆之資。羽翼既張。忠諫受禍。權臣稍厭前事。或者附會。又立為建極之說。以示廣大含容之公。一時君子雖幸學禁之稍寬。而見遠識微之士。則深憂邪正之相糅。此慶元建極之說也。自此說一行。小人懼其事之變也。復游言者以辨治為請矣。未幾而偽師之藝蔽行約束矣。又未幾而習偽攻偽之禁申敕其嚴矣。雖廢退之士先後復官。而復讎之說一進。終不能止小人之言。激而為開禧用兵之禍。則此說實為之。非蠹壞善類之蟊賊乎。是三說者。雖其為意各有不同。大抵皆以含糊鶻突為說。是以忠邪並世。薰蕕變化。荃蕙化為蕭茅。嘉穀化為稊稗。人類殄絶。世道陵夷。所謂斲喪元氣。殘害國家。蠹壞善類之禍。靡不有之。是非天之作孽也。人才之辨不明。而其禍必至於此也。陛下以聰明之才。當艱難之會。其於人才進退之間。嘗致其謹矣。然天下之才。有君子有小人。其名既殊。其類又別。嘗即其情狀而觀之。大率不過數端。其言剛正不撓。無所阿徇者。君子也。辭氣卑佞。伺候顏色。窺闞意向。切切然貪進務入者。小人也。光明正大。疎暢洞達。魁壘傑特。無纖芥可疑者。君子也。依阿淟涊。回互隱伏。閃倏狡獪。睢盱鄙賤。枉道苟合者。小人也。君子小人。情態昭晰。固若黑白之了然。而其似是而非。似非而是者。言與行違。迹與心異者。則尤人之易惑也。今不問賢否。不察疑似。而一槩以大度包容之。曰我調亭也。我建中也。我建極也。豈不誤人國家哉。故皇極大中之說。其始則包君子小人而為一。其極則君子受其禍。小人受其福。其始則納天下國家於無事。其極則天下受其危。而國家受其禍。故一小人之進。若未甚害也。及其久也。呼儔引類。根據朝廷。交通宮闈。劫制人主。然則當正邪

交攻欲定未定之前而進皇極大中之說者陛下其可不察其說之所以然哉今君子少而小人多矣自甲辰改紀以來臣龔瑚死臣範死臣元杰死今臣大宗臣應起又死矣臣性傳去臣泌去臣斯得去臣琰去臣昴英去臣萬里去臣公許去臣韶去臣佖去臣淪去臣霖去臣潛去今臣汝騰臣伯玉臣鈜又將去矣君子之勢落落如晨星曉月之孤又借皇極大中之說為邪黨游說之地則君子盡去而陛下之國空矣國空無人則陛下孤立于其上矣陛下其亦省察于此乎省察之道無他在致謹於用人之際而已繼自今主政用人有若清臣溫作孟宗等輩其勿徇偏見勿惑人言而為其所怵則天下大勢決不如元祐之變紹聖也有若洵武適孟蔡京輩其勿摇異說勿顧身禍而為其所惑則天下大勢决不如元符之變宣靖也又有若何澹京鏜劉德秀胡紘等輩勿聽恠論勿怵私情而為其所賣則天下大勢决不如慶元之變開禧也謹之未擇之前遏之未來之頃彼皇極大中之說將日銷月鑠而國是定于一矣惟陛下留神

子才為起居郎因災異進對劄子曰臣嘗肅容稽首伏讀國史至景祐中京師地震直史館葉清臣上疏有曰頃范仲淹余靖以言事被黜天下之人齰舌不敢議朝政者行將二年願陛下深自欲責詳延正直敢言之士庶幾明威降鑒而善應來集也書奏數日仲淹皆得近徙臣有以見仁宗皇帝祗畏天威優容讜直未嘗以遂非為心也又讀至范仲淹既徙潤州讒者恐其復用遽誣以事語入上怒亟命置之嶺南參知政事程琳獨為上開說明其誣枉上意解仲淹訖得免臣又有以見仁宗皇帝照破姦讒消弭誣枉未嘗以終怒為心也夫人才天下之元氣公議國家之精神所恃以為天下國家此而已今清臣一言而仲淹有近徙之命程琳一言而仲淹破讒誣之疑雖

執政大臣如王隨陳堯佐等輩亦不能沮抑而齟齬之此四十二年之治所以獨為本朝之冠也猗歟盛哉陛下纂圖御極幾三十餘年矣容諫尊賢一念每以仁祖為法比者更化登崇俊良淵谷諸臣悉膺聘召氣象翕然向慶曆矣乃有直臣不容相繼遠引如臣汝騰則以奪瓚閩去臣霖則以論事不合去臣斯得臣頤質則以泰來之劾去臣伯玉則以鄭曹論臺臣去臣棟則以奪中書去臣鈜則以謁告去越明年臣夢炎則以乞郡去臣遇順則以論貴戚之卿去自是以來上之人則以常人吉士為國下之人則以譁競朋比為的彰然立赤幟以鉗天下之口以拂天下之公論然風雨如晦雞鳴喈喈忠志之士未嘗不以譁競朋比為忌而不言國事之非也雖至愚如臣亦有救解直臣之說消平喜怒之說獨相之初不可不謹重之說避殿之後不可復賀雪之說君相之體不可獨運之說大德浸衰不可不

修省之說奸邪不可比肩之說君子小人消長之說蜀上流當立三大屯之說貴戚之卿不可帥越之說喜靜惡譁喜順惡拂之說御筆不可不收回之說蜀亡不可不急救之說大奸不可復用之說多言數窮取惡已甚揆以時義所合汰歸累章陳詞有志未遂而臣之微意亦欲於未去之時深為君子謀所以冒萬死吐露於陛下之前者正以臣汝騰等排奸論事雖或過於激或流於狂或失於不中節然要其本心則皆忠於愛君忠於衛社稷忠於扶世道者今綿歷已踰二年而疑謗猶未盡釋幾若與之相忘於江湖之表豈諸臣他有過尤不足以供一時之用耶以臣察之諸臣以清白為質以正平為則以脩姱為能以芳菲為服媚以慱謇為好尚以中正為矩矱未嘗有所過尤也曰然則何為而棄梗乎曰謠諑妬晚妄謂蛾眉之善淫而靈修浩蕩又不察民心之屈抑此朋比譁競之譖所以入人之

膚蠱人之心。至于今而未解也。上之人不過曰吾方以安靜爲善彼乃以譁競爲訛不思每有除拜衆言輒紛紛當時反以爲好事似未可以譁競訾之也。吾方以獨運爲務彼乃以朋比爲心不忍上自以爲是。諸大夫莫敢矯其非識者乃以順旨雷同深負爲臣之義似未可以朋比疑之也。動搖山嶽之地。既以譁競朋比之說媒孽於其先。進退百官之朝復以主靜喜順之說陰制於其後此諸臣所以屈心抑志寧鬱邑而不伸。死直忍尤寧顧頷而不遂也。且非特諸臣也後之以直道忤時者大抵皆如是也。臣每一念此爲之動色以相哀鳴心而長喟。臣既不能隨諸臣以去。已爲遯尾之屬若貪榮戀寵僥倖復留。而不能爲諸臣出一語以解久結不解之憤其視東漢之世碩畫鉤黨之禍者尚止去三十里哉。臣既以書抵宰臣。又當天變洊臻之時。盛夏常寒之際復效葉清臣程琳輩開解仁祖之意爲陛下底裏言之。欲望宸聰開悟聖斷果決念人才無終棄之理察世道有當反之機特舉仁祖所以近徙范仲淹等故事。拂拭已去諸臣。節次擢用使見爲監司郡守者昇以收召。以需遠次者昇以見次郡見食祠廩者昇以近次郡。在謫籍者昇以祠廩。被謫降者復其元官而昇以廩祿。在選調者特與改秩而昇以外任。一如仁祖節級近徙之制。不惟上可以回天心而弭天變下可以允公議而服人心。雖諸臣得路亦將永肩乃心。盡展所學。以扶宗社。以福蒼生。其所裨益豈淺淺哉。臣一無能解每念報國獨惟薦賢用敢以諸臣抑屈久困之狀祈哀於陛下。若猶未以臣言爲然是永錮諸臣。終非盛世之美事。臣愚至是其技已窮。惟有痛自咎責寧屛微臣之身以贖諸臣之過而已。奉此心天地鬼神實臨之。惟陛下幸赦

詔免諸州守臣上殿奏事右丞相葉夢鼎言祖宗謹重牧守之討。將赴官必令奏事。蓋欲察其人品及面諭以廉律己。愛育百姓其至郡延見吏民具宣上意。庶幾求無負臨遣之意。今不遠數千里而來恐只一天顏而不得見身非立法之本意。又乞容受直言進少保

度宗咸淳八年起居舍人高斯得上言曰。臣竊惟尚書本秦官漢承秦置其始皆用士人爲之武帝晚來遊宴後庭始用宦者。至成帝增置尚書五人。後用士人。然不過掌圖書章奏之事其任猶輕。及光武時事歸臺閣尚書之任始爲優重出納王命敷奏萬機。蓋政令之所由宣選舉之所由定賞罰之所由出。斯乃文昌天府衆務淵藪內外所折衷遠近所稟仰故李固云尚書猶天之有北斗爲天喉舌斟酌元氣運乎四時信乎其爲天下樞要也。其長官則有令有僕射漢或以大將軍領尚書事或以師傅錄尚書事其下有左右丞有六曹尚書。蓋以萬機之繁故衆建官屬以綜理之章帝時常處上疏謂天下樞要在於尚書。聞者多從郎官超升此位處特指六曹尚書耳。若錄公及令僕乃百僚之長非處之所指也。是時諸尚書多以苛刻爲能故處云。天下樞要在尚書。今超升此位者徒曉習文法察察小慧而無大能。況以居天下樞要之地也必忠厚純實知國家大體者然後可以綜理萬務補弊救偏爲國家輯安靜和平之福銷苛嬈刻覈之風也。今之彌綸省戶者固亦得人然常處所言或尚有之。人徘徊覩望不敢剸決使樞要之地壅底不通此今日之大患也。聖問所及敢不吐其狂愚伏乞睿照

九年斯得又上奏曰。臣聞人君以眇然一身臨四海九州之大而欲含氣之屬視聽之類咸樂其生豈一手一足之所致哉故建萬國親諸侯使之協比其民撫循和輯不困不傷然後司牧之職盡而無負於上天之畀付矣。唐虞岳牧三代封建皆由此道雍熙泰和之治鳴

呼感哉。自罷侯置守以來。英君誼辟。欲有為於天下者未嘗不以此為先務。漢之文帝孝宣。唐之太宗明皇是已。臣請肯三君而以聖聞之所及者論之。開元之初。明皇厲精為治。承則天殘酷之餘。憫念民生。新免毒螫。思有以撫摩而綏靖之。故孜孜以遴選牧守為急。開元十三年。帝自擇諸司長官有聲望者。吏部侍郎許景先。兵部侍郎冦泚。尚書左丞楊承令。大理卿源光裕等十一人為刺史。詔宰相諸王御史以上。祖道洛濱。盛具奏太常樂。帝親御翰墨以十韻詩賜之。德意宣備。恩光赫奕。牧民之吏。歆豔歎息。人君意向如此。宜乎四海之內。鄉風而聽。隨流而化。開元三十年之治。追迹文景。庶幾成康。豈倖而致哉。惜乎始勤終怠。一惑女德。初心遽移。天寶之後。牧守不復親擇。貪暴横行。為百姓苦。唐業衰矣。臣嘗謂人主欲治天下。當先治其心。君心一正。衆欲盡除。聾者司眎。瞽者司聽。一意於民。寧有進銳退速之患哉。盡此道者。惟我孝宗皇帝乎。在位二十八年。不邇聲色。不殖貨利。富貴崇高之奉。一毫不入於心。故夙寤晨興。盡思極神。惟憂民而已。嘗曰。朕一日須行天下。兩遭。而於精擇郡守。尤極留意。選德殿置金漆大屏。列天下郡守姓名其間。朝夕省閱。輔臣進擬。必問其行治才術。窮極根柢。懼大臣之私也。除目必列鄉貫於前。嘗謂王淮等曰。郡守之任。卿等宜精擇。若至朕前有所揀退。則怨歸於朕矣。至於臧否之法。尤極其精。命監司歲終具所部郡守爰其治狀分為三等。曰臧。曰否。曰平。臧者陟之。否者絀之。平者置而不問。歸守不以時上。雖嘗相位者。亦不免於罰。乾淳之治。吏稱民安。終始如一。豈區區唐帝之所可同日而道哉。今日宅生之寄。選諸所表。亦既盡心爾矣。然田里之間。猶有歎息愁恨之聲。視乾淳盛際。不能無愧。故臣畧舉陛下家法大槩為獻。惟陛下留神。

金世宗時。蕭貢為翰林修撰。上書論比年之弊。人才不以器識操履。巧于案牘。不涉吏議者為工。用人不務因才授官。惟泥資叙。名器不務慎與。人多僥倖。守令不務才賢。民罹其害。伏望擢真才以振澆俗。核功能以理職業。慎名器以抑僥倖。重守令以厚邦本。然後政化可行。百事可舉矣。

同知清州防禦事高德暉上書言曰。吏部格法。止叙軍勞。雖有材能拘滯下僚。刺史縣令多不得人。乞密加訪察。然後顯問。今酒稅使尚選能吏。縣令可不擇人。乞以能吏當任酒稅使者。任親民之職。上是其言。謂宰相曰。朕思庶職多不得人。中夜而寤。或達旦不能寐。卿等注意選擇。朕亦密加體察。紇石烈良弼對曰。女真契丹人。須是曾習漢人文字。然後可。方今大率多為黨與。或稱譽於此。或見毀於彼。所以難也。上曰。朕所以密令體察也。

興宗天慶二年。從容謂侍臣曰。朕每閱貞觀政要。見其君臣議論。大可規法。翰林學士韓昉對曰。皆由太宗溫顏訪問。房杜輩竭忠盡誠。其書雖簡。足以為法。上曰。太宗固一代賢君。明皇何如。昉曰。唐自太宗以來。惟明皇憲宗可數。明皇所謂有始而無終者。初以艱危得位。用姚崇宋璟。惟正是行。故能成開元之治。末年怠于萬機。委政李林甫。姦諛是用。以致天寶之亂。苟能慎終如始。則貞觀之風不難追矣。上稱善。又曰。周成王何如主。昉對曰。古之賢君。上曰。成王雖賢。亦周公輔佐之力。後世疑周公殺其兄。以朕觀之。為社稷大計。亦不當非也。

章宗時。上封事者言提刑司可罷。禮部侍郎張暐上疏曰。陛下即位因民所利。更法立制。無慮數十百條。提刑之設。政之大者。若為浮議所搖。則內外無所取信。昔開元中。或請選擇守令。俾採訪使姚崇奏十道採訪猶未盡得人天下三百餘州縣多數倍安得守令皆稱其職然則提刑之任誠不可罷擇其人而用之生民之大利國家之長策也因舉漢刺史六條以奏上曰卿言與朕意合

宣宗貞祐三年權監察御史完顔素蘭奏曰臣聞興衰治亂有國之常在所用之人如何耳用得其人雖衰亂尚可扶持一或非才則治安亦亂矣向者紇軍之變中都帥府自足勦滅朝廷乃令移剌塔不也等招誘之使帥府不敢盡其力既不能招愈不可制矣至於伯德文哥之叛帥府方議削其權而朝廷傳旨俾領義軍文哥由是益肆改除之命輒拒不受不臣之狀亦顯矣帥府方且收捕而朝廷復赦之且不令隸帥府國家付方面於重臣乃不信任顧養叛賊之奸不知誰為陛下畫此計者臣自外風聞皆平高琪之意惟陛下裁察上曰汝言皆是文哥之事朕所未悉誠如所言朕肯赦之乎且汝何以

知此事出於高琪素蘭曰臣見文哥牒永清副提控劉温云所差人張希韓至自南京道副樞平章處分已奏令文哥隸大名行省勿復遵中都帥府約束温即具言於帥府然則罪人與高琪計結明矣上頷之素蘭續奏曰高琪本無勳勞亦無公望向以畏死故擅誅胡沙虎蓋出無聊耳一旦得志妬賢能樹奸黨竊弄國權自作威福去歲都下書生樊知一者詣高琪言紇軍不可信恐終作亂遂以刀杖決殺之自是無復敢言軍國利害者寢聰之不通下情之不達皆此人罪也及紇軍為變以黨人塔不也為武寧軍節度使往招之已而無成則復以為武衛軍使塔不也何人且有何功而重用如此以臣觀之此賊變亂紀綱戕害忠良實有不欲國家平治之意昔東海時胡沙虎跋扈無上天下知之而不敢言獨臺官烏古論德升張行信彈劾其惡東海不察卒被其禍今高琪之奸過於胡沙虎遠矣臺諫職當言責迫於兇威噤不敢忤然內外臣庶見其恣橫莫不扼腕切齒欲一剸刃陛下何惜而不去之耶臣非不知言出而患至顧臣父子迭仕聖朝久食厚祿不敢偷安惟陛下斷然行之社稷之福也

貞祐四年完顔素蘭再任監察御史奏言臣近被命體問外路官廉幹者擬不差遣若懦弱不公者罷之具申朝廷別議擬注臣伏念彼懦弱不公之令雖令罷去不過止以待闕者代之其能否又未可知或反不及前官盡徒有選人之虛名而無得人之實跡古語亡縣令非其人百姓受其殃今若後官更劣則為患滋甚豈朝廷恤民之意哉夫守令治之本也今令隨朝七品外路六品以上官各舉堪充司縣長官者仍明著舉官姓名他日察其能否同定賞罰庶幾其可議者或以闕選法資品為言是不知方今之事與平昔不同豈可拘一定之法坐視斯民之病而不權宜更定乎

宣宗時遼州觀察使張行信奏曰近聞保舉縣令特增其俸此朝廷為民之善意也然自關以西尚未有到任者遠方之民不能無望豈舉者猶寡而有所不敷耶乞詔內外職事官益廣選舉以補其闕使天下均受其賜且丞簿尉亦皆親民而獨不增俸彼既不足以自給安能禁其侵牟乎或謂國用方闕不宜虛費是大不然夫重吏祿者固使之不擾民也民安則國家豈為虛費誠能裁減冗食不養無用之人亦何患乎不足今一軍充役舉家廩給軍既物故給其子弟感悅士心為國盡力耳至於無男丁而其妻女猶給之此何謂耶自大駕南遷存贍者已數年張頤待哺以困農民國家糧儲常患不及顧乃久養此老幼數千萬口冗食虛費正在是耳如即罷之恐其失所宜限以歲月使自為計至期而罷復將何辭上多採納焉

元光元年九月上謂宰臣曰有功者雖有微過亦當貸之無功者豈

可貸耶。然有功者人喜謗議。凡有以功過言於朕者朕必深求其實。雖近侍爲言。不敢輕信。亦未嘗徇一己之愛憎也。尚書右丞相高汝礪因對曰。公生明。偏生暗。凡人多徇愛憎。不合公議。陛下聖明。故能如是耳。二年正月復乞致政。上面諭曰。今若從卿。始終之道俱盡。於卿甚安。在朕亦爲美事。但時方多故。而朕復不德。正賴舊人輔佐。故未能遂卿高志。汝礪固辭。竟不許。因謂曰。朕每聞人有所毀譽。必求其實。汝礪對曰。昔齊威王封即墨大夫。烹阿大夫。及左右之嘗毀譽者。由是羣臣悚懼。莫敢飾非。齊國大治。陛下言及此。治安可期也。

元太宗時。太原路轉運使呂振。副使劉子振。以贓抵罪。帝責中書令耶律楚材曰。卿言孔子之教可行。儒者爲好人。何故乃有此輩。對曰。君父教臣子。亦不欲令陷不義。三綱五常。聖人之名教。有國家者莫不由之。如天之有日月也。豈得緣一夫之失。使萬世常行之道獨見廢於我朝乎。帝意乃解。

世祖至元十四年。召相威拜江南諸道行臺御史大夫。乃上奏曰。陛下以臣爲耳目。臣以監察御史按察司爲耳目。倘非其人。是臣之耳目先自閉塞。下情何由上達。帝嘉之。

世祖時。東平布衣趙天麟上太平金鏡策曰。臣聞。夫龍之爲物也。千變萬化。無適不宜。大則乘風雲。震雷電。奮迅其頭角。翕闢其爪牙。沛霖雨以洒八荒。潤赤茵以濟羣下。小則陶保之梭。張華之劍擇闢之蛇。靈公之杖。或躍在淵。或蟠于泥。此蓋既能大而又能小者也。夫鵬之爲物也。化質於北溟。遷程於南海。背逾千里之太。翼若垂天之雲。擊洋水之三千。搏扶搖而九萬。以之槍榆枋則不及斥鷃。以之捕狐兔則不及鵰鶚。此蓋能大而不能小者也。夫雞之爲物也。翱遊庭除。夕宿塒塲。文備一身之美。武鬭一時之命。至於凌晨三唱。風雨不移。毫釐不失。若以鵬及希有比之。則膂壞懸矣。此蓋能小而不能大者也。物既如此。人奚不然。故爲委吏而會計當。爲乘田而牛羊壯者。宣父也。範圍天地有教立焉。爲萬世帝王之師。極六合生靈之溺者。亦宣父也。非龍而何哉。孟公綽可以爲趙魏老。不可以爲滕薛大夫。黃霸長於治郡。而功名損於相位。即小大之殊也。龍乎龍乎。豈可以常得乎。伯夷聖之清。柳下惠聖之和。猶且失於一偏。孟子謂之隘與不恭。然則人之周於道備於事者。千載一二人耳。其具體而微乎微者或嘗有之。亦已希矣。由此觀之。舉世英賢。多皆一節爲人上者。取一節可也。董子云。量材而授官。其此之謂與。今國家選法。腹外三年爲一考。腹內二年半爲一考。自非負罪之負。皆有進而無退。臣謹按虞書云。三載考績。三考黜陟幽明。言舜之考官如是也。又按漢史云。文帝時吏居官者或長子長孫。其二千石亦安官樂職。言文帝之任人如是也。臣以爲方今選法宜以賢能爲先。不宜以日月爲上。不革此弊則是公卿之位。咸可累考幸趍而希之也。且人才有大有小。例以初仕者職小則淹滯英才。例以久宦者職遷則施爲安得皆稱哉。上下恐郡縣之官。以苟且存心。有更張之事。則計之曰。三年之後。吾將去此。何用勞吾心哉。因循而已矣。見賄賂之物則思之曰。一旦交代。未獲即除。何以爲家。費哉。營資而已矣。又況郡縣之民。迎新送故。甚爲勞費。其弊將至於無如之何矣。或者以郡縣之官久則擅權生事。錢穀之官久則私弊難制。臣謂此言非也。若循三德八才而用之。則皆才德應官之人矣。人情大可見。莫不慕榮貴。但在國家錫之殊寵。用當其才。然亦有不遷之之道焉。言當加爵而不即移其職也。伏望陛下量其短長。察其可否。細木常使爲桷。大木常使爲梁。凡內外官員。三年第一考爲初考。上等加官階二級。中加一級。下則仍舊階。而上中下三等皆復守其本職。六年再考，如初考而復守本職。九年終考，如再考。然後黜陟其職也。凡考法令廉訪司官重甘保結，考其行實，而牒司路以達于上司。銓定階次，籍記倚閣。凡三考黜陟其事業，循常者，依累次官階而除之。以次第所宜，其才德超異者，雖階次甚卑而待之以不次之位。如是則居官守祿者，既思階次之超升，而盡其公道，又懼憲職之知覺，而滅其私心，庶幾乎選法有以定矣。

天麟又論禮大賢策曰：臣聞色斯舉矣，舉則獨善其一身，翔而後集。集則澤加於天下者，聖賢之士也。知輔世貴德而下於一介之德，務好善忘勢而屈其萬乘之勢者，聖明之主也。故丹山彩鳳，不可以常網而羅之；滄海長鯨，不可以常竿而釣之。寰區溥海，不可以常士而治之；命世大賢，不可以常禮而招之。今聖明溥班，明詔博訪碩人，斯蓋取士之一節，未盡舉逸之大方也。夫賢有放情江海，佚志山林，隱

於朝野賤役之中，混於市井編氓之內。和乎表而存乎裏，遺其世而亨其身，此豈賢者之本心哉。蓋由不得已而然也。彼且志潔道義，心藐功名，以德言為衣而弗榮軒冕之服，以道腴為味而弗嗜膏粱之饌。所恥者德未及古人而已矣，所行者盡其在我者而已矣。又乎耳聞丹詔，意慕清朝，彈貢禹之塵冠，空彥倫之蕙帳，奔趨魏闕，啓沃堯心。陛下卑辭而得之，屈己以崇之，乞言而行之，推誠以任之，使夫未至之流皆欣欣而曰：吾王之道兮與吾道同，吾王之心兮與吾心契。鸞一鳥也，尚克薦祥；芝一草也，猶能表瑞。矧伊人矣，能無感哉。於是商山皓髮，襲步武以呈光；樓下鴻儒，連茅茹而現景。昔者弃尊一爵而得十六爵，爵尊一禹而得九禹者，由斯道也。其或疏爵以驕之，傲而慢之，或震之以天威，或置之而不問，使夫已進者因事而乞骸骨，未進者懲顙而甘藜羹，雖復麻經遮路，幣帛交馳，誰肯鳴英倡後，以先服王室之勞哉。此所以燕昭不憚於敬築金臺，而蜀主不難於親顧茅廬也。輕賢而賢者不至，非賢者之虛養高而樂貧賤，蓋防其道之不果行也。在上之待賢以殊禮，非在上之徒自輕而欽寒素，蓋由其道之在于彼也。故道者人君之師也，道之所在，恐不獲及，亦既見止，亦既覯止，豈暇計貴賤輕重之云哉。縱未或盡，亦足以激厲風俗，如惠然咸來，則可以同熙帝載，得賢之道，倚莫由斯。今國家鼎安方域，囊括封疆，國保於民，民保於賢，宜乎顒顒之吉，輻湊金門，濟濟之徒，並生王國。然而內有御史，外有憲司，大臣之抵罪尤頻，官吏之坐贓猶衆。設明刑而不息，嚴峻令而自如，凡以官不得人故也。古之十室尚有忠信，今之萬國寧無賢才。伏望陛下謙虛自守，體貌無遺，霽英威而新之又新，和天倪而行所未行，接下思恭，育才為樂，重胎麑以致犄角之麟，愛馬首以致千里之駿，載昭邦憲，寘彼周行，如此

則皇基永固，庶職無曠，神祇安樂而戩穀彌臻，閭里和寧而室家相慶矣。

天麟又論清閑曰：臣聞治國之方，得賢為首；齊家之本，教子為先。立身之法，務學為貴。此三者，天理之極，人事之大也。三代之隆，人生八歲，自王公以下至於庶人之子弟，皆入小學而教之灑掃應對進退之節，禮樂射御書數之文。及其十有五年，則自天子之元子、衆子，公卿大夫元士之適子，皆入大學，而教之以窮理正心，脩己治人之道，所以備委任也。今國家廕叙官門之子弟，上至朝臣，下及外職，莫不各有其格也。其用之則不計賢愚，其崇之則有踰才德。若其資稟明異，學問優長，乃足以負荷寵光，增崇階陛。儻有幼習驕氣，家振豪風，借勢吹聲，行空顧影，耀衣服之鮮靡，競僕馬之繁華，走犬飛鷹，彎弓挾彈，豈識聖賢之道哉。於是父兄既不能教之以義方，又有使習

吹彈歌舞之藝，從而矜衒其踈麗妙絶也。厥後行文經營資産職司王事，不亦難哉。及陷乎罪，正欲寘於法邪，則子文之治猶在，不可以忘之，而使人臣解體也。正欲原其罪邪，則欒黶之惡已彰，不可以宥之，而使後人自恣也。終亦寧忘已往之臣，而顧將來之儆，以寘其人於法矣，則不若初不廢之之為愈也。夫犂牛之子騂色者，固當用之矣。璺犀之子禿角者，其可用之乎。婁敬委輅脫輓而建漢鼎之安，叔孫通起於枹鼓而立漢廷之儀，甯戚飯牛下車而顯齊，孫叔敖舉於海上而霸楚，此四人者，雖無閥閱，而皆有實用也。故王者之用人，如工師之用木，巖阿有可用之材，不以巖阿之地卑而棄之，危巔有無用之材，不以危巔之地高而用之也。君子之教子，如豪家之有玉，不以玉為已有貴價而不使玉人雕琢之，不以子為已有貴基而不令嚴師教訓之也。志士之好學，如貪夫之嗜利，真知利可嗜而嗜之，雖

得利既多而不猒也。欲令官門之子弟勤學，在乎君，君令已行，在乎父兄，父兄付于明師，其學在乎子弟矣。伏望陛下載宣天旨，令有司試閥閱子孫弟姪，不限人數，問以時務伍件，漢楷書寫，畧如試蔭古進士，定其高下等第，及當蔭之資格，既又據三德八才累等第資格之官階而用之。凡閥閱免鄉府省三試，直赴御試。凡學術荒踈及不能赴試者，姑令學焉，待其中選而用之。凡閥閱三舉不第，恩賜出身，量用。凡已進者，則有考幽明之法在焉。臣又以居官者皆化下民者也。有子弟而不能化，何以化民哉。更望陛下載宣天旨，凡見任宦官之家子孫弟姪八歲以上三十以下，不通經書，而父兄不令習經書，不曉文法，而父兄不令習文法者，委憲職糾察見任官而罰之，使居官者懼憲職之糾察，而欽師以教其子弟矣。為官門子弟者，知富貴之不可幸希，須先學而後獲，則甘嗜於學問矣。國家得天下之英材而興育之，以備他日之用，可無遺恨矣。

天麟論東利官曰：臣聞誠之所感，可透金石，節之所持，可凌霜雪。皆天資卓厲，人力難加。設或中下之流，已有參差之品。故見利而思義者上也，捨軀而就利者下也。伏惟宇宙中人甚多，莫非從化之詩，亦在乎之而已。今國家屢誅嗜利之臣，用勸士民之慕善，如官階內外，爰分清濁之班，人物爲低，遂有賢愚之辨。凡貨利之司者，定推廉麥之人，而清肅其心者，皆掩身以避之。領商計之務者，但選市井之徒，而廉幹其德者，皆因名以棄之。則是木居于職，已防汙濫之辱其身名。既用伊人，先約資財之償其失陷，致使當職之人肆情征取，上失在公之委任而虛其位，下為私室之經營而枉其心。愈治之而奸詐愈生，愈防之而計數愈繁。然財貨係于諸課，而為國家之大本，不可一日廢焉。矯枉者不能不過于直也。伏望陛下載宣天旨，令有司定

制。凡倉場庫務之諸官，舊係省部出付身者，今並宜以勤謹分品次之高低，視城郭之可否而設之。凡錢穀官係舊隨路出付身者，並以行省劄付，增崇其職。凡錢穀官舊無俸祿者，今並宜依品次量多寡以給之。凡中外官員，不拘門格，或憲職，或民官，皆量材以充錢穀官，考滿銓功過以黜陟。凡利官既或高爵，又崇重祿，又得齒於臨民之官，又恐以後遷升之益，自然相率而廉幹矣。其或故犯憲綱，不盡心於正職者，則自作孽而已，奚足恤哉。十年不齒，然後降等量材而用之可也。其或誤犯憲綱，非力所及者，則告突而已矣。止徵其所當償，既足而隨即降等量材用之可也。若然，則利官得人，而利源通暢，上有裨於國用，下不損於民資矣。臣又以方今倉場庫務官一年交代，意者因恐虧陷之多，積弊於中，久而難救故也。若循舊制，則雖一月一代，其弊益生。何則，蓋立制以相繩，無厚禮以相厲，真利以相引也。且一

年一代。而主出付身者將行文照驗之不暇。又何暇辨其人之廉與不廉。幹與不幹哉。更望陛下載宣天旨。令有司定制。凡錢穀官三年一考而易之。凡錢穀官曾無虧欠委隨處廉訪司每年四季四度案覆。凡有虧欠者則令隨處廉訪司就行別擬廉幹之人。代其犯者之職。申上用之。摘犯者而徵所償。既足則申上定之。若然則自無虧課之人。設或有之。亦不至於數多而難以徵矣。

至元十四年。中書左丞許衡論生民利害上疏。以十四年五月二十一日史中丞傳奉聖旨擬當今害民的公事利害的公事交同姚丞旨兩个一處文書裏寫來者。欽此。臣等所見謹條以奏。生民休戚係於用人之當否。用得其人則民賴其利。用失其人則民被其害。自古論治道者必以用人為先務。用既得人則其所為善政者始可得而行之。以善人行善政。其於為治也何有。皇帝陛下念及生民實天下

之幸。但朝廷用人失於大寬。委任之初。不知審擇。使善惡邪正混然無別。既授以政。而居民之上矣。中間固有暴擾侵漁之害。其勢然也。今不求其本。直欲改其事之一二。以為便民之舉。將見一弊才去。一弊復生。後日改行之事。其害民者未必不甚於前也。徒見紛更。恐終無益。臣等伏願皇帝陛下順考古道。簡用實材。重御史按察之權。嚴糾彈考覈之任。使賢者日進。不肖者日退。則天下之民何患不安矣。臣等區區拙見如此。惟聖主裁之。

仁宗每與李孟論用人之方。李孟曰。人材所出固非一途。然漢唐宋金科舉得人為盛。今欲興天下之賢能。如以科舉取之。猶勝於多門而進。然必先德行經術而後文辭。乃可得真材也。帝深然其言。決意行之。

文宗在集慶潛邸。欲創天寧寺。令有司起民夫。江南行臺監察御史亦乞剌台言曰。太子為好事。宜出錢募夫。若欲役民。則朝廷聞之。非便也。至是文宗悉召江南行臺監察御史。俾皆入為監察御史。而欲黜亦乞剌台。自當諫曰。當陛下在潛邸時。御史盡心為陛下言。乃忠臣也。今無罪而黜之。非所以示天下。乃除亦乞剌台僉憲湖南。

順帝時蘇天爵奏曰。嘗謂糾劾貪邪在乎公天下之好惡。辨明誣枉類伸而治化興。欽惟世皇肇立臺憲。登明選公。欲四海人才之來集所以著一人之是非。好惡既公。則惡黨消而姦弊息。是非既著。則善揚清激濁。務一時公論之持平。比者風紀之司。論列涉于輕易。或因察識之未審。故致辨論之多端。自昔國家皆有國是。國是既定。則邪正判而公道行。國是不明。則是非雜而人心惑。宋宰相王曾語諫官韓琦曰。近見章疏所陳其倖高若訥多是擇利。范希文未免近名。要須純意為國家事。斯其補論之良法歟。夫天生人才足周一世之用

作而成之者。則才常有餘。湮而棄之。則才恒不足矣。然公族貴胄必生於閥閱之家。而謀士軼才或出於山林之下。故伊尹聘于有莘。傅說起于板築。孰曰出身之卑賤。豈論家世之寒微。此古者數路用人。未嘗滯于一也。夫法令朝廷所定。廷尉天下之平。或笞或杖。受宣者必申稟于中臺。或降或黜。無例者必定擬于刑部。是慎重于守法。不敢輕于用刑。今動輒曰省院臺勿用。則當用者豈政資之選乎。是降為雜職矣。又曰有選衙門勿用。無選者孰敢用乎。是不復得敘矣。且職官犯贓。猶有一貫至三百貫之分。至論其罪。則有殿降敘不敘之別。豈有一遭論列。或犯在革前。或事涉疑似。輒坐雜職任用之科。終身不敘之罪。豈法之平允哉。且犯罪者至于流遠。家屬尚留于京師。被劾者未至當刑。趣遣歸于鄉里。蓋緣無事可尋。強生于掇拾。瀆白素著特為之汙染。致使高尚之人。聞而退藏。有志之士。亦為斂避

當路興乏全才之嘆。後世有國無人之譏。其於世道甚有關係。夫孰賢孰否。在君子固自信而不疑。去泰去甚。當言者宜核實以詳審。今始若一人糾言其罪。次者二人辨明其非。三人共列于一堂。何以酬酢乎庶政。縱使不行報復。豈能消弭嫌。夫史官定千古之褒貶。臺諫判一時之是非。褒貶公則後世之人信。是非明則天下之人勸。父祖是以清濁混殽。善惡錯亂。朝是而暮非。春劾而夏辨。奏請有煩于聖聽。辨論實撓于臺端。事至于斯。當究其理。大抵為治莫先於擇人。擇人貴在于守法。蓋諸人呈言並無罪責者。所以通上下之情。臺諫論事務得其實者。所以重耳目之寄。若不申其賞罰。何以端其本原。舉人不當。今有連坐之科。論事不實。古有抵罪之禁。今後論言人者。必須覈後為坐。果犯贓罪。並從臺憲追問。其餘罪名。仍須法司定擬。如此則事不至于反覆。法必底于允平。奏請不煩于聖聽。毀譽弗棼于朝堂。刑政肅而國體尊。是非明而人心服。公論幸甚。天下幸甚。

歷代名臣奏議卷之一百五十二